Wander Garcia
Coordenador

COMPLETO PARA OAB 2ª FASE

MANUAL de PRÁTICA ADVOCATÍCIA

PEÇAS PRÁTICAS
Modelos e Resolução

+

QUESTÕES DISCURSIVAS
Resolução

Coordenador: Wander Garcia
Autores: Wander Garcia, Bruna Vieira, Eduardo Dompieri, Henrique Subi,
Hermes Cramacon, Robinson Barreirinhas e Teresa Melo
Editor: Márcio Dompieri
Organizador: Ivo Shigueru Tomita
Gerente Editorial: Paula Tseng
Equipe Editora Foco: Erica Coutinho, Georgia Dias e Ivo Shigueru Tomita
Capa: Wilton Carvalho Garcia (WCG Propaganda & Design) e R2 Editorial
Projeto Gráfico e diagramação: R2 Editorial

Dados Internacionais de Catalogação na Publicação (CIP)
(Câmara Brasileira do Livro, SP, Brasil)

Manual de prática advocatícia / Wander Garcia, coordenador. -- 4. ed. -- Indaiatuba, SP : Editora Foco Jurídico, 2014. -- (Coleção manual de prática)

1. Direito processual 2. Ordem dos Advogados do Brasil - Exames, questões etc. 3. Prática forense I. Garcia, Wander. II. Série.

ISBN 978-85-8242-082-9

14-03048 CDU-347.965

Índices para catálogo sistemático:

1. Prática forense : Manuais 347.965

Atualizações e erratas: a presente obra é vendida como está, sem garantia de atualização futura. Porém, atualizações voluntárias e erratas são disponibilizadas no site www.editorafoco.com.br, na seção *Atualizações*. Esforçamo-nos ao máximo para entregar ao leitor uma obra com a melhor qualidade possível e sem erros técnicos ou de conteúdo. No entanto, nem sempre isso ocorre, seja por motivo de alteração de software, interpretação ou falhas de diagramação e revisão. Sendo assim, disponibilizamos em nosso site a seção mencionada (*Atualizações*), na qual relataremos, com a devida correção, os erros encontrados na obra. Solicitamos, outrossim, que o leitor faça a gentileza de colaborar com a perfeição da obra, comunicando eventual erro encontrado por meio de mensagem para contato@editorafoco.com.br.

Impresso no Brasil (04.2014)
Data de Fechamento (04.2014)

2014

Al. Júpiter 578 - Galpão 01 – American Park Distrito Industrial
CEP 13347-653 – Indaiatuba – SP
E-mail: contato@editorafoco.com.br
www.editorafoco.com.br

APRESENTAÇÃO

Caros leitores, é com satisfação que a Editora Foco lhes apresenta o Manual de Prática Advocatícia.

Fruto de um cuidadoso trabalho editorial, o Manual de Prática Advocatícia é o resultado da união de todos os volumes das obras de prática advocatícia da Editora Foco. Elaborado sob o respaldo da experiência docente de especialistas na aprovação em exame de ordem e concursos públicos, o Manual reúne as sete principais matérias de Direito merecedoras de um trato diferenciado no tocante à prática, quais sejam: Prática Constitucional, Prática Administrativa, Prática Tributária, Prática Penal, Prática Trabalhista, Prática Civil e Prática Empresarial.

O primeiro contato com a obra fará com que o leitor receba as importantes orientações passadas pelo Coordenador ao Candidato de 2ª fase do Exame da OAB, dentre as quais destacamos: o texto integral do Provimento 144/2011 do Conselho Federal da OAB, que estabelece as atuais normas e diretrizes de Ordem, atualizado pelos Provimentos 150/2013 e 156/2013; os materiais e procedimentos permitidos no momento da realização da prova; os critérios de correção; e, ao final deste capítulo, importantes dicas de estudo.

Atualizadas até o XII Exame Unificado, procuramos estruturar a obra metódica e uniformemente, de tal forma que todos os capítulos tenham Exercícios Práticos, em uma organização temática e Peças Prático-Profissionais, prenotadas em ordem cronológica, mantendo, assim, o mais alto grau de atualização neste trabalho.

Este volume único será de grande proveito para o Acadêmico de Direito, que terá o primeiro contato com a Prática Jurídica em sua grade de estágio obrigatório da Faculdade de Direito; para o candidato de 2ª fase do Exame da OAB, em sua matéria específica, que terá a oportunidade de ter em suas mãos uma obra única com todas as matérias; para os candidatos de concursos públicos que exijam a demonstração de experiência na prática jurídica como, por exemplo, a Defensoria Pública e Procuradorias; e, por fim, para os profissionais em início de carreira.

Esperamos, portanto, que o presente Manual de Prática Advocatícia possa auxiliar o leitor a atingir todos os seus objetivos, seja na aprovação no Exame da OAB, em concursos públicos ou o exercício pleno da advocacia.

Bons estudos!

Wander Garcia
Coordenador da Obra

Ivo Shigueru Tomita
Organizador da Obra

ÍNDICE DE ORGANIZAÇÃO

SUMÁRIO

PRÁTICA PENAL 799

SÚMULAS EM MATÉRIA EMPRESARIAL 1565

ORIENTAÇÕES

AOS LEITORES QUE FARÃO O EXAME DE ORDEM

1. PROVIMENTO CFOAB 144/11: O NOVO EXAME DE ORDEM

O Conselho Federal da OAB publicou, em 13/06/2011, o Provimento 144/2011, que estabelece as novas normas e diretrizes de Ordem.

Confira o texto integral do Provimento do Novo Exame da OAB atualizado pelos Provimentos CFOAB 150/2013 e 156/2013.

PROVIMENTO CFOAB 144,

DE 13 DE JUNHO DE 2011

Dispõe sobre o Exame de Ordem.

O Conselho Federal da Ordem dos Advogados do Brasil, no uso das atribuições que lhe são conferidas pelos arts. 8º, § 1º, e 54, V, da Lei 8.906, de 4 de julho de 1994 – Estatuto da Advocacia e da OAB, tendo em vista o decidido nos autos da Proposição 2011.19.02371-02, resolve:

Capítulo I
DO EXAME DE ORDEM

Art. 1º O Exame de Ordem é preparado e realizado pelo Conselho Federal da Ordem dos Advogados do Brasil – CFOAB, mediante delegação dos Conselhos Seccionais.

§ 1º A preparação e a realização do Exame de Ordem poderão ser total ou parcialmente terceirizadas, ficando a cargo do CFOAB sua coordenação e fiscalização.

§ 2º Serão realizados 3 (três) Exames de Ordem por ano.

Capítulo II
DA COORDENAÇÃO NACIONAL DE EXAME DE ORDEM

Art. 2º É criada a Coordenação Nacional de Exame de Ordem, competindo-lhe organizar o Exame de Ordem, elaborar-lhe o edital e zelar por sua boa aplicação, acompanhando e supervisionando todas as etapas de sua preparação e realização.

→ Artigo com redação alterada pelo Provimento CFOAB 156/2013.

Parágrafo único. (Revogado pelo Provimento CFOAB 150/2013)

Art. 2º-A. A Coordenação Nacional de Exame de Ordem será designada pela Diretoria do Conselho Federal e será composta por:

→ Artigo acrescentado pelo Provimento CFOB 150/2013.

I – 3 (três) Conselheiros Federais da OAB;

II – 3 (três) Presidentes de Conselhos Seccionais da OAB;

III – 1 (um) membro da Escola Nacional da Advocacia;

IV – 1 (um) membro da Comissão Nacional de Exame de Ordem;

V – 1 (um) membro da Comissão Nacional de Educação Jurídica;

VI – 2 (dois) Presidentes de Comissão de Estágio e Exame de Ordem de Conselhos Seccionais da OAB.

Parágrafo único. A Coordenação Nacional de Exame de Ordem contará com ao menos 2 (dois) membros por região do País e será presidida por um dos seus membros, por designação da Diretoria do Conselho Federal.

Capítulo III
DA COMISSÃO NACIONAL DE EXAME DE ORDEM, DA COMISSÃO NACIONAL DE EDUCAÇÃO JURÍDICA, DO COLÉGIO DE PRESIDENTES DE COMISSÕES DE ESTÁGIO E EXAME DE ORDEM E DAS COMISSÕES DE ESTÁGIO E EXAME DE ORDEM

Art. 3º À Comissão Nacional de Exame de Ordem e à Comissão Nacional de Educação Jurídica compete atuar como órgãos consultivos e de assessoramento da Diretoria do CFOAB.

Art. 4º Ao Colégio de Presidentes de Comissões de Estágio e Exame de Ordem compete atuar como órgão consultivo e de assessoramento da Coordenação Nacional de Exame de Ordem.

Art. 5º Às Comissões de Estágio e Exame de Ordem dos Conselhos Seccionais compete fiscalizar a aplicação da prova e verificar o preenchimento dos requisitos exigidos dos examinandos quando dos pedidos de inscrição, assim como difundir as diretrizes e defender a necessidade do Exame de Ordem.

Capítulo IV
DOS EXAMINANDOS

Art. 6º A aprovação no Exame de Ordem é requisito necessário para a inscrição nos quadros da OAB como advogado, nos termos do art. 8º, IV, da Lei 8.906/1994.

Parágrafo único. Ficam dispensados do Exame de Ordem os postulantes oriundos da Magistratura e do Ministério Público e os bacharéis alcançados pelo art. 7º da Resolução 2/1994, da Diretoria do CFOAB.

Art. 7º O Exame de Ordem é prestado por bacharel em Direito, ainda que pendente sua colação de grau, formado em instituição regularmente credenciada.

§ 1º É facultado ao bacharel em Direito que detenha cargo ou exerça função incompatível com a advocacia prestar o Exame de Ordem, ainda que vedada a sua inscrição na OAB.

§ 2º Poderá prestar o Exame de Ordem o portador de diploma estrangeiro que tenha sido revalidado na forma prevista no art. 48, § 2º, da Lei 9.394, de 20 de dezembro de 1996.

§ 3º Poderão prestar o Exame de Ordem os estudantes de Direito dos últimos dois semestres ou do último ano do curso.

→ § 3º com redação alterada pelo Provimento CFOB 156/2013.

Capítulo V
DA BANCA EXAMINADORA E DA BANCA RECURSAL

Art. 8º A Banca Examinadora da OAB será designada pelo Coordenador Nacional do Exame de Ordem. Parágrafo único. Compete à Banca Examinadora elaborar o Exame de Ordem ou atuar em conjunto com a pessoa jurídica contratada para a preparação, realização e correção das provas, bem como homologar os respectivos gabaritos.

→ Artigo com redação alterada pelo Provimento CFOAB 156/2013.

Art. 9º À Banca Recursal da OAB, designada pelo Coordenador Nacional do Exame de Ordem, compete decidir a respeito de recursos acerca de nulidade de questões, impugnação de gabaritos e pedidos de revisão de notas, em decisões de caráter irrecorrível, na forma do disposto em edital.

→ *Caput* com redação alterada pelo Provimento CFOB 156/2013.

§ 1º É vedada, no mesmo certame, a participação de membro da Banca Examinadora na Banca Recursal.

§ 2º Aos Conselhos Seccionais da OAB são vedadas a correção e a revisão das provas.

§ 3º Apenas o interessado inscrito no certame ou seu advogado regularmente constituído poderá apresentar impugnações e recursos sobre o Exame de Ordem.

→ § 3º acrescentado pelo Provimento CFOAB 156/2013.

Art. 10. Serão publicados os nomes daqueles que integram as Bancas Examinadora e Recursal designadas, bem como os dos coordenadores da pessoa jurídica contratada, mediante forma de divulgação definida pela Coordenação Nacional do Exame de Ordem.

→ Artigo com redação alterada pelo Provimento CFOAB 156/2013.

§ 1º A publicação dos nomes referidos neste artigo ocorrerá até 5 (cinco) dias antes da efetiva aplicação das provas da primeira e da segunda fases.

§ 2º É vedada a participação de professores de cursos preparatórios para Exame de Ordem, bem como de parentes de examinandos, até o quarto grau, na Coordenação Nacional, na Banca Examinadora e na Banca Recursal.

Capítulo VI
DAS PROVAS

Art. 11. O Exame de Ordem, conforme estabelecido no edital do certame, será composto de 02 (duas) provas:

I – prova objetiva, sem consulta, de caráter eliminatório;

II – prova prático-profissional, permitida, exclusivamente, a consulta a legislação, súmulas, enunciados, orientações jurisprudenciais e precedentes normativos sem qualquer anotação ou comentário, na área de opção do examinando, composta de 2 (duas) partes distintas:

a) redação de peça profissional;

b) questões práticas, sob a forma de situações-problema.

§ 1º A prova objetiva conterá no máximo 80 (oitenta) questões de múltipla escolha, sendo exigido o mínimo de 50% (cinquenta por cento) de acertos para habilitação à prova prático-profissional, vedado o aproveitamento do resultado nos exames seguintes.

§ 2º Será considerado aprovado o examinando que obtiver, na prova prático-profissional, nota igual ou superior a 6 (seis) inteiros, vedado o arredondamento.

§ 3º Ao examinando que não lograr aprovação na prova prático-profissional será facultado computar o resultado obtido na prova objetiva apenas quando se submeter ao Exame de Ordem imediatamente subsequente. O valor da taxa devida, em tal hipótese, será definido em edital, atendendo a essa peculiaridade.

→ § 3º com redação alterada pelo Provimento CFOB 156/2013.

§ 4º O conteúdo das provas do Exame de Ordem contemplará as disciplinas do Eixo de Formação Profissional, de Direitos Humanos, do Estatuto da Advocacia e da OAB e seu Regulamento Geral e do Código de Ética e Disciplina, podendo contemplar disciplinas do Eixo de Formação Fundamental.

→ § 4º com redação alterada pelo Provimento CFOB 156/2013.

§ 5º A prova objetiva conterá, no mínimo, 15% (quinze por cento) de questões versando sobre Estatuto da Advocacia e seu Regulamento Geral, Código de Ética e Disciplina, Filosofia do Direito e Direitos Humanos.

→ § 5º acrescentado pelo Provimento CFOB 156/2013.

Capítulo VII
DAS DISPOSIÇÕES FINAIS

Art. 12. O examinando prestará o Exame de Ordem no Conselho Seccional da OAB da unidade federativa na qual concluiu o curso de graduação em Direito ou na sede do seu domicílio eleitoral.

Parágrafo único. Uma vez acolhido requerimento fundamentado, dirigido à Comissão de Estágio e Exame de Ordem do Conselho Seccional de origem, o examinando poderá realizar as provas em localidade distinta daquela estabelecida no caput.

Art. 13. A aprovação no Exame de Ordem será declarada pelo CFOAB, cabendo aos Conselhos Seccionais a expedição dos respectivos certificados.

§ 1º O certificado de aprovação possui eficácia por tempo indeterminado e validade em todo o território nacional.

§ 2º O examinando aprovado somente poderá receber seu certificado de aprovação no Conselho Seccional onde prestou o Exame de Ordem, pessoalmente ou por procuração.

§ 3º É vedada a divulgação de nomes e notas de examinados não aprovados.

Art. 14. Fica revogado o Provimento 136, de 19 de outubro de 2009, do Conselho Federal da Ordem dos Advogados do Brasil.

Art. 15. Este Provimento entra em vigor na data de sua publicação, revogadas as disposições em contrário.

Ophir Cavalcante Junior
Presidente
Marcus Vinicius Furtado Coêlho
Conselheiro Federal – Relator

2. PONTOS A SEREM DESTACADOS NO EDITAL DO EXAME

2.1. MATERIAIS/PROCEDIMENTOS PERMITIDOS E PROIBIDOS

O Edital do Exame Unificado da OAB vem adotando as seguintes regras em relação aos materiais:

Materiais/Procedimentos permitidos

- Legislação não comentada, não anotada e não comparada.
- Códigos, inclusive os organizados que não possuam índices temáticos estruturando roteiros de peças processuais, remissão doutrinária, jurisprudência, informativos dos tribunais ou quaisquer comentários, anotações ou comparações.
- Leis de Introdução dos Códigos.
- Instruções Normativas.
- Índice remissivo.
- Exposição de Motivos.
- Súmulas.
- Enunciados.
- Orientações Jurisprudenciais.
- Regimento Interno.
- Resoluções dos Tribunais.
- Simples utilização de marca-texto, traço ou simples remissão a artigos ou a lei.
- Separação de códigos por clipes e/ou por cores, providenciada pelo próprio examinando, sem nenhum tipo de anotação manuscrita ou impressa nos recursos utilizados para fazer a separação.
- Utilização de separadores de códigos fabricados por editoras ou outras instituições ligadas ao mercado gráfico, desde que com impressão que contenha simples remissão a ramos do Direito ou a leis.

Observação: As remissões a artigo ou lei são permitidas apenas para referenciar assuntos isolados. Quando for verificado pelo fiscal advogado que o examinando se utilizou de tal expediente com o intuito de burlar as regras de consulta previstas neste edital, **articulando a estrutura de uma peça jurídica**, o material será recolhido, sem prejuízo das demais sanções cabíveis ao examinando.

Materiais/Procedimentos **proibidos**

- Códigos comentados, anotados ou comparados ou com organização de índices temáticos estruturando roteiros de peças processuais..
- Jurisprudências.
- Anotações pessoais ou transcrições.
- Cópias reprográficas (xerox).
- Impressos da internet.
- Informativos de Tribunais.
- Livros de Doutrina, revistas, apostilas, calendários e anotações.
- Dicionários ou qualquer outro material de consulta.
- Legislação comentada, anotada ou comparada.
- Súmulas, Enunciados e Orientações Jurisprudenciais comentadas, anotadas ou comparadas.

Os examinandos deverão comparecer no dia de realização da prova prático-profissional já com os textos de consulta com as partes não permitidas devidamente isoladas por grampo ou fita adesiva de modo a impedir sua utilização, sob pena de não poder consultá-los.

O examinando que descumprir as regras quanto à utilização de material proibido terá suas provas anuladas e será automaticamente eliminado do Exame.

Por fim, é importante que o examinando leia sempre o edital publicado, pois tais regras podem sofrer algumas alterações a cada exame.

2.2. LEGISLAÇÃO NOVA E LEGISLAÇÃO REVOGADA

Segundo o edital do exame, "legislação com entrada em vigor após a data de publicação deste edital, bem como alterações em dispositivos legais e normativos a ele posteriores não serão objeto de avaliação nas provas, assim como não serão consideradas para fins de correção das mesmas". Em virtude disso, somente será permitida a consulta a publicações produzidas pelas editoras, sendo vedada a atualização de legislação pelos examinandos.

Repare que há dois marcos: a) data da entrada em vigor da lei (não é a data da publicação da lei, mas a data em que esta entra em vigor); b) data da publicação do edital.

Portanto, atente para esse fato quando for estudar.

2.3. CRITÉRIOS DE CORREÇÃO

Quando você estiver redigindo qualquer questão, seja um exercício prático (questão discursiva), seja uma peça prático-profissional (peça), lembre-se de que serão levados em conta, para os dois casos, os seguintes critérios previstos no Edital:

a) adequação das respostas ao problema apresentado;

- peça inadequada (inepta, procedimento errado): nota zero;
- resposta incoerente ou ausência de texto: nota zero;

Obs.: A indicação correta da peça prática é verificada no *nomem iuris* da peça concomitantemente com o correto e completo fundamento legal usado para justificar tecnicamente a escolha feita.

b) vedação de identificação do candidato;

- o caderno de textos definitivos não poderá ser assinado, rubricado ou conter qualquer palavra ou marca que o identifique em outro local que não o apropriado (capa do caderno), sob pena de ser anulado;

c) prova deve ser manuscrita, em letra legível, com caneta esferográfica de tinta azul ou preta;

- letra ilegível: nota zero;

d) respeito à extensão máxima;

- 150 linhas na peça processual / 30 linhas em cada questão;
- fragmento de texto fora do limite: será desconsiderado;

e) respeito à ordem de transcrição das respostas;

f) caso a prova exija assinatura, deve-se usar apenas a palavra: ADVOGADO...

- Penas para o desrespeito aos itens "e" e "f": nota zero;

g) nas peças/questões, examinando deve incluir todos dados que se façam necessários, sem identificação e com o nome do dado seguido de reticências:

- Ex: Município..., Data..., OAB...;
- Omissão de dados: descontos na pontuação;

Por outro lado, apesar de não previstos textualmente no edital, temos percebido que a examinadora tem adotando, também, os seguintes critérios:

a) objetividade;
   - as respostas devem ser claras, com frases e parágrafo curtos, e sempre na ordem direta;

b) organização;
   - as respostas devem ter começo, meio e fim; um tema por parágrafo; e divisão em tópicos (na peça processual);

c) coesão textual;
   - um parágrafo deve ter ligação com o outro; assim, há de se usar os conectivos (dessa forma, entretanto, assim, todavia...);

   Obs.: porém, quanto às **questões** da prova prático-profissional que estiverem subdivididas em itens, **cada item** deverá ser respondido **separadamente**.

d) correção gramatical;
   - troque palavras que você não conheça, por palavras que você conheça;
   - leia o texto que você escreveu;

e) quantidade de fundamentos;
   - Cite a premissa maior (lei), a premissa menor (fato concreto) e chegue a uma conclusão (subsunção do caso à norma e sua aplicação);
   - Traga o maior número de fundamentos pertinentes; há questões que valem 1,25 pontos, sendo 0,25 para cada fundamento trazido; o examinando que fundamenta sua resposta num ponto só acaba por tirar nota 0,25 numa questão desse tipo;
   - Tempestade de ideias; criatividade; qualidade + quantidade;

f) indicação do nome do instituto jurídico aplicável e/ou do princípio aplicável;

g) indicação do dispositivo legal aplicável;
   - Ex: para cada fundamento usando pelo examinando, é NECESSÁRIO citar o dispositivo legal em que se encontra esse fundamento, sob pena de perder até 0,5 ponto, a depender do caso;

h) indicação do entendimento doutrinário aplicável;

i) indicação do entendimento jurisprudencial aplicável;

j) indicação das técnicas interpretativas;
   - Ex: interpretação sistemática, teleológica etc.

3. DICAS DE COMO ESTUDAR

3.1. TENHA CALMA

Em primeiro lugar, é preciso ter bastante calma. Quem está para fazer a 2ª fase do Exame de Ordem já está, literalmente, com meio caminho andado.

A diferença é que, agora, você não terá mais que saber uma série de informações sobre as mais de quinze principais disciplinas do Direito cobradas na 1ª fase. Agora você fará uma prova delimitada, na qual aparecem questões sobre um universo muito menor que o da 1ª fase.

Além disso, há a possibilidade de consultar a legislação no momento da prova. Ah, mas antes era possível consultar qualquer livro, você diria. Pois é. Mas isso deixava muitos examinandos perdidos. Primeiro porque não sabiam o que comprar, o que levar e isso gerava estresse, além de um estrago orçamentário. Segundo porque, na hora da prova, eram tantos livros, tantas informações, que não se sabia o que fazer, por onde atacar, o que levava a uma enorme perda de tempo, comprometendo o bom desempenho no exame. E mais, o examinando deixava de fazer o mais importante, que é conhecer e usar a lei. Vi muitas provas em que o examinando só fazia citações doutrinárias, provas essas que, se tivessem feito menção às palavras-chave (aos institutos jurídicos pertinentes) e aos dispositivos legais mencionados no Padrão de Resposta da examinadora, fariam com que o examinando fosse aprovado. Mas a preocupação em arrumar a melhor citação era tão grande que se deixava de lado o mais importante, que é a lei e os consequentes fundamentos jurídicos.

Então, fica a lembrança de que você fará um exame com temas delimitados e com a possibilidade, ainda, de contar com o apoio da lei na formulação de suas respostas, e esses são fatores muito positivos, que devem te dar tranquilidade. Aliás, você já é uma pessoa de valor, um vencedor, pois não anda fácil ser aprovado na 1ª, e você conseguiu isso.

3.2. TENHA EM MÃOS TODOS OS INSTRUMENTOS DE ESTUDO E TREINAMENTO

Uma vez acalmado o ânimo, é hora de separar os materiais de estudo e de treinamento.

Você vai precisar dos seguintes materiais:

a) todos os exercícios práticos de provas anteriores do Exame Unificado da OAB **(contidos neste livro)**;

b) todas as peças práticas de provas anteriores da Exame Unificado da OAB **(contidas neste livro)**;

c) resolução teórica e prática de todos os exercícios e peças mencionadas **(contida neste livro)**;

d) explicação teórica e modelo das principais peças processuais da sua área de concentração **(contidos neste livro)**;

e) Vademecum de Legislação + todas as súmulas da área de concentração + Informativos recentes com os principais julgamentos dos Tribunais Superiores **(contidos no Vade Mecum de Legislação FOCO, que é o Vade Mecum com o maior conteúdo impresso do mercado e que ainda lhe dá de presente, na edição atual, um Vade Mecum de Jurisprudência em livro apartado – confira em www.editorafoco.com.br)**;

f) doutrina de qualidade sobre o direito material e o direito processual de sua área de escolha; nesse sentido recomendamos o livro "Super-Revisão OAB: Doutrina Completa", da Editora Foco (www.editorafoco.com.br); você também pode usar outros livros de apoio, podendo ser um livro que você já tenha da sua área.

3.3. 1º PASSO – LEITURA DOS ENUNCIADOS DAS PROVAS ANTERIORES

A primeira providência que você deve tomar é ler todos os exercícios e todas as peças já cobradas pelo Exame Unificado da OAB. Nesse primeiro momento não leia as resoluções teóricas dessas questões.

Repito: leia apenas os **enunciados** dos exercícios e das peças práticas. A ideia é que você tenha um "choque de realidade", usando uma linguagem mais forte. Numa linguagem mais adequada, eu diria que você, ao ler os enunciados das questões da 2ª fase, ficará **ambientado com o tipo de prova** e também ficará com as **"antenas" ligadas sobre o tipo de estudo** que fará das peças, da jurisprudência e da doutrina.

3.4. 2º PASSO – RECONHECIMENTO DAS LEIS

Logo após a leitura dos enunciados das questões das provas anteriores, **separe** o livro de legislação que vai usar e **faça um bom reconhecimento** desse material.

Quando chegar o dia da prova, você deverá estar bem íntimo desse material. A ideia, aqui, não é ler cada artigo da lei, mas sim conhecer as leis materiais e processuais pertinentes, atentando-se para seus capítulos e suas temáticas. Leia o sumário dos códigos. Leia o nome dos capítulos e seções das leis que não estão dentro de um código. Procure saber como é dividida cada lei. Coloque marcações nas principais leis, conforme os materiais permitidos pelo edital, indicados acima. Dê uma olhada no índice remissivo dos códigos e procure se ambientar com ele.

Os dois primeiros passos devem durar, no máximo, um dia estudo.

3.5. 3º PASSO – ESTUDO HOLÍSTICO DOS EXERCÍCIOS PRÁTICOS (QUESTÕES DISCURSIVAS)

Você deve ter reparado que as questões discursivas presentes neste livro estão classificadas por temas de direito material e de direito processual.

Vai reparar também ter reparado também que as súmulas e os informativos de jurisprudência, cujo livro você ganhará adquirindo a edição atual do Vade Mecum de Legislação da FOCO, estão separados por temas de direito material e de direito processual. Caso não venha a adquirir essa obra, consulte a jurisprudência do STF e do STJ nos sites respectivos.

E você deve lembrar que é fundamental ter à sua disposição, além das questões e da jurisprudência que estão no livro, um bom livro de doutrina de sua área e um Vade Mecum de Legislação como o indicado por nós.

Muito bem. Agora sua tarefa é fazer cada questão discursiva (não é a ; trata-se do), uma a uma. Primeiro leia o enunciado da questão e tente fazê-lo sozinho, como se estivesse no dia da prova. Use apenas a legislação. E não se esqueça de utilizar os **índices**!!!

Antes de fazer cada questão, é muito importante coletar todas as informações que você tem sobre o tema e que conseguiu extrair da lei.

Num primeiro momento, seu trabalho vai ser de "tempestade de ideias". Anote no rascunho tudo que for útil para desenvolver a questão, tais como dispositivos legais, princípios, entendimentos doutrinários que conhecer, entendimentos jurisprudenciais, técnicas interpretativas que pode citar etc.

Depois da tempestade de ideias, agrupe os pontos que levantou, para que sejam tratados de forma ordenada, e crie um esqueleto de resposta. Não é para fazer um rascunho da resposta e depois copiá-lo. A ideia é que faça apenas um esqueleto, um esquema para que, quando estiver escrevendo a resposta, você o faça de modo bem organizado e não esqueça ponto algum.

Quando terminar de escrever uma resposta (e somente depois disso), leia a resolução da questão que está no livro e anote no papel onde escreveu sua resposta **o que faltou nela**. Anote os fundamentos que faltaram e também a eventual falta de organização de ideias e eventuais outras falhas que identificar. Nesse momento, tenha autocrítica. A ideia é você cometer cada vez menos erros a cada exercício. Depois de ler a resolução da questão presente neste livro, deverá buscar na legislação cada lei citada em nosso comentário. Leia os dispositivos citados por nós e aproveite também para conferir os dispositivos legais que têm conexão com o assunto.

Em seguida, pegue seu livro de doutrina de referência e leia o capítulo referente àquela temática.

Por fim, você deve ler todas as súmulas e precedentes jurisprudenciais referentes àquela temática, que estão devidamente classificados neste livro.

Faça isso com todas as questões discursivas (). E anote nos livros (neste livro e no livro de doutrina de referência) tudo o que você já tiver lido. Com essa providência você já estará se preparando tanto para os como para a não estará estudando os modelos de peça.

Ao final desse terceiro passo seu estará bastante apurado, com um bom e também com um bom conhecimento da , da e da .

3.6. 4º PASSO – ESTUDO HOLÍSTICO DAS PEÇAS PRÁTICAS (PEÇAS PRÁTICO-PROFISSIONAIS)

Sua tarefa, agora, é resolver todas as peças práticas que já apareceram no Exame Unificado da OAB.

Primeiro leia o enunciado do problema que pede a realização da peça prática e tente fazê-la sozinho, como se estivesse fazendo a prova. Mais uma vez use apenas a legislação. Não se esqueça de fazer a "tempestade de ideias" e o esqueleto.

Terminado o exercício, você vai ler a resolução da questão e o modelo da peça trazido no livro e anotará no papel onde escreveu sua resposta o que faltou nela. Anote os fundamentos que faltaram, a eventual falta de organização de ideias, dentre outras falhas que perceber. Lembre-se da importância da autocrítica.

Agora você deve buscar na legislação cada lei citada no comentário trazido neste livro. Leia os dispositivos citados e aproveite, mais uma vez, para ler os dispositivos legais que têm conexão com o assunto.

Em seguida, leia a jurisprudência no livro que indicamos ou nos sites do STF e do STJ e o livro de doutrina de sua confiança, com o objetivo de rememorar os temas que apareceram naquela peça prática, tanto na parte de direito material, como na parte de direito processual.

Faça isso com todas as peças práticas. E continue anotando nos livros tudo o que já tiver lido.

Ao final desse terceiro passo você sairá com o ainda mais apurado, com uma melhora substancial na e também com ótimo conhecimento da , da e da .

3.7. 5º PASSO – VERIFICAR O QUE FALTOU

Sua tarefa, agora, é verificar o que faltou. Leia os temas doutrinários que ainda não foram lidos, por não terem relação alguma com as questões resolvidas neste livro. Confira também as súmulas e os informativos de jurisprudência que restaram. Se você fizer a marcação do que foi e do que não foi lido, não haverá problema em identificar o que está faltando. Faça a marcação com um lápis. Poder ser um "x" ao lado de cada precedente jurisprudencial lido e, quanto ao livro de doutrina, faça um "x" nos temas que estão no índice do livro. Nos temas mais importantes pode fazer um "x" e um círculo. Isso permitirá que você faça uma leitura dinâmica mais perto da prova, apenas para relembrar esses pontos.

Leia também as demais peças processuais que se encontram no livro e reserve o tempo restante para pesquisa de jurisprudência de anos anteriores e treinamento, muito treinamento. Para isso, reescreva as peças que já fez até chegar ao ponto em que sentir que pegou o jeito.

3.8. DICAS FINAIS PARA RESOLVER OS PROBLEMAS

Em resumo, recomendamos que você resolva as questões e as peças no dia da prova usando as seguintes técnicas:

a) leia o enunciado pelo menos duas vezes, a primeira para ter ideia do todo e a segunda para anotar os detalhes;

b) anote as informações, perguntas e solicitações feitas no enunciado da questão;

- Ex: qual é o vício? / fundamente / indique o dispositivo legal;

c) busque a resposta nas leis relacionadas;

d) promova uma tempestade de ideias e ANOTE TUDO o que for relacionado;

- Ex: leis, princípios, doutrina, jurisprudência, fundamentos, exemplos etc.;

e) agrupe as ideias e crie um esqueleto de resposta, respondendo às perguntas e solicitações feitas;

f) redija;

g) revise o texto, buscando erros gramaticais.

3.9. DICAS FINAIS PARA O DIA DA PROVA

Por fim, lembre-se que você está na reta final para a sua prova. Falta pouco. Avise aos familiares e amigos que neste último mês de preparação você estará um pouco mais ausente. Peça ajuda nesse sentido. E lembre-se também de que seu esforço será recompensado.

No dia da prova, tome os seguintes cuidados:

a) chegue com muita antecedência;

- o Edital costuma determinar o comparecimento com antecedência mínima de uma 1 hora e 30 minutos do horário de início;

b) leve mais de uma caneta permitida;

- a caneta deve ser azul ou preta, fabricada em material transparente;
- não será permitido o uso de borracha e corretivo;

c) leve comprovante de inscrição + documento original de identidade, com foto;

d) leve água e chocolate;

e) se ficar nervoso: se você for religioso, faça uma oração antes de iniciar a prova; outra providência muito boa, havendo ou não religiosidade, é você, antes de iniciar, fazer várias respirações profundas, de olhos fechados. Trata-se de uma técnica milenar para acalmar e concentrar. Além disso, antes de ir para a prova, escute suas músicas preferidas, pois isso acalma a dá um ânimo bom.

No mais, tenha bastante foco, disciplina, perseverança e fé!

Tenho certeza de que tudo dará certo.

Wander Garcia

Coordenador da Obra

Prática Constitucional

Wander Garcia, Teresa Melo e Bruna Vieira

EXERCÍCIOS PRÁTICOS

1. PODER CONSTITUINTE

(OAB/Exame Unificado – 2010.1 – 2ª fase) Em razão de inúmeras denúncias acerca de favorecimentos e dispensas irregulares de licitação na máquina pública de determinado estado da Federação, a assembleia legislativa tomou a iniciativa de inserir dispositivos na Constituição estadual, estabelecendo que os convênios celebrados por secretários de estado e os contratos por estes firmados serão eficazes apenas depois da aprovação do Poder Legislativo. No mesmo sentido, foi inserida na Carta estadual norma que exige autorização legislativa para que o estado possa contrair dívidas. Inconformado com as ações unilaterais tomadas pela assembleia legislativa, o governador avalia como proceder, juridicamente, para resguardar a independência e a autonomia do Poder Executivo estadual. Considerando a situação hipotética acima apresentada, discorra, de forma objetiva e devidamente fundamentada, sobre a legitimidade das iniciativas da assembleia legislativa e indique a medida mais adequada a ser tomada pelo governador do estado para tornar inválidas as normas constitucionais estabelecidas.

RESOLUÇÃO DA QUESTÃO

As iniciativas da Assembleia Legislativa constituem indevida interferência do Poder Legislativo no Poder Executivo, ferindo o princípio da separação de poderes. Como de conhecimento geral, o princípio da separação de poderes é estruturado com base na a) especialização funcional e na b) independência entre os poderes. A especialização funcional diz respeito à atribuição de uma "função típica" para cada um dos Poderes, o que não exclui o exercício de "funções atípicas", vale dizer, muito embora a função típica (preponderante) do Executivo seja administrar, do Legislativo seja legislar e do Judiciário seja julgar, nada impede que todos os Poderes legislem, administrem e julguem. Em suma: a função típica de um Poder é atípica do outro. Assim, a separação de Poderes é princípio limitador do poder estatal, pois, ao dividir os Poderes, impede-se o exercício arbitrário e centralizado de cada um, o que acabou sendo atingido pelo exemplo acima, já que a Constituição Federal não exige autorização prévia do Legislativo para que o Executivo possa contrair dívidas, nem há norma semelhante acerca da necessidade de aprovação de convênios do Executivo pelo Legislativo. Na hipótese, não foi observado o modelo federal previsto na CF, ferindo-se, também, o princípio da simetria federativa. Por isso, caberia ao governador propor ADIn contra essas normas da constituição estadual, já que é legitimado ativo para o controle concentrado de constitucionalidade perante o STF (art. 103, V, da CF), e as normas estaduais são dotadas de generalidade e abstração, podendo ser impugnadas via ADIn (art. 102, I, "a", da CF).

GABARITO COMENTADO PELA EXAMINADORA – CESPE

Na hipótese, os dispositivos constitucionais aprovados pela assembleia legislativa ferem frontalmente o princípio da separação de poderes e os contornos constitucionais adotados, no âmbito federal, sobre o tema. Com efeito, não cabe, por não haver paralelo com o modelo federal da tripartição de poderes, subordinar a eficácia de convênios celebrados por secretários de Estado, ou de contratos por estes firmados, à aprovação da assembleia legislativa, criando, assim, uma subordinação da ação do Poder Executivo ao Poder Legislativo. De igual modo, a Constituição Federal não exige autorização legislativa para que o Estado venha a contrair dívidas. Pelo princípio da simetria, o constituinte estadual está obrigado a seguir fielmente as opções de organização e de relacionamento entre os poderes acolhidos pelo constituinte federal, opções constantemente invocadas em ações diretas de inconstitucionalidade para a invalidação de normas constitucionais e infraconstitucionais dos estados-membros. São precisamente as ações diretas de inconstitucionalidade, a serem ajuizadas perante o Supremo Tribunal Federal, o instrumento adequado para o governador, como legitimado ativo (CF, art. 103, V), enfrentar a situação descrita.

Observação para a correção: atribuir pontuação integral às respostas em que esteja expresso o conteúdo do dispositivo legal, ainda que não seja citado, expressamente, o número do artigo.

(OAB/Exame Unificado – 2006.1 – 2ª fase) Um grupo de deputados federais apresentou a Proposta de Emenda à Constituição (PEC) n.º 157/2003 — cujo texto é a seguir transcrito — com o objetivo de convocar uma assembleia de revisão constitucional.

PROPOSTA DE EMENDA À CONSTITUIÇÃO (PEC) N.º 157, de 2003. Convoca Assembleia de Revisão Constitucional e dá outras providências. A Mesa da Câmara dos Deputados e do Senado Federal, nos termos do § 3.º do art. 60 da Constituição Federal, promulgam a seguinte emenda constitucional:

Art. 1.º Será instalada, no dia 1.º de fevereiro de 2007, Assembleia de Revisão Constitucional, formada pelos membros da Câmara dos Deputados e do Senado Federal, com o objetivo de revisar a Constituição.

Art. 2.º A revisão constitucional, consubstanciada em apenas um ato, será promulgada após a aprovação de seu texto, em dois turnos de discussão e votação, pela maioria absoluta dos membros da Assembleia de Revisão Constitucional.

Parágrafo único. A revisão constitucional observará o disposto no art. 60, § 4.º, da Constituição Federal.

Art. 3.º A Assembleia de Revisão Constitucional extinguir-se-á no prazo máximo de doze meses contados da data de sua instalação.

Art. 4.º Esta Emenda Constitucional entra em vigor na data de sua publicação.

Considerando a proposição legislativa acima descrita, elabore um texto dissertativo avaliando, de forma justificada, a constitucionalidade da referida PEC, a legitimidade democrática da convocação da assembleia de revisão e a compatibilidade dessa convocação com a teoria do poder constituinte. Extensão máxima: 60 linhas.

Organização de ideias – É preciso observar o limite máximo de 60 linhas que, na medida do possível, deve ser distribuído por igual entre os três tópicos exigidos pela questão. O respeito ao limite de linhas é extremamente importante e deve ser verificado a cada enunciado, pois há questões com limite de 60 linhas, outras com limite de 30 linhas e um terceiro grupo que não menciona limite algum. Em qualquer caso a resposta deve ser direta (evite a ordem inversa ao responder; tenha como regra utilizar "sujeito + predicado"), clara (evite palavras rebuscadas) e objetiva (faça frases curtas, parágrafos com o mesmo tamanho e vá direto ao assunto).

Aqui a questão exige três análises: a) constitucionalidade do ato normativo; b) legitimidade democrática da convocação da assembleia de revisão e c) compatibilidade da convocação com a teoria do poder constituinte.

Quando se indagar a respeito da constitucionalidade de determinada lei ou ato normativo, a resposta deve abranger os aspectos *formal* (referente ao processo legislativo – à iniciativa, ao modo de elaboração da lei) e *material* (se o conteúdo da proposição legislativa coaduna-se com o texto e com os princípios constitucionais).

Ademais, tente demonstrar o máximo de objetividade em "temas abertos" como o da "legitimidade democrática" para não perder o foco e correr o risco de fugir do tema.

RESOLUÇÃO DA QUESTÃO

A proposta de emenda constitucional apresentada não encontra guarida no sistema constitucional vigente. Além da duvidosa constitucionalidade formal, já que o art. 60, I, da CF, exige a apresentação da PEC por um terço, no mínimo, dos deputados federais (e não por "um grupo" não quantificado de congressistas), o conteúdo da proposta tampouco pode ser considerado válido, diante do disposto no art. 3º do ADCT e da doutrina do Poder Constituinte.

Ao contrário do Poder Constituinte Originário (que é inicial, autônomo, ilimitado e incondicionado), o Poder Constituinte Derivado é secundário, subordinado e limitado e exercido pelos representantes do povo. Daí resulta a conclusão de que o poder derivado encontra limites nas regras previstas pelo constituinte originário, sendo certo afirmar que o Poder Constituinte Derivado não pode convocar uma Assembleia de Revisão Constitucional.

Em primeiro lugar, de acordo com a doutrina, há limites expressos ao poder de reforma da Constituição (art. 60 da CF) e limites implícitos. São exemplos desses últimos a titularidade do poder constituinte e o próprio procedimento de reforma da Constituição que, apesar de não escritos na Constituição, não podem ser alterados pelo legislador constituinte derivado. Assim, ainda que a revisão constitucional tenha procedimento distinto do aplicado às emendas constitucionais do art. 60 da CF, é também exemplo do poder de reforma da Constituição, pois o fruto do seu trabalho tem igualmente natureza jurídica de emendas à constituição (embora chamadas de "emendas de revisão). Por isso, mesmo que presente alguma discussão doutrinária a respeito, as emendas de revisão configuram-se exercício do poder constituinte derivado, precisando observar, por isso, os mesmos limites expressos (art. 60 da CF) e implícitos.

Na leitura do artigo 3º do ADCT pode-se notar que o *quorum* de aprovação das emendas de revisão (maioria absoluta) é menos rígido que o prescrito para aprovação das emendas "ordinárias" (maioria de três quintos – art. 60, § 2º, da CF), somando-se a isso o fato de o dispositivo que prevê a revisão constitucional constar do Ato das Disposições Constitucionais Transitórias, o que corrobora a vontade do constituinte originário de realizar a revisão constitucional uma única vez.

Dessa forma, tem-se que a revisão constitucional foi concebida pelo Poder Constituinte Originário para ser realizada apenas uma vez, após cinco anos da promulgação da CF, pelo voto da maioria absoluta do Congresso Nacional, em sessão unicameral. Em obediência à determinação constitucional, a revisão ocorreu em 1993/1994 e resultou em 6 emendas de revisão, tendo aí a norma constitucional exaurido sua eficácia. Assim, não pode o Poder Constituinte Derivado Revisor, na contramão da vontade do constituinte originário, instituir nova revisão constitucional com *quorum* de maioria absoluta, quando o próprio texto constitucional determinou a realização de revisão única e a impossibilidade, ainda que implícita, de alteração do procedimento de reforma da Constituição.

No mais, não se pode olvidar que a intensa participação popular na discussão e na promulgação da Constituição de 1988 conferiu indiscutível legitimidade democrática ao texto final aprovado. Por conseguinte, uma revisão constitucional ampla, instituída por proposta de emenda à Constituição, sem o necessário debate popular, não seria igualmente legítima.

Aqui, apesar de o tema não ser pacífico em doutrina, nem mesmo a convocação de referendo seria capaz de atribuir legitimidade à proposta, já que esse instrumento não é capaz de transmudar a natureza do poder constituinte, que não deixará de ser derivado. Vale dizer, ainda, que o povo seja titular do poder constituinte originário, uma vez esgotado esse poder inicial, autônomo, ilimitado e incondicionado, qualquer outra manifestação de alteração da Constituição será exercício do Poder Constituinte Derivado e, por isso, deverá observar os limites ao poder de reforma. Em outras palavras, as normas que limitam o poder de reforma da Constituição vinculam a todos os poderes, inclusive o povo.

Comentários adicionais

Por lealdade acadêmica é preciso informar que a proposta de emenda à Constituição acima descrita encontra-se em tramitação na Câmara dos Deputados sob o número 157/2003 e obteve parecer favorável da Comissão de Constituição e Justiça. A Casa levou em consideração o argumento do ex-Ministro Nelson Jobim de que a Constituição precisa de uma "lipoaspiração", além de ver no texto uma solução pragmática para as mais de mil propostas de emendas à Constituição que se encontram em tramitação. Entretanto, como vimos acima, a proposta apresenta uma série de inconstitucionalidades.

2. DIREITOS E GARANTIAS FUNDAMENTAIS

(OAB/Exame Unificado – 2013.2 – 2ª fase) Morales, de nacionalidade cubana, participante de *reality show* produzido e divulgado por emissora de televisão brasileira, alega que teve o seu direito fundamental à intimidade violado, ao serem amplamente divulgadas imagens suas em ato de convulsão, decorrentes de disfunção epilética que possui. Assim, após sua saída do programa, ingressa com demanda em face da emissora de televisão.

Considerando o fato acima descrito, responda fundamentadamente:

A) É possível invocar um direito fundamental, previsto na Constituição, em uma demanda movida contra um particular? (Valor: 0,65)

B) Seria correto o argumento, posto em sede de defesa, que a norma constitucional que resguarda o direito à intimidade não pode ser invocado, tendo em vista a ausência de lei disciplinando o dispositivo constitucional? (Valor: 0,60)

GABARITO COMENTADO – FGV

O objetivo da questão é verificar se o candidato tem conhecimento das características dos direitos fundamentais, bem como das teorias acerca de sua aplicação.

A) Deve ser respondido que é possível a demanda, explicando o que vem a ser eficácia horizontal dos direitos fundamentais, bem como esclarecendo que esta eficácia horizontal decorre da dimensão objetiva dos direitos fundamentais.

B) Não é correto o argumento da defesa. Os direitos individuais, nos termos do Art. 5°, § 1°, da Constituição Federal, têm aplicabilidade imediata, prescindindo de edição de norma regulamentadora, salvo quando a própria Constituição assim o exigir expressamente.

(OAB/Exame Unificado – 2010.1 – 2ª fase) Pedro teve ciência informal de que fora denunciado a determinado órgão de controle da administração pública pela prática de conduta ilícita. Com a finalidade de ajuizar ação em defesa de seu nome, sua honra e sua imagem, ele requereu ao poder público informações quanto à identificação e aos dados do(s) denunciante(s). O órgão público indeferiu o pedido, destacando que o interessado deveria valer-se do *habeas data*. Inconformado com a negativa, Pedro procurou o auxílio de um profissional da advocacia. Considerando essa situação hipotética, na qualidade de advogado(a) contratado(a) por Pedro, indique, com a devida fundamentação, a medida judicial cabível para que Pedro possa ter acesso à identificação e aos dados do(s) denunciante(s) e exponha os argumentos indispensáveis à adequada defesa de seu cliente.

RESOLUÇÃO DA QUESTÃO

A ação de *habeas data*, muito embora tenha por objeto a obtenção de informações, estas devem se referir à pessoa do impetrante e não a terceiro. No caso, não se busca a) assegurar o conhecimento de informações relativas à pessoa do impetrante, constantes de registros ou bancos de dados de entidades governamentais ou de caráter público; nem b) retificar dados do impetrante, constantes dos mesmos registros ou banco de dados. Ao contrário, como Pedro deseja obter informações sobre a identidade do denunciante, deve impetrar mandado de segurança, pois tem direito líquido e certo à proteção de sua honra, de sua imagem e de seu nome, com pedido de liminar para evitar que o dano ocorra.

GABARITO COMENTADO PELA EXAMINADORA – CESPE

A medida cabível e o mandado de segurança, com fundamento no art. 5º, LXIX, da CF, segundo o qual "conceder-se-á mandado de segurança para proteger direito líquido e certo, não amparado por habeas corpus ou habeas data, quando o responsável pela ilegalidade ou abuso de poder for autoridade pública ou agente de pessoa jurídica no exercício de atribuições do Poder Público". Não se revela cabível o *habeas data* na medida em que se pretende obter informações a respeito de terceiro, e não do próprio impetrante, sendo certo que a referida ação constitucional tem caráter personalíssimo. Assim, por meio de *habeas data*, somente podem ser pleiteadas informações relativas ao próprio impetrante, nunca de terceiros. Na hipótese, como se pretende obter dados inerentes a terceiro (o denunciante), o mandado de segurança configura o remédio apto a impugnar a ilegalidade e o abuso de poder. De acordo com a jurisprudência, o mandado de segurança e o instrumento hábil para a obtenção do nome e informações do(s) denunciante(s) em tais hipóteses. O impetrante tem o direito líquido e certo de obter informações acerca da identidade da pessoa do denunciante, como meio para postular a defesa de sua imagem, nome e honra. A Constituição Federal se expressa ao consignar, no art. 5º, X, que "são invioláveis a intimidade, a vida privada, a honra e a imagem das pessoas, assegurado o direito a indenização pelo dano material ou moral decorrente de sua violação". Em tais circunstâncias, quando se envolve a proteção à honra e à imagem, a defesa precisa ser promovida de pronto antes que as afirmações difamatórias possam ser difundidas, em prejuízo irreparável para o impetrante. Nesse sentido, restam demonstradas a liquidez e a certeza do direito do impetrante de obter conhecimento quanto à identificação do(s) denunciante(s) como forma de viabilizar a defesa de seu nome e de sua honra.

Observação para a correção: atribuir pontuação integral às respostas em que esteja expresso o conteúdo do dispositivo legal, ainda que não seja citado, expressamente, o número do artigo.

(OAB/Exame Unificado – 2009.1 – 2ª fase) João, acusado de ter praticado crime de menor potencial ofensivo, teve negado, pela turma recursal, seu pedido de trancamento da ação penal em curso no juizado especial. Nessa situação hipotética, caso queira ingressar com alguma medida judicial, como João deverá proceder? Fundamente sua resposta.

RESOLUÇÃO DA QUESTÃO

João deverá impetrar *habeas corpus* contra a decisão da Turma Recursal do Juizado Especial Criminal para o trancamento da ação penal (art. 5º, LXVIII, da CF), cujo julgamento compete ao Tribunal de Justiça local.

Isso porque, de acordo com o entendimento atual do STF, muito embora as turmas recursais funcionem como órgão de segunda instância recursal, elas não se incluem no conceito de *tribunal*, já que integradas por juízes de primeiro grau. Assim, deve-se aplicar a regra do art. 96, III, da CF ao caso.

Além disso, o entendimento anterior do STF, de que cabia ao próprio Supremo o julgamento de HC contra ato de turma recursal de juizados especiais criminais, acabava por contrariar a taxatividade do rol de suas competências originárias, estabelecido no art. 102, I, do texto constitucional.

Comentários adicionais

Não se trata de questão inédita e, mais uma vez, indaga-se sobre o conhecimento do candidato acerca do cancelamento da Súmula 690/STF e do entendimento atual do Supremo, refletido do julgamento do HC 89378-AgR, Rel. Min. Ricardo Lewandowski, e do HC 90905-AgR, Rel. Min. Sepúlveda Pertence, transcritos em comentário à questão análoga, do concurso de 2008.3.

(OAB/Exame Unificado – 2009.1 – 2ª fase) O prefeito do município X editou decreto, majorando a alíquota do IPTU dos imóveis ali localizados. Um partido político de oposição, com representação na respectiva assembleia legislativa, pretende ingressar com mandado de segurança coletivo, visando à declaração judicial de inexistência de relação jurídica tributária entre o citado município e os respectivos contribuintes do IPTU. Em face dessa situação hipotética, responda, de forma fundamentada, se há possibilidade de propositura do referido mandado de segurança coletivo.

RESOLUÇÃO DA QUESTÃO

O mandado de segurança coletivo tem sede constitucional no art. 5º, LXX, da CF, que autoriza sua impetração por partido político com representação no Poder Legislativo Federal (pelo menos um parlamentar em qualquer das Casas do Congresso Nacional). Apesar dos contornos de ação coletiva, deve observar os mesmos requisitos do mandado de segurança.

Como de conhecimento geral, não é possível a impetração de mandado de segurança contra "lei em tese", ou seja, contra um ato normativo genérico e abstrato, como no caso de decreto que majora a alíquota do IPTU de determinado município.

Ademais, o mandado de segurança coletivo tem por objeto a defesa de direitos coletivos e individuais homogêneos (art. 21, parágrafo único, I e II, da Lei 12.016/2009), não se prestando à tutela de interesses meramente pecuniários, disponíveis, com forte feição privada.

Nesse sentido, o art. 21 da Lei 12.016/2009 autoriza a impetração de mandado de segurança coletivo por partidos políticos apenas para a defesa dos interesses legítimos relativos a seus integrantes ou à finalidade partidária. No caso, tais requisitos não estão presentes.

Comentários adicionais

Súmula 266/STF: "Não cabe mandado de segurança contra lei em tese."

(OAB/Exame Unificado – 2009.1 – 2ª fase) João é depositário de determinado bem móvel, decorrente de contrato civil. Devidamente notificado para entregá-lo, não cumpriu com a obrigação nem indicou o local onde estaria o bem. O interessado ingressou com a ação pertinente na justiça cível e, após o trâmite regular do processo, houve determinação no mesmo sentido pelo juiz que conduzia o processo, ou seja, que João deveria entregar o bem. João permaneceu inerte, o que ocasionou a determinação de sua ordem de prisão por 60 dias. Inconformado, João impetrou *habeas corpus* no tribunal competente. Diante da situação hipotética apresentada, indique a posição majoritária mais recente do Supremo Tribunal Federal sobre a legalidade da ordem de prisão do depositário infiel, informando, com fundamento nessa posição, se o *habeas corpus* deve ser concedido em favor de João.

RESOLUÇÃO DA QUESTÃO

A prisão civil por dívida é, em regra, vedada pelo nosso ordenamento. A Constituição Federal, entretanto, estabelece duas exceções à regra geral, legitimando a prisão civil do devedor que não paga pensão alimentícia e do depositário infiel (art. 5º, LXVII, da CF).

O Pacto de San José da Costa Rica, ratificado pelo Brasil, é ainda mais restritivo: só permite a prisão dos devedores de pensão alimentícia, ou seja, com base na Convenção Americana de Direitos Humanos, o depositário infiel não pode ser preso.

O conflito entre a norma internacional e a norma constitucional foi inúmeras vezes analisado pelo Supremo que, em entendimento tradicional, decidia pela prevalência da Constituição e autorizava a prisão do depositário infiel.

Ocorre que, em recente virada jurisprudencial, o STF acabou por consagrar a tese da supralegalidade dos tratados para concluir que a prisão do depositário infiel é ilícita. Com base no entendimento atual do STF, portanto, a ordem pleiteada por João no *habeas corpus* deve ser concedida.

Comentários adicionais

A orientação atual do STF foi firmada no já citado RE 466.343-1/SP, Rel. Min. Cezar Peluso, cuja ementa novamente transcrevemos:

PRISÃO CIVIL. Depósito. Depositário infiel. Alienação fiduciária. Decretação da medida coercitiva. Inadmissibilidade absoluta. Insubsistência da previsão constitucional e das normas subalternas. Interpretação do art. 5º, inc. LXVII e §§ 1º, 2º e 3º, da CF, à luz do art. 7º, § 7, da Convenção Americana de Direitos Humanos (Pacto de San José da Costa Rica). Recurso improvido. Julgamento conjunto do RE nº 349.703 e dos HCs nº 87.585 e nº 92.566. É ilícita a prisão civil de depositário infiel, qualquer que seja a modalidade do depósito. (RE 466343, Rel. Min. Cezar Peluso, Tribunal Pleno, julgado em 03/12/2008).

Apenas um parêntesis: o STF alterou sua jurisprudência ao fundamento de que os tratados internacionais sobre direitos humanos têm natureza *supralegal*, ou seja, encontram-se acima das leis, mas abaixo da Constituição. Ocorre que, no caso do depositário infiel, a Constituição tem norma expressa autorizando a prisão. Portanto, nessa hipótese, parece haver uma contradição entre o fundamento utilizado pelo STF (supralegalidade do tratado) e a ordem emanada da sua decisão (a prisão é ilegal) – pois o art. 5º, LXVII, da CF, teve sua incidência afastada para ser aplicado o tratado internacional. Assim, fica a reflexão: o tratado internacional sobre direitos humanos tem ou não força normativa superior à da Constituição Federal?

(OAB/Exame Unificado – 2008.3 – 2ª fase) Após procedimento administrativo de desapropriação efetuado pelo INCRA, em que se constatou a improdutividade de determinado imóvel rural, o presidente da República editou decreto declarando de interesse social para fins de reforma agrária a propriedade denominada Fazenda Mar de Terra, situada no município de Manhuaçu, no estado de Minas Gerais. Em 18/12/2008, o decreto de desapropriação foi publicado no Diário Oficial da União. Inconformados com a desapropriação, os proprietários dessa fazenda, entendendo inválido o procedimento administrativo de desapropriação, ante o atestado de produtividade do imóvel, conforme laudo emitido por perito de sua confiança, impetraram mandado de segurança perante o Supremo Tribunal Federal. Considerando a situação hipotética apresentada, analise o cabimento do mandado de segurança, em especial no que tange ao cabimento da medida, ao ato atacado, à competência do órgão julgador e à legitimidade ativa e passiva.

RESOLUÇÃO DA QUESTÃO

A desapropriação do imóvel rural por interesse social para fins de reforma agrária tem sede constitucional no art. 184 da CF e só pode ser realizada pela União – que o faz por intermédio do INCRA (autarquia federal).

Apesar de o imóvel rural não estar cumprindo sua função social, e a desapropriação configurar exercício da supremacia do interesse público, o procedimento para sua efetivação não dispensa a observância do devido processo legal (art. 5º, LIV, da CF), que pode ser controlado pelo Poder Judiciário.

Em tese, portanto, observado o prazo decadencial de 120 dias para a impetração (art. 23 da Lei 12.016/2009), seria cabível mandado de segurança contra o decreto expropriatório (ato atacado), em razão dos efeitos concretos dele decorrentes. A competência para processamento e julgamento é do STF (art. 102, I, "d", da CF) porque o legitimado passivo é o Presidente da República, cabendo a legitimidade ativa aos proprietários do bem.

Entretanto, porque o procedimento do *mandamus* dirige-se à proteção de direito líquido e certo, não se admite dilação probatória durante o curso do processo, ou seja, o direito deve ser comprovado de plano na petição inicial. Portanto, como no caso narrado os proprietários querem fazer valer laudo de perito por eles contratado, a hipótese não comporta o *writ*, que não se presta à discussão acerca da produtividade do imóvel.

Comentários adicionais

Atenção: a antiga lei do Mandado de Segurança (Lei 1.533/1951) foi revogada pela Lei 12.016/2009, que passa a disciplinar o procedimento do *mandamus*.

Fundamentação constitucional e legal do instituto da desapropriação: a) Constituição Federal – arts. 5º, XXIV; 182, § 2º; 184; 185 e 243; b) Decreto-Lei 3.365/1941 (utilidade e necessidade pública); c) Lei 4.132/1962 (interesse social); d) Decreto-Lei 1.075/1970 (imissão provisória na posse em imóveis residenciais urbanos); e) Lei 8.257/1991 (glebas com culturas ilegais de plantas psicotrópicas); f) Lei 8.629/1993 (reforma agrária); g) Lei Complementar 76/1993 (rito sumário de contraditório especial para reforma agrária) e h) Lei 10.257/2001 (desapropriação por interesse social como instrumento de política urbana).

Sobre tema análogo ao discutido na questão, segue precedente do STF:

REFORMA AGRÁRIA - DESAPROPRIAÇÃO-SANÇÃO (CF, ART. 184) - POSSIBILIDADE CONSTITUCIONAL - SUPOSTA AUSÊNCIA DE NOTIFICAÇÃO PRÉVIA DO PROPRIETÁRIO RURAL QUANTO À REALIZAÇÃO DA VISTORIA (LEI Nº 8.629/93, ART. 2º, § 2º) - INOCORRÊNCIA - DECLARAÇÃO DA IMPETRANTE CONTESTADA, DOCUMENTALMENTE, PELO INCRA - ALEGADA PRODUTIVIDADE DO IMÓVEL RURAL - SITUAÇÃO DE CONTROVÉRSIA OBJETIVA - ILIQUIDEZ DOS FATOS SUBJACENTES À ALEGAÇÃO DA IMPETRANTE - INVIABILIDADE DA DISCUSSÃO, EM SEDE MANDAMENTAL, DA PRODUTIVIDADE FUNDIÁRIA - MANDADO DE SEGURANÇA INDEFERIDO. REFORMA AGRÁRIA E DEVIDO PROCESSO LEGAL.

– O postulado constitucional do "due process of law", em sua destinação jurídica, também está vocacionado à proteção da propriedade. Ninguém será privado de seus bens sem o devido processo legal (CF, art. 5º, LIV). A União Federal - mesmo tratando-se de execução e implementação do programa de reforma agrária - não está dispensada da obrigação de respeitar, no desempenho de sua atividade de expropriação, por interesse social, os princípios constitucionais que, em tema de propriedade, protegem as pessoas contra a eventual expansão arbitrária do poder estatal. A cláusula de garantia dominial que emerge do sistema consagrado pela Constituição da República tem por objetivo impedir o injusto sacrifício do direito de propriedade. Doutrina. Precedentes.

FUNÇÃO SOCIAL DA PROPRIEDADE E VISTORIA EFETUADA PELO INCRA.

– A vistoria efetivada com fundamento no art. 2º, § 2º, da Lei nº 8.629/93 tem por finalidade específica viabilizar o levantamento técnico de dados e informações sobre o imóvel rural, permitindo à União Federal - que atua por intermédio do INCRA - constatar se a propriedade realiza, ou não, a função social que lhe é inerente. O ordenamento positivo determina que essa vistoria seja precedida de notificação regular ao proprietário, em face da possibilidade de o imóvel rural - quando este descumprir a função social que lhe é inerente - vir a ser objeto de desapropriação-sanção, para fins de reforma agrária. NOTIFICAÇÃO PRÉVIA DA VISTORIA. - A notificação a que se refere o art. 2º, § 2º, da Lei nº 8.629/93, para que se repute válida (e possa, consequentemente, legitimar eventual declaração expropriatória para fins de reforma agrária), há de ser efetivada em momento anterior ao da realização da vistoria. Essa notificação prévia somente considerar-se-á regular, quando comprovadamente realizada na pessoa do proprietário do imóvel rural, ou quando efetivada mediante carta com aviso de recepção firmado por seu destinatário ou por aquele que disponha de poderes para receber a comunicação postal em nome do proprietário rural, ou, ainda, quando procedida na pessoa de representante legal ou de procurador regularmente constituído pelo *dominus*. Plena regularidade, no caso, da notificação prévia promovida pelo INCRA, que comprovou, documentalmente, a efetivação de referida comunicação postal. SITUAÇÃO DE CONTROVÉRSIA OBJETIVA

E ILIQUIDEZ DOS FATOS. - A via jurisdicional do mandado de segurança não se revela meio instrumentalmente idôneo à veiculação de pretensão jurídica fundamentada em situação de fato passível de controvérsia e suscetível de questionamento em pontos essenciais que se refiram à própria realidade material subjacente ao direito subjetivo invocado pela parte impetrante. Precedentes. Descabimento do exame, na espécie, em sede mandamental, da alegada produtividade do imóvel rural. (MS 23032, Rel. Min. Celso de Mello, Tribunal Pleno, julgado em 29/08/2001).

(OAB/Exame Unificado – 2008.3 – 2ª fase) Paulo, delegado de polícia, preside o inquérito X, no qual é apurada a prática de crime de estupro, por João, que se encontra preso, contra a menor M, de 13 anos de idade. No curso do inquérito, a menor se retratou da acusação de estupro, mas Paulo não comunicou tal fato ao juiz de direito competente para proceder ao arquivamento do inquérito, razão pela qual foi aberta, a pedido do Ministério Público, ação penal para apurar eventual crime de prevaricação. Tendo o juiz de direito do juizado especial criminal da comarca Y do estado Z determinado a intimação de Paulo para audiência de transação penal, este impetrou *habeas corpus* com vistas a impedir seu comparecimento à audiência bem como a se livrar do referido inquérito, mas a turma recursal estadual denegou o pedido. Em face dessa situação hipotética, indique, com a devida fundamentação legal, a medida judicial mais adequada para que Paulo atinja o objetivo pretendido, bem como o órgão do poder judiciário competente para julgá-la.

RESOLUÇÃO DA QUESTÃO

Paulo poderá impetrar *habeas corpus*, ação penal constitucional que tem por objeto a garantia da liberdade de ir e vir (art. 5º, LXVIII, da CF). Conforme entendimento geral, a instauração de inquérito policial já autoriza a impetração de HC. Com maior razão, a medida é também cabível já no curso da ação penal.

De acordo com a nova orientação do Supremo Tribunal, compete ao Tribunal de Justiça local o julgamento de *habeas corpus* contra decisão de Turma Recursal de Juizado Especial Criminal.

Isso porque, muito embora as turmas recursais funcionem como órgão de segunda instância recursal, elas não se incluem no conceito de *tribunal*, já que integradas por juízes de primeiro grau. Assim, deve-se aplicar a regra do art. 96, III, da CF, para firmar a competência de julgamento do pedido formulado no HC.

Além disso, o entendimento anterior do STF, de que cabia ao próprio Supremo o julgamento de HC contra ato de turma recursal de juizados especiais criminais, acabava por contrariar a taxatividade do rol de suas competências originárias, estabelecido no art. 102, I, do texto constitucional.

Comentários adicionais

Sobre o tema, a Súmula 690/STF assim estabelecia: "Compete originariamente ao Supremo Tribunal Federal o julgamento de *habeas corpus* contra decisão de turma recursal de juizados especiais criminais."

Esse entendimento, contudo, foi superado a partir do julgamento do HC 86.834/SP, Rel. Min. Marco Aurélio, julgado que firmou a competência do Tribunal de Justiça para julgamento do HC. O novo entendimento jurisprudencial foi noticiado no Informativo STF 437/2006:

O Tribunal, por maioria, mantendo a liminar deferida, declinou da sua competência para o Tribunal de Justiça do Estado de São Paulo, a fim de que julgue *habeas corpus* impetrado contra ato da Turma Recursal do Juizado Criminal da Comarca de Araçatuba - SP em que se pretende o trancamento de ação penal movida contra delegado de polícia acusado da prática do crime de prevaricação - v. Informativo 413. Entendeu-se que, em razão de competir aos tribunais de justiça o processo e julgamento dos juízes estaduais nos crimes comuns e de responsabilidade, ressalvada a competência da Justiça Eleitoral (CF, art. 96, III), a eles deve caber o julgamento de *habeas corpus* impetrado contra ato de turma recursal de juizado especial criminal. Asseverou-se que, em reforço a esse entendimento, tem-se que a competência originária e recursal do STF está prevista na própria Constituição, inexistindo preceito que delas trate que leve à conclusão de competir ao Supremo a apreciação de habeas ajuizados contra atos de turmas recursais criminais. Considerou-se que a EC 22/99 explicitou, relativamente à alínea i do inciso I do art. 102 da CF, que cumpre ao Supremo julgar os *habeas* quando o coator for tribunal superior, constituindo paradoxo admitir-se também sua competência quando se tratar de ato de turma recursal criminal, cujos integrantes sequer compõem tribunal. Vencidos os Ministros Sepúlveda Pertence, Cármen Lúcia e Celso de Mello que reconheciam a competência originária do STF para julgar o feito, reafirmando a orientação fixada pela Corte em uma série de precedentes, no sentido de que, na determinação da competência dos tribunais para conhecer de *habeas corpus* contra coação imputada a órgãos do Poder Judiciário, quando silente a Constituição, o critério decisivo não é o da superposição administrativa ou o da competência penal originária para julgar o magistrado coator ou integrante do colegiado respectivo, mas sim o da hierarquia jurisdicional.

O cancelamento da Súmula 690/STF e a aplicação da nova orientação podem ser conferidos nos julgados abaixo:

AGRAVO REGIMENTAL. PROCESSO PENAL. *Habeas corpus*. TURMA RECURSAL. COMPETÊNCIA. TRIBUNAL DE JUSTIÇA. SUPERAÇÃO DA SÚMULA 690 DESTA CORTE. I - Compete ao Tribunal de Justiça do Estado processar e julgar *habeas corpus* impetrado contra ato emanado de Turma Recursal. II - Com o entendimento firmado no julgamento do HC 86.834/SP, fica superada a Súmula 690 desta Corte. III - Agravo regimental desprovido. (HC 89378 AgR, Rel. Min. Ricardo Lewandowski, Primeira Turma, julgado em 28/11/2006).

Habeas corpus: incompetência do Supremo Tribunal para conhecer originariamente de *habeas corpus* no qual se imputa coação a Juiz de primeiro grau e a Promotor de Justiça que oficia perante Juizado Especial Criminal (CF, art. 102, I, i). II. *Habeas corpus*: conforme o entendimento firmado a partir do julgamento do HC 86.834 (Pl, 23.6.06, Marco Aurélio, Inf., 437), que implicou o cancelamento da Súmula 690, compete ao Tribunal de Justiça julgar *habeas corpus* contra ato de Turma Recursal dos Juizados Especiais do Estado. (HC 90905-AgR, Rel. Min. Sepúlveda Pertence, Primeira Turma, julgado em 10/04/2007).

(OAB/Exame Unificado – 2008.2 – 2ª fase) Um integrante da polícia militar de determinado estado da Federação pretende participar de processo eleitoral na condição de candidato a vereador do município onde reside. O militar conta com onze anos de serviço na polícia militar e não possui filiação partidária, mas entende que o art. 142, § 3.º, inciso V, da Constituição Federal, que proíbe que o militar, enquanto em serviço ativo, possa estar filiado a partido político, aplica-se apenas aos militares federais. Assim, ele pretende participar da convenção partidária que vai oficializar a relação de candidatos de determinado partido, orientado que foi no sentido de que o registro da candidatura suprirá a ausência de prévia filiação partidária. Nessas circunstâncias, o militar solicita aos seus superiores a condição de agregado, pois é sua intenção, se não for eleito, retornar aos quadros da corporação. Considerando a situação hipotética apresentada, responda, de forma fundamentada, às seguintes perguntas.

- ✓ Pode o policial militar ser candidato a vereador sem se afastar definitivamente da corporação?
- ✓ Está correto o entendimento segundo o qual a vedação de filiação partidária, enquanto em serviço ativo, não se estende aos militares dos estados?
- ✓ Está correta a orientação no sentido de que o registro da candidatura suprirá a falta de filiação partidária?
- ✓ Poderá o militar, se não for eleito, retornar aos quadros da polícia militar?

RESOLUÇÃO DA QUESTÃO

A Constituição Federal, no art. 14, § 2º, veda a alistabilidade apenas aos conscritos, durante o serviço militar obrigatório. A hipótese trata de militar estadual, e não de conscrito, razão por que o militar pode se alistar.

Em razão da sua alistabilidade é também elegível, na forma do art. 14, § 8º, da CF. E, por contar com mais de dez anos de serviço militar, enquadra-se no art. 14, § 8º, II, da CF, não sendo necessário passar para a inatividade para concorrer ao cargo eletivo.

O art. 142, § 3º, V, da CF veda a filiação partidária aos militares da ativa. Muito embora o dispositivo refira-se aos membros das forças armadas, sua regra proibitiva é também dirigida aos servidores militares dos estados por expressa determinação do art. 42, § 1º, da CF.

Por não lhe ser exigida a condição de elegibilidade referente à filiação partidária (art. 14, § 3º, V, da CF), o entendimento jurisprudencial firmou-se no sentido de que basta ao militar o pedido de registro da candidatura, após sua escolha em convenção partidária. A partir do deferimento do registro ocorre a agregação do militar.

Dessa forma, passará imediatamente à inatividade se for eleito (art. 14, § 8º, II, da CF). Caso não consiga se eleger, retornará às suas funções militares, uma vez que a agregação, para concorrer a cargo político, apenas o afasta temporariamente do serviço militar ativo.

Comentários adicionais

Para melhor compreensão do tema, alguns precedentes e dispositivos legais merecem ser destacados:

- Noção de conscrito:

Art. 3º do Decreto 57.654/1966: "Art. 3° Para os efeitos deste Regulamento são estabelecidos os seguintes conceitos e definições: (...)

5) conscritos - Brasileiros que compõem a classe chamada para a seleção, tendo em vista a prestação do Serviço Militar inicial."

- Noção de agregado:

Art. 80 da Lei 6.880/1980 (Estatuto dos militares): "Art. 80 Agregação é a situação na qual o militar da ativa deixa de ocupar vaga na escala hierárquica de seu Corpo, Quadro, Arma ou Serviço, nela permanecendo sem número.

- A regra é a vedação da "candidatura avulsa", ou seja, de pessoa não filiada a partido político:

Art. 77, § 2º, da CF: "§ 2º - Será considerado eleito Presidente o candidato que, registrado por partido político, obtiver a maioria absoluta de votos, não computados os em branco e os nulos";

Art. 87 da Lei 4.737/1965 (Código Eleitoral): "Art. 87. Somente podem concorrer às eleições candidatos registrados por partidos";

Art. 18 da Lei 9.096/1995 (Lei dos Partidos Políticos): "Art. 18. Para concorrer a cargo eletivo, o eleitor deverá estar filiado ao respectivo partido pelo menos um ano antes da data fixada para as eleições, majoritárias ou proporcionais";

Art. 9º da Lei 9504/1997: "Art. 9º Para concorrer às eleições, o candidato deverá possuir domicílio eleitoral na respectiva circunscrição pelo prazo de, pelo menos, um ano antes do pleito e estar com a filiação deferida pelo partido no mesmo prazo".

- O candidato filiado deve ser escolhido em convenção:

Art. 8º da Lei 9504/1997: "Art. 8º A escolha dos candidatos pelos partidos e a deliberação sobre coligações deverão ser feitas no período de 10 a 30 de junho do ano em que se realizarem as eleições, lavrando-se a respectiva ata em livro aberto e rubricado pela Justiça Eleitoral.

Seleção de precedentes jurisprudenciais do TSE e do STF:

CONSTITUCIONAL. ELEITORAL. MILITAR DA ATIVA (SARGENTO) COM MAIS DE DEZ ANOS DE SERVIÇO. ELEGIBILIDADE. FILIAÇÃO PARTIDÁRIA. CF, ART. 14, PAR. 3º, V; ART. 14, PAR. 8º, II, ART. 42, PAR. 6º. CÓDIGO ELEITORAL, ART. 5º, PARÁGRAFO ÚNICO. LEI 6.880/80, ART. 82, XIV, PAR. 4º.

I) Se o militar da ativa e alistável, e ele elegível (CF, art. 14, par. 8º). Porque não pode ele filiar-se a partido político (CF, art. 42, par. 6º), a filiação partidária não lhe é exigível como condição de elegibilidade, certo que somente a partir do registro da candidatura é que será agregado (CF, art. 14, par. 8º, II; Cod. Eleitoral, art. 5º, parag. único; Lei n. 6.880, de 1980, art. 82, XIV, par. 4 º).

II) Recurso Extraordinário conhecido e provido. (STF, AI 135452, Rel. Min. Carlos Velloso, Tribunal Pleno, julgado em 20/09/1990).

"Consulta. Militar da ativa. Concorrência. Cargo eletivo. Filiação partidária. Inexigibilidade. Res.-TSE nº 21.608/2004, art. 14, § 1º.

A filiação partidária contida no art. 14, § 3º, V, Constituição Federal não é exigível ao militar da ativa que pretenda concorrer a cargo eletivo, bastando o pedido de registro de candidatura após prévia escolha em convenção partidária (Res.-TSE no 21.608/2004, art. 14, § 1º)."

(TSE, Res. no 21.787, de 1º.6.2004, Rel. Min. Humberto Gomes de Barros)

"Recurso especial. Registro de candidatura. Condição de elegibilidade. Filiação partidária de militar da ativa. Inexigência.

A condição de elegibilidade relativa à filiação partidária contida no art. 14, § 3º, inciso V, da Constituição não é exigível ao militar da ativa que pretenda concorrer a cargo eletivo, bastando o pedido de registro de candidatura, após prévia escolha em convenção partidária (Res.-TSE no 20.993/2002, art. 12, § 2º).

Recurso especial a que se dá provimento para deferir o registro."

(TSE, Ac. nº 20.285, de 19.9.2002, Rel. Min. Sepúlveda Pertence)

(OAB/Exame Unificado – 2008.1 – 2ª fase) Pedro de Tal cumpriu dois mandatos consecutivos de governador de estado, tendo renunciado ao segundo mandato seis meses antes do próximo pleito. Com a renúncia, Pedro decidiu apoiar, como candidata a governadora, uma senhora que vive maritalmente há dez anos com o irmão dele. Na situação hipotética descrita, é possível admitir que a candidatura da referida senhora esteja de acordo com o que estabelece a Constituição Federal? Justifique sua resposta.

RESOLUÇÃO DA QUESTÃO

O art. 14, § 7º, da CF, estabelece que são inelegíveis, no território de circunscrição do titular, o cônjuge e os parentes consanguíneos ou afins, até o segundo grau ou por adoção, dos chefes do Executivo Federal, Estadual, Distrital ou Municipal, ou de quem os haja substituído dentro dos seis meses anteriores ao pleito, salvo se já titular de mandato eletivo e candidato à reeleição.

No caso, a candidata é parente de Pedro por afinidade em 2º grau, encontrando-se no âmbito de incidência da regra proibitiva da Constituição Federal. Ainda que Pedro tenha renunciado ao seu cargo seis meses antes do pleito, com o objetivo de impedir a caracterização da inelegibilidade (art. 14, § 6º, da CF), ainda assim candidata é inelegível, haja vista que Pedro já cumpriu dois mandatos consecutivos e não pode concorrer novamente (art. 14,§ 5º, da CF).

De acordo com o entendimento do STF, a vedação do art. 14, § 7º, da CF só é excepcionada tão e somente se Pedro fosse reelegível e tivesse se desincompatibilizado seis meses antes, sendo os requisitos cumulativos.

Comentários adicionais

Pela interpretação conjunta do art. 14, § 7º da CF e dos artigos do Código Civil sobre parentesco (arts. 1591 a 1595 do CC), são parentes do titular por *consanguinidade* ou por *adoção* inelegíveis: seus pais e filhos (1° grau), avós, netos e irmãos (2° grau). São também inelegíveis por vínculo de afinidade com o titular: genro, nora, sogro, sogra (1º grau por afinidade), avós do cônjuge ou companheiro(a), cunhado e cunhada (2º grau por afinidade).

Segue precedente do STF sobre o tema

Elegibilidade: cônjuge e parentes do chefe do Poder Executivo: elegibilidade para candidatar-se à sucessão dele, quando o titular, causador da inelegibilidade, pudesse, ele mesmo, candidatar-se à reeleição, mas se tenha afastado do cargo até seis meses antes do pleito.

1. A evolução do Direito Eleitoral brasileiro, no campo das inelegibilidades, girou durante décadas em torno do princípio basilar da vedação de reeleição para o período imediato dos titulares do Poder Executivo: regra introduzida, como única previsão constitucional de inelegibilidade, na primeira Carta Política da República (Const. 1891, art. 47, § 4º), a proibição se manteve incólume ao advento dos textos posteriores, incluídos os que regeram as fases de mais acendrado autoritarismo (assim, na Carta de 1937, os arts. 75 a 84, embora equívocos, não chegaram à admissão explícita da reeleição; e a de 1969 (art. 151, § 1º, a) manteve-lhe o veto absoluto).
2. As inspirações da irreelegibilidade dos titulares serviram de explicação legitimadora da inelegibilidade de seus familiares próximos, de modo a obviar que, por meio da eleição deles, pudesse se conduzir ao continuísmo familiar.
3. Com essa tradição uniforme do constitucionalismo republicano, rompeu, entretanto, a EC 16/97, que, com a norma permissiva do § 5º do art. 14 CF, explicitou a viabilidade de uma reeleição imediata para os Chefes do Executivo.
4. Subsistiu, no entanto, a letra do § 7º, atinente a inelegibilidade dos cônjuges e parentes, consanguíneos ou afins, dos titulares tornados reelegíveis, que, interpretado no absolutismo da sua literalidade, conduz a disparidade ilógica de tratamento e gera perplexidades invencíveis.

5. Mas, é lugar comum que o ordenamento jurídico e a Constituição, sobretudo, não são aglomerados caóticos de normas; presumem-se um conjunto harmônico de regras e de princípios: por isso, é impossível negar o impacto da Emenda Constitucional nº 16 sobre o § 7º do art. 14 da Constituição, sob pena de consagrar-se o paradoxo de impor-se ao cônjuge ou parente do causante da inelegibilidade o que a este não se negou: permanecer todo o tempo do mandato, se candidato à reeleição, ou afastar-se seis meses para concorrer a qualquer outro mandato eletivo.
6. Nesse sentido, a evolução da jurisprudência do TSE, que o STF endossa, abandonando o seu entendimento anterior. (RE 344882, Rel. Min. Sepúlveda Pertence, Tribunal Pleno, julgado em 07/04/2003).

(OAB/Exame Unificado – 2007.2 – 2ª fase) Antônio, deputado federal, recebeu vantagens indevidas em razão do seu cargo eletivo e foi condenado por falta de decoro parlamentar. Acerca dessa situação hipotética, responda, de modo fundamentado, aos seguintes questionamentos:

✓ Qual o órgão competente para julgar e condenar Antônio por falta de decoro?

✓ Antônio pode renunciar ao mandato, visando a não aplicação da penalidade?

RESOLUÇÃO DA QUESTÃO

A falta de decoro parlamentar é hipótese de cassação (ou perda) do mandato, de acordo com o art. 55, II e § 1º, da CF, sendo órgão competente para julgar e condenar o congressista à Casa a que pertencer (no caso, a Câmara dos Deputados), por força do art. 55, § 2º, da CF.

De acordo com a regra estabelecida no art. 55, § 4º, da CF, a renúncia do parlamentar é possível, mas terá seus efeitos suspensos até a deliberação final a ser tomada em processo de que resulte a extinção (hipóteses do art. 55, § 3º, da CF) ou a perda do mandado (previstas no art. 55, § 2º, da CF).

Comentários adicionais

O art. 1º, I, "b", da LC 64/1990 (Lei das Inelegibilidades) prevê a inelegibilidade dos parlamentares que tenham perdido o mandato na forma do art. 55, I e II, da CF. Confira-se:

Art. 1º São inelegíveis:

I - para qualquer cargo:

(...)

b) os membros do Congresso Nacional, das Assembleias Legislativas, da Câmara Legislativa e das Câmaras Municipais, que hajam perdido os respectivos mandatos por infringência do disposto nos incisos I e II do art. 55 da Constituição Federal, dos dispositivos equivalentes sobre perda de mandato das Constituições Estaduais e Leis Orgânicas dos Municípios e do Distrito Federal, para as eleições que se realizarem durante o período remanescente do mandato para o qual foram eleitos e nos oito anos subsequentes ao término da legislatura;

(OAB/Exame Unificado – 2007.1 – 2ª fase) Maria, servidora pública federal, exerce a função de auxiliar de enfermagem há 25 anos cumprindo carga horária de 40 horas semanais. Alega que a lei complementar prevista no § 4.º do art. 40 da Constituição Federal de 1988 ainda não foi editada e que tal omissão está impedindo que ela se aposente, pois, por ser a sua atividade considerada insalubre, penosa ou perigosa, teria direito a se aposentar com 25 anos de serviço/contribuição, conforme a Lei n.º 8.213, de 24 de julho de 1991, que dispõe o seguinte:

> "Art. 57. A aposentadoria especial será devida, uma vez cumprida a carência exigida nesta Lei, ao segurado que tiver trabalhado sujeito a condições especiais que prejudiquem a saúde ou a integridade física, durante quinze, vinte ou vinte e cinco anos, conforme dispuser a lei.
>
> § 1.º A aposentadoria especial, observado o disposto no art. 33 desta Lei, consistirá em uma renda mensal equivalente a 100% do salário de benefício."

Com base nessas informações e na situação hipotética em apreço, elabore um texto, sintético e objetivo, que responda às seguintes questões.

A) Qual é a medida judicial de feição constitucional apropriada para garantir a aposentadoria a Maria?

B) Qual é o órgão do poder judiciário competente para julgá-la?

C) Qual é a consequência do provimento judicial eventualmente obtido nessa medida judicial, conforme o entendimento do STF e da doutrina vigente?

RESOLUÇÃO DA QUESTÃO

a) Mandado de injunção (art. 5º, LXXI, da CF), garantia individual que integra o conjunto dos "remédios constitucionais", pois visa tutelar *in concreto* os direitos subjetivos violados diante da falta de norma jurídica regulamentadora, referente a direitos ou prerrogativas referentes à nacionalidade, à soberania e à cidadania.

b) A competência para processar e julgar o mandado de injunção é determinada de acordo com a autoridade responsável pela edição da norma faltante. No caso, tratando-se de ato omissivo de autoridade submetida à jurisdição do Supremo (vale dizer, do Presidente da República, *ex vi* do art. 61, § 1º, II, "c", da CF), ao STF cabe processar e julgar originariamente o mandado de injunção, por força do art. 102, I, "q", da Constituição Federal.

c) Os efeitos da decisão do mandado de injunção é tema de polêmica doutrinária e jurisprudencial. A doutrina majoritária defende que o provimento jurisdicional tem natureza constitutiva, ou seja, na ausência de norma regulamentadora, deve o órgão julgador suprir a omissão e formular a norma do caso concreto, com eficácia *inter partes*. Entretanto, por muitos anos a jurisprudência do STF não consagrou essa tese, orientando-se no sentido de que o provimento do MI tinha natureza meramente declaratória, limitando-se a dar ciência da mora legislativa ao órgão omisso, para que tomasse as providências necessárias quanto à edição do ato normativo. Em alguns casos, o STF passou a regulamentar o direito violado, desde que o silêncio normativo fosse considerado desproporcional.

Atualmente, porém, o STF tem adotado postura mais ativa no que tange ao Mandado de Injunção para viabilizar a própria fruição do direito subjetivo antes impedido de ser exercido por força de omissão legislativa inconstitucional. Assim, no caso concreto, o direito à aposentadoria especial seria concedido à impetrante, afastando-se as consequências da mora do legislador.

Comentários adicionais

Conforme notícia publicada no Informativo STF 477/2007, o STF julgou parcialmente procedente pedido formulado em mandado de injunção impetrado, contra o Presidente da República, por servidora do Ministério da Saúde, para, de forma mandamental, adotando o sistema do regime geral de previdência social (Lei 8.213/91, art. 57), assentar o direito da impetrante à aposentadoria especial de que trata o § 4º do art. 40 da CF. Na espécie, a impetrante, auxiliar de enfermagem, pleiteava que fosse suprida a falta da norma regulamentadora a que se refere o art. 40, § 4º, a fim de possibilitar o exercício do seu direito à aposentadoria especial, haja vista ter trabalhado por mais de 25 anos em atividade considerada insalubre — v. Informativos 442 e 450. Salientando o caráter mandamental e não simplesmente declaratório do mandado de injunção, asseverou-se caber ao Judiciário, por força do disposto no art. 5º, LXXI e seu § 1º, da CF, não apenas emitir certidão de omissão do Poder incumbido de regulamentar o direito a liberdades constitucionais, a prerrogativas inerentes à nacionalidade, à soberania e à cidadania, mas viabilizar, no caso concreto, o exercício desse direito, afastando as consequências da inércia do legislador.

Consta do voto do Min. Relator o seguinte trecho, que merece leitura cuidadosa:

O instrumental previsto na Lei Maior, em decorrência de reclamações, consideradas as Constituições anteriores, nas quais direitos dependentes de regulamentação não eram passíveis de ser acionados, tem natureza mandamental e não simplesmente declaratória, no sentido da inércia legislativa. Revela-se próprio, ao processo subjetivo e não ao objetivo, descabendo confundi-lo com ação direta de inconstitucionalidade por omissão, cujo rol de legitimados é estrito e está na Carta da República. Aliás, há de se conjugar o inciso LXXI do artigo 5º da Constituição Federal com o § 1º do citado artigo, a dispor que as normas definidoras dos direitos e garantias fundamentais constantes da Constituição têm aplicação imediata. Iniludivelmente, buscou-se, com a inserção do mandado de injunção no cenário jurídico-constitucional, tornar concreta, tornar viva a Lei Maior, presentes direitos, liberdades e prerrogativas inerentes à nacionalidade, à soberania e à cidadania. Não se há de confundir a atuação no julgamento do mandado de injunção com atividade do Legislativo. Em síntese, ao agir, o Judiciário não lança, na ordem jurídica, preceito abstrato. Não, o que se tem, em termos de prestação jurisdicional, é a viabilização, no caso concreto, do exercício do direito, do exercício da liberdade constitucional, das prerrogativas ligadas a nacionalidade, soberania e cidadania. O pronunciamento judicial faz lei entre as partes, como qualquer pronunciamento em processo subjetivo, ficando, até mesmo, sujeito a uma condição resolutiva, ou seja, ao suprimento da lacuna regulamentadora por quem de direito, Poder Legislativo. É tempo de se refletir sobre a timidez inicial do Supremo quanto ao alcance do mandado de injunção, ao excesso de zelo, tendo em vista a separação e harmonia entre os Poderes. É tempo de se perceber a frustração gerada pela postura inicial, transformando o mandado de injunção em ação simplesmente declaratória do ato omissivo, resultando em algo que não interessa, em si, no tocante à prestação jurisdicional, tal como consta no inciso LXXI do artigo 5º da Constituição Federal, ao cidadão. Impetra-se este mandado de injunção não para lograr-se simples certidão da omissão do Poder incumbido de regulamentar o direito a liberdades constitucionais, a prerrogativas inerentes a nacionalidade, à soberania e à cidadania. Busca-se o Judiciário na crença de lograr a supremacia da Lei Fundamental, a prestação jurisdicional que afaste as nefastas consequências da inércia do legislador. Conclamo, por isso, o Supremo, na composição atual, a rever a óptica inicialmente formalizada (...). Está-se diante de situação concreta em que o Diploma Maior recepciona, mesmo assim de forma mitigada, em se tratando apenas do caso vertente, a separação dos Poderes que nos vem de Montesquieu. Tenha-se presente a frustração gerada pelo alcance emprestado pelo Supremo ao mandado de injunção. Embora sejam tantos os preceitos da Constituição de 1988, apesar de passados dezesseis anos, ainda na dependência de regulamentação, mesmo assim não se chegou à casa do milhar na impetração dos mandados de injunção. No caso, a dificuldade não é maior, porquanto é possível adotar-se, ante o fator tempo e à situação concreta da impetrante, o sistema revelado pelo regime geral de previdência social. O artigo 57 da Lei nº 8.213, de 24 de julho de 1991, dispõe que: Art. 57. A aposentadoria especial será devida, uma vez cumprida a carência exigida nesta Lei, ao segurado que tiver trabalhado sujeito a condições especiais que prejudiquem a saúde ou a integridade física, durante 15 (quinze), 20 (vinte) ou 25 (vinte e cinco) anos, conforme dispuser a lei. § 1º A aposentadoria especial, observado o disposto no art. 33 desta Lei, consistirá numa renda mensal equivalente a 100% (cem por cento) do salário de benefício. A impetrante conta com 25 anos de serviços prestados, atendendo à dilação maior prevista na Lei nº 8.213/91. (...) (MI 721/DF, Rel. Min. Marco Aurélio, 30.8.2007).

(OAB/Exame Unificado – 2006.2 – 2ª fase) O art. 1.º da Medida Provisória n.º 293/1986 determina: A central sindical, entidade de representação geral dos trabalhadores, constituída em âmbito nacional, terá as seguintes atribuições e prerrogativas:

I exercer a representação dos trabalhadores, por meio das organizações sindicais a ela filiadas; e

II – participar de negociações em fóruns, colegiados de órgãos públicos e demais espaços de diálogo social que possuam composição tripartite, nos quais estejam em discussão assuntos de interesse geral dos trabalhadores. Parágrafo único. Considera-se central sindical, para os efeitos do disposto nesta medida provisória, a entidade associativa de direito privado composta por organizações sindicais de trabalhadores.

No tocante a essa medida, o ministro do Trabalho observou que as centrais vão representar os trabalhadores nas negociações em fóruns, colegiados de órgãos públicos e demais espaços de diálogo social que possuam composição tripartite, mas descartou a possibilidade de as entidades se envolverem em acordos e convenções coletivas. O ministro justificou o reconhecimento das centrais por medida provisória, apesar de existir um anteprojeto do próprio governo já finalizado sobre esse assunto. "A urgência justifica-se pela necessidade de dar respaldo legal às centrais sindicais, como reconhecimento da legitimidade conquistada nos últimos 20 anos." Internet: <www.camara.gov.br> (com adaptações).

Elabore um texto dissertativo que avalie a compatibilidade da medida provisória acima referida com o ordenamento constitucional, em relação tanto ao aspecto da compatibilidade com o sistema sindical desenhado na Constituição da República quanto ao da possibilidade do uso de medida provisória para regular a referida matéria. Extensão máxima: 30 linhas.

RESOLUÇÃO DA QUESTÃO

A medida provisória em análise não se coaduna com o regramento constitucional do sistema sindical.

Em primeiro lugar, o texto fere frontalmente o disposto no art. 8º, I, da CF, que veda qualquer interferência ou intervenção do Poder Público na organização sindical. Além disso, a noção de central sindical vai de encontro à unicidade imposta pelo inciso II do mesmo artigo, uma vez que toda e qualquer pessoa jurídica que cumprir os requisitos impostos por lei poderá ser reconhecida como tal. Em terceiro lugar, a medida provisória tampouco observa a necessidade de representação dos empregados por categoria, pois a central sindical é geral, ou seja, abrange indistintamente todos os trabalhadores.

O cenário de inconstitucionalidades compreende, ainda, o desrespeito à norma do art. 8º, III e IV, da CF, que se refere a sindicato (e não a entidade sindical). Por fim, os sindicatos não apenas negociam com o empregador, mas receberam da Constituição atribuição mais ampla, de defesa dos direitos e interesses coletivos ou individuais da categoria, inclusive em questões judiciais ou administrativas.

Quanto ao mais, não há proibição constitucional à veiculação da matéria por medida provisória, já que o art. 62, § 1º, I, II e III não faz menção a direito sindical, além de o inciso IV referir-se a projeto de lei apenas pendente de sanção ou veto pelo Presidente da República, o que não corresponde à hipótese narrada. O que se pode questionar é a presença do requisito da urgência exigido pelo art. 62 da CF, que, pelos dados apresentados no enunciado da questão, não foi satisfeito.

(OAB/Exame Unificado – 2006.2 – 2ª fase) No curso de uma ação de reconhecimento de paternidade, o juiz de direito que presidia o feito determinou ao réu que fornecesse uma pequena quantidade de sangue com o objetivo de realizar o exame de DNA, o que possibilitaria uma decisão segura a respeito da paternidade que lhe era imputada. O réu recusou-se a promover o recolhimento do sangue, alegando que essa ordem era contrária aos princípios da dignidade humana, da intimidade e da intangibilidade de seu próprio corpo. O juiz, porém, em nome da defesa dos direitos indisponíveis da criança, cuja proteção tem caráter constitucional, determinou a realização coercitiva do referido exame. A propósito da situação acima descrita, redija um texto dissertativo acerca da constitucionalidade do ato do juiz que determinou a realização coercitiva do exame de DNA do réu.

RESOLUÇÃO DA QUESTÃO

A determinação do juiz de obrigar o réu a submeter-se forçadamente a exame de código genético – DNA – contraria o entendimento do STF de que a conduta fere os princípios da dignidade humana, da intimidade, da intangibilidade do corpo humano, dentre outros. Diante da tensão entre o princípio da dignidade humana e a defesa dos interesses da criança, a jurisprudência firmou a orientação de que a recusa do suposto pai em realizar o exame induz à presunção de paternidade que, por ser relativa, admite a produção de provas em contrário. O ônus probatório, nesse caso, passa a ser do réu, conforme disposto nos arts. 231 e 232 do Código Civil e no art. 2º-A da Lei 8.560/1992.

Comentários adicionais

Sobre o tema, ler o multicitado precedente do Ministro Marco Aurélio, abaixo transcrito, bem como a Súmula 301 do STJ, os arts. 231 e 232 do Código Civil, além do art. 2º-A recentemente incluído da Lei de Investigação de Paternidade:

INVESTIGAÇÃO DE PATERNIDADE - EXAME DNA - CONDUÇÃO DO RÉU "DEBAIXO DE VARA". Discrepa, a mais não poder, de garantias constitucionais implícitas e explícitas - preservação da dignidade humana, da intimidade, da intangibilidade do corpo humano, do império da lei e da inexecução específica e direta de obrigação de fazer - provimento judicial que, em ação civil de investigação de paternidade, implique determinação no sentido de o réu ser conduzido ao laboratório, "debaixo de vara", para coleta do material indispensável à feitura do exame DNA. A recusa resolve-se no plano jurídico--instrumental, consideradas a dogmática, a doutrina e a jurisprudência, no que voltadas ao deslinde das questões ligadas à prova dos fatos. (HC 71373, Rel. p/ Acórdão Min. Marco Aurélio, Tribunal Pleno, julgado em 10/11/1994).

Código Civil:

Art. 231. Aquele que se nega a submeter-se a exame médico necessário não poderá aproveitar-se de sua recusa.

Art. 232. A recusa à perícia médica ordenada pelo juiz poderá suprir a prova que se pretendia obter com o exame.

Lei 8.560/1992:

Art. 2º-A. Na ação de investigação de paternidade, todos os meios legais, bem como os moralmente legítimos, serão hábeis para provar a verdade dos fatos.

Parágrafo único. A recusa do réu em se submeter ao exame de código genético - DNA gerará a presunção da paternidade, a ser apreciada em conjunto com o contexto probatório.

(OAB/Exame Unificado – 2006.2 – 2ª fase) Um deputado do estado do Espírito Santo, sob o argumento de que a redução de causas temerárias aumentaria a celeridade da tramitação dos feitos no Poder Judiciário estadual, apresentou projeto de lei ordinária determinando que:

Art. 1.º Os autores de toda demanda judicial acerca de direitos patrimoniais disponíveis devem depositar compulsoriamente em juízo 5% do valor da causa, sob pena de indeferimento da petição inicial.

Art. 2.º Para ter direito a contestar uma ação que verse sobre direitos patrimoniais disponíveis, o réu deve depositar previamente em juízo 5% do valor da causa.

Parágrafo único. Havendo contestação ao valor da causa, o réu deve depositar imediatamente 5% da parcela incontroversa e o restante, uma vez julgada a impugnação do valor da causa.

Art. 3.º Transitada em julgado a decisão do respectivo processo, o montante do depósito compulsório será revertido à parte vencedora, na qualidade de honorários advocatícios.

Acerca da situação hipotética acima, redija um texto dissertativo que analise a compatibilidade do referido projeto com o ordenamento constitucional, avaliando a constitucionalidade formal e material. Extensão máxima: 30 linhas.

RESOLUÇÃO DA QUESTÃO

O projeto de lei não observa a constitucionalidade formal, uma vez que é competência privativa da União legislar sobre direito processual, por força do art. 22, I, da CF. Assim, somente os membros do Congresso Nacional podem apresentar projeto de lei sobre a matéria.

No que toca à constitucionalidade material, o projeto tampouco merece ser aprovado, pois a exigência impõe restrição ilegítima ao direito fundamental de petição (art. 5º, XXXIV, da CF), ao princípio do contraditório (art. 5º, LV, da CF) e ao acesso à Justiça (art. 5º, XXXV, da CF). Assim, não se observa o princípio da razoabilidade, já que a restrição imposta pelo projeto de lei é maior que o benefício dele decorrente, desrespeitando a proporcionalidade em sentido estrito.

Por fim, importa observar que, em tema análogo, o STF aprovou a Súmula Vinculante 21, segundo a qual é ilegítima a exigência de depósito prévio para a admissibilidade de recurso administrativo.

(OAB/Exame Unificado – 2006.1 – 2ª fase) Durante uma partida de futebol realizada entre um time brasileiro e um time argentino, o jogador argentino Leandro, que reside em Buenos Aires, foi preso em flagrante delito pela prática do crime de racismo, por ter dirigido contra um jogador brasileiro insultos de cunho racista. Leandro está preso em uma delegacia de polícia e seus advogados tentam fazer com que seu ato seja qualificado como injúria agravada por racismo, o que permitiria sua libertação mediante pagamento de fiança, o que não acontece quando o crime é qualificado como racismo, que é um crime inafiançável. Consultado acerca do caso, um advogado afirmou o seguinte: "Essa questão é juridicamente controvertida e Leandro possivelmente ficará preso por mais algum tempo. Os estrangeiros que não residem no Brasil não têm direito a *habeas corpus*, direito esse que é garantido pelo artigo 5.º da Constituição da República apenas aos brasileiros e estrangeiros residentes no país". Considerando a situação hipotética acima, redija um texto dissertativo avaliando a correção da interpretação dada pelo advogado citado ao *caput* do artigo 5.º da Constituição da República, combinado com inciso LXVIII desse mesmo dispositivo, transcritos a seguir.

"Art. 5.º Todos são iguais perante a lei, sem distinção de qualquer natureza, garantindo-se aos brasileiros e aos estrangeiros residentes no País a inviolabilidade do direito à vida, à liberdade, à igualdade, à segurança e à propriedade, nos termos seguintes:

(...)

LXVIII – conceder-se-á *habeas corpus* sempre que alguém sofrer ou se achar ameaçado de sofrer violência ou coação em sua liberdade de locomoção, por ilegalidade ou abuso de poder". Extensão máxima: 60 linhas

RESOLUÇÃO DA QUESTÃO

Muito embora o art. 5º, *caput*, da CF refira-se a estrangeiros *residentes* no país, a norma deve ser interpretada extensivamente para abranger também os estrangeiros de passagem pelo Brasil, pois a interpretação sistemática da CF, antes de proibir, garante a impetração de *habeas corpus* por estrangeiros, mesmo que de passagem pelo país.

Os direitos e garantias fundamentais (rol no qual se insere a garantia do *habeas corpus*) são dotados de diversas características, dentre elas a da *universalidade*, segundo a qual esses direitos e garantias dirigem-se indistintamente a todo ser humano, independentemente de raça, credo, nacionalidade ou convicção política.

Ademais, a Constituição de 1988 impõe a observância aos direitos fundamentais, inclusive aos não expressamente previstos em seu texto, mas decorrentes do regime e dos princípios por ela adotados (art. 5º, § 2º, da CF), como o da dignidade da pessoa humana. No caso, o respeito à dignidade humana, erigido a fundamento da República Federativa do Brasil (art. 1º, III, da CF) também impede a adoção de tratamento diferenciado nessa hipótese.

Por isso, ao contrário do defendido pelo advogado consultado, a garantia insculpida no inciso LXVIII do art. 5º da CF dirige-se a brasileiros e a estrangeiros residentes, de passagem pelo país, ou até aos estrangeiros em situação irregular no Brasil (como a impetração para evitar expulsão do território), podendo ser impetrado sempre que alguém se encontrar sofrendo ou na ameaça de sofrer violência à sua liberdade de locomoção, por ilegalidade ou por abuso de poder, dado o caráter universal dos direitos fundamentais e à observância ao princípio da dignidade da pessoa humana.

Comentários adicionais

O STJ reiteradamente admite a impetração de *habeas corpus* contra a expulsão de estrangeiro que tenha prole no país, desde que seja comprovada a dependência econômica e socioafetiva:

ADMINISTRATIVO. *HABEAS CORPUS*. EXPULSÃO DE ESTRANGEIRO DO TERRITÓRIO NACIONAL. CONDENAÇÃO PELO CRIME DE TRÁFICO INTERNACIONAL DE ENTORPECENTES. FILHO NASCIDO NO BRASIL APÓS A CONDENAÇÃO PENAL E O ATO EXPULSÓRIO. ARTIGO 75 DA LEI 6.815/90. CONVIVÊNCIA SÓCIO-AFETIVA E DEPENDÊNCIA ECONÔMICA NÃO DEMONSTRADAS. INEXISTÊNCIA DAS HIPÓTESES DE EXCLUSÃO DE EXPULSABILIDADE. ART. 75, II, DA LEI N. 6.815/80.

1. A jurisprudência do Superior Tribunal de Justiça flexibilizou a interpretação do art. 65, inciso II, da Lei 6.815/80, para manter no país o estrangeiro que possui filho brasileiro, mesmo que nascido posteriormente à condenação penal e ao decreto expulsório, no afã de tutelar a família, a criança e o adolescente.

2. Todavia, o acolhimento desse preceito não é absoluto e impõe ao impetrante que efetivamente comprove, no momento da impetração, a dependência econômica e a convivência sócio-afetiva com a prole brasileira, a fim de que o melhor interesse do menor seja atendido.

(...)

4. Logo, diante da ausência de prova evidente no sentido de que a situação do paciente encontra abrigo nas excludentes de expulsabilidade, previstas no inciso II do artigo 75 da Lei n. 6.815/80, a ordem deve ser denegada. Precedentes: AgRg no HC 115603/DF, Relator Ministro Castro Meira, Primeira Seção, DJ de 18 de setembro de 2009 e HC 98.735/DF, Relatora Ministra Denise Arruda, Primeira Seção, DJ de 20 de outubro de 2008.

5. O *habeas corpus* deve, no momento do seu ajuizamento, estar guarnecido com a efetiva comprovação do constrangimento ilegal, sendo certo, outrossim, que não se admite dilação probatória na escorreita via do remédio heroico. Precedente: HC 121.414/DF, Relator Ministro Mauro Campbell Marques, Primeira Seção, DJ de 3 de agosto de 2009.

6. Ordem denegada.

(HC 144.458/DF, Rel. Min. Benedito Gonçalves, Primeira Seção, julgado em 14/10/2009, DJe 22/10/2009).

3. ORGANIZAÇÃO DO ESTADO

(OAB/Exame Unificado – 2013.3 – 2ª fase) Com a aproximação do pleito eleitoral, o Prefeito do Município ABC, que concorrerá à reeleição, vem tentando resgatar a sua imagem, desgastada por conta de sucessivos escândalos. O Prefeito deu início a uma série de obras públicas de embelezamento da cidade e quadruplicou as receitas destinadas à publicidade. Para fazer face a essas despesas, o Município deixou de aplicar o mínimo exigido da receita municipal na manutenção e desenvolvimento do ensino e nas ações e serviços públicos de saúde e anunciou corte ainda maior nas verbas destinadas à educação e saúde para o exercício financeiro seguinte. Considerando que a Constituição da República autoriza a intervenção nessa hipótese, responda, fundamentadamente, aos itens a seguir.

A) A União pode intervir nos Municípios, caso o Estado deixe de fazê-lo? (Valor: 0,65)

B) Caso o Governador decrete a intervenção do Estado no Município, tal ato estará sujeito a alguma forma de controle político? (Valor: 0,60)

GABARITO COMENTADO

A) A resposta é negativa. A intervenção é medida excepcional, que só poderá ocorrer nas hipóteses taxativamente enumeradas no texto constitucional. E a Constituição somente autoriza a intervenção federal em Estados ou em Municípios situados em territórios federais (artigos 34 e 35, da CRFB), mas não a intervenção federal em municípios situados em Estados (ainda que haja omissão do Estado). Nesse sentido, o Supremo Tribunal Federal, de longa data, deixou assentada essa impossibilidade, registrando que os municípios situados no âmbito dos estados-membros não se expõem à possibilidade constitucional de sofrerem intervenção decretada pela União, eis que, relativamente a esses entes municipais, a única pessoa política ativamente legitimada a neles intervir é o Estado-membro. Por isso mesmo, no sistema constitucional brasileiro, falece legitimidade ativa à União para intervir em quaisquer Municípios, ressalvados, unicamente, os Municípios localizados em Território Federal.

B) A resposta é positiva. A intervenção estadual no município, no caso descrito, é ato executado pelo Chefe do Poder Executivo (Governador). Nada obstante, a própria Constituição da República estabelece o controle político *a posteriori* da Assembleia Legislativa do Estado sobre o Decreto de intervenção expedido pelo Governador (Art. 36, § 1º, CRFB).

Distribuição dos pontos

Item	Pontuação
A. Não, pois a intervenção é medida excepcional, que só poderá ocorrer nas hipóteses taxativamente enumeradas no texto constitucional. E a Constituição somente autoriza a intervenção federal em estados ou em municípios situados em territórios federais (0,45) - artigos 34 (0,10) e 35 (0,10) da CRFB. Entretanto veda a intervenção federal em municípios situados em estados (ainda que haja omissão do Estado). Obs.: A mera citação do dispositivo legal não pontua.	0,00/0,45/0,55/0,65
B. Sim, pois a própria Constituição da República estabelece o controle político a *posteriori* da Assembleia Legislativa do Estado sobre o decreto de intervenção expedido pelo Governador (0,50), de acordo com Art. 36, § 1º, CRFB (0,10). Obs.: A mera citação do dispositivo legal não pontua.	0,00/0,50/0,60

(OAB/Exame Unificado – 2013.1– 2ª fase) O Estado, sem motivo de força maior, não repassa aos municípios receitas tributárias determinadas pela Constituição Federal, nos prazos nela determinados. O Município JJ necessita dos recursos para realizar os serviços básicos de atendimento à população.

Diante do narrado, responda aos itens a seguir.

A) Quais as consequências do não repasse das verbas referidas? (Valor: 0,50)

B) Quais os procedimentos exigidos pela Constituição nesse caso? (Valor: 0,75)

O examinando deve fundamentar corretamente sua resposta. A simples menção ou transcrição do dispositivo legal não pontua.

GABARITO COMENTADO – FGV

A) Nos termos do Art. 34, V, b) da CFRB. (Art. 34. A União não intervirá nos Estados nem no Distrito Federal, exceto para:... V – reorganizar as finanças da unidade da Federação que: a) suspender o pagamento da dívida fundada por mais de dois anos consecutivos, salvo motivo de força maior; b) deixar de entregar aos Municípios receitas tributárias fixadas nesta Constituição, dentro dos prazos estabelecidos em lei;). Trata-se de intervenção para defesa das finanças estaduais.

B) O ato de intervenção será formalizado por decreto do Poder Executivo (CFRB, Art. 36). No caso em tela dependerá apenas da constatação dos fatos, ou seja, do não repasse. Haverá a nomeação de um interventor, pois se trata de intervenção no Executivo. Será o decreto submetido ao Congresso Nacional que, se em recesso, sofrerá convocação extraordinária (CFRB, Art. 36, §§ 1º e 2º). O ato pode ser realizado *ex officio* pelo Presidente da República ou decorrer de comunicação do município. Deverão ser ouvidos o Conselho da República (Art. 90, I, da CRFB) e o Conselho de Defesa Nacional (Art. 91, § 1º, II, da CRFB).

Distribuição dos pontos

Quesito Avaliado	Faixa de Valores
A. Intervenção da União nos Estados (0,25). Art. 34, V, "b", da CRFB (0,25).	0,00 / 0,25 / 0,50
B1. Decreto do Presidente (CFRB, Art. 36) (0,15). Submissão ao Congresso (CFRB, Art. 36) (0,15). Convocação extraordinária (0,15)	0,00 / 0,15 / 0,30 / 0,45
B2. Conselho da República (Art. 90, I, da CRFB) (0,15) e o Conselho de Defesa Nacional (Art.91, § 1º, II, da CRFB) (0,15).	0,00 / 0,15 / 0,30

(OAB/Exame Unificado – 2008.2 – 2ª fase) A Assembleia Legislativa de um estado da Federação aprovou projeto de decreto legislativo criando novo município, resultante de desmembramento de outro, tendo sido realizada posteriormente à aprovação do decreto consulta plebiscitária junto às populações diretamente interessadas. Foram, ainda, apresentados e publicados os estudos que comprovam a viabilidade do novo ente que se quer formar. Nessa situação hipotética, foram atendidos todos os requisitos constitucionais que permitam considerar criado o novo município? Justifique sua resposta.

RESOLUÇÃO DA QUESTÃO

A criação, a incorporação, a fusão e o desmembramento de municípios devem seguir o regramento estabelecido no art. 18, § 4º, da CF, ou seja, a) realizarem-se durante o período previsto em lei complementar federal, b) após a elaboração de estudo de viabilidade municipal, c) com consulta prévia (mediante plebiscito) às populações diretamente interessadas e, cumpridos esses requisitos, o processo é finalizado pela edição de, d) lei estadual.

No caso narrado não houve observância do procedimento constitucional, haja vista que a criação do município foi feita por decreto legislativo (e não por lei estadual), a consulta à população interessada deu-se posteriormente à aprovação do decreto legislativo (quando a Constituição exige plebiscito – e não referendo), além de não haver menção ao período em que a criação do Município foi ultimada.

Comentários adicionais

Apesar de o STF já ter julgado procedente o pedido formulado em ação direta de inconstitucionalidade por omissão contra a mora do Congresso Nacional em editar a lei complementar prevista no art. 18, § 4º, da CF, o ato normativo ainda não existe.

Confiram-se importantes precedentes do STF sobre o tema:

AÇÃO DIRETA DE INCONSTITUCIONALIDADE POR OMISSÃO. INATIVIDADE DO LEGISLADOR QUANTO AO DEVER DE ELABORAR A LEI COMPLEMENTAR A QUE SE REFERE O § 4º DO ART. 18 DA CONSTITUIÇÃO FEDERAL, NA REDAÇÃO DADA PELA EMENDA CONSTITUCIONAL NO 15/1996. AÇÃO JULGADA PROCEDENTE.

1. A Emenda Constitucional nº 15, que alterou a redação do § 4º do art. 18 da Constituição, foi publicada no dia 13 de setembro de 1996. Passados mais de 10 (dez) anos, não foi editada a lei complementar federal definidora do período dentro do qual poderão tramitar os procedimentos tendentes à criação, incorporação, desmembramento e fusão de municípios. Existência de notório lapso temporal a demonstrar a inatividade do legislador em relação ao cumprimento de inequívoco dever constitucional de legislar, decorrente do comando do art. 18, § 4º, da Constituição.
2. Apesar de existirem no Congresso Nacional diversos projetos de lei apresentados visando à regulamentação do art. 18, § 4º, da Constituição, é possível constatar a omissão inconstitucional quanto à efetiva deliberação e aprovação da lei complementar em referência. As peculiaridades da atividade parlamentar que afetam, inexoravelmente, o processo legislativo, não justificam uma conduta manifestamente negligente ou desidiosa das Casas Legislativas, conduta esta que pode pôr em risco a própria ordem constitucional. A *inertia deliberandi* das Casas Legislativas pode ser objeto da ação direta de inconstitucionalidade por omissão.
3. A omissão legislativa em relação à regulamentação do art. 18, § 4º, da Constituição, acabou dando ensejo à conformação e à consolidação de estados de inconstitucionalidade que não podem ser ignorados pelo legislador na elaboração da lei complementar federal.
4. Ação julgada procedente para declarar o estado de mora em que se encontra o Congresso Nacional, a fim de que, em prazo razoável de 18 (dezoito) meses, adote ele todas as providências legislativas necessárias ao cumprimento do dever constitucional imposto pelo art. 18, § 4º, da Constituição, devendo ser contempladas as situações imperfeitas decorrentes do estado de inconstitucionalidade gerado pela omissão. Não se trata de impor um prazo para a atuação legislativa do Congresso Nacional, mas apenas da fixação de um parâmetro temporal razoável, tendo em vista o prazo de 24 meses determinado pelo Tribunal nas ADI 2.240, 3.316, 3.489 e 3.689 para que as leis estaduais que criam municípios ou alteram seus limites territoriais continuem vigendo, até que a lei complementar federal seja promulgada contemplando as realidades desses municípios.

(ADI 3682, Rel. Min. Gilmar Mendes, Tribunal Pleno, julgado em 09/05/2007).

AÇÃO DIRETA DE INCONSTITUCIONALIDADE. LEI N. 7.619/00, DO ESTADO DA BAHIA, QUE CRIOU O MUNICÍPIO DE LUÍS EDUARDO MAGALHÃES. INCONSTITUCIONALIDADE DE LEI ESTADUAL POSTERIOR À EC 15/96. AUSÊNCIA DE LEI COMPLEMENTAR FEDERAL PREVISTA NO TEXTO CONSTITUCIONAL. AFRONTA AO DISPOSTO NO ARTIGO 18, § 4º, DA CONSTITUIÇÃO DO BRASIL. OMISSÃO DO PODER LEGISLATIVO. EXISTÊNCIA DE FATO. SITUAÇÃO CONSOLIDADA. PRINCÍPIO DA SEGURANÇA DA JURÍDICA. SITUAÇÃO DE EXCEÇÃO, ESTADO DE EXCEÇÃO. A EXCEÇÃO NÃO SE SUBTRAI À NORMA, MAS ESTA, SUSPENDENDO-SE, DÁ LUGAR À EXCEÇÃO – APENAS ASSIM ELA SE CONSTITUI COMO REGRA, MANTENDO-SE EM RELAÇÃO COM A EXCEÇÃO.

1. O Município foi efetivamente criado e assumiu existência de fato, há mais de seis anos, como ente federativo.
2. Existência de fato do Município, decorrente da decisão política que importou na sua instalação como ente federativo dotado de autonomia. Situação excepcional consolidada, de caráter institucional, político. Hipótese que consubstancia reconhecimento e acolhimento da força normativa dos fatos.
3. Esta Corte não pode limitar-se à prática de mero exercício de subsunção. A situação de exceção, situação consolidada – embora ainda não jurídica – não pode ser desconsiderada.
4. A exceção resulta de omissão do Poder Legislativo, visto que o impedimento de criação, incorporação, fusão e desmembramento de Municípios, desde a promulgação da Emenda Constitucional n. 15, em 12 de setembro de 1.996, deve-se à ausência de lei complementar federal.
5. Omissão do Congresso Nacional que inviabiliza o que a Constituição autoriza: a criação de Município. A não edição da lei complementar dentro de um prazo razoável consubstancia autêntica violação da ordem constitucional.
6. A criação do Município de Luís Eduardo Magalhães importa, tal como se deu, uma situação excepcional não prevista pelo direito positivo.
7. O estado de exceção é uma zona de indiferença entre o caos e o estado da normalidade. Não é a exceção que se subtrai à norma, mas a norma que, suspendendo-se, dá lugar à exceção – apenas desse modo ela se constitui como regra, mantendo-se em relação com a exceção.
8. Ao Supremo Tribunal Federal incumbe decidir regulando também essas situações de exceção. Não se afasta do ordenamento, ao fazê-lo, eis que aplica a norma à exceção desaplicando-a, isto é, retirando-a da exceção.
9. Cumpre verificar o que menos compromete a força normativa futura da Constituição e sua função de estabilização. No aparente conflito de inconstitucionalidades impor-se-ia o reconhecimento da existência válida do Município, a fim de que se afaste a agressão à federação.
10. O princípio da segurança jurídica prospera em benefício da preservação do Município.
11. Princípio da continuidade do Estado.
12. Julgamento no qual foi considerada a decisão desta Corte no MI n. 725, quando determinado que o Congresso Nacional, no prazo de dezoito meses, ao editar a lei complementar federal referida no § 4º do artigo 18 da Constituição do Brasil, considere, reconhecendo-a, a existência consolidada do Município de Luís Eduardo Magalhães. Declaração de inconstitucionalidade da lei estadual sem pronúncia de sua nulidade
13. Ação direta julgada procedente para declarar a inconstitucionalidade, mas não pronunciar a nulidade pelo prazo de 24 meses, da Lei n. 7.619, de 30 de março de 2000, do Estado da Bahia. (ADI 2240, Relator(a): Min. EROS GRAU, Tribunal Pleno, julgado em 09/05/2007)

Para solucionar o problema, o art. 96 do ADCT foi inserido na CF com a seguinte redação: "Art. 96. Ficam convalidados os atos de criação, fusão, incorporação e desmembramento de Municípios, cuja lei tenha sido publicada até 31 de dezembro de 2006, atendidos os requisitos estabelecidos na legislação do respectivo Estado à época de sua criação."

(OAB/Exame Unificado – 2008.1 – 2ª fase) Um município que tem como carro-chefe de sua economia a atividade pesqueira editou lei que estabelece normas para a captura, o transporte e a comercialização de pescado em sua área territorial e prevê a aplicação de sanções administrativas para os que descumprirem tais normas. Tomando-se como referência o sistema de repartição de competências entre os entes federados, é correto dizer, quanto à situação hipotética apresentada, que a referida lei municipal é constitucional? Justifique sua resposta.

RESOLUÇÃO DA QUESTÃO

A competência para legislar sobre pesca é concorrente da União, dos Estados e do Distrito Federal (art. 24, VI, da CF). No exercício da competência concorrente, cabe à União editar as normas gerais (art. 24, § 1º), sendo legítimo aos estados complementarem a legislação federal para atender seus interesses particulares, em exercício de competência suplementar (art. 24, § 2º). Omitindo-se a União em estabelecer as normas gerais, os Estados ficam autorizados a exercerem a competência *plena* (art. 24, § 3º), ou seja, podem firmar as normas gerais e as particulares. Nesse último caso, porém, a superveniência de lei federal estabelecendo normas gerais *suspende a eficácia* dos dispositivos da lei estadual que lhe forem contrários (art. 24, § 4º). Se não forem colidentes, as duas leis sobre normas gerais permanecem válidas e eficazes.

O regramento constitucional da competência concorrente não inclui os Municípios, mas o disposto no art. 30, II, da CF, autoriza o exercício da competência suplementar municipal, em relação às regras da União e dos estados, também nas hipóteses listadas no art. 24 da CF, desde que presente interesse local.

De toda sorte, o estabelecimento de normas para a captura, o transporte e a comercialização de pescado, bem como a aplicação de sanções administrativas, muito embora de interesse local, parece corresponder ao disciplinamento geral da matéria, o que não cabe diretamente ao Município, mas primeiro à União e, no caso de omissão desta, ao Estado membro.

(OAB/Exame Unificado – 2007.3 – 2ª fase) Em face da competência concorrente prevista na Constituição Federal, determinado estado da Federação editou lei que versa sobre educação e cultura. O Procurador-Geral da República ingressou com uma ação direta de inconstitucionalidade no Supremo Tribunal Federal alegando que a lei estadual não respeitava as normas estabelecidas pela Lei Federal n.º 9.394/1996 (Lei de Diretrizes e Bases da Educação Nacional). Tomando por base o sistema de repartição de competências adotado pela Constituição, redija um texto sobre o exercício da competência concorrente pelos estados-membros e pela União, comentando qual o campo de atuação de cada um desses entes. De igual maneira, comente se a ação impetrada pelo Procurador-Geral da República é adequada e se ele tem legitimidade para propor a ação.

RESOLUÇÃO DA QUESTÃO

O exercício da competência concorrente encontra-se disciplinado no art. 24 da CF. Em relação às matérias listadas nos incisos I a XVI do art. 24 da CF, cabe à União editar as normas gerais (art. 24, § 1º). Tendo a União exercido essa competência, os estados podem complementar a legislação federal para atender seus interesses particulares, em exercício de competência suplementar (art. 24, § 2º). Omitindo-se a União em estabelecer as normas gerais, os Estados ficam autorizados a exercerem a competência *plena* (art. 24, § 3º), ou seja, podem firmar as normas gerais e as particulares. Nesse último caso, porém, a superveniência de lei federal estabelecendo normas gerais *suspende a eficácia* dos dispositivos da lei estadual que lhe forem contrários (art. 24, § 4º). Se não forem colidentes, as duas leis sobre normas gerais permanecem válidas e eficazes.

Na hipótese, apesar de o Procurador-Geral da República ser legitimado ativo para a propositura de ação direta de inconstitucionalidade (art. 103, VI, da CF), não cabe ADIn para questionar lei estadual em face de lei federal (*in casu*, a Lei de Diretrizes e Bases da Educação Nacional), pois o parâmetro de controle na ADIn é sempre a Constituição Federal. Em síntese, a ação direta é instrumento de controle de *constitucionalidade* e não de *legalidade*.

(OAB/Exame Unificado – 2007.3 – 2ª fase) Um governador de estado decidiu decretar intervenção em município situado no território de seu estado sob a alegação de que não foi aplicado o mínimo exigido da receita municipal na manutenção e desenvolvimento do ensino conforme exige a Constituição Federal. Diante dessa situação hipotética, discorra sobre a intervenção em municípios, respondendo às seguintes perguntas:

- ✓ A intervenção poderia se realizar pelo estado-membro, ou deveria ter sido decretada apenas pela União?
- ✓ É adequado dizer que a citada intervenção, para se concretizar, depende de prévia autorização judicial?
- ✓ Qual a forma pela qual a intervenção deverá se concretizar (resolução, decreto legislativo, decreto governamental, lei estadual ou lei federal, decisão judicial)?
- ✓ No caso apresentado, é necessário que o Poder Legislativo estadual aprecie o ato de intervenção? Se sua resposta for afirmativa, essa apreciação deve ser *a priori* ou *a posteriori*?

RESOLUÇÃO DA QUESTÃO

De acordo com a disciplina constitucional da matéria, a União pode intervir nos Estados ou no Distrito Federal (art. 34, *caput*, da CF), bem como nos Municípios localizados em Territórios (art. 35, *caput*, da CF). Aos Estados também é dada a intervenção em Municípios, mas apenas naqueles localizados em seus territórios (art. 35, *caput*, da CF). Ao Distrito Federal não cabe decretar a intervenção, já que é vedada sua divisão em Municípios (art. 32, *caput*, da CF).

No caso narrado, por se tratar de município localizado nos limites territoriais do estado que decretou a intervenção, a medida é, em tese, cabível.

O fundamento para a intervenção encontra-se listado no art. 35, III, da CF, motivo pelo qual não depende de prévia autorização judicial (exigível apenas na hipótese do art. 35, IV, da CF).

O controle do ato de intervenção, no caso, será feito apenas pela Assembleia Legislativa do Estado, no prazo de vinte e quatro horas após a decretação da intervenção (art. 36, § 1º, da CF), procedendo-se à sua convocação extraordinária se não estiver funcionando (art. 36, § 2º, da CF). A Assembleia poderá aprovar a intervenção ou suspendê-la, sendo o controle, portanto, realizado *a posteriori*.

A intervenção é realizada mediante Decreto do Chefe do Poder Executivo, ou seja, por decreto do Presidente da República no caso de intervenção federal – art. 84, X, da CF – e, pelo princípio da simetria federativa, por decreto do Governador de Estado, se a intervenção for estadual. Trata-se de exercício de competência privativa, como resulta da interpretação do art. 84, parágrafo único, da CF.

(OAB/Exame Unificado – 2006.3 – 2ª fase) Redija um texto, de forma fundamentada, acerca da possibilidade de os estados e o Distrito Federal legislarem sobre aspectos da competência legislativa privativa da União.

RESOLUÇÃO DA QUESTÃO

A competência legislativa privativa da União encontra-se listada no art. 22 da CF, cujo parágrafo único prevê a edição de lei complementar para autorizar os Estados a legislarem sobre as questões específicas relacionadas às matérias ali arroladas.

A menção do parágrafo único do art. 22 aos "Estados" deve ser interpretada ampliativamente para também incluir o Distrito Federal que, por força do art. 32, § 1º, da CF, possui as mesmas competências legislativas reservadas aos Estados e aos Municípios.

Sobre o tema é preciso lembrar, ainda, a diferenciação defendida em doutrina entre competência privativa e competência exclusiva, cujos conceitos se distanciam pela possibilidade de delegação das competências privativas (inexistente nas competências exclusivas).

Assim – muito embora a Constituição não seja rigorosamente técnica quanto a essa diferenciação –, pelo fato de o art. 22 da CF tratar de competências *privativas* da União, seu conteúdo pode ser delegado a outros entes, conforme previsão de seu parágrafo único.

Comentários adicionais

Segue precedente do STF sobre o tema:

É indisputável que a vigente Constituição Federal atribui competência privativa à União para legislar sobre trânsito e transporte (...) Tenho por consistentes as alegações do autor, no sentido da inconstitucionalidade da Lei Distrital nº 1.925/98, por invasão dessa competência, outorgada no art. 22, inc. XI, da Constituição da República, assim porque não há lei complementar que autorize o Distrito Federal a legislar sobre fiscalização e policiamento de trânsito, como porque tal matéria, que envolve tipificação de ilícitos e cominação de penalidades, foi objeto de tratamento específico do Código de Trânsito Brasileiro, editado no exercício daquela competência privativa. (ADI 3.625, Rel. Min. Cezar Peluso, Tribunal Pleno, julgamento em 04-3-09).

4. ADMINISTRAÇÃO PÚBLICA

(OAB/Exame Unificado – 2011.2 – 2ª fase) O Tribunal de Contas da União (TCU), acolhendo representação contendo fortes indícios de irregularidades em procedimento licitatório realizado por entidade submetida à sua fiscalização, determina, cautelarmente, a suspensão do certame e fixa prazo para que o gestor responsável apresente defesa. Após regular instrução do processo, o TCU rejeita as razões de defesa, confirma a medida acautelatória e aplica multa sancionatória ao administrador público responsável pelas irregularidades.

Com base no cenário acima, responda aos itens a seguir, empregando os argumentos jurídicos apropriados e a fundamentação legal pertinente ao caso.

a) É juridicamente possível a suspensão cautelar do procedimento licitatório por decisão do TCU? (Valor: 0,65)

b) Supondo que, contra a aplicação da multa sancionatória, não tenha sido interposto qualquer recurso administrativo, qual é a providência a ser adotada para sua execução? (Valor: 0,60)

RESOLUÇÃO DA QUESTÃO

a) É juridicamente possível a suspensão cautelar do procedimento licitatório por decisão do Tribunal de Contas da União, conforme o entendimento do Supremo Tribunal Federal. A Suprema Corte acolhe a teoria dos poderes implícitos e admite que os órgãos de fiscalização, tendo por base a preservação de suas funções institucionais e o cumprimento das atribuições impostas pela Constituição, se valham de medidas cautelares como a mencionada na questão. Além disso, o art. 71, IX, da Constituição Federal, determina que o Tribunal de Contas da União pode, quando verificada ilegalidade, assinar prazo para que o órgão ou entidade adote as providências necessárias ao exato cumprimento da lei, o que autoriza, ainda que implicitamente, a adoção de medidas cautelares.

b) A providência a ser tomada em relação ao efetivo cumprimento da multa sancionatória aplicada ao administrador público responsável pelas irregularidades é a promoção da execução do título que, conforme o art. 71, § 3º, da Constituição Federal, é considerado título executivo extrajudicial. A competência para tanto é da Advocacia-Geral da União, pois é ela quem representa judicial e extrajudicialmente a União. Tal ente federativo é que será beneficiado, se houver condenação.

Comentários adicionais

Leitura do MS 24.510, Rel. Min. Ellen Gracie, julgamento em 19/11/2003, Plenário, DJ de 19/03/2004

GABARITO COMENTADO PELA EXAMINADORA – FGV

Quanto à adoção de medidas cautelares pelo Tribunal de Contas da União, a jurisprudência do Supremo Tribunal Federal reconhece a atribuição de índole cautelar às Cortes de Contas, com apoio na teoria dos poderes implícitos, permitindo a adoção das medidas necessárias ao fiel cumprimento de suas funções institucionais e ao pleno exercício das competências que lhe foram outorgadas, diretamente, pela própria Constituição da República. O *leading case* na matéria foi o MS 24.510, Rel. Min. Ellen Gracie, julgamento em 19-11-2003, Plenário, DJ de 19-3-2004. Além disso, seria um poder implícito decorrente da competência expressa no artigo 71, IX, da CRFB.

Por sua vez, quanto ao item b, as decisões dos Tribunais de Contas de que resulte aplicação de multa ostentam eficácia de título executivo extrajudicial (artigo 71, § 3º, CRFB) e sua execução compete ao órgão de representação judicial do ente público beneficiário da condenação, no caso, a Advocacia-Geral da União.

Distribuição dos pontos pela FGV

Item	Pontuação
a1) É juridicamente possível a suspensão cautelar do procedimento licitatório, conforme precedentes do STF (0,30). A jurisprudência do STF reconhece o poder geral de cautela aos Tribunais de Contas com fundamento na teoria dos poderes implícitos. (0,25)	0 / 0,25 / 0,30 / 0,55
a2) Artigo 71, IX, da CRFB. (0,10)	0 / 0,10
b) Compete à AGU / representante judicial promover a execução da multa (0,30). A decisão do Tribunal de Contas que aplica a multa tem natureza de título executivo extrajudicial (0,15) – artigo 71, § 3º, CRFB (0,15).	0 / 0,15 / 0,30 / 0,45 / 0,60

(OAB/Exame Unificado – 2006.1 – 2ª fase) Há dois meses, André Soares, servidor público militar ocupante de cargo nas Forças Armadas, foi removido *ex officio* de Belém-PA para Salvador-BA. À época da remoção, seu filho, André Soares Jr., cursava o segundo semestre do curso de Direito em uma faculdade privada, na qual ingressou mediante aprovação no exame vestibular. Com base no artigo 49 da Lei de Diretrizes e Bases da Educação (LDB) e do art. 1.º da Lei n.º 9.536/1997, André Soares Jr. solicitou transferência obrigatória para a Universidade Federal da Bahia (UFBA). A solicitação foi negada sob o argumento de que essa transferência violaria o princípio da isonomia e que, portanto, seria incabível admitir interpretação do referido art. 1.º que permitisse a transferência obrigatória de instituições privadas para instituições públicas de ensino.

LDB (Lei n.º 9.394/1996) – Art. 49. As instituições de educação superior aceitarão a transferência de alunos regulares, para cursos afins, na hipótese de existência de vagas, e mediante processo seletivo.

Parágrafo único. As transferências *ex officio* dar-se-ão na forma da lei.

Lei n.º 9.536/1997 – Art. 1.º A transferência *ex officio* a que se refere o parágrafo único do art. 49 da Lei n.º 9.394, de 20 de dezembro de 1996, será efetivada, entre instituições vinculadas a qualquer sistema de ensino, em qualquer época do ano e independente da existência de vaga, quando se tratar de servidor público federal civil ou militar estudante, ou seu dependente estudante, se requerida em razão de comprovada remoção ou transferência de ofício, que acarrete mudança de domicílio para o município onde se situe a instituição recebedora, ou para localidade mais próxima desta.

Considerando a situação hipotética e os artigos de lei apresentados acima, redija um texto dissertativo avaliando a correção jurídica do argumento utilizado pela UFBA para indeferir a solicitação de André Soares Jr. e a possibilidade de utilização da inconstitucionalidade como fundamentação do referido ato administrativo de indeferimento. Extensão máxima: 60 linhas.

RESOLUÇÃO DA QUESTÃO

O ato administrativo de indeferimento é válido e encontra-se em consonância com a Constituição Federal. O fundamento utilizado pela UFBA para negar o pedido de transferência do aluno, ainda que decorrente da remoção *ex officio* de seu pai, servidor público militar, é legítimo e já foi reconhecido inclusive pelo Supremo Tribunal Federal.

O STF, em ação direta de inconstitucionalidade proposta contra o art. 1º da Lei 9.536/1997, realizou a interpretação do dispositivo em conformidade com a Constituição para reconhecer que a congeneridade de instituições é um dos requisitos para a matrícula do servidor (ou dependente) transferido *ex officio*. Assim, ainda que o artigo não seja inconstitucional, só uma das interpretações possíveis de seu texto está de acordo com a Constituição. Vale dizer: uma vez matriculado em instituição de ensino privada na cidade de origem, tem direito à matrícula em instituição também privada na cidade de destino. Ou em outras palavras: o aluno só teria direito à matrícula na UFBA caso já estivesse matriculado em instituição pública em sua cidade de origem.

A jurisprudência excepciona a regra da congeneridade apenas quando inexistir o curso frequentado em instituição privada no lugar de destino do servidor removido. Assim, excepcionalmente, o dependente do servidor removido *ex officio* somente poderia ter ingresso na UFBA caso nenhuma universidade privada de Salvador-BA oferecesse o curso de Direito.

Entendimento contrário resultaria em afronta aos princípios da isonomia (art. 5º, *caput*, da CF), da igualdade das condições para acesso ao ensino (art. 206, I, da CF), além de refletir tratamento diferenciado entre brasileiros, em patente contrariedade ao art. 19, III, da CF.

Comentários adicionais

Segue ementa da ADIn julgada parcialmente procedente pelo STF para, sem redução do texto do art. 1º da Lei 9.536/1997, assentar a inconstitucionalidade da interpretação que permitiria a mudança de instituição privada para pública, encerrando a cláusula "entre instituições vinculadas a qualquer sistema de ensino" a observância da natureza privada ou pública daquela de origem, viabilizada a matrícula na instituição congênere. Em síntese, dar-se-á a matrícula em instituição privada se assim o for a de origem e em pública se o servidor ou dependente for egresso de instituição pública:

AÇÃO DIRETA DE INCONSTITUCIONALIDADE - INTERPRETAÇÃO CONFORME A CONSTITUIÇÃO - POSSIBILIDADE JURÍDICA. É possível, juridicamente, formular-se, em inicial de ação direta de inconstitucionalidade, pedido de interpretação conforme, ante enfoque diverso que se mostre conflitante com a Carta Federal. Envolvimento, no caso, de reconhecimento de inconstitucionalidade. UNIVERSIDADE - TRANSFERÊNCIA OBRIGATÓRIA DE ALUNO - LEI Nº 9.536/97. A constitucionalidade do artigo 1º da Lei nº 9.536/97, viabilizador da transferência de alunos, pressupõe a observância da natureza jurídica do estabelecimento educacional de origem, a congeneridade das instituições envolvidas - de privada para privada, de pública para pública -, mostrando-se inconstitucional interpretação que resulte na mesclagem – de privada para pública. (ADI 3324, Rel. Min. Marco Aurélio, Tribunal Pleno, julgado em 16/12/2004).

5. ORGANIZAÇÃO DOS PODERES

(OAB/Exame Unificado – 2013.3 – 2ª fase) Insatisfeito com a demora para a efetivação das desapropriações necessárias à construção de uma rodovia federal, o Presidente da República editou o Decreto n. 9.999, por meio do qual, expressamente, determinou a revogação do Decreto-Lei n. 3.365/1941, que dispunha sobre a desapropriação por utilidade pública, e, ao mesmo tempo, institui novo regramento a respeito do tema.

Sobre a hipótese apresentada, responda, justificadamente, aos itens a seguir.

A) Em nosso ordenamento jurídico constitucional, existe previsão para a edição de decreto autônomo? (Valor: 0,50)

B) É possível a revogação do Decreto-Lei n. 3.365/1941 pelo decreto presidencial? (Valor: 0,75)

GABARITO COMENTADO

A) A resposta é positiva. "*A Emenda Constitucional n. 32/2001, que modificou a redação do Art. 84, VI da Constituição da República, permitiu, em nosso ordenamento pós-Constituição de 1988, o chamado decreto autônomo, isto é, aquele decreto de perfil não regulamentar, cujo fundamento de validade repousa diretamente na Constituição*". Contrapõe-se aos chamados decretos regulamentares, ou de execução, previstos no Art. 84, IV, da Constituição, que não criam, modificam ou extinguem direitos, mas apenas desenvolvem a lei já existente, de onde buscam fundamento de validade. Tanto assim que o Supremo Tribunal Federal admite o controle, por via de ação direta de inconstitucionalidade, do decreto autônomo, revestido de conteúdo normativo, mas não o admite quando se tratar de decreto de regulamentação da lei.

OU

A resposta é negativa. O princípio da legalidade, de acordo com o Art. 5º, II, da CRFB/88, em harmonia com o Art. 84, VI da CRFB, não permite a existência de decretos autônomos no ordenamento jurídico brasileiro, ou seja, regulamentos com a capacidade de inovar primariamente a ordem jurídica.

B) A resposta é negativa. Em primeiro lugar, a desapropriação é matéria que exige lei em sentido formal para a sua disciplina, conforme previsão constante do Art. 5º, XXIV, da Constituição. Desse modo, o Decreto Lei n. 3.365/1941, que se reveste de forma não mais existente em nosso ordenamento, foi recepcionado com *status* de lei ordinária, e somente por essa forma legislativa pode ser revogado ou alterado. A mesma conclusão pode ser extraída do princípio da legalidade, que condiciona restrição a direito à existência de lei em sentido formal. Além disso, o decreto autônomo só encontra espaço, em nosso ordenamento, para as hipóteses do Art. 84, VI, da Constituição, cabendo-lhe, no mais, apenas a regulamentação das leis. Por essa razão, decreto que cria disciplina nova ou que revoga ato normativo hierarquicamente superior exorbita da disciplina constitucional. Nesse mesmo sentido, o Supremo Tribunal Federal já se manifestou, reiteradas vezes, afirmando que falece competência ao chefe do Poder Executivo para expedir decreto destinado a paralisar a eficácia de ato normativo hierarquicamente superior e a possibilidade de controle de constitucionalidade de decretos que determinam a suspensão de lei complementar e a introdução de inovações legislativas, em extrapolação da função regulamentar.

Distribuição dos pontos

Item	Pontuação
A) Sim, o decreto autônomo, isto é, aquele que busca seu fundamento de validade diretamente do texto constitucional, não se destinando meramente à regulamentação da lei (0,40), encontra previsão expressa no Art. 84, VI, da CRFB (0,10). **OU** A resposta é negativa. O princípio da legalidade, não permite a existência de decretos autônomos no ordenamento jurídico brasileiro, ou seja, regulamentos com a capacidade de inovar primariamente a ordem jurídica (0,40), de acordo com o Art. 5º, II da CRFB/88, em harmonia com o Art. 84, VI da CRFB (0,10). Obs.: A mera citação do dispositivo legal não pontua.	0,00/0,40/0,50

B) Não é possível a revogação. A desapropriação exige lei em sentido formal para a sua disciplina, conforme Art. 5º, XXIV, da Constituição. Desse modo, o Decreto Lei n. 3.365/1941, que se reveste de forma não mais existente em nosso ordenamento, foi recepcionado com status de lei ordinária, e somente por essa forma legislativa pode ser revogado ou alterado, corolário do princípio da legalidade e do princípio do paralelismo de formas (0,50). Além disso, o decreto autônomo só encontra espaço, em nosso ordenamento, para as hipóteses do Art. 84, VI, da Constituição, cabendo-lhe, no mais, apenas a regulamentação das leis. Por essa razão, decreto que cria disciplina nova ou que revoga ato normativo hierarquicamente superior exorbita da disciplina constitucional (0,25).	0,00/0,25/0,50/0,75

(OAB/Exame Unificado – 2013.2 – 2ª fase) Lei do Município YY, de iniciativa da Câmara de Vereadores, estipulou novo plano de carreira para a categoria de professores municipais, impondo remunerações escalonadas, fixando pisos mínimos e vinculando a remuneração global ao percebido por servidores do Poder Legislativo local.

Com base no caso proposto, responda aos itens a seguir, empregando os argumentos jurídicos apropriados e a fundamentação legal pertinente ao caso.

A) Observadas as regras constitucionais, há vício na referida lei? (Valor: 0,65)

B) A vinculação de remunerações entre Poderes é acolhida no texto constitucional? (Valor: 0,60)

A simples menção ou transcrição do dispositivo legal não pontua.

GABARITO COMENTADO

O candidato deverá, na essência, observar quanto às perguntas, o seguinte:

A) Sim, há vício de iniciativa. Consoante o Art. 61, § 1º, II, letras a) e c), da Constituição Federal, que atribui ao Chefe do Poder Executivo a iniciativa quanto ao tema servidores públicos, norma que, por simetria, deve ser observada pelos Estados e Municípios.

B) Não, pois do art. 37, XIII, da Constituição Federal veda a equiparação ou vinculação remuneratória de qualquer espécie.

(OAB/Exame Unificado – 2007.3 – 2ª fase) O presidente da República, no exercício de suas atribuições, assinou um tratado internacional sobre comércio e assumiu, perante os demais chefes de Estado signatários, o compromisso de colocá-lo imediatamente em vigor no Brasil por ato unilateral do Executivo. Tomando por base esta situação hipotética, redija um texto acerca da disciplina constitucional para a incorporação dos tratados e convenções internacionais à ordem jurídica brasileira, abordando o papel do Executivo e do Legislativo nesse processo, assim como sobre a posição hierárquica desses tratados no nosso sistema de direito interno.

RESOLUÇÃO DA QUESTÃO

O procedimento de incorporação de normas internacionais ao direito interno, estabelecido pela Constituição Federal, não permite que o Presidente da República cumpra o compromisso de colocar o tratado internacional sobre comércio imediatamente em vigor, por ato unilateral seu.

A leitura conjugada dos arts. 84, VIII, e 49, I, da CF demonstra que o ato de incorporação é subjetivamente complexo, pois demanda a manifestação de vontade dos Poderes Executivo e Legislativo. Após a negociação do acordo e a celebração do ato pelo Presidente da República, o Congresso

Nacional manifesta-se a respeito editando o decreto legislativo que, por ser de sua competência exclusiva, não está sujeito a sanção ou veto presidencial (art. 48, *caput*, c/c art. 49, I, da CF).

Caso o Congresso rejeite o tratado, não há edição de decreto legislativo, mas apenas o envio de mensagem ao Presidente da República comunicando a rejeição. Além disso, a atribuição do Congresso Nacional limita-se a referendar (ou não) o tratado celebrado, não sendo legítima a elaboração de emendas ao seu conteúdo.

Após a edição do decreto legislativo, o Presidente da República ratifica o texto, promulgando o decreto de execução, momento em que o ato internacional torna-se exigível, criando direitos e obrigações. É contra esse decreto, também, que será possível o controle de constitucionalidade.

Comentários adicionais

A questão versa sobre "tratado internacional sobre comércio", que se insere no conceito de tratados internacionais gerais. Os tratados internacionais sobre direitos humanos, conforme expressa previsão do art. 5º, § 3º, da CF, podem ter tratamento diferenciado se aprovados na forma prevista na Constituição, adquirindo o status de emenda constitucional. Assim, a depender da opção discricionária do Congresso Nacional, somente serão equivalentes às emendas constitucionais os tratados que observarem o procedimento do art. 5º, § 3º, da CF. Os demais tratados internacionais sobre direitos humanos, não aprovados na forma do art. 5º, § 3º, da CF terão status supralegal.

O tema é de extrema importância e sofreu uma "virada jurisprudencial" no final de 2008. Até então, o STF entendia que os tratados internacionais, mesmo sobre direitos humanos tinham, em regra, força de lei ordinária. A partir do julgamento do RE 466.343-1/SP, Rel. Min. Cezar Peluso, o Tribunal passou a reconhecer a supralegalidade dos tratados internacionais sobre direitos humanos. Ou seja: não equivalem às normas constitucionais, mas se encontram em patamar normativo superior ao das leis ordinárias.

Em seu voto, o Ministro Gilmar Mendes comemorou a alteração do entendimento do STF: "O Supremo Tribunal Federal acaba de proferir uma decisão histórica. O Brasil adere agora ao entendimento já adotado em diversos países no sentido da supralegalidade dos tratados internacionais sobre direitos humanos na ordem jurídica interna."

Dessa forma, pela orientação atual do STF, poderão conviver em nosso ordenamento três tipos de tratados internacionais, com diferentes forças normativas: a) os tratados internacionais gerais, que continuam com força de lei ordinária; b) os tratados internacionais sobre direitos humanos com status de emenda constitucional, pois aprovados na forma do art. 5º, § 3º, da CF, e c) os tratados internacionais sobre direitos humanos que não observaram o procedimento previsto no art. 5º, § 3º, da CF, que gozam de supralegalidade.

O entendimento anterior do STF a respeito dos tratados internacionais sobre direitos humanos (= lei ordinária) pode ser conferido no precedente abaixo, cuja leitura é indispensável (pois resume outros pontos relevantes da matéria):

(...)

PROCEDIMENTO CONSTITUCIONAL DE INCORPORAÇÃO DOS TRATADOS OU CONVENÇÕES INTERNACIONAIS.

- É na Constituição da República - e não na controvérsia doutrinária que antagoniza monistas e dualistas - que se deve buscar a solução normativa para a questão da incorporação dos atos internacionais ao sistema de direito positivo interno brasileiro. O exame da vigente Constituição Federal permite constatar que a execução dos tratados internacionais e a sua incorporação à ordem jurídica interna decorrem, no sistema adotado pelo Brasil, de um ato subjetivamente complexo, resultante da conjugação de duas vontades homogêneas: a do Congresso Nacional, que resolve, definitivamente, mediante decreto legislativo, sobre tratados, acordos ou atos internacionais (CF, art. 49, I) e a do Presidente da República, que, além de poder celebrar esses atos de direito internacional (CF, art. 84, VIII), também dispõe - enquanto Chefe de Estado que é - da competência para promulgá-los mediante decreto. O *iter* procedimental de incorporação dos tratados internacionais - superadas as fases prévias da celebração da convenção internacional, de sua aprovação congressional e da ratificação pelo Chefe de Estado - conclui-se com **a expedição, pelo Presidente da República, de decreto, de cuja edição derivam três efeitos básicos que lhe são inerentes: (a) a promulgação do tratado internacional; (b) a publicação oficial de seu texto; e (c) a executoriedade do ato internacional, que passa, então, e somente então, a vincular e a obrigar no plano do direito positivo interno.** Precedentes.

SUBORDINAÇÃO NORMATIVA DOS TRATADOS INTERNACIONAIS À CONSTITUIÇÃO DA REPÚBLICA.

– No sistema jurídico brasileiro, os tratados ou convenções internacionais estão hierarquicamente subordinados à autoridade normativa da Constituição da República. Em consequência, nenhum valor jurídico terão os tratados internacionais, que, incorporados ao sistema de direito positivo interno, transgredirem, formal ou materialmente, o texto da Carta Política. O exercício do *treaty-making power*, pelo Estado brasileiro - não obstante o polêmico art. 46 da Convenção de Viena sobre o Direito dos Tratados (ainda em curso de tramitação perante o Congresso Nacional) -, está sujeito à necessária observância das limitações jurídicas impostas pelo texto constitucional.

CONTROLE DE CONSTITUCIONALIDADE DE TRATADOS INTERNACIONAIS NO SISTEMA JURÍDICO BRASILEIRO.

– O Poder Judiciário - fundado na supremacia da Constituição da República - dispõe de competência, para, quer em sede de fiscalização abstrata, quer no âmbito do controle difuso, efetuar o exame de constitucionalidade dos tratados ou convenções internacionais **já incorporados ao sistema de direito positivo interno.** Doutrina e Jurisprudência.

PARIDADE NORMATIVA ENTRE ATOS INTERNACIONAIS E NORMAS INFRACONSTITUCIONAIS DE DIREITO INTERNO.

– Os tratados ou convenções internacionais, uma vez regularmente incorporados ao direito interno, situam-se, no sistema jurídico brasileiro, nos mesmos planos de validade, de eficácia e de autoridade em que se posicionam as leis ordinárias, havendo, em consequência, entre estas e os atos de direito internacional público, mera relação de paridade normativa. Precedentes. No sistema jurídico brasileiro, os atos internacionais não dispõem de primazia hierárquica sobre as normas de direito interno. A eventual precedência dos tratados ou convenções internacionais sobre as regras infraconstitucionais de direito interno somente se justificará quando a situação de antinomia com o ordenamento doméstico impuser, para a solução do conflito, a aplicação alternativa do critério cronológico (*lex posterior derogat priori*) ou, quando cabível, do critério da especialidade. Precedentes.

TRATADO INTERNACIONAL E RESERVA CONSTITUCIONAL DE LEI COMPLEMENTAR.

– O primado da Constituição, no sistema jurídico brasileiro, é oponível ao princípio *pacta sunt servanda*, inexistindo, por isso mesmo, no direito positivo nacional, o problema da concorrência entre tratados internacionais e a Lei Fundamental da República, cuja suprema autoridade normativa deverá sempre prevalecer sobre os atos de direito internacional público. Os tratados internacionais celebrados pelo Brasil - ou aos quais o Brasil venha a aderir - não podem, em consequência, versar matéria posta sob reserva constitucional de lei complementar. É que, em tal situação, a própria Carta Política subordina o tratamento legislativo de determinado tema ao exclusivo domínio normativo da lei complementar, que não pode ser substituída por qualquer outra espécie normativa infraconstitucional, inclusive pelos atos internacionais já incorporados ao direito positivo interno. (...) (ADI 1480 MC, Rel. Min. Celso de Mello, Tribunal Pleno, julgado em 04/09/1997).

A orientação atual do STF (pelo caráter de supralegalidade dos tratados internacionais sobre direitos humanos) foi firmada no já citado RE 466.343-1/SP, Rel. Min. Cezar Peluso, cuja ementa não faz jus à sua relevância para o direito brasileiro:

PRISÃO CIVIL. Depósito. Depositário infiel. Alienação fiduciária. Decretação da medida coercitiva. Inadmissibilidade absoluta. Insubsistência da previsão constitucional e das normas subalternas. Interpretação do art. 5º, inc. LXVII e §§ 1º, 2º e 3º, da CF, à luz do art. 7º, § 7, da Convenção Americana de Direitos Humanos (Pacto de San José da Costa Rica). Recurso improvido. Julgamento conjunto do RE nº 349.703 e dos HCs nº 87.585 e nº 92.566. É ilícita a prisão civil de depositário infiel, qualquer que seja a modalidade do depósito. (RE 466343, Rel. Min. Cezar Peluso, Tribunal Pleno, julgado em 03/12/2008).

Outra observação: considerando que a eficácia da norma que previu a revisão constitucional se exauriu (art. 3º do ADCT), a Constituição pode ser alterada via emenda constitucional (art. 60 da CF) ou via tratados internacionais sobre direitos humanos aprovados, em cada Casa do Congresso Nacional, em dois turnos, pelo voto de três quintos de seus respectivos membros (art. 5º, § 3º, da CF).

E, por fim, uma reflexão: diferentemente das emendas do art. 60 da CF, em que o Presidente da República só participa do processo se apresentar a proposta de alteração (art. 60, II, da CF) – haja vista não existir a fase de sanção ou veto presidencial no processo de elaboração de emendas à Constituição –, a participação do Chefe do Executivo é bem mais expressiva no caso do art. 5º, § 3º, da CF, pois cabe a ele a edição do decreto que faz incorporar o texto do tratado ao direito interno.

5.1. PODER LEGISLATIVO

(OAB/Exame Unificado – 2013.3 – 2ª fase) Após intenso debate, a Assembleia Legislativa do Estado X editou a Lei n. 1.001, de iniciativa do Deputado "M", que prevê a obrigatoriedade de instalação, em até 360 (trezentos e sessenta dias), de um sistema eletrônico de limitação da velocidade de veículos automotores, de baixo custo, a fim de reduzir o número de acidentes com vítimas nas estradas estaduais. Irritado, o Deputado "P", da oposição, quando procurado por jornalistas, afirmou que estava envergonhado daquele dia, pois a lei aprovada era "uma piada, uma palhaçada, ridícula", protegia os empresários, e não a população e só poderia ter, como origem, um Deputado associado a grupos interessados no mercado de peças automotivas.

Considerando o exposto, responda fundamentadamente, aos itens a seguir.

A) O Deputado "P" pode ser responsabilizado pelas ofensas proferidas durante a entrevista? (Valor: 0,85)

B) É válida a lei estadual que impôs a obrigatoriedade de instalação de sistema de controle de velocidade de veículos automotores? (Valor: 0,40)

GABARITO COMENTADO – BANCA EXAMINADORA

A) A resposta é negativa. A Constituição assegura aos Deputados e Senadores, em seu Art. 53, a inviolabilidade, civil e penal, por suas opiniões, palavras e votos. Trata-se da chamada imunidade material. Essa inviolabilidade, ou imunidade material também abrange, sob seu manto protetor, as entrevistas jornalísticas e as declarações feitas aos meios de comunicação social, uma vez que tais manifestações – desde que vinculadas ao desempenho do mandato – se qualificam como natural projeção do exercício das atividades parlamentares. Nesse sentido é a jurisprudência consolidada do Supremo Tribunal Federal. Por essa razão, "P" não pode ser responsabilizado pelas ofensas proferidas a outro Deputado durante a entrevista.

B) A resposta é negativa. A Constituição estabelece um sistema de repartição de competências legislativas, atribuindo privativamente à União legislar sobre trânsito e transportes (Art. 22, XI). Nesse sentido, não se admite aos Estados a edição de lei que disponha sobre a adoção de mecanismos ou sistemas eletrônicos de controle da velocidade de veículos automotores, por constituir invasão de tema reservado à competência privativa da União. Nesse sentido já se manifestou o Supremo Tribunal Federal, em reiteradas ocasiões.

Distribuição dos pontos

Item	Pontuação
A. Não, pois a Constituição assegura aos Deputados e Senadores, em seu Art. 53, a inviolabilidade, civil e penal, por suas opiniões, palavras e votos. Trata-se da chamada imunidade material (0,40). Essa inviolabilidade, ou imunidade material também abrange, sob seu manto protetor, as entrevistas jornalísticas e as declarações feitas aos meios de comunicação social, uma vez que tais manifestações – desde que vinculadas ao desempenho do mandato – se qualificam como natural projeção do exercício das atividades parlamentares (0,45). Obs.: A mera citação do dispositivo legal não pontua.	0,00/0,40/0,45/0,85
B. Não, pois compete privativamente à União legislar sobre trânsito e transporte (0,30), na forma do Art. 22, XI, da CRFB (0,10). Obs.: A mera citação do dispositivo legal não pontua.	0,00/0,30/0,40

(OAB/Exame Unificado – 2012.1 – 2ª fase) Em determinado Estado da federação, vieram a público, denúncias de irregularidades praticadas em obra pública, com graves indícios de desvio de dinheiro do Erário. Tício, deputado estadual, pretende instalar Comissão Parlamentar de Inquérito para apuração das denúncias, com base em previsão constante da Constituição estadual.

Considerando a situação acima descrita, responda aos questionamentos a seguir, empregando os argumentos jurídicos apropriados e apresentando a fundamentação legal pertinente ao caso.

A) É possível que a Constituição Estadual preveja a criação da Comissão Parlamentar de Inquérito no plano estadual? (valor: 0,45)

B) É possível o ajuizamento de ação em que se questione a constitucionalidade de norma de Constituição Estadual perante a Constituição da República, de modo a invalidar aquela? O Governador do Estado tem legitimidade para fazê-lo? (valor: 0,80)

RESOLUÇÃO DA QUESTÃO

A) Há possibilidade de previsão da CPI na Constituição Estadual, fundamentando a resposta na autonomia do Estado. Ou seja, ao conferir poder de auto-organização aos estados da Federação (art. 18, CRFB), permitiu que editassem constituições prevendo formas de investigação, como a CPI (STF, ACO 730-RJ), observado o princípio da simetria.

B) O Governador tem legitimidade para propositura de Ação Direta de Inconstitucionalidade, devendo demonstrar pertinência temática. Além disso, deve ser tratada a possibilidade de questionar a constitucionalidade da norma da Constituição Estadual perante a Constituição Federal, conforme reiterada jurisprudência do STF.

Distribuição dos Pontos

Quesito Avaliado	Faixa de Valores
A. Possibilidade da criação da CPI na Constituição Estadual, com fundamento na autonomia (capacidade de auto-organização) dos Estados (art. 18, CRFB) (0,25). Observado o princípio da simetria (0,20).	0,00/0,20/0,25/0,45
B. Possibilidade de a Constituição Estadual ser objeto de controle de constitucionalidade perante a Constituição Federal (0,40). Legitimidade do Governador para ajuizar a ADI, no caso (art. 103, V, CRFB) (0,20). Pertinência temática (0,20).	0,00/0,20/0,40/0,60/0,80

(OAB/Exame Unificado – 2011.3 – 2ª fase) O Senador da República Valdecir foi preso em flagrante por crime inafiançável. Os responsáveis pela prisão comunicaram o fato ao Poder Judiciário, que manteve a prisão.

A) Diante do fato descrito, pode ser tomada alguma medida para que o Senador seja posto em liberdade? (Valor: 0,65)

B) Em caso positivo, que medida seria e com que fundamento? Em caso negativo, justifique sua resposta. (Valor: 0,6)

RESOLUÇÃO DA QUESTÃO

É impossível a manutenção da prisão por decisão judicial, uma vez que, em função da imunidade formal prevista no art. 53, § 2º, da Constituição da República, cabe à Casa a que pertence o parlamentar deliberar sobre a manutenção da prisão nos casos de crimes inafiançáveis.

Diante da ilegalidade da manutenção da prisão por autoridade incompetente para tanto, cabe a impetração de *habeas corpus* perante o Supremo Tribunal Federal, conforme disposição do art. 102, I, "b" e "d", da CRFB.

Distribuição dos Pontos

Item	Pontuação
Sim, por violação da imunidade formal (0,35) nos termos do art. 53, § 2º, da CRFB (0,3). Obs.: *A mera resposta sim não é pontuada.*	0 / 0,3 / 0,35 / 0,65
A medida cabível é a impetração de *habeas corpus* perante o STF (0,3), nos termos do art. 102, I, "b" e "d", da CRFB (0,3).	0 / 0,3 / 0,6

(OAB/Exame Unificado – 2010.3 – 2ª fase) O Regimento Interno da Assembleia Legislativa de determinado Estado-membro, ao disciplinar o processo de criação e instauração das Comissões Parlamentares de Inquérito, condiciona a criação de CPI à aprovação, pelo Plenário da Casa Legislativa, de requerimento subscrito por, no mínimo, um terço dos Deputados Estaduais.

Com base no cenário acima, responda aos itens a seguir, empregando os argumentos jurídicos apropriados e a fundamentação legal pertinente ao caso.

A) Analise, de maneira justificada, a constitucionalidade da referida previsão regimental. (Valor: 0,8)

B) O Diretório Regional de um Partido Político do Estado-membro em questão tem legitimidade para questionar a previsão regimental perante o Supremo Tribunal Federal por meio de ADI? (Valor: 0,2)

RESOLUÇÃO DA QUESTÃO

A) O Regimento interno da Assembleia Legislativa de determinado Estado-membro, ao condicionar a criação da Comissão Parlamentar de Inquérito ao requerimento de, no mínimo, um terço dos Deputados Estaduais e a aprovação pelo plenário da Casa respectiva, viola frontalmente o § 3º do art. 58 da Constituição Federal. Dispositivo este tido como de obrigatória observância pelos Estados-membros. Além disso, o condicionamento disposto no regimento colide com o direito das minorias políticas.

B) O Partido Político tem legitimidade para propor as ações constitucionais, conforme dispõe o art. 103, § 1º, VIII, da Constituição Federal, mas, para que possa ajuizar ação direta de inconstitucionalidade e as demais ações do controle concentrado, segundo a jurisprudência do Supremo Tribunal Federal, tem de estar representado por seu Diretório **Nacional**. Desse modo, o Partido Político, representado pelo Diretório Regional, não é legitimado ativo para ingressar com ação direta de inconstitucionalidade questionando a previsão regimental.

GABARITO COMENTADO PELA EXAMINADORA – FGV

A previsão regimental é inconstitucional, por introduzir requisito para instauração das CPIs que não encontra paralelo na Constituição da República. O artigo 58, § 3º, da CRFB contempla modelo de observância compulsória pelos Estados-membros e garante o direito das minorias legislativas ao estabelecer, como requisito objetivo para instauração de CPI, a subscrição do requerimento por, no mínimo, 1/3 dos membros da Casa Legislativo, sem condicionar à aprovação pelo Plenário. De fato, de acordo com a jurisprudência do STF, a garantia da instalação da CPI independe de deliberação plenária.

Quanto ao item b, a jurisprudência do STF é firme no sentido de que o Partido Político, para ajuizar ação direta de inconstitucionalidade, deve estar representado por seu Diretório Nacional, ainda que o ato impugnado tenha sua amplitude normativa limitada ao Estado ou Município do qual se originou (artigo 103, § 1º, VIII, da CRFB).

Distribuição dos pontos pela FGV

Item	Pontuação
a) (I) A previsão regimental é inconstitucional, por violação à norma do artigo 58, § 3º, da CRFB. (II) Modelo de observância compulsória pelos Estados-membros. (III) Violação do direito das minorias legislativas. (IV) A garantia de instalação da CPI independe de deliberação plenária. (0,2 cada um)	0 / 0,2 / 0,4 / 0,6 / 0,8
b) Não, o Partido Político deve estar representado por seu Diretório Nacional.	0 / 0,1 / 0,2

(OAB/Exame Unificado – 2009.2 – 2ª fase) O presidente de comissão parlamentar de inquérito (CPI) instaurada para investigar escutas telefônicas clandestinas expediu ofício a várias operadoras de telefonia fixa e móvel, determinando o imediato envio de informações relacionadas a escutas telefônicas autorizadas, no ano de 2007, em processos judiciais que tramitam sob segredo de justiça. Entre as informações, o parlamentar pretendia obter o número de cada processo em que se autorizou a escuta, o nome das partes envolvidas, os titulares dos terminais interceptados, os números dos terminais e cópias dos mandados e das decisões que os acompanharam ou que os determinaram. Paralelamente, o presidente do Conselho de Ética e Decoro Parlamentar da Câmara dos Deputados solicitou ao ministro do Supremo Tribunal Federal, relator de inquérito instaurado para apurar suposta prática de crime pelo deputado federal João da Silva, o encaminhamento de cópia dos autos desse inquérito, em trâmite com a cláusula de sigilo em razão da existência de escuta telefônica devidamente autorizada, para subsidiar procedimento administrativo disciplinar movido contra o parlamentar naquela Casa Legislativa. O deputado federal João da Silva, diretamente atingido em ambas as situações, procurou os serviços de profissional da advocacia, indagando-lhe sobre a possibilidade, ou não, de a CPI e o presidente do Conselho de Ética e Decoro Parlamentar obterem as informações solicitadas. Em face dessa situação hipotética, na qualidade de advogado(a) consultado(a) pelo parlamentar, responda à indagação de seu cliente, apresentando, inclusive, os fundamentos constitucionais pertinentes a cada um dos casos relatados. (Extensão máxima: 30 linhas)

RESOLUÇÃO DA QUESTÃO

A Comissão Parlamentar de Inquérito, como expresso no art. 58, § 3º, da CF, tem poderes de investigação próprios das autoridades judiciais. Isso não a autoriza, porém, a praticar atos sujeitos à reserva de jurisdição, ou seja, aqueles cuja efetivação a Constituição Federal atribuiu, com exclusividade, ao Poder Judiciário. Os poderes das CPIs têm por finalidade última a investigação e, ao se depararem com a necessidade de constrangimento da liberdade ou da privacidade, é indispensável a participação do Judiciário no processo (art. 5º, LXI, da CF).

Com maior razão, os poderes constitucionais investidos às CPIs não podem ser superiores ou mais amplos que os atribuídos ao próprio Poder Judiciário, sob pena de inversão da titularidade constitucional da função jurisdicional.

Estabelecidas essas premissas, é preciso observar que a regra, no Estado Democrático de Direito, é a publicidade dos atos processuais (art. 5º, LX, da CF). A determinação judicial de "segredo de justiça" constitui exceção que só se justifica ante a necessidade de salvaguardar a intimidade das pessoas (art. 5º, X, da CF). A imposição do sigilo, portanto, é ato próprio do Poder Judiciário.

Dessa forma, ao exigir a divulgação de dados sujeitos ao "segredo de justiça", a CPI está se sobrepondo à ordem judicial, em tentativa de cassá-la. Conforme já decidido pelo STF, nem mesmo outros órgãos judiciais, ou o Supremo, podem suspender o sigilo imposto pelo juiz da causa.

Portanto, se nem mesmo o Judiciário pode quebrar o sigilo, a CPI não tem poder para exigir de terceiros o afastamento do segredo de justiça. A exigência da CPI, portanto, não tem caráter instrutório ou de investigação.

Já em relação ao pedido do Conselho de Ética, o STF pode encaminhar as cópias do inquérito, com a cláusula de sigilo, pois os elementos informativos nele contidos foram obtidos por interceptação telefônica judicialmente autorizada. Assim, podem ser compartilhados para instruir processo administrativo disciplinar.

Comentários adicionais

Para melhor compreensão do tema, segue a ementa do julgado em que se baseou a banca para formular a questão, bem como as notícias publicadas no Informativo do Supremo Tribunal Federal:

1. COMISSÃO PARLAMENTAR DE INQUÉRITO. Interceptação telefônica. Sigilo judicial. Segredo de justiça. Quebra. Impossibilidade jurídica. Requisição de cópias das ordens judiciais e dos mandados. Liminar concedida. Admissibilidade de submissão da liminar ao Plenário, pelo Relator, para referendo. Precedentes (MS nº 24.832-MC, MS nº 26.307-MS e MS nº 26.900-MC). Voto vencido. Pode o Relator de mandado de segurança submeter ao Plenário, para efeito de referendo, a liminar que haja deferido.
2. COMISSÃO PARLAMENTAR DE INQUÉRITO - CPI. Prova. Interceptação telefônica. Decisão judicial. Sigilo judicial. Segredo de justiça. Quebra. Requisição, às operadoras, de cópias das ordens judiciais e dos mandados de interceptação. Inadmissibilidade. Poder que não tem caráter instrutório ou de investigação. Competência exclusiva do juízo que ordenou o sigilo. Aparência de ofensa a direito líquido e certo. Liminar concedida e referendada. Voto vencido. Inteligência dos arts. 5º, X e LX, e 58, § 3º, da CF, art. 325 do CP, e art. 10, cc. art. 1º da Lei federal nº 9.296/96. Comissão Parlamentar de Inquérito não tem poder jurídico de, mediante requisição, a operadoras de telefonia, de cópias de decisão nem de mandado judicial de interceptação telefônica, quebrar sigilo imposto a processo sujeito a segredo de justiça. Este é oponível a Comissão Parlamentar de Inquérito, representando expressiva limitação aos seus poderes constitucionais. (MS 27483 REF-MC, Rel. Min. Cezar Peluso, Tribunal Pleno, julgado em 14/08/2008).

A questão foi detalhadamente noticiada no Informativo STF 515/2008, como abaixo se lê:

Em regra, o segredo de justiça é oponível à Comissão Parlamentar de Inquérito e representa uma expressiva limitação aos seus poderes de investigação. Com base nesse entendimento, o Tribunal, por maioria, referendou decisão concessiva de pedido de liminar, formulado em mandado de segurança, impetrado por Tim Celular S/A e outras operadoras de telefonia fixa e móvel, contra ato do Presidente da Comissão Parlamentar de Inquérito (CPI) para investigar Escutas Telefônicas Clandestinas, que lhes determinara a remessa de informações cobertas por sigilo judicial. Em 4.8.2008, o Min. Cezar Peluso, deferira a cautelar, autorizando, até decisão contrária nesta causa, as impetrantes a não encaminharem à CPI o conteúdo dos mandados judiciais de interceptação telefônica cumpridos no ano de 2007 e protegidos por segredo de justiça, exceto se os correspondentes sigilos fossem quebrados prévia e legalmente. Reputou que aparentava razoabilidade jurídica (*fumus boni iuris*) a pretensão das impetrantes de se guardarem da pecha de ato ilícito criminoso, por força do disposto no art. 325 do CP e no art. 10, c/c o art. 1º, da Lei federal 9.296/96, que tipifica como crime a quebra de segredo de justiça, sem autorização judicial, ou, ainda, por deixarem de atender ao que se caracterizaria como requisição da CPI, bem como que estaria presente o risco de dano grave, porque na referida data se esgotava o prazo outorgado, sob cominação implícita, no ato impugnado, a cujo descumprimento poderia corresponder medida imediata e suscetível de lhes acarretar constrangimento à liberdade. Naquela sessão, considerou o relator a jurisprudência pacífica da Corte no sentido de que, nos termos do art. 58, § 3º da CF, as CPIs têm todos os "poderes de investigação próprios das autoridades judiciais", mas apenas esses, restando elas sujeitas aos mesmos limites constitucionais e legais, de caráter formal e substancial, oponíveis aos juízes de qualquer grau, no desempenho de idênticas funções.

O relator asseverou que, sob esse ponto de vista, o qual é o da qualidade e extensão dos poderes instrutórios das CPIs, estas se situam no mesmo plano teórico dos juízes, sobre os quais, no exercício da jurisdição, que lhes não é compartilhada às Comissões, nesse aspecto, pela Constituição, não têm elas poder algum, até por força do princípio da separação dos poderes, nem têm poder sobre as decisões jurisdicionais proferidas nos processos, entre as quais relevam, para o caso, as que decretam o chamado segredo de justiça, previsto como exceção à regra de publicidade, a *contrario sensu*, no art. 5º, LX, da CF. Esclareceu, no ponto, que as CPIs carecem, *ex autoritate propria*, de poder jurídico para revogar, cassar, compartilhar, ou de qualquer outro modo quebrar sigilo legal e constitucionalmente imposto a processo judiciário, haja vista tratar-se de competência privativa do Poder Judiciário, ou seja, matéria da chamada reserva jurisdicional, onde o Judiciário tem a primeira e a última palavra. **Aduziu, ainda, ser intuitiva a razão última de nem a Constituição nem a lei haverem conferido às CPIs, no exercício de suas funções, poder de interferir na questão do sigilo dos processos jurisdicionais, porque se cuida de medida excepcional, tendente a resguardar a intimidade das pessoas que lhe são submissas, enquanto garantia constitucional explícita (art. 5º, X), cuja observância é deixada à estima exclusiva do Poder Judiciário, a qual é exercitável apenas pelos órgãos jurisdicionais competentes para as respectivas causas - o que implica que nem outros órgãos jurisdicionais podem quebrar esse sigilo, não o podendo, a fortiori, as CPIs.** Concluiu que é essa também a razão pela qual não pode violar tal sigilo nenhuma das pessoas que, *ex vi legis*, lhe tenham acesso ao objeto, assim porque intervieram nos processos, como porque de outro modo estejam, a título de destinatários de ordem judicial, sujeitas ao mesmo dever jurídico de reserva.

Nesta sessão, o Tribunal, preliminarmente, tendo em conta a relevância da matéria, por votação majoritária, entendeu possível ao relator trazer à apreciação do Plenário a decisão liminar. Vencido o Min. Marco Aurélio que considerava caber apenas ao relator, nos termos do art. 203 do RISTF, o exame da decisão liminar em mandado de segurança. No mérito, o Tribunal referendou a decisão, com as ressalvas, na presente sessão, aduzidas pelo relator. Em acréscimo à decisão liminar deferida em 4.8.2008, asseverou-se, não obstante reconhecendo os altos propósitos da Comissão Parlamentar de Inquérito, que estes não poderiam ser feitos à margem ou à revelia da lei. Em razão disso, entendeu-se que a maneira que seria de o Judiciário contribuir com o trabalho da Comissão não poderia estar na quebra dos sigilos judiciais, a qual, frisou-se, nem o Supremo teria o poder para fazê-lo no âmbito dos processos judiciais de competência de outro juízo. Dessa forma, concluiu-se que, eventualmente, a CPI, se tivesse interesse, poderia receber algumas informações que poderiam constituir subsídios para suas atividades. A liminar foi concedida nestes termos: se a Comissão tiver interesse, as operadoras deverão encaminhar as seguintes informações: 1) relação dos juízos que expediram os mandados, bem como da quantidade destes e dos terminais objeto das ordens - quantos mandados e quantos terminais; 2) relação dos órgãos policiais específicos destinatários das ordens judiciais; 3) havendo elementos, relação dos órgãos que requereram as interceptações; 4) relação da cidade ou das cidades em que se situam os terminais objeto das ordens de interceptações; e 5) duração total de cada interceptação. Ficando claro que não podem constar das informações, de modo algum: 1) o número de cada processo; 2) o nome de qualquer das partes ou dos titulares dos terminais interceptados; 3) os números dos terminais; e 4) cópias dos mandados e das decisões que os acompanharam ou que os determinaram. Vencido o Min. Marco Aurélio que negava referendo à liminar deferida, e, salientando que a regra prevista no art. 5º, XII, da CF teria sido temperada pelo próprio constituinte quando previu, no art. 58, § 3º, da CF, que as CPI teriam poderes de investigação próprios das autoridades judiciais, afirmava que, ao negar o acesso da CPI aos dados pretendidos, estar-se-ia esvaziando por completo o objeto da CPI, e conferindo interpretação restritiva ao § 3º do art. 58 da CF, o que geraria um conflito institucional.

E ainda (Informativo STF 512/2008):

O Tribunal, resolvendo questão de ordem suscitada, pelo Min. Carlos Britto, em inquérito instaurado contra Deputado Federal, do qual relator, deferiu, por maioria, o requerimento de remessa de cópias dos autos, com a cláusula de sigilo, ao Presidente do Conselho de Ética e Decoro Parlamentar da Câmara dos Deputados. Na espécie, o Presidente do referido Conselho solicitara o compartilhamento das informações constantes dos autos do inquérito para subsidiar procedimento administrativo disciplinar movido contra o parlamentar naquela Casa Legislativa. Na linha de precedentes da Corte, entendeu-se que os elementos informativos de uma investigação criminal, ou as provas colhidas no bojo de instrução processual penal, desde que obtidos mediante interceptação telefônica devidamente autorizada por juiz competente, como no caso, podem ser compartilhados para fins de instruir procedimento administrativo disciplinar. Vencidos os Ministros Marco Aurélio e Joaquim Barbosa, que indeferiam o pedido, ao fundamento de que os dados sigilosos obtidos só poderiam ser utilizados para fins de persecução criminal, nos termos do que disposto no art. 5º, XII, da CF. Precedentes citados: Inq 2424 QO/RJ (DJU de 24.8.2007); Inq 2424 Seg. QO/RJ (DJU de 24.8.2007); AP 470 ED/MG (acórdão pendente de publicação). (Inq 2725 QO/SP, Rel. Min. Carlos Britto, 25.6.2008).

(OAB/Exame Unificado – 2009.1 – 2ª fase) Paulo, empresário do ramo imobiliário, suspeito de participação em quadrilha envolvida na venda fraudulenta de grandes áreas de terra pública, foi convocado a depor, como testemunha, em comissão parlamentar de inquérito (CPI) criada pela assembleia legislativa de determinado estado da Federação para investigar a atuação de organizações não governamentais no estado. Antes do dia do depoimento, o presidente da CPI afirmou, em entrevista, que, se Paulo faltasse à verdade ou se calasse no esclarecimento dos fatos, iria determinar sua imediata prisão em flagrante pelo crime de falso testemunho. Nessa situação hipotética, qual seria o instrumento processual adequado para evitar a prisão em flagrante e que fundamentação de mérito deveria ser utilizada?

RESOLUÇÃO DA QUESTÃO

De início é preciso observar que as Comissões Parlamentares de Inquérito não têm legitimidade para decretar prisão, pois a privação de liberdade só pode ser determinada pelo Poder Judiciário (art. 5º, LXI, da CF) – em decorrência do princípio da reserva de jurisdição –, ou em situação de flagrância penal (art. 5º, LXI, da CF). Nesse último caso, as CPIs (e todo e qualquer cidadão) podem determinar a prisão. Como o caso narrado trata de prisão em flagrante, a medida poderia ser tomada pela CPI.

Para evitar o constrangimento à sua liberdade de locomoção, Paulo deve impetrar *habeas corpus* preventivo, com fundamento no art. 5º, LXVIII, da CF, alegando em sua defesa o direito constitucional à não autoincriminação e ao silêncio (art. 5º, LXIII, da CF), que também pode ser invocado perante as Comissões de Inquérito.

Comentários adicionais

Seguem precedentes do STF sobre o tema:

COMISSÃO PARLAMENTAR DE INQUÉRITO - PRIVILÉGIO CONTRA A AUTOINCRIMINAÇÃO - DIREITO QUE ASSISTE A QUALQUER INDICIADO OU TESTEMUNHA - IMPOSSIBILIDADE DE O PODER PÚBLICO IMPOR MEDIDAS RESTRITIVAS A QUEM EXERCE, REGULARMENTE, ESSA PRERROGATIVA - PEDIDO DE *HABEAS CORPUS* DEFERIDO.

– O privilégio contra a autoincriminação - que é plenamente invocável perante as Comissões Parlamentares de Inquérito - traduz direito público subjetivo assegurado a qualquer pessoa, que, na condição de testemunha, de indiciado ou de réu, deva prestar depoimento perante órgãos do Poder Legislativo, do Poder Executivo ou do Poder Judiciário.

– O exercício do direito de permanecer em silêncio não autoriza os órgãos estatais a dispensarem qualquer tratamento que implique restrição à esfera jurídica daquele que regularmente invocou essa prerrogativa fundamental. Precedentes.

O direito ao silêncio - enquanto poder jurídico reconhecido a qualquer pessoa relativamente a perguntas cujas respostas possam incriminá-la (*nemo tenetur se detegere*) - impede, quando concretamente exercido, que aquele que o invocou venha, por tal específica razão, a ser preso, ou ameaçado de prisão, pelos agentes ou pelas autoridades do Estado.

– Ninguém pode ser tratado como culpado, qualquer que seja a natureza do ilícito penal cuja prática lhe tenha sido atribuída, sem que exista, a esse respeito, decisão judicial condenatória transitada em julgado. O princípio constitucional da não culpabilidade, em nosso sistema jurídico, consagra uma regra de tratamento que impede o Poder Público de agir e de se comportar, em relação ao suspeito, ao indiciado, ao denunciado ou ao réu, como se estes já houvessem sido condenados definitivamente por sentença do Poder Judiciário. Precedentes. (HC 79812, Rel. Min. Celso de Mello, Tribunal Pleno, julgado em 08/11/2000).

I. CPI: *nemo tenetur se detegere*: direito ao silêncio. Se, conforme o art. 58, § 3º, da Constituição, as comissões parlamentares de inquérito detêm o poder instrutório das autoridades judiciais - e não maior que o dessas - a elas se poderão opor os mesmos limites formais e susbstanciais oponíveis aos juízes, dentre os quais os derivados das garantias constitucionais contra a autoincriminação, que tem sua manifestação mais eloquente no direito ao silêncio dos acusados. Não importa que, na CPI - que tem poderes de instrução, mas nenhum poder de processar nem de julgar - a rigor não haja acusados: a garantia contra a autoincriminação se estende a qualquer indagação por autoridade pública de cuja resposta possa advir à imputação ao declarante da prática de crime, ainda que em procedimento e foro diversos. Se o objeto da CPI é mais amplo do que os fatos em relação aos quais o cidadão intimado a depor tem sido objeto de suspeitas, do direito ao silêncio não decorre o de recusar-se de logo a depor, mas sim o de não responder às perguntas cujas repostas entenda possam vir a incriminá-lo: liminar deferida para que, comparecendo à CPI, nesses termos, possa o paciente exercê-lo, sem novamente ser preso ou ameaçado de prisão.

II. *Habeas corpus* prejudicado, uma vez observada a liminar na volta do paciente à CPI e já encerrados os trabalhos dessa. (HC 79244, Rel. Min. Sepúlveda Pertence, Tribunal Pleno, julgado em 23/02/2000).

Sobre o tema, recomenda-se a leitura da Lei 1.579/1952 e do art. 4º da LC 105/2001

(OAB/Exame Unificado – 2008.2 – 2ª fase) Um deputado federal eleito em 2002 afastou-se do cargo em fevereiro de 2006, a fim de assumir determinada secretaria da prefeitura da capital de seu estado de origem. No partido pelo qual se elegeu o parlamentar, havia apenas um suplente, que assumira definitivamente o mandato em razão da investidura de um deputado titular no cargo de prefeito ao qual se elegera nas eleições de 2004. Não há, assim, outro suplente que possa assumir o mandato do parlamentar que tomou posse na referida secretaria. Em face dessa situação hipotética, responda de forma fundamentada: a) pode o deputado afastar-se do cargo para assumir uma secretaria da prefeitura da capital de seu estado? b) a Constituição Federal prevê alguma providência a ser adotada em face da falta de suplente?

RESOLUÇÃO DA QUESTÃO

Os deputados federais têm mandato de quatro anos, período que corresponde a uma legislatura (art. 44, parágrafo único, da CF). Podem se afastar para ocupar cargo de Secretário de Prefeitura Municipal, conforme autoriza o art. 56, I, da CF, sem que isso implique perda do mandato. Nesse caso, o suplente será convocado para o cargo, por força do art. 56, § 1º, da CF. Em não havendo suplente, e faltando mais de quinze meses para o término do mandato, será realizada eleição para escolha de novo suplente (art. 56, § 2º, da CF).

No caso narrado, considerando que o deputado federal foi eleito em 2002 e se afastou em 2006, faltam menos de quinze meses para o término de seu mandato, hipótese em que, inexistindo suplente, não será feita nova eleição e o cargo permanecerá vago até a próxima legislatura. A inexistência de suplente em período inferior a quinze meses não impede, porém, que o deputado seja investido nas funções autorizadas pela Constituição.

5.1.1. PROCESSO LEGISLATIVO

(OAB/Exame Unificado – 2013.1– 2ª fase) Determinado Ministério apresentou desempenho considerado insuficiente pela imprensa e pela opinião pública, havendo sério questionamento quanto aos gastos públicos destinados para a sua manutenção.

Dessa forma, um Senador pelo Estado Y apresentou um projeto de lei no sentido de extinguir este Ministério. Tal projeto foi votado em plenário em um dia em que 32 (trinta e dois) dos 81 (oitenta e um) senadores estavam presentes, sendo aprovado pelo voto da maioria dos presentes e encaminhado à Câmara dos Deputados.

Contando com forte apoio popular, a proposta legislativa foi aprovada pela maioria absoluta dos deputados federais e encaminhada ao Presidente da República, que a sancionou doze dias úteis depois de tê-la recebido, determinando sua imediata publicação no Diário Oficial da União.

Uma semana após a publicação da lei na imprensa oficial, a CONAMP (Associação Nacional dos Membros do Ministério Público) ajuizou uma ação declaratória de constitucionalidade em que pleiteava a declaração de conformidade da nova norma legal com a Constituição.

Responda justificadamente aos questionamentos a seguir, empregando os argumentos jurídicos apropriados e apresentando a fundamentação legal pertinente ao caso.

A) Há algum vício que fulmine a constitucionalidade da norma em questão? (Valor: 0,80)

B) A CONAMP poderia ter ajuizado a ação declaratória de constitucionalidade? (Valor: 0,45)

A simples menção ou transcrição do dispositivo legal não pontua.

GABARITO COMENTADO PELA EXAMINADORA – FGV

A) A norma possui vícios a fulminar a sua constitucionalidade. Projeto de lei para extinguir Ministério é de iniciativa privativa do Presidente da República (Art. 61, § 1º, II, "e" da Constituição), havendo, portanto, vício de iniciativa, já que o mesmo não poderia ter sido apresentado por um senador. Houve ainda vício na votação do projeto no Senado Federal, eis que o Art. 47 da Constituição exige a presença de maioria absoluta dos membros da Casa Legislativa para a votação de um projeto de lei, ou seja, no caso, seria necessária a presença de ao menos 41 senadores para realizar a votação.

B) Apesar de legitimada pelo Art. 103, IX da Constituição, a CONAMP não poderia ter apresentado a ação declaratória de constitucionalidade no caso em análise, pois ausente o requisito da pertinência temática que deve obedecer, consoante jurisprudência pacífica do Supremo Tribunal Federal. Além do mais, tendo proposta a ação apenas uma semana após a publicação da lei, não foi seguido o requisito da controvérsia judicial relevante, exigido pelo art. 14, III da Lei n. 9.868/99.

Distribuição dos Pontos

Quesiliado	Valores
A) O projeto era de iniciativa privativa do Presidente da República (0,20). Aplicação do Art. 61, § 1º, II, "e" da Constituição (0,20).	0,00 / 0,20 / 0,40
É necessária ao menos a presença da maioria absoluta dos membros da Casa Legislativa para a votação do projeto de lei (0,20), conforme Art. 47 da Constituição Federal (0,20).	0,00 / 0,20 / 0,40
B) Há ausência de pertinência temática para ajuizar a ação (0,25). Não foi obedecido o requisito da controvérsia judicial relevante (0,10). Incidência do Art. 14, III, da Lei n. 9.868 / 99 (0,10) Obs. : A simples citação da lei não pontua.	0,00 / 0,10 / 0,20 / 0,25 / 0,35 / 0,45

(OAB/Exame Unificado – 2012.3 – 2ª fase) O Brasil assinou tratado internacional, discutido e votado no âmbito da Organização Mundial do Comércio, que regulamentava novas formas de controle sobre o comércio exterior. Ao invés de a função ser exercida pelo Ministério da Fazenda, como preceitua o Art. 237 da Constituição Federal, o texto do tratado veda qualquer possibilidade de controle interno do comércio internacional pelos países signatários.

A partir do fato acima, responda aos itens a seguir.

A) De acordo com o ordenamento constitucional vigente, a que autoridade ou órgão compete promover a internalização do referido tratado internacional? (Valor: 0,50)

B) Uma vez internalizado o tratado em questão, com que hierarquia ele passa a integrar o ordenamento jurídico pátrio? (Valor: 0,25)

C) Qual (is) princípio(s) de Interpretação Constitucional deve(m) nortear a resolução do conflito entre o texto do tratado e o texto constitucional? (Valor: 0,50)

RESOLUÇÃO DA QUESTÃO

A) Cabe ao Presidente da República tão somente assinar o documento internacional (Art. 84, VIII), que deve ser submetido ao Congresso Nacional, a quem compete resolver definitivamente sobre Tratados, promovendo a sua internalização, conforme dispõe o Art. 49, inciso I, da Constituição Federal.

B) Tratados internacionais que não versam sobre direitos humanos, como o referido na questão, depois de internalizados, ingressam no ordenamento jurídico com *status* de Lei Ordinária.

C) Pelo Princípio da Supremacia da Constituição, conflito entre norma constitucional e norma com hierarquia de Lei Ordinária deve ser resolvido atestando-se a primazia do dispositivo constitucional.

Distribuição dos Pontos

Quesito Avaliado	Valores
A. Cabe ao Presidente da República assinar o documento internacional (Art. 84, VIII), que deve ser submetido ao Congresso Nacional a quem compete resolver definitivamente sobre Tratados, promovendo a sua internalização, conforme dispõe o Art. 49, inciso I, da Constituição Federal. (0,50)	0,00/0,50
B. Tratados internacionais que não versam sobre direitos humanos, depois de internalizados, ingressam no ordenamento jurídico com status de Lei Ordinária. (0,25)	0,00/0,25
C. Pelo Princípio da Supremacia da Constituição (0,50)	0,00/0,50

(OAB/Exame Unificado – 2012.3 – 2ª fase) Instituto destinado a dar maior eficiência aos comandos constitucionais, a medida provisória possibilita que, em situações excepcionais, o Presidente da República edite norma com força de Lei Ordinária. A avalanche de medidas provisórias, porém, vem atravancando o trâmite dos projetos de lei, o que motivou nova orientação do então presidente da Câmara dos Deputados: a pauta não fica travada em relação a matérias que não podem, em tese, ser objeto de medida provisória.

Em relação ao tema medida provisória, responda, fundamentadamente, aos seguintes itens.

A) Quais os limites para sua edição? (Valor: 0,40)

B) É possível Constituição Estadual prever edição de medida provisória pelo Governador do Estado? Nesse caso, a norma constitucional estadual poderia estabelecer limites diferentes daqueles previstos na Constituição da República Federativa do Brasil? (Valor: 0,45)

C) É possível o controle jurisdicional dos requisitos de relevância e urgência da medida provisória? (Valor: 0,40)

RESOLUÇÃO DA QUESTÃO

A) A medida provisória encontra limites materiais, estampados no § 1º, do Art. 62, da Constituição Federal; limites temporais, encontrados nos §§ 2º e 7º do referido artigo e limites circunstanciais, encontrados no § 10 do aludido dispositivo.

B) A resposta é afirmativa quanto à criação, pois a Constituição Estadual poderá criar Medidas Provisórias. Por outro lado, a norma constitucional estadual deverá guardar os mesmos requisitos e limites da norma da Constituição Federal, face ao mandamento da simetria das normas.

C) São requisitos indispensáveis às medidas provisórias a relevância e urgência, conforme dispõe o Art. 62, *caput* da Constituição Federal. O Supremo Tribunal Federal, por longa data, entendeu não ser possível o controle de constitucionalidade dos requisitos relevância e urgência, sob pena de violação ao princípio da separação de poderes. Todavia, houve parcial mudança no entendimento da Corte, admitindo o exame jurisdicional do mérito dos requisitos de relevância e urgência na edição de medida provisória em casos excepcionais, em que a ausência desses pressupostos seja evidente, como por exemplo, na abertura de crédito extraordinário para destinar verba para a saúde que já deveria estar inclusa na lei orçamentária anual.

Distribuição dos Pontos

Quesito Avaliado	Faixa de Valores
A) A medida provisória encontra limites materiais, estampados no § 1º, do Art. 62, da Constituição Federal (0,20); limites temporais, encontrados nos §§ 2º e 7º do referido artigo (0,10) e limites circunstanciais, encontrados no § 10 do aludido dispositivo (0,10).	0,00/ 0,10/ 0,20/ 0,30/ 0,40
B) Sim, é possível Constituição Estadual prever edição de medida provisória pelo Governador do Estado (0,25)A norma constitucional estadual não poderá estabelecer limites diferentes daqueles previstos na Constituição da República Federativa do Brasil, devendo guardar os mesmos requisitos e limites da norma da Constituição Federal, face ao mandamento da simetria das normas. (0,20)	0,00/ 0,20/ 0,25 /0,45
C) O Supremo Tribunal Federal admite o exame jurisdicional do mérito dos requisitos de relevância e urgência na edição de medida provisória em casos excepcionais.(0,40)	0,00/ 0,40

(OAB/Exame Unificado – 2012.1 – 2ª fase) No mês de março, um projeto de emenda constitucional foi rejeitado logo no primeiro turno de votação, realizado na Câmara dos Deputados. Em agosto do mesmo ano, esse projeto de emenda foi novamente posto em votação na Câmara dos Deputados. Na sequência, determinado Deputado Federal, contrário ao projeto de emenda e decidido a impedir sua tramitação, afirmou que iria acessar o Poder Judiciário.

Discorra sobre a possibilidade de o Poder Judiciário exercer controle sobre a tramitação da emenda, bem como sobre a possível medida cabível no caso em tela. (valor: 1,25)

RESOLUÇÃO DA QUESTÃO

Há possibilidade de o Poder Judiciário controlar a constitucionalidade do processo legislativo do projeto de emenda constitucional. No caso em tela o controle mostra-se viável em função da violação da limitação procedimental constante no art. 60, parágrafo 5º da CRFB.

A única medida cabível ao caso é a impetração do mandado de segurança perante o Supremo Tribunal Federal.

Distribuição dos Pontos

Quesito Avaliado	Faixa de Valores
A) Identificação da violação do Art. 60, § 5º da CRFB (0.30) e da possibilidade de controle da PEC pelo judiciário (0,35).	0,00/ 0,30/ 0,35/ 0,65
B) Identificação do mandado de segurança como medida cabível (0,30), bem como da competência do STF para a realização do julgamento (0,30).	0,00/ 0,30/ 0,60

(OAB/Exame Unificado – 2011.3 – 2ª fase) Suponha que tramite perante a Câmara dos Deputados Proposta de Emenda à Constituição da República estabelecendo a obrigatoriedade de Estados, Municípios e Distrito Federal indexarem a remuneração de seus servidores públicos de acordo com o salário mínimo.

Considerando a situação hipotética, analise os itens a seguir, empregando os argumentos jurídicos apropriados e a fundamentação legal pertinente ao caso:

A) a constitucionalidade da referida PEC; (Valor: 0,6)

B) a possibilidade de provimento jurisdicional que avalie a constitucionalidade da PEC ainda no curso do processo legislativo. (Valor: 0,65)

RESOLUÇÃO DA QUESTÃO

A PEC não resiste ao confronto com as limitações materiais ao poder de reforma, estabelecidas no artigo 60, § 4º, da CRFB, mais especificamente ao enfraquecimento do pacto federativo. Isso porque a indexação da remuneração dos servidores estaduais, distritais e municipais pelo salário mínimo (fixado em lei da União Federal) importa em vulneração da autonomia dos entes federativos e, nesse sentido, em quebra do pacto federativo (ADPF 33/PA).

Quanto ao item 2, a jurisprudência do STF já se firmou no sentido de reconhecer a possibilidade de controle jurisdicional da PEC em tramitação, reconhecendo a legitimidade dos deputados e senadores para a impetração de mandado de segurança por violação ao direito líquido e certo de observância do devido processo legislativo (MS 24.642/DF).

Distribuição dos Pontos

Item	Pontuação
A) Mencionar os limites materiais ao poder de reforma (0,3). Artigo 60, § 4º, I, da CRFB: violação à autonomia dos entes federativos – quebra do pacto federativo (0,3).	0/ 0,3/ 0,6
B) O STF admite o controle jurisdicional de PECs durante a tramitação legislativa para coibir violação ao devido processo legislativo (0,35). Legitimidade do parlamentar para impetração de mandado de segurança (0,3).	0/ 0,3 / 0,35/ 0,65

(OAB/Exame Unificado – 2011.2 – 2ª fase) Com o objetivo de incrementar a arrecadação tributária, projeto de lei estadual, de iniciativa parlamentar, cria uma gratificação de produtividade em favor dos Fiscais de Rendas que, no exercício de suas atribuições, alcancem metas previamente estabelecidas. O projeto é aprovado pela Assembleia Legislativa e, em seguida, encaminhado ao Governador do Estado, que o sanciona.

Com base no cenário acima, responda aos itens a seguir, empregando os argumentos jurídicos apropriados e a fundamentação legal pertinente ao caso.

A) Indique a inconstitucionalidade formal que a lei apresenta e informe se a sanção da Chefia do Poder Executivo teve o condão de saná-la. (Valor: 0,65)

B) Supondo que a lei seja questionada perante o STF por meio de ADI, de que forma poderia o Sindicato dos Fiscais de Rendas daquele Estado atuar no feito em defesa da lei? Teria legitimidade para interposição de embargos declaratórios contra a decisão final adotada na ADI? (Valor: 0,60)

RESOLUÇÃO DA QUESTÃO

A) Conforme dispõe o art. 61, § 1º, II, a, da CF, é da competência privativa do Presidente da República as leis que disponham sobre a criação de cargos, funções ou empregos públicos na administração direta e autárquica ou aumento de sua remuneração. Desse modo, com base no princípio da simetria ou paralelismo, no âmbito estadual, essas leis devem ser iniciadas pelo chefe do executivo estadual, ou seja, governador do Estado.

A informação apresentada na questão é a de que a iniciativa foi parlamentar. Assim, há vício de inconstitucionalidade formal, pois o projeto foi iniciado por quem não tinha competência para tanto.

Além disso, de acordo com a jurisprudência do STF e a doutrina majoritária, a posterior sanção do governador, chefe do executivo estadual, não tem o condão de sanar a inconstitucionalidade formal, advinda de vício de iniciativa.

B) Para que o Sindicado dos Fiscais de Renda participe do processo, é necessário que requeira a sua habilitação como *amicus curiae*. A Lei nº 9.868/99, em seu art. 7º, § 2º, admite a intervenção do denominado amigo da corte para que ele traga subsídios aos julgadores de forma a pluralizar o debate e tornar a decisão mais justa. A participação desse ente se materializa por meio da apresentação de manifestações por escrito e sustentações orais. Ocorre que, segundo a jurisprudência, o amigo da corte não é parte nesse processo de natureza objetiva e, portanto, não possui legitimidade recursal. Do mesmo modo, não há possibilidade de oposição de embargos de declaração pelo Sindicato.

GABARITO COMENTADO PELA BANCA EXAMINADORA - FGV

A inconstitucionalidade formal decorre da não observância das regras de processo legislativo previstas na Constituição da República, que são, consoante jurisprudência firme do Supremo Tribunal Federal, de reprodução compulsória pelas Constituições Estaduais, uma vez que corolário do princípio da separação funcional de poderes. Na situação proposta, o projeto de lei de iniciativa parlamentar vulnera a norma do artigo 61, § 1º, inciso II, alínea "a" da CRFB, aplicável, por simetria, aos Estados-membros. No que tange à sanção governamental, a jurisprudência do STF é pacífica em reconhecer que a sanção do Governador não tem o condão de convalidar o vicio de iniciativa, estando superado Enunciado n. 05 daquele Tribunal.

O Sindicato dos Fiscais de Rendas do Estado poderia requerer a sua admissão no feito na qualidade de *amicus curiae*, nos termos do artigo 7º, § 2º, da Lei 9.868/99. Em sendo deferido o pedido, poderia o Sindicato manifestar-se por escrito e realizar sustentação oral, mas não poderia interpor recurso, conforme precedentes do STF.

Distribuição dos pontos pela FGV

Item	Pontuação
a1) Vício de iniciativa (0,15) - artigo 61, § 1º, inciso III, alínea "a", da CRFB (0,15) - princípio da simetria (0,15)	0 / 0,15 / 0,30 / 0,45
a2) A sanção não convalida o vício de iniciativa. (0,20)	0 / 0,20
b) Requerer admissão no feito na qualidade de *amicus curiae* (0,30) Artigo 7º, § 2º, Lei 9.868/99 (0,15) O STF não reconhece legitimidade recursal ao *amicus curia*e (0,15).	0 / 0,15 / 0,30 / 0,45 / 0,60

(OAB/Exame Unificado – 2010.2 – 2ª fase) O Congresso Nacional aprovou e o Presidente da República sancionou projeto de lei complementar modificando artigos do Código Civil, nos termos do art. 22, I da CRFB. Três meses após a entrada em vigor da referida lei, o Presidente da República editou medida provisória modificando novamente os referidos artigos do Código Civil com redação dada pela lei complementar. Analise a constitucionalidade dos atos normativos mencionados.

RESOLUÇÃO DA QUESTÃO

O tema não é pacífico na doutrina, mas para a corrente majoritária e para o STF, não existe hierarquia entre lei complementar e lei ordinária, mas apenas "reserva constitucional de lei complementar". Ou seja, leis complementares diferenciam-se das leis ordinárias porque a Constituição definiu que certas matérias somente podem ser veiculadas em lei complementar, que são aprovadas por maioria absoluta (art. 69 da CF), enquanto que para a edição de lei ordinária o *quorum* de aprovação é de maioria simples, presente a maioria absoluta dos membros da respectiva Casa Legislativa (art. 47 da CF), sendo certo que não há definição de matérias de lei ordinária. Por isso, se a Constituição determinar que a matéria será tratada "na forma da lei", está se referindo à lei ordinária.

Em síntese, não haveria hierarquia entre elas, e a diferença entre as espécies normativas consiste na exigência constitucional de lei complementar para determinadas matérias, além do *quorum* de maioria absoluta para a aprovação de leis complementares e o de maioria simples para as leis ordinárias.

Necessário observar ainda que, apesar de uma matéria não listada na Constituição como reservada à lei complementar poder ser regulamentada por essa via, a alteração posterior da lei complementar, nesse caso, pode ser feita por mera lei ordinária, não sendo necessária edição de outra lei complementar para a modificação. Por isso, no caso em análise, os dois atos normativos são válidos. O primeiro porque, apesar de a Constituição não exigir no art. 22, I, a edição de lei complementar para alteração do Código Civil, o Congresso pode se valer dessa espécie normativa para a regulamentação da matéria, uma vez que não há óbice para a escolha do procedimento mais qualificado. Entretanto, essa escolha não vincula os atos normativos de alteração da lei complementar, que podem ser feitos por lei ordinária ou, como na hipótese, por medida provisória, já que a Constituição só proíbe a adoção de medida provisória para os casos reservados à lei complementar.

Comentários adicionais

Sobre o tema, confira-se o item "Transcrições" do Informativo STF 429/2006, referente ao RE 419.629, Rel. Min. Sepúlveda Pertence:

> "(...) III. No julgamento da ADC 1, 01.12.93, o em. Relator, Ministro Moreira Alves ressaltou no voto condutor do acórdão - RTJ 156/721, 745: "Sucede, porém, que a contribuição social em causa, incidente sobre o faturamento dos empregadores, é admitida expressamente pelo inciso I do artigo 195 da Carta Magna, não se podendo pretender, portanto, que a Lei Complementar nº 70/91 tenha criado outra fonte de renda destinada a garantir a manutenção ou a expansão da seguridade social. Por isso mesmo, essa contribuição poderia ser instituída por Lei ordinária. A circunstância de ter sido instituída por lei formalmente complementar - a Lei Complementar nº 70/91 - não lhe dá, evidentemente, a natureza de contribuição social nova, a que se aplicaria o disposto no § 4o do artigo 195 da Constituição, porquanto essa lei, com relação aos dispositivos concernentes à contribuição social por ela instituída - que são o objeto desta ação -, é materialmente ordinária, por não tratar, nesse particular, de matéria reservada, por texto expresso da Constituição, à lei complementar. A jurisprudência desta Corte, sob o império da Emenda Constitucional nº 1/69 - e a Constituição atual não alterou esse sistema -, se firmou no sentido de que só se exige lei complementar para as matérias para cuja disciplina a Constituição expressamente faz tal exigência, e, se porventura a matéria, disciplinada por lei cujo processo legislativo observado tenha sido o da lei complementar, não seja daquelas para que a Carta Magna exige essa modalidade legislativa, os dispositivos que tratam dela se têm como dispositivos de lei ordinária." Este, o caso vertente, relativo à norma que - embora inserida formalmente em lei complementar - concedia isenção de tributo federal e, portanto, submetia-se a regime de leis federais ordinárias, que outra lei ordinária da União, validamente, poderia ter revogado, como efetivamente revogou.
>
> Nesse sentido – na trilha do precedente invocado da ADC 1 – a jurisprudência do Tribunal permanece sedimentada (v.g., ADInMC 2111, 16.03.00, Sydney, DJ 15.12.03; AR 1264, 10.04.02, Néri, DJ 31.05.02). Na doutrina - e independentemente da discussão acerca de ser ou não de hierarquia a relação entre a lei complementar e a lei ordinária, também se pode dar por pacificada a mesma conclusão da jurisprudência. A lição vem desde a obra

pioneira do saudoso Geraldo Ataliba. O mesmo se colhe na clássica monografia do douto Souto Maior Borges. Salvo uma passagem de Manoel G. Ferreira Filho – citada e acolhida por Alexandre de Moraes – não encontrei discrepância de monta nos trabalhos mais modernos, a exemplo de Sacha Calmon, e Humberto Ávila e, ao que me parece, em passagem incidente de Roque Carrazza. Portanto, não há que se falar em violação ao princípio da hierarquia das leis - *rectius*, da reserva constitucional de lei complementar - cujo respeito exige seja observado o âmbito material reservado às espécies normativas previstas na Constituição Federal. Ressalto que o caso é diverso do que se discute na Rcl 2.475-AgR - efeito vinculante aos fundamentos de decisão proferida em ação de controle concentrado para o cabimento de Reclamação ao Supremo. Esse o quadro, dou provimento ao RE da União (art. 557, § 1o-A, C.Pr.Civil) para anular o acórdão do STJ e determinar que outro seja proferido - adstrito a eventuais questões infraconstitucionais, aventadas -, e nego provimento ao RE do Sindicato (art. 557, *caput*, c/c 543, § 2º, do C.Pr.Civil): é o meu voto."

GABARITO COMENTADO PELA EXAMINADORA – FGV

São basicamente duas as diferenças entre a lei complementar e a lei ordinária: (i) enquanto a primeira demanda tem de ter um *quorum* de aprovação de maioria absoluta, a segunda pode ser aprovada por maioria simples (presente à sessão a maioria absoluta dos membros da casa legislativa); (ii) há determinadas matérias que só podem ser reguladas por meio de lei complementar e estas matérias estão definidas expressamente no texto constitucional. Não existe, portanto, hierarquia entre lei complementar e lei ordinária, uma vez que esta não decorre daquela. Ambas decorrem da Constituição. Este entendimento, que conta com o apoio da maioria dos doutrinadores, já foi confirmado pelo STF (RE 419.629). Uma lei complementar que disponha sobre matéria para a qual a Constituição não exige maioria absoluta (típica de lei complementar) poderá ser modificada por lei ordinária. É dizer, neste caso, que será uma lei complementar com *status* de lei ordinária. Embora a Constituição determine que não será objeto de medida provisória a matéria reservada a lei complementar, tal vedação não afeta o caso em tela, pois a matéria de que trata a referida lei complementar (direito de família) não é reservada a lei complementar, podendo neste caso ser modificada por medida provisória. Ambos os atos normativos, portanto, são constitucionais.

Distribuição dos pontos pela FGV

Item	Pontuação
Inexistência de hierarquia	0 / 0,5
por não haver hierarquia, mas hipótese de incidência, uma lei complementar pode ser revogada por uma ordinária quando aquela não estiver na sua área de incidência	0 / 0,5.

(OAB/Exame Unificado – 2010.1 – 2ª fase) O governador de determinado estado propôs emenda à Constituição estadual no que se refere ao processo legislativo das emendas à Constituição, aumentando para quatro quintos o *quorum* exigido para aprovação de emendas. A proposta de emenda, aprovada pela Comissão de Constituição e Justiça, foi encaminhada para deliberação; no entanto, um dos deputados estaduais entende que essa proposta não pode tramitar por ser inconstitucional, razão pela qual pretende impugná-la judicialmente. Nessa situação hipotética, que medida judicial seria mais adequada ao caso? Fundamente sua resposta, apresentando o argumento de mérito a ser utilizado para a defesa da pretensão do deputado.

RESOLUÇÃO DA QUESTÃO

O mero trâmite dessa proposta de emenda à constituição estadual é inconstitucional, pois fere o disposto no art. 60, § 2º, da CF, de observância obrigatória pelos Estados, que estabelece o *quorum* de *três qui*ntos dos membros de cada Casa do Congresso Nacional para a aprovação de emendas constitucionais. Ou em outras palavras: o modelo de reforma estabelecido na Constituição Federal deve ser obrigatoriamente observado pelos Estados, que não podem dificultar o rito a ponto de obstaculizá-lo ou engessá-lo, uma vez que a própria alteração do procedimento de reforma da Constituição é tida pela doutrina como um limite implícito ao poder de reforma da CF (e, por consequência, também das constituições estaduais). Para impedir o trâmite dessa PEC inconstitucional, o STF admite a impetração de mandado de segurança por parlamentares para sustar o andamento de proposta de emenda à Constituição que veicule matéria insuscetível de reforma pelo constituinte derivado (art. 60, § 2º, da CF), por entender que o parlamentar tem direito líquido e certo ao devido processo legislativo.

GABARITO COMENTADO PELA EXAMINADORA - CESPE

A medida judicial cabível e o mandado de segurança, visto que o deputado estadual tem legitimidade ativa para impugnar ato que venha a comprometer a lisura do processo legislativo. Leia-se o que dispõe o art. 5º da Constituição Federal: "(...) LXIX – conceder-se-á mandado de segurança para proteger direito liquido e certo, não amparado por habeas-corpus ou habeas-data, quando o responsável pela ilegalidade ou abuso de poder for autoridade publica ou agente de pessoa jurídica no exercício de atribuições do Poder Publico;"

> "EMENTA: CONSTITUCIONAL. PROCESSO LEGISLATIVO: CONTROLE JUDICIAL. MANDADO DE SEGURANÇA.
>
> I – O parlamentar tem legitimidade ativa para impetrar mandado de segurança com a finalidade de coibir atos praticados no processo de aprovação de leis e emendas constitucionais que não se compatibilizam com o processo legislativo constitucional. Legitimidade ativa do parlamentar, apenas.
>
> II – Precedentes do STF: MS 20.257/DF, Ministro Moreira Alves (leading case), RTJ 99/1031; MS 21.642/DF, Ministro Celso de Mello, RDA 191/200; MS 21.303-AgR/DF, Ministro Octavio Gallotti, RTJ 139/783; MS 24.356/DF, Ministro Carlos Velloso, "DJ" de 12.09.2003.
>
> III – Inocorrência, no caso, de ofensa ao processo legislativo, C.F., art. 60, § 2.º, por isso que, no texto aprovado em 1.º turno, houve, simplesmente, pela Comissão Especial, correção da redação aprovada, com a supressão da expressão "se inferior", expressão dispensável, dada a impossibilidade de a remuneração dos Prefeitos ser superior a dos Ministros do Supremo Tribunal Federal.
>
> IV – Mandado de Segurança indeferido (MS 24642, Relator(a): Min. CARLOS VELLOSO, Tribunal Pleno, julgado em 18/02/2004, DJ 18-06-2004 PP-00045 EMENT VOL-02156-02 PP-00211)".

Haveria, na hipótese, violação a clausula pétrea implícita que trata do próprio trâmite das propostas de emendas à Constituição (PEC), de forma que não seria admitida uma PEC que visa exatamente alterar as normas jurídicas relativas às emendas, tornando-as mais rígidas, engessando sua reforma. O modelo previsto na CF e de observância obrigatória pelos estados-membros, de forma que a exigência de *quorum* de quatro quintos acabaria por engessar a possibilidade de emenda.

> "Processo de reforma da Constituição estadual — Necessária observância dos requisitos estabelecidos na Constituição Federal (art. 60, §§ 1.º a 5.º) — Impossibilidade constitucional de o Estado membro, em divergência com o modelo inscrito na Lei Fundamental da Republica, condicionar a reforma da Constituição estadual a aprovação da respectiva proposta por 4/5 (quatro quintos) da totalidade dos membros integrantes da Assembleia Legislativa – Exigência que virtualmente esteriliza o exercício da função reformadora pelo Poder Legislativo local – A questão da autonomia dos Estados-membros (CF, art. 25) — Subordinação jurídica do poder constituinte decorrente

as limitações que o órgão investido de funções constituintes primarias ou originarias estabeleceu no texto da Constituição da Republica (...) (ADI 486, Rel. Min. Celso de Mello, julgamento em 3-4-97, Plenário, DJ de 10-11-06)."

Observação para a correção: atribuir pontuação integral às respostas em que esteja expresso o conteúdo do dispositivo legal, ainda que não seja citado, expressamente, o número do artigo.

(OAB/Exame Unificado – 2008.3 – 2ª fase) Suponha que o presidente da República encaminhe projeto de lei ordinária cujo objeto seja alterar a lei orçamentária do ano de 2009 para aumentar a destinação de recursos públicos em determinado projeto. Suponha, ainda, que um deputado federal, por considerar insuficientes os recursos previstos no projeto original, pretenda apresentar emenda a esse projeto de lei, visando à ampliação dos referidos recursos. Nessa situação hipotética, a proposta de emenda encontraria algum óbice perante a Constituição Federal? Fundamente sua resposta.

RESOLUÇÃO DA QUESTÃO

O art. 63, I, da CF, proíbe a apresentação de emendas que impliquem aumento de despesa em projetos de lei de iniciativa privativa do Poder Executivo, salvo no caso do art. 166, §§ 3º e 4º, da CF.

Por sua vez, o art. 166, § 3º, da CF, trata dos requisitos indispensáveis para a aprovação de emenda parlamentar nas leis orçamentárias anuais, como na hipótese presente. Assim, para que sejam aprovadas sem vícios, precisarão ser compatíveis com o plano plurianual e com a lei de diretrizes orçamentárias (art. 166, § 3º, I), e devem indicar os recursos necessários para cobrir a despesa (art. 166, § 3º, II).

Comentário adicional

Confira-se o seguinte precedente do STF

O poder de emendar projetos de lei, que se reveste de natureza eminentemente constitucional, qualifica-se como prerrogativa de ordem político-jurídica inerente ao exercício da atividade legislativa. Essa prerrogativa institucional, precisamente por não traduzir corolário do poder de iniciar o processo de formação das leis (RTJ 36/382, 385 – RTJ 37/113 – RDA 102/261), pode ser legitimamente exercida pelos membros do legislativo, ainda que se cuide de proposições constitucionalmente sujeitas à cláusula de reserva de iniciativa (ADI 865/MA, Rel. Min. Celso de Mello), desde que, respeitadas as limitações estabelecidas na Constituição da República, as emendas parlamentares (a) não importem em aumento da despesa prevista no projeto de lei, (b) guardem afinidade lógica (relação de pertinência) com a proposição original e (c) tratando-se de projetos orçamentários (CF, art. 165, I, II e III), observem as restrições fixadas no art. 166, §§ 3º e 4º da Carta Política (...). (ADI 1.050-MC, Rel. Min. Celso de Mello, julgamento em 21-9-94)

(OAB/Exame Unificado – 2008.1 – 2ª fase) Um governador de estado encaminhou à assembleia legislativa projeto de lei que versa sobre reajuste de vencimentos dos servidores da administração direta. Mediante emenda parlamentar, foi introduzida no projeto emenda majorando o valor do reajuste, a qual foi aprovada pela maioria absoluta dos membros do legislativo estadual. No que diz respeito à situação hipotética apresentada, de acordo com o processo de formação das leis constante na Constituição Federal, pode-se considerar legítima a iniciativa do governador e o procedimento de votação do projeto de lei? Justifique sua resposta.

RESOLUÇÃO DA QUESTÃO

A disposição do art. 61, § 1º, II, "a", da CF, que prescreve ser de iniciativa privativa do Presidente da República os projetos de lei que aumentem a remuneração dos servidores da administração direta e autárquica deve ser repetido pelos estados-membros, diante do princípio da simetria federativa.

Assim, no âmbito estadual, cabe privativamente ao Governador de Estado a apresentação de projetos de lei que versem sobre reajuste de vencimentos de servidores públicos estaduais, razão pela qual não há que se falar em vício de iniciativa no caso narrado.

Entretanto, em âmbito federal a Constituição veda a apresentação de emendas parlamentares aos projetos de iniciativa privativa do Presidente da República que impliquem aumento da despesa (art. 63, I, da CF). Também, simetricamente, a proibição se dirige ao Poder Legislativo estadual, que não pode emendar projeto de lei de iniciativa privativa do Chefe do Executivo para aumentar a despesa prevista.

Por fim, cabe registrar que a hipótese é de edição de lei ordinária, cujo *quorum* de aprovação é o de maioria simples (art. 47 da CF).

Comentário adicional

Confira-se julgado do STF sobre tema análogo

AÇÃO DIRETA DE INCONSTITUCIONALIDADE. PROCESSO LEGISLATIVO. LEI 645/2002 DO ESTADO DO AMAPÁ. EMENDA PARLAMENTAR. HIPÓTESE VEDADA PELA CONSTITUIÇÃO FEDERAL, ART. 63, I. OBSERVÂNCIA OBRIGATÓRIA PELOS ESTADOS-MEMBROS. É inconstitucional norma que seja resultante de emenda parlamentar a projeto de lei iniciado pelo Poder Executivo e que amplie hipóteses de recebimento de gratificação por servidores públicos estaduais. Precedentes. Ação julgada procedente, para declarar a inconstitucionalidade dos arts. 2º e 5º da Lei 645/2002 do Amapá, decorrentes da rejeição de veto do governador do estado. (ADI 3177, Rel. Min. Joaquim Barbosa, Tribunal Pleno, julgado em 02/03/2005).

(OAB/Exame Unificado – 2007.3 – 2ª fase) Após coletar a assinatura de 25 colegas seus, um senador apresentou uma proposta de emenda constitucional (PEC) que foi acolhida pela Mesa Diretora do Senado Federal e submetida à discussão e votação, em dois turnos, na Casa. No primeiro turno, a PEC obteve 65% dos votos dos membros do Senado, e, no segundo turno, obteve 55%. Em face dessa situação hipotética, redija um texto dissertativo em resposta às seguintes perguntas:

- ✓ O senador, ao apresentar a PEC, obedeceu ao trâmite previsto na Constituição Federal?
- ✓ A PEC seguiu o adequado procedimento de discussão e votação no Senado Federal, ou deveria ter sido votada em sessão conjunta?
- ✓ Em face da votação obtida no primeiro e segundo turnos, ela pode ser considerada aprovada pelo Senado?
- ✓ É adequado dizer que compete ao presidente da República sancionar as PECs, mas que não lhe cabe promulgar e fazer publicar as emendas constitucionais?

RESOLUÇÃO DA QUESTÃO

A iniciativa das propostas de emenda à Constituição é atribuída a um terço, no mínimo, dos membros da Câmara dos Deputados ou do Senado Federal (art. 60, I, da CF). Caso proposta por um senador, o processo legislativo se inicia no Senado Federal e, se apresentada por um Deputado Federal, na Câmara dos Deputados.

Considerando a regra de iniciativa prevista no art. 60, I, da CF, e que a PEC foi apresentada no Senado – que conta com 81 senadores (art. 46, § 1º, da CF) –, a proposta deveria receber o mínimo de 27 assinaturas para respeitar a prescrição constitucional, o que não foi observado.

Ademais, ainda que superado esse óbice, o procedimento estabelecido pelo art. 60, § 2º, da CF, tampouco foi cumprido, já que a regra constitucional impõe discussão e votação em dois turnos, em cada uma das Casas do Congresso Nacional, sendo necessário o *quorum* de três quintos em cada uma das quatro votações (não há que se falar em sessão conjunta).

Na hipótese, tendo em vista que o *quorum* de três quintos dos membros do Senado Federal (48,6 senadores) equivale ao voto de 60% de seus membros, o segundo turno não atingiu o mínimo constitucional para aprovação de seu texto.

Por fim, caso aprovadas em cada Casa do Congresso Nacional, em dois turnos de votação, a proposta de emenda segue diretamente para a promulgação pelas Mesas da Câmara dos Deputados e do Senado Federal, não existindo a fase de sanção ou veto presidencial. Isso porque a aprovação de emendas à Constituição corresponde ao exercício do Poder Constituinte Derivado, atribuído aos parlamentares representantes do povo.

Comentários adicionais

Atenção: a promulgação das emendas à Constituição é feita pelas Mesas da Câmara dos Deputados e do Senado Federal, e não pela Mesa do Congresso Nacional.

A aprovação de emendas constitucionais de revisão seguiu o disposto no art. 3º do ADCT, ou seja, o *quorum* de aprovação foi de maioria absoluta (menos qualificado que o de três quintos) e em sessão unicameral.

(OAB/Exame Unificado – 2007.2 – 2ª fase) A Medida Provisória n.º X, publicada no dia 11/9/2001, determinou a abertura de crédito extraordinário no orçamento da União, em favor do Ministério da Integração Nacional, para atender despesas decorrentes de enchentes ocorridas no sul do estado de Minas Gerais. O referido ministério imediatamente promoveu, juntamente com o estado e com os municípios envolvidos, a aquisição dos materiais necessários ao atendimento da população, como água, alimentação, remédios e vestuário, bem como possibilitou o alojamento temporário dos desabrigados em ginásios, estádios e outros prédios públicos dos municípios vizinhos, o que acabou por atender àquela situação. No entanto, a referida medida provisória, até a presente data, não foi analisada pelo Congresso Nacional. Com base na situação hipotética em apreço, responda, de modo justificado, às seguintes indagações:

- ✓ A medida provisória pode ser utilizada na espécie?
- ✓ Diante da inércia do Congresso Nacional, continua em vigor a referida medida provisória?

RESOLUÇÃO DA QUESTÃO

A medida provisória X, publicada no dia 11/9/2001, continua em vigor até os dias atuais por força do art. 2º da EC 32/2001, que expressamente assegurou a eficácia das MPs adotadas antes da publicação da referida emenda constitucional, o que ocorreu em 12/9/2001 (um dia depois). No caso, a MP X/2001 permanecerá vigendo até que outra expressamente a revogue ou que haja deliberação definitiva sobre seu conteúdo pelo Congresso Nacional.

Assim, suas disposições não são afetadas pelas novas regras estabelecidas pela EC 32/2001, por força do princípio da irretroatividade das leis.

Note-se, ainda, que o art. 62, § 1º, I, "d", da CF, veda a adoção de medida provisória para abertura de créditos adicionais e suplementares, mas expressamente excepciona o cabimento da medida no caso do art. 167, § 3º, ou seja, para atender despesas imprevisíveis e urgentes, como as decorrentes de calamidade pública. Dessa forma, uma MP com conteúdo análogo poderia ser adotada mesmo após a promulgação da EC 32/2001, sendo certo que ao STF cabe o controle dos requisitos de imprevisibilidade e urgência das MPs para a abertura de créditos extraordinários.

Comentários adicionais

Segue precedente do STF sobre o tema:

MEDIDA CAUTELAR EM AÇÃO DIRETA DE INCONSTITUCIONALIDADE. MEDIDA PROVISÓRIA Nº 405, DE 18.12.2007. ABERTURA DE CRÉDITO EXTRAORDINÁRIO. LIMITES CONSTITUCIONAIS À ATIVIDADE LEGISLATIVA EXCEPCIONAL DO PODER EXECUTIVO NA EDIÇÃO DE MEDIDAS PROVISÓRIAS.

I. MEDIDA PROVISÓRIA E SUA CONVERSÃO EM LEI.

Conversão da medida provisória na Lei nº 11.658/2008, sem alteração substancial. Aditamento ao pedido inicial. Inexistência de obstáculo processual ao prosseguimento do julgamento. A lei de conversão não convalida os vícios existentes na medida provisória. Precedentes.

II. CONTROLE ABSTRATO DE CONSTITUCIONALIDADE DE NORMAS ORÇAMENTÁRIAS. REVISÃO DE JURISPRUDÊNCIA.

O Supremo Tribunal Federal deve exercer sua função precípua de fiscalização da constitucionalidade das leis e dos atos normativos quando houver um tema ou uma controvérsia constitucional suscitada em abstrato, independente do caráter geral ou específico, concreto ou abstrato de seu objeto. Possibilidade de submissão das normas orçamentárias ao controle abstrato de constitucionalidade.

III. LIMITES CONSTITUCIONAIS À ATIVIDADE LEGISLATIVA EXCEPCIONAL DO PODER EXECUTIVO NA EDIÇÃO DE MEDIDAS PROVISÓRIAS PARA ABERTURA DE CRÉDITO EXTRAORDINÁRIO. Interpretação do art. 167, § 3º c/c o art. 62, § 1º, inciso I, alínea "d", da Constituição. Além dos requisitos de relevância e urgência (art. 62), a Constituição exige que a abertura do crédito extraordinário seja feita apenas para atender a despesas imprevisíveis e urgentes. Ao contrário do que ocorre em relação aos requisitos de relevância e urgência (art. 62), que se submetem a uma ampla margem de discricionariedade por parte do Presidente da República, os requisitos de imprevisibilidade e urgência (art. 167, § 3º) recebem densificação normativa da Constituição. Os conteúdos semânticos das expressões "guerra", "comoção interna" e "calamidade pública" constituem vetores para a interpretação/aplicação do art. 167, § 3º c/c o art. 62, § 1º, inciso I, alínea "d", da Constituição. "Guerra", "comoção interna" e "calamidade pública" são conceitos que representam realidades ou situações fáticas de extrema gravidade e de consequências imprevisíveis para a ordem pública e a paz social, e que dessa forma requerem, com a devida urgência, a adoção de medidas singulares e extraordinárias. A leitura atenta e a análise interpretativa do texto e da exposição de motivos da MP nº 405/2007 demonstram que os créditos abertos são destinados a prover despesas correntes, que não estão qualificadas pela imprevisibilidade ou pela urgência. A edição da MP nº 405/2007 configurou um patente desvirtuamento dos parâmetros constitucionais que permitem a edição de medidas provisórias para a abertura de créditos extraordinários.

IV. MEDIDA CAUTELAR DEFERIDA.

Suspensão da vigência da Lei nº 11.658/2008, desde a sua publicação, ocorrida em 22 de abril de 2008.
(ADI 4048 MC, Rel. Min. GILMAR MENDES, Tribunal Pleno, julgado em 14/05/2008).

(OAB/Exame Unificado – 2006.2 – 2ª fase) O presidente da República editou a Medida Provisória n.º XX/2006, que, por não ter sido apreciada pela Câmara dos Deputados, estava obstruindo a pauta dessa casa legislativa. O presidente da República tinha interesse em que se realizasse celeremente a votação de um projeto de emenda à Constituição cuja votação estava sobrestada pelo trancamento da pauta. Diante dessa situação, um assessor sugeriu ao presidente que editasse a Medida Provisória n.º YY/2006, ab-rogando a MP n.º XX, pois isso acarretaria sua imediata invalidação. Com isso, o Congresso Nacional não mais poderia apreciar a MP n.º XX, o que destrancaria a pauta. Além disso, como a MP n.º YY teria efeitos meramente revogatórios, ela não poderia ser apreciada pelo Congresso Nacional porque, como o ordenamento brasileiro não admite a repristinação, a inadmissão da MP n.º YY não teria o condão de tornar novamente válida a MP n.º XX. Em face da situação hipotética acima descrita, redija um texto dissertativo que avalie a correção jurídica dos argumentos contidos na sugestão feita pelo assessor do presidente. Extensão máxima: 30 linhas.

RESOLUÇÃO DA QUESTÃO

De acordo com o art. 62, *caput*, da CF, uma vez adotada a Medida Provisória, seu texto deve ser submetido de imediato ao Congresso Nacional, razão pela qual não é permitido ao Presidente da República retirar o ato da apreciação dos parlamentares.

Para resolver o impasse institucional, há muito o STF admite a adoção de nova medida provisória para ab-rogar a primeira, embora essa solução seja criticada pela doutrina. Dessa forma, a primeira medida provisória deixaria de trancar a pauta de votação do Congresso, atendendo à vontade do Presidente da República.

Ocorre que a segunda medida provisória não teria efeitos meramente revogatórios, devendo ser submetida à análise do Poder Legislativo, uma vez que a Constituição não traz nenhuma exceção à regra da imediata submissão ao Congresso Nacional. Ademais, a eficácia ab-rogatória da segunda MP só se tornará definitiva se e quando seu texto for convertido em lei. Até então o que se terá é a suspensão da vigência da primeira medida provisória, condicional à aprovação da segunda.

Assim, se a segunda MP for rejeitada ou caducar, a primeira voltará a viger, pelo restante do prazo constitucional ainda existente, cabendo também ao Congresso sua análise. Pelo mesmo motivo, uma possível ação direta de inconstitucionalidade proposta contra a primeira MP não se torna prejudicada pela simples adoção da medida ab-rogatória, mas apenas com a conversão da segunda MP em lei.

Note-se, por fim, que a hipótese não equivale à repristinação, que só é admitida pelo ordenamento brasileiro se houver manifestação expressa do legislador nesse sentido (art. 2º, § 3º, da LINDB). Aqui, a continuidade da eficácia da primeira medida provisória é resultado do procedimento previsto pela própria Constituição para o trâmite das medidas provisórias e depende da existência de prazo residual.

Comentários adicionais

O assessor do presidente certamente conhecia o seguinte precedente do STF:

EMENTA: AÇÃO DIRETA DE INCONSTITUCIONALIDADE. MEDIDA PROVISÓRIA N. 1.042, DE 29 DE JUNHO DE 95, EDITADA EM SUBSTITUIÇÃO A MP N. 1.019, DE 08.06.95. ALEGADA VIOLAÇÃO AO PRINCÍPIO DA INDEPENDÊNCIA E HARMONIA ENTRE OS PODERES, CONSAGRADO NO ART. 2. DA CONSTITUIÇÃO FEDERAL. PEDIDO DE MEDIDA CAUTELAR INDEFERIDO, NO RECESSO, POR MEIO DE DESPACHO DO MINISTRO PRESIDENTE. Orientação assentada no STF no sentido de que, não sendo dado ao Presidente da República retirar da apreciação do Congresso Nacional medida provisória que tiver editado, é-lhe, no entanto, possível ab-rogá-la por meio de nova medida provisória, valendo tal ato pela simples suspensão dos efeitos da primeira, efeitos esses que, todavia, o Congresso poderá ver restabelecidos, mediante a rejeição da medida ab-rogatória. Circunstância que, em princípio, desveste de plausibilidade a tese da violação ao princípio constitucional invocado. Despacho referendado. (ADI 1315 MC, Rel. Min. Ilmar Galvão, Tribunal Pleno, julgado em 10/08/1995, DJ 25-08-1995).

5.2. PODER JUDICIÁRIO

(OAB/Exame Unificado – 2012.2 – 2ª fase) Maria alugou um prédio comercial no centro da cidade "P", capital do estado "K", para que o Estado estrangeiro W ali instalasse sua representação consular. Foram estabelecidos aluguéis de R$ 40.000,00 (quarenta mil reais) mensais.

Passados dois anos de vigência do contrato, em razão de dificuldades financeiras no continente onde se localiza o Estado W, o mesmo deixa de pagar aluguéis para Maria, que, inconformada, busca a orientação de um profissional da advocacia para melhor defender seus interesses.

O advogado contratado explica que proporá a ação em Vara Cível do Município "P", cabendo eventual recurso de apelação para o Tribunal de Justiça do Estado K.

Responda, justificadamente, se a orientação do advogado contratado por Maria está na direção correta ao apontar os órgãos jurisdicionais competentes para a matéria em primeiro e em segundo graus de jurisdição. (Valor: 1,25)

RESOLUÇÃO DA QUESTÃO

As orientações fornecidas estão equivocadas, pois ações movidas contra Estado estrangeiro devem ser propostas em primeira instância perante um Juiz Federal, conforme art. 109, II da Constituição; em grau recursal é cabível um recurso ordinário ao Superior Tribunal de Justiça, conforme art. 105, II, "c" da Constituição.

Distribuição dos Pontos

Quesito Avaliado	Valores
Não. A primeira instância deverá ser perante Juiz Federal (0,45), conforme art. 109, II da Constituição (0,10). OBS.: A mera citação do artigo não pontua.	0,00/0,45/0,55
Em segundo grau é cabível o recurso ordinário (0,30) perante o STJ (0,30), conforme art. 105, II, "c" da Constituição (0,10). OBS.: A mera citação do artigo não pontua.	0,00/0,30/0,40/0,60/0,70

(OAB/Exame Unificado – 2011.2 – 2ª fase) Um fazendeiro descobriu que sua mulher o havia traído com um cidadão de etnia indígena que morava numa reserva próxima à sua fazenda. No mesmo instante em que tomou ciência do fato, o fazendeiro dirigiu-se à reserva indígena e disparou três tiros contra o índio, que, no entanto, sobreviveu ao atentado.

Com base nesse cenário, responda aos itens a seguir, empregando os argumentos jurídicos apropriados e a fundamentação legal pertinente ao caso.

A) A quem compete julgar esse caso? (Valor: 0,45)

B) Qual é o fundamento do art. 109, IX, da Constituição da República? (Valor: 0,40)

C) Caso o juiz federal entendesse ser incompetente para julgar esse caso e encaminhasse os autos ao juiz de direito e este também entendesse ser incompetente, a quem caberia decidir qual o juízo competente? Por quê? (Valor: 0,40)

RESOLUÇÃO DA QUESTÃO

A) A competência para o julgamento dos crimes dolosos contra a vida é do Tribunal do Júri da justiça estadual comum. Desse modo, como o crime praticado pelo fazendeiro é tido como doloso contra a vida, tal competência é aplicada. Vale lembrar que o art. 109, XI, da Constituição Federal, determina a competência da justiça federal para o julgamento de disputa sobre direitos indígenas, o que não se aplica ao caso, por não se tratar de discussão sobre tais direitos.

B) O fundamento do art. 109, XI, da Constituição Federal, repousa na atribuição dada à União de assegurar os preceitos, os valores e a cultura indígena. Assim, independente do local em que tenha ocorrida a situação, a justiça competente para a análise desses direitos é a federal.

C) Quando dois ou mais juízes se declaram incompetentes para determinada ação, estamos diante do denominado conflito negativo de competência. Na presente hipótese, como os juízes são vinculados a tribunais distintos, o órgão competente para o julgamento de tal conflito é o Superior Tribunal de Justiça (art. 105, I, "d", da Constituição Federal).

GABARITO COMENTADO PELA EXAMINADORA - FGV

1. Por se tratar de crime doloso contra a vida, o caso deverá ser julgado pelo Tribunal do Júri, da justiça estadual comum. Embora a vítima seja um índio, o caso não está relacionado a disputa de direitos indígenas, razão pela qual não seria competência da Justiça Federal (art. 109, XI).
2. A atribuição à Justiça Federal da competência para julgar disputas sobre direitos indígenas decorre da competência atribuída à União Federal para proteção da cultura indígena, seus bens e valores (art. 231, CRFB). É por esta razão que a competência, nestas hipóteses, será da Justiça Federal, independentemente do Estado onde o caso tenha ocorrido.
3. A competência, neste caso, será do STJ, pois se trata de conflito negativo de competência entre órgãos vinculados a tribunais diversos (art. 105, I, d, CRFB).

Distribuição dos pontos pela FGV

Item	Pontuação
a) Justiça estadual (0,15) – Tribunal do Júri (0,15). Não se trata de disputa de direitos indígenas (0,15).	0 / 0,15 / 0,30 / 0,45
b) Proteção dos direitos dos índios é competência da União, art. 109, XI (0,4) OU b) Referência ao fundamento contido no art. 109, IX. (0,4)	0 / 0,4
c) STJ (0,2), por ser conflito negativo de competência entre órgãos vinculados a tribunais diversos OU art. 105, I, d, da CRFB (0,2)	0 / 0,2 / 0,4

(OAB/Exame Unificado – 2011.1 – 2ª fase) Mévio, advogado com longos anos de carreira, resolve concorrer a vaga de magistrado surgida no Tribunal de Justiça K, tendo apresentado o seu currículo para a Ordem dos Advogados do Brasil, que o incluiu na lista de advogados. Mesma situação ocorreu com a lista escolhida pelo Tribunal de Justiça.

À luz das normas constitucionais, responda aos itens a seguir:

A) Qual é o percentual de vagas destinada aos advogados nos Tribunais de Justiça? (Valor: 0,35)

B) Quais são os ritos de escolha realizados pela OAB e pelo Tribunal de Justiça? (Valor: 0,6)

C) De quem é a competência para nomeação? (Valor: 0,3)

RESOLUÇÃO DA QUESTÃO

A) O percentual de vagas destinado aos advogados nos Tribunais de Justiça é de dez por cento para advogados. Tal número é extraído da regra prevista no art. 94 da Constituição Federal, denominada quinto constitucional. Segundo esse dispositivo, um quinto dos lugares, não só dos Tribunais de Justiça dos Estados, Distrito Federal e Territórios, mas dos Tribunais Regionais Federais, é composto de membros do Ministério Público, com mais de dez anos de carreira, e de advogados de notório saber jurídico, reputação ilibada e com mais de dez anos de atividade profissional.

B) Os ritos para a escolha, realizados pela Ordem dos Advogados do Brasil e pelo Tribunal de Justiça, também encontram fundamento no *caput* do art. 94 da Constituição Federal e no seu parágrafo único. O órgão de representação da classe, na hipótese, Conselho Seccional da OAB, indica seis nomes e encaminha-os ao respectivo Tribunal de Justiça que reduzirá tal lista, escolhendo três dos seis nomes indicados.

C) A competência para a nomeação do novo magistrado que comporá o Tribunal de Justiça é do chefe do executivo estadual, ou seja, do governador do Estado. A lista tríplice definida pelo Tribunal é enviada ao governador para que ele, de forma livre, escolha um nome.

GABARITO COMENTADO PELA EXAMINADORA - FGV

O ingresso do advogado na carreira da magistratura pode ocorrer através do denominado Quinto Constitucional, pois a norma do art., 94, da CF, reserva um quinto das vagas dos tribunais para ocupação dentre membros do Ministério Público e da Advocacia, com notório saber, reputação ilibada, com mais de dez anos de atividade profissional.

A OAB, no caso a seccional estadual, indicará os candidatos em lista sêxtupla, cabendo ao Tribunal de Justiça votar uma lista tríplice que será enviada ao Governador do Estado que escolherá, livremente, um dos indicados.

Distribuição dos pontos pela FGV

Item	Pontuação
a) Com base no art. 94 da CRFB (Quinto Constitucional) (0,15), o percentual é de 10% para advogados (0,2).	0 / 0,15 / 0,2 / 0,35
b) Escolha de lista sêxtupla pela OAB local, dentre advogados com mais de dez anos. (0,3). Escolha de lista tríplice pelo TJ (0,3).	0 / 0,3 / 0,6
c) Governador do Estado	0 / 0,3

(OAB/Exame Unificado – 2009.1 – 2ª fase) Em junho de 2008, após processo administrativo disciplinar, Pedro foi exonerado da função que ocupava em órgão da administração pública municipal. Ato contínuo, ele ingressou com mandado de segurança para ser reintegrado ao serviço público, arguindo a nulidade do ato em razão de não haver sido apresentada defesa técnica por advogado inscrito na OAB, o que ofenderia a garantia do contraditório e da ampla defesa, estipulada no art. 5.º da Constituição Federal. O tribunal de justiça acolheu a argumentação e concedeu a Pedro a segurança sob o argumento de que a presença obrigatória do advogado seria essencial para a garantia da ampla defesa. Em face dessa situação hipotética, na condição de procurador do município, aponte a medida judicial mais apropriada para impugnar a decisão do tribunal de justiça. Justifique a resposta, informando o tribunal perante o qual a medida deve ser ajuizada.

RESOLUÇÃO DA QUESTÃO

A decisão do Tribunal de Justiça viola a disposição da Súmula Vinculante 5/STF, de que a falta de defesa técnica por advogado, em processo administrativo disciplinar, não ofende a Constituição Federal.

Visando a preservação da eficácia vinculante da referida súmula do STF, o procurador do município deverá ajuizar reclamação diretamente do Supremo Tribunal Federal (art. 102, I, "l", da CF) a fim de preservar a competência da Corte para dar a última palavra em matéria constitucional.

Comentário adicional

Súmula Vinculante 5/STF: "A falta de defesa técnica por advogado no processo administrativo disciplinar não ofende a Constituição".

(OAB/Exame Unificado – 2008.3 – 2ª fase) O defensor público geral da União apresentou, no Supremo Tribunal Federal (STF), proposta de edição de súmula vinculante em matéria penal. Autuada a proposta, foi publicado o edital, no qual era estabelecido o prazo de 5 dias para a manifestação de interessados. Decorrido o prazo de 5 dias, não tendo havido manifestação de qualquer interessado, os autos foram enviados à comissão de jurisprudência do STF, que aprovou, por unanimidade, a proposta, após a oitiva do procurador-geral da República. A súmula vinculante foi, então, publicada no Diário Oficial da União. Considerando a situação hipotética apresentada, responda, de forma fundamentada, se está correto o procedimento adotado para a elaboração da súmula vinculante, em especial, no que diz respeito:

- ✓ à legitimidade para a propositura;
- ✓ à possibilidade de manifestação de interessados;
- ✓ ao papel do procurador-geral da República;
- ✓ ao *quorum* para aprovação da referida súmula.

RESOLUÇÃO DA QUESTÃO

O Defensor Público Geral da União tem legitimidade para propor a edição, a revisão e o cancelamento de súmulas vinculantes, conforme norma expressa no art. 3º, IV, da Lei 11.417/2006.

O art. 3º, § 2º, da mesma lei, prevê a possibilidade de o relator da proposta de súmula vinculante admitir a manifestação de terceiros sobre a questão, cujo prazo é de cinco dias de acordo com o art. 1º da Resolução/STF 388/2008.

De acordo com o art. 2º, § 2º, da Lei 11.417/2006, o Procurador-Geral da República deverá ser previamente ouvido sobre as propostas de súmula vinculante, exceto nas que houver formulado (já que também é legitimado ativo para o processo – art. 3º, IV, da Lei 11.417/2006).

As propostas de súmula vinculante dependem do voto de dois terços dos membros do Supremo Tribunal Federal para serem aprovadas, *ex vi* do art. 103-A da CF e do art. 4º, § 2º, da Lei 11.417/2006.

Comentário adicional

A leitura da integralidade da Lei 11.417/2006 é indispensável.

(OAB/Exame Unificado – 2008.2 – 2ª fase) Um município ajuizou, no Supremo Tribunal Federal (STF), ação de execução contra uma sociedade de economia mista controlada pela União, alegando que a existência de litígio entre um município e um ente da administração indireta federal justificaria a competência originária do STF. Comente, justificando, se o entendimento do município está correto.

RESOLUÇÃO DA QUESTÃO

As matérias de competência originária do STF encontram-se categoricamente listadas no art. 102, I, da CF, no qual não se inclui o julgamento de litígio entre município e ente da administração federal indireta, nem o de ação de execução.

O art. 102, I, "f", da Constituição, é claro ao fixar a competência originária apenas nos casos de litígios entre a União e os Estados ou o Distrito Federal, ou entre uns e outros, incluindo-se aí os entes da administração indireta. Silencia, entretanto, a respeito dos Municípios, que não podem ter seus litígios julgados diretamente pelo Supremo por interpretação extensiva, dada à taxatividade do rol do art. 102, I, da CF. Ademais, a regra do art. 102, I, "f", da CF só se justifica se houver risco ao princípio federativo.

O STF tampouco tem competência originária para ações de execução, que seguem a regra geral do art. 475-P do CPC.

Comentário adicional

Súmula 517/STF: "As sociedades de economia mista só têm foro na Justiça Federal, quando a União intervém como assistente ou opoente"; Súmula 556/STF: "É competente a justiça comum para julgar as causas em que é parte sociedade de economia mista".

(OAB/Exame Unificado – 2007.1 – 2ª fase) Pedro, servidor público federal, ingressou há dez anos com uma ação de rito ordinário visando cobrar parcela de remuneração que não lhe teria sido paga de forma correta. Saiu-se vencedor em todas as instâncias, tendo sido a União condenada a pagar-lhe o valor de R$ 120.000,00 mais 5% desse valor a título de condenação em honorários advocatícios, em decisão já transitada em julgado. No entanto, requerido o pagamento do principal por via de precatório, a União pretende, com base no art. 19 da Lei n.º 11.033/2004, que o levantamento ou a autorização para depósito em conta bancária de valores decorrentes de precatório judicial fiquem condicionados à apresentação, ao juízo, de certidão negativa de tributos federais, estaduais e municipais, bem como de certidão de regularidade com a seguridade social, o Fundo de Garantia do Tempo de Serviço e a dívida ativa da União, depois de ouvida a fazenda pública. Além disso, sustenta a União que não procede a pretensão do advogado de executar os honorários advocatícios sem a observância da regra do precatório, já que essa parcela não teria natureza alimentícia e não teria sido excepcionada no § 1.º-A do art. 100 da Constituição Federal de 1988. Ainda acerca da situação hipotética relatada no texto, discorra sobre a natureza jurídica dos honorários advocatícios e o limite de exclusão da regra do precatório para essa parcela.

RESOLUÇÃO DA QUESTÃO

De acordo com entendimento do STF, os honorários advocatícios, contratuais ou sucumbenciais, pertencem ao advogado (arts. 22 e 23 da Lei 8.906/1994) e têm natureza jurídica alimentar, pois servem ao sustento do patrono e ao de sua família.

Entretanto, o fato de ter natureza alimentar não o dispensa da regra de pagamento por precatório, limitando-se a isentá-lo da observância da ordem cronológica dos precatórios não alimentares.

Vale lembrar, ainda, que, se os honorários forem de pequeno valor, caberá a expedição de requisição de pequeno valor, de acordo com o disposto no art. 100, § 3º, da CF.

Comentários adicionais

A questão foi formulada em 2007, portanto, antes das alterações no sistema de precatórios introduzidas pela EC 62, de 9 de dezembro de 2009. Assim, a resposta considerou o texto atual do art. 100, § 1º, da CF, que reproduziu o antigo art. 100, § 1º-A, da Constituição. Quanto a isso, portanto, não houve prejuízo à solução da questão.

A primeira parte do relato, porém, encontra-se prejudicada em face no novo texto do art. 100, §§ 9º e 10, da CF, mas cumpre observar que sua resolução demandava conhecimentos sobre o julgamento da ADIn 3453/DF, julgada procedente pelo STF (tendo como parâmetro de validade, reitere-se o texto anterior do art. 100 da CF):

AÇÃO DIRETA DE INCONSTITUCIONALIDADE. PRECATÓRIOS. ART. 19 DA LEI NACIONAL Nº 11.033, DE 21 DE DEZEMBRO DE 2004. AFRONTA AOS ARTS. 5º, INC. XXXVI, E 100 DA CONSTITUIÇÃO DA REPÚBLICA.

1. O art. 19 da Lei n. 11.033/04 impõe condições para o levantamento dos valores do precatório devido pela Fazenda Pública.
2. A norma infraconstitucional estatuiu condição para a satisfação do direito do jurisdicionado - constitucionalmente garantido - que não se contém na norma fundamental da República.
3. A matéria relativa a precatórios não chama a atuação do legislador infraconstitucional, menos ainda para impor restrições que não se coadunam com o direito à efetividade da jurisdição e o respeito à coisa julgada.
4. O condicionamento do levantamento do que é devido por força de decisão judicial ou de autorização para o depósito em conta bancária de valores decorrentes de precatório judicial, estabelecido pela norma questionada, agrava o que vem estatuído como dever da Fazenda Pública em face de obrigação que se tenha reconhecido judicialmente em razão e nas condições estabelecidas pelo Poder Judiciário, não se mesclando, confundindo ou, menos ainda, frustrando pela existência paralela de débitos de outra fonte e natureza que, eventualmente, o jurisdicionado tenha com a Fazenda Pública.
5. Entendimento contrário avilta o princípio da separação de poderes e, a um só tempo, restringe o vigor e a eficácia das decisões judiciais ou da satisfação a elas devida.
6. Os requisitos definidos para a satisfação dos precatórios somente podem ser fixados pela Constituição, a saber: a requisição do pagamento pelo Presidente do Tribunal que tenha proferido a decisão; a inclusão, no orçamento das entidades políticas, das verbas necessárias ao pagamento de precatórios apresentados até 1º de julho de cada ano; o pagamento atualizado até o final do exercício seguinte ao da apresentação dos precatórios, observada a ordem cronológica de sua apresentação.

7. A determinação de condicionantes e requisitos para o levantamento ou a autorização para depósito em conta bancária de valores decorrentes de precatórios judiciais, que não aqueles constantes de norma constitucional, ofende os princípios da garantia da jurisdição efetiva (art. 5º, inc. XXXVI) e o art. 100 e seus incisos, não podendo ser tida como válida a norma que, ao fixar novos requisitos, embaraça o levantamento dos precatórios.
8. Ação Direta de Inconstitucionalidade julgada procedente. (ADI 3453, Rel. Min. Cármen Lúcia, Tribunal Pleno, julgado em 30/11/2006).

A leitura integral do acórdão dessa ação direta é de fundamental importância, haja vista a propositura da ADIn 4357/DF, agora contra o novo texto do art. 100 da CF (cujos §§ 9º e 10 muito se assemelham ao texto do art. 19 da Lei 11.033/2004).

No mais, com relação aos créditos de natureza alimentícia, confira-se o seguinte precedente do STF:

CRÉDITO DE NATUREZA ALIMENTÍCIA - ARTIGO 100 DA CONSTITUIÇÃO FEDERAL. A definição contida no § 1-A do artigo 100 da Constituição Federal, de crédito de natureza alimentícia, não é exaustiva.

HONORÁRIOS ADVOCATÍCIOS - NATUREZA - EXECUÇÃO CONTRA A FAZENDA.

Conforme o disposto nos artigos 22 e 23 da Lei nº 8.906/94, os honorários advocatícios incluídos na condenação pertencem ao advogado, consubstanciando prestação alimentícia cuja satisfação pela Fazenda ocorre via precatório, observada ordem especial restrita aos créditos de natureza alimentícia, ficando afastado o parcelamento previsto no artigo 78 do Ato das Disposições Constitucionais Transitórias, presente a Emenda Constitucional nº 30, de 2000. (...) (RE 470407, Rel. Min. Marco Aurélio, Primeira Turma, julgado em 09/05/2006)

E as súmulas dos tribunais superiores:

Súmula 655/STF: "A exceção prevista no art. 100, *caput*, da Constituição, em favor dos créditos de natureza alimentícia, não dispensa a expedição de precatório, limitando-se a isentá-los da observância da ordem cronológica dos precatórios decorrentes de condenações de outra natureza""

Súmula 144/STJ: "Os créditos de natureza alimentícia gozam de preferência, desvinculados os precatórios da ordem cronológica dos créditos de natureza diversa".

(OAB/Exame Unificado – 2007.1 – 2ª fase) Um estado brasileiro editou, em 2003, uma lei que estabeleceu que as condenações judiciais inferiores a 60 salários mínimos seriam dispensadas da regra do precatório, devendo ser pagas imediatamente pelo respectivo ente federativo. O governador do referido estado propôs ação direta de inconstitucionalidade em face dessa lei, alegando que o art. 87 da ADCT estabelece o limite máximo de 40 salários mínimos, sendo, portanto, inconstitucional a referida lei estadual. O STF julgou improcedente a referida ação direta de inconstitucionalidade, ao entendimento de que o art. 87 da ADCT é norma de transição até que os entes federativos, em sua soberania, estabeleçam os limites estaduais. Ocorre que um outro estado da federação editou, também em 2003, uma lei fixando igualmente o limite máximo de 60 salários mínimos para que as condenações judiciárias fossem pagas imediatamente, dispensando a regra do precatório. João logrou-se vencedor em uma ação judicial, com decisão transitada em julgado, contra esse segundo estado, o qual foi condenado a pagar 50 salários mínimos de dano material. Mas o juiz da causa nega-se a determinar o pagamento do referido crédito com dispensa de precatório por entender que a lei é inconstitucional. Diante da situação hipotética apresentada, indique a medida judicial mais apropriada para forçar o pagamento do crédito de João sem a regra do precatório e o órgão jurídico competente para apreciá-la. Justifique sua resposta.

CONSTITUCIONAL

RESOLUÇÃO DA QUESTÃO

A ação direta de inconstitucionalidade, por força do art. 102, § 2º, da CF e do art. 28, parágrafo único, da Lei 9.868/1999, produz efeitos contra todos e eficácia vinculante para os demais órgãos do Poder Judiciário e da Administração Pública.

A previsão de eficácia vinculante das decisões definitivas de mérito proferidas em ações diretas de inconstitucionalidade tem uma consequência processual direta e imediata, qual seja o cabimento do instituto da reclamação (art. 102, I, "l", da CF), que visa preservar a competência do STF para dar a última palavra em matéria constitucional, bem como autoridade de suas decisões.

Dessa forma, tendo o STF julgado improcedente o pedido formulado em ADIn, firmando o entendimento de que "o art. 87 da ADCT é norma de transição até que os entes federativos, em sua soberania, estabeleçam os limites estaduais", esse fundamento deve ser observado, obrigatoriamente, pelos demais órgãos do Poder Judiciário e da Administração Pública, por força da norma constitucional já citada (art. 102, § 2º).

A não observância pelo juiz da causa de João dessa conclusão do STF – tomada em ADIn proposta contra lei com idêntico objeto – permite que João ajuíze reclamação constitucional diretamente no STF, com fundamento no art. 102, I, "l", da CF, dada à produção imediata de efeitos vinculantes das decisões de mérito proferidas em ações diretas.

A legitimidade de João para a reclamação constitucional decorre do entendimento do STF de que todos aqueles que comprovarem efetivo interesse de agir, a partir da existência de provimento jurisdicional diverso daquele fixado em ADIn, podem requerer o pronunciamento do Tribunal a respeito, independentemente da condição de parte no processo principal ou da legitimação concorrente para a propositura de ação direta de inconstitucionalidade (art. 103 da CF). Isso porque o objetivo principal da reclamação é a garantia da eficácia vinculante das decisões de mérito do STF, de modo a preservar a higidez constitucional.

Comentários adicionais

O STF entendia ser cabível a reclamação com fundamento no desrespeito à autoridade de decisão tomada em ADIn apenas quando requerida por um dos legitimados ativos para a propositura da ação direta (art. 103 da CF) e desde que tivesse o mesmo objeto.

Entretanto, em virada jurisprudencial, a orientação atual do STF determina que "nas situações em que a decisão proferida em ação direta de inconstitucionalidade for definitiva, à qual a lei confere efeito vinculante, entendo legitimado para a reclamação aquele que tenha contra si provimento diverso do entendimento fixado por este Tribunal, como no caso ocorre, para que seja resguardada a eficácia subordinante dos comandos que derivem do ato descumprido."

Dessa forma, "pronunciamentos do Tribunal, especificamente nos casos de inobservância de decisão proferida em ação declaratória de constitucionalidade, com eficácia vinculante, têm admitido a reclamação independentemente da condição de parte no processo, ou mesmo de legitimação concorrente para a sua propositura".

Em conclusão, o STF consignou que "a eficácia vinculante legalmente atribuída à decisão de mérito em ação direta de inconstitucionalidade produz, entre outros, reflexos de natureza processual quanto à utilização do instituto previsto no art. 102, I, "l", da Carta da República. O conceito de parte interessada, a que aludem os artigos 13 da Lei 8.038/90 e 156 do RISTF, ganha abrangência idêntica aos efeitos do julgado a ser preservado, alcançando todos aqueles que comprovem prejuízo em razão do pronunciamento dos demais órgãos do Poder Judiciário, desde que manifestamente contrário ao julgamento da Corte."

Segue a emenda do julgado em referência:

EMENTA: QUESTÃO DE ORDEM. AÇÃO DIRETA DE INCONSTITUCIONALIDADE. JULGAMENTO DE MÉRITO. PARÁGRAFO ÚNICO DO ARTIGO 28 DA LEI 9868/99: CONSTITUCIONALIDADE. EFICÁCIA VINCULANTE DA DECISÃO. REFLEXOS. RECLAMAÇÃO. LEGITIMIDADE ATIVA.

1. É constitucional lei ordinária que define como de eficácia vinculante os julgamentos definitivos de mérito proferidos pelo Supremo Tribunal Federal em ação direta de inconstitucionalidade (Lei 9868/99, artigo 28, parágrafo único).
2. Para efeito de controle abstrato de constitucionalidade de lei ou ato normativo, há similitude substancial de objetos nas ações declaratória de constitucionalidade e direta de inconstitucionalidade. Enquanto a primeira destina-se à aferição positiva de constitucionalidade a segunda traz pretensão negativa. Espécies de fiscalização objetiva que, em ambas, traduzem manifestação definitiva do Tribunal quanto à conformação da norma com a Constituição Federal.
3. A eficácia vinculante da ação declaratória de constitucionalidade, fixada pelo § 2º do artigo 102 da Carta da República, não se distingue, em essência, dos efeitos das decisões de mérito proferidas nas ações diretas de inconstitucionalidade.
4. Reclamação. Reconhecimento de legitimidade ativa *ad causam* de todos que comprovem prejuízo oriundo de decisões dos órgãos do Poder Judiciário, bem como da Administração Pública de todos os níveis, contrárias ao julgado do Tribunal. Ampliação do conceito de parte interessada (Lei 8038/90, artigo 13). Reflexos processuais da eficácia vinculante do acórdão a ser preservado.
5. Apreciado o mérito da ADI 1662-SP (DJ de 30.08.01), está o Município legitimado para propor reclamação. Agravo regimental provido. (Rcl 1880 AgR, Relator(a): Min. MAURÍCIO CORRÊA, Tribunal Pleno, julgado em 07/11/2002, DJ 19-03-2004 PP-00017 EMENT VOL-02144-02 PP-00284)

Para melhor compreensão do instituto da reclamação, sugerimos a leitura dos arts. 13 a 18 da Lei 8.038/1990.

(OAB/Exame Unificado – 2006.3 – 2ª fase) O que é violação indireta ou reflexa à Constituição Federal? É cabível recurso extraordinário em tal hipótese? Justifique sua resposta.

RESOLUÇÃO DA QUESTÃO

A distinção entre violação direta e violação indireta ou reflexa da Constituição coincide com a diferenciação entre inconstitucionalidade direta e inconstitucionalidade indireta.

Assim, a inconstitucionalidade será direta (e, por consequência, a violação à Constituição será também direta) se entre a lei ou ato normativo impugnado e o texto constitucional existir incompatibilidade patente, frontal. Ao contrário, será indireta se o ato impugnado, antes de confrontar-se com a Constituição, estiver em conflito com a lei. Nesse último caso, o fenômeno é o da *ilegalidade*, pois o ato secundário não observa os limites da lei que lhe empresta validade, razão pela qual o STF não admite o controle de *constitucionalidade* desses atos.

Por essa razão, não cabe recurso extraordinário em caso de violação reflexa ou indireta (ou oblíqua) da Constituição, pois para se chegar à contrariedade ao texto constitucional teve-se de partir da afronta à legislação infraconstitucional, não havendo que se falar em discussão sobre a constitucionalidade do ato, mas antes sobre sua ilegalidade.

5.3. CONTROLE DE CONSTITUCIONALIDADE

(OAB/Exame Unificado – 2013.3 – 2ª fase) O Estado "Z" editou lei que institui uma Taxa de Fiscalização de Estradas, impondo o pagamento de uma elevada quantia para o acesso ou para a saída do território daquele Estado por meio rodoviário.

Sobre a hipótese sugerida, responda, fundamentadamente, aos seguintes itens.

A) O Governador do Estado "Y" pode impugnar a lei editada pela Assembleia Legislativa do Estado "Z" por meio de Ação Direta de Inconstitucionalidade? (Valor: 0,65)

B) Caso a lei do Estado "Z" seja impugnada por um partido político, por meio de Ação Direta de Inconstitucionalidade, pode prosseguir a ação em caso de perda superveniente da representação do partido no Congresso Nacional? (Valor: 0,60)

GABARITO COMENTADO – BANCA EXAMINADORA

A) O examinando deve identificar que, no caso de Ação Direta de Inconstitucionalidade proposta por Governador de um Estado tendo por objeto lei de outro Estado da Federação, impõe-se a demonstração do requisito da *pertinência temática*. Esse requisito se refere à comprovação, por alguns legitimados, de que o objeto da instituição guarda relação (pertinência) com o pedido da ação direta proposta por referida entidade, tendo em vista a repercussão do ato sobre os interesses do Estado. A pertinência temática é requisito construído, de longa data, pela jurisprudência do Supremo Tribunal Federal Nesse sentido, seria necessário que o Governador de um Estado da Federação demonstrasse que o conteúdo debatido em tal ação de controle de constitucionalidade (isto é, a lei de outro Estado da Federação) tem ligação, no mínimo indireta, com o interesse do seu Estado e de sua população.

B) O examinando deve identificar que a perda superveniente de representação no Congresso Nacional não obsta o prosseguimento da Ação Direta de Inconstitucionalidade. Isso porque a aferição da legitimidade há de ser feita no momento da propositura da ação, uma vez que se trata de processo objetivo e indisponível. O próprio Supremo Tribunal Federal superou antiga jurisprudência que apontava a descaracterização superveniente da legitimidade no caso de perda de bancada legislativa no Congresso Nacional após a propositura da demanda.

Distribuição Dos Pontos

Item	Pontuação
A. Sim, desde que demonstre a existência de pertinência temática, isto é, a relação (vínculo) entre a norma impugnada e os interesses do Estado que governa (0,55). Legitimidade do governador, Art. 103, V da CRFB (0,10). Obs.: A mera citação do dispositivo legal não pontua.	0,00/0,55/0,65
B. Sim, a ação pode prosseguir. A ação Direta de Inconstitucionalidade é um processo objetivo, em que não há interesses subjetivos, de modo que a aferição da legitimidade há de ser feita no momento da propositura da ação, e não em momento posterior. (0,60)	0,00/0,60

(OAB/Exame Unificado – 2013.2 – 2ª fase) O partido político "X" move, perante o Supremo Tribunal Federal, ação direta de inconstitucionalidade contra a lei do Estado "Y", que dispõe sobre licitações e contratos administrativos no âmbito daquele Estado federado, para atender às suas peculiaridades, sem afrontar normas gerais preexistentes.

O partido alega que a referida lei estadual é inconstitucional, uma vez que a competência privativa para legislar sobre a matéria é da União, conforme o Art. 22, XXVII da Constituição da República.

Parecer da Procuradoria-Geral da República opina no sentido do não conhecimento da ação, uma vez que o partido político "X" possui em seus quadros apenas seis Deputados Federais, mas nenhum Senador, não sendo dessa maneira legitimado a mover a referida ação direta. Além disso, não estaria demonstrado na inicial o requisito da pertinência temática.

A partir da hipótese apresentada, responda justificadamente aos questionamentos a seguir, empregando os argumentos jurídicos apropriados e apresentando a fundamentação legal pertinente ao caso.

A) É caso de se acolher o parecer da Procuradoria-Geral da República no sentido do não conhecimento da ação? (Valor: 0,65)

B) Quanto ao fundamento de mérito apresentado, tem razão o partido político ao questionar a constitucionalidade da norma impugnada? (Valor: 0,60)

A simples menção ou transcrição do dispositivo legal não pontua.

GABARITO COMENTADO

O candidato deverá, na essência, observar quanto às perguntas, o seguinte:

A) Não. A ação deve ser conhecida, uma vez que o partido político possui representação no Congresso Nacional, conforme Art. 103, VIII, da Constituição Federal, já que basta possuir representante em apenas uma das casas do Congresso Nacional para que o partido político tenha representação no Congresso, não sendo necessário que possua representantes nas duas casas legislativas. Além do mais, o partido político é legitimado universal e não precisa cumprir o requisito da pertinência temática.

B) Não. Quanto ao mérito, não tem razão o partido político no seu pleito, sendo caso de improcedência da ação, uma vez que a competência privativa da União do Art. 22, XXVII, da Constituição Federal se refere a normas gerais, tendo os estados federados competência para legislar sobre o tema para atender às suas peculiaridades, desde que não haja afronta às normas gerais editadas pela União.

(OAB/Exame Unificado – 2013.2 – 2ª fase) Determinado Estado-membro aprovou uma lei que incluiu a disciplina de formação para o trânsito nos currículos do 1º e do 2º graus de ensino da rede pública estadual.

A esse respeito, responda aos itens a seguir, utilizando os argumentos jurídicos apropriados e a fundamentação legal pertinente ao caso.

A) Analise a constitucionalidade dessa lei estadual. (Valor: 0,65)

B) O Governador de outro Estado pode ajuizar ADI ou ADPF contra esta lei? Por qual (is) motivo (s)? (Valor: 0,60)

A simples menção ou transcrição do dispositivo legal não pontua.

GABARITO COMENTADO – BANCA EXAMINADORA

O candidato deverá, na essência, observar quanto às perguntas, o seguinte:

A) A lei é constitucional, pois o Art. 24, IX, atribui competência concorrente à União, aos Estados e ao Distrito Federal para legislar sobre educação, cultura, ensino e desporto. Esta lei trata de educação no trânsito e não sobre trânsito e transporte, que seria de competência privativa da União Federal (Art. 22, XI, CRFB). Neste sentido, já se pronunciou o STF, ao julgar a ADI 1991/DF (Rel. Ministro Eros Grau, Tribunal Pleno, unânime, j. 03.11.2004).

B) Não, uma vez que, de acordo com a jurisprudência do STF, o Governador do Estado é legitimado especial, o que significa que só pode ajuizar a ação se demonstrar a existência de pertinência temática entre o interesse do Estado e o objeto da ação, o que não ocorre no caso concreto.

(OAB/Exame Unificado – 2013.1– 2ª fase) Lei do Estado "Y", editada em abril de 2012, com base no art. 215, § 1º, da Constituição da República, regulamenta a chamada rinha de galo, prática popular onde dois galos se enfrentam em lutas e espectadores apostam no galo que acreditam ser o vencedor.

Comumente, os dois galos saem com muitos ferimentos da contenda, e não raras vezes algum animal morre ou adquire sequelas permanentes que recomendam seu abate imediato.

A Associação Comercial do Estado "Y" ajuíza ação direta de inconstitucionalidade no Supremo Tribunal Federal em que pleiteia a declaração de inconstitucionalidade da referida lei estadual.

Em defesa da norma, parlamentar que votou pela sua aprovação, diz, em entrevista a uma rádio local, que a prática da conhecida briga de galos é comum em várias localidades rurais do Estado "Y", ocorrendo há várias gerações. Além do mais, animais, especialmente aves, são abatidos diariamente para servir de alimento, o que não ocorreria com as aves destinadas para as rinhas.

Responda justificadamente aos questionamentos a seguir, empregando os argumentos jurídicos apropriados e apresentando a fundamentação legal pertinente ao caso.

A) Quanto ao mérito do pedido, é cabível a declaração de inconstitucionalidade da lei do Estado "Y", que regulamenta a chamada rinha de galo? (Valor: 0,65)

B) Há regularidade na legitimidade ativa da ação? (Valor: 0,60)

GABARITO COMENTADO – EXAMINADORA:

A) Sim. Em que pese a Constituição dispor que o Estado protegerá as manifestações das culturas populares, há norma expressa que proíbe práticas que submetam os animais a crueldade. O caso é de aplicação do Art. 225, § 1º, VII, da Constituição da República. Pelo princípio da unidade da Constituição e/ou o princípio da especialidade, não é possível que o Estado proteja manifestações culturais que submetam animais à crueldade. Precedentes do STF: ADI 3776, ADI 1856 e ADI 2514.

B) Não. O Art. 103, IX, da Constituição (reproduzido no Art. 2º, IX, da Lei 9.868/99) exige que a entidade de classe tenha âmbito nacional para ajuizar ADI, o que não se deu no presente caso, uma vez que a Associação Comercial do Estado "Y" é entidade de classe de âmbito estadual.

Distribuição dos Pontos

Quesito	Valores
A) Sim. Incidência do Art. 225, § 1º, VII, da Constituição (0,40). Pelos princípios da unidade da Constituição OU da especialidade não se pode ter uma manifestação cultural que submeta os animais à crueldade (0,25).	0,00 / 0,25 / 0,40 / 0,65
B) Não. A Associação Comercial do Estado "Y" não é entidade de classe de âmbito nacional (0,30), como exige o Art. 103, IX, da CRFB OU Art. 2º, IX, da Lei 9.868/99 (0,30).	0,00 / 0,30 / 0,60

(OAB/Exame Unificado – 2013.1– 2ª fase) Proposta de emenda à Constituição é apresentada por cerca de 10% (dez por cento) dos Deputados Federais, cujo teor é criar novo dispositivo constitucional que determine a submissão de todas as decisões do Supremo Tribunal Federal, no controle abstrato de normas, ao crivo do Congresso Nacional, de modo que a decisão do Tribunal somente produziria efeitos após a aprovação da maioria absoluta dos membros do Congresso Nacional em sessão unicameral.

A proposta é discutida e votada nas duas casas do Congresso Nacional, onde recebe a aprovação da maioria absoluta dos Deputados e Senadores nos dois turnos de votação. Encaminhada para o Presidente da República, este resolve sancionar a proposta, publicando a nova emenda no Diário Oficial.

Cinco dias após a publicação da emenda constitucional, a Mesa da Câmara dos Deputados apresenta perante o Supremo Tribunal Federal ação declaratória de constitucionalidade em que pede a declaração de constitucionalidade desta emenda com eficácia *erga omnes* e efeito vinculante.

A partir da hipótese apresentada, responda justificadamente aos questionamentos a seguir, empregando os argumentos jurídicos apropriados e apresentando a fundamentação legal pertinente ao caso.

A) Há inconstitucionalidades materiais ou formais na emenda em questão? (Valor: 1,00)

B) A ação declaratória de constitucionalidade poderia ser conhecida pelo Supremo Tribunal Federal? (Valor: 0,25)

A simples menção ou transcrição do dispositivo legal não pontua.

GABARITO COMENTADO – EXAMINADORA:

A) Há diversas inconstitucionalidades formais. Inicialmente a PEC não poderia ser apresentada por 10% (dez por cento) dos Deputados Federais, já que, segundo o Art. 60, I, da Constituição, esta só pode ser emendada por proposta de, no mínimo, um terço dos membros da Câmara dos Deputados. A proposta deveria ser aprovada por três quintos dos membros de cada casa do Congresso Nacional (Art. 60, § 2º, da Constituição) e não pela maioria absoluta dos Deputados e Senadores. Por fim, não cabe sanção ou veto de proposta de emenda à Constituição, pois, conforme Art. 60, § 3º, da Constituição, as emendas deverão ser promulgadas pelas Mesas da Câmara e do Senado.

Materialmente também há inconstitucionalidade, uma vez que o teor da proposta, ao submeter todas as decisões do STF, no controle abstrato, ao crivo do Congresso Nacional, é atentatório contra a cláusula pétrea da separação dos poderes (Art. 60, § 4º, III, da Constituição), pois esta cláusula pressupõe um sistema de freios e contrapesos, com controle e vigilância dos poderes constituídos entre si, sendo a emenda tendente a abolir tal cláusula.

B) Não. A ação não poderia ser conhecida pelo Supremo Tribunal Federal por ausência do requisito legal da existência de controvérsia judicial relevante (Art. 14, III, da Lei n. 9.868/1999), já que não houve tempo hábil para que o Judiciário questionasse a norma objeto da referida ação.

Distribuição dos Pontos

Quesito Avaliado	Valores
A.1. A PEC não foi apresentada por, no mínimo, um terço dos membros da Câmara dos Deputados (0,15). Art. 60, I, da Constituição (0,10)	0,00 / 0,15 / 0,25
A.2. A PEC não foi aprovada por, ao menos, três quintos dos membros de cada casa do Congresso (0,15). Art. 60, § 2º, da Constituição (0,10)	0,00 / 0,15 / 0,25
A.3. Não cabe ao Presidente da República sancionar ou vetar uma PEC (0,15). Art. 60, § 3º, da Constituição (0,10)	0,00 / 0,15 / 0,25
A.4. A PEC viola a separação dos poderes por sujeitar as decisões do Supremo ao crivo do Poder Legislativo (0,15). Art. 60, § 4º, III, da Constituição (0,10)	0,00 / 0,15 / 0,25
B. Não, já que não há o requisito da controvérsia judicial relevante (0,15). Art. 14, III, da Lei 9.868/1999 (0,10)	0,00 / 0,15 / 0,25

(OAB/Exame Unificado – 2012.3 – 2ª fase) A Lei Orgânica do Município "Y", que integra o Estado "X", ao dispor sobre ingresso na administração pública municipal, e em observância aos princípios da eficiência e da moralidade, estabeleceu que os cargos, empregos e funções públicas seriam acessíveis aos brasileiros naturais do Estado "X", que tivessem residência no Município "Y", e que seriam investidos nos cargos mediante aprovação prévia em concurso público de provas ou de provas e títulos, de acordo com a natureza e a complexidade do cargo ou emprego, na forma prevista em lei, ressalvadas as nomeações para cargo em comissão.

Contra esse dispositivo da Lei Orgânica foi ajuizada, junto ao Tribunal de Justiça, uma Ação Direta de inconstitucionalidade, nos termos do Art. 125, § 2º, da CRFB, alegando violação a dispositivo da Constituição estadual que, basicamente, reproduz o Art. 37, da CRFB. O Tribunal de Justiça conheceu da ação, mas julgou improcedente o pedido, entendendo que, respeitados os limites constitucionais, o Município pode criar regras próprias, no exercício da sua capacidade de auto-organização.

A partir do caso apresentado, responda justificadamente aos itens a seguir.

a) O Município tem autonomia para criar a regra citada no enunciado, conforme entendeu o Tribunal de Justiça? (Valor: 0,40)
b) A ADI estadual pode ter por objeto dispositivo de Lei Orgânica? (Valor: 0,45)
c) Dessa decisão do Tribunal de Justiça, cabe Recurso Extraordinário ao STF? (Valor: 0,40)

RESOLUÇÃO DA QUESTÃO

A) Não. O dispositivo da lei orgânica viola o princípio da isonomia (Art. 5º, da CRFB) ou mais especificamente o da isonomia federativa (Art. 19, III, da CRFB), também prevista no Art. 37, I da CRFB.

B) Sim. A ADI estadual pode ter por objeto atos normativos estaduais e municipais, incluindo a Lei Orgânica, que deve estar de acordo com a Constituição da República e com a Constituição do respectivo Estado, conforme dispõe o Art. 29, da CRFB.

C) Sim. O dispositivo da Constituição estadual violado é norma de reprodução, de modo que, nesses casos, entende o STF que é cabível Recurso Extraordinário.

Distribuição dos Pontos

Quesito Avaliado	Valores
A) Não. Isonomia (Art. 5º) ou isonomia federativa (Art. 19, III) ou Art. 37, I (0,40)	0,00/0,40
B) Sim. Objeto de ADI (0,25) (Art. 125, § 2º) (0,20).	0,00/0,20/0,25/0,45
C) Sim. Norma de reprodução (0,40).	0,00/0,40

(OAB/Exame Unificado – 2012.2 – 2ª fase) Uma agência reguladora federal editou, recentemente, uma portaria proibindo aos médicos prescrever a utilização de medicamentos que não tenham similar nacional.

A Associação Brasileira de Profissionais da Saúde, entidade de âmbito nacional constituída há mais de dois anos, propôs uma Arguição de Descumprimento de Preceito Fundamental (ADPF) contra aquela medida.

A respeito da situação acima, responda aos itens a seguir, utilizando os argumentos jurídicos apropriados e a fundamentação legal pertinente ao caso.

a) É possível a propositura da ADPF contra a portaria emitida pela agência reguladora federal? Responda justificadamente. (Valor: 0,40)

b) A Associação tem legitimidade para a propositura daquela ADPF? Responda justificadamente. (Valor: 0,40)

c) Pode um Estado instituir uma ADPF no plano estadual? Nesse caso, qual o instrumento jurídico apto à criação do instituto? Responda justificadamente. (Valor: 0,45)

RESOLUÇÃO DA QUESTÃO

A) A questão trata do tema da Arguição de Descumprimento de Preceito Fundamental (ADPF), previsto no art. 102, § 1º da Constituição da República Federativa do Brasil e disciplinado pela Lei n. 9.882/1999.

O legislador determinou, no art. 4º, § 1º daquela lei, que "Não será admitida arguição de descumprimento de preceito fundamental quando houver qualquer outro meio eficaz de sanar a lesividade". O dispositivo consagra o chamado princípio da subsidiariedade, de modo que o cabimento de uma Ação Direta de Inconstitucionalidade (ADIn) para impugnar a validade de determinado ato do poder público exclui o cabimento da ADPF.

Tendo em vista que a ADIn não é o mecanismo hábil à impugnação de atos normativos "secundários" (infralegais), abre-se espaço para o cabimento da ADPF para a impugnação de portaria editada por agência reguladora federal.

B) Nos termos do art. 2º da Lei n. 9.882/1999, "podem propor arguição de descumprimento de preceito fundamental (...) os legitimados para a ação direta de inconstitucionalidade". De seu turno, os legitimados para a propositura da ADIn são, nos termos do art. 103 da Constituição, "I - o Presidente da República; II - a Mesa do Senado Federal; III -a Mesa da Câmara dos Deputados; IV - a Mesa de Assembleia Legislativa ou da Câmara Legislativa do Distrito Federal; V - o Governador de Estado ou do Distrito Federal; VI - o Procurador-Geral da República; VII - o Conselho Federal da Ordem dos Advogados do Brasil; VIII - partido político com representação no Congresso Nacional; IX -confederação sindical ou entidade de classe de âmbito nacional".

Em relação à legitimidade das entidades de classe de âmbito nacional, a jurisprudência do Supremo Tribunal Federal cunhou o conceito de pertinência temática, que significa a necessidade de demonstração, por alguns legitimada, de que o objeto da instituição guarda relação com o pedido da ação direta proposta por referida entidade. No caso, tal requisito encontra-se atendido, tendo em vista que a norma impugnada se dirige, exatamente, aos profissionais da saúde.

C) A Constituição Federal não previu a arguição no âmbito dos Estados-membros – como fez com ação direta de inconstitucionalidade (art. 125, § 2º) – mas, a exemplo do que se passa com a ação direta de constitucionalidade, pode ser instituída pelo constituinte estadual, com base no princípio da simetria com o modelo federal.

Distribuição dos Pontos

Quesito Avaliado	Valores
A) Sim, a ADPF é medida judicial adequada a impugnar a validade de ato normativo infralegal (0,20), pois restou atendido o princípio da subsidiariedade, previsto no art. 4º, § 1º da Lei n. 9.882/1999 (0,20) OBS.: A mera indicação do artigo não pontua.	0,00/0,20/0,40
B) Sim, pois os legitimados para a propositura da ADPF (art. 2º da Lei n. 9.882/1999) são os mesmos da ADIn (art. 103 da CRFB) (0,20), e foi observado o requisito da pertinência temática (0,20). OBS.: A mera indicação do artigo não pontua.	0,00/0,20/0,40
C) Sim, é possível a instituição de uma ADPF no plano estadual (0,10), desde que se o faça por meio de previsão na Constituição do Estado. (0,35)	0,00/0,10/0,35/0,45

(OAB/Exame Unificado – 2012.1 – 2ª fase) Renata, servidora pública estadual, ingressou no serviço público antes da edição da Constituição da República de 1988, e é regida pela Lei X, estatuto dos servidores públicos do Estado-membro.

Sobre a situação funcional de Renata, responda justificadamente:

A) O que ocorrerá com a Lei X caso ela não tenha sido editada conforme os trâmites do processo legislativo previstos pela atual Constituição? (valor: 0,40)

B) É possível que Renata questione, em ação individual, por meio de controle difuso, a inconstitucionalidade formal da Lei X perante a constituição revogada? (valor: 0,40)

C) Tendo em vista que Renata já estava inserida em um regime jurídico, é possível afirmar que a mesma tem direito adquirido a não ser atingida pela Constituição de 1988 no que tange à sua situação funcional? (valor: 0,45)

RESOLUÇÃO DA QUESTÃO

A) Renata continuará sendo regida pela lei X, que não é formalmente inconstitucional. Ademais, quando nova constituição é editada, somente são consideradas não recepcionadas as normas que contenham incompatibilidade material com a mesma. Ou seja, a incompatibilidade analisada é a de conteúdo e não de forma, que é regida pelo princípio do *tempus regit actum*.

B) É possível que se questione perante qualquer órgão jurisdicional, em um caso concreto, incidentalmente, a invalidade formal de ato legislativo que foi editado em desacordo com os requisitos exigidos para a sua formação, ato que é inválido *ab initio*.

C) Não é possível a oposição do direito adquirido em face de uma nova Constituição. A Constituição é o fundamento de validade de toda ordem jurídica. Nesse sentido, todas as normas (como é o caso da Lei X da questão) existentes no regime constitucional anterior, no que são materialmente incompatíveis com a nova Constituição, ficam revogadas, salvo disposição expressa da Constituição nova. Além disso, há reiterada jurisprudência do STF no sentido de inexistir direito adquirido a regime jurídico.

Distribuição dos Pontos

Quesito Avaliado	Faixa de valores
A. A lei X não é afetada, pois somente são consideradas não recepcionadas as normas que contenham incompatibilidade material com a nova Constituição.	0,00 / 0,40
B. Possibilidade de se questionar, em controle difuso, a constitucionalidade da lei editada antes da nova Constituição, tendo a Constituição revogada como parâmetro.	0,00 / 0,40
C. Impossibilidade de invocar direito adquirido em face da nova Constituição, notadamente direito adquirido a regime jurídico.	0,00 / 0,45

(OAB/Exame Unificado – 2011.3 – 2ª fase) O Prefeito do Município WK apresenta projeto de lei que outorga reajustes a determinadas categorias de servidores públicos, que veio a sofrer emendas pelos parlamentares ampliando os benefícios para outras categorias não acolhidas no projeto do Chefe do Executivo, com aumento de despesas, em previsibilidade orçamentária. A Constituição Estadual prescreve que nessa matéria a iniciativa é exclusiva do Chefe do Executivo, repetindo normas da Constituição Federal. A lei foi votada por maioria e sancionada pelo Prefeito. A legitimidade prevista para o controle de constitucionalidade repete, no plano local, aquela inscrita na Constituição Federal.

Responda fundamentadamente:

a) A emenda parlamentar ao projeto de lei seria possível? (Valor: 0,65)

b) Existiria algum meio de controle de constitucionalidade da lei votada pela Câmara? (Valor: 0,4)

c) Teria o Prefeito legitimidade para propor a eventual ação direta de inconstitucionalidade, mesmo tendo sancionado o projeto? (Valor: 0,2)

RESOLUÇÃO DA QUESTÃO

Nas leis de iniciativa exclusiva ou privativa do Chefe do Poder Executivo (art. 61, § 1º, II, "a", da CRFB) não pode ocorrer emenda parlamentar que gere aumento de despesas. (art. 63, I, da CRFB).

No caso de ofensa à Constituição Estadual, seria cabível a ação direta de inconstitucionalidade em face de lei municipal de competência do Tribunal de Justiça estadual, com a legitimidade conferida ao Chefe do Poder Executivo local, por simetria com a Constituição Federal. Adite-se que mesmo a sanção não seria passível de convalidar a norma, não impedindo, portanto, o controle de constitucionalidade. A jurisprudência do STF é uníssona nessa matéria.

Distribuição dos Pontos

Item a	Pontuação
Não. Por ser lei de iniciativa do Chefe do Poder Executivo (0,25). Princípio da simetria (0,2). Obs.: *A mera resposta "não" não é pontuada.*	0 / 0,2 / 0,25 / 0,45
Artigo 61, § 1º, II, "a", da CRFB (0,1). Artigo 63, I, da CRFB (0,1).	0 / 0,1 / 0,2
Item b	
Sim. Ação direta de inconstitucionalidade estadual. (0,2) Artigo 125, § 2º, da CRFB. (0,2) Obs.: *A mera resposta "sim" não é pontuada.*	0 / 0,2 / 0,4
Item c	
Sim, por simetria à Chefia do Executivo Federal. Obs.: *A mera resposta "sim" não é pontuada.*	0 / 0,2

(OAB/Exame Unificado – 2011.2 – 2ª fase) O Presidente da República ajuizou ação direta de inconstitucionalidade contra o art. 5º da lei federal X, de 2005. Essa lei tem sido declarada totalmente inconstitucional pelo STF em reiteradas decisões, todas em sede de controle difuso.

Com base nesse cenário e à luz da jurisprudência do STF, responda aos itens a seguir, empregando os argumentos jurídicos apropriados e a fundamentação legal pertinente ao caso.

a) O Advogado-Geral da União está obrigado a defender a constitucionalidade da lei X? Explique. (Valor: 0,8)

b) Ao julgar essa ADI, pode o STF declarar a inconstitucionalidade de outro(s) dispositivo(s) da lei X, além do art. 5º? Explique. (Valor: 0,45)

RESOLUÇÃO DA QUESTÃO

a) Segundo o mandamento do § 3º do art. 103 da Constituição Federal, o Supremo Tribunal Federal ao analisar a inconstitucionalidade, em tese, de norma legal ou ato normativo, deve citar, previamente, o Advogado-Geral da União para que promova a defesa do ato ou texto impugnado. Ocorre que o próprio Supremo, ao julgar a ação direta de inconstitucionalidade nº 1616, decidiu que quando já há decisão da Corte pela inconstitucionalidade da lei objeto de questionamento, em sede de controle difuso de constitucionalidade, o Advogado-Geral da União não precisa defender o ato impugnado, ou seja, está dispensado dessa atribuição.

b) Ao julgar essa ação direta, o Supremo pode declarar a inconstitucionalidade de outros dispositivos da lei, desde que exista relação entre o dispositivo impugnado e os demais. Esse ato é viável, pois a jurisprudência da Suprema Corte adota a teoria da inconstitucionalidade por arrastamento, por atração ou inconstitucionalidade consequente de preceitos não impugnados.

Comentários adicionais

Segundo o Prof. Pedro Lenza, em **Direito Constitucional Esquematizado**, p. 283, a inconstitucionalidade por arrastamento é um tema que tem íntima relação com os limites objetivos da coisa julgada. O autor menciona que se em determinado processo de controle concentrado de constitucionalidade for julgada inconstitucional a norma principal, em futuro processo, outra norma dependente daquela que foi declarada inconstitucional em processo anterior - tendo em vista a relação de instrumentalidade que entre elas existe – também estará eivada pelo vício da inconstitucionalidade "consequente", "por arrastamento" ou "atração".

Continua o autor dispondo que essa técnica pode ser aplicada tanto em processos distintos como em um mesmo processo, situação que vem sendo verificada com mais frequência. Desse modo, a própria decisão do Supremo Tribunal Federal define quais normas são atingidas e, no dispositivo, por "arrastamento", também reconhece a invalidade das normas que estão "contaminadas". Essa contaminação ou perda de validade pode ser reconhecida, também, em relação a decreto que se fundava em lei declarada inconstitucional, por exemplo, a ADI 2.995/PE, Rel. Min. Celso de Mello, 13.12.2006.

GABARITO COMENTADO PELA EXAMINADORA FGV

1. Não. Embora a Constituição determine que o AGU deve defender a constitucionalidade das leis impugnadas através de ADI, de acordo com o que foi decidido pelo STF na ADI 1616, o AGU está dispensado desta obrigação se a lei em questão já tiver sido declarada inconstitucional pelo STF através de controle concreto-difuso.
2. Sim, caso haja interdependência do art. 5 com outro dispositivo legal. É a chamada inconstitucionalidade por arrastamento.

Distribuição dos pontos pela FGV

Item	Pontuação
1) Pela Constituição, a AGU deve defender (0,2). Pelo STF, está dispensado se já houver decisão do tribunal pela inconstitucionalidade. (0,6)	0 / 0,2 / 0,6 / 0,8
2) Sim, inconstitucionalidade por arrastamento.	0 / 0,45

(OAB/Exame Unificado – 2011.1 – 2ª fase) Suponha que o STF tenha reconhecido em diversos julgados (recursos extraordinários) a incompatibilidade de uma lei ordinária do Estado Y, em vigor desde 1999, com uma emenda constitucional promulgada no ano seguinte.

À 1ª Câmara Cível do Tribunal de Justiça do Estado Y foi distribuído um recurso de apelação cível em que a incompatibilidade da referida lei com a emenda constitucional é questão prejudicial.

Diante desses fatos, responda:

a) As decisões proferidas pelo STF, reconhecendo a referida incompatibilidade entre lei e emenda constitucional, devem ser encaminhadas ao Senado? Explique. (Valor: 0,7)

b) A 1ª Câmara Cível do Tribunal de Justiça do Estado Y tem competência para deixar de aplicar a lei estadual incompatível com a emenda constitucional? Explique. (Valor: 0,55)

RESOLUÇÃO DA QUESTÃO

a) As decisões não devem ser encaminhadas ao Senado Federal, pois dizem respeito à revogação da lei e não a declaração de inconstitucionalidade. Na hipótese, a lei ordinária do Estado Y entrou em vigor em 1999 e a emenda constitucional, a qual a lei se mostra incompatível, em 2000, ou seja, após a publicação da lei. Nessa situação não há que se falar em inconstitucionalidade, mas sim em revogação. Conforme o art. 52, X, da Constituição Federal, compete ao Senado a suspensão da execução de lei declarada inconstitucional, o que não é o caso.

b) 1ª Câmara Cível do Tribunal de Justiça do Estado Y tem competência para deixar de aplicar a lei estadual incompatível com a emenda constitucional, pois não se trata de declaração de inconstitucionalidade e sim de mera revogação da lei. Se fosse declaração de inconstitucionalidade, a regra seria a aplicação da denominada cláusula de reserva de plenário, prevista no art. 97 da Constituição Federal. Ou seja, a decisão teria de ser dada somente pelo voto da maioria absoluta dos membros do tribunal ou dos membros do respectivo órgão especial. Ocorre que o art. 481, parágrafo único, do Código de Processo Civil, atenua essa regra determinando que os órgãos fracionários dos tribunais, por exemplo, a 1ª Câmara Cível do Tribunal de Justiça do Estado Y, estão dispensados de afetarem a matéria ao pleno se já houver pronunciamento destes ou do plenário do Supremo Tribunal Federal sobre a questão. Desse modo, ainda que fosse declaração de inconstitucionalidade, (não é, pois se trata de revogação) a cláusula de reserva de plenário não seria aplicada já que a questão afirma a existência de diversos recursos extraordinários reconhecendo a incompatibilidade da lei com a referida emenda.

GABARITO COMENTADO PELA EXAMINADORA - FGV

a) No caso, a lei (de 1999) é posterior à Constituição (de 1988), mas anterior à emenda constitucional (de 2000). De acordo com a jurisprudência do STF (ADI 2), a incompatibilidade entre uma lei e uma norma constitucional posterior a ela implica a revogação da lei e não a sua inconstitucionalidade. Tratando-se de revogação e não de inconstitucionalidade, e considerando-se que a competência do Senado restringe-se aos casos de declaração de inconstitucionalidade, a decisão não deveria ser encaminhada àquela Casa legislativa.

b) Embora o art. 481, parágrafo único, do CPC "dispense" o órgão fracionário de um Tribunal (no caso, a 1ª Câmara Cível do Tribunal de Justiça do Estado Y) de encaminhar a questão constitucional ao pleno (art. 97, CRFB) quando há decisão do STF sobre a constitucionalidade da lei, como o caso envolve revogação, e não inconstitucionalidade, a cláusula de reserva de plenário não se aplica, tampouco a exceção a ela, prevista no CPC.

Distribuição dos pontos pela FGV

Item	Pontuação
a) Não se encaminha ao Senado quando é caso de revogação.	0 / 0,7
b) Sim, pois se trata de caso de revogação, em que não se aplica a cláusula de reserva de plenário.	0 / 0,55

(OAB/Exame Unificado – 2011.1 – 2ª fase) O Procurador-Geral da República ajuizou uma ação direta de inconstitucionalidade contra a lei estadual X e uma ação declaratória de constitucionalidade tendo por objeto a lei federal Y – ambas ajuizadas com pedido de medida cautelar.

Considerando-se o exposto, responda fundamentadamente:

a) Diante da ambivalência das ações de constitucionalidade e inconstitucionalidade, se o STF indeferir a cautelar na ADI, pode um juiz, no exame de um caso concreto (controle difuso), declarar a inconstitucionalidade da lei X? (Valor: 0,65)

b) Se o STF deferir a cautelar na ADC, pode um juiz, no exame de um caso concreto, declarar a inconstitucionalidade da lei Y, mas por outros fundamentos, que não aqueles que deram causa à ação? (Valor: 0,6)

RESOLUÇÃO DA QUESTÃO

a) De fato, a ação direta de inconstitucionalidade (ADI) e a ação declaratória de constitucionalidade (ADC) são conhecidas como ações de natureza dúplice, de caráter ambivalente ou ações de sinais trocados, porque a procedência de uma equivale à improcedência de outra. Ocorre que o caráter ambivalente não se aplica às decisões cautelares deferidas dentro dessas ações. Assim, se o Supremo Tribunal Federal indeferir o pedido de cautelar em ação direta de inconstitucionalidade isso não leva à conclusão, de modo contrário, de que a lei foi declarada constitucional. Desse modo, é possível que um juiz, no exame de um caso concreto (controle difuso de constitucionalidade), declare a inconstitucionalidade da lei "X".

b) Conforme dispõe o art. 21 da Lei 9.868/99, sendo a cautelar deferida, em sede de ação declaratória de constitucionalidade, o efeito será a determinação aos juízes e tribunais para que suspendam o julgamento dos processos que envolvam a aplicação da lei ou do ato normativo objeto da ação. Dessa maneira, se os processos ficam suspensos, não há como o juiz, ao examinar o caso concreto, declarar a inconstitucionalidade da lei "Y", ainda que por outros fundamentos que não aqueles que deram causa à ação.

GABARITO COMENTADO PELA EXAMINADORA - FGV

a) A medida cautelar nas ações de constitucionalidade e inconstitucionalidade não tem caráter ambivalente, de modo que o indeferimento de medida cautelar em ADI não implica a declaração de constitucionalidade.

b) De acordo com a Lei 9.868/99, uma vez deferida a medida cautelar em ADC todos os processos em que a lei objeto da ação estiver sendo discutida devem ser suspensos, razão pela qual um juíza não poderia, após deferida a cautelar em ADC, declarar a inconstitucionalidade da lei.

Distribuição dos pontos pela FGV

Item	Pontuação
1) Sim, uma vez que a cautelar em ADI não tem caráter ambivalente.	0 / 0,65
2) Não, pois os processos ficam suspensos. (0,3) Art. 21 da Lei 9.868/99 (0,3).	0 / 0,3 / 0,6

(OAB/Exame Unificado – 2011.1 – 2ª fase) Determinado Partido Político com representação no Congresso Nacional ajuíza Ação Direta de Inconstitucionalidade perante o Supremo Tribunal Federal para questionar a íntegra de uma lei estadual.

Em relação ao cenário acima, comente, justificadamente, as consequências jurídicas das seguintes hipóteses, considerando sua ocorrência antes do julgamento da ADI:

a) a lei estadual impugnada é revogada; (Valor: 0,5)

b) o Partido Político deixa de ter representação no Congresso Nacional. (Valor: 0,75)

RESOLUÇÃO DA QUESTÃO

a) Se a lei, objeto de impugnação em sede de ação direta de inconstitucionalidade, é revogada após o ajuizamento da ação, o exame de mérito fica prejudicado. Assim, a medida a ser tomada, segundo o entendimento da Suprema Corte, é a extinção do processo por perda superveniente do objeto da ação.

b) O entendimento atual do Supremo Tribunal Federal determina a análise da representação do partido deve ser realizada no momento da propositura da ação. Desse modo, a perda superveniente de representação do partido político no Congresso Nacional não interfere no julgamento da ação direta de inconstitucionalidade

Comentários adicionais

Leitura da ADI 2.159 AgR/DF, Rel. orig. Min. Carlos Velloso, Rel. p/ acórdão Min. Gilmar Mendes, 12.08.2004 e da ADI 2.618/PR.

GABARITO COMENTADO PELA EXAMINADORA - FGV

Em relação ao item "a", a jurisprudência do STF é firme no sentido que a revogação superveniente da norma impugnada em ADI conduz à extinção anômala do processo, ficando o exame do mérito prejudicado, por perda superveniente do objeto da ação.

Por sua vez, quanto às ADIs ajuizadas por Partidos Políticos, o STF, em sua jurisprudência inicial, considerava que a ADI deveria ser extinta, sem exame de mérito, por perda superveniente de legitimidade ativa. Porém, no julgamento do Agravo regimental interposto contra decisão monocrática adotada na ADI 2.618/PR, o STF reviu sua posição e atualmente entende que a perda superveniente de representação do Partido Político não repercute sobre o julgamento da ADI. Em verdade, entende-se que a aferição da legitimidade ativa do Partido Político deve ser realizada à época do ajuizamento da ADI em razão da objetividade do processo e da indisponibilidade da ação.

Distribuição dos pontos pela FGV

Item	Pontuação
a) A ADI será prejudicada, extinta sem exame de mérito, por perda superveniente do objeto.	0 / 0,5
b) Perda superveniente de representação do Partido Político não repercute sobre o julgamento da ADI.	0 / 0,75

(OAB/Exame Unificado – 2010.3 – 2ª fase) O Supremo Tribunal Federal, ao julgar um recurso extraordinário, declarou a inconstitucionalidade, *incidenter tantum*, de uma lei estadual. Antônio Augusto, interessado em ser alcançado pelos efeitos da decisão de inconstitucionalidade, impetrou mandado de segurança perante o Supremo Tribunal Federal objetivando a fixação de prazo para que o Senado Federal edite resolução para suspender a execução da mencionada lei estadual.

Considerando a situação hipotética narrada, responda aos itens a seguir, empregando os argumentos jurídicos apropriados e a fundamentação legal pertinente ao caso.

a) Quais são os efeitos subjetivos produzidos pela declaração de inconstitucionalidade da lei em questão e qual é a função reservada ao Senado Federal pela norma do artigo 52, inciso X, da CRFB? (Valor: 0,5)

b) De acordo com a tradição constitucional brasileira, é cabível o pretendido controle jurisdicional da atuação do Senado Federal em tal hipótese? (Valor: 0,3)

c) O Senado Federal pode exercer a competência descrita no artigo 52, inciso X, em se tratando de declaração de inconstitucionalidade de lei estadual? (Valor: 0,2)

RESOLUÇÃO DA QUESTÃO

a) Os efeitos subjetivos produzidos pela declaração de inconstitucionalidade da lei em questão são, em regra, *inter partes*. Como a decisão ocorreu em sede de controle difuso de constitucionalidade, ou seja, em um caso concreto, apenas as partes daquele processo é que se beneficiaram da declaração. Em casos como o mencionado, é possível que o Senado, se valendo do comando dado pelo art. 52, X, da Constituição Federal, amplie os efeitos da decisão, tornando-os erga omnes. Segundo tal dispositivo, o Senado pode suspender a execução, no todo ou em parte, de lei declarada inconstitucional por decisão definitiva do Supremo Tribunal Federal. Se optar por essa suspensão, a lei deixa de ser aplicada em relação a todas as pessoas.

b) De acordo com a tradição constitucional brasileira não é cabível o pretendido controle jurisdicional da atuação do Senado Federal, pois a atuação desse órgão do legislativo tem natureza política e discricionária, ou seja, o Senado suspende a lei, ou apenas parte dela, se entender conveniente e oportuno ao interesse público.

c) Segundo a jurisprudência do Supremo Tribunal Federal, é possível que o Senado Federal exerça a competência descrita no art. 52, X, da Constituição Federal, ainda que se trate de declaração de inconstitucionalidade de lei estadual. O dispositivo constitucional, ao tratar do assunto, não faz diferenças entre as naturezas e esferas das leis ou atos normativos (ADI 3929-MC)

GABARITO COMENTADO PELA EXAMINADORA - FGV

A questão aborda o tema relativo ao exame de constitucionalidade realizado pelo Supremo Tribunal Federal em processo de controle difuso. Como de conhecimento convencional, a declaração de inconstitucionalidade, em tais hipóteses, configura-se questão prejudicial e como tal é apreciada pelo Tribunal. Subjetivamente, a decisão produz efeitos apenas inter partes. A função que a Constituição reserva ao Senado Federal, prevista no artigo 52, inciso X, da CRFB, é precisamente a de conferir efeitos *erga omnes* à decisão proferida na via difusa do controle de normas.

De acordo com a tradição constitucional brasileira, a competência outorgada ao Senado Federal pela norma do artigo 52, X, retrata atuação política e discricionária, não cabendo controle jurisdicional a seu respeito.

Por fim, é cabível a suspensão da execução pelo Senado Federal mesmo em se tratando de declaração de inconstitucionalidade incidental de norma estadual ou municipal. Ver, a propósito, ADI 3929-MC.

Distribuição dos pontos pela FGV

Item	Pontuação
a) (I) Efeitos inter partes. (II) Senado Federal pode conferir efeitos erga omnes à decisão de (III) inconstitucionalidade proferida na via difusa. (I = 0,1 / II e III = 0,2 cada um.)	0 / 0,1 / 0,2 / 0,3 / 0,4 / 0,5
b) (I) Não é cabível, pois (II) o ato de suspensão é político e (III) discricionário.	0 / 0,1 / 0,2 / 0,3
c) Sim, a norma do artigo 52, X, CRFB não faz distinção entre leis e atos normativos federais, estaduais ou municipais.	0 / 0,1 / 0,2

(OAB/Exame Unificado – 2010.3 – 2ª fase) Considere uma lei federal que aumentou a alíquota de determinado tributo, mas sem dispor expressamente que a nova alíquota só poderia ser cobrada no exercício financeiro seguinte. Suponha que uma turma de determinado Tribunal Regional Federal esteja julgando, em grau de recurso, um mandado de segurança impetrado por um contribuinte que se insurgiu contra a cobrança do tributo no mesmo ano em que fora instituído.

Diante desse quadro, responda aos itens a seguir, empregando os argumentos jurídicos apropriados e a fundamentação legal pertinente ao caso.

a) Pode a turma do TRF, ao julgar o caso, estabelecer que a nova alíquota só poderá ser cobrada no ano seguinte? (Valor: 0,6)

b) Qual é o princípio que fundamenta a cláusula de reserva de plenário? (Valor: 0,4)

RESOLUÇÃO DA QUESTÃO

a) A turma do TRF, ao julgar o caso, não pode estabelecer que a nova alíquota só possa ser cobrada no ano seguinte, pois esse entendimento teria natureza de uma verdadeira declaração de inconstitucionalidade. Esse órgão colegiado, ao mencionar que a lei federal que aumentou a alíquota de determinado tributo só poderia ser cobrada no exercício financeiro seguinte, implicitamente, estaria dizendo que tal lei violou a regra prevista no art. 150, III, "b", da Constituição Federal. Desse modo, o órgão fracionário do Tribunal, no caso a Turma, estaria violando a regra denominada cláusula de reserva de plenário, prevista no art. 97 da Constituição Federal e na súmula vinculante nº 10 do Supremo Tribunal Federal.

b) A chamada cláusula de reserva de plenário encontra fundamento no princípio da presunção de constitucionalidade das leis. Tem previsão constitucional no art. 97, o qual dispõe que somente pelo voto da maioria absoluta de seus membros, ou dos membros do respectivo órgão especial, poderão os tribunais declarar a inconstitucionalidade de lei ou ato normativo do Poder Público.

GABARITO COMENTADO PELA EXAMINADORA - FGV

a) Ao estabelecer que a nova alíquota só poderá ser cobrada no ano seguinte ao da sua majoração, a Turma estaria entendendo que a sua cobrança imediata seria inconstitucional, por violar o art. 150, III, "b". Portanto, trata-se de declaração de inconstitucionalidade, o que impõe a observância da cláusula de reserva de plenário, prevista no art. 97 da CRFB. Ademais, a Turma estaria obrigada a adotar esse procedimento, por estar vinculada ao enunciado da súmula vinculante n. 10, editada pelo STF.

b) O princípio que fundamenta a cláusula de reserva de plenário é o da presunção de constitucionalidade das leis. É por essa razão que a Constituição dispõe (o que vem desde o texto de 1934) que "somente pelo voto da maioria absoluta de seus membros ou dos membros do respectivo órgão especial poderão os tribunais declarar a inconstitucionalidade de lei ou ato normativo do Poder Público". (art. 97, CRFB)

Distribuição dos pontos pela FGV

Item	Pontuação
a) Não, pois deve observar a cláusula de reserva de plenário. Súmula vinculante n. 10. (0,2 = fundamento correto e indicação da norma / 0,5 = indicou também o art. 97 / 0,6 = indicou, além dos demais, a súmula.)	0 / 0,1 / 0,2 / 0,5 / 0,6
b) Presunção de constitucionalidade das leis.	0 / 0,1 / 0,4

(OAB/Exame Unificado – 2010.3 – 2ª fase) No início de um ano eleitoral, o Congresso Nacional aprovou e promulgou uma emenda constitucional suprimindo a alínea "a" do inciso II do § 1º do art. 14 da Constituição e alterando o § 2º do mesmo dispositivo, que passaria a ter a seguinte redação: "Não podem alistar-se como eleitores os estrangeiros, os analfabetos e, durante o período do serviço militar obrigatório, os conscritos." Ocorre que, no intervalo entre o primeiro e o segundo turno de votação da proposta (PEC) no Senado Federal, o Presidente da República havia decretado intervenção federal num determinado Estado da federação.

Diante da dúvida generalizada a respeito do direito de voto dos analfabetos na eleição que ocorreria naquele ano, o Procurador-Geral da República houve por bem ajuizar ADI contra a referida emenda constitucional.

A esse respeito, responda aos itens a seguir, empregando os argumentos jurídicos apropriados e a fundamentação legal pertinente ao caso.

a) Uma emenda constitucional pode ser objeto de ADI? (Valor: 0,5)

b) Há inconstitucionalidade formal ou material na emenda em questão? (Valor: 0,5)

RESOLUÇÃO DA QUESTÃO

a) Uma emenda à Constituição pode ser objeto de ação direta de inconstitucionalidade, pois é fruto do poder constituinte derivado reformador. Tal poder deriva do originário e a ele é subordinado. Assim, as emendas constitucionais, ao serem elaboradas, devem respeitar os limites traçados pelo poder originário que estão previstos no art. 60 da Constituição Federal. São os seguintes: limites materiais (as chamadas cláusulas pétreas: forma federativa de Estado, o voto direto, secreto, universal e periódico, a separação dos poderes e os direitos e garantias individuais – art. 60, § 4º); limites formais (iniciativa, quórum, reapresentação e promulgação – art. 60, I, II e III, e §§ 2º, 3º e 5º); limites circunstanciais (intervenção federal, estado de sítio e estado de defesa – art. 60, § 1º) e os limites implícitos (aqueles que decorrem do próprio sistema, por exemplo, o art. 1º, parágrafo único)

b) A emenda em questão é tida como material e formalmente inconstitucional, pois apresenta vícios das duas naturezas. Há vício no seu conteúdo por afronta ao art. 60, § 4º, II, da Constituição Federal. A norma, ao proibir o alistamento eleitoral pelo analfabeto, restringe o direito de voto, uma das cláusulas pétreas que não podem sequer ser objeto de emendas tendentes a aboli-las. De outra parte, a emenda apresenta vício de forma, pois não observa um limite circunstancial previsto no art. 60, § 1º, da Constituição Federal. Segundo esse dispositivo, na vigência de intervenção federal, estado de defesa e estado de sítio, a Constituição não pode ser emendada.

GABARITO COMENTADO PELA EXAMINADORA - FGV

a) Sim. A emenda constitucional é um ato normativo e, embora vise justamente a alterar o texto constitucional, está sujeita a alguns limites impostos pelo poder constituinte originário: limites circunstanciais (art. 60, § 1°, CRFB) e limites materiais – expressos (art. 60, § 4°, CRFB) e implícitos (art. 1º, parágrafo único, e art. 60, §§ 2° e 3°, CRFB).

b) Há inconstitucionalidade material, por violação ao disposto no art. 60, § 4°, II, da CRFB e inconstitucionalidade formal, por violação ao disposto no art. 60, § 1°, da CRFB.

Distribuição dos pontos pela FGV

Item	Pontuação
a) (I) Sim, pois a EC está sujeita à observância dos limites ao poder de reforma. Citação dos limites (II) ao poder de reforma. (0,3 = I / 0,2 = II; resposta incompleta = 0,1)	0 / 0,1 / 0,3 / 0,5
b) Inconstitucionalidade material – violação ao art. 60, § 4°, CRFB. Inconstitucionalidade formal – violação ao art. 60, § 1°, CRFB (completa ou incompleta = 0,5)	0 / 0,5

(OAB/Exame Unificado – 2010.3 – 2ª fase) Em 31/12/2010, foi publicada a Lei ordinária federal 2.378, que criou o Conselho de Arquitetura e Urbanismo do Brasil – CAU/BR e regulamentou o exercício da profissão de arquiteto e urbanista, estabelecendo, entre outros, as áreas de atuação privativa dos referidos profissionais. Suponha que, a partir da entrada em vigor da referida lei, tenha sido suscitada uma rica discussão sobre a sua constitucionalidade, com argumentos contrários e favoráveis à regulamentação legal daquelas atividades e que foram publicados nos diversos e mais importantes jornais do país, além de publicações em revistas especializadas das áreas de Direito, Urbanismo, Arquitetura e Engenharia.

Com base no exposto, responda aos itens a seguir, empregando os argumentos jurídicos apropriados e a fundamentação legal pertinente ao caso.

a) Seria cabível o ajuizamento de uma ADC pelo próprio Conselho criado pela norma? (Valor: 0,4)
b) Seria cabível o ajuizamento de uma ADI pelo Conselho Federal da Ordem dos Advogados do Brasil? (Valor: 0,3)
c) Assumindo que fosse cabível o ajuizamento da ADC, qual seria o efeito de uma decisão que julgasse improcedente, no mérito, a ação? (Valor: 0,3)

RESOLUÇÃO DA QUESTÃO

a) Não é possível o ajuizamento de ação declaratória de constitucionalidade, pois essa ação exige o cumprimento de um pressuposto previsto no art. 14, III, da Lei 9.868/99, denominado "controvérsia judicial relevante sobre a aplicação da disposição objeto da ação declaratória", o que não ficou demonstrado. A mera discussão ocorrida na imprensa, ainda que em revistas especializadas, não é suficiente para a configuração do pressuposto, pois a lei trata de controvérsia **judicial**. Vale lembrar que o Conselho de Arquitetura e Urbanismo do Brasil – CAU/BR, com fulcro no art. 103, IX, da Constituição Federal, é legitimado ativo para a propositura das ações constitucionais (ADI, ADC ou ADPF), mas, na hipótese, o problema não estava relacionado à legitimidade e sim ao pressuposto da controvérsia judicial que não ficou demonstrado.

b) Os legitimados ativos à propositura da ação direta de inconstitucionalidade estão previstos no art. 103 da Constituição Federal, dentre os quais, se inclui o Conselho Federal da Ordem dos Advogados do Brasil. Segundo a jurisprudência do Supremo Tribunal Federal, há dois grupos de legitimados: os universais e os especiais ou temáticos. Os primeiros podem propor ações sobre quaisquer temas. Já os especiais, que são os previstos nos incisos IV, V e IX do art. 103, devem demonstrar pertinência temática. O Conselho Federal da Ordem dos Advogados do Brasil está previsto no inciso VII do art. 103 e é tido como legitimado universal, ou seja, pode ajuizar ação direta sobre qualquer tema. Desse modo, é cabível o ajuizamento da ação direta de inconstitucionalidade pelo Conselho Federal da Ordem dos Advogados do Brasil.

c) Se fosse possível o ajuizamento de ação declaratória de constitucionalidade, os efeitos produzidos pela decisão de mérito, tanto pela improcedência como pela procedência da ação seriam, em regra, *erga omnes* (para todos), *ex tunc* (retroativos) e ainda vinculante em relação aos demais órgãos do poder judiciário e a administração pública direta, indireta, nas esferas federal, estadual, distrital e municipal. Os fundamentos legais são encontrados nos artigos 24 e 28, parágrafo único, da Lei 9.868/99.

GABARITO COMENTADO PELA EXAMINADORA - FGV

a) Embora o CAU/BR tenha legitimidade para a propositura da ADC (art. 103, IX, CRFB), não seria cabível o ajuizamento da ação, pois esta ação demanda a existência de controvérsia judicial relevante acerca do ato normativo (art. 14, III, Lei 9.868/99), o que não ocorreu no caso, em que o debate se limitou aos jornais e revistas especializadas.

b) O Conselho Federal da OAB pode ajuizar ADI, pois é um dos legitimados para tanto (art. 103, CRFB) e não precisa demonstrar pertinência temática (por ser legitimado universal).

c) De acordo com os arts. 24 e 28, parágrafo único, da Lei 9868/99, a declaração de inconstitucionalidade pode decorrer tanto da procedência da ADI como da improcedência da ADC, e nos dois casos tem efeito vinculante e eficácia erga omnes em relação aos demais órgãos do Poder Judiciário e Administração Pública.

Distribuição dos pontos pela FGV

Item	Pontuação
a) O CAU tem legitimidade. OU Não há controvérsia judicial relevante.	0 / 0,4
b) O Conselho Federal da OAB tem legitimidade ativa. O Conselho Federal da OAB é legitimado universal. (0,1 = legitimidade ativa / 0,2 = indicou o dispositivo / 0,3 = legitimado universal)	0 / 0,1 / 0,2 / 0,3
c) Efeitos erga omnes e eficácia vinculante – em relação ao Poder Judiciário e Adm. Pub. (0,1 = só *erga omnes* / 0,2 = indicou também a eficácia vinculante / 0,3 = indicou o fundamento)	0 / 0,1 / 0,2 / 0,3

(OAB/Exame Unificado – 2010.2 – 2ª fase) Uma lei estadual foi objeto de Ação Direta de Inconstitucionalidade (ADI) ajuizada junto ao STF. Supondo que o Tribunal tenha se pronunciado, neste caso, pela inconstitucionalidade parcial sem redução de texto, explique o conceito acima, apontando quais os efeitos da declaração de inconstitucionalidade neste caso.

RESOLUÇÃO DA QUESTÃO

Em alguns casos, é possível declarar a inconstitucionalidade de certos entendimentos de um ato normativo sem, contudo, declarar inválido o próprio ato normativo, aplicando ao caso as técnicas da interpretação conforme a Constituição e da declaração de inconstitucionalidade sem redução de texto, expressamente previstas no art. 28, parágrafo único, da Lei 9.868/1999. Essas modalidades de declaração de inconstitucionalidade, apesar de tratadas de forma diferenciada pela lei, são normalmente equiparadas pela doutrina e pela jurisprudência, inclusive do STF.

A técnica da declaração de inconstitucionalidade sem redução de texto (assim como a interpretação conforme a Constituição) tem lugar quando a norma é plurissignificativa, ou seja, possui mais de uma interpretação possível, cabendo ao órgão julgador declarar a inconstitucionalidade da interpretação (ou interpretações) que não se coadunam com o texto constitucional. Mantendo-se íntegro o texto da norma, a declaração de inconstitucionalidade é apenas parcial, razão pela qual a ADIn, nesse caso, é parcialmente procedente (não há julgamento de improcedência do pedido), com eficácia *erga omnes* e vinculante, por força de expressa previsão na Lei 9.868/1999.

Comentários adicionais

– Para Gilmar Mendes (*Jurisdição Constitucional*, 1996, p. 196 e 197), a declaração parcial de inconstitucionalidade sem redução de texto "refere-se, normalmente, a casos não mencionados no texto, que, por estar formulado de forma ampla ou geral, contém, em verdade, um complexo de normas".

Sobre o art. 28, parágrafo único, da Lei 9.868/1999, Luís Roberto Barroso nos ensina que: "Na dicção expressa do parágrafo único do art. 28 da Lei n° 9.868/99, 'a declaração de constitucionalidade ou de inconstitucionalidade, inclusive a interpretação conforme a Constituição e a declaração parcial de inconstitucionalidade sem redução de texto, têm eficácia contra todos e efeito vinculante em relação aos órgãos do Poder Judiciário e à Administração Pública federal, estadual e municipal'. O dispositivo – cuja constitucionalidade foi recentemente proclamada pelo Supremo Tribunal Federal *(V. Inf. STF 289/2002, QO no AgRg na Rcl 1880/SP, Rel. Min. Maurício Corrêa)* – traz em si três inovações dignas de nota: (a) a atribuição de efeito vinculante à declaração de inconstitucionalidade, (b) a inclusão no âmbito de tais efeitos da interpretação conforme a Constituição e da declaração parcial de inconstitucionalidade sem redução e (c) a explicitação de sua extensão aos órgãos judiciais e administrativos".

Por fim, confira-se exemplificativamente o seguinte precedente do STF:

> AÇÃO DIRETA DE INCONSTITUCIONALIDADE. MEDIDA PROVISÓRIA 069/89 CONVERTIDA NA LEI N. 104/1989, DE TOCANTINS. IMPUGNAÇÃO AO ART. 1º. AUSÊNCIA DE AFRONTA À CONSTITUIÇÃO DA REPÚBLICA.
>
> 1. O art. 13 do Ato das Disposições Constitucionais Transitórias da Constituição da República estabeleceu a criação do Estado do Tocantins pelo desmembramento de parte do Estado de Goiás.
>
> 2. O Poder Legislativo Estadual do Tocantins estabeleceu a adoção, no que couber, da legislação do Estado de Goiás, excluída a que se referisse à autonomia administrativa do novo Estado.
>
> 3. O Estado do Tocantins poderá revogar a Lei quando entender conveniente, no exercício da autonomia que lhe é assegurada pelo art. 25 da Constituição da República.
>
> 4. Ação Direta de Inconstitucionalidade julgada parcialmente procedente, sem redução de texto, para considerar constitucional a Lei n. 104/1989, de Tocantins, relativamente ao recebimento da legislação do Estado de Goiás, vigente até a promulgação da Constituição tocantinense e das leis que a regulamentaram, e que já vigorava, no Estado goiano. (ADI 1109, Rel. Min. Cármen Lúcia, Tribunal Pleno, julgado em 16/05/2007) .

GABARITO COMENTADO PELA EXAMINADORA - FGV

A inconstitucionalidade parcial sem redução de texto é uma modalidade de declaração de inconstitucionalidade prevista na lei 9868/99 que tem como consequência a declaração de inconstitucionalidade de uma determinada interpretação, sem afetar o texto da norma. É dizer, o texto da norma permanece inalterado, mas determinada interpretação que a princípio poderia ser feita da norma é considerada inconstitucional. Esta modalidade de declaração de inconstitucionalidade tem importantes consequências nos processos de fiscalização abstrata, como é o caso da ADI (citada na questão), pois a declaração de inconstitucionalidade não do texto da norma, mas de sua interpretação, terá eficácia erga omnes (contra todos) e efeito vinculante, conforme dispõe o parágrafo único do art. 28 da lei 9868: "A declaração de constitucionalidade ou de inconstitucionalidade, inclusive a interpretação conforme a Constituição e a declaração parcial de inconstitucionalidade sem redução de texto, têm eficácia contra todos e efeito vinculante em relação aos órgãos do Poder Judiciário e à Administração Pública federal, estadual e municipal."

Distribuição dos pontos pela FGV

Item	Pontuação
O conceito de inconstitucionalidade parcial sem redução de texto	0 / 0,5
Efeitos – eficácia contra todos e efeito vinculante	0 / 0,5

(OAB/Exame Unificado – 2010.2 – 2ª fase) O Conselho Federal da OAB ajuizou, junto ao STF, Ação Direta de Inconstitucionalidade (ADI), tendo por objeto um artigo de uma lei federal em vigor desde 2005, sendo manifesta a pertinência temática do dispositivo impugnado com o exercício da advocacia. O STF entende que o referido dispositivo legal é inconstitucional, mas por fundamento distinto do que fora apresentado pelo Conselho Federal da OAB na ADI, tendo o STF inclusive declarado a inconstitucionalidade desse mesmo dispositivo no julgamento de um caso concreto, em Recurso Extraordinário (RE).

Com base nas informações acima, responda:

I. o STF pode julgar a ADI procedente a partir de fundamento diverso do que fora apresentado pelo Conselho Federal da OAB? Justifique.

II. o STF pode julgar a ADI procedente em relação também a outro dispositivo da mesma lei, mesmo não tendo este dispositivo sido objeto da ADI? Justifique.

RESOLUÇÃO DA QUESTÃO

I. Sim. No exame da constitucionalidade de determinada lei ou ato normativo em controle abstrato de constitucionalidade perante a Constituição Federal, o STF analisa o pedido constante da ADIn em face de todo o texto constitucional, e não apenas do dispositivo apontado pelo autor como violado pela lei que está sendo acoimada de inconstitucional. Por isso, fala-se que a causa de pedir na ADIn é *aberta*, já que o órgão julgador está, em princípio, limitado ao pedido de inconstitucionalidade formulado, mas não está adstrito ao fundamento da inconstitucionalidade apontado pelo legitimado ativo. Vale dizer, o STF só pode agir se for provocado, se receber um pedido formalmente válido em ADIn, mas pode declarar a inconstitucionalidade da norma por motivo diverso daquele transcrito na petição inicial da ADIn. Isso não significa, por outro lado, que o autor está dispensado de fundamentar seu pedido, deixando de explicitar os motivos pelos quais entende ser a norma inconstitucional. A fundamentação (causa de pedir) é imprescindível e um dos requisitos da petição inicial, mas como a verificação da compatibilidade da lei ou ato normativo se dá diante de toda a Constituição, o STF pode entender que a norma está em desacordo com outro dispositivo constitucional, que não o apontado pelo autor, o que se costumou chamar de "causa de pedir aberta".

II. Sim. Esse fenômeno foi batizado pelo STF como "inconstitucionalidade por arrastamento", diante da relação de prejudicialidade que existe entre a norma declarada inconstitucional e todas as outras normas que nela se fundamentam. Ou seja, se a norma-mãe não está de acordo com a Constituição, as normas dela decorrentes também serão inconstitucionais, podendo o STF declarar a inconstitucionalidade das normas secundárias no mesmo ou em outro processo, mesmo que não haja pedido expresso nesse sentido na petição inicial da ADIn. O objetivo do controle concentrado é a higidez constitucional, o que permite, excepcionalmente, a declaração de inconstitucionalidade de uma norma mesmo que não haja pedido expresso nesse sentido (desde que, importante frisar, haja relação de dependência entre a norma principal e as normas secundárias).

Comentários adicionais

Tome nota dos sinônimos da inconstitucionalidade por arrastamento lembrados por Pedro Lenza: inconstitucionalidade por "atração" ou "inconstitucionalidade consequente de preceitos não impugnados".

Confiram-se os seguintes precedentes do STF sobre a inconstitucionalidade por arrastamento:

> Ação Direta de Inconstitucionalidade. AMB. Lei nº 12.398/98-Paraná. Decreto estadual nº 721/99. Edição da EC nº 41/03. Substancial alteração do parâmetro de controle. Não ocorrência de prejuízo. Superação da jurisprudência da Corte acerca da matéria. Contribuição dos inativos. Inconstitucionalidade sob a EC nº 20/98. Precedentes.

1. Em nosso ordenamento jurídico, não se admite a figura da constitucionalidade superveniente. Mais relevante do que a atualidade do parâmetro de controle é a constatação de que a inconstitucionalidade persiste e é atual, ainda que se refira a dispositivos da Constituição Federal que não se encontram mais em vigor. Caso contrário, ficaria sensivelmente enfraquecida a própria regra que proíbe a convalidação.

2. A jurisdição constitucional brasileira não deve deixar às instâncias ordinárias a solução de problemas que podem, de maneira mais eficiente, eficaz e segura, ser resolvidos em sede de controle concentrado de normas.

3. A Lei estadual nº 12.398/98, que criou a contribuição dos inativos no Estado do Paraná, por ser inconstitucional ao tempo de sua edição, não poderia ser convalidada pela Emenda Constitucional nº 41/03. E, se a norma não foi convalidada, isso significa que a sua inconstitucionalidade persiste e é atual, ainda que se refira a dispositivos da Constituição Federal que não se encontram mais em vigor, alterados que foram pela Emenda Constitucional nº 41/03. Superada a preliminar de prejudicialidade da ação, fixando o entendimento de, analisada a situação concreta, não se assentar o prejuízo das ações em curso para evitar situações em que uma lei que nasceu claramente inconstitucional volte a produzir, em tese, seus efeitos, uma vez revogada as medidas cautelares concedidas já há dez anos.

4. No mérito, é pacífica a jurisprudência desta Corte no sentido de que é inconstitucional a incidência, sob a égide da EC nº 20/98, de contribuição previdenciária sobre os proventos dos servidores públicos inativos e dos pensionistas, como previu a Lei nº 12.398/98, do Estado do Paraná (cf. ADI nº 2.010/DF-MC, Relator o Ministro Celso de Mello, DJ de 12/4/02; e RE nº 408.824/RS-AgR, Segunda Turma, Relator o Ministro Eros Grau, DJ de 25/4/08).

5. É igualmente inconstitucional a incidência, sobre os proventos de inativos e pensionistas, de contribuição compulsória para o custeio de serviços médico-hospitalares (cf. RE nº 346.797/RS-AgR, Relator o Ministro Joaquim Barbosa, Primeira Turma, DJ de 28/11/03; ADI nº 1.920/BA-MC, Relator o Ministro Nelson Jobim, DJ de 20/9/02).

6. Declaração de inconstitucionalidade por arrastamento das normas impugnadas do decreto regulamentar, em virtude da relação de dependência com a lei impugnada. Precedentes.

7. Ação direta de inconstitucionalidade julgada parcialmente procedente. (ADI 2158, Relator(a): Min. DIAS TOFFOLI, Tribunal Pleno, julgado em 15/09/2010, DJe-247 DIVULG 15-12-2010 PUBLIC 16-12-2010 EMENT VOL-02452-01 PP-00010)

AÇÃO DIRETA DE INCONSTITUCIONALIDADE. JULGAMENTO CONJUNTO DAS ADI'S 4.009 E 4.001. LEGITIMIDADE AD CAUSAM DA REQUERENTE – ADEPOL. LEI COMPLEMENTAR N. 254, DE 15 DE DEZEMBRO DE 2003, COM A REDAÇÃO QUE LHE FOI CONFERIDA PELA LEI COMPLEMENTAR N. 374, DE 30 DE JANEIRO DE 2007, AMBAS DO ESTADO DE SANTA CATARINA. ESTRUTURA ADMINISTRATIVA E REMUNERAÇÃO DOS PROFISSIONAIS DO SISTEMA DE SEGURANÇA PÚBLICA ESTADUAL. ARTIGO 106, § 3º, DA CONSTITUIÇÃO CATARINENSE. LEIS COMPLEMENTARES NS. 55 E 99, DE 29 DE MAIO DE 1.992 E 29 DE NOVEMBRO DE 1.993, RESPECTIVAMENTE. VINCULAÇÃO OU EQUIPARAÇÃO DE ESPÉCIES REMUNERATÓRIAS DOS POLICIAIS CIVIS E MILITARES À REMUNERAÇÃO DOS DELEGADOS. ISONOMIA, PARIDADE E EQUIPARAÇÃO DE VENCIMENTOS. JURISPRUDÊNCIA DO STF: VIOLAÇÃO DO DISPOSTO NOS ARTIGOS 37, INCISO XIII; 61, § 1º, INCISO II, ALÍNEA "A", E 63, INCISO I, DA CONSTITUIÇÃO DO BRASIL. PROIBIÇÃO DE VINCULAÇÃO E EQUIPARAÇÃO ENTRE REMUNERAÇÕES DE SERVIDORES PÚBLICOS. PEDIDO JULGADO PARCIALMENTE PROCEDENTE. MODULAÇÃO DOS EFEITOS DA DECISÃO DE INCONSTITUCIONALIDADE.

1. A legitimidade *ad causam* da requerente foi reconhecida por esta Corte em oportunidade anterior – entidade de classe de âmbito nacional, com homogeneidade em sua representação, que congrega Delegados de Carreira das Polícias Federal, Estaduais e do Distrito Federal.

2. O objeto desta ação direta diz com a possibilidade de equiparação ou vinculação de remunerações de servidores públicos estaduais integrados em carreiras distintas.

3. A jurisprudência desta Corte é pacífica no que tange ao não cabimento de qualquer espécie de vinculação entre remunerações de servidores públicos [artigo 37, XIII, da CB/88]. Precedentes.

4. Violação do disposto no artigo 61, § 1º, inciso II, alínea a, da Constituição do Brasil – "são de iniciativa privativa do presidente da República as leis que: [...]; II - disponham sobre: a) criação de cargos, funções ou empregos públicos na administração direta e autárquica ou aumento de sua remuneração".

5. Afronta ao disposto no artigo 63, inciso I, da Constituição do Brasil – "não será admitido aumento de despesa prevista: I - nos projetos de iniciativa exclusiva do Presidente da República, ressalvados o disposto no art. 166, §§ 3º e 4º".

6. É expressamente vedado pela Constituição do Brasil o atrelamento da remuneração de uns servidores públicos à de outros, de forma que a majoração dos vencimentos do grupo paradigma consubstancie aumento direto dos valores da remuneração do grupo vinculado.

7. Afrontam o texto da Constituição do Brasil os preceitos da legislação estadual que instituem a equiparação e vinculação de remuneração.

8. Ação direta julgada parcialmente procedente para declarar a inconstitucionalidade: [i] do trecho final do § 3º do artigo 106 da Constituição do Estado de Santa Catarina: "de forma a assegurar adequada proporcionalidade de remuneração das diversas carreiras com a de delegado de polícia"; [ii] do seguinte trecho do artigo 4º da LC n. 55/92 "[...], assegurada a adequada proporcionalidade das diversas carreiras com a do Delegado Especial"; [iii] do seguinte trecho do artigo 1º da LC 99: "mantida a proporcionalidade estabelecida em lei que as demais classes da carreira e para os cargos integrantes do Grupo Segurança Pública - Polícia Civil"; e, [iv] por arrastamento, do § 1º do artigo 10 e os artigos 11 e 12 da LC 254/03, com a redação que lhe foi conferida pela LC 374, todas do Estado de Santa Catarina.

9. Modulação dos efeitos da decisão de inconstitucionalidade. Efeitos prospectivos, a partir da publicação do acórdão.

10. Aplicam-se à ADI n. 4.001 as razões de decidir referentes à ADI n. 4.009. (ADI 4009, Relator(a): Min. EROS GRAU, Tribunal Pleno, julgado em 04/02/2009, DJe-099 DIVULG 28-05-2009 PUBLIC 29-05-2009 EMENT VOL-02362-05 PP-00861)

GABARITO COMENTADO PELA EXAMINADORA - FGV

Segundo a jurisprudência do STF, o Tribunal, ao julgar ação direta de inconstitucionalidade, está limitado em relação ao pedido, mas não à causa de pedir, que é aberta. É dizer, o STF pode considerar a lei impugnada inconstitucional por motivos diversos daqueles apresentados pelo proponente da ADI. Entendimento diverso implicaria reconhecer que uma ADI mal formulada, com argumentos frágeis ou equivocados pela inconstitucionalidade da lei, levando à improcedência da ação e à consequente declaração de constitucionalidade da lei. Em relação ao pedido, este, a princípio, é limitado ao que foi questionado pelo proponente da ação. O STF, no entanto, admite em caráter excepcional que dispositivos legais não impugnados na ação sejam declarados inconstitucionais, mas somente se forem dependentes dos dispositivos impugnados. É dizer, nos casos em que a inconstitucionalidade de um dispositivo impugnado implica necessariamente a inconstitucionalidade de outro não impugnado. A este fenômeno dá-se o nome de inconstitucionalidade por "arrastamento" ou "atração" ou "consequente".

Distribuição dos pontos pela FGV

Item	Pontuação
O STF não está adstrito ao fundamento da ação	0 / 0,5
O STF pode julgar ADI também com fundamento em outro dispositivo, o que ocorre com a inconstitucionalidade por arrastamento	0 / 0,5

(OAB/Exame Unificado – 2010.2 – 2ª fase) Em 2005, o STF julgou procedente ADC ajuizada pelo Procurador-Geral da República visando à declaração de constitucionalidade de uma lei federal que estava sendo questionada em diversos processos judiciais pelo país, gerando uma controvérsia judicial em torno da sua adequação ao texto constitucional. Nas eleições ocorridas em outubro de 2010, um determinado partido político conseguiu, pela primeira vez em sua história, eleger um parlamentar, no caso um deputado federal, graças à coligação partidária firmada com um partido político de maior expressão e base eleitoral. O diretório nacional do referido partido político pretende, no próximo ano, após o início da sessão legislativa, ajuizar uma ADI contra a mencionada lei federal, a partir de argumentos que não foram enfrentados pelos ministros do STF em 2005.

Analise a pretensão do partido político, considerando os seguintes tópicos:

I. A legitimidade para a propositura da ação.

II. A possibilidade de o STF declarar a inconstitucionalidade da lei (com ou sem modulação dos efeitos).

RESOLUÇÃO DA QUESTÃO

I. O partido político com representação no Congresso Nacional (Câmara dos Deputados ou Senado Federal), tido pelo STF como legitimado universal para o controle concentrado de constitucionalidade, tem legitimidade para propor ADC desde a edição da EC 45/2004, que alterou a redação do art. 103, *caput*, da CF para igualar os legitimados para propositura da ADC aos da ADIn.

Em outras palavras, o STF, em interpretação restritiva do art. 103 da CF, entende que determinados legitimados ativos devem observar o requisito da *pertinência temática* para propor ADIn/ADC, exigência que não está prevista na Constituição nem na legislação infraconstitucional, mas encontra-se amplamente sedimentada em sua jurisprudência.

Por pertinência temática deve-se entender a existência de uma relação direta entre a questão presente na lei ou no ato normativo a ser impugnado e os objetivos sociais da entidade demandante (ou entre a lei objeto de controle e as funções institucionais do legitimado ativo). Vale dizer, a noção é muito próxima do *interesse de agir* da Teoria Geral do Processo e faz surgir duas classes de legitimados ativos: os *universais* ou *neutros* e os *interessados* ou *especiais*.

De acordo com o STF, são legitimados *neutros* ou *universais* para a propositura de ADIn/ADC (= têm legitimidade ativa em qualquer hipótese, sem necessidade de demonstração de pertinência temática): o Presidente da República, as Mesas do Senado e da Câmara, o Procurador-Geral da República, o Conselho Federal da OAB e o partido político com representação no Congresso Nacional, como na questão em análise. São legitimados *interessados* ou *especiais*, ou seja, precisam demonstrar relação de pertinência temática entre o objeto da ADIn/ADC e sua esfera jurídica (ou a de seus filiados): o Governador de Estado, a Mesa de Assembleia Legislativa (ou da Câmara Legislativa do DF), bem como as confederações sindicais ou entidades de classe de âmbito nacional.

II. O partido político com representação no Congresso Nacional pode propor ADIn contra uma lei ainda que o STF, anteriormente, tenha declarado a constitucionalidade dessa mesma lei em ADC. Isso porque os efeitos vinculantes da declaração de inconstitucionalidade ou de constitucionalidade não vinculam o próprio STF, pois a Constituição, em seu art. 102, § 2º, só previu a eficácia vinculante em relação aos *demais* órgãos do Poder Judiciário e à Administração Pública (direta, indireta, federal, estadual, distrital ou municipal).

No controle por via principal, a regra é a produção de efeitos *erga omnes*, vinculantes (art. 102, § 2º, da CF) e *ex tunc*, embora seja possível a modulação de efeitos temporais, ou seja, o STF pode estabelecer que a declaração de inconstitucionalidade será *ex nunc*, a partir da publicação do acórdão, ou a partir de uma data determinada, na forma do art. 27 da Lei 9.868/1999, que exige a presença de razões de segurança jurídica ou de excepcional interesse social, além do *quorum* de dois terços dos membros do STF para que a modulação de efeitos temporais seja aplicada ao caso concreto.

Comentários adicionais

Sobre o tema, importante observar que o STF superou sua orientação anterior de que a perda de representação do partido político no Congresso Nacional, após a propositura da ADIn/ADC, tornava a ação prejudicada. Atualmente, a representação do partido político deve ser verificada no momento da propositura da ação, e a ADIn/ADC não é tida por prejudicada se, no momento do julgamento, o partido que a propôs já não detiver representação em uma das casas do Congresso Nacional (Câmara dos Deputados ou Senado Federal).

GABARITO COMENTADO PELA EXAMINADORA - FGV

A Emenda Constitucional N. 3/93, ao criar a ação declaratória de constitucionalidade, não atribuiu legitimidade ativa aos mesmos que poderiam ajuizar a ação direta de inconstitucionalidade, de modo que o partido político com representação no Congresso Nacional poderia ajuizar apenas esta, mas não aquela. A Emenda Constitucional n.. 45/2004, relativa à Reforma do Poder Judiciário, alterou o art. 103, estabelecendo que todos aqueles que podem propor a ação de inconstitucionalidade (ADI) podem também ajuizar a ação de constitucionalidade (ADC). Embora o art. 103 não faça qualquer discriminação entre os legitimados para a propositura das ações, a jurisprudência do STF é pacífica no sentido de que alguns dos legitimados só podem ajuizar ADI ou ADC se demonstrarem pertinência temática com a lei ou ato normativo objeto da ação. Estes são denominados legitimados especiais (art. 103, IV, V e IX), ao passo que aqueles que não precisam demonstrar pertinência temática são chamados de legitimados universais (art. 103, I, II, III, VI, VII e VIII). O partido político, no entanto, é um dos legitimados universais, não sendo necessário demonstrar pertinência temática para poder ajuizar a ação. Quanto à representação no Congresso Nacional, embora se trate de órgão bicameral, abrangendo Câmara dos Deputados e Senado Federal, o STF tem antiga jurisprudência no sentido de que basta a representação em uma das Casas do Congresso para que se possa afirmar que o partido político tem representação no Congresso Nacional. Desse modo, não há dúvida de que o partido político em questão pode ajuizar a ADI. Quanto à possibilidade de uma lei declarada constitucional em ADC ser objeto de ADI, a doutrina é pacífica no sentido de que isso é possível, uma vez que não reconhecer esta possibilidade implicaria afirmar que o STF, após haver declarado a constitucionalidade de uma lei, jamais poderia mudar seu entendimento, ainda que estivesse disso convencido. O STF poderá, por motivos de segurança jurídica, declarar a inconstitucionalidade com efeito não retroativo *ex nunc* ou determinar uma data a partir da qual a lei deveria ser considerada inconstitucional, mas não há nenhuma obrigatoriedade nesse sentido, não havendo nada que impeça o STF de declarar a inconstitucionalidade com efeito retroativo (*ex tunc*).

Distribuição dos pontos pela FGV

Item	Pontuação
O partido possui legitimidade para impetrar a ação (dispositivo legal e fundamentação)	0 / 0,2 / 0,3 / 0,5
É possível a modificação legal, haja vista que não pode haver engessamento de posicionamento do STF	0 / 0,2 / 0,3 / 0,5

(OAB/Exame Unificado – 2010.2 – 2ª fase) A Constituição de determinado estado da federação, promulgada em 1989, ao dispor sobre a administração pública estadual, estabelece que a investidura em cargo ou emprego público é assegurada aos cidadãos naturais daquele estado e depende de aprovação prévia em concurso público de provas ou de provas e títulos, de acordo com a natureza e a complexidade do cargo ou emprego, ressalvadas as nomeações para cargo em comissão declarado em lei de livre nomeação e exoneração. Em 2009 foi promulgada pela Assembleia Legislativa daquele estado (após a derrubada de veto do Governador) uma lei que permite o ingresso em determinada carreira por meio de livre nomeação, assegurada a estabilidade do servidor nomeado após 3 (três) anos de efetivo exercício.

Considerando-se que a Constituição estadual arrola o Governador como um dos legitimados para a propositura da ação direta de inconstitucionalidade em âmbito estadual (art. 125, § 2° da CRFB), e considerando-se que o Governador pretende obter a declaração de inconstitucionalidade da referida lei estadual, responda:

I. o que ocorreria se logo após o ajuizamento da ação direta de inconstitucionalidade de âmbito estadual, ajuizada pelo Governador do Estado junto ao Tribunal de Justiça (nos termos do art. 125, § 2° da CRFB) e antes do julgamento, fosse ajuizada pelo Conselho Federal da OAB uma ação direta de inconstitucionalidade junto ao STF, tendo por objeto esta mesma lei? Explique.

II. poderia o Presidente da República ajuizar ação direta de inconstitucionalidade junto ao STF contra o dispositivo da Constituição estadual? Explique.

RESOLUÇÃO DA QUESTÃO

I. As leis estaduais (aí incluídas as normas das constituições estaduais) podem ser objeto de duplo controle abstrato de constitucionalidade: no TJ local, tendo como parâmetro a Constituição do Estado (art. 125, § 2º, da CF), bem como no STF, tendo como parâmetro a Constituição Federal (art. 102, I, "a", da CF).

Assim, em tese, há possibilidade de concomitância de ADIn estadual e de ADIn federal contra a norma da Constituição Estadual, pois o Governador de Estado é legitimado ativo para a ADIn estadual (conforme indicado no enunciado) e o Conselho Federal da OAB é legitimado universal para propor ADIn (art. 103, VII, da CF), devendo-se, nesse caso, ser suspenso o trâmite da representação de inconstitucionalidade estadual até julgamento final da ADIn pelo STF, pois ao Supremo Tribunal Federal cabe a guarda precípua da Constituição, sendo seu intérprete maior.

No caso, o STF deve declarar a inconstitucionalidade da norma da Constituição Estadual porque fere os arts. 5º, *caput* (igualdade); 37, *caput* (impessoalidade) e II (concurso público); 25, *caput* c/c 19, III (distinção entre brasileiros), todos da CF, já que, embora reproduza a regra do concurso público para ingresso em cargo público de provimento efetivo, prevê privilégio para os cidadãos naturais daquele estado, estabelecendo distinção irrazoável entre brasileiros, ferindo também a isonomia.

II. Sim, pois cabe ADIn contra lei estadual (art. 102, I, "a", da CF), o Presidente da República é legitimado universal para propor ADIn, ou seja, não precisa demonstrar pertinência temática, mas pode ajuizar a ação em todo e qualquer caso (art. 103, I, da CF), além de a norma da constituição estadual (ato normativo estadual) ferir frontalmente os preceitos estabelecidos nos arts. 5º, *caput* (igualdade); 37, *caput* (impessoalidade) e II (concurso público); 25, *caput* c/c 19, III (distinção entre brasileiros), todos da CF.

GABARITO COMENTADO PELA EXAMINADORA - FGV

A Constituição estadual basicamente reproduziu o disposto no art. 37, II da Constituição Federal, que dispõe que "a investidura em cargo ou emprego público depende de aprovação prévia em concurso público de provas ou de provas e títulos, de acordo com a natureza e a complexidade do cargo ou emprego, na forma prevista em lei, ressalvadas as nomeações para cargo em comissão declarado em lei de livre nomeação e exoneração". A reprodução do dispositivo, embora desnecessária, eis que o art. 37 da Constituição Federal refere-se expressamente à administração pública direta e indireta de qualquer dos Poderes da União, dos Estados, do Distrito Federal e dos Municípios, também não é estranha à experiência constitucional brasileira nem viola formalmente o texto constitucional, tornando-se assim norma constitucional estadual e federal. O dispositivo estadual, no entanto, limitou o direito de ingresso na carreira aos cidadãos naturais daquele Estado, incorrendo, desse modo, em inconstitucionalidade material, uma vez que, de acordo com o art. 25 da Constituição Federal, "os Estados organizam-se e regem-se pelas Constituições e leis que adotarem, observados os princípios desta Constituição". No caso em tela, a lei estadual viola a regra constitucional do concurso público, prevista tanto na Constituição Federal como na Constituição estadual, não fazendo diferença aqui o fato de a norma estadual limitar o acesso ao concurso público apenas aos naturais daquele Estado. Desse modo, sendo o Governador de Estado legitimado para ajuizar ação de inconstitucionalidade de âmbito estadual (de acordo com o enunciado da questão) e o Conselho Federal da OAB, legítimo para ajuizar a ADI de âmbito federal (de acordo com o art. 103, VII, da CRFB), e considerando-se que lei estadual pode ser objeto de ambas as ações (arts. 102, I, "a", e 125, § 2°, da CRFB) é possível que as duas ações sejam ajuizadas concomitantemente. No entanto, de acordo com a firme jurisprudência do STF, neste caso a ação estadual ficaria suspensa, aguardando a decisão do STF. Em relação à segunda pergunta, considerando-se que a emenda à Constituição estadual é ato normativo estadual, considerando-se que deve estar de acordo com os princípios e regras estabelecidos pela Constituição Federal (art. 25, da CRFB), considerando-se que a referida emenda violou os arts. 5º, *caput*, e 37, II da CRFB, considerando-se, por fim, que o Presidente é um dos legitimados para a propositura da ADI, nos termos do art. 103, I da CRFB, é possível o ajuizamento da ação, valendo lembrar que o Presidente da República é legitimado universal, estando, assim, dispensado de demonstrar pertinência temática com o ato normativo impugnado.

Distribuição dos pontos pela FGV

Item	Pontuação
A ação estadual fica suspensa esperando decisão do STF (dispositivo legal e fundamentação)	0 / 0,2 / 0,3 / 0,5
O Presidente da República pode impetrar uma ação porque é legitimado universal	0 / 0,2 / 0,3 / 0,5

(OAB/Exame Unificado – 2010.1 – 2ª fase) Considerando que a Assembleia Legislativa de um estado da Federação promova emenda ao seu regimento interno na qual se determine que a instalação de comissões parlamentares de inquérito seja aprovada pelo plenário da Casa, responda, de modo fundamentado, aos seguintes questionamentos.

✓ A emenda em questão seria constitucional?

✓ Poderia ser proposta ação direta de inconstitucionalidade contra a nova norma regimental?

RESOLUÇÃO DA QUESTÃO

A emenda em questão fere materialmente a norma do art. 58, 3º, da CF, de reprodução obrigatória pelos Estados membros, que determina que as CPIs serão instaladas mediante requerimento de um terço dos membros da Casa Legislativa respectiva, sem exigência de aprovação pelo plenário. Não cabe à Assembleia Legislativa tornar mais gravoso o procedimento de abertura de uma CPI, sob pena de inviabilizar uma das prerrogativas do Poder Legislativo, em afronta direta à CF. A norma regimental pode ser impugnada por ADIn, pois podem ser objeto de controle de constitucionalidade qualquer lei ou ato normativo federal ou estadual (art. 102, I, "a", da CF), entendidos em seu sentido amplo, ou seja, qualquer ato dotado de abstração, generalidade e imperatividade.

GABARITO COMENTADO PELA EXAMINADORA - CESPE

A emenda seria materialmente inconstitucional, já que se trata de norma constitucional de observância obrigatória por todos os entes federativos. Os requisitos indispensáveis à criação das comissões parlamentares de inquérito estão dispostos, estritamente, no § 3º do artigo 58 da Constituição Federal: "As comissões parlamentares de inquérito (...) serão criadas pela Câmara dos Deputados e pelo Senado Federal, em conjunto ou separadamente, mediante requerimento de um terço de seus membros, para a apuração de fato determinado e por prazo certo (...)". Como se trata de norma geral e abstrata, a medida pode ser objeto de controle concentrado de constitucionalidade.

> "EMENTA: AÇÃO DIRETA DE INCONSTITUCIONALIDADE. ARTIGOS 34, § 1º, E 170, INCISO I, DO REGIMENTO INTERNO DA ASSEMBLEIA LEGISLATIVA DO ESTADO DE SÃO PAULO. COMISSÃO PARLAMENTAR DE INQUÉRITO. CRIAÇÃO. DELIBERAÇÃO DO PLENÁRIO DA ASSEMBLEIA LEGISLATIVA. REQUISITO QUE NÃO ENCONTRA RESPALDO NO TEXTO DA CONSTITUIÇÃO DO BRASIL. SIMETRIA. OBSERVÂNCIA COMPULSÓRIA PELOS ESTADOS-MEMBROS. VIOLAÇÃO DO ARTIGO 58, § 3º, DA CONSTITUIÇÃO DO BRASIL.
>
> 1. A Constituição do Brasil assegura a um terço dos membros da Câmara dos Deputados e a um terço dos membros do Senado Federal a criação da comissão parlamentar de inquérito, deixando, porem, ao próprio parlamento o seu destino.
>
> 2. A garantia assegurada a um terço dos membros da Câmara ou do Senado estende-se aos membros das assembleias legislativas estaduais — garantia das minorias. O modelo federal de criação e instauração das comissões parlamentares de inquérito constitui matéria a ser compulsoriamente observada pelas casas legislativas estaduais.
>
> 3. A garantia da instalação da CPI independe de deliberação plenária, seja da Câmara, do Senado ou da Assembleia Legislativa. Precedentes.
>
> 4. Não ha razão para a submissão do requerimento de constituição de CPI a qualquer órgão da Assembleia Legislativa. Os requisitos indispensáveis a criação das comissões parlamentares de inquérito estão dispostos, estritamente, no artigo 58 da CB/88.
>
> 5. Pedido julgado procedente para declarar inconstitucionais o trecho "só será submetido a discussão e votação decorridas 24 horas de sua apresentação, e", constante do § 1º do artigo 34, e o inciso I do artigo 170, ambos da Consolidação do Regimento Interno da Assembleia Legislativa do Estado de São Paulo (ADI 3619, Relator(a): Min. Eros Grau, Tribunal Pleno, julgado em 01/08/2006, DJ 20-04-2007 PP-00078 EMENT VOL-02272-01 PP-00127)".

Observação para a correção: atribuir pontuação integral às respostas em que esteja expresso o conteúdo do dispositivo legal, ainda que não seja citado, expressamente, o número do artigo.

(OAB/Exame Unificado – 2010.1 – 2ª fase) Uma central de trabalhadores que congrega, em âmbito nacional, sindicatos e federações de diferentes categorias profissionais, ajuizou ação direta de inconstitucionalidade, perante o Supremo Tribunal Federal, contra lei editada pelo estado X, devido à imposição de restrições à comercialização de produtos, as quais geraram graves reflexos na economia dos estados vizinhos e, por consequência, na garantia do emprego de milhares de trabalhadores. Simultaneamente, determinado prefeito de um município do estado X ajuizou ação direta de inconstitucionalidade, perante o Tribunal de Justiça do estado, contra a mesma lei impugnada pela central de trabalhadores.

Considerando essa situação hipotética, responda, de forma fundamentada, aos seguintes questionamentos.

- ✓ O Supremo Tribunal Federal admite que uma central de trabalhadores de âmbito nacional composta de membros de categorias profissionais ou econômicas heterogêneas tenha legitimidade para ingressar com ação direta genérica?
- ✓ É admissível a tramitação paralela de ações diretas de inconstitucionalidade, no Tribunal de Justiça local e no Supremo Tribunal Federal, interpostas contra a mesma lei estadual impugnada?
- ✓ O ajuizamento de ação direta sujeita-se a algum prazo prescricional ou decadencial?

RESOLUÇÃO DA QUESTÃO

A jurisprudência do STF é extremamente restritiva quanto à atuação das confederações ou entidades de classe de âmbito nacional no controle concentrado de constitucionalidade. Em primeiro lugar, são considerados legitimados especiais para a propositura de ADIn/ADC, ou seja, precisam demonstrar a existência de pertinência temática entre o conteúdo da norma impugnada e as finalidades institucionais. Além disso, para ter legitimidade ativa, a entidade de classe precisa ser "de âmbito nacional" (art. 103, IX, da CF) e o critério da espacialidade, além da atuação transregional da instituição, demanda a existência de associados em pelo menos nove estados da Federação (aplicação, por analogia, da Lei Orgânica dos Partidos Políticos). No caso em análise, uma central de trabalhadores que congrega sindicatos e federações de diferentes categorias profissionais não é considerada pelo STF como legitimada ativa de ADIn/ADC, pois lhe falta homogeneidade entre seus membros.

No mais, as leis estaduais podem ser objeto de duplo controle abstrato de constitucionalidade: no TJ local, tendo como parâmetro a Constituição do Estado (art. 125, § 2º, da CF), bem como no STF, tendo como parâmetro a Constituição Federal (art. 102, I, "a", da CF). Assim, em tese, há possibilidade de concomitância de ADIn estadual e de ADIn federal contra a lei estadual, devendo-se, nesse caso, ser suspenso o trâmite da representação de inconstitucionalidade estadual até julgamento final da ADIn pelo STF, pois ao Supremo Tribunal Federal cabe a guarda precípua da Constituição, sendo seu intérprete maior.

O ajuizamento de ADIn não se sujeita a nenhum prazo decadencial ou prescricional, porque o decurso do tempo não é capaz de transformar o ato inconstitucional em constitucional. A nulidade existe desde sua edição e pode ser declarada a qualquer tempo, ainda que ao STF seja possível modular os efeitos temporais da declaração de inconstitucionalidade, na forma do art. 27 da Lei 9.868/1999. Especificamente sobre a decadência, o STF editou a Súmula 360 afirmando que as representações de inconstitucionalidade não se sujeitam a prazo decadencial.

Comentários adicionais

Sobre o tema, v. ADI 79 QO, Rel. Min. Celso de Mello:

> AÇÃO DIRETA DE INCONSTITUCIONALIDADE - CONTROLE NORMATIVO ABSTRATO - LEGITIMIDADE ATIVA "AD CAUSAM" - ENTIDADE DE CLASSE - NÃO CONFIGURAÇÃO - CARÊNCIA DA AÇÃO.

– O controle jurisdicional "in abstracto" da constitucionalidade das leis e atos normativos federais ou estaduais, perante o Supremo Tribunal Federal, suscita, dentre as múltiplas questões existentes, a análise do tema concernente a quem pode ativar, mediante ação direta, a jurisdição constitucional concentrada desta Corte.

– Entre a legitimidade exclusiva e a legitimidade universal, optou o constituinte pela tese da legitimidade restrita e concorrente, partilhando, entre diversos órgãos, agentes ou instituições, a qualidade para agir em sede jurisdicional concentrada (v. CF/88, ART. 103). Dentre as pessoas ativamente legitimadas "ad causam" para o ajuizamento da ação direta de inconstitucionalidade estão as entidades de classe de âmbito nacional (CF. art. 103, IX).

– O Supremo Tribunal Federal tem salientado, em sucessivos pronunciamentos a propósito do tema, que não se qualificam como entidades de classe aquelas que, congregando pessoas jurídicas, apresentam-se como verdadeiras associações de associações. Em tais hipóteses, tem-se-lhes negado a qualidade reclamada pelo texto constitucional, pois pessoas jurídicas, ainda que coletivamente representativas de categorias profissionais ou econômicas, não formam classe alguma. Precedentes. A jurisprudência desta Corte tem salientado, ainda, que pessoas jurídicas de direito privado, que reúnam, como membros integrantes, associações de natureza civil e organismos de caráter sindical, desqualificam-se – precisamente em função do hibridismo dessa composição - como instituições de classe, cuja noção conceitual reclama a participação, nelas, dos próprios indivíduos integrantes de determinada categoria, e não apenas das entidades privadas constituídas para representá-los. Precedentes.

– Entidades internacionais, que possuam uma Seção Brasileira domiciliada em território nacional, incumbida de representá-las no Brasil, não se qualificam, para os efeitos do art. 103 da Constituição, como instituições de classe. A composição heterogênea de associação que reúna, em função de explícita previsão estatutária, pessoas vinculadas a categorias radicalmente distintas, atua como elemento descaracterizador da sua representatividade. Não se configuram, em consequência, como entidades de classe aquelas instituições que são integradas por membros vinculados a estratos sociais, profissionais ou econômicos diversificados, cujos objetivos, individualmente considerados, revelam-se contrastantes. Falta a essas entidades, na realidade, a presença de um elemento unificador que, fundado na essencial homogeneidade, comunhão e identidade de valores, constitui o fator necessário de conexão, apto a identificar os associados que as compõem como membros efetivamente pertencentes a uma determinada classe.

– A jurisprudência do Supremo Tribunal Federal tem consignado, no que concerne ao requisito da espacialidade, que o caráter nacional da entidade de classe não decorre de mera declaração formal, consubstanciada em seus estatutos ou atos constitutivos. Essa particular característica de índole espacial pressupõe, além da atuação transregional da instituição, a existência de associados ou membros em pelo menos nove Estados da Federação. Trata-se de critério objetivo, fundado na aplicação analógica da Lei Orgânica dos Partidos Políticos, que supõe, ordinariamente atividades econômicas ou profissionais amplamente disseminadas no território nacional. Precedente: ADIN-386. (ADI 79 QO, Rel. Min. Celso de Mello, julgado em 13/04/1992).

GABARITO COMENTADO PELA EXAMINADORA – CESPE

A jurisprudência do Supremo Tribunal Federal é bastante restritiva e criteriosa quanto à possibilidade de entidades de classe ajuizarem ações diretas de inconstitucionalidade. Elas só têm legitimidade se for observada a relação de pertinência temática entre o interesse específico da classe, para cuja defesa essas entidades foram constituídas, e o ato normativo arguido como inconstitucional. Segundo a orientação firmada pelo STF, não configuraria entidade de classe de âmbito nacional, para os efeitos do art. 103, IX, da CF, organização formada por associados pertencentes a categorias diversas, como no caso apresentado. Ou, tal como formulado, "não se configuram como entidades de classe aquelas instituições que são integradas por membros vinculados a extratos sociais, profissionais ou econômicos diversificados, cujos objetivos, individualmente considerados, revelam-se contrastantes" (ADIn 108/DF, Rel. Min. Celso de Mello, DJ de 5-6-1992, p. 8426).

No que diz respeito à tramitação paralela de ações diretas no STF e no tribunal de justiça local, interpostas contra a mesma lei estadual, não se admite que isso ocorra, devendo-se, em tal circunstância, suspender o curso da ação direta ajuizada na corte estadual até o julgamento final da ação direta proposta no STF. Esse entendimento decorre da lógica do sistema: o paradigma da primeira hipótese será a Carta da República, e, na segunda, a Carta estadual. A decisão que haverá de prevalecer, logicamente, será a do STF, ficando o processo no tribunal de justiça sobrestado até que o Supremo julgue em definitivo o mérito da controvérsia. Precedentes nesse sentido: STF, ADIn 1.423-4-MC/SP, Rel. Min. Moreira Alves, DJU de 22-2-1996; STF, Recl. 386-8/SC, Rel. Min. Octavio Gallotti; STF, Recl. 1.341-6/SP, Rel. Min. Francisco Rezek; Pleno; STF, Recl. 425-2/RJ, Rel. Min. Neri da Silveira, decisão de 27-5-1993, DJ, 1, de 22-10-1993, p. 22252.

Relativamente à prescrição e à decadência, o ajuizamento da ação direta não se sujeita à observância de qualquer prazo prescricional ou decadencial, pois os atos inconstitucionais não se convalidam pelo mero decurso de tempo (STF, Pleno, ADIn 1.247-MC/PA, Rel. Min. Celso de Mello, decisão de 17-8-1995, DJ, 1, de 8-9-1995, p. 28354). A esse respeito, vigora a primeira parte da Súmula 360 do STF: "Não há prazo de decadência para a representação de inconstitucionalidade".

Observação para a correção: atribuir pontuação integral às respostas em que esteja expresso o conteúdo do dispositivo legal, ainda que não seja citado, expressamente, o número do artigo.

(OAB/Exame Unificado – 2009.2 – 2ª fase) O procurador-geral de justiça de determinado estado da Federação, ao analisar a recém-editada Lei Estadual n.º YYY/2009, verificou que os artigos A e B dessa norma contrariavam frontalmente o artigo X da Constituição estadual, assim redigido: "A investidura em cargo ou emprego público depende de aprovação prévia em concurso público de provas ou de provas e títulos de acordo com a natureza e a complexidade do cargo ou emprego, na forma prevista em lei, ressalvadas as nomeações para cargo em comissão, declarado em lei, de livre nomeação e exoneração." Por essa razão, o procurador-geral de justiça propôs ação direta de inconstitucionalidade (ADI), perante o tribunal de justiça do estado, contra os referidos dispositivos legais, tendo o órgão, ao final, julgado improcedente a ação, sem afronta à autoridade de nenhuma decisão já proferida pelo Supremo Tribunal Federal (STF). Inconformado, o procurador-geral de justiça, pretendendo recorrer da decisão do tribunal de justiça do estado, solicitou ao seu assessor jurídico um estudo preliminar do caso. Em face dessa situação hipotética, na condição do referido assessor jurídico, discorra sobre a (im)possibilidade de os tribunais de justiça dos estados realizarem controle concentrado de constitucionalidade, informando se é cabível recurso ao STF contra a decisão que julgou improcedente a ADI e especificando o recurso, tudo com o respectivo fundamento constitucional.

RESOLUÇÃO DA QUESTÃO

O art. 125, § 2º, da CF, autorizou o controle concentrado de constitucionalidade de leis ou atos normativos estaduais ou municipais em face da Constituição Estadual, vedando a legitimação para agir a um único órgão. Apesar de a Constituição Federal não ter detalhado o controle de constitucionalidade em âmbito estadual, as regras do controle abstrato no STF devem ser observadas pelos estados, em razão do princípio da simetria federativa.

Assim, as leis estaduais estão sujeitas a duplo controle, igualmente abstrato: por intermédio de ADIn no STF (art. 102, I, "a", da CF, tendo como parâmetro a Constituição Federal) e por intermédio de ADIn estadual perante o TJ local (art. 125, § 2º, da CF, tendo por parâmetro a Constituição do Estado).

Ao apreciarem a constitucionalidade de lei estadual em face da Constituição do Estado, a decisão do TJ local, em regra, não está sujeita a recurso para o STF, que é o guardião da Constituição Federal e não da Constituição do Estado.

Entretanto, há casos em que a norma da constituição estadual apontada como violada apenas reproduz uma norma da Constituição Federal, por ser de observância obrigatória pelos estados-membros. Essa a hipótese aqui cobrada, já que a regra do concurso público para ingresso em cargo público encontra-se prevista no art. 37, II, da CF.

Nesses casos a lei estadual, ao violar a Constituição Estadual está, em verdade, afrontando norma da Constituição Federal. Daí a possibilidade de interposição de recurso extraordinário para o STF, pois o parâmetro de controle passa a ser a Constituição Federal. O STF não irá analisar a compatibilidade vertical entre a lei estadual e a Constituição do Estado, mas entre a lei estadual e a Constituição Federal, utilizando, para tanto, um recurso típico do controle difuso.

Apesar disso, o controle não perde sua natureza abstrata, razão pela qual a decisão do STF, nesse recurso extraordinário, produzirá os mesmos efeitos da ADIn genérica (*erga omnes*, vinculantes e *ex tunc*).

Comentários adicionais

Note que o enunciado afirma que a decisão do TJ local não "afronta a autoridade de nenhuma decisão já proferida pelo Supremo Tribunal Federal (STF)". O dado é importante para afastar o cabimento de reclamação constitucional (art. 102, I, "l", da CF).

No mais, confira-se julgado do STF sobre o tema e notícia publicada em seu informativo de jurisprudência:

AGRAVO REGIMENTAL NA SUSPENSÃO DE LIMINAR. LEI MUNICIPAL 3587/2003. TRIBUNAL DE JUSTIÇA ESTADUAL. DECLARAÇÃO DE INCONSTITUCIONALIDADE. NORMA QUE REPRODUZ DISPOSITIVO DA CONSTITUIÇÃO FEDERAL. RECURSO EXTRAORDINÁRIO. ADMISSIBILIDADE. SUSPENSÃO DE LIMINAR. HIPÓTESES DE CABIMENTO.

1. Controle concentrado de constitucionalidade de lei estadual ou municipal que reproduz norma da Constituição Federal de observância obrigatória pelos entes da Federação. Competência do Tribunal de Justiça, com possibilidade de interposição de recurso extraordinário se a interpretação conferida à legislação contrariar o sentido e o alcance de dispositivo da Carta Federal. Precedentes. 2. Representação de inconstitucionalidade. Concessão de medida cautelar para suspender a eficácia da norma. Pedido de suspensão de liminar. Via processual inadequada para sustar os efeitos da cautelar concedida no processo de controle concentrado de constitucionalidade. Lei 8437/92. Processo objetivo. Inaplicabilidade. Precedentes. (SL 10 AgR, Rel. Min. Maurício Corrêa, Tribunal Pleno, julgado em 11/03/2004).

Informativo STF 118/1998: "Prosseguindo no julgamento acima mencionado, o Tribunal, resolvendo questão de ordem suscitada pelo Min. Moreira Alves, entendeu que a decisão tomada em recurso extraordinário interposto contra acórdão de Tribunal de Justiça em representação de inconstitucionalidade de lei municipal frente à Constituição Estadual (CF, art. 125, § 2º) tem eficácia erga omnes, por se tratar de controle concentrado ainda que a via do recurso extraordinário seja própria do controle difuso, eficácia essa que se estende a todo o território nacional." (RE 187142, Rel. Min. Ilmar Galvão, Tribunal Pleno, julgado em 13/08/1998).

(OAB/Exame Unificado – 2009.2 – 2ª fase) Foi promulgada e publicada, pelo presidente da República, lei federal, de iniciativa do Poder Executivo, estabelecendo valor do salário mínimo claramente insuficiente para atender às necessidades vitais básicas e os valores protegidos no art. 7.º, inciso IV, da Constituição Federal, que determina ser direito dos trabalhadores urbanos e rurais, além de outros que visem à melhoria de sua condição social, salário mínimo, fixado em lei, nacionalmente unificado, capaz de atender a suas necessidades vitais básicas e às de sua família com moradia, alimentação, educação, saúde, lazer, vestuário, higiene, transporte e previdência social, com reajustes periódicos que lhe preservem o poder aquisitivo, sendo vedada sua vinculação para qualquer fim estabelecido. Em face dessa situação hipotética e considerando que o escritório de advocacia em que você trabalhe seja contratado para questionar a constitucionalidade dessa lei, indique, com a devida fundamentação, a ação mais adequada ao caso.

RESOLUÇÃO DA QUESTÃO

A fixação do valor do salário mínimo em montante aquém do necessário para cumprir as finalidades previstas no art. 7º, IV, da CF, constitui omissão parcial, haja vista que a lei existe, mas os preceitos da Constituição não foram totalmente atendidos. O legislador atuou, mas sem observar a finalidade que a norma constitucional buscava alcançar.

Para solucionar o "silêncio normativo" a Constituição previu dois instrumentos: o mandado de injunção (art. 5º, LXXI, da CF) e a ação de inconstitucionalidade por omissão (art. 103, § 2º, da CF).

Como a questão exige a indicação da ação mais adequada ao questionamento na norma em si, a hipótese seria de ADIn por omissão (parcial), uma vez que o mandado de injunção é ação de natureza individual, em que há interesses subjetivos em jogo, a declaração de inconstitucionalidade só pode figurar como *causa de pedir*, e não como pedido principal.

Já a ação de inconstitucionalidade por omissão é instrumento de controle de constitucionalidade por via principal, em tese, cujo maior objetivo é a tutela do próprio ordenamento jurídico, sem que existam partes ou interessados. Seus legitimados são os mesmos da ação direta genérica (art. 103 da CF) e a ação dirige-se contra o órgão ou entidade responsável pela edição do ato normativo ausente.

A ADIn por omissão é julgada originariamente pelo STF (art. 102, I, "a", da CF) e produz efeitos contra todos e vinculantes (art. 102, § 2º, da CF).

Comentários adicionais

Segue ementa do STF em ADIn por omissão com idêntico objeto:

AÇÃO DIRETA DE INCONSTITUCIONALIDADE - AUSÊNCIA DE LEGITIMIDADE ATIVA DE CENTRAL SINDICAL (CUT) - IMPUGNAÇÃO A MEDIDA PROVISÓRIA QUE FIXA O NOVO VALOR DO SALÁRIO MÍNIMO - ALEGAÇÃO DE INCONSTITUCIONALIDADE EM FACE DA INSUFICIÊNCIA DESSE VALOR SALARIAL - REALIZAÇÃO INCOMPLETA DA DETERMINAÇÃO CONSTANTE DO ART. 7º, IV, DA CONSTITUIÇÃO DA REPÚBLICA - HIPÓTESE DE INCONSTITUCIONALIDADE POR OMISSÃO PARCIAL - IMPOSSIBILIDADE DE CONVERSÃO DA ADIN EM AÇÃO DIRETA DE INCONSTITUCIONALIDADE POR OMISSÃO - AÇÃO DIRETA DE QUE NÃO SE CONHECE, NO PONTO - MEDIDA PROVISÓRIA QUE SE CONVERTEU EM LEI - LEI DE CONVERSÃO POSTERIORMENTE REVOGADA POR OUTRO DIPLOMA LEGISLATIVO - PREJUDICIALIDADE DA AÇÃO DIRETA. FALTA DE LEGITIMIDADE ATIVA DAS CENTRAIS SINDICAIS PARA O AJUIZAMENTO DE AÇÃO DIRETA DE INCONSTITUCIONALIDADE.

– No plano da organização sindical brasileira, somente as confederações sindicais dispõem de legitimidade ativa "ad causam" para o ajuizamento da ação direta de inconstitucionalidade (CF, art. 103, IX), falecendo às centrais sindicais, em consequência, o poder para fazer instaurar, perante o Supremo Tribunal Federal, o concernente processo de fiscalização normativa abstrata. Precedentes. SALÁRIO MÍNIMO - VALOR INSUFICIENTE - SITUAÇÃO DE INCONSTITUCIONALIDADE POR OMISSÃO PARCIAL.

– A insuficiência do valor correspondente ao salário mínimo - definido em importância que se revele incapaz de atender as necessidades vitais básicas do trabalhador e dos membros de sua família - configura um claro descumprimento, ainda que parcial, da Constituição da República, pois o legislador, em tal hipótese, longe de atuar como sujeito concretizante do postulado constitucional que garante à classe trabalhadora um piso geral de remuneração digna (CF, art. 7º, IV), estará realizando, de modo imperfeito, porque incompleto, o programa social assumido pelo Estado na ordem jurídica.

– A omissão do Estado - que deixa de cumprir, em maior ou em menor extensão, a imposição ditada pelo texto constitucional - qualifica-se como comportamento revestido da maior gravidade político-jurídica, eis que, mediante inércia, o Poder Público também desrespeita a Constituição, também compromete a eficácia da declaração constitucional de direitos e também impede, por ausência de medidas concretizadoras, a própria aplicabilidade dos postulados e princípios da Lei Fundamental.

– As situações configuradoras de omissão inconstitucional, ainda que se cuide de omissão parcial, refletem comportamento estatal que deve ser repelido, pois a inércia do Estado - além de gerar a erosão da própria consciência constitucional – qualifica-se, perigosamente, como um dos processos informais de mudança ilegítima da Constituição, expondo-se, por isso mesmo, à censura do Poder Judiciário. Precedentes: RTJ 162/877-879, Rel. Min. CELSO DE MELLO - RTJ 185/794-796, Rel. Min. CELSO DE MELLO.

O DESPREZO ESTATAL POR UMA CONSTITUIÇÃO DEMOCRÁTICA REVELA-SE INCOMPATÍVEL COM O SENTIMENTO CONSTITUCIONAL RESULTANTE DA VOLUNTÁRIA ADESÃO POPULAR À AUTORIDADE NORMATIVA DA LEI FUNDAMENTAL.

– A violação negativa do texto constitucional, resultante da situação de inatividade do Poder Público - que deixa de cumprir ou se abstém de prestar o que lhe ordena a Lei Fundamental - representa, notadamente em tema de direitos e liberdades de segunda geração (direitos econômicos, sociais e culturais), um inaceitável processo de desrespeito à Constituição, o que deforma a vontade soberana do poder constituinte e que traduz conduta estatal incompatível com o valor ético-jurídico do sentimento constitucional, cuja prevalência, no âmbito da coletividade, revela-se fator capaz de atribuir, ao Estatuto Político, o necessário e indispensável coeficiente de legitimidade social.

AÇÃO DIRETA DE INCONSTITUCIONALIDADE E REVOGAÇÃO SUPERVENIENTE DO ATO ESTATAL IMPUGNADO.

– A revogação superveniente do ato estatal impugnado faz instaurar situação de prejudicialidade que provoca a extinção anômala do processo de fiscalização abstrata de constitucionalidade, eis que a ab-rogação do diploma normativo questionado opera, quanto a este, a sua exclusão do sistema de direito positivo, causando, desse modo, a perda ulterior de objeto da própria ação direta, independentemente da ocorrência, ou não, de efeitos residuais concretos. Precedentes. (ADI 1442, Rel. Min. Celso de Mello, Tribunal Pleno, julgado em 03/11/2004).

(OAB/Exame Unificado – 2008.3 – 2ª fase) A associação dos moradores de determinado município da Federação ajuizou, perante o Supremo Tribunal Federal, arguição de descumprimento de preceito fundamental em face de lei municipal que instituiu tributo que previa três tratamentos distintos aos contribuintes, de acordo com a base de cálculo para a aferição do valor que seria recolhido: a primeira referia-se a imóveis edificados e não edificados; a segunda, a imóveis residenciais e não residenciais; e a terceira, ao maior ou menor consumo de energia elétrica. A requerente alegou ofensa ao preceito fundamental da isonomia, presente tanto na Constituição Federal quanto na Estadual. O relator da arguição de descumprimento de preceito fundamental (ADPF), monocraticamente, não conheceu do pedido e determinou o arquivamento do processo.

Considerando essa situação hipotética, indique, com a devida fundamentação, duas razões para o não conhecimento da referida ADPF.

RESOLUÇÃO DA QUESTÃO

O relator da ADPF agiu acertadamente ao determinar monocraticamente o arquivamento do processo, pois a narrativa não configura hipótese de arguição de descumprimento de preceito fundamental. Em primeiro lugar, os legitimados para propor ADPF são os mesmos da ADIn (art. 2º, I, da Lei 9.882/1999), sendo certo que no rol do art. 103 da CF não está listada "associação de moradores de município". Dessa forma, a ilegitimidade ativa é patente.

Ademais, o art. 4º, § 1º, da Lei 9.882/1999, impõe a regra da *subsidiariedade* da ADPF, ou seja, a arguição somente será cabível se não houver, no ordenamento jurídico, outro meio igualmente eficaz de sanar a lesividade. No caso – em que não se menciona ter havido lançamento –, a associação pode questionar a cobrança da exação por mandado de segurança preventivo (se não houver necessidade de dilação probatória) ou por ação declaratória de inexistência da obrigação tributária, com ampla instrução probatória.

(OAB/Exame Unificado – 2008.2 – 2ª fase) A Mesa da Assembleia Legislativa de um estado da Federação ajuizou ação direta de inconstitucionalidade (ADI) no Supremo Tribunal Federal (STF) contra decreto governamental que concedia aumento de vencimentos a servidores públicos daquele estado. Considerando a situação acima relatada, responda, de forma fundamentada, se a ação direta é cabível e se a Mesa da Assembleia Legislativa dispõe de legitimidade para ajuizar a ADI. Em seu texto, comente á respeito da eficácia da decisão do STF em ADI.

RESOLUÇÃO DA QUESTÃO

A Mesa da Assembleia Legislativa tem legitimidade ativa para a ADIn (art. 103, IV, da CF) mas, de acordo com a jurisprudência do STF, precisa comprovar a existência de pertinência temática, ou seja, a relação direta entre a lei ou ato normativo impugnado e suas funções institucionais, o que se configura *in casu*.

Muito embora o Supremo Tribunal Federal entenda que não cabe ação direta de inconstitucionalidade contra atos normativos secundários (decretos, instruções normativas, resoluções), haja vista a inexistência de confronto direto entre o seu texto e a Constituição, o caso descrito é peculiar.

Isso porque, aplicando-se o princípio da simetria quanto ao disposto no art. 61, § 1º, II, "a", da CF, o governador deveria ter iniciado o processo legislativo, encaminhando à Assembleia projeto de lei, e não ter tratado da matéria por decreto, subtraindo a participação do Poder Legislativo. A violação ao texto constitucional é, portanto, frontal e direta, sendo o caso de decreto autônomo, que permite o ajuizamento de ADIn.

Por fim, no controle de constitucionalidade via ação direta, a regra é a produção de efeitos: a) *erga omnes* (art. 102, § 2º, da CF, porque decorre do exercício de *substituição processual*: os órgãos e entidades do art. 103 da CF atuam em nome próprio na defesa de interesses de toda a coletividade – a legitimação é extraordinária); b) vinculantes (por força do art. 102, § 2º, da CF e do art. 28, parágrafo único, da Lei 9.868/1999) e c) *ex tunc* (já que a declaração de inconstitucionalidade tem natureza meramente declaratória), embora seja possível a modulação de efeitos temporais, na forma do art. 27 da Lei 9.868/1999. Ademais, por constituir o pedido principal da ação, a declaração de inconstitucionalidade faz coisa julgada.

Comentários adicionais

Não cabe ação direta de inconstitucionalidade contra atos normativos secundários (decretos que regulamentam leis, por exemplo), mas cabe ADIn contra decreto *autônomo*, ou seja, contra aquele que a pretexto de regulamentar a lei extrapola os seus limites inovando na ordem jurídica ao criar direitos e obrigações. A propósito, confiram-se os seguintes precedentes do STF:

1. AÇÃO DIRETA DE INCONSTITUCIONALIDADE. Condição. Objeto. Decreto que cria cargos públicos remunerados e estabelece as respectivas denominações, competências e remunerações. Execução de lei inconstitucional. Caráter residual de decreto autônomo. Possibilidade jurídica do pedido. Precedentes. É admissível controle concentrado de constitucionalidade de decreto que, dando execução à lei inconstitucional, crie cargos públicos remunerados e estabeleça as respectivas denominações, competências, atribuições e remunerações.
2. INCONSTITUCIONALIDADE. Ação direta. Art. 5° da Lei n° 1.124/2000, do Estado do Tocantins. Administração pública. Criação de cargos e funções. Fixação de atribuições e remuneração dos servidores. Efeitos jurídicos delegados a decretos do Chefe do Executivo. Aumento de despesas. Inadmissibilidade. Necessidade de lei em sentido formal, de iniciativa privativa daquele. Ofensa aos arts. 61, § 1°, inc. II, "a", e 84, inc. VI, "a", da CF. Precedentes. Ações julgadas procedentes. São inconstitucionais a lei que autorize o Chefe do Poder Executivo a dispor, mediante decreto, sobre criação de cargos públicos remunerados, bem como os decretos que lhe deem execução. (ADI 3232, Rel. Min. Cezar Peluso, Tribunal Pleno, julgado em 14/08/2008).

CONSTITUCIONAL. ADMINISTRATIVO. DECRETO REGULAMENTAR. CONTROLE DE CONSTITUCIONALIDADE CONCENTRADO.

I. Se o ato regulamentar vai além do conteúdo da lei, pratica ilegalidade. Neste caso, não há falar em inconstitucionalidade. Somente na hipótese de não existir lei que preceda o ato regulamentar, e que poderia este ser acoimado de inconstitucional, assim sujeito ao controle de constitucionalidade.

II. Ato normativo de natureza regulamentar que ultrapassa o conteúdo da lei não esta sujeito à jurisdição constitucional concentrada. Precedentes do STF: ADINs. n.s 311-DF e 536-DF. III. Ação Direta de Inconstitucionalidade não conhecida.

(ADI 589, Relator(a): Min. CARLOS VELLOSO, Tribunal Pleno, julgado em 20/09/1991, DJ 18-10-1991 PP-14549 EMENT VOL-01638-01 PP-00139 RTJ VOL-00137-03 PP-01100)

Ação direta de inconstitucionalidade. Pedido de liminar. Decreto n. 409, de 30.12.91.

- Esta Corte, excepcionalmente, tem admitido ação direta de inconstitucionalidade cujo objeto seja decreto, quando este, no todo ou em parte, manifestamente não regulamenta lei, apresentando-se, assim, como decreto autônomo, o que dá margem a que seja ele examinado em face diretamente da Constituição no que diz respeito ao princípio da reserva legal. (...)

(ADI 708, Rel. Min. Moreira Alves, Tribunal Pleno, julgado em 22/05/1992).

(OAB/Exame Unificado – 2008.1 – 2ª fase) Partido político cuja bancada, no Congresso Nacional, resume-se a um único senador, ajuizou, junto ao Supremo Tribunal Federal, ação direta de inconstitucionalidade (ADI) para impugnar um projeto de lei que tramita na Câmara dos Deputados em fase de apreciação no âmbito das comissões da Casa. Na ADI, o partido político alega vício de iniciativa, sustentando que o projeto, proposto por parlamentar, seria, segundo a Constituição, da iniciativa privativa do presidente da República. No que se refere à situação hipotética apresentada, a ADI proposta atende aos pressupostos do controle abstrato de normas consagrado na ordem jurídica brasileira, tanto no que diz respeito à legitimidade para a propositura da ação quanto ao seu objeto? Justifique sua resposta.

RESOLUÇÃO DA QUESTÃO

No que tange à legitimidade, os partidos políticos podem propor ADIn desde que tenham representação no Congresso Nacional (art. 103, VIII, da CF), noção interpretada pelo STF como a presença de um único congressista do partido em qualquer das Casas Legislativas. Também de acordo com a jurisprudência do STF, são legitimados universais para proporem ação direta, razão por que não precisam demonstrar pertinência temática. Quanto a esse aspecto, portanto, não haveria maiores problemas para o ajuizamento da ação direta.

Ocorre que o art. 102, I, "a", da CF, só autoriza o cabimento de ADIn em face de lei ou ato normativo estadual ou municipal, não existindo no direito brasileiro o controle de constitucionalidade, por ação direta de inconstitucionalidade, de leis em formação. O que o STF admite é a impetração de mandado de segurança por parlamentares para sustar o andamento de proposta de emenda à Constituição que veicule matéria insuscetível de reforma pelo constituinte derivado (art. 60, § 4º, da CF), por entender que o parlamentar tem direito líquido e certo ao devido processo legislativo.

Comentários adicionais

Sobre a legitimidade ativa dos partidos políticos é preciso observar que: a) não precisam demonstrar pertinência temática, pois são legitimados *universais* para a propositura de ADIn e b) O STF superou o entendimento anterior de que a perda da representação do partido político em uma das casas legislativas, posteriormente ao ajuizamento da ADIn, tinha como consequência a extinção da ação direta de inconstitucionalidade sem julgamento de mérito. **De acordo com o entendimento atual do STF**, a ADIn deve ser julgada se, no momento da sua propositura e quando do início do julgamento, o partido político tinha representação no Congresso Nacional (um congressista em qualquer das Casas Legislativas). Do contrário, a desfiliação do parlamentar equivaleria à desistência da ação direta, o que é vedado por lei (art. 5º da Lei 9.868/1999): (...) III. Ação direta de inconstitucionalidade: legitimação de partido político não afetada pela perda superveniente de sua representação parlamentar, quando já iniciado o julgamento. (ADI 2054, Rel. p/ Acórdão Min. Sepúlveda Pertence, Tribunal Pleno, julgado em 02/04/2003).

(OAB/Exame Unificado – 2007.3 – 2ª fase) Uma confederação sindical ingressou com uma ação direta de inconstitucionalidade (ADI) por omissão visando a que seja expedido ato normativo que permita o cumprimento de preceito constitucional que, sem aquele ato, não pode ser aplicado. Em face dessa situação, redija um texto em resposta às seguintes perguntas:

- ✓ A confederação sindical tem legitimidade para ingressar com ADI por omissão?
- ✓ É possível a concessão de liminar no presente caso?
- ✓ A oitiva do Advogado-Geral da União e a manifestação do Procurador-Geral da República são obrigatórias?
- ✓ Qual o *quorum* exigido para que a inconstitucionalidade por omissão seja declarada pelo Supremo Tribunal Federal?

RESOLUÇÃO DA QUESTÃO

Os legitimados ativos para a propositura de ADIn por omissão são os mesmos da ADIn genérica e encontram-se listados no art. 103 da CF (art. 12-A da Lei 9.868/1999). Por isso, a confederação sindical pode propor ADIn (art. 103, IX, da CF), mas precisa comprovar a *pertinência temática*, já que pela jurisprudência do STF não integra o rol dos legitimados universais, sendo considerada legitimada especial.

O Procurador-Geral da República deverá ser previamente ouvido, por força do art. 103, § 1º, da CF. Já o Advogado-Geral da União, que funciona como curador da constitucionalidade da norma impugnada (art. 103, § 3º, da CF), tem sua participação dispensada por motivos óbvios: por se tratar de ADIn *por omissão*, não há texto legal a ser defendido.

O procedimento da ADIn por omissão é, no que couber, o mesmo da ADIn genérica (art. 12-E da Lei 9.868/1999). Da mesma forma, as regras concernentes à decisão da ADIn por omissão também são as mesmas da ADIn genérica (art. 12-H, *caput* e § 2º da Lei 9.868/1999). Por isso, presentes no mínimo oito ministros em sessão (art. 22 da Lei 9.868/1999), o STF julgará a ADIn por omissão pelo voto de seis ministros (art. 97 da CF e art. 23 da Lei 9.868/1999).

Por fim, cabe observar que não há falar em medida cautelar na ADIn por omissão, dada a incompatibilidade da medida com a finalidade da ação.

Comentário adicional

Sobre o tema, confira-se o julgado abaixo:

AÇÃO DIRETA DE INCONSTITUCIONALIDADE - TRIBUNAL SUPERIOR ELEITORAL - RESOLUÇÃO Nº 16.336/90 - INCONSTITUCIONALIDADE POR AÇÃO - MESA DA CÂMARA DOS DEPUTADOS - INCONSTITUCIONALIDADE POR OMISSÃO - BANCADA PAULISTA NA CÂMARA FEDERAL - ELEVAÇÃO IMEDIATA PARA 70 DEPUTADOS FEDERAIS - FUNÇÃO DO STF NO CONTROLE CONCENTRADO DE CONSTITUCIONALIDADE - SUA ATUAÇÃO COMO LEGISLADOR NEGATIVO - CONSTITUIÇÃO FEDERAL (ART. 45, § 1º) - REGRA QUE NÃO É AUTO- APLICÁVEL - MORA CONSTITUCIONAL - IMPOSSIBILIDADE DE ELEVAÇÃO AUTOMÁTICA DA REPRESENTAÇÃO PARLAMENTAR - SUSPENSÃO CAUTELAR INDEFERIDA.

– A norma consubstanciada no art. 45, § 1º, da Constituição Federal de 1988, reclama e necessita, para efeito de sua plena aplicabilidade, de integração normativa, a ser operada, mediante adequada intervenção legislativa do Congresso Nacional (*interpositio legislatoris*), pela edição de lei complementar, que constitui o único e exclusivo instrumento juridicamente idôneo, apto a viabilizar e concretizar a fixação do número de Deputados Federais por Estado-membro.

– A ausência dessa lei complementar (*vacuum juris*), que constitui o necessário instrumento normativo de integração, não pode ser suprida por outro ato estatal qualquer, especialmente um provimento de caráter jurisdicional, ainda que emanado desta Corte.

– O reconhecimento dessa possibilidade implicaria transformar o STF, no plano do controle concentrado de constitucionalidade, em legislador positivo, condição que ele próprio se tem recusado a exercer.

– O Supremo Tribunal Federal, ao exercer em abstrato a tutela jurisdicional do direito objetivo positivado na Constituição da República, atua como verdadeiro legislador negativo, pois a declaração de inconstitucionalidade em tese somente encerra, em se tratando de atos (e não de omissões) inconstitucionais, um juízo de exclusão, que consiste em remover, do ordenamento positivo, a manifestação estatal inválida e desconforme ao modelo jurídico-normativo consubstanciado na Carta Política.

– A suspensão liminar de eficácia de atos normativos, questionados em sede de controle concentrado, não se revela compatível com a natureza e a finalidade da ação direta de inconstitucionalidade por omissão, eis que, nesta, a única consequência político-jurídica possível traduz-se na mera comunicação formal, ao órgão estatal inadimplente, de que está em mora constitucional. (ADI 267 MC, Rel. Min. Celso de Mello, Tribunal Pleno, julgado em 25/10/1990).

(OAB/Exame Unificado – 2007.2 – 2ª fase) Nos autos de uma ação civil pública, foi pedido que não fosse aplicada determinada lei, tendo em vista sua inconstitucionalidade. A propósito dessa situação, responda, de forma fundamentada, ao seguinte questionamento: a ação civil pública pode ser utilizada como instrumento de controle de constitucionalidade das leis?

RESOLUÇÃO DA QUESTÃO

A ação civil pública pode ser utilizada como instrumento de verificação da compatibilidade de uma lei ou ato normativo com a Constituição Federal desde que o pedido de declaração de inconstitucionalidade não seja o objeto principal da ação, mas a causa de pedir, o fundamento para a resolução do conflito principal.

Caso contrário, configuraria uma ADIn com o nome de ACP, inadmissível no sistema brasileiro. O STF considera legítima a propositura da ação civil pública (bem como da ação popular) como instrumento de fiscalização *incidental* de constitucionalidade de leis ou atos do poder público, mas afasta sua utilização como sucedânea da ADIn, pois, ante sua eficácia *erga omnes*, constituiria verdadeiro controle concentrado de constitucionalidade.

(OAB/Exame Unificado – 2007.2 – 2ª fase) Uma lei estadual, publicada em 1987, estabeleceu que a remuneração dos servidores públicos ocupantes de cargo em comissão de determinada autarquia devem ser remunerados por meio de múltiplos do salário mínimo, nacionalmente unificado. O governador do estado em questão pretende impugnar a constitucionalidade dessa norma, sob o argumento de que estaria sendo violada a parte final do inciso IV do art. 7.º da Constituição Federal de 1988, que veda a vinculação ao salário mínimo na espécie. Considerando essa situação hipotética, responda, de modo fundamentado, às perguntas a seguir:

- ✓ Qual é a medida judicial cabível na espécie para impugnar o citado ato no controle concentrado de constitucionalidade?
- ✓ Como é feito o pedido de medida liminar na espécie?

RESOLUÇÃO DA QUESTÃO

O STF não adota a doutrina da "inconstitucionalidade superveniente", mas entende que as normas pré-constitucionais que não se compatibilizam com o *conteúdo* da nova Constituição são por ela revogadas. Por isso, não cabe ADIN contra norma anterior à Constituição.

A medida judicial cabível para impugnar uma *lei de 1987* que está em confronto com o art. 7º, IV, da CF, em controle concentrado de constitucionalidade, é a Arguição de Descumprimento de Preceito Fundamental – ADPF, com fundamento no art. 102, § 1º, da CF e no art. 1º, parágrafo único, I, da Lei 9.882/1999, que expressamente alude às normas pré-constitucionais.

Além disso, o Governador de Estado é parte legítima para propor ADPF, já que os legitimados para essa ação são os mesmos da ADIn (art. 2º, I, da Lei 9.882/1999) e não há outro meio eficaz para sanar a lesividade (art. 4º, § 1º, da Lei 9.882/1999).

O pedido de liminar é admitido pela legislação de regência e poderá consistir na determinação de que as medidas que tenham relação com a matéria objeto da ADPF tenham seu andamento suspenso, salvo se decorrentes da coisa julgada (art. 5º, § 3º, da Lei 9.882/1999).

Comentário adicional

Para melhor compreensão do tema, analisar a integralidade da Lei 9.882/1999. Segue, também, julgado pertinente do STF:

ADPF - ADEQUAÇÃO - INTERRUPÇÃO DA GRAVIDEZ - FETO ANENCÉFALO - POLÍTICA JUDICIÁRIA - MACROPROCESSO. Tanto quanto possível, há de ser dada sequência a processo objetivo, chegando-se, de imediato, a pronunciamento do Supremo Tribunal Federal. Em jogo valores consagrados na Lei Fundamental - como o são os da dignidade da pessoa humana, da saúde, da liberdade e autonomia da manifestação da vontade e da legalidade -, considerados a interrupção da gravidez de feto anencéfalo e os enfoques diversificados sobre a configuração do crime de aborto, adequada surge a arguição de descumprimento de preceito fundamental.

ADPF - LIMINAR - ANENCEFALIA - INTERRUPÇÃO DA GRAVIDEZ - GLOSA PENAL - PROCESSOS EM CURSO - SUSPENSÃO. Pendente de julgamento a arguição de descumprimento de preceito fundamental, processos criminais em curso, em face da interrupção da gravidez no caso de anencefalia, devem ficar suspensos até o crivo final do Supremo Tribunal Federal.

ADPF - LIMINAR - ANENCEFALIA - INTERRUPÇÃO DA GRAVIDEZ - GLOSA PENAL - AFASTAMENTO - MITIGAÇÃO. Na dicção da ilustrada maioria, entendimento em relação ao qual guardo reserva, não prevalece, em arguição de descumprimento de preceito fundamental, liminar no sentido de afastar a glosa penal relativamente àqueles que venham a participar da interrupção da gravidez no caso de anencefalia. (ADPF 54 QO, Rel. Min. Marco Aurélio, Tribunal Pleno, julgado em 27/04/2005).

(OAB/Exame Unificado – 2007.1 – 2ª fase) Um estado brasileiro editou, em 2003, uma lei que estabeleceu que as condenações judiciais inferiores a 60 salários mínimos seriam dispensadas da regra do precatório, devendo ser pagas imediatamente pelo respectivo ente federativo. O governador do referido estado propôs ação direta de inconstitucionalidade em face dessa lei, alegando que o art. 87 da ADCT estabelece o limite máximo de 40 salários mínimos, sendo, portanto, inconstitucional a referida lei estadual. O STF julgou improcedente a referida ação direta de inconstitucionalidade, ao entendimento de que o art. 87 da ADCT é norma de transição até que os entes federativos, em sua soberania, estabeleçam os limites estaduais. Ocorre que um outro estado da federação editou, também em 2003, uma lei fixando igualmente o limite máximo de 60 salários mínimos para que as condenações judiciárias fossem pagas imediatamente, dispensando a regra do precatório. João logrou-se vencedor em uma ação judicial, com decisão transitada em julgado, contra esse segundo estado, o qual foi condenado a pagar 50 salários mínimos de dano material. Mas o juiz da causa nega-se a determinar o pagamento do referido crédito com dispensa de precatório por entender que a lei é inconstitucional. Estabeleça as diferenças, no que se refere ao controle de constitucionalidade, entre a decisão proferida pelo STF e a proferida pelo juiz de primeiro grau, conforme relatado no texto.

RESOLUÇÃO DA QUESTÃO

O Brasil adota o sistema misto de constitucionalidade, vale dizer, convivem em nosso país o controle abstrato (ou concentrado) e o controle difuso (ou concreto). Dessa forma, qualquer juiz ou tribunal, ao analisar um caso concreto, pode verificar a compatibilidade de lei ou ato normativo diante da Constituição Federal (controle difuso). Ao mesmo tempo, nos limites da questão proposta, apenas ao STF cabe o controle concentrado (ou por via de ação) de lei ou ato normativo federal ou estadual diante da Constituição Federal.

Assim, a decisão proferida pelo juiz de primeiro grau corresponde ao exercício do controle difuso de constitucionalidade, pois a declaração de inconstitucionalidade não era o objeto principal da ação, mas sua *causa de pedir*. O pedido principal, como exposto, era o recebimento de quantia sem a submissão à regra do precatório. Todo aquele que vir seu direito subjetivo atingido por força de norma inconstitucional poderá ajuizar ação para que seus interesses sejam resguardados, afastando-se a aplicação da regra ou da interpretação inconstitucional no caso concreto.

Já a decisão do STF, proferida em ADIn, insere-se no controle por via principal, cuja competência para julgamento é apenas do STF se o parâmetro de validade for a Constituição Federal. Isso não significa que o STF não exerça, como qualquer outro juiz ou tribunal, o controle difuso, pois efetivamente o faz em recurso extraordinário, em recurso ordinário ou até mesmo em causas de sua competência originária (e.g., em mandado de segurança).

Entretanto, o julgamento de ações diretas pelo STF é exemplo de processo objetivo, sem partes processuais, cujo objetivo é a proteção do sistema constitucional e a manutenção de sua higidez. Nesses casos, o pedido de declaração de inconstitucionalidade é o objeto principal da ação, que nele se encerra, só podendo ser intentada pelos órgãos e entidades listados no art. 103 da CF.

Considerando as diferenças estruturais entre os sistemas difuso (por via incidental) e concentrado (por via de ação direta), a produção de efeitos é igualmente distinta.

No controle por via incidental, a produção de efeitos ocorre entre as partes que participaram do processo principal (*inter partes*), não prejudicando ou beneficiando terceiros (art. 472 do CPC) e, em relação a elas, a decisão tem efeitos *ex tunc*. É possível, porém, a edição de resolução do Senado Federal visando à suspensão dos efeitos contra todos (*erga omnes*), conforme previsão no art. 52, X, da CF. Contudo, a produção de efeitos em relação a terceiros, a partir da edição da Resolução do Senado, terá eficácia *ex nunc*. Além disso, a declaração de inconstitucionalidade, por não constar do dispositivo da sentença (mas de sua fundamentação), não faz coisa julgada (art. 469 do CPC).

No controle por via principal, a regra é a produção de efeitos a) *erga omnes* (porque decorre do exercício de *substituição processual*: os órgãos e entidades do art. 103 da CF atuam em nome próprio na defesa de interesses de toda a coletividade – a legitimação é extraordinária), b) vinculantes (por força do art. 102, § 2º, da CF e do art. 28, parágrafo único, da Lei 9.868/1999) e c) *ex tunc* (já que a declaração de inconstitucionalidade tem natureza meramente declaratória), embora seja possível a modulação de efeitos temporais, na forma do art. 27 da Lei 9.868/1999 (cuja aplicação o STF também tem admitido para o controle por via incidental). Aqui, por ser o pedido principal da ação, a declaração de inconstitucionalidade faz coisa julgada.

Comentários adicionais

Para melhor compreensão do sistema de controle de constitucionalidade, ler os arts. 480 e seguintes do CPC, a Lei 9.868/1999 e a Lei 9.882/1999. Ver também, Luís Roberto Barroso, **O controle de constitucionalidade no direito brasileiro**, 2008, Saraiva.

(OAB/Exame Unificado – 2006.3 – 2ª fase) Com o propósito de melhor adequar o questionamento de uma lei considerada inconstitucional, em vista dos mecanismos disponíveis para tal fim, disserte, de forma objetiva, sobre o sistema brasileiro de controle de constitucionalidade, abordando, de forma sintética e fundamentada, os seguintes aspectos:

- ✓ características do sistema adotado no Brasil;
- ✓ órgãos que realizam controle de constitucionalidade;
- ✓ forma ou modo de controle e seus respectivos efeitos.

RESOLUÇÃO DA QUESTÃO

O Brasil adota o sistema misto de constitucionalidade, vale dizer, convivem em nosso país o controle abstrato (ou concentrado) e o controle difuso (ou concreto). Dessa forma, qualquer juiz ou tribunal, ao analisar um caso concreto, pode verificar a compatibilidade de lei ou ato normativo diante da Constituição Federal (controle difuso). Ao mesmo tempo, apenas ao STF cabe o controle concentrado (ou abstrato ou por via de ação) de lei ou ato normativo federal ou estadual diante da Constituição Federal (e aos TJs locais o controle concentrado em face da Constituição estadual).

Sistematizando a matéria, quanto à natureza do órgão que o exerce, o controle de constitucionalidade pode ser *político* (exercido por órgãos fora do Poder Judiciário, ou seja, pelo Poder Executivo – *e.g.*, ao vetar projeto de lei por inconstitucionalidade –, ou pelo Legislativo – *e.g.*, ao não converter uma MP em lei por inconstitucionalidade ou ao sustar os atos do Executivo que exorbitem do poder de delegação legislativa, *ex vi* do art. 49, V, da CF) ou *judicial* (exercido por órgãos do Poder Judiciário).

Quanto ao momento de seu exercício será *preventivo* (realizado antes da promulgação da lei – controle do projeto de lei ou de proposta de emenda constitucional) ou *repressivo* (controle da lei ou do ato normativo, já após sua edição).

Quanto ao órgão judicial que o exerce, é *difuso* (por qualquer juiz ou tribunal – no último caso, observada a regra do art. 97 da CF) ou *concentrado* (no STF ou no TJ).

Quanto ao modo de sua realização, pode ser *por via incidental* (no âmbito de um processo subjetivo, com partes processuais, constituindo a declaração de inconstitucionalidade a causa de pedir da ação) ou por *via principal* (em que a declaração de inconstitucionalidade é o pedido principal da ação), também chamado de controle *por ação direta*.

São instrumentos de controle de constitucionalidade *por via principal*: a ação direta de inconstitucionalidade (art. 102, I, "a", da CF), a ação direta de inconstitucionalidade interventiva (art. 36, III, da CF), a ação direta de inconstitucionalidade por omissão (art. 103, § 2º, da CF), a ação declaratória de constitucionalidade (art. 102, I, "a", da CF) e a arguição de descumprimento de preceito fundamental (art. 102, § 1º, da CF).

Por fim, no controle por via incidental, a produção de efeitos ocorre entre as partes que participaram do processo principal (*inter partes*) e para elas tem efeitos *ex tunc*, podendo ser editada resolução do Senado Federal visando à suspensão dos efeitos contra todos (*erga omnes*), conforme previsão no art. 52, X, da CF. A produção de efeitos contra terceiros, a partir da edição da Resolução do Senado, tem eficácia *ex nunc*.

No controle por via principal, a regra é a produção de efeitos *erga omnes*, vinculantes (art. 102, § 2º, da CF) e *ex tunc*, embora seja possível a modulação de efeitos temporais, na forma do art. 27 da Lei 9.868/1999 (cuja aplicação o STF também tem admitido para o controle por via incidental).

Comentários adicionais

Para melhor compreensão do sistema de controle de constitucionalidade, ler os arts. 97, 102 e 103 da CF, os arts. 480 e seguintes do CPC, a Lei 9.868/1999 e a Lei 9.882/1999. Ver também, Luís Roberto Barroso, **O controle de constitucionalidade no direito brasileiro**, 2008, Saraiva.

(OAB/Exame Unificado – 2006.3 – 2ª fase) Deparando-se com decisões no Supremo Tribunal Federal que não admitiam ações diretas de inconstitucionalidade por falta de "pertinência temática", determinada associação de âmbito nacional solicitou parecer sucinto sobre o tema para melhor orientar a compreensão dos diretores a esse respeito.

Como advogado responsável pela referida orientação, explique, de forma objetiva e fundamentada, o que vem a ser "pertinência temática" em tais ações.

RESOLUÇÃO DA QUESTÃO

A legitimidade ativa para a propositura de ADIn encontra-se prevista no art. 103, I a IX, da CF.

O STF, em interpretação restritiva do dispositivo constitucional, entende que determinados legitimados ativos devem observar o requisito da *pertinência temática* para propor ADIn, exigência que não está prevista na Constituição nem na legislação infraconstitucional, mas encontra-se amplamente sedimentada na jurisprudência do STF.

Por pertinência temática deve-se entender a existência de uma relação direta entre a questão presente na lei ou no ato normativo a ser impugnado e os objetivos sociais da entidade demandante (ou entre a lei objeto de controle e as funções institucionais do legitimado ativo). Vale dizer, a noção é muito próxima do *interesse de agir* da Teoria Geral do Processo e faz surgir duas classes de legitimados ativos: os *universais* ou *neutros* e os *interessados* ou *especiais*.

De acordo com o STF, são legitimados *neutros* ou *universais* para a propositura de ADIn (= têm legitimidade ativa em qualquer hipótese, sem necessidade de demonstração de pertinência temática): o Presidente da República, as Mesas do Senado e da Câmara, o Procurador-Geral da República, o Conselho Federal da OAB e o partido político com representação no Congresso Nacional. São legitimados *interessados* ou *especiais*, ou seja, precisam demonstrar relação de pertinência temática entre o objeto da ADIn e sua esfera jurídica (ou a de seus filiados): o Governador de Estado, a Mesa de Assembleia Legislativa (ou da Câmara Legislativa do DF), bem como as confederações sindicais ou entidades de classe de âmbito nacional.

Comentários adicionais

Seguem precedentes do STF sobre o tema:

ESTATUTO DA ORDEM DOS ADVOGADOS DO BRASIL - OAB. ARTIGOS 1º, § 2º; 21, PARÁGRAFO ÚNICO; 22; 23; 24, § 3º; E 78 DA LEI N. 8.906/1994. INTERVENÇÃO COMO LITISCONSÓRCIO PASSIVO DE SUBSECÇÕES DA OAB: INADMISSIBILIDADE. PERTINÊNCIA TEMÁTICA. ARTIGOS 22, 23 E 78: NÃO CONHECIMENTO DA AÇÃO. ART. 1º, § 2º: AUSÊNCIA DE OFENSA À CONSTITUIÇÃO DA REPÚBLICA. ART. 21 E SEU PARÁGRAFO ÚNICO: INTERPRETAÇÃO CONFORME À CONSTITUIÇÃO. ART. 24, § 3º: OFENSA À LIBERDADE CONTRATUAL. AÇÃO DIRETA DE INCONSTITUCIONALIDADE PARCIALMENTE PROCEDENTE.

(...)

2. Ilegitimidade ativa da Confederação Nacional da Indústria - CNI, por ausência de pertinência temática, relativamente aos artigos 22, 23 e 78 da Lei n. 8.906/1994. Ausência de relação entre os objetivos institucionais da Autora e do conteúdo normativo dos dispositivos legais questionados.

(...)

6. Ação direta de inconstitucionalidade conhecida em parte e, nessa parte, julgada parcialmente procedente para dar interpretação conforme ao art. 21 e seu parágrafo único e declarar a inconstitucionalidade do § 3º do art. 24, todos da Lei n. 8.906/1994. (ADI 1194, Rel. p/ Acórdão: Min. Cármen Lúcia, Tribunal Pleno, julgado em 20/05/2009).

Agravo regimental em ação direta de inconstitucionalidade. Confederação dos Servidores Públicos do Brasil e Estatuto Nacional da Microempresa e da Empresa de Pequeno Porte. Ausência de pertinência temática. 1. Não há pertinência temática entre o objeto social da Confederação Nacional dos Servidores Públicos do Brasil, que se volta à defesa dos interesses dos servidores públicos civis, e os dispositivos impugnados, que versam sobre o regime de arrecadação denominado de "Simples Nacional". 2. Agravo regimental a que se nega provimento. (ADI 3906 AgR, Rel. Min. Menezes Direito, Tribunal Pleno, julgado em 07/08/2008).

(OAB/Exame Unificado – 2006.3 – 2ª fase) Suponha que você seja procurado por um cliente em dúvida sobre a melhor medida a ser tomada para solucionar determinada questão, e que ele lhe encaminhe pedido de esclarecimentos técnicos sobre as principais diferenças entre a ação direta de inconstitucionalidade e o mandado de injunção. Acerca desse tema, redija um texto dissertativo, abordando, de forma objetiva e fundamentada, os seguintes aspectos:

- ✓ natureza e finalidade de cada um desses instrumentos jurídicos;
- ✓ legitimidade ativa e passiva *ad causam*;
- ✓ competência;
- ✓ eficácia da decisão relativamente aos sujeitos por ela atingidos.

RESOLUÇÃO DA QUESTÃO

A inconstitucionalidade por omissão se verifica diante da inércia do Poder Público quando, por força da Constituição, deveria agir. Assim, a omissão inconstitucional pode ser atribuída a qualquer um dos três Poderes.

Especificamente no que toca à omissão do Poder Legislativo, a CF estabeleceu dois mecanismos para suprir o "silêncio do legislador": o mandado de injunção (art. 5º, LXXI, CF) e a ação de inconstitucionalidade por omissão (art. 103, § 2º, CF). Assim, ambos têm por objeto normas constitucionais de eficácia limitada, embora, no caso do mandado de injunção, a omissão deva dizer respeito àquelas que veiculem direitos ou prerrogativas inerentes à nacionalidade, à soberania e à cidadania.

Em breve síntese, o mandado de injunção é garantia individual que integra o conjunto dos "remédios constitucionais", pois visa tutelar *in concreto* os direitos subjetivos violados diante da falta de norma jurídica regulamentadora. É exemplo, portanto, de controle difuso de constitucionalidade.

Todo aquele que tiver sua esfera jurídica atingida pela omissão legislativa referente à nacionalidade, à soberania e à cidadania é legitimado ativo para a propositura de mandado de injunção. Ainda quanto à legitimidade ativa, o STF já admitiu a impetração de MI por entidades de classe ou sindicatos, em substituição processual de seus filiados (noção que corresponde a verdadeiro "mandado de injunção coletivo"), além de o Ministério Público ser também autorizado por lei a ajuizar a medida quando a hipótese versar sobre direitos difusos ou coletivos (art. 6º, VIII, da LC 75/93).

Por outro lado, embora com alguma discussão doutrinária a respeito, o STF pacificou o entendimento de que a legitimidade passiva no MI é da autoridade responsável pela edição do ato normativo faltante, aquela que se encontra omissa (e não da pessoa que deveria cumprir a prestação demandada pelo legitimado ativo, que está a depender da norma reguladora).

A competência para processar e julgar o mandado de injunção será determinada de acordo com a autoridade responsável pela edição da norma faltante. Assim, o MI será julgado pelo STF em exercício de competência originária na forma do art. 102, I, "q", da CF, ou de competência recursal, conforme previsto no art. 102, II, "a", da CF. Pode ser também julgado originariamente pelo STJ, nas hipóteses do art. 105, I, "h", da CF, ou pelos TREs de acordo com o art. 121, § 4º, V, da CF. Por ser instrumento do processo subjetivo, produz efeitos apenas entre as partes que participaram do processo.

Já a ação de inconstitucionalidade por omissão é instrumento de controle de constitucionalidade por via principal, em tese, cujo o maior objetivo é a tutela do próprio ordenamento jurídico sem que existam partes ou interessados. Seus legitimados são os mesmos da ação direta genérica (art. 103 da CF) e a ação dirige-se contra o órgão ou entidade responsável pela edição do ato normativo ausente.

A ADIn por omissão é julgada originariamente pelo STF, em controle concentrado de constitucionalidade (art. 102, I, "a", da CF) e produz efeitos contra todos e vinculantes (art. 102, § 2º, da CF).

Comentários adicionais

O enunciado refere-se de forma ampla à ação direta, que pode ser genérica, por omissão ou interventiva. Entretanto, a melhor resposta deveria contrapor a ADIn por omissão e o MI, já que são instrumentos destinados a suprir a omissão do legislador. Ademais, apesar de a grande discussão em matéria de omissão constitucional ser a produção de efeitos, a questão só cobra os efeitos *subjetivos* de ambas as ações.

Conforme lembra Luís Roberto Barroso, "a declaração de inconstitucionalidade por omissão dá-se no âmbito da própria ação direta de inconstitucionalidade. O constituinte procurou tratar a jurisdição constitucional abstrata como uma unidade, variando apenas o pedido, que poderá ser a declaração de inconstitucionalidade, de constitucionalidade ou de inconstitucionalidade por omissão". Daí porque a regra de competência (art. 102, I, "a", da CF), bem como a norma de produção de efeitos (art. 102, § 2º, da CF), serem as mesmas para as três ações.

Além da observação de cunho doutrinário, seguem precedentes do STF e do STJ sobre o tema:

MANDADO DE INJUNÇÃO COLETIVO: ADMISSIBILIDADE, POR APLICAÇÃO ANALÓGICA DO ART. 5º, LXX, DA CONSTITUIÇÃO; LEGITIMIDADE, NO CASO, ENTIDADE SINDICAL DE PEQUENAS E MEDIAS EMPRESAS, AS QUAIS, NOTORIAMENTE DEPENDENTES DO CRÉDITO BANCÁRIO, TEM INTERESSE COMUM NA EFICÁCIA DO ART. 192, PAR. 3º, DA CONSTITUIÇÃO, QUE FIXOU LIMITES AOS JUROS REAIS. (...) (MI 361, Relator(a): Min. NÉRI DA SILVEIRA, Relator(a) p/ Acórdão: Min. SEPÚLVEDA PERTENCE, TRIBUNAL PLENO, julgado em 08/04/1994, DJ 17-06-1994 PP-15707 EMENT VOL-01749-01 PP-00046)

MANDADO DE INJUNÇÃO. LEGITIMAÇÃO PARA REQUERÊ-LO. COMPETÊNCIA DO STJ. REGISTRO DE ENTIDADE SINDICAL. CONSTITUIÇÃO, ART. 8º, I - INSTRUÇÃO NORMATIVA N. 05, DE 15.02.90, DA ANTIGA MINISTRA DO TRABALHO, E INSTRUÇÃO NORMATIVA N. 9 DE 21-03-90, DO ATUAL MINISTRO DO TRABALHO E DA PREVIDÊNCIA SOCIAL. PRECEDENTES DO STJ SOBRE O ASSUNTO.

I- TEM LEGITIMIDADE PARA REQUERER MANDADO DE INJUNÇÃO O TITULAR DE DIREITO CONSTITUCIONAL QUE, EM RAZÃO DE OMISSÃO NORMATIVA, TENHA O SEU EXERCÍCIO INVIABILIZADO.

II- PARA REQUERER MANDADO DE INJUNÇÃO, NÃO É PRECISO QUE A PESSOA JURÍDICA TENHA SIDO CONSTITUÍDA HÁ PELO MENOS UM ANO, POIS O INCISO LXX DA CONSTITUIÇÃO REFERE-SE AO MANDADO DE SEGURANÇA COLETIVO E NÃO AO MANDADO DE INJUNÇÃO.

(...)

(MI 19/DF, Rel. Min. Antônio de Pádua Ribeiro, Corte Especial, julgado em 10/05/1990).

(OAB/Exame Unificado – 2006.2 – 2ª fase) O governador do Espírito Santo ingressou perante o Supremo Tribunal Federal (STF) com ação direta de inconstitucionalidade (ADI), impugnando a validade de uma lei estadual do Espírito Santo que atribuía ao Poder Legislativo iniciativa legislativa relativa a leis que aumentavam a remuneração dos servidores públicos ocupantes de cargos na administração estadual. No tocante a essa ADI, um professor de direito afirmou que (1) essa ação constitui instrumento de controle concreto de constitucionalidade, pois se trata do exame concreto da compatibilidade entre a lei impugnada e a Constituição da República; (2) o acórdão que viesse a decidir o referido processo somente teria efeitos *erga omnes* a partir do momento em que o Senado Federal suspendesse a vigência do dispositivo eventualmente declarado inconstitucional pelo STF; (3) a decisão do STF teria efeitos *ex nunc*, desde que três quintos dos ministros do STF não decidissem atribuir-lhe efeitos *ex tunc*. Em face da situação hipotética acima descrita, redija um texto dissertativo que avalie, quanto à correção, as três afirmações feitas pelo referido professor. Extensão máxima: 30 linhas.

RESOLUÇÃO DA QUESTÃO

O art. 61, § 1º, II, "a", da CF prescreve ser de iniciativa privativa do Presidente da República, a elaboração de leis que versem sobre criação de cargos ou sobre o aumento de sua remuneração. Por simetria, cabe ao Governador de Estado, Chefe do Poder Executivo Estadual, a edição de leis sobre a mesma matéria em seus limites territoriais.

Dessa forma, é materialmente inconstitucional a lei estadual que atribui a competência legislativa ao Poder Legislativo Estadual, por violação do art. 61, § 1º, II, "a", da CF, aplicável aos estados por simetria constitucional. Daí ser cabível a propositura de ação direta de inconstitucionalidade pelo governador do estado, já que a norma impugnada é estadual (art. 102, I, "a", da CF) o governador de estado é legitimado ativo (art. 103, V, da CF), presente está, portanto, a pertinência temática, além de o parâmetro do controle ser a Constituição Federal.

Entretanto, a ADIn traduz exercício de controle abstrato (não concreto) de constitucionalidade, pois não há um caso concreto a ser resolvido, destinando-se a ação direta exclusivamente à proteção da higidez constitucional, pois visa retirar do ordenamento a norma incompatível com a Constituição. Constitui processo objetivo, sem partes e sem direitos subjetivos a serem tutelados.

Ademais, a competência atribuída ao Senado Federal pelo art. 52, X, da CF, limita-se ao controle difuso ou incidental de constitucionalidade. No controle concentrado, a decisão do STF, por si só, produz efeitos contra todos (ou *erga omnes*) e vinculantes, por força do art. 102, § 2º, da CF, reproduzido no art. 28, parágrafo único, da Lei 9.868/1999.

Por fim, ao contrário do afirmado pelo professor, a eficácia temporal das ações diretas de inconstitucionalidade é, em regra, *ex tunc*. Excepcionalmente, porém, pode-se restringir os efeitos da declaração ou decidir que ela só tenha eficácia a partir de seu trânsito em julgado ou de outro momento que venha a ser fixado, na forma do art. 27 da Lei 9868/1999.

Comentários adicionais

Para melhor compreensão do processo e julgamento das ações diretas de inconstitucionalidade, ler com atenção a Lei 9.868/1999.

Na seleção de precedentes jurisprudenciais, indicamos o exame da ementa abaixo, proferida no julgamento da ADIn 1434:

E M E N T A: AÇÃO DIRETA DE INCONSTITUCIONALIDADE - CONSTITUIÇÃO DO ESTADO DE SÃO PAULO (ART. 101) - EQUIPARAÇÃO, EM VENCIMENTOS E VANTAGENS, ENTRE PROCURADORES DO ESTADO E PROCURADORES AUTÁRQUICOS - ALEGAÇÃO DE OFENSA À CONSTITUIÇÃO FEDERAL (ART. 37, XIII; ART. 39, § 1º E ART. 61, § 1º, II, C) - PLAUSIBILIDADE JURÍDICA - MEDIDA CAUTELAR DEFERIDA COM EFICÁCIA EX NUNC. INGRESSO DE SINDICATO COMO LITISCONSORTE PASSIVO NECESSÁRIO EM PROCESSO DE CONTROLE ABSTRATO DE CONSTITUCIONALIDADE - INADMISSIBILIDADE. - O controle abstrato de constitucionalidade somente pode ter como objeto de impugnação atos normativos emanados do Poder Público. Isso significa, ante a necessária estatalidade dos atos suscetíveis de fiscalização in abstracto, que a ação direta de inconstitucionalidade só pode ser ajuizada em face de órgãos ou instituições de natureza pública. Entidades meramente privadas, porque destituídas de qualquer coeficiente de estatalidade, não podem figurar como litisconsortes passivos necessários em sede de ação direta de inconstitucionalidade. Precedentes: ADIn 575-PI (AgRg), Rel. Min. CELSO DE MELLO; ADIn 1.254-RJ (AgRg), Rel. Min. CELSO DE MELLO. CONTROLE ABSTRATO DE CONSTITUCIONALIDADE - PROCESSO DE CARÁTER OBJETIVO - IMPOSSIBILIDADE DE DISCUSSÃO DE SITUAÇÕES INDIVIDUAIS E CONCRETAS. O controle normativo de constitucionalidade qualifica-se como típico processo de caráter objetivo, vocacionado exclusivamente à defesa, em tese, da harmonia do sistema constitucional. A instauração desse processo objetivo tem por função instrumental viabilizar o julgamento da validade abstrata do ato estatal em face da Constituição da República. O exame de relações jurídicas concretas e individuais constitui matéria juridicamente estranha ao domínio do processo de controle concentrado de constitucionalidade. A tutela jurisdicional de situações individuais, uma vez suscitada a controvérsia de índole constitucional, há de ser obtida na via do controle difuso de constitucionalidade, que, supondo a existência de um caso concreto, revela-se acessível a qualquer pessoa que disponha de interesse e legitimidade (CPC, art. 3º). (...)

CONSTITUIÇÃO ESTADUAL - MATÉRIA SUJEITA À INICIATIVA EXCLUSIVA DO GOVERNADOR DO ESTADO - REGIME JURÍDICO DOS SERVIDORES PÚBLICOS (VENCIMENTOS E VANTAGENS) - USURPAÇÃO DO PODER DE INICIATIVA - INADMISSIBILIDADE. - O modelo estruturador do processo legislativo, tal como delineado em seus aspectos fundamentais pela Constituição da República - inclusive no que se refere às hipóteses de iniciativa do processo de formação das leis - impõe-se, enquanto padrão normativo de compulsório atendimento, à incondicional observância dos Estados-Membros. Precedentes: RTJ 146/388 - RTJ 150/482. - A outorga de tratamento remuneratório isonômico em favor de reduzido segmento de servidores públicos vinculados ao Poder Executivo, além de não se revelar matéria própria de tratamento em sede constitucional, importa - quando determinada pelo legislador constituinte local - em indevida restrição ao princípio da iniciativa exclusiva do

Governador do Estado, com ofensa ao que prescreve o art. 61, § 1º, II, c, da Carta Federal. Precedentes. EFICÁCIA DA MEDIDA CAUTELAR DEFERIDA EM AÇÃO DIRETA DE INCONSTITUCIONALIDADE. - A medida cautelar, em ação direta de inconstitucionalidade, reveste-se, ordinariamente, de eficácia ex nunc, "operando, portanto, a partir do momento em que o Supremo Tribunal Federal a defere" (RTJ 124/80). Excepcionalmente, no entanto, a medida cautelar poderá projetar-se com eficácia *ex tunc*, com repercussão sobre situações pretéritas (RTJ 138/86). A excepcionalidade da eficácia *ex tunc* impõe que o Supremo Tribunal Federal expressamente a determine no acórdão concessivo da medida cautelar. A ausência de determinação expressa importa em outorga de eficácia *ex nunc* à suspensão cautelar de aplicabilidade da norma estatal impugnada em ação direta. Concedida a medida cautelar (que se reveste de caráter temporário), a eficácia *ex nunc* (regra geral) "tem seu início marcado pela publicação da ata da sessão de julgamento no Diário da Justiça da União, exceto em casos excepcionais a serem examinado pelo Presidente do Tribunal, de maneira a garantir a eficácia da decisão" (ADIn 711-AM (Questão de Ordem), Rel. Min. NÉRI DA SILVEIRA). - A declaração de inconstitucionalidade, no entanto, que se reveste de caráter definitivo, sempre retroage ao momento em que surgiu, no sistema de direito positivo, o ato estatal atingido pelo pronunciamento judicial (nulidade *ab initio*). É que atos inconstitucionais são nulos e desprovidos de qualquer carga de eficácia jurídica (RTJ 146/461). POSIÇÃO DO MINISTRO RELATOR: vencido, unicamente, no ponto em que, embora reconhecendo a inquestionável plausibilidade jurídica da tese exposta pelo Autor, entendeu não se configurar a situação de *periculum in mora* para o Estado de São Paulo. Inversão de riscos, que, considerada a gravíssima repercussão financeira da medida cautelar sobre a remuneração devida aos Procuradores Autárquicos, expõe estes servidores públicos a sérias consequências no plano de sua própria subsistência pessoal e familiar. Natureza alimentar do estipêndio funcional. Jurisprudência. (ADI 1434 MC, Relator(a): Min. CELSO DE MELLO, Tribunal Pleno, julgado em 20/08/1996, DJ 22-11-1996 PP-45684 EMENT VOL-01851-01 PP-00141)

(OAB/Exame Unificado – 2006.1 – 2ª fase) A anencefalia é uma má-formação congênita caracterizada pelo não desenvolvimento do encéfalo, que é uma parte vital do cérebro humano. Os fetos anencefálicos não desenvolvem atividade cerebral e têm parada cardiorrespiratória poucos minutos após o parto. Por considerar que exigir de uma mulher que espere, até o fim da gestação, o nascimento de um feto comprovadamente anencefálico fere o princípio da dignidade humana, um deputado federal apresentou projeto de lei autorizando a realização de aborto de anencéfalos a qualquer momento da gestação. Esse projeto recebeu parecer contrário da Comissão de Constituição e Justiça e de Cidadania (CCJC) da Câmara dos Deputados, sob os argumentos de que as regras propostas pelo deputado são incompatíveis com a previsão constitucional do direito à vida, que é o direito constitucional de maior hierarquia, e de que, portanto, a autorização do aborto de fetos anencefálicos somente poderia ser feita mediante emenda à própria Constituição da República. Considerando as informações e a situação hipotética apresentadas acima, redija um texto dissertativo analisando, de forma justificada, a constitucionalidade do projeto citado e avaliando, necessariamente, a consistência e a correção jurídica dos argumentos constantes no referido parecer da CCJC. Extensão máxima: 60 linhas.

RESOLUÇÃO DA QUESTÃO

A Constituição Federal garante o direito à vida em seu art. 5º, *caput*, mas não lhe confere caráter absoluto, haja vista que o inciso XLXII, "a", do mesmo artigo, permite a adoção de pena de morte nos casos de guerra declarada.

Além disso, o art. 22, I, da CF atribui à União a competência privativa para legislar sobre direito penal, o que foi atendido com a promulgação do Código Penal, que em seus arts. 124 e seguintes criminaliza a prática do aborto, qualificando-o como delito contra a vida.

Entretanto, o art. 128 do CP traz exceções à regra de incidência penal, não se justificando a criminalização da conduta nas hipóteses ali definidas.

Dessa forma, a aprovação de uma lei que autorize a antecipação terapêutica do parto nos casos de fetos anencefálicos sem que isso configure aborto, corresponderia, em última análise, à inclusão de mais uma hipótese no artigo 128 do Código Penal. Essa possibilidade é legitimada pela própria Constituição que, além de não prever o caráter absoluto do direito à vida, estabelecendo ela própria exceção à regra, conferiu à União a competência privativa para legislar sobre a matéria. Por isso, não seria necessária a aprovação de emenda à Constituição para tratar do tema, que pode ser veiculado por lei ordinária federal.

Assim, tendo sido o projeto de lei apresentado por deputado federal, e considerando que a matéria é compatível com o texto da Constituição, deve-se opinar por sua constitucionalidade.

Comentários adicionais

A questão da interrupção da gravidez nos casos de fetos comprovadamente anencefálicos foi levada ao Supremo Tribunal Federal por intermédio da ADPF 54, tendo recebido parecer favorável do Ministério Público. A matéria aguarda julgamento final. Segue ementa da questão de ordem suscitada:

ADPF - ADEQUAÇÃO - INTERRUPÇÃO DA GRAVIDEZ - FETO ANENCÉFALO - POLÍTICA JUDICIÁRIA - MACROPROCESSO. Tanto quanto possível, há de ser dada sequência a processo objetivo, chegando-se, de imediato, a pronunciamento do Supremo Tribunal Federal. Em jogo valores consagrados na Lei Fundamental - como o são os da dignidade da pessoa humana, da saúde, da liberdade e autonomia da manifestação da vontade e da legalidade -, considerados a interrupção da gravidez de feto anencéfalo e os enfoques diversificados sobre a configuração do crime de aborto, adequada surge a arguição de descumprimento de preceito fundamental. ADPF - LIMINAR - ANENCEFALIA - INTERRUPÇÃO DA GRAVIDEZ - GLOSA PENAL - PROCESSOS EM CURSO - SUSPENSÃO. Pendente de julgamento a arguição de descumprimento de preceito fundamental, processos criminais em curso, em face da interrupção da gravidez no caso de anencefalia, devem ficar suspensos até o crivo final do Supremo Tribunal Federal. ADPF - LIMINAR - ANENCEFALIA - INTERRUPÇÃO DA GRAVIDEZ - GLOSA PENAL - AFASTAMENTO - MITIGAÇÃO. Na dicção da ilustrada maioria, entendimento em relação ao qual guardo reserva, não prevalece, em arguição de descumprimento de preceito fundamental, liminar no sentido de afastar a glosa penal relativamente àqueles que venham a participar da interrupção da gravidez no caso de anencefalia. (ADPF 54-QO, Rel. Min. Marco Aurélio, Tribunal Pleno, julgado em 27/04/2005).

Além disso, encontra-se em tramitação na Câmara dos Deputados o Projeto de Lei 4.403/2004, que insere o inciso III ao art. 128 do Código Penal para permitir o aborto "quando há evidência clínica embasada em técnica de diagnóstico complementar de que o nascituro apresenta anencefalia e o aborto é precedido de consentimento da gestante." A matéria recebeu parecer favorável da Comissão de Seguridade Social e Família.

Por fim, sobre a ausência de caráter absoluto do direito à vida, importante transcrever notícia veiculada no Informativo STF/508 sobre o julgamento de improcedência da ADIn proposta contra a Lei de Biossegurança:

Em conclusão, o Tribunal, por maioria, julgou improcedente pedido formulado em ação direta de inconstitucionalidade proposta pelo Procurador-Geral da República contra o art. 5º da Lei Federal 11.105/2005 (Lei da Biossegurança), que permite, para fins de pesquisa e terapia, a utilização de células-tronco embrionárias obtidas de embriões humanos produzidos por fertilização *in vitro* e não usados no respectivo procedimento, e estabelece condições para essa utilização - v. Informativo 497. Prevaleceu o voto do Min. Carlos Britto, relator. Nos termos do seu voto, salientou, inicialmente, que o artigo impugnado seria um bem concatenado bloco normativo que, sob condições de incidência explícitas, cumulativas e razoáveis, contribuiria para o desenvolvimento de linhas de pesquisa científica das supostas propriedades terapêuticas de células extraídas de embrião humano *in vitro*. Esclareceu que as células-tronco embrionárias, pluripotentes, ou seja, capazes de originar todos os tecidos de um indivíduo adulto, constituiriam, por isso, tipologia celular que ofereceria melhores possibilidades de recuperação da saúde de pessoas físicas ou naturais em situações de anomalias ou graves incômodos genéticos. **Asseverou que as pessoas físicas ou naturais seriam apenas as que sobrevivem ao parto, dotadas do atributo a que o art. 2º do Código Civil denomina personalidade civil, assentando que a Constituição Federal, quando se refere à "dignidade da pessoa humana" (art. 1º, III), aos "direitos da pessoa humana" (art. 34, VII, b), ao "livre exercício dos direitos... individuais" (art. 85, III) e aos "direitos e garantias individuais" (art. 60, § 4º, IV), estaria falando de direitos e garantias do indivíduo-pessoa. Assim, numa primeira síntese, a Carta Magna não faria de todo e qualquer estádio da vida humana um autonomizado bem jurídico, mas da vida que já é própria de uma concreta pessoa, porque nativiva, e que a inviolabilidade de que trata seu art. 5º diria respeito exclusivamente a um indivíduo já personalizado.** (Grifo nosso)

5.4. FUNÇÕES ESSENCIAIS À JUSTIÇA

(OAB/Exame Unificado – 2009.2 – 2ª fase) O Ministério Público estadual ajuizou ação civil pública com o objetivo de garantir o fornecimento de medicamento pelo Estado a pessoa idosa que necessitava urgentemente de remédios indispensáveis à preservação de sua vida, tendo o juiz de 1º grau concedido liminar determinando o fornecimento imediato dos medicamentos. Em face dessa situação hipotética, na qualidade de procurador do estado convocado pelo procurador-geral do estado para se manifestar sobre a referida ação civil pública, discorra acerca da legitimidade do Ministério Público estadual para o ajuizamento da ação, apontando os dispositivos constitucionais e legais que se aplicam ao caso.

RESOLUÇÃO DA QUESTÃO

O art. 127 da CF determina que ao Ministério Público cabe a defesa da ordem jurídica, do regime democrático, dos interesses sociais e, no que importa à questão, dos interesses *individuais indisponíveis*. Interpretando o dispositivo em conjunto com o art. 129, II, da CF, conclui-se pela possibilidade de o MP propor ação civil pública para a defesa de direitos de uma única pessoa, desde que indisponível, como é o caso do direito à saúde (art. 196 da CF) e do direito à vida (art. 5º da CF).

O entendimento já foi consagrado pela jurisprudência do STF e do STJ, embora a jurisprudência do Superior Tribunal de Justiça faça expressa menção à autorização legal para que o MP possa tutelar direito individual indisponível em ação civil pública, como ocorre com o Estatuto da Criança e do Adolescente (art. 201, V, da Lei 8.069/1990) e com o Estatuto do Idoso (artigo 74, I, da Lei 10.741/2003).

Comentários adicionais

Mais uma vez, trata-se de questão inspirada em notícia do Informativo do STF (Inf. 548/2009):

O Ministério Público tem legitimidade para ajuizar ação civil pública objetivando o fornecimento de remédio pelo Estado. Com base nesse entendimento, a Turma proveu recurso extraordinário em que se questionava a obrigatoriedade de o Estado proporcionar a certa cidadã medicamentos indispensáveis à preservação de sua vida. No caso, tribunal local extinguira o processo sem julgamento de mérito, ante a mencionada ilegitimidade ativa *ad causam* do *parquet*, uma vez que se buscava, por meio da ação, proteção a direito individual, **no caso, de pessoa idosa** (Lei 8.842/94, art. 2º). Sustentava-se, na espécie, afronta aos artigos 127 e 129, II e III, da CF. Assentou-se que é função institucional do *parquet* zelar pelo efetivo respeito dos Poderes Públicos e dos serviços de relevância pública aos direitos assegurados na Constituição, promovendo medidas necessárias a sua garantia (CF, art. 129, II). RE 407902/RS, rel. Min. Marco Aurélio, 26.5.2009.

Segue a ementa do julgado em referência, lembrando-se que o caso tratava de interesse de pessoa idosa (apesar da ausência de referência na ementa):

LEGITIMIDADE - MINISTÉRIO PÚBLICO - AÇÃO CIVIL PÚBLICA - FORNECIMENTO DE REMÉDIO PELO ESTADO.

O Ministério Público é parte legítima para ingressar em juízo com ação civil pública visando a compelir o Estado a fornecer medicamento indispensável à saúde de pessoa individualizada. (RE 407902, Rel. Min. Marco Aurélio, Primeira Turma, julgado em 26/05/2009).

Para o Superior Tribunal de Justiça, o Ministério Público tem legitimidade para defender direito individual indisponível de pessoa determinada via ação civil pública, desde que haja autorização legal específica (no caso de idosos e de menores, por exemplo):

AÇÃO CIVIL PÚBLICA. MINISTÉRIO PÚBLICO. LEGITIMIDADE. ESTATUTO DO IDOSO. MEDICAMENTOS. FORNECIMENTO.

1. Prevaleceu na jurisprudência deste Tribunal o entendimento de que o Ministério Público tem legitimidade ativa *ad causam* para propor ação civil pública com o objetivo de proteger interesse individual de idoso, ante o disposto nos artigos 74, 15 e 79 do Estatuto do Idoso (Lei 10.741/03).
2. Precedentes de ambas as Turmas que compõem a Seção de Direito Público.
3. Recurso especial provido.

(REsp 955.911/MG, Rel. Min. Eliana Calmon, Segunda Turma, julgado em 21/03/2008).

AÇÃO CIVIL PÚBLICA. MINISTÉRIO PÚBLICO. LEGITIMIDADE. ESTATUTO DO IDOSO. MEDICAMENTOS. FORNECIMENTO.

1. Prevaleceu na jurisprudência deste Tribunal o entendimento de que o Ministério Público tem legitimidade ativa *ad causam* para propor ação civil pública com o objetivo de proteger interesse individual de menor carente, ante o disposto nos artigos 11, 201, V, e 208, VI e VII, da Lei 8.069, de 13.07.90 (Estatuto da Criança e do Adolescente). Mudança de entendimento da Turma acerca da matéria (REsp 688.052/RS, Rel. Min. Humberto Martins, DJU de 17.08.06).
2. Essa orientação estende-se às hipóteses de aplicação do Estatuto do Idoso (artigos 74, 15 e 79 da Lei 10.741/03).
3. Recurso especial provido.

(REsp 855.739/RS, Rel. Min. Castro Meira, Segunda Turma, julgado em 21/09/2006).

Seguem os artigos do Estatuto da Criança e do Adolescente e do Estatuto do Idoso:

Art. 201. Compete ao Ministério Público:

(...)

V - promover o inquérito civil e a ação civil pública para a proteção dos interesses individuais, difusos ou coletivos relativos à infância e à adolescência, inclusive os definidos no art. 220, § 3º, inciso II, da Constituição Federal.

Art. 74. Compete ao Ministério Público:

I – instaurar o inquérito civil e a ação civil pública para a proteção dos direitos e interesses difusos ou coletivos, individuais indisponíveis e individuais homogêneos do idoso.

(OAB/Exame Unificado – 2007.2 – 2ª fase) O presidente da República apresentou projeto de lei ordinária que altera a organização do Ministério Público da União. Diante dessa situação hipotética, responda: há alguma inconstitucionalidade nesse projeto de lei? Fundamente sua resposta.

RESOLUÇÃO DA QUESTÃO

A matéria *organização do Ministério Público da União* é de iniciativa concorrente do Presidente da República (art. 61, § 1º, I, "d", da CF) e do Chefe do Ministério Público da União (art. 128, § 5º, da CF) que, no caso, é o Procurador-Geral da República (art. 128, § 1º, da CF). O art. 128, § 5º, da CF, apenas *faculta* a iniciativa aos chefes do Ministério Público, não sendo o caso de competência privativa.

Por ser matéria de iniciativa do Chefe do Poder Executivo Federal ou do Chefe do Ministério Público da União (devendo a norma ser reproduzida pelos estados, diante do princípio da simetria), a doutrina chama a hipótese de "iniciativa compartilhada".

Contudo, apesar da ausência de vício de iniciativa, o projeto padece de inconstitucionalidade formal, pois a matéria é reservada à disciplina por lei complementar, conforme texto expresso do art. 128, § 5º, da CF, não podendo ser veiculada por lei ordinária.

(OAB/Exame Unificado – 2006.1 – 2ª fase) A Assembleia Legislativa do Estado do Espírito Santo promulgou emenda à Constituição Estadual determinando a criação de uma Procuradoria da Assembleia Legislativa, Órgão do Poder Legislativo competente para representar judicialmente os interesses da Assembleia, ativa ou passivamente, nos processos referentes ao Poder Legislativo estadual. O governador do Espírito Santo, assessorado pela Procuradoria do Estado, decidiu impugnar judicialmente a referida emenda, por considerá-la incompatível com a Constituição Federal, mediante ajuizamento de ação direta de inconstitucionalidade perante o Supremo Tribunal Federal (STF). Considerando a situação hipotética acima descrita, redija um texto dissertativo avaliando a constitucionalidade da referida emenda e a possibilidade de o mencionado governador do ES impugná-la perante o STF mediante ação direta de inconstitucionalidade. Extensão máxima: 60 linhas.

RESOLUÇÃO DA QUESTÃO

De acordo com a norma do art. 131 da CF, a Advocacia-Geral da União representa a União, judicial e extrajudicialmente, cabendo-lhe, ainda, as atividades de consultoria e assessoramento do Poder Executivo. Por União entende-se a pessoa jurídica de direito público integrante do Estado Federal Brasileiro, que abrange os Poderes Executivo, Legislativo e Judiciário.

Assim, cabe à AGU a representação judicial e extrajudicial dos três Poderes da República e a consultoria e assessoramento do Poder Executivo. A parte final do art. 131 da CF permite, apenas, que as atividades de consultoria e assessoramento dos Poderes Legislativo e Judiciário sejam feitas por órgãos alheios à estrutura da AGU.

Aplicando a regra constitucional aos estados, por simetria, tem-se que cabe à Procuradoria--Geral estadual a representação judicial e extrajudicial dos três poderes do estado-membro, conforme o texto expresso no texto do art. 132 da CF.

Dessa forma, não é lícita a criação de procuradoria própria pela Assembleia Legislativa Estadual (Poder Legislativo do Estado) para representá-la judicialmente. Esse poder, conforme determinação da CF, foi atribuído à PGE que, por simetria, representa os Poderes Executivo, Legislativo e Judiciário estaduais.

Por isso, seria cabível a propositura de Ação Direta de Inconstitucionalidade pelo Governador do Estado para impugnar, no STF, a emenda à constituição de seu estado, já que tem legitimidade ativa para tanto (art. 103, V, da CF). Em acréscimo, apesar de o governador de estado não ser legitimado universal para a propositura de ADIn, encontra-se atendido o requisito da pertinência temática, pois existe relação direta entre a norma impugnada (Emenda à Constituição do Espírito Santo) e a função institucional do requerente (Governador do Estado do Espírito Santo).

Ademais, sendo o parâmetro de controle a Constituição Federal, a competência para apreciar o feito é do Supremo Tribunal Federal (art. 102, I, "a", da CF).

Comentários adicionais

Em dezembro de 2009 o STF, ao julgar a Rcl 8025/SP, Rel. Min. Eros Grau (pendente de publicação) afirmou, por maioria, a ilegitimidade da representação judicial do Tribunal Regional Federal da 3ª Região por advogado privado, constituído pelo Presidente do Tribunal Regional Federal da 3ª Região, pois a representação judicial do Poder Judiciário é função institucional da Advocacia Geral da União, desconsiderando a sustentação oral realizada.

6. TRIBUTAÇÃO E ORÇAMENTO

(OAB/Exame Unificado – 2012.2 – 2ª fase) Em 2010 foi aprovada emenda à Constituição do Estado "X", acrescentando dispositivo que permite que o Governador do Estado edite medida provisória, com força de lei, com eficácia imediata, devendo ser convertida em até 30 dias. Com base neste dispositivo, em 15 de dezembro de 2011, o Governador do Estado editou medida provisória majorando as alíquotas mínima e máxima do Imposto sobre Transmissão "Causa Mortis" e Doação de Quaisquer Bens ou Direitos – ITCMD, visando à cobrança do imposto com as novas alíquotas em 2012. Não tendo sido apreciada nos primeiros vinte dias de vigência, a medida provisória entrou em regime de urgência, e foi finalmente aprovada pela Assembleia Legislativa.

A partir da hipótese apresentada, responda justificadamente aos questionamentos a seguir, empregando os argumentos jurídicos apropriados e apresentando a fundamentação legal pertinente ao caso.

A) O dispositivo da Constituição do Estado X que confere ao Governador competência para editar medida provisória viola a Constituição da República? (Valor: 0,40)

B) A alteração das alíquotas pela medida provisória editada pelo Governador é constitucional? (Valor: 0,40)

C) As novas alíquotas podem ser cobradas em 2012? (Valor: 0,45)

RESOLUÇÃO DA QUESTÃO

A) Não. Os Estados, no exercício da capacidade de auto-organização (art. 25, *caput*, CRFB), decorrente da autonomia constitucional, podem autorizar os Governadores a editar medida provisória. Trata-se de uma faculdade conferida aos Estados e não de uma obrigação decorrente do princípio da simetria. A Constituição da República, ao proibir que os Estados regulem a exploração e a concessão dos serviços locais de gás canalizado "por medida provisória" (art. 25, § 2º, CRFB), permite, *contrario sensu*, a edição de medida provisória para regular outras matérias.

B) Sim. A alteração da alíquota mínima é constitucional. Já a alteração da alíquota máxima é de competência do Senado, de modo que a sua alteração por medida provisória estadual gera inconstitucionalidade formal parcial.

C) Não. Embora os Estados possam autorizar a edição de medida provisória pelo Governador, devem, por outro lado, observar a regulação deste ato normativo em âmbito federal, o que inclui a observância do princípio da anterioridade em matéria tributária, de modo que uma medida provisória que implique a instituição ou a majoração de impostos só produzirá efeitos no exercício financeiro seguinte, se houver sido convertida em lei até o último dia do ano em que foi editada.

Distribuição dos Pontos

Quesito Avaliado	Valores
A) Não. Autonomia ou auto-organização (0,30) conforme art. 25, § 2º. (0,10) OBS.: A mera indicação do artigo não pontua.	0,00/0,30/0,40
B) Alíquota mínima: sim. (0,20)	0,00/0,20
Alíquota máxima: não, conforme art. 155, § 1º, IV. (0,20)	0,00/0,20
C) Não. Observar a regulação do art. 62, § 2º OU observar o princípio da anterioridade (0,45)	0,00/0,45

(OAB/Exame Unificado – 2008.1 – 2ª fase) Determinado município brasileiro editou lei instituindo taxa de limpeza urbana que visa à prestação de serviços de capinação de vias e logradouros públicos, limpeza de praias e outros. Na situação hipotética apresentada, a instituição do tributo está de acordo com o que prevê a Constituição Federal sobre o tema? Justifique sua resposta.

RESOLUÇÃO DA QUESTÃO

Conforme o texto expresso do art. 145, II, da CF, as taxas podem ser instituídas em razão da utilização, efetiva ou potencial, de serviços públicos específicos e divisíveis (*uti singuli*). Assim, é possível a cobrança de taxa quando puder ser identificado o *quantum* do serviço usufruído por cada pessoa.

No caso das taxas de limpeza pública, o STF tem pacífica jurisprudência a respeito de sua inconstitucionalidade, pois o serviço de limpeza tem caráter universal e indivisível, sendo oferecido a toda coletividade indistintamente (*uti universi*), o que impossibilita a cobrança contraprestacional.

Comentários adicionais

É preciso observar a diferença entre as "taxas de lixo", as "taxas de limpeza pública" e as "taxas de coleta de lixo e limpeza pública".

Conforme noticiado no Informativo STF 531/2008: a jurisprudência do STF pacificou-se no sentido de que **as taxas cobradas em razão exclusivamente dos serviços públicos de coleta, remoção e tratamento ou destinação de lixo ou resíduos provenientes de imóveis são constitucionais**, ao passo que **é inconstitucional a cobrança de valores tidos como taxa em razão de serviços de conservação e limpeza de logradouros e bens públicos.** Citou-se, ademais, a orientação fixada no sentido de que a taxa que, na apuração do montante devido, adote um ou mais dos elementos que compõem a base de cálculo própria de determinado imposto, desde que não se verifique identidade integral entre uma base e a outra, não ofende o § 2º do art. 145 da CF. (RE 576321-QO/SP, Rel. Min. Ricardo Lewandowski).

Sobre a taxa de coleta de lixo e limpeza pública:

CONSTITUCIONAL. TRIBUTÁRIO. IPTU DO MUNICÍPIO DO RIO DE JANEIRO. PROGRESSIVIDADE ANTERIOR À EC 29/2000. TAXA DE COLETA DE LIXO E LIMPEZA PÚBLICA - TCLLP. EFEITOS DA DECLARAÇÃO DE INCONSTITUCIONALIDADE NO CONTROLE DIFUSO. MULTA.

I – (...)

II - É ilegítima a cobrança da **Taxa de Coleta de Lixo e Limpeza Pública - TCLLP, porquanto não está vinculada apenas à coleta de lixo domiciliar, mas também a serviço de caráter universal e indivisível, como a limpeza de logradouros públicos.**

(...)

V - Agravo não provido. (RE 362578 AgR, Rel. Min. Ricardo Lewandowski, Primeira Turma, julgado em 27/05/2008).

EMENTA: AGRAVO REGIMENTAL EM AGRAVO DE INSTRUMENTO. COBRANÇA. TAXA. CARÁTER UNIVERSAL E INDIVISÍVEL. IMPOSSIBILIDADE. PRECEDENTE.

É inviável a cobrança de taxa quando vinculada não somente a serviço público de natureza específica e divisível, como a coleta de lixo domiciliar, mas também a prestações de caráter universal e indivisível como a limpeza de logradouros públicos, varrição de vias públicas, limpeza de bueiros, de bocas de lobo e das galerias de águas pluviais, capina periódica e outros. Agravo regimental a que se nega provimento.

(AI 497488-AgR, Rel. Min. Eros Grau, Primeira Turma, julgado em 16/12/2004).

Observe-se, ainda, o teor da Súmula Vinculante 19/STF: "A taxa cobrada exclusivamente em razão dos serviços públicos de coleta, remoção e tratamento ou destinação de lixo ou resíduos provenientes de imóveis, não viola o artigo 145, II, da Constituição Federal".

Por fim, relembremos o disposto nos arts. 77 e 79 do CTN:

Art. 77. As taxas cobradas pela União, pelos Estados, pelo Distrito Federal ou pelos Municípios, no âmbito de suas respectivas atribuições, têm como fato gerador o exercício regular do poder de polícia, ou a utilização, efetiva ou potencial, de serviço público específico e divisível, prestado ao contribuinte ou posto à sua disposição.

Art. 79. Os serviços públicos a que se refere o artigo 77 consideram-se:

I - utilizados pelo contribuinte:

a) efetivamente, quando por ele usufruídos a qualquer título;

b) potencialmente, quando, sendo de utilização compulsória, sejam postos à sua disposição mediante atividade administrativa em efetivo funcionamento;

II - específicos, quando possam ser destacados em unidades autônomas de intervenção, de unidade, ou de necessidades públicas;

III - divisíveis, quando suscetíveis de utilização, separadamente, por parte de cada um dos seus usuários.

7. DIREITOS POLÍTICOS

(OAB/Exame Unificado – 2011.3 – 2ª fase) Marco Antônio, titular, desde 2006, de mandato de Senador pelo Estado X, pretende se reeleger, em 2014, para o Senado, mas dessa vez como Senador pelo Estado Y, governado pela sua esposa, Maria, eleita em 2010 e que pretende a reeleição em 2014. Como Marco Antonio irá concorrer, em 2014, ao cargo de Senador pelo Estado Y, Paulo, filho de Marco Antonio e Maria, decidiu que naquele ano irá se candidatar ao cargo de Senador pelo Estado X.

Diante desse quadro, responda:

a) Pode Marco Antonio se candidatar ao cargo de Senado pelo Estado Y, em 2014? (Valor: 0,75)

b) Pode Paulo se candidatar ao cargo de Senador pelo Estado X, em 2014? (Valor: 0,5)

RESOLUÇÃO DA QUESTÃO

a) Não, pois há impedimento em razão de parentesco. Marco Antonio se lançaria candidato a Senador pelo Estado em que sua esposa é Governadora. Neste caso, não ocorre a exceção da parte final do art. 14, par. 7, porque Marco Antonio não é "titular do cargo de Senador pelo Estado Y".

b) Sim, porque o impedimento previsto no art. 14, par. 7, limita-se aos parentes dos chefes do Poder Executivo (Prefeito,Governador e Presidente).

Distribuição dos Pontos

Item a	Pontuação
Não. Inelegibilidade relativa (0,5) - art. 14, § 7º (0,25). Obs.: *A mera resposta "não" não é pontuada.*	0 / 0,25 / 0,5 / 0,75
Item b	
Sim. A inelegibilidade se aplica apenas a parentes do Poder Executivo (0,5). Obs.: *A mera resposta "sim" não é pontuada.*	0 / 0,5

8. AÇÃO POPULAR

(OAB/Exame Unificado – 2012.1 – 2ª fase) Erasmo, cidadão residente e eleitor do Estado "A", viveu sua infância no Estado "B", pelo qual possui grande apreço. Por entender que certo Deputado Federal, no exercício de sua função, e no âmbito territorial do Estado "B", praticou ato lesivo ao patrimônio público do ente ao qual está vinculado, Erasmo propôs ação popular em vara federal da seção judiciária de "B". O Deputado Federal, em sua contestação, alega a incompetência do juízo de 1º grau, com o fundamento de que possui foro privilegiado, e a ilegitimidade ativa de Erasmo.

Responda aos questionamentos a seguir, empregando os argumentos jurídicos apropriados e apresentando a fundamentação legal pertinente ao caso.

a) Qual o órgão competente para conhecer a ação popular ajuizada em face do Deputado Federal? (valor: 0,65)

b) Segundo a jurisprudência dos tribunais superiores, Erasmo teria legitimidade ativa para ajuizar a ação popular na seção judiciária de "Z"? (valor: 0,60)

RESOLUÇÃO DA QUESTÃO

A) A ação foi proposta no órgão competente, ou seja, em órgão de 1º grau da Justiça Federal, em virtude do disposto no art. 5º da Lei n. 4.717/65 e no art. 102 da Constituição da República (CRFB). O Supremo Tribunal Federal (STF) já decidiu reiteradamente que o rol de competências originárias fixadas na CR (art. 102) é taxativo, e que a prerrogativa de foro, unicamente invocável em procedimentos de caráter penal, não se estende às causas de natureza civil (ex: Pet 3152 AgR/PA e 1738 AgR/MG). Logo, não são de sua competência originária as ações populares, ainda que o réu seja autoridade que tenha foro por prerrogativa de função no STF.

B) A resposta deve ser positiva. Conforme jurisprudência do Superior Tribunal de Justiça (STJ), – vide REsp 1242800/MS (julgamento em 14/06/2011) – o fato de o cidadão ser eleitor em Município diverso daquele onde ocorreram as irregularidades não o impede de ajuizar ação popular, o que poderá ser feito em qualquer seção judiciária ("A", "B", "D", "Z"). Afinal, a legitimidade ativa da ação é deferida ao cidadão. A condição de eleitor configura meio de prova documental da cidadania.

Distribuição dos Pontos

Quesito Avaliado	Faixa de valores
A1. Órgão de 1º grau da Justiça Federal (0,20), em virtude de o rol de competências originárias fixadas no artigo 102 da CRFB ser taxativo / a prerrogativa de foro, unicamente invocável em procedimentos de caráter penal, não se estende às causas de natureza civil (0,25).	0,00/0,20/0,25/0,45
A2. Aplicação do artigo 5º da Lei n. 4.717/65 (0,20)	0,00/0,20
B. Sim. O fato de o cidadão ser eleitor em município diverso daquele em que ocorreram as irregularidades não o impede de ajuizar ação popular, pois a legitimidade ativa da ação é deferida ao "cidadão", sendo a condição de eleitor mero meio de prova da cidadania.	0,00 / 0,60

9. *HABEAS DATA*

(OAB/Exame Unificado – 2012.3 – 2ª fase) José, em um evento de confraternização na empresa em que trabalha, ouviu de Roberto, alterado pela ingestão de bebida alcoólica, que este detinha um cargo em comissão no Tribunal de Contas da União, ao qual nunca comparecera, exceto para a retirada do contracheque, ao final de cada mês.

José se dirige, no dia seguinte, ao Tribunal de Contas da União e solicita cópia dos assentamentos funcionais relativos a Roberto, a fim de instruir uma ação judicial.

O pedido administrativo foi dirigido ao Ministro Presidente daquela Corte de Contas, que resolveu negá-lo. Consternado, José impetrou Habeas Data em face do Presidente do Tribunal de Contas da União.

Considerando a situação acima descrita, responda justificadamente aos itens a seguir.

a) Qual o Juízo ou Tribunal competente para julgamento do Habeas Data impetrado por José? (Valor: 0,40)

b) O dispositivo de lei que exige, para impetração do Habeas Data, demonstração da recusa ao acesso às informações, à luz do princípio da inafastabilidade de jurisdição, é constitucional? (Valor: 0,40)

c) A pretensão de José, nesse caso, pode ser veiculada por Habeas Data? (Valor: 0,45)

RESOLUÇÃO DA QUESTÃO

A questão trata do *Habeas Data*, remédio constitucional destinado a assegurar o conhecimento de informações relativas à pessoa do impetrante, constantes de registros ou bancos de dados de entidades governamentais ou de caráter público, nos termos do Art. 5º, LXXII, da Constituição da República.

A) O examinando deve destacar a competência do Supremo Tribunal Federal, conforme previsão expressa do Art. 102, I, "d" da Constituição da República.

B) A prova do anterior indeferimento do pedido de informação de dados pessoais, ou da omissão em atendê-lo, constitui requisito indispensável para que se concretize o interesse de agir no Habeas Data. Sem que se configure situação prévia de pretensão resistida, há carência da ação constitucional do Habeas Data. Esse é o entendimento de longa data consagrado pelo Supremo Tribunal Federal (RHD 22, Rel. p/ o ac. Min. Celso de Mello, julgamento em 19-9-1991, Plenário, DJ de 1º-9-1995) e pelo Superior Tribunal de Justiça (Súmula 2). Esse entendimento restou positivado no Art. 8º, § único, da Lei n. 9.507/1997 e vem sendo reafirmado, sempre, pelo STF. (Nesse sentido: HD 87-AgR, Rel. Min. Carmen Lúcia, julgamento em 25-11-2009, Plenário, DJE de 5-2-2010).

C. A pretensão de José não é amparada por *Habeas Data*, pois o remédio não se presta para solicitar informações relativas a terceiros, nos termos da alínea "a" do inciso LXXII, do Art. 5º, da CRFB. Sua impetração deve ter por objetivo "assegurar o conhecimento de informações relativas à pessoa do impetrante." (Nesse sentido, ainda, jurisprudência STF: HD 87-AgR, Rel. Min. Carmen Lúcia, julgamento em 25-11-2009, Plenário, DJE de 5-2-2010).

Distribuição dos Pontos

Quesito Avaliado	Valores
A) O STF, na forma do Art. 102, I, "d" da CRFB	0,0/0,40
B) Sim. O requisito configura concretização do interesse de agir para a propositura de uma demanda (0,20), conforme jurisprudência do Supremo Tribunal Federal (0,20).	0,0/0,20/0,40
C) Não. Previsão do Art. 5º, LXXII, "a", da Constituição Federal de que o remédio se destina a assegurar o conhecimento de informações do próprio impetrante (0,45).	0,0/0,45

10. SEGURIDADE SOCIAL

(OAB/Exame Unificado – 2012.2 – 2ª fase) Caio e Tício, servidores públicos federais, foram surpreendidos com o advento de uma Emenda Constitucional que alterou o sistema previdenciário dos servidores, aumentando a idade mínima para aposentadoria e a forma de cálculo dos proventos

Caio já havia completado todos os requisitos para a aposentadoria (idade e tempo de contribuição), mas optou por permanecer em atividade. Tício ainda não havia preenchido todos os requisitos: apesar de já possuir a idade mínima, faltava-lhe um ano de contribuição.

Pergunta-se:

A) as novas normas são aplicáveis a Caio e Tício, no que diz respeito à idade para aposentadoria e à forma de cálculo dos proventos? (0,80)

B) Alguns anos depois, já aposentados, Caio e Tício recebem a notícia de que foi editada lei federal que, majorando seus proventos de aposentadoria, modificou a sua forma de composição. É válida a lei que altera a composição da remuneração dos aposentados, quanto ao seu valor e a fórmula de cálculo? (0,45)

RESOLUÇÃO DA QUESTÃO

A) Em relação a Caio, as novas normas não lhe são aplicáveis, pois, no momento em que preencheu os requisitos, adquiriu direito à aposentadoria pelas normas então vigentes. E uma Emenda Constitucional não pode ferir direito adquirido (cláusula pétrea).

Em relação a Tício, as novas normas são aplicáveis, pois o servidor possuía apenas expectativa de direito à aposentadoria com as regras anteriores. É possível que a Emenda Constitucional traga regra de transição para abarcar aqueles que já eram servidores ao tempo de sua edição, mas, caso não exista essa regra (ou caso o servidor não se enquadre nessa regra), a nova sistemática da aposentadoria é imediatamente aplicável.

B) O examinando deve indicar que é possível a alteração, pois não existe direito adquirido a regime jurídico no que diz respeito à forma de composição dos vencimentos. Deve-se respeitar a irredutibilidade dos proventos, mas não a forma de cálculo do benefício.

Distribuição dos Pontos

Quesito Avaliado	Valores
A) Em relação a Caio, as novas normas não lhe são aplicáveis, pois, no momento em que preencheu os requisitos, adquiriu direito à aposentadoria pelas normas então vigentes (0,40) Em relação a Tício, as novas normas são aplicáveis, pois possuía apenas expectativa de direito à aposentadoria com as regras anteriores (0,40).	0,00/0,40/0,80
B) Sim, a lei é válida, desde que respeitada a irredutibilidade dos proventos, uma vez que não existe direito adquirido a regime jurídico em relação a composição de vencimentos (0,45)	0,00/0,45

11. DISPOSIÇÕES CONSTITUCIONAIS GERAIS

(OAB/Exame Unificado – 2009.2 – 2ª fase) Em investigação da Polícia Federal, ficou comprovado que a fazenda de João era usada para cultivo ilegal de planta psicotrópica. Ao descobrir que aguardaria o julgamento da ação penal em liberdade, João ficou relativamente tranquilo, pois, verificando que somente 10% da área de sua propriedade era usada para tal fim, concluiu que não sofreria perda significativa de sua terra quando da expropriação. Além disso, o fazendeiro estava convicto de que a Polícia Federal agia fora de suas atribuições, por acreditar que o cultivo da planta em sua fazenda não feria interesses da União. Pretendendo obter esclarecimentos acerca do ocorrido, João procurou os serviços de profissional da advocacia. Em face dessa situação hipotética, na condição de advogado(a) consultado(a) por João, que explicações você lhe daria? Em sua resposta, aborde os dispositivos constitucionais pertinentes ao caso.

RESOLUÇÃO DA QUESTÃO

A desapropriação confiscatória encontra-se prevista no art. 243 da CF. Ao interpretar o dispositivo, o Supremo Tribunal Federal entendeu que "glebas" correspondem à totalidade da propriedade em que realizado o cultivo de plantas psicotrópicas, e não apenas à área específica em que a plantação é encontrada. Dessa forma, toda a propriedade de João deverá ser expropriada, e não apenas o limite de 10% onde se deu o plantio ilegal.

Pelo fato de a desapropriação confiscatória ser da competência privativa da União, cabe à Polícia Federal a investigação, com fundamento no art. 144, § 1º, I, da CF. Ademais, o art. 144, § 1º, II, da CF estabelece a atribuição da Polícia Federal para reprimir o tráfico ilícito de entorpecentes e drogas afins.

Comentários adicionais

Segue o precedente em que o STF interpretou o disposto no art. 243 da CF, firmando o conceito de "glebas":

RECURSO EXTRAORDINÁRIO. CONSTITUCIONAL. EXPROPRIAÇÃO. GLEBAS. CULTURAS ILEGAIS. PLANTAS PSICOTRÓPICAS. ARTIGO 243 DA CONSTITUIÇÃO DO BRASIL. INTERPRETAÇÃO DO DIREITO. LINGUAGEM DO DIREITO. LINGUAGEM JURÍDICA. ARTIGO 5º, LIV DA CONSTITUIÇÃO DO BRASIL. O CHAMADO PRINCÍPIO DA PROPORCIONALIDADE.

1. Gleba, no artigo 243 da Constituição do Brasil, só pode ser entendida como a propriedade na qual sejam localizadas culturas ilegais de plantas psicotrópicas. O preceito não refere áreas em que sejam cultivadas plantas psicotrópicas, mas as glebas, no seu todo.
2. A gleba expropriada será destinada ao assentamento de colonos, para o cultivo de produtos alimentícios e medicamentosos.

3. A linguagem jurídica corresponde à linguagem natural, de modo que é nesta, linguagem natural, que se há de buscar o significado das palavras e expressões que se compõem naquela. Cada vocábulo nela assume significado no contexto no qual inserido. O sentido de cada palavra há de ser discernido em cada caso. No seu contexto e em face das circunstâncias do caso. Não se pode atribuir à palavra qualquer sentido distinto do que ela tem em estado de dicionário, ainda que não baste a consulta aos dicionários, ignorando-se o contexto no qual ela é usada, para que esse sentido seja em cada caso discernido. A interpretação/aplicação do direito se faz não apenas a partir de elementos colhidos do texto normativo [mundo do dever-ser], mas também a partir de elementos do caso ao qual será ela aplicada, isto é, a partir de dados da realidade [mundo do ser].
4. O direito, qual ensinou CARLOS MAXIMILIANO, deve ser interpretado “inteligentemente, não de modo que a ordem legal envolva um absurdo, prescreva inconveniências, vá ter a conclusões inconsistentes ou impossíveis”.
5. O entendimento sufragado no acórdão recorrido não pode ser acolhido, conduzindo ao absurdo de expropriar-se 150 m2 de terra rural para nesses mesmos 150 m2 assentar-se colonos, tendo em vista o cultivo de produtos alimentícios e medicamentosos.
6. Não violação do preceito veiculado pelo artigo 5º, LIV da Constituição do Brasil e do chamado “princípio” da proporcionalidade. Ausência de “desvio de poder legislativo” Recurso extraordinário a que se dá provimento. (RE 543974, Rel. Min. Eros Grau, Tribunal Pleno, julgado em 26/03/2009).

PEÇAS PRÁTICO-PROFISSIONAIS

1. INTRODUÇÃO

As peças mais importantes na disciplina de direito constitucional são: a) os **remédios constitucionais** (ação popular, *habeas corpus*, *habeas data*, mandado de segurança, mandado de segurança coletivo e mandado de injunção), b) as **ações de controle de constitucionalidade** (ação direta de inconstitucionalidade, ação direta de inconstitucionalidade por omissão, ação declaratória de constitucionalidade, ação direta de inconstitucionalidade interventiva, arguição de descumprimento de preceito fundamental) e c) a **reclamação constitucional**.

O primeiro passo para ter sucesso na prova prática é se concentrar no objeto de cada uma delas, para realizar a escolha certa pela peça a ser redigida.

O quadro abaixo visa ajudá-lo na primeira etapa do trabalho:

Instrumento processual	Fundamento constitucional	Objeto/Hipótese de cabimento
Ação popular	Art. 5º, LXXIII, da CF	Tutela do patrimônio público, da moralidade administrativa, do meio ambiente e do patrimônio histórico e cultural.
Habeas corpus (HC)	Art. 5º, LXVIII, da CF	Tutela do direito de locomoção; da liberdade de ir, vir e permanecer.
Habeas data (HD)	Art. 5º, LXXII, da CF	Tutela do acesso ou da retificação de informações relativas à pessoa do impetrante.
Mandado de segurança (MS)	Art. 5º, LXIX, da CF	Tutela de direito líquido e certo (com exceção dos referentes à liberdade de locomoção e ao acesso ou retificação de dados).
Mandado de segurança coletivo	Art. 5º, LXX, da CF	Tutela de direito líquido e certo individual homogêneo e coletivo (com exceção dos referentes à liberdade de locomoção e ao acesso ou retificação de dados).
Mandado de injunção (MI)	Art. 5º, LXXI, da CF	Tutela de direitos subjetivos inerentes à nacionalidade, à soberania e à cidadania cujo exercício encontra-se obstaculizado pela falta de norma infraconstitucional regulamentadora.

Ação direta de inconstitucionalidade genérica (ADIn)	Art. 102, I, "a", da CF	Cabível contra lei ou ato normativo estadual ou federal em face da Constituição Federal para tutelar a ordem jurídica e a higidez constitucional.
Ação direta de inconstitucionalidade por omissão (ADO)	Art. 102, I, "a", da CF	Cabível contra a omissão total ou parcial de qualquer dos Poderes da República, ou mesmo de órgão administrativo, em formular medida para tornar efetiva norma constitucional (tutela o próprio ordenamento constitucional, e não interesses e direitos subjetivos).
Ação declaratória de constitucionalidade (ADC)	Art. 102, I, "a", da CF	Cabível em favor de lei ou ato normativo federal, visando alterar a presunção relativa de constitucionalidade das leis em presunção absoluta, afastando a discussão acerca da aplicabilidade da norma.
Ação direta de inconstitucionalidade interventiva	Art. 36, III, da CF	Cabível contra leis, atos normativos ou omissões do estado-membro que violem os princípios constitucionais sensíveis, ou seja, aqueles listados no art. 34, VII, da CF.
Arguição de descumprimento de preceito fundamental (ADPF)	Art. 102, § 1º, da CF c/c art. 1º, *caput* e parágrafo único, da Lei 9.882/1999.	Cabível para evitar ou reparar lesão a preceito fundamental resultante de ato do poder público ou quando for relevante a controvérsia constitucional sobre lei ou ato normativo federal, estadual, distrital ou municipal, incluídos os anteriores à Constituição.
Reclamação (Rcl)	Art. 102, I, "l", da CF	Cabível para garantir a autoridade das decisões do STF ou para preservar a competência do Tribunal. **Obs. 1**: a reclamação é prevista também para outros tribunais (por exemplo, para o STJ: art. 105, I, "f", da CF). **Obs. 2**: a reclamação para garantir a eficácia das súmulas vinculantes é regida pela Lei 11.417/2006.

Determinada a petição a ser redigida, leia os artigos da Constituição referentes à peça processual e, caso existentes, também os dispositivos da lei específica que regulamenta o disposto na CF. Esteja atento para a legitimidade (ativa e passiva), para o órgão competente para processamento e julgamento da ação e para outros requisitos formais que a lei imponha.

Não se esqueça de que, mesmo na hipótese de a matéria ser regulada por lei específica, os dispositivos do Código de Processo Civil são subsidiariamente aplicáveis.

Por isso, não é demais relembrar que a elaboração de petições iniciais deve observar o disposto no art. 282 do CPC, que enumera seus requisitos formais (observações entre colchetes):

> Art. 282. A petição inicial indicará:
>
> I - o juiz ou tribunal, a que é dirigida;
>
> II - os nomes, prenomes, estado civil, profissão, domicílio e residência do autor e do réu;
>
> III - o fato *[que sustenta o pedido]* e os fundamentos jurídicos do pedido *[a natureza do direito]*;
>
> IV - o pedido, com as suas especificações *[aquilo que se espera que o Juiz determine ou declare, por exemplo, conforme art. 286 e seguintes do CPC]*;

V - o valor da causa *[quando a ação comportar valor, mas este não puder ser identificado, vale indicar a regra do art. 259 aplicável. Se impossível quantificá-lo, como nas ações diretas de controle de constitucionalidade, mencione a impossibilidade de aferi-lo]*;

VI - as provas com que o autor pretende demonstrar a verdade dos fatos alegados *[lembre-se que a prova documental deve instruir a inicial e que não cabe dilação probatória em mandado de segurança]*;

VII - o requerimento para a citação do réu.

No relato **dos fatos** tente reproduzir ao máximo os eventos narrados pelo examinador, até porque o candidato deve se ater estritamente a eles (sem inventar nenhum outro), sob pena de anulação da prova. Lembre-se de adaptar o texto (por exemplo: em vez de José, diga *autor, apelante, impetrante* etc.).

Perceba que a **causa de pedir** (*causa petendi*) não é a simples indicação do dispositivo legal ou constitucional aplicável, mas sim a **aplicação da norma ao caso concreto, que leva ao reconhecimento do direito pleiteado**.

Lembre-se, também, de que a **prova documental deve instruir a petição inicial**, nos termos do art. 283 do CPC, sendo certo que não cabe dilação probatória em mandado de segurança. Aliás, a propósito do *mandamus*, não se esqueça de que é atualmente regulado pela Lei 12.016/2009, que revogou a legislação anterior (notadamente a Lei 1.533/1951). Verifique, ao estudar para o exame, que seu compêndio de legislação possui a lei nova do mandado de segurança.

Outro dado muitíssimo importante: no Exame da OAB **não assine a petição**, nem aponha qualquer sinal que possa ser considerado identificador (iniciais, rubrica, símbolos etc.), sob pena de anulação da prova.

Isso significa também que o candidato **não pode inventar nenhum dado** que não tenha sido fornecido pelo examinador, como nome das partes, RG, CNPJ, endereços, número de registro do advogado na OAB etc.

Ao realizar os exercícios você perceberá que muitas dessas observações já são adotadas sem qualquer esforço. Outras você passará a seguir com a prática aqui proposta e, ao final, irá se sentir muito mais confiante e preparado para a prova.

Por isso, mãos à obra.

2. ELABORAÇÃO DE PEÇAS PROCESSUAIS

(OAB/Exame Unificado – 2006.1 – 2ª fase) PEÇA PROFISSIONAL. A lei estadual que organiza a Polícia Militar do Espírito Santo (PM-ES) exige, como requisito para aprovação no respectivo concurso público, a aprovação em exame médico, realizado por junta médica, com o objetivo de avaliar as condições de saúde dos candidatos e selecionar os candidatos aptos ao exercício das funções policiais. Para regulamentar essa lei, o Comando Geral da PM-ES editou a Portaria n.º 71/1999, em que se definem critérios para a realização do exame. Entre esses critérios, há uma série de causas de incapacitação, como patologias ortopédicas, doenças do aparelho digestivo e alterações dermatológicas, que, se apresentadas pelo candidato, causam automaticamente sua eliminação. As alterações dermatológicas causadoras de inaptidão são hanseníase, dermatites crônicas, afecções dermatológicas crônicas com comprometimento estético e tatuagens definitivas. Com base nessa legislação, a junta médica do concurso público para provimento do cargo de soldado da PM–ES declarou um dos candidatos, Augusto, inapto a exercer as funções policiais, devido à existência de uma tatuagem de um ideograma japonês, que significa harmonia, em seu ombro esquerdo, apesar de ele ter sido aprovado nas provas de conhecimentos. Essa reprovação no exame médico impede que Augusto participe do teste físico, a ser realizado em Vitória–ES. Considerando a situação hipotética descrita acima, redija uma peça processual adequada para garantir os interesses de Augusto mediante a realização de controle judicial de constitucionalidade.

Extensão máxima: 90 linhas

ORGANIZAÇÃO DE IDEIAS

– Observando o quadro presente na Introdução, a peça a ser elaborada é o mandado de segurança, pois Augusto teve seu direito líquido e certo de permanecer no certame atingido por uma exigência inconstitucional da portaria, que fere, dentre outras normas da CF, o princípio da razoabilidade.

Para elaboração da peça, **é essencial que o candidato leia atentamente a Lei 12.016/2009,** que regula o mandado de segurança.

Em razão de algumas alterações trazidas pela lei (a maioria incorporando a jurisprudência dominante dos tribunais superiores), segue modelo esquemático do mandado de segurança, com menção a alguns artigos da lei e a outras exigências pertinentes:

MODELO ESQUEMÁTICO DO MANDADO DE SEGURANÇA

- Peça processual – Mandado de segurança (menção obrigatória ao art. 5º, LXIX, da CF e à Lei 12.016/2009)
  - ✓ Possibilidade de impetração por fax – art. 4º da Lei 12.016/2006, com remessa obrigatória da petição original nos cinco dias úteis seguintes, de acordo com o § 2º do mesmo artigo.
- Endereçamento (órgão competente para processar e julgar)
- Legitimidade ativa – Mencionar sempre *impetrante* – quem teve o direito líquido e certo violado ou ameaçado
- Legitimidade passiva – Mencionar sempre *impetrado*
  - ✓ Definir a autoridade coatora – aquele praticou o ato impugnado ou de quem emanou a ordem para praticá-lo (art. 6º, § 3º, da Lei 12.016/2009)
  - ✓ IMPORTANTE: Mencionar a pessoa jurídica que a autoridade coatora integra, a quem esteja vinculada ou de quem recebe atribuições (art. 6º da Lei 12.016/2009)
- Ato coator – a manifestação (ato ou omissão) da autoridade pública, ou de seus delegados, que atinge o direito líquido e certo do impetrante
- Prazo decadencial – mencionar a observância do prazo decadencial de 120 dias previsto no art. 23 da Lei 12.016/2009 (se a questão fornecer datas, registrar que o *mandamus* está sendo impetrado antes do último dia do prazo – fazendo referência a ele)
- Mérito – princípios e/ou artigos constitucionais violados
- Pedido de liminar – explicar qual é o *fumus boni iuris* e porque há *periculum in mora*
  - ✓ Pedido final de suspensão do ato que motivou a impetração em virtude da existência de fundamento relevante do perigo de ineficácia da medida, caso deferida apenas ao final (art. 7º, III, da Lei 12.016/2009).
  - ✓ A lei não permite liminar para a compensação de tributos, para a entrega de bens e mercadorias provenientes do exterior, para a reclassificação ou equiparação de servidores públicos e para a concessão de aumento ou extensão de vantagens ou pagamento de qualquer natureza (art. 7º, § 2º, da Lei 12.016/2009). A antecipação dos efeitos da tutela, para os mesmos casos, tampouco é admitida pela lei (art. 7º, § 5º, da Lei 12.016/2009).
  - ✓ Se o mandado de segurança for coletivo, a liminar só pode ser deferida após a oitiva, em 72 horas, do representante judicial da pessoa jurídica de direito público a que a autoridade coatora pertence (art. 22, § 2º, da Lei 12.016/2009).

- Pedido de notificação da autoridade coatora para prestar informações – (art. 7º, I, da Lei 12.016/2009).
- Pedido de notificação do órgão de representação judicial da pessoa jurídica da pessoa jurídica interessada, enviando-lhe cópia da inicial sem documentos para que, querendo, ingresse no feito (art. 7º, II, da Lei 12.016/2009).
- Pedido de intimação do Ministério Público (art. 12 da Lei 12.016/2009).
- Pedido de prioridade de julgamento, caso deferida a liminar (art. 7º, § 4º, da Lei 12.016/2009).
- Prova pré-constituída – informar que a procuração do advogado e todos os documentos necessários para comprovar o alegado foram juntados à petição inicial.
- Outros requisitos – petição inicial em duas vias (art. 6º da Lei 12.016/2009).
- Valor da causa – arts. 258 e 259 do CPC.

Aplicando essas noções ao caso concreto, temos que:

a) Legitimidade ativa – Augusto (candidato).

b) Legitimidade passiva – Junta Médica do concurso público para provimento do cargo de soldado da PM–ES.

c) Pessoa jurídica que a autoridade coatora integra – Estado do Espírito Santo.

d) Ato coator – ato de inaptidão médica de Augusto, realizado com base na Portaria 71/1999, do Comando Geral da PM-ES.

e) Mérito – inconstitucionalidade do ato por violação do princípio da razoabilidade; do princípio da dignidade da pessoa humana (art. 1º, III, da CF); do princípio da igualdade (art. 5º, *caput*, da CF); do princípio que impede o estabelecimento de diferenças entre brasileiros (art. 3º, IV, e art. 19, III, ambos da CF); e da não observância dos arts. 37, I e II e 39, § 3º, ambos da CF.

f) Competência jurisdicional – Juiz de Direito da Vara Cível da Comarca de Vitória-ES.

g) Outros requisitos formais – prazo de decadência; prova pré-constituída; pedido de liminar; pedido de notificação da autoridade coatora para prestar informações; pedido de ciência da pessoa jurídica para ingressar no feito; pedido de intimação do MP; pedido de prioridade de julgamento (após deferida a liminar); pedido de ratificação da liminar e de julgamento de procedência do pedido principal; valor da causa.

Eis a estrutura argumentativa (silogismo):

1. FATO: para regulamentar lei estadual que exige exame médico para ingresso na PM-ES, o Comando Geral da PM-ES editou a Portaria n.º 71/1999 que, dentre as causas de inaptidão para as funções policiais, lista a existência de tatuagem definitiva. Augusto, que tem uma tatuagem de um ideograma japonês, foi considerado inapto no exame médico, apesar de ter logrado êxito nas provas de conhecimentos específicos;
2. DIREITO: as exigências para o ingresso em cargo público devem ser veiculadas por lei (art. 37, I e II e art. 39, § 3º, da CF); é vedado o estabelecimento de distinções entre brasileiros (art. 3º, IV; art. 5º, *caput e* art. 19, III, todos da CF); exigências que não impedem o candidato de bem exercer o cargo violam o princípio da razoabilidade;
3. CONCLUSÃO: **logo, é ilegal a desclassificação de Augusto, que tem direito a permanecer no certame.**

ELABORAÇÃO DA PEÇA PRÁTICO-PROFISSIONAL

[O que estiver entre colchetes constitui observação – não deve constar da peça.]

início da peça

Excelentíssimo Senhor Doutor Juiz de Direito da ... Vara Cível da Comarca de Vitória-ES

[Deixe espaço de aproximadamente 10 cm para eventual despacho ou decisão do juiz.]

Augusto (nome completo), (nacionalidade), (estado civil), (profissão), portador de carteira de identidade número ..., inscrito no CPF/MF sob o número ..., residente e domiciliado em (endereço), por seu advogado que firma a presente (procuração anexada), com escritório para recebimento de intimações na (endereço – art. 39, I, do CPC), vem à presença de Vossa Excelência, respeitosamente, impetrar o presente

MANDADO DE SEGURANÇA COM PEDIDO DE LIMINAR

em face da Junta Médica do Concurso Público para provimento do cargo de soldado da PM–ES, nos termos do artigo 5º, inciso LXIX, da Constituição Federal, e da Lei nº 12.016/2009, pelas razões a seguir aduzidas:

1. DOS FATOS

A lei estadual que organiza a Polícia Militar do Espírito Santo (PM-ES) exige, como requisito para aprovação no respectivo concurso público, a aprovação em exame médico, realizado por junta médica, com o objetivo de avaliar as condições de saúde dos candidatos e selecionar os candidatos aptos ao exercício das funções policiais. (doc. 1)

Para regulamentar essa lei, o Comando Geral da PM-ES editou a Portaria n.º 71/1999, em que se definem critérios para a realização do exame (doc. 2). Entre esses critérios, há uma série de causas de incapacitação, como patologias ortopédicas, doenças do aparelho digestivo e alterações dermatológicas, que, se apresentadas pelo candidato, causam automaticamente sua eliminação.

As alterações dermatológicas causadoras de inaptidão são hanseníase, dermatites crônicas, afecções dermatológicas crônicas com comprometimento estético e tatuagens definitivas.

O impetrante, tendo logrado êxito na prova de conhecimentos específicos, foi declarado inapto pela Junta Médica do concurso público para provimento do cargo de soldado da PM-ES (doc. 3). De acordo com a junta médica, Augusto não se encontra apto para exercer as funções policiais devido à existência de uma tatuagem de um ideograma japonês, que significa harmonia, em seu ombro esquerdo.

Essa reprovação no exame médico impede que Augusto participe do teste físico a ser realizado em Vitória–ES o que, como se verá a seguir, não encontra amparo no sistema constitucional de 1988.

2. DO DIREITO

De acordo com o art. 37, I e II, e com o art. 39, § 3º, ambos da CF, os requisitos para ingresso em cargos públicos devem ser estabelecidos por lei:

> Art. 37. A administração pública direta e indireta de qualquer dos Poderes da União, dos Estados, do Distrito Federal e dos Municípios obedecerá aos princípios de legalidade, impessoalidade, moralidade, publicidade e eficiência e, também, ao seguinte:
> I - os cargos, empregos e funções públicas são acessíveis aos brasileiros que preencham os requisitos estabelecidos em lei, assim como aos estrangeiros, na forma da lei;

II - a investidura em cargo ou emprego público depende de aprovação prévia em concurso público de provas ou de provas e títulos, de acordo com a natureza e a complexidade do cargo ou emprego, na forma prevista em lei, ressalvadas as nomeações para cargo em comissão declarado em lei de livre nomeação e exoneração;

Art. 39.

(...)

§ 3º Aplica-se aos servidores ocupantes de cargo público o disposto no art. 7º, IV, VII, VIII, IX, XII, XIII, XV, XVI, XVII, XVIII, XIX, XX, XXII e XXX, podendo a lei estabelecer requisitos diferenciados de admissão quando a natureza do cargo o exigir.

Em afronta ao mandamento constitucional, a Portaria n.º 71/1999, do Comando Geral da PM-ES, criou novo requisito para o ingresso na carreira de policial militar, sem previsão em lei, em clara afronta aos limites do poder regulamentar.

Ademais, para estar em consonância com a ordem constitucional, qualquer requisito imposto por lei para o ingresso em cargos e empregos públicos deve ter estrita relação com a natureza do cargo ou do emprego, sob pena de violação do princípio da razoabilidade.

No caso, mesmo que a incapacidade física pela existência de tatuagem fosse prevista em lei – o que, como visto, não se observa – não haveria razoabilidade na medida imposta, pois a presença de tatuagem no ombro não incapacita o candidato ao exercício do cargo de policial militar, notadamente quando pode ser coberta pelo uniforme utilizado.

Diante da falta de demonstração de qualquer deficiência que obste o exercício das funções inerentes ao cargo e da ausência de razoabilidade na caracterização de tatuagem como alteração dermatológica incapacitante, a desclassificação do impetrante com base nesse fundamento traduz ato discriminatório, em notória afronta ao princípio da igualdade (art. 5º, *caput*, da CF) e à regra que veda distinções ou privilégios entre brasileiros (art. 19, III, da CF).

O ato coator da Junta Médica do concurso público também atenta à dignidade da pessoa humana, princípio erigido a fundamento da República Federativa do Brasil (art. 1º, III, da CF).

Por todas essas razões, a Portaria n.º 71/1999, do Comando Geral da PM-ES, é inconstitucional e, como tal, não deve produzir efeitos jurídicos válidos. Em consequência, a classificação de "tatuagem" como alteração dermatológica incapacitante deve ser prontamente afastada por este juízo para que o impetrante possa prosseguir no certame.

3. DA LIMINAR

Como relatado, a reprovação de Augusto no exame médico impede que ele participe do teste físico a ser realizado em Vitória–ES.

Sendo assim, o impetrante requer que seja deferida a medida liminar antes mesmo da notificação da autoridade coatora, nos termos do art. 7º, III, da Lei 12.016/2009, tendo em vista a relevância do fundamento (*fumus boni iuris*, representado pela inconstitucionalidade da Portaria nº 71/1999) e o perigo na demora da decisão (*periculum in mora* – que, caso proferida apenas ao final, pode colocar em risco o direito de Augusto de permanecer no certame).

Caso não seja deferida a liminar pleiteada, o impetrante não participará do teste físico a ser realizado na cidade de Vitória-ES, sendo eliminado do concurso público. Assim, caso a segurança seja concedida apenas ao final do processo, seu pedido ficará prejudicado e seu direito definitivamente violado.

4. DO PEDIDO

Por todo o exposto, observado o prazo decadencial de 120 dias para impetração do presente mandado de segurança (art. 23 da Lei 12.016/2009), o impetrante requer que seja:

a) deferida a medida liminar, *inaudita altera pars*, até a decisão final do presente mandado de segurança, para suspender o ato que desclassificou o impetrante do concurso por possuir tatuagem no ombro esquerdo, impedindo-o de produzir qualquer efeito para que, com isso, possa participar das demais etapas do certame (art. 7º, III, da Lei 12.016/2009);

b) determinada a notificação da autoridade coatora, enviando-lhe todas as cópias dos documentos que instruem a inicial, para que preste todas as informações necessárias, no prazo de 10 dias (art. 7º, I, da Lei 12.016/2009);

c) dada ciência ao Estado do Espírito Santo, por intermédio de sua procuradoria, enviando cópia da inicial à procuradoria que o representa para que, querendo, ingresse no feito (art. 7º, II, da Lei 12.016/2009);

d) ouvido o representante do Ministério Público para que opine no prazo de 10 dias (art. 12 da Lei 12.016/2009);

e) reconhecida a prioridade do julgamento da causa, caso deferida a liminar (art. 7º, § 4º, da Lei 12.016/2009);

f) ao final, confirmada a liminar deferida, concedendo-se definitivamente a segurança pleiteada para declarar incidentalmente a inconstitucionalidade da Portaria nº 71/1999 e, por consequência, anular o ato da Junta Médica do concurso público para provimento do cargo de soldado da PM-ES, que declarou o impetrante inapto para o exercício das funções policiais com base em seu texto.

[Obs.: toda a prova deve ser juntada à inicial, pois o direito é líquido e certo e não se admite dilação probatória. Não há condenação em honorários advocatícios em mandado de segurança: Súmulas 512/STF 105/STJ.]

Todas as provas necessárias para a configuração da liquidez e da certeza do direito alegado encontram-se anexadas à petição inicial (protocolada em duas vias – art. 6º da Lei 12.016/2009), satisfazendo o requisito da prova pré-constituída para impetração do mandado de segurança.

Dá à causa o valor de R$ ... (valor por extenso), conforme previsão do art. 258 do CPC.

Termos em que pede deferimento

Vitória-ES, data ....

Advogado ...

OAB ...

[Não assine, rubrique ou, de outra forma, identifique sua prova!]

fim da peça

(OAB/Exame Unificado – 2006.2 – 2ª fase) PEÇA PROFISSIONAL. O município de Guarapari – ES editou a Lei n.º 555/2006, que veda a instalação de novas farmácias a menos de 200 metros de estabelecimento da mesma natureza, sob o argumento de que o município é competente para estabelecer o zoneamento das atividades produtivas e de que era necessário impedir a concorrência predatória que vinha ocorrendo na cidade. Essa lei entrou em vigor no mesmo dia em que a Farmácias Mil Ltda. solicitou ao município a expedição de alvará autorizando o funcionamento de uma farmácia a 50 metros de um estabelecimento gerido por uma empresa concorrente. O Secretário de Administração do município indeferiu a solicitação do alvará, sob o argumento de que seria ilegal a autorização do funcionamento do referido estabelecimento, por violação da Lei n.º 555/2006. Com base nessa situação hipotética, elabore peça judicial que impugne, com base em argumentos de índole constitucional, a validade do ato administrativo que indeferiu a solicitação de expedição do mencionado alvará.

ORGANIZAÇÃO DE IDEIAS

Observando o quadro presente na Introdução, a peça a ser elaborada é o mandado de segurança, pois Farmácias Mil Ltda. teve seu direito líquido e certo ao funcionamento atingido por uma exigência inconstitucional da lei municipal, que fere, dentre outras normas da CF, os princípios da livre iniciativa e da livre concorrência.

Note que o mandado de segurança pode ser impetrado por pessoa física ou jurídica (art. 1º da Lei 12.016/2009).

Para elaboração da peça **é essencial que o candidato leia atentamente a Lei 12.016/2009**, que regula o mandado de segurança, bem como o quadro esquemático do mandado de segurança, reproduzido nos comentários à primeira questão (2006.1).

Aplicando as noções ao caso concreto, temos que:

a) Legitimidade ativa – Farmácias Mil Ltda.

b) Legitimidade passiva – Secretário de Administração do Município de Guarapari – ES.

c) Pessoa jurídica que a autoridade coatora integra – Município de Guarapari-ES

d) Ato coator – ato que indeferiu a expedição do alvará de funcionamento.

e) Mérito – inconstitucionalidade do ato por violação do princípio da livre iniciativa (art. 170 da CF); da livre concorrência (art. 170, IV, da CF); da defesa do consumidor (art. 170, V, da CF), além da regra do livre exercício de qualquer atividade econômica (art. 170, parágrafo único, da CF). Súmula 646/STF.

f) Competência jurisdicional – Juiz de Direito da Vara Cível da Comarca de Guarapari-ES.

g) Outros requisitos formais – prazo de decadência; prova pré-constituída; pedido de liminar; pedido de notificação da autoridade coatora para prestar informações; pedido de ciência da pessoa jurídica para ingressar no feito; pedido de intimação do MP; pedido de prioridade de julgamento (após deferida a liminar); pedido de ratificação da liminar e de julgamento de procedência do pedido principal; valor da causa.

Eis a estrutura argumentativa (silogismo):

1. FATO: a Lei n.º 555/2006, do Município de Guarapari-ES, veda a instalação de novas farmácias a menos de 200 metros de estabelecimento da mesma natureza. Farmácias Mil Ltda. teve seu pedido de expedição de alvará de funcionado negado, por situar-se a 50 metros de um estabelecimento concorrente;
2. DIREITO: é livre o exercício de qualquer atividade econômica no Brasil (art. 170, parágrafo único, da CF), que é informada pelos princípios da livre iniciativa (art. 170 da CF), da livre concorrência (art. 170, IV, da CF) e da defesa do consumidor (art. 170, V, da CF). Ademais, "ofende o princípio da livre concorrência lei municipal que impede a instalação de estabelecimentos comerciais do mesmo ramo em determinada área" (Súmula 646/STF);
3. CONCLUSÃO: **logo, é inválida a exigência, por lei municipal, de distância mínima entre estabelecimentos do mesmo ramo, imposta a Farmácias Mil Ltda. que, por isso, tem direito à expedição do alvará de funcionamento (ato vinculado).**

Comentário adicional: Sobre o tema, confira-se o seguinte precedente do STF:

EMENTA: RECURSO EXTRAORDINÁRIO. CONSTITUCIONAL. LEI Nº 10.991/91, DO MUNICÍPIO DE SÃO PAULO. FIXAÇÃO DE DISTÂNCIA PARA A INSTALAÇÃO DE NOVAS FARMÁCIAS OU DROGARIAS. INCONSTITUCIONALIDADE.

1. A Constituição Federal assegura o livre exercício de qualquer atividade econômica, independentemente de autorização do Poder Público, salvo nos casos previstos em lei.

2. Observância de distância mínima da farmácia ou drogaria existente para a instalação de novo estabelecimento no perímetro. Lei Municipal nº 10.991/91. Limitação geográfica que induz à concentração capitalista, em detrimento do consumidor, e implica cerceamento do exercício do princípio constitucional da livre concorrência, que é uma manifestação da liberdade de iniciativa econômica privada. Recurso extraordinário conhecido e provido. (RE 193749, Rel. p/ acórdão Min. Maurício Corrêa, Tribunal Pleno, julgado em 04/06/1998).

ELABORAÇÃO DA PEÇA PRÁTICO-PROFISSIONAL

[O que estiver entre colchetes constitui observação – não deve constar da peça.]

Início da peça

Excelentíssimo Senhor Doutor Juiz de Direito da ... Vara Cível da Comarca de Guarapari-ES

[Deixe espaço de aproximadamente 10 cm para eventual despacho ou decisão do juiz.]

Farmácias Mil Ltda., estabelecida em (endereço), inscrita no CNPJ sob o número ..., por seu advogado que firma a presente (procuração anexada), com escritório para recebimento de intimações em (endereço – art. 39, I, do CPC), vem à presença de Vossa Excelência, respeitosamente, impetrar o presente

MANDADO DE SEGURANÇA COM PEDIDO DE LIMINAR

em face do Secretário de Administração do Município de Guarapari-ES, nos termos do artigo 5º, inciso LXIX, da Constituição Federal, e da Lei nº 12.016/2009, pelas razões a seguir aduzidas:

1. DOS FATOS

O município de Guarapari – ES editou a Lei n.º 555/2006, que veda a instalação de novas farmácias a menos de 200 metros de estabelecimento da mesma natureza, sob o argumento de que é competente para estabelecer o zoneamento das atividades produtivas e de que a medida impede a concorrência predatória que vinha ocorrendo na cidade.

Essa lei entrou em vigor no mesmo dia em que a pessoa jurídica impetrante solicitou ao município a expedição de alvará de funcionamento de uma farmácia a 50 metros de um estabelecimento gerido por uma empresa concorrente (doc. 1).

O Secretário de Administração do município indeferiu a solicitação do alvará, sob o argumento de que seria ilegal a autorização do funcionamento do referido estabelecimento, por violação da Lei n.º 555/2006 (doc. 2).

Como será visto a seguir, o ato administrativo que indeferiu a solicitação de expedição do mencionado alvará é inconstitucional e deve ter sua aplicação afastada no caso concreto.

2. DO DIREITO

Pelo regramento estabelecido na Constituição de 1988, a ordem econômica é fundada no princípio da livre iniciativa e tem por princípios a livre concorrência e a defesa do consumidor. Além disso, a regra é o livre exercício de qualquer atividade econômica. A propósito, confira-se a redação do art. 170, *caput*, incisos IV e V, e parágrafo único:

> Art. 170. A ordem econômica, fundada na valorização do trabalho humano e na livre iniciativa, tem por fim assegurar a todos existência digna, conforme os ditames da justiça social, observados os seguintes princípios:

(...)

IV - livre concorrência;

V - defesa do consumidor;

(...)

Parágrafo único. É assegurado a todos o livre exercício de qualquer atividade econômica, independentemente de autorização de órgãos públicos, salvo nos casos previstos em lei.

Dessa forma, estabelecida a regra constitucional de que a atividade econômica é regida pela livre iniciativa, as exceções ao princípio devem vir listadas na própria Constituição, não sendo legítimo ao legislador infraconstitucional afastar a livre iniciativa ou reduzir-lhe a eficácia – salvo, repita-se, se agir com base em outro dispositivo constitucional.

Com efeito, apesar da regra do art. 30, I, da CF, conferir ao Município competência para legislar sobre assuntos de interesse local, dentre eles a promoção do adequado ordenamento territorial, mediante planejamento e controle do uso, do parcelamento e da ocupação do solo urbano (art. 30, VIII, da CF), a norma de competência deve ser interpretada sistematicamente com os demais dispositivos da CF.

Assim, a lei municipal não pode estabelecer restrições à livre iniciativa e à livre concorrência, em desrespeito ao disposto no art. 170, *caput* e IV, da CF, sendo certo que a Lei municipal 555/2006 fere a Constituição.

Em acréscimo, a norma municipal acaba por impor prejuízo ao consumidor, que, além de deixar de ser beneficiado pela concorrência, terá que se deslocar por distância superior àquela que os próprios estabelecimentos concorrentes gostariam de estabelecer entre si. Por isso, a Lei 555/2006, do Município de Guarapari-ES, afronta também o texto do art. 170, V, da CF.

Ademais, a jurisprudência do STF firmou-se no sentido da inconstitucionalidade de normas análogas, conforme o teor da Súmula 646/STF: "Ofende o princípio da livre concorrência lei municipal que impede a instalação de estabelecimentos comerciais do mesmo ramo em determinada área".

Diante do exposto, considerando-se a natureza jurídica do ato de expedição de alvará de funcionamento de estabelecimentos, que é vinculado, a impetrante tem direito líquido e certo à sua expedição, pois a exigência imposta pela lei municipal (na qual se fundou a autoridade coatora para indeferir o pedido) é inconstitucional.

3. DA LIMINAR

Como acima exposto, o ato da autoridade coatora de indeferir a expedição de alvará de funcionamento da impetrante baseia-se em lei inconstitucional e, por isso, não pode produzir efeitos. Caso a liminar não seja concedida, a impetrante não poderá funcionar e deverá suportar o ônus do tempo do processo, quando seu direito é líquido e certo.

Sendo assim, a impetrante requer que seja deferida a medida liminar antes mesmo da notificação da autoridade coatora, nos termos do art. 7º, III, da Lei 12.016/2009, tendo em vista a relevância do fundamento (*fumus boni iuris*, representado pela inconstitucionalidade do ato administrativo) e o perigo na demora da decisão (*periculum in mora* – que, caso proferida apenas ao final, coloca em risco a livre realização da atividade comercial da impetrante).

4. DO PEDIDO

Por todo o exposto, obedecido o prazo decadencial de 120 dias (art. 23 da Lei 12.016/2009), a impetrante requer que seja:

a) deferida a medida liminar, *inaudita altera pars*, até a decisão final do presente mandado de segurança, para determinar que a autoridade coatora forneça o alvará de funcionamento do estabelecimento da impetrante (art. 7º, III, da Lei 12.016/2009);

b) determinada a notificação da autoridade coatora, enviando-lhe todas as cópias dos documentos que instruem a inicial, para que preste todas as informações necessárias, no prazo de 10 dias (art. 7º, I, da Lei 12.016/2009);

c) dada ciência ao Estado do Espírito Santo, por intermédio de sua procuradoria, enviando-lhe cópia da inicial para que, querendo, ingresse no feito (art. 7º, II, da Lei 12.016/2009);

d) ouvido o representante do Ministério Público para que opine no prazo de 10 dias (art. 12 da Lei 12.016/2009);

e) reconhecida a prioridade do julgamento da causa, caso deferida a liminar (art. 7º, § 4º, da Lei 12.016/2009);

f) ao final, confirmada a liminar deferida, concedendo-se definitivamente a segurança pleiteada para que a impetrante possa exercer livremente sua atividade econômica no local escolhido, declarando-se incidentalmente a inconstitucionalidade da Lei nº 555/2006, do Município de Guarapari.

[Obs.: toda a prova deve ser juntada à inicial, pois o direito é líquido e certo e não se admite dilação probatória. Não há condenação em honorários advocatícios em mandado de segurança: Súmulas 512/STF e 105/STJ.]

Todas as provas necessárias para a configuração da liquidez e da certeza do direito alegado encontram-se anexadas à petição inicial (protocolada em duas vias – art. 6º da Lei 12.016/2009), satisfazendo o requisito da prova pré-constituída para impetração do mandado de segurança.

Dá à causa o valor de R$ ... (valor por extenso), conforme previsão do art. 258 do CPC.

Termos em que pede deferimento.

Vitória-ES, data ... .

Advogado ...

OAB ...

[Não assine, rubrique ou, de outra forma, identifique sua prova!]

fim da peça

(OAB/Exame Unificado – 2006.3 – 2ª fase) PEÇA PROFISSIONAL. João Lima ingressou com ação contra a Caixa Econômica Federal no juizado especial federal, pleiteando a correção dos depósitos do seu fundo de garantia por tempo de serviço (FGTS), em decorrência dos expurgos inflacionários dos planos Collor e Verão 1. Julgada improcedente a ação, João recorreu à Turma Recursal, sustentando, entre outras razões, precedentes do Supremo Tribunal Federal (STF) reconhecendo esse direito. No entanto, o recurso foi desprovido, contrariando decisões do STF, apesar de ter sido prequestionada a matéria constitucional invocada. Dessa forma, João interpôs recurso extraordinário, fundado na violação a dispositivo da Constituição, que, contudo, não foi admitido. Interposto agravo de instrumento, o presidente da Turma Recursal negou-lhe seguimento, tendo como fundamento o descabimento do recurso extraordinário nos juizados especiais. Diante dessa situação hipotética, como advogado de João Lima, proponha a medida judicial que entender cabível para se preservar a competência do STF e se viabilizar o trânsito do agravo dirigido a esse tribunal contra a inadmissão do recurso extraordinário.

ORGANIZAÇÃO DE IDEIAS

Note que a escolha da peça processual deve seguir a dica fornecida pelo próprio enunciado: "medida judicial (...) para se preservar a competência do STF". Não há dúvidas de que a hipótese, portanto, é de reclamação. Determinada a peça processual a ser elaborada, delimitemos seus aspectos principais:

a) Legitimidade ativa – João Lima.

b) Legitimidade passiva – Juiz Presidente da Turma Recursal do Juizado Especial Federal.

c) Fundamentos – Usurpação da competência do STF para processar e julgar agravo de instrumento contra a decisão que inadmitiu recurso extraordinário (art. 102, I, "l", da CF c/c art. 544 do CPC). Súmula 640/STF. Súmula 727/STF.

d) Competência – Presidente do Supremo Tribunal Federal (art. 102, I, "l", da CF c/c art. 13, parágrafo único, da Lei 8.038/1990).

e) Outros requisitos formais – prova pré-constituída (art. 13, parágrafo único, da Lei 8.038/1990); pedido de liminar (art. 14, II, da Lei 8.038/1990); pedido de notificação do reclamado para prestar informações (art. 14, I, da Lei 8.038/1990); pedido de intimação do MP (art. 16 da Lei 8.038/1990); pedido de ratificação da liminar e de determinação da medida adequada à preservação da competência do STF (art. 17, da Lei 8.038/1990); valor da causa (art. 258 do CPC).

Eis a estrutura argumentativa (silogismo):

1. FATO: O recurso extraordinário interposto por João Lima contra a decisão da Turma Recursal do Juizado Especial Federal foi por ela inadmitido. O Agravo de Instrumento tirado contra a decisão de inadmissibilidade teve seu seguimento negado pela própria Turma Recursal;

2. DIREITO: Contra as decisões que inadmitem recurso extraordinário cabe agravo de instrumento para o STF (art. 544 do CPC). Ao STF cabe julgar a reclamação proposta para preservar a competência do Tribunal (art. 102, I, "l", da CF). Ademais, "é cabível recurso extraordinário contra decisão proferida por juiz de primeiro grau nas causas de alçada, ou por Turma Recursal de Juizado Especial Cível e Criminal" (Súmula 640/STF) e "não pode o magistrado deixar de encaminhar ao Supremo Tribunal Federal o Agravo de Instrumento interposto da decisão que não admite recurso extraordinário, ainda que referente a causa instaurada no âmbito dos Juizados Especiais" (Súmula 727/STF);

3. CONCLUSÃO: **logo, é inconstitucional a decisão da Turma Recursal que não processou o Agravo de Instrumento interposto contra a decisão que inadmitira recurso extraordinário por usurpação da competência do STF.**

Comentários adicionais

O art. 528 do CPC, que antes proibia o juiz de negar seguimento ao agravo de instrumento, teve sua redação alterada pela Lei nº 9.139/1995.

O procedimento da Reclamação está previsto nos arts. 13 a 18 da Lei 8.038/1990, que deverá constar do material de prova.

Segue precedente do STF sobre o tema (note que a nomenclatura atual é Juizado Especial – e não Juizado de Pequenas Causas):

EMENTA: RECLAMAÇÃO - JUIZADO ESPECIAL DE PEQUENAS CAUSAS - RECURSO EXTRAORDINÁRIO INADMITIDO - AGRAVO DE INSTRUMENTO OBSTADO NA ORIGEM - INTERCEPTAÇÃO INADMISSÍVEL (CPC, ART. 528) - USURPAÇÃO DA COMPETÊNCIA DO SUPREMO TRIBUNAL FEDERAL - RECLAMAÇÃO PROCEDENTE.

– Cabe recurso extraordinário das decisões que, emanadas do órgão colegiado a que se refere a Lei n. 7.244/84 (art. 41, § 1º.), resolvem controvérsia constitucional suscitada em processo instaurado perante o Juizado Especial de Pequenas Causas.

– Denegado o recurso extraordinário em procedimento sujeito ao Juizado Especial de Pequenas Causas, caberá agravo de instrumento, no prazo legal, para o Supremo Tribunal Federal, não sendo lícito ao Juiz negar trânsito a esse recurso que, sendo de seguimento obrigatório (CPC, art. 528), não pode ter o seu processamento obstado.

– Cabe reclamação para o STF quando a autoridade judiciária intercepta o acesso a Suprema Corte de agravo de instrumento interposto contra decisão que negou trânsito a recurso extraordinário. (Rcl 459, Rel. Min. Celso de Mello, Tribunal Pleno, julgado em 01/02/1994).

ELABORAÇÃO DA PEÇA PRÁTICO-PROFISSIONAL

[O que estiver entre colchetes constitui observação – não deve constar da peça.]

início da peça

Excelentíssimo Senhor Doutor Ministro Presidente do Supremo Tribunal Federal

[Deixe espaço de aproximadamente 10 cm para eventual despacho ou decisão do juiz.]

João Lima, (nacionalidade), (estado civil), (profissão), portador de carteira de identidade número ..., inscrito no CPF/MF sob o número ..., residente e domiciliado em (endereço), por seu advogado que firma a presente (procuração anexada), com escritório para recebimento de intimações na (endereço – art. 39, I, do CPC), vem à presença de Vossa Excelência, respeitosamente, propor a presente

RECLAMAÇÃO CONSTITUCIONAL COM PEDIDO DE LIMINAR

em face do Juiz Presidente da Turma Recursal do Juizado Especial Federal, nos termos do artigo 102, I, "l", da Constituição Federal, e dos arts. 13 a 18 Lei nº 8.038/1990, pelas razões a seguir aduzidas:

1. DOS FATOS

O reclamante ingressou com ação contra a Caixa Econômica Federal no juizado especial federal, pleiteando a correção dos depósitos do seu fundo de garantia por tempo de serviço (FGTS), em decorrência dos expurgos inflacionários dos planos Collor e Verão I. (doc. 1)

Julgada improcedente a ação, o reclamante recorreu à Turma Recursal, com fundamento, entre outras razões, em precedentes do Supremo Tribunal Federal reconhecendo esse direito. (doc. 2)

No entanto, o recurso foi desprovido, contrariando decisões do STF, apesar de ter sido prequestionada a matéria constitucional invocada. (doc. 3)

Dessa forma, o reclamante interpôs recurso extraordinário, fundado na violação a dispositivo da Constituição, que, contudo, não foi admitido pela Turma Recursal. (docs. 4)

Interposto o competente agravo de instrumento contra a decisão que inadmitiu o recurso extraordinário, o presidente da Turma Recursal negou-lhe seguimento, tendo como fundamento o descabimento desse apelo nos juizados especiais. (doc. 5)

A negativa de seguimento do Agravo de Instrumento pelo Juiz Presidente da Turma Recursal do Juizado Especial configura usurpação da competência do STF para processar e julgar o agravo de instrumento interposto contra a inadmissão do recurso extraordinário, como abaixo se lê.

2. DO DIREITO

Conforme expressa previsão no Código de Processo Civil, nos casos em que o recurso extraordinário interposto não for admitido pelo Tribunal de origem, caberá Agravo de Instrumento a ser julgado pelo Supremo Tribunal Federal. Confira-se a redação do dispositivo em referência:

> Art. 544. Não admitido o recurso extraordinário ou o recurso especial, caberá agravo de instrumento, no prazo de 10 (dez) dias, para o Supremo Tribunal Federal ou para o Superior Tribunal de Justiça, conforme o caso.

Como visto, a competência para processar e julgar o Agravo de Instrumento é do Supremo Tribunal Federal, pois, uma vez inadmitido o Recurso Extraordinário pelo Tribunal de origem ou pela Turma Recursal, somente ao STF cabe avaliar se a hipótese dos autos traduz violação da CF. Em caso positivo, o Agravo de Instrumento será conhecido e provido para que o Recurso Extraordinário possa ser apreciado pelo tribunal próprio, qual seja, o STF.

A propósito do tema, o STF já editou a Súmula 640, cujo teor afasta o fundamento da Turma Recursal para a negativa de seguimento do AI, haja vista que expressamente legitima o cabimento de recurso extraordinário contra decisões da Turma Recursal. Por relevante, seu texto segue transcrito:

> Súmula 640/STF: "É cabível recurso extraordinário contra decisão proferida por juiz de primeiro grau nas causas de alçada, ou por Turma Recursal de Juizado Especial Cível e Criminal".

Dessa forma, ao negar seguimento ao Agravo de Instrumento interposto, sem dirigi-lo ao órgão competente para apreciá-lo e julgá-lo, a Turma Recursal age em patente usurpação de competência do Supremo Tribunal Federal, possibilitando o cabimento de reclamação para que a medida adequada à preservação da competência do STF seja imediatamente tomada.

Eis o dispositivo da Constituição Federal que autoriza a presente reclamação:

> Art. 102. Compete ao Supremo Tribunal Federal, precipuamente, a guarda da Constituição, cabendo-lhe:
> I - processar e julgar, originariamente:
> (...)
> l) a reclamação para a preservação de sua competência e garantia da autoridade de suas decisões;

Para que não haja dúvidas, segue mais um enunciado da Súmula do STF, cujo teor é aplicável diretamente à hipótese dos autos:

> Súmula 727/STF: Não pode o magistrado deixar de encaminhar ao Supremo Tribunal Federal o Agravo de Instrumento interposto da decisão que não admite recurso extraordinário, ainda que referente a causa instaurada no âmbito dos Juizados Especiais.

Por isso, fundada a presente reclamação em entendimento inclusive sumulado pelo STF, deve-se conhecer e dar provimento ao pedido aqui formulado, para que o STF possa apreciar o pedido formulado no Agravo de Instrumento e, passo seguinte, julgar o Recurso Extraordinário interposto contra a decisão da Turma Recursal do Juizado Especial.

3. DA LIMINAR

Como acima exposto, a decisão de inadmissibilidade do Agravo de Instrumento baseia-se em fundamento contrário à jurisprudência sumulada do STF e, por isso, deve ser reformada.

Sendo assim, a reclamante requer que seja deferida a medida liminar antes mesmo da notificação da reclamada, nos termos do art. 14, II, da Lei 8.038/1990, tendo em vista a relevância do fundamento (*fumus boni iuris*, representado pela usurpação da competência do STF) e o perigo na demora da decisão (*periculum in mora* – que, caso proferida apenas ao final, coloca em risco a repartição de competências constitucionalmente estabelecida).

4. DO PEDIDO

Por todo o exposto, diante da prova pré-constituída trazida aos autos (art. 13, parágrafo único, da Lei 8.038/1990), o reclamante requer que seja:

a) deferida a medida liminar, *inaudita altera pars*, para que o STF avoque o Agravo de Instrumento, determinando sua imediata remessa à Corte Suprema (art. 14, II, da Lei 8.038/1990);

b) determinada a notificação da autoridade reclamada para que preste todas as informações necessárias, no prazo de 10 dias (art. 14, I, da Lei 8.038/1990);

c) ouvido o representante do Ministério Público, para que opine no prazo de 5 dias (art. 16 da Lei 8.038/1990);

d) ao final, confirmada a liminar deferida, determine-se a medida adequada para a preservação da competência do STF, qual seja a imediata remessa dos autos do agravo de instrumento para o Supremo Tribunal Federal (art. 17 da Lei 8.038/1990) para, em seguida, julgar-se o Recurso Extraordinário, cumprindo-se imediatamente essa decisão, com posterior lavratura do acórdão (art. 18 da Lei 8.038/1990).

[Obs.: de acordo com a jurisprudência do STF e do STJ, não há condenação em honorários advocatícios em reclamação.]

Dá à causa o valor de R$ ... (valor por extenso), conforme previsão do art. 258 do CPC.

Termos em que pede deferimento

Vitória-ES, data ...

Advogado ...

OAB ...

[Não assine, rubrique ou, de outra forma, identifique sua prova!]

fim da peça

(OAB/Exame Unificado – 2007.2 – 2ª fase) PEÇA PROFISSIONAL. O Conselho de Magistratura do Tribunal de Justiça do Estado X, órgão judicial com atribuições disciplinares, emitiu o provimento n.º Y, datado de 6/6/2007 e publicado nessa data, determinando, em seu art. 3.º, que os advogados "serão atendidos, nos ofícios de Justiça de primeira instância e nos cartórios de segunda instância, a partir das 10 horas", reservando-se o intervalo das 9 às 10 horas "ao expediente interno das unidades cartorárias." O presidente da Seção da OAB do Estado X pretende impugnar o referido provimento, sob o argumento de que estaria sendo violado o art. 7.º, inciso VI, alínea c, da Lei n.º 8.906/1994, que permite ao advogado "ingressar livremente (...) em qualquer edifício ou recinto em que funcione repartição judicial (...), dentro do expediente ou fora dele, e ser atendido, desde que se ache presente qualquer servidor ou empregado." Requerida administrativamente a revogação do art. 3.º do provimento n.º Y, o presidente do Conselho, que é também presidente do Tribunal de Justiça do Estado X, defendeu a legalidade do ato, já que este estaria apoiado no regimento interno do tribunal, elaborado de acordo com o inciso I do art. 96 da Constituição Federal de 1988, o qual estabelece a competência do Conselho de Magistratura do referido tribunal para disciplinar os serviços internos do tribunal de justiça, em nome do tribunal de justiça. Instada a se manifestar, a assessoria jurídica da seção da OAB do estado X entendeu pela inviabilidade da impetração de vários mandados de segurança individuais para cada advogado daquela seção. Sustentou ainda pela inviabilidade da via do mandado de segurança individual, já que isso representaria uma impetração contra a lei em tese. Por outro lado, destacou que o regimento interno do respectivo tribunal atribui a competência do Conselho Especial para julgar mandados de segurança, *habeas data* e *habeas corpus*, contra ato de membro ou órgão do tribunal de justiça. A presidência da Seção da OAB do estado X, concordando em parte com os argumentos de sua assessoria jurídica, requereu ao advogado da instituição que preparasse a ação judicial cabível à espécie, na defesa dos advogados inscritos naquela seção. Na qualidade de advogado da seção da OAB do estado X, redija a peça jurídica mais adequada ao caso em tela, a qual deve ser datada com o último dia do prazo decadencial ou prescricional, com os argumentos que entender cabíveis, em especial os argumentos da assessoria jurídica e do presidente do conselho, atentando, ainda, para os seguintes pontos:

1. competência do órgão julgador;
2. legitimidade ativa e passiva;
3. argumentos em prol da ilegalidade do provimento n.º Y;
4. outros requisitos formais da peça judicial proposta.

ORGANIZAÇÃO DE IDEIAS

Observando o quadro presente na Introdução, a peça a ser elaborada é o mandado de segurança coletivo, pois os advogados da Seção do Estado X tiveram seu direito de ingressar livremente nos locais onde exercem seu ofício atingido por uma exigência ilegal prevista em ato normativo. O interesse é coletivo da categoria dos advogados que atuam no Estado X.

Para elaboração da peça **é essencial que o candidato leia atentamente a Lei 12.016/2009**, que regula o mandado de segurança e tem dispositivos específicos para o mandado de segurança coletivo, bem como o quadro esquemático do mandado de segurança, reproduzido nos comentários à primeira questão (2006.1).

Lembre-se de elaborar o mandado de segurança com fundamento no art. 5º, LXIX e LXX, da CF.

O prazo de 120 dias para impetração (art. 23 da Lei 12.016/2009) tem natureza decadencial e, portanto, não se interrompe ou suspende. Ainda que haja divergência na doutrina e na jurisprudência, deve ser contado a partir do dia da ciência do ato impugnado (inclusive), e não a partir do dia seguinte. Como o ato normativo impugnado é de efeitos concretos, a contagem se inicia no dia em que publicado, pois desde então pode produzir efeitos.

Aplicando as noções ao caso concreto, temos que:

a) Legitimidade ativa – Seção da Ordem dos Advogados do Brasil do Estado X (art. 5º, LXX, "b", da CF). Súmula 630/STF.

b) Legitimidade passiva – Conselho de Magistratura do Estado X, representado por seu Presidente.

c) Pessoa jurídica que a autoridade coatora integra – Estado X.

d) Ato coator – Provimento Y do Conselho de Magistratura do Estado X (art. 3º)

e) Fundamentos – Preliminares: inexistência de decadência; impetração contra ato de efeitos concretos (ausência de impedimento para a impetração de mandados de segurança individuais). Mérito: violação do art. 133 da CF e do art. 7º, VI, "b" e "c", da Lei 8.906/1994.

f) Competência jurisdicional – Conselho Especial do Tribunal de Justiça do Estado X (conforme previsão no Regimento Interno).

g) Outros requisitos formais – prazo de decadência; prova pré-constituída; pedido de liminar; pedido de notificação da autoridade coatora para prestar informações; pedido de ciência da pessoa jurídica para ingressar no feito; pedido de intimação do MP; pedido de prioridade de julgamento (após deferida a liminar); pedido de ratificação da liminar e de julgamento de procedência do pedido principal; valor da causa.

Eis a estrutura argumentativa (silogismo):

1. FATO: O art. 3º do Provimento Y/2007 do Conselho de Magistratura do Tribunal de Justiça do Estado X prevê que os advogados "serão atendidos, nos ofícios de Justiça de primeira instância e nos cartórios de segunda instância, a partir das 10 horas". Os advogados da Seção da OAB do Estado X encontram-se impossibilitados de ingressar no Tribunal antes das 10h;
2. DIREITO: Os advogados são invioláveis por seus atos e manifestações no exercício da profissão (art. 133 da CF). Os advogados podem ingressar livremente nos recintos próprios ao exercício de sua atividade profissional (art. 7º, VI, "b" e "c" do Estatuto da OAB).
3. CONCLUSÃO: **logo, é ilegal a limitação de horário para ingresso no Tribunal de Justiça do Estado X, tendo os advogados da Seção da OAB do Estado X direito ao ingresso naquela Corte.**

Comentário adicional

Sobre o tema, confira-se o seguinte precedente da Primeira Turma do STJ:

PROCESSUAL CIVIL. RECURSO ORDINÁRIO EM MANDADO DE SEGURANÇA (COLETIVO). ATO DO CONSELHO SUPERIOR DA MAGISTRATURA/TJSP QUE RESTRINGE PRERROGATIVA LEGAL DE ADVOGADO.

I - PRELIMINARES

1. Decadência: não há falar em extinção do direito de pleitear a segurança, porquanto não trata a hipótese de ato administrativo único, mas com efeitos permanentes, porém de atos administrativos sucessivos e autônomos, cada qual com prazo próprio e independente.

2. Impetração contra lei em tese: possuindo o ato normativo efeitos imediatos, independentemente de qualquer ato da Administração, não há falar em impetração contra lei em tese.

3. Suposta perda de objeto: não obstante já se tenha mencionado que a hipótese versa sobre atos administrativos sucessivos e autônomos, da análise dos autos verifica-se que a impetrante (ora recorrente) diligenciou apresentando requerimento para que os efeitos da segurança se estendessem, inicialmente, ao Provimento 910/2005 (fls. 108/109); depois, na própria petição de recurso ordinário, ao Provimento 987/2005; e, já nesta instância, ao Provimento 1.113/2006. Cumpre ressaltar que tais atos prorrogaram, continuamente, sempre "por mais seis meses", a restrição em comento, com exceção do último, que tem prazo indeterminado de vigência.

II - MÉRITO

1. Nos termos do art. 7º, VI, b e c, da Lei 8.906/94: "São direitos do advogado: (...) VI - ingressar livremente: (...) b) nas salas e dependências de audiências, secretarias, cartórios, ofícios de justiça, serviços notariais e de registro, e, no caso de delegacias e prisões, mesmo fora da hora de expediente e independentemente da presença de seus titulares; c) em qualquer edifício ou recinto em que funcione repartição judicial ou outro serviço público onde o advogado deva praticar ato ou colher prova ou informação útil ao exercício da atividade profissional, dentro do expediente ou fora dele, e ser atendido, desde que se ache presente qualquer servidor ou empregado." O preceito legal destacado garante ao advogado a liberdade necessária ao desempenho de suas funções, as quais não podem ser mitigadas por expedientes burocráticos impostos pelo Poder Público.

2. O ato atacado, em sua atual vigência (Provimento 1.113/2006 do Conselho Superior de Magistratura do Tribunal de Justiça do Estado de São Paulo), determina que os advogados e estagiários (inscritos na OAB) "serão atendidos, nos ofícios de Justiça de primeira instância e nos Cartórios de segunda instância, a partir das 10h00", reservando-se o intervalo de 9 às 10 horas "ao expediente interno das Unidades Cartorárias". Conforme se verifica, o ato impugnado viola prerrogativa da classe dos advogados, explicitada em texto legal.

3. Assim, o recurso merece parcial provimento para que, consequentemente, a ordem seja parcialmente concedida, determinando-se o afastamento da restrição em relação aos advogados, mantendo-se, no entanto, em relação aos estagiários inscritos na OAB, porquanto o art. 7º, VI, b e c, da Lei 8.906/94 a eles não se refere, não havendo norma legal que lhes assegure as prerrogativas ali previstas.

4. Recurso ordinário parcialmente provido.

(RMS 21524/SP, Rel. Min. Denise Arruda, Primeira Turma, julgado em 22/05/2007).

ELABORAÇÃO DA PEÇA PRÁTICO-PROFISSIONAL

[O que estiver entre colchetes constitui observação – não deve constar da peça.]

início da peça

Excelentíssimo Senhor Doutor Desembargador do Conselho Especial do Tribunal de Justiça do Estado X

[Deixe espaço de aproximadamente 10 cm para eventual despacho ou decisão do juiz.]

A Ordem dos Advogados do Brasil – Seccional do Estado X, representada por seu Presidente (qualificação – art. 282, II, do CPC), estabelecida em (endereço), por intermédio do advogado que firma a presente (procuração anexada), com escritório para recebimento de intimações em (endereço – art. 39, I, do CPC), vem à presença de Vossa Excelência, respeitosamente, impetrar o presente

MANDADO DE SEGURANÇA COLETIVO

COM PEDIDO DE LIMINAR

em face do Conselho de Magistratura do Estado X, representado por seu Presidente (qualificação – art. 282, II, do CPC), nos termos do artigo 5º, incisos LXIX e LXX, da Constituição Federal, e da Lei nº 12.016/2009, pelas razões a seguir aduzidas:

1. DOS FATOS

O Conselho de Magistratura do Tribunal de Justiça do Estado X, órgão judicial com atribuições disciplinares, emitiu o provimento n.º Y, datado de 6/6/2007 e publicado nessa data, determinando, em seu art. 3.º, que os advogados "serão atendidos, nos ofícios de Justiça de primeira instância e nos cartórios de segunda instância, a partir das 10 horas", reservando-se o intervalo das 9 às 10 horas "ao expediente interno das unidades cartorárias."

O presidente da Seção da OAB do Estado X impugnou administrativamente o referido provimento, sob o argumento de que estaria sendo violado o art. 7.º, inciso VI, alínea "c", da Lei n.º 8.906/1994, que permite ao advogado "ingressar livremente (...) em qualquer edifício ou recinto em que funcione repartição judicial (...), dentro do expediente ou fora dele, e ser atendido, desde que se ache presente qualquer servidor ou empregado."

Ao julgar o pedido administrativo, o presidente do Conselho de Magistratura, que é também presidente do Tribunal de Justiça do Estado X, defendeu a legalidade do ato, já que este estaria apoiado no regimento interno do tribunal, elaborado de acordo com o inciso I do art. 96 da Constituição Federal de 1988, o qual estabelece a competência do Conselho de Magistratura do referido tribunal para disciplinar os serviços internos do tribunal de justiça, em nome do tribunal de justiça.

Ocorre que o art. 3º do Provimento Y/2007, do Conselho de Magistratura do Tribunal de Justiça do Estado X, fere frontalmente direitos assegurados por lei à categoria dos advogados, conforme se demonstrará a seguir.

2. DO DIREITO

2.1. PRELIMINARMENTE

a) Competência do órgão julgador

O Tribunal do Estado X, em obediência ao art. 96, I, "a", da CF, elaborou seu Regimental Interno que, por sua vez, atribui ao Conselho Especial do Tribunal de Justiça do Estado X a competência para processar e julgar mandados de segurança, *habeas data* e *habeas corpus* contra ato de membro ou de órgão do Tribunal de Justiça.

Dessa forma, endereçada a petição a um dos Desembargadores do Conselho Especial, observada está a competência de julgamento.

b) Legitimidade ativa e passiva

A Seccional da Ordem dos Advogados do Brasil do Estado X, com fundamento no art. 5º, LXX, "b", da CF, tem legitimidade para representar judicialmente os membros inscritos na Seção do Estado e, por isso, impetrar o presente mandado de segurança Coletivo, pois se encontra em jogo a defesa dos interesses de seus membros.

A hipótese, como defendida em doutrina, é de substituição processual, tendo a Seção da OAB do Estado X legitimidade ativa extraordinária, pois age em nome próprio, mas na defesa de interesse coletivo de parte da categoria dos advogados, qual seja daqueles inscritos nessa seccional.

A legitimação ativa já foi inclusive objeto de súmula da jurisprudência do STF, com o seguinte teor: "Súmula nº 630 - A entidade de classe tem legitimação para o mandado de segurança ainda quando a pretensão veiculada interesse apenas a uma parte da respectiva categoria".

Portanto, não há dúvidas quanto à possibilidade de impetração do *mandamus* pela OAB-Seção do Estado X.

Tampouco há maiores questionamentos acerca da legitimidade passiva, uma vez que o ato impugnado foi editado pelo Conselho de Magistratura do Estado X, que é representado por seu Presidente (inclusive foi ele a autoridade responsável pelo indeferimento do pedido administrativo de impugnação do ato coator).

c)Inexistência de impetração contra lei em tese

Outro ponto a ser destacado é a inexistência de impetração contra "lei em tese", não atraindo o caso aplicação da Súmula 266/STF.

Isso porque do ato impugnado decorrem efeitos concretos, que atingem diretamente a esfera jurídica dos advogados que atuam na Seccional do Estado X, já que estão sendo impedidos de ingressar no Tribunal entre 9h e 10h por força do art. 3º do Provimento Y/2007 do Conselho da Magistratura.

d) Observância do prazo decadencial

Encontra-se também observado o prazo decadencial de 120 dias para impetração de mandado de segurança, previsto no art. 23 da Lei 12.016/2009.

Considerando que a contagem do prazo tem início no dia da ciência do ato impugnado, o termo inicial é a data de publicação do Provimento Y/2006, vale dizer, 6/6/2007. Assim, dada a impossibilidade de suspensão ou de interrupção dos prazos decadenciais, o prazo esgota-se em 3/10/2007, data da presente impetração.

e) Prova pré-constituída

Todas as provas necessárias para a configuração da liquidez e da certeza do direito alegado encontram-se anexadas à petição inicial (protocolada em duas vias – art. 6º da Lei 12.016/2009), satisfazendo o requisito da prova pré-constituída para impetração do mandado de segurança.

2.2. Mérito

A advocacia é função essencial à justiça e, pelo texto do art. 133 da CF, o advogado é inviolável pelas manifestações no exercício da profissão:

> Art. 133. O advogado é indispensável à administração da justiça, sendo inviolável por seus atos e manifestações no exercício da profissão, nos limites da lei.

O exercício da profissão de advogado não diz respeito apenas à elaboração de peças, mas também – e por exemplo – à consulta com clientes, à marcação de audiências com juízes e promotores e, no que aqui interessa, à consulta ao andamento dos processos e vista dos autos em cartório.

Dessa forma, o Provimento Y/2007 do Conselho de Magistratura, fere frontalmente o pleno exercício da advocacia, assegurado constitucionalmente.

Ademais, o texto do art. 3º do ato normativo atacado esvazia a prerrogativa do advogado de ingressar livremente nas repartições públicas de interesse da profissão dentro do expediente estabelecido (e até mesmo fora dele), categoricamente garantida pelo Estatuto da Advocacia em seu art. 7º, VI, "b" e "c".

Para que não haja dúvidas, segue a redação do artigo em referência:

> Art. 7º São direitos do advogado:
> (...)
> VI - ingressar livremente:
> (...)
> b) nas salas e dependências de audiências, secretarias, cartórios, ofícios de justiça, serviços notariais e de registro, e, no caso de delegacias e prisões, mesmo fora da hora de expediente e independentemente da presença de seus titulares;
> c) em qualquer edifício ou recinto em que funcione repartição judicial ou outro serviço público onde o advogado deva praticar ato ou colher prova ou informação útil ao exercício da atividade profissional, dentro do expediente ou fora dele, e ser atendido, desde que se ache presente qualquer servidor ou empregado;

Por isso, ante ao malferimento da Constituição e, mais diretamente, da Lei 8.906/1994, o art. 3º do Provimento Y/2007 do Conselho de Magistratura do Estado Y deve ser declarado ilegal por este Conselho Especial e ter seus efeitos imediatamente afastados, para que os advogados voltem a gozar da prerrogativa de pleno acesso às repartições judiciárias.

3. DA LIMINAR

Como acima exposto, o ato coator viola diretamente o texto do art. 7º, VI, "b" e "c" do Estatuto da Advocacia e, por isso, não pode produzir efeitos. Caso a liminar não seja concedida, os advogados continuarão privados de exercer sua atividade profissional entre 9h e 10h, o que trará inúmeros prejuízos às partes e ao andamento processual.

Sendo assim, a impetrante requer que seja deferida a medida liminar antes mesmo da notificação da autoridade coatora, nos termos do art. 7º, III, da Lei 12.016/2009, tendo em vista a relevância do fundamento (*fumus boni iuris*, representado pela ilegalidade do Provimento Y/2007) e o perigo na demora da decisão (*periculum in mora* – que, caso proferida apenas ao final, coloca em risco o acompanhamento dos feitos, os interesses patrocinados e, em última análise, a própria prestação jurisdicional).

4. DO PEDIDO

Por todo o exposto, obedecido ao prazo decadencial de 120 dias (art. 23 da Lei 12.016/2009), a impetrante requer que seja:

a) deferida a medida liminar, *inaudita altera pars*, para, suspendendo o ato impugnado, determinar que os advogados tenham livre ingresso nas repartições judiciárias durante o expediente cartorário (art. 7º, III, da Lei 12.016/2009) até a decisão final do presente mandado de segurança;

b) determinada a notificação da autoridade coatora, enviando-lhe todas as cópias dos documentos que instruem a inicial, para que preste todas as informações necessárias, no prazo de 10 dias (art. 7º, I, da Lei 12.016/2009);

c) dada ciência ao Estado X, por intermédio de sua procuradoria, enviando-lhe cópia da inicial para que, querendo, ingresse no feito (art. 7º, II, da Lei 12.016/2009);

d) ouvido o representante do Ministério Público, para que opine no prazo de 10 dias (art. 12 da Lei 12.016/2009);

e) reconhecida a prioridade do julgamento da causa, caso deferida a liminar (art. 7º, § 4º, da Lei 12.016/2009);

f) ao final, confirmada a liminar deferida, concedendo-se definitivamente a segurança pleiteada para que os advogados inscritos na Seção do Estado X possam exercer livremente sua atividade profissional, declarando-se incidentalmente a ilegalidade do art. 3º do Provimento Y/2007, do Conselho de Magistratura do Estado X.

Dá à causa o valor de R$ ... (valor por extenso), conforme previsão do art. 258 do CPC.

[Obs.: toda a prova deve ser juntada à inicial, pois o direito é líquido e certo e não se admite dilação probatória. Não há condenação em honorários advocatícios em mandado de segurança: Súmulas 512/STF 105/STJ.]

Termos em que pede deferimento

Local ..., 3 de outubro de 2007.

[Datada com o último dia do prazo decadencial para impetração.]

Advogado ...

OAB ...

[Não assine, rubrique ou, de outra forma, identifique sua prova!]

fim da peça

(OAB/Exame Unificado – 2007.3 – 2ª fase) PEÇA PROFISSIONAL. Um contingente de servidores públicos do município A, inconformado com a política salarial adotada pelo governo municipal, decidiu, após ter realizado paralisação grevista sem qualquer sucesso, tomar providências para fazer valer um suposto direito a reajuste de 15% sobre o vencimento básico percebido. O referido valor corresponderia a um aumento remuneratório real, equiparando ao reajuste obtido, nos últimos três anos, por diversas classes profissionais. Os servidores públicos procuraram a entidade sindical correspondente e esta decidiu ajuizar, na justiça comum, ação ordinária a fim de satisfazer o pleito apresentado. Dada a premência do tempo em ver reconhecido, pelo Judiciário, o reajuste de 15%, a entidade sindical formulou, na própria petição inicial, pedido de antecipação de tutela, sob a alegação de que, na situação, estavam em jogo verbas de caráter nitidamente alimentar, o que reforçaria a necessidade de um provimento judicial mais célere. Ao fazer uma primeira análise, o juiz do feito decidiu indeferir o pedido de tutela antecipada. Após pedido de reconsideração formulado pela entidade sindical, o juiz decidiu reverter seu primeiro posicionamento e optou por deferir o pedido de tutela antecipada, determinando a imediata implantação em folha de pagamento do reajuste de 15% sobre o vencimento básico dos servidores públicos. Inconformado com a decisão judicial, o município decidiu contratar serviços advocatícios para promover as medidas cabíveis e reverter a situação o quanto antes, em virtude do iminente impacto orçamentário do reajuste concedido. O advogado tentou, por todos os modos possíveis, suspender a decisão que concedeu a tutela antecipada no tribunal de justiça competente, sem ter obtido êxito. A antecipação de tutela continua mantida, em toda sua extensão, e o mérito da ação ainda não foi apreciado. Sabe-se que o Supremo Tribunal Federal, no julgamento da ADC-MC 4, assim decidiu: "Medida cautelar deferida, em parte, por maioria de votos, para se suspender, *ex nunc*, e com efeito vinculante, até o julgamento final da ação, a concessão de tutelar antecipada contra a Fazenda Pública, que tenha por pressuposto a constitucionalidade ou inconstitucionalidade do Art. 1.º da Lei n.º 9.494, de 10/9/1997, sustando-se, igualmente *ex nunc*, os efeitos futuros das decisões já proferidas, nesse sentido". Diante da situação hipotética apresentada, na condição de advogado do município A, redija a peça judicial apropriada para o caso, a ser apresentada ao órgão judicial competente, com os argumentos que reputar pertinentes.

ORGANIZAÇÃO DE IDEIAS

A ação cabível para garantir a autoridade de decisão do STF (no caso, na ADC-MC 4) é a reclamação.

Determinada a peça processual a ser elaborada, delimitemos seus aspectos principais:

a) Legitimidade ativa – Município A.

b) Legitimidade passiva – Juiz de Direito que deferiu a antecipação dos efeitos da tutela.

c) Mérito – violação do art. 1º da Lei 9.494/1997; afronta à autoridade da decisão do STF na ADC-MC 4.

d) Competência – Presidente do Supremo Tribunal Federal (art. 102, I, "l", da CF c/c art. 13, parágrafo único, da Lei 8.038/1990).

e) Outros requisitos formais – prova pré-constituída (art. 13, parágrafo único, da Lei 8.038/1990); pedido de liminar (art. 14, II, da Lei 8.038/1990); pedido de notificação do reclamado para prestar informações (art. 14, I, da Lei 8.038/1990); pedido de intimação do sindicato-autor; pedido de intimação do MP (art. 16 da Lei 8.038/1990); pedido de ratificação da liminar e de determinação da medida adequada à garantia da autoridade da decisão do STF (art. 17, da Lei 8.038/1990); valor da causa (art. 258 do CPC).

Eis a estrutura argumentativa (silogismo):

1. FATO: juiz de primeiro grau deferiu antecipação dos efeitos da tutela, em ação de rito ordinário, para determinar a imediata implantação em folha de pagamento do reajuste de 15% sobre o vencimento básico dos servidores públicos do Município A, referente ao aumento obtido, nos últimos três anos, por diversas classes profissionais.

O mérito da ação não foi apreciado e a decisão antecipatória não foi cassada pelo Tribunal de Justiça;

2. DIREITO: O art. 1º da Lei 9.494/1997 proíbe a concessão de tutela antecipada contra a Fazenda Pública que implique reclassificação ou equiparação de servidores públicos ou, ainda, para a concessão de aumento ou extensão de vantagens ou pagamento de qualquer natureza. O STF decidiu, na ADC-MC 4, que não cabe ao Judiciário aumentar ou estender vantagens a servidores públicos em tutela antecipada, sob o fundamento da inconstitucionalidade do art. 1º da Lei 9.494/1997;

3. CONCLUSÃO: **logo, viola a eficácia vinculante da decisão do STF na ADC-MC 4 a decisão do juiz de primeiro grau que defere tutela antecipada para determinar reajuste de servidores públicos.**

Comentários adicionais

O procedimento da Reclamação está previsto nos arts. 13 a 18 da Lei 8.038/1990, que deverá constar do material de prova.

Note que o art. 7º, §§ 2º e 5º da Lei 12.016/2009 não permite a concessão de tutela antecipada em mandado de segurança para aumento ou extensão de vantagens de servidor público (o caso narrado, entretanto, envolve ação de rito ordinário).

Para melhor compreensão da questão, eis a ementa da ADC-MC 4:

EMENTA: AÇÃO DIRETA DE CONSTITUCIONALIDADE DO ART. 1º DA LEI N 9.494, DE 10.09.1997, QUE DISCIPLINA A APLICAÇÃO DA TUTELA ANTECIPADA CONTRA A FAZENDA PÚBLICA. MEDIDA CAUTELAR: CABIMENTO E ESPÉCIE, NA A.D.C. REQUISITOS PARA SUA CONCESSÃO.

1. Dispõe o art. 1º da Lei nº 9.494, da 10.09.1997: "Art. 1º . Aplica-se à tutela antecipada prevista nos arts. 273 e 461 do Código de Processo Civil, o disposto nos arts 5º e seu parágrafo único e art. 7º da Lei nº 4.348, de 26 de junho de 1964, no art. 1º e seu § 4º da Lei nº 5.021, de 09 de junho de 1966, e nos arts. 1º, 3º e 4º da Lei nº 8.437, de 30 de junho de 1992."

2. Algumas instâncias ordinárias da Justiça Federal têm deferido tutela antecipada contra a Fazenda Pública, argumentando com a inconstitucionalidade de tal norma. Outras instâncias igualmente ordinárias e até uma Superior – o STJ – a têm indeferido, reputando constitucional o dispositivo em questão.

3. Diante desse quadro, é admissível Ação Direta de Constitucionalidade, de que trata a 2ª parte do inciso I do art. 102 da C.F., para que o Supremo Tribunal Federal dirima a controvérsia sobre a questão prejudicial constitucional. Precedente: A.D.C. n 1. Art. 265, IV, do Código de Processo Civil.

4. As decisões definitivas de mérito, proferidas pelo Supremo Tribunal Federal, nas Ações Declaratórias de Constitucionalidade de lei ou ato normativo federal, produzem eficácia contra todos e até efeito vinculante, relativamente aos demais órgãos do Poder Judiciário e ao Poder Executivo, nos termos do art. 102, § 2º, da C.F.

5. Em Ação dessa natureza, pode a Corte conceder medida cautelar que assegure, temporariamente, tal força e eficácia à futura decisão de mérito. E assim é, mesmo sem expressa previsão constitucional de medida cautelar na A.D.C., pois o poder de acautelar é imanente ao de julgar. Precedente do S.T.F.: RTJ-76/342.

6. Há plausibilidade jurídica na arguição de constitucionalidade, constante da inicial (*fumus boni iuris*). Precedente: ADIMC - 1.576-1.

7. Está igualmente atendido o requisito do "*periculum in mora*", em face da alta conveniência da Administração Pública, pressionada por liminares que, apesar do disposto na norma impugnada, determinam a incorporação imediata de acréscimos de vencimentos, na folha de pagamento de grande número de servidores e até o pagamento imediato de diferenças atrasadas. E tudo sem o precatório exigido pelo art. 100 da Constituição Federal, e, ainda, sob as ameaças noticiadas na inicial e demonstradas com os documentos que a instruíram.

8. Medida cautelar deferida, em parte, por maioria de votos, para se suspender, *ex nunc*, e com efeito vinculante, até o julgamento final da ação, a concessão de tutela antecipada contra a Fazenda Pública, que tenha por pressuposto a constitucionalidade ou inconstitucionalidade do art. 1º da Lei nº 9.494, de 10.09.97, sustando-se, igualmente *ex nunc*, os efeitos futuros das decisões já proferidas, nesse sentido (ADC 4 MC, Rel. Min. Sydney Sanches, Tribunal Pleno, julgado em 11/02/1998).

ELABORAÇÃO DA PEÇA PRÁTICO-PROFISSIONAL

[O que estiver entre colchetes constitui observação – não deve constar da peça.]

início da peça

Excelentíssimo Senhor Doutor Ministro Presidente do Supremo Tribunal Federal

[Deixe espaço de aproximadamente 10 cm para eventual despacho ou decisão do juiz.]

Município A, por seu advogado que firma a presente (procuração anexada), com escritório para recebimento de intimações na (endereço – art. 39, I, do CPC), vem à presença de Vossa Excelência, respeitosamente, propor a presente

RECLAMAÇÃO CONSTITUCIONAL COM PEDIDO DE LIMINAR

em face do Juiz de primeiro grau que proferiu decisão antecipando a tutela requerida nos autos da ação de rito ordinário nº ..., nos termos do artigo 102, I, "l", da Constituição Federal, e dos arts. 13 a 18 Lei nº 8.038/1990, pelas razões a seguir aduzidas:

1. DOS FATOS

Um contingente de servidores públicos do município A, inconformado com a política salarial adotada pelo governo municipal, decidiu, após ter realizado paralisação grevista sem qualquer sucesso, tomar providências para fazer valer um suposto direito a reajuste de 15% sobre o vencimento básico percebido.

O referido valor corresponderia a um aumento remuneratório real, equiparando ao reajuste obtido, nos últimos três anos, por diversas classes profissionais.

Os servidores públicos procuraram a entidade sindical correspondente e esta decidiu ajuizar, na justiça comum, ação ordinária a fim de satisfazer o pleito apresentado. (doc. 1)

Dada a premência do tempo em ver reconhecido, pelo Judiciário, o reajuste de 15%, a entidade sindical formulou, na própria petição inicial, pedido de antecipação de tutela, sob a alegação de que, na situação, estavam em jogo verbas de caráter nitidamente alimentar, o que reforçaria a necessidade de um provimento judicial mais célere.

O juiz do feito, reconsiderando a decisão anterior que indeferira o pedido de antecipação dos efeitos da tutela, optou por deferir o pedido de tutela antecipada, determinando a imediata implantação em folha de pagamento do reajuste de 15% sobre o vencimento básico dos servidores públicos. (doc. 2)

Inconformado com a decisão judicial, o município autor tentou, por todos os modos possíveis, suspender a decisão que concedeu a tutela antecipada no tribunal de justiça competente, sem ter obtido êxito (doc. 3). A antecipação de tutela continua mantida, em toda sua extensão, e o mérito da ação ainda não foi apreciado.

A decisão do juiz singular, além do forte impacto orçamentário, violou a eficácia vinculante da decisão do STF proferida na ADC-MC 4, bem como o disposto nos arts. 1º e 2º-B da Lei 9.494/1997, como se passa a expor.

2. DO DIREITO

O art. 1º da Lei 9.494/1997 impede a concessão de tutela antecipada contra a Fazenda Pública visando, por exemplo, à reclassificação ou à equiparação de servidores públicos, ou à concessão de aumento ou extensão de vantagens.

Diante de inúmeros questionamentos sobre sua constitucionalidade, o Supremo Tribunal Federal, no julgamento da Medida Cautelar na Ação Declaratória de Constitucionalidade nº 4, decidiu suspender, *ex nunc*, e com efeito vinculante, até o julgamento final da ação direta, a concessão de tutela antecipada contra a Fazenda Pública que tenha por pressuposto a constitucionalidade ou inconstitucionalidade do art. 1.º da Lei n.º 9.494, de 10/9/1997, sustando-se, igualmente *ex nunc*, os efeitos futuros das decisões já proferidas, nesse sentido.

No caso em análise, muito embora o juiz da causa não tenha declarado expressamente a inconstitucionalidade do art. 1º da Lei 9.494/1997, deixou de observar o seu comando expresso. Com efeito, as leis não podem deixar de ser aplicadas, a não ser sob o fundamento de sua inconstitucionalidade.

Dessa forma, não há como afastar o entendimento de que o juiz de primeiro grau, em última análise, concluiu pela inconstitucionalidade do art. 1º da Lei 9.494/1997. Sob essa perspectiva, sua decisão violou a autoridade do julgamento, com eficácia vinculante (art. 102, § 2º, da CF), da ADC-MC 4, razão por que o pedido formulado na presente Reclamação deve ser julgado procedente.

3. DA LIMINAR

Como acima exposto, a decisão do juiz de primeiro grau afronta a autoridade da decisão vinculante do STF na ADC-MC 4 e, por isso, deve ter seus efeitos suspensos.

Sendo assim, o município reclamante requer que seja deferida a medida liminar antes mesmo da notificação do reclamado, nos termos do art. 14, II, da Lei 8.038/1990, tendo em vista a relevância do fundamento (*fumus boni iuris*, representado pela necessidade de garantia da eficácia vinculante da decisão do STF proferida em ADC) e o perigo na demora da decisão (*periculum in mora* – que, caso proferida apenas ao final, coloca em risco não só o orçamento do município mas, também, a autoridade das decisões do STF).

4. DO PEDIDO

Por todo o exposto, diante da prova pré-constituída trazida aos autos (art. 13, parágrafo único, da Lei 8.038/1990), o reclamante requer que seja:

a) deferida a medida liminar, *inaudita altera pars*, para que o STF suspenda os efeitos da decisão reclamada e determine a cessação do reajuste de 15% incluído na folha de pagamento dos servidores municipais (art. 14, II, da Lei 8.038/1990), até a decisão final da presente Reclamação;

b) determinada a notificação da autoridade reclamada para que preste todas as informações necessárias, no prazo de 10 dias (art. 14, I, da Lei 8.038/1990);

c) determinada a intimação do Sindicato dos Servidores Públicos do Município A para, querendo, ingressar no feito;

d) ouvido o representante do Ministério Público, para que opine no prazo de 5 dias (art. 16 da Lei 8.038/1990);

e) ao final, confirmada a liminar deferida, determine-se a medida adequada para a garantia da autoridade da decisão do STF na ADC-MC 4, qual seja a definitiva sustação dos efeitos da decisão que antecipou os efeitos da tutela, para que o reajuste de 15% da remuneração dos servidores representados pelo sindicato seja excluído da folha de pagamento (art. 17 da Lei 8.038/1990), cumprindo-se imediatamente essa decisão, com posterior lavratura do acórdão (art. 18 da Lei 8.038/1990).

[Obs.: de acordo com a jurisprudência do STF e do STJ, não há condenação em honorários advocatícios em reclamação.]

Dá à causa o valor de R$ ... (valor por extenso), conforme previsão do art. 258 do CPC.

Termos em que pede deferimento

Município A, data ... .

Advogado ...

OAB ...

[Não assine, rubrique ou, de outra forma, identifique sua prova!]

fim da peça

(OAB/Exame Unificado – 2008.1 – 2ª fase) PEÇA PROFISSIONAL. O presidente da República apresenta ao Congresso Nacional proposição legislativa que trata de criação, transformação em estado ou reintegração ao estado de origem de territórios federais. O trâmite da proposição tem início na Câmara dos Deputados. Após análise nas comissões específicas, que não veem vício de qualquer natureza na proposição legislativa, esta segue para votação em plenário. Durante uma sessão tumultuada, com a ausência de 213 deputados federais e sob protesto da bancada oposicionista presente, a proposição é votada com o seguinte resultado: 197 votos favoráveis, 95 votos contrários e 8 abstenções. A proposição é, então, dada por aprovada em 31/3/2008 e encaminhada para análise e deliberação do Senado Federal. Ainda quando em trâmite no Senado Federal, um deputado federal que não esteve presente no momento da votação procura os serviços de um advogado, alegando que tem dúvidas sobre o trâmite regular da proposição legislativa na Câmara dos Deputados. Informa, ainda, que há previsão de a proposição legislativa ser votada no Senado Federal em um prazo de sete dias. Em face da situação hipotética apresentada, na qualidade de advogado(a) do deputado federal, redija a peça jurídica mais adequada ao caso, levando em conta que a citada proposição legislativa ainda se encontra em trâmite no Senado Federal e atentando aos seguintes aspectos:

- ✓ competência do órgão julgador;
- ✓ legitimidade ativa e passiva;
- ✓ argumentos de mérito;
- ✓ requisitos formais da peça judicial proposta.

ORGANIZAÇÃO DE IDEIAS

Observando o quadro presente na Introdução, a peça a ser elaborada é o mandado de segurança, pois o deputado federal teve seu direito líquido e certo ao devido processo legislativo atingido por uma votação que não observou o procedimento da CF.

Para elaboração da peça **é essencial que o candidato leia atentamente a Lei 12.016/20009**, que regula o mandado de segurança, bem como o quadro esquemático do mandado de segurança, reproduzido nos comentários à primeira questão (2006.1).

Aplicando as noções ao caso concreto, temos que:

a) Legitimidade ativa – Deputado Federal.

b) Legitimidade passiva – Mesa da Câmara dos Deputados, por seu Presidente.

c) Pessoa jurídica que a autoridade coatora integra – União

d) Ato coator – votação da proposição legislativa sob o rito de lei ordinária

e) Mérito – violação dos art. 18, §§ 2º e 3º e do art. 69, ambos da CF

f) Competência jurisdicional – Supremo Tribunal Federal (art. 102, I, "d", da CF).

g) Outros requisitos formais – prazo de decadência; prova pré-constituída; pedido de liminar; pedido de notificação da autoridade coatora para prestar informações; pedido de ciência da pessoa jurídica para ingressar no feito; pedido de intimação do MP; pedido de prioridade de julgamento (após deferida a liminar); pedido de ratificação da liminar e de julgamento de procedência do pedido principal; valor da causa.

Eis a estrutura argumentativa (silogismo):

1. FATO: proposição legislativa sobre a criação, transformação em estado ou reintegração ao estado de origem de territórios federais seguiu o rito de votação de lei ordinária (maioria simples) na Câmara dos Deputados. Foi aprovada e o texto seguiu para o Senado Federal;
2. DIREITO: A criação de territórios federais, sua transformação em Estado ou sua reintegração ao Estado de origem são reguladas por lei complementar (art. 18, § 2º, da CF). As leis complementares são aprovadas por maioria absoluta (art. 69 da CF);
3. CONCLUSÃO: **logo, a proposição legislativa aprovada por maioria simples é inconstitucional, tendo o deputado federal direito líquido e certo ao devido processo legislativo.**

Comentário adicional

Confiram-se os precedentes abaixo, relativos ao tema aqui discutido:

EMENTA: AGRAVO REGIMENTAL. MANDADO DE SEGURANÇA IMPETRADO POR DEPUTADOS FEDERAIS CONTRA ATO OMISSIVO DO PRESIDENTE DA REPÚBLICA. ACORDO INTERNACIONAL ASSINADO POR MINISTRO DE ESTADO. OMISSÃO DO PRESIDENTE DA REPÚBLICA EM SUBMETER O ATO AO CONGRESSO NACIONAL. DIREITO SUBJETIVO INEXISTENTE. PRECEDENTES.

1. Não tem legitimidade ativa *ad causam* para impetrar mandado de segurança o parlamentar que pretende defender prerrogativa do Congresso Nacional, visto que "direito individual, para fins de mandado de segurança, é o que pertence a quem o invoca e não apenas à sua categoria, corporação ou associação de classe" (Hely Lopes Meirelles, in "Mandado de Segurança e Ação Popular", 18ª ed., Malh. Edit. 1997, p. 34).

2. O mandado de segurança não é meio idôneo para a defesa de mero interesse reflexo de norma objetiva, dado que se destina à proteção de direito subjetivo.

3. Esta Corte tem admitido a legitimidade dos parlamentares para impetrar mandado de segurança fundamentado na ilegalidade ou inconstitucionalidade do andamento do processo legislativo. Hipótese não verificada na espécie.

4. Incabível a alegação de invalidade jurídica do ato internacional por ter sido assinado por autoridade absolutamente incompetente, uma vez que, tendo sido celebrado o acordo em 18 de abril de 2000, de há muito se operou a decadência.
5. Pelo fundamento da omissão do Presidente da República em submeter o ato ao Congresso Nacional, o mandado de segurança está prejudicado, visto que o referido ato internacional já foi encaminhado à apreciação do Congresso Nacional por meio da Mensagem Presidencial nº 296, de 02 de abril de 2001 (D.O.U. de 03.04.01).

6. Quando o poder público se abstém do dever de cumprir a Constituição, cabe ação direta de inconstitucionalidade por omissão (CF, artigo 103, § 2º).

(...)

8. Inaplicável o § 2º do artigo 1º da Lei nº 1.533/51, pois o direito porventura violado não caberia a várias pessoas, mas apenas ao Congresso Nacional, que tem legitimidade para, em juízo, defender suas prerrogativas. Agravo regimental a que se nega provimento. (MS 23914 AgR, Rel. Min. Maurício Corrêa, Tribunal Pleno, julgado em 20/06/2001)

EMENTA: MANDADO DE SEGURANÇA CONTRA ATO DO SENADO FEDERAL. PROVIMENTO DE QUESTÃO DE ORDEM, EM GRAU DE RECURSO PARA O PLENÁRIO, PARA ARQUIVAMENTO DO REQUERIMENTO Nº 198/96, QUE PROPÕE A CRIAÇÃO DA CHAMADA "CPI DOS BANCOS", POR FALTA DE INDICAÇÃO DO FATO DETERMINADO A SER APURADO (CF, ART. 58, § 3º) E DO LIMITE DAS DESPESAS A SEREM REALIZADAS (RI-SF, ART. 145, § 1º). PRELIMINARES. INUTILIDADE DA PRESTAÇÃO DA TUTELA JURISDICIONAL.

I - PRELIMINARES.

1ª) Considera-se "ato da Mesa", para efeito de mandado de segurança (CF, art. 102, I, d), o provimento de questão de ordem pelo Plenário, em grau de recurso interposto contra decisão do Presidente do Senado, eis que, neste caso, o Plenário atua como órgão de 2ª instância das decisões da Mesa Diretora.

2ª) Pedido não conhecido quanto ao fundamento regimental de ofensa ao § 1º do art. 145 do RI-SF (indicação, no requerimento, do limite das despesas a serem realizadas pela CPI), por se tratar de matéria *interna corporis* do Poder Legislativo, não sujeita à apreciação pelo Poder Judiciário. Precedente: MS nº 22.503-3-DF. Pedido que poderia ser conhecido, em parte, nos limites do fundamento constitucional de ofensa ao art. 58, § 3º, da Constituição (indicação, no requerimento, do fato determinado a ser apurado pela CPI); Tendo o ato impugnado (provimento de questão de ordem que determina arquivar requerimento que propõe criação de CPI) dois fundamentos suficientes (um constitucional e outro regimental) e não podendo a prestação da tutela jurisdicional abranger todos eles, constata-se, de plano, a sua absoluta inutilidade, eis que o ato restaria ileso pelo outro fundamento. Tanto a doutrina como a jurisprudência do Supremo Tribunal Federal entendem que não se presta a tutela jurisdicional, inclusive em mandado de segurança, quando a decisão não traz proveito aos impetrantes. Aplicação do princípio contido na Súmula 283 e no MS nº 20.4 98-DF.

2. Mandado de segurança não conhecido. (MS 22494, Rel. Min. Maurício Corrêa, Tribunal Pleno, julgado em 19/12/1996).

ELABORAÇÃO DA PEÇA PRÁTICO-PROFISSIONAL

[O que estiver entre colchetes constitui observação – não deve constar da peça.]

início da peça

Excelentíssimo Senhor Doutor Ministro Presidente do Supremo Tribunal Federal

[Deixe espaço de aproximadamente 10 cm para eventual despacho ou decisão do juiz.]

Deputado Federal – qualificação: art. 282, II, do CPC –, (nacionalidade), (estado civil), (profissão), (endereço), portador de carteira de identidade número ... e inscrito no CPF/MF sob o número ..., por seu advogado que firma a presente (procuração anexada), com escritório para recebimento de intimações em (endereço – art. 39, I, do CPC), vem à presença de Vossa Excelência, respeitosamente, impetrar o presente

MANDADO DE SEGURANÇA COM PEDIDO DE LIMINAR

em face da Mesa da Câmara dos Deputados, representada por seu Presidente (qualificação – art. 282, II, do CPC), nos termos do artigo 5º, inciso LXIX, da Constituição Federal, e da Lei nº 12.016/2009, pelas razões a seguir aduzidas:

1. DOS FATOS

O presidente da República apresenta ao Congresso Nacional proposição legislativa que trata de criação, transformação em estado ou reintegração ao estado de origem de territórios federais.

O trâmite da proposição tem início na Câmara dos Deputados. Após análise nas comissões específicas, que não veem vício de qualquer natureza na proposição legislativa, esta seguiu para votação em plenário.

Durante uma sessão tumultuada, com a ausência de 213 deputados federais e sob protesto da bancada oposicionista presente, a proposição foi votada com o seguinte resultado: 197 votos favoráveis, 95 votos contrários e 8 abstenções. A proposição foi, então, dada por aprovada em 31/3/2008, e encaminhada para análise e deliberação do Senado Federal.

Ocorre que o procedimento de votação não observou as regras previstas na Constituição Federal, como adiante se verá.

2. DO DIREITO

2.1. PRELIMINARMENTE

a) Competência do órgão julgador

De acordo com o art. 102, I, "d", da CF, é da competência originária do STF o processamento e o julgamento de mandado de segurança impetrado contra a Mesa da Câmara dos Deputados:

> Art. 102. Compete ao Supremo Tribunal Federal, precipuamente, a guarda da Constituição, cabendo-lhe:
>
> I processar e julgar, originariamente:
>
> (...)
>
> d) o "habeas-corpus", sendo paciente qualquer das pessoas referidas nas alíneas anteriores; o mandado de segurança e o "habeas-data" contra atos do Presidente da República, das Mesas da Câmara dos Deputados e do Senado Federal, do Tribunal de Contas da União, do Procurador-Geral da República e do próprio Supremo Tribunal Federal;

Assim, não há dúvida quanto à apreciação da causa pelo Supremo Tribunal Federal.

b) Legitimidade ativa e passiva

A jurisprudência do STF é pacífica quanto à legitimidade ativa dos membros das Casas Legislativas para impetrar mandado de segurança contra atos das mesas dos parlamentos que atingem o exercício do seu mandato ou o devido processo legislativo. Assim, sendo o impetrante deputado federal, é parte legítima para o presente *mandamus*, que visa assegurar seu direito líquido e certo ao devido processo legislativo.

Tampouco há maiores questionamentos acerca da legitimidade passiva, uma vez que o ato impugnado é de responsabilidade da Mesa da Câmara dos Deputados, órgão sem personalidade jurídica que, de acordo com doutrina e jurisprudência dominantes, pode figurar no polo passivo.

c) Observância do prazo decadencial

Encontra-se também observado o prazo decadencial de 120 dias para impetração de mandado de segurança, previsto no art. 23 da Lei 12.016/2009.

d) Prova pré-constituída

Todas as provas necessárias para a configuração da liquidez e da certeza do direito alegado encontram-se anexadas à petição inicial, satisfazendo o requisito da prova pré-constituída para impetração do mandado de segurança.

2.2. MÉRITO

As disposições dos parágrafos 2º e 3º do art. 18 da CF são claras ao exigir lei complementar para a criação de Territórios Federais, sua transformação em Estado ou sua reintegração ao Estado de origem. Confira-se:

> Art. 18. A organização político-administrativa da República Federativa do Brasil compreende a União, os Estados, o Distrito Federal e os Municípios, todos autônomos, nos termos desta Constituição.
>
> (...)
>
> § 2º - Os Territórios Federais integram a União, e sua criação, transformação em Estado ou reintegração ao Estado de origem serão reguladas em lei complementar.

> § 3º - Os Estados podem incorporar-se entre si, subdividir-se ou desmembrar-se para se anexarem a outros, ou formarem novos Estados ou Territórios Federais, mediante aprovação da população diretamente interessada, através de plebiscito, e do Congresso Nacional, por lei complementar.

Dessa forma, a matéria não pode ser veiculada por lei ordinária, mas deve obrigatoriamente obedecer aos ditames constitucionais, que impõem a edição de lei complementar.

Ademais, o procedimento de aprovação de lei complementar é mais dificultoso que o das leis ordinárias, haja vista a exigência do *quorum* de maioria absoluta para sua aprovação, conforme o texto do art. 69 da CF:

> Art. 69. As leis complementares serão aprovadas por maioria absoluta.

Na hipótese em análise, a proposição legislativa encaminhada pelo Presidente da República foi aprovada pela Câmara dos Deputados pelo voto de 197 de seus membros, presentes 300 deputados (já que 213 estavam ausentes, do total de 513 Deputados Federais), o que desrespeita o *quorum* da maioria absoluta.

Para ser aprovado nos termos determinados pela CF, a proposição legislativa precisaria do voto de 257 membros da Câmara dos Deputados (isso porque a maioria absoluta corresponde ao primeiro número inteiro posterior à metade do total de membros da Casa, ou seja, se na Câmara há 513 deputados, dividindo-se esse número por dois, temos o total de 256,5. O primeiro número inteiro após esse total é 257).

Portanto, o trâmite legislativo desrespeitou o direito líquido e certo do parlamentar impetrante ao devido processo legislativo estabelecido na Constituição, autorizando a impetração do presente *writ*, cuja segurança deve ser concedida.

3. DA LIMINAR

Como acima exposto, o ato da autoridade coatora de declarar aprovada a proposição legislativa referente aos territórios afronta diretamente o disposto no art. 18, §§ 2º e 3º c/c art. 69, ambos da CF. Por isso, a votação realizada na Câmara dos Deputados deve ser anulada.

Sendo assim, a impetrante requer que seja deferida a medida liminar antes mesmo da notificação da autoridade coatora, nos termos do art. 7º, III, da Lei 12.016/2009, tendo em vista a relevância do fundamento (*fumus boni iuris*, representado pelo desrespeito ao devido processo legislativo) e o perigo na demora da decisão (*periculum in mora* – que, caso proferida apenas ao final, permite o prosseguimento do processo legislativo com vício formal, inclusive com votação no Senado Federal, já que sua apreciação por esta Casa está prevista para ocorrer em sete dias – doc. 1).

4. DO PEDIDO

Por todo o exposto, obedecido o prazo decadencial de 120 dias (art. 23 da Lei 12.016/2009), o impetrante requer que seja:

a) deferida a medida liminar, *inaudita altera pars*, para determinar a suspensão do processo de votação da proposição sobre territórios, impedindo sua apreciação pelo Senado Federal (art. 7º, III, da Lei 12.016/2009), até a decisão final do presente mandado de segurança;

b) determinada a notificação da autoridade coatora, enviando-lhe todas as cópias dos documentos que instruem a inicial, para que preste todas as informações necessárias, no prazo de 10 dias (art. 7º, I, da Lei 12.016/2009);

c) dada ciência à União, representada pela Advocacia-Geral da União, enviando-lhe cópia da inicial para que, querendo, ingresse no feito (art. 7º, II, da Lei 12.016/2009);

d) ouvido o representante do Ministério Público para que opine no prazo de 10 dias (art. 12 da Lei 12.016/2009);

e) reconhecida a prioridade do julgamento da causa, caso deferida a liminar (art. 7º, § 4º, da Lei 12.016/2009);

f) ao final, confirmada a liminar deferida, seja concedida definitivamente a segurança pleiteada, em observância ao devido processo legislativo, suspendendo-se em definitivo o ato impugnado, que deverá ser arquivado.

[Obs.: toda a prova deve ser juntada à inicial, pois o direito é líquido e certo e não se admite dilação probatória. Não há condenação em honorários advocatícios em mandado de segurança: Súmulas 512/STF 105/STJ.]

Reitere-se que todas as provas necessárias para a configuração da liquidez e da certeza do direito alegado encontram-se anexadas à petição inicial (protocolada em duas vias – art. 6º da Lei 12.016/2009), satisfazendo o requisito da prova pré-constituída para impetração do mandado de segurança.

Dá à causa o valor de R$ ... (valor por extenso), conforme previsão do art. 258 do CPC.

Termos em que pede deferimento.

Local ..., data ... .

Advogado ...

OAB ...

[Não assine, rubrique ou, de outra forma, identifique sua prova!]

fim da peça

(OAB/Exame Unificado – 2008.2 – 2ª fase) PEÇA PROFISSIONAL. O governo brasileiro, preocupado com os índices crescentes de ataques terroristas no mundo, vinculou-se à Convenção sobre os Direitos Humanos das Vítimas de Atividades Terroristas, convenção internacional, de âmbito multilateral, que estabelece restrições aos direitos dos presos condenados por crimes resultantes de atividades terroristas. O presidente da República assinou o tratado e o enviou ao Congresso Nacional, conforme disposição do art. 49, I, da Constituição Federal e, não, de acordo com o § 3.º do art. 5.º dessa Carta, e, em poucos meses, o Congresso Nacional aprovou o texto do tratado na forma de decreto legislativo. Após isso, o presidente da República editou decreto promulgando e ratificando o tratado. Já estando internamente em vigor o referido decreto, percebeu-se que vários juízes, em todo o território nacional, aplicavam plenamente o art. 22 do tratado, no qual se lê: "as presas condenadas por crimes resultantes de atividades de terrorismo, logo após darem à luz, deverão deixar seus filhos sob a responsabilidade de entidade pública de assistência social até que cumpram integralmente a pena". Visando a impossibilitar, de algum modo, a aplicação do referido artigo, sob o argumento de sua inconstitucionalidade, o presidente de um partido político com representação no Congresso Nacional procurou, em nome do partido, os serviços advocatícios de um(a) profissional, pretendendo uma solução urgente e uniforme para o caso, de modo que, com apenas uma ação, seja alcançado efeito para todos os indivíduos no território brasileiro. Na qualidade de advogado(a) contratado(a) pelo partido político mencionado nessa situação hipotética, redija a peça jurídica mais adequada ao caso, de acordo com a jurisprudência majoritária do Supremo Tribunal Federal, atentando, necessariamente, para os seguintes aspectos:

- ✓ competência do órgão julgador;
- ✓ legitimidade ativa e passiva;
- ✓ possibilidade de contestação judicial da constitucionalidade do referido tratado;
- ✓ argumentos a favor da inconstitucionalidade do mencionado art. 22;
- ✓ requisitos formais da peça judicial proposta.

ORGANIZAÇÃO DE IDEIAS

Dê atenção ao enunciado e siga as "pistas" por ele fornecidas para a correta escolha da peça processual. Note que, além de referir-se a "partido político com representação no Congresso Nacional" (texto do art. 103, VIII, da CF), a questão requer "uma solução urgente e uniforme" para que "com apenas uma ação, seja alcançado efeito para todos os indivíduos no território brasileiro". Dessa forma, o candidato deve redigir uma Ação Direta de Inconstitucionalidade com pedido de medida cautelar, cujos principais aspectos são:

a) Legitimidade ativa – Partido político com representação no Congresso Nacional – legitimado universal para a ADIn (art. 103, VIII, da CF).

b) Legitimidade passiva – Congresso Nacional e Presidente da República (a incorporação de tratados e convenções internacionais ao direito interno é ato complexo, pois demanda a manifestação de duas vontades: a do Congresso Nacional, via decreto legislativo, e a do Presidente da República, por decreto).

c) Atos impugnados – Decreto legislativo e Decreto do Presidente da República.

d) Fundamentos – violação do art. 5º, L, da CF.

e) Competência – Supremo Tribunal Federal (art. 102, I, "a", da CF).

f) Outros requisitos formais – pedido de cautelar; pedido de informações aos órgãos ou às autoridades das quais emanou o ato normativo impugnado, em trinta dias; pedido de intimação do Advogado-Geral da União para manifestar-se em quinze dias; pedido de intimação do Procurador-Geral da República para elaboração de parecer, em quinze dias; pedido de ratificação da cautelar e de julgamento de procedência do pedido principal, com eficácia *erga omnes*, vinculante e *ex tunc*. O valor da causa é dispensado.

Eis a estrutura argumentativa (silogismo):

1. FATO: o art. 22 da Convenção sobre os Direitos Humanos das Vítimas de Atividades Terroristas, ratificada pelo Brasil, prevê que "as presas condenadas por crimes resultantes de atividades de terrorismo, logo após darem à luz, deverão deixar seus filhos sob a responsabilidade de entidade pública de assistência social até que cumpram integralmente a pena". O dispositivo vem sendo aplicado plenamente pelos juízes;
2. DIREITO: a Constituição Federal determina que "às presidiárias serão asseguradas condições para que possam permanecer com seus filhos durante o período de amamentação" (art. 5º, L, da CF);
3. CONCLUSÃO: **logo, o art. 22 da Convenção Internacional é inconstitucional.**

Comentários adicionais

Ainda que o tratado tivesse sido aprovado pelo procedimento do art. 5º, § 3º, da CF, a ADIn seria, em tese, cabível. Só não cabe ADIn contra norma originária da CF, não se estendendo a proibição às normas constitucionais oriundas de emendas constitucionais.

Para elaboração da peça **é essencial que o candidato leia atentamente a Lei 9.868/1999**, que dispõe sobre o processo e julgamento da ADIn e da ADC.

Segue notícia publicada no Informativo STF 471/2007 que se refere à "inconstitucionalidade chapada":

"Tendo em conta precedentes da Corte, no sentido de que, na solução de problemas oriundos de transição de modelos constitucionais, deve prevalecer a interpretação que viabilize, mais rapidamente, a implementação do novo modelo, e de que a possibilidade da escolha de uma determinada clientela pressupõe, sempre, a competência de um dos poderes para indicar membros do tribunal de contas estadual, considerou-se que, ainda nos casos de tribunais de contas que estejam em situação de transição, cadeiras inicialmente preenchidas, após a CF/88, por indicação da Assembleia Legislativa, tornam-se cativas, ou seja, somente poderão ser preenchidas, depois de estarem vagas, por nova indicação também da Assembleia Legislativa. Asseverou-se que, não obstante a orientação fixada pelo Supremo de que o Estado-membro possui liberdade para estabelecer a ordem de escolha de membros de tribunais de contas estaduais, uma norma estadual não pode retardar a transição de um regime constitucional a outro, o que ocorreria no caso se se permitisse que o membro inicialmente indicado pelo Legislativo pudesse ser substituído por outro de indicação do Executivo, haja vista que a composição do tribunal se faria por 3/7 de escolha da Assembleia e 4/7 de escolha do Governador, podendo a situação se agravar, quando do surgimento de nova vaga. Assim, concluiu-se que, com a interpretação conforme dada ao inciso II do art. 1º da lei em questão, seria afastada a aplicação do critério meramente cronológico na indicação das vagas e se estabeleceria a exigência de se perquirir, em cada caso concreto, se a vaga desocupada foi originalmente preenchida por indicação do Governador ou da Assembleia Legislativa. No que se refere ao art. 2º da referida lei, sua inconstitucionalidade seria chapada porque, ao desvincular as cadeiras dos Poderes que as escolheriam ou das clientelas específicas, permitir-se-ia um eterno regime de transição, pois, caso a caso, seria possível desrespeitar os parâmetros da CF/88 (art. 73, § 2º). Precedentes citados: ADI 1957 MC/AP (DJU de 11.6.99); ADI 2209 MC/PI (DJU de 1º.9.2000); ADI 2117/DF (DJU de 7.11.2003). ADI 3688/PE, rel. Min. Joaquim Barbosa, 11.6.2007. (ADI-3688)"

ELABORAÇÃO DA PEÇA PRÁTICO-PROFISSIONAL

[O que estiver entre colchetes constitui observação – não deve constar da peça.]

início da peça

Excelentíssimo Senhor Doutor Ministro Presidente do Supremo Tribunal Federal

[Deixe espaço de aproximadamente 10 cm para eventual despacho ou decisão do juiz.]

Partido político com representação no Congresso Nacional (qualificação – art. 282, II, do CPC), por seu advogado que firma a presente (procuração anexada), com escritório para recebimento de intimações na (endereço – art. 39, I, do CPC), vem à presença de Vossa Excelência, respeitosamente, propor a presente

AÇÃO DIRETA DE INCONSTITUCIONALIDADE COM PEDIDO DE MEDIDA CAUTELAR

em face do Presidente da República e do Congresso Nacional, representado por seu Presidente, nos termos dos arts 102, I, "a" e "p"; e 103, VIII, da Constituição Federal, bem como dos arts. 1º a 12 da Lei nº 9.868/1999, pelas razões a seguir aduzidas:

1. DOS FATOS

O governo brasileiro, preocupado com os índices crescentes de ataques terroristas no mundo, vinculou-se à Convenção sobre os Direitos Humanos das Vítimas de Atividades Terroristas, convenção internacional, de âmbito multilateral, que estabelece restrições aos direitos dos presos condenados por crimes resultantes de atividades terroristas.

O presidente da República assinou o tratado e o enviou ao Congresso Nacional, conforme disposição do art. 49, I, da Constituição Federal e, em poucos meses, o Congresso Nacional aprovou o texto do tratado na forma de decreto legislativo.

Após isso, o presidente da República editou decreto promulgando e ratificando o tratado.

Já estando internamente em vigor o referido decreto, vários juízes, em todo o território nacional, passaram a aplicar o disposto no art. 22 do Tratado, no qual se lê: "as presas condenadas por crimes resultantes de atividades de terrorismo, logo após darem à luz, deverão deixar seus filhos sob a responsabilidade de entidade pública de assistência social até que cumpram integralmente a pena".

A disposição fere frontalmente o que dispõe a Constituição Federal, como abaixo se lê.

2. DO DIREITO

a) Competência do órgão julgador

A competência do Supremo Tribunal Federal para julgar originariamente a presente causa, bem como para apreciar a medida cautelar ao final requerida encontra-se prevista no art.102, I, "a" e "p", da CF, o que afasta qualquer questionamento a respeito.

b) Legitimidade ativa e passiva

O art. 103, VIII, da CF prevê a legitimidade dos partidos políticos com representação no Congresso Nacional para propor ação direta de inconstitucionalidade, como é o caso do partido requerente (doc 1). Ademais, não é necessário demonstrar pertinência temática, em razão de a jurisprudência do STF ter firmado sua condição de legitimado universal para a propositura de ADIn.

Por outro lado, justifica-se a legitimidade passiva do Presidente da República e do Congresso Nacional (por intermédio de seu Presidente), porque correspondem à autoridade e ao órgão responsáveis pela edição, respectivamente, do Decreto presidencial e do Decreto legislativo aqui impugnados.

c) Cabimento de ADIn

Registre-se, também, que é firme a jurisprudência pelo cabimento de ADIn contra normas provenientes de tratados ratificados pelo Brasil que, em regra, tem o mesmo *status* das leis ordinárias. Caso aprovados pelo procedimento do art. 5º, § 3º, da CF, equivalem às emendas constitucionais – o que não é o caso dos autos –, mas ainda assim podem ser objeto de controle, por não serem normas constitucionais originárias.

Ademais, pela recente jurisprudência do STF, os tratados internacionais sobre direitos humanos têm força normativa supralegal, ou seja, estão acima das leis mas, ainda assim, abaixo do texto constitucional. Por isso, também nesse caso se pode falar em controle de constitucionalidade, por deverem observâncias às normas da Constituição.

Por fim, importa ressaltar que o procedimento de incorporação dos tratados ao direito brasileiro demanda a manifestação de duas vontades: a do Congresso Nacional, que edita o decreto legislativo na forma do art. 49, I, da CF, e a do Presidente da República, em observância ao disposto no art. 84, VIII, do texto constitucional. Dessa forma, a presente ação direta tem por objeto os dois atos normativos, haja vista sua interdependência.

Afastadas as possíveis dúvidas sobre o cabimento da ADIn no caso presente, junta-se aos autos cópia dos atos impugnados, de acordo com o art. 3º, parágrafo único, da Lei 9.868/1999.

d) Inconstitucionalidade do art. 22 da Convenção atacada

Como relatado, o art. 22 da Convenção sobre os Direitos Humanos das Vítimas de Atividades Terroristas tem o seguinte texto:

> "as presas condenadas por crimes resultantes de atividades de terrorismo, logo após darem à luz, deverão deixar seus filhos sob a responsabilidade de entidade pública de assistência social até que cumpram integralmente a pena".

Ao contrário, a Constituição de 1988 expressamente garante o direito de as presidiárias permanecerem com seus filhos durante o período de amamentação:

Art. 5º.

(...)

L – às presidiárias serão asseguradas condições para que possam permanecer com seus filhos durante o período de amamentação.

A inconstitucionalidade da norma da convenção internacional é tão direta, clara e flagrante que se pode utilizar aqui a nomenclatura inaugurada pelo Min. Sepúlveda Pertence, que costumava referir-se à "inconstitucionalidade chapada" para designar casos como o presente.

3. DA MEDIDA CAUTELAR

Como acima exposto, o art. 22 da Convenção sobre os Direitos Humanos das Vítimas de Atividades Terroristas afronta diretamente o texto do art. 5º, L, da CF, e, por isso, deve ter seus efeitos suspensos.

Sendo assim, com fundamento no art. 102, I, "p", da CF, o partido político requerente pede que seja deferida a medida cautelar, nos termos do art. 10 da Lei 9.868/1999, após audiência do Presidente da República e do Presidente do Congresso Nacional, em cinco dias.

Isso porque, como já se demonstrou, estão presentes a relevância do fundamento (*fumus boni iuris*, representado pela "inconstitucionalidade chapada" do art. 22 da Convenção) e o perigo na demora da decisão (*periculum in mora* – que, caso proferida apenas ao final, coloca em risco o período de cuidados e de amamentação de diversas crianças, que serão desumanamente retiradas do convívio de suas mães).

Para tanto, caso V. Exa. entenda necessário que se determine a oitiva do Advogado-Geral da União e do Procurador-Geral da República, no prazo de três dias (art. 10, § 1º, da CF).

4. DO PEDIDO

Por todo o exposto, o partido político requer que seja(m):

a) deferida a medida cautelar, após intimação do Presidente da República e do Presidente do Congresso Nacional, em cinco dias, para que o STF suspenda os efeitos do art. 22 da Convenção sobre os Direitos Humanos das Vítimas de Atividades Terroristas (art. 10 da Lei 9.868/1999), até a decisão final da presente Ação Direta de Inconstitucionalidade;

b) determinada a intimação dos responsáveis pela edição dos atos impugnados, ou seja, do Presidente da República e do Presidente do Congresso Nacional, para que prestem informações no prazo de trinta dias (art. 6º, parágrafo único, da Lei 9.868/1999);

c) ouvido o Advogado-Geral da União, após o prazo para informações, no prazo de quinze dias (art. 103, § 3º da CF e art. 8º da Lei 9.868/1999);

d) ouvido o Procurador-Geral da República, após a manifestação do AGU, também no prazo de quinze dias (art. 103, § 1º, da CF e art. 8º da Lei 9.868/1999);

e) ao final, confirmada a liminar deferida, declare-se a inconstitucionalidade material do art. 22 da Convenção sobre os Direitos Humanos das Vítimas de Atividades Terroristas, suspendendo-se definitivamente a eficácia dos atos normativos impugnados (decreto legislativo e decreto presidencial), que incorporaram o texto da referida Convenção ao direito interno.

Por fim, reitere-se que foram protocolizadas duas vias da petição inicial, que se encontra acompanhada de instrumento de procuração, de cópias dos atos normativos impugnados, bem como dos documentos necessários para comprovar a impugnação (art. 3º, parágrafo único, da Lei 9.868/1999).

Deixa-se de atribuir valor à causa, ante a impossibilidade de aferi-lo.

[Conforme padrão utilizado pelo Conselho Federal da OAB.]

Termos em que pede deferimento.
Local ..., data ...
Advogado ...
OAB ...

[Não assine, rubrique ou, de outra forma, identifique sua prova!]

fim da peça

(OAB/Exame Unificado – 2008.3 – 2ª fase) PEÇA PROFISSIONAL. Joana Augusta laborou, durante vinte e seis anos, como enfermeira do quadro do hospital universitário ligado a determinada universidade federal, mantendo, no desempenho de suas tarefas, em grande parte de sua carga horária de trabalho, contato com agentes nocivos causadores de moléstias humanas bem como com materiais e objetos contaminados. Em conversa com um colega, Joana obteve a informação de que, em razão das atividades que ela desempenhava, poderia requerer aposentadoria especial, com base no § 4.º do art. 40 da Constituição Federal de 1988. A enfermeira, então, requereu administrativamente sua aposentadoria especial, invocando como fundamento de seu direito o referido dispositivo constitucional. No dia 30 de novembro de 2008, Joana recebeu notificação de que seu pedido havia sido indeferido, tendo a administração pública justificado o indeferimento com base na ausência de lei que regulamente a contagem diferenciada do tempo de serviço dos servidores públicos para fins de aposentadoria especial, ou seja, sem uma lei que estabeleça os critérios para a contagem do tempo de serviço em atividades que possam ser prejudiciais à saúde dos servidores públicos, a aposentadoria especial não poderia ser concedida. Nessa linha de entendimento, Joana deveria continuar em atividade até que completasse o tempo necessário para a aposentadoria por tempo de serviço. Inconformada, Joana procurou escritório de advocacia, objetivando ingressar com ação para obter sua aposentadoria especial. Em face dessa situação hipotética, na qualidade de advogado(a) contratado(a) por Joana, redija a petição inicial da ação cabível para a defesa dos interesses de sua cliente, atentando, necessariamente, para os seguintes aspectos:

✓ competência do órgão julgador;
✓ legitimidade ativa e passiva;
✓ argumentos de mérito;
✓ requisitos formais da peça judicial proposta.

ORGANIZAÇÃO DE IDEIAS

No caso, deve ser proposto mandado de injunção (art. 5º, LXXI, da CF), garantia individual que visa tutelar *in concreto* os direitos subjetivos violados diante da falta de norma jurídica que regulamente dispositivo constitucional. Os principais aspectos a serem abordados são:

a) Legitimidade ativa – Joana Augusta.

b) Legitimidade passiva – Presidente da República (art. 61, § 1º, II, "c", da CF).

c) Competência jurisdicional – Supremo Tribunal Federal (art. 102, I, "q", da CF).

d) Mérito – cabimento do mandado de injunção (art. 5º, LXXI); aplicação imediata das normas de definem direitos fundamentais (art. 5º, § 1º, da CF); omissão quanto à regulamentação do art. 40, § 4º, III, da CF; aplicação direta do art. 57, *caput* e § 1º, da Lei 8.213/1991.

e) Pessoa jurídica – União.

f) Outros requisitos formais – pedido de notificação da autoridade coatora para prestar informações (art. 7º, I, da Lei 12.016/2009); pedido de ciência da pessoa jurídica para ingressar no feito (art. 7º, II, da Lei 12.016/1990); pedido de intimação do MP (art. 12 da Lei 12.016/2009); pedido de reconhecimento da mora do Presidente da República; pedido de aplicação direta da Lei 8.213/1991 para sanar a omissão; valor da causa.

Eis a estrutura argumentativa (silogismo):

1. FATO: Joana Augusta trabalhou por vinte e seis anos exercendo atividades prejudiciais à saúde e à integridade física. Seu requerimento de aposentadoria com base no art. 40, § 4º, da CF, foi negado pela Administração Pública em razão da ausência de lei que regulamentasse o dispositivo constitucional;

2. DIREITO: A CF permite a adoção de critérios especiais de aposentadoria para os servidores públicos cujas atividades são exercidas sob condições especiais que prejudiquem a saúde ou a integridade física (art. 40, § 4º, III), cujos requisitos devem ser definidos em lei. A Lei 8.213/1991 prevê a aposentadoria especial para as pessoas abrangidas pelo Regime Geral da Previdência Social em seu art. 57, *caput* e § 1º;

3. CONCLUSÃO: **logo, diante da omissão inconstitucional do Presidente da República em regulamentar a aposentadoria especial do Regime Próprio de Previdência Social, Joana Augusta tem direito a se aposentar nos termos do art. 40, § 4º, III, da CF, observando os requisitos da aposentadoria especial do Regime Geral de Previdência Social.**

Comentários adicionais

O art. 24, parágrafo único, da Lei 8.038/1990 determina que "No mandado de injunção e no habeas data, serão observadas, no que couber, as normas do mandado de segurança, enquanto não editada legislação específica." Dessa forma, deve-se seguir o procedimento da Lei 12.016/2009 para elaboração da peça.

Outra observação importante: no MI 817, o Min. Relator Joaquim Barbosa indeferiu o pedido de liminar ao entendimento de que "a orientação predominante firmada por esta Corte é no sentido do não cabimento da antecipação de tutela em sede de mandado de injunção".

Conforme notícia publicada no Informativo STF 477/2007, o STF julgou parcialmente procedente pedido formulado em mandado de injunção impetrado, contra o Presidente da República, por servidora do Ministério da Saúde, para, de forma mandamental, adotando o sistema do regime geral de previdência social (Lei 8.213/91, art. 57), assentar o direito da impetrante à aposentadoria especial de que trata o § 4º do art. 40 da CF. Na espécie, a impetrante, auxiliar de enfermagem, pleiteava que fosse suprida a falta da norma regulamentadora a que se refere o art. 40, § 4º, a fim de possibilitar o exercício do seu direito à aposentadoria especial, haja vista ter trabalhado por mais de 25 anos em atividade considerada insalubre — v. Informativos 442 e 450. Salientando o caráter mandamental e não simplesmente declaratório do mandado de injunção, asseverou-se caber ao Judiciário, por força do disposto no art. 5º, LXXI e seu § 1º, da CF, não apenas emitir certidão de omissão do Poder incumbido de regulamentar o direito a liberdades constitucionais, a prerrogativas inerentes à nacionalidade, à soberania e à cidadania, mas viabilizar, no caso concreto, o exercício desse direito, afastando as consequências da inércia do legislador.

Consta do voto do Min. Relator o seguinte trecho, que merece leitura cuidadosa:

O instrumental previsto na Lei Maior, em decorrência de reclamações, consideradas as Constituições anteriores, nas quais direitos dependentes de regulamentação não eram passíveis de ser acionados, tem natureza mandamental e não simplesmente declaratória, no sentido da inércia legislativa. Revela-se próprio, ao processo subjetivo e não ao objetivo, descabendo confundi-lo com ação direta de inconstitucionalidade por omissão, cujo rol de legitimados é estrito e está na Carta da República. Aliás, há de se conjugar o inciso LXXI do artigo 5º da Constituição Federal com o § 1º do citado artigo, a dispor que as normas definidoras dos direitos e garantias fundamentais constantes da Constituição têm aplicação imediata. Iniludivelmente, buscou-se, com a inserção do mandado de injunção no cenário jurídico-constitucional, tornar concreta, tornar viva a Lei Maior, presentes direitos, liberdades e prerrogativas inerentes à nacionalidade, à soberania e à cidadania. Não se há de confundir a atuação no julgamento do mandado de injunção com atividade do Legislativo. Em síntese, ao agir, o Judiciário não lança, na ordem jurídica, preceito abstrato. Não, o que se tem, em termos de prestação jurisdicional, é a viabilização, no caso concreto, do exercício do direito, do exercício da liberdade constitucional, das prerrogativas ligadas a nacionalidade, soberania e cidadania. O pronunciamento judicial faz lei entre as partes, como qualquer pronunciamento em processo subjetivo, ficando, até mesmo, sujeito a uma condição resolutiva, ou seja, ao suprimento da lacuna regulamentadora por quem de direito, Poder Legislativo. É tempo de se refletir sobre a timidez inicial do Supremo quanto ao alcance do mandado de injunção, ao excesso de zelo, tendo em vista a separação e harmonia entre os Poderes. É tempo de se perceber a frustração gerada pela postura inicial, transformando o mandado de injunção em ação simplesmente declaratória do ato omissivo, resultando em algo que não interessa, em si, no tocante à prestação jurisdicional, tal como consta no inciso LXXI do artigo 5º da Constituição Federal, ao cidadão. Impetra-se este mandado de injunção não para lograr-se simples certidão da omissão do Poder incumbido de regulamentar o direito a liberdades constitucionais, a prerrogativas inerentes a nacionalidade, à soberania e à cidadania. Busca-se o Judiciário na crença de lograr a supremacia da Lei Fundamental, a prestação jurisdicional que afaste as nefastas consequências da inércia do legislador. Conclamo, por isso, o Supremo, na composição atual, a rever a óptica inicialmente formalizada (...). Está-se diante de situação concreta em que o Diploma Maior recepciona, mesmo assim de forma mitigada, em se tratando apenas do caso vertente, a separação dos Poderes que nos vem de Montesquieu. Tenha-se presente a frustração gerada pelo alcance emprestado pelo Supremo ao mandado de injunção. Embora sejam tantos os preceitos da Constituição de 1988, apesar de passados dezesseis anos, ainda na dependência de regulamentação, mesmo assim não se chegou à casa do milhar na impetração dos mandados de injunção. No caso, a dificuldade não é maior, porquanto é possível adotar-se, ante o fator tempo e à situação concreta da impetrante, o sistema revelado pelo regime geral de previdência social. O artigo 57 da Lei nº 8.213, de 24 de julho de 1991, dispõe que: Art. 57. A aposentadoria especial será devida, uma vez cumprida a carência exigida nesta Lei, ao segurado que tiver trabalhado sujeito a condições especiais que prejudiquem a saúde ou a integridade física, durante 15 (quinze), 20 (vinte) ou 25 (vinte e cinco) anos, conforme dispuser a lei. § 1º A aposentadoria especial, observado o disposto no art. 33 desta Lei, consistirá numa renda mensal equivalente a 100% (cem por cento) do salário de benefício. A impetrante conta com 25 anos de serviços prestados, atendendo à dilação maior prevista na Lei nº 8.213/91. (...) (MI 721/DF, Rel. Min. Marco Aurélio, 30.8.2007).

ELABORAÇÃO DA PEÇA PRÁTICO-PROFISSIONAL

[O que estiver entre colchetes constitui observação – não deve constar da peça.]

início da peça

Excelentíssimo Senhor Doutor Ministro Presidente do Supremo Tribunal Federal

[Deixe espaço de aproximadamente 10 cm para eventual despacho ou decisão do juiz.]

Joana Augusta – qualificação: art. 282, II, do CPC –, (nacionalidade), (estado civil), enfermeira, (endereço), portadora de carteira de identidade número ... e inscrita no CPF/MF sob o número ..., por seu advogado que firma a presente (procuração anexada), com escritório para recebimento de intimações em (endereço – art. 39, I, do CPC), vem à presença de Vossa Excelência, respeitosamente, impetrar o presente

MANDADO DE INJUNÇÃO

em face do Exmo. Sr. Presidente da República (qualificação – art. 282, II, do CPC), nos termos do artigo 5º, inciso LXXI, da Constituição Federal, do art. 24, parágrafo único, da Lei 8.038/1990 e da Lei 12.016/2009, pelas razões a seguir aduzidas:

1. DOS FATOS

A impetrante laborou, durante vinte e seis anos, como enfermeira do quadro do hospital universitário ligado a determinada universidade federal, mantendo, no desempenho de suas tarefas, em grande parte de sua carga horária de trabalho, contato com agentes nocivos causadores de moléstias humanas bem como com materiais e objetos contaminados.

Com base no § 4.º do art. 40 da Constituição Federal de 1988, a enfermeira requereu administrativamente sua aposentadoria especial.

No dia 30 de novembro de 2008, a impetrante recebeu notificação de que seu pedido havia sido indeferido, tendo a administração pública justificado o indeferimento com base na ausência de lei que regulamente a contagem diferenciada do tempo de serviço dos servidores públicos para fins de aposentadoria especial, ou seja, sem uma lei que estabeleça os critérios para a contagem do tempo de serviço em atividades que possam ser prejudiciais à saúde dos servidores públicos, a aposentadoria especial não poderia ser concedida.

Para a Administração Pública, portanto, a impetrante deveria continuar em atividade até completar o tempo necessário para a aposentadoria por tempo de serviço.

Entretanto, a mora legislativa não pode impedir a impetrante de gozar de direito fundamental previsto na Constituição Federal, como abaixo se passa a expor.

2. DO DIREITO

2.1. PRELIMINARMENTE

a) Competência para julgamento

A competência para processar e julgar o mandado de injunção é determinada de acordo com a autoridade responsável pela edição da norma faltante.

No caso, tratando-se de ato omissivo de autoridade submetida à jurisdição do Supremo Tribunal Federal (vale dizer, do Presidente da República, *ex vi* do art. 61, § 1º, II, "c", da CF), ao STF cabe processar e julgar originariamente o mandado de injunção, por força do art. 102, I, "q", da Constituição Federal.

b) Legitimidade ativa e passiva

Todo aquele que tiver sua esfera jurídica atingida pela omissão legislativa referente à nacionalidade, à soberania e à cidadania é legitimado ativo para a propositura de mandado de injunção. É o caso da impetrante, que não pode gozar do direito constitucional à aposentadoria especial diante da ausência de norma jurídica que regulamente o disposto no art. 40, § 4º, III, da CF. Não há dúvidas, portanto, quanto à legitimidade ativa.

Por outro lado, embora com alguma discussão doutrinária a respeito, o STF pacificou o entendimento de que a legitimidade passiva no MI é da autoridade responsável pela edição do ato normativo faltante, aquela que se encontra omissa (e não da pessoa que deveria cumprir a prestação demandada pelo legitimado ativo, que depende da norma reguladora).

Dessa forma, o Presidente da República deve ocupar o polo passivo da presente impetração, já que é dele a iniciativa privativa dos projetos de lei que disponham sobre aposentadoria dos servidores públicos da União (art. 61, § 1º, II, "c", da CF).

2.2. MÉRITO

O art. 40, § 4º, III, da CF, é claro ao possibilitar a adoção de critérios diferenciados para a aposentadoria dos servidores públicos cujas atividades são exercidas sob condições especiais.

Confira-se a redação do dispositivo:

> Art. 40.
> (...)
> § 4º É vedada a adoção de requisitos e critérios diferenciados para a concessão de aposentadoria aos abrangidos pelo regime de que trata este artigo, ressalvados, nos termos definidos em leis complementares, os casos de servidores:
> (...)
> III cujas atividades sejam exercidas sob condições especiais que prejudiquem a saúde ou a integridade física.

Ocorre que esses critérios ainda não foram definidos em lei, uma vez que o Presidente da República encontra-se omisso em iniciar o processo legislativo referente ao tema, obrigação constitucional que lhe foi imposta pelo art. 61, § 1º, II, "c", da CF, como abaixo se lê:

> Art. 61.
> § 1º - São de iniciativa privativa do Presidente da República as leis que:
> (...)
> II - disponham sobre:
> (...)
> c) servidores públicos da União e Territórios, seu regime jurídico, provimento de cargos, estabilidade e aposentadoria;

A omissão do Presidente da República em regulamentar o disposto no art. 40, § 4º, III, da CF é irrazoável, pois já que se passaram mais de vinte anos sem que o projeto de lei fosse remetido ao Congresso Nacional.

Por outro lado, o direito à aposentadoria especial já foi assegurado aos filiados ao Regime Geral de Previdência Social, na forma do art. 57, *caput*, e § 1º, da Lei 8.213/2009, que assim regulou a matéria:

> Art. 57. A aposentadoria especial será devida, uma vez cumprida a carência exigida nesta Lei, ao segurado que tiver trabalhado sujeito a condições especiais que prejudiquem a saúde ou a integridade física, durante 15 (quinze), 20 (vinte) ou 25 (vinte e cinco) anos, conforme dispuser a lei.
> § 1º A aposentadoria especial, observado o disposto no art. 33 desta Lei, consistirá numa renda mensal equivalente a 100% (cem por cento) do salário de benefício.

No caso em análise, a impetrante já laborou durante vinte e seis anos em condições especiais para o Regime Próprio de Previdência Social, tempo que a legitimaria a requerer aposentadoria especial na forma do art. 57 da Lei 8.213/1991, caso estivesse filiada ao Regime Geral de Previdência Social.

Por isso, visando assegurar o disposto no art. 40, § 4º, III, da CF, deve-se aplicar ao caso, por analogia, as normas do art. 57, *caput* e § 1º da Lei 8.213/1991, declarando-se o direito à aposentadoria especial da impetrante.

3. DO PEDIDO

Por todo o exposto, a impetrante requer que seja:

a) determinada a notificação do Presidente da República, enviando-lhe todas as cópias dos documentos que instruem a inicial, para que preste todas as informações necessárias, no prazo de 10 dias (art. 7º, I, da Lei 12.016/2009);

b) dada ciência à União, representada pela Advocacia-Geral da União, enviando-lhe cópia da inicial para que, querendo, ingresse no feito (art. 7º, II, da Lei 12.016/2009);

c) ouvido o representante do Ministério Público, para que opine no prazo de 10 dias (art. 12 da Lei 12.016/2009);

d) reconhecida a omissão inconstitucional do Presidente da República em iniciar o processo legislativo na forma do art. 61, § 1º, II, "c", da CF, supra a lacuna legislativa para assegurar à impetrante o direito à aposentadoria especial, nos moldes do art. 57, *caput* e § 1º da Lei 8.213/1991.

A impetrante deixa de requerer liminar em virtude do entendimento majoritário do STF de que não cabe antecipação dos efeitos da tutela em Mandado de Injunção.

Por fim, declara que a procuração de seu advogado, bem como as provas necessárias à configuração de seu direito à aposentadoria especial, encontram-se anexadas à petição inicial.

Dá à causa o valor de R$ ... (valor por extenso), conforme previsão do art. 258 do CPC.

Termos em que pede deferimento

Local ..., data ... .

Advogado ...

OAB ...

[Não assine, rubrique ou, de outra forma, identifique sua prova!]

fim da peça

(OAB/Exame Unificado – 2009.1 – 2ª fase) PEÇA PROFISSIONAL. Na assembleia legislativa de determinado estado da Federação, um terço dos seus parlamentares subscreveu documento, requerendo abertura de uma comissão parlamentar de inquérito (CPI) para investigar, por prazo certo, determinado fato. Os líderes dos partidos da base do governo, visando impedir a instauração da comissão, firmaram acordo no sentido de que nenhum partido indicasse o respectivo representante para integrar a referida CPI. Instalado o impasse, a mesa diretora da Casa, por seu presidente, entendeu que a criação da CPI deveria ser submetida à deliberação do plenário, arguindo falta de previsão regimental para regular a espécie. Levada a matéria ao plenário, a maioria da Casa opôs-se à criação da CPI. Após a decisão proferida pelo presidente, o deputado estadual Antônio, um dos parlamentares que solicitaram a criação da CPI, não se conformou com a situação. Em face dessa situação hipotética, na qualidade de advogado(a) constituído(a) pelo parlamentar inconformado, redija a medida judicial cabível, apresentando toda a argumentação que entender pertinente.

ORGANIZAÇÃO DE IDEIAS

De acordo com a jurisprudência do STF, a peça a ser elaborada é o mandado de segurança, pois os membros do Poder Legislativo têm direito à investigação parlamentar (art. 58, § 3º, da CF) e ao exercício da oposição.

Reitere-se, mais uma vez, a necessidade de leitura da **Lei 12.016/20009**.

Aplicando as noções do mandado de segurança ao caso concreto, temos que:

a) Legitimidade ativa – Antônio, na qualidade de Deputado Estadual.

b) Legitimidade passiva – Mesa Diretora da Assembleia Legislativa, por seu Presidente.

c) Pessoa jurídica que a autoridade coatora integra – Estado da Federação.

d) Ato coator – negativa de indicação de membros para compor a CPI, entendendo que sua criação dependia de deliberação do plenário (art. 1º, parágrafo único, da Lei 1.579/1952).

e) Mérito – art. 58, § 3º, da CF; direito de oposição da minoria parlamentar; direito de investigação parlamentar.

f) Competência jurisdicional – Tribunal de Justiça do Estado.

g) Outros requisitos formais – prazo de decadência; prova pré-constituída; pedido de liminar; pedido de notificação da autoridade coatora para prestar informações; pedido de ciência da pessoa jurídica para ingressar no feito; pedido de intimação do MP; pedido de prioridade de julgamento (após deferida a liminar); pedido de ratificação da liminar e de julgamento de procedência do pedido principal; valor da causa.

Eis a estrutura argumentativa (silogismo):

1. FATO: documento subscrito por ⅓ dos membros da Assembleia Legislativa do Estado requerendo abertura de uma CPI para investigar, por prazo certo, determinado fato. Acordo da base governista para que nenhum partido indique o respectivo representante para integrar a referida CPI. A Mesa Diretora submeteu a questão ao plenário que, por maioria, opôs-se à criação da CPI;
2. DIREITO: As CPIs serão criadas mediante requerimento de ⅓ de seus membros para a apuração de fato determinado e por prazo certo (art. 58, § 3º, da CF). Daí decorre também o direito à investigação parlamentar. No Estado Democrático de Direito, a minoria parlamentar tem direito à oposição;
3. CONCLUSÃO: **logo, a não indicação de representantes para as CPIs pela base governista fere o direito das minorias parlamentares à investigação e à oposição, devendo o Presidente da Casa indicar os membros faltantes da CPI.**

Comentários adicionais

Sobre as CPIs, ler a Lei 1.579/1952. Segue precedente esclarecedor do STF sobre a questão aqui proposta:

E M E N T A: COMISSÃO PARLAMENTAR DE INQUÉRITO - DIREITO DE OPOSIÇÃO - PRERROGATIVA DAS MINORIAS PARLAMENTARES - EXPRESSÃO DO POSTULADO DEMOCRÁTICO - DIREITO IMPREGNADO DE ESTATURA CONSTITUCIONAL - INSTAURAÇÃO DE INQUÉRITO PARLAMENTAR E COMPOSIÇÃO DA RESPECTIVA CPI - TEMA QUE EXTRAVASA OS LIMITES "INTERNA CORPORIS" DAS CASAS LEGISLATIVAS - VIABILIDADE DO CONTROLE JURISDICIONAL - IMPOSSIBILIDADE DE A MAIORIA PARLAMENTAR FRUSTRAR, NO ÂMBITO DO CONGRESSO NACIONAL, O EXERCÍCIO, PELAS MINORIAS LEGISLATIVAS, DO DIREITO CONSTITUCIONAL À INVESTIGAÇÃO PARLAMENTAR (CF, ART. 58, § 3º) - MANDADO DE SEGURANÇA CONCEDIDO. CRIAÇÃO DE COMISSÃO PARLAMENTAR DE INQUÉRITO: REQUISITOS CONSTITUCIONAIS.

– O Parlamento recebeu dos cidadãos, não só o poder de representação política e a competência para legislar, mas, também, o mandato para fiscalizar os órgãos e agentes do Estado, respeitados, nesse processo de fiscalização, os limites materiais e as exigências formais estabelecidas pela Constituição Federal.

– O direito de investigar - que a Constituição da República atribuiu ao Congresso Nacional e às Casas que o compõem (art. 58, § 3º) - tem, no inquérito parlamentar, o instrumento mais expressivo de concretização desse relevantíssimo encargo constitucional, que traduz atribuição inerente à própria essência da instituição parlamentar.

– A instauração do inquérito parlamentar, para viabilizar-se no âmbito das Casas legislativas, está vinculada, unicamente, à satisfação de três (03) exigências definidas, de modo taxativo, no texto da Carta Política: (1) subscrição do requerimento de constituição da CPI por, no mínimo, 1/3 dos membros da Casa legislativa, (2) indicação de fato determinado a ser objeto de apuração e (3) temporariedade da comissão parlamentar de inquérito.

– Preenchidos os requisitos constitucionais (CF, art. 58, § 3º), impõe-se a criação da Comissão Parlamentar de Inquérito , que não depende, por isso mesmo, da vontade aquiescente da maioria legislativa. Atendidas tais exigências (CF, art. 58, § 3º), cumpre, ao Presidente da Casa legislativa, adotar os procedimentos subsequentes e necessários à efetiva instalação da CPI, não lhe cabendo qualquer apreciação de mérito sobre o objeto da investigação parlamentar, que se revela possível, dado o seu caráter autônomo (RTJ 177/229 - RTJ 180/191-193), ainda que já instaurados, em torno dos mesmos fatos, inquéritos policiais ou processos judiciais.

O ESTATUTO CONSTITUCIONAL DAS MINORIAS PARLAMENTARES: A PARTICIPAÇÃO ATIVA, NO CONGRESSO NACIONAL, DOS GRUPOS MINORITÁRIOS, A QUEM ASSISTE O DIREITO DE FISCALIZAR O EXERCÍCIO DO PODER.

– A prerrogativa institucional de investigar, deferida ao Parlamento (especialmente aos grupos minoritários que atuam no âmbito dos corpos legislativos), não pode ser comprometida pelo bloco majoritário existente no Congresso Nacional e que, por efeito de sua intencional recusa em indicar membros para determinada comissão de inquérito parlamentar (ainda que fundada em razões de estrita conveniência político-partidária), culmine por frustrar e nulificar, de modo inaceitável e arbitrário, o exercício, pelo Legislativo (e pelas minorias que o integram), do poder constitucional de fiscalização e de investigação do comportamento dos órgãos, agentes e instituições do Estado, notadamente daqueles que se estruturam na esfera orgânica do Poder Executivo.

– Existe, no sistema político-jurídico brasileiro, um verdadeiro estatuto constitucional das minorias parlamentares, cujas prerrogativas - notadamente aquelas pertinentes ao direito de investigar - devem ser preservadas pelo Poder Judiciário, a quem incumbe proclamar o alto significado que assume, para o regime democrático, a essencialidade da proteção jurisdicional a ser dispensada ao direito de oposição, analisado na perspectiva da prática republicana das instituições parlamentares.

– A norma inscrita no art. 58, § 3º, da Constituição da República destina-se a ensejar a participação ativa das minorias parlamentares no processo de investigação legislativa, sem que, para tanto, mostre-se necessária a concordância das agremiações que compõem a maioria parlamentar.

A CONCEPÇÃO DEMOCRÁTICA DO ESTADO DE DIREITO REFLETE UMA REALIDADE DENSA DE SIGNIFICAÇÃO E PLENA DE POTENCIALIDADE CONCRETIZADORA DOS DIREITOS E DAS LIBERDADES PÚBLICAS.

– O Estado de Direito, concebido e estruturado em bases democráticas, mais do que simples figura conceitual ou mera proposição doutrinária, reflete, em nosso sistema jurídico, uma realidade constitucional densa de significação e plena de potencialidade concretizadora dos direitos e das liberdades públicas.

– A opção do legislador constituinte pela concepção democrática do Estado de Direito não pode esgotar-se numa simples proclamação retórica. A opção pelo Estado democrático de direito, por isso mesmo, há de ter consequências efetivas no plano de nossa organização política, na esfera das relações institucionais entre os poderes da República e no âmbito da formulação de uma teoria das liberdades públicas e do próprio regime democrático. Em uma palavra: ninguém se sobrepõe, nem mesmo os grupos majoritários, aos princípios superiores consagrados pela Constituição da República.

– O direito de oposição, especialmente aquele reconhecido às minorias legislativas, para que não se transforme numa promessa constitucional inconsequente, há de ser aparelhado com instrumentos de atuação que viabilizem a sua prática efetiva e concreta.

– A maioria legislativa, mediante deliberada inércia de seus líderes na indicação de membros para compor determinada Comissão Parlamentar de Inquérito, não pode frustrar o exercício, pelos grupos minoritários que atuam no Congresso Nacional, do direito público subjetivo que lhes é assegurado pelo art. 58, § 3º, da Constituição e que lhes confere a prerrogativa de ver efetivamente instaurada a investigação parlamentar em torno de fato determinado e por período certo.

O CONTROLE JURISDICIONAL DOS ATOS PARLAMENTARES: POSSIBILIDADE, DESDE QUE HAJA ALEGAÇÃO DE DESRESPEITO A DIREITOS E/OU GARANTIAS DE ÍNDOLE CONSTITUCIONAL.

– O Poder Judiciário, quando intervém para assegurar as franquias constitucionais e para garantir a integridade e a supremacia da Constituição, desempenha, de maneira plenamente legítima, as atribuições que lhe conferiu a própria Carta da República, ainda que essa atuação institucional se projete na esfera orgânica do Poder Legislativo.

– Não obstante o caráter político dos atos parlamentares, revela-se legítima a intervenção jurisdicional, sempre que os corpos legislativos ultrapassem os limites delineados pela Constituição ou exerçam as suas atribuições institucionais com ofensa a direitos públicos subjetivos impregnados de qualificação constitucional e titularizados, ou não, por membros do Congresso Nacional. Questões políticas. Doutrina. Precedentes.

– A ocorrência de desvios jurídico-constitucionais nos quais incida uma Comissão Parlamentar de Inquérito justifica, plenamente, o exercício, pelo Judiciário, da atividade de controle jurisdicional sobre eventuais abusos legislativos (RTJ 173/805-810, 806), sem que isso caracterize situação de ilegítima interferência na esfera orgânica de outro Poder da República. LEGITIMIDADE PASSIVA "AD CAUSAM" DO PRESIDENTE DO SENADO FEDERAL - AUTORIDADE DOTADA DE PODERES PARA VIABILIZAR A COMPOSIÇÃO DAS COMISSÕES PARLAMENTARES DE INQUÉRITO.

– O mandado de segurança há de ser impetrado em face de órgão ou agente público investido de competência para praticar o ato cuja implementação se busca.

– Incumbe, em consequência, não aos Líderes partidários, mas, sim, ao Presidente da Casa Legislativa (o Senado Federal, no caso), em sua condição de órgão dirigente da respectiva Mesa, o poder de viabilizar a composição e a organização das comissões parlamentares de inquérito. (MS 24831, Relator(a): Min. CELSO DE MELLO, Tribunal Pleno, julgado em 22/06/2005).

ELABORAÇÃO DA PEÇA PRÁTICO-PROFISSIONAL

[O que estiver entre colchetes constitui observação – não deve constar da peça.]

início da peça

Excelentíssimo Senhor Doutor Desembargador Presidente do Tribunal de Justiça do Estado ...

[Deixe espaço de aproximadamente 10 cm para eventual despacho ou decisão do juiz.]

Antônio – qualificação: art. 282, II, do CPC –, (nacionalidade), (estado civil), deputado estadual, (endereço), portador de carteira de identidade número ... e inscrito no CPF/MF sob o número ..., por seu advogado que firma a presente (procuração anexada), com escritório para recebimento de intimações em (endereço – art. 39, I, do CPC), vem à presença de Vossa Excelência, respeitosamente, impetrar o presente

MANDADO DE SEGURANÇA COM PEDIDO DE LIMINAR

em face da Mesa Diretora da Assembleia Legislativa do Estado ..., representada por seu Presidente (qualificação – art. 282, II, do CPC), nos termos do artigo 5º, inciso LXIX, da Constituição Federal, e da Lei nº 12.016/2009, pelas razões a seguir aduzidas:

1. DOS FATOS

Na Assembleia Legislativa do Estado ..., um terço dos seus parlamentares subscreveu documento requerendo abertura de uma comissão parlamentar de inquérito (CPI) para investigar, por prazo certo, determinado fato.

Os líderes dos partidos da base do governo, visando impedir a instauração da comissão, firmaram acordo no sentido de que nenhum partido indicasse o respectivo representante para integrar a referida CPI.

Instalado o impasse, a Mesa Diretora da Casa, por seu Presidente, entendeu que a criação da CPI deveria ser submetida à deliberação do plenário, arguindo falta de previsão regimental para regular a espécie.

Levada a matéria ao plenário, a maioria da Casa opôs-se à criação da CPI.

Ocorre que o ato da Mesa Diretora, de não indicar os membros da CPI e, em vez disso, de submeter a questão a plenário, fere o disposto na Constituição Federal, como abaixo se lê.

2. DO DIREITO

2.1. PRELIMINARMENTE

a) Competência do órgão julgador

De acordo com o art. 102, I, "d", da CF, é da competência originária do STF o processamento e o julgamento de mandado de segurança impetrado contra a Mesa da Câmara dos Deputados:

> Art. 102. Compete ao Supremo Tribunal Federal, precipuamente, a guarda da Constituição, cabendo-lhe:
>
> I - processar e julgar, originariamente:
>
> (...)
>
> d) o "habeas-corpus", sendo paciente qualquer das pessoas referidas nas alíneas anteriores; o mandado de segurança e o "habeas-data" contra atos do Presidente da República, das Mesas da Câmara dos Deputados e do Senado Federal, do Tribunal de Contas da União, do Procurador-Geral da República e do próprio Supremo Tribunal Federal;

Por simetria federativa (ou princípio do paralelismo), será do Tribunal de Justiça do Estado correspondente a competência, originária, para processar e julgar mandado de segurança impetrado contra ato ou omissão da Mesa Diretora da Assembleia Legislativa.

b) Legitimidade ativa e passiva

A jurisprudência do STF é pacífica quanto à legitimidade ativa dos membros das Casas Legislativas para impetrar mandado de segurança contra atos das mesas dos parlamentos que atingem o exercício do seu mandato ou o devido processo legislativo. Assim, também por simetria, sendo o impetrante deputado estadual, é parte legítima para o presente *mandamus*, que visa assegurar seu direito líquido e certo à investigação parlamentar (art. 58, § 3º, da CF) e à oposição legítima.

Tampouco há maiores questionamentos acerca da legitimidade passiva, uma vez que a decisão de submeter a criação da CPI ao plenário da Casa é de responsabilidade da Mesa Diretora da Assembleia Legislativa do Estado ..., órgão despersonalizado que, de acordo com doutrina e jurisprudência dominantes, pode figurar no polo passivo.

c) Observância do prazo decadencial

Encontra-se também observado o prazo decadencial de 120 dias para impetração de mandado de segurança, previsto no art. 23 da Lei 12.016/2009.

d) Prova pré-constituída

Todas as provas necessárias para a configuração da liquidez e da certeza do direito alegado encontram-se anexadas à petição inicial, satisfazendo o requisito da prova pré-constituída para impetração do mandado de segurança.

2.2. MÉRITO

O art. 58, §§ 1º e 3º, da CF, prevê a criação de comissões parlamentares de inquérito mediante requerimento de um terço dos membros da Casa Legislativa com representação, tanto quanto possível, que reflita a distribuição dos partidos da respectiva Casa. Confira-se a redação do dispositivo:

> Art. 58. O Congresso Nacional e suas Casas terão comissões permanentes e temporárias, constituídas na forma e com as atribuições previstas no respectivo regimento ou no ato de que resultar sua criação.
>
> § 1º - Na constituição das Mesas e de cada Comissão, é assegurada, tanto quanto possível, a representação proporcional dos partidos ou dos blocos parlamentares que participam da respectiva Casa.
>
> (...)

> § 3º - As comissões parlamentares de inquérito, que terão poderes de investigação próprios das autoridades judiciais, além de outros previstos nos regimentos das respectivas Casas, serão criadas pela Câmara dos Deputados e pelo Senado Federal, em conjunto ou separadamente, mediante requerimento de um terço de seus membros, para a apuração de fato determinado e por prazo certo, sendo suas conclusões, se for o caso, encaminhadas ao Ministério Público, para que promova a responsabilidade civil ou criminal dos infratores.

Portanto, a regra constitucional determina que a constituição das CPIs está vinculada à satisfação de três únicos critérios: a) requerimento subscrito por um terço, no mínimo, dos membros da Casa Legislativa; b) fato determinado e c) prazo certo.

Observados esses requisitos, não há que se falar em submissão da matéria ao plenário, que não tem legitimidade democrática para afastar a ordem prevista no próprio texto constitucional.

Ao prever a existência das CPIs e prever seus requisitos, o constituinte quis assegurar o direito dos congressistas à instauração do inquérito, à investigação parlamentar, que visa fiscalizar a atuação do Poder Público.

Ademais, muito embora vigore em nosso país a democracia, a vontade da maioria não pode excluir o direito das minorias legislativas ao exercício da oposição.

Por fim, registre-se não se tratar de questão *interna corporis* ou estritamente política, insindicável pelo Poder Judiciário. A hipótese, como visto, é de desrespeito aos requisitos constitucionais para instalação da CPI e aos direitos subjetivos dos parlamentares à investigação e à oposição, justificando a pronta intervenção do Poder Judiciário.

3. DA LIMINAR

Como acima exposto, o ato da autoridade coatora de não indicar membros para compor a CPI afronta diretamente o disposto no art. 58, § 3º, da CF e nos princípios dele decorrentes.

Sendo assim, o impetrante requer que seja deferida a medida liminar, antes mesmo da notificação da autoridade coatora, nos termos do art. 7º, III, da Lei 12.016/2009, tendo em vista a relevância do fundamento (*fumus boni iuris*, representado pelo desrespeito ao direito à investigação e ao legítimo exercício do mandato parlamentar) e o perigo na demora da decisão (*periculum in mora* – que, caso proferida apenas ao final, prejudica a investigação dos fatos que a CPI deseja apurar, distanciando-os no tempo).

4. DO PEDIDO

Por todo o exposto, obedecido o prazo decadencial de 120 dias (art. 23 da Lei 12.016/2009), o impetrante requer que seja:

a) deferida a medida liminar, *inaudita altera pars*, para suspender os efeitos da decisão plenária que concluiu pelo arquivamento da CPI e para que a Mesa Diretora indique os membros da CPI, até a decisão final do presente mandado de segurança (art. 7º, III, da Lei 12.016/2009);

b) determinada a notificação da Mesa Diretora da Assembleia Legislativa do Estado ..., enviando-lhe todas as cópias dos documentos que instruem a inicial, para que preste todas as informações necessárias, no prazo de 10 dias (art. 7º, I, da Lei 12.016/2009);

c) dada ciência ao Estado X, representado por sua procuradoria, enviando-lhe cópia da inicial para que, querendo, ingresse no feito (art. 7º, II, da Lei 12.016/2009);

d) ouvido o representante do Ministério Público, para que opine no prazo de 10 dias (art. 12 da Lei 12.016/2009);

e) reconhecida a prioridade do julgamento da causa, caso deferida a liminar (art. 7º, § 4º, da Lei 12.016/2009);

f) ao final, confirmada a liminar deferida, seja concedida definitivamente a segurança pleiteada para reconhecer a inconstitucionalidade formal da submissão da matéria ao Plenário e determinar que a Mesa Diretora supra a omissão dos líderes partidários e indique, ela própria, os membros faltantes da CPI, a fim de conferir eficácia ao disposto no art. 58, § 3º, da CF.

[Obs.: toda a prova deve ser juntada à inicial, pois o direito é líquido e certo e não se admite dilação probatória. Não há condenação em honorários advocatícios em mandado de segurança: Súmulas 512/STF 105/STJ.]

Reitere-se que a procuração do advogado do impetrante e todas as provas necessárias para a configuração da liquidez e da certeza do direito alegado encontram-se anexadas à petição inicial (protocolada em duas vias – art. 6º da Lei 12.016/2009), satisfazendo o requisito da prova pré-constituída para impetração do mandado de segurança.

Dá à causa o valor de R$ ... (valor por extenso), conforme previsão do art. 258 do CPC.

Termos em que pede deferimento

Local ..., data ... .

Advogado ...

OAB ...

[Não assine, rubrique ou, de outra forma, identifique sua prova!]

fim da peça

(OAB/Exame Unificado – 2009.2 – 2ª fase) PEÇA PROFISSIONAL. João, nascido e domiciliado em Florianópolis - SC, indignou-se ao saber, em abril de 2009, por meio da imprensa, que o senador que merecera seu voto nas últimas eleições havia determinado a reforma total de seu gabinete, orçada em mais de R$ 1.000.000,00, a qual seria custeada pelo Senado Federal. A referida reforma incluía aquecimento e resfriamento com controle individualizado para o ambiente e instalação de ambiente físico para projeção de filmes em DVD, melhorias que João considera suntuosas, incompatíveis com a realidade brasileira. O senador declarara, em entrevistas, que os gastos com a reforma seriam necessários para a manutenção da representação adequada ao cargo que exerce. Tendo tomado conhecimento de que o processo de licitação já se encerrara e que a obra não havia sido iniciada, João, temendo que nenhum ente público tomasse qualquer atitude para impedir o início da referida reforma, dirigiu-se a uma delegacia de polícia civil, onde foi orientado a que procurasse a Polícia Federal. Supondo tratar-se de um "jogo de empurra-empurra", João preferiu procurar ajuda de profissional da advocacia para aconselhar-se a respeito da providência legal que poderia ser tomada no caso. Em face dessa situação hipotética, na qualidade de advogado(a) constituído(a) por João, redija a medida judicial mais apropriada para impedir que a reforma do gabinete do referido senador da República onere os cofres públicos. (Extensão máxima: 150 linhas)

ORGANIZAÇÃO DE IDEIAS

A hipótese é de ação popular, com base no art. 5º, LXXIII, da CF, proposta para anular ato lesivo ao patrimônio público e à moralidade administrativa. Seguem os principais aspectos a serem observados para a elaboração da peça:

a) Legitimidade ativa – João.

b) Legitimidade passiva – Senador da República.

c) Pessoa jurídica cujo ato é objeto de impugnação – União, representada pela Advocacia-Geral da União (art. 6º, *caput* e § 3º, da Lei 4.717/1965).

d) Mérito – art. 5º, LXXIII, da CF; art. 2º da Lei 4.717/1965.

e) Competência jurisdicional – Juiz Federal da ... Vara Federal de Florianópolis – Seção Judiciária do Estado de Santa Catarina (art. 5º da Lei 4.717/1965 e art. 109, § 2º, da CF).

f) Outros requisitos formais – comprovação da qualidade de eleitor (art. 1º, § 3º, da Lei 4717/1965); demonstração da ilegalidade e da lesividade do ato administrativo (prejuízo material); pedido de tutela antecipada (art. 5º, § 4º, da Lei 4.717/1965); pedido de citação do réu para resposta, no prazo de vinte dias (art. 7º, IV, da Lei 4.717/1965); pedido de intimação da União para se manifestar (art. 6º, § 3º, da Lei 4.717/1965); pedido de intimação do MP (art. 7º, I, "a", da Lei 4.717/1965); pedido de ratificação da tutela antecipada e de nulidade do ato impugnado, condenando o réu ao ressarcimento do erário (art. 11 da Lei 4.717/1965), na forma do art. 14, § 3º, da Lei 4.717/1965 (desconto em folha); pedido de comunicação do Ministério Público para adotar as providências necessárias à propositura da ação penal e da ação de improbidade administrativa cabíveis; pedido de condenação do réu ao ônus da sucumbência e ao pagamento das custas e honorários (art. 12 da Lei 4.717/1965); valor da causa (arts. 258 e 259 do CPC).

Eis a estrutura argumentativa (silogismo):

1. FATO: Senador da República inicia processo licitatório para obras suntuosas e desnecessárias em seu gabinete, com dinheiro público;
2. DIREITO: qualquer cidadão é parte legítima para propor ação popular que vise a anular ato lesivo ao patrimônio público e à moralidade administrativa (art. 5º, LXXIII);
3. CONCLUSÃO: **logo, João pode propor ação popular para suspender a obra, que lesa o patrimônio público e a moralidade administrativa.**

Comentários adicionais

A ação popular foi regulamentada pela Lei 4.717/1965, que deve ser previamente lida e constar do material de prova.

Súmula nº 365/STF: "Pessoa jurídica não tem legitimidade para propor ação popular".

ELABORAÇÃO DA PEÇA PRÁTICO-PROFISSIONAL

[O que estiver entre colchetes constitui observação – não deve constar da peça.]

início da peça

Excelentíssimo Senhor Doutor Juiz Federal da ... Vara de Florianópolis – Seção Judiciária do Estado de Santa Catarina

[Deixe espaço de aproximadamente 10 cm para eventual despacho ou decisão do juiz.]

João – qualificação: art. 282, II, do CPC –, (nacionalidade), (estado civil), (profissão), domiciliado em Florianópolis, portador de carteira de identidade número ... e inscrito no CPF/MF sob o número ..., por seu advogado que firma a presente (procuração anexada), com escritório para recebimento de intimações em (endereço – art. 39, I, do CPC), vem à presença de Vossa Excelência, respeitosamente, propor a presente

AÇÃO POPULAR COM PEDIDO DE TUTELA ANTECIPADA

em face do Senador da República (qualificação – art. 282, II, do CPC), nos termos do artigo 5º, inciso LXXIII, da Constituição Federal, e da Lei nº 4.717/1965, pelas razões a seguir aduzidas:

1. DOS FATOS

Em abril de 2009, o autor surpreendeu-se ao saber, por meio da imprensa, que o réu – senador que mereceu seu voto nas últimas eleições – havia determinado a reforma total de seu gabinete, orçada em mais de R$ 1.000.000,00 (um milhão de reais), a ser custeada pelo Senado Federal (doc. 1).

A referida reforma inclui aquecimento e resfriamento com controle individualizado para o ambiente e instalação de ambiente físico para projeção de filmes em DVD, melhorias desnecessárias ao exercício do cargo e em nada relativas à atividade parlamentar (doc. 2).

O réu declarou, em entrevistas, que os gastos com a reforma seriam necessários para a manutenção da representação adequada ao cargo que exerce (doc. 3).

O processo de licitação já se encerrou (doc. 4), mas as obras ainda não foram iniciadas, o que impõe a pronta atuação do Poder Judiciário para impedir a concretização de ato imoral e lesivo ao patrimônio público, como abaixo se demonstrará.

2. DO DIREITO

2.1. PRELIMINARMENTE

a) Competência do órgão julgador

De acordo com o art. 5º da Lei 4.717/1965, a competência é fixada de acordo com a origem do ato impugnado:

> Art. 5º Conforme a origem do ato impugnado, é competente para conhecer da ação, processá-la e julgá-la o juiz que, de acordo com a organização judiciária de cada Estado, o for para as causas que interessem à União, ao Distrito Federal, ao Estado ou ao Município.

Considerando que o ato atacado é de responsabilidade de Senador da República e que o patrimônio lesado é da União, a competência para processar e julgar o presente feito é da Justiça Federal. Além disso, por inexistir foro por prerrogativa de função, o feito tem início na primeira instância. Por fim, o art. 109, § 2º, da CF, possibilita que as causas intentadas contra a União sejam aforadas no domicílio do autor.

Dessa forma, justifica-se o endereçamento da presente ação à primeira instância da Justiça Federal de Florianópolis/SC.

b) Legitimidade ativa e passiva

Pelo texto do art. 5º, LXXIII, da CF, qualquer cidadão é parte legítima para propor ação popular. Por isso, juntado aos autos o título de eleitor do autor (doc. 5), comprova-se sua condição de sujeito ativo para a presente demanda (art. 1º, § 3º, da Lei 4717/1965).

Por outro lado, o agente público responsável pelo ato impugnado tem legitimidade passiva para a ação popular (art. 6º da Lei 4.717/1965). No caso, o próprio senador declarou em entrevistas que "os gastos com a reforma seriam necessários para a manutenção da representação adequada ao cargo que exerce" (doc. 6), assumindo a prática do ato impugnado. Dessa forma, não há dúvidas acerca de sua legitimidade passiva.

2.2. MÉRITO

O art. 5º, LXXIII, da CF está assim redigido:

> Art. 5º
> (...)
> LXXIII - qualquer cidadão é parte legítima para propor ação popular que vise a anular ato lesivo ao patrimônio público ou de entidade de que o Estado participe, à moralidade administrativa, ao meio ambiente e ao patrimônio histórico e cultural, ficando o autor, salvo comprovada má-fé, isento de custas judiciais e do ônus da sucumbência;

Assim, abstraindo da discussão acerca dos requisitos da ação popular no caso de violação à moralidade administrativa, quando a ação envolve o patrimônio público é necessário demonstrar a *ilegalidade* do ato e sua *lesividade*.

No caso, os documentos juntados aos autos comprovam que as obras referem-se a "aquecimento e resfriamento com controle individualizado para o ambiente e instalação de ambiente físico para projeção de filmes em DVD", melhorias suntuosas que só beneficiam o interesse privado. Assim, a própria natureza das melhorias comprova sua lesividade para o patrimônio público.

A ilegalidade da obra decorre do texto do art. 2º, "d", da Lei 4.717/1965, que assim dispõe:

> Art. 2º São nulos os atos lesivos ao patrimônio das entidades mencionadas no artigo anterior, nos casos de:
> a) incompetência;
> b) vício de forma;
> c) ilegalidade do objeto;
> d) inexistência dos motivos;
> e) desvio de finalidade.
> Parágrafo único. Para a conceituação dos casos de nulidade observar-se-ão as seguintes normas:
> a) a incompetência fica caracterizada quando o ato não se incluir nas atribuições legais do agente que o praticou;
> b) o vício de forma consiste na omissão ou na observância incompleta ou irregular de formalidades indispensáveis à existência ou seriedade do ato;
> c) a ilegalidade do objeto ocorre quando o resultado do ato importa em violação de lei, regulamento ou outro ato normativo;
> d) a inexistência dos motivos se verifica quando a matéria de fato ou de direito, em que se fundamenta o ato, é materialmente inexistente ou juridicamente inadequada ao resultado obtido;
> e) o desvio de finalidade se verifica quando o agente pratica o ato visando a fim diverso daquele previsto, explícita ou implicitamente, na regra de competência.

Assim, presentes os requisitos da ilegalidade e da lesividade, o ato impugnado deve ser anulado por atingir o patrimônio público e, em última análise, a própria moralidade administrativa.

3. DA TUTELA ANTECIPADA

Sendo assim, com fundamento no art. 5º, § 4º, da Lei 4.717/1965, o autor requer que sejam antecipados os efeitos da tutela pleiteada, antes mesmo da citação do réu, tendo em vista a relevância do fundamento (*fumus boni iuris*, representado pela lesividade ao patrimônio público e à ilegalidade do ato) e o perigo na demora da decisão (*periculum in mora* – que, caso proferida apenas ao final, não impedirá o início das obras, uma vez que a licitação já se ultimou).

4. DO PEDIDO

Por todo o exposto, o autor requer que seja(m):

a) deferida a tutela antecipada, *inaudita altera pars*, para impedir o início das obras até a decisão final da presente ação popular (art. 5º, § 4º, da Lei 4.717/1965);

b) determinada a citação do réu para resposta, no prazo de vinte dias (art. 7º, IV, da Lei 4.717/1965);

c) intimada a União para se manifestar (art. 6º, § 3º, da Lei 4.717/1965);

d) ouvido o representante do Ministério Público (art. 7º, I, "a", da Lei 4.717/1965);

e) ao final, confirmada a tutela deferida, anulado o ato impugnado, condenando-se o réu ao ressarcimento do erário (art. 11 da Lei 4.717/1965), na forma do art. 14, § 3º, da Lei 4.717/1965 (desconto em folha);

f) remetidas cópias dos autos ao Ministério Público para adoção das providências necessárias à propositura da ação penal e da ação de improbidade administrativa cabíveis;

g) condenado o réu ao pagamento dos ônus da sucumbência, das custas e dos honorários (art. 12 da Lei 4.717/1965).

Reitere-se que a procuração do advogado do autor e todas as provas necessárias à comprovação do direito aqui alegado encontram-se anexadas à petição inicial, notadamente a cópia do título eleitoral, que comprova a qualidade de cidadão (art. 1º, § 3º, da Lei 4717/1965).

Dá à causa o valor de R$ 1.000.000,00 (um milhão de reais).

[Valor da reforma do gabinete informado na questão.]

Termos em que pede deferimento

Florianópolis, data ... .

Advogado ...

OAB ...

[Não assine, rubrique ou, de outra forma, identifique sua prova!]

fim da peça

(OAB/Exame Unificado - 2010.1 – 2ª fase) O secretário de administração do estado-membro Y, com a finalidade de incentivar o aprimoramento profissional de certa categoria de servidores públicos, criou, por meio de lei específica, tabela de referências salariais com incremento de 10% entre uma e outra, estando a mudança de referência baseada em critérios de antiguidade e merecimento. O pagamento do mencionado percentual seria feito em seis parcelas mensais e sucessivas. Os servidores que adquiriram todas as condições para o posicionamento na referência salarial subsequente já haviam recebido o pagamento de três parcelas quando sobreveio a edição de medida provisória revogando a sistemática estabelecida na lei. Assim, no mês seguinte à edição dessa medida, o valor correspondente à quarta parcela foi excluído da folha de pagamento. Em decorrência dessa exclusão, os servidores requereram à Secretaria Estadual de Planejamento e Gestão a respectiva inserção na folha de pagamento, sob pena de submeter a questão ao Poder Judiciário. Em resposta, o secretário indeferiu o pedido, fundado nos seguintes argumentos:

a) em razão da revogação da lei, promovida pela medida provisória, os servidores não mais teriam direito ao recebimento do percentual;
b) seria possível a alteração do regime remuneratório, em face da ausência de direito adquirido a regime jurídico, conforme já reconhecido pelo Supremo Tribuna Federal;
c) os servidores teriam, na hipótese, mera expectativa de direito, e não direito adquirido;
d) não cabe ao Poder Judiciário atuar em área própria do Poder Executivo e conceder o reajuste pleiteado, sob pena de ofensa ao princípio constitucional da separação dos poderes.

Em face da situação hipotética apresentada, na qualidade de advogado(a) contratado(a) pelo sindicato dos servidores, redija a medida judicial cabível para impugnação do ato da autoridade que determinou a exclusão do pagamento dos servidores dos percentuais previstos em lei, destacando os argumentos necessários à adequada defesa dos interesses de seus clientes.

ORGANIZAÇÃO DE IDEIAS

Observando o quadro presente na Introdução, a peça a ser elaborada é o mandado de segurança, pois os servidores tiveram seu direito líquido e certo ao recebimento do percentual atingido pelo ato do Secretário Estadual de Planejamento e Gestão.

Note que o mandado de segurança pode ser impetrado por pessoa física ou jurídica (art. 1º da Lei 12.016/2009).

Para elaboração da peça **é essencial que o candidato leia atentamente a Lei 12.016/20009**, que regula o mandado de segurança, bem como o quadro esquemático do mandado de segurança, reproduzido nos comentários à primeira questão (2006.1).

Aplicando as noções ao caso concreto, temos que:

a) Legitimidade ativa – Sindicato dos servidores (mandado de segurança coletivo).
b) Legitimidade passiva – Secretário de Planejamento e Gestão do Estado Y.
c) Pessoa jurídica que a autoridade coatora integra – Estado Y.
d) Ato coator – ato que suspendeu o pagamento das parcelas 4, 5 e 6.
e) Mérito – inconstitucionalidade do ato por violação do direito adquirido (art. 5º, XXXVI, da CF) e da irredutibilidade de vencimentos dos servidores públicos (art. 37, XV, da CF).
f) Competência jurisdicional – Juiz de Direito da Vara Cível da Comarca da Capital do Estado Y (a questão não menciona a existência de foro privilegiado para secretários de estado).
g) Outros requisitos formais – observância do prazo de decadência; prova pré-constituída; pedido de liminar; pedido de notificação da autoridade coatora para prestar informações; pedido de ciência da pessoa jurídica para ingressar no feito; pedido de intimação do MP; pedido de prioridade de julgamento (após deferida a liminar); pedido de ratificação da liminar e de julgamento de procedência do pedido principal; valor da causa.

Eis a estrutura argumentativa (silogismo):

1. FATO: lei específica do Estado Y cria tabela de referências salariais com incremento de 10% entre uma e outra, baseada em critérios de antiguidade e merecimento. Servidores que adquiriram as condições legais para o enquadramento na tabela começam a receber o adicional, pago parceladamente em 6 vezes. Após edição de medida provisória que revogou a lei, o pagamento das parcelas subsequentes foi suspenso e o pedido administrativo de continuidade do pagamento das parcelas faltantes foi indeferido;

2. DIREITO: Art. 5º, XXXVI, da CF: "a lei não prejudicará o direito adquirido, o ato jurídico perfeito e a coisa julgada"; Art. 37, XV, da CF: "o subsídio e os vencimentos dos ocupantes de cargos e empregos públicos são irredutíveis, ressalvado o disposto nos incisos XI e XIV deste artigo e nos arts. 39, § 4º, 150, II, 153, III, e 153, § 2º, I";

3. CONCLUSÃO: **logo, é inválida a suspensão do pagamento do percentual de 10% pela Administração Estadual, com fundamento em medida provisória, pois o valor já havia sido incorporado ao patrimônio jurídico dos servidores e sua suspensão corresponde à redução salarial.**

ELABORAÇÃO DA PEÇA PRÁTICO-PROFISSIONAL

[O que estiver entre colchetes constitui observação – não deve constar da peça.]

início da peça

Excelentíssimo Senhor Doutor Juiz de Direito da ... Vara Cível da Comarca da Capital do Estado Y.

[Deixe espaço de aproximadamente 10 cm para eventual despacho ou decisão do juiz.]

Sindicato dos Servidores Públicos do Estado Y, estabelecido em (endereço), inscrito no CNPJ sob o número ..., por seu advogado que firma a presente (procuração anexada), com escritório para recebimento de intimações em (endereço – art. 39, I, do CPC), vem à presença de Vossa Excelência, respeitosamente, impetrar o presente

MANDADO DE SEGURANÇA COLETIVO COM PEDIDO DE LIMINAR

em face do Secretário Estadual de Planejamento e Gestão, nos termos do artigo 5º, inciso LXIX, da Constituição Federal, e do art. 1º da Lei nº 12.016/2009, pelas razões a seguir aduzidas:

1. DOS FATOS

O secretário de administração do estado-membro Y, com a finalidade de incentivar o aprimoramento profissional de certa categoria de servidores públicos, criou, por meio de lei específica, tabela de referências salariais com incremento de 10% entre uma e outra, estando a mudança de referência baseada em critérios de antiguidade e merecimento.

O pagamento do mencionado percentual seria feito em seis parcelas mensais e sucessivas. Os servidores que adquiriram todas as condições para o posicionamento na referência salarial subsequente, como é o caso dos membros do sindicato impetrante, já haviam recebido o pagamento de três parcelas quando sobreveio a edição de medida provisória revogando a sistemática estabelecida na lei.

Assim, no mês seguinte à edição dessa medida, o valor correspondente à quarta parcela foi excluído da folha de pagamento. Em decorrência dessa exclusão, os servidores requereram à Secretaria Estadual de Planejamento e Gestão a respectiva inserção na folha de pagamento, sob pena de submeter a questão ao Poder Judiciário. Em resposta, o secretário indeferiu o pedido, fundado nos seguintes argumentos (doc. em anexo):

a) em razão da revogação da lei, promovida pela medida provisória, os servidores não mais teriam direito ao recebimento do percentual;

b) seria possível a alteração do regime remuneratório, em face da ausência de direito adquirido a regime jurídico, conforme já reconhecido pelo Supremo Tribuna Federal;

c) os servidores teriam, na hipótese, mera expectativa de direito, e não direito adquirido;

d) não cabe ao Poder Judiciário atuar em área própria do Poder Executivo e conceder o reajuste pleiteado, sob pena de ofensa ao princípio constitucional da separação dos poderes.

Como será visto a seguir, o ato administrativo que indeferiu o pagamento é inconstitucional e deve ser declarado nulo, restabelecendo-se o pagamento do percentual de 10% na forma da Lei estadual.

2. DO DIREITO

Conforme estabelecido na Constituição de 1988, a lei não pode atingir o direito adquirido, o ato jurídico perfeito e a coisa julgada (art. 5º, XXXVI, da CF).

No caso em análise o direito adquirido dos servidores ao pagamento do percentual de 10% foi atingido, pois quando da publicação da medida provisória que revogou o aumento o direito ao seu recebimento já havia sido incorporado ao patrimônio jurídico dos servidores.

Com efeito, a Administração Estadual já havia reconhecido que os servidores faziam jus ao acréscimo pecuniário, tanto que já vinham recebendo as parcelas na forma da lei. Repita-se, por relevante: o percentual já lhes havia sido deferido, apenas a forma de pagamento era feita parceladamente, por razões financeiras.

Dessa forma, negar o pagamento do percentual aos servidores que já haviam adquirido o direito à sua percepção na forma da lei vigente à época corresponde a diminuir seus rendimentos, em afronta também ao princípio da irredutibilidade de vencimentos, presente no art. 37, XV, da CF.

Diante do exposto, os membros do sindicato impetrante têm direito líquido e certo ao recebimento do percentual de 10% na forma da lei instituidora, pois preencheram todos os requisitos ao seu recebimento na época em que a lei estava em vigor, não podendo ser afetados pela revogação de suas disposições, sob pena de violação do princípio da irredutibilidade salarial.

3. DA LIMINAR

Como acima exposto, o ato da autoridade coatora de indeferir o pagamento do percentual de 10% já incorporado ao patrimônio dos servidores é inconstitucional e, por isso, não pode produzir efeitos. Caso a liminar não seja concedida, os impetrantes serão privados do recebimento de parcelas de natureza alimentar e deverão suportar sozinhos o ônus do tempo do processo quando seu direito é líquido e certo.

Sendo assim, a associação impetrante requer que seja deferida a medida liminar antes mesmo da notificação da autoridade coatora, nos termos do art. 7º, III, da Lei 12.016/2009, tendo em vista a relevância do fundamento (*fumus boni iuris*, representado pela inconstitucionalidade do ato administrativo, que viola o direito adquirido – art. 5º, XXXVI, da CF – e a irredutibilidade de vencimentos – art. 37, XV, da CF) e o perigo na demora da decisão (*periculum in mora* – que, caso proferida apenas ao final, impede a percepção de valores de natureza alimentar).

4. DO PEDIDO

Por todo o exposto, obedecido o prazo decadencial de 120 dias (art. 23 da Lei 12.016/2009), a impetrante requer que seja:

a) deferida a medida liminar, *inaudita altera pars*, até a decisão final do presente mandado de segurança para determinar que a autoridade coatora restabeleça o pagamento do percentual das parcelas 4, 5 e 6 aos associados da impetrante (art. 7º, III, da Lei 12.016/2009);

b) determinada a notificação da autoridade coatora, enviando-lhe todas as cópias dos documentos que instruem a inicial, para que preste todas as informações necessárias, no prazo de 10 dias (art. 7º, I, da Lei 12.016/2009);

c) dada ciência ao Estado Y, por intermédio de sua procuradoria, enviando-lhe cópia da inicial para que, querendo, ingresse no feito (art. 7º, II, da Lei 12.016/2009);

d) ouvido o representante do Ministério Público para que opine no prazo de 10 dias (art. 12 da Lei 12.016/2009);

e) reconhecida a prioridade do julgamento da causa, caso deferida a liminar (art. 7º, § 4º, da Lei 12.016/2009);

f) ao final, confirmada a liminar deferida, concedendo-se definitivamente a segurança pleiteada para que o ato de suspensão do pagamento seja declarado nulo por violar princípios e preceitos constitucionais.

[Obs.: toda a prova deve ser juntada à inicial, pois o direito é líquido e certo e não se admite dilação probatória. Não há condenação em honorários advocatícios em mandado de segurança: Súmulas 512/STF 105/STJ.]

Todas as provas necessárias para a configuração da liquidez e da certeza do direito alegado encontram-se anexadas à petição inicial (protocolada em duas vias – art. 6º da Lei 12.016/2009), satisfazendo o requisito da prova pré-constituída para impetração do mandado de segurança.

Dá à causa o valor de R$ ... (valor por extenso), conforme previsão do art. 258 do CPC.

Termos em que pede deferimento

Capital do Estado Y, data ... .

Advogado ...

OAB ...

[Não assine, rubrique ou, de outra forma, identifique sua prova!]

GABARITO COMENTADO PELA BANCA EXAMINADORA – CESPE

Deve-se elaborar mandado de segurança, com fundamento no art. 5º, LXIX, da CF, bem como no art. 1º da Lei nº 12.016/2009, em face da autoridade máxima do órgão. Após breve relato da situação fática, devem ser apontados os seguintes argumentos fundamentais: a) A autoridade coatora é o secretário de Administração, devendo também ser notificado o estado Y, como pessoa jurídica à qual a autoridade coatora está vinculada; b) De fato, a teor de entendimento consolidado na jurisprudência, o servidor público não tem direito adquirido a regime jurídico.

Assim, a administração pública pode promover, legitimamente, alterações na composição dos vencimentos dos servidores, inclusive mediante a exclusão de vantagens, gratificações ou reajustes; c) Na ocasião da edição da medida provisória, os servidores já haviam adquirido todas as condições para o recebimento do percentual relativo a referencia salarial subsequente, tanto que já vinham percebendo o pagamento de forma parcelada. Por conseguinte, os servidores já haviam adquirido, por força da legislação específica, o direito ao recebimento do percentual. O pagamento é que foi efetuado de forma parcelada, ou seja, o direito ao recebimento do percentual já havia integrado o patrimônio dos servidores, quando da edição da medida provisória, muito embora a implementação estivesse sendo feita de modo parcelado. Logo, não poderia tal espécie legislativa desrespeitar direito já incorporado ao patrimônio, sob pena de afronta ao disposto no art. 5º, XXXVI, da Constituição Federal, segundo o qual "a lei não prejudicara o direito adquirido". Pode, todavia, a administração retirar o beneficio para os servidores que ainda não completaram tal direito; d) A subtração das parcelas a que fariam jus os servidores também implica afronta ao disposto no art. 37, XV, da Constituição Federal, segundo o qual os vencimentos dos ocupantes de cargos e empregos públicos são irredutíveis. Isso porque, como o direito já havia sido incorporado ao patrimônio dos servidores, sua exclusão configura clara afronta ao princípio da irredutibilidade de vencimentos. O entendimento do Supremo Tribunal Federal é pacífico nesse sentido. Assim, apesar de ser constitucional a modificação do regime remuneratório dos servidores, tal alteração não pode ocorrer de forma alheia a observância dos comandos constitucionais, em especial da vedação de decesso remuneratório; e) Estão presentes os requisitos indispensáveis à concessão da liminar: o *fumus boni iuris*, em razão dos mencionados princípios constitucionais, e o *periculum in mora*, decorrente do dano causado aos impetrantes. Deve-se requerer a prestação de informações da autoridade coatora e da entidade da qual ele faça parte, a oitiva do Ministério Público e, no mérito, a declaração definitiva de nulidade do ato que determinou a exclusão da parcela do reajuste na folha de pagamento. Por fim, deve-se formular pedido, destacando-se que, diante da ocorrência de ofensa, pelo poder público, ao direito adquirido dos servidores e à irredutibilidade de vencimentos, a hipótese é de concessão da ordem para que seja assegurada aos servidores públicos a implementação do reajuste. Pedido liminar para garantir o pagamento da 4ª, da 5ª e da 6ª parcela, em razão do seu caráter alimentar.

Observações para a correção:

1. Atribuir pontuação integral às respostas em que esteja expresso o conteúdo do dispositivo legal, ainda que não seja citado, expressamente, o número do artigo.
2. Considerar secretário de Estado o secretário de administração ou o secretário estadual de planejamento e gestão.
3. Atribuir pontuação integral ao mandado de segurança endereçado ao juiz de 1º grau, visto que algumas constituições estaduais não fazem previsão de foro para secretários.

(OAB/Exame Unificado – 2010.2 – 2ª fase) Mévio de Tal, com quarenta e dois anos de idade, pretende candidatar-se a cargo vago, mediante concurso público, organizado pelo Estado X, tendo, inclusive, se matriculado em escola preparatória. Com a publicação do edital, é surpreendido com a limitação, para inscrição, dos candidatos com idade de, no máximo, vinte e cinco anos. Inconformado, apresenta requerimento ao responsável pelo concurso, que aduz o interesse público, tendo em vista que, quanto mais jovem, maior tempo permanecerá no serviço público o aprovado no certame, o que permitirá um menor déficit nas prestações previdenciárias, um dos problemas centrais do orçamento do Estado na contemporaneidade. O responsável pelo concurso é o Governador do Estado X. Não há previsão legal para o estabelecimento de idade mínima, sendo norma constante do edital do concurso. Não há necessidade de produção de provas e o prazo entre a publicação do edital e da impetração da ação foi menor que 120 (cento e vinte) dias.

Na qualidade de advogado contratado por Mévio, redigir a peça cabível ao tema, observando:

a) competência do Juízo;

b) legitimidade ativa e passiva;

c) fundamentos de mérito constitucionais e legais vinculados;

d) os requisitos formais da peça inaugural;

e) necessidade de tutela de urgência.

ORGANIZAÇÃO DE IDEIAS

Observando o quadro presente na Introdução e considerando as "dicas" constantes do enunciado ("não há necessidade de produção de provas" e o prazo "foi menor que 120 (cento e vinte dias)", não há dúvida de que a peça a ser elaborada é o mandado de segurança, pois Mévio de tal teve seu direito líquido e certo de participar do concurso público atingido por uma exigência inconstitucional, que fere a isonomia, a legalidade e a razoabilidade.

Para elaboração da peça **é essencial que o candidato leia atentamente a Lei 12.016/20009,** que regula o mandado de segurança, bem como o quadro esquemático do mandado de segurança, reproduzido nos comentários à primeira questão (2006.1).

Aplicando as noções ao caso concreto, temos que:

a) Legitimidade ativa – Mévio de Tal.

b) Legitimidade passiva – Governador do Estado X.

c) Pessoa jurídica que a autoridade coatora integra – Estado X.

d) Ato coator – ato que indeferiu a inscrição de Mévio de Tal.

e) Mérito – inconstitucionalidade do ato por violação do princípio da legalidade (art. 37, *caput*, da CF), da razoabilidade e da isonomia. (Súmula 683/STF).

f) Competência jurisdicional – Tribunal de Justiça do Estado X.

g) Outros requisitos formais – prazo de decadência; prova pré-constituída; pedido de liminar; pedido de notificação da autoridade coatora para prestar informações; pedido de ciência da pessoa jurídica para ingressar no feito; pedido de intimação do MP; pedido de prioridade de julgamento (após deferida a liminar); pedido de ratificação da liminar e de julgamento de procedência do pedido principal; valor da causa.

Eis a estrutura argumentativa (silogismo):

1. FATO: edital de concurso do Estado X limita a inscrição a candidatos de até vinte e cinco anos. Mévio de Tal, por ter 42 anos, tem sua inscrição negada;
2. DIREITO: Art. 5º, *caput*, primeira parte: "Art. 5º Todos são iguais perante a lei, sem distinção de qualquer natureza"; Art. 5º, II, da CF: "ninguém será obrigado a fazer ou deixar de fazer alguma coisa senão em virtude de lei"; Ademais, "O limite de idade para a inscrição em concurso público só se legitima em face do art. 7º, XXX, da CF, quando possa ser justificado pela natureza das atribuições do cargo a ser preenchido" (Súmula 683/STF) – princípio da razoabilidade;
3. CONCLUSÃO: **logo, o indeferimento da inscrição de Mévio é inconstitucional que, por isso, tem direito a se inscrever no concurso e a fazer as provas.**

ELABORAÇÃO DA PEÇA PRÁTICO-PROFISSIONAL

[O que estiver entre colchetes constitui observação – não deve constar da peça.]

início da peça

Excelentíssimo Senhor Desembargador do Tribunal de Justiça do Estado X

[Deixe espaço de aproximadamente 10 cm para eventual despacho ou decisão do juiz.]

Mévio de Tal, residente e domiciliado em (endereço), portador de carteira de identidade número ... e inscrito no CPF sob o número ..., por seu advogado que firma a presente (procuração anexada), com escritório para recebimento de intimações em (endereço – art. 39, I, do CPC), vem à presença de Vossa Excelência, respeitosamente, impetrar o presente

MANDADO DE SEGURANÇA COM PEDIDO DE LIMINAR

em face do Governador do Estado X, nos termos do artigo 5º, inciso LXIX, da Constituição Federal, e da Lei nº 12.016/2009, pelas razões a seguir aduzidas:

1. DOS FATOS

O impetrante, com quarenta e dois anos de idade, pretende candidatar-se a cargo vago, mediante concurso público, organizado pelo Estado X, tendo, inclusive, se matriculado em escola preparatória.

Com a publicação do edital, foi surpreendido com a limitação, para inscrição, dos candidatos com idade de, no máximo, vinte e cinco anos.

Visando afastar a exigência inconstitucional, apresentou requerimento ao responsável pelo concurso, que negou seu pedido com fundamento no interesse público, tendo em vista que, segundo ele, quanto mais jovem, maior tempo permanecerá no serviço público o aprovado no certame, o que permitirá um menor déficit nas prestações previdenciárias, um dos problemas centrais do orçamento do Estado na contemporaneidade.

Como será visto a seguir, e exigência editalícia é inconstitucional e deve ter sua aplicação afastada no caso concreto, permitindo-se a inscrição e a realização das provas pelo impetrante.

2. DO DIREITO

A Constituição Federal estabeleceu a regra do concurso público para acesso a cargos e empregos públicos, visando a universalidade e a isonomia entre os candidatos, de modo a evitar favorecimentos e privilégios.

Dessa forma, qualquer exceção a essa regra deve pautar-se pelo princípio da razoabilidade, vale dizer, o fundamento para a restrição do acesso ao concurso público deve se justificar constitucionalmente, sob pena de configurar restrição inconstitucional, como no caso. Na hipótese, não há motivo constitucionalmente legítimo para excluir do certame candidatos com mais de vinte e cinco anos, pois a atividade pode ser exercida por pessoas de qualquer idade.

Por isso, a exigência do edital viola também a isonomia, pois cria distinção entre brasileiros, favorecendo o pequeno grupo de candidatos menores de 25 anos. De acordo com a Constituição, todos são iguais perante a lei e devem ser assim tratados.

Em acréscimo, o edital desrespeita também o princípio da legalidade, pois, se a restrição não está prevista em lei, o edital não pode inovar na ordem jurídica para criar gravame que a lei não previu.

Por fim, cabe observar que a jurisprudência do STF não legitima cláusulas restritivas como a presente, tendo inclusive editado a Súmula 683, com o seguinte teor: "O limite de idade para a inscrição em concurso público só se legitima em face do art. 7º, XXX, da CF, quando possa ser justificado pela natureza das atribuições do cargo a ser preenchido". Com efeito, o art. 7º, XXX, da CF proíbe a diferença de salários, de exercício de funções e de critério de admissão por motivo de sexo, idade, cor ou estado civil.

Diante do exposto, considerando que a regra do edital é inconstitucional por violar o princípio da isonomia, da igualdade de acesso a cargos públicos, da legalidade e da razoabilidade, o impetrante tem direito líquido e certo a participar do concurso público, devendo ser deferida sua inscrição para a posterior realização das provas.

3. DA LIMINAR

Como acima exposto, a limitação da idade para inscrição no concurso é inconstitucional e, por isso, não pode produzir efeitos. Caso a liminar não seja concedida, o impetrante não poderá participar do certame e o presente *mandamus* restará prejudicado por falta de objeto.

Sendo assim, o impetrante requer que seja deferida a medida liminar antes mesmo da notificação da autoridade coatora, nos termos do art. 7º, III, da Lei 12.016/2009, tendo em vista a relevância do fundamento (*fumus boni iuris*, representado pela inconstitucionalidade da norma do edital, que fere a legalidade, a razoabilidade e a isonomia) e o perigo na demora da decisão (*periculum in mora* – que, caso proferida apenas ao final, impedirá a participação do impetrante no concurso público).

4. DO PEDIDO

Por todo o exposto, obedecido o prazo decadencial de 120 dias (art. 23 da Lei 12.016/2009), o impetrante requer que seja:

a) deferida a medida liminar, *inaudita altera pars*, até a decisão final do presente mandado de segurança para determinar que a autoridade coatora efetue a inscrição do impetrante no concurso público ou, se assim não entender V. Exa., para que lhe seja deferida a realização das provas como qualquer outro candidato (art. 7º, III, da Lei 12.016/2009);

b) determinada a notificação da autoridade coatora, enviando-lhe todas as cópias dos documentos que instruem a inicial, para que preste todas as informações necessárias, no prazo de 10 dias (art. 7º, I, da Lei 12.016/2009);

c) dada ciência ao Estado X, por intermédio de sua procuradoria, enviando-lhe cópia da inicial para que, querendo, ingresse no feito (art. 7º, II, da Lei 12.016/2009);

d) ouvido o representante do Ministério Público para que opine no prazo de 10 dias (art. 12 da Lei 12.016/2009);

e) reconhecida a prioridade do julgamento da causa, caso deferida a liminar (art. 7º, § 4º, da Lei 12.016/2009);

f) ao final, confirmada a liminar deferida, concedendo-se definitivamente a segurança pleiteada para que a impetrante possa se inscrever no concurso público e realizar todas as fases necessárias à sua aprovação.

[Obs.: toda a prova deve ser juntada à inicial, pois o direito é liquido e certo e não se admite dilação probatória. Não há condenação em honorários advocatícios em mandado de segurança: Súmulas 512/STF 105/STJ.]

Todas as provas necessárias para a configuração da liquidez e da certeza do direito alegado encontram-se anexadas à petição inicial (protocolada em duas vias – art. 6º da Lei 12.016/2009), satisfazendo o requisito da prova pré-constituída para impetração do mandado de segurança.

Dá à causa o valor de R$ 1.000,00 (mil reais) para efeitos fiscais.

Termos em que pede deferimento

Capital do Estado X, data ... .

Advogado ...

OAB ...

[Não assine, rubrique ou, de outra forma, identifique sua prova!]

PADRÃO DE RESPOSTA – PEÇA PROFISSIONAL – FGV

O tema acesso a cargos públicos tem assento constitucional, consoante pode-se aferir do exame da norma do art. 37, da CF, que impõe a acessibilidade aos cargos públicos mediante concurso público. A jurisprudência não tem acolhido que normas editalícias, sem previsão legal e com manifesta afronta às normas constitucionais, restrinjam o limite de idade, admitindo a restrição quando houver previsão legal, desde que adequado ao cargo postulado. Nesse sentido: STF, Agravo Regimental Nº 486439, Relator: Ministro Joaquim Barbosa; Agravo Regimental Nº 559823, Relator: Ministro Joaquim Barbosa.

Assim, embora o edital seja a lei do concurso, não se pode impor restrição sem respaldo em lei formal, e ainda que tal lei seja razoável, como não permitindo que postulantes ao cargo de médico da Polícia Militar tenham restrição de idade. Assim, o interesse público meramente financeiro ou orçamentário, aduzido pela autoridade que preside o concurso público, não tem o condão de vedar a candidatura de pessoas com idade superior à prevista no edital.

Há aqui um problema de competência que caberá ao examinando resolver. É que, sendo o Estado X, organizador do concurso, a competência é do Tribunal de Justiça, visto que o Governador do Estado tem foro por prerrogativa de função. Pelo texto, o candidato deverá optar pelo mandado de segurança, vez que são preenchidos os elementos para a impetração, o que levará ao exame dos requisitos formais dessa peça.

Distribuição dos pontos pela examinadora - FGV

Item	Pontuação
Competência do juízo: Tribunal de Justiça	0 / 0,5
Valor da causa: valor ínfimo (pode ser R$ 1.000,00 para efeitos fiscais)	0 / 0,5
Legitimidade passiva: governador do Estado (obviamente que pedindo sua notificação como autoridade coatora)	0 / 0,5
Notificação da pessoa jurídica que a autoridade coatora integra: o Estado pertinente ao governador	0 / 0,5
Necessidade da tutela de urgência: *periculum in mora* e *fumus bonis juris*	0 / 0,5 / 1,0
Fundamentação: mencionar o princípio da legalidade e o princípio da razoabilidade, bem como o princípio que veda qualquer forma de discriminação	0 / 0,5 / 1,0 / 1,5
Petitório: deferimento do *writ*, garantindo a tutela para que a restrição do edital seja afastada, possibilitando que MÉVIO possa se inscrever no concurso e realizar as provas normalmente	0 / 0,5

(OAB/Exame Unificado – 2010.3 – 2ª fase) Tício, brasileiro, casado, engenheiro, na década de setenta, participou de movimentos políticos que faziam oposição ao Governo então instituído. Por força de tais atividades, foi vigiado pelos agentes estatais e, em diversas ocasiões, preso para averiguações. Seus movimentos foram monitorados pelos órgãos de inteligência vinculados aos órgãos de Segurança do Estado, organizados por agentes federais. Após longos anos, no ano de 2010, Tício requereu acesso à sua ficha de informações pessoais, tendo o seu pedido indeferido, em todas as instâncias administrativas. Esse foi o último ato praticado pelo Ministro de Estado da Defesa, que lastreou seu ato decisório, na necessidade de preservação do sigilo das atividades do Estado, uma vez que os arquivos públicos do período desejado estão indisponíveis para todos os cidadãos. Tício, inconformado, procura aconselhamentos com seu sobrinho Caio, advogado, que propõe apresentar ação judicial para acessar os dados do seu tio.

Na qualidade de advogado contratado por Tício, redija a peça cabível ao tema, observando: a) competência do Juízo; b) legitimidade ativa e passiva; c) fundamentos de mérito constitucionais e legais vinculados; d) os requisitos formais da peça inaugural.

ORGANIZAÇÃO DE IDEIAS

A peça cabível é remédio constitucional, denominado *habeas data*, com fundamento no art. art. 5º, LXXII, que determina que conceder-se-á *habeas-data*: a) para assegurar o conhecimento de informações relativas à pessoa do impetrante, constantes de registros ou bancos de dados de entidades governamentais ou de caráter público; b) para a retificação de dados, quando não se prefira fazê-lo por processo sigiloso, judicial ou administrativo.

O impetrante (ou legitimado ativo) é o Tício, pois foi ele quem teve negado o acesso a informações. Vale lembrar que essas informações dizem respeito a pessoa do impetrante. Não há possibilidade da impetração da ordem de habeas data, visando a assegurar o acesso a informações de terceiros.

Figurará como impetrado (ou legitimado passivo, ou autoridade coatora) o Ministro de Estado da Defesa, pois foi quem denegou o pedido de informações em último lugar.

A competência para a análise desse habeas data é do Superior Tribunal de Justiça, com base no art. 105, I, "b", da Constituição Federal e no art. 20, I, b da Lei 9.507/97 (lei que regulamenta o *habeas data*), ordinário é da competência do Superior Tribunal de Justiça. Os

A fundamentação é encontrada em diversos dispositivos constitucionais, em especial, aqueles relacionados aos direito de informação. Desse modo, as normas constitucionais e legais que devem pautar a peça têm a ver com direito de acesso a informações (art. 5º, XXXIII, da CF), com o cabimento da habeas data (art. 5º, LXXII, da CF) e o abuso de autoridade (art. 4º, "h", da Lei n. 4.898/65).

ELABORAÇÃO DA PEÇA PRÁTICO-PROFISSIONAL

[O que estiver entre colchetes constitui observação – não deve constar da peça.]

Início da peça

EXCELENTÍSSIMO SENHOR MINISTRO PRESIDENTE DO COLENDO SUPERIOR TRIBUNAL DE JUSTIÇA

[Deixe espaço de aproximadamente 10 cm para eventual despacho ou decisão do juiz.]

Tício, brasileiro, casado, engenheiro, residente e domiciliado na ..., portador do RG ... e do CPF ..., por seu advogado que firma a presente (procuração anexa – doc.1), com escritório para recebimento de intimações na ... (CPC, art. 39, I) vem à presença de Vossa Excelência, respeitosamente, impetrar contra o Senhor Ministro da Defesa, o presente

HABEAS DATA

nos termos do artigo 5º, inciso LXXII, da Constituição Federal e da Lei nº 9.507/97, pelas razões a seguir aduzidas.

I - DOS FATOS

O impetrante é brasileiro e, na década de setenta, participou de diversos movimentos políticos que faziam oposição ao Governo então instituído.

Em decorrência dessas atividades, foi vigiado pelos agentes estatais e, em diversas ocasiões, preso para averiguações. Seus movimentos foram monitorados pelos órgãos de inteligência vinculados aos órgãos de Segurança do Estado, organizados por agentes federais.

Anos após esses fatos, precisamente em 2010, o impetrante requereu acesso à sua ficha de informações pessoais (doc. 2), e, para a sua surpresa, teve o seu pedido indeferido, em todas as instâncias administrativas (doc. 3).

A última negativa foi dada pelo Ministro de Estado da Defesa, que lastreou seu ato decisório, na necessidade de preservação do sigilo das atividades do Estado, uma vez que os arquivos públicos do período desejado estão indisponíveis para todos os cidadãos.

Inconformado, Tício resolveu impetrar o presente *habeas data* a fim de tomar conhecimento das informações que lhe foram negadas.

II - DO DIREITO

Em primeiro lugar cabe a análise o artigo 5º, XXXIII, da Constituição Federal que assegura a todos o direito de receber dos órgãos públicos informações de seu interesse particular, ou de interesse coletivo ou geral. Informações essas que devem ser prestadas no prazo legal, sob pena de responsabilidade.

Vale lembrar que tal direito está previsto no rol de direitos e garantias individuais, rol esse que não pode ser suprimido sequer pelo poder derivado reformador, ou seja, por meio da elaboração de emendas à Constituição. Trata-se de uma das cláusulas pétreas, prevista no art. 60, §4º, IV, do texto maior.

Visando assegurar esse direito à informação, a própria Constituição, em seu art. 5º, LXXII, estabelece que é cabível o *habeas data* quando se tem os seguintes objetivos: a) para assegurar o conhecimento de informações relativas à pessoa do impetrante, constantes de registro ou bancos de dados de entidades governamentais ou de caráter público; b) para a retificação de dados, quando não se prefira fazê-lo por processo sigiloso, judicial ou administrativo.

A garantia do *habeas data* está regulamentada na Lei 9.507/97, lei essa que estabelece como requisito da petição inicial prova que demonstre a recusa da autoridade em dar acesso às informações solicitadas ou em fazer a retificação ou anotação devidas.

Assim, percebe-se que existem vários requisitos para o ingresso com o *habeas data*. São eles: a) necessidade de acesso, retificação ou anotação de informações ou dados constantes de registro ou bancos de dados públicos; b) informações ou dados relativos à pessoa do impetrante; c) prova da recusa da autoridade e dar o acesso ou proceder à retificação ou anotação. Tais pressupostos foram devidamente cumpridos pelo impetrante.

O requisito "a" está cumprido, pois as informações em relação às quais se deseja são constantes de registro ou banco de dado de entidade governamental, no caso o Ministério de Estado da Defesa da União.

O requisito "b" também está cumprido, pois as informações solicitadas dizem respeito à própria pessoa do impetrante.

E, em relação ao requisito "c", é verificado o seu cumprimento pelo fato de o impetrante ter feito pedido de acesso à sua ficha de informações pessoais, o qual foi indeferido, em todas as instâncias administrativas.

No caso em tela, foi negado ao impetrante acesso a documentos que dizem respeito a sua pessoa. Tais documentos, como seu viu, constam de registros de entidade governamental, no caso de Ministério da União.

Assim, estão cumpridos todos os requisitos para a concessão da presente ordem de *habeas data*.

Além de todos os dispositivos mencionados, que já seriam suficientes para a concessão da ordem, o ato praticado pelo Ministro de Estado da Defesa de negar acesso às informações configura verdadeiro abuso de autoridade, previsto no artigo 4º, alínea "h", da Lei n. 4.898/65, pois fere a própria honra do impetrante.

Desse modo, alternativa não restou ao impetrado, para ver o ser direito fundamental assegurado, que não a impetração do presente remédio constitucional.

III - DO PEDIDO

Ante o exposto requer que Vossa Excelência se digne de:

a) deferir a juntada dos documentos comprobatórios que acompanham a inicial, conforme disposição do artigo 8º, parágrafo único, da Lei 9.507/97.

b) determinar a notificação do coator para, querendo, apresentar as informações no prazo de 10 (dez) dias.

b) após, determinar a remessa dos autos para o representante do Ministério Público para emitir parecer, nos termos do art. 12 da Lei 9.507/97.

c) em seguida, julgando procedente o pedido, marcando dia e hora para que as informações sejam prestadas ao impetrante, advertindo o coator das responsabilidades decorrentes de eventual descumprimento de tal determinação judicial.

Dá à causa o valor de R$ 1.000,00.

Local ..., data...

Advogado ...

OAB ...

Distribuição dos pontos pela FGV

Item	Pontuação
Competência e endereçamento	0 / 0,5 / 1,0
Legitimidade ativa e passiva	0 / 0,3 / 0,6
Fundamentação - (I) direito à informação pessoal - (II) abuso de autoridade. (III) Normas constitucionais, direitos individuais. (0,3 para cada um)	0 / 0,3 / 0,6 / 0,9
Requerimento de juntada de documentos essenciais (art. 8º, parágrafo único, Lei 9507/97)	0 / 0,25 / 0,5
Valor da causa - R$ 1.000,00, para efeitos procedimentais	0 / 0,5
Postulação - procedência do habeas data	0 / 0,25 / 0,5
Requerimento de intervenção do Ministério Público	0 / 0,25 / 0,5
Requerimento de notificação da autoridade coatora	0 / 0,25 / 0,5

(OAB/Exame Unificado – 2011.1 – 2ª fase) Tício, brasileiro, divorciado, empresário, domiciliado no município M, inconformado com ato praticado pelo Governador do seu Estado de origem, que negou acesso a elementos que permitissem a certificação de situações capazes de gerar ação popular, impetrou Mandado de Segurança perante o Tribunal de Justiça local, órgão competente de forma originária, para conhecer e julgar a questão. A segurança foi denegada, pretendendo o impetrante interpor recurso alegando a violação de preceitos constitucionais, como o direito de petição, o acesso à Justiça e os atinentes à Administração Pública. Não houve deferimento da gratuidade de Justiça.

Na qualidade de advogado, elabore a peça cabível, contra a decisão que denegou a segurança, observando: a) competência do Juízo; b) legitimidade ativa e passiva; c) fundamentos de mérito constitucionais e legais vinculados; d) os requisitos formais da peça; e) adequação do recurso. (Valor: 5,0))

ORGANIZAÇÃO DE IDEIAS

A peça cabível é o recurso ordinário constitucional, com fundamento no art. 105, II, "b", da CF. Como a competência originária para a análise do mandado de segurança é de um Tribunal de Justiça, o recurso ordinário é da competência do Superior Tribunal de Justiça. Os requisitos da apelação previstos nos arts. 539 e 540 do CPC são aplicados na hipótese de interposição de recurso ordinário.

A fundamentação do recurso é encontrada em diversos dispositivos constitucionais, em especial, aqueles relacionados aos direito de informação. Desse modo, as normas constitucionais que devem pautar a peça têm a ver com o direito de petição e de acesso a informações (art. 5º, XXXIII e XXXIV, da CF), com o cabimento da ação popular (art. 5º, LXXIII, da CF) e a possibilidade da impetração de Mandado de Segurança (art. 5º, LXIX, da CF).

ELABORAÇÃO DA PEÇA PRÁTICO-PROFISSIONAL

[O que estiver entre colchetes constitui observação – não deve constar da peça.]

Início da peça

EXCELENTÍSSIMO SENHOR DOUTOR PRESIDENTE DO EGRÉGIO TRIBUNAL DE JUSTIÇA DO ESTADO DE ...

[Deixe espaço de aproximadamente 10 cm para eventual despacho ou decisão do juiz.]

Ação n.º _______.

Tício, qualificado nos autos, por meio de seu advogado que subscreve o presente, vem, respeitosamente, à presença de Vossa Excelência, com fulcro no artigo 105, II, alínea "b", da Constituição Federal, interpor o presente

RECURSO ORDINÁRIO CONSTITUCIONAL EM MANDADO DE SEGURANÇA

contra o v. acórdão de fls. ..., proferido por esse D. Tribunal, na ação em epígrafe, em que figura *no polo passivo o Governador do Estado*, já qualificado, nos termos das razões de fato e de direito apresentadas na minuta em anexo.

Requer, outrossim, que seja o presente recurso devidamente recebido e processado, intimando-se a parte contrária para que ofereça, dentro do prazo legal, as contrarrazões, remetendo-se, ao final, os autos ao Colendo E. Superior Tribunal de Justiça.

Por fim, requer a juntada das despesas.

Termos em que pede deferimento.

Local ..., data...

Advogado ...

OAB ....

(As razões são na página seguinte)

RAZÕES DE RECURSO ORDINÁRIO CONSTITUCIONAL

Recorrente: Tício.

Recorrido: Governador do Estado...

SUPERIOR TRIBUNAL DE JUSTIÇA COLENDA TURMA

Tício, inconformado com o r. acórdão de fls..., vem, respeitosamente, apresentar as razões do Recurso Ordinário Constitucional.

I – BREVE RESUMO

Tício, recorrente, não se conformando com ato praticado pelo Governador do seu Estado de origem, que negou acesso a elementos que permitissem a certificação de situações capazes de gerar ação popular, impetrou Mandado de Segurança perante o Tribunal de Justiça local, órgão competente de forma originária, para conhecer e julgar a questão.

Ocorre que, embora houvesse nítida violação de preceitos constitucionais, como o direito de petição, o acesso à Justiça e os atinentes à Administração Pública, equivocadamente, a segurança foi denegada, o que fez com que o recorrente, sem alternativa, se valesse do presente recurso ordinário constitucional.

Como se não bastasse, mesmo com a demonstração de seu efetivo cabimento, o pedido de gratuidade de Justiça não foi deferido.

II – DO CABIMENTO DO RECURSO

Conforme dispõe o artigo 105, II, alínea "b", da Constituição Federal, é cabível o Recuso Ordinário Constitucional, dirigido ao Superior Tribunal de Justiça, em relação aos mandados de segurança decididos em única instância pelos Tribunais Regionais Federais ou pelos tribunais dos Estados, do Distrito Federal e Territórios, quando denegatória a decisão.

Desse modo, como a decisão denegatória, em sede de mandado de segurança, foi dada pelo Tribunal de Justiça local, a via judicial correta para o Recorrente ver o seu direito respeitado, é a que se manifesta pela interposição do presente Recurso Ordinário Constitucional.

III – DAS RAZÕES DE FATO E DE DIREITO

Um dos instrumentos da democracia direta, ou seja, aquela em que o povo exerce diretamente o poder que lhe detém, é o direito à propositura de ação popular. Tal ação, tida como um dos remédios constitucionais, vem prevista no artigo 5º, LXXIII, da Constituição Federal.

O dispositivo constitucional mencionado assegura ao cidadão, aquele que está no gozo dos direitos políticos, a legitimidade para o ajuizamento de ação popular que vise à anulação de ato lesivo ao patrimônio público ou de entidade de que o Estado participe, à moralidade administrativa, ao meio ambiente e ao patrimônio histórico e cultural.

Se ao cidadão não é dado acesso a elementos que permitam a certificação de situações capazes de gerar ação popular, não é dado também o direito à propositura dessa ação.

Aliás, é importante destacar que a Constituição Federal, em seu artigo 5º, incisos XXXIII e XXXIV, assegura o direito de petição e o direito de acesso a informações. Direitos esses que são tidos como fundamentais.

Pelo primeiro, é garantido, dentro do prazo legal, o recebimento de informações dadas pelos órgãos públicos, que sejam de interesse particular, ou de interesse coletivo ou geral, sob pena de responsabilidade. Pelo segundo, são assegurados a todas as pessoas, sem que haja cobrança de taxas, o direito de petição aos Poderes Públicos em defesa de direitos ou contra ilegalidade ou abuso de poder e o direito a obtenção de certidões em repartições públicas, para defesa de direitos e esclarecimento de situações de interesse pessoal.

Desse modo, o ato praticado pelo Governador do Estado de negar acesso a elementos que permitiriam a certificação de situações capazes de gerar ação popular, com todos esses direitos resguardados pelo art. 5º, é flagrantemente inconstitucional. Aliás, passível de impetração de outro remédio, denominado, mandado de segurança.

Conforme o inciso LXIX do art. 5º da Constituição Federal, regulamentado pela Lei 12.016/09, deve ser concedido o mandado de segurança para a proteção de direito líquido e certo, que não esteja amparado por *habeas-corpus* ou *habeas-data*, quando o responsável pela ilegalidade ou abuso de poder for autoridade pública ou agente de pessoa jurídica no exercício de atribuições do Poder Público.

Contra o ato praticado pelo Recorrido, de fato, não haveria falar em impetração de *habeas corpus* ou *habeas data*. A situação não se enquadra em hipóteses de cabimento desses remédios, pois não tem a ver com liberdade de locomoção e nem com informações relativas a pessoa do impetrante e sim com um direito líquido e certo do Recorrente.

Observando as regras constitucionais, o Recorrente impetrou o remédio correto, mandado de segurança, e, mais uma vez, foi surpreendido com uma, *data venia*, equivocada decisão, a qual espera reforma.

IV – DO PEDIDO

Ante o exposto, requer que Vossa Excelência se digne de processar o presente na forma prevista no Código de Processo Civil para, ao final, dar provimento ao recurso, reformando-se a r. decisão recorrida para conceder a segurança para o fim de determinar o imediato acesso aos elementos que possibilitam a certificação de situações capazes de gerar ação popular, como forma de justiça.

Termos em que pede deferimento.

Local ..., data...

Advogado ...

OAB ....

Distribuição Dos Pontos Pela FGV

Item	Pontuação
Estrutura da peça (local, data, assinatura)	0 / 0,25
Endereçamento da petição de interposição ao TJ (0,5) Competência de julgamento do RO – STJ (0,25)	0 / 0,25 / 0,5 / 0,75
Cabimento do recurso ordinário – art. 105, II, "b"	0 / 0,5
Legitimidade ativa (Tício) (0,3) e passiva (governador do Estado) (0,2)	0 / 0,2 / 0,3 / 0,5
Fundamentação (0,5 cada) + 0,5 pela indicação de pelo menos um dispositivo constitucional / legal: Direito de petição – CRFB, art. 5º, XXXIII Direito de acesso a informações – CRFB, art. 5º, XXXIV Direito ao Mandado de Segurança – CRFB, art. 5º, LXIX / Lei 12.016/09 Direito à propositura de ação popular – CRFB, art. 5º, LXXIII	0 / 0,5 / 1,0 / 1,5 / 2,0 / 2,5
Postulação de reforma da decisão.	0 / 0,5

(OAB/Exame Unificado – 2011.2 – 2ª fase) Mévio, brasileiro, solteiro, estudante universitário, domiciliado na capital do Estado W, requereu o seu ingresso em programa de bolsas financiado pelo Governo Federal, estando matriculado em Universidade particular. Após apresentar a documentação exigida, é surpreendido com a negativa do órgão federal competente, que aduz o não preenchimento de requisitos legais. Entre eles, está a exigência de pertencer a determinada etnia, uma vez que o programa é exclusivo de inclusão social para integrantes de grupo étnico descrito no edital, podendo, ao arbítrio da Administração, ocorrer integração de outras pessoas, caso ocorra saldo no orçamento do programa. Informa, ainda, que existe saldo financeiro e que, por isso, o seu requerimento ficará no aguardo do prazo estabelecido em regulamento. O referido prazo não consta na lei que instituiu o programa, e o referido ato normativo também não especificou a limitação do financiamento para grupos étnicos. Com base na negativa da Administração Federal, a matrícula na Universidade particular ficou suspensa, prejudicando a continuação do curso superior. O valor da mensalidade por ano corresponde a R$ 20.000,00, sendo o curso de quatro anos de duração. O estudante pretende produzir provas de toda a espécie, receoso de que somente a prova documental não seja suficiente para o deslinde da causa. Isso foi feito em atendimento à consulta respondida pelo seu advogado Tício, especialista em Direito Público, que indicou a possibilidade de prova pericial complexa, bem como depoimentos de pessoas para comprovar a sua necessidade financeira e outros depoimentos para indicar possíveis beneficiários não incluídos no grupo étnico referido pela Administração. Aduz ainda que o pleito deve restringir-se no reconhecimento do seu direito constitucional e que eventuais perdas e danos deveriam ser buscadas em outro momento. Há urgência, diante da proximidade do início do semestre letivo.

Na qualidade de advogado contratado por Mévio, elabore a peça cabível ao tema, observando: a) competência do juízo; b) legitimidade ativa e passiva; c) fundamentos de mérito constitucionais e legais vinculados; d) os requisitos formais da peça inaugural. (Valor: 5,0)

ORGANIZAÇÃO DE IDEIAS

A peça cabível é uma petição inicial que deve seguir o rito ordinário, por conta da necessária produção de provas (depoimentos de pessoas para comprovar a necessidade financeira de Tício e a indicação de possíveis beneficiários não incluídos no grupo étnico referido pela Administração), e ainda, a realização de prova pericial de alta complexidade.

O legitimado ativo da ação é o Tício e o no polo passivo deve constar tanto a União Federal que foi a responsável por negar o pedido de ingresso em programa de bolsas financiado pelo Governo Federal, como a Universidade particular, pois foi quem, em decorrência do ato praticado pelo Governo Federal, prejudicou a continuação do curso superior, suspendendo a matrícula de Tício.

Os argumentos jurídicos que devem constar da fundamentação são: a violação dos princípios constitucionais da Administração Pública, a ofensa aos princípios da isonomia, legalidade e ao direito à educação, todos constitucionalmente assegurados.

O valor da causa deve ter por base o proveito econômico postulado, ou seja, quatro anos de pagamento das mensalidades da Universidade particular - R$ 80.000,00 (oitenta mil reais).

Também deve ser postulado a concessão de tutela antecipada (art. 273 do CPC), haja vista a urgência do provimento, pois o semestre letivo está prestes a iniciar.

Obs.: a banca examinadora (FGV) admitiu também a impetração de mandado de segurança, desde que fosse demonstrado que o atual advogado não iria se valer da dilação probatória.

ELABORAÇÃO DA PEÇA PRÁTICO-PROFISSIONAL

[O que estiver entre colchetes constitui observação – não deve constar da peça.]

Início da peça

Excelentíssimo Senhor Doutor Juiz Federal da ...
Vara cível federal dA CAPITAL DO ESTADO – Seção Judiciária do Estado

[Deixe espaço de aproximadamente 10 cm para eventual despacho ou decisão do juiz.]

Mévio, brasileiro, solteiro, estudante universitário, residente e domiciliado na Rua...., nº...., Capital do Estado W, portador do RG nº... e do CPF nº..., vem, respeitosamente, à presença de Vossa Excelência, por meio de seu advogado e bastante procurador que esta subscreve (doc. 01 – mandato), propor a presente

AÇÃO ORDINÁRIA COM PEDIDO DE TUTELA ANTECIPADA

em face da **UNIÃO FEDERAL,** Pessoa Jurídica de Direito Público, com sede na.., **e da UNIVERSIDADE PARTICULAR...**_________, em virtude dos fatos elencados a seguir:

I – DOS FATOS

O requerente é estudante universitário, matriculado em Universidade particular, e requereu o seu ingresso em programa de bolsas financiado pelo Governo Federal, apresentando todos os documentos exigidos pelo órgão.

Ocorre que, após apresentar a documentação exigida, Mévio foi surpreendido com a negativa do órgão federal competente, que aduz o não preenchimento de requisitos legais, dentre os quais, a exigência de pertencer a determinada etnia, uma vez que o programa é exclusivo de inclusão social para integrantes de grupo étnico descrito no edital.

Conforme o edital, pode a Administração, a seu arbítrio, integrar outras pessoas ao programa, caso ocorra saldo no orçamento do programa.

No presente hipótese, há informação de que existe saldo financeiro e que, por isso, o requerimento de Tício ficaria aguardando o prazo estabelecido em regulamento.

Ocorre que o referido prazo não consta da lei que instituiu o programa, e o mencionado ato normativo também não especificou a limitação do financiamento para grupos étnicos.

Além disso, com base na negativa da Administração Federal, a matrícula na Universidade particular ficou suspensa, prejudicando, portanto, a continuação do curso superior pelo requerente.

Diante da proximidade do início do semestre letivo, Tício não teve alternativa que não a de ingressar com a presente inicial, com pedido de tutela antecipada, para que o ato danoso praticado pela União Federal (Governo Federal) e pela Universidade particular não se agravasse, trazendo-lhe mais prejuízos.

II – DO DIREITO

1. Da violação ao princípio da isonomia

A Constituição Federal assegura, logo em seu preâmbulo, a igualdade como um dos valores supremos de uma sociedade fraterna, pluralista e sem preconceitos, que deve estar pautada na harmonia social, além de comprometida, na ordem interna e internacional, com a solução pacífica das controvérsias.

Acompanhando esse delineamento inicial, o texto maior, no *caput* do seu art. 5º, reitera a importância do denominado princípio da isonomia, o qual determina que todos são iguais perante a lei, sem distinção de qualquer natureza, garantindo-se aos brasileiros e aos estrangeiros residentes no País a inviolabilidade do direito à vida, à liberdade, à igualdade, à segurança e à propriedade.

No caso em tela, verifica-se a exigência de se fazer parte de determinada etnia, como requisito necessário ao ingresso em programa de bolsas financiado pelo Governo Federal. Tomando por base os preceitos constitucionais mencionados, esse tipo de financiamento jamais poderia beneficiar apenas determinado grupo étnico. Há, portanto, nítida violação ao texto constitucional.

2. Da violação ao princípio da legalidade

Além da ofensa ao princípio da igualdade, o caso em comento viola o princípio da legalidade eis que o regulamento da lei dispõe de forma diversa que a própria lei, havendo verdadeiro confronto entre os dois atos normativos.

3. Da violação aos princípios constitucionais da Administração Pública

Como se não bastasse, princípios constitucionais da Administração Pública foram ofendidos. Dispõe o *caput* do art. 37 da Constituição Federal que a administração pública direta e indireta de qualquer dos Poderes da União, dos Estados, do Distrito Federal e dos Municípios deve agir de acordo com os princípios de legalidade, impessoalidade, moralidade, publicidade e eficiência.

É sabido que a Administração Pública, sempre fazendo prevalecer o interesse público, pode expedir atos discricionários, ou seja, aqueles praticados por razões de conveniência e oportunidade. Ocorre que tais atos nada se assemelham ao agir arbitrário.

Aliás, o Administrador Público que atua conforme seu livre arbítrio fere um dos princípios basilares da Administração que é o da legalidade.

3. Da violação ao direito constitucional à educação

Por fim, cumpre mencionar que o direito constitucional à educação, previsto nos artigos 205 e seguintes do texto maior, também foi violado, pois o requerente, após as condutas do Governo Federal e da Universidade particular, ficou afastado da continuação do seu curso superior.

III - DA TUTELA ANTECIPADA

A concessão de tutela antecipada vem prevista no artigo 273 do Código de Processo Civil e é cabível no caso em comento, tendo em vista a verossimilhança da alegação, representada pela inconstitucionalidade da exigência de se fazer parte de determinada etnia, como requisito necessário ao ingresso em programa de bolsas financiado pelo Governo Federal, e a urgência, caracterizada pelo fundado receio de dano irreparável que, caso proferida a decisão apenas ao final, impedirá a continuação do curso superior, pelo requerente.

III – DO PEDIDO

Ante o exposto, é o presente para requerer a Vossa Excelência o quanto segue:

1. Diante da urgência da medida, a concessão da tutela de urgência, com fulcro no artigo 273 do Código de Processo Civil, para o fim de determinar a continuação do curso superior, pelo requerente, e a participação do programa do Governo Federal.
2. A citação das rés, no endereço declinado no pórtico desta inicial, para, querendo, contestar a presente ação no prazo legal, sob as penas da lei processual civil.
3. A total procedência do pedido, confirmando a tutela deferida e ratificando a participação do requerente no programa de bolsas financiado pelo Governo Federal e a sua continuação do curso superior.
4. O protesto pela produção de prova documental e pericial, e de todos os meios probatórios em direito admitidos, ainda que não especificados no CPC, desde que moralmente legítimos (CPC, art. 332).

Dá-se à causa o valor de R$ *R$ 80.000,00* (oitenta mil reais).

Termos em que pede deferimento.

Local ..., data...
Advogado ...
OAB ....

Distribuição dos pontos pela FGV – Espelho 1

Item	Pontuação
Item um - 1 cabeçalho (competência)	0 / 1,0
Item dois – legitimidade ativa (0,15) e passiva (0,15) – litisconsórcio (0,20)	0 / 0,15 / 0,30 / 0,35 / 0,50
Item três – fundamentação – ofensa ao principio da isonomia, pois esse tipo de financiamento não pode beneficiar somente determinado grupo étnico; b) ofensa ao princípio da legalidade vez que há confronto entre o regulamento e o texto legal; c) ofensa aos princípios constitucionais da Administração Pública pois o ato da Administração não pode ser arbitrário podendo ser discricionário. d) ofensa ao direito constitucional à educação. (0,25 para cada item)	0 / 0,25 / 0,50 / 0,75 / 1,0
Item quatro – requerimento de provas (geral – 0,25; específicas – 0,25).	0 / 0,25 / 0,5
Item cinco – valor da causa (0,25) – R$ 80.000,00 (0,25).	0 / 0,25 / 0,5
Item seis – postulação – procedência do pedido. (completo = 0,5 / incompleto = 0,25)	0 / 0,25 / 0,5
Item sete – requerimento de citação dos réus.	0 / 0,25
Item oito – tutela de urgência. Verossimilhança (0,25) – Urgência (0,25) –Postulação de tutela antecipada (0,25)	0 / 0,25 / 0,5 / 0,75

Distribuição dos pontos pela FGV – Espelho 2

Item	Pontuação
Item um - 1 cabeçalho (competência)	0 / 1,0
Item dois – legitimidade ativa (0,15) e passiva (0,15) – litisconsórcio (0,20)	0 / 0,15 / 0,30 / 0,35 / 0,50
Item três – fundamentação – ofensa ao princípio da isonomia, pois esse tipo de financiamento não pode beneficiar somente determinado grupo étnico; b) ofensa ao princípio da legalidade vez que há confronto entre o regulamento e o texto legal; c) ofensa aos princípios constitucionais da Administração Pública pois o ato da Administração não pode ser arbitrário podendo ser discricionário. d) ofensa ao direito constitucional à educação. (0,25 para cada item)	0 / 0,25 / 0,50 / 0,75 / 1,0
Item quatro – Notificação da autoridade coatora (uma autoridade – 0,25; segunda autoridade – 0,25).	0 / 0,25 / 0,5
Item cinco – valor da causa (0,25) – qualquer valor (fixar um)(0,25).	0 / 0,25 / 0,5
Item seis – postulação – procedência do pedido. (completo = 0,5 / incompleto = 0,25)	0 / 0,25 / 0,5
Item sete – requerimento de intervenção do MP.	0 / 0,25
Item oito – requerimento de liminar (0,25). Pressupostos: fumus boni juris (0,25) e periculum in mora (0,25)	0 / 0,25 / 0,5 / 0,75

(OAB/Exame Unificado – 2011.3 – 2ª fase) Esculápio da Silva, brasileiro, casado, engenheiro, domiciliado na capital do Estado de WYK, é comunicado por amigos que a Administração do Estado está providenciando um plano de obras custosas e pretendendo que elas sejam entregues, independentemente de licitação, a empresas com vínculos pessoais com dirigentes do seu partido político. Os valores correspondentes às obras são incluídos no orçamento, observado o devido processo legislativo. Quando da realização das obras, aduz a necessidade de urgência diante de evento artístico de grande repercussão a realizar-se em aproximadamente um ano, o que inviabilizaria a realização de procedimento licitatório e designa três empresas para repartir as verbas orçamentárias, cabendo a cada uma realizar parte da obra preconizada. As empresas Mastodonte S.A., Mamute S.A. e Dente de Sabre S.A. aceitam, de bom grado, o encargo e assinam os contratos com a Administração. O valor das obras corresponde a um bilhão de reais. Inconformado com esse fato, Esculápio da Silva, cidadão que gosta de participar ativamente da defesa da Administração Pública e está em dia com seus direitos políticos, procura orientação jurídica e, após, resolve ajuizar a competente ação.

Na qualidade de advogado, elabore a peça cabível, observando:

a) competência do juízo;

b) legitimidade ativa e passiva;

c) fundamentos de mérito constitucionais e legais vinculados;

d) os requisitos formais da peça;

e) tutela de urgência.

(Valor: 5,0)

PADRÃO DE RESPOSTA – PEÇA PROFISSIONAL – FGV

A ação popular pode ser proposta por qualquer cidadão para proteção contra atos que causem danos ao erário.

No caso vertente, havendo irregularidades na licitação, possível a ação popular lastreada na violação dos princípios regentes da Administração Pública (CF, art. 37, caput), quais sejam, moralidade, impessoalidade, moralidade, publicidade e eficiência. , bem como o do inciso XXI – (ressalvados os casos especificados na legislação, as obras, serviços, compras e alienações serão contratados mediante processo de licitação pública que assegure igualdade de condições a todos os concorrentes, com cláusulas que estabeleçam obrigações de pagamento, mantidas as condições efetivas da proposta, nos termos da lei, o qual somente permitirá as exigências de qualificação técnica e econômica indispensáveis à garantia do cumprimento das obrigações) O autor será o cidadão indicado no enunciado e os réus serão: o Estado e as empresas beneficiárias (art. 6º, da Lei no. 4.717/65).

Os requisitos da petição inicial seguem os mesmos do rito ordinário(CPC,art. 282). Há intervenção obrigatória do Ministério Público (art. 6º, § 4º, da Lei no. 4.717/65).

O juízo competente é aquele com competência fazendária (art. 5º., da Lei no. 4.717/65) Consoante o enunciado o Juízo competente é o da Comarca sede, que tem competência fazendária.

Distribuição dos Pontos

Item	
1- Cabeçalho (competência)	0 / 1,0
2 - Legitimidade ativa (0,25) e passiva (0,25)	0 / 0,25 / 0,50
3 - Fundamentação – Princípios da legalidade (0,15), impessoalidade (0,15), moralidade (0,15), publicidade (0,15) e eficiência (0,15) – art. 37, *caput*, da CRFB (0,15).	0 / 0,15 / 0,30 / 0,45 / 0,60 / 0,75 / 0,90
4 - Necessidade de licitação (0,30) – art. 37, XXI, da CRFB (0,30).	0 / 0,30 / 0,60
5 - Requerimento de provas.	0 / 0,25 / 0,50
6 - Requerimento de intervenção do Ministério Público.	0 / 0,25 / 0,50
7 - Valor da causa. O do contrato impugnado.	0 / 0,25 / 0,50
8 - Requerimento de condenação nas verbas sucumbenciais.	0 / 0,25

(OAB/Exame Unificado – 2012.1 – 2ª fase) O Estado KWY editou norma determinando a gratuidade dos estacionamentos privados vinculados a estabelecimentos comerciais, como supermercados, hipermercados, *shopping centers*, determinando multas pelo descumprimento, estabelecendo gradação nas punições administrativas e delegando ao PROCON local a responsabilidade pela fiscalização dos estabelecimentos relacionados no instrumento normativo. Tício, contratado como advogado Junior da Confederação Nacional do Comércio, é consultado sobre a possibilidade de ajuizamento de medida judicial, apresentando seu parecer positivo quanto à matéria, pois a referida lei afrontaria a CRFB. Em seguida, diante desse pronunciamento, a Diretoria autoriza a propositura da ação judicial constante do parecer.

Na qualidade de advogado elabore a peça cabível, observando:

a) competência do Juízo;

b) legitimidade ativa e passiva;

c) fundamentos de mérito constitucionais e legais vinculados;

d) requisitos formais da peça;

e) tutela de urgência.

(Valor: 5,00)

PADRÃO DE RESPOSTA – PEÇA PROFISSIONAL – FGV

A ação referida no parecer, consoante jurisprudência assente, é a Ação Direta de Inconstitucionalidade.

O autor será a Confederação Nacional do Comércio, legitimada pela norma do art. 103, IX, da CRFB, que deve comprovar a pertinência temática que está caracterizada nesse caso.

Serão interessados o Governador do Estado e a Assembleia Legislativa estadual.

A competência será do Supremo Tribunal Federal.

O fundamento constitucional assente nesse caso é a violação da competência legislativa para o Direito Civil privativa da União Federal, pelo Congresso Nacional (CRFB, art. 22, I), pois ocorre violação ao direito de propriedade (CRFB, art. 5º, XXII).

Há necessidade de medida liminar vez que estão preenchidos os pressupostos legais.

Os requisitos formais da peça são os previstos no art. 282, do CPC, ressaltando o requerimento de intervenção do Ministério Público e da Advocacia Geral da União.

O fundamento legal para a cautela é o art. 10 da Lei n. 9868/99.

Distribuição dos Pontos

Quesito Avaliado	Faixa de Valores
Item 1 - cabeçalho (competência)	0,00/1,00
Item 2 – legitimidade ativa	0,00 / 0,50
Item 3 – fundamentação – Pertinência temática (0,25) Invasão de competência (art. 22, I) (0,25) Direito de propriedade (art. 5º, XXII) (0,25) Obs.,: a mera indicação do artigo não pontua.	0,00/0,25/0,50/0,75
Item 4 – requerimento de notificação dos interessados. Governador do Estado (0,25) e Assembleia Legislativa (0,25)	0,00/0,25/0,50
Item 5 – requerimento de intervenção do Ministério Público.	0,00/0,50
Item 6 – valor da causa. Para fins procedimentais. R$ xxxxx,xx (qualquer valor).	0,00/0,25
Item 7 – requerimento de intervenção do Advogado Geral da União.	0,00/0,50
Item 8 – tutela de urgência. Fundamento legal: Lei n. 9868/99. *Fumus boni juris* (0,25) e *periculum in mora* (0,25).	0,00/0,25/0,50
Item 9 – postulação (incompleta: 0,25) (completa: 0,50)	0,00/0,25/0,50

(OAB/Exame Unificado – 2012.2 – 2ª fase) Com fundamento na recente Lei n. 1.234, do Estado Y, que exclui as entidades de direito privado da Administração Pública do dever de licitar, o banco X (empresa pública daquele Estado) realiza a contratação direta de uma empresa de informática -a Empresa W -para atualizar os sistemas do banco.

O caso vem a público após a revelação de que a empresa contratada pertence ao filho do presidente do banco e nunca prestou tal serviço antes. Além disso, o valor pago (milhões de reais) estava muito acima do preço de mercado do serviço em outras empresas.

José, cidadão local, ajuíza ação popular em face do Presidente do banco X e da empresa W perante o Juízo de 1ª instância da capital do Estado Y, em que pleiteia a declaração de invalidade do ato de contratação e o pagamento das perdas e danos, ao fundamento de violação ao art. 1º, parágrafo único da Lei n. 8.666/1993 (norma geral sobre licitação e contratos) e a diversos princípios constitucionais.

A sentença, entretanto, julgou improcedente o pedido formulado na petição inicial, afirmando ser válida a lei estadual que autoriza a contratação direta, sem licitação, pelas entidades de direito privado da Administração Pública, analisada em face da lei federal, não considerando violados os princípios constitucionais invocados. José interpõe recurso de apelação, ao qual se negou provimento, por unanimidade, pelo mesmo fundamento levantado na sentença.

Dez dias após a publicação da decisão que rejeitou os seus embargos declaratórios, José procura um advogado para assumir a causa e ajuizar a medida adequada.

Na qualidade de advogado, elabore a peça cabível, observando todos os requisitos formais e a fundamentação pertinente ao tema.

PADRÃO DE RESPOSTA – PEÇA PROFISSIONAL – FGV

A peça cabível é o Recurso Extraordinário, com fundamento no art. 102, III, alíneas "a" e "d" da Constituição. Não é cabível o Recurso Especial porque o objeto da decisão recorrida é a validade da lei local em face da lei federal e da Constituição Federal. Ademais, conforme o enunciado da Súmula 126 do STJ, não é cabível a interposição isolada de Recurso Especial quando a decisão recorrida possui fundamento infraconstitucional e constitucional, qualquer deles suficiente, por si só, para mantê-la.

É importante a observância do art. 541 do Código de Processo Civil, que determina que seja o Recurso Extraordinário endereçado ao Presidente ou ao Vice-Presidente do tribunal local ("Art. 541. O recurso extraordinário e o recurso especial, nos casos previstos na Constituição Federal, serão interpostos perante o presidente ou o vice-presidente do tribunal recorrido"). Isso porque o Recurso Extraordinário está sujeito a um exame de admissibilidade na origem, após o que os autos serão submetidos ao Supremo Tribunal Federal.

Devem ser indicados, na qualificação das partes, o recorrente (José, o autor popular) e os dois recorridos, que compõem o polo passivo da demanda (o Presidente do banco X e a empresa W).

Deve ser demonstrado o cabimento do recurso, conforme art. 541, inciso II do CPC. O examinando deve indicar o cabimento do recurso não apenas com fundamento na alínea "a" do inciso III do art. 102 da Constituição da República (cabimento do RE nos casos em que a decisão recorrida contrariar dispositivo da Constituição), mas também com fundamento no art. 102, III, "d" da Constituição (cabimento do RE quando a decisão recorrida julgar válida lei local contestada em face de lei federal). Desde a Emenda Constitucional n. 45/2004, o Supremo Tribunal Federal passou a ser competente para julgar recursos contra decisão judicial que entender válida lei local contestada em face de lei federal, tendo sido tal competência retirada do elenco de competências do Superior Tribunal de Justiça. A justificativa para tal alteração reside no fato de que o conflito entre leis local e federal é também um conflito federativo, a ser resolvido pelo órgão de cúpula do Judiciário.

Devem ser demonstrados, ainda, a existência de repercussão geral e o pré-questionamento. A exigência de demonstração da repercussão geral foi veiculada pela EC n. 45/2004, que incluiu o § 3º ao art. 102 da Constituição. A Lei n. 11.418/2006 disciplinou aquela exigência, incluindo o art. 543-A no CPC, o qual determina que o recorrente deverá demonstrar, em preliminar do recurso, a existência de repercussão geral (2º). No caso, José deverá demonstrar a existência de questões de interesse econômico e jurídico que ultrapassa os interesses subjetivos da causa, tendo em vista o prejuízo ao Erário e à moralidade administrativa. Já o requisito do prequestionamento decorre de construção jurisprudencial dos Tribunais superiores, e, no caso, foi cumprido não apenas pela efetiva manifestação do Tribunal de origem, como, ainda, pela oposição de embargos de declaração.

O examinando deve indicar, como fundamento do seu recurso, que compete privativamente à União legislar sobre normas gerais de licitação e contratação (art. 22, XXVII da CRFB), e que tal competência foi exercida por meio da edição da Lei n. 8.666/93). A Lei n. 1.234, do Estado X, desbordou dos limites da competência do Estado, e, portanto, é inválida.

Nada obstante, o Tribunal de origem entendeu válida a lei local contestada em face da lei federal (que impõe a licitação às empresas públicas), e, assim, dá ensejo a um conflito quanto às competências de cada ente federativo (União e Estado X).

Ainda, a conduta impugnada viola os princípios da moralidade e da impessoalidade, pois foi contratada, sem licitação, uma empresa sem experiência na área, por um preço muito acima do valor de mercado, apenas pelo fato de a empresa pertencer ao filho do dirigente do banco estatal (empresa pública).

Por fim, deve ser formulado pedido para que seja dado provimento ao recurso, a fim de reformar a decisão recorrida, para declarar a invalidade do ato de contratação e o pagamento das perdas e danos ao Erário.

Distribuição dos Pontos

Quesito Avaliado	Valores
Competência: petição de endereçamento ao Presidente ou Vice-Presidente do Tribunal de Justiça local (0,25) e razões recursais dirigidas ao Supremo Tribunal Federal (0,25)	0,00/0,25/0,50
Qualificação das partes (0,20 para cada item): (José / banco X / empresa W)	0,00/0,20/0,40/0,60
Demonstração do cabimento: Recurso Extraordinário interposto com fundamento nas alíneas "a" (0,20) e "d" (0,20) do art. 102 da CRFB.	0,00/0,20/0,40
Repercussão geral	0,00/0,50
Prequestionamento: demonstração de que a matéria foi efetivamente discutida nas instâncias ordinárias	0,00/0,50
Fundamento 1: Compete privativamente à União legislar sobre normas gerais de licitação e contratação (art. 22, XXVII da CRFB) e tal competência foi exercida por meio da edição da Lei n. 8.666/93).	0,00/0,50
Fundamento 2: A Lei n. 1.234, do Estado X, desbordou dos limites da competência do Estado, e, portanto, é inválida.	0,00/0,50
Fundamento 3: O Tribunal de origem entendeu válida a lei local contestada em face da lei federal, e, assim, dá ensejo a um conflito quanto às competências de cada ente federativo (União e Estado X).	0,00/0,50
Fundamento 4: A conduta impugnada viola os princípios da moralidade e da impessoalidade segundo Art. 37, caput, da CRFB.	0,00/0,50
Pedido 1: Provimento ao recurso, para reformar a decisão recorrida (0,15)	0,00/0,15
Pedido 2: Requerer a invalidade da Lei n. 1234, do Estado X (0,10).	0,00/0,10
Pedido 3: Requerer a invalidade do ato de contratação e condenação dos recorridos ao pagamento das perdas e danos (0,25)	0,00/0,25

(OAB/Exame Unificado – 2012.3 – 2ª fase) José, brasileiro, desempregado, domiciliado no Município "ABC", capital do Estado "X", chegou a um hospital municipal que não possui Centro de Tratamento Intensivo (CTI) – sentindo fortes dores de cabeça. José aguardou atendimento na fila da emergência pelo período de 12 (doze) horas, durante o qual foi tratado de forma áspera e vexatória pelos servidores do hospital, que, entre outros comportamentos aviltantes, debocharam do fato de José estar de pé há tanto tempo esperando atendimento. Após tamanha espera e sofrimento, o quadro de saúde de José agravou-se e ele entrou em estado de incapacidade absoluta, sem poder locomover-se e sem autodeterminação, momento no qual, enfim, um médico do hospital veio atendê-lo.

Adamastor, também desempregado, pai de José, revela que, segundo laudo do médico responsável, seu filho necessita urgentemente ser removido para um hospital que possua CTI, pois José corre risco de sofrer danos irreversíveis à sua saúde e, inclusive, o de morrer. Informa ainda que o médico mencionou a existência de hospitais municipais, estaduais e federais nas proximidades de onde José se encontra internado, todos possuidores de CTI.

Ocorre que José e Adamastor são economicamente hipossuficientes, de modo que não possuem condições financeiras de arcar com a remoção para outro hospital público, nem de custear a internação em hospital particular, sem prejuízo do sustento próprio ou da família.

Indignado com todo o ocorrido, e ansioso para preservar a saúde de seu filho, Adamastor o procura para, na qualidade de advogado, identificar e minutar a medida judicial adequada à tutela dos direitos de José em face de todos os entes que possuem hospitais próximos ao local onde José se encontra e que seja levado em consideração o tratamento hostil por ele recebido no hospital municipal. (Valor: 5,0)

PADRÃO DE RESPOSTA – PEÇA PROFISSIONAL – FGV

A peça a ser elaborada consiste em uma ação condenatória com pedidos de obrigação de fazer e de indenizar.

Não cabe mandado de segurança pelas seguintes razões:

1) É inviável a postulação de perdas e danos.

2) Inexistem autoridades coatoras no enunciado.

3) Haveria necessidade de produção de provas testemunhal e pericial para aferição dos danos e do risco de vida.

Tendo em vista o pedido no sentido de obter remoção e internação em hospitais municipais, estaduais ou federais próximos, devem integrar o polo passivo o Município ABC, o Estado "X" e a União. Logo, o juízo competente para processar e julgar a demanda será uma das varas federais da seção judiciária de "X".

É importante que o examinando destaque que o autor da ação é José, o qual é representado por seu pai, tendo em vista sua momentânea incapacidade absoluta.

O pedido de obrigação de fazer refere-se à remoção de José para hospital que possua CTI, a correspondente internação e o fornecimento de tratamento adequado, em hospital municipal, estadual ou federal, tendo em vista a solidariedade dos entes federativos na prestação de serviços de saúde, com base no Art. 196, da Constituição da República.

Diante da extrema urgência do caso, e da possibilidade de dano irreversível, o examinando deverá pleitear a antecipação de tutela, para que seja realizada a imediata internação do autor.

O pedido de indenização (exclusivamente em face do Município) refere-se aos danos morais sofridos por José em decorrência da conduta ilícita praticada pelos servidores municipais que trabalham no hospital municipal, com fulcro no § 6º, do Art. 37, da Constituição da República.

O enunciado deixa claro que o pai de José procura advogado com o intuito de obter não apenas a remoção de seu filho, mas a reparação por danos morais sofridos no hospital municipal.

COMPLEMENTO DO PADRÃO DE RESPOSTA DA PEÇA PROCESSUAL APRESENTADO PELA EXAMINADORA

Em se tratando de Mandado de Segurança, deve-se apontar como ato coator a omissão da autoridade do Município ABC em providenciar a remoção do paciente para outro Hospital com CTI. O enunciado afirma que o candidato é procurado para minutar medida judicial contra "todos os entes que possuem hospitais próximos ao local onde se encontra José". Há informação de que existem hospitais municipais, estaduais e federais nas proximidades com CTI. Dessa forma, as autoridades do Município ABC e demais autoridade dos Municípios, do Estado e da União que possuam hospitais com CTI próximos ao local onde José se encontra deverão integrar o polo passivo.

O juízo competente para processar e julgar a demanda será uma das varas federais da seção judiciária de "X", em virtude da necessidade de inclusão de autoridade da União no polo passivo.

É importante que o examinando destaque que o autor da ação é José, o qual é representado por seu pai, tendo em vista sua momentânea incapacidade absoluta.

O examinando deve caracterizar que a ausência de remoção e internação corporifica abuso de poder, caracterizador de ato coator, que gera o direito líquido e certo à impetração de Mandado de Segurança.

Na fundamentação deve ser desenvolvido o tema do direito constitucional à saúde e a competência dos entes federativos em garantir esse direito (Constituição Federal, Art. 196).

O pedido de concessão da segurança refere-se à remoção de José para hospital que possua CTI, e à correspondente internação e ao fornecimento de tratamento adequado, em hospital municipal, estadual ou federal, tendo em vista a solidariedade dos entes federativos na prestação de serviços de saúde, com base no art. 196 e seguintes da Constituição da República.

Diante da extrema urgência do caso, e da possibilidade de dano irreversível, o examinando deverá pleitear a liminar, para que seja realizada a imediata internação do autor, caracterizando o *fumus boni juris* e o *periculum in mora*.

Sendo petição de Mandado de Segurança, deve existir o requerimento de intervenção do Ministério Público a de intimação do representante judicial da pessoa jurídica às quais estão vinculadas as autoridades coatoras, nos termos do artigo 7º, II, Lei 12.016/09.

O valor da causa é fixado para efeitos procedimentais, estabelecido valor a critério do impetrante.

Distribuição dos Pontos

Quesito Avaliado	Valores
Endereçamento da petição inicial: Vara federal da seção judiciária de "X"	0,00/ 0,10
Qualificação das partes: (0,20 para cada item) José / representado por Adamastor / Município ABC / Estado "X" / União.	0,00/ 0,20/ 0,40/ 0,60/ 0,80/ 1,00
Pedido de gratuidade de justiça: preenchimento dos requisitos contidos no Art. 4º, da Lei n. 1.060/50.	0,00 / 0,10
Fundamentação para a pretensão de obrigação de fazer: 1. Direito à internação e ao fornecimento de tratamento de saúde adequado, com base no Art. 196, da Constituição da República (1,0); 2. Pleito de reconhecimento de solidariedade entre o Município, o Estado e a União (0,50);	0,00/ 0,50/ 1,00/ 1,50
Fundamentação para a pretensão de obrigação de fazer: (2ª parte) 3. Direito à reparação por danos morais em face do Município: 3.1. Demonstração da conduta ilícita, nexo causal e resultado danoso (0,25); e 3.2. Fundamentação com base na teoria do risco administrativo, com responsabilidade objetiva, e no § 6º do Art. 37 da Constituição da República (0,25).	0,00/ 0,25/ 0,50
Pedido de antecipação de tutela: Art. 273, do CPC. Verossimilhança das alegações e periculum in mora. Demonstração concreta de aparência do bom direito e de perigo na demora da prestação jurisdicional. A alusão meramente abstrata aos requisitos da antecipação de tutela não merece pontuação.	0,00/ 0,50
Pedidos (0,20 para cada item): 1. Requerimento para citação do Município e do Estado e da União; 2. Procedência do pedido para condenar a União, o Estado e o Município a promoverem a internação do autor em CTI; 3. Pleito de fixação de multa em caso de descumprimento da determinação de internação; 4. Procedência do pedido de condenação do Município ABC à reparação dos danos morais sofridos pelo autor; 5. Requerimento para produção de provas; 6. Condenação em honorários sucumbenciais.	0,00/ 0,20/ 0,40/ 0,60/ 0,80/ 1,00/ 1,20
Atribuição de valor à causa	0,00 / 0,10

(OAB/Exame Unificado – 2013.1– 2ª fase) O Tribunal de Justiça do Estado J julgou improcedente ação direta de inconstitucionalidade proposta pelo Prefeito do município W, tendo o acórdão declarado constitucional norma da lei orgânica municipal que dispôs que o Prefeito e o Vice-Prefeito não poderiam ausentar-se do país, por qualquer período sem autorização da Câmara Municipal. No prazo recursal foram ofertados embargos declaratórios, improvidos.

Contratado como advogado pelo Prefeito do Município, após a decisão proferida nos embargos declaratórios, apresente a peça cabível.

PADRÃO DE RESPOSTA – PEÇA PROFISSIONAL – FGV

O tema apresentado diz respeito à aplicação do princípio da simetria aos afastamentos determinados por legislação municipal, tendo em vista as regras constitucionais pertinentes ao Presidente da República.

Do acórdão prolatado pelo Tribunal de Justiça em julgamento de ação direta de inconstitucionalidade de lei municipal, cabe recurso extraordinário, por quebra do princípio da simetria constitucional ao Supremo Tribunal Federal.

Aplicável ao caso as regras do Art. 29, *caput* (Art. 29. O Município reger-se-á por lei orgânica, votada em dois turnos, com o interstício mínimo de dez dias, e aprovada por dois terços dos membros da Câmara Municipal, que a promulgará, atendidos os princípios estabelecidos nesta Constituição, na Constituição do respectivo Estado e os seguintes preceitos:..), do Art. 49, III (Art. 49. É competência exclusiva do Congresso Nacional. III – autorizar o Presidente e o Vice-Presidente da República a se ausentarem do País, quando a ausência exceder a quinze dias;...) e do Art. 83 (Art. 83. O Presidente e o Vice-Presidente da República não poderão, sem licença do Congresso Nacional, ausentar-se do País por período superior a quinze dias, sob pena de perda do cargo.), da CRFB.

O STF já estabeleceu nesses casos: "EMENTA: SERVIDOR PÚBLICO. Prefeito municipal. Ausência do país. Necessidade de licença prévia da Câmara Municipal, qualquer que seja o período de afastamento, sob pena de perda do cargo. Inadmissibilidade. Ofensa ao Art. 49, III, e ao Art. 83, cc. Art. 29, *caput*, da CF. Normas de observância obrigatória pelos estados e municípios. Princípio da simetria. Ação julgada procedente para pronúncia de inconstitucionalidade de norma da lei orgânica. É inconstitucional o parágrafo único do Art. 99 da Lei Orgânica do Município de Betim, que não autoriza o Prefeito a ausentar-se do país, por qualquer período, sem prévia licença da Câmara Municipal, sob pena de perda do cargo." (RE 317.574/MG)

O Recurso Extraordinário é previsto no Art. 102 da CFRB e nos artigos 541/546 do CPC. No caso, aplicável a regra do Art. 102, III, "a" e/ou "c").

A petição deve ser dirigida ao Presidente do Tribunal de Justiça (CPC, art. 541), a quem cabe o juízo de admissibilidade.

As razões devem ser dirigidas ao Supremo Tribunal Federal.

Há necessidade de prequestionamento da questão constitucional, o que foi preenchido vez que na origem a ação pugnava a inconstitucionalidade da norma.

Há repercussão geral, vez que o tema é passível de ser espraiado por todas as leis orgânicas.

Distribuição dos Pontos

Quesito Avaliado	Valores
Item 1 – Petição de interposição do recurso endereçada ao TJ do Estado "J"	0,00 / 0,50
Item 2 – Razões endereçadas ao STF	0,00 / 0,50
Item 3 – Recorrente – Prefeito do Município "W" (0,25) / recorrida – Câmara Municipal (0,25)	0,00 / 0,25 / 0,50
Item 4 – Cabimento do RE (CRFB, Art. 102, III, "a" e / ou "c") (0,25)	0,00 / 0,25
Item 5 – Repercussão geral	0,00 / 0,50
Item 6 – Prequestionamento	0,00 / 0,50
Item 7 – Fundamentação- Menção ao princípio da simetria ou norma de observância obrigatória (0,50) CRFB, Art. 29, *caput* (0,50). CRFB, Art. 49, III OU CRFB, Art. 83 (0,50).	0,00 / 0,50 / 1,00 / 1,50
Item 8 – Pedido de provimento do recurso (especificação)	0,00 / 0,75

(OAB/Exame Unificado – 2013.2– 2ª fase) Fábio é universitário, domiciliado no Estado K e pretende ingressar no ensino superior através de nota obtida pelo Exame Nacional, organizado pelo Ministério da Educação. Após a divulgação dos resultados, Fábio é surpreendido com seu baixo desempenho nas questões discursivas, a transparecer que não corrigiram adequadamente sua prova, ou deixaram de lançar ou somar as notas das questões, o que inviabiliza seu ingresso na entidade preferida. Não há previsão de vista de prova e nem de recurso administrativo no edital, sendo certo que existe agente público do Ministério da Educação responsável pelo exame em cada estado da federação, denominado de Coordenador Estadual do Exame Nacional, sediado na capital. Fábio requereu vista de prova e revisão da mesma ao Coordenador Estadual do Exame Nacional, tendo o seu pedido sido indeferido, por ausência de previsão editalícia. Inconformado, Fábio contrata advogado que impetra mandado de segurança, objetivando ter vista da prova, tendo a liminar sido indeferida, sem interposição de recurso. Após trinta dias de tramitação, surge sentença que julga improcedente o pedido, confirmando a legalidade da recusa de acesso à prova por falta de previsão no edital. A decisão restou clara, sem qualquer vício de omissão, contradição ou obscuridade. Foram opostos embargos de declaração, os quais foram rejeitados. Fábio, por meio do seu advogado, apresenta o recurso pertinente.

Redija a peça recursal cabível ao tema.

A simples menção ou transcrição do dispositivo legal não pontua. (Valor: 5,0)

PADRÃO DE RESPOSTA – PEÇA PROFISSIONAL – FGV

A ação proposta foi o Mandado de Segurança regulado pela Lei n. 12.016/09 e prevista no Art. 5º, LXIX, da CF (*Conceder-se-á mandado de segurança para proteger direito líquido e certo, não amparado por "habeas corpus" ou "habeas data", quando o responsável pela ilegalidade ou abuso de poder for autoridade pública ou agente de pessoa jurídica no exercício de atribuições do Poder Público*) .

O impetrante foi Fábio e o impetrado, o Coordenador Estadual do Exame Nacional, autoridade coatora.

Sendo o pedido julgado improcedente por sentença, o recurso cabível é o de apelação (*LMS, Art. 14. Da sentença, denegando ou concedendo o mandado, cabe apelação. § 1º Concedida a segurança, a sentença estará sujeita obrigatoriamente ao duplo grau de jurisdição. § 2º Estende-se à autoridade coatora o direito de recorrer.*).

O recorrente será Fábio e o recorrido, a autoridade coatora.

Os fundamentos do recurso de apelação serão os mesmo deduzidos na ação. :

a) principio da legalidade (CFRB, *Art. 5º, II - ninguém será obrigado a fazer ou deixar de fazer alguma coisa senão em virtude de lei.)*;

b) principio da publicidade (CFRB, Art. 37, *caput*);

c) direito de petição (CFRB, Art. 5º, XXXIV).

A petição é dirigida ao Juízo da sentença. Assim, tendo em vista que a autoridade coatora é federal, a petição é dirigida ao Juízo Federal vinculado à Seção Judiciária do Estado K para encaminhamento a instância de revisão, no caso o Tribunal Regional Federal.

As razões recursais são dirigidas ao Tribunal Regional Federal.

O recurso deve conter a postulação de reforma da sentença com a procedência do pedido.

No caso de mandado de segurança, não existe condenação em honorários e nem em custas, consoante determinação legal e jurisprudência assente.

(OAB/Exame Unificado – 2013.3– 2ª fase) Após mais de 40 (quarenta) dias de intensa movimentação popular, em protestos que chegaram a reunir mais de um milhão de pessoas nas ruas de diversas cidades do Estado, e que culminaram em atos de violência, vandalismo e depredação de patrimônio público e particular, o Governador do Estado X edita o Decreto nº 1968.

A pretexto de disciplinar a participação da população em protestos de caráter público, e de garantir a finalidade pacífica dos movimentos, o Decreto dispõe que, além da prévia comunicação às autoridades, o aviso deve conter a identificação completa de todos os participantes do evento, sob pena de desfazimento da manifestação. Além disso, prevê a revista pessoal de todos, como forma de preservar a segurança dos participantes e do restante da população.

Na qualidade de advogado do Partido Político "Frente Brasileira Unida", de oposição ao Governador, você ajuizou uma Ação Direta de Inconstitucionalidade, perante o Tribunal de Justiça do Estado X, alegando a violação a normas da Constituição do Estado referentes a direitos e garantias individuais e coletivos (que reproduzem disposições constantes da Constituição da República).

O Plenário do Tribunal de Justiça local, entretanto, por maioria, julgou improcedente o pedido formulado, de declaração de inconstitucionalidade dos dispositivos do Decreto estadual, por entender compatíveis as previsões constantes daquele ato com a Constituição do Estado, na interpretação que restou prevalecente na corte. Alguns dos Desembargadores registraram em seus votos, ainda, a impossibilidade de propositura de ação direta tendo por objeto um decreto estadual.

Entendendo que a decisão da corte estadual, apesar de não conter obscuridade, omissão ou contradição, foi equivocada, e que não apenas as disposições do Decreto são inconstitucionais como também a própria interpretação dada pelo Tribunal de Justiça é incompatível com o ordenamento jurídico nacional, os dirigentes do Partido pedem que você proponha a medida judicial cabível a impugnar aquela decisão.

Elabore a peça judicial adequada. (Valor: 5,0)

PADRÃO DE RESPOSTA – PEÇA PROFISSIONAL – FGV

A peça a ser elaborada consiste em um Recurso Extraordinário contra decisão proferida em sede de Ação Direta de Inconstitucionalidade, nos termos do Art. 102, III, c da CRFB/88.

No caso, a ação direta de controle tendo como parâmetro a Constituição do Estado, tem previsão no Art. 125, § 2º da Constituição da República. É possível a interposição de Recurso

Extraordinário contra decisão proferida pelo Tribunal de Justiça no julgamento da mesma, a fim de que seja apreciada, pelo Supremo Tribunal Federal, a norma da Constituição da República repetida na Constituição Estadual, mas interpretada, pelo Tribunal de Justiça local, em sentido incompatível com o da Constituição da República.

O Recurso deve ser endereçado ao Presidente do Tribunal de Justiça local, com as razões recursais dirigidas ao Supremo Tribunal Federal.

O Partido Político é o recorrente. Recorrido é o órgão do qual emanou a norma impugnada (isto é, o Governador do Estado).

Apesar de não constar do voto vencedor a impossibilidade de controle de constitucionalidade de decreto por meio de ação direta, o examinando deve demonstrar o cabimento da via eleita para a impugnação do Decreto estadual, pois, a despeito de se tratar de um Decreto, não é um ato de regulamentação da lei, mas ato normativo primário, que inova autonomamente na ordem jurídica. O examinando deve indicar, em sua peça, todos os elementos que permitam o seu conhecimento e também o seu provimento, afastando, desde o início, argumentos desfavoráveis à pretensão que defende.

O examinando deve demonstrar o cumprimento do requisito da Repercussão Geral, que encontra previsão no Art. 102, § 3º da Constituição, e que deve ser demonstrado pela existência de questões relevantes do ponto de vista econômico, político, social ou jurídico, que ultrapassem os interesses subjetivos da causa, ou seja, a questão suscitada não pode ser benéfica somente para o caso concreto proposto, mas para o interesse da coletividade, na forma do Art. 543-A, § 1º, do CPC. No caso apresentado, a repercussão geral pode ser demonstrada pela ofensa a direitos fundamentais titularizados por toda a coletividade, uma vez que a norma cria restrição excessiva ao exercício de direito constitucionalmente assegurado, e o faz sem previsão em lei.

No mérito, o examinando deve demonstrar que o decreto impugnado viola o princípio da legalidade, na formulação do Art. 5º, II da Constituição da República, uma vez que não se pode criar restrição a direito senão em virtude de lei.

O decreto viola o Art. 5º, XVI, da Constituição, que assegura o direito de reunião em locais abertos ao público, independentemente de autorização, desde que não frustrem outra reunião anteriormente convocada para o mesmo local, sendo apenas exigido prévio aviso à autoridade competente. Ou seja, qualquer outra exigência que venha a ser formulada como condição de exercício do direito é inconstitucional.

Ainda ocorre a violação ao Art. 5º, da CRFB, que trata do princípio da liberdade de expressão. Por fim, deve ser indicada a violação ao princípio da razoabilidade/proporcionalidade, pois, ainda que se entendesse possível a restrição ao direito de reunião, a restrição veiculada pelo decreto, no caso analisado, falha nos subprincípios da necessidade (que impõe a utilização, dentre as possíveis, da medida menos gravosa para atingir determinado objetivo) e da proporcionalidade em sentido estrito (que impõe a análise da relação custo/benefício da norma avaliada, de modo que o ônus imposto pela norma seja inferior ao benefício por ela engendrado, sob pena de inconstitucionalidade).

O examinando, ao final, deve formular pedido de reforma da decisão recorrida, para fim de ver declarada a inconstitucionalidade do Decreto editado pelo Governador do Estado, bem como requerer a notificação do Ministério Público.

Distribuição Dos Pontos

Item	Pontuação
Endereçamento do Recurso: Presidente do Tribunal de Justiça local	0,00/0,20
Endereçamento das Razões Recursais: Presidente do Supremo Tribunal Federal	0,00/0,20
Recorrente e Recorrido Partido Político "Frente Brasileira Unida" / Governador do Estado	0,00/0,20/0,40
Cabimento do Recurso Extraordinário Recurso Extraordinário contra decisão em Representação de Inconstitucionalidade (0,40), no termos do disposto no Art. 102, III, c, da CRFB/88. (0,10) Obs.: A mera citação do dispositivo legal não pontua.	0,00/0,40/0,50
Possibilidade de controle concentrado tendo por objeto decreto estadual A despeito de se tratar de um Decreto, não é um ato de regulamentação da lei, mas sim de ato normativo primário, que extrai seu fundamento de validade da Constituição	0,00/0,50
Demonstração da Repercussão Geral Existência de questões relevantes do ponto de vista econômico, político, social ou jurídico, que ultrapassem os interesses subjetivos da causa (0,50), no termos do disposto no Art. 102, § 3°, da CRFB/88. (0,10) Obs.: A mera citação do dispositivo legal não pontua.	0,00/0,50/0,60
Fundamentação para a pretensão de anulação 1. violação ao princípio da legalidade (0,50) 2. violação ao Art. 5º, XVI, da CRFB (0,50) 3. violação ao Art. 5º, IV, da CRFB (0,50) 4. violação ao princípio da razoabilidade / proporcionalidade (0,50)	0,00/0,50/1,00/1,50/2,00
Pedidos Procedência da ação direta proposta no plano estadual / declaração da inconstitucionalidade da norma estadual	0,00/0,40
Requerimento de notificação do Ministério Público	0,00/0,10
Fechamento da Peça: Data, Local, Advogado, OAB ... nº...	0,00/0,10

PEÇAS PROCESSUAIS

MODELOS COMPLEMENTARES

EXCEÇÃO DE IMPEDIMENTO

1. ESTRUTURA BÁSICA

REQUISITOS	Art. 312 do CPC. A exceção é processada em apenso.
ENDEREÇAMENTO	Juízo ou Tribunal que efetivou a citação.
IDENTIFICAÇÃO DO PROCESSO	Indicação das partes, do número do processo e do nome da ação.
TRATAMENTO DAS PARTES	Excipiente (quem propõe a exceção) e excepto (que no caso da exceção de impedimento é o próprio juiz)
FUNDAMENTOS FÁTICOS E JURÍDICOS	Narrar o ocorrido, mas sem debater o mérito da ação, apenas desenvolvendo os fundamentos jurídicos com base em uma das hipóteses do art. 134 do CPC.
PEDIDO	O excipiente deverá pedir o recebimento e processamento da exceção para que o juiz se declare impedido e remeta os autos ao seu substituto legal.
PROVAS	O excipiente deverá protestar pela produção de provas capazes de comprovar os fatos alegados.

2. MODELO – EXCEÇÃO DE IMPEDIMENTO

Excelentíssimo Senhor Doutor Juiz De Direito Da ... Vara ... Da Comarca De ... .

Pular 10 linhas

________________*(qualificação do réu – nome, estado civil, profissão, endereço, CNPJ, endereço)*, vem mui respeitosamente a presença de Vossa Excelência, por meio de seu advogado e bastante procurador que esta subscreve (doc. 01 – mandato), com fundamento no art. 312 do CPC, oferecer **EXCEÇÃO DE IMPEDIMENTO,** nos termos dos fundamentos de fato e de direito a seguir aduzidos:

I – DOS FATOS

Trazer um resumo dos fatos.

II – DO DIREITO

Expor as razões que fundamentam o pedido, com fundamento no art. 134 do CPC.

(Citar a lei, amarrada com os fatos, bem como legislação, doutrina e jurisprudência)

III – DO PEDIDO

Ante o exposto, é o presente para requerer que Vossa Excelência se digne em reconhecer o impedimento, determinando-se a remessa dos presentes autos ao substituto legal, ou, se assim não entender Vossa Excelência, que determine a sua remessa ao E. Tribunal de Justiça (ou Tribunal Regional Federal ou Superior Tribunal de Justiça), nos termos do art. 313 do CPC.

Protesta pela produção de prova documental e pericial, e de todos os meios probatórios em direito admitidos, ainda que não especificados no Código de Processo Civil, desde que moralmente legítimos (CPC, art. 332).

Termos em que, pede deferimento.

Local ..., data...

Advogado ...

OAB ....

EXCEÇÃO DE INCOMPETÊNCIA

1. ESTRUTURA BÁSICA

REQUISITOS	Art. 307 do CPC. A exceção é processada em apenso.
ENDEREÇAMENTO	Juízo ou Tribunal que efetivou a citação.
IDENTIFICAÇÃO DO PROCESSO	Indicação das partes, do número do processo e do nome da ação.
TRATAMENTO DAS PARTES	Excipiente (quem propõe a exceção) e excepto (o autor da ação).
FUNDAMENTOS FÁTICOS E JURÍDICOS	Narrar o ocorrido, mas sem debater o mérito da ação, apenas desenvolvendo os fundamentos jurídicos com base em uma das hipóteses do art. 112 do CPC.
PEDIDO	O excipiente deverá pedir o recebimento e processamento da exceção para que o juiz se declare suspeito e remeta os autos ao seu substituto legal.
PROVAS	O excipiente deverá protestar pela produção de provas capazes de comprovar os fatos alegados.

2. MODELO – EXCEÇÃO DE INCOMPETÊNCIA

Excelentíssimo Senhor Doutor Juiz De Direito Da ... Vara ... Da Comarca De ... .

Pular 10 linhas

_______________*(qualificação do réu – nome, estado civil, profissão, endereço, CNPJ, endereço)*, vem mui respeitosamente a presença de Vossa Excelência, por meio de seu advogado e bastante procurador que esta subscreve (doc. 01 – mandato), com fundamento no art. 307 do CPC, oferecer **EXCEÇÃO DE INCOMPETÊNCIA,** nos termos dos fundamentos de fato e de direito a seguir aduzidos:

I – DOS FATOS

Trazer um resumo dos fatos.

II – DO DIREITO

Expor as razões que fundamentam o pedido, com fundamento no art. 112 do CPC.

(citar a lei, amarrada com os fatos, bem como legislação, doutrina e jurisprudência)

III – DO PEDIDO

Ante o exposto, é o presente para requerer que Vossa Excelência se digne em acolher a exceção de incompetência, determinando a suspensão do processo, na forma do art. 265, III, do CPC, ordenando, ainda, o regular processamento da presente exceção, determinando o seu apensamento aos autos principais e intimando-se o excepto para se manifestar no prazo legal, e, após, conforme dispõe o art. 308 do CPC, julgar procedente a presente exceção, determinando-se a remessa dos presentes autos à (ao) ... .

Protesta pela produção de prova documental e pericial, e de todos os meios probatórios em direito admitidos, ainda que não especificados no Código de Processo Civil, desde que moralmente legítimos (CPC, art. 332).

Termos em que, pede deferimento.

Local ..., data...

Advogado ...

OAB ...

EXCEÇÃO DE SUSPEIÇÃO

1. ESTRUTURA BÁSICA

REQUISITOS	Art. 312 do CPC. A exceção é processada em apenso.
ENDEREÇAMENTO	Juízo ou Tribunal que efetivou a citação.
IDENTIFICAÇÃO DO PROCESSO	Indicação das partes, do número do processo e do nome da ação.
TRATAMENTO DAS PARTES	Excipiente (quem propõe a exceção) e excepto (no caso da exceção de suspeição é o próprio juiz).
FUNDAMENTOS FÁTICOS E JURÍDICOS	Narrar o ocorrido, mas sem debater o mérito da ação, apenas desenvolvendo os fundamentos jurídicos com base em uma das hipóteses do art. 135 do CPC.
PEDIDO	O excipiente deverá pedir o recebimento e processamento da exceção para que o juiz acolha a exceção de incompetência, determinando, primeiramente, a suspensão do processo (art. 265, III, do CPC), o apensamento aos autos principais e a intimação do excepto para se manifestar em 10 dias, e, ao final, a remessa dos autos à Vara, Câmara ou Tribunal competente.
PROVAS	O excipiente deverá protestar pela produção de provas capazes de comprovar os fatos alegados.

2. MODELO – EXCEÇÃO DE SUSPEIÇÃO

Excelentíssimo Senhor Doutor Juiz de Direito da ... Vara ... Da Comarca de ... .

Pular 10 linhas

_______________*(qualificação do réu – nome, estado civil, profissão, endereço, CNPJ, endereço)*, vem mui respeitosamente a presença de Vossa Excelência, por meio de seu advogado e bastante procurador que esta subscreve (doc. 01 – mandato), com fundamento no art. 312 do CPC, oferecer **EXCEÇÃO DE SUSPEIÇÃO,** nos termos dos fundamentos de fato e de direito a seguir aduzidos:

I – DOS FATOS

Trazer um resumo dos fatos.

II – DO DIREITO

Expor as razões que fundamentam o pedido, com fundamento no art. 135 do CPC.

(citar a lei, amarrada com os fatos, bem como legislação, doutrina e jurisprudência)

III – DO PEDIDO

Ante o exposto, é o presente para requerer que Vossa Excelência se digne em reconhecer a suspeição, determinando-se a remessa dos presentes autos ao substituto legal, ou, se assim não entender Vossa Excelência, que determine a sua remessa ao E. Tribunal de Justiça (ou Tribunal Regional Federal ou Superior Tribunal de Justiça), nos termos do art. 313 do CPC.

Protesta pela produção de prova documental e pericial, e de todos os meios probatórios em direito admitidos, ainda que não especificados no Código de Processo Civil, desde que moralmente legítimos (CPC, art. 332).

Termos em que, pede deferimento.

Local ..., data...

Advogado ...

OAB ....

RECONVENÇÃO

1. ESTRUTURA BÁSICA

REQUISITOS	Os mesmos da petição inicial (art. 282 do CPC). Deverá ser oferecida em peça autônoma e o prazo é o mesmo da contestação (15 dias – art. 297 do CPC).
ENDEREÇAMENTO	Juízo ou Tribunal que efetivou a citação.
IDENTIFICAÇÃO DO PROCESSO	Indicação das partes, do número do processo e do nome da ação.
TRATAMENTO DAS PARTES	Reconvinte (aquele que apresenta a reconvenção) e reconvindo (o autor da ação).

FUNDAMENTOS FÁTICOS E JURÍDICOS	Estes requisitos tratam do seguinte: "DOS FATOS" (fundamentos de fato) e "DO DIREITO" (fundamentos jurídicos). Quanto à parte "I – DOS FATOS", pode se fazer a seguinte subdivisão: "1) Dos fatos alegados pelo autor" (aqui faz-se um breve resumo da petição inicial); "2) Da verdade dos fatos" (aqui conta-se a versão do réu sobre os fatos). Essa divisão é pertinente, principalmente quando houver controvérsia sobre como os fatos ocorreram.
FUNDAMENTOS FÁTICOS E JURÍDICOS	Quanto à parte "II – DO DIREITO", pode-se fazer a seguinte divisão: 1) Do cabimento da reconvenção; 2) Do mérito. Deverá o reconvinte no item "Do cabimento da reconvenção" demonstrar a conexão e justificar o cabimento da reconvenção. Por último deve o réu tratar do item "Do mérito". Deverá o reconvinte citar legislação, doutrina e jurisprudência, nessa ordem.
PEDIDO	O reconvinte deverá requerer a intimação do autor reconvindo para contestar a reconvenção no prazo legal; a procedência da ação; bem como os ônus da sucumbência.
PROVAS	O réu reconvinte deverá requerer a produção das provas pertinentes para comprovar as suas alegações.
VALOR DA CAUSA	Seguirá a regra dos arts. 258 a 260 do CPC.

2. MODELO – RECONVENÇÃO

Excelentíssimo Senhor Doutor Juiz de Direito da ... Vara ... da Comarca de ... .

Pular 10 linhas

_______________*(qualificação do réu – nome, estado civil, profissão, endereço, CNPJ, endereço)*, vem mui respeitosamente a presença de Vossa Excelência, por meio de seu advogado e bastante procurador que esta subscreve (doc. 01 – mandato), oferecer **RECONVENÇÃO** à ação que lhe promove a **FAZENDA DO ESTADO DE** _______, Pessoa Jurídica de Direito Público, com sede na _______________, nos termos dos fundamentos de fato e de direito a seguir aduzidos:

I – DOS FATOS

1. Dos fatos alegados pelo autor reconvindo

(...)

2. Da verdade dos fatos

(...)

II – DO DIREITO

1. Do cabimento da reconvenção

(vide art. 315 do CPC)

2. Do mérito

(Citar a lei, amarrada com os fatos, bem como legislação, doutrina e jurisprudência)

III – DO PEDIDO

Ante o exposto, é o presente para requerer que Vossa Excelência se digne em:

a) determinar a intimação do autor reconvindo para contestar a presente reconvenção no prazo legal;

b) julgar a presente reconvenção procedente, condenando-se o autor reconvindo ao pagamento de ..., além do pagamento das custas e despesas processuais, bem como dos honorários advocatícios.

(A depender da condição econômica do réu reconvinte, deve-se pedir os benefícios da justiça gratuita)

Protesta pela produção de prova documental e pericial, e de todos os meios probatórios em direito admitidos, ainda que não especificados no Código de Processo Civil, desde que moralmente legítimos (CPC, art. 332).

Dá-se à causa o valor de R$ ... (valor por extenso).

Termos em que, pede deferimento.

Local ..., data...

Advogado ...

OAB ....

IMPUGNAÇÃO AO CUMPRIMENTO DE SENTENÇA

1. ESTRUTURA BÁSICA

REQUISITOS	O Código de Processo Civil não trouxe requisitos, trata-se de mera petição. O prazo para apresentação da impugnação é de 15 dias (art. 475-J, § 1º, do CPC).
ENDEREÇAMENTO	Juízo ou Tribunal da causa.
IDENTIFICAÇÃO DO PROCESSO	Indicação das partes, do número do processo e do nome da ação.
TRATAMENTO DAS PARTES	Autor e réu (credor e devedor).
FUNDAMENTOS FÁTICOS E JURÍDICOS	Estes requisitos tratam do seguinte: "DOS FATOS" (fundamentos de fato) e "DO DIREITO" (fundamentos jurídicos). Quanto à parte "I – DOS FATOS" far-se-á um resumo do ocorrido.
FUNDAMENTOS FÁTICOS E JURÍDICOS	Quanto à parte "II – DO DIREITO", o devedor deverá trazer os fundamentos jurídicos conforme dispõe o art. 475-L do CPC. Deverá o réu citar legislação, doutrina e jurisprudência, nessa ordem.
PEDIDO	O réu deverá requerer o recebimento da impugnação nos próprios autos com a suspensão da ação, demonstrando os requisitos legais e o pedido principal de acordo com os fundamentos jurídicos.
VALOR DA CAUSA	Não há.

2. MODELO – IMPUGNAÇÃO AO CUMPRIMENTO DE SENTENÇA

Excelentíssimo Senhor Doutor Juiz de Direito da ... Vara ... da Comarca de ... .

Pular 10 linhas

________________*(qualificação do réu – nome, estado civil, profissão, endereço, CNPJ, endereço)*, vem mui respeitosamente a presença de Vossa Excelência, por meio de seu advogado e bastante procurador que esta subscreve (doc. 01 – mandato), oferecer **IMPUGNAÇÃO AO CUMPRIMENTO DE SENTENÇA COM PEDIDO DE EFEITO,** nos termos dos fundamentos de fato e de direito a seguir aduzidos:

I – DOS FATOS

Trazer um resumo do processo.

II – DO DIREITO

Trazer os fundamentos jurídicos de acordo com o disposto no art. 475-L do CPC.

(citar a lei, amarrada com os fatos, bem como legislação, doutrina e jurisprudência)

III – DO EFEITO SUSPENSIVO

Trazer os fundamentos para justificar o pedido, nos termos do art. 475-M do CPC.

IV - DO PEDIDO

Ante o exposto, é o presente para requerer de Vossa Excelência a:

a) concessão de efeito suspensivo com o intuito de obstar o prosseguimento do cumprimento de sentença, nos termos do art. 475-M do CPC;

b) intimação do credor, na pessoa de seu advogado, para que se manifeste acerca da presente impugnação;

c) o acolhimento da presente impugnação, condenando-se o credor ao pagamento das custas e despesas processuais, bem como dos honorários advocatícios.

Termos em que, pede deferimento.

Local ..., data...

Advogado ...

OAB ....

PETIÇÃO INICIAL DE EXECUÇÃO CONTRA A FAZENDA PÚBLICA

1. ESTRUTURA BÁSICA

REQUISITOS	Os mesmos da petição inicial (art. 282 do CPC), que compatíveis com a execução (art. 598 do CPC). O procedimento será aquele previsto nos arts. 730 e 731 do CPC.
ENDEREÇAMENTO	Juiz da causa.
TRATAMENTO DAS PARTES	Exequente e executado.
FUNDAMENTOS FÁTICOS E JURÍDICOS	Demonstrar o débito da Fazenda Pública, em geral com uma sentença condenatória transitada em julgado.

PEDIDO	Citação, por oficial de justiça, da Fazenda Pública para opor embargos no prazo legal. Caso a Fazenda não apresente embargos, pedir que o juiz requisite o pagamento por intermédio do Presidente do Tribunal competente (art. 100 da CF). Vide também a Lei de Juizados Especiais Federais (art. 17, § 1°, da Lei 10.259/2001) e Lei do Juizado Especial da Fazenda Pública (Lei 12.153/2009).
VALOR DA CAUSA	Valor do título.

2. MODELO – PETIÇÃO INICIAL DE EXECUÇÃO CONTRA A FAZENDA PÚBLICA

Excelentíssimo Senhor Doutor Juiz de Direito da ... Vara ... da Comarca de ... .

Pular 10 linhas

_________*(qualificação do réu – nome, estado civil, profissão, endereço, CNPJ, endereço)*, vem mui respeitosamente a presença de Vossa Excelência, por meio de seu advogado e bastante procurador que esta subscreve (doc. 01 – mandato), oferecer **EXECUÇÃO, com fundamento no art. 730 do CPC, em face da FAZENDA DO ESTADO DE** ________, Pessoa Jurídica de Direito Público, com sede na ______________, nos termos dos fundamentos de fato e de direito a seguir aduzidos:

I – DOS FATOS

Demonstrar a existência de título contra a Fazenda Pública.

II – DO DIREITO

Demonstrar que a hipótese se enquadra no art. 730 do CPC.

(Citar a lei, amarrada com os fatos, bem como legislação, doutrina e jurisprudência)

III – DO PEDIDO

Ante o exposto, é o presente para requerer que Vossa Excelência se digne em:

a) determinar a citação, por oficial de justiça, da Fazenda Pública... para, querendo, opor embargos no prazo legal;

b) caso não sejam opostos embargos ou estes sejam julgados improcedentes, seja expedido ofício ao Presidente do Tribunal... para expedição do respectivo precatório, de acordo com o art. 100 da CF..., para pagamento do valor aqui pleiteado, além do pagamento das custas e despesas processuais, bem como dos honorários advocatícios.

(A depender da condição econômica do réu reconvinte, deve-se pedir os benefícios da justiça gratuita)

Dá-se à causa o valor de R$ ... (valor por extenso).

Termos em que, pede deferimento.

Local ..., data...

Advogado ...

OAB ....

Prática Administrativa

Wander Garcia

EXERCÍCIOS PRÁTICOS

1. PRINCÍPIOS E ATOS ADMINISTRATIVOS

(OAB/Exame Unificado – 2013.3 – 2ª fase) José está inscrito em concurso público para o cargo de assistente administrativo da Administração Pública direta do Estado de Roraima. Após a realização das provas, ele foi aprovado para a fase final do certame, que previa, além da apresentação de documentos, exames médicos e psicológicos. A lista dos candidatos aprovados e o prazo para a apresentação dos documentos pessoais e para a realização dos exames médicos e psicológicos foram publicados no Diário Oficial do Poder Executivo do Estado de Roraima após 1 (um) ano da realização das provas; assim como foram veiculados através do site da Internet da Administração Pública direta do Estado, tal como previsto no respectivo edital do concurso.

Entretanto, José reside em município localizado no interior do Estado de Roraima, onde não circula o Diário Oficial e que, por questões geográficas, não é provido de Internet. Por tais razões, José perde os prazos para o cumprimento da apresentação de documentos e dos exames médicos e psicológicos e só toma conhecimento da situação quando resolve entrar em contato telefônico com a secretaria do concurso. Insatisfeito, José procura um advogado para ingressar com um Mandado de Segurança contra a ausência de intimação específica e pessoal quando de sua aprovação e dos prazos pertinentes à fase final do concurso.

Na qualidade de advogado de José, indique os argumentos jurídicos a serem utilizados nessa ação judicial. (Valor: 1,25)

RESOLUÇÃO DA QUESTÃO

A despeito da ausência de norma editalícia prevendo a intimação pessoal e específica do candidato José, a Administração Pública tem o dever de intimar o candidato, pessoalmente, quando há o decurso de tempo razoável entre a homologação do resultado e a data da nomeação, em atendimento aos princípios constitucionais da publicidade e da razoabilidade.

É desarrazoada a exigência de que o impetrante efetue a leitura diária do Diário Oficial do Estado, por prazo superior a 1 (um) ano, ainda mais quando reside em município em que não há circulação do DOE e que não dispõe de acesso à Internet.

Distribuição dos Pontos

Item	Pontuação
A despeito da ausência de norma editalícia prevendo a intimação pessoal e específica do candidato José, a Administração Pública tem o dever de intimar o candidato, pessoalmente, ainda mais quando reside em município em que não há circulação do DOE e que não dispõe de acesso à Internet, sob pena de violação do princípio da publicidade (0,50), nos termos do Art. 37, *caput*, da CRFB/88 (0,10) Obs.: A simples menção aos artigos não pontua	0,00/0,50/0,60
A despeito da ausência de norma editalícia prevendo a intimação pessoal e específica do candidato José, a Administração Pública tem o dever de intimar o candidato, pessoalmente, quando há o decurso de tempo razoável entre a homologação do resultado e a data da nomeação, sob pena de violação do princípio da razoabilidade/proporcionalidade. (0,65)	0,00/0,65

(OAB/Exame Unificado – 2013.2 – 2ª fase) João, comerciante experimentado, fundado na livre iniciativa, resolve pedir à administração do município "Y" que lhe outorgue o competente ato para instalação de uma banca de jornal na calçada de uma rua.

Considerando a situação narrada, indaga-se:

A) Pode o Município "Y" se negar a outorgar o ato, alegando que considera desnecessária a referida instalação? Fundamente. (Valor: 0,40)

B) Pode o município "Y", após a outorga, rever o ato e o revogar? Neste caso é devida indenização a João? Fundamente. (Valor: 0,40)

C) Caso o ato de outorga previsse prazo para a duração da utilização do espaço público, seria devida indenização se o Poder Público resolvesse cancelar o ato de outorga antes do prazo? Fundamente. (Valor: 0,45)

RESOLUÇÃO DA QUESTÃO

A) O município "Y" tem o direito de negar, porque, tratando-se ato discricionário, sua aprovação é baseada na conveniência e oportunidade do Administrador.

B) Do mesmo modo, o município "Y" pode revogar tal ato autorizativo a qualquer tempo, tendo em vista a precariedade do ato, não sendo devida qualquer indenização em vista dessa característica.

C) Por outro lado, a fixação de prazo certo implica em desnaturação do caráter precário do vínculo, ensejando no particular a legítima expectativa de que sua exploração irá vigorar pelo prazo pré-determinado pela própria Administração. Sendo assim, a revogação do ato antes do esgotamento do prazo caracteriza conduta descrita como *venire* contra *factum proprium*, ensejando a devida indenização pelos prejuízos efetivamente comprovados.

(OAB/Exame Unificado – 2012.2 – 2ª fase) O prefeito do município "X", ao tomar posse, descobriu que diversos servidores públicos vinham recebendo de boa-fé, há mais de dez anos, verbas remuneratórias ilegais e indevidas. Diante de tal situação, o prefeito, após oportunizar o contraditório e a ampla defesa aos servidores, pretende anular o ato concessivo do referido benefício. Antes, porém, resolve consultar seu assessor jurídico, formulando algumas indagações.

Responda aos itens a seguir, utilizando os argumentos jurídicos apropriados e a fundamentação legal pertinente ao caso.

a) É juridicamente correta a pretensão do prefeito, considerando, hipoteticamente, não existir no município legislação disciplinadora do processo administrativo? (Valor: 0,60)

b) Diante da ausência de legislação local, poder-se-ia aplicar à hipótese a Lei Federal n. 9.784/99, que regula o processo administrativo no âmbito federal? (Valor: 0,65)

RESOLUÇÃO DA QUESTÃO

A) O examinando deve mencionar o princípio da legalidade administrativa e o poder-dever de autotutela, segundo o qual o administrador público não pode e não deve compactuar com a manutenção de ilegalidades na Administração Pública e, por isso, tem o poder-dever de anular o ato (Súmulas 346 e 473 do STF). Todavia, considerando o tempo decorrido e a ausência de marco temporal previsto em lei local, o examinando deve sugerir a aplicação, *in casu*, do princípio da segurança das relações jurídicas, que, tendo em conta a boa-fé dos servidores e o recebimento do benefício financeiro há mais de dez anos, sugere manutenção das verbas em favor dos beneficiários, porquanto já incorporadas ao seu patrimônio.

B) O examinando deve demonstrar conhecimento a respeito do artigo 54 (prazo decadencial de cinco anos para exercício da autotutela) da Lei n. 9.784/99, que, em regra, é de aplicação restrita ao âmbito federal. Todavia, é possível extrair seus conceitos e princípios básicos para aplicação extensiva em entes federativos diversos que ainda não possuem legislação própria para o processo administrativo. No caso específico, é possível extrair da Lei Federal n. 9.784/99 a regra do artigo 54, que estabelece o prazo de cinco anos para a Administração Pública anular seus próprios atos, quando deles derivar direito a terceiros, desde que estes estejam de boa-fé.

O STJ tem entendimento de que, em nome do principio da segurança jurídica, na ausência de lei local sobre processo administrativo, Estados e Municípios devem aplicar a Lei n. 9.784/99. Isto porque, sob pena de violação ao referido princípio, a ausência de regra expressa na legislação local para o exercício da autotutela não pode autorizar o entendimento da inexistência de prazo decadencial para anulação de ato administrativo que produza efeitos patrimoniais favoráveis a beneficiários de boa-fé.

Distribuição dos Pontos

(não será aceita mera menção ao artigo)

Quesito Avaliado	Valores
Item A	
NÃO, porque embora o princípio da legalidade administrativa e o poder-dever de autotutela sugiram à revisão do ato (Súmula 473 do STF) (0,25), não se pode olvidar da incidência, no caso concreto, do princípio constitucional da segurança jurídica, tendo em vista que, a existência de boa-fé dos servidores no recebimento de verbas de natureza alimentar por longo espaço de tempo (mais de 10 anos), determina a manutenção dos atos concessivos. (0,35)	0,00/0,25/0,35/0,60
Item B	
SIM, em nome do principio da segurança jurídica, a jurisprudência dos Tribunais Superiores se consolidou no sentido de que a ausência de regra expressa na legislação local para o exercício da autotutela não autoriza o entendimento da inexistência de prazo decadencial para anulação de ato administrativo que produza efeitos patrimoniais favoráveis a beneficiários de boa-fé, aplicando-se, assim, o prazo decadencial de 5 anos previsto no art. 54, Lei n. 9.784/99 (0,65).	0,00/0,65

(OAB/Exame Unificado – 2012.2 – 2ª fase) O prefeito do município "P", conhecido como João do "P", determinou que, em todas as placas de inauguração das novas vias municipais pavimentadas em seu mandato na localidade denominada "E", fosse colocada a seguinte homenagem: "À minha querida e amada comunidade "E", um presente especial e exclusivo do João do "P", o único que sempre agiu em favor de nosso povo!"

O Ministério Público estadual intimou o Prefeito a fim de esclarecer a questão.

Na qualidade de procurador do município, você é consultado pelo Prefeito, que insiste em manter a situação. Indique o princípio da Administração Pública que foi violado e por que motivo. (valor: 1,25)

RESOLUÇÃO DA QUESTÃO

Evidente, na hipótese, a violação ao princípio da impessoalidade. Por esse princípio traduz-se a ideia de que a Administração Pública tem que tratar a todos os administrados sem discriminações, benéficas ou negativas. Dessa forma, não se admite, por força de regra constitucional, nem favoritismos, nem perseguições, sejam políticas, ideológicas ou eleitorais.

A resposta deve considerar que, no caso concreto, a violação ao princípio da impessoalidade decorre do fato de que a publicidade dos atos, programas, obras ou serviços devem ter caráter educativo, informativo ou de orientação social, dela não podendo constar nomes ou quaisquer elementos que caracterizem promoção pessoal de autoridade ou servidor público.

Distribuição dos Pontos

(não será aceita mera menção ao artigo)

Quesito Avaliado	Valores
O principio violado é o da impessoalidade (0,25), uma vez que, no caso concreto, a publicidade presente nas placas de inauguração da localidade NÃO teve caráter educativo, informativo ou de orientação social, mas sim ato característico de promoção pessoal do prefeito, vedado pelo art. 37 § 1º da CF (1,00).	0,00/0,25/1,00/1,25

(OAB/Exame Unificado – 2008.3 – 2ª fase) O servidor público Marcelo requereu férias para o mês de abril, sendo o pedido indeferido pelo chefe da repartição sob a alegação de que, naquele período, havia falta de pessoal na repartição. Marcelo, então, provou que, ao contrário, havia excesso de pessoal. Nessa situação hipotética, qual elemento do ato administrativo está inquinado de vício? Fundamente sua resposta conforme a teoria aplicável à espécie.

RESOLUÇÃO DA QUESTÃO

A doutrina tradicional do Direito Administrativo ensina que o ato administrativo tem os seguintes requisitos: competência, objeto, forma, motivo e finalidade. Esses requisitos, inclusive, estão citados e definidos, no que diz respeito aos respectivos vícios, na Lei 4.717/65.

O motivo, que consiste na matéria de fato e de direito que justifica a prática do ato, é considerado viciado quando o motivo de fato que justifica o ato é materialmente inexistente. Nesse caso, de acordo com a Teoria dos Motivos Determinantes, o ato praticado é nulo (art. 2º, p. único, "d", da Lei 4.717/65).

A teoria mencionada estabelece que a validade dos atos administrativos está condicionada à existência e à adequação do motivo invocado. No caso, como o motivo invocado pelo chefe da repartição onde trabalha Marcelo se revela inexistente, tal situação fez com que o ato administrativo de indeferimento das férias seja nulo.

Ante o exposto, o caso revela vício do elemento motivo, devendo ser aplicada a Teoria dos Motivos Determinantes.

(OAB/Exame Unificado – 2007.3 – 2ª fase) Segundo entendimento já sedimentado na jurisprudência, a Administração Pública pode, por iniciativa própria, anular os seus atos, a qualquer tempo, quando eivados de ilegalidade, e se deles decorrerem efeitos favoráveis aos seus destinatários. Está correta esta afirmação? Justifique sua resposta.

RESOLUÇÃO DA QUESTÃO

O princípio da autotutela, previsto no art. 53 da Lei 9.784/99 e na Súmula 473 do Supremo Tribunal Federal, de fato, estabelece que a Administração pode, por iniciativa própria, anular seus atos ilegais, inclusive quando deles decorrem efeitos favoráveis aos destinatários.

Essa possibilidade decorre do próprio princípio da legalidade, pelo qual a lei deve ser sempre respeitada e preservada.

Todavia, o princípio da autotutela deve se harmonizar com o princípio da segurança jurídica, também previsto na Lei 9.784/99 (art. 2º), o que faz com que certos atos, após decorrido certo tempo, não possam ser anulados.

O art. 54 da Lei 9.784/99 traz um prazo decadencial para a Administração anular atos que beneficiam seus destinatários, quando estes estiverem de boa-fé. Esse prazo é de 5 anos. Já se os destinatários dos atos estiverem de comprovada má-fé ou se os atos não beneficiam, mas prejudicam seus destinatários, não há, na lei, prazo para a anulação dos atos.

Dessa forma, a afirmativa está incorreta, pois não faz a ressalva de que, caso o destinatário do ato esteja de boa-fé (e esta é presumida), a Administração pode anular o ato no prazo máximo de 5 anos, contados da data em que foi praticado.

(OAB/Exame Unificado – 2006.3 – 2ª fase) O Presidente da Autarquia X solicitou do seu órgão de consultoria jurídica esclarecimento da possibilidade de se revogar um ato administrativo editado há 3 anos, com violação ao princípio da moralidade. Com base na situação-problema acima, explique a distinção entre revogação e anulação do ato administrativo, abordando a competência do Poder Judiciário para revogar ou anular os atos administrativos e seus limites, bem como os efeitos retroativos, ou não, do ato que revoga ou anula.

RESOLUÇÃO DA QUESTÃO

O Presidente da Autarquia X solicita parecer jurídico sobre a possibilidade de se revogar ato administrativo editado há 3 anos, com violação ao princípio da moralidade.

Para que se responda à consulta formulada faz-se necessário fazer distinção entre a revogação e a anulação, ambas formas de extinção do ato administrativo.

A revogação tem por *motivo* a superveniência de fato novo que torne inconveniente ou inoportuna a manutenção do ato, ao passo que a anulação tem por motivo a ilegalidade do ato.

A primeira tem por *fundamento* a própria regra de competência que autoriza a prática do ato, ao passo que a segunda tem por fundamento o princípio da legalidade.

Quanto à competência, o sujeito ativo da revogação é tão somente a Administração Pública que tenha praticado o ato, ao passo que a anulação pode ser feita pela Administração Pública que praticou o ato ou pelo Poder Judiciário.

Quanto aos *efeitos* da revogação, são *ex nunc*, ou seja, não retroagem, ao passo que os da anulação são *ex tunc*, ou seja, retroagem.

A revogação tem os seguintes limites: a) só incide sobre atos legais, uma vez que os atos ilegais devem ser anulados; b) só incide sobre atos discricionários; c) não atinge atos exauridos, atos que geram direitos adquiridos e atos enunciativos.

A anulação também tem limites. Esta não é possível após o prazo decadencial para a anulação dos atos administrativos que beneficiam particulares de boa-fé (art. 54 da Lei 9.784/99). Há casos em que a anulação pode ser substituída pela convalidação (art. 55 da Lei 9.784/99) ou pela conversão do ato (art. 170 do Código Civil).

O caso em tela revela verdadeira ilegalidade, e não mera inconveniência ou inoportunidade. Aliás, trata-se de grave ilegalidade, pois diz respeito a princípio, e mais, a princípio de índole constitucional, fazendo com que o ato cabível seja a anulação, e não revogação.

É importante ressaltar que o ato foi praticado há menos de 5 anos, de modo que não se faz necessário investigar acerca da boa-fé ou não do beneficiário do ato, para efeito de aplicação do art. 54 da Lei 9.784/99, não tendo operado o prazo decadencial previsto no dispositivo mencionado.

Ante o exposto, nossa manifestação é no sentido de que a autoridade deverá anular o ato praticado, anulação essa que terá efeitos retroativos.

2. ESTRUTURA DA ADMINISTRAÇÃO E ENTES DE COOPERAÇÃO

(OAB/Exame Unificado – 2012.1 – 2ª fase) O Governador do Estado X, após a aprovação da Assembleia Legislativa, nomeou o renomado cardiologista João das Neves, ex-presidente do Conselho Federal de Medicina e seu amigo de longa data, para uma das diretorias da Agência Reguladora de Transportes Públicos Concedidos de seu Estado. Ocorre que, alguns meses depois da nomeação, João das Neves e o Governador tiveram um grave desentendimento acerca da conveniência e oportunidade da edição de determinada norma expedida pela agência. Alegando a total perda de confiança no dirigente João das Neves e, após o aval da Assembleia Legislativa, o governador exonerou-o do referido cargo.

Considerando a narrativa fática acima, responda aos itens a seguir, empregando os argumentos jurídicos apropriados e apresentando a fundamentação legal pertinente ao caso.

a) À luz do Poder Discricionário e do regime jurídico aplicável às Agências Reguladoras, foi juridicamente correta a nomeação de João das Neves para ocupar o referido cargo? (valor: 0,65)

b) Foi correta a decisão do governador em exonerar João das Neves, com aval da Assembleia Legislativa, em razão da quebra de confiança? (valor: 0,60)

RESOLUÇÃO DA QUESTÃO

A) Como sabido, discricionariedade é a margem de liberdade que a lei confere ao administrador para integrar a vontade da lei nos casos concretos conforme parâmetros/critérios de conveniência e oportunidade.

Assim, desde que observados alguns parâmetros, a escolha do dirigente é ato discricionário do chefe do Poder Executivo. Isto porque, como sabido, discricionariedade não se confunde com arbitrariedade.

Desse modo, ainda que discricionária a escolha deve atentar para o caráter técnico do cargo a ser ocupado, vez que as Agências reguladoras se caracterizam por um alto grau de **especialização técnica** no setor regulado, que, obviamente, para o seu correto exercício, exige uma formação especial dos ocupantes de seus cargos.

Por essas razões, afigura-se bastante claro que, no caso proposto, a escolha do governador vai de encontro aos critérios previstos para a escolha dos dirigentes, visto que a nomeação de um cardiologista, ainda que renomado, para exercer o cargo de diretor de uma agência reguladora de transportes públicos concedidos, não obedece à exigência de que o nomeado tenha alto grau de **especialização técnica** no setor regulado , *inerente ao regime jurídico especial das agências.*

Inclusive, nesse sentido, dispõe o art. 5º da Lei n. 9986/2000:

> O Presidente ou o Diretor Geral ou Diretor-Presidente (CD I) e os demais membros do Conselho Diretor ou da Diretoria (CD II) serão brasileiros, de **reputação ilibada, formação universitária** e **elevado conceito no campo de especialidade dos cargos**

para os quais serão nomeados, devendo ser escolhidos pelo Presidente da República e por ele nomeados, após aprovação pelo Senado Federal, nos termos da alínea f do inciso III do art. 52 da Constituição Federal.

Sendo assim, não foi correta a nomeação de João das Neves.

B) Como sabido, é uma características das agências reguladoras, a estabilidade reforçada dos dirigentes. Trata-se de estabilidade diferenciada, caracterizada pelo exercício de mandato a termo, na qual se afigura impossível a exoneração *ad nutum* que, em regra, costuma ser inerente aos cargos em comissão. Desse modo, os diretores, na forma da legislação em vigor, só perderão os seus cargos por meio de renúncia, sentença transitada em julgado por meio de processo administrativo, observados a ampla defesa e o contraditório.

No mesmo sentido, dispõe expressamente o art. 9º, da Lei n. 9986/2000:

> Art. 9º Os Conselheiros e os Diretores somente perderão o mandato em caso de renúncia, de condenação judicial transitada em julgado ou de processo administrativo disciplinar.

Por essas razões, João das Neves não poderia ter sido exonerado pelo governador.

Distribuição dos Pontos

(não será aceita mera menção ao artigo)

Quesito Avaliado	Faixa de valores
A. Não. Isto porque, ainda que discricionária a escolha do chefe do Poder Executivo (0,25), tal escolha deve atentar para o caráter técnico do cargo a ser ocupado, vez que as agências reguladoras se caracterizam pela especialização no setor regulado, conforme explicitado no art. 5º da Lei n. 9986/2000 (0,40). Obs.: **Não será aceita mera menção ao artigo**	0,00/0,25/0,40/0,65
B. Não. Como sabido, é uma características das agências reguladoras, a estabilidade reforçada dos dirigentes. Trata-se de estabilidade diferenciada, caracterizada pelo exercício de mandato a termo, na qual se afigura impossível a exoneração *ad nutum (0,40),* conforme inclusive explicitado no art. 9º da Lei n. 9.986/2000 (0,20). Obs.: **Não será aceita mera menção ao artigo**	0,00/0,40/0,60

(OAB/Exame Unificado – 2012.1 – 2ª fase) Recentemente, 3 (três) entidades privadas sem fins lucrativos do Município ABCD, que atuam na defesa, preservação e conservação do meio-ambiente, foram qualificadas pelo Ministério da Justiça como Organização da Sociedade Civil de Interesse Público. Buscando obter ajuda financeira do Poder Público para financiar parte de seus projetos, as 3 (três) entidades apresentaram requerimento à autoridade competente, expressando seu desejo de firmar um termo de parceria.

Considerando a narrativa fática acima, responda aos itens a seguir, empregando os argumentos jurídicos apropriados e apresentando a fundamentação legal pertinente ao caso.

a) O poder público deverá realizar procedimento licitatório (Lei n. 8.666/93) para definir com qual entidade privada irá formalizar termo de parceria? (valor: 0,90)

b) Após a celebração do termo de parceria, caso a entidade privada necessite contratar pessoal para a execução de seus projetos, faz-se necessária a realização de concurso público? (valor: 0,35)

RESOLUÇÃO DA QUESTÃO

A) Organização da Sociedade Civil de Interesse Público (OSCIP) é a qualificação jurídica conferida pelo Poder Público, por ato administrativo, às pessoas privadas sem fins lucrativos e que desempenham determinadas atividades de caráter social, atividades estas que, por serem de relevante interesse social, são fomentadas pelo Estado. A partir de tal qualificação, tais entidades ficam aptas a formalizar "termos de parceria" com o Poder Público, que permitirá o repasse de recursos orçamentários para auxiliá-las na consecução de suas atividades sociais.

As OSCIPs integram o que a doutrina chama de "Terceiro Setor", isto é, uma nova forma de organização da Administração Pública por meio da formalização de parcerias com a iniciativa privada para o exercício de atividades de relevância social. Sendo assim, como as ideias de "mútua colaboração" e a ausência de "contraposição de interesses" são inerentes a tais ajustes, o "termo de parceria" tem sido considerado pela doutrina e pela jurisprudência como espécies de convênios e não como contratos, tendo em vista a comunhão de interesses do Poder Público e das entidades privadas na consecução de tais atividades.

Contudo, apesar de desnecessária a licitação formal nos termos da Lei n. 8.666/93, não se pode olvidar que deverá a administração observar os princípios do art. 37 da CRFB/88 na escolha da entidade além de, atualmente, vir prevalecendo o entendimento da doutrina, da jurisprudência e dos Tribunais de Contas no sentido de que, ainda que não se deva realizar licitação nos moldes da Lei n. 8.666/93, deverá ser realizado procedimento licitatório simplificado a fim de garantir a observância dos princípios da Administração Pública, como forma de restringir a subjetividade na escolha da OSCIP a formalizar o "termo de parceria".

B) Não. Por não integrarem a Administração Pública, as OSCIP's não se submetem as regras de concurso público, nos termos do art. 37, II, da CRFB.

É importante ressaltar que, por se tratar de prova discursiva, será exigido do examinando o desenvolvimento do tema apresentado. Desse modo, além de resposta conclusiva acerca do arguido, a mera menção a artigo não é pontuada, nem a mera resposta negativa desacompanhada do fundamento correto.

Distribuição dos Pontos

(não será aceita mera menção ao artigo)

Quesito Avaliado	Faixa de valores
A. Não é necessária a realização de procedimento formal licitatório, tendo em vista que o termo de parceria não possui a natureza jurídica de contrato, por não haver oposição entre as vontades das partes / inexistirem obrigações recíprocas, mas, sim, a conjunção de esforços para realização de objetivos comuns (art. 2º, § único, da Lei n. 8.666) (0,60). Contudo, deverá ser realizado procedimento seletivo simplificado a fim de garantir a observância dos princípios da Administração Pública, como forma de restringir a subjetividade na escolha da OSCIP a formalizar o "termo de parceria" (0.30).	0.00/0.30/0.60/0,90
B. Não. Por não integrarem a Administração Pública, as OSCIP's não se submetem às regras de concurso público, nos termos do art. 37, II, da CRFB (0,35).	0,00/0,35

(OAB/Exame Unificado – 2010.3 – 2ª fase) O prefeito de um determinado município está interessado em descentralizar o serviço de limpeza urbana e pretende, para tanto, criar uma empresa pública. Diante disso, formula consulta jurídica a respeito do regime a ser observado pela estatal em relação aos aspectos abaixo transcritos.

Com base no relatado acima, responda aos itens a seguir, empregando os argumentos jurídicos apropriados e a fundamentação legal pertinente ao caso.

a) Qual é o instrumento jurídico necessário para a instituição de uma empresa pública? (Valor: 0,25)

b) Qual é o regime de pessoal a ser observado e a respectiva forma de recrutamento e seleção? (Valor: 0,5)

c) A empresa pública em questão deve observar limite máximo de remuneração previsto no artigo 37, inciso XI, da Constituição da República? (Valor: 0,25)

RESOLUÇÃO DA QUESTÃO

O examinando deve, em primeiro lugar, mencionar a necessidade de lei específica para a instituição de empresa pública, conforme norma do artigo 37, inciso XIX, da CRFB. Quanto ao regime de pessoal, às empresas públicas submetem-se ao regime jurídico da iniciativa privada no que tange às obrigações trabalhistas, donde se depreende a submissão ao regime de emprego público (celetista), conforme artigo 173, § 1º, inciso II, da CRFB. No entanto, embora o regime de pessoal seja o celetista, o examinando deve registrar que o acesso ao emprego público depende de aprovação em concurso público, aplicando-se o princípio da meritocracia (artigo 37, inciso II, CRFB). Por fim, quanto ao limite máximo de remuneração, a empresa pública deverá observá-lo caso receba recurso do Município de pagamento de despesas de pessoal ou de custeio em geral, conforme norma do artigo 37, § 9º, da CRFB.

Distribuição de pontos

Item	Descrição	Pontuação
A	Necessidade de lei específica (artigo 37, inciso XIX, CRFB)	0 / 0,25
B	Regime celetista (artigo 173, § 1º, inciso II, CRFB)	0 / 0,25
	Acesso por meio de concurso público – meritocracia (artigo 37, inciso II, CRFB)	0 / 0,25
C	Sim, caso receba recurso do Município para pagamento de despesas de pessoal ou de custeio em geral (artigo 37, § 9º, da CRFB).	0 / 0,25

(OAB/Exame Unificado – 2008.2 – 2ª fase) O governador de um estado editou decreto promovendo uma ampla reformulação administrativa, na qual foram previstas a criação, a extinção e a fusão de órgãos da administração direta e de autarquias estaduais. Alegou o governo estadual que, além de atender ao interesse público, a reformulação administrativa inseria-se na competência do Poder Executivo para, no exercício do poder regulamentar, dispor sobre a estruturação, as atribuições e o funcionamento da administração estadual. Em face dessa situação, responda, de forma fundamentada, se é considerada legítima a iniciativa do chefe do Poder Executivo estadual de, mediante decreto, promover as mudanças pretendidas.

RESOLUÇÃO DA QUESTÃO

O Direito Administrativo é informado pelo princípio da legalidade, princípio esse pelo qual a Administração só pode agir se houver previsão legal determinando ou autorizando sua atuação.

Esse princípio cede em pouquíssimos casos, previstos na Constituição Federal. Um deles é o que permite ao Chefe do Executivo, por meio de decreto, dispor sobre "organização e funcionamento da administração" (art. 84, VI, "a").

Essa faculdade, todavia, encontra duas limitações: a) não pode implicar em aumento de despesa; b) não pode importar em criação ou extinção de órgãos públicos.

Nesse sentido os atos do governador de criação e de extinção de órgãos da administração direta são absolutamente inconstitucionais. O mesmo se pode dizer quanto à criação, extinção e fusão de autarquias estaduais, pois tais entidades são criadas por lei específica (art. 37, XIX, da CF), e somente por esta poderão ser extintas. Ademais, se os próprios órgãos não podem ser criados ou extintos por decreto, quanto mais as pessoas jurídicas da administração indireta.

Remanesce a dúvida sobre se é possível a fusão de órgãos da administração direta. A fusão, por não importar em extinção ou criação de entidade, assim como a transformação de órgãos, desde que não aumentem a despesa, parece-nos providências possíveis nos termos da Constituição. Um exemplo é a existência, num dado Estado, de uma Secretaria de Segurança Pública e de outra Secretaria de Administração Penitenciária, que fossem fundidas numa só, passando a se chamar Secretaria de Segurança Pública e de Administração Penitenciária.

Nesse caso, razões administrativas de conveniência e oportunidade podem ter determinado a fusão, que, repito, desde que não importe em aumento de despesa, não nos parece proibida pela Constituição Federal, ao contrário da criação e da extinção de órgãos e pessoas jurídicas, vedadas pelo texto constitucional.

(OAB/Exame Unificado – 2007.1 – 2ª fase) Em determinada comunidade, a Associação Comunitária Dois Irmãos, criada com o propósito de desenvolver, sem qualquer finalidade lucrativa, os serviços de creche para crianças carentes de até 5 anos de idade, pretende celebrar com o governo federal um ajuste que lhe garanta o recebimento de recursos públicos para esse fim, de maneira rápida e sem necessidade de alterações no seu estatuto social. Na qualidade de consultor jurídico, como você orientaria a sociedade referida no texto acima? Em sua resposta, aborde necessariamente os seguintes aspectos:

- ✓ natureza jurídica do ajuste;
- ✓ necessidade de licitação;
- ✓ fiscalização;
- ✓ exigências formais.
- ✓ fundamento legal;

RESOLUÇÃO DA QUESTÃO

A prestação dos serviços de creche para crianças carentes de até 5 anos de idade é atividade que o Poder Público tem o dever de prover, conforme imperativo constitucional (art. 208, IV, da CF). Aliás, o Supremo Tribunal Federal vinha entendendo que o Estado deveria prover a todos aqueles que demandassem esse atendimento, de modo que se tratava de verdadeiro direito subjetivo. Agora, com a Emenda Constitucional 59/09, o texto constitucional passou a tratar como obrigatória, além de gratuita, a educação a partir dos 4 anos de idade.

Essas circunstâncias fazem com que o Estado deva prover esse serviço, o que pode ser feito diretamente, por meio de agentes públicos, ou por contrato de prestação de serviço, celebrando mediante licitação pública, ou por meio de parcerias com entidades assistenciais.

As parcerias com o chamado terceiro setor podem se dar mediante várias formas jurídicas. As mais conhecidas são o convênio, o contrato de gestão (com organizações sociais) e o termo de parceria (com organizações da sociedade civil de interesse público – OSCIPs).

Não existe regulamentação específica estabelecendo que os convênios podem ser celebrados com tais entidades, sem necessidade de licitação. Todavia, caso a entidade preencha os requisitos estabelecidos no inciso XIII do art. 24 da Lei 8.666/93, e considerando os termos do art. 116 dessa lei, é possível estabelecer parceria com a entidade, com dispensa de licitação. De qualquer forma, para que esteja tudo dentro do que permite a ordem jurídica, e considerando o caso concreto, talvez seja necessário alterar o estatuto social da entidade para o fim de adequá-lo ao disposto nos incisos I e II do art. 213 da Constituição.

No que concerne às organizações sociais e às OSCIPs, o mais adequado será buscar a qualificação de organização social, uma vez que o serviço a ser prestado pela entidade guarda relação com serviços que o Poder Público deve prestar, e não com serviços de interesse público, mas prestados tipicamente por particulares que precisam de fomento.

Nesse sentido, será necessário cumprir todos os requisitos estatutários e procedimentais previstos na Lei 9.637/98, a fim de se obter a qualificação de organização social, além de aguardar a demanda pelo serviço prestado pela entidade, que poderá ser contratado com dispensa de licitação (art. 24, XXIV, da Lei 8.666/93).

Ante o exposto, nossa orientação será no sentido de mostrar as duas possibilidades (celebração de convênio e celebração de contrato de gestão) e, segundo os contornos do caso concreto, opinar sobre qual é a mais adequada, levando-se em conta as necessidades prementes da entidade, de um lado, e a segurança jurídica e viabilidade, de outro, bem como o fato de que se deve procurar também o Município onde se encontra a entidade, dado que compete a esse atuar prioritariamente nessa fase do ensino (art. 211, § 2º, da CF).

Comentários adicionais.

Seguem acórdãos acerca do entendimento do STF, citado na resolução da questão:

EMENTA: AGRAVO REGIMENTAL NO RECURSO EXTRAORDINÁRIO. ART. 208, INC. IV, DA CONSTITUIÇÃO DA REPÚBLICA. ATENDIMENTO DE CRIANÇAS ATÉ CINCO ANOS DE IDADE EM CRECHES E PRÉ-ESCOLAS: DIREITO SUBJETIVO PÚBLICO. POSSIBILIDADE DE INTERVENÇÃO DO PODER JUDICIÁRIO. PRECEDENTES. AGRAVO REGIMENTAL AO QUAL SE NEGA PROVIMENTO.

(RE 554075 AgR, Relator(a): Min. CÁRMEN LÚCIA, Primeira Turma, julgado em 30/06/2009, DJe-157 DIVULG 20-08-2009 PUBLIC 21-08-2009 EMENT VOL-02370-08 PP-01716)

EMENTA: CONSTITUCIONAL. AGRAVO REGIMENTAL EM AGRAVO DE INSTRUMENTO. MATRÍCULA DE CRIANÇA DE ZERO A CINCO ANOS DE IDADE EM CRECHE E PRÉ-ESCOLAS MUNICIPAIS. DIREITO ASSEGURADO PELA CONSTITUIÇÃO (ART. 208, IV, DA CF). I - O Estado tem o dever constitucional de assegurar a garantia de atendimento em creche e pré-escola às crianças de zero a cinco anos de idade (art. 208, IV, da CF). II - Agravo regimental improvido.

(AI 592075 AgR, Relator(a): Min. RICARDO LEWANDOWSKI, Primeira Turma, julgado em 19/05/2009, DJe-104 DIVULG 04-06-2009 PUBLIC 05-06-2009 EMENT VOL-02363-11 PP-02204 RT v. 98, n. 887, 2009, p. 172-174)

E M E N T A: RECURSO EXTRAORDINÁRIO - CRIANÇA DE ATÉ SEIS ANOS DE IDADE - ATENDIMENTO EM CRECHE E EM PRÉ-ESCOLA - EDUCAÇÃO INFANTIL - DIREITO ASSEGURADO PELO PRÓPRIO TEXTO CONSTITUCIONAL (CF, ART. 208, IV) - COMPREENSÃO GLOBAL DO DIREITO CONSTITUCIONAL À EDUCAÇÃO - DEVER JURÍDICO CUJA EXECUÇÃO SE IMPÕE AO PODER PÚBLICO, NOTADAMENTE AO MUNICÍPIO (CF, ART. 211, § 2º) - RECURSO IMPROVIDO. - A educação infantil representa prerrogativa constitucional indisponível, que, deferida às crianças, a estas assegura, para efeito de seu desenvolvimento integral, e como primeira etapa do processo de educação básica, o atendimento em creche e o acesso à pré-escola (CF, art. 208, IV). - Essa prerrogativa jurídica, em consequência, impõe, ao Estado, por efeito da alta significação social de que se reveste a educação infantil, a obrigação constitucional de criar condições objetivas que possibilitem, de maneira concreta, em favor das "crianças de zero a seis anos de idade" (CF, art. 208, IV), o efetivo acesso e atendimento em creches e unidades de pré-escola, sob pena de configurar-se inaceitável omissão governamental, apta a frustrar, injustamente, por inércia, o integral adimplemento, pelo Poder Público, de prestação estatal que lhe impôs o próprio texto da Constituição Federal. - A educação infantil, por qualificar-se como direito fundamental de toda criança, não se expõe, em seu processo de concretização, a avaliações meramente discricionárias da Administração Pública, nem se subordina a razões de puro pragmatismo governamental. - Os Municípios - que atuarão, prioritariamente, no ensino fundamental e na educação infantil (CF, art. 211, § 2º) - não poderão demitir-se do mandato constitucional, juridicamente vinculante, que lhes foi outorgado pelo art. 208, IV, da Lei Fundamental da República, e que representa fator de limitação da discricionariedade político-administrativa dos entes municipais, cujas opções, tratando-se do atendimento das crianças em creche (CF, art. 208, IV), não podem ser exercidas de modo a comprometer, com apoio em juízo de simples conveniência ou de mera oportunidade, a eficácia desse direito básico de índole social. - Embora resida, primariamente, nos Poderes Legislativo e Executivo, a prerrogativa de formular e executar políticas públicas, revela-se possível, no entanto, ao Poder Judiciário, determinar, ainda que em bases excepcionais, especialmente nas hipóteses de políticas públicas definidas pela própria Constituição, sejam estas implementadas pelos órgãos estatais inadimplentes, cuja omissão - por importar em descumprimento dos encargos político-jurídicos que sobre eles incidem em caráter mandatório - mostra-se apta a comprometer a eficácia e a integridade de direitos sociais e culturais impregnados de estatura constitucional. A questão pertinente à "reserva do possível". Doutrina.

(RE 410715 AgR, Relator(a): Min. CELSO DE MELLO, Segunda Turma, julgado em 22/11/2005, DJ 03-02-2006 PP-00076 EMENT VOL-02219-08 PP-01529 RTJ VOL-00199-03 PP-01219 RIP v. 7, n. 35, 2006, p. 291-300)

(OAB/Exame Unificado – 2006.3 – 2ª fase) O Supremo Tribunal Federal vem entendendo que os bens da Empresa Brasileira de Correios e Telégrafos (ECT) são impenhoráveis, reconhecendo a constitucionalidade do art. 12 do Decreto-Lei n.º 509/1969, cuja redação é a seguinte:

> Art. 12 – A ECT gozará de isenção de direitos de importação de materiais e equipamentos destinados aos seus serviços, dos privilégios concedidos à Fazenda Pública, quer em relação à imunidade tributária, direta ou indireta, impenhorabilidade de seus bens, rendas e serviços, quer no concernente a foro, prazos e custas processuais.

Explique o fundamento jurídico-administrativo desse entendimento, abordando os campos de incidência dos arts. 173, § 1.º, e 175 da Constituição Federal.

RESOLUÇÃO DA QUESTÃO

Os arts. 173 e 175 da Constituição Federal delineam o campo de atuação e o regime jurídico das entidades da administração indireta exploradoras de atividade econômica e prestadoras de serviço público.

O art. 173, § 3º, II, ao tratar das empresas estatais exploradoras de atividade econômica, é claro ao dispor que tais entidades estão sujeitas "ao regime jurídico próprio das empresas privadas, inclusive quanto aos direitos e obrigações civis, comerciais, trabalhistas e tributários".

Ao dispor dessa forma, o dispositivo constitucional faz concluir que as empresas estatais exploradoras de atividade econômica podem ter seus bens penhorados, não têm imunidade tributária e não têm privilégios processuais.

Por outro lado, o art. 175 da Constituição, ao tratar das empresas concessionárias de serviço público, sejam elas estatais ou não estatais, estabelece que a lei estabelecerá, dentre outras regras, o regime das empresas concessionárias e permissionárias de serviços públicos.

O último dispositivo citado não faz distinção entre concessionárias estatais e não estatais, e dentre aquelas, entre as concessionárias com regime de monopólio ou não.

De qualquer forma, um dado é certo, qual seja, a exigência de que o regime jurídico das empresas estatais seja igual ao das empresas privadas é providência que só está estabelecida no art. 173 da Constituição, ou seja, que só está determinada em relação às estatais exploradoras de atividade econômica.

Essa constatação não permite que se conclua, *a contrario sensu*, que as empresas estatais concessionárias de serviço público não tenham que atender ao regime jurídico próprio das entidades privadas. Isso porque, é princípio básico da ordem econômica o da livre concorrência, princípio esse que só será preservado se as empresas, estatais ou não, estiverem sujeitas ao mesmo regime jurídico.

Assim, e considerando que nada impede que concessionárias de serviço público concorram no mercado, de rigor que, como regra, todas elas estejam sujeitas ao mesmo regime, no caso ao regime de direito privado, quanto às suas relações cíveis, comerciais, trabalhistas e tributárias, ressalvado o cumprimento do regime específico de prestação de serviço público, que é público.

Todavia, o caso dos Correios é um caso à parte. Isso porque o Supremo Tribunal Federal reconheceu que a Constituição Federal, ao dispor que a União "manterá" o serviço postal e o correio aéreo nacional (art. 21, X, da CF), criou verdadeiro monopólio aos Correios, monopólio esse que justifica regime jurídico diferenciado, no caso, de Direito Público, sem que isso importe em prejuízo para outras entidades privadas.

Dessa forma, segundo o STF, o art. 12 do Decreto-Lei n.º 509/1969 foi recepcionado pela Constituição Federal.

Comentários adicionais.

Confira os acórdãos do STF, a respeito do tema:

"À empresa Brasileira de Correios e Telégrafos, pessoa jurídica equiparada à Fazenda Pública, é aplicável o privilégio da impenhorabilidade de seus bens, rendas e serviços. Recepção do artigo 12 do Decreto-lei n. 509/69 e não incidência da restrição contida no artigo 173, § 1º, da Constituição Federal, que submete a empresa pública, a sociedade de economia mista e outras entidades que explorem atividade econômica ao regime próprio das empresas privadas, inclusive quanto às obrigações trabalhistas e tributárias. Empresa pública que não exerce atividade econômica e presta serviço público da competência da União Federal e por ela **mantido**. Execução. Observância ao regime de precatório, sob pena de vulneração do disposto no artigo 100 da Constituição Federal." (RE 230.051-ED, Rel. Min. Maurício Corrêa, julgamento em 11-6-03, DJ de 8-8-03). No mesmo sentido: RE 220.699, Rel. Min. Moreira Alves, julgamento em 12-12-00, DJ de 16-3-01 (g.n.).

"Constitucional. Tributário. Imposto sobre a propriedade de veículos automotores (IPVA). Imunidade recíproca. Empresa brasileira de <correios> e telégrafos (ECT). Exame da índole dos serviços prestados. Diferenciação entre serviços públicos de prestação obrigatória e serviços de índole econômica. Art. 150, VI, a, e § 3º da Constituição. Em juízo cautelar, reputa-se plausível a alegada extensão da imunidade recíproca à propriedade de veículos automotores destinados à prestação de serviços postais." (ACO 765-AgR, Rel. p/ o ac. Min. Joaquim Barbosa, julgamento em 5-10-06, DJ de 15-12-06). No mesmo sentido: RE 437.889, Rel. Min. Carlos Velloso, julgamento em 14-12-04, DJ de 18-2-05; RE 407.099, Rel. Min. Carlos Velloso, julgamento em 22-6-04, DJ de 6-8-04.

"IPTU. Empresa Brasileira de Correios> e Telégrafos. Abrangência. (...) O Plenário do Supremo Tribunal Federal declarou a compatibilidade do Decreto-lei n. 509/69 – que dispõe sobre a impenhorabilidade dos bens da ECT e os benefícios fiscais outorgados a essa Empresa – com a Constituição do Brasil." (AI 718.646-AgR, Rel. Min. Eros Grau, julgamento em 16-9-08, DJE de 24-10-08).

"A Empresa Brasileira de <Correios e Telégrafos é uma empresa pública, entidade da Administração Indireta da União, como tal tendo sido criada pelo Decreto-Lei n. 509, (...) de 1969. Seu capital é detido integralmente pela União Federal (artigo 6º) e ela goza dos mesmos privilégios concedidos à Fazenda Pública, 'quer em relação a imunidade tributária, direta ou indireta, impenhorabilidade de seus bens, rendas e serviços, quer no concernente a foro, prazos e custas processuais'. Leia-se o texto do artigo 12 do decreto-lei. No que concerne às obrigações tributárias, a ela não se aplica o § 2º do art. 173 da Constituição do Brasil, na afirmação de que as empresas públicas e as sociedades de economia mista não poderão gozar de privilégios fiscais não extensivos às do setor privado. O que resta definidamente evidente, neste passo, como anotei em outra ocasião, é que tanto o preceito inscrito no § 1º quanto o veiculado pelo § 2º do art. 173 da Constituição de 1988 apenas alcançam empresas públicas e sociedades de economia mista que explorem atividade econômica em sentido estrito. Não se aplicam àquelas que prestam serviço público, não sujeitadas às obrigações tributárias às quais se sujeitam as empresas privadas. As empresas públicas, sociedades de economia mista e outras entidades estatais que prestem serviço público podem gozar de privilégios fiscais, ainda que não extensivos a empresas privadas prestadoras de serviço público em regime de concessão ou permissão (art. 175 da CF 88). Isso me parece inquestionável. (...) Sendo assim, dada a impossibilidade de tributação de bens públicos federais pelo Estado do Rio de Janeiro em razão da garantia constitucional de imunidade recíproca e convencido de que ela, a imunidade recíproca, assenta-se basicamente no princípio da federação, entendo verificar-se a competência originária desta Corte para conhecer e julgar a lide, nos termos do disposto no artigo 102, I, f, da Constituição. O fato jurídico que deu ensejo à causa é a tributação de bem público federal." (ACO 765-QO, voto do Rel. p/ o ac. Min. Eros Grau, julgamento em 1º-6-05, DJE de 7-11-08).

"O Tribunal, por maioria, julgou improcedente pedido formulado em arguição de descumprimento de preceito fundamental proposta pela Associação Brasileira das Empresas de Distribuição – ABRAED, em que se pretendia a declaração da não recepção, pela CF/88, da Lei 6.538/78, que instituiu o monopólio das atividades postais pela Empresa Brasileira de Correios e Telégrafos – ECT – v. Informativos 392, 409 e 510. Prevaleceu o voto do Min. Eros Grau, que, tendo em conta a orientação fixada pelo Supremo na ACO 765 QO/RJ, no sentido de que o serviço postal constitui serviço público, portanto, não atividade econômica em sentido estrito, considerou inócua a argumentação em torno da ofensa aos princípios da livre iniciativa e da livre concorrência. Distinguindo o regime de privilégio de que se reveste a prestação dos serviços públicos do regime de monopólio, afirmou que os regimes jurídicos sob os quais são prestados os serviços públicos implicam que sua prestação seja desenvolvida sob privilégios, inclusive, em regra, o da exclusividade na exploração da atividade econômica em sentido amplo a que corresponde essa prestação, haja vista que exatamente a potencialidade desse privilégio incentiva a prestação do serviço público pelo setor privado quando este atua na condição de concessionário ou permissionário. Asseverou, que a prestação do serviço postal por empresa privada só seria possível se a CF afirmasse que o serviço postal é livre à iniciativa privada, tal como o fez em relação à saúde e à educação, que são serviços públicos, os quais podem ser prestados independentemente de concessão ou permissão por estarem excluídos da regra do art. 175, em razão do disposto nos artigos 199 e 209 (...). Ressaltou o Min. Eros Grau que o serviço postal é prestado pela ECT, empresa pública criada pelo Decreto-Lei 509/69, que foi recebido pela CF/88, a qual deve atuar em regime de exclusividade (em linguagem técnica, em situação de privilégio, e, em linguagem corrente, em **regime de monopólio**), estando o âmbito do serviço postal bem delineado nos artigos 70 e seguintes da Lei 6.538/78, também recebida pela CF/88. (...) O Tribunal, por unanimidade, ainda deu interpretação conforme ao art. 42 da Lei 6.538/78 para restringir a sua aplicação às atividades postais descritas no art. 9º do referido diploma legal ('Art. 9º - São exploradas pela União, em regime de monopólio, as seguintes atividades postais: I – recebimento, transporte e entrega, no território nacional, e a expedição, para o exterior, de carta e cartão-postal; II – recebimento, transporte e entrega, no território nacional, e a expedição, para o exterior, de correspondência agrupada: III – fabricação, emissão de selos e de outras fórmulas de franqueamento postal. (...) Art. 42º – Coletar, transportar, transmitir ou distribuir, sem observância das condições legais, objetos de qualquer natureza sujeitos ao monopólio da União, ainda que pagas as tarifas postais ou de telegramas. Pena: detenção, até dois meses, ou pagamento não excedente a dez dias-multa.')." (ADPF 46, Rel. p/ o ac. Min. Eros Grau, julgamento em 5-8-09, Plenário, Informativo 554) (g.n.).

"Empresa Brasileira de Infraestrutura Aeroportuária – INFRAERO. Empresa pública. Imunidade recíproca. Artigo 150, VI, a, da CF/88. A Empresa Brasileira de Infraestrutura Aeroportuária – INFRAERO, empresa pública prestadora de serviço público, está abrangida pela imunidade tributária prevista no artigo 150, VI, a, da Constituição. Não incide ISS sobre a atividade desempenhada pela Infraero na execução de serviços de infraestrutura aeroportuária, atividade que lhe foi atribuída pela União." (RE 524.615-AgR, Rel. Min. Eros Grau, julgamento em 9-9-08, DJE de 3-10-08).

(OAB/Exame Unificado – 2006.2 – 2ª fase) A União, por meio do Ministério da Saúde, propôs ao estado de Pernambuco, representado pelo secretário de Saúde, o desenvolvimento de ações conjuntas para o combate ao mosquito da dengue. O Ministério dispõe dos recursos necessários e a secretaria estadual, da tecnologia e da mão de obra. Diante dessa situação hipotética, redija um texto que aborde, de maneira fundamentada, a forma pela qual essa parceria deverá concretizar-se, pela contratação do estado pela União ou pela formalização de um convênio. Destaque a diferença entre essas duas formas de realização da mencionada parceria. Extensão máxima: 30 linhas

RESOLUÇÃO DA QUESTÃO

No Direito Administrativo há diversas espécies de negócios bilaterais. São exemplos desses negócios o contrato administrativo, o contrato regido pelo direito privado, a concessão de serviço público, a concessão de uso de bem público, o convênio, o consórcio, o contrato de gestão e o termo de parceria.

Mas há duas categorias que podem ser tomadas como gênero. A primeira delas é o contrato em sentido amplo, que abrange o contrato administrativo, o contrato regido pelo direito privado e as concessões. E a segunda delas são os convênios em sentido amplo, que abrange os convênios em sentido estrito, o consórcio, o contrato de gestão e o termo de parceria.

Contratos e convênios têm em comum o fato de serem negócios jurídicos bilaterais. E têm como diferenças as seguintes: a) no primeiro há interesses contrapostos, ao passo que no segundo há interesses e objetivos comuns; b) no primeiro existe relação de crédito e débito, podendo o contratado aplicar o dinheiro que receber como remuneração como bem lhe convier, ao passo que no segundo os recursos recebidos por um dos convenentes devem ser aplicados para alcançar os objetivos comuns de ambas as partes; c) no primeiro, os contratantes são considerados "partes" e não têm o dever de prestar contas sobre o uso dos recursos relativos à remuneração de cada qual, ao passo que no segundo os convenentes são considerados "partícipes" e têm o dever de prestar contas sobre a aplicação dos recursos recebidos.

O caso em tela revela que a União e o estado do Pernambuco têm interesses e objetivos comuns, já que propõem o desenvolvimento de ações conjuntas para o combate ao mosquito da dengue, cada qual cumprindo com um papel (o Ministério dispondo dos recursos necessários e a secretaria estadual, da tecnologia e da mão de obra).

Dessa forma, está-se diante da formalização de um convênio, convênio esse que deverá obedecer aos preceitos do art. 116 da Lei 8.666/93, bem como às disposições da Instrução Normativa nº 1/97, da Secretaria do Tesouro Nacional, neste caso por se tratar de convênio do qual participa a União.

Por fim, vale ressaltar que há na legislação, hoje, previsão de outras formas de vínculo para a gestão associadas de certos serviços públicos, por meio da celebração de convênios de cooperação e até pela criação conjunta, pelos entes políticos, de pessoas jurídicas, denominadas consórcios públicos (*vide*, a respeito, o art. 241 da CF e a Lei 11.107/05).

3. AGENTES PÚBLICOS

(OAB/Exame Unificado – 2013.2 – 2ª fase)O Governador do Estado "N", verificando que muitos dos Secretários de seu Estado pediram exoneração por conta da baixa remuneração, expede decreto, criando gratificação por tempo de serviço para os Secretários, de modo que, a cada ano no cargo, o Secretário receberia mais 2%.

Dois anos depois, o Ministério Público, por meio de ação própria, aponta a nulidade do Decreto e postula a redução da remuneração aos patamares anteriores.

Diante deste caso, responda aos itens a seguir.

A) É juridicamente válida a criação da gratificação? (Valor: 0,85)

B) À luz do princípio da irredutibilidade dos vencimentos, é juridicamente possível a redução do total pago aos Secretários de Estado, como requerido pelo Ministério Público? (Valor: 0,40)

GABARITO COMENTADO – EXAMINADORA

O candidato deverá, na essência, observar quanto às perguntas, o seguinte:

A) Não, uma vez que a Constituição Federal estabelece, no Art. 37, X, que a remuneração dos servidores públicos e o subsídio de que trata o § 4º do Art. 39 somente poderão ser fixados ou alterados por lei específica. Além disso, o § 4º do Art. 39 prevê que os Secretários Estaduais serão remunerados exclusivamente por subsídio fixado em parcela única, vedado o acréscimo de qualquer gratificação, adicional, abono, prêmio, verba de representação ou outra espécie remuneratória.

B) Sim, uma vez que a irredutibilidade não garante a percepção de remuneração concedida em desacordo com as normas constitucionais. Não há direito adquirido contra regra constitucional ou legal.

(OAB/Exame Unificado – 2012.3 – 2ª fase) João inscreveu-se em concurso público para o provimento de cargo cujo exercício pressupõe a titulação de nível superior completo. Após aprovação na prova de conhecimentos gerais (1ª fase), João foi impedido de realizar as provas de conhecimentos específicos e a prova oral por não ter apresentado o diploma de nível superior logo após a aprovação na 1ª fase do certame, tal como exigido no instrumento convocatório e, em razão disso, eliminado do concurso.

Sabendo-se que o edital do concurso foi publicado em 13 de janeiro de 2011 e que a eliminação de João foi divulgada em 17 de maio do mesmo ano, responda, empregando os argumentos jurídicos apropriados e a fundamentação legal pertinente ao caso, aos seguintes quesitos.

a) A impetração de Mandado de Segurança seria via processual adequada para impugnar a eliminação de João do certame? (Valor: 0,55)

b) Qual fundamento poderia ser invocado por João para obter judicialmente o direito de prosseguir no concurso e participar das fases subsequentes? (Valor: 0,70)

GABARITO COMENTADO – EXAMINADORA

A) O examinando deve responder afirmativamente, registrando que o prazo para impetração do mandado de segurança é de 120 dias na forma do Art. 23 da Lei n. 12.016/09.

B) O examinando deve demonstrar conhecimento da jurisprudência consolidada do STJ no sentido de apenas ser legítima a exigência de comprovação de diploma ou habilitação legal para exercício de cargo público no momento da posse (Enunciado n. 266 do STJ).

Distribuição dos Pontos

Quesito Avaliado	Valores
A. O examinando deve demonstrar que o prazo para impetração do mandado de segurança é de 120 dias na forma do Art. 23 da lei n.12016/09. (0,55).	0,00/0,55
B. A jurisprudência é pacífica no sentido de que o diploma ou a habilitação legal para exercício de cargo público somente podem ser exigidos na época da posse (0,40). Referência ao Enunciado n. 266 do STJ (0,30).	0,00/0,30/0,40/0,70

(OAB/Exame Unificado – 2012.3 – 2ª fase) O Presidente da República, inconformado com o número de servidores públicos na área da saúde que responde a processo administrativo disciplinar, resolve colocar tais servidores em disponibilidade e, para tanto, edita decreto extinguindo os respectivos cargos.

Considerando a hipótese apresentada, empregando os argumentos jurídicos apropriados e a fundamentação legal pertinente ao caso, responda aos itens a seguir.

a) A extinção de cargos públicos, por meio de decreto, está juridicamente correta? Justifique. (Valor: 0,60)

b) É juridicamente correta a decisão do Presidente da República de colocar os servidores em disponibilidade? (Valor: 0,35)

c) Durante a disponibilidade, os servidores públicos percebem remuneração? (Valor: 0,30)

GABARITO COMENTADO – EXAMINADORA

A) A resposta é negativa. Trata-se de matéria a ser disciplinada por lei, na forma do Art. 48, inciso X, da CRFB. Espera-se que o examinando desenvolva o tema registrando que seria possível a extinção de cargos públicos por decreto apenas se estivessem vagos. (Art. 84, inciso VI, "b", CRFB).

B) A opção é inconstitucional, pois o Chefe do Executivo utiliza o instituto da disponibilidade com desvio de finalidade. O examinando deve deixar claro que a disponibilidade não tem por finalidade sancionar disciplinarmente servidores públicos.

C) A remuneração será proporcional ao tempo de serviço (Art. 41, § 3º, da CRFB).

Distribuição dos Pontos

Quesito Avaliado	Valores
A1. Não. A extinção de cargos públicos depende de lei (0,20), na forma do Art. 48, inciso X, da CRFB (0,30)	0,00/0,20/0,30/0,50
A2. A extinção de cargos públicos por decreto somente seria possível caso os cargos estivessem vagos (Art. 84, inciso VI, "b", CRFB), o que não ocorre na hipótese apresentada (0,10).	0,00/0,10
B. Não, porque a extinção dos cargos se deu com desvio de finalidade, haja vista que a disponibilidade não é ato de natureza sancionatória. (0,35)	0,00/0,35
C. Sim, remuneração proporcional ao tempo de serviço. Art. 41, § 3º, da CRFB (0,30).	0,00/0,30

(OAB/Exame Unificado – 2010.2 – 2ª fase) A Administração de certo estado da federação abre concurso para preenchimento de 100 (cem) cargos de professores, conforme constante do Edital. Após as provas e as impugnações, vindo todos os incidentes a ser resolvidos, dá-se a classificação final, com sua homologação.

Trinta dias após a referida homologação, a Administração nomeia os 10 (dez) primeiros aprovados e contrata, temporariamente, 90 (noventa) candidatos aprovados.

Teriam os noventa candidatos aprovados, em observância à ordem classificatória, direito subjetivo à nomeação?

RESOLUÇÃO DA QUESTÃO

A Administração Pública somente pode abrir um concurso público quando preenchidos os seguintes requisitos: a) necessidade de preenchimento de vagas; b) disponibilidade financeira para remuneração dos cargos a serem providos.

Nesse sentido, quando a Administração abre um concurso público, presume-se que tais requisitos foram preenchidos, o que faz com que a Administração fique vinculada a tais pressupostos.

No caso em tela, isso significa que a Administração Pública é obrigada a contratar as cem pessoas aprovadas no concurso, que, portanto, têm direito subjetivo à nomeação.

A Administração Pública só não será obrigada a nomear os cem aprovados caso surjam fatos novos pertinentes que tornem inconveniente ao interesse público a efetivação da nomeação, fatos esses que devem ser expostos em ato administrativo devidamente motivado.

Esse é o entendimento atual do Supremo Tribunal Federal, que, em suma, entende que o aprovado em concurso público tem direito à nomeação no limite das vagas estabelecidas no edital, ressalvado o direito da Administração de não promover a nomeação caso, diante de fato novo que determine a inconveniência das nomeações, expeça ato administrativo devidamente motivado explicitando as razões de interesse público que justificam a não nomeação de candidato aprovado.

Comentários adicionais

Sobre a temática, confira o seguinte acórdão do STF:

> EMENTA: DIREITOS CONSTITUCIONAL E ADMINISTRATIVO. NOMEAÇÃO DE APROVADOS EM CONCURSO PÚBLICO. EXISTÊNCIA DE VAGAS PARA CARGO PÚBLICO COM LISTA DE APROVADOS EM CONCURSO VIGENTE: DIREITO ADQUIRIDO E EXPECTATIVA DE DIREITO. DIREITO SUBJETIVO À NOMEAÇÃO. RECUSA DA ADMINISTRAÇÃO EM PROVER CARGOS VAGOS: NECESSIDADE DE MOTIVAÇÃO. ARTIGOS 37, INCISOS II E IV, DA CONSTITUIÇÃO DA REPÚBLICA. RECURSO EXTRAORDINÁRIO AO QUAL SE NEGA PROVIMENTO. 1. Os candidatos aprovados em concurso público têm direito subjetivo à nomeação para a posse que vier a ser dada nos cargos vagos existentes ou nos que vierem a vagar no prazo de validade do concurso. 2. A recusa da Administração Pública em prover cargos vagos quando existentes candidatos aprovados em concurso público deve ser motivada, e esta motivação é suscetível de apreciação pelo Poder Judiciário. 3. Recurso extraordinário ao qual se nega provimento. (RE 227480, Relator(a): Min. MENEZES DIREITO, Relator(a) p/ Acórdão: Min. CÁRMEN LÚCIA, Primeira Turma, julgado em 16/09/2008, DJe-157 DIVULG 20-08-2009 PUBLIC 21-08-2009 EMENT VOL-02370-06 PP-01116 RTJ VOL-00212- PP-00537)

Para que o examinando entenda melhor o tema, segue um texto que produzimos dando mais detalhes sobre a evolução histórica do direito à nomeação e sobre os contornos desse direito:

A jurisprudência e o direito à nomeação do aprovado em concurso público

No passado, o aprovado em concurso público tinha apenas o direito de não ser *preterido* na ordem de classificação (art. 37, IV, da CF). Dessa forma, a aprovação no concurso gerava ao candidato mera *expectativa de direito*, cabendo à administração a análise *discricionária* da conveniência ou não em nomear os candidatos aprovados.

Diante de alguns abusos, os tribunais começaram a reconhecer o direito à nomeação em situações em que a administração pública, no prazo de validade do concurso, *externava* de alguma maneira que tinha interesse em nomear novos servidores. Um exemplo eram as situações em que se abria *novo concurso* no prazo de validade do concurso anterior ou em que se nomeava outro servidor para exercer as *mesmas funções* do cargo para o qual o candidato fora aprovado.

Recentemente, o STF e o STJ passaram entender também que o candidato aprovado em concurso tem *direito* de ser nomeado *no limite das vagas previstas no respectivo edital*, vez que a Administração, ao estabelecer o número de vagas no edital, *vincula-se* a essa escolha e cria expectativa junto aos candidatos, impondo-se as nomeações respectivas, em respeito aos princípios da *boa-fé*, *razoabilidade*, *isonomia* e *segurança jurídica*.

É bom consignar que o STF até admite que a administração deixe de nomear os aprovados no limite das vagas do edital se houver ato *motivado* demonstrando a existência de fato novo que torne inviável a nomeação. Tal ato, todavia, poderá ser controlado pelo Judiciário (RExtr. 227.480, DJ 21/08/09). De qualquer forma, na prática, será muito difícil que a administração consiga justificar a existência de motivo que inviabiliza as nomeações, pois somente razões *pertinentes*, *novas*, *imprevisíveis* e *justificadas antes da impugnação de candidatos* à ausência de sua nomeação atendem ao princípio da *adequada motivação*.

Feita essa ressalva, vale anotar outras características desse direito.

A primeira delas diz respeito ao efeito das *desistências* de outros candidatos nomeados no concurso. Por exemplo, alguém aprovado na 919ª posição, num concurso com 770 vagas previstas no edital, 633 nomeados e 150 desistências têm direito de ser nomeado? Segundo o STJ, a resposta é positiva. Isso porque as desistências devem ser *somadas* ao total de vagas previsto no edital. No caso (aliás, esse é um caso real – STJ, RMS 21.323, DJ 21/06/2010), somando-se as 770 vagas do edital com as 150 desistências dos nomeados, a administração pública fica obrigada a nomear até o classificado na 920ª posição.

A segunda característica diz respeito ao efeito da *criação de novas vagas* durante do prazo de validade do concurso. Nesse ponto, o STJ *não* vem reconhecendo o direito à nomeação daqueles que, com as novas vagas, estariam classificados no limite da somatória destas com as vagas do edital (AgRg no RMS 26.947, DJ 02/02/2009).

A terceira observação diz respeito a *efeito econômico* da não nomeação de um aprovado no limite das vagas do edital. Nessa seara, o STJ também não vem reconhecendo o direito à indenização pelo período pretérito à efetiva nomeação, pois entende não ser correto receber-se retribuição sem o efetivo exercício do cargo (AgRg no REsp 615.459/SC, DJe

07/12/2009). Todavia, quando há preterição na ordem de classificação, ou seja, quando alguém deixa de ser nomeado em favor de outro que está em pior classificação, o STJ entende devida a indenização, com pagamento de vencimentos retroativos à data da impetração judicial (MS 10.764/DF, DJ 01/10/2009).

A quarta observação diz respeito ao *momento adequado* para o ingresso com ação judicial visando à nomeação no limite das vagas do edital. Nesse ponto, ainda não há posição específica de nossos tribunais superiores. Mas há algumas pistas. O STJ entende que há interesse processual em se promover a ação ainda durante o prazo de validade do concurso (RMS 21.323, DJ 21/06/2010), o que permitiria, em nossa opinião, o ingresso da ação logo após a homologação do concurso. E o mesmo STJ entende que também há interesse processual em promover a ação após o prazo de validade do concurso. Tratando-se de mandado de segurança, o STJ entende que o prazo decadencial de 120 se inicia da data que expirar a validade do concurso (AgRg no RMS 21.165/MG, DJ 08/09/2008).

GABARITO COMENTADO – EXAMINADORA

Espera-se que o examinando identifique o direito subjetivo à nomeação, que decorre da vinculação da Administração à necessidade de preenchimento das vagas que fundamentou a abertura do concurso, exceto se houver fato posterior que elimine essa necessidade.

Distribuição dos pontos:

Descrição	Pontuação
- Os pressupostos da abertura do concurso (necessidade de preenchimento das vagas e disponibilidade financeira para remuneração desses cargos)	0 / 0,1 / 0,2 / 0,3
- Vinculação da Administração a tais pressupostos	0 / 0,2 / 0,4
- Necessidade de ato motivado para explicar os fatos que eliminaram o interesse público para a nomeação	0 / 0,3

(OAB/Exame Unificado – 2010.1 – 2ª fase) José, nomeado, pela primeira vez, para cargo de provimento efetivo no serviço público, foi exonerado de ofício, durante o período de estágio probatório, em razão da extinção de seu cargo. Inconformado, José requereu a revisão de sua exoneração alegando que a extinção do cargo, durante o estágio probatório, deveria garantir-lhe, pelo menos, a prerrogativa constitucional da disponibilidade.

Com base na situação hipotética acima apresentada, responda, de forma fundamentada, às seguintes indagações.

- ✓ José poderia ter sido exonerado de ofício, mesmo durante o período de estágio probatório, ou o estágio deveria protegê-lo contra a extinção do cargo?
- ✓ José teria direito à prerrogativa da disponibilidade? Em caso de resposta afirmativa, especifique os termos em que tal prerrogativa ocorreria.

RESOLUÇÃO DA QUESTÃO

Considerando que o padrão de resposta apresentado pela examinadora simulou uma resposta que o candidato poderia dar, usaremos o próprio padrão de resposta como resolução da questão. Confira:

> "Tendo sido extinto o cargo durante o período do estágio probatório, o servidor poderá ser exonerado de ofício porque ainda não tem a estabilidade.

O fato de estar em estágio probatório não protege o servidor contra a extinção do cargo, conforme estabelecido na Súmula 22 do STF: "O estágio probatório não protege o funcionário contra a extinção do cargo."

Diga-se, ainda, que, como se trata de provimento originário (o servidor fora "nomeado, pela primeira vez, para cargo efetivo"), não há que se falar em recondução ao cargo anteriormente ocupado, nos termos do que dispõe o § 2.º do art. 20 da Lei n.º 8.112/1990, só lhe restando a exoneração.

O servidor não dispõe da prerrogativa constitucional da disponibilidade, que, nos termos do art. 41, § 3.º, da CF, só é cabível, em caso de extinção do cargo, para servidor estável."

Observação para a correção: atribuir pontuação integral às respostas em que esteja expresso o conteúdo do dispositivo legal, ainda que não seja citado, expressamente, o número do artigo.

(OAB/Exame Unificado – 2009.3 – 2ª fase) Carlos exerce os cargos públicos de professor de universidade federal, em regime de 40 horas semanais, e de professor da rede municipal de ensino, também em regime de 40 horas semanais. A administração federal, ao constatar tal acumulação, considerou-a ilícita e notificou o servidor para que optasse por um dos cargos. O servidor manifestou seu interesse em continuar apenas na universidade federal. Na sequência, a administração federal promoveu os descontos relativos à restituição da remuneração que o servidor havia percebido durante o período em que acumulara os referidos cargos.

Considerando essa situação hipotética, discorra, com a devida fundamentação, sobre a regularidade dos referidos descontos na remuneração percebida pelo servidor.

RESOLUÇÃO DA QUESTÃO

Considerando que o padrão de resposta apresentado pela examinadora simulou uma resposta que o candidato poderia dar, usaremos o próprio padrão de resposta como resolução da questão. Confira:

"Cuida-se de acumulação ilegal de cargos públicos, dado que não há compatibilidade de horário para o servidor que exerce dois cargos no regime de 40 horas semanais.

Não é regular o desconto da remuneração percebida pelo servidor em acúmulo ilícito de cargos públicos, se configurada sua boa-fé.

A Lei n.º 8.112, de 11 de dezembro de 1990, no artigo 133, *caput* e § 5.º, assegura ao servidor que acumula cargos ilicitamente o reconhecimento de sua boa-fé, caso opte por um dos cargos, antes da instauração do processo ou após a instauração, até o término do prazo de defesa.

Na hipótese, restou configurada a boa-fé, visto que o servidor optou por um dos cargos no primeiro momento, antes mesmo da instauração do processo.

Caracterizada a boa-fé, não pode o servidor sofrer efeitos prejudiciais da conduta tida como irregular.

Destarte, não é cabível o desconto de remuneração relativa ao período em que o servidor acumulava ilicitamente cargos públicos."

GABARITO COMENTADO – EXAMINADORA

Cuida-se de acumulação ilegal de cargos públicos, dado que não há compatibilidade de horário para o servidor que exerce dois cargos no regime de 40 horas semanais.

Não é regular o desconto da remuneração percebida pelo servidor em acúmulo ilícito de cargos públicos, se configurada sua boa-fé. A Lei n.º 8.112, de 11 de dezembro de 1990, no artigo 133, *caput* e § 5.º, assegura ao servidor que acumula cargos ilicitamente o reconhecimento de sua boa-fé, caso opte por um dos cargos, antes da instauração do processo ou após a instauração, até o término do prazo de defesa.

Na hipótese, restou configurada a boa-fé, visto que o servidor optou por um dos cargos no primeiro momento, antes mesmo da instauração do processo. Caracterizada a boa-fé, não pode o servidor sofrer efeitos prejudiciais da conduta tida como irregular. Destarte, não é cabível o desconto de remuneração relativa ao período em que o servidor acumulava ilicitamente cargos públicos. É o entendimento exarado no aresto infratranscrito:

> "EMENTA: MANDADO DE SEGURANÇA. ATO DO TRIBUNAL DE CONTAS DA UNIÃO QUE CONSIDEROU ILEGAL APOSENTADORIA E DETERMINOU A RESTITUIÇÃO DE VALORES. ACUMULAÇÃO ILEGAL DE CARGOS DE PROFESSOR. AUSÊNCIA DE COMPATIBILIDADE DE HORÁRIOS. UTILIZAÇÃO DE TEMPO DE SERVIÇO PARA OBTENÇÃO DE VANTAGENS EM DUPLICIDADE (ARTS. 62 E 193 DA LEI N. 8.112/90). MÁ-FÉ NÃO CONFIGURADA. DESNECESSIDADE DE RESTITUIÇÃO DOS VALORES PERCEBIDOS. INOCORRÊNCIA DE DESRESPEITO AO DEVIDO PROCESSO LEGAL E AO DIREITO ADQUIRIDO.

1. A compatibilidade de horários é requisito indispensável para o reconhecimento da licitude da acumulação de cargos públicos. É ilegal a acumulação dos cargos quando ambos estão submetidos ao regime de 40 horas semanais e um deles exige dedicação exclusiva.

(...)

3. O reconhecimento da ilegalidade da cumulação de vantagens não determina, automaticamente, a restituição ao erário dos valores recebidos, salvo se comprovada a má-fé do servidor, o que não foi demonstrado nos autos.

(...)"

(MS 26085, Relator(a): Min. Cármen Lúcia, Tribunal Pleno, julgado em 07/04/2008, DJe-107 DIVULG 12-06-2008 PUBLIC 13-06-2008 EMENT VOL-02323-02 PP-00269 RTJ VOL-00204-03 PP-01165)

(OAB/Exame Unificado – 2009.2 – 2ª fase) Os vencimentos da servidora pública Joana não foram adequadamente reajustados em 5/5/2001, entretanto, na ocasião, ela não impugnou administrativamente o ato ilegal cometido. Agora, pretende propor ação judicial visando à condenação do ente federativo ao pagamento retroativo do reajuste bem como à determinação de que esse reajuste seja aplicado aos vencimentos futuros. Nessa situação hipotética, de que medida judicial deverá valer-se Joana para lograr os seus objetivos? Haveria prescrição na hipótese? Fundamente ambas as respostas.

RESOLUÇÃO DA QUESTÃO

O Decreto nº 20.910/32, que regula a prescrição das dívidas da Fazenda Pública, dispõe que essas dívidas prescrevem no prazo de 5 anos, contado da data do ato ou fato do qual se originarem (art. 1º).

Todavia, há súmula do Superior Tribunal de Justiça que estabelece que, nas relações de trato sucessivo em que a Fazenda Pública figure como devedora, quando *não haja negativa* do direito reclamado pelo interessado, a prescrição atinge apenas as prestações vencidas antes do quinquênio anterior à propositura da ação, não ocorrendo prescrição do fundo de direito.

Assim, como no caso em tela não há notícia de que houve negativa expressa da Administração ao direito de Joana, esta poderá aforar ação mesmo já tendo transcorrido o prazo de 5 anos da data em que os reajustes deveriam ter sido feitos. E isso se dá porque, nas relações de trato sucessivo, a lesão se renova mensalmente.

Apesar de a prescrição não atingir o fundo de direito, Joana não poderá reclamar, na ação proposta, prestações vencidas antes do quinquênio anterior à propositura da ação, por ter ocorrido prescrição.

Quanto à ação adequada a ser proposta por Joana, em que pese não se operar a decadência para a propositura de mandado de segurança com relação a prestações de trato sucessivo, essa ação não é adequada, pois haveria problema em se formar título executivo para a cobrança dos últimos cinco anos de prestações devidas.

Como é cediço, o mandado de segurança não pode ser utilizado como ação de cobrança. O máximo que a Lei de Mandado de Segurança permite é que o pagamento de prestações pecuniárias asseguradas na sentença seja efetuado relativamente às prestações que se vencerem a contar do ajuizamento da inicial.

Dessa forma, deve-se ingressar com ação de conhecimento pelo rito ordinário, objetivando a cobrança das prestações atrasadas e das prestações que se vencerem a contar do ajuizamento da inicial (obrigação de pagar), bem como a implantação do reajuste para as prestações futuras (obrigação de fazer).

Comentários adicionais.

Confira os seguintes entendimentos jurisprudenciais:

Súmula 85 do STJ. Nas relações jurídicas de trato sucessivo em que a fazenda pública figure como devedora, quando não tiver sido negado o próprio direito reclamado, a prescrição atinge apenas as prestações vencidas antes do quinquênio anterior à propositura da ação.

ADMINISTRATIVO. SERVIDOR PÚBLICO FEDERAL. REAJUSTE. URP DE ABRIL E MAIO DE 1988. PRESTAÇÃO DE TRATO SUCESSIVO. PRESCRIÇÃO. INOCORRÊNCIA. 1. A prescrição do direito ao reajuste referente à URP dos meses de abril e maio de 1988, por se tratar de prestação de trato sucessivo, atinge somente as prestações vencidas no quinquênio anterior ao da propositura da ação, a teor da Súmula n. 85/STJ. 2. Recurso especial improvido. (STJ, REsp 1082057/PR, Rel. Ministro JORGE MUSSI, QUINTA TURMA, julgado em 16/06/2009, DJe 03/08/2009)

AGRAVO REGIMENTO NO AGRAVO DE INSTRUMENTO. ADMINISTRATIVO E PROCESSUAL CIVIL. REAJUSTE. VENCIMENTOS. LEIS MUNICIPAIS N.OS 10.688/88, 10.722/89, E 11.722/95. PRESCRIÇÃO. TRATO SUCESSIVO. PRECEDENTES. 1. É permitido ao relator do recurso especial valer-se do art. 557 do Código de Processo Civil, quando o entendimento adotado na decisão monocrática encontra-se em consonância com a jurisprudência dominante desta Corte Superior de Justiça. 2. A Administração Pública quedou-se omissa em repassar o reajuste de fevereiro de 1995 determinado pelas Leis Municipais n. 10.688/88 e 10.722/89 aos vencimentos dos servidores públicos municipais. Desse modo, verifica-se tratar de lesão que se renova mensalmente, caracterizando, por conseguinte, relação jurídica de trato sucessivo, nos termos da Súmula 85 do Superior Tribunal de Justiça. 3. Agravo regimental desprovido. (STJ, AgRg no Ag 1118098/SP, Rel. Ministra LAURITA VAZ, QUINTA TURMA, julgado em 26/05/2009, DJe 29/06/2009)

ADMINISTRATIVO. GRATIFICAÇÃO POR ATIVIDADE DE POLÍCIA – GAP. EXTENSÃO A INATIVOS. PRESCRIÇÃO DO FUNDO DE DIREITO. INOCORRÊNCIA. 1. Nas demandas em que se discute o reajuste de vencimentos de servidores, e não havendo negativa expressa da Administração, a prescrição não atinge o próprio fundo de direito, mas tão somente as parcelas anteriores ao quinquênio que antecedeu à propositura da ação. 2. Agravo regimental desprovido. (STJ, AgRg no Ag 1056855/SP, Rel. Ministra LAURITA VAZ, QUINTA TURMA, julgado em 18/09/2008, DJe 13/10/2008)

ADMINISTRATIVO. MANDADO DE SEGURANÇA. INDEFERIMENTO LIMINAR POR RAZÕES DE MÉRITO. DESCABIMENTO. ATO OMISSIVO. RELAÇÃO DE TRATO SUCESSIVO. DECADÊNCIA. NÃO OCORRÊNCIA. SÚMULA 85/STJ. RETORNO DOS AUTOS PARA REGULAR PROCESSAMENTO DO *MANDAMUS*. 1. O entendimento deste Superior Tribunal de Justiça é firme no sentido de que é defeso ao relator indeferir liminarmente a inicial de mandado de segurança por razões de mérito. 2. Por se tratar de prestação de trato sucessivo, o termo inicial para a impetração da ação mandamental se renova a cada mês que a administração se omite em aplicar o reajuste pleiteado; não ocorre, portanto, a decadência do artigo 18 da Lei 1.533/1951. 3. O Superior Tribunal de Justiça possui jurisprudência uniforme no sentido de que, sem a negativa do próprio direito reclamado, não ocorre a prescrição do fundo de direito, mas, tão somente, das parcelas vencidas antes do quinquênio que antecedeu a propositura da ação. 4. Diante do indeferimento liminar do *mandamus*, necessário o retorno dos autos à origem para regular processamento ao feito. 5. Recurso ordinário parcialmente provido. (STJ, RMS 24.094/RS, Rel. Ministro JORGE MUSSI, QUINTA TURMA, julgado em 24/11/2008, DJe 19/12/2008)

RECURSO EM MANDADO DE SEGURANÇA. ADMINISTRATIVO E CONSTITUCIONAL. SERVIDORES PÚBLICOS ESTADUAIS. REVISÃO DE VENCIMENTOS. ART. 37, X, DA CF. OMISSÃO DO CHEFE DO PODER EXECUTIVO. EFEITOS PATRIMONIAIS PRETÉRITOS. AÇÃO DE COBRANÇA. VIA IMPRÓPRIA. IMPOSSIBILIDADE. SÚMULAS 269 E 271/STF. I – O c. Supremo Tribunal Federal pacificou o entendimento de que não é possível ao Poder Judiciário estabelecer reajuste geral e anual aos servidores públicos, com base no art. 37, X, da Constituição Federal, a fim de sanar omissão do Chefe do Poder

Executivo competente a respeito da iniciativa de lei prevista no art. 61, § 1º, II, 'a', da Carta da República, porquanto não compreende atribuições de natureza administrativa. Dessa forma, restou tão somente consignada a mora do Chefe do Poder Executivo, não lhe podendo impor prazo para elaboração e envio de projeto de lei, nos termos do art. 103, § 2º, da Constituição Federal. II - O mandado de segurança não é substitutivo de ação de cobrança e nem produz efeitos patrimoniais pretéritos (Súmulas nºs 269 e 271 do Pretório Excelso). Recurso desprovido. (STJ, RMS 16.167/SP, Rel. Ministro FELIX FISCHER, QUINTA TURMA, julgado em 06/10/2005, DJ 21/11/2005 p. 260)

AGRAVO REGIMENTAL EM RECURSO ESPECIAL. ADMINISTRATIVO. MANDADO DE SEGURANÇA. REAJUSTE DE 11,98%. CORREÇÃO MONETÁRIA E JUROS DE MORA. AÇÃO DE COBRANÇA. SÚMULA Nº 269 DO STF. 1. O mandado de segurança não é remédio processual adequado para cobrança de correção monetária e juros de vantagem pecuniária devida a servidor público paga em atraso. 2. "O mandado de segurança não é substitutivo de ação de cobrança." (Súmula do STF, Enunciado nº 269). 3. Agravo regimental improvido. (STJ, AgRg no REsp 388.186/DF, Rel. Ministro HAMILTON CARVALHIDO, SEXTA TURMA, julgado em 26/04/2005, DJ 01/07/2005 p. 640)

PROCESSO CIVIL - ADMINISTRATIVO - RECURSO ESPECIAL - MANDADO DE SEGURANÇA - SERVIDORES PÚBLICOS - DECADÊNCIA REJEITADA - COBRANÇA RETROATIVA - INVIABILIDADE - SÚMULAS 269 E 271, DO STF - REAJUSTE DE 28,86% - 1 - A preliminar de decadência não prospera, posto que a doutrina e a jurisprudência têm se posicionado no sentido de que, existindo um ato omissivo por parte da Administração, poderá este tornar-se contínuo, não se podendo falar, nestes casos, em decadência da ação mandamental. Cabimento da impetração. 2 - O Mandado de Segurança não se presta como ação de cobrança, nem gera efeitos patrimoniais em relação a lapso temporal pretérito. Incidência dos enunciados sumulares 269 e 271, do Colendo Supremo Tribunal Federal. (STJ, REsp 383.505/RS, Rel. Ministro JORGE SCARTEZZINI, QUINTA TURMA, julgado em 24/09/2002, DJ 11/11/2002 p. 253)

(OAB/Exame Unificado – 2009.1 – 2ª fase) Ana obteve aprovação em concurso público para o provimento de determinado cargo efetivo no âmbito da administração pública federal, porém não foi classificada dentro do número de vagas previsto em edital, o qual consignava expressamente que o concurso seria realizado para o preenchimento de um número exato de vagas, que foram devidamente preenchidas pelo poder público. No entanto, ainda durante o prazo de validade do concurso, foi editada lei federal de criação de novos cargos da mesma natureza daquele para o qual Ana fora aprovada. Considerando a situação hipotética acima apresentada, responda, de forma fundamentada, se Ana tem o direito líquido e certo à nomeação para o cargo que foi criado pela referida lei federal. Em sua resposta, especifique os limites da atuação da administração pública no caso em tela.

RESOLUÇÃO DA QUESTÃO

A questão apresentada diz respeito aos contornos do direito que tem aquele que é aprovado em concurso público.

Tradicionalmente, reconhecia-se ao aprovado em concurso público apenas o direito de não ser preterido na ordem de classificação (art. 37, IV, da CF). Uma vez respeitada a ordem classificatória dos aprovados, estes não tinham direito à nomeação, mas mera expectativa de direito. A administração pública tem margem de liberdade para verificar sobre a conveniência de nomear os aprovados em concurso.

Num segundo momento os tribunais começaram a reconhecer o direito à nomeação do aprovado em concursos públicos em situações nas quais a administração pública, no bojo do prazo de validade do concurso público, externava de alguma maneira que tinha interesse em nomear novos servidores. Um exemplo disso eram as situações em que a administração abria novo concurso no bojo do prazo de validade de concurso anterior.

Em seguida, os tribunais superiores passaram a entender que o candidato aprovado em concurso também tem direito de ser nomeado no limite das vagas previstas no edital de licitação, vez que a Administração, ao estabelecer as vagas neste, vincula-se a essa escolha e cria expectativa nos candidatos, o que impõe as nomeações respectivas.

No caso em tela, Ana não foi aprovada dentro das vagas previstas no edital e não houve fato novo consistente em a Administração externar que tinha interesse em nomear novos servidores.

Segundo a jurisprudência, a simples aprovação de lei criando novas vagas, não retira a discricionariedade da Administração em decidir se nomeia ou não, para tais novas vagas, candidatos aprovados sob a égide de lei anterior, de modo que Ana não tem direito líquido e certo à nomeação para o cargo cujo concurso prestou.

Comentário adicionais:

Confira o seguinte acórdão do Superior Tribunal de Justiça:

Inexistência de direito subjetivo pela criação de novas vagas não previstas no edital.

AGRAVO REGIMENTAL. RECURSO ORDINÁRIO EM MANDADO DE SEGURANÇA. CONCURSO PÚBLICO. LEGISLAÇÃO SUPERVENIENTE. CRIAÇÃO DE NOVAS VAGAS. DIREITO LÍQUIDO E CERTO À CONVOCAÇÃO. INEXISTÊNCIA. A criação de novas vagas, durante o prazo de validade do concurso público, não garante o direito à nomeação àqueles que foram aprovados fora das vagas originalmente previstas no edital do certame, por se tratar de ato discricionário da Administração, não havendo falar em direito adquirido, mas tão somente em expectativa de direito. Precedentes. Agravo regimental desprovido. (STJ, AgRg no RMS 26.947/CE, Rel. Ministro FELIX FISCHER, QUINTA TURMA, julgado em 02/12/2008, DJe 02/02/2009)

(OAB/Exame Unificado – 2009.1 – 2ª fase) Joaquim, servidor público efetivo, foi exonerado durante o período do estágio probatório, sem que tivesse sido instaurado procedimento administrativo e sem que lhe fosse concedida oportunidade de exercer o direito ao contraditório e à ampla defesa. Em face dessa situação hipotética, responda, de forma fundamentada, às seguintes perguntas.

- ✓ A exoneração de servidor público ocupante de cargo efetivo em estágio probatório demanda a instauração de procedimento administrativo?
- ✓ O ato de exoneração de servidor público em estágio probatório tem natureza jurídica de penalidade? Justifique a sua resposta, mencionando as hipóteses de cabimento do ato de exoneração.

RESOLUÇÃO DA QUESTÃO

De acordo com a Lei 8.112/90, quando não satisfeitas as condições do estágio probatório, a Administração procederá à exoneração de ofício do servidor (art. 34, parágrafo único, I).

Não há, no Estatuto dos Servidores Públicos Civis da União, determinação para que seja instaurado processo administrativo, no caso, bem como para que se garanta contraditório e ampla defesa.

Já quando se está diante do cometimento de uma irregularidade por parte do servidor, faz-se necessário promover a sua apuração imediata, mediante sindicância ou processo administrativo disciplinar, assegurando-se ampla defesa (art. 143 da Lei 8.112/90).

Aliás, a perda do cargo por servidor estável só poderá se dar por sentença transitada em julgado, processo administrativo disciplinar no qual lhe seja assegurado ampla defesa, não aprovação em avaliação periódica de desempenho mediante processo administrativo com ampla defesa e atendimento a limite de despesas com pessoal (art. 22 da Lei 8.112/90 e arts. 41, § 1º, e 169, § 4º, ambos da CF).

Todavia, em que pese não haver as mesmas garantias (processo administrativo e ampla defesa) para o servidor em estágio probatório, considerando que a Administração Pública deve observar os princípios da motivação, da moralidade e da isonomia, de rigor que a exoneração de servidores ocupantes de cargo efetivo em estágio probatório obedeça ao disposto no art. 2º, *caput*, da Lei 9.784/99, realizando-se mediante a devida motivação.

Ademais, apesar de não haver regra específica determinando que se confira ao servidor oportunidade de contraditório e ampla defesa, a regra geral prevista no art. 5º, LV, da Constituição impõe que a Administração proporcione ao servidor essa oportunidade, que poderá se dar no bojo de uma sindicância, não sendo necessário observar o rito do processo administrativo disciplinar.

Nesse sentido, há, inclusive, súmula do Supremo Tribunal Federal.

Por fim, de rigor esclarecer que a exoneração, diferentemente da demissão ou da perda do cargo, é hipótese de desligamento do servidor sem caráter punitivo. A exoneração pode se dar a pedido, quando o servidor pede para se desligar do cargo, ou de ofício, quando a Administração exonera por vontade própria. A exoneração de ofício se dá quando se deseja desligar o servidor de um cargo em comissão, hipótese em que não é necessário motivação, e também quando o servidor é desligado por não aprovação em estágio probatório ou em avaliação de desempenho, por ausência de entrada em exercício no prazo legal, bem como quando se precisa atender a limites de despesa com pessoal.

Comentários adicionais.

Confira os seguintes entendimentos jurisprudenciais:

Súmula 21 do STF: "Funcionário em estágio probatório não pode ser exonerado nem demitido sem inquérito ou sem as formalidades legais de apuração de sua capacidade."

EMENTA: AGRAVO REGIMENTAL NO AGRAVO DE INSTRUMENTO. ADMINISTRATIVO. EXONERAÇÃO DE SERVIDOR PÚBLICO. NECESSIDADE DE OBSERVÂNCIA DOS PRINCÍPIOS DA AMPLA DEFESA E DO CONTRADITÓRIO. AGRAVO REGIMENTAL AO QUAL SE NEGA PROVIMENTO. 1. Para a exoneração de servidor público, ainda que em estágio probatório, é imprescindível a observância do devido processo legal com as garantias a ele inerentes. Precedentes. 2. Impossibilidade de reexame de provas em recurso extraordinário: incidência da Súmula 279 do Supremo Tribunal Federal. (STF, AI 623854 AgR, Relator(a): Min. CÁRMEN LÚCIA, Primeira Turma, julgado em 25/08/2009, DJe-200 DIVULG 22-10-2009 PUBLIC 23-10-2009 EMENT VOL-02379-11 PP-02298)

EMENTA: RECURSO EXTRAORDINÁRIO. MUNICÍPIO. DECLARAÇÃO DE DESNECESSIDADE DE CARGO. SERVIDOR PÚBLICO OCUPANTE DE CARGO EFETIVO, EM ESTÁGIO PROBATÓRIO. EXONERAÇÃO AD NUTUM E SEM CRITÉRIOS OBJETIVOS. IMPOSSIBILIDADE. O servidor público ocupante de cargo efetivo, ainda que em estágio probatório, não pode ser exonerado ad nutum, com base em decreto que declara a desnecessidade do cargo, sob pena de ofensa à garantia do devido processo legal, do contraditório e da ampla defesa. Incidência da Súmula 21 do STF. Recurso a que se dá provimento, para determinar a reintegração dos autores no quadro de pessoal da Prefeitura Municipal de Bicas (MG) (STF, RE 378041/MG, Relator(a): Min. CARLOS BRITTO, Primeira Turma, Julgamento: 21/09/2004)

RECURSO ORDINÁRIO. MANDADO DE SEGURANÇA. ADMINISTRATIVO. SERVIDOR PÚBLICO. EXONERAÇÃO. ESTÁGIO PROBATÓRIO. INSTAURAÇÃO DE SINDICÂNCIA. POSSIBILIDADE. CONTRADITÓRIO E AMPLA DEFESA OBSERVADOS. OFENSA AO PRINCÍPIO DA PRESUNÇÃO DE INOCÊNCIA. NÃO OCORRÊNCIA. 1. Firmou-se neste Superior Tribunal de Justiça a tese segundo a qual é desnecessária a instauração de processo administrativo disciplinar para exoneração de servidor em estágio probatório, sendo suficiente a abertura de sindicância em que observados o contraditório e a ampla defesa. Precedentes. 2. Afasta-se a alegação de cerceamento de defesa se assegurado, no processo administrativo que resultou na exoneração do servidor, o direito à ampla defesa e ao contraditório. 3. Não há falar em violação do princípio da presunção de inocência e em ausência de justa causa para reprovação no estágio probatório na hipótese em que a exoneração do servidor não se baseou exclusivamente na existência de ação penal em curso, mas em várias outras atitudes do réu que, consideradas em conjunto, não satisfizeram o requisito legal de conduta ilibada para permanecer no quadro de servidores da Polícia Civil do Estado de Mato Grosso. 4. Recurso ordinário improvido. (STJ, RMS 21.012/MT, Rel. Ministra MARIA THEREZA DE ASSIS MOURA, SEXTA TURMA, julgado em 03/11/2009, DJe 23/11/2009)

É importante ressaltar que há precedentes do Superior Tribunal de Justiça, no sentido de que, após os três anos de efetivo exercício do servidor, este deve ser considerado estável, não podendo ser prejudicado pela desídia da Administração em aplicar a avaliação especial de desempenho. Nesse sentido, não cabe mais aplicar o instituto da exoneração, devendo-se instaurar processo administrativo disciplinar. Confira:

DIREITO ADMINISTRATIVO. RECURSO ORDINÁRIO EM MANDADO DE SEGURANÇA. SERVIDOR PÚBLICO EM ESTÁGIO PROBATÓRIO. EXONERAÇÃO. EXIGÊNCIA DOS PRINCÍPIOS DO CONTRADITÓRIO E DA AMPLA DEFESA. EXONERAÇÃO APÓS AQUISIÇÃO DA ESTABILIDADE. NÃO CABIMENTO. ART. 41 DA CONSTITUIÇÃO FEDERAL. RECURSO PROVIDO.

1. Em se tratando de exoneração de servidor público que se encontra em estágio probatório, não se apresenta necessário prévio processo administrativo disciplinar. No entanto, devem-lhe ser assegurados os princípios da ampla defesa e do contraditório. Precedentes do STJ. 2. Não obstante os fundamentos do acórdão recorrido, não há notícia nos autos da instauração de um procedimento em que tenha o recorrente figurado formalmente como acusado. 3. Adquire estabilidade o servidor após exercer efetivamente por 3 (três) anos cargo provido mediante concurso público, razão por que, transcorrido esse prazo, não mais se cogita de avaliação de desempenho em estágio probatório, exceto se houver justificativa plausível para a demora da Administração. Inteligência do art. 41 da Constituição Federal. 4. A eventual demora na publicação de um ato normativo local, disciplinando a avaliação de servidores públicos estaduais, porque destituído de poderes para alterar o texto constitucional, não se apresenta capaz de dilatar o prazo peremptório em tela. 5. Hipótese em que o recorrente tomou posse e entrou em exercício em 29/7/02 e foi "exonerado" do cargo de Professor de Educação Física do Estado de Minas Gerais em 11/2/06, por ter sido reprovado na avaliação do estágio probatório, quando, no entanto, já alcançara estabilidade no serviço público. 6. No caso em que servidor público deixa de auferir seus vencimentos, parcial ou integralmente, por ato ilegal ou abusivo da autoridade impetrada, os efeitos patrimoniais da concessão da ordem em mandado de segurança devem retroagir à data da prática do ato impugnado, violador de direito líquido e certo. Inaplicabilidade dos enunciados das Súmulas 269/STF e 271/STF. 7. Recurso ordinário provido. (STJ, RMS 24.602/MG, Rel. Ministro ARNALDO ESTEVES LIMA, QUINTA TURMA, julgado em 11/09/2008, DJe 01/12/2008)

DIREITO ADMINISTRATIVO. RECURSO ORDINÁRIO EM MANDADO DE SEGURANÇA. SERVIDOR PÚBLICO EM ESTÁGIO PROBATÓRIO. EXONERAÇÃO. EXIGÊNCIA DOS PRINCÍPIOS DO CONTRADITÓRIO E DA AMPLA DEFESA. PRECEDENTES. RECURSO ORDINÁRIO PROVIDO. 1. Em se tratando de exoneração de servidor público que se encontra em estágio probatório, não se apresenta necessário prévio processo administrativo disciplinar. No entanto, devem-lhe ser assegurados os princípios da **ampla defesa e do contraditório**. Precedentes. 2. Hipótese em que o recorrente apresentou tão somente defesa escrita em que se reporta às provas colhidas em autos de inquérito policial, uma vez que nada foi apurado, de fato, na esfera administrativa. Não houve interrogatório, indiciamento, oitiva de testemunhas na presença do servidor ou de seu advogado ou defensor dativo, não figurando formalmente como acusado. 3. Recurso ordinário provido. (g.n.) (STJ, RMS 21.284/MT, Rel. Ministro ARNALDO ESTEVES LIMA, QUINTA TURMA, julgado em 14/08/2007, DJ 24/09/2007 p. 325)

"SERVIDOR PÚBLICO. ESTÁGIO PROBATÓRIO. EXONERAÇÃO. PROCEDIMENTO ADMINISTRATIVO REGULAR. AMPLA DEFESA OBSERVADA. MOTIVAÇÃO: NÃO PREENCHIMENTO DO REQUISITO CONDUTA ILIBADA. PRETENSÃO DE REEXAME PELO JUDICIÁRIO. ANÁLISE SUBJETIVA. DESCABIMENTO. JUÍZO RESTRITO AOS ASPECTOS DA LEGALIDADE. 1. É pacífico o entendimento neste Tribunal de que é desnecessária a instauração de processo administrativo disciplinar, com todas suas formalidades, para a apuração de inaptidão ou insuficiência no exercício das funções para fins de exoneração em estágio probatório, bastando que sejam asseguradas as garantias constitucionais da **ampla defesa e do contraditório**, mediante **decisão fundamentada**, tal como ocorrera na espécie. 2. O controle do ato administrativo a cargo do Poder Judiciário dá-se, apenas, quanto aos aspectos da legalidade. Aferir se a prática do crime de porte ilegal de arma mostra-se ou não suficiente para macular a conduta do servidor, por exigir juízo de valor, não pode ser levado a efeito pelo Judiciário, sem que isso implique ofensa ao Princípio da Separação dos Poderes, daí porque não se vislumbra negativa de prestação jurisdicional. 3. Agravo regimental desprovido." (g.n.) (STJ, AgRg no RMS 13.984/SP, Rel. Ministra LAURITA VAZ, QUINTA TURMA, julgado em 26/06/2007, DJ 06/08/2007 p. 536)

Confira outros acórdãos sobre temas conexos:

DIREITO ADMINISTRATIVO. RECURSO ORDINÁRIO EM MANDADO DE SEGURANÇA. SERVIDOR PÚBLICO. ESTÁGIO PROBATÓRIO. AVALIAÇÃO. COMPETÊNCIA. SUPERIOR HIERÁRQUICO IMEDIATO. RECURSO PROVIDO. 1. A avaliação do estágio probatório deve ser realizada pelo superior hierárquico imediato ao servidor público. Isso porque tão somente aquele que acompanha o avaliando diariamente, em regra, é capaz de formar, com segurança, um juízo convincente a respeito dos fatores previstos no art. 20 da Lei 8.112/90, quais sejam, aqueles relacionados à assiduidade, à disciplina, à capacidade de iniciativa, à produtividade e à responsabilidade. 2. Para fins de colheita dos elementos indispensáveis ao exame do desempenho do servidor público em estágio probatório, ninguém mais indicado do que o chefe imediato, que o acompanha no dia a dia, que conhece, de fato, sua conduta funcional. A autoridade máxima do órgão no qual exerce suas atividades, não obstante as responsabilidades inerentes à função, não mantém com os servidores a ela não subordinados diretamente o vínculo funcional estreito necessário para, ela mesma, avaliá-lo. 3. Recurso ordinário provido. (STJ, RMS 16.153/SP, Rel. Ministra LAURITA VAZ, Rel. p/ Acórdão Ministro ARNALDO ESTEVES LIMA, QUINTA TURMA, julgado em 03/04/2008, DJe 09/06/2008)

(OAB/Exame Unificado – 2008.3 – 2ª fase) O tribunal de justiça de determinado estado da Federação, julgando apelação em ação declaratória de nulidade de ato administrativo, entendeu não existir qualquer inconstitucionalidade ou ilegalidade na nomeação de José para o exercício do cargo em comissão de secretário municipal de saúde, embora seja ele irmão de vereador de um município daquele estado. O tribunal entendeu que a vedação à prática do nepotismo, no âmbito do Poder Executivo, exige a edição de lei formal, e, ainda, que a nomeação de parentes de agentes políticos para o exercício de cargos de confiança ou em comissão não viola qualquer dispositivo constitucional, sob o argumento de que a Carta Magna, em se tratando de cargos de livre nomeação, não estabelece qualquer limitação relacionada ao grau de parentesco porventura existente entre a pessoa nomeada e algum agente público. Considerando a situação hipotética apresentada, responda, de forma fundamentada, se os argumentos que embasaram a decisão do tribunal de justiça encontram amparo na Constituição Federal (CF) e na jurisprudência do Supremo Tribunal Federal (STF).

RESOLUÇÃO DA QUESTÃO

De acordo com o Supremo Tribunal Federal, a vedação à prática do nepotismo, no âmbito de todos os Poderes, não exige a edição de lei formal, decorrendo da própria Constituição Federal, que, ao impor a observância dos princípios insculpidos no art. 37, *caput*, especialmente do princípio da moralidade, proíbe a nomeação de parentes para o exercício de cargos em comissão e funções em confiança. Esse entendimento está consagrado na Súmula Vinculante nº 13.

Com relação ao caso concreto apresentado – nomeação de José para cargo em comissão de secretário municipal, embora seja ele irmão de vereador de um município daquele estado –, não há inconstitucionalidade alguma.

Isso porque, segundo o Supremo Tribunal Federal, a nomeação de secretário municipal, por ser nomeação para cargo de natureza política, não se submete aos ditames da Súmula Vinculante mencionada.

Ademais, mesmo que se submetesse, a Súmula em questão veda a nomeação de parente da autoridade nomeante ou de servidor da mesma pessoa jurídica investido em cargo de direção, chefia ou assessoramento. No caso em tela, o vereador não é nem a autoridade nomeante, nem tem cargo em comissão. O vereador é detentor de um mandato. Assim, não há na Súmula proibição à nomeação em tela, mesmo que José fosse nomeado para um cargo em comissão.

Comentários adicionais:

Confira as seguintes decisões do Supremo Tribunal Federal:

Súmula Vinculante nº 13. A nomeação de cônjuge, companheiro ou parente em linha reta, colateral ou por afinidade, até o terceiro grau, inclusive, da autoridade nomeante ou de servidor da mesma pessoa jurídica investido em cargo de direção, chefia ou assessoramento, para o exercício de cargo em comissão ou de confiança ou, ainda, de função gratificada na administração pública direta e indireta em qualquer dos Poderes da União, dos Estados, do Distrito Federal e dos Municípios, compreendido o ajuste mediante designações recíprocas, viola a Constituição Federal.

AGRAVO REGIMENTAL EM MEDIDA CAUTELAR EM RECLAMAÇÃO. NOMEAÇÃO DE IRMÃO DE GOVERNADOR DE ESTADO. CARGO DE SECRETÁRIO DE ESTADO. NEPOTISMO. SÚMULA VINCULANTE Nº 13. INAPLICABILIDADE AO CASO. CARGO DE NATUREZA POLÍTICA. AGENTE POLÍTICO. ENTENDIMENTO FIRMADO NO JULGAMENTO DO RECURSO EXTRAORDINÁRIO 579.951/RN. OCORRÊNCIA DA FUMAÇA DO BOM DIREITO. 1. Impossibilidade de submissão do reclamante, Secretário Estadual de Transporte, agente político, às hipóteses expressamente elencadas na Súmula Vinculante nº 13, por se tratar de cargo de natureza política. 2. Existência de precedente do Plenário do Tribunal: RE 579.951/RN, rel. Min. Ricardo Lewandowski, DJE 12.9.2008. 3. Agravo regimental improvido. (STF, Rcl 6650 MC-AgR, Relator(a): Min. ELLEN GRACIE, Tribunal Pleno, julgado em 16/10/2008, DJe-222 DIVULG 20-11-2008 PUBLIC 21-11-2008 EMENT VOL-02342-02 PP-00277)

(OAB/Exame Unificado – 2008.2 – 2ª fase) Um servidor de órgão da administração federal direta foi cedido a empresa pública para nela prestar serviços. Como a remuneração da nova função era inferior à que antes recebia, o servidor optou por continuar a receber a remuneração de seu cargo originário. Em face dessa situação, responda, de forma fundamentada, às seguintes perguntas.

É possível a cessão de servidor da administração direta para entidade da administração indireta?

Pode o servidor optar pela remuneração do cargo de origem, mesmo prestando serviços a uma outra entidade?

O órgão de origem pode aceitar a cessão remunerada, em face de a real fruição dos serviços do cedido ocorrer por outra entidade da administração?

RESOLUÇÃO DA QUESTÃO

O art. 93 da Lei 8.112/900 permite a cessão de servidor da administração direta para entidade da administração indireta. Aliás, esse dispositivo autoriza a cessão até para outro órgão ou entidades de outros poderes de outras esferas federativas.

No caso em tela, de cessão de servidor da administração direta a empresa pública, o servidor pode optar pela remuneração do cargo efetivo ou pela remuneração do cargo efetivo acrescida de percentual da retribuição do cargo em comissão (art. 93, § 2º, da Lei 8.112/90).

Dessa forma, o órgão de origem deve aceitar a cessão remunerada. Todavia, a entidade cessionária efetuará o reembolso das despesas realizadas pelo órgão ou entidade de origem (art. 93, § 2º, da Lei 8.112/90).

(OAB/Exame Unificado – 2008.1 – 2ª fase) Um servidor público civil da União, após responder a processo administrativo disciplinar, foi absolvido das acusações que lhe eram imputadas. Após essa absolvição, foi proposta ação penal que foi acolhida pela autoridade judicial. O servidor ingressou, então, com *habeas corpus*, no qual pleiteava a anulação do ato do juiz, alegando que as provas oferecidas na ação penal já haviam sido julgadas e consideradas inconsistentes na instância administrativa. Na situação descrita, estão corretas as razões apresentadas pelo servidor? Justifique a sua resposta.

RESOLUÇÃO DA QUESTÃO

A Lei 8.112/90 dispõe que as responsabilidades civis, penais e administrativas são independentes entre si (art. 125). Isso significa que a aplicação ou não de sanção em qualquer das esferas mencionadas não interfere nas outras e vice-versa.

Essa regra só é excepcionada quando, na esfera penal, o servidor vem a ser absolvido pela negativa de autoria ou pela inexistência material do fato (art. 126). Nesse caso, a sentença penal se comunica à esfera administrativa.

Porém, não foi isso que aconteceu no caso em tela. O servidor foi absolvido na esfera administrativa, e não na esfera penal. E a lei não prevê que a absolvição na instância administrativa vincula a esfera penal, diferentemente do que ocorre com as absolvições penais mencionadas no art. 126 da Lei 8.112/90.

Ante o exposto, não estão corretas as razões apresentadas pelo servidor.

(OAB/Exame Unificado – 2008.1 – 2ª fase) Considere que um desembargador de tribunal de justiça estadual, após quatro anos de sua aposentadoria, seja convidado para ocupar cargo em comissão de assessor jurídico em determinado município. Nessa situação, poderá o desembargador aposentado acumular os proventos de aposentadoria com a remuneração do cargo em comissão? Justifique a sua resposta.

RESOLUÇÃO DA QUESTÃO

O § 10 do art. 37 da Constituição Federal traz regra que veda a percepção simultânea de proventos de aposentadoria do regime próprio de previdência com a remuneração de cargo, emprego ou função.

No entanto, o mesmo dispositivo traz três exceções a essa regra, permitindo acumular proventos de aposentadoria com remuneração de cargos acumuláveis na forma da Constituição (*vide* os arts. 37, XVI, 95, p. único, I, 128, § 5º, II, "d", e 38, III, todos da Constituição), com subsídio de cargo eletivo e com remuneração de cargo em comissão.

Nesse sentido, como o Desembargador aposentado deseja acumular os proventos de aposentadoria pelo regime próprio com remuneração de um cargo em comissão, a situação trazida na questão, está contida numa das exceções do § 10 do art. 37 da Constituição, de modo que a acumulação pretendida é possível juridicamente.

(OAB/Exame Unificado – 2007.3 – 2ª fase) A polêmica criação da "super-receita" acarretou uma série de reflexos jurídicos. Um deles foi o fato de que os auditores fiscais da Previdência Social assumiram o cargo de auditores fiscais da Receita Federal, sem terem prestado concurso público para esse novo cargo. É correto afirmar que tenha ocorrido, no caso, o chamado fato do príncipe? Justifique a sua resposta.

RESOLUÇÃO DA QUESTÃO

A expressão fato do príncipe, em Direito Administrativo, designa a situação em que se dá um fato geral da Administração, que acaba interferindo em contratos administrativos, mesmo não se dirigindo especificamente em relação a eles (art. 65, II, "d", da Lei 8.666/93).

Um exemplo de fato do príncipe é a mudança de política cambial feita pelo Governo Federal, que acaba gerando reflexos na execução de contratos administrativos em curso.

O caso mencionado na questão não guarda, portanto, qualquer relação com o instituto do fato do príncipe.

Quanto à constitucionalidade dos auditores fiscais da Previdência social assumirem o cargo de auditores da Receita Federal, num primeiro olhar, poder-se-ia concluir pela não obediência à Constituição. Isso porque, como se sabe, o provimento em cargo público de carreira diversa da ocupada inicialmente pelo agente público depende necessariamente de concurso público (art. 37, II, da CF), e isso não ocorreu no caso narrado.

Todavia, o fato de os cargos terem grande similitude, somado ao fato de que a criação da Super-Receita tem em mira atender ao princípio da eficiência e da economicidade, fazem com que a medida seja adequada.

Aliás, vale a pena fazer um exercício para entender a correção da medida. Imagine que, criada a Super-Receita, não tivesse sido tomada a medida mencionada na questão. Nesse caso, os auditores fiscais estáveis ficariam em disponibilidade, ou seja, recebendo proventos proporcionais, sem trabalhar. E, de outra parte, novos fiscais deveriam ser contratados pela Super-Receita, dado o aumento das atribuições que os fiscais da Receita detinham anteriormente.

Ora, uma situação dessa seria absolutamente antieconômica e, certamente, contrária ao interesse público, mormente porque se perderia toda a experiência acumulada dos auditores fiscais da Previdência em relação a temas desta alçada.

Assim, esse simples exercício, somado ao fato de que os dois cargos unificados têm grande similitude, demonstra que a medida foi adequada, não se podendo falar em desvio de finalidade ou qualquer tentativa de burlar o princípio do concurso público.

Há, inclusive, previsão legal para providência dessa natureza (art. 37, § 1º, da Lei 8.112/90).

(OAB/Exame Unificado – 2007.2 – 2ª fase) Pedro, servidor público federal, após ser veiculada a notícia de que teria praticado ato de corrupção, resolveu pedir a sua aposentadoria do cargo efetivo. Alguns meses depois de aposentado, foi aberto processo administrativo disciplinar que, ao final, concluiu pela materialidade e autoria do fato. Considerando a situação hipotética apresentada acima, responda, de forma fundamentada, a seguinte pergunta: Pedro poderá sofrer alguma sanção administrativa?

RESOLUÇÃO DA QUESTÃO

O art. 127, IV, da Lei 8.112/90 dispõe que a "cassação da aposentadoria" é uma pena disciplinar.

Já o art. 134 da referida lei, por sua vez, dispõe que a cassação da aposentadoria é cabível quando o inativo houver praticado, na atividade, falta punível com a demissão.

Dentre os casos que ensejam a demissão está a prática de ato de corrupção (art. 132, XI, da Lei 8.112/90).

O enunciado deixa claro que houve conclusão no sentido da existência da materialidade e autoria do fato, pressuposto material indispensável para a aplicação da pena disciplinar.

O enunciado também deixa claro que tal apuração se deu no bojo de processo administrativo disciplinar, pressuposto processual também indispensável para a aplicação da pena disciplinar.

Logo, Pedro poderá sofrer a sanção de cassação da aposentadoria.

Poder-se-ia argumentar que, com a introdução da Emenda Constitucional n. 20/98, que determinou que o sistema previdenciário dos servidores públicos passasse a ter caráter contributivo (art. 40 da CF), a penalidade de cassação da aposentadoria tivesse perdido a sua constitucionalidade. Isso porque, como o servidor passou a contribuir para a previdência, a retirada desse benefício importaria em enriquecimento sem causa da Administração Pública.

Todavia, esse entendimento ainda encontra guarida nos tribunais, que vêm admitindo a penalidade, por não haver proibição constitucional e por estar prevista em lei.

A jurisprudência também é no sentido de que a penalidade pode ser aplicada sem que haja aprovação pelo Tribunal de Contas, já que a Súmula 6 do Supremo Tribunal Federal apenas determina o contrário nos casos de revogação ou de anulação do benefício, e não nos casos de aplicação de penalidade que acabe refletindo na cassação da aposentadoria.

Comentários adicionais:

Confira o acórdão seguinte, que traz os posicionamentos jurisprudenciais mencionados:

MANDADO DE SEGURANÇA. ADMINISTRATIVO. INFRAÇÃO DISCIPLINAR. PRESCRIÇÃO. INOCORRÊNCIA. ART. 142, I E § 2º, DA LEI N. 8.112/90. INSTAURAÇÃO DE PROCESSO ADMINISTRATIVO APÓS A INATIVIDADE. POSSIBILIDADE. COMPETÊNCIA DISCIPLINAR. PRESIDENTE DA REPÚBLICA. CASSAÇÃO DE APOSENTADORIA. APLICABILIDADE. INFRAÇÕES PRATICADAS DE FORMA CULPOSA. DILAÇÃO PROBATÓRIA. IMPOSSIBILIDADE. 1. O direito, da Administração Pública Federal, de punir seus servidores prescreve em cinco anos quanto às infrações passíveis de demissão, cassação de aposentadoria ou disponibilidade e destituição de cargo em comissão, contados a partir da data em que o fato tornou-se conhecido [art. 142, I e § 2º, da Lei n. 8.112/90]. 2. O fato do servidor público ter atendido aos requisitos para a concessão de aposentadoria não impede a instauração de processo administrativo para apurar a existência de falta eventualmente praticada no exercício do cargo. Precedente [MS n. 21.948, Relator o Ministro NÉRI DA SILVEIRA, DJ 07.12.95]. 3. O Presidente da República prescinde do assentimento do Tribunal de Contas da União para exercer sua competência disciplinar. Precedente [MS n. 20.882, Relator o Ministro CELSO DE MELLO, DJ 23.09.94]. 4. Não obstante o caráter contributivo de que se reveste o benefício previdenciário, o Tribunal tem confirmado a aplicabilidade da pena de cassação de aposentadoria. Precedente [MS n. 23.299, Relator o Ministro SEPÚLVEDA PERTENCE, DJ 12.04.2002]. 5. A alegação de que os atos administrativos teriam sido praticados de forma culposa reclama dilação probatória incompatível com o mandado de segurança. 6. Agravo regimental a que se nega provimento. (STF, MS 23219 AgR, Relator(a): Min. EROS GRAU, Tribunal Pleno, julgado em 30/06/2005, DJ 19-08-2005 PP-00004 EMENT VOL-02201-1 PP-00111 LEXSTF v. 27, n. 321, 2005, p. 169-173 RTJ VOL-00195-01 PP-00038 RNDJ v. 6, n. 72, 2005, p. 55-57)

(OAB/Exame Unificado – 2006.3 – 2ª fase) O departamento de recursos humanos do Ministério da Cultura requereu esclarecimento acerca do prazo do estágio probatório a que estão submetidos os servidores públicos federais regidos pela Lei n.º 8.112/1990, em face da nova redação do art. 41 da Constituição Federal, alterado pela Emenda Constitucional n.º 20/1998. Explique as diferenças entre os institutos do estágio probatório e da estabilidade, abordando, em conclusão, acerca da eventual incompatibilidade do art. 20 da Lei n.º 8.112/1990, em face da redação do art. 41 da Constituição Federal, indicando, se possível, a jurisprudência do Superior Tribunal de Justiça.

RESOLUÇÃO DA QUESTÃO

A Constituição Federal estabelece que o servidor nomeado para cargo efetivo terá estabilidade após três anos de efetivo exercício e aprovação em avaliação especial de desempenho por comissão instituída para essa finalidade (art. 41, *caput* e § 4º, da CF).

A estabilidade consiste na garantia de permanência do ocupante do cargo neste, garantia essa que só será perdida em virtude de sentença judicial transitada em julgado, processo administrativo em que lhe seja assegurada ampla defesa, procedimento de avaliação periódica de desempenho e atendimento a limite de despesa com pessoal (arts. 41, § 1º, e 169, § 4º, ambos da CF).

O estágio probatório, por sua vez, consiste no período em que o servidor que entrar em exercício em cargo de provimento efetivo ficará sujeito à avaliação sobre sua aptidão e capacidade para o desempenho do cargo (art. 20 da Lei 8.112/90).

A Lei 8.112/90 estabelece que, quatro meses antes de findo o período de estágio probatório, será submetida à homologação da autoridade competente a avaliação do desempenho do servidor por comissão instituída para essa finalidade (art. 20, § 1º, com redação dada pela Lei 11.784/08).

Assim, o estágio probatório consiste num período de avaliação do servidor, com vista a verificar se este é apto e tem capacidade para o desempenho duradouro do cargo. Nesse sentido, o estágio probatório é elemento de grande valia para que se chegue à avaliação de desempenho necessária para aquisição da estabilidade.

Em outras palavras, a verificação dos requisitos para a aquisição da estabilidade está totalmente ligada à avaliação que se fará por ocasião do estágio probatório.

Dessa forma, faria todo sentido que o estágio probatório tivesse o mesmo prazo do outro requisito para adquirir a estabilidade, que é o efetivo exercício do cargo efetivo pelo prazo de três anos.

No entanto, enquanto a Constituição, em seu art. 41 alterou de dois para três anos o período de efetivo exercício necessário para a aquisição da estabilidade (E.C. 19/98), a Lei 8.112/90 manteve o estágio probatório pelo período de 2 anos (art. 20).

Por esse motivo, o Superior Tribunal de Justiça, num primeiro momento, entendeu que um prazo não se confundia com o outro. No curso do prazo de três anos de efetivo exercício para a aquisição da estabilidade, o servidor, nos dois primeiros anos, está submetido ao estágio probatório definido na Lei 8.112/90, sendo que, em seguida, estará a cumprir o último ano de efetivo exercício para a aquisição da estabilidade.

Todavia, sob o argumento de que, apesar de se tratarem de institutos jurídicos diversos, a estabilidade e o estágio probatório encontram-se ligados um ao outro, o Superior Tribunal de Justiça passou a entender que o prazo de estágio probatório deve observar a alteração promovida pela EC 19/98, e, assim, terá a duração de 3 anos.

Comentários adicionais:

Conheça a jurisprudência antiga sobre o tema:

MANDADO DE SEGURANÇA. PROCURADOR FEDERAL. PROMOÇÃO. ESTÁGIO PROBATÓRIO DE VINTE E QUATRO MESES. ESTABILIDADE NO SERVIÇO PÚBLICO. TRÊS ANOS. INSTITUTOS DISTINTOS. EFEITOS RETROATIVOS DESDE A DATA EM QUE DEVERIA SER PROMOVIDO. PRECEDENTE TERCEIRA SEÇÃO. SEGURANÇA CONCEDIDA. 1. A Terceira Seção do Superior Tribunal de Justiça firmou entendimento no sentido de que, a estabilidade no serviço público e o estágio probatório são institutos distintos, razão pela qual é incabível a exigência de cumprimento do prazo constitucional de três anos para que o servidor figure em lista de promoção na carreira. 2. Segurança concedida, para declarar o direito das impetrantes de serem avaliadas no prazo de vinte e quatro meses para fins de estágio probatório, com os efeitos funcionais e financeiros decorrentes desde a data em que deveriam ser promovidas. (STJ, MS 200602512489, JANE SILVA convocada, 3ª SEÇÃO, 04/08/2008)

Conheça a jurisprudência atualizada sobre o tema:

AGRAVO REGIMENTAL EM MANDADO DE SEGURANÇA. INDEFERIMENTO DO PEDIDO DE MEDIDA LIMINAR. PROCURADOR DA FAZENDA NACIONAL. CONCURSO DE PROMOÇÃO. REQUISITO. CONCLUSÃO DO ESTÁGIO PROBATÓRIO. PRAZO. TRÊS ANOS. *FUMUS BONI JURIS* NÃO CONFIGURADO. 1. O estágio probatório é o período compreendido entre a nomeação e a aquisição da estabilidade. Após a Emenda Constitucional n.º 19/98, seu prazo passou a ser de 3 anos, acompanhando a alteração para aquisição da estabilidade, não obstante tratar-se de institutos distintos. Precedente da Terceira Seção. 2. A convalidação de atos administrativos só é permitida, nos termos do disposto no art. 55 da Lei n. 9.784/99, para os vícios sanáveis. 3. Para se verificar a possibilidade de incidência do art. 55 da Lei n. 9.784/99 na hipótese do *mandamus* é necessária a análise apurada de fatos e circunstâncias, tarefa essa incompatível com o exame de pedido liminar, que exige a verificação de plano do *fumus boni juris*. 4. Agravo regimental improvido. (STJ, AGRMS 200901093845, JORGE MUSSI, STJ - TERCEIRA SEÇÃO, 26/11/2009)

MANDADO DE SEGURANÇA. SERVIDOR PÚBLICO CIVIL. ESTABILIDADE. ART. 41 DA CF. EC Nº 19/98. PRAZO. ALTERAÇÃO. ESTÁGIO PROBATÓRIO. OBSERVÂNCIA. I - Estágio probatório é o período compreendido entre a nomeação e a aquisição de estabilidade no serviço público, no qual são avaliadas a aptidão, a eficiência e a capacidade do servidor para o efetivo exercício do cargo respectivo. II – Com efeito, o prazo do estágio probatório dos servidores públicos deve observar a alteração promovida pela Emenda Constitucional nº 19/98 no art. 41 da Constituição Federal, no tocante ao aumento do lapso temporal para a aquisição da estabilidade no serviço público para 3 (três) anos, visto que, apesar de institutos jurídicos distintos, encontram-se pragmaticamente ligados. III - Destaque para a redação do artigo 28 da Emenda Constitucional nº 19/98, que vem a confirmar o raciocínio de que a alteração do prazo para a aquisição da estabilidade repercutiu no prazo do estágio probatório, senão seria de todo desnecessária a menção aos atuais servidores em estágio probatório; bastaria, então, que se determinasse a aplicação do prazo de 3 (três) anos aos novos servidores, sem qualquer explicitação, caso não houvesse conexão entre os institutos da estabilidade e do estágio probatório. PROCURADOR FEDERAL. PROMOÇÃO E PROGRESSÃO NA CARREIRA. PORTARIA PGF 468/2005. REQUISITO. CONCLUSÃO. ESTÁGIO PROBATÓRIO. DIREITO LÍQUIDO E CERTO. INEXISTÊNCIA. IV – Desatendido o requisito temporal de conclusão do estágio probatório, eis que não verificado o interstício de 3 (três) anos de efetivo exercício da impetrante no cargo de Procurador Federal, inexiste direito líquido e certo de figurar nas listas de promoção e progressão funcional, regulamentadas pela Portaria PGF nº 468/2005. Ordem denegada. (STJ, MS 200602842506, FELIX FISCHER, STJ - TERCEIRA SEÇÃO, 18/08/2009)

(OAB/Exame Unificado – 2006.2 – 2ª fase) Carlos Alberto, servidor público federal, titular do cargo efetivo de professor, pertence a regime previdenciário de caráter contributivo. Em 1.º de novembro deste ano, Carlos Alberto completará 70 anos de idade. Diante dessa situação hipotética, redija um texto que descreva, de forma fundamentada, o que deve ocorrer com a vida funcional de Carlos Alberto a partir da data mencionada. Extensão máxima: 30 linhas

RESOLUÇÃO DA QUESTÃO

A Constituição Federal dispõe que o servidor público que fizer 70 anos de idade será aposentando compulsoriamente, com proventos proporcionais ao tempo de contribuição (art. 40, § 1º, II).

Repare que o implemento da idade, no caso, tem duas *consequências*. Uma de natureza funcional, qual seja, o fim do vínculo de trabalho do agente público com a Administração Pública, com a consequente vacância do cargo (*vide* também o art. 33, VII, da Lei 8.112/90). E o início do gozo do benefício previdenciário concernente aos proventos de aposentadoria.

Com relação à primeira consequência, a Lei 8.112/90 estabelece que a aposentadoria em questão será automática, e declarada por ato, com vigência a partir do dia imediato àquele em que o servidor atingir a idade-limite de permanência no serviço ativo (art. 187).

Com relação à segunda consequência, é de se ressaltar que os proventos de aposentadoria, no caso, serão proporcionais ao tempo de contribuição, o que significa dizer que, observado o disposto nos §§ 3º e 17 do art. 40 da Constituição, far-se-á uma proporção entre o tempo de contribuição efetivamente cumprido e o tempo de contribuição necessário para a aposentadoria do servidor público do sexo masculino (no caso, 35 anos, nos termos do art. 40, III, "a", da CF), de modo a se chegar aos proventos devidos ao aposentado.

Dessa forma, Carlos Alberto, a partir do dia imediato àquele em que atingir a idade de 70 anos, ou seja, a partir do dia 02 de novembro deste ano, estará desligado do cargo efetivo que ocupa, passando a receber proventos de aposentadoria proporcionais ao tempo de contribuição.

(OAB/Exame Unificado – 2006.1 – 2ª fase) *A Constituição Federal de 1988, em seu art. 37, estabeleceu algumas regras e princípios a serem seguidos pela Administração Pública, entre eles o da legalidade, o da impessoalidade, o da moralidade, o da publicidade e o da eficiência. Essas regras constitucionais formam a base do Direito Administrativo.* João é servidor público municipal e ocupa o cargo de técnico em educação. Recentemente, ele foi aprovado em concurso público para o cargo de professor da rede estadual de educação e aguarda nomeação. Diante da situação hipotética apresentada e considerando o tema do texto acima, redija um texto, de forma justificada e fundamentada na legislação, em que esclareça em que condições João pode acumular os dois cargos. Extensão máxima: 60 linhas

RESOLUÇÃO DA QUESTÃO

A Constituição Federal, com o objetivo de preservar os princípios da eficiência, da impessoalidade e da moralidade proíbe, como regra, a acumulação remunerada de cargos, empregos e funções no âmbito da administração pública direta e indireta (art. 37, XVI).

O princípio da eficiência fica preservado, pois, com a proibição, evita-se que os agentes públicos, por terem mais de um trabalho, não se dediquem com afinco aos cargos, empregos ou funções que exercem.

E os princípios da impessoalidade e da moralidade ficam preservados, pois, com a proibição, evita-se que pessoas possam ser nomeadas para cargos em comissão, já exercendo outros cargos, empregos ou funções, de modo a acumular as duas atribuições, o que privilegiaria quem tem bom contato político, em detrimento de outras pessoas que também desejam uma oportunidade de trabalho na Administração Pública.

O fato de a impossibilidade de acumulação remunerada de cargos, empregos e funções ser uma regra, por si só, faz com que as exceções devam ser interpretadas estritamente. E o fato de tal regra receber o influxo de princípios constitucionais torna ainda mais clara a necessidade de se fazer esse tipo de interpretação.

Nesse sentido, é necessário interpretar estritamente as exceções à regra da proibição de acumulação, que estão previstas nas alíneas “a” a “c” do inciso XVI do art. 37 da CF.

Das alíneas citadas, a única que guarda pertinência com o caso (acumulação do cargo de técnico em educação do município com o de professor estadual) é a “b”, que permite a acumulação “de um cargo de professor com outro técnico ou científico”.

Dessa forma, caso o cargo que o servidor ocupa (técnico em educação) realmente seja um cargo técnico, e não o seja apenas no nome, a acumulação é possível.

A esse respeito, vale lembrar que o STF entende que não é cargo técnico aquele que se reveste de “características simples e repetitivas”.

Superada a questão da possibilidade de acumulação pela incidência da alínea “b” citada, deve-se verificar se existe compatibilidade de horário entre o exercício dos dois cargos.

Dessa forma, para que a acumulação seja possível, é necessário cumprir um pressuposto lógico-jurídico (compatibilidade de horários) e um pressuposto jurídico (incidência de uma das exceções previstas no art. 37, XVI, do texto constitucional).

Comentários adicionais.

Não deixe de consultar os arts. 118 a 120 do da Lei 8.112/90, com atenção especial para a “exceção” prevista no art. 119 da lei. Na verdade, não seria mais uma exceção à regra da proibição da acumulação, uma vez que a Constituição já trouxe as exceções. Trata-se de uma interpretação legal no sentido de que a situação narrada no dispositivo não caracteriza acumulação de cargos, empregos ou funções.

O entendimento do STF citado na resolução da questão é o seguinte:

"Acumulação de emprego de atendente de telecomunicações de sociedade de economia mista, com cargo público de magistério. Quando viável, em recurso extraordinário, o reexame das atribuições daquele emprego (atividade de telefonista), correto, ainda assim, o acórdão recorrido, no sentido de se revestirem elas de 'características simples e repetitivas', de modo a afastar-se a incidência do permissivo do art. 37, XVI, b, da Constituição." (STF, AI 192.918-AgR, Rel. Min. Octavio Gallotti, julgamento em 3-6-97, DJ de 12-9-97)

Confira mais decisões do STF sobre o tema acumulação remunerada de cargos empregos e funções, tanto na atividade (incisos XVI e XVII do art. 37), como na inatividade (parágrafo 10 do art. 37):

XVI - é vedada a acumulação remunerada de cargos públicos, exceto, quando houver compatibilidade de horários, observado em qualquer caso o disposto no inciso XI: (Redação da EC 19/98)

"Os dispositivos impugnados, pelo simples fato de possibilitarem ao policial militar – agente público – o acúmulo remunerado deste cargo (ainda que transferido para a reserva) com outro que não seja o de professor, afrontam visivelmente o art. 37, XVI, da Constituição. Impossibilidade de acumulação de proventos com vencimentos quando envolvidos cargos inacumuláveis na atividade. Precedentes: RE 163.204, Rel. Min. Carlos Velloso, RE 197.699, Rel. Min. Marco Aurélio e AGRRE n. 245.200, Rel. Min. Maurício Corrêa. Este entendimento foi revigorado com a inserção do parágrafo 10 no art. 37 pela EC n. 20/98, que trouxe para o texto constitucional a vedação à acumulação retro mencionada. Vale destacar que esta mesma Emenda, em seu art. 11, excetuou da referida proibição os membros de poder e os inativos, servidores e militares, que, até a publicação da Emenda, tenham ingressado novamente no serviço público por concurso público de provas ou de provas e títulos, ou pelas demais formas previstas pela Constituição Federal." (ADI 1.541, Rel. Min. Ellen Gracie, julgamento em 5-9-02, DJ de 4-10-02). No mesmo sentido: RE 382.389, Rel. Min. Ellen Gracie, julgamento em 14-2-06, DJ de 17-3-06.

"Acórdão que concedeu mandado de segurança contra ato administrativo que afirmou a inviabilidade de tríplice acúmulo no serviço público. Alegação de ofensa ao art. 37, XVI e XVII, da CF/88, e art. 99, § 2º, da CF pretérita. A acumulação de proventos e vencimentos somente é permitida quando se tratar de cargos, funções ou empregos acumuláveis na atividade, na forma permitida pela Constituição. Precedente do Plenário RE 163.204. Entendimento equivocado no sentido de, na proibição de não acumular, não se incluem os proventos." (RE 141.376, Rel. Min. Néri da Silveira, julgamento em 2-10-01, DJ de 22-2-02)

"Impossibilidade da acumulação de cargo de juiz classista com o de empregado de sociedade de economia mista (CF, art. 37, XVI e XVII)." (RE 282.258-AgR, Rel. Min. Carlos Velloso, julgamento em 9-3-04, DJ de 26-3-04)

a) a de dois cargos de professor; (EC nº 19/98)

"Acórdão proferido pela terceira seção do Superior Tribunal de Justiça, que denegou mandado de segurança impetrado contra ato do Ministro de Estado da Previdência e Assistência Social. Demissão do cargo de médico do quadro de pessoal do INSS. Acumulação ilegal de emprego público em três cargos. Presunção de má-fé, após regular notificação. O acórdão recorrido entendeu que o servidor público que exerce três cargos ou empregos públicos de médico – um no INSS, outro na Secretaria Estadual de Saúde e Meio Ambiente e outro junto a hospital controlado pela União, incorre em acumulação ilegal de cargos. O Supremo Tribunal Federal tem reconhecido a presunção de má-fé do servidor que, embora notificado, não faz a opção que lhe compete. Demissão do recorrente que se assentou em processo administrativo regular, verificada a ocorrência dos requisitos do art. 133, § 6º, da Lei 8.112/90." (RMS 23.917, Rel. Min. Ricardo Lewandowski, julgamento em 2-9-08, DJE de 19-9-08).

"Magistério. Acumulação de proventos de uma aposentadoria com duas remunerações. Retorno ao serviço público por concurso público antes do advento da Emenda Constitucional n. 20/98. Possibilidade. É possível a acumulação de proventos oriundos de uma aposentadoria com duas remunerações quando o servidor foi aprovado em concurso público antes do advento da Emenda Constitucional n. 20. O artigo 11 da EC n. 20 convalidou o reingresso – até a data da sua publicação – do inativo no serviço público, por meio de concurso. A convalidação alcança os vencimentos em duplicidade se os cargos são acumuláveis na forma do disposto no artigo 37, XVI, da Constituição do Brasil, vedada, todavia, a percepção de mais de uma aposentadoria." (RE 489.776-AgR, Eros Grau, julgamento em 17-6-08, DJE de 1º-8-08)

"A acumulação de proventos e vencimentos somente é permitida quando se tratar de cargos, funções ou empregos acumuláveis na atividade, na forma permitida pela Constituição. Inaplicabilidade à espécie da EC n. 20/98, porquanto não admitida a acumulação, na ativa, de três cargos de professora." (AI 419.426-AgR, Rel. Min. Carlos Velloso, julgamento em 13-4-04, DJ de 7-5-04)

"É possível a acumulação de um cargo de professor com um emprego (celetista) de professor. Interpretação harmônica dos incisos XVI e XVII do art. 37 da Constituição Federal." (RE 169.807, Rel. Min. Carlos Velloso, julgamento em 24-6-96, DJ de 8-11-96)

b) a de um cargo de professor com outro técnico ou científico; (EC nº 19/98)

"Acumulação de emprego de atendente de telecomunicações de sociedade de economia mista, com cargo público de magistério. Quando viável, em recurso extraordinário, o reexame das atribuições daquele emprego (atividade de telefonista), correto, ainda assim, o acórdão recorrido, no sentido de se revestirem elas de 'características simples e repetitivas', de modo a afastar-se a incidência do permissivo do art. 37, XVI, b, da Constituição." (AI 192.918-AgR, Rel. Min. Octavio Gallotti, julgamento em 3-6-97, DJ de 12-9-97)

c) a de dois cargos ou empregos privativos de profissionais de saúde, com profissões regulamentadas; (Redação da EC 19/98)

"O art. 37, XVI, 'c', da Constituição Federal autoriza a acumulação de dois cargos de médico, não sendo compatível interpretação ampliativa para abrigar no conceito o cargo de perita criminal com especialidade em medicina veterinária, como ocorre neste mandado de segurança. A especialidade médica não pode ser confundida sequer com a especialidade veterinária. Cada qual guarda característica própria que as separam para efeito da acumulação vedada pela Constituição da República." (RE 248.248, Rel. Min. Menezes Direito, julgamento em 2-9-08, DJE de 14-11-08)

XVII - a proibição de acumular estende-se a empregos e funções e abrange autarquias, fundações, empresas públicas, sociedades de economia mista, suas subsidiárias, e sociedades controladas, direta ou indiretamente, pelo poder público; (Redação da EC 19/98)

"Para efeitos do disposto no art. 37, XVII, da Constituição são sociedades de economia mista aquelas – anônimas ou não – sob o controle da União, dos Estados-Membros, do Distrito Federal ou dos Municípios, independentemente da circunstância de terem sido 'criadas por lei'. Configura-se a má-fé do servidor que acumula cargos públicos de forma ilegal quando, embora devidamente notificado para optar por um dos cargos, não o faz, consubstanciando, sua omissão, disposição de persistir na prática do ilícito." (RMS 24.249, Rel. Min. Eros Grau, julgamento em 14-9-04, DJ de 3-6-05)

"A acumulação de proventos e vencimentos somente é permitida quando se tratar de cargos, funções ou empregos acumuláveis na atividade, na forma permitida pela Constituição. CF, art. 37, XVI, XVII; art. 95, parágrafo único, I. Na vigência da Constituição de 1946, art. 185, que continha norma igual a que está inscrita no art. 37, XVI, CF/88, a jurisprudência do Supremo Tribunal Federal era no sentido da impossibilidade da acumulação de proventos com vencimentos, salvo se os cargos de que decorrem essas remunerações fossem acumuláveis. Precedentes do STF: RE 81.729-SP, ERE 68.480, MS 19.902, RE 77.237-SP, RE 76.241-RJ." (RE 163.204, Rel. Min. Carlos Velloso, julgamento em 9-11-04, DJ de 31-3-95)

§ 10. É vedada a percepção simultânea de proventos de aposentadoria decorrentes do art. 40 ou dos arts. 42 e 142 com a remuneração de cargo, emprego ou função pública, ressalvados os cargos acumuláveis na forma desta Constituição, os cargos eletivos e os cargos em comissão declarados em lei de livre nomeação e exoneração. (EC nº 20/98)

"Com o artigo 11 da Emenda Constitucional nº 20, de 15 dezembro de 1998, ocorreu o afastamento da incidência da proibição de acumular proventos e vencimentos em relação àqueles que tivessem reingressado no serviço público em data anterior ao da promulgação do novo texto constitucional." (AI 481.022-AgR, Rel. Min. Marco Aurélio, julgamento em 7-4-09, 1ª Turma, DJE de 5-6-09). No mesmo sentido: AI 399.878-AgR, Rel. Min. Cezar Peluso, julgamento em 7-8-07, 2ª Turma, DJ de 24-8-07.

"Acumulação de proventos: Procurador de Justiça e Juiz Federal. lesão à ordem pública na acepção jurídico-constitucional demonstrada. (...). Demonstração da Lesão à ordem pública em sua acepção jurídico-constitucional, tendo em vista que a liminar em apreço impedia a Administração do Tribunal Regional Federal da 5ª Região de fazer cumprir os arts. 37, § 10; 40, § 6º, da Constituição Federal e 11, parte final, da EC 20/98. A superveniência do acórdão concessivo da segurança, no caso, não tem o condão de repercutir no presente agravo regimental, até porque a suspensão de segurança vigorará enquanto pender recurso, ficando sem efeito se a decisão concessiva for mantida pelo Supremo Tribunal Federal ou transitar em julgado, nos termos do art. 297, § 3º, do RISTF. O argumento no sentido de que as aposentadorias estariam protegidas por força do ato jurídico perfeito e do direito adquirido, porque diz respeito ao mérito propriamente dito do mandado de segurança, não pode ser sopesado e apreciado na estreita via da suspensão de segurança, tendo em vista o contido nos arts. 4º da Lei 4.348/64 e 297 do RISTF. (SS 2.860-AgR, Rel. Min. Presidente Ellen Gracie, julgamento em 11-10-07, DJ de 9-11-07)

ADMINISTRATIVA

"As recorrentes pretendem continuar recebendo, cumulativamente, os proventos de aposentadoria com os vencimentos do cargo da ativa. Alegam que foram beneficiadas pela exceção criada no art. 11 da EC 20/98. A EC 20/98 vedou a percepção simultânea de proventos de aposentadoria com a remuneração de cargo, emprego ou função pública, ressalvados os cargos acumuláveis na forma desta Constituição. Por outro lado, reconheceu o direito daqueles servidores aposentados que, até a data da promulgação dessa emenda, retornaram à atividade. Não é o caso das recorrentes. Elas não ingressaram novamente no serviço público, mas ocuparam indevidamente dois cargos públicos em atividade. Embora não recebessem os vencimentos de um deles, pois gozaram de sucessivas licenças para tratar de interesse particular, tal circunstância não as torna beneficiárias da referida regra transitória. O gozo de licença não descaracteriza o vínculo jurídico do servidor com a Administração." (RE 382.389, Rel. Min. Ellen Gracie, julgamento em 14-2-06, DJ de 17-3-06). No mesmo sentido: RE 463.028, Rel. Min. Ellen Gracie, julgamento em 14-2-06, DJ de 10-3-06.

"Servidora aposentada que reingressou no serviço público, acumulando proventos com vencimentos até a sua aposentadoria, quando passou a receber dois proventos. Conforme assentado pelo Plenário no julgamento do RE 163.204, mesmo antes da citada emenda constitucional, já era proibida a acumulação de cargos públicos. Pouco importava se o servidor estava na ativa ou aposentado nesses cargos, salvo as exceções previstas na própria Constituição. Entendimento que se tornou expresso com a Emenda Constitucional 20/98, que preservou a situação daqueles servidores que retornaram ao serviço público antes da sua promulgação, nos termos do art. 11. A pretensão ora deduzida, dupla acumulação de proventos, foi expressamente vedada no citado art. 11, além de não ter sido aceita pela jurisprudência desta Corte, sob a égide da CF/88." (RE 463.028, Rel. Min. Ellen Gracie, julgamento em 14-2-06, DJ de 10-3-06)

"A acumulação de proventos e vencimentos somente é permitida quando se tratar de cargos, funções ou empregos acumuláveis na atividade, na forma permitida na Constituição. Não é permitida a acumulação de proventos de duas aposentadorias com os vencimentos de cargo público, ainda que proveniente de aprovação em concurso público antes da EC 20/98." (AI 484.756-AgR, Rel. Min. Carlos Velloso, julgamento em 15-2-05, DJ de 1º-4-05)

(OAB/Exame Unificado – 2006.1 – 2ª fase) *A Constituição Federal de 1988, em seu art. 37, estabeleceu algumas regras e princípios a serem seguidos pela Administração Pública, entre eles o da legalidade, o da impessoalidade, o da moralidade, o da publicidade e o da eficiência. Essas regras constitucionais formam a base do Direito Administrativo.*

Pedro é servidor público que trabalha na função de médico em uma pequena cidade do interior do Brasil. Sua intenção é se candidatar ao cargo de prefeito nas próximas eleições municipais. Diante da situação hipotética apresentada e considerando o tema do texto acima, redija um texto em que responda, de forma justificada e com fundamentação legal, às seguintes questões:

✓ Pedro terá que se afastar de seu cargo de médico ou poderá exercer as duas funções?
✓ Ele receberá a remuneração de médico ou a de prefeito?

Extensão máxima: 60 linhas.

RESOLUÇÃO DA QUESTÃO

A Constituição Federal, com o objetivo de preservar os princípios da eficiência, da impessoalidade e da moralidade proíbe, como regra, a acumulação remunerada de cargos, empregos e funções no âmbito da administração pública direta e indireta (art. 37, XVI).

O princípio da eficiência fica preservado, pois, com a proibição, evita-se que os agentes públicos, por terem mais de um trabalho, não se dediquem com afinco aos cargos, empregos ou funções que exercem.

E os princípios da impessoalidade e da moralidade ficam preservados, pois, com a proibição, evita-se que pessoas possam ser nomeadas para cargos em comissão, já exercendo outros cargos, empregos ou funções, de modo a acumular as duas atribuições, o que privilegiaria quem tem bom contato político, em detrimento de outras pessoas que também desejam uma oportunidade de trabalho na Administração Pública.

O fato de a impossibilidade de acumulação remunerada de cargos, empregos e funções ser uma regra, por si só, faz com que as exceções devam ser interpretadas estritamente. E o fato de tal regra receber o influxo de princípios constitucionais torna ainda mais clara a necessidade de se fazer esse tipo de interpretação.

Nesse sentido, é necessário interpretar estritamente as exceções à regra da proibição de acumulação, que estão previstas nas alíneas "a" a "c" do inciso XVI do art. 37 da Constituição Federal e também nos arts. 95, p. único, I, 128, § 5º, II, "d", e 38, III, todos da Constituição.

Dos dispositivos citados, o que mais se aproxima do caso em tela é o que permite que o vereador acumule cargo, emprego ou função, com a vereança (art. 38, III, da CF).

No caso do Prefeito há regra específica que determina que este fique afastado do cargo, emprego ou função, caso o candidato eleito exerça o mandado eletivo (art. 38, II, da CF).

Não obstante, há uma vantagem para quem está nessa situação. O detentor do mandato de Prefeito poderá optar entre a remuneração do cargo, emprego ou função que exercia e o subsídio de Prefeito (art. 38, II, da CF).

Ante o exposto, o Sr. Pedro terá que se afastar de seu cargo de médico e terá o direito de escolher se receberá a remuneração de médico ou a de prefeito.

(OAB/Exame Unificado – 2004 – 2ª fase) Em 2001, foi publicado edital de concurso público para provimento de 10 cargos de analista legislativo da Assembleia Legislativa do Estado do Espírito Santo (ALEES), o qual contém subitem que fixa a validade do concurso em um ano, prorrogável por igual período. As provas foram realizadas no ano seguinte. Em 30/7/2002, houve a homologação do resultado do concurso, e André foi aprovado em 8.º lugar. Embora o concurso tivesse sido prorrogado e houvesse cargos vagos de analista legislativo, o prazo de validade expirou sem que André fosse nomeado. No dia 1.º/8/2004, foi publicado na imprensa oficial edital de novo concurso público para provimento de três cargos de analista legislativo da ALEES. Irresignado, André apresentou o caso a um advogado e este respondeu que ele tinha direito a ser nomeado para o referido cargo, direito esse que poderia ser tutelado judicialmente mediante mandado de segurança. Considerando essa situação hipotética, redija uma dissertação em que se avalie, com fundamentação, a veracidade das afirmativas feitas pelo advogado procurado por André.

RESOLUÇÃO DA QUESTÃO

A questão apresentada diz respeito aos contornos do direito que tem aquele que é aprovado em concurso público.

Tradicionalmente, reconhecia-se ao aprovado em concurso público apenas o direito de não ser preterido na ordem de classificação (art. 37, IV, da CF). Uma vez respeitada a ordem classificatória dos aprovados, estes não tinham direito à nomeação, mas mera expectativa de direito. Esse entendimento tinha por supedâneo a ideia de que a administração pública tem margem de liberdade para verificar sobre a conveniência e oportunidade das nomeações dos aprovados em concurso.

Num segundo momento os tribunais começaram a reconhecer o direito à nomeação do aprovado em concurso público em situações nas quais a administração pública, no bojo do prazo de validade do concurso público, externava de alguma maneira que tinha interesse em nomear novos servidores. Um exemplo disso eram as situações em que a administração abria novo concurso no bojo do prazo de validade de concurso anterior.

Recentemente, os tribunais superiores passaram a entender que o candidato aprovado em concurso também tem direito de ser nomeado no limite das vagas previstas no respectivo edital, vez que a Administração, ao estabelecer as vagas no edital, vincula-se a essa escolha e cria expectativa nos candidatos, o que impõe as nomeações respectivas.

No caso em tela, considerando que André foi aprovado em classificação que se encontra contida no número de vagas previstas no edital, as afirmativas feitas pelo seu advogado quanto ao direito à nomeação são verdadeiras.

No plano processual, o advogado também acertou ao dizer que o mandado de segurança é a ação cabível. Isso porque a situação em tela pode ser comprovada de plano, mediante prova documental previamente constituída. No caso, basta apresentar em juízo o edital do concurso público e o documento que demonstra que André foi aprovado dentro do número de vagas previstas no edital. Ademais, o constrangimento a André somente se cristaliza com o fim do prazo de validade do concurso sem a sua nomeação, o que faz com que não se tenha passado o prazo decadencial de 120 dias para a propositura da demanda.

Comentário adicionais:

Confira alguns acórdãos sobre o tema:

Direito subjetivo de ser nomeado dentro dos limites das vagas previstas no edital, no prazo de validade do certame.

DIREITO ADMINISTRATIVO. RECURSO ORDINÁRIO EM MANDADO DE SEGURANÇA. CONCURSO PÚBLICO. CANDIDATO APROVADO DENTRO DO NÚMERO DE VAGAS PREVISTO NO EDITAL. DIREITO SUBJETIVO À NOMEAÇÃO. EXISTÊNCIA. PRECEDENTES DO STJ. RECURSO PARCIALMENTE PROVIDO. 1. O Superior Tribunal de Justiça firmou compreensão segundo a qual o candidato aprovado em concurso público dentro do número de vagas previsto no edital tem direito subjetivo de ser nomeado e empossado no prazo de validade do certame. 2. Recurso ordinário parcialmente provido. (STJ, RMS 26.447/MS, Rel. Ministro ARNALDO ESTEVES LIMA, QUINTA TURMA, julgado em 10/09/2009, DJe 13/10/2009)

RECURSO EM MANDADO DE SEGURANÇA. ADMINISTRATIVO. CONCURSO PÚBLICO. DIREITO À NOMEAÇÃO. DUAS RECORRENTES. CANDIDATA APROVADA ENTRE AS VAGAS PREVISTAS NO EDITAL TEM DIREITO LÍQUIDO E CERTO À NOMEAÇÃO. RECORRENTE APROVADA NAS VAGAS REMANESCENTES - MERA EXPECTATIVA DE DIREITO. RECURSO PARCIALMENTE PROVIDO. 1. A aprovação do candidato no limite do número de vagas definido no Edital do concurso gera em seu favor o direito subjetivo à nomeação para o cargo. Entretanto, se aprovado nas vagas remanescentes, além daqueles previstas para o cargo, gera-se, apenas, mera expectativa de direito. 2. As disposições contidas no Edital vinculam as atividades da Administração, que está obrigada a prover os aprovados no limite das vagas previstas. A discricionariedade na nomeação de candidatos só incide em relação aos classificados nas vagas remanescentes. 3. Não é lícito à Administração, no prazo de validade do concurso público, simplesmente omitir-se na prática dos atos de nomeação dos aprovados no limite das vagas ofertadas, em respeito aos investimentos realizados pelos concursantes, em termos financeiros, de tempo e emocionais, bem com às suas legítimas expectativas quanto à assunção do cargo público. Precedentes: RMS 15.034/RS e RMS 10.817/MG. 4. No caso, uma recorrente foi aprovada dentro do número de vagas disposto no Edital e detém direito subjetivo ao provimento no cargo; a outra candidata foi aprovada nas vagas remanescentes e não comprovou a violação da ordem de convocação dos classificados ou a contratação irregular de servidores, detendo, tão somente, mera expectativa de direito à nomeação. 5. Recurso Ordinário parcialmente provido, para determinar a nomeação, exclusivamente, da candidata aprovada dentro do número de vagas previstas no Edital. (STJ, RMS 25.957/MS, Rel. Min. NAPOLEÃO NUNES MAIA FILHO, Quinta Turma, DJe 23/6/08)

ADMINISTRATIVO. MANDADO DE SEGURANÇA. APROVAÇÃO EM CONCURSO PÚBLICO. NOMEAÇÃO. DIREITO SUBJETIVO. 1. A classificação de candidato dentro do número de vagas ofertadas pela Administração gera, não a mera expectativa, mas o direito subjetivo à nomeação. 2. A administração pratica ato vinculado ao tornar pública a existência de cargos vagos e o interesse em provê-los. Portanto, até expirar o lapso de eficácia jurídica do certame, tem o poder-dever de convocar os candidatos aprovados no limite das vagas que veiculou no edital, respeitada a ordem classificatória. Precedentes. 3. A manutenção da postura de deixar transcorrer o prazo sem proceder ao provimento dos cargos efetivos existentes por aqueles legalmente habilitados em concurso público importaria em lesão aos princípios da boa-fé administrativa, da razoabilidade, da lealdade, da isonomia e da segurança jurídica, os quais cumpre ao Poder Público observar. 4. Afasta-se a alegada conveniência da Administração como fator limitador da nomeação dos candidatos aprovados, tendo em vista a exigência constitucional de previsão orçamentária antes da divulgação do edital (art. 169, § 1º, I e II, CF). 5. Recurso ordinário provido para conceder a segurança. (STJ, RMS 27.311/AM, Rel. Ministro JORGE MUSSI, QUINTA TURMA, julgado em 04/08/2009, DJe 08/09/2009)

Direito subjetivo de ser nomeado, no limites das vagas existentes, podendo a administração não nomear se houver adequada motivação, sujeita a controle jurisdicional.

DIREITOS CONSTITUCIONAL E ADMINISTRATIVO. NOMEAÇÃO DE APROVADOS EM CONCURSO PÚBLICO. EXISTÊNCIA DE VAGAS PARA CARGO PÚBLICO COM LISTA DE APROVADOS EM CONCURSO VIGENTE: DIREITO ADQUIRIDO E EXPECTATIVA DE DIREITO. DIREITO SUBJETIVO À NOMEAÇÃO. RECUSA DA ADMINISTRAÇÃO EM PROVER CARGOS VAGOS: NECESSIDADE DE MOTIVAÇÃO. ARTIGOS 37, INCISOS II E IV, DA CONSTITUIÇÃO DA REPÚBLICA. RECURSO EXTRAORDINÁRIO AO QUAL SE NEGA PROVIMENTO. 1. Os candidatos aprovados em concurso público têm direito subjetivo à nomeação para a posse que vier a ser dada nos cargos vagos existentes ou nos que vierem a vagar no prazo de validade do concurso. 2. A recusa da Administração Pública em prover cargos vagos quando existentes candidatos aprovados em concurso público deve ser motivada, e esta motivação é suscetível de apreciação pelo Poder Judiciário. 3. Recurso extraordinário ao qual se nega provimento. (STF, RE 227480, Relator(a): Min. MENEZES DIREITO, Relator(a) p/ Acórdão: Min. CÁRMEN LÚCIA, Primeira Turma, julgado em 16/09/2008, DJe-157 DIVULG 20-08-2009 PUBLIC 21-08-2009 EMENT VOL-02370-06 PP-01116)

Direito subjetivo à nomeação, dada a contratação precária de terceiros no prazo de validade do concurso.

ADMINISTRATIVO. CONCURSO PÚBLICO. MAGISTÉRIO DA REDE PÚBLICA DE ENSINO DO DISTRITO FEDERAL. CONTRATAÇÃO PRECÁRIA DE TERCEIROS DENTRO DO PRAZO DE VALIDADE DO CERTAME. DIREITO SUBJETIVO DE CANDIDATOS APROVADOS À NOMEAÇÃO. EXISTÊNCIA. PRECEDENTES. RECURSO ESPECIAL CONHECIDO E PROVIDO. 1. Embora aprovado em concurso público, tem o candidato mera expectativa de direito à nomeação. Porém, tal expectativa se transforma em direito subjetivo para os candidatos quando, dentro do prazo de validade do certame, há contratação precária de terceiros, concursados ou não, para exercício dos cargos. Precedentes do STJ. 2. Recurso especial conhecido e provido. (STJ, REsp 744.322/DF, Rel. Ministra LAURITA VAZ, Rel. p/ Acórdão Ministro ARNALDO ESTEVES LIMA, QUINTA TURMA, julgado em 18/06/2009, DJe 14/09/2009)

Inexistência de direito subjetivo pela criação de novas vagas não previstas no edital.

AGRAVO REGIMENTAL. RECURSO ORDINÁRIO EM MANDADO DE SEGURANÇA. CONCURSO PÚBLICO. LEGISLAÇÃO SUPERVENIENTE. CRIAÇÃO DE NOVAS VAGAS. DIREITO LÍQUIDO E CERTO À CONVOCAÇÃO. INEXISTÊNCIA. A criação de novas vagas, durante o prazo de validade do concurso público, não garante o direito à nomeação àqueles que foram aprovados fora das vagas originalmente previstas no edital do certame, por se tratar de ato discricionário da Administração, não havendo falar em direito adquirido, mas tão somente em expectativa de direito. Precedentes. (STJ, AgRg no RMS 26.947/CE, Rel. Ministro FELIX FISCHER, QUINTA TURMA, julgado em 02/12/2008, DJe 02/02/2009)

Direito à indenização em caso de preterição da ordem de classificação.

MANDADO DE SEGURANÇA. ADMINISTRATIVO. CONCURSO PÚBLICO. NOMEAÇÃO. OFENSA À ORDEM DE CLASSIFICAÇÃO. DIREITO AO RECEBIMENTO DOS VENCIMENTOS. PRECEDENTE. 1. A anterior nomeação de candidatos aprovados em ordem de classificação posterior à do impetrante evidencia a ofensa ao seu direito líquido e certo de ser nomeado. Preenchidas as vagas das localidades que optara o impetrante, deveria a Administração tê-lo convocado para que, em respeito à ordem de classificação, optasse por uma das lotações restantes.

2. Pagamento dos vencimentos retroativos à data da impetração, tendo em vista que a violação do direito da impetrante ao exercício do cargo deu-se por força de ilegalidade da Administração. Precedentes. 3. Segurança concedida. (STJ, MS 10.764/DF, Rel. Ministra MARIA THEREZA DE ASSIS MOURA, TERCEIRA SEÇÃO, julgado em 23/09/2009, DJe 01/10/2009).

Inexistência de direito à indenização em caso de não nomeação dentro dos limites das vagas previstas no edital.

AGRAVOS REGIMENTAIS. RECURSOS ESPECIAIS. ADMINISTRATIVO E PROCESSUAL CIVIL. CONCURSO PÚBLICO. DIREITO SUBJETIVO À NOMEAÇÃO. CANDIDATO APROVADO DENTRO DO NÚMERO DE VAGAS ESTABELECIDAS NO EDITAL DO CERTAME. PRETERIÇÃO DE CANDIDATO. INDENIZAÇÃO. EFEITO FINANCEIRO RETROATIVO À DATA DA POSSE. IMPOSSIBILIDADE. 1. A aprovação de candidato a cargo público, dentro do número de vagas estabelecidas no edital do certame, convola a mera expectativa de ingresso, nos quadros de pessoal de entidades públicas, em direito subjetivo à nomeação. 2. A jurisprudência do STJ entende indevida a percepção de vencimentos, inclusive a título de indenização, a candidatos preteridos na ordem de classificação em certame público, posteriormente nomeados pela Administração, por força de decisão judicial, porquanto a percepção da retribuição pecuniária impõe o efetivo exercício do cargo. 3. Agravos regimentais da União e de Micheline Garcia Cavalcanti de Almeida aos quais se nega provimento. (STJ, AgRg no REsp 615.459/SC, Rel. Ministro CELSO LIMONGI (CONVOCADO), SEXTA TURMA, julgado em 19/11/2009, DJe 07/12/2009).

ADMINISTRATIVA

Prorrogação do prazo de validade de concurso público. Ato discricionário.

PRORROGAÇÃO DO PRAZO DE VALIDADE. ATO DISCRICIONÁRIO. RECURSO IMPROVIDO. A prorrogação do prazo de validade de concurso público é ato discricionário da Administração, sendo vedado ao Poder Judiciário o reexame dos critérios de conveniência e oportunidade adotados. (STJ, RMS 25.501/RS, Rel. Ministro ARNALDO ESTEVES LIMA, QUINTA TURMA, julgado em 18/08/2009, DJe 14/09/2009).

4. IMPROBIDADE ADMINISTRATIVA

(OAB/Exame Unificado – 2012.3 – 2ª fase) Luiz foi secretário de assistência social do Estado "X" durante cinco anos e acaba de ser cientificado de que o Ministério Público Estadual ajuizou, contra ele, uma ação de improbidade administrativa por ter celebrado contrato, indevidamente rotulado de convênio, sem a observância do devido procedimento licitatório.

Luiz argumenta que não houve, de sua parte, má-fé ou intenção de fraudar o procedimento licitatório. Além disso, comprova que adotou todas as medidas de cautela que poderiam ser razoavelmente exigidas de um administrador público antes de celebrar o ajuste. Por fim, informa que o Tribunal de Contas do Estado (TCE) competente teria aprovado as contas que prestou na qualidade de ordenador de despesas, não identificando qualquer dano ao erário.

Considerando a hipótese apresentada, responda, empregando os argumentos jurídicos apropriados e a fundamentação legal pertinente ao caso, aos itens a seguir.

a) O argumento de Luiz, ao pretender afastar a improbidade administrativa sob o fundamento de que não teria agido com a intenção de fraudar o procedimento licitatório, deve prevalecer? (Valor: 0,65)

b) O argumento de Luiz, ao pretender descaracterizar o ato de improbidade administrativa invocando a aprovação de suas contas pelo TCE, deve prevalecer? (Valor: 0,60)

RESOLUÇÃO DA QUESTÃO

A) A resposta deve ser afirmativa. De acordo com a jurisprudência consolidada dos Tribunais Superiores, a improbidade é a ilegalidade tipificada e qualificada pelo elemento subjetivo da conduta. Assim, para caracterizá-la, é indispensável que a conduta do agente seja dolosa, para a tipificação das hipóteses previstas no Art. 9º e no Art. 11, ou ao menos culposa, para a tipificação das condutas previstas no Art. 10, todos da Lei n. 8.429/92 (RESPs: 734.984/SP; 842.428/ES; 658.415/MA, entre outros). No caso, afasta-se também a culpa de Luiz, pois ele demonstrou que tomou todas as cautelas exigíveis antes da celebração do ajuste.

B) O argumento de Luiz não deve prevalecer, tendo em vista a independência das instâncias. Nesse sentido, confirma-se a norma do Art. 21, inciso II, da Lei n. 8.429/92.

Distribuição dos Pontos

Quesito Avaliado	Valores
A. Sim. Inexistindo enriquecimento sem causa e dano ao erário, a conduta do agente enquadra-se na hipótese do Art. 11 da Lei 8429/92. Tal dispositivo exige presença do elemento subjetivo dolo para a caracterização da improbidade. (0,65)	0,00/0,65
B. Não deve prevalecer o argumento, tendo em vista a independência das instâncias. (0,35) Referência à norma do Art. 21, inciso II, da Lei n. 8.429/92.(0,25)	0,00/0,25/0,35/0,60

(OAB/Exame Unificado – 2009.3 – 2ª fase) O Ministério Público Federal ajuizou ação de improbidade administrativa contra agentes públicos que simularam gastos para o recebimento indevido de R$ 100.000,00 em desfavor do município M, que também ingressou na ação no polo ativo. Antes da decisão condenatória, os referidos agentes promoveram, em juízo, o ressarcimento, ao erário, da quantia indevidamente recebida e postularam à autoridade julgadora a extinção do processo, sob o fundamento de que o ressarcimento integral do dano patrimonial causado ao erário implicaria ausência de prejuízo aos cofres públicos, de modo a não mais se justificar a aplicação das sanções da lei que dispõe sobre improbidade administrativa (Lei n.o 8.429/1992).

A autoridade julgadora, em atenção aos princípios constitucionais do contraditório e da ampla defesa, intimou o município para que se manifestasse acerca do alegado.

Em face dessa situação hipotética, responda, de forma fundamentada, se há amparo legal à pretensão deduzida pelos agentes.

RESOLUÇÃO DA QUESTÃO

Considerando que o padrão de resposta apresentado pela examinadora simulou uma resposta que o candidato poderia dar, usaremos o próprio padrão de resposta como resolução da questão. Confira:

"Deve-se destacar que o ressarcimento ao erário não implica anistia do ato de improbidade, mas dever dos agentes. Isso porque, nos termos do art. 12 da Lei n.º 8.429/1992, se os agentes não promoverem o ressarcimento de forma espontânea, são compelidos a fazê-lo pela sentença condenatória.

Assim, ainda que haja o integral ressarcimento do dano patrimonial ao erário, tal fato não elide a condenação dos agentes ímprobos no tocante às demais sanções previstas na lei de improbidade administrativa.

Com efeito, a Lei n.º 8.429/1992 tem por finalidade precípua coibir, punir e afastar da atividade pública os agentes que praticam condutas incompatíveis com o cargo público ocupado.

Nesse sentido, o art. 12 do aludido diploma legal estabelece, para cada uma das condutas descritas na lei, as respectivas sanções cabíveis. Para todas as condutas descritas encontra-se prevista a sanção de "ressarcimento integral do dano, quando houver".

Dessa forma, a reparação do dano é o mínimo a ser atendido pelo agente diante da prática de um ato de improbidade que configure lesão ao erário.

Tal atitude, todavia, não elide as demais sanções previstas nos incisos do referido art. 12, pois a reparação do prejuízo não constitui, por si só, elemento suficiente para atender ao espírito da Lei n.º 8.429/1992, sob pena de esvaziamento da sua própria essência, visto que tem como um de seus principais objetivos inibir a reiteração da conduta ilícita.

Portanto, embora seja certo que as sanções constantes do art. 12 do diploma legal não são necessariamente aplicáveis cumulativamente, também é verdade que, diante do ato de improbidade, a sanção não pode limitar-se ao ressarcimento dos danos, embora a autoridade julgadora deva, com fundamento na proporcionalidade e razoabilidade, considerar o ressarcimento quando da dosimetria da sanção a ser imposta.

Deve-se, portanto, destacar que a hipótese não é de extinção do processo.

Comentários adicionais

Panorama da Improbidade Administrativa na Jurisprudência

Considerando a importância da Lei de Improbidade Administrativa (Lei 8.429/92) para o exame da OAB, vale fazer um panorama geral dos entendimentos jurisprudenciais mais importantes sobre essa lei.

Comecemos pelas **modalidades** de improbidade administrativa. A lei traz três modalidades, quais sejam, a) enriquecimento ilícito do agente (art. 9º), b) prejuízo ao erário (art. 10); e c) violação aos princípios da administração (art. 11). Pois bem. O STJ acabou de consagrar o entendimento de que as modalidades dos arts. 9º e 11 requerem o elemento subjetivo *dolo* para se configurarem. Já a modalidade do art. 10 pode-se configurar mediante conduta *culposa* ou *dolosa* (EREsp 875.163/RS, DJ 30/06/2010). Foram afastadas todas as teses de responsabilidade objetiva em matéria de improbidade administrativa. E, no caso do dolo, esclareceu-se que se trata do *dolo genérico*, consistente na "vontade de realizar fato descrito na norma incriminadora" (REsp 765.212/AC, j. em 02.03.2010).

Vale salientar que "a petição inicial de ação civil pública não necessita descrever o comportamento e a conduta dos acusados com todos os pormenores requeridos pela lei processual penal, sendo suficiente a descrição genérica dos fatos e das imputações" (REsp 1183719/SP, DJ 01/07/2010), mas eventual condenação deve enquadrar o fato em uma das modalidades tipificadas na Lei 8.429/92.

No tocante aos **sujeitos ativos do ato de improbidade**, desde a entrada em vigor da lei houve discussão da não sujeição dos agentes políticos ao processo de que cuida a Lei 8.429/92, tendo em vista que estes já respondem por crime de responsabilidade, cujas sanções são equivalentes, já que incluem a suspensão dos direitos políticos e a perda do cargo. Essa discussão levou mais de 15 anos e, finalmente, o STF fixou o entendimento de que os agentes políticos que respondam por crime de responsabilidade (exemplo: presidente, ministro de Estado, desembargador, entre outros) não estão sujeitos à incidência da Lei 8.429/92 (*vide*, por exemplo, o RE 579799, DJ 19-12-2008). Todavia, o STF ainda não incluiu os prefeitos nesse rol, apesar destes responderem por crime de responsabilidade, o que parece representar dois pesos e duas medidas (Rcl 6034, DJ 29-08-2008).

No tocante à existência de **foro por prerrogativa de função** para o processamento da ação por improbidade, a questão acabou ficando esvaziada com a não submissão da maior parte dos agentes políticos à Lei 8.429/92. No entanto, no caso do Prefeito, como a lei continua se aplicando a este, a questão é relevante. Nesse ponto, o STF declarou inconstitucional a alteração feita no art. 84, § 2º, do Código de Processo Penal, que estendia o foro privilegiado da esfera penal às ações de improbidade, que são consideradas ações cíveis (ADI 2797, DJ 19-12-2006). Assim, as ações de improbidade movidas contra os Prefeitos devem ser promovidas em primeira instância.

No tocante à **cumulatividade das sanções previstas no art. 12 da Lei 8.429/92**, o STJ entendeu que as sanções previstas não lei não podem ser cumuladas de modo indistinto, em obediência ao princípio da proporcionalidade (REsp 626.204/RS, DJ 06.09.2007). Na prática, somente em casos gravíssimos, como de enriquecimento ilícito do agente (art. 9º), justifica-se a cumulação de todas as sanções previstas no art. 12. Casos que envolvam violação a princípios (art. 11) e prejuízo ao erário (art. 10), desde que não dolosos, dão ensejo, normalmente, apenas a multa civil e ressarcimento do dano (AgRg no AgRg no Ag 1261659/TO, DJ 07/06/2010). Aliás, em matéria de aplicação das sanções, vale trazer à colação outro entendimento do STJ, este no sentido de que a aplicação da sanção de demissão/perda do cargo, em caso de prática de ato de improbidade, não é de competência exclusiva da autoridade judiciária, podendo ser feita pela autoridade administrativa, dada a independência das instâncias (AgRg no MS 15.054/DF, DJ 18/05/2010).

No que diz respeito ao **prazo prescricional** para o exercício da pretensão de aplicar as sanções de improbidade administrativa, o STF entende que a pretensão é imprescritível quanto à sanção de ressarcimento do erário. Aliás, o STF foi além ao interpretar o art. 37, § 5º, da CF e consagrou entendimento de que são imprescritíveis as pretensões de ressarcimento ao erário toda vez que este é causado por ato ilícito do ofensor, seja este ato de improbidade ou não (MS 26.210, DJ 10.10.08).

Ainda em matéria de prescrição, a existência de duas regras a respeito no art. 23 da Lei 8.429/92 gerou muitas dúvidas de interpretação. A primeira regra diz respeito à prescrição quanto a agentes públicos detentores de cargo em comissão, função de confiança e mandato. No caso, o prazo é de 5 anos, contados da cessação do vínculo. A segunda regra diz respeito aos servidores efetivos e empregados públicos. No caso, o prazo é o fixado na lei local para demissões a bem do serviço público (normalmente 5 anos contados da data do fato). Remanescia a dúvida, portanto, de qual regra deveria ser aplicada quanto aos servidores detentores de cargo efetivo, mas que praticaram o ato em momento que estavam em cargos em comissão ou função de confiança. O STJ apreciou a questão e entendeu que se deveria aplicar a regra pertinente ao servidor efetivo (REsp 1060529/MG, DJe 18/09/2009), regra essa normalmente mais favorável ao agente público, vez que o termo *a quo* do prazo prescricional tem início logo após a prática do ato. Nos casos de mais de um réu, entendeu-se que o prazo prescricional corre individualmente, de acordo com a as condições de cada réu (STJ, REsp 1185461/PR, DJ 17/06/2010). E, no caso de reeleição de Prefeito, entendeu-se que o prazo começa a fluir do término do segundo mandato (REsp 1153079/BA, DJ 29/04/2010).

No campo processual, a jurisprudência do STJ vem fixando vários entendimentos acerca da medida cautelar de **indisponibilidade de bens**, como tutela de urgência para garantir eventual condenação pecuniária resultante de improbidade administrativa. Um dos entendimentos fixados é no sentido de que tal medida pode alcançar bens adquiridos anteriormente à prática do ato de improbidade (REsp 839936/PR, DJ 01.08.2007), mesmo que se trate de bem de família (REsp 806.301/PR, DJ 03.03.2008). Ademais, o STJ entende que a decretação da medida, que não se confunde com o sequestro, prescinde da individualização de bens na petição inicial e requer apenas o *fumus boni juris*, estando o *periculum in mora* implícito na lei (REsp 1177290/MT, DJ 01/07/2010). De qualquer forma, a jurisprudência daquele tribunal determina que a medida deve incidir apenas sobre as bases patrimoniais da futura sentença condenatória, incluído o valor de eventual multa civil (AgRg nos EDcl no REsp 1163537/SP, DJ 01/07/2010), não podendo se dirigir sobre todo o patrimônio do acusado de ato ímprobo, de modo indiscriminado.

Ainda no campo processual, o STJ ainda não se pacificou sobre se a ausência de oportunidade para os réus apresentarem **defesa preliminar** antes do recebimento da inicial (art. 17, § 7º, da Lei 8.429/92) constitui cerceamento de defesa que gera nulidade absoluta do processo desde sua origem. Há acórdãos nesse sentido (REsp 883.795/SP, DJ 26.03.2008), mas também há decisões no sentido de que a nulidade só existirá se houver demonstração do efetivo prejuízo (REsp 1174721/SP, DJ 29/06/2010).

ADMINISTRATIVA

(OAB/Exame Unificado – 2009.1 – 2ª fase) João, prefeito municipal, na vigência de seu mandato, permitiu locação de bem por preço superior ao de mercado, além de ter percebido diretamente vantagem econômica para facilitar a alienação de bem público por preço inferior ao valor de mercado. O mandato de João terminou em 31/12/2003, e, em 10/12/2008, o Ministério Público ajuizou ação de improbidade administrativa contra ele, que foi regularmente citado em 19/12/2008. Em sua defesa, João alegou prescrição dos atos a ele imputados. Considerando a situação hipotética acima apresentada e a corrente doutrinária que admite que prefeito municipal responda por atos de improbidade administrativa, esclareça se houve prescrição dos atos imputados a João. Caso a resposta seja afirmativa, justifique-a, caso seja negativa, indique, com a devida fundamentação, as cominações a que João está sujeito.

RESOLUÇÃO DA QUESTÃO

De acordo com o art. 23, I, da Lei 8.429/92 o prazo de prescrição para aplicação das sanções previstas na Lei de Improbidade Administrativa é de 5 anos, contados do término do exercício do mandato.

No caso em tela, não houve o transcurso de 5 anos entre o término do mandato (31/12/2003) e a citação na ação por improbidade administrativa (19/12/2008), de modo que não houve prescrição.

Uma vez não ocorrida a prescrição, resta verificar as cominações a que João está sujeito. Nesse ponto, é necessário verificar que modalidades de ato de improbidade foram praticadas.

A primeira imputação – locação de bem por preço superior ao de mercado – configura improbidade por prejuízo ao erário (art. 10, V, da Lei 8.429/92). Já a segunda imputação – percepção de vantagem econômica para facilitar a alienação de bem público por preço inferior ao valor de mercado –, configura improbidade por enriquecimento ilícito do agente (art. 9º, III, da Lei 8.429/92).

Para fins de aplicação das sanções por improbidade administrativa, a modalidade mais grave absorve a modalidade menos grave. Assim, deve-se aplicar a João as sanções previstas no art. 12, I, da Lei 8.429/92. Tais sanções podem ser aplicadas isolada ou cumulativamente, de acordo com a gravidade do ato. Tal entendimento já estava sedimentado no Superior Tribunal de Justiça e, agora, encontra fundamento no próprio texto da Lei de Improbidade Administrativa, cujo *caput* do art. 12 foi alterado pela Lei 12.120/09.

Assim, João está sujeito às seguintes cominações: perda dos bens ou valores acrescidos ilicitamente ao patrimônio, ressarcimento integral do dano, quando houver, perda da função pública, suspensão dos direitos políticos de oito a dez anos, pagamento de multa civil de até três vezes o valor do acréscimo patrimonial e proibição de contratar com o Poder Público ou receber benefícios ou incentivos fiscais ou creditícios, direta ou indiretamente, ainda que por intermédio de pessoa jurídica da qual seja sócio majoritário, pelo prazo de dez anos.

Comentários adicionais.

É importante que se saiba que o Supremo Tribunal Federal, com base no art. 37, § 5º, da Constituição, vem entendendo que a sanção de ressarcimento do erário é **imprescritível** quando se pratica ato ilícito em desfavor da Administração, o que inclui, certamente, os atos de improbidade administrativa (MS 26.210, Rel. Min. Ricardo Lewandowski, julgamento em 4-9-08, DJE de 10-10-08).

(OAB/Exame Unificado – 2007.1 – 2ª fase) Pedro, ex-prefeito do município X, está sendo processado pelo Ministério Público por ato de improbidade, já que teria utilizado, em sua propriedade, veículos e pessoal do serviço público municipal para construção de uma churrasqueira. Considerando a situação acima, redija um texto fundamentado esclarecendo qual a natureza jurídica dos atos de improbidade administrativa praticados pelo ex-prefeito e qual o órgão do Poder Judiciário competente para julgar tais atos.

RESOLUÇÃO DA QUESTÃO

A improbidade administrativa pode ser conceituada como a imoralidade qualificada pelo enriquecimento ilícito do agente, pelo prejuízo ao erário ou pela violação dos princípios da administração pública (arts. 9º, 10 e 11 da Lei 8.429/92).

O instituto tem como regra matriz a Constituição Federal, que estabelece que a sua configuração importará a suspensão dos direitos políticos, a perda da função pública, a indisponibilidade dos bens e o ressarcimento ao erário, na forma e gradação previstas em lei, sem prejuízo da ação penal cabível (art. 37, § 4º, da CF).

As características das sanções previstas na Constituição Federal, somadas à delimitação trazida pela Constituição no sentido de que tais sanções serão aplicadas sem prejuízo das sanções penais cabíveis, revela que o ato de improbidade administrativa tem natureza não penal ou civil em sentido em amplo. E o fato de as sanções serem de natureza política (suspensão dos direitos políticos), administrativa (perda da função pública) e civil (ressarcimento do erário) faz com que o instituto tenha natureza *sui generis*, podendo-se dizer que os atos de improbidade administrativa são ilícitos de natureza cível em sentido amplo, com repercussões políticas, administrativas e civis.

Nesse sentido, é competente para julgar as ações de improbidade o juízo cível ou da fazenda pública, este quando houver. É importante ressaltar que o Supremo Tribunal Federal entende que não há foro por prerrogativa de função nas ações de responsabilidade por ato de improbidade administrativa, tendo inclusivo declarado a inconstitucionalidade do art. 84, § 2º, do Código de Processo Penal, que estendia o foro privilegiado das ações penais, para as ações por improbidade administrativa.

Em relação ao ato praticado pelo Prefeito, consistente na utilização, em sua propriedade, de veículos e pessoal do serviço público municipal, para a construção de uma churrasqueira, trata-se de conduta que se enquadra na modalidade de improbidade administrativa que importa em enriquecimento ilícito do agente (art. 9º, IV, da Lei 8.429/92), ensejando as sanções previstas no art. 12, III, da lei citada.

O fato de o Prefeito também estar sujeito a responsabilidade pela prática de crime de responsabilidade, não exclui a incidência da ação por improbidade administrativa. O Supremo Tribunal Federal, apesar de ter esse entendimento em relação a outros agentes políticos, não vem aplicando, ainda, a mesma conclusão em relação aos Prefeitos.

Comentários adicionais.

Confira o acórdão do Supremo Tribunal Federal que reconheceu que a ação por improbidade administrativa é de **natureza cível**, bem como que decidiu que **não há foro por prerrogativa de função** para o julgamento dessa ação:

EMENTA: I. Foro especial por prerrogativa de função: extensão, no tempo, ao momento posterior à cessação da investidura na função dele determinante. Súmula 394/STF (cancelamento pelo Supremo Tribunal Federal). Lei 10.628/2002, que acrescentou os §§ 1º e 2º ao artigo 84 do C. Processo Penal: pretensão inadmissível de interpretação autêntica da Constituição por lei ordinária e usurpação da competência do Supremo Tribunal para interpretar a Constituição: inconstitucionalidade declarada. 1. O novo § 1º do art. 84 CPrPen constitui evidente reação legislativa ao cancelamento da Súmula 394 por decisão tomada pelo Supremo Tribunal no Inq 687-QO, 25.8.97, rel. o em. Ministro Sydney Sanches (RTJ 179/912), cujos fundamentos a lei nova contraria inequivocamente. 2. Tanto a Súmula 394, como a decisão do Supremo Tribunal, que a cancelou, derivaram de interpretação direta e exclusiva da Constituição Federal. 3. Não pode a lei ordinária pretender impor, como seu objeto imediato, uma interpretação da Constituição: a questão é de inconstitucionalidade formal, ínsita a toda norma de gradação inferior que se proponha a ditar interpretação da norma de hierarquia superior. 4. Quando, ao vício de inconstitucionalidade formal, a lei interpretativa da Constituição acresça o de opor-se ao entendimento da jurisprudência constitucional do Supremo Tribunal - guarda da Constituição -, às razões dogmáticas acentuadas se impõem ao Tribunal razões de alta política institucional para repelir a usurpação pelo legislador de sua missão de intérprete final da Lei Fundamental: admitir pudesse a lei ordinária inverter a leitura pelo Supremo Tribunal da Constituição seria dizer que a interpretação constitucional da Corte estaria sujeita ao referendo do legislador, ou seja, que a Constituição - como entendida pelo órgão que ela própria erigiu em guarda da sua supremacia -, só constituiria o correto entendimento da Lei Suprema na medida da inteligência que lhe desse outro órgão constituído, o legislador ordinário, ao contrário, submetido aos seus ditames. 5. Inconstitucionalidade do § 1º do art. 84 C.Pr.Penal, acrescido pela lei questionada e, por arrastamento, da regra final do § 2º do mesmo artigo, que manda estender a regra à ação de improbidade administrativa. II. Ação de improbidade administrativa: extensão da competência especial por prerrogativa de função estabelecida para o processo penal condenatório contra o mesmo dignitário (§ 2º do art. 84 do C Pr Penal introduzido pela L. 10.628/2002): declaração, por lei, de competência originária não prevista na Constituição: inconstitucionalidade. 1. No plano federal, as hipóteses de competência cível ou criminal dos tribunais da União são as previstas na Constituição da República ou dela implicitamente decorrentes, salvo quando esta mesma remeta à lei a sua fixação. 2. Essa exclusividade constitucional da fonte das competências dos tribunais federais resulta, de logo, de ser a Justiça da União especial em relação às dos Estados, detentores de toda a jurisdição residual. 3. Acresce que a competência originária dos Tribunais é, por definição, derrogação da competência ordinária dos juízos de primeiro grau, do que decorre que, demarcada a última pela Constituição, só a própria Constituição a pode excetuar. 4. Como mera explicitação de competências originárias implícitas na Lei Fundamental, à disposição legal em causa seriam oponíveis as razões já aventadas contra a pretensão de imposição por lei ordinária de uma dada interpretação constitucional. 5. De outro lado, pretende a lei questionada equiparar a ação de improbidade administrativa, de natureza civil (CF, art. 37, § 4º), à ação penal contra os mais altos dignitários da República, para o fim de estabelecer competência originária do Supremo Tribunal, em relação à qual a jurisprudência do Tribunal sempre estabeleceu nítida distinção entre as duas espécies. 6. Quanto aos Tribunais locais, a Constituição Federal - salvo as hipóteses dos seus arts. 29, X e 96, III -, reservou explicitamente às Constituições dos Estados-membros a definição da competência dos seus tribunais, o que afasta a possibilidade de ser ela alterada por lei federal ordinária. III. Ação de improbidade administrativa e competência constitucional para o julgamento dos crimes de responsabilidade. 1. O eventual acolhimento da tese de que a competência constitucional para julgar os crimes de responsabilidade haveria de estender-se ao processo e julgamento da ação de improbidade, agitada na Rcl 2138, ora pendente de julgamento no Supremo Tribunal, não prejudica nem é prejudicada pela inconstitucionalidade do novo § 2º do art. 84 do C.Pr.Penal. 2. A competência originária dos tribunais para julgar crimes de responsabilidade é bem mais restrita que a de julgar autoridades por crimes comuns: afora o caso dos chefes do Poder Executivo - cujo impeachment é da competência dos órgãos políticos - a cogitada competência dos tribunais não alcançaria, sequer por integração analógica, os membros do Congresso Nacional e das outras casas legislativas, aos quais, segundo a Constituição, não se pode atribuir a prática de crimes de responsabilidade. 3. Por outro lado, ao contrário do que sucede com os crimes comuns, a regra é que cessa a imputabilidade por crimes de responsabilidade com o termo da investidura do dignitário acusado. (ADI 2797, Relator(a): Min. SEPÚLVEDA PERTENCE, Tribunal Pleno, julgado em 15/09/2005, DJ 19-12-2006 PP-00037 EMENT VOL-02261-02 PP-00250)

EMENTA: AGRAVO REGIMENTAL NO RECURSO EXTRAORDINÁRIO. DESEMBARGADOR. AGENTE POLÍTICO. AÇÃO DE IMPROBIDADE ADMINISTRATIVA. O Supremo Tribunal Federal fixou entendimento nos termos do qual a Constituição do Brasil não admite concorrência entre dois regimes de responsabilidade político-administrativa para os agentes políticos. Precedentes. Agravo regimental a que se nega provimento.

(RE 579799 AgR, Relator(a): Min. EROS GRAU, Segunda Turma, julgado em 02/12/2008, DJe-241 DIVULG 18-12-2008 PUBLIC 19-12-2008 EMENT VOL-02346-15 PP-03345) **(o caso diz respeito a desembargador)**

Confira acórdão do Supremo Tribunal Federal esclarecendo que, no caso de Prefeito Municipal, não se pode concluir que este não responde por improbidade administrativa:

EMENTA: PROCESSUAL. ATO DE IMPROBIDADE DE PREFEITO MUNICIPAL. CONFIGURAÇÃO COMO CRIME DE RESPONSABILIDADE. COMPETÊNCIA DO JUIZ MONOCRÁTICO PARA PROCESSAR E JULGAR O FEITO. AUSÊNCIA DE IDENTIDADE MATERIAL COM OS PARADIGMAS INVOCADOS. AGRAVO IMPROVIDO. I - Os paradigmas invocados pelo agravante dizem respeito à estipulação da competência desta Suprema Corte, para processar e julgar os crimes de responsabilidade cometidos por Ministros de Estado. II - O STF tem entendido, nessas hipóteses, que os atos de improbidade administrativa devem ser caracterizados como crime de responsabilidade. III - Na espécie, trata-se de prefeito municipal processado por atos de improbidade administrativa que entende ser de competência originária do Tribunal de Justiça local, e não do juiz monocrático, o processamento e julgamento do feito. IV - Não há identidade material entre o caso sob exame e as decisões invocadas como paradigma. V - Agravo improvido.

(Rcl 6034 MC-AgR, Relator(a): Min. RICARDO LEWANDOWSKI, Tribunal Pleno, julgado em 25/06/2008, DJe-162 DIVULG 28-08-2008 PUBLIC 29-08-2008 EMENT VOL-02330-02 PP-00306)

5. BENS PÚBLICOS

(OAB/Exame Unificado – 2012.1 – 2ª fase) O Estado X ajuizou ação de reintegração de posse em face de Caio, servidor público que, na qualidade de vigia de uma escola pública estadual, reside em uma pequena casa nos fundos do referido imóvel público e, embora devidamente notificado para desocupar o bem, recusou-se a fazê-lo.

Em sua defesa, Caio alega (i) que reside no imóvel com a anuência verbal do Poder Público e(ii) que a sua boa-fé, associada ao decurso de mais de quinze anos de ocupação do bem sem qualquer oposição, lhe asseguram a usucapião do imóvel.

Considerando a situação hipotética apresentada, analise os dois fundamentos deduzidos por Caio em sua defesa, empregando os argumentos jurídicos apropriados e a fundamentação legal pertinente ao caso. (valor: 1,25)

RESOLUÇÃO DA QUESTÃO

A anuência verbal do Poder Público em relação à ocupação do imóvel não repercute sobre a esfera jurídica do Poder Público, uma vez que os contratos verbais com a Administração Pública são nulos e sem nenhum efeito, nos termos do artigo 60, parágrafo único, da Lei n. 8.666/93.

Em relação ao segundo argumento, um dos atributos dos bens públicos, qual seja, a sua imprescritibilidade, de modo que os bens públicos não se sujeitam à prescrição aquisitiva de direitos. Assim, a pretensão de usucapião de um bem público deve ser rejeitada, conforme previsto nos artigos 183, § 3º (propriedade urbana) e 191, parágrafo único (propriedade rural), ambos da CRFB.

Ë importante ressaltar que, por se tratar de prova discursiva, será exigido do examinando o desenvolvimento do tema apresentado. Desse modo, além de resposta conclusiva acerca do arguido, a mera menção a artigo não é pontuada, nem a mera resposta negativa desacompanhada do fundamento correto.

Distribuição dos Pontos

(não será aceita mera menção ao artigo)

Quesito Avaliado	Faixa de valores
Fundamento 1	**Pontuação**
Improcedência do primeiro argumento, uma vez que é nulo e sem nenhum efeito o contrato verbal com a Administração Pública (0,35), nos termos do artigo 60, parágrafo único, da Lei n. 8.666/93 (0,30). **Obs.: Não será aceita mera menção ao artigo**	0,00/0,35 / 0,65
Fundamento 2	
Improcedência do segundo argumento, uma vez que uma das características dos bens públicos é a imprescritibilidade (0,3), o que impede sua aquisição por usucapião, nos termos dos artigos 183, § 3º (propriedade urbana) e/ou 191, parágrafo único (propriedade rural), da CRFB (0,3). **Obs.: Não será aceita mera menção ao artigo**	0,00 / 0,30/0,60

(OAB/Exame Unificado – 2011.3 – 2ª fase) Ao assumir a presidência de uma importante autarquia estadual, Tício determinou a realização de uma auditoria em todo o patrimônio da entidade. Ao final dos trabalhos da comissão de auditoria, chamou a atenção de Tício a enorme quantidade de bens móveis catalogados, no relatório final de auditoria, como inservíveis para a administração.

Considerando a situação hipotética narrada, responda aos seguintes questionamentos, empregando os argumentos apropriados e a fundamentação legal pertinente ao caso.

a) Qual a natureza jurídica dos bens pertencentes à autarquia? (Valor: 0,6)
b) Como deverá proceder Tício caso resolva alienar os bens móveis catalogados como inservíveis para a administração? (Valor: 0,65)

RESOLUÇÃO DA QUESTÃO

Sendo a autarquia uma pessoa jurídica de direito público, seus bens são considerados bens públicos e submetem-se ao regime jurídico juspublicista. Tal conclusão extrai-se da norma do artigo 98 do Código Civil, que classifica os bens públicos de acordo com a sua titularidade. A alienação de bens móveis pertencentes à autarquia deve observar a disciplina prevista no artigo 17, inciso II, da Lei n. 8.666/93, que exige: interesse público devidamente justificado, avaliação prévia e licitação. É importante que o examinando registre que a licitação, *in casu*, deve seguir a modalidade leilão, nos termos do artigo 22, § 5º, da Lei n. 8.666/93.

Distribuição dos Pontos

Item a	Pontuação
Por se tratar de pessoa jurídica de direito público, os bens pertencentes às autarquias são considerados bens públicos (0,4), nos termos do art. 98 do Código Civil (0,2).Obs.: A mera menção ao artigo não é pontuada.	0 / 0,4 / 0,6
Item b	
A alienação de bens móveis pertencentes à autarquia deve observar a disciplina prevista no artigo 17, II, da Lei 8.666/93, que exige interesse público devidamente justificado, avaliação prévia e licitação.Obs.: *A mera menção ao artigo não é pontuada.*	0 / 0,35
A modalidade de licitação a ser observada será o leilão, conforme artigo 22, § 5º, da Lei 8.666/93. Obs.: *A mera menção ao artigo não é pontuada.*	0 / 0,3

(OAB/Exame Unificado – 2010.2 – 2ª fase) Abílio, vendedor ambulante e camelô, comercializava os seus produtos em uma calçada no centro da cidade do Rio de Janeiro, mediante autorização expedida pela Prefeitura do Município do Rio de Janeiro. Em razão de obras no local, todos os ambulantes foram retirados e impedidos de comercializar seus produtos na calçada onde Abílio e seus companheiros vendiam seus produtos.

Abílio, não conformado com a decisão da Administração Pública municipal, resolve ingressar com uma ação na Justiça, por meio da qual pretende uma indenização por danos morais e materiais, em virtude do período em que ficou sem seu trabalho, além do restabelecimento da autorização para que volte a vender seus produtos no mesmo local.

Na qualidade de advogado de Abílio, identifique a natureza jurídica da autorização municipal e exponha, de forma fundamentada, se Abílio possui ou não direito às indenizações pelos danos morais e materiais, além do restabelecimento da autorização.

RESOLUÇÃO DA QUESTÃO

Segundo o Código Civil, os bens públicos podem ser de uso comum do povo, de uso especial e dominicais. Os primeiros se destinam ao uso indistinto de todos, os segundos a servir de estabelecimento público ou a serviço público e os terceiros são bens que constituem mero patrimônio estatal, não havendo afetação, ou seja, não há destinação alguma.

A calçada, assim como as ruas, praças, rios e praias, são bens de uso comum do povo e, como tal, a princípio, não ensejam uso exclusivo por parte de qualquer pessoa, ainda que em parte do bem. No entanto, a Administração Pública pode facultar ao interessado o uso exclusivo de um bem público, por meio dos institutos da autorização, da permissão e da concessão.

A autorização de uso de bem público consiste no ato unilateral, discricionário e precário, pelo qual a Administração, no interesse do particular, faculta a este o uso de um bem público. Tal ato, para ser outorgado, não depende de licitação.

Uma das principais características da autorização é o fato de que esta é precária, podendo ser revogada a qualquer tempo pela Administração, independente de indenização em favor do particular.

Ademais, a outorga ou não da autorização é discricionária, de maneira que o particular não tem direito subjetivo a receber uma autorização da Administração.

Nesse sentido, Abílio não possui direito à indenização pelos danos morais ou materiais decorrentes do impedimento de continuar gozando da autorização que havia recebido, nem direito do restabelecimento desta.

GABARITO COMENTADO – EXAMINADORA

Espera-se que o examinando conheça os bens públicos e a possibilidade de uso mediante autorização, a natureza precária do ato e a consequente ausência de direitos dele decorrentes.

O Código Civil estabelece, no seu art. 65, que são públicos os bens do domínio nacional pertencentes à União, aos Estados ou aos Municípios, restando, para o domínio privado, todos os demais.

Pelo disposto no art. 65 do mesmo Código, os bens públicos estão classificados em: a) os de uso comum do povo, tais como mares, rios, estradas, ruas e praças; b) os de uso especial, tais como os edifícios ocupados por serviços públicos específicos, como escolas, quartéis, hospitais; e c) os dominicais, também chamados de bens do patrimônio disponível, que são aqueles que o Poder Público utiliza como deles utilizariam os particulares e que podem, por exemplo, ser alugados ou cedidos, neste caso, obedecendo-se às regras de licitação e contratação administrativa.

Através do processo de desafetação, os bens públicos podem ser alterados na sua respectiva classificação.

Pelo sistema constitucional em vigor, os bens públicos podem ser da União (art. 20), dos Estados (art. 26) e dos Municípios (os restantes, inclusive as ruas e praças).

Cabe ao Município, no seu poder de organização da comunidade local instituído pelo art. 30 da Constituição, legislar sobre os assuntos de interesse local e promover, no que couber, adequado ordenamento territorial, mediante planejamento e controle do uso, do parcelamento e da ocupação do solo urbano, o que abrange, através do respectivo ordenamento jurídico (leis, decretos e regulamentos), dispor, no Código de Postura e no Código Tributário (e respectivas leis extravagantes) sobre os ambulantes ou camelôs.

Plácido e Silva, no seu clássico Vocabulário Jurídico, diz:

"AMBULANTE. Termo usado na linguagem comercial e de Direito Fiscal, para designar o comerciante que, não possuindo estabelecimento fixo, vende as suas mercadorias, transportadas por si mesmo ou por veículos, de porta em porta, ou seja, de um a outro lugar. Vendedor ambulante. Mascate, bufarinheiro. Não tendo um ponto certo ou comercial para sede de seus negócios, o ambulante terá o seu domicílio comercial, ou sede de seu negócio, no lugar em que for encontrado. Segundo as regras das leis fiscais, o ambulante está sujeito a registro, devendo estar munido de sua patente, para que possa efetuar suas vendas. O ambulante, ou vendedor ambulante, pode negociar ou vender por conta própria ou por conta de outrem. Seu comércio, que se diz comércio ambulante, é compreendido como comércio a varejo."

Ambulante, assim, é o comerciante que não possui estabelecimento fixo, transportando suas mercadorias consigo. É o sucessor do antigo mascate, que tanto serviços prestou à formação da nacionalidade, pois levava suas mercadorias nas casas das cidades, aldeias e fazendas.

Alguns ordenamentos jurídicos municipais admitem a ocupação de trechos específicos das vias públicas por camelôs, que, assim, deixam de ser "ambulantes", no sentido de que devem deambular, sem ter ponto fixo. Assim, para estes Municípios, compreende-se como ambulante aquele que não tem ponto fixo e, como camelô, o que ocupa espaço predeterminado.

Também as leis municipais exigem, por necessidade de organizar a atividade comercial por razões sanitárias e de defesa do consumidor, que ambulantes e camelôs dependam de autorização para o exercício de suas atividades.

Tais autorizações possuem o caráter de PRECARIEDADE e, desta forma, podem ser, a qualquer tempo, cassadas pela autoridade pública, sem que possam os respectivos titulares arguir eventual direito adquirido, nos termos dos atos normativos regedores da espécie, que geralmente estipulam: A autorização do ambulante ou camelô é pessoal e intransferível e concedida a título precário. Sobre a autorização leciona Hely Lopes Meirelles:

"Autorização de uso é o ato unilateral, discricionário e precário pelo qual a Administração consente na prática de determinada atividade individual incidente sobre um bem público. Não tem forma nem requisitos especiais para a sua efetivação, pois visa apenas a atividades transitórias e irrelevantes para o Poder Público, bastando que se consubstancie em ato escrito, revogável sumariamente a qualquer tempo e sem ônus para a Administração. Essas autorizações são comuns para ocupação de terrenos baldios para a retirada de água em fontes não abertas ao uso comum do povo e para outras utilizações de interesse de certos particulares, desde que não prejudiquem a comunidade nem embaracem o serviço público. Tais autorizações não geram privilégios contra a Administração ainda que remuneradas e fruídas por muito tempo, e, por isso mesmo, dispensam lei autorizativa e licitação para o seu deferimento (ob. cit., p. 429)."

A precariedade rege a autorização que o Município concede ao ambulante e ao camelô.

A Administração Municipal desnecessita de lei formal para conceder a autorização, porque dela não decorrem direitos, salvo o de exercitar, enquanto válida, a atividade autorizada. Aliás, por razões de Política da Administração, sequer interessa ao Poder Municipal a existência de tal norma que, se existente, poderá restringir a discricionariedade administrativa.

A autorização somente está submetida aos próprios termos da norma que a prevê ou do despacho que a concedeu. Se houver norma, a ela ficará vinculado o despacho.

Pode a autorização ser suspensa ou revogada a qualquer tempo, sem que se exija, para sua eficácia, qualquer procedimento administrativo, da mesma forma que pode ser concedida a autorização sem que necessite passar sob o procedimento licitatório. Sobre o disposto no art. 21, XII, da Constituição Federal, que se refere a "autorização, concessão ou permissão", ensina Jessé Torres em matéria por tudo aplicável ao presente tema: As autorizações aventadas no art. 21, XII, da Constituição Federal estariam sujeitas à licitação? Parece que não, dada sua índole (unilateralidade e discricionariedade do Poder Público na outorga, e interesse privado na exploração do objeto da autorização (Comentários à lei das licitações e das contratações da Administração Pública, Rio, Ed. Renovar, 1994, p. 20).

Pode a lei municipal estabelecer a cobrança de tributo (por exemplo, de imposto sobre serviços), sobre a atividade do ambulante, atividade que pode ser exercitada por empresas legalmente constituídas.

Também poderão ser cobradas taxas (inclusive de expediente) para a expedição da autorização, que, nem por isto, perderá o seu caráter precário.

Distribuição dos pontos:

Descrição	Pontuação
- Definição e classificação do bem público objeto da autorização	0 / 0,1 / 0,3
- Possibilidade de uso mediante autorização	0 / 0,2
- Características do ato de autorização (especialmente a sua natureza precária)	0 / 0,1 / 0,2 / 0,3
- Ausência de direitos decorrentes do ato	0 / 0,2

(OAB/Exame Unificado – 2008.3 – 2ª fase) A administração pública, mediante licitação e por ato unilateral, discricionário e precário, consentiu a um particular a exploração, pelo prazo de 1 ano, em prédio pertencente ao poder público, de restaurante especializado em atendimento a turistas. Passados 6 meses, a administração revogou o referido ato. Em face da situação hipotética apresentada, indique, com a devida fundamentação, a que espécie de ato administrativo pertence o ato revogado e o que pode o particular postular em seu favor.

RESOLUÇÃO DA QUESTÃO

O ato praticado pela administração é a permissão de uso de bem público. Não se trata de mera autorização de uso, pois houve licitação no caso, além do que a autorização é dada para períodos mais curtos. Também não se trata de concessão de uso, pois esta consiste em ato bilateral, contratual, o que não aconteceu no caso narrado.

A permissão de uso de bem público, por ser ato discricionário e precário, pode ser revogada a qualquer tempo, independentemente de indenização ao permissionário.

No entanto, há três fundamentos que podem ser utilizados para que o particular postule a seu favor a manutenção da permissão, segundo os contornos do caso concreto.

O primeiro deles diz respeito à necessidade de a Administração narrar a existência de um fato novo a justificar a revogação. A ausência de motivação ou a insubsistência dela torna o ato nulo, podendo o permissionário buscar esse reconhecimento na esfera administrativa e, se for necessário, na esfera judicial.

O segundo fundamento diz respeito ao fato de que a permissão não é o instituto adequado quando o particular faz investimento de grande monta, como é a instalação de um restaurante, sendo adequado o instituto da concessão.

No caso em tela, apesar de, no papel, ter o particular recebido uma permissão, o regime jurídico adequado deveria ser o de concessão, de modo que se pode buscar o reconhecimento de que esse instituto é o aplicável, o que fará com que, caso não se evite a retomada da coisa pela Administração Pública, por motivo de interesse público, pelo menos possa o particular pleitear indenização por perdas e danos.

E o terceiro fundamento diz respeito ao fato de que permissões com prazos determinados criam uma expectativa junto ao permissionário, expectativa essa que gera consequências jurídicas, face ao princípio da proteção da confiança. Nesse sentido, a doutrina vem entendendo que se está diante de uma permissão qualificada ou condicionada, que justifica o respeito ao prazo nela estabelecido, ficando esta equiparada a uma concessão. Do mesmo modo, caso não se evite a retomada da coisa pela Administração Pública, por motivo de interesse público, pode o particular pleitear indenização por perdas e danos.

Em suma, o particular recebeu uma permissão de uso de bem público, e pode requerer a anulação do ato revocatório, face a ausência de motivação quanto à existência de fato novo que justifique a medida. Não havendo êxito, pode-se, com fundamento no fato de que se tem, no mínimo, permissão qualificada no caso, requerer indenização pela revogação antecipada do ato que beneficia o particular.

Comentários adicionais.

Confira os seguintes ensinamentos de Maria Sylvia Zanella Di Pietro:

"Ao outorgar permissão **qualificada** ou **condicionada** de uso, a Administração tem que ter em vista que a fixação de prazo reduz a precariedade do ato, constituindo, em consequência, uma autolimitação ao seu poder de revogá-lo, o que somente será possível quando a utilização se tornar incompatível com a afetação do bem ou se revelar contrária ao interesse coletivo, sujeitando, em qualquer hipótese, a Fazenda Pública a compensar pecuniariamente o permissionário pelo sacrifício de seu direito antes do termo estabelecido. (...)

A concessão é instituto empregado, preferentemente à permissão, nos casos em que a utilização do bem público objetiva o exercício de atividade de utilidade pública de maior vulto e, por isso mesmo, mais onerosas para o concessionário. Este assume obrigações perante terceiros e encargos financeiros elevados, que somente se justificam se ele for beneficiado com a fixação de prazos mais prolongados, que assegurem um mínimo de estabilidade no exercício de suas atividades. Em consequência, a forma mais adequada é a contratual, que permite, mediante acordo de vontades entre concedente e concessionário, estabelecer o equilíbrio do contrato e fixar as condições em que o uso se exercerá, entre as quais a finalidade, o prazo, a remuneração, a fiscalização, as sanções. A fixação de prazo, além de ser um garantia para o concessionário, sem a qual ele não aceitaria a concessão, é exigência legal que decorre da Lei 8.666/93, cujo art. 57, § 3º, veda contrato com prazo indeterminado" (*Direito Administrativo*, 18ª ed., São Paulo: Atlas, p. 604, 606 e 607)

(OAB/Exame Unificado – 2008.2 – 2ª fase) Necessitando instalar um distrito industrial em uma área da cidade, determinado prefeito celebrou, por iniciativa própria, contrato de permuta de um imóvel público com um particular. Em troca, o município recebeu um imóvel que, no entendimento do prefeito, possuía, pela localização e pelas características, as condições ideais para a fixação do distrito industrial. A permuta foi precedida de concorrência pública na qual a administração pôde aferir o imóvel que melhor satisfazia o interesse público. Além de licitação, a administração procedeu a uma avaliação prévia dos bens permutados. Em face dessa situação, responda, de forma fundamentada, às seguintes perguntas.

ADMINISTRATIVA

✓ A permuta de bem imóvel público é legalmente possível?
✓ Pode a permuta ser realizada entre bem público e particular?
✓ A permuta realizada no caso concreto pelo poder público municipal foi legítima e atendeu a todas as condições previstas em lei?

RESOLUÇÃO DA QUESTÃO

A Lei 8.666/93 admite a permuta de bem imóvel público, podendo ser realizada entre bem público e bem particular (art. 17, I, "c").

O problema é que não foram obedecidos todos os requisitos previstos no art. 17, I, da Lei 8.666/93.

De acordo com esse dispositivo, a alienação de imóveis públicos depende de interesse público devidamente justificado, prévia avaliação, autorização legislativa e licitação na modalidade concorrência.

A prévia avaliação e a licitação na modalidade concorrência foram realizadas. Porém, há problemas na motivação e na autorização legislativa.

A motivação, com a demonstração da existência de interesse público na alienação do bem público, é requisito cujo cumprimento não ficou muito claro no enunciado da questão. A motivação, no caso, deve justificar não só as razões da escolha do imóvel privado, como também o porquê de se estar alienando o bem público.

E a autorização legislativa de fato não ocorreu no presente caso, vez que o enunciado da questão informa que a alienação se deu por iniciativa própria do Prefeito.

Diante do exposto, a permuta realizada não atendeu a todos os requisitos previstos em lei.

É bom ressaltar que, caso houvesse autorização legislativa e adequada motivação, e o bem fosse destinado ao atendimento das finalidades precípuas da administração (por exemplo para construção de um hospital ou uma escola), a Municipalidade poderia efetuar a permuta sem necessidade de licitação pública, desde que houvesse demonstração de que o imóvel pretendido atenderia às necessidades de instalação e localização da Prefeitura, e seu preço era compatível com o valor de mercado, segundo a avaliação prévia feita (art. 17, I, "c", c/c art. 24, X, ambos da Lei 8.666/93).

(OAB/Exame Unificado – 2008.1 – 2ª fase) O prefeito de um município editou ato normativo estabelecendo normas para o exercício de comércio na feira de artesanato situada na praça central da cidade. Para isso, publicou edital de convocação com o fim de cadastrar e regularizar os ambulantes que poderiam, mediante autorização, desenvolver o comércio no local. Alguns ambulantes que não foram contemplados com autorização da administração municipal ingressaram com ação judicial que objetiva a expedição de alvará definitivo com o fim de lhes assegurar o direito de continuar exercendo o comércio, alegando que estão há vários anos na área, tendo, por isso, direito líquido e certo de ali permanecerem. Em face dessa situação hipotética, discorra fundamentadamente sobre o direito de a administração municipal adotar as providências anunciadas e de regularizar o comércio na feira de artesanato, bem como sobre eventual direito de os ambulantes que não foram contemplados com a autorização seguirem exercendo sua atividade.

RESOLUÇÃO DA QUESTÃO

A praça central da cidade é bem público, do tipo bem de uso comum do povo.

Os bens públicos de uso comum do povo destinam-se ao uso indistinto de qualquer do povo, não comportando uso exclusivo por uma pessoa em detrimento de outras.

Porém, desde que haja outorga de uso por parte da Administração Pública, admite-se que o particular use, em proveito próprio, ou em proveito da comunidade, parte de bem público.

No primeiro caso, tem-se a autorização de uso de bem público, que não depende de licitação. No segundo caso, tem-se a permissão ou a concessão de uso de bem público, que demandam licitação, sendo que a segunda tem natureza contratual.

Dessa forma, a Administração Pública tem competência sim para organizar e regularizar a situação dos ambulantes que se encontram no bem público municipal.

Por se tratar de autorização de uso de bem público, não é necessário procedimento licitatório. Porém, nada impede (ao contrário, é até recomendável) que se publique um edital de convocação que traga requisitos mínimos para a concessão do alvará respectivo.

O processo de regularização mencionado, desde que traga critérios pertinentes e isonômicos, é legítimo e os ambulantes não selecionados não podem alegar direito adquirido ou qualquer outro direito de permanecer no local, uma vez que estavam no local de modo irregular, e, mesmo que tivessem recebido autorização de uso de bem público, esta importa em ato unilateral, discricionário e precário, podendo ser revogada a qualquer tempo.

Por outro lado, caso a regularização tenha se dado mediante critérios não pertinentes ou não isonômicos, os ambulantes preteridos têm direito de ingressar em juízo para requerer a adequação dos critérios aos princípios da Administração Pública, o que poderá ou não importar na concessão de alvará de autorização em seu favor.

6. RESPONSABILIDADE DO ESTADO

(OAB/Exame Unificado – 2011.3 – 2ª fase) Tício, motorista de uma empresa concessionária de serviço público de transporte de passageiros, comete uma infração de trânsito e causa danos a passageiros que estavam no coletivo e também a um pedestre que atravessava a rua. Considerando a situação hipotética narrada, responda aos itens a seguir, empregando os argumentos jurídicos apropriados e a fundamentação legal pertinente ao caso.

a) Qual(is) a(s) teoria(s) que rege(m) a responsabilidade civil da empresa frente aos passageiros usuários do serviço e frente ao pedestre, à luz da atual jurisprudência do Supremo Tribunal Federal? (Valor: 0,6)

b) Poderiam as vítimas responsabilizar direta e exclusivamente o Estado (Poder Concedente) pelos danos sofridos? (Valor: 0,65)

RESOLUÇÃO DA QUESTÃO

O examinando deve afirmar que a responsabilidade civil das empresas concessionárias de serviços públicos é regulada pela norma do artigo 37, § 6º, da CRFB, que adota a teoria do risco administrativo. Não pode o examinando fundamentar o dever de indenizar da concessionária exclusivamente no Código de Defesa do Consumidor.

Posteriormente, deve o examinando mencionar que a orientação recente do STF, ao interpretar o artigo 37, § 6º, CRFB não faz distinção entre usuários e não usuários do serviço público para fins de aplicação da teoria da responsabilidade civil objetiva (teoria do risco administrativo) nessa hipótese (RE 591.874).

Quanto ao item b, não pode o Estado (Poder Concedente) ser direta e primariamente responsabilizado por ato de concessionários de serviços públicos, tendo em vista: (i) a interpretação da norma do artigo 37, § 6º, da CRFB, que nitidamente separa e individualiza a responsabilidade civil das pessoas jurídicas de direito público e das pessoas jurídicas de direito privado prestadoras de serviços públicos; e (ii) a norma do artigo 25 da Lei 8.987/95, que expressamente atribui a responsabilidade à concessionária.

Distribuição dos Pontos

Item a	Pontuação
Incidência da norma do artigo 37, § 6º, da CRFB – teoria do risco administrativo / responsabilidade civil objetiva.	0 / 0,3
Ausência de distinção entre usuários e não usuários do serviço para fins de aplicação do artigo 37, § 6º, da CRFB.	0 / 0,3
Item b	
Não pode o Estado (Poder Concedente) ser direta e primariamente responsabilizado por ato de concessionários de serviços públicos – interpretação do artigo 37, § 6º, CRFB –, (0,45) nos termos do art. 25 da Lei 8.987/95, que expressamente atribui a responsabilidade à concessionária (0,2). Obs.: *A mera menção ao artigo não é pontuada.*	0 / 0,45 / 0,65

(OAB/Exame Unificado – 2011.2 – 2ª fase) Liviana, moradora do Município de Trás dos Montes, andava com sua bicicleta em uma via que não possui acostamento, próxima ao centro da cidade, quando, de forma repentina, foi atingida por um ônibus de uma empresa concessionária de serviços públicos de transportes municipais. Após o acidente, Liviana teve as duas pernas quebradas e ficou em casa, sem trabalhar, em gozo de auxílio-doença, por cerca de dois meses. Então, resolveu procurar um advogado para ajuizar ação de responsabilidade civil em face da empresa concessionária de serviços públicos.

Qual é o fundamento jurídico e o embasamento legal da responsabilidade civil da empresa concessionária, considerando o fato de que Liviana se enquadrava na qualidade de terceiro em relação ao contrato de transporte municipal, no momento do acidente? (Valor: 1,25)

GABARITO COMENTADO – EXAMINADORA

A questão trata acerca da responsabilidade civil objetiva de terceiro não usuário dos serviços públicos de transportes municipais.

Na hipótese, tem-se que a responsabilidade civil será objetiva, comprovado o nexo de causalidade entre o ato administrativo e o dano causado ao terceiro não usuário do serviço público, sendo tal condição suficiente para estabelecer a responsabilidade objetiva da pessoa jurídica de direito privado, nos termos do art. 37, § 6º, da CRFB. De acordo com a jurisprudência atual e consolidada do STF, não se pode interpretar restritivamente o alcance do art. 37, § 6º, da CRFB, sobretudo porque a Constituição, interpretada à luz do princípio da isonomia, não permite que se faça qualquer distinção entre os chamados "terceiros", ou seja, entre usuários e não usuários do serviço público, haja vista que todos eles, de igual modo, podem sofrer dano em razão da ação administrativa do Estado, seja ela realizada diretamente, seja por meio de pessoa jurídica de direito privado. Observa-se, ainda, que o entendimento de que apenas os terceiros usuários do serviço gozariam de proteção constitucional decorrente da responsabilidade objetiva do Estado, por terem o direito subjetivo de receber um serviço adequado, contrapor-se-ia à própria natureza do serviço público, que, por definição, tem caráter geral, estendendo-se, indistintamente, a todos os cidadãos, beneficiários diretos ou indiretos da ação estatal.

Distribuição dos pontos

Descrição	Pontuação
– Identificação da responsabilidade da empresa concessionária como objetiva (0,35) na forma do artigo 37, § 6º, da CRFB/88 (0,3)	0 / 0,3 / 0,35 / 0,65
– Identificação de que a vítima não era usuária direta dos serviços de transportes públicos (0,3). Indicação da evolução jurisprudencial (0,3)	0 / 0,3 / 0,6

(OAB/Exame Unificado – 2011.1 – 2ª fase) José, enquanto caminhava pela rua, sofre graves sequelas físicas ao ser atingido por um choque elétrico oriundo de uma rede de transmissão de uma empresa privada que presta serviço de distribuição de energia elétrica. Na ação judicial movida por José, não ficou constatada nenhuma falha no sistema que teria causado o choque, tampouco se verificou a culpa por parte do funcionário responsável pela manutenção dessa rede elétrica local. No entanto, restou comprovado que o choque, realmente, foi produzido pela rede elétrica da empresa de distribuição de energia, conforme relatado no processo.

Diante do caso em questão, discorra sobre a possível responsabilização da empresa privada que presta serviço de distribuição de energia elétrica, bem como um possível direito de regresso contra o funcionário responsável pela manutenção da rede elétrica. (Valor: 1,25)

GABARITO COMENTADO – EXAMINADORA

O examinando deve identificar o enquadramento da empresa de distribuição de energia elétrica como uma empresa privada prestadora de serviço público, sujeita, portanto, a responsabilização objetiva (independente de dolo ou culpa) pelos danos advindos de suas atividades, conforme artigo 37, § 6º, da Constituição da República. Em razão de tal fato, deve a empresa responder pelos danos causados pelo choque oriundo de sua rede de distribuição, uma vez que restou constatado o nexo causal.

Em relação ao possível direito de regresso, deve o examinando negar essa possibilidade, já que tal recurso somente se torna viável em casos de dolo ou culpa do agente causador do dano.

Distribuição de pontos

Descrição	Pontuação
– Incide responsabilidade civil objetiva da pessoa jurídica de direito privado prestadora de serviço público (0,4) nos termos do art. 37, 6º, da CRFB (0,3).	0 / 0,3 / 0,4 / 0,7
– Não há possibilidade de regresso em relação ao agente por não comprovação de dolo ou culpa (0,55).	0 / 0,55

(OAB/Exame Unificado – 2010.2 – 2ª fase) Um determinado fiscal de vigilância sanitária do Estado, ao executar uma operação de fiscalização em alguns restaurantes situados no centro da cidade do Rio de Janeiro, acabou por destruir todo o estoque de gêneros alimentícios perecíveis que se encontravam na câmara frigorífica de um dos estabelecimentos fiscalizados. A destruição do estoque, alegou o fiscal posteriormente, deveu-se à impossibilidade de separar os produtos que já estavam com o prazo de validade vencido, daqueles que, ainda, se encontravam dentro da validade.

O dono do estabelecimento fiscalizado, um restaurante, procura um advogado com o objetivo de se consultar acerca de possíveis medidas judiciais em face do Estado, em virtude dos prejuízos de ordem material sofrido.

Na qualidade de advogado do dono do estabelecimento comercial, indique qual seria a medida judicial adequada e se ele possui o direito a receber uma indenização em face do Estado, em razão da destruição dos produtos que se encontravam dentro do prazo de validade.

RESOLUÇÃO DA QUESTÃO

O instituto jurídico que envolve inicialmente a questão é o poder de polícia. Esse poder consiste em o Estado condicionar e restringir a liberdade e a propriedade das pessoas, ajustando--as aos interesses da coletividade.

No exercício do poder de polícia a Administração pode se valer dos seguintes atributos do ato administrativo: presunção de legitimidade, imperatividade, exigibilidade e autoexecutoriedade.

Vale salientar que, boa parte das vezes, o exercício do poder de polícia se exerce mediante competência discricionária, como se dá no caso em análise, em que a lei, normalmente, não estabelece os detalhes de como a atuação administrativa de avaliação de gêneros alimentícios perecíveis deve se dar no caso concreto.

No entanto, a discricionariedade não é sinônimo de arbitrariedade, ou seja, o poder de polícia discricionário não pode ser exercido sem obediência aos princípios administrativos, principalmente os princípios da proporcionalidade e da razoabilidade, violados no caso, vez que não é necessário danificar produtos em validade para verificar os produtos fora do prazo de validade.

Assim, o exercício abusivo do poder de polícia enseja responsabilidade estatal, que, por envolver conduta comissiva do Estado, exercida por agente público atuando nesta qualidade, é do tipo objetiva (art. 37, § 6º, da CF), ou seja, independe da demonstração de conduta culposa ou dolosa.

O advogado do estabelecimento comercial deve ingressar com ação indenizatória, a fim de condenar o Estado no pagamento dos prejuízos materiais sofridos, consistentes no valor de todos os produtos destruídos e que se encontravam dentro do prazo de validade.

GABARITO COMENTADO - EXAMINADORA

A questão trabalha com o conceito de poder de polícia atribuído à Administração Pública. O candidato deve explicitar, inicialmente, o conceito de poder de polícia a fim de enquadrar juridicamente a hipótese de fato trazida na questão.

Deve o candidato expor que se trata de um poder discricionário, porém não arbitrário. E deve indicar todas as características do poder de polícia, tais como: autoexecutoriedade, legitimidade e presunção de legalidade.

Logo, como não se trata de um poder arbitrário, deve o candidato expor que a conduta do fiscal em destruir os produtos que, ainda, estavam dentro do prazo de validade, extrapolou os limites da razoabilidade e da proporcionalidade que devem informar a Administração Pública e seus agentes ao praticar atos que constituam poder de polícia.

E, desta forma, deve indicar que o dono do estabelecimento comercial deverá ajuizar uma ação judicial com o objetivo de postular o pagamento pelos prejuízos materiais, consistente no valor de todos os produtos destruídos e que se encontravam dentro do prazo de validade.

Distribuição dos pontos:

Descrição	Pontuação
– Poder atribuído à Administração Pública – características do poder de polícia	0 / 0,2 / 0,4
– Avaliação da conduta do fiscal	0 / 0,3
– Procedimento a ser seguido pelo dono do estabelecimento	0 / 0,3

(OAB/Exame Unificado – 2010.2 – 2ª fase) É realizado, junto a determinado Ofício de Notas, procuração falsa para a venda de certo imóvel. Participa do ato fraudulento o "escrevente" do referido Ofício de Notas, que era e é amigo de um dos fraudadores. Realizada a venda com a utilização da procuração falsa, e após dois anos, desta, o verdadeiro titular do imóvel regressa ao país, e descobre a venda fraudulenta.

Assim, tenso com a situação, toma várias medidas, sendo uma delas o ajuizamento de ação indenizatória.

Diante do enunciado, responda: contra quem será proposta essa ação e qual a natureza da responsabilidade?

RESOLUÇÃO DA QUESTÃO

O Ofício de Notas não é uma pessoa jurídica, mas sim uma estrutura organizada para a prestação de serviços notariais. Tal estrutura é organizada técnica e administrativamente pelo notário, que é uma pessoa física a quem é delegado o exercício da atividade notarial, mediante concurso público.

O notário exerce, então, função pública, sendo tratado pela doutrina como um particular em colaboração com o Poder Público. Trata-se, na verdade, de um agente público delegado, ou seja, de um agente público que recebe a delegação de um serviço público, que será prestado em nome próprio e por conta e risco do notário.

Assim sendo, a pessoa física titular da serventia extrajudicial é quem responde, com seu patrimônio pessoal, por eventuais danos causados a terceiros por atos praticados por si ou por seus prepostos. Nesse sentido, é o disposto no art. 22 da Lei 8.935/94. O notário, responsabilizado, poderá exercer o direito de regresso no caso de culpa ou dolo de seus prepostos.

Porém, não se pode olvidar de que a atividade prestada pelo notário é uma atividade administrativa e, portanto, de interesse estatal. Nesse sentido, o Estado também responde pelos atos praticados pelos notários e seus prepostos.

Como tais serviços são organizados pelos Estados-membros, estes serão os responsáveis civilmente pelos prejuízos causados a terceiros, nos termos do art. 37, § 6º, da CF.

Segundo o STF, a responsabilidade civil do notário e a responsabilidade do Estado são objetivas, no caso.

Ante o exposto, a ação poderá ser proposta contra o notário, contra o Estado ou contra ambos, sendo que é objetiva tanto a responsabilidade da pessoa física do notário, como a responsabilidade da pessoa jurídica do Estado-membro respectivo.

Comentários adicionais

Confira os seguintes acórdãos do STF e do STJ sobre o tema:

> RESPONSABILIDADE OBJETIVA - ESTADO - RECONHECIMENTO DE FIRMA - CARTÓRIO OFICIALIZADO. Responde o Estado pelos danos causados em razão de reconhecimento de firma considerada assinatura falsa. Em se tratando de atividade cartorária exercida à luz do artigo 236 da Constituição Federal, a responsabilidade objetiva é do notário, no que assume posição semelhante à das pessoas jurídicas de direito privado prestadoras de serviços públicos - § 6º do artigo 37 também da Carta da República. (RE 201595, Relator(a): Min. MARCO AURÉLIO, Segunda Turma, julgado em 28/11/2000, DJ 20-04-2001 PP-00138 EMENT VOL-02027-09 PP-01896)

> PROCESSO CIVIL. CARTÓRIO DE NOTAS. PESSOA FORMAL. AÇÃO INDENIZATÓRIA. RECONHECIMENTO DE FIRMA FALSIFICADA. ILEGITIMIDADE PASSIVA. O tabelionato não detém personalidade jurídica ou judiciária, sendo a responsabilidade pessoal do titular da serventia. No caso de dano decorrente de má prestação de serviços notariais, somente o tabelião à época dos fatos e o Estado possuem legitimidade passiva. Recurso conhecido e provido. (REsp 545.613/MG, Rel. Ministro CESAR ASFOR ROCHA, QUARTA TURMA, julgado em 08/05/2007, DJ 29/06/2007, p. 630)

Vale ressaltar que há decisão do STJ com entendimento um pouco diferente. No caso, entende este Tribunal que se deve ingressar com ação em face do notário e, caso este não possa suportar a indenização, aí sim caberá acionar o Estado subsidiariamente. Confira:

ADMINISTRATIVA

PROCESSUAL CIVIL E ADMINISTRATIVO. OFENSA AO ART. 535 DO CPC NÃO CONFIGURADA. CARTÓRIO NÃO OFICIALIZADO. ATIVIDADE DELEGADA. ART. 22 DA LEI 8.935/1994. RESPONSABILIDADE OBJETIVA DO TABELIÃO E SUBSIDIÁRIA DO ESTADO. DESNECESSIDADE DE DENUNCIAÇÃO À LIDE. DANO MORAL. 1. Hipótese em que a instância ordinária condenou o ora recorrente ao pagamento de indenização em razão de transferência de imóvel mediante procuração falsa lavrada no cartório de sua titularidade. Foram fixados os valores dos danos morais e materiais, respectivamente, em R$ 10.000,00 e R$ 12.000,00 – estes últimos correspondentes aos gastos com advogado para reverter judicialmente a situação. 2. O exercício de atividade notarial delegada (art. 236, § 1º, da Constituição) deve se dar por conta e risco do delegatário, nos moldes do regime das concessões e permissões de serviço público. 3. Conforme decidido pela Segunda Turma no julgamento do Recurso Especial 1.087.862/AM, em caso de danos resultantes de atividade estatal delegada pelo Poder Público, há responsabilidade objetiva do notário, nos termos do art. 22 da Lei 8.935/1994, e apenas subsidiária do ente estatal. Precedentes do STJ. 4. O Código de Defesa do Consumidor aplica-se à atividade notarial. 5. Em se tratando de atividade notarial e de registro exercida por delegação, tal como *in casu*, a responsabilidade objetiva por danos é do notário, diferentemente do que ocorre quando se tratar de cartório ainda oficializado. Precedente do STF. 6. Não está configurada violação do art. 70 do CPC, na linha do raciocínio que solidificou a jurisprudência na Primeira Seção do STJ, no sentido de que é desnecessária a denunciação à lide em relação à responsabilidade objetiva do Estado, sem prejuízo do direito de regresso em ação própria. (REsp 1163652/PE, Rel. Ministro HERMAN BENJAMIN, SEGUNDA TURMA, julgado em 01/06/2010, DJe 01/07/2010)

GABARITO COMENTADO – EXAMINADORA

O examinando deverá identificar a responsabilidade do titular da serventia extrajudicial, sua caracterização como agente público e sentido amplo e a responsabilidade objetiva do Estado pelos seus atos.

Distribuição dos pontos:

Descrição	Pontuação
– Natureza da delegação e ausência de responsabilidade do Ofício de Notas	0 / 0,3
– Identificação da responsabilidade do notário em face dos atos próprios da serventia (art. 22 da Lei 8935/94)	0 / 0,3
– Caracterização dessa responsabilidade como objetiva (CF, art. 37 § 6º)	0 / 0,2 / 0,4

(OAB/Exame Unificado – 2010.1 – 2ª fase) Em 30/8/2009, Jairo trafegava de bicicleta por uma rua de Goiânia – GO, no sentido da via, na pista da direita, quando foi atropelado por um ônibus de uma concessionária do serviço público de transporte urbano de passageiros, em razão de uma manobra brusca feita pelo motorista do coletivo. Jairo morreu na hora. A mãe do ciclista procurou escritório de advocacia, pretendendo responsabilizar o Estado pelo acidente que resultou na morte de seu filho.

Em face dessa situação hipotética, discorra sobre a pretensão da mãe de Jairo, estabelecendo, com a devida fundamentação, as diferenças e(ou) semelhanças entre a responsabilidade civil do Estado nos casos de dano causado a usuários e a não usuários do serviço público.

RESOLUÇÃO DA QUESTÃO

A responsabilidade das concessionárias de serviço público é objetiva, segundo o art. 37, § 6º, da CF. Assim, as concessionárias de serviço público nas áreas de transporte coletivo, como é o caso, e também nas áreas de abastecimento de água e esgotamento sanitário, energia elétrica, telefonia, dentre outras, respondem pelos danos que seus agentes causarem a terceiros, independentemente de culpa.

No entanto, o STF vinha entendendo que a responsabilidade dos concessionários prevista no art. 37, § 6º, da CF só era objetiva em relação aos usuários do serviço, e não em relação a terceiros não usuários do serviço. Nesse sentido, o terceiro deveria buscar a responsabilização da concessionária com fundamento em outras regras jurídicas.

No caso em tela, isso significaria que o ciclista atropelado pelo ônibus não poderia se valer do disposto no art. 37, § 6º, da CF.

Todavia, o STF, no ano de 2009, modificou seu entendimento a respeito do assunto. O Pretório Excelso passou a entender que a expressão "terceiros", contida no dispositivo constitucional citado, inclui os terceiros não usuários do serviço público. Primeiro porque não há restrição redacional nesse sentido, não se podendo fazer interpretação restritiva do dispositivo constitucional. Segundo porque a Constituição, interpretada à luz do princípio da isonomia, não permite que se faça qualquer distinção entre os chamados "terceiros", usuários e não usuários do serviço público, vez que todos podem sofrer dano em razão da ação administrativa estatal. Terceiro porque os serviços públicos devem ser prestados de forma adequada e em caráter geral, estendendo-se, indistintamente, a todos os cidadãos, beneficiários diretos ou indiretos da ação estatal.

Dessa forma, e considerando que ficaram demonstrados conduta comissiva de agente da concessionária, dano e nexo de causalidade, a mãe de Jairo, com fundamento na responsabilidade objetiva prevista no art. 37, § 6º, da CF poderá ingressar com ação indenizatória por danos materiais e morais decorrentes do falecimento de seu filho, em face da empresa concessionária de serviço público.

Comentários adicionais

Confira o entendimento anterior do STF:

"CONSTITUCIONAL. ADMINISTRATIVO. CIVIL. RESPONSABILIDADE CIVIL DO ESTADO: RESPONSABILIDADE OBJETIVA. PESSOAS JURÍDICAS DE DIREITO PRIVADO PRESTADORAS DE SERVIÇO PÚBLICO. CONCESSIONÁRIO OU PERMISSIONÁRIO DO SERVIÇO DE TRANSPORTE COLETIVO. C.F., art. 37, § 6º. I. - A responsabilidade civil das pessoas jurídicas de direito privado prestadoras de serviço público é objetiva relativamente aos usuários do serviço, não se estendendo a pessoas outras que não ostentem a condição de usuário. Exegese do art. 37, § 6º, da C.F. II. - R.E. conhecido e provido." (STF, 2ª T., RE 262651/SP, Relator Min. CARLOS VELLOSO, DJ 06-05-2005)

Confira, agora, o novo entendimento do STF:

EMENTA: CONSTITUCIONAL. RESPONSABILIDADE DO ESTADO. ART. 37, § 6º, DA CONSTITUIÇÃO. PESSOAS JURÍDICAS DE DIREITO PRIVADO PRESTADORAS DE SERVIÇO PÚBLICO. CONCESSIONÁRIO OU PERMISSIONÁRIO DO SERVIÇO DE TRANSPORTE COLETIVO. RESPONSABILIDADE OBJETIVA EM RELAÇÃO A TERCEIROS NÃO USUÁRIOS DO SERVIÇO. RECURSO DESPROVIDO. I - A responsabilidade civil das pessoas jurídicas de direito privado prestadoras de serviço público é objetiva relativamente a terceiros usuários e não usuários do serviço, segundo decorre do art. 37, § 6º, da Constituição Federal. II - A inequívoca presença do nexo de causalidade entre o ato administrativo e o dano causado ao terceiro não usuário do serviço público, é condição suficiente para estabelecer a responsabilidade objetiva da pessoa jurídica de direito privado. III - Recurso extraordinário desprovido. (STF, RE 591874, Relator(a): Min. RICARDO LEWANDOWSKI, Tribunal Pleno, julgado em 26/08/2009, DJe-237 DIVULG 17-12-2009 PUBLIC 18-12-2009 EMENT VOL-02387-10 PP-01820)

GABARITO COMENTADO – EXAMINADORA

A responsabilidade civil do Estado por danos causados a usuários do serviço público é objetiva, nos termos do art. 37, § 6.º, da CF. Quanto à responsabilidade com relação ao terceiro não usuário do serviço, como é o caso do ciclista, não se pode interpretar restritivamente o alcance do art. 37, § 6.º, sobretudo porque a Constituição, interpretada à luz do princípio da isonomia, não permite que se faça qualquer distinção entre os chamados "terceiros", ou seja, entre usuários

ADMINISTRATIVA

e não usuários do serviço público, haja vista que todos eles, de igual modo, podem sofrer dano em razão da ação administrativa do Estado, seja ela realizada diretamente, seja por meio de pessoa jurídica de direito privado. Os serviços públicos devem ser prestados de forma adequada e em caráter geral, estendendo-se, indistintamente, a todos os cidadãos, beneficiários diretos ou indiretos da ação estatal. Nesse sentido: "EMENTA: CONSTITUCIONAL. RESPONSABILIDADE DO ESTADO. ART. 37, § 6.º, DA CONSTITUIÇÃO. PESSOAS JURÍDICAS DE DIREITO PRIVADO PRESTADORAS DE SERVIÇO PÚBLICO. CONCESSIONÁRIO OU PERMISSIONÁRIO DO SERVIÇO DE TRANSPORTE COLETIVO. RESPONSABILIDADE OBJETIVA EM RELAÇÃO A TERCEIROS NÃO USUÁRIOS DO SERVIÇO. RECURSO DESPROVIDO. I – A responsabilidade civil das pessoas jurídicas de direito privado prestadoras de serviço público é objetiva relativamente a terceiros usuários e não usuários do serviço, segundo decorre do art. 37, § 6.º, da Constituição Federal. II – A inequívoca presença do nexo de causalidade entre o ato administrativo e o dano causado ao terceiro não usuário do serviço público é condição suficiente para estabelecer a responsabilidade objetiva da pessoa jurídica de direito privado. III – Recurso extraordinário desprovido. (RE 591874, Relator(a): Min. Ricardo Lewandowski, Tribunal Pleno, julgado em 26/08/2009, DJe-237 DIVULG 17-12-2009 PUBLIC 18-12-2009 EMENT VOL-02387-10 PP-01820) – Processo com repercussão geral reconhecida.

Observação para a correção: atribuir pontuação integral às respostas em que esteja expresso o conteúdo do dispositivo legal, ainda que não seja citado, expressamente, o número do artigo; na correção do item 2.2: se, na resposta, o examinando mencionar que a responsabilidade é objetiva com relação ao não usuário e não fundamentar, atribuir zero. Se disser que a responsabilidade é objetiva e apontar um dos três argumentos, atribuir 1, se apontar, pelo menos, dois dos argumentos, atribuir a totalidade dos pontos.

(OAB/Exame Unificado – 2008.2 – 2ª fase) Determinada prefeitura assinou, com um empreiteiro, contrato administrativo que visava à execução de uma obra de implantação de rede de saneamento em bairros da cidade. No curso da obra, ocorreram problemas que provocaram danos a diversas residências, por culpa exclusiva do empreiteiro, em razão da não adoção de providências e medidas previstas no contrato. Nessa situação, a responsabilidade pelo ressarcimento dos danos é apenas do contratado, ou o município também tem responsabilidade primária e solidária? Fundamente sua resposta.

RESOLUÇÃO DA QUESTÃO

A questão trata da responsabilidade do Estado pelos atos praticados por particular na execução de contrato administrativo celebrado com a Administração Pública.

A Lei 8.666/93 é clara ao dispor que o contratado é responsável pelos danos causados a terceiros, decorrentes de sua culpa ou dolo na execução do contrato (art. 70). O dispositivo também esclarece que tal responsabilidade não fica excluída ou reduzida pela fiscalização ou acompanhamento pelo órgão interessado.

Assim sendo, não há responsabilidade primária e solidária da Prefeitura pelos danos causados pelas obras de implantação de rede de saneamento em bairros da cidade, devendo os prejudicados acionarem diretamente o empreiteiro.

Mas há duas situações em que o Estado poderá responder, por conta de uma obra pública que tiver encomendado a um empreiteiro.

O primeiro caso diz respeito às situações em que os danos causados a terceiros são produzidos por motivo inerente à obra encomendada pelo Estado. A hipótese diz respeito àquelas situações em que o contratado não age com culpa ou dolo, mas, em virtude de características próprias da obra, danos serão inevitáveis. Por exemplo, em caso de nivelamento de ruas, é praticamente inexorável a causação de danos, vez que casas à margem da via ficarão em nível mais baixo ou mais elevado que esta.

O segundo caso diz respeito à hipótese em que o contratado pela Administração, culpado pelos danos decorrentes da obra, não tem recursos para arcar com os ônus decorrentes da responsabilidade civil que carrega. Nesse caso, o Estado, por ser o patrocinador da obra, e por agir em favor de toda a coletividade, deve indenizar os danos causados, socializando a reparação dos danos em favor daquele que sofreria sozinho caso não fosse indenizado.

Ante o exposto, e considerando que no caso presente houve culpa exclusiva do empreiteiro, o Estado não responde primária e solidariamente pelos danos causados, podendo responder subsidiariamente, diante da impotência econômica ou financeira daquele.

Comentários adicionais.

Vale conferir o entendimento doutrinário de Celso Antônio Bandeira de Mello sobre o tema:

"Os danos que a obra causar a terceiros *durante sua execução* e que provenham de *culpa ou dolo do executor* por este deverão se acobertados. Apenas em caráter subsidiário emergirá responsabilidade pública, justificada pelo fato de que, mesmo não os tendo produzido, se o causador não tem mais recursos econômicos para enfrentá-los, deverá acorrer aquele que ordenou a execução da obra. Se, todavia, os danos a terceiros não provêm de conduta culposa ou dolosa do executor, *mas são uma inerência da obra* – como, por exemplo, os que resultem do nivelamento de uma rua, fato do qual inexoravelmente resultará que casas à sua margem ficarão em nível mais elevado ou mais baixo –, irromperá responsabilidade objetiva do Poder Público, a teor do art. 37, § 6º, da Constituição. É óbvio que se os danos não ocorrerem durante a execução da obra, mas, pelo contrário, sucederem após sua entrega ao uso do público, a responsabilidade por danos a terceiros que dela decorram será do próprio Estado, sempre a teor do art. 37, § 6º, da Constituição, sem prejuízo da ação regressiva contra seu executor, se dolo ou culpa deste houver concorrido para a eclosão do evento danoso." (*Curso de Direito Administrativo*, 25ª ed., São Paulo: Malheiros, 689-688)

Segue, também alguns acórdãos sobre temas conexos:

ADMINISTRATIVO – RESPONSABILIDADE CIVIL DO ESTADO – ACIDENTE DE TRÂNSITO – DANO MATERIAL – RESPONSABILIDADE DA AUTARQUIA – RESPONSABILIDADE SUBSIDIÁRIA DO ESTADO. A Jurisprudência desta Corte considera a autarquia responsável pela conservação das rodovias e pelos danos causados a terceiros em decorrência da má conservação, contudo remanesce ao Estado a responsabilidade subsidiária. Agravo regimental provido em parte para afastar a responsabilidade solidária da União, persistindo a responsabilidade subsidiária. (STJ, AgRg no REsp 875.604/ES, Rel. Ministro HUMBERTO MARTINS, SEGUNDA TURMA, julgado em 09/06/2009, DJe 25/06/2009)

ADMINISTRATIVO. RECURSO ESPECIAL. RESPONSABILIDADE CIVIL ADMINISTRATIVA. RESPONSABILIDADE OBJETIVA. RESPONSABILIDADE SUBSIDIÁRIA DO ESTADO. 1. As regras de Direito Administrativo e Constitucional dispõem que as empresas criadas pelo Governo respondem por danos segundo as regras da responsabilidade objetiva, e , na hipótese de exaurimento dos recursos da prestadora de serviços, o Estado responde subsidiariamente (art. 37, § 6º, da Constituição Federal). 2. É defeso atribuir o cumprimento de obrigação por ato ilícito contraída por empresa prestadora de serviços públicos a outra que não concorreu para o evento danoso, apenas porque também é prestadora dos mesmos serviços públicos executados pela verdadeira devedora. Tal atribuição não encontra amparo no instituto da responsabilidade administrativa, assentado na responsabilidade objetiva da causadora do dano e na subsidiária do Estado, diante da impotência econômica ou financeira daquela. 3. Recurso especial provido. (STJ, REsp 738.026/RJ, Rel. Ministra ELIANA CALMON, Rel. p/ Acórdão Ministro JOÃO OTÁVIO DE NORONHA, SEGUNDA TURMA, julgado em 26/06/2007, DJ 22/08/2007 p. 452)

PROCESSUAL CIVIL. LITISCONSÓRCIO NECESSÁRIO. AUTARQUIA. MUNICÍPIO RESPONSABILIDADE SUBSIDIÁRIA. INOCORRÊNCIA. – NA DEMANDA CONTRA AUTARQUIA MUNICIPAL, NÃO HA LITISCONSÓRCIO NECESSÁRIO ENTRE ESTA E O MUNICÍPIO, SE ESTE NÃO SERÁ NECESSARIAMENTE ATINGIDO PELA DECISÃO DE FORMA DIREITA, TENDO EM VISTA QUE SUA RESPONSABILIDADE E SOMENTE SUBSIDIARIA. – RECURSO PROVIDO. (STJ, REsp 60.628/SP, Rel. Ministro FELIX FISCHER, QUINTA TURMA, julgado em 16/04/1998, DJ 08/06/1998 p. 155)

(OAB/Exame Unificado – 2008.2 – 2ª fase) Determinada prefeitura assinou, com um empreiteiro, contrato administrativo que visava à execução de uma obra de implantação de rede de saneamento em bairros da cidade. No curso da obra, ocorreram problemas que provocaram danos a diversas residências, por culpa exclusiva do empreiteiro, em razão da não adoção de providências e medidas previstas no contrato. Nessa situação, a responsabilidade pelo ressarcimento dos danos é apenas do contratado, ou o município também tem responsabilidade primária e solidária? Fundamente sua resposta.

RESOLUÇÃO DA QUESTÃO

A questão trata da responsabilidade do Estado pelos atos praticados por particular na execução de contrato administrativo celebrado com a Administração Pública.

A Lei 8.666/93 é clara ao dispor que o contratado é responsável pelos danos causados a terceiros, decorrentes de sua culpa ou dolo na execução do contrato (art. 70). O dispositivo também esclarece que tal responsabilidade não fica excluída ou reduzida pela fiscalização ou acompanhamento pelo órgão interessado.

Assim sendo, não há responsabilidade primária e solidária da Prefeitura pelos danos causados pelas obras de implantação de rede de saneamento em bairros da cidade, devendo os prejudicados acionarem diretamente o empreiteiro.

Mas há duas situações em que o Estado poderá responder, por conta de uma obra pública que tiver encomendado a um empreiteiro.

O primeiro caso diz respeito às situações em que os danos causados a terceiros são produzidos por motivo inerente à obra encomendada pelo Estado. A hipótese diz respeito àquelas situações em que o contratado não age com culpa ou dolo, mas, em virtude de características próprias da obra, danos serão inevitáveis. Por exemplo, em caso de nivelamento de ruas, é praticamente inexorável a causação de danos, vez que casas à margem da via ficarão em nível mais baixo ou mais elevado que esta.

O segundo caso diz respeito à hipótese em que o contratado pela Administração, culpado pelos danos decorrentes da obra, não tem recursos para arcar com os ônus decorrentes da responsabilidade civil que carrega. Nesse caso, o Estado, por ser o patrocinador da obra, e por agir em favor de toda a coletividade, deve indenizar os danos causados, socializando a reparação dos danos em favor daquele que sofreria sozinho caso não fosse indenizado.

Ante o exposto, e considerando que no caso presente houve culpa exclusiva do empreiteiro, o Estado não responde primária e solidariamente pelos danos causados, podendo responder subsidiariamente, diante da impotência econômica ou financeira daquele.

Comentários adicionais.

Vale conferir o entendimento doutrinário de Celso Antônio Bandeira de Mello sobre o tema:

> "Os danos que a obra causar a terceiros *durante sua execução* e que provenham de *culpa ou dolo do executor* por este deverão se acobertados. Apenas em caráter subsidiário emergirá responsabilidade pública, justificada pelo fato de que, mesmo não os tendo produzido, se o causador não tem mais recursos econômicos para enfrentá-los, deverá acorrer aquele que ordenou a execução da obra. Se, todavia, os danos a terceiros não provêm de conduta culposa ou dolosa do executor, *mas são uma inerência da obra* – como, por exemplo, os que resultem do nivelamento de uma rua, fato do qual inexoravelmente resultará que casas à sua margem ficarão em nível mais elevado ou mais baixo –, irromperá responsabilidade objetiva do Poder Público, a teor do art. 37, § 6º, da Constituição. É óbvio que se os danos não ocorrerem durante a execução da obra, mas, pelo contrário, sucederem após sua entrega ao uso do público, a responsabilidade por danos a terceiros que dela decorram será do próprio Estado, sempre a teor do art. 37, § 6º, da Constituição, sem prejuízo da ação regressiva contra seu executor, se dolo ou culpa deste houver concorrido para a eclosão do evento danoso." (Curso de Direito Administrativo, 25ª ed., São Paulo: Malheiros, 689-688)

Segue, também alguns acórdãos sobre temas conexos:

> ADMINISTRATIVO – RESPONSABILIDADE CIVIL DO ESTADO – ACIDENTE DE TRÂNSITO – DANO MATERIAL – RESPONSABILIDADE DA AUTARQUIA – RESPONSABILIDADE SUBSIDIÁRIA DO ESTADO. A Jurisprudência desta Corte considera a autarquia responsável pela conservação das rodovias e pelos danos causados a terceiros em decorrência da má conservação, contudo remanesce ao Estado a responsabilidade subsidiária. Agravo regimental provido em parte para afastar a responsabilidade solidária da União, persistindo a responsabilidade subsidiária. (STJ, AgRg no REsp 875.604/ES, Rel. Ministro HUMBERTO MARTINS, SEGUNDA TURMA, julgado em 09/06/2009, DJe 25/06/2009)

> ADMINISTRATIVO. RECURSO ESPECIAL. RESPONSABILIDADE CIVIL ADMINISTRATIVA. RESPONSABILIDADE OBJETIVA. RESPONSABILIDADE SUBSIDIÁRIA DO ESTADO. 1. As regras de Direito Administrativo e Constitucional dispõem que as empresas criadas pelo Governo respondem por danos segundo as regras da responsabilidade objetiva, e , na hipótese de exaurimento dos recursos da prestadora de serviços, o Estado responde subsidiariamente (art. 37, § 6º, da Constituição Federal). 2. É defeso atribuir o cumprimento de obrigação por ato ilícito contraída por empresa prestadora de serviços públicos a outra que não concorreu para o evento danoso, apenas porque também é prestadora dos mesmos serviços públicos executados pela verdadeira devedora. Tal atribuição não encontra amparo no instituto da responsabilidade administrativa, assentado na responsabilidade objetiva da causadora do dano e na subsidiária do Estado, diante da impotência econômica ou financeira daquela. 3. Recurso especial provido. (STJ, REsp 738.026/RJ, Rel. Ministra ELIANA CALMON, Rel. p/ Acórdão Ministro JOÃO OTÁVIO DE NORONHA, SEGUNDA TURMA, julgado em 26/06/2007, DJ 22/08/2007 p. 452)

> PROCESSUAL CIVIL. LITISCONSÓRCIO NECESSÁRIO. AUTARQUIA. MUNICÍPIO RESPONSABILIDADE SUBSIDIÁRIA. INOCORRÊNCIA. – NA DEMANDA CONTRA AUTARQUIA MUNICIPAL, NÃO HA LITISCONSÓRCIO NECESSÁRIO ENTRE ESTA E O MUNICÍPIO, SE ESTE NÃO SERÁ NECESSARIAMENTE ATINGIDO PELA DECISÃO DE FORMA DIREITA, TENDO EM VISTA QUE SUA RESPONSABILIDADE E SOMENTE SUBSIDIARIA. – RECURSO PROVIDO. (STJ, REsp 60.628/SP, Rel. Ministro FELIX FISCHER, QUINTA TURMA, julgado em 16/04/1998, DJ 08/06/1998 p. 155)

(OAB/Exame Unificado – 2007.2 – 2ª fase) Antônio se encontrava dormindo no chão de uma parada de ônibus, quando dois adolescentes atearam fogo em seu corpo, o qual foi atingido em cerca de 40%. Socorrido, foi encaminhado ao hospital mais próximo e submetido a uma cirurgia de aproximadamente 5 horas, vindo logo depois a falecer. Não foi apurada culpa ou dolo da equipe médica. A família pretende processar o Estado. Considerando a situação hipotética descrita acima, responda, de forma fundamentada, a seguinte pergunta: há, nesse caso, responsabilidade objetiva do Estado?

RESOLUÇÃO DA QUESTÃO

O caso requer a análise das modalidades de responsabilidade do Estado.

O Supremo Tribunal Federal e o Superior Tribunal de Justiça vêm entendendo que o Estado responde objetivamente por atos comissivos e subjetivamente por condutas omissivas.

No caso em tela não há ato comissivo praticado pelo Estado, de modo que se deve averiguar se se configura a responsabilidade subjetiva.

A responsabilidade do Estado por condutas omissivas, para se configurar, não reclama a presença de conduta culposa ou dolosa de agentes públicos. Esse tipo de responsabilidade, que analisa a culpa ou dolo de agentes, é típico do Direito Civil, ou seja, da teoria civilista da responsabilidade.

No Direito Administrativo verifica-se a culpa anônima do serviço público. Ou seja, verifica-se se o serviço prestado pelo estado foi ou não defeituoso. A ideia aqui é analisar se há ou não falta do serviço, levando-se em conta o que legitimamente se pode esperar dele.

Parece-nos que no caso não há que se falar em serviço defeituoso. Isso porque é impossível que o Estado esteja em todos os lugares possíveis, prevenindo todo e qualquer tipo de lesão e de dano.

Se a agressão tivesse sido praticada em frente a policiais, que se mostrassem inertes, aí sim teríamos a falta do serviço. Se policiais tivessem sido chamados e chegassem ao local tarde demais, também nesse caso a responsabilidade poderia se configurar.

Mas nada disso aconteceu, de modo que não há, no caso, nem serviço defeituoso, nem nexo de causalidade entre a conduta estatal e os danos ocorridos.

A questão não faz menção a se o hospital para o qual Antônio foi levado era público ou não. De qualquer forma, mesmo que fosse público, também não haveria responsabilidade do Estado, por não haver nexo de causalidade entre a morte de Antônio e a conduta estatal, que não foi a causa determinante do óbito.

Ante o exposto, não há, no caso presente, responsabilidade estatal, seja ela objetiva ou subjetiva.

Comentários adicionais.

Confira jurisprudência selecionada sobre as modalidades de responsabilidade extracontratual do estado:

1) Por conduta comissiva:

Transfusão de sangue contaminado com HIV.

"ADMINISTRATIVO. PROCESSUAL CIVIL. RESPONSABILIDADE CIVIL DO ESTADO. TRANSFUSÃO DE SANGUE CONTAMINADO COM O VÍRUS DO HIV. Responsabilidade objetiva do Estado por contaminação com o vírus HIV em decorrência de transfusão de sangue durante intervenção cirúrgica." (STJ, REsp 768.574/RJ, Rel. Ministro CASTRO MEIRA, SEGUNDA TURMA, julgado em 20.03.2007, DJ 29.03.2007 p. 247)

Acidente de trânsito envolvendo veículo oficial.

"RESPONSABILIDADE OBJETIVA DO ESTADO. ACIDENTE DE TRÂNSITO ENVOLVENDO VEÍCULO OFICIAL. SÚMULA 279 DO SUPREMO TRIBUNAL FEDERAL. Responsabilidade pública que se caracteriza, na forma do § 6.º do art. 37 da Constituição Federal, ante danos que agentes do ente estatal, nessa qualidade, causarem a terceiros, não sendo exigível que o servidor tenha agido no exercício de suas funções. Precedente. Análise das circunstâncias fáticas do caso dos autos inviável por força da súmula em questão. Agravo desprovido." (STF, 1ª T., RE-AgR 294440/RJ, relator(a): Min. ILMAR GALVÃO, DJ 02-08-2002)

Agressão praticada por soldado, com arma da corporação.

"CONSTITUCIONAL. ADMINISTRATIVO. RESPONSABILIDADE CIVIL DO ESTADO. C.F., art. 37, § 6º. I. - Agressão praticada por soldado, com a utilização de arma da corporação militar: incidência da responsabilidade objetiva do Estado, mesmo porque, não obstante fora do serviço, foi na condição de policial militar que o soldado foi corrigir as pessoas. O que deve ficar assentado é que o preceito inscrito no art. 37, § 6º, da C.F., não exige que o agente público tenha agido no exercício de suas funções, mas na qualidade de agente público. II. R.E. não conhecido." (STF, 2ª T., RE 160.401/SP, relator Min. CARLOS VELLOSO, DJ 04-06-1999)

Crime praticado com arma da corporação.

EMENTA: AGRAVO REGIMENTAL NO RECURSO EXTRAORDINÁRIO. RESPONSABILIDADE CIVIL OBJETIVA DO ESTADO. ARTIGO 37, § 6º, DA CONSTITUIÇÃO. Crime praticado por policial militar durante o período de folga, usando arma da corporação. Responsabilidade civil objetiva do Estado. Precedentes. Agravo regimental a que se nega provimento. (STF, RE 418023 AgR, Relator(a): Min. EROS GRAU, Segunda Turma, julgado em 09/09/2008, DJe-197 DIVULG 16-10-2008 PUBLIC 17-10-2008 EMENT VOL-02337-04 PP-00741)

2) Por conduta omissiva – com reconhecimento da responsabilidade do Estado:

Estupro cometido por presidiário fugitivo contumaz.

"RESPONSABILIDADE CIVIL DO ESTADO. ART. 37, § 6º DA CONSTITUIÇÃO FEDERAL. *FAUTE DU SERVICE PUBLIC* CARACTERIZADA. ESTUPRO COMETIDO POR PRESIDIÁRIO, FUGITIVO CONTUMAZ, NÃO SUBMETIDO À REGRESSÃO DE REGIME PRISIONAL COMO MANDA A LEI. CONFIGURAÇÃO DO NEXO DE CAUSALIDADE. Impõe-se a responsabilização do Estado quando um condenado submetido a regime prisional aberto pratica, em sete ocasiões, falta grave de evasão, sem que as autoridades responsáveis pela execução da pena lhe apliquem a medida de regressão do regime prisional aplicável à espécie. Tal omissão do Estado constituiu, na espécie, o fator determinante que propiciou ao infrator a oportunidade para praticar o crime de estupro contra menor de 12 anos de idade, justamente no período em que deveria estar recolhido à prisão. Está configurado o nexo de causalidade, uma vez que se a lei de execução penal tivesse sido corretamente aplicada, o condenado dificilmente teria continuado a cumprir a pena nas mesmas condições (regime aberto), e, por conseguinte, não teria tido a oportunidade de evadir-se pela oitava vez e cometer o bárbaro crime de estupro. Recurso extraordinário desprovido". (STF, 2ª T., RE 409.203/RS, rel. p/ Acórdão: Min. JOAQUIM BARBOSA, DJ 20-04-2007)

Morte de detento ocasionada por outro detento.

"CONSTITUCIONAL. ADMINISTRATIVO. CIVIL. RESPONSABILIDADE CIVIL DO ESTADO. Morte de detento ocasionada por outro detento: responsabilidade civil do Estado: ocorrência da falta do serviço, com a culpa genérica do serviço público, por isso que o Estado deve zelar pela integridade física do preso." (STF, 2ª T., AI-AgR 512698/AC, relator Min. CARLOS VELLOSO, DJ 24-02-2006)

EMENTA: CONSTITUCIONAL. AGRAVO REGIMENTAL EM AGRAVO DE INSTRUMENTO. AUSÊNCIA DE PREQUESTIONAMENTO. SÚMULA 282 DO STF. INTEGRIDADE FÍSICA DO PRESO. RESPONSABILIDADE DO ESTADO. AGRAVO IMPROVIDO. I - Inadmissível o recurso extraordinário se a questão constitucional suscitada não tiver sido apreciada no acórdão recorrido. Súmula 282 do STF. II - É que o Tribunal possui o entendimento de que o Estado se responsabiliza pela integridade física do preso, devendo reparar eventuais danos ainda que demonstrada a ausência de culpa dos agentes públicos. No caso, malgrado se trate de ato omissivo, que torna subjetiva a responsabilização, caracterizada está a falta do serviço, com culpa genérica do serviço público. Precedentes. III - Agravo regimental improvido.

(STF, AI 718202 AgR, Relator(a): Min. RICARDO LEWANDOWSKI, Primeira Turma, julgado em 28/04/2009, DJe-094 DIVULG 21-05-2009 PUBLIC 22-05-2009 EMENT VOL-02361-10 PP-02052)

Lesão corporal de detento ocasionada por outro detento.

"RESPONSABILIDADE CIVIL DO ESTADO. ATO OMISSIVO DO PODER PÚBLICO: DETENTO FERIDO POR OUTRO DETENTO. RESPONSABILIDADE SUBJETIVA: CULPA PUBLICIZADA: FALTA DO SERVIÇO. C.F., art. 37, § 6º. Tratando-se de ato omissivo do poder público, a responsabilidade civil por esse ato é subjetiva, pelo que exige dolo ou culpa, em sentido estrito, esta numa de suas três vertentes – a negligência, a imperícia ou a imprudência – não sendo, entretanto, necessário individualizá-la, dado que pode ser atribuída ao serviço público, de forma genérica, a falta do serviço. A falta do serviço – *faute du service* dos franceses – não dispensa o requisito da causalidade, vale dizer, do nexo de causalidade entre ação omissiva atribuída ao poder público e o dano causado a terceiro. Detento ferido por outro detento: responsabilidade civil do Estado: ocorrência da falta do serviço, com a culpa genérica do serviço público, por isso que o Estado deve zelar pela integridade física do preso. RE conhecido e provido." (STF, 2ª T., RE 382054/RJ, relator Min. CARLOS VELLOSO, DJ 01-10-2004)

Ausência de fiscalização ambiental pelo Estado.

"AMBIENTAL. LEGITIMIDADE DO ESTADO DE MINAS GERAIS. OMISSÃO DO DEVER DE FISCALIZAR. PRECEDENTES. A conclusão do acórdão exarado pelo Tribunal de origem está em consonância com a jurisprudência deste Superior Tribunal de Justiça que se orienta no sentido de reconhecer a legitimidade passiva de pessoa jurídica de direito público para responder por danos causados ao meio ambiente em decorrência da sua conduta omissiva quanto ao dever de fiscalizar. Aplicável, portanto, a Súmula 83/STJ. Agravo regimental não provido." (STJ, AgRg no Ag 822.764/MG, Rel. Ministro JOSÉ DELGADO, PRIMEIRA TURMA, julgado em 05.06.2007, DJ 02.08.2007 p. 364)

Ausência de fiscalização ambiental pelo Estado.

"RESPONSABILIDADE DO ESTADO. OMISSÃO. SUBJETIVA. 1. A responsabilidade civil do Estado por omissão é subjetiva, mesmo em se tratando de responsabilidade por dano ao meio ambiente, uma vez que a ilicitude no comportamento omissivo é aferida sob a perspectiva de que deveria o Estado ter agido conforme estabelece a lei. 2. A União tem o dever de fiscalizar as atividades concernentes à extração mineral, de forma que elas sejam equalizadas à conservação ambiental. Esta obrigatoriedade foi alçada à categoria constitucional, encontrando-se inscrita no artigo 225, §§ 1º, 2º e 3º da Carta Magna. 3. Condenada a União a reparação de danos ambientais, é certo que a sociedade mediatamente estará arcando com os custos de tal reparação, como se fora autoindenização. Esse desiderato apresenta-se consentâneo com o princípio da equidade, uma vez que a atividade industrial responsável pela degradação ambiental – por gerar divisas para o país e contribuir com percentual significativo de geração de energia, como ocorre com a atividade extrativa mineral – a toda a sociedade beneficia. 4. Havendo mais de um causador de um mesmo dano ambiental, todos respondem solidariamente

ADMINISTRATIVA

pela reparação, na forma do art. 942 do Código Civil. De outro lado, se diversos forem os causadores da degradação ocorrida em diferentes locais, ainda que contíguos, não há como atribuir-se a responsabilidade solidária adotando-se apenas o critério geográfico, por falta de nexo causal entre o dano ocorrido em um determinado lugar por atividade poluidora realizada em outro local. 5. A desconsideração da pessoa jurídica consiste na possibilidade de se ignorar a personalidade jurídica autônoma da entidade moral para chamar à responsabilidade seus sócios ou administradores, quando utilizam-na com objetivos fraudulentos ou diversos daqueles para os quais foi constituída. Portanto, (i) na falta do elemento "abuso de direito"; (ii) não se constituindo a personalização social obstáculo ao cumprimento da obrigação de reparação ambiental; e (iii) nem comprovando-se que os sócios ou administradores têm maior poder de solvência que as sociedades, a aplicação da *disregard doctrine* não tem lugar e pode constituir, na última hipótese, obstáculo ao cumprimento da obrigação. 6. Segundo o que dispõe o art. 3º, IV, c/c o art. 14, § 1º, da Lei n. 6.938/81, os sócios/administradores respondem pelo cumprimento da obrigação de reparação ambiental na qualidade de responsáveis em nome próprio. A responsabilidade será solidária com os entes administrados, na modalidade subsidiária". (STJ, REsp 647.493/SC, Rel. Ministro JOÃO OTÁVIO DE NORONHA, SEGUNDA TURMA, julgado em 22.05.2007, DJ 22.10.2007 p. 233)

Falha na pavimentação de rodovia (buraco) provocando acidente.

"RESPONSABILIDADE CIVIL EXTRACONTRATUAL DO ESTADO. ACIDENTE DE TRÂNSITO PROVOCADO POR FALHA NA PAVIMENTAÇÃO (BURACO) DE RODOVIA FEDERAL. INDENIZAÇÃO POR DANOS MATERIAIS. O TRF da 1ª Região, com base nos fatos e provas, conclui que: (I) restou caracterizada a responsabilidade civil da recorrente; (II) foram comprovados o ato lesivo, os danos materiais, o nexo de causalidade e a omissão do Estado; (III) não houve culpa (negligência) do motorista no acidente. O conjunto de provas produzidas nos autos (documentos, testemunhas e perícia técnica) foi suficiente para julgar a lide." (STJ, REsp 647.216/DF, Rel. Ministra DENISE ARRUDA, PRIMEIRA TURMA, julgado em 27.03.2007, DJ 30.04.2007 p. 284)

Animal na pista (rodovia) provocando acidente.

"RESPONSABILIDADE CIVIL. ACIDENTE DE TRÂNSITO. ANIMAL NA PISTA. AUSÊNCIA DE FISCALIZAÇÃO. OMISSÃO DO ESTADO. DANOS MORAIS E MATERIAIS. O TRF da 4ª Região, com base no exame de fatos e provas, concluiu que: (I) o acidente ocorreu em rodovia federal cuja fiscalização é da responsabilidade do Governo Federal, e não do Estado-membro; (II) foram comprovados o ato lesivo, o dano, o nexo causal e a omissão culposa do DNER por ausência de fiscalização; (III) não há provas da culpa exclusiva da vítima ou do proprietário do animal; (IV) os valores fixados a título de indenização por danos morais e materiais são razoáveis e proporcionais à lesão. O STJ admite a revisão dos valores fixados a título de reparação por danos morais, mas tão somente quando se tratar de valores ínfimos ou exagerados. Excepcionalidade não configurada. Considerando as circunstâncias do caso concreto, as condições econômicas das partes e a finalidade da reparação, a indenização por danos materiais de R$ 7.220,00 e morais de R$ 3.600,00 não é exorbitante nem desproporcional aos danos sofridos pelo recorrido." (STJ, REsp 668.491/RS, Rel. Ministra DENISE ARRUDA, PRIMEIRA TURMA, julgado em 05.12.2006, DJ 05.03.2007 p. 264)

Falha no semáforo provocando acidente.

"RESPONSABILIDADE CIVIL DO ESTADO. LEGITIMIDADE ATIVA DO CONDUTOR DO VEÍCULO. OMISSÃO DO ESTADO. RESPONSABILIDADE SUBJETIVA. CULPA DEMONSTRADA NA ESPÉCIE. ACIDENTE DE VEÍCULOS EM CRUZAMENTO. SEMÁFORO DEFEITUOSO. CULPA CONCORRENTE DO MUNICÍPIO E DO MOTORISTA QUE TRAFEGAVA NA VIA EM QUE O SINAL ESTAVA INOPERANTE. AUSÊNCIA DE CULPA DO CONDUTOR DO VEÍCULO QUE TRANSITAVA PELA RUA EM QUE O SEMÁFORO ESTAVA VERDE. No campo da responsabilidade civil do Estado, se o prejuízo adveio de uma omissão do Estado, ou seja, pelo não funcionamento do serviço, ou seu funcionamento tardio, deficiente ou insuficiente, invoca-se a teoria da responsabilidade subjetiva. Na espécie, a colisão entre os veículos, ocorrida no cruzamento entre duas ruas, deveu-se ao fato de que um dos semáforos do cruzamento estava verde e o outro, inoperante; ausente qualquer sinalização sobre o defeito no semáforo. Assim, como bem enfatizou a Corte de origem, "evidente a responsabilidade do Município pelo dever de conservar a sinaleira em regular estado de funcionamento. No caso dos autos, deveria ter providenciado alguma indicação do defeito que tornou inoperante o semáforo, porquanto há notícia de que dois outros acidentes ocorreram no mesmo local, fato que não é impugnado na contestação" (fl. 122). In casu, portanto, restou caracterizada a culpa do Município recorrido ao não ter colocado sinalização evidenciando que naquele cruzamento um dos semáforos não estava acionado. Não se deve deixar de considerar, contudo, que o recorrente Jorge Luiz Lourenço deveria ter sido atento ao cruzar a rua, uma vez que o sinal não estava operante e naquele local não há vias preferenciais devido à existência dos dois sinais. Dessa forma, quanto a esse recorrente, deve ser mantido o raciocínio da Corte Estadual de que "há concorrência de culpas: a do motorista por atravessar o cruzamento simplesmente ignorando a ausência da sinalização que ali deveria existir, a da Municipalidade em decorrência de omissão que permitiu e contribuiu para um tal proceder" (fl. 123). Fincado nessa premissa, cumpre dar provimento *in totum* ao recurso no que concerne ao pedido de danos materiais de Anilto Klein de Oliveira, uma vez que quando do acidente trafegava na via em que o semáforo estava verde, não lhe sendo cobrado qualquer dever de diligência quanto ao provável surgimento de veículos provenientes das outras ruas. Recurso especial provido em parte, para condenar o Município de Canoas/RS ao pagamento de danos materiais a Anilto Klein de Oliveira, no valor do menor orçamento juntado aos autos." (STJ, REsp 716.250/RS, Rel. Ministro FRANCIULLI NETTO, SEGUNDA TURMA, julgado em 21.06.2005, DJ 12.09.2005 p. 298)

Acidente em sala de aula provocando lesão corporal grave.

"UNIVERSIDADE FEDERAL. ACIDENTE COM ESTUDANTE UNIVERSITÁRIO DURANTE AULA PRÁTICA. PERDA DA FUNÇÃO VISUAL DO OLHO ESQUERDO. OMISSÃO DO ESTADO. RESPONSABILIDADE SUBJETIVA. NEGLIGÊNCIA DEMONSTRADA. DIVERGÊNCIA JURISPRUDENCIAL NÃO CONFIGURADA. Há responsabilidade subjetiva do Estado por omissão, na hipótese de acidente causado por sua negligência em exigir, bem como em fiscalizar, a utilização por aluno universitário de equipamento de segurança necessário à participação em determinada aula prática." (STJ, REsp 637.246/CE, Rel. Ministro JOÃO OTÁVIO DE NORONHA, SEGUNDA TURMA, julgado em 28.03.2006, DJ 09.05.2006 p. 202)

Buraco causado por erosão pluvial, provocando morte.

"RESPONSABILIDADE CIVIL DO ESTADO. ACIDENTE EM BURACO (VOÇOROCA) CAUSADO POR EROSÃO PLUVIAL. MORTE DE MENOR. INDENIZAÇÃO. CASO FORTUITO E FORÇA MAIOR. INEXISTÊNCIA. Ação indenizatória proposta em face do Município de Costa Rica/MS, em que se pleiteia pensão vitalícia no montante de dois salários mínimos mensais e despesas de funeral, pela morte de filho menor, em decorrência de acidente em buraco (voçoroca) causado pelas águas da chuva. Segundo o acórdão recorrido, a existência da voçoroca e sua potencialidade lesiva era de "conhecimento comum", o que afasta a possibilidade de eximir-se o Município sob a alegativa de caso fortuito e força maior, já que essas excludentes do dever de indenizar pressupõem o elemento "imprevisibilidade". Nas situações em que o dano somente foi possível em decorrência da omissão do Poder Público (o serviço não funcionou, funcionou mal ou tardiamente), deve ser aplicada a teoria da responsabilidade subjetiva. Se o Estado não agiu, não pode ser ele o autor do dano. Se não foi o autor, cabe responsabilizá-lo apenas na hipótese de estar obrigado a impedir o evento lesivo, sob pena de convertê-lo em "segurador universal". Embora a municipalidade tenha adotado medida de sinalização da área afetada pela erosão pluvial, deixou de proceder ao seu completo isolamento, bem como de prover com urgência as obras necessárias à segurança do local, fato que caracteriza negligência, ensejadora da responsabilidade subjetiva. Em atenção à jurisprudência da Corte e aos limites do recurso especial, deve a indenização ser fixada no montante de 2/3 do salário mínimo, a partir da data em que a vítima completaria 14 anos de idade (28 de agosto de 1994) até o seu 25º aniversário (28 de agosto de 2005), calculado mês a mês, com correção monetária plena." (STJ, REsp 135.542/MS, Rel. Ministro CASTRO MEIRA, SEGUNDA TURMA, julgado em 19.10.2004, DJ 29.08.2005 p. 233)

Fuga e suicídio de portador de deficiência mental internado em hospital psiquiátrico do Estado

"ADMINISTRATIVO – RESPONSABILIDADE CIVIL DO ESTADO – ATO OMISSIVO – MORTE DE PORTADOR DE DEFICIÊNCIA MENTAL INTERNADO EM HOSPITAL PSIQUIÁTRICO DO ESTADO. A responsabilidade civil que se imputa ao Estado por ato danoso de seus prepostos é objetiva (art. 37, § 6º, CF), impondo-lhe o dever de indenizar se se verificar dano ao patrimônio de outrem e nexo causal entre o dano e o comportamento do preposto. Somente se afasta a responsabilidade se o evento danoso resultar de caso fortuito ou força maior ou decorrer de culpa da vítima. Em se tratando de ato omissivo, embora esteja a doutrina dividida entre as correntes dos adeptos da responsabilidade objetiva e aqueles que adotam a responsabilidade subjetiva, prevalece na jurisprudência a teoria subjetiva do ato omissivo, de modo a só ser possível indenização quando houver culpa do preposto. Falta no dever de vigilância em hospital psiquiátrico, com fuga e suicídio posterior do paciente." (STJ, REsp 602.102/RS, Rel. Ministra ELIANA CALMON, SEGUNDA TURMA, julgado em 06.04.2004, DJ 21.02.2005 p. 146)

3) Por conduta omissiva – sem reconhecimento da responsabilidade do Estado:

Assalto cometido por fugitivo de prisão

"Ação Rescisória. Ação de Reparação de Danos. Assalto cometido por fugitivo de prisão estadual. Responsabilidade objetiva do Estado. Recurso extraordinário do Estado provido. Inexistência de nexo de causalidade entre o assalto e a omissão da autoridade pública que teria possibilitado a fuga de presidiário, o qual, mais tarde, veio a integrar a quadrilha que praticou o delito, cerca de vinte e um meses após a evasão. Inocorrência de erro de fato. Interpretação diversa quanto aos fatos e provas da causa. Ação rescisória improcedente." (STF, Tribunal Pleno, AR 1376/ PR, relator Min. GILMAR MENDES, DJ 22-09-2006)

Latrocínio cometido por fugitivo de prisão

"CONSTITUCIONAL. ADMINISTRATIVO. CIVIL. RESPONSABILIDADE CIVIL DAS PESSOAS PÚBLICAS. ATO OMISSIVO DO PODER PÚBLICO: LATROCÍNIO PRATICADO POR APENADO FUGITIVO. RESPONSABILIDADE SUBJETIVA: CULPA PUBLICIZADA: FALTA DO SERVIÇO. C.F., art. 37, § 6º. Tratando-se de ato omissivo do poder público, a responsabilidade civil por tal ato é subjetiva, pelo que exige dolo ou culpa, esta numa de suas três vertentes, a negligência, a imperícia ou a imprudência, não sendo, entretanto, necessário individualizá-la, dado que pode ser atribuída ao serviço público, de forma genérica, a falta do serviço. A falta do serviço - *faute du service* dos franceses - não dispensa o requisito da causalidade, vale dizer, do nexo de causalidade entre a ação omissiva atribuída ao poder público e o dano causado a terceiro. Latrocínio praticado por quadrilha da qual participava um apenado que fugira da prisão tempos antes: neste caso, não há falar em nexo de causalidade entre a fuga do apenado e o latrocínio. Precedentes do STF: RE 172.025/RJ, Ministro Ilmar Galvão, "D.J." de 19.12.96; RE 130.764/PR, Relator Ministro Moreira Alves, RTJ 143/270. IV. - RE conhecido e provido". (STF, 2ª T., RE 369820/RS, relator Min. CARLOS VELLOSO, DJ 27-02-2004)

Atraso no fornecimento de medicamento a doente grave

"ATRASO NO FORNECIMENTO DE MEDICAMENTO A PACIENTE ACOMETIDO DE DOENÇA GRAVE. RESPONSABILIDADE SUBJETIVA DO ESTADO. INOCORRÊNCIA DO DANO. A lide em questão trata de ação ordinária de reconhecimento de direito c/c obrigação de fazer, com o ressarcimento de danos morais, em que a recorrente, acometida de tumor de hipófise, a qual gera, entre outras *consequências*, o gigantismo, pugna pela condenação do Estado no fornecimento de medicação para a cura da referida doença, bem como no pagamento de danos morais, em razão da demora na consecução desse direito. No caso de ato omissivo praticado pelo Estado, por serviço que não funcionou ou funcionou de forma tardia ou ineficaz, deve-se enquadrar a responsabilidade estatal como subjetiva, mormente não ter sido o autor do dano, sendo necessário, para tanto, a comprovação do comportamento ilícito praticado pela Administração Pública. Precedentes: REsp nº 639.908/RJ, Rel. Min. FRANCIULLI NETTO, DJ de 25/04/05 e REsp nº 602.102/RS, Rel. Min. ELIANA CALMON, DJ de 21/02/05. Por meio da valoração do conjunto fático dos autos, não se vislumbra a ocorrência de ato culposo por parte do Estado, nem de prova do dano moral, tendo em vista que o tempo que durou a demora na entrega do medicamento à paciente restou razoável, mormente o remédio requisitado não ser, a princípio, destinado à doença da recorrente e em razão do número elevado de pedidos, no mesmo sentido, feitos à Secretaria Estadual de Saúde." (STJ, REsp 684.906/SC, Rel. Ministro FRANCISCO FALCÃO, PRIMEIRA TURMA, julgado em 02.05.2006, DJ 25.05.2006 p. 161)

Morte de policial durante transferência de preso

"ADMINISTRATIVO - RESPONSABILIDADE CIVIL DO ESTADO - OMISSÃO - FALTA DO SERVIÇO - RESPONSABILIDADE SUBJETIVA - MORTE DE POLICIAL DURANTE TRANSFERÊNCIA DE PRESO - NÃO COMPROVAÇÃO DA CULPA ESTATAL (PUBLICIZADA) - IMPOSSIBILIDADE DE REVISÃO DOS FATOS NO RECURSO ESPECIAL PARA CARACTERIZAÇÃO DA CULPA E DO IMPRESCINDÍVEL NEXO - SOBERANIA DA INSTÂNCIA ORDINÁRIA NAS PROVAS. A responsabilidade do Estado por omissão é subjetiva. Jurisprudência predominantes do STF e do STJ. Desde a inicial, vieram os recorrentes discutindo a falta do serviço estatal por omissão, o que é bem diferente de se discutir o fato do serviço para aplicação da responsabilidade objetiva. Ir além, para analisar o que requerido pelos recorrentes em sede de recurso especial, implica revolvimento da matéria fática, uma vez que, em razão da devolutividade vinculada deste recurso, não se pode, a esta altura, ir além para verificar se a omissão do Estado em garantir ao policial assassinado a devida escolta para a transferência do preso teria sido causa determinante para a ocorrência do sinistro. Assim, também não se pode desbordar do quadro fático pré-estabelecido para analisar a existência do necessário nexo causal entre a alegada omissão e o evento fatídico. (STJ, REsp 471.606/SP, Rel. Ministro HUMBERTO MARTINS, SEGUNDA TURMA, julgado em 02.08.2007, DJ 14.08.2007 p. 280)

Fiscalização do Banco Central sobre instituição financeira

"RESPONSABILIDADE CIVIL EXTRACONTRATUAL DO ESTADO. PREJUÍZOS CAUSADOS PELO GRUPO COROA BRASTEL A INVESTIDORES. DANOS. FISCALIZAÇÃO DO BANCO CENTRAL DO BRASIL. NEXO CAUSAL. A responsabilidade patrimonial extracontratual do Estado, se decorrente do comportamento omissivo deste ante a falta de serviço a que estava obrigado, é subjetiva. Na hipótese de danos por omissão do Estado, a responsabilidade só tem lugar caso haja comportamento ilícito, ou seja, se omisso foi quando a lei impunha-lhe impedir o evento lesivo. Em se tratando de responsabilidade subjetiva, há necessidade de causa determinante do dano, ou seja, nexo causal entre a conduta e o resultado. Na espécie, a falta de fiscalização do Banco Central do Brasil sobre o Coroa-Brastel, se de fato ocorreu, não teria o efeito de levar esse grupo à bancarrota ou impedi-la, pelo que não evitaria os prejuízos de seus investidores. A aferição pelo investidor de lucros elevados decorrentes do pagamento de taxas de juros especulativas pressupõe riscos também elevados. Assim, o investidor que elege tais aplicações corre, de fato, riscos de perda, não sendo razoável, nessa hipótese, querer atribuir ao Estado a responsabilidade por prejuízos financeiros advindos da culpa *in eligendo* do investidor." (STJ, REsp 152.360/RS, Rel. Ministro JOÃO OTÁVIO DE NORONHA, SEGUNDA TURMA, julgado em 05.04.2005, DJ 30.05.2005 p. 267)

4) Responsabilidade das pessoas jurídicas de direito privado prestadoras de serviço público.

A responsabilidade dessas pessoas, nos termos do art. 37, § 6º, da CF, também é objetiva. Assim, as concessionárias de serviço público, por exemplo, nas áreas de água e esgoto, energia elétrica, telefonia, transporte público, dentre outras, respondem pelos danos que seus agentes causarem, independentemente de culpa.

É importante ressaltar que o STF vinha entendendo que a responsabilidade objetiva dos concessionários (prevista no art. 37, § 6º, da CF) só existe em relação ao usuário do serviço, e não relação a terceiro que sofre dano no contexto da prestação de um serviço público. O terceiro deverá buscar responsabilização da concessionária com fundamento em outras regras jurídicas.

Confira:

"CONSTITUCIONAL. ADMINISTRATIVO. CIVIL. RESPONSABILIDADE CIVIL DO ESTADO: RESPONSABILIDADE OBJETIVA. PESSOAS JURÍDICAS DE DIREITO PRIVADO PRESTADORAS DE SERVIÇO PÚBLICO. CONCESSIONÁRIO OU PERMISSIONÁRIO DO SERVIÇO DE TRANSPORTE COLETIVO. C.F., art. 37, § 6º. I. - A responsabilidade civil das pessoas jurídicas de direito privado prestadoras de serviço público é objetiva relativamente aos usuários do serviço, não se estendendo a pessoas outras que não ostentem a condição de usuário. Exegese do art. 37, § 6º, da C.F. II. - R.E. conhecido e provido." (STF, 2ª T., RE 262651/SP, Relator Min. CARLOS VELLOSO, DJ 06-05-2005)

No entanto, houve **mudança** na orientação jurisprudencial, para admitir a responsabilidade objetiva também em favor do não usuário do serviço público. Confira:

EMENTA: CONSTITUCIONAL. RESPONSABILIDADE DO ESTADO. ART. 37, § 6º, DA CONSTITUIÇÃO. PESSOAS JURÍDICAS DE DIREITO PRIVADO PRESTADORAS DE SERVIÇO PÚBLICO. CONCESSIONÁRIO OU PERMISSIONÁRIO DO SERVIÇO DE TRANSPORTE COLETIVO. RESPONSABILIDADE OBJETIVA EM RELAÇÃO A TERCEIROS NÃO USUÁRIOS DO SERVIÇO. RECURSO DESPROVIDO. I - A responsabilidade civil das pessoas jurídicas de direito privado prestadoras de serviço público é objetiva relativamente a terceiros usuários e não usuários do serviço, segundo decorre do art. 37, § 6º, da Constituição Federal. II - A inequívoca presença do nexo de causalidade entre o ato administrativo e o dano causado ao terceiro não usuário do serviço público, é condição suficiente para estabelecer a responsabilidade objetiva da pessoa jurídica de direito privado. III - Recurso extraordinário desprovido. (STF, RE 591874, Relator(a): Min. RICARDO LEWANDOWSKI, Tribunal Pleno, julgado em 26/08/2009, DJe-237 DIVULG 17-12-2009 PUBLIC 18-12-2009 EMENT VOL-02387-10 PP-01820)

5) Responsabilidade do estado por atos legislativos e judiciais.

O Estado não responde, como regra, pela edição de leis que prejudicam alguém. Tal regra só cede nas seguintes situações: a) se uma lei declarada inconstitucional causar danos ao particular; b) se uma lei de efeito concreto causar dano a uma pessoa em particular (exemplo: criação de Parque Florestal em área privada).

O Estado também não responde, como regra, pelas decisões que prejudicam alguém. Como exceção tem-se: a) o caso de erro judiciário, que é aquele reconhecido em revisão criminal ou o decorrente de prisão de alguém além do tempo permitido; b) os casos em que o juiz responde pessoalmente por dolo, fraude, recusa, omissão ou retardamento injustificado de providências de seu ofício, nos termos do art. 133 do CPC. Confira a casuística:

"Erro judiciário. Responsabilidade civil objetiva do Estado. Direito à indenização por danos morais decorrentes de condenação desconstituída em revisão criminal e de prisão preventiva. CF, art. 5º, LXXV. C.Pr.Penal, art. 630. 1. O direito à indenização da vítima de erro judiciário e daquela presa além do tempo devido, previsto no art. 5º, LXXV, da Constituição, já era previsto no art. 630 do C. Pr. Penal, com a exceção do caso de ação penal privada e só uma hipótese de exoneração, quando para a condenação tivesse contribuído o próprio réu. 2. A regra constitucional não veio para aditar pressupostos subjetivos à regra geral da responsabilidade fundada no risco administrativo, conforme o art. 37, § 6º, da Lei Fundamental: a partir do entendimento consolidado de que a regra geral é a irresponsabilidade civil do Estado por atos de jurisdição, estabelece que, naqueles casos, a indenização é uma garantia individual e, manifestamente, não a submete à exigência de dolo ou culpa do magistrado. 3. O art. 5º, LXXV, da Constituição: é uma garantia, um mínimo, que nem impede a lei, nem impede eventuais construções doutrinárias que venham a reconhecer a responsabilidade do Estado em hipóteses que não a de erro judiciário *stricto sensu*, mas de evidente falta objetiva do serviço público da Justiça." (STF, 1ª T., RE 505393/PE, Relator Min. SEPÚLVEDA PERTENCE, DJ 05-10-2007)

"CONSTITUCIONAL. ADMINISTRATIVO. CIVIL. RESPONSABILIDADE CIVIL DO ESTADO: ATOS DOS JUÍZES. C.F., ART. 37, § 6º. I. - A responsabilidade objetiva do Estado não se aplica aos atos dos juízes, a não ser nos casos expressamente declarados em lei. Precedentes do Supremo Tribunal Federal. II. - Decreto judicial de prisão preventiva não se confunde com o erro judiciário (C.F., art. 5º, LXXV) mesmo que o réu, ao final da ação penal, venha a ser absolvido. III. - Negativa de trânsito ao RE. Agravo não provido." (STF, 2ª T., RE-AgR 429518/SC, relator(a): Min. CARLOS VELLOSO, DJ 28-10-2004)

CONSTITUCIONAL E ADMINISTRATIVO. EMBARGOS DE DECLARAÇÃO EM RECURSO EXTRAORDINÁRIO. CONVERSÃO EM AGRAVO REGIMENTAL. RESPONSABILIDADE OBJETIVA DO ESTADO. PRISÃO EM FLAGRANTE. ABSOLVIÇÃO POR FALTA DE PROVAS. ART. 5º, LXXV, 2ª PARTE. ATOS JURISDICIONAIS. FATOS E PROVAS. SÚMULA STF 279. 1. Embargos de declaração recebidos como agravo regimental, consoante iterativa jurisprudência do Supremo Tribunal Federal. 2. O Supremo Tribunal já assentou que, salvo os casos expressamente previstos em lei, a responsabilidade objetiva do Estado não se aplica aos atos de juízes. 3. Prisão em flagrante não se confunde com erro judiciário a ensejar reparação nos termos da 2ª parte do inciso LXXV do art. 5º da Constituição Federal. 4. Incidência da Súmula STF 279 para concluir de modo diverso da instância de origem. 5. Inexistência de argumento capaz de infirmar o entendimento adotado pela decisão agravada. Precedentes. 6. Agravo regimental improvido. (STF, RE 553637 ED, Relator(a): Min. ELLEN GRACIE, Segunda Turma, julgado em 04/08/2009, DJe-181 DIVULG 24-09-2009 PUBLIC 25-09-2009 EMENT VOL-02375-06 PP-01629)

6) Responsabilidade dos Estado por atos do Ministério Público

CONSTITUCIONAL E ADMINISTRATIVO. AGRAVO REGIMENTAL EM AGRAVO DE INSTRUMENTO. RESPONSABILIDADE OBJETIVA DO ESTADO POR ATOS DO MINISTÉRIO PÚBLICO. SUCUMBÊNCIA. LEGITIMIDADE PASSIVA. ART. 37, § 6º, DA CF/88. 1. A legitimidade passiva é da pessoa jurídica de direito público para arcar com a sucumbência de ação promovida pelo Ministério Público na defesa de interesse do ente estatal. 2. É assegurado o direito de regresso na hipótese de se verificar a incidência de dolo ou culpa do preposto, que atua em nome do Estado. 3. Responsabilidade objetiva do Estado caracterizada. Precedentes. 4. Inexistência de argumento capaz de infirmar o entendimento adotado pela decisão agravada. 5. Agravo regimental improvido. (AI 552366 AgR, Relator(a): Min. ELLEN GRACIE, Segunda Turma, julgado em 06/10/2009, DJe-204 DIVULG 28-10-2009 PUBLIC 29-10-2009 EMENT VOL-02380-06 PP-01248)

7) Responsabilidade subsidiária do Estado.

O Estado responde subsidiariamente pelos danos causados por pessoa jurídica prestadora de serviço público, quando esta, acionada, tiver seu patrimônio totalmente esgotado, o mesmo ocorrendo em relação às pessoas jurídicas de direito público e em relação aos particulares que estiverem executando obra pública.

Confira decisão do STJ reconhecendo a responsabilidade subsidiária também quanto a obrigações de empresas estatais:

"RESPONSABILIDADE OBJETIVA. RESPONSABILIDADE SUBSIDIÁRIA DO ESTADO. As regras de Direito Administrativo e Constitucional dispõem que as empresas criadas pelo Governo respondem por danos segundo as regras da responsabilidade objetiva, e, na hipótese de exaurimento dos recursos da prestadora de serviços, o Estado responde subsidiariamente (art. 37, § 6º, da Constituição Federal). É defeso atribuir o cumprimento de obrigação por ato ilícito contraída por empresa prestadora de serviços públicos a outra que não concorreu para o evento danoso, apenas porque também é prestadora dos mesmos serviços públicos executados pela verdadeira devedora. Tal atribuição não encontra amparo no instituto da responsabilidade administrativa, assentado na responsabilidade objetiva da causadora do dano e na subsidiária do Estado, diante da impotência econômica ou financeira daquela." (REsp 738.026/RJ, Rel. Ministra ELIANA CALMON, Rel. p/ Acórdão Ministro JOÃO OTÁVIO DE NORONHA, SEGUNDA TURMA, julgado em 26.06.2007, DJ 22.08.2007 p. 452)

8) Responsabilidade do agente público.

O agente público, segundo o art. 37, § 6º, da CF, responde pelos danos que causar a terceiro, perante à pessoa em que trabalha, se agir com culpa ou dolo. Ou seja, os agentes públicos têm dupla proteção: a) a primeira é de só responder se agir com culpa ou dolo; b) a segunda é de não poder ser acionado diretamente pelo lesado.

Quanto a esse segundo aspecto, é importante ressaltar que o lesado só pode ingressar com ação diretamente contra o Poder Público. O agente público só poderá ser acionado regressivamente, quando o Poder Público for condenado e for o caso de cobrar tais quantias do agente, em virtude de ter agido de modo culposo ou doloso.

Assim, não cabe a responsabilidade "per saltum" da pessoa natural do agente público (STF, RE 327.904, rel. Min. Carlos Brito, j. em 15/08/06 – Informativo 436).

Confira também:

EMENTA: AGRAVO REGIMENTAL NO RECURSO EXTRAORDINÁRIO. AÇÃO DE REPARAÇÃO DE DANOS. RESPONSABILIDADE OBJETIVA DO ESTADO: § 6O DO ART. 37 DA CONSTITUIÇÃO DO BRASIL. AGENTE PÚBLICO. ILEGITIMIDADE PASSIVA *AD CAUSAM*. O Supremo Tribunal Federal, por ocasião do julgamento da RE n. 327.904, Relator o Ministro Carlos Britto, DJ de 8.9.06, fixou entendimento no sentido de que "somente as pessoas jurídicas de direito público, ou as pessoas jurídicas de direito privado que prestem serviços públicos, é que poderão responder, objetivamente, pela reparação de danos a terceiros. Isto por ato ou omissão dos respectivos agentes, agindo estes na qualidade de agentes públicos, e não como pessoas comuns". Precedentes. Agravo regimental a que se nega provimento.

(RE 470996 AgR, Relator(a): Min. EROS GRAU, Segunda Turma, julgado em 18/08/2009, DJe-171 DIVULG 10-09-2009 PUBLIC 11-09-2009 EMENT VOL-02373-02 PP-00444)

9) Responsabilidade do tabelião e do registrador.

Tanto o tabelião, como o registrador respondem objetivamente perante terceiros, nos termos do que determina o art. 37, § 6º, da CF. Além disso, o Estado, que confere uma delegação a essas pessoas também responde objetivamente e diretamente pelos danos por eles causados. Confira a casuística:

"RESPONSABILIDADE OBJETIVA - ESTADO - RECONHECIMENTO DE FIRMA - CARTÓRIO OFICIALIZADO. Responde o Estado pelos danos causados em razão de reconhecimento de firma considerada assinatura falsa. Em se tratando de atividade cartorária exercida à luz do artigo 236 da Constituição Federal, a responsabilidade objetiva é do notário, no que assume posição semelhante à das pessoas jurídicas de direito privado prestadoras de serviços públicos - § 6º do artigo 37 também da Carta da República." (STF, 2ª T., RE 201595/SP, relator Min. MARCO AURÉLIO, DJ 20-04-2001)

"RESPONSABILIDADE CIVIL. NOTÁRIO. LEGITIMIDADE PASSIVA AD CAUSAM. RESPONSABILIDADE OBJETIVA DO ESTADO DE PERNAMBUCO PELOS DANOS CAUSADOS PELO TITULAR DE SERVENTIA EXTRAJUDICIAL NÃO OFICIALIZADA. PRECEDENTES. A responsabilidade civil por dano causado a particular por ato de oficial do Registro de Imóveis é pessoal, não podendo o seu sucessor, atual titular da serventia, responder pelo ato ilícito praticado pelo sucedido, antigo titular. Precedentes. Recurso especial provido." (STJ, REsp 696.989/PE, Rel. Ministro CASTRO FILHO, TERCEIRA TURMA, julgado em 23.05.2006, DJ 27.11.2006 p. 278)

(OAB/Exame Unificado – 2007.1 – 2ª fase) Leandro fugiu da cadeia pública de um estado da Federação. Cinco meses depois da fuga, em concurso com mais dois agentes, praticou o sequestro relâmpago de duas pessoas, as quais restaram brutalmente assassinadas. Nessa hipótese, haverá responsabilidade objetiva do Estado pelos danos decorrentes da morte causada por fugitivo? Fundamente sua resposta.

RESOLUÇÃO DA QUESTÃO

O Supremo Tribunal Federal assentou posicionamento no sentido de que a responsabilidade do Estado, seja ela objetiva, seja ela subjetiva, depende, para a sua configuração de nexo de causalidade entre a conduta estatal e o dano.

Nesse sentido, o Excelso Pretório vem entendendo que nos casos de fuga de presos seguidas de crimes praticados por estes o Estado não responde quando a fuga tenha se dado já há bom tempo ou quando o crime tenha sido praticado em concurso com outros comparsas. Essas duas situações, segundo o tribunal, afastam o nexo de causalidade.

Todavia, quando a fuga tenha se dado pouco tempo antes do crime e seja decorrente de séria negligência estatal (por exemplo, por repetidas fugas), o Supremo Tribunal Federal entende que o nexo de causalidade existe e a responsabilidade do Estado fica configurada.

No caso em tela, o fato de a fuga ter se dado cinco meses antes do crime, somado ao fato de outras pessoas também terem participado do crime faz com que remanesça o entendimento jurisprudencial no sentido de que não há nexo de causalidade entre a conduta estatal e o crime, e, portanto, o estado não responde civilmente.

Comentário adicional

Confira jurisprudência no sentido de que o Estado não responde por crimes causados por fugitivo de prisão, pela ausência do nexo de causalidade:

CONSTITUCIONAL. ADMINISTRATIVO. CIVIL. RESPONSABILIDADE CIVIL DAS PESSOAS PÚBLICAS. ATO OMISSIVO DO PODER PÚBLICO: LATROCÍNIO PRATICADO POR APENADO FUGITIVO. RESPONSABILIDADE SUBJETIVA: CULPA PUBLICIZADA: FALTA DO SERVIÇO. C.F., art. 37, § 6º. I. - Tratando-se de ato omissivo do poder público, a responsabilidade civil por tal ato é subjetiva, pelo que exige dolo ou culpa, esta numa de suas três vertentes, a negligência, a imperícia ou a imprudência, não sendo, entretanto, necessário individualizá-la, dado que pode ser atribuída ao serviço público, de forma genérica, a falta do serviço. II. - A falta do serviço - *faute du service* dos franceses - não dispensa o requisito da causalidade, vale dizer, do nexo de causalidade entre a ação omissiva atribuída ao poder público e o dano causado a terceiro. III. - Latrocínio praticado por quadrilha da qual participava um apenado que fugira da prisão tempos antes: neste caso, não há falar em nexo de causalidade entre a fuga do apenado e o latrocínio. Precedentes do STF: RE 172.025/RJ, Ministro Ilmar Galvão, "D.J." de 19.12.96; RE 130.764/PR, Relator Ministro Moreira Alves, RTJ 143/270. IV. - RE conhecido e provido.

(STF, RE 369820, Relator(a): Min. CARLOS VELLOSO, Segunda Turma, julgado em 04/11/2003, DJ 27-02-2004 PP-00038 EMENT VOL-02141-06 PP-01295)

Confira decisões no sentido de que o Estado responde por crimes causados por fugitivo de prisão em determinadas situações:

EMENTA: AGRAVO REGIMENTAL NO RECURSO EXTRAORDINÁRIO. RESPONSABILIDADE CIVIL DO ESTADO. ARTIGO 37, § 6º, DA CONSTITUIÇÃO DO BRASIL. LATROCÍNIO COMETIDO POR FORAGIDO. NEXO DE CAUSALIDADE CONFIGURADO. PRECEDENTE. 1. A negligência estatal na vigilância do criminoso, a inércia das autoridades policiais diante da terceira fuga e o curto espaço de tempo que se seguiu antes do crime são suficientes para caracterizar o nexo de causalidade. 2. Ato omissivo do Estado que enseja a responsabilidade objetiva nos termos do disposto no artigo 37, § 6º, da Constituição do Brasil. Agravo regimental a que se nega provimento.

(STf, RE 573595 AgR, Relator(a): Min. EROS GRAU, Segunda Turma, julgado em 24/06/2008, DJe-152 DIVULG 14-08-2008 PUBLIC 15-08-2008 EMENT VOL-02328-07 PP-01418)

EMENTA: RESPONSABILIDADE CIVIL DO ESTADO. ART. 37, § 6º DA CONSTITUIÇÃO FEDERAL. *FAUTE DU SERVICE PUBLIC* CARACTERIZADA. ESTUPRO COMETIDO POR PRESIDIÁRIO, FUGITIVO CONTUMAZ, NÃO SUBMETIDO À REGRESSÃO DE REGIME PRISIONAL COMO MANDA A LEI. CONFIGURAÇÃO DO NEXO DE CAUSALIDADE. RECURSO EXTRAORDINÁRIO DESPROVIDO. Impõe-se a responsabilização do Estado quando um condenado submetido a regime prisional aberto pratica, em sete ocasiões, falta grave de evasão, sem que as autoridades responsáveis pela execução da pena lhe apliquem a medida de regressão do regime prisional aplicável à espécie. Tal omissão do Estado constituiu, na espécie, o fator determinante que propiciou ao infrator a oportunidade para praticar o crime de estupro contra menor de 12 anos de idade, justamente no período em que deveria estar recolhido à prisão. Está configurado o nexo de causalidade, uma vez que se a lei de execução penal tivesse sido corretamente aplicada, o condenado dificilmente teria continuado a cumprir a pena nas mesmas condições (regime aberto), e, por conseguinte, não teria tido a oportunidade de evadir-se pela oitava vez e cometer o bárbaro crime de estupro. Recurso extraordinário desprovido.

(STF, RE 409203, Relator(a): Min. CARLOS VELLOSO, Relator(a) p/ Acórdão: Min. JOAQUIM BARBOSA, Segunda Turma, julgado em 07/03/2006, DJ 20-04-2007 PP-00102 EMENT VOL-02272-03 PP-00480 RTJ VOL-00200-02 PP-00982 LEXSTF v. 29, n. 342, 2007, p. 268-298)

7. INTERVENÇÃO NA PROPRIEDADE

(OAB/Exame Unificado – 2013.3 – 2ª fase) O Prefeito do Município XYZ desapropriou um sítio particular para instalação de um novo centro de atendimento médico de emergência. Entretanto, antes do início das obras, o Estado ABC anunciou que o Município XYZ receberá um novo Hospital Estadual de Atendimento Médico Emergencial.

Responda, fundamentadamente, aos itens a seguir.

A) O Município pode desistir da construção do centro de atendimento médico e destinar a área desapropriada à construção de uma escola? (Valor: 0,65)

B) Com o anúncio feito pelo Estado, o antigo proprietário do sítio desapropriado pode requerer o retorno da área à sua propriedade, mediante devolução do valor da indenização? (Valor: 0,60)

A simples menção ou transcrição do dispositivo legal não pontua.

GABARITO COMENTADO

A) A resposta é positiva. Após a efetivação de uma desapropriação, o ente expropriante deve empregar o bem à finalidade pública que desencadeou o processo de desapropriação. Em não o fazendo, estar-se-á diante da tredestinação, que nada mais é do que a destinação do bem em desconformidade com o plano inicialmente previsto. A tredestinação, entretanto, distingue-se em lícita (na qual o bem é empregado em finalidade diversa da inicialmente pretendida, mas ainda afetada ao interesse público) e ilícita (na qual não se emprega o bem em uma utilização de interesse público). A tredestinação lícita, isto é, a alteração na destinação do bem, por conveniência da administração pública, resguardando, de modo integral, o interesse público, não é vedada pelo ordenamento.

B) A resposta é negativa. A tredestinação lícita, por manter o bem afetado a uma finalidade de interesse público não configura direito de retrocessão, isto é, o direito do particular expropriado de reaver o bem, em virtude da sua não utilização. E a própria legislação de regência, o Decreto-lei n. 3.365/1941, dispõe, em seu Art. 35, que os bens expropriados, uma vez incorporados à Fazenda Pública, não podem ser objeto de reivindicação.

Distribuição dos Pontos

Item	Pontuação
A. Sim. Trata-se da tredestinação lícita, (0,25) na qual o bem é empregado em finalidade diversa da inicialmente pretendida, mas ainda afetada ao interesse público. (0,40)	0,00/0,25/0,40/0,65
B. Não. Os bens expropriados incorporados à Fazenda Pública e afetados a uma finalidade pública não podem ser objeto de reivindicação (0,50), na forma do Art. 35, do Decreto Lei n. 3.365/1941. (0,10). *Obs.: a simples citação do dispositivo legal não pontua.*	0,00/0,50/0,60

(OAB/Exame Unificado – 2013.1 – 2ª fase) O município "X", tendo desapropriado um imóvel para a instalação da sede da prefeitura e, necessitando realizar obras de reparo no prédio, instala em terreno contíguo, de propriedade de Mário, o canteiro de obra necessário a realização dos reparos. Considerando apenas os fatos descritos acima, responda aos itens a seguir.

A) Qual é a figura de intervenção utilizada pelo Município e quais são suas características? (valor: 0,65)
B) Nesse caso, é devida alguma indenização? Indique o fundamento legal. (valor: 0,60)

A simples menção ou transcrição do dispositivo legal não pontua.

GABARITO COMENTADO – EXAMINADORA:

A) Trata-se de ocupação temporária, que se caracteriza pelo uso transitório por parte do Poder Público de imóvel privado, como meio de apoio à execução de obras públicas.

B) Nessa modalidade de ocupação temporária, por expressa disposição de lei (Art. 36 do Decreto-Lei n. 3.365/41), é devida indenização.

Distribuição dos Pontos

Quesito Avaliado	Valores
A. Trata-se de ocupação temporária (0,30). Caracteriza-se pelo uso transitório por parte do Poder Público de imóvel privado, como meio de apoio à execução de obra pública (0,35).	0.00 / 0,30 / 0,35 / 0,65
B. Nessa modalidade de ocupação temporária, por expressa disposição de lei (Art. 36 do Decreto Lei n. 3365 / 41), é devida indenização.	0,00 / 0,60

(OAB/Exame Unificado – 2012.3 – 2ª fase) O proprietário de um terreno passou dois anos sem ir até sua propriedade. Após esse período, ao visitar o local, constata que, em seu terreno, foi construída uma escola municipal que, àquela altura, já se encontra em pleno funcionamento.

Com base no relatado acima, com o emprego dos argumentos jurídicos apropriados e a fundamentação legal pertinente ao caso, responda aos itens a seguir.

a) Indique e conceitue o fato administrativo tratado no caso apresentado. (Valor: 0,60)

b) Diante do ocorrido, que medida o proprietário do terreno pode tomar? (Valor: 0,65)

RESOLUÇÃO DA QUESTÃO

A) O examinando deve identificar a desapropriação indireta como o fato administrativo ocorrido no caso em questão, descrevendo-o como ato da administração pública apropriar-se de um bem privado sem o devido processo legal.

B) Deve também reconhecer a impossibilidade de o proprietário reaver o bem, uma vez que o mesmo já se encontra afetado para a prestação de um serviço público, restando ao proprietário tão somente o ajuizamento de ação pleiteando indenização pelas perdas sofridas, conforme art. 35, do Decreto-lei n. 3.365/41.

Distribuição dos Pontos

Quesito Avaliado	Valores
A. Trata-se de desapropriação indireta (0,25). Apossamento administrativo de bem particular sem o devido processo legal. (0,35).	0,00/0,25/0,35/0,60
B. Propositura de ação indenizatória, tendo em vista a impossibilidade de reivindicação do bem (0,45), conforme Art. 35, do Decreto Lei n. 3.365/41 (0,20).	0,00/0,45/0,65

(OAB/Exame Unificado – 2011.2 – 2ª fase) O Município de Cachoeira Azul pretende implementar, com base em seu plano diretor, um importante projeto de criação de espaços públicos de lazer e áreas verdes ao longo dos próximos quatro anos e, para tanto, necessitará de áreas urbanas que atualmente constituem propriedade privada. O prefeito, então, encaminhou projeto de lei à Câmara de Vereadores estabelecendo direito de preferência em favor do Município caso os imóveis localizados na área venham a ser objeto de alienação onerosa entre particulares durante aquele prazo.

Considerando a situação hipotética narrada, responda aos seguintes quesitos, empregando os argumentos jurídicos apropriados e a fundamentação legal pertinente ao caso.

A) É juridicamente possível o estabelecimento do direito de preferência por lei municipal e pelo prazo mencionado? (Valor: 0,60)

B) Supondo afirmativa a resposta ao quesito anterior, ultrapassado o prazo de quatro anos estabelecido na lei, poderia o prefeito encaminhar novo projeto de lei para renová-lo por igual período? (Valor: 0,65)

GABARITO COMENTADO – EXAMINADORA

Em relação ao item 1, espera-se que o examinando responda afirmativamente, demonstrando conhecimento a respeito do denominado direito de preempção, instituto previsto no artigo 25 da Lei 10.257/2001.

Em relação ao item 2, a resposta deve levar em consideração o prazo estabelecido no Estatuto da Cidade para a renovação do prazo de vigência do direito de preempção, que apenas pode ocorrer a partir de um ano após o decurso do prazo inicial de vigência, conforme norma do artigo 25, § 1º, parte final.

Distribuição de pontos

Item	Descrição	Pontuação
A	– Sim, trata-se do direito de preferência (preempção), a ser estabelecido por lei municipal e por prazo não superior a cinco anos (0,3). Artigo 25 da Lei 10.257/2001 – Estatuto da Cidade (0,3).	0 / 0,3 / 0,6
B	– Necessidade de se aguardar um ano para a renovação do direito de preempção após o decurso do prazo inicial de vigência. (0,35) Artigo 25, § 1º, da Lei 10.257/2001 – Estatuto da Cidade. (0,3)	0 / 0,3 / 0,35 / 0,65

(OAB/Exame Unificado – 2012.2 – 2ª fase) Uma determinada microempresa de gêneros alimentícios explora seu estabelecimento comercial, por meio de contrato de locação não residencial, fixado pelo prazo de 10 (dez) anos, com término em abril de 2011. Entretanto, em maio do ano de 2009, a referida empresa recebe uma notificação do Poder Público municipal com a ordem de que deveria desocupar o imóvel no prazo de 3 (três) meses a partir do recebimento da citada notificação, sob pena de imissão na posse a ser realizada pelo Poder Público do município. Após o término do prazo concedido, agentes públicos municipais compareceram ao imóvel e avisaram que a imissão na posse pelo Poder Público iria ocorrer em uma semana. Desesperado com a situação, o presidente da sociedade empresária resolve entrar em contato imediato com o proprietário do imóvel, um fazendeiro da região, que lhe informa que já recebeu o valor da indenização por parte do Município, por meio de acordo administrativo celebrado um mês após o decreto expropriatório editado pelo Senhor Prefeito. Indignado, o presidente da sociedade resolve ajuizar uma ação judicial em face do Município, com o objetivo de manter a vigência do contrato até o prazo de seu término, estipulado no respectivo contrato de locação comercial, ou seja, abril de 2011; e, de forma subsidiária, uma indenização pelos danos que lhe foram causados.

A partir da narrativa fática descrita acima, responda aos itens a seguir, utilizando os argumentos jurídicos apropriados e a fundamentação legal pertinente ao caso.

A) É juridicamente correta a pretensão do locatário (microempresa) de impor ao Poder Público a manutenção da vigência do contrato de locação até o seu termo final? (Valor: 0,60)

B) Levando-se em consideração o acordo administrativo realizado com o proprietário do imóvel, é juridicamente correta a pretensão do locatário (microempresa) em requerer ao Poder Público municipal indenização pelos danos causados? (Valor: 0,65)

RESOLUÇÃO DA QUESTÃO

In casu, é incontroversa a desapropriação do imóvel, cingindo-se a questão à possibilidade do pagamento de indenização ao locatário e à possibilidade de manutenção do contrato até o seu prazo final.

Para que fosse atribuída a pontuação referente à letra "A", era necessário que o examinando detivesse o conhecimento de que a desapropriação consiste em modo originário de aquisição de propriedade. Assim, não se afigura possível a manutenção da vigência do contrato de locação até o seu termo final, haja vista que o Poder Público adquire o bem livre de qualquer ônus real ou pessoal que incidia sobre a propriedade anteriormente.

A responsabilização civil do ente público no caso concreto decorre do dano causado pelo fato administrativo, independentemente de culpa e pela prática de uma conduta/ato lícito.

B) Assim como os proprietários, os locatários também possuem, na forma estabelecida pela Constituição Federal, o direito à justa indenização por todos os prejuízos que as desapropriações lhes causarem, visto que a sociedade locatária experimenta prejuízos distintos dos suportados pelo locador (proprietário). O proprietário é indenizado pela perda da propriedade (art. 5, XXIV, CF/88) enquanto que a sociedade locatária pela interrupção do negócio e, além da perda do estabelecimento empresarial (fundo de comércio).

Assim, o STJ, com base em precedentes, firmou jurisprudência no sentido de que o inquilino comercial tem amplo direito de ser ressarcido, independentemente das relações jurídicas entre ele e o proprietário, inclusive por perdas e danos causados pelo Poder Público.

Nesse sentido, a jurisprudência do E. Superior Tribunal de Justiça:

PROCESSUAL CIVIL E ADMINISTRATIVO. RECURSO ESPECIAL. AUSÊNCIA DE PREQUESTIONAMENTO. SÚMULA 211/STJ. **DESAPROPRIAÇÃO. IMÓVEL COMERCIAL. FUNDO DE COMÉRCIO. INDENIZABILIDADE. MATÉRIA PACIFICADA.**

(...)

2. O entendimento firmado pelo Tribunal estadual encontra amparo na jurisprudência consolidada no âmbito da Primeira Seção desta Corte Superior no sentido de que é devida indenização ao expropriado correspondente aos danos ocasionados aos elementos que compõem o fundo de comércio pela desapropriação do imóvel. Precedentes: REsp 1076124 / RJ, rel. Ministra Eliana Calmon, DJe 03/09/2009; AgRg no REsp 647660 / P, rel. Ministra Denise Arruda, DJ 05/10/2006; REsp 696929 / SP, rel. Ministro Castro Meira, DJ 03/10/2005.

3. Cumpre destacar que, na hipótese em análise, o detentor do fundo do comércio é o próprio proprietário do imóvel expropriado. Assim, a identidade de titularidade torna possível a indenização simultânea a desapropriação. Ademais, o processo ainda se encontra na fase inicial, o que permite seja apurado o valor de bens intangíveis, representados pelo fundo de comércio, na própria perícia a ser realizada para fixação do valor do imóvel, dispensando posterior liquidação de sentença.

4. Agravo regimental não provido (AgRg no REsp 1199990, Ministro MAURO CAMPBELL MARQUES, DJe 25/04/2012)

Distribuição dos Pontos

Quesito Avaliado	Valores
NÃO, porque a desapropriação extingue o contrato de locação, liberando o bem de qualquer ônus real ou pessoal que incidia sobre a propriedade anteriormente, haja vista que a desapropriação consiste em modo originário de aquisição de propriedade (0,60).	0,00/0,60
SIM. Assim como os proprietários, os locatários também podem sofrer danos com a desapropriação pelo poder público, visto que a sociedade locatária experimenta prejuízos distintos dos suportados pelo proprietário (0,40). O proprietário é indenizado pela perda da propriedade (art. 5, XXIV, CF/1988) enquanto que a sociedade locatária pela interrupção do negócio e pela perda do estabelecimento empresarial (fundo de comércio) (0,25).	0,00/0,25/0,40/0,65

(OAB/Exame Unificado – 2011.1 – 2ª fase) No curso de uma inundação e do aumento elevado das águas dos rios em determinada cidade no interior do Brasil, em razão do expressivo aumento do índice pluviométrico em apenas dois dias de chuvas torrenciais, o Poder Público municipal ocupou durante o período de 10 (dez) dias a propriedade de uma fazenda particular com o objetivo de instalar, de forma provisória, a sede da Prefeitura, do Fórum e da Delegacia de Polícia, que foram completamente inundadas pelas chuvas.

Diante da hipótese acima narrada, identifique e explicite o instituto de direito administrativo de que se utilizou o Poder Público municipal, indicando a respectiva base legal. (Valor: 1,25)

GABARITO COMENTADO – EXAMINADORA

O examinando deve indicar que se trata do instituto da ocupação temporária de bens privados ou da requisição, tal como prevê o artigo 5º, XXV, da CRFB.

A ocupação temporária de bens privados consiste no apossamento, mediante ato administrativo unilateral, de bem privado para uso temporário, em caso de iminente perigo público, com o dever de restituição no mais breve espaço de tempo e eventual pagamento de indenização pelos danos produzidos.

Deve o examinando explicitar que se trata de instrumento de exceção e que exige a configuração de uma situação emergencial. E, mais, que a ocupação independe da concordância do particular e que se configura instituto temporário, a ser exercido por meio de ato administrativo.

Distribuição de pontos

Descrição	Pontuação
– Identificação do instituto de direito público – ocupação temporária OU requisição	0 / 0,6
– Explicitação do instituto (0,35) e do fundamento constitucional – art. 5º, XXV, da CRFB OU art. 1.228, § 3º, do CC (0,3)	0 / 0,3 / 0,35 / 0,65

(OAB/Exame Unificado – 2010.3 – 2ª fase) O Poder Executivo municipal da cidade X resolve, após longos debates públicos com representantes de associações de moradores, editar um decreto de desapropriação de uma determinada área urbana, a fim de atender às exigências antigas da comunidade local dos Pontinhos, que ansiava pela construção de um hospital público na região. Entretanto, outra comunidade de moradores do mesmo município X, localizada a 10 km da primeira comunidade acima citada e denominada Matinhos, resolve ajuizar mandado de segurança coletivo contra o ato (decreto expropriatório) praticado pelo Prefeito. A comunidade de Matinhos é devidamente representada pela respectiva associação de moradores, constituída há pelo menos cinco anos e em funcionamento. A ação judicial coletiva objetiva, em sede liminar e de forma definitiva, sob pena de multa, a decretação de nulidade do decreto de desapropriação e a determinação de que o hospital seja imediatamente construído na localidade de Matinhos. Argumenta a associação, ora autora da ação coletiva, que em sua campanha política o Prefeito prometeu a construção de um hospital na localidade de Matinhos e que, por razões de conveniência e oportunidade, o Poder Executivo municipal não deveria construir o hospital na localidade de Pontinhos, pois lá já existe um hospital público federal em funcionamento, enquanto na localidade de Matinhos não há qualquer hospital.

Diante da situação acima narrada e ao considerar que o decreto de desapropriação foi editado de forma válida e legal, sem qualquer vício de legalidade, explicite a possibilidade ou não de:

a) anulação do ato administrativo de desapropriação pelo Poder Judiciário; (Valor: 0,6)

b) determinação judicial de que o Prefeito deva construir o hospital na região de Matinhos. (Valor: 0,4)

GABARITO COMENTADO – EXAMINADORA

O princípio da autotutela administrativa que se encontra consagrado por força de reiterada jurisprudência, pela Súmula nº 473 do Supremo Tribunal Federal, impõe à Administração Pública o poder/dever de anular os atos ilegais ou revogá-los, por motivo de oportunidade e conveniência, em ambos os casos, respeitados os direitos adquiridos.

Esse enunciado, entretanto, não afasta a apreciação do Poder Judiciário, ou seja, o controle judicial dos atos praticados pela Administração Pública que, hoje, ante ao avanço das decisões judiciais e da doutrina do direito público permite que seja realizado à luz não só da adequação do ato aos ditames legais e jurídicos (princípios) – controle de legalidade ou de juridicidade –, como também permite ao Juiz apreciar o denominado "mérito" administrativo, ou seja, permite a análise e o controle dos atos discricionários.

Os atos discricionários, segundo a melhor e atual doutrina do direito administrativo, devem pautar a sua edição em determinados critérios eleitos que serão analisados pelo Poder Judiciário, quais sejam: 1) se o ato praticado atendeu ao princípio da razoabilidade (se foi necessário e se os meios foram proporcionais aos fins pretendidos e executados); 2) se o ato atendeu aos motivos que determinaram a sua edição ou se apenas atendeu a interesses privados e secundários (teoria dos motivos determinantes); 3) e se o ato atendeu às finalidades da lei, em última análise, se o ato atendeu aos interesses públicos reais, sem qualquer desvio de poder.

Por fim, importa ressaltar que o Poder Judiciário não pode substituir o administrador. Dessa forma, quando da anulação do ato discricionário, não cabe ao Juiz determinar a prática do ato, mas sim devolver ao administrador público essa decisão que deverá ser fundamentada e exposta, segundo novos critérios de oportunidade e conveniência, respeitados os motivos determinantes, a razoabilidade e a finalidade (interesse público).

Distribuição de pontos

Descrição	Pontuação
1) Identificação do ato administrativo (decreto de desapropriação) como ato discricionário.	0 / 0,3
2) Possibilidade do controle judicial dos atos por meio de uma ponderação de razoabilidade – dimensão da legalidade – de atingimento dos motivos determinantes, bem como a sua finalidade pública real.	0 / 0,3
3) Impossibilidade de o Poder Judiciário determinar a prática do ato (construção do hospital).	0 / 0,4

(OAB/Exame Unificado – 2010.3 – 2ª fase) Suponha que chegue ao conhecimento de um Ministro de Estado que Mévio, proprietário de uma fazenda na região central do país, vem utilizando sua propriedade para o cultivo ilegal de plantas psicotrópicas. Diante dessa notícia, a União Federal decide desapropriar as terras de Mévio.

Com base no relatado acima, responda aos itens a seguir, empregando os argumentos jurídicos apropriados e a fundamentação legal pertinente ao caso.

A) É juridicamente possível que a União Federal promova a desapropriação sem pagar a Mévio qualquer indenização? (Valor: 0,3)

B) Qual seria a destinação do bem desapropriado? (Valor: 0,4)

C) Poderia o Estado da Federação em que estivessem situadas as glebas desapropriá-las para fins de reforma agrária? (Valor: 0,3)

GABARITO COMENTADO – EXAMINADORA

A questão deve ser analisada à luz das normas dos artigos 243 e 184 da CRFB. Em relação ao item a, é possível a desapropriação sem pagamento de indenização, eis que essa é a hipótese de expropriação constitucional estabelecida no artigo 243 da CRFB, em que não haverá o pagamento de indenização. Entretanto, o próprio dispositivo constitucional estabelece que as glebas desapropriadas devem ser destinadas ao assentamento de colonos, para o cultivo de produtos alimentícios e medicamentosos.

Por sua vez, quanto ao item b, a competência para a desapropriação para fins de reforma agrária, com pagamento de indenização em títulos da dívida agrária, é da União Federal (artigo 184 CRFB) e, portanto, não poderia ser exercida pelo Estado-membro. Não há impedimento, porém, para o Estado declarar de interesse social e desapropriar o bem, desde que mediante prévia e justa indenização em dinheiro (observância da regra geral prevista no artigo 5º, inciso XXIV, CRFB).

Distribuição de pontos

Item	Descrição	Pontuação
A	Desapropriação-sanção prevista no artigo 243 CRFB – sem indenização	0 / 0,3
B	Necessidade de observância da destinação constitucional (assentamento de colonos, para o cultivo de produtos alimentícios e medicamentosos)	0 / 0,4
C	Não poderia desapropriar mediante indenização em títulos da dívida agrária – competência da União Federal (artigo 184, CRFB)	0 / 0,15
	Poderia desapropriar para fins de interesse social, observando a regra geral da prévia e justa indenização em dinheiro (artigo 5º, inciso XXIV, CRFB).	0 / 0,15

(OAB/Exame Unificado – 2010.1 – 2ª fase) Jorge, que é proprietário de um único imóvel – uma pequena propriedade rural –, pretende anular decreto presidencial que declarou ser a referida propriedade de interesse social para fins de reforma agrária.

Nessa situação hipotética, que medida pode ser ajuizada por Jorge para pleitear a anulação do citado decreto? Justifique sua resposta e indique o órgão do Poder Judiciário competente para o julgamento da medida, bem como exponha o argumento principal para a pretensão de Jorge.

RESOLUÇÃO DA QUESTÃO

O decreto presidencial que declarou ser de interesse social, para fins de reforma agrária, uma pequena propriedade rural, cujo proprietário tem apenas um único imóvel, fere o disposto no art. 185 da Constituição Federal, de modo que é possível pleitear sua anulação.

O decreto em questão, por não introduzir no mundo jurídico um regulamento (um ato normativo), mas sim um ato de efeito concreto, pode ser impugnado por meio de ação individual, não sendo necessário que seja atacado por meio de ação de inconstitucionalidade.

Não bastasse isso, os elementos necessários à comprovação da inconstitucionalidade do decreto são de ordem estritamente documental, de modo que há prova pré-constituída a autorizar o ingresso com mandado de segurança.

Essa ação deve ser aforada junto ao Supremo Tribunal Federal, pois a autoridade coatora, no caso, é o Presidente da República (art. 102, I, "d", da CF). E o pedido a ser formulado no *mandamus* é o de anulação do decreto em questão.

GABARITO COMENTADO – EXAMINADORA

Trata-se de ato administrativo de efeitos concretos, e não um ato regulamentar. Por esse motivo, poderá o proprietário do imóvel impetrar mandado de segurança junto ao STF, contra o presidente da República, visando à anulação do decreto (CF, art. 102, I, *d*).

O argumento fundamental é o de que a propriedade rural não poderia ser objeto de desapropriação para fins de reforma agrária já que é considerada pequena propriedade rural e seu proprietário não possui outro imóvel rural, de acordo com o art. 185 da CF.

Observação para a correção: atribuir pontuação integral às respostas em que esteja expresso o conteúdo do dispositivo legal, ainda que não seja citado, expressamente, o número do artigo.

(OAB/Exame Unificado – 2009.3 – 2ª fase) José, proprietário de imóvel onde nasceu e viveu poeta de renome nacional, pretende aliená-lo a Lucas, que lhe ofereceu a melhor proposta. Entretanto, nos termos do plano diretor do município onde se localiza o imóvel, este deveria ser utilizado como museu da cidade, razão pela qual o município pretende adquiri-lo.

Em face dessa situação hipotética, na condição de parecerista do município, indique a providência a ser tomada para que o município adquira o referido imóvel, caso não seja viável a realização de desapropriação.

RESOLUÇÃO DA QUESTÃO

Em situações como a prevista no enunciado da questão, o Poder Público, para adquirir referido imóvel, tem três opções, quais sejam: a) desapropriar o imóvel; b) exercer o direito de preempção previsto no Estatuto da Cidade (Lei 10.257/01); c) exercer o direito de preferência previsto na Lei de Tombamento (Decreto-Lei 25/37).

No entanto, as opções "a" e "c" não serão analisadas. A primeira porque o enunciado da questão pede que se indique a providência a ser tomada caso não seja viável a realização de desapropriação. A segunda porque o enunciado não traz elementos suficientes para se dizer da possibilidade de tombamento do imóvel.

Assim sendo, resta analisar as providências necessárias para que o município exerça o direito de preempção previsto no Estatuto da Cidade (art. 26, VIII, da Lei 10.257/01).

Nesse sentido, o art. 25, § 1º, da lei citada exige, primeiro, que haja um plano diretor na cidade, o que efetivamente há, segundo o enunciado da questão. Em seguida, é necessário que haja uma lei municipal específica, baseada no plano diretor, delimitando as áreas em que incidirá o direito de preempção e fixando prazo de vigência deste, que não poderá ser superior a cinco anos, apesar de renovável a partir de um ano após o decurso do prazo inicial de vigência.

No caso em tela, o imóvel que se pretende utilizar como museu deve estar em área contida nas áreas delimitadas pela lei municipal específica.

Cumpridos tais requisitos, o exercício do direito de preempção poderá ser exercido, pois o imóvel em questão é necessário para a proteção de áreas de interesse histórico e cultural (art. 26, VIII, da Lei 10.257/01).

O direito de preempção se exerce caso o proprietário do imóvel queira aliená-lo a terceiros, tendo o Poder Público preferência na aquisição, tanto por tanto.

GABARITO COMENTADO – EXAMINADORA

Poderá o município utilizar-se do direito de preempção, de acordo com o previsto no inciso VIII do art. 26 da Lei n.º 10.257/2001. No entanto, deverá haver lei municipal que, baseada no plano diretor do município, identifique o imóvel que será objeto da preempção, conforme determinação do parágrafo único do mesmo dispositivo.

Assim dispõe a Lei nº 10.257/2001:

"Art. 25. O direito de preempção confere ao Poder Público municipal preferência para aquisição de imóvel urbano objeto de alienação onerosa entre particulares.

§ 1.º Lei municipal, baseada no plano diretor, delimitará as áreas em que incidirá o direito de preempção e fixará prazo de vigência, não superior a cinco anos, renovável a partir de um ano após o decurso do prazo inicial de vigência.

Art. 26. O direito de preempção será exercido sempre que o Poder Público necessitar de áreas para:

(...)

VIII – proteção de áreas de interesse histórico, cultural ou paisagístico.

Parágrafo único. A lei municipal prevista no § 1.º do art. 25 desta Lei deverá enquadrar cada área em que incidirá o direito de preempção em uma ou mais das finalidades enumeradas por este artigo."

(OAB/Exame Unificado – 2009.1 – 2ª fase) A União intentou, por interesse social, para fins de reforma agrária, ação de desapropriação parcial contra Carlos, proprietário rural, tendo a área remanescente da propriedade, cujo valor era inferior ao da parte desapropriada, ficado, segundo Carlos, substancialmente prejudicada quanto à possibilidade de exploração econômica. Nessa situação hipotética, dado o caráter sumário do procedimento e considerando-se que a petição inicial tenha atendido aos requisitos do Código de Processo Civil, com oferta de preço e instrução com os documentos indispensáveis à propositura da ação, o que Carlos poderia requerer em seu favor, ao contestar a ação, para evitar permanecer com a parte inútil de suas terras? Fundamente sua resposta e cite o dispositivo legal mais recente pertinente ao caso.

RESOLUÇÃO DA QUESTÃO

Segundo o art. 20 do Dec.-lei 3.365/41, a contestação somente poderá versar sobre dois pontos: a) vício do processo judicial; b) impugnação do preço. Qualquer outra questão deverá ser decidida por ação autônoma.

Quanto ao vício do processo judicial pode-se alegar, em preliminar, tanto vícios processuais (ausência de pressupostos processuais), como vícios relativos à ação (ausência de condição de ação).

Quanto à impugnação ao preço, o que se permite é discutir o *quantum* ofertado pelo Poder Público na sua petição inicial.

Por outro lado, em casos como o narrado no enunciado da questão, pode o particular exercer o direito de extensão, ou seja, o direito *de exigir que na desapropriação se inclua a parte restante do bem que se tornou inútil ou de difícil utilização*, na própria contestação, apresentando outra avaliação do bem, abrangendo a integralidade do imóvel, e não apenas a parte incluída no plano de desapropriação, conforme entendimento do Superior Tribunal de Justiça.

O fundamento jurídico desse direito também é a norma constitucional que determina a fixação da justa indenização (art. 5º, XXIV). Isso porque, caso o expediente da desapropriação parcial com esvaziamento econômico da área remanescente não fosse impedido, a justa indenização, por vias transversas, estaria sendo prejudicada.

Não bastasse essa, há diversas outras normas repelindo esse tipo de conduta e conferindo ao prejudicado o direito de extensão. Por exemplo, há o antigo Decreto Federal n. 4.956, de 1903, que, em seu art. 12, prevê expressamente esse direito, sendo certo que esse decreto não foi revogado expressa ou tacitamente pelo Decreto-lei 3.365/41. Há, também, a Lei Complementar nº 76/93, que dispõe sobre o procedimento sumário de desapropriação para fins de reforma agrária, e que contempla expressamente, em seu art. 4º, o direito de extensão.

Comentários adicionais.

Confira o seguinte acórdão:

ADMINISTRATIVO. DESAPROPRIAÇÃO. UTILIDADE PÚBLICA. DIREITO DE EXTENSÃO. CONTESTAÇÃO. POSSIBILIDADE. 1. Direito de extensão é o que assiste ao proprietário de exigir que se inclua no plano de desapropriação a parte remanescente do bem, que se tornou inútil ou de difícil utilização. 2. "(...) o pedido de extensão é formulado na via administrativa, quando há a perspectiva de acordo, ou na via judicial, neste caso por ocasião da contestação. O réu, impugnando o valor ofertado pelo expropriante, apresenta outra avaliação do bem, considerando a sua integralidade, e não a sua parcialidade, como pretendia o autor. O juiz, se reconhecer presentes os elementos do direito, fixará a indenização correspondente à integralidade do bem. Resulta daí que é o bem, da mesma forma em sua integralidade, que se transferirá ao patrimônio do expropriante" (José dos Santos Carvalho Filho, Manual de Direito Administrativo, 11ª edição, Editora Lumen Juris, Rio de Janeiro, 2004, p. 723). 3. O direito de extensão nada mais é do que a impugnação do preço ofertado pelo expropriante. O réu, quando impugna na contestação o valor ofertado, apresenta outra avaliação do bem, abrangendo a integralidade do imóvel, e não apenas a parte incluída no plano de desapropriação. Assim, o pedido de extensão formulado na contestação em nada ofende o art. 20 do Decreto-Lei 3.365/41, segundo o qual a contestação somente pode versar sobre "vício do processo judicial ou impugnação do preço". Precedentes de ambas as Turmas de Direito Público. 4. Recurso especial não provido. (STJ, REsp 986.386/SP, Rel. Ministro CASTRO MEIRA, SEGUNDA TURMA, julgado em 04/03/2008, DJe 17/03/2008)

Para Celso Antônio Bandeira de Mello pode-se discutir, ainda, no bojo da ação expropriatória, vícios na declaração de utilidade pública, inclusive desvio de finalidade: "se o proprietário puder objetivamente e indisputavelmente, demonstrar que a declaração de utilidade pública não é um instrumento para a realização dos fins a que se preordena, mas um recurso ardiloso para atingir outro resultado, o juiz deverá reconhecer-lhe o vício e, pois, sua invalidade; cumpre que tal apreciação possa ser feita até mesmo na ação expropriatória, que, se assim não fora, de nada valeria ao particular demonstrar-lhe o vício posteriormente, pois, uma vez integrado o bem, ainda que indevidamente, ao patrimônio público – ex vi do art. 35 do Decreto-lei 3.365/41 –, a questão resolver-se-ia por perdas e danos, donde ser ineficiente tal meio para garantir ao proprietário despojado a proteção estabelecida no art. 5º, XXIV, da Carta Magna" (Curso de Direito Administrativo, 24ª edição, São Paulo: Malheiros, pp. 866-7, 2007).

Para Carvalho Filho, "essas leis mais novas demonstram, à evidência, que o legislador nunca quis banir o direito de extensão do ordenamento jurídico. Ao contrário, restabeleceu-o expressamente em outras leis como que para indicar que em todos os casos de desapropriação, e presentes os mesmos pressupostos, é assegurado ao proprietário usar de seu direito de extensão". (*Manual de Direito Administrativo*, 18ª edição, Rio de Janeiro: Lumen Juris, p. 770, 2007).

(OAB/Exame Unificado – 2009.1 – 2ª fase) O poder público municipal, por meio de decreto, desapropriou imóvel de Paulo e Maria, para implantar, no local, um posto de assistência médica. A expropriação foi amigável, tendo sido o bem devidamente integrado ao patrimônio público municipal. Não obstante a motivação prevista no ato expropriatório, que era a de utilidade pública, o município alterou a destinação atribuída ao bem para edificar, no local, uma escola pública. Nessa situação hipotética, ocorreu tredestinação ilícita? Paulo e Maria têm direito à retrocessão? Fundamente suas respostas, mencionando a definição do instituto da retrocessão e sua(s) hipótese(s) de cabimento.

RESOLUÇÃO DA QUESTÃO

O Superior Tribunal de Justiça vem, em matéria de desapropriação, fazendo a distinção entre tredestinação lícita e tredestinação ilícita.

A tredestinação consiste na mudança de destinação de um imóvel desapropriado.

Como se sabe, quando se expede o decreto expropriatório, é necessário indicar a finalidade daquela desapropriação que se deseja fazer. Assim, indica-se no decreto se a finalidade é construir uma escola, construir um hospital, construir casas populares, alargar uma via pública etc. A tredestinação ocorre quando a Administração Pública, de posse do imóvel desapropriado, acaba utilizando-o em finalidade distinta da prevista inicialmente.

Ocorre que essa mudança de finalidade pode se dar para atender outra demanda de interesse público. Nesse caso, tem-se a tredestinação lícita, não sendo possível questionar a desapropriação realizada e os atos subsequentes.

Outra possibilidade é a de a Administração mudar a finalidade da desapropriação realizada para o fim de atender uma demanda que não é de interesse público. Um exemplo é desapropriar uma área para construir uma escola e depois ceder essa área para um comerciante local montar uma loja de venda de automóveis. Nesse caso, tem-se a tredestinação ilícita, que autoriza a nulidade do ato concedente e a retomada da coisa pelo anterior proprietário, que tem o direito de retrocessão.

O caso mencionado no enunciado da questão é de tredestinação lícita, uma vez que é nitidamente de interesse público a edificação de um imóvel para funcionar uma escola pública.

Dessa forma, não cabe no presente a retrocessão, que é o direito do ex-proprietário do bem desapropriado retomar a coisa, mediante devolução dos valores recebidos, quando a Administração Pública não utilizá-la em finalidade de interesse público.

(OAB/Exame Unificado – 2008.2 – 2ª fase) Visando à construção de casas populares, determinado município promoveu a desapropriação, por interesse social, de bem imóvel pertencente a um particular. Três anos depois do decreto expropriatório, após avaliar a inconveniência da utilização do bem no propósito que inicialmente tinha em mente, o poder público resolveu doá-lo a uma empresa privada que se comprometera a implantar uma indústria na sede do município. A justificativa para a doação do imóvel foi o impacto positivo que a implantação da indústria causaria na economia local, com o oferecimento de dezenas de empregos e a elevação da renda do município. Considerando a situação hipotética apresentada, responda, de forma fundamentada, às seguintes perguntas.

- ✓ O município tem competência para promover a desapropriação por interesse social?
- ✓ A conduta da autoridade municipal — a doação a particular do bem desapropriado após três anos de sua expropriação — está de acordo com a lei?

RESOLUÇÃO DA QUESTÃO

O Município tem competência para promover a desapropriação por interesse social, não havendo proibição para que o faça, no âmbito da Lei 4.132/62, que traz normas gerais sobre o tema.

Todavia, há caso em que Municípios (e também Estados) não tem competência para desapropriar por interesse social. Trata-se da desapropriação por descumprimento da função social, para fins de reformar agrária. Nesse caso, somente a União tem competência (art. 184 da CF).

No caso presente, por não se tratar da hipótese prevista no art. 184 da Constituição, o Município tem competência para a desapropriação.

Aliás, a hipótese mencionada no enunciado da questão – desapropriação para a construção de casas populares – está prevista no inciso V do art. 2º da Lei 4.132/62.

Quanto à conduta da autoridade municipal, está em contrariedade ao que dispõe a lei. A primeira ilegalidade diz respeito ao fato de que, de acordo com a Lei 4.132/62, o expropriante deveria ter aproveitado o bem expropriado na destinação indicada no prazo máximo de 2 anos, providência que não tomou.

Ademais, considerando que o art. 5º da Lei 4.132/62 determina a aplicação subsidiária do Dec.-lei 3.365/41, e considerando que o § 3º do art. 5º deste decreto-lei proíbe outro tipo de utilização para imóvel destinado a parcelamento popular, e considerando que o bem jurídico que se deseja proteger no caso em tela é o mesmo do que se deseja proteger com a disposição citada do decreto-lei, a doação do imóvel à empresa privada também configura ilegalidade, uma vez que, na hipótese, não se está diante de competência discricionária, mas sim diante de competência vinculada, diante do disposto no já mencionado § 3º do art. 5º do Dec.-lei 3.365/41.

(OAB/Exame Unificado – 2007.3 – 2ª fase) O novo prefeito de um município com cerca de um milhão de habitantes, preocupado com o problema do déficit habitacional ali existente, decidiu implementar, pelo sistema de mutirões, um arrojado programa de construção de casas para famílias de baixa renda. Para tanto, efetuou a desapropriação de uma área de 3.000.000 m2 que pertencia a uma indústria de laticínios e cuja proprietária não a utilizava economicamente. Concluído o processo de desapropriação, o primeiro mandatário municipal, construiu, no local, um grande mercado popular. Nessa situação, seria nula a desapropriação, por desvio de finalidade? Justifique sua resposta.

RESOLUÇÃO DA QUESTÃO

O Superior Tribunal de Justiça vem, em matéria de desapropriação, fazendo a distinção entre tredestinação lícita e tredestinação ilícita.

A tredestinação consiste na mudança de destinação de um imóvel desapropriado.

Como se sabe, quando se expede o decreto expropriatório, é necessário indicar a finalidade daquela desapropriação que se deseja fazer. Assim, indica-se no decreto se a finalidade é construir uma escola, construir um hospital, construir casas populares, alargar uma via pública etc. A tredestinação ocorre quando a Administração Pública, de posse do imóvel desapropriado, acaba utilizando-o em finalidade distinta da prevista inicialmente.

Ocorre que essa mudança de finalidade pode se dar para atender outra demanda de interesse público. Um exemplo dessa situação é a desapropriação de uma área para construir uma escola e depois acabar construindo um hospital. Nesse caso, tem-se a tredestinação lícita, não sendo possível questionar a desapropriação realizada e os atos subsequentes.

Outra possibilidade é a de a Administração mudar a finalidade da desapropriação realizada para o fim de atender uma demanda que não é de interesse público. Um exemplo é desapropriar uma área para construir uma escola e depois ceder essa área para um comerciante local montar uma loja de venda de automóveis. Nesse caso, tem-se a tredestinação ilícita, que autoriza a nulidade do ato concedente e a retomada da coisa pelo anterior proprietário, que tem o direito de retrocessão.

O caso mencionado no enunciado da questão vem sendo reconhecido pelos tribunais como de tredestinação lícita, vez que o mercado, pertencente à própria Administração, colabora no desenvolvimento da cidade, traduzindo-se em obra e atividade de interesse público.

De qualquer forma, se a situação ocorrida no caso concreto se enquadra no disposto no art. 5º, § 3º, do Dec.-lei 3.365/41, está-se diante de ilegalidade que enseja a responsabilização do agente público responsável, por descumprimento da lei. Não nos parece ser o caso de demolir o imóvel para a construção das casas populares, pois isso implicaria grande prejuízo econômico, o que certamente se refletiria em menos recursos para atender às demandas sociais. Porém, os agentes responsáveis não podem ficar imunes à responsabilidade, inclusive a responsabilidade por ato de improbidade administrativa, na modalidade violação a princípios da Administração Pública.

Comentários adicionais.

Confira o seguinte acórdão:

PROCESSUAL CIVIL. ADMINISTRATIVO. DESAPROPRIAÇÃO POR UTILIDADE PÚBLICA. AÇÃO DE RETROCESSÃO. DESTINAÇÃO DIVERSA DO IMÓVEL. PRESERVAÇÃO DA FINALIDADE PÚBLICA. TREDESTINAÇÃO LÍCITA. 1. Não há falar em retrocessão se ao bem expropriado for dada destinação que atende ao interesse público, ainda que diversa da inicialmente prevista no decreto expropriatório. 2. A Primeira Turma desta Corte, no julgamento do REsp 710.065/SP (Rel. Min. José Delgado, DJ de 6.6.2005), firmou a orientação de que a afetação da área poligonal da extinta "Vila Parisi" e áreas contíguas (localizadas no Município de Cubatão/SP) — cuja destinação inicial era a implantação de um parque ecológico —, para a instalação de um polo industrial metal-mecânico, um terminal intermodal de cargas rodoviário, um centro de pesquisas ambientais, um posto de abastecimento de combustíveis, um centro comercial com 32 módulos de 32 metros cada, um estacionamento, e um restaurante/lanchonete, atingiu, de qualquer modo, a finalidade pública inerente às desapropriações. 3. Recurso especial desprovido. (STJ, RESP 200601242615, DENISE ARRUDA, STJ - PRIMEIRA TURMA, 18/09/2006)

(OAB/Exame Unificado – 2007.1 – 2ª fase) O imóvel de Maria foi desapropriado para nele se construir uma escola. Passados 5 anos da efetiva transferência da propriedade, o referido imóvel foi cedido a uma borracharia. Diante disso, Maria pretende reaver o imóvel. Considerando-se esse caso hipotético, qual o instituto que autoriza o retorno do imóvel à Maria, o prazo de sua utilização e a natureza jurídica e qual o termo inicial do prazo prescricional?

RESOLUÇÃO DA QUESTÃO

No Direito Administrativo existe um instituto, chamado de **retrocessão**, que *importa no direito do ex-proprietário de reaver o bem expropriado que não foi utilizado em finalidade pública*. Esse instituto se aplica perfeitamente ao caso em tela, pois a cessão do imóvel para uma borracharia revela a utilização do bem em finalidade que não é de interesse público.

A primeira regra legal sobre o assunto foi o art. 1.150 do antigo CC, cujo texto era imperativo: o Poder Público oferecerá o imóvel ao ex-proprietário, caso não tenha o destino que deu origem à desapropriação, pelo preço que o foi. Apesar da imperatividade do texto, dando a entender tratar-se de direito real do antigo proprietário, por estar o dispositivo no capítulo do direito pessoal de preferência, foi muito forte a corrente no sentido de que o direito do ex-proprietário era meramente pessoal.

Sobreveio o art. 35 do Decreto-lei 3.365/41, cuja redação não permite a reivindicação do bem, após desapropriado. Com a entrada em vigor desse decreto-lei, ganhou força a tese de que a retrocessão tratava-se de mero direito pessoal do antigo proprietário.

Todavia, o Superior Tribunal de Justiça entende tratar-se de direito real o direito do ex-proprietário.

Firmado esse entendimento, há três questões a serem respondidas.

A primeira é concernente ao seguinte ponto: qual é o prazo para se considerar o bem como não utilizado em finalidade pública, para fins de exercício do direito de retrocessão?

A resposta a essa pergunta depende da modalidade de desapropriação envolvida.

a) na desapropriação por interesse social, prevalece a tese de que o prazo é de 2 anos, visto que, segundo o art. 3º da Lei 4.132/62, prazo para que o Poder Público adote "as providências de aproveitamento do bem expropriado";
b) na desapropriação para reforma agrária, o art. 16 da Lei 8.629/93 estabelece o prazo de três anos, contados da data de registro do título translativo de domínio, para que o órgão expropriante destine a respectiva área aos beneficiários da reforma agrária;
c) na desapropriação por descumprimento da função social em imóvel urbano, o art. 8º da Lei 10.257/01 dispõe que o Município tem o prazo de cinco anos para proceder ao adequado aproveitamento do imóvel, contado de sua incorporação ao patrimônio público;
d) na desapropriação por utilidade ou necessidade públicas, não há, na lei, prazo máximo para a ocupação do bem pelo Poder Público, prevalecendo a tese de que o prazo, então, será de 5 anos, mantendo-se a harmonia com o prazo de caducidade do decreto expropriatório, à moda do que acontece para esses dois prazos na desapropriação por interesse social.

O segundo ponto é relativo ao prazo para ingressar com a ação de retrocessão. O Superior Tribunal de Justiça tem o entendimento de que se deve utilizar o prazo prescricional previsto para os direitos reais. Como o art. 205 do atual CC não faz distinção entre ações reais e pessoais, deve-se utilizar o prazo geral previsto no dispositivo, que é de 10 anos. Se o entendimento prevalecente fosse de que a retrocessão é direito pessoal, o prazo seria o previsto para ações indenizatórias contra o Poder Público.

O último ponto diz respeito à autonomia da ação que deverá ser aforada. Nesse sentido, é pacífico que se deve ingressar com ação própria, não sendo possível aproveitar a ação de desapropriação originária.

Por fim, é importante ressaltar que "ao imóvel desapropriado para implantação de parcelamento popular, destinado às classes de menor renda, não se dará outra utilização nem haverá retrocessão" (art. 5º, § 3º, do Dec-lei 3.365/41).

Comentários adicionais.

Confira acórdão do STJ reconhecendo o caráter real do direito de retrocessão:

"AGRAVO REGIMENTAL EM AGRAVO DE INSTRUMENTO. PROCESSUAL CIVIL. ADMINISTRATIVO. RETROCESSÃO - DESVIO DE FINALIDADE PÚBLICA DE BEM DESAPROPRIADO - DECRETO EXPROPRIATÓRIO. CRIAÇÃO DO TERMINAL RODOVIÁRIO DE CAMPO GRANDE. NÃO EFETIVAÇÃO. BENS DESTINADOS AO ATENDIMENTO DE FINALIDADE PÚBLICA DIVERSA. TREDESTINAÇÃO LÍCITA. INEXISTÊNCIA DE DIREITO À RETROCESSÃO OU À PERDAS E DANOS. IMPOSIÇÃO DE MULTA. ART. 557, § 2º, DO CPC. AUSENTE O INEQUÍVOCO CARÁTER PROTELATÓRIO DO AGRAVO REGIMENTAL. EXCLUSÃO DA MULTA. 1. A retrocessão é o instituto por meio do qual ao expropriado é lícito pleitear as *consequências* pelo fato de o imóvel não ter sido utilizado para os fins declarados no decreto expropriatório. Nessas hipóteses, a lei permite que a parte, que foi despojada do seu direito de propriedade, possa **reivindicá-lo** e, diante da impossibilidade de fazê-lo (*ad impossibilia nemo tenetur*), venha postular em juízo a reparação pelas perdas e danos sofridos. 2. A retrocessão constitui-se **direito real** do ex-proprietário de reaver o bem expropriado, mas não preposto a finalidade pública (Celso Antônio Bandeira de Mello, *Curso de Direito Administrativo*, 17ª edição, pg. 784). 3. Precedentes: RESP n.º 623.511/RJ, Primeira Turma, deste relator, DJ de 06.06.2005) RESP nº 570.483/MG, Segunda Turma, Rel. Min. Franciulli Netto, DJ de 30.06.2004). 4. Outrossim, o Supremo Tribunal Federal também assentou a natureza real da retrocessão: "DESAPROPRIAÇÃO - Retrocessão - Prescrição - **Direito de natureza real** - Aplicação do prazo previsto no art. 177 do CC e não do quinquenal do De. 20.910/32 - Termo inicial - Fluência a partir da data da transferência do imóvel ao domínio particular, e não da desistência pelo Poder expropriante." (STF, ERE 104.591/RS, Rel. Min. Djaci Falcão, DJU 10/04/87) 5. Consagrado no Código Civil, o direito de vindicar a coisa, ou as consequentes perdas e danos, forçoso concluir que a lei civil considera esse direito real, tendo em vista que é um sucedâneo do direito à reivindicação em razão da subtração da propriedade e do desvio de finalidade na ação expropriatória. 6. O Supremo Tribunal Federal concluiu que: "Desapropriação. Retrocessão. Alienação do imóvel. Responsabilidade solidária. Perdas e danos. Código Civil, art. 1150 - Transitado em julgado o reconhecimento da impossibilidade de retrocessão do imóvel por já incorporado ao patrimônio público e cedido a terceiros, razoável é o entendimento, em consonância com doutrina e jurisprudência, do cabimento de perdas e danos ao expropriados - Recursos extraordinários não conhecidos." (STF - RE nº 99.571/ES, Rel. Min. Rafael Mayer, DJU de 02/12/83). 7. É cediço na doutrina que o Poder Público não deve desapropriar imóveis sem lhes destinar qualquer finalidade pública ou interesse social, exigência constitucional para legitimar a desapropriação. Com efeito, "não pode haver expropriação por interesse privado de pessoa física ou organização particular" (Hely Lopes Meirelles, Direito Administrativo Brasileiro, p. 576). 8. In casu, o Tribunal a quo com ampla cognição de matéria fático-probatória, cujo reexame é vedado ao E. STJ a teor do disposto na Súmula n.º 07/STJ, assentou que, muito embora não cumprida a destinação prevista no decreto expropriatório - criação do Terminal Rodoviário de Campo Grande -, não houve desvio de finalidade haja vista que o interesse público permaneceu resguardado com cessão da área expropriada para fins de criação de uma Unidade Pantaneira de Arte e Cultura Regional. 9. Consectariamente, em não tendo havido o desvio de finalidade, uma vez que, muito embora não efetivada a criação do Terminal Rodoviário de Campo Grande, conforme constante do decreto expropriatório, a área desapropriada for utilizada para o atingimento de outra finalidade pública, não há vício algum que enseje ao particular ação de retrocessão, ou, sequer, o direito a perdas e danos. 10. Precedentes que trataram de matéria idêntica à versada nos presentes autos: RESP n.º 800.108/SP, Rel. Min. Teori Albino Zavascki, DJ de 20.03.2006; RESP n.º 710.065/SP, Rel. Min. José Delgado, DJ de 06.06.2005; RESP n. 847092/SP, Rel. Min. Denise Arruda, DJ. 18.09.2006. 11. A utilização dos recursos previstos em lei não caracteriza, por si só, a litigância de má-fé, sendo necessária a demonstração do dolo em obstar o trâmite regular do processo, carreando prejuízos para a parte adversa. Precedentes desta Corte: REsp 357.157/RJ, 2ª Turma, DJ 13/09/2004;ERESP 210.636/RS, 1ª Seção, DJ 12/03/2003; RESP 418.342/PB, DJ 05/08/2002. 12. Agravo regimental desprovido." (g.n.) (STJ, AGEDAG 200801372950, LUIZ FUX, STJ - PRIMEIRA TURMA, 06/10/2009)

Confira acórdão do STJ reconhecendo o caráter real do direito de retrocessão, e, consequentemente, que o prazo prescricional respectivo é o das ações de natureza real:

PROCESSO CIVIL E ADMINISTRATIVO – RETROCESSÃO – DESVIO DE FINALIDADE DE BEM DESAPROPRIADO – PRAZO PRESCRICIONAL. 1. A jurisprudência desta Corte e do STF adotou corrente no sentido de que a ação de retrocessão é de natureza real e, portanto, aplica-se o art. 177 do CC/16 e não o prazo quinquenal de que trata o Decreto 20.910/32. 2. Recurso especial provido. (STJ, RESP 200601546994, ELIANA CALMON, STJ - SEGUNDA TURMA, 14/03/2007)

(OAB/Exame Unificado – 2007.2 – 2ª fase) Indira possui um terreno vazio de 5.000 m² no centro de determinado município. Esse imóvel não vem sendo utilizado de acordo com a política urbanística da cidade, prevista no plano diretor. O prefeito pretende conferir a esse terreno uma finalidade de interesse social e econômico, de acordo com o plano diretor do município, mas não tem recursos para promover a imediata desapropriação. A propósito dessa situação hipotética, redija um texto que explicite, de forma fundamentada, com base na Constituição Federal, quais providências necessárias e cabíveis podem ser tomadas pelo prefeito.

RESOLUÇÃO DA QUESTÃO

De acordo com a Constituição Federal, a propriedade deve atender à sua função social (art. 5º, XXIII, e 170, III).

No âmbito dos imóveis urbanos, compete ao Município, por meio de diretrizes fixadas em lei, ordenar o pleno desenvolvimento das funções sociais da cidade e garantir o bem estar de seus habitantes (art. 182, *caput*, da CF).

O plano diretor municipal trará as exigências fundamentais de ordenação da cidade. A propriedade que não estiver de acordo com esse plano não estará cumprindo sua função social (art. 182, § 2º, da CF).

Nada obstante, para que o Município possa se valer dos principais instrumentos de prevenção, repressão e correção de situações de descumprimento à função social da propriedade, faz-se necessário que, além da existência de um plano diretor, haja uma lei específica para área incluída neste, determinando seu adequado aproveitamento, tudo nos termos da lei federal pertinente (art. 182, § 4º, da CF), no caso o Estatuto da Cidade.

Uma vez preenchidos tais requisitos, pode o Município, identificando o desrespeito às leis mencionadas tomar, sucessivamente, as seguintes medidas (art. 182, § 4º, I, II e III, da CF): a) notificar o proprietário do solo urbano não edificado, subutilizado ou não utilizado, para que promova o seu adequado aproveitamento, sob pena de parcelamento ou edificação compulsórios; b) impor IPTU progressivo no tempo; c) desapropriar com pagamento mediante títulos da dívida pública de emissão previamente aprovada pelo Senado Federal, com prazo de resgate de até 10 anos, em parcelas anuais, iguais e sucessivas, assegurados o valor real da indenização e os juros legais.

Diante do exposto, para que o Prefeito confira ao terreno uma finalidade de interesse social e econômico, sem que desembolse imediatamente qualquer quantia, deverá fazer projeto de lei (específica) e buscar a sua aprovação, delimitando as áreas municipais previstas no plano diretor, que devem ser desde já aproveitadas, procedendo, em seguida, à implementação das medidas referidas no art. 182, § 4º, da Constituição Federal.

(OAB/Exame Unificado – 2006.3 – 2ª fase) O prefeito de um município pretende criar um espaço público de lazer e área verde no centro da cidade. No entanto, nesse local existem diversos imóveis residenciais. A propósito dessa situação-problema, redija um texto dissertativo acerca da possibilidade ou não de se instituir a figura da preempção e que aborde, necessariamente, os seguintes aspectos:

- ✓ conceito;
- ✓ notificação;
- ✓ modo de instituição;
- ✓ descumprimento.
- ✓ prazo para exercício;

RESOLUÇÃO DA QUESTÃO

O Estatuto da Cidade (Lei 10.257/01), destinado a ordenar o pleno desenvolvimento das funções sociais da cidade e da propriedade urbana (art. 2º), traz, dentre outros instrumentos destinados a cumprir tal objetivo, o instituto da preempção.

Esse instituto pode ser *conceituado* como o direito de o Poder Público municipal ter preferência na aquisição de imóvel urbano objeto de alienação entre particulares (art. 25, *caput*).

Para que o instrumento possa ser utilizado pelo município, é necessária a sua *instituição*, que se dá mediante a edição de uma lei municipal, baseada no plano diretor, delimitando as áreas em que incidirá o direito de preempção e fixando o prazo de vigência do direito (art. 25, § 1º).

Uma vez instituído o instrumento, e havendo necessidade da área para atender a qualquer dos interesses enunciados no art. 26 da lei, dentre os quais se encontra o interesse de criar um espaço público de lazer e área verde (inciso VI), pode o Município, diante de notificação efetuada por proprietário que deseje alienar imóveis, exercer o direito de preferência e adquirir a coisa, tanto por tanto, ou seja, nas condições da proposta apresentada pelo comprador.

O proprietário de imóvel situado na área estabelecida na lei deve, como se viu, em caso de aparecimento de comprador para a coisa, providenciar a *notificação* do Poder Público, para que este possa exercer o direito de preferência. A notificação deve se dar com prazo de 30 dias, para que o Município manifeste por escrito seu interesse em comprar o imóvel, sendo este o chamado *prazo para exercício* do direito preferência (art. 27).

Em caso de *descumprimento* da lei, ou seja, caso o particular aliene a coisa em condições diversas da proposta apresentada, a alienação será reputada nula, ficando o Poder Público com direito de adquiri-la pelo valor venal da coisa ou pelo valor indicado na proposta apresentada, se este for inferior àquele (art. 27, § 5º e 6º).

No caso em tela, o Prefeito poderá se valer do instituto para o fim desejado, mesmo em se tratando de local com diversos imóveis residenciais, dado que a lei não limita a aplicação do instituto a imóveis não residenciais. Todavia, como o objetivo do Prefeito é criar espaços de lazer e áreas verdes, nada impede que promova a desapropriação de área no local, se não quiser ficar no aguardo do aparecimento de imóveis à venda com as características necessárias à implantação desejada.

(OAB/Exame Unificado – 2006.1 – 2ª fase) O prefeito de um município brasileiro, a pedido da população, resolveu ampliar uma avenida da cidade. Ocorre que, na trajetória da ampliação da avenida, existem dois imóveis de propriedade particular, e seus proprietários se recusam a vendê-los. Diante dessa situação hipotética, redija um texto dissertativo, com as devidas justificativas e fundamentação legal, em que indique o que o município deve fazer para conseguir a propriedade desses imóveis e, assim, ampliar a avenida. Extensão máxima: 60 linhas

Organização de ideias.

Repare que a questão faz as seguintes exigências: a) texto dissertativo; b) indicação do que o município deve fazer para conseguir a propriedade desses imóveis; c) justificativa e fundamentação legal. Nesse sentido, não é suficiente dizer que cabe desapropriação no caso. É necessário fazer uma introdução explicando que a desapropriação é cabível. É necessário trazer os fundamentos constitucional e infraconstitucional para a medida. E é necessário indicar o que o município deve fazer para desapropriar. Ou seja, expedir um decreto expropriatório, ingressar com ação etc.

RESOLUÇÃO DA QUESTÃO

O direito administrativo tem como princípios basilares o da supremacia do interesse público sobre o interesse privado e o da indisponibilidade do interesse público. O primeiro princípio fundamenta o instituto da desapropriação, pelo qual, em caso de necessidade pública, utilidade pública ou interesse social, a Administração Pública pode despojar compulsoriamente o administrado de sua propriedade, mediante indenização prévia, justa e em dinheiro (art. 5º, XXIV).

Dessa forma, em havendo oposição dos proprietários dos imóveis necessários à ampliação da avenida, o município pode se valer do instituto da desapropriação para adquirir o imóvel e dar cabo às obras respectivas.

O Decreto-lei 3.365/41 considera caso de utilidade pública a "abertura, conservação e melhoramento de vias ou logradouros públicos" (art. 5º, i). Assim, o Prefeito deverá expedir um decreto de utilidade pública (art. 6º) e, se realmente não for possível fazer acordo com os proprietários, será necessário ingressar com ação de desapropriação, no prazo máximo de 5 (cinco) anos, contados da expedição do decreto (art. 10).

O processo judicial correrá nos termos dos arts. 11 e seguintes do decreto-lei citado e, se os imóveis forem do tipo residenciais, e a Prefeitura queira a imissão provisória na posse, será necessário obedecer também o disposto no Dec.-lei 1.075/70.

8. LICITAÇÃO E CONTRATOS

(OAB/Exame Unificado – 2013.2 – 2ª fase) O prefeito do município "A", buscando aumentar o turismo na festa de Ano Novo de sua cidade, decidiu contratar músicos renomados e uma agência de publicidade para realizar a propaganda do evento, procedendo de referidas contratações diretamente, sem proceder à realização de licitação.

Com base no caso acima, responda fundamentadamente, aos itens a seguir.

A) Pode o prefeito realizar as referidas contratações sem licitação? Sob qual fundamento legal? (Valor: 0,65)

B) Pode o administrador realizar contratação direta em casos que não estejam taxativamente arrolados na lei de licitações? (Valor: 0,60)

GABARITO COMENTADO – EXAMINADORA

A. O examinando deverá responder que o prefeito poderia realizar a contratação direta de músicos, uma vez que se trata de uma das hipóteses de inexigibilidade de licitação, à luz do Art. 25, inciso III, da Lei n. 8.666/93. Todavia, em relação à contratação de agência de publicidade, deveria o examinando indicar não ser possível a contratação, diante da vedação legal constante do Art. 25, inciso II, da referida Lei n. 8.666/93.

B. O examinando deverá analisar cada meio de contratação. No caso da licitação dispensada e da licitação dispensável, as hipóteses legais são taxativas, ou seja, não pode o administrador extrapolar o legalmente previsto.

Por sua vez no caso de licitação inexigível, é possível ao administrador aventar outras hipóteses, uma vez que o rol é meramente exemplificativo.

(OAB/Exame Unificado – 2012.1 – 2ª fase) A Secretaria estadual de Esportes do Estado ABC realiza certame licitatório para a seleção de prestadora de serviço de limpeza predial na sua sede. A vencedora do processo licitatório foi a empresa XYZ. Decorridos 10 (dez) meses, diante do que a Secretaria reputou como infrações por parte da empresa, foi instaurada comissão de instrução e julgamento composta por três servidores de carreira e, após processo administrativo, em que foram garantidos o contraditório e a ampla defesa, a empresa XYZ foi punida pela Comissão com a declaração de inidoneidade para contratar com a Administração Pública.

A empresa, então, ajuizou ação ordinária por meio da qual pretende anular o ato administrativo que aplicou aquela sanção, arguindo a ausência de tipificação da conduta como ato infracional, a não observância da aplicação de uma penalidade mais leve antes de uma mais grave e a não observância de todas as formalidades legais para a incidência da punição.

Considerando o fato apresentado acima, responda, de forma justificada, aos itens a seguir.

A) É possível a anulação do ato administrativo que aplicou a penalidade, tendo em vista a não observância da aplicação de uma penalidade mais leve antes de uma mais grave? (valor: 0,60)

B) É possível ao Judiciário anular o ato administrativo por algum dos fundamentos apontados pela empresa? Em caso afirmativo, indique-o. (valor: 0,65)

RESOLUÇÃO DA QUESTÃO

A) Não, tendo em vista que, como não há uma gradação/ordem legal de penalidades, elas podem ser aplicadas discricionariamente pela Administração Pública, sem a necessidade de aplicação de uma penalidade mais leve antes da mais grave, porém a sanção administrativa deve ser sempre correlacionada/adequada à gravidade da infração cometida no caso concreto.

B) Sim, em razão da não observância no caso concreto de todas as formalidades legais para a incidência da punição, uma vez que a penalidade aplicada (declaração de inidoneidade) é de competência exclusiva do secretário estadual de esportes (art. 87, § 3º, da Lei n. 8.666/93).

Ë importante ressaltar que, por se tratar de prova discursiva, será exigido do examinando o desenvolvimento do tema apresentado. Desse modo, além de resposta conclusiva acerca do arguido, a mera menção a artigo não é pontuada, nem a mera resposta negativa desacompanhada do fundamento correto.

Distribuição dos Pontos

(não será aceita mera menção ao artigo)

Quesito Avaliado	Faixa de valores
A. Não, tendo em vista que, como a lei não estabelece uma gradação/ordem legal na aplicação das penalidades, estas podem ser aplicadas discricionariamente pela Administração Pública, sem a necessidade de aplicação de uma penalidade mais leve antes da mais grave (0,30). Contudo, a aplicação da sanção administrativa deve ser sempre correlacionada/adequada à gravidade da infração cometida no caso concreto (0,30).	0,00/0.30/0,60
B. Sim, em razão da não observância de todas as formalidades legais para a incidência da punição (0,30), uma vez que a penalidade aplicada (declaração de inidoneidade) é de competência exclusiva do Ministro de Estado, do Secretário estadual ou municipal (art. 87, § 3º, da Lei n. 8.666/93) (0,35).	0,00/0,30/0,35/0.65

(OAB/Exame Unificado – 2011.3 – 2ª fase) O Estado XPTO realizou procedimento licitatório, na modalidade concorrência, visando à aquisição de 500 (quinhentas) motocicletas para equipar a estrutura da Polícia Militar. Logo após a abertura das propostas de preço, o Secretário de Segurança Pública do referido Estado, responsável pela licitação, resolve revogá-la, por ter tomado conhecimento de que uma grande empresa do ramo não teria tido tempo de reunir a documentação hábil para participar da concorrência e que, em futura licitação, assumiria o compromisso de participar e propor preços inferiores aos já apresentados no certame em andamento. Considerando a narrativa fática acima, responda aos itens a seguir, empregando os argumentos jurídicos apropriados e a fundamentação legal pertinente ao caso.

A) À luz dos princípios que regem a atividade administrativa, é juridicamente correta a decisão do Secretário de Segurança de revogar a licitação? (Valor: 0,3)

B) Quais são os requisitos para revogação de uma licitação? (Valor: 0,6)

C) Em se materializando a revogação, caberia indenização aos licitantes que participaram do procedimento revogado? (Valor: 0,35)

RESOLUÇÃO DA QUESTÃO

Em relação ao *item a*, o examinando deve expor que a decisão de revogação é juridicamente incorreta por violação aos princípios da impessoalidade e moralidade administrativa, previsto no *caput* do artigo 37 da CRFB. Quanto ao *item b*, o examinando deve indicar, de início, que a revogação do procedimento licitatório encontra-se disciplinada no artigo 49 da Lei n. 8.666/1993 e que se trata de revogação condicionada. Os requisitos são: razões de interesse público decorrentes de fato superveniente devidamente comprovado, pertinente e suficiente para justificar a conduta. Por fim, quanto ao item c, o examinando deve expor que, por se tratar de revogação ilícita de procedimento licitatório, os licitantes devem ser indenizados pelos prejuízos efetivamente comprovados, na forma do artigo 37, § 6º, da CRFB.

Distribuição dos Pontos

Item a	Pontuação
Incorreta a decisão de revogação por violação aos princípios da impessoalidade e/ou moralidade administrativa (0,2), nos termos do art. 37, *caput*, da CRFB e/ou art. 3º da Lei 8.666/93 (0,1). Obs.: A mera menção ao artigo não é pontuada.	0 / 0,2 / 0,3
Item b	
Razões de interesse público decorrente de fato superveniente devidamente comprovado, pertinente e suficiente para justificar a conduta (0,4), nos termos do art. 49 da Lei 8.666/93 (0,2). Obs.: A mera menção ao artigo não é pontuada.	0 / 0,4 / 0,6
Item c	
Por se tratar de revogação ilícita de procedimento licitatório, desde que comprovados os prejuízos, os licitantes devem ser indenizados (0,25), na forma do artigo 37, § 6º, da CRFB (0,1). Obs.: A mera menção ao artigo não é pontuada.	0 / 0,25 / 0,35

(OAB/Exame Unificado – 2010.3 – 2ª fase) O presidente de uma sociedade de economia mista estadual prestadora de serviço público, preocupado com o significativo aumento de demandas judiciais trabalhistas ajuizadas em face da entidade (duas mil), todas envolvendo idêntica tese jurídica e com argumentação de defesa já elaborada, decide contratar, por inexigibilidade de licitação, renomado escritório de advocacia para realizar o patrocínio judicial das causas.

Nesse cenário, responda aos itens a seguir, empregando os argumentos jurídicos apropriados e a fundamentação legal pertinente ao caso.

A) Na qualidade de assessor jurídico da presidência da estatal, analise a viabilidade jurídica da contratação direta. (Valor: 0,5)

B) Nas hipóteses de contratação direta, em sendo comprovado superfaturamento durante a execução contratual, é juridicamente possível responsabilizar solidariamente o agente público e o prestador do serviço pelo dano causado ao erário? (Valor: 0,5)

GABARITO COMENTADO – EXAMINADORA

A inexigibilidade de licitação, em tal hipótese, encontraria fundamento na norma do artigo 25, inciso II, que prevê a inviabilidade de competição para a contratação de serviços técnicos enumerados no artigo 13, dentre os quais o patrocínio de causas judiciais (artigo 13, inciso V) da

Lei n. 8.666/93. Entretanto, para configurar tal hipótese de inexigibilidade de licitação, exige-se a natureza singular dos serviços, o que não ocorre na situação proposta, em que se pretende a contratação direta de escritório de advocacia para o patrocínio de causas de massa (contencioso trabalhista de massa).

Quanto ao item b, a responsabilidade solidária do agente público e do prestador do serviço nos casos de superfaturamento em contratos decorrentes de inexigibilidade ou dispensa de licitação encontra previsão expressa na norma do artigo 25, § 2º, da Lei n. 8.666/93.

Distribuição de pontos

Item	Desscrição	Pontuação
A	- Menção à norma do artigo 25, inciso II, da Lei n. 8.666/93 (contratação de serviços técnicos)	0 / 0,1
	- Identificação do patrocínio de causas judiciais como um dos serviços técnicos, em tese, passíveis de contratação por inexigibilidade (artigo 13, inciso V, Lei n. 8.666/93).	0 / 0,2
	- Inviabilidade da contratação direta por ausência de singularidade do serviço (contencioso de massa)	0 / 0,2
B	- Sim; responsabilidade solidária fundamentada na norma do artigo 25, § 2º, da Lei 8.666/93.	0 / 0,5

(OAB/Exame Unificado – 2010.2 – 2ª fase) A empresa W.Z.Z. Construções Ltda. vem a se sagrar vencedora de licitação, na modalidade tomada de preço. Passado um mês, a referida empresa vem a celebrar o contrato de obra, a que visava à licitação. Iniciada a execução, que se faria em quatro etapas, e quando já se estava na terceira etapa da obra, a Administração constata erro na escolha da modalidade licitatória, pois, diante do valor, esta deveria seguir o tipo concorrência.

Assim, com base no art. 49, da Lei nº 8.666/93, e no art. 53, da Lei nº 9.784/98, declara a nulidade da licitação e do contrato, notificando a empresa contratada para restituir os valores recebidos, ciente de que a decisão invalidatória produz efeitos *ex tunc*. Agiu corretamente a Administração? Teria a empresa algum direito?

RESOLUÇÃO DA QUESTÃO

A Administração Pública tem a autotutela de seus atos. Nesse sentido, quando estiver diante de um ato ilegal, é seu dever proceder à anulação desses atos, independentemente de apreciação judicial.

O princípio da autotutela, previsto, de modo geral, no art. 53 da Lei 9.784/99 e na Súmula 473 do STF, tem por escopo preservar os princípios da indisponibilidade do interesse público e da legalidade, e atua com supedâneo no princípio da supremacia do interesse público sobre o interesse privado.

No plano específico das licitações e contratos administrativos, a autotutela está prevista no art. 49 da Lei 8.666/93, impondo, em caso de ilegalidade, a anulação de ofício do certame, mediante parecer escrito e devidamente fundamentado.

No entanto, o próprio artigo 49 da Lei 8.669/93, ao dispor, em seu § 1º, que anulação por motivo de ilegalidade não gera o dever de indenizar, ressalva o disposto no art. 59, parágrafo único, da mesma lei. Esse dispositivo estabelece que "a nulidade não exonera a Administração do dever de indenizar o contratado pelo que este houver executado até a data em que ela for declarada e por outros prejuízos comprovados, contanto que não lhe seja imputado (...)".

Em outras palavras, apesar da anulação, em regra, ter efeito retroativo (*ex tunc*), para efeito de indenização ao contratado pelas obrigações por este praticadas, a anulação terá efeito *ex nunc*.

A doutrina aponta que tal regra decorre dos princípios da boa-fé, da segurança jurídica e do não enriquecimento sem causa.

Assim, desde que não se demonstre a má-fé do contratado, já que a boa-fé é presumida, a Administração deverá indenizar o contratado pelo que este houver executado do contrato, bem como pelos demais prejuízos comprovados.

GABARITO COMENTADO – EXAMINADORA

O examinando deve identificar o poder de anular os contratos administrativos e o dever da Administração de pagar pelo que a empresa executou até a anulação, bem como o dever de indenizar também outros eventuais prejuízos regularmente comprovados (art. 59, parágrafo único, da Lei 8.666/93).

A questão envolve a aplicação do parágrafo único do artigo 59, da Lei 8.666/93, pois é inegável a boa-fé da empresa e ter ela prestado sua obrigação. Não caberia a restituição dos valores pagos, que seriam integrados, como indenização, ao patrimônio da contratada, que, inclusive, poderia postular perdas e danos.

Distribuição dos pontos:

Descrição	Pontuação
- Poder (dever de anular os contratos administrativos – Lei 8.666/93, art. 59, *caput*)	0 / 0,3 / 0,5
- Dever de indenizar pelo o que houver sido executado do contrato bem como pelos demais prejuízos comprovados (Lei 8.666/93, art. 59, parágrafo único)	0 / 0,3 / 0,5

(OAB/Exame Unificado – 2010.1 – 2ª fase) A empresa Alfa, após o devido procedimento licitatório, celebrou contrato com o poder público municipal para a prestação de serviço público de transporte de estudantes. Devido a posterior aumento da carga tributária, provocado pela elevação, em 10%, dos percentuais a serem recolhidos a título de contribuição previdenciária, a empresa, para tentar suprir a despesa decorrente do aludido recolhimento, postulou à prefeitura a revisão dos valores do contrato. A autoridade administrativa encaminhou o pedido a sua assessoria jurídica para parecer acerca da viabilidade da pretensão.

Em face da situação hipotética apresentada, responda, de forma fundamentada, se a pretensão da empresa encontra amparo no ordenamento jurídico nacional.

RESOLUÇÃO DA QUESTÃO

Considerando que o padrão de resposta apresentado pela examinadora simulou uma resposta que o candidato poderia dar, usaremos o próprio padrão de resposta como resolução da questão. Confira:

> "Tratando-se de contrato administrativo, o contratado tem o direito de ver mantido o denominado equilíbrio econômico-financeiro do ajuste, assim considerada a relação que se estabelece, no momento da celebração, entre o encargo assumido pelo contratado e a prestação pecuniária assumida pela administração.
>
> Desse modo, quando da apresentação de sua proposta no procedimento licitatório, a empresa pautou-se pelo contexto fático então presente. A alteração do cenário,

decorrente de medida geral (aumento da contribuição) não relacionada diretamente ao contrato, mas que nele repercute, provoca o desequilíbrio econômico-financeiro em prejuízo do contratado, o que merece a proteção da lei. É o que a doutrina denomina de fato do príncipe.

Nesse sentido, o art. 65, II, *d*, da Lei n.º 8.666/1993 admite que os contratos sejam alterados, com as devidas justificativas, no caso de acordo das partes, para o restabelecimento da relação pactuada inicialmente entre os encargos do contratado e a retribuição da administração para a justa remuneração do serviço, "objetivando a manutenção do equilíbrio econômico-financeiro inicial do contrato, na hipótese de superveniência de fatos imprevisíveis ou previsíveis, porém, de consequências incalculáveis, retardadores ou impeditivos da execução do ajustado, ou ainda, em caso de força maior, caso fortuito ou fato do príncipe, que configura álea econômica extraordinária e extracontratual.

Ademais, o § 5.º do art. 65 da Lei n.º 8.666/1993 é expresso ao consignar que quaisquer tributos ou encargos legais criados, alterados ou extintos, bem como a superveniência de disposições legais, quando ocorridas após a data da apresentação da proposta, de comprovada repercussão nos preços contratados, implicarão a revisão destes para mais ou para menos, conforme o caso.

O município pode, portanto, com fundamento no referido preceito legal, reajustar o contrato para recompor o equilíbrio econômico-financeiro, de modo a garantir a execução do contrato originário."

Observação para a correção: atribuir pontuação integral às respostas em que esteja expresso o conteúdo do dispositivo legal, ainda que não seja citado, expressamente, o número do artigo.

(OAB/Exame Unificado – 2010.1 – 2ª fase) Em uma licitação pública, na modalidade pregão, para a aquisição de bens de acordo com o edital de determinado órgão público federal, a empresa de pequeno porte Cristal apresentou proposta que superou em 5% o valor da proposta vencedora, apresentada por Ônix Ltda., que não é uma empresa de pequeno porte. No primeiro minuto após o encerramento dos lances, observando que sua proposta estaria em segundo lugar, o representante legal da empresa Cristal requereu a convocação de sua empresa, oferecendo nova proposta, de valor inferior à apresentada por Ônix Ltda., para, assim, tornar-se vencedora do certame, procedimento que não foi acatado pelo pregoeiro.

A empresa Ônix Ltda. foi considerada vencedora do certame pela administração pública, tendo sido a empresa Cristal classificada em segundo lugar, apesar de seu representante legal ter manifestado, em tempo hábil, sua intenção de recurso.

Em face dessa situação hipotética e na qualidade de advogado(a) constituído(a) pelo representante legal da empresa Cristal, responda, com fundamento na legislação pertinente, se há embasamento legal que ampare recurso administrativo a ser interposto por essa empresa para invocar o procedimento demonstrado por seu representante legal.

RESOLUÇÃO DA QUESTÃO

Considerando que o padrão de resposta apresentado pela examinadora simulou uma resposta que o candidato poderia dar, usaremos o próprio padrão de resposta como resolução da questão. Confira:

"Há embasamento legal que ampara o recurso administrativo da empresa de pequeno porte, haja vista que a administração pública não observou o que dispõe a Lei Complementar n.º 123/2006, que, instituindo o Estatuto Nacional da Microempresa e da

Empresa de Pequeno Porte, prescreve regras que preveem tratamento privilegiado nas licitações para as EPPs, de acordo com o *caput* do art. 44 da citada lei, segundo o qual 'nas licitações será assegurada, como critério de desempate, preferência de contratação para as microempresas e empresas de pequeno porte'.

O parágrafo 2.º do referido art. 44 indica a regra aplicável especificamente ao pregão: 'na modalidade pregão, o intervalo percentual estabelecido no parágrafo 1.º será de até 5% (cinco por cento) superior ao melhor preço". A regra especificada no parágrafo 1.º do citado artigo dita o seguinte: "entende-se por empate aquelas situações em que as propostas apresentadas pelas microempresas e as empresas de pequeno porte sejam iguais ou até 10% (dez por cento) superiores à proposta mais bem classificada'.

Assim, no caso em tela, haveria empate, comumente chamado pela doutrina de 'empate ficto ou ficção de empate', uma vez que se afiguram não apenas propostas com valores idênticos, mas também o empate em situações em que a diferença entre as propostas se enquadre em determinado limite percentual, sendo este, no pregão, de 5%, e, nas demais modalidades licitatórias, de 10%.

Definido e caracterizado pela administração pública o empate, deveria ela aplicar a regra estabelecida no art. 45, inciso I, da LC n.º 123/2006:

Para efeito do disposto no art. 44 desta Lei Complementar, ocorrendo empate, proceder-se-á da seguinte forma:

I – a microempresa ou empresa de pequeno porte mais bem classificada poderá apresentar propostas de preço inferior àquela considerada vencedora do certame, situação em que será adjudicado em seu favor o objeto licitado;

(...)"

Deve-se mencionar, finalmente, o parágrafo 3.º do art. 45 da citada lei complementar: No caso de pregão, a microempresa ou empresa de pequeno porte mais bem classificada será convocada para apresentar nova proposta no prazo máximo de 5 (cinco) minutos após o encerramento dos lances, sob pena de preclusão."

Observação para a correção: atribuir pontuação integral às respostas em que esteja expresso o conteúdo do dispositivo legal, ainda que não seja citado, expressamente, o número do artigo.

(OAB/Exame Unificado – 2009.3 – 2ª fase) Determinada pessoa jurídica, prestadora de serviços de limpeza em diversos órgãos públicos da União, foi declarada inidônea para licitar e contratar com a administração pública pelo ministro de estado competente, com fundamento no art. 88 da Lei n. 8.666/1993, após o trâmite de regular processo administrativo, no qual lhe foram assegurados a ampla defesa e o contraditório.

Em razão de tal decisão, a União rescindiu unilateralmente alguns dos contratos vigentes celebrados com tal pessoa jurídica, também com fundamento nas normas da Lei de Licitações. Contra tal ato, a empresa impetrou o mandado de segurança cabível, sustentando, em suma, que a declaração de inidoneidade depende de decisão judicial, não podendo ser imposta pelo ministro. Consigna, além disso, a impossibilidade de rescisão dos contratos em curso, sob o argumento de que, ainda que se admita a validade da decisão que declarou sua inidoneidade para contratar com o poder público, tal decisão não tem eficácia *ex nunc*, devendo ser aplicada apenas para contratos futuros.

Em face dessa situação hipotética, esclareça, com base na Lei n. 8.666/1993, se a declaração de inidoneidade para contratar com a administração somente pode ser imposta por meio de demanda judicial e se existe alguma possibilidade de rescisão, pela União, dos contratos vigentes.

RESOLUÇÃO DA QUESTÃO

O princípio da supremacia do interesse público sobre o interesse privado possibilita que a administração pública tenha poderes diferenciados em relação aos poderes que têm o particular. Exemplo disso são as cláusulas exorbitantes previstas nos contratos administrativos, que possibilitam, por exemplo, que a Administração Pública, unilateralmente, aplique sanções sobre os contratados (art. 58, IV, da Lei 8.666/93).

Dessa forma, a Administração Pública pode aplicar sanções em matéria de licitações e contratos administrativos independentemente de apreciação jurisdicional, o que, no caso em tela, está previsto no art. 87, IV, da Lei 8.666/93.

Quanto à autoridade competente para a declaração de inidoneidade, de fato, trata-se, no âmbito da União, do ministro de estado competente, nos termos do disposto no § 3º do art. 87 da Lei 8.666/93.

Por fim, quanto à possibilidade de rescisão, pela União, dos contratos vigentes, independentemente da aplicação da sanção retroagir ou não, o fato é que a lei confere à Administração Pública um amplo leque de possibilidades em que o contrato administrativo pode ser objeto de rescisão (art. 78 da Lei 8.666/93). Nesse sentido, vale lembrar que uma das hipóteses, a prevista no inciso XII do dispositivo citado, permite que a Administração Pública proceda à rescisão do contrato em caso de relevante interesse público, circunstância que certamente está presente no caso em tela, pois não é conveniente ao interesse público que contratos administrativos continuem a ser executados por empresas que receberam a declaração de inidoneidade.

Diante do exposto, e respondendo às perguntas formuladas, a declaração de inidoneidade pode ser imposta pela própria Administração Pública, não havendo sequer interesse processual em ingressar com demanda judicial para tal fim, existindo possibilidade de rescisão, pela União, dos contratos administrativos vigentes, nos termos do art. 78, XII, da Lei 8.666/93.

GABARITO COMENTADO - EXAMINADORA

Deve-se, primeiramente, apontar a norma inserta no art. 87, § 3.º, da Lei de Licitações, que atribui a ministro de Estado ou secretário estadual ou municipal competência para a declaração de inidoneidade para licitar ou contratar com a administração pública.

A seguir, deve-se identificar que, independentemente de a decisão retroagir ou não, as causas que ensejam a rescisão unilateral do contrato administrativo podem ser aplicadas a qualquer tempo, havendo, sim, possibilidade de rescisão dos contratos em curso, com fundamento em uma das causas previstas no art. 78 da referida lei, mormente em seu inciso XII. Assim, conforme a gravidade dos motivos que levaram o ministro a declarar a inidoneidade da empresa, poderia a administração invocar, por exemplo, relevante interesse público para rescindir os contratos vigentes, com fundamento no art. 78, XII, da Lei n.º 8.666/1993.

(OAB/Exame Unificado – 2009.3 – 2ª fase) O estado-membro S desencadeou procedimento licitatório para a construção de uma escola pública, tendo saído vencedora a empresa R. Homologado o procedimento e adjudicado o objeto em favor da referida empresa, a administração pública anulou o certame em razão da constatação de ocorrência de irregularidade, por fato não imputável à administração. Inconformada com a medida, a empresa impetrou mandado de segurança sob o fundamento de que, após a adjudicação, teria o direito líquido e certo de contratar com o poder público. Postulou, desse modo, a concessão da segurança para impor à administração pública o dever de celebrar o contrato ou, alternativamente, para que fosse reconhecido seu direito à indenização pelos prejuízos suportados em decorrência da anulação.

Considerando essa situação hipotética, apresente, com a devida fundamentação, os argumentos indispensáveis à impugnação do pedido formulado pela empresa impetrante.

RESOLUÇÃO DA QUESTÃO

Considerando que o padrão de resposta apresentado pela examinadora simulou uma resposta que o candidato poderia dar, usaremos o próprio padrão de resposta como resolução da questão. Confira:

"Deve-se destacar que a licitação, como qualquer outro procedimento administrativo, é passível de anulação (na hipótese de ilegalidade) ou de revogação (por razões de conveniência e oportunidade).

A administração pública, de acordo com o art. 49 da Lei n.º 8.666/1993, tem o dever de anular o procedimento licitatório quando constatada a ocorrência de ilegalidade. O STF também já firmou entendimento no sentido da possibilidade de a administração pública anular seus atos quando eivados do vício da ilegalidade (Súmulas n.ºs 346 e 473).

O ato de homologação bem como o de adjudicação não conferem à empresa vencedora do certame o direito líquido e certo de contratar com o poder público, visto que a adjudicação constitui, apenas, o ato pelo qual a administração pública atribui ao vencedor o objeto da licitação.

Também não há fundamento para o pedido de indenização. Isso porque, uma vez constatada a ocorrência de ilegalidade, não imputada à própria Administração, não há que se falar em direito do licitante à indenização. O § 1.º do art. 49 da Lei n.º 8.666/1993 é expresso ao consignar que a anulação do procedimento licitatório, por motivo de ilegalidade, não gera obrigação de indenizar."

(OAB/Exame Unificado – 2009.2 – 2ª fase) O município X, que possui órgão de procuradoria instituído, pretende contratar um escritório de advocacia para promover a defesa judicial, perante o Supremo Tribunal Federal, de determinada causa em que figurou como parte o município. Considerando os critérios de notória especialização, experiência na área, localização, entre outros, contratou, sob o fundamento de inexigibilidade de licitação, o conceituado e bem estruturado escritório de advocacia Y, em Brasília, cuja área de atuação é exatamente na matéria tratada na referida ação. O Ministério Público, em razão de denúncia recebida, promoveu ação civil pública com o propósito de impedir a celebração desse contrato, sob o fundamento de que deveria haver licitação. Nessa situação hipotética, como deveria proceder o escritório de advocacia? Que argumentos de mérito poderiam ser utilizados em favor da contratação? Fundamente sua resposta.

RESOLUÇÃO DA QUESTÃO

De acordo com o art. 37, XXI, da Constituição Federal, as contratações da Administração Pública devem ser precedidas de licitação pública. Apenas quando a lei autorizar é que se poderá fazer contratações diretas.

O caso em tela está entre aqueles em que a lei permite a contratação direta. Isso porque, segundo o art. 25 da Lei 8.666/93, é inviável a licitação para a contratação de serviço singular.

Serviço singular, segundo a lei, é aquele tipo de serviço técnico especializado que não é comum, que não é corriqueiro. Deve-se observar o tipo de serviço que a Administração precisar e, concluindo-se que o serviço de que se precisa é do tipo singular, está-se diante de hipótese de inexigibilidade de licitação. Assim, num primeiro momento não se olha para eventuais pretendentes à contratação. Deve-se verificar, sim, se o serviço de que se precisa é diferenciado, é singular, é daqueles que a Administração não tem condições de prestar e não é comum, corriqueiro no mercado, ou melhor, depende de um profissional diferenciado.

No caso em tela, a defesa do Município perante o Supremo Tribunal Federal em causa específica pode não ser um serviço corriqueiro. Isso porque esse tipo defesa, em face das

ADMINISTRATIVA

peculiaridades do Tribunal, a importância e dificuldade da causa e o fato de que a procuradoria municipal está distante e focada nos trabalhos do dia a dia de seu mister, permitem considerar-se que, no caso concreto, a Administração Municipal esteja necessitando de um serviço técnico especializado de natureza singular.

Uma vez preenchido esse requisito, o art. 25, II, da Lei 8.666/93 determina que se contrate profissional de notória especialização, requisito detalhado no § 1º do mesmo dispositivo. O enunciado da questão, nesse particular, também revela que o escritório de advocacia contratado preenche esse requisito, uma vez que é conceituado, bem estruturado e sua área de atuação é exatamente na matéria tratada na referida ação.

Há de se lembrar, outrossim, que o Supremo Tribunal Federal admite a contratação direta por inexigibilidade de licitação, quando se trata da escolha de escritório de advocacia ou advogado com as características citadas no enunciado da questão.

Por fim, da ação civil pública promovida pelo Ministério Público deve constar tanto o escritório de advocacia contratado, como a Municipalidade, por haver litisconsórcio passivo necessário na espécie.

Comentários adicionais.

Confira o seguinte acórdão:

EMENTA: I. *Habeas corpus*: prescrição: ocorrência, no caso, tão somente quanto ao primeiro dos aditamentos à denúncia (L. 8.666/93, art. 92), ocorrido em 28.9.93. II. Alegação de nulidade da decisão que recebeu a denúncia no Tribunal de Justiça do Paraná: questão que não cabe ser analisada originariamente no Supremo Tribunal Federal e em relação à qual, de resto, a instrução do pedido é deficiente. III. *Habeas corpus*: crimes previstos nos artigos 89 e 92 da L. 8.666/93: falta de justa causa para a ação penal, dada a inexigibilidade, no caso, de licitação para a contratação de serviços de advocacia. 1. A presença dos requisitos de notória especialização e confiança, ao lado do relevo do trabalho a ser contratado, que encontram respaldo da inequívoca prova documental trazida, permite concluir, no caso, pela inexigibilidade da licitação para a contratação dos serviços de advocacia. 2. Extrema dificuldade, de outro lado, da licitação de serviços de advocacia, dada a incompatibilidade com as limitações éticas e legais que da profissão (L. 8.906/94, art. 34, IV; e Código de Ética e Disciplina da OAB/1995, art. 7º). (STF, HC 86198, Relator(a): Min. SEPÚLVEDA PERTENCE, Primeira Turma, julgado em 17/04/2007, DJe-047 DIVULG 28-06-2007 PUBLIC 29-06-2007 DJ 29-06-2007 PP-00058 EMENT VOL-02282-05 PP-01033)

(OAB/Exame Unificado – 2008.1 – 2ª fase) A administração pública decidiu alterar unilateralmente o contrato firmado com uma empreiteira para a construção de um hospital público, com vistas a incluir, na obra, a construção de uma unidade de terapia intensiva infantil. As alterações propostas representavam um acréscimo de 15% do valor inicial atualizado do contrato, tendo a administração assumido o compromisso de restabelecer, por aditamento, o equilíbrio econômico-financeiro inicial pactuado. Entretanto, a empreiteira contratada recusou-se a aceitar as alterações propostas, demonstrando desinteresse em permanecer desenvolvendo a obra. Em face dessa situação hipotética, pode-se dizer que a administração tem o direito de exigir que a empreiteira se submeta às alterações impostas? Diante da recusa da empresa, que tipo de providência pode a administração adotar? Justifique as respostas.

RESOLUÇÃO DA QUESTÃO

O contrato administrativo difere do contrato típico do direito privado, dentre outros fatores, pela existência de cláusulas exorbitantes (art. 58 da Lei 8.666/93). Uma dessas cláusulas, prevista no inciso I do dispositivo citado, permite que a Administração Pública modifique unilateralmente o contrato, para a melhor adequação do interesse público, respeitados os direitos do contratado.

O art. 65, I, "b", da Lei 8.666/93 repete a norma e acrescenta que a modificação contratual em razão de acréscimos quantitativos deve respeitar os limites previstos na lei. E o § 1º do art.

65 citado estabelece que o acréscimo quantitativo do objeto deve respeitar o limite de 25% do valor inicial atualizado do contrato.

Diante desse quadro, e considerando que a modificação pretendida aparentemente é de interesse público, o acréscimo representa apenas 15% do valor original do contrato e a Administração se compromete a respeitar os direitos econômicos do contratado, a alteração contratual está conforme a lei, o que faz com que a empreiteira tenha que se submeter às alterações impostas.

Diante de recusa da empresa em cumprir o determinado, caracterizando a inexecução total ou parcial do contrato, a Administração poderá aplicar a sanção de multa, na forma prevista no edital ou no contrato, multa essa que poderá ser cumulada com as demais sanções previstas no art. 87 da Lei 8.666/93 (v. art. 87, § 2º da Lei).

Não bastasse isso, cabe também rescisão do contrato (art. 78, I, da Lei 8.666/93).

Para a tomada das medidas acima mencionadas é necessário que a Administração apresente motivação formal nos autos do processo, bem como assegure o contraditório e a ampla defesa (arts. 78, parágrafo único, e 87, ambos da Lei 8.666/93).

(OAB/Exame Unificado – 2007.3 – 2ª fase) Ao realizar uma concorrência pública, a autarquia federal AJP exigiu que fossem comprovadas, com documentos, a regular constituição, a capacidade financeira e, também, a capacidade técnica das empresas interessadas na execução do objeto da licitação. Uma das empresas licitantes foi desclassificada pela comissão de licitação por não haver, satisfatoriamente, comprovado possuir capacidade financeira. Considerando essa situação hipotética, avalie, com base na legislação pertinente à matéria, se agiu corretamente a comissão de licitação. Justifique sua resposta.

RESOLUÇÃO DA QUESTÃO

O art. 37, XXI, da Constituição Federal, ao determinar que os contratos celebrados pela Administração Pública sejam precedidos de licitação pública, estabelece que é possível fazer exigências dos interessados em contratar com a Administração de "qualificação técnica e econômica indispensáveis à garantia do cumprimento das obrigações", nos termos do que dispuser a lei.

Essa regra constitucional revela que, em alguns casos, não é suficiente que alguém tenha a melhor proposta comercial para a Administração. Há necessidade de que o interessado em contratar com a Administração revele aptidão e idoneidade para tanto.

Todavia, a Constituição esclarece que a exigência de aptidão e idoneidade tem que ser indispensável no caso concreto e prevista em lei.

Assim, qualquer exigência feita em edital para a participação de alguém em licitação, e que não esteja prevista em lei, ofende a Constituição. O mesmo se pode dizer de exigências previstas em lei, mas não necessárias para o tipo de contratação que se faz.

A Lei 8.666/93, em seus arts. 27 e seguintes, estabelece cinco tipos de exigências para a participação de alguém em licitação pública. Tais exigências são analisadas na fase de habilitação.

As exigências de habilitação jurídica, regularidade fiscal e não violação à norma constitucional que traz a regra matriz acerca do trabalho infantil (art. 27, I, IV e V, da Lei 8.666/93), apesar de não estarem relacionadas na Constituição Federal, são admitidas doutrinária e jurisprudencialmente por dizerem respeito a requisitos básicos e mínimos para quem quer contratar com o Poder Público. Com efeito, como pode a Administração contratar com uma pessoa jurídica que não está regulamente constituída (ausência de habilitação jurídica), que não pague suas dívidas com a Fazenda Pública (ausência de regularidade fiscal) e que utilize trabalho infantil?

Já as exigências de qualificação técnica e econômico-financeira (art. 27, II e III, da Lei 8.666/93), previstas na Constituição, estão regulamentadas nos arts. 30 e 31 da Lei 8.666/93. No entanto, o fato de estarem regulamentadas na lei não significam que devem ser sempre exigidas, pois, como se viu, há de se verificar no caso concreto se existe ou não necessidade.

A própria lei estabelece que em compra e venda de pronta entrega, por exemplo, não é necessário fazer certas exigências (art. 32, § 1º).

Diante do exposto, chega-se à conclusão de que as exigências de que trata o enunciado da questão devem ser adequadas, mormente porque o caso trazido para apreciação envolve uma concorrência, que envolve aquisições de grande vulto e responsabilidade, a torna indispensáveis as exigências formuladas.

O único reparo que se deve fazer à situação trazida no enunciado diz respeito à incorreção da expressão "desclassificação", pois problemas com a documentação de habilitação levam à "inabilitação" (art. 43, II). E problemas relacionados à proposta comercial geram a "desclassificação" (art. 43, IV).

(OAB/Exame Unificado – 2007.2 – 2ª fase) Determinado município lançou o projeto Casa Própria, que visa diminuir a demanda das classes média e baixa por moradia. Para isso, destacou uma grande área do município para esse assentamento, o qual foi devidamente parcelado em lotes de 500 metros quadrados. Foi aprovada a lei municipal autorizando a venda ou a concessão de direito real de uso para esses moradores e já houve a avaliação desses imóveis. No entanto, o prefeito não sabe se utilizará ou não o procedimento de licitação. Considerando a situação hipotética exposta acima, redija, de forma fundamentada, uma resposta para a seguinte pergunta: haverá necessidade de licitação?

RESOLUÇÃO DA QUESTÃO

De acordo com o art. 17, I, "f", da Lei 8.666/93, é caso de licitação dispensada a alienação gratuita ou onerosa e a concessão de direito real de uso, dentre outros negócios jurídicos, de "bens imóveis residenciais construídos, destinados ou efetivamente utilizados no âmbito de programas habitacionais" que forem "desenvolvidos por órgãos ou entidades da administração pública".

É importante ressaltar que tal hipótese de licitação dispensada só se aplica a imóveis residenciais construídos, de modo que a contratação direta só será possível se o caso concreto dado no problema envolver imóveis já construídos.

É de se ressaltar, ainda, que causa certa estranheza o programa em tela alcançar lotes de 500 m², não sendo comum que se destine terrenos tão grandes para programas de habitação popular, o mesmo podendo se dizer do fato de que o programa também se destina à classe média, uma vez que esses programas não costumam conseguir atender a todas as pessoas de classe baixa, o que faz presumir que não deve se destinar também à classe média.

De qualquer forma, a situação caracterizada na questão, em tese, autoriza que a venda ou a concessão de direito real de uso se faça sem necessidade de licitação, sendo importante que a legislação local traga critérios objetivos para escolher as pessoas que terão direito ao imóvel, tais como critérios de renda e sorteio.

(OAB/Exame Unificado – 2006.2 – 2ª fase) O chefe do almoxarifado da Câmara Legislativa de determinado município comunicou, mediante memorando interno, ao diretor de administração municipal, a conclusão do inventário dos bens do município, no qual ficou constatada a existência de três automóveis inservíveis à Administração. Considerando essa situação hipotética, redija um texto, de forma fundamentada que descreva os procedimentos que a Administração poderá utilizar para se desfazer desses automóveis. Em seu texto, aborde, ainda, a necessidade ou não de se fazer licitação na situação descrita. Extensão máxima: 30 linhas

RESOLUÇÃO DA QUESTÃO

Os bens públicos, como regra, são inalienáveis. Tal regra decorre do princípio da indisponibilidade do interesse público e também da regra prevista no art. 100 do Código Civil.

Todavia, os bens públicos que deixarem a categoria de bens de uso comum do povo ou de bens de uso especial são considerados alienáveis, nos termos do art. 101 do Código Civil, observadas as exigências legais.

O caso em tela diz respeito a automóveis da Administração. Estes, por estarem normalmente destinados a serviço público, são considerados bens de uso especial. No entanto, uma vez considerados inservíveis, passam para a categoria dos bens dominiais, e, como tais, podem ser alienados, como se viu.

Resta saber os meios pelos quais tais bens móveis podem ser alienados.

A regra geral é a de que as alienações de bens públicos devam ser precedidas de licitação (arts. 37, XXI, da CF e 2º da Lei 8.666/93).

No caso de alienação de bens móveis inservíveis há necessidade de motivação, avaliação prévia e licitação na modalidade leilão (arts. 17, *caput* e inciso II, e art. 22, § 5º, da Lei 8.666/93).

A lei também estabelece hipóteses de licitação dispensada para a alienação de bens móveis da Administração. Tais hipóteses estão previstas no inciso II do art. 17 da Lei 8.666/93, sendo pertinentes ao caso em tela as previstas nas alíneas "a", "b" e "f" do dispositivo citado. Nesse caso, a Administração, apesar de não estar dispensada de apresentar motivação e avaliação prévia, está diante de hipótese de licitação dispensada.

Ante o exposto, a Administração poderá alienar os automóveis considerados inservíveis, sendo certo que tal alienação deverá ser precedida de motivação, avaliação prévia e licitação na modalidade leilão, ressalvados os casos de licitação dispensada, previstos no art. 17, II, da Lei 8.666/93.

(OAB/Exame Unificado – 2006.2 – 2ª fase) A Administração Pública Federal publicou edital de licitação, na modalidade de concorrência, para a compra de ambulâncias para um de seus hospitais. No dia seguinte à publicação do edital, a própria Administração e uma das empresas interessadas na licitação detectaram que havia uma irregularidade no instrumento convocatório, pois o edital previa a marca dos veículos a serem adquiridos. Diante da situação hipotética descrita acima, redija um texto, de forma fundamentada, acerca dos procedimentos a serem adotados pela Administração Federal e por empresa eventualmente prejudicada pela referida irregularidade do edital. Extensão máxima: 30 linhas

RESOLUÇÃO DA QUESTÃO

A Lei 8.666/93, de fato, proíbe a indicação de marcas nas compras feitas pela Administração Pública (art. 15, § 7º, I). Aliás, a Lei de Licitações traz outros dispositivos nesse sentido, insistindo nessa proibição (arts. 7º, § 5º, e 25, I).

A situação descrita no enunciado da questão caracteriza, então, ilegalidade do edital nesse aspecto.

Diante de situações de ilegalidade a Administração tem o dever de corrigir o ato praticado, em razão dos princípios da legalidade e da autotutela. No caso, isso implica corrigir o edital para retirar a preferência de marca e republicá-lo, reabrindo-se o prazo inicialmente estabelecido (art. 21, § 4º), já que a alteração afeta a formulação de proposta, pois abre um leque de opções de veículos e de fornecedores aptos a fazerem parte do certame.

Já a empresa eventualmente prejudicada pela irregularidade do edital, caso a Administração não reveja seu ato, poderá impugnar os termos do edital, até o segundo dia útil que anteceder a abertura dos envelopes de habilitação da concorrência (art. 41, § 2º, da Lei 8.666/93). Caso a empresa não tenha interesse em participar do certame, cabe a qualquer cidadão fazer a impugnação, no prazo previsto no § 1º do art. 41 da Lei 8.666/93.

Caso a impugnação seja rejeitada, é cabível novo questionamento, mesmo não havendo previsão expressa no art. 109, I, da Lei 8.666/93. Trata-se de representação, prevista na parte final do inciso II do art. 109 da lei e decorrente da parte final do disposto no art. 5º, LV, da Constituição, por ser o recurso inerente à ampla defesa e ao contraditório.

Não obstante a Lei 8.666/93 permitir que o impugnante participe do processo licitatório até o trânsito em julgado da decisão relativa à impugnação (art. 41, § 3º), qualquer impedimento que o impugnante sofrer dará ensejo à busca da via judicial para que o certame fique suspenso ou lhe seja facultado que apresente sua proposta independentemente de cumprir o requisito concernente à indicação de marca.

Ademais, o impugnante também está autorizado a buscar a via jurisdicional contra a decisão que rejeitar sua impugnação, logo que proferida, por não ter a obrigação de esgotar a via administrativa, ou depois de confirmada após recurso hierárquico.

Por fim, vale ressaltar que além da impugnação e da via judicial, a empresa interessada pode também representar ao Tribunal de Contas (art. 113, § 1º, da Lei 8.666/93), para que este tome as providências de sua alçada (art. 113, § 2º, da Lei 8.666/93 e art. 71 da CF).

Comentários adicionais.

Confira jurisprudência sobre tema citado na resolução da questão:

ADMINISTRATIVO. MANDADO DE SEGURANÇA. LICITAÇÃO. PRESTAÇÃO DE SERVIÇOS DE MANUTENÇÃO DE VEÍCULOS AUTOMOTORES. INABILITAÇÃO DE LICITANTE. DIREITO DE IMPUGNAR AS NORMAS EDITALÍCIAS. MANDADO DE SEGURANÇA. POSSIBILIDADE. REGISTRO EM ENTIDADES PROFISSIONAIS. SERVIÇOS COMUNS. DESNECESSIDADE. I. O prazo de decadência do direito de impugnar os termos do edital de uma licitação, prevista no art. 41, § 2º da Lei nº 8.666/93, aplica-se somente ao procedimento administrativo, não impedindo a apreciação judicial da matéria. Assim, embora exista previsão legal quanto ao cabimento de recurso administrativo do ato que julga a inabilitação do licitante (art. 109, inciso I, letra "a", da Lei n. 8.666/93), não está o mandado de segurança sujeito ao esgotamento da via administrativa, desde que respeitado o prazo decadencial. II. Desse modo, a caducidade do direito à impugnação (ou do pedido de esclarecimentos) de qualquer norma do Edital opera, apenas, perante a Administração, eis que, o sistema de jurisdição única consignado na Constituição da República impede que se subtraia da apreciação do Judiciário qualquer lesão ou ameaça a direito (art. 5º, inc. XXXV da CF). Precedentes do STJ. III. A exigência de registro em entidades de fiscalização só é legítima nas hipóteses das profissões regulamentadas em lei. Assim, na hipótese, por tratar-se de serviço de natureza comum, à referida atividade não se exige habilitação própria, mormente a entidade de classe. IV. Apelação e remessa oficial desprovidas. (TRF 1ª Região, AMS 200335000001407. DJ 12/06/06)

(OAB/Exame Unificado – 2006.1 – 2ª fase) *As obras, serviços, compras, alienações, concessões, permissões e locações da Administração Pública, quando contratadas com terceiros, serão necessariamente precedidas de licitação, ressalvadas algumas situações previstas em lei.* Suponha que a administração de um município do estado da Paraíba tenha resolvido contratar, para apresentações durante as festas juninas, a cantora Elba Ramalho. Diante dessa situação e considerando o tema do texto acima, redija um texto, de maneira fundamentada, acerca da necessidade de licitação nesse caso específico. extensão máxima: 60 linhas

RESOLUÇÃO DA QUESTÃO

O art. 37, XXI, da Constituição Federal traz a regra matriz do dever de licitar. De acordo com essa regra, quando a administração queira contratar obras, serviços, compras e alienações, a licitação é regra, que somente pode ser excepcionada nos casos especificados na lei.

A regra é repetida no art. 2º da Lei 8.666/93, que acrescenta que as concessões, permissões e locações da Administração Pública também devem ser precedidas de licitação.

O princípio da obrigatoriedade da licitação tem em mira preservar os princípios da isonomia e da indisponibilidade do interesse público (art. 3º da Lei 8.666/93).

Todavia, há situações em que há razões de interesse público que justificam a não realização do certame (art. 24 da Lei 8.666/93). E há situações em que a competição é inviável (art. 25 da Lei 8.666/93).

Dentre os casos em que a licitação é inviável, caracterizando inexigibilidade de licitação, está a situação em que se deseja contratar profissional de qualquer setor artístico (art. 25, III, da Lei 8.666/93).

Todavia, para que se viabilize essa hipótese de contratação direta, a pessoa contratada deve se tratar de artista consagrado pela crítica especializada ou pela opinião pública, requisito que a cantora Elba Ramalho, por certo, preenche.

Ademais, há de se abrir um processo administrativo de inexigibilidade, justificando a escolha da cantora, bem como o preço (art. 26, p. único, II e III, da Lei 8.666/93).

A conclusão pela inexigibilidade deve ser comunicada, dentro de três dias, à autoridade superior, para ratificação e publicação na imprensa oficial, no prazo de cinco dias, como condição para a eficácia dos atos (art. 26, *caput*, da Lei 8.666/93).

Ante o exposto, é possível a contratação da cantora sem necessidade de licitação, cumpridos os requisitos previstos nos arts. 25, III, e 26, *caput* e p. único, II e III, da Lei 8.666/93.

(OAB/Exame Unificado – 2006.1 – 2ª fase) *As obras, serviços, compras, alienações, concessões, permissões e locações da Administração Pública, quando contratadas com terceiros, serão necessariamente precedidas de licitação, ressalvadas algumas situações previstas em lei.* Em um município no Nordeste do Brasil, houve um grande incêndio no almoxarifado do hospital municipal. A direção do hospital necessita repor o mais rápido possível o estoque de medicamentos, sob pena de pôr em risco a saúde da população. Diante da situação hipotética descrita e considerando o tema do texto acima, redija um texto, em que avalie, de maneira justificada, se a administração do hospital precisa fazer procedimento licitatório para adquirir os medicamentos. extensão máxima: 60 linhas

RESOLUÇÃO DA QUESTÃO

O art. 37, XXI, da Constituição Federal traz a regra matriz do dever de licitar. De acordo com essa regra, quando a administração queira contratar obras, serviços, compras e alienações, a licitação é regra, que somente pode ser excepcionada nos casos especificados na lei.

A regra é repetida no art. 2º da Lei 8.666/93, que acrescenta que as concessões, permissões e locações da Administração Pública também devem ser precedidas de licitação.

O princípio da obrigatoriedade da licitação tem em mira preservar os princípios da isonomia e da indisponibilidade do interesse público (art. 3º da Lei 8.666/93).

Todavia, há situações em que existe razões de interesse público que justificam a não realização do certame (art. 24 da Lei 8.666/93). E há situações em que a competição é inviável (art. 25 da Lei 8.666/93).

Dentre os casos em que há razões de interesse público para a contratação direta, caracterizando dispensa de licitação, está a situação de *emergência* (art. 24, IV, da Lei 8.666/93).

Todavia, para que se viabilize essa hipótese de contratação direta, há de se estar diante de "urgência de atendimento de situação que possa ocasionar prejuízo ou comprometer a segurança de pessoas, obras, serviços, equipamentos e outros bens, públicos ou particulares", requisito presente na situação narrada, uma vez que a ausência de medicamentos no hospital municipal pode ocasionar prejuízo à segurança de pessoas destinatárias do serviço público de saúde.

Ante o exposto, é possível a compra de medicamentos sem necessidade de licitação, cumpridas as formalidades do art. 26, p. único, I a III, da Lei 8.666/93, pelo período necessário à realização de novo certame licitatório para a aquisição dos medicamentos.

9. SERVIÇOS PÚBLICOS

(OAB/Exame Unificado – 2013.3 – 2ª fase) Determinado estado da Federação celebra contrato de concessão de serviço metroviário pelo prazo de 20 anos com a empresa Vá de Trem S.A. Nos termos do referido contrato, a empresa tem a obrigação de adquirir 2 (dois) novos vagões, além de modernizar os já existentes, e que tais bens serão, imediatamente, transferidos para o Poder Público ao fim do termo contratual.

Sobre o caso acima narrado, responda, fundamentadamente, aos itens a seguir.

A) Qual o princípio setorial que fundamenta a reversão de tais bens? Justifique. (Valor: 0,65)

B) O concessionário pode exigir do Poder Concedente indenização pela transferência de tais bens ao Poder Público ao final do contrato? Justifique. (Valor: 0,60)

A simples menção ou transcrição do dispositivo legal não pontua.

GABARITO COMENTADO

A reversão é a transferência ao poder concedente dos bens do concessionário, afetados ao serviço público e necessários à sua continuidade, quando do término do contrato de concessão e que se encontra prevista nos artigos 35 e 36, da Lei n. 8.987/95.

A) O examinando deve destacar que o fundamento da reversão é o princípio da continuidade dos serviços públicos, já que os bens, necessários à prestação do serviço, deverão ser utilizados pelo Poder Concedente, após o fim do término do prazo de concessão, sob pena de interrupção da prestação do serviço.

B) É necessário ressaltar que, caso a fixação da tarifa não tenha sido suficiente para ressarcir o concessionário pelos recursos que empregou na aquisição e modernização de tais bens, é devida indenização, nos termos do Art. 36, da Lei n. 8987/95.

Distribuição dos pontos

Item	Pontuação
A. Princípio da continuidade dos serviços públicos (0,20), previsto no parágrafo 1º, do Art. 6º da Lei n. 8.987/95 (0,10), já que os bens, necessários à prestação do serviço, deverão ser utilizados pelo Poder Concedente, após o fim do término do prazo de concessão, sob pena de interrupção da prestação do serviço (0,35). **Obs.**: a simples citação do dispositivo legal não pontua.	0,00/0,20/0,30/0,55/0,65
B. Sim, a reversão no advento do termo contratual far-se-á com a indenização das parcelas dos bens reversíveis ainda não amortizados (0,50), nos termos do Art. 36, da Lei n. 8.987/95 (0,10). *Obs.: a simples citação do dispositivo legal não pontua.*	0,00/0,50/0,60

(OAB/Exame Unificado – 2013.1– 2ª fase) Maria, jovem integrante da alta sociedade paulistana, apesar de não trabalhar, reside há dois anos em um dos bairros nobres da capital paulista, visto que recebe do Estado de São Paulo pensionamento mensal decorrente da morte de seu pai, ex-servidor público. Ocorre que, após voltar de viagem ao exterior, foi surpreendida com a suspensão do pagamento da referida pensão, em razão de determinação judicial. Diante disso, deixou de pagar a conta de luz de sua casa por dois meses consecutivos o que acarretou, após a prévia notificação pela concessionária prestadora do serviço público, o corte do fornecimento de luz em sua residência.

Considerando a narrativa fática acima, responda aos itens a seguir, empregando os argumentos jurídicos apropriados e a fundamentação legal pertinente ao caso.

A) À luz dos princípios da continuidade e do equilíbrio econômico-financeiro do contrato de concessão de serviço público, é lícito o corte de luz realizado pela concessionária? (Valor: 0,75)

B) O Código de Defesa do Consumidor pode ser aplicado irrestritamente à relação entre usuários e prestadores de serviços públicos? (Valor: 0,50)

A simples menção ou transcrição do dispositivo legal não pontua.

GABARITO COMENTADO – EXAMINADORA

A) O princípio da continuidade do serviço público (Art. 6º, § 1º, da Lei n. 8.987/95) consiste na exigência de que o serviço seja prestado de forma permanente, sem qualquer interrupção, visando assegurar estabilidade para os usuários por meio de sua manutenção de forma ininterrupta.

O Art. 22 do CDC também exige que o serviço seja prestado de forma contínua.

Contudo, não se pode esquecer que a remuneração do serviço público, prestado pela concessionária, advém como regra geral, da tarifa paga pelo usuário, tarifa esta que é parte essencial da manutenção do equilíbrio econômico-financeiro, garantido constitucionalmente pelo Art. 37, XXI, da CRFB/88.

Nesse sentido, o Art. 6º, § 3º, II, da Lei n. 8.987/95 expressamente previu que a interrupção do serviço, após prévio aviso, quando houver inadimplemento do usuário, não caracteriza descontinuidade do serviço. Isto porque, a continuidade da prestação do serviço facultativo pressupõe o cumprimento de deveres por parte do usuário, notadamente o pagamento da tarifa.

Ora, a falta de remuneração adequada, ante a aceitação do inadimplemento pelo usuário, poderia levar ao próprio colapso do serviço, o que afetaria a própria sociedade como um todo. Do mesmo modo, o equilíbrio econômico-financeiro do contrato restaria abalado caso a concessionária fosse obrigada a prestar o serviço ao consumidor inadimplente.

B) Neste caso, estamos diante de um conflito aparente entre o CDC e a Lei n. 8.987/95. Contudo, tal conflito já se encontra pacificado na doutrina e jurisprudência, pela aplicação do critério da especialidade, haja vista que a Lei 8987/95 busca disciplinar relação especial de consumo (usuário de serviço público). Sendo assim, o CDC não se aplica irrestritamente aos serviços públicos, mas apenas de forma subsidiária.

Distribuição dos Pontos

Quesito Avaliado	Valores
A. Sim, o corte é possível visto que, nos termos do art. 6º, § 3º, II, da Lei n. 8.987 / 95 não se caracteriza como descontinuidade do serviço a sua interrupção, após prévio aviso, quando houver inadimplemento do usuário (0,50). Isto porque não se pode olvidar que a remuneração do service público, prestado pela concessionária, advém como regra geral, da tarifa paga pelo usuário, tarifa esta que é parte essencial da manutenção do equilíbrio econômico-financeiro, garantido constitucionalmente pelo Art. 37, XXI, da CF / 88 (0,25).	0,00 / 0,25 / 0,50 / 0,75
B. Não. A Lei n. 8.987 / 95 (Art. 6º) deve ser considerada norma especial em relação ao CDC, visto que disciplina relação especial de consumo (usuário de serviço público), razão pela qual o CDC (Art. 22) deverá ser aplicado apenas subsidiariamente.	0,00 / 0,50

(OAB/Exame Unificado – 2011.3 – 2ª fase) O Estado X lançou edital de concorrência para concessão, pelo prazo de 10 (dez) anos, do serviço de manutenção de importante rodovia estadual. O edital estabelece que o critério de julgamento das propostas será o menor valor da tarifa e prevê, como forma de favorecer a modicidade tarifária, a possibilidade de o concessionário explorar os painéis publicitários localizados ao longo da rodovia. Além disso, o edital também estabelece que os envelopes contendo os documentos de habilitação dos licitantes apenas serão abertos após a fase de julgamento das propostas e com a observância da ordem de classificação, de forma que, habilitado o licitante mais bem classificado, será ele declarado vencedor. Considerando as previsões editalícias acima referidas, responda aos questionamentos a seguir formulados, empregando os argumentos jurídicos apropriados e a fundamentação legal pertinente ao caso.

a) É juridicamente possível que o edital de concorrência estabeleça, em favor do concessionário, a exploração dos painéis publicitários localizados ao longo da rodovia? (Valor: 0,65).

b) É juridicamente possível que a fase de habilitação somente ocorra em momento posterior à fase de classificação das propostas? (Valor: 0,6).

RESOLUÇÃO DA QUESTÃO

Em relação ao item 1, a resposta deve ser afirmativa. Trata-se da previsão de fontes provenientes de receitas alternativas, complementares, acessórias ou de projetos associados, que podem ser estabelecidas no edital em favor da concessionária precisamente com o objetivo de favorecer a modicidade tarifária. Essa possibilidade encontra-se prevista no artigo 11 da Lei n. 8.987/95. A resposta ao item 2 deve ser igualmente afirmativa. A possibilidade da inversão da ordem das fases de habilitação e julgamento nas concorrências para concessão de serviços públicos encontra-se prevista no artigo 18-A da Lei n. 8.987/95.

Distribuição dos Pontos

Item a	Pontuação
Sim, trata-se da possibilidade de previsão de fontes provenientes de receitas alternativas, complementares, acessórias ou de projetos associados (0,45), nos termos do art. 11 OU 18, VI, da Lei 8.987/95 (0,2).Obs.: *A mera resposta "sim" ou a mera indicação do artigo não são pontuadas.*	0 / 0,45 / 0,65
Item b	
Sim, a inversão das fases é possível nas concorrências para concessão de serviços públicos (0,4), nos termos do art. 18-A da Lei 8.987/95 (0,2).Obs.: *A mera resposta "sim" ou a mera indicação do artigo não são pontuadas.*	0 / 0,4 / 0,6

(OAB/Exame Unificado – 2011.1 – 2ª fase) Transvia, empresa de grande porte concessionária da exploração de uma das mais importantes rodovias federais, foi surpreendida com a edição de decreto do Presidente da República excluindo as motocicletas da relação de veículos sujeitos ao pagamento de pedágio nas rodovias federais, medida que reduz substancialmente as vantagens legitimamente esperadas pela concessionária.

Considerando a situação hipotética narrada, responda aos itens a seguir, empregando os argumentos jurídicos apropriados e a fundamentação legal pertinente ao caso.

A) É juridicamente possível que o Poder Concedente estabeleça unilateralmente benefícios tarifários não contemplados originariamente no contrato de concessão? (Valor: 0,7).

B) A empresa concessionária tem direito a alguma forma de compensação em decorrência do impacto que o decreto produz na remuneração contratual? (Valor: 0,55)

GABARITO COMENTADO – EXAMINADORA

Em relação ao item 1, a possibilidade de o Poder Concedente estabelecer benefícios tarifários não contemplados no contrato de concessão decorre da própria titularidade do serviço público. Com o contrato de concessão, é tão somente a execução do serviço público que se transfere para o concessionário, cabendo ao Poder Concedente regulamentar o serviço concedido (artigo 2º, inciso II, e artigo 29, inciso I, ambos da Lei 8.987/95). Para fundamentar tal resposta, o examinando poderia mencionar o artigo 175 da CRFB, os artigos 2º, inciso II, e 29, inciso I, da Lei n. 8.987/95 e o artigo 58, inciso I, da Lei 8.666/93. Além disso, também foram consideradas as referências feitas pelos examinandos aos fenômenos do fato do príncipe ou do fato da administração pública. Por fim, foram igualmente consideradas apropriadas as respostas que invocaram a norma do artigo 35 da Lei 9.074/95.

Sempre que o estabelecimento de benefícios tarifários não contemplados originariamente no contrato de concessão causarem impacto na equação econômico-financeira do contrato, haverá a necessidade de serem revistas as cláusulas econômicas, de modo a que o equilíbrio seja recomposto. Nesse sentido, ao estabelecer benefícios tarifários que afetem o equilíbrio econômico-financeiro do contrato, o Poder Concedente deverá, concomitantemente, recompor a equação financeira.

Como resultado, em atenção ao item 2, a resposta é positiva, fazendo jus a concessionária a uma compensação para que o equilíbrio econômico-financeiro do contrato de concessão seja mantido, nos termos do artigo 9º, § 4º, da Lei n. 8.987/95 ou do artigo 35 da Lei n. 9.074/95.

Distribuição de pontos

Item	Descrição	Pontuação
A	– Possibilidade de estabelecimento de benefícios tarifários, pois compete ao Poder Concedente regulamentar a prestação do serviço público (0,4) / Referência ao artigo 175 da CRFB OU artigo 2º, II, da Lei n. 8.987/95 OU artigo 29, I, da Lei n. 8.987/95 OU fato do príncipe OU artigo 58, I, da Lei 8.666/93 OU artigo 35 da Lei 9.074/95. (0,3).	0 / 0,3 / 0,4 / 0,7
B	– A concessionária fará jus à compensação para recompor o equilíbrio econômico--financeiro do contrato (0,35) / Referência à norma do artigo 9º, § 4º, da Lei 8.987/95 OU artigo 35 da Lei 9.074/95 (0,2).	0 / 0,2 / 0,35 / 0,55

(OAB/Exame Unificado – 2009.2 – 2ª fase) Mário, proprietário de determinado imóvel comercial, recebeu duas faturas, uma no valor de R$ 1.100,00, para pagamento do consumo de água relativo ao mês de junho de 2009, e outra, no valor de R$ 1.250,00, referente ao consumo do mês de julho do mesmo ano. Desde a aquisição do imóvel, em janeiro de 2008, Mário sempre o manteve fechado, razão pela qual as contas de água correspondiam às tarifas mínimas, em valor aproximado de R$ 70,00. Inconformado com os valores das faturas recebidas, Mário ingressou com requerimento administrativo, no qual postulava o reconhecimento da inexistência do aludido débito, tendo anexado documentação comprobatória do fato de o imóvel ter permanecido fechado durante os meses de junho e julho. A companhia de água local realizou vistoria no hidrômetro, tendo constatado seu bom estado de funcionamento, o que fundamentou o indeferimento do pedido administrativo formulado, com a consequente manutenção do débito. Com o propósito de obter o reconhecimento da inexistência de débito relativo aos meses de junho e julho, Mário procurou auxílio de profissional da advocacia. Em face dessa situação hipotética, na qualidade de advogado(a) contratado(a) por Mário, indique, com a devida fundamentação, a medida judicial cabível ao caso.

RESOLUÇÃO DA QUESTÃO

O caso em tela, para ser resolvido, depende de dilação probatória consistente, de um lado, em valorar a prova de que o imóvel permaneceu fechado, possivelmente até com a oitiva de testemunhas, e, de outro, em apurar a veracidade das informações da companhia de água, que tem presunção *juris tantum*, o que poderá importar até em realização de perícia técnica para verificação do estado do hidrômetro.

Nesse sentido, por não existir direito líquido e certo, ou seja, fatos que possam ser comprovados de plano, a medida adequada, diante do valor da causa, é uma ação de conhecimento, que poderá ser promovida junto ao Juizado Especial Civil (Lei 9.099/95) ou na Vara Cível, sob o rito ordinário, ação essa cujo pedido é de declaração de inexigibilidade dos débitos. É possível requerer-se, ainda, tutela de urgência para o fim de impedir que se corte o fornecimento de água para o local, bem como para que se proíba a inserção do nome do autor em qualquer cadastro de proteção ao crédito.

(OAB/Exame Unificado – 2004 – 2ª fase) O município de Vitória – ES celebrou contrato com a Sanitas S.A., estabelecendo concessão do serviço de recolhimento de lixo. Posteriormente, a administração municipal alterou unilateralmente o contrato, nele incluindo várias exigências referentes ao recolhimento de lixo hospitalar, entre elas, inclusive, a aquisição, pela concessionária, de equipamentos específicos para lidar com esse tipo de resíduo. De acordo com os técnicos da prefeitura, essas novas obrigações implicariam aumento de apenas 3% no custo global do serviço prestado, impacto que poderia ser absorvido pela empresa, sem afetar significativamente suas margens de lucro. Em face da situação hipotética acima descrita, redija uma dissertação em que se avalie a conveniência das atitudes relacionadas a seguir e indique se alguma delas seria adequada para a empresa.

- ✓ impugnação da alteração unilateral do contrato, com vistas a obter a sua anulação;
- ✓ exigência de modificação das cláusulas contratuais que mantenha o equilíbrio econômico-financeiro do contrato.

Organização de ideias.

Repare que a questão **pede** ao candidato o seguinte: a) texto dissertativo; b) texto com a avaliação da *conveniência* das atitudes relacionadas e com indicação sobre se alguma delas seria *adequada* para a empresa; c) análise da impugnação mencionada; d) análise da modificação contratual mencionada.

Repare, também, que a Prefeitura trouxe o seguinte **argumento:** que a modificação contratual implicaria aumento de apenas 3% no custo global do serviço prestado, impacto que não afetaria significativamente suas margens de lucro.

Repare, por último, que a modificação implica prestação de um serviço conexo, mas diferente (no caso, sabe-se que o recolhimento de lixo hospitalar tem peculiaridades em relação ao recolhimento simples de lixo), além do que a modificação exige compra de equipamentos.

O caminho para responder à questão não depende de elementos doutrinários e jurisprudenciais. A própria lei é suficiente para resolver o caso em tela. No caso, repare que não se trata de mero contrato administrativo (regido pela Lei 8.666/93), mas sim de concessão administrativa (regida pela Lei 8.987/95), de modo que esta lei deverá ser aplicada. Por outro lado, o candidato deverá saber que a Lei 8.666/93 se aplica subsidiariamente em matéria de concessão e permissão de serviço público (art. 124 da Lei 8.666/93).

RESOLUÇÃO DA QUESTÃO

Quando a administração pública modifica unilateralmente disposições quantitativas ou qualitativas relacionadas ao objeto contratual, duas questões se colocam para análise do concessionário. A primeira, se é legal a modificação. Caso não seja, pode-se pedir anulação da alteração. A segunda se, apesar de legal, a modificação causa desequilíbrio econômico-financeiro. Caso cause, pode-se pedir revisão contratual.

Uma hipótese é excludente da outra. Assim, o primeiro exercício para analisar a conveniência e a adequação das medidas que podem ser tomadas pela empresa concessionária diante de uma tal situação é verificar se a modificação contratual é válida. Se não for, pode-se pedir a anulação do ato. Se for, passa-se à análise se cabe ou não pedido de modificação contratual.

No caso em tela, a modificação contratual parece-nos conforme à lei. Isso porque a Lei 8.987/95, aplicada diretamente ao caso em tela, admite a alteração unilateral do contrato por parte da administração pública (art. 9º, § 4º). E a Lei 8.666/93, aplicável subsidiariamente (art. 124), admite modificações contratuais, desde que não alterem o objeto contratual e não ultrapassem os limites quantitativos nela previstos. *vide*, a respeito, o art. 65, I, da Lei 8.666/93.

A alteração feita, a nosso ver, não importa em desnaturação do objeto contratual original. Isso porque a coleta de lixo hospitalar é espécie do gênero coleta de lixo e, assim, está contida no conceito desta.

A alteração também não ultrapassa os limites quantitativos previstos na lei. Isso porque o art. 65, § 1º, da Lei 8.666/93, aplicável subsidiariamente, estabelece como limite de acréscimo quantitativo 25% do valor inicial atualizado do contrato. No caso, a administração sequer propõe aumento no valor do contrato e, ainda que esse aumento fosse necessário, a repercussão prevista de apenas 3% no custo da operação dificilmente implicaria aumento superior a 25% no valor do contrato.

Assim, diante do fato de que não há ilegalidade, resta saber se o concessionário poderá pleitear reequilíbrio econômico-financeiro.

Nesse ponto, cumpre ressaltar que o evento que se deu (modificação unilateral do contrato, aumentando os custos do concessionário) não está na categoria de atos de revisão que ensejam álea econômica extraordinária e extracontratual ou mesmo prejuízo significativo.

O evento ocorrido importa em maior prestação de serviço e, portanto, em maior custo, o que impõe necessariamente a revisão contratual para que o equilíbrio originário do contrato seja mantido. O art. 9º, § 4º, da Lei 8.987/95 é, inclusive, peremptório ao dispor que a modificação unilateral do contrato que cause desequilíbrio impõe o restabelecimento da equação econômico-financeira originária.

Diante do exposto, a medida adequada para se tomar no caso em tela é o concessionário requerer e recorrer administrativamente para que haja a modificação das cláusulas contratuais que mantenham o equilíbrio econômico-financeiro do contrato, providência que, a depender das características do contrato de concessão, pode ser substituída por modificações tarifárias (art. 9º, § 2º, da Lei 8.987/95). Em não havendo êxito na esfera administrativa, deve o concessionário requerer em juízo a revisão contratual.

10. PARCERIA PÚBLICO-PRIVADA

(OAB/Exame Unificado – 2013.2 – 2ª fase) Para a concessão da prestação de um determinado serviço público através de parceria público-privada na modalidade patrocinada, o Estado X, após realizar tomada de preços, celebrou contrato com um particular no valor de R$25.000.000,00 (vinte e cinco milhões de reais), com prazo de vigência de 40 (quarenta) anos, a fim de permitir que o particular amortizasse os investimentos realizados.

Diante das circunstâncias apresentadas, é válida a contratação realizada? (Valor: 1,25)

Responda justificadamente, empregando os argumentos jurídicos apropriados e a fundamentação legal pertinente ao caso.

GABARITO COMENTADO – EXAMINADORA

A resposta deve ser negativa.

Em primeiro lugar, nos termos do Art. 10 da Lei n. 11.079/2004, a contratação de parceria público-privada deve ser precedida de licitação na modalidade de concorrência, cuja realização é sujeita a diversos condicionamentos previstos no citado dispositivo. A tomada de preços, portanto, não é a modalidade de licitação adequada à contratação de parceria público-privada.

Em segundo lugar, conforme o inciso I do Art. 5º da Lei n. 11.079/2004, o prazo de vigência do contrato de parceria público-privada não pode ser inferior a 5 (cinco), nem superior a 35 (trinta e cinco) anos, incluindo eventual prorrogação.

(OAB/Exame Unificado – 2013.1 – 2ª fase) Determinado Estado da Federação celebra contrato de parceria público-privada (PPP) patrocinada para a reforma e administração de área portuária. Estipulou-se no contrato que o parceiro privado será responsável pela construção de galpões de armazenamento de bens, com conclusão prevista para cinco anos após a celebração do contrato, e posterior prestação do serviço público. Também se estabeleceu que a sua remuneração dar-se-á de forma imediata pelo Poder Público e após o término das obras pelos usuários do serviço público, previsão admitida pela lei estadual sobre as PPPs.

Sobre a hipótese, responda aos itens a seguir.

A) Tendo em vista que a Lei n. 11.079/2004 é aplicável a todos os entes da Federação (Art. 1º, parágrafo único), é válida a lei estadual que trate de parcerias público-privadas? (Valor: 0,65)

B) É possível a remuneração do parceiro privado nos moldes acima descritos? (Valor: 0,60)

A simples menção ou transcrição do dispositivo legal não pontua.

GABARITO COMENTADO – EXAMINADORA

Em relação ao *item A*, o candidato deve destacar que, conforme determina o Art. 22, XXVII, da Constituição Federal, compete privativamente à União legislar sobre normas gerais de licitação e contratação, em todas as modalidades, para as administrações públicas diretas, autárquicas e fundacionais da União, Estados, Distrito Federal e Municípios. Sendo assim, a lei estadual pode disciplinar sobre PPPs de forma supletiva, no que não colidir com as normas gerais editadas pela União.

Já em relação ao item B, era necessário ressaltar que, na forma do art. 7º, da Lei n. 11.079/2004, a remuneração pela Administração Pública, nos contratos de parceria público-privada, deve ser precedida da disponibilização do serviço objeto, disposição esta que tem caráter de norma geral. Portanto, a previsão de contraprestação imediata, sem a disponibilização do serviço, não será possível, pois fere a norma citada.

Distribuição dos Pontos

Quesito Avaliado	Valores
Item A Sim, pois é competência privativa da União editar normas gerais sobre licitação e contratos (Art. 22, XXVII, da Constituição OU Art. 1º da Lei 11.079/2004) (0,40), de modo que os Estados podem legislar de forma suplementar (0,25)	0,00 / 0,25 / 0,40 / 0,65
Item B Não é possível. A forma de remuneração do particular está incorreta, já que a contraprestação dar-se-á após a disponibilização do serviço, na forma do Art. 7º, Lei n. 11.079 / 2004 (0,40), norma geral que deve ser respeitada pelos Estados (0,20)	0,00 / 0,40 / 0,60

(OAB/Exame Unificado – 2011.2 – 2ª fase) O governador de determinado Estado da Federação, comprometido com a recuperação do sistema penitenciário estadual, decide lançar edital de licitação para a contratação de uma parceria público-privada tendo por objeto a construção e a gestão de complexo penal, abrangendo a execução de serviços assistenciais (recreação, educação e assistência social e religiosa), de hospedaria e de fornecimento de bens aos presos (alimentação e produtos de higiene). O edital de licitação estima o valor do contrato em R$ 28.000.000,00 (vinte e oito milhões de reais) e estabelece o prazo de quinze anos para a concessão.

Com base nesse cenário, responda aos itens a seguir, empregando os argumentos jurídicos apropriados e a fundamentação legal pertinente ao caso.

A) Analise a juridicidade do projeto à luz do valor estimado do contrato e do prazo de concessão. (Valor: 0,60)

B) É juridicamente possível que o contrato de parceria público-privada contemple, além dos serviços descritos no enunciado, a delegação das funções de direção e coerção na esfera prisional? (Valor: 0,65)

GABARITO COMENTADO – EXAMINADORA

À luz do valor estimado do contrato e do prazo de concessão, o projeto é juridicamente correto, atendendo aos requisitos estabelecidos no artigo 2º, § 4º, incisos I e II, ou art. 5º, I, da Lei 11.079/2004.

Quanto ao item b, não seria possível a delegação das funções de direção e coerção na esfera prisional ao parceiro privado, uma vez que essas são atividades típicas de Estado e, nesse sentido, indelegáveis. A esse respeito, a própria legislação de regência das PPPs prevê expressamente a indelegabilidade do exercício do poder de polícia e de outras atividades exclusivas de Estado (conforme artigo 4º, inciso III, da Lei 11.079/04).

Distribuição dos pontos

Item	Descrição	Pontuação
A	– Projeto juridicamente correto quanto ao valor – artigo 2º, § 4º, inciso I, da Lei 11.079/2004 (0,3). Projeto juridicamente correto quanto ao prazo – artigo 2º, § 4º, inciso II, OU art. 5º, I, da Lei 11.079/2004 (0,3)	0 / 0,3 / 0,6
B	– As funções de direção e coerção na esfera prisional são atividades exclusivas de Estado, porque inerentes ao poder de polícia. (0,35) Indelegabilidade de tais atividades, conforme artigo 4º, inciso III, da Lei 11.079/04 (0,3).	0 / 0,3 / 0,35 / 0,65

11. PODER DE POLÍCIA

(OAB/Exame Unificado – 2012.2 – 2ª fase) A União pretende delegar à iniciativa privada, mediante licitação, poderes de polícia administrativa na fiscalização de portos e aeroportos nacionais, compreendendo a edição de normas básicas, a fiscalização de passageiros e de mercadorias e a aplicação de sanções.

Para tanto, formatou um modelo a partir do qual o vencedor do certame será definido pelo menor valor cobrado da Administração Pública para a prestação do serviço de fiscalização. A respeito da situação apresentada, responda, fundamentadamente, aos itens a seguir.

A) É possível a delegação, nesse caso? (Valor: 0,75)

B) É possível a delegação a uma autarquia criada para essa finalidade? (Valor: 0,50)

RESOLUÇÃO DA QUESTÃO

A) O examinando deve indicar que não é possível a delegação, no caso proposto, pois é entendimento corrente que o poder de polícia só pode ser delegado a pessoas jurídicas de direito público, e não a pessoas jurídicas de direito privado. Nesse sentido já decidiu o STF (ADIn 1.717-6).

Admite-se a delegação de atos meramente preparatórios ao exercício do poder de polícia, mas não as funções de legislação e aplicação de sanção.

B) O examinando deve identificar que, por se tratar de pessoa jurídica de direito público, dotada do *ius imperii* estatal, é possível a outorga do poder de polícia a autarquia.

Distribuição dos Pontos

(não será aceita mera menção ao artigo)

Quesito Avaliado	Valores
A) Não. Por se tratar de atividade típica de Estado, o poder de polícia não pode ser delegado a pessoas jurídicas de direito privado. (0,75)	0,00/0,75
B) Por se tratar de pessoa jurídica de direito público, dotada do *ius imperii* estatal, é possível a outorga do poder de polícia a uma autarquia criada para esta finalidade. (0,50)	0,00/0,50

(OAB/Exame Unificado – 2011.1 – 2ª fase) O Sr. Joaquim Nabuco, dono de um prédio antigo, decide consultá-lo como advogado. Joaquim relata que o seu prédio está sob ameaça de ruir e que o poder público já iniciou os trabalhos para realizar sua demolição. Joaquim está inconformado com a ação do poder público, justamente por saber que não existe ordem judicial determinando tal demolição.

Diante do caso em tela, discorra fundamentadamente sobre a correção ou ilegalidade da medida. (Valor: 1,25)

GABARITO COMENTADO – EXAMINADORA

O examinando deve sustentar a correção da medida tomada pelo poder público com base no poder de polícia da administração pública, uma vez que, por meio desse poder, a administração está concretizando um de seus deveres: garantir a segurança da coletividade.

Também deve ser abordada a viabilidade da execução da medida diretamente pela administração pública, sem necessidade de ordem judicial, em função do atributo da autoexecutoriedade do poder de polícia, que é aplicável em casos urgentes, conforme relatado no caso em análise.

Distribuição de pontos

Descrição	Pontuação
– Abordar duas entre as seguintes (indicar 1 = 0,6; indicar 2 = 1,25):	0 / 0,6 / 1,25
– Garantia da segurança coletiva por meio do poder de polícia.	
– Autoexecutoriedade como atributo do poder de polícia aplicável a casos urgentes.	
– Respeito ao contraditório e ao devido processo legal no âmbito administrativo.	

(OAB/Exame Unificado – 2009.2 – 2ª fase) O departamento de trânsito lavrou 15 autos de infração contra Marta. As multas de trânsito foram-lhe impostas sem que ela fosse notificada e pudesse apresentar defesa prévia. Inconformada e com o propósito de desconstituir os referidos autos de infração, Marta procurou o auxílio de profissional da advocacia. Na qualidade de advogado(a) consultado(a) por Marta, indique a medida judicial cabível para a decretação da nulidade dos autos de infração, apresentando o fundamento para o referido pedido.

RESOLUÇÃO DA QUESTÃO

O caso em tela recomenda a promoção de mandado de segurança. Isso porque, apesar de ações de rito ordinário também serem dotadas de tutela de urgência, o mandado de segurança apresenta outras vantagens, tais como procedimento mais célere, sentença mandamental e apelação com efeito tão somente devolutivo.

O enunciado da questão dá a entender que as multas aplicadas são recentes, de modo que está atendido o prazo decadencial de 120 dias previsto no art. 23 da Lei 12.016/09.

A situação narrada também caracteriza direito líquido e certo, vez que os fatos que demonstram a existência de violação a direito de Marta podem ser comprovados de plano. Basta extrair cópias do expediente administrativo em que estão juntadas as multas impostas sem notificação para a defesa prévia (ou mesmo juntar as próprias multas, caso não haja expediente administrativo disponível) para se demonstrar que houve desrespeito ao que dispõe o Código de Trânsito Brasileiro, bem como aos princípios do devido processo legal, do contraditório e da ampla defesa.

Com efeito, o art. 281, II, da Lei 9.503/93, dispõe que o auto de infração será arquivado e seu registro julgado insubsistente se não houver, no prazo máximo de 30 dias, notificação da autuação.

Por fim, qualquer alegação no sentido de que eventualmente coubesse recurso administrativo com efeito suspensivo, independentemente de caução (art. 5º, I, da Lei 12.016/09), improcede porque o interessado não é obrigado a esgotar as vias administrativas para pleitear proteção judicial em decorrência de lesão a direito seu.

O mandado de segurança deve apontar como autoridade coatora o diretor do departamento de trânsito e requerer liminar determinando a suspensão da exigibilidade e dos efeitos dos autos de multa, nos termos do art. 7º, III, da Lei 12.016/09.

Comentários adicionais.

Confira os seguintes entendimentos jurisprudenciais:

PROCESSUAL CIVIL E ADMINISTRATIVO – MULTA DE TRÂNSITO – PROCEDIMENTOS: INOBSERVÂNCIA – ART. 280 e 281, PARÁGRAFO ÚNICO, II, DO CÓDIGO DE TRÂNSITO – FALTA DE FUNDAMENTAÇÃO (SÚMULA 284/STF). 1. No "iter" processual administrativo deve a autoridade obedecer aos princípios constitucionais e às normas disciplinadoras. 2. A Lei 9.503/97 prevê uma primeira notificação de autuação, para apresentação de defesa (art. 280) e uma segunda notificação, posteriormente, informando do prosseguimento do processo, para que se defenda o apenado da sanção aplicada (art. 281). 3. Ilegalidade da sanção, por cerceamento de defesa, quando inobservados os prazos estabelecidos no "iter" procedimental. 4. O art. 281, parágrafo único, II do CTN prevê que será arquivado o auto de infração e julgado insubsistente o respectivo registro se não for expedida a notificação da autuação dentro de 30 dias. Por isso, não havendo a notificação do infrator para defesa no prazo de trinta dias, opera-se a decadência do direito de punir do Estado, não havendo que se falar em reinício do procedimento administrativo. 5. Dispositivos não debatidos pelo tribunal de origem. Óbice da Súmula 211 desta Corte. 6. Recurso especial conhecido em parte, e, nessa parte, parcialmente provido. (STJ, REsp 1044801/GO, Rel. Ministra ELIANA CALMON, SEGUNDA TURMA, julgado em 09/09/2008, DJe 24/11/2008)

PROCESSUAL CIVIL E ADMINISTRATIVO - NOTIFICAÇÃO DO AUTO DE INFRAÇÃO DE TRÂNSITO - NECESSIDADE - PRAZO DECADENCIAL DE 30 (TRINTA) DIAS. 1. Já pacificou-se na jurisprudência desta Corte no sentido da indispensabilidade de uma primeira notificação quando da autuação da infração de trânsito, oportunizando-se, assim, o exercício do direito ao contraditório e à ampla defesa. 2. Natureza decadencial do prazo de 30 (trinta) dias para a autoridade de trânsito notificar o infrator para que se defenda. Não o fazendo no prazo legal, deverá o auto de infração ser arquivado e seu registro julgado insubsistente, a teor do art. 281, parágrafo único, inciso II, do CTB. 3. Recurso especial parcialmente conhecido e não provido. (STJ, REsp 951.915/RS, Rel. Ministro MAURO CAMPBELL MARQUES, SEGUNDA TURMA, julgado em 07/08/2008, DJe 26/08/2008)

(OAB/Exame Unificado – 2009.2 – 2ª fase) O estabelecimento de Antônio, um lavajato, foi interditado por ato do diretor de determinado órgão de fiscalização ambiental do estado, sob o fundamento de que estaria ultrapassando o limite máximo de ruídos permitido para o exercício da atividade. Segundo aquela autoridade, o referido limite teria previsão em legislação estadual, que previa, além da interdição, a possibilidade de se aplicar a sanção de advertência e até mesmo a concessão de prazo para o adequado tratamento acústico pelo dono do estabelecimento. Inconformado por não ter sido notificado para participar do ato de medição sonora, realizado em local diverso do lugar em que se situa o estabelecimento, por não ter tido a oportunidade de exercer o contraditório e a ampla defesa e, principalmente, porque as atividades do lavajato vinham sendo exercidas havia mais de 15 anos, no mesmo local, Antônio procurou o auxílio de profissional da advocacia. Considerando essa situação hipotética, na qualidade de advogado(a) consultado(a) por Antônio, indique, com a devida fundamentação, a medida judicial cabível para sobrestar os efeitos do auto de infração que interditou o estabelecimento e permitir o imediato funcionamento da atividade.

RESOLUÇÃO DA QUESTÃO

O caso em tela recomenda a promoção de mandado de segurança. Isso porque, apesar de ações de rito ordinário também serem dotadas de tutela de urgência, o mandado de segurança apresenta outras vantagens, tais como procedimento mais célere, sentença mandamental e apelação com efeito tão somente devolutivo.

E o caso concreto não revela haver óbice à propositura do remédio heroico.

O enunciado da questão dá a entender que a interdição é recente, de modo que está atendido o prazo decadencial de 120 dias previsto no art. 23 da Lei 12.016/09.

A situação narrada também caracteriza direito líquido e certo, uma vez que os fatos que demonstram a existência de violação a direito de empresa podem ser comprovados de plano. Basta extrair cópias do expediente administrativo em que estão juntados os atos que levaram à interdição do estabelecimento para se demonstrar que o local da medição não coincide com o do estabelecimento, que não se deu a oportunidade de exercício do contraditório e da ampla defesa (art. 5º, LV, da CF), que não se respeitou o devido processo legal, e que se violou o princípio da proporcionalidade, diante das demais alternativas acautelatórias e sancionatórias previstas na legislação estadual, sendo inaplicável a interdição no caso. Ademais, pode-se juntar também cópia da documentação de constituição e funcionamento do estabelecimento, demonstrando que exerce suas atividades no local há mais de 15 anos, o que também revela não ser razoável a medida tomada, além de justificar a inexistência de *periculum in mora* inverso, e a existência de *periculum in mora* para o impetrante, uma vez que a medida simplesmente acaba com o negócio do estabelecimento.

Por fim, qualquer alegação no sentido de que eventualmente coubesse recurso administrativo com efeito suspensivo, independentemente de caução (art. 5º, I, da Lei 12.016/09), improcede porque o interessado não é obrigado a esgotar as vias administrativas para pleitear proteção judicial em decorrência de lesão a direito seu.

O mandado de segurança deve apontar como autoridade coatora o próprio diretor do órgão de fiscalização ambiental do estado e requerer liminar determinando a desinterdição do estabelecimento, nos termos do art. 7º, III, da Lei 12.016/09.

Comentários adicionais.

Confira a seguinte decisão do Superior Tribunal de Justiça:

RECURSO ORDINÁRIO. MANDADO DE SEGURANÇA. ADMINISTRATIVO. O esgotamento prévio das instâncias administrativas não é condição para que a parte se socorra do Poder Judiciário e pleiteie o reconhecimento de seu direito líquido e certo. (STJ, RMS 13.893/MS, Rel. Ministra MARIA THEREZA DE ASSIS MOURA, SEXTA TURMA, julgado em 26/02/2008, DJe 24/03/2008)

(OAB/Exame Unificado – 2006.3 – 2ª fase) A administração pública municipal determinou a suspensão das atividades de uma sociedade empresarial do ramo alimentício, por esta não possuir os requisitos legais mínimos de funcionamento. Redija um texto dissertativo que contemple a análise da situação-problema acima e que aborde os atributos do ato administrativo.

RESOLUÇÃO DA QUESTÃO

O exercício do poder de polícia é uma das mais importantes atividades da Administração Pública. Nesse mister, a Administração restringe a liberdade e a propriedade dos particulares, condicionando-as ao interesse público, em setores como a segurança, a higiene, a ordem, os costumes e a tranquilidade pública.

A competência para o exercício do Poder de Polícia coincide, normalmente, com a competência para legislar sobre a matéria respectiva, conforme a abalizada lição de Hely Lopes Meirelles.

No caso em tela, que diz respeito ao funcionamento de atividade alimentícia, está-se diante de controle sobre a segurança e a higiene necessárias para o exercício dessa atividade. E, para esse fim, o Município tem competência para legislar, uma vez que essas questões dizem respeito ao interesse local (art. 30, I, da CF), interesse esse que abrange as questões que dizem respeito à segurança, à comodidade e ao conforto das pessoas, conforme entendimento do Supremo Tribunal Federal.

Resta saber se o Município, no exercício do poder de polícia, pode determinar a suspensão das atividades do particular ou se, havendo irregularidade, deve-se buscar a prestação jurisdicional.

Para tanto, faz-se necessário enumerar os atributos dos atos administrativos. Estes são os seguintes: a) presunção de legitimidade, pela qual se presumem verdadeiros e legais os atos administrativos, até prova em contrário; b) imperatividade, pois atos administrativos podem ser impostos a terceiros, independentemente de sua concordância; c) exigibilidade, pelo qual os atos podem ser exigidos mediante coação indireta (exemplo: multa); d) autoexecutoriedade, pelo qual os atos podem ser aplicados mediante coação direta, material, ou seja, pelo uso da força.

A autoexecutoriedade não está presente em todo ato administrativo. Para que exista depende de previsão expressa na lei ou de situação que não possa aguardar a busca da prestação jurisdicional.

Assim, a determinação da suspensão das atividades da sociedade empresarial do ramo alimentício, por não possuir os requisitos legais mínimos de funcionamento, está no âmbito de competência do Município, que poderá fazê-la no exercício dos atributos dos atos administrativos, sendo certo que, em caso de recusa de cumprimento pelo particular, este poderá sofrer o uso da força, caso tal providência seja autorizada pela legislação local ou não haja tempo hábil para buscar a prestação jurisdicional.

Comentário adicional.

Se no momento da prova houver dúvida sobre o conceito de poder de polícia, é interessante valer-se da definição clássica trazida no art. 78 do Código Tributário Nacional.

Sobre a competência municipal para o exercício do poder de polícia sobre as atividades mencionadas, confira:

"O Município pode editar legislação própria, com fundamento na autonomia constitucional que lhe é inerente (CF, art. 30, I), com o objetivo de determinar, às instituições financeiras, que instalem, em suas agências, em favor dos usuários dos serviços bancários (clientes ou não), equipamentos destinados a proporcionar-lhes **segurança** (tais como portas eletrônicas e câmaras filmadoras) ou a propiciar-lhes **conforto**, mediante oferecimento de instalações sanitárias, ou fornecimento de cadeiras de espera, ou, ainda, colocação de bebedouros. Precedentes." (STF, AI 347.717-AgR, Rel. Min. Celso de Mello, julgamento em 31-5-05, 2ª Turma, DJ de 5-8-05) (g.n.)

Sobre a autoexecutoriedade, confira:

ADMINISTRATIVO – RECURSO ESPECIAL – FECHAMENTO DE PRÉDIO IRREGULAR – AUTOEXECUTORIEDADE DO ATO ADMINISTRATIVO – DESNECESSIDADE DE INVOCAR A TUTELA JUDICIAL. 1. A Administração Pública, pela qualidade do ato administrativo que a permite compelir materialmente o administrado ao seu cumprimento, carece de interesse de procurar as vias judiciais para fazer valer sua vontade, pois pode por seus próprios meios providenciar o fechamento de estabelecimento irregular. 2. Recurso especial improvido. (STJ, RESP 200401479520, ELIANA CALMON, STJ - SEGUNDA TURMA, 19/12/2005)

MEDIDA CAUTELAR. AUSÊNCIA DOS PRESSUPOSTOS AUTORIZATIVOS DA CONCESSÃO DEFINITIVA DA TUTELA AÇÃO CIVIL PÚBLICA. ORDENS DE FECHAMENTO EMITIDAS CONTRA ESTABELECIMENTOS COMERCIAIS IRREGULARES NÃO EFETIVADAS PELA ADMINISTRAÇÃO MUNICIPAL. VIOLAÇÃO ÀS DIRETRIZES DO PLANO DE ZONEAMENTO URBANO. ATO ADMINISTRATIVO. PRINCÍPIO DA LEGALIDADE E DA AUTOEXECUTORIEDADE PELA ADMINISTRAÇÃO. OFENSA AO PRINCÍPIO CONSTITUCIONAL DA INDEPENDÊNCIA DOS PODERES NÃO CONFIGURADA. 1. O caso em testilha não se enquadra nas hipóteses excepcionais em que esta Corte Superior de Justiça tem conferido efeito suspensivo a recurso especial, eis que ausentes os pressupostos autorizativos à concessão da cautela. 2. As ordens de fechamento expedidas pela Prefeitura, e reiteradamente descumpridas, devem ser efetivadas em face do princípio da legalidade e da autoexecutoriedade dos atos administrativos. 3. O uso e a ocupação do solo urbano deve propiciar a realização do bem estar social, para isso o Município deve promover a fiscalização das atividades residenciais e comerciais, não podendo ser conivente com irregularidades existentes. 4. O agente público está adstrito ao princípio da legalidade, não podendo dele se afastar por razões de conveniência subjetiva da administração. Por conseguinte, não há na espécie violação ao princípio da independência dos poderes. 5. Medida cautelar improcedente. (STJ, MC 200101166240, LAURITA VAZ, STJ - SEGUNDA TURMA, 26/08/2002)

(OAB/Exame Unificado – 2004 – 2ª fase) O fazendeiro Pedro foi multado em R$ 500,00 por utilizar, na pesca, um tipo de rede proibido pela legislação ambiental do estado do Espírito Santo. Irresignado, ingressou com recurso administrativo, admitindo que havia praticado a referida conduta, mas argumentando que não havia agido contra a lei, pois desconhecia que o ato praticado caracterizava infração ambiental. Quando o recurso chegou às mãos da autoridade competente para decidi-lo, ela verificou que havia uma irregularidade na aplicação da sanção, pois a multa mínima cominada para o ato descrito era de R$ 2.000,00. Insegura acerca do que deveria fazer, a referida autoridade solicitou orientação da consultoria jurídica do órgão. Com referência ao relato hipotético acima, redija um texto dissertativo que inclua justificativa de como deveria proceder a referida autoridade perante o caso, esclarecendo, em especial:

✓ se a argumentação do recorrente merece ser acolhida;
✓ se seria possível à administração elevar para o mínimo legal o valor da multa aplicada.

Organização de ideias.

Repare que a questão **pede** ao candidato o seguinte: a) texto dissertativo, possivelmente de lavra da consultoria jurídica do órgão; b) texto com justificava de como a autoridade deveria proceder; c) análise das argumentações do recorrente; c) análise da possibilidade de a administração, em sede de recurso do interessado, reformar a decisão *in pejus*, ou seja, para prejudicar este.

Repare, também, que o interessado trouxe o seguinte **argumento:** que desconhecia que o ato praticado caracteriza infração ambiental, de modo que não havia agido contra a lei.

Por se tratar de texto dissertativo, é necessário que haja introdução, desenvolvimento e conclusão. Nesse sentido, a introdução pode trazer breve relato dos fatos e enunciação dos temas que serão abordados. O desenvolvimento traria as análises que deverão ser feitas pelo candidato (itens "c" e "d"). E a conclusão traria a síntese de como a autoridade deveria proceder (item "b").

Os pontos fulcrais dizem respeito a uma questão de direito material (saber se o desconhecimento da lei exime alguém da responsabilidade administrativa) e uma questão de direito processual administrativo (saber se cabe *reformatio in pejus*). Essas questões podem ser resolvidas com a simples leitura da lei, no caso a Lei de Crimes Ambientais, que trata também das infrações administrativas na esfera ambiental, e conjunto com a Lei de Introdução ao Código Civil, e a Lei de Processo Administrativo Federal, que regulamenta os processos administrativos em geral.

O exame da OAB/CESPE atual, por ser uma prova nacional, não deverá perguntar acerca de leis estaduais, ficando restrito às leis federais. Todavia, é importante saber que, em matéria de processo administrativo, a lei federal costuma ser aplicada mesmo em relação a Municípios e Estados, quando estes não tiverem lei local sobre processo administrativo ou quando essa lei não tratar de determinado ponto que a lei federal tratar.

Em relação à primeira questão (se o desconhecimento da lei exime alguém da responsabilidade administrativa), deve-se, como sempre, **primeiro** verificar se na *lei especial* que trata do assunto o tema é abordado (no caso, a Lei 9.605/98 nada dispõe sobre o desconhecimento de lei como causa de exclusão da responsabilidade administrativa; a única referência ao tema se dá no art. 14, I, da lei, que permite a atenuação da pena criminal quando o agente tem "baixo grau de instrução ou escolaridade"). Não havendo disposição na lei especial, deve-se, em **segundo** lugar, buscar alguma disposição na *lei geral*, no caso na Lei de Introdução ao Código Civil, própria para tratar de temas relacionados à aplicação da lei. E se não houvesse norma especial ou norma geral sobre o assunto, configurando situação que se possa tomar como lacuna da lei, deve-se, em **terceiro** lugar, buscar a *analogia, os costumes e os princípios gerais do direito*, nessa ordem, para preencher o vazio legal (art. 4º da LINDB). No problema em questão, verifica-se que a LINDB é expressa ao dizer que "ninguém se escusa de cumprir a lei, alegando que não a conhece" (art. 3º). Dessa forma, não havendo lei especial tratando do assunto, e considerando que a lei geral (a LINDB) trata dele no sentido de não admitir o desconhecimento da lei, a resposta deve ser no sentido de que a responsabilidade administrativa do fazendeiro deve ser mantida.

Em relação à segunda questão, deve-se, em primeiro lugar, verificar se a lei especial que trata do assunto (no caso, a Lei de Processo Administrativo Federal – Lei 9.784/99) admite a *reformatio in pejus*. No caso, o art. 64 dessa lei é expresso ao admitir tal reforma, desde que se conceda prazo para o recorrente formule novas alegações antes da decisão.

Feita a organização das ideias acima, passemos à resolução da questão.

RESOLUÇÃO DA QUESTÃO

Trata-se de consulta sobre como se deve proceder diante de caso em que um fazendeiro, o Sr. Pedro, recorre de multa ambiental de R$ 500,00 sob o argumento de que desconhecia que o ato por ele praticado configurava infração administrativa. A consulta também solicita manifestação sobre como proceder, caso caracterizada a infração, diante de fato de que o valor correto da multa é de R$ 2.000,00, e não de R$ 500,00.

Em relação à indagação acerca da exclusão da responsabilidade administrativa em decorrência do desconhecimento da lei, tal argumentação não merece prosperar. Isso porque não há, na lei específica que rege a matéria (Lei 9.605/98), qualquer disposição nesse sentido. E a lei geral acerca desse tema, a Lei de Introdução às Normas do Direito Brasileiro, é clara ao dispor que "ninguém se escusa de cumprir a lei, alegando que não a conhece" (art. 3º). Isso faz com que não seja necessário, nem possível aplicar analogicamente outra lei.

Em relação à indagação sobre a possibilidade de haver gravame ao recorrente em recurso por este mesmo interposto, tal providência é admitida pela lei, desde que cumprido requisito legal. No caso, o art. 64, parágrafo único, da Lei 9.784/99 admite expressamente essa possibilidade, mas condiciona a reforma da decisão com prejuízo ao recorrente à cientificação deste para que formule alegações antes do *decisum, até para que se respeite os princípios da ampla defesa e do contraditório (art. 5º, LV, da CF)*.

Ante o exposto, a orientação é no sentido de que a autoridade competente não deve acolher o argumento de que o desconhecimento da lei exime o agente da responsabilidade administrativa, bem como no sentido de que a autoridade poderá reformar a decisão recorrida, modificando o valor da multa para R$ 2.000,00, desde que cientifique previamente o recorrente para que formule alegações e que aprecie tais alegações.

Comentários adicionais

Repare que o primeiro parágrafo traz a introdução, o segundo e o terceiro parágrafos trazem o desenvolvimento e o último parágrafo a conclusão.

Repare também nos seguintes elementos de conexão:

Trata-se de consulta...sobre...A consulta também....

Em relação à indagação acerca ..., tal argumentação não merece prosperar. Isso porque......

Ante o exposto, nossa orientação é no sentido de que ....

12. CONTROLE DA ADMINISTRAÇÃO

(OAB/Exame Unificado – 2013.3 – 2ª fase) Determinada Sociedade de Economia Mista federal, exploradora de atividade econômica, é objeto de controle pelo Tribunal de Contas da União, o qual verifica, em tomada de contas especial, que há editais de licitação da estatal que contêm critérios de julgamento inadequados.

Sobre o caso, empregando os argumentos jurídicos apropriados e a fundamentação legal pertinente, responda aos itens a seguir.

A) Uma sociedade de economia mista que explora atividade econômica pode ser submetida ao controle do Tribunal de Contas? (Valor: 0,60)

B) O Tribunal de Contas pode determinar a aplicação de critérios que entenda mais adequados, para o julgamento de licitações? (Valor: 0,65)

A simples menção ou transcrição do dispositivo legal não pontua.

GABARITO COMENTADO – EXAMINADORA

A questão busca verificar o conhecimento do examinando sobre a disciplina jurídica das sociedades de economia mista, bem como sobre as competências constitucionais do Tribunal de Contas.

A) É possível o controle das sociedades de economia mista pelo Tribunal de Contas, nos termos do Art. 71, II, da Constituição, já que se trata de uma sociedade instituída pelo Poder Público. O Supremo Tribunal Federal firmou entendimento no sentido de que as sociedades de economia mista sujeitam-se à fiscalização pelos Tribunais de Contas (STF, MS 25092/DF, RE 356209 AgR /GO, MS 26117/DF, dentre outros).

B) A resposta deve ser pela impossibilidade de o Tribunal de Contas, em controle prévio de editais de licitação, determinar a modificação de critérios, o qual estaria substituindo a vontade do administrador em seu campo discricionário, em violação ao princípio da separação dos Poderes (Art. 2º, da CR). Tal situação é excepcionada, nos termos da jurisprudência do STF (RE 547063), quando há fundado receio de irregularidade na licitação, como ocorre, por exemplo, quando há critério de julgamento manifestamente irrazoável, com suspeita de direcionamento do resultado do certame.

Distribuição dos pontos

Item	Pontuação
A. Sim, tendo em vista que as sociedades de economia mista são constituídas, ao menos no momento de sua criação, com recursos do erário, é possível o controle pelo Tribunal de Contas (0,50), nos termos do Art. 70, parágrafo único, ou Art. 71, II, da Constituição. (0,10) Obs.: A simples menção aos artigos não pontua	0,00/0,50/0,60
B. Não cabe ao Tribunal de Contas, em controle prévio de editais de licitação, determinar a modificação de critérios, substituindo a vontade do administrador em seu campo discricionário, em violação ao princípio da separação dos Poderes (0,35), nos termos do Art. 2º, da CRFB/88 (0,10). Tal controle é permitido excepcionalmente, quando há fundada suspeita de irregularidade, com a adoção de critério de julgamento manifestamente irrazoável. (0,20)	0,00/0,20/0,35/0,45/0,55/0,65

(OAB/Exame Unificado – 2013.1 – 2ª fase) Durante o ano de 2010, o Município "T" concedeu subvenção social à Associação "S" para a instalação de projetos de assistência social para crianças com até seis anos de idade, totalizando o valor de R$ 300.000,00 (trezentos mil reais).

Ao final do exercício, foi encaminhada ao competente Tribunal de Contas do Estado (TCE) a prestação de contas dos recursos subvencionados. Em sua análise, o TCE detectou algumas irregularidades e, após o devido processo legal, oportunizando o contraditório e a ampla defesa aos interessados, imputou débito de R$ 150.000,00 (cento e cinquenta mil reais) ao Prefeito responsável pela concessão da subvenção e, solidariamente, à entidade subvencionada.

Considerando a situação hipotética apresentada, responda aos questionamentos a seguir, empregando os argumentos jurídicos apropriados e a fundamentação legal pertinente ao caso.

A) É juridicamente possível ao TCE, na análise da referida prestação de contas, imputar o débito à entidade privada? (valor: 0,65)

B) Qual a natureza jurídica da decisão do TCE que resultou em imputação de débito por dano causado ao erário? (valor: 0,60)

A simples menção ou transcrição do dispositivo legal não pontua.

GABARITO COMENTADO – EXAMINADORA

Em relação ao *item A*, a resposta é afirmativa, devendo o examinando registrar a possibilidade de os Tribunais de Contas imputarem débito a pessoas jurídicas de direito privado que utilizem, gerenciem ou administrem bens, valores ou dinheiros públicos, na forma do Art. 70, parágrafo único, da CRFB.

Em relação ao *item B*, o objetivo é avaliar o conhecimento quanto à natureza jurídica da decisão dos Tribunais de Contas e respectiva eficácia (Art. 71, § 3º, da CRFB).

Distribuição dos Pontos

Quesito Avaliado	Valores
Item A	
Sim, o TCE pode imputar débito a pessoas jurídicas de direito privado que utilizem, gerenciem ou administrem bens, valores ou dinheiros públicos (0,50), nos termos do Art. 70, parágrafo único, da CRFB (0,15)	0,00 / 0,50 / 0,65
Item B	
Natureza administrativa com eficácia de título executivo (0,45), nos termos do Art. 71, § 3º, da CRFB.(0,15)	0,00 / 0,45 / 0,60

(OAB/Exame Unificado – 2011.2 – 2ª fase) Um órgão da Administração Pública Federal lançou edital de concorrência para execução de obra pública. Logo após sua publicação, uma empresa interessada em participar do certame formulou representação ao Tribunal de Contas da União (TCU) noticiando a existência de cláusulas editalícias restritivas da competitividade. O TCU, então, solicitou para exame cópia do edital de licitação já publicado e, ao apreciá-lo, determinou a retificação do instrumento convocatório.

Cumprida a determinação e regularizado o edital, realizou-se a licitação, e o contrato foi celebrado com o licitante vencedor.

Entretanto, durante a execução da obra, o TCU recebeu denúncia de superfaturamento e deliberou pela sustação do contrato, comunicando o fato ao Congresso Nacional.

Considerando a situação hipotética narrada, responda aos itens a seguir, empregando os argumentos jurídicos apropriados e a fundamentação legal pertinente ao caso.

a) Foi juridicamente correta a atuação do TCU ao solicitar para exame o edital de licitação publicado? (Valor: 0,60)

b) O TCU tem competência para sustar a execução do contrato superfaturado? (Valor: 0,65)

GABARITO COMENTADO – EXAMINADORA

Em relação *item a*, foi juridicamente acertada a atuação do TCU ao solicitar o edital já publicado para exame, conforme previsto no artigo 113, § 2º, da Lei 8.666/93. A solicitação foi motivada e casuística, conforme exige o Supremo Tribunal Federal.

Por sua vez, em relação ao *item b*, o TCU não tem competência para sustar contratos administrativos. De acordo com a norma do artigo 71, § 1º, da CRFB, a sustação da execução do contrato deve ser solicitada ao Congresso Nacional, que deverá deliberar em noventa dias. Somente após o prazo, sem manifestação do Congresso Nacional, é que o TCU poderá ao decidir a respeito.

Distribuição dos pontos

Item	Descrição	Pontuação
A	- O TCU atuou corretamente (0,3), com base no artigo 113, § 2º, da Lei 8.666/93 (0,3).	0 / 0,3 / 0,6
B	- O TCU não tem competência para sustar o contrato pela necessidade de oficiar ao Congresso Nacional, conforme art. 71,§ 1º, da CRFB.	0 / 0,3
	Se o Congresso Nacional não deliberar a respeito no prazo de noventa dias, o TCU decide, conforme art. 71, § 2º, da CRFB.	0 / 0,35

(OAB/Exame Unificado – 2010.3 – 2ª fase) Ana Amélia, professora dos quadros da Secretaria de Educação de determinado Estado, ao completar sessenta e dois anos de idade e vinte e cinco anos de tempo de contribuição, formulou requerimento de aposentadoria especial. O pleito foi deferido, tendo sido o ato de aposentadoria publicado no Diário Oficial em abril de 2008. Em agosto de 2010, Ana Amélia recebeu notificação do órgão de recursos humanos da Secretaria de Estado de Educação, dando-lhe ciência de questionamento formulado pelo Tribunal de Contas do Estado em relação à sua aposentadoria especial. Ficou constatado que a ex-servidora exerceu, por quinze anos, o cargo em comissão de Assessora Executiva da Secretaria de Estado de Administração, tendo sido tal período computado para fins de aposentadoria especial.

Considerando a situação hipotética apresentada, responda aos itens a seguir, empregando os argumentos jurídicos apropriados e a fundamentação legal pertinente ao caso.

A) Indique o fundamento para a atuação do Tribunal de Contas do Estado, informando se o ato de aposentadoria já se encontra aperfeiçoado. (Valor: 0,5)

B) Analise se o questionamento formulado pelo órgão de controle se encontra correto. (Valor: 0,5)

GABARITO COMENTADO – EXAMINADORA

Nos termos do artigo 71, inciso III, da CRFB, compete ao TCU – e, por simetria, aos Tribunais de Contas dos Estados – apreciar, para fins de registro, a legalidade dos atos de concessão de aposentadoria. De acordo com os precedentes do STF, os atos de aposentadoria são considerados atos complexos, que somente se aperfeiçoam com o registro na Corte de Contas respectiva.

O questionamento formulado pelo órgão de controle encontra-se correto, pois o exercício de função administrativa, estranha ao magistério — como é o caso de cargo em comissão de assessora executiva na Secretaria de Administração –, não pode ser considerado para fins de aposentadoria especial de professores. A norma do artigo 40, § 5º, CRFB, ao disciplinar a matéria, exige efetivo exercício das funções de magistério e o tema veio a ser objeto de súmula do STF (En 726).

Obs.: É importante registrar que o art. 1º da Lei federal 11.301/2006, que acrescentou o § 2º ao art. 67 da Lei 9.394/1996 e que veio a ser declarado constitucional pelo STF, não repercute sobre a questão, pois a situação-problema envolve cômputo, para fins de aposentadoria especial de professor, de função eminentemente administrativa, e não relacionada ao magistério.

Distribuição de pontos

Item	Descrição	Pontuação
A	- Os atos de aposentadoria submetem-se ao registro perante os Tribunais de Contas, que apreciam sua legalidade, nos termos do artigo 71, inciso III, da CRFB.	0 / 0,25
	- O ato de aposentadoria é complexo e somente se aperfeiçoa com o registro no Tribunal de Contas respectivo.	0 / 0,25
B	- O exercício de função administrativa, estranha ao magistério, não pode ser considerado para fins de aposentadoria especial de professores (artigo 40, § 5º, CRFB, que exige efetivo exercício das funções de magistério).	0 / 0,3
	- Referência ao Enunciado 726 do STF.	0 / 0,2

(OAB/Exame Unificado – 2007.3 – 2ª fase) José Ricardo, aluno do curso de Matemática de certa universidade pública, impetrou mandado de segurança contra ato praticado pelo diretor acadêmico, consistente na negativa de sua matrícula na disciplina Cálculo IV por ausência de pré-requisito. Todavia, indicou como autoridade coatora o magnífico reitor da instituição de ensino, que prestou as informações no decêndio legal. Em preliminar, o reitor arguiu a sua ilegitimidade passiva *ad causam* e, adentrando no mérito, defendeu o ato praticado. Considerando essa situação hipotética, responda, com a devida fundamentação legal, à seguinte pergunta: o juiz terá necessariamente de extinguir o feito por ausência de uma das condições da ação ou poderá apreciar o pedido?

RESOLUÇÃO DA QUESTÃO

O mandado de segurança deve ser impetrado em face da autoridade que efetivamente realiza o ato impugnado e tem competência para revertê-lo.

No caso em tela, trata-se de questão puramente acadêmica, cuja prática diz respeito ao Direito Acadêmico do Curso de Matemática.

Na estrutura de uma universidade pública pode até ser que questão dessa natureza (direito de matrícula em dada disciplina) possa chegar à alçada de um reitor. Todavia, enquanto isso não ocorrer, a competência para desfazer o ato pertence tão somente ao Diretor do Curso, autoridade que deveria ter sido indicada como coatora.

Partindo dessa premissa, e considerando o entendimento jurisprudencial prevalecente, o caso reclamaria a extinção do processo sem apreciação de mérito, por ilegitimidade de parte.

Todavia, o Superior Tribunal de Justiça vem adotando a Teoria da Encampação, pela qual quando a autoridade indicada como coatora é hierarquicamente superior à que deveria constar como tal, e, além disso, encampa o ato impugnado, defendendo-o, e, também, tem o mesmo foro da autoridade que deveria constar como coatora, há de se reconhecer legitimidade passiva da autoridade indicada.

Assim sendo, considerando que o Reitor adentrou no mérito, defendendo o ato praticado, faz-se possível adotar a Teoria da Encampação, reconhecendo a legitimidade da autoridade indicada, e apreciando o pedido feito no *mandamus*.

Comentários adicionais.

Confira jurisprudência sobre a Teoria da Encampação:

PROCESSUAL CIVIL E ADMINISTRATIVO. AGRAVO REGIMENTAL EM RECURSO ESPECIAL. RAZÕES. INOVAÇÃO. NÃO CABIMENTO. MANDADO DE SEGURANÇA. AUTORIDADE COATORA. LEGITIMIDADE. TEORIA DA ENCAMPAÇÃO. 1. É incabível a inovação na argumentação lançada nas razões do Agravo Regimental. 2. A jurisprudência do Superior Tribunal de Justiça é pacífica no sentido de que, se a autoridade apontada como coatora, em suas informações, não se limita a arguir a sua ilegitimidade passiva defendendo o ato impugnado, aplica-se a Teoria da Encampação. A autoridade indicada passa a ter legitimidade para a causa e não há falar em violação do art. 267, VI, do CPC. 3. Agravo Regimental não provido. (STJ, AgRg no REsp 975.893/RJ, Rel. Ministro HERMAN BENJAMIN, SEGUNDA TURMA, julgado em 05/02/2009, DJe 19/03/2009)

PROCESSUAL CIVIL – MANDADO DE SEGURANÇA – INDICAÇÃO ERRÔNEA DA AUTORIDADE COATORA – INFORMAÇÕES PRESTADAS SEM ENCAMPAÇÃO DO ATO TIDO COMO COATOR. 1. Inexistindo encampação do ato coator pela autoridade hierarquicamente superior, não se há como aproveitar a demanda direcionada em face de autoridade ilegítima. 2. Conforme jurisprudência pacífica desta Corte Superior, a teoria da encampação é aplicável ao mandado de segurança, tão somente, quando preenchidos os seguintes requisitos: a) existência de vínculo hierárquico entre a autoridade que prestou informações e a que ordenou a prática do ato impugnado; b) ausência de modificação de competência estabelecida na Constituição Federal; e, c) manifestação a respeito do mérito nas informações prestadas. 3. *In casu*, dois dos três requisitos não foram preenchidos, a saber: I) houve modificação de competência pois impetrado em face de Governador de Estado; e, II) a manifestação da Procuradoria do Estado apenas se ateve à ilegitimidade da autoridade indicada como coatora. Não foi preenchido, portanto, os requisitos para a "encampação" do ato apontado como lesivo. Agravo regimental improvido. (STJ, AgRg no RMS 27.578/RS, Rel. Ministro HUMBERTO MARTINS, SEGUNDA TURMA, julgado em 04/08/2009, DJe 17/08/2009)

(OAB/Exame Unificado – 2007.2 – 2ª fase) Maria, servidora pública federal, recebeu uma parcela remuneratória em seu contracheque que não vinha recebendo antes. Ingressou com consulta acerca da regularidade do recebimento dessa parcela, e foi informada pelo órgão administrativo competente de que ela faria jus a essa parcela. No entanto, dois anos depois, o mesmo órgão alterou sua orientação, afirmando que Maria não fazia jus a essa parcela. Considerando a situação apresentada acima, responda, com fundamentação na Lei n.º 9.784/1999, as perguntas a seguir: A mudança de orientação da administração pode retroagir para atingir as parcelas até então recebidas? Há algum princípio a ser utilizado em favor de Maria?

RESOLUÇÃO DA QUESTÃO

A questão proposta opõe dois princípios do Direito Administrativo. De um lado, o princípio da autotutela (art. 53 da Lei 9.784/99), que assegura que a Administração tem o poder, ou melhor, o dever de anular os atos ilegais que praticar. De outro, o princípio da segurança jurídica (art. 2ª da Lei 9.784/99), que impõe maior estabilidade nas relações jurídicas entre a Administração e terceiros.

O fato de a Administração ter reconhecido a regularidade do recebimento de parcela remuneratória a um servidor não impede que essa mesma administração, reconhecendo o erro, desfaça o ato anterior para o fim de adequá-lo à lei.

Por outro lado, a mudança de interpretação da Administração, em relação a ato que beneficia terceiro de boa-fé, não pode retroagir para prejudicar os efeitos já decorridos do ato.

Segundo o art. 2º, p. único, XIII, da Lei 9.784/99, é "vedada aplicação retroativa de nova interpretação". Dessa forma, e compatibilizando os dois princípios citados, conclui-se que a Administração pode, sim, rever seu ato, diante da nova interpretação dada à lei, mas deve respeitar os efeitos já decorridos, isto é, não poderá cobrar de volta as quantias já recebidas pela servidora Maria.

Essa conclusão se aplica ao caso, pois a mudança de interpretação ocorreu apenas 2 anos após a prática do primeiro ato. Todavia, caso a mudança de interpretação tivesse se dado tão somente após 5 anos da percepção do primeiro pagamento, tal mudança não poderia atingir a esfera jurídica de Maria nem para o passado, nem para o futuro, por ter se operado o prazo decadencial previsto no art. 54, *caput* e § 1º, da Lei 9.784/99.

(OAB/Exame Unificado – 2007.1 – 2ª fase) Antes do advento da Constituição Federal de 1988, vários servidores públicos federais ascenderam ao cargo hierarquicamente superior dentro da estrutura da administração pública sem o devido concurso público. Recentemente, o Ministério Público Federal ingressou, tempestivamente, com ação civil pública visando anular o ato de nomeação e a posse desses servidores, com argumento de sua inconstitucionalidade. Até o presente momento essa ação não foi julgada. Nessa situação hipotética, seria possível a mencionada anulação, passados quase vinte anos? Quais seriam os efeitos da declaração judicial de anulação dos referidos atos?

RESOLUÇÃO DA QUESTÃO

A Constituição Federal é clara ao dispor que a investidura em cargo ou emprego público depende de concurso público (art. 37, II). Assim, o servidor que já detém cargo público só poderá ingressar em outro cargo sem concurso se esse outro for integrante da carreira, ou seja, se se tratar de promoção de um cargo para outro integrante da carreira. É impossível, sem concurso público, que um servidor detentor de um cargo público passe a ocupar cargo efetivo não pertencente à sua carreira.

Todavia, esse tipo de situação acabou acontecendo por um tempo, muitas vezes até como amparo em lei, propiciando que os Tribunais de Contas e o Ministério Público tomassem medidas com vistas à anulação da nomeação e da posse desses servidores.

O problema é que essas medidas, muitas vezes, ocorreram após o transcurso de longo prazo. E isso gerou uma série de controvérsias sobre a possibilidade ou não de operar a decadência do direito de anular esses atos.

O Supremo Tribunal Federal vem entendendo que, após o transcurso do prazo de 5 anos, previsto no art. 54 da Lei 9.784/99, não é mais possível a anulação do ato, tendo em vista a consumação da decadência administrativa. As decisões do Excelso Pretório também são fundamentadas na necessidade de preservar o princípio da segurança jurídica, que decorre, inclusive, de mandamento constitucional (art. 5º, XXXVI).

De qualquer forma, caso a anulação do ato se desse com respeito ao prazo decadencial, tal anulação teria efeitos variados. No plano funcional, implicaria o retorno do agente público ao cargo antes ocupado. No plano dos atos administrativos praticados pelo agente público no cargo que ocupou irregularmente, tais atos seriam mantidos, desde que legais quanto aos demais aspectos, por óbvio. E, no plano remuneratório, a remuneração a maior recebida pelo agente público não teria, salvo comprovada má-fé, que ser devolvida, seja, por se tratar de verba alimentar (que é irrepetível), seja porque haveria enriquecimento sem causa da Administração, já que teria pago menos por alguém que fez um serviço que tem maior remuneração.

ADMINISTRATIVA

Comentário adicional.

Confira o seguinte acórdão:

EMENTA: SERVIDOR PÚBLICO. Funcionário (s) da Empresa Brasileira de Correios e Telégrafos - ECT. Cargo. Ascensão funcional sem concurso público. Anulação pelo Tribunal de Contas da União - TCU. Inadmissibilidade. Ato aprovado pelo TCU há mais de cinco (5) anos. Inobservância do contraditório e da ampla defesa. Consumação, ademais, da decadência administrativa após o quinquênio legal. Ofensa a direito líquido e certo. Cassação dos acórdãos. Segurança concedida para esse fim. Aplicação do art. 5º, inc. LV, da CF, e art. 54 da Lei federal nº 9.784/99. Não pode o Tribunal de Contas da União, sob fundamento ou pretexto algum, anular ascensão funcional de servidor operada e aprovada há mais de 5 (cinco) anos, sobretudo em procedimento que lhe não assegura o contraditório e a ampla defesa. (STF, MS 26.628, J. em 17/12/07)

PEÇAS PRÁTICO-PROFISSIONAIS

(OAB/Exame Unificado – 2004 – 2ª fase). Em 30/4/2004, foi publicado edital de concurso público para provimento de cargos de delegado de polícia federal, lotados no Departamento de Polícia Federal (DPF), órgão do Ministério da Justiça (MJ). De acordo com o edital, as provas serão realizadas em novembro de 2004, mas o resultado final do concurso somente deverá ser divulgado em fevereiro de 2005. Ricardo, que tem vários anos de experiência na Polícia Militar do Espírito Santo (PM/ES), inscreveu-se nesse concurso, optando por realizar o exame na cidade de Vitória – ES, onde reside. Posteriormente, ao averiguar com cuidado a regulação da prova de títulos, verificou que eram atribuídos dois pontos para cada ano de trabalho em atividade policial exercida no DPF e apenas um ponto para cada ano de trabalho em atividade policial exercida em outros órgãos públicos. Considerando injusto esse tratamento desigual, Ricardo ingressou administrativamente com pedido de modificação dessa regra editalícia, mas sua solicitação foi indeferida em 30/6/2004, por decisão do diretor de gestão de pessoal, autoridade do DPF competente para elaborar e modificar editais de concurso público. Inconformado, Ricardo solicitou a um advogado que ingressasse com ação judicial capaz de suprimir do edital a referida disparidade de tratamento. Considerando a situação hipotética acima descrita, redija, na condição de advogado legalmente constituído, petição inicial de ação judicial que seja adequada a salvaguardar, de maneira eficaz, os interesses de Ricardo. (Data da prova: 29/08/04)

RESOLUÇÃO DA PEÇA PRÁTICO-PROFISSIONAL

1. **Peça:** Mandado de Segurança
2. **Endereçamento:** Excelentíssimo Senhor Doutor Juiz Federal da _______ Vara Cível de Vitória – Seção do Espírito Santo. (Art. 109, § 2º, da CF)
3. **Legitimidade passiva:** a autoridade coatora é o Diretor de Gestão de Pessoal
4. **Mérito** (teses):
   - Violação aos princípios da isonomia (Art. 5º, *caput*, da CF) e da razoabilidade (art. 2º, *caput*, da Lei 9.784/99)
5. **Liminar:** é necessário pedir
6. **Pedido:** atribuição dos mesmos pontos ao impetrante.

Modelo: Mandado de Segurança

[O que estiver entre colchetes é apenas nota do autor – não deve constar da peça]

início da peça

EXCELENTÍSSIMO SENHOR DOUTOR JUIZ FEDERAL DA ... VARA CÍVEL DE VITÓRIA - SEÇÃO JUDICIÁRIA DO ESPÍRITO SANTO - ES.

[Deixe espaço de aproximadamente 10 cm para eventual despacho ou decisão do juiz]

Ricardo ... estado civil ..., profissão ..., com residência e domicílio ..., portador do RG ... e do CPF ..., por seu advogado que firma a presente (procuração anexada – doc.1), com escritório para recebimento de intimações na ... (CPC, art. 39, I) vem à presença de Vossa Excelência, respeitosamente, impetrar contra o Senhor Diretor de Gestão de Pessoal, do Departamento de Polícia Federal, o presente

MANDADO DE SEGURANÇA COM PEDIDO DE LIMINAR

nos termos do artigo 5º, inciso LXIX, da Constituição Federal e da Lei nº 12.016/2009, pelas razões a seguir aduzidas:

I - DOS FATOS

O impetrante fez inscrição no concurso público para provimento de cargos de delegado de polícia federal, atendendo a edital publicado em 30/04/04 (doc. 2).

Ocorre que, consultando o edital quanto à regulação da prova de títulos, o impetrante verificou que eram atribuídos dois pontos para cada ano de trabalho em atividade policial exercida no Departamento de Polícia Federal e apenas um ponto para cada ano de trabalho em atividade policial exercida em outros órgãos públicos (doc. 3).

O impetrante, policial militar do Espírito Santo com vários anos de experiência (doc. 4), considerando inconstitucional esse tratamento desigual, resolveu insurgir-se contra a previsão do edital, ingressando com pedido administrativo de modificação da regra editalícia mencionada.

O pedido administrativo foi indeferido em 30/06/04, por decisão do diretor de gestão de pessoal do Departamento de Polícia Federal, agente público competente para elaborar e modificar editais de concurso público (doc. 5).

Dessa forma, não resta outra alternativa ao impetrante, que não a de ingressar com o presente mandado de segurança.

II - DO DIREITO

1. Do cabimento do mandado de segurança.

1.1. Existência de ato de autoridade.

O edital ora impugnado é ato de autoridade pública, no caso ato emanado pelo diretor de gestão de pessoal do Departamento de Polícia Federal.

Dessa forma, o mandado de segurança é cabível quanto a esse aspecto (art. 5º, LXIX, da CF e art. 1º da Lei 12.016/09).

1.2. Existência de prova pré-constituída

Os fatos que dão suporte ao direito alegado pelo impetrante estão comprovados de plano, por meio da prova documental ora juntada, consistentes nos seguintes documentos: a) comprovante de inscrição no concurso público; b) edital do concurso público impugnado; c) requerimento administrativo de modificação do edital, acompanhado da respectiva decisão.

Assim, também está cumprido o requisito de prova pré-constituída, essencial para o cabimento do mandado de segurança.

1.3. Respeito ao prazo decadencial de 120 dias

O prazo decadencial para ingressar com o presente *mandamus* também é requisito que está cumprido. Isso porque, segundo o Superior Tribunal de Justiça, esse prazo é contado da publicação do edital do concurso público. E o edital impugnado foi publicado no dia 30/04/04, ou seja, data que, contada até a data dessa impetração, não supera os 120 dias previstos na lei.

Assim sendo, o requisito temporal também está em ordem.

1.4. Inexistência de outros impedimentos legais ou jurisprudenciais para a propositura do mandado de segurança

Por fim, não se configura no presente quaisquer outros impedimentos legais (arts. 1º e 5º da Lei 12.016/09) e jurisprudenciais ao manejo do presente remedido constitucional.

2. Da legitimidade ativa e passiva.

A legitimidade ativa está em ordem, pois o impetrante defende, em nome próprio, direito próprio decorrente da violação ao princípio da isonomia no edital de concurso no qual está inscrito.

A autoridade coatora também está corretamente indicada, uma vez que o diretor de gestão de pessoal do Departamento de Polícia Federal, agente público competente para elaborar e modificar editais de concurso público, enquadra-se no requisito legal, no sentido de que é "autoridade coatora aquela que tenha praticado o ato impugnado ou da qual emane a ordem para a sua prática" (art. 6º, § 3º, da Lei 12.016/09).

3. Do direito líquido e certo violado

O impetrante tem direito de ver respeitado os princípios da isonomia (art. 5º da CF) e da razoabilidade (art. 2º, *caput*, da Lei 9.784/99), violados no presente caso.

Com efeito, o edital não poderia dar tratamento diferenciado, para efeito de atribuição de títulos, ao exercício de cargo de policial estadual ou federal.

Isso porque as experiências em atividades policiais, sejam elas estaduais ou federais, têm a mesma relevância, uma vez que tanto a polícia federal, como a polícia estadual estão voltadas à defesa da segurança pública, ao combate ao crime, à preservação da ordem pública e da incolumidade das pessoas e do patrimônio, conforme o disposto no art. 144 da Constituição Federal, aplicável às duas carreiras referidas.

A discriminação é também atentatória do princípio da razoabilidade, uma vez que não faz sentido considerar a atividade de policial federal 100% mais importante, para fins de títulos, que a atividade de policial militar, também pelas razões já explicitadas. O fato de a primeira atividade ter pontuação dobrada em relação à segunda revela a desproporção na forma de atuar da autoridade coatora, desproporção essa que deverá ser desfeita, de modo a proteger direito líquido e certo do impetrante. No caso, a única forma de prestigiar os princípios citados é atribuir ao impetrante a mesma pontuação atribuída pelo edital aos candidatos que tiverem trabalho na polícia federal, ou seja, é atribuir ao impetrante dois pontos por ano de trabalho na polícia militar do Espírito Santo.

E tal medida reclama a modificação no edital, em face da indivisibilidade da cláusula impugnada.

III – DA LIMINAR

Excelência, a prova do concurso impugnado deverá ocorrer entre 30 e 60 dias contados da data presente e o resultado final do certame deve sair entre 5 e 6 meses, também contados da data presente.

Tal situação revela que a melhor medida a ser tomada é determinar que a autoridade competente modifique a cláusula editalícia impugnada desde já, a fim de que conste no novo edital a atribuição da mesma pontuação, quanto aos títulos, pelo exercício de atividades policiais federais ou estaduais.

Tal medida, que implicará a reabertura de prazo para a inscrição no exame, impedirá que, no futuro, qualquer interessado que tenha desistido do certame por não concordar com os critérios dos títulos possa pedir a anulação do concurso.

Caso não seja deferida a liminar pleiteada, haverá grande prejuízo não só ao impetrante, como a todos os candidatos, tendo em vista que a concessão dessa medida ao final poderá implicar na anulação de todo o certame, por influir em regra do edital que pode ter afastado interessados de participar da disputa pública.

Ademais, a discriminação efetuada importa nítido desrespeito a direito líquido e certo do impetrante, nos termos do art. 5º da Constituição Federal, não podendo ser recusada a determinação para modificação imediata do edital, sob pena de dano irreversível.

O *periculum in mora* inverso não existe, pois o fato de se modificar o edital, possibilitando a participação de novos candidatos no exame, com a ciência de todos de que a questão está "sub judice", não impede que, no futuro, se for o caso, atribua-se mais ou menos pontos a policiais estaduais que participarem do exame.

Sendo assim, o impetrante requer que seja deferida a medida liminar antes mesmo da notificação da autoridade coatora, nos termos do art. 7º, III, da Lei 12.016/2009, para que seja determinado à autoridade coatora que modifique imediatamente o edital do concurso em tela, para o fim de atribuir aos policiais estaduais a mesma pontuação atribuída aos policiais federais, no que se refere aos títulos pelo exercício de tempo de serviços nessas atividades, tendo em vista a relevância do fundamento (aparência do bom direito – *fumus boni iuri*) e o perigo na demora da decisão (*periculum in mora*).

IV – DO PEDIDO

Por todo o exposto, o impetrante requer que seja:

a) deferida a medida liminar, para que seja determinado à autoridade coatora que modifique imediatamente o edital do concurso em tela, atribuindo-se aos policiais estaduais a mesma pontuação atribuída aos policiais federais, no que se refere aos títulos pelo exercício de tempo de serviços nessas atividades (art. 7º, III, da Lei 12.016/2009);

b) determinada a notificação da autoridade coatora, enviando-lhe todas as cópias dos documentos que instruem a inicial, para que preste todas as informações necessárias, no prazo de 10 dias (art. 7º, I, da Lei 12.016/2009);

c) dada ciência ao órgão de representação judicial da União Federal, enviando-lhe cópia da inicial para que, querendo, ingresse no feito (art. 7º, II, da Lei 12.016/2009);

d) ouvido o representante do Ministério Público, para que opine no prazo de 10 dias (art. 12 da Lei 12.016/2009)

e) ao final, confirmada a liminar deferida, concedendo-se definitivamente a segurança pleiteada para seja reconhecido ao impetrante, quanto aos títulos para o concurso, o direito de receber a mesma pontuação atribuída aos policiais federais, pelo exercício da atividade policial.

[obs.: toda a prova deve ser juntada à inicial, pois o direito é líquido e certo e não se admite dilação probatória. Não há condenação em honorários advocatícios em mandado de segurança: Súmulas 512/STF 105/STJ]

Dá-se à causa o valor de R$ 1.000,00.

Termos em que, pede deferimento.

Vitória, 29 de agosto de 2004.

[não assine, rubrique ou, de outra forma, identifique sua prova!]

ADVOGADO ...

OAB ...

fim da peça

Comentários adicionais.

Confira o entendimento do STJ, segundo o qual o prazo para ingressar com mandado de segurança contra critérios estabelecidos em edital de concurso público é contado da data de publicação do instrumento convocatório.

DIREITO ADMINISTRATIVO. RECURSO ORDINÁRIO EM MANDADO DE SEGURANÇA. CONCURSO PÚBLICO. REGRAS DO EDITAL. CIÊNCIA DO ATO IMPUGNADO. DATA DE PUBLICAÇÃO DO EDITAL. DECADÊNCIA CONFIGURADA. REQUISITOS EXIGIDOS PELO EDITAL PARA POSSE. NÃO COMPROVAÇÃO. RECURSO IMPROVIDO. 1. O prazo decadencial para impetração de mandado de segurança em que se objetiva impugnar critérios estabelecidos no edital de concurso público tem início com a data de publicação do instrumento convocatório. 2. O edital é a lei do concurso, de modo que a inscrição no certame implica concordância com as regras nele contidas, que não podem ser dispensadas pelas partes. 3. Recurso ordinário improvido. (RMS 26.630/CE, Rel. Ministro ARNALDO ESTEVES LIMA, QUINTA TURMA, julgado em 10/09/2009, DJe 13/10/2009)

Para casos em que o prazo de 120 dias cair em feriado forense, confira o seguinte julgado do STJ, que flexibiliza (para esse fim!) a natureza decadencial do prazo de 120 dias.

O Superior Tribunal de Justiça tem entendido que o prazo para a impetração do mandado de segurança, apesar de ser decadencial, prorroga-se quando o termo final recair em feriado forense. No caso, a impetrante teve ciência da demissão em 10/8/04, quando publicada a Portaria 445, de 9/8/04, da autoridade impetrada. Logo, impetrado o *mandamus* em 9/12/04, tem-se que foi observado o prazo decadencial de 120 (cento e vinte) dias, a que alude o art. 18 da Lei 1.533/51. (MS 10.220/DF, Rel. Ministro ARNALDO ESTEVES LIMA, TERCEIRA SEÇÃO, julgado em 27/06/2007, DJ 13/08/2007 p. 330)

(CESPE – 2005) A sociedade de economia mista Alfa, que desenvolve atividade econômica sem monopólio, adquiriu, sem prévia licitação, produto ligado diretamente à atividade que desenvolve no mercado. Em que pese a aquisição não se enquadrar nas hipóteses de dispensa ou de inexigibilidade de licitação, enumeradas na Lei n.º 8.666/1993, a empresa justificou a compra direta, sem licitação, sob os fundamentos de ser ela um ente da administração indireta da União, possuir personalidade jurídica de direito privado e estar o bem adquirido intimamente vinculado à atividade fim da empresa. Em face do caso apresentado acima, em especial no que tange ao objeto da aquisição e tendo em vista os princípios constitucionais aplicáveis à Administração Pública, elabore um parecer abordando, obrigatoriamente, os seguintes aspectos: a) - conceito e objetivo da licitação e conceito e regime jurídico da sociedade de economia mista; b) - necessidade, ou não, de sociedades de economia mista, em situação como a descrita acima, submeterem-se à Lei n.º 8.666/1993.

Modelo: Parecer

início da peça

Parecer nº ...

Interessado: ...

Assunto: Solicitação de parecer sobre a possibilidade de sociedade de economia mista que desenvolve atividade econômica sem monopólio adquirir, sem prévia licitação, produto ligado à sua atividade fim.

Ementa: Administrativo. Licitação. Contratação direta. Sociedade de economia mista. Produto ligado diretamente à atividade fim da empresa. Não incidência de hipótese de dispensa ou inexigibilidade. Possibilidade da contratação direta. Particularidades da atividade de exploração da atividade econômica. Art. 173, § 1º, da CF. Contratação de produto ligado à atividade fim da empresa. Ausência de *pressuposto jurídico* para a licitação.

1. Relatório

Trata-se de consulta formulada pelo (a) ..., que solicita parecer sobre a possibilidade de sociedade de economia mista que desenvolve atividade econômica sem monopólio adquirir, sem prévia licitação, produto ligado à sua atividade fim, mesmo não incidindo hipótese de dispensa ou de inexigibilidade de licitação.

A sociedade de economia mista Alfa justifica a contratação direta sob os seguintes fundamentos: a) ter a condição de ente da administração indireta da União; b) possuir personalidade jurídica de direito privado; c) ter adquirido produto ligado à atividade fim da empresa.

É o relatório.

2. Fundamentação

Para responder ao presente parecer, é fundamental apontar algumas premissas, que ajudarão na conclusão a ser tomada. A primeira diz respeito ao conceito e aos objetivos da licitação. A segunda, ao conceito e ao regime jurídico da sociedade de economia mista. E a terceira, aos contornos da submissão de uma sociedade de economia mista à Lei n. 8.666/93.

Quanto à primeira premissa, a licitação pode ser conceituada como o procedimento obrigatório à administração pública direta e indireta, quando queira contratar ou outorgar permissão ou concessão (arts. 37, XXI, da CF, e 2o, da Lei 8.666/93). Os objetivos maiores da licitação são três: promover o princípio da igualdade, permitindo que interessados possam participar do certame, evitando favorecimentos indevidos, preservar o princípio da indisponibilidade do interesse público, buscando escolher a melhor proposta para a administração pública e promover o desenvolvimento nacional. De acordo com dispositivo constitucional citado só se admite a contratação direta nos "casos especificados na legislação".

A primeira premissa, portanto, é no sentido de que o dever de licitar é a regra, tanto para a administração direta como a para indireta, só podendo ser excepcionado nos casos previstos em lei.

Quanto à segunda premissa, a sociedade de economia mista pode ser conceituada como a pessoa jurídica de direito privado estatal, cuja criação é autorizada por lei específica, nos casos autorizados pela Constituição, e que pode ter objeto a exploração de atividade econômica ou a prestação de serviço público. O regime jurídico dessa sociedade pode ser apontado como "regime de direito privado especial", isso porque a empresa está sujeita ao regime privado para fins obrigacionais, contratuais, trabalhistas, tributários e processuais, mas se encontra sujeita a certas regras de direito público, como promover concurso público para admissão de pessoal, realizar licitação para suas contratações e obedecer aos princípios da administração pública.

A segunda premissa, portanto, é também no sentido de que a sociedade de economia mista, quanto ao tema licitação, deve atender às regras de direito público, realizando certame licitatório para suas contratações.

Quanto à terceira premissa, há de se ponderar em que medida o regime jurídico dessas sociedades – que é privado, mas contém condicionantes públicos –, afeta os contornos de sua submissão à Lei 8.666/93.

Há dois pontos a serem observados neste particular. O primeiro é um elemento fático, ligado à realidade do mercado e ao estado das coisas, quando se trata de uma empresa estatal. O segundo é o jurídico, ligado às peculiaridades normativas dessas empresas.

No plano fático, há de se ressaltar que não é possível comparar a atividade estatal, não ligada diretamente ao comércio, com a atividade das empresas estatais, ligadas, como regra, diretamente a uma atividade econômica. Essa diferença faz com que, em certas situações, a urgência e a eficiência reclamadas pelo mercado, levem à necessidade de as empresas estatais que explorem atividade econômica contratem sem licitação, como meio de conseguir atuar no mercado.

No plano jurídico, a EC 19/98 alterou o texto dos arts. 22, XXVII, e 173, § 1º, da CF, passando a dispor que as empresas estatais exploradoras de atividade econômica terão tratamento próprio quanto ao dever de licitar, por meio de lei que estabelecerá seu estatuto jurídico.

Somando-se esses dois pontos, e lembrando que a licitação só pode ser feita quando atender ao seu *pressuposto jurídico* – de ser conveniente ao interesse público –, pode-se chegar à conclusão de que, nos casos em que as sociedades de economia mista estiverem atuando no mercado e desejando adquirir bens ou serviços ligados à sua atividade fim (o que exclui, por exemplo, aquisição de serviços de limpeza e vigilância de prédio onde funcionar a empresa), é possível que deixem de realizar licitação para a contratação respectiva, se esta puder comprometer as atividades da estatal.

A terceira premissa, portanto, especial em relação às duas primeiras, faz concluir que a regra da obrigatoriedade da licitação cede no caso em tela.

3. Conclusão

Ante o exposto, nosso parecer é no sentido da possibilidade de sociedade de economia mista que desenvolve atividade econômica sem monopólio adquirir, sem prévia licitação, produto ligado diretamente à sua atividade fim, mesmo não incidindo hipótese de dispensa ou inexigibilidade de licitação, e desde que a realização do certame possa impedir que a empresa atue no mercado em condições paritárias com as demais empresas.

À consideração superior.

Local ... , data ....

[Não assine, rubrique ou, de outra forma, identifique sua prova!]

ADVOGADO ...

OAB ...

fim da peça

(OAB/Exame Unificado – 2006.1 – 2ª fase) PEÇA PROFISSIONAL. O diretor do departamento de recursos humanos de uma prefeitura municipal encaminhou ao departamento jurídico dessa entidade a seguinte consulta: "Senhor Diretor Jurídico, o servidor Raimundo Nonato da Silva, que trabalha no almoxarifado, na função de almoxarife, solicitou a este Departamento o pagamento de duas horas extraordinárias por dia, tendo em vista a sua jornada de trabalho ser das 8 h às 12 h e das 13 h às 19 h, de segunda a sexta-feira. O servidor foi nomeado, após aprovação em concurso público, para jornada de trabalho de 8 horas/dia. Assim, solicito orientação desse Departamento Jurídico sobre a obrigatoriedade do pagamento das horas extraordinárias solicitadas." Com base na situação hipotética apresentada e na condição de membro da equipe do departamento jurídico da mencionada prefeitura, redija um parecer jurídico dando a solução à consulta do diretor de recursos humanos. Extensão máxima: 90 linhas (data da prova: 07/05/06)

RESOLUÇÃO DA PEÇA PRÁTICO-PROFISSIONAL – PARECER

1. **Peça:** Parecer.
2. **Endereçamento:** Senhor Diretor do Departamento de Recursos Humanos ou Senhor Diretor do Departamento Jurídico.

3. Fundamentação legal:

a) Arts. 7º, XIII e XVI, e 39, § 3º, ambos da CF/88;

b) Arts. 19, 41, 49, 61, V, e 73, todos da Lei 8.112/90, lei aplicável por analogia no caso de não haver estatuto dos funcionários públicos no município;

4. Teses:

a) É direito do servidor jornada de trabalho com duração máxima semanal de 40 horas, observados os limites mínimo e máximo de 6 e 8 horas, respectivamente.

b) O servidor foi nomeado para jornada de trabalho de 8 horas/dia.

c) O percentual mínimo constitucional para a remuneração do serviço extraordinário é de 50% superior à remuneração do serviço normal.

d) Sobre o valor a ser pago a título de horas extras deverá incidir a contribuição previdenciária (Súmula 207 do STF).

e) As horas-extras não se incorporam à remuneração do servidor.

Comentários adicionais.

Os pareceres desta questão e da questão seguinte devem ser feitos segundo o modelo apresentado na questão anterior, ou seja, com os seguintes requisitos: Parecer nº ...; Interessado ...; Assunto ...; Relatório ...; Fundamentação ...; Conclusão ... .

Um parecer sem ementa não deve ser desconsiderado pelo examinador. Porém, se o candidato a fizer, a peça certamente ganhará em termo de qualidade.

(OAB/Exame Unificado – 2006.2 – 2ª fase) Pedro, servidor público municipal ocupante do cargo de assistente administrativo, solicitou ao serviço de recursos humanos da secretaria de administração do município licença paternidade, pois sua esposa está prestes a dar à luz. O chefe do departamento de recursos humanos, com dúvidas sobre o direito de Pedro à licença, solicitou orientação à Procuradoria Jurídica do município sobre o direito à concessão da licença paternidade, os requisitos para sua concessão e seu período de duração. Considerando essa situação hipotética, redija um parecer jurídico em resposta à consulta do chefe do departamento de recursos humanos da referida secretaria municipal. Extensão máxima: 120 linhas (data da prova: 17/09/06)

RESOLUÇÃO DA PEÇA PRÁTICO-PROFISSIONAL

1. Peça Processual: Parecer.

2. Endereçamento: Senhor Diretor do Departamento de Recursos Humanos da Secretaria de Administração.

3. Fundamentação legal:

a) Arts. 7°, XIX, e 39, § 3º, ambos da CF/88.

b) Arts. 102, VIII, "a", 184, II, 185, I, "e", 208, todos da Lei n. 8.112/90, lei aplicável por analogia no caso de não haver estatuto dos funcionários públicos no município.

c) Arts. 3° e 4° da Lei n. 8.069/90 (Estatuto da Criança e do Adolescente).

4. Teses:

a) O servidor tem direito à licença remunerada, considerando-se o período como de efetivo exercício do trabalho.

b) O período é de 05 (cinco) dias consecutivos contados da data do nascimento, salvo se houver legislação municipal dispondo de forma especial conferindo período diverso.

c) O servidor terá de preencher formulário específico dirigido à chefia imediata comunicando o motivo da licença.

d) Será necessária a apresentação da certidão de nascimento do filho.

5. Observações:

a) A licença paternidade não poderá ser concedida em data posterior ao nascimento ou adoção de filho, constante da certidão de nascimento, nem sofrer qualquer interrupção.

b) A licença paternidade é devida seja pelo nascimento de filho, seja pela adoção, neste caso o documento necessário será o termo de adoção.

(OAB/Exame Unificado – 2006.3 – 2ª fase) O Banco Regional Estadual, sociedade de economia mista de um estado da Federação, resolveu abrir procedimento administrativo de seleção com vistas à contratação de empresa civil para a construção da nova sede do banco. Na inexistência de lei específica que estabeleça o estatuto jurídico de que trata o art. 173, § 1.º, inciso III, da Constituição Federal, houve por bem aplicar os dispositivos da Lei n.º 8.666/1993. Na fase de habilitação, a sociedade Tijolo Construções e Engenharia Ltda. foi desclassificada do certame, sem a participação do preposto dessa sociedade, sob o argumento de que ela não possuía regularidade fiscal, pois estava em dívida com o INSS — fato que a inabilitaria ao certame, nos termos do inciso IV, do art. 29 da Lei n.º 8.666/1993. Essa decisão, com ata lavrada em 10/8/2006, quinta-feira, foi publicada em 15/8/2006, terça-feira. No recurso administrativo endereçado à Comissão de Licitação, em 22/8/2006, terça-feira, a sociedade licitante defendeu-se, alegando que, em relação ao citado débito, já havia dado em garantia à execução fiscal uma caução integral e em dinheiro. Alegou também que a penhora não foi realizada por ser um procedimento demorado, pelo qual não deu causa, sendo esse o motivo por que não teria fornecido a certidão negativa de débito, mas apresentou a certidão positiva com efeitos de negativa. Portanto, somente poderia opor os embargos do devedor quando a penhora fosse decidida, o que revelaria a intenção da licitante de discutir o débito judicialmente, ação essa que não dependeria de impetrante, pois a caução havia sido feita há mais de 1 ano, sem que tivesse havido decisão judicial a respeito. O presidente da comissão, em 27/8/2006, após ter recebido o recurso sem efeito suspensivo, não conheceu dele, sob o argumento de sua intempestividade, decisão que foi publicada no dia 29/8/2006. Na qualidade de advogado da sociedade Tijolo Construções e Engenharia Ltda., redija peça profissional que contemple a medida judicial mais apropriada para que sua constituinte possa continuar a participar do certame. (data da prova: 14/01/07)

RESOLUÇÃO DA PEÇA PRÁTICO-PROFISSIONAL.

1. **Peça Processual**: Ação declaratória de nulidade de ato administrativo cumulada com obrigação de fazer, com pedido de tutela de urgência. Obs: o mandado de segurança não é cabível, pois houve o transcurso do prazo decadencial de 120 dias (art. 23 da Lei 12.016/09).
2. **Endereçamento**: Excelentíssimo Senhor Doutor Juiz de Direito da ___ Vara ___ da Comarca de ___.
3. **Fundamentação legal**:
   a) Arts. 5°, LV, 37, XXI, e 173, § 1.º, III, todos da CF/88.
   b) Arts. 151 e 206 do CTN.
   c) Arts. 1°, parágrafo único, 29, IV, 109 e 110, todos da Lei n. 8.666/93.
4. **Teses**:
   a) o recurso administrativo foi protocolado no prazo, pois estava dentro dos 5 dias úteis previstos no art. 109, I a, da Lei 8.666/93.
   b) o recurso administrativo deveria ter sido recebido no efeito suspensivo (art. 109, § 2º, da Lei 8.666/93).
   c) somente a autoridade competente (e não a Comissão de Licitação) poderia não conhecer do recurso, uma vez que a primeira é quem tem competência para julgá-lo (art. 109, § 4º, da Lei 8.666/93).

d) a caução prestada em dinheiro é suficiente para suspender a exigibilidade do crédito tributário (art. 151, II, do CTN), de modo que a certidão positiva com efeitos de negativa tem o mesmo efeito da certidão negativa (art. 206 do CTN).

e) é necessário garantir a observância do princípio constitucional da isonomia, selecionando-se a proposta mais vantajosa para a Administração, visando a observância dos princípios básicos da legalidade, da impessoalidade, da moralidade, da igualdade, da publicidade, da probidade administrativa, da vinculação ao instrumento convocatório, do julgamento objetivo e dos que lhes são correlatos.

f) existe relevante fundamento (*fumus boni iuris*) e perigo na demora caso não seja concedida a medida antes da solução definitiva do *writ* impetrado (*periculum in mora*); o primeiro porque houve nítida violação dos preceitos estabelecidos no art. 109 da Lei 8.666/93; e o segundo porque, caso o certame prossiga, haverá abertura das propostas de preço, com quebra do sigilo da concorrência, prejudicando o certame para o caso de a segurança ser concedida apenas ao final.

Modelo: Petição inicial de ação anulatória de ato administrativo cumulada com obrigação de fazer, com pedido de tutela antecipada.

[o que estiver entre colchetes é apenas nota do autor – não deve constar da peça]

início da peça

Excelentíssimo Senhor Doutor Juiz de Direito da .... Vara ... da Comarca de ...

[deixe espaço de aproximadamente 10 cm, para eventual despacho ou decisão do juiz]

Tijolo Construções e Engenharia Ltda., inscrita no CNPJ sob o número ... e com sede na ..., no Município de ..., por seu advogado que firma a presente (procuração anexada – doc. 1), com escritório para recebimento de intimações na ... (CPC, art. 39, I), vem, respeitosamente, propor contra o Banco Regional Estadual, sociedade de economia mista estadual, inscrita no CNPJ sob o número ... e com sede na ..., no Município de ..., cujo representante legal pode ser localizado em ..., a presente

AÇÃO ANULATÓRIA DE ATO ADMINISTRATIVO CUMULADA COM OBRIGAÇÃO DE FAZER, COM PEDIDO DE ANTECIPAÇÃO DOS EFEITOS DA TUTELA

que deverá ser processada pelo rito ordinário, segundo os fundamentos de fato e de direito a seguir aduzidos.

1. DOS FATOS

A autora participou de certamente licitatório promovido pelo réu, cujo objeto é a contratação de empresa para a construção da nova sede do banco (doc. 2).

Ocorre que a autora foi inabilitada do certame (a terminologia usada pelo réu foi “desclassificada”, mas o correto seria “inabilitada”), em decisão publicada no dia 15/08/06, sob o argumento de que ela não possuía regularidade fiscal, pois estava em dívida com o INSS — fato que a inabilitaria ao certame, nos termos do inciso IV, do art. 29 da Lei n.º 8.666/1993 (doc. 3).

Ocorre que, com relação ao débito citado, a autora já havia dado em garantia à execução fiscal uma caução integral e em dinheiro, o que se deu há mais de 1 ano, estando o processo no aguardo de decisão judicial (doc. 4).

Fundada nessas razões, a autora interpôs recurso administrativo contra a decisão de inabilitação, o que se deu no dia 22/08/06, recurso esse que foi recebido sem efeito suspensivo e não foi conhecido pelo presidente da comissão, ao argumento de sua intempestividade, em decisão que foi publicada no dia 29/08/06 (doc. 5).

Dessa forma, não restando outra alternativa à autora, esta ingressa com a presente ação anulatória do ato que a inabilitou, com condenação do réu na obrigação de fazer consistente na sua habilitação no certame, providência que se deve dar desde já, por meio da tutela antecipada que a seguir será requerida.

2. DO DIREITO

2.1. Da nulidade da decisão proferida no recurso administrativo

Os fatos narrados demonstram, claramente, que a decisão proferida no recurso administrativo interposto pela autora é ilegal.

Primeiro porque, de acordo com o art. 109, § 2º, da Lei 8.666/93, o recurso deveria ter sido recebido no efeito suspensivo, mas não o foi.

Segundo porque o recurso deveria ter sido conhecido, pois estava, sim, no prazo, já que foi protocolado dentro dos 5 (cinco) dias *úteis* previstos no art. 109, I, a, da Lei 8.666/93.

Terceiro porque compete à autoridade superior fazer a análise acerca do conhecimento ou não do recurso (art. 109, § 4º, da Lei 8.666/93), de modo que a Comissão de Licitação não tinha competência para exarar a decisão ora impugnada.

Tais fatos, por si, só já justificam a declaração de nulidade da decisão administrativa proferida no recurso mencionado.

2.2. Da ilegalidade da inabilitação e da imperatividade da habilitação da autora

Faz-se necessário desde já esclarecer que, no mérito, a decisão de inabilitação da autora não procede. Isso porque, segundo o art. 151, II, do CTN, a caução prestada em dinheiro é suficiente, por si só, para suspender a exigibilidade do crédito tributário. Assim, incide a hipótese da certidão positiva com efeitos de negativa (art. 206 do CTN), restando patente a regularidade fiscal da autora para efeito de participação no processo licitatório.

Vale ressaltar que o art. 37, XXI, da Constituição traz princípio que determina a participação do maior número de pessoas em certame licitatório, seja para atender ao princípio da isonomia, seja para atender ao princípio da indisponibilidade do interesse público. As exigências dos licitantes devem ser feitas apenas no que for estritamente necessário para comprovar a idoneidade destes, sendo necessário que estejam previstas em lei e interpretadas estritamente.

No caso em tela, a inabilitação da autora ofende as regras de direito tributário mencionadas, bem como os princípios da isonomia e da indisponibilidade do interesse público, de modo que a habilitação era a providência adequada por parte da Comissão de Licitação.

2.3. Dos objetivos da presente demanda

Diante desse quadro, a autora poderia buscar nesta demanda duas alternativas. A primeira consiste em pedir a anulação da decisão proferida pela Comissão de Licitação e a condenação do réu na obrigação de habilitar a autora, a fim de que esta prossiga no certame, já em sua próxima fase. A segunda alternativa consiste em também pedir a anulação da decisão proferida, mas apenas para o fim de determinar o regular processamento do recurso interposto, com efeito suspensivo, com remessa deste para conhecimento e julgamento pela autoridade competente.

ADMINISTRATIVA

A primeira providência implicaria em a autora renunciar ao direito de continuar recorrendo administrativamente, até esgotar as instâncias administrativas.

De fato, é pacífico na doutrina e na jurisprudência, o entendimento de que não é necessário esgotar as vias administrativas para buscar a prestação jurisdicional, diante de ilegalidade ou abuso de poder.

Todavia, a autora prefere buscar na presente ação apenas a declaração de nulidade do ato proferido pela Comissão de Licitação, com a determinação de que o recurso seja recebido no efeito suspensivo e regularmente processado, a fim de que a autoridade competente o receba para julgamento, ressalvada a busca pela prestação jurisdicional, caso a autora não tenha êxito no mérito do recurso administrativo interposto.

3. DA TUTELA ANTECIPADA

Existe relevante fundamento (*fumus boni iuris*) e perigo na demora caso não concedida a medida antes da solução definitiva da ação ajuizada (*periculum in mora*).

O primeiro porque houve nítida violação dos preceitos estabelecidos no art. 109 da Lei 8.666/93, sem contar que se defende, no mérito recursal, que deverão ser analisados pela autoridade competente fundamentos constitucionais relacionados à participação do maior número de concorrentes na licitação e respeito ao princípio da isonomia.

E o segundo porque, caso o certame prossiga, haverá abertura das propostas de preço, com quebra do sigilo da concorrência, prejudicando o certame para o caso de a segurança ser concedida apenas ao final.

Presentes, portanto, todas as condições para a antecipação pretendida, sem oitiva do réu, para que esse D. Juízo determine o recebimento imediato do recurso administrativo interposto pela autora, no efeito suspensivo, processando-se regularmente o referido recurso, que deverá ser julgado pela autoridade competente.

Esse requerimento, por importar em obrigação de fazer, deve ser atendido segundo o regime do art. 461 do Código de Processo Civil, impondo-se fixação de multa diária de R$ 10.000,00, para o descumprimento da decisão judicial a ser proferida.

4. DO PEDIDO

Por todo o exposto, a autora requer que:

a) seja deferida a antecipação da tutela pretendida, determinando-se que o réu promova o recebimento imediato do recurso administrativo interposto pela autora, com efeito suspensivo, processando-se regularmente o referido recurso, que deverá ser julgado pela autoridade competente;

b) seja determinada a citação do réu para, querendo, contestar a presente demanda no prazo legal (arts. 297 e 188 do CPC), sob pena de revelia (art. 285 do CPC);

c) a produção de todas as provas admitidas pelo Direito;

d) seja, ao final, confirmada a tutela antecipada requerida, com a declaração de nulidade do ato da comissão do concurso que não recebeu o recurso da autora e a confirmação da decisão que determinar que o recurso administrativo interposto pela autora seja recebido no efeito suspensivo e julgado pela autoridade competente:

e) seja o réu condenado ao pagamento das custas processuais e dos honorários de sucumbência fixados em 20% do valor da causa *(art. 20 do CPC); [repare que o pedido é estritamente declaratório e relativo a obrigação de fazer, ou seja,* ***não haverá condenação em valores monetários*** *– assim, não há como pedir honorários fixados sobre o valor da*

***condenação**, mas apenas sobre o valor da **causa**, ou fixados por equidade, conforme o art. 20, § 4º, do CPC]*

Dá-se à causa o valor de R$ ...

Termos em que, pede deferimento.

Local .., data ...

[não assine, rubrique ou, de outra forma, identifique sua prova!]

____

Advogado ...

OAB ...

fim da peça

(OAB/Exame Unificado – 2007.1 – 2ª fase) O imóvel de Antônio foi ocupado, em 19 de janeiro de 1988, pelo estado X, que o utilizou como espaço para feira de exposição permanente. Mais de 500 pontos de venda foram licitados e adquiridos pelos feirantes. A referida feira já está em funcionamento há mais de 10 anos. Em dezembro de 2006, Antônio procurou o escritório de advocacia, com a intenção de ser reintegrado no imóvel esbulhado ou ser indenizado. Como advogado responsável pela defesa dos interesses de Antônio, redija peça profissional que contemple a medida judicial mais adequada e célere ao caso. Para tanto, aborde, em seu texto, necessariamente e de forma fundamentada de acordo com os precedentes jurisprudenciais dos tribunais superiores os aspectos apresentados a seguir. Aspectos formais:

✓ órgão judicial competente;
✓ medida judicial mais apropriada;
✓ outros aspectos formais.

Aspectos materiais:

✓ prescrição;
✓ juros moratórios;
✓ juros compensatórios;
✓ honorários advocatícios;
✓ pedidos finais.

(Data da prova: 03/06/07)

RESOLUÇÃO DA PEÇA PRÁTICO-PROFISSIONAL.

1. **Peça Processual:** Ação de Indenização por Desapropriação Indireta.
2. **Endereçamento:** Excelentíssimo Senhor Doutor Juiz de Direito da _____ Vara da Fazenda Pública da Comarca de ____.
3. **Fundamentação legal e teses:**

a) Com a ocupação do local pelo Poder Público e sua utilização num serviço público, o bem foi incorporado ao patrimônio público, o que impõe a devida indenização.

b) O fundamento maior desse direito é o art. 5º, XXIV, que dispõe que a desapropriação requer pagamento de prévia e **justa** indenização em dinheiro.

c) O art. 35 do Decreto-lei 3.365/41, por sua vez, assevera que, "os bens expropriados, uma vez incorporados à Fazenda Pública, não podem ser objeto de reinvindicação, ainda que fundada em nulidade do processo de desapropriação". O mesmo dispositivo dispõe que eventuais problemas devem ser resolvidos por meio de indenização por perdas e danos. Esse dispositivo deixa claro que a única alternativa para um caso como o presente é intentar ação indenizatória, já que, uma vez incorporado o bem ao patrimônio público, não é possível desfazer essa situação.

d) O § 3º do art. 27 do Decreto-lei 3.365/41, parágrafo acrescentado pela Medida Provisória 2.183-56/01, dispõe que a disciplina dos juros compensatórios, em matéria de desapropriação, vale também para "as ações ordinárias de indenização por apossamento administrativo ou desapropriação indireta". Essa disposição assume expressamente o dever de indenizar quando ocorre a desapropriação indireta.

e) Por fim, a responsabilidade objetiva do estado prevista no art. 37, § 6º, da CF, também reclama indenização por prejuízos causados por conduta estatal, independentemente de culpa ou dolo.

f) O prazo prescricional para ingressar com a ação de indenização por desapropriação indireta, nos termos da Súmula 119 do STJ, é de 20 anos. O fundamento da súmula é que esse é prazo para a usucapião extraordinária de bens imóveis, sob a égide do antigo Código Civil (arts. 550/551). Todavia, no atual CC, o prazo da usucapião extraordinária é de 15 anos, como regra, e de 10 anos, quando o possuir houver estabelecido no imóvel a sua moradia habitual, ou nele realizado obras ou serviços de caráter produtivo, conforme o art. 1.238 do CC. O atual Código Civil prevê que os prazos prescricionais reduzidos por ele não serão aplicados se o prazo originário já transcorreu mais da metade (art. 2.028). No caso em tela, como o prazo de 20 anos se iniciou em 1988, ele já transcorreu mais do que sua metade na data da prova, de modo que será o prazo a regular a prescrição no caso em tela. Assim, a ação pode ser intentada até 19 de janeiro de 2008. A MP 2.183/01 deu nova redação ao parágrafo único do art. 10 do Dec-lei, para dispor que o prazo para prescricional da ação de indenização por desapropriação indireta passava a ser de 5 anos. Todavia, o STF, na ADI 2.260/DF, suspendeu a eficácia do dispositivo. A ADI perdeu o objeto quanto a esse ponto, pois edição posterior da medida provisória mudou o dispositivo para o seguinte teor: "extingue-se em 5 (cinco) anos o direito de propor ação que vise a indenização por restrições decorrentes de atos do Poder Público". Tais restrições não se confundem com a extinção do direito de propriedade, própria da desapropriação indireta. Restrições dizem respeito a servidões, requisições administrativas etc.

4. Outros pontos:

a) deve ser feito pedido de Citação e protesto pela produção das provas admitidas em direito, requerendo-se, desde já, a realização de prova pericial para determinar o valor da justa indenização;

b) deve-se pedir a procedência da ação com a fixação de indenização que leve em conta os critérios legais e as avaliações, bem como os seguintes consectários legais:

– juros compensatórios pela imissão provisória no imóvel, juros esses devidos desde a apropriação do imóvel pela ré, e no montante de 12% ao ano, com incidência sobre a totalidade do valor indenizatório;

– juros moratórios, na forma do art. 100, § 12, da Constituição Federal;

– correção monetária, contada desde a realização do laudo pericial que fixar o valor do bem expropriado;

– custas e despesas processuais, bem como honorários advocatícios, estes no valor de 20% sobre o total da condenação; os honorários advocatícios deverão incidir também sobre as parcelas relativas aos juros compensatórios e moratórios, devidamente corrigidos (Súmula 131 do STJ)

Modelo: Petição inicial de ação de desapropriação indireta.

[o que estiver entre colchetes é apenas nota do autor – não deve constar da peça]

início da peça

Excelentíssimo Senhor Doutor Juiz de Direito da .... Vara da Fazenda Pública da Comarca de ...

[Deixe espaço de aproximadamente 10 cm, para eventual despacho ou decisão do juiz]

Antonio, ..., estado civil ..., profissão ..., com residência e domicílio ..., portador do RG ... e do CPF ..., por seu advogado que firma a presente (procuração anexada – DOC. 1), com escritório para recebimento de intimações na ... (CPC, art. 39, I), vem, respeitosamente, propor contra o Estado X, pessoa jurídica de direito público interno, com sede na ..., cujo representante legal pode ser localizado em ..., a presente

AÇÃO DE INDENIZAÇÃO POR DESAPROPRIAÇÃO INDIRETA

com fundamento no art. 5º, XXIV, da Constituição Federal, e nos arts. 15-A, § 3º, e 35 do Decreto-lei 3.365/41, bem como nas razões a seguir aduzidas.

1. DOS FATOS

Em 19 de janeiro de 1988, o imóvel do autor, sito na ..., foi ocupado pelo réu, que o utilizou como espaço para feira de exposição permanente.Mais de 500 pontos de venda foram licitados e adquiridos pelos feirantes. A referida feira já está em funcionamento há mais de 10 anos (doc. 2).

A constatação de que o Poder Público havia se apropriado do bem, ainda que de modo irregular e abusivo, fez com que o autor buscasse o réu para receber indenização cabal pelos prejuízos sofridos.

Todavia, o autor não logrou êxito nesse intento, o que o leva a propor a presente ação indenizatória.

2. DO DIREITO

2.1. Do fundamento jurídico da presente ação indenizatória.

É pacífico na doutrina e na jurisprudência, que, quando o Poder Público se apropria de bem particular, sem observância dos requisitos do processo de indenização, o lesado tem direito de buscar a devida indenização junto ao Poder Judiciário.

O fundamento maior desse direito é o art. 5º, XXIV, que dispõe que a desapropriação requer pagamento de prévia e justa indenização em dinheiro.

O art. 35 do Decreto-lei 3.365/41, por sua vez, assevera que, "os bens expropriados, uma vez incorporados à Fazenda Pública, não podem ser objeto de reivindicação, ainda que fundada em nulidade do processo de desapropriação". O mesmo dispositivo dispõe que eventuais problemas devem ser resolvidos por meio de indenização por perdas e danos. E deixa claro que a única alternativa para um caso como o presente é intentar ação indenizatória, já que, uma vez incorporado o bem ao patrimônio público, não é possível desfazer essa situação, por meio de ação de reintegração de posse, por exemplo.

Por fim, o § 3º do art. 27 do Decreto-lei 3.365/41, parágrafo acrescentado pela Medida Provisória 2.183-56/01, dispõe que a disciplina dos juros compensatórios, em matéria de desapropriação, vale também para "as ações ordinárias de indenização por apossamento administrativo ou desapropriação indireta". Essa disposição assume expressamente o dever de indenizar quando ocorre a desapropriação indireta.

Por fim, a responsabilidade objetiva do estado prevista no art. 37, § 6º, da CF, também reclama indenização por prejuízos causados por conduta estatal, independentemente de culpa ou dolo.

Assim, os fundamentos jurídicos expressos acima demonstram, cabalmente, que é devida indenização no caso presente, em que o Poder Público se apropriou de imóvel do autor, sem cumprir as formalidades previstas em lei.

2.2. Da não configuração da prescrição

O prazo prescricional para ingressar com a ação de indenização por desapropriação indireta, nos termos da Súmula 119 do STJ, é de 20 anos.

O fundamento da súmula é que esse é prazo para a usucapião extraordinária de bens imóveis, sob a égide do antigo Código Civil (arts. 550/551).

Todavia, no atual CC, o prazo da usucapião extraordinária é de 15 anos, como regra, e de 10 anos, quando o possuidor houver estabelecido no imóvel sua moradia habitual, ou nele realizado obras ou serviços de caráter produtivo, conforme o art. 1.238.

De qualquer forma, o atual Código Civil prevê que os prazos prescricionais por ele reduzidos não serão aplicados se o prazo originário já transcorreu mais da metade (art. 2.028).

No caso em tela, como o prazo de 20 anos se iniciou em 1988, ele já transcorreu mais do que sua metade nesta data (03/06/07), de modo que será o prazo a regular a prescrição no caso em tela.

Assim, a ação poderia ser intentada até 19 de janeiro de 2008.

É importante ressaltar que a MP 2.183/01 deu nova redação ao parágrafo único do art. 10 do Dec-lei, para dispor que o prazo para prescricional da ação de indenização por desapropriação indireta passava a ser de 5 anos. Todavia, o STF, na ADI 2.260/DF, suspendeu a eficácia do dispositivo. A ADI perdeu o objeto quanto a esse ponto, pois edição posterior da medida provisória mudou o dispositivo para o seguinte teor: "extingue-se em 5 (cinco) anos o direito de propor ação que vise a indenização por restrições decorrentes de atos do Poder Público". Tais restrições, todavia, não se confundem com a extinção do direito de propriedade, própria da desapropriação indireta. Restrições dizem respeito a servidões, requisições administrativas etc.

Assim, fica mantido o raciocínio no sentido de que, no caso, está em curso o prazo prescricional de 20 anos, que somente se findará em 19 de janeiro de 2008.

2.3. Das verbas indenizatórias devidas

A indenização devida deve contemplar diversas parcelas e não só o valor de mercado do bem expropriado.

A indenização só será justa, conforme determina a Constituição, se incluir as verbas que serão a seguir descritas.

2.3.1. Valor de mercado do bem

A indenização, para ser justa, deve corresponder ao valor de mercado do bem (art. 5º, XXIV, da CF, e 27 do Decreto-lei 3.365/41).

Nesse sentido, requer que seja fixado o valor conforme as avaliações ora apresentadas (DOC. 3 – avaliações do imóvel) e conforme também será demonstrado por ocasião da prova pericial;

[Danos emergentes e lucros cessantes: em alguns casos será necessário pedir verbas relacionadas a outros danos emergentes e lucros cessantes a serem inseridos na indenização; exemplo: mudança, fundo de comércio do proprietário etc.]

2.3.2. Juros compensatórios

Os juros compensatórios são devidos no caso presente como forma de compensar o período em que o autor deixou de ter a disponibilidade da coisa. Tais juros são devidos, então, desde a ocupação do imóvel pelo Poder Público e incidirão sobre o total de indenização, uma vez que, diferentemente do que ocorre na desapropriação direta, não há diferença entre o valor fixado na sentença e o valor ofertado, pois aqui não se fala em valor ofertado.

Os juros, aqui, terão o mesmo percentual dos juros compensatórios na desapropriação indireta, uma vez que foi suspensa pelo STF a disposição que estabelecia juros de até 6% ao ano (*vide* art. 15-A do Decreto-lei 3.365/41). Assim, remanesce a regra estabelecida na Súmula 618 do STF, pela qual a taxa de juros compensatórios é de 12% ao ano.

2.3.3. Juros moratórios

Os juros moratórios são devidos se houver atraso, pelo Poder Público, no pagamento que deverá efetuar pela desapropriação. Como o pagamento, no caso presente, será feito mediante a expedição de precatório, esse atraso só passará a existir "a partir de 1º de janeiro do exercício seguinte àquele em que o pagamento deveria ser feito, nos termos do art. 100 da Constituição" (art. 15-B do Decreto-lei 3.365/41).

O mesmo dispositivo estabelece que esses juros serão de 6% ao ano.

2.3.4. Correção monetária

Para que a indenização seja justa, há de se acrescer à condenação a incidência de correção monetária. Esta deve ser computada desde a data do laudo pericial que fixará valor do bem expropriado, conforme entendimento doutrinário e jurisprudencial sobre o tema.

2.3.5. Custas e despesas processuais

De acordo com o entendimento doutrinário e jurisprudencial, as custas e as despesas processuais serão de responsabilidade do Poder Público, inclusive as que se referiam ao adiantamento das quantias para fazer frente aos honorários periciais.

2.3.6. Honorários advocatícios

O Decreto-lei 3.365/41 dispõe que, à moda do que ocorre na desapropriação direta, os honorários serão fixados entre 0,5 e 5% da diferença entre o valor oferecido pelo Poder Público e o valor fixado pelo Poder Judiciário (art. 27, §§ 1º e 3º, do Dec.-lei, com a redação dada pela MP 2.183-56/01).

Todavia como, no presente caso, não há diferença entre valor fixado pelo juiz e valor ofertado pelo Poder Público, já que este se apoderou do bem sem seguir os trâmites legais, deve incidir os honorários sobre o valor total da condenação, prevalecendo os parâmetros previstos no art. 20, § 3º, do CPC (entre 10% e 20% do valor da condenação), conforme entendimento doutrinário e jurisprudencial a respeito.

3. DO PEDIDO

Ante o exposto, é o presente para requerer a Vossa Excelência o quanto segue:

a) a Citação da ré, no endereço declinado nesta inicial, para, querendo, contestar a presente ação no prazo legal, sob as penas da lei processual civil;

b) a realização de prova pericial para determinar o valor da justa indenização;

c) o protesto pela indicação oportuna de seu assistente técnico e dos quesitos pertinentes;

d) a procedência da ação com a fixação de indenização que leve em conta os critérios legais e as avaliações ora apresentadas, que apontam para o valor de R$ ... para a totalidade do imóvel, com a fixação de:

i) juros compensatórios pela imissão provisória no imóvel, juros esses devidos desde a apropriação do imóvel pela ré, ocorrida em ... ; os juros devem ser de 12% ao ano e incidir sobre a totalidade do valor indenizatório;

ii) correção monetária, contada desde a realização do laudo pericial que fixar o valor do bem expropriado e incidente até a data do efetivo pagamento;

iii) custas e despesas processuais, bem como honorários advocatícios, estes no valor de 20% sobre o total da condenação;

iv)juros compensatórios calculados sobre o valor total da indenização, corrigidos monetariamente (Súmula 114 do STJ);

v) honorários advocatícios incidentes, também, sobre as parcelas relativas aos juros compensatórios e moratórios, devidamente corrigidos (Súmula 131 do STJ);

e) O protesto pela produção de prova documental e pericial, e de todos os meios probatórios em direito admitidos, ainda que não especificados no CPC, desde que moralmente legítimos (CPC art. 332).

Dá-se a causa o valor de R$ ... (valor por extenso). (Valor das avaliações feitas)

Termos em que pede deferimento.

Local ..., data ...

[Não assine, rubrique ou, de outra forma, identifique sua prova!]

____

Advogado ...

OAB ...

fim da peça

Comentários adicionais

Com a entrada em vigor da Lei 11.960, de 29 de junho 2009, que alterou o art. 1º-F da Lei 9.494/97, os entes públicos, em geral, passaram a entender que, na condenação da Fazenda Pública em matéria de desapropriação, incidia o disposto na novel lei, no sentido de que a somatória dos encargos devidos (correção monetária, juros moratórios e juros compensatórios) resultaria na aplicação, um única vez, dos índices de remuneração básica e juros da poupança, resultando na aplicação de juros de 6% ao + TR.

Todavia, os administrados (os expropriados) vêm defendendo a tese que o Dec.-lei 3.365/41, que traz disposições especiais sobre os juros contra a Fazenda Pública, deve prevalecer, remanescendo a ideia de correção monetária pelos índices de inflação, mais juros compensatórios de 12% ao ano, mais juros moratórios de 6% ao ano.

Caso o candidato esteja defendendo o expropriado, deve, então, dizer que se aplica o Dec-lei 3.365/41, por se tratar de lei especial, que prevalece em relação à lei geral (atual art. 1º-F da Lei 9.494/97).

Até o exame de 2009.3 (prova de janeiro de 2010), essa tese pode ser usada. Todavia, a partir do exame citado, há de se levar em conta o disposto no art. 100, § 12, da Constituição Federal, alterado pela EC 62/09, que entrou em vigor após a data do edital do exame citado. Essa emenda, pelo critério da hierarquia, prevalece em relação a leis infraconstitucionais gerais ou especiais. Ela determina a aplicação de juros simples da poupança (6%) mais TR, com exclusão expressa dos juros compensatórios, mas tudo isso somente a partir da expedição do precatório. No início de 2013, o STF proferiu importantes decisões no âmbito das ADIs 4.357 e 4.424. Numa delas, decidiu que fere o princípio da igualdade a correção monetária do precatório pelo índice da poupança, pois esse índice na recompõe as perdas inflacionárias. Essa decisão se referiu especificamente ao regime do precatório (art. 100, § 12, da CF), não tendo sido julgada a constitucionalidade do art. 1º-F da Lei 9.494/97. Há de se aguardar, agora, decisões acerca de como ficará a correção monetária dos precatórios.

(OAB/Exame Unificado – 2007.2 – 2ª fase) PEÇA PROFISSIONAL. Foi noticiado em jornal de grande circulação que "O secretário de transportes de determinado estado, e certa empresa de transportes coletivos, pessoa jurídica de direito privado, com sede no mesmo estado, celebraram, em 5/3/1987, contrato de permissão de serviço público de transporte coletivo intermunicipal em face de todos os municípios do estado, com prazo de 20 anos, prorrogáveis por mais 20 anos. No dia 4/3/2007, depois de muita negociação entre as partes e da inclusão, por vontade do contratado, de algumas cláusulas contratuais, foi firmada a renovação do citado contrato por mais 20 anos. Ocorre que o contrato original e a sua renovação foram feitos sem licitação. Segundo o secretário de Estado, a ausência da licitação se justifica pelo fato de que a referida empresa, nesses 20 anos de serviço, promoveu vultosos investimentos, construiu uma grande estrutura administrativa em todos os municípios do estado, já acumulou a experiência necessária a esse tipo de serviço, e, além disso, a lei federal não exige licitação para contratos de permissão, mas apenas para os contratos de concessão de serviço público. Assim, devido a sua precariedade e possibilidade de rescisão unilateral, não haveria a imposição legal de licitação." Diante dessa notícia, João Paulo, brasileiro, maior de idade, professor de direito de universidade pública e usuário do sistema de transporte público, contratou, como advogado, um ex-aluno seu. Alega que tem a pretensão de anular essa renovação e, via de consequência, determinar que o estado promova a devida licitação para que outras empresas ou empresários possam participar da licitação em condições de igualdade. Alega ainda que o sistema de transporte no estado não é satisfatório, que as tarifas são muito elevadas e que os ônibus são velhos e sempre atrasam. João Paulo requereu pessoalmente, do órgão responsável, o acesso aos documentos necessários para a propositura da presente ação; esse pedido, no entanto, foi negado. Em face da situação hipotética acima, como advogado de João Paulo, redija a medida judicial, de ordem constitucional, que entender cabível na espécie, fundamentando-a com os argumentos que entender pertinentes e observando os requisitos formais da medida. (Data da prova: 30/09/07)

RESOLUÇÃO DA PEÇA PRÁTICO-PROFISSIONAL

1. **Peça:** Ação Popular
2. **Endereçamento:** Excelentíssimos Senhor Doutor Juiz de Direito da ... Vara da Fazenda Pública da Comarca de ... .
3. **Fundamento legal e teses:**
   a) de acordo com o art. 175 da Constituição Federal de 1988, a concessão e a permissão de serviço público dependem de licitação para serem outorgadas;
   b) a Lei 8.987/95 também exige licitação tanto para a concessão, como para a permissão de serviço público (arts. 2º, II e IV, e 14);
   c) a ausência de licitação lesa o patrimônio público e a moralidade administrativa, de modo que é cabível a ação popular (art. 5º, LXXIII, da CF).

4) Pedidos:

a) deve-se pedir para que o juiz determine a apresentação dos documentos solicitados e não apresentados pela Administração Pública, nos termos do art. 1º, § 7º da Lei 4.717/65 (Lei de Ação Popular);

b) deve-se pedir a anulação da renovação da permissão outorgada, bem como a condenação do Estado a celebrar a devida licitação para a outorga do serviço público; deve-se fazer pedido liminar para a suspensão da execução do contrato.

Modelo: Petição inicial de ação popular.

[O que estiver entre colchetes é apenas nota do autor – não deve constar da peça]

início da peça

EXCELENTÍSSIMO SENHOR DOUTOR JUIZ DE DIREITO DA ... VARA DA FAZENDA PÚBLICA DA COMARCA DE ... - ... .

[Deixe espaço de aproximadamente 10 cm para eventual despacho ou decisão do juiz]

João Paulo, brasileiro, maior de idade, professor de universidade pública, estado civil, residente e domiciliado na ..., portador do CPF nº ..., RG nº .. e do Título Eleitoral nº ..., cidadão em pleno gozo de seus direitos (doc. 01) vem, mui respeitosa e tempestivamente à presença de Vossa Excelência, por meio de seu advogado e bastante procurador infra assinado (doc. 02), com escritório para recebimento de intimações na ... (CPC, art. 39, I), com fundamento no artigo 5º, LXXIII da Constituição Federal e na Lei 4.717 de 29 de junho de 1965, propor a presente

AÇÃO POPULAR

em face do Estado ..., pessoa jurídica de direito público interno, com sede ..., na pessoa de seu representante legal .... e de ...., Secretário Estadual dos Transportes, nome ..., estado civil ..., profissão ..., com residência e domicílio ..., portador do RG ... e do CPF ..., e Empresa de Transportes Coletivos ..., **pessoa jurídica de direito privado,** com sede na ..., inscrita no CNPJ sob nº ..., nos termos do art. 6º da Lei 4.717/65, e segundo as razões de fato e de direito a seguir aduzidas:

1. DOS FATOS

Conforme noticiado no Jornal ..., periódico de grande circulação no ... , o Estado ..., ora réu, por meio do Secretario Estadual de Transportes, ora também réu, resolveu, no dia 04/03/2007, renovar por mais 20 anos contrato de permissão de serviço público de transporte coletivo intermunicipal em face de todos os municípios do estado, em favor da Empresa de Transportes Coletivos ..., também ré na presente ação (doc. 03).

Ocorre que tanto o primeiro contrato, celebrado em 05/03/87, como o segundo contrato foram celebrados sem a prévia realização de licitação pública. Ademais, a renovação contratual se deu mediante a inclusão de algumas cláusulas contratuais, por vontade do contratado.

Diante dessa situação, e do fato de que o sistema de transporte no estado não é satisfatório, que as tarifas são muito elevadas e que os ônibus são velhos e sempre atrasam o transporte, o autor requereu pessoalmente, do órgão responsável, o acesso aos documentos necessários para a propositura da presente ação.

Todavia, esse pedido foi negado (doc. 4).

Os fatos noticiados acima justificam a propositura da presente ação popular, sendo certo que o autor se valerá da prerrogativa contida no art. 1º, § 7º, da Lei 4.717/65, propondo a ação desacompanhada dos documentos contidos nos processos administrativos que tratam das contratações referidas, uma vez que, como noticiado, tais documentos tiveram seu acesso negado pelo órgão responsável.

2. DO DIREITO

2.1. Da legitimidade ativa

A Constituição Federal estabelece que "*qualquer cidadão é parte legítima para propor ação popular que vise a anular ato lesivo ao patrimônio público ou de entidade de que o Estado participe ...*" (art. 5º, LXXIII).

Assim, o autor, que é cidadão brasileiro, e encontra-se quite com a Justiça Eleitoral (DOC. 1), está legitimado para a propositura da presente ação, que tem por fim desfazer a lesão ao patrimônio público e à moralidade administrativa.

2.2. Da lesão ao patrimônio público e ao princípio da moralidade

De acordo com o art. 175 da Constituição Federal, a concessão e a permissão de serviço público dependem de licitação para serem outorgadas.

Repetindo a regra constitucional, a Lei 8.987/95 também exige licitação tanto para a concessão como para a permissão de serviço público (arts. 2º, II e IV, e 14).

Aliás, a Lei 8.987/95 admite que sejam mantidas concessões outorgadas sem licitação anteriormente à Constituição de 1988, impedindo, todavia, a renovação do contrato, que, uma vez findo, deve dar lugar à prestação do serviço pela própria Administração ou por terceiro, mediante novo contrato (art. 42, § 1º), o qual, nos termos da Lei 8.987/95, depende de licitação, como se viu.

Nesse ponto, cumpre destacar que o fato de a empresa ré ter feito investimentos e ter experiência no serviço prestado não é argumento que encontre guarida na Lei 8.987/95 para propiciar a renovação do contrato sem licitação.

Há de se lembrar que a doutrina e a jurisprudência são uníssonas no sentido de que delegações de grande vulto, como é a de transporte coletivo, reclamam outorga de concessão, e não de mera permissão de serviço público, de natureza precária, de modo que não calha qualquer argumento no sentido de que a precariedade da permissão justifica a ausência de licitação.

O fato é que os descumprimentos escancarados da lei e da Constituição no caso presente revelam violação à moralidade administrativa e ao patrimônio público, valores protegidos pela ação popular. O primeiro valor é violado, pois não é crível que um secretario estadual de transportes e uma empresa do porte da ré não conheçam as comezinhas normas do direito das concessões e permissões de serviço público, quanto à obrigatoriedade de licitação. E o segundo valor é violado na medida em que a ausência de licitação propicia que não se busque a melhor proposta para a Administração, o que, de acordo com o tipo de concessão a ser realizada, pode gerar menos ou mais recursos em favor do Poder Público.

2.3. Da nulidade do ato de renovação da permissão

O artigo 2º da lei 4.717/65 estabelece que são nulos os atos lesivos ao patrimônio público do Estado, por vício de incompetência, forma, ilegalidade de objeto, inexistência de motivos e desvio de finalidade.

No caso em tela, requisitos procedimentais foram descumpridos, configurando ilegalidade não passível de ser sanada, uma vez que a obrigatoriedade de licitação, no caso, é prevista tanto na Constituição, como na Lei de Concessão de Serviços Público, conforme dispositivos já mencionados no presente.

Destarte, de rigor a declaração de nulidade do contrato celebrado, com a consequente determinação para que a o Estado-réu promova a realização de licitação pública para a concessão do serviço público em questão.

3. DA REQUISIÇÃO DE DOCUMENTOS

Conforme já relatado, o autor requereu pessoalmente a extração de cópia dos processos administrativos nos quais se deram a primeira contratação e sua renovação.

Todavia, o pedido foi negado, o que propiciou a propositura da presente demanda com os benefícios do art. 1º, § 7º, da Lei 4.717/65.

Dessa forma, de rigor que esse D. Juízo se digne de, ao se despachar a petição inicial, requisitar ao Estado-réu cópias dos processos administrativos de que tratam as duas permissões de serviço público outorgadas à empresa-ré, providência a ser cumprida no prazo de 15 dias, tendo em vista a facilidade na obtenção desses documentos (art. 7º, I, "b", da Lei 4.717/65).

Tão logo os documentos estejam juntados aos autos, o autor fará pedido de liminar, nos termos do art. 5º, § 4º, a fim de suspender a renovação da permissão e de determinar a realização imediata de processo licitatório para que outros interessados possam participar do certame com vistas à concessão do serviço público respectivo em condições de igualdade.

4. DO PEDIDO

Por todo o exposto, o autor requer que seja:

a) determinada a citação dos réus, para responder aos termos da presente ação, sob pena de serem tidos por verdadeiros os fatos aqui narrados;

b) determinada a intimação do represente do Ministério Público para acompanhar a presente ação;

c) requisitado do Estado-réu, na pessoa do Secretário Estadual dos Transportes, também réu na presente demanda, cópia integral dos processos administrativos que tratam da outorga de permissão de serviço público e de sua renovação;

d) julgada procedente a presente ação para o fim de declarar a nulidade do ato de renovação da permissão de serviço público de transporte coletivo intermunicipal em face de todos os municípios do estado, bem como para condenar o Estado-réu a promover a devida licitação para que outras empresas ou empresários possam participar do certame com vistas à concessão do serviço público respectivo em condições de igualdade.

Requer, outrossim, a condenação dos réus nas custas e honorários advocatícios, em montante a ser arbitrado por Vossa Excelência, na forma do artigo 20 do CPC.

Protesta pela produção de todos os meios de prova em direito admitidos, sem exclusão de nenhuma delas, especialmente oitiva dos depoimentos pessoais dos representantes das entidades rés, bem como depoimentos de testemunhas, cujo rol será oferecido oportunamente.

Requer, também, a isenção de custas para o recebimento e processamento da presente ação, nos moldes do inciso LXXIII, do artigo 5º da Constituição Federal.

Dá a causa, apenas para efeito de alçada, o valor de R$ 10.000,00.

Termos em que pede deferimento.

Local ..., data ...

Advogado ...

OAB ...

fim da peça

(OAB/Exame Unificado – 2007.3 – 2ª fase) PEÇA PROFISSIONAL. João de Tal foi demitido do cargo de fiscal agropecuário federal por ato do ministro da Agricultura, depois de tê-lo exercido por 15 anos, sendo que essa era a sua única fonte de renda, com a qual mantinha mulher e três filhos menores. O processo administrativo disciplinar do qual resultou a aplicação da pena máxima a João não foi bem conduzido, havendo a comissão processante feito a oitiva de algumas testemunhas importantes sem que João fosse notificado do fato, não tendo podido, portanto, formular quesitos ou, mesmo, contraditá-las. A Portaria n.º 205/2007, assinada pelo ministro de Estado, foi publicada em 20/11/2007, nela constando que a demissão de João ocorrera por ele "ter procedido de forma desidiosa no desempenho de suas funções, causando dano ao Erário e lesando os cofres públicos". Consta que, por dois anos consecutivos, o servidor em questão chegou a ser premiado pela excelência no desempenho de suas atividades. Além disso, chegou ao último nível da carreira por merecimento e não constava qualquer registro desabonador em sua ficha funcional. A conduta irregular da qual foi acusado (negligência ao fiscalizar grande carga de arroz vinda do sudeste asiático e contaminada por fungo inexistente no Brasil) teria sido verificada nos dias 12 e 13 de março de 1999, conforme denúncia divulgada em reportagem de capa por grande jornal de circulação nacional. Contudo, a comissão de processo administrativo disciplinar (CPAD) só foi constituída, mediante portaria ministerial, em 15 de janeiro de 2005. Considerando a situação hipotética acima, elabore, na qualidade de advogado constituído por João de Tal, com obediência ao prazo legal, a peça judicial adequada a obter a tutela de urgência que reverta o ato demissionário. (Data da prova: 09/03/08)

RESOLUÇÃO DA PEÇA PRÁTICO-PROFISSIONAL

1) **Peça:** Mandado de Segurança; a peça encontra fundamento no art. 5º, LXIX, da CF, e nos arts. 1º e 5º, III, da Lei 12.016/09; há ato de autoridade, descumprimento de formalidade essencial em processo administrativo e existência de prova pré-constituída.

2) **Endereçamento:** Excelentíssimo Senhor Presidente do Colendo Superior Tribunal de Justiça. (Art. 105, I, "b", da CF).

3) **Partes:**

   a) **impetrante:** João de Tal;

   b) **impetrado:** Ministro da Agricultura.

4) **Tese 1:** violação aos princípios constitucionais da ampla defesa e do contraditório (art. 5º, LV, da CF), em virtude do processo não ter sido bem conduzido, com ausência de intimação do acusado para oitiva de testemunhas relevantes; prova pré-constituída: cópia integral do processo administrativo.

5) **Tese 2:** prescrição da ação disciplinar (art. 142, I, da Lei 8.112/90), pois seu prazo, no caso de sujeição à pena de demissão, é de 5 anos contados da data em que o fato se tornou conhecido; no caso, entre março de 1999 e janeiro de 2005 transcorreram mais de 5 anos, operando-se a prescrição; prova pré-constituída: cópias das notícias de jornal com a divulgação do fato e da portaria com a constituição da comissão processante.

6) **Pedidos:** de declaração de nulidade do ato demissório, com a consequente reintegração do servidor; deve-se fazer pedido de liminar, trazendo como relevante fundamento (*fumus boni iuris*) as duas teses e como *periculum in mora* o fato de que o servidor não tem outra fonte de renda e tem família – esposa e três filhos – para sustentar.

7) **Observações:**

   a) **prazo para o mandado de segurança:** como a prova da 2ª fase se realizou no dia 09/03/08, a impetração está dentro do prazo de 120 dias, pois a portaria de demissão só foi publicada em 20/11/07;

   b) **outras teses:** o problema apresentado dá margem a que se discuta o mérito do servidor, que seria exemplar; porém deve-se evitar usar essa informação como fundamento principal, pois isso não é possível na via estreita do mandado de segurança a dilação probatória; o problema também apresenta o motivo da demissão ("ter procedido de forma desidiosa no desempenho de suas funções, causando dano ao erário e lesando os cofres públicos"); todavia, também não é possível analisar esse fundamento pelos mesmo motivos.

   c) **outras peças:** a peça indicada é o mandado de segurança; é claro que cabe, também, ação, pelo rito ordinário, com os mesmos pedidos; o problema é que este rito não tem todas as vantagens do mandado de segurança (exemplo: o pedido liminar, numa ação pelo rito ordinário, tem que preencher os requisitos da tutela antecipada; a apelação do Poder Público, no mesmo rito, tem duplo efeito etc.), e os elementos trazidos no problema não requerem dilação probatória, de modo que o mandado de segurança é, de fato, a melhor medida.

Modelo: Mandado de segurança com pedido de liminar

[O que estiver entre colchetes é apenas nota do autor – não deve constar da peça]

início da peça

EXCELENTÍSSIMO SENHOR PRESIDENTE DO COLENDO SUPERIOR TRIBUNAL DE JUSTIÇA

[deixe espaço de aproximadamente 10 cm para eventual despacho ou decisão do juiz]

João de Tal ..., estado civil ..., profissão ..., com residência e domicílio ..., portador do RG ... e do CPF ..., por seu advogado que firma a presente (procuração anexada – doc.1), com escritório para recebimento de intimações na ... (CPC, art. 39, I) vem à presença de Vossa Excelência, respeitosamente, impetrar contra o Senhor Ministro da Agricultura, o presente

MANDADO DE SEGURANÇA COM PEDIDO DE LIMINAR

nos termos do artigo 5º, inciso LXIX, da Constituição Federal e da Lei nº 12.016/2009, pelas razões a seguir aduzidas:

I - DOS FATOS

O impetrante foi demitido do cargo de fiscal agropecuário federal por ato da autoridade coatora, consistente na Portaria nº 205/07, publicada no dia 20/11/07, sob o argumento de que aquele teria “procedido de forma desidiosa no desempenho de suas funções, causando dano ao Erário e lesando os cofres públicos” (doc. 2).

Ocorre que os fatos que ensejaram a demissão – negligência ao fiscalizar grande carga de arroz vinda do sudeste asiático e contaminada por fungo inexistente no Brasil – são relativos a acontecimentos datados de 12 e 13 de março de 1999 (doc. 3), tendo a comissão de processo disciplinar sido constituída apenas em 15 de janeiro de 2005 (doc. 4).

Ademais, o processo disciplinar que resultou na pena demissória não foi bem conduzido, havendo a comissão processante feito a oitiva de algumas testemunhas importantes sem que João fosse notificado do fato (doc. 5).

Há de se ressaltar que, por dois anos consecutivos, o impetrante chegou a ser premiado pela excelência no desempenho de suas atividades (doc. 6). Além disso, chegou ao último nível da carreira por merecimento, e não constava qualquer registro desabonador em sua ficha funcional (doc. 7).

II - DO DIREITO

1. Do cabimento do mandado de segurança

1.1. Existência de ato de autoridade

A portaria ora impugnado é ato de autoridade pública, no caso ato emanado pelo Ministro de Estado da Agricultura.

Dessa forma, o mandado de segurança é cabível quanto a esse aspecto (art. 5º, LXIX, da CF e art. 1º da Lei 12.016/09).

1.2. Existência de prova pré-constituída

Os fatos que dão suporte ao direito alegado pelo impetrante estão comprovados de plano, por meio da prova documental ora juntada, consistentes nos seguintes documentos: a) cópia da reportagem de jornal que levou à abertura de processo disciplinar; b) cópia integral do processo administrativo disciplinar, do qual consta a data da constituição da comissão processante, bem como a ausência de intimação do impetrante para atos importantes do processo; c) outros documentos relativos à pessoa do impetrante.

Assim, também está cumprido o requisito de prova pré-constituída, essencial para o cabimento do mandado de segurança.

1.3. Respeito ao prazo decadencial de 120 dias

O prazo decadencial para ingressar com o presente *mandamus* também é requisito que está cumprido. Isso porque o ato impugnado (a demissão) foi publicado no dia 20/11/07, e, considerando estarmos ainda na segunda semana do mês de março de 2008, não foi superado, ainda, o prazo de 120 dias, previsto na lei, para a impetração do mandado de segurança.

Assim sendo, o requisito temporal também está ordem.

1.4. Inexistência de outros impedimentos legais ou jurisprudenciais para a propositura do mandado de segurança

Por fim, não se configura no presente quaisquer outros impedimentos legais (arts. 1º e 5º da Lei 12.016/09) e jurisprudenciais ao manejo do presente remédio constitucional.

É bom ressaltar que, mesmo o impedimento que existia no art. 5º, III, da antiga Lei de Mandado de Segurança, e que não foi repetido na atual lei (Lei 12.016/09), não incidia nas situações em que havia inobservância a formalidade essencial, como se dá no caso presente, em que há violação ao princípio do contraditório e da ampla defesa.

Destarte, também não há requisito negativo a impedir o manejo da presente garantia constitucional.

2. Da legitimidade ativa e passiva

A legitimidade ativa está em ordem, pois o impetrante defende, em nome próprio, direito próprio decorrente da violação de princípios constitucionais e de regras da Lei 8.112/90.

A autoridade coatora também está corretamente indicada, uma vez que foi o Ministro da Agricultura que promoveu o ato ora impugnado, de modo que está atendida a regra no sentido de que é "autoridade coatora aquela que tenha praticado o ato impugnado ou da qual emane a ordem para a sua prática" (art. 6º, § 3º, da Lei 12.016/09).

Aliás, nos termos do art. 105, I, "b", da CF, a competência para conhecer de mandado de segurança contra ato de Ministro de Estado é desse C. Superior Tribunal de Justiça.

3. Do direito líquido e certo violado

3.1. Violação ao princípio do contraditório e da ampla defesa

A Constituição Federal impõe obediência aos princípios do contraditório e da ampla defesa nos processos administrativos em geral (art. 5º, LV). A regra é repetida quanto aos processos administrativos disciplinares (art. 41, § 1º, II).

ADMINISTRATIVA

No caso em tela, tais princípios foram frontalmente violados, ferindo também o devido processo legal (art. 5º, LIV, da CF). Isso porque, no decorrer do processo disciplinar, houve ausência de intimação do acusado para oitiva de testemunhas relevantes. Com isso, o impetrante não pode formular quesitos ou, mesmo, contraditar tais testemunhas, causando mácula insanável no processo disciplinar que resultou em sua demissão.

Afinal de contas, ampla defesa pressupõe conhecimento de atos processuais e oportunidade de se defender no contexto desses atos. E contraditório pressupõe oportunidade de contraditar manifestações, apresentar argumentações contrárias e participar efetivamente da produção de todo e qualquer tipo de produção de prova no processo.

A violação aos princípios mencionados justifica, por si só, a anulação do processo administrativo, com a consequente reintegração do impetrante.

3.2. Prescrição da ação disciplinar

Não bastasse o desrespeito aos princípios mencionados, houve, também, ilegalidade gravíssima, consistente na instauração de processo disciplinar quando já havia transcorrido prazo prescricional para tal providência.

Segundo o art. 142, I, da Lei 8.112/90, a ação disciplinar prescreverá em 5 anos, quanto às infrações punidas com demissão. Esse prazo é contado da data em que o fato se tornou conhecido e só se interrompe com a abertura de sindicância ou instauração de processo disciplinar (art. 142, § 3º, da Lei 8.112/90).

No caso em tela, entre os fatos que levaram à aplicação da pena disciplinar (ocorridos em março de 1999) e a constituição da comissão processante (realizada em janeiro de 2005) houve o transcurso de prazo superior a 5 anos, de modo que a ação disciplinar restou prescrita.

A prescrição também justifica, por si só, que seja anulado o ato demissório, com a consequente reintegração do impetrante.

3.3. Violação à regra da competência

Por fim, ainda que superadas as alegações acima, hipótese formulada em amor ao debate e face ao princípio da eventualidade, o Ministro de Estado não é a autoridade competente para aplicar a penalidade de demissão.

Segundo o art. 141, I, da Lei 8.112/90, o Presidente da República é o agente competente para aplicar a mencionada penalidade disciplinar, circunstância que, também por si só, justifica a anulação do ato demissório, por grave vício de competência.

III – DA LIMINAR

1. Do relevante fundamento

Há "fumus boni juris" no caso em tela. O impetrante demonstrou pela narrativa de fatos acompanhada dos respectivos documentos, e com a subsunção desses fatos a normas de índole constitucional e também com preceitos específicos da própria Lei 8.112/90, que houve grave violação dos direitos do impetrante, grave violação essa que justifica a reintegração imediata do servidor, restando configurado o requisito do *fumus boni juris*.

A injustiça fica ainda mais patente se se pensar que o impetrante chegou a ser premiado pela excelência no desempenho de suas atividades. Além disso, chegou ao último nível da carreira por merecimento, e não constava qualquer registro desabonador em sua ficha funcional.

2. Do "periculum in mora"

O impetrante também demonstrou que não tem outra fonte de renda e tem família – esposa e três filhos – para sustentar. Dessa forma, caso não seja deferida a liminar pleiteada, haverá grande prejuízo não só ao impetrante, como para sua família, tendo em vista que a concessão dessa medida ao final poderá implicar prejuízo à educação, à saúde e ao sustento de sua família.

Sendo assim, o impetrante requer que seja deferida a medida liminar antes mesmo da notificação da autoridade coatora, nos termos do art. 7º, III, da Lei 12.016/2009, para que seja determinado à autoridade coatora sua imediata reintegração ao cargo que anteriormente ocupava, com o ressarcimento automático de todas as vantagens (art. 28 da Lei 8.112/90), tendo em vista a relevância do fundamento (aparência do bom direito – *fumus boni juris*) e a ineficácia da medida, se só concedida ao final (*periculum in mora*).

IV – DO PEDIDO

Por todo o exposto, o impetrante requer que seja:

a) deferida a medida liminar para que seja determinado à autoridade coatora que reintegre imediatamente o impetrante no cargo que anteriormente ocupava, com o ressarcimento automático de todas as vantagens (art. 28 da Lei 8.112/90);

b) determinada a notificação da autoridade coatora, enviando-lhe todas as cópias dos documentos que instruem a inicial para que preste todas as informações necessárias, no prazo de 10 dias (art. 7º, I, da Lei 12.016/2009);

c) dada ciência ao órgão de representação judicial da União Federal, enviando-lhe cópia da inicial para que, querendo, ingresse no feito (art. 7º, II, da Lei 12.016/2009);

d) ouvido o representante do Ministério Público para que opine no prazo de 10 dias (art. 12 da Lei 12.016/2009);

e) ao final, confirmada a liminar deferida, concedendo-se definitivamente a segurança pleiteada para que seja determinado à autoridade coatora que reintegre imediatamente o impetrante no cargo que anteriormente ocupava, com o ressarcimento de todas as vantagens relativas ao período em que esteve injustamente desligado da função pública.

[Obs.: toda a prova deve ser juntada à inicial, pois o direito é líquido e certo e não se admite dilação probatória. Não há condenação em honorários advocatícios em mandado de segurança: Súmulas 512/STF 105/STJ]

Dá-se à causa o valor de R$ 1.000,00.

Termos em que pede deferimento.

Local, data ...

[Não assine, rubrique ou, de outra forma, identifique sua prova!]

____

ADVOGADO ...

OAB ...

fim da peça

(OAB/Exame Unificado – 2008.1 – 2ª fase) PEÇA PROFISSIONAL. José, cidadão estrangeiro, que residira durante trinta anos no Brasil e passara os últimos trinta anos de sua vida no exterior, sem visitar o Brasil, decidiu retornar a este país. Após fixar residência no Brasil, tomou a iniciativa de rever os conhecidos. Em uma conversa com um de seus mais diletos amigos, este lhe informou que ouvira um rumor de que constaria dos assentamentos do Ministério X que José havia se envolvido em atividade terrorista realizada no território brasileiro trinta e cinco anos atrás. José decidiu averiguar a informação e apresentou uma petição ao Ministério X, requerendo cópia de todos os documentos de posse do referido ministério em que constasse seu nome. Dentro do prazo legal, José obteve várias cópias de documentos. A cópia do processo entregue a José apresentava-o inicialmente como suspeito de participar de reuniões do grupo subversivo em questão. Porém, ao conferir a cópia que lhe foi entregue, José percebeu que, além de faltarem folhas no processo, este continha folhas não numeradas. Suspeitando de que as folhas faltantes no processo pudessem esconder outro documento em que constasse seu nome, José formulou novo pedido ao Ministério X. Dessa vez, novamente dentro do prazo legal, José recebeu comunicado de uma decisão que indeferia seu pedido, assinada pelo próprio ministro da Pasta X, em que este afirmava categoricamente que o peticionário já recebera cópias de todos os documentos pertinentes. Incrédulo e inconformado com a decisão, José procurou os serviços de um advogado para tomar a providência judicial cabível. Na qualidade de advogado(a) de José, redija a peça jurídica mais adequada ao caso relatado na situação hipotética, atentando aos seguintes aspectos:

- ✓ competência do órgão julgador;
- ✓ legitimidade ativa e passiva;
- ✓ argumentos a favor do acesso a todos os documentos em que conste o nome de José, no Ministério X;
- ✓ requisitos formais da peça judicial proposta.

(Data da prova: 29/06/08)

RESOLUÇÃO DA PEÇA PRÁTICO-PROFISSIONAL

Peça: *Habeas data*

LXXII - conceder-se-á *habeas-data*:

a) para assegurar o conhecimento de **informações relativas à pessoa do impetrante**, constantes de registros ou bancos de dados de entidades governamentais ou de caráter público;

b) para a retificação de dados, quando não se prefira fazê-lo por processo sigiloso, judicial ou administrativo;

Competência: STJ (ato de Ministro de Estado – art. 105, I, "b", CF)

Legitimidade:

a) ativa: o impetrante é José, mesmo sendo estrangeiro;

b) passiva: o coator é o Ministério X ou o Ministro do Ministério X.

Argumentos:

a) direito constitucional decorrente do art. 5º LXXII, e art. 37, *caput* (publicidade);

b) direito previsto no art. 7º da Lei 9.507/97;

c) direito não assegurado, pois havia folhas faltantes e folhas não enumeradas;

d) prova de que houve **requerimento** e **recusa** ao acesso às informações (segunda decisão) após feitura de pedido (art. 8º).

Requisitos:

a) endereçamento;

b) preâmbulo com impetrante, autoridade coatora, nome da peça e fundamento legal dos fatos, mostrando o requerimento e a recusa;

c) do direito;

d) do pedido:

– de notificação do coator para prestar informações em 10 dias (art. 9º) e oitiva do MP (art. 12);

– de procedência ou de concessão da ordem para o fim de "marcar data e horário para que o coator apresente ao impetrante todas as informações a seu respeito, constantes de registro";

– garantia de isenção de custas.

e) duas vias, com cópias dos documentos.

Modelo: *Habeas data*

[O que estiver entre colchetes é apenas nota do autor – não deve constar da peça]

início da peça

EXCELENTÍSSIMO SENHOR PRESIDENTE DO COLENDO SUPERIOR TRIBUNAL DE JUSTIÇA

[Deixe espaço de aproximadamente 10 cm para eventual despacho ou decisão do juiz.]

José, cidadão estrangeiro, estado civil, profissão, residente e domiciliado em ..., portador do RG ... e do CPF ..., por seu advogado que firma a presente (procuração anexada – doc.1), com escritório para recebimento de intimações na ... (CPC, art. 39, I) vem à presença de Vossa Excelência, respeitosamente, impetrar em face do Ministro do Ministério X o presente

"HABEAS DATA"

nos termos do artigo 5º, inciso LXXII, da Constituição Federal e da Lei nº 9.507/97, pelas razões a seguir aduzidas.

I - DOS FATOS

O impetrante é cidadão estrangeiro. Porém, durante trinta anos, residiu no Brasil. Em seguida passou os últimos trinta anos de sua vida no exterior, sem visitar o Brasil.

Agora, decidiu retornar a este país e fixar residência no Brasil.

Certo dia, numa conversa com um de seus mais diletos amigos, este lhe informou que ouvira um rumor de que constaria dos assentamentos do Ministério X que José havia se envolvido em atividade terrorista realizada no território brasileiro, trinta e cinco anos atrás.

José decidiu averiguar a informação e apresentou uma petição ao Ministério X, requerendo cópia de todos os documentos de posse do referido ministério em que constasse seu nome.

Dentro do prazo legal, José obteve várias cópias de documentos. A cópia do processo entregue a José apresentava-o inicialmente como suspeito de participar de reuniões do grupo subversivo em questão. Porém, ao conferir a cópia que lhe foi entregue, José percebeu que, além de faltarem folhas no processo, este continha folhas não numeradas.

Suspeitando de que as folhas faltantes no processo pudessem esconder outro documento em que constasse seu nome, José formulou novo pedido ao Ministério X. Desta vez, novamente dentro do prazo legal, José recebeu comunicado de uma decisão que indeferia seu pedido, assinada pelo próprio ministro da Pasta X, em que este afirmava categoricamente que o peticionário já recebera cópias de todos os documentos pertinentes.

Irresignado, José resolveu impetrar o presente *habeas data* a fim de tomar conhecimento dos documentos que lhe foram sonegados.

II - DO DIREITO

1. Da legitimidade ativa e passiva e da competência do órgão julgador

O ato atacado – recusa de informações a respeito do impetrante, decidida pelo Ministro do Ministério X –, faz com que a competência para processar e julgar o presente seja originária do Superior Tribunal de Justiça, conforme determina expressamente o art. 105, I, "c", da CF.

O impetrante é legitimado ativo para a presente ação, já que pede, em nome próprio, a efetivação de direito constitucional, consistente em receber informações a seu respeito.

Quanto à legitimidade passiva para o habeas data, a Lei 9.507/97, diferentemente do que ocorre com a Lei 12.016/09 (Lei de Mandado de Segurança), não usa a expressão autoridade coatora, e sim a expressão coator, e não determina a cientificação da pessoa jurídica correspondente, mas sim a notificação do coator.

Nesse sentido, a doutrina entende que é possível que se indique como coator, não só a autoridade que praticou o ato, como também o próprio órgão ou entidade que o praticou.

No caso presente, preferiu-se indicar a própria autoridade que praticou o ato, mas poderia ter sido indicado como coator o "Ministério X" ou mesmo a "União Federal".

2. Do cabimento do "habeas data" e do cumprimento dos requisitos para a sua concessão

O art. 5º, LXXII, da Constituição Federal estabelece que é cabível o habeas data quando se tem os seguintes objetivos: a) para assegurar o conhecimento de informações relativas à pessoa do impetrante, constantes de registro ou bancos de dados de entidades governamentais ou de caráter público; b) para a retificação de dados, quando não se prefira fazê-lo por processo sigiloso, judicial ou administrativo.

A garantia do habeas data está regulamentada na Lei 9.507/97, lei essa que estabelece uma série de requisitos para o cabimento e a concessão da medida, sem prejuízo de outros requisitos de ordem doutrinária e jurisprudencial.

Em resumo, são requisitos para o cabimento do habeas data e a concessão da ordem respectiva, os seguintes: a) necessidade de acesso, retificação ou anotação de informações ou dados constantes de registro ou bancos de dados públicos; b) informações ou dados relativos à pessoa do impetrante; c) prova da recusa da autoridade em dar o acesso ou proceder à retificação ou anotação; d) violação a direito do impetrante, comprovada de plano.

O requisito "a" está cumprido, pois as informações desejadas estão constantes de registro ou banco de dados de entidade governamental, no caso o Ministério X da União.

O requisito "b" está cumprido, pois as informações solicitadas dizem respeito à própria pessoa do impetrante.

O requisito "c" também está cumprido, pois o impetrante fez pedido formal de acesso aos documentos cujas folhas foram retiradas do processo e tal pedido foi expressamente negado pela autoridade coatora.

E o requisito "d" também está cumprido, pois as provas documentais juntadas comprovam de plano os requisitos anteriores. Ademais, não é mero capricho do impetrante o desejo de conhecer as informações a seu respeito, tratando-se de legítimo interesse, já que tais informações lhe causam, no mínimo, graves prejuízos de ordem moral.

Não bastasse, não há necessidade de se manter em sigilo eventuais informações dessa natureza, por não existir procedimento investigativo sigiloso em curso.

No caso em tela, foi negado ao impetrante acesso a documentos que dizem respeito à sua pessoa. Tais documentos, como seu viu, constam de registros de entidade governamental, no caso, de ministério da União,

Assim, estão cumpridos todos os requisitos para a concessão da ordem de habeas data.

III - DO PEDIDO

Ante o exposto requer que Vossa Excelência se digne de:

a) determinar a notificação do coator para, querendo, apresentar as informações no prazo de 10 (dez) dias.

b) após, determinar a remessa dos autos para o representante do Ministério Público para emitir parecer, nos termos do art. 12 da Lei 9.507/97.

c) em seguida, julgando procedente o pedido, marcar dia e hora para que as informações sejam prestadas ao impetrante, advertindo o coator das responsabilidades decorrentes de eventual descumprimento de tal determinação judicial.

d) condenar a União Federal ao pagamento de honorários advocatícios, segundo o prudente arbítrio desse C. Tribunal, vez que, diferentemente do que ocorre com a Lei 12.016/09 (Lei de Mandado de Segurança), não há proibição à fixação de honorários na Lei 9.507/97.

Dá à causa o valor de R$ 1.000,00.

Local ..., data...

Advogado ...

OAB ....

fim da peça

(OAB/Exame Unificado – 2008.2 – 2ª fase) PEÇA PROFISSIONAL. João, servidor público civil da União no âmbito da administração direta, por motivo de índole pessoal que se recusa a revelar, faltou ao serviço, sem qualquer justificativa, por períodos interpolados de 25, 27 e 23 dias no período de doze meses. Sua chefia imediata, ao constatar o fato, decidiu instaurar processo administrativo disciplinar contra João, sob o argumento de que teria ele cometido a infração de inassiduidade habitual. Em 20/10/2007, foi publicado ato que constituía comissão para apreciar o caso; em 10/12/2007, a comissão, após apresentada defesa por João, elaborou relatório conclusivo, tendo constatado a responsabilidade do servidor; em 15/12/2007, a autoridade instauradora do processo julgou João responsável pela infração de inassiduidade habitual; em 20/12/2007, foi publicado ato do presidente da República demitindo João do cargo que ocupava; nesse mesmo dia, o servidor tomou ciência da demissão no próprio órgão a que estava vinculado. Em 4/6/2008, João procurou os serviços advocatícios de um(a) profissional, com o objetivo de anular o ato de demissão e, consequentemente, retornar ao cargo que anteriormente ocupava, alegando estar desempregado e precisar urgentemente de recursos para alimentar a si próprio, seus cinco filhos e sua esposa. Em face da situação hipotética acima apresentada, na qualidade de advogado(a) de João, redija a peça jurídica mais adequada ao caso, atentando, necessariamente, para os seguintes aspectos:

- ✓ competência do órgão julgador;
- ✓ legitimidade ativa e passiva;
- ✓ argumentos a favor da anulação da demissão de João;
- ✓ requisitos formais da peça judicial proposta.

(Data da prova: 19/10/08)

RESOLUÇÃO DA PEÇA PRÁTICO-PROFISSIONAL

1) **Peça:** Ação declaratória de nulidade de ato administrativo cumulada com obrigação de fazer consistente na reintegração do agente público, com pedido de tutela antecipada. A ação deve ser processada pelo rito ordinário. Não é possível ingressar com mandado de segurança, por já ter transcorrido o prazo decadencial de 120 dias previsto no art. 23 da Lei 12.016/09.

2) **Endereçamento:** Excelentíssimo Senhor Doutor Juiz de Direito da .... Vara Federal da .... Seção

3) **Partes:**

   a) **autor:** João

   b) **réu:** União

4) **Tese 1:** violação aos princípios constitucionais da ampla defesa e do contraditório (art. 5º, LV, da CF), em virtude do processo não ter dado a oportunidade de o acusado produzir provas e se manifestar sobre o relatório e da comissão processante e a manifestação da autoridade instauradora do processo disciplinar;

5) **Tese 2:** violação do art. 133, II, da Lei 8.112/90, em virtude de não ter sido cumprida a fase que estabelece a instrução do processo disciplinar;

6) **Pedidos:** de declaração de nulidade do ato demissório, com a consequente reintegração do servidor; deve-se fazer pedido de liminar, trazendo como relevante fundamento (*fumus boni iuris*) as duas teses, e como *periculum in mora* o fato de que o servidor não tem outra fonte de renda e tem família – esposa e três filhos – para sustentar.

Modelo: Ação anulatória de ato demissório cumulada com reintegração no cargo

[O que estiver entre colchetes é apenas nota do autor – não deve constar da peça]

início da peça

Excelentíssimo Senhor Doutor Juiz de Direito da .... Vara Federal da .... Seção Judiciária ...

[Deixe espaço de aproximadamente 10 cm, para eventual despacho ou decisão do juiz]

João .., estado civil ..., profissão ..., com residência e domicílio ..., portador do RG ... e do CPF ..., por seu advogado que firma a presente (procuração anexada – doc.1), com escritório para recebimento de intimações na ... (CPC, art. 39, I) vem à presença de Vossa Excelência, respeitosamente, propor contra a União Federal a presente

AÇÃO DECLARATÓRIA DE NULIDADE DE ATO ADMINISTRATIVO CUMULADA COM OBRIGAÇÃO DE FAZER CONSISTENTE NA REINTEGRAÇÃO DE SERVIDOR, COM PEDIDO DE TUTELA ANTECIPADA,

a ser processada pelo rito ordinário, nos termos dos arts. 282 e seguintes do Código de Processo Civil, pelas razões a seguir aduzidas:

I - DOS FATOS

O autor foi demitido do cargo público que ocupava junto à ré por ato do Presidente da República, publicado no dia 20/12/07, mesma data em que tomou ciência da decisão junto ao próprio órgão a que estava vinculado (doc. 2 – cópia do processo disciplinar).

Alegou-se como motivo da demissão a prática da infração disciplinar de inassiduidade habitual.

O processo disciplinar foi instaurado pela chefia imediata do autor, que alegou ter constatado, por parte deste, falta ao serviço, sem qualquer justificativa, por períodos interpolados de 25, 27 e 23 dias, no período de 12 meses.

Em 20/10/07, foi publicado ato que constituía a comissão para apreciar o caso. Em 10/12/07, a comissão, após apresentada a defesa por João, elaborou relatório conclusivo, no sentido da responsabilidade do servidor.

E em 15/12/07, a autoridade instauradora do processo julgou João responsável pela infração de inassiduidade habitual.

Sobreveio a decisão do Presidente da República, já mencionada.

Os fatos narrados revelam que houve violação aos princípios do contraditório e da ampla defesa, bem como a regras específicas da Lei 8.112/90, circunstâncias que fazem com que não reste outra alternativa ao autor que não a de propor a presente demanda.

II - DO DIREITO

1. Da violação aos princípios do contraditório e da ampla defesa

Os fatos narrados na presente exordial demonstram ter havido, em desfavor do autor, violação aos princípios do contraditório e da ampla defesa.

Com efeito, a Constituição Federal impõe obediência aos princípios do contraditório e da ampla defesa nos processos administrativos em geral (art. 5º, LV, da CF) e ao princípio da ampla defesa nos processos administrativos disciplinares em especial (art. 41, § 1º, II, da CF).

No caso em tela, tais princípios foram frontalmente violados. Isso porque não se deu oportunidade para João produzir provas. Além disso, após o relatório da comissão processante, João não teve oportunidade de apresentar suas razões antes que o relatório fosse apreciado pela autoridade instauradora do processo e pelo Presidente da República.

Ora, o princípio da ampla defesa não pode ser resumido à singela oportunidade de apresentar defesa prévia ao relatório da comissão processante. E o princípio do contraditório reclama que se possa contraditar posicionamentos e manifestações, o que não se permitiu no caso presente.

A violação aos princípios em tela conduz, por si só, à nulidade dos atos praticados.

2. Da violação às disposições da Lei 8.112/90

De acordo com o disposto no art. 140 da Lei 8.112/90, na apuração da inassiduidade habitual será o observado o procedimento sumário (art. 133), bem como as disposições do art. 140 da lei.

O art. 133 estabelece que o processo disciplinar, no caso, deve obedecer às seguintes fases: a) instauração; b) instrução sumária; c) julgamento. A instrução sumária compreende, mas não se limita, à apresentação de defesa por parte do servidor.

Todavia, no caso em exame, sequer se pode falar em instrução, pois a simples abertura de prazo para apresentação de defesa escrita não pode ser considerada verdadeira instrução, mormente se lembrarmos que a defesa, aqui, deve ser ampla, por imperativo constitucional inclusive.

III - DA TUTELA ANTECIPADA

Excelência, há relevante fundamento no caso em tela. O autor demonstrou pela narrativa de fatos acompanhada dos respectivos documentos, e com a subsunção desses fatos a normas de índole constitucional e também com preceitos específicos da própria Lei 8.112/90, que houve grave violação dos seus direitos do autor, grave violação essa que justifica a reintegração imediata do servidor, restando configurado o requisito do *fumus boni juris*.

O autor também demonstrou que não tem outra fonte de renda e tem família – esposa e cinco filhos – para sustentar. Assim, caso não seja deferida a liminar pleiteada, haverá grande prejuízo não só ao impetrante, como para sua família, tendo em vista que a concessão dessa medida ao final poderá implicar prejuízo à educação, à saúde e ao sustento do seus.

Sendo assim, o autor requer seja deferida a tutela antecipada antes mesmo da citação da ré, nos termos do art. 461 do Código de Processo Civil, para que seja determinado à União Federal sua imediata reintegração ao cargo que anteriormente ocupava, com o ressarcimento automático de todas as vantagens (art. 28 da Lei 8.112/90), tendo em vista a relevância do fundamento (aparência do bom direito – *fumus boni iuri*) e o perigo na demora da decisão (*periculum in mora*).

IV – DO PEDIDO

Por todo o exposto, o autor requer que seja(m):

a) deferida a tutela antecipada para que seja determinado à ré que reintegre imediatamente o autor ao cargo que anteriormente ocupava, com o ressarcimento automático de todas as vantagens (art. 28 da Lei 8.112/90);

b) determinada a citação da ré para que, querendo, apresente contestação à presente demanda;

c) ao final, confirmada a tutela antecipada deferida, julgando-se procedente a presente demanda para o fim de declarar a nulidade do ato de demissão ora impugnado, com a consequente condenação da ré na obrigação de reintegrar o autor, com ressarcimento automático de todas as vantagens (art. 28 da Lei 8.112/90);

d) condenados os réus no pagamento das custas e honorários advocatícios, em montante a ser arbitrado por Vossa Excelência, na forma do artigo 20 do CPC.

Protesta pela produção de todos os meios de prova em direito admitidos, sem exclusão de nenhuma delas, especialmente oitiva dos depoimentos pessoais dos representantes das entidades rés, bem como depoimentos de testemunhas, cujo rol será oferecido oportunamente.

Dá-se à causa o valor de R$ 1.000,00.

Termos em que pede deferimento.

Local ..., data ...

[Não assine, rubrique ou, de outra forma, identifique sua prova!]

____

ADVOGADO ...

OAB ...

fim da peça

(OAB/Exame Unificado – 2008.3 – 2ª fase) PEÇA PROFISSIONAL. Em 20/1/2009, foi instaurado procedimento administrativo disciplinar, por portaria publicada no DOU, com descrição suficiente dos fatos, para apurar a conduta de Humberto, servidor público estável, residente em Brasília, no Distrito Federal, que teria, de forma ilegal, favorecido várias prefeituras que, embora em desacordo com as disposições da Lei de Responsabilidade Fiscal, teriam voltado à situação de aparente legalidade para receberem verbas públicas. A comissão encarregada do processo disciplinar, designada pela autoridade competente, foi composta pelos seguintes servidores, todos de nível hierárquico superior ao do indiciado: Ana Maria, admitida, por concurso público, em 20/8/2003, Geraldo, admitido por concurso público em 14/2/2004, e Cássio, não concursado, que exerce, desde 20/6/2000, cargo em comissão declarado em lei de livre nomeação e exoneração. O feito foi regularmente conduzido, tendo sido garantidos o contraditório e a ampla defesa. O julgamento foi realizado em tempo hábil, segundo a legislação que rege a matéria, sendo acolhidas as conclusões da comissão. Ao final, em ato do ministro do Trabalho e Emprego, por meio da Portaria n.º 123, de 9/3/2009, publicada no DOU de 10/3/2009, Humberto foi demitido do cargo público de administrador. Em razão disso, impetrou, no prazo legal e no juízo competente, mandado de segurança, com pedido de liminar, aduzindo, com a devida fundamentação, que o ato de demissão seria inválido. A autoridade impetrada sustentou, nas informações, a impossibilidade de alteração do mérito administrativo pelo Poder Judiciário, sob pena de violação ao princípio republicano da separação de poderes. A liminar foi indeferida e a ordem foi denegada após regular processamento. A decisão foi publicada em 13/4/2009, uma segunda-feira. Em face dessa situação hipotética, redija, na qualidade de advogado(a) contratado(a) por Humberto, a peça processual cabível à espécie, datando-a no último dia do prazo. (Data da prova: 1º/03/09)

RESOLUÇÃO DA QUESTÃO.

Peça: Recurso Ordinário em Mandado de Segurança

Fundamento: o recurso ordinário é a peça cabível porque o mandado de segurança só pode ter sido proposto no Superior Tribunal de Justiça, uma vez que um Ministro de Estado figurava como autoridade coatora (art. 105, I, "b"); e, segundo o art. 102, II, "a", da CF, cabe recurso ordinário junto ao STF quando um mandado de segurança for decidido em única instância (no caso, o STJ foi a primeira e a única instância), se denegatória a decisão (no caso, o STJ denegou o mandado de segurança).

Prazo: o prazo do recurso é de 15 dias, de modo que, considerando ter sido publicada a decisão no dia 13/04/09, o último dia de prazo para o recurso é 28/04/09.

Endereçamento

- da petição: ao Presidente do STJ

- das razões: ao STF

Mérito: vício de regularidade formal do procedimento disciplinar – defeito na composição da comissão processante – e consequente nulidade do processo administrativo disciplinar.

Pedido: de conhecimento e provimento do recurso para a reintegração de Humberto no serviço público.

Modelo: Recurso ordinário em mando de segurança

início da peça

EXCELENTÍSSIMO SENHOR PRESIDENTE DO COLENDO SUPERIOR TRIBUNAL DE JUSTIÇA

[Deixe espaço de aproximadamente 10 cm para eventual despacho ou decisão do juiz.]

Ação nº ...

Humberto ..., estado civil ..., profissão ..., com residência e domicílio ..., portador do RG ... e do CPF ..., por meio de seu advogado que subscreve a presente, vem, respeitosamente, à presença de Vossa Excelência, com fulcro no artigo 102, II, "a", da Constituição Federal, interpor o presente

RECURSO ORDINÁRIO EM MANDADO DE SEGURANÇA

contra o v. acórdão de fls. ______, proferido por esse Colendo Tribunal, na ação em epígrafe, em que figura como autoridade coatora o Ministro do Trabalho e Emprego, nos termos das razões de fato e de direito apresentadas na minuta em anexo.

Requer, outrossim, que seja o presente recurso devidamente recebido e processado, intimando-se a parte contrária para que ofereça, dentro do prazo legal, as contrarrazões, remetendo-se, ao final, os autos ao Colendo Supremo Tribunal Federal.

Por fim, requer a juntada das despesas.

Termos em que pede deferimento.

Local ..., data ...

[Não assine, rubrique ou, de outra forma, identifique sua prova!]

____

ADVOGADO ...

OAB ...

quebra de página

RAZÕES DE RECURSO ORDINÁRIO EM MANDADO DE SEGURANÇA

Recorrente: Humberto ...

Recorrido: Ministro do Trabalho e Emprego

EXCELSO PRETÓRIO
COLENDA TURMA

I – BREVE RESUMO

O recorrente foi demitido do cargo público de administrador, do quadro funcional do Ministério do Trabalho e Emprego, ao argumento de que teria, de forma ilegal, favorecido várias prefeituras que, embora em desacordo com as disposições da Lei de Responsabilidade Fiscal, teriam voltado à situação de aparente legalidade para receberem verbas públicas.

A portaria de demissão foi exarada pela autoridade coatora, ora recorrida, após processo administrativo disciplinar.

Ocorre que esse procedimento está eivado de vício de regularidade formal – defeito na composição da comissão processante – e consequente nulidade do processo administrativo disciplinar.

Isso fez com que o recorrente ingressasse com mandado de segurança contra o ato demissório, o que foi feito junto ao C. Superior Tribunal de Justiça.

Esse Tribunal acabou denegando o *mandamus*, daí porque se maneja o presente recurso ordinário em mandado de segurança.

II – DO CABIMENTO DO RECURSO

O recurso ordinário é o cabível no presente caso, pois, nos termos do art. 102, II, "a" da Constituição Federal, cabe recurso ordinário junto ao Supremo Tribunal Federal quando um mandado de segurança for decidido em única instância e desde que denegatória a decisão.

No caso, o Superior Tribunal de Justiça foi a primeira e a única instância que conheceu da questão, em virtude de ter sido manejado mandado de segurança contra ato de Ministro de Estado (art. 105, I, "b", da CF) e a decisão proferida no *mandamus* foi denegatória.

Logo, o presente recurso é adequado e encontra-se dentro do prazo previsto em lei (15 dias – art. 508 do Código de Processo Civil).

III – DAS RAZÕES DE FATO E DE DIREITO

Conforme já relatado o processo administrativo disciplinar está eivado de vício de regularidade formal, no caso, defeito na composição da comissão processante.

Com efeito, o art. 149 da Lei 8.112/90 dispõe que o processo disciplinar será conduzido por comissão composta de três servidores estáveis designados pela autoridade competente.

A comissão encarregada do processo disciplinar do recorrente foi composta por servidores nas seguintes condições: a) Ana Maria, admitida, por concurso público, em 20/8/2003; b) Geraldo, admitido por concurso público em 14/2/2004; c) Cássio, não concursado, que exerce, desde 20/6/2000, cargo em comissão declarado em lei de livre nomeação e exoneração.

Repare, na composição da comissão, que o membro Cássio, por ocupar cargo em comissão, não é, e não conseguirá ser, servidor estável, circunstância que macula irremediavelmente o processo administrativo disciplinar.

Essa ilegalidade também afronta o princípio do devido processo legal (art. 5º, LIV, da CF), pelo qual os processos administrativos devem obedecer as regras e os procedimentos previstos na lei. E viola também o princípio da legalidade, previsto no art. 37, *caput*, da Constituição, que determina a observância da lei na prática dos atos administrativos.

Assim, de rigor o reconhecimento da nulidade do processo administrativo disciplinar, com a consequente reintegração do recorrente ao cargo que ocupava.

IV – DO PEDIDO

Ante o exposto, requer que Vossa Excelência se digne de processar o presente, para, ao final, dar provimento ao recurso, reformando a decisão recorrida para, concedendo a segurança, anular o processo administrativo disciplinar e determinar a reintegração do recorrente ao cargo que ocupava na Administração Federal.

Termos em que pede deferimento.

Local ..., data ...

[Não assine, rubrique ou, de outra forma, identifique sua prova!]

____

ADVOGADO ...

OAB ...

fim da peça

(OAB/Exame Unificado – 2009.1 – 2ª fase) PEÇA PROFISSIONAL. Maria ingressou na Empresa Brasileira de Correios e Telégrafos (ECT) em 1985 e ocupou cargo para o qual se exigia, como grau de escolaridade, o ensino médio. Em 1993, ela e outros na mesma situação ascenderam, sem concurso público, a cargos de nível superior. Em 1999, essas ascensões funcionais foram apreciadas e aprovadas pelo Tribunal de Contas da União (TCU). Entretanto, em 2007, devido a denúncias de irregularidades em processos de ascensão funcional de cargos de nível médio a cargos de nível superior, o TCU realizou auditoria e constatou as irregularidades. Em abril de 2009, sem sequer ter sido notificada, Maria teve sua ascensão funcional anulada pelo TCU, por meio da publicação do Acórdão n.º XXX/2009. Considerando a situação hipotética acima apresentada, na qualidade de advogado(a) contratado(a) por Maria, redija a peça jurídica mais adequada ao caso, atentando, necessariamente, para os seguintes aspectos:

- ✓ competência do órgão julgador;
- ✓ legitimidade ativa e passiva;
- ✓ argumentos a favor de Maria;
- ✓ requisitos formais da peça judicial proposta.

(Data da prova: 28/06/09)

RESOLUÇÃO DA QUESTÃO

Peça: Mandado de Segurança

Fundamento: art. 102, I, "d", da CF

Endereçamento: ao STF

Legitimidade ativa: Maria, pois houve lesão a direito dela

Legitimidade passiva: presidente do TCU ou ministro do TCU

Mérito:

- não observância do devido processo legal, do contraditório e da ampla defesa;
- decadência administrativa;
- princípios da segurança jurídica e da proteção da confiança.

Liminar: é necessário pedir

Pedido: declarar a nulidade do acórdão do TCU e cassar os efeitos da decisão.

Modelo: Mandado de segurança

[O que estiver entre colchetes é apenas nota do autor – não deve constar da peça]

início da peça

EXCELENTÍSSIMO SENHOR PRESIDENTE DO COLENDO SUPREMO TRIBUNAL FEDERAL

[Deixe espaço de aproximadamente 10 cm para eventual despacho ou decisão do juiz.]

Maria .., estado civil ..., profissão ..., com residência e domicílio ..., portador do RG ... e do CPF ... por seu advogado que firma a presente (procuração anexada – doc.1), com escritório para recebimento de intimações na ... (CPC, art. 39, I) vem à presença de Vossa Excelência, respeitosamente, impetrar contra o Senhor Presidente do Tribunal de Contas da União o presente

MANDADO DE SEGURANÇA COM PEDIDO DE LIMINAR

nos termos do artigo 5º, inciso LXIX, da Constituição Federal e da Lei nº 12.016/2009, pelas razões a seguir aduzidas:

I - DOS FATOS

A impetrante ingressou na Empresa Brasileira de Correios e Telégrafos (ECT) em 1985 e ocupou cargo para o qual se exigia, como grau de escolaridade, o ensino médio (doc. 1).

Em 1993, ela e outros na mesma situação ascenderam, sem concurso público, a cargos de nível superior (doc. 2).

Em 1999, essas ascensões funcionais foram apreciadas e aprovadas pelo Tribunal de Contas da União (TCU), conforme doc. 3.

Entretanto, em 2007, devido a denúncias de irregularidades em processos de ascensão funcional de cargos de nível médio a cargos de nível superior, o TCU realizou auditoria e constatou as supostas irregularidades.

Em abril de 2009, sem sequer ter sido notificada, Maria teve sua ascensão funcional anulada pelo TCU por meio da publicação do Acórdão n.º XXX/2009 (doc. 4).

Irresignada, a impetrante vem perante esse Excelso Pretório buscar a nulidade da decisão e cassação dos efeitos desta.

II - DO DIREITO

1. Do cabimento do mandado de segurança

1.1. Existência de ato de autoridade

A decisão ora impugnada é ato de autoridade pública, no caso ato emanado pelo Tribunal de Contas da União.

Dessa forma, o mandado de segurança é cabível quanto a esse aspecto (art. 5º, LXIX, da CF e art. 1º da Lei 12.016/09).

1.2. Existência de prova pré-constituída

Os fatos que dão suporte ao direito alegado pela impetrante estão comprovados de plano, por meio da prova documental ora juntada, com cópia do processo administrativo que correu perante o TCU, que contém a decisão que determinou a ascensão funcional, a decisão do TCU que aprovou a ascensão e última decisão do TCU, que anulou a ascensão funcional.

Assim, também está cumprido o requisito de prova pré-constituída, essencial para o cabimento do mandado de segurança.

1.3. Respeito ao prazo decadencial de 120 dias

O prazo decadencial para ingressar com o presente *mandamus* também é requisito que está cumprido. Isso porque o ato impugnado (a demissão) foi publicado em abril de 2009, e, considerando estarmos ainda em junho de 2009, não foi superado, ainda, o prazo de 120 dias, previsto na lei, para a impetração do mandado de segurança.

Assim sendo, o requisito temporal também está em ordem.

1.4. Inexistência de outros impedimentos legais ou jurisprudenciais para a propositura do mandado de segurança

Por fim, não se configura no presente quaisquer outros impedimentos legais (arts. 1º e 5º da Lei 12.016/09) e jurisprudenciais ao manejo do presente remedido constitucional.

Destarte, também não há requisito negativo a impedir o manejo da presente garantia constitucional.

2. Da legitimidade ativa e passiva

A legitimidade ativa está em ordem, pois o impetrante defende, em nome próprio, direito próprio decorrente da violação de princípios constitucionais e de regra da Lei 9.784/99.

A autoridade coatora também está corretamente indicada, uma vez que foi o Tribunal de Contas da União que promoveu o ato ora impugnado, de modo que está atendida a regra no sentido de que é "autoridade coatora aquela que tenha praticado o ato impugnado ou da qual emane a ordem para a sua prática" (art. 6º, § 3º, da Lei 12.016/09).

Aliás, nos termos do art. 102, I, "d", da CF, a competência para conhecer de mandado de segurança contra ato do Tribunal de Contas da União é desse C. Supremo Tribunal Federal.

3. Do direito líquido e certo violado

3.1. Da violação aos princípios do contraditório, da ampla defesa e do devido processo legal

Os fatos narrados na presente exordial demonstram ter havido, em desfavor do impetrante, violação aos princípios do contraditório, da ampla defesa e do devido processo legal (art. 5º, LIV e LV, da CF).

Isso porque a impetrante não foi notificada para se defender no âmbito da apuração levada a efeito no Tribunal de Contas que resultou na declaração de nulidade da ascensão funcional realizada.

Essa circunstância impede o exercício do contraditório e da ampla defesa, contrariando, inclusive, Súmula Vinculante do Supremo Tribunal Federal.

3.2. Da violação à regra da decadência administrativa e dos princípios da segurança jurídica e da proteção da confiança

O art. 54 da Lei 9.784/99 dispõe que a Administração tem o prazo decadencial de 5 anos para anular atos que beneficiam terceiros.

No caso em tela, a ascensão funcional da autora se deu em 1993 e sua confirmação pelo Tribunal de Contas, em 1997. Assim, e considerando que o ato ora impugnado somente se deu em 2007, seja qual for termo inicial que se considere – 1993 ou 1997 –, o fato é que o prazo decadencial de 5 anos já havia transcorrido quando da decisão que declarou a nulidade do ato de ascensão funcional.

A regra do art. 54 da lei citada está em consonância com os princípios da proteção da confiança e da segurança jurídica, estes previstos no art. 2º da Lei 9.784/99.

Com efeito, depois de decorrido razoável lapso temporal, faz-se necessário resguardar a estabilidade da relação, como forma de proteger a confiança entre as partes e, no que diz respeito ao caso em tela, garantir a segurança no exercício profissional e na vida pessoal e familiar da impetrante.

Dessa forma, a violação das regras citadas não só é causa de nulidade do ato administrativo atacado, como também impede que outro ato possa ser expedido com o mesmo conteúdo.

III – DA LIMINAR

Excelência, há relevante fundamento no caso em tela. A impetrante demonstrou pela narrativa de fatos acompanhada dos respectivos documentos, e com a subsunção desses fatos a normas de índole constitucional e também com preceitos específicos da Lei 9.784/99, que houve grave violação aos seus direitos, grave violação essa que justifica a imediata suspensão dos efeitos da decisão que declarou a nulidade da ascensão funcional da impetrante, restando configurado o requisito do *fumus boni juris*.

O *periculum in mora* também é patente no caso em tela. Isso porque, com o retorno da impetrante ao cargo que antes ocupava, é natural que haja grande desajuste financeiro em sua vida. Não se deve olvidar que a impetrante é assalariada e, como tal, calcula seus gastos e despesas de acordo com os rendimentos, mormente se considerarmos que tem um emprego estável, que permite criar gastos presentes e futuros com maior segurança. Assim, caso não seja deferida a liminar pleiteada, haverá grande prejuízo não só à impetrante, como para sua família, tendo em vista que a concessão dessa medida ao final poderá implicar prejuízo à educação, à saúde e ao sustento em geral de sua família.

Sendo assim, a impetrante requer que seja deferida a medida liminar antes mesmo da notificação da autoridade coatora, nos termos do art. 7º, III, da Lei 12.016/2009, para que seja determinado à autoridade coatora que suspenda imediatamente os efeitos da decisão de declaração que declarou a nulidade da ascensão funcional da impetrante, tendo em vista a relevância do fundamento (aparência do bom direito – *fumus boni iuri*) e o perigo na demora da decisão (*periculum in mora*).

IV – DO PEDIDO

Por todo o exposto, a impetrante requer que seja:

a) deferida a medida liminar para que seja determinado à autoridade coatora que suspenda imediatamente os efeitos da decisão de declaração que declarou a nulidade da ascensão funcional da impetrante;

b) determinada a notificação da autoridade coatora, enviando-lhe todas as cópias dos documentos que instruem a inicial, para que preste todas as informações necessárias, no prazo de 10 dias (art. 7º, I, da Lei 12.016/2009);

c) dada ciência ao órgão de representação judicial do órgão, enviando-lhe cópia da inicial para que, querendo, ingresse no feito (art. 7º, II, da Lei 12.016/2009);

d) ouvido o representante do Ministério Público para que opine no prazo de 10 dias (art. 12 da Lei 12.016/2009);

e) ao final, confirmada a liminar deferida, concedendo-se definitivamente a segurança pleiteada para seja declarada a nulidade da decisão que anulou a ascensão profissional da impetrante, com a consequente cassação dos efeitos da decisão tomada.

[Obs.: toda a prova deve ser juntada à inicial, pois o direito é líquido e certo e não se admite dilação probatória. Não há condenação em honorários advocatícios em mandado de segurança: Súmulas 512/STF 105/STJ]

Dá-se à causa o valor de R$ 1.000,00.

Termos em que pede deferimento.

Local ..., data ...

[Não assine, rubrique ou, de outra forma, identifique sua prova!]

____

ADVOGADO ...

OAB ...

fim da peça

Comentário adicional

STF. Súmula vinculante n. 5º: "Nos processos perante o Tribunal de Contas da União asseguram-se o contraditório e a ampla defesa quando da decisão puder resultar anulação ou revogação de ato administrativo que beneficie o interessado, excetuada a apreciação da legalidade do ato de concessão inicial de aposentadoria"

(OAB/Exame Unificado – 2009.2 – 2ª fase) PEÇA PROFISSIONAL. A administração pública local desencadeou procedimento licitatório na modalidade de tomada de preços, tendo por objeto a construção de uma ponte de 28 metros. Na fase de habilitação, a comissão de licitação considerou a empresa X inabilitada sob o fundamento de que a documentação apresentada seria insuficiente para comprovar sua capacidade técnico-operacional, dada a exigência de experiência anterior em construção de obras que, somadas, alcançassem 500 metros lineares de pontes ou viadutos. Inconformada com a incompatibilidade existente, nas normas do edital, entre o objeto da licitação e a exigência relativa à experiência, a empresa ajuizou ação cautelar, com pedido de liminar, com a finalidade de suspender a decisão que ensejou sua inabilitação e de participar das demais fases do certame, mormente por ter apresentado certidão de acervo técnico e atestado de acervo técnico, emitidos por órgãos oficiais, comprovando a experiência na construção de ponte com extensão de 100 metros. O juízo monocrático deferiu a liminar postulada, permitindo a participação da empresa nas demais fases, entendimento confirmado no julgamento de mérito da ação cautelar. No prazo legal, a empresa ajuizou a ação principal sob o rito ordinário, visando à obtenção de provimento jurisdicional que declarasse a nulidade da decisão administrativa que a inabilitara para o certame. O poder público apresentou contestação, ressaltando a necessidade de observância do princípio da vinculação ao instrumento convocatório e a afronta ao princípio da igualdade de tratamento entre os licitantes sob o argumento de que eventual provimento que declarasse a nulidade da decisão administrativa privilegiaria a empresa autora em detrimento das demais, por permitir sua participação, não obstante a ausência de comprovação de sua capacidade técnica. A autoridade julgadora julgou improcedente o pedido, destacando, para tanto, que a empresa não comprovara sua capacidade técnica para a realização da obra licitada e que, não obstante a Lei n.º 8.666/1993 tenha permitido a substituição dos certificados de registros cadastrais por documentos necessários à sua obtenção, a documentação apresentada pela autora não teria comprovado sua capacidade técnica para a obtenção do certificado relativo à experiência exigida no edital. Ao afastar a pretensão, aduziu, também, que eventual provimento jurisdicional em sentido contrário implicaria afronta ao princípio da isonomia e desrespeito ao edital. Segundo a autoridade, o acolhimento da pretensão significaria, desse modo, afronta ao princípio da vinculação ao instrumento convocatório, previsto nos arts. 3.º e 41 da Lei n.º 8.666/1993, bem como ao disposto no art. 22, § 2.º, do mesmo diploma legal, já que a empresa licitante teria deixado de apresentar documentação expressamente prevista no edital que rege o certame. Considerando a situação hipotética acima apresentada, na qualidade de advogado(a) constituído(a) pela empresa inabilitada, redija a peça processual cabível, apresentando as questões de direito processual e de direito material indispensáveis à defesa dos interesses de sua cliente. (Data da prova: 25/10/09)

RESOLUÇÃO DA PEÇA PRÁTICO PROFISSIONAL

Peça: Apelação

Fundamento: art. 513 do CPC

Endereçamento

- **da petição:** ao juiz da causa
- **das razões:** ao Tribunal

Formalidade: lembrar de fazer referência à qualificação das partes

Mérito:

- Incompatibilidade entre a exigência do edital e o objeto do certame;
- Referência ao disposto no art. 37, XXI, da CF e ao disposto no art. 22, § 9.º, da Lei n.º 8.666/93.

Pedido: de nova decisão; o candidato deveria lembrar, também, de pedir condenação em custas e honorários.

Modelo: Apelação

início da peça

Excelentíssimo Senhor Doutor Juiz de Direito da ... Vara ... da Comarca de ...

[Deixe espaço de aproximadamente 10 cm para eventual despacho ou decisão do juiz.]

Processo nº ...
Rito Ordinário

Empresa X, já qualificada nos autos, por meio de seu advogado que subscreve a presente, vem, respeitosamente, à presença de Vossa Excelência, com fulcro nos artigos 513 e seguintes do Código de Processo Civil, interpor a presente

APELAÇÃO

contra a r. sentença de fls. ..., proferida por esse D. Juízo, na ação que promove em face do Município ..., também já qualificado nos autos, nos termos das razões de fato e de direito apresentadas na minuta em anexo.

Requer, outrossim, que seja o presente recurso recebido nos efeitos devolutivo e suspensivo, intimando-se a parte contrária para, querendo, apresentar suas contrarrazões no prazo legal.

Requer, em seguida, a remessa dos autos para o E. Tribunal de Justiça para processamento, conhecimento e julgamento.

Por fim, requer a juntada das custas de preparo e porte de remessa e retorno.

Termos em que pede deferimento.

Local ..., data ...

[Não assine, rubrique ou, de outra forma, identifique sua prova!]

____

ADVOGADO ...

OAB ...

quebra de página

Egrégio Tribunal de Justiça do Estado ...

Razões de Apelação

Apelante: Empresa X

Apelada: Município ...

EGRÉGIO TRIBUNAL,

COLENDA CÂMARA,

NOBRES JULGADORES.

1. DOS FATOS

A apelada instaurou licitação, na modalidade de tomada de preços, tendo por objeto a construção de uma ponte de 28 metros.

Na fase de habilitação do certame, a apelante foi inabilitada, sob o fundamento de que a documentação apresentada seria insuficiente para comprovar sua capacidade técnico-operacional, dada a exigência de experiência anterior em construção de obras que, somadas, alcançassem 500 metros lineares de pontes ou viadutos.

Inconformada a empresa ajuizou ação cautelar, com pedido de liminar, com a finalidade de suspender a decisão que ensejou sua inabilitação e de participar das demais fases do certame.

Na ocasião a apelante alegou haver incompatibilidade entre o objeto da licitação e a exigência relativa à experiência. Alegou também ter apresentado certidão de acervo técnico e atestado de acervo técnico, emitidos por órgãos oficiais, comprovando a experiência na construção de ponte com extensão de 100 metros.

A liminar postulada foi deferida, permitindo a participação da empresa nas demais fases, entendimento confirmado no julgamento de mérito da ação cautelar.

ADMINISTRATIVA

No prazo legal, a apelante ajuizou ação principal sob o rito ordinário, visando à obtenção de provimento jurisdicional que declarasse a nulidade da decisão administrativa que a inabilitara para o certame.

O poder público apresentou contestação sob os seguintes fundamentos: a) necessidade de observância do princípio da vinculação ao instrumento convocatório; b) afronta ao princípio da igualdade de tratamento entre os licitantes, sob o argumento de que eventual provimento que declarasse a nulidade da decisão administrativa privilegiaria a empresa autora em detrimento das demais, por permitir sua participação, não obstante a ausência de comprovação de sua capacidade técnica.

A autoridade julgadora julgou improcedente o pedido e o fez segundo os seguintes fundamentos: a) a Empresa X não comprovara sua capacidade técnica para a realização da obra licitada, e não obstante a Lei n.º 8.666/1993 tenha permitido a substituição dos certificados de registros cadastrais por documentos necessários à sua obtenção, a documentação apresentada pela autora não teria comprovado sua capacidade técnica para a obtenção do certificado relativo à experiência exigida no edital; b) o eventual provimento jurisdicional em sentido contrário implicaria afronta ao princípio da isonomia; c) o acolhimento da pretensão significaria, desse modo, afronta ao princípio da vinculação ao instrumento convocatório, previsto nos arts. 3.º e 41 da Lei n.º 8.666/1993, bem como ao disposto no art. 22, § 2.º, do mesmo diploma legal, já que a empresa licitante teria deixado de apresentar documentação expressamente prevista no edital que rege o certame.

Irresignada, a apelante interpõe o presente recurso no qual pleiteia a reforma da decisão para julgar procedente a ação anulatória proposta.

2. DO DIREITO

Os fatos narrados revelam a incompatibilidade entre a exigência contida no edital e o objeto do procedimento licitatório, especificamente quanto à extensão da ponte. Isso porque a exigência do edital consistente em experiência na construção de, no mínimo, 500 metros de pontes ou viadutos não guarda relação de compatibilidade com a extensão da ponte a ser edificada (apenas 28 metros).

A Lei n.º 8.666/93 exige, no art. 30, II, a apresentação, pelos participantes, de documento que comprove a qualificação técnica. Todavia, os conhecimentos e as habilidades técnicas a serem exigidas para a habilitação no certame devem corresponder ao trabalho a ser desenvolvido na obra. Isso em atenção ao disposto no art. 37, XXI, da CF, segundo o qual somente são permitidas exigências de qualificação técnica ou econômica *indispensáveis* à garantia do cumprimento do contrato.

Nesse sentido dispõe o referido dispositivo: “Art. 37. A administração pública direta e indireta de qualquer dos Poderes da União, dos Estados, do Distrito Federal e dos Municípios obedecerá aos princípios de legalidade, impessoalidade, moralidade, publicidade e eficiência e, também, ao seguinte: (...) XXI – ressalvados os casos especificados na legislação, as obras e serviços, compras e alienações serão contratados mediante processo de licitação pública que assegure igualdade de condições a todos os concorrentes, com cláusulas que estabeleçam obrigações de pagamento, mantidas as condições efetivas da proposta, nos termos da lei, o qual somente permitirá as exigências de qualificação técnica e econômica indispensáveis à garantia do cumprimento das obrigações”.

Assim, a capacidade técnica exigida deve guardar relação de compatibilidade com o objeto licitado. É o que também se extrai do disposto no art. 22, § 9.º, da Lei n.º 8.666/93, segundo o qual: “São modalidades de licitação: I – concorrência; II – tomada de preços; III – convite; IV – concurso; V – leilão.” (...). “§ 2.º Tomada de preços é a modalidade de licitação entre interessados devidamente cadastrados ou que atenderem a todas as condições exigidas para cadastramento até o terceiro dia anterior à data do recebimento das propostas, observada a necessária qualificação." (...) "§ 9.º Na hipótese do § 2.º deste artigo, a Administração somente poderá exigir do licitante não cadastrado os documentos previstos nos arts. 27 a 31, que comprovem habilitação compatível com o objeto da licitação, nos termos do edital."

Desse modo, considerando-se que a empresa apresentou documentação emitida por órgãos oficiais de experiência na edificação de ponte de 100 metros, resta evidenciada a comprovação da experiência em obra compatível com a licitada, inclusive em extensão maior, o que demonstraria de maneira satisfatória sua qualificação técnica para o desempenho do objeto do contrato. Portanto, ao impor exigência de comprovação de experiência em obra com dimensão de 500 m, o edital desatendeu ao disposto nos artigos 22 e 30 da Lei 8.666/93 na medida em que não atentou para as características da obra objeto da contratação. A exigência não seria razoável por implicar comprovação de experiência em construção de obra com dimensão aproximadamente 20 vezes maior que a do futuro contrato.

Tal exigência acaba por restringir a competitividade ínsita do procedimento licitatório e apta à obtenção de escolha mais vantajosa para a Administração, de que não há que se falar em ofensa ao princípio da vinculação ao instrumento convocatório.

A jurisprudência, inclusive, firmou-se exatamente nesse sentido, ou seja, no de que a qualificação técnica do licitante deve ser limitada à aptidão para o desempenho da atividade pertinente e compatível com o objeto da licitação.

3. DO PEDIDO

Ante o exposto, requer que Vossa Excelência se digne de processar o presente na forma prevista no Código de Processo Civil para, ao final, dar provimento ao recurso para o fim de reformar a sentença proferida pelo D. Juízo *a quo*, julgando procedente o pedido inicial com a declaração de nulidade da decisão administrativa que inabilitou a autora na licitação de que trata a presente, com a inversão do ônus sucumbencial.

Termos em que pede deferimento.

Local ..., data ...

[Não assine, rubrique ou, de outra forma, identifique sua prova!]

____

ADVOGADO ...

OAB ...

fim da peça

(OAB/Exame Unificado – 2009.3 – 2ª fase) Foi expedido mandado de prisão preventiva contra Rubem, médico pertencente ao quadro de pessoal do Ministério da Saúde. Por considerar ilegal a referida medida, Rubem furtou-se ao seu cumprimento e deixou de comparecer ao seu local de trabalho durante mais de quarenta dias consecutivos. Após esse período, tendo sido concedido *habeas corpus* em seu favor, o médico retornou ao exercício regular de suas funções laborais.

O ministro de Estado da Saúde instaurou processo administrativo disciplinar para apurar suposta irregularidade na conduta de Rubem, relativa a abandono de cargo. Na portaria de instauração do processo, optou-se pelo rito sumário, tendo sido designados para compor a comissão disciplinar, como membro e presidente, dois servidores federais estáveis ocupantes do cargo de agente administrativo, ambos com escolaridade de nível superior.

Foram indicadas, também, a autoria e a materialidade do fato tido como irregular. Três dias após a publicação da portaria, o servidor foi indiciado por violação ao art. 138, c/c com o art. 132, inciso II, ambos da Lei n.o 8.112/1990 e, posteriormente, citado para a apresentação de defesa no prazo de cinco dias.

Na peça de defesa, o advogado do servidor, em pedido administrativo, postulou a oitiva de testemunhas, aduzindo que estas comprovariam que a ausência do acusado ao local de trabalho fora motivada por seu entendimento de que a ordem de prisão seria ilegal e que, tão logo afastada a ordem, o médico retornara a suas atividades.

O presidente da comissão de processo administrativo disciplinar indeferiu o pedido de produção de prova testemunhal, considerando-o impertinente, sob o argumento de que o rito escolhido pela autoridade instauradora prevê instrução sumária, sem a possibilidade de produção de prova, nos termos do art. 133, inciso II, da Lei n. 8.112/1990.

No relatório final, sugeriu-se a demissão do servidor, com fulcro nos artigos citados na peça de indiciação, tendo sido a sugestão acolhida pelo ministro da Saúde. A portaria de demissão por abandono de cargo, assinada há cinco meses, foi publicada no Diário Oficial da União há três meses.

Considerando a situação hipotética apresentada, na qualidade de advogado(a) constituído(a) pelo servidor público demitido, redija a peça processual mais adequada ao caso, apresentando as questões de direito processual e material indispensáveis à defesa dos interesses de seu cliente. (Prova aplicada em 18/04/2010)

RESOLUÇÃO DA PEÇA PRÁTICO-PROFISSIONAL

1) **Peça:** Mandado de Segurança; a peça encontra fundamento no art. 5º, LXIX, da CF, e nos arts. 1º e 5º, III, da Lei 12.016/09; há ato de autoridade, descumprimento de formalidade essencial em processo administrativo e existência de prova pré-constituída.

2) **Endereçamento:** Excelentíssimo Senhor Presidente do Colendo Superior Tribunal de Justiça. (Art. 105, I, "b", da CF).

3) **Partes:**

   a) **impetrante:** Rubem...;

   b) **impetrado:** Ministro da Saúde.

4) **Tese 1:** violação ao princípio do devido processo legal (art. 5º, LIV, da CF), uma vez que foram nomeados apenas dois servidores para compor a comissão disciplinar, que deveria ser composta de três servidores estáveis (art. 149 da Lei 8.112/90).

5) **Tese 2:** violação aos princípios constitucionais da ampla defesa e do contraditório (art. 5º, LV, da CF), em virtude de ter sido indeferida oitiva de testemunhas-chave, que demonstrariam que não houve intenção de abandono de cargo.

6) **Tese 3:** violação ao art. 138 da Lei 8.112/90, que exige intenção de abandono para que seja configurado o instituto do abandono de cargo.

7) **Pedidos:** de declaração de nulidade do ato demissório, com a consequente reintegração do servidor; deve-se fazer pedido de liminar, trazendo como relevante fundamento (*fumus boni iuris*) as três teses, e como *periculum in mora* o fato de que o servidor terá perdas financeiras indispensáveis ao seu sustento.

8) **Observações:**

   a) **prazo para o mandado de segurança:** como a portaria foi publicada há apenas três meses, a impetração está dentro do prazo de 120 dias;

   b) **outras peças:** a peça indicada é o mandado de segurança; é claro que cabe, também, ação, pelo rito ordinário, com os mesmos pedidos; o problema é que este rito não tem todas as vantagens do mandado de segurança (exemplo: o pedido liminar, numa ação pelo rito ordinário, tem que preencher os requisitos da tutela antecipada; a apelação do Poder Público, no mesmo rito, tem duplo efeito etc.), e os elementos trazidos no problema não requerem dilação probatória, de modo que o mandado de segurança é, de fato, a melhor medida.

Modelo: Mandado de segurança

[O que estiver entre colchetes é apenas nota do autor – não deve constar da peça.]

início da peça

EXCELENTÍSSIMO SENHOR PRESIDENTE DO COLENDO SUPERIOR TRIBUNAL DE JUSTIÇA

[Deixe espaço de aproximadamente 10 cm para eventual despacho ou decisão do juiz.]

Rubem ..., estado civil ..., médico, com residência e domicílio ..., portador do RG ... e do CPF ..., por seu advogado que firma a presente (procuração anexada – doc.1), com escritório para recebimento de intimações na ... (art. 39, I, do CPC), vem à presença de Vossa Excelência, respeitosamente, impetrar contra o Senhor Ministro da Saúde o presente

MANDADO DE SEGURANÇA COM PEDIDO DE LIMINAR

nos termos do artigo 5º, inciso LXIX, da Constituição Federal e da Lei nº 12.016/2009, pelas razões a seguir aduzidas:

I - DOS FATOS

O impetrante foi demitido do cargo médico por ato da autoridade coatora, consistente na Portaria nº ..., publicada no dia ..., ou seja, há três meses, sob o argumento de que aquele teria abandonado o cargo, já que deixara de trabalhar por mais de quarenta dias consecutivos (doc. 2).

Ocorre que o processo administrativo disciplinar incidiu em várias falhas.

Em primeiro lugar, foram nomeados apenas dois servidores para a comissão disciplinar.

Ademais, o presidente da comissão de processo administrativo cerceou a defesa do impetrante ao indeferir pedido de oitiva de testemunhas que comprovariam que a ausência do impetrante ao trabalho fora motivada por seu não atendimento a uma ordem de prisão ilegal e que, tão logo afastada a ordem, o médico retornou às suas atividades.

Por fim, a demissão foi lastreada em dispositivo que exige a intenção do abandono do cargo, intenção essa que não ocorreu no caso em tela.

Efetivada a ilegal demissão, não restou outra alternativa ao impetrante que não a de ingressar com o presente mandado de segurança a fim de que seja determinada sua imediata reintegração.

II - DO DIREITO

1. Do cabimento do mandado de segurança

1.1. Existência de ato de autoridade

A demissão ora impugnada é ato de autoridade pública, no caso ato emanado pelo Ministro de Estado da Saúde no exercício de suas atividades administrativas.

Dessa forma, o mandado de segurança é cabível quanto a esse aspecto (art. 5º, LXIX, da CF, e art. 1º da Lei 12.016/09).

1.2. Existência de prova pré-constituída

Os fatos que dão suporte ao direito alegado pelo impetrante estão comprovados de plano, por meio da prova documental ora juntada, consistentes nos seguintes documentos: a) cópia integral do processo administrativo disciplinar no qual consta a data da constituição da comissão processante, o indeferimento de provas pertinentes, o ato de demissão fundamentado no abandono de emprego e certidão de publicação do ato demissório; b) documentação demonstrando a ordem de prisão ocorrida no período de faltas ao serviço, bem como cópia da decisão que concedeu *habeas corpus* em favor do impetrante.

Assim também está cumprido o requisito de prova pré-constituída, essencial para o cabimento do mandado de segurança.

1.3. Respeito ao prazo decadencial de 120 dias

O prazo decadencial para ingressar com o presente *mandamus* também é requisito que está cumprido. Isso porque o ato impugnado (a demissão) foi publicado no dia ..., ou seja, há três meses, período inferior ao prazo de 120 dias, previsto na lei, para a impetração do mandado de segurança.

Assim sendo, o requisito temporal também está ordem.

1.4. Inexistência de outros impedimentos legais ou jurisprudenciais para a propositura do mandado de segurança

Por fim, não se configura no presente quaisquer outros impedimentos legais (arts. 1º e 5º da Lei 12.016/09) e jurisprudenciais ao manejo do presente remédio constitucional.

É bom ressaltar que, mesmo o impedimento que existia no art. 5º, III, da antiga Lei de Mandado de Segurança, e que não foi repetido na atual lei (Lei 12.016/09), não incidia nas situações em que havia inobservância a formalidade essencial, como se dá no caso presente, em que há violação ao princípio do contraditório e da ampla defesa.

Destarte, também não há requisito negativo a impedir o manejo da presente garantia constitucional.

2. Da legitimidade ativa e passiva

A legitimidade ativa está em ordem, pois o impetrante defende, em nome próprio, direito próprio decorrente da violação de princípios constitucionais e de regras da Lei 8.112/90.

A autoridade coatora também está corretamente indicada, uma vez que foi o Ministro da Saúde que promoveu o ato ora impugnado, de modo que está atendida a regra no sentido de que é "autoridade coatora aquela que tenha praticado o ato impugnado ou da qual emane a ordem para a sua prática" (art. 6º, § 3º, da Lei 12.016/09).

Aliás, nos termos do art. 105, I, "b", da CF, a competência para conhecer de mandado de segurança contra ato de Ministro de Estado é desse C. Superior Tribunal de Justiça.

3. Do direito líquido e certo violado

3.1. Da violação ao princípio do devido processo legal (art. 5º, LIV, da CF) e do disposto no art. 149 da Lei 8.112/90

Conforme se verifica da documentação ora juntada, a comissão disciplinar constituída para conduzir o processo disciplinar em face do impetrante contou com apenas dois servidores nomeados.

Tal situação viola o disposto no art. 149 da Lei 8.112/90, que exige que a comissão disciplinar seja composta por três servidores estáveis.

Essa ilegalidade fere o princípio constitucional do devido processo legal (art. 5º, LIV, da CF), que não admite que se interfira no direito das pessoas sem que se obedeça aos preceitos processuais pertinentes, como são as exigência contidas no dispositivo legal citado.

Assim, o presente fundamento é suficiente, por si só, para que seja anulado o decreto de demissão.

3.2. Da violação aos princípios da ampla defesa e do contraditório (art. 5º, LV, da CF)

Não bastasse a violação ao princípio citado, o ato ora impugnado foi praticado no bojo de um processo disciplinar que cerceou o principal ponto da defesa do impetrante.

Com efeito, o presidente da comissão de processo administrativo indeferiu pedido de oitiva de testemunhas que comprovariam que a ausência do impetrante ao trabalho fora motivada por seu não atendimento a uma ordem ilegal de prisão e que, tão logo afastada a ordem, o médico retornou a suas atividades.

O argumento da comissão processante foi de que se tratava de um procedimento sumário, que não possibilitava a produção de prova.

Nada obstante, mesmo no rito sumário, a cognição há de ser plena. Visando proteger os princípios do contraditório e da ampla defesa, o indeferimento apenas pode ocorrer caso a prova não seja pertinente, o que não foi o caso, visto que se tratava de prova que poderia afastar a materialidade do delito administrativo.

Dessa forma, o presente fundamento também é suficiente, por si só, para a anulação do ato demissório do impetrante, com sua consequente reintegração.

3.3. Da violação ao art. 138 da Lei 8.112/90

Quanto ao mérito do ato de demissão, este também está inquinado de ilegalidade. Isso porque o instituto do abandono de cargo somente se configura quando houver intenção de abandono por parte do servidor público.

No entanto, conforme a documentação ora juntada, o impetrante, na mesma época das faltas, sofreu em seu desfavor decreto de prisão ilegal e, tão logo foi anulado por decisão proferida em *habeas corpus*, o impetrante retornou ao serviço.

Basta verificar o teor do artigo 138 da Lei 8.112/90 e perceber que esse dispositivo exige o elemento subjetivo "ausência intencional", o que, claramente, não se deu no caso em tela.

Tudo então demonstra que a decisão demissória deve ser afastada, com a consequente reintegração do impetrante.

III – DA LIMINAR

Excelência, há relevante fundamento no caso em tela. O impetrante demonstrou pela narrativa de fatos acompanhada dos respectivos documentos, e com a subsunção desses fatos a normas de índole constitucional e também com preceitos específicos da própria Lei 8.112/90, que houve grave violação de seus direitos, grave violação essa que justifica sua reintegração imediata, restando configurado o requisito do *fumus boni iuris*.

O impetrante também demonstrou que, caso não deferida a liminar ora pleiteada, terá perdas financeiras indispensáveis ao seu sustento.

Sendo assim, o impetrante requer que seja deferida a medida liminar antes mesmo da notificação da autoridade coatora, nos termos do art. 7º, III, da Lei 12.016/2009, para que seja determinado à autoridade coatora sua imediata reintegração ao cargo que anteriormente ocupava, com o ressarcimento automático de todas as vantagens (art. 28 da Lei 8.112/90), tendo em vista a relevância do fundamento (aparência do bom direito – *fumus boni iuri*) e o perigo na demora da decisão (*periculum in mora*).

IV – DO PEDIDO

Por todo o exposto, o impetrante requer que seja:

a) deferida a medida liminar para que seja determinado à autoridade coatora que reintegre imediatamente o impetrante no cargo que anteriormente ocupava, com o ressarcimento automático de todas as vantagens (art. 28 da Lei 8.112/90);

ADMINISTRATIVA

b) determinada a notificação da autoridade coatora, enviando-lhe todas as cópias dos documentos que instruem a inicial, para que preste todas as informações necessárias, no prazo de 10 dias (art. 7º, I, da Lei 12.016/2009);

c) dada ciência ao órgão de representação judicial da União Federal, enviando-lhe cópia da inicial para que, querendo, ingresse no feito (art. 7º, II, da Lei 12.016/2009);

d) ouvido o representante do Ministério Público para que opine no prazo de 10 dias (art. 12 da Lei 12.016/2009);

e) ao final, confirmada a liminar deferida, concedendo-se definitivamente a segurança pleiteada para que seja anulado o ato demissório e determinado à autoridade coatora que reintegre imediatamente o impetrante no cargo que anteriormente ocupava, com o ressarcimento de todas as vantagens.

[Obs.: toda a prova deve ser juntada à inicial, pois o direito é líquido e certo e não se admite dilação probatória. Não há condenação em honorários advocatícios em mandado de segurança: Súmulas 512/STF 105/STJ]

Dá-se à causa o valor de R$ 1.000,00.

Termos em que pede deferimento.

Local, data ...

[Não assine, rubrique ou, de outra forma, identifique sua prova!]

___

ADVOGADO ...

OAB ...

fim da peça

PADRÃO DE RESPOSTA - PEÇA PROFISSIONAL - EXAMINADORA

Superior Tribunal de Justiça, visto que a autoridade coatora é o ministro de Estado da Saúde. Além disso, a parte final do enunciado menciona que a publicação da portaria expulsória ocorreu há três meses e, portanto, dentro do prazo de cento e vinte dias previsto na Lei n.º 12.016/2009.

Com pedido de tutela antecipada perante a justiça federal. O nome *iuris* não tem relevância, devendo ser observada a pretensão desconstitutiva ou anulatória. Contudo, caso o(a) examinando(a) não tenha mencionado o pedido de liminar ou tutela antecipada de forma expressa, a omissão deve ser devidamente descontada no item 3 (Domínio do raciocínio jurídico).

Identificação do impetrante (opção 1) ou do autor (opção 2).

Identificação dos impetrados (opção 1: Ministro de Saúde e União*) ou do réu (opção 2: União).

* Na condição de impetrados deve figurar tanto o ministro de Estado de Saúde como a União. O ministro de Estado da Saúde, visto que a insurgência deve ocorrer em face da portaria de demissão, e não do indeferimento irregular praticado pela comissão de processo administrativo disciplinar. Também deve ser indicada a pessoa jurídica que a autoridade coatora integra, que é a União (art. 6.°, *caput*, da Lei n.º 12.016/2009).

Mérito: não configurado o abandono de cargo por inexistir *animus abandonandi*, visto que o servidor apenas se ausentou do serviço em decorrência de mandado de prisão preventiva que fora expedido contra ele e, posteriormente, considerado ilegal. O artigo 138 da Lei n.º 8.112/1990 exige, para a configuração do abandono, que a ausência do servidor seja intencional, com ânimo de abandonar o serviço, o que não ocorreu, visto que, de fato, a vontade do servidor foi evadir-se da prisão. Tanto assim que, tão logo concedido o *habeas corpus*, o servidor retornou ao exercício do cargo. Nesse sentido:

"MANDADO DE SEGURANÇA. SERVIDOR PÚBLICO. DEMISSÃO POR ABANDONO DE CARGO. *ANIMUS ABANDONANDI*. NÃO CONFIGURAÇÃO. PRISÃO PREVENTIVA DECRETADA CONTRA O IMPETRANTE. FALTAS MOTIVADAS PELA FUGA APÓS A EXPEDIÇÃO DO MANDADO DE PRISÃO. ILEGALIDADE DA CUSTÓDIA RECONHECIDA POR ESTA CORTE SUPERIOR EM SEDE DE HABEAS CORPUS. EFEITOS PATRIMONIAIS E CÔMPUTO DO TEMPO DE SERVIÇO, PARA TODOS OS EFEITOS LEGAIS, A PARTIR DA DATA DO ATO IMPUGNADO.

1. Esta Corte Superior de Justiça possui entendimento firmado no sentido de que, para se concluir pelo abandono de cargo e aplicar a pena de demissão, a Administração Pública deve verificar o animus abandonandi do servidor, elemento indispensável para a caracterização do mencionado ilícito administrativo.
2. No caso, não se constata o ânimo específico do impetrante de abandonar o cargo, tendo em vista que, por reputar ilegal sua custódia cautelar, optou por furtar-se à execução da ordem de prisão, a fim de, em liberdade, provar a ilegalidade da segregação — o que, inclusive, foi posteriormente reconhecido pela Sexta Turma deste Superior Tribunal em *habeas corpus* concedido em seu favor — ficando, por conseguinte, impossibilitado de comparecer ao seu local de trabalho.
3. Ademais, conforme já decidiu o Supremo Tribunal Federal "É legítima a fuga do réu para impedir prisão preventiva que considere ilegal, porque não lhe pesa ônus de se submeter a prisão cuja legalidade pretende contestar." (HC 87.838/RR, Rel. Min. Cezar Peluso, Primeira Turma, DJ de 04/08/2006).
4. No tocante ao pedido do impetrante para que seja determinado o pagamento dos vencimentos retidos a partir da sua apresentação espontânea ao trabalho, a qual, segundo alega, teria ocorrido antes do ato demissional, verifica-se que não há nos autos documentos hábeis a comprovar o momento em que a referida apresentação se deu.
5. Desse modo, ressalvadas as vias ordinárias, deve prevalecer o entendimento consolidado nesta Corte Superior de Justiça no sentido de que "Em se tratando de reintegração de servidor público, os efeitos patrimoniais devem ser contados da data publicação do ato impugnado. Inteligência do art. 28 da Lei 8.112/90." (MS 12.991/DF, Rel. Ministro Arnaldo Esteves Lima, terceira seção, julgado em 27/05/2009, DJe 03/08/2009)
6. Em se tratando de reintegração de servidor público, os efeitos patrimoniais devem ser contados da data publicação do ato impugnado.
7. Concessão parcial da ordem para determinar a reintegração do impetrante no cargo que ocupava, com o reconhecimento das vantagens financeiras e cômputo do tempo de serviço, para todos os efeitos legais, a partir da data do ato impugnado (MS 12.424/DF, Rel. Ministro Og Fernandes, Terceira Seção, julgado em 28/10/2009, DJe 11/11/2009)"

Houve ilegalidade quando a comissão disciplinar foi formada por apenas dois membros, ao passo que o correto seria sua composição com três membros, estáveis, seguindo o mandamento do art. 149 da Lei n.º 8.112/1990. Afrontou-se, dessa forma, o princípio do *due process of law*.

A previsão do rito sumário para apuração do abandono de cargo não impede a produção de provas.

O rito é sumário, mas a cognição deve ser plena. Visando proteger os princípios do contraditório e da ampla defesa, o indeferimento apenas pode ocorrer caso a prova não seja pertinente, o que não foi o caso, visto que se tratava de provas que poderiam afastar a materialidade do delito administrativo. Nesse sentido:

ADMINISTRATIVA

"CONSTITUCIONAL. ADMINISTRATIVO. MANDADO DE SEGURANÇA. SERVIDOR PÚBLICO. DEMISSÃO POR INASSIDUIDADE HABITUAL AO SERVIÇO (ARTS. 132, III E 139 DA LEI Nº 8.112/90). PROCEDIMENTO SUMÁRIO. OFENSA AOS PRINCÍPIOS DO DEVIDO PROCESSO LEGAL, CONTRADITÓRIO E AMPLA DEFESA. CARACTERIZAÇÃO. INDEFERIMENTO DE REALIZAÇÃO DE PERÍCIA MÉDICA. COMUNICAÇÃO EXTEMPORÂNEA. AVERIGUAÇÃO DO ANIMUS ESPECÍFICO. EFEITOS PRETÉRITOS. IMPOSSIBILIDADE. SÚMULAS 269 E 271 DO STF. REINTEGRAÇÃO CONCEDIDA.

I – A Constituição Federal de 1988, no art. 5.º, LIV e LV, consagrou os princípios do devido processo legal, do contraditório e da ampla defesa, também, no âmbito administrativo. A interpretação do princípio da ampla defesa visa a propiciar ao servidor oportunidade de produzir conjunto probatório servível para a defesa.

II – O direito à produção de provas não é absoluto, podendo o pedido ser denegado pelo Presidente da Comissão quando for considerado impertinente, meramente protelatório ou de nenhum interesse para o esclarecimento dos fatos. *In casu*, o indeferimento do pleito de produção de provas baseou-se, exclusivamente, no fato de que o processo administrativo submetido ao procedimento sumário só possibilitaria ao acusado apresentar a defesa por escrito e dentro do prazo estabelecido por lei, não lhe sendo facultado requerer outros meios de prova, em patente ofensa à ampla defesa.

III – A intenção do legislador — ao estabelecer o procedimento sumário para a apuração de abandono de cargo e de inassiduidade habitual — foi no sentido de agilizar a averiguação das referidas transgressões, com o aperfeiçoamento do serviço público. Entretanto, não se pode olvidar das garantias constitucionalmente previstas. Ademais, a Lei n.º 8.112/90 — art. 133, § 8.º — prevê, expressamente, a possibilidade de aplicação subsidiária no procedimento sumário das normas relativas ao processo disciplinar.

IV – A comunicação do indeferimento da prova requerida deve operar-se ainda na fase probatória, exatamente para oportunizar ao servidor a interposição de eventual recurso contra a decisão do Colegiado Disciplinar, sendo defeso à Comissão indeferi-lo quando da prolação do relatório final.

V – Em se tratando de ato demissionário consistente no abandono de emprego ou na inassiduidade ao trabalho, impõe-se averiguar o *animus* específico do servidor a fim de avaliar seu grau de desídia.

VI – A teor do disposto nos verbetes sumulares 269 e 271 do Pretório Excelso, a via do mandado de segurança é distinta da ação de cobrança, pois não se presta para vindicar a concessão de efeitos patrimoniais pretéritos

VII – Segurança parcialmente concedida para anular o ato demissionário, com a consequente reintegração do impetrante no cargo que ocupava.

(MS 7.464/DF, Rel. Ministro Gilson Dipp, Terceira Seção, julgado em 12/03/2003, DJ 31/03/2003 p. 144)."

Deve-se destacar a presença dos requisitos indispensáveis à concessão da liminar ou da tutela antecipada. O *fumus boni iuris* já está expresso na demonstração de inobservância ao disposto no art. 149 da Lei n.º 8.112/1990, e não houve intenção do servidor de abandonar o trabalho. O *periculum in mora*, por sua vez, apoia-se na necessidade de o servidor ser reintegrado prontamente ao cargo, em razão de suas perdas financeiras.

Deve-se requerer que sejam prestadas as devidas informações pela autoridade apontada como coatora e a entidade da qual ele faça parte e a oitiva do Ministério Público (no mandado de segurança) / a intimação da União ou do seu representante (na ação ordinária); a concessão da liminar/tutela antecipada para declarar a nulidade do processo administrativo disciplinar e determinar a reintegração do servidor no cargo público e, no mérito, a concessão da ordem para, em caráter definitivo, reconhecer o direito do impetrante/autor ao devido processo administrativo e à consequente reintegração ao cargo pleiteado.

(OAB/Exame Unificado – 2010.1 – 2ª fase) O Ministério Y publicou edital para provimento de 20 vagas para determinado cargo previsto em lei própria, tendo o concurso prazo de validade de noventa dias.

Passados sessenta dias da publicação do edital e publicada a lista dos aprovados, o ministro responsável assinou portaria de homologação do resultado do concurso, convocando os 20 primeiros colocados para, no prazo de dez dias, apresentarem documentos para fins de nomeação. Mauro, candidato regularmente inscrito no certame e aprovado em 15.º lugar, apresentou a documentação requerida. Findo o prazo e passados quinze dias, foi publicada nova portaria, por meio da qual foram nomeados apenas os 10 primeiros colocados, sendo a posse marcada para quatorze dias após a publicação da nomeação.

Inconformado com o ocorrido, Mauro procurou auxílio de profissional da advocacia para a defesa de seus direitos.

Considerando a situação hipotética acima apresentada, na qualidade de advogado(a) constituído(a) por Mauro, redija a peça processual mais adequada ao caso, abordando, além das questões de direito processual e material indispensáveis à defesa dos interesses de seu cliente, os seguintes aspectos:

– foro competente;
– legitimidade passiva;
– mérito da demanda.

(Prova aplicada em 25/07/2010)

RESOLUÇÃO DA PEÇA PRÁTICO-PROFISSIONAL

1) **Peça:** Mandado de Segurança; a peça encontra fundamento no art. 5º, LXIX, da CF, e nos arts. 1º e 5º, III, da Lei 12.016/09; há ato de autoridade, ilegalidade e existência de prova pré-constituída.

2) **Endereçamento:** Excelentíssimo Senhor Presidente do Colendo Superior Tribunal de Justiça. (Art. 105, I, "b", da CF).

3) **Partes:**

   a) **impetrante:** Mauro;

   b) **impetrado:** Ministro da...

4) **Tese 1:** direito à nomeação por restar vinculada a competência para nomear os vinte primeiros aprovados depois que estes receberam convocação solicitando a entrega de documentos.

5) **Tese 2:** direito à nomeação dos aprovados no limite das vagas previstas no edital, em obediência aos princípios da proteção da confiança, da boa-fé e da segurança jurídica.

6) **Pedidos:** concessão de segurança para determinar à autoridade coatora a nomeação do impetrante para o cargo em cujo concurso público foi aprovado; deve-se fazer pedido de liminar, trazendo como relevante fundamento (*fumus boni iuris*) as duas teses e como *periculum in mora* o fato de que a nomeação dos dez primeiros candidatos aprovados é iminente.

7) **Observações:**

   a) **prazo para o mandado de segurança:** está dentro do prazo de 120 dias, pois a portaria que não nomeou Mauro (ato coator) foi publicada há menos de 14 dias, segundo o que se presume da leitura do enunciado da questão;

   b) **outras peças:** a peça indicada é o mandado de segurança; é claro que cabe, também, ação, pelo rito ordinário, com os mesmos pedidos; o problema é que este rito não tem todas as vantagens do mandado de segurança (exemplo: o pedido liminar, numa ação pelo rito ordinário, tem que preencher os requisitos da tutela antecipada; a apelação do Poder Público, no mesmo rito, tem duplo efeito etc.), e os elementos trazidos no problema não requerem dilação probatória, de modo que o mandado de segurança é, de fato, a melhor medida.

Modelo: Mandado de segurança

[O que estiver entre colchetes é apenas nota do autor – não deve constar da peça.]

início da peça

EXCELENTÍSSIMO SENHOR PRESIDENTE DO COLENDO SUPERIOR TRIBUNAL DE JUSTIÇA

[Deixe espaço de aproximadamente 10 cm para eventual despacho ou decisão do juiz.]

Mauro ..., estado civil ..., profissão ..., com residência e domicílio ..., portador do RG ... e do CPF ..., por seu advogado que firma a presente (procuração anexada – doc.1), com escritório para recebimento de intimações na ... (art. 39, I, do CPC), vem, à presença de Vossa Excelência, respeitosamente, impetrar contra o Senhor Ministro da ... o presente

MANDADO DE SEGURANÇA COM PEDIDO DE LIMINAR

nos termos do artigo 5º, inciso LXIX, da Constituição Federal e da Lei nº 12.016/2009, pelas razões a seguir aduzidas:

I - DOS FATOS

O Ministério Y publicou edital para provimento de vinte vagas para o cargo de ..., tendo o concurso prazo de validade de noventa dias (doc. 2).

Passados sessenta dias da publicação do edital e publicada a lista dos aprovados, a autoridade coatora assinou portaria de homologação do resultado do concurso, convocando os vinte primeiros colocados para, no prazo de dez dias, apresentarem documentos para fins de nomeação (doc. 3).

O impetrante, candidato regularmente inscrito no certame e aprovado em 15.º lugar, apresentou a documentação requerida (doc. 4).

Findo o prazo e passados quinze dias, foi publicada nova portaria, por meio da qual foram nomeados apenas os dez primeiros colocados, sendo a posse marcada para quatorze dias após a publicação da nomeação (doc. 5).

Inconformado com o ocorrido, o impetrante ingressa com o presente mandado de segurança com pedido de liminar para que seja determinada sua imediata nomeação.

II - DO DIREITO

1. Do cabimento do mandado de segurança

1.1. Existência de ato de autoridade

A conduta ora impugnada – nomeação de apenas dez aprovados, desconsiderando o impetrante, 15º colocado e convocado para a apresentação de documentos com vistas à sua nomeação num concurso cujo edital previa vinte vagas – é ato de autoridade pública, no caso, ato emanado pelo Ministro da ..., indicado como autoridade coatora.

Dessa forma, o mandado de segurança é cabível quanto a esse aspecto (art. 5º, LXIX, da CF e art. 1º da Lei 12.016/09).

1.2. Existência de prova pré-constituída

Os fatos que dão suporte ao direito alegado pelo impetrante estão comprovados de plano, por meio da prova documental ora juntada, consistente nos seguintes documentos: a) cópia integral do edital, no qual consta a existência de vinte vagas a serem providas; b) cópia do ato de homologação do concurso e da convocação dos vinte primeiros colocados para apresentação de documentos com vistas à nomeação, incluindo o impetrante; c) cópia do ato de nomeação, que contemplou apenas os dez primeiros colocados.

Assim, também está cumprido o requisito de prova pré-constituída, essencial para o cabimento do mandado de segurança.

1.3. Respeito ao prazo decadencial de 120 dias

O prazo decadencial para ingressar com o presente *mandamus* também é requisito que está cumprido. Isso porque a conduta impugnada – nomeação de apenas dez aprovados, desconsiderando o impetrante – deu-se há menos de 120 dias, prazo decadencial previsto na lei para a impetração do mandado de segurança.

Assim sendo, o requisito temporal também está ordem.

1.4. Inexistência de outros impedimentos legais ou jurisprudenciais para a propositura do mandado de segurança

Por fim, não se configura no presente caso quaisquer outros impedimentos legais (arts. 1º e 5º da Lei 12.016/09) e jurisprudenciais ao manejo do presente remedido constitucional.

Destarte, também não há requisito negativo a impedir a proposição da presente garantia constitucional.

2. Da legitimidade ativa e passiva

A legitimidade ativa está em ordem, pois o impetrante defende, em nome próprio, direito próprio decorrente da violação de princípios da Administração Pública.

A autoridade coatora também está corretamente indicada, uma vez que foi o Ministro da ... que praticou o ato ora impugnado, de modo que está atendida a regra no sentido de que é "autoridade coatora aquela que tenha praticado o ato impugnado ou da qual emane a ordem para a sua prática" (art. 6º, § 3º, da Lei 12.016/09).

Aliás, nos termos do art. 105, I, "b", da CF, a competência para conhecer de mandado de segurança contra ato de Ministro de Estado é desse C. Superior Tribunal de Justiça.

3. Do direito líquido e certo violado

3.1. Do direito à nomeação do impetrante em face da competência vinculada da autoridade coatora

Conforme narrativa feita na exposição dos fatos, o impetrante, aprovado na 15º colocação de um concurso criado para preencher vinte cargos, foi formalmente convocado pela Administração Pública para apresentar documentação com vistas à sua nomeação para o cargo respectivo.

Feita a convocação, a competência administrativa, que poderia ser considerada discricionária, passou a ser competência vinculada, eis que a Administração, ao convocar o impetrante, acabou por demonstrar a existência de necessidade premente de contratação de pessoal, bem como dos demais requisitos para tanto, tais como existência de cargos vagos e disponibilidade financeira.

Nesse sentido, era de rigor que a autoridade coatora nomeasse os vinte candidatos convocados para a apresentação de documentos, o que, naturalmente, incluía o impetrante, 15º colocado no certame, fundamento que, por si só, impõe que seja o presente *mandamus* concedido para o fim de determinar a nomeação do impetrante.

3.2. Do direito à nomeação do impetrante em face da sua aprovação no limite das vagas previstas no edital

Não bastasse o fundamento apresentado no item anterior, o fato é que a jurisprudência de nossos tribunais superiores é pacífica, hoje, no sentido de que o candidato aprovado no limite das vagas previstas no edital tem direito à nomeação.

Esse entendimento tem como fundamento os princípios da proteção da confiança, da boa-fé e da segurança jurídica (art. 5º, XXXVI, da CF e art. 2º, *caput*, da Lei 9.784/99).

A Administração Pública só não será obrigada a nomear os aprovados no limite das vagas previstas no edital caso surjam fatos novos pertinentes que tornem inconveniente ao interesse público a efetivação da nomeação, fatos esses que devem ser expostos em ato administrativo devidamente motivado, o que não ocorreu no presente caso.

Assim, considerando que o edital do concurso previu o preenchimento de vinte vagas e o impetrante foi aprovado na 15ª colocação, de rigor a concessão da segurança para que seja determinada sua nomeação.

III – DA LIMINAR

Excelência, há relevante fundamento no caso em tela. O impetrante demonstrou pela narrativa de fatos acompanhada dos respectivos documentos, e com a subsunção desses fatos a normas de índole constitucional, que houve grave violação de seus direitos, grave violação essa que justifica sua nomeação imediata restando configurado o requisito do *fumus boni juris*.

O impetrante também demonstrou que a posse dos candidatos aprovados está para acontecer nos próximos dias, o que revela a existência de *periculum in mora* no caso.

Sendo assim, o impetrante requer que seja deferida a medida liminar antes mesmo da notificação da autoridade coatora, nos termos do art. 7º, III, da Lei 12.016/2009, para que seja determinado à autoridade coatora sua imediata nomeação para o cargo em cujo concurso foi aprovado.

IV – DO PEDIDO

Por todo o exposto, o impetrante requer que seja:

a) deferida a medida liminar para que seja determinado à autoridade coatora que proceda à nomeação imediata do impetrante no cargo em cujo concurso foi aprovado;

b) determinada a notificação da autoridade coatora, enviando-lhe todas as cópias dos documentos que instruem a inicial para que preste todas as informações necessárias, no prazo de 10 dias (art. 7º, I, da Lei 12.016/2009);

c) dada ciência ao órgão de representação judicial da União Federal, enviando-lhe cópia da inicial, para que, querendo, ingresse no feito (art. 7º, II, da Lei 12.016/2009);

d) ouvido o representante do Ministério Público para que opine no prazo de 10 dias (art. 12 da Lei 12.016/2009);

e) ao final, confirmada a liminar deferida, concedida definitivamente a segurança pleiteada para que seja determinado à autoridade coatora a consolidação da nomeação definitiva do impetrante no cargo em cujo concurso foi aprovado.

[Obs.: toda a prova deve ser juntada à inicial, pois o direito é líquido e certo e não se admite dilação probatória. Não há condenação em honorários advocatícios em mandado de segurança: Súmulas 512/STF 105/STJ]

Dá-se à causa o valor de R$ 1.000,00.

Termos em que pede deferimento.

Local, data ...

[Não assine, rubrique ou, de outra forma, identifique sua prova!]

____

ADVOGADO ...

OAB ...

fim da peça

PADRÃO DE RESPOSTA – PEÇA PROFISSIONAL – EXAMINADORA

O ato a ser impugnado é de ministro de Estado, sendo o foro competente o Superior Tribunal de Justiça. Há prova pré-constituída e direito líquido e certo, visto que o candidato foi chamado para apresentação de documentos para a nomeação, devendo ser impetrado, portanto, mandado de segurança como medida mais adequada.

Ainda que de forma rudimentar (a título de exemplo: "qualificação, residente e domiciliado etc."), deve-se mencionar a legitimidade ativa e qualificar o impetrante corretamente, nos termos do artigo 282, inciso II, do CPC. Por outro lado, deve-se, especificamente, identificar o ministro como autoridade coatora, e não o Ministério X. Necessidade de pedir ciência da União (Lei n.º 12.016/2009, art. 6.º).

O mérito traz importante questão administrativa: a aprovação dentro do número de vagas. Em um primeiro momento, o candidato não possui direito líquido e certo à nomeação. Todavia, a publicação de ato chamando todos os aprovados para apresentação de documentos impõe à administração a nomeação desses convocados. Portanto, a partir de então, o candidato teria direito líquido e certo à sua nomeação, visto que foi aprovado dentro do número de vagas e convocado para a apresentação de documentos. Nesse mesmo sentido:

"RECURSO EM MANDADO DE SEGURANÇA. CONCURSO PÚBLICO. CONVOCAÇÃO DOS CANDIDATOS PARA APRESENTAR DOCUMENTOS PARA NOMEAÇÃO. COMPROVADA A EXISTÊNCIA DE VAGAS. ATO ADMINISTRATIVO VINCULADO. INVESTIDURA NO CARGO. DIREITO LÍQUIDO E CERTO CARACTERIZADO.

1. A publicação de edital convocando os recorrentes para: '(...) tratarem de assunto relacionado ao processo de nomeação nos respectivos cargos efetivos', determinando, inclusive, a apresentação de diversos documentos a esse propósito, faz crer que há cargos vagos, o que, aliás, restou comprovado nos autos, e que a Administração necessita supri-los. Em outras palavras, a Administração obriga-se a investir os recorrentes no serviço público a partir da publicação desse instrumento convocatório, pois vinculada ao motivo do ato.
2. Seguindo a mesma linha de raciocínio, decidiu a eg. Quinta Turma deste Superior Tribunal de Justiça que: 'A vinculação da Administração Pública aos atos que emite, combinada com a existência de vagas impõe a nomeação, posse e exercício dos recorrentes nos cargos de Inspetor de Polícia Civil de 1.ª Classe do Estado do Ceará' (RMS 30.110/CE, Relator Ministro Napoleão Nunes Maia Filho, DJe 5.4.10).
3. Direito líquido e certo dos impetrantes à investidura nos cargos de Inspetor de Polícia Civil de 1.ª Classe do Estado do Ceará.
4. Recurso ordinário a que se dá provimento."

(RMS 30.881/CE, Rel. Ministro Og Fernandes, Sexta Turma, julgado em 20/04/2010, DJe 10/05/2010)

"RECURSO EM MANDADO DE SEGURANÇA. CONCURSO PÚBLICO. CANDIDATOS CLASSIFICADOS ALÉM DO NÚMERO DE VAGAS INICIALMENTE OFERTADAS NO CERTAME. POSTERIOR SURGIMENTO DE NOVAS VAGAS NO PRAZO DE

VALIDADE DO CONCURSO. VEICULAÇÃO DE EDITAL CONVOCATÓRIO NOMINAL PARA APRESENTAÇÃO DE DOCUMENTOS DE NOMEAÇÃO. ATO ADMINISTRATIVO VINCULADO. DIREITO LÍQUIDO E CERTO. INDEMONSTRAÇÃO DE INSUPERÁVEL RAZÃO FINANCEIRA. RECURSO PROVIDO.

1. Para a impetração do Mandado de Segurança se exige tão só e apenas a demonstração, já com a petição inicial, da ameaça ou vulneração a direito individual ou coletivo líquido e certo, por ato de autoridade, bem como a comprovação prévia e documental dos fatos suscitados, de modo que se mostre despicienda qualquer dilação probatória, aliás incompatível no procedimento peculiar deste remédio constitucional.
2. A Constituição Federal prevê duas ordens de direito ao candidato devidamente aprovado em concurso público: (a) o direito de precedência, dentro do prazo de validade do certame, em relação aos candidatos aprovados em concurso superveniente e (b) o direito de convocação por ordem descendente de classificação de todos os aprovados (art. 37, IV, da CF).
3. A Secretaria do Planejamento e Gestão do Estado do Ceará, por meio do Edital 23/2008, convocou nominalmente os recorrentes a comparecerem ao Departamento de Recursos Humanos da Superintendência da Polícia Civil para entrega de documentos com o objetivo de dar início ao processo de nomeação para os respectivos cargos efetivos, revelando, dessa forma, a necessidade do provimento das vagas existentes.
4. A partir da veiculação, por meio de Edital de convocação, do interesse público da Administração em dar início ao processo de investidura dos candidatos aprovados, a nomeação e a posse, que ficariam, em princípio, à discrição administrativa, tornam-se vinculados, gerando, em contrapartida, direito subjetivo em prol dos convocados; somente diante de relevante ou insuperável razão financeira, econômica ou orçamentária, devidamente comprovada, esse direito subjetivo poderá ser postergado.
5. Neste caso, a aprovação/classificação dos recorrentes no Concurso Público para o provimento de cargos de Inspetor de Polícia Civil de 1.ª Classe do Estado do Ceará se deu além do número de vagas ofertadas no Edital de abertura, porém, documento oficial do Departamento de Recursos Humanos da Secretaria da Segurança Pública e Defesa Social, posteriormente expedido, indica a existência de 237 vagas de Inspetor de Polícia Civil do Estado do Ceará, conforme indica a Lei Estadual 14.112/08, dessa mesma Unidade Federativa.
6. A vinculação da Administração Pública aos atos que emite, combinada com a existência de vagas impõe a nomeação, posse e exercício dos recorrentes nos cargos de Inspetor de Polícia Civil de 1ª Classe do Estado do Ceará.
7. Recurso provido para assegurar aos recorrentes a investidura nos cargos de Inspetor de Polícia Civil de 1ª Classe do Estado do Ceará, em que pese o parecer ministerial pelo desprovimento do recurso."

(RMS 30.110/CE, Rel. Ministro Napoleão Nunes Maia Filho, Quinta Turma, julgado em 18/02/2010, DJe 05/04/2010)

Presentes o *fumus boni juris*, já que todos os candidatos aprovados e classificados dentro do número de vagas inicialmente previsto no edital (20) foram chamados para apresentarem documentos para fins de nomeação, e o *periculum in mora*, uma vez que a posse dos primeiros aprovados é iminente.

Observação para a correção: atribuir pontuação integral às respostas em que esteja expresso o conteúdo do dispositivo legal, ainda que não seja citado, expressamente, o número do artigo.

(OAB/Exame Unificado – 2010.2 – 2ª fase) JOANA, moradora de um Município da Baixada Fluminense, Rio de Janeiro, ao sair de casa para o trabalho às 7 horas da manhã do dia 10/10/2009, caminhando pela rua em direção ao ponto de ônibus, distraiu-se e acabou por cair em um bueiro que estava aberto, sem qualquer sinalização específica de aviso de cuidado pelo Poder Público. Em razão da queda, sua perna direita ficou presa dentro do bueiro e moradores do local correram para socorrer JOANA. Logo em seguida, bombeiros militares chegaram com uma ambulância e acabaram por prestar os primeiros socorros à vítima e por levá-la ao hospital municipal mais próximo. JOANA fraturou seu joelho direito e sofreu outras lesões externas leves.

Em razão da fratura, JOANA permaneceu em casa pelo período de 2 (dois) meses, com sua perna direita imobilizada e sem trabalhar, em gozo de auxílio-doença. Entretanto, além de seu emprego formal, ela prepara bolos e doces para vender em casa, a fim de complementar sua renda mensal, uma vez que é mãe solteira de um filho de 10 (dez) anos e mora sozinha com ele. Com a venda dos bolos e doces, JOANA aufere uma renda complementar de aproximadamente R$ 100,00 (cem reais) por semana.

Em razão de sua situação, a vítima também não pôde preparar suas encomendas de bolos e doces durante o referido período de 2 (dois) meses em que esteve com sua perna imobilizada.

Diante dos fatos acima descritos, e na qualidade de advogado procurado por JOANA, elabore a peça processual cabível para defesa do direito de sua cliente.

ADMINISTRATIVA

RESOLUÇÃO DA PEÇA PRÁTICO-PROFISSIONAL

1. **Peça Processual:** Ação Indenizatória pelo Rito Ordinário
2. **Endereçamento:** Excelentíssimo Senhor Doutor Juiz de Direito da ... Vara ... da Comarca de ...., da Justiça Estadual do Rio de Janeiro.
3. **Fundamentação e teses:**
   a) responsabilidade do município pela manutenção dos bueiros;
   b) demonstração da omissão do município decorrente da falta de tampa e de sinalização no bueiro (nexo causal);
   c) responsabilidade objetiva configurada; alternativamente, responsabilidade subjetiva também configurada, pela existência de falta do serviço;
   d) caracterização dos danos materiais (tratamento e lucros cessantes) e morais sofridos por Joana;
4. **Pedido:**
   a) indenização por danos emergentes (tratamento);
   b) indenização por lucros cessantes (ausência de renda complementar por 2 meses);
   c) indenização por danos morais;
   d) demais requerimentos de praxe.

Modelo: Petição inicial de ação indenizatória por responsabilidade extracontratual do Estado

início da peça

EXCELENTÍSSIMO SENHOR DOUTOR JUIZ DE DIREITO DA ... VARA ... DA COMARCA DE ...., DA JUSTIÇA ESTADUAL DO RIO DE JANEIRO.

Pular 10 linhas

JOANA ..., estado civil ..., profissão ..., com residência e domicílio ..., portadora do RG nº ... e inscrita no CPF sob nº ..., vem, respeitosamente, à presença de Vossa Excelência, por meio de seu advogado e bastante procurador que esta subscreve (doc. 01 – mandato), com fundamento nos arts. 37, § 6.º, da Constituição Federal, e 43 e 948 do Código Civil, propor a presente

AÇÃO INDENIZATÓRIA

em face do MUNICÍPIO DE ...., pessoa jurídica de direito público interno, com sede na ...,em virtude dos fundamentos de fato e de direito a seguir expostos:

I – DOS FATOS

No dia 10/10/2009, por volta das 7 horas da manhã, a autora, ao sair de casa para o trabalho, caminhando pela rua em direção ao ponto de ônibus, acabou por cair em um bueiro que estava aberto na rua.

Vale ressaltar que o bueiro em questão estava sem qualquer sinalização específica de aviso de cuidado por parte ré, responsável pela conservação das vias públicas.

Em razão da queda, a perna direita da autora ficou presa dentro do bueiro, que teve que contar com a ajuda de moradores do local no seu socorro.

Logo em seguida, bombeiros militares chegaram com uma ambulância e acabaram por prestar os primeiros socorros à autora e por levá-la ao hospital municipal mais próximo.

No hospital, constatou-se que a autora fraturara seu joelho direito e sofrera outras lesões externas leves (doc. 2).

Em razão da fratura, a autora teve diversos gastos de tratamento (doc. 3) e permaneceu em casa pelo período de 2 (dois) meses, com sua perna direita imobilizada e sem trabalhar, em gozo de auxílio-doença (doc. 4).

Entretanto, além de seu emprego formal, a autora prepara bolos e doces para vender em casa, a fim de complementar sua renda mensal (doc. 5), uma vez que é mãe solteira de um filho de 10 (dez) anos e mora sozinha com ele (doc. 6).

Com a venda dos bolos e doces, a autora aufere uma renda complementar de aproximadamente R$ 100,00 (cem reais) por semana, tendo também ficando por dois meses sem poder preparar suas encomendas, já que estava com sua perna imobilizada (doc. 5).

Diante dessa situação e da responsabilidade da ré pelo ocorrido, conforme se demonstrará, não restou outra alternativa à autora que não ingressar com a presente ação indenizatória decorrente de responsabilidade extracontratual da Municipalidade-ré.

II – DO DIREITO

1. Da responsabilidade objetiva do Estado

A Constituição Federal, em seu art. 37, § 6.º, consagra a responsabilidade objetiva do Estado por danos causados a terceiros. Confira:

> "§ 6.º As pessoas jurídicas de direito público e as de direito privado prestadoras de serviço público responderão pelos danos que seus agentes, nessa qualidade, causarem a terceiros, assegurado o direito de regresso contra o responsável, nos casos de dolo ou culpa."

No mesmo sentido é o disposto no art. 43 do Código Civil, a seguir transcrito

> "Art. 43. As pessoas jurídicas de direito público interno são civilmente responsáveis por atos dos seus agentes que nessa qualidade causem danos a terceiros, ressalvado direito regressivo contra os causadores do dano, se houver, por parte destes, culpa ou dolo."

Os fatos narrados nesta petição inicial enquadram-se perfeitamente na hipótese de incidência prevista nos dispositivos acima citados.

Há conduta estatal, dano e nexo de causalidade entre a primeira e o segundo.

A conduta da pessoa jurídica de direito público está caracterizada pela omissão do Município-réu em cuidar, conservar e fazer a manutenção dos bueiros.

Há de se lembrar que as ruas e calçadas de uma cidade são bens de uso comum do povo pertencentes aos Municípios, de modo que compete a estes proceder à manutenção dos bueiros presentes em tais vias.

O dano também está caracterizado. A documentação juntada com a presente exordial demonstra que a autora efetivamente caiu no bueiro. Demonstra também que as lesões decorrentes geraram despesas com tratamento e impediram que esta continuasse auferindo renda complementar com a elaboração de bolos e doces, tudo sem contar os danos morais decorrentes dos enormes transtornos que passou por ter ficado com a perna imobilizada.

O nexo de causalidade também se encontra presente, eis que o dano somente ocorreu pela existência de bueiro sem tampa e sem sinalização por parte da ré.

Por outro lado, não ocorre no caso presente qualquer das causas excludentes da responsabilidade estatal, tudo a fazer incidir os dispositivos citados, fazendo-se de rigor o reconhecimento da responsabilidade estatal pela reparação dos danos causados à autora.

2. Alternativamente: da configuração da responsabilidade subjetiva do Estado

De qualquer forma, e considerando o princípio da eventualidade, vale lembrar que mesmo que se reconheça que o caso envolve responsabilidade subjetiva, dada a conduta omissiva estatal, o fato é que também está demonstrado o pressuposto para a configuração dessa responsabilidade.

Com efeito, resta patente, no caso, a falta do serviço, consistente na ausência do serviço estatal de conservação e manutenção dos bueiros.

Serviços dessa natureza não podem deixar de ser prestados, já que um número extraordinário de veículos e pessoas passam pelas vias públicas o tempo todo.

A ausência desse tipo de serviço caracteriza um serviço estatal defeituoso, ensejando, destarte, responsabilidade estatal, conforme vem reconhecendo a jurisprudência dos nossos tribunais superiores.

Demonstrada a responsabilidade do Estado, seja na modalidade objetiva, seja na modalidade subjetiva, de rigor, agora, tratar das verbas indenizatórias devidas à autora.

3. Das verbas indenizatórias devidas

3.1. Dos danos materiais

A autora sofreu dois tipos de danos materiais, quais sejam, danos emergentes e lucros cessantes.

Os danos emergentes consistem nas despesas de tratamento que teve que suportar, no valor de ...., conforme demonstrativos ora juntados.

Os lucros cessantes consistem em dois meses sem auferir a renda complementar de R$ 100 mensais com a elaboração de bolos e doces por encomendas, conforme demonstrativos ora juntados.

Assim, chega-se a um total de R$ ...., devidos a títulos de danos materiais, e que deverá ser corrigido da data do evento danoso.

3.2. Dos danos morais

A Constituição Federal, em seu art. 5.º, V e X, e o Código Civil, em seus arts. 186 (ato ilícito) e 944 ("a indenização mede-se pela extensão do dano") impõem que os danos morais também devem ser indenizados.

Nesse sentido, considerando que a autora ficou dois meses sem poder trabalhar e exercer suas atividades rotineiras como profissional, mãe e ser humano, tendo em vista a imobilização de sua perna, e considerando ainda que o dano moral é consequência natural e imediata desse fato, independendo de comprovação segundo a jurisprudência, a autora faz jus a uma verba de R$ ... a título de danos morais.

Vale ressaltar que, em matéria de dano moral, a correção monetária é devida desde a data da fixação de seu valor, ou seja, desde a data da decisão judicial que fixar a indenização por dano moral. Já os juros moratórios são calculados tendo-se em conta a data do evento danoso (Súmula 54 do STJ: "os juros moratórios fluem a partir do evento danoso, em caso de responsabilidade extracontratual").

III – DO PEDIDO

Ante o exposto, é o presente para requerer a Vossa Excelência o quanto segue:

a) a citação da ré, no endereço declinado no pórtico desta inicial, para, querendo, contestar a presente ação no prazo legal, sob as penas da lei processual civil.

b) A procedência da ação para condenar a ré no pagamento das seguintes quantias: i) R$ ..., relativa às despesas com tratamento, corrigida desde a data do desembolso por parte da autora; ii) R$ 400,00, relativa aos lucros cessantes; iii) R$ ..., a título de indenização por danos morais; iv) correção monetária e juros legais, na forma do art. 1º-F da Lei 9.494/97, sobre cada condenação, sendo que os encargos incidirão a partir do evento danoso, salvo a correção monetária quanto aos danos morais, que correrá a partir de sua fixação; v) honorários advocatícios de 20%, incidentes sobre o somatório de todas as condenações, bem como custas e despesas processuais suportados pela autora.

Protesta pela produção de prova documental e testemunhal, e de todos os meios probatórios em direito admitidos, ainda que não especificados no CPC, desde que moralmente legítimos (CPC, art. 332).

Dá-se à causa o valor de R$ ... .

Termos em que pede deferimento.

Local ..., data...

Advogado ...

OAB ....

fim da peça

GABARITO COMENTADO – EXAMINADORA

O examinando deve elaborar uma petição inicial de Ação Ordinária de Indenização contra o município.

A ação deve ser proposta contra o município e deve conter:

– A responsabilidade do município pela manutenção dos bueiros;

– A demonstração da omissão do município decorrente da falta de tampa e de sinalização no bueiro (nexo causal);

– A caracterização dos danos materiais (tratamento e lucros cessantes) e morais sofridos por JOANA.

O pedido deve ser INDENIZAÇÃO (em valores atualizados) pelos danos sofridos por JOANA (além da condenação nas verbas decorrentes da sucumbência).

Estrutura inicial da petição Parcial Total:

- Endereçamento da petição - 0 / 0,25
- Qualificação das partes - 0 / 0,25
- Exposição dos fatos - 0 / 0,1 / 0,2 / 0,3

Fundamentação Parcial Total:

- Fundamento da responsabilidade (art. 37 § 6º CF c/c art. 43 CC.) - 0 / 0,5 / 1,0
- Caracterização da omissão do município e nexo causal entre a omissão e o dano - 0 / 0,5 / 1,0
- Caracterização dos danos (materiais e morais) – 0 / 0,5 / 1,0

Pedidos e atribuição do valor da causa Parcial Total:

- Procedência da ação c/ a condenação da indenização pretendida - 0 / 0,2 / 0,4
- Condenação nas verbas de sucumbência - 0 / 0,2
- Citação do réu - 0 / 0,2
- Protesto por provas - 0 / 0,2
- Atribuição do valor da causa (art. 259, II, CPC) - 0 / 0,1 / 0,2

(OAB/Exame Unificado – 2010.3 – 2ª fase) Em janeiro de 2006, o Ministério Público abre inquérito civil para checar atos de improbidade administrativa realizados pelo prefeito de Mar Azul, município situado no interior do Estado X. Esses atos de improbidade consistiriam na auferição de vantagens patrimoniais indevidas em razão do exercício do cargo e envolveriam atuações do próprio prefeito e do chefe do gabinete civil. No curso das investigações procedidas, ficou confirmado que o chefe do gabinete civil recebeu vantagem econômica, em dinheiro, de vários empreiteiros que contratavam com o poder público. Ficou apurado, também, que algumas pessoas chegaram a informar ao prefeito essa conduta de seu chefe do gabinete civil. Entretanto, o prefeito não tomou providências, sempre dizendo às pessoas que realizavam as denúncias que confiava na atuação de seu secretário. Ainda na parte da apuração, para efeitos da justa causa voltada ao ajuizamento da ação civil pública de improbidade, ficou comprovado o aumento patrimonial do chefe do gabinete civil, desproporcional aos seus ganhos, mas não o do prefeito. Com isso, já agora em janeiro de 2011, o Ministério Público ajuíza ação de improbidade em face do prefeito e de seu chefe de gabinete, fazendo menção a todos os atos de improbidade – o último teria se dado em dezembro de 2004, ano em que expirava o mandato do Prefeito –, representativos da afronta ao art. 9º, inciso I, da Lei 8.429/92. Em sua peça, bem instruída com o inquérito civil, o Ministério Público menciona conduta comissiva do chefe de gabinete do prefeito e omissiva deste último, caracterizadora de desídia, a se enquadrar na ideia de negligência com o interesse público. Recebendo a peça inicial, o juiz da vara fazendária de Mar Azul determina a citação dos réus no dia 02/02/2011. Os mandados são efetivados no dia 04/02/2011 e juntos no dia 08/02/2011.

Transtornado com a ação proposta e ciente do pedido de suspensão dos direitos políticos por 10 anos e pagamento de multa civil de até 100 vezes de seus subsídios, o prefeito – cujo nome é Caio da Silva Nunes – procura você para apresentar a sua defesa.

Tendo sido aceito o mandado, componha a peça adequada, trazendo todos os fundamentos possíveis para a defesa e datando com o último dia do prazo.

PADRÃO DE RESPOSTA – PEÇA PROFISSIONAL – FGV

O examinando deverá elaborar uma peça contestatória (artigo 17, § 9º, da Lei 8.429/92), abordando os seguintes temas:

(i) Preliminarmente, deve ser deduzida a nulidade da citação por não ter sido observada a prévia notificação a que aduz o art. 17, § 7º, da Lei 8.429/92.

(ii) Ainda preliminarmente – ou como prejudicial de mérito –, espera-se que o examinando sustente a prescrição da pretensão formulada pelo Ministério Público (prescrição quinquenal), nos termos do art. 23, inciso I, da Lei 8.429/92, destacando-se que não foi formulada pretensão de ressarcimento por dano ao erário, em relação a qual se poderia sustentar a imprescritibilidade, na forma do artigo 37, § 5º, da CRFB.

(iii) No mérito, deve o examinando argumentar no sentido da impossibilidade de ser o réu responsabilizado, haja vista que a sua conduta não foi maliciosa ou de má-fé, inexistindo, portanto, conduta dolosa, elemento subjetivo imprescindível para a incidência do art. 9º da Lei de Improbidade.

(iv) Em reverência ao princípio da eventualidade, o examinando deverá mencionar a desproporcionalidade da multa postulada, a qual se submete aos limites impostos no artigo 12, inciso I, da Lei de Improbidade.

(v) Em conclusão, o examinando deve postular o acolhimento das preliminares suscitadas ou, caso assim não se entenda, no mérito, a improcedência dos pedidos formulados pelo Ministério Público. Em atenção ao princípio da eventualidade, caso se entenda pela procedência do pedido, o examinando deve requerer a observância do disposto no artigo 12, inciso I, da Lei n. 8.429/92.

São esses os temas jurídicos que deverão ser levantados na peça, exigindo-se que o examinando desenvolva a tese fática da ausência do dolo, demonstrando que o Prefeito, em sua omissão, nunca aderiu à ideia de que seu Chefe de Gabinete fosse venal, bem como não ter tido aumento patrimonial que pudesse caracterizar um conluio com este último.

Segue abaixo modelo sintético da peça:

Modelo: Contestação

início da peça

Excelentíssimo Senhor Juiz de Direito da Vara da Fazenda Pública da Comarca de Mar Azul – Estado X

[Deixe espaço de aproximadamente 10 cm para eventual despacho ou decisão do juiz.]

Caio da Silva Nunes, brasileiro, casado, portador da CI nº e do CPF nº , residente na rua nº do município , vem perante Vossa Excelência apresentar CONTESTAÇÃO à ação de improbidade administrativa que lhe é movida pelo Ministério Público, de acordo com os fatos e fundamentos que passa a expor:

I – DOS FATOS – SÍNTESE DA DEMANDA

O examinando deverá expor os detalhes trazidos pelo enunciado da questão, principalmente aqueles que evidenciam a prescrição. Deve salientar, outrossim, que o réu não aderiu à ideia de que seu Chefe de Gabinete estaria se valendo do cargo para obter recurso indevido, bem como a ausência de crescimento patrimonial, desproporcional aos seus ganhos, a denotar que não teria atuado de má-fé, descaracterizando, pois, a atuação dolosa.

II – DO DIREITO

O examinando deverá fazer alusão aos argumentos descritos nos itens (i) a (iv) supra – ausência de notificação, prescrição da ação e a ausência de dolo, a retirar a ideia de ato de improbidade, e, na eventualidade, a impossibilidade de ser condenado na multa, diante de sua total desproporcionalidade.

III – DOS PEDIDOS – CONCLUSÃO

Em desfecho da peça contestatória, espera-se que o examinando formule os seguintes pedidos:

(i) reconhecimento da nulidade do feito, face à ausência de notificação;

(ii) acolhimento da preliminar (ou prejudicial – ambas são aceitas) de prescrição da pretensão, com a extinção do processo com resolução do mérito, na forma do artigo 269 do Estatuto Processual Civil;

(iii) caso sejam superadas as preliminares – o que se admite apenas em atenção ao princípio da eventualidade –, deve o examinando postular a improcedência do pedido;

(iv) em assim não se entendendo, deve, ainda em reverência à eventualidade, deve o examinando postular a não imposição da multa administrativa.

(v) por fim, deve o examinando requerer a produção de provas;

N. Termos

P. Deferimento

Data (a indicação da data deve observar a existência de litisconsórcio passivo com procuradores diferentes, a importar no prazo de 30 dias para a contestação, na forma do artigo 191 do CPC, aplicável ao rito da ação de improbidade por força do artigo 17 da Lei n. 8.429/92).

Advogado

OAB nº

fim da peça

Distribuição de pontos

Descrição	Pontuação
1) Endereçamento da petição inicial	0 / 0,45
2) Qualificação das partes	0 / 0,25
3) Preliminares (0,25 cada um): – Nulidade das citações – Citar norma (Art. 17, § 7º, Lei 8.429/92) – Anular recebimento da ação – Determinar a notificação nos termos do art. 17, § 7º, Lei 8.429/92)	0 / 0,25 / 0,5 / 0,75 / 1,0
4) Prescrição (0,25) com fundamentação (Art. 23, I, da Lei 8.429/92) (0,25)	0 / 0,25 / 0,5
5) Dolo – ausência de benefício (0,6) – ausência de vinculação entre as condutas do Prefeito e do Secretário (0,5) – redução da multa (0,5)	0 / 0,5 / 0,6 / 1,0 / 1,1 / 1,6
6) Pedidos (0,2 cada um) – protestar pela nulidade da citação – reconhecimento da prescrição – improcedência do pedido de ausência de dolo – na eventualidade, reduzir multa – protestar por provas	0 / 0,2 / 0,4 / 0,6 / 0,8 / 1,0
7) Data da contestação	0 / 0,2

Também foi aceita, como peça processual adequada para a situação exposta no enunciado, a interposição de agravo de instrumento contra a decisão que recebeu a petição inicial (recurso contra o juízo de admissibilidade positivo da petição inicial, na forma do artigo 17, § 10, da Lei 8.429/92).

Aqueles examinandos que optaram pela interposição de agravo de instrumento devem desenvolver os seguintes temas:

(i) Inicialmente, deve o examinando observar os requisitos de índole processual para a interposição do agravo de instrumento, cabendo registrar o endereçamento do agravo de instrumento ao Presidente do Tribunal de Justiça (artigo 524 do CPC), a qualificação das partes, com a indicação do nome e endereço completo dos advogados constantes do processo (artigo 524, inciso III, do CPC), bem como a indicação de que a petição de agravo de instrumento encontra-se instruída com as peças obrigatórias, na forma no artigo 525, inciso I, do CPC.

(ii)Ao desenvolver as razões do pedido de reforma da decisão agravada, deve o examinando sustentar, em primeiro lugar, a nulidade da citação, por inobservância do rito estabelecido na norma do artigo 17, § 7º, da Lei 8.429/92 (não foi oportunizada ao agravante a apresentação de defesa prévia). Além disso, também para fundamentar a necessidade de anulação da decisão agravada, deve o examinando desenvolver a ausência de justa causa para a ação de improbidade.

(iii)O examinando deve, outrossim, formular pedido de concessão de efeito suspensivo ao recurso de agravo de instrumento, na forma do artigo 527, inciso III, a fim de suspender os efeitos da decisão que recebeu a petição inicial e determinou a citação do agravante.

(iv)Em conclusão, no capítulo da petição de agravo destinado à formulação dos pedidos, deve o examinando requerer a concessão de efeito suspensivo ao recurso, na forma do artigo 527, inciso III, do Estatuto Processual Civil e, após ultimadas as providências previstas naquela norma, o conhecimento do recurso e seu provimento, para o fim de reformar a decisão agravada e, com isso, anular a decisão que determinou a citação do agravante para responder aos termos da ação de improbidade.

Segue abaixo modelo sintético da peça:

Modelo: Agravo de instrumento

início da peça

Excelentíssimo Senhor Desembargador Presidente do Egrégio Tribunal de Justiça

[Deixe espaço de aproximadamente 10 cm para eventual despacho ou decisão do juiz.]

Caio da Silva Nunes, brasileiro, casado, portador da CI nº e do CPF nº , residente na rua nº do município , inconformado, "data venia", com a decisão proferida pelo MM. Juízo Fazendário da Comarca de Mar Azul, que recebeu a petição inicial da ação de improbidade que lhe move o Ministério Público e determinou sua citação, vem, tempestivamente, com fundamento na norma do artigo 17, § 10, da Lei n. 8.429/92, interpor o presente

AGRAVO DE INSTRUMENTO, COM PEDIDO DE CONCESSÃO DE EFEITO SUSPENSIVO

pelos fundamentos de fato e de direito que passa a expor, requerendo, ao final, o conhecimento e o provimento do recurso, a fim de que seja reconhecida a nulidade da r. decisão agravada.

Em cumprimento ao que dispõe a norma do artigo 524, o agravante informa o nome e o endereço completo dos advogados constantes do processo e registra que a presente petição encontra-se instruída com as peças obrigatórias referidas no artigo 525, inciso I, do CPC.

Pede deferimento.

Data (a indicação da data deve observar a existência de litisconsórcio passivo com procuradores diferentes, a importar no prazo de 20 dias para o oferecimento do agravo de instrumento, na forma do artigo 191 do CPC, aplicável ao rito da ação de improbidade por força do artigo 17 da Lei n. 8.429/92).

****

EGRÉGIO TRIBUNAL:

RAZÕES DE RECURSO

I – DA DECISÃO AGRAVADA

O examinando deverá expor os detalhes trazidos pelo enunciado da questão, principalmente aqueles que evidenciam a nulidade da citação e a inconformidade da decisão que recebeu a petição inicial com o rito estabelecido pela Lei de Improbidade no que tange à defesa prévia.

II – RAZÕES DO PEDIDO RECURSAL: NULIDADE DA CITAÇÃO E AUSÊNCIA DE JUSTA CAUSA

O examinando deverá fazer alusão aos argumentos descritos no item (ii) supra, – ausência de notificação e de justa causa para o recebimento da petição inicial, impondo-se o reconhecimento da nulidade da citação.

III – PEDIDO DE CONCESSÃO DE EFEITO SUSPENSIVO

O examinando deve demonstrar a presença dos requisitos previstos no artigo 558 do CPC (relevância da fundamentação e a lesão grave e de difícil reparação que pode resultar da inobservância do devido processo legal), que justificam a concessão de efeito suspensivo ao recurso.

IV – CONCLUSÃO

Em desfecho da petição de agravo de instrumento, espera-se que o examinando formule os seguintes pedidos:

(i) a concessão de efeito suspensivo ao recurso, na forma do artigo 527, III, c/c 558, ambos do CPC;

(ii) o conhecimento do recurso, eis que presentes os pressupostos de admissibilidade;

(iii) o provimento do recurso, com o reconhecimento da nulidade da decisão agravada, que recebeu a petição inicial e determinou a citação do agravante, tendo em vista a inobservância da norma do artigo 17, § 7º, da Lei n. 8.429/92.

N. Termos

P. Deferimento

Data (a indicação da data deve observar a existência de litisconsórcio passivo com procuradores diferentes, a importar no prazo de 20 dias para a interposição do agravo, na forma do artigo 191 do CPC, aplicável ao rito da ação de improbidade por força do artigo 17 da Lei n. 8.429/92).

Advogado

OAB nº

fim da peça

Distribuição de pontos

Descrição	Pontuação
1) Endereçamento do agravo	0 / 0, 5
2) Qualificação das partes	0 / 0,25
3) Peças obrigatórias	0 / 0,5
4) Endereço dos advogados	0 / 0,25
5) Nulidade das citações – fundamentação	0 / 1,0 / 1,5
6) Justa causa ausente	0 / 0,75
7) Pedidos: – efeito suspensivo – nulidade	0 / 0,5 0 / 0,5
8) Data do agravo	0,25

(OAB/Exame Unificado – 2011.1 – 2ª fase) João Augusto estava participando de uma partida de futebol quando fraturou uma costela, vindo a necessitar de intervenção cirúrgica, realizada em hospital público federal localizado no Estado X. Dois anos e meio após a realização da cirurgia, João Augusto ainda sofria com muitas dores no local, o que o impossibilitava de exercer sua profissão como taxista. Descobre, então, que a equipe médica havia esquecido um pequeno bisturi dentro do seu corpo. Realizada nova cirurgia no mesmo hospital público, o problema foi resolvido. No dia seguinte, ao sair do hospital, João Augusto procura você, na qualidade de advogado(a), para identificar e minutar a medida judicial que pode ser adotada para tutelar seus direitos. Redija a peça judicial cabível, que deve conter argumentação jurídica apropriada e desenvolvimento dos fundamentos legais da matéria versada no problema, abordando, necessariamente: (i) competência do órgão julgador; (ii) a natureza da pretensão deduzida por João Augusto; e (iii) os fundamentos jurídicos aplicáveis ao caso. (Valor: 5,0)

PADRÃO DE RESPOSTA – PEÇA PROFISSIONAL – FGV

A medida judicial a ser proposta é uma ação de responsabilidade civil / ação indenizatória pelo rito ordinário em face da União Federal, tendo em vista o dano sofrido por João Augusto em decorrência de atuação negligente e imperita da equipe médica do hospital público na primeira intervenção cirúrgica a que se submeteu.

O examinando deve, em primeiro lugar, identificar que o juízo competente para processar e julgar a demanda indenizatória será a primeira instância da justiça comum federal, tendo em vista ser a pretensão deduzida em face da União Federal (artigo 109, inciso I, da CRFB).

Além disso, espera-se que o examinando, após qualificar as partes e narrar os fatos, fundamente o direito de seu cliente à luz da norma do artigo 37, § 6º, da CRFB, que estabelece a responsabilidade objetiva do Estado por danos que seus agentes, nessa qualidade, causarem a terceiros. É importante destacar a desnecessidade de se comprovar a atuação culposa ou dolosa da equipe médica, uma vez que a responsabilidade sub examine é objetiva, prescindindo do elemento subjetivo.

Distribuição de pontos

Descrição	Pontuação
1) Endereçamento da petição inicial: – Juízo da Vara Federal da Seção Judiciária do Estado X	0 / 0,5
2) Qualificação das partes (0,25 para cada item): – João Augusto – União Federal – pessoa jurídica de direito público interno.	0 / 0,25 / 0,5 / 0,75
3) Identificação da ação: – ação indenizatória pelo rito ordinário.	0 / 0,25
4) Narrativa dos fatos / exposição de forma coerente e lógica	0 / 0,25
5) Fundamentação para a pretensão indenizatória (0,5 para cada item): – Responsabilidade civil do Estado fundada na teoria do risco administrativo (artigo 37, § 6º, da CRFB). – Responsabilidade objetiva do Estado, que prescinde de qualquer investigação quanto ao elemento subjetivo. – Danos materiais sofridos: impossibilidade de exercer a atividade laborativa. – Danos morais.	0 / 0,5 / 1,0 / 1,5 / 2,0
6) Pedidos / Conclusão (0,2 para cada item): – citação da União Federal; – procedência do pedido para condenar a União Federal ao pagamento de indenização por danos materiais – pedido de indenização por danos morais; – produção genérica de provas; – condenação em honorários sucumbenciais.	0 / 0,2 / 0,4 / 0,6 / 0,8 / 1,0
7) Atribuição de valor à causa	0 / 0,25

(OAB/Exame Unificado – 2011.2 – 2ª fase) A empresa Aquatrans é concessionária de transporte público aquaviário no Estado X há sete anos e foi surpreendida com a edição do Decreto 1.234, da Chefia do Poder Executivo Estadual, que, na qualidade de Poder Concedente, declarou a caducidade da concessão e fixou o prazo de trinta dias para assumir o serviço, ocupando as instalações e os bens reversíveis.

A concessionária, inconformada com a medida, especialmente porque jamais fora cientificada de qualquer inadequação na prestação do serviço, procura-o, na qualidade de advogado(a), e o contrata para ajuizar a medida judicial pertinente para discutir a juridicidade do decreto, bem como para assegurar à concessionária o direito de continuar prestando o serviço até que, se for o caso, a extinção do contrato se opere de maneira regular.

Elabore a peça processual adequada, levando em consideração que a matéria não demanda qualquer dilação probatória e que se deve optar pela medida judicial cujo rito, em tese, seja o mais célere.

(Valor: 5,0)

PADRÃO DE RESPOSTA – PEÇA PROFISSIONAL – FGV

A medida judicial adequada, diante dos parâmetros indicados no enunciado, é o mandado de segurança contra ato do Senhor Governador do Estado X, consubstanciado no Decreto 1.234, por meio do qual declarou a caducidade do contrato de concessão de serviço público de transporte aquaviário celebrado com a empresa Aquatrans.

No que diz respeito à fundamentação jurídica, o examinando deve, em primeiro lugar, abordar brevemente em que consiste a caducidade de uma concessão e, logo após, identificar que existe uma série de requisitos prévios à opção pela caducidade que, absolutamente, não foram observados no caso proposto. Isso porque, nos termos do artigo 38, §§ 2º e 3ª, da Lei 8.987/95, a declaração de caducidade deve precedida da verificação de inadimplência da concessionária em processo administrativo que lhe assegure ampla defesa, sendo certo que o processo administrativo não pode ser instaurado antes de cientificada a concessionária dos descumprimentos contratuais, com a fixação de prazo para que promova as correções necessárias. A inobservância do "devido processo legal" impõe, portanto, a anulação do decreto.

Com a demonstração da plausibilidade do direito alegado, a impetrante deve pleitear, liminarmente, provimento jurisdicional que determine ao impetrado que se abstenha de tomar qualquer medida para assumir o serviço com base no ato impugnado.

Distribuição dos pontos

Descrição	Pontuação
1) Endereçamento da petição inicial: Tribunal de Justiça do Estado X	0 / 0,25
2) Qualificação das partes (0,25 para cada item): – Aquatrans – contra ato – do Governador do Estado X – Estado X	0 / 0,25 / 0,5 / 0,75 / 1,0
3) Identificação da ação: Mandado de Segurança	0 / 0,5
4) Narrativa dos fatos / exposição de forma coerente e lógica	0 / 0,25
5) Fundamentação (0,5 para cada item) – NÃO BASTA A MERA INDICAÇÃO DO ARTIGO: – Nulidade do Decreto 1.234 – inobservância do devido processo legal (0,25) (artigo 5º, LIV, da CRFB) (0,25) – Ausência de cientificação das irregularidades e fixação de prazo para correção (0,25) (artigo 38, § 3º, da Lei 8.987/95) (0,25) – Não foi instaurado processo de verificação de inadimplência (0,25) (artigo 38, § 2º, da Lei 8.987/95) (0,25) – Fundamento do pedido de liminar – abstenção de medidas para assunção do serviço OU suspensão dos efeitos do decreto.	0 / 0,25 / 0,5 0 / 0,25 / 0,5 0 / 0,25 / 0,5
6) Pedidos / Conclusão (0,2 para cada item): – Deferimento da liminar; – Notificação da autoridade impetrada para prestar informações; – Ciência do feito ao órgão de representação judicial do Estado X; – Confirmação da liminar e anulação / declaração de nulidade do decreto impugnado. – Atribuição de valor à causa	0 / 0,2 / 0,4 / 0,6 / 0,8 0 / 0,2

(OAB/Exame Unificado – 2011.3 – 2ª fase) Francisco de Tal é proprietário de uma área de 2.000m2 situada bem ao lado da sede da Prefeitura do Município de Bugalhadas. Ao se aposentar, no ano de 2003, cansado da agitada vida da cidade de São Paulo, onde reside, Francisco resolveu viajar pelo mundo por ininterruptos três anos. Ao retornar, Francisco descobre que o Município de Bugalhadas iniciou em 2004, sem sua autorização, obra em seu terreno para a construção de um prédio que servirá de apoio às atividades da Prefeitura. A obra já se encontra em fase bem adiantada, com inauguração prevista para o início do próximo mês. Francisco procura-o, na qualidade de advogado(a), para identificar e minutar a medida judicial que pode ser adotada para tutelar seus direitos. A medida judicial deve conter argumentação jurídica apropriada e desenvolvimento dos fundamentos legais do instituto jurídico contido no problema, abordando necessariamente: (i) competência do órgão julgador; (ii) a natureza da pretensão a ser deduzida por Francisco; (iii) a observância do prazo prescricional; e (iv) incidência de juros. **(Valor: 5,0)**

PADRÃO DE RESPOSTA – PEÇA PROFISSIONAL – FGV

A peça a ser elaborada consiste em uma ação de desapropriação indireta ou em uma ação ordinária de indenização por apossamento administrativo em face do Município de Bugalhadas, em decorrência da afetação fática do bem à utilização pública, sem a observância do devido processo legal. O enunciado deixa claro que o terreno já se encontra incorporado ao patrimônio público, de forma a afastar o manejo de ações possessórias ou de ação reivindicatória, na forma do artigo 35 do Decreto-Lei 3.365/41. Daí porque a pretensão a ser deduzida em juízo é indenizatória. Em relação ao juízo competente para processar e julgar a demanda, em que pese tratar-se de pretensão de direito pessoal (indenizatória), o entendimento consolidado da jurisprudência é no sentido de que se trata de ação real para fins de fixação de competência, donde resulta a necessidade de observância da regra de competência do foro da situação do bem imóvel (logo: juízo fazendário ou cível da Comarca de Bugalhadas). É importante que o examinando deixe claro que não se aplica à ação de desapropriação indireta o prazo prescricional de cinco anos previsto no artigo 10, parágrafo único, do Decreto-Lei n. 3.365/41, afastando a ocorrência de prescrição no caso concreto. Por fim, quanto à incidência de juros moratórios e compensatórios, o examinando deve requerer a aplicação do artigo 15-A, § 3º, do Decreto-Lei n. 3.365/41.

Distribuição dos Pontos

Quesito Avaliado	Valores
Endereçamento da petição inicial: Juízo Cível ou Fazendário da Comarca de Bugalhadas	0 / 0,25
Qualificação das partes: (0,25 para cada item) Francisco de Tal / Município de Bugalhadas / pessoa jurídica de direito público interno.	0 / 0,25 / 0,5 / 0,75
Fundamento da não ocorrência de prescrição: Súmula 119 do STJ interpretada à luz do art. 1.238 do Código Civil.	0 / 0,25
Fundamentação para a pretensão indenizatória (0,5 para cada item): 1. Apossamento sem a observância do devido processo legal previsto no Decreto-Lei 3.365/41. 2. Caracterização da desapropriação indireta, com base em seus conceitos fundamentais. 3. Violação ao princípio da prévia e justa indenização em dinheiro, nos termos do art. 5º, inciso XXIV, CRFB. 4. Direito à indenização pela perda da propriedade, em razão do disposto no artigo 35 do Decreto-Lei 3.365/41. 5. Incidência de juros compensatórios e moratórios, nos termos do artigo 15-A, § 3º, do Decreto-Lei 3.365/41.	0 / 0,5 / 1,0 / 1,5 / 2,0 / 2,5

(OAB/Exame Unificado – 2012.1 – 2ª fase) O Município Y, representado pelo Prefeito João da Silva, celebrou contrato administrativo com a empresa W – *cujo sócio majoritário vem a ser Antonio Precioso, filho da companheira do Prefeito* –, tendo por objeto o fornecimento de material escolar para toda a rede pública municipal de ensino, pelo prazo de sessenta meses. O contrato foi celebrado sem a realização de prévio procedimento licitatório e apresentou valor de cinco milhões de reais anuais.

José Rico, cidadão consciente e eleitor no Município Y, inconformado com a contratação que favorece o filho da companheira do Prefeito, o procura para, na qualidade de advogado(a), identificar e minutar a medida judicial que, em nome dele, pode ser proposta para questionar o contrato administrativo.

A medida judicial deve conter a argumentação jurídica apropriada e o desenvolvimento dos fundamentos legais da matéria versada no problema, abordando, necessariamente:

(i) competência do órgão julgador;

(ii)a natureza da pretensão deduzida por José Rico; e

(iii)os fundamentos jurídicos aplicáveis ao caso.

(valor: 5,00)

PADRÃO DE RESPOSTA – PEÇA PROFISSIONAL – FGV

A medida judicial a ser proposta em nome de José Rico é a ação popular, com fundamento no artigo 5º, inciso LXXIII, da CRFB e regulamentação infraconstitucional na Lei n. 4.717/65. A pretensão do autor popular será a obtenção de provimento jurisdicional que anule o contrato administrativo em questão, devendo ser deduzidos, pelo menos, quatro fundamentos jurídicos para tanto:

(i) Ausência de processo licitatório para aquisição do material escolar, caracterizando ofensa ao art. 37, XXI da CRFB/88 e ao art. 2 da Lei n. 8666/93;

(ii) violação ao princípio da impessoalidade, visto que a Administração não pode atuar com vistas beneficiar pessoas determinadas, uma vez que é sempre o interesse público que tem que nortear o seu comportamento;

(iii) violação ao princípio da moralidade ou probidade administrativa visto que a contratação direta, fora das hipóteses de dispensa, de empresa do enteado do prefeito implica violação aos padrões éticos que devem pautar a atuação do administrador;

(iv) violação à norma do artigo 57 da Lei n. 8.666/93, que estabelece que a vigência dos contratos administrativos é adstrita à vigência dos respectivos créditos orçamentários.

Além da pretensão anulatória, também deverá o autor popular deduzir pretensão condenatória, visando ao ressarcimento dos danos causados ao erário em razão da contratação direta (artigo 11 da Lei n. 4.717/65).

O autor popular deverá, em sua petição inicial, demonstrar a lesividade da contratação à moralidade administrativa e ao patrimônio público.

É importante ressaltar que, por se tratar de prova discursiva, se exigirá do examinando o desenvolvimento do tema apresentado. Desse modo, além de resposta conclusiva acerca do arguido, a mera menção a artigo não é pontuada, nem a mera resposta negativa desacompanhada do fundamento correto.

Distribuição dos Pontos

(não será aceita mera menção ao artigo)

Quesito Avaliado	Faixa de valores
Item 1 - Endereçamento da petição inicial: Juízo Cível ou Fazendário da Comarca de Y.	0,00 / 0,25
Item 2 - Qualificação das partes (0,25 para cada item): [José Rico – eleitor] – [em face do Município] [da empresa W] [do Prefeito João da Silva]	0,00 / 0,25 / 0,50 / 0,75 / 1,00
Item 3 - Cabimento da Ação Popular: Nos termos do art. 5º, LXXIII, da CF/88 e/ou art. 1 da Lei 4717/65, qualquer cidadão é parte legítima para propor ação popular que vise a anular ato lesivo ao patrimônio público e à moralidade administrativa.	0,00 / 0,50

Item 4 -Fundamentação (0,50 para cada item): 1. Identificação fundamentada da ausência de processo licitatório para aquisição do material escolar, caracterizando ofensa ao art. 37, XXI da CRFB/88 e/ou ao art. 2 da Lei n. 8666/93; 2. Identificação fundamentada da violação ao princípio da impessoalidade, visto que a Administração não pode atuar com vistas a beneficiar pessoas determinadas, uma vez que é sempre o interesse público que tem que nortear o seu comportamento; 3. Identificação fundamentada da violação ao princípio da moralidade ou probidade administrativa visto que a contratação direta de empresa do enteado do prefeito implica violação aos padrões éticos que devem pautar a atuação do administrador; 4. Identificação fundamentada da violação à norma do artigo 57 da Lei n. 8.666/93 (prazo do contrato).	0,00 / 0,50 / 1,00 / 1,50 / 2,00
Item 5 - Pedidos / Conclusão: 0,20 para cada item 1. Citação de todos os réus para apresentação de defesa; 2. Procedência do pedido para anular o contrato administrativo; 3. Procedência do pedido para condenar os réus a ressarcir os danos causados ao erário; 4. Produção genérica de provas; 5. Condenação em honorários sucumbenciais.	0,00 / 0,20 / 0,40 / 0,60 / 0,80 / 1,00
Item 6 - Atribuição de valor à causa	0,00 / 0,25

(OAB/Exame Unificado – 2012.2 – 2ª fase) Norberto, brasileiro, desempregado e passando por sérias dificuldades econômicas, domiciliado no Estado "X", resolve participar de concurso público para o cargo de médico de hospital estadual. Aprovado na fase inicial do concurso, Norberto foi submetido a exames médicos, através dos quais se constatou a existência de tatuagem em suas costas. Norberto, então, foi eliminado do concurso, com a justificativa de que o cargo de médico não era compatível com indivíduos portadores de tatuagem.

Inconformado, Norberto ajuizou ação ordinária em face do Estado, de competência de vara comum, com pedido liminar, na qual requereu (i) a anulação do ato administrativo que o eliminou do concurso; e (ii) que lhe fosse deferida a possibilidade de realizar as demais etapas do certame, com vaga reservada.

O juízo de 1ª instância indeferiu o pedido liminar, em decisão publicada ontem, pelos seguintes motivos:

1) Os pedidos de anulação do ato de eliminação e de reserva de vaga não seriam possíveis, pois significariam atraso na conclusão do concurso;
2) A Administração Pública possui poder discricionário para decidir quais são as restrições aplicáveis àqueles que pretendem se tornar médicos no âmbito do Estado, de forma que o autor deverá provar que a decisão foi equivocada.

Diante do exposto, e supondo que você seja o advogado de Norberto, elabore a medida judicial cabível contra a decisão publicada ontem, para a defesa dos interesses de seu cliente, abordando as teses, os fundamentos legais e os princípios que poderiam ser usados em favor do autor.

PADRÃO DE RESPOSTA – PEÇA PROFISSIONAL – FGV

A peça a ser elaborada consiste em um recurso de agravo de instrumento.

O endereçamento da peça deverá ser feito ao Presidente do Tribunal de Justiça do Estado B"X", a um dos Vice-Presidentes ou a uma das Câmaras que compõem o citado Tribunal.

No polo passivo, deverá figurar o Estado "X", eis que foi este ente federativo que organizou o concurso no qual o autor foi reprovado.

Tendo em vista que, atualmente, a regra vigente é de que o agravo interposto contra decisões interlocutórias deve ficar retido nos autos (art. 522 c/c 527, II, CPC), deve o examinando apresentar justificativa do motivo pelo qual o agravo não deve ser convertido em retido, in casu, ressaltar que a decisão agravada é suscetível de causar à parte lesão grave e de difícil reparação.

Em primeiro lugar, é necessário que o examinando identifique, no caso concreto, a violação do principio da legalidade tendo em vista que as restrições de acesso aos cargos e empregos públicos devem estar previstas em lei. Em segundo lugar, o examinando deve alegar a violação ao princípio do livre acesso aos cargos públicos que determina que só podem ser exigidos requisitos diferenciados de acesso quando a natureza ou complexidade do cargo a ser ocupado o exigirem (Art. 37, I e II, da CF/88).

Também se atribuirá pontuação para o examinando que identifique o fundamento 2 da decisão agravada como equivocado tendo em vista a aplicação, in casu, dos princípios da proporcionalidade/razoabilidade, que delimitam o exercício do poder discricionário, tendo em vista que a referida restrição (tatuagem) não tem qualquer relação com o desempenho do cargo de médico, eis que não é medida adequada, necessária nem proporcional em sentido estrito, para que a Administração atinja os fins que pretende com a restrição ilegítima.

Por último, há que se refutar os argumentos de que "Os pedidos de anulação do ato de eliminação e de reserva de vaga não seriam possíveis, pois significariam atraso na conclusão do concurso", haja vista que não foi formulado qualquer pedido de suspensão ou interrupção do mesmo, mas tão somente que fosse garantido ao agravante o direito de prestar as fases seguintes do concurso.

Também é necessário que o examinando elabore pedido de efeito suspensivo ativo ao recurso (CPC, art. 527, III c/c art. 558), a fim de assegurar maior celeridade na obtenção da tutela jurisdicional buscada pelo autor, além de demonstrar, de forma correta, a presença dos requisitos para sua concessão, em sede recursal.

Distribuição dos Pontos

(não será aceita mera menção ao artigo)

Quesito Avaliado	Valores
Endereçamento da petição inicial (0,25): Tribunal de Justiça do Estado "X";	0,00 / 0,25
Qualificação das partes: (0,25 para cada item) Norberto/ Estado "X"	0,00/0,25/0,50
Indicação de cumprimento dos artigos 524 e 525 do CPC (0,25 para cada item) Menção à juntada de todas as cópias obrigatórias ao conhecimento do agravo de instrumento.(0,25) Indicação dos advogados das partes (0,25)	0,00/0,25/0,50
Justificativa do cabimento do agravo de instrumento (0,50): justificativa do motivo pelo qual o agravo não deve ser convertido em retido (CPC, art. 527, II)	0,00/0,50
Fundamentação 1. Violação ao princípio do livre acesso aos cargos públicos que determina que só podem ser exigidos requisitos diferenciados de acesso quando a natureza ou complexidade do cargo a ser ocupado o exigirem.	0,00/0,50
Fundamentação 2. Violação do principio da legalidade tendo em vista que as restrições de acesso aos cargos e empregos públicos devem estar previstas em lei.	0,00/0,50
Fundamentação 3. Violação aos princípios da proporcionalidade/razoabilidade, que delimitam o exercício do poder discricionário, tendo em vista que a referida restrição/exigência não tem qualquer relação com o desempenho do cargo pretendido.	0,00/0,50

Fundamentação 4. Não há que se falar em prejuízo com o atraso na conclusão do concurso, pois não foi formulado qualquer pedido de suspensão ou interrupção do mesmo, mas tão somente que fosse garantido ao agravante o direito de prestar as fases seguintes do concurso.	0,00/0,50
Pedido de concessão de antecipação de tutela recursal (efeito suspensivo ativo), nos termos do art. 527,III do CPC (0,25) Demonstração concreta da presença dos requisitos para a concessão de tutela antecipada em sede recursal. *Periculum in mora*: a demora na prestação jurisdicional irá acarretar lesão grave e de difícil reparação ao agravante, visto que o agravante não participará das demais fases do concurso. (0,25) *Fumus boni iuris*: A restrição de acesso ao cargo de médico devido à existência de tatuagem nas costas é violadora dos princípios da legalidade, do livre acesso aos cargos públicos e/ou dos princípios da proporcionalidade/razoabilidade, tendo em vista que a exigência não tem qualquer relação com o desempenho do cargo pretendido. (0,25)	0,00 / 0,25 / 0,50 / 0,75
Pedido (0,50): Seja dado provimento ao agravo, reformando-se a decisão agravada, para que o autor possa participar das demais fases do certame, com vaga garantida em caso de aprovação.	0,00/0,50

(OAB/Exame Unificado – 2012.3 – 2ª fase) João, analista de sistemas dos quadros do Ministério da Educação, foi demitido de seu cargo público, por meio de Portaria do Ministro da Educação publicada em 19 de maio de 2010, após responder a processo administrativo em que restou apurada infração funcional relativa ao recebimento indevido de vantagem econômica. Exatamente pelo mesmo fato, João também foi processado criminalmente, vindo a ser absolvido por negativa de autoria, em decisão que transitou em julgado em 18 de janeiro de 2011.

Na data de hoje, João o procura e após narrar os fatos acima, informa que se encontra, desde a sua demissão, em profunda depressão, sem qualquer atividade laborativa, sobrevivendo por conta de ajuda financeira que tem recebido de parentes e amigos.

Na qualidade de advogado(a), identifique e minute a medida judicial que pode ser adotada para tutelar os direitos de João. (Valor: 5,0)

PADRÃO DE RESPOSTA – PEÇA PROFISSIONAL – FGV

Inicialmente, o examinando deve identificar que a medida judicial cabível é uma ação pelo rito ordinário, com pedido de antecipação de tutela, em face da União Federal. Afasta-se, desde logo, a impetração de mandado de segurança, uma vez que ultrapassado o prazo decadencial de cento e vinte dias.

A Ação Ordinária a ser ajuizada por João deverá pleitear a nulidade da portaria demissional, por ter sido adotada por autoridade incompetente, na forma do Art. 141, inciso I, da Lei n. 8.112/90 – usurpação de competência do Presidente da República. Além disso, também deverá ser pleiteada a invalidação da pena de demissão em razão da absolvição penal por negativa de autoria, decisão esta que vincula a esfera administrativa, na forma do Art. 126, da Lei n. 8.112/90. Como resultado, deverá ser João reintegrado no cargo de Analista de Sistemas, com ressarcimento de todas as vantagens (Art. 28, da Lei n. 8.112/90).

Na petição inicial, também deverá ser reservado capítulo para desenvolvimento da tutela de urgência a ser pleiteada, com vistas à imediata reintegração de João no cargo de Analista de Sistema.

Por fim, deve ser formulada também pretensão indenizatória pelos danos morais suportados por João ao longo do período em que ficou ilegalmente afastado de seu cargo.

Distribuição dos Pontos

(Não será aceita a mera menção ao artigo)

Quesito Avaliado	Valores
Endereçamento da petição inicial: Juízo da Vara Federal da Seção Judiciária	0,00 / 0,30
Qualificação das partes (0,25 para cada item): João / em face da União Federal	0,00 / 0,25 / 0,50
Fundamentação 1 1. Nulidade da portaria demissional – incompetência do Ministro da Educação (Art. 141, I, da Lei n. 8.112/90);	0,00 / 0,60
Fundamentação 2 2. Repercussão, na esfera administrativa, da decisão absolutória por negativa de autoria (Art. 126, da Lei n. 8.112/90);	0,00 / 0,60
Fundamentação 3 3. Em decorrência da invalidação da pena de demissão, o autor faz jus ao ressarcimento de todas as vantagens inerentes ao exercício do cargo (Art. 28, da Lei n. 8.112/90 ou Art. 41, § 2 da CRFB);	0,00 / 0,60
Fundamentação da tutela de urgência 4.a) Verossimilhança da alegação (justificada)(0,30) 4.b) Fundado receio de dano irreparável (justificado)(0,30)	0,00 / 0,30/0,60
Pedido 1. Citação da União Federal;	0,00 / 0,20
Pedido 2. Deferimento da antecipação de tutela para reintegrar o autor no cargo público;	0,00 / 0,30
Pedido 3. Procedência do pedido para invalidar a demissão/reintegração ao cargo;	0,00 / 0,30
Pedido 4. Condenação da ré a ressarcir o autor de todas as vantagens inerentes ao exercício do cargo;	0,00 / 0,30
Pedido 5. Produção genérica de provas;	0,00 / 0,20
Pedido 6. Condenação em honorários sucumbenciais.	0,00 / 0,20
Atribuição de valor à causa	0,00 / 0,30

(OAB/Exame Unificado – 2013.1 – 2ª fase) Francisco, servidor público que exerce o cargo de motorista do Ministério Público Federal da 3ª Região, localizada em São Paulo, há tempo vinha alertando o setor competente de que alguns carros oficiais estavam apresentando constantes problemas na pane elétrica e no sistema de frenagens, razão pela qual deveriam ser retirados temporariamente da frota oficial até que tais problemas fossem solucionados.

Contudo, nesse ínterim, durante uma diligência oficial, em razão de tais problemas, Francisco perdeu o controle do veículo que dirigia e acabou destruindo completamente a moto de Mateus, estudante do 3º período de Direito, que estava estacionada da calçada.

Mateus, por essa razão, assim que obteve sua inscrição como advogado nos quadros da Ordem dos Advogados, ingressou, em causa própria, perante o Juízo da Vara Federal da Seção Judiciária de São Paulo, com ação de responsabilidade civil, com fulcro no Art. 37, § 6º, da CF/88 em face de Francisco e da União Federal, com o intuito de ser ressarcido pelos danos causados à sua moto.

Na referida ação, Mateus alega que (i) não há que se falar em prescrição da pretensão ressarcitória, tendo em vista não terem decorridos mais de cinco anos do evento danoso, nos termos do Dec. 20.910/32; (ii) que, nos termos do Art. 37, § 6º, da CF/88, as pessoas jurídicas de direito público responderão pelos danos que seus agentes, nessa qualidade, causarem a terceiros, com fulcro na teoria do risco administrativo.; (ii) que estão presentes todos os elementos necessários para configuração da responsabilidade civil.

Considerando as informações acima mencionadas e que, de fato, decorreram apenas quatro anos do evento danoso, apresente a peça pertinente para a defesa dos interesses de Francisco, sem criar dados ou fatos não informados.

GABARITO COMENTADO – EXAMINADORA:

Elaboração de uma contestação, espécie de Resposta do Réu, nos termos do art. 297 e sgs do CPC, com endereçamento e qualificação das partes, nos mesmos termos da ação proposta por Mateus.

PRELIMINAR DE ILEGITIMIDADE PASSIVA (art. 301, CPC): O art. 37, § 6º, CF/88 só permite o direcionamento da ação em face das pessoas jurídicas nele mencionadas haja vista que o referido dispositivo encerra dupla garantia: uma, em favor do particular, possibilitando-lhe ação indenizatória contra a pessoa jurídica de direito público, ou de direito privado que preste serviço público. Outra garantia, no entanto, em prol do servidor estatal, que somente responde administrativa e civilmente perante a pessoa jurídica a que se vincula.

PRESCRIÇÃO DA PRETENSÃO RESSARCITÓRIA - Na defesa dos interesses do seu cliente, o examinando deve arguir a inaplicabilidade do Dec. 20.910/32 à Francisco e, portanto, a prescrição trienal da pretensão ressarcitória, tendo em vista decorridos mais de 3 anos do evento danoso, nos termos do Art. 206, § 3º, V, do CC.

RESPONSABILIDADE SUBJETIVA DE FRANCISCO: A responsabilidade do Estado (no caso, a União) é objetiva, que se caracteriza pela necessidade de serem comprovados, apenas, a ação do agente, o dano e o nexo causal entre ambos. No entanto, Francisco não responde de forma objetiva pelos danos causados, tendo em vista que a teoria do risco administrativo somente é aplicada às pessoas jurídicas de direito público e as de direito privado prestadoras de serviços públicos. Desse modo, a responsabilidade de Francisco é subjetiva, que é aquela segundo a qual deve ser comprovada, além da ação, dano e nexo causal, a culpa em sentido amplo, devendo ser comprovado que este agiu com negligência, imprudência, imperícia (culpa em sentido estrito) ou com intenção de causar o dano (dolo).

INEXISTÊNCIA DO ELEMENTO SUBJETIVO NO CASO CONCRETO: O acidente foi causado em razão dos problemas mecânicos que, inclusive, já tinha sido informado previamente por Francisco ao setor competente, razão pela qual não há que se falar em culpa ou dolo do mesmo.

PEDIDOS:

1. Extinção do processo sem resolução de mérito, em relação a Francisco, tendo em vista a sua ilegitimidade passiva (Art. 267, VI, CPC);
2. Improcedência dos pedidos autorais, em razão do acolhimento da preliminar de mérito da prescrição da pretensão ressarcitória em face de Francisco (Art. 269, IV, CPC);
3. Improcedência dos pedidos autorais, em razão da manifesta ausência do elemento subjetivo, necessário para configuração do dever de indenizar de Francisco.
4. Produção genérica de provas.
5. Condenação em honorários sucumbenciais.

(Não será aceita a mera menção ao artigo)

Distribuição dos Pontos

Quesito Avaliado	Valores
Endereçamento da peça: Juízo da Vara Federal da Seção Judiciária de São Paulo	0,00 / 0,15
Qualificação das partes Francisco, nos autos da ação em epígrafe movida por Mateus.	0,00 / 0,15
Fundamentos: Arguição de ilegitimidade passiva de Francisco tendo em vista que o Art. 37, § 6º, CF / 88 só permite o direcionamento da ação em face das pessoas jurídicas nele mencionadas (0,60). O dispositivo encerra dupla garantia: uma, em favor do particular, possibilitando-lhe ação indenizatória contra a pessoa jurídica de direito público, ou de direito privado que preste serviço público. Outra garantia, no entanto, em prol do servidor estatal, que somente responde administrativa e civilmente perante a pessoa jurídica a que se vincula (0,40).	0,00 / 0,40 / 0,60 / 1,00

Prescrição: Inaplicabilidade a Francisco do prazo quinquenal previsto no Dec. 20.910 / 32 (0,40) Arguição de prescrição da pretensão ressarcitória, tendo em vista decorridos mais de 3 anos do evento danoso, nos termos do Art. 206, § 3º, V do CC (0,60). Obs: Caso o examinando argua apenas a prescrição trienal receberá a pontuação integral.	0,00 / 0,40 / 1,00
A responsabilidade do Estado (no caso, a União) é objetiva, que se caracteriza pela necessidade de serem comprovados, apenas, a ação do agente, o dano e o nexo causal entre ambos. No entanto, Francisco não responde de forma objetiva pelos danos causados, tendo em vista que a teoria do risco administrativo somente é aplicada às pessoas jurídicas de direito público e as de direito privado prestadoras de serviços públicos (0,40). Desse modo, a responsabilidade de Francisco é subjetiva, que é aquela segundo a qual deve ser comprovada, além da ação, dano e nexo causal, a culpa em sentido amplo, devendo ser comprovado que este agiu com negligência, imprudência, imperícia (culpa em sentido estrito) ou com intenção de causar o dano (dolo). (0,60) Obs: Caso o examinando afirme, de forma fundamentada, que a responsabilidade de Francisco é subjetiva, explicitando os seus requisitos, receberá a pontuação integral.	0,00 / 0,40 / 1,00
Inexistência do elemento subjetivo no caso concreto, tendo em visa que no caso concreto, Francisco causou o acidente em razão dos problemas mecânicos que, inclusive, já tinha sido alertado ao setor competente.	0,00 / 0,50

Quesito Avaliado	Valores
Pedido 1. Requer seja extinto o processo sem resolução de mérito, em relação a Francisco, tendo em vista a sua manifesta ilegitimidade passiva (Art. 267, VI, CPC);	0,00 / 0,30
Pedido 2. Requer sejam julgados improcedentes os pedidos autorais, em razão do acolhimento da preliminar de mérito da prescrição da pretensão ressarcitória em face de Francisco (Art. 269, IV, CPC);	0,00 / 0,30
Pedido 3. Sejam julgados improcedentes os pedidos autorais, em razão da manifesta ausência do elemento culpa, necessário para configuração do dever de indenizar de Francisco	0,00 / 0,30
Pedido 4. Produção genérica de provas	0,00 / 0,15
Pedido 5. Condenação em honorários sucumbenciais	0,00 / 0,15

(OAB/Exame Unificado – 2013.2 – 2ª fase) Peça profissional – Caio, Tício e Mévio são servidores públicos federais exemplares, concursados do Ministério dos Transportes há quase dez anos. Certo dia, eles pediram a três colegas de repartição que cobrissem suas ausências, uma vez que sairiam mais cedo do expediente para assistir a uma apresentação de balé.

No dia seguinte, eles foram severamente repreendidos pelo superior imediato, o chefe da seção em que trabalhavam. Nada obstante, nenhuma consequência adveio a Caio e Tício, ao passo que Mévio, que não mantinha boa relação com seu chefe, foi demitido do serviço público, por meio de ato administrativo que apresentou, como fundamentos, reiterada ausência injustificada do servidor, incapacidade para o regular exercício de suas funções e o episódio da ida ao balé.

Seis meses após a decisão punitiva, Mévio o procura para, como advogado, ingressar com medida judicial capaz de demonstrar que, em verdade, nunca faltou ao serviço e que o ato de demissão foi injusto. Seu cliente lhe informou, ainda, que testemunhas podem comprovar que o seu chefe o perseguia há tempos, que a obtenção da folha de frequência demonstrará que nunca faltou ao serviço e que sua avaliação funcional sempre foi excelente.

Como advogado, considerando o uso de todas as provas mencionadas pelo cliente, elabore a peça processual adequada para amparar a pretensão de seu cliente.

A simples menção ou transcrição do dispositivo legal não pontua. (Valor: 5,0)

PADRÃO DE RESPOSTA – PEÇA PROFISSIONAL – FGV

A peça a ser elaborada consiste em uma petição inicial de ação de rito ordinário. Não se admite a impetração de Mandado de Segurança, uma vez que Mévio pretende produzir provas, inclusive a testemunhal, para demonstrar o seu direito, sendo a dilação probatória vedada no Mandado de Segurança.

O endereçamento da peça deverá ser feito a um Juiz Federal da seção judiciária de algum Estado.

O polo ativo da demanda é ocupado por Mévio, e o polo passivo, pela União.

No mérito, deve ser demonstrada a possibilidade de análise do ato administrativo pelo Judiciário, para controle de legalidade, e que o motivo alegado no ato de demissão é falso, em violação à teoria dos motivos determinantes.

Ainda no mérito, o examinando deve indicar a violação do art. 41, § 1º, da Constituição Federal, uma vez que Mévio foi demitido do Serviço Público sem a abertura de regular processo administrativo. O examinando, por fim, deve indicar que não foi assegurado a Mévio o contraditório e a ampla defesa, violando o devido processo legal. Além disso, o ato representa violação aos princípios da isonomia, uma vez que Mévio foi o único dos três servidores penalizados pela ida ao balé, e da impessoalidade, pois Mévio foi alvo de perseguição por seu chefe. Nesta parte da causa de pedir, deverá ser mencionada a lesão patrimonial, pelo não recebimento dos vencimentos no período em que se coloca arbitrariamente fora dos quadros da Administração por demissão ilegal.

O examinando deve formular pedidos de anulação do ato que aplicou a penalidade, de reintegração aos quadros da Administração, de reparação material com o pagamento retroativo de seus vencimentos, como se não tivesse sido demitido. A postulação à reparação moral não é obrigatória. Deverá haver, por fim, postulação de citação e de produção de provas testemunhal e documental, bem como indicação do valor da causa.

(OAB/Exame Unificado – 2013.3 – 2ª fase) O Governador do Estado Y, premido da necessidade de reduzir a folha de pagamentos do funcionalismo público estadual, determinou que o teto remuneratório dos Defensores Públicos admitidos após a Emenda Constitucional n. 41/2003 fosse limitado ao valor correspondente ao subsídio mensal do Governador, ao entendimento de que aquele órgão integra a estrutura do Poder Executivo estadual. Com a implementação da medida, os Defensores Públicos do Estado, irresignados com a redução do seu teto remuneratório, levam a questão à Associação Nacional dos Defensores Públicos Estaduais, legalmente constituída e em funcionamento há pouco mais de dois anos, e esta contrata os seus serviços advocatícios para impetrar mandado de segurança coletivo em face do ato do Governador.

A decisão proferida pelo Tribunal de Justiça local, observando a competência originária constante do seu código de organização e divisão judiciária, diante da autoridade coatora -governador do Estado- deu por extinto o processo, sem resolução do mérito, sob os argumentos de que a associação não preenche o requisito de três anos de constituição, não demonstrou a autorização dos associados em assembleia geral para a propositura da demanda e não poderia representar os associados em demanda que veicule interesse apenas de uma parte da categoria, uma vez que os Defensores atingidos pela medida, isto é, aqueles admitidos após a Emenda Constitucional n. 41/2003, os mais novos na carreira, ainda não foram promovidos e sequer recebem sua remuneração em valores próximos ao subsídio mensal do Governador.

Ciente de que este acórdão contendo a unanimidade de votos dos desembargadores que participaram do julgamento, já foi objeto de Embargos de Declaração, que foram conhecidos mas não providos, e que a publicação dessa última decisão se deu na data de hoje, **redija a peça processual adequada com seus fundamentos.**

PADRÃO DE RESPOSTA – PEÇA PROFISSIONAL – FGV

Recurso Ordinário

A peça a ser elaborada é o recurso ordinário em mandado de segurança, nos termos do art. 105, II, "b", da CRFB/88.

O recurso deve ser endereçado Desembargador Presidente do Tribunal de Justiça do Estado Y.

Na qualificação das partes, deve ser indicado como recorrente a Associação Nacional dos Defensores Públicos Estaduais e, como recorrido, o Estado Y, pessoa jurídica de direito público interno.

No intuito de demonstrar conhecimento acerca do Tribunal competente para apreciar e julgar o recurso, o examinando deve requerer após abertura de vistas ao recorrido para contrarrazões, que os autos sejam encaminhados ao colendo Superior Tribunal de Justiça.

O examinando deve demonstrar a presença de três requisitos que o Tribunal, equivocadamente, entendeu que não estariam preenchidos (razão pela qual, aliás, julgou extinto o processo sem resolução do mérito), isto é:

1) Demonstrar que o requisito constitucional para a impetração de mandado de segurança coletivo é a constituição e funcionamento há mais de um ano (e não três, como consta no acórdão recorrido);
2) indicar que não se exige, para impetração de mandado de segurança coletivo, a autorização de todos os associados da entidade, conforme entendimento cristalizado na Súmula nº 629 do Supremo Tribunal Federal;
3) afirmar que a entidade de classe tem legitimação para o mandado de segurança ainda quando a pretensão veiculada interesse apenas a uma parte da respectiva categoria, nos termos da Súmula 630 do Supremo Tribunal Federal.

Em seguida, na eventualidade do Superior Tribunal de Justiça conhecer do mérito do recurso, nada obstante a existência de entendimento acerca da inaplicabilidade do art. 515, § 3º, do Código de Processo Civil (teoria da causa madura) aos recursos ordinários em mandado de segurança, na melhor defesa dos interesses do seu cliente, o examinando deve indicar a violação ao art. 37, XI da Constituição, que estabelece como teto remuneratório dos Defensores Públicos, o subsídio dos Desembargadores do Tribunal de Justiça e, ainda, a violação ao princípio da isonomia, uma vez que, sem qualquer critério legítimo, foi operada uma discriminação no tratamento jurídico conferido aos Defensores, aplicando-se, aos mais novos na carreira, um tratamento diferente, no aspecto remuneratório, daquele conferido aos demais Membros, demonstrando, assim, conhecimento acerca da matéria.

Nos pedidos, o examinando deve requerer a reforma do acórdão, para julgar procedente o pedido de aplicação do teto remuneratório correspondente ao subsídio mensal dos Desembargadores e, caso assim não se entenda, pela anulação do acórdão hostilizado, com o retorno dos autos à origem para processamento do writ .

Por fim, afigura-se importante ressaltar que não será admitida a interposição de Recurso Extraordinário. O Recurso Extraordinário é instrumento processual adequado à impugnação de decisões proferidas em única ou última instância, quando tal decisão viole a Constituição da República, declare a inconstitucionalidade de tratado ou lei federal, e, ainda, julgue válida lei local contestada em face da Constituição ou de lei federal. Dessa forma, diante da previsão constante do art. 105, II, alínea "b" da Constituição - que, expressamente, prevê o cabimento do Recurso Ordinário contra decisão denegatória de mandado de segurança de competência originária do Tribunal de Justiça local - não se pode admitir o manejo do Recurso Extraordinário. A utilização do Recurso Extraordinário quando houver outro recurso manejável constitui hipótese de erro grosseiro, conforme jurisprudência do Supremo Tribunal Federal1.

[1] "1. Incabível a conversão de recurso extraordinário em ordinário, na hipótese de decisão denegatória de mandado de segurança, prolatada pelo Superior Tribunal de Justiça, mediante disposição expressa prevista no art. 102, II, a da Constituição Federal, ocorrendo o cometimento de erro grosseiro na utilização dos instrumentos processuais disponíveis para o acesso à devida prestação jurisdicional. 2. Agravo regimental improvido (Agravo Regimental no Agravo de Instrumento 410.552, Rel. Min. Ellen Gracie, DJU 18/02/2005)".

Distribuição dos pontos

Item	Pontuação
Endereçamento do recurso ordinário: Desembargador Presidente/Vice-Presidente do Tribunal de Justiça do Estado y).	0,00 / 0,20
Recorrente e recorrido: Associação Nacional dos Defensores Públicos Estaduais (0,10) / Estado Y (0,20)	0,00 /0,10/ 0,20/0,30
Requerimento de remessa dos autos ao colendo Superior Tribunal de Justiça, após abertura de vistas ao recorrido para manifestação.	0,00/0,20
Fundamentação para a pretensão: • Preenchimento do requisito de constituição da Associação há mais de um ano (0,50), nos termos do art. 5º, LXX, "b", CRFB/88 (0,20); Obs.: A simples menção aos artigos não pontua	0,00/0,50/0,70
• A entidade de classe tem legitimação para o mandado de segurança ainda quando a pretensão veicula interesse apenas a uma parte da respectiva categoria (0,50), nos termos do Art. 21 da Lei 12.016/2009 ou do verbete nº 630 da Súmula de jurisprudência predominante do Supremo Tribunal Federal (0,20); Obs.: A simples menção aos artigos não pontua	0,00/0,50/0,70
• A impetração de mandado de segurança coletivo por entidade de classe em favor dos associados independe da autorização destes (0,50), nos termos do Art. 21 da Lei 12.016/2009 ou do verbete nº 629 da Súmula de jurisprudência predominante do Supremo Tribunal Federal (0,20); Obs.: A simples menção aos artigos não pontua	0,00/0,50/0,70
Na eventualidade do Tribunal conhecer do mérito do recurso, deve ser alegado: • violação à regra do art. 37, XI da CRFB/88 (0,20) que estabelece como teto remuneratório dos Defensores Públicos, o subsídio dos Desembargadores do Tribunal de Justiça. (0,40) Obs.: A simples menção aos artigos não pontua	0,00/ 0,40/0,60
• violação ao princípio da isonomia, uma vez que, sem qualquer critério legítimo, foi operada uma discriminação no tratamento jurídico conferido aos Defensores.(0,40) nos termos do Art. 5º, *caput*, ou Art. 37, *caput*, da CRFB/88 (0,20) Obs.: A simples menção aos artigos não pontua	0,00/ 0,40/0,60
Pedidos: • Conhecer e prover o recurso para reformar o acórdão, julgando procedente o pedido de aplicação do teto remuneratório correspondente ao subsídio mensal dos Desembargadores (0,40)	0,00 / 0,40
• Caso assim não se entenda, pela anulação do acórdão hostilizado, com o retorno dos autos à origem para processamento do writ .(0,40)	0,00 / 0,40
Fechamento da Peça: (0,10) Data, Local, Advogado, OAB ... nº...	0,00/0,10

ADMINISTRATIVA

PADRÃO DE RESPOSTA – PEÇA PROFISSIONAL – FGV

Apelação

A medida adequada é o recurso de apelação. A peça deve ser endereçada ao Juízo da causa (Juízo da 2ª Vara de Fazenda Pública da comarca do Estado Y).

No intuito de demonstrar conhecimento acerca do Tribunal competente para apreciar e julgar o recurso, o examinando deve requerer após abertura de vistas ao recorrido para contrarrazões, que os autos sejam encaminhados ao e. Tribunal de Justiça do Estado Y.

O examinando deve demonstrar a presença de três requisitos que o Tribunal, equivocadamente, entendeu que não estariam preenchidos (razão pela qual, aliás, julgou extinto o processo sem resolução do mérito), isto é:

1) Demonstrar que o requisito constitucional para a impetração de mandado de segurança coletivo é a constituição e funcionamento há mais de um ano (e não três, como consta na decisão recorrida);
2) indicar que não se exige, para impetração de mandado de segurança coletivo, a autorização de todos os associados da entidade, conforme entendimento cristalizado na Súmula nº 629 do Supremo Tribunal Federal;
3) afirmar que a entidade de classe tem legitimação para o mandado de segurança ainda quando a pretensão veiculada interesse apenas a uma parte da respectiva categoria, nos termos da Súmula 630 do Supremo Tribunal Federal.

Em seguida, na eventualidade do Tribunal de Justiça conhecer do mérito do recurso, tendo em vista a previsão contida no art. 515, § 3º, do Código de Processo Civil (teoria da causa madura), na melhor defesa dos interesses do seu cliente, o examinando deve indicar a violação ao art. 37, XI da Constituição, que estabelece como teto remuneratório dos Defensores Públicos, o subsídio dos Desembargadores do Tribunal de Justiça e, ainda, a violação ao princípio da isonomia, uma vez que, sem qualquer critério legítimo, foi operada uma discriminação no tratamento jurídico conferido aos Defensores, aplicando-se, aos mais novos na carreira, um tratamento diferente, no aspecto remuneratório, daquele conferido aos demais Membros, demonstrando, assim, conhecimento acerca da matéria.

Nos pedidos, o examinando deve requerer a reforma do acórdão, para julgar procedente o pedido de aplicação do teto remuneratório correspondente ao subsídio mensal dos Desembargadores e, caso assim não se entenda, pela anulação do acórdão hostilizado, com o retorno dos autos à origem para processamento do writ .

Distribuição dos pontos

Item	Pontuação
Endereçamento da apelação: Juízo da 2ª Vara de Fazenda Pública da Comarca do Estado Y	0,00/0,20
Recorrente e recorrido: Associação Nacional dos Defensores Públicos Estaduais (0,10) / Estado Y (0,20)	0,00/0,10/0,20/0,30
Requerimento de remessa dos autos ao e. Tribunal de Justiça do Estado Y, após abertura de vistas ao recorrido para manifestação.	0,00/0,20
Fundamentação para a pretensão: • Preenchimento do requisito de constituição da Associação há mais de um ano (0,50), nos termos do art. 5º, LXX, "b", CRFB/88 (0,20); Obs.: A simples menção aos artigos não pontua	0,00/0,50/0,70

• A entidade de classe tem legitimação para o mandado de segurança ainda quando a pretensão veicula interesse apenas a uma parte da respectiva categoria (0,50), nos termos do Art. 21 da Lei 12.016/2009 ou do verbete nº 630 da Súmula de jurisprudência predominante do Supremo Tribunal Federal (0,20); Obs.: A simples menção aos artigos não pontua	0,00/0,50/0,70
• A impetração de mandado de segurança coletivo por entidade de classe em favor dos associados independe da autorização destes (0,50), nos termos do Art. 21 da Lei 12.016/2009 ou do verbete nº 629 da Súmula de jurisprudência predominante do Supremo Tribunal Federal (0,20); Obs.: A simples menção aos artigos não pontua	0,00/0,50/0,70
Na eventualidade do Tribunal conhecer do mérito do recurso, deve ser alegado: • violação à regra do art. 37, XI da CRFB/88 (0,20) que estabelece como teto remuneratório dos Defensores Públicos, o subsídio dos Desembargadores do Tribunal de Justiça. (0,40) Obs.: A simples menção aos artigos não pontua	0,00/ 0,40/0,60
• violação ao princípio da isonomia, uma vez que, sem qualquer critério legítimo, foi operada uma discriminação no tratamento jurídico conferido aos Defensores.(0,40) nos termos do Art. 5º, *caput*, ou Art. 37, *caput*, da CRFB/88 (0,20) Obs.: A simples menção aos artigos não pontua	0,00/ 0,40/0,60
Pedidos: • Conhecer e prover o recurso para reformar a sentença, julgando procedente o pedido de aplicação do teto remuneratório correspondente ao subsídio mensal dos Desembargadores, concedendo a segurança;	0,00 / 0,40
• Caso assim não se entenda, pela anulação da sentença recorrida, com o retorno dos autos à origem para processamento do writ .	0,00 / 0,40
Fechamento da Peça: (0,10) Data, Local, Advogado, OAB ... nº...	0,00/0,10

ADMINISTRATIVA

MODELOS DE PEÇAS
E ESTRUTURA BÁSICA

1. PETIÇÃO INICIAL

1.1. ESTRUTURA BÁSICA

REQUISITOS	Art. 282 do CPC
COMPETÊNCIA	– Verificar se a competência para conhecer da ação é originária de primeiro grau ou se deve ser aforada em Tribunal. – Quanto à primeira instância, verificar o art. 109 da Constituição, a fim de apurar se a competência é da Justiça Federal. Não sendo, será da Justiça Estadual, desde que não se trate de caso afeto à Justiça especializada (trabalhista – art. 114 da CF, e eleitoral – art. 121 da CF). – No caso de competência da Justiça Federal, verificar se a ação pode ser aforada no Juizado Especial Cível Federal (Lei 10.259/2001). – Verificar lei de organização judiciária local. – A respeito da competência originária dos Tribunais, devem ser observados os dispositivos da Constituição Estadual local e também os da Constituição Federal – arts. 102 (STF), 105 (STJ), 108 (TRFs), 113 e 114 (TRTs), 118 a 121 (TREs).
QUALIFICAÇÃO	Inserir nomes, prenomes, estado civil, profissão, domicílio e residência do autor e do réu.
TRATAMENTO DAS PARTES	a) ações em geral: "autor" e "réu"; não há problema em se repetir várias vezes as palavras "autor" e "réu"; b) ações cautelares: "requerente" e "requerido"; não use essas expressões nas ações em geral, mas apenas nas ações cautelares; c) mandado de segurança: "impetrante" e "impetrado"; este também é chamado de autoridade coatora; d) execução: "exequente" e "executado"; e) ação trabalhista: "reclamante" e "reclamado".
FUNDAMENTOS FÁTICOS E JURÍDICOS	Estes requisitos tratam do seguinte: "DOS FATOS" (fundamentos de fato) e "DO DIREITO" (fundamentos jurídicos). A indicação dos **fundamentos fáticos** consiste na narrativa de fatos que constituam lesão ou ameaça de lesão a direito. Deve-se tomar cuidado para não falar do direito, mas apenas dos fatos que violam o direito.

FUNDAMENTOS FÁTICOS E JURÍDICOS	A indicação dos **fundamentos jurídicos** consiste na exposição dos dispositivos legais em que os fatos narrados se enquadram e que servirão de fundamento para fazer os pedidos, ao final. Assim, deve-se fazer a conexão dos fatos narrados com o direito aplicável. A melhor técnica é primeiro citar os dispositivos legais, e os princípios aplicáveis, para depois trazer a doutrina e a jurisprudência, nessa ordem. A parte dos fundamentos jurídicos ("DO DIREITO") assemelha-se a uma dissertação. Começa com uma tese, passa para o desenvolvimento e termina com uma conclusão, independentemente do pedido que se fará no outro capítulo da petição.
PEDIDO	O pedido deve ser certo e determinado. Mesmo nas ações que pedem dano moral, o autor deve indicar o valor que pretende (em reais, e não em salários mínimos). O pedido deve conter todas as pretensões do autor, pois, de acordo com a lei, "os pedidos são interpretados restritivamente" (art. 293 do CPC).
VALOR DA CAUSA	A lei determina que a toda causa será atribuído um valor certo, ainda que não tenha conteúdo econômico imediato (art. 258 do CPC). O valor deve corresponder ao proveito econômico que o autor terá com a procedência da demanda. Há regras específicas sobre sua atribuição nos arts. 259 e 260 do CPC. Quando se tiver de atribuir um valor da causa apenas para fins de alçada, sem que se tenha como mensurar o proveito econômico que o autor teria com a ação, pode-se indicar o valor do salário mínimo vigente no momento como valor da causa.
PROVAS	O autor deve protestar pela produção de todos os tipos de prova admitidas no Direito, especificando desde já as provas que tem interesse em produzir, tais como testemunhal, documental, pericial etc. Se se tratar de procedimento sumário, deve o autor, já na petição inicial, apresentar o rol de testemunhas e, se requerer perícia, formular os quesitos, podendo indicar assistente técnico (art. 276 do CPC).
PROVAS	É neste momento em que o autor, em qualquer procedimento, pode pedir a inversão do ônus da prova, cabível quando se está diante de uma relação de consumo. *Vide* art. 6.º, VIII, do CDC (inversão do ônus da prova) e art. 22 também do CDC (aplicação do CDC a órgãos públicos, quanto aos serviços públicos). De acordo com os elementos trazidos no problema ou no caso a resolver, o autor deve indicar com as expressões "DOC.1", "DOC.2" os documentos que detém para provar os fatos constitutivos do seu direito.
CITAÇÃO	O autor deve requerer a citação do réu por oficial de justiça, com os benefícios do art. 172, § 2.º, do CPC.

1.2. MODELO – PETIÇÃO INICIAL

EXCELENTÍSSIMO SENHOR DOUTOR JUIZ DE DIREITO DA ... VARA ... DA COMARCA DE ... – ...

Pular 10 linhas

____________________*(qualificação do autor – nome, estado civil, profissão, endereço, CNPJ, endereço)*, vem mui respeitosamente à presença de Vossa Excelência, por meio de seu advogado e bastante procurador que esta subscreve (doc. 01 – mandato), com fundamento no art. ____ da Lei/Constituição, propor a presente

AÇÃO ______________ *(indenizatória, anulatória, declaratória de nulidade, de revisão contratual etc.)*

em face da **FAZENDA DO ESTADO DE** _______, Pessoa Jurídica de Direito Público, com sede na ________________, em virtude dos fatos elencados a seguir:

I – DOS FATOS

a) Tentar repetir, ao máximo, os fatos descritos na questão;

b) Relatar os acontecimentos em ordem cronológica, especificando cada ponto;

c) Tentar deixar o mais claro possível;

d) Mostrar de forma evidente o ato/fato causador do dano.

II – DO DIREITO

(Citar a lei, amarrada com os fatos, bem como legislação, doutrina e jurisprudência.)

1. Da violação ao princípio da legalidade

(...)

2. Da violação ao princípio da moralidade

(...)

3. Da violação ao art. ____ da Lei ____

(...)

III – DO PEDIDO

Ante o exposto, é o presente para requerer a Vossa Excelência o quanto segue:

1. A citação da ré, no endereço declinado no pórtico desta inicial, para, querendo, contestar a presente ação no prazo legal, sob as penas da lei processual civil.
2. A procedência da ação para condenar ou anular ou revisar o contrato etc. ...
3. O protesto pela produção de prova documental e pericial, e de todos os meios probatórios em direito admitidos, ainda que não especificados no CPC, desde que moralmente legítimos (CPC, art. 332).

(Se for o caso, deve-se pedir antecipação de tutela já no primeiro item do pedido.)

(Se for aplicável o CDC – art. 22 e art. 6.º, VIII, deve-se pedir a inversão do ônus da prova.)

(A depender da condição econômica dos autores, deve-se pedir os benefícios da justiça gratuita.)

Dá-se à causa o valor de R$ __________ (valor por extenso).

Termos em que pede deferimento.

Local ..., data...

Advogado ...

OAB ....

2. CONTESTAÇÃO

2.1. ESTRUTURA BÁSICA

REQUISITOS	Arts. 300 a 303 do CPC.
ENDEREÇAMENTO	Juízo ou Tribunal que efetivou a citação.
IDENTIFICAÇÃO DO PROCESSO	Indicação das partes, do número do processo e do nome da ação.
TRATAMENTO DAS PARTES	a) ações em geral: "autor" e "réu"; não há problema em se repetir várias vezes as palavras "autor" e "réu"; b) ações cautelares: "requerente" e "requerido"; não use essas expressões nas ações em geral, mas apenas nas ações cautelares; c) mandado de segurança: "impetrante" e "impetrado"; este também é chamado de autoridade coatora; d) execução: "exequente" e "executado"; e) ação trabalhista: "reclamante" e "reclamado".
FUNDAMENTOS FÁTICOS E JURÍDICOS	Estes requisitos tratam do seguinte: "DOS FATOS" (fundamentos de fato) e "DO DIREITO" (fundamentos jurídicos). Quanto à parte "I – DOS FATOS", pode se fazer a seguinte subdivisão: "1) Dos fatos alegados pelo autor" (aqui se faz um breve resumo da petição inicial); "2) Da verdade dos fatos" (aqui se conta a versão do réu sobre os fatos). Essa divisão é pertinente, principalmente quando houver controvérsia sobre como os fatos ocorreram.
FUNDAMENTOS FÁTICOS E JURÍDICOS	Quanto à parte "II – DO DIREITO", pode-se fazer a seguinte divisão: 1) Das preliminares; 2) Do mérito. Segundo o art. 301 do CPC é dever do réu discutir as preliminares processuais antes do mérito. As preliminares processuais são as seguintes: I – inexistência ou nulidade da citação; II – incompetência absoluta; III – inépcia da petição inicial; IV – perempção; V – litispendência; VI – coisa julgada; VII – conexão; VIII – incapacidade da parte, defeito de representação ou falta de autorização; IX – convenção de arbitragem; X – carência de ação; XI – falta de caução ou de outra prestação que a lei exige como preliminar. Há outras preliminares processuais no art. 267 do CPC. Em seguida, discutem-se as preliminares de mérito. Nesse ponto deve-se discutir a prescrição e a decadência (elas estão dentro do item "Das preliminares"). Não está incorreto trazer o tema prescrição e decadência para dentro do capítulo "Do mérito". Por último deve o réu tratar do item "Do mérito". O réu deve manifestar-se precisamente sobre os fatos narrados na petição inicial. Cada fato apontado na petição inicial merece comentário, seja para negar o fato, seja para dizer que aquele fato não conduz ao direito que o autor alega ter. Além de se rebater os fatos e o direito alegados pelo autor, deve o réu citar legislação, doutrina e jurisprudência, nessa ordem.
PEDIDO	No caso de o réu alegar preliminares e mérito, deve, primeiro, pedir o reconhecimento da preliminar, com a extinção do processo correspondente e, subsidiariamente, pedir a improcedência da demanda, com extinção do processo com julgamento de mérito.
PROVAS	Nos termos do art. 300 do CPC compete ao réu especificar as provas que pretende produzir. Na verdade, o réu deve desde já apresentar as provas documentais que já existam. Depois da contestação, só poderá apresentar documentos novos (art. 396 do CPC). Já quanto às provas testemunhais e periciais, serão realizadas em momento oportuno. No caso de procedimento sumário, deve o réu, na própria defesa, apresentar o rol de testemunhas que pretende ouvir e, se requerer perícia, formular seus quesitos desde logo, podendo indicar assistente técnico (art. 278, *caput*).

2.2. MODELO – CONTESTAÇÃO

EXCELENTÍSSIMO SENHOR DOUTOR JUIZ DE DIREITO DA ... VARA ... DA COMARCA DE ...-... .

Pular 10 linhas

_________________*(qualificação do réu – nome, estado civil, profissão, endereço, CNPJ, endereço)*, vem mui respeitosamente à presença de Vossa Excelência, por meio de seu advogado e bastante procurador que esta subscreve (doc. 01 – mandato), oferecer

CONTESTAÇÃO

à ação que lhe promove a **FAZENDA DO ESTADO DE** ________, pessoa jurídica de direito público interno, com sede na _______________, nos termos dos fundamentos de fato e de direito a seguir aduzidos.

I – DOS FATOS

1. Dos fatos alegados pelo autor

(...)

2. Da verdade dos fatos

(...)

II – DO DIREITO

1. Das preliminares processuais

(*Vide* arts. 301 e 267 do CPC.)

2. Das preliminares de mérito

(Se houver prescrição ou decadência.)

3. Do mérito

(Citar a lei, amarrada com os fatos, bem como legislação, doutrina e jurisprudência.)

III – DO PEDIDO

Ante o exposto, é o presente para requerer que Vossa Excelência se digne em:

a) extinguir o processo, sem apreciação de mérito, nos termos do art. 267, ___, do CPC;

b) subsidiariamente, julgar improcedente a presente demanda, por não existir o direito alegado pelo autor;

c) em qualquer caso, condenar o autor ao pagamento das custas e despesas processuais, bem como dos honorários advocatícios.

(A depender da condição econômica do réu, deve-se pedir os benefícios da justiça gratuita.)

O réu protesta pela produção de prova documental e pericial, e de todos os meios probatórios em direito admitidos, ainda que não especificados no Código de Processo Civil, desde que moralmente legítimos (CPC, art. 332).

Dá-se à causa o valor de R$ (valor por extenso).

Termos em que pede deferimento.

Local ..., data...

Advogado ...

OAB ....

3. RECURSOS

3.1. AGRAVO DE INSTRUMENTO

3.1.1. ESTRUTURA BÁSICA

FUNDAMENTO LEGAL	Art. 522 e seguintes do CPC.
CABIMENTO	O recurso de agravo é aquele cabível contra decisões interlocutórias (art. 522 do CPC). Decisão interlocutória é aquela que, sem pôr fim ao processo, resolve alguma questão incidente ou provoca algum gravame à parte ou ao interessado (art. 162, § 2.º, do CPC). A regra, hoje, é a de que, uma vez existente uma decisão interlocutória, cabe recurso de **agravo retido** (art. 522 do CPC). Só caberá **agravo de instrumento** em três casos (art. 522 do CPC): a) se a decisão for suscetível de causar à parte lesão grave ou de difícil reparação; exemplo: quando for deferida ou negada tutela de urgência pelo juiz de 1.º grau (liminar cautelar ou tutela antecipada); b) se a decisão for de inadmissão da apelação; exemplo: quando não estiver no prazo ou a sentença estiver em conformidade com súmula do STF ou do STJ, nos termos do art. 518, § 1.º, do CPC); c) se a decisão disser respeito aos efeitos em que a apelação é recebida. Das decisões interlocutórias proferidas em audiência de instrução e julgamento caberá agravo retido. Já da sentença proferida na mesma audiência, caberá apelação.
PRAZO	10 dias.
TRATAMENTO DAS PARTES	Agravante e agravado.
AGRAVO RETIDO	O recurso tem os seguintes requisitos: a) não requer preparo (art. 522, parágrafo único, do CPC); b) o recurso deve ser dirigido ao juízo que proferir a decisão impugnada; c) não é necessário qualificar as partes, mas apenas indicá-las; d) o recurso deve trazer os pressupostos de fato e de direito que dão sustentação à irresignação, e também o pedido correspondente; e) deve-se requerer a intimação da parte contrária para apresentar contraminuta; f) deve-se requerer a reconsideração da decisão pelo juízo recorrido.
PETIÇÃO DE INTERPOSIÇÃO DO AGRAVO DE INSTRUMENTO	Será endereçada ao presidente do tribunal ao qual competir o conhecimento e o julgamento do recurso, identificará as partes, indicará que se trata de recurso de agravo de instrumento, fará requerimento de atribuição de efeito suspensivo ou ativo ao recurso e requererá a juntada das guias de custas de preparo, porte de remessa e retorno dos autos, se for o caso.
MINUTA DE AGRAVO DE INSTRUMENTO	A minuta de agravo de instrumento fará um breve resumo, tratará da possibilidade de interposição do agravo de instrumento no caso (e, consequentemente, da impossibilidade de sua conversão em agravo retido), trará as razões para atribuição de efeito suspensivo ou ativo ao recurso, trará as razões de mérito do recurso e conterá pedido para que o recurso seja recebido e processado, concedendo-se de imediato o efeito suspensivo ou ativo, e dando provimento ao recurso para o fim pretendido pelo agravante.
OUTROS REQUISITOS DO AGRAVO DE INSTRUMENTO	O agravante deverá, também, relacionar os documentos que instruem o recurso, bem como descrever o nome e o endereço dos procuradores das partes. Essas informações ficarão depois da assinatura do advogado e poderão constar tanto na petição de interposição do agravo como na minuta de agravo de instrumento.

3.1.2. MODELO – RECURSO – AGRAVO DE INSTRUMENTO

EXCELENTÍSSIMO SENHOR DOUTOR PRESIDENTE DO EGRÉGIO TRIBUNAL DE JUSTIÇA DO ESTADO DE ....

Pular 10 linhas

_______________ *(qualificação – nome, estado civil, profissão, endereço, CNPJ, endereço)*, por meio de seu advogado que este ato subscreve, com escritório na rua __________, CEP ______, na cidade de _________, estado de _________, vem, respeitosamente, à presença de Vossa Excelência, com fulcro nos arts. 522 e seguintes do Código de Processo Civil, interpor o presente

AGRAVO DE INSTRUMENTO

contra a r. decisão de fls. ..., proferida pelo MM. Juízo da ... Vara ... da Comarca de ..., nos autos da Ação ... , autos nº ..., que lhe promove ... *(qualificação)*, nos termos das razões de fato e de direito apresentadas na minuta em anexo.

Requer, outrossim, a CONCESSÃO DE EFEITO SUSPENSIVO ao presente recurso, nos termos do art. 558 do Código de Processo Civil, e das razões em anexo.

(Pode ser que o pedido seja de CONCESSÃO DE EFEITO ATIVO.)

Requer, ainda, a juntada das guias de custas de preparo e porte de retorno dos autos, devidamente recolhidas.

Por fim, informa que, no prazo de 3 (três) dias, cumprirá o disposto no art. 526 do Código de Processo Civil.

Termos em que pede deferimento.

Local / data.

Nome / OAB

PEÇAS QUE INSTRUEM O PRESENTE RECURSO

Peças obrigatórias (art. 525, I, do CPC):

procuração do agravante;

procuração do agravado;

cópia da decisão agravada de fls.;

cópia da intimação da decisão agravada.

Peças facultativas (art. 525, II, do CPC):

cópia da petição inicial;

cópia da contestação apresentada aos autos.

Nome, número de OAB e endereço dos procuradores das partes:

1) Do agravante: __________

2) Do agravado: __________

(A minuta deve ser apresentada na página seguinte.)

MINUTA DE AGRAVO DE INSTRUMENTO

Agravante: ...
Agravado: ...
Autor nº:...
Vara de origem: ....

EGRÉGIO TRIBUNAL,

COLENDA CÂMARA,

NOBRES JULGADORES.

I – BREVE RESUMO

(Breve relato do ocorrido na demanda até o momento da decisão recorrida.)

II – DO CABIMENTO DE AGRAVO DE INSTRUMENTO E DA IMPOSSIBILIDADE DE SUA CONVERSÃO EM AGRAVO RETIDO

(Demonstração da existência de uma das hipóteses da parte final do art. 522 do CPC.)

III – DAS RAZÕES DE FATO E DE DIREITO

(Fundamentos de fato e de direito que dão suporte ao provimento do recurso.)

IV – DA NECESSIDADE DE CONCESSÃO DE EFEITO SUSPENSIVO AO PRESENTE RECURSO

(Enquadramento do caso a uma das hipóteses do art. 558 do CPC; se o objetivo for de conseguir uma decisão nova de urgência, pede-se a concessão de EFEITO ATIVO ao recurso, com fundamento nos arts. 527, III, e 558, ambos do CPC.)

V – DO PEDIDO

Ante o exposto, requer que Vossa Excelência se digne de conceder o efeito suspensivo pleiteado, processando-se a irresignação na forma prevista no Código de Processo Civil, para, ao final, dar provimento ao recurso, reformando-se a decisão recorrida para o fim de *(exemplo: indeferir a tutela antecipada ou deferir a tutela antecipada)*.

Termos em que pede deferimento.

Local ..., data...

Advogado ...

OAB ....

3.2. APELAÇÃO

3.2.1. ESTRUTURA BÁSICA

FUNDAMENTO LEGAL	Art. 513 e seguintes do CPC.
CABIMENTO	O recurso é cabível contra sentença (art. 513 do CPC). Para uma decisão ser considerada sentença da qual cabe apelação, ela há de extinguir a relação jurídica processual por inteiro, nos termos dos arts. 267 ou 269 do CPC (art. 162, § 1.º).

PRAZO	15 dias.
TRATAMENTO DAS PARTES	Apelante e apelado.
PETIÇÃO DE INTERPOSIÇÃO	Deve ter os seguintes elementos: – endereçamento ao juízo recorrido; – nomes e qualificação das partes; se já houver qualificação nos autos, pode-se usar a expressão "já qualificado nos autos", para os recorrentes e recorridos; indicação de que se trata de recurso de apelação; – requerimento para que o recurso seja recebido em ambos os efeitos, com a devida motivação, se for o caso (arts. 520 e 558 do CPC); – requerimento de juntada das guias de custas de preparo, porte de remessa e retorno dos autos, se for o caso.
RAZÕES DE RECURSO	Devem ter os seguintes requisitos (art. 514): – breve resumo da demanda; – reiteração do agravo retido (se houver), requerendo expressamente sua apreciação (art. 523, § 1.º, do CPC); – fundamentos de fato e de direito do recurso; – pedido de provimento do recurso para reformar ou anular a sentença para algum fim (exemplo: provimento do recurso para reformar a decisão recorrida, julgando improcedente a demanda).

3.2.2. MODELO – RECURSO DE APELAÇÃO

EXCELENTÍSSIMO SENHOR DOUTOR JUIZ DE DIREITO DA ... VARA ... DA COMARCA DE ....

Pular 10 linhas

Autos n.º ....

..., qualificado nos autos, por meio de seu advogado que subscreve a presente, vem, respeitosamente, à presença de Vossa Excelência, com fulcro no art. 513 e seguintes do Código de Processo Civil, interpor a presente

APELAÇÃO

contra a r. sentença de fls. ..., proferida por esse D. Juízo, na ação promovida por ..., já qualificado, nos termos das razões de fato e de direito apresentadas na minuta em anexo.

Requer, outrossim, que seja o presente recurso recebido nos efeitos devolutivo e suspensivo, intimando-se a parte contrária para, querendo, apresentar suas contrarrazões, no prazo legal.

Requer, em seguida, a remessa dos autos para o E. Tribunal de Justiça para processamento, conhecimento e julgamento.

Por fim, requer a juntada das custas de preparo e porte de remessa e retorno.

Termos em que pede deferimento.

Local ..., data...

Advogado ...

OAB ....

(As razões são na página seguinte)

RAZÕES DE RECURSO DE APELAÇÃO

Apelante: ... .

Apelado: ... .

EGRÉGIO TRIBUNAL,
COLENDA CÂMARA,
NOBRES JULGADORES.

I – BREVE RESUMO

(Breve relato do ocorrido na demanda até o momento da decisão recorrida.)

II – DA REITERAÇÃO DO AGRAVO RETIDO

(Se houver agravo retido, deve ele ser reiterado, nos termos do art. 523, § 1.º, do CPC.)

III – DAS RAZÕES DE FATO E DE DIREITO

(Fundamentos de fato e de direito que dão suporte ao provimento do recurso.)

IV – DO PEDIDO

Ante o exposto, requer que Vossa Excelência se digne de processar o presente na forma prevista no Código de Processo Civil para, ao final, dar provimento ao recurso a fim de reformar a sentença proferida pelo D. Juízo *a quo*, julgando procedente o pedido inicial, com a inversão do ônus sucumbencial.

Termos em que pede deferimento.

Local ..., data...

Advogado ...

OAB ...

3.3. RECURSOS EXTRAORDINÁRIO E ESPECIAL

3.3.1. ESTRUTURA BÁSICA

FUNDAMENTO LEGAL	Recurso extraordinário: art. 102, III, da CF; Recurso especial: art. 105, III, da CF.
CABIMENTO	O **recurso extraordinário**, a ser julgado pelo STF, cabe nas causas decididas em única ou última instância, quando a decisão recorrida (art. 102, III, da CF): a) contrariar dispositivo da Constituição; b) declarar a inconstitucionalidade de tratado ou lei federal; c) julgar válida lei ou ato de governo local contestado em face da Constituição; d) julgar válida lei local contestada em face de lei federal. O **recurso especial**, a ser julgado pelo STJ, cabe nas causas decididas em única ou última instância pelos TRFs ou TJs quando a decisão recorrida (art. 105, III, da CF): a) contrariar tratado ou lei federal, ou negar-lhes vigência; b) julgar ato de governo local contestado em face de lei federal; c) der a lei federal interpretação divergente da que lhe haja atribuído outro tribunal.

PRAZO	15 dias.
TRATAMENTO DAS PARTES	Recorrente e recorrido.
PETIÇÃO DE INTERPOSIÇÃO	Deve ter os seguintes elementos: – endereçamento ao presidente do tribunal recorrido; – nomes e qualificação das partes; se já houver qualificação nos autos, pode-se usar a expressão "já qualificado nos autos" para os recorrentes e recorridos; – indicação de que se trata de recurso extraordinário ou de recurso especial; – indicação de que preenche os pressupostos de admissibilidade, conforme as razões em anexo; – requerimento para que seja o recorrido intimado para apresentar contrarrazões, no prazo legal; – requerimento para que o recurso seja devidamente processado, em virtude de preencher os pressupostos de admissibilidade, remetendo-se os autos ao E. Supremo Tribunal Federal ou ao E. Superior Tribunal de Justiça para julgamento; – reiteração de eventual recurso extremo interposto contra decisão interlocutória (e que se encontrava retido), nos termos do § 3.º do art. 542 do CPC; – requerimento de juntada das guias de custas de preparo, porte de remessa e retorno dos autos.
RAZÕES DE RECURSO	Devem ter os seguintes requisitos: – breve resumo da demanda; – demonstração do cabimento do recurso; aqui, deve-se enquadrar o recurso numa das hipóteses dos arts. 102, III, se for recurso extraordinário, e 105, III, se for recurso especial; – em se tratando de **recurso extraordinário**, demonstração da existência de repercussão geral, nos termos do art. 543-A do CPC; considera-se de repercussão geral as "questões relevantes do ponto de vista econômico, político, social ou jurídico, que ultrapassem os limites subjetivos da causa" (§ 1.º); haverá repercussão geral "sempre que o recurso impugnar decisão contrária a súmula ou jurisprudência dominante do Tribunal" (§ 3.º); – demonstração da existência de prequestionamento, ou seja, que a matéria levada à apreciação já foi debatida na esfera jurisdicional inferior; indicação do fato de que não se quer julgamento sobre questão de fato, mas sobre questão de direito; – razões fáticas e jurídicas do pedido de reforma da decisão recorrida; neste ponto, está-se diante do "Mérito"; – pedido de nova decisão (exemplo: provimento do recurso para reformar a decisão recorrida, julgando improcedente a demanda).

3.3.2. MODELO – RECURSO EXTRAORDINÁRIO

EXCELENTÍSSIMO SENHOR DOUTOR DESEMBARGADOR PRESIDENTE DO E. TRIBUNAL DE JUSTIÇA DO ESTADO DE ... .

Pular 10 linhas

Recurso n.º ... .

... , qualificado nos autos, por meio de seu advogado que subscreve a presente, vem, respeitosamente, à presença de Vossa Excelência, com fulcro no art. 102, III, alínea "___", da Constituição Federal, interpor o presente

RECURSO EXTRAORDINÁRIO

contra o v. acórdão de fls...., proferido por esse D. Tribunal de Justiça, no recurso em epígrafe, em que figura como recorrido (ou recorrente) ..., já qualificado, nos termos das razões de fato e de direito apresentadas na minuta em anexo.

Requer, outrossim, que seja o presente recurso devidamente recebido e processado, intimando-se a parte contrária para que ofereça, dentro do prazo legal, as contrarrazões.

Em seguida, requer que seja o recurso admitido, por preencher os requisitos legais e constitucionais, conforme demonstração nas razões em anexo, remetendo-se os autos ao Colendo Supremo Tribunal Federal.

Por fim, requer a juntada das custas de preparo, e porte de remessa e retorno.

Termos em que pede deferimento.

Local ..., data...

Advogado ...

OAB ....

(As razões são na página seguinte)

RAZÕES DE RECURSO EXTRAORDINÁRIO

Recorrente: ....

Recorrido: ....

SUPREMO TRIBUNAL FEDERAL
COLENDA TURMA

I – BREVE RESUMO

(Breve relato do ocorrido na demanda até o momento da decisão recorrida.)

II – DA REITERAÇÃO DO RECURSO EXTRAORDINÁRIO RETIDO

(Se houver recurso extraordinário contra decisão interlocutória retido, deve ele ser reiterado, nos termos do art. 542, § 3.º, do CPC.)

III – DO CABIMENTO DO RECURSO

(Aqui, deve-se enquadrar o recurso numa das hipóteses do art. 102, III, da CF.)

IV – DA EXISTÊNCIA DE REPERCUSSÃO GERAL

(Aqui, há de se demonstrar a existência de repercussão geral, nos termos do art. 543-A do CPC; considera-se de repercussão geral as "questões relevantes do ponto de vista econômico, político, social ou jurídico, que ultrapassem os limites subjetivos da causa (§ 1.º); haverá repercussão geral "sempre que o recurso impugnar decisão contrária a súmula ou jurisprudência dominante do Tribunal")

V – DA EXISTÊNCIA DE PREQUESTIONAMENTO

(Aqui, há de se demonstrar que a matéria levada à apreciação já foi debatida na esfera jurisdicional inferior.)

VI – DAS RAZÕES DE FATO E DE DIREITO

(fundamentos de fato e de direito que dão suporte ao provimento do recurso, deixando claro que não se quer modificar a moldura fática delineada pela instância anterior, mas apenas discutir questão de Direito)

VII – DO PEDIDO

Ante o exposto, requer que Vossa Excelência se digne de processar o presente na forma prevista no Código de Processo Civil para, ao final, dar provimento ao recurso, reformando-se (ou anulando-se) a r. decisão recorrida para o fim de julgar improcedente (ou procedente) a demanda.

Termos em que pede deferimento.

Local ..., data...

Advogado ...

OAB ....

3.3.3. MODELO – RECURSO ESPECIAL

EXCELENTÍSSIMO SENHOR DOUTOR DESEMBARGADOR PRESIDENTE DO E. TRIBUNAL DE JUSTIÇA DO ESTADO DE ... .

Pular 10 linhas

Recurso n.º ....

Nome ..., qualificado nos autos, por meio de seu advogado que subscreve a presente, vem, respeitosamente, à presença de Vossa Excelência, com fulcro no art. 105, III, alínea "___", da Constituição Federal, interpor o presente

RECURSO ESPECIAL

contra o v. acórdão de fls. ..., proferido por esse D. Tribunal de Justiça, no recurso em epígrafe, em que figura como recorrido (ou recorrente) ..., já qualificado, nos termos das razões de fato e de direito apresentadas na minuta em anexo.

Requer, outrossim, que seja o presente recurso devidamente recebido e processado, intimando-se a parte contrária para que ofereça, dentro do prazo legal, as contrarrazões.

Em seguida, requer que seja o recurso admitido, por preencher os requisitos legais e constitucionais, conforme demonstração nas razões em anexo, remetendo-se os autos ao Colendo Superior Tribunal de Justiça.

Por fim, requer a juntada das custas de preparo, e porte de remessa e retorno.

Termos em que pede deferimento.

Local ..., data...

Advogado ...

OAB ....

(As razões são na página seguinte)

RAZÕES DE RECURSO ESPECIAL

Recorrente: ....

Recorrido: ....

SUPERIOR TRIBUNAL DE JUSTIÇA
COLENDA TURMA

I – BREVE RESUMO

(Breve relato do ocorrido na demanda até o momento da decisão recorrida.)

II – DA REITERAÇÃO DO RECURSO ESPECIAL RETIDO

(Se houver recurso extraordinário contra decisão interlocutória retido, deve ele ser reiterado, nos termos do art. 542, § 3.º, do CPC.)

III – DO CABIMENTO DO RECURSO

(Aqui, deve-se enquadrar o recurso numa das hipóteses do art. 105, III, da CF.)

IV – DA EXISTÊNCIA DE PREQUESTIONAMENTO

(Aqui, há de se demonstrar que a matéria levada à apreciação já foi debatida na esfera jurisdicional inferior.)

V – DAS RAZÕES DE FATO E DE DIREITO

(Fundamentos de fato e de direito que dão suporte ao provimento do recurso, deixando claro que não se quer modificar a moldura fática delineada pela instância anterior, mas apenas discutir questão de Direito.)

VI – DO PEDIDO

Ante o exposto, requer que Vossa Excelência se digne de processar o presente na forma prevista no Código de Processo Civil, para, ao final, dar provimento ao recurso, reformando-se (ou anulando-se) a r. decisão recorrida, para o fim de julgar improcedente (ou procedente) a demanda.

Termos em que pede deferimento.

Local ..., data...

Advogado ...

OAB ....

3.4. RECURSO ORDINÁRIO CONSTITUCIONAL

3.4.1. ESTRUTURA BÁSICA

FUNDAMENTO LEGAL	arts. 102, II, e 105, II, da CF.
CABIMENTO	O recurso ordinário constitucional, **a ser julgado pelo STF** cabe nas causas que julgarem crime político e no *habeas corpus*, mandado de segurança, *habeas data* e mandado de injunção decididos em única instância pelos Tribunais Superiores, se denegatória a decisão (art. 102, II, da CF); Já o recurso ordinário constitucional, **a ser julgado pelo STJ**, cabe para este julgar (art. 105, II, da CF): a) os *habeas corpus* decididos em única ou última instância pelos TRFs ou pelos TJs quando a decisão for denegatória; b) os mandados de segurança decididos em única instância pelos TRFs ou pelos TJs quando denegatória a decisão; c) as causas em que forem partes Estado estrangeiro ou organismo internacional, de um lado, e, do outro, Município ou pessoa residente ou domiciliada no País.
PRAZO	15 dias.
TRATAMENTO DAS PARTES	Recorrente e recorrido.
PETIÇÃO DE INTERPOSIÇÃO	Devem ter os seguintes elementos: – endereçamento ao presidente do tribunal recorrido; – nomes e qualificação das partes; se já houver qualificação nos autos, pode-se usar a expressão "já qualificado nos autos" para os recorrentes e recorridos; – indicação de que se trata de "recurso ordinário em (....)"; pode ser "em mandado de segurança", "em *habeas corpus*", "em *habeas data*" etc. – indicação de que preenche os pressupostos de admissibilidade, conforme as razões em anexo; – requerimento para que seja o recorrido intimado para apresentar contrarrazões, no prazo legal; – requerimento para que o recurso seja devidamente processado, em virtude de preencher os pressupostos de admissibilidade, remetendo-se os autos ao E. Supremo Tribunal Federal ou ao E. Superior Tribunal de Justiça para julgamento; – requerimento de juntada das guias de custas de preparo, porte de remessa e retorno dos autos.
RAZÕES DE RECURSO	Devem ter os seguintes requisitos: – breve resumo da demanda; – demonstração do cabimento do recurso; aqui, deve-se enquadrar o recurso numa das hipóteses dos arts. 102, II, se for de competência do STF, e 105, III, se for de competência do STJ; – razões fáticas e jurídicas do pedido de reforma da decisão recorrida; neste ponto, está-se diante do "Mérito"; – pedido de nova decisão (exemplo: provimento do recurso para reformar a decisão recorrida, concedendo a segurança).

3.4.2. MODELO – RECURSO ORDINÁRIO CONSTITUCIONAL

EXCELENTÍSSIMO SENHOR DOUTOR PRESIDENTE DO E. ... *(verificar o tribunal que julgou a ação em única instância)*.

Pular 10 linhas

Ação n.º ______.

Nome ..., qualificado nos autos, por meio de seu advogado que subscreve a presente, vem, respeitosamente, à presença de Vossa Excelência, com fulcro no artigo *(102, II, "a" ou 105, II, alínea "b")* da Constituição Federal, interpor o presente

RECURSO ORDINÁRIO CONSTITUCIONAL

contra o v. acórdão de fls. ..., proferido por esse D. Tribunal, na ação em epígrafe, em que figura *no polo passivo* ..., já qualificado, nos termos das razões de fato e de direito apresentadas na minuta em anexo.

Requer, outrossim, que seja o presente recurso devidamente recebido e processado, intimando-se a parte contrária para que ofereça, dentro do prazo legal, as contrarrazões, remetendo-se, ao final, os autos ao Colendo *(STF ou STJ)*.

Por fim, requer a juntada das despesas.

Termos em que pede deferimento.

Local ..., data...

Advogado ...

OAB ...

(As razões são na página seguinte)

RAZÕES DE RECURSO ORDINÁRIO CONSTITUCIONAL

Recorrente: ... .

Recorrido: ... .

SUPREMO TRIBUNAL FEDERAL
(OU SUPERIOR TRIBUNAL DE JUSTIÇA)
COLENDA TURMA

I – BREVE RESUMO

(Breve relato do ocorrido na demanda até o momento da decisão recorrida.)

II – DO CABIMENTO DO RECURSO

(Aqui, deve-se enquadrar o recurso numa das hipóteses dos arts. 102, II, ou 105, II, da CF.)

III – DAS RAZÕES DE FATO E DE DIREITO

(Fundamentos de fato e de direito que dão suporte ao provimento do recurso, deixando claro que não se quer modificar a moldura fática delineada pela instância anterior, mas apenas discutir questão de Direito.)

IV – DO PEDIDO

Ante o exposto, requer que Vossa Excelência se digne de processar o presente na forma prevista no Código de Processo Civil para, ao final, dar provimento ao recurso, reformando-se (ou anulando-se) a r. decisão recorrida para conceder a segurança para o fim de ... .

Termos em que pede deferimento.

Local ..., data...

Advogado ...

OAB ....

4. AÇÃO RESCISÓRIA

4.1. ESTRUTURA BÁSICA

COMPETÊNCIA	a) do Tribunal competente para o julgamento da apelação contra a sentença; b) do STF e do STJ, em caráter originário, quanto às ações rescisórias de suas decisões (arts. 102, I, *j*, e 105, I, *e*, ambos da CF).
PARTES	a) tratamento: autor e réu; b) legitimidade: art. 487 do CPC.
HIPÓTESES DE CABIMENTO	São necessários os seguintes requisitos: a) sentença (ou acórdão) de mérito; b) trânsito em julgado; c) presença de uma das hipóteses do art. 485 do CPC.
PRAZO	O direito de propor ação rescisória se extingue em 2 anos, contados do trânsito em julgado da decisão (art. 495); O STF entendeu inconstitucional prazo diferenciado para a Fazenda Pública.
FUNDAMENTO LEGAL	Art. 485 do CPC.
PEDIDO	a) liminar cautelar ou tutela antecipada, quando couber (art. 489 do CPC); b) citação; c) procedência para: rescindir a sentença ou o acórdão (pedido rescindendo ou de rescisão); novo julgamento da demanda (pedido rescisório); d) juntada da guia de 5% sobre o valor da causa (art. 488 do CPC).
PROVAS	Protestar pela produção de provas que puderem demonstrar a veracidade dos fatos alegados.
VALOR DA CAUSA	Valor da sentença rescindenda.

4.2. MODELO – PETIÇÃO INICIAL DE AÇÃO RESCISÓRIA

EXCELENTÍSSIMO SENHOR DOUTOR DESEMBARGADOR PRESIDENTE DO E. TRIBUNAL DE JUSTIÇA DO ESTADO DE ... .

(verificar se não se trata da competência de algum TRF ou do STF ou do STJ)

Pular 10 linhas

Nome...... *(qualificação do autor – nome, estado civil, profissão, endereço, CNPJ, endereço)*, vem mui respeitosamente à presença de Vossa Excelência, por meio de seu advogado e bastante procurador que esta subscreve (doc. 01 – mandato), com fundamento no art. 485 e seguintes do Código de Processo Civil, propor a presente

AÇÃO RESCISÓRIA

da r. sentença de mérito transitada em julgado, prolatada no bojo da *ação indenizatória* ...., promovida pelo autor em face da FAZENDA DO ESTADO DE ________, Pessoa Jurídica de Direito Público, com sede na ____________, em virtude dos fatos elencados a seguir:

I – DOS FATOS

a) Tentar repetir, ao máximo, os fatos descritos na questão.

b) Relatar os acontecimentos em ordem cronológica, especificando cada ponto.

c) Tentar deixar o mais claro possível.

d) Mostrar de forma evidente o ato/fato que dá ensejo a uma das hipóteses do art. 485 do CPC, sem fazer a qualificação jurídica, por enquanto.

II – DA TEMPESTIVIDADE

Explicar que ação está sendo promovida no prazo previsto no art. 495 do CPC.

III – DO DIREITO

(Citar a lei, amarrada com os fatos, bem como legislação, doutrina e jurisprudência.)

1. Do pedido rescindendo

(Explicar por que a sentença ou o acórdão deve ser objeto de rescisão, enquadrando o fato narrado a uma das hipóteses do art. 485 do CPC.)

2. Do pedido de novo julgamento

(Explicar o que se quer e as razões do pedido de novo julgamento.)

IV – DO PEDIDO

Ante o exposto, é o presente para requerer a Vossa Excelência o quanto segue:

1. A citação da ré, no endereço declinado no pórtico desta inicial, para, querendo, contestar a presente ação no prazo legal sob as penas da lei processual civil;
2. A procedência da ação para rescindir a r. sentença de mérito proferida pelo ______________, promovendo-se novo julgamento para o fim de condenar ou anular ou revisar o contrato etc....
3. O protesto pela produção de provas admitidas em direito.

4. A juntada da guia de depósito na importância de 5% do valor da causa, nos termos do art. 488, II, do CPC.

(Se for o caso, deve-se pedir antecipação de tutela já no primeiro item do pedido.)

(Se for aplicável o CDC – art. 22 e art. 6.º, VIII, deve-se pedir a inversão do ônus da prova.)

(A depender da condição econômica dos autores, deve-se pedir os benefícios da justiça gratuita.)

Dá-se à causa o valor de R$ ... (valor por extenso).
Termos em que pede deferimento.
Local ..., data...
Advogado ...
OAB ....

5. AÇÕES ESPECÍFICAS

5.1. DESAPROPRIAÇÃO

5.1.1. ESTRUTURA BÁSICA – PETIÇÃO INICIAL DE AÇÃO DE DESAPROPRIAÇÃO

COMPETÊNCIA	O foro competente para o julgamento de ação de desapropriação é o da situação da área desapropriada. No caso da Justiça Federal, a regra permanece, ou seja, é competente o juízo federal onde se situa o imóvel objeto da demanda.
TRATAMENTO DAS PARTES	Autor e réu.
FUNDAMENTOS FÁTICOS E JURÍDICOS	A petição inicial conterá: a) preenchimento dos requisitos previstos no art. 282 do CPC; b) oferta do preço; c) exemplar do contrato, ou do jornal oficial, em que foi publicado o decreto (serve cópia autenticada); d) planta ou descrição do bem e suas confrontações. Deve-se indicar o caso de utilidade pública, necessidade pública ou interesse social que fundamenta a desapropriação – *vide* art. 5.º do Dec.-lei 3.365/41, art. 2.º da Lei 4.132/62, art. 2.º da Lei 8.629/93, art. 8.º da Lei 10.257/2001, e os dispositivos constitucionais pertinentes; arts. 5.º, XXIV, 182 e 183.
PEDIDO	Procedência da presente ação para o fim de decretar-se por sentença a desapropriação da área descrita na planta juntada aos autos, com sua consequente incorporação ao patrimônio do ente, condenando-se o réu ao pagamento das custas e despesas processuais, inclusive honorários advocatícios.
VALOR DA CAUSA	Deve ser o valor da oferta feita pelo Poder Público.
PROVAS	Deve-se protestar pela produção de prova documental e pericial, e de todos os meios probatórios em direito admitidos, ainda que não especificados no CPC, desde que moralmente legítimos (CPC, art. 332).
CITAÇÃO	O autor deve requerer a citação do réu.

5.2. MODELO – PETIÇÃO INICIAL DE AÇÃO DE DESAPROPRIAÇÃO

EXCELENTÍSSIMO SENHOR DOUTOR JUIZ DE DIREITO DA ... VARA DA FAZENDA PÚBLICA DA COMARCA DE ... - ... .

Pular 10 linhas

MUNICIPALIDADE DE ..., pessoa jurídica de direito público interno, com sede na ..., vem mui respeitosamente à presença de Vossa Excelência, por meio de seu procurador que esta subscreve (doc. 01), com fundamento no art. 5.º, XXIV, da Constituição Federal, e no art. 5.º do Decreto-lei 3.365/41 *(indicar o caso de utilidade pública, necessidade pública ou interesse social que fundamenta a desapropriação – vide art. 5.º do Dec-lei 3.365/41, art. 2.º da Lei 4.132/62, art. 2.º da Lei 8.629/93, art. 8.º da Lei 10.257/2001, e os respectivos dispositivos constitucionais)* propor a competente

AÇÃO DE DESAPROPRIAÇÃO

em face de ________________________________, qualificação (nome, *estado civil, profissão, endereço e documentos)*, proprietário do imóvel sito na rua _________, em virtude dos fatos elencados a seguir:

I – DOS FATOS

1) *Tentar repetir, ao máximo, os fatos descritos na questão.*

2) *Relatar os acontecimentos em ordem cronológica, especificando cada ponto.*

Conforme o Decreto Municipal n.º __________, foi declarado de utilidade pública, para fins de desapropriação (doc. 2 – Diário Oficial), o imóvel urbano sito na ____________, objeto do registro na matrícula n.º _________, do ___ Registro de Imóveis desta Capital (doc. 3 – Certidão do Registro de Imóveis).

O imóvel é de propriedade dos expropriados, conforme referida documentação (doc. 3).

A área expropriada é necessária para a realização de abertura de via pública, conforme o novo Plano Viário Municipal.

Segue, em anexo, planta com descrição do bem e de suas confrontações (doc. 4).

Conforme laudo de avaliação, o preço ofertado para o imóvel em tela é de R$ ______ (doc. 5).

Tentou-se composição amigável com os réus, o que resultou infrutífero (doc. 6).

Por outro lado, a Municipalidade necessita urgente de se imitir na posse do imóvel para efetuar o melhoramento público referido.

II – DO DIREITO

1. Da desapropriação

Nos termos do art. 5.º do Decreto-lei 3.365/41, considera-se caso de utilidade pública:

> *"i) a abertura, conservação e melhoramento de vias ou logradouros públicos; a execução de planos de urbanização, o parcelamento do solo, com ou sem edificação, para sua melhor utilização econômica, higiênica ou estética; a construção ou ampliação de distritos industriais." (g.n.)*

O Decreto Expropriatário apresentou os três requisitos da declaração de utilidade pública: a) o fundamento legal que embasa a desapropriação (art. 5.º, *i*, do Decreto-lei 3.365/41), b) a destinação específica a ser dada ao bem (abertura da rua X, nos termos do novo Plano Viário da Cidade); e c) a identificação do bem expropriado (conforme certidão e planta apresentadas).

A petição inicial está em termos. Cumpre os requisitos do art. 282 do CPC. Traz o Diário Oficial com a publicação do decreto expropriatário, a planta com a descrição do bem (e de suas confrontações) e a oferta de preço para aquisição do imóvel (docs. 3 a 5).

Também ficou demonstrado o interesse de agir, com a recusa do expropriado à proposta formulada pela autora (doc. 6).

2. Da imissão provisória na posse

Nos termos do art. 15, *caput*, do Decreto-lei 3.365/41 há dois requisitos para que seja deferido o pedido de imissão provisória na posse, em favor do expropriante. São eles: a) alegação de urgência; b) depósito da quantia arbitrada.

Quanto ao primeiro requisito, o decreto expropriatório declarou urgência para fins de imissão provisória na posse *(caso não haja declaração no decreto, pode-se alegar urgência na própria petição inicial)*.

Quanto ao segundo requisito, a Municipalidade apresenta oferta consistente no valor venal do imóvel, oferta que requer que seja acolhida por esse D. Juízo, eis que em acordo com o art. 15, § 1.º, do Decreto-lei 3.365/41 *(caso não haja especificação da oferta apresentada, deve-se dizer que "a Municipalidade apresenta oferta que requer seja acolhida por esse D. Juízo, eis que em acordo com o art. 15, § 1.º, do Decreto-lei 3.365/41")*.

Assim sendo, o pedido preenche os requisitos previstos em lei.

III – DO PEDIDO

Ante o exposto, é o presente para requerer a Vossa Excelência o quanto segue:

1) A citação da ré, no endereço declinado no pórtico desta inicial, para, querendo, contestar a presente ação no prazo legal, sob pena de confissão e revelia.
2) O deferimento do pedido de imissão provisória na posse, expedindo-se o respectivo mandado.
3) O protesto pela indicação oportuna de seu assistente técnico e os quesitos pertinentes.
4) A procedência da presente ação, para o fim de decretar-se por sentença a desapropriação da área descrita na planta juntada aos autos, com sua consequente incorporação ao patrimônio da Municipalidade de ______, condenando-se a requerida ao pagamento das custas e despesas processuais, inclusive honorários advocatícios.
5) O protesto pela produção de prova documental e pericial, e de todos os meios probatórios em direito admitidos, ainda que não especificados no CPC, desde que moralmente legítimos (CPC, art. 332).

Dá-se à causa o valor de R$ ...*(valor da oferta escrito por extenso)*.

Termos em que pede deferimento.

Local ..., data...

Advogado ...

OAB ....

5.3. ESTRUTURA BÁSICA – CONTESTAÇÃO EM AÇÃO DE DESAPROPRIAÇÃO

ENDEREÇAMENTO	Juízo que efetivou a citação.
TRATAMENTO DAS PARTES	Autor e réu.
FUNDAMENTOS FÁTICOS E JURÍDICOS	O réu na ação expropriatória só poderá apresentar os seguintes fundamentos (art. 20 do Dec.-lei 3.365/41): a) vício do processo judicial; b) indenização injusta, ou seja, insuficiente; c) direito de extensão da área a ser desapropriada, quando a área que restará da expropriação se tornar inútil ou de difícil utilização. Outras questões devem ser discutidas em ação própria, salvo situações de patente desvio de finalidade.
PEDIDO	Dependerá do fundamento da defesa. Se só houver impugnação do preço, deve-se pedir a fixação de indenização no valor que for apurado em perícia, com todos os consectários legais.
PROVAS	Deve-se protestar pela produção de prova documental e pericial, e de todos os meios probatórios em direito admitidos, ainda que não especificados no CPC, desde que moralmente legítimos (CPC, art. 332).

5.4. MODELO – CONTESTAÇÃO EM AÇÃO DE DESAPROPRIAÇÃO

EXCELENTÍSSIMO SENHOR DOUTOR JUIZ DE DIREITO DA ... VARA DA FAZENDA PÚBLICA DA COMARCA DE ... - ....

Pular 10 linhas

Processo n.º ....

Ação de Desapropriação.

Nome ... *(qualificação do autor – nome, estado civil, profissão, endereço, CNPJ, endereço)*, por seu advogado adiante assinado, (doc.1 – mandato), *com escritório profissional na Rua ______________, nesta cidade,* onde recebe intimações e notificações, vem, respeitosamente, à presença de V. Exa., oferecer, no tempo e modo devido, sua

CONTESTAÇÃO

à AÇÃO DE DESAPROPRIAÇÃO em epígrafe, que lhe promove a MUNICIPALIDADE DE ..., pessoa jurídica de direito público interno, já qualificada na inicial, pelos motivos de fato e de direito a seguir aduzidos.

I – DOS FATOS

A autora alega que expediu decreto expropriatório, com o cumprimento dos requisitos legais, declarando de utilidade pública o imóvel sito na _________, de propriedade do ora contestante, para fins de realização de abertura de via pública, conforme o novo Plano Viário Municipal.

A autora também aduz que ofertou, extrajudicialmente, valor suficiente para indenizar o réu pela perda da propriedade, valor esse que novamente oferece em juízo.

Todavia, há dois fatos extremamente relevantes que não foram narrados na petição inicial.

O primeiro diz respeito ao valor do metro quadrado calculado pela autora para o local. Essa quantia, como se demonstrará nesta demanda, está muito aquém do valor do metro quadrado para a região, mormente se considerarmos as condições especiais do imóvel do réu. Para se ter ideia da diferença, *vide* as cotações feitas por imobiliárias locais (doc. 2 – avaliações). *(verificar na questão que tipo de elemento se tem para contrariar o valor oferecido pelo autor)*

(Aqui, há de se verificar, também, se não há outros danos emergentes e lucros cessantes a serem inseridos na indenização; exemplo: mudança, fundo de comércio do proprietário etc.)

O segundo ponto diz respeito a fato de a declaração de utilidade pública ter abarcado apenas parte do imóvel do réu, ou seja, está-se diante de desapropriação parcial. E a parte que remanescerá ao ora contestante ficará esvaziada economicamente, pois não terá utilidade, dado seu reduzido tamanho e sua localização *(inserir essa defesa para o caso de realmente existir desapropriação parcial, com direito de extensão; o esvaziamento econômico pode decorrer do tamanho, da localização encravada, da topografia, da geometria etc.)*

(Aqui é o momento de trazer à tona eventual "vício do processo judicial", "vício no decreto expropriatório", neste caso desde que estejam patentemente comprovados.)

II – DO DIREITO

1. Da justa indenização

A Constituição Federal, em seu art. 5.º, XXIV, dispõe o seguinte:

> *"XXIV – a lei estabelecerá o procedimento para desapropriação por necessidade ou utilidade pública, ou por interesse social, mediante justa e prévia indenização em dinheiro, ressalvados os casos previstos nesta Constituição." (g.n.)*

O art. 27 do Decreto-lei 3.365/41, por sua vez, assevera o seguinte:

> *"Art. 27. O juiz indicará na sentença os fatos que motivaram o seu convencimento e deverá atender, especialmente, à estimação dos bens para efeitos fiscais; ao preço de aquisição e interesse que deles aufere o proprietário; à sua situação, estado de conservação e segurança; ao valor venal dos da mesma espécie, nos últimos 5 (cinco) anos, à valorização ou depreciação de área remanescente, pertencente ao réu." (g.n.)*

Ora, da leitura do texto constitucional percebe-se que a indenização não pode levar em conta somente o valor venal do imóvel. O texto constitucional exige indenização justa, ou seja, indenização que reflita o real valor de mercado do imóvel, e que contemple, também, os demais consectários previstos em lei.

No caso em tela, a oferta apresentada não está de acordo com o valor de mercado do imóvel, seja porque o valor venal não corresponde ao valor de mercado da região, seja porque não se levou em conta as características particulares do imóvel em tela, consistente na sua localização privilegiada na região e no seu estado de conservação, circunstâncias que, segundo o art. 27 do Decreto-lei citado, devem ser levadas em conta pelo juiz na fixação do *quantum* indenizatório.

Assim, não pode prevalecer o valor ofertado pela autora, que contraria tanto o texto constitucional, como o texto da Lei de Desapropriações, conforme avaliações ora apresentadas e conforme também será demonstrado por ocasião da prova pericial.

2. Do direito de extensão

Não bastasse o valor incorreto no metro quadrado do imóvel do ora contestante, a desapropriação em curso também afeta outro direito do réu, qual seja, o direito de extensão.

Isso porque, como se viu, a desapropriação é parcial e a área remanescente ficará esvaziada economicamente, em virtude de seu reduzido tamanho e do fato de ter ficado encravada, inviabilizando, assim, qualquer tipo de aproveitamento.

Para esse tipo de situação a doutrina e a jurisprudência vêm reconhecendo o direito de extensão, pelo qual a desapropriação deve abarcar todo o imóvel, com a indenização correspondente.

O fundamento jurídico desse direito também é a norma constitucional que determina a fixação da justa indenização (art. 5.º, XXIV). Isso porque, caso o expediente da desapropriação parcial com esvaziamento econômico da área remanescente não fosse impedido, a justa indenização, por vias transversas, estaria sendo prejudicada.

III – DO PEDIDO

Ante o exposto, é o presente para requerer a Vossa Excelência o quanto segue:

1. A realização de prova pericial para determinar o valor da justa indenização *prova que deverá levar em conta a totalidade do imóvel, e não só a parte prevista no decreto expropriatório (esta segunda parte só existirá se houver o direito de extensão)*.
2. O protesto pela indicação oportuna de seu assistente técnico e dos quesitos pertinentes.
3. A fixação de indenização que leve em conta os critérios legais e as avaliações ora apresentadas, que apontam para o valor de R$ _________ para a totalidade do imóvel, e, subsidiariamente, para o valor de R$ __________ para a parte do imóvel prevista no decreto expropriatário, julgando a demanda parcialmente procedente, com a fixação de:

– juros compensatórios pela imissão provisória no imóvel, juros esses devidos desde a imissão provisória na posse e que, na forma da Súmula 618 do STF, devem ser de 12% ao ano, em virtude da suspensão, pelo STF (ADI 2.332-2), da parte do art. 15-A do Decreto-lei 3.365/41, que fixava tais juros em até 6% ao ano; conforme a mesma decisão do STF, a base de cálculo dos juros compensatórios deve ser a diferença eventualmente apurada entre 80% do preço ofertado em juízo e o valor do bem fixado na sentença *(fazer esse pedido para o caso de ter sido realizada imissão provisória na posse)*;

– juros moratórios, na forma do art. 100, § 12, da Constituição Federal;

– correção monetária, contada desde a realização do laudo pericial que fixar o valor do bem expropriado;

– custas e despesas processuais, bem como honorários advocatícios, estes no valor máximo de 5% da diferença entre o valor oferecido pelo Poder Público e o valor fixado pelo Poder Judiciário, sem qualquer limitação do valor apurado;

– os juros compensatórios serão calculados sobre o valor total da indenização, corrigido monetariamente (Súmula 113 do STJ);

– os honorários advocatícios incidirão, também, sobre as parcelas relativas aos juros compensatórios e moratórios, devidamente corrigidos (Súmula 131 do STJ).

4. O protesto pela produção de prova documental e pericial, e de todos os meios probatórios em direito admitidos, ainda que não especificados no CPC, desde que moralmente legítimos (CPC, art. 332).

Termos em que pede deferimento.

Local ..., data...

Advogado ...

OAB ....

5.5. ESTRUTURA BÁSICA – PETIÇÃO INICIAL DE AÇÃO DE INDENIZAÇÃO POR DESAPROPRIAÇÃO INDIRETA

COMPETÊNCIA	O foro competente para o julgamento de ação de desapropriação é o do local do imóvel.
TRATAMENTO DAS PARTES	Autor e réu.
FUNDAMENTOS FÁTICOS E JURÍDICOS	Deve-se narrar que o autor é o legítimo proprietário e que o Poder Público se apropriou de seu imóvel, ao nele ingressar e implantar atividade de interesse público, o que gerou o direito à indenização pleiteada. O fundamento desse direito é o próprio art. 35 do Dec.-lei 3.365/41, que assegura que "os bens expropriados, uma vez incorporados à Fazenda Pública, não podem ser objeto de reivindicação, ainda que fundada em nulidade do processo de desapropriação. Qualquer ação, julgada procedente, resolver-se-á em perdas e danos". Trata-se do princípio do fato consumado. Também fundamentam o instituto o art. 5.º, XXIV, da CF, e o art. 15, § 3.º, do Dec.-lei 3.365/41.
PEDIDO	Procedência da presente ação, para o fim de condenar o Poder Público a pagar a indenização apurada em perícia.
VALOR DA CAUSA	Deve ser o valor das avaliações extrajudiciais feitas pelo autor da ação.
PROVAS	Deve-se protestar pela produção de prova documental e pericial, e de todos os meios probatórios em direito admitidos, ainda que não especificados no CPC, desde que moralmente legítimos (CPC, art. 332).
CITAÇÃO	O autor deve requerer a citação do réu.

5.6. MODELO – PETIÇÃO INICIAL DE AÇÃO DE INDENIZAÇÃO POR DESAPROPRIAÇÃO INDIRETA

EXCELENTÍSSIMO SENHOR DOUTOR JUIZ DE DIREITO DA ... VARA DA COMARCA DE ... - ....

Pular 10 linhas

NOME ... *(qualificação do autor – nome, estado civil, profissão, endereço, CNPJ, endereço)*, vem mui respeitosamente à presença de Vossa Excelência, por meio de seu advogado e bastante procurador que esta subscreve (doc. 01 – mandato), com fundamento no art. 5.º, XXIV, da Constituição Federal, e nos arts. 15-A, § 3.º, e 35 do Decreto-lei 3.365/41, propor a competente

AÇÃO DE INDENIZAÇÃO POR DESAPROPRIAÇÃO INDIRETA

em face da **MUNICIPALIDADE DE _______**, Pessoa Jurídica de Direito Público, com sede na ____________ em virtude dos fatos elencados a seguir:

I – DOS FATOS

a) Tentar repetir, ao máximo, os fatos descritos na questão.

b) Relatar os acontecimentos com uma ordem cronológica, especificando cada ponto.

c) Tentar deixar o mais claro possível.

d) Mostrar de forma evidente o ato/fato causador do dano.

No dia _________, o autor, ao comparecer no imóvel sito na rua _______, número _______, de sua propriedade (doc. 2 – documento comprobatório da propriedade), constatou que a Municipalidade tinha invadido o bem, nele fazendo obras de pavimentação para alargar a citada rua.

A constatação de que o Poder Público havia se apropriado do bem, ainda que de modo irregular e abusivo, fez com que o autor buscasse a Municipalidade para receber indenização cabal pelos prejuízos sofridos.

Todavia, o autor não logrou êxito nesse intento, o que o leva a propor a presente ação indenizatória.

II – DO DIREITO

1. Do fundamento jurídico da presente ação indenizatória

É pacífico na doutrina e na jurisprudência que, quando o Poder Público se apropria de bem particular, sem observância dos requisitos do processo de indenização, o lesado tem direito de buscar a devida indenização junto ao Poder Judiciário.

O fundamento maior desse direito é o art. 5.º, XXIV, que dispõe que a desapropriação requer pagamento de prévia e **justa** indenização em dinheiro.

O art. 35 do Decreto-lei 3.365/41, por sua vez, assevera que "os bens expropriados, uma vez incorporados à Fazenda Pública, não podem ser objeto de reivindicação, ainda que fundada em nulidade do processo de desapropriação". O mesmo dispositivo dispõe que eventuais problemas devem ser resolvidos por meio de indenização por perdas e danos. Esse dispositivo deixa claro que a única alternativa para um caso como o presente é intentar ação indenizatória, já que, uma vez incorporado o bem ao patrimônio público, não é possível desfazer essa situação.

Por fim, o § 3.º do art. 27 do Decreto-lei 3.365/41, parágrafo acrescentado pela Medida Provisória 2.183-56/01, dispõe que a disciplina dos juros compensatórios, em matéria de desapropriação, vale também para "as ações ordinárias de indenização por apossamento administrativo ou desapropriação indireta". Essa disposição assume expressamente o dever de indenizar quando ocorre a desapropriação indireta.

Por fim, a responsabilidade objetiva do Estado prevista no art. 37, § 6.º, da CF, também reclama indenização por prejuízos causados por conduta estatal, independentemente de culpa ou dolo.

Assim, os fundamentos jurídicos expressos acima demonstram, cabalmente, que é devida indenização no caso presente, em que o Poder Público se apropriou de imóvel do autor, sem cumprir as formalidades previstas em lei.

2. Das verbas indenizatórias devidas

A indenização devida deve contemplar diversas parcelas e não só o valor de mercado do bem expropriado. Assim, há de se fixar as seguintes verbas indenizatórias:

a) **valor de mercado do bem (art. 5.º, XXIV, da CF, e 27 do Decreto-lei 3.365/41)**: para tanto, requer que seja fixado valor conforme as avaliações ora apresentadas (doc. 3 – avaliações do imóvel) e conforme também será demonstrado por ocasião da prova pericial;

b) **danos emergentes e lucros cessantes**: observar o mesmo item, na desapropriação indireta; *(Aqui, há de se verificar, também, se não há outros danos emergentes e lucros cessantes a serem inseridos na indenização; exemplo: mudança, fundo de comércio do proprietário etc.)*

c) **juros compensatórios**: aqui, os juros compensatórios são devidos desde a ocupação do imóvel pelo Poder Público; os juros incidirão sobre o total de indenização, uma vez que, diferente da desapropriação direta, não há diferença entre o valor fixado na sentença e o valor ofertado, pois aqui não se fala em valor ofertado; os juros, aqui, terão o mesmo percentual dos juros compensatórios na desapropriação indireta, uma vez que foi suspensa pelo STF a disposição que estabelecia juros de até 6% ao ano; (*vide* art. 15-A do Decreto-lei 3.365/41) assim, remanesce a regra estabelecida na Súmula 618 do STF, pela qual a taxa de juros compensatórios é de 12% ao ano;

d) **juros moratórios:** na forma do art. 100, § 12, da Constituição Federal;

e) **correção monetária:** contada desde a realização do laudo pericial que fixar o valor do bem expropriado;

f) **custas e despesas processuais**: deverá ser de responsabilidade do Poder Público, inclusive quanto ao adiantamento das quantias para fazer frente aos honorários periciais (STJ, REsp 788.817, j. 19/06/2007);

g) **honorários advocatícios**: o Decreto-lei 3.365/41 dispõe que, à moda do que ocorre na desapropriação direta, os honorários serão fixados entre 0,5 e 5% da diferença entre o valor oferecido pelo Poder Público e o valor fixado pelo Poder Judiciário (art. 27, §§ 1.º e 3.º, do Dec.-lei, com a redação dada pela MP 2.183-56/2001); todavia, como não há diferença entre valor fixado pelo juiz e valor ofertado pelo Poder Público, já que este se apoderou do bem sem seguir os trâmites legais, deve incidir os honorários sobre o valor total da condenação, prevalecendo os parâmetros previstos no art. 20, § 3.º, do CPC (entre 10% e 20% do valor da condenação), conforme lição de José Fernandes Carvalho Filho (*Manual de direito administrativo*, 18.ª edição, Rio de Janeiro: Lumen Juris, 2007, p. 767.).

III – DO PEDIDO

Ante o exposto, é o presente para requerer a Vossa Excelência o quanto segue:

1. A citação da ré, no endereço declinado no pórtico desta inicial, para, querendo, contestar a presente ação no prazo legal, sob as penas da lei processual civil.

2. A realização de prova pericial para determinar o valor da justa indenização *prova que deverá levar em conta a totalidade do imóvel, e não só a parte apropriada pela ré (esta segunda parte só existirá se houver o direito de extensão).*

3. O protesto pela indicação oportuna de seu assistente técnico e dos quesitos pertinentes.

4. A procedência da ação com a fixação de indenização que leve em conta os critérios legais e as avaliações ora apresentadas, que apontam para o valor de R$ ________ para a totalidade do imóvel, e, subsidiariamente, para o valor de R$ ________ para a parte do imóvel prevista no decreto expropriatório com a fixação de:

– juros compensatórios pela imissão provisória no imóvel, juros esses devidos desde a apropriação do imóvel pela ré, ocorrida em _____; os juros devem ser de 12% ao ano e incidir sobre a totalidade do valor indenizatório;

– juros moratórios, na forma do art. 100, § 12, da Constituição Federal;

– correção monetária, contada desde a realização do laudo pericial que fixar o valor do bem expropriado;

– custas e despesas processuais, bem como honorários advocatícios, estes no valor de 20% sobre o total da condenação;

– os juros compensatórios serão calculados sobre o valor total da indenização, corrigido monetariamente (Súmula 114 do STJ);

– os honorários advocatícios incidirão, também, sobre as parcelas relativas aos juros compensatórios e moratórios, devidamente corrigidos (Súmula 131 do STJ).

5. O protesto pela produção de prova documental e pericial, e de todos os meios probatórios em direito admitidos, ainda que não especificados no CPC, desde que moralmente legítimos (CPC, art. 332).

Dá-se à causa o valor de R$ _________(valor por extenso). *(Valor das avaliações feitas.)*

Termos em que, pede deferimento.

Local ..., data...

Advogado ...

OAB ....

6. AÇÃO DE COBRANÇA

6.1. ESTRUTURA BÁSICA[1]

COMPETÊNCIA	A competência para conhecer da ação de cobrança é do lugar onde a obrigação deva ser satisfeita (art. 100, IV, *d, do CPC*), que, no caso, é local onde o pagamento do credor é realizado, observadas as normas sobre competência para conhecer de ação em que figure como parte pessoa de direito público. Quando o réu for a União, entidade autárquica ou empresa pública federal, compete à Justiça Federal processar e julgar a causa (art. 109, I, da CF). Quanto à Justiça Federal, há mais duas regras que incidem quanto à competência (art. 109 da CF): "§ 1.º As causas em que a União for autora serão aforadas na seção judiciária onde tiver domicílio a outra parte. § 2.º As causas intentadas contra a União poderão ser aforadas na seção judiciária em que for domiciliado o autor, naquela onde houver ocorrido o ato ou fato que deu origem à demanda ou onde esteja situada a coisa, ou, ainda, no Distrito Federal". Repare que, de acordo com o § 2.º da CF, o autor pode aforar a demanda, também, em seu domicílio.
TRATAMENTO DAS PARTES	Autor e réu.
FUNDAMENTOS FÁTICOS E JURÍDICOS	A fundamentação legal envolverá o contrato e os dispositivos legais pertinentes (estes estarão presentes na Lei 8.666/93, no Código Civil, no Código do Consumidor e em leis especiais que tratarem de contratos). No que concerne ao Código Civil, os contratos estão regulamentados nos arts. 421 a 853, o inadimplemento nos arts. 389 a 401 e as consequências do inadimplemento nos arts. 402 a 420. No que concerne à Lei 8.666/93, as cláusulas essenciais dos contratos estão previstas no art. 55 da lei e a inexecução dos contratos e as consequências do inadimplemento estão reguladas nos arts. 77 a 80. E quanto ao CDC, os arts. 12 a 54 tratam da responsabilidade contratual. A revisão contratual está prevista, no CC, nos arts. 478 a 480 e no art. 317; na Lei 8.666/93, no art. 65, II; e no CDC, no art. 6.º, V.
PEDIDO	A procedência da ação para condenar a ré no pagamento da quantia de ________, relativa ao contrato administrativo n.º , devendo incidir sobre as parcelas, a partir do 1.º dia útil do mês seguinte à realização dos respectivos serviços e até o devido pagamento, o índice de remuneração básica e de juros da poupança (art. 1º-F da Lei 9.494/97), condenando-se a ré no pagamento das custas e despesas processuais e de honorários advocatícios no montante de 20% do valor total da condenação. A partir do exame de 2010.1, verificar o disposto no art. 100, § 12, da Constituição (EC 62/09).[1]
VALOR DA CAUSA	Deve ser o valor da cobrança feita.
PROVAS	Deve-se protestar pela produção de prova documental e pericial, e de todos os meios probatórios em direito admitidos, ainda que não especificados no CPC, desde que moralmente legítimos (CPC, art. 332).
CITAÇÃO	O autor deve requerer a citação do réu.

1 No início de 2013, o STF proferiu importantes decisões no âmbito das ADIs 4.357 e 4.424. Numa delas, decidiu que fere o princípio da igualdade a correção monetária do precatório pelo índice da poupança, pois esse índice na recompõe as perdas inflacionárias. Essa decisão se referiu especificamente ao regime do precatório (art. 100, § 12, da CF), não tendo sido julgada a constitucionalidade do art. 1º-F da Lei 9.494/97. Há de se aguardar, agora, decisões acerca de como ficará a correção monetária dos precatórios.

6.2. MODELO – PETIÇÃO INICIAL DE AÇÃO DE COBRANÇA

EXCELENTÍSSIMO SENHOR DOUTOR JUIZ DE DIREITO DA ... VARA DA COMARCA DE ... - ....

Pular 10 linhas

_______________ *(qualificação do autor – nome, estado civil, profissão, endereço, CNPJ, endereço)*, vem mui respeitosamente à presença de Vossa Excelência, por meio de seu advogado e bastante procurador que esta subscreve (doc. 01 – mandato), com fundamento nos arts. 389, 404 e 406 do Código Civil, propor a competente

AÇÃO DE COBRANÇA

em face da **MUNICIPALIDADE DE** _______, Pessoa Jurídica de Direito Público, com sede à _______ em virtude dos fatos elencados a seguir:

I – DOS FATOS

a) Tentar repetir, ao máximo, os fatos descritos na questão.

b) Relatar os acontecimentos em ordem cronológica, especificando cada ponto.

c) Tentar deixar o mais claro possível.

d) Mostrar de forma evidente o ato/fato causador do dano

A autora, após se sagrar vencedora da Concorrência Pública n.° _____, celebrou o Contrato Administrativo n.° _______ com a ré, com vistas à execução de obra pública (doc. 2).

Ficou acertado que o contratante receberia sua remuneração segundo as medições a serem feitas nas datas previstas no contrato. Todavia, as últimas quatro medições feitas não foram objeto de pagamento pela Municipalidade (doc. 3).

O autor tomou todas as providências possíveis para receber, extrajudicialmente, as faturas que lhes são devidas (doc. 4). Em que pese as tentativas, não logrou êxito nesse intento, o que o leva a propor a presente ação indenizatória.

II – DO DIREITO

Ao celebrar o contrato administrativo em tela a Municipalidade se comprometeu a fazer pagamentos periódicos ao autor, sempre no primeiro dia útil do mês seguinte à realização de cada etapa da obra *(verificar se a questão trata das datas de vencimento; se não tratar, utilizar o critério acima)*. Todavia, nos quatro últimos meses do contrato, o autor não recebeu as quantias objeto de medição. Essa circunstância faz incidir as disposições do art. 389 do Código Civil. Confira:

> *"Art. 389. Não cumprida a obrigação, responde o devedor por perdas e danos, mais juros e atualização monetária segundo índices oficiais, regularmente estabelecidos, e honorários advocatícios."*

Por se tratar de obrigação de pagamento em dinheiro, outro dispositivo que serve como fundamento da presente demanda é o art. 404 do mesmo Código:

> *"Art. 404. As perdas e danos, nas obrigações de pagamento em dinheiro, serão pagas com atualização monetária segundo índices oficiais regularmente estabelecidos, abrangendo juros, custas e honorários de advogado, sem prejuízo da pena convencional".*

Perceba que os dois dispositivos determinam, além da prestação principal devida, que o inadimplente arque com as seguintes verbas: a) correção monetária; b) juros moratórios; c) multa, se for convencionada; e d) custas judiciais e honorários advocatícios.

Os valores da prestação principal já se encontram delimitados, inclusive pela própria ré, conforme doc. 3.

A correção monetária deverá incidir desde o momento em que cada prestação era exigível, no caso, a partir do 1.º dia útil do mês seguinte à realização das parcelas da obra. Mesmo não havendo previsão contratual da correção monetária, existe previsão legal nesse sentido (arts. 389 e 404 acima citados) e a jurisprudência do STJ é pacífica quanto à sua incidência. Confira:

> *"A mora no pagamento do preço avençado em contrato administrativo, constitui ilícito contratual. Inteligência da Súmula 43 do STJ. A correção monetária, ainda que a lei ou o contrato não a tenham previsto, resulta da integração ao ordenamento do princípio que veda o enriquecimento sem causa e impõe o equilíbrio econômico-financeiro do contrato. O termo inicial para a incidência da correção monetária nos contratos administrativos de obra pública, na hipótese de atraso no pagamento, não constando do contrato regra que estipule a data para o efetivo pagamento do preço avençado, deverá corresponder ao 1.º (primeiro) dia útil do mês subsequente à realização da obra, apurada pela Administração Pública mediante critério denominado medição. Precedentes do STJ (REsp 71127/SP, REsp 61817/SP). O retardamento em pagar medições de obras já efetuadas configura violação do contrato e a inadimplência de obrigação juridicamente pactuada, com consequências que se impõem ao contratante público"* (REsp 679.525/SC, Rel. Min. Luiz Fux, Primeira Turma, julgado em 12.05.2005, DJ 20.06.2005, p. 157).

Os juros legais também deverão incidir desde o momento em que cada prestação era exigível, no caso, a partir do 1.º dia útil do mês seguinte à realização das parcelas da obra. Mesmo não havendo previsão contratual dos juros moratórios, existe previsão legal nesse sentido (os mesmos arts. 389 e 404 acima citados) e a jurisprudência do STJ é pacífica quanto à sua incidência. Confira:

> *"A jurisprudência da c. Primeira Seção desta eg. Corte de Justiça é firme no sentido de que o termo inicial para a contagem dos juros moratórios, em se tratando de relação contratual, é o do vencimento de cada obrigação. Precedentes: REsp 465.836/RJ, Rel. Min. Denise Arruda, DJ de 19/10/2006; EDcl no REsp 535.858/RJ, Rel. Min. Eliana Calmon, DJ de 15/03/2004; REsp 402.423/RO, Rel. Min. Castro Meira, DJ de 20/02/2006; REsp 419.266/SP, Rel. Min. Humberto Gomes de Barros, DJ de 08/09/2003. Em relação ao percentual de incidência, também se firmou no sentido de que os respectivos juros relativos à mora ocorrida em período anterior ao novo Código Civil são devidos nos termos do mesmo* Codex *de 1916, e os relativos ao período posterior regem-se por normas supervenientes. Precedentes: REsp 803.567/PE, Rel. Min. Teori Albino Zavascki, DJ de 30.11.06; AgRg no REsp 848.431/SP, Rel. Min. José Delgado, DJ de 20.11.06. III – Agravo improvido"* (AgRg no REsp 917.419/MG, Rel. Min. Francisco Falcão, Primeira Turma, julgado em 15.05.2007, DJ 11.06.2007, p. 295).

Quanto ao montante de correção monetária e de juros deve-se aplicar o disposto no art. 1º-F da Lei 9.494/97, que estabelece o índice de remuneração básica e de juros da poupança, como aplicável para fins de correção monetária, remuneração de capital e compensação pela mora.

III – DO PEDIDO

Ante o exposto, é o presente para requerer a Vossa Excelência o quanto segue:

1. A citação da ré, no endereço declinado no pórtico desta inicial, para, querendo, contestar a presente ação no prazo legal, sob as penas da lei processual civil.
2. A procedência da ação para condenar a ré no pagamento das quatro últimas parcelas de medição do contrato administrativo n.º ________, devendo incidir sobre as parcelas, a partir

do 1.º dia útil do mês seguinte à realização dos respectivos serviços o índice de que trata o art. 1º-F da Lei 9.494/97, aplicando-se o disposto no art. 100, § 12, da Constituição Federal, tudo sem prejuízo da condenação da ré no pagamento das custas e despesas processuais e de honorários advocatícios no montante de 20% do valor total da condenação.

3. O protesto pela produção de prova documental e pericial, e de todos os meios probatórios em direito admitidos, ainda que não especificados no CPC, desde que moralmente legítimos (CPC, art. 332).

Dá-se à causa o valor de R$ _________ (valor por extenso). *(Valor das faturas feitas.)*

Termos em que pede deferimento.

Local ..., data...

Advogado ...

OAB ....

7. AÇÃO DE RESPONSABILIDADE EXTRACONTRATUAL

7.1. ESTRUTURA BÁSICA

COMPETÊNCIA	A competência é do lugar do ato ou fato que causar o dano à vítima (art. 100, V, *a*, do CPC). Quando o réu for a União, entidade autárquica ou empresa pública federal, compete à Justiça Federal processar e julgar a causa (art. 109, I, da CF). Quanto à Justiça Federal, há mais duas regras que incidem quanto à competência (art. 109 da CF): "§ 1.º As causas em que a União for autora serão aforadas na seção judiciária onde tiver domicílio a outra parte. § 2.º As causas intentadas contra a União poderão ser aforadas na seção judiciária em que for domiciliado o autor, naquela onde houver ocorrido o ato ou fato que deu origem à demanda ou onde esteja situada a coisa, ou, ainda, no Distrito Federal". Repare que o autor, no que concerne à responsabilidade civil, tem duas opções: a) seu domicílio; b) lugar onde houver ocorrido o ato ou fato que deu origem à demanda.
TRATAMENTO DAS PARTES	Autor e réu.
PEDIDO	A procedência da ação para condenar o réu ao pagamento da quantia de _____, referentes aos danos materiais, e de ________, referente aos danos morais. Quanto ao dano material, há de se diferenciar os danos emergentes dos lucros cessantes. Os primeiros dizem respeito a danos que decorrem diretamente da ação lesiva (por exemplo, conserto do carro, despesas com medicamentos etc.), ou seja, dizem respeito ao que já se perdeu. Já os segundos dizem respeito ao que razoavelmente deixou-se de lucrar. São exemplos de lucros cessantes os dias em que a pessoa deixou de trabalhar, as quantias que o falecido deixou de levar para casa para cuidar de sua família (pedido de pensão). Já quanto aos danos morais, é importante fazer pedido de valor certo (por exemplo: pedido de R$ 150.000,00; o STJ não admite a fixação de danos morais em salários mínimos – REsp 419.059/SP, rel. Min. Eliana Calmon, DJ de 29/11/2004).
VALOR DA CAUSA	Deve ser o valor total do pedido indenizatório.
PROVAS	Deve-se protestar pela produção de prova documental e pericial, e de todos os meios probatórios em direito admitidos, ainda que não especificados no CPC, desde que moralmente legítimos (CPC, art. 332).
CITAÇÃO	O autor deve requerer a citação do réu.

7.2. MODELO – PETIÇÃO INICIAL DE AÇÃO INDENIZATÓRIA – RESPONSABILIDADE CIVIL EXTRACONTRATUAL

EXCELENTÍSSIMO SENHOR DOUTOR JUIZ DE DIREITO DA ... VARA DA FAZENDA PÚBLICA DA COMARCA DE ... - ....

Pular 10 linhas

AUTORA 1 (esposa do falecido), qualificação, domicílio, AUTOR 2 (primeiro filho do falecido), qualificação, domicílio, AUTOR 2 (segundo filho do falecido), qualificação, domicílio,(SEGUNDO EXEMPLO ADOTADO PARA O MODELO) os dois últimos autores representados pela primeira autora, vem mui respeitosamente à presença de Vossa Excelência, por meio de seu advogado e bastante procurador que esta subscreve (doc. 01 – mandato), com fundamento nos art. 37, § 6.º, da Constituição Federal, e no art. 948 do Código Civil, propor a presente

AÇÃO INDENIZATÓRIA

em face da FAZENDA ESTADUAL DE ________, Pessoa Jurídica de Direito Público, com sede na ______________ em virtude dos fatos elencados a seguir:

I – DOS FATOS

a) Tentar repetir, ao máximo, os fatos descritos na questão.

b) Relatar os acontecimentos em ordem cronológica, especificando cada ponto.

c) Tentar deixar o mais claro possível.

d) Mostrar de forma evidente o ato/fato causador do dano.

(Segundo exemplo adotado para o modelo)

No dia ______, __________, marido da primeira autora e pai dos demais autores (doc. 2 – certidões de casamento e de nascimento), quando trafegava pela rua ____________, nesta Comarca, foi atingido por projétil disparado por arma de fogo de policial militar do Estado ré, que disparava diversos tiros na perseguição de bandidos que haviam roubado banco nas proximidades (doc.3 – cópia do inquérito policial).

O tiro atingiu a cabeça de __________, que faleceu a caminho do hospital (DOC. 4 – certidão de óbito).

__________ ganhava aproximadamente R$ 1.200,00 mensais, conforme demonstra documentação juntada ao presente (doc. 5 – recibos de pagamento).

Os autores dependiam totalmente do trabalho do falecido para sobreviver. Sua esposa era dona de casa e seus filhos têm sete e cinco anos.

Além da perda da receita, a esposa do falecido teve de arcar com as despesas do funeral do *de cujus*, no montante de R$ 1.500,00 (doc. 6 – notas fiscais).

Os autores buscaram indenização junto à Fazenda Pública. Em que pesem as tentativas, não lograram êxito nesse intento, o que os levaram a propor a presente ação indenizatória.

II – DO DIREITO

1. Da responsabilidade objetiva do Estado

A Constituição Federal, em seu art. 37, § 6.º, consagra a responsabilidade objetiva do estado por danos causados a terceiros. Confira:

"§ 6.º As pessoas jurídicas de direito público e as de direito privado prestadoras de serviço público responderão pelos danos que seus agentes, nessa qualidade, causarem a terceiros, assegurado o direito de regresso contra o responsável, nos casos de dolo ou culpa."

Os fatos narrados na petição inicial enquadram-se perfeitamente na hipótese de incidência prevista no dispositivo constitucional citado, pelos seguintes motivos: a) o policial militar atuava nessa qualidade, além de usar arma da corporação; b) o policial militar é agente de pessoa jurídica de direito público (responsabilidade do Estado); c) a conduta estatal – disparo de arma de fogo – é comissiva e, portanto, enseja a responsabilidade objetiva do Estado; d) o marido e pai dos autores faleceu em virtude do tiro feito pelo policial militar; e) os autores tiveram danos materiais e morais.

Por outro lado, não ocorre no caso presente qualquer das causas excludentes da responsabilidade estatal.

A jurisprudência vem reconhecendo a responsabilidade objetiva do Estado em casos como o presente, infelizmente muito comuns nos dias de hoje. Confira:

"Processual civil e administrativo. Falecimento de menor atingido por disparo de arma de policial militar. Responsabilidade civil do Estado" (STJ, REsp 727.439/BA, rel. Min. Eliana Calmon, DJ de 14/11/2005).

Demonstrada a responsabilidade objetiva do Estado no caso presente, de rigor, agora, tratar das verbas indenizatórias devidas aos autores.

2. Das verbas indenizatórias devidas

O art. 948 do Código Civil tem o seguinte teor:

"Art. 948. No caso de homicídio, a indenização consiste, sem excluir outras reparações:
I – no pagamento das despesas com o tratamento da vítima, seu funeral e o luto da família;
II – na prestação de alimentos às pessoas a quem o morto os devia, levando-se em conta a duração provável da vida da vítima."

Por outro lado, a Constituição Federal, em seu art. 5.º, V e X, e o Código Civil, em seus arts. 186 (ato ilícito) e 944 ("a indenização mede-se pela extensão do dano") impõem que os danos morais também devem ser indenizados.

Considerando que houve despesas comprovadas de funeral, que os autores dependiam economicamente do falecido e que o dano moral é consequência natural e imediata do falecimento do marido e dos filhos dos autores, independendo de comprovação, segundo a jurisprudência, os autores fazem jus às seguintes verbas indenizatórias:

a) danos materiais, consistentes no ressarcimento das despesas de funeral e na fixação de pensão aos autores;

b) danos morais, devidos a cada um dos autores.

2.1. Da pensão

Nos termos da jurisprudência do STJ, a pensão devida aos filhos deve se estender até a idade de 24 anos, quando presumidamente estes encerrarão sua formação escolar, podendo ingressar no mercado de trabalho em melhores condições para prover sua subsistência. Confira:

"A pensão pela morte do pai será devida até o limite de vinte e quatro anos de idade, quando, presumivelmente, os beneficiários da pensão terão concluído sua formação, inclusive curso universitário, não mais subsistindo vínculo de dependência" (STJ, Resp. 142.526/RS, rel. Min. Cesar Asfor Rocha, DJ 17/09/01).

Já a pensão devida à esposa, deve ser paga até que esta perfaça 70 anos, tendo em vista o aumento da expectativa de vida do brasileiro que hoje é, em média, de 71,9 anos. Confira:

> *"Possibilidade de determinar como termo final do pagamento da pensão, a data em que a vítima completaria 70 (setenta) anos de idade, em função do caso concreto. Precedentes: REsp 164.824/RS e REsp 705.859/SP"* (REsp 895.225/RN, Rel. Min. Francisco Falcão, Primeira Turma, julgado em 13.03.2007, DJ 09.04.2007, p. 242).

Já quanto ao *quantum* devido, as decisões do STJ vêm fixando a pensão em 2/3 da remuneração que recebia o *de cujus*. Confira:

> *"Responsabilidade civil do Estado. Acidente de trânsito com vítima fatal. Adequada a fixação do valor da pensão em 2/3 (dois terços) dos rendimentos da vítima, deduzindo que o restante seria gasto com seu sustento próprio"* (STJ, REsp 603.984/MT, rel. Min. Francisco Falcão, DJ de 16/11/2004).

O mesmo Tribunal também vem entendendo ser cabível o direito de acrescer aos demais autores, na medida em que os filhos do falecido forem completando a idade que não mais permite o recebimento da pensão (STJ, REsp 625.161/RJ, rel. Min. Aldir Passarinho Junior, DJ 17/12/2007).

Por fim, é importante ressaltar que tanto a correção monetária como os juros moratórios das parcelas devidas a título de indenização por danos materiais devem incidir desde a data do evento danoso (STJ, REsp 705.859/SP, rel. Min. Jorge Scartezzini, DJ de 21/03/2005).

Como o art. 406 do Código Civil determina a aplicação da taxa Selic e esta abarca juros e correção monetária, estes incidirão com a simples aplicação da taxa referencial (STJ, REsp 897.043/RN, rel. Min. Eliana Calmon, 2ª T., j. 03-05-2007, DJU 11-05-2007, p. 392).

2.2. Dos danos morais

O STJ vem entendendo que não se pode fixar o valor do dano moral tomando como critério o salário mínimo. Deve-se fixar esta verba em valor certo, valor esse que, em caso de homicídio, vem sendo fixado na quantia de R$ 190 mil. Confira o seguinte caso:

> *"CIVIL E PROCESSUAL. AÇÃO DE INDENIZAÇÃO. ACIDENTE DE TRÂNSITO COM VÍTIMA FATAL, ESPOSO E PAI DOS AUTORES. DANO MORAL. FIXAÇÃO. MAJORAÇÃO. Dano moral aumentado, para amoldar-se aos parâmetros usualmente adotados pela Turma. R$ 190 mil para esposa e filhas"* (STJ, REsp 625.161/RJ, rel. Min. Aldir Passarinho Júnior, DJ 17/12/07).

Em matéria de dano moral, a correção monetária é devida desde a data da fixação de seu valor, ou seja, desde a data da decisão judicial que fixar a indenização por dano moral. Já os juros moratórios são calculados tendo-se em conta a data do evento danoso (Súmula 54 do STJ: "os juros moratórios fluem a partir do evento danoso, em caso de responsabilidade extracontratual").

2.3. Dos honorários advocatícios

Segundo o STJ, os honorários devem incidir da seguinte forma: *"para efeito de cálculo da verba honorária, a condenação é constituída pelo somatório de todas as prestações vencidas, além das demais verbas já definidas (dano moral, pensão, juros etc.), e doze das vincendas, inaplicável o disposto no § 5.º do art. 20 do CPC"* (STJ, REsp 625.161/RJ, rel. Min. Aldir Passarinho Júnior, DJ 17/12/2007).

III – DO PEDIDO

Ante o exposto, é o presente para requerer a Vossa Excelência o quanto segue:

1. A citação da ré, no endereço declinado no pórtico desta inicial, para, querendo, contestar a presente ação no prazo legal, sob as penas da lei processual civil.

2. A procedência da ação para condenar a ré no pagamento: a) da quantia de R$ ______, relativa às despesas com funeral; b) de pensão mensal de R$ 800,00, devida aos autores desde o evento danoso, sendo que os filhos receberão até completarem 25 anos e a esposa, até completar 70 anos, com direito de extensão para a segunda, na medida em que os filhos não forem mais recebendo a pensão; c) de indenização por dano moral no valor de R$ 190 mil, para os três autores; d) de correção monetária e juros legais, que, quanto aos danos materiais (itens "a" e "b"), incidirão a partir do evento danoso, e quanto aos danos morais, incidirão a partir da data de sua fixação (a correção monetária) e a partir do evento danoso (quanto aos juros legais); e) honorários advocatícios de 20%, incidentes sobre o somatório de todas as prestações vencidas, além das demais verbas já definidas (dano moral, pensão, juros etc.) e doze das vincendas.
3. O protesto pela produção de prova documental e pericial, e de todos os meios probatórios em direito admitidos, ainda que não especificados no CPC, desde que moralmente legítimos (CPC, art. 332).

(Se o quantum dos danos não estiverem determinados, deve-se requer sua apuração em liquidação de sentença.)

(A depender da condição econômica dos autores, deve-se pedir os benefícios da justiça gratuita.)

Dá-se à causa o valor de R$ ________ (valor por extenso).

Termos em que pede deferimento.

Local ..., data...

Advogado ...

OAB ....

8. MANDADO DE SEGURANÇA

8.1. MANDADO DE SEGURANÇA – INDIVIDUAL

8.1.1. ESTRUTURA BÁSICA

COMPETÊNCIA	De acordo com a sede da autoridade coatora e a sua categoria funcional.
PARTES	Impetrante: pessoa física ou jurídica. Impetrado: autoridade pública.
HIPÓTESES DE CABIMENTO	Para proteção de direito individual, líquido e certo, não amparado por *habeas data* ou *habeas corpus*, lesado ou ameaçado de lesão, por ato de autoridade pública ou agente de pessoa jurídica no exercício de atribuições do Poder Público.
PRAZO	120 dias a contar do conhecimento oficial do ato.
FUNDAMENTO LEGAL	– Constituição Federal: art. 5.º, LXIX. – Lei 12.016/09.
FUNDAMENTAÇÃO JURÍDICA	Ilegalidade do ato da autoridade coatora violando direito líquido e certo do impetrante.

PEDIDO	a) concessão da liminar, se for o caso; b) notificação da autoridade coatora para prestar informações; c) o pedido de notificação de litisconsortes passivos, conforme o caso; d) intimação da pessoa jurídica à qual está vinculada a autoridade coatora, para contestar; e) oitiva do representante do Ministério Público; f) concessão da segurança.
PROVAS	É vedada em sede de mandado de segurança a produção de prova. Dessa forma, só cabe a ação se houver prova pré-constituída.
HONORÁRIOS	Súmula 512 do STF: "Não cabe condenação em honorários de advogado na ação de mandado de segurança".
CUSTAS	De acordo com a lei local.
VALOR DA CAUSA	Para fins de alçada.

8.1.2. MODELO – PETIÇÃO INICIAL DE MANDADO SEGURANÇA INDIVIDUAL

EXCELENTÍSSIMO SENHOR DOUTOR JUIZ FEDERAL DA ___ VARA CÍVEL DE VITÓRIA - SEÇÃO JUDICIÁRIA DO ESPÍRITO SANTO - ES.

[Deixe espaço de aproximadamente 10 cm para eventual despacho ou decisão do juiz.]

Ricardo .., estado civil, profissão, residente e domiciliado em ..., portador do RG ... e do CPF ...., por seu advogado que firma a presente (procuração anexada – doc.1), com escritório para recebimento de intimações na ... (CPC, art. 39, I) vem à presença de Vossa Excelência, respeitosamente, impetrar contra o Senhor Diretor de Gestão de Pessoal, do Departamento de Polícia Federal, o presente

MANDADO DE SEGURANÇA COM PEDIDO DE LIMINAR

nos termos do artigo 5º, inciso LXIX, da Constituição Federal e da Lei nº 12.016/2009, pelas razões a seguir aduzidas:

I - DOS FATOS

O impetrante fez inscrição no concurso público para provimento de cargos de delegado de polícia federal, atendendo a edital publicado em 30/04/04 (doc. 2).

Ocorre que, consultando o edital quanto à regulação da prova de títulos, o impetrante verificou que eram atribuídos dois pontos para cada ano de trabalho em atividade policial exercida no Departamento de Polícia Federal e apenas um ponto para cada ano de trabalho em atividade policial exercida em outros órgãos públicos (doc. 3).

O impetrante, policial militar do Espírito Santo com vários anos de experiência (doc. 4), considerando inconstitucional esse tratamento desigual, resolveu insurgir-se contra a previsão do edital, ingressando com pedido administrativo de modificação da regra editalícia mencionada.

O pedido administrativo foi indeferido em 30/06/04, por decisão do diretor de gestão de pessoal do Departamento de Polícia Federal, agente público competente para elaborar e modificar editais de concurso público (doc. 5).

Dessa forma, não resta outra alternativa ao impetrante que não a de ingressar com o presente mandado de segurança.

II - DO DIREITO

1. Do cabimento do mandado de segurança

1.1. Existência de ato de autoridade

O edital ora impugnado é ato de autoridade pública, no caso ato emanado pelo diretor de gestão de pessoal do Departamento de Polícia Federal.

Dessa forma, o mandado de segurança é cabível quanto a esse aspecto (art. 5º, LXIX, da CF e art. 1º da Lei 12.016/09).

1.2. Existência de prova pré-constituída

Os fatos que dão suporte ao direito alegado pelo impetrante estão comprovados de plano, por meio da prova documental ora juntada, consistentes nos seguintes documentos: a) comprovante de inscrição no concurso público; b) edital do concurso público impugnado; c) requerimento administrativo de modificação do edital, acompanhado da respectiva decisão.

Assim, também está comprido o requisito de prova pré-constituída, essencial para o cabimento do mandado de segurança.

1.3. Respeito ao prazo decadencial de 120 dias

O prazo decadencial para ingressar com o presente *mandamus* também é requisito que está cumprido. Isso porque, segundo o Superior Tribunal de Justiça, esse prazo é contado da publicação do edital do concurso público. E o edital impugnado foi publicado no dia 30/04/04, ou seja, data que, contada até a data dessa impetração, não supera os 120 dias previstos na lei.

Assim sendo, o requisito temporal também está ordem.

1.4. Inexistência de outros impedimentos legais ou jurisprudenciais para a propositura do mandado de segurança

Por fim, não se configura no presente quaisquer outros impedimentos legais (arts. 1º e 5º da Lei 12.016/09) e jurisprudenciais ao manejo do presente remedido constitucional.

2. Da legitimidade ativa e passiva

A legitimidade ativa está em ordem, pois o impetrante defende, em nome próprio, direito próprio decorrente da violação ao princípio da isonomia no edital de concurso no qual está inscrito.

A autoridade coatora também está corretamente indicada, uma vez que o diretor de gestão de pessoal do Departamento de Polícia Federal, agente público competente para elaborar e modificar editais de concurso público, enquadra-se no requisito legal, no sentido de que é "autoridade coatora aquela que tenha praticado o ato impugnado ou da qual emane a ordem para a sua prática" (art. 6º, § 3º, da Lei 12.016/09).

3. Do direito líquido e certo violado

O impetrante tem direito de ver respeitado os princípios da isonomia (art. 5º da CF) e da razoabilidade (art. 2º, *caput*, da Lei 9.784/99), violados no presente caso.

Com efeito, o edital não poderia dar tratamento diferenciado, para efeito de atribuição de títulos, ao exercício de cargo de policial estadual ou federal.

Isso porque as experiências em atividades policiais, sejam elas estaduais ou federais, têm a mesma relevância, uma vez que tanto a polícia federal como a polícia estadual estão voltadas à defesa da segurança pública, ao combate ao crime, à preservação da ordem pública e da incolumidade das pessoas e do patrimônio, conforme o disposto no art. 144 da Constituição Federal aplicável às duas carreiras referidas.

A discriminação é também atentatória do princípio da razoabilidade, uma vez que não faz sentido considerar a atividade de policial federal 100% mais importante, para fins de títulos, que a atividade de policial militar, também pelas razões já explicitadas. O fato de a primeira atividade ter pontuação dobrada em relação à segunda revela a desproporção na forma de atuar da autoridade coatora, desproporção essa que deverá ser desfeita, de modo a proteger direito líquido e certo do impetrante. No caso, a única forma de prestigiar os princípios citados é atribuir ao impetrante a mesma pontuação atribuída pelo edital aos candidatos que tiverem trabalho na polícia federal, ou seja, é atribuir ao impetrante dois pontos por ano de trabalho na polícia militar do Espírito Santo.

E tal medida reclama a modificação no edital, em face da indivisibilidade da cláusula impugnada.

III – DA LIMINAR

Excelência, a prova do concurso impugnado deverá ocorrer entre 30 e 60 dias contados da data presente e o resultado final do certame deve sair entre 5 e 6 meses, também contados da data presente.

Tal situação revela que a melhor medida a ser tomada é determinar que a autoridade competente modifique a cláusula editalícia impugnada desde já, a fim de que conste no novo edital a atribuição da mesma pontuação, quanto aos títulos, pelo exercício de atividades policiais federais ou estaduais.

Tal medida, que implicará a reabertura de prazo para a inscrição no exame, impedirá que, no futuro, qualquer interessado que tenha desistido do certame por não concordar com os critérios dos títulos, possa pedir a anulação do concurso.

Caso não seja deferida a liminar pleiteada, haverá grande prejuízo não só ao impetrante, como a todos os candidatos, tendo em vista que a concessão dessa medida ao final poderá implicar a anulação de todo o certame, por influir em regra do edital que pode ter afastado interessados de participar da disputa pública.

Ademais, a discriminação efetuada importa nítido desrespeito a direito líquido e certo do impetrante, nos termos do art. 5º da Constituição Federal, não podendo ser recusada a determinação para modificação imediata do edital, sob pena de dano irreversível.

O *periculum in mora* inverso não existe, pois o fato de se modificar o edital, possibilitando a participação de novos candidatos no exame, com a ciência de todos de que a questão está *sub judice*, não impede que, no futuro, se for o caso, atribua-se mais ou menos pontos a policiais estaduais que participarem do exame.

Sendo assim, o impetrante requer que seja deferida a medida liminar antes mesmo da notificação da autoridade coatora, nos termos do art. 7º, III, da Lei 12.016/2009, para que seja determinado à autoridade coatora que modifique imediatamente o edital do concurso em tela para o fim de atribuir aos policiais estaduais a mesma pontuação atribuída aos policiais federais no que se refere aos títulos pelo exercício de tempo de serviços nessas atividades, tendo em vista a relevância do fundamento (aparência do bom direito – *fumus boni iuri*) e o perigo na demora da decisão (*periculum in mora*).

IV – DO PEDIDO

Por todo o exposto, o impetrante requer que seja:

a) deferida a medida liminar para que seja determinado à autoridade coatora que modifique imediatamente o edital do concurso em tela, atribuindo-se aos policiais estaduais a mesma pontuação atribuída aos policiais federais no que se refere aos títulos pelo exercício de tempo de serviços nessas atividades (art. 7º, III, da Lei 12.016/2009);

b) determinada a notificação da autoridade coatora, enviando-lhe todas as cópias dos documentos que instruem a inicial, para que preste todas as informações necessárias no prazo de 10 dias (art. 7º, I, da Lei 12.016/2009);

c) dada ciência ao órgão de representação judicial da União Federal, enviando-lhe cópia da inicial para que, querendo, ingresse no feito (art. 7º, II, da Lei 12.016/2009);

d) ouvido o representante do Ministério Público para que opine no prazo de 10 dias (art. 12 da Lei 12.016/2009);

e) ao final, confirmada a liminar deferida, concedendo-se definitivamente a segurança pleiteada para que seja reconhecido ao impetrante, quanto aos títulos para o concurso, o direito de receber a mesma pontuação atribuída aos policiais federais pelo exercício da atividade policial.

[Obs.: toda a prova deve ser juntada à inicial, pois o direito é líquido e certo e não se admite dilação probatória. Não há condenação em honorários advocatícios em mandado de segurança: Súmulas 512/STF 105/STJ]

Dá-se à causa o valor de R$ 1.000,00.

Termos em que pede deferimento.

Local ..., data...

Advogado ...

OAB ....

8.2. MANDADO DE SEGURANÇA – COLETIVO

8.2.1. ESTRUTURA BÁSICA

COMPETÊNCIA	De acordo com a sede da autoridade coatora e sua categoria funcional.
PARTES	Impetrante: partido político com representação no Congresso Nacional, organismo sindical, entidade de classe e associação legalmente constituída e em funcionamento há pelo menos um ano, em defesa dos interesses de seus membros ou associados. Impetrado: autoridade pública. Se os associados estiverem sob a área de atuação de autoridades diferentes, a impetrada será a que estiver sobre todos, ainda que não tenha praticado o ato.
HIPÓTESES DE CABIMENTO	O mandado de segurança coletivo pode ser impetrado por partido político com representação no Congresso Nacional, na defesa de seus interesses legítimos relativos a seus integrantes ou à finalidade partidária, ou por organização sindical, entidade de classe ou associação legalmente constituída e em funcionamento há, pelo menos, 1 (um) ano, em defesa de direitos líquidos e certos da totalidade, ou de parte, dos seus membros ou associados, na forma dos seus estatutos e desde que pertinentes às suas finalidades, dispensada, para tanto, autorização especial. Os direitos protegidos pelo mandado de segurança coletivo podem ser: I - coletivos, assim entendidos, para efeito desta Lei, os transindividuais, de natureza indivisível, de que seja titular grupo ou categoria de pessoas ligadas entre si ou com a parte contrária por uma relação jurídica básica; II - individuais homogêneos, assim entendidos, para efeito desta Lei, os decorrentes de origem comum e da atividade ou situação específica da totalidade ou de parte dos associados ou membros do impetrante.

PRAZO	120 dias a contar do conhecimento oficial do ato.
FUNDAMENTO LEGAL	– Constituição Federal: art. 5.º, LXIX. – Lei 12.016/09
FUNDAMENTAÇÃO JURÍDICA	Ilegalidade do ato da autoridade coatora violando direito líquido e certo do impetrante.
PEDIDO	a) concessão da liminar, se for o caso (verificar o 22, § 2º, da Lei 12.016/09); b) notificação da autoridade coatora para prestar informações; c) intimação da pessoa jurídica à qual está vinculada a autoridade coatora, para contestar (art. 7º, II, da Lei 12.016/09); d) oitiva do representante do Ministério Público; e) concessão da segurança.
PROVAS	É vedado em sede de mandado de segurança a produção de prova. Dessa forma, só cabe a ação se houver prova pré-constituída.
HONORÁRIOS	Súmula 512 do STF: "Não cabe condenação em honorários de advogado na ação de mandado de segurança".
CUSTAS	De acordo com a lei local.
VALOR DA CAUSA	Para fins de alçada.

8.2.2. MODELO – PETIÇÃO INICIAL DE MANDADO DE SEGURANÇA COLETIVO

EXCELENTÍSSIMO SENHOR DOUTOR JUIZ DE DIREITO DA ... VARA -- ... DA COMARCA DE ... – ....

_______________ *(Qualificação do impetrante – nome, endereço, CNPJ)*, vem respeitosamente à presença de Vossa Excelência, por meio de seu advogado e bastante procurador infra-assinado (doc. 01), com fundamento no art. 5.º, LXIX, da Constituição Federal e nos arts. 21 e 22 da Lei 12.016/09 impetrar o presente

MANDADO DE SEGURANÇA COLETIVO

contra ato praticado pelo Sr. .... (indicar o cargo da autoridade coatora), qualificação ...., segundo as razões de fato e de direito a seguir expostas.

I – DOS FATOS

II – DO DIREITO

1. Do cabimento do mandado de segurança coletivo

1.1. Existência de ato de autoridade

O edital ora impugnado é ato de autoridade pública, no caso ato emanado pelo diretor de gestão de pessoal do Departamento de Polícia Federal.

Dessa forma, o mandado de segurança é cabível quanto a esse aspecto (art. 5º, LXIX, da CF e art. 1º da Lei 12.016/09).

1.2. Existência de prova pré-constituída.

Os fatos que dão suporte ao direito alegado pelo impetrante estão comprovados de plano, por meio da prova documental ora juntada, consistentes em ...

Assim, também está cumprido o requisito de prova pré-constituída, essencial para o cabimento do presente mandado de segurança.

1.3. Respeito ao prazo decadencial de 120 dias

O prazo decadencial para ingressar com o presente *mandamus* também é requisito que está cumprido. Isso porque não houve superação do prazo de 120 dias previstos na lei entre a data da publicação do ato impugnado e a presente data.

Assim sendo, o requisito temporal também está ordem.

1.4. Inexistência de outros impedimentos legais ou jurisprudenciais para a propositura do mandado de segurança

Por fim, não se configura no presente quaisquer outros impedimentos legais (arts. 1º e 5º da Lei 12.016/09) e jurisprudenciais ao manejo do presente remedido constitucional.

2. Da legitimidade ativa e passiva

(...)

3. Do direito líquido e certo da impetrante

(Explicar os fundamentos jurídicos da ação.)

III – DA LIMINAR

(Tratar do *periculum in mora* e *fumus boni iuris.)*

IV – DO PEDIDO

Ante todos os fatos e o direito acima expostos, requer a Vossa Excelência:

a) após a oitiva, no prazo de 72 horas, da pessoa jurídica a qual se encontra vinculada à autoridade impetrada (art. 22, § 2º, da Lei 12.016/08), a concessão da liminar para determinar a suspensão do ato lesivo ...

b) determinada a notificação da autoridade coatora, enviando-lhe todas as cópias dos documentos que instruem a inicial para que preste todas as informações necessárias no prazo de 10 dias (art. 7º I, da Lei 12.016/2009);

c) dada ciência ao órgão de representação judicial da União Federal, enviando-lhe cópia da inicial para que, querendo, ingresse no feito (art. 7º, II, da Lei 12.016/2009);

d) ouvido o representante do Ministério Público para que opine no prazo de 10 dias (art. 12 da Lei 12.016/2009);

e) ao final, confirmada a liminar deferida, concedendo-se definitivamente a segurança pleiteada para que seja reconhecido ao impetrante o direito de...

[Obs.: toda a prova deve ser juntada à inicial, pois o direito é líquido e certo e não se admite dilação probatória. Não há condenação em honorários advocatícios em mandado de segurança: Súmulas 512/STF 105/STJ.]

Dá-se à causa o valor de R$ 1.000,00.

Termos em que pede deferimento.

Local ..., data...

Advogado ...

OAB ...

9. AÇÃO POPULAR

9.1. ESTRUTURA BÁSICA

COMPETÊNCIA	Mesmo quando houver réu que tem, na esfera criminal, foro por prerrogativa de função, o Juízo de 1.º grau é competente para conhecer da ação popular (art. 5.º da Lei 4.717/65).
PARTES	Autor: cidadão (art. 1.º da Lei 4.717/65).
	Réu (art. 6.º da Lei 4.717/65): I) as pessoas cujo patrimônio se pretende proteger; II) aqueles que causaram a lesão; III) beneficiários diretos.
HIPÓTESES DE CABIMENTO	– lesão ao patrimônio público, à moralidade administrativa, ao meio ambiente ou ao patrimônio histórico e cultural – Arts. 2.º, 3.º e 4.º da Lei 4.717/65.
PRAZO	Prescreve em 5 anos.
FUNDAMENTO LEGAL	– Art 5.º, LXXIII, da CF/88. – Lei 4.717/65.
FUNDAMENTAÇÃO JURÍDICA	– o ato viciado deve estar elencado nos arts. 2.º, 3.º ou 4.º da Lei 4.717/65. – demonstrar a ilegalidade e a lesividade.
PEDIDO	a) citação dos réus para apresentar defesa sob pena de revelia; b) intimação do Ministério Público; c) concessão de liminar; d) procedência do pedido, decretando-se a nulidade dos atos impugnados; e) sucumbência.
PROVAS	Todo tipo de prova admitida em direito.
CUSTAS	O autor é isento de custas judiciais e do ônus da sucumbência, salvo comprovada má-fé.
VALOR DA CAUSA	Fins de alçada.

9.2. MODELO – PETIÇÃO INICIAL DE AÇÃO POPULAR

EXCELENTÍSSIMO SENHOR DOUTOR JUIZ DE DIREITO DA ... VARA DA FAZENDA PÚBLICA DA COMARCA DE ... - ... .

[Deixe espaço de aproximadamente 10 cm para eventual despacho ou decisão do juiz.]

João Paulo, brasileiro, maior de idade, professor de universidade pública, estado civil, profissão, residente e domiciliado em ..., portador do RG ... e do CPF ..., portador do Título Eleitoral nº ..., cidadão em pleno gozo de seus direitos (doc. 01) vem, mui respeitosa e tempestivamente à presença de Vossa Excelência, por meio de seu advogado e bastante procurador infra-assinado (doc. 02) com endereço na ..., com fundamento no artigo 5º, LXXIII da Constituição Federal e Lei 4.717 de 29 de junho de 1965 aforar a presente

AÇÃO POPULAR

em face do Estado ..., pessoa jurídica de direito público, com sede ..., na pessoa de seu representante legal .... e de ...., Secretário Estadual dos Transportes, qualificação..., e Empresa de Transportes Coletivos ..., qualificação ..., nos termos do art. 6º, da Lei 4.717/65, com sede de suas atividades na ..., pelas razões de fato e de direito a seguir aduzidas:

1. DOS FATOS

Conforme noticiado no Jornal ..., periódico de grande circulação no ... , o Estado ..., ora réu, por meio do Secretario Estadual de Transportes, ora também réu, resolveu, no dia 04/03/2007, renovar por mais 20 anos contrato de permissão de serviço público de transporte coletivo intermunicipal em face de todos os municípios do estado, em favor da Empresa de Transportes Coletivos ..., também ré na presente ação.

Ocorre que tanto o primeiro contrato, celebrado em 05/03/87, como o segundo contrato foram celebrados sem a prévia realização de licitação pública. Ademais, a renovação contratual se deu mediante a inclusão de algumas cláusulas contratuais, por vontade do contrato.

Diante dessa situação, e do fato de que o sistema de transporte no estado não é satisfatório, que as tarifas são muito elevadas e que os ônibus são velhos e sempre atrasam o transporte, o autor requereu pessoalmente, do órgão responsável, o acesso aos documentos necessários para a propositura da presente ação.

Todavia, esse pedido foi negado.

Os fatos noticiados acima justificam a propositura da presente ação popular, sendo certo que o autor se valerá da prerrogativa contida no art. 1º, § 7º, da Lei 4.717/65, propondo a ação desacompanhada dos documentos contidos nos processos administrativos que tratam das contratações referidas, uma vez que, como noticiado, tais documentos tiveram seu acesso negado pelo órgão responsável.

2. DO DIREITO

2.1. Da legitimidade ativa

A Constituição Federal estabelece que "*qualquer cidadão é parte legítima para propor ação popular que vise a anular ato lesivo ao patrimônio público ou de entidade de que o Estado participe ...*" (art. 5º, LXXIII).

Assim, o autor, que é cidadão brasileiro, e encontra-se quite com a Justiça Eleitoral (doc. X), está legitimado para a propositura da presente ação, que tem por fim desfazer a lesão ao patrimônio público e à moralidade administrativa.

2.2. Da lesão ao patrimônio público e ao princípio da moralidade

De acordo com o art. 175 da Constituição Federal, a concessão e a permissão de serviço público dependem de licitação para serem outorgadas.

Repetindo a regra constitucional, a Lei 8.987/95 também exige licitação tanto para a concessão como para a permissão de serviço público (arts. 2º, II e IV, e 14).

Aliás, a Lei 8.987/95 admite que sejam mantidas concessões outorgadas sem licitação anteriormente à Constituição de 1988, impedindo, todavia, a renovação do contrato, que, uma vez findo, deve dar lugar à prestação do serviço pela própria Administração ou por terceiro, mediante novo contrato (art. 42, § 1º), o qual, nos termos da Lei 8.987/95, depende de licitação, como se viu.

Nesse ponto, cumpre destacar que o fato de a empresa ré ter feito investimentos e ter experiência no serviço prestado não é argumento que encontre guarida na Lei 8.987/95 para propiciar a renovação do contrato sem licitação.

ADMINISTRATIVA

Há de se lembrar que a doutrina e a jurisprudência são uníssonas no sentido de que delegações de grande vulto, como é a de transporte coletivo, reclamam outorga de concessão, e não de mera permissão de serviço público, de natureza precária, de modo que não calha qualquer argumento no sentido de que a precariedade da permissão justifica a ausência de licitação.

O fato é que os descumprimentos escancarados da lei e da Constituição no caso presente revelam violação à moralidade administrativa e ao patrimônio público, valores protegidos pela ação popular. O primeiro valor é violado, pois não é crível que um secretário estadual de transportes e uma empresa do porte da ré não conheçam as comezinhas normas do direito das concessões e permissões de serviço público quanto à obrigatoriedade de licitação. E o segundo valor é violado na medida em que a ausência de licitação propicia que não se busque a melhor proposta para a Administração, o que, de acordo com o tipo de concessão a ser realizada, pode gerar menos ou mais recursos em favor do Poder Público.

2.3. Da nulidade do ato de renovação da permissão

O artigo 2º da lei 4.717/65 estabelece que são nulos os atos lesivos ao patrimônio público do Estado, por vício de competência, forma, ilegalidade de objeto, inexistência de motivos e desvio de finalidade.

No caso em tela, requisitos procedimentais foram descumpridos, configurando ilegalidade não passível de ser sanada, uma vez que a obrigatoriedade de licitação, no caso, é prevista tanto na Constituição como na Lei de Concessão de Serviços Público, conforme dispositivos já mencionados no presente.

Destarte, de rigor a declaração de nulidade do contrato celebrado, com a consequente determinação para que o Estado-réu promova a realização de licitação pública para a concessão do serviço público em questão.

2.4. Da requisição de documentos

Conforme já relatado, o autor requereu pessoalmente a extração de cópia dos processos administrativos nos quais se deram a primeira contratação e sua renovação.

Todavia, o pedido foi negado, o que propiciou a propositura da presente demanda com os benefícios do art. 1º, § 7º, da Lei 4.717/65.

Dessa forma, de rigor que esse D. Juízo se digne de, ao se despachar a petição inicial, requisitar ao Estado-réu cópias dos processos administrativos de que tratam as duas permissões de serviço público outorgadas à empresa-ré, providência a ser cumprida no prazo de 15 dias, tendo em vista a facilidade na obtenção desses documentos (art. 7º, I, "b", da Lei 4.717/65).

Tão logo os documentos esteja juntados aos autos, o autor fará pedido de liminar, nos termos do art. 5º, § 4º, a fim de suspender a renovação da permissão e de determinar a realização imediata de processo licitatório para que outros interessados possam participar do certame com vistas à concessão do serviço público respectivo em condições de igualdade.

3. DO PEDIDO

Por todo o exposto, o autor requer que seja:

a) determinada a citação dos réus para responder aos termos da presente ação, sob pena de serem tidos por verdadeiros os fatos aqui narrados;

b) determinada a intimação do represente do Ministério Público para acompanhar a presente ação;

c) requisitado do Estado-réu, na pessoa do Secretário Estadual dos Transportes, também réu na presente demanda, cópia integral dos processos administrativos que tratam da outorga de permissão de serviço público e de sua renovação;

d) julgada procedente a presente ação para o fim de declarar a nulidade do ato de renovação da permissão de serviço público de transporte coletivo intermunicipal em face de todos os municípios do estado, bem como para condenar o Estado-réu a promover a devida licitação para que outras empresas ou empresários possam participar do certame com vistas à concessão do serviço público respectivo em condições de igualdade.

Requer, outrossim, a condenação dos réus nas custas e honorários advocatícios, em montante a ser arbitrado por Vossa Excelência, na forma do artigo 20 do CPC.

Protesta pela produção de todos os meios de prova em direito admitidos, sem exclusão de nenhuma delas, especialmente oitiva dos depoimentos pessoais dos representantes das entidades rés, bem como depoimentos de testemunhas, cujo rol será oferecido oportunamente.

Requer, também, a isenção de custas para o recebimento e processamento da presente ação, nos moldes do inciso LXXIII, do artigo 5º da Constituição Federal.

Dá à causa, apenas para efeito de alçada, o valor de R$ 10.000,00.

Termos em que pede deferimento.

Local ..., data...

Advogado ...

OAB ....

10. *HABEAS DATA*

10.1. ESTRUTURA BÁSICA

COMPETÊNCIA	a) STF: contra atos do Presidente da República, das Mesas da Câmara dos Deputados e do Senado Federal, do Tribunal de Contas da União, do Procurador-Geral da República e do próprio Supremo Tribunal Federal (art.102, I, *d*, da CF/88); b) STJ: contra atos de Ministro de Estado, dos Comandantes da Marinha, Exército e Aeronáutica ou do próprio Tribunal (art.105, I, *b*, da CF/88); c) TRF: contra atos do próprio Tribunal ou de juiz federal (art.108, I, *c*, da CF/88); d) juízes federais: contra ato de autoridade federal, excetuados os casos de competência dos tribunais federais (art.109, VIII, da CF/88); e) juízes do trabalho: contra ato questionado que envolva matéria sujeita à sua jurisdição (art. 114, IV, da CF/88); f) tribunais estaduais: segundo o disposto na Constituição do Estado; g) juiz estadual, nos demais casos.
RECURSO	a) STF: quando a decisão denegatória for proferida em única instância pelos Tribunais Superiores (art. 102, II, *a*, da CF/88); b) STJ: quando a decisão for proferida por um tribunal estadual ou por um TRF em apelação (art. 105, III, da CF/88); c) STJ: quando a decisão for proferida em única instância pelos Tribunais Regionais Federais; d) TRF: quando a decisão for proferida por juiz federal; e) Tribunais Estaduais e o do Distrito Federal: conforme dispuserem a respectiva Constituição e a lei que organizar a Justiça do Distrito Federal; f) TSE: quando o *habeas data* for negado pelo Tribunal Regional Eleitoral (art. 121, § 4.º, V, da CF/88).
PARTES	Impetrante: titular do direito, pessoa física ou jurídica. Impetrado: quem detém a informação que se pretende obter, retificar ou anotar.

HIPÓTESES DE CABIMENTO	a) acesso aos registros; b) retificação dos registros; c) anotação/complementação dos registros.
PRAZO	Não há prazo.
FUNDAMENTO LEGAL	Art. 5.º, LXXII, da CF/88. Lei 9.507/97.
FUNDAMENTAÇÃO JURÍDICA	Recusa da apresentação/retificação/complementação de informações por parte da autoridade.
PEDIDO	a) notificação do coator para, querendo, apresentar as informações no prazo de 10 dias; b) determinar a remessa dos autos para o representante do MP para emitir parecer; c) procedência do pedido, marcando dia e hora para que as informações sejam prestadas ao impetrante.
PROVAS	Não admite dilação probatória.
VALOR DA CAUSA	Fins de alçada.

10.2. MODELO – PETIÇÃO INICIAL DE *HABEAS DATA*

EXCELENTÍSSIMO SENHOR PRESIDENTE DO COLENDO SUPERIOR TRIBUNAL DE JUSTIÇA

[Deixe espaço de aproximadamente 10 cm para eventual despacho ou decisão do juiz.]

José, cidadão estrangeiro, estado civil, profissão, residente e domiciliado em ..., portador do RG ... e do CPF ..., por seu advogado que firma a presente (procuração anexada – doc.1), com escritório para recebimento de intimações na ... (CPC, art. 39, I) vem à presença de Vossa Excelência, respeitosamente, impetrar em face do Ministro do Ministério X o presente

HABEAS DATA

nos termos do artigo 5º, inciso LXXII, da Constituição Federal e da Lei nº 9.507/97, pelas razões a seguir aduzidas.

I - DOS FATOS

O impetrante é cidadão estrangeiro. Porém, durante trinta anos, residiu no Brasil. Em seguida passou os últimos trinta anos de sua vida no exterior, sem visitar o Brasil.

Agora, decidiu retornar a este país e fixar residência no Brasil.

Certo dia, numa conversa com um de seus mais diletos amigos, este lhe informou que ouvira um rumor de que constaria dos assentamentos do Ministério X que José havia se envolvido em atividade terrorista realizada no território brasileiro, trinta e cinco anos atrás.

José decidiu averiguar a informação e apresentou uma petição ao Ministério X, requerendo cópia de todos os documentos de posse do referido ministério em que constasse seu nome.

Dentro do prazo legal, José obteve várias cópias de documentos. A cópia do processo entregue a José apresentava-o inicialmente como suspeito de participar de reuniões do grupo subversivo em questão. Porém, ao conferir a cópia que lhe foi entregue, José percebeu que, além de faltarem folhas no processo, este continha folhas não numeradas.

Suspeitando de que as folhas faltantes no processo pudessem esconder outro documento em que constasse seu nome, José formulou novo pedido ao Ministério X. Desta vez, novamente dentro do prazo legal, José recebeu comunicado de uma decisão que indeferia seu pedido, assinada pelo próprio ministro da Pasta X, em que este afirmava categoricamente que o peticionário já recebera cópias de todos os documentos pertinentes.

Irresignado, José resolveu impetrar o presente *habeas data* a fim de tomar conhecimento dos documentos que lhe foram sonegados.

II - DO DIREITO

1. Da legitimidade ativa e passiva e da competência do órgão julgador

O ato atacado – recusa de informações a respeito do impetrante, decidida pelo Ministro do Ministério X –, faz com que a competência para processar e julgar o presente seja originária do Superior Tribunal de Justiça, conforme determina expressamente o art. 105, I, "c", da CF.

O impetrante é legitimado ativo para a presente ação, já que pede, em nome próprio, a efetivação de direito constitucional, consistente em receber informações a seu respeito.

Quanto à legitimidade passiva para o habeas data, a Lei 9.507/97, diferentemente do que ocorre com a Lei 12.016/09 (Lei de Mandado de Segurança), não usa a expressão autoridade coatora, e sim a expressão coator, e não determina a cientificação da pessoa jurídica correspondente, mas sim a notificação do coator.

Nesse sentido, a doutrina entende que é possível que se indique como coator, não só a autoridade que praticou o ato, como também o próprio órgão ou entidade que o praticou.

No caso presente, preferiu-se indicar a própria autoridade que praticou o ato, mas poderia ter sido indicado como coator o "Ministério X" ou mesmo a "União Federal".

2. Do cabimento do habeas data e do cumprimento dos requisitos para a sua concessão

O art. 5º, LXXII, da Constituição Federal estabelece que é cabível o habeas data quando se tem os seguintes objetivos: a) para assegurar o conhecimento de informações relativas à pessoa do impetrante, constantes de registro ou bancos de dados de entidades governamentais ou de caráter público; b) para a retificação de dados, quando não se prefira fazê-lo por processo sigiloso, judicial ou administrativo.

A garantia do habeas data está regulamentada na Lei 9.507/97, lei essa que estabelece uma série de requisitos para o cabimento e a concessão da medida, sem prejuízo de outros requisitos de ordem doutrinária e jurisprudencial.

Em resumo, são requisitos para o cabimento do habeas data e a concessão da ordem respectiva, os seguintes: a) necessidade de acesso, retificação ou anotação de informações ou dados constantes de registro ou bancos de dados públicos; b) informações ou dados relativos à pessoa do impetrante; c) prova da recusa da autoridade em dar o acesso ou proceder à retificação ou anotação; d) violação a direito do impetrante, comprovada de plano.

O requisito "a" está cumprido, pois as informações desejadas estão constantes de registro ou banco de dados de entidade governamental, no caso o Ministério X da União.

O requisito "b" está cumprido, pois as informações solicitadas dizem respeito à própria pessoa do impetrante.

O requisito "c" também está cumprido, pois o impetrante fez pedido formal de acesso aos documentos cujas folhas foram retiradas do processo e tal pedido foi expressamente negado pela autoridade coatora.

E o requisito "d" também está cumprido, pois as provas documentais juntadas comprovam de plano os requisitos anteriores. Ademais, não é mero capricho do impetrante o desejo de conhecer as informações a seu respeito, tratando-se de legítimo interesse, já que tais informações lhe causam, no mínimo, graves prejuízos de ordem moral.

Não bastasse, não há necessidade de se manter em sigilo eventuais informações dessa natureza, por não existir procedimento investigativo sigiloso em curso.

No caso em tela, foi negado ao impetrante acesso a documentos que dizem respeito à sua pessoa. Tais documentos, como seu viu, constam de registros de entidade governamental, no caso, de ministério da União,

Assim, estão cumpridos todos os requisitos para a concessão da ordem de habeas data.

III - DO PEDIDO

Ante o exposto requer que Vossa Excelência se digne de:

a) determinar a notificação do coator para, querendo, apresentar as informações no prazo de 10 (dez) dias.

b) após, determinar a remessa dos autos para o representante do Ministério Público para emitir parecer, nos termos do art. 12 da Lei 9.507/97.

c) em seguida, julgando procedente o pedido, marcar dia e hora para que as informações sejam prestadas ao impetrante, advertindo o coator das responsabilidades decorrentes de eventual descumprimento de tal determinação judicial.

d) condenar a União Federal ao pagamento de honorários advocatícios, segundo o prudente arbítrio desse C. Tribunal, vez que, diferentemente do que ocorre com a Lei 12.016/09 (Lei de Mandado de Segurança), não há proibição à fixação de honorários na Lei 9.507/97.

Dá à causa o valor de R$ 1.000,00.

Local ..., data...

Advogado ...

OAB ....

11. AÇÃO CIVIL PÚBLICA

11.1. ESTRUTURA BÁSICA

COMPETÊNCIA	No foro do local onde ocorrer o dano (arts. 2.º e 4.º da Lei 7.347/85).
PARTES	Legitimado ativo: Ministério Público, entes da Administração Direta e Indireta, associações com pertinência temática e constituídas há pelo menos um ano (associações em sentido amplo, englobando partidos políticos e sindicatos), órgãos públicos, defensoria pública e OAB. Legitimado passivo: qualquer pessoa, física ou jurídica.
HIPÓTESES DE CABIMENTO	Ações de responsabilidade por danos morais e patrimoniais causados a interesses difusos, coletivos ou individuais homogêneos (*vide* definições no art. 81, p. único, do CDC).
PRAZO	É imprescritível em dois casos: a) reparação de danos ao meio ambiente (STJ); b) reparação do patrimônio público lesado por ato ilícito (STF). Nos demais casos, verificar o prazo previsto em lei.
FUNDAMENTO LEGAL	Lei 7.347/85.

11.2. MODELO – PETIÇÃO INICIAL DE AÇÃO CIVIL PÚBLICA

EXCELENTÍSSIMO SENHOR DOUTOR JUIZ DE DIREITO DA ... VARA DA FAZENDA PÚBLICA DA COMARCA DE ... - ... .

[Deixe espaço de aproximadamente 10 cm para eventual despacho ou decisão do juiz.]

ASSOCIAÇÃO DE DEFESA DO CIDADÃO, pessoa jurídica de direito privado, inscrita no CNPJ sob n. ...., com sede na rua ..., nº ...., município de ..., conforme cópia de seu estatuto (doc. 1), por meio de seu advogado e bastante procurador infra-assinado (doc. 2), com endereço ..., com fundamento no artigo 1º da Lei 7.347/85, vem respeitosamente à presença de Vossa Excelência propor a presente

AÇÃO CIVIL PÚBLICA COM PEDIDO DE LIMINAR

em face do Estado ..., pessoa jurídica de direito público interno, com sede ..., na pessoa de seu representante legal .... e da Empresa X, pessoa jurídica de direito privado, com sede de suas atividades na ..., pelas razões de fato e de direito a seguir aduzidas.

1. DOS FATOS

2. DO DIREITO

2.1. Do cabimento da ação civil pública

(Interesses difusos, coletivos ou individuais homogêneos ; vide definições no art. 81, p. único, da Lei 8.078/90.)

2.2. Da legitimidade ativa

(No caso de associação, demonstrar o cumprimento do disposto no art. 5º, V, "a" e "b", da Lei 7.347/85); verificar se não é o caso de fazer o requerimento previsto no § 4º do art. 5º da referida lei - dispensa do requisito temporal).

2.3. Da lesão ao interesse

(Explicitar o direito que foi violado; aqui, deve-se reforçar a ideia de que se trata de interesse difuso, coletivo ou individual homogêneo, mas com um *plus*, qual seja, o de explicar qual lei foi violada; exemplos: dano ao meio ambiente, dando ensejo à reparação ambiental; dano a consumidores que adquiriram dado produto, ensejando obrigação de indenizar).

3. DA ANTECIPAÇÃO DE TUTELA [ou DA LIMINAR]

(fazer referência aos arts. 12 e 21 da LACP, 84 do CDC e 461 do CPC)

4. DO PEDIDO

Por todo o exposto, o autor requer que seja:

a) concedida tutela antecipada, com amparo nas normas constantes do arts. 461 do CPC, 84 do CDC e 12 da Lei 7.347/85 para determinar a suspensão .... (ou a obrigação de ...)

b) determinada a citação dos réus para responder aos termos da presente ação, sob pena de serem tidos por verdadeiros os fatos aqui narrados;

c) determinada a intimação do represente do Ministério Público para acompanhar a presente ação;

d) julgada procedente a presente ação para o fim de declarar a nulidade do ....(e/ou para o fim de que se condene os réus a ....).

Requer, outrossim, a condenação dos réus nas custas e honorários advocatícios, em montante a ser arbitrado por Vossa Excelência, na forma do artigo 20 do CPC.

Protesta pela produção de todos os meios de prova em direito admitidos, sem exclusão de nenhuma delas, especialmente oitiva dos depoimentos pessoais dos representantes das entidades rés, bem como depoimentos de testemunhas, cujo rol será oferecido oportunamente.

Requer, também, a isenção de custas e demais despesas, nos termos do art. 18 da Lei 7.347/85.

Dá à causa o valor de R$ 10.000,00.

Termos em que pede deferimento.

Local ..., data...

Advogado ...

OAB ....

12. AÇÃO DE IMPROBIDADE

12.1. ESTRUTURA BÁSICA – PETIÇÃO INICIAL EM AÇÃO DE IMPROBIDADE

COMPETÊNCIA	Justiça Comum Estadual ou Justiça Federal caso se inclua nas hipóteses do art. 109 da CF/88.
RECURSO	Comuns para toda ação.
PARTES	Autor: pessoa jurídica lesada ou Ministério Público. Réu: agentes públicos, servidores ou não e até mesmo particulares beneficiados.
HIPÓTESES DE CABIMENTO	Ato de imoralidade qualificada pela lei que importa em enriquecimento ilícito do agente, prejuízo ao erário e/ou violação dos princípios da Administração Pública.
PRAZO	Ato de improbidade prescreve em: a) 5 anos após o término do exercício do mandato, de cargo em comissão ou de função de confiança. b) em se tratando de exercente de cargo efetivo ou emprego, dentro do prazo prescricional previsto em lei específica para faltas puníveis com demissão a bem do serviço público.
FUNDAMENTO LEGAL	– Constituição Federal, em seu art. 37, § 4.º. – Lei 8.429/92.
FUNDAMENTAÇÃO JURÍDICA	– uma das condutas (enriquecimento ilícito do agente, prejuízo ao Erário e/ou violação dos princípios da Administração Pública). – culpa ou dolo.
PEDIDO	a) notificação do réu para que ofereça manifestação por escrito no prazo de 15 (quinze) dias; b) que seja recebida a inicial e determinada a citação do réu para que, querendo, responda a ação; c) que seja intimado o ilustre representante do Ministério Público para que intervenha no feito, conforme determinação legal; d) que seja o pedido julgado procedente para condenar o réu pela prática de atos de improbidade administrativa previstos no art. *(9.º ou 10 ou 11)* da citada lei, aplicando-lhe as seguintes sanções: *(depende do artigo onde o ato foi enquadrado)*; e) que seja condenado o réu ao pagamento das custas, demais despesas processuais e honorários advocatícios.
PROVAS	Protestar por provas que poderão demonstrar a veracidade do alegado.
VALOR DA CAUSA	Fins de alçada.

12.2. MODELO – PETIÇÃO INICIAL DE AÇÃO DE IMPROBIDADE

EXCELENTÍSSIMO SENHOR DOUTOR JUIZ DE DIREITO DA ... VARA CÍVEL DA COMARCA DE ... – ... .

(No caso de Juiz Federal):

EXCELENTÍSSIMO SENHOR DOUTOR JUIZ FEDERAL DA ... VARA DA SEÇÃO JUDICIÁRIA DE ... – ... .

Pular 10 linhas

_______________*(qualificação do autor – nome, endereço, CNPJ)*, neste ato representado por _____________ (*pessoa que representa a pessoa jurídica. Exemplo: Prefeito*) (*qualificação – nome, endereço, CPF*), vem, mui respeitosamente à presença de Vossa Excelência, por meio de seu advogado e bastante procurador infra-assinado (doc. 01) com endereço na Rua _______________, com fundamento na Lei 8.429/92, impetrar a presente

AÇÃO DE IMPROBIDADE ADMINISTRATIVA

(Deixar sempre destacado.)

em face de *(nome da parte e demais dados possíveis)*, *(endereço)* pelas razões de fato e de direito a seguir aduzidas:

I – DOS FATOS

a) Tentar repetir ao máximo os fatos descritos na questão.

b) Relatar os acontecimentos em ordem cronológica, especificando cada ponto.

c) Procurar deixar o mais claro possível.

d) Mostrar de forma evidente a ocorrência de uma das condutas dos arts. 9.º, ou 10 ou 11 da Lei 8.429/92.

II – DO DIREITO

O art. 37 da Constituição brasileira, em seu *caput* e § 4º determina que:

*"Art. 37. **A administração pública** direta e indireta de qualquer dos Poderes da União, dos Estados, do Distrito Federal e dos Municípios **obedecerá aos princípios de legalidade, impessoalidade, moralidade, publicidade e eficiência e**, também, ao seguinte: (...)*

*"§ 4.º **Os atos de improbidade administrativa importarão a suspensão dos direitos políticos, a perda da função pública, a indisponibilidade dos bens e o ressarcimento ao erário**, na forma e gradação previstas em lei, sem prejuízo da ação penal cabível." (grifei.)*

Seria ocioso insistir em que a conduta do réu ao _____________ *(dizer o que o réu fez e enquadrar a conduta de acordo com o caso: enriquecimento ilícito, prejuízo ao Erário ou violação de princípios).*

ENRIQUECIMENTO ILÍCITO

A atitude do réu importou em enriquecimento ilícito por parte deste com evidente ilegalidade em sua conduta.

Ao ____________________ não se importou com o exercício de sua função pública, preferindo auferir vantagem pessoal em evidente prejuízo à coletividade.

PREJUÍZO AO ERÁRIO

Ao ______________________________ o réu trouxe evidente prejuízo à *res publica*, dilapidando bens que não lhe pertencem, em uma atitude reprovável e que deve ser devidamente apurada e punida.

VIOLAÇÃO DE PRINCÍPIOS

A atitude do réu contraria todos os princípios da Administração Pública, previstos expressamente no art. 37, *caput*, da Constituição brasileira, bem como a regra de conduta prevista no art. 4.º da Lei 8.492/92:

> *"Art. 4.º **Os agentes públicos de qualquer nível ou hierarquia são obrigados a velar pela observância dos princípios de legalidade, impessoalidade, moralidade** e publicidade no trato dos assuntos que lhes são afetos." (Grifo nosso.)*

É claro que foi violado o princípio da __________________________.

Tais atos além de visivelmente ilícitos, pois ofendem a lei, constituem também atos imorais, pois ______________________________.

> *"Art. 11. **Constitui ato de improbidade administrativa que atenta contra os princípios da administração pública qualquer ação ou omissão que viole os deveres de honestidade, imparcialidade, legalidade e lealdade** às instituições, e notadamente:" (Grifo nosso.)*

Assim, uma vez mais, infringem a lei, violando o regulamento constante do art. 11 da Lei 8.429/92 e, mais ainda, violando os misteres constitucionais de moralidade e obediência à lei no trato da coisa pública.

III – DO PEDIDO

Ante todos os fatos e o direito acima expostos, requer de Vossa Excelência que:

a) seja determinada a notificação do réu para que ofereça manifestação por escrito no prazo de 15 (quinze) dias;

b) seja recebida a inicial e determinada a citação do réu para que responda a ação;

c) seja intimado o ilustre representante do Ministério Público para que intervenha no feito, conforme determinação legal;

d) seja o pedido julgado procedente, condenando o réu na forma do art. 12, inciso *I ou II ou III*, da Lei 8.429, pela prática de atos de improbidade administrativa previstos no art. *9.º ou 10 ou 11* da citada lei, aplicando-lhe as seguintes sanções (*depende do ato*);

e) seja condenado o réu, ao pagamento das custas, demais despesas processuais e honorários advocatícios, na forma da Lei.

Protesta e requer provar o alegado por todos os meios de provas em direito permitidos, se necessário for, inclusive juntada posterior de documentos.

Dá-se à causa, apenas para efeito de alçada, o valor de R$ ________ (________).

Termos em que pede deferimento.

Local ..., data...

Advogado ...

OAB ....

12.3. MODELO – DEFESA PRÉVIA EM AÇÃO DE IMPROBIDADE

EXCELENTÍSSIMO SENHOR DOUTOR JUIZ DE DIREITO DA ... VARA DA FAZENDA PÚBLICA DE ... - ... .

Pular 10 linhas

Autos n.º ______.

Ação de Improbidade Administrativa

________________, *(nome,* estado civil, profissão, residente e domiciliado em ..., portador do RG ... e do CPF ....*)*, por meio de seu advogado (doc. 1), vem, respeitosamente, oferecer

DEFESA PRÉVIA

na ação em epígrafe, promovida pelo **MINISTÉRIO PÚBLICO DO ESTADO DE** ____________ em face de ________________ e da **EMPRESA** ________________, já qualificada nos autos, pelos motivos de fato e de direito que a seguir passa a aduzir.

I – DOS FATOS

O Ministério Público ingressou com a ação em epígrafe e requereu a aplicação das seguintes **sanções**:

a) declaração de nulidade de todos os contratos emergenciais firmados a partir do ano de 2005 pela Secretária Municipal de Transportes;

b) condenação de ________ e da **EMPRESA** ________________ a, solidariamente, devolverem os valores indevidamente acrescidos ao patrimônio da empresa, correspondente ao lucro obtido pelos serviços prestados a partir do segundo contrato firmado sem licitação, conforme liquidação por artigos ou por arbitramento;

c) condenação de ________________ à perda da função pública ou da respectiva aposentadoria;

d) suspensão dos direitos políticos de ________________, de 5 (cinco) a 8 (oito) anos;

e) condenação de ________ e da **EMPRESA** ________________ ao pagamento de multa civil de até 2 (duas) vezes o valor do dano;

f) proibição de ________________ e da **EMPRESA** ________________ contratarem com o Poder Público ou receberem benefícios ou incentivos fiscais ou creditícios, direta ou indiretamente, pelo prazo de 5 (cinco) anos.

Para justificar os pedidos, o Ministério Público apresentou os seguintes **fundamentos fáticos**: foram realizados três contratos emergenciais entre os réus para a execução de serviço de transporte público coletivo, sob a alegação de que a licitação promovida para a respectiva concessão estava suspensa judicialmente, o que reclamava a medida.

Em seguida, apresentou os seguintes **fundamentos jurídicos**:

a) **violação ao princípio da legalidade**, uma vez que houve **demora injustificada** para a realização de concorrência pública referente à contratação de empresa de transportes para atuar na área em questão; *termina suas considerações dizendo que houve "emergência fabricada";*

b) **violação ao disposto no art. 24, inciso IV, da Lei 8.666/93**, *que permite a contratação direta em caso de emergência, mas limita o prazo contratual em 180 dias, vedando a prorrogação dos respectivos contratos* **(EXEMPLO ADOTADO PARA O MODELO)**;

c) **violação ao princípio da moralidade administrativa**, uma vez que o réu ________ visou prorrogar indefinidamente os contratos em proveito da EMPRESA ________;

d) **violação ao princípio da isonomia**, uma vez que a contratação da empresa prejudicou o interesse de outras empresas interessadas em contratar com a Administração;

e) *subsunção dos fatos a dois tipos previstos na Lei de Improbidade (arts. 10 e 11 da Lei 8.429/92), quais sejam "frustrar a licitude de processo licitatório ou dispensá-lo indevidamente" e "praticar ato visando fim proibido em lei ou regulamento ou diverso daquele previsto na regra de competência".*

O réu ____________ foi notificado para apresentação de Defesa Prévia, defesa que passa a fazer a partir de agora.

II – DA DEFESA PRÉVIA

1. Da verdade dos fatos e da aplicação correta da lei

Esta defesa provará que os contratos emergenciais firmados obedeceram à lei e eram necessários para a manutenção adequada da continuidade do serviço público.

Nesse sentido, provará que o autor da ação não a instruiu "com documentos ou justificação que contenham indícios suficientes da existência do ato de improbidade", como determina o art. 17, § 6.º, da Lei 8.429/92.

E requererá, ao final, a rejeição da ação, em face tanto da improcedência da ação, como da inexistência de ato de improbidade.

O caminho que perseguiremos a partir de agora mostrará os fatos e as respectivas motivações, que levaram a celebração de cada um dos contratos impugnados.

Nesse ponto, é importante anotar que o Ministério Público mostrou-se ciente de que havia liminar produzindo efeitos (Mandado de Segurança n.º ________) que impedia a conclusão do certame licitatório para a concessão do serviço.

É fácil perceber, portanto, que as contratações emergenciais feitas eram a única opção para manter a continuidade do serviço.

Quanto ao último contrato, firmado quando já não havia liminar suspendendo o certame original, também foi imperativo, pois, como se sabe, uma licitação não se conclui da noite para o dia. Foram necessárias modificações no Edital, realização de Audiência Pública, revisão de todos os anexos técnicos do instrumento convocatório, além do respeito aos prazos e trâmites da modalidade de licitação concorrência, tudo a justificar mais uma contratação emergencial, contratação essa que não foi feita novamente, com o término do procedimento licitatório em que, por sinal, teve êxito a própria **EMPRESA** ________.

(Obs.: caso a ação tenha sido proposta contra agente político, deve-se pedir, preliminarmente, sua extinção sem apreciação de mérito, diante do fato de a ação não caber contra essas pessoas, nos termos da decisão dada pelo STF no "Caso Sardenberg" – Reclamação 2.138.)

2. Da inexistência de ilegalidade

2.1. Da legalidade da contratação de emergência

É de conhecimento de todos que o inciso IV do art. 24 da Lei 8.666/93 dispõe ser dispensável a licitação para a celebração de contratos em situação de emergência. De qualquer forma, vale a pena transcrever o dispositivo, para analisarmos com detalhe suas particularidades:

"Art. 24.

(...)

IV – nos casos de emergência ou de calamidade pública, quando caracterizada urgência de atendimento de situação que possa ocasionar prejuízo ou comprometer a segurança de pessoas, obras, serviços, equipamentos e outros bens, públicos ou particulares, e somente para os bens necessários ao atendimento da situação emergencial ou calamitosa e para as parcelas de obras e serviços que possam ser concluídas no prazo máximo de 180 (cento e oitenta) dias consecutivos e ininterruptos, contados da ocorrência da emergência ou calamidade, vedada a prorrogação dos respectivos contratos."

Perceba que a situação de emergência é verificada quando é caracterizada urgência de atendimento de a) situação que possa ocasionar prejuízo; b) situação que possa comprometer a segurança de pessoas; c) situação que possa comprometer a segurança de obras; d) situação que possa comprometer a segurança de equipamentos; e) situação de possa comprometer a segurança de outros bens, público ou particulares.

No caso em tela, constatada a impossibilidade de se fazer a licitação para contratação de empresa concessionária – restava patente a situação de emergência.

Imagine o **prejuízo** ao **serviço público** de transporte coletivo na cidade sem a operação do sistema. Não é necessário nem discorrer sobre o caos que isso geraria.

Imagine o comprometimento da segurança das diversas **pessoas** que se valhem do transporte coletivo por ônibus como única alternativa para se deslocarem na cidade.

O serviço público não pode parar. Em se tratando de serviço público essencial, como é o de transporte coletivo, essa afirmação é ainda mais peremptória.

Com todo o respeito ao autor da petição inicial, as situações colocadas diante do réu, Secretário Municipal dos Transportes, não lhe davam alternativa que não fazer os contratos emergenciais.

Basta ler com cuidado e bom senso as situações jurídicas e técnicas que envolveram as contratações para verificar que não havia outra solução. Em alguns casos, porque importaria em desobedecer ordem judicial. No último caso, porque importaria em fazer licitação para um objeto ainda não definido, estando pendente uma licitação em curso.

A situação em que se encontrava o réu não era de mera faculdade de contratar sem licitação, mas de verdadeira obrigatoriedade de fazê-lo.

Dessa forma, pode-se afirmar com tranquilidade que todas as contratações estavam rigorosamente em acordo com a lei.

2.2. A lei impede a prorrogação, e não a renovação

Por fim, vale uma palavra sobre um assunto que hoje é entendimento tranquilo do Direito Administrativo: a posição de que o que a lei veda é a prorrogação, e não a renovação do contrato de emergência.

Assim, a situação de emergência deve ser vista ao final de cada período contratual de 180 dias, fazendo-se juízo específico sobre sua continuidade ou não, de modo a determinar se se deve ou não fazer um novo contrato.

Essas providências foram rigorosamente tomadas pelo Secretário Municipal dos Transportes, réu ____________, como se verifica da documentação acostada e já comentada.

3. Da inexistência de ato de improbidade

3.1. Considerações gerais

Como é de conhecimento de todos, para configurar-se um ato de improbidade não basta que o ato seja ilegal. É necessário que, além da contrariedade ao Direito, o ato tenha outras características que o faça um ato ímprobo.

Para isso, o ato deve se revestir do que a doutrina chama de imoralidade qualificada, sendo necessário que preencha precisamente outros requisitos previstos nos tipos de improbidade administrativa.

A afirmação de que "não basta o ato ser ilegal" para ser ímprobo é de fundamental importância. Aliás, se assim não fosse, um juiz que prolatasse uma sentença e depois esta fosse reformada pelo Tribunal por entender que a sentença não estava de acordo com a lei, esse juiz teria cometido um ato de improbidade.

É por isso que, além de o ato ser ilegal (contrário ao Direito), o ato, para ser ato de improbidade, deve também preencher outros requisitos.

Faz-se essa observação para lembrar que os atos praticados pelo réu sequer cumpriram o primeiro requisito para estarmos diante de um ato de improbidade.

Os atos praticados pelo réu, como se viu, sequer são ilegais. Os contratos de emergência firmados, todos, o foram seguindo não só o que a lei faculta, como também o que a lei e o interesse público determinam.

A petição inicial não abalou, e nem conseguiria fazê-lo, a presunção de legitimidade dos atos administrativos questionados que, ainda por cima, envolviam competência discricionária, que requerem prova da falta de razoabilidade das condutas tomadas.

Assim sendo, o item em questão começa, de cara, lembrando que não se cometeu ato de improbidade pelo simples motivo de que os atos praticados sequer eram ilegais, contrários ao direito.

Mas por necessidade de acautelar o princípio da eventualidade, enfrentaremos agora o segundo requisito para a configuração do ato de improbidade, que é o enquadramento do fato praticado em uma das três modalidades previstas na Lei 8.429/92.

O Ministério Público aponta violação às modalidades previstas nos arts. 10 e 11 da Lei.

3.2. O tipo do art. 10 exige perda patrimonial

O art. 10 da Lei 8.429/92 tem o seguinte teor, na parte indicada pelo Ministério Público:

> *"Seção II (...)*
>
> *Dos Atos de Improbidade Administrativa que Causam Prejuízo ao Erário*
>
> *Art. 10. Constitui ato de improbidade administrativa que causa lesão ao erário qualquer ação ou omissão, dolosa ou culposa, que enseje perda patrimonial, desvio, apropriação, malbaratamento ou dilapidação dos bens ou haveres das entidades referidas no art. 1º desta lei, e notadamente:*
>
> *(...)*
>
> *VIII – frustrar a licitude de processo licitatório ou dispensá-lo indevidamente".*

Analisando o tipo, percebemos que, para sua configuração, além do enquadramento do fato às disposições do inciso VIII, é necessário que se esteja diante de "prejuízo ao erário". O próprio título da Seção já traz essa disposição.

Aliás, a jurisprudência do STJ é pacífica nesse sentido:

> ***"Nos atos de improbidade do art. 10, como está no próprio caput, deve estar presente na configuração do tipo a prova inequívoca do prejuízo ao erário"*** (REsp 842.428/ES, Rel. Min. Eliana Calmon, Segunda Turma, julgado em 24.04.2007, DJ 21.05.2007, p. 560 – Grifo nosso).

O Ministério Público foi textual ao dizer que não houve prejuízo material direto.

Ora, se não houve, a petição inicial deve ser rejeitada. Isso porque, como já escrito, nos termos do art. 17, § 6.º, da Lei 8.429/92, o autor da ação de improbidade deve instruí-la "com documentos ou justificação que contenham indícios suficientes da existência do ato de improbidade", sob pena de rejeição da demanda.

Assim, seja porque não se configurou o inciso VIII do dispositivo (já se viu que não se cometeu ilegalidade), seja porque não se configurou o *caput* do mesmo artigo, não estamos diante de ato de improbidade, o que reclama rejeição imediata da presente demanda.

3.3. O tipo do art. 11 exige dolo

O art. 11 da Lei 8.429/92 tem o seguinte teor, na parte indicada pelo Ministério Público:

> *"Art. 11. Constitui ato de improbidade administrativa que atenta contra os princípios da administração pública qualquer ação ou omissão que viole os deveres de honestidade, imparcialidade, legalidade, e lealdade às instituições, e notadamente:*
>
> *I – praticar ato visando fim proibido em lei ou regulamento ou diverso daquele previsto, na regra de competência".*

Perceba que não restou configurado ato que visa fim proibido em lei ou regulamento, muito menos violação à regra de competência, uma vez que o réu, à época dos fatos, era Secretário Municipal dos Transportes e tinha competência para realizar contratações diretas.

Não bastasse o fato exposto, a modalidade do art. 11 exige conduta dolosa. Veja o texto, quando dispõe praticar ato "visando" fim proibido em lei ou regulamento.

A doutrina e o próprio STJ são pacíficos, hoje, no sentido de que é necessário dolo para a configuração da modalidade prevista no art. 11 da Lei 8.429/92. Confira:

> *"Tanto a doutrina quanto a jurisprudência do STJ associam a improbidade administrativa à noção de desonestidade, de má-fé do agente público. Somente em hipóteses excepcionais, por força de inequívoca disposição legal, é que se admite a configuração de improbidade por ato culposo (Lei 8.429/92, art. 10). O enquadramento nas previsões dos arts. 9º e 11 da Lei de Improbidade, portanto, não pode prescindir do reconhecimento de conduta dolosa"* (REsp 604.151/RS, Rel. Min. José Delgado, Rel. p/ Acórdão Ministro Teori Albino Zavascki, Primeira Turma, julgado em 25.04.2006, DJ 08.06.2006, p. 121).
>
> *"O tipo previsto no art. 11 da Lei 8.429/92 é informado pela conduta e pelo elemento subjetivo consubstanciado no dolo do agente. É insuficiente a mera demonstração do vínculo causal objetivo entre a conduta do agente e o resultado lesivo, quando a lei não contempla hipótese da responsabilidade objetiva"* (REsp 626.034/RS, Rel. Min. João Otávio de Noronha, Segunda Turma, julgado em 28.03.2006, DJ 05.06.2006, p. 246).

O Ministério Público não aponta conduta dolosa do réu. Não diz que este, deliberadamente, quis violar os princípios da Administração Pública. Aliás, o Ministério Público sequer aponta conduta culposa. O máximo que fez foi soltar aos ventos que a licitação demorou muito tempo...

A simples falta de descrição da conduta dolosa é suficiente, por si só, para afastar a configuração do ato de improbidade.

Mas, além disso, o réu demonstrou nessa defesa prévia, que não só não agiu com dolo, nem com culpa, como sua conduta foi no sentido do que faculta e também no que determina a lei em matéria de contratação por emergência.

III – DO PEDIDO

Ante o exposto, requer que Vossa Excelência se digne de rejeitar a petição inicial do Ministério Público, julgando, desde já, improcedente a presente demanda, como medida de JUSTIÇA.

Termos em que pede deferimento.

Local ..., data...

Advogado ...

OAB ....

12.4. ESTRUTURA BÁSICA – CONTESTAÇÃO EM AÇÃO DE IMPROBIDADE

ENDEREÇAMENTO	Juízo que efetivou a citação.
TRATAMENTO DAS PARTES	Autor e réu.
FUNDAMENTOS FÁTICOS E JURÍDICOS	Se se tratar de ação contra agente político, deve-se argumentar que não cabe a aplicação das sanções típicas de improbidade a esse tipo de agente, conforme nova posição do STF. Deve-se dizer que não se configurou quaisquer das modalidades de ato de improbidade prevista na lei. Deve-se argumentar que as sanções previstas na lei não podem ser aplicadas cumulativamente, indistintamente.
PEDIDO	Deve-se requerer ao Juízo que julgue improcedente a presente demanda. Subsidiariamente, para o caso de reconhecimento da prática de ato de improbidade administrativa, deve-se requerer que seja aplicada apenas a sanção de multa civil, no mínimo legal. No caso de o réu ser agente político, deve-se pedir a extinção da demanda sem apreciação de mérito.
PROVAS	Deve-se protestar pela produção de prova documental e pericial, e de todos os meios probatórios em direito admitidos, ainda que não especificados no CPC, desde que moralmente legítimos (CPC, art. 332).

Observação: no caso da **Defesa Prévia** em ação de improbidade, deve-se tratar apenas do fato de que não se configura qualquer das modalidades de improbidade administrativa, e não se faz pedido de produção de provas.

12.5. MODELO – CONTESTAÇÃO EM AÇÃO DE IMPROBIDADE

EXCELENTÍSSIMO SENHOR DOUTOR JUIZ DE DIREITO DA ... VARA DA FAZENDA PÚBLICA DE ... – ... .

Pular 10 linhas

Autos n.º ______________.

Ação de Improbidade Administrativa

____________, estado civil, profissão, residente e domiciliado em ..., portador do RG ... e do CPF ...., por meio de seu advogado (doc. 1), vem, respeitosamente, oferecer

CONTESTAÇÃO

na ação em epígrafe, promovida pelo **MINISTÉRIO PÚBLICO DO ESTADO DE** ____________ em face de ________________ e da **EMPRESA** _______________, já qualificada nos autos, pelos motivos de fato e de direito que a seguir passa a aduzir.

I – DOS FATOS

1. Dos fatos alegados pelo autor

(...)

2. Da verdade dos fatos

(...)

II – DO DIREITO

(Obs.: caso a ação tenha sido proposta contra agente político, deve-se pedir, preliminarmente, sua extinção sem apreciação de mérito, diante do fato de a ação não caber contra essas pessoas, nos termos da decisão dada pelo STF no "Caso Sardenberg" – Reclamação 2.138.)

1. Da inexistência ilegalidade

1.1. Da legalidade da contratação de emergência

(...)

1.2. A lei impede a prorrogação, e não a renovação

(...)

2. Da inexistência de ato de improbidade

2.1. Considerações gerais

(...)

2.2. O tipo do art. 10 exige perda patrimonial

(...)

2.3. O tipo do art. 11 exige dolo

(...)

3. Da impossibilidade de cumulação das sanções

O Ministério Público pede a aplicação cumulativa das sanções previstas na Lei de Improbidade.

Todavia, é pacífico no Superior Tribunal de Justiça que as sanções não podem ser aplicadas indistintamente de modo cumulativo. Há de se observar o princípio da proporcionalidade. Confira:

> *"Consoante a jurisprudência desta Corte, as penas do art. 12 da Lei 8.429/92 não são aplicadas necessariamente de forma cumulativa, do que decorre a necessidade de se fundamentar o porquê da escolha das penas aplicadas, bem como da sua cumulação. Para as sanções pecuniárias se faz necessária a motivação da sua aplicação além do mínimo legal"* (REsp 713.146/PR, Rel. Min. Eliana Calmon, Segunda Turma, julgado em 13.03.2007, DJ 22.03.2007, p. 324).

Assim, e considerando o princípio da eventualidade, caso seja reconhecida a prática de ato de improbidade, requer que seja afastada a aplicação das sanções previstas na lei, aplicando-se apenas a sanção de multa civil no mínimo legal, mormente porque não há prova de que o réu agiu com dolo no caso presente, o que impede a aplicação das sanções tanto de modo cumulativo, como além do nível mínimo.

III – DO PEDIDO

Ante o exposto, requer que Vossa Excelência se digne de julgar **improcedente** a presente demanda. Subsidiariamente, para o caso de reconhecimento da prática de ato de improbidade administrativa, requer que seja aplicada apenas a sanção de multa civil, no mínimo legal.

Protesta pela produção de todo tipo de **prova** admitida em Direito, principalmente documental, testemunhal e pericial.

Termos em que pede deferimento.

Local ..., data...

Advogado ...

OAB ....

13. PROCESSOS ADMINISTRATIVOS

13.1. MODELO – RECURSO EM PROCESSO LICITATÓRIO

ILUSTRÍSSIMO SENHOR PRESIDENTE DA COMISSÃO DE LICITAÇÃO DA ... (inserir a modalidade de licitação; exemplo: Concorrência) nº ...

EMPRESA ..., qualificação ..., representada por seu advogado que subscreve a presente (doc. 1 – procuração), vem, com fundamento no art. 109 da Lei 8.666/93, interpor o presente

RECURSO ADMINISTRATIVO

requerendo que, após o processamento previsto na lei, sejam as razões em anexo encaminhadas para a autoridade competente ... .

Termos em que pede deferimento.

Local ..., data...

Advogado ...

OAB ....

quebra de página

RAZÕES DE RECURSO ADMINISTRATIVO

ILUSTRÍSSIMO SENHOR .... (autoridade competente; por exemplo, Secretário Municipal de Saúde)

I – DOS FATOS

Relatar tudo o que aconteceu, até a decisão impugnada.

II – DO DIREITO

Apresentar os fundamentos jurídicos que deverão levar à anulação ou à reforma da decisão impugnada.

III – DO PEDIDO

Ante o exposto, requerer que seja o recurso conhecido, atribuindo-lhe efeito suspensivo (verificar as hipóteses do art. 109, § 2º, da Lei 8.666/93), e provido para o fim de .....(exemplo: reformar a decisão impugnada, habilitando-se o recorrente).

Termos em que pede deferimento.

Local ..., data...

Advogado ...

OAB ....

13.2. MODELO – IMPUGNAÇÃO EM PROCESSO LICITATÓRIO

ILUSTRÍSSIMO SENHOR PRESIDENTE DA COMISSÃO DE LICITAÇÃO DA ... (inserir a modalidade de licitação; exemplo: Concorrência) nº ...

EMPRESA ..., qualificação ..., representada por seu advogado que subscreve a presente (doc. 1 – procuração), vem, com fundamento no § 2º, do art. 41, da Lei nº 8666/93, apresentar

IMPUGNAÇÃO

aos termos do edital referido em epígrafe, pelos motivos de fato e direito a seguir:

I – DOS FATOS

A impugnante, tendo interesse em participar da licitação mencionada, adquiriu o respectivo Edital (doc. 1).

Ocorre que, ao analisar as condições para participação no certame, deparou-se com a exigência formulada no item ..., que tem o seguinte teor ....

Essa exigência, como se verá, é absolutamente ilegal, o que ensejou a presente impugnação.

II – DO DIREITO

De acordo com art. 3º, § 1º, I, da Lei nº 8.666/93, é vedado aos agentes públicos: "admitir, prever, incluir ou tolerar, nos atos de convocação, cláusulas ou condições que comprometam, restrinjam ou frustrem o seu caráter competitivo e estabeleçam preferências ou distinções em razão da naturalidade, da sede ou domicílio dos licitantes ou de qualquer outra circunstância impertinente ou irrelevante para o específico objeto do contrato" (g.n.).

(....)

III – DO PEDIDO

Diante do exposto, requer-se que seja a presente IMPUGNAÇÃO aceita, para os seguintes fins:

a) declarar nulo o item ... do Edital;
b) determinar nova publicação do Edital, reabrindo o prazo inicialmente previsto, conforme § 4º, do art. 21, da Lei nº 8666/93.

Termos em que pede deferimento.

Local ..., data...

Advogado ...

OAB ....

14. PARECER

14.1. ESTRUTURA BÁSICA

PARTES DO PARECER	a) número do parecer; b) interessado; c) assunto; d) ementa; e) relatório; f) fundamentação; g) conclusão.

14.2. MODELO – PARECER

Parecer nº ... (a numeração é típica de pareceres nas Procuradorias)

Interessado: .

Assunto: Solicitação de parecer sobre a possibilidade de sociedade de economia mista que desenvolve atividade econômica sem monopólio adquirir, sem prévia licitação, produto ligado à sua atividade fim.

Ementa: Administrativo. Licitação. Contratação direta. Sociedade de economia mista. Produto ligado diretamente à atividade fim da empresa. Não incidência de hipótese de dispensa ou inexigibilidade. *Particularidades da atividade de exploração da atividade econômica. Art. 173, § 1º, da CF. Contratação de produto ligado à atividade fim da empresa. Ausência de *pressuposto jurídico* para a licitação. Possibilidade da contratação direta. (* dessa marcação para frente é possível escrever por extenso)

1. Relatório

Trata-se de consulta formulada pelo ___, que solicita parecer sobre a possibilidade de sociedade de economia mista que desenvolve atividade econômica sem monopólio adquirir, sem prévia licitação, produto ligado à sua atividade fim, mesmo não incidindo hipótese de dispensa ou de inexigibilidade de licitação. (...)

É o relatório.

2. Fundamentação

(...)

3. Conclusão

Ante o exposto, nosso parecer é no sentido da possibilidade de sociedade de economia mista que desenvolve atividade econômica sem monopólio adquirir, sem prévia licitação, produto ligado diretamente à sua atividade fim, mesmo não incidindo hipótese de dispensa ou inexigibilidade de licitação, e desde que a realização do certame possa impedir que a empresa atue no mercado em condições paritárias com as demais empresas.

À consideração superior. (aqui pode ser "É nosso parecer, salvo melhor juízo" ou "É nosso parecer, s. m. j..")

Local e data.

Nome, cargo e OAB do procurador (verificar quando for advogado privado).

15. DEFESA DA ADMINISTRAÇÃO

15.1. MODELO – INFORMAÇÕES EM MANDADO DE SEGURANÇA

EXCELENTÍSSIMO SENHOR DOUTOR JUIZ ...

Autos nº ...

Mandado de Segurança

O **XX (AUTORIDADE COATORA)**, prestando as **INFORMAÇÕES** requisitadas por meio de ofício, e a **UNIÃO FEDERAL,** por seu procurador, requerendo o seu ingresso na condição de assistente litisconsorcial e apresentando **CONTESTAÇÃO**, nos autos do **mandado de segurança** impetrado por **XXXXXXXX**, vêm expor e requerer o quanto segue:

(Obs.: verificar se o enunciado da questão quer que se apresente somente informações ou se também quer que a pessoa jurídica assine junto, apresentando sua contestação)

I – DOS FATOS

(...)

II – DAS PRELIMINARES

1. Da ilegitimidade de parte

(Indicação da autoridade coatora errada, por exemplo, porque não tem poder de decisão.)

2. Do não cabimento pela impossibilidade de dilação probatória

(Explicar que o tipo de questão trazida pelo autor depende de dilação probatória, o que não é cabível em MS; aqui não é para dizer que a prova não conduz ao direito alegado, pois isso é questão de mérito.)

3. Da existência de impedimento legal ao manejo de mandado de segurança

(Olhar lei e súmulas do STF; por exemplo: não cabe MS como substitutivo de ação de cobrança; não cabe MS contra ato disciplinar etc.)

III – DO MÉRITO

Rebater cada fundamento jurídico utilizado pelo impetrante e trazer novos fundamentos, se for possível.

Cada fundamento deve ser tratado num item (1, 2, 3 etc.).

IV – DA CONCLUSÃO

Diante do exposto, requer que se digne Vossa Excelência **julgar extinto o feito**, sem julgamento do mérito, nos termos do artigo 267, inciso ____do Código de Processo Civil, tendo ...., ou, caso não seja este o entendimento, (b) **denegar a ordem**, uma vez demonstrada a fragilidade das alegações da inicial e, ainda a ausência de direito líquido e certo para fundamentar a concessão da segurança impetrada, impondo ao impetrante os ônus sucumbenciais cabíveis.

Termos em que pede deferimento.

Local ..., data...

____

Autoridade Coatora

____

Advogado ...

OAB ....

15.2. MODELO – PEDIDO DE SUSPENSÃO DE LIMINAR OU DE SEGURANÇA

EXCELENTÍSSIMO SENHOR DESEMBARGADOR PRESIDENTE DO EGRÉGIO TRIBUNAL REGIONAL FEDERAL DA ... REGIÃO.

A **UNIÃO FEDERAL**, por seu procurador, vem à presença de Vossa Excelência, com fundamento no art. 15 da Lei 12.016/09, promover o presente **PEDIDO DE SUSPENSÃO DE EXECUÇÃO DA LIMINAR** proferida nos autos do mandado de segurança impetrado por XXXXXXXX, contra ato do **XXXXXXXXX** (AUTORIDADE COATORA) – autos nº ___________, em trâmite perante a ____ Vara da ________ - pelos motivos de fato e direito que passa a expor.

I - DOS FATOS

Relatar o ocorrido até o momento.

II - DO DIREITO

1. Da lesão à ordem pública

(E/ou à saúde pública, à segurança pública, à economia pública.)

Explicar a repercussão da decisão no serviço público.

2. Do desacerto da decisão atacada

Embora em sede de pedido de suspensão não se possa avaliar o mérito da decisão concessiva da ordem, aferindo seu desacerto ou legalidade, a teor do que dispõe o artigo 15º da Lei 12.016/09, mister salientar que a decisão....

(Tratar da ilegalidade dela e reforçar a lesão à ordem pública...)

III – DO PEDIDO DE SUSPENSÃO

Nos elementos aqui trazidos demonstram estar presentes os requisitos para a concessão da suspensão dos efeitos da liminar.

Diante de todo o exposto resta demonstrado o risco à ordem pública que será proporcionado com a execução da decisão ora impugnada, razão pela qual requer a União Federal ______ requer que V. Exa. determine a suspensão da execução da liminar, (por exemplo: "permitindo-se o prosseguimento do processo de licitação nº ________ .....").

Termos em que pede deferimento.

Local ..., data....

Advogado ...

OAB ....

PEÇAS PROCESSUAIS – MODELOS COMPLEMENTARES

(vide tais modelos na página 229)

PRÁTICA TRIBUTÁRIA

Robinson Barreirinhas

EXERCÍCIOS PRÁTICOS

1. DEFINIÇÃO DE TRIBUTO E ESPÉCIES TRIBUTÁRIAS

(OAB/Exame Unificado – 2013.2 – 2ª fase) Baseado em uma efetiva hipótese de calamidade pública, o Presidente da República edita, em março de determinado ano, Medida Provisória instituindo empréstimo compulsório que passará a incidir a partir do mês subsequente. Indaga-se:

A) Pode o empréstimo compulsório pode ser instituído por Medida Provisória? (Valor: 0,65)

B) Qualquer que seja a resposta à questão anterior, deve o empréstimo compulsório observar o princípio da anterioridade? (Valor: 0,60)

A simples menção ou transcrição do dispositivo legal não pontua.

GABARITO COMENTADO – FGV

O candidato deverá, na essência, observar quanto às perguntas, o seguinte:

A) É negativa a resposta relativa à questão A. A Constituição da República veda, expressamente, a edição de Medida Provisória para dispor sobre matéria reservada à lei complementar (Art. 62, § 1º, inciso III). E os empréstimos compulsórios só podem ser instituídos por meio de lei complementar (CRFB, Art. 148).

B) Também é negativa a resposta à questão B. A observância ao princípio da anterioridade é expressamente excepcionada com relação aos empréstimos compulsórios instituídos por força de calamidade pública (CRFB, Art. 150, § 1º, conjugado com Art. 148, inciso I).

(OAB/Exame Unificado – 2013.1 – 2ª fase) A empresa "X", atuante na locação de veículos, questiona judicialmente a incidência da COFINS referente às operações de locação que realiza, que não constituiriam prestação de serviço.

Com base na hipótese apresentada, responda aos itens a seguir, utilizando os argumentos jurídicos apropriados e a fundamentação legal pertinente.

A) A locação de automóveis caracteriza prestação de serviço?(Valor: 0,55)

B) Há incidência de COFINS sobre as operações de locação de veículos? (Valor: 0,70)

A simples menção ou transcrição do dispositivo legal não pontua.

GABARITO COMENTADO – FGV

A) Não caracteriza. A locação de bens móveis não constitui uma prestação de serviços, mas disponibilização de um bem móvel para utilização do locatário. A locação de bens móveis não consta do rol de serviços da lista anexa à LC 116/03. Súmula Vinculante n. 31, do STF;

B) Sim. Súmula 423 do STJ: "A Contribuição para Financiamento da Seguridade Social – Cofins incide sobre as receitas provenientes das operações de locação de bens móveis.". A noção de receita ou faturamento, fato gerador da COFINS, vide Art. 195, I, b da CRFB, engloba as receitas advindas das operações de locação de bens móveis, posto tratar-se de receitas decorrentes da execução da atividade empresarial.

Distribuição dos pontos

Quesito Avaliado	Valores
A) Não é prestação de serviço (0,20);	0,00 / 0,20
Não consta do rol da lista da LC 116/03 **OU** Súmula vinculante 31 do STF (0,35).	0,00 / 0,35
B) Sim. Súmula 423 do STJ (0,30);	0,00 / 0,30
Art. 195, I, b. da CRFB **OU** LC 70/91 **OU** Lei 10833/03 (0,20);	0,00 / 0,20
A locação gera receita obtida através da execução de atividade desenvolvida pela empresa (0,20).	0,00 / 0,20

(OAB/Exame Unificado – 2012.2 – 2ª fase) Determinado Município instituiu, mediante lei, uma **Taxa de Instalação de Rede Elétrica**, tendo como contribuintes moradores de certo bairro que se encontravam desprovidos do serviço de iluminação pública.

Nesse caso, tal exação fiscal se compatibiliza com o ordenamento jurídico tributário em vigor? Justifique sua resposta, apontando todos os dispositivos legais pertinentes, ciente de que o fato gerador da taxa é a instalação de rede elétrica. (Valor: 1,25)

GABARITO COMENTADO – FGV

O gabarito proposto assinala como fundamental a referência ao art. 4º, inciso I, do CTN, o qual dispõe que a natureza jurídica específica do tributo é determinada pelo seu fato gerador. Como segundo quesito de avaliação, requer-se que o candidato saiba observar que a exação não é taxa, por não se tratar de serviço público específico e divisível, nos ternos dos artigos art. 145, II, da CRFB/88 ou art. 77 do CTN. Por fim, como sempre é ressaltado, registra-se que a mera pontuação de artigo não pontua.

Distribuição dos pontos

Quesito Avaliado	Valores
Art. 4º, inciso I, do CTN	0,00 / 0,40
Não se trata de taxa, havendo incompatibilidade com o disposto no ordenamento jurídico, já que o serviço público não é específico e divisível; (0,55) Art. 145, II, CRFB / 88 **OU** art. 77 do CTN (0,30) OBS.: A mera citação do artigo não pontua.	0,00 / 0,30 / 0,55 / 0,85

(OAB/Exame Unificado – 2011.2 – 2º fase) A Corta Pinheiro Ltda., empresa madeireira regularmente estabelecida e em dia com suas obrigações fiscais, recebeu, há pouco, boleto para pagamento de duas taxas: a Taxa de Controle e Fiscalização Ambiental (TCFA), instituída por lei federal, que confere ao Ibama poderes para controlar e fiscalizar atividades potencialmente poluidoras e utilizadoras de recursos naturais, que deve ser paga trimestralmente, e a Taxa de Conservação das Vias e Logradouros Públicos (TCVLP) do município onde a Corta Pinheiro Ltda. está sediada, esta com exação anual. Após uma breve pesquisa, o departamento jurídico da empresa atesta que, no último ano, o Ibama, apesar de manter o órgão de controle em funcionamento, não procedeu a qualquer fiscalização da empresa e que o município efetivamente mantém órgão específico responsável pela conservação das vias e logradouros públicos.

Com base no caso acima, responda aos itens a seguir, empregando os argumentos jurídicos apropriados e a fundamentação legal pertinente ao caso.

A) Qual é a principal diferenciação entre a natureza jurídica da TCFA e a TCVLP e como ela influencia o caso em tela? (Valor: 0,85)

B) As taxas são devidas? (Valor: 0,40)

RESOLUÇÃO DA QUESTÃO

A) A principal diferença entre os tributos é que a TCFA é taxa de fiscalização, decorrente do exercício de poder de polícia, enquanto a TCVLP é taxa pela prestação de serviço (embora a exigência, nesse caso, seja inconstitucional) – art. 145, II, da CF e art. 77 do CTN.

B) A TCFA é devida, pois há órgão de controle em funcionamento (atividade fiscalizatória efetiva), o que tem sido considerado suficiente pelo judiciário para a exigibilidade da taxa, ainda que o contribuinte, especificamente, não tenha sofrido fiscalização.

A TCVLP é inconstitucional, pois o serviço de conservação de vias e logradouros é indivisível (*uti universi*), ou seja, não é possível determinar quanto cada cidadão utiliza do serviço – art. 145, II, da CF e art. 79, III, do CTN. A jurisprudência é farta e pacífica nesse sentido.

Comentários adicionais

É importante lembrar que há apenas duas espécies de taxa no direito brasileiro, classificadas pelos respectivos fatos geradores: taxa pelo exercício do poder de polícia e taxa pela prestação de serviço público, conforme o art. 145, II, da CF:

> Art. 145. A União, os Estados, o Distrito Federal e os Municípios poderão instituir os seguintes tributos:
>
> (...)
>
> II - taxas, em razão do exercício do poder de polícia ou pela utilização, efetiva ou potencial, de serviços públicos específicos e divisíveis, prestados ao contribuinte ou postos a sua disposição;
>
> (...)

Somente os serviços públicos específicos e divisíveis, prestados *uti singuli*, permitem a cobrança de taxa. São aqueles em relação aos quais é possível identificar, ainda que aproximadamente, quanto cada usuário utilizou (por exemplo, serviço de coleta de lixo domiciliar).

Os serviços inespecíficos ou indivisíveis, prestados *uti universi*, ou seja, aqueles em relação aos quais não é possível quantificar a utilização por cada usuário, não admitem taxação (por exemplo, serviço de limpeza de logradouros públicos ou de iluminação pública).

As taxas pelo exercício do poder de polícia são as comumente designadas taxas de fiscalização.

Havia forte entendimento no sentido de que essa espécie de taxa somente poderia ser cobrada em caso de efetiva e específica fiscalização em relação ao contribuinte. Ou seja, a autoridade fiscalizadora teria que, efetivamente, analisar o caso do cidadão ou da empresa, para que fosse possível a cobrança contra esse contribuinte específico.

Com base nesse entendimento, o STJ afastava a exigência de taxa pela simples renovação de licenças, sem efetiva análise da situação do contribuinte pela autoridade fiscalizadora (Súmula 157/STJ).

Ocorre que, posteriormente, prevaleceu a jurisprudência do STF no sentido de que, para a cobrança da taxa de fiscalização é suficiente a existência de órgão administrativo que exercite o poder de polícia, ainda que sem específica atuação em relação a cada contribuinte:

> TAXA DE RENOVAÇÃO DE LICENÇA PARA LOCALIZAÇÃO, INSTALAÇÃO E FUNCIONAMENTO. INSTITUIÇÃO FINANCEIRA. INEXISTÊNCIA DE OFENSA AO ARTIGO 18, INCISO I, DA CONSTITUIÇÃO FEDERAL (E/C N. 1/69). O Supremo Tribunal Federal tem admitido a constitucionalidade da taxa de renovação anual de licença para localização, instalação e funcionamento de estabelecimentos comerciais e similares, desde que haja órgão administrativo que exercite o poder de policia do Município, e que a base de calculo não seja vedada. Recurso extraordinário não conhecido.
>
> (RE 115213/SP, Relator: Min. ILMAR GALVÃO, Primeira Turma, julgado em 13/08/1991, DJ 06-09-1991 PP-12036 EMENT VOL-01632-01 PP-00179 RTJ VOL-00137-02 PP-00882)

À luz dessa orientação da Suprema Corte, o STJ cancelou a citada Súmula 157.

GABARITO COMENTADO – FGV

A questão versa sobre duas espécies de taxas – aquela relativa ao exercício do poder de polícia e a taxa de serviço público.

O STF tema entendimento pacificado da desnecessidade da vistoria ou fiscalização "porta a porta" para a cobrança da taxa relativa ao exercício do poder de polícia.

Para o Pretório Excelso basta a existência do órgão competente na estrutura do ente federativo que exercite o poder de polícia, que não se restringe a atos fiscalizadores, mas compreende qualquer ato necessário para atestar a conformidade da atuação do contribuinte às normas ambientais, no caso em tela. Deste modo, a TCFA é devida.

Já em relação à TCVLP, o CTN exige que a possibilidade da exação encontre fundamento somente quando o serviço público prestado for específico e divisível o que não confere com a essência da TCVLP que, portanto, é indevida.

Distribuição dos pontos

Item	Pontuação
TCFA – Taxa De Fiscalização / Exercício do poder de polícia TCVLP – Taxa De Serviço (0,55) Taxas sujeitas a regime jurídico diverso OU referendar nos artigos 145, II, da CRFB OU 77 OU 78 OU 79 do CTN (0,30)	0 / 0,30 / 0,55 / 0,85
TCFA é devida em função do exercício do poder de polícia. (0,20) TCVLP é indevida por ser serviço público indivisível. (0,20)	0 / 0,20 / 0,40

(OAB/Exame Unificado – 2010.3 – 2° fase) Município situado na região XYZ do Brasil realizou serviços e obras de rede de água potável e esgoto de certo bairro, durante o primeiro semestre de 2010, o que resultou na valorização de 100 (cem) imóveis da região. O custo total da obra correspondeu a R$ 3.500.000,00 (três milhões e quinhentos mil reais). Com isso, o Município editou Decreto, em 02/09/2010, a fim de disciplinar a instituição e cobrança de contribuição de melhoria incidente sobre os imóveis alcançados pela valorização imobiliária em questão. A municipalidade, para efetuar a respectiva cobrança, considerou somente a diferença entre o valor venal dos referidos imóveis antes da realização das obras e seu valor venal ao término das obras públicas, com base no cadastro do IPTU local. Em 10/10/2010, os contribuintes foram notificados, mediante recebimento de cobrança, para, no prazo máximo de 30 (trinta) dias, efetuarem o pagamento da referida exação fiscal.

Com base nesse cenário, responda aos itens a seguir, empregando os argumentos jurídicos apropriados e a fundamentação legal pertinente ao caso.

A) Discuta a correção da cobrança da exação, como realizada pela municipalidade, justificando com base na legislação e sua interpretação. (Valor: 0,5)

B) Analise o cálculo feito pela municipalidade para encontrar o valor devido pelos contribuintes, esclarecendo se é compatível com a legislação em vigor. (Valor: 0,5)

RESOLUÇÃO DA QUESTÃO

A) A contribuição de melhoria é uma espécie de tributo (art. 145, III, da CF), sujeitando-se aos princípios da irretroatividade, da legalidade e da anterioridade (art. 150, I e III, *a, b* e *c*, da CF), todos violados pela exação descrita.

De fato, somente por lei seria possível instituir o tributo, jamais por decreto do executivo (legalidade).

Ademais, se a valorização imobiliária ocorreu no primeiro semestre de 2010, não haveria como norma publicada posteriormente, em setembro de 2010, instituir tributo em relação a evento pretérito (irretroatividade).

Finalmente, a cobrança seria possível somente a partir de 1.1.2011 (anterioridade anual).

Quanto ao procedimento para a instituição do empréstimo compulsório, não se observou o disposto no art. 82 do CTN, que prevê publicação prévia de memorial descritivo do projeto, orçamento da obra e outros elementos que permitam a análise prévia do impacto financeiro a ser arcado pelos contribuintes, com fixação de prazo não inferior a 30 dias para impugnação.

B) O cálculo do valor devido pelos contribuintes, realizado pelo Município, não é compatível com a legislação, pois é preciso aferir efetivamente a valorização imobiliária observada em relação a cada imóvel, não sendo suficiente o simples cotejo entre as bases de cálculo apuradas para fins de IPTU antes e depois da obra.

Ademais, o art. 81 do CTN prevê dois limites para a cobrança: o individual e o total.

Ainda que tenham sido apuradas as valorizações de 100 imóveis, não é possível a cobrança em montante total superior ao valor da obra (limite total).

Comentários adicionais

Há algum debate doutrinário a respeito da existência de limite total para a cobrança da contribuição de melhoria, pois a Constituição atual não faz referência a ele.

A jurisprudência é, entretanto, pacífica quanto à subsistência de ambos os limites (individual e total) previstos no art. 81 do CTN.

Em relação à instituição da contribuição de melhoria, a leitura atenta dos requisitos do art. 82 do CTN permite afirmar que seu cumprimento e, portanto, a cobrança do tributo é bastante difícil. De fato, são poucas as exações que passam pelo crivo do judiciário.

Ademais, entende-se que a contribuição de melhoria cabe somente em caso de obra nova, não em relação às obras de manutenção ou reparação de equipamento público já existente.

Finalmente, no que se refere à apuração da valorização imobiliária atinente a cada imóvel, o STJ não admite apenas a projeção genérica prevista no art. 82, I, do CTN, publicada previamente.

Não se aceita, muito menos, o simples rateio do custo da obra pelo número de imóveis próximos.

É preciso que a valorização imobiliária seja específica e efetivamente apurada após a realização da obra:

> TRIBUTÁRIO - PROCESSO CIVIL - CONTRIBUIÇÃO DE MELHORIA - VALORIZAÇÃO IMOBILIÁRIA - BASE DE CALCULO PRESUMIDA - ÔNUS DA PROVA - FAZENDA PÚBLICA - ARTS. 81 E 82 DO CTN E ART. 1º DO DECRETO-LEI 195/67 - VIGÊNCIA.
>
> 1. O valor a ser pago a título de contribuição de melhoria deve corresponder à valorização do imóvel, decorrente da obra realizada, observados os limites do art. 81 do CTN.
>
> 2. Compete à Fazenda Pública demonstrar a base de cálculo da contribuição de melhoria (valorização do imóvel) em decorrência da obra pública, afastando-a de qualquer resquício confiscatório, como se daria na sua cobrança com base de cálculo presumida.
>
> 3. Agravo regimental não provido.
>
> (AgRg no Ag 1190553/RS, Rel. Ministra ELIANA CALMON, SEGUNDA TURMA, julgado em 17/08/2010, DJe 26/04/2011)

Na prática, a contribuição de melhoria é pouco utilizada como ferramenta de arrecadação tributária, existindo quase que exclusivamente contribuições relativas a asfaltamento de vias públicas, sendo que, com dito anteriormente, muitas delas caem no judiciário por descumprimento das normas que regem a exação.

GABARITO COMENTADO – FGV

a) A questão envolve a aplicação do princípio da **legalidade** previsto no art. 150, I, da CRFB/88, bem como o princípio da **anterioridade tributária**, constante no art. 150, III, "b" e "c", da CRFB/88. Nessa linha, o candidato deverá identificar que a lei seria o veículo adequado para instituição e cobrança da contribuição de melhoria (art. 97, I, do CTN), o que restou não observado pelo Poder Executivo ao instituí-la mediante simples edição de decreto, violando, frontalmente, os princípios da legalidade e da anterioridade tributária.

Ademais, o candidato deverá mencionar os **arts. 81 e 82 do CTN**, visto que tais dispositivos legais impõem determinados requisitos prévios para a instituição e cobrança da referida exação fiscal que não foram observados pelo Poder Executivo local.

b) Não. O candidato deverá identificar que o fato gerador da contribuição de melhoria é a valorização imobiliária decorrente da obra pública, o que ocorreu, no caso descrito, em relação aos 100 (cem) imóveis em questão, porém o art. 81 do CTN estabelece dois limites para a cobrança: um individual e outro local. O limite individual deverá se ater à valorização individual de cada imóvel, e o limite total refere-se ao custo total das obras, isto é, a somatória das contribuições cobradas de cada proprietário não poderá exceder o limite total do custo da obra correspondente a R$ 3.500.000,00.

Desse modo, o candidato deverá identificar que o custo total da obra sequer foi levado em consideração pelo Poder Executivo local, infringindo, portanto, o disposto previsto no art. 81 do CTN.

Distribuição dos pontos

Item	Pontuação
Violação do princípio da legalidade (art. 150, I, da CRFB OU art. 97 do CTN)	0,25
Violação do princípio da anterioridade tributária (art. 150, III, "b" e "c", da CRFB/88)	0,25
Violação do artigo 81 do CTN	0,25
Violação do artigo 82 do CTN OU do Decreto 195/67	0,25

(OAB/Exame Unificado – 2010.1 – 2ª fase) O município de Abaeté instituiu taxa de limpeza urbana, a ser exigida em conjunto com o IPTU, de todos os proprietários de imóveis situados nos limites territoriais do município, para fazer frente às despesas com a limpeza de logradouros públicos. Um dos proprietários de imóveis naquela localidade, Lino A., sentiu-se prejudicado com a cobrança, ao receber o boleto de pagamento do IPTU e da taxa de limpeza urbana com os valores de R$ 1.650,00 e de R$ 450,00, respectivamente. Em razão da cobrança da referida taxa, Lino A. resolveu procurar auxílio de profissional da advocacia, para livrar-se do encargo.
Em face dessa situação hipotética, apresente os fundamentos jurídicos em defesa dos interesses de Lino A.

RESOLUÇÃO DA QUESTÃO

O sistema tributário brasileiro admite a cobrança de apenas duas espécies de taxas: pelo exercício do poder de polícia e pela prestação de serviço público específico e divisível, conforme indicado no art. 145, II, da CF:

> Art. 145. A União, os Estados, o Distrito Federal e os Municípios poderão instituir os seguintes tributos:
>
> (...)
>
> II - taxas, em razão do exercício do poder de polícia ou pela utilização, efetiva ou potencial, de serviços públicos específicos e divisíveis, prestados ao contribuinte ou postos a sua disposição;
>
> (...)

A taxa pela prestação de serviço público somente pode ser cobrada em relação a serviços específicos e divisíveis, vale dizer, serviços cuja prestação pode ser identificada e quantificada de modo individualizado, em relação ao tomador (= serviços *uti singuli*), conforme definido pelo art. 79, II e III, do CTN:

> Art. 79. Os serviços públicos a que se refere o artigo 77 consideram-se:
>
> (...)
>
> II - específicos, quando possam ser destacados em unidades autônomas de intervenção, de unidade, ou de necessidades públicas;
>
> III - divisíveis, quando suscetíveis de utilização, separadamente, por parte de cada um dos seus usuários.

Por exemplo, o serviço de coleta de lixo é *uti singuli*, pois é possível, em tese, identificar quanto cada contribuinte aproveitou dos serviços (quanto lixo foi coletado em relação a cada indivíduo), permitindo a cobrança de taxa na forma da legislação local, conforme o disposto na Súmula Vinculante 19 do STF.

Entretanto, não é possível a cobrança de taxa em relação àqueles serviços públicos que não permitem a identificação e a quantificação em relação a cada usuário (= serviços *uti universi*).

É exatamente o caso em análise, de limpeza de logradouros públicos, pois é impossível determinar quanto cada contribuinte foi individualmente beneficiado pela varrição de ruas e praças públicas.

Assim, o Município de Abaeté não pode exigir de Lino A. taxa pela prestação do serviço de limpeza dos logradouros, sendo indevida, portanto, a cobrança dos R$ 450,00.

Lino A. pode simplesmente deixar de pagar a taxa e, em caso de execução, apresentar exceção de pré-executividade (Súmula 393/STJ) ou embargos.

Caso queira se antecipar à cobrança, pode impetrar mandado de segurança ou propor ação anulatória.

Finalmente, se a forma de cobrança adotada pelo Município impedir o pagamento do IPTU devido sem o recolhimento conjunto da taxa, é possível consignar o valor do imposto em juízo, nos termos do art. 164, I, do CTN.

Comentários adicionais

O leitor deve ter percebido que essa matéria (taxa de serviços, especificamente de limpeza e coleta de lixo) é recorrente nos exames da OAB. É interessante estudar bem e conhecer as principais Súmulas relacionadas:

> STF – Vinculante 29. É constitucional a adoção, no cálculo do valor de taxa, de um ou mais elementos da base de cálculo própria de determinado imposto, desde que não haja integral identidade entre uma base e outra.
>
> STF – Vinculante 19. A taxa cobrada exclusivamente em razão dos serviços públicos de coleta, remoção e tratamento ou destinação de lixo ou resíduos provenientes de imóveis, não viola o artigo 145, II, da constituição federal.

TRIBUTÁRIA

Veja também um precedente do STF exemplificativo da jurisprudência contrária à cobrança de taxa de limpeza urbana:

> EMENTA: AGRAVO REGIMENTAL NO AGRAVO DE INSTRUMENTO. TRIBUTÁRIO. IMUNIDADE. IMPOSTO PREDIAL E TERRITORIAL URBANO - IPTU. LOCAÇÃO DE IMÓVEL. INCIDÊNCIA DA SÚMULA 724 DO SUPREMO TRIBUNAL FEDERAL. INCONSTITUCIONALIDADE DA COBRANÇA TAXA DE LIMPEZA PÚBLICA. AGRAVO REGIMENTAL AO QUAL SE NEGA PROVIMENTO.
>
> (...)
>
> 2. A jurisprudência do Supremo Tribunal Federal firmou-se no sentido da inconstitucionalidade da cobrança da Taxa de Limpeza Pública quando vinculada a serviços de caráter universal e indivisível. Precedente do Plenário.
>
> (AI 529.280-MG AgR, Relator(a): Min. Cármen Lúcia, Primeira Turma, j. 13/10/2009, DJe-213)

GABARITO COMENTADO – CESPE

O fato gerador da taxa é a prestação de serviço público, específico e divisível, efetivamente prestado ao contribuinte ou colocado à sua disposição. Por outro lado, deve-se registrar que somente é viável a instituição de taxa nas hipóteses de serviços públicos qualificados como específicos e divisíveis, assim entendidos aqueles que podem ser (i) destacados em unidade de medida e (ii) atribuíveis a um único titular. Contudo, o serviço de limpeza urbana não preenche tais requisitos legais, reputando-se, portanto, inválido.

Fundamento legal para a resposta: CTN, arts. 77 e 79.

Observação para a correção: atribuir pontuação integral às respostas em que esteja expresso o conteúdo do dispositivo legal, ainda que não seja citado, expressamente, o número do artigo.

(OAB/Exame Unificado – 2008.3 – 2ª fase) Considere que determinado ente da Federação crie taxa de registro empresarial cujo fato gerador seja o cadastramento dos atos constitutivos da empresa no respectivo órgão de registro de comércio e cuja base de cálculo seja o capital da empresa, sendo a respectiva alíquota de 0,001%. A taxa deve ser paga tanto no registro do ato constitutivo quanto nas alterações contratuais. Nessa situação, a referida taxa atende aos requisitos normativos? Fundamente sua resposta.

RESOLUÇÃO DA QUESTÃO

Somente o ente competente para realizar o cadastramento, ou para fiscalizar a providência, poderá cobrar a taxa correspondente. Essa é uma consideração importante para a correta análise do tributo, embora a questão não informe qual ente da Federação (União, Estado, Distrito Federal ou Município) criou a taxa.

De qualquer forma, toda base de cálculo deve ter relação com o fato gerador do tributo correspondente, quantificando-o, de certa forma.

Assim, a taxa pelo exercício do poder de polícia deve ter uma base de cálculo que tenha relação com o custo da fiscalização. A taxa pela prestação de serviço, de modo semelhante, deve apresentar base de cálculo relacionada com o custo incorrido pelo Poder Público para oferecer esse serviço.

Percebe-se que o capital da empresa não tem relação com a atividade estatal, de modo que não é base de cálculo apta a quantificar a taxa. Pode, em tese, ser base de cálculo de imposto, não de taxa (art. 145, § 2º, da CF).

Nesse sentido, o art. 77, parágrafo único, *in fine*, do CTN veda expressamente o cálculo da taxa "em função do capital das empresas".

A exação é, portanto, inválida.

Comentários adicionais

O ponto essencial nesta questão, que deve necessariamente ser abordado, é a base de cálculo das taxas e a vedação do art. 77, parágrafo único, *in fine*, do CTN.

(OAB/Exame Unificado – 2007.1 – 2ª fase) O município de Árvore Verde levou a efeito vultosa obra pública de construção de um campo de desporto, o que ensejou o acréscimo do valor de quinze imóveis, cada um deles valorizado, individualmente, no importe de R$ 5.000,00. O custo da obra foi estimado em R$ 55.000,00. Diante disso, o município cobrou de cada um dos proprietários dos imóveis valorizados o valor de R$ 5.000,00. Joaquim, proprietário e locador de um dos imóveis valorizados, incluiu, no contrato de locação, cláusula em que aumentava o valor do aluguel em cerca de 20% do valor anual da contribuição de melhoria efetivamente paga. Em face dessa situação hipotética, argumente, de modo fundamentado, sobre a legalidade da cobrança da contribuição de melhoria pelo município de Árvore Verde e sobre a majoração do valor do aluguel em razão do contrato de locação do imóvel de Joaquim.

RESOLUÇÃO DA QUESTÃO

Embora haja debate doutrinário, a jurisprudência dominante entende que o limite total para a contribuição de melhoria, previsto no art. 81 do CTN, foi recepcionado pela atual constituição.

Assim, o Poder Público não pode exigir dos contribuintes montante total superior ao custo da obra (= limite total), que foi estimado em R$ 55 mil.

O caso descrito na questão implica cobrança de R$ 75 mil (= R$ 5 mil X 15 imóveis), o que ultrapassa o limite total e, portanto, é irregular.

Considerando que a valorização foi idêntica para todos os 15 imóveis, o Município de Árvore Verde poderá cobrar, em tese, até R$ 3,666 mil em relação a cada imóvel (= R$ 55 mil ÷ 15 imóveis), desde que atendidos os demais requisitos para a exigência do tributo (ver art. 82 do CTN).

Quanto à inclusão do valor da exação no aluguel, não se trata de relação tributária (regida, permitida ou autorizada pelo direito tributário). Isso porque contribuinte do tributo é Joaquim (o proprietário do imóvel), não o locatário, já que o acordo entre particulares não altera a sujeição passiva (art. 123 do CTN).

Assim, a modificação feita por Joaquim no contrato de locação não tem relação com a tributação, nem encontra respaldo na legislação específica.

O art. 8º, § 2º, do DL 195/1967 prevê que "No imóvel locado é lícito ao locador exigir aumento de aluguel correspondente a 10% (dez por cento) ao ano da Contribuição de Melhoria efetivamente paga".

A vigência desse dispositivo é questionável, à luz da normatização específica das locações, mas, de qualquer forma, não seria possível, com base nele, majorar o valor do aluguel em 20% da contribuição paga no ano.

Assim, caso não haja concordância do locatário ou reajuste na forma da legislação cível, o aumento será inválido.

Comentários adicionais

Os pontos essenciais nesta questão, que devem necessariamente ser abordados, são os limites para a cobrança da contribuição de melhoria – individual e total – e a sujeição passiva.

Em se tratando de contribuição de melhoria, é sempre interessante estudar, além dos dispositivo do CTN (arts. 81 e 82), também o DL 195/1967.

(OAB/Exame Unificado – 2006.2 – 2ª fase) Determinado município do estado do Tocantins editou lei instituindo duas taxas. A primeira, taxa de coleta de lixo e limpeza pública, em razão da prestação de serviços de limpeza de logradouros públicos e de coleta domiciliar de lixo. A segunda, pela conservação e manutenção de vias públicas. Em face da situação hipotética apresentada, responda se a instituição das taxas de coleta de lixo e limpeza pública e de conservação e manutenção de vias públicas se coaduna com a lei e com a jurisprudência que versam sobre o tema. Disserte, ainda, acerca da distinção entre taxa de polícia e taxa de serviço. Extensão máxima: 30 linhas

RESOLUÇÃO DA QUESTÃO

O sistema tributário brasileiro admite a cobrança de apenas duas espécies de taxas: pelo exercício do poder de polícia e pela prestação de serviço público específico e divisível, conforme indicado no art. 145, II, da CF:

> Art. 145. A União, os Estados, o Distrito Federal e os Municípios poderão instituir os seguintes tributos:
>
> (...)
>
> II - taxas, em razão do exercício do poder de polícia ou pela utilização, efetiva ou potencial, de serviços públicos específicos e divisíveis, prestados ao contribuinte ou postos a sua disposição;
>
> (...)

O exercício do poder de polícia, que dá ensejo à exação, corresponde à "atividade da administração pública que, limitando ou disciplinando direito, interesse ou liberdade, regula a prática de ato ou abstenção de fato, em razão de interesse público concernente à segurança, à higiene, à ordem, aos costumes, à disciplina da produção e do mercado, ao exercício de atividades econômicas dependentes de concessão ou autorização do Poder Público, à tranquilidade pública ou ao respeito à propriedade e aos direitos individuais ou coletivos" (art. 78 do CTN).

Em geral, essa taxa confunde-se com a cobrança pela fiscalização do Poder Público em relação a determinada atividade do particular (por exemplo, taxa de instalação e funcionamento de estabelecimento empresarial).

A taxa pela prestação do serviço público, por sua vez, somente pode ser cobrada em relação a serviços específicos e divisíveis, vale dizer, serviços cuja prestação pode ser identificada e quantificada de modo individualizado, em relação ao tomador (= serviços *uti singuli*). Por exemplo, o serviço de coleta de lixo é *uti singuli*, pois é possível, em tese, identificar quanto cada contribuinte aproveitou do serviços (quanto lixo foi coletado em relação a cada indivíduo).

Entretanto, não é possível a cobrança de taxa em relação àqueles serviços públicos que não permitem a identificação e quantificação em relação a cada usuário (= serviços *uti universi*). Por exemplo, é impossível determinar quanto cada contribuinte foi individualmente beneficiado pela varrição de ruas e praças públicas, ou pela iluminação pública.

Assim, na hipótese descrita na questão, somente é possível a cobrança da taxa em relação ao serviço de coleta de lixo (= *uti singuli*), conforme a Súmula Vinculante 19 do STF. A exigência em relação aos serviços de limpeza e manutenção de logradouros (= *uti universi*) é inconstitucional.

Comentários adicionais

Os pontos essenciais nesta questão, que devem necessariamente ser abordados, são os fatos geradores das taxas e a impossibilidade de cobrança no caso de serviços prestados *uti universi*. As transcrições e os exemplos são para facilitar o entendimento do estudante, mas são dispensáveis para a resposta.

O entendimento quanto à validade das taxas de coleta de lixo e à invalidade das taxas de limpeza pública foi consolidado pelo Supremo Tribunal Federal no julgamento em repercussão geral do RE 576.321/SP (j. 4.12.2008, DJe 12.2.2009). Transcrevemos trecho do voto-condutor proferido pelo Ministro Ricardo Lewandowski (relator):

> Decorre daí que as taxas cobradas em razão exclusivamente dos serviços públicos de coleta, remoção e tratamento ou destinação de lixo ou resíduos provenientes de imóveis são constitucionais, ao passo que é inconstitucional a cobrança de valores tidos como taxa em razão de serviços de conservação e limpeza de logradouros públicos.

Esse é o teor da Súmula Vinculante 19: "A taxa cobrada exclusivamente em razão dos serviços públicos de coleta, remoção e tratamento ou destinação de lixo ou resíduos provenientes de imóveis, não viola o artigo 145, II, da constituição federal."

Ademais, a Suprema Corte adotou posicionamento menos rígido em relação à base de cálculo da taxa, conforme o disposto na Súmula Vinculante 29: "É constitucional a adoção, no cálculo do valor de taxa, de um ou mais elementos da base de cálculo própria de determinado imposto, desde que não haja integral identidade entre uma base e outra."

(OAB/Exame Unificado – 2006.1 – 2ª fase) Município localizado no sul do Brasil levou a efeito o recapeamento asfáltico de certa avenida municipal, o que resultou na valorização de cerca de 25 imóveis da região. O custo da obra foi equivalente a R$ 450.000,00. Considerando a situação hipotética apresentada, redija um texto acerca da possibilidade de cobrança da contribuição de melhoria, destacando os requisitos necessários à exigência dessa exação, principalmente quanto aos limites. Extensão máxima: 60 linhas

RESOLUÇÃO DA QUESTÃO

A contribuição de melhoria é uma das espécies tributárias listadas no art. 145 da CF:

> Art. 145. A União, os Estados, o Distrito Federal e os Municípios poderão instituir os seguintes tributos:
>
> (...)
>
> III - contribuição de melhoria, decorrente de obras públicas.
>
> (...)

O fato gerador é a valorização imobiliária decorrente da obra pública.,

Há forte entendimento doutrinário e precedentes jurisprudenciais no sentido de que o recapeamento asfáltico é simples manutenção de bem público que não acarreta valorização imobiliária. Por essa ótica, não seria possível a cobrança de contribuição de melhoria.

Entretanto, o relato dos fatos deixa claro que, no caso, ocorreu efetivamente valorização imobiliária em relação a 25 imóveis da região. Partindo dessa premissa inafastável, é possível a cobrança municipal, desde que atendidos os requisitos legais.

O art. 81 do CTN indica que há dois limites para a cobrança: um individual e outro total:

> Art. 81. A contribuição de melhoria cobrada pela União, pelos Estados, pelo Distrito Federal ou pelos Municípios, no âmbito de suas respectivas atribuições, é instituída para fazer face ao custo de obras públicas de que decorra valorização imobiliária, tendo como limite total a despesa realizada e como limite individual o acréscimo de valor que da obra resultar para cada imóvel beneficiado.

O Município poderá cobrar, de cada um dos proprietários dos 25 imóveis, até o montante correspondente à valorização do bem (limite individual). Por exemplo, se o imóvel de João valorizou-se R$ 20 mil por conta da obra, esse é o limite que poderá, em tese, ser cobrado dele a título de contribuição de melhoria.

Ademais, como o custo da obra foi de R$ 450 mil reais (limite total), a somatória das contribuições cobradas de cada proprietário não poderá exceder esse montante. Por exemplo, na hipótese de todos os 25 imóveis terem se valorizado igualmente, em R$ 20 mil cada, não será possível o Município cobrar esse montante de todos os proprietários, pois o total seria de R$ 500 mil (R$ 20 mil X 25 imóveis = R$ 500 mil – superior ao valor da obra, portanto). No máximo, poderá ser cobrado R$ 18 mil em relação a cada imóvel (R$ 18 mil X 25 imóveis = R$ 450 mil), respeitando-se, assim, o limite total.

Finalmente, não se pode esquecer que a contribuição de melhoria é espécie de tributo e, portanto, sujeita aos princípios da legalidade e da anterioridade, entre outros.

Dessa forma, para que seja possível a cobrança da exação, é necessária previsão em lei municipal, aprovada no exercício anterior ao da ocorrência do fato gerador (de modo geral, a lei deve ser aprovada no ano anterior ao da realização da obra).

O art. 82 do CTN prevê exigências muito específicas em relação a essa lei, que deverá apresentar memorial descritivo, orçamento do custo da obra, indicação da parcela a ser financiada pela contribuição, delimitação da zona beneficiada e o fator do benefício (que permitirá calcular a valorização individual, em relação a cada imóvel). Muito importante, deverá ser fixado prazo, não inferior a 30 dias, para impugnação pelos interessados.

Esses são, portanto, os requisitos gerais para que o Município exija a contribuição de melhoria.

Comentários adicionais

Perceba que os precedentes jurisprudenciais dos Tribunais Superiores, que afastam a contribuição de melhoria no recapeamento asfáltico, partem das premissas fáticas fixadas pelas instâncias ordinárias, no sentido de que não houve comprovação de valorização imobiliária decorrente da obra (o STJ e o STF não podem, em Recursos Especiais e Extraordinários, rever essas premissas fáticas).

É possível, em tese, que determinado município comprove, inequivocamente, que sua obra acarretou valorização imobiliária, o que viabilizaria a cobrança. Lembre-se que o candidato deve se ater aos fatos narrados pelo examinador que, na presente pergunta, consignou expressamente que houve valorização imobiliária em relação a 25 imóveis.

Nesse Exame de 2006 havia até 60 linhas para a resposta. Atente-se para o espaço disponível em sua prova e ajuste-se a ele, focando os pontos essenciais de maneira clara e direta. Os pontos essenciais nesta questão, que devem necessariamente ser abordados, são o fato gerador da contribuição de melhoria e a dupla limitação para a cobrança – limite total e limite individual. As transcrições e os exemplos são para facilitar o entendimento do estudante, mas são dispensáveis para a resposta.

2. COMPETÊNCIA TRIBUTÁRIA E IMUNIDADES

(OAB/Exame Unificado – 2013.3 – 2ª fase) Determinada instituição de educação sem fins lucrativos foi autuada pelo Estado "X", em razão do descumprimento de obrigação acessória prevista na legislação estadual. No caso, a obrigação acessória consistia em manter o livro de registro do imposto sobre serviços de qualquer natureza (ISSQN). Em sua defesa administrativa, a entidade sustentou que, por gozar de imunidade tributária, nos termos do Art. 150, inciso VI, alínea "c", da Constituição da República, e por não ser contribuinte do ISSQN, não estava obrigada a manter o livro de registro do referido imposto. A tese sustentada na defesa apresentada pela entidade imune é procedente? Responda de forma fundamentada. (Valor: 1,25)

GABARITO COMENTADO – FGV

A obrigação tributária acessória, nos termos do Art. 113, § 2º do CTN, tem por objeto as prestações, positivas ou negativas, previstas no interesse da arrecadação ou da fiscalização dos tributos. Ou seja, o objetivo das obrigações tributárias acessórias é conferir meios para que a Administração Tributária possa fiscalizar o devido cumprimento de uma obrigação principal (de pagar o tributo).

Diferentemente do que ocorre no Direito Privado, a obrigação tributária acessória não depende da existência de uma obrigação tributária principal nem a ela se subordina. A referida "acessoriedade" decorre desse caráter instrumental dessa espécie de obrigação, para fins de controle do cumprimento da obrigação principal. São deveres instrumentais autônomos em relação à obrigação principal, estabelecidos com a finalidade de viabilizar a fiscalização do cumprimento das obrigações principais. Assim, obrigação tributária acessória é autônoma em relação à obrigação principal, como se pode verificar no Art. 175, parágrafo único, e no Art. 194, parágrafo único, todos do CTN. Em razão dessa autonomia, os efeitos da imunidade podem restringir-se às obrigações tributárias principais, não dispensando a entidade imune de cumprir obrigações acessórias eventualmente previstas na legislação, conforme estabelece o Art. 9º, inciso IV, alínea "c", c/c Art. 14, inciso III, todos do CTN. Assim, no caso em tela, em razão de previsão legal, a imunidade tributária da instituição de educação não dispensava a obrigação de manter livro de registro do imposto sobre serviços de qualquer natureza (ISSQN). Portanto, a tese apresentada na defesa da instituição imune é improcedente.

Distribuição dos pontos

Item	Pontuação
Não, a obrigação tributária acessória não depende da existência de uma obrigação principal, nem a ela se subordina (0,40), razão pela qual a entidade imune deve cumprir obrigações acessórias eventualmente previstas na legislação (0,60), conforme estabelece Art. 150, inciso VI, alínea "c", da Constituição da República (0,15) c/c Art. 14, inciso III, ou Art. 113, § 2º, do CTN. (0,10). Obs.: A tese desenvolvida pela entidade imune pode ser considerada procedente, pois o Estado não teria legitimidade para instituir e exigir obrigação acessória com relação a um tributo de competência municipal, (0,40) tendo em vista que as obrigações acessórias são instituídas no interesse da fiscalização dos tributos de competência do Ente competente para sobre elas legislar (0,60), com indicação do art. 156, da CR88 (0,15) c/c art. 113, § 2º, do CTN) (0,10).	0,00/0,40/0,50/0,55/0,60/ 0,65/0,70/0,75/0,85/1,00/1,10/1,15/ 1,25

(OAB/Exame Unificado – 2013.2 – 2ª fase) A União, com o objetivo de financiar projetos de eletrificação rural, edita lei instituindo Contribuição de Intervenção no Domínio Econômico que tem como fato gerador a propriedade de imóvel rural ao longo do exercício financeiro. A base de cálculo é o valor venal do imóvel, e a alíquota é de 0,1%.

Diante da hipótese, analise a competência tributária para instituição da contribuição e os aspectos de seu fato gerador, notadamente a base de cálculo e o aspecto material. (Valor: 1,25)

A simples menção ou transcrição do dispositivo legal não pontua.

GABARITO COMENTADO – FGV

O candidato deverá observar que a União Federal, de acordo com o estabelecido no Art. 149, da CF/88, tem competência para instituir Contribuições de Intervenção no Domínio Econômico. O fomento é uma forma de intervenção do Estado na economia, havendo referibilidade entre os contribuintes e o fato gerador da CIDE.

Não há como falar em violação ao Art. 154, I, da Constituição Federal, por conta do fato gerador igual ao do ITR, uma vez que os requisitos apontados no dispositivo alcançam somente os impostos.

No entanto, a lei é inconstitucional no tocante à base de cálculo (valor da propriedade) que não está inserida na alínea "a" do inciso III do § 2º, do Art. 149, "d", da Constituição Federal.

(OAB/Exame Unificado – 2013.1 – 2ª fase) O Sindicato dos Trabalhadores Rurais de determinada cidade entrou com ação na Vara de Fazenda Pública, impugnando a cobrança de IPTU sobre lojas de sua propriedade, situadas na área urbana do mesmo município, alegando e comprovando, que os valores recebidos a título de aluguéis, estavam sendo utilizados nas suas atividades essenciais.

O Município em sua defesa, alega que os Sindicatos devem sustentar suas atividades com a contribuição sindical recebida e também que a própria cobrança de aluguel já evidencia a hipótese de restrição da imunidade prevista no Artigo 150, § 4º, da Constituição Federal, por não ser finalidade essencial da entidade.

Com base no caso apresentado, assiste razão ao Sindicato? Justifique sua resposta com base na Jurisprudência dos Tribunais Superiores.

A simples menção ou transcrição do dispositivo legal não pontua.

GABARITO COMENTADO – FGV

A) Aplica-se no caso concreto a imunidade prevista no Artigo 150, VI, "c" da CF, uma vez que este dispositivo não faz ressalva quanto à natureza do patrimônio (rural ou urbano) das entidades indicadas, dentre elas, os sindicatos. O fato de haver receitas oriundas de aluguéis em imóveis urbanos, não inviabiliza que tais valores possam ser usados nas atividades essenciais de tais entidades.

B) Súmula 724 do Supremo Tribunal Federal – ainda quando alugado a terceiros, permanece imune ao IPTU o imóvel pertencente a qualquer das entidades referidas pelo art. 150, VI, "c", da Constituição, desde que o valor dos aluguéis seja aplicado nas atividades essenciais de tais entidades.

Distribuição dos pontos

Quesito Avaliado	Valores
Assiste razão ao Sindicato (0,25). A receita de aluguéis não desnatura a imunidade do Art. 150, VI, "c", da CF (0,60)	0,00 / 0,25 / 0,60 / 0,85
Súmula 724 do STF ou citação do teor do enunciado (0,40)	(0,00 / 0,40)

(OAB/Exame Unificado – 2009.1 – 2ª fase) Considere que determinada instituição educacional sem fins lucrativos tenha sido notificada pelo fisco pela cobrança de imposto de renda sobre as mensalidades, dado o elevado valor destas. Nessa situação hipotética, a referida instituição educacional é sujeito passivo do imposto de renda? Que argumentos ela pode apresentar? Fundamente ambas as respostas.

RESOLUÇÃO DA QUESTÃO

As entidades educacionais sem fins lucrativos são imunes, nos termos do art. 150, VI, *c*, da CF, desde que atendam os requisitos do art. 14 do CTN:

> Art. 14. O disposto na alínea c do inciso IV do artigo 9º é subordinado à observância dos seguintes requisitos pelas entidades nele referidas:
>
> I – não distribuírem qualquer parcela de seu patrimônio ou de suas rendas, a qualquer título;
>
> II – aplicarem integralmente, no País, os seus recursos na manutenção dos seus objetivos institucionais;
>
> III – manterem escrituração de suas receitas e despesas em livros revestidos de formalidades capazes de assegurar sua exatidão.
>
> § 1º Na falta de cumprimento do disposto neste artigo, ou no § 1º do artigo 9º, a autoridade competente pode suspender a aplicação do benefício.
>
> § 2º Os serviços a que se refere a alínea c do inciso IV do artigo 9º são exclusivamente, os diretamente relacionados com os objetivos institucionais das entidades de que trata este artigo, previstos nos respectivos estatutos ou atos constitutivos.

Em princípio, o elevado valor da mensalidade não implica afastamento da imunidade, de modo que a entidade educacional não é sujeito passivo do imposto de renda, desde que, repito, atenda aos requisitos do art. 14 do CTN.

O Fisco Federal provavelmente presumiu que o valor cobrado dos alunos, por ser elevado, denota que os recursos não são integralmente aplicados nas finalidades essenciais da entidade educacional, o que afastaria a imunidade, nos termos do art. 150, § 4º, da CF e do art. 14, II, do CTN.

Para defender-se da autuação, a instituição deverá apresentar seus registros contábeis e demais elementos de prova, para comprovar que os valores cobrados dos alunos são integralmente destinados à manutenção ou à expansão das atividades educacionais.

Com isso, deverá ser reconhecida a imunidade e afastada a pretensão fiscal.

Comentários adicionais

É interessante lembrar que imunidade semelhante, prevista no art. 195, § 7º, da CF, relativa a contribuições sociais e entidades beneficentes de assistência social, é atualmente regulada pelo art. 29 c/c os arts. 18 e 19 da Lei 12.101/2009.

(OAB/Exame Unificado – 2006.3 – 2ª fase) A Fazenda Pública do Distrito Federal promoveu execução fiscal contra a Ordem dos Advogados do Brasil (OAB), seção do Distrito Federal, em decorrência do não pagamento do imposto sobre a propriedade territorial urbana (IPTU) relativo ao prédio onde funciona a sede da referida instituição. Em relação ao fato hipotético acima e em conformidade com a lei e a jurisprudência que disciplinam a matéria tributária, responda fundamentadamente se a Fazenda Pública do Distrito Federal agiu legalmente.

RESOLUÇÃO DA QUESTÃO

A Ordem dos Advogados do Brasil é considerada prestadora de serviço público independente, de natureza *sui generis*, não equiparada à autarquia ou às demais entidades de representação de classe.

Exerce, nessa condição, atividade pública, enquadrando-se na imunidade recíproca, prevista no art. 150, VI, *a*, da CF:

Art. 150. Sem prejuízo de outras garantias asseguradas ao contribuinte, é vedado à União, aos Estados, ao Distrito Federal e aos Municípios:

(...)

VI - instituir impostos sobre:

a) patrimônio, renda ou serviços, uns dos outros;

(...)

§ 2º A vedação do inciso VI, "a", é **extensiva às autarquias** e às fundações instituídas e mantidas pelo Poder Público, no que se refere ao patrimônio, à renda e aos serviços, vinculados a suas finalidades essenciais ou às delas decorrentes.

(...)

No caso descrito, o imóvel é destinado às finalidades essenciais da entidade imune (é a sede da OAB-DF), de modo que não pode sofrer incidência do IPTU.

Essa é a jurisprudência do STF, que afasta a imunidade apenas no caso de entidades que, apesar de ligadas à OAB, não se voltem às finalidades essenciais da Ordem.

A pretensão do fisco distrital é, portanto, ilegítima.

Comentários adicionais

Veja os seguintes precedentes jurisprudenciais, conforme citado na resposta:

EMENTA: AÇÃO DIRETA DE INCONSTITUCIONALIDADE. § 1º DO ARTIGO 79 DA LEI N. 8.906, 2ª PARTE. "SERVIDORES" DA ORDEM DOS ADVOGADOS DO BRASIL. PRECEITO QUE POSSIBILITA A OPÇÃO PELO REGIME CELESTISTA. COMPENSAÇÃO PELA ESCOLHA DO REGIME JURÍDICO NO MOMENTO DA APOSENTADORIA. INDENIZAÇÃO. IMPOSIÇÃO DOS DITAMES INERENTES À ADMINISTRAÇÃO PÚBLICA DIRETA E INDIRETA. CONCURSO PÚBLICO (ART. 37, II DA CONSTITUIÇÃO DO BRASIL). INEXIGÊNCIA DE CONCURSO PÚBLICO PARA A ADMISSÃO DOS CONTRATADOS PELA OAB. AUTARQUIAS ESPECIAIS E AGÊNCIAS. CARÁTER JURÍDICO DA OAB. ENTIDADE PRESTADORA DE SERVIÇO PÚBLICO INDEPENDENTE. CATEGORIA ÍMPAR NO ELENCO DAS PERSONALIDADES JURÍDICAS EXISTENTES NO DIREITO BRASILEIRO. AUTONOMIA E INDEPENDÊNCIA DA ENTIDADE. PRINCÍPIO DA MORALIDADE. VIOLAÇÃO DO ARTIGO 37, *CAPUT*, DA CONSTITUIÇÃO DO BRASIL. NÃO OCORRÊNCIA.

(...)

2. Não procede a alegação de que a OAB sujeita-se aos ditames impostos à Administração Pública Direta e Indireta.

3. A OAB não é uma entidade da Administração Indireta da União. A Ordem é um serviço público independente, categoria ímpar no elenco das personalidades jurídicas existentes no direito brasileiro.

4. A OAB não está incluída na categoria na qual se inserem essas que se tem referido como "autarquias especiais" para pretender-se afirmar equivocada independência das hoje chamadas "agências".

5. Por não consubstanciar uma entidade da Administração Indireta, a OAB não está sujeita a controle da Administração, nem a qualquer das suas partes está vinculada. Essa não vinculação é formal e materialmente necessária.

6. A OAB ocupa-se de atividades atinentes aos advogados, que exercem função constitucionalmente privilegiada, na medida em que são indispensáveis à administração da Justiça [artigo 133 da CB/88]. É entidade cuja finalidade é afeita a atribuições, interesses e seleção de advogados. Não há ordem de relação ou dependência entre a OAB e qualquer órgão público.

7. A Ordem dos Advogados do Brasil, cujas características são autonomia e independência, não pode ser tida como congênere dos demais órgãos de fiscalização profissional. A OAB não está voltada exclusivamente a finalidades corporativas. Possui finalidade institucional.

(...)

(ADI 3026/DF, Relator: Min. EROS GRAU, Tribunal Pleno, julgado em 08/06/2006, DJ 29-09-2006 PP-00031 EMENT VOL-02249-03 PP-00478 RTJ VOL-00201-01 PP-00093)

EMENTA: CONSTITUCIONAL. TRIBUTÁRIO. IMUNIDADE RECÍPROCA. ART. 150, VI, A DA CONSTITUIÇÃO. CAIXA DE ASSISTÊNCIA DOS ADVOGADOS. INAPLICABILIDADE. 1. A Caixa de Assistência dos Advogados, instituída nos termos dos arts. 45, IV e 62 da Lei 8.906/1994, não desempenha as atividades inerentes à Ordem dos Advogados do Brasil (defesa da Constituição, da ordem jurídica do Estado democrático de direito, dos direitos humanos, da justiça social Também não lhe compete privativamente promover a representação, a defesa, a seleção e a disciplina dos advogados em toda a República Federativa do Brasil).

Trata-se de entidade destinada a prover benefícios pecuniários e assistenciais a seus associados. 2. Por não se revelar instrumentalidade estatal, a Caixa de Assistência dos Advogados não é protegida pela imunidade tributária recíproca (art. 150, VI, a da Constituição). 3. A circunstância de a Caixa de Assistência integrar a estrutura maior da OAB não implica na extensão da imunidade, dada a dissociação entre as atividades inerentes à atuação da OAB e as atividades providas em benefício individual dos associados. Recurso extraordinário conhecido e ao qual se dá provimento. (RE 233.843-MG, Relator: Min. JOAQUIM BARBOSA, Segunda Turma, j. 01/12/2009, DJe-237, 18-12-2009)

(OAB/Exame Unificado – 2006.3 – 2ª fase) Pedro, por ser proprietário de imóvel, recebeu em sua residência duas cobranças tributárias concernentes ao mesmo fato gerador. Uma, enviada pela União, exigia o imposto sobre a propriedade territorial rural (ITR), e a outra, encaminhada pelo município, cobrava o imposto sobre a propriedade predial e territorial urbana (IPTU). Com base na situação hipotética acima, redija um texto dissertativo, identificando se houve *bis in idem* ou bitributação. Estabeleça, em seu texto, a diferença entre os dois fenômenos e, ainda, a providência jurídica que Pedro deve promover para solucionar seu problema.

RESOLUÇÃO DA QUESTÃO

A doutrina costuma distinguir bitributação, que implica conflito de competência, de *bis in idem*.

A bitributação ocorre quando dois entes distintos pretendem tributar a mesma situação, o que não é, em regra, admitido no sistema tributário nacional. É o caso descrito na questão, em que a União e o Município pretendem exigir tributo sobre a mesma propriedade imobiliária.

Bis in idem ocorre quando o mesmo ente pretende cobrar dois ou mais tributos sobre o mesmo fato gerador, o que tampouco é aceito, em regra, no sistema tributário nacional. Um exemplo de *bis in idem* indevido seria o caso de o Município em questão exigir o Imposto sobre Transmissão *inter vivos* (ITBI) duas vezes: na lavratura da escritura de alienação e, posteriormente, no registro da venda no cartório de imóveis.

Para não se arriscar a pagar tributo indevido, Pedro poderá propor Ação de Consignação em Pagamento e depositar o valor que entende devido em juízo, para que União e Município discutam perante o magistrado suas pretensões (art. 164, III, do CTN).

(OAB/Exame Unificado – 2006.1 – 2ª fase) Considere que a Igreja n.º 1, localizada na zona rural de determinado município do norte brasileiro, tenha alugado dois de seus imóveis para certa indústria moveleira, a KL Móveis Rústicos Ltda., sendo que os valores recebidos a título de aluguéis são destinados às finalidades essenciais da referida igreja. Considerando a situação hipotética apresentada, redija texto acerca da possibilidade de a Igreja n.º 1 gozar de imunidade relativa ao imposto sobre a propriedade territorial rural (ITR) quanto aos imóveis locados para KL Móveis Rústicos Ltda., apontando em seu texto, necessariamente, as principais diferenças entre imunidade, isenção e não incidência tributárias. Extensão máxima: 60 linhas

RESOLUÇÃO DA QUESTÃO

Não há confundir não incidência, imunidade e isenção.

Não incidência é termo bastante criticado pela doutrina, pois implica definição por negativa, o que é rejeitado pela Lógica. De fato, quase tudo no mundo pode ser classificado como "não incidência", o que afasta a utilidade da classificação.

Apesar disso, "não incidência" é termo muito utilizado para se referir a situações que não se enquadram, nem mesmo em tese, no âmbito de incidência do tributo.

Por exemplo, a propriedade de cavalo não se submete ao IPVA estadual (incidente sobre a propriedade de veículos automotores). Trata-se, portanto, de não incidência do IPVA.

Imunidade é regra negativa de competência. A Constituição Federal define as competências tributárias de modo positivo, afirmando quais situações podem ser tributadas por cada ente, e, de modo negativo, consignando as situações ou pessoas que não podem ser tributadas.

Por exemplo, a CF consigna que os Estados podem tributar a propriedade de veículos automotores (IPVA). Entretanto, ressalva que a propriedade dos demais entes políticos, suas autarquias e fundações públicas não pode ser onerada por impostos (imunidade recíproca). Assim, houve delimitação da competência estadual de modo positivo e negativo (por meio da imunidade).

Para que fique claro: a imunidade é prevista exclusivamente pela Constituição Federal.

Finalmente, isenção é favor legal, ou seja, norma que afasta a tributação prevista na lei do próprio ente tributante.

Por exemplo, embora o Estado do Rio de Janeiro possa tributar a propriedade de veículos automotores em seu território, é possível que, por lei própria, isente os automóveis com mais de 20 anos de uso.

A isenção, portanto, pressupõe a competência tributária e é sempre fixada por lei do próprio ente tributante (excepcionalmente, no caso do ICMS, a isenção, como os demais benefícios fiscais, deve ser autorizada por convênio interestadual).

A imunidade prevista no art. 150, VI, *b*, da CF impede a tributação do patrimônio das igrejas, desde que relacionado às finalidades essenciais (§ 4º):

> Art. 150. Sem prejuízo de outras garantias asseguradas ao contribuinte, é vedado à União, aos Estados, ao Distrito Federal e aos Municípios:
>
> (...)
>
> VI – instituir impostos sobre:
>
> (...)
>
> *b)* templos de qualquer culto;
>
> (...)
>
> § 4º As vedações expressas no inciso VI, alíneas "b" e "c", compreendem somente o patrimônio, a renda e os serviços, relacionados com as finalidades essenciais das entidades nelas mencionadas.
>
> (...)

O Supremo Tribunal Federal dá interpretação teleológica ao dispositivo, de modo a afastar a incidência sobre bens que estejam locados a terceiros, desde que a renda auferida seja destinada ao atendimento das finalidades essenciais da entidade imune (Súmula 724 do STF).

No caso descrito na questão, portanto, há imunidade em favor do templo.

Comentários adicionais

Os pontos essenciais nesta questão, que devem necessariamente ser abordados, são a distinção entre não incidência, imunidade e isenção, e o conteúdo da Súmula 724/STF, bastante exigido em exames.

É interessante salientar que, embora essa Súmula refira-se especificamente ao art. 150, VI, *c*, da CF, o mesmo entendimento se aplica à imunidade dos templos (alínea *b* do dispositivo).

(OAB/Exame Unificado – 2004 – 2ª fase) Em razão de ter recebido notificação de cobrança de contribuição de melhoria, decorrente de valorização do imóvel da sede de orfanato reconhecido como instituição assistencial sem fins lucrativos, o administrador dessa entidade formulou consulta a um escritório de advocacia para saber se o orfanato seria imune a tributos de qualquer natureza. Considerando a hipótese acima proposta, redija um texto dissertativo que responda, fundamentadamente e da forma mais completa possível, à consulta do administrador.

RESOLUÇÃO DA QUESTÃO:

A imunidade prevista no art. 150, VI, *c*, da CF, em favor das instituições de assistência social sem fins lucrativos, **aplica-se apenas aos impostos**, não às demais espécies tributárias:

> Art. 150. Sem prejuízo de outras garantias asseguradas ao contribuinte, é vedado à União, aos Estados, ao Distrito Federal e aos Municípios:
>
> (...)
>
> VI - instituir **impostos** sobre:
>
> (...)
>
> c) patrimônio, renda ou serviços dos partidos políticos, inclusive suas fundações, das entidades sindicais dos trabalhadores, das **instituições de educação e de assistência social, sem fins lucrativos**, atendidos os requisitos da lei;
>
> (...)

Assim, não há previsão constitucional para imunidade em relação à contribuições de melhoria, ainda que a entidade assistencial atenda aos requisitos do art. 14 do CTN.

O que pode ser avaliado, no caso proposto, é a regularidade da contribuição de melhoria instituída pelo Poder Público e aferir se, eventualmente, a exação não tem natureza de imposto, apesar da denominação atribuída.

Caso contrário (se a contribuição de melhoria foi regularmente instituída e se houve, efetivamente, valorização imobiliária), a entidade deverá recolher o tributo.

Comentários adicionais

Perceba que todas as imunidades do art. 150, VI, da CF referem-se exclusivamente a impostos, e não a outras espécies tributárias (taxas, contribuições de melhoria, CIDE, contribuições sociais etc.).

Não se esqueça, entretanto, que outros dispositivos constitucionais dispõem sobre imunidade, embora utilizem, eventualmente, expressões e termos diversos (não incidência, isenção). É o caso do art. 195, § 7º, da CF, que prevê imunidade especificamente em relação a contribuições sociais de entidades beneficentes de assistência social (apesar do termo *isenção* utilizado no dispositivo, trata-se de imunidade, pois é norma constitucional que afasta a competência tributária).

TRIBUTÁRIA

3. PRINCÍPIOS

(OAB/Exame Unificado – 2013.3 – 2ª fase) O Presidente da República editou Medida Provisória estabelecendo normas gerais sobre o imposto sobre propriedade de veículos automotores (IPVA), relativamente ao seu fato gerador, base de cálculo e contribuintes. Partindo da premissa de que estão preenchidos os requisitos de relevância e urgência, responda aos itens a seguir, de forma fundamentada, indicando os dispositivos legais pertinentes.

A) Pode uma Medida Provisória do Presidente da República estabelecer normas gerais sobre o imposto sobre propriedade de veículos automotores (IPVA), tal como a acima referida? (Valor: 0,70)

B) Inexistindo normas gerais relativas ao imposto sobre propriedade de veículos automotores (IPVA), podem os legisladores estaduais definir, no âmbito de suas competências, e observados os limites impostos pela Constituição Federal, o fato gerador, a base de cálculo e os contribuintes desse imposto? (Valor: 0,55)

GABARITO COMENTADO – FGV

A) Não. De acordo com o Art. 146, inciso III, alínea "a", da Constituição da República, cabe à Lei Complementar estabelecer normas gerais em matéria de legislação tributária, definindo, inclusive em relação ao IPVA, os respectivos fatos geradores, bases de cálculo e contribuintes. Como o Art. 62, § 1º, inciso III, da Constituição da República, veda a edição de Medidas Provisórias em relação a matéria reservada à Lei Complementar, conclui-se que uma Medida Provisória não pode veicular normas gerais sobre o IPVA.

B) Sim. Inexistindo normas gerais relativas ao imposto sobre propriedade de veículos automotores (IPVA), o legislador estadual, no contexto da competência concorrente, exerce competência plena sobre a matéria, nos termos do Art. 24, § 3º, da Constituição da República e Art. 34, § 3º, do ADCT.

Distribuição dos pontos

Item	Pontuação
A1 – Não. Cabe à Lei Complementar estabelecer normas gerais em matéria de legislação tributária, definindo, inclusive em relação ao IPVA, os respectivos fatos geradores, bases de cálculo e contribuintes. (0,25), de acordo com o Art. 146, inciso III, alínea "a", da Constituição da República (0,10)	0,00/0,25/0,35
A2 – Uma Medida Provisória não pode veicular normas gerais sobre o IPVA, por se tratar de matéria reservada à Lei Complementar (0,25), nos termos do Art. 62, § 1º, inciso III da CF88 (0,10).	0,00/0,25/0,35
B - Sim. Inexistindo normas gerais relativas ao imposto sobre propriedade de veículos automotores (IPVA), o legislador estadual, no contexto da competência concorrente, exerce competência plena sobre a matéria (0,30), nos termos do Art. 24, § 3o, da Constituição da República (0,15) e Art. 34, § 3º, do ADCT (0,10).	0,00/0,30/0,40/ 0,45/0,55

(OAB/Exame Unificado – 2012.3 – 2ª fase) Determinado Prefeito Municipal editou o Decreto nº X, publicado em 20/09/2011, a fim de modificar os critérios relativos à apuração da base de cálculo do IPTU, tornando-o mais oneroso para os contribuintes da respectiva municipalidade. Sabe-se que as mudanças inseridas no aludido Decreto só entrariam em vigor a partir do dia 01/01/2012.

Nesse caso, o referido ato normativo compatibiliza-se com o ordenamento jurídico tributário em vigor? Justifique, com o apontamento dos dispositivos legais pertinentes. (Valor: 1,25)

GABARITO COMENTADO – FGV

O Decreto nº X é inconstitucional, visto que contraria o Art. 150, I, da CRFB/88 e o Art. 97, § 1º, do CTN.

Nessa linha, o referido Decreto fere o princípio da legalidade tributária, pois somente a lei poderá criar novos critérios relativos à base de cálculo do IPTU, uma vez que a alteração da base de cálculo de modo a torná-lo mais oneroso, como ocorreu na hipótese aqui cuidada, equipara-se à majoração de tributo.

Distribuição dos pontos

Quesito Avaliado	Valores
O Decreto nº X é inconstitucional (0,50) de acordo com o Art. 150, I, da CRFB. (0,25) Obs.: se citar apenas o artigo não pontua, tem que referir a inconstitucionalidade	0,00 / 0,50 / 0,75
O referido Decreto fere o princípio da legalidade tributária (0,30) de acordo com o Art. 97, § 1º, do CTN. (0,20) Obs.: se citar apenas o artigo não pontua, tem que referir a ilegalidade.	0,00 / 0,30 / 0,50

(OAB/Exame Unificado – 2010.1 – 2ª fase) Em caso que considerou de grande relevância e urgência, o presidente da República editou medida provisória, publicada em 30 de outubro e convertida em lei no dia 14 de novembro do mesmo ano, majorando as alíquotas do imposto territorial rural, a partir de 1.º de janeiro do ano seguinte.

Nessa situação hipotética, a majoração das alíquotas do referido imposto foi estabelecida de acordo com o previsto na Constituição Federal? A partir de que momento poderia o imposto, com as novas alíquotas, ser cobrado? Fundamente ambas as respostas.

RESOLUÇÃO DA QUESTÃO

De fato, é possível a majoração do ITR por medida provisória, desde que convertida em lei até o final do ano em que foi editada, conforme o art. 62, § 2º, da CF:

> Art. 62, § 2º, Medida provisória que implique instituição ou majoração de impostos, exceto os previstos nos arts. 153, I, II, IV, V, e 154, II, só produzirá efeitos no exercício financeiro seguinte se houver sido convertida em lei até o último dia daquele em que foi editada.

Ocorre que essa majoração deve observa o princípio da anterioridade anual e nonagesimal, previsto no art. 150, III, *b* e *c*, da CF:

> Art. 150. Sem prejuízo de outras garantias asseguradas ao contribuinte, é vedado à União, aos Estados, ao Distrito Federal e aos Municípios:
>
> (...)
>
> III - cobrar tributos:
>
> a) em relação a fatos geradores ocorridos antes do início da vigência da lei que os houver instituído ou aumentado;
>
> b) no mesmo exercício financeiro em que haja sido publicada a lei que os instituiu ou aumentou;
>
> (...)

No caso, a MP foi publicada em 30 de outubro, de modo que a majoração do ITR terá eficácia apenas ao final de janeiro do ano seguinte.

É preciso ter em mente, entretanto, que o fato gerador do imposto federal ocorre em 1º de janeiro de cada exercício, nos termos do art. 2º do Regulamento do ITR (Decreto 4.382/2002).

Assim, quando a majoração passou a ter eficácia, já havia ocorrido o fato gerador relativo ao ano seguinte ao da publicação da MP, de modo que o aumento de alíquota será aplicável apenas em relação ao ITR incidente no segundo ano após aquele em que a medida provisória foi editada.

Por exemplo, se a medida provisória foi publicada em outubro de 2010 e teve eficácia apenas no final de janeiro de 2011, a majoração não se aplicará ao ITR relativo a este último ano (2011), cujo fato gerador ocorreu em 1º de janeiro. Nesse exemplo, o aumento de alíquota somente será aplicável ao ITR incidente em 1º de janeiro de 2012.

Comentários adicionais

É interessante o estudante lembrar que os impostos sobre propriedade (ITR, IPVA, IPTU) incidem, em regra, em 1º de janeiro de cada exercício, embora haja peculiaridades previstas em leis locais. Como exemplos de exceções, as normas estaduais costumam prever que o IPVA incide também no momento da importação por destinatário final do veículo, ou quando da primeira aquisição no mercado nacional. Determinados municípios preveem, excepcionalmente, a incidência do IPTU no momento em que se termina a construção do imóvel. De qualquer forma, como dito inicialmente, a regra geral é de incidência periódica, sempre em 1º de janeiro de cada ano.

Importante também fixar que os tributos que não exigem lei complementar podem ter suas normas veiculadas por medida provisória. Se houver instituição ou majoração, a MP deve ser convertida em lei até o final do ano em que editada, conforme o art. 62, § 2º, da CF, com as exceções previstas no mesmo dispositivo, sem prejuízo do princípio da anterioridade anual e nonagesimal.

GABARITO COMENTADO – CESPE

Não foi observado o princípio da anterioridade nonagesimal, especificado no art. 150, III, c, da Constituição Federal, a seguir transcrito.

"Art. 150. Sem prejuízo de outras garantias asseguradas ao contribuinte, é vedado à União, aos Estados, ao Distrito Federal e aos Municípios:

(...)

III - cobrar tributos:

(...)

b) no mesmo exercício financeiro em que haja sido publicada a lei que os instituiu ou aumentou;

c) antes de decorridos noventa dias da data em que haja sido publicada a lei que os instituiu ou aumentou, observado o disposto na alínea b; (Incluído pela Emenda Constitucional n.º 42, de 19.12.2003)"

Dessa forma, o imposto só poderia ser cobrado após noventa dias contados de 30 de outubro, data de publicação da medida provisória. Assim dispõe a Constituição Federal:

Art. 62. "Em caso de relevância e urgência, o Presidente da República poderá adotar medidas provisórias, com força de lei, devendo submetê-las de imediato ao Congresso Nacional.

(...)

§ 2.º Medida provisória que implique instituição ou majoração de impostos, exceto os previstos nos arts. 153, I, II, IV, V, e 154, II, só produzirá efeitos no exercício financeiro seguinte se houver sido convertida em lei até o último dia daquele em que foi editada."

Admite-se que o examinado indique como data o dia 1.º de janeiro do segundo ano seguinte ao da publicação da MP, em razão da determinação legal de que o fato gerador do imposto territorial rural ocorre em 1.º de janeiro (Lei n.º 9.393/1996).

Observação para a correção: atribuir pontuação integral às respostas em que esteja expresso o conteúdo do dispositivo legal, ainda que não seja citado, expressamente, o número do artigo.

(OAB/Exame Unificado – 2009.3.2 – 2ª fase) Ruth recebeu, em sua residência, o carnê para pagamento do imposto sobre a propriedade predial e territorial urbana (IPTU) em valor muito superior ao que lhe havia sido cobrado no ano anterior.

Pesquisando os motivos do novo valor, constatou que a base de cálculo do imposto fora majorada por decreto do Poder Executivo. Inconformada com o valor do imposto, Ruth consultou profissional da advocacia com o propósito de informar-se a respeito da legalidade da referida cobrança.

Em face dessa situação hipotética, na qualidade de advogado(a) consultado(a) por Ruth, responda, de forma fundamentada, qual seria a medida judicial cabível para a defesa dos interesses de sua cliente.

TRIBUTÁRIA

RESOLUÇÃO DA QUESTÃO

A base de cálculo é um dos elementos essenciais para a quantificação da obrigação tributária. É pela multiplicação com a alíquota que se chega o valor a ser recolhido a título de IPTU.

Como tal, submete-se estritamente ao princípio da legalidade.

O imposto municipal sobre a propriedade imobiliária tem por base de cálculo o valor venal do imóvel, nos termos do art. 33 do CTN. Esse montante é fixado por meio de planta genérica de valores, que engloba todo o território urbano da cidade e é aprovado por lei local.

O Município aplica essa lei a cada imóvel urbano, calculando o imposto devido e notificando o contribuinte (lançamento de ofício).

A alteração dessa base de cálculo legalmente fixada somente pode ser realizada por meio de outra lei, conforme pacífico entendimento jurisprudencial e doutrinário.

Entretanto, a legalidade estrita refere-se apenas ao aumento real, acima da inflação, conforme previsto expressamente no art. 97, II, e §§ 1º e 2º, do CTN:

> Art. 97. Somente a lei pode estabelecer:
>
> (...)
>
> II – a majoração de tributos, ou sua redução, ressalvado o disposto nos artigos 21, 26, 39, 57 e 65;
>
> (...)
>
> § 1º Equipara-se à majoração do tributo a modificação da sua base de cálculo, que importe em torná-lo mais oneroso.
>
> § 2º Não constitui majoração de tributo, para os fins do disposto no inciso II deste artigo, a atualização do valor monetário da respectiva base de cálculo.

A atualização monetária não corresponde a aumento efetivo, mas simples manutenção do valor da base de cálculo em face da desvalorização da moeda (inflação).

Assim, a correção monetária do valor venal pode ser veiculada por norma infralegal, como decreto do Executivo (§ 2º do dispositivo legal antes transcrito).

Esse é o entendimento jurisprudencial consolidado pela Súmula 160/STJ: "É defeso, ao município, atualizar o IPTU, mediante decreto, em percentual superior ao índice oficial de correção monetária."

No caso de Ruth, é preciso verificar se o aumento ultrapassou o índice inflacionário aplicável. Somente nessa situação haverá irregularidade e será viável medida judicial em seu favor.

O meio adequado seria o mandado de segurança, que deve ser impetrado no prazo de 120 dias contados da notificação do lançamento (art. 23 da Lei 12.016/2009). É possível também a propositura de ação ordinária anulatória com pedido de antecipação de tutela, sem o óbice temporal dos 120 dias.

Comentários adicionais

O ponto essencial é a exigência de lei para a majoração de tributo, como é o caso da ampliação real (acima da inflação) da base de cálculo do IPTU (art. 97 do CTN). Veja precedente jurisprudencial exemplificativo:

> PROCESSUAL CIVIL. AGRAVO REGIMENTAL. TRIBUTÁRIO. IPTU. MAJORAÇÃO DA BASE DE CÁLCULO POR MEIO DE DECRETO MUNICIPAL. IMPOSSIBILIDADE. SÚMULA 160/STJ.
>
> (...)
>
> 2. A jurisprudência desta Corte pacificou o entendimento de que a majoração da base de cálculo do IPTU depende da elaboração de lei, não podendo Decreto atualizar o valor venal dos imóveis sobre os quais incide tal imposto, com base em uma tabela (Mapas de Valores), salvo no caso de simples correção monetária. Precedentes.
>
> 3. Aplicação da Súmula 160/STJ: "É defeso, ao município, atualizar o IPTU, mediante decreto, em percentual superior ao índice oficial de correção monetária."
>
> 4. Agravo regimental não provido (AgRg no REsp 930.502/MG, Rel. Ministro Mauro Campbell Marques, Segunda Turma, julgado em 26/05/2009, DJe 12/06/2009)

(OAB/Exame Unificado – 2007.3 – 2ª fase) Suponha que, no dia 31 de outubro de 2007, tenha sido publicada a seguinte lei federal:

> Art. 1.º Ficam isentos do pagamento:
> I – da Contribuição para o Financiamento da Seguridade Social sobre o Faturamento (COFINS): as operações de venda de veículos destinados a taxistas;
> II – do Imposto sobre a Propriedade de Veículos Automotores (IPVA): a propriedade de automóveis detida por taxistas.
> Art. 2.º Esta lei entra em vigor na data de sua publicação, no que se refere ao inciso I do artigo anterior, e, em 1.º de janeiro de 2008, relativamente ao inciso II."

Nessa hipótese, a partir de que momento essa lei passaria a produzir efeitos concretos, respectivamente, sobre a cobrança da COFINS e do IPVA? Justifique a sua resposta com base nos art.s 145 a 155 da Constituição Federal e legislação aplicável à espécie.

RESOLUÇÃO DA QUESTÃO

O IPVA é tributo estadual. Considerando que a competência tributária é privativa, a União não poderia instituir isenção em e relação a esse imposto (art. 151, III, da CF – vedação das isenções heterônomas), o que somente poderia ser feito pelo respectivo Estado ou Distrito Federal.

Assim, a isenção de IPVA veiculada por lei federal é inconstitucional e, portanto, jamais produzirá efeitos concretos.

Com relação à COFINS, é possível a isenção veiculada, considerando que não há ofensa ao princípio da isonomia (o legislador pretende incentivar determinada atividade econômica, o que parece justificável). Ademais, a isenção, extinção ou redução de tributos não se sujeita ao princípio da anterioridade (aplicável apenas à instituição ou à majoração).

Há uma pequena imprecisão no texto legal, pois a COFINS (e sua isenção, portanto) refere-se ao faturamento decorrente das operações de venda (não diretamente à própria venda), mas isso não prejudica o conteúdo da norma.

Assim, a isenção da COFINS produz efeitos a partir da publicação, conforme o art. 2º da Lei, ou seja, a partir de 31 de outubro de 2007.

Comentários adicionais

Atente-se para o espaço disponível em sua prova e ajuste-se a ele, focando os pontos essenciais de maneira clara e direta. Os pontos essenciais nesta questão, que devem necessariamente ser abordados, são a impossibilidade de isenções heterônomas, a regularidade da medida provisória em matéria tributária e a não aplicação do princípio da anterioridade no caso de benefícios fiscais. Fizemos a referência ao fato gerador da COFINS apenas para informação do leitor, mas isso é dispensável para a resposta.

(OAB/Exame Unificado – 2009.1 – 2ª fase) Determinado município publicou, em março de 2008, lei que amplia as hipóteses de incidência do imposto de transmissão inter vivos de bens imóveis e de direitos a eles relativos (ITBI). O último artigo da referida lei estabelece a entrada em vigor desta na data de sua publicação, com efeitos produzidos a partir de 1.º de janeiro de 2008. Considerando a situação hipotética apresentada, discorra sobre a incidência da norma, com base na Constituição Federal.

RESOLUÇÃO DA QUESTÃO

A ampliação das hipóteses de incidência do ITBI implica instituição do tributo em relação a essas novas situações.

Isso significa que a novidade legislativa sujeita-se aos princípios da irretroatividade e da anterioridade (art. 150, III, *a, b* e *c*, da CF).

Não há como pretender cobrar o novo ITBI em relação a situações anteriores à publicação da lei (princípio da irretroatividade).

A rigor, somente a partir de 1º de janeiro de 2009 as novas hipóteses de incidência do ITBI terão eficácia (princípio da anterioridade).

Assim, a disposição contida no último artigo da lei descrita na questão é inconstitucional.

(OAB/Exame Unificado – 2007.3 – 2ª fase) Ao chegar ao posto fiscal do estado de destino, João do Frigorífico teve toda a mercadoria perecível que transportava apreendida. A Fazenda Pública Estadual informou-lhe que só haveria a liberação da mercadoria se o ICMS incidente fosse pago. João, então, procurou um escritório de advocacia para providenciar a liberação da referida mercadoria o mais rapidamente possível. Na condição de advogado contratado por João, comente a respeito do procedimento da Fazenda Pública do Estado, explicitando, com o devido fundamento legal, (1) se ela agiu de acordo com a lei e (2) se existe alguma providência judicial para socorrer o seu cliente.

RESOLUÇÃO DA QUESTÃO

A jurisprudência é pacífica no sentido de que o fisco não pode apreender mercadorias lícitas, com o intuito de impelir o contribuinte a pagar tributos. É o teor da Súmula 323 do STF.

Isso porque a medida é desproporcional, considerando que o fisco tem meio eficiente para o recebimento de seus créditos (execução fiscal). Ademais, haveria ofensa ao direito constitucional ao livre exercício da empresa.

No caso descrito, há o agravante de que a mercadoria é perecível, de modo que a apreensão pode redundar em prejuízo irreparável para o empresário.

TRIBUTÁRIA

João do Frigorífico pode impetrar mandado de segurança, pois há ato coator ilegal praticado pelo Fisco, desde que respeite o prazo de 120 dias contados a partir da apreensão da mercadoria e apresente, com a inicial, a comprovação do ocorrido (não há possibilidade de dilação probatória). É possível o pedido de liminar, para imediata liberação da mercadoria, pois há *fumus boni iuris* e *periculum in mora.*

(OAB/Exame Unificado – 2006.3 – 2ª fase) A União instituiu certo tributo federal e fixou a alíquota de 8% para vigorar no estado de Goiás e de 7% para viger no estado de São Paulo, sem que houvesse autorização legal para a diferença de alíquotas. Observada a situação hipotética acima, responda se houve violação a princípio constitucional tributário e, se positiva a resposta, identifique qual deles foi maculado. Apresente, ainda, considerações acerca das possibilidades de a União fixar alíquotas diversas, quanto a tributos federais, em diferentes unidades da Federação.

RESOLUÇÃO DA QUESTÃO

Em princípio, a alteração de alíquotas dos tributos somente pode ser veiculada por lei. A assertiva afirma que não houve autorização legal para a diferença de alíquotas, o que parece significar que a União realizou a modificação por norma infralegal (decreto, portaria etc.), o que não é, em princípio, possível.

Ressalva-se a possibilidade de modificação de alíquotas por decreto ou outra norma infralegal nos casos do Imposto de Importação, Imposto de Exportação, IPI, IOF, desde que respeitados os limites e as condições da lei (o que não ocorreu, no caso), além da CIDE sobre combustíveis.

Ademais, os tributos federais devem ser uniformes em todo território nacional, sendo vedada distinção ou preferência em relação a unidades da federação, exceto para promoção do equilíbrio no desenvolvimento socioeconômico entre as diversas regiões do país (art. 151, I, da CF).

A questão não traz maiores informações, mas, considerando que a distinção de alíquotas refere-se apenas a dois Estados, não parece ser o caso excepcional de promoção do equilíbrio no desenvolvimento regional, que autorizaria a diferença de alíquotas.

É possível afirmar, portanto, que a fixação das alíquotas diversas, descrita na questão, é inconstitucional.

(OAB/Exame Unificado – 2004 – 2ª fase) Considere que, em 10/10/2003, tenham sido publicados os seguintes dispositivos no Diário Oficial:

- lei ordinária municipal modificando a base de cálculo do imposto sobre propriedade predial e territorial urbana (IPTU);
- medida provisória federal majorando a cota patronal da contribuição para o sistema geral de previdência (INSS);
- lei federal majorando o imposto sobre a renda.

Em face dessas considerações, redija um texto dissertativo e informe a partir de que data podem ser exigidos cada um desses tributos, indicando, em cada caso, os princípios pertinentes.

RESOLUÇÃO DA QUESTÃO

O art. 150, III, *b*, da CF prevê o princípio da anterioridade, segundo o qual os tributos não podem ser cobrados no mesmo exercício financeiro em que publicada a lei que os instituiu ou aumentou. Ademais, a alínea *c*, do mesmo dispositivo constitucional, prevê a anterioridade nonagesimal, pela qual os tributos não podem ser cobrados antes de decorridos noventa dias da publicação da lei que os instituiu ou majorou.

Essa é a regra geral. Há diversas exceções.

A efetiva modificação da base de cálculo do IPTU sujeita-se apenas à anterioridade do art. 150, III, *b*, da CF, mas não à nonagesimal, conforme o § 1º, do dispositivo constitucional. É bom lembrar que a simples correção monetária da base de cálculo não implica efetiva majoração do tributo, de modo que dispensa lei (pode ser veiculada por decreto, por exemplo) e não se sujeita ao princípio da anterioridade.

Assim, no caso descrito na questão, a majoração do IPTU poderá ser exigida a partir de 1º de janeiro de 2004.

Quanto às contribuições sociais, sujeitam-se apenas à anterioridade nonagesimal, nos termos do art. 195, § 6º, da CF. Ademais, a exigência de que a medida provisória seja convertida em lei até o último dia do exercício em que foi veiculada aplica-se apenas à instituição e à majoração de **impostos,** não de contribuições sociais (art. 62, § 2º, da CF).

Dessa forma, a majoração da cota patronal (contribuição social a cargo do empregador, incidente sobre a folha de salários e pagamentos análogos) será exigível após noventa dias contados a partir de 10/10/2003.

A majoração do imposto de renda, a exemplo da base de cálculo do IPTU, sujeita-se apenas ao princípio da anterioridade, previsto no art. 150, III, *b*, da CF, mas não à anterioridade nonagesimal.

Por essa razão, o aumento do IR poderá ser cobrado a partir de 1º de janeiro de 2004.

Comentários Adicionais

Atente-se para o espaço disponível em sua prova e ajuste-se a ele, focando os pontos essenciais de maneira clara e direta. O candidato poderia, nesta questão, explicar genericamente o conceito de anterioridade e de anterioridade nonagesimal e consignar, sucintamente, que a majoração do IR e da base de cálculo do IPTU sujeitam-se apenas ao art. 150, III, *b*, da CF, enquanto a majoração da contribuição social submete-se apenas à nonagesimal).

4. VIGÊNCIA, APLICAÇÃO, INTERPRETAÇÃO E INTEGRAÇÃO DA LEGISLAÇÃO

(OAB/Exame Unificado – 2010.2 – 2ª fase) Determinada Lei Estadual, publicada em 10/01/2010, estabeleceu a redução das alíquotas e das multas aplicáveis, respectivamente, aos fatos jurídicos tributáveis e ilícitos fiscais previstos na legislação do ICMS daquele Estado.

Considerando que certo contribuinte tenha sido autuado pela fiscalização local em 15/12/2009, em razão de falta de pagamento do ICMS relativo aos meses de fevereiro/2009 a novembro/2009, poderia ser aplicada a nova lei aos fatos geradores e infrações fiscais ocorridas em 2009, uma vez que este contribuinte ofereceu impugnação em tempo hábil, estando ainda pendente de julgamento na esfera administrativa? Responda, com base na legislação aplicável à espécie.

RESOLUÇÃO DA QUESTÃO

A alíquota do tributo é sempre aquela prevista na lei vigente à época do fato gerador (*tempus regit actum*), nos termos do art. 144, *caput*, do CTN:

> Art. 144. O lançamento reporta-se à data da ocorrência do fato gerador da obrigação e rege-se pela lei então vigente, ainda que posteriormente modificada ou revogada.
>
> (...)

A multa (penalidade pecuniária), entretanto, admite exceção no caso de norma posterior mais benéfica, que retroage em favor do infrator (*lex mitior*), conforme dispõe o art. 106, II, *c*, do CTN:

Art. 106. A lei aplica-se a ato ou fato pretérito:

(...)

II - tratando-se de ato não definitivamente julgado:

a) quando deixe de defini-lo como infração;

b) quando deixe de tratá-lo como contrário a qualquer exigência de ação ou omissão, desde que não tenha sido fraudulento e não tenha implicado em falta de pagamento de tributo;

c) quando lhe comine penalidade menos severa que a prevista na lei vigente ao tempo da sua prática.

No caso em exame, a nova Lei Estadual, publicada em 10/01/2010, aplica-se aos fatos ocorridos em 2009 apenas em relação às multas.

Comentários adicionais

É interessante que o estudante memorize as hipóteses em que a norma tributária aplica-se a situações pretéritas, conforme a seguinte tabela

Aplicação da lei tributária a ato ou a fato pretérito
– lei expressamente interpretativa – art. 106, I, do CTN
– redução ou extinção de sanção (*lex mitior*) – art. 106, II, do CTN
– normas relativas à fiscalização ou ao aumento de garantias e privilégios do crédito tributário, exceto para atribuir responsabilidade tributária a terceiros – art. 144, § 1º, do CTN

GABARITO COMENTADO – FGV

O art. 144 do Código Tributário Nacional - CTN determina que o lançamento reporta-se à data do fato gerador do tributo, não se aplicando, desse modo, as alíquotas da lei nova aos fatos geradores ocorridos no ano de 2009, portanto, anteriores à sua entrada em vigor e à sua eficácia.

Todavia, quanto às multas, aplica-se o art. 106, III, letra c, do CTN, isto é, a lei nova poderá retroagir em benefício do contribuinte apenas quanto aos ilícitos ocorridos em 2009, em se tratando de ato ou fato não definitivamente julgado.

Desse modo, mediante aditamento à impugnação fiscal oposta contra o lançamento tributário, ainda pendente de julgamento, poderia o contribuinte apenas ser beneficiado com a redução da multa fiscal, conforme disciplinada pela nova legislação.

Distribuição dos pontos

Item	Pontuação
Mantida alíquota da lei do fato gerador Art.144 CTN	0,50 detalhando esta pontuação artigo (0,20); princípio *tempus regit actum* (0,30)
Redução das multas Retroatividade Benéfica Art.106,II,c	0,50 detalhando esta pontuação artigo (0,20); retroatividade benéfica (0,30)

(OAB/Exame Unificado – 2008.3 – 2ª fase) Em 1998, Gilson deixou de cumprir determinada obrigação acessória e, por isso, foi punido com multa de R$ 1.000,00. Recorreu na esfera administrativa até a última instância, mas sucumbiu em todas as decisões. Recorreu na esfera judicial e, igualmente, restou sucumbente, tendo a sentença transitado em julgado em agosto de 2008. Em setembro de 2008, foi publicada uma lei que reduzia, para o valor de R$ 600,00, a pena aplicada ao tipo de descumprimento praticado por Gilson. Na situação hipotética apresentada, Gilson tem direito à redução da pena? Fundamente sua resposta de acordo com as normas gerais de direito tributário.

RESOLUÇÃO DA QUESTÃO

Em princípio, a norma punitiva mais benéfica retroage para beneficiar o infrator.

No entanto, a retroatividade não se aplica no caso de trânsito em julgado, nos termos do art. 106, II, *c*, do CTN:

> Art. 106. A lei aplica-se a ato ou fato pretérito:
>
> (...)
>
> II - tratando-se de ato **não definitivamente julgado**:
>
> (...)
>
> c) quando lhe comine penalidade menos severa que a prevista na lei vigente ao tempo da sua prática.

Considerando que na norma que reduziu a pena foi publicada em setembro de 2008 e o trânsito em julgado ocorreu no mês anterior, Gilson deverá pagar a multa de R$ 1 mil.

(OAB/Exame Unificado – 2009.2 – 2ª fase) Luís deixou de apresentar declaração necessária para que determinado estado da Federação constituísse um crédito tributário e, por essa razão, foi multado pelo fisco. Apresentou, no prazo legal, impugnação ao auto de infração. Dois anos depois, não tendo sido julgada a impugnação administrativa, adveio nova legislação que excluiu a obrigatoriedade de apresentação do referido documento, extinguindo o direito de o fisco multar quem não entregasse a declaração. Em face dessa situação hipotética, discorra, com base no Código Tributário Nacional, acerca das consequências da aplicação da nova legislação ao caso de Luís.

RESOLUÇÃO DA QUESTÃO

A norma que afasta a ilicitude do ato retroage para beneficiar o infrator, desde que não tenha ocorrido trânsito em julgado, nos termos do art. 106, II, *a*, do CTN:

> Art. 106. A lei aplica-se a ato ou fato pretérito:
>
> (...)
>
> II - tratando-se de ato **não definitivamente julgado**:
>
> (...)
>
> a) quando deixe de defini-lo como infração;
>
> (...)

Não houve, sequer, término do processo administrativo, de modo que não há trânsito em julgado.

Assim, Luis beneficia-se da norma posterior mais benéfica e não deverá pagar a multa. Importante notar que o tributo continua devido e deverá ser recolhido pelo contribuinte.

TRIBUTÁRIA

Comentários adicionais

É interessante que o estudante memorize as hipóteses em que a norma tributária aplica-se a situações pretéritas, conforme a tabela anteriormente apresentada.

(OAB/Exame Unificado – 2008.2 – 2ª fase) Um importador de helicópteros, tendo conhecimento de que determinada lei federal isenta de imposto sobre importação as aquisições de aviões fabricados no exterior, requereu à Receita Federal do Brasil (RFB) a aplicação da isenção à importação de helicópteros, tendo a RFB negado o pedido. Na situação hipotética apresentada, com base em que fundamento jurídico a RFB denegou o pedido?

RESOLUÇÃO DA QUESTÃO

O Fisco interpretará literalmente a norma que concede isenção, nos termos do art. 111, II, do CTN:

> Art. 111. Interpreta-se literalmente a legislação tributária que disponha sobre:
>
> I - suspensão ou exclusão do crédito tributário;
>
> II - outorga de isenção;
>
> III - dispensa do cumprimento de obrigações tributárias acessórias.

Em princípio, "avião" é algo que não se confunde com "helicóptero", de modo que, pela interpretação literal, a isenção concedida àquele não se estende a este.

(OAB/Exame Unificado – 2008.1 – 2ª fase) Certa empresa agropecuária foi beneficiada com a isenção simples de ITR sobre suas terras, em razão de uma lei publicada em 31 de dezembro de 2006 e que entrou em vigor em 1.º de janeiro de 2007. Em 19 de junho de 2008, foi publicada uma outra lei que cuidou exclusivamente de revogar aquela que concedera a isenção e cuja cláusula de vigência previa entrada em vigor após 30 dias da publicação. Considerando a situação hipotética apresentada, explicite, justificando com base na legislação pertinente, quando, de fato, estará extinta a citada isenção.

RESOLUÇÃO DA QUESTÃO:

A revogação de isenção relativa a imposto sobre o patrimônio, caso do ITR, sujeita-se ao princípio da anterioridade, nos termos do art. 150, III, *b*, da CF e do art. 104, III, do CTN (para as teses existentes, veja a resposta à questão anterior).

Assim, a revogação da isenção ocorrida em junho de 2008 somente será eficaz a partir de 1º de janeiro de 2009, independentemente da disposição em contrário.

É importante notar que a empresa agropecuária não tem direito adquirido à isenção. Somente o benefício concedido por prazo certo e sob determinada condição não pode ser revogado a qualquer tempo (art. 178 do CTN).

Houve, no caso, isenção simples que pode, portanto, ser extinta a qualquer momento, observada a anterioridade.

(OAB/Exame Unificado – 2007.1 – 2ª fase) Considere que, no dia 5 de maio, tenha sido publicada lei federal revogadora de isenção concedida a contribuintes do imposto sobre a renda e proventos de qualquer natureza. Relativamente a essa hipótese, responda, com a devida fundamentação, aos seguintes questionamentos.

a) Quando entrará em vigor a mencionada lei revogadora da isenção?
b) Em que consistem a isenção autonômica e a heterônoma?
c) Admite-se, no ordenamento jurídico brasileiro, a isenção heterônoma?

RESOLUÇÃO DA QUESTÃO

Item (a):

Há duas teses a respeito da revogação da isenção e sua submissão ao princípio da anterioridade.

A doutrina clássica que embasou a redação do CTN entende que a isenção é simples favor legal que **exclui** o crédito tributário. Vale dizer, há fato gerador, incidência e surgimento da obrigação tributária, mas o legislador resolve afastar a cobrança do tributo (**exclui** o crédito).

Por esse entendimento, a revogação da isenção não implica instituição ou majoração do tributo, de modo que não se sujeita, em regra, ao princípio da anterioridade.

Apesar disso, o art. 104, III, do CTN dispõe que, no caso dos impostos sobre patrimônio ou renda (caso do IR), a norma que revoga isenção entra em vigor apenas no primeiro dia do exercício seguinte ao da publicação da lei. Haveria, portanto, uma "anterioridade legal", fixada pelo CTN, em relação à revogação de isenção, apenas no caso dos impostos sobre renda e patrimônio.

Para a doutrina moderna majoritária, a isenção afasta a incidência tributária (não é simples caso de exclusão do crédito ou de favor legal quanto ao pagamento do tributo), de modo que sua revogação **sempre** se sujeita ao princípio da anterioridade (não apenas nos casos dos impostos sobre a renda ou sobre a propriedade).

Assim, qualquer que seja a doutrina adotada, a revogação da isenção relativa ao IR sujeita-se à anterioridade.

No caso, o imposto de renda poderá ser exigido somente a partir de 1º de janeiro do exercício seguinte ao da publicação da lei.

Itens (b) e (c):

Isenção autonômica é aquela instituída pelo próprio ente competente. Isenção heterônoma, que não é admitida no sistema tributário atual, era aquela instituída por ente político diverso.

Por exemplo, quando um Município fixa, por lei própria, isenção de IPTU em relação aos imóveis localizados em seu território, há isenção autonômica, pois o ente tributante está exercendo sua competência tributária privativa.

No entanto, se a União pretendesse criar isenção de IPTU, que é tributo municipal, seria isenção heterônoma, vedada expressamente pelo art. 151, III, da CF.

Comentários adicionais

Atente-se para o espaço disponível em sua prova e ajuste-se a ele, focando os pontos essenciais de maneira clara e direta. Os pontos essenciais nesta questão, que devem necessariamente ser abordados, são a distinção entre isenção autonômica e heterônoma – com vedação a esta última – e a anterioridade aplicável à revogação de isenção relativa ao IR.

(OAB/Exame Unificado – 2006.2 – 2ª fase) Em razão do inadimplemento de obrigação tributária relativa ao recolhimento do ICMS, em 2004, foi inscrito em dívida ativa o débito tributário de Litorânea Papelaria Ltda., incidindo multa de mora no patamar de 100% sobre o valor do imposto corrigido monetariamente. A fazenda pública ajuizou execução fiscal e a Litorânea Papelaria Ltda. opôs embargos, em novembro de 2005, os quais estão com julgamento pendente. Em março de 2006, foi publicada lei estadual que reduziu a multa moratória para 20% sobre o valor do ICMS. Responda, fundamentadamente, se a nova lei é aplicável ao caso hipotético acima e esclareça se há distinção normativa entre multa tributária moratória e multa tributária punitiva. Extensão máxima: 30 linhas

TRIBUTÁRIA

RESOLUÇÃO DA QUESTÃO

O art. 106, II, *c*, do CTN prevê a retroatividade da norma que reduz penalidades, desde que não haja trânsito em julgado.

Por penalidade entenda-se qualquer espécie de multa, inclusive as moratórias, não apenas as punitivas.

O fato é que toda multa, por definição, é sanção por ato ilícito (penalidade), ainda que o ilícito seja o simples atraso no recolhimento do tributo.

Ademais, o dispositivo legal (art. 106, II, *c*, do CTN) não faz distinção a respeito da penalidade.

Esse é o pacífico entendimento jurisprudencial.

No caso descrito na questão, não houve trânsito em julgado, pois os embargos à execução estão pendentes.

A redução da multa moratória, de 100% para 20%, retroage e aproveita, portanto, à Litorânea Papelaria Ltda.

Comentários adicionais

Veja o seguinte precedente jurisprudencial, na linha do que foi citado na resposta:

> PROCESSO CIVIL E TRIBUTÁRIO – EXECUÇÃO FISCAL – ILEGITIMIDADE PASSIVA – APLICAÇÃO RETROATIVA DE NORMA TRIBUTÁRIA MAIS BENÉFICA (ART. 106 DO CTN)
>
> (...)
>
> 3. A multa moratória não se confunde com a multa punitiva, mas é sanção imposta ao inadimplente, o que autoriza a aplicação retroativa de legislação mais benéfica ao contribuinte.
>
> 4. Aplicação retroativa da Lei 9.430/96, que diminuiu o percentual da multa moratória.
>
> 5. Recurso especial improvido (REsp 758.040/SC, Rel. Ministra Eliana Calmon, Segunda Turma, j. 22/08/2006, DJ 01/09/2006 p. 249)

5. FATO GERADOR, OBRIGAÇÃO, CRÉDITO E LANÇAMENTO TRIBUTÁRIO

(OAB/Exame Unificado – 2011.1 – 2ª fase) Caio e Tício pretendem celebrar contrato de compra e venda de bem imóvel. Contudo, para consumarem o negócio, constituem previamente a pessoa jurídica Provisória Ltda. formada por eles apenas, tendo por fito única e exclusivamente não fazer incidir o ITBI sobre a operação, com amparo no art.156, § 2º, I, da CRFB, que prevê hipótese de imunidade da referida exação sobre o imóvel utilizado na integralização do capital social. Nesse sentido, Caio, originalmente proprietário alienante do bem, integraliza suas quotas na forma do imóvel, e Tício completa o capital social da empresa depositando o montante correspondente ao valor do bem objeto da alienação. Após pouco mais de duas semanas, Caio e Tício dissolvem a sociedade e, como consequência, Caio recebe sua parcela do capital em dinheiro, ao passo que Tício recebe o seu quinhão na forma do imóvel.

Analise a conduta adotada pelos particulares e responda se, e como, poderia a Fazenda Municipal satisfazer seu crédito com relação à situação apresentada, uma vez descoberta a real intenção dos dois agentes. (Valor: 1,25)

RESOLUÇÃO DA QUESTÃO

A alienação onerosa de bem imóvel é fato gerador do ITBI municipal, conforme o art. 156, II, da CF, sendo essa, evidentemente, a intenção de Caio e Tício.

Inexiste, no caso, propósito negocial relacionado à constituição da sociedade (não há *affectio societatis* ou intenção de, efetivamente, realizarem conjuntamente qualquer objeto social).

A opção por uma forma mais complexa para efetivar a alienação do imóvel, qual seja a constituição e posterior dissolução da sociedade, aliada à citada inexistência de propósito negocial, implica abuso de forma e, portanto, dissimulação do fato gerador do ITBI efetivamente ocorrido.

Houve, portanto, simples evasão fiscal (ilícita) e não elisão fiscal (planejamento tributário lícito).

A Fazenda Municipal pode, no caso, desconsiderar a dissimulação, nos termos do art. 116, parágrafo único, do CTN:

> Art. 116. Parágrafo único. A autoridade administrativa poderá desconsiderar atos ou negócios jurídicos praticados com a finalidade de dissimular a ocorrência do fato gerador do tributo ou a natureza dos elementos constitutivos da obrigação tributária, observados os procedimentos a serem estabelecidos em lei ordinária.

Assim, o fisco local pode cobrar o ITBI devido em relação à transmissão do imóvel efetivamente realizada.

Comentários adicionais

É interessante notar que o art. 116, parágrafo único, do CTN refere-se à dissimulação, não à simulação.

A simulação ocorre quando se pretende fazer acreditar que existe um fato irreal. O negócio jurídico simulado é nulo, nos termos do art. 167 do CC.

A dissimulação indica ocultação de um fato efetivamente ocorrido (no caso, o fato gerador do ITBI). O fato que se dissimulou (que se ocultou) subsite, se válido na substância e forma (art. 167 do CC).

Assim, sempre que o contribuinte adotar formas complexas, sem propósito negocial, para ocultar a ocorrência do fato gerador, esses negócios podem ser desconsiderados pelo fisco, que cobrará o tributo devido (o fato gerador dissimulado subsiste).

Perceba também que a parte final do art. 116, parágrafo único, do CTN refere-se aos "procedimentos a serem estabelecidos em lei ordinária". Não há, atualmente, essa regulamentação no âmbito federal (os dispositivos da MP 66/2002 que tratavam do assunto não foram acolhidos pelo Legislativo, na conversão em lei).

GABARITO COMENTADO – CESPE

A conduta é abusiva e não terá eficácia em face do Fisco. Representa hipótese de elusão fiscal (ou elisão ineficaz), em que o comportamento do contribuinte não é, a rigor, ilícito, mas adota um formato artificioso, atípico para o ato que está sendo praticado, para obter redução de carga tributária. Caio e Tício constituíram a sociedade com a finalidade de dissimular a ocorrência do fato gerador do ITBI, com o escopo de escapar artificiosamente da tributação.

Caso o Fisco venha a perceber a manobra artificiosa adotada, poderia lançar o tributo devido, com a aplicação do artigo 116, parágrafo único, do CTN, que dispõe: "A autoridade administrativa poderá desconsiderar atos ou negócios jurídicos praticados com a finalidade de dissimular a ocorrência do fato gerador do tributo ou a natureza dos elementos constitutivos da obrigação tributária, observados os procedimentos a serem estabelecidos em lei ordinária." O Fisco poderá, nesta hipótese, requalificar juridicamente os fatos, para fazer incidir o tributo devido.

TRIBUTÁRIA

Item	Pontuação
Hipótese de elusão fiscal (ou elisão ineficaz)	0 / 0,25
Abuso de forma	0 / 0,2
O Fisco municipal pode lançar o ITBI, descoberta a conduta abusiva	0 / 0,4
Aplicação da norma geral de antielisão fiscal – art.116, parágrafo único, do CTN	0 / 0,4

(OAB/Exame Unificado – 2008.2 – 2ª fase) O secretário da Fazenda de um estado da Federação determinou a desconstituição da personalidade jurídica de uma empresa que havia efetuado negócio jurídico com a finalidade de dissimular a ocorrência de fato gerador do ICMS. Nessa situação hipotética, o secretário agiu em conformidade com as normas do Código Tributário Nacional (CTN)? Caso a resposta seja afirmativa, justifique-a; caso seja negativa, explicite, com base no CTN, a medida que deveria ter sido adotada.

RESOLUÇÃO DA QUESTÃO

A administração tributária até pode requerer **em juízo** a desconsideração da personalidade jurídica por abuso, nos termo do art. 50 do CC, mas não decretá-la administrativamente.

O correto, no caso, seria **desconsiderar o negócio jurídico** realizado para dissimular a ocorrência do fato gerador, e cobrar o tributo com base na efetiva incidência do ICMS, nos termos do art. 116, parágrafo único, do CTN.

(OAB/Exame Unificado – 2008.1 – 2ª fase) Caso determinado contribuinte pratique uma doação com encargo visando dissimular a ocorrência de uma transmissão onerosa de bens, tendo em vista que a alíquota incidente sobre a 1.a operação é inferior à da 2.a, questiona-se se há previsão nas normas gerais de direito tributário para que a administração pública venha, nos termos da lei, a desconstituir a doação. Justifique a sua resposta.

RESOLUÇÃO DA QUESTÃO

Dissimulação significa ocultamento, acobertamento do que, de fato, ocorreu.

No caso, o contribuinte transmitiu onerosamente o bem, dissimulando a operação sob a aparência de doação com encargo.

O negócio jurídico dissimulado (alienação onerosa) subsiste, se válido na substância e na forma, conforme a legislação civil (art. 167 do CC).

No âmbito tributário, a autoridade fiscal poderá desconsiderar o negócio jurídico praticado com o intuito de dissimular a ocorrência do fato gerador, conforme o art. 116, parágrafo único, do CTN. Ou seja, não desconstituirá a doação (como consta da questão), mas irá desconsiderá-la e exigirá o tributo sobre a alienação onerosa.

(OAB/Exame Unificado – 2004 – 2ª fase) Defina lançamento por homologação e indique qual ou quais dos seguintes impostos se submete(m) a essa modalidade de lançamento:

– imposto sobre circulação de mercadorias e serviços de comunicação e transporte interestadual e intermunicipal (ICMS);

– imposto sobre serviços de qualquer natureza (ISS);

– imposto de renda (IR).

RESOLUÇÃO DA QUESTÃO

Nos termos do art. 150 do CTN, há lançamento por homologação quando a legislação impõe ao próprio sujeito passivo o dever de aferir a ocorrência do fato gerador, calcular o tributo e recolhê-lo, independentemente de qualquer atuação do fisco.

Compete à administração tributária apenas homologar essa atividade do particular, ainda que tacitamente.

Por essa razão, é também conhecido como autolançamento.

Atualmente, praticamente todos os tributos empresariais, incidentes sobre a atividade empresária, sujeitam-se ao lançamento por homologação. É o caso do ICMS e do ISS, em regra.

O imposto de renda, apesar da famosa declaração de bens, é também tributo lançado por homologação, pois o fato gerador é aferido e o seu montante é calculado diretamente pelo contribuinte.

6. SUJEIÇÃO PASSIVA

(OAB/Exame Unificado – 2013.3 – 2ª fase) João, de apenas 3 anos de idade, recebeu por herança apartamento que foi devidamente registrado em seu nome. Ao receber a primeira notificação para o pagamento de imposto predial e territorial urbano (IPTU) do referido imóvel no início de 2013, os pais de João deixam de efetuar o recolhimento do tributo por entender que a cobrança seria improcedente, em razão da incapacidade civil do proprietário do imóvel.

Diante deste caso, responda de forma fundamentada:

A) O entendimento dos pais de João está correto? (Valor 0,60)

B) O Fisco poderia cobrar o tributo diretamente dos pais de João? (Valor 0,65)

GABARITO COMENTADO – FGV

A questão aborda o tema contribuinte e responsabilidade tributária. A. Inicialmente o candidato deverá indicar que o entendimento dos pais de João não está correto, tendo em vista que a condição de contribuinte independe da capacidade civil, na forma do artigo 126, I, do Código Tributário Nacional. B. Além disso, cabe ao candidato afirmar que o Fisco poderia cobrar o tributo dos pais de João, tendo em vista a responsabilidade dos pais em relação aos tributos devidos por seus filhos menores, determinada pelo Art. 134, I, do Código Tributário Nacional.

Distribuição Dos Pontos

Item	Pontuação
A) O entendimento dos pais de João não está correto, tendo em vista que a condição de contribuinte independe da capacidade civil (0,40), na forma do Art. 126, I, do Código Tributário Nacional (0,20). Obs.: a mera indicação do dispositivo legal não pontua	0,00/0,40/0,60
B) O Fisco poderia cobrar o tributo dos pais de João em razão da responsabilidade destes em relação aos tributos devidos por seus filhos menores (0,45) determinada pelo Art. 134, I, do Código Tributário Nacional (0,20). Obs.: Será considerada correta uma resposta negativa, desde que o examinando utilize como premissa o fundamento de que não demonstrada a impossibilidade de exigência de obrigação principal pelo contribuinte (João) (0,45) determinada pelo Art. 134, I, do Código Tributário Nacional (0,20). Obs.: a mera indicação do dispositivo legal não pontua	0,00/0,45/0,65

TRIBUTÁRIA

(OAB/Exame Unificado – 2012.1 – 2ª fase) Um jovem de 14 (quatorze) anos, especializado em rastreamento de sistemas e informática em geral, aufere, mensalmente, a quantia total de R$ 10.000,00 (dez mil reais), por força de contrato verbal de prestação de serviços, mantido com certa empresa contratante. Nesse caso, entende o jovem, em razão da sua absoluta incapacidade civil, não estar adstrito a quaisquer obrigações tributárias, razão pela qual não procede ao recolhimento do tributo decorrente das operações acima mencionadas.

À vista disso, o procedimento adotado pelo referido jovem está em consonância com o sistema legal tributário? Justifique, apontando os dispositivos legais pertinentes. (valor: 1,25)

GABARITO COMENTADO – FGV

A capacidade tributária passiva independe da capacidade civil das pessoas naturais, *ex vi* do art. 126, I, do CTN.

Nessa esteira, o jovem é contribuinte do ISS (art. 156, III, CRFB/88 e LC 116/2003) e do IRPF (art.153, III, da CRFB/88 e art. 43 do CTN), em razão das operações acima descritas, visto que pratica o fato gerador relativo a esses impostos.

Distribuição dos pontos

Quesito Avaliado	Faixa de valores
A capacidade tributária passiva independe da capacidade civil das pessoas naturais, *ex vi* do art. 126, I, do CTN.	0,00/0,45
Contribuinte do ISS (art. 156, III, *CRFB*/88 e LC 116/2003) (0,40) e do IRPF (art.153, III, da CRFB/88 e art. 43 do CTN) (0,40).	0,00/0,40/0,80

(OAB/Exame Unificado – 2012.1 – 2ª fase) Até o ano de 2007, o Sr. José da Silva exerceu a função de sócio com poderes de gestão da "Acampados Turismo S.A.", tendo, posteriormente, se desligado da sociedade. Em fevereiro de 2011, é surpreendido ao ser citado em execução fiscal para responder por débitos fiscais pendentes relativos ao IRPJ, e pela falta de recolhimento de contribuições previdenciárias dos funcionários as quais foram devidamente descontadas, ambos referentes a período de apuração em que José administrava a empresa.

Considerando a situação acima, responda aos itens a seguir:

A) É possível a cobrança integral do ex-sócio dos montantes tributários e previdenciários devidos e não recolhidos pela companhia, quando ele já não exercia mais atos de administração da S.A.? (valor: 0,65)

B) Houve infração legal imputável a José da Silva? (valor: 0,60)

GABARITO COMENTADO – FGV

A) Sim, para a contribuição previdenciária, conforme art. 135, III do CTN, os diretores, gerentes ou representantes de pessoas jurídicas de direito privado são pessoalmente responsáveis pelos créditos correspondentes a obrigações tributárias resultantes de atos praticados com excesso de poderes ou infração de lei, contrato social ou estatutos.

B) Não, em relação ao IRPJ, visto que neste caso se trata de inadimplemento da obrigação tributária, razão pela qual deve ser aplicada a Súmula 430 do STJ.

Nas Sociedades Anônimas os diretores não respondem pessoalmente pelas obrigações contraídas em nome da sociedade, mas respondem para com esta e para com terceiros solidária e ilimitadamente pelo excesso de mandato e pelos atos praticados com violação do estatuto ou lei (art. 158, I e II, da Lei n. 6.404/76).

Os sócios (diretores, gerentes ou representantes da pessoa jurídica) são responsáveis, por substituição, pelos créditos correspondentes a obrigações tributárias resultantes da prática de ato ou fato eivado de excesso de poderes ou com infração de lei, contrato social ou estatutos, nos termos do art. 135, III, do CTN.

O referido dispositivo trata da responsabilidade por substituição. Aqueles que representam a sociedade e agem de má-fé merecem, por inteiro, o peso da responsabilidade tributária decorrente de atos praticados sob essas circunstâncias.

Sempre que a empresa deixa de recolher o tributo na data do respectivo vencimento, a impontualidade ou a inadimplência é da pessoa jurídica, não do sócio-gerente (ou diretor). Ademais, o simples inadimplemento não caracteriza infração legal. Súmula 430 STJ.

Contudo, a falta de recolhimento das contribuições previdenciárias descontadas dos empregados se afigura em infração à lei, apropriação indébita.

Distribuição dos pontos

Quesito Avaliado	Faixa de valores
A) Sim, em relação às contribuições previdenciárias, na forma do Art. 135. III CTN (0,30) Não, para o IRPJ com base na Súmula 430 do STJ OU por não se enquadrar na hipótese prevista no artigo 135 do CTN (0,35)	0,00/0,30/0,35/0,65
B) Houve infração à Lei, apropriação indébita, gerando a responsabilidade pessoal de José.	0,00/0,60

(OAB/Exame Unificado – 2011.2 – 2ª fase) A concessionária de veículos Carros Ltda. impetra mandado de segurança em face da Fazenda Pública do Estado de Goiás objetivando que fosse considerado na base de cálculo adotada para fins de substituição tributária o valor dos descontos promocionais concedidos pela empresa Ford quando da venda dos veículos à Carros Ltda. O juiz concedeu a liminar pleiteada e determinou que a Ford promovesse o recolhimento do ICMS-ST com base no valor de venda diminuído dos descontos promocionais. Quando da prolação da sentença, a liminar foi revogada e restabelecida a base de cálculo anterior, tendo sido intimada a Ford para que voltasse a proceder ao recolhimento com base no valor integral de venda. O processo atualmente encontra-se em trâmite perante o Superior Tribunal de Justiça, tendo sido mantida a sentença monocrática.

Em fiscalização realizada junto à Ford, o Fisco Estadual decidiu por exigir desta o recolhimento do montante que deixou de ser recolhido durante o período de vigência da medida liminar, acrescido das penalidades previstas. Na condição de advogado da Ford, quando consultado, avalie:

A) a legitimidade passiva da Ford para suportar a autuação realizada; (Valor: 0,60)

B) a possibilidade de tal exigência sobre o período abrangido pela medida liminar. (Valor: 0,65)

RESOLUÇÃO DA QUESTÃO

A) A Ford não pode ser autuada, pois não responde pelo ICMS inadimplido.

Na sistemática da substituição tributária para frente, prevista no art. 150, § 7º, da CF, o legislador impõe à substituta (Ford) o dever de antecipar ao fisco o ICMS que seria devido nas operações posteriores, a serem realizadas pela substituída (a Ford antecipa o ICMS sobre as vendas a serem realizadas pela Carros Ltda.).

A relação jurídica tributária, na substituição para frente, passa a ser entre o fisco e a Ford (substituta). A Carros (substituída) apenas assume o ônus econômico do tributo, repassado no preço de aquisição dos veículos (o custo do ICMS antecipado é repassado no preço das vendas realizadas pela Ford para a Carros).

No momento em que a Carros Ltda. conseguiu a liminar, essa sistemática foi suspensa por ordem judicial, sem qualquer interferência da Ford.

O ICMS sobre as vendas realizadas pela Carros Ltda. deixou de ser recolhido antecipadamente pela Ford. Nessa situação, caberia à Carros Ltda. recolher o tributo incidente sobre suas vendas diretamente ao fisco, na condição de contribuinte.

Ora, se não houve o recolhimento, o fisco deve autuar a Carros Ltda., não a Ford que, repetimos, não tinha dever de antecipar o ICMS, nem poderia fazê-lo, por conta da decisão judicial liminar.

B) Conforme resposta ao item "a", nenhum tributo sobre as operações realizadas pela Carros Ltda. pode ser cobrado da Ford. Não seria possível exigir, consequentemente, juros e multas da montadora.

Seria possível, entretanto, autuar a Carros Ltda. e dela cobrar o ICMS não recolhido, acrescido das multas e juros.

O judiciário entende que a cassação da liminar restabelece a situação anterior, conforme a orientação do Supremo Tribunal Federal (Súmula 405/STF), sendo devido o pagamento do tributo acrescido de multa e juros moratórios (*v.g.* REsp 1.252.694/MG-STJ).

Comentários adicionais

Essa questão exige conhecimento bastante específico da sistemática da substituição tributária para frente, prevista no art. 150, § 7º, da CF, em que a Ford (substituta) antecipa ao fisco o ICMS que seria devido pela Carros Ltda. (substituída), em relação aos fatos geradores posteriores (ou seja, a Ford recolhe o ICMS incidente sobre as vendas a serem posteriormente realizadas pela substituída).

A substituta tributária (Ford), por não ser contribuinte, não assume o ônus econômico do ICMS-ST (ICMS na sistemática de substituição tributária), que é repassado no preço da mercadoria para o adquirente (Carros Ltda., a substituída). Reiteramos: a substituta (Ford) apenas antecipa o ICMS que é devido pela substituída (Carros Ltda.), esta última assumindo o ônus econômico embutido no preço (o ICMS "pesa" no bolso dela).

No momento em que a Ford foi intimada para cumprir a liminar e recolher o ICMS-ST sobre a base menor, deixou de pagar determinado montante de ICMS e, evidentemente, não repassou tal montante no preço (na nota fiscal), ou seja, a Carros Ltda. foi beneficiada, pois o ICMS "pesou menos" em seu bolso.

Dito de outra forma, o valor a menor de ICMS-ST, não recolhido pela Ford ao fisco estadual, não ficou com a montadora por conta da liminar. Simplesmente reduziu o preço na venda dos veículos à Carros Ltda.

Ora, se a Ford não "ficou" com o ICMS-ST não recolhido, mas sim a Carros Ltda., é essa última que deverá ser autuada e cobrada pelo fisco.

Caso a Ford seja cobrada, ela será tratada como contribuinte do ICMS-ST (não como responsável por substituição), assumindo o ônus econômico do tributo, pois não poderá repassá-lo no preço para a Carros Ltda., o que é inadmissível.

A pergunta formulada no item "b" é dúbia. Pode-se se entender que o examinador questiona a possibilidade de cobraça especificamente contra a Ford, que é totalmente indevida. Ou então se pode entender que a pergunta é genérica, o que incluiria a possibilidade exigência contra a Carros Ltda., que é possível.

Sugerimos a leitura da Súmula 405/STF e da jurisprudência do STJ que segue essa orientação da Suprema Corte (v.g. REsp 1.252.694/MG), para que se fixe o entendimento: quando o contribuinte pede liminar para não recolher algum tributo está, implicitamente, assumindo o risco de vir a pagar, futuramente, o montante total, acrescido de juros e multas, caso a liminar seja posteriormente cassada.

GABARITO COMENTADO – CESPE

A substituição tributária encontra-se prevista no artigo 150, § 7º da CF/88. Nessa hipótese, o contribuinte substituído deixa de integrar diretamente a relação jurídico-tributária com o Fisco, passando a suportar apenas o ônus econômico do tributo, cabendo ao contribuinte **substituto** o dever de realizar a apuração e o recolhimento do tributo em nome do contribuinte **substituído.**

Na situação em análise, foi o contribuinte **substituído** que recorreu ao Poder Judiciário, através da impetração do writ, tendo convencido o julgador a lhe conceder medida liminar que acabou por reduzir o montante do ICMS a ser retido por substituição tributária pela FORD. Assim, a FORD não era parte na ação judicial, tendo **se limitado a cumprir a decisão judicia**l. Não pode, em consequência, suportar os ônus da medida judicial, pois apenas agiu em cumprimento a uma ordem do juiz;

Desta forma, a liminar concedida pelo juiz, por via reflexa, transmudou a natureza da substituição tributária originalmente existente, deslocando a responsabilidade pelo eventual e futuro recolhimento do imposto para a parte impetrante, isto é, para o **contribuinte substituído**. Portanto, não é a FORD parte legítima para suportar os ônus advindos da autuação.

Já no que concerne a possibilidade da exigência de tributo durante o período em que esteve vigente a medida liminar posteriormente revogada, o STF, através da edição da Súmula 405, estabeleceu que a revogação de medida liminar acarreta a recomposição do *status quo* anterior, cabendo a parte que a requereu e dela se beneficiou, arcar com os ônus de tal recomposição. Portanto, como a medida liminar não se encontra mais em vigor, pode o Fisco Estadual constituir e exigir o tributo em face do contribuinte substituído.

Distribuição dos pontos

Item	Pontuação
a1) Trata-se de substituição tributária. Relação entre contribuinte substituto e substituído (0,10)	0 / 0,10 / 0,20 / 0,30
Artigo 150, §7º, da CRFB/88 OU Artigo 6o da Lei Kandir (0,20)	
a2) A Ford não tem legitimidade no caso concreto que é objeto da autuação, por ter agido em conformidade com a ordem judicial. (0,30)	0 / 0,30
b1) Revogação (ou cassação) da Liminar (0,10)	0 / 0,10 / 0,30 / 0,40
Possibilidade de autuação do contribuinte substituído. (0,30)	
b2) Súmula 405 do STF (0,25)	0 / 0,25

(OAB/Exame Unificado – 2011.1 – 2ª fase) A empresa Nova Casa atua no ramo de venda de eletrodomésticos e como tal encontra-se sujeita ao recolhimento do ICMS e ao dever de entregar arquivos magnéticos com as informações das vendas efetuadas em cada período de recolhimento. Em fiscalização realizada em 01/02/2009, o Fisco Estadual constatou a insuficiência do recolhimento do ICMS no período entre 01/01/2008 a 01/02/2009 e lavrou auto de infração exigindo o tributo não recolhido acrescido de multa no montante correspondente a 80% do tributo devido, na forma da legislação estadual. Ainda como consequência da fiscalização, foi lavrado outro auto de infração para aplicar a penalidade de R$ 1.000,00 por cada arquivo magnético não entregue no mesmo período. Ocorre que, no prazo para apresentação da impugnação administrativa, os sócios da empresa Nova Casa finalizaram as negociações anteriormente iniciadas com a sua concorrente Incasa e decidiram vender a empresa, a qual foi incorporada pela Incasa. Ao se deparar com as autuações em questão, a Incasa aciona o seu corpo jurídico.

Com base nesse cenário, responda aos itens a seguir, empregando os argumentos jurídicos apropriados e a fundamentação legal pertinente ao caso.

a) Existe a possibilidade de cancelar, total ou parcialmente, o auto de infração lavrado para cobrança do tributo devido e da sua respectiva penalidade? (Valor: 0,8)

b) Existe a possibilidade de cancelar, total ou parcialmente, o auto de infração lavrado para exigir a penalidade por falta de entrega dos arquivos magnéticos? (Valor: 0,45)

RESOLUÇÃO DA QUESTÃO

A Incasa (incorporadora) responde pelos créditos tributários deixados pela incorporada (Nova Casa), nos termos do art. 132, *caput*, do CTN:

> Art. 132. A pessoa jurídica de direito privado que resultar de fusão, transformação ou incorporação de outra ou em outra é responsável pelos tributos devidos até à data do ato pelas pessoas jurídicas de direito privado fusionadas, transformadas ou incorporadas.
>
> (...)

Muito embora o dispositivo legal faça referência a *tributo*, a responsabilidade do art. 132 do CTN refere-se a todo o crédito tributário, o que inclui também as penalidades pecuniárias, nos termos do art. 113, § 1º, c/c o art. 139 do CTN.

Isso porque o art. 129 do CTN, atinente às modalidades de responsabilidade dos sucessores previstas no Código Tributário Nacional (dentre elas a do art. 132), refere-se ao *crédito tributário*, e não apenas aos *tributos*:

> Art. 129. O disposto nesta Seção aplica-se por igual aos créditos tributários definitivamente constituídos ou em curso de constituição à data dos atos nela referidos, e aos constituídos posteriormente aos mesmos atos, desde que relativos a obrigações tributárias surgidas até a referida data.

É importante salientar que qualquer penalidade pecuniária, mesmo aquela imposta por descumprimento de obrigação acessória, é objeto da obrigação tributária principal, igualmente incluída no crédito tributário e, portanto, objeto da responsabilidade tributária prevista no art. 132 do CTN.

É esse o sentido do art. 113, § 3º, do CTN:

> Art. 113. § 3º A obrigação acessória, pelo simples fato da sua inobservância, converte-se em obrigação principal relativamente à penalidade pecuniária.

Não é possível, portanto, cancelar, total ou parcialmente, os autos de infração.

Comentários adicionais

É interessante notar que, embora os arts. 131 a 133 do CTN referiram-se apenas a *tributos*, a jurisprudência do STJ é pacífica no sentido de que a responsabilidade tributária regulada por esses dispositivos abrange todo o *crédito tributário*, ou seja, todos os tributos e as penalidades pecuniárias:

> TRIBUTÁRIO. RECURSO ESPECIAL. RECURSO ESPECIAL REPRESENTATIVO DE CONTROVÉRSIA. ART. 543-C, DO CPC. RESPONSABILIDADE POR INFRAÇÃO. SUCESSÃO DE EMPRESAS. ICMS. BASE DE CÁLCULO. VALOR DA OPERAÇÃO MERCANTIL. INCLUSÃO DE MERCADORIAS DADAS EM BONIFICAÇÃO. DESCONTOS INCONDICIONAIS. IMPOSSIBILIDADE. LC N.º 87/96. MATÉRIA DECIDIDA PELA 1ª SEÇÃO, NO RESP 1111156/SP, SOB O REGIME DO ART. 543-C DO CPC.
>
> 1. A responsabilidade tributária do sucessor abrange, além dos tributos devidos pelo sucedido, as multas moratórias ou punitivas, que, por representarem dívida de valor, acompanham o passivo do patrimônio adquirido pelo sucessor, desde que seu fato gerador tenha ocorrido até a data da sucessão.

(Precedentes: ...)

(...)

9. Recurso especial desprovido. Acórdão submetido ao regime do art. 543-C do CPC e da Resolução STJ 08/2008.

(REsp 923012/MG, Rel. Ministro LUIZ FUX, PRIMEIRA SEÇÃO, julgado em 09/06/2010, DJe 24/06/2010)

GABARITO COMENTADO – CESPE

O artigo 132 do CTN prevê que a "pessoa jurídica de direito privado que resultar de fusão, transformação ou incorporação de outra ou em outra é responsável pelos tributos devidos até a data do ato pelas pessoas jurídicas de direito privado fusionadas, transformadas ou incorporadas." Ao utilizar a expressão "tributos", segundo a interpretação consolidada pelo STJ em sede de Recurso Repetitivo 923.012/MG, o legislador não quis restringir a sucessão dos créditos tributários somente aos débitos decorrentes de inadimplemento no pagamento do tributo, mas também as multas de caráter moratório ou punitivo, eis que no artigo 129 do CTN, o legislador expressamente utilizou a expressão "créditos tributários", sem qualquer restrição. Portanto, as multas constituídas ou em fase de constituição até a data do ato de incorporação permanecem como devidas pela empresa incorporadora.

Na mesma linha, as obrigações chamadas de acessórias também são consideradas como devidas pela empresa incorporadora, pois conforme prevê o artigo 113, §3º, do CTN, as obrigações acessórias, pelo simples fato de sua inobservância, convertem-se em obrigação principal. Portanto, não há fundamento jurídico para excluí-las da sucessão por incorporação.

Distribuição dos pontos

Item	Pontuação
Citação dos arts.129 e 132 do CTN. (0,1 cada um)	0 / 0,1 / 0,2
Identificação da figura da sucessão tributária.	0 / 0,25
Caráter confiscatório da multa (0,1) – art. 150, IV, da CRFB (0,1).	0 / 0,1 / 0,2
A interpretação deve conjugar o artigo 132 e o artigo 129, ambos do CTN para permitir que as multas também sejam devidas pelo sucessor.	0 / 0,2
A obrigação acessória não adimplida converte-se em obrigação principal (de pagamento). Artigo 113, §3º, do CTN.	0 / 0,2 / 0,4

(OAB/Exame Unificado – 2010.3 – 2ª fase) Determinada pessoa física adquiriu de outra uma papelaria, estipulando-se, no contrato de compra e venda do estabelecimento, que o vendedor assumia plena responsabilidade por eventuais débitos fiscais anteriores à operação, ainda que apurados posteriormente. Três anos depois da operação, a Fiscalização Tributária Estadual lavrou auto de infração contra o adquirente do estabelecimento, por débitos do ICMS relativos à venda de mercadorias efetuadas em anos anteriores à aquisição da papelaria. Defendeu-se o autuado, dizendo não ser responsável pelo imposto reclamado, visto que o vendedor, antigo dono, assumira tal responsabilidade.

Sabendo-se que o antigo proprietário, à época, aposentou-se cessando sua atividade empresarial, analise se há responsabilidade tributária do adquirente da papelaria, bem como os efeitos do contrato firmado entre o vendedor e o comprador do negócio. Justifique de forma cabal, com base na legislação.

RESOLUÇÃO DA QUESTÃO

O adquirente do estabelecimento empresarial responde pelos créditos tributários devidos pelo alienante, relativos ao período anterior à aquisição, desde que continue a exploração da mesma atividade empresarial.

É indiferente se o adquirente é pessoa natural ou jurídica.

Ademais, a responsabilidade é integral, no caso de o alienante cessar as atividades empresariais. Tudo isso é previsto no art. 133, *caput*, e inciso I, do CTN:

> Art. 133. A pessoa natural ou jurídica de direito privado que adquirir de outra, por qualquer título, fundo de comércio ou estabelecimento comercial, industrial ou profissional, e continuar a respectiva exploração, sob a mesma ou outra razão social ou sob firma ou nome individual, responde pelos tributos, relativos ao fundo ou estabelecimento adquirido, devidos até à data do ato:
>
> I - integralmente, se o alienante cessar a exploração do comércio, indústria ou atividade;
>
> (...)

A cláusula contratual é inoponível contra o fisco, que exigirá o crédito tributário do adquirente do estabelecimento:

> Art. 123. Salvo disposições de lei em contrário, as convenções particulares, relativas à responsabilidade pelo pagamento de tributos, não podem ser opostas à Fazenda Pública, para modificar a definição legal do sujeito passivo das obrigações tributárias correspondentes.

Correta, portanto, a autuação do fisco estadual, desde que o adquirente do estabelecimento tenha dado continuidade à atividade empresarial no ramo de papelaria.

Comentários adicionais

Essa questão traz duas matérias muito exigidas em exames: a responsabilidade do adquirente de estabelecimento empresarial (art. 132 do CTN) e a inoponibilidade contra o fisco de convenções particulares relacionadas à sujeição passiva (art. 123 do mesmo Código).

Quanto à responsabilidade do art. 132 do CTN, é essencial reconhecer seus requisitos: aquisição do estabelecimento e continuidade na exploração da mesma atividade empresarial.

É também importante perceber a distinção entre a responsabilidade integral (inciso I) e subsidiária (inciso II), além das peculiaridades no caso de falência ou recuperação judicial (§§ 1º a 3º).

No que se refere à sujeição passiva, lembre-se que ela somente pode ser regulada por lei (princípio da legalidade). Por essa razão, não haveria como ser alterada por acordo entre particulares.

De fato, uma cláusula contratual jamais poderia modificar um elemento essencial da obrigação tributária, qual seja seu polo passivo.

Essas disposições convencionais, muito comuns no dia a dia (como o dever de o locatário recolher o IPTU sobre o imóvel alugado) têm força vinculante no âmbito privado, mas jamais poderão ser opostas contra o fisco, que exigirá o tributo sempre daquelas pessoas indicadas pela lei.

GABARITO COMENTADO – CESPE

O examinando deverá citar o art. 133, I, do CTN. O novo proprietário responderá **integralmente** pelos tributos devidos relativos ao comércio adquirido, por força da responsabilidade por sucessão prevista no CTN.

O examinando deverá mencionar que **o art. 123 do CTN** determina que quaisquer contratos ou convenções particulares **não podem** ser opostos perante a Fazenda Pública, para modificar a sujeição passiva tributária prevista no CTN.

Pelo exposto, está correto o entendimento da Receita Federal, não possuindo a Empresa LM S.A. legitimidade ativa perante a autoridade administrativa competente para pleitear a repetição do indébito do aludido imposto.

Distribuição dos pontos

Item	Pontuação
Aquisição do fundo de comércio e responsabilidade pelo pagamento de tributos.	0,25
Citar o art. 133, inciso I, do CTN.	0,25
Ineficácia dos negócios entre particulares perante o fisco.	0,25
Citar o artigo 123.	0,25

(OAB/Exame Unificado – 2009.2 – 2ª fase) João, servidor público estadual formado em direito, tendo sido aprovado no exame de ordem da OAB, resolveu advogar, mesmo sabendo que estaria impedido do exercício da advocacia. Consequentemente, deixou de pagar o correspondente imposto de renda (IR) sobre os valores recebidos pelos serviços prestados. Tendo sido autuado pelo não pagamento do referido IR, João alegou, em sua defesa, que, por estar impedido do exercício da advocacia, não deveria pagar o imposto. Nessa situação hipotética, João deve pagar o IR pelo exercício da advocacia? A situação de impedimento o exclui do polo passivo da relação obrigacional? Fundamente ambas as respostas.

RESOLUÇÃO DA QUESTÃO

João auferiu renda, que é a situação necessária e suficiente para o surgimento da obrigação tributária (art. 114 do CTN). A forma como essa renda é auferida é irrelevante para a incidência tributária (*non olet*).

De fato, a validade jurídica dos atos efetivamente praticados não interfere na interpretação do fato gerador, nos termos do art. 118, I, do CTN:

> Art. 118. A definição legal do fato gerador é interpretada abstraindo-se:
>
> I - da validade jurídica dos atos efetivamente praticados pelos contribuintes, responsáveis, ou terceiros, bem como da natureza do seu objeto ou dos seus efeitos;
>
> (...)

Assim, ainda que o Estatuto da Advocacia disponha sobre a nulidade dos atos praticados pelo servidor (art. 4º da Lei 8.906/1994), isso não afasta a ocorrência do fato gerador tributário.

Ademais, João tem capacidade para ocupar o polo passivo da obrigação tributária correspondente, pois ela independe de limitações ao exercício de atividade profissional, como é o caso do servidor público em questão em relação à advocacia, conforme o art. 126, II, do CTN:

> Art. 126. A capacidade tributária passiva independe:
>
> (...)
>
> II - de achar-se a pessoa natural sujeita a medidas que importem privação ou limitação do exercício de atividades civis, comerciais ou profissionais, ou da administração direta de seus bens ou negócios;
>
> (...)

Por tudo isso, João deve recolher o IR exigido pelo fisco.

TRIBUTÁRIA

Comentários adicionais

Atente-se para o espaço disponível em sua prova e ajuste-se a ele, focando os pontos essenciais de maneira clara e direta. Fizemos referência ao Estatuto da Advocacia e transcrevemos os dispositivos legais para facilitar o estudo do leitor, mas são dispensáveis para a solução da questão.

(OAB/Exame Unificado – 2009.1 – 2ª fase) Caso o administrador de uma sociedade empresária aja em desacordo com o contrato social, gerando débito tributário, a quem será atribuída a responsabilidade pelo pagamento do débito? Fundamente sua resposta.

RESOLUÇÃO DA QUESTÃO

Nos termos do art. 135, III, do CTN, o gestor da sociedade responde pessoalmente pelos débitos tributários resultantes de atos praticados em descordo com o contrato social.

Discute-se apenas se essa responsabilidade exclui a do contribuinte, ou se é solidária ou subsidiária.

O Judiciário tem entendido, especificamente no caso de sócios-gerentes, que sua responsabilidade é subsidiária. Ou seja, esgotam-se os bens da sociedade e, então, buscam-se os dos sócios. Parte-se da premissa de que, se a sociedade beneficiou-se com a operação indevidamente realizada, não poderá ser excluída do polo passivo da obrigação tributária correspondente.

COMENTÁRIOS ADICIONAIS

É interessante notar que o STJ usou o termo "solidária" ao se referir à responsabilidade do sócio-gerente, na Súmula 430: "O inadimplemento da obrigação tributária pela sociedade não gera, por si só, a responsabilidade solidária do sócio-gerente."

Perceba, entretanto, que o enunciado refere-se à insuficiência do inadimplemento como fator para responsabilização tributária do administrador, de modo que não nos parece haver modificação da jurisprudência referida na resposta.

Sempre bom lembrarmos também da Súmula 435/STJ: "Presume-se dissolvida irregularmente a empresa que deixar de funcionar no seu domicílio fiscal, sem comunicação aos órgãos competentes, legitimando o redirecionamento da execução fiscal para o sócio-gerente."

(OAB/Exame Unificado – 2008.3 – 2ª fase) Amaro, empregado de uma loja, recebeu um bilhete em que seu chefe imediato ordenava a emissão de nota fiscal da seguinte forma: a primeira via, destinada ao cliente, deveria ser preenchida com o valor real da operação, e as demais vias, que permanecem na empresa, com valor inferior. Em uma fiscalização de rotina, o agente do fisco encontrou o referido bilhete e, após averiguações na loja e com o comprador, verificou que, de fato a ordem dada pela chefia havia sido cumprida por Amaro. Na situação hipotética apresentada, qual é a qualidade da responsabilidade de Amaro? Fundamente sua resposta.

RESOLUÇÃO DA QUESTÃO

O legislador reconheceu que, apesar de muitas vezes condenável moralmente, a atitude do empregado que descumpre a legislação tributária é resultado de coação no interior da própria empresa (o empregado tem medo de ser prejudicado ou até mesmo demitido).

Nessa hipótese, a responsabilidade pessoal do agente (Amaro) é excluída, nos termos do art. 137, I, *in fine*, do CTN. Ademais, não há falar em responsabilidade do empregado por ato praticado contra o empregador (não incide o art. 137, III, *b*, do CTN), pois houve ordem superior:

Art. 137. A responsabilidade é pessoal ao agente:

I - quanto às infrações conceituadas por lei como crimes ou contravenções, **salvo quando praticadas** no exercício regular de administração, mandato, função, cargo ou emprego, ou **no cumprimento de ordem expressa emitida por quem de direito**;

(...)

III - quanto às infrações que decorram direta e exclusivamente de dolo específico:

(...)

b) dos mandatários, prepostos ou empregados, **contra** seus mandantes, preponentes ou empregadores;

(...)

Inexiste, portanto, responsabilidade tributária em desfavor de Amaro.

Considerando que a receita da venda foi recolhida ao caixa da empresa, ela (a contribuinte que se beneficiou com a operação) deverá recolher o imposto. Poderá haver, eventualmente, responsabilização do superior de Amaro, nos termos dos arts. 135 e 137 do CTN.

(OAB/Exame Unificado – 2008.3 – 2ª fase) Pedro era sócio minoritário da empresa DYT Ltda., que se encontrava em estado de falência, em débito com a União relativamente a imposto de renda. Em vista disso, os sócios decidiram vender a empresa a Tiago, irmão de Pedro, em alienação judicial. Nessa situação hipotética, caso a operação de venda da empresa se concretize, quais serão os seus efeitos sobre a responsabilidade pelo pagamento do imposto de renda? Quanto a esse aspecto, o que ocorreria, se Pedro e Tiago não tivessem qualquer vínculo ou parentesco? Fundamente suas respostas.

RESOLUÇÃO DA QUESTÃO

Se por venda da empresa o examinador se refere à alienação das cotas sociais, não há alteração na responsabilidade tributária, pois o IR continua sendo devido pela DYT Ltda., embora haja novo sócio. Nessa hipótese, tampouco há alteração de eventual responsabilidade dos antigos sócios, nos termos do art. 135 do CTN.

A referência ao processo falimentar, entretanto, indica que o examinador se refere à alienação judicial do estabelecimento empresarial (total ou parcial), e não das cotas sociais.

Nessa hipótese, o adquirente não responde, em regra, pelos débitos tributários deixados pelo falido, nos termos do art. 133, § 1º, do CTN.

Ocorre que essa exclusão da responsabilidade não se aplica ao caso de o adquirente, em alienação judicial, ser parente até o quarto grau de qualquer dos sócios da empresa falida, nos termos do § 2º, II, do mesmo dispositivo legal.

Como Tiago (o adquirente) é irmão de Pedro (um dos sócios da empresa falida), responderá pelos tributos deixados pela DYT Ltda., nos termos do art. 133, *caput*, do CTN. Se não houvesse parentesco, a responsabilidade seria afastada, como já dito.

Comentários adicionais

Parece-nos que a redação da questão é imprecisa, pois pode dar a entender que houve simples aquisição das cotas sociais, não do estabelecimento empresarial. De qualquer forma, havendo duas interpretações possíveis, qualquer delas deverá ser aceita pelo examinador. Ou seja, o candidato não precisar abordar todas as teses possíveis. O mais fácil é aplicar o art. 133, § 2º, II, do CTN ao caso.

(OAB/Exame Unificado – 2008.1 – 2ª fase) O estatuto de determinada sociedade por ações prevê que a venda de qualquer imóvel da empresa somente possa ser efetuada com a autorização do conselho de administração. Determinado diretor, contrariando as regras do estatuto, promoveu, por meio de escritura pública, a venda de um imóvel, sem a referida autorização do conselho. Como o IPTU do imóvel estava atrasado, utilizou dos recursos financeiros próprios para atualizá-lo, pois o comprador exigiu o prévio pagamento daquele imposto para a realização do negócio. Requerido o reembolso junto à empresa, foi o processo para análise da consultoria jurídica. Nessa situação, em conformidade com o CTN, de quem seria a responsabilidade pelo pagamento do IPTU — do diretor, da empresa ou do tabelião? Justifique a sua resposta.

RESOLUÇÃO DA QUESTÃO

A responsabilidade tributária do sócio refere-se exclusivamente às "obrigações tributárias resultantes de atos praticados com excesso de poderes, infração de lei, contrato social ou estatutos" (art. 135, *caput*, do CTN).

É incontroverso que o diretor violou os estatutos sociais, mas o IPTU em questão não resulta do ato por ele praticado. Perceba que, mesmo que não houvesse a alienação, a sociedade deveria recolher o tributo municipal.

Poder-se-ia falar em responsabilidade do diretor, nos termos do art. 135 do CTN (ou mesmo do tabelião), em relação ao ITBI incidente sobre a venda, ou até em relação ao IR sobre eventual ganho de capital, mas não em relação ao IPTU devido por fato gerador anterior à transação.

A sociedade por ações era a contribuinte do IPTU recolhido pelo diretor, inquestionavelmente, pois era a proprietária no momento do fato gerador. Não há falar, no caso, em responsabilidade tributária.

Caberá à empresa avaliar se a operação de venda não lhe foi favorável e, eventualmente, buscar anular a transação e até ressarcimento por perdas e danos. Perceba que essa decisão não interfere no dever de recolher o IPTU relativo ao fato gerador anteriormente ocorrido, que é do contribuinte (sociedade).

(OAB/Exame Unificado – 2007.3 – 2ª fase) João, caixa de um supermercado, registrou intencionalmente por R$ 100,00 uma compra feita por seu amigo José, sendo o preço de venda real da mercadoria igual a R$ 1.000,00. Sabendo que ocorreu, na situação hipotética descrita, a saída de mercadoria, fato que, por natureza, é gerador de obrigação tributária do pagamento do ICMS: (1) discorra sobre a natureza da responsabilidade pelo cumprimento da obrigação principal do tributo e (2) defina, com a indicação do dispositivo legal aplicável, de quem é a responsabilidade pelo pagamento do ICMS, que incide, respectivamente, sobre os R$ 100,00 registrados e os R$ 900,00 não registrados pelo caixa do supermercado.

RESOLUÇÃO DA QUESTÃO

Partindo da premissa de que José pagou, efetivamente, R$ 1 mil pela mercadoria, não há dúvida de que o ICMS incide sobre esse valor.

Discute-se apenas a responsabilidade pelo recolhimento do imposto incidente sobre o montante não escriturado (R$ 900), se é do contribuinte (supermercado) ou de eventual responsável tributário (João).

Considerando que João (o caixa do supermercado) não furtou a diferença, vale dizer, recolheu os R$ 1 mil reais ao caixa da empresa, parece-nos que não há como afastar o dever de o supermercado (contribuinte) recolher o tributo devido sobre o total da operação, pois beneficiou-se da venda realizada, apesar da escrituração incorreta (o supermercado, na hipótese, apresenta capacidade contributiva).

A rigor, não há informação de que o contribuinte (supermercado) se recusa a recolher corretamente o ICMS (muito embora a falta de registro adequado da venda poderá impossibilitá-lo, na prática).

De qualquer forma, João pode também ser responsabilizado pelo recolhimento do tributo, nos termos do art. 135, II, do CTN, pois infringiu inquestionavelmente a lei.

Há entendimento doutrinário no sentido de que a responsabilidade do empregado, na hipótese, exclui a do contribuinte (supermercado). Nesse sentido, João responderia exclusivamente pelo ICMS incidente sobre os R$ 900 não contabilizados. Não nos parece o melhor posicionamento, caso, repito, o valor total da venda tenha sido recolhido ao caixa da empresa (o supermercado efetivamente beneficiou-se da venda, apesar da escrituração errada).

Note que não está em discussão eventual penalidade pecuniária pela infração (multa pela emissão a menor da nota fiscal) que pode incidir exclusivamente em desfavor de João, caso se configure a situação descria no art. 137, III, *b*, do CTN.

Comentários adicionais

Essa questão permite, em nosso entender, diversas interpretações dos art. 135 e 137 do CTN, sendo que não há jurisprudência pacífica, em relação a empregados. Por essa razão, e para orientar o estudo do candidato, abordamos as teses de modo amplo. No entanto, em seu Exame, **adote o entendimento que lhe pareça mais adequado e defenda-o,** sem maiores considerações acerca das teses diversas. Havendo mais de uma interpretação possível, qualquer delas deverá ser aceita pelo examinador. O entendimento mais fácil de ser defendido é o de que João responde pessoalmente pelo ICMS relativo aos R$ 900 não contabilizados, nos termos do art. 135, II, do CTN.

(OAB/Exame Unificado – 2006.3 – 2ª fase) Abel faleceu em setembro de 2006 e deixou um imóvel e um automóvel a serem partilhados entre seus dois filhos, maiores e capazes, Ana e Caio. No entanto, não houve partilha porque, no curso do processo de inventário, o tribunal competente entrou em recesso forense. Nesse caso hipotético, quem será o contribuinte e o responsável quanto ao imposto sobre a propriedade predial e territorial urbana (IPTU) e ao imposto sobre propriedade de veículos automotores (IPVA) relativos aos fatos geradores em 1º de janeiro de 2007? Qual o tipo de responsabilidade tributária na situação hipotética considerada?

RESOLUÇÃO DA QUESTÃO

Contribuinte do IPTU e do IPVA é o proprietário do bem, que é quem tem relação pessoal e direta com o fato gerador (art. 121, parágrafo único, I, do CTN).

Nos termos da legislação civil (art. 1.784 do CC), no momento da morte de Abel, o domínio sobre os bens transmitiu-se aos herdeiros (Ana e Caio). Somente eles, portanto, podem ocupar a posição de contribuintes em relação aos fatos geradores ocorridos a partir a abertura da sucessão (setembro de 2006).

É verdade que o art. 131, II, do CTN prevê a **responsabilidade** dos sucessores em relação aos tributos devidos pelo *de cujus* **até o momento da partilha** ou da adjudicação. O dispositivo pode dar a entender que o falecido é contribuinte em relação aos fatos geradores ocorridos até a partilha, mesmo após seu passamento, o que nos parece absurdo. Caso adote-se esse entendimento, que não nos parece o melhor, Ana e Caio serão considerados responsáveis tributários.

A responsabilidade do espólio, prevista no art. 131, III, do CTN, refere-se aos tributos devidos pelo *de cujus* somente até o momento da abertura da sucessão. Fica claro que, depois de morto, o falecido não pode ser considerado contribuinte do imposto incidente a partir de então.

Como dito, parece-nos que a melhor interpretação é de que, após a abertura da sucessão, contribuintes passam a ser os herdeiros do falecido (Ana e Caio).

Na prática, independentemente da tese doutrinária que se adote, a responsabilidade pelo recolhimento dos tributos antes da partilha recai sobre o espólio, representado pelo inventariante. É bom lembrar que o inventariante pode ser solidariamente responsabilizado pelo recolhimento, nos termos do art. 134, IV, do CTN.

Comentários adicionais

Essa questão permite, em nosso entender, diversas interpretações do art. 131 do CTN, sem que haja jurisprudência pacífica a respeito. Por essa razão, e para orientar o estudo do candidato, abordamos as teses de modo amplo. No entanto, em seu Exame, **adote o entendimento que lhe pareça mais adequado e defenda-o**, sem maiores considerações acerca das teses diversas. Havendo mais de uma interpretação possível, qualquer delas deverá ser aceita pelo examinador. O entendimento mais fácil de ser defendido é o de que Caio e Ana são responsáveis até o momento da partilha, nos termos do art. 131, II, do CTN).

(OAB/Exame Unificado – 2006.2 – 2ª fase) Luciano e Cíntia, casados entre si, adquiriram de Rebeca um apartamento na cidade de Belo Horizonte, pelo valor de R$ 210.000,00. Alguns meses depois, os adquirentes constataram que o IPTU referente ao último ano estava em aberto e que o total da dívida tributária e não tributária (penalidades pecuniárias) era de R$ 268.500,00. Observada a situação hipotética acima descrita:

– indique o responsável pelo pagamento do IPTU em aberto;
– discorra sobre a responsabilidade pela quitação das penalidades pecuniárias; e
– responda se a responsabilidade pelo pagamento das dívidas se limita, ou não, ao valor do imóvel.

Extensão máxima: 30 linhas

RESOLUÇÃO DA QUESTÃO

O adquirente de imóvel torna-se responsável, por transferência, em relação aos créditos tributários anteriores à aquisição, exceto se fizer constar, da escritura, certidão negativa de débitos ou outra prova idônea da quitação, nos termos do art. 130 do CTN:

> Art. 130. Os **créditos tributários** relativos a impostos cujo fato gerador seja a propriedade, o domínio útil ou a posse de bens imóveis, e bem assim os relativos a taxas pela prestação de serviços referentes a tais bens, ou a contribuições de melhoria, sub-rogam-se na pessoa dos respectivos adquirentes, salvo quando conste do título a prova de sua quitação.
>
> Parágrafo único. No caso de arrematação em hasta pública, a sub-rogação ocorre sobre o respectivo preço.

Note que o dispositivo legal refere-se à responsabilidade pelos créditos tributários, o que inclui tributos e penalidades pecuniárias, e não apenas a tributos.

De fato, crédito tributário refere-se à obrigação tributária principal, que tem por objeto tributo e penalidade pecuniária, nos termos do art. 113, § 1º, do CTN.

Luciano e Cíntia são coproprietários do imóvel adquirido e, nessa qualidade, solidariamente responsáveis pelo pagamento do tributo e das multas (art. 124, I, do CTN).

O art. 130, parágrafo único, do CTN, que trata da sub-rogação do débito sobre o preço pago, aplica-se apenas à arrematação em hasta pública, o que não ocorreu, no caso (Luciano e Cíntia compraram o imóvel de Rebeca).

Não há, portanto, qualquer limitação quantitativa para a responsabilidade tributária dos adquirentes.

Assim, Luciano e Cíntia respondem pelo total cobrado pelo Fisco (R$ 268.500,00).

Comentários adicionais

Atente-se para o espaço disponível em sua prova e ajuste-se a ele, focando os pontos essenciais de maneira clara e direta. O ponto essencial nesta questão, que deve necessariamente ser abordado, é a interpretação do art. 130 do CTN.

(OAB/Exame Unificado – 2006.1 – 2ª fase) Pneuforte Indústria de Pneus Ltda., fabricante e fornecedora de pneus automotivos, é contribuinte responsável do imposto sobre operações relativas à circulação de mercadorias e sobre prestações de serviços de transporte interestadual e intermunicipal e de comunicação (ICMS). Ocorre que, em virtude de acirrada concorrência local no ramo de revenda de pneus automotivos, milhares de pneus saíram do estabelecimento empresarial da Bom Pneu Revenda de Pneus Ltda., revendedora, por valor 30% menor do que aquele utilizado para determinação do tributo devido por Pneuforte Indústria de Pneus Ltda. Considerando a situação hipotética apresentada, redija texto avaliando, de forma fundamentada, se a Bom Pneu Revenda de Pneus Ltda. faz jus à devolução da diferença de ICMS, e discorrendo, necessariamente, sobre o instituto da responsabilidade por substituição progressiva e regressiva. Extensão máxima: 60 linhas

RESOLUÇÃO DA QUESTÃO

A responsabilidade por substituição relativa ao ICMS refere-se ao dever de determinados contribuintes, de recolher não apenas o tributo devido sobre as operações que realizam, mas também o imposto incidente sobre operações promovidas pelos seus fornecedores (substituição regressiva ou "para trás") ou por seus clientes (substituição progressiva ou "para frente").

Por exemplo, é comum a legislação dos Estados determinar que a indústria agropecuária recolha não só o ICMS incidente sobre suas vendas, mas também o imposto devido pelo produtor rural que fornece seus insumos. Ou seja, ao invés de cobrar o ICMS de diversos produtores rurais, difere (adia) a cobrança para o momento em que a agroindústria promove a saída do produto industrializado. Esse é um caso de **substituição tributária regressiva, ou "para trás":** o produtor rural é substituído e a indústria é substituto tributário.

Como outro exemplo, é usual que a legislação estadual determine que a indústria automobilística recolha não apenas o ICMS incidente sobre as saída que promova, mas também o imposto que incidirá futuramente, sobre as vendas a serem realizadas pelas concessionárias de veículos. Para isso, a legislação fixa critérios para a determinação do valor do fato gerador futuro (presumido). Trata-se de **substituição tributária progressiva, ou "para frente"**, prevista expressamente pelo art. 150, § 7º, da CF:

> Art. 150, § 7.º A lei poderá atribuir a sujeito passivo de obrigação tributária a condição de responsável pelo pagamento de imposto ou contribuição, cujo fato gerador deva ocorrer posteriormente, assegurada a imediata e preferencial restituição da quantia paga, caso não se realize o fato gerador presumido.

Note que o dispositivo constitucional, em sua parte final, prevê a restituição da quantia paga no caso de o fato gerador presumido (futuro) não ocorrer.

Apesar de forte debate doutrinário e jurisprudencial, o STF tem precedentes no sentido de que a restituição do ICMS é devida somente nesse caso (fato gerador que não se realiza), mas não na hipótese de o fato gerador ocorrer por valor menor que o presumido (ADIn 1.851/AL).

Assim, se não houver norma local prevendo a devolução da diferença de ICMS (há Estados que permitem), Bom Pneu Revenda de Pneus Ltda. não terá direito à restituição pretendida, desde que mantida a atual jurisprudência do STF.

Entretanto, é bom ressalvar que o STJ não aplica a jurisprudência do STF a todos os Estados. O Superior Tribunal de Justiça entende que o precedente citado aplica-se apenas aos Estados signatários do Convênio ICMS 13/1997, que foi analisado pela Suprema Corte na ADIn 1.851/AL.

Assim, há julgados do STJ recentes, relativos aos Estados de SP, PE, PR e SC (não signatários do Convênio ICMS 13/1997), admitindo a restituição da diferença do ICMS no caso de o fato gerador futuro ocorrer em valor menor que o presumido.

Com relação a esses Estados, aguarda-se o posicionamento definitivo do STF.

Comentários adicionais

Nesse Exame de 2006 havia até 60 linhas para a resposta. Atente-se para o espaço disponível em sua prova e ajuste-se a ele, focando os pontos essenciais de maneira clara e direta. Os pontos essenciais nesta questão, que devem necessariamente ser abordados, são as definições de substituição tributária regressiva e progressiva, e a (im)possibilidade de restituição da diferença de ICMS em caso de a operação futura ocorrer em valor menor que o presumido. As transcrições e os exemplos são para facilitar o entendimento do estudante, mas são dispensáveis para a resposta.

7. SUSPENSÃO, EXTINÇÃO E EXCLUSÃO DO CRÉDITO TRIBUTÁRIO

(OAB/Exame Unificado – 2013.3 – 2ª fase) A empresa XYZ deixou de declarar e pagar imposto sobre a renda, devido no ano calendário 2006. No início de 2013, a empresa decidiu incluir todos os valores não declarados e não pagos em um parcelamento previsto em lei federal assinando, para tanto, termo de confissão de dívida. Após quitação integral do parcelamento, a empresa XYZ percebeu que, antes mesmo da inclusão dos valores no referido programa, os débitos já tinham sido atingidos pela decadência, tendo em vista que em nenhum momento houve a constituição do crédito através do lançamento. Diante disso, responda, fundamentadamente, aos itens a seguir.

A) Considerando o instrumento de confissão de dívida assinado pelo contribuinte, bem como a quitação integral do tributo, é possível que o contribuinte pleiteie a restituição dos valores que foram atingidos pela decadência? (Valor 0,80)

B) Tratando-se de tributo sujeito a lançamento por homologação não pago e não declarado, que dispositivo do Código Tributário Nacional é aplicável para regular a contagem do prazo para o Fisco realizar o lançamento? (Valor 0,45)

GABARITO COMENTADO – FGV

A questão envolve conhecimentos do examinando sobre lançamento, decadência e direito de repetição do indébito.

A. O examinando deve afirmar que a decadência é forma de extinção do crédito tributário, incidindo, neste caso, o disposto no Art. 173, I, do Código Tributário Nacional. Nesse contexto, o instrumento de confissão de dívida assinado pelo contribuinte não tem o condão de restabelecer o crédito tributário, havendo inclusive entendimento consolidado do Superior Tribunal de Justiça em sede de recurso repetitivo Sendo assim, é possível que a pessoa jurídica "XYZ" pleiteie a restituição dos valores que foram atingidos pela decadência.

B. O prazo é regido pelo Art. 173, I, do Código Tributário Nacional. Conforme assentado pela jurisprudência do Superior Tribunal de Justiça, em sede de recurso repetitivo: "*O prazo decadencial quinquenal para o Fisco constituir o crédito tributário (lançamento de ofício) conta-se do primeiro dia do exercício seguinte àquele em que o lançamento poderia ter sido efetuado, nos casos em que a lei não prevê o pagamento antecipado da exação ou quando, a despeito da previsão legal, o mesmo não ocorre, sem a constatação de dolo, fraude ou simulação do contribuinte, inexistindo declaração prévia do débito*".

Distribuição dos pontos

Item	Pontuação
A) É possível pleitear a restituição dos valores, pois a decadência é forma de extinção do crédito tributário (0,30), conforme disposto no Art. 173, I, ou Art. 156, V do Código Tributário Nacional (0,20) e o instrumento de confissão de dívida assinado pelo contribuinte não é capaz de constituir o crédito tributário nem de restabelecer a sua exigibilidade (0,30). Obs.: a mera indicação do dispositivo legal não pontua	0,00/0,30/0,50/0,60/0,80
B) O prazo é regido pelo Art. 173, I, do Código Tributário Nacional, havendo inclusive posicionamento do Superior Tribunal de Justiça em sede de recurso repetitivo. (0,45)	0,00/0,45

(OAB/Exame Unificado – 2013.2 – 2ª fase) A Procuradoria de Estado membro da Federação insurge-se, por meio de ação judicial, contra disposição constante de tratado internacional assinado entre os governos do Brasil e de outro país aderente ao Acordo Geral Sobre Tarifas e Comércio (GATT), o qual prevê a isenção de ICMS em relação a determinadas mercadorias importadas, listadas no acordo, quando também são isentados do imposto os produtos nacionais do mesmo gênero.

A Unidade da Federação, acima referenciada, sentindo-se lesada e alegando ter ocorrido a transgressão pela União de preceito relativo à competência tributária, busca a anulação da cláusula do pacto internacional.

Deve ser acolhido o pedido do ente federativo? Responda fundamentadamente, apresentando a posição predominante no Supremo Tribunal Federal. (Valor: 1,25)

A simples menção ou transcrição do dispositivo legal não pontua.

GABARITO COMENTADO – FGV

O candidato deverá, na essência, observar quanto à pergunta, o seguinte:

Não. O Presidente da República age como Chefe de Estado ao firmar tratados internacionais em nome da soberana República Federativa do Brasil (Estado Brasileiro), ou seja, atua em nome do país, visto como unidade dos Entes que compõem a Federação, e não em nome exclusivo e único da União. Deverá observar, por fim, que o STF entende que a concessão de isenção na via do tratado não se sujeita à vedação à concessão de isenção heterônoma, pois o âmbito de aplicação do Art.151, III, da CRFB é o das relações das entidades federadas entre si, não alcançando a União quando esta se apresenta na ordem externa.

(OAB/Exame Unificado – 2013.1 – 2ª fase) A Empresa JLMS Ltda. possui crédito no valor de R$ 500.000,00 (quinhentos mil reais), em face da unidade federativa XYZ onde mantém a sede de seu estabelecimento comercial, sendo tal crédito oriundo de um precatório judicial resultante de ação por desapropriação.

Todavia, a empresa aqui cuidada encontra-se em débito com o Estado XYZ, em razão do não pagamento de ICMS no montante de 450.000,00.

Até o presente momento, a legislação estadual aplicável ao contribuinte em pauta somente prevê como forma de extinção do crédito de ICMS o pagamento em dinheiro conforme prazo e condições nela estabelecidas.

À vista disso, responda, justificadamente, utilizando todos os fundamentos jurídicos aplicáveis à espécie.

A) Qual a forma de extinção do crédito tributário que se amolda a liquidação do aludido débito do ICMS com a utilização do crédito oriundo do referido precatório judicial? (Valor: 0,70)

B) Com base na resposta contida na letra A, a referida empresa poderia liquidar o seu débito do ICMS fundado no crédito contido no aludido precatório judicial. (Valor: 0,55)

A simples menção ou transcrição do dispositivo legal não pontua.

GABARITO COMENTADO – FGV

A) A modalidade de extinção do crédito tributário referida na questão é a compensação tributária prevista no art. 156, II e art. 170 todos do CTN, em outras palavras, os valores decorrentes do precatório judicial a que faz jus o contribuinte poderiam ser compensados com o valor resultante do débito do ICMS que mantém perante o Estado ao mesmo tempo devedor e credor da empresa em relação às respectivas obrigações;

B) Não poderia ser efetuada a compensação tributária nesse caso, pois não se amolda à previsão do art. 170 do CTN. Somente seria possível se houvesse previsão expressa, o que não ocorre à luz do caso em tela.

Distribuição dos pontos

Quesito Avaliado	Valores
A) Trata-se de compensação tributária (0,40) prevista no Art. 156, II e / ou art. 170 todos do CTN (0,30).	0,00 / 0,30 / 0,40 / 0,70
B) Não poderia ser efetuada a compensação tributária nesse caso, pois não se amolda à previsão do art. 170 do CTN (0,30). Somente seria possível se houvesse previsão expressa, o que não ocorre à luz do caso em tela.(0,25)	0,00 / 0,25 / 0,30 / 0,55

(OAB/Exame Unificado – 2012.2 – 2ª fase) A Empresa LM S/A, produtora de cosméticos, recolheu a maior o IPI incidente sobre a saída dos respectivos produtos vendidos a terceiros, tendo sido incluído, no preço da venda, o montante do tributo.

Verificado o equívoco, a empresa ingressou com pedido, junto à Receita Federal competente, ao efeito de ser declarado o pagamento indevido e restituído o seu montante. A Receita Federal reconheceu o pagamento indevido, tendo, contudo, negado o pedido de restituição.

Esclareça se é possível a repetição do indébito no caso vertente, quem deveria requerer e com qual fundamento. Justifique com base no ordenamento jurídico em vigor. (Valor: 1,25)

GABARITO COMENTADO – FGV

Inicialmente o candidato deveria citar o artigo 165 do CTN ou esclarecer o cabimento da repetição do indébito, em função do pagamento a maior realizado pela empresa. Em segundo lugar, seria fundamental que o candidato identificasse que o IPI é tributo indireto, ou seja, o ônus financeiro é, via de regra, suportado por terceiro, chamado de contribuinte de fato. A norma do Código Tributário Nacional sobre a questão é o artigo 166 do CTN, onde fica consignado que cabe a restituição do tributo pago a maior, desde que provado pelo requerente que suportou o encargo financeiro, ou está autorizado a receber o valor pago de forma equivocada por quem ficou com este ônus. Nestes termos destacou-se no gabarito a súmula 546 do STF. Por fim, o critério de correção adotado prestigiou o entendimento do Superior Tribunal de Justiça, emitido na forma de recurso repetitivo, de que, em se tratando de IPI, a legitimidade é do contribuinte de direito.

Distribuição dos pontos

Quesito Avaliado	Valores
Restituição do indébito **OU** art. 165 do CTN	0,00 / 0,30
Caracterizar o IPI como tributo indireto, **OU** produz repercussão.	0,00 / 0,35
Cabe a repetição do indébito com base no artigo 166 do CTN **OU** Súmula 546 do STF	0,00 / 0,30
A empresa tem legitimidade por ser contribuinte de direito.	0,00 / 0,30

(OAB/Exame Unificado – 2011.1 – 2ª fase) Um Estado da Federação promulga lei ordinária que prevê como modalidade de extinção, total ou parcial, dos créditos tributários de sua competência inscritos em dívida ativa a dação em pagamento de bens móveis (títulos públicos). Analise a regularidade dessa lei e sua compatibilidade com o sistema jurídico tributário nacional. (Valor: 1,25)

RESOLUÇÃO DA QUESTÃO

O Código Tributário Nacional, que vige com força de lei complementar federal, prevê apenas a dação de bens *imóveis* em pagamento, como modalidade de extinção do crédito tributário (art. 156, XI), não de bens *móveis*.

É forte o entendimento no sentido de que a matéria é reservada à lei complementar federal, nos termos do art. 141 do CTN:

> Art. 141. O crédito tributário regularmente constituído somente se modifica ou extingue, ou tem sua exigibilidade suspensa ou excluída, nos casos previstos nesta Lei, fora dos quais não podem ser dispensadas, sob pena de responsabilidade funcional na forma da lei, a sua efetivação ou as respectivas garantias.

Essa tese não é consensual no Judiciário.

Entretanto, a aceitação pelo fisco de bens *móveis* em pagamento de tributos pode implicar violação à exigência de licitação, prevista no art. 37, XXI, da CF.

De fato, os fornecedores da administração, que pagam corretamente seus tributos, podem ser prejudicados pela aquisição de mercadorias de contribuintes inadimplentes.

Por esse entendimento, já acolhido pelo STF, a lei ordinária estadual citada é inconstitucional (por ofensa ao princípio da licitação).

Interessante lembrar que a aquisição de bens imóveis pelo poder público pode ser, muitas vezes, dispensada, dadas as peculiaridades de localização e instalação e as necessidades da administração (art. 24, X, da Lei 8.666/1993). Assim, a dação de *imóveis* em pagamento, prevista expressamente no CTN, não implica, necessariamente, ofensa a esse princípio constitucional.

Comentários adicionais

O examinador da OAB certamente adotou uma das teses que levou o STF ao julgamento da ADI 1.917/DF:

> EMENTA: AÇÃO DIRETA DE INCONSTITUCIONALIDADE. OFENSA AO PRINCÍPIO DA LICITAÇÃO (CF, ART. 37, XXI). I - Lei ordinária distrital - pagamento de débitos tributários por meio de dação em pagamento. II - Hipótese de criação de nova causa de extinção do crédito tributário. III - Ofensa ao princípio da licitação na aquisição de materiais pela administração pública. IV - Confirmação do julgamento cautelar em que se declarou a inconstitucionalidade da lei ordinária distrital 1.624/1997 (ADI 1917/DF, Relator: Min. RICARDO LEWANDOWSKI, Tribunal Pleno, julgado em 26/04/2007, DJe-087 DIVULG 23-08-2007 PUBLIC 24-08-2007 DJ 24-08-2007 PP-00022 EMENT VOL-02286-01 PP-00059 RDDT n. 146, 2007, p. 234-235 LEXSTF v. 29, n. 345, 2007, p. 53-63 RT v. 96, n. 866, 2007, p. 106-111)

Ocorre que a leitura atenta dos votos dos Ministros nesse julgamento permite perceber que não houve consenso quanto à possibilidade de lei ordinária local (distrital, naquele caso) instituir nova modalidade de extinção de crédito tributário (dação de bem móvel).

A Suprema Corte decidiu contra a lei do Distrito Federal por conta do princípio da licitação, que teria sido, naquele caso específico, violado. O fundamento determinante não foi a suposta reserva de lei complementar federal para a matéria.

É importante lembrar que, anteriormente, o STF ratificou a possibilidade de lei estadual instituir nova modalidade de extinção do crédito tributário (dação de bens imóveis, antes de o CTN prever essa possibilidade, ou seja, antes da LC 104/2001):

EMENTA: Ação direta de inconstitucionalidade: medida cautelar: L. estadual (RS) 11.475, de 28 de abril de 2000, que introduz alterações em leis estaduais (6.537/73 e 9.298/91) que regulam o procedimento fiscal administrativo do Estado e a cobrança judicial de créditos inscritos em dívida ativa da fazenda pública estadual, bem como prevê a dação em pagamento como modalidade de extinção de crédito tributário.

I - Extinção de crédito tributário criação de nova modalidade (dação em pagamento) por lei estadual: possibilidade do Estado-membro estabelecer regras específicas de quitação de seus próprios créditos tributários. Alteração do entendimento firmado na ADInMC 1917-DF, 18.12.98, Marco Aurélio, DJ 19.09.2003: consequente ausência de plausibilidade da alegação de ofensa ao art. 146, III, b, da Constituição Federal, que reserva à lei complementar o estabelecimento de normas gerais reguladoras dos modos de extinção e suspensão da exigibilidade de crédito tributário.

(...)

(ADI 2405 MC, Relator(a): Min. CARLOS BRITTO, Tribunal Pleno, julgado em 06/11/2002, DJ 17-02-2006 PP-00054 EMENT VOL-02221-01 PP-00071 LEXSTF v. 28, n. 327, 2006, p. 14-56)

Assim, não é possível afirmar, à luz da jurisprudência do STF, a inviabilidade de lei ordinária federal, estadual, distrital ou municipal instituir nova modalidade de extinção do crédito tributário.
O que se pode dizer, certamente, é que a Suprema Corte afastou a possibilidade de se instituir especificamente a dação de bens móveis em pagamento como modalidade de extinção, por ofensa ao princípio da licitação.

GABARITO COMENTADO – CESPE

Não é possível a lei ordinária criar uma nova forma de extinção do crédito tributário, conforme art.141 do CTN ("Art. 141. O crédito tributário regularmente constituído somente se modifica ou extingue, ou tem sua exigibilidade suspensa ou excluída, nos casos previstos nesta Lei, fora dos quais não podem ser dispensadas, sob pena de responsabilidade funcional na forma da lei, a sua efetivação ou as respectivas *garantias."*). Logo, somente mediante Lei Complementar seria modificável a hipótese de extinção do crédito tributário. Além disso, o art.156, XI do CTN prevê que a prestação substitutiva do pagamento em dinheiro somente poderá ser a dação em pagamento **de bem imóvel**, sendo o referido dispositivo dotado de caráter taxativo.

Distribuição dos pontos

Item	Pontuação
A lei seria inconstitucional, por ferir a reserva constitucional de lei complementar para a matéria. (0,35)	0 / 0,35
Fundamentos (0,3 cada um): - art. 146, III, "b", da CRFB; - art. 141 do CTN; - art. 156 do CTN.	0 / 0,3 / 0,6 / 0,9

(OAB/Exame Unificado – 2010.3 – 2ª fase) O Estado de São Paulo, em razão da necessidade emergencial de conseguir novos recursos para pagar o 13º salário do funcionalismo público, decide extinguir benefícios fiscais outrora concedidos e que acarretam diminuição da arrecadação. Dessa forma, é aprovada a Lei 2.000, publicada em 30 de março de 2007, que determina a imediata revogação de isenção do ICMS concedida aos comerciantes de leite e seus derivados, passando a ser aplicada a alíquota de 18% sobre a venda dos produtos em geral, conforme já previsto no ordenamento jurídico estadual. A empresa Longa Vida Laticínios Ltda. não recolhe o tributo e é autuada pelo Fisco Estadual em janeiro de 2008, que exigiu o ICMS de abril até dezembro do ano anterior.

Com base nesse cenário, empregando os argumentos jurídicos apropriados e a fundamentação legal pertinente ao caso, discorra sobre a legalidade da exigência do ICMS para a empresa Longa Vida Laticínios Ltda.

RESOLUÇÃO DA QUESTÃO

Há duas teses relacionadas à eficácia temporal da norma que revoga isenção tributária.

Pelo entendimento tradicional, adotado pelo CTN, a isenção é modalidade de exclusão do crédito tributário – art. 175, I, do CTN. Significa que há fato gerador e surge a obrigação tributária, mas o sujeito passivo é dispensado do recolhimento do tributo.

Por esse entendimento tradicional, a revogação da isenção não corresponde à instituição de um novo tributo ou previsão de nova incidência (ela já ocorria antes), de modo que não se submete ao princípio da anterioridade.

Ainda segundo esse entendimento, a anterioridade ocorre apenas excepcionalmente em relação aos impostos sobre patrimônio e renda, por previsão do próprio CTN, conforme seu art. 178 c/c o art. 104, III.

Esse posicionamento foi consolidado pela Súmula 615/STF: "O princípio constitucional da anualidade [anterioridade] (§ 29 do art. 153 da CF) não se aplica à revogação de isenção do ICM."

A segunda tese, preponderante entre os autores mais modernos, é no sentido de que a isenção afasta a norma de incidência, de modo que sua revogação (da isenção) implica instituição de novo tributo, submetendo-se sempre ao princípio da anterioridade – art. 150, III, *b* e *c*, da CF.

Comentários adicionais

A discussão a respeito da aplicação do princípio da anterioridade à revogação de isenções em geral (de outros tributos, além dos impostos sobre patrimônio e renda) não está pacificada pela jurisprudência.

Interessante lembrar que a Súmula 615 do STF é antiga (1984), anterior à Constituição atual, havendo debate a respeito de sua interpretação à luz do sistema constitucional atual.

Na linha doutrinária crítica ao posicionamento tradicional, aponta-se que, ao tempo da redação do CTN, vigia a EC 18/1965, relativa à CF/1946, que previa o princípio da anterioridade apenas em relação aos impostos sobre patrimônio e renda (art. 2º, II).

Ou seja, o texto do CTN (art. 104, III) apenas repete a Constituição vigente àquela época.

Como a atual CF/1988 prevê anterioridade para a generalidade dos tributos, não haveria porque interpretar o CTN daquela forma restritiva.

GABARITO COMENTADO – CESPE

Primeira Possibilidade de resposta:

A revogação de uma isenção equivale à instituição de um novo tributo, de forma que se deve respeitar o princípio **da anterioridade.**

Segunda Possibilidade de resposta:

Funda-se na posição do Supremo Tribunal Federal segundo o qual, com base no artigo 178, a isenção, salvo a concedida por prazo certo e em função de determinadas condições, pode ser revogada ou modificada por lei a qualquer tempo, observando o disposto no inciso III do artigo 104 do CTN.

Distribuição dos pontos

Item	Pontuação
Obrigatoriedade de celebração de convênios. (0,25) Art. 155, §2º, XII, "g", da CRFB, OU LC 24/75. (0,25) Princípio da Anterioridade (0,25). Art. 150, III, b, da CRFB OU art. 104, III, do CTN; 178 do CTN (0,25).	0 / 0,25/ 0,5 / 0,75 / 1,0

TRIBUTÁRIA

(OAB/Exame Unificado – 2010.2 – 2ª fase) Empresa de auditoria externa foi contratada por DELTA S/A e verificou que houve cálculo equivocado e pagamento a maior de COFINS relativo às competências: de abril/2006; julho/2006; abril/2007 e julho/2007.

À vista disso, emita parecer sobre:

I. o prazo para o contribuinte reaver os valores pagos indevidamente na esfera federal.

II. quais as medidas judicial(is) e administrativa(s) para que o contribuinte possa reaver os valores pagos indevidamente? Justifique.

RESOLUÇÃO DA QUESTÃO

O prazo para reaver valores indevidamente recolhidos ao fisco é de 5 anos, nos termos do art. 168, do CTN:

> Art. 168. O direito de pleitear a restituição extingue-se com o decurso do prazo de 5 (cinco) anos, contados:
>
> I - nas hipótese dos incisos I e II do artigo 165, da data da extinção do crédito tributário;
>
> II - na hipótese do inciso III do artigo 165, da data em que se tornar definitiva a decisão administrativa ou passar em julgado a decisão judicial que tenha reformado, anulado, revogado ou rescindido a decisão condenatória.

O judiciário havia acolhido a chamada tese do "cinco mais cinco", no sentido de que, no caso dos tributos lançados por homologação, o prazo prescricional quinquenal corre a partir da homologação que, se tácita, ocorre após cinco anos contados do fato gerador (o que dá 10 anos de prazo para a repetição).

Atualmente, para as ações ajuizadas após o início de vigência da LC 118/2005, o prazo quinquenal é contado a partir do pagamento indevido, inclusive no caso dos tributos lançados por homologação (não há mais aplicação da tese do "cinco mais cinco"), conforme o seu art. 3º:

> Art. 3º Para efeito de interpretação do inciso I do art. 168 da Lei no 5.172, de 25 de outubro de 1966 – Código Tributário Nacional, a extinção do crédito tributário ocorre, no caso de tributo sujeito a lançamento por homologação, no momento do pagamento antecipado de que trata o § 1º do art. 150 da referida Lei.

Considerando que o procedimento para a repetição de indébito é geralmente demorado, submetendo-se à sistemática dos precatórios, é comum que os contribuintes prefiram a compensação com tributos devidos ao mesmo fisco.

O prazo para a compensação é o mesmo da repetição de indébito: quinquenal.

É importante lembrar que a compensação tributária depende sempre de lei autorizativa do ente político titular do crédito tributário a ser compensado.

No âmbito federal, a compensação é regulada pelo art. 74 da Lei 9.430/1996 que, a partir da alteração promovida pela Lei 10.637/2002, permite a compensação com quaisquer tributos administrados pela Secretaria da Receita Federal:

> Art. 74. O sujeito passivo que apurar crédito, inclusive os judiciais com trânsito em julgado, relativo a tributo ou contribuição administrado pela Secretaria da Receita Federal, passível de restituição ou de ressarcimento, poderá utilizá-lo na compensação de débitos próprios relativos a quaisquer tributos e contribuições administrados por aquele Órgão.

§ 1º A compensação de que trata o caput será efetuada mediante a entrega, pelo sujeito passivo, de declaração na qual constarão informações relativas aos créditos utilizados e aos respectivos débitos compensados.http://www.planalto.gov.br/ccivil/leis/2002/L10637.htm - art49

§ 2º A compensação declarada à Secretaria da Receita Federal extingue o crédito tributário, sob condição resolutória de sua ulterior homologação.

(...)

Perceba, pela leitura dos §§ 1º e 2º acima transcritos, que a compensação no âmbito federal não depende mais de requerimento do contribuinte, que apenas declara o encontro de contas por meio do sistema informatizado (DECOMP), sujeitando-se à posterior homologação pelo fisco.

Assim, para que haja a "devolução" do indébito por meio de compensação, não é preciso nenhum procedimento administrativo ou judicial específico, mas apenas a declaração do contribuinte.

É interessante notar que a jurisprudência atual do STJ não admite impetração de mandado de segurança para convalidar a compensação já realizada pelo contribuinte:

Súmula 460/STJ: É incabível o mandado de segurança para convalidar a compensação tributária realizada pelo contribuinte.

Caso DELTA S/A opte pela restituição em dinheiro, deverá propor ação de repetição de indébito, nos termos do art. 165 do CTN.

Comentários adicionais

Perceba que há uma imprecisão no espelho de correção divulgado pela FGV, já que a atual legislação federal não exige requerimento do contribuinte para a compensação tributária, conforme o seguinte precedente:

TRIBUTÁRIO E PROCESSUAL CIVIL – COMPENSAÇÃO DE TRIBUTOS DE ESPÉCIES DIVERSAS – LEIS 8.383/91, 9.430/96 E 10.637/02 – DIREITO SUPERVENIENTE.

1. A Primeira Seção reconhece que a legislação em matéria de compensação evoluiu a partir da Lei 8.383/91, passando pela Lei 9.430/96, até o advento da Lei 10.637/02.

2. Na vigência da Lei 8.383/91, somente é possível a compensação de tributos e contribuições federais, inclusive previdenciárias, vincendas e da mesma espécie, nos casos de pagamento indevido ou a maior.

3. Com o advento da Lei 9.430/96, o legislador permitiu que a Secretaria da Receita Federal, atendendo a requerimento do contribuinte, autorizasse a utilização de créditos a serem restituídos ou ressarcidos para a quitação de quaisquer tributos e contribuições sob sua administração.

4. A Lei 10.637/02 (que deu nova redação ao art. 74 da Lei 9.430/96), possibilitou a compensação de créditos, passíveis de restituição ou ressarcimento, com quaisquer tributos ou contribuições administrados pela Secretaria da Receita Federal, independentemente de requerimento do contribuinte.

5. A compensação é regida pela lei vigente na data do ajuizamento da ação (com a ressalva do entendimento da Relatora).

6. A ausência de prequestionamento constitui-se óbice incontornável, sendo possível ao STJ apreciar a demanda apenas à luz da legislação examinada nas instâncias ordinárias.

7. Hipótese em que é de absoluta legalidade a aplicação da compensação pela Lei n. 9.430/96, devidamente prequestionada, sem retroação à Lei 8.383/91.

8. Recurso especial provido.

(REsp 720966/ES, Rel. Ministra Eliana Calmon, Primeira Seção, j. 22/02/2006, DJ 03/04/2006, p. 211)

Quanto ao prazo para a repetição no caso de tributos sujeitos ao lançamento por homologação, a jurisprudência do STJ era pacífica no sentido de que era de 5 anos contados da homologação que, se tácita, ocorria após 5 anos a partir do fato gerador (tese dos "cinco mais cinco").

TRIBUTÁRIA

A Lei Complementar 118/2005 veio afirmar que o prazo para repetição deve ser contado do pagamento indevido (5 anos, apenas).

Em um primeiro momento, o STJ entendeu que as novas regras eram aplicáveis apenas aos pagamentos indevidamente realizados após o início de vigência da LC 118/2005. No caso dos pagamentos anteriores, continuava valendo a regra do "cinco mais cinco", limitando o prazo de repetição a 5 anos contados do início da vigência da LC 118/2005. Esse entendimento jurisprudencial chegou a ser fixado em Recurso Especial repetitivo (art. 543-C do CPC).

Ocorre que a tese foi afastada parcialmente pelo STF, no julgamento do RE 566.621/RS em repercussão geral (j. 4.8.2011).

Atualmente, o STJ continua interpretando as disposições da LC 118/2005 no sentido de que o prazo para repetição é de apenas cinco anos contados do pagamento indevido.

Entretanto, o Superior Tribunal de Justiça passou a adotar a orientação fixada pelo STF, no sentido de que a regra atual vale para todas as ações ajuizadas após o início de vigência da LC 118/2005 (o critério para aplicação da LC 118/2005 é, portanto, a data do ajuizamento da ação, e não mais a do pagamento indevido) – ver o EDcl AgRg AREsp 6.406/RS-STJ.

Para as ações ajuizadas antes do início de vigência da LC 118/2005, continua aplicável a tese do "cinco mais cinco".

GABARITO COMENTADO – FGV

O contribuinte tem direito à compensação por meio administrativo, na forma prevista no art. 74 da Lei n. 9.430/96, permitindo-se que possa ser efetuada mediante créditos e débitos de tributos administrados pela Receita Federal, ainda que distintos os destinos da arrecadação, no entanto, exige-se prévio requerimento ao Fisco.

A compensação subordina-se ao mesmo prazo da repetição previsto no art. 168 do CTN, pois não deixa de ser uma forma de restituição.

Assim, o contribuinte, no prazo de 5 (cinco) anos contados do pagamento indevido do tributo, poderá optar pela compensação a ser realizada na via administrativa e/ou repetição do indébito quer na via administrativa ou judicial.

Distribuição dos pontos

Item	Pontuação
Compensação tributária Art.170 CTN Art. 74 Lei 9430/96	0,50 detalhamento esta pontuação compensação 0,20 artigo do CTN 0,20 artigo da lei 9430/96 0,10
Ação de repetição de Indébito Pedido Adm. de repetição	0 / 0,25
Prazo: 5 anos pagamento indevido; Art.168 CTN	0,25 detalhamento esta pontuação artigo 0,10 prazo de 5 anos do pagamento indevido 0,15

(OAB/Exame Unificado – 2009.3.2 – 2ª fase) Determinado município cobrou judicialmente de Aldo o valor referente a IPTU não pago na época devida. Para evitar mais aborrecimentos, Aldo pagou a quantia requerida. Entretanto, passados dois meses, seu vizinho, Rui, na mesma situação de atraso que ele, informou que, na época, procurara profissional da advocacia, que descobriu que a dívida estava prescrita; por isso, Rui nada pagou.

Considerando essa situação hipotética, responda, de forma fundamentada, às seguintes indagações.

– A prescrição extingue o crédito tributário?
– Aldo tem direito à restituição total do tributo pago voluntariamente?
– Que procedimento Aldo deve adotar para requerer a restituição do tributo pago?

RESOLUÇÃO DA QUESTÃO

No âmbito tributário, peculiarmente, a prescrição não atinge apenas o direito de o credor executar judicialmente a dívida, mas também o próprio direito material subjacente.

Isso porque a prescrição é modalidade de extinção do crédito tributário, nos termos do art. 156, V, do CTN:

> Art. 156. Extinguem o crédito tributário:
>
> (...)
>
> V - a prescrição e a decadência;
>
> (...)

No direito privado, se alguém paga dívida prescrita não pode, em princípio, repetir (pedir de volta judicialmente).

Em relação à tributação é diferente, pois a prescrição extingue o próprio crédito tributário. Nesse caso, quem paga tributo prescrito tem direito à restituição, nos termos do art. 165 do CTN.

Assim, Aldo deve atentar para o prazo prescricional para seu pleito de restituição, que é de 5 anos contados do pagamento indevido (art. 168, I, do CTN).

Caso prefira pedir administrativamente e seu pleito seja indeferido, o prazo para acessar o judiciário é de apenas 2 anos, contados da recusa (art. 169, do CTN).

O meio adequado é a ação de repetição de indébito tributário, com pedido de condenação do Município à restituição do valor indevidamente recolhido.

Comentários adicionais

Nessa prova (2009.3) houve duas questões muito parecidas, relativas à repetição de indébito, o que não é comum. Veja os comentários feitos na resposta anterior e atente-se para os arts. 165 a 169 do CTN.

Interessante também memorizar as modalidades de suspensão, extinção e exclusão do crédito tributário, conforme a seguinte tabela:

Suspensão	Extinção	Exclusão
– a moratória	– pagamento	– a isenção
– o depósito do seu montante integral	– a compensação	– a anistia
– as reclamações e os recursos, nos termos das leis reguladoras do processo tributário administrativo	– a transação	
– a concessão de medida liminar em mandado de segurança	– remissão	
– a concessão de medida liminar ou de tutela antecipada, em outras espécies de ação judicial	– a prescrição e a decadência	
– o parcelamento	– a conversão de depósito em renda	
	– o pagamento antecipado e a homologação do lançamento nos termos do disposto no artigo 150 e seus §§ 1º e 4º	
	– a consignação em pagamento, nos termos do disposto no § 2º do artigo 164	
	– a decisão administrativa irreformável, assim entendida a definitiva na órbita administrativa, que não mais possa ser objeto de ação anulatória	
	– a decisão judicial passada em julgado	
	– a dação em pagamento em bens imóveis, na forma e condições estabelecidas em lei	

TRIBUTÁRIA

(OAB/Exame Unificado – 2009.3.2 – 2ª fase) Máximo decidiu quitar dívidas tributárias, vencidas havia vários anos, relativas a impostos e contribuições sociais. Alguns meses depois, Máximo verificou que efetuara o pagamento de dívidas prescritas, razão pela qual requereu, perante a autoridade competente, a restituição do valor pago, pedido que lhe foi negado, tendo ele tomado ciência da decisão em agosto de 2009.

Em face dessa situação hipotética, discorra sobre todos os aspectos jurídicos relativos ao pedido de Máximo, indicando as providências cabíveis para a obtenção da referida restituição.

RESOLUÇÃO DA QUESTÃO

No âmbito tributário, quem paga indevidamente tem direito à restituição, mesmo que tenha pago sem protesto (sem ter feito qualquer ressalva) e sem necessidade de comprovar erro no pagamento, nos termos do art. 165 do CTN:

> Art. 165. O sujeito passivo tem direito, independentemente de prévio protesto, à restituição total ou parcial do tributo, seja qual for a modalidade do seu pagamento, ressalvado o disposto no § 4º do artigo 162, nos seguintes casos:
>
> I – cobrança ou pagamento espontâneo de tributo indevido ou maior que o devido em face da legislação tributária aplicável, ou da natureza ou circunstâncias materiais do fato gerador efetivamente ocorrido;
>
> II – erro na edificação [identificação] do sujeito passivo, na determinação da alíquota aplicável, no cálculo do montante do débito ou na elaboração ou conferência de qualquer documento relativo ao pagamento;
>
> III – reforma, anulação, revogação ou rescisão de decisão condenatória.

Há, ainda, outra peculiaridade no âmbito tributário: a prescrição extingue o crédito tributário, não apenas a pretensão executiva do fisco.

Diferentemente do que ocorre no âmbito privado, com a prescrição tributária o próprio direito material do credor deixa de existir, conforme o art. 156, V, do CTN:

> Art. 156. Extinguem o crédito tributário:
>
> (...)
>
> V – a prescrição e a decadência;
>
> (...)

Assim, no momento em que Máximo recolheu o dinheiro ao fisco, não existia obrigação tributária ou crédito em favor do erário. Em suma, houve pagamento indevido, o que implica direito à restituição, nos termos do art. 165 do CTN.

Caso algum dos tributos recolhidos indevidamente comporte, por sua natureza, transferência do encargo financeiro, ou seja, se Máximo pagou indevidamente imposto ou contribuição indireta (IPI, ICMS etc. – ainda que seja raro no caso de pessoa natural), será necessário comprovar que assumiu esse encargo econômico (que não repassou o custo respectivo ao adquirente dos bens, por exemplo) ou que tem autorização daquele que o assumiu, nos termos do art. 166 do CTN:

> Art. 166. A restituição de tributos que comportem, por sua natureza, transferência do respectivo encargo financeiro somente será feita a quem prove haver assumido o referido encargo, ou, no caso de tê-lo transferido a terceiro, estar por este expressamente autorizado a recebê-la.

A repetição deve ser pleiteada, em regra, no prazo de 5 anos, contados do pagamento indevido (art. 168, I, do CTN).

No caso, há uma peculiaridade: houve pedido administrativo indeferido. Nessa hipótese, o prazo para a repetição judicial fica reduzido para apenas 2 anos, nos termos do art. 169 do CTN.

É esse o período que Máximo tem para propor eventual ação de repetição de indébito tributário, ou seja, 2 anos contados de agosto de 2009.

Eventualmente, caso o tributo comporte compensação, pode ser proposto mandado de segurança, nos termos da Súmula 213/STJ: "O mandado de segurança constitui ação adequada para a declaração do direito à compensação tributária".

Comentários adicionais

Se o candidato se deparar com questão ou peça relativa à restituição de tributos indevidamente recolhidos, é interessante notar que o CTN é bastante detalhado. A leitura atenta dos arts. 165 a 169 representa roteiro seguro para seu trabalho.

Além disso, a extinção do próprio direito material (crédito tributário) por conta da prescrição é peculiaridade do direito tributário que deve ser memorizada!

Aplica-se, normalmente o prazo prescricional de 5 anos para a restituição, contado a partir do pagamento indevido (art. 168, I, do CTN). Nesse ponto, é importante lembrarmos que a chamada "tese do cinco mais cinco" (prazo de dez anos no caso de tributos lançados por homologação) não subsiste para as ações ajuizadas a partir da LC 118/2005, conforme seu art. 3º, tal qual interpretado pelo STJ e pelo STF. Veja o seguinte precedente a respeito da matéria:

> PROCESSUAL CIVIL E TRIBUTÁRIO. EMBARGOS DE DECLARAÇÃO. REPETIÇÃO DE INDÉBITO. TRIBUTO LANÇADO POR HOMOLOGAÇÃO. PRAZO DE PRESCRIÇÃO QUINQUENAL. APLICAÇÃO RETROATIVA INDEVIDA. ENTENDIMENTO DO SUPREMO TRIBUNAL FEDERAL. APLICAÇÃO DO NOVO PRAZO ÀS AÇÕES AJUIZADAS A PARTIR DE 9.6.2005.
>
> 1. O STJ admite Embargos de Declaração opostos com a finalidade de adaptar o julgamento à orientação adotada em recurso processado nos termos dos arts. 543-B e 543-C do CPC.
>
> 2. O egrégio STF concluiu o julgamento de mérito do RE 566.621/RS em repercussão geral, em 4.8.2011, afastando parcialmente a jurisprudência do STJ fixada no REsp 1.002.932/SP (repetitivo). O Informativo 585/STF, de 3 a 7 de maio de 2010, noticiou o voto proferido pela relatora, eminente Ministra Ellen Gracie, que orientou o acórdão.
>
> 3. O STF ratificou a orientação do STJ, no sentido de ser indevida a retroatividade do prazo de prescrição quinquenal para o pedido de repetição do indébito relativo a tributo lançado por homologação. Entretanto, em relação ao termo e ao critério para incidência da novel legislação, entendeu "válida a aplicação do novo prazo de 5 anos tão somente às ações ajuizadas após o decurso da *vacatio legis* de 120 dias, ou seja, a partir de 9.6.2005", e não aos pagamentos realizados antes do início de vigência da LC 118/2005, como o STJ vinha decidindo.
>
> 4. A Primeira Seção deliberou, no dia 24.8.2011, pela imediata adoção da jurisprudência do STF.
>
> 5. No presente caso, a demanda foi ajuizada em 21.9.2007, o que resulta no reconhecimento da prescrição no que se refere aos eventuais recolhimentos indevidamente efetuados pela embargada no período de cinco anos anteriores à data do ajuizamento da ação, ou seja, 21.9.2002, na forma do art. 3º da LC 118/2005.
>
> 6. Embargos de Declaração acolhidos com efeito modificativo para dar provimento ao Recurso Especial.
>
> (EDcl no AgRg no Ag 1397269/AL, Rel. Ministro HERMAN BENJAMIN, SEGUNDA TURMA, julgado em 03/11/2011, DJe 08/11/2011)

Entretanto, há outras duas contagens, menos comuns: (i) 5 anos contados da decisão definitiva (administrativa ou judicial) que reformou, anulou ou rescindiu a decisão condenatória e (ii) 2 anos contados da decisão administrativa que denegou a restituição (caso de Máximo!).

TRIBUTÁRIA

Finalmente, ao lado da tradicional ação ordinária de repetição de indébito, é muito comum a impetração de mandado de segurança que visa a garantir o direito à compensação de indébitos de ICMS e IPI, por exemplo, com valores devidos ao fisco nos períodos subsequentes.

Interessante lembrar que, nos termos da Súmula 213/STJ, "O mandado de segurança constitui ação adequada para a declaração do direito à compensação tributária."

Entretanto, conforme a Súmula 460/STF, "É incabível o mandado de segurança para convalidar a compensação tributária realizada pelo contribuinte."

(OAB/Exame Unificado – 2009.2 – 2ª fase) O governador do estado X concedeu, por meio de lei, isenção de ICMS, por um período de cinco anos, para as sociedades empresárias que se instalassem no interior do estado e cumprissem as condições legais estabelecidas. Diversas sociedades cumpriram as condições estabelecidas e ficaram isentas do ICMS.

Passados dois anos, o governador revogou a isenção concedida, passando a cobrar o referido imposto. Na situação hipotética apresentada, o governador poderia ter revogado a isenção concedida? O que as sociedades empresárias devem alegar em sua defesa? Fundamente sua resposta.

RESOLUÇÃO DA QUESTÃO

Considerando que a isenção foi regularmente concedia, ou seja, a lei estadual foi precedida de autorização do Conselho Fazendário – CONFAZ, nos termos do art. 155, § 2º, XII, *g*, da CF, o contribuinte deve argumentar que tem direito adquirido ao benefício, durante o prazo inicialmente estabelecido (cinco anos), comprovando que cumpre as condições estabelecidas.

Isso porque a isenção concedida por prazo certo e sob condição não pode ser suprimida em desfavor do contribuinte que preencheu os requisitos para a concessão do benefício, nos termos do art. 178 do CTN:

> Art. 178 - A isenção, **salvo se concedida por prazo certo e em função de determinadas condições**, pode ser revogada ou modificada por lei, a qualquer tempo, observado o disposto no inciso III do art. 104.

Assim, o governador não poderia revogar a isenção em prejuízo a essas empresas ou, por outra aproximação, essa revogação não tem eficácia contra elas.

Comentários adicionais

Fizemos referência à necessária autorização do CONFAZ para informação do estudante, mas ela é desnecessária para a resposta à questão.

(OAB/Exame Unificado – 2009.1 – 2ª fase) A empresa ZW Comercial Ltda. é devedora de ICMS definitivamente constituído em dezembro de 2002, razão por que, em dezembro de 2006, requereu, autorizada por lei, o parcelamento do débito, que foi deferido pela autoridade fiscal. Já em janeiro de 2008, um mês após ter sido cancelado o benefício do parcelamento por falta de pagamento, a empresa ingressou em juízo, pleiteando o reconhecimento da prescrição do crédito tributário, visto que, até aquela data, ainda não havia sido ajuizada a cobrança da dívida pela fazenda pública. Considerando as circunstâncias acima descritas, discorra sobre a ocorrência, ou não, da prescrição do crédito tributário, indicando os dispositivos legais aplicáveis.

RESOLUÇÃO DA QUESTÃO

Em princípio, o fisco tem até 5 anos, contados da constituição definitiva do crédito, para sua cobrança judicial, nos termos do art. 174, *caput*, do CTN. No caso, o prazo prescricional terminaria em dezembro de 2007.

Ocorre que a confissão do débito, que precede o parcelamento tributário, interrompe o prazo prescricional, nos termos do art. 174, parágrafo único, IV, do CTN.

Ademais, ainda que não se admita que houve confissão do débito, é inquestionável que, durante o parcelamento (entre dezembro de 2006 e dezembro de 2007), o crédito tributário correspondente teve sua exigibilidade suspensa, nos termos do art. 151, VI, do CTN.

Isso significa que, no período do parcelamento, o fisco não poderia cobrar judicialmente o tributo. Pelo princípio da *actio nata*, não houve omissão do credor, o que afasta a fluência do prazo prescricional.

Vale dizer: durante a suspensão da exigibilidade do crédito tributário, fica também suspenso o prazo prescricional para a cobrança judicial.

Assim, não ocorreu prescrição da pretensão do fisco em janeiro de 2008, como a contribuinte pretende ver declarado.

Comentários adicionais

Atente-se para o espaço disponível em sua prova e ajuste-se a ele, focando os pontos essenciais de maneira clara e direta. Explicamos a razão pela qual o prazo prescricional não corre durante a suspensão da exigibilidade do crédito para informação do leitor, mas isso é dispensável para a solução da questão. Bastaria afirmar que o prazo prescricional foi interrompido com o pedido de parcelamento e ficou suspenso entre dezembro de 2006 e dezembro de 2007, conforme os arts. 174, parágrafo único, IV e 151, VI, do CTN.

(OAB/Exame Unificado – 2009.2 – 2ª fase) Lucas ajuizou ação judicial contra o fisco estadual, depositando integralmente o valor da dívida. A fazenda pública, para evitar a decadência ou o vencimento do prazo prescricional, ajuizou ação de execução fiscal contra Lucas. Nessa situação hipotética, agiu corretamente a fazenda pública? O que deve ser alegado por Lucas? Fundamente ambas as respostas.

RESOLUÇÃO DA QUESTÃO

O depósito em dinheiro, do valor integral relativo ao crédito tributário, suspende sua exigibilidade, nos termos do art. 151, II, do CTN.

Nessa situação, o fisco não poderia propor execução fiscal. Agiu, portanto, incorretamente. Essa deve ser a alegação de Lucas.

A rigor, não há falar em decadência do direito de o fisco lançar o tributo, pois, conforme jurisprudência pacífica do STJ, o depósito integral em juízo corresponde à constituição do crédito tributário, sendo desnecessário lançamento por parte do fisco.

Tampouco há risco de prescrição, pois a suspensão da exigibilidade do crédito impede a fluência do prazo para a ação de cobrança (princípio da *actio nata*).

(OAB/Exame Unificado – 2008.3 – 2ª fase) A União concedeu à empresa Madeira Boa S.A., a partir de 1.º/1/2005 e com base em lei então vigente, a isenção de determinado imposto, pelo período de 10 anos, sob a condição de que a empresa mantivesse projeto de reflorestamento de mil hectares de terra por ano. Nessa situação, caso a União tivesse revogado, em julho de 2008, a mencionada lei, a partir de que mês a empresa deixaria de gozar da mencionada isenção? Fundamente sua resposta.

RESOLUÇÃO DA QUESTÃO

A isenção concedida por prazo certo e sob condição não pode ser revogada em prejuízo ao contribuinte interessado, nos termos do art. 178 do CTN:

> Art. 178 - A isenção, **salvo se concedida por prazo certo e em função de determinadas condições**, pode ser revogada ou modificada por lei, a qualquer tempo, observado o disposto no inciso III do art. 104.

Assim, até o prazo inicialmente assinalado (dez anos contados a partir de 01/01/2005), a Madeira Boa S.A. terá direito à isenção, desde que cumpra a condição estabelecida (mantenha projeto de reflorestamento de mil hectares de terra por ano).

Eventual revogação da isenção será aplicável à contribuinte somente após esse período (depois de 01/01/2015), observado o princípio da anterioridade, no caso de impostos sobre a renda ou sobre a propriedade (art. 104, III, do CTN).

Comentários adicionais

Veja a Súmula 544/STF: "Isenções tributárias concedidas sob condição onerosa não podem ser livremente suprimidas."

É importante salientar, entretanto, que o art. 178 do CTN prevê dois requisitos para a manutenção do benefício fiscal: existência de condição ***e*** tempo determinado, conforme o seguinte precedente:

> TRIBUTÁRIO. IPI. IMPOSTO DE IMPORTAÇÃO. COMPANHIA HIDROELÉTRICA DO SÃO FRANCISCO - CHESF. DECRETO-LEI 8.031/45. ISENÇÃO. REQUISITOS PARA IRREVOGABILIDADE. ART. 178, DO CTN. NÃO OCORRÊNCIA. LEI 8.032/90. REVOGAÇÃO. POSSIBILIDADE.
>
> 1. Hipótese em que o Tribunal de origem aplicou o prazo estipulado no art. 5º, do Decreto 19.406/45, de cinquenta anos, à isenção de Imposto de Importação por prazo indeterminado à Companhia Hidroelétrica do São Francisco - CHESF, prevista no art. 8º, do Decreto-Lei 8.031/45. Impossibilidade.
> 2. A irrevogabilidade da isenção concedida, nos termos do art. 178, do CTN, só ocorrerá se atendidos, cumulativamente, os requisitos de prazo certo e condições determinadas. Precedentes. Situação não configurada nos autos.
> 3. Admitir-se a irrevogabilidade de uma isenção concedida por prazo indeterminado é aceitar que o legislador de 1945 pudesse suprimir a competência legislativa de todas as legislaturas futuras com relação à matéria o que, a toda evidência, infringe princípios básicos da Democracia Representativa e do Estado Republicano.
> 4. Com o advento da Lei 8.032/90 operou-se a revogação da isenção à CHESF.
> 5. Recurso Especial provido.
>
> (REsp 575.806/PE, Rel. Ministro HERMAN BENJAMIN, SEGUNDA TURMA, julgado em 11/09/2007, DJ 19/11/2007, p. 217)

8. IMPOSTOS EM ESPÉCIE

(OAB/Exame Unificado – 2012.3 – 2ª fase) Suponha que a União Federal tenha editado Lei Ordinária n. "X" em 14/05/2012, a fim de disciplinar o imposto sobre grandes fortunas – IGF, dispondo, em seu Art. 1º, exclusivamente, as seguintes hipóteses de incidência:

I. a aquisição de disponibilidade econômica ou jurídica de renda, assim entendido o produto do capital, do trabalho ou da combinação de ambos com valor acima de 1 milhão de reais.

II. quaisquer outros acréscimos patrimoniais não entendidos no inciso anterior.

De acordo com o exposto, é possível a instituição e a cobrança do referido imposto sobre grandes fortunas (IGF)? Justifique, apontando os dispositivos legais pertinentes. (Valor: 1,25)

GABARITO COMENTADO – FGV

O IGF encontra-se previsto no Art. 153, inciso VII, da CRFB/88, possibilitando à União Federal instituí-lo de acordo com as regras constitucionais previstas, sendo certo que deverá o IGF ser instituído mediante lei complementar, o que não foi observado.

Ademais, tem-se o mesmo fato gerador do imposto de renda, o que caracteriza dupla incidência sobre o mesmo fato gerador já previsto no Art. 43, incisos I e II, do CTN.

Desse modo, a lei em questão é inconstitucional.

Distribuição dos pontos

Quesito Avaliado	Valores
Competência da União Federal p / instituir e cobrar o IGF, com base no Art. 153, VII, da CRFB / 88. Obs.: a mera citação do artigo não pontua.	0,00 / 0,55
Art. 153, VII, da CRFB / 88. Exigência de lei complementar para instituição do IGF. Obs.: a mera citação do artigo não pontua	0,00 / 0,35
Fato gerador já previsto no Art. 43, I e II, do CTN.	0,00 / 0,35

(OAB/Exame Unificado – 2012.3 – 2ª fase) Jogador de Futebol, colecionador de carros de luxo, importa o último modelo de veículo utilitário para integrar sua coleção pessoal e é surpreendido ao ser impedido de retirar o produto no desembaraço aduaneiro, em razão de ter apenas apresentado a documentação pertinente à quitação do Imposto de Importação, único tributo que o atleta acreditava devido, restando pendente a comprovação do pagamento do IPI, exigido pela autoridade alfandegária.

Utilizando todos os argumentos jurídicos apropriados e a fundamentação legal pertinente, responda aos itens a seguir.

A) Na importação de produtos, a cobrança simultânea do Imposto de Importação e do Imposto sobre Produtos Industrializados revela hipótese de bitributação? (Valor: 0,55)

B) Sobre a importação do veículo incide o Imposto sobre Produtos Industrializados? (Valor: 0,70)

GABARITO COMENTADO – FGV

A) Não há bitributação, pois os tributos apresentam fatos geradores distintos. Além disso, bitributação é figura que ocorre quando entes tributantes diversos exigem do mesmo sujeito passivo tributos decorrentes do mesmo fato gerador.

O fato gerador do Imposto de Importação é a entrada do produto no território nacional, vide Art. 19 do CTN. Já a hipótese de incidência do Imposto sobre Produtos Industrializados na importação, na forma do Art. 46, I, do CTN, é o desembaraço aduaneiro.

B) Não. Como a importação não se destina a comércio, o importador não é considerado contribuinte do Imposto sobre Produtos Industrializados. O fato gerador do IPI na importação envolve uma relação mercantil. Caso contrário haveria um descumprimento do Princípio da Não Cumulatividade, previsto no Art. 153, § 3º, II da CRFB.

Distribuição dos pontos

Quesito Avaliado	Valores
A. Não ocorre bitributação. Os fatos geradores são distintos e os entes tributantes são os mesmos, (0,35) de acordo com os Artigos 19 e 46, I, do CTN (0,20) Obs.: A mera citação dos artigos não pontua.	0,00 / 0,35 / 0,55
B. Não, pois não ocorre o fato gerador do imposto / o importador pessoa física não é contribuinte (0,30); Cobrar o IPI viola a não cumulatividade (0,20) com base no Art. 153, § 3º, II CRFB (0,20). Obs.: A mera citação do artigo não pontua.	0,00 / 0,20 / 0,30 / 0,40 / 0,50 / 0,70

(OAB/Exame Unificado – 2012.3 – 2ª fase) Uma associação de indústrias de informática, sediada no município Alfa e que não goza de imunidade tributária, decide realizar um congresso de especialistas no município Beta, para que seus associados possam se atualizar sobre as novas tendências do mercado. Para organizar e administrar o evento, a associação contrata a empresa Pérola S.A., sediada no município Gama e sem estabelecimentos em outros locais. O valor desse contrato será pago, 30 dias após o evento, pela associação. Por outro lado, os interessados em assistir ao congresso têm de comprar ingressos. A receita de ingressos pertence à associação, cabendo à Pérola S. A. apenas arrecadá-la nos guichês no dia do evento e repassá-la imediatamente à associação, sem qualquer desconto ou comissão.

Em face desses dados, responda, com base no ordenamento jurídico vigente, aos itens a seguir.

A) Para qual(is) município(s) deve haver recolhimento do Imposto sobre Serviços de Qualquer Natureza (ISS) por conta dos negócios jurídicos mencionados? (Valor: 0,80)

B) Que receita(s) específica(s) compõe(m) a base de cálculo do ISS a ser recolhido pela empresa Pérola S.A.? (Valor: 0,45)

GABARITO COMENTADO – FGV

A) O ISS incidente sobre serviços de administração de congressos é devido no local do congresso, conforme Art. 3º, XXI, da Lei Complementar Federal n. 116/2003. Logo, é devido pelo contribuinte Pérola, prestadora desses serviços, ao município Beta. O ISS incidente sobre os ingressos vendidos para o congresso (isto é, sobre a receita de serviços de congresso, previstos no subitem 12.08 na lista da referida Lei Complementar), é devido no local onde se realiza o evento, conforme inciso XVIII, do Art. 3º, da citada Lei Complementar. Logo, também é devido no município Beta, embora por outro contribuinte (o prestador desses serviços é a associação).

B) O único serviço prestado pela Pérola S.A. é o de organização e administração do congresso. Logo, apenas o valor desse serviço compõe a base de cálculo do ISS a ser por ela recolhido, prevista no Art. 7º, da Lei Complementar n. 116/2003. A receita de ingressos não remunera a atividade da Pérola e por isso não integra o preço de seu serviço.

Distribuição dos pontos

Quesito Avaliado	Valores
A1. O ISS incidente sobre serviços de administração de congressos é devido no local do congresso, logo o município Beta (0,30) conforme Art. 3º, XXI, da Lei Complementar Federal n. 116 / 2003, (0,10). Obs.: A mera citação dos artigos não pontua.	0,00 / 0,30 / 0,40
A2. O ISS incidente sobre os ingressos vendidos para o congresso é devido no local onde se realiza o evento, de novo o município Beta (0,30) conforme incisos XVIII e XXI do Art. 3º, da Lei Complementar n. 116 / 2003 (0,10). Obs.: A mera citação dos artigos não pontua.	0,00 / 0,30 / 0,40
B. A base de cálculo do ISS a cargo da Pérola S.A. é composta apenas pela receita do serviço de organização e administração do congresso (0,35), conforme Art. 7º da Lei Complementar n. 116/2003. (0,10). Obs.: A mera citação do artigo não pontua.	0,00 / 0,35 / 0,45

(OAB/Exame Unificado – 2013.2 – 2ª fase) No ano de 2012, Caio doou um bem móvel no valor de R$ 100.000,00 para Tício, sem que tenha sido recolhido qualquer tributo. No ano seguinte, Tício, aconselhado por um amigo, antes de qualquer fiscalização por parte da Fazenda do Estado "X", declarou e recolheu o Imposto sobre Transmissão *causa mortis* e doação, de quaisquer bens ou direitos (ITCD) devido, acompanhado de juros de mora e correção monetária.

Ao tomar ciência do fato gerador do ITCD e verificar que não houve recolhimento da multa moratória, a Fazenda autuou Caio, visando à cobrança da multa.

Considerando o caso descrito e que a lei estadual previa que o doador é o contribuinte do ITD, responda aos itens a seguir, fundamentadamente.

A) Está correta a exclusão da multa moratória? (Valor: 0,65)

B) Pode a lei estadual definir o contribuinte do ITCD? (Valor: 0,60)

A simples menção ou transcrição do dispositivo legal não pontua.

GABARITO COMENTADO – FGV

A questão aborda dois pontos: a denúncia espontânea prevista no Art. 138 do Código Tributário Nacional e o aspecto subjetivo do Imposto sobre Transmissão *causa mortis* e doação, de quaisquer bens ou direitos (ITCD)

A) Para se caracterizar o instituto da denúncia espontânea, o pagamento do tributo deve vir acompanhado da correção monetária e dos juros moratórios, conforme previsão legal. A denúncia espontânea, no entanto, exclui as multas de caráter punitivo, decorrentes do atraso no pagamento.

Sendo assim, o candidato deve responder que está correta a exclusão da multa moratória no caso descrito, tendo em vista a ocorrência da denúncia espontânea, prevista no Art. 138, do CTN.

B) A resposta também é positiva. Segundo o Art. 42, do CTN, a lei poderá dispor sobre quem é o contribuinte: o donatário, no caso Tício, ou o doador, no caso Caio.

(OAB/Exame Unificado – 2012.2 – 2ª fase) Lei Estadual publicada em 12/05/2011 estabeleceu, entre outras providências, novo critério para apuração da base de cálculo do ICMS, no sentido de que o valor correspondente aos descontos incondicionais nas operações mercantis deve ser integrado à respectiva base de cálculo do ICMS.

À vista disso, alguns jornais especializados em economia noticiaram que a aludida lei seria inconstitucional, visto que lei ordinária não poderia tratar de base de cálculo do ICMS, sendo matéria reservada à lei complementar.

Nesse caso, a notícia divulgada está correta? Justifique, com o apontamento de todos os dispositivos legais pertinentes. (Valor: 1,25)

GABARITO COMENTADO – FGV

Inicialmente o gabarito destaca o artigo 146, III, *a* da CRFB, eis que neste dispositivo há expressa referência à lei complementar como a ferramenta legislativa própria para fixar base de cálculo dos impostos. Nesse caso, a Lei Complementar que disciplina matéria relativa ao ICMS é a Lei Complementar n. 87/96, dispondo em seu art. 13, parágrafo 1º, inciso II, letra "a", que o valor correspondente à base de cálculo do ICMS inclui "seguros, juros e demais importâncias pagas, recebidas ou debitadas, bem como descontos concedidos sob condição". Em outras palavras, os descontos incondicionais não deverão ser incluídos na base de cálculo do referido imposto, já dispondo o STJ da Súmula n. 457 que veda a inclusão dos descontos incondicionais na base de cálculo do referido imposto. Conclui-se, portanto, que a referida lei é inconstitucional.

TRIBUTÁRIA

Distribuição dos pontos

Quesito Avaliado	Valores
Art. 146, inciso III, letra *a* da CRFB	0,00 / 0,25
Art. 13, parágrafo 1º, inciso II, letra *a*, Lei Complementar n. 87 / 96	0,00 / 0,50
Súmula n. 457 / STJ	0,00 / 0,50

(OAB/Exame Unificado – 2012.1 – 2ª fase) Determinado contribuinte adquiriu um lote de terreno, em zona de expansão urbana, situado em Condomínio ainda não dotado de qualquer dos melhoramentos elencados no art. 32, parágrafo 1º, do CTN.

Considerando o caso acima, responda aos itens a seguir:

A) Sobre o bem imóvel acima especificado há incidência de imposto? (valor: 0,50)

B) Havendo incidência, qual Ente o titulariza? (valor: 0,75)

Justifique, com a indicação dos dispositivos legais pertinentes.

GABARITO COMENTADO – FGV

Sim, incide o IPTU. Apesar do art. 32, parágrafo 2º, do CTN estabelecer a observância de pelo menos dois melhoramentos para que o imóvel venha a se enquadrar na zona urbana, certo é que há incidência do IPTU sobre sítio de recreio situado em zona de expansão urbana, conforme previsto no art. 32, parágrafo 2º, do CTN, ainda que o imóvel ainda não disponha de tais benefícios.

Nessa linha, também é o entendimento do STJ, conforme RESP n. 18.1105, Ministro José Delgado.

Distribuição dos pontos

Quesito Avaliado	Faixa de valores
A) Zona Urbana. IPTU, art. 32, parágrafo 2º, do CTN (0,25). Inaplicabilidade do art. 32, parágrafo 1º, do CTN (0,25).	0,00/0,25/0,50
B) A titularidade é do município ou do Distrito Federal na competência municipal.	0,00/0,75

(OAB/Exame Unificado – 2011.3 – 2ª fase) Instituição financeira Bling Bling S.A insurge-se por meio de ação anulatória de débito fiscal em face de auto de infração lavrado por agente do fisco municipal, que fora expedido em decorrência da ausência do recolhimento do Imposto Sobre Serviço sobre as tarifas cobradas pelo banco pela atividade de análise, cadastro, controle e processamento, prestada na elaboração de contrato de adiantamento de crédito para clientes que se encontram sem fundos em suas contas bancárias. A empresa alega, em síntese, que não procede a cobrança, tendo em vista que o aludido serviço não configura hipótese de incidência de nenhuma forma de tributo, em especial o ISS, por não constar expressamente previsto na lista de serviços anexa à Lei Complementar 116/03. Responda se o pleito da demandante deve ser acolhido, empregando os fundamentos legais cabíveis.

RESOLUÇÃO DA QUESTÃO

A competência dos Municípios para tributar os serviços de qualquer natureza é delimitada pela LC 116/2003, conforme previsto no art. 155, III, da CF.

No caso, os serviços bancários de análise, cadastro, controle e processamento relacionados a operações de crédito são previstos de maneira ampla nos itens 15.05 e 15.08 da lista anexa à LC 116/2003:

15.05 – Cadastro, elaboração de ficha cadastral, renovação cadastral e congêneres, inclusão ou exclusão no Cadastro de Emitentes de Cheques sem Fundos – CCF ou em quaisquer outros bancos cadastrais.

15.08 – Emissão, reemissão, alteração, cessão, substituição, cancelamento e registro de contrato de crédito; estudo, análise e avaliação de operações de crédito; emissão, concessão, alteração ou contratação de aval, fiança, anuência e congêneres; serviços relativos a abertura de crédito, para quaisquer fins.

É importante ressaltar que, embora a lista de serviços seja taxativa, admite interpretação extensiva de cada um de seus itens, especialmente quando há menção a serviços "congêneres" (caso do item 15.08 acima transcrito), conforme a jurisprudência pacífica do STJ, que reflete o disposto na Súmula 424 daquela Corte:

Súmula 424/STJ. É legítima a incidência de ISS sobre os serviços bancários congêneres da lista anexa ao DL n. 406/1968 e à LC n. 56/1987.

Vale reiterar que, embora a Súmula citada faça referência à legislação anterior à atual LC 116/2003, a jurisprudência é exatamente a mesma ainda hoje.

De fato, não importa a denominação utilizada pelo contribuinte para classificar ou contabilizar suas receitas. Importante é a natureza do serviço prestado que, no caso, é abrangido pela hipótese de incidência do ISS.

Comentários adicionais

Quando o examinando depara-se com exigência de ISS, é essencial consultar o dispositivo constitucional básico (art. 156, III, da CF) e, principalmente, a norma nacional, qual seja a LC 116/2003.

Verifique se o serviço tributado está previsto na lista anexa da citada LC.

Lembre-se que a lista é taxativa, mas permite interpretação extensiva de cada um dos seus itens, especialmente quando há menção a "congêneres".

Veja precedente do STJ relativo a serviços bancários:

TRIBUTÁRIO. EXECUÇÃO FISCAL. ISS. SERVIÇOS BANCÁRIOS. LISTA DE SERVIÇOS. TAXATIVIDADE. INTERPRETAÇÃO EXTENSIVA. MATÉRIA SUBMETIDA AO RITO DOS RECURSOS REPETITIVOS. SÚMULA 424/STJ. ENQUADRAMENTO. SÚMULA 7/STJ. MULTA. ART. 557, § 2º, DO CPC.

(...)

2. Nos termos da jurisprudência pacífica desta Corte, a Lista de Serviços anexa ao Decreto-Lei n. 406/68 e à Lei Complementar n.

116/2003, para efeito de incidência de ISS sobre serviços bancários, é taxativa, mas admite-se a interpretação extensiva, sendo irrelevante a denominação atribuída.

3. Tal entendimento restou consolidado no julgamento do REsp 1.111.234/PR, Rel. Ministra Eliana Calmon, submetido ao rito dos recursos repetitivos, nos termos do art. 543-C do CPC e da Resolução 8/2008 do STJ. Incidência da Súmula 424/STJ.

4. Para verificar se as atividades que se pretende tributar enquadram na lista anexa ao Decreto-Lei n. 406/68 e às Leis Complementares n. 56/87 e 116/2003, é indispensável a análise da natureza das cobranças realizadas pela instituição financeira. Essa avaliação, contudo, deve ser feita pelas instâncias de origem, sendo inviável o seu reexame em sede de recurso especial, nos termos da Súmula 7/STJ.

Agravo regimental improvido, com aplicação da multa do art. 557, § 2º, do CPC no percentual de 1% (um por cento) sobre o valor da causa atualizado.

(AgRg no AREsp 141.128/PR, Rel. Ministro HUMBERTO MARTINS, SEGUNDA TURMA, julgado em 03/05/2012, DJe 11/05/2012)

GABARITO COMENTADO – FGV

Não. Vide Súmula 424 do STJ "É legítima a incidência de ISS sobre os serviços bancários congêneres da lista anexa ao DL 406/68 e à LC 56/87."

A lista da LC 116/03 é taxativa, mas admite interpretação extensiva, de acordo com o sentido do termo "congênere" contido na LC 116/03, devendo prevalecer não a literalidade da denominação utilizada pelo banco, mas a efetiva natureza do serviço prestado por ele.

Distribuição dos pontos

Item	Pontuação
Fundamentação (0,25) com base no enunciado 424 da Súmula do STJ (0,25)	0 / 0,25 / 0,5
Em regra, a lista da LC 116/03 é taxativa	0 / 0,4
No caso, deve ser dada interpretação extensiva (natureza semântica do termo "congênere")	0 / 0,35

(OAB/Exame Unificado – 2011.3 – 2ª fase) A empresa de construção civil Britadeira Ltda. é intimada por autoridade da Fazenda Estadual para que proceda ao recolhimento do ICMS complementar referente à diferença das alíquotas interestaduais e internas proveniente de aquisição de materiais adquiridos pela limitada em outro Estado para utilizar em obra realizada no território da unidade federativa que realizou a intimação.

Diante desse fato, o administrador da empresa consulta os seus conhecimentos tributários, com o intuito de saber se, de fato, deve incidir a cobrança do ICMS – ou de qualquer outra espécie de imposto estadual ou municipal – sobre a operação realizada pela companhia. Responda fundamentadamente.

RESOLUÇÃO DA QUESTÃO

Não incide ICMS ou qualquer outro imposto estadual ou municipal na operação relativa a insumos a serem utilizados nas obras da construtora.

Isso porque a empresa de construção civil é prestadora de serviço, sujeitando-se apenas à incidência do ISS na realização da obra.

Não sendo contribuinte do ICMS, não há como o Estado de destino (onde está estabelecida construtora ou localizada a construção) cobrar o ICMS, ainda que a título de diferencial de alíquota.

Esse entendimento pacífico do STJ foi ratificado na Súmula 432 daquela Corte:

> STJ 432. As empresas de construção civil não estão obrigadas a pagar ICMS sobre mercadorias adquiridas como insumos em operações interestaduais.

Comentários adicionais

A rigor, quando a empresa de construção civil vai até o outro Estado para comprar insumos para suas obras, deveria incidir o ICMS na origem (no local da compra) pela alíquota interna (maior que a interestadual), já que a venda está sendo realizada para não contribuinte do imposto estadual.

De fato, a alíquota interestadual (menor que a interna) é devida somente nas operações cujo destinatário é contribuinte do ICMS (art. 155, § 2º, VII, da CF).

Se essa norma constitucional tivesse sido observada, não haveria discussão quanto à cobrança de diferencial de alíquota pelo Estado de destino, simplesmente porque ele não existiria (diferencial de alíquota é a diferença entre a alíquota interestadual menor e a interna maior).

Ocorre muitas vezes, na prática, uma atitude altamente questionável por parte das empresas envolvidas: ao ir até o outro

Estado comprar o insumo, a construtora se identifica como contribuinte do ICMS e paga o preço com a alíquota menor de ICMS (interestadual). Mas, ao chegar ao Estado de destino, a construtora alega que não é contribuinte do ICMS e, portanto, não deve recolher o diferencial de alíquota.

De qualquer forma, ainda que seja evidente que há algo de errado nisso, o fato é que apenas o Estado de origem (onde ocorreu a venda) é que tem interesse em cobrar a diferença (foi lá que o ICMS foi recolhido a menor), e não o Estado de destino, daí porque o STJ afasta a pretensão do fisco (de destino) nesses casos da Súmula 432/STJ.

Veja, a propósito, esse esclarecedor precedente do STJ:

> TRIBUTÁRIO. ISS. CONSTRUÇÃO CIVIL. MATERIAL DE CONSTRUÇÃO DESTINADO A OBRAS DA ADQUIRENTE. AQUISIÇÃO INTERESTADUAL. DIFERENCIAL DE ALÍQUOTA. IMPOSSIBILIDADE DE COBRANÇA.
>
> 1. Discute-se a cobrança do diferencial entre as alíquotas interestadual e interna de ICMS, na aquisição de material de construção por construtoras.
>
> 2. As alíquotas interestaduais somente aproveitam aos adquirentes que sejam contribuintes do ICMS, conforme o art. 155, § 2º, VII, "a", da CF. Nessas hipóteses, é pacífico o entendimento de que o Estado de destino pode cobrar o diferencial de alíquota na entrada da mercadoria em seu território.
>
> 3. No caso de compradores não contribuintes do ICMS, como o das construtoras em relação aos insumos aplicados em suas obras, as aquisições interestaduais devem se sujeitar à alíquota interna (maior que a interestadual), nos termos do art. 155, § 2º, VII, "b", da CF. Evidentemente, não haverá diferencial de alíquota a ser recolhido ao Estado de destino.
>
> 4. Ocorre que determinadas construtoras (caso da recorrida) identificam-se como contribuintes do ICMS no momento da aquisição das mercadorias em outros Estados, aproveitando, assim, a alíquota interestadual. Paradoxalmente, argumentam ao Fisco de destino que não são contribuintes do ICMS, para escaparem do diferencial de alíquota.
>
> 5. A Segunda Turma já teve a oportunidade de consignar que a atitude desses contribuintes agride o Princípio da Boa-Fé Objetiva que deve orientar as relações com o fisco. Admite-se, na hipótese, a aplicação de multas previstas na legislação estadual.
>
> 6. Inviável, no entanto, a cobrança do diferencial de alíquota, como pretende o recorrente.
>
> 7. Como a construtora não é contribuinte do ICMS, o tributo estadual deveria ter sido calculado pela alíquota interna sobre o preço da operação interestadual e recolhido integralmente pelo vendedor ao Estado de origem, nos termos do art. 155, § 2º, VII, "b", da CF. Não há crédito, portanto, em favor do Fisco de destino (recorrente).
>
> 8. Recurso Especial não provido.
>
> (REsp 620.112/MT, Rel. Ministro HERMAN BENJAMIN, SEGUNDA TURMA, julgado em 07/05/2009, DJe 21/08/2009)

GABARITO COMENTADO – FGV

Súmula 432 STJ: "As empresas de construção civil não estão obrigadas a pagar ICMS sobre mercadorias adquiridas como insumos em operações interestaduais".

A construtora ao adquirir material de construção em Estado de origem, que exigiu o ICMS, ao utilizar as mercadorias como insumo em suas obras, não estará compelida à satisfação do diferencial de alíquota de ICMS do Estado destinatário.

TRIBUTÁRIA

Logo, a empresa de construção civil que comprar material a ser utilizado em sua atividade comercial em outro Estado, tendo em vista não ser contribuinte do ICMS, deve se sujeitar tão somente à alíquota interna.

"É assente na Corte que as empresas de construção civil não são contribuintes do ICMS, salvo nas situações que produzam bens e com eles pratiquem atos de mercancia diferentes da sua real atividade, como a pura venda desses bens a terceiros; nunca quando adquirem mercadorias e as utilizam como insumos em suas obras. (...). Consequentemente, é inadmissível a retenção, pelos Estados, do diferencial de alíquotas relativo à operações interestaduais efetuadas por empresa de construção civil para aquisição de mercadorias sem objetivo de comercialização. 4. Agravo Regimental desprovido." (AgRg no Ag 687.218/MA , Rel. Ministro Luiz Fux, Primeira Turma, julgado em 04.05.2006, DJ 18.05.2006)"

Distribuição dos pontos

Item	Pontuação
Não incidência de qualquer outro imposto estadual ou municipal	0 / 0,5
Fundamentação (0,4) com base no enunciado 432 da súmula do STJ (0,35)	0 / 0,35 / 0,4 / 0,75

(OAB/Exame Unificado – 2011.3 – 2ª fase) Determinado contribuinte do ICMS, com sede no Estado Beta, detentor de saldos credores do respectivo imposto acumulados desde a edição da Lei Complementar no. 87/96, em razão de operações de exportação, foi autuado pela Fiscalização Estadual sob o entendimento de ser inválida a operação de transferência dos saldos credores do ICMS acumulados a outro estabelecimento seu, situado no mesmo Estado, tendo em vista a ausência de lei estadual disciplinando a hipótese objeto do auto de infração em questão. Procedeu o Fisco corretamente? Justifique com base na legislação tributária pertinente.

RESOLUÇÃO DA QUESTÃO

Como as exportações são imunes ao ICMS (art. 155. § 2º, X, *a*, da CF), os exportadores acabam, muitas vezes, acumulando créditos do imposto (não têm como "gastar" os créditos que vêm com as notas fiscais de entrada).

Por essa razão, o próprio art. 155, § 2º, X, *a*, da CF, em sua parte final, dispõe ser assegurada não apenas a manutenção, mas também "o aproveitamento do montante do imposto cobrado nas operações e prestações anteriores", de modo a efetivar o princípio da não cumulatividade (art. 155, § 2º, I, da CF).

Nesse sentido, entre as formas de aproveitamento dos créditos acumulados, o art. 25, § 1º, da LC 87/1996 permite a transferência para outros estabelecimentos do mesmo contribuinte localizados no mesmo Estado (inciso I) ou, havendo saldo remanescente, a transferência a outros contribuintes no mesmo Estado, mediante a emissão pela autoridade competente de documento que reconheça o crédito (inciso II)

Essa norma é de eficácia plena, inexistindo previsão de lei estadual regulamentadora, diferentemente do que dispõe o § 2º desse art. 25 da LC 87/1996, relativo à generalidade dos créditos acumulados (outros que não relacionados à exportação).

Assim, vincular o aproveitamento dos créditos de ICMS acumulados por conta da imunidade sobre exportações à autorização da legislação estadual viola frontalmente o art. 155, § 2º, X, *a*, *in fine*, da CF, que garante o aproveitamento dos créditos, e também ofende o disposto no art. 25, § 2º, da LC 87/1996.

Comentários adicionais

Sempre que nos deparamos com uma questão de ICMS, devemos consultar o art. 155, II, e § 2º, da CF, além da norma nacional que regula o imposto: a LC 87/1996.

O caso das exportações é bastante peculiar, como indicado no modelo de resposta acima, e merece atenção especial. Veja o seguinte precedente do STJ, bastante esclarecedor:

> TRIBUTÁRIO. ICMS. LC 87/96. TRANSFERÊNCIA A TERCEIROS DE CRÉDITOS ACUMULADOS EM DECORRÊNCIA DE OPERAÇÕES DE EXPORTAÇÃO. ART. 25, § 1º, DA LC 87/96. NORMA DE EFICÁCIA PLENA. DESNECESSIDADE DE EDIÇÃO DE LEI ESTADUAL REGULAMENTADORA. INVIABILIDADE DE VEDAÇÃO À TRANSFERÊNCIA.
>
> 1. A jurisprudência do Superior Tribunal de Justiça entende que, conforme o disposto no art. 25 da Lei Complementar n. 87/96, há duas hipóteses de transferência de crédito acumulado de ICMS a contribuintes do mesmo Estado: (a) nos termos do § 1º, os créditos oriundos de operações e prestações que destinem ao exterior mercadorias, inclusive produtos primários e produtos industrializados semielaborados, ou serviços; e (b) nos termos do § 2º, os demais casos de saldos credores acumulados, a serem definidos pelo legislador estadual.
>
> 2. A primeira hipótese prescinde de lei estadual regulamentadora, pois se trata de norma de eficácia plena. Neste sentido, o Min. Teori Albino Zavascki, no voto-vista proferido no RMS 13.969/PA (1ª Turma, Rel. Min. Francisco Falcão, DJ de 4.4.2005), esclarece: "o art. 25, § 1º, da LC 87/96 é expresso ao conferir ao contribuinte detentor de saldos credores de ICMS acumulados desde a edição desse diploma legal, em razão de operações de exportação, a faculdade de aproveitá-los mediante transferência a qualquer estabelecimento seu no mesmo Estado (inciso I) e, havendo saldo remanescente, mediante transferência a outro contribuinte do mesmo Estado (inciso II) — utilizando-se, nesse segundo caso, de documento expedido pela autoridade fazendária reconhecendo a existência do crédito. Trata-se de norma de eficácia plena, que dispensa qualquer regulamentação por lei estadual. A legislação estadual é requerida apenas para o reconhecimento do direito à utilização, nas modalidades acima descritas, dos demais saldos credores acumulados a partir da vigência da Lei Complementar, isto é, aqueles que não os decorrentes de exportações, nos inequívocos termos do § 2º do mesmo dispositivo". Precedentes.
>
> 3. Ante a autoaplicabilidade do § 1º do art. 25 da Lei Complementar n. 87/96, e, sendo os créditos oriundos de operações disciplinadas no art. 3º, inciso II, do mesmo normativo, "não é dado ao legislador estadual qualquer vedação ao aproveitamento dos créditos do ICMS, sob pena de infringir o princípio da não cumulatividade, quando este aproveitamento se fizer em benefício de qualquer outro estabelecimento seu, no mesmo Estado, ou de terceiras pessoas, observando-se para tanto a origem no art. 3º." (RMS 13544/PA, Rel. Min. Eliana Calmon, Segunda Turma, julgado em 19.11.2002, DJ 2.6.2003, p. 229).
>
> Recurso especial provido.
>
> (REsp 1252683/MA, Rel. Ministro HUMBERTO MARTINS, SEGUNDA TURMA, julgado em 21/06/2011, DJe 29/06/2011)

GABARITO COMENTADO – FGV

O art. 25, § 1º da LC 87/96 é expresso ao conferir ao contribuinte detentor de saldos credores de ICMS acumulados desde a edição da lei, em razão de operações de exportação, a faculdade de aproveitá-los mediante a transferência a qualquer estabelecimento seu no mesmo Estado (inciso I) e, havendo saldo remanescente, mediante transferência a outro contribuinte do mesmo Estado (inciso II), utilizando-se, nessa segunda hipótese, de documento expedido pela Fazenda reconhecendo a existência de crédito. Trata-se, segundo entendimento do Superior Tribunal de Justiça (RMS 13.969/PA), de norma de eficácia plena que dispensa regulamentação por lei estadual. A lei estadual somente seria obrigatória para a hipótese prevista no § 2º do art. 25 da LC 87/96.

Assim, não é dado ao legislador estadual qualquer vedação ao aproveitamento dos créditos do ICMS, sob pena de se violar a não cumulatividade, quando este aproveitamento se fizer em benefício do contribuinte, no mesmo Estado.

Ademais, o art. 155, § 2º, inciso X, letra a, da CFRB/88 dispõe que nas operações de exportação será, ao contribuinte: "...assegurada a manutenção e aproveitamento do imposto cobrado nas operações e prestações anteriores", o que resulta em plena eficácia do direito ao aproveitamento do crédito por força da aplicação do princípio da não cumulatividade, previsto no art. 155, , parágrafo 2º, inciso I, da CFRB/88.

Distribuição dos pontos

Item	Pontuação
Aplicação do art. 25, §1º, da LC 87/96 (0,3). Norma de eficácia plena (0,2).	0 / 0,2 / 0,3 / 0,5
Art. 155, §2º, X, "a", da CFRB (0,2). Princípio da não cumulatividade (art. 155, §2º, I, da CFRB) (0,3).	0 / 0,2 / 0,3 / 0,5
A exigência de lei estadual tem pertinência apenas na hipótese do §2º do art. 25 da LC 87/96.	0 / 0,25

(OAB/Exame Unificado – 2011.2 – 2ª fase) Determinado jogador integrante de importante time de futebol de estado da federação brasileira, na qualidade de pessoa física, ao promover, em dezembro de 2010, a importação, por conta própria, de um automóvel de luxo, da marca Jaguar, zero quilômetro, fabricado no exterior, foi surpreendido com a cobrança de tributos, inclusive o Imposto sobre Circulação de Mercadorias e Serviços – ICMS. Todavia, o jogador de futebol, inconformado com a cobrança do referido imposto estadual, ajuizou, por meio de seu advogado, competente mandado de segurança, com base na súmula 660 editada pelo STF, a fim de viabilizar a defesa dos seus direitos perante a Justiça Estadual.

Com base no caso acima, responda aos itens a seguir, empregando os argumentos jurídicos apropriados e a fundamentação legal pertinente ao caso.

a) O jogador de futebol em questão estaria enquadrado na qualidade de contribuinte do ICMS? (Valor: 0,65)

b) Considerando que existe pedido liminar, analise sua viabilidade, bem como a do direito em discussão. (Valor: 0,60)

RESOLUÇÃO DA QUESTÃO

a) Atualmente, após a EC 33/2001, o ICMS incide sobre toda importação, inclusive aquela promovida por quem não seja contribuinte habitual do imposto, qualquer que seja a sua finalidade (inclusive para uso próprio), conforme o art. 155, § 2º, IX, *a*, da CF.

O entendimento refletido pela Súmula 660/STF ficou, portanto, ultrapassado.

b) A liminar não será concedida por duas razões.

Em primeiro lugar, o jogador não tem razão quanto à exigência do tributo, conforme resposta ao item "a". Não há, portanto, direito líquido e certo a ser reconhecido pelo judiciário - art. 5º, LXIX, da CF.

Em segundo lugar, não será concedida liminar para liberação de mercadoria importada nessa hipótese de clara exigibilidade do tributo, conforme o art. 7º, § 2º, da Lei 12.016/2009.

Comentários Adicionais

É interessante referirmo-nos ao debate que existe a respeito do art. 7º, § 2º, da Lei 12.016/2009 que, por sua literalidade, impediria a concessão de liminar para liberação de mercadorias na alfândega:

> Art. 7º, § 2º Não será concedida medida liminar que tenha por objeto a compensação de créditos tributários, a entrega de mercadorias e bens provenientes do exterior, a reclassificação ou equiparação de servidores públicos e a concessão de aumento ou a extensão de vantagens ou pagamento de qualquer natureza.

Anteriormente, já havia vedação semelhante no art. 1º da Lei 2.770/1956, aplicável a procedimentos judiciais de qualquer natureza (não apenas mandado de segurança).

A constitucionalidade ou, pelo menos, a extensão da aplicabilidade do art. 7º, § 2º, da Lei 12.016/2009 é bastante discutível.

Parece-nos que a liminar em MS é vedada apenas nos casos em que há fortes indícios de que a mercadoria importada é ilegal (armas irregulares, drogas etc.) falsificada, contrabandeada (caso em que não poderia ser importada, não é simples descaminho, quando não há recolhimento dos tributos) ou que, de outra forma, ameace o consumidor brasileiro (brinquedos com defeitos, etc.).

Fora esses casos excepcionais, não parece possível que o contribuinte regular, com endereço certo, inscrito validamente nos registros fiscais, possa ter sua mercadoria apreendida na alfândega por conta de discussão estritamente tributária.

Isso violaria o direito à atividade empresarial e à livre iniciativa (arts. 5º, XIII, XXII, e 170 da CF). Ademais, inviável a apreensão de mercadoria como meio coercitivo para cobrança de tributos - Súmula 323/STF. Finalmente, impedir a concessão de liminar violaria o acesso ao judiciário (art. 5º, XXXV, da CF).

Perceba que não defendemos a possibilidade de liberação da mercadoria sem qualquer pagamento de tributo, mas apenas a possibilidade de que o valor controvertido seja cobrado pelo fisco pelas vias próprias (execução fiscal, se for o caso). Ou seja, o contribuinte tem o direito de recolher o tributo que lhe parece correto (desde que sua tese seja fundamentada, o que não é o caso do jogado de futebol em questão) e eventual diferença será cobrada pelo fisco, sem que haja apreensão de mercadoria.

Não há jurisprudência relevante a respeito do assunto por uma razão bastante prática: depois que o juiz de primeira instância concede a liminar, o contribuinte vai, evidentemente, liberar a mercadoria imediatamente, e, então, qualquer recurso do fisco perde o objeto. Caso a liminar seja denegada por esse fundamento (inviabilidade da liminar em mandado de segurança), o natural é que advogado proponha imediatamente a ação ordinária com pedido de antecipação de tutela ou garanta o juízo por meio de depósito, considerando a urgência na liberação da mercadoria. De qualquer forma, é bastante provável que a sentença do *writ* seja proferida antes que o debate a respeito da liminar chegue aos tribunais superiores.

Finalmente, e isso é da maior relevância para o candidato, os gabaritos oficiais da OAB admitem a possibilidade, em tese, de liminar em mandado de segurança para liberar mercadorias na alfândega.

GABARITO COMENTADO – FGV

a) Sim. **Até** a entrada em vigor da Emenda Constitucional n. 33, de 11/12/2001, o art. 155, inciso IX, letra a, da CF/88, não disciplinava, em sua redação originária, a possibilidade de incidência do ICMS de bem ou mercadoria importados do exterior por pessoa física, daí porque inúmeros contribuintes, à época, questionaram judicialmente a cobrança do ICMS pelos Estados o que resultou em julgamentos favoráveis aos contribuintes, culminando com a edição da súmula 660 do STF.

Contudo, com o advento da Emenda Constitucional no. 33, de 11/12/2001, que alterou a redação do art. 155, inciso IX, letra a, da CF/88, a pessoa física passou, expressamente, a constar como contribuinte de bem ou mercadoria importado do exterior.

Ademais, a LC no. 87/1996, teve a redação alterada pela LC no. 114/2002, a qual passou a determinar, em seu art. 4º, parágrafo único, inciso I, que a pessoa física, mesmo sem habitualidade ou intuito comercial, enquadra-se como contribuinte do ICMS quando “ importe mercadorias ou bens do exterior, qualquer que seja sua finalidade”.

Dessa forma, o candidato deverá interpretar as mudanças trazidas pela EC no. 33/2001 em relação ao caso posto em debate, bem como mencionar a inaplicabilidade da súmula 660 STF frente à redação atual prevista no art. 155, inc. IX, letra a, da CRFB/88.

Não. O presente writ é inviável, pois não engloba direito líquido e certo, portanto, não há que se falar em deferimento ou não da liminar (art. 5º, inciso, LXIX, da CF/88 e Lei no. 12016/2009). Dessa forma, o examinando deverá identificar a aplicação ou não da existência de direito líquido e certo à luz das informações previstas no problema.

Distribuição dos pontos

Item	Pontuação
Sim, com base no artigo 155, §2º, IX, "a", da CRFB OU artigo 4º, parágrafo único, I, da Lei Kandir. (0,35)	0 / 0,30 / 0,35 / 0,65
Inaplicabilidade da Súmula 660 do STF. (0,30)	
Incabível a liminar, por não estarem presentes os requisitos para sua concessão. (0,30) Não há direito líquido e certo em não pagar. (0,30)	0 / 0,30 / 0,60

(OAB/Exame Unificado – 2011.2 – 2ª fase) Em janeiro de 2007, o agricultor Manoel Santos teve sua extensa propriedade invadida por cinquenta famílias de camponeses. Inconformado, ele moveu, tempestivamente, ação de reintegração de posse com pedido de medida liminar no intuito de ser reintegrado na posse do imóvel, a qual foi prontamente deferida, embora siga pendente de cumprimento, por inércia do poder público. Com base na situação apresentada, responda, fundamentadamente, como repercute a incidência do Imposto Territorial Rural. (Valor: 1,25)

RESOLUÇÃO DA QUESTÃO

O Superior Tribunal de Justiça tem precedentes afastando a exigência do ITR sobre imóvel rural invadido, quando há omissão do Poder Público na reintegração do bem.

O fundamento é que, tendo havido esvaziamento dos elementos da propriedade, não haveria como o Poder Público exigir imposto sobre o domínio do imóvel rural, por ofensa aos princípios da razoabilidade, boa-fé objetiva e bom senso.

Por essa linha de entendimento, considerando que o ITR incide sobre a propriedade do imóvel rural (art. 29 do CTN), se o conteúdo desse direito foi "esvaziado", não é exigível o tributo federal.

Comentários adicionais

A jurisprudência citada no modelo de resposta e adotada pelo gabarito oficial é da Segunda Turma do Superior Tribunal de Justiça, que tem afastado a exigência do ITR sobre imóvel rural invadido, quando há omissão do Poder Público na reintegração do bem (v.g. REsp 963.499/PR).

Como dito, o fundamento seria que, tendo havido esvaziamento dos elementos da propriedade, não haveria como o Poder Público exigir imposto sobre o domínio do imóvel rural, por ofensa aos princípios da razoabilidade, boa-fé objetiva e bom senso.

Com todo o respeito, discordamos.

A jurisprudência restringe-se, em princípio, à Segunda Turma do STJ.

Desconhecemos precedente da Primeira Turma (o outro colegiado que analisa matéria tributária no STJ).

Ademais, não conhecemos julgamento pelo Supremo Tribunal Federal.

Em suma, essa jurisprudência não é consolidada.

Entendemos que o proprietário não perde o domínio do imóvel por conta da invasão.

Vale dizer, continua proprietário, tanto que tem à sua disposição os remédios processuais para retomada do imóvel. Ademais, pode vender ou de outra forma alienar o bem (ainda que, sem dúvida, haja redução de seu valor de mercado, por conta da invasão).

Nada disso seria possível se os direitos inerentes à propriedade tivessem sido totalmente esvaziados.

Finalmente, o imóvel invadido poderá ser excluído da reforma agrária, nos termos do art. 2º, § 6º, da Lei 8.629/1993, o que demonstra a plena reversibilidade da situação em favor do proprietário.

Não há dúvida que a cobrança do ITR soa injusta. Entretanto, não cabe ao judiciário afastar por equidade tributo legalmente devido (art. 108, § 2º, do CTN).

Poderia haver, sem dúvida, lei isentiva para o caso, mas a decisão judicial não pode substituí-la, conforme o art. 150, § 6º, da CF.

Assim, entendemos que incide o ITR e o proprietário do imóvel invadido é o contribuinte, nos termos dos arts. 29 e 31 do CTN, com o devido respeito à citada jurisprudência em sentido contrário, ainda não consolidada.

GABARITO COMENTADO – FGV

O Fato Gerador do tributo é a situação ou circunstância com previsão legal suscetível de originar obrigação de natureza tributária.

O Imposto Territorial Rural (ITR) tem como hipótese de incidência tributária, segundo o já citado art. 29 do CTN, "a propriedade, o domínio útil, ou o seu possuidor a qualquer título".

Desde 2007, o proprietário não detém o direito de usar, gozar e dispor do imóvel, em decorrência da invasão pelos integrantes das famílias camponesas e o direito de reavê-lo não é assegurado pelo Estado.

Houve, portanto, o completo esvaziamento do conteúdo do direito de propriedade, que se mantém apenas formalmente, não configurando o fato gerador do ITR.

O ITR é inexigível ante o desaparecimento da base material do fato gerador.

O mesmo Estado que se omite na salvaguarda de direitos fundamentais, mesmo após decisão judicial exigindo a sua intervenção, não pode utilizar a aparência do direito, para cobrar o tributo que pressupõe a incolumidade da titularidade do domínio não apenas formalmente, mas também materialmente.

Distribuição dos pontos

Item	Pontuação
Hipótese de incidência é a propriedade, o domínio útil, ou a posse, a qualquer título.	0 / 0,25
Artigo 29 do CTN OU artigo 1º da Lei 9.393/96 OU artigo 2º do Decreto 4382/02	0 / 0,20
O ITR é inexigível do proprietário (0,50) pois o fato gerador não se constituiu (0,30).	0 / 0,30 / 0,50 / 0,80

(OAB/Exame Unificado – 2011.1 – 2ª fase) O Laboratório de Análises Clínicas Almeida Silva Ltda., cuja sociedade é constituída por 3 (três) sócios, um médico, um farmacêutico e uma empresária, explora, no ramo da medicina, serviços de análises clínicas, em caráter empresarial, mantendo, para tanto, várias filiais em funcionamento em diversas municipalidades de determinada região do país. Ocorre que, a partir de março/2011, a referida empresa, na qualidade de contribuinte do Imposto sobre Serviços de Qualquer Natureza – ISSQN, deixou de recolher o respectivo tributo, dando origem a diversas autuações fiscais, que geraram defesas administrativas no sentido de que o ISS deveria ser calculado e recolhido como tributo fixo, ou seja, com base em um valor fixo previsto na legislação municipal pertinente a ser calculado em relação a cada sócio, não devendo ser considerado, para fins de apuração do imposto, o valor do serviço praticado pela empresa com incidência da alíquota correspondente à sua atividade.

Esclareça se o laboratório tem ou não direito a realizar o recolhimento na forma pretendida. Justifique, com base na legislação tributária pertinente. (Valor: 1,25)

RESOLUÇÃO DA QUESTÃO

A tributação fixa do ISS em favor de determinados profissionais liberais e sociedades uniprofissionais, prevista no art. 9º, §§ 1º e 3º, do DL 406/1968, foi recepcionada pela Constituição atual, conforme a Súmula 663/STF.

Ademais, o judiciário entende que essa tributação diferenciada não foi revogada pela atual LC 116/2003.

Entretanto, o ISS fixo, no caso de sociedades, aplica-se apenas àquelas formadas por apenas uma espécie de profissional (uniprofissional), o que não é o caso da contribuinte em questão.

De fato, o Laboratório é formado por médico, farmacêutico e empresária.

Ademais, a responsabilidade pessoal dos sócios é pressuposto para essa sistemática, o que não se coaduna com as sociedades limitadas, em que, por definição, a responsabilidade dos sócios é limitada ao valor de suas quotas.

Por essas razões, o Laboratório de Análises Clínicas Almeida Silva Ltda. deve recolher o ISS sobre o preço dos serviços prestados (tributo variável), conforme o art. 7º, *caput*, da LC 116/2003.

Comentários adicionais

É interessante indicarmos um precedente jurisprudencial exemplificativo dessa jurisprudência:

> PROCESSUAL CIVIL E TRIBUTÁRIO. AGRAVO REGIMENTAL. ISS. SOCIEDADE UNIPROFISSIONAL. RESPONSABILIDADE LIMITADA. CARÁTER EMPRESARIAL. ART. 9º, § 1º, DO DL 406/1968. INAPLICABILIDADE.
>
> 1. A tributação fixa do ISS, prevista no art. 9º, § 3º, do DL 406/1968, somente se aplica quando houver responsabilidade pessoal dos sócios e inexistir caráter empresarial na atividade realizada.
>
> 2. Na sociedade limitada, a responsabilidade de cada sócio é restrita ao valor de suas quotas (art. 1.052 do CC), o que afasta o benefício da tributação fixa. Precedentes do STJ.
>
> 3. Agravo Regimental não provido.
>
> (AgRg no REsp 1075488/MG, Rel. Ministro HERMAN BENJAMIN, SEGUNDA TURMA, julgado em 25/11/2008, DJe 13/03/2009)

Também é bom ressalvar o caso das sociedades de advogados que, conforme o entendimento do STJ, têm sempre direito à tributação fixa, qualquer que seja o conteúdo de seus contratos sociais:

> PROCESSUAL. TRIBUTÁRIO. SOCIEDADE UNIPROFISSIONAL DE ADVOGADOS. ISS. RECOLHIMENTO COM BASE EM VALOR FIXO ANUAL. TRATAMENTO TRIBUTÁRIO DIFERENCIADO PREVISTO NO ART. 9º, §§ 1º E 3º, DO DECRETO-LEI N. 406/68.
>
> (...)
>
> 2. A sociedade uniprofissional de advogados de natureza civil, qualquer que seja o conteúdo de seu contrato social, goza do tratamento tributário diferenciado previsto no art. 9º, §§ 1º e 3º, do Decreto-Lei n. 406/68, não recolhendo o ISS com base no seu faturamento bruto, mas sim no valor fixo anual calculado de acordo com o número de profissionais que a integra. Precedentes.
>
> (...)
>
> 4. Agravo regimental não provido.
>
> (AgRg no Ag 1361783/MG, Rel. Ministro CASTRO MEIRA, SEGUNDA TURMA, julgado em 05/04/2011, DJe 14/04/2011)

GABARITO COMENTADO – FGV

Dispõe o art. 7º da LC 116/2003 que a base de cálculo do imposto corresponde ao preço do serviço.

Caso excepcional, contudo, é a regra do art. 9º do Decreto-lei 406/1968, de vigência mantida pela LC 116/2003, que trata dos serviços prestados autonomamente pelo contribuinte ou sob a forma de agrupamento profissional, consoante §§ 1º e 3º do dispositivo citado, sendo exemplo as sociedades uniprofissionais formadas por médicos, contadores, advogados, dentistas, etc. Nesses casos excepcionais, o tributo é fixo, exigido e calculado em relação a cada profissional habilitado, sócio, empregado ou não, que preste serviços em nome da sociedade.

Ademais, a plena vigência dos §§ 1º e 3º do art. 9º Do Decreto-Lei 406/68 foi declarada pelo STF na súmula 663.

Todavia, é pacífico o entendimento do Superior Tribunal de Justiça no sentido de que para que o ISS seja calculado e recolhido como tributo fixo deverá a sociedade caracterizar-se como sociedade **uniprofissional,** sem caráter empresarial, o que por certo não se compatibiliza com a sociedade limitada. Ademais, se a sociedade dispõe de caráter empresarial não haveria incidência do art. 9º, §§ 1º e 3º do Decreto-Lei 406/68.

Dessa forma, não há direito da empresa em recolher o ISS na forma pretendida. O imposto deverá ter como base de cálculo o preço do serviço cobrado, de acordo com o art. 7º. da LC 116/2003, com incidência da alíquota prevista na legislação municipal local relativa ao serviço em questão.

Item	Pontuação
Aplicação do art. 7º da LC 116/2003	0 / 0,5
Inaplicabilidade dos §§ 1º e 3º do art. 9º Do Decreto-Lei 406/68	0 / 0,5
Caráter empresarial da atividade desenvolvida	0 / 0,25

(OAB/Exame Unificado – 2010.3 – 2ª fase) A transportadora aérea brasileira Voe Bem S.A. firmou contrato de *leasing* por 20 anos e sem opção de compra de três aeronaves 747-800 novíssimas com a empresa Bongo, com sede em Minneapolis, Estados Unidos da América, para o transporte doméstico de passageiros. As aeronaves foram entregues no prazo avençado. Ocorre que, na chegada das aeronaves ao Brasil, a Voe Bem S.A. recebeu notificação do Estado X, por meio da Secretaria de Fazenda Estadual, determinando o pagamento do ICMS relativo às três aeronaves. O departamento jurídico da Voe Bem S.A. entra em contato com você, renomado(a) tributarista, para consultá-lo(a) sobre a questão.

Com base no cenário acima, responda aos itens a seguir, empregando os argumentos jurídicos apropriados e a fundamentação legal pertinente ao caso.

A) A cobrança é constitucional ou inconstitucional? (Valor: 0,2)

B) Quais são os pressupostos de incidência do imposto? (Valor: 0,4)

C) Qual é a principal característica desse contrato que determina a constitucionalidade ou inconstitucionalidade da cobrança? (Valor: 0,4)

RESOLUÇÃO DA QUESTÃO

O Supremo Tribunal Federal tem se posicionado pela não incidência de ICMS sobre a entrada de aeronaves e peças no país, importadas por empresas de transporte aéreo de grande porte por meio de *leasing*, sem opção de compra.

No contrato de *leasing* financeiro, a empresa brasileira paga um preço pela utilização do bem no período do contrato, a exemplo da locação, e tem o direito de adquiri-lo ao final, pagando o chamado valor residual.

Ocorre que, no caso relatado, não há opção de compra ao final do contrato (o que, a rigor, parece desnaturar o contrato de *leasing*, que se aproxima muito da simples locação). O bem será, necessariamente, devolvido à fornecedora estrangeira ao final do contrato de *leasing*.

Assim, não há nem haverá circulação de mercadoria, pressuposto do ICMS conforme o art. 155, II, da CF, de modo que a cobrança é inconstitucional, sempre em conformidade com a jurisprudência mais atual do STF.

Comentários adicionais

É muito importante ressaltar que a jurisprudência do STF relativa à importação de bens por meio de *leasing* é bastante instável, principalmente no que se refere aos fundamentos adotados pelos Ministros.

Houve julgamento paradigmático, em um primeiro momento, do RE 206.069/SP, em que a Suprema Corte analisou a importação de bem destinado ao ativo fixo, decidindo pela exigibilidade do ICMS.

Entendeu-se que o ICMS incide sobre a *entrada* da mercadoria estrangeira, nos termos do art. 155, § 2º, IX, *a*, da CF, e não, especificamente, sobre a *circulação* desse bem, o que implica cobrança independentemente do contrato firmado (compra e venda, aluguel, *leasing* etc.).

Posteriormente, ao julgar o RE 461.968/SP, o STF afastou a incidência do ICMS em relação a equipamentos e peças importadas por empresa aérea de grande porte.

Naquela oportunidade, o relator (Min. Eros Grau) afirmou que não havia incompatibilidade com o precedente anterior, pois a inexistência de opção de compra ao final do contrato firmado por essas empresas aéreas seria notória, diferentemente do caso de bem destinado ao ativo fixo.

Assim, não é correto afirma que o STF afasta genericamente o ICMS sobre importação no regime de *leasing*, pois a jurisprudência nesse sentido é restrita a aeronaves e peças trazidas ao país por empresas de transporte aéreo de grande porte, sem opção de compra.

Como se percebe, não há orientação harmônica em relação aos fundamentos adotados pelos Ministros da Suprema Corte. Talvez por essa razão, o STF voltou a debater a matéria, no julgamento do RE 540.829/SP.

GABARITO COMENTADO – FGV

A questão foi sedimentada na posição do Supremo Tribunal Federal que sublinha a **inconstitucionalidade da cobrança de ICMS em operações de arrendamento mercantil**, uma vez que **não há transferência de domínio** do bem nos casos de *leasing* sem opção de compra, ou seja, não há um dos pressupostos fundamentais do ICMS, que **é a circulação do bem** ou mercadoria. Nos contratos de arrendamento mercantil, não há a circulação do bem, que é exigência constitucional (CRFB, art. 155, II) para a exação do tributo, já que a titularidade do bem permanece com a arrendadora, sendo a transferência para a arrendatária meramente temporária. Aliás, cumpre ressaltar que essa é a principal característica deste contrato que influi diretamente na impossibilidade de cobrança do tributo supracitado. O imposto não é sobre a entrada de bem ou mercadoria importada, senão sobre essas entradas desde que elas sejam atinentes a operações relativas à circulação desses mesmos bens ou mercadorias. Além disso, a LC 87/96, art. 3º, VIII, impossibilita a cobrança explicitamente em relação ao arrendamento mercantil. Demais precedentes: RE 460814 AgR, RE 194255 AgR, RE 553663 AgR.

Distribuição dos pontos

Item	Pontuação
Inconstitucionalidade. Violação do art. 155, II, da CRFB.	0 / 0,1 / 0,2
Os pressupostos são a circulação econômica do bem, a prestação de serviços de transporte intermunicipal, interestadual e de comunicação e a entrada da mercadoria importada no território nacional (0,3). Lei Complementar 87/96 (0,1).	0 / 0,1 / 0,3 / 0,4
Na operação de leasing sem opção de compra não há circulação de mercadoria.	0 / 0,4

(OAB/Exame Unificado – 2010.2 – 2ª fase) Lei Municipal n. XYZ, publicada em 20/09/2010, alterou a cobrança do ISS para os advogados. A lei definiu que, a partir de 2011, a base de cálculo dos serviços prestados por advogados será o preço do serviço, qual seja, o valor dos honorários profissionais recebidos.

Com base na situação hipotética, emita parecer acerca da legalidade do diploma legal em questão. Caso entenda pela ilegalidade da cobrança, que medida(s) judicial(ais) um advogado pode propor para suspender a cobrança do tributo?

RESOLUÇÃO DA QUESTÃO

O serviço prestado por profissionais liberais não pode ser tributado pelos Municípios com base na importância paga a título de remuneração do trabalho, conforme o art. 9º, § 1º, do DL 406/1968:

> Art. 9º, § 1º Quando se tratar de prestação de serviços sob a forma de trabalho pessoal do próprio contribuinte, o impôsto será calculado, por meio de alíquotas fixas ou variáveis, em função da natureza do serviço ou de outros fatores pertinentes, nestes não compreendida a importância paga a título de remuneração do próprio trabalho.

É exatamente o caso dos advogados, cuja atividade profissional se dá na forma de trabalho pessoal do próprio contribuinte.

A atual LC 116/2003, que passou a normatizar nacionalmente o ISS, não revogou expressamente esse dispositivo do DL 406/1968.

A tese de que teria havido revogação tácita foi afastada pelo Superior Tribunal de Justiça, pois o art. 9º, § 1º, do DL 406/1968 veicula norma especial, não prejudicada pela novel legislação.

Assim, não é possível o cálculo do ISS sobre o preço dos serviços prestados por advogados. Em regra, os municípios exigem valores fixos anuais.

O contribuinte pode impetrar mandado de segurança preventivo, para que o fisco abstenha-se de cobrar o imposto da forma indevida, ou propor ação declaratória de inexistência de relação jurídica obrigacional relativa à cobrança do ISS sobre o preço dos serviços prestados.

Caso o fisco já tenha autuado o contribuinte (realizado o lançamento de ofício), é possível impetrar mandado de segurança repressivo ou propor ação anulatória de débito fiscal.

Comentários adicionais

Veja o seguinte precedente do STJ, relativo à subsistência da tributação diferenciada em favor dos profissionais liberais e das sociedades uniprofissionais (formadas exclusivamente por profissionais da mesma área):

> TRIBUTÁRIO. ISS. ART. 9º, DO DECRETO-LEI 406/68. ADVENTO DA LEI COMPLEMENTAR N. 116/2003. REVOGAÇÃO. NÃO OCORRÊNCIA.
>
> 1. A Lei Complementar 116/2003 não revogou a sistemática de cobrança do ISS prevista nos §§ 1º e 3º, do art. 9º, do Decreto-lei n. 406/68.
> 2. Precedentes: REsp 897471/ES, Rel. Min. Humberto Martins, DJ 30.03.2007 e REsp 713752/PB, Rel. Min. João Otávio de Noronha, DJ 18.08.2006.
> 3. Recurso especial provido.
>
> (REsp 858.493/RS, Rel. Ministro Castro Meira, Segunda Turma, j. 07/10/2008, DJe 05/11/2008)

GABARITO COMENTADO – FGV

O Decreto-Lei nº. 406/68, em seu art. 9º, parágrafo primeiro, estabelece que o imposto sobre serviço prestado sob a forma de trabalho pessoal não pode ser calculado sobre a importância recebida a título de remuneração do próprio trabalho.

Com a entrada em vigor da LC 116/2003, o seu art. 10 não revogou expressamente o art. 9º. Do Decreto-lei no. 406/68, o que resulta ainda na sua aplicação quanto a essa forma específica de tributação.

Desse modo, os advogados não se submeteriam a tributação imposta pela lei prevista no enunciado, em razão de ilegalidade, com base no art. 10 da LC 116/2003 e art. 9º, parágrafos primeiro e terceiro do Decreto-Lei no. 406/68 que não foram expressamente revogados, e constituem normas gerais a serem observadas pelos municípios.

O advogado poderá propor ação declaratória de inexistência de relação jurídica tributária ou mandado de segurança preventivo.

Distribuição dos pontos

Item	Pontuação
Serviço pessoal e empresarial e ISS	0,50
Vigência art. 9º § 1º Dec. Lei 406/68	0,25
MS preventivo ou Declaratória Negativa	0,25

(OAB/Exame Unificado – 2010.2 – 2ª fase) A empresa Vídeo Locadora, estabelecida no Município Y, tem como atividade principal a locação de fitas de vídeo, DVDs e congêneres, estando tal atividade prevista em item específico da Lista de Serviços anexa à Lei Complementar do Imposto sobre Serviços de Qualquer Natureza, desta Municipalidade.

Todavia a empresa, por meio de seu representante legal, entende que a sua atividade estaria fora do campo de incidência do ISS, razão pela qual pretende suspender o seu pagamento. A empresa ainda não foi notificada pelo Fisco e também nunca pagou o tributo.

O entendimento da empresa está correto? Em caso afirmativo, qual(is) demanda(s) a ser(em) proposta (s)? Justifique.

RESOLUÇÃO DA QUESTÃO

O STF pacificou o entendimento no sentido de que locação de bens móveis não é serviço, para fins de incidência do ISS, conforme a Súmula Vinculante 31:

> Súmula Vinculante 31/STF: É inconstitucional a incidência do imposto sobre serviços de qualquer natureza – ISS sobre operações de locação de bens móveis.

A jurisprudência partiu da premissa de que a Constituição Federal, ao fixar a competência municipal, referiu-se à prestação de serviços tal qual definida pela legislação civilista, ou seja, como prestação de fazer, nunca como prestação de dar ou tolerar o uso de bem por terceiro (caso da locação).

Nesse sentido, a legislação tributária não poderia alterar o conceito de "serviços" de modo a ampliar a competência tributária constitucionalmente fixada, conforme dispõe o art. 110 do CTN:

> Art. 110. A lei tributária não pode alterar a definição, o conteúdo e o alcance de institutos, conceitos e formas de direito privado, utilizados, expressa ou implicitamente, pela Constituição Federal, pelas Constituições dos Estados, ou pelas Leis Orgânicas do Distrito Federal ou dos Municípios, para definir ou limitar competências tributárias.

Foi por conta dessa jurisprudência do STF, que viria a consolidar-se com a Súmula Vinculante 31/STF, que o Presidente da República vetou o item da lista anexa à atual LC 116/2003, que previa a incidência do ISS sobre locações de bens móveis.

Finalmente, inexistindo previsão de incidência na lei complementar federal, cuja listagem é taxativa, não há como o município pretender tributar a situação, pois sua competência é regulada por essa norma nacional, nos termos do art. 156, III, *in fine*, da CF (grifei):

> Art. 156. Compete aos Municípios instituir impostos sobre:
>
> (...)
>
> III - serviços de qualquer natureza, não compreendidos no art. 155, II, **definidos em lei complementar**.
>
> (...)

Por essas razões, a empresa Vídeo Locadora não deve recolher ISS sobre a locação de fitas de vídeo, DVDs e congêneres.

A rigor, a contribuinte não precisa propor ação imediatamente. Caso venha a ser executada judicialmente, pode apresentar exceção de pré-executividade (Súmula 393/STJ) ou embargos (neste caso, após garantia do juízo).

Entretanto, caso queira se antecipar ao fisco e demandar judicialmente, pode impetrar mandado de segurança preventivo ou propor ação declaratória de inexistência de relação tributária.

Comentários adicionais

Mais recentemente, o STF passou a trilhar linha interpretativa diversa (menos "civilista"), ao reconhecer a incidência do ISS sobre arrendamento mercantil ("leasing") nas modalidades financeiro e "lease back":

> EMENTA: RECURSO EXTRAORDINÁRIO. DIREITO TRIBUTÁRIO. ISS. ARRENDAMENTO MERCANTIL. OPERAÇÃO DE LEASING FINANCEIRO. ARTIGO 156, III, DA CONSTITUIÇÃO DO BRASIL. O arrendamento mercantil compreende três modalidades, [i] o leasing operacional, [ii] o leasing financeiro e [iii] o chamado lease-back. No primeiro caso há locação, nos outros dois, serviço. A lei complementar não define o que é serviço, apenas o declara, para os fins do inciso III do artigo 156 da Constituição. Não o inventa, simplesmente descobre o que é serviço para os efeitos do inciso III do artigo 156 da Constituição. No arrendamento mercantil (leasing financeiro), contrato autônomo que não é misto, o núcleo é o financiamento, não uma prestação de dar. E financiamento é serviço, sobre o qual o ISS pode incidir, resultando irrelevante a existência de uma compra nas hipóteses do leasing financeiro e do lease-back. Recurso extraordinário a que se dá provimento.
>
> (RE 547.245/SC, Relator(a): Min. Eros Grau, Tribunal Pleno, j. 02/12/2009, DJe-040)

GABARITO COMENTADO – FGV

A empresa está correta. O item 79 da Lei complementar 56/87, anexa ao Decreto Lei 406/68 foi objeto de julgamento, pelo STF, no Recurso Extraordinário no. 116.121-3/SP.

Em sessão plenária foi reconhecida a inconstitucionalidade da expressão "locação de bens móveis".

Em síntese, entendeu o STF que o legislador complementar confundiu o arrendamento de coisa com prestação de serviço, sendo tal diferença consagrada no direito privado, de modo que só poderiam ser tributadas as "obrigações de fazer", e não as "obrigações de dar". Entendimento diverso configura ofensa ao conceito de serviço, bem como à regra prevista no art. 110 do CTN.

Esse julgado foi utilizado no veto presidencial ao item 3.01 da atual lista de serviços anexa à Lei Complementar nº. 116/2003, cuja redação se identificava com a do item que fora declarado inconstitucional.

Ademais, o STF entendeu que a Lista de Serviços deverá ser interpretada taxativamente em relação aos seus itens, não podendo a Municipalidade estabelecer em sua Lista de Serviços, outros que não estejam previstos na referida Lista de Serviços anexa à Lei Complementar do imposto em questão.

Na hipótese da locação de fitas, bens móveis, estaria afastada a incidência do ISS, pois esta atividade se constitui em obrigação de dar.

Quanto à propositura de demanda judicial, poderá ser manejada ação declaratória de inexistência da relação jurídica tributária ou mandado de segurança preventivo.

Distribuição dos pontos

Item	Pontuação
Diferença obrigação dar e fazer Art.110 CTN Locação é obrigação de dar Não incidência	0,50 detalhando esta pontuação: 0,20 se colocou a diferença entre obrigação de dar e de fazer 0,10 se citou o artigo 0,30 locação como obrigação de dar e portanto não há incidência
Taxatividade da lista do ISS	0,25
Ação Declaratória ou MS Preventivo	0,25

(OAB/Exame Unificado – 2010.1 – 2ª fase) Manoel adquiriu apartamento em município cuja legislação relativa ao imposto sobre transmissão *inter vivos* de imóveis e de direitos reais estabelece como contribuinte do imposto o adquirente de bem imóvel. A administração tributária do município, todavia, não aceitou como base de cálculo do imposto o preço pago por Manoel na compra do apartamento.

Em face dessa situação hipotética, responda, com base na legislação pertinente, se há fundamento jurídico na decisão da administração tributária do município de não aceitar a mencionada base de cálculo.

RESOLUÇÃO DA QUESTÃO

A base de cálculo do ITBI é o valor venal do bem, conforme o art. 38 do CTN, ou seja, o preço que o imóvel atingiria, hipoteticamente, em uma venda em condições normais, à vista:

> Art. 38. A base de cálculo do imposto é o valor venal dos bens ou direitos transmitidos.

Embora o preço pago pelo adquirente seja um bom critério para chegar-se ao valor venal, é preciso reconhecer que os conceitos não se confundem.

De fato, caso o comprado seja muito amigo do vendedor, por exemplo, e pague um preço abaixo do de mercado, o ITBI não incidirá sobre a base de cálculo reduzida. De modo semelhante, caso o adquirente faça um péssimo negócio e pague mais do que valor normal do imóvel, o tributo municipal não será calculado com base no preço majorado.

A base de cálculo, repita-se, é o valor de mercado, não necessariamente o preço pago pelo adquirente.

Caso o valor venal apresentado pelo contribuinte não seja aceito pela administração, o fisco deverá arbitrar o valor, mediante processo administrativo regular, observando o contraditório, nos termos do art. 148 do CTN:

> Art. 148. Quando o cálculo do tributo tenha por base, ou tem em consideração, o valor ou o preço de bens, direitos, serviços ou atos jurídicos, a autoridade lançadora, mediante processo regular, arbitrará aquele valor ou preço, sempre que sejam omissos ou não mereçam fé as declarações ou os esclarecimentos prestados, ou os documentos expedidos pelo sujeito passivo ou pelo terceiro legalmente obrigado, ressalvada, em caso de contestação, avaliação contraditória, administrativa ou judicial.

Assim, a recusa do Município tem fundamento legal.

COMENTÁRIOS ADICIONAIS

Perceba que a base de cálculo do ITBI e o valor real de mercado, que não se confunde, necessariamente, com o preço pago ou com a base de cálculo do IPTU, normalmente fixada por lei municipal (planta genérica de valores):

> ITBI. BASE DE CÁLCULO. VALOR DE MERCADO. VIOLAÇÃO AOS ARTS. 535, II, E 458, II, DO CPC. INOCORRÊNCIA. PREQUESTIONAMENTO DO ART. 146 DO CTN. INOCORRÊNCIA. REEXAME DE PROCESSO ADMINISTRATIVO FISCAL.
>
> INADMISSIBILIDADE. SÚMULA 7/STJ.
>
> (...)
>
> III - É cediço na doutrina majoritária e na jurisprudência dessa Corte que a base de cálculo do ITBI é o valor real da venda do imóvel ou de mercado, sendo que até nos casos em que não houve recolhimento, pode-se arbitrar o valor do imposto, por meio de procedimento administrativo fiscal, com posterior lançamento de ofício. Segundo HUGO DE BRITO MACHADO: em se tratando de imposto que incide sobre a transmissão por ato oneroso, tem-se como ponto de partida para a determinação de sua base de cálculo na hipótese mais geral, que é a compra e venda, o preço. Este funciona no caso, como uma declaração de valor feita pelo contribuinte, que pode ser aceita, ou não, pelo fisco, aplicando-se, na hipótese de divergência, a disposição do art. 148 do CTN. (*Curso de Direito Tributário*, Machado, Hugo de Brito, Ed. Malheiros, 29ª Edição, p. 398)
>
> (...)
>
> V - Agravo regimental improvido.
>
> (AgRg no REsp 1057493/SP, Rel. Ministro Francisco Falcão, Primeira Turma, j. 26/08/2008, DJe 04/09/2008)
>
> TRIBUTÁRIO. ITBI. BASE DE CÁLCULO. VALOR DE MERCADO. POSSIBILIDADE DE ARBITRAMENTO PELO FISCO.
>
> 1. Hipótese em que o Tribunal de origem extinguiu a Execução Fiscal por entender que a base de cálculo do ITBI deve coincidir com a do IPTU, o que foi observado pelo contribuinte.
> 2. A base de cálculo do ITBI é o valor real da venda do imóvel ou de mercado. Precedentes do STJ.
> 3. Afastada a premissa em que se fundou o acórdão recorrido, os autos devem retornar à origem para que o Tribunal aprecie se o Fisco, ao lançar o ITBI, adotou o valor de mercado.
> 4. Agravo Regimental não provido.
>
> (AgRg no Ag 1120905/SP, Rel. Ministro Herman Benjamin, Segunda Turma, j. 08/09/2009, DJe 11/09/2009)

GABARITO COMENTADO – CESPE

A base de cálculo do ITBI, de acordo com o disposto no art. 38 do CTN, não é o preço, mas o valor venal dos bens e direitos transmitidos. Na hipótese de divergência, aplica-se o que dispõe o art. 148 do CTN. Observação para a correção: atribuir pontuação integral às respostas em que esteja expresso o conteúdo do dispositivo legal, ainda que não seja citado, expressamente, o número do artigo.

(OAB/Exame Unificado – 2009.2 – 2ª fase) Suponha que um fazendeiro venda sua fazenda com plantação de feijão pronta para a colheita. Nessa situação hipotética, a operação realizada estará sujeita à cobrança de ICMS? Fundamente sua resposta.

RESOLUÇÃO DA QUESTÃO

Mercadoria é **bem móvel** destinado ao comércio, que circula economicamente no mercado.

A plantação de feijão, enquanto não colhida, é acessão física ao solo, reconhecida como **bem imóvel**, nos termos do art. 79 do CC:

TRIBUTÁRIA

Art. 79. São bens imóveis o solo e **tudo quanto se lhe incorporar** natural ou artificialmente.

Não se trata, portanto, de circulação de mercadoria, mas sim de transmissão de imóvel (solo com a benfeitoria), que se submete à incidência do ITBI municipal, nos termos do art. 156, II, da CF:

Art. 156. Compete aos Municípios instituir impostos sobre:

(...)

II - transmissão "inter vivos", a qualquer título, por ato oneroso, **de bens imóveis, por natureza ou acessão física**, e de direitos reais sobre imóveis, exceto os de garantia, bem como cessão de direitos a sua aquisição;

(...)

Assim, a venda da fazenda não implicará incidência do ICMS, mas apenas do tributo municipal.

Comentários adicionais

Atente-se para o espaço disponível em sua prova e ajuste-se a ele, focando os pontos essenciais de maneira clara e direta. Os pontos essenciais nesta questão, que devem necessariamente ser abordados, são o conceito de mercadoria e a incidência do ITBI sobre a transmissão de bens imóveis. As transcrições são para facilitar o entendimento do estudante, mas são dispensáveis para a resposta.

(OAB/Exame Unificado – 2009.1 – 2ª fase) Considere que a empresa Informática Ltda. tenha sido contratada pelo Ministério do Trabalho e Emprego para desenvolver programa de computador para controle do trâmite de documentos internos, segundo diretrizes especificadas pelo órgão ministerial. Nessa situação, caso a operação seja, de fato, realizada pela referida empresa, deverá incidir sobre tal operação ICMS ou ISS? Fundamente sua resposta.

RESOLUÇÃO DA QUESTÃO

O ICMS incide, primordialmente, sobre a circulação de mercadorias. O ISS incide sobre a prestação de serviços listados na LC 116/2003.

Um critério bastante adotado para distinguir a incidência dos dois tributos é a prestação dos serviços **sob encomenda e de modo personalizado** (hipótese em que será devido o ISS, desde que o serviço esteja listado na LC 116/2003).

Admite-se a incidência do ICMS sobre a venda de *softwares* "de prateleira", que são comercializados em massa, de modo despersonalizado, como mercadoria.

Ocorre que, no caso, a empresa Informática Ltda. foi contratada para produzir *software* **de modo personalizado, sob encomenda,** segundo diretrizes especificadas pelo órgão ministerial.

Não há equiparação, no caso, à circulação de mercadoria, pois o *software* não é produzido em massa e vendido indistintamente a diversos consumidores. Trata-se de prestação de serviço personalizada.

Afastada a possibilidade de incidência do ICMS, resta verificar se incide o ISS municipal. Para isso, é necessário que ele esteja listado na LC 116/2003.

Consultando a legislação, verificamos que a elaboração de programas de computador é prevista expressamente no item 1.04 da lista anexa à LC 116/2003, o que permite a cobrança do imposto pelos municípios e pelo Distrito Federal, na forma da legislação local.

Incide, portanto, exclusivamente ISS sobre os serviços prestados pela empresa Informática Ltda.

Comentários adicionais

O ponto essencial nesta questão, que deve necessariamente ser abordado, é a incidência do ISS no caso de serviços listados na LC 116/2003, prestados **sob encomenda e de modo personalizado.** Perceba que esse mesmo critério se aplica a diversos outros serviços, como a produção gráfica – Súmula 156/STJ – manipulação de remédios etc.

Ressalvamos, entretanto, que o STF recentemente adotou o entendimento, ainda que em medida cautelar, de que o ISS não incide sobre operações de industrialização por encomenda de embalagens, destinadas à integração ou utilização direta em processo subsequente de industrialização ou de circulação de mercadoria, sujeitando-se ao ICMS - ADI 4.389/DF MC.

(OAB/Exame Unificado – 2008.2 – 2ª fase) A empresa Demolis, sediada unicamente em Fortaleza – CE, é especialista em demolição de edifícios e foi contratada pela empresa Prédio Velho, sediada em Contagem – MG, para realizar a demolição de um prédio localizado no município de Cuiabá – MT, tendo sido o respectivo contrato firmado em Belém – PA. Nessa situação hipotética, a que município será devido o ISS incidente sobre a demolição e quem será o responsável pelo pagamento do tributo, caso o município credor da obrigação não tenha norma específica sobre a responsabilidade? Justifique sua resposta.

RESOLUÇÃO DA QUESTÃO

O ISS incidente sobre o serviço prestado pela empresa Demolis é devido ao Município do **local da demolição**, por expressa determinação do art. 3º, IV, da LC 116/2003:

> Art. 3º O serviço considera-se prestado e o imposto devido no local do estabelecimento prestador ou, na falta do estabelecimento, no local do domicílio do prestador, exceto nas hipóteses previstas nos incisos I a XXII, quando o imposto será devido no local:
>
> (...)
>
> IV – da demolição, no caso dos serviços descritos no subitem 7.04 da lista anexa;
>
> (...)

Assim, é irrelevante o local da sede da empresa contratante ou da contratada, ou onde foi firmado o acordo.

O ISS será devido, portanto, ao Município de Cuiabá – MT, local da demolição.

Em princípio, compete ao tomador do serviço (empresa Prédio Velho) reter o valor correspondente ao ISS e recolhê-lo ao fisco, na qualidade de responsável tributário, conforme o art. 6º, § 2º, II, da LC 116/2003:

> Art. 6º, § 2º Sem prejuízo do disposto no **caput** e no § 1º deste artigo, são responsáveis:
>
> (...)
>
> II – a pessoa jurídica, ainda que imune ou isenta, tomadora ou intermediária dos serviços descritos nos subitens 3.05, 7.02, **7.04 [demolição]**, 7.05, 7.09, 7.10, 7.12, 7.14, 7.15, 7.16, 7.17, 7.19, 11.02, 17.05 e 17.10 da lista anexa.

Entretanto, se o Município de Cuiabá-MT não possuir legislação regulando a responsabilidade do tomador do serviço, ou caso a empresa Prédio Velho recuse-se a reter o montante do ISS e recolhê-lo ao fisco, a prestadora do serviço (empresa Demolis), na qualidade de contribuinte, deverá calcular e pagar o imposto municipal.

Comentários adicionais

Os pontos essenciais nesta questão, que devem necessariamente ser abordados, são o local da incidência do ISS – conforme o art. 3º da LC 116/2003 – e a responsabilidade do tomador – conforme o art. 6º da mesma lei.

TRIBUTÁRIA

(OAB/Exame Unificado – 2008.2 – 2ª fase) José é proprietário de imóvel na cidade Y, no estado de Minas Gerais. No ano de 2004, José foi contribuinte de imposto sobre propriedade territorial rural (ITR). Em 2005, o município Y editou lei em que passou a considerar como urbana a localidade em que está situado o imóvel de José, razão pela qual lhe exigiria imposto sobre a propriedade predial e territorial urbana (IPTU) no exercício seguinte. Na situação hipotética apresentada, no ano de 2006, José deveria pagar em relação à propriedade do imóvel ITR ou IPTU? Justifique sua resposta.

RESOLUÇÃO DA QUESTÃO

O art. 32, §§ 1º e 2º, do CTN consigna que a lei municipal definirá a zona urbana do município, para fins de incidência do IPTU, o que, por consequência, afasta a incidência do ITR (não se admite a bitributação).

Entretanto, para que a área seja considerada urbana e, portanto, para que a lei municipal seja válida, o imóvel de José deve ser atendido por pelo menos dois melhoramentos entre os listados no § 1º, ou deve estar localizado em área urbanizável ou de expansão urbana, nos termos do § 2º desse mesmo dispositivo:

> Art. 32, § 1º Para os efeitos deste imposto, entende-se como zona urbana a definida em lei municipal; observado o requisito mínimo da existência de melhoramentos indicados em pelo menos 2 (dois) dos incisos seguintes, construídos ou mantidos pelo Poder Público:
>
> I - meio-fio ou calçamento, com canalização de águas pluviais;
>
> II - abastecimento de água;
>
> III - sistema de esgotos sanitários;
>
> IV - rede de iluminação pública, com ou sem posteamento para distribuição domiciliar;
>
> V - escola primária ou posto de saúde a uma distância máxima de 3 (três) quilômetros do imóvel considerado.
>
> § 2º A lei municipal pode considerar urbanas as áreas urbanizáveis, ou de expansão urbana, constantes de loteamentos aprovados pelos órgãos competentes, destinados à habitação, à indústria ou ao comércio, mesmo que localizados fora das zonas definidas nos termos do parágrafo anterior.

Assim, caso José reconheça que a lei municipal atende aos requisitos do art. 32, §§ 1º ou 2º, do CTN, ou seja, que seu imóvel pode ser considerado urbano, deverá recolher IPTU ao Município em 2006.

Entretanto, caso José tenha dúvida quanto à natureza (urbana ou rural) de seu imóvel, à luz dos dispositivos legais mencionados, ou caso a União também cobre o ITR, o contribuinte poderá propor Ação Consignatória e depositar o valor que entende devido em juízo, nos termos do art. 164, III, do CTN, evitando, assim, pagar tributo indevido.

Comentários adicionais

Os pontos essenciais nesta questão, que devem necessariamente ser abordados, são a interpretação do art. 32, §§ 1º e 2º do CTN e a possibilidade de Ação Consignatória. A transcrição é para facilitar o entendimento do estudante, mas é dispensável para a resposta.

(OAB/Exame Unificado – 2008.2 – 2ª fase) Determinada empresa venceu licitação para obter a concessão de distribuição de energia elétrica em uma cidade brasileira. Uma vez que o fornecimento de energia elétrica é considerado serviço público, a empresa utilizará, no serviço de distribuição de energia, toda a infraestrutura de propriedade pública. Na situação hipotética apresentada, a empresa terá de pagar ao município imposto sobre serviço de qualquer natureza relativamente ao fornecimento de energia elétrica? Justifique sua resposta.

RESOLUÇÃO DA QUESTÃO

O art. 155, § 3º, da CF veda expressamente a cobrança de outros impostos sobre as operações relativas à energia elétrica, além do Imposto de Importação, do Imposto de Exportação e do ICMS:

> Art. 155, § 3º, À exceção dos impostos de que tratam o inciso II do *caput* deste artigo [ICMS] e o art. 153, I [Imposto de Importação] e II [Imposto de Exportação], nenhum outro imposto poderá incidir sobre operações relativas a energia elétrica, serviços de telecomunicações, derivados de petróleo, combustíveis e minerais do País.

Assim, os Municípios não têm competência tributária para exigir ISS sobre o fornecimento de energia elétrica.

Comentários adicionais

As referências feitas na questão, a respeito da natureza pública do serviço, poderiam levar o candidato a uma complexa análise a respeito da possibilidade de sua tributação, nos termos do art. 150, § 3º, da CF. No entanto, como visto, a solução é muito mais simples, pela aplicação do art. 155, § 3º, da CF. Tenha calma e leia atentamente a questão, antes de respondê-la!

TRIBUTÁRIA

(OAB/Exame Unificado – 2007.3 – 2ª fase) Apesar de a progressividade ser um instrumento de justiça fiscal e contemplar importante função extrafiscal, a Constituição Federal prevê expressamente sua aplicação apenas a três tributos. Identifique cada um desses tributos e discorra sobre o significado da(s) progressividade(s) aplicada(s) a cada um deles.

RESOLUÇÃO DA QUESTÃO

A Constituição Federal prevê expressamente a progressividade em razão da base de cálculo do IR, do IPTU e do ITR. Há também a progressividade no tempo, em relação ao IPTU.

O IR deve, necessariamente, ter alíquotas progressivas, nos termos do art. 153, § 2º, I, da CF, em atenção aos princípios da capacidade contributiva (art. 145, § 1º, da CF) e da isonomia (art. 150, II, da CF). Assim, quanto maior for o rendimento (pessoas físicas) ou o lucro (pessoas jurídicas) tributável no período, maior deverá ser a alíquota real aplicável.

O ITR também deverá ter alíquotas progressivas, nos termos do art. 153, § 4º, da CF, embora o objetivo primordial, nesse caso, seja desestimular a manutenção de propriedades improdutivas.

O IPTU poderá (é uma possibilidade, não imposição, como nos casos do IR e do ITR) ter alíquotas progressivas em razão do valor do imóvel, nos termos do art. 156, § 1º, I, da CF, também em atenção aos princípios da capacidade contributiva (art. 145, § 1º, da CF) e da isonomia (art. 150, II, da CF).

É importante lembra que o art. 182, § 4º, II, da CF prevê também a possibilidade de o IPTU ter alíquotas progressivas no tempo (as alíquotas são majoradas ano a ano, nos termos da lei), de modo a estimular o adequado aproveitamento do solo urbano.

Comentários adicionais

O ponto essencial nesta questão, que deve necessariamente ser abordado, é a progressividade em razão da base de cálculo aplicável ao IR, ao ITR e ao IPTU.

(OAB/Exame Unificado – 2007.1 – 2ª fase) Adalberto teve sua solicitação de bolsa de estudo individual concedida pelo Conselho Nacional de Desenvolvimento Científico e Tecnológico (CNPq), para desenvolvimento de projeto individual de pesquisa na área de biotecnologia. O valor dessa bolsa de estudo é de R$ 2.800,00 mensais. Considerando essa situação e com base na legislação tributária vigente, redija um texto dissertativo a respeito da incidência, ou não, do imposto sobre a renda e proventos de qualquer natureza sobre o valor da bolsa de estudos que Adalberto recebe do CNPq.

RESOLUÇÃO DA QUESTÃO

As bolsas de estudos são caracterizadas como doações não sujeitas ao imposto de renda, desde que recebidas exclusivamente para fins de estudo ou pesquisa, e que essas atividades não representem vantagem para o doador e não importem contraprestação por serviços prestados, nos termos do art. 39, VII, do Regulamento do Imposto de Renda – RIR (Decreto 3.000/1999):

> Art. 39. Não entrarão no cômputo do rendimento bruto [base de cálculo do IR-PF]:
>
> (...)
>
> VII - as bolsas de estudo e de pesquisa caracterizadas como doação, quando recebidas exclusivamente para proceder a estudos ou pesquisas e desde que os resultados dessas atividades não representem vantagem para o doador, nem importem contraprestação de serviços (Lei nº 9.250, de 1995, art. 26);
>
> (...)

De modo diverso, caso a bolsa de estudo seja paga em contraprestação pelo trabalho, equipara-se à remuneração e, portanto, sujeita-se ao IR, nos termos do art. 43, I, do RIR:

> Art. 43. São tributáveis os rendimentos provenientes do trabalho assalariado, **as remunerações por trabalho** prestado no exercício de empregos, cargos e funções, e **quaisquer proventos ou vantagens percebidos**, tais como:
>
> I - salários, ordenados, vencimentos, soldos, soldadas, vantagens, subsídios, honorários, diárias de comparecimento, **bolsas de estudo e de pesquisa**, remuneração de estagiários;
>
> (...)

No caso das bolsas concedidas pelo CNPq, não há natureza contraprestacional por serviços ou remuneratória, de modo que não incide o Imposto de Renda.

(OAB/Exame Unificado – 2007.1 – 2ª fase) A Muralha Fábrica de Cimentos Ltda. foi constituída pelos sócios Juarez, Leonardo e Paulo, com capital social no importe de R$ 360.000,00, tendo cada sócio subscrito uma quota de R$ 120.000,00. Juarez e Paulo integralizaram as quotas subscritas em dinheiro. Leonardo, a fim de cumprir com sua obrigação, transferiu à sociedade um imóvel urbano avaliado em R$ 120.000,00. Alguns anos depois, um dos imóveis rurais de propriedade da Muralha Fábrica de Cimentos Ltda. foi desapropriado para fins de reforma agrária. Diante da situação hipotética acima descrita, responda, com a devida fundamentação, se há incidência do imposto sobre transmissão inter vivos de bens imóveis (ITBI), a qualquer título, por ato oneroso, sobre a transferência do imóvel de propriedade de Leonardo para a Muralha Fábrica de Cimentos Ltda. e se o ITBI é devido no caso da desapropriação do imóvel da referida pessoa jurídica para fins de reforma agrária.

RESOLUÇÃO DA QUESTÃO

A transmissão de imóvel destinado à integralização de capital social é imune à incidência do ITBI, nos termos do art. 156, § 2º, I, da CF:

> Art. 156, § 2º, O imposto previsto no inciso II [ITBI]:
>
> I – não incide sobre a transmissão de bens ou direitos incorporados ao patrimônio de pessoa jurídica em realização de capital, nem sobre a transmissão de bens ou direitos decorrente de fusão, incorporação, cisão ou extinção de pessoa jurídica, salvo se, nesses casos, a atividade preponderante do adquirente for a compra e venda desses bens ou direitos, locação de bens imóveis ou arrendamento mercantil;
>
> (...)

Note que a parte final do dispositivo excetua a hipótese de a adquirente ter, como atividade preponderante a exploração de negócios imobiliários.

No caso, a empresa constituída por Juarez, Leonardo e Paulo atua na fabricação de cimento, conforme a denominação social, de modo que a transmissão do imóvel urbano, de Leonardo para a sociedade, não se sujeita ao ITBI.

Tampouco incide ITBI nas transmissões de imóveis para fins de reforma agrária, por conta da imunidade prevista no art. 184, § 5º, da CF:

> Art. 184, § 5º - São isentas de impostos federais, estaduais e municipais as operações de transferência de imóveis desapropriados para fins de reforma agrária.

Assim, não incidirá ITBI em nenhuma das transmissões de imóveis descritas na questão.

Comentários adicionais

Os pontos essenciais nesta questão, que devem necessariamente ser abordados, são as imunidades previstas nos arts. 156, § 2º, I, e 184, § 5º, da CF.

(OAB/Exame Unificado – 2007.1 – 2ª fase) Em março de 2006, Manoel alienou seu automóvel a Sandro, mas não comunicou a mencionada transação ao departamento estadual de trânsito competente. A legislação estadual pertinente ao imposto sobre a propriedade de veículos automotores (IPVA) dispõe que o fato gerador do imposto ocorre no dia 1.º de janeiro de cada ano e o lançamento, entre os meses de janeiro e junho, de acordo com o último número da placa do veículo. A placa do veículo alienado a Sandro tem como último algarismo o número 4, razão pela qual o lançamento foi efetuado em abril de 2006. Com relação a essa situação hipotética, responda, de forma fundamentada, às seguintes questões.

a) Quem deve figurar no polo passivo de eventual ação de execução fiscal no caso de inadimplemento da obrigação de pagar o IPVA?

b) Qual a função primordial do IPVA?

c) Se o proprietário for domiciliado em estado da Federação diverso daquele em que o veículo estiver licenciado, a qual estado será devido o IPVA?

RESOLUÇÃO DA QUESTÃO

Item (a)

Contribuinte do IPVA é aquele que tem relação pessoal e direta com o fato gerador correspondente, nos termos do art. 121, parágrafo único, I, do CTN.

No caso, contribuinte é o proprietário do veículo no momento da incidência (em janeiro de 2006), ou seja, Manoel.

Note que, nesse sentido, o lançamento tributário reporta-se à data da ocorrência do fato gerador, nos termos do art. 144 do CTN.

Por essa razão, o fisco proporá a Execução contra Manoel, até porque, na prática, a administração tributária não sabe que o automóvel foi alienado (a transação não foi comunicada ao órgão estatal responsável).

Importante salientar, entretanto, que o fisco poderá incluir o adquirente do automóvel (Sandro) no polo passivo da execução (assim que ficar sabendo da alienação e caso entenda conveniente), na condição de responsável tributário, nos termos do art. 131, I, do CTN.

Item (b)

O IPVA tem função predominantemente fiscal, ou seja, presta-se à arrecadação de recursos para o Estado.

Item (c)

Cada Estado (e o Distrito Federal) somente poderá exigir o IPVA em relação aos cidadãos domiciliados em seu respectivo território (princípio da territorialidade).

Note que, nos termos do Código de Trânsito Brasileiro (art. 120), o veículo deve ser registrado no local de domicílio do proprietário.

Por essas razões, caso proprietário tenha registrado o veículo em outro Estado (em descumprimento ao CTB), isso não altera a competência tributária e o dever de recolher o IPVA no local de seu domicílio.

Comentários adicionais

Atente-se para o espaço disponível em sua prova e ajuste-se a ele, focando os pontos essenciais de maneira clara e direta. Apresentamos a resolução da questão dividida em itens e com descrição pormenorizada para facilitar a visualização e o entendimento do estudante. No entanto, isso é dispensável para a resposta no Exame da OAB.

(OAB/Exame Unificado – 2006.2 – 2ª fase) A pessoa jurídica Arte e Forma Forros e Divisórias Ltda. tem como atividades preponderantes a fabricação e o fornecimento de forros e divisórias, prestando serviços de instalação dos referidos produtos, quando solicitados pelo consumidor. Diante dessa situação hipotética, responda se incidirá o ISS e (ou) o ICMS sobre o fornecimento de mercadorias adjuntas à prestação de serviços levada a efeito por Arte e Forma Forros e Divisórias Ltda., indicando, também, o fato gerador, a base de cálculo e o(s) contribuinte(s) do(s) tributo(s) incidente(s) sobre as operações descritas. Extensão máxima: 30 linhas

RESOLUÇÃO DA QUESTÃO

Quando há prestação de serviço com fornecimento da mercadoria, é preciso verificar se o serviço inclui-se na competência dos Municípios, nos termos da LC 116/2003.

Caso positivo (caso o serviço conste da lista anexa àquela Lei), incidirá exclusivamente ISS sobre o valor total cobrado, **exceto** se a própria lei complementar ressalvar a incidência do ICMS sobre o fornecimento da mercadoria, conforme o art. 1º, § 2º, da LC 116/2003:

> Art. 1º, § 2º Ressalvadas as exceções expressas na lista anexa, os serviços nela mencionados não ficam sujeitos ao Imposto Sobre Operações Relativas à Circulação de Mercadorias e Prestações de Serviços de Transporte Interestadual e Intermunicipal e de Comunicação – ICMS, ainda que sua prestação envolva fornecimento de mercadorias.

Entretanto, se o serviço não se sujeitar à incidência do ISS (ou seja, se não constar da lista anexa à LC 116/2003), incidirá exclusivamente ICMS sobre o valor total da operação, nos termos do art. 155, § 2º, IX, *b*, da CF:

> Art. 155, § 2.º O imposto previsto no inciso II [ICMS] atenderá ao seguinte:
>
> (...)
>
> IX - incidirá também:
>
> (...)
>
> b) sobre o valor total da operação, quando mercadorias forem fornecidas com serviços não compreendidos na competência tributária dos Municípios;
>
> (...)

Em princípio, a LC 116/2003, pelo item 7.06 da lista anexa, prevê a incidência do ISS sobre a prestação dos serviços de instalação e colocação de revestimentos, divisórias e congêneres **com material fornecido pelo *tomador* do serviço.**

A contrário senso, é adequado interpretar que o serviço de instalação de forros e divisórias **com material fornecido pelo *prestador* do serviço** (caso descrito na presente questão) **não** se sujeita ao ISS.

Assim, por exclusão, nos termos do art. 155, § 2º, IX, *b*, da CF, incidirá ICMS sobre o valor total da operação (prestação do serviço e venda das mercadorias), sendo que Arte e Forma Forros e Divisórias Ltda. é a contribuinte.

Comentários adicionais

Os pontos essenciais nesta questão, que devem necessariamente ser abordados, são o disposto no art. 1º, § 2º, da LC 116/2003 e no art. 155, § 2º, IX, *b*, da CF, e as regras para definição de competência em caso de operações mistas – serviço + fornecimento de mercadoria. Ademais, é importante saber que os serviços tributáveis pelos Municípios são apenas aqueles listados no anexo da LC 116/2003 (a lista é taxativa).

(OAB/Exame Unificado – 2006.1 – 2ª fase) Suponha que a Lei Federal fictícia n.º 0999/2006 tenha fixado alíquota única do imposto de renda em 10%, estando todos os contribuintes com rendimentos superiores a R$ 1.000,00 mensais sujeitos à mesma alíquota, independentemente da base de cálculo. Considerando a situação acima descrita, redija texto avaliando se houve violação ao princípio tributário da capacidade contributiva e abordando, necessariamente, os princípios da generalidade, da universalidade e da progressividade. Extensão máxima: 60 linhas

RESOLUÇÃO DA QUESTÃO

Nos termos do art. 153, § 2º, I, da CF, o IR submete-se aos princípios da generalidade, da universalidade e da progressividade.

A generalidade significa que todos as pessoas se sujeitam ao imposto de renda, sem distinção em razão da ocupação profissional ou da função exercida (art. 150, II, da CF).

A universalidade indica que todas as rendas e os proventos dos contribuintes podem sofrer a incidência do IR, na forma da lei.

TRIBUTÁRIA

Finalmente, a progressividade significa que as alíquotas do IR devem, necessariamente, variar em conformidade com a base de cálculo. Ou seja, quanto maior for a renda ou o provento no período de apuração, maior deverá ser a alíquota real aplicável.

A progressividade do IR tem relação direta com os princípios da capacidade contributiva e da isonomia, segundo os quais aquele que tem mais, economicamente, deve contribuir com mais para o sustento do Estado.

A simples proporcionalidade, que ocorre no caso de alíquota única, não garante o atendimento a esses princípios.

Isso decorre do fenômeno que os economistas denominam *utilidade marginal decrescente*.

Para visualizar bem, imagine-se o seguinte: é intuitivo que R$ 10 reais mensais a mais, para quem ganha apenas R$ 100 no período faz uma enorme diferença (a pessoa poderá, eventualmente, comprar mais comida, que é bem essencial); no entanto, R$ 10 mil reais mensais a mais, para alguém que ganhe R$ 100 mil no mesmo período, apesar de representar 10% de sua renda, como no primeiro caso, não tem igual valor (a pessoa não passará a comer mais, ou seja, não haverá impacto no âmbito das necessidades básicas do sujeito).

Em sentido inverso, o IR calculado em 10% sobre a renda de que ganha R$ 15 mil anuais onera muito mais do que o IR em 10% para quem ganha R$ 150 mil, no mesmo período. Significa dizer que R$ 1,5 mil pesará mais no orçamento do primeiro contribuinte do que R$ 15 mil em relação ao segundo contribuinte, embora, em ambos os casos, o imposto represente 10% da renda.

Esse princípio econômico (*utilidade marginal decrescente*) foi adotado pelo constituinte, ao impor a progressividade das alíquotas do IR. Ou seja, a alíquota incidente sobre o segundo contribuinte, no exemplo dado, deverá, necessariamente, ser superior àquela que onera o primeiro contribuinte.

Nesse sentido, a Lei Federal fictícia n.º 0999/2006 seria inconstitucional, por ofensa aos arts. 145, § 1º, e 153, § 2º, II, da CF.

Comentários adicionais

O ponto essencial nesta questão, que deve necessariamente ser abordado, é a definição do princípio da progressividade e sua aplicação ao IR, nos termos dos arts. 145, § 1º, e 153, § 2º, II, da CF, em atenção aos princípios da capacidade contributiva e da isonomia. A explicação a respeito da *utilidade marginal decrescente* foi feita para informar o estudante e, com isso, facilitar a memorização a respeito do princípio da progressividade.

9. ADMINISTRAÇÃO TRIBUTÁRIA, FISCALIZAÇÃO, INSCRIÇÃO, CERTIDÕES, GARANTIAS E PRIVILÉGIOS DO CRÉDITO TRIBUTÁRIO, DIREITOS DOS CONTRIBUINTES

(OAB/Exame Unificado – 2010.3 – 2ª fase) Em março de 2009, João, após ser citado em execução fiscal, vendeu automóvel a Pedro, acarretando a sua insolvência. Posteriormente, a Fazenda requereu a penhora do bem, a qual foi prontamente deferida pelo Juízo da Execução. Inconformado, Pedro ajuizou embargos de terceiro alegando que, quando adquiriu o veículo, não havia restrição judicial sobre o bem, por não constar registro de penhora relativo ao automóvel. O veículo fora adquirido de boa-fé, descaracterizando, portanto, a fraude à execução, conforme sustentou o embargante, com base em entendimento jurisprudencial pacífico.

Com base na aplicação da legislação tributária, os embargos devem ser acolhidos? Empregue os argumentos jurídicos apropriados e a fundamentação legal pertinente ao caso.

RESOLUÇÃO DA QUESTÃO

Os embargos não devem ser acolhidos, pois há presunção de fraude no caso de alienação após a inscrição em dívida ativa, desde que não sejam reservados bens suficientes para responder pelo débito, conforme o art. 185 do CTN:

> Art. 185. Presume-se fraudulenta a alienação ou oneração de bens ou rendas, ou seu começo, por sujeito passivo em débito para com a Fazenda Pública, por crédito tributário regularmente inscrito como dívida ativa.
>
> Parágrafo único. O disposto neste artigo não se aplica na hipótese de terem sido reservados, pelo devedor, bens ou rendas suficientes ao total pagamento da dívida inscrita.

Nesse caso, a alienação do automóvel não pode ser oposta contra a fazenda, que poderá pedir a penhora do bem para satisfação do crédito contra o alienante.

O STJ, após amplo debate, fixou o entendimento de que o disposto na Súmula 375 daquela Corte não se aplica à execução fiscal, pois o crédito tributário tem garantias e privilégios próprios, de modo que não se exige o registro de penhora para se configurar a fraude.

Comentários adicionais

Antes da EC 118/2005, o art. 185 do CTN regulava expressamente a *fraude à execução fiscal*, pois fixava a presunção de fraude no caso de alienação ou oneração de bens quando já havia inscrição em dívida ativa e execução fiscal em curso.

O CPC regula a matéria em seu art. 593.

Atualmente, no âmbito tributário, basta haver inscrição em dívida ativa para que eventuais alienações ou onerações sejam presumidamente fraudulentas . É desnecessária, portanto, a existência da execução fiscal para configuração da fraude.

Ademais, é importante salientar que a *fraude à execução fiscal* (art. 593 do CPC) ou a *presunção de fraude* prevista no art. 185 do CTN não se confundem com a *fraude contra credores* (arts. 158 e 159 do CC), esta última sanável por meio da Ação Pauliana (art. 161 do CC).

Quanto à inaplicabilidade da Súmula 375/STJ à execução fiscal, a matéria foi pacificada pelo STJ em julgamento de Recurso Especial repetitivo:

> PROCESSUAL CIVIL. RECURSO ESPECIAL REPRESENTATIVO DE CONTROVÉRSIA. ART. 543-C, DO CPC. DIREITO TRIBUTÁRIO. EMBARGOS DE TERCEIRO. FRAUDE À EXECUÇÃO FISCAL. ALIENAÇÃO DE BEM POSTERIOR À CITAÇÃO DO DEVEDOR. INEXISTÊNCIA DE REGISTRO NO DEPARTAMENTO DE TRÂNSITO - DETRAN. INEFICÁCIA DO NEGÓCIO JURÍDICO. INSCRIÇÃO EM DÍVIDA ATIVA. ARTIGO 185 DO CTN, COM A REDAÇÃO DADA PELA LC N.º 118/2005. SÚMULA 375/STJ. INAPLICABILIDADE.
>
> 1. A lei especial prevalece sobre a lei geral (*lex specialis derrogat lex generalis*), por isso que a Súmula n.º 375 do Egrégio STJ não se aplica às execuções fiscais.
>
> (...)
>
> 4. Consectariamente, a alienação efetivada antes da entrada em vigor da LC n.º 118/2005 (09.06.2005) presumia-se em fraude à execução se o negócio jurídico sucedesse a citação válida do devedor; posteriormente à 09.06.2005, consideram-se fraudulentas as alienações efetuadas pelo devedor fiscal após a inscrição do crédito tributário na dívida ativa.
>
> 5. A diferença de tratamento entre a fraude civil e a fraude fiscal justifica-se pelo fato de que, na primeira hipótese, afronta-se interesse privado, ao passo que, na segunda, interesse público, porquanto o recolhimento dos tributos serve à satisfação das necessidades coletivas.
>
> (...)
>
> 11. Recurso especial conhecido e provido. Acórdão submetido ao regime do artigo 543-C do CPC e da Resolução STJ n.º 08/2008.
>
> (REsp 1141990/PR, Rel. Ministro LUIZ FUX, PRIMEIRA SEÇÃO, julgado em 10/11/2010, DJe 19/11/2010)

GABARITO COMENTADO – FGV

Conforme prevê o **artigo 185 do CTN**, "presume-se fraudulenta a alienação ou oneração de bens ou rendas, ou seu começo, por sujeito passivo em débito para com a Fazenda Pública, por crédito tributário regularmente inscrito como dívida ativa.

Parágrafo único. O disposto neste artigo não se aplica na hipótese de terem sido reservados, pelo devedor, bens ou rendas suficientes ao total pagamento da dívida inscrita."

Não se aplica a Súmula 375 do STJ ("O reconhecimento da fraude à execução depende do registro da penhora do bem alienado ou da prova de má-fé do terceiro adquirente"), uma vez que os precedentes que levaram à edição do verbete **não foram produzidos em processos tributários** a serem confrontados com a redação assumida pelo artigo 185 do CTN após a edição da LC 118/05. Para caracterizar a fraude à execução fiscal, não é necessário o registro da penhora do bem objeto do negócio jurídico entre particulares, bastando que a alienação leve o contribuinte devedor do tributo à insolvência. Há diferença de tratamento entre a fraude civil e a fraude fiscal, já que, naquela, ocorre a violação de um interesse privado, ao passo que, na segunda, o interesse é público, tendo em vista que o recolhimento dos tributos serve à satisfação das necessidades coletivas. Nesse sentido, a fraude de execução, diversamente da fraude contra credores, opera-se *in re ipsa*, sendo dotada de caráter absoluto, objetivo, dispensando o *concilium fraudis*.

Assim, com a atual redação do artigo 185 do CTN, a fraude à execução tem sua caracterização antecipada, **passando a ser presumida desde quando da realização da inscrição em dívida ativa.**

Distribuição dos pontos

Item	Pontuação
Artigo 185 do CTN	0,40
Inaplicabilidade da Súmula 375 STJ	0,40
Diferença entre fraude civil e fiscal	0,20

(OAB/Exame Unificado – 2010.1 – 2ª fase) A empresa KLY pretende participar de determinada licitação pública. Para isso, além de outras exigências, deve comprovar que se encontra em dia com o pagamento dos tributos pertinentes, mediante apresentação de certidão negativa de débitos (CND). A referida empresa é devedora de tributos e obteve, junto à administração tributária, parcelamento de suas dívidas.

Nessa situação hipotética, poderá a empresa obter a CND ou outra certidão com os mesmos efeitos? Fundamente sua resposta.

RESOLUÇÃO DA QUESTÃO

O parcelamento do crédito tributário implica suspensão de sua exigibilidade, nos termos do art. 151, VI, do CTN:

> Art. 151. Suspendem a exigibilidade do crédito tributário:
>
> I – moratória;
>
> II – o depósito do seu montante integral;
>
> III – as reclamações e os recursos, nos termos das leis reguladoras do processo tributário administrativo;
>
> IV – a concessão de medida liminar em mandado de segurança.

V – a concessão de medida liminar ou de tutela antecipada, em outras espécies de ação judicial;

VI – o parcelamento.

Parágrafo único. O disposto neste artigo não dispensa o cumprimento das obrigações assessórios dependentes da obrigação principal cujo crédito seja suspenso, ou dela consequentes.

Assim, como as demais modalidades de suspensão do crédito tributário listadas no dispositivo acima transcrito, o parcelamento permite a emissão de certidão positiva com efeito de negativa, em conformidade com o art. 206 c/c o art. 205 do CTN:

> Art. 205. A lei poderá exigir que a prova da quitação de determinado tributo, quando exigível, seja feita por certidão negativa, expedida à vista de requerimento do interessado, que contenha todas as informações necessárias à identificação de sua pessoa, domicílio fiscal e ramo de negócio ou atividade e indique o período a que se refere o pedido.
>
> (...)
>
> Art. 206. Tem os mesmos efeitos previstos no artigo anterior a certidão de que conste a existência de créditos não vencidos, em curso de cobrança executiva em que tenha sido efetivada a penhora, ou cuja exigibilidade esteja suspensa.

Por essas razões, a empresa KLY pode requerer a certidão positiva com efeito de negativa e utilizá-la para participar da licitação.

Comentários adicionais

Perceba que não apenas as modalidades de suspensão do crédito tributário dão ensejo à emissão de certidão positiva com efeito de negativa, mas também a garantia da execução por meio de penhora. Aproveitamentos para lembrar a que simples apresentação de fiança bancária no bojo da execução fiscal não dá ensejo a essa certidão (é preciso depósito integral em dinheiro ou penhora de bens):

> TRIBUTÁRIO. RECURSO ESPECIAL REPRESENTATIVO DE CONTROVÉRSIA. ART. 543-C, DO CPC. CAUÇÃO E EXPEDIÇÃO DA CPD-EN. POSSIBILIDADE. SUSPENSÃO DA EXIGIBILIDADE DO CRÉDITO TRIBUTÁRIO. ART. 151 DO CTN. INEXISTÊNCIA DE EQUIPARAÇÃO DA FIANÇA BANCÁRIA AO DEPÓSITO DO MONTANTE INTEGRAL DO TRIBUTO DEVIDO PARA FINS DE SUSPENSÃO DA EXIGIBILIDADE. SÚMULA 112/STJ. VIOLAÇÃO AO ART. 535, II, DO CPC, NÃO CONFIGURADA. MULTA. ART. 538 DO CPC. EXCLUSÃO.
>
> 1. A fiança bancária não é equiparável ao depósito integral do débito exequendo para fins de suspensão da exigibilidade do crédito tributário, ante a taxatividade do art. 151 do CTN e o teor do Enunciado Sumular n. 112 desta Corte, cujos precedentes são de clareza hialina: (...)
>
> (...)
>
> 12. Recurso especial parcialmente provido, apenas para afastar a multa imposta com base no art. 538, § único do CPC. Acórdão submetido ao regime do art. 543-C do CPC e da Resolução STJ 08/2008.
>
> (REsp 1156668/DF, Rel. Ministro LUIZ FUX, CORTE ESPECIAL, julgado em 24/11/2010, DJe 10/12/2010)

GABARITO COMENTADO – FGV

A empresa poderá obter certidão positiva com efeitos de negativa, isto é, certidão em que conste a existência de créditos cuja exigibilidade esteja suspensa.

Base legal: art. 206, c/c os arts. 151, VI, e 155-A, todos do CTN.

Observação para a correção: atribuir pontuação integral às respostas em que esteja expresso o conteúdo do dispositivo legal, ainda que não seja citado, expressamente, o número do artigo.

(OAB/Exame Unificado – 2010.1 – 2ª fase) Os agentes tributários de certo município, prevalecendo-se dos poderes de fiscalização a eles conferidos, com os respectivos limites, promoveram fiscalização no estabelecimento empresarial de LM Tecidos Ltda. e requereram a exibição de todos os documentos da referida pessoa jurídica, mesmo os não afetos diretamente ao objeto inicial da investigação. Ao constatarem a mora no recolhimento de vários tributos, os agentes informaram o administrador da referida empresa da possibilidade de interdição do estabelecimento e de apreensão de mercadorias, no caso do não recolhimento imediato dos tributos. O administrador de LM Tecidos Ltda. consultou profissional da advocacia a respeito dos poderes dos referidos agentes.

Considerando essa situação hipotética, na condição de advogado(a) consultado(a) pelo administrador de LM Tecidos Ltda., formule as alegações de defesa para o seu cliente em face da conduta dos agentes tributários.

RESOLUÇÃO DA QUESTÃO

Havendo crédito tributário inadimplido pela contribuinte, o fisco tem os meios adequados para a cobrança.

De fato, a autoridade administrativa tem a prerrogativa de lançar o tributo (autuar), inscrever o débito em dívida ativa, emitir unilateralmente o título executivo extrajudicial (certidão da dívida ativa) e cobrá-lo judicialmente na forma privilegiada prevista na Lei 6.830/1980 (execução fiscal).

Não há como, nesse contexto, restringir o direito constitucional de a contribuinte continuar a explorar sua atividade empresarial, nos termos do arts. 1º, IV, e 170, parágrafo único, da CF:

> Art. 1º A República Federativa do Brasil, formada pela união indissolúvel dos Estados e Municípios e do Distrito Federal, constitui-se em Estado Democrático de Direito e tem como fundamentos:
>
> (...)
>
> IV - os valores sociais do trabalho e da **livre iniciativa**;
>
> (...)
>
> Art. 170, Parágrafo único. É assegurado a todos o **livre exercício de qualquer atividade econômica**, independentemente de autorização de órgãos públicos, salvo nos casos previstos em lei.

Ademais, a cobrança de tributos não pode implicar confisco de mercadorias, nos termos dos arts. 5º, XXII, e 150, IV, da CF:

> Art. 5º, XXII - é garantido o direito de propriedade;
>
> Art. 150. Sem prejuízo de outras garantias asseguradas ao contribuinte, é vedado à União, aos Estados, ao Distrito Federal e aos Municípios:
>
> (...)
>
> IV - utilizar tributo com efeito de confisco;
>
> (...)

Por essas razões, é inconstitucional a ameaça de interdição do estabelecimento e de apreensão de mercadorias da LM Tecidos Ltda., conforme entendimento sumulado do STF:

> Súmula 323/STF. É inadmissível a apreensão de mercadorias como meio coercitivo para pagamento de tributos.
>
> Súmula 70/STF. É inadmissível a interdição de estabelecimentos como meio coercitivo para cobrança de tributo.

Essas são as alegações de defesa a serem apresentadas contra o fisco municipal.

Comentários adicionais

É interessante que o estudante conheça bem os dispositivos constitucionais e as súmulas do STF e do STJ relacionadas às limitações impostas à autoridade fiscal e aos direitos dos contribuintes. Veja as seguintes tabelas, para estudo e memorização:

Normas constitucionais	
Art. 1º, IV	Os valores sociais do trabalho e da livre iniciativa são fundamentos da República
Art. 5º, XIII, XXII	Liberdade do exercício de trabalho, ofício, profissão
Art. 5º, XXII	Direito à propriedade
Art. 150, IV	Princípio do não confisco
Art. 170, caput e parágrafo único	Livre iniciativa e livre exercício de atividade econômica

Súmulas	
547/STF	Não é lícito à autoridade proibir que o contribuinte em débito adquira estampilhas, despache mercadorias nas alfândegas e exerça suas atividades profissionais.
323/STF	É inadmissível a apreensão de mercadorias como meio coercitivo para pagamento de tributos.
70/STF	É inadmissível a interdição de estabelecimentos como meio coercitivo para cobrança de tributo.
373/STJ	É ilegítima a exigência de depósito prévio para admissibilidade de recurso administrativo.
Vinculante 28/STF	É inconstitucional a exigência de depósito prévio como requisito de admissibilidade de ação judicial na qual se pretenda discutir a exigibilidade de crédito tributário.
Vinculante 21/STF	É inconstitucional a exigência de depósito ou arrolamento prévios de dinheiro ou bens para admissibilidade de recurso administrativo.

Aproveitamos para lembrar que o fisco não pode, tampouco, apreender documentos que não estejam em local aberto ao público. Assim, caso os registros e livros estejam, por exemplo, no escritório particular do administrador ou no arquivo do contador, é necessária autorização judicial para sua apreensão pelo fisco, pois esses locais são equiparados à "casa", para fins de proteção constitucional, conforme o seguinte precedente do STF:

> FISCALIZAÇÃO TRIBUTÁRIA - APREENSÃO DE LIVROS CONTÁBEIS E DOCUMENTOS FISCAIS REALIZADA, EM ESCRITÓRIO DE CONTABILIDADE, POR AGENTES FAZENDÁRIOS E POLICIAIS FEDERAIS, SEM MANDADO JUDICIAL - INADMISSIBILIDADE - ESPAÇO PRIVADO, NÃO ABERTO AO PÚBLICO, SUJEITO À PROTEÇÃO CONSTITUCIONAL DA INVIOLABILIDADE DOMICILIAR (CF, ART. 5º, XI) - SUBSUNÇÃO AO CONCEITO NORMATIVO DE "CASA" - NECESSIDADE DE ORDEM JUDICIAL - ADMINISTRAÇÃO PÚBLICA E FISCALIZAÇÃO TRIBUTÁRIA - DEVER DE OBSERVÂNCIA, POR PARTE DE SEUS ÓRGÃOS E AGENTES, DOS LIMITES JURÍDICOS IMPOSTOS PELA CONSTITUIÇÃO E PELAS LEIS DA REPÚBLICA - IMPOSSIBILIDADE DE UTILIZAÇÃO, PELO MINISTÉRIO PÚBLICO, DE PROVA OBTIDA COM TRANSGRESSÃO À GARANTIA DA INVIOLABILIDADE DOMICILIAR - PROVA ILÍCITA - INIDONEIDADE JURÍDICA - "HABEAS CORPUS" DEFERIDO. ADMINISTRAÇÃO TRIBUTÁRIA - FISCALIZAÇÃO - PODERES - NECESSÁRIO RESPEITO AOS DIREITOS E GARANTIAS INDIVIDUAIS DOS CONTRIBUINTES E DE TERCEIROS.
>
> (...)
>
> A GARANTIA DA INVIOLABILIDADE DOMICILIAR COMO LIMITAÇÃO CONSTITUCIONAL AO PODER DO ESTADO EM TEMA DE FISCALIZAÇÃO TRIBUTÁRIA - CONCEITO DE "CASA" PARA EFEITO DE PROTEÇÃO CONSTITUCIONAL - AMPLITUDE DESSA NOÇÃO CONCEITUAL, QUE TAMBÉM COMPREENDE OS ESPAÇOS PRIVADOS NÃO ABERTOS AO PÚBLICO, ONDE ALGUÉM EXERCE ATIVIDADE PROFISSIONAL: NECESSIDADE, EM TAL HIPÓTESE, DE MANDADO JUDICIAL (CF, ART. 5º, XI).
>
> (...)
>
> (HC 93.050/RJ, Relator: Min. Celso de Mello, Segunda Turma, j. 10/06/2008, DJe-142)

GABARITO COMENTADO – CESPE

Não se pode proceder à apreensão de mercadorias como forma de exigir do contribuinte o pagamento de tributo (CF, art. 150, IV e/ou Súmula 323 do STF). O fiscal municipal não tem poderes de fiscalizar tributos sobre mercadorias.

Deve-se argumentar, ainda, que os poderes de fiscalização esbarram em limites, como assevera a Constituição Federal, que garante o direito à propriedade privada (art. 5º, XXII) e à livre iniciativa (art. 1º, IV), e veda a utilização de tributo com efeito de confisco (art. 150, IV).

Outrossim, o STF, em várias decisões, já afirmou que é inadmissível a apreensão de mercadorias como meio coercitivo para pagamento de tributos.

Observação para a correção: atribuir pontuação integral às respostas em que esteja expresso o conteúdo do dispositivo legal, ainda que não seja citado, expressamente, o número.

10. AÇÕES TRIBUTÁRIAS

(OAB/Exame Unificado – 2013.1 – 2ª fase) O Município "Z" ingressa com execução fiscal por conta de débito do ISS em face da empresa Bom Negócio Arrendamento Mercantil, da qual o Banco Bom Negócio S/A é sócio, pertencendo ambas ao mesmo grupo econômico.

Com base no caso apresentado, responda justificadamente, utilizando todos os fundamentos jurídicos aplicáveis à espécie.

A) Poderia o Banco Bom Negócio S/A ser parte legítima na execução fiscal? Resposta fundamentada. (Valor: 0,65)

B) Quais são os requisitos que devem estar presentes para o reconhecimento de eventual solidariedade entre as duas empresas? (Valor: 0,60)

A simples menção ou transcrição do dispositivo legal não pontua.

GABARITO COMENTADO – FGV

A) Não há legitimidade do banco, já que sócio e sociedade não se confundem. Além disso, o fato de serem empresas do mesmo grupo econômico não torna o banco responsável. Não incide o Art. 124, I do CTN ou o artigo 128 do CTN. Não há interesse comum;

B) Os elementos que deveriam estar presentes, para ser reconhecida a solidariedade são: expressa previsão da legislação, relação pessoal com o fato gerador do tributo e interesse comum;

Distribuição dos pontos

Quesito Avaliado	Valores
A) Não há legitimidade do banco, já que sócio e sociedade não se confundem. Além disso, o fato de ser empresa do mesmo grupo econômico não torna o banco responsável (0,40). Não incide o Art. 124, I do CTN **OU** Art. 128 do CTN. (0,25)	0,00 / 0,25 / 0,40 / 0,65
B) Os elementos que deveriam estar presentes, para ser reconhecida a solidariedade na forma do Art. 124, I e II, do CTN são: expressa previsão da legislação (0,30) e interesse comum a ser reconhecido. (0,30)	0,00 / 0,30 / 0,60

(OAB/Exame Unificado – 2012.2 – 2ª fase) Determinado Município da Federação ingressa com execução fiscal referente ao IPTU devido, anos 2010/2011, em relação a um imóvel de propriedade da Companhia de Saneamento do Estado em que está localizado o exequente. A Companhia é sociedade de economia mista, dedicada à área de saneamento, com ações negociadas em bolsa de valores.

Com base no caso apresentado, responda, com a indicação dos dispositivos legais pertinentes, aos seguintes itens.

A) Quais os fundamentos possíveis para a cobrança efetivada pelo Município? (Valor: 0,65)

B) O que poderia alegar a Companhia na defesa de seu interesse em não pagar o imposto? (Valor: 0,60)

GABARITO COMENTADO – FGV

A questão proposta está sendo apreciada pelo STF, na sistemática de repercussão geral. Desta forma, a banca considerou relevante, que os candidatos conhecessem e pudessem expor as duas posições evidenciadas e pontuadas: a favorável à imunidade no caso de sociedade de economia mista, dedicada à prestação de serviço público e aquela desfavorável, na hipótese desta mesma empresa ter ações negociadas em bolsa de valores. Assim sendo, pontua-se quem responder pela impossibilidade do reconhecimento da imunidade recíproca/artigo 150, VI, *a* da CRFB/ artigo 173, § 2º da CRFB: natureza privada da companhia, que não goza de privilégio não extensível às empresas privadas e também merece pontuação a resposta que, no segundo item avaliado, registra que a atividade é serviço público não sujeito à exploração privada: direito à imunidade, na forma do artigo 175 da CRFB, sendo inaplicável o artigo 173, §2º da CRFB para quem presta serviços públicos.

Distribuição dos pontos

Quesito Avaliado	Valores
Impossibilidade do reconhecimento da imunidade recíproca **OU** artigo 150, VI, "A" **OU** artigo 150, § 3º da CRFB **OU** artigo 14 do CTN (0,35) / artigo 173, § 2º da CRFB: natureza privada da companhia, que não goza de privilégio não extensível às empresas privadas (0,30)	0,00 / 0,30 / 0,35 / 0,65
Atividade é serviço público não sujeito à exploração privada: direito à imunidade recíproca, **OU** na forma do artigo 175 da CRFB (0,40) / inaplicabilidade do artigo 173 §2º da CRFB para quem presta serviços públicos (0,20).	0,00 / 0,20 / 0,40 / 0,60

(OAB/Exame Unificado – 2012.1 – 2ª fase) Em 20/05/95, a Receita Federal, em decorrência de fiscalização realizada na sede da empresa ABC, constatou que a empresa não havia declarado, e consequentemente recolhido, a COFINS referente a todos os meses do exercício de 1990. Notificada a empresa, esta impugnou, sem sucesso, o auto de infração e, depois, recorreu administrativamente ao Conselho de Contribuintes. Em 20/07/04, adveio a decisão definitiva, confirmando o ato da autoridade tributária, sendo a empresa notificada da referida decisão na própria data. A União Federal ajuizou execução fiscal relativa ao crédito em 20/06/2009, sendo que o despacho de citação foi exarado em 20/08/10, entretanto, não encontrada de pronto a executada, a exequente não mais movimentou o processo.

Examine as questões envolvidas e responda aos itens a seguir, utilizando os argumentos jurídicos apropriados e a fundamentação legal pertinente ao caso.

A) Analise a constituição do crédito tributário pelo Fisco, referindo se ocorreu de forma regular ou não, bem como se adveio dentro do prazo legal. (valor: 0,30)

B) Houve, na hipótese, interrupção ou suspensão do prazo de cobrança do crédito fiscal? (valor: 0,50)

C) A propositura da execução em 20/06/2009 e o despacho de citação em 20/08/2010 resguardarão o direito da Fazenda Pública? (valor: 0,45)

GABARITO COMENTADO – FGV

A) A constituição do crédito tributário ocorreu de forma regular pelo Fisco, pois como a empresa não havia declarado qualquer valor a recolher a título de COFINS, deve ser aplicada a regra prevista no artigo 173, I do CTN, que estipula que o prazo decadencial somente se inicia no primeiro dia útil do exercício seguinte ao da ocorrência do fato gerador. Assim, não se verificou a decadência do direito de lançar o tributo.

B) Houve, inicialmente, suspensão do prazo de cobrança com a apresentação de impugnação administrativa que, conforme previsto no artigo 151, III do CTN, suspende a exigibilidade do crédito tributário, o qual somente retoma a sua plena exigibilidade após a sua constituição definitiva, ocorrido após o término do processo administrativo. Portanto, conforme previsto no artigo 174 do CTN, a execução fiscal deve ser ajuizada no prazo de 5 (cinco) anos a contar do encerramento do processo administrativo, sob pena de restar caracterizada a ocorrência de prescrição. No presente caso, o primeiro ato que interrompeu a fluência do prazo prescricional ocorreu com a determinação de citação do devedor. Como a executada não foi encontrada, o processo deve ser suspenso na forma do artigo 40 da LEF Lei n. 6830/80.

C) Como a execução fiscal foi ajuizada antes do prazo prescricional, o crédito tributário exigido através da presente execução não se encontra prescrito, já que a demora na citação decorreu de motivos inerentes ao mecanismo da Justiça, na forma da Súmula 106 do STJ.

Distribuição dos pontos

Quesito Avaliado	Faixa de valores
A) Constituição regular do crédito (0,15); *Contagem do prazo decadencial ou Art. 173, I do CTN (0,15).* *Obs.: A mera citação do artigo não pontua.*	*0,00/0,15/0,30*
B) Suspensão do prazo prescricional. OU Artigo 151, III do CTN (0,20); *Prescrição interrompida pelo despacho do Juiz que ordena a citação OU Artigo 174, I do CTN com a redação LC 118/05 (0,20);* *Artigo 40 da LEF Lei n. 6830/80 (0,10).* *Obs.: A mera citação do artigo não pontua.*	*0,00/0,10/0,20/0,30/0,40/0,50*
C) Resguardado o direito da Fazenda (0,20) e Súmula 106 do STJ (0,25). *Obs.: A mera citação do artigo não pontua.*	*0,00/0,20/0,25/0,45*

(OAB/Exame Unificado – 2011.3 – 2ª fase) A Fábrica de Refrigerantes Super Refri Ltda. recolheu a maior o IPI incidente sobre a saída dos respectivos produtos vendidos à Distribuidora de Bebidas Delta Ltda. Verificado o equívoco, a Distribuidora de Bebidas postulou em juízo o creditamento relativo ao IPI indevidamente pago pela fabricante, mas embutido no preço do produto. Nesse caso, tem a distribuidora legitimidade para requerer a repetição do indébito? Justifique, com base na legislação tributária pertinente.

RESOLUÇÃO DA QUESTÃO

A distribuidora de bebidas, embora possa assumir o ônus econômico do IPI indevidamente recolhido, não tem legitimidade ativa processual para pleitear a restituição, pois não tem relação jurídica tributária com o fisco.

De fato, sujeito passivo do IPI é a fábrica de refrigerantes (= contribuinte de direito), nos termos do art. 51, II, do CTN, relativo à saída do produto do estabelecimento (hipótese de incidência, conforme o art. 46, II, do CTN).

Parte da doutrina refere-se à dicotomia entre contribuinte de direito (o sujeito passivo indicado na lei) e contribuinte de fato (adquirente que assume o ônus econômico) no caso dos tributos cuja natureza jurídica permita a transferência do encargo fiscal (basicamente aqueles que incidem sobre operações em cadeia de produção e consumo de bens e serviços). Somente o contribuinte de direito tem legitimidade ativa processual para repetir indébitos tributários.

A fábrica, portanto é quem tem a legitimidade para pleitear o indébito judicialmente, desde que comprove que assumiu o ônus econômico do tributo (não é o caso, pelo que indica a pergunta) ou apresente autorização expressa de quem arcou com esse encargo, nos termos do art. 166 do CTN:

> Art. 166. A restituição de tributos que comportem, por sua natureza, transferência do respectivo encargo financeiro somente será feita a quem prove haver assumido o referido encargo, ou, no caso de tê-lo transferido a terceiro, estar por este expressamente autorizado a recebê-la.

Na situação descrita, somente a fábrica poderia repetir o indébito, portanto, desde que a distribuidora autorize-a expressamente, considerando que esta última não recolhe IPI sobre as operações subsequentes, sendo, portanto, a contribuinte de fato (considerando que a distribuidora não é contribuinte de direito do IPI, ou seja, não passa adiante o ônus econômico do tributo, na forma do art. 51, III, do CTN).

Comentários adicionais

A ilegitimidade ativa processual das distribuidoras de bebidas para pleitear a restituição de IPI indevidamente recolhido pelas fábricas foi reconhecida pelo STJ em recurso repetitivo (art. 543-C do CPC), após muito debate:

> PROCESSO CIVIL. RECURSO ESPECIAL REPRESENTATIVO DE CONTROVÉRSIA. ARTIGO 543-C, DO CPC. TRIBUTÁRIO. IPI. RESTITUIÇÃO DE INDÉBITO. DISTRIBUIDORAS DE BEBIDAS. CONTRIBUINTES DE FATO. ILEGITIMIDADE ATIVA *AD CAUSAM*. SUJEIÇÃO PASSIVA APENAS DOS FABRICANTES (CONTRIBUINTES DE DIREITO). RELEVÂNCIA DA REPERCUSSÃO ECONÔMICA DO TRIBUTO APENAS PARA FINS DE CONDICIONAMENTO DO EXERCÍCIO DO DIREITO SUBJETIVO DO CONTRIBUINTE DE JURE À RESTITUIÇÃO (ARTIGO 166, DO CTN). LITISPENDÊNCIA. PREQUESTIONAMENTO. AUSÊNCIA. SÚMULAS 282 E 356/STF. REEXAME DE MATÉRIA FÁTICO-PROBATÓRIA. SÚMULA 7/STJ. APLICAÇÃO.
>
> 1. O "contribuinte de fato" (*in casu*, distribuidora de bebida) não detém legitimidade ativa *ad causam* para pleitear a restituição do indébito relativo ao IPI incidente sobre os descontos incondicionais, recolhido pelo "contribuinte de direito" (fabricante de bebida), por não integrar a relação jurídica tributária pertinente.
>
> (...)
>
> 15. Recurso especial desprovido. Acórdão submetido ao regime do artigo 543-C, do CPC, e da Resolução STJ 08/2008.
> (REsp 903394/AL, Rel. Ministro LUIZ FUX, PRIMEIRA SEÇÃO, julgado em 24/03/2010, DJe 26/04/2010)

GABARITO COMENTADO – FGV

De acordo com o art. 166 do CTN, a restituição da quantia paga a título de tributo indireto deve ser feita ao potencial sujeito passivo da obrigação correspondente, quando o mesmo demonstre, de forma inequívoca, que não repassou o encargo respectivo, ou, tendo havido a transferência do ônus a terceiro, contribuinte de fato, deverá ser por este autorizado a receber a quantia a maior que tiver sido paga.

TRIBUTÁRIA

No caso do IPI, tributo indireto, legitimada a requerer a repetição do indébito tributário será a pessoa que estaria no polo passivo da relação obrigacional correspondente, caso a tributação tivesse ocorrido de forma regular (contribuinte de direito), na hipótese da questão, a Fábrica de Refrigerantes Super Refri Ltda.

Em resumo, a fábrica que industrializa o refrigerante se enquadra como contribuinte do IPI, visto praticar o fato gerador deste imposto resultante do processo de industrialização com posterior venda, sendo certo que o IPI compõe o preço final do produto a ser vendido, ocorrendo, portanto, o repasse da carga econômica do imposto a terceiro (contribuinte de fato).

Pelo exposto, conclui-se que a Distribuidora de Bebidas não tem legitimidade para propor ação de repetição do indébito tributário, visto não se enquadrar como contribuinte de direito, na forma da legislação tributária (art. 46, parágrafo único c/c art.51, ambos do CTN);

Artigos 46, II, e 51, II, do CTN;

O contribuinte de fato é aquele que arca com o pagamento do tributo, que está embutido no preço do produto. A Distribuidora efetivamente não pode assim ser qualificada, visto que não está no fim do ciclo de produção, mas sim o consumidor final.

A distribuidora não tem com o Fisco qualquer relação jurídica, não participa da relação jurídica tributária.

Distribuição dos pontos

Item	Pontuação
Não, nos termos do art. 166 do CTN (0,35). Obs.: A mera resposta "não" ou a mera menção ao artigo não são pontuadas.	0 / 0,35
IPI. Tributo indireto (0,25). Diferença entre contribuinte de fato e de direito para fins de repetição do indébito tributário (0,25).	0 / 0,25 / 0,5
Fundamentação com base no art. 46, II (0,2), e 51, II (0,2), ambos do CTN.	0 / 0,2 / 0,40

(OAB/Exame Unificado – 2011.3 – 2ª fase) A Fábrica de Refrigerantes Super Refri Ltda. recolheu a maior o IPI incidente sobre a saída dos respectivos produtos vendidos à Distribuidora de Bebidas Delta Ltda. Verificado o equívoco, a Distribuidora de Bebidas postulou em juízo o creditamento relativo ao IPI indevidamente pago pela fabricante, mas embutido no preço do produto. Nesse caso, tem a distribuidora legitimidade para requerer a repetição do indébito? Justifique, com base na legislação tributária pertinente.

RESOLUÇÃO DA QUESTÃO

A distribuidora de bebidas, embora possa assumir o ônus econômico do IPI indevidamente recolhido, não tem legitimidade ativa processual para pleitear a restituição, pois não tem relação jurídica tributária com o fisco.

De fato, sujeito passivo do IPI é a fábrica de refrigerantes (= contribuinte de direito), nos termos do art. 51, II, do CTN, relativo à saída do produto do estabelecimento (hipótese de incidência, conforme o art. 46, II, do CTN).

Parte da doutrina refere-se à dicotomia entre contribuinte de direito (o sujeito passivo indicado na lei) e contribuinte de fato (adquirente que assume o ônus econômico) no caso dos tributos cuja natureza jurídica permita a transferência do encargo fiscal (basicamente aqueles que incidem sobre operações em cadeia de produção e consumo de bens e serviços). Somente o contribuinte de direito tem legitimidade ativa processual para repetir indébitos tributários.

A fábrica, portanto é quem tem a legitimidade para pleitear o indébito judicialmente, desde que comprove que assumiu o ônus econômico do tributo (não é o caso, pelo que indica a pergunta) ou apresente autorização expressa de quem arcou com esse encargo, nos termos do art. 166 do CTN:

> Art. 166. A restituição de tributos que comportem, por sua natureza, transferência do respectivo encargo financeiro somente será feita a quem prove haver assumido o referido encargo, ou, no caso de tê-lo transferido a terceiro, estar por este expressamente autorizado a recebê-la.

Na situação descrita, somente a fábrica poderia repetir o indébito, portanto, desde que a distribuidora autorize-a expressamente, considerando que esta última não recolhe IPI sobre as operações subsequentes, sendo, portanto, a contribuinte de fato (considerando que a distribuidora não é contribuinte de direito do IPI, ou seja, não passa adiante o ônus econômico do tributo, na forma do art. 51, III, do CTN).

Comentários adicionais

A ilegitimidade ativa processual das distribuidoras de bebidas para pleitear a restituição de IPI indevidamente recolhido pelas fábricas foi reconhecida pelo STJ em recurso repetitivo (art. 543-C do CPC), após muito debate:

> PROCESSO CIVIL. RECURSO ESPECIAL REPRESENTATIVO DE CONTROVÉRSIA. ARTIGO 543-C, DO CPC. TRIBUTÁRIO. IPI. RESTITUIÇÃO DE INDÉBITO. DISTRIBUIDORAS DE BEBIDAS. CONTRIBUINTES DE FATO. ILEGITIMIDADE ATIVA AD CAUSAM. SUJEIÇÃO PASSIVA APENAS DOS FABRICANTES (CONTRIBUINTES DE DIREITO). RELEVÂNCIA DA REPERCUSSÃO ECONÔMICA DO TRIBUTO APENAS PARA FINS DE CONDICIONAMENTO DO EXERCÍCIO DO DIREITO SUBJETIVO DO CONTRIBUINTE DE JURE À RESTITUIÇÃO (ARTIGO 166, DO CTN). LITISPENDÊNCIA. PREQUESTIONAMENTO. AUSÊNCIA. SÚMULAS 282 E 356/STF. REEXAME DE MATÉRIA FÁTICO-PROBATÓRIA. SÚMULA 7/STJ. APLICAÇÃO.
>
> 1. O "contribuinte de fato" (in casu, distribuidora de bebida) não detém legitimidade ativa *ad causam* para pleitear a restituição do indébito relativo ao IPI incidente sobre os descontos incondicionais, recolhido pelo "contribuinte de direito" (fabricante de bebida), por não integrar a relação jurídica tributária pertinente.
>
> (...)
>
> 15. Recurso especial desprovido. Acórdão submetido ao regime do artigo 543-C, do CPC, e da Resolução STJ 08/2008.
>
> (REsp 903394/AL, Rel. Ministro LUIZ FUX, PRIMEIRA SEÇÃO, julgado em 24/03/2010, DJe 26/04/2010)

GABARITO COMENTADO – FGV

De acordo com o art. 166 do CTN, a restituição da quantia paga a título de tributo indireto deve ser feita ao potencial sujeito passivo da obrigação correspondente, quando o mesmo demonstre, de forma inequívoca, que não repassou o encargo respectivo, ou, tendo havido a transferência do ônus a terceiro, contribuinte de fato, deverá ser por este autorizado a receber a quantia a maior que tiver sido paga.

No caso do IPI, tributo indireto, legitimada a requerer a repetição do indébito tributário será a pessoa que estaria no polo passivo da relação obrigacional correspondente, caso a tributação tivesse ocorrido de forma regular (contribuinte de direito), na hipótese da questão, a Fábrica de Refrigerantes Super Refri Ltda.

Em resumo, a fábrica que industrializa o refrigerante se enquadra como contribuinte do IPI, visto praticar o fato gerador deste imposto resultante do processo de industrialização com posterior venda, sendo certo que o IPI compõe o preço final do produto a ser vendido, ocorrendo, portanto, o repasse da carga econômica do imposto a terceiro (contribuinte de fato).

Pelo exposto, conclui-se que a Distribuidora de Bebidas não tem legitimidade para propor ação de repetição do indébito tributário, visto não se enquadrar como contribuinte de direito, na forma da legislação tributária (art. 46, parágrafo único c/c art.51, ambos do CTN);

Artigos 46, II, e 51, II, do CTN;

O contribuinte de fato é aquele que arca com o pagamento do tributo, que está embutido no preço do produto. A Distribuidora efetivamente não pode assim ser qualificada, visto que não está no fim do ciclo de produção, mas sim o consumidor final.

A distribuidora não tem com o Fisco qualquer relação jurídica, não participa da relação jurídica tributária.

Distribuição dos pontos

Item	Pontuação
Não, nos termos do art. 166 do CTN (0,35). Obs.: A mera resposta "não" ou a mera menção ao artigo não são pontuadas.	0 / 0,35
IPI. Tributo indireto (0,25). Diferença entre contribuinte de fato e de direito para fins de repetição do indébito tributário (0,25).	0 / 0,25 / 0,5
Fundamentação com base no art. 46, II (0,2), e 51, II (0,2), ambos do CTN.	0 / 0,2 / 0,40

(OAB/Exame Unificado – 2010.2 – 2ª fase) MÁRIO ROBERTO possui terreno limítrofe entre as zonas urbana e rural do município de Pedra Grande.

No ano de 2009, ele recebeu o carnê do IPTU, emitido pela Secretaria de Fazenda de Pedra Grande, e também foi surpreendido com a cobrança do ITR sobre a mesma parcela do imóvel. Como advogado de MÁRIO ROBERTO discorra sobre a ação judicial mais adequada para a defesa de seu interesse. Aponte quem deve figurar no polo passivo da ação e de quem é a competência para o julgamento.

RESOLUÇÃO DA QUESTÃO

Existe, no caso, dúvida razoável quanto ao sujeito ativo do imposto incidente sobre a propriedade imobiliária e conflito entre as pretensões dos fiscos federal e municipal.

Nessa hipótese, Mário Roberto deverá depositar o valor que entende devido em juízo, por meio da ação de consignação em pagamento, nos termos do art. 164, III, do CTN:

> Art. 164. A importância de crédito tributário pode ser consignada judicialmente pelo sujeito passivo, nos casos:
>
> (...)
>
> III - de exigência, por mais de uma pessoa jurídica de direito público, de tributo idêntico sobre um mesmo fato gerador.
>
> § 1º A consignação só pode versar sobre o crédito que o consignante se propõe pagar.

A consignatória deverá ser proposta contra o Município e a União, que são litisconsortes passivos necessários, nos termos do art. 895 do CPC:

> Art. 895. Se ocorrer dúvida sobre quem deva legitimamente receber o pagamento, o autor requererá o depósito e a citação dos que o disputam para provarem o seu direito.

Toda demanda que tenha a União como ré deve ser proposta na Justiça Federal, em conformidade com o art. 109, I, da CF:

Art. 109. Aos juízes federais compete processar e julgar:

I - as causas em que a União, entidade autárquica ou empresa pública federal forem interessadas na condição de autoras, rés, assistentes ou oponentes, exceto as de falência, as de acidentes de trabalho e as sujeitas à Justiça Eleitoral e à Justiça do Trabalho;

(...)

§ 2º - As causas intentadas contra a União poderão ser aforadas na seção judiciária em que for domiciliado o autor, naquela onde houver ocorrido o ato ou fato que deu origem à demanda ou onde esteja situada a coisa, ou, ainda, no Distrito Federal.

Comentários adicionais

O § 3º do art. 109 da CF prevê o julgamento na justiça estadual, no foro do domicílio dos segurados ou beneficiários, das causas em que forem parte instituição de previdência social e segurado, sempre que a comarca não seja sede de vara do juízo federal. Além disso, a lei poderá permitir que outras causas sejam também processadas e julgadas pela justiça estadual, em caso de inexistência de vara federal no local. No âmbito tributário, essa prorrogação de competência é prevista no art. 15 da Lei 2.010/1966:

Art. 15. Nas Comarcas do interior onde não funcionar Vara da Justiça Federal (artigo 12), os Juízes Estaduais são competentes para processar e julgar:

I - os executivos fiscais da União e de suas autarquias, ajuizados contra devedores domiciliados nas respectivas Comarcas;

II - as vistorias e justificações destinadas a fazer prova perante a administração federal, centralizada ou autárquica, quando o requerente for domiciliado na Comarca;

III - os feitos ajuizados contra instituições previdenciárias por segurados ou beneficiários residentes na Comarca, que se referirem a benefícios de natureza pecuniária.

Parágrafo único. Sem prejuízo do disposto no art. 42 desta Lei e no art. 1.213 do Código de Processo Civil, poderão os Juízes e auxiliares da Justiça Federal praticar atos e diligências processuais no território de qualquer dos Municípios abrangidos pela seção, subseção ou circunscrição da respectiva Vara Federal.

GABARITO COMENTADO – FGV

A) Nos termos do art. 164, III do CTN, a ação de consignação em pagamento é a via mais adequada para garantir que este seja efetuado ao ente competente;

B) a União e o Município de Pedra Grande devem figurar no polo passivo da consignatória em litisconsórcio passivo obrigatório;

C) a competência será da Justiça Federal, por força do disposto na CF art. 109, I. O candidato que informar a competência da Justiça Estadual somente deve receber a pontuação se justificar a prorrogação de competência ante a possível ausência de vara federal no município.

Item	Pontuação
Ação de Consignação em Pagamento Art.164,III CTN	0,50 (SEM O ARTIGO TIRAR 0,20)
Litisconsórcio passivo necessário	0,20
Competência Federal Competência Estadual se ausente vara federal	0,30 (COM O ARTIGO – 109,I DA CF – ponto cheio, sem o artigo tirar 0,10) só considerar a segunda opção de competência (justiça estadual) se justificar a prorrogação

(OAB/Exame Unificado – 2009.3.2 – 2ª fase) A empresa Oliveira e Santos S.A., citada em ação de execução fiscal, não opôs os embargos à execução tempestivamente. Entretanto, por entender que o lançamento tributário fora eivado de ilegalidade, ajuizou ação anulatória de lançamento fiscal para desconstituí-lo.

Em face dessa situação hipotética, disserte, com base na legislação de regência, a respeito do ajuizamento da referida ação anulatória, considerando o fato de ter ocorrido o transcurso do prazo para a oposição dos embargos à execução.

RESOLUÇÃO DA QUESTÃO

Os embargos à execução, que pressupõem a garantia do juízo, são o meio comum para impugnar a execução fiscal.

Entretanto, após muitos debates, a jurisprudência pacificou-se no sentido de que os embargos não excluem a possibilidade de propositura da ação anulatória, que não exige depósito prévio, apesar do disposto no art. 38 da Lei 6.830/1980.

Isso porque o direito de acesso ao Judiciário não pode ser suprimido, considerando que o contribuinte tem o direito de ver decretada a nulidade do lançamento tributário (direito de ação).

Há conexão entre a anulatória e a própria execução, que deverão ser apreciadas pelo mesmo juiz.

É importante notar que a simples propositura da ação anulatória não suspende a exigibilidade do crédito tributário, de modo que a execução fiscal prosseguirá normalmente, exceto se houver depósito integral em dinheiro ou antecipação da tutela, por exemplo.

Comentários adicionais

No que se refere à conexão entre a anulatória e a execução, e a possibilidade de propositura da ação ordinária, veja esses precedentes ilustrativos:

> CONFLITO DE COMPETÊNCIA. EXECUÇÃO FISCAL E AÇÃO ORDINÁRIA. CONEXÃO.
>
> (...)
>
> 2. A Primeira Seção desta Corte pacificou o entendimento de que existe conexão entre a ação anulatória ou desconstitutiva do título executivo e a ação de execução, por representar aquela meio de oposição aos atos executórios de natureza idêntica a dos embargos do devedor.
>
> (...)
>
> 5. Conflito de competência conhecido para declarar competente Juízo Federal da 11ª Vara das Execuções Fiscais da Seção Judiciária de São Paulo, o suscitante.
>
> (CC 103.229/SP, Rel. Ministro Castro Meira, Primeira Seção, julgado em 28/04/2010, DJe 10/05/2010)
>
> PROCESSUAL CIVIL E TRIBUTÁRIO. AÇÃO ANULATÓRIA DE DÉBITO FISCAL PROPOSTA DURANTE TRAMITAÇÃO DE EXECUÇÃO FISCAL. POSSIBILIDADE.
>
> 1. O ajuizamento da ação executiva não impede que o devedor exerça o direito constitucional de ação para ver declarada a nulidade do título ou a inexistência da obrigação, seja por meio de Embargos (CPC, art. 736), seja por outra ação declaratória ou desconstitutiva.
>
> 2. Agravo Regimental não provido.
>
> (AgRg no Ag 1.138.012/RJ, Rel. Ministro Herman Benjamin, Segunda Turma, julgado em 23/06/2009, DJe 27/08/2009)

É interessante recordar que a ação ordinária não tem, por si, efeito de suspender a execução. Caso o contribuinte não realize depósito integral do débito, por exemplo, nada impede que o juiz determine a penhora de bens para a satisfação do crédito tributário. Veja precedente nesse sentido:

TRIBUTÁRIO E PROCESSUAL – EXECUÇÃO FISCAL E AÇÃO ANULATÓRIA – SUSPENSÃO DO PROCESSO – PREJUDICIALIDADE – AUSÊNCIA DE GARANTIA – IMPOSSIBILIDADE – TDP – PENHORA – BEM DE DIFÍCIL COMERCIALIZAÇÃO.

(...)

2. O STJ firmou entendimento no sentido de que o ajuizamento, por si só, de ação anulatória do crédito fiscal reclamado em ação executiva não possui a virtude de suspender o curso da execução, pois para esse fim devem ser observadas as hipóteses do artigo 151 do CTN Agravo regimental improvido.

(AgRg no REsp 960.450/RS, Rel. Ministro Humberto Martins, Segunda Turma, julgado em 15/09/2009, DJe 30/09/2009)

Finalmente, registramos que o prazo prescricional para a ação anulatória é de 5 anos, contados da notificação do lançamento que se pretende afastar:

PROCESSUAL CIVIL E TRIBUTÁRIO. AGRAVO REGIMENTAL NO RECURSO ESPECIAL. IPTU, TIP E TCLLP. AÇÃO ANULATÓRIA. PRESCRIÇÃO. DECRETO 20.910/32.

1. Esta Corte já se pronunciou no sentido de que o prazo prescricional adotado na ação declaratória de nulidade de lançamentos tributários é quinquenal, nos termos do art. 1º do Decreto 20.910/32, contado a partir da notificação fiscal do ato administrativo do lançamento. Precedentes: REsp 894.981/RJ, Rel. Min. Luiz Fux, Primeira Turma, DJ de 18.6.2008; REsp 892.828/RJ, Rel. Min. Teori Albino Zavascki, Primeira Turma, DJ de 11.6.2007.

(...)

3. Agravo regimental não provido.

(AgRg nos EDcl no REsp 975.651/RJ, Rel. Ministro MAURO CAMPBELL MARQUES, SEGUNDA TURMA, julgado em 28/04/2009, DJe 15/05/2009)

(OAB/Exame Unificado – 2009.3.2 – 2ª fase) Em processo de execução fiscal para a cobrança de R$ 1.000,00, não foi localizado o executado, nem encontrados bens sobre os quais pudesse recair a penhora, razão pela qual o juiz competente suspendeu o curso da execução e, posteriormente, determinou o arquivamento dos autos. Da decisão que ordenou o arquivamento decorreu prazo prescricional. Nessa situação hipotética, poderá o juiz reconhecer a prescrição intercorrente e decretá-la de imediato? Justifique sua resposta.

RESOLUÇÃO DA QUESTÃO

A prescrição intercorrente não se confunde com o prazo para a propositura da execução fiscal, previsto no art. 174 do CTN.

A prescrição anterior à execução (não é o presente caso) pode ser declarada de ofício pelo juiz, sem oitiva da Fazenda, nos termos do art. 219, § 5º, do CPC (Súmula 409/STJ).

A prescrição intercorrente (é o caso em análise), entretanto, tem procedimento específico para sua aferição no curso da execução fiscal, previsto no art. 40 da Lei 6.830/1980, e não prescinde, em regra, da oitiva prévia da Fazenda.

Caso o devedor não seja localizado ou não sejam encontrados bens para penhora, o juiz suspenderá o processo por até um ano, período em que não corre a prescrição, sendo aberto vista à Fazenda (art. 40, § 1º).

Após o prazo de suspensão, o juiz ordenará o arquivamento dos autos (art. 40, § 2º), iniciando-se a contagem do prazo quinquenal da prescrição intercorrente:

> Súmula 314/STJ: "Em execução fiscal, não localizados bens penhoráveis, suspende-se o processo por um ano, findo o qual se inicia o prazo da prescrição quinquenal intercorrente."

TRIBUTÁRIA

O STJ entende que não é necessário intimar a Fazenda quanto ao arquivamento dos autos, caso ela mesmo tenha requerido a suspensão do processo.

Passados os cinco anos, sem que sejam encontrados o devedor ou bens penhoráveis, o juiz, depois de ouvida a fazenda pública, poderá, de ofício, reconhecer a prescrição intercorrente, e decretá-la imediatamente, conforme o art. 40, § 4º, da Lei 6.830/1980.

No presente caso, há uma peculiaridade: o valor da execução é muito baixo.

Atualmente, o art. 40, § 5º, da Lei 6.830/1980 dispensa a oitiva prévia da Fazenda Pública, prevista no § 4º, "no caso de cobranças judiciais cujo valor seja inferior ao mínimo fixado pelo Ministro de Estado da Fazenda".

Essa é mais uma razão pela qual o juiz deverá decretar imediatamente a prescrição intercorrente.

Assim, no caso apresentado, o juiz deverá reconhecer a prescrição intercorrente e decretá-la imediatamente, nos termos do art. 40, § 4º, da Lei 6.830/1980.

Comentários adicionais

É muito importante que o candidato saiba distinguir a prescrição do art. 174 do CTN (prazo para a execução) da prescrição intercorrente, regulada pelo art. 40 da Lei 6.830/1980. Além de ler atentamente esses dispositivos legais, é interessante conhecer o seguinte recurso repetitivo do STJ, que é bastante didático ao fazer essa distinção:

> TRIBUTÁRIO E PROCESSO CIVIL. EXECUÇÃO FISCAL. IPTU. PRESCRIÇÃO. DECLARAÇÃO DE OFÍCIO. VIABILIDADE.
>
> 1. Em execução fiscal, a prescrição ocorrida antes da propositura da ação pode ser decretada de ofício, com base no art. 219, § 5º do CPC (redação da Lei 11.051/04), independentemente da prévia ouvida da Fazenda Pública. O regime do § 4º do art. 40 da Lei 6.830/80, que exige essa providência prévia, somente se aplica às hipóteses de prescrição intercorrente nele indicadas. Precedentes de ambas as Turmas da 1ª Seção.
>
> 2. Recurso especial desprovido. Acórdão sujeito ao regime do art. 543-C do CPC e da Resolução STJ 08/08.
>
> (REsp 1100156/RJ, Rel. Ministro Teori Albino Zavascki, Primeira Seção, julgado em 10/06/2009, DJe 18/06/2009)

(OAB/Exame Unificado – 2008.1 – 2ª fase) Determinado contribuinte, em abril de 2006, apresentou declaração de bens e efetuou o pagamento de seu respectivo imposto sobre a renda. No mês subsequente (maio/2006), o referido contribuinte verificou a realização de recolhimento a maior. Nessa situação, em que prazo e condições esse contribuinte poderá exercer o direito à restituição do indébito tributário? Justifique a sua resposta.

RESOLUÇÃO DA QUESTÃO

Quem paga indevidamente tributo tem direito à restituição, independentemente de prévio protesto ou de comprovação de erro, nos termos do art. 165 do CTN.

O IR é considerado tributo direto, ou seja, o ônus econômico correspondente é assumido pelo próprio contribuinte de direito (não é repassado a terceiros, como no caso do ICMS ou do IPI). Assim, não se aplicam as exigências do art. 166 do CTN.

O prazo para a repetição é de cinco anos contados do pagamento indevido, nos termos do art. 168, I, do CTN.

No caso, como o pagamento ocorreu em abril de 2006, o contribuinte tem até abril de 2011 para pleitear judicialmente a devolução do tributo indevidamente pago.

Importante salientar que, caso haja pedido administrativo de restituição e ele seja denegado, o prazo para anulação judicial dessa decisão prescreve em apenas dois anos, nos termos do art. 169 do CTN.

(OAB/Exame Unificado – 2008.1 – 2ª fase) Após três anos vendendo frutas exóticas e recolhendo, sobre as vendas, o respectivo ICMS, determinado comerciante varejista verificou que a comercialização daquelas frutas era isenta de ICMS. Deseja, então, receber o que recolheu indevidamente durante os três anos. Esse comerciante, na qualidade de contribuinte de direito, diante da situação hipotética descrita, tem o direito de receber de volta o valor pago indevidamente? Justifique a sua resposta.

RESOLUÇÃO DA QUESTÃO

O ICMS é considerado tributo indireto, pois o ônus econômico correspondente é repassado, na forma da lei, aos adquirentes das mercadorias.

Assim, presume-se que o ônus econômico foi suportado pelos adquirentes das frutas exóticas (contribuintes *de fato*), não pelo comerciante varejista (contribuinte *de direito*).

Para que o comerciante (contribuinte *de direito*) pleiteie a restituição do ICMS indevidamente pago, deverá afastar a presunção de repasse do ônus econômico, ou seja, precisará comprovar que assumiu esse ônus. Opcionalmente, o comerciante poderá demonstrar que tem autorização de quem assumiu o ônus, para repetir o indébito.

Essa é a disposição do art. 166 do CTN:

> Art. 166. A restituição de tributos que comportem, por sua natureza, transferência do respectivo encargo financeiro somente será feita a quem prove haver assumido o referido encargo, ou, no caso de tê-lo transferido a terceiro, estar por este expressamente autorizado a recebê-la.

Somente se atendidas as condições do art. 166 do CTN será possível a repetição do indébito pelo comerciante das frutas exóticas.

É interessante lembrar que o prazo para a repetição é de cinco anos, contados da extinção do crédito, nos termos do art. 168, I, do CTN. Considera-se que a extinção ocorreu na data do pagamento indevido, nos termos do art. 3º da LC 118/2005.

Como os recolhimentos foram feitos nos três anos anteriores, não houve prescrição.

Comentários adicionais

O ponto essencial nesta questão, que deve necessariamente ser abordado, é a aplicação do art. 166 do CTN à repetição de indébito pelo contribuinte de direito, relativo a tributo indireto (ICMS, IPI etc.). A referência à contagem do prazo prescricional serve ao estudo do candidato, mas é dispensável para a resposta.

(OAB/Exame Unificado – 2006.3 – 2ª fase) A Fazenda Pública do estado do Mato Grosso ajuizou ação de execução fiscal contra Juliana, cobrando ICMS no valor de R$ 150.000,00. No curso do processo, um dos apartamentos de Juliana, igualmente no valor de R$ 150.000,00, que seria levado a hasta pública, foi adjudicado pela Fazenda Pública do estado do Mato Grosso, visto que o valor do bem móvel satisfazia a dívida tributária discutida em juízo. Nessa hipótese, identifica-se o fenômeno da dação em pagamento? O ordenamento jurídico tributário nacional admite a extinção do crédito tributário pela dação em pagamento de bens móveis?

RESOLUÇÃO DA QUESTÃO

A adjudicação dos bens penhorados, pela Fazenda Pública, é mecanismo processual para solução da execução fiscal e satisfação do crédito, nos termos do art. 24 da Lei 6.830/1980. **Não há voluntariedade por parte do devedor**, mas simples opção em favor do credor. Ademais, a adjudicação pode se dar em relação a bens **móveis ou imóveis.**

TRIBUTÁRIA

A dação em pagamento é modo de extinção do crédito tributário, que **pressupõe a voluntariedade do devedor, que entrega bens imóveis** (nunca bens móveis) para satisfação do crédito tributário. Ademais, depende de lei do ente tributante,, nos termos do art. 156, XI, do CTN.

São institutos absolutamente distintos, portanto. Para que fique claro: adjudicação de bem penhorado não equivale a dação em pagamento.

Importante reiterar que o CTN admite apenas a dação em pagamento de bens **imóveis,** mas não de bens móveis.

(OAB/Exame Unificado – 2006.2 – 2ª fase) Juvêncio se absteve de quitar tributos devidos à União e ao município de Manaus no período compreendido entre janeiro de 2002 e dezembro de 2005. Em janeiro de 2006, a fazenda pública municipal de Manaus inscreveu o respectivo débito tributário em dívida ativa, promovendo competente ação de execução fiscal contra o devedor. Com o fito de se esquivar do pagamento dos valores devidos, Juvêncio renunciou à herança de seu genitor, em maio de 2006, já tendo sido promovida a alienação de imóvel de sua propriedade localizado no estado do Paraná, no mês de dezembro de 2005. A propósito da situação hipotética acima descrita, responda se houve fraude à execução diante da renúncia à herança e da alienação do bem imóvel de propriedade do devedor tributário e discorra, ainda, sobre os efeitos da declaração de fraude à execução fiscal. Extensão máxima: 30 linhas

RESOLUÇÃO DA QUESTÃO

Antes da EC 118/2005, o art. 185 do CTN regulava expressamente a **fraude à execução fiscal**, pois fixava a presunção de fraude no caso de alienação ou oneração de bens quando já havia inscrição em dívida ativa e **execução fiscal em curso.**

O CPC regula a matéria em seu art. 593.

Atualmente, no âmbito tributário, **basta haver inscrição em dívida ativa** para que eventuais alienações ou onerações sejam presumidamente fraudulentas. É desnecessária, portanto, a existência da execução fiscal para configuração da fraude:

> Art. 185. Presume-se fraudulenta a alienação ou oneração de bens ou rendas, ou seu começo, por sujeito passivo em débito para com a Fazenda Pública, por crédito tributário regularmente inscrito como dívida ativa.
>
> Parágrafo único. O disposto neste artigo não se aplica na hipótese de terem sido reservados, pelo devedor, bens ou rendas suficientes ao total pagamento da dívida inscrita.

Assim, se após a inscrição em dívida ativa o devedor aliena ou onera bens ou rendas, sem reservar bens suficientes para a quitação do débito, haverá presunção de fraude.

Caso se configure a fraude, a alienação ou a oneração poderá ser anulada.

No caso descrito, a inscrição em dívida ativa ocorreu apenas em janeiro de 2006, assim como o início da execução fiscal.

A venda do imóvel em dezembro de 2005 (antes da inscrição em dívida ativa), portanto, não será considerada fraudulenta, à luz do art. 185 do CTN ou do art. 593 do CPC.

Juvêncio renunciou à herança em maio de 2006, após o início da execução fiscal, "com o fito de se esquivar do pagamento dos valores devidos", o que se equipara à alienação ou à oneração de bens em prejuízo à execução, de modo que se presume fraudulenta, nos termos do art. 185 do CTN e do art. 593 do CPC.

A renúncia, portanto, pode ser anulada.

COMENTÁRIOS ADICIONAIS

É importante salientar que a *fraude à execução fiscal* (art. 593 do CPC) ou a *presunção de fraude* prevista no art. 185 do CTN não se confundem com a *fraude contra credores* (arts. 158 e 159 do CC).

De fato, embora a alienação do imóvel em dezembro de 2005 não se enquadre na fraude prevista no art. 185 do CTN, ou na fraude à execução do art. 593 do CPC, pode ser considerada fraude contra credores (arts. 158 e 159 do CC), no sentido amplo, sanável por meio de Ação Pauliana (art. 161 do CC).

Finalmente, é essencial lembrar que o STJ, após amplo debate, fixou o entendimento de que o disposto na Súmula 375 daquela Corte não se aplica à execução fiscal, pois o crédito tributário tem garantias e privilégios próprios, de modo que não se exige o registro de penhora para se configurar a fraude – ver REsp 1.141.990/PR repetitivo.

PEÇAS PRÁTICO-PROFISSIONAIS

1. INTRODUÇÃO

Antes de analisarmos as peças profissionais exigidas nos últimos Exames da OAB, são interessantes algumas palavras a respeito da evolução do tributo, a partir do fato gerador até sua extinção, das competências jurisdicionais e das autoridades fiscais.

Quando ocorre a situação da vida, descrita na hipótese de incidência tributária, há a incidência e o fato gerador.

Por exemplo, determinada norma tributária prevê que a situação de alguém ser proprietário de automóvel, no dia 1º de janeiro de cada ano, no território de determinado Estado, faz surgir a obrigação tributária, cujo objeto é o dever de o proprietário pagar 1% do valor do bem ao fisco, a título de IPVA. Essa é a **hipótese de incidência.**

Imagine que José, domiciliado nesse mesmo Estado, é proprietário de determinado veículo automotor no dia 1º de janeiro deste ano. Essa situação encaixa-se perfeitamente na hipótese de incidência (subsume-se a ela). Trata-se do **fato gerador** *em concreto*, pois houve incidência tributária, e surgiu a obrigação de José (sujeito passivo – contribuinte) pagar 1% do valor de seu automóvel ao fisco (sujeito ativo) a título de IPVA.

Ocorre que, peculiarmente, essa obrigação tributária, que surge infalivelmente com a ocorrência do fato gerador, não é exigível até que seja realizado o **lançamento tributário**. Somente nesse momento, com o lançamento, é que passa a existir **crédito tributário**, ou seja, a obrigação passa a ser líquida e exigível.

O normal é que José pague o valor do IPVA, **extinguindo o crédito tributário**. Caso não o faça, o crédito, após o prazo para recurso administrativo ou após o término do processo correspondente, será **inscrito em dívida ativa.** A certidão de dívida ativa – CDA é título executivo judicial, que dá ensejo à **execução fiscal.**

Com essas informações básicas, já é possível reconhecermos as principais peças profissionais que são elaboradas pelo advogado e que, portanto, podem ser exigidas no Exame da OAB:

Peça profissional (petições)	Cabimento
Ação declaratória de inexistência da obrigação tributária	Antes do lançamento tributário.
Anulatória do lançamento (ou Declaratória de nulidade do lançamento)	Após o lançamento tributário.
Mandado de segurança preventivo	Antes do lançamento, desde que não haja necessidade de dilação probatória. Cabe também para declarar o direito à compensação tributária.

Mandado de segurança repressivo	Após o lançamento, desde que respeitado o prazo de 120 dias a partir do ato coator e que não haja necessidade de dilação probatória. Cabe também contra outros atos ilegais de autoridade fiscal (apreensão de mercadoria, cassação de registro, fechamento de estabelecimento etc.)
Ação de consignação em pagamento	Quando o sujeito passivo quer pagar, mas o fisco recusa-se injustificadamente a receber, ou impossibilita o pagamento por meio de exigência indevida, ou ainda quando há mais de um ente exigindo tributo em relação ao mesmo fato gerador.
Ação de repetição de indébito	Após o pagamento indevido de tributo.
Embargos à execução fiscal	Após a garantia do juízo na execução fiscal.
Medida Cautelar	Em matéria tributária, vem sendo utilizada apenas para emprestar efeito suspensivo ou antecipar os efeitos de determinados recursos.
Apelação	Recurso contra a sentença.
Agravo de Instrumento	Recurso contra decisão interlocutória, endereçado ao Tribunal superior em relação ao órgão jurisdicional que prolatou a decisão impugnada.
Agravo Interno ou Regimental	Recurso contra decisão monocrática no âmbito de Tribunal, endereçado ao órgão colegiado competente.
Recurso Especial	Recurso contra o acórdão do Tribunal, em relação à matéria federal.
Recurso Extraordinário	Recurso contra a decisão em única ou última instância, em relação à matéria constitucional.

Quanto à competência jurisdicional e ao endereçamento da petição, veja o seguinte quadro:[1]

Ações – Recursos	Tributos Federais	Tributos Estaduais	Tributos Municipais
Declaratória, Anulatória, Cautelar Consignação e Repetição. Mandado de Segurança.	*Juiz Federal de uma das Varas da Subseção Judiciária* do domicílio do autor[1], do local do ato ou fato que deu origem à demanda, ou do local da coisa.	*Juiz de Direito de uma das Varas da Fazenda Pública da Comarca.* Não havendo Vara especializada, o processo tramitará perante o *Juiz de Direito de uma das Varas Cíveis da Comarca.*	*Juiz de Direito de uma das Varas da Fazenda Pública da Comarca.* Não havendo Vara especializada, o processo tramitará perante o *Juiz de Direito de uma das Varas Cíveis da Comarca.*
Execução fiscal e Embargos – no domicílio tributário do executado, em regra, mesmo quando não há Justiça Federal, para os casos de tributos da União. O domicílio para fins de cobrança pode ser o local do fato gerador, no caso do art. 127, § 2º, do CTN.	*Juiz Federal de uma das Varas de Execução Fiscal da Subseção Judiciária* do domicílio do executado. Se não houver Vara especializada, corre na Vara Federal comum, perante o *Juiz Federal de uma das Varas da Subseção Judiciária.* Se não houver Justiça Federal no domicílio do executado corre perante o *Juiz de Direito do Anexo Fiscal da Comarca* (Justiça Estadual – CF, art. 109, § 3º, e Lei 5.010/66, art. 15)	*Juiz de Direito de uma das Varas do Anexo Fiscal da Comarca.* Há denominações diferentes em determinadas Comarcas (na Comarca de São Paulo, as execuções correm perante o *Juiz de Direito do Setor de Execuções Fiscais da Fazenda Pública*).	*Juiz de Direito de uma das Varas do Anexo Fiscal da Comarca.* Há denominações diferentes em determinadas Comarcas (na Comarca de São Paulo, as execuções correm perante o *Juiz de Direito do Setor de Execuções Fiscais da Fazenda Pública*).

1 Veja o comentário quanto ao domicílio do autor ou do réu após esta tabela.

Embargos infringentes (*embarguinhos do art. 34 da Lei 6.830/80*) contra sentença em execução ou embargos referente a valores até 50 (OTNs)	Ao próprio Juiz da 1ª instância (igual acima)	Ao próprio Juiz da 1ª instância (igual acima)	Ao próprio Juiz da 1ª instância (igual acima)
Apelação (interposta perante o Juiz de 1ª instância) e Agravo de Instrumento	Turma do Tribunal Regional Federal	Câmara do Tribunal de Justiça do Estado	Câmara do Tribunal de Justiça do Estado
Recurso Especial (interposto no Tribunal de origem – *a quo*)	Turma do Superior Tribunal de Justiça	Turma do Superior Tribunal de Justiça	Turma do Superior Tribunal de Justiça
Recurso Extraordinário (interposto no Tribunal de origem – *a quo*)	Turma do Supremo Tribunal Federal	Turma do Supremo Tribunal Federal	Turma do Supremo Tribunal Federal

A rigor, as ações fundadas em direito pessoal em geral são propostas no foro do domicílio do réu (art. 94 do CPC). Perceba, entretanto, que, em matéria tributária, o domicílio do réu normalmente coincide com o do autor.

Isso porque o domicílio tributário do contribuinte será sempre dentro do território do ente tributante.

Imagine que você é contribuinte do IPTU de São Paulo e eleja, como domicílio fiscal, o Município do Rio de Janeiro. Nessa hipótese, a eleição do domicílio será recusada por São Paulo (art.127, § 2º, do CTN), pois dificultaria a cobrança (São Paulo jamais executaria o contribuinte no Rio de Janeiro...). A recusa significa que o domicílio do contribuinte ou do responsável será o local da situação dos bens ou da ocorrência dos atos ou fatos que deram origem à tributação (art. 127, § 1º, do CTN). Assim, nesse exemplo, o domicílio do contribuinte seria, necessariamente, São Paulo (domicílio do réu = domicílio do autor).

Nessa hipótese, não nos parece que o juiz do Rio de Janeiro seria competente para julgar anulatória relacionada a IPTU do Município de São Paulo.

O mesmo vale para os Estados e para a União (que tem repartições em todo o território nacional, onde quer que haja varas federais).

Uma hipótese excepcional em que não há essa coincidência é a de apreensão de mercadorias.

Por exemplo: a sede de determinada empresa é em São Paulo, mas sua mercadoria é apreendida pelo fisco do Amazonas. Não nos parece razoável defender que a competência para eventual ação ordinária (ou MS) seja em São Paulo (domicílio do autor), até porque o processo seria muitíssimo demorado (com cartas precatórias etc.). Talvez por isso não haja, na prática, jurisprudência relevante para essa hipótese (não se entra com ação no domicílio do autor, nesses casos).

No exemplo da apreensão de mercadoria, vale a regra do local do ato ou fato que deu origem à demanda, ou do local da coisa.

Outra hipótese de possível divergência entre domicílio do autor e do réu é de lançamento completamente errado. Por exemplo, o Município de Aracaju faz o lançamento de IPTU totalmente errado contra alguém domiciliado em Cuiabá, que não tem nenhum imóvel em Sergipe. Nesse caso, aplica-se, em tese, a regra do domicílio do réu (Aracaju), embora pareça injusta (já que o cidadão de Cuiabá é vítima do erro cometido por Aracaju), mas desconhecemos jurisprudência nos Tribunais superiores.

Havia Estados que defendiam que seu domicílio era na capital. Por essa razão, há precedentes do STJ no sentido de que a anulatória pode (é possibilidade, não imposição) ser proposta no domicílio do contribuinte (autor, portanto, não do réu), muito embora o domicílio do contribuinte fosse, via de regra, dentro do território do Estado-réu.

A rigor, parece-nos há um erro de premissa dos Estados nessas demandas: seu domicílio para fins fiscais não é na capital, mas no local da repartição no domicílio do contribuinte (arts. 127, III, e 159 do CTN, por analogia) de modo que, mais uma vez, o domicílio do autor coincide com o do réu (veja, por exemplo, o REsp 49.457/PR).

De qualquer forma, o candidato não deve se preocupar tanto, para fins de exame da OAB, pois a ação será, em regra, proposta no domicílio da autoridade fiscal (réu), que coincidirá com o domicílio tributário do autor (reveja o art. 127 do CTN) ou, excepcionalmente, local do ato coator (onde a mercadoria foi apreendida, por exemplo).

É importante lembrarmo-nos das autoridades que normalmente ocupam o polo passivo do Mandado de Segurança (autoridade coatora):

	Tributos Federais	Tributos Estaduais	Tributos Municipais
Autoridade Coatora – Autoridade competente para o lançamento (ou autuação), aquela que pode impedir ou reverter o ato ilegal.	**Delegado da Receita Federal** local, **Inspetor da Alfândega** local, quando se tratar de tributo aduaneiro.	**Delegado Regional Tributário**, ou autoridade equivalente.	**Diretor do Departamento de Rendas Municipais**, ou autoridade equivalente.

Para a confecção de **petições iniciais**, é essencial que o candidato **leia atentamente o art. 282 do CPC**, que lista as informações que devem constar da peça.

É uma ótima maneira para não esquecer nada!

Eis o dispositivo legal [nossas observações entre colchetes]:

> Art. 282. A petição inicial indicará:
>
> I - o juiz ou tribunal, a que é dirigida;
>
> II - os nomes, prenomes, estado civil, profissão, domicílio e residência do autor e do réu;
>
> III - o fato [que sustentam o pedido] e os fundamentos jurídicos do pedido [a natureza do direito];
>
> IV - o pedido, com as suas especificações [aquilo que se espera que o Juiz determine ou declare, por exemplo, conforme art. 286 e seguintes do CPC];
>
> V - o valor da causa [conforme art. 259 do CPC. No Exame da OAB, muitas vezes não podemos identificar o valor da causa, mas vale indicar a regra do art. 259 aplicável];
>
> VI - as provas com que o autor pretende demonstrar a verdade dos fatos alegados [lembre-se que a prova documental deve instruir a inicial e que não cabe dilação probatória no caso de mandado de segurança];
>
> VII - o requerimento para a citação do réu.

Quanto ao relato **dos fatos**, devem ser reproduzidos na petição os eventos narrados pelo examinador, até porque o candidato deve se ater estritamente a eles, sob pena de anulação da prova. Lembre-se de adaptar o texto (por exemplo, ao invés de José, diga *autor, apelante, impetrante* etc.).

Perceba que a **causa de pedir** (*causa petendi*) não é a simples indicação do dispositivo legal ou constitucional aplicável, mas sim a **aplicação da norma ao caso concreto, que leva ao reconhecimento do direito pleiteado**.

Lembre-se que a **prova documental deve instruir a petição inicial**, nos termos do art. 283 do CPC.

Para os **recursos**, leia os dispositivos do CPC aplicáveis a cada um deles, especialmente:

a) apelação – arts. 513 a 521 do CPC;

b) agravo de instrumento – arts. 522 a 529 do CPC;

c) embargos infringentes – arts. 530 a 534 do CPC;

d) recurso ordinário – art. 539 do CPC;

e) recurso extraordinário e recurso especial– arts. 541 a 546 do CPC (nesse caso, leia também dos dispositivos da CF – arts. 102, III, e 105, III).

O mandado de segurança atualmente é regulado pela Lei 12.016/2009.

Muitíssimo importante: no Exame da OAB, **não assine a petição**, nem aponha qualquer sinal que possa ser considerado identificativo (iniciais, rubrica, símbolos etc.), sob pena de anulação da prova.

Isso significa também que o candidato **não pode inventar nenhum dado** que não tenha sido fornecido pelo examinador, como nome das partes, RG, CNPJ, endereços, número de registro na OAB do advogado etc.

Com relação à fundamentação da peça, atente-se para uma regra clássica: o **silogismo**.

Relate os fatos (premissa menor), faça referência ao direito aplicável (premissa maior) e conclua a respeito do direito de seu cliente.

Alguns exemplos:

1. FATO [premissa menor]: José pagou tributo indevido;
2. DIREITO [premissa maior]: quem paga tributo indevido tem direito à restituição, independentemente de comprovação de erro ou de prévio protesto – art. 165 do CTN;
3. CONCLUSÃO: **logo, José tem direito à restituição do tributo indevidamente pago.**

1. FATO [premissa menor]: o delegado regional tributário determinou a retenção de mercadoria de ABC Ltda., por falta de pagamento do tributo;
2. DIREITO [premissa maior]: é vedada a apreensão de mercadoria, com o intuito de impelir o contribuinte a pagar tributo, nos termos da Súmula 323/STF. O ato coator de autoridade pode ser afastado por mandado de segurança;
3. CONCLUSÃO: **logo, houve ato coator ilegal e deve ser concedida a segurança para que ABC Ltda. tenha sua mercadoria imediatamente liberada.**

1. FATO [premissa menor]: o Tribunal de Justiça decidiu que o inadimplemento da empresa gerou a responsabilidade tributária de Antônio, sócio-gerente, nos termos do art. 135 do CTN;
2. DIREITO [premissa maior]: a jurisprudência do STJ é pacífica no sentido de que o simples inadimplemento não implica responsabilidade do sócio-gerente, prevista no art. 135 do CTN. Cabe reforma do acórdão por meio de Recurso Especial, quando há ofensa à legislação federal;
3. CONCLUSÃO: **logo, o acórdão recorrido deve ser reformado, pois Antônio não pode ser responsabilizado pelo pagamento do tributo.**

Lendo assim, parece evidente, mas todos nós corremos o risco de, na pressa ou por desatenção, deixarmos de atender ao imperativo lógico da argumentação.

Ademais, há casos em que as premissas são muito mais complexas e, no decorrer do esforço argumentativo, o advogado esquece-se de conectá-las e de fechar o raciocínio silogístico.

Para evitar isso, há uma única solução: prestar muita atenção e praticar, praticar, praticar, praticar, praticar...

2. PEÇAS PRÁTICO-PROFISSIONAIS

(OAB/Exame Unificado – 2004 – 2ª fase) Instituição assistencial sem fins lucrativos, o Orfanato e Educandário Infância Feliz recorreu ao Poder Judiciário para evitar o pagamento da Contribuição Social sobre o Lucro Líquido (CSLL), que vinha, até então, recolhendo regularmente. Sua ação declaratória foi proposta em 15/2/2003. Em primeira instância, a decisão proferida não lhe foi favorável, tendo sido condenado a continuar submetido à incidência do tributo. Quando do julgamento da apelação, a decisão colegiada da instância revisora declarou a imunidade da instituição e anulou a decisão de primeira instância, reconhecendo não estar a entidade obrigada ao pagamento da CSLL. Não houve recurso às instâncias superiores e a decisão transitou em julgado em 10/8/2004. Como a instituição havia mantido o pagamento da contribuição até a prolação do acórdão favorável, um escritório de advocacia foi encarregado de reaver o tributo pago até então. Em face da situação hipotética acima relatada, e na condição de advogado do escritório de advocacia encarregado de reaver o tributo pago, formule a peça processual adequada, apresentando apropriado fundamento jurídico (doutrina, legislação e jurisprudência).

COMENTÁRIO PRÉVIO

O papel do advogado, no caso, é apenas reaver o tributo indevidamente pago.

As informações a respeito da ação declaratória anterior são pouco relevantes para a solução do problema, que é simples: quem paga tributo indevido tem direito a reavê-lo por meio de ação de repetição de indébito tributário.

A primeira coisa a fazer é **reler os dispositivos legais** que preveem a repetição de indébito, quais sejam os arts. 165 a 169 do CTN.

A contribuição social sobre o lucro líquido – CSLL é tributo direto, ou seja, o ônus econômico é assumido pelo próprio contribuinte *de direito* (não é como o ICMS e o IPI, que são tributos indiretos). Assim, não se aplica o disposto no art. 166 do CTN.

É interessante mencionar a tese, para fins de exame da OAB.

Quanto ao prazo prescricional para a repetição, é de 5 anos contados do pagamento indevido, em regra (art. 168 do CTN c/c art. 3º da LC 118/2005 – lembre-se que há um prazo excepcional mais curto, de apenas 2 anos, no caso do art. 169 do CTN).

Na prática, o autor não costuma levantar essa questão em sua inicial, quando se trata de valores indevidamente recolhidos ao longo de mais de 5 anos, até porque o juiz pode ter entendimento diverso em relação à jurisprudência pacífica. O argumento da prescrição deve ser suscitado, nesses casos, pelo réu, como matéria de defesa.

Ocorre que, nos últimos exames, os espelhos de correção têm atribuído pontuação à referência feita ao prazo prescricional do art. 168 do CTN, de modo que sugerimos que seja mencionado pelo candidato.

É interessante também **relermos o art. 282 do CPC** que lista as informações que devem constar na petição inicial. É uma ótima maneira de o candidato não se esquecer de nada!

Lembre-se que a **causa de pedir** (*causa petendi*) não é a simples indicação do dispositivo legal ou constitucional aplicável, mas sim a **aplicação da norma ao caso concreto, que leva ao reconhecimento do direito pleiteado**.

Não se esqueça que a **prova documental deve instruir a petição inicial**, nos termos do art. 283 do CPC. Assim, é preciso fazer referência às guias de recolhimento, que demonstram o pagamento indevido do tributo, e à sentença declaratória transitada em julgado.

Após a leitura dos dispositivos legais aplicáveis, faremos uma nova leitura do problema proposto, para não deixarmos passar nenhum detalhe importante.

Perceba que já houve decisão transitada em julgado declarando a imunidade do Orfanato e Educandário Infância Feliz.

O candidato, portanto, não precisará rediscutir essa matéria de fundo, o que facilita bastante a petição de repetição de indébito (bastará fazer breve menção à imunidade e, principalmente, ao seu reconhecimento judicial definitivo).

Claro que poderá haver argumentos em contrário, relativos à extensão da coisa julgada, mas isso, repetimos, deverá ser alegado pelo réu, não pelo autor!

Com relação à fundamentação, lembre-se da argumentação silogística. Relate os fatos, faça referência ao direito aplicável e conclua a respeito do direito de seu cliente:

1. FATO: o Orfanato pagou tributo indevido, pois é imune;
2. DIREITO: quem paga tributo indevido tem direito à restituição, independentemente de comprovação de erro ou de prévio protesto;
3. CONCLUSÃO: **logo, Orfanato tem direito à restituição do tributo indevidamente pago.**

Vejamos como fica a peça.

Modelo: Petição inicial de ação de repetição de indébito

[o que estiver entre colchetes é apenas nota do autor – não deve constar da peça]

início da peça

Excelentíssimo Senhor Doutor Juiz Federal da Vara da Subseção Judiciária de (...)

[deixe espaço de aproximadamente 10 cm, para eventual despacho ou decisão do juiz]

ORFANATO E EDUCANDÁRIO INFÂNCIA FELIZ, instituição educacional sem fins lucrativos, domiciliada em (...) por seu advogado que firma a presente petição (procuração em anexo), com escritório para recebimento de intimações na (endereço – art. 39, I, do CPC) vem, respeitosamente, propor contra a FAZENDA PÚBLICA NACIONAL, cujo procurador pode ser localizado no (endereço), a presente

AÇÃO DE REPETIÇÃO DE INDÉBITO TRIBUTÁRIO

nos termos do artigo 165 do Código Tributário Nacional, pelas razões a seguir aduzidas:

1. DOS FATOS

A autora é entidade assistencial sem fins lucrativos, cuja imunidade foi reconhecida na Ação Declaratória nº (...)., transitada em julgado em 10/08/2004 (comprovantes em anexo).

É incontroverso, portanto, que a autora não se sujeita à incidência da Contribuição Social sobre o Lucro Líquido, conforme reconhecido na citada Ação Declaratória.

Apesar disso, a autora recolheu indevidamente os valores relativos à CSLL até 10/08/2004, conforme as guias em anexo.

2. DO DIREITO

Como relatado, não cabe discutir novamente a imunidade da autora ou a exigibilidade da Contribuição Social sobre o Lucro Líquido – CSLL.

A exigência fiscal foi afastada pela sentença declaratória transitada em julgado, como devidamente demonstrado pelos documentos em anexo.

Também é incontroverso o recolhimento indevido do tributo, o que se verifica pela simples leitura das guias em anexo.

Quem paga tributo indevido tem direito à restituição, independentemente de comprovação de erro ou de prévio protesto, nos termos do art. 165 do CTN:

> Art. 165. O sujeito passivo tem direito, independentemente de prévio protesto, à restituição total ou parcial do tributo, seja qual for a modalidade do seu pagamento, ressalvado o disposto no § 4º do artigo 162, nos seguintes casos:
>
> I - cobrança ou pagamento espontâneo de tributo indevido ou maior que o devido em face da legislação tributária aplicável, ou da natureza ou circunstâncias materiais do fato gerador efetivamente ocorrido;
>
> II - erro na edificação do sujeito passivo, na determinação da alíquota aplicável, no cálculo do montante do débito ou na elaboração ou conferência de qualquer documento relativo ao pagamento;
>
> III - reforma, anulação, revogação ou rescisão de decisão condenatória.

Esse é o entendimento da melhor doutrina:

(transcrição de lição doutrinária)

A jurisprudência é pacífica nesse sentido:

(transcrição de precedentes jurisprudenciais)

A CSLL é tributo direto, ou seja, sua natureza jurídica não admite o repasse do ônus econômico para os clientes da autora, sendo inaplicável, portanto, o requisito do art. 166 do CTN.

Assim, a autora tem direito à devolução do tributo indevidamente pago, razão pela qual a Fazenda Nacional deve ser condenada à restituição, observado o prazo do art. 168 do CTN.

3. DO PEDIDO

Por todo o exposto, a autora requer:

a) a citação da ré para, querendo, contestar a presente demanda no prazo legal (arts. 297 e 188 do CPC), sob pena de revelia (art. 285 do CPC);

b) a produção de todas as provas admitidas pelo Direito;

c) a condenação da ré, ao final, a restituir o total pago pela autora a título de CSLL, com os acréscimos legais, nos termos do art. 167 do CPC *[a rigor, a restituição de tributos federais é atualizada pela taxa SELIC a partir do pagamento indevido, o que engloba juros e correção monetária]*;

d) a condenação da ré ao pagamento das custas processuais e dos honorários de sucumbência fixados em 20% do valor da condenação (art. 20 do CPC);

Dá-se à causa o valor de R$ (...) (valor do indébito – art. 258 do CPC)

Termos em que

Pede Deferimento

(Local), (data)

[não assine, rubrique ou, de outra forma, identifique sua prova!]

ADVOGADO (...)

OAB-(Estado) nº (...)

Endereço (...)

fim da peça

(OAB/Exame Unificado – 2006.1 – 2ª fase) Adão Alves e Joana Lima, coproprietários de certo imóvel, ao receberem carnê para pagamento parcelado do imposto sobre a propriedade predial e territorial urbana (IPTU), foram surpreendidos com a cobrança de taxa de remoção de lixo, tributo regularmente instituído pelo município do Vale Verde, onde se localiza o bem imóvel. Ocorre que Adão Alves e Joana Lima consideram a cobrança da mencionada taxa inconstitucional, pois não tem por objeto serviço público divisível e não é destinada a contribuintes determinados.

Ao se dirigirem à secretaria de fazenda municipal, foram impedidos de efetuar os pagamentos devidos a título de IPTU sob o argumento de que o Estado somente receberia as importâncias relativas ao IPTU se houvesse o pagamento concomitante da referida taxa de remoção de lixo. Considerando a situação hipotética acima apresentada e na condição de procurador de Adão Alves e Joana Lima, redija peça processual que entender cabível para a defesa dos interesses dos dois contribuintes, abordando todos os aspectos de direito material e processual pertinentes e examinando, necessariamente, os seguintes itens:

– possibilidade jurídica do pedido;
– pedido e causa de pedir;
– legitimidade *ad causam* ativa e passiva;
– pressupostos processuais;
– competência do juízo.

Extensão máxima: 90 linhas

COMENTÁRIO PRÉVIO

A pretensão imediata de Adão Alves e Joana Lima é pagar o IPTU, sem recolher o valor correspondente à taxa de lixo.

Para isso é possível a ação de consignação em pagamento, nos termos do art. 164, I, do CTN:

> Art. 164. A importância de crédito tributário pode ser consignada judicialmente pelo sujeito passivo, nos casos:
>
> I - de recusa de recebimento, ou **subordinação deste ao pagamento de outro tributo** ou de penalidade, ou ao cumprimento de obrigação acessória;
>
> (...)

Veja que, nesse caso, a discussão a respeito da taxa de lixo ficaria para outro momento, por meio de defesa administrativa, impugnação à futura cobrança ou outra ação autônoma.

Outro caminho possível seria propor, desde já, ação anulatória contra o lançamento efetuado, com depósito judicial da parcela incontroversa (valor das parcelas vencidas de IPTU).

Pela narração dos fatos, considerando que a intenção imediata dos contribuintes é apenas pagar o IPTU, sugerimos a elaboração da petição inicial da consignatória.

A primeira coisa a fazer é **lermos os dispositivos legais aplicáveis.**

Perceba, pelo disposto no art. 164, I, do CTN, que o fisco não pode subordinar o pagamento de um tributo (IPTU) a outro (taxa).

Caso entenda devida a taxa, a administração tributária tem os meios adequados para sua cobrança (inscrição em dívida ativa e execução fiscal), sem necessidade de coação indireta, pela recusa ao recebimento do IPTU.

Esse é o fundamento básico para a consignatória.

É importante lermos também os dispositivos do CPC que regulam a consignação em pagamento – arts. 890 a 900 do CPC.

Para a confecção da petição inicial, não deixe de **reler o art. 282 do CPC.** É uma excelente listagem dos elementos essenciais, que não poderão ser esquecidos no dia do Exame.

Veja os comentários feitos na introdução, especialmente quanto à causa de pedir e à necessidade de **instrução da inicial com a prova documental**.

Também quanto à inicial, note que o **art. 893 do CPC** traz os elementos específicos para a consignatória.

Depois de lermos todos dos dispositivos legais aplicáveis, façamos uma nova leitura do problema, para não deixarmos passar nenhum detalhe.

A intenção dos contribuintes, já vimos, é pagar apenas o IPTU, sem recolhimento da taxa de lixo.

Eis a estrutura argumentativa (silogismo):

1. FATO: o Município recusa-se a receber o IPTU que Adão Alves e Joana Lima querem pagar, pois exige concomitantemente o pagamento da taxa de lixo;

2. DIREITO: o fisco não pode subordinar o pagamento de um tributo a outro. Caso o faça, o contribuinte tem direito de consignar em juízo os valores que entende devidos, nos termos do art. 164, I, do CTN;

3. CONCLUSÃO: **logo, Adão Alves e Joana Lima têm o direito de pagar apenas o IPTU, sem recolhimento concomitante da taxa de lixo.**

Vejamos como fica a peça.

Modelo: Petição inicial de ação de consignação em pagamento

[o que estiver entre colchetes é apenas nota do autor – não deve constar da peça]

início da peça

Excelentíssimo Senhor Doutor Juiz de Direito da Vara da Fazenda Pública da Comarca de Vale Verde

[deixe espaço de aproximadamente 10 cm, para eventual despacho ou decisão do juiz]

Adão Alves, (qualificação) e Joana Lima (qualificação), residentes e domiciliados neste município, na (endereço), portadores das carteiras de identidade RG (...) e RG (...) (documentos anexados), por seu advogado que firma a presente petição (procuração em anexo), com escritório para recebimento de intimações na (endereço – art. 39, I, do CPC), vem, respeitosamente, propor em face da Municipalidade de Vale Verde, cujo procurador pode ser localizado em (endereço), a presente

AÇÃO DE CONSIGNAÇÃO EM PAGAMENTO

nos termos do art. 164 do Código Tributário Nacional – CTN, e dos arts. 890 e seguintes do Código de Processo Civil – CPC, pelas razões a seguir aduzidas:

1. DOS FATOS

Os autores são coproprietários de imóvel urbano no Município de Vale Verde, conforme documentação em anexo.

Ao receberem carnê para pagamento parcelado do imposto sobre a propriedade predial e territorial urbana (IPTU), foram surpreendidos com a cobrança de taxa de remoção de lixo (documentação em anexo).

Ocorre que os autores consideram a cobrança da mencionada taxa inconstitucional, pois não tem por objeto serviço público divisível e não é destinada a contribuintes determinados.

Ao se dirigirem à secretaria de fazenda municipal, foram impedidos de efetuar os pagamentos devidos a título de IPTU sob o argumento de que o Estado *[engano do examinador – na verdade, Município]* somente receberia as importâncias relativas ao IPTU se houvesse o pagamento concomitante da referida taxa de remoção de lixo (documentação em anexo).

A postura do fisco municipal é insustentável, como veremos a seguir.

2. DO DIREITO

Nos termos do art. 164, I, do CTN, o fisco não pode se recusar a receber o pagamento de IPTU, nem condicioná-lo ao pagamento de outro tributo:

> Art. 164. A importância de crédito tributário pode ser consignada judicialmente pelo sujeito passivo, nos casos:
>
> I - de recusa de recebimento, ou **subordinação deste ao pagamento de outro tributo** ou de penalidade, ou ao cumprimento de obrigação acessória;
>
> (...)

De fato, os contribuintes têm o direito de pagar seus tributos, independentemente da discussão a respeito de outras exações.

Dito de maneira diversa, se o fisco entende devida a indigitada taxa, deve se valer dos meios disponíveis para sua cobrança, e não impedir o recolhimento de outros tributos. Esse é o entendimento da melhor doutrina:

(transcrição de entendimento doutrinário)

A jurisprudência é pacífica nesse sentido:

(transcrição de precedentes jurisprudenciais)

Assim sendo, deve ser autorizada a consignação em pagamento das parcelas de IPTU, para que o correspondente crédito tributário seja extinto, na forma da lei.

3. DO PEDIDO

Por todo o exposto, os autores requerem:

a) seja deferido, nos termos do art. 893, I, do CPC, o depósito do valor do tributo devido neste mês, no montante de R$ (...), sem prejuízo dos depósitos dos valores vincendos nos termos do art. 892 do CPC;

b) a citação do réu para levantar o depósito ou oferecer resposta (art. 893 do CPC);

c) a produção de provas por todos os meios admitidos pelo Direito; *[no caso presente não parece ser necessária a produção de qualquer outra prova além da documental, que deve ser juntada com a inicial]*

d) seja a presente ação julgada procedente e declarada extinta a obrigação tributária, nos termos do art. 164, § 2º, e do art. 156, VIII, ambos do CTN, e do art. 897 do CPC;

e) seja o réu condenado ao pagamento das custas processuais e dos honorários de sucumbência a serem fixados por Vossa Excelência (art. 20 do CPC).

Dá-se à causa o valor de R$ (...) (valor do IPTU a ser consignado – art. 259 do CPC).

Termos em que

Pede Deferimento

(Local), (data)

[não assine, rubrique ou, de outra forma, identifique sua prova!]

ADVOGADO (...)
OAB-(Estado) nº (...)
Endereço (...)

fim da peça

(OAB/Exame Unificado – 2006.3 – 2ª fase) Considere, na condição de advogado, a seguinte situação hipotética. Seu cliente é diretor de uma indústria de alimentos enlatados cuja receita mensal é de aproximadamente 950 mil reais. Ele relata que aproximadamente 5% de sua produção, correspondentes a 50 mil reais, não são postos à venda no mercado porque as latas ou os rótulos contêm defeitos estéticos que os tornam inaceitáveis pelo consumidor. Em consequência disso, essa parte da produção não comercializada é destinada a instituições filantrópicas. Todavia, apesar do caráter social da saída dos produtos, o fisco estadual tem, mês a mês, cobrado o ICMS sobre tal parcela da produção, sob a alegação de que a saída do produto configura fato gerador daquele tributo e, assim sendo, gera-se a obrigação tributária. Inconformado, seu cliente pede-lhe que produza uma peça inicial de medida judicial a ser proposta, destinada a evitar, liminarmente, que o fisco estadual continue a lançar, contra a indústria, o crédito relativo à produção doada. No mérito, ele solicita que você requeira ao juiz a improcedência dos créditos já constituídos e a devolução dos valores não prescritos. Com base nessa situação hipotética, redija uma petição inicial completa que atenda aos interesses desse cliente.

COMENTÁRIO PRÉVIO

A empresa tem razão em não querer pagar ICMS, pois não há circulação de mercadoria, considerando que não há intuito negocial, mas simples doação.

Quanto aos aspectos processuais, perceba que a indústria de alimentos tem três pretensões:

a) impedir que o fisco continue a lançar o tributo;

b) anular os créditos já constituídos; e

c) ter de volta os valores não prescritos.

Embora os dois primeiros pedidos possam, em tese, ser atendidos por meio de mandado de segurança, o pleito de restituição (cobrança de valores pretéritos) exige ação ordinária – veja a Súmula 269/STF.

Assim, haverá uma ação mista, pois o advogado deverá formular os três pedidos (declaratório, anulatório e repetitório).

No que se refere aos lançamentos futuros, cabe **ação declaratória de inexistência de obrigação tributária.**

Note que é necessária providência liminar, o que sugere o pedido de **antecipação de tutela,** regulada pelo **art. 273 do CPC.**

Quanto à **ação anulatória de lançamento**, é preciso salientar que essa é a denominação comumente utilizada nos fóruns. Entretanto, para muitos, o pleito é de declaração de nulidade do lançamento, ou, ainda, conforme parte da doutrina, decretação da nulidade (este último é o entendimento que adotamos, embora mantenhamos o nome da petição – Anulatória – em atenção à praxe forense).

Veja que embora o art. 38 da Lei 6.830/1980 exija **depósito prévio**, para a ação anulatória, essa exigência é afastada pela jurisprudência, conforme a Súmula 247/TFR.

Ou seja, o depósito prévio não é requisito para essa ação, embora possa ser realizado, a critério da parte, para fins de suspensão da exigibilidade do crédito tributário, desde que seja integral e em dinheiro, nos termos do art. 151, II, do CTN e da Súmula 112/STJ.

A **repetição de indébito**, já vimos, é regulada pelos **arts. 165 a 169** do CTN.

Mais uma vez, reiteramos a necessidade de **releitura do art. 282 do CPC**, para que não nos esqueçamos de nenhum elemento essencial da petição inicial.

Não se esqueça que a **prova documental deve instruir a inicial,** nos termos do art. 283 do CPC. No caso, é essencial que a empresa comprove que os alimentos enlatados são, efetivamente, entregues gratuitamente às entidades filantrópicas.

Vale mencionar que, como não há cobrança de preço, não há repasse do ônus econômico do tributo, de modo que é inaplicável a exigência do art. 166 do CTN.

Finalmente, para esgotar o assunto, interessante mencionar o prazo prescricional do art. 168 do CTN, a que muitas vezes é atribuída pontuação nos espelhos de correção.

Eis a estrutura argumentativa (silogismo):

1. FATO: o fisco vem cobrando ICMS sobre doação de alimentos enlatados. Já houve pagamento por parte da empresa e há expectativa de que a cobrança continue;

2. DIREITO: o ICMS incide sobre a circulação econômica de mercadoria, não sobre doações. O contribuinte tem direito à declaração de inexistência de relação jurídica, nos termos do art. 4º, I, do CPC, de anulação do lançamento indevido e de restituição do tributo indevidamente pago, nos termos do art. 165 do CTN;

3. CONCLUSÃO**: logo, a empresa tem direito à declaração de que não deve pagar ICMS sobre as doações, além da anulação dos lançamentos anteriores e da restituição do que foi indevidamente pago.**

Vejamos como fica a peça.

TRIBUTÁRIA

Modelo: Petição inicial de ação ordinária com pedidos cumulados de declaração, anulação e repetição de indébito tributário

[o que estiver entre colchetes é apenas nota do autor – não deve constar da peça]

início da peça

Excelentíssimo Senhor Doutor Juiz de Direito da Vara da Fazenda Pública da Comarca de (...)

[deixe espaço de aproximadamente 10 cm, para eventual despacho ou decisão do juiz]

(DENOMINAÇÃO DA SOCIEDADE), estabelecida na (endereço), inscrita no CNPJ sob nº (...), por seu advogado que firma a presente petição (procuração em anexo), com escritório para recebimento de intimações na (endereço – art. 39, I, do CPC), vem, respeitosamente, propor contra o Estado de (...), cujo procurador pode ser localizado em (endereço), a presente

AÇÃO ORDINÁRIA COM CUMULAÇÃO DE PEDIDOS DECLARATÓRIO DE INEXISTÊNCIA DE OBRIGAÇÃO TRIBUTÁRIA, ANULATÓRIO DE LANÇAMENTO TRIBUTÁRIO E DE REPETIÇÃO DE INDÉBITO, E DE ANTECIPAÇÃO DOS EFEITOS DA TUTELA

nos termos do artigo 4º, inciso I, e art. 282, ambos do Código de Processo Civil – CPC, do art. 38 da Lei 6.830/1980 e do art. 165 do Código Tributário Nacional – CTN, pelas razões a seguir aduzidas:

1. DOS FATOS

A autora é indústria de alimentos enlatados cuja receita mensal é de aproximadamente 950 mil reais.

Aproximadamente 5% de sua produção, correspondentes a 50 mil reais, não são postos à venda no mercado porque as latas ou os rótulos contêm defeitos estéticos que os tornam inaceitáveis pelo consumidor.

Em consequência disso, essa parte da produção não comercializada é destinada a instituições filantrópicas, **conforme comprova a documentação em anexo.**

Todavia, apesar do caráter social da saída dos produtos, o fisco estadual tem, mês a mês, cobrado o ICMS sobre tal parcela da produção, sob a alegação de que a saída do produto configura fato gerador daquele tributo e, assim sendo, gera-se a obrigação tributária.

2. DO DIREITO

O ICMS incide sobre a circulação de mercadorias, nos termos do art. 155, II, da CF:

> Art. 155. Compete aos Estados e ao Distrito Federal instituir impostos sobre:
>
> (...)
>
> II - operações relativas à circulação de mercadorias e sobre prestações de serviços de transporte interestadual e intermunicipal e de comunicação, ainda que as operações e as prestações se iniciem no exterior;
>
> (...)

Entende-se por mercadoria os bens móveis destinados ao comércio. Vale dizer, somente a circulação econômica desses bens implica incidência do tributo estadual. Esse é o entendimento da melhor doutrina:

(transcrição de entendimento doutrinário)

Nesse sentido, circulação de mercadoria não pode ser confundida com doação de alimentos enlatados para entidades filantrópicas.

Não há operação comercial, pois não há venda ou outra espécie de transmissão onerosa dos bens, como comprovam dos documentos em anexo.

Inviável, portanto, a pretensão do fisco estadual, de cobrar ICMS sobre essas doações.

Cito precedentes jurisprudenciais nesse sentido:

(transcrição de precedentes jurisprudenciais)

Assim, deve ser declarada a inexistência de obrigação tributária, impedindo-se novos lançamentos, além de serem anulados os lançamentos anteriormente feitos e devolvidos os valores indevidamente recolhidos no período prescricional (art. 168 do CTN).

Quanto à restituição de valores, a autora não cobra preço sobre as operações em discussão, de modo que não há repasse do ônus econômico do tributo, sendo, portanto, inaplicável a exigência do art. 166 do CTN.

3. DA TUTELA ANTECIPADA

Existe prova inequívoca do alegado, conforme a documentação em anexo.

A verossimilhança das alegações é clara, pelo exposto acima.

Há risco de dano irreparável na demora do provimento jurisdicional.

Isso porque, caso não sejam antecipados os efeitos da tutela pretendida, a empresa se verá forçada a continuar recolhendo os tributos indevidos, sob pena de ter seu débito inscrito em dívida ativa e, eventualmente, ter seus bens penhorados em execução fiscal, o que comprometerá suas atividades.

Ademais, o pagamento do ICMS indevido levará a empresa, futuramente, a percorrer o tortuoso e demorado caminho do *solve et repete*, o que, igualmente, prejudicará sua saúde financeira.

Presentes, portanto, todas as condições para a antecipação pretendida, sem oitiva do réu, para que o fisco se abstenha de lançar o ICMS relação às doações realizadas às entidades filantrópicas e de cobrar os valores indevidos.

4. DO PEDIDO

Por todo o exposto, a autora requer:

a) seja deferida a antecipação da tutela pretendida, para que o fisco se abstenha de lançar o ICMS em relação às doações realizadas às entidades filantrópicas e de cobrar os valores indevidos;

b) seja determinada a citação do réu para, querendo, contestar a presente demanda no prazo legal (arts. 297 e 188 do CPC), sob pena de revelia (art. 285 do CPC);

c) a produção de todas as provas admitidas pelo Direito;

d) seja, ao final:

– declarada a inexistência de obrigação tributária em relação à doação de alimentos enlatados às entidades filantrópicas, impedindo-se novos lançamentos;

– decretada a nulidade dos lançamentos anteriormente realizados; e

– condenado o réu a restituir o total pago pela autora a título de ICMS sobre as doações realizadas, com juros e correção monetária, nos termos do art. 167 do CTN;

e) seja o réu condenado ao pagamento das custas processuais e dos honorários de sucumbência fixados em 20% do valor da condenação (art. 20 do CPC);

Dá a causa o valor de R$ (...) (art. 258 e 259 do CPC)

Termos em que

Pede Deferimento

(Local), (data)

[não assine, rubrique ou, de outra forma, identifique sua prova!]

ADVOGADO (...)

OAB-(Estado) nº (...)

Endereço (...)

fim da peça

(OAB/Exame Unificado – 2007.1 – 2ª fase) Tia Rosa Educação Infantil Ltda., pessoa jurídica de direito privado constituída em 10 de agosto de 2004, tem como objeto social a promoção de assistência social a pessoas carentes, especificamente a crianças e portadores de deficiência física. Após ter recebido o Certificado de Entidade Beneficente de Assistência Social e ter sido reconhecida como entidade de utilidade pública federal, a Tia Rosa Educação Infantil Ltda. requereu ao Instituto Nacional do Seguro Social (INSS) isenção da quota patronal da contribuição previdenciária. Em 22 de fevereiro de 2007, foi publicada decisão do INSS que indeferia o mencionado pedido de isenção previdenciária. Considerando que a pessoa jurídica citada nessa situação hipotética preenche todos os requisitos legais para ter direito à isenção em comento, ajuíze a ação pertinente, informando, objetivamente, quais são esses requisitos e qual é o dispositivo legal aplicável à espécie, e pedindo, cumulativamente, a repetição do indébito tributário. Fundamente o pedido de repetição do indébito tributário e determine a data a partir da qual a requerente deverá ter direito à restituição do tributo.

COMENTÁRIO PRÉVIO

Apesar de a Constituição Federal e a Lei 8.212/1991 referirem-se à isenção das entidades assistenciais, trata-se, na verdade, de imunidade, pois há regra constitucional que afasta a competência tributária, nesse caso.

A primeira providência do candidato é **ler atentamente os dispositivos constitucionais e legais aplicáveis**.

Eis o teor do art. 195, § 7º, da CF:

> Art. 195 (...) § 7º - São isentas de contribuição para a seguridade social as entidades beneficentes de assistência social que atendam às exigências estabelecidas em lei.

O dispositivo que regulava o benefício era o art. 55 da Lei 8.212/1991, a seguir transcrito:

> Art. 55. Fica isenta das contribuições de que tratam os arts. 22 e 23 desta Lei a entidade beneficente de assistência social que atenda aos seguintes **requisitos cumulativamente**:

I - seja **reconhecida como de utilidade pública federal** e estadual ou do Distrito Federal ou municipal;

II - seja **portadora do Registro e do Certificado de Entidade Beneficente de Assistência Social, fornecidos pelo Conselho Nacional de Assistência Social, renovado a cada três anos;**

III - promova, gratuitamente e em caráter exclusivo, a assistência social beneficente a pessoas carentes, em especial a crianças, adolescentes, idosos e portadores de deficiência;

IV - não percebam seus diretores, conselheiros, sócios, instituidores ou benfeitores, remuneração e não usufruam vantagens ou benefícios a qualquer título;

V - aplique integralmente o eventual resultado operacional na manutenção e desenvolvimento de seus objetivos institucionais apresentando, anualmente ao órgão do INSS competente, relatório circunstanciado de suas atividades.

§ 1º Ressalvados os direitos adquiridos, a isenção de que trata este artigo será requerida ao Instituto Nacional do Seguro Social-INSS, que terá o prazo de 30 (trinta) dias para despachar o pedido.

§ 2º A isenção de que trata este artigo não abrange empresa ou entidade que, tendo personalidade jurídica própria, seja mantida por outra que esteja no exercício da isenção.

§ 3º Para os fins deste artigo, entende-se por assistência social beneficente a prestação gratuita de benefícios e serviços a quem dela necessitar.

§ 4º O Instituto Nacional do Seguro Social – INSS cancelará a isenção se verificado o descumprimento do disposto neste artigo.

§ 5º Considera-se também de assistência social beneficente, para os fins deste artigo, a oferta e a efetiva prestação de serviços de pelo menos sessenta por cento ao Sistema Único de Saúde, nos termos do regulamento.

§ 6º A inexistência de débitos em relação às contribuições sociais é condição necessária ao deferimento e à manutenção da isenção de que trata este artigo, em observância ao disposto no § 3º do art. 195 da Constituição.

Atualmente, essas exigências constam do art. 29 c/c os arts. 18 e 19 da Lei 12.101/2009.

Pela leitura do dispositivo legal, percebemos que a concessão do Certificado de Entidade Beneficente de Assistência Social e o reconhecimento como entidade de utilidade pública federal são requisitos necessários, mas não suficientes para o reconhecimento da imunidade.

Ou seja, a entidade beneficente, além disso, deve comprovar que preenche os demais requisitos da lei, especialmente o atendimento a pessoas carentes, a comprovação de que não tem natureza empresarial (não distribui parcela de seu patrimônio e de suas rendas, a qualquer título), a aplicação de seus resultados em suas finalidades essenciais etc.

O examinador informa que Tia Rosa Educação Infantil Ltda. conseguiu o Certificado de Entidade Beneficente de Assistência Social e foi reconhecida como entidade de utilidade pública federal. Ademais, preenche todos os requisitos legais para ter direito à isenção em comento.

TRIBUTÁRIA

Conclui-se, portanto, que **a partir da data em que conseguiu o Certificado e foi reconhecida como entidade de utilidade pública federal**, Tia Rosa Educação Infantil Ltda. tem direito à imunidade (isenção, nos termos do CF e da lei), em relação à contribuição patronal.

Quanto ao procedimento jurisdicional, percebe-se que a entidade pretende ver reconhecido o benefício fiscal, o que exige **ação declaratória.**

Não há informação acerca de autuação fiscal (= lançamento de ofício), de modo que não há falar em pedido anulatório.

Ademais, o examinador determina que seja pedida a restituição dos valores anteriormente recolhidos, ou seja, **repetição de indébito tributário.**

Assim, a peça será petição inicial de ação ordinária declaratória, cumulada com pedido de repetição de indébito.

Mais uma vez, reiteramos a necessidade de **releitura do art. 282 do CPC**, para que não nos esqueçamos de nenhum elemento essencial da petição inicial.

Não se esqueça que a **prova documental deve instruir a inicial,** nos termos do art. 283 do CPC.

No caso, é essencial que a entidade junte não apenas cópia do Certificado de Entidade Beneficente de Assistência Social, mas também de todos os documentos que comprovem o atendimento aos demais requisitos do art. 55 da Lei 8.212/1991. Não pode faltar a comprovação dos valores indevidamente recolhidos, que se pretende repetir.

Eis a estrutura argumentativa **(silogismo):**

1. FATO: Tia Rosa Educação Infantil Ltda. conseguiu o Certificado de Entidade Beneficente de Assistência Social, foi reconhecida como entidade de utilidade pública federal e preenche os demais requisitos previstos no art. 55 da Lei 8.212/19991 (atualmente, art. 29 c/c arts. 18 e 19 da Lei 12.101/2009). Entretanto, o INSS indeferiu o pedido de reconhecimento da imunidade em relação à contribuição social patronal;

2. DIREITO: nos termos do art. 195, § 7º, da CF, as entidades beneficentes de assistência social que atendam aos requisitos legais são imunes (isentas) de contribuição para a seguridade social. As pessoas têm direito à declaração de inexistência de relação jurídica, nos termos do art. 4º, I, do CPC, e de restituição do tributo indevidamente pago, nos termos do art. 165 do CTN;

3. CONCLUSÃO: **logo, Tia Rosa Educação Infantil Ltda. é imune em relação à contribuição patronal, tem direito à declaração desse benefício e à restituição do que foi indevidamente pago.**

Finalmente, é muito importante ressaltar que, com a Lei 11.457/2007, a arrecadação e a cobrança das contribuições sociais deixou de ser feita pelo INSS e passou para a **competência da Receita Federal do Brasil** (já era assim com relação a determinadas contribuições, como a CSLL).

Ou seja, **atualmente, o pleito de restituição das contribuições sociais deve ser dirigido à Fazenda Nacional, e não ao INSS**, o que prejudicaria esta peça profissional.

De qualquer forma, o que interessa aqui é treinarmos a formulação da petição, de modo que, com essa ressalva, faremos referência ao INSS, conforme indica a questão.

Vejamos como fica a peça.

Modelo: Petição inicial de ação ordinária com pedidos cumulados de declaração e de repetição de indébito tributário

[o que estiver entre colchetes é apenas nota do autor – não deve constar da peça]

início da peça

Excelentíssimo Senhor Doutor Juiz Federal da Vara da Subseção Judiciária de (...)

[deixe espaço de aproximadamente 10 cm, para eventual despacho ou decisão do juiz]

Tia Rosa Educação Infantil Ltda., estabelecida na (endereço), inscrita no CNPJ sob n (...), por seu advogado que firma a presente petição (procuração em anexo), com escritório para recebimento de intimações na (endereço – art. 39, I, do CPC), vem, respeitosamente, propor contra o Instituto Nacional de Seguridade Social – INSS ***[atenção: atualmente a arrecadação e a cobrança das contribuições sociais são feitas pela Receita Federal do Brasil – Lei 11.457/2007 – o pleito de restituição, portanto, passa a ser direcionado à União, não ao INSS]***, cujo procurador pode ser localizado em (endereço), a presente

AÇÃO ORDINÁRIA DECLARATÓRIA, CUMULADA COM PEDIDO DE REPETIÇÃO DE INDÉBITO

nos termos do artigo 4º, inciso I, e art. 282, ambos do Código de Processo Civil – CPC, e do art. 165 do Código Tributário Nacional – CTN, pelas razões a seguir aduzidas:

1. DOS FATOS

A autora tem como objeto social a promoção de assistência social a pessoas carentes, especificamente a crianças e portadores de deficiência física (documentação em anexo).

Após ter recebido o Certificado de Entidade Beneficente de Assistência Social e ter sido reconhecida como entidade de utilidade pública federal, requereu ao Instituto Nacional do Seguro Social (INSS) o reconhecimento da imunidade (isenção) da quota patronal da contribuição previdenciária.

Em 22 de fevereiro de 2007, foi publicada decisão do INSS que indeferia o mencionado pedido de reconhecimento da imunidade (isenção) previdenciária.

A autora ressalta que preenche todos os requisitos legais para ter direito ao benefício em comento, conforme a documentação em anexo.

2. DO DIREITO

O art. 195, § 7º, da CF prevê a imunidade (isenção) em favor das entidades beneficentes de assistência social que atendam às exigências legais:

> Art. 195 (...) § 7º - São isentas de contribuição para a seguridade social as entidades beneficentes de assistência social que atendam às exigências estabelecidas em lei.

O dispositivo que regula o benefício é o art. 55 da Lei 8.212/1991, a seguir transcrito:

> Art. 55. Fica isenta das contribuições de que tratam os arts. 22 e 23 desta Lei a entidade beneficente de assistência social que atenda aos seguintes requisitos cumulativamente:

I - seja reconhecida como de utilidade pública federal e estadual ou do Distrito Federal ou municipal;

II - seja portadora do Registro e do Certificado de Entidade Beneficente de Assistência Social, fornecidos pelo Conselho Nacional de Assistência Social, renovado a cada três anos;

III - promova, gratuitamente e em caráter exclusivo, a assistência social beneficente a pessoas carentes, em especial a crianças, adolescentes, idosos e portadores de deficiência;

IV - não percebam seus diretores, conselheiros, sócios, instituidores ou benfeitores, remuneração e não usufruam vantagens ou benefícios a qualquer título;

V - aplique integralmente o eventual resultado operacional na manutenção e desenvolvimento de seus objetivos institucionais apresentando, anualmente ao órgão do INSS competente, relatório circunstanciado de suas atividades.

§ 1º Ressalvados os direitos adquiridos, a isenção de que trata este artigo será requerida ao Instituto Nacional do Seguro Social – INSS, que terá o prazo de 30 (trinta) dias para despachar o pedido.

§ 2º A isenção de que trata este artigo não abrange empresa ou entidade que, tendo personalidade jurídica própria, seja mantida por outra que esteja no exercício da isenção.

§ 3º Para os fins deste artigo, entende-se por assistência social beneficente a prestação gratuita de benefícios e serviços a quem dela necessitar.

§ 4º O Instituto Nacional do Seguro Social – INSS cancelará a isenção se verificado o descumprimento do disposto neste artigo.

§ 5º Considera-se também de assistência social beneficente, para os fins deste artigo, a oferta e a efetiva prestação de serviços de pelo menos sessenta por cento ao Sistema Único de Saúde, nos termos do regulamento.

§ 6º A inexistência de débitos em relação às contribuições sociais é condição necessária ao deferimento e à manutenção da isenção de que trata este artigo, em observância ao disposto no § 3º do art. 195 da Constituição.

[Atualmente, essas exigências constam do art. 29 c/c os arts. 18 e 19 da Lei 12.101/2009.]

Como relatado, a autora obteve o Certificado de Entidade Beneficente de Assistência Social e foi reconhecida como entidade de utilidade pública federal.

Ademais, preenche todos os demais requisitos legais para gozar do benefício fiscal, como comprovam os documentos que instruem a inicial.

Não há, portanto, margem para discricionariedade por parte da administração fiscal. A imunidade (isenção) é concedida diretamente pelo texto constitucional (art. 195, § 7º), em conformidade com o disposto no art. 55 da Lei 8.212/1991.

Preenchidos os requisitos constitucionais e legais, caso da autora, deve ser reconhecida a imunidade e, portanto, inexigibilidade da contribuição social patronal.

Esse é o entendimento da melhor doutrina:

(transcrição de entendimento doutrinário)

A jurisprudência é pacífica nesse sentido:

(transcrição de precedentes jurisprudenciais)

Por essa razão, o pleito deve ser provido, para que seja declarada a imunidade da autora, a partir da data da concessão do Certificado de Entidade Beneficente de Assistência Social e de seu reconhecimento como entidade de utilidade pública federal, e determinada a restituição dos valores indevidamente recolhidos.

3. DO PEDIDO

Por todo o exposto, a autora requer:

a) seja determinada a citação do réu para, querendo, contestar a presente demanda no prazo legal (arts. 297 e 188 do CPC), sob pena de revelia (art. 285 do CPC);

b) a produção de todas as provas admitidas pelo Direito;

c) seja, ao final:

– declarada a imunidade (isenção) da autora, nos termos do art. 195, § 7º, da CF e do art. 55 da Lei 8.212/1991 (atualmente, art. 29 c/c arts. 18 e 19 da Lei 12.101/2009), a partir da data da concessão do Certificado de Entidade Beneficente de Assistência Social e de seu reconhecimento como entidade de utilidade pública federal;

– condenado o réu a restituir o total indevidamente pago pela autora a título de contribuição social patronal, com juros e correção monetária, nos termos do art. 167 do CTN;

d) seja o réu condenado ao pagamento das custas processuais e dos honorários de sucumbência fixados em 20% do valor da condenação (art. 20 do CPC);

Dá-se à causa o valor de R$ (...) (valor a ser restituído – art. 258 e 259 do CPC)

Termos em que

Pede Deferimento

(Local), (data)

[não assine, rubrique ou, de outra forma, identifique sua prova!]

ADVOGADO (...)

OAB-(Estado) nº (...)

Endereço (...)

fim da peça

(OAB/Exame Unificado – 2007.3 – 2ª fase) Em determinado município, foi publicada, em julho de 2006, uma lei que isentava de IPTU "os portadores de dificuldade de locomoção decorrente de deficiência nos membros inferiores" (*in verbis*).

Após ser notificado, em janeiro de 2007, para pagar o IPTU de 2007, Aderaldo, portador de cegueira congênita, ajuizou ação contra o município, na qual pedia que fosse declarada a inexistência da relação jurídico-tributária referente ao IPTU, com a desconstituição daquele lançamento tributário. Na ação, Aderaldo alegou que, por analogia, enquadrava-se na mesma categoria dos "portadores de dificuldade de locomoção" citados na mencionada lei, uma vez que, segundo ele, os cegos também têm dificuldade de se locomover, muitas vezes, maior do que a dos deficientes motores. Aderaldo aproveitou a ação, também, para pedir o direito de não pagar a contribuição de iluminação pública, que é cobrada juntamente com as contas de energia elétrica. Apresentou como razões para tal pedido: a) que as notificações de pagamento que tem recebido não foram expedidas pela prefeitura, como exigiria o Código Tributário Nacional; b) que, no seu caso, não ocorreria o fato gerador da obrigação tributária, visto que, sendo ele cego e sendo o fato gerador de tal tributo uma situação de fato, aplicar-se-ia, no caso, a regra do *caput* e a do inciso I do art. 116 do CTN, que rezam: "Salvo disposição de lei em contrário, considera-se ocorrido o fato gerador e existentes os seus efeitos: I – tratando-se de situação de fato, desde o momento em que se verifiquem as circunstâncias materiais necessárias a que produza os efeitos que normalmente lhe são próprios;". Conforme argumentação apresentada por Aderaldo, a definição do fato gerador da iluminação pública exige que o contribuinte se enquadre no conceito de receptador dessa iluminação, o que não ocorreria com ele. Na qualidade de advogado da prefeitura e considerando a situação hipotética acima, redija uma contestação à ação proposta por Aderaldo. Obs.: todos os dados não disponíveis, sejam eles sobre Aderaldo, sobre o município ou qualquer outro que seja necessário especificar no texto, devem ser seguidos de reticências (como, por exemplo, "domiciliado (...), CNPJ (...)"); no exame de sua peça serão consideradas a técnica profissional e a argumentação material sobre os três pontos levantados por Aderaldo.

COMENTÁRIO PRÉVIO

Muita atenção: o examinador pede que seja formulada **contestação** à ação proposta pelo contribuinte. Ou seja, o candidato deverá defender o fisco municipal.

Aderaldo, que é deficiente visual, pretende:

a) não pagar IPTU, pois entende que é beneficiado pela isenção concedida aos "portadores de dificuldade de locomoção decorrente de deficiência nos membros inferiores";

b) não pagar a contribuição de iluminação pública, pois, (i) há vício na notificação e (ii) não ocorre o fato gerador em relação a ele.

Para solução do problema, é preciso, em primeiro lugar, **ler atentamente os dispositivos constitucionais e legais** atinentes.

Quanto à isenção, Aderaldo faz interpretação extensiva, teleológica. Entretanto, o **art. 111, II, do CTN** é claro ao impor a interpretação literal desses benefícios fiscais:

> Art. 111. Interpreta-se literalmente a legislação tributária que disponha sobre:
>
> (...)
>
> II - outorga de isenção;
>
> (...)

No que se refere à contribuição para custeio da iluminação pública, vejamos o disposto no art. 149-A da CF:

> Art. 149-A Os Municípios e o Distrito Federal poderão instituir contribuição, na forma das respectivas leis, para o custeio do serviço de iluminação pública, observado o disposto no art. 150, I e III.
>
> Parágrafo único. É facultada a cobrança da contribuição a que se refere o *caput*, na fatura de consumo de energia elétrica.

A leitura atenta do dispositivo constitucional dá a dica para a contestação.

Note que o art. 149-A da CF não faz referência ao **fato gerador** da contribuição, mas sim **à sua finalidade:** custeio do serviço de iluminação pública.

Isso porque as contribuições especiais não são definidas a partir do fato gerador, mas sim por sua finalidade.

É impróprio, portanto, o argumento de Aderaldo, no sentido de que o fato gerador não ocorre em relação a ele. O que importa é que a **finalidade da contribuição**, que é o serviço de iluminação pública, está sendo atendida.

Ademais, a iluminação das vias públicas é questão que interessa a todos, inclusive àqueles que não enxergam, já que é elemento essencial para a segurança.

O parágrafo único do dispositivo constitucional rebate o argumento quanto ao vício na notificação. O próprio constituinte dispensou o município de lançar diretamente o tributo e notificar o contribuinte, já que a exação pode ser cobrada pela própria concessionária, na fatura de energia elétrica.

Com relação à petição, a **contestação** é relativamente simples.

Deve-se apontar, em **preliminar**, eventuais vícios na inicial (falta de procuração, de recolhimento de custas etc.) ou mesmo ausência de alguma das condições da ação (interesse de agir, legitimidade, possibilidade jurídica do pedido), conforme o art. 301 do CPC, que ensejam a extinção do feito sem julgamento de mérito, nos termos do art. 267 do mesmo Código.

Não parece ser o caso, até porque não há maiores informações a respeito da inicial.

Quanto ao **mérito**, basta **rebater, ponto a ponto, os pedidos e a causa de pedir** formulados pelo autor (art. 300 do CPC).

É muito importante lembrar que, caso haja controvérsia quanto aos fatos, isso deve ser claramente apontado na contestação, inclusive com pedido de dilação probatória (art. 300 do CPC), sob pena de presumirem-se verdadeiras as alegações do autor (art. 302 do CPC).

Vejamos como fica a petição de contestação.

Modelo: Contestação

[o que estiver entre colchetes é apenas nota do autor – não deve constar da peça]

início da peça

Excelentíssimo Senhor Doutor Juiz de Direito da Vara da Fazenda Pública da Comarca de (...)

[deixe espaço de aproximadamente 10 cm, para eventual despacho ou decisão do juiz]

Ação Declaratória nº (...)

Município de (...), por seu advogado que firma a presente petição (procuração em anexo), com escritório para recebimento de intimações na (endereço – art. 39, I, do CPC), vem, respeitosamente, apresentar

CONTESTAÇÃO

em face da Ação Declaratória nº (...), proposta por Aderaldo.............., nos termos dos arts. 300 e seguintes do CPC, pelas razões a seguir aduzidas:

1. DOS FATOS

Foi publicada, em julho de 2006, lei que isentava de IPTU "os portadores de dificuldade de locomoção decorrente de deficiência nos membros inferiores".

Após ser notificado, em janeiro de 2007, para pagar o IPTU de 2007, o autor, portador de cegueira congênita, ajuizou ação contra o município, na qual pedia que fosse declarada a inexistência da relação jurídico-tributária referente ao IPTU, com a desconstituição daquele lançamento tributário.

Na ação, o autor alegou que, por analogia, enquadrava-se na mesma categoria dos "portadores de dificuldade de locomoção" citados na mencionada lei, uma vez que, segundo ele, os cegos também têm dificuldade de se locomover, muitas vezes, maior do que a dos deficientes motores.

O autor aproveitou a ação, também, para pedir o direito de não pagar a contribuição de iluminação pública, que é cobrada juntamente com as contas de energia elétrica. Apresentou como razões para tal pedido:

a) que as notificações de pagamento que tem recebido não foram expedidas pela prefeitura, como exigiria o Código Tributário Nacional;

b) que, no seu caso, não ocorreria o fato gerador da obrigação tributária, visto que, sendo ele cego e sendo o fato gerador de tal tributo uma situação de fato, aplicar-se-ia, no caso, a regra do *caput* e a do inciso I do art. 116 do CTN, que rezam: "Salvo disposição de lei em contrário, considera-se ocorrido o fato gerador e existentes os seus efeitos: I – tratando-se de situação de fato, desde o momento em que se verifiquem as circunstâncias materiais necessárias a que produza os efeitos que normalmente lhe são próprios;".

Conforme argumentação apresentada por Aderaldo, a definição do fato gerador da iluminação pública exige que o contribuinte se enquadre no conceito de receptador dessa iluminação, o que não ocorreria com ele.

2. DO DIREITO

A norma isentiva municipal é clara ao conceder o benefício relativo ao IPTU apenas aos "portadores de dificuldade de locomoção decorrente de deficiência nos membros inferiores".

Por mais que pareça justo o pleito do autor, não é possível interpretar extensivamente o alcance da norma isentiva.

De fato, o art. 111, II, do CTN é claro ao impor a interpretação literal desses benefícios fiscais:

> Art. 111. Interpreta-se literalmente a legislação tributária que disponha sobre:
>
> (...)
>
> II - outorga de isenção;
>
> (...)

É incontroverso que o autor não sofre de dificuldade de locomoção decorrente de deficiência nos membros inferiores.

Não há como a Prefeitura ou o Judiciário concederem isenção ao arrepio da lei.

Esse é o entendimento pacífico da jurisprudência:

(transcrição de precedente jurisprudencial)

No que se refere à contribuição para custeio da iluminação pública, a suposta não ocorrência do fato gerador em relação ao autor não se sustenta.

É cediço que a contribuição é definida por sua finalidade, qual seja, custeio dos serviços de iluminação pública, não pelo seu fato gerador, conforme dispõe o art. 149-A da CF:

> Art. 149-A. Os Municípios e o Distrito Federal poderão instituir contribuição, na forma das respectivas leis, para o custeio do serviço de iluminação pública, observado o disposto no art. 150, I e III.

Parágrafo único. É facultada a cobrança da contribuição a que se refere o *caput*, na fatura de consumo de energia elétrica.

É impróprio, portanto, o argumento do autor, no sentido de que o fato gerador não ocorre em relação a ele.

O que importa é que a **finalidade da contribuição**, que é o custeio do serviço de iluminação pública, está sendo atendida. Eis a lição da melhor doutrina:

(transcrição de entendimento doutrinário)

Ademais, a iluminação das vias públicas é questão que interessa a todos, inclusive àqueles que não enxergam, já que é elemento essencial para a segurança.

Dito de outra forma, mesmo o deficiente visual é beneficiado pela boa iluminação pública, na medida em que corre menos riscos de ser vítima de atropelamentos, acidentes diversos causados por terceiros ou mesmo assaltos.

Quanto à notificação, o próprio constituinte dispensou o município de lançar diretamente o tributo e notificar o contribuinte, já que a exação pode ser cobrada pela própria concessionária, na fatura de energia elétrica.

Assim, não há como exigir que a notificação seja enviada pela própria Prefeitura, se o art. 149-A, parágrafo único, da CF admite o envio pela concessionária de energia elétrica.

3. DO PEDIDO

Por todo o exposto, o Município requer seja julgada improcedente a ação, com a condenação do autor nas custas e honorários advocatícios. Provará o alegado por todos os meios de prova admitidos em direito *[a rigor, neste caso, não há controvérsia fática nem, portanto, necessidade de dilação probatória]*.

Termos em que

Pede Deferimento

(Local), (data)

[não assine, rubrique ou, de outra forma, identifique sua prova!]

ADVOGADO (...)

OAB-(Estado) nº (...)

Endereço (...)

fim da peça

(OAB/Exame Unificado – 2008.1 – 2ª fase) Suponha que a União tenha editado, em 31 de dezembro de 2007, uma lei complementar que novamente instituiu a contribuição provisória sobre movimentação financeira (CPMF) destinando parte dos recursos arrecadados à saúde e parte para as despesas comuns da União. Suponha, também, que o referido diploma legal tenha previsto que as movimentações de pessoas físicas ou jurídicas que excedam, no mês, o valor de R$ 1.000.000,00 fiquem isentas da contribuição. Suponha, ainda, que a empresa Pague Pouco Ltda., que fatura mensalmente R$ 50.000,00, discorde da cobrança e procure um advogado para pleitear judicialmente não apenas o direito de a empresa não pagar a contribuição, mas, também, de recuperar todo o valor debitado a título de CPMF, em torno de R$ 1.200,00, desde janeiro de 2008 até hoje. Diante dessa situação hipotética, na qualidade de advogado(a) da empresa, elabore a peça adequada aos fins almejados pela empresa, de forma completa e fundamentada Obs.: Não escreva nenhum nome ou número fictício. Para cada dado de qualificação, escreva o nome do dado seguido de reticências. Por exemplo, escreva “Município (...)”, data de hoje, “nome (...)”, “estado civil (...)”, além de todos os outros dados necessários à qualificação.

COMENTÁRIO PRÉVIO

A CPMF, hoje extinta, foi criada e sucessivamente prorrogada por emendas constitucionais, que alteravam o Ato das Disposições Constitucionais Transitórias.

Isso indica que há alguma vedação à sua veiculação por simples lei complementar, que é um dos pontos que deverão ser indicados pelo candidato.

O primeiro passo é **ler com atenção os dispositivos constitucionais** que regulam a instituição de novas contribuições sociais.

A competência para criar novas contribuições sociais (a CPMF descrita na questão seria uma delas) é prevista no art. 195, § 4º, da CF:

> Art. 195 (...) § 4º - A lei poderá instituir outras fontes destinadas a garantir a manutenção ou expansão da seguridade social, obedecido o disposto no art. 154, I.

O art. 154, I, da CF, por sua vez, regula a competência residual da União, que deverá orientar a criação dessa nova contribuição social:

> Art. 154. A União poderá instituir:
>
> I - mediante lei complementar, impostos não previstos no artigo anterior, desde que sejam não cumulativos e não tenham fato gerador ou base de cálculo próprios dos discriminados nesta Constituição;
>
> (...)

Embora a nova CPMF descrita na questão tenha sido instituída por lei complementar, ela não preenche o segundo requisito do art. 154, I, da CF, pois é **tributo cumulativo.**

De fato, tributo não cumulativo é aquele que, na cadeia produtiva e comercial, permite o abatimento dos valores anteriormente recolhidos ao fisco, para diminuição do montante a ser posteriormente pago. É o caso do ICMS e do IPI, que permitem o creditamento, pelo adquirente, dos valores anteriormente recolhidos ao fisco.

A CPMF não permite esse abatimento ou creditamento. Pelo contrário, é tributo cumulativo, que incide totalmente a cada nova operação.

Essa é uma inconstitucionalidade.

Ademais, as contribuições sociais submetem-se à anterioridade nonagesimal, nos termos do art. 195, § 6º, da CF:

> Art. 195 (...) § 6º - As contribuições sociais de que trata este artigo só poderão ser exigidas após decorridos noventa dias da data da publicação da lei que as houver instituído ou modificado, não se lhes aplicando o disposto no art. 150, III, "b".

No caso, a nova CPMF foi instituída em 31/12/2007 e passou a ser exigida imediatamente, no início de janeiro de 2008, descumprindo o princípio constitucional.

Quanto à destinação dos recursos, as contribuições sociais caracterizam-se essencialmente pela finalidade, qual seja o financiamento da seguridade social, nos termos do art. 195, *caput*, da CF:

> Art. 195. A **seguridade social será financiada** por toda a sociedade, de forma direta e indireta, nos termos da lei, mediante recursos provenientes dos orçamentos da União, dos Estados, do Distrito Federal e dos Municípios, e das seguintes **contribuições sociais**:
>
> (...)

A seguridade social engloba a previdência, a saúde e a assistência social.

A destinação de parte dos recursos da nova CPMF para as despesas comuns da União prejudica, nesse sentido, a exação.

Finalmente, o examinador chama a atenção para a isenção para pessoas que movimentem mais de R$ 1.000.000,00 por mês, enquanto a empresa Pague Pouco Ltda., que fatura mensalmente R$ 50.000,00, deverá recolher o tributo.

Parece injusto, não?

Essa é a dica. Trata-se de violação ao princípio da capacidade contributiva e da isonomia. Eis o que dispõe os arts. 145, § 1º, e 150, II, da CF:

> Art. 145 (...) § 1º - Sempre que possível, os impostos terão caráter pessoal e serão graduados segundo a capacidade econômica do contribuinte, facultado à administração tributária, especialmente para conferir efetividade a esses objetivos, identificar, respeitados os direitos individuais e nos termos da lei, o patrimônio, os rendimentos e as atividades econômicas do contribuinte.
>
> (...)
>
> Art. 150. Sem prejuízo de outras garantias asseguradas ao contribuinte, é vedado à União, aos Estados, ao Distrito Federal e aos Municípios:
>
> (...)
>
> II - instituir tratamento desigual entre contribuintes que se encontrem em situação equivalente, proibida qualquer distinção em razão de ocupação profissional ou função por eles exercida, independentemente da denominação jurídica dos rendimentos, títulos ou direitos;
>
> (...)

Não é razoável que uma empresa que movimente mais de R$ 1 milhão por mês não pague tributo, enquanto outra que, em princípio, apresenta menor capacidade contributiva, recolha CPMF sobre o valor total de sua movimentação financeira.

Nesse sentido, é inconstitucional a cobrança de CPMF da empresa Pague Pouco Ltda.

Não houve autuação, de modo que não há falar em anulação de lançamento.

A intenção da empresa é não pagar o tributo e ter restituído aquilo que foi anteriormente recolhido. Não cabe mandado de segurança, que não substitui ação de cobrança (Súmula 269/STF).

O correto, portanto, é formular pedido em **ação declaratória de inexistência de obrigação tributária, com pedido incidental de declaração de inconstitucionalidade, além de repetição de indébito.**

É possível o pedido de antecipação de tutela, mas apenas para suspender os novos pagamentos. A restituição dos valores já pagos depende, em princípio, do trânsito em julgado da sentença condenatória. Não há mais execução **provisória** contra a fazenda pública, nos termos do art. 100, § 5º, da CF:

> Art. 100 (...) § 5º É obrigatória a inclusão, no orçamento das entidades de direito público, de verba necessária ao pagamento de seus débitos oriundos de **sentenças transitadas em julgado**, constantes de precatórios judiciários, apresentados até 1º de julho, fazendo-se o pagamento até o final do exercício seguinte, quando terão seus valores atualizados monetariamente.

Quanto à repetição do indébito, não se esqueça de consultar os arts. 165 a 169 do CTN para não se esquecer de nada.

Importante lembrar que a natureza jurídica da CPMF não permite o repasse do ônus econômico para os clientes do contribuinte. Ou seja, é tributo direto, sendo inaplicável o requisito do art. 166 do CTN.

Finalmente, para esgotar o assunto, interessante mencionar o prazo prescricional do art. 168 do CTN, a que muitas vezes é atribuída pontuação nos espelhos de correção.

Mais uma vez, sugerimos a **releitura do art. 282 do CPC**, para que o candidato não se esqueça de nenhum elemento essencial da inicial. Remetemos o leitor às dicas que demos na introdução, principalmente no que se refere ao endereçamento e à confecção da peça.

Vejamos a estrutura argumentativa (silogismo):

1. FATO: o governo reinstituiu, por lei complementar publicada em dezembro de 2007, a CPMF, que é tributo cumulativo, e passou a exigi-la imediatamente, destinando parcela dos recursos arrecadados às despesas comuns da União. Ademais, fixou isenção para as pessoas com alta movimentação financeira (acima de R$ 1 milhão mensais). Pague Pouco Ltda., que tem pequena movimentação financeira, vem pagando o tributo;

2. DIREITO: nos termos do art. 195, § 7º, c/c art. 154, I, da CF, as novas contribuições sociais (não previstas no art. 195 da CF), deverão ser não cumulativas. O legislador deve observar os princípios da anterioridade nonagesimal, da capacidade contributiva e da isonomia, ao instituir contribuições sociais, cujos recursos destinam-se ao financiamento da seguridade social. As pessoas têm direito à declaração de inexistência de relação jurídica, nos termos do art. 4º, I, do CPC, e de restituição do tributo indevidamente pago, nos termos do art. 165 do CTN;

3. CONCLUSÃO: **logo, a CPMF criada é inconstitucional, por ser cumulativa e violar os princípios da anterioridade nonagesimal, da capacidade contributiva e da isonomia, além de vincular recursos a despesas estranhas à seguridade social. Pague Pouco Ltda. tem direito à declaração de inexistência de obrigação tributária e à restituição do que pagou indevidamente.**

Vejamos como fica a peça.

Modelo: Petição inicial de ação ordinária com pedidos cumulados de declaração e de repetição de indébito tributário

[o que estiver entre colchetes é apenas nota do autor – não deve constar da peça]

início da peça

Excelentíssimo Senhor Doutor Juiz Federal da Vara da Subseção Judiciária de (...)

[deixe espaço de aproximadamente 10 cm, para eventual despacho ou decisão do juiz]

Pague Pouco Ltda., estabelecida na (endereço), inscrita no CNPJ sob nº (...), por seu advogado que firma a presente petição (procuração em anexo), com escritório para recebimento de intimações na (endereço – art. 39, I, do CPC), vem, respeitosamente, propor contra a Fazenda Nacional, cujo procurador pode ser localizado em (endereço), a presente

AÇÃO ORDINÁRIA DECLARATÓRIA, CUMULADA COM PEDIDO DE REPETIÇÃO DE INDÉBITO E ANTECIPAÇÃO DE TUTELA

nos termos do artigo 4º, inciso I, e art. 282, ambos do Código de Processo Civil – CPC, e do art. 165 do Código Tributário Nacional – CTN, pelas razões a seguir aduzidas:

1. DOS FATOS

A União editou, em 31 de dezembro de 2007, uma lei complementar que novamente instituiu a contribuição provisória sobre movimentação financeira (CPMF) destinando parte dos recursos arrecadados à saúde e parte para as despesas comuns da União.

O referido diploma legal previu que as movimentações de pessoas físicas ou jurídicas que excedam, no mês, o valor de R$ 1.000.000,00 fiquem isentas da contribuição.

A autora fatura mensalmente R$ 50.000,00 (comprovantes em anexo), de modo que vem pagando a contribuição desde janeiro de 2008 até a presente data.

2. DO DIREITO

A competência para criar novas contribuições sociais é prevista no art. 195, § 4º, da CF:

> Art. 195 (...) § 4º - A lei poderá instituir outras fontes destinadas a garantir a manutenção ou expansão da seguridade social, obedecido o disposto no art. 154, I.

O art. 154, I, da CF, por sua vez, regula a competência residual da União, que deverá orientar a criação dessa nova contribuição social:

> Art. 154. A União poderá instituir:
>
> I - mediante lei complementar, impostos não previstos no artigo anterior, desde que sejam não cumulativos e não tenham fato gerador ou base de cálculo próprios dos discriminados nesta Constituição;
>
> (...)

Embora a nova CPMF tenha sido instituída por lei complementar, ela não preenche o segundo requisito do art. 154, I, da CF, pois é tributo cumulativo.

De fato, tributo não cumulativo é aquele que, na cadeia produtiva e comercial, permite o abatimento dos valores anteriormente recolhidos ao fisco, para diminuição do montante a ser posteriormente pago. É o caso do ICMS e do IPI, que permitem o creditamento, pelo adquirente, dos valores anteriormente recolhidos ao fisco.

Essa é a lição da melhor doutrina:

(transcrição de entendimento doutrinário)

A CPMF não permite esse abatimento ou creditamento. Pelo contrário, é tributo cumulativo, que incide totalmente a cada nova operação.

A instituição da contribuição é, portanto, inconstitucional.

Ademais, as contribuições sociais submetem-se à anterioridade nonagesimal, nos termos do art. 195, § 6º, da CF:

> Art. 195 (...) § 6º - As contribuições sociais de que trata este artigo só poderão ser exigidas após decorridos noventa dias da data da publicação da lei que as houver instituído ou modificado, não se lhes aplicando o disposto no art. 150, III, "b".

TRIBUTÁRIA

No caso, a nova CPMF foi instituída em 31/12/2007 e passou a ser exigida imediatamente, no início de janeiro de 2008, descumprindo o princípio constitucional.

Quanto à destinação dos recursos, as contribuições sociais caracterizam-se essencialmente pela finalidade, qual seja o financiamento da seguridade social, nos termos do art. 195, *caput*, da CF:

> Art. 195. A **seguridade social será financiada** por toda a sociedade, de forma direta e indireta, nos termos da lei, mediante recursos provenientes dos orçamentos da União, dos Estados, do Distrito Federal e dos Municípios, e das seguintes **contribuições sociais**:
>
> (...)

A seguridade social engloba a previdência, a saúde e a assistência social.

A destinação de parte dos recursos da nova CPMF para as despesas comuns da União prejudica, nesse sentido, a exação.

Além disso, a exigência da contribuição daqueles que, como a autora, têm pequena movimentação bancária (R$ 50.000,00 por mês) é inconstitucional, na medida em que a lei complementar isenta pessoas com maior capacidade contributiva (com movimentação superior a R$ 1 milhão por mês).

Isso porque o legislador deve observar os princípios da capacidade contributiva e da isonomia, ao instituir tributo, de modo que aqueles que apresentam maior capacidade econômica contribuam com mais para o sustento do Estado. Veja-se o disposto nos arts. 145, § 1º, e 150, II, da CF:

> Art. 145 (...) § 1º - Sempre que possível, os impostos terão caráter pessoal e serão graduados segundo a capacidade econômica do contribuinte, facultado à administração tributária, especialmente para conferir efetividade a esses objetivos, identificar, respeitados os direitos individuais e nos termos da lei, o patrimônio, os rendimentos e as atividades econômicas do contribuinte.
>
> (...)
>
> Art. 150. Sem prejuízo de outras garantias asseguradas ao contribuinte, é vedado à União, aos Estados, ao Distrito Federal e aos Municípios:
>
> (...)
>
> II - instituir tratamento desigual entre contribuintes que se encontrem em situação equivalente, proibida qualquer distinção em razão de ocupação profissional ou função por eles exercida, independentemente da denominação jurídica dos rendimentos, títulos ou direitos;
>
> (...)

Cito a lição doutrinária:

(transcrição de entendimento doutrinário)

Também por essa razão, é inconstitucional a cobrança da CPMF.

Como relatado, a autora vem recolhendo a contribuição indevida desde janeiro de 2008. Nos termos do art. 165 do CTN, aquele que paga tributo indevido tem direito à restituição, independentemente de comprovação de erro ou de prévio protesto:

> Art. 165. O sujeito passivo tem direito, independentemente de prévio protesto, à restituição total ou parcial do tributo, seja qual for a modalidade do seu pagamento, ressalvado o disposto no § 4º do artigo 162, nos seguintes casos:
>
> I - cobrança ou pagamento espontâneo de tributo indevido ou maior que o devido em face da legislação tributária aplicável, ou da natureza ou circunstâncias materiais do fato gerador efetivamente ocorrido;
>
> (...)

A jurisprudência é pacífica nesse sentido:

(transcrição de precedente jurisprudencial)

É devida, portanto, a devolução dos valores pagos a título de CPMF dentro do período prescricional (art. 168 do CTN).

Importante ressaltar que a natureza jurídica da CPMF não permite o repasse do ônus econômico para os clientes da autora. Ou seja, é tributo direto, sendo inaplicável o requisito do art. 166 do CTN.

3. DA ANTECIPAÇÃO DE TUTELA

Configurada a verossimilhança do alegado, pelo exposto acima, e evidente o risco de dano de difícil reparação, conforme indicado a seguir, é essencial a antecipação de tutela, nos termos do art. 273 do CPC, para que seja de imediato afastada a exigência da contribuição inconstitucional.

Não sendo antecipada a tutela, a autora continuará a recolher o tributo indevido, restando-lhe somente, após a decisão final, suportar o tortuoso e longo caminho do *solve et repete*.

O recolhimento indevido e a demora no recebimento do indébito prejudicarão inapelavelmente a saúde financeira da autora, afetando negativamente suas atividades, razão pela qual deve ser concedida a antecipação dos efeitos da tutela.

4. DO PEDIDO

Por todo o exposto, a autora requer:

a) seja concedida a antecipação dos efeitos da tutela, para que a autora deixe de recolher a contribuição inconstitucional (art. 273 do CPC);

b) seja determinada a citação da ré para, querendo, contestar a presente demanda no prazo legal (arts. 297 e 188 do CPC), sob pena de revelia (art. 285 do CPC);

c) a produção de todas as provas admitidas pelo Direito;

d) seja, ao final:

- declarada incidentalmente a inconstitucionalidade da Lei Complementar nº (...), por ofensa aos arts. 195, §§ 4º e 6º, c/c art. 154, I, e arts. 145, § 1º e 150, II, todos da CF;
- confirmada a antecipação da tutela e declarada a inexistência de obrigação tributária entre a autora e o fisco, em relação à CPMF;
- condenada a ré a restituir o total indevidamente pago pela autora a título de CPMF, desde janeiro de 2008, com acréscimos legais, nos termos do art. 167 do CTN;

e) seja a ré condenada ao pagamento das custas processuais e dos honorários de sucumbência fixados em 20% do valor da condenação (art. 20 do CPC);

Dá-se à causa o valor de R$ (...) (valor a ser restituído – art. 258 e 259 do CPC)

TRIBUTÁRIA

Termos em que

Pede Deferimento

(Local), (data)

[não assine, rubrique ou, de outra forma, identifique sua prova!]

ADVOGADO (...)

OAB-(Estado) nº (...)

Endereço (...)

fim da peça

(OAB/Exame Unificado – 2008.2 – 2ª fase) Em razão de decisão tomada no CONFAZ, firmada pelos secretários da Fazenda das 27 unidades da Federação, foi aprovada no Congresso Nacional uma lei complementar com as seguintes disposições relativas ao ICMS:

- o art. 1º iguala em âmbito nacional a alíquota do ICMS incidente sobre a produção e comercialização do arroz, passando do que era, em média, 10%, para 30% em todas as unidades da Federação;
- o art. 2º determina que, nas operações que destinem quaisquer mercadorias para o exterior, seja mantido e aproveitado o montante do crédito do imposto cobrado nas operações e prestações anteriores;
- o art. 3º determina que, nas operações de vendas isentas, os contribuintes vendedores tenham igualmente o direito à manutenção e ao aproveitamento do montante do crédito do imposto cobrado nas operações e prestações anteriores.

A cláusula de vigência dessa lei, publicada em 31 de maio de 2008, reza, apenas, que a lei entra em vigor na data de sua publicação. Em 30 de junho de 2008, o secretário da Fazenda do estado de São Paulo editou decreto de regulamentação de tal lei, no qual se estabelece a exigência das novas alíquotas a partir de 1º de janeiro de 2009. Considerando a situação hipotética acima apresentada e supondo que você tenha sido contratado(a) por uma empresa agropecuária produtora e exportadora de arroz, situada e domiciliada em São Paulo, para ajuizar uma ação judicial com vistas a evitar prejuízos tributários decorrentes da lei mencionada, elabore a peça judicial adequada a atender às pretensões de sua cliente. A peça não deve conter pedido ou causa de pedir que fira o texto constitucional ou que, de alguma forma, prejudique o cliente.

COMENTÁRIO PRÉVIO

O ICMS é um tributo nacional, apesar de ser da competência dos Estados e do Distrito Federal.

Isso significa que há muitas normas que regulam esse tributo na Constituição Federal (art. 155, § 2º) e em normas nacionais, como leis complementares (especialmente a LC 87/1996), convênios interestaduais (CONFAZ) e resoluções do Senado.

O examinador relata uma decisão do CONFAZ (resolução), uma lei complementar federal e um decreto estadual a regular a alíquota do ICMS e o aproveitamento de créditos.

Inicialmente, perceba que a única parte da legislação relatada que prejudica a empresa é a majoração da alíquota de 10% para 30% (art. 1º da lei complementar).

A manutenção e o aproveitamento do crédito das operações que antecedem a exportação (art. 2º da Lei Complementar descrita na questão) é favorável à empresa. Ademais, isso é previsto diretamente pelo art. 155, § 2º, X, *a*, da CF:

> Art. 155 (...) § 2º
>
> (...)
>
> X - não incidirá:
>
> a) sobre operações que destinem mercadorias para o exterior, nem sobre serviços prestados a destinatários no exterior, **assegurada a manutenção e o aproveitamento do montante do imposto cobrado nas operações e prestações anteriores;**
>
> (...)

Veja que o examinador não fala em tributação sobre as exportações, o que seria inconstitucional, mas apenas em manutenção e aproveitamento dos créditos anteriores, o que é absolutamente válido e, como visto, decorre diretamente da Constituição.

A previsão de manutenção e aproveitamento dos créditos que antecedem a operação isenta (art. 3º da lei complementar citada na questão) também é favorável aos contribuintes. A Constituição prevê o estorno (não aproveitamento) desses créditos, mas admite disposição legal em contrário. Veja o art. 155, § 2º, II, *a* e *b*, da CF:

> Art. 155 (...) § 2º
>
> (...)
>
> II - a isenção ou não incidência, **salvo determinação em contrário da legislação**:
>
> a) não implicará crédito para compensação com o montante devido nas operações ou prestações seguintes;
>
> b) acarretará a anulação do crédito relativo às operações anteriores;
>
> (...)

Assim, como já dito, **a única disposição prejudicial à empresa produtora e exportadora de arroz é a majoração da alíquota**, o que deveremos analisar com cuidado.

O examinador deu a dica, ao determinar que "A peça não deve conter pedido ou causa de pedir que fira o texto constitucional ou que, de alguma forma, prejudique o cliente".

A primeira providência do candidato, após a leitura atenta da questão e delimitação da questão a ser enfrentada, é **ler os dispositivos constitucionais que tratam da matéria.**

A competência do CONFAZ é delineada pelo art. 155, § 2º, XII, *g*, da CF:

> Art. 155 (...) § 2º
>
> (...)
>
> XII - cabe à lei complementar:
>
> (...)
>
> g) regular a forma como, mediante deliberação dos Estados e do Distrito Federal, **isenções, incentivos e benefícios fiscais serão concedidos e revogados.**
>
> (...)

Note que, em princípio, compete ao CONFAZ decidir acerca de isenções, incentivos e benefícios fiscais, mas não sobre fixação de alíquotas de ICMS.

TRIBUTÁRIA

A matéria (alteração de alíquotas) tampouco é listada no art. 155, § 2º, da CF dentre aquelas que podem ser reguladas por lei complementar federal.

Na verdade, as alíquotas internas do ICMS devem ser fixadas por **lei estadual ou distrital** de cada ente tributante. Compete ao **Senado Federal (não ao Congresso Nacional, composto pelo Senado e pela Câmara dos Deputados)** apenas fixar as alíquotas interestaduais e, excepcional e facultativamente, limites mínimos e máximos para as alíquotas internas, nos estritos termos do art. 155, § 2º, IV e V, da CF:

> Art. 155 (...) § 2º
>
> (...)
>
> IV - resolução do Senado Federal, de iniciativa do Presidente da República ou de um terço dos Senadores, aprovada pela maioria absoluta de seus membros, estabelecerá as alíquotas aplicáveis às operações e prestações, interestaduais e de exportação;
>
> V - é facultado ao Senado Federal:
>
> a) estabelecer alíquotas mínimas nas operações internas, mediante resolução de iniciativa de um terço e aprovada pela maioria absoluta de seus membros;
>
> b) fixar alíquotas máximas nas mesmas operações para resolver conflito específico que envolva interesse de Estados, mediante resolução de iniciativa da maioria absoluta e aprovada por dois terços de seus membros;
>
> (...)

Assim, o Congresso Nacional extrapolou suas competências ao fixar alíquotas de ICMS, de modo que a lei complementar produzida é **inconstitucional.**

O Estado de São Paulo, portanto, não poderia, por simples decreto, estabelecer a exigência do ICMS com a alíquota majorada. Seria preciso, repita-se, lei estadual a tratar do assunto, sob pena de ofensa ao **princípio da legalidade.**

Ainda assim, a majoração de 10% para 30% em relação a um produto absolutamente essencial seria questionável.

Isso porque o ICMS pode (deve, para muitos autores) ser seletivo em função da essencialidade do bem, nos termos do art. 155, § 2º, III, da CF. Vale dizer, produtos mais relevantes para a vida das pessoas, como é o caso do arroz e de outras mercadorias da cesta básica, devem ter tributação menor.

Quanto ao procedimento jurisdicional, a empresa precisa de um provimento prévio, já que a majoração terá efeito apenas no ano seguinte (o problema foi formulado em 2008 e a majoração teria efeito apenas em 2009).

Não houve, portanto, lançamento ou cobrança.

A adoção de mandado de segurança preventivo, embora aceito por boa parte da doutrina e da jurisprudência, pode ser arriscado, pois a segurança não pode ter efeito normativo (efeito futuro por tempo indeterminado e em relação a fatos indeterminados).

Sugerimos, portanto, a confecção de petição inicial de **ação declaratória de inexistência de obrigação tributária, com declaração incidental de inconstitucionalidade** da lei complementar e do decreto estadual.

Quanto ao polo passivo da demanda e, portanto, à competência jurisdicional, a exigência do ICMS inconstitucionalmente majorado será feita pelo Estado de São Paulo. Contra ele deve ser dirigida a demanda.

Eis a estrutura argumentativa (silogismo):

1. FATO: o Congresso Nacional, por lei complementar, majorou as alíquotas internas de ICMS sobre as operações com arroz. Decreto estadual regulou o assunto, fixando a vigência a partir do exercício seguinte;

2. DIREITO: compete aos Estados e ao Distrito Federal, por lei própria, fixar as alíquotas do ICMS. Compete ao Senado, por resolução, fixar alíquotas interestaduais e, excepcionalmente, limites mínimos e máximos para as alíquotas internas. As pessoas têm direito à declaração de inexistência de relação jurídica, nos termos do art. 4º, I, do CPC;

3. CONCLUSÃO: **logo, a lei complementar, o decreto e, portanto, a majoração da alíquota do ICMS é inconstitucional, o que pode ser declarado judicialmente.**

Vejamos como fica a peça.

Modelo: Petição inicial de ação declaratória de inexistência de obrigação, com declaração incidental de inconstitucionalidade

[o que estiver entre colchetes é apenas nota do autor – não deve constar da peça]

início da peça

Excelentíssimo Senhor Doutor Juiz de Direito da Vara da Fazenda Pública da Comarca de São Paulo – SP

[deixe espaço de aproximadamente 10 cm, para eventual despacho ou decisão do juiz]

(Denominação da sociedade), estabelecida na (endereço), inscrita no CNPJ sob nº (...), por seu advogado que firma a presente petição (procuração em anexo), com escritório para recebimento de intimações na (endereço – art. 39, I, do CPC), vem, respeitosamente, propor contra o Estado de São Paulo, cujo procurador pode ser localizado em (endereço), a presente

AÇÃO ORDINÁRIA DECLARATÓRIA DE INEXISTÊNCIA DE OBRIGAÇÃO TRIBUTÁRIA

nos termos do artigo 4º, inciso I, e art. 282, ambos do Código de Processo Civil – CPC, pelas razões a seguir aduzidas:

1. DOS FATOS

Em razão de decisão tomada no CONFAZ, firmada pelos secretários da Fazenda das 27 unidades da Federação, foi aprovada no Congresso Nacional uma lei complementar com as seguintes disposições relativas ao ICMS:

- o art. 1º iguala em âmbito nacional a alíquota do ICMS incidente sobre a produção e comercialização do arroz, passando do que era, em média, 10%, para 30% em todas as unidades da Federação;
- o art. 2º determina que, nas operações que destinem quaisquer mercadorias para o exterior, seja mantido e aproveitado o montante do crédito do imposto cobrado nas operações e prestações anteriores;
- o art. 3º determina que, nas operações de vendas isentas, os contribuintes vendedores tenham igualmente o direito à manutenção e ao aproveitamento do montante do crédito do imposto cobrado nas operações e prestações anteriores.

A cláusula de vigência dessa lei, publicada em 31 de maio de 2008, reza, apenas, que a lei entra em vigor na data de sua publicação.

Em 30 de junho de 2008, o secretário da Fazenda do réu editou decreto de regulamentação de tal lei, no qual se estabelece a exigência das novas alíquotas a partir de 1º de janeiro de 2009.

A autora é empresa agropecuária produtora e exportadora de arroz, situada e domiciliada em São Paulo, conforme comprovam os documentos em anexo.

2. DO DIREITO

A majoração da alíquota do ICMS, de 10% para 30%, que o réu pretende exigir a partir do exercício seguinte, é inconstitucional.

A competência do Conselho Fazendário – CONFAZ é delineada pelo art. 155, § 2º, XII, *g*, da CF:

> Art. 155 (...) § 2º
>
> (...)
>
> XII - cabe à lei complementar:
>
> (...)
>
> g) regular a forma como, mediante deliberação dos Estados e do Distrito Federal, **isenções, incentivos e benefícios fiscais serão concedidos e revogados**.
>
> (...)

Assim, compete ao CONFAZ decidir acerca de isenções, incentivos e benefícios fiscais, mas não sobre fixação de alíquotas de ICMS.

A matéria (alteração de alíquotas) tampouco é listada no art. 155, § 2º, da CF dentre aquelas que podem ser reguladas por lei complementar federal.

Na verdade, as alíquotas internas do ICMS devem ser fixadas por **lei estadual ou distrital** de cada ente tributante.

Isso decorre dos princípios da exclusividade das competências tributárias e da legalidade.

Compete ao **Senado Federal** apenas fixar as alíquotas interestaduais e, excepcional e facultativamente, limites mínimos e máximos para as alíquotas internas, nos estritos termos do art. 155, § 2º, IV e V, da CF:

> Art. 155 (...) § 2º
>
> (...)
>
> IV - resolução do Senado Federal, de iniciativa do Presidente da República ou de um terço dos Senadores, aprovada pela maioria absoluta de seus membros, estabelecerá as alíquotas aplicáveis às operações e prestações, interestaduais e de exportação;
>
> V - é facultado ao Senado Federal:
>
> a) estabelecer alíquotas mínimas nas operações internas, mediante resolução de iniciativa de um terço e aprovada pela maioria absoluta de seus membros;
>
> b) fixar alíquotas máximas nas mesmas operações para resolver conflito específico que envolva interesse de Estados, mediante resolução de iniciativa da maioria absoluta e aprovada por dois terços de seus membros;
>
> (...)

Percebe-se que o Congresso Nacional extrapolou suas competências ao fixar alíquotas de ICMS, de modo que a lei complementar produzida é inconstitucional.

O Estado de São Paulo, portanto, não poderia, por simples decreto, estabelecer a exigência do ICMS com a alíquota majorada.

Seria preciso, reitere-se, lei estadual a tratar do assunto, sob pena de ofensa ao **princípio da legalidade.**

Esse é o entendimento jurisprudencial:

(transcrição de precedente jurisprudencial)

Ainda que assim não fosse, a majoração de 10% para 30% em relação a um produto absolutamente essencial é inviável.

Isso porque o ICMS pode (deve, para muitos autores) ser seletivo em função da essencialidade do bem, nos termos do art. 155, § 2º, III, da CF. Vale dizer, produtos mais relevantes para a vida das pessoas, como é o caso do arroz e de outras mercadorias da cesta básica, devem ter tributação menor. Eis a lição doutrinária:

(transcrição de entendimento doutrinário)

Por todas essas razões, o decreto estadual é inconstitucional, razão pela qual deve ser dado provimento ao pleito declaratório, para afastar a iminente exigência da alíquota invalidamente majorada sobre as operações da autora.

3. DO PEDIDO

Por todo o exposto, a autora requer:

a) seja determinada a citação do réu para, querendo, contestar a presente demanda no prazo legal (arts. 297 e 188 do CPC), sob pena de revelia (art. 285 do CPC);

b) a produção de todas as provas admitidas pelo Direito;

c) seja, ao final:

– declarada incidentalmente a inconstitucionalidade da Lei Complementar nº (...), por invasão da competência privativa dos Estados e do Distrito Federal, e do Decreto Estadual (...), por ofensa ao princípio da legalidade;

– declarada a inexistência de obrigação tributária entre a autora e o fisco, em relação à inconstitucional majoração do ICMS, de 10% para 30%;

d) seja o réu condenado ao pagamento das custas processuais e dos honorários de sucumbência fixados em 20% do valor da causa (art. 20 do CPC); *[repare que o pedido é estritamente declaratório, ou seja,* ***não haverá condenação*** *– assim, não há como pedir honorários fixados sobre o valor da* ***condenação****, mas apenas sobre o valor da* ***causa****, ou fixados por equidade, conforme o art. 20, § 4º, do CPC]*

Dá-se à causa o valor de R$ (...) (art. 258 e 259 do CPC)

Termos em que

Pede Deferimento

(Local), (data)

[não assine, rubrique ou, de outra forma, identifique sua prova!]

ADVOGADO (...)

OAB-(Estado) nº (...)

Endereço (...)

fim da peça

(OAB/Exame Unificado – 2008.3 – 2ª fase) No ano de 2006, Augusto, residente em Porto Alegre – RS, firmou com a imobiliária Delta, domiciliada em São Paulo – SP, contrato de promessa de compra e venda de imóvel localizado em loteamento situado em Salvador – BA. Conforme o contrato, Augusto deveria pagar o imóvel em 30 parcelas mensais. Após ter pago algumas parcelas, Augusto descobriu que o loteamento estava localizado em terra pública estadual e que, portanto, a empresa estava praticando crime de grilagem. Em vista disso, suspendeu o pagamento das prestações, antes mesmo de receber a posse do imóvel. Por determinação do fisco, a empresa enviou à respectiva secretaria municipal de finanças a listagem dos adquirentes. Em 2008, ao requerer certidão negativa de débito, Augusto foi informado de que devia ao município valor de IPTU e taxa de iluminação pública, relativos ao lote objeto do citado contrato, nos montantes de, respectivamente, R$ 1.000,00 e R$ 200,00.

Inconformado, Augusto decidiu procurar escritório de advocacia para a proposição de ação judicial com a finalidade de obter o cancelamento da dívida e a expedição imediata da certidão. Em face da situação hipotética apresentada, na qualidade de advogado(a) contratado(a) por Augusto, elabore a peça processual que entender cabível para a defesa dos interesses de seu cliente, abordando, em seu texto, todos os aspectos pertinentes, com base na lei, doutrina e jurisprudência.

COMENTÁRIO PRÉVIO

A leitura atenta do problema permite compreender que a questão de fundo é a validade da cobrança do IPTU e da taxa de iluminação pública, em relação a Augusto.

Perceba que o cidadão desistiu da compra, porque o imóvel é público, pertencente ao Estado.

Se o imóvel é público, não há falar em cobrança do IPTU, em face da imunidade recíproca (art. 150, VI, *a*, da CF).

Ademais, o contrato de compra e venda é nulo, pois um particular não poderia alienar aquilo que não lhe pertence.

É preciso lembrar que, nos termos do art. 34 do CTN, contribuinte do IPTU é o proprietário, titular do domínio útil ou o possuidor do bem.

Augusto não é nada disso. Proprietário é o Estado. Não há enfiteuse, nem, portanto, domínio útil. Não há posse de terra pública, mas simples detenção. Ademais, ainda que se admitisse a posse, o examinador consigna expressamente que Augusto suspendeu o pagamento das prestações "antes mesmo de receber a posse do imóvel".

Embora a questão não informe expressamente, pode-se concluir que a taxa de iluminação é cobrada do proprietário do imóvel, já que é vinculada "ao lote objeto do citado contrato".

Como visto, Augusto não é proprietário nem possuidor do lote, de modo que não é sujeito passivo da exação.

Ademais, é cediço que a iluminação pública é serviço público indivisível, prestado *uti universi*, que não permite, portanto, a cobrança de taxa, conforme a jurisprudência pacífica. Veja a Súmula 670/STF: "O serviço de iluminação pública não pode ser remunerado mediante taxa".

Quanto ao procedimento jurisdicional, perceba que o examinador fala em "obter o cancelamento da dívida e a expedição imediata da certidão".

É possível a propositura de ação ordinária, o que permitiria ampla dilação probatória.

Entretanto, **considerando que é incontroverso que o imóvel pertence ao Estado**, é possível a impetração de mandado de segurança repressivo, para cancelamento do lançamento contra Augusto e determinação para que a autoridade emita a certidão negativa.

É muito importante que haja prova pré-constituída a respeito do domínio público da área, pois o mandado de segurança não admite dilação probatória! Isso deve ficar claro na petição.

Sugerimos, com essas observações, a elaboração de petição inicial de mandado de segurança, inclusive para que o estudante treine sua redação.

Quanto à competência jurisdicional, perceba que o examinador cita diversos Municípios (domicílio de Augusto e da vendedora), mas o que importa é o local do imóvel e do ato coator – Salvador – BA.

Para elaboração da peça, **é essencial que o candidato leia atentamente a Lei 12.016/20009,** que regula o mandado de segurança.

Atualmente, é necessário apontar não apenas a autoridade coatora, **mas também pedir a cientificação da pessoa jurídica que esta integra**, nos termos do art. 6º da citada Lei.

Eis a estrutura argumentativa (silogismo):

1. FATO: o Município cobra IPTU e taxa de iluminação em relação a imóvel estadual. Augusto, que nem sequer ocupa o imóvel, não consegue certidão negativa, por conta da cobrança;
2. DIREITO: os entes políticos não podem cobrar impostos em relação ao patrimônio dos outros entes da federação (imunidade recíproca). A taxa não pode ser cobrada de quem não é proprietário ou possuidor. Ademais, a taxa de iluminação é inconstitucional (Súmula 670/STF);
3. CONCLUSÃO: **logo, é inválida a cobrança do IPTU e da taxa de iluminação contra Augusto, que tem direito à certidão negativa.**

Vejamos como fica a peça.

Modelo: Mandado de segurança

[o que estiver entre colchetes é apenas nota do autor – não deve constar da peça]

início da peça

Excelentíssimo Senhor Doutor Juiz de Direito da Vara da Fazenda Pública da Comarca de Salvador – BA

[deixe espaço de aproximadamente 10 cm, para eventual despacho ou decisão do juiz]

Augusto (...), (qualificação), portador do RG (...) e do CPF (...), residente e domiciliado em (endereço), por seu advogado que firma a presente petição (procuração em anexo), com escritório para recebimento de intimações na (endereço – art. 39, I, do CPC) vem à presença de Vossa Excelência, respeitosamente, impetrar contra o Senhor Diretor de Rendas Municipais, vinculado ao Município de Salvador – BA (art. 6º, *caput*, *in fine*, da Lei 12.016/2009), o presente

MANDADO DE SEGURANÇA COM PEDIDO DE LIMINAR

nos termos do artigo 5º, inciso LXIX, da Constituição Federal e da Lei 12.016/2009, pelas razões a seguir aduzidas:

1. DOS FATOS

No ano de 2006, o impetrante, residente em Porto Alegre – RS, firmou com a imobiliária Delta, domiciliada em São Paulo – SP, contrato de promessa de compra e venda de imóvel localizado em loteamento situado em Salvador – BA (**documentação em anexo**).

Conforme o contrato, o impetrante deveria pagar o imóvel em 30 parcelas mensais.

Após ter pago algumas parcelas, o impetrante descobriu que o loteamento estava localizado em terra pública estadual e que, portanto, a empresa estava praticando crime de grilagem, **tudo isso conforme a documentação em anexo**.

Em vista disso, suspendeu o pagamento das prestações, antes mesmo de receber a posse do imóvel.

Por determinação do fisco, a empresa enviou à respectiva secretaria municipal de finanças a listagem dos adquirentes.

Em 2008, ao requerer certidão negativa de débito, o impetrante foi informado de que devia ao município valor de IPTU e taxa de iluminação pública, relativos ao lote objeto do citado contrato, nos montantes de, respectivamente, R$ 1.000,00 e R$ 200,00 (**documentação em anexo**).

2. DO DIREITO

Como relatado, o imóvel, objeto do contrato de compra e venda firmado pelo impetrante, é público, pois pertence ao Estado, o que é **comprovado pela documentação em anexo.**

Se o imóvel é público, não há falar em cobrança do IPTU, em face da imunidade recíproca (art. 150, VI, *a*, da CF):

> Art. 150. Sem prejuízo de outras garantias asseguradas ao contribuinte, é vedado à União, aos Estados, ao Distrito Federal e aos Municípios:
>
> (...)
>
> VI - instituir impostos sobre:
>
> a) patrimônio, renda ou serviços, uns dos outros;
>
> (...)

Ademais, o contrato de compra e venda é nulo, pois um particular não poderia alienar aquilo que não lhe pertence.

É preciso lembrar que, nos termos do art. 34 do CTN, contribuinte do IPTU é o proprietário, titular do domínio útil ou o possuidor do bem.

O impetrante não é nada disso.

Proprietário é o Estado. Não há enfiteuse, nem, portanto, domínio útil. Não há posse de terra pública, mas simples detenção. Eis a lição doutrinária:

(transcrição de entendimento doutrinário)

Ademais, ainda que se admitisse a possibilidade de posse particular em relação à terra pública, o impetrante suspendeu o pagamento das prestações antes mesmo de receber a posse do imóvel, **conforme documentação em anexo**.

Inviável, portanto, a responsabilidade tributária do impetrante.

A taxa de iluminação é cobrada do proprietário ou do possuidor do imóvel, já que é vinculada ao lote objeto do indigitado contrato de compra e venda, **conforme documentação em anexo**.

Como visto, o impetrante não é proprietário nem possuidor do lote, de modo que não é sujeito passivo da exação.

Ademais, é cediço que a iluminação pública é serviço público indivisível, prestado *uti universi*, que não permite, portanto, a cobrança de taxa, conforme a jurisprudência pacífica, sumulada pelo Supremo Tribunal Federal:

Súmula 670/STF: "O serviço de iluminação pública não pode ser remunerado mediante taxa".

Assim, a indigitada taxa é inconstitucional.

Como visto, a autoridade impetrada agiu ilegalmente, devendo cancelar o lançamento tributário realizado contra o impetrante e emitir liminarmente a certidão negativa de débitos.

3. DA LIMINAR

Caso não seja deferida a liminar pleiteada, o impetrante será compelido a pagar os valores exigidos ilegalmente ou sofrerá a inscrição na dívida ativa e posterior execução, com a constrição de seus bens.

Ademais, a obtenção da certidão negativa decorre de direito líquido e certo do cidadão, nos termos do art. 205, parágrafo único, do CTN, não podendo ser recusada, sob pena de dano irreversível.

Sendo assim, o impetrante requer seja deferida a medida liminar antes mesmo da notificação da autoridade coatora, nos termos do art. 7º, III, da Lei 12.016/2009, para que seja cancelado o lançamento e expedida a certidão negativa, tendo em vista a relevância do fundamento (aparência do bom direito – *fumus boni iuris)* e o perigo na demora da decisão (*periculum in mora*).

4. DO PEDIDO

Por todo o exposto, o impetrante requer seja:

a) deferida a medida liminar, para que seja suspensa a exigibilidade do crédito e expedida a certidão negativa em favor do impetrante (art. 7º, III, da Lei 12.016/2009);

b) determinada a notificação da autoridade coatora, enviando-lhe todas as cópias dos documentos que instruem a inicial, para que preste todas as informações necessárias, no prazo de 10 dias (art. 7º, I, da Lei 12.016/2009);

c) dada ciência ao Município de Salvador – BA, enviando-lhe cópia da inicial para que, querendo, ingresse no feito (art. 7º, II, da Lei 12.016/2009);

d) ouvido o representante do Ministério Público, para que opine no prazo de 10 dias (art. 12 da Lei 12.016/2009);

e) ao final, confirmada a liminar deferida, concedendo-se definitivamente a segurança pleiteada para o cancelamento do lançamento e a expedição da certidão negativa; e

f) condenado o Município às custas processuais.

[obs.: toda a prova deve ser juntada à inicial, pois o direito é líquido e certo e não se admite dilação probatória. Não há condenação em honorários advocatícios em mandado de segurança: Súmulas 512/STF 105/STJ]

Dá-se à causa o valor de R$ 1.200,00 (valor dos tributos indevidamente cobrados – art. 258 do CPC)

Termos em que

Pede Deferimento

Salvador, (data)

[não assine, rubrique ou, de outra forma, identifique sua prova!]

ADVOGADO (...)

OAB-(Estado) nº (...)

Endereço (...)

fim da peça

(OAB/Exame Unificado – 2009.1 – 2ª fase) A igreja São Francisco, sediada no município de Natal — RN, possui um extenso imóvel, dividido em vários prédios. Um desses prédios é destinado aos cultos e os demais estão alugados, sendo o valor dos aluguéis revertido para a manutenção das finalidades essenciais da igreja. Por entender que o aluguel do imóvel a afastava da imunidade constitucional, o administrador da igreja realizou o pagamento do IPTU referente a todos os imóveis alugados. Certo dia, tendo tomado conhecimento de que outro templo não pagava tal imposto, nem mesmo com relação aos imóveis alugados, o administrador, entendendo indevido o pagamento que vinha efetuando, resolveu consultar profissional da advocacia. Em face dessa situação hipotética, na qualidade de advogado(a) contratado(a) pela referida igreja, proponha a medida judicial que entender cabível para a defesa de seus interesses, abordando os aspectos de direito material e processual pertinentes, com fulcro na doutrina e(ou) jurisprudência.

COMENTÁRIO PRÉVIO

A leitura atenta do problema permite perceber que a pretensão do administrador da igreja é a restituição dos valores pagos a título de IPTU, relativo ao imóvel alugado a terceiros.

A primeira coisa a fazer, após a leitura da questão, é rever o disposto no art. 150, VI, *d*, da CF, que trata da imunidade dos templos:

> Art. 150. Sem prejuízo de outras garantias asseguradas ao contribuinte, é vedado à União, aos Estados, ao Distrito Federal e aos Municípios:
>
> (...)
>
> VI - instituir impostos sobre:
>
> (...)
>
> b) templos de qualquer culto;
>
> (...)
>
> § 4º - As vedações expressas no inciso VI, alíneas “b” e “c”, compreendem **somente** o patrimônio, a renda e os serviços, **relacionados com as finalidades essenciais das entidades nelas mencionadas.**
>
> (...)

Houve grande debate acerca da extensão do benefício, especialmente por conta da restrição fixada pelo § 4º, acima transcrito.

O STF pacificou a matéria, dando interpretação ampla ao dispositivo.

Mesmo os imóveis locados a terceiros são abrangidos pela imunidade, desde que os recursos auferidos (aluguéis) sejam revertidos para as finalidades essenciais da entidade imune. Esse é o conteúdo da Súmula 724/STF:

> Ainda quando alugado a terceiros, permanece imune ao IPTU o imóvel pertencente a qualquer das entidades referidas pelo art. 150, VI, “c”, da Constituição, desde que o valor dos aluguéis seja aplicado nas atividades essenciais de tais entidades.

Embora o enunciado refira-se à alínea *c* do dispositivo constitucional, aplica-se plenamente aos templos, por analogia.

Assim, o recolhimento de IPTU foi indevido, o que gera direito à restituição.

Não se esqueça de consultar os arts. 165 a 169 do CTN, relativos à repetição de indébito tributário, para não se esquecer de nada.

Importante lembrar que a natureza jurídica do IPTU não permite o repasse de seu ônus econômico. Ou seja, é tributo direto, sendo inaplicável o requisito do art. 166 do CTN.

Finalmente, para esgotar o assunto, interessante mencionar o prazo prescricional do art. 168 do CTN, a que muitas vezes é atribuída pontuação nos espelhos de correção.

Eis a estrutura argumentativa (silogismo):

1. FATO: a igreja pagou IPTU sobre o imóvel locado, mesmo considerando que a receita é destinada às suas finalidades essenciais;

2. DIREITO: os imóveis das igrejas locados a terceiros também são imunes, desde que a receita seja destinada às finalidades essenciais (Súmula 724/STF). Quem paga tributo indevido tem direito à restituição;

3. CONCLUSÃO: **logo, a igreja é imune em relação à propriedade dos imóveis e tem direito à restituição do tributo indevidamente pago.**

Vejamos como fica a peça.

Modelo: Petição inicial de ação de repetição de indébito

[o que estiver entre colchetes é apenas nota do autor – não deve constar da peça]

início da peça

Excelentíssimo Senhor Doutor Juiz de Direito da Vara da Fazenda Pública da Comarca de Natal – RN

[deixe espaço de aproximadamente 10 cm, para eventual despacho ou decisão do juiz]

Igreja São Francisco, estabelecida em (...), por seu advogado que firma a presente petição (procuração em anexo), com escritório para recebimento de intimações na (endereço – art. 39, I, do CPC) vem, respeitosamente, propor contra o Município de Natal, cujo procurador pode ser localizado no (endereço), a presente

AÇÃO DE REPETIÇÃO DE INDÉBITO TRIBUTÁRIO

nos termos do artigo 165 do Código Tributário Nacional, pelas razões a seguir aduzidas:

1. DOS FATOS

A autora é igreja, sediada no município de Natal — RN, que possui um imóvel, dividido em vários prédios.

Um desses prédios é destinado aos cultos e os demais estão alugados, sendo o valor dos aluguéis revertido para a manutenção das finalidades essenciais da igreja, **conforme documentação em anexo**.

Por entender que o aluguel do imóvel a afastava da imunidade constitucional, o administrador da igreja realizou o pagamento do IPTU referente a todos os imóveis alugados, conforme os demonstrativos em anexo.

2. DO DIREITO

A autora é templo religioso e, portanto, imune, não incidindo IPTU sobre seu patrimônio, nos termos do art. 150, VI, *d*, da CF:

> Art. 150. Sem prejuízo de outras garantias asseguradas ao contribuinte, é vedado à União, aos Estados, ao Distrito Federal e aos Municípios:
>
> (...)
>
> VI - instituir impostos sobre:
>
> (...)
>
> b) templos de qualquer culto;
>
> (...)
>
> § 4º - As vedações expressas no inciso VI, alíneas "b" e "c", compreendem somente o patrimônio, a renda e os serviços, relacionados com as finalidades essenciais das entidades nelas mencionadas.
>
> (...)

Mesmo os imóveis locados a terceiros são abrangidos pela imunidade, desde que os recursos auferidos (aluguéis) sejam revertidos para as finalidades essenciais da entidade imune. Esse é o conteúdo da Súmula 724/STF:

> Ainda quando alugado a terceiros, permanece imune ao IPTU o imóvel pertencente a qualquer das entidades referidas pelo art. 150, VI, "c", da constituição, desde que o valor dos aluguéis seja aplicado nas atividades essenciais de tais entidades.

Embora o enunciado refira-se à alínea *c* do dispositivo constitucional, aplica-se plenamente aos templos, por analogia, conforme pacífica jurisprudência:

(transcrição de precedentes jurisprudenciais)

Assim, o recolhimento de IPTU foi indevido, o que gera direito à restituição, conforme art. 165 do CTN, independentemente de comprovação de erro ou de prévio protesto.

Importante ressaltar que a natureza jurídica do IPTU não permite o repasse de seu ônus econômico. Ou seja, é tributo direto, sendo inaplicável o requisito do art. 166 do CTN.

Os valores a serem devolvidos são indicados detalhadamente no demonstrativo em anexo, observado o período prescricional (art. 168 do CTN).

3. DO PEDIDO

Por todo o exposto, a autora requer:

a) seja determinada a citação do réu para, querendo, contestar a presente demanda no prazo legal (arts. 297 e 188 do CPC), sob pena de revelia (art. 285 do CPC);
b) a produção de todas as provas admitidas pelo Direito;
c) seja o réu, ao final, condenado a restituir o total pago pela autora a título de IPTU, com juros e correção monetária, nos termos do art. 167 do CTN;
d) seja o réu condenado ao pagamento das custas processuais e dos honorários de sucumbência fixados em 20% do valor da condenação (art. 20 do CPC);

Dá-se à causa o valor de R$ (...) (valor do indébito – art. 258 do CPC)

Termos em que

Pede Deferimento

Natal, (data)

[não assine, rubrique ou, de outra forma, identifique sua prova!]

ADVOGADO (...)

OAB-(Estado) nº (...)

Endereço (...)

fim da peça

(OAB/Exame Unificado – 2009.2 – 2ª fase) A sociedade empresária RN Ltda., inscrita no CNPJ com o número 000.000.000-0 e com sede na rua Santo Antônio, n. 1.001, no Município de Taió – SC, foi notificada, em 1º/3/2008, pelo município de Rio do Sul – SC, para recolher o ISS relativo aos serviços de transporte escolar realizados entre os municípios citados, no período de 1º/1/2003 a 31/12/2007. O tributo não foi pago nem foi oferecida impugnação administrativa. Em 10/11/2008, o responsável legal da referida empresa procurou escritório de advocacia com o objetivo de propor uma única ação judicial visando ao cancelamento da notificação fiscal e à obtenção, urgente, de certidão de regularidade fiscal para participar de procedimento licitatório no município de Rio do Sul – SC. A execução fiscal foi proposta em 10/8/2008, com base na certidão de dívida ativa lavrada em 10/5/2008. Em face dessa situação hipotética, na qualidade de advogado(a) constituído(a) pela empresa RN Ltda., proponha a ação judicial cabível, considerando que a sociedade empresária não foi citada e não quer pagar o tributo nem sofrer qualquer constrição de bens.

COMENTÁRIO PRÉVIO

A leitura atenta do enunciado permite perceber que a empresa RN Ltda., localizada no Município de Taió – SC, está sendo cobrada pelo Município de Rio do Sul – SC, por valores relativos ao ISS "relativo aos serviços de transporte escolar realizados **entre os municípios** citados".

Há um dado nessa assertiva, que não pode passar desapercebido (muita atenção na leitura do problema!): **o ISS não incide sobre transporte intermunicipal.** A competência para tributar essas operações é do Estado, conforme art. 155, II, da CF:

> Art. 155. Compete aos Estados e ao Distrito Federal instituir impostos sobre:
>
> (...)
>
> II - operações relativas à circulação de mercadorias e sobre prestações de serviços de **transporte** interestadual e **intermunicipal** e de comunicação, ainda que as operações e as prestações se iniciem no exterior;
>
> (...)

Lembre-se que a competência estadual, prevista nesse dispositivo constitucional, afasta a competência dos Municípios, conforme disposto no art. 156, III, da CF:

> Art. 156. Compete aos Municípios instituir impostos sobre:
>
> (...)
>
> III - serviços de qualquer natureza, **não compreendidos no art. 155, II**, definidos em lei complementar.
>
> (...)

TRIBUTÁRIA

É indevida, portanto, a cobrança de ISS promovida pelo Município de Rio do Sul – SC.

Esse argumento é suficiente para afastar a pretensão fiscal.

É interessante tecermos alguns comentários a respeito do prazo decadencial.

Perceba que o crédito cobrado refere-se ao período de 01/01/2003 a 31/12/2007, mas a notificação ocorreu apenas em 01/03/2008.

O examinador informa que não houve pagamento do tributo. Isso significa que não há falar em homologação tácita, prevista no art. 150, § 4º, do CTN, conforme a pacífica jurisprudência do STJ:

> Processual civil e tributário. Tributo sujeito a lançamento por homologação. Ausência de pagamento antecipado. Decadência. Termo inicial (...)
>
> 1. Esta Corte tem-se pronunciado no sentido de que o prazo decadencial para constituição do crédito tributário pode ser estabelecido da seguinte maneira: (a) em regra, segue-se o disposto no art. 173, I, do CTN, ou seja, o prazo é de cinco anos contados "do primeiro dia do exercício seguinte àquele em que o lançamento poderia ter sido efetuado"; (b) nos tributos sujeitos a lançamento por homologação cujo pagamento ocorreu antecipadamente, o prazo é de cinco anos contados do fato gerador, nos termos do art. 150, § 4º, do CTN.
>
> 2. No caso dos autos, não houve antecipação do pagamento pela contribuinte, razão pela qual se aplica a orientação no sentido de que, em se tratando de tributo sujeito a lançamento por homologação cujo pagamento não foi antecipado pelo devedor, incide a regra do art. 173, I, do CTN.
>
> (...)
>
> (REsp 963.820/SC, Rel. Ministra ELIANA CALMON, SEGUNDA TURMA, julgado em 27/10/2009, DJe 23/11/2009)

Para que fique claro, **não ocorre homologação tácita**, prevista no art. 150, § 4º, do CTN, quando o sujeito passivo **não recolhe nada**, ou quando há dolo, fraude ou simulação.

Assim, o prazo decadencial é contato na forma do art. 173, I, do CTN, ou seja, cinco anos a partir do primeiro dia do exercício seguinte àquele em que o lançamento poderia ter sido realizado.

Por essa contagem, verifica-se que o ISS relativo ao exercício de 2003 poderia ser lançado até 01/01/2009 (o prazo quinquenal inicia-se em 01/01/2004, conforme art. 173, I, do CTN). Como a notificação ocorreu em 2008, **não houve decadência.**

Quanto ao procedimento jurisdicional, há algumas peculiaridades na questão que, mais uma vez, exigem extrema atenção do candidato.

O natural seria embargar a execução fiscal, mas, para isso, é necessário garantir o juízo por meio de depósito em dinheiro, penhora ou fiança bancária, nos termos do art. 9º da Lei 6.830/1980.

Ocorre que o examinador informa que a empresa "não quer pagar o tributo nem sofrer qualquer constrição de bens", o que exclui essa possibilidade.

Outro caminho seria a apresentação de exceção de pré-executividade, que não pressupõe garantia do juízo, e se aplica às matérias que não exigem dilação probatória, nos termos da Súmula 393/STJ: "A exceção de pré-executividade é admissível na execução fiscal relativamente às matérias conhecíveis de ofício que não demandem dilação probatória."

Entretanto, o examinador pede que o candidato proponha "uma única ação judicial visando ao cancelamento da notificação fiscal e à obtenção, urgente, de certidão de regularidade fiscal para participar de procedimento licitatório no município de Rio do Sul – SC".

A exceção de pré-executividade não é ação, nem se presta à emissão de certidão negativa de débitos, o que impede sua apresentação, no caso.

À época em que o problema foi proposto (2009) já havia passado mais de 120 dias a partir do lançamento, o que afasta a possibilidade de mandado de segurança.

Resta, portanto, a propositura de ação ordinária. Já houve lançamento, o que exige a **ação anulatória, cumulada com pedido de emissão de certidão negativa.**

Interessante notar que a possibilidade de propositura de ação ordinária, mesmo após o início da execução fiscal, é admitida pelo STJ:

> Tributário e processual civil. Recurso especial. Omissão não configurada. Menor onerosidade. Ausência de prequestionamento. Execução fiscal e ação anulatória do débito. Conexão. Reunião dos processos.
>
> (...)
>
> 3. Se é certo que a propositura de qualquer ação relativa ao débito constante do título não inibe o direito do credor de promover-lhe a execução (CPC, art. 585, § 1º), o inverso também é verdadeiro: o ajuizamento da ação executiva não impede que o devedor exerça o direito constitucional de ação para ver declarada a nulidade do título ou a inexistência da obrigação, seja por meio de embargos (CPC, art. 736), seja por outra ação declaratória ou desconstitutiva. Nada impede, outrossim, que o devedor se antecipe à execução e promova, em caráter preventivo, pedido de nulidade do título ou a declaração de inexistência da relação obrigacional.
>
> (...)
>
> (REsp 899979/SP, Rel. Ministro Teori Albino Zavascki, Primeira Turma, julgado em 23/09/2008, DJe 01/10/2008)

É importante o pedido de antecipação da tutela, pois a empresa tem urgência (quer participar de licitação).

Ainda em relação à peça, perceba que, embora a execução fiscal seja promovida no domicílio do executado (ali seriam, portanto, propostos os embargos ou a exceção de pré-executividade), a ação ordinária contra o fisco será apresentada no domicílio deste último (em Rio do Sul – SC, portanto).

Eis a estrutura argumentativa (**silogismo**):

1. FATO: o Município de Rio do Sul – SC exige ISS sobre serviços de transportes intermunicipais. A empresa autuada não consegue certidão negativa de débitos;

2. DIREITO: a competência para tributar os serviços de transporte intermunicipais é exclusiva dos Estados e do DF, nos termos do art. 155, II, da CF. As pessoas que não devem tributos têm direito à certidão negativa;

3. CONCLUSÃO: **logo, o lançamento de ISS sobre serviços de transporte intermunicipal é nulo e a empresa autuada tem direito à certidão negativa.**

Vejamos como fica a peça.

TRIBUTÁRIA

Modelo: Petição inicial de ação anulatória, cumulada com pedido de emissão de certidão negativa.

[o que estiver entre colchetes é apenas nota do autor – não deve constar da peça]

início da peça

Excelentíssimo Senhor Doutor Juiz de Direito da Vara da Fazenda Pública da Comarca de Rio do Sul – SC

[deixe espaço de aproximadamente 10 cm, para eventual despacho ou decisão do juiz]

RN Ltda., inscrita no CNPJ com o número 000.000.000-0 e com sede na rua Santo Antônio, nº 1.001, no Município de Taió – SC, por seu advogado que firma a presente petição (procuração em anexo), com escritório para recebimento de intimações na (endereço – art. 39, I, do CPC), vem, respeitosamente, propor contra o Município de Rio do Sul – SC, cujo procurador pode ser localizado em (endereço), a presente

AÇÃO ANULATÓRIA DE LANÇAMENTO, CUMULADA COM PEDIDO DE EMISSÃO DE CERTIDÃO NEGATIVA E ANTECIPAÇÃO DOS EFEITOS DA TUTELA

nos termos do artigo 38 da Lei 6.830/80, pelas razões a seguir aduzidas:

1. DOS FATOS

A autora, estabelecida no Município de Taió – SC, foi notificada, em 01/03/2008, pelo município de Rio do Sul – SC (réu), para recolher o ISS relativo aos serviços de transporte escolar realizados entre os municípios citados, no período de 01/01/2003 a 31/12/2007 (documentos em anexo).

O tributo não foi pago nem foi oferecida impugnação administrativa.

A autora precisa, urgentemente, de certidão de regularidade fiscal para participar de procedimento licitatório no município de Rio do Sul – SC, conforme documentação em anexo.

A execução fiscal foi proposta em 10/8/2008, com base na certidão de dívida ativa lavrada em 10/5/2008.

2. DO DIREITO

Como relatado, o réu exige da autora ISS relativo à prestação de serviços de transporte intermunicipal.

Ocorre que a competência para tributar essas operações é do Estado, conforme art. 155, II, da CF:

> Art. 155. Compete aos Estados e ao Distrito Federal instituir impostos sobre:
>
> (...)
>
> II - operações relativas à circulação de mercadorias e sobre prestações de serviços de **transporte** interestadual e **intermunicipal** e de comunicação, ainda que as operações e as prestações se iniciem no exterior;
>
> (...)

A competência estadual, prevista nesse dispositivo constitucional, afasta a competência dos Municípios, conforme disposto no art. 156, III, da CF:

> Art. 156. Compete aos Municípios instituir impostos sobre:
>
> (...)
>
> III - serviços de qualquer natureza, **não compreendidos no art. 155, II**, definidos em lei complementar.
>
> (...)

Esse é o entendimento jurisprudencial e doutrinário:

(transcrições de precedentes jurisprudenciais e de entendimentos doutrinários)

É indevida, portanto, a cobrança de ISS promovida pelo Município de Rio do Sul – SC.

Ademais, considerando que não há obrigação tributária e que o lançamento efetuado é nulo, inexiste débito tributário, de modo que deve ser fornecida a certidão negativa, nos termos do art. 205, parágrafo único, do CTN:

> Art. 205. (...) Parágrafo único. A certidão negativa será sempre expedida nos termos em que tenha sido requerida e será fornecida dentro de 10 (dez) dias da data da entrada do requerimento na repartição.

Deve ser dado provimento, portanto, à presente anulatória, determinando-se a imediata emissão da certidão negativa.

3. DA TUTELA ANTECIPADA

Existe prova inequívoca do alegado.

A verossimilhança das alegações é clara, pelo exposto acima.

Há risco de dano irreparável na demora do provimento jurisdicional.

Isso porque a demora na emissão da certidão negativa poderá impedir a autora de participar do certame licitatório, lesando seu direito ao livre exercício da empresa.

Presentes, portanto, todas as condições para a antecipação pretendida, sem oitiva do réu, para que emita imediatamente a certidão negativa de débitos.

4. DO PEDIDO

Por todo o exposto, a autora requer:

a) seja deferida a antecipação da tutela pretendida, para que o réu emita imediatamente a certidão negativa de débitos;

b) seja determinada a citação do réu para, querendo, contestar a presente demanda no prazo legal (arts. 297 e 188 do CPC), sob pena de revelia (art. 285 do CPC);

c) a produção de todas as provas admitidas pelo Direito;

d) seja, ao final:

– decretada a nulidade do lançamento realizado; e

– condenado o réu a emitir a certidão negativa, confirmando-se a antecipação da tutela;

e) seja o réu condenado ao pagamento das custas processuais e dos honorários de sucumbência fixados em 20% do valor da causa *(art. 20 do CPC); [repare que o pedido é estritamente declaratório e relativo a obrigação de fazer, ou seja,* ***não haverá condenação em valores monetários*** *– assim, não há como pedir honorários fixados sobre o valor da* ***condenação****, mas apenas sobre o valor da* ***causa****, ou fixados por equidade, conforme o art. 20, § 4º, do CPC]*

Dá-se à causa o valor de R$ (...) (valor cobrado pelo réu – art. 258 e 259 do CPC)

Termos em que

Pede Deferimento

(Local), (data)

[não assine, rubrique ou, de outra forma, identifique sua prova!]

ADVOGADO (...)

OAB-(Estado) nº (...)

Endereço (...)

fim da peça

(OAB/Exame Unificado – 2009.3.2 – 2ª fase) A sociedade empresária Móveis Ltda., com um único estabelecimento comercial na cidade de Belo Horizonte – MG, celebrou contrato comercial com sociedade de país estrangeiro, ficando acertado que tal país exportaria para o Brasil determinada mercadoria, cujo recebimento ocorreria no estado de São Paulo.

Como há incidência de ICMS sobre a importação da mercadoria, o preposto de Móveis Ltda., por ocasião do despacho aduaneiro, no estado de São Paulo, apresentou a correspondente guia de recolhimento do ICMS, indicando como beneficiário o estado de Minas Gerais, e o inspetor da Receita Federal do Brasil liberou a referida mercadoria.

Entretanto, o agente fiscal estadual de São Paulo abordou o preposto, solicitando-lhe que apresentasse a guia de recolhimento do ICMS e, ao constatar que o estado beneficiário era o de Minas Gerais, apreendeu a mercadoria e informou que só a liberaria mediante a apresentação do comprovante de pagamento do ICMS em favor do estado de São Paulo.

Inconformados com a apreensão da mercadoria, os diretores da sociedade constituíram advogado.

Em face dessa situação hipotética, na qualidade de advogado(a) de Móveis Ltda., redija a medida judicial mais célere para a defesa dos interesses da referida sociedade empresária, abordando todos os aspectos de direito material e processual pertinentes.

COMENTÁRIO PRÉVIO

O importador, destinatário da mercadoria, é a empresa estabelecida em Minas Gerais, ainda que a importação se dê pelo território paulista.

O ICMS, no caso, é devido ao Estado em que está localizado o importador (efetivo destinatário do bem), não importando o porto ou o aeroporto onde a mercadoria é desembaraçada, nos termos do art. 155, § 2º, IX, *a*, da CF (grifei):

> Art. 155 (...) § 2º O imposto previsto no inciso II [ICMS] atenderá ao seguinte:
>
> (...)
>
> IX - incidirá também:
>
> a) sobre a entrada de bem ou mercadoria importados do exterior por pessoa física ou jurídica, ainda que não seja contribuinte habitual do imposto, qualquer que seja a sua finalidade, assim como sobre o serviço prestado no exterior, **cabendo o imposto ao Estado onde estiver situado o domicílio ou o estabelecimento do destinatário da mercadoria, bem ou serviço;**
>
> (...)

O examinador consignou que o despacho aduaneiro foi acompanhado por preposto do importador.

É interessante notar que, muitas vezes, ocorre a chamada importação indireta e o desembaraço aduaneiro é realizado por outra empresa, normalmente estabelecida no Estado pelo qual o bem importado entra no país.

A jurisprudência entende que, mesmo nesse caso, o ICMS é devido ao Estado em que o destinatário se localiza, ainda que promova a importação por intermédia pessoa:

> Processual civil e tributário. Erro material. Não ocorrência. ICMS. Importação indireta. Tributo devido no local do destinatário. Art. 535 do CPC. Ofensa não caracterizada.
>
> 1. Hipótese em que as instâncias de origem, com base na prova dos autos, aferiram que houve a chamada importação indireta, realizada pela empresa estabelecida em Minas Gerais (Cenibra) por intermediária localizada em São Paulo (a recorrente).
>
> 2. A sentença consigna que há "farta prova documental, juntada aos autos, em que se comprova a simulação de operação mercantil, caracterizando a importação indireta" (fl. 128).
>
> 3. O acórdão ratifica o entendimento, já que "os produtos importados, antes mesmo da ocorrência da operação de importação, tinham como destinatário final o Estado de Minas Gerais, sem entrarem fisicamente no estabelecimento da importadora, localizado no Estado de São Paulo, configurando, pois, importação indireta." (fl. 216).
>
> 4. Não se discute que o ICMS é devido "ao Estado onde estiver situado o domicílio ou o estabelecimento do destinatário da mercadoria, bem ou serviço", nos termos do art. 155, § 2º, IX, "a", da CF. Ademais, o egrégio STF ratifica o entendimento de que, na importação indireta ou por intermédia pessoa, o ICMS é devido no local da destinatária efetiva (Cenibra-MG), e não no da intermediária (Voith-SP).
>
> 5. Tampouco há controvérsia quanto ao produto ter sido formalmente importado pela embargante (Voith).
>
> 6. A pretensão é de reexame do fato constatado pelas instâncias de origem: houve importação indireta, ou seja, o destinatário efetivo do bem é a empresa Cenibra, que realizou a importação por intermédio da Voith (embargante).
>
> 7. Incide, na hipótese, o disposto na Súmula 7/STJ. Precedentes do STJ.
>
> 8. A alegada inexistência de má-fé por parte da embargante, que teria recolhido o ICMS em São Paulo em valor equivalente ao devido a Minas Gerais, não tem o condão de alterar a sujeição passiva do ICMS, sem prejuízo do direito de restituição daquilo que foi indevidamente pago, observados o prazo e os requisitos legais.
>
> 9. Embargos de Declaração rejeitados.
>
> (EDcl no AgRg no Ag 825.553/MG, Rel. Ministro Herman Benjamin, Segunda Turma, julgado em 19/05/2009, DJe 20/08/2009)

O fato de ter sido recolhido o ICMS para o Estado de Minas Gerais pode ser adotado como elemento argumentativo, pois demonstra boa-fé da contribuinte (perceba, no entanto, que isso foi relativizado pelo STJ no precedente antes citado).

Finalmente, ainda quanto ao mérito, perceba que o fiscal paulista "apreendeu a mercadoria e informou que só a liberaria mediante a apresentação do comprovante de pagamento do ICMS em favor do estado de São Paulo".

Ocorre que a administração tributária não pode apreender mercadorias como meio coercitivo de cobrança de impostos, nos termos da Súmula 323/STF.

No presente caso, seria possível a propositura de ação ordinária. Entretanto, o examinador pede que o candidato "redija a medida judicial mais célere", razão pela qual indicamos o Mandado de Segurança.

Realmente, a necessidade de imediata liberação da mercadoria apreendida coaduna-se com a agilidade do *writ*, devendo ser pedida a liminar.

Antes de prosseguirmos, é interessante referirmo-nos ao debate que existe a respeito do art. 7º, § 2º, da Lei 12.016/2009 que, por sua literalidade, impediria a concessão de liminar para liberação de mercadorias na alfândega:

> Art. 7º, § 2º Não será concedida medida liminar que tenha por objeto a compensação de créditos tributários, a entrega de mercadorias e bens provenientes do exterior, a reclassificação ou equiparação de servidores públicos e a concessão de aumento ou a extensão de vantagens ou pagamento de qualquer natureza.

Anteriormente, já havia vedação semelhante no art. 1º da Lei 2.770/1956, aplicável a procedimentos judiciais de qualquer natureza (não apenas mandado de segurança).

A constitucionalidade ou, pelo menos, a extensão da aplicabilidade do art. 7º, § 2º, da Lei 12.016/2009 é bastante discutível.

Parece-nos que a liminar em MS é vedada apenas nos casos em que há fortes indícios de que a mercadoria importada é ilegal (armas irregulares, drogas etc.) falsificada, contrabandeada (caso em que não poderia ser importada, não é simples descaminho, quando não há recolhimento dos tributos) ou que, de outra forma, ameace o consumidor brasileiro (brinquedos com defeitos etc.).

Fora esses casos excepcionais, não parece possível que o contribuinte regular, com endereço certo, inscrito validamente nos registros fiscais, possa ter sua mercadoria apreendida na alfândega por conta de discussão estritamente tributária.

Isso violaria o direito à atividade empresarial e à livre iniciativa (arts. 5º, XIII, XXII, e 170 da CF). Ademais, inviável a apreensão de mercadoria como meio coercitivo para cobrança de tributos – Súmula 323/STF. Finalmente, impedir a concessão de liminar violaria o acesso ao judiciário (art. 5º, XXXV, da CF).

Perceba que não defendemos a possibilidade de liberação da mercadoria sem qualquer pagamento de tributo, mas apenas a possibilidade de que o valor controvertido seja cobrado pelo fisco pelas vias próprias (execução fiscal, se for o caso). Ou seja, o contribuinte tem o direito de recolher o tributo que lhe parece correto (desde que sua tese seja fundamentada, o que deve ser demonstrado na peça judicial) e eventual diferença será cobrada pelo fisco, sem que haja apreensão de mercadoria.

Não há jurisprudência relevante a respeito do assunto por uma razão bastante prática: depois que o juiz de primeira instância concede a liminar, o contribuinte vai, evidentemente, liberar a mercadoria imediatamente, e, então, qualquer recurso do fisco perde o objeto. Caso a liminar seja denegada por esse fundamento (inviabilidade da liminar em mandado de segurança), o natural é que advogado proponha imediatamente a ação ordinária com pedido de antecipação de tutela ou garanta o juízo por meio de depósito, considerando a urgência na liberação da mercadoria. De qualquer forma, é bastante provável que a sentença do *writ* seja proferida antes que o debate a respeito da liminar chegue aos tribunais superiores.

Finalmente, e isso é da maior relevância para o candidato, o gabarito oficial da CESPE admitiu qualquer uma das peças (inicial de mandado de segurança ou de condenatória).

Quanto à competência jurisdicional, o que importa é o local do ato coator: São Paulo (o examinador não indica a comarca).

Para elaboração da peça, é essencial que o candidato leia atentamente a Lei 12.016/20009, que regula o mandado de segurança.

Atualmente, é necessário apontar não apenas a autoridade coatora (Delegado Regional Tributário), **mas também pedir a cientificação da pessoa jurídica que esta integra** (Estado de São Paulo), nos termos do art. 6º da citada Lei.

Não se esqueça que a prova, no mandado de segurança, deve ser pré-constituída, ou seja, faça referência a ela ao narrar os fatos (sem especificações) e **não** peça dilação probatória ao final.

Atenha-se ao que foi relatado pelo examinador e não deixe de substituir o nome da empresa, por "impetrante", no corpo da peça.

Eis a estrutura argumentativa (silogismo):

1. FATO: o fisco paulista apreendeu mercadoria para cobrar ICMS sobre a importação promovida por contribuinte localizado em Minas Gerais;

2. DIREITO: o ICMS é devido ao Estado em que o importador está estabelecido, e a administração tributária não pode apreender mercadoria como meio coercitivo para a cobrança de tributo;

3. CONCLUSÃO: logo, a apreensão e a pretensão do fisco paulista devem ser afastadas.

Vejamos como fica a peça.

Modelo: Mandado de segurança

[o que estiver entre colchetes é apenas nota do autor – não deve constar da peça]

início da peça

Excelentíssimo Senhor Doutor Juiz de Direito da Vara da Fazenda Pública da Comarca de (...) – SP

[deixe espaço de aproximadamente 10 cm, para eventual despacho ou decisão do juiz]

Móveis Ltda., com **único estabelecimento** em (endereço, Belo Horizonte, MG), inscrita no CNPJ sob nº (...), por seu advogado que firma a presente petição (procuração em anexo), com escritório para recebimento de intimações na (endereço – art. 39, I, do CPC), vem à presença de Vossa Excelência, respeitosamente, impetrar contra o Senhor Delegado Regional Tributário, vinculado ao Estado de São Paulo (art. 6º, *caput*, *in fine*, da Lei 12.016/2009), o presente

MANDADO DE SEGURANÇA COM PEDIDO DE LIMINAR

nos termos do artigo 5º, inciso LXIX, da Constituição Federal e da Lei 12.016/2009, pelas razões a seguir aduzidas:

1. DOS FATOS

A impetrante, com um único estabelecimento comercial na cidade de Belo Horizonte – MG **(documentação em anexo),** celebrou contrato comercial com sociedade de país estrangeiro, ficando acertado que tal país exportaria para o Brasil determinada mercadoria, cujo recebimento ocorreria no Estado de São Paulo **(documentação em anexo)**.

Como há incidência de ICMS sobre a importação da mercadoria, o preposto da impetrante, por ocasião do despacho aduaneiro, no Estado de São Paulo, apresentou a correspondente guia de recolhimento do ICMS, indicando como beneficiário o estado de Minas Gerais, e o inspetor da Receita Federal do Brasil liberou a referida mercadoria.

Entretanto, o agente fiscal estadual de São Paulo abordou o preposto, solicitando-lhe que apresentasse a guia de recolhimento do ICMS e, ao constatar que o Estado beneficiário era o de Minas Gerais, apreendeu a mercadoria e informou que só a liberaria mediante a apresentação do comprovante de pagamento do ICMS em favor do Estado de São Paulo **(auto de infração e comprovante da apreensão em anexo)**.

2. DO DIREITO

A pretensão do fisco paulista é indevida e a apreensão da mercadoria é inconstitucional.

O importador, destinatário do bem, é a impetrante, estabelecida unicamente em Minas Gerais, ainda que a importação se dê pelo território paulista.

O ICMS, no caso, é devido ao Estado de Minas Gerais, em que está localizado o importador (efetivo destinatário do bem), não importando o porto ou o aeroporto onde a mercadoria é desembaraçada, nos termos do art. 155, § 2º, IX, *a*, da CF (grifei):

> Art. 155 (...) § 2º O imposto previsto no inciso II [ICMS] atenderá ao seguinte:
>
> (...)
>
> IX - incidirá também:
>
> a) sobre a entrada de bem ou mercadoria importados do exterior por pessoa física ou jurídica, ainda que não seja contribuinte habitual do imposto, qualquer que seja a sua finalidade, assim como sobre o serviço prestado no exterior, **cabendo o imposto ao Estado onde estiver situado o domicílio ou o estabelecimento do destinatário da mercadoria, bem ou serviço**;
>
> (...)

A jurisprudência é pacífica, ratificando o entendimento de que o ICMS, *in casu*, é devido ao Estado de Minas Gerais:

> (transcrição de precedentes jurisprudenciais)

Essa é a lição da melhor doutrina:

> (transcrição de entendimento doutrinário)

A impetrante agiu com absoluta boa-fé. De modo transparente, preencheu a guia e recolheu o imposto estadual ao fisco mineiro, razão pela qual o inspetor da Receita Federal do Brasil liberou a mercadoria.

Finalmente, ainda que não fosse evidente a ausência de crédito tributário em favor do Estado de São Paulo, a autoridade fiscal jamais poderia apreender a mercadoria como meio coercitivo para a cobrança do tributo, conforme o entendimento sumulado pela Suprema Corte:

> Súmula 323/STF: É inadmissível a apreensão de mercadorias como meio coercitivo para pagamento de tributos.

De fato, a administração tributária tem meios adequados e eficazes para exercer sua pretensão fiscal, não cabendo impedir o trânsito da mercadoria e a atividade empresarial da contribuinte.

Evidente, portanto, a violação ao direito líquido e certo que dá ensejo ao *writ* e levará, certamente, à concessão da segurança.

3. DA LIMINAR

O *fumus boni iuris* foi demonstrado amplamente, pois a pretensão do fisco paulista é indevida, nos termos do art. 155, § 2º, IX, *a*, da CF. Ademais, é inconstitucional a apreensão da mercadoria, conforme a Súmula 323/STF.

Há *periculum in mora*, pois a indevida retenção do bem prejudica indefinidamente as atividades empresariais da impetrante. Aguardar o julgamento final do presente *writ* pode gerar prejuízos irreparáveis e, como visto, completamente injustos. *[como o examinador não dá maiores informações, é preciso fazer alegações genéricas, sem inovar em relação ao que foi relatado – na vida real, é preciso indicar com precisão e comprovadamente o perigo na demora]*

Ademais, é incontroverso que a mercadoria é legal, não se tratando de contrabando, falsificação ou bem que coloque em risco o consumidor brasileiro. A empresa é idônea, regularmente estabelecida no país, inscrita corretamente nos registros fiscais, boa pagadora dos tributos. *[isso demonstra que, se o contribuinte estiver errado, o fisco terá como cobrar o tributo devido – não é empresa inidônea]*

O debate todo, frise-se, é estritamente quanto sujeito ativo da exação, sendo inaplicável, nesse caso, a vedação do art. 7º, § 2º, da Lei 12.016/2009, devendo ser garantido o direito essencial de acesso ao Judiciário (art. 5º, XXXV, da CF). *[a tese a respeito do art. 7º, § 2º, da Lei 12.016/2009 não é estritamente necessária, mas incluímos no modelo para informação do estudante]*

É cediço que o fisco tem os meios adequados para cobrar o tributo que entende devido, sendo inconstitucional a apreensão de mercadorias com essa finalidade, nos termos da Súmula 323/STF: "É inadmissível a apreensão de mercadorias com o meio coercitivo para pagamento de tributos".

De fato, o ato ilegal de apreensão viola os mais básicos direitos à atividade empresarial e à livre iniciativa, conforme os arts. 5º, XIII, XXII, e 170 da CF.

Por essas razões, com o devido respeito e deferência, pede-se a concessão da liminar antes mesmo da notificação da autoridade coatora, nos termos do art. 7º, III, da Lei 12.016/2009, para que seja imediatamente liberada a mercadoria apreendida, sem recolhimento de ICMS ao fisco paulista, tendo em vista a relevância do fundamento (aparência do bom direito – *fumus boni iuris*) e o perigo na demora da decisão (*periculum in mora*).

4. DO PEDIDO

Por todo o exposto, a impetrante requer seja:

a) deferida a medida liminar, para que seja liberada a mercadoria sem o recolhimento do ICMS ao Estado de São Paulo (art. 7º, III, da Lei 12.016/2009);

b) determinada a notificação da autoridade coatora, enviando-lhe todas as cópias dos documentos que instruem a inicial, para que preste todas as informações necessárias, no prazo de 10 dias (art. 7º, I, da Lei 12.016/2009);

c) dada ciência ao Estado de São Paulo, enviando-lhe cópia da inicial para que, querendo, ingresse no feito (art. 7º, II, da Lei 12.016/2009);

d) ouvido o representante do Ministério Público, para que opine no prazo de 10 dias (art. 12 da Lei 12.016/2009);

e) ao final, confirmada a liminar deferida, concedendo-se definitivamente a segurança pleiteada para a liberação da mercadoria, cancelamento da autuação fiscal e afastamento da pretensão do fisco paulista;

f) condenado o Estado às custas processuais.

[obs.: toda a prova deve ser juntada à inicial, pois o direito é líquido e certo, e não se admite dilação probatória. Não há condenação em honorários advocatícios em mandado de segurança: Súmulas 512/STF e 105/STJ]

Dá-se à causa o valor de R$ (...) (valor dos tributos indevidamente cobrados – art. 258 do CPC).

Termos em que

Pede Deferimento

(...), SP (data)

[não assine, rubrique ou, de outra forma, identifique sua prova!]

ADVOGADO (...)

OAB-(Estado) nº (...)

Endereço (...)

fim da peça

GABARITO COMENTADO – CESPE

Há possibilidade de redação de duas peças processuais:

Opção 1: mandado de segurança contra ato do agente fiscal estadual, perante a Vara da Fazenda Pública do Estado de São Paulo.

Opção 2: ação ordinária com pedido de antecipação de tutela, ajuizada perante a Vara da Fazenda Pública do Estado de São Paulo.

Na peça deve constar:

• Opção 1: notificação da autoridade coatora (agente fiscal estadual de São Paulo – 0,50), e do ente que ele representa (Estado de São Paulo – 0,50);

• Opção 2: polo passivo — citação do Estado de São Paulo (atribuir pontuação integral)

• ICMS devido ao estado de Minas Gerais, e não, ao de São Paulo, visto que a alínea *a* do inciso IX do § 2º . do art. 155 da CF estabelece que sobre a entrada de mercadoria importada do exterior de pessoa jurídica, cabe o imposto ao estado onde estiver situado o domicílio ou o estabelecimento do destinatário da mercadoria, bem ou serviço;

• solicitação, no mérito, da expedição de ordem para a liberação do material:

• Opção 1: alegação do *fumus boni iuris* e *periculum in mora*;

• Opção 2: alegação da verossimilhança da alegação e do fundado receio de dano irreparável ou difícil reparação (*fumus boni iuris* e *periculum in mora*).

(OAB/Exame Unificado – 2010.1 – 2ª fase) Juarez aposentou-se no serviço público federal em 15/5/2005. Três anos depois, foi acometido de neoplasia maligna, conforme atestado em laudo pericial, datado de 5/9/2008 e proferido por médico especialista em oncologia do Hospital Vita.

Em razão desse diagnóstico e de posse do laudo médico, Juarez protocolou, junto ao órgão em que trabalhava, ou seja, junto a sua fonte pagadora, pedido de concessão do benefício de isenção do imposto de renda relativamente aos seus proventos de aposentadoria. O pedido foi negado, sob o argumento de que o laudo pericial apresentado não fora emitido por serviço médico oficial da União. Juarez submeteu-se, então, a perícia feita por junta médica oficial da repartição pública que lhe concedera a aposentadoria. Após análise dos documentos apresentados e realização de exame físico, foi emitido laudo, datado de 6/2/2009, atestando ser o interessado realmente portador da alegada debilidade.

Com o laudo pericial comprovador da moléstia, emitido por serviço médico oficial da União, Juarez protocolou, perante sua fonte pagadora, em 15/2/2009, novo pedido de reconhecimento da isenção. Transcorrido mais de um ano, a fonte pagadora continua procedendo aos descontos do imposto de renda incidente sobre os proventos da aposentadoria de Juarez, que, inconformado, procurou auxílio de profissional da advocacia.

Com base nos fatos hipotéticos apresentados, redija, na condição de advogado(a) contratado(a) por Juarez, a peça processual adequada para garantir a efetividade do alegado direito violado.

COMENTÁRIO PRÉVIO

Em primeiro lugar, o candidato deve perceber que existe isenção de imposto de renda em favor do portador de neoplasia maligna, ou então não haveria como o examinador pedir a elaboração de peça para "garantir a efetividade do alegado direito violado".

De fato, a legislação afasta a tributação no caso de determinadas doenças graves, nos termos do art. 39, XXXIII, do Regulamento do Imposto de Renda – RIR (Decreto 3.000/1999, correspondente ao art. 6º, XV, da Lei 7.713/1988 e ao art. 28 da Lei 9.250/1995):

> Art. 39. Não entrarão no cômputo do rendimento bruto:
>
> (...)
>
> Proventos de Aposentadoria por Doença Grave
>
> XXXIII - os proventos de aposentadoria ou reforma, desde que motivadas por acidente em serviço e os percebidos pelos portadores de moléstia profissional, tuberculose ativa, alienação mental, esclerose múltipla, neoplasia maligna, cegueira, hanseníase, paralisia irreversível e incapacitante, cardiopatia grave, doença de Parkinson, espondiloartrose anquilosante, nefropatia grave, estados avançados de doença de Paget (osteíte deformante), contaminação por radiação, síndrome de imunodeficiência adquirida, e fibrose cística (mucoviscidose), com base em conclusão da medicina especializada, mesmo que a doença tenha sido contraída depois da aposentadoria ou reforma (Lei 7.713, de 1988, art. 6º, inciso XIV, Lei 8.541, de 1992, art. 47, e Lei 9.250, de 1995, art. 30, § 2º);

Lembre-se que a isenção é dada pela lei. Disso decorre que o laudo médico apenas comprova a doença, mas não é ele que faz surgir o direito em favor do contribuinte.

Assim, no momento em que a médica da repartição pública aferiu que Juarez realmente era portador da doença (segundo laudo, de 6.2.2009), houve, na verdade, ratificação daquele primeiro laudo, elaborado por médico particular em 5.9.2008.

É correto defender, portanto, que houve inequívoca comprovação de que o contribuinte já era acometido por neoplasia maligna em setembro de 2009, preenchendo, desde então, o requisito para a isenção do imposto de renda.

Ademais, ainda que a legislação demande laudo médico oficial, a jurisprudência do STJ flexibiliza a exigência, considerando que o juiz pode apreciar livremente a prova:

> Tributário. Imposto de renda. Isenção aos portadores de neoplasia maligna. Prova. Laudo oficial (Lei 9.250/95, art. 30). Violação do art. 535 do CPC.
>
> 1. Inexiste ofensa ao art. 535 do CPC quando o Tribunal analisa a aplicação de dispositivo legal invocado pela parte, mas o interpreta de forma diversa da pretendida, não se prestando os embargos declaratórios para a rediscussão da matéria.

TRIBUTÁRIA

2. A jurisprudência desta Corte firmou-se no sentido de que, embora o art. 30 da Lei 9.250/95 imponha, como condição para a isenção do imposto de renda de que tratam os incisos XIV e XXI do art. 6º da Lei 7.713/88, a emissão do laudo pericial por meio de serviço médico oficial, esse comando legal "não vincula o Juiz, que, nos termos dos arts. 131 e 436 do Código de Processo Civil, é livre na apreciação das provas acostadas aos autos pelas partes litigantes" (REsp 673.741/PB, Rel. Min. João Otávio de Noronha, dentre outros).

3. Recurso especial improvido.

(REsp 907.158/PE, Rel. Ministra Eliana Calmon, Segunda Turma, julgado em 26/08/2008, DJe 18/09/2008)

Ora, se Juarez era isento desde 5.9.2008 (data do primeiro laudo), a retenção e recolhimento do imposto realizados desde então foram indevidos, de modo que cabe **pedido de repetição de indébito tributário,** nos termos do art. 165 do CTN.

Ademais, o contribuinte quer também que a fonte pagadora deixe de reter o imposto de renda em relação aos próximos pagamentos, razão pela qual deve ser formulado **pedido de condenação à obrigação de não fazer**.

O espelho de correção da CESPE referiu-se à ação **declaratória** cumulada com a repetição de indébito. Entendemos, entretanto, que a ação **condenatória** (cumulada com a repetição de indébito) é mais adequada.

Isso porque haverá pedido para que a fonte pagadora se abstenha de fazer algo (= condenação), e não simples declaração de um direito.

Por essa razão, ficaremos com a ação condenatória de obrigação de não fazer, cumulada com o pedido de repetição de indébito.

Quanto à repetição do indébito, não se esqueça de consultar os arts. 165 a 169 do CTN para não se esquecer de nada.

Importante lembrar que a natureza jurídica do IR não permite o repasse de seu ônus econômico. Ou seja, é tributo direto, sendo inaplicável o requisito do art. 166 do CTN.

Finalmente, para esgotar o assunto, interessante mencionar o prazo prescricional do art. 168 do CTN, a que muitas vezes é atribuída pontuação nos espelhos de correção.

As ações ordinárias são demoradas, de modo que é essencial o pedido de antecipação de tutela, para que o órgão público deixe, imediatamente, de reter e recolher o imposto de renda sobre os proventos de aposentadoria, conforme o art. 461, § 3º, do CPC:

Art. 461. Na ação que tenha por objeto o cumprimento de obrigação de fazer ou não fazer, o juiz concederá a tutela específica da obrigação ou, se procedente o pedido, determinará providências que assegurem o resultado prático equivalente ao do adimplemento.

(...)

§ 3º Sendo relevante o fundamento da demanda e havendo justificado receio de ineficácia do provimento final, é lícito ao juiz conceder a tutela liminarmente ou mediante justificação prévia, citado o réu. A medida liminar poderá ser revogada ou modificada, a qualquer tempo, em decisão fundamentada.

(...)

Perceba que não cabe antecipação de tutela em relação ao pedido de repetição de indébito, já que o pagamento das dívidas pelo poder público é feito exclusivamente pela sistemática dos precatórios (art. 100 da CF), após o trânsito em julgado da sentença.

Eis a estrutura argumentativa (**silogismo**):

1. FATO: Juarez é portador de neoplasia maligna desde 5.9.2008. Houve retenção e recolhimento de imposto de renda sobre os proventos pagos desde então;

2. DIREITO: nos termos do art. 39, XXXIII, do RIR, os portadores de neoplasia maligna são isentos do IR. Quem paga tributo indevido tem direito à restituição (art. 165 do CTN);

3. CONCLUSÃO: **logo, Juarez é isento do imposto de renda incidente sobre seus proventos de aposentadoria e tem direito à devolução daquilo que foi indevidamente pago.**

Vejamos como fica a peça.

Modelo: Petição inicial de ação ordinária com pedidos cumulados de repetição de indébito tributário e de condenação em obrigação de não fazer

[o que estiver entre colchetes é apenas nota do autor – não deve constar da peça]

início da peça

Excelentíssimo Senhor Doutor Juiz Federal da Vara da Subseção Judiciária de (...)

[deixe espaço de aproximadamente 10 cm, para eventual despacho ou decisão do juiz]

Juarez (...), (qualificação), residente e domiciliado neste município, na (endereço), portador da carteira de identidade RG (...) e CPF(...) (documentos anexados), por seu advogado que firma a presente petição (procuração em anexo), com escritório para recebimento de intimações na (endereço – art. 39, I, do CPC), vem, respeitosamente, propor contra a União, cujo procurador pode ser localizado em (endereço), a presente

AÇÃO ORDINÁRIA DE REPETIÇÃO DE INDÉBITO TRIBUTÁRIO E CONDENATÓRIA DE OBRIGAÇÃO DE NÃO FAZER, COM PEDIDO DE ANTECIPAÇÃO DA TUTELA

nos termos do art. 282 do Código de Processo Civil – CPC e do art. 165 do Código Tributário Nacional – CTN, pelas razões a seguir aduzidas:

1. DOS FATOS

O **autor** aposentou-se no serviço público federal em 15/5/2005. Três anos depois, foi acometido de neoplasia maligna, conforme atestado em laudo pericial, datado de 5/9/2008 e proferido por médico especialista em oncologia do Hospital Vita **(documento em anexo)**. *[lembre-se que os documentos devem instruir a inicial, nos termos do art. 283 do CPC]*

Em razão desse diagnóstico e de posse do laudo médico, o **autor** protocolou, junto ao órgão em que trabalhava, ou seja, junto a sua fonte pagadora, pedido de concessão do benefício de isenção do imposto de renda relativamente aos seus proventos de aposentadoria. O pedido foi negado, sob o argumento de que o laudo pericial apresentado não fora emitido por serviço médico oficial da **ré** (União). O **autor** submeteu-se, então, a perícia feita por junta médica oficial da repartição pública que lhe concedera a aposentadoria. Após análise dos documentos apresentados e realização de exame físico, foi emitido laudo, datado de 6/2/2009, atestando ser o interessado realmente portador da alegada debilidade **(documento em anexo)**.

Com o laudo pericial comprovador da moléstia, emitido por serviço médico oficial da **ré** (União), o **autor** protocolou, perante sua fonte pagadora, em 15/2/2009, novo pedido de reconhecimento da isenção **(documento em anexo)**. Transcorrido mais de um ano, a fonte pagadora continua procedendo aos descontos do imposto de renda incidente sobre os proventos da aposentadoria do autor **(documento em anexo)**.

2. DO DIREITO

É incontroverso que o autor é portador de neoplasia maligna, o que foi aferido pelo médico da própria ré (laudo em anexo).

O autor é indiscutivelmente isento do imposto de renda em relação aos seus proventos de aposentadoria, nos termos do art. 39, XXXIII, do Regulamento do Imposto de Renda – RIR (Decreto 3.000/1999, correspondente ao art. 6º, XV, da Lei 7.713/1988 e ao art. 28 da Lei 9.250/1995):

> Art. 39. Não entrarão no cômputo do rendimento bruto:
>
> (...)
>
> Proventos de Aposentadoria por Doença Grave

XXXIII - os proventos de aposentadoria ou reforma, desde que motivadas por acidente em serviço e os percebidos pelos portadores de moléstia profissional, tuberculose ativa, alienação mental, esclerose múltipla, neoplasia maligna, cegueira, hanseníase, paralisia irreversível e incapacitante, cardiopatia grave, doença de *Parkinson*, espondiloartrose anquilosante, nefropatia grave, estados avançados de doença de *Paget* (osteíte deformante), contaminação por radiação, síndrome de imunodeficiência adquirida, e fibrose cística (mucoviscidose), com base em conclusão da medicina especializada, mesmo que a doença tenha sido contraída depois da aposentadoria ou reforma (Lei 7.713, de 1988, art. 6º, inciso XIV, Lei 8.541, de 1992, art. 47, e Lei 9.250, de 1995, art. 30, § 2º);

A isenção é dada pela lei, nos termos do art. 176 do CTN.

Disso decorre que o laudo médico apenas comprova a doença, mas não é ele que faz surgir o direito em favor do contribuinte.

Assim, no momento em que a médica da repartição pública aferiu que **o autor** realmente era portador da doença (segundo laudo, de 6.2.2009), houve, na verdade, ratificação daquele primeiro laudo, elaborado por médico particular em 5.9.2008.

Houve, portanto, inequívoca comprovação de que o contribuinte já era acometido por neoplasia maligna em setembro de 2009, preenchendo, desde então, o requisito para a isenção do imposto de renda.

Ademais, a jurisprudência do STJ reconhece que comprovação da enfermidade pode ser feita por laudo produzido por médico particular, considerando que o juiz aprecia livremente a prova:

(transcrição de precedentes jurisprudenciais)

Esse é o entendimento da melhor doutrina:

(transcrição de entendimento doutrinário)

Por essa razão, a retenção do imposto de renda pela fonte pagadora é irregular, devendo cessar imediatamente, conforme o pedido de antecipação de tutela a seguir formulado, e os valores indevidamente recolhidos devem ser devolvidos ao autor.

Importante ressaltar que a natureza jurídica do IR não permite o repasse de seu ônus econômico. Ou seja, é tributo direto, sendo inaplicável o requisito do art. 166 do CTN.

Finalmente, o indébito foi recolhido ao fisco há menos de 5 anos antes da propositura da ação, inexistindo prescrição (art. 168, I, do CTN). *[Importante que o leitor atente-se para a data do exame, para aferir eventual prescrição]*

3. DA ANTECIPAÇÃO DOS EFEITOS DA TUTELA PRETENDIDA

Existe prova inequívoca do alegado, conforme a documentação em anexo, em especial os laudos produzidos pelo médico particular e pelo médico da própria ré.

A verossimilhança das alegações é clara, pelo exposto acima.

Há risco de dano irreparável na demora do provimento jurisdicional.

Isso porque, caso não sejam antecipados os efeitos da tutela pretendida, a fonte pagadora continuará a reter o imposto de renda na fonte, como tem feito, mesmo após o laudo médico oficial (documentos em anexo).

A continuidade do recolhimento indevido onerará pesadamente o autor, que se sujeitará ao penoso caminho do *solve et repete*, com futura devolução pela sistemática dos precatórios.

Presentes, portanto, todas as condições para a antecipação pretendida, sem oitiva da ré, nos termos do art. 461, § 3º, do CPC, para que a fonte pagadora abstenha-se de reter e recolher o imposto de renda incidente sobre os proventos de aposentadoria pagos ao autor.

4. DO PEDIDO

Por todo o exposto, o autor requer:

a) seja deferida a antecipação da tutela pretendida, para que a fonte pagadora abstenha-se de reter e recolher imposto de renda sobre os proventos de aposentadoria pagos ao autor;

b) seja determinada a citação da ré na pessoa de seu procurador para, querendo, contestar a presente demanda no prazo legal (arts. 297 e 188 do CPC), sob pena de revelia (art. 285 do CPC);

c) a produção de todas as provas admitidas pelo Direito;

d) seja, ao final:

– reconhecida a isenção do autor e ratificada a tutela antecipada, para que a ré se abstenha de reter e recolher imposto de renda sobre os proventos pagos;

– condenada a ré a restituir o total indevidamente recolhido a título de imposto de renda sobre os proventos pagos desde 5.9.2008;

e) seja a ré condenada ao pagamento das custas processuais e dos honorários de sucumbência fixados em 20% do valor da condenação (art. 20 do CPC);

Dá-se à causa o valor de R$ (...) (valor a ser restituído – art. 258 e 259 do CPC)

Termos em que

Pede Deferimento

(Local), (data)

[não assine, rubrique ou, de outra forma, identifique sua prova!]

ADVOGADO (...)

OAB-(Estado) nº (...)

Endereço (...)

fim da peça

GABARITO COMENTADO – CESPE

Deve-se redigir ação declaratória, cumulada com ação de repetição de indébito, endereçada à justiça federal.

Fundamento de mérito: art. 6º, XIV, da Lei 7.713/1988, com a redação dada pela Lei 11.052/2004:

> "Art. 6º. Ficam isentos do imposto de renda os seguintes rendimentos percebidos por pessoas físicas:
>
> (...)
>
> XIV – os proventos de aposentadoria ou reforma motivada por acidente em serviço e os percebidos pelos portadores de moléstia profissional, tuberculose ativa, alienação mental, esclerose múltipla, neoplasia maligna, cegueira, hanseníase, paralisia irreversível e incapacitante, cardiopatia grave, doença de Parkinson, espondiloartrose anquilosante, nefropatia grave, hepatopatia grave, estados avançados da doença de Paget (osteíte deformante), contaminação por radiação, síndrome da imunodeficiência adquirida, com base em conclusão da medicina especializada, mesmo que a doença tenha sido contraída depois da aposentadoria ou reforma;
>
> (...)"

Deve-se formular pedido de antecipação de tutela com a especificação de seus requisitos. No mérito, deve-se solicitar o reconhecimento da isenção, para que a remuneração devida não sofra mais nenhum tipo de redução, e a restituição de todo o valor pago de forma indevida. Devem-se pedir, também, a citação da ré (União), na pessoa de seu procurador, a produção de provas e a condenação da ré nas verbas da sucumbência.

A restituição deve ser acrescida de juros mais atualizações.

Valor da causa: equivalente ao da restituição (basta a expressão valor da causa, ou equivalente)

Observação para a correção: atribuir pontuação integral às respostas em que esteja expresso o conteúdo do dispositivo legal, ainda que não seja citado, expressamente, o número do artigo; caso o examinando omita, na identificação da União, a pessoa de seu procurador, retirar ponto no item 3 (Domínio do raciocínio jurídico).

(OAB/Exame Unificado – 2010.2 – 2ª fase) Em 10/05/2005 Livina Maria Andrade arrematou judicialmente um imóvel por R$ 350.000,00 localizado no Município de Rancho Queimado. Recolheu o ITBI, com base no valor arrematado em juízo.

A Sra. Livina Maria Andrade é agricultora e utiliza o imóvel para a produção agrícola e pecuária.

O imóvel está dentro da zona urbana definida por lei pelo Município, já que a rua onde se encontra o imóvel é asfaltada e o Município fornece água e sistema de esgoto sanitário.

Em 10/05/2008 recebeu notificação fiscal exigindo diferenças no valor do ITBI pago por ocasião da aquisição judicial do imóvel. O Fisco Municipal entendeu que o tributo deveria ser calculado com base no valor da avaliação judicial realizada no processo de execução no qual ocorreu a arrematação (R$ 380.000,00). A Sra. Livina permaneceu inerte e é inscrita em dívida ativa em 10/08/2008.

Em 10/06/2010 foi citada em execução fiscal proposta pelo Município de Rancho Queimado para a cobrança do ITBI e do IPTU dos anos de 2007, 2008 e 2009, os quais nunca foram pagos.

A Sra. Livina tem bens penhorados em 10/07/2010 e lhe procura, em 20/07/2010, para a defesa de seus direitos.

Na qualidade de advogado da Sra. Livina, elabore a peça processual que melhor atenda o seu direito, especificando seus fundamentos.

COMENTÁRIO PRÉVIO

Livina está sendo executada judicialmente. Ademais, não se esgotou o prazo para a apresentação dos **embargos à execução fiscal**, que é de 30 dias da intimação da penhora, conforme o art. 16, III, da Lei 6.830/1980:

> Art. 16 - O executado oferecerá embargos, no prazo de 30 (trinta) dias, contados:
>
> I - do depósito;
>
> II - da juntada da prova da fiança bancária;
>
> III - da intimação da penhora.
>
> (...)

É essa, portanto, a peça a ser elaborada.

Ainda em relação à questão processual, é interessante saber que, atualmente, os Embargos não têm necessariamente efeito suspensivo, pois se aplica o disposto no art. 739-A do CPC:

> Processual civil. Embargos à execução fiscal. Efeito suspensivo. Lei 11.382/2006. Reformas processuais. Inclusão do art. 739-A no CPC.
>
> Reflexos na Lei 6.830/1980. "Diálogo das fontes".
>
> 1. Após a entrada em vigor da Lei 11.382/2006, que incluiu no CPC o art. 739-A, os embargos do devedor poderão ser recebidos com efeito suspensivo somente se houver requerimento do embargante e, cumulativamente, estiverem preenchidos os seguintes requisitos: a) relevância da argumentação; b) grave dano de difícil ou incerta reparação; e c) garantia integral do juízo.
>
> 2. A novel legislação é mais uma etapa da denominada "reforma do CPC", conjunto de medidas que vêm modernizando o ordenamento jurídico para tornar mais célere e eficaz o processo como técnica de composição de lides.
>
> 3. Sob esse enfoque, a atribuição de efeito suspensivo aos embargos do devedor deixou de ser decorrência automática de seu simples ajuizamento. Em homenagem aos princípios da boa-fé e da lealdade processual, exige-se que o executado demonstre efetiva vontade de colaborar para a rápida e justa solução do litígio e comprove que seu direito é bom.
>
> 4. Trata-se de nova concepção da Teoria Geral do Processo de Execução, que, por essa *ratio*, reflete-se na legislação processual esparsa que disciplina microssistemas de execução, desde que as normas do CPC possam ser subsidiariamente utilizadas para o preenchimento de lacunas. Aplicação, no âmbito processual, da teoria do "diálogo das fontes".
>
> 5. A Lei de Execuções Fiscais (Lei 6.830/1980) determina, em seu art. 1º, a aplicação subsidiária das normas do CPC. Na ausência de disciplina específica a respeito do efeito suspensivo nos Embargos à Execução Fiscal, a doutrina e a jurisprudência sempre adotaram as regras do Código de Processo Civil.
>
> 6. A interpretação sistemática pressupõe, além da análise da relação que os dispositivos da Lei 6.830/1980 guardam entre si, a respectiva interação com os princípios e regras da Teoria Geral do Processo de Execução. Nessas condições, as alterações promovidas pela Lei 11.382/2006, notadamente o art. 739-A, § 1º, do CPC, são plenamente aplicáveis aos processos regidos pela Lei 6.830/1980. Precedentes do STJ:

REsp 1.024.128/PR, Rel. Min. Herman Benjamin, Dje 19.12.2008; RCDESP na MC 15.208/RS, Rel. Ministro Mauro Campbell Marques, DJe 16/04/2009; REsp 1.065.668/SC, Rel. Ministro Luiz Fux, DJe 21/09/2009.

7. Não se trata de privilégio indevido a ser concedido à Fazenda Pública, mas de justificável prerrogativa alicerçada nos princípios que norteiam o Estado Social, dotando a Administração de meios eficazes para a célere recuperação dos créditos públicos.

8. Hipótese em que a decisão de admissibilidade dos Embargos do Devedor para fins de recebimento e processamento é datada de 25.1.2007, razão pela qual se aplicam as alterações promovidas pela Lei 11.382/2006.

9. Agravo regimental não provido.

(AgRg no REsp 1030569/RS, Rel. Ministro Herman Benjamin, Segunda Turma, j. 03/12/2009, DJe 23/04/2010)

Assim, é preciso que o candidato requeira expressamente a concessão do efeito suspensivo, sob pena de a execução seguir seu curso, mesmo após a penhora e a apresentação dos embargos, o que seria bastante prejudicial para a executada (poderá haver leilão dos bens e irreversibilidade da situação):

Art. 739-A. Os embargos do executado não terão efeito suspensivo.

§ 1º O juiz poderá, a requerimento do embargante, atribuir efeito suspensivo aos embargos quando, sendo relevantes seus fundamentos, o prosseguimento da execução manifestamente possa causar ao executado grave dano de difícil ou incerta reparação, e desde que a execução já esteja garantida por penhora, depósito ou caução suficientes.

(...)

Algo que deve ser sempre analisado é o transcurso dos prazos decadencial e prescricional, ambos de 5 anos (arts. 173 e 174 do CTN).

O fisco lançou o ITBI em 2008, 3 anos após a arrematação (2005), e iniciou a execução aproximadamente 2 anos depois (2010). Em relação ao IPTU, o exercício mais antigo é 2007, apenas 3 anos antes do início da execução.

Não há, portanto, falar em decadência ou prescrição, no presente caso.

Quanto ao mérito, há duas questões a serem abordadas:

- a base de cálculo do ITBI; e
- a exigibilidade do IPTU.

O ITBI deve ser calculado sobre o valor venal do imóvel transmitido, nos termos do art. 38 do CTN, ou seja, o montante correspondente a uma venda normal, à vista.

Perceba, portanto, que a arrematação em hasta pública é um critério muito mais preciso para aferir o real valor venal do imóvel, já que corresponde à melhor oferta pública feita pelos interessados, do que a avaliação judicial previamente realizada.

É por essa razão que o valor da arrematação é reconhecido como base de cálculo para o ITBI pela jurisprudência pacífica:

Tributário. Recurso especial. Ação declaratória. ITBI. Arrematação judicial. Base de cálculo. Valor da arrematação e não o venal. Precedente. Dissídio jurisprudencial demonstrado. Direito local. Súmula 280 do STF. Omissão – art. 535, CPC. Inocorrência. Recurso provido pela alínea "c".

> 1. A arrematação representa a aquisição do bem alienado judicialmente, considerando-se como base de cálculo do ITBI aquele alcançado na hasta pública. (...).
>
> (...)
>
> 7. Recurso especial parcialmente conhecido e provido.
>
> (REsp 1188655/RS, Rel. Ministro Luiz Fux, Primeira Turma, j. 20/05/2010, DJe 08/06/2010)

O fato de se tratar de aquisição originária (questão indicada no gabarito oficial da FGV) é relevante para excluir a responsabilidade do adquirente em relação a débitos tributários anteriores à arrematação (art. 130, parágrafo único, do CTN), questão que não é suscitada pelo examinador (todos os valores referem-se ao ITBI incidente sobre a transmissão e ao IPTU relativo a exercícios posteriores). Não nos parece razoável, portanto, o argumento de que, por se tratar de aquisição originária, inexistiria incidência do ITBI, até porque a tese não é acolhida pela jurisprudência.

Assim é correto o valor de ITBI calculado e recolhido por Livina, de modo que a execução é indevida.

Quanto ao IPTU, é interessante relembrarmos sobre quais bens incide.

Isso porque, em relação à propriedade dos bens imóveis, podem ser cobrados IPTU municipal, em relação aos urbanos, e ITR federal, sobre os rurais.

O critério para distinguir essas espécies de imóveis (rurais e urbanos) e, portanto, dirimir o conflito de competência, é dado pela lei complementar. A rigor, pelo CTN e por um decreto-lei, recepcionados pela Constituição atual com força de leis complementares federais.

A distinção é feita primordialmente pelo **critério espacial**, ou seja, a depender de o imóvel estar localizado na área urbana ou rural do município, conforme delimitado pela lei local nos termos do art. 32 do CTN.

Assim, considera-se área urbana aquela definida na lei municipal, desde que haja pelo menos 2 melhoramentos indicados no § 1º do dispositivo legal, quais sejam:

– meio-fio ou calçamento, com canalização de águas pluviais;

– abastecimento de água;

– sistema de esgotos sanitários;

– rede de iluminação pública, com ou sem posteamento para distribuição domiciliar;

– escola primária ou posto de saúde a uma distância máxima de 3 quilômetros do imóvel considerado.

Ademais, a lei municipal pode considerar também urbanas as áreas urbanizáveis, ou de expansão urbana, constantes de loteamentos aprovados pelos órgãos competentes, destinados à habitação, à indústria ou ao comércio, mesmo que localizados fora das zonas urbanas definidas pelo critério dos melhoramentos – art. 32, § 2º, do CTN.

Finalmente, há uma exceção ao critério espacial, pela qual o imóvel é considerado rural, mesmo quando localizado na área urbana do Município, desde que destinado à exploração extrativista vegetal, agrícola, pecuária ou agroindustrial – **critério da destinação** previsto no art. 15 do DL 57/1966:

> Art. 15. O disposto no art. 32 da Lei 5.172, de 25 de outubro de 1966, não abrange o imóvel que, comprovadamente, seja utilizado em exploração extrativa vegetal, agrícola, pecuária ou agroindustrial, incidindo assim, sobre o mesmo, o ITR e demais tributos com o mesmo cobrados.

O imóvel de Livina encaixa-se exatamente nessa exceção: apesar de estar localizado na zona urbana, é destinado à "produção agrícola e pecuária" de modo que, pelo critério da destinação, é considerado rural.

Incide, portanto, exclusivamente o ITR federal, e não o IPTU municipal.

Por essa razão, a execução promovida pelo Município não pode prosperar.

Eis a estrutura argumentativa (**silogismo**):

1. FATO: Livina recolheu ITBI sobre o valor da arrematação de imóvel, a que deu destinação agropecuária, e não pagou IPTU em relação aos exercícios posteriores. O Município cobra diferença de ITBI e o IPTU desses anos;

2. DIREITO: nos termos do art. 38 do CTN, à luz da jurisprudência, a base de cálculo do ITBI é o valor da arrematação. Em conformidade com o art. 15 do DL 57/1966, incide exclusivamente o ITR sobre imóvel destinado à exploração de atividade agropecuária;

3. CONCLUSÃO: **logo, inexiste débito tributário e, portanto, a execução fiscal promovida pelo Município é indevida.**

Vejamos como fica a peça.

Modelo: Embargos à execução fiscal

início da peça

Excelentíssimo Senhor Doutor Juiz de Direito do Anexo Fiscal da Comarca de Rancho Queimado

[deixe espaço de aproximadamente 10 cm, para eventual despacho ou decisão do juiz]

Distribuição por dependência

Execução Fiscal nº (...)

Livina Maria Andrade, (nacionalidade), (estado civil), (profissão), residente e domiciliada na (endereço), por seu advogado, que firma a presente petição (procuração em anexo), com escritório para recebimento de intimações na (endereço – art. 39, I, do CPC), em face da Execução Fiscal nº (...), que lhe move a Fazenda Pública do Município de Rancho Queimado perante esse douto Juízo, vem à presença de Vossa Excelência, respeitosamente, após seguro o Juízo pela penhora, oferecer estes

EMBARGOS À EXECUÇÃO FISCAL

nos termos do art. 16 da Lei 6.830/1980, pelas razões a seguir aduzidas:

1. DOS FATOS

Em 10/05/2005 a **embargante** arrematou judicialmente um imóvel por R$ 350.000,00 localizado neste Município de Rancho Queimado. Recolheu o ITBI, com base no valor arrematado em juízo (**documento em anexo**).

A **embargante** é agricultora e utiliza o imóvel para a produção agrícola e pecuária, **conforme comprovam os documentos em anexo**. *[lembre-se que os documentos devem instruir a inicial, nos termos do art. 283 do CPC]*

O imóvel está dentro da zona urbana definida por lei pelo Município, já que a rua onde se encontra o imóvel é asfaltada e o Município fornece água e sistema de esgoto sanitário.

Em 10/05/2008 recebeu notificação fiscal exigindo diferenças no valor do ITBI pago por ocasião da aquisição judicial do imóvel (**documento em anexo**). O **embargado** entendeu que o tributo deveria ser calculado com base no valor da avaliação judicial realizada no processo de execução no qual ocorreu a arrematação (R$ 380.000,00). A **embargante** permaneceu inerte e foi inscrita em dívida ativa em 10/8/2008.

Em 10/06/2010 foi citada em execução fiscal proposta pelo **embargado** para a cobrança do ITBI e do IPTU dos anos de 2007, 2008 e 2009, os quais nunca foram pagos.

A **embargante** teve bens penhorados em 10/07/2010.

2. DO EFEITO SUSPENSIVO

Caso a execução prossiga, haverá leilão dos bens penhorados, com consequente dano irreparável para a embargante, já que a futura vitória na demanda não terá o condão de restabelecer a situação atual.

No caso dos autos, é incontroverso que a pretensão fiscal está garantida, além de que, como veremos no tópico seguinte, os fundamentos da embargante são relevantes e sólidos.

Por essa razão, preenchidos os requisitos do art. 739-A, § 1º, do CPC, a executada requerer que esse douto juízo atribua efeito suspensivo a estes embargos à execução, impedindo a hasta pública e a alienação dos bens penhorados.

3. DO DIREITO

O ITBI deve ser calculado sobre o valor venal do imóvel transmitido, nos termos do art. 38 do CTN, ou seja, o montante correspondente a uma venda normal, à vista.

A arrematação em hasta pública é o critério mais preciso para aferir esse real valor venal, já que corresponde à melhor oferta feita pelos interessados.

É por essa razão que o valor da arrematação é reconhecido como base de cálculo para o ITBI pela jurisprudência pacífica:

(transcrição de precedentes jurisprudenciais)

Esse é também o entendimento da melhor doutrina:

(transcrição de entendimento doutrinário)

Correto, portanto, o valor de ITBI calculado e recolhido pela embargante à época da arrematação, de modo que a execução de suposta diferença é indevida.

Em relação à propriedade dos bens imóveis, podem ser cobrados IPTU municipal sobre os urbanos, e ITR federal no caso dos imóveis rurais.

O critério para distinguir essas espécies de imóveis (rurais e urbanos) e, portanto, dirimir o conflito de competência, é dado pela lei complementar.

A distinção é feita primordialmente pelo critério espacial, ou seja, a depender de o imóvel estar localizado na área urbana ou rural, nos termos do art. 32 do CTN.

Nesse sentido, considera-se área urbana aquela definida na lei municipal, desde que haja pelo menos 2 melhoramentos indicados no § 1º do dispositivo legal, quais sejam:

- meio-fio ou calçamento, com canalização de águas pluviais;
- abastecimento de água;
- sistema de esgotos sanitários;
- rede de iluminação pública, com ou sem posteamento para distribuição domiciliar;
- escola primária ou posto de saúde a uma distância máxima de 3 quilômetros do imóvel considerado.

Ademais, a lei municipal pode considerar também urbanas as áreas urbanizáveis, ou de expansão urbana, constantes de loteamentos aprovados pelos órgãos competentes, destinados à habitação, à indústria ou ao comércio, mesmo que localizados fora das zonas urbanas definidas pelo critério dos melhoramentos – art. 32, § 2º, do CTN.

Finalmente, há uma exceção ao critério espacial, pela qual o imóvel é considerado rural, mesmo quando localizado na área urbana do Município, desde que **destinado** à exploração extrativista vegetal, agrícola, pecuária ou agroindustrial – critério da destinação previsto no art. 15 do DL 57/1966:

> Art. 15. O disposto no art. 32 da Lei 5.172, de 25 de outubro de 1966, não abrange o imóvel que, comprovadamente, seja utilizado em exploração extrativa vegetal, agrícola, pecuária ou agroindustrial, incidindo assim, sobre o mesmo, o ITR e demais tributos com o mesmo cobrados.

O imóvel da embargante encaixa-se exatamente nessa exceção: apesar de estar localizado na zona urbana, é destinado à "produção agrícola e pecuária", conforme os documentos que instruem essa petição, de modo que é considerado rural (aplicação do critério da destinação).

Incide, portanto, exclusivamente o ITR federal, e não o IPTU municipal.

Por essa razão, a execução promovida pelo embargado não pode prosperar.

4. DO PEDIDO

Por todo o exposto, a embargante requer:

a) seja atribuído efeito suspensivo a estes embargos à execução, nos termos do art. 739-A, § 1º, do CPC;

b) seja determinada a intimação da Fazenda Pública Municipal para, querendo, impugnar estes embargos no prazo legal (art. 17 da Lei 6.830/1980);

c) a produção de todas as provas admitidas em direito (art. 16, § 2º, da Lei 6.830/1980);

d) seja, ao final, dado provimento a estes embargos, declarando-se a ilegalidade da cobrança e a consequente nulidade do lançamento tributário e da inscrição em dívida ativa, desconstituindo-se o título executivo, extinguindo-se a execução e tornando insubsistente a penhora;

e) seja o embargado condenado ao pagamento das custas processuais e dos honorários de sucumbência fixados por Vossa Excelência (CPC, art. 20).

Dá-se à causa o valor de R$ (...) (valor da execução – art. 258 e 259 do CPC).

Termos em que

Pede Deferimento

(Local), (data)

[não assine, rubrique ou, de outra forma, identifique sua prova!]

ADVOGADO (...)

OAB-(Estado) nº (...)

Endereço (...)

fim da peça

GABARITO COMENTADO – FGV

Peça processual: Embargos à execução fiscal

A) ESTRUTURA INICIAL DA PEÇA

a.1) Endereçamento: Juiz de Direito da Vara da Justiça do Estado

a.2) Qualificação do autor com base no art. 282 do CPC (nome, prenome, estado civil, profissão e endereço)

a.3) Qualificação do réu com base no art. 282 do CPC: Município de Rancho Queimado, pessoa jurídica de direito público interno e endereço.

a.4) Exposição dos fatos.

B) FUNDAMENTAÇÃO

b.1) Não incidência do IPTU, por se tratar de imóvel destinado a atividade agrícola e pecuária. Art. 15 do DL 57/66;

b.2) ilegalidade da exigência do ITBI sobre o valor avaliado judicialmente, conforme art. 38 do CTN. O imposto deve ser calculado sobre o valor do bem transmitido. Obtém a mesma pontuação se o candidato defender que o ITBI sequer é devido, pois a arrematação judicial constitui forma de aquisição originária da propriedade.

C) PEDIDO E VALOR DA CAUSA

c.1) intimação ou citação da ré para oferecer impugnação;

c.2) procedência do pedido para cancelar a dívida ativa e extinguir a execução fiscal;

c.3) produção de provas;

c.4) condenação no ônus da sucumbência;

c.5) atribuição do valor da causa.

Elemento a pontuar	Pontuação
Endereçamento da ação	0 / 0,25
Qualificação do autor (art. 282 CPC)	0 / 0,25
Qualificação do réu (art. 282 CPC)	0 / 0,25
Exposição dos fatos	0 / 0,25

(OAB/Exame Unificado – 2010.3 – 2ª fase) A empresa Mercantil Ltda. possui como atividade a incorporação e loteamento de empreendimentos imobiliários na cidade do Rio de Janeiro. Em março de 2001, José dos Santos, após exercer a gerência da empresa Mercantil Ltda. por mais de cinco anos, decide se retirar da sociedade em decorrência de divergências com os planos de expansão da Mercantil Ltda., desejada pelos demais sócios quotistas. José dos Santos aliena as suas quotas para os demais sócios quotistas, os quais assumem a gerência da sociedade e prosseguem nas atividades comerciais da empresa. A Mercantil Ltda., após dois anos de aquisição de novos terrenos, alcança a terceira posição no ranking das maiores empresas imobiliárias na cidade do Rio de Janeiro, cujo critério é o faturamento advindo de lançamentos imobiliários em cada ano. Em julho de 2003, contudo, a Secretaria da Receita Federal, em fiscalização realizada na empresa, acaba por realizar uma autuação sobre a Mercantil Ltda. objetivando a cobrança de IRPJ/CSLL devidos e não pagos, referentes aos períodos de apuração de janeiro de 1999 a dezembro de 2000, sob a alegação de que determinadas despesas não poderiam ter sido excluídas da base de cálculo dos referidos tributos por não serem despesas diretamente necessárias às atividades da Mercantil Ltda., entre as quais, as despesas de corretagem incorridas na aquisição dos terrenos. Ao término do processo administrativo, a autuação é mantida, e o crédito tributário exigido é posteriormente inscrito em dívida ativa. É ajuizada, em decorrência, execução fiscal, distribuída para o Juízo da 2ª Vara de Execuções Fiscais da Seção Judiciária da Justiça Federal do Rio de Janeiro, com base em Certidão de Dívida Ativa expedida em face de Mercantil Ltda. e de José dos Santos, este na qualidade de corresponsável. Ambos são citados e ofereceram, há dez dias, bens à penhora.

Na qualidade de advogado de José dos Santos, elabore a medida judicial competente para a defesa dos interesses de José dos Santos.

COMENTÁRIO PRÉVIO

O examinador relata que há execução fiscal proposta contra José dos Santos, o que indica, inicialmente, os embargos à execução como meio adequado para impugnar a exigência.

É interessante lembrar que não apenas o contribuinte (Mercantil Ltda.), mas também o responsável tributário citado devem apresentar embargos à execução fiscal (não embargos de terceiros).

Também é bom salientar que somente podem ser apresentados embargos se (art. 16 da Lei 6.830/1980):

a) houver garantia do juízo, por meio de depósito, fiança ou penhora; e

b) não houver transcorrido o prazo de 30 dias contados (i) do depósito, (ii) da juntada da prova da fiança ou (iii) da intimação da penhora.

Perceba que todos esses pressupostos ocorrem em relação ao seu cliente: José da Silva foi citado e houve garantia do juízo há apenas 10 dias, de modo que a peça adequada é a petição de embargos, a ser distribuída por dependência ao juiz da execução fiscal.

A propósito: caso não fosse possível a apresentação de embargos, haveria ainda a possibilidade de propor ação anulatória, conforme jurisprudência do STJ.

Ainda em relação à questão processual, é importante saber que, atualmente, os Embargos não têm necessariamente efeito suspensivo, pois se aplica o disposto no art. 739-A do CPC:

> Processual civil. Embargos à execução fiscal. Efeito suspensivo. Lei 11.382/2006. Reformas processuais. Inclusão do art. 739-a no CPC. Reflexos na Lei 6.830/1980. "diálogo das fontes".
>
> 1. Após a entrada em vigor da Lei 11.382/2006, que incluiu no CPC o art. 739-A, os embargos do devedor poderão ser recebidos com efeito suspensivo somente se houver requerimento do embargante e, cumulativamente, estiverem preenchidos os seguintes requisitos: a) relevância da argumentação; b) grave dano de difícil ou incerta reparação; e c) garantia integral do juízo.
>
> 2. A novel legislação é mais uma etapa da denominada "reforma do CPC", conjunto de medidas que vêm modernizando o ordenamento jurídico para tornar mais célere e eficaz o processo como técnica de composição de lides.
>
> 3. Sob esse enfoque, a atribuição de efeito suspensivo aos embargos do devedor deixou de ser decorrência automática de seu simples ajuizamento. Em homenagem aos princípios da boa-fé e da lealdade processual, exige-se que o executado demonstre efetiva vontade de colaborar para a rápida e justa solução do litígio e comprove que seu direito é bom.
>
> 4. Trata-se de nova concepção da Teoria Geral do Processo de Execução, que, por essa *ratio*, reflete-se na legislação processual esparsa que disciplina microssistemas de execução, desde que as normas do CPC possam ser subsidiariamente utilizadas para o preenchimento de lacunas. Aplicação, no âmbito processual, da teoria do "diálogo das fontes".

5. A Lei de Execuções Fiscais (Lei 6.830/1980) determina, em seu art. 1º, a aplicação subsidiária das normas do CPC. Na ausência de disciplina específica a respeito do efeito suspensivo nos Embargos à Execução Fiscal, a doutrina e a jurisprudência sempre adotaram as regras do Código de Processo Civil.

6. A interpretação sistemática pressupõe, além da análise da relação que os dispositivos da Lei 6.830/1980 guardam entre si, a respectiva interação com os princípios e regras da Teoria Geral do Processo de Execução. Nessas condições, as alterações promovidas pela Lei 11.382/2006, notadamente o art. 739-A, § 1º, do CPC, são plenamente aplicáveis aos processos regidos pela Lei 6.830/1980. Precedentes do STJ: REsp 1.024.128/PR, Rel. Min. Herman Benjamin, Dje 19.12.2008; RCDESP na MC 15.208/RS, Rel. Ministro Mauro Campbell Marques, DJe 16/04/2009; REsp 1.065.668/SC, Rel. Ministro Luiz Fux, DJe 21/09/2009.

7. Não se trata de privilégio indevido a ser concedido à Fazenda Pública, mas de justificável prerrogativa alicerçada nos princípios que norteiam o Estado Social, dotando a Administração de meios eficazes para a célere recuperação dos créditos públicos.

8. Hipótese em que a decisão de admissibilidade dos Embargos do Devedor para fins de recebimento e processamento é datada de 25.1.2007, razão pela qual se aplicam as alterações promovidas pela Lei 11.382/2006.

9. Agravo regimental não provido.

(AgRg no REsp 1030569/RS, Rel. Ministro Herman Benjamin, Segunda Turma, j. 03/12/2009, DJe 23/04/2010)

Assim, é preciso que o candidato requeira expressamente a concessão do efeito suspensivo, sob pena de a execução seguir seu curso, mesmo após a penhora e a apresentação dos embargos, o que seria bastante prejudicial para o executado (poderá haver leilão dos bens e irreversibilidade da situação):

Art. 739-A. Os embargos do executado não terão efeito suspensivo.

§ 1º O juiz poderá, a requerimento do embargante, atribuir efeito suspensivo aos embargos quando, sendo relevantes seus fundamentos, o prosseguimento da execução manifestamente possa causar ao executado grave dano de difícil ou incerta reparação, e desde que a execução já esteja garantida por penhora, depósito ou caução suficientes.

(...)

Algo que deve ser sempre analisado é o transcurso dos prazos decadencial e prescricional, ambos de 5 anos (arts. 173 e 174 do CTN).

No caso, o fisco lançou os tributos em julho de 2003, relativos ao período de janeiro de 1999 a dezembro de 2000.

Repare que transcorreram menos de 5 anos entre o fato gerador mais antigo e a constituição do crédito, não havendo falar em decadência (lembre-se que o prazo é contado na forma do art. 173 do CTN, ou seja, a partir do primeiro dia do exercício seguinte àquele em que o lançamento poderia ter sido efetuado).

Quanto à prescrição (art. 174 do CTN), poderia, em tese, ter ocorrido, pois o lançamento ocorreu em julho de 2003 e a execução foi iniciada, aparentemente, em 2010 (lembre-se que o exame foi aplicado naquele ano de 2010).

O examinador se refere, entretanto, ao processo administrativo, que afasta a contagem do prazo prescricional (para alguns autores, o prazo fica suspenso, por se tratar de modalidade de suspensão da exigibilidade do crédito; para outros autores, o prazo prescricional começa apenas após o término do processo administrativo, que implica constituição definitiva do crédito – o que dá no mesmo, para fins de contagem do prazo).

Como não há dados suficientes (quando terminou o processo administrativo?), não é possível alegar prescrição. Lembre-se que o candidato não pode inventar dados, nem inovar em relação a fatos relatados no problema.

Quanto ao mérito propriamente dito, há duas questões a serem analisadas:

- a responsabilidade do sócio-administrador; e

- a possibilidade de se deduzirem as despesas com corretagem da base de cálculo do IRPJ e da CSLL.

Vejamos cada uma delas.

Responsabilidade do sócio-administrador

É importante lembrar que, constando o nome do sócio na certidão da dívida ativa, presume-se sua responsabilidade, cabendo a ele a prova em contrário – ver REsp 1.104.900/ES-STJ – repetitivo.

José dos Santos era, realmente, administrador da sociedade à época dos fatos geradores e do suposto inadimplemento.

Ocorre que somente isso não é suficiente para responsabilizá-lo pelo pagamento dos tributos, o que exigiria configuração da prática de atos com excesso de poderes ou infração de lei, contrato social ou estatutos, conforme o art. 135, III, do CTN:

> Art. 135. São pessoalmente responsáveis pelos créditos correspondentes a obrigações tributárias resultantes de atos praticados com excesso de poderes ou infração de lei, contrato social ou estatutos:
>
> (...)
>
> III - os diretores, gerentes ou representantes de pessoas jurídicas de direito privado.

Não consta que José dos Santos tenha praticado qualquer ilícito. A rigor, isso não é cogitado pelo fisco.

É sempre importante lembrar que o simples inadimplemento tributário não configura ilegalidade para fins da responsabilidade prevista no art. 135 do CTN, conforme entendimento sumulado pelo STJ:

> STJ 430. O inadimplemento da obrigação tributária pela sociedade não gera, por si só, a responsabilidade solidária do sócio-gerente.

Situação que muitas vezes configura ilegalidade e responsabilidade dos administradores é a dissolução irregular da sociedade, conforme também sumulado pelo STJ:

> STJ 435. Presume-se dissolvida irregularmente a empresa que deixar de funcionar no seu domicílio fiscal, sem comunicação aos órgãos competentes, legitimando o redirecionamento da execução fiscal para o sócio-gerente.

Isso tampouco ocorreu, já que a Mercantil Ltda. prosseguiu normalmente suas atividades, após a saída de José dos Santos.

Demonstrado, portanto, que não há fato que implique responsabilidade do antigo gestor, conclui-se que somente a sociedade-contribuinte pode ocupar o polo passivo da execução. Dito de outra forma, José dos Santos não tem legitimidade passiva processual, devendo ser excluído da lide principal.

O gabarito oficial da FGV referiu-se também à subsidiariedade da responsabilidade (somente após esgotadas as possibilidades de cobrança em relação à sociedade contribuinte poder-se-ia cogitar da cobrança contra o gestor), o que pode, sem dúvida, ser alegado.

É interessante apontar, entretanto, que a jurisprudência do STJ não é clara em relação a isso, havendo, inclusive, referência à responsabilidade solidária na Súmula 430 antes citada.

Despesas com corretagem

Ainda que houvesse a responsabilidade e, portanto, legitimidade passiva de José dos Santos, é preciso argumentar, subsidiariamente, que os valores cobrados são indevidos.

Pelo que foi relatado, a Mercantil Ltda. recolhe o IRPJ e a CSLL sobre o lucro real. Isso significa que a base de cálculo desses tributos é computada a partir da receita bruta, abatidos os custos e as despesas autorizadas por lei.

Esses montantes que reduzem a base de cálculo (dedutíveis) referem-se às despesas incorridas pela contribuinte para que possa realizar suas atividades, ou seja, as despesas necessárias para que a empresa possa ter receitas e, portanto, lucro.

Imagine, por exemplo, uma sociedade cuja atividade seja a venda de automóveis. As despesas que a sociedade tem na aquisição dos veículos que serão vendidos são custos (custo da mercadoria vendida, no caso). O aluguel pago pelo imóvel onde ocorrem as vendas (loja) são despesas operacionais (necessárias para a operação da empresa). Repare que esses custos e despesas operacionais são necessários para a atividade da empresa e para a manutenção da respectiva fonte produtora, de modo que a legislação do IRPJ e da CSLL permite seu abatimento (dedução) para cômputo da base de cálculo.

É isso que dispõe o art. 299 do Regulamento do Imposto de Renda (Decreto 3.000/1999 – correspondente ao art. 47 da Lei 4.506/1964):

> Art. 299. São operacionais as despesas não computadas nos custos, necessárias à atividade da empresa e à manutenção da respectiva fonte produtora.
>
> § 1º São necessárias as despesas pagas ou incorridas para a realização das transações ou operações exigidas pela atividade da empresa.
>
> § 2º As despesas operacionais admitidas são as usuais ou normais no tipo de transações, operações ou atividades da empresa.
>
> § 3º O disposto neste artigo aplica-se também às gratificações pagas aos empregados, seja qual for a designação que tiverem.

Registramos que essas normas do IRPJ aplicam-se também à contribuição social sobre o lucro líquido – CSLL, conforme prevê o art. 57 da Lei 8.981/1995.

No caso em análise, o objeto empresarial da Mercantil Ltda. é a incorporação e o loteamento de empreendimentos imobiliários.

Não há como a contribuinte realizar essas atividades sem adquirir imóveis, de modo que as despesas incorridas (preço dos bens e da corretagem paga) são essenciais, devendo ser computadas como redutores da base de cálculo, conforme o dispositivo legal antes citado.

Assim, também em relação ao valor cobrado pelo fisco, a execução fiscal não pode prosperar.

Note-se que o examinador dá a entender que haveria outras despesas, além das de corretagem, que teriam sido indevidamente deduzidas da base de cálculo (ele diz "entre as quais, as despesas de corretagem"). Entretanto, não há como discorrer, na peça, sobre essas outras despesas, por insuficiência de informação.

Eis a estrutura argumentativa (**silogismo**):

TRIBUTÁRIA

1. FATO: José dos Santos não praticou qualquer ato ilícito na gestão da sociedade--contribuinte, mas foi, ainda assim, autuado como responsável tributário e citado em execução fiscal. Ademais, o fisco recusou a dedução de despesas operacionais (corretagem) da base de cálculo do IRPJ e da CSLL;

2. DIREITO: nos termos do art. 135, III, do CTN, conforme as Súmulas 430 e 435/STJ, o simples inadimplemento tributário, sem dissolução irregular da sociedade, não implica responsabilidade do gestor. Conforme o art. 299 do Regulamento do Imposto de Renda c/c o art. 57 da Lei 8.981/1995, as despesas operacionais, necessárias à atividade da empresa e à manutenção da respectiva fonte produtora, podem ser deduzidas da base de cálculo do IRPJ e da CSLL;

3. CONCLUSÃO: **logo, José dos Santos não tem legitimidade passiva processual para figurar no polo passivo da execução e, ademais, o valor cobrado é indevido.**

Vejamos como fica a peça.

Modelo: Embargos à execução fiscal

início da peça

Excelentíssimo Senhor Doutor Juiz de Direito da 2ª Vara de Execuções Fiscais da Subseção Judiciária do Rio de Janeiro – RJ

[deixe espaço de aproximadamente 10 cm, para eventual despacho ou decisão do juiz]

Distribuição por dependência

Execução Fiscal nº (...)

José dos Santos, (nacionalidade), (estado civil), (profissão), residente e domiciliado na (endereço), por seu advogado, que firma a presente petição (procuração em anexo), com escritório para recebimento de intimações na (endereço – art. 39, I, do CPC), em face da Execução Fiscal nº (...), que lhe move a Fazenda Nacional perante esse douto Juízo, vem à presença de Vossa Excelência, respeitosamente, após seguro o Juízo pela penhora, oferecer estes

EMBARGOS À EXECUÇÃO FISCAL

nos termos do art. 16 da Lei 6.830/1980, pelas razões a seguir aduzidas:

1. DOS FATOS

A empresa Mercantil Ltda. possui como atividade a incorporação e loteamento de empreendimentos imobiliários na cidade do Rio de Janeiro (**documentos em anexo**).

Em março de 2001, o embargante, após exercer a gerência da empresa Mercantil Ltda. por mais de cinco anos, decidiu se retirar da sociedade em decorrência de divergências com os planos de expansão da Mercantil Ltda., desejada pelos demais sócios quotistas (**documentos em anexo**).

O embargante alienou as suas quotas para os demais sócios quotistas, os quais assumiram a gerência da sociedade e prosseguiram nas atividades comerciais da empresa (**documentos em anexo**).

A Mercantil Ltda., após dois anos de aquisição de novos terrenos, alcançou a terceira posição no ranking das maiores empresas imobiliárias na cidade do Rio de Janeiro, cujo critério é o faturamento advindo de lançamentos imobiliários em cada ano (**documentos em anexo**).

Em julho de 2003, contudo, a Secretaria da Receita Federal, em fiscalização realizada na empresa, acabou por realizar uma autuação sobre a Mercantil Ltda. objetivando a cobrança de IRPJ/CSLL devidos e não pagos, referentes aos períodos de apuração de janeiro de 1999 a dezembro de 2000, sob a alegação de que determinadas despesas não poderiam ter sido excluídas da base de cálculo dos referidos tributos por não serem despesas diretamente necessárias às atividades da Mercantil Ltda., entre as quais, as despesas de corretagem incorridas na aquisição dos terrenos (**auto de infração em anexo**).

Ao término do processo administrativo, a autuação foi mantida, e o crédito tributário exigido foi posteriormente inscrito em dívida ativa (**documentos em anexo**).

Foi ajuizada, em decorrência, execução fiscal, distribuída para esse digno Juízo, com base em Certidão de Dívida Ativa expedida em face de Mercantil Ltda. e do embargante, este na qualidade de corresponsável. Ambos foram citados e ofereceram, há dez dias, bens à penhora (**documentos em anexo**).

2. DO EFEITO SUSPENSIVO

Caso a execução prossiga, haverá leilão dos bens penhorados, com consequente dano irreparável para o embargante, já que a futura vitória na demanda não terá o condão de restabelecer a situação atual.

No caso dos autos, é incontroverso que a pretensão fiscal está garantida, além de que, como veremos no tópico seguinte, os fundamentos do embargante são relevantes e sólidos.

Por essa razão, preenchidos os requisitos do art. 739-A, § 1º, do CPC, o executado requerer que esse douto Juízo atribua efeito suspensivo a estes embargos à execução, impedindo a hasta pública e a alienação dos bens penhorados.

3. DO DIREITO

O embargante era, realmente, administrador da sociedade à época dos fatos geradores e do suposto inadimplemento.

Ocorre que somente isso não é suficiente para responsabilizá-lo pelo pagamento dos tributos, o que exigiria configuração da prática de atos com excesso de poderes ou infração de lei, contrato social ou estatutos, conforme o art. 135, III, do CTN:

> Art. 135. São pessoalmente responsáveis pelos créditos correspondentes a obrigações tributárias resultantes de atos praticados com excesso de poderes ou infração de lei, contrato social ou estatutos:
>
> (...)
>
> III - os diretores, gerentes ou representantes de pessoas jurídicas de direito privado.

O embargante não cometeu qualquer ilícito, o que, a rigor, não é cogitado pelo fisco.

O simples inadimplemento tributário não configura ilegalidade para fins da responsabilidade prevista no art. 135 do CTN, conforme entendimento sumulado pelo STJ:

> STJ 430. O inadimplemento da obrigação tributária pela sociedade não gera, por si só, a responsabilidade solidária do sócio-gerente.

Tampouco houve dissolução irregular da sociedade, já que, como comprovam os documentos em anexo, a Mercantil Ltda. prosseguiu normalmente suas atividades após a saída do embargante, sendo inaplicável o disposto na Súmula 435/STJ.

Demonstrado, portanto, que não há fato que implique responsabilidade do antigo gestor, inexiste legitimidade passiva processual do embargante, de modo que deve ser excluído do polo passivo da execução.

Ainda que houvesse a responsabilidade e, portanto, legitimidade passiva do embargante, é preciso argumentar, subsidiariamente, que os valores cobrados são indevidos.

Nos termos do art. 299 do Regulamento do Imposto de Renda (Decreto 3.000/1999 – correspondente ao art. 47 da Lei 4.506/1964), todas as despesas operacionais, necessárias à atividade da empresa e à manutenção da respectiva fonte produtora, podem ser abatidas da base de cálculo do IRPJ:

> Art. 299. São operacionais as despesas não computadas nos custos, necessárias à atividade da empresa e à manutenção da respectiva fonte produtora.
>
> § 1º São necessárias as despesas pagas ou incorridas para a realização das transações ou operações exigidas pela atividade da empresa.
>
> § 2º As despesas operacionais admitidas são as usuais ou normais no tipo de transações, operações ou atividades da empresa.
>
> § 3º O disposto neste artigo aplica-se também às gratificações pagas aos empregados, seja qual for a designação que tiverem.

Essas normas do IRPJ aplicam-se à contribuição social sobre o lucro líquido – CSLL, conforme o art. 57 da Lei 8.981/1995.

No caso em análise, o objeto empresarial da Mercantil Ltda. é a incorporação e loteamento de empreendimentos imobiliários.

Não há como a contribuinte realizar essa atividade sem adquirir imóveis, de modo que as despesas incorridas (preço dos bens e da corretagem paga) são essenciais (são custos e despesas operacionais dedutíveis), devendo ser computadas como redutores da base de cálculo, conforme o dispositivo legal antes citado.

Assim, também em relação ao valor cobrado pelo fisco, a execução fiscal não pode prosperar.

4. DO PEDIDO

Por todo o exposto, o embargante requer:

a) seja atribuído efeito suspensivo a estes embargos à execução, nos termos do art. 739-A, § 1º, do CPC;

b) seja determinada a intimação da Fazenda Nacional para, querendo, impugnar estes embargos no prazo legal (art. 17 da Lei 6.830/1980);

c) a produção de todas as provas admitidas em direito (art. 16, § 2º, da Lei 6.830/1980);

d) seja, ao final, dado provimento a estes embargos, declarando-se a ilegitimidade passiva processual do embargante, com sua consequente exclusão do polo passivo da execução e, subsidiariamente, a ilegalidade da cobrança e a nulidade do lançamento tributário e da inscrição em dívida ativa, desconstituindo-se o título executivo, extinguindo-se a execução e tornando insubsistente a penhora;

e) seja o embargado condenado ao pagamento das custas processuais e dos honorários de sucumbência fixados por Vossa Excelência (CPC, art. 20).

Dá-se à causa o valor de R$ (...) (valor da execução – art. 258 e 259 do CPC)

Termos em que
Pede Deferimento
(Local), (data)

[não assine, rubrique ou, de outra forma, identifique sua prova!]

ADVOGADO (...)

OAB-(Estado) nº (...)
Endereço (...)

fim da peça

GABARITO COMENTADO – FGV

A) Estrutura inicial da peça

a.1) Endereçamento: Juízo da 2ª Vara de Execuções Fiscais da Seção Judiciária da Justiça Federal do Rio de Janeiro. Idealmente também deveria ser referida a distribuição por dependência.

a.2) Qualificação do autor e do réu: José dos Santos (nome, estado civil, profissão e endereço) e Fazenda Nacional (pessoa jurídica de direito público).

a.3) Exposição dos fatos.

B) Fundamentação:

b.1) Ilegitimidade para figurar no polo passivo. A responsabilidade prevista no artigo **135, III, do CTN é subsidiária** e somente pode ser imputada ao sócio gerente que agir com má-fé, excesso de poderes ou infração à lei ou por dissolução irregular da empresa e não por mero inadimplemento de tributos. Ausência desses requisitos, pois (i) a autuação não versa sobre fraude ou má-fé praticada pelo sócio gestor, mas sim discussão jurídica quanto à exclusão de despesa ou não da base de cálculo do IRPJ/CSLL; (ii) não houve dissolução irregular, pois a empresa continuou as suas atividades após a saída de JOSÉ DOS SANTOS, tendo até **aumentado o seu faturamento** nos anos subsequentes. Súmula 435 do STJ.

b.2) Despesas necessárias à atividade **são dedutíveis** para fins de apuração da determinação do lucro tributável, base de cálculo do IRPJ e CSLL. Segundo o artigo 47 da Lei 4.506/64 e posteriores alterações, são consideradas necessárias as despesas que visam à manutenção da fonte produtora dos rendimentos. Como a atividade da empresa é a incorporação e loteamento de empreendimentos imobiliários, os custos para aquisição de terrenos devem ser considerados como dedutíveis da apuração do lucro real. Assim, ainda que JOSÉ DOS SANTOS fosse parte legítima, o crédito tributário deve ser cancelado, pois as despesas de corretagem na aquisição de terrenos devem ser consideradas como dedutíveis da base de cálculo do IRPJ/CSLL.

C) Pedido e valor da causa:

c.1)Intimação ou citação da ré para oferecer impugnação.

c.2)Procedência do pedido para considerar JOSÉ DOS SANTOS como parte ilegítima a figurar no polo passivo da execução fiscal ou como pedido alternativo o cancelamento do crédito tributário.

c.3)Produção de provas.

c.4)Condenação no ônus da sucumbência.

c.5) Atribuição do valor da causa.

Em relação aos itens da correção, assim ficaram divididos:

Distribuição dos pontos

Item	Pontuação
Endereçamento da ação	0 / 0,3
Qualificação do autor (0,1) e do réu (0,1)	0 / 0,1 / 0,2
Exposição dos fatos	0 / 0,2
Ilegitimidade passiva (0,5). A dívida é da empresa. O patrimônio do sócio não se confunde com o da sociedade. Responsabilidade; não se aplica o artigo 135, III, do CTN. (0,5)	0 / 0,5 / 1,0
Inexistência de ato praticado com excesso de poderes, infração à lei ou má-fé (0,25), pois a autuação não é sobre fraude (0,50), mas sim sobre controvérsia quanto à dedução de despesas efetivamente incorridas. (0,25)	0 / 0,25 / 0,5 / 0,75 / 1,0
Inexistência de dissolução irregular da empresa (0,25). Súmulas 430 OU 435 do STJ (0,5). Empresa continuou a exercer normalmente as suas atividades, inclusive com aumento de faturamento. (0,25)	0 / 0,25 / 0,5 / 0,75 / 1,0
Base de cálculo do IRPJ/CSLL. Lucro Real. (0,25) Despesas necessárias à manutenção da fonte produtiva são dedutíveis da base de cálculo. Despesas com aquisição de terrenos são necessárias para a atividade de incorporação e loteamento de terrenos. (0,25)	0 / 0,25 / 0,5
Intimação/citação para impugnar	0 / 0,2
Procedência do pedido para reconhecer a ilegitimidade passiva ou alternativamente para cancelar o crédito tributário	0 / 0,2
Pedido de provas (0,2) e condenação em sucumbência (0,1) e valor da causa (0,1)	0 / 0,1 / 0,2 / 0,3 / 0,4

(OAB/Exame Unificado – 2011.1 – 2ª fase) Equipamentos (partes e peças) que estavam sendo transportados para a empresa Micro Informática Ltda. e que seriam utilizados em sua produção foram apreendidos, sob a alegação da Secretaria de Arrecadação Estadual de que a nota fiscal que os acompanhava não registrava uma diferença de alíquota devida ao Fisco e não teria havido, portanto, o recolhimento do imposto. Na ocasião, houve o auto de infração e foi realizado o respectivo lançamento. A empresa, que tem uma encomenda para entregar, procura você, na condição de advogado, para a defesa de seus interesses.

Na qualidade de advogado da empresa Micro Informática, apresente a peça processual cabível para a defesa dos interesses da empresa, empregando todos os argumentos e fundamentos jurídicos cabíveis. (Valor: 5,0)

COMENTÁRIO PRÉVIO

Quando se fala em apreensão de mercadoria, fechamento de estabelecimento, cassação de registro ou outro ato que impeça o exercício profissional ou da empresa, é provável que se esteja diante de violação dos direitos dos contribuintes, sanável, geralmente, pela impetração de mandado de segurança.

Antes de prosseguirmos, é importante fixar que somente cabe mandado de segurança se:

a) o direito líquido e certo e sua violação pela autoridade coatora puderem ser provados documentalmente, já no momento da impetração (é preciso haver prova pré-constituída, pois não cabe dilação probatória); e

b) não houver transcorrido mais de 120 dias contados do ato coator.

Quanto ao fundamento do *writ*, o fisco tem a prerrogativa de cobrar os tributos devidos, mas não pode impedir essas atividades profissionais e empresariais garantidas constitucionalmente.

Veja as seguintes tabelas com as principais normas constitucionais e súmulas que consolidam esses direitos dos contribuintes.

Normas constitucionais	
Art. 1º, IV	Os valores sociais do trabalho e da livre iniciativa são fundamentos da República
Art. 5º, XIII	Liberdade do exercício de trabalho, ofício, profissão
Art. 5º, XXII	Direito à propriedade
Art. 150, IV	Princípio do não confisco
Art. 170, *caput* e parágrafo único	Livre iniciativa e livre exercício de atividade econômica

Súmulas	
547/STF	Não é lícito à autoridade proibir que o contribuinte em débito adquira estampilhas, despache mercadorias nas alfândegas e exerça suas atividades profissionais.
323/STF	É inadmissível a apreensão de mercadorias como meio coercitivo para pagamento de tributos.
70/STF	É inadmissível a interdição de estabelecimentos como meio coercitivo para cobrança de tributo.
373/STJ	É ilegítima a exigência de depósito prévio para admissibilidade de recurso administrativo.
Vinculante 28/STF	É inconstitucional a exigência de depósito prévio como requisito de admissibilidade de ação judicial na qual se pretenda discutir a exigibilidade de crédito tributário.
Vinculante 21/STF	É inconstitucional a exigência de depósito ou arrolamento prévios de dinheiro ou bens para admissibilidade de recurso administrativo.

No caso relatado, perceba que o interesse primário do contribuinte não é discutir a diferença de alíquota cobrada pelo fisco, mas sim liberar a mercadoria apreendida, pois tem uma encomenda para entregar.

Essa constatação é essencial para que o advogado elabore a peça que atenda exatamente à necessidade de seu cliente: afastar a apreensão dos bens. Eventual discussão quanto ao tributo exigido pode ficar para depois.

Como dito inicialmente, o fisco tem todo o direito de cobrar o tributo que entende devido. Para isso, possui ferramentas poderosíssimas.

De fato, a administração tributária tem a prerrogativa de autuar o contribuinte e, com a inscrição em dívida ativa, emitir unilateralmente título executivo extrajudicial (a certidão de dívida ativa - CDA) a ser exigido por meio de execução fiscal, com uma série de privilégios em relação ao credor privado.

Inaceitável que, além de se valer desses instrumentos de cobrança, o fisco pretenda embaraçar a atividade empresarial, apreendendo as mercadorias dos contribuintes, como meio coercitivo para a exigência do tributo que entende devido.

Nesse sentido, a apreensão implica abuso de poder da autoridade fiscal e autotutela que não lhe é deferida pelo Direito.

Isso é expressamente vedado, nos termos da Súmula 323/STF.

É por essa razão que, após verificar a mercadoria que estava sendo transportada, colhendo os elementos necessários para a autuação fiscal, a administração tributária deve imediatamente liberá-la para o contribuinte. A recusa em fazê-lo implica ofensa a direito líquido e certo, sanável, como dito, por meio de mandado de segurança.

Para elaboração da peça, é essencial que o candidato leia atentamente a Lei 12.016/20009, que regula o *writ*. Esses dispositivos legais formam um roteiro seguro para que o candidato não se esqueça de nada, especialmente quanto aos pedidos a serem formulados (arts. 7º e 12).

É interessante notar que, nos casos de autuação fiscal, a autoridade coatora é sempre um fiscal de carreira (auditor fiscal tributário ou servidor público equivalente), e não o Secretário de Fazenda, que não tem a prerrogativa de lançar tributos (art. 37, XXII, da CF).

A indicação do agente político (Secretário) como autoridade coatora é erro que vem sendo rejeitado pelo Judiciário, conforme o seguinte precedente:

> Processual civil e tributário. Agravo regimental. Mandado de segurança. ICMS. Auto de infração. Secretário de Fazenda. Ilegitimidade passiva. Teoria da encampação. Inaplicabilidade.
>
> 1. Hipótese em que a empresa impetrou Mandado de Segurança contra o Secretário de Fazenda, objetivando o reconhecimento da nulidade de auto de infração relativo à cobrança de ICMS. O TJ extinguiu o feito sem julgamento de mérito, por ilegitimidade passiva.
>
> 2. A atividade de lançamento é privativa de fiscais de carreira, nos termos do art. 37, XXII, da Constituição Federal. O Secretário de Fazenda secunda o Governador na elaboração e implantação das políticas fiscais, o que não se confunde com lançamento e cobrança de ICMS.
>
> 3. Inaplicável a Teoria da Encampação, pois haveria ampliação indevida da competência originária do Tribunal de Justiça. Precedentes do STJ.
>
> 4. Nos termos do art. 161, IV, "e", 5, da Constituição do Estado do Rio de Janeiro, o TJ julga originariamente Mandado de Segurança impetrado contra Secretários de Estado, mas não contra agente fiscal ou inspetor chefe da respectiva região fiscal.
>
> 5. Improcedente o argumento a favor da legitimidade passiva do Secretário de Estado, a pretexto de que seria responsável por dar cumprimento à legislação tributária local. O Governador, assim como diversos outros agentes públicos, tem o dever de respeitar e fazer cumprir a legislação, mas nem por isso confunde-se com autoridade coatora para fins de impetração do *mandamus*, que deve ser direcionado ao agente que efetivamente realiza o ato impugnado e tem competência para revertê-lo.
>
> 6. Agravo Regimental não provido.
>
> (AgRg no RMS 18.140/RJ, Rel. Ministro HERMAN BENJAMIN, SEGUNDA TURMA, julgado em 08/09/2009, DJe 11/09/2009)

O cargo tipicamente ocupado por fiscal de carreira, responsável pelo lançamento e eventual reversão do ato coator, é, no caso de tributos estaduais, o de Delegado Regional Tributário ou outro equivalente, como o de Diretor da Secretaria de Arrecadação Estadual, indicada pelo examinador.

É necessário apontar não apenas a autoridade coatora, mas também pedir a cientificação da pessoa jurídica que o agente público integra (Fazenda Estadual), nos termos do art. 6º da citada Lei.

Não se esqueça que a prova, no mandado de segurança, deve ser pré-constituída, ou seja, faça referência a ela ao narrar os fatos (sem especificações, nem inovações) e **não** peça dilação probatória ao final.

Atenha-se ao que foi relatado pelo examinador e não deixe de substituir o nome da empresa, por "impetrante", no corpo da peça.

Finalmente, não se esqueça de ser combativo: peça a liminar, pois a contribuinte precisa da liberação imediata da mercadoria, por conta da encomenda para entregar.

Seria também possível, em tese, propor ação anulatória com pedido de antecipação de tutela. Essa seria uma opção conveniente, caso fosse necessária dilação probatória, inviável em mandado de segurança, ou se já houvesse passado mais de 120 dias contados da apreensão (art. 23 da Lei 12.016/20009).

Elaboraremos a inicial do *writ*, cujo trâmite nos foros costuma ser mais célere e, portanto, é solução mais indicada para a empresa que tem urgência no provimento jurisdicional.

Eis a estrutura argumentativa (silogismo):

1. FATO: o fisco estadual apreendeu mercadoria, retendo-as mesmo após concluir a lavratura do auto de infração;

2. DIREITO: é inadmissível a apreensão de mercadorias como meio coercitivo para pagamento de tributos - Súmula 323/STF;

3. CONCLUSÃO: logo, a mercadoria deve ser imediatamente liberada.

Vejamos como fica a peça.

Modelo: Mandado de segurança

[o que estiver entre colchetes é apenas nota do autor – não deve constar da peça]

início da peça

Excelentíssimo Senhor Doutor Juiz de Direito da Vara da Fazenda Pública da Comarca de (...)

[deixe espaço de aproximadamente 10 cm, para eventual despacho ou decisão do juiz]

Micro Informática Ltda., estabelecida em (endereço), inscrita no CNPJ sob nº (...), por seu advogado que firma a presente petição (procuração em anexo), com escritório para recebimento de intimações na (endereço – art. 39, I, do CPC), vem à presença de Vossa Excelência, respeitosamente, impetrar contra o Senhor Diretor da Secretaria de Arrecadação, vinculado ao Estado de (...) (art. 6º, *caput*, *in fine*, da Lei 12.016/2009), o presente

MANDADO DE SEGURANÇA COM PEDIDO DE LIMINAR

nos termos do artigo 5º, inciso LXIX, da Constituição Federal e da Lei 12.016/2009, pelas razões a seguir aduzidas:

1. DOS FATOS

Equipamentos (partes e peças) que estavam sendo transportados para a impetrante e que seriam utilizados em sua produção foram apreendidos, sob a alegação da Secretaria de Arrecadação Estadual de que a nota fiscal que os acompanhava não registrava uma diferença de alíquota devida ao Fisco e não teria havido, portanto, o recolhimento do imposto (**auto de infração e comprovante da apreensão em anexo**).

Na ocasião, houve o auto de infração e foi realizado o respectivo lançamento. A impetrante tem uma encomenda para entregar, **conforme comprovam os documentos em anexo**.

A apreensão viola direito líquido e certo da impetrante, devendo ser, com a devida vênia, afastada por Vossa Excelência, pelos fundamentos seguintes.

TRIBUTÁRIA

2. DO DIREITO

A atividade empresarial e a propriedade da impetrante são protegidas constitucionalmente, nos termos dos arts. 5º, XXII, e 170, *caput* e parágrafo único, da CF:

> Art. 5º, XXII - é garantido o direito de propriedade;
>
> Art. 170. A ordem econômica, fundada na valorização do trabalho humano e na livre iniciativa, tem por fim assegurar a todos existência digna, conforme os ditames da justiça social, observados os seguintes princípios:
>
> (...)
>
> Parágrafo único. É assegurado a todos o livre exercício de qualquer atividade econômica, independentemente de autorização de órgãos públicos, salvo nos casos previstos em lei.

É por essa razão que o fisco não pode impedir a livre atividade empresarial da impetrante com o intuito de cobrar o tributo que entende devido, conforme sumulado pelo STF:

> Súmula 323/STF. É inadmissível a apreensão de mercadorias como meio coercitivo para pagamento de tributos.

De fato, a administração tributária tem a prerrogativa de autuar o contribuinte e, com a inscrição em dívida ativa, emitir unilateralmente título executivo extrajudicial (a certidão de dívida ativa - CDA) a ser exigido por meio de execução fiscal, com uma série de privilégios em relação ao credor privado.

Inaceitável que, além desses instrumentos à sua disposição, o fisco pretenda embaraçar a atividade empresarial, apreendendo as mercadorias dos contribuintes, como meio coercitivo para a cobrança do tributo supostamente inadimplido.

É por essa razão que, após verificar a mercadoria que estava sendo transportada, colhendo os elementos necessários para a autuação fiscal, a administração tributária deve imediatamente liberá-la para o contribuinte.

A recusa em fazê-lo implica abuso de poder da autoridade fiscal e autotutela que não lhe é deferida pelo Direito, redundando em ofensa a direito líquido e certo da impetrante, sanável por meio do presente *writ*.

Essa é a lição da melhor doutrina:

(transcrição de entendimento doutrinário)

Por essas razões, o pleito mandamental deve ser acolhido.

3. DA LIMINAR

O *fumus boni iuris* foi demonstrado amplamente, pois é inconstitucional a apreensão da mercadoria como meio coercitivo para a cobrança de tributos, conforme a Súmula 323/STF.

Há *periculum in mora*, pois a retenção dos bens causará prejuízos irreparáveis à impetrante, que deles precisa para atender encomendas contratadas, como comprovam os documentos anexados a esta petição.

De fato, o inadimplemento não apenas imporia à impetrante multas contratuais ou responsabilidade por danos causados aos seus clientes, como macularia inapelavelmente seu bom nome no mercado.

Assim, a impetrante requer seja deferida a medida liminar antes mesmo da notificação da autoridade coatora, nos termos do art. 7º, III, da Lei 12.016/2009, para que seja imediatamente liberada a mercadoria apreendida, tendo em vista a relevância do fundamento (aparência do bom direito – *fumus boni iuris)* e o perigo na demora da decisão (*periculum in mora*).

4. DO PEDIDO

Por todo o exposto, a impetrante requer seja:

a) deferida a medida liminar, para a imediata liberação da mercadoria (art. 7º, III, da Lei 12.016/2009);

b) determinada a notificação da autoridade coatora, enviando-lhe todas as cópias dos documentos que instruem a inicial, para que preste as informações necessárias, no prazo de 10 dias (art. 7º, I, da Lei 12.016/2009);

c) dada ciência ao Estado de (...), enviando-lhe cópia da inicial para, querendo, ingressar no feito (art. 7º, II, da Lei 12.016/2009);

d) ouvido o representante do Ministério Público, para que opine no prazo de 10 dias (art. 12 da Lei 12.016/2009);

e) ao final, confirmada a liminar deferida, concedendo-se definitivamente a segurança pleiteada para a liberação da mercadoria e cancelamento do auto de apreensão; e

f) condenado o Estado às custas processuais.

[obs.: toda a prova deve ser juntada à inicial, pois o direito é líquido e certo, e não se admite dilação probatória. Não há condenação em honorários advocatícios em mandado de segurança: Súmulas 512/STF e 105/STJ]

Dá-se à causa o valor de R$ (...).

Termos em que

Pede Deferimento

(...), (local) (data)

[não assine, rubrique ou, de outra forma, identifique sua prova!]

ADVOGADO (...)

OAB-(Estado) nº (...)

Endereço (...)

fim da peça

GABARITO COMENTADO – FGV

Cabível o mandado de segurança com pedido de liminar, ante o abuso de poder da autoridade coatora. Cabível igualmente ação anulatória com pedido de antecipação de tutela. Lei 12.016/09.

A mercadoria só pode ficar detida até a lavratura do auto de infração. Após, deve ser liberada.

Mesmo que a mercadoria estivesse desacompanhada por nota fiscal, não seria possível apreendê-la.

É ilegal e abusiva a apreensão de mercadoria após a lavratura do auto de infração e correspondente lançamento.

Incidência das Súmulas 70, 323 e 547 do STF.

Ofensa ao princípio da livre iniciativa. Ofensa ao direito de propriedade (art. 5º, XXII, e art. 170 da CF).

É defeso à Administração impedir ou cercear a atividade profissional do contribuinte, para compeli-lo ao pagamento de débito, uma vez que tal procedimento redundaria no bloqueio de atividades lícitas, mercê de representar hipótese de autotutela, medida excepcional ante o monopólio da jurisdição nas mãos do Estado-Juiz.

ESPELHO A (MANDADO DE SEGURANÇA)

Item	Pontuação
Identificação do Juízo (0,1) e da parte autora (0,1).	0 / 0,1 / 0,2
Identificação Correta da Autoridade Coatora (Diretor da Secretaria de Arrecadação do Estado).	0 / 0,3
Pedido de Liminar (0,7) – fundamentação legal: artigo 7º da Lei 12.016/09 (0,5).	0 / 0,5 / 0,7 / 1,2
Breve exposição e caracterização dos fatos: Ênfase em ter sido lavrado o auto (0,1), / a medida ser abusiva e prejudicial à atividade econômica (0,1), / a urgência na liberação das mercadorias (0,1).	0 / 0,1 / 0,2 / 0,3
Fundamentação do pedido: súmulas do STF – 70 OU 323 OU 547 OU direitos constitucionais de propriedade e livre iniciativa (arts. 5º, XXII, OU 170 da CRFB) (1,0).	0 / 1,0
Abuso de poder da autoridade fiscal: (0,5) / a apreensão, além de atingir direito fundamental, representa autotutela do próprio direito (0,5).	0 / 0,5 / 1,0
Pedido: reconhecimento do direito líquido e certo do impetrante em liberar a mercadoria.	0 / 0,7
Notificação da autoridade coatora para que preste informações.	0 / 0,2
Valor da causa	0 / 0,1

ESPELHO B (AÇÃO ANULATÓRIA COM ANTECIPAÇÃO DE TUTELA)

Item	Pontuação
Identificação do Juízo (0,1), da parte autora (0,1) e da parte ré (0,1).	0 / 0,1 / 0,2 / 0,3
Fundamentação da Tutela Antecipada (0,7), com requisitos – verossimilhança, prova inequívoca e existência de fundado receio de dano irreparável (0,7) – fundamentação legal: artigo 273 do CPC (0,7).	0 / 0,7 / 1,4 / 2,1
Breve exposição e caracterização dos fatos:	
Ênfase em ter sido lavrado o auto (0,1), / a medida ser abusiva e prejudicial à atividade econômica (0,1), / a urgência na liberação das mercadorias (0,1).	0 / 0,1 / 0,2 / 0,3
Fundamentação do direito: súmulas do STF – 70 OU 323 OU 547 OU direitos constitucionais de propriedade e livre iniciativa (arts. 5º, XXII, OU 170 da CRFB) (1,0).	0 / 1,0
Pedido: anulação de auto de infração (0,35) e antecipação de tutela para liberação da mercadoria (0,35).	0 / 0,35 / 0,7
Citação da parte ré.	0 / 0,2
Condenação nos honorários sucumbenciais.	0 / 0,2
Valor da causa.	0 / 0,2

(OAB/Exame Unificado – 2011.2 – 2a fase) Xisto da Silva, brasileiro, administrador, solteiro, portador da carteira de identidade n. xxxx e CPF n. xxx, residente e domiciliado na Rua X, no. xxx, bairro Z, Município Y, Estado F, recebeu cobrança simultânea, por meio de uma mesma guia de documento fiscal, de dois tributos: IPTU e Taxa de Conservação das Vias e Logradouros Públicos (TCVLP). No caso da referida taxa, certo é que o contribuinte não concorda com sua cobrança, o que o levou, por meio de seu advogado, a ajuizar ação judicial a fim de declarar sua inconstitucionalidade, havendo pedido liminar, ainda não apreciado, para afastar a obrigatoriedade do recolhimento da referida exação fiscal. Por outro lado, em relação à cobrança do IPTU, pretende o contribuinte efetuar o seu pagamento. No entanto, a guia de pagamento é única e contém o valor global dos referidos tributos, tendo o banco rejeitado o pagamento parcial relativo somente ao IPTU.

Nesse caso, considerando que o IPTU ainda não está vencido, bem como o contribuinte não obteve êxito para solucionar seu problema na esfera administrativa, elabore a peça adequada para efetuar o pagamento do imposto municipal, com base no direito material e processual pertinente. Utilize todos os argumentos e fundamentos pertinentes à melhor resposta. (Valor: 5,0)

COMENTÁRIO PRÉVIO

A pretensão de Xisto da Silva, frustrada pela recusa do fisco, é pagar apenas o IPTU.

É esse o interesse a ser garantido pelo Judiciário e, portanto, o foco da peça a ser elaborada por seu advogado.

Perceba que o contribuinte concorda em recolher o IPTU. Apenas a taxa é considerada, por ele, indevida, tanto que está sendo impugnada em uma primeira ação judicial.

Ocorre que a cobrança da taxa conjuntamente com o IPTU, em uma mesma guia, e a recusa da Prefeitura em resolver o problema administrativamente impedem o exercício desse direito básico de Xisto: pagar o tributo que entende devido.

De fato, independentemente de a taxa de conservação de vias e logradouros públicos (TCVLP) ser ou não devida (isso será decidido naquela primeira ação judicial), o contribuinte tem o direito de pagar imediatamente o IPTU.

Dito de outra forma, o fisco jamais pode subordinar o recolhimento de um tributo ao pagamento de outro. Se isso ocorrer, o interessado tem à disposição a ação de consignação em pagamento, conforme o art. 164, I, do CTN:

Art. 164. A importância de crédito tributário pode ser consignada judicialmente pelo sujeito passivo, nos casos:

I - de recusa de recebimento, ou subordinação deste ao pagamento de outro tributo ou de penalidade, ou ao cumprimento de obrigação acessória;

(...)

Reiteramos que, ainda que a TCVLP fosse devida (não é, pois o serviço não é divisível), o fisco não poderia recusar-se a receber o valor correspondente ao IPTU.

Interessante lembrar que a ação de consignação em pagamento também é cabível nos casos de subordinação do recebimento de tributo ao cumprimento de exigências administrativas sem fundamento legal (art. 164, II, do CTN) e de exigência, por mais de uma pessoa jurídica de direito público, de tributo idêntico sobre um mesmo fato gerador (inciso III do mesmo dispositivo).

Para elaborar a petição inicial da consignatória, a primeira coisa a fazer é lermos atentamente os dispositivos legais aplicáveis.

O primeiro deles é o já citado art. 164, I, do CTN: o fisco não pode subordinar o pagamento de um tributo (IPTU) ao recolhimento de outro (taxa).

Caso entenda devida a taxa, a administração tributária tem os meios adequados para sua cobrança (inscrição em dívida ativa e execução fiscal), sem necessidade de coação indireta, pela recusa ao recebimento do IPTU.

Esse é o fundamento básico para a consignatória.

É importante lermos também os dispositivos do CPC que regulam a consignação em pagamento – arts. 890 a 900 do CPC. Eles formam um roteiro seguro para a elaboração da peça, indicando especificamente os pedidos essenciais a serem formulados (art. 893 do CPC).

Além disso, não deixe de **reler o art. 282 do CPC.** É uma excelente listagem dos elementos da petição inicial que não poderão ser esquecidos no dia do Exame.

Veja os comentários feitos na introdução, especialmente quanto à causa de pedir e à necessidade de instrução da inicial com toda prova documental disponível.

Depois de lermos todos dos dispositivos legais aplicáveis, faça uma nova leitura do problema, para não deixar passar nenhum detalhe.

A intenção do contribuinte, já vimos, é pagar apenas o IPTU, sem recolhimento da taxa. Toda a argumentação do advogado deve convergir para esse pedido.

Finalmente, registramos que o espelho de correção da FGV atribuiu até 0,5 ponto para o pedido específico de suspensão de exigibilidade do crédito. Parece-nos desnecessário (e incomum, inclusive), pois a suspensão decorre do depósito integral e em dinheiro, e não de eventual deferimento do juiz. Mas, para evitar recursos, é bom o candidato formular tal pedido.

Eis a estrutura argumentativa (silogismo):

1.FATO: o Município recusa-se a receber o IPTU que Xisto da Silva quer pagar, pois exige concomitantemente o pagamento da taxa de conservação de vias e logradouros públicos (TCVLP);

2.DIREITO: o fisco não pode subordinar o pagamento de um tributo a outro. Caso o faça, o contribuinte tem direito de consignar em juízo os valores que entende devidos, nos termos do art. 164, I, do CTN;

3.CONCLUSÃO: logo, Xisto da Silva tem o direito de pagar apenas o IPTU, sem recolhimento concomitante da taxa.

Vejamos como fica a peça.

Modelo: Petição inicial de ação de consignação em pagamento

[o que estiver entre colchetes é apenas nota do autor – não deve constar da peça]

início da peça

Excelentíssimo Senhor Doutor Juiz de Direito da Vara da Fazenda Pública da Comarca de (...)

[deixe espaço de aproximadamente 10 cm, para eventual despacho ou decisão do juiz]

Xisto da Silva, brasileiro, administrador, solteiro, portador da carteira de identidade RG (...), CPF(...), residente e domiciliado na Rua X, nº xxx, bairro Z, Município Y, Estado F, (documentos anexados), por seu advogado que firma a presente petição (procuração em anexo), com escritório para recebimento de intimações na (endereço – art. 39, I, do CPC), vem, respeitosamente, propor em face da Municipalidade de Y, cujo procurador pode ser localizado em (endereço), a presente

AÇÃO DE CONSIGNAÇÃO EM PAGAMENTO

nos termos do art. 164 do Código Tributário Nacional – CTN, e dos arts. 890 e seguintes do Código de Processo Civil – CPC, pelas razões a seguir aduzidas:

1. DOS FATOS

O autor recebeu cobrança simultânea, por meio de uma mesma guia de documento fiscal, de dois tributos: IPTU e Taxa de Conservação das Vias e Logradouros Públicos (TCVLP - **documentos em anexo**).

No caso da referida taxa, certo é que o autor não concorda com sua cobrança, o que o levou a ajuizar ação judicial a fim de declarar sua inconstitucionalidade, havendo pedido liminar, ainda não apreciado, para afastar a obrigatoriedade do recolhimento da referida exação fiscal (**documentos em anexo**).

Por outro lado, em relação à cobrança do IPTU, pretende o autor efetuar o seu pagamento. No entanto, a guia de pagamento é única e contém o valor global dos referidos tributos, tendo o banco rejeitado o pagamento parcial relativo somente ao IPTU.

O IPTU ainda não está vencido e o autor não obteve êxito para solucionar seu problema na esfera administrativa(**documentos em anexo**).

A postura do fisco municipal é insustentável, como veremos a seguir.

2. DO DIREITO

Nos termos do art. 164, I, do CTN, o fisco não pode se recusar a receber o pagamento de IPTU, nem condicioná-lo ao pagamento de outro tributo:

> Art. 164. A importância de crédito tributário pode ser consignada judicialmente pelo sujeito passivo, nos casos:
>
> I - de recusa de recebimento, ou **subordinação deste ao pagamento de outro tributo** ou de penalidade, ou ao cumprimento de obrigação acessória;
>
> (...)

De fato, o contribuinte tem o direito de pagar seus tributos, independentemente da discussão a respeito de outras exações.

Dito de maneira diversa, se o fisco entende devida a indigitada taxa, deve se valer dos meios disponíveis para sua cobrança, e não impedir o recolhimento de outros tributos. Esse é o entendimento da melhor doutrina:

(transcrição de entendimento doutrinário)

A jurisprudência é pacífica nesse sentido:

(transcrição de precedentes jurisprudenciais)

Assim sendo, deve ser autorizada a consignação em pagamento das parcelas de IPTU, para que o correspondente crédito tributário seja extinto, na forma da lei.

3. DO PEDIDO

Por todo o exposto, o autor requer:

a) seja deferido, nos termos do art. 893, I, do CPC, o depósito do valor do IPTU devido neste mês, no montante de R$ (...), sem prejuízo dos depósitos dos valores vincendos, conforme o art. 892 do CPC, com consequente suspensão da exigibilidade do crédito correspondente, nos termos do art. 151, II, do CTN;

b) a citação do réu para levantar o depósito ou oferecer resposta (art. 893, II, do CPC);

c) a produção de provas por todos os meios admitidos pelo Direito; [no caso presente, a rigor, não parece ser necessária a produção de qualquer outra prova além da documental, que deve ser juntada com a inicial]

d) seja a presente ação julgada procedente e declarada extinta a obrigação tributária, nos termos do art. 164, § 2º, e do art. 156, VIII, ambos do CTN, e do art. 897 do CPC;

e) seja o réu condenado ao pagamento das custas processuais e dos honorários de sucumbência a serem fixados por Vossa Excelência (art. 20 do CPC).

Dá-se à causa o valor de R$ (...) (valor do IPTU a ser consignado – art. 259 do CPC).

Termos em que

Pede Deferimento

(Local), (data)

[não assine, rubrique ou, de outra forma, identifique sua prova!]

ADVOGADO (...)

OAB-(Estado) nº (...)

Endereço (...)

fim da peça

GABARITO COMENTADO – FGV

Trata-se de ação de consignação em pagamento, com previsão no art. 164, I, do CTN, tendo em vista que a Fazenda Municipal se recusa a receber a prestação tributária apenas quanto ao valor do imposto devido.

O Fisco condicionou o recebimento do pagamento do imposto ao pagamento da taxa de conservação de vias e logradouros públicos, o que torna a ação de consignação o meio hábil para a liberação da dívida fiscal relativa ao IPTU, pretendendo o contribuinte eximir-se de pagar a taxa, que reputa inconstitucional.

Estrutura da Peça:

Fato – A Fazenda Municipal subordina o pagamento do IPTU ao pagamento da taxa, reputando o contribuinte inconstitucional a segunda exação.

Direito – O Fisco não pode subordinar o pagamento de um tributo a outro, eis que são obrigações autônomas, oriundas de fatos geradores distintos. Caso assim proceda, deverá o contribuinte consignar em Juízo o valor devido.

Solução - O contribuinte deverá recolher apenas o valor do IPTU, mediante a propositura da ação de consignação em pagamento, de acordo com o artigo 164, I, do CTN, liberando-se da obrigação tributária existente.

Pedido: a) citação do réu para levantar o depósito ou oferecer resposta; b) seja deferido o depósito do valor do IPTU devido, tornando inexigível o crédito tributário correspectivo; c) seja julgado procedente o pedido, declarando-se extinta a obrigação tributária; d) seja o réu condenado em custas e honorários advocatícios; e) Protesta pela produção de todas as provas em direito admitidas.

f) Valor da Causa – R$... (valor total do IPTU a ser consignado).

Item	Pontuação
Endereçamento da Ação Vara de Fazenda	
Vara Única	0 / 0,10
Vara Estadual	
Qualificação do Autor (0,05)	
(está no enunciado)	0 / 0,05 / 0,10
Qualificação do Réu (0,05)	
Aceitar de forma ampla: Município, Fazenda Municipal	
Núcleo dos fatos:	
Narrativa (0,20);	0 / 0,10 / 0,20 / 0,30
haver a subordinação de um pagamento ao outro (0,10)	
Obrigações autônomas OU Fatos geradores autônomos:	0 / 1,0
Hipótese em que a Fazenda cria artifícios para cobrar quantia que o contribuinte não considera devida. (0,50)	0 / 0,50 / 1,0
Artigo 164, I, do CTN. (0,50)	
Deferimento do depósito do valor do IPTU devido	0 / 0,50
Pedido específico de suspensão da exigibilidade do crédito	0 / 0,50
Requerimento da procedência da ação para ser declarada extinta a obrigação tributária	0 / 1,0
Pedido de provas	0 / 0,10
Citação do réu para levantar o depósito ou oferecer resposta	0 / 0,20
Sucumbência	0 / 0,10
Valor da causa	0 / 0,10

(OAB/Exame Unificado – 2012.1 – 2ª fase) A Administração Fazendária de determinado Estado, por entender que a Empresa Brasileira de Correios e Telégrafos – ECT enquadra-se como contribuinte do IPVA incidente sobre os novos veículos de sua frota, adquiridos e emplacados em seu território, efetuou lançamento tributário direto relativo ao respectivo imposto de sua competência.

Todavia, a aludida empresa, que se encontra no prazo regular para pagamento do IPVA, não quitou o imposto por discordar de sua cobrança, entendendo não ser seu contribuinte, ante a relevância dos serviços de natureza postal para a população.

Sabendo-se que a referida Empresa pretende viabilizar demanda judicial para a defesa dos seus interesses, uma vez que não houve oferecimento de defesa administrativa em tempo hábil, bem como, contados da data da notificação do lançamento tributário até o presente momento consumaram-se 90 (noventa) dias, nessa situação hipotética, redija, na qualidade de advogado contratado pela ECT, a petição pertinente que traga o rito mais célere, com base no direito material e processual tributário, ciente da desnecessidade de outras provas, que não sejam documentais. (valor: 5,00)

GABARITO COMENTADO – FGV

O STF já apreciou a possibilidade de extensão da imunidade recíproca à Empresa de Correios e Telégrafos – ECT, entendendo que por prestar serviço público, postal (art. 21, X, da CFRB/88), de natureza obrigatória e exclusiva do Estado, goza de imunidade por extensão do § 2ºdo art. 150 c/c art. 150, VI, *a*, da CFRB/88.

À ECT não se aplicaria o art. 150, § 3º, da CFRB/88, mas sim o § 2º do art. 150 da CFRB/88. (Nesse sentido, RE 407.099/RS, rel. Ministro Carlos Velloso, DJ 06/08/2004).

Também, no caso do IPVA, o STF decidiu no mesmo sentido entendendo que a imunidade prevista no art. 150, VI, *a*, da CF alcança as empresas públicas prestadoras de serviço público, julgando procedente a ação proposta pela ECT para afastar a cobrança do IPVA, bem como as sanções decorrentes da inadimplência do tributo. (ACO 765/RJ, rel. Ministro Marco Aurélio Mello/Informativo STF 546).

Estrutura da Peça:

Fato – Apesar da ECT cobrar tarifas ou preços por seus serviços, a empresa estaria abrangida pela regra imunizante, não se enquadrando, portanto, na condição de contribuinte do IPVA ora analisado.

Direito – A regra da imunidade tributária recíproca prevista no art. 150, VI, *a*, da CFRB/88 é aplicável à ECT, pois presta serviço público postal, de natureza obrigatória e exclusiva do Estado, não ingressando em regime concorrencial com outras empresas, o que também afastaria a aplicação do art. 173, § 2º, da CFRB/88, o que resulta na configuração de direito líquido e certo a ser viabilizado mediante impetração de mandado de segurança, visto que a ECT não é contribuinte do IPVA.

Medida liminar – Caso não seja deferida liminar pleiteada, o impetrante será compelido a pagar os valores exigidos ilegalmente ou sofrerá inscrição em dívida ativa e posterior execução. Com isso, deverá ser apreciado pedido liminar antes mesmo da manifestação da autoridade coatora, nos termos do art. 7º, III, da Lei 12.016/2009, para que seja suspensa a exigibilidade do credito tributário.

Conclusão – A ECT tem direito líquido e certo, sendo inválida a cobrança do imposto em questão, com base nos fundamentos de fato e de direito acima expendidos.

Pedido –

a) Deferimento da medida liminar, para que seja suspensa a exigibilidade do crédito, art. 7º, III, da Lei 12.016/2009;
b) Notificação da autoridade coatora, enviando-lhe todas as cópias dos documentos que instruem a inicial, para que preste todas as informações necessárias, no prazo de 10 (dez) dias (art. 7º, I, da Lei 12.016/2009);
c) Dado ciência ao Estado ou ao órgão de representação judicial ou ainda à Procuradoria Geral do Estado, enviando-lhe cópia da inicial para que, querendo, ingresse no feito (art. 7º, II, da Lei 12.016/2009);
c) Ouvido o representante do Ministério Público, para que opine no prazo de 10 (dez) dias (art. 12 da Lei 12.016/2009);
d) Ao final, conceder definitivamente a segurança pleiteada para a anulação do lançamento.

Condenação em custas. Não há condenação em honorários advocatícios, conforme Súmulas 512/STF e 105/STJ.

Valor da causa: R$ valor do débito do IPVA.

Distribuição dos pontos

Quesito Avaliado	Faixa de valores
Item 1 - Endereçamento da Ação à Justiça Federal	0,00 / 0,50
Item 2 - Qualificação das partes Impetrante – ECT (0,10). Impetrado – Autoridade coatora (pessoa física) (0,10).	0,00 / 0,10 / 0,20
Item 3 - Exposição dos fatos	0,00 / 0,20
Item 4 - Aplicabilidade do art. 150, VI, *a* (0,50) c/c art. 150, § 2º, da CRFB/88 (0,50).	0,00 / 0,50 / 1,00
Item 5 - Inaplicabilidade do art. 173, § 2º, da CRFB/88 (0,50) e a do art. 150, § 3º, da CRFB/88 (0,50).	0,00 / 0,50 / 1,00
Item 6 - Deferimento da medida liminar para suspender a exigibilidade do crédito	0,00 / 0,60
Item 7 – Concessão da segurança para a anulação/cancelamento/extinção do lançamento	0,00 / 1,00
Item 8 – Notificação da autoridade coatora (0,10) / Intimação do Ministério Público (0,10) / Intimação do Estado (0,10) / Condenação em custas e não em honorários (0,10) / Valor da Causa (0,10)	0,00 / 0,10 / 0,20 / 0,30 / 0,40 / 0,50

(OAB/Exame Unificado – 2012.2 – 2ª fase) A Construtora Segura Ltda. está sendo executada pela Fazenda Pública Municipal. Entretanto, a empresa havia proposto uma ação de consignação em pagamento, com relação ao mesmo débito apontado na CDA que dá fundamento à execução fiscal, tendo obtido ganho de causa, sendo certo que a sentença transitou em julgado.

Ocorre que a Fazenda Municipal, ao invés de levantar os valores consignados, permitindo a baixa do feito, propôs a execução, mesmo já tendo ocorrido a baixa da inscrição do débito na Dívida Ativa Municipal, determinada pela sentença na consignatória, que deu por cumprida a obrigação fiscal da empresa.

A Construtora Segura Ltda., *expert* na matéria, ingressou com exceção de pré-executividade, que foi liminarmente rejeitada, entendendo o Juiz que o tema deveria ser tratado em sede de embargos, após a segurança do Juízo.

Prepare o recurso cabível da decisão que rejeitou a exceção de pré-executividade, fundamentando-o de forma completa, registrando toda a matéria de direito processual e material pertinente.

GABARITO COMENTADO – EXAMINADORA

A peça a ser elaborada pelo candidato é um agravo de instrumento, com pedido de efeito suspensivo ativo (art. 558 do CPC), admitindo-se, ainda a tutela antecipada na forma do artigo 527, III do mesmo diploma legal. Sendo a decisão de rejeição liminar da exceção de pré-executividade de natureza interlocutória, incabível outro recurso, que não o agravo de instrumento. Incabível a utilização do princípio da fungibilidade, por se tratar de equívoco inadmissível na prática forense, a interposição de recurso de apelação, ao invés de agravo de instrumento, para combater a decisão interlocutória em comento. Na narrativa do enunciado da questão, a exceção de pré-executividade fora corretamente proposta, eis que houve o pagamento por consignação, reconhecido por sentença, transitada em julgado, desnecessária a dilação probatória, conforme referido na Súmula 393 do STJ. Tendo havido o pagamento, a execução fiscal não poderia prosseguir, devendo ser extinta.

Distribuição dos pontos

Quesito Avaliado	Valores
Identificação do Tribunal Competente (estadual) (0,10) Identificação do Agravante (0,10) Resumo da decisão agravada (0,10)	0,00 / 0,10 / 0,20 / 0,30
Cabimento de Agravo e não de Apelação (0,20)	0,00 / 0,20
Correta Instrução conforme artigo 525 do CPC (0,25). Indicação do advogado do agravado. (0,25)	0,00 / 0,25 / 0,50
Efeito suspensivo ativo ao agravo de instrumento na forma do art. 558 do CPC **OU** antecipação de tutela recursal conforme art. 527, III, CPC.	0,00 / 0,50
As matérias passíveis de serem alegadas em exceção de pré-executividade não são somente as de ordem pública, mas também os fatos modificativos ou extintivos do direito do exequente, desde que comprovados de plano, sem necessidade de dilação probatória **OU** Súmula 393 do STJ (1,00).	0,00 / 1,00
Houve pagamento extinguindo o crédito tributário. (0,50) Coisa julgada: matéria já apreciada pelo Judiciário, desnecessidade de dilação probatória (1,00)	0,00 / 0,50 / 1,00 / 1,50
Pedido de acolhimento da tutela antecipada ou do efeito suspensivo ativo (0,30).	0,00 / 0,30
Pedido de provimento do agravo com acolhimento da exceção (0,30)	0,00 / 0,30
Extinção da execução por força dos arts. 269, I, 794, I, do CPC (0,40)	0,00 / 0,40

(OAB/Exame Unificado – 2012.3 – 2ª fase) Uma instituição de ensino superior, sem fins lucrativos, explora, em terreno de sua propriedade, serviço de estacionamento para veículos, cuja renda é revertida integralmente para manter suas finalidades essenciais.

Ocorre que tal instituição foi autuada pela Fiscalização Municipal, sob o fundamento de ausência de recolhimento do Imposto sobre Serviços de Qualquer Natureza – ISSQN relativo aos exercícios fiscais de 2008, 2009, 2010 e 2011, visto que a atividade econômica, serviços de estacionamento, consta da lista de serviços anexa à lei municipal tributária aplicável à espécie.

A referida instituição pretende viabilizar demanda judicial para a defesa dos seus interesses, uma vez que não houve oferecimento de defesa administrativa em tempo hábil, bem como, contados da data do recebimento do auto de infração pelo Administrador responsável pela instituição até o presente momento, tem-se o total de 100(cem) dias.

Nesta situação hipotética, considerando que tudo está comprovado documentalmente e que o pagamento do tributo inviabilizaria os investimentos necessários para manter e ampliar os serviços educacionais que a instituição presta, apresente a fórmula jurídica processual mais rápida e eficaz para solucionar a situação descrita, esgotando os fundamentos de direito processual e material, ciente de que, entre a data da autuação e a sua constituição como patrono da referida instituição, transcorreram menos de dois dias. (Valor: 5,0)

GABARITO COMENTADO – EXAMINADORA

Mandado de Segurança

As instituições de ensino sem fins lucrativos estão abrangidas pela imunidade tributária, de acordo com o art. 150, inciso VI, *c*, e § 4º, da CRFB/88. A Súmula 724, editada pelo STF, já pacificou entendimento no sentido de que desde que a receita auferida por tais entidades se destine às suas finalidades essenciais, não haverá incidência de impostos, incluindo-se neste caso o ISS.

Assim sendo, assiste direito líquido e certo em relação à instituição em questão, ao efeito, mediante a impetração do Mandado de Segurança de afastar a cobrança indevida do ISS objeto do aludido auto de infração.

Eis a estrutura da peça:

Fato – A receita obtida com a exploração dos serviços de estacionamento é revertida para as finalidades essenciais da instituição de ensino.

Direito – A instituição de ensino não é contribuinte do ISS relativo à prestação dos serviços de estacionamento, pois é imune à incidência de impostos, com base no art. 150, VI, *c*, e § 4º, da CRFB/88.

Medida liminar – Caso não seja deferida a liminar pleiteada, a impetrante será compelida a pagar os valores exigidos ilegalmente ou sofrerá inscrição em dívida ativa e posterior execução, com a constrição dos seus bens. Com isso, deverá ser apreciado o pedido de liminar antes mesmo da manifestação da autoridade coatora, nos termos do art. 7º, III, da Lei n. 12.016/09, para que seja suspensa a exigibilidade do crédito tributário.

Conclusão – A instituição de ensino tem direito líquido e certo, sendo inválida a cobrança do imposto em questão, com base nos fundamentos de fato e de direito acima expendidos.

Pedido –

a) Deferimento da medida liminar, para que seja suspensa a exigibilidade do crédito tributário, art. 7º, III, da Lei 12.016/2009;

b) Notificação da autoridade coatora, enviando-lhe todas as cópias dos documentos que instruem a inicial, para que preste todas as informações necessárias, no prazo de 10 (dez) dias (art. 7º, I, da Lei 12.016/09);

c) dar ciência ao Município, enviando-lhe cópia da inicial para que, querendo, ingresse no feito (art. 7º, II, da Lei 12.016/09);

c) ouvir o representante do Ministério Público, para que opine no prazo de 10 (dez) dias (art. 12 da Lei 12.016/09);

d) ao final, confirmada a liminar deferida, conceder, definitivamente, a segurança pleiteada para a anulação do lançamento. Não há condenação em custas e honorários advocatícios, conforme Súmulas n. 512/STF e n. 105/STJ.

Valor da causa: R$ valor do débito do ISS.

Distribuição dos pontos – mandado de segurança

Quesito Avaliado	Valores
Endereçamento da Ação Obs: aceitar de forma ampla desde que refira a competência fazendária	0,00 / 0,10
Qualificação das partes AUTOR RÉU	0,00 / 0,10 / 0,20
EXPOSIÇÃO DOS FATOS	0,00 / 0,20
Imunidade: art. 150, inciso VI, c, da CFRB/88 (justificado) (0,60)	0,00 / 0,60
Abrangência da imunidade: art. 150, § 4º, da CFRB/88 (justificado) (0,40)	0,00 / 0,40
Aplicação da Súmula 724 editada pelo STF	0,00 / 0,80
Deferimento da medida liminar para suspender a exigibilidade do crédito tributário (0,20) a) *Fumus boni juris* (justificada) (0,40); b) *Periculum in mora* (justificado) (0,40).	0,00 / 0,20 / 0,40 / 0,60 / 0,80 / 1,00
Procedência do pedido com anulação do lançamento Obs: aceitar também com a extinção do crédito tributário	0,00 / 1,00
Notificação da Autoridade Coatora	0,00 / 0,20
Intimação do Ministério Público	0,00 / 0,20
Intimação do Município	0,00 / 0,20
Valor da Causa	0,00 / 0,10

GABARITO COMENTADO – EXAMINADORA

Ação Anulatória

As instituições de ensino sem fins lucrativos estão abrangidas pela imunidade tributária, de acordo com o art. 150, inciso VI, *c*, e § 4º, da CRFB/88. A Súmula 724, editada pelo STF, já pacificou entendimento no sentido de que desde que a receita auferida por tais entidades se destine às suas finalidades essenciais, não haverá incidência de impostos, incluindo-se neste caso o ISS.

Assim sendo, assiste direito subjetivo da instituição em questão, mediante ajuizamento de Ação Anulatória para afastar a cobrança indevida do ISS objeto do aludido auto de infração.

Eis a estrutura da peça:

Fato – A receita obtida com a exploração dos serviços de estacionamento é revertida para as finalidades essenciais da instituição de ensino.

Direito – A instituição de ensino não é contribuinte do ISS relativo à prestação dos serviços de estacionamento, pois é imune à incidência de impostos, com base no art. 150, VI, *c*, e § 4º, da CRFB/88.

Antecipação dos efeitos da tutela – Caso não seja deferida a medida pleiteada, a autora será compelida a pagar os valores exigidos ilegalmente ou sofrerá inscrição em dívida ativa e posterior execução, com a constrição dos seus bens. Com isso, deverá ser apreciado pedido de antecipação dos efeitos da tutela antes mesmo da manifestação do município réu, nos termos do art. 273 do CPC, para que seja suspensa a exigibilidade do crédito tributário.

Conclusão – A instituição de ensino tem direito subjetivo à anulação do lançamento, com base nos fundamentos de fato e de direito acima expendidos.

Pedido –

a) Deferimento da antecipação dos efeitos da tutela, para que seja suspensa a exigibilidade do crédito tributário, art. 273 do CPC;

b) Citação do município;

c) Pedido de produção de provas;

d) ao final, confirmada a antecipação dos efeitos da tutela para julgar procedente o pedido de anulação do lançamento, com condenação nas custas do processo e honorários advocatícios.

Valor da causa: R$ valor do débito do ISS.

Distribuição dos pontos – ação anulatória

Quesito Avaliado	Valores
Endereçamento da Ação Obs: aceitar de forma ampla desde que refira a competência fazendária	0,00 / 0,10
Qualificação das partes AUTOR RÉU	0,00 / 0,10 / 0,20
EXPOSIÇÃO DOS FATOS	0,00 / 0,20
Imunidade: art. 150, inciso VI, c, da CFRB/88 (justificado) (0,60)	0,00 / 0,60
Abrangência da imunidade: art. 150, § 4º, da CFRB/88 (justificado) (0,40)	0,00 / 0,40
Aplicação da Súmula 724, editada pelo STF	0,00 / 0,80

Quesito Avaliado	Valores
Deferimento da antecipação dos efeitos da tutela para suspender a exigibilidade do crédito tributário (0,20). a) Verossimilhança da alegação (justificada) (0,40); b) Fundado receio de dano irreparável (justificado) (0,40).	0,00 / 0,20 / 0,40 / 0,60 / 0,80 / 1,00
Procedência do pedido com anulação do lançamento Obs: aceitar também com a extinção do crédito tributário	0,00 / 1,00
Citação do Município	0,00 / 0,20
Pedido de produção de provas	0,00 / 0,20
Condenação em custas e honorários	0,00 / 0,20
Valor da Causa	0,00 / 0,10

(OAB/Exame Unificado – 2013.1 – 2ª fase) Em ação de indenização, em que determinada empresa fora condenada a pagar danos materiais e morais a Tício Romano, o Juiz, na fase de cumprimento de sentença, autorizou a liberação parcial do pagamento efetuado pelo executado e determinou a dedução do percentual de 27,5% a título de imposto de renda sobre os valores depositados. Determinou ainda a expedição do mandado de pagamento relativo ao depósito da condenação e a baixa e arquivamento dos autos.

Na qualidade de advogado de Tício, redija a peça processual adequada que deve ser proposta em oposição a tal retenção, já superada qualquer dúvida sobre o teor da decisão. A peça deve abranger todos os fundamentos de direito que possam ser utilizados para dar respaldo à pretensão do cliente, sendo certo que a publicação da decisão mencionada se deu na data de hoje (dia da realização desta prova). (Valor: 5,0)

Distribuição dos pontos – agravo de instrumento

Quesito Avaliado	Valores
Endereçamento da Ação Tribunal Estadual (Justiça) ou Federal (TRF)	0,00 / 0,20
Qualificação do Autor (0,10) e do Réu (0,10)	0,00 / 0,10 / 0,20
Síntese dos fatos	0,00 / 0,20
Pedido de antecipação dos efeitos da tutela recursal (art. 527, III, CPC), presentes os requisitos; Mera citação do artigo não pontua;	0,00 / 0,20
Provimento do recurso para reforma do ato judicial (0,50) para que seja feito o levantamento do depósito sem a incidência de imposto de renda; (0,50)	0,00 / 0,50 / 1,00
Nesses Termos, Pede-se Deferimento. Local. Data. Advogado	0,00 / 0,20
Danos materiais e morais: natureza jurídica de mera recomposição patrimonial	0,00 / 0,75
Súmula 498 do STJ: “Não incide imposto de renda sobre a indenização por danos morais”.	0,00 / 0,50
O fato gerador do imposto de renda é a aquisição da disponibilidade econômica ou jurídica de acréscimo patrimonial produto do capital, do trabalho, da combinação de ambos ou de proventos;	0,00 / 0,75
Não incidência de imposto de renda sobre mera recomposição patrimonial (art. 43 do CTN **OU** art. 153, III, CF/88):	0,00 / 1,00

Distribuição dos pontos – apelação

Quesito Avaliado	Valores
Endereçamento ao Juiz da Causa	0,00 / 0,20
Qualificação do Autor (0,10) e do Réu (0,10)	0,00 / 0,10 / 0,20
Síntese dos fatos	0,00 / 0,20
Comprovação do preparo recursal;	0,00 / 0,20
Provimento do recurso para reforma do ato judicial para que seja feito o levantamento do depósito sem a incidência de imposto de renda	0,00 / 1,00
Nesses Termos, Pede-se Deferimento. Local. Data. Advogado	0,00 / 0,20
Danos materiais e morais: natureza jurídica de mera recomposição patrimonial	0,00 / 0,75
Súmula 498 do STJ: “Não incide imposto de renda sobre a indenização por danos morais”.	0,00 / 0,50
O fato gerador do imposto de renda é a aquisição da disponibilidade econômica ou jurídica de acréscimo patrimonial produto do capital, do trabalho, da combinação de ambos ou de proventos;	0,00 / 0,75
Não incidência de imposto de renda sobre mera recomposição patrimonial (art. 43 do CTN **OU** art. 153, III, CF/88):	0,00 / 1,00

Distribuição dos pontos – Recurso inominado (lei 9.099/95)

Quesito Avaliado	Valores
Endereçamento ao Juiz da Causa	0,00 / 0,20
Qualificação do Autor (0,10) e do Réu (0,10)	0,00 / 0,10 / 0,20
Síntese dos fatos	0,00 / 0,20
Comprovação do preparo recursal;	0,00 / 0,20
Provimento do recurso para reforma do ato judicial para que seja feito o levantamento do depósito sem a incidência de imposto de renda	0,00 / 1,00
Nesses Termos, Pede-se Deferimento. Local. Data. Advogado	0,00 / 0,20
Danos materiais e morais: natureza jurídica de mera recomposição patrimonial	0,00 / 0,75
Súmula 498 do STJ: "Não incide imposto de renda sobre a indenização por danos morais".	0,00 / 0,50
O fato gerador do imposto de renda é a aquisição da disponibilidade econômica ou jurídica de acréscimo patrimonial produto do capital, do trabalho, da combinação de ambos ou de proventos;	0,00 / 0,75
Não incidência de imposto de renda sobre mera recomposição patrimonial (art. 43 do CTN **OU** art. 153, III, CF/88):	0,00 / 1,00

Distribuição dos pontos – Ação de repetição de indébito

Quesito Avaliado	Valores
Endereçamento ao Juiz da Vara Cível, Fazenda Pública ou Vara Federal	0,00 / 0,20
Qualificação do Autor (0,10) e do Réu (0,10)	0,00 / 0,10 / 0,20
Síntese dos fatos	0,00 / 0,20
Comprovação do recolhimento indevido;	0,00 / 0,20
Procedência do pedido para condenar o ente tributante à restituição do imposto de renda indevidamente recolhido;	0,00 / 1,00
Nesses Termos, Pede-se Deferimento. Local. Data. Advogado	0,00 / 0,20
Danos materiais e morais: natureza jurídica de mera recomposição patrimonial	0,00 / 0,75
Súmula 498 do STJ: "Não incide imposto de renda sobre a indenização por danos morais".	0,00 / 0,50
O fato gerador do imposto de renda é a aquisição da disponibilidade econômica ou jurídica de acréscimo patrimonial produto do capital, do trabalho, da combinação de ambos ou de proventos;	0,00 / 0,75
Não incidência de imposto de renda sobre mera recomposição patrimonial (art. 43 do CTN **OU** art. 153, III, CF/88):	0,00 / 1,00

Distribuição dos pontos – Mandado de segurança com pedido de liminar

Quesito Avaliado	Valores
Endereçamento ao Juiz da Vara Cível, Fazenda Pública ou Vara Federal	0,00 / 0,20
Qualificação do impetrante (0,10) e da autoridade coatora (0,10), com a indicação da pessoa jurídica que esta integra, à qual se acha vinculada ou da qual exerce atribuições;	0,00 / 0,10 / 0,20
Síntese dos fatos, com comprovação do direito líquido e certo mediante prova documental juntada com a inicial;	0,00 / 0,20
Pedido de liminar para realizar levantamento sem a retenção na fonte	0,00 / 0,20
Procedência do pedido para determinar à autoridade coatora que se abstenha de realizar a retenção na fonte do imposto de renda, quando do levantamento	0,00 / 1,00

Nesses Termos, Pede-se Deferimento. Local. Data. Advogado	0,00 / 0,20
Danos materiais e morais: natureza jurídica de mera recomposição patrimonial	0,00 / 0,75
Súmula 498 do STJ: "Não incide imposto de renda sobre a indenização por danos morais".	0,00 / 0,50
O fato gerador do imposto de renda é a aquisição da disponibilidade econômica ou jurídica de acréscimo patrimonial produto do capital, do trabalho, da combinação de ambos ou de proventos;	0,00 / 0,75
Não incidência de imposto de renda sobre mera recomposição patrimonial (art. 43 do CTN **OU** art. 153, III, CF/88):	0,00 / 1,00

Distribuição dos pontos – ação anulatória

Quesito Avaliado	Valores
Endereçamento ao Juiz da Vara Cível, Fazenda Pública ou Vara Federal	0,00 / 0,20
Qualificação do Autor (0,10) e do Réu (0,10)	0,00 / 0,10 / 0,20
Síntese dos fatos	0,00 / 0,20
Pedido de antecipação dos efeitos da tutela para realizar levantamento sem a retenção na fonte, presentes os requisitos	0,00 / 0,20
Procedência do pedido para condenar o ente tributante à restituição do imposto de renda indevidamente recolhido;	0,00 / 1,00
Nesses Termos, Pede-se Deferimento. Local. Data. Advogado	0,00 / 0,20
Danos materiais e morais: natureza jurídica de mera recomposição patrimonial	0,00 / 0,75
Súmula 498 do STJ: "Não incide imposto de renda sobre a indenização por danos morais".	0,00 / 0,50
O fato gerador do imposto de renda é a aquisição da disponibilidade econômica ou jurídica de acréscimo patrimonial produto do capital, do trabalho, da combinação de ambos ou de proventos;	0,00 / 0,75
Não incidência de imposto de renda sobre mera recomposição patrimonial (artigo 43 do CTN **OU** art. 153, III, CF/88):	0,00 / 1,00

Distribuição dos pontos – ação declaratória de inexistência de relação jurídica

Quesito Avaliado	Valores
Endereçamento ao Juiz da Vara Cível, Fazenda Pública ou Vara Federal	0,00 / 0,20
Qualificação do Autor (0,10) e do Réu (0,10)	0,00 / 0,10 / 0,20
Síntese dos fatos	0,00 / 0,20
Pedido de antecipação dos efeitos da tutela para realizar levantamento sem a retenção na fonte, presentes os requisitos	0,00 / 0,20
Procedência do pedido para declarar a inexistência de relação jurídica que obrigue o autor a sofrer a retenção na fonte do imposto de renda, quando do levantamento	0,00 / 1,00
Nesses Termos, Pede-se Deferimento. Local. Data. Advogado	0,00 / 0,20
Danos materiais e morais: natureza jurídica de mera recomposição patrimonial	0,00 / 0,75
Súmula 498 do STJ: "Não incide imposto de renda sobre a indenização por danos morais".	0,00 / 0,50
O fato gerador do imposto de renda é a aquisição da disponibilidade econômica ou jurídica de acréscimo patrimonial produto do capital, do trabalho, da combinação de ambos ou de proventos;	0,00 / 0,75
Não incidência de imposto de renda sobre mera recomposição patrimonial (art. 43 do CTN **OU** art. 153, III, CF/88):	0,00 / 1,00

(OAB/Exame Unificado – 2013.2 – 2ª fase) O estabelecimento da sociedade WYZ Ltda., cujo objeto é a venda de gêneros alimentícios, foi interditado pela autoridade fazendária municipal, Coordenador Municipal de Tributação, com fundamento na Lei Municipal – que por sua vez prevê a interdição por falta de pagamento de taxa de inspeção sanitária já devidamente constituída pelo lançamento.

Diante disso, o administrador da sociedade procura um advogado, imediatamente após o ato de interdição, munido dos documentos necessários para a comprovação do seu direito, solicitando a reversão do ato de interdição do seu estabelecimento o mais breve possível, pois a continuidade de seu negócio está comprometida. Pede o administrador, ainda, que seu advogado ajuíze medida judicial que, na hipótese de eventual insucesso, não acarrete o risco de condenação da sociedade WYZ Ltda. em verba honorária em favor da parte contrária.

Na qualidade de advogado da sociedade WYZ Ltda., redija a petição inicial mais adequada à necessidade do seu cliente, com o objetivo de reverter judicialmente o ato administrativo de interdição do estabelecimento, ciente de que a prova necessária é puramente documental.

A peça deve abranger todos os fundamentos de Direito que possam ser utilizados para dar respaldo à pretensão.

A simples menção ou transcrição do dispositivo legal não pontua. (Valor: 5,0)

GABARITO COMENTADO – FGV

A sociedade WYZ Ltda. deverá impetrar Mandado de Segurança com pedido de liminar para suspender de imediato a interdição do estabelecimento, ante o risco à continuidade do negócio.

Deverá, além de indicar o correto endereçamento da peça processual, promover a escorreita identificação das partes.

Após indicar a razão de cabimento do Mandado de Segurança (prova pré-constituída e existência de ilegalidade por parte da Autoridade Coatora), deverá expor os fundamentos em que se escora seu alegado direito, quais sejam:

a) a impossibilidade de interdição do estabelecimento como meio coercitivo de cobrança de tributo, o que inclusive é objeto da Súmula n. 70 do STF;

b) a inconstitucionalidade da lei municipal por violação ao princípio da razoabilidade, consubstanciado no aspecto substantivo do devido processo legal, que inclui a proporcionalidade em sentido estrito. E, sendo irrazoável e desproporcional a interdição, daí resulta a violação do direito constitucional de exercício da atividade econômica. Ainda nessa parte, deverá também mencionar, a afronta ao devido processo legal, no seu aspecto formal, pois a lei cria um mecanismo coercitivo para se realizar o pagamento de uma espécie tributária, de forma a enfraquecer o direito de se questionar o cabimento ou não, da referida verba em sede judicial. Ou seja, cria um mecanismo para conferir, via indireta, o pagamento em foco sem a necessidade do processo de execução fiscal.

A petição deverá, ainda, indicar a presença dos requisitos essenciais para a concessão da liminar pleiteada: o *fumus boni iuris* (plausibilidade do direito alegado) e o *periculum in mora* (risco na demora da prestação jurisdicional).

A peça, quanto ao pedido, deverá conter a postulação de liminar e a pretensão final, consistente, esta última, na declaração, ou reconhecimento da nulidade do ato decisório que determinou o fechamento do estabelecimento, pois sob o fundamento de lei inconstitucional.

Nesta parte da peça, coloca-se importante observar a "ideia" de reversão da situação de fechamento do estabelecimento, principalmente no plano da pretensão liminar.

Deve, ainda, na parte final da petição, o candidato fazer menção à notificação da autoridade coatora, a manifestação do ente público a que pertença a autoridade coatora, bem como o pronunciamento do MP, a denotar, quanto ao último, que este tem participação obrigatória no procedimento.

Deve, também, neste momento fazer alusão ao valor da causa, esclarecer que está apresentando a segunda via da inicial e documentos juntos, além de indicar o endereço da empresa impetrante.

(OAB/Exame Unificado – 2013.3 – 2ª fase) Felipe das Neves, 20 anos, portador de grave deficiência mental, vem procurá-lo, juntamente com seu pai e responsável, eis que pretendeu adquirir um carro, para ser dirigido por terceiro, a fim de facilitar sua locomoção, inclusive para tratamentos a que se submete semanalmente. Entretanto, o Delegado da Delegacia Regional Tributária negou-lhe o benefício que buscava usufruir, para não pagar ICMS e IPVA. Este benefício está previsto na Lei WWW/00, a qual dispõe: "os portadores de deficiência poderão adquirir veículo automotivo com isenção integral de ICMS e IPVA, sendo os carros de produção nacional, com adaptação e características especiais indispensáveis ao uso exclusivo do adquirente portador de paraplegia, impossibilitado de usar os modelos comuns."

Foi impetrado Mandado de Segurança, com pedido de liminar, para que Felipe obtivesse o benefício pretendido. Entretanto, o Juízo negou a liminar, referindo que não se vislumbra a presença de fumaça do bom direito em que se arrime o pleito liminar referido pelo Impetrante. O fundamento foi o de que a norma isentiva tem caráter excepcional e se aplica apenas aos portadores de deficiência física e não aos portadores de deficiência mental. Além disso, segundo a decisão, a norma pressupõe que o beneficiário da isenção esteja apto a dirigir, tanto que é concedido para contrabalançar as despesas na adaptação do carro. Trata-se, primeiramente, de opção legislativa que não cabe ao intérprete superar. Igualmente, não demonstrado qualquer perigo na demora da solução do caso, afirmou a decisão.

Na qualidade de advogado de Felipe, e ciente de que já vencido o prazo para a interposição de eventuais Embargos de Declaração, mas não superado 10 (dez) dias da data da publicação da decisão, elabore o recurso cabível da decisão que negou a liminar, apresentando todos os fundamentos necessários à melhor defesa do interesse de Felipe, tanto no que pertine ao direito a ser aplicado, quanto à sua interpretação. (Valor: 5,0)

TRIBUTÁRIA

GABARITO COMENTADO – FGV

1) O recurso adequado é o agravo de instrumento, haja vista se estar diante de decisão interlocutória. Para se evitar dúvidas o enunciado mostra que não há mais prazo para embargos de declaração, e evidencia que ainda resta prazo para o recurso próprio mencionado.
2) Direcionamento ao Tribunal de Justiça;
3) Qualificar Agravante: Felipe das Neves, portador de grave deficiência mental, representado por......... Agravado: ente público a cujos quadros pertença a Autoridade coatora; a autoridade impetrada no MS;Juízo da Vara Cível ou Vara de Fazenda Pública;
4) Fatos: solicitação do benefício e recusa do Delegado da Delegacia Regional Tributária. Indeferimento da Medida Liminar no Mandado de Segurança;
5) A antecipação dos efeitos da tutela recursal: o cabimento da antecipação dos efeitos da tutela recursal, que teria por efeito prático o deferimento da liminar pleiteada no Mandado de Segurança, e que foi indeferida pela decisão agravada, tem amparo no art. 527, III, do CPC;
6) O fundamento jurídico deve ser o de que o veículo a ser adquirido por deficiente mental, ainda que seja para ser dirigido por terceiro, porque a sua deficiência o impede de dirigir, deve receber a benesse pretendida, qual seja, a de isenção do tributo estadual, sob pena de se dar tratamento manifestamente desigual a tais deficientes. A negativa de tal benefício e a aplicação da regra da forma sustentada pela Fazenda implica tratamento diferenciado (mais gravoso) a pessoa que apresenta deficiência incapacitante análoga à física. A isenção deve ser interpretada de acordo com o que preceitua o art. 111, II, do CTN, desde que tal interpretação não afronte o princípio da isonomia. O candidato deverá defender a prática da interpretação sistemática e teleológica da norma isentiva, de modo a conciliar a legislação tributária com o texto constitucional, que propugna a integração social do deficiente e a eliminação de todas as formas de discriminação (art. 227, §1°, II, CR/88), bem como a eliminação de tratamento desigual entre contribuintes que se encontrem em situação equivalente (art. 150, II, CR/88);

7) Pedido de conhecimento e provimento do recurso para ser deferida a pretensão liminar constante no mandado de segurança.

8) Deve ainda o recurso fazer menção ao fato de que estão sendo anexadas as peças obrigatórias para a instrução do Agravo de Instrumento (ou, alternativamente, a cópia integral dos autos judiciais a partir dos quais foi formado o instrumento).

Distribuição dos pontos

Item	Pontuação
Endereçamento ao Tribunal de Justiça (0,10)	0,00/0,10
Nome do agravante (0,05), indicação do seu representante legal (0,10) e qualificação (0,05)	0,00/0,05/0,10/0,15/0,20
Indicação (0,10) e qualificação do agravado (0,10)	0,00/0,10/0,20
Atendimento ao disposto no art. 524, III, mediante indicação do nome e endereço dos advogados (0,10)	0,00/0,10
Descrição dos Fatos: deficiência e necessidade de locomoção. Solicitação do benefício e recusa do Delegado da Delegacia Regional Tributária. Indeferimento da Medida Liminar no Mandado de Segurança (0,10);	0,00/0,10
Cabimento da antecipação dos efeitos da tutela recursal (0,10), com demonstração da existência dos requisitos para que seja deferida a liminar que havia sido negada pela decisão recorrida (0,40), art. 527, III, do CPC (0,20). Obs.: a mera indicação do dispositivo legal não pontua.	0,00/0,10/0,30/0,50/0,70
Princípio da isonomia tributária, já que não se pode estabelecer diferença entre o deficiente físico e o mental (0,80), com fundamento no art. 150, II, da CRFB (0,20). Obs.: a mera indicação do dispositivo legal não pontua.	0,00/0,80/1,00
O objetivo da Constituição é permitir maior mobilidade e integração social ao deficiente (0,30), nos termos do art. 227, § 1º, II, da CF (0,20) Obs.: a mera indicação do dispositivo legal não pontua	0,00/0,30/0,50
Interpretação da regra do art. 111, I e/ou II, do CTN (0,50) e utilização do método teleológico e sistemático de modo a permitir a concessão do benefício ao seu cliente (0,50).	0,00/0,50/1,00
Requerimento para que seja ouvido o Ministério Público (0,10)	0,00/0,10
Pedido de antecipação da tutela recursal para a concessão de liminar (0,35)	0,00/0,35
Pedido de provimento do recurso para reforma da decisão combatida (0,35)	0,00/0,35
Menção ao fato de que estão sendo anexadas as peças obrigatórias para a instrução do Agravo de Instrumento (ou, alternativamente, a cópia integral dos autos judiciais a partir dos quais foi formado o instrumento).	0,00/0,20
Fechamento da Peça: (0,10) Data, Local, Advogado, OAB ... nº...	0,00/0,10

3. OUTROS MODELOS

Modelo: Agravo de instrumento com pedido de antecipação de tutela

início da peça

Excelentíssimo Senhor Doutor Desembargado Presidente do Tribunal de Justiça de (...)

[deixe espaço de aproximadamente 10 cm, para eventual despacho ou decisão do desembargador]

(Nome completo do agravante), (estado civil), (profissão), residente e domiciliado na (endereço), por seu advogado que firma a presente petição (procuração em anexo), com escritório para recebimento de intimações na (endereço), vem, respeitosamente, interpor este

AGRAVO DE INSTRUMENTO COM PEDIDO DE TUTELA ANTECIPADA

contra a Fazenda Pública do Município de (...), em face da r. decisão do D. Juízo da (...) Vara da Fazenda Pública da Comarca de (...), exarado às fls. (...) dos autos do Mandado de Segurança nº (...), que denegou a medida liminar pleiteada, com fulcro nos arts. 524 e seguintes do Código de Processo Civil, pelas razões adiante aduzidas.

Este instrumento é formado com cópias da decisão agravada, da certidão da respectiva intimação, das procurações outorgadas aos advogados do agravante e comprovante das custas recolhidas (art. 525 do CPC).

1. DOS FATOS

De acordo com a Lei nº (...) do Município de (...), a alienação *inter vivos* de bem imóveis está sujeita à incidência do Imposto de Transmissão de Bens Imóveis – ITBI, a ser pago pelo adquirente. A cobrança do imposto é feita sob o regime de alíquotas progressivas de 2, 3, 4 e 6%, incidentes sobre as parcelas do preço divididas em faixas de valor em tabela específica.

O agravante está adquirindo um bem imóvel situado nesse Município, cuja escritura deverá ser outorgada em 10 dias, ocasião em que, necessariamente, deverá apresentar a competente guia de recolhimento do imposto devidamente quitada.

Ciente de que o valor da operação supera o limite da menor faixa de valor, atraindo a incidência das alíquotas superiores a 2%, o agravante impetrou mandado de segurança, com pedido de liminar, contra o Senhor Diretor do Departamento de Rendas Municipais, para calcular e recolher o tributo à alíquota de 2% sobre o valor total da operação.

A medida liminar foi negada, sob o argumento de que o Município tem competência para definir a alíquota do imposto, inclusive no regime de alíquotas progressivas, tendo em vista o princípio constitucional da capacidade contributiva (art. 145, § 1º, da Constituição Federal). A decisão denegatória da medida liminar foi publicada na imprensa oficial há 5 (cinco) dias.

2. PRELIMINAR

A decisão agravada pode causar lesão grave e de difícil reparação, como adiante se demonstrará, razão pela qual o presente agravo não pode ficar retido nos autos, devendo, com a devida vênia, ser conhecido por esse egrégio Tribunal, conforme os arts. 522 e 527, II, do CPC.

3. DO DIREITO

Não decidiu com o costumeiro acerto o D. Juízo *a quo.*

A Constituição Federal não prevê a progressividade para a cobrança do Imposto sobre Transmissão de Imóveis *inter vivos* – ITBI.

Tal medida agride o princípio da isonomia, insculpido no art. 150, II, da Constituição Federal, já que trata desigualmente contribuintes que se encontram na mesma situação.

De fato, o agravante adquiriu apenas um imóvel e está sendo compelido a pagar ITBI por alíquotas superiores. Outro contribuinte, que adquira diversos imóveis por valor total muito superior ao do agravante, poderá pagar ITBI pela alíquota mínima, já que o tributo é calculado individualmente, por cada imóvel.

Percebe-se que a progressividade, ao ser aplicada em relação aos impostos reais, viola a isonomia.

O art. 145,§ 1º, da Constituição Federal aplica-se, quanto à progressividade, apenas aos impostos de natureza pessoal.

Veja-se o próprio texto do dispositivo constitucional:

> Art. 145 (...) § 1º Sempre que possível, os impostos terão caráter pessoal e serão graduados segundo a capacidade econômica do contribuinte, facultado à administração tributária, especialmente **para conferir efetividade a esses objetivos, identificar, respeitados os direitos individuais e nos termos da lei, o patrimônio, os rendimentos e as atividades econômicas do contribuinte**.

A parte final do § 1º acima transcrito deixa claro que a avaliação da capacidade econômica do contribuinte levará em consideração o seu patrimônio, rendimentos e atividades econômicas, e não apenas um único aspecto patrimonial, como é o valor de um imóvel que se adquire.

A capacidade econômica, para fins de graduação, deve ser avaliada amplamente, considerando vários aspectos econômicos do contribuinte, o que é totalmente incompatível com os impostos reais.

Afastando qualquer dúvida, eis o que dispõe a Súmula 656/STF:

> É inconstitucional a lei que estabelece alíquotas progressivas para o imposto de transmissão "inter vivos" de bens imóveis – ITBI com base no valor venal do imóvel.

Assim, sendo o ITBI um imposto real, é inconstitucional a progressividade de suas alíquotas.

4. DA ANTECIPAÇÃO DE TUTELA

Configurada a verossimilhança do alegado, pelo exposto acima, e evidente o risco de dano irreparável, conforme indicado a seguir, é essencial a antecipação de tutela pelo D. Relator, nos termos do art. 527, III, do CPC, para que seja de imediato afastado o ato ilegal da autoridade coatora.

Deve-se permitir o recolhimento do ITBI pela menor das alíquotas previstas na Lei municipal nº (...), ou seja, 2%.

O risco de dano irreparável decorre do fato de que a escritura do imóvel que o agravante está adquirindo deverá ser outorgada em 10 dias, ocasião em que, necessariamente, deverá apresentar a competente guia de recolhimento do imposto devidamente quitada.

Não sendo antecipada a tutela, o agravante terá de recolher o tributo calculado com base na lei municipal inconstitucional, restando-lhe somente, após a decisão final, suportar o tortuoso e longo caminho do *solve et repete*.

5. DO PEDIDO

Por todo o exposto, o agravante requer:

a) seja o presente agravo de instrumento recebido pelo D. Relator, deferindo-se a tutela antecipada para que o agravante possa recolher o ITBI calculado pela alíquota de 2% e registrar a outorga do imóvel adquirido no órgão competente, impedindo a autoridade coatora de lançar e exigir o tributo calculado por alíquotas superiores;

b) seja intimado o procurador da agravada, no endereço (...) para, querendo, responder a este recurso no prazo legal;

c) que a Colenda Câmara Julgadora, ao final, julgue procedente este agravo de instrumento, confirmando a tutela antecipada, reformando o despacho recorrido, para que seja autorizado o recolhimento do ITBI pela alíquota de 2% e o competente registro da outorga do imóvel adquirido, impedindo a autoridade coatora de lançar e exigir o tributo calculado por alíquotas superiores.

Termos em que

Pede Deferimento

(Local), (data)

[não assine, rubrique ou, de outra forma, identifique sua prova!]

ADVOGADO (...)

OAB-(Estado) nº (...)

Endereço (...)

fim da peça

Modelo: Apelação

início da peça

Excelentíssimo Senhor Doutor Juiz Federal da Vara da Subseção Judiciária de (...)

[deixe espaço de aproximadamente 10 cm, para eventual despacho ou decisão do juiz]

Mandado de Segurança nº (...)

(Denominação da apelante), já qualificada nos autos, por seu advogado que firma a presente, em vista da r. sentença de fls. (...), publicada em (...), e não se conformando com ela, vem, respeitosamente, oferecer esta

APELAÇÃO

contra a Fazenda Nacional, nos termos dos arts. 513 e seguintes do Código de Processo Civil, pelas RAZÕES em anexo.

As custas foram devidamente recolhidas, conforme comprovante anexado, razão pela qual requer seja o presente recurso recebido nos efeitos devolutivo e suspensivo e, após o decurso do prazo para as contrarrazões, sejam os autos deste Processo enviados ao Egrégio Tribunal Regional Federal da (...) Região para decisão.

Termos em que,

Pede Deferimento

(Local), (data)

[não assine, rubrique ou, de outra forma, identifique sua prova!]

ADVOGADO (...)

OAB-(Estado) nº (...)

Endereço (...)

quebra de página

Egrégio Tribunal Regional Federal da (...) Região

Razões de Apelação

Apelante: (Denominação)

Apelada: Fazenda Nacional

Colenda Turma

Ínclitos Julgadores

1. DOS FUNDAMENTOS DE FATO

A Apelante declarou à Secretaria da Receita Federal ter auferido, em setembro de 1999, receita de R$ 100.000,00 (cem mil reais), quando na verdade ela foi de R$ 200.000,00 (duzentos mil reais).

A declaração a menor deveu-se ao fato de que a sociedade não tinha recursos em caixa para pagar os tributos correspondentes.

Em julho de 2000, já com capital de giro suficiente, denunciou espontaneamente o débito, quitou os tributos exigíveis (PIS, COFINS, IRPJ e CSLL), acrescidos de juros moratórios, e impetrou mandado de segurança com o objetivo de afastar a cobrança de multa.

A sentença concedeu a segurança em parte, para impedir a exigência de multa por lançamento de ofício, mas facultando à autoridade fiscal exigir multa simplesmente moratória.

A intimação da sentença foi recebida há 10 (dez) dias.

2. DOS FUNDAMENTOS DE DIREITO – DAS RAZÕES PARA A REFORMA DA DECISÃO

Com a devida vênia, não decidiu com o costumeiro acerto o D. Juízo *a quo* ao admitir a cobrança de multa moratória pelo fisco, em caso de denúncia espontânea.

O art. 138 do Código Tributário Nacional é claro ao excluir qualquer responsabilidade por infração, na denúncia espontânea, não diferenciando as multas moratórias de qualquer outra espécie de multa.

Isso pela singela razão de que qualquer multa é sanção pelo ilícito, mesmo que pelo simples atraso no pagamento.

Vejamos o dispositivo do CTN:

Art. 138. A responsabilidade é excluída pela denúncia espontânea da infração, acompanhada, se for o caso, do pagamento do tributo devido e dos juros de mora, ou do depósito da importância arbitrada pela autoridade administrativa, quando o montante do tributo dependa de apuração.

(...)

A intenção do legislador foi a de excluir qualquer sanção, mantendo os juros de mora como forma de garantir a justa remuneração do crédito pelo período em atraso. Não cabe à Administração pretender reduzir o benefício, exigindo multa excluída pelo dispositivo.

Esse é o ensinamento da melhor doutrina:

(transcrição de entendimento doutrinário)

A jurisprudência é pacífica nesse sentido:

(transcrição de precedente jurisprudencial)

A pretensão do fisco de exigir a multa moratória deve, portanto, ser afastada.

3. DO PEDIDO

Por todo o exposto, a apelante requer seja o presente recurso conhecido e lhe seja dado provimento, reformando-se a sentença apelanda para que seja deferida a totalidade do pedido formulado no Mandado de Segurança nº (...), sendo declarada a ilegalidade da exigência de multa moratória no caso de denúncia espontânea.

Termos em que

Pede Deferimento

(Local), (data)

[não assine, rubrique ou, de outra forma, identifique sua prova!]

ADVOGADO (...)

OAB-(Estado) nº (...)

Endereço (...)

fim da peça

Modelo: Recurso Extraordinário

[o que estiver entre colchetes é apenas nota do autor – não deve constar da peça]

início da peça

Excelentíssimo Senhor Doutor Desembargador Presidente do Egrégio Tribunal de Justiça do Estado de (...)

[deixe espaço de aproximadamente 10 cm, para eventual despacho ou decisão do desembargador]

Recurso nº (...)

Indústria de Embalagens Boa Caixa Ltda., qualificada nos autos do processo em epígrafe, por seu advogado, que assina a presente petição, vem, respeitosamente, à presença de Vossa Excelência, interpor este

RECURSO EXTRAORDINÁRIO

contra o v. acórdão de fls. (...), proferido por esse D. Tribunal de Justiça, em face da Fazenda Pública do Estado de (...), com fundamento no art. 102, III, *a,* da Constituição Federal, pelas razões contidas na minuta em anexo.

Requer, outrossim, seja o presente recurso devidamente recebido e processado, intimando-se a parte contrária para que ofereça, dentro do prazo legal, as contrarrazões.

Em seguida, requer seja o recurso admitido, por preencher os requisitos legais e constitucionais, conforme demonstrado na minuta em anexo, remetendo-se os autos ao Colendo Supremo Tribunal Federal.

Por fim, requer a juntada dos comprovantes de recolhimento das custas e do porte de remessa e retorno.

Termos em que

Pede Deferimento

(Local), (data)

[não assine, rubrique ou, de outra forma, identifique sua prova!]

ADVOGADO (...)

OAB-(Estado) nº (...)

Endereço (...)

quebra de página

Razões de Recurso Extraordinário

Recorrente: Indústria de Embalagens Boa Caixa Ltda.

Recorrida: Fazenda do Estado de (...)

Egrégio Supremo Tribunal Federal

Colenda Turma

1. EXPOSIÇÃO DO FATO E DO DIREITO

A recorrente é indústria que atua na produção de embalagens em geral.

Nessa condição, é contribuinte do ICMS.

A recorrida publicou a Lei Estadual 12.345, de 10 de janeiro de 2002, majorando a alíquota geral do ICMS em 1 ponto percentual (de 17% para 18%), com vigência a partir do primeiro dia do exercício seguinte.

Essa mesma lei vinculou a receita do acréscimo de ICMS (1 ponto percentual) às despesas com moradia popular.

Por discordar da validade da majoração, a recorrente manteve o recolhimento do imposto pela alíquota anterior (17%).

Em janeiro de 2010, a recorrida lavrou auto de infração contra a recorrente, que foi notificada no mesmo mês. A fiscalização entendeu que houve recolhimento a menor e exigiu a diferença de alíquota, corrigida monetariamente, acrescida de multa e juros moratórios, relativa ao período de janeiro de 2003 a dezembro de 2009.

A recorrente discordou da cobrança, razão pela qual propôs a presente ação anulatória. Alegou ofensa à vedação de vinculação da receita de impostos a despesa específica (art. 167, IV, da CF) e, subsidiariamente, decadência dos valores relativos ao período anterior a cinco anos, contados da autuação.

O Tribunal de origem, entretanto, manteve a autuação.

A Corte Estadual consignou que a vinculação da receita do imposto foi apenas parcial e autorizada por lei específica plenamente válida.

No que se refere à decadência, o Tribunal de Justiça entendeu que o prazo para o lançamento é de 10 anos, pois somou o período para a homologação tácita, previsto no art. 150, § 4º, do CTN, ao quinquênio fixado pelo art. 173, I, do mesmo Código.

Inconformada, a recorrente interpôs o presente Recurso Extraordinário, contra a parte constitucional do acórdão, além de, concomitantemente, Recurso Especial, no que se refere à matéria decadencial.

[se houvesse recurso extraordinário contra decisão interlocutória, retido nos autos, o candidato deveria reiterá-lo, nos termos do art. 542, § 3º, do CPC]

2. PRELIMINAR – REPERCUSSÃO GERAL

A inconstitucional exigência de imposto cuja receita é vinculada a despesa específica, realizada pelo Estado de (...), é generalizada, afetando todos os contribuintes do ICMS, com enorme impacto econômico em toda a cadeia produtiva e mercantil.

Isso já demonstra a repercussão geral e a necessidade de conhecimento do Recurso Extraordinário, nos termos do art. 543-A, § 1º, do CPC:

> Art. 543-A. O Supremo Tribunal Federal, em decisão irrecorrível, não conhecerá do recurso extraordinário, quando a questão constitucional nele versada não oferecer repercussão geral, nos termos deste artigo.
>
> § 1º Para efeito da repercussão geral, será considerada a existência, ou não, de **questões relevantes do ponto de vista econômico**, político, social ou jurídico, que ultrapassem os interesses subjetivos da causa.
>
> § 2º O recorrente deverá demonstrar, em preliminar do recurso, para apreciação exclusiva do Supremo Tribunal Federal, a existência da repercussão geral.
>
> § 3º Haverá repercussão geral sempre que o recurso impugnar decisão contrária a súmula ou jurisprudência dominante do Tribunal.
>
> (...)

Ademais, há diversos precedentes do Egrégio Supremo Tribunal Federal, relativos à legislação tributária de outros Estados, que reconhecem a inconstitucionalidade da majoração de ICMS vinculada à despesa específica, o que demonstra a repercussão geral, também com base no art. 543, § 3º, acima transcrito.

Por essas razões, o presente Recurso deve ser, com a devida vênia, conhecido por esse Egrégio Tribunal.

3. DO CABIMENTO DO RECURSO

Cabe Recurso Extraordinário, entre outras hipóteses, quando há causa decidida em última instância, em que há contrariedade a dispositivo da Constituição Federal – art. 102, III, *a*, da CF.

No caso, o Tribunal de Justiça de (...) violou frontalmente o art. 167, IV, da CF, ao ratificar a exigência de imposto cuja receita é vinculada a despesa específica, como veremos no próximo tópico.

Não há mais recurso cabível na Corte Estadual, o que demonstra o **esgotamento da instância ordinária**, nos termos da Súmula 281/STF ("É inadmissível o recurso extraordinário, quando couber na justiça de origem, recurso ordinário da decisão impugnada").

Ademais, a matéria constitucional impugnada foi expressamente analisada pelo TJ, conforme o seguinte trecho do acórdão recorrido (fl.):

(transcrição do trecho do acórdão em que há análise de mérito a respeito da matéria constitucional)

Houve, portanto, **prequestionamento** da questão trazida ao Egrégio STF, sendo possível seu conhecimento, afastando-se a aplicação da Súmula 282/STF ("É inadmissível o recurso extraordinário, quando não ventilada, na decisão recorrida, a questão federal suscitada").

Como relatado, o fundamento constitucional aduzido pela recorrente é **suficiente para a reforma do acórdão recorrido**, o que afasta a aplicação da Súmula 283/STF ("É inadmissível o recurso extraordinário, quando a decisão recorrida assenta em mais de um fundamento suficiente e o recurso não abrange todos eles").

Estão preenchidos, portanto, os requisitos de admissibilidade e de conhecimento do Recurso Extraordinário.

4. DAS RAZÕES PARA A REFORMA DO ACÓRDÃO RECORRIDO

Como relatado, a autuação que se pretende afastar refere-se à majoração da alíquota do ICMS (1 ponto percentual, de 17% para 18%), cuja receita foi inconstitucionalmente vinculada às despesas com moradia popular, nos termos da Lei Estadual 12.345/2002.

Por mais nobre que sejam as razões do legislador, o certo é que a Constituição Federal veda expressamente a vinculação das receitas de impostos a despesas específicas, nos termos de seu art. 167, IV:

> Art. 167. São vedados:
>
> (...)
>
> IV - a vinculação de receita de impostos a órgão, fundo ou despesa, ressalvadas a repartição do produto da arrecadação dos impostos a que se referem os arts. 158 e 159, a destinação de recursos para as ações e serviços públicos de saúde, para manutenção e desenvolvimento do ensino e para realização de atividades da administração tributária, como determinado, respectivamente, pelos arts. 198, § 2º, 212 e 37, XXII, e a prestação de garantias às operações de crédito por antecipação de receita, previstas no art. 165, § 8º, bem como o disposto no § 4º deste artigo;
>
> (...)

O dispositivo constitucional não permite nem mesmo a vinculação parcial da receita de determinado imposto, o que prejudica totalmente o entendimento adotado pelo Tribunal de origem.

A inconstitucionalidade dessa vinculação já foi reconhecida por este Egrégio Tribunal em casos análogos, referentes à legislação de outros estados, conforme os seguintes precedentes:

(transcrição de precedentes do STF).

A doutrina é pacífica nesse sentido:

(transcrição de entendimento doutrinário)

Por essa razão, o acórdão do Tribunal de origem, que ratificou a exigência de imposto cuja receita é vinculada a despesa específica, violou frontalmente o art. 167, IV, da CF, razão pela qual deve ser reformado.

5. DO PEDIDO

Ante o exposto, requer o conhecimento do presente Recurso Extraordinário pela Colenda Turma, para que dê provimento ao pleito da recorrente, reforme o acórdão proferido pelo Tribunal de origem e julgue procedente a demanda.

Termos em que

Pede Deferimento

(Local), (data)

[não assine, rubrique ou, de outra forma, identifique sua prova!]

ADVOGADO (...)

OAB-(Estado) nº (...)

Endereço (...)

fim da peça

Modelo: Recurso Especial

[o que estiver entre colchetes é apenas nota do autor – não deve constar da peça]

início da peça

Excelentíssimo Senhor Doutor Desembargador Presidente do Egrégio Tribunal de Justiça do Estado de (...)

[deixe espaço de aproximadamente 10 cm, para eventual despacho ou decisão do desembargador]

Recurso nº (...)

Indústria de Embalagens Boa Caixa Ltda., qualificada nos autos do processo em epígrafe, por seu advogado, que assina a presente petição, vem, respeitosamente, à presença de Vossa Excelência, interpor este

RECURSO ESPECIAL

contra o v. acórdão de fls. (...), proferido por esse D. Tribunal de Justiça, em face da Fazenda Pública do Estado de (...), com fundamento no art. 105, III, *a* e *c*, da Constituição Federal, pelas razões contidas na minuta em anexo.

Requer, outrossim, seja o presente recurso devidamente recebido e processado, intimando-se a parte contrária para que ofereça, dentro do prazo legal, as contrarrazões.

Em seguida, requer seja o recurso admitido, por preencher os requisitos legais e constitucionais, conforme demonstrado na minuta em anexo, remetendo-se os autos ao Colendo Superior Tribunal de Justiça.

Por fim, requer a juntada dos comprovantes de recolhimento das custas e do porte de remessa e retorno.

Termos em que

Pede Deferimento

(Local), (data)

[não assine, rubrique ou, de outra forma, identifique sua prova!]

ADVOGADO (...)

OAB-(Estado) nº (...)

Endereço (...)

quebra de página

Razões de Recurso Especial

Recorrente: Indústria de Embalagens Boa Caixa Ltda.

Recorrida: Fazenda do Estado de (...)

Egrégio Superior Tribunal de Justiça

Colenda Turma

1. EXPOSIÇÃO DO FATO E DO DIREITO

A recorrente é indústria que atua na produção de embalagens em geral.

Nessa condição, é contribuinte do ICMS.

A recorrida publicou a Lei Estadual 12.345, de 10 de janeiro de 2002, majorando a alíquota geral do ICMS em 1 ponto percentual (de 17% para 18%), com vigência a partir do primeiro dia do exercício seguinte.

Essa mesma lei vinculou a receita do acréscimo de ICMS (1 ponto percentual) às despesas com moradia popular.

Por discordar da validade da majoração, a recorrente manteve o recolhimento do imposto pela alíquota anterior (17%).

Em janeiro de 2010, a recorrida lavrou auto de infração contra a recorrente, que foi notificada no mesmo mês. A fiscalização entendeu que houve recolhimento a menor e exigiu a diferença de alíquota, corrigida monetariamente, acrescida de multa e juros moratórios, relativa ao período de janeiro de 2003 a dezembro de 2009.

A recorrente discordou da cobrança, razão pela qual propôs a presente ação anulatória. Alegou ofensa à vedação de vinculação da receita de impostos a despesa específica (art. 167, IV, da CF) e, subsidiariamente, decadência dos valores relativos ao período anterior a cinco anos, contados da autuação.

O Tribunal de origem, entretanto, manteve a autuação.

A Corte Estadual consignou que a vinculação da receita do imposto foi apenas parcial e autorizada por lei específica plenamente válida.

No que se refere à decadência, o Tribunal de Justiça entendeu que o prazo para o lançamento é de 10 anos, pois somou o período para a homologação tácita, previsto no art. 150, § 4º, do CTN, ao quinquênio fixado pelo art. 173, I, do mesmo Código.

Inconformada, a recorrente interpôs o presente Recurso Especial, no que se refere à matéria decadencial, além de, concomitantemente, Recurso Extraordinário, contra a parte constitucional do acórdão.

[se houvesse recurso especial contra decisão interlocutória, retido nos autos, o candidato deveria reiterá-lo, nos termos do art. 542, § 3º, do CPC]

3. DO CABIMENTO DO RECURSO

Cabe Recurso Especial, entre outras hipóteses, quando há causa decidida em última instância por Tribunal de Justiça, em que há contrariedade a lei federal e interpretação divergente daquela dada por outro tribunal – art. 105, III, *a* e *c*, da CF.

No caso, o Tribunal de Justiça de (...) violou frontalmente o art. 150, § 4º, do CTN, ao afastar a decadência quinquenal (alínea *a* do permissivo constitucional), além de dar-lhe interpretação divergente em relação a precedentes de outros Tribunais de Justiça e do próprio Egrégio STJ (alínea *c*), como veremos no próximo tópico.

Não há mais recurso cabível na Corte Estadual, o que demonstra o **esgotamento da instância ordinária**, nos termos da Súmula 281/STF, aplicada por analogia ("É inadmissível o recurso extraordinário, quando couber na justiça de origem, recurso ordinário da decisão impugnada").

Ademais, a matéria federal impugnada foi expressamente analisada pelo TJ, conforme o seguinte trecho do acórdão recorrido (fl.):

(transcrição do trecho do acórdão em que há análise de mérito a respeito da matéria federal – aplicação da lei federal ao caso concreto)

Houve, portanto, **prequestionamento** da questão trazida ao Egrégio STJ, sendo possível seu conhecimento, afastando-se a aplicação da Súmula 211/STJ ("Inadmissível recurso especial quanto à questão que, a despeito da oposição de embargos declaratórios, não foi apreciada pelo Tribunal *a quo*") e da Súmula 282/STF, aplicada por analogia ("É inadmissível o recurso extraordinário, quando não ventilada, na decisão recorrida, a questão federal suscitada").

A impugnação ao fundamento legal do acórdão recorrido (decadência) é suficiente para sua reforma, ainda que parcial, independentemente de seu fundamento constitucional (inconstitucionalidade da majoração). Vale dizer, ainda que não houvesse Recurso Extraordinário, seria possível o conhecimento do Especial.

De qualquer forma, como relatado, foi interposto Recurso Extraordinário contra o fundamento constitucional do acórdão recorrido, o que afasta, definitivamente, a aplicação da Súmula 126/STJ ("É inadmissível recurso especial, quando o acórdão recorrido assenta em fundamentos constitucional e infraconstitucional, qualquer deles suficiente, por si só, para mantê-lo, e a parte vencida não manifesta recurso extraordinário").

Estão preenchidos, portanto, os requisitos de admissibilidade e de conhecimento do Recurso Especial.

3. DAS RAZÕES PARA A REFORMA DO ACÓRDÃO RECORRIDO

O acórdão recorrido violou frontalmente o disposto no art. 150, § 4º, do CTN, além de lhe dar interpretação divergente daquela dada por outros tribunais e pelo próprio Egrégio STJ, como veremos a seguir.

3.1 Violação da legislação federal – art. 150, § 4º, do CTN – alínea *a* do permissivo constitucional

Como relatado, o recorrente sofreu autuação em janeiro de 2010, relativamente a suposto recolhimento a menor do ICMS relativo aos exercícios de 2003 a 2009.

O Tribunal de origem afastou o argumento da decadência, pois aplicou o prazo decenal, somando o período para a homologação tácita, previsto no art. 150, § 4º, do CTN, ao quinquênio fixado pelo art. 173, I, do mesmo Código.

Houve violação do art. 150, § 4º, do CTN, pois o dispositivo legal é expresso ao reconhecer a extinção do crédito tributário, relativo a tributo lançado por homologação, após 5 anos contados do fato gerador:

> Art. 150. O lançamento por homologação, que ocorre quanto aos tributos cuja legislação atribua ao sujeito passivo o dever de antecipar o pagamento sem prévio exame da autoridade administrativa, opera-se pelo ato em que a referida autoridade, tomando conhecimento da atividade assim exercida pelo obrigado, expressamente a homologa.
>
> (...)
>
> § 4º Se a lei não fixar prazo a homologação, será ele de cinco anos, a contar da ocorrência do fato gerador; expirado esse prazo sem que a Fazenda Pública se tenha pronunciado, considera-se homologado o lançamento e definitivamente extinto o crédito, salvo se comprovada a ocorrência de dolo, fraude ou simulação.

De fato, se o fisco mantém-se inerte por mais de 5 anos, seu direito de rever o lançamento por homologação, vale dizer, de lançar eventuais diferenças, extingue-se inexoravelmente

Este é o entendimento doutrinário e jurisprudencial:

(transcrição de entendimento doutrinário)

(transcrição de precedentes jurisprudenciais)

No caso, a autuação fiscal ocorreu apenas em janeiro de 2010.

Eventuais diferenças relativas a fatos geradores ocorridos em dezembro de 2004 somente poderia ser objeto de lançamento de ofício até dezembro de 2009 (5 anos após o fato gerador), conforme o citado art. 150, § 4º, do CTN.

Por essa razão, é inviável a exigência de eventuais diferenças de ICMS relativa a esse mês (dezembro de 2004) e aos anteriores.

Assim, ainda que se admitisse a constitucionalidade da cobrança (o que será discutido no Recurso Extraordinário) o lançamento efetuado pela recorrida é nulo em relação ao período compreendido entre janeiro de 2003 a dezembro de 2004, por ofensa ao art. 150, § 4º, do CTN.

3.2 Do dissídio jurisprudencial – alínea *c* do permissivo constitucional

Como dito, há diversos precedentes de outros tribunais e do próprio STJ em sentido contrário ao adotado pelo acórdão recorrido.

O recorrente apresenta, como acórdão-paradigma, aquele proferido na Apelação Cível XX.XXX/Estado pelo Tribunal de Justiça do Estado de (...) ***[outro Estado, não pode ser precedente próprio do Tribunal que proferiu o acórdão recorrido]***, conforme cópia integral em anexo (relatório, ementa e votos), extraída diretamente do sítio daquela Corte na internet – art. 541, parágrafo único, do CPC.

[observação – considerando que o candidato não terá acesso à jurisprudência no dia do Exame, eventual interposição do REsp pela alínea c do permissivo constitucional dependerá de fornecimento, pelo examinador, de precedente em sentido contrário ao acórdão recorrido, ou, então, deve-se apenas indicar genericamente o conteúdo do acórdão-paradigma, como fazemos neste modelo]

A seguir, faz-se o confronto analítico, demonstrando-se a similitude dos casos e divergência na interpretação da matéria federal (decadência), conforme o art. 541, parágrafo único, *in fine*, do CPC.

O acórdão recorrido, como relatado, aplicou o prazo decenal para a decadência, somando o período para a homologação tácita, previsto no art. 150, § 4º, do CTN, ao quinquênio fixado pelo art. 173, I, do mesmo Código, conforme o seguinte trecho do voto-condutor:

(transcrição do trecho do acórdão a ser confrontado com o paradigma)

O acórdão-paradigma, que trata exatamente da mesma matéria (similitude fática), dá ao art. 150, § 4º, interpretação totalmente divergente, ao reconhecer o prazo quinquenal para a decadência dos tributos lançados por homologação, em que houve recolhimento supostamente a menor pelo contribuinte. Transcrevo trecho do voto-condutor:

(transcrição do trecho do acórdão-paradigma a ser confrontado com o recorrido)

Ao analisarem a mesma questão jurídica, o Tribunal *a quo* reconheceu a decadência decenal, enquanto o Tribunal do Estado de (...), pelo acórdão paradigma, aplicou a decadência quinquenal prevista no art. 150, § 4º, do CTN.

O entendimento adotado no acórdão-paradigma deve ser prestigiado, conforme a jurisprudência deste Egrégio STJ e a doutrina majoritária:

(transcrição de precedente do STJ)

(transcrição de entendimento doutrinário)

Assim, também pela alínea *c* do permissivo constitucional (divergência jurisprudencial), o presente Recurso Especial deve ser conhecido e provido.

4. DO PEDIDO

Ante o exposto, requer o conhecimento do presente Recurso Especial pela Colenda Turma, para que dê provimento ao pleito da recorrente, reforme o acórdão proferido pelo Tribunal de origem e reconheça a decadência da suposta diferença de imposto relativa ao período entre janeiro de 2003 a dezembro de 2004, nos termos do art. 150, § 4º, do CTN.

Termos em que

Pede Deferimento

(Local), (data)

[não assine, rubrique ou, de outra forma, identifique sua prova!]

ADVOGADO (...)

OAB-(Estado) nº (...)

Endereço (...)

fim da peça

Modelo: Recurso Ordinário Constitucional

[o que estiver entre colchetes é apenas nota do autor – não deve constar da peça]

início da peça

Excelentíssimo Senhor Doutor Desembargador Presidente do Egrégio Tribunal de Justiça do Estado de (...)

[deixe espaço de aproximadamente 10 cm, para eventual despacho ou decisão do desembargador]

Mandado de Segurança nº (...)

Sapato Sola Boa Ltda., qualificada nos autos do processo em epígrafe, por seu advogado, que assina a presente petição, vem, respeitosamente, à presença de Vossa Excelência, interpor este

RECURSO ORDINÁRIO CONSTITUCIONAL EM MANDADO DE SEGURANÇA

contra o v. acórdão de fls. (...), proferido por esse D. Tribunal de Justiça, em face da Fazenda Pública do Estado de (...), com fundamento no art. 105, II, *b,* da Constituição Federal e no art. 18 da Lei 12.016/2009, pelas razões contidas na minuta em anexo.

Requer, outrossim, seja o presente recurso devidamente recebido e processado, intimando-se a parte contrária para que ofereça, dentro do prazo legal, as contrarrazões.

Em seguida, requer seja o recurso admitido, por preencher os requisitos legais e constitucionais, conforme demonstrado na minuta em anexo, remetendo-se os autos ao Colendo Superior Tribunal de Justiça.

Por fim, requer a juntada dos comprovantes de recolhimento das custas e do porte de remessa e retorno.

Termos em que

Pede Deferimento

(Local), (data)

[não assine, rubrique ou, de outra forma, identifique sua prova!]

ADVOGADO (...)

OAB-(Estado) nº (...)

Endereço (...)

quebra de página

Razões de Recurso Ordinário Constitucional em Mandado de Segurança

Recorrente: Sapato Sola Boa Ltda.

Recorrida: Fazenda do Estado de (...)

Egrégio Superior Tribunal de Justiça

Colenda Turma

1. DOS FUNDAMENTOS DE FATO

A recorrente atua no comércio atacadista de sapatos e, nessa condição, é contribuinte do ICMS.

A sociedade está passando por dificuldades financeiras, razão pela qual deixou de recolher o imposto estadual nos últimos 6 meses.

Por conta do inadimplemento, a autoridade coatora cassou o registro fiscal da recorrente, impedindo suas atividades mercantis, na medida em que vedou a emissão de notas fiscais e a impressão de novos talonários.

A decisão foi proferida pelo Secretário da Fazenda do Estado de (...), nos termos da Lei Estadual 12.345/2010.

O art. X da Constituição do Estado de (...) prevê a competência do Tribunal de Justiça para julgamento dos Mandados de Segurança impetrados contra Secretários Estaduais.

Por essa razão, e por entender inconstitucional o impedimento às suas atividades empresariais, a recorrente impetrou tempestivamente *writ* contra a autoridade coatora, que acabou sendo denegado pelo Tribunal de Justiça, sob o argumento de que a medida encontra respaldo na legislação local.

Inconformada, a recorrente interpõe o presente Recurso Ordinário ao Egrégio STJ.

2. DOS FUNDAMENTOS DE DIREITO – DAS RAZÕES PARA A REFORMA DA DECISÃO

Cabe Recurso Ordinário Constitucional, entre outras hipóteses, contra acórdão que denega Mandado de Segurança impetrado originariamente no Tribunal de Justiça – art. 105, II, *b*, da CF.

[lembre-se que, em caso de concessão da segurança originariamente impetrada no Tribunal, cabe, em tese, Recurso Especial ou Recurso Extraordinário, não Recurso Ordinário, que só é adequado quando a ordem for ***denegada****, conforme o art. 18 da Lei 12.016/2009]*

O Recurso Ordinário é análogo à Apelação, aplicando-se as normas relativas aos requisitos e aos procedimentos daquele recurso, nos termos do art. 540 do CPC.

Por essa razão, o conhecimento da demanda é devolvido amplamente ao Egrégio Superior Tribunal de Justiça, nos termos do art. 515 do CPC, que tem competência para rever o acórdão recorrido, inclusive no que se refere ao argumento constitucional aduzido pela impetrante.

No caso, a autoridade impetrada impede que a recorrente exerça sua atividade empresarial, como forma de impor o recolhimento do tributo em atraso.

Ocorre que o livre exercício da atividade empresarial é garantido pelo art. 5º, XIII, da CF:

> Art. 5º, XIII - é livre o exercício de qualquer trabalho, ofício ou profissão, atendidas as qualificações profissionais que a lei estabelecer;

Essa liberdade, que implica garantia à própria subsistência da entidade empresarial, de seus sócios e de seus empregados, não pode ser reduzida ou suprimida para atender ao interesse arrecadatório do Estado. Cito a melhor doutrina:

(transcrição de entendimento doutrinário)

De fato, o fisco dispõe de instrumento eficiente e suficiente para a cobrança de seus débitos, qual seja a execução fiscal, sendo desnecessária e desproporcional a total vedação das atividades empresarias da devedora.

Esse é o entendimento do Egrégio Supremo Tribunal Federal, conforme a seguinte Súmula:

> Súmula 547/STF: Não é lícito à autoridade proibir que o contribuinte em débito adquira estampilhas, despache mercadorias nas alfândegas e **exerça suas atividades profissionais**.

A jurisprudência vem seguindo esse entendimento, vedando a cassação de registro fiscal de empresas em débito com o fisco, conforme os seguintes precedentes:

(transcrição de precedentes jurisprudenciais)

Por essa razão, o acórdão recorrido deve ser reformado, para que seja concedida a segurança pleiteada.

3. DO PEDIDO

Por todo o exposto, requer o conhecimento do presente Recurso Ordinário Constitucional e seu provimento, para reforma do acórdão recorrido e concessão da segurança pleiteada, afastando-se o ato coator de cassação do registro fiscal da recorrente, para que ela possa exercer normalmente suas atividades, emitindo notas fiscais e imprimindo novos talonários.

Termos em que

Pede Deferimento

(Local), (data)

[não assine, rubrique ou, de outra forma, identifique sua prova!]

ADVOGADO (...)
OAB-(Estado) nº (...)
Endereço (...)

fim da peça

Modelo: Execução fiscal

[início da folha]

Excelentíssimo Senhor Doutor Juiz de Direito do Anexo Fiscal da Comarca de (...)

[deixe espaço de aproximadamente 10 cm, para eventual despacho ou decisão do juiz]

O Estado de Minas Gerais, por seu procurador, que firma a presente petição e recebe intimações na (endereço – art. 39, I, do CPC), vem à presença de Vossa Excelência, respeitosamente, propor esta

EXECUÇÃO FISCAL

contra ABC S/A, estabelecida na (endereço), inscrita no CNPJ sob nº (...) e no cadastro fiscal estadual sob nº (...), nos termos do art. 6º da Lei 6.830/1980, pelas razões a seguir aduzidas:

1. DA DÍVIDA

A executada é devedora do ICMS relativo às suas atividades empresariais atinentes aos meses de outubro a novembro de 2008, no valor de R$ 250.000,00 (montante em fevereiro de 2011), **conforme a Certidão da Dívida Ativa em anexo,** que integra a presente petição inicial como se nela estivesse transcrita (art. 6º, § 1º, da Lei 6.830/1980). *[a rigor, a petição inicial e a CDA podem compor um único documento, inclusive elaborado por sistema informatizado, conforme o art. 6º, § 2º, da Lei 6.830/1980]*

2. DO PEDIDO

Pelo exposto, o exequente requer:

a) a citação da executada por correio, com aviso de recebimento, para pagar a dívida em 5 dias, com os juros e multa de mora e encargos indicados na Certidão de Dívida Ativa, ou oferecer garantia, conforme o art. 8º da Lei 6.830/1980, sob pena de penhora de bens a ser determinada por Vossa Excelência, prioritariamente por meio do sistema Bacen Jud (penhora *on-line* de ativos bancários); *[atualmente, não é necessário esgotaram-se os outros meios para a solução do débito, antes de se determinar a penhora* on-line – ver o REsp 1.112.943/MA (recurso repetitivo)]

b) seja a executada condenada ao pagamento das custas processuais e dos honorários de sucumbência fixados por Vossa Excelência (CPC, art. 20).

Dá-se à causa o valor de R$ (...) (montante da dívida constante da certidão, com os encargos legais – art. 6º, § 4º, da Lei 6.830/1980)

Termos em que
Pede Deferimento
(Local), (data)

[não assine, rubrique ou, de outra forma, identifique sua prova!]

PROCURADOR (...)

OAB-MG nº (...)

Endereço (...)

fim da peça

Modelo: Medida cautelar fiscal

[início da folha]

Excelentíssimo Senhor Doutor Juiz de Direito do Anexo Fiscal da Comarca de (...)

[deixe espaço de aproximadamente 10 cm, para eventual despacho ou decisão do juiz]

O Estado de Minas Gerais, por seu procurador, que firma a presente petição e recebe intimações na (endereço – art. 39, I, do CPC), vem à presença de Vossa Excelência, respeitosamente, requerer

MEDIDA CAUTELAR FISCAL

contra ABC S/A, estabelecida na (endereço), inscrita no CNPJ sob nº (...) e no cadastro fiscal estadual sob nº (...), e sua controladora XYZ Ltda., estabelecida na (endereço), inscrita no CNPJ sob nº (...) e no cadastro fiscal estadual sob nº (...), nos termos da Lei 8.397/1992, pelas razões a seguir aduzidas:

1. DOS FATOS

A primeira requerida é devedora do ICMS relativo às suas atividades empresariais atinentes aos meses de outubro a novembro de 2008, no valor de R$ 250.000,00 (montante em fevereiro de 2011), conforme a Certidão da Dívida Ativa em anexo.

Pela análise de seu balanço patrimonial (cópia em anexo) e fiscalização de seus estabelecimentos (auto em anexo), percebe-se que o valor da dívida é superior ao patrimônio da empresa.

Ademais, a requerida pretende alienar bens de seu ativo permanente, conforme anúncio publicado em jornal local (cópia em anexo), o que, caso efetivado, frustrará definitivamente a pretensão fiscal.

A segunda requerida é a controladora, com poderes para fazer cumprir as obrigações fiscais (art. 4°, § 1°, da Lei 8.397/1992), conforme o estatuto e as atas em anexo.

2. DO DIREITO

Nos termos do art. 2º, VI, da Lei 8.397/1992, cabe a medida cautelar fiscal quando o devedor "possui débitos, inscritos ou não em Dívida Ativa, que somados ultrapassem trinta por cento do seu patrimônio conhecido".

No caso, é incontroverso que o débito está inscrito, de modo que a dívida é líquida e certa (art. 204 do CTN), e que seu valor ultrapassa o patrimônio líquido da empresa, conforme os balanços produzidos por ela mesma (cópia em anexo) e constatado pela fiscalização (documentos em anexo).

Como se não bastasse, a alienação dos bens que a devedora pretende promover também dá ensejo à cautelar, conforme o art. 2º, III e IX, da Lei 8.397/1992.

Ademais, a alienação de patrimônio, sem manutenção de bens suficientes para satisfação do crédito tributário, implica fraude, nos termos do art. 185 do CTN.

Por essas razões, cabe garantir cautelarmente a pretensão fiscal, conforme a melhor doutrina:

(transcrição de entendimento doutrinário)

Esse é também o entendimento jurisprudencial:

(transcrição de precedente jurisprudencial)

Finalmente, cabe medida cautelar fiscal contra a controladora com poderes para fazer cumprir exigência fiscal (art. 4°, § 1º, da Lei 8.397/1992), como é o caso presente.

3. DA LIMINAR

Como comprovam os documentos em anexo, a primeira requerida pretende alienar bens de seu ativo permanente, embora não tenha patrimônio suficiente para satisfazer o crédito tributário.

A situação de iminente prejuízo para a Fazenda exige que a indisponibilidade dos bens seja imediatamente determinada, mesmo antes da citação, sob pena de tornar-se inócua a presente medida cautelar.

Por essa razão, o Fisco requer a concessão da liminar, nos termos do art. 7º da Lei 8.397/1992, para que seja determinada a imediata indisponibilidade de bens das requeridas, suficientes para a satisfação do débito.

Informa que promoverá a Execução Fiscal no prazo previsto no art. 11 da Lei 8.397/1992.

4. DO PEDIDO

Pelo exposto, o Estado requer:

a) a concessão da liminar, determinando-se a indisponibilidade de bens das requeridas (contribuinte e controladora – art. 4º, § 1º, da Lei 8.397/1992), com imediata comunicação ao registro público de imóveis, ao Banco Central do Brasil, à Comissão de Valores Mobiliários e às demais repartições que processem registros de transferência de bens, a fim de que, no âmbito de suas atribuições, façam cumprir a constrição judicial;

b) a citação das requeridas para, querendo, contestar o pedido no prazo legal;

c) a produção de prova pericial e testemunhal, caso as requeridas contestem os fatos e Vossa Excelência entenda necessário (art. 6º, III, da Lei 8.397/1992);

d) seja, ao final, ratificada a liminar e concedida definitivamente a medida cautelar;

e) sejam as requeridas condenadas ao pagamento das custas processuais e dos honorários de sucumbência fixados por Vossa Excelência (CPC, art. 20).

Dá-se à causa o valor de R$ (...) (montante da dívida constante da certidão, com os encargos legais).

Termos em que

Pede Deferimento

(Local), (data)

[não assine, rubrique ou, de outra forma, identifique sua prova!]

PROCURADOR (...)

OAB-MG nº (...)

Endereço (...)

fim da peça

EXCEÇÃO DE IMPEDIMENTO

1. ESTRUTURA BÁSICA

REQUISITOS	Art. 312 do CPC. A exceção é processada em apenso.
ENDEREÇAMENTO	Juízo ou Tribunal que efetivou a citação.
IDENTIFICAÇÃO DO PROCESSO	Indicação das partes, do número do processo e do nome da ação.
TRATAMENTO DAS PARTES	Excipiente (quem propõe a exceção) e excepto (que no caso da exceção de impedimento é o próprio juiz)
FUNDAMENTOS FÁTICOS E JURÍDICOS	Narrar o ocorrido, mas sem debater o mérito da ação, apenas desenvolvendo os fundamentos jurídicos com base em uma das hipóteses do art. 134 do CPC.
PEDIDO	O excipiente deverá pedir o recebimento e processamento da exceção para que o juiz se declare impedido e remeta os autos ao seu substituto legal.
PROVAS	O excipiente deverá protestar pela produção de provas capazes de comprovar os fatos alegados.

2. MODELO – EXCEÇÃO DE IMPEDIMENTO

EXCELENTÍSSIMO SENHOR DOUTOR JUIZ DE DIREITO DA ... VARA ... DA COMARCA DE ... .

Pular 10 linhas

(qualificação do réu – nome, estado civil, profissão, endereço, RG e CPF, endereço), vem mui respeitosamente a presença de Vossa Excelência, por meio de seu advogado e bastante procurador que esta subscreve (doc. 01 – mandato), com fundamento no art. 312 do CPC, oferecer **EXCEÇÃO DE IMPEDIMENTO,** nos termos dos fundamentos de fato e de direito a seguir aduzidos:

I – DOS FATOS

Trazer um resumo dos fatos.

II – DO DIREITO

Expor as razões que fundamentam o pedido, com fundamento no art. 134 do CPC.

(citar a lei, amarrada com os fatos, bem como legislação, doutrina e jurisprudência)

III – DO PEDIDO

Ante o exposto, é o presente para requerer que Vossa Excelência se digne em reconhecer o impedimento, determinando-se a remessa dos presentes autos ao substituto legal, ou, se assim não entender Vossa Excelência, que determine a sua remessa ao E. Tribunal de Justiça (ou Tribunal Regional Federal ou Superior Tribunal de Justiça), nos termos do art. 313 do CPC.

Protesta pela produção de prova documental e pericial, e de todos os meios probatórios em direito admitidos, ainda que não especificados no Código de Processo Civil, desde que moralmente legítimos (CPC, art. 332).

Termos em que, pede deferimento.

Local..., data...

Advogado ...

OAB ....

EXCEÇÃO DE INCOMPETÊNCIA

1. ESTRUTURA BÁSICA

REQUISITOS	Art. 307 do CPC. A exceção é processada em apenso.
ENDEREÇAMENTO	Juízo ou Tribunal que efetivou a citação.
IDENTIFICAÇÃO DO PROCESSO	Indicação das partes, do número do processo e do nome da ação.
TRATAMENTO DAS PARTES	Excipiente (quem propõe a exceção) e excepto (o autor da ação)
FUNDAMENTOS FÁTICOS E JURÍDICOS	Narrar o ocorrido, mas sem debater o mérito da ação, apenas desenvolvendo os fundamentos jurídicos com base em uma das hipóteses do art. 112 do CPC.
PEDIDO	O excipiente deverá pedir o recebimento e processamento da exceção para que o juiz se declare suspeito e remeta os autos ao seu substituto legal.
PROVAS	O excipiente deverá protestar pela produção de provas capazes de comprovar os fatos alegados.

2. MODELO – EXCEÇÃO DE INCOMPETÊNCIA

EXCELENTÍSSIMO SENHOR DOUTOR JUIZ DE DIREITO DA ... VARA ... DA COMARCA DE ... .

Pular 10 linhas

(qualificação do réu – nome, estado civil, profissão, endereço, RG e CPF, endereço), vem mui respeitosamente a presença de Vossa Excelência, por meio de seu advogado e bastante procurador que esta subscreve (doc. 01 – mandato), com fundamento no art. 307 do CPC, oferecer **EXCEÇÃO DE INCOMPETÊNCIA,** nos termos dos fundamentos de fato e de direito a seguir aduzidos:

I – DOS FATOS

Trazer um resumo dos fatos.

II – DO DIREITO

Expor as razões que fundamentam o pedido, com fulcro no art. 112 do CPC.

(citar a lei, amarrada com os fatos, bem como legislação, doutrina e jurisprudência)

III – DO PEDIDO

Ante o exposto, é o presente para requerer que Vossa Excelência se digne em acolher a exceção de incompetência, determinando a suspensão do processo, na forma do art. 265, III, do CPC, ordenando, ainda, o regular processamento da presente exceção, determinando o seu apensamento aos autos principais e intimando-se o excepto para se manifestar no prazo legal, e, após, conforme dispõe o art. 308 do CPC, julgar procedente a presente exceção, determinando-se a remessa dos presentes autos à (ao) ... .

Protesta pela produção de prova documental e pericial, e de todos os meios probatórios em direito admitidos, ainda que não especificados no Código de Processo Civil, desde que moralmente legítimos (CPC, art. 332).

Termos em que, pede deferimento.

Local ..., data...

Advogado ...

OAB ....

EXCEÇÃO DE SUSPEIÇÃO

1. ESTRUTURA BÁSICA

REQUISITOS	Art. 312 do CPC. A exceção é processada em apenso.
ENDEREÇAMENTO	Juízo ou Tribunal que efetivou a citação.
IDENTIFICAÇÃO DO PROCESSO	Indicação das partes, do número do processo e do nome da ação.
TRATAMENTO DAS PARTES	Excipiente (quem propõe a exceção) e excepto (no caso da exceção de suspeição é o próprio juiz)
FUNDAMENTOS FÁTICOS E JURÍDICOS	Narrar o ocorrido, mas sem debater o mérito da ação, apenas desenvolvendo os fundamentos jurídicos com base em uma das hipóteses do art. 135 do CPC.
PEDIDO	O excipiente deverá pedir o recebimento e processamento da exceção para que o juiz acolha a exceção de incompetência, determinando, primeiramente, a suspensão do processo (art. 265, III, do CPC), o apensamento aos autos principais e a intimação do excepto para se manifestar em 10 dias, e, ao final, a remessa dos autos à Vara, Câmara ou Tribunal competente.
PROVAS	O excipiente deverá protestar pela produção de provas capazes de comprovar os fatos alegados.

2. MODELO – EXCEÇÃO DE SUSPEIÇÃO

EXCELENTÍSSIMO SENHOR DOUTOR JUIZ DE DIREITO DA ... VARA ... DA COMARCA DE ... .

Pular 10 linhas

(qualificação do réu – nome, estado civil, profissão, endereço, RG e CPF, endereço), vem mui respeitosamente a presença de Vossa Excelência, por meio de seu advogado e bastante procurador que esta subscreve (doc. 01 – mandato), com fundamento no art. 312 do CPC, oferecer **EXCEÇÃO DE SUSPEIÇÃO,** nos termos dos fundamentos de fato e de direito a seguir aduzidos:

I – DOS FATOS

Trazer um resumo dos fatos.

II – DO DIREITO

Expor as razões que fundamentam o pedido, com fundamento no art. 135 do CPC.

(citar a lei, amarrada com os fatos, bem como legislação, doutrina e jurisprudência)

III – DO PEDIDO

Ante o exposto, é o presente para requerer que Vossa Excelência se digne em reconhecer a suspeição, determinando-se a remessa dos presentes autos ao substituto legal, ou, se assim não entender Vossa Excelência, que determine a sua remessa ao E. Tribunal de Justiça (ou Tribunal Regional Federal ou Superior Tribunal de Justiça), nos termos do art. 313 do CPC.

Protesta pela produção de prova documental e pericial, e de todos os meios probatórios em direito admitidos, ainda que não especificados no Código de Processo Civil, desde que moralmente legítimos (CPC, art. 332).

Termos em que, pede deferimento.

Local ..., data...

Advogado ...

OAB ....

RECONVENÇÃO

1. ESTRUTURA BÁSICA

REQUISITOS	Os mesmos da petição inicial (art. 282 do CPC). Deverá ser oferecida em peça autônoma e o prazo é o mesmo da contestação (15 dias – art. 297 do CPC).
ENDEREÇAMENTO	Juízo ou Tribunal que efetivou a citação.
IDENTIFICAÇÃO DO PROCESSO	Indicação das partes, do número do processo e do nome da ação.
TRATAMENTO DAS PARTES	Reconvinte (aquele que apresenta a reconvenção) e reconvindo (o autor da ação).
FUNDAMENTOS FÁTICOS E JURÍDICOS	Estes requisitos tratam do seguinte: "DOS FATOS" (fundamentos de fato) e "DO DIREITO" (fundamentos jurídicos). Quanto à parte "I – DOS FATOS", pode se fazer a seguinte subdivisão: "1) Dos fatos alegados pelo autor" (aqui faz-se um breve resumo da petição inicial); "2) Da verdade dos fatos" (aqui conta-se a versão do réu sobre os fatos). Essa divisão é pertinente, principalmente quando houver controvérsia sobre como os fatos ocorreram.
FUNDAMENTOS FÁTICOS E JURÍDICOS	Quanto à parte "II – DO DIREITO", pode-se fazer a seguinte divisão: 1) Do cabimento da reconvenção; 2) Do mérito. Deverá o reconvinte no item "Do cabimento da reconvenção" demonstrar a conexão e justificar o cabimento da reconvenção. Por último deve o réu tratar do item "Do mérito". Deverá o reconvinte citar legislação, doutrina e jurisprudência, nessa ordem.
PEDIDO	O reconvinte deverá requerer a intimação do autor reconvindo para contestar a reconvenção no prazo legal; a procedência da ação; bem como os ônus da sucumbência.
PROVAS	O réu reconvinte deverá requerer a produção das provas pertinentes para comprovar as suas alegações.
VALOR DA CAUSA	Seguirá a regra dos arts. 258 a 260 do CPC.

2. MODELO – RECONVENÇÃO

EXCELENTÍSSIMO SENHOR DOUTOR JUIZ DE DIREITO DA ... VARA ... DA COMARCA DE ... .

Pular 10 linhas

(qualificação do réu – nome, estado civil, profissão, endereço, RG e CPF, endereço), vem mui respeitosamente a presença de Vossa Excelência, por meio de seu advogado e bastante procurador que esta subscreve (doc. 01 – mandato), oferecer **RECONVENÇÃO** à ação que lhe promove a **FAZENDA DO ESTADO DE ________**, Pessoa Jurídica de Direito Público, com sede na ________________, nos termos dos fundamentos de fato e de direito a seguir aduzidos:

I – DOS FATOS

1. Dos fatos alegados pelo autor reconvindo

(...)

2. Da verdade dos fatos

(...)

II – DO DIREITO

1. Do cabimento da reconvenção

(vide art. 315 do CPC)

2. Do mérito

(citar a lei, amarrada com os fatos, bem como legislação, doutrina e jurisprudência)

III – DO PEDIDO

Ante o exposto, é o presente para requerer que Vossa Excelência se digne em:

a) determinar a intimação do autor reconvindo para contestar a presente reconvenção no prazo legal;

b) julgar a presente reconvenção procedente, condenando-se o autor reconvindo ao pagamento de ..., além do pagamento das custas e despesas processuais, bem como dos honorários advocatícios.

(a depender da condição econômica do réu reconvinte, deve-se pedir os benefícios da justiça gratuita)

Protesta pela produção de prova documental e pericial, e de todos os meios probatórios em direito admitidos, ainda que não especificados no Código de Processo Civil, desde que moralmente legítimos (CPC, art. 332).

Dá-se à causa o valor de R$ ... (valor por extenso).

Termos em que, pede deferimento.

Local ..., data...

Advogado ...

OAB ....

IMPUGNAÇÃO AO CUMPRIMENTO DE SENTENÇA

1. ESTRUTURA BÁSICA

REQUISITOS	O Código de Processo Civil não trouxe requisitos, trata-se de mera petição. O prazo para apresentação da impugnação é de 15 dias (art. 475-J, § 1º, do CPC).
ENDEREÇAMENTO	Juízo ou Tribunal da causa.
IDENTIFICAÇÃO DO PROCESSO	Indicação das partes, do número do processo e do nome da ação.
TRATAMENTO DAS PARTES	Autor e réu (credor e devedor).
FUNDAMENTOS FÁTICOS E JURÍDICOS	Estes requisitos tratam do seguinte: "DOS FATOS" (fundamentos de fato) e "DO DIREITO" (fundamentos jurídicos). Quanto à parte "I – DOS FATOS far-se-á um resumo do ocorrido.
FUNDAMENTOS FÁTICOS E JURÍDICOS	Quanto à parte "II – DO DIREITO", o devedor deverá trazer os fundamentos jurídicos conforme dispõe o art. 475-L do CPC. Deverá o réu citar legislação, doutrina e jurisprudência, nessa ordem.
PEDIDO	O réu deverá requerer o recebimento da impugnação nos próprios autos com a suspensão da ação, demonstrando os requisitos legais e o pedido principal de acordo com os fundamentos jurídicos.
VALOR DA CAUSA	Não há.

2. MODELO – IMPUGNAÇÃO AO CUMPRIMENTO DE SENTENÇA

EXCELENTÍSSIMO SENHOR DOUTOR JUIZ DE DIREITO DA ... VARA ... DA COMARCA DE ... .

Pular 10 linhas

(qualificação do réu – nome, estado civil, profissão, endereço, RG e CPF, endereço), vem mui respeitosamente a presença de Vossa Excelência, por meio de seu advogado e bastante procurador que esta subscreve (doc. 01 – mandato), oferecer **IMPUGNAÇÃO AO CUMPRIMENTO DE SENTENÇA COM PEDIDO DE EFEITO,** nos termos dos fundamentos de fato e de direito a seguir aduzidos:

I – DOS FATOS

Trazer um resumo do processo.

II – DO DIREITO

Trazer os fundamentos jurídicos de acordo com o disposto no art. 475-L do CPC.

(citar a lei, amarrada com os fatos, bem como legislação, doutrina e jurisprudência)

III – DO EFEITO SUSPENSIVO

Trazer os fundamentos para justificar o pedido, nos termos do art. 475-M do CPC.

IV – DO PEDIDO

Ante o exposto, é o presente para requerer de Vossa Excelência a:

a) concessão de efeito suspensivo com o intuito de obstar o prosseguimento do cumprimento de sentença, nos termos do art. 475-M do CPC;

b) intimação do credor, na pessoa de seu advogado, para que se manifeste acerca da presente impugnação;

c) o acolhimento da presente impugnação, condenando-se o credor ao pagamento das custas e despesas processuais, bem como dos honorários advocatícios.

Termos em que, pede deferimento.

Local ..., data...

Advogado ...

OAB ....

PETIÇÃO INICIAL DE EXECUÇÃO CONTRA A FAZENDA PÚBLICA

1. ESTRUTURA BÁSICA

REQUISITOS	Os mesmos da petição inicial (art. 282 do CPC), que compatíveis com a execução (art. 598 do CPC). O procedimento será aquele previsto nos arts. 730 e 731 do CPC.
ENDEREÇAMENTO	Juiz da causa.
TRATAMENTO DAS PARTES	Exequente e executado.
FUNDAMENTOS FÁTICOS E JURÍDICOS	Demonstrar o débito da Fazenda Pública, em geral com uma sentença condenatória transitada em julgado.
PEDIDO	Citação, por oficial de justiça, da Fazenda Pública para opor embargos no prazo legal. Caso a Fazenda não apresente embargos pedir que o juiz requisite o pagamento por intermédio do Presidente do Tribunal competente (art. 100 da CF). Vide também a Lei de Juizados Especiais Federais (art. 17, § 1º, da Lei 10.259/2001) e Lei do Juizado Especial da Fazenda Pública (Lei 12.153/2009).
VALOR DA CAUSA	Valor do título.

2. MODELO – PETIÇÃO INICIAL DE EXECUÇÃO CONTRA A FAZENDA PÚBLICA

EXCELENTÍSSIMO SENHOR DOUTOR JUIZ DE DIREITO DA ... VARA ... DA COMARCA DE ... .

Pular 10 linhas

(qualificação do réu – nome, estado civil, profissão, endereço, RG e CPF, endereço), vem mui respeitosamente a presença de Vossa Excelência, por meio de seu advogado e bastante procurador que esta subscreve (doc. 01 – mandato), oferecer **EXECUÇÃO, com fundamento no art. 730 do CPC, em face da FAZENDA DO ESTADO DE ________**, Pessoa Jurídica de Direito Público, com sede na ________________, nos termos dos fundamentos de fato e de direito a seguir aduzidos:

I – DOS FATOS

Demonstrar a existência de título contra a Fazenda Pública.

II – DO DIREITO

Demonstrar que a hipótese se enquadra no art. 730 do CPC.

(citar a lei, amarrada com os fatos, bem como legislação, doutrina e jurisprudência)

III – DO PEDIDO

Ante o exposto, é o presente para requerer que Vossa Excelência se digne em:

a) determinar a citação, por oficial de justiça, da Fazenda Pública... para, querendo, opor embargos no prazo legal;

b) caso não sejam opostos embargos ou estes sejam julgados improcedentes, seja expedido ofício ao Presidente do Tribunal... para expedição do respectivo precatório, de acordo com o art. 100 da CF......, para pagamento do valor aqui pleiteado, além do pagamento das custas e despesas processuais, bem como dos honorários advocatícios.

(a depender da condição econômica do réu reconvinte, deve-se pedir os benefícios da justiça gratuita)

Dá-se à causa o valor de R$ ... (valor por extenso).

Termos em que, pede deferimento.

Local ..., data...

Advogado ...

OAB ....

SÚMULAS EM MATÉRIA TRIBUTÁRIA

1. PRINCÍPIOS, COMPETÊNCIAS, IMUNIDADES

STF 730. A imunidade tributária conferida a instituições de assistência social sem fins lucrativos pelo art. 150, VI, *c*, da Constituição, somente alcança as entidades fechadas de previdência social privada se não houver contribuição dos beneficiários.

STF 724. Ainda quando alugado a terceiros, permanece imune ao IPTU o imóvel pertencente a qualquer das entidades referidas pelo art. 150, VI, *c*, da Constituição, desde que o valor dos aluguéis seja aplicado nas atividades essenciais de tais entidades.

STF 669. Norma legal que altera o prazo de recolhimento da obrigação tributária não se sujeita ao princípio da anterioridade.

STF 657. A imunidade prevista no art. 150, VI, d, da CF abrange os filmes e papéis fotográficos necessários à publicação de jornais e periódicos.

STF 591. A imunidade ou a isenção tributária do comprador não se estende ao produtor contribuinte do Imposto sobre Produtos Industrializados.

STF 336. A imunidade da autarquia financiadora, quanto ao contrato de financiamento, não se estende à compra e venda entre particulares, embora constantes os dois atos de um só instrumento.

STF 74. O imóvel transcrito em nome da autarquia, embora objeto de promessa de venda a particulares, continua imune de impostos locais.

STF 69. A Constituição Estadual não pode estabelecer limite para o aumento de tributos municipais.

STF 67. É inconstitucional a cobrança do tributo que houver sido criada ou aumentado no mesmo exercício financeiro.

STJ 352. A obtenção ou a renovação do Certificado de Entidade Beneficente de Assistência Social (Cebas) não exime a entidade do cumprimento dos requisitos legais supervenientes. *(comentário: o certificado é exigido para o reconhecimento da imunidade)*

TFR 206. O reajuste da base de cálculo de contribuições previdenciárias, instituído pelo art. 5º e parágrafos da Lei 6.332, de 1976, não está sujeito ao princípio da anterioridade.

TFR 166. Os Municípios não estão sujeitos ao recolhimento do salário-educação.

2. COMPETÊNCIA E SUJEIÇÃO ATIVA

STJ 447. Os Estados e o Distrito Federal são partes legítimas na ação de restituição de imposto de renda retido na fonte proposta por seus servidores.

STJ 162. Na repetição de indébito tributário, a correção monetária incide a partir do pagamento indevido.

STJ 66. Compete à Justiça Federal processar e julgar execução fiscal movida por Conselho de fiscalização profissional.

STJ 55. Tribunal Regional Federal não é competente para julgar recurso de decisão proferida por juiz estadual não investido de jurisdição federal.

STJ 3. Compete ao Tribunal Regional Federal dirimir conflito de competência verificado, na respectiva Região, entre Juiz Federal e Juiz Estadual investido de jurisdição federal.

3. DIREITOS DOS CONTRIBUINTES

STF-Vinculante 28. É inconstitucional a exigência de depósito prévio como requisito de admissibilidade de ação judicial na qual se pretenda discutir a exigibilidade de crédito tributário.

STF-Vinculante 24. Não se tipifica crime material contra a ordem tributária, previsto no art. 1º, incisos I a IV, da lei nº 8.137/90, antes do lançamento definitivo do tributo.

STF-Vinculante 21. É inconstitucional a exigência de depósito ou arrolamento prévios de dinheiro ou bens para admissibilidade de recurso administrativo.
STF 667. Viola a garantia constitucional de acesso à jurisdição a taxa judiciária calculada sem limite sobre o valor da causa.
STF 547. Não é lícito à autoridade proibir que o contribuinte em débito adquira estampilhas, despache mercadorias nas alfândegas e exerça suas atividades profissionais.
STF 323. É inadmissível a apreensão de mercadorias como meio coercitivo para pagamento de tributos.
STF 70. É inadmissível a interdição de estabelecimentos como meio coercitivo para cobrança de tributo.
STJ 373. É ilegítima a exigência de depósito prévio para admissibilidade de recurso administrativo.

4. DEFINIÇÃO DE TRIBUTO E ESPÉCIES

STF-Vinculante 29. É constitucional a adoção, no cálculo do valor de taxa, de um ou mais elementos da base de cálculo própria de determinado imposto, desde que não haja integral identidade entre uma base e outra.
STF-Vinculante 19. A taxa cobrada exclusivamente em razão dos serviços públicos de coleta, remoção e tratamento ou destinação de lixo ou resíduos provenientes de imóveis, não viola o artigo 145, II, da constituição federal.
STF 545. Preços de serviços públicos e taxas não se confundem, porque estas, diferentemente daqueles, são compulsórias e têm sua cobrança condicionada à prévia autorização orçamentária, em relação à lei que as instituiu.
STJ 412. A ação de repetição de indébito de tarifas de água e esgoto sujeita-se ao prazo prescricional estabelecido no Código Civil. *(comentário: STJ adotou o entendimento de que tarifa de água e esgoto não tem natureza tributária, independentemente de ser cobrada por concessionária ou autarquia)*
STJ 353. As disposições do Código Tributário Nacional não se aplicam às contribuições para o FGTS. *(comentário: contribuições ao FGTS não têm natureza tributária)*

5. OBRIGAÇÃO, LANÇAMENTO E CRÉDITO TRIBUTÁRIO

STF-Vinculante 8. São inconstitucionais o parágrafo único do artigo 5º do decreto-lei nº 1.569/1977 e os artigos 45 e 46 da lei nº 8.212/1991, que tratam de prescrição e decadência de crédito tributário. *(comentário: contribuições previdenciárias são tributos e a matéria – prescrição e decadência tributárias – é regulada por lei complementar, de modo que se aplicam os prazos quinquenais do CTN).*
STF 544. Isenções tributárias concedidas sob condição onerosa não podem ser livremente suprimidas.
STF 192. Não se inclui no crédito habilitado em falência a multa fiscal com efeito de pena administrativa.
STF 563. O concurso de preferência a que se refere o parágrafo único do art. 187, do Código Tributário Nacional, é compatível com o disposto no art. 9º, I, da Constituição Federal.
STJ 464. A regra de imputação de pagamentos estabelecida no art. 354 do Código Civil não se aplica às hipóteses de compensação tributária.
STF 565. A multa fiscal moratória constitui pena administrativa, não se incluindo no crédito habilitado em falência.
STJ 436. A entrega de declaração pelo contribuinte reconhecendo débito fiscal constitui o crédito tributário, dispensada qualquer outra providência por parte do fisco. *(comentário: o fisco pode inscrever o débito em dívida ativa e executá-lo, independentemente de outra providência)*
STJ 409. Em execução fiscal, a prescrição ocorrida antes da propositura da ação pode ser decretada de ofício (art. 219, § 5º, do CPC).
STJ 250. É legítima a cobrança de multa fiscal de empresa em regime de concordata.
STJ 212. A compensação de créditos tributários não pode ser deferida por medida liminar.
STJ 112. O depósito somente suspende a exigibilidade do crédito tributário se for integral e em dinheiro.
STJ 85. Nas relações jurídicas de trato sucessivo em que a Fazenda Pública figure como devedora, quando não tiver sido negado o próprio direito reclamado, a prescrição atinge apenas as prestações vencidas antes do quinquênio anterior à propositura da ação.
TFR 248. O prazo da prescrição interrompido pela confissão e parcelamento da dívida fiscal recomeça a fluir no dia em que o devedor deixar de cumprir o acordo celebrado.
TFR 219. Não havendo antecipação de pagamento, o direito de constituir o crédito previdenciário extingue-se decorridos 5 (cinco) anos do primeiro dia do exercício seguinte àquele em que ocorreu o fato gerador.
TFR 219. Não havendo antecipação de pagamento, o direito de constituir o crédito previdenciário extingue-se decorridos 5 (cinco) anos do primeiro dia do exercício seguinte àquele que ocorreu o fato gerador. (verificar)
TFR 227. A mudança de critério jurídico adotado pelo fisco não autoriza a revisão do lançamento.
TFR 163. Nas relações jurídicas de trato sucessivo, em que a Fazenda Pública figure como devedora, somente prescrevem as prestações vencidas antes do quinquênio anterior à propositura da ação.
TFR 153. Constituído, no quinquênio, através de auto de infração ou notificação de lançamento, o crédito tributário, não há que se falar em decadência, fluindo, a partir daí, em princípio, o prazo prescricional, que, todavia, fica em suspenso, até que sejam decididos os recursos administrativos.
TFR 106. A seguradora não tem direito à restituição do Imposto sobre Produtos Industrializados, no caso de sinistro ocorrido com mercadoria, após a sua saída do estabelecimento produtor.
TFR 45. As multas fiscais, sejam moratórias ou punitivas, estão sujeitas à correção monetária.

6. SUJEIÇÃO PASSIVA – CONTRIBUINTES E RESPONSÁVEIS

STJ 435. Presume-se dissolvida irregularmente a empresa que deixar de funcionar no seu domicílio fiscal, sem comunicação aos órgãos competentes, legitimando o redirecionamento da execução fiscal para o sócio-gerente.

STJ 430. O inadimplemento da obrigação tributária pela sociedade não gera, por si só, a responsabilidade solidária do sócio-gerente.

STJ 360. O benefício da denúncia espontânea não se aplica aos tributos sujeitos a lançamento por homologação regularmente declarados, mas pagos a destempo.

7. AÇÕES

STF 383. A prescrição em favor da Fazenda Pública recomeça a correr, por 2 (dois) anos e meio, a partir do ato interruptivo, mas não fica reduzida aquém de 5 (cinco) anos, embora o titular do direito a interrompa durante a primeira metade do prazo.

STF 262. Não cabe medida possessória liminar para liberação alfandegária de automóveis.

STF 239. Decisão que declara indevida a cobrança do imposto em determinado exercício não faz coisa julgada em relação aos posteriores.

STF 150. Prescreve a execução no mesmo prazo de prescrição da ação.

STJ 232. A Fazenda Pública, quando parte no processo, fica sujeita à exigência do depósito prévio dos honorários do perito.

STJ 106. Proposta a ação no prazo fixado para o seu exercício, a demora na citação, por motivos inerentes ao mecanismo da Justiça, não justifica o acolhimento da arguição de prescrição ou decadência.

TFR 213. O exaurimento da via administrativa não é condição para a propositura de ação de natureza previdenciária.

8. MANDADO DE SEGURANÇA

STF 625. Controvérsia sobre matéria de direito não impede concessão de mandado de segurança.

STF 512. Não cabe condenação em honorários de advogado na ação de mandado de segurança.

STF 510. Praticado o ato por autoridade, no exercício de competência delegada, contra ela cabe o mandado de segurança ou a medida judicial.

STF 429. A existência de recurso administrativo com efeito suspensivo não impede o uso do mandado de segurança contra omissão da autoridade.

STF 405. Denegado o mandado de segurança pela sentença, ou no julgamento do agravo, dela interposto, fica sem efeito a liminar concedida, retroagindo os efeitos da decisão contrária.

STF 304. Decisão denegatória de mandado de segurança, não fazendo coisa julgada contra o impetrante, não impede o uso da ação própria.

STF 271. Concessão de mandado de segurança não produz efeitos patrimoniais em relação a período pretério, os quais devem ser reclamados administrativamente ou pela via judicial própria.

STF 269. O mandado de segurança não é substitutivo da ação de cobrança.

STF 267. Não cabe mandado de segurança contra decisão judicial com trânsito em julgado.

STF 266. Não cabe mandado de segurança contra lei em tese.

STJ 460. É incabível o mandado de segurança para convalidar a compensação tributária realizada pelo contribuinte.

STJ 213. O mandado de segurança constitui ação adequada para a declaração do direito à compensação tributária.

STJ 212. A compensação de créditos tributários não pode ser deferida por medida liminar.

STJ 169. São inadmissíveis embargos infringentes no processo de mandado de segurança.

STJ 105. Na ação de mandado de segurança não se admite condenação em honorários advocatícios.

TFR 145. Extingue-se o processo de mandado de segurança, se o autor não promover, no prazo assinado, a citação do litisconsorte necessário.

TFR 59. A autoridade fiscal de primeiro grau que expede a notificação para pagamento do tributo está legitimada passivamente para a ação de segurança, ainda que sobre a controvérsia haja decisão, em grau de recurso, de conselho de contribuintes.

9. EXECUÇÃO FISCAL – EMBARGOS

STJ 452. A extinção das ações de pequeno valor é faculdade da Administração Federal, vedada a atuação judicial de ofício.

STJ 451. É legítima a penhora da sede do estabelecimento comercial.

STJ 406. A Fazenda Pública pode recusar a substituição do bem penhorado por precatório.

STJ 429. A citação postal, quando autorizada por lei, exige o aviso de recebimento.

STJ 414. A citação por edital na execução fiscal é cabível quando frustradas as demais modalidades.

STJ 400. O encargo de 20% previsto no DL n. 1.025/1969 é exigível na execução fiscal proposta contra a massa falida.

STJ 394. É admissível, em embargos à execução, compensar os valores de imposto de renda retidos indevidamente na fonte com os valores restituídos apurados na declaração anual.

STJ 393. A exceção de pré-executividade é admissível na execução fiscal relativamente às matérias conhecíveis de ofício que não demandem dilação probatória.

TRIBUTÁRIA

STJ 392. A Fazenda Pública pode substituir a certidão de dívida ativa (CDA) até a prolação da sentença de embargos, quando se tratar de correção de erro material ou formal, vedada a modificação do sujeito passivo da execução.

STJ 375. O reconhecimento da fraude à execução depende do registro da penhora do bem alienado ou da prova de má-fé do terceiro adquirente.

STJ 314. Em execução fiscal, não localizados bens penhoráveis, suspende-se o processo por um ano, findo o qual se inicia o prazo da prescrição quinquenal intercorrente.

STJ 251. A meação só responde pelo ato ilícito quando o credor, na execução fiscal, provar que o enriquecimento dele resultante aproveitou ao casal.

STJ 190. Na execução fiscal, processada perante a Justiça Estadual, cumpre à Fazenda Pública antecipar o numerário destinado ao custeio das despesas com o transporte dos oficiais de justiça.

STJ 189. É desnecessária a intervenção do Ministério Público nas execuções fiscais.

STJ 153. A desistência da execução fiscal, após o oferecimento dos embargos, não exime o exequente dos encargos da sucumbência.

STJ 128. Na execução fiscal haverá segundo leilão, se no primeiro não houver lanço superior à avaliação.

STJ 121. Na execução fiscal o devedor deverá ser intimado, pessoalmente, do dia e hora da realização do leilão.

STJ 58. Proposta a execução fiscal, a posterior mudança de domicílio do executado não desloca a competência já fixada.

TFR 247. Não constitui pressuposto da ação anulatória do débito fiscal o depósito de que cuida o art. 38 da Lei 6.830, de 1980.

TFR 224. O fato de não serem adjudicados bens que, levados a leilão, deixaram de ser arrematados, não acarreta a extinção do processo de execução.

TFR 210. Na execução fiscal, não sendo encontrado o devedor, nem bens arrestáveis, é cabível a citação editalícia.

TFR 209. Nas execuções fiscais da Fazenda Nacional é legítima a cobrança cumulativa de juros de mora e multa moratória.

TFR 190. A intimação pessoal da penhora ao executado torna dispensável a publicação de que trata o art. 12 da Lei das Execuções Fiscais.

TFR 189. Proposta a execução fiscal, a posterior mudança de domicílio do executado não desloca a competência já fixada.

TFR 184. Em execução movida contra sociedade por quotas, o sócio-gerente, citado em nome próprio, não tem legitimidade para opor embargos de terceiro, visando livrar da constrição judicial seus bens particulares.

TFR 112. Em execução fiscal, a responsabilidade pessoal do sócio-gerente de sociedade por quotas, decorrente de violação da lei ou excesso de mandato, não atinge a meação de sua mulher.

TFR 99. A Fazenda Pública, nas execuções fiscais, não está sujeita a prévio depósito para custear despesas do avaliador.

TFR 44. Ajuizada a execução fiscal anteriormente à falência, com penhora realizada antes desta, não ficam os bens penhorados sujeitos à arrecadação no juízo falimentar; proposta a execução fiscal contra a massa falida, a penhora far-se-á no rosto dos autos do processo de quebra, citando-se o síndico.

10. REPETIÇÃO DE INDÉBITO

STF 546. Cabe restituição do tributo pago indevidamente, quando reconhecido, por decisão, que o contribuinte *de jure* não recuperou do contribuinte *de facto* o *quantum* respectivo.

STJ 461. O contribuinte pode optar por receber, por meio de precatório ou por compensação, o indébito tributário certificado por sentença declaratória transitada em julgado.

STJ 188. Os juros moratórios, na repetição de indébito tributário, são devidos a partir do trânsito em julgado da sentença.

11. IR

STF 586. Incide o Imposto de Renda sobre os juros remetidos para o exterior, com base em contrato de mútuo.

STF 587. Incide Imposto de Renda sobre o pagamento de serviços técnicos contratados no exterior e prestados no Brasil.

STF 584. Ao Imposto de Renda calculado sobre os rendimentos do ano-base, aplica-se a lei vigente no exercício financeiro em que deve ser apresentada a declaração.

Incide imposto de renda sobre os valores percebidos a título de indenização por horas extraordinárias trabalhadas, ainda que decorrentes de acordo coletivo.

STJ 386. Incide imposto de renda sobre os valores percebidos a título de indenização por horas extraordinárias trabalhadas, ainda que decorrentes de acordo coletivo.

STJ 386. São isentas de imposto de renda as indenizações de férias proporcionais e o respectivo adicional.

STJ 215. A indenização recebida pela adesão ao programa de incentivo à demissão voluntária não está sujeita à incidência do imposto de renda.

STJ 136. O pagamento de licença-prêmio não gozada por necessidade do serviço não está sujeito ao Imposto de Renda.

STJ 125. O pagamento de férias não gozadas por necessidade de serviço não está sujeito à incidência do Imposto de Renda.

TFR 264. As cooperativas não estão sujeitas à tributação do Imposto de Renda por excesso de retirada de seus dirigentes.

TFR 182. É ilegítimo o lançamento do Imposto de Renda arbitrado com base apenas em extratos ou depósitos bancários.

TFR 130. No cálculo do Imposto de Renda, não se inclui o ágio cambial pago na aquisição da moeda estrangeira a ser remetida ao Exterior a título de juros devidos.

TFR 101. As multas fiscais não são dedutíveis como despesas operacionais, para fins do Imposto de Renda.

TFR 76. Em tema de Imposto de Renda, a desclassificação da escrita somente se legitima na ausência de elementos concretos que permitam a apuração do lucro real da empresa, não a justificando o simples atraso na escrita.
TFR 39. Não está sujeita ao Imposto de Renda a indenização recebida por pessoa jurídica em decorrência de desapropriação amigável ou judicial.

12. IOF

STF 664. É inconstitucional o inciso V do art. 1º da Lei 8.033/1990, que instituiu a incidência do imposto nas operações de crédito, câmbio e seguros - IOF sobre saques efetuados em caderneta de poupança.
STJ 185. Nos depósitos judiciais, não incide o Imposto sobre Operações Financeiras.

13. ITR

STJ 139. Cabe à Procuradoria da Fazenda Nacional propor execução fiscal para cobrança do crédito relativo ao ITR. *(comentário: a atual redação do art. 153, § 4º, III, da CF permite a fiscalização e cobrança do ITR pelos Municípios que assim optarem, na forma da lei).*

14. IPI

STJ 411. É devida a correção monetária ao creditamento do IPI quando há oposição ao seu aproveitamento decorrente de resistência ilegítima do Fisco. *(comentário: se não houve oposição do fisco, é inviável a correção monetária dos créditos do IPI e do ICMS, por conta de sua natureza escritural)*
TFR 161. Não se inclui na base de cálculo do PIS a parcela relativa ao IPI. *(comentário: entendimento ultrapassado pelo STJ, que entende inviável a exclusão do IPI da base de cálculo do PIS/COFINS, exceto no caso de crédito presumido de IPI. Ademais, o STF entende que a matéria é mesmo da competência do STJ)*
TFR 106. A seguradora não tem direito à restituição do Imposto sobre Produtos Industrializados, no caso de sinistro ocorrido com mercadoria, após a sua saída do estabelecimento produtor.
TFR 81. Mármores e granitos afeiçoados ao emprego final, mediante processo de industrialização, estão sujeitos ao Imposto sobre Produtos Industrializados.

15. ICMS

STF 660. Não incide ICMS na importação de bens por pessoa física ou jurídica que não seja contribuinte do imposto. *(comentário: entendimento ultrapassado pela atual redação do art. 155, § 2º, IX, "a" da CF/88)*
STF 661. Na entrada de mercadoria importada do exterior, é legítima a cobrança do ICMS por ocasião do desembaraço aduaneiro.
STF 662. É legítima a incidência do ICMS na comercialização de exemplares de obras cinematográficas, gravados em fitas de videocassete.
STF 615. O princípio constitucional da anualidade (§ 29 do art. 153 da CF) não se aplica à revogação de isenção do ICM.
STF 579. A cal virgem e a hidratada estão sujeitas ao Imposto de Circulação de Mercadorias.
STF 577. Na importação de mercadoria do exterior, o fato gerador do Imposto de Circulação de Mercadorias ocorre no momento de sua entrada no estabelecimento do importador.
STF 569. É inconstitucional a discriminação de alíquotas do Imposto de Circulação de Mercadorias nas operações interestaduais, em razão de o destinatário ser, ou não, contribuinte. *(comentário: entendimento ultrapassado pela atual redação constitucional)*
STF 576. É lícita a cobrança do Imposto de Circulação de Mercadorias sobre produtos importados sobre regime de alíquota zero.
STF 575. À mercadoria importada de país signatário do GATT, ou membro da ALALC, estende-se a isenção do imposto sobre circulação de mercadorias concedida a similar nacional.
STF 572. No cálculo do Imposto sobre Circulação de Mercadorias devido na saída de mercadorias para o exterior, não se incluem fretes pagos a terceiros, seguros e despesas de embarque.
STF 574. Sem lei estadual que a estabeleça é ilegítima a cobrança do Imposto sobre Circulação de Mercadorias sobre o fornecimento de alimentação e bebidas em restaurante ou estabelecimento similar.
STF 573. Não constitui fato gerador do Imposto de Circulação de Mercadorias a saída física de máquinas, utensílios e implementos a título de comodato.
STJ 457. Os descontos incondicionais nas operações mercantis não se incluem na base de cálculo do ICMS.
STJ 433. O produto semielaborado, para fins de incidência de ICMS, é aquele que preenche cumulativamente os três requisitos do art. 1º da Lei Complementar n. 65/1991.
STJ 432. As empresas de construção civil não estão obrigadas a pagar ICMS sobre mercadorias adquiridas como insumos em operações interestaduais.
STJ 431. É ilegal a cobrança de ICMS com base no valor da mercadoria submetido ao regime de pauta fiscal.

STJ 395. O ICMS incide sobre o valor da venda a prazo constante da nota fiscal.

STJ 391. O ICMS incide sobre o valor da tarifa de energia elétrica correspondente à demanda de potência efetivamente utilizada.

STJ 350. O ICMS não incide sobre o serviço de habilitação de telefone celular.

STJ 334. O ICMS não incide no serviço dos provedores de acesso à Internet.

STJ 237. Nas operações com cartão de crédito, os encargos relativos ao financiamento não são considerados no cálculo do ICMS.

STJ 198. Na importação de veículo por pessoa física, destinado a uso próprio, incide o ICMS.

STJ 166. Não constitui fato gerador do ICMS o simples deslocamento de mercadoria de um para outro estabelecimento do mesmo contribuinte.

STJ 163. O fornecimento de mercadorias com a simultânea prestação de serviços em bares, restaurantes e estabelecimentos similares constitui fato gerador do ICMS a incidir sobre o valor total da operação.

STJ 155. O ICMS incide na importação de aeronave, por pessoa física, para uso próprio.

STJ 152. Na venda pelo segurador, de bens salvados de sinistros, incide o ICMS. *(comentário: atualmente, o STJ entende pela não incidência do ICMS, neste caso, razão pela qual este súmula foi cancelada)*

STJ 135. O ICMS não incide na gravação e distribuição de filmes e videoteipes.

STJ 129. O exportador adquire o direito de transferência de crédito do ICMS quando realiza a exportação do produto e não ao estocar a matéria-prima.

STJ 95. A redução da alíquota do Imposto sobre Produtos Industrializados não implica redução do ICMS.

STJ 94. A parcela relativa ao ICMS inclui-se na base de cálculo do FINSOCIAL.

STJ 71. O bacalhau importado de país signatário do GATT é isento do ICM. *(comentário: atualmente, o STJ analisa os convênios interestaduais e, inexistindo isenção para o pescado nacional, afasta o benefício em relação ao similar importado)*

STJ 68. A parcela relativa ao ICM inclui-se na base de cálculo do PIS. *(comentário: a matéria vem sendo reexaminada pelo STF)*

STJ. 20. A mercadoria importada de país signatário do GATT é isenta do ICM, quando contemplado com esse favor o similar nacional. *(comentário: atualmente, o STJ analisa os convênios interestaduais e, inexistindo isenção para o pescado nacional, afasta o benefício em relação ao similar importado)*

TFR 258. Inclui-se na base de cálculo do PIS a parcela relativa ao ICM. *(comentário: a matéria vem sendo reexaminada pelo STF)*

16. ITCMD

STF 590. Calcula-se o Imposto de Transmissão *Causa Mortis* sobre o saldo credor da promessa de compra e venda, no momento da abertura da sucessão do promitente comprador.

STF 435. O Imposto de Transmissão *causa mortis* pela transferência de ações é devido ao Estado em que tem sede a companhia.

STF 331. É legítima a incidência do Imposto de Transmissão *Causa Mortis* no inventário por morte presumida.

STF 114. O Imposto de Transmissão *Causa Mortis* não é exigível antes da homologação do cálculo.

STF 113. O Imposto de Transmissão *Causa Mortis* é calculado sobre o valor dos bens na data da avaliação.

STF 112. O Imposto de Transmissão *Causa Mortis* é devido pela alíquota vigente ao tempo da abertura da sucessão.

17. IPTU

STF 668. É inconstitucional a lei municipal que tenha estabelecido, antes da Emenda Constitucional 29/2000,alíquotas progressivas para o IPTU, salvo se destinada a assegurar o cumprimento da função social da propriedade urbana.

STF 589. É inconstitucional a fixação de adicional progressivo do Imposto Predial e Territorial Urbano em função do número de imóveis do contribuinte.

STF 583. Promitente-comprador de imóvel residencial transcrito em nome de autarquia é contribuinte do Imposto Predial e Territorial Urbano.

STF 539. É constitucional a lei do Município que reduz o Imposto Predial Urbano sobre imóvel ocupado pela residência do proprietário, que não possua outro.

STJ 399. Cabe à legislação municipal estabelecer o sujeito passivo do IPTU.

STJ 397. O contribuinte do IPTU é notificado do lançamento pelo envio do carnê ao seu endereço.

STJ 160. É defeso, ao Município, atualizar o IPTU, mediante decreto, em percentual superior ao índice oficial de correção monetária.

18. ISS

STF-Vinculante 31. É inconstitucional a incidência do imposto sobre serviços de qualquer natureza – ISS sobre operações de locação de bens móveis.

STF 588. O Imposto sobre Serviços não incide sobre os depósitos, as comissões e taxas de desconto, cobrados pelos estabelecimentos bancário. (antes da LC 116-03)

STF 663. Os §§ 1º e 3º do art. 9º do DL 406/68 foram recebidos pela Constituição. *(comentário: o STJ entende que a tributação fixa do ISS não foi afastada pela LC 116/2003)*

STJ 424. É legítima a incidência de ISS sobre os serviços bancários congêneres da lista anexa ao DL n. 406/1968 e à LC n. 56/1987.

STJ 274. O ISS incide sobre o valor dos serviços de assistência médica, incluindo-se neles as refeições, os medicamentos e as diárias hospitalares.

STJ 167. O fornecimento de concreto, por empreiteira, para construção civil, preparado no trajeto até a obra em betoneiras acopladas a caminhões, é prestação de serviço, sujeitando-se apenas à incidência do ISS.

STJ 156. A prestação do serviço de composição gráfica, personalizada e sob encomenda, ainda que envolva fornecimento de mercadorias, está sujeita, apenas, ao ISS.

STJ 138. O ISS incide na operação de arrendamento mercantil de coisas móveis.

19. ITBI

STF 656. É inconstitucional a lei que estabelece alíquotas progressivas para o imposto de transmissão inter vivos de bens imóveis - ITBI com base no valor venal do imóvel.

STF 470. O Imposto de Transmissão *Inter Vivos* não incide sobre a construção, ou parte dela, realizada, inequivocamente, pelo promitente-comprador, mas sobre o valor do que tiver sido construído antes da promessa de venda.

STF 329. O Imposto de Transmissão *Inter Vivos* não incide sobre a transferência de ações de sociedade imobiliária.

STF 326. É legítima a incidência do Imposto de Transmissão *Inter Vivos* sobre a transferência do domínio útil.

STF 111. É legítima a incidência do Imposto de Transmissão *Inter Vivos* sobre a restituição, ao antigo proprietário, de imóvel que deixou de servir à finalidade da sua desapropriação.

STF 110. O Imposto de Transmissão *Inter Vivos* não incide sobre a construção, ou parte dela, realizada pelo adquirente, mas sobre o que tiver sido construído ao tempo da alienação do terreno.

STF 108. É legítima a incidência do Imposto de Transmissão *Inter Vivos* sobre o valor do imóvel ao tempo da alienação, e não da promessa, na conformidade da legislação local.

STF 82. São inconstitucionais o Imposto de Cessão e a taxa sobre inscrição de promessa de venda de imóvel, substitutos do Imposto de Transmissão, por incidirem sobre ato que não transfere o domínio.

STF 75. Sendo vendedora uma autarquia, a sua imunidade fiscal não compreende o Imposto de Transmissão *Inter Vivos,* que é encargo do comprador.

20. OUTROS TRIBUTOS E REGIMES ESPECIAIS

STF 732. É constitucional a cobrança da contribuição do salário-educação, seja sob a Carta de 1969, seja sob a Constituição Federal de 1988, e no regime da Lei 9.424/1996.

STF 670. O serviço de iluminação pública não pode ser remunerado mediante taxa. *(comentário: os Municípios e o DF podem cobrar a contribuição do art. 149-A da CF)*

STF 665. É constitucional a Taxa de Fiscalização dos Mercados de Títulos e Valores Mobiliários instituída pela Lei 7.940/1989.

STF 659. É legítima a cobrança da COFINS, do PIS e do FINSOCIAL sobre as operações relativas a energia elétrica, serviços de telecomunicações, derivados de petróleo, combustíveis e minerais do País.

STJ 468. A base de cálculo do PIS, até a edição da MP n. 1.212/1995, era o faturamento ocorrido no sexto mês anterior ao do fato gerador.

STJ 423. A Contribuição para Financiamento da Seguridade Social – Cofins incide sobre as receitas provenientes das operações de locação de bens móveis.

STJ 351. A alíquota de contribuição para o Seguro de Acidente do Trabalho (SAT) é aferida pelo grau de risco desenvolvido em cada empresa, individualizada pelo seu CNPJ, ou pelo grau de risco da atividade preponderante quando houver apenas um registro.

STJ 425. A retenção da contribuição para a seguridade social pelo tomador do serviço não se aplica às empresas optantes pelo Simples.

STJ 355. É válida a notificação do ato de exclusão do programa de recuperação fiscal do Refis pelo Diário Oficial ou pela Internet.

STJ 448. A opção pelo Simples de estabelecimentos dedicados às atividades de creche, pré-escola e ensino fundamental é admitida somente a partir de 24/10/2000, data de vigência da Lei n. 10.034/2000.

STJ 437. A suspensão da exigibilidade do crédito tributário superior a quinhentos mil reais para opção pelo Refis pressupõe a homologação expressa do comitê gestor e a constituição de garantia por meio do arrolamento de bens.

STJ 276. As sociedades civis de prestação de serviços profissionais são isentas da Cofins, irrelevante o regime tributário adotado. *(a partir do entendimento do STF, o STJ cancelou esta súmula para reconhecer a inexistência de isenção)*

21. ADMINISTRAÇÃO TRIBUTÁRIA, FISCALIZAÇÃO

STJ 446. Declarado e não pago o débito tributário pelo contribuinte, é legítima a recusa de expedição de certidão negativa ou positiva com efeito de negativa.

STF 439. Estão sujeitos á fiscalização tributária, ou previdenciária, quaisquer livros comerciais, limitado o exame aos pontos objeto da investigação.

TFR 38. Os certificados de quitação e de regularidade de situação não podem ser negados, se o débito estiver garantido por penhora regular (Código Tributário Nacional, art. 206).

TFR 29. Os certificados de quitação e de regularidade não podem ser negados, enquanto pendente de decisão, na via administrativa, o débito levantado.

22. OUTRAS SÚMULAS

STF 473. A administração pode anular seus próprios atos, quando eivados de vícios que os tronam ilegais, porque deles não se originam direitos; ou revogá-los, por motivo de conveniência e oportunidade, respeitados os direitos adquiridos, e ressalvada, em todos os casos, a apreciação judicial.

STF 400. Decisão que deu razoável interpretação à lei, ainda que não seja a melhor, não autoriza recurso extraordinário, pela letra *a* do art. 101, III, da Constituição Federal.

STF 346. A administração pública pode declarar a nulidade dos seus próprios atos.

STJ 345. São devidos honorários advocatícios pela Fazenda Pública nas execuções individuais de sentença proferida em ações coletivas, ainda que não embargadas.

STJ 317. É definitiva a execução de título extrajudicial, ainda que pendente apelação contra sentença que julgue improcedentes os embargos.

TFR 47. Cancelado o débito fiscal, a correção monetária, relativa à restituição da importância depositada em garantia de instância, incide a partir da data da efetivação do depósito.

TFR 46. Nos casos de devolução do depósito efetuado em garantia de instância e de repetição do indébito tributário, a correção monetária é calculada desde a data do depósito ou do pagamento indevido e incide até o efetivo recebimento da importância reclamada.

QUESTÕES EXTRAS
OAB-SP

1. DEFINIÇÃO DE TRIBUTO E ESPÉCIES TRIBUTÁRIAS

(OAB/SP – 2002.3 – 2ª fase) Constatando que o número de furtos e roubos em estabelecimentos comerciais aumentara muito, a Prefeitura de Nova Vista criou uma guarda municipal para vigilância das ruas e praças da cidade. Para o custeio, instituiu a "taxa de vigilância " a ser cobrada de todos os estabelecimentos comerciais, industriais e prestadores de serviço, que se encontram nas ruas cobertas pela ronda policial. É legítima essa cobrança? Justifique.

Gabarito:

O fato gerador da taxa é o serviço público específico e divisível ou o exercício regular do poder de polícia (art. 145, II, CF e art. 77, CTN).

(OAB/SP – 2000.2 – 2ª fase) Determinado Município institui a cobrança de taxa visando remunerar-se dos serviços de limpeza de vias e logradouros públicos, qualificando como contribuintes todos os proprietários de imóvel. O valor dessa Taxa de Limpeza é obtido mediante a aplicação da alíquota de 0,5% sobre o valor venal do imóvel. A exação assim dimensionada é legítima? Explique.

Gabarito:

Não. De acordo com o art. 145, § 2º, as taxas não poderão ter base de cálculo própria de impostos. O valor venal do imóvel constitui base de cálculo do IPTU, conforme art. 33 do Código Tributário Nacional. Além disso a limpeza pública não é um serviço divisível, razão pela qual a exação em questão extrapola a competência atribuída ao Município pelo art. 145, II, da Constituição Federal.

(OAB/SP – 2000.1 – 2ª fase) O Secretário Municipal do Meio Ambiente de uma cidade localizada às margens do Rio Paranapanema instituiu, pela Portaria nº 1, de 30 de dezembro de 1998, a cobrança de taxa visando custear a atividade de fiscalização e controle da emissão de poluentes no rio. De acordo com a Portaria, todas as indústrias localizadas no município seriam contribuintes da referida taxa. A indústria química QMB S/A, alegando que não despeja qualquer tipo de poluente no rio, questiona-o sobre a obrigatoriedade do pagamento da taxa e sobre qual medida poderia adotar visando se eximir de futuras autuações e garantir a expedição de certidões de regularidade fiscal. Qual seu parecer?

Gabarito:

A cobrança é ilegítima porque a taxa é espécie do gênero tributo, razão pela qual deve necessariamente estar prevista em lei em sentido estrito, nos termos do art. 150, I da Constituição Federal e art. 9º, do Código Tributário Nacional. A empresa poderá ajuizar ação declaratória de inexigibilidade da taxa, com pedido de antecipação de tutela. Caso a tutela antecipada seja indeferida, inclusive em grau de recurso, deverá a empresa efetuar o depósito judicial do montante em discussão, com a finalidade de suspender a exigibilidade, nos termos do art. 151, II, do Código Tributário Nacional.

(OAB/SP – 1998.2 – 2ª fase) O cliente, em consulta, diz que reside em imóvel de sua propriedade, defronte a uma praça Municipal. A Prefeitura local canalizou ali um córrego, asfaltou as ruas adjacentes à praça, arborizando-a e ajardinando-a. Por consequência, a casa de seu cliente aumentou de preço. Ele quer saber se, em razão da valorização de sua propriedade, terá que pagar outro tributo além do IPTU (Imposto Predial e Territorial Urbano). Justifique.

Gabarito:

Sim, estará sujeito ao pagamento de contribuição de melhoria , nos termos do artigo 145, III, da Constituição Federal.

(OAB/SP – 1998.1 – 2ª fase) O cliente, em consulta, diz que a União exigiu-lhe o pagamento de um imposto extraordinário, nos termos do artigo 154, inciso II, da Constituição Federal. Apesar de compreender a situação da criação do referido imposto, quer saber por quanto tempo terá que o recolher.

Gabarito:

Esse tipo de imposto subsistirá o tempo necessário para atender a situação que ocorreu de forma imprevista.

2. COMPETÊNCIA TRIBUTÁRIA E IMUNIDADES

(OAB/SP – 2003.2 – 2ª fase) Manuel assinou contrato de compromisso de compra e venda de imóvel pertencente à União, localizado no Município de Itavocaba da Serra. Surpreendeu-se, entretanto, com a informação de que deveria recolher ao referido município o ITBI "inter-vivos" e o IPTU relativo ao imóvel. Acredita ele que, na qualidade de compromissário comprador de imóvel registrado em nome da União, não se sujeita ao pagamento de impostos. Oriente Manuel a respeito de sua situação.

Gabarito:

A imunidade recíproca não atinge o promitente comprador em virtude da regra expressa do artigo 150, § 3º da Constituição Federal. Assim, Manuel deve recolher o IPTU e o ITBI relativos ao imóvel.

(OAB/SP – 2000.2 – 2ª fase) O Prefeito de uma cidade do interior do Nordeste, a fim de cobrir despesas com o atendimento de populações atingidas pela seca em seu Município, recebeu da Câmara de Vereadores um projeto de lei instituindo empréstimo compulsório devido pelos habitantes não atingidos pelo flagelo. Qual seria a sua orientação ao Prefeito como advogado? Justifique.

Gabarito:

O Prefeito não deve sancionar o projeto de lei, por inconstitucional, porquanto só a União pode instituir empréstimo compulsório, conforme artigo 148, I, da Constituição Federal.

(OAB/SP – 2001.2 – 2ª fase) A empresa Alpha S.A., que se dedica à manufatura de artefatos de plástico, deseja passar a atender o mercado externo. Na análise do ônus tributário da nova vertente do negócio, os diretores da companhia indagam-no para saber se estão sujeitos ao recolhimento do IPI sobre essas vendas. Qual seu parecer?

Gabarito:

De acordo com o art. 150, § 153, § 3º, III, não há incidência de IPI sobre produtos industrializados destinados ao exterior.

(OAB/SP – 2002.1 – 2ª fase) Determinada sociedade de economia mista, instituída pelo Município de Cotia para a comercialização de alimentos, indaga-o a respeito da necessidade de oferecer à tributação o lucro auferido em sua atividade, por entender que é vedado à União Federal cobrar impostos sobre as rendas municipais. Formule e motive seu parecer.

Gabarito:

A imunidade recíproca conferida aos entes federativos aplica-se apenas às fundações e autarquias por eles mantidos, por força do art. 150, § 2º, da Constituição Federal. Além disso, às sociedades de economia mista que exercem atividade econômica aplica-se o regime tributário das pessoas jurídicas de direito privado (CF, art. 173, § 1º, II, e § 2º).

(OAB/SP – 1999.2 – 2ª fase) A Fundação Rouxinol, instituição educacional e de assistência social, sem fins lucrativos, deseja aumentar o nível de atendimento sem, no entanto, contratar novos empregados. A fim de aumentar a produtividade, a fundação pretende efetuar o pagamento de participação nos resultados aos seus empregados. O conselho deliberativo da fundação questiona-o sobre se essa estratégia pode comprometer a imunidade tributária de que desfruta. Qual o seu parecer?

Gabarito:

O art. 150, VI, c, da Constituição Federal prevê que as entidades de educação e assistência social sem fins lucrativos estão imunes ao pagamento de impostos sobre o patrimônio, renda e serviços, desde que atendidos os requisitos da lei. Segundo pacífico entendimento doutrinário e jurisprudencial, o acesso a imunidade está condicionado à observância dos requisitos do art. 14 do Código Tributário Nacional, que em seu inciso I veda a distribuição de qualquer parcela do patrimônio ou da renda a título de participação nos lucros ou resultados. Assim é desaconselhável a estratégia.

(OAB/SP – 1998.3 – 2ª fase) A OAB goza de imunidade tributária em relação aos seus bens, rendas e serviços? Justifique.

Gabarito:

A OAB é entidade autárquica federal, gozando, portanto, de imunidade, nos termos do art. 150, § 2º da CF.

[Comentário: atualmente, o STF entende que a OAB é prestadora independente de serviço público, de natureza *sui generis*, não se equiparando a autarquias ou aos demais órgãos de representação de classe. De qualquer forma, é abrangida pela imunidade recíproca – ver AI 3.026/DF e RE 233.843/MG]

(OAB/SP – 1998.1 – 2ª fase) Empresa sua cliente, prestadora de serviços, informa que o Município onde ela está sediada nunca instituiu o ISS (imposto sobre serviços de qualquer natureza). No entanto, o Estado resolveu suprir essa omissão cobrando o referido tributo. Qual a orientação ?

Gabarito:

Diria para não recolher o imposto, pois o não exercício da competência tributária não possibilita o seu exercício à pessoa jurídica de direito público diversa daquela a que a Constituição a tenha atribuído.

3. PRINCÍPIOS

(OAB/SP – 2003.3 – 2ª fase) O Poder Legislativo paulista, por meio de lei ordinária, instituiu alíquota do ICMS em 18%, facultando ao Executivo fixá-la em até dois pontos percentuais a maior, por determinado prazo. Aprecie a matéria sob o prisma da Lei maior.

Gabarito:

A questão deve ser considerada com invocação do artigo 150, I da C.F. sendo inconstitucional a pretensão em face do princípio da estrita legalidade da tributação. Ainda, a inconstitucionalidade se manifesta em razão da indevida delegação de poderes ao Executivo.

(OAB/SP – 2002.1 – 2ª fase) A aplicação de sanção tributária deve respeitar os princípios da legalidade, irretroatividade, vedação do confisco, capacidade contributiva, tipicidade, segurança jurídica e anterioridade? Deduza sua resposta, justificando-a sobre todos os princípios enumerados.

Gabarito:

A sanção tributária deve respeitar o direito de propriedade do contribuinte, não sendo lícito a tomada de seus bens (seu papel equivale a figura do não – confisco tributário).

Ainda é de ser verificado o princípio da tipicidade nas normas sancionadoras, pois, o enquadramento do ilícito, exige a concretização de fatos descritos em lei, excluindo-se a figura da presunção.

Por outro lado, pela nítida distinção entre tributo e sanção tributária, entendemos que as normas sancionadoras tributárias não estão sujeitas aos princípios da anterioridade, não – confisco, capacidade contributiva, pois estes são princípios atinentes à instituição, regulamentação e forma de cobrança dos tributos, nada acrescendo à figura das sanções tributárias.

O princípio da segurança jurídica atinge as normas sancionadoras, assim como todas as demais normas jurídicas do ordenamento, e o princípio da irretroatividade das leis, vê-se aplicado também pelas normas sancionadoras, por ordem do Sistema Constitucional, com exceção das questões de interpretação da lei mais favorável ao infrator (retroatividade da lei benéfica).

[Comentário: o STF entende que as sanções tributárias submetem-se ao princípio do não confisco, embora admita multas em percentuais bastante altos – ver ADI 551/RJ e RE 241.074/RS]

(OAB/SP – 2002.1 – 2ª fase) No momento da elaboração da folha de pagamento do mês de janeiro de 2002, a ser paga em fevereiro, seu cliente, empregador, tem dúvidas a respeito da tabela a ser usada na retenção do Imposto de Renda dos empregados. Em 08.01.2002, foi publicada a Medida Provisória no 22, que corrigiu as faixas salariais de retenção, resultando em redução do imposto devido. Ocorre que, no entender de seu cliente, as normas relativas a impostos apenas se aplicam no exercício fiscal seguinte ao de sua edição, com o agravante de que, em se tratando de Medida Provisória, a aplicação se dá no exercício fiscal seguinte ao de sua conversão em lei. A MP 22 ainda não foi convertida em lei. Deverá seu constituinte usar a tabela instituída pela MP 22 ou a antiga? Opine e explique.

Gabarito:

O princípio da anterioridade, previsto nos arts. 150, III, b, e 62, § 2º, da Constituição Federal, apenas se aplica a casos de instituição ou majoração de tributos. Como a nova tabela resulta em redução de tributo devido, pode ser aplicada imediatamente.

(OAB/SP – 2001.2 – 2ª fase) Com base na reforma previdenciária efetuada pelo Governo Federal, e diante do Decreto do Executivo, o Ministro da Previdência Social expediu Portaria, elevando a base de cálculo das contribuições para o INSS, exigindo-a a partir do mês de dezembro de 1998, data da sua publicação no Diário Oficial da União. A empresa YYY Ltda., contribuinte da referida exação, consultou-o para saber se a noticiada exigência era devida e qual a medida judicial cabível no interesse da consulente. Qual seu aconselhamento à YYY Ltda.?

Gabarito:

Nos termos do artigo 195, parágrafo 6º da Constituição Federal, a instituição ou majoração das contribuições para a seguridade social somente poderão ser exigidas a partir de 90 (noventa) dias da publicação da lei que as instituiu ou aumentou. Sendo certo, ainda, afirmar que tal exigência desrespeita o princípio da legalidade tributária prevista no artigo 150, inciso I, da Constituição Federal, sendo que para a defesa do contribuinte poderia ser utilizada a Ação Declaratória ou o Mandado de Segurança.

4. VIGÊNCIA, APLICAÇÃO, INTERPRETAÇÃO E INTEGRAÇÃO DA LEGISLAÇÃO TRIBUTÁRIA

(OAB/SP – 2003.1 – 2ª fase) A Empresa de Metais Nordeste Ltda. realizou venda de mercadorias cuja saída do estabelecimento comercial ocorreu em 01.12.00, ocasião em que vigia a Lei n o 8.236, de 01.12.99, que previa a alíquota de 17% para o ICMS. Em 21.10.02, por ocasião de conferência dos procedimentos adotados, a Empresa constatou a falta de recolhimento do ICMS relativo àquela operação. Na data da conferência, todavia, vigorava a Lei n o 10.777, publicada em 20.12.01, que fixava a alíquota do imposto em 16%. Desejoso de regularizar a situação, antes que a fiscalização identificasse a irregularidade e lhe aplicasse penalidade onerosa, o contribuinte consultou-o(a) para saber se poderia utilizar a alíquota de ICMS de 16% para recolher o tributo, uma vez que esta legislação lhe era mais benéfica. Qual sua posição? Responda e fundamente.

Gabarito:

A Empresa, para regularizar a situação, deverá recolher o imposto calculado pela alíquota de 17%, uma vez que deve ser aplicada a lei vigente na data da ocorrência do fato gerador, em face da estrita legalidade prevista na Constituição Federal, bem como das disposições do artigo 144 do Código Tributário Nacional. Não se aplica, no caso, a retroatividade benéfica.

(OAB/SP – 2001.1 – 2ª fase) A empresa Alpha Ltda. deixou de recolher o Imposto sobre Circulação de Mercadorias e Serviços – ICMS, vencido no decorrer do exercício de 1999. No final daquele exercício, foi promulgada lei estadual reduzindo a multa por não pagamento do imposto, que era de 40%, para 20%. Nesta semana, a empresa contribuinte foi autuada pela fiscalização, em razão da referida pendência de ICMS. O valor do auto de infração considerou o montante do imposto devido, atualizado monetariamente e acrescido ainda da multa de 40% sobre o valor total. Questiona-se sobre a possibilidade de pagamento do débito com a redução da multa. Qual a sua orientação?

Gabarito:

O contribuinte tem direito ao pagamento do débito com redução da multa para 20%, tendo em vista o disposto no art. 106, III, c do Código Tributário Nacional, que determina a aplicação retroativa da lei tributária que comine penalidade menos severa que a lei vigente na época da infração.

(OAB/SP – 2000.3 – 2ª fase) Em agosto de 1998, a sociedade "Sonho Meu Comércio de Alimentos Ltda." deixou de recolher a COFINS incidente sobre seu faturamento. A falta de recolhimento deveu-se ao fato de a empresa não haver declarado à Receita Federal parcela substancial de seu faturamento, correspondente ao chamado "caixa dois". A fiscalização detectou a omissão de declaração em março de 2000, após confrontar a movimentação bancária da sociedade, procedimento este que passou a ser permitido por lei promulgada em 1999. A sociedade pergunta-lhe se é possível que a fiscalização adote, para apurar o imposto devido, procedimento administrativo que não era permitido à época da ocorrência do fato gerador.

TRIBUTÁRIA

Gabarito:

É possível, tendo em vista o art. 144, §1º, do Código Tributário Nacional, que permite a aplicação de lei posterior ao fato gerador que amplie os poderes de fiscalização das autoridades administrativas.

5. FATO GERADOR, OBRIGAÇÃO, CRÉDITO E LANÇAMENTO TRIBUTÁRIO

(OAB/SP – 2002.3 – 2ª fase) Seu cliente é proprietário de imóvel urbano localizado no Município de São Bernardo do Campo. Em 1999, construiu ali um galpão, mas apenas comunicou a Prefeitura a respeito, em 2001, embora devesse fazê-lo de imediato. Agora, recebeu notificação de lançamento do IPTU de 2000, por meio da qual a Prefeitura Municipal, revendo o lançamento anteriormente efetuado, exige a diferença correspondente à área construída do galpão. Pode a Prefeitura tomar essa atitude? Responda justificando adequadamente.

Gabarito:

Sim, a teor do art. 149, VIII, do Código Tributário Nacional, que permite a revisão de lançamento para apreciação de fato não conhecido ou não provado por ocasião do lançamento anterior, qual seja, a construção do galpão.

(OAB/SP – 2002.3 – 2ª fase) As relações jurídicas sancionadoras, instaladas pelo descumprimento de obrigação tributária ou de relação jurídica de deveres instrumentais, poderá integrar o conceito de obrigação tributária? São relações jurídico-tributárias ou não? Justifique e fundamente sua resposta.

Gabarito:

As relações jurídicas tributárias sancionatórias não integram o conceito de obrigação tributária.

As obrigações tributárias têm por objeto a imputação de direitos e deveres correspondentes aos sujeitos de uma relação jurídica tributária, logo que concretizado o evento previsto no antecedente da norma de incidência.

O objeto das relações tributárias decorre de fato lícito, já que o conceito de tributo somente comporta fatos lícitos, excluindo de seu campo os atos ilícitos (art. 3º do CTN)

Verifica-se que inexiste possibilidade para inclusão das relações sancionatórias no conceito de "obrigação tributária".

As relações sancionatórias não cabem no conceito de obrigação tributária, tendo em vista que as primeiras decorrem de fatos lícitos e, as segundas, de atos ilícitos.

[Comentário: embora o gabarito oficial baseie-se em respeitável doutrina, é inquestionável que as penalidades pecuniárias são objeto da obrigação tributária principal, nos termos do art. 113, § 1º, do CTN].

(OAB/SP – 2001.2 – 2ª fase) O contribuinte Pirro, morador em São Paulo, sofreu autuação em 15 de julho de 1995, de parte da Fazenda do Estado, pelo não pagamento do IPVA, por fato gerador ocorrido em 1º de janeiro de 1989. Pela falta do pagamento do IPVA, foi cobrado o valor originário de R$ 3.700,00 (três mil e setecentos reais) mais a multa de 20% (vinte por cento) com lastro na Lei nº 4.589, de 12/08/93, vigente à época da apuração da infração. Na data do fato gerador, vigia a Lei nº 6.538, que fixava o valor originário do IPVA em R$ 1.750,00 (um mil, setecentos e cinquenta reais) e multa de 30% (trinta por cento) sobre o valor do imposto não solvido. Perquirido por Pirro, qual seria seu parecer e sua justificação?

Gabarito:

O lançamento tributário ocorreu após o decurso do prazo para a constituição do crédito tributário previsto no artigo 173, I do C.T.N.. A medida judicial mais adequada é a propositura de ação anulatória de débito fiscal também denominada de ação anulatória de lançamento tributário, conforme artigo 38 da Lei 6.830/80 pelo fato de o lançamento ter sido efetuado de ofício. Se fosse por homolagação, então seria cabível ação declaratória. Poderá, ainda ser impetrado mandado de segurança com base na Lei 1.533/51. A competência para tais ações será do Juízo da Vara da Fazenda Pública, onde houver.

(OAB/SP – 2000.2 – 2ª fase) Em 1993, Túlio construiu uma edícula em terreno de sua propriedade e deliberadamente deixou de efetuar a averbação da construção à margem da respectiva matrícula. Tampouco requereu à Prefeitura Municipal licença para construção, nem a informou a respeito depois que a obra estava pronta. Em fevereiro de 2000, o Município, descobrindo a existência da construção, realizou o lançamento suplementar do Imposto Predial e Territorial Urbano – IPTU dos exercícios de 1994 a 1999, equivalente ao diferencial correspondente à construção clandestina. Túlio indaga-lhe se esse lançamento suplementar é lícito e qual seu fundamento. Explique.

Gabarito:

O lançamento suplementar é possível em sede de revisão de lançamento, com fundamento no art. 149, VIII, do Código Tributário Nacional. Todavia, deverá se limitar àqueles exercícios em relação aos quais ainda não se operou a decadência, isto é, aos exercícios de 1995 em diante.

(OAB/SP – 1998.3 – 2ª fase) O constituinte pergunta-lhe se o lançamento espontâneo do ICMS é efetuado, por declaração, homologação, de ofício ou por arbitramento. Qual a resposta pertinente?

Gabarito:

Responderia que o lançamento espontâneo do ICMS é efetuado por homologação.

(OAB/SP – 1998.3 – 2ª fase) Cliente que atua no ramo farmacêutico, e que está isento do recolhimento do Imposto sobre a Circulação de Mercadorias e Sobre Prestações de Serviços de Transporte Interestadual e Intermunicipal (ICMS), por força de Lei, consulta com a finalidade de saber se continua obrigado pela escrituração e manutenção dos livros contábeis, bem como pela emissão de notas fiscais. Qual a orientação a ser prestada?

Gabarito:

Não obstante ser inexigível o ICMS, por força da isenção, a empresa isenta continua obrigada pela emissão de notas fiscais, bem como pela escrituração e manutenção dos livros contábeis, conforme dispõe os artigos 194 e 195 do CTN. A isenção se refere, tão somente à obrigação tributária e não aos deveres instrumentais. Desta forma, como advogado, orientaria o consulente a proceder a escrituração e manutenção dos livros contábeis, bem como a emissão de notas fiscais.

(OAB/SP – 1998.2 – 2ª fase) Um comerciante de artigos de procedência estrangeira, seu cliente, assoberbado com o excesso de trabalho no mês de março, esqueceu-se de escriturar no livro próprio a entrada de mercadorias importadas, conforme determina a legislação, embora tenha pago os respectivos impostos. Ele o consulta perguntando se, pela falta de escrituração, o Fisco poderá multá-lo. Justifique.

Gabarito:

Sim, poderá multá-lo, pois, na consideração da falta, não se leva em conta a intenção nem o fato de haverem sido pagos os impostos, conforme artigos 136 e 157 do CTN.

TRIBUTÁRIA

(OAB/SP – 1998.1 – 2ª fase) A Empresa XTZ, cliente de sua assessoria jurídica, comunica ter sido tributada sobre um ato jurídico nulo. Qual o aconselhamento ?

Gabarito:

Nada obsta a cobrança, o que interessa para o Direito Tributário é a ocorrência ou não da hipótese de incidência, sendo irrelevante a validade jurídica dos atos efetivamente praticados.

6. SUJEIÇÃO PASSIVA

(OAB/SP – 2003.3 – 2ª fase) Certa empresa adquire imóvel industrial em hasta pública realizada em 2002. Após referida aquisição, é notificada sobre a existência de débito tributário relativo ao bem arrematado, cujo fato gerador ocorreu em data anterior à da hasta pública. Desse modo, está sendo responsabilizada como sucessora. Como advogado da arrematante, quais as possibilidades jurídicas a serem consideradas?

Gabarito:

A empresa não poderá ser responsabilizada pelo débito tributário já existente, em virtude do parágrafo único do artigo 130 do CTN: "No caso de arrematação em hasta pública, a sub-rogação ocorre sobre o respectivo preço".

(OAB/SP – 2003.2 – 2ª fase) Por força da regra do art. 138 do CTN, a denúncia espontânea elide a exigência de multa de mora? Atraso no pagamento de tributo (mora) pode ser considerado como infração tributária. Motive as respostas.

Gabarito:

A ocorrência da denúncia espontânea, prevista no art. 138 do CTN, tem o condão de elidir a exigência da multa de mora. Para a concretização desta figura, faz-se necessária a concorrência de dois pressupostos, quais sejam, a autodenúncia (confissão do ilícito) do infrator antes de qualquer procedimento fiscal, somando ao pagamento do tributo devido com acréscimo de juros e correção monetária.

(OAB/SP – 2003.2 – 2ª fase) Júlio e Bernardo são coproprietários de imóvel e, nessa qualidade, solidariamente responsáveis pelo pagamento do Imposto Predial e Territorial Urbano – IPTU. Neste ano, Júlio completa 65 anos de idade e, em razão de disposição expressa na lei municipal, passa a gozar de isenção para todos os imóveis de que for proprietário. Bernardo está também exonerado do pagamento do imposto, relativamente ao imóvel comum? Justifique.

GABARITO:

Não, segundo o art. 125, II, do Código Tributário Nacional, a isenção concedida em caráter pessoal beneficia apenas Júlio. Bernardo continuaria devendo o tributo, proporcionalmente.

(OAB/SP – 2003.1 – 2ª fase) Roberto de Carvalho adquiriu, em 18.08.94, bem imóvel de Mario de Assis. A escritura pública foi celebrada na mesma data, registrando-se que o imóvel estava sendo alienado livre e desembaraçado de quaisquer ônus reais, e acordado expressamente que os débitos tributários existentes até a data da celebração da escritura seriam de responsabilidade do vendedor. Três anos depois Roberto de Carvalho foi notificado sobre a existência de débito tributário cujo fato gerador teria ocorrido em 01.01.1993, portanto, em data anterior à celebração da escritura de compra e venda. Procurado por Roberto de Carvalho, qual seu parecer?

Gabarito:

Roberto de Carvalho é o responsável tributário porque a obrigação subroga-se na pessoa do adquirente, quando se trata de crédito tributário relativo a impostos cujo fato gerador seja a propriedade, o domínio útil ou a posse de bens imóveis, levando em conta que não constou da escritura pública a prova da quitação dos tributos. O fato da escritura prever expressamente que a responsabilidade dos débitos existentes até a data da celebração da escritura fosse do vendedor, não pode ser oposto à Fazenda Pública para modificar a definição legal do sujeito passivo da obrigação tributária, conforme preceituam os artigos 123 e 130 do Código Tributário Nacional.

(OAB/SP – 2002.1 – 2ª fase) A "substituição tributária " prevista no artigo 128 do Código Tributário Nacional implica solidariedade entre substituto e substituído? Desenvolva sinteticamente o tema.

Gabarito:

A substituição tributária é um tipo de responsabilidade tributária, em que o dever de reter o tributo é atribuído a terceira pessoa, relacionada indiretamente com o fato jurídico tributário. O substituto tributário faz às vezes do contribuinte quando do pagamento do tributo, sendo responsável exclusivo pelo referido encargo.

Na substituição tributária não existe solidariedade, pois a solidariedade expressa relação entre pessoas que compõe conjuntamente o polo passivo da obrigação tributária, o que não acontece com relação ao substituto tributário.

(OAB/SP – 2001.1 – 2ª fase) Seu cliente, ao consultá-lo, pergunta se o espólio responde por todos os débitos tributários, mesmo os desconhecidos à data da abertura da sucessão. Como advogado(a) qual seria sua orientação?

Gabarito:

Sim. O espólio responde por todos os débitos tributários do "de cujus", sejam eles conhecidos, em via de serem lançados, e também, pelos débitos desconhecidos à data de abertura da sucessão. (art. 131, inc. III do CTN).

(OAB/SP – 2000.1 – 2ª fase) Em 1998, Lúcio adquiriu de Caio um imóvel, sobre o qual pendia débito do Imposto Predial e Territorial Urbano – IPTU, relativo ao exercício de 1996. No contrato de compra e venda, Caio comprometeu-se a quitar esse débito, exonerando Lúcio de qualquer responsabilidade perante o Fisco Municipal. Tendo recebido, recentemente, uma notificação de cobrança do tributo, Lúcio perquire se há possibilidade de transferir a Caio o ônus do seu pagamento e, em caso afirmativo, como proceder.

Gabarito:

As convenções entre particulares não são oponíveis ao Fisco, conforme o disposto no art. 123 do Código Tributário Nacional. Lúcio, portanto, na qualidade de atual proprietário, responde pelo débito perante o Município, a teor dos arts. 130 e 131, I , do mesmo código. No entanto, poderá cobrar o valor de Caio por via regressiva, mediante ação própria de caráter condenatório.

(OAB/SP – 1999.3 – 2ª fase) Determinada empresa afirma que o contador encarregado de sua escrituração, recebeu dinheiro para efetuar o pagamento de tributo devido à Fazenda Nacional, mas perdeu o prazo para fazê-lo. Pergunta quem será responsabilizado por essa infração fiscal.

Como advogado qual seria a sua orientação?

Gabarito:

A empresa referida é totalmente responsável pela infração fiscal e não o contador (art. 136 do CTN). O contador, no entanto, poderá ser civilmente responsabilizado por sua negligência, por haver descumprido sua obrigação contratual perante a empresa.

(OAB/SP – 1999.3 – 2ª fase) Um cliente em consulta, expõe o seguinte caso : "A", quando faleceu, devia à Fazenda Pública Municipal a quantia de R$ 10.000,00, referente a tributos. Concluída a partilha, a meação da viúva atingiu o montante de R$ 400.000,00. Uma filha maior e um filho menor, na qualidade de herdeiros, receberam seus quinhões, no montante de R$ 200.000,00 cada. Indaga, a final, se o filho menor também responde pelo crédito tributário do falecido.

Gabarito:

Sim, o filho menor responde pelo crédito tributário do "de cujus" até o limite de seu quinhão (R$ 200.000,00), conforme os artigos 126, I e 136, II do CTN.

(OAB/SP – 1999.2 – 2ª fase) Cassiodoro informa que, sendo comerciante falido, decidiu trabalhar como autônomo, prestando serviços remunerados a terceiros. Indaga se estará sujeito ao pagamento de Imposto Sobre Serviços de Qualquer Natureza (ISS), calculado sobre os pagamentos que receber por sua atividade.

Como advogado, preste-lhe orientação.

Gabarito:

Sim. O artigo 126, inciso II, do CTN, dispõe que a capacidade tributária passiva da pessoa natural não será afetada se estiver sujeita a medidas que importe privação ou limitação do exercício de atividades civis, comerciais ou profissionais. A situação de falido, restritiva de suas atividades comerciais, em nada afeta a capacidade tributária passiva do contribuinte.

(OAB/SP – 1998.3 – 2ª fase) Pompílio, proprietário do veículo marca BMW - Modelo M3, do ano de 1995, ao tentar licenciar seu veículo em 1997, constatou a existência de débito para com o Fisco Estadual, referente ao IPVA, exercício de 1996, no valor de R$ 2.000,00. No entanto, há que se ressaltar o fato de Pompílio ter adquirido o indigitado automóvel em dezembro de 1996, data em que o IPVA cobrado já deveria ter sido recolhido pelo proprietário do veículo em 1o. de janeiro de 1996 (antigo proprietário) sujeito passivo direto deste tributo. Diante dessa situação, está Pompílio obrigado ao recolhimento do IPVA/96, cujo contribuinte é o antigo proprietário? Na hipótese de uma resposta afirmativa, poderá a Fazenda Estadual executá-lo objetivando a cobrança deste tributo? Se a resposta for afirmativa como poderá Pompílio agir?

Gabarito:

Segundo dispõe o artigo 131, inciso I do Código Tributário Nacional, bem como o artigo 4o. da Lei nº 6.606/89, seu cliente será solidariamente responsável pelo recolhimento do tributo mencionado, podendo inclusive ser executado pela Fazenda Estadual, não restando outra alternativa se não de efetuar o pagamento e pleitear a posterior restituição em face do contribuinte - antigo proprietário.

(OAB/SP – 1998.2 – 2ª fase) "A", quando faleceu, devia à Fazenda Pública Municipal a quantia de R$ 10.000,00, referente a tributos. Concluída a partilha, a meação da viúva atingiu o montante de R$ 400.000,00. Uma filha maior e um filho menor, na s qualidade de herdeiros, receberam seus quinhões no montante de R$ 200.000,00 cada. O filho menor também responde pelo crédito tributário do falecido? Justifique.

Gabarito:

Sim, o filho menor responde até o limite de seu quinhão (R$ 200.000,00), conforme artigos 126; I e 136, II: do CTN.

(OAB/SP – 1998.1 – 2ª fase) O cliente de sua banca advocatícia informa que sua empresa não registrou contrato social e nem possui alvará de funcionamento. Colocado isto, pergunta se mesmo assim passa a ter capacidade tributária. Qual a resposta pertinente ?

Gabarito:

Sim. Como dispõe o artigo 126 do CTN, a capacidade tributária passiva independe de estar a pessoa jurídica regularmente constituída, bastando que se configure como uma unidade econômica ou profissional.

7. SUSPENSÃO, EXTINÇÃO E EXCLUSÃO DO CRÉDITO TRIBUTÁRIO

(OAB/SP – 2003.3 – 2ª fase) Sócio de empresa comercial procura-o, indagando se os valores pagos a maior a título de ICMS, destacados em suas notas fiscais e julgados inconstitucionais pelo Supremo Tribunal Federal, podem ser objeto de compensação e, eventualmente, o crédito ser lançado para compensação. Opine considerando as possíveis consequências da conclusão adotada.

Gabarito:

Art. 166 do CTN. Só poderá haver restituição de tributos que comportem transferência do encargo fiscal para terceiro se o contribuinte de direito provar: a) ter assumido o ônus não repassando o tributo ou; b) estar expressamente autorizado pelo contribuinte de fato a recebê-los.

(OAB/SP – 2003.3 – 2ª fase) Prefeitura interiorana isenta, por prazo indeterminado, o IPTU de alguns imóveis em virtude da precária condição de moradia do local. Alguns meses após a publicação da lei de isenção, ocorre a publicação de nova lei, instituindo contribuição de melhoria em virtude de asfaltamento das ruas onde estão localizados os ditos imóveis. O proprietário de imóvel beneficiado pela isenção do IPTU pede a sua opinião sobre a instituição da contribuição de melhoria. Qual a sua posição? Responda e fundamente.

Gabarito:

Pode haver a cobrança da contribuição de melhoria em questão, como dispõe o artigo 177 do CTN: "Salvo disposição de lei em contrário, a isenção não é extensiva: I – às taxas e às contribuições de melhoria; (....)".

(OAB/SP – 2002.3 – 2ª fase) Determinada Prefeitura concedeu, às empresas localizadas em certa área, isenção do Imposto Predial e Territorial Urbano – IPTU, pelo prazo de 5 (cinco) anos, desde que contratassem menores aprendizes oferecidos pelo serviço social municipal. Passados dois anos, a Prefeitura se arrependeu do benefício e encaminhou à Câmara Municipal lei revogando a isenção. Se essa lei for aprovada, revogando a isenção, poderá ser questionada? Motive seu posicionamento.

Gabarito:

Sim, poderá ser questionada com fundamento no art. 178 do Código Tributário Nacional, que dispõe sobre as isenções condicionadas e concedidas a prazo certo.

(OAB/SP – 2002.2 – 2ª fase) Certo Município exige dos proprietários de imóveis urbanos localizados em seu território o pagamento de Taxa de Limpeza e Conservação. Seu cliente, sujeito passivo dessa taxa, deseja questioná-la judicialmente, pois entende ser ela inconstitucional. Contudo, tem um problema prático, pois a taxa é lançada conjuntamente com o IPTU, sendo ambos os tributos objeto da mesma notificação e do mesmo boleto de pagamento. Nenhum agente arrecadador, por sua vez, está autorizado a receber parcialmente os tributos lançados. Qual o meio cabível para solver o IPTU, enquanto questiona judicialmente a Taxa de Limpeza e Conservação? Explicite e fundamente.

Gabarito:

Como o IPTU não é questionado, não pode ser objeto de depósito judicial para fins de suspender a sua exigibilidade. Trata-se, na verdade, da hipótese da subordinação do pagamento de um tributo (IPTU) à quitação de outro (Taxa de Limpeza e Conservação), o que viabiliza a consignação judicial do IPTU nos termos do art. 164, I, do Código Tributário Nacional.

Alternativamente ação visando o reconhecimento da inconstitucionalidade da taxa e pedido cautelar (medida liminar ou tutela antecipada) para possibilitar o pagamento do IPTU devido.

(OAB/SP – 2001.3 – 2ª fase) Uma determinada empresa impetra mandado de segurança e obtém a concessão de medida liminar em conformidade com o pedido formulado. Durante o período de vigência da liminar, a referida empresa é fiscalizada por autoridade competente, que constata não estarem sendo cumpridas as obrigações acessórias atinentes à obrigação principal objeto da citada liminar. Assim, decide a autoridade autuar a empresa por descumprimento das obrigações acessórias. Comentar a situação.

Gabarito:

A autuação é procedente em virtude do parágrafo único do artigo 151 do CTN. A suspensão da exigibilidade do crédito tributário não dispensa o cumprimento das obrigações acessórias dependentes da obrigação principal cujo crédito esteja suspenso.

(OAB/SP – 2001.2 – 2ª fase) O contribuinte Pirro, morador em São Paulo, sofreu autuação em 15 de julho de 1995, de parte da Fazenda do Estado, pelo não pagamento do IPVA, por fato gerador ocorrido em 1º de janeiro de 1989. Pela falta do pagamento do IPVA, foi cobrado o valor originário de R$ 3.700,00 (três mil e setecentos reais) mais a multa de 20% (vinte por cento) com lastro na Lei nº 4.589, de 12/08/93, vigente à época da apuração da infração. Na data do fato gerador, vigia a Lei nº 6.538, que fixava o valor originário do IPVA em R$ 1.750,00 (um mil, setecentos e cinquenta reais) e multa de 30% (trinta por cento) sobre o valor do imposto não solvido. Perquirido por Pirro, qual seria seu parecer e sua justificação?

Gabarito:

O lançamento tributário ocorreu após o decurso do prazo para a constituição do crédito tributário previsto no artigo 173, I do C.T.N.. A medida judicial mais adequada é a propositura de ação anulatória de débito fiscal também denominada de ação anulatória de lançamento tributário, conforme artigo 38 da Lei 6.830/80 pelo fato de o lançamento ter sido efetuado de ofício. Se fosse por homolagação, então seria cabível ação declaratória. Poderá, ainda ser impetrado mandado de segurança com base na Lei 1.533/51. A competência para tais ações será do Juízo da Vara da Fazenda Pública, onde houver.

(OAB/SP – 2000.2 – 2ª fase) Uma empresa consulta-o indagando do prazo para a consumação da prescrição dos tributos Estaduais. Como advogado(a), qual é sua orientação?

Gabarito:

O prazo prescricional está previsto no artigo 174 do CTN que dispõe:

A ação para cobrança do crédito tributário prescreve em cinco anos, contados da data da sua constituição definitiva

Assim, depois de completado o lançamento, tem o Estado o prazo de cinco anos para impetrar a ação assecuratória do crédito tributário. Findo esse prazo, ocorre a extinção do crédito mediante a prescrição.

(OAB/SP – 2000.1 – 2ª fase) Um constituinte indaga se o Instituto da isenção é aplicável a todos os tributos, indistintamente.

Gabarito:

Não, segundo estabelece o CTN, em seu artigo 177 a isenção não é extensiva: às taxas, às contribuições de melhoria e aos tributos instituídos posteriormente a sua concessão.

(OAB/SP – 2000.2 – 2ª fase) Uma empresa consulta-o indagando do prazo para a consumação da prescrição dos tributos Estaduais. Como advogado(a), qual é sua orientação?

Gabarito:

O prazo prescricional está previsto no artigo 174 do CTN que dispõe:

A ação para cobrança do crédito tributário prescreve em cinco anos, contados da data da sua constituição definitiva

Assim, depois de completado o lançamento, tem o Estado o prazo de cinco anos para impetrar a ação assecuratória do crédito tributário. Findo esse prazo, ocorre a extinção do crédito mediante a prescrição.

(OAB/SP – 1999.1 – 2ª fase) Diante de uma execução fiscal aforada pela Fazenda Pública Federal, o Executado indaga-lhe sobre a contagem do prazo prescricional. Deduza e justifique a resposta.

Gabarito:

Como determinado no artigo 174 do CTN, o prazo será de 5 (cinco) anos e começa a ser contado da data de sua constituição definitiva, levando-se em consideração a ausência de causas suspensivas ou interruptivas.

(OAB/SP – 1999.1 – 2ª fase) WWW Ltda., por seu representante legal, procurou-o(a) para solucionar o seguinte problema: Em data de 17 de novembro de 1997, protocolizou consulta, por escrito, junto à Delegacia da Receita Federal, sustentando o entendimento de que o produto de sua fabricação era isento de IPI (Imposto Sobre Produtos Industrializados). Em 10 de janeiro de 1999, o contribuinte foi notificado pela Receita Federal, no sentido de que o referido produto não se encontrava abrigado pelo instituto da isenção. Em 24 de janeiro de 1999, foi lavrado auto de infração e imposição de multa, exigindo do contribuinte o valor principal acrescido de juros moratórios e multas pela falta de recolhimento do referido imposto relativo ao período de dezembro de 1997 a dezembro de 1998. Expresse e justifique sua orientação quanto ao caso.

Gabarito:

Nos termos do parágrafo 2º do artigo 161 do Código Tributário Nacional, o contribuinte deverá pagar o valor do crédito tributário sem os acréscimos, tais como juros e multas desde que o faça no prazo de 30 (trinta) dias, após ser notificado, segundo o disposto no artigo 160 do CTN.

(OAB/SP – 1999.1 – 2ª fase) Diante de uma execução fiscal aforada pela Fazenda Pública Federal, o Executado indaga-lhe sobre a contagem do prazo prescricional. Deduza e justifique a resposta.

Gabarito:

Como determinado no artigo 174 do CTN, o prazo será de 5 (cinco) anos e começa a ser contado da data de sua constituição definitiva, levando-se em consideração a ausência de causas suspensivas ou interruptivas.

TRIBUTÁRIA

8. IMPOSTOS EM ESPÉCIE

(OAB/SP – 2003.2 – 2ª fase) Sérgio faleceu em São Paulo, cidade onde era domiciliado, mas deixou a seus herdeiros uma fazenda situada em Goiás. O inventário de Sérgio tramita perante vara competente central de São Paulo. Qual Estado da federação será competente para cobrar o imposto sobre transmissão *causa mortis*, relativamente à fazenda? Desenvolva.

Gabarito:

Goiás, por ser o local da situação do imóvel, conforme o art. 155, § 1º, I, da Constituição Federal.

(OAB/SP – 2002.2 – 2ª fase) A Creche Bom Jesus de Pirapora, entidade filantrópica, visando obter recursos para sua manutenção, resolve vender à população local produtos por ela manipulados. O Estado exige-lhe o recolhimento do ICMS em razão do exercício de tal atividade, a ser calculado sobre o montante das operações. Ofereça parecer sobre a questão, arrolando sua razões.

Gabarito:

A Creche é entidade de assistência social, sem fins lucrativos (entidade filantrópica), estando portanto imune de impostos, nos termos do art. 150, VI, "c" da C.Federal. Ademais a receita da venda dos produtos por ela manipulados é destinada à consecução de sua finalidade social, desprovida de qualquer interesse lucrativo. Considere ainda a jurisprudência e doutrina favoráveis à interpretação ampla das regras de imunidade.

[Comentário: muitas vezes o STF interpreta restritivamente as imunidades, como no caso daquela relativa a livros e periódicos]

(OAB/SP – 2001.3 – 2ª fase) Caio, sócio da empresa RLBO Comércio de Parafusos Ltda., pretende transferir seu imóvel para a sociedade, mediante a integralização de aumento de capital social no mesmo valor. Preocupado com o custo tributário da operação, Caio o questiona se deverá efetuar o recolhimento do Imposto de Transmissão de Bens Imóveis. Deduza sua orientação.

Gabarito:

Não há incidência do imposto, tendo em vista o disposto no art. 36, I do Código Tributário Nacional e art. 156, §2º, I da Constituição Federal.

(OAB/SP – 2001.2 – 2ª fase) A Indústria Estrela do Norte Ltda. possui dois estabelecimentos situados no Município de São Paulo - SP: a matriz, em que se desenvolve a atividade produtiva, e a filial, em que se desenvolve o comércio. Para acomodar divergências entre os sócios, decidiu-se pela cisão da sociedade, com a criação de uma nova pessoa jurídica, a Cruzeiro do Sul Indústria e Comércio Ltda., cujo capital social seria integralizado com os ativos constantes do estabelecimento filial. Antes da formalização da cisão, transferiu-se para a filial todo o estoque de produtos, que estava no estabelecimento matriz, sem recolhimento de ICMS. Após a cisão, a fiscalização estadual lavrou auto de infração e imposição de multa contra a Estrela do Norte Ltda., exigindo o recolhimento do imposto sobre a mencionada transferência do estoque. Os sócios da Estrela do Norte Ltda. consultam-no para saber se é devido o imposto e se a operação, da forma como foi organizada, caracteriza fraude fiscal. Qual seu aconselhamento?

Gabarito:

Não é devido o imposto. De acordo com a Súmula nº 166 do Superior Tribunal de Justiça, não incide ICMS no simples deslocamento de mercadoria de um para outro estabelecimento da mesma pessoa jurídica, tendo em vista que a circulação de mercadorias, que enseja a cobrança do imposto, pressupõe a transferência da titularidade do bem. No mais, a operação levada a efeito constitui legítimo planejamento tributário, à medida que se evitou a incidência do imposto antes da ocorrência do fato gerador.

9. DIREITOS DOS CONTRIBUINTES

(OAB/SP – 1999.1 – 2ª fase) ZZZ Ltda., pessoa jurídica, em 30 de dezembro de 1998, teve sua mercadoria apreendida por Agentes Fiscais do Estado de São Paulo, sob alegação de que o imposto destacado nas notas fiscais era inferior ao devido. Após a lavratura do AIIM, o contribuinte pediu a liberação das mercadorias, sendo certo que a fiscalização condicionou tal liberação ao pagamento dos tributos. Informe à Empresa ZZZ Ltda. a respeito da questão e aponte o meio legal à sua solução.

Gabarito:

O ato praticado pelos agentes fiscais, feriu o princípio constitucional da vedação do tributo como forma de confisco, segundo reza o artigo 150, inciso IV da Constituição Federal. A medida judicial mais apropriada, será a impetração de um mandado de segurança, com fulcro na Lei 1.533/51, contra o ato praticado pelo Senhor Delegado Regional Tributário, considerando, evidentemente, a urgência da deliberação de mercadorias.

[Comentário: atualmente o MS é regulado pela Lei 12.016/2009 – ver também a Súmula 323/STF].

10. AÇÕES TRIBUTÁRIAS

(OAB/SP – 2002.2 – 2ª fase) Certo Município exige dos proprietários de imóveis urbanos localizados em seu território o pagamento de Taxa de Limpeza e Conservação. Seu cliente, sujeito passivo dessa taxa, deseja questioná-la judicialmente, pois entende ser ela inconstitucional. Contudo, tem um problema prático, pois a taxa é lançada conjuntamente com o IPTU, sendo ambos os tributos objeto da mesma notificação e do mesmo boleto de pagamento. Nenhum agente arrecadador, por sua vez, está autorizado a receber parcialmente os tributos lançados. Qual o meio cabível para solver o IPTU, enquanto questiona judicialmente a Taxa de Limpeza e Conservação? Explicite e fundamente.

Gabarito:

Como o IPTU não é questionado, não pode ser objeto de depósito judicial para fins de suspender a sua exigibilidade. Trata-se, na verdade, da hipótese da subordinação do pagamento de um tributo (IPTU) à quitação de outro (Taxa de Limpeza e Conservação), o que viabiliza a consignação judicial do IPTU nos termos do art. 164, I, do Código Tributário Nacional.

Alternativamente ação visando o reconhecimento da inconstitucionalidade da taxa e pedido cautelar (medida liminar ou tutela antecipada) para possibilitar o pagamento do IPTU devido.

(OAB/SP – 2001.1 – 2ª fase) A sociedade "Cibus Ciborum Comércio de Alimentos Ltda." recebeu mandado de citação para pagamento ou nomeação de bens à penhora em execução fiscal, há menos de cinco dias. Como tem bom relacionamento com o banco onde possui conta corrente, acredita ser vantajoso oferecer carta de fiança bancária como garantia da execução. A sociedade executada indaga-lhe se é possível o oferecimento de carta de fiança bancária e, em caso afirmativo, se tem o direito de fazê-lo mesmo que tenha saldo livre em conta corrente para prestar garantia em dinheiro. Qual sua resposta?

Gabarito:

A carta de fiança pode ser oferecida como garantia do juízo em execução fiscal e produz os mesmos efeitos do depósito em dinheiro, salvo no que diz respeito à responsabilidade pela atualização monetária e pelos juros moratórios, que continuam fluindo (Lei nº 6.830/80, art. 9º, §§ 3º e 4º).

[Comentário: é importante destacar que a que simples apresentação de fiança bancária no bojo da execução fiscal não suspende a exigibilidade do crédito tributário e, portanto, não dá ensejo à certidão positiva com efeito de negativa – ver REsp 1.156.668/DF repetitivo].

(OAB/SP – 1999.1 – 2ª fase) A Prefeitura do Município de Acarajé, por uma de suas autarquias, prestou serviços à empresa XYZ Ltda., mediante celebração de contrato formalizado por escrito. Diante da falta de pagamento por parte da empresa, a Municipalidade consultou-o(a) sobre qual a medida judicial pertinente à cobrança das importâncias devidas. Indique e fundamente a sua sugestão.

Gabarito:

Consoante regras dos artigos 1º e 2º da Lei 6.830/80, uma vez inscrito o valor na dívida ativa, a medida judicial cabível será a Execução Fiscal.

PEÇAS EXTRAS OAB-SP

1. DEFINIÇÃO DE TRIBUTO E ESPÉCIES TRIBUTÁRIAS

(OAB/SP – 2000.2 – 2ª fase) A União Federal, por intermédio do Departamento de Polícia Federal, órgão vinculado ao Ministério da Justiça, passou a exigir dos transportadores de produtos por via marítima uma taxa, em virtude do exercício do poder de polícia consistente na fiscalização de embarcações para evitar a entrada irregular de estrangeiros no território nacional. A taxa é cobrada a uma alíquota de 0,25% do valor FOB da totalidade das mercadorias transportadas pelo navio. O navio "Aracati", a serviço da empresa "Lice – Linhas Cearenses de Navegação S.A.", com sede na cidade de Fortaleza, transportando bens alimentícios perecíveis no valor de R$ 1.000.000,00 (um milhão de reais), encontra-se atualmente ao largo do porto de Santos, impedido de atracar porque a empresa recusa-se a pagar esse tributo.

Como advogado(a) da empresa, proponha a medida judicial hábil a permitir o desembarque da mercadoria sem o pagamento do tributo.

Gabarito:

Mandado de segurança, com pedido de liminar, contra ato do Delegado da Polícia Federal em Santos, na qualidade de autoridade responsável pela exigência indevida, perante uma das Varas da Justiça Federal da Subseção Judiciária de Santos.

Admite-se também a propositura de ação ordinária, com o pedido de declaração da inexistência de relação jurídico-tributária que obrigue a empresa a pagar o tributo. Nesta hipótese, a ação deverá ser dirigida contra a União Federal, de acordo com os critérios de competência do art. 109, §2º, da Constituição Federal (seção judiciária do Distrito Federal, subseção judiciária de Santos ou subseção judiciária de Fortaleza).

No mérito, o candidato deverá sustentar que a base de cálculo da taxa é idêntica à do Imposto de Importação (II), conforme definido pelo art. 2º, II, do Código Tributário Nacional, incidindo portanto a vedação do art. 145, §2º, da Constituição Federal. Poderá, ainda, apontar a falta de correlação lógica entre a atividade de polícia e o valor da taxa, o que pode comprometer o requisito de referibilidade do tributo. Não poderá, contudo, discutir a legalidade do procedimento de polícia, já que amparado pelos arts. 22 e segs. da Lei nº 6.815/80 (Estatuto do Estrangeiro) e pela definição do art. 78, parágrafo único, do Código Tributário Nacional.

O candidato deverá ainda requerer a concessão de liminar, invocando o *periculum in mora* consistente no perecimento dos alimentos transportados. Se optar por ação ordinária, o pedido será de antecipação de tutela, conforme os requisitos do art. 273 do Código de Processo Civil.

(OAB/SP – 2000.1 – 2ª fase) No exercício de 1996, a Prefeitura do Município de São José da Serra realizou obras de pavimentação asfáltica na zona norte da cidade. Naquela oportunidade, os moradores da região receberam um comunicado da Secretaria Municipal de Transportes e Vias Públicas, do qual constava apenas o período da consecução das obras e as consequentes mudanças no tráfego daquela área. Sem outras formalidades ou previdências preliminares, as obras foram iniciadas no prazo previsto. A Fazenda Municipal está, agora, efetuando a cobrança, pela via executiva, da contribuição de melhoria que foi instituída pela Lei Municipal nº 12, de 29 de dezembro de 1995, com a finalidade de custear a indigitada obra. De acordo com esse diploma, o valor da contribuição corresponderia ao custo total da obra dividido pelo número de imóveis beneficiados. Caio é proprietário de um imóvel nessa região, cujo valor venal passou de R$ 10.000,00 (dez mil reais) para R$ 12.000,00 (doze mil reais) em razão da pavimentação, e está sendo executado judicialmente para pagamento do montante equivalente a R$ 6.000,00 (seis mil reais), a título de contribuição de melhoria.

Na qualidade de advogado de Caio, exercite a providência judicial necessária para afastar a cobrança, considerando-se que já houve citação no bojo da execução fiscal e que o executado foi intimado da penhora que recaiu sobre o próprio imóvel há 15 (quinze) dias.

Gabarito:

O examinando deverá apresentar Embargos à Execução, sustentando o vício formal da cobrança, posto que não foi observado o procedimento previsto no art. 82 do Código Tributário Nacional. Deverá argumentar ainda que o art. 145, III combinado com o art. 81 do Código Tributário Nacional impedem a cobrança de contribuição de melhoria em razão de obra pública em montante superior ao da valorização do imóvel.

(OAB/SP – 2000.1 – 2ª fase) Em 18.11.99, foi publicada a Lei 7.555, de 16.11.99, que instituiu a Taxa de Segurança Pública no Estado de São Paulo, no valor fixo de R$ 2,50 (dois reais e cinquenta centavos), devida por telefone, cobrada do usuário da respectiva linha. Referida exação passou a ser exigida a partir do mês de janeiro de 2.000, mediante a inclusão do seu valor nas faturas mensais, relativas às despesas com a utilização da linha, emitidas pela XYZ telefônica de São Paulo Ltda., com vencimento em todo dia 15 do mês subsequente ao de referência.

ABC Ltda., detentora do direito de uso de 50 linhas telefônicas no Estado de São Paulo, não concordando com referida cobrança, procurou-o(a) buscando o meio judicial para impedir a referida cobrança. Como advogado(a) de ABC Ltda., utilize a medida judicial apropriada para defender os interesses da sua cliente.

Gabarito:

O(A) candidato(a) deverá ingressar com Mandado de Segurança, nos termos do artigo 7º da Lei nº 1533/51, com pedido de concessão de Medida Liminar, sob argumento de que cobrança é inconstitucional o § 2º do artigo 145 da Constituição Federal (Natureza Jurídica Específica do Tributo) que veda a instituição de taxa com base de cálculo própria de Imposto (verificar, igualmente, o § único do artigo 77 do CTN).

Poderá, ainda, ingressar com Ação Declaratória com base no artigo 4º do Código de Processo Civil, perante uma das Varas da Fazenda Pública na Cidade de São Paulo, desde que nesta medida judicial haja referência à obtenção de medida liminar em ação cautelar inominada para que XYZ Telefônica Ltda. se abstenha de realizar a cobrança da referida Taxa, uma vez que os valores serão depositados judicialmente para os fins e os efeitos das disposições previstas no inciso II do artigo 150 do CTN.

[Comentário: atualmente o MS é regulado pela Lei 12.016/2009].

(OAB/SP – 1999.1 – 2ª fase) A Prefeitura do Município de São Paulo, por meio de seu Prefeito, fez sancionar a Lei 2.777/98, aprovada pela Câmara Municipal, criando a taxa de conservação e limpeza de logradouros públicos, considerando os seguintes aspectos, a saber:

a) Fato Gerador: os serviços de limpeza e conservação das calçadas, ruas e avenidas públicas, dentro do perímetro urbano municipal;

b) Sujeito Ativo: Prefeitura Municipal de São Paulo Sujeito Passivo: Proprietário e possuidor de imóveis urbanos

c) Aspecto Temporal: primeiro dia de cada exercício

d) Alíquota: 1% (um por cento)

e) Base de Cálculo: Valor venal do imóvel.

Como advogado(a) de João da Silva, proprietário de imóvel situado no perímetro urbano de São Paulo, proponha a medida judicial adequada à defesa dos interesses do cliente.

Gabarito:

Ação declaratória de inexistência de relação jurídica, com lastro no artigo 4º (quarto) do Código de Processo Civil, perante uma das Varas da Fazenda Pública em São Paulo. O(a) candidato(a) deverá fundamentar o direito do contribuinte no parágrafo segundo do artigo 145 da Constituição Federal, ou seja, a taxa não poderá ter base de cálculo própria de impostos. Poderá, também, ser impetrado mandado de segurança preventivo (Lei 1.533/51), contra ato do Senhor Diretor do Departamento de Rendas Imobiliárias da Prefeitura de São Paulo, perante uma das Varas da Fazenda Pública de São Paulo.

[Comentário: atualmente o MS é regulado pela Lei 12.016/2009 – ver também a Súmula Vinculante 29/STF].

(OAB/SP – 1998.3 – 2ª fase) O Município de Arapiraca, por intermédio da lei nº 3.456, de 15 de julho de 1997, que foi publicada e que entrou em vigor nesta mesma data, instituiu a Taxa de Lixo, estabelecendo os seguintes elementos do fato gerador:

a) O fato gerador é a utilização do serviço de coleta e transporte de lixo domiciliar;

b) O contribuinte da taxa é o proprietário de imóvel urbano, tomador do serviço de coleta e transporte do lixo domiciliar;

c) A alíquota é de 0,001% sobre o valor venal do imóvel;

João da Silva, morador e proprietário de bem imóvel localizado no Município de Arapiraca, não concordando com a referida exigência, procurou-o para defender seus interesses.

Como advogado de João da Silva, promova a medida judicial cabível para resguardar os direitos de seu cliente.

Gabarito:

A exigência ofende as disposições do artigo 145, parágrafo 2º da Constituição Federal. A verdadeira natureza jurídica dessa exação é a de imposto. A medida judicial cabível seria uma Ação Declaratória, nos termos do artigo 4º do Código de Processo Civil, requerendo a declaração de inexistência relação jurídica. Também poderá ser impetrado Mandado de Segurança preventivo, nos termos da Lei nº 1.533/51. Ambas ações deverão ser propostas perante o MM. Juiz de uma das Varas Cíveis da Comarca de Arapiraca - levando-se em consideração que lá não existem Varas Especializadas das Fazendas Públicas.

[Comentário: atualmente o MS é regulado pela Lei 12.016/2009].

TRIBUTÁRIA

(OAB/SP – 1998.2 – 2ª fase) Contribuinte recebeu notificação de lançamento do imposto predial e territorial urbano, tendo por base de cálculo o valor venal do imóvel. Na mesma notificação consta o lançamento de taxas de limpeza e conservação tendo por base de cálculo também o valor venal do imóvel.

Como advogado(a) do contribuinte, tomar a providência judicial cabível, fundamentando-a.

Gabarito:

Mandado de Segurança contra ato do Diretor de Rendas Imobiliárias ou autoridade municipal equivalente. Desenvolver tese da ilegalidade das taxas, a teor do art. 77, parágrafo único. Competência da Vara da Fazenda Pública, onde houver. Poderá ser proposta ainda ação cautelar e ação declaratória.

2. PRINCÍPIOS E IMUNIDADES

(OAB/SP – 2003.2 – 2ª fase) FUNDAÇÃO MISERICORDIOSA DE SÃO PAULO, entidade de assistência social sem finalidade lucrativa e como tal reconhecida, confecciona e fabrica produtos cujo lucro é totalmente revertido para as suas finalidades sociais. Em 30 de maio de 2002, a Fundação foi autuada pela Secretaria da Fazenda do Estado de São Paulo, pretendendo o pagamento da quantia de R$ 200.000,00 (duzentos mil reais) a título de Imposto Sobre Circulação de Mercadorias e Serviços (ICMS), sobre as operações de venda dos produtos por ela fabricados, referentes ao período de janeiro de 1995 a março de 2002, além de multa, juros e correção monetária. Em 20 de maio de 2003, após citada, a Fundação foi intimada da penhora sobre bens de sua propriedade, em razão da execução fiscal do débito.

Como advogado da Fundação Misericordiosa de São Paulo, ingresse com via judicial mais adequada à defesa dos seus interesses.

Gabarito:

O(A) candidato(a) deverá ingressar com embargos à execução fiscal, com fulcro no artigo 16 da Lei 6.830/80, argumentando que a cliente é imune àquele tributo, nos termos da alínea "c", inciso VI, do artigo 150 da Constituição Federal de 1988. Deverá ainda, arguir decadência relativamente ao débito vencido em período anterior a 1997, cujo termo final do quinquênio decadencial ocorreu em 2001, conforme art. 173, I do Código Tributário Nacional.

(OAB/SP – 2001.1 – 2ª fase) A sociedade "Editora São Paulo S.A." dedica-se à atividade jornalística e, nessa qualidade, realiza periodicamente a importação de papel para impressão do jornal "Gazeta de São Paulo", de grande circulação. Atualmente, encontra-se retido na alfândega do porto de Santos, um lote de 1.000 toneladas de papel, cujo desembaraço vem sendo obstado pela Inspetoria da Alfândega daquela localidade, que exige para tanto o recolhimento do Imposto de Importação incidente na operação, não recolhido pela empresa. A exigência fiscal vem comprometendo seriamente o funcionamento das oficinas de impressão, obrigando à redução da tiragem diária do jornal. Estima-se que em 4 (quatro) dias o estoque de papel se esgotará, suspendendo de vez a impressão do jornal.

Na qualidade de advogado(a) da "Editora São Paulo S.A.", proponha a medida judicial cabível, para desembaraçar imediatamente a mercadoria sem o pagamento do tributo.

Gabarito:

Deverá ser impetrado mandado de segurança, com pedido de medida liminar, visando ao imediato desembaraço da mercadoria importada sem a necessidade de pagar o imposto de importação. O mandado de segurança deverá ser dirigido a alguma das Varas Federais da Subseção Judiciária de Santos e apontar como autoridade coatora o Inspetor da Alfândega do Porto de Santos.

No mérito, o candidato deverá sustentar que o papel destinado à impressão de jornais beneficia-se da imunidade do art. 150, VI, *d*, da Constituição Federal, não podendo ser cobrado imposto sobre a sua importação.

(OAB/SP – 2000.2 – 2ª fase) A empresa "Indústria e Comércio de Móveis de Madeira Santo Antônio Ltda", em 21.05.95, teve contra si lavrado um Auto de Infração pela Fiscalização Estadual, uma vez que foi identificada a realização de uma operação de venda de mercadorias, em 05.10.90, sem emissão de nota fiscal, o que implicou falta de pagamento do ICMS. No Auto de Infração e Imposição de Multa a fiscalização exigiu a cobrança do imposto calculado pela alíquota de 18% e da multa de 30% pela inadimplência, conforme previsto na Lei nº 7.896, de 23.03.95, publicada nesta mesma data, sendo certo que a Lei nº 5.698, de 17.07.88, vigente na data de ocorrência do fato gerador, fixava a alíquota de 10% e multa de 40%.

Como advogado (a) da contribuinte, ingresse com a medida judicial cabível para defender os interesses de sua cliente.

Gabarito:

Ação Anulatória de débito fiscal e/ou de lançamento tributário, com fulcro no artigo 38 da Lei 6.830/80, perante uma das Varas da Fazenda Pública em São Paulo ou perante uma das varas cíveis da comarca do interior, objetivando a anulação do lançamento realizado, uma vez que a alíquota a ser aplicada deve ser aquela vigente à época do fato gerador, nos termos do artigo 144 do CTN. Com relação a multa, nos termos do artigo 106 e incisos do CTN, deverá ser aplicada a mais benéfica ao contribuinte.

Poderá o candidato, ainda, impetrar mandado de segurança perante uma das Varas da Fazenda Pública Estadual ou uma das Varas Cíveis da comarca do interior, com fulcro na lei 1.533/51, contra ato do Ilmo. Sr. Dr. Delegado Regional Tributário, utilizando em relação ao mérito, os mesmos fundamentos do parágrafo anterior.

[Comentário: atualmente o MS é regulado pela Lei 12.016/2009].

(OAB/SP – 1999.1 – 2ª fase) O Presidente da República, por intermédio do Decreto nº 33.678 de 31 de dezembro de 1997, elevou a alíquota de 27,5% para 30% do Imposto Sobre a Renda e Proventos de Qualquer Natureza (IR), passando a exigir a nova alíquota a partir do primeiro dia do exercício subsequente, ou seja, 01 de janeiro de 1998. Não se conformando com tal exigência, a Empresa "A" continuou a recolher os tributos com base na legislação anterior, sendo que em 03 de janeiro de 1999 a Fiscalização da Receita Federal lavrou Auto de Infração e Imposição de Multa (AIIM), passando a exigir as diferenças do tributo.

Como advogado(a) da Contribuinte, acione a medida judicial apropriada.

Gabarito:

Ação Anulatória de Lançamento Tributário e/ou Ação Anulatória de Débito Fiscal, com fundamento no artigo 38 da Lei 6.830/80, perante uma das Varas Cíveis da Justiça Federal. Ou, ainda, propor Mandado de Segurança nos termos da Lei 1.533/51 contra ato do Delegado da Receita Federal da localidade da sede da empresa do contribuinte. O(A) Candidato(a) deverá fundamentar o seu direito de pleitear a nulidade do AIIM, por infração ao princípio constitucional tributário da estrita legalidade, nos termos do art. 150, inciso I da Constitucional Federal.

[Comentário: atualmente o MS é regulado pela Lei 12.016/2009].

(OAB/SP – 1998.2 – 2ª fase) No dia 04.05.1998, um Agente Fiscal de Rendas do Estado de São Paulo interceptou, na BR-116, altura de Registro, uma remessa de 4.150 exemplares da Revista "O Apocalipse", editada pela Igreja do Último Milênio, com sede na Capital, tendo lavrado Auto de Infração e Imposição de Multa que descreve as seguintes irregularidades: remessa de mercadoria desacompanhada de documentação fiscal; falta de pagamento do imposto por ter escriturado a operação como não tributada; falta de pagamento do imposto apurado por meio de levantamento fiscal (arbitrado por média e retroativo à março de 1990, data da criação da revista). Não aceitando a alegação de que se tratava de um instituição religiosa e não comercial, foi ainda lavrado o auto de apreensão da mercadoria.

Como advogado(a) da Igreja, adote a medida judicial cabível, independentemente da defesa administrativa.

Gabarito:

Mandado de Segurança contra o Delegado Regional Tributário. Desenvolver a tese de ilegalidade da apreensão (só permitida para resguardo de provas até a lavratura do auto e não depois disso), bem como a presença de imunidade, não porque se trata de igreja (a imunidade só protege as atividades religiosas praticadas no templo), mas por se tratar de periódico (art. 150, VI, "d", da Constituição Federal). Poderá ser proposta ainda ação cautelar e ação anulatória de débito fiscal (e não ação declaratória, porque já existe lançamento).

(OAB/SP – 1998.1 – 2ª fase) O Decreto nº 57.927, de 22 de julho de 1997, publicado no Diário Oficial da União de 23.07.97, em seu artigo 5º, elevou a alíquota do IPI (imposto sobre produtos industrializados) incidente sobre tapetes fabricados no Estado de São Paulo, destinados a automóveis, sendo que em seu artigo 7º majorou a alíquota do Imposto sobre a Importação de Produtos Estrangeiros incidente sobre televisores, passando a exigir os referidos aumentos já a partir da publicação da referida norma. A empresa "AZ" não concordou com os referidos aumentos de tributo, razão pela qual o contratou para defender seus interesses. Como advogado da empresa "AZ", propor a medida judicial cabível.

Gabarito:

Ingressar com ação declaratória, com base no artigo 4º do CPC, contra a União Federal, ou Mandado de Segurança, com base na Lei nº 1.533/51, contra o Delegado da Receita de .... do Estado de São Paulo; medidas judiciais estas que serão endereçadas ao Exmo. Sr. Dr. Juiz Federal da MM. Vara da Justiça Federal, Seção Judiciária de São Paulo, alegando afronta ao princípio da uniformidade geográfica, previsto no artigo 151, I, da CF, não havendo nada mais a requerer em relação ao II, bem como em relação ao princípio da anterioridade previsto no artigo 150, III, "b", da CF, uma vez que ambos os tributos estão amparados pelo artigo 153, parágrafo 1º, da CF.

[Comentário: atualmente o MS é regulado pela Lei 12.016/2009. Ademais, o IPI sujeita-se ao princípio da anterioridade nonagesimal – art. 150, III, *c*, da CF].

(OAB/SP – 1998.1 – 2ª fase) O Presidente da República, em 03.10.94, expediu o Decreto nº 35.225, publicado na mesma data, que elevou a alíquota do IR (imposto sobre a renda), e a base de cálculo do IOF (imposto sobre operações de crédito, câmbio e seguro) sobre empréstimos rurais. Por sua vez, a Lei nº 2.289, publicada em 08.10.94, elevou a base de cálculo do ITR incidente sobre imóveis rurais localizados no interior do Estado de São Paulo, com o que não concordou pessoa jurídica, sua cliente. Como advogado da referida pessoa jurídica, propor a medida judicial cabível.

Gabarito:

Ingressar com ação declaratória, com base no artigo 4º do CPC, contra a União Federal, ou Mandado de Segurança, com base na Lei nº 1.533/51, contra o delegado da Receita Federal de .... do Estado de São Paulo; as medidas judiciais serão endereçadas ao Exmo. Sr. Dr. Juiz Federal da MM. .... Vara da Justiça Federal, Seção Judiciária de São Paulo, alegando afronta ao princípio da legalidade, previsto no artigo 150, I, da CF, relativamente ao IR e ao IOF, e afronta ao princípio da uniformidade geográfica, previsto no artigo 151, I, da CF, relativamente ao ITR.

[Comentário: atualmente o MS é regulado pela Lei 12.016/2009].

3. OBRIGAÇÃO, FATO GERADOR, CRÉDITO E LANÇAMENTO TRIBUTÁRIO

(OAB/SP – 2002.1 – 2ª fase) No mês de abril de 1999, a sociedade Trás-os-Montes Participações Ltda. recolheu, com atraso, a Contribuição para Financiamento da Seguridade Social – COFINS, do mês de competência março, do mesmo ano. O recolhimento extemporâneo foi efetuado com o acréscimo de multa e juros moratórios e a quantia devida foi corretamente informada à Secretaria da Receita Federal, por meio da declaração apropriada (DCTF). Contudo, em dezembro de 2000, a Receita Federal, revendo suas bases de dados, lavrou auto de infração contra a "Trás-os-Montes Participações Ltda.", no qual reconhecia a exatidão do crédito tributário declarado, bem como a regularidade do pagamento efetuado, porém impôs à contribuinte a multa de 75% prevista na Lei nº 9.430/96, relativa ao lançamento de ofício. Como a sociedade não apresentou impugnação administrativa, o crédito foi inscrito na dívida ativa e a União Federal moveu execução fiscal para cobrá-lo.

Na qualidade de advogado da Trás-os-Montes Participações Ltda., aja em favor dos interesses da cliente. Considere que a empresa foi intimada da penhora realizada sobre bens de sua propriedade há 20 (vinte) dias e que o processo tramita perante a 15ª Vara de Execuções Fiscais Federais da Seção Judiciária de São Paulo.

Gabarito:

Interposição de embargos à execução, com base nos arts. 16 e segs. da Lei nº 6.830/80. No mérito, deverá o candidato sustentar que a COFINS é tributo sujeito ao lançamento por homologação (art. 150 do Código Tributário Nacional) e que o lançamento de ofício apenas ocorreria se a autoridade administrativa verificasse a inexatidão da declaração do contribuinte, com valores a serem complementados. Por isso, não ocorreu a hipótese do art. 44, I, da Lei nº 9.430/96, que trata da multa imposta.

[Comentário: atualmente o MS é regulado pela Lei 12.016/2009].

4. SUJEIÇÃO PASSIVA

(OAB/SP – 2003.1 – 2ª fase) A sociedade Magnólia Comercial Ltda. atuava no ramo de comércio varejista de roupas infantis, mantendo loja na cidade de São Paulo, denominada "O Bebê Feliz". Findo o prazo de locação, o estabelecimento comercial foi fechado e ali instalou-se estabelecimento de venda de lustres e abajures, denominado "Lustres do Manolo", mantido por Manolo e Irmãos Ltda. Porém, corria contra a Magnólia Comercial Ltda., execução fiscal para cobrança do ICMS relativo aos meses de junho a setembro de 1999, no valor total de R$ 100.000,00 (cem mil reais). O Exequente, constatando o fato, requereu a inclusão, no polo passivo da execução fiscal, da Manolo e Irmãos Ltda., na qualidade de responsável tributário em virtude da aquisição de estabelecimento comercial, o que foi deferido pelo Juízo. Há 15 (quinze) dias, a Manolo e Irmãos Ltda. foi intimada da penhora de bens de sua propriedade. Na qualidade de advogado da Manolo e Irmãos Ltda., atue na defesa de seus interesses.

Gabarito:

Oposição de embargos à execução fiscal, dirigidos ao Juízo de Direito das Execuções Fiscais Estaduais de São Paulo, com observância dos requisitos do art. 282 do Código de Processo Civil e na forma do artigo 16 da lei nº 6.830/80. No mérito, deverá o candidato sustentar que não responde pelo tributo, nos termos do Código Tributário Nacional. A responsabilidade prevista no art. 133 desse Estatuto limita-se aos casos de alienação de fundo de comércio ou estabelecimento comercial. No caso concreto, além de não ter havido cessão do estabelecimento (não havia relação entre o titular atual e o anterior), os estabelecimentos mantidos por ambas as sociedades são nitidamente distintos, explorando, a Manolo e Irmãos Ltda., outro ramo de atividade.

(OAB/SP – 2003.1 – 2ª fase) Pompônio faleceu e deixou dois filhos, Jonas e Sofonias, seus únicos herdeiros. Processado o inventário, cada um dos herdeiros recebeu bens no valor equivalente a R$ 10.000,00, conforme sentença homologatória de partilha amigável, transitada em julgado. Recentemente, Jonas recebeu notificação cobrando débito tributário de responsabilidade do de cujus, no valor de R$ 50.000,00. Esse débito diz respeito ao Imposto de Renda (URPF) de responsabilidade de Pompônio, dos últimos cinco anos, e está prestes a ser inscrito na dívida ativa da União, já em nome de Jonas.

Na qualidade de advogado de Jonas, proceda em seu favor. Considere que Jonas mora em Santo André.

Gabarito:

Impetração de Mandado de Segurança perante o Juízo Federal, em Vara da Subseção Judiciária de Santo André, tendo como autoridade coatora o Delegado da Receita Federal da mesma localidade.

No mérito, o candidato deverá sustentar que a responsabilidade do sucessor limita-se ao montante de seu quinhão hereditário, o que, no caso de Jonas, corresponde a R$ 10.000,00 (dez mil reais), nos termos do art. 131, II, do Código Tributário Nacional. Por isso, a cobrança integral do débito contraria a lei.

O pedido deverá incluir a determinação à autoridade coatora para que se abstenha de praticar atos tendentes à cobrança, aí entendida a própria inscrição na dívida ativa, e ainda, de impor ao impetrante sanções decorrentes do não pagamento, requerendo liminar fundamentada.

Admissível, alternativamente, a propositura de ação anulatória de débito tributário, com pedido de antecipação de tutela, fundamentando-o.

(OAB/SP – 2002.3 – 2ª fase) A sociedade Pirandello S. A. declarou à Secretaria da Receita Federal ter auferido, em setembro de 1999, receita de R$ 100.000,00 (cem mil reais), quando na verdade ela foi de R$ 200.000,00 (duzentos mil reais). A declaração a menor deveu-se ao fato de que a sociedade não tinha recursos em caixa para pagar os tributos correspondentes. Em julho de 2000, já com capital de giro suficiente, denunciou espontaneamente o débito, quitou os tributos exigíveis (PIS, COFINS, IRPJ e CSLL), acrescidos de juros moratórios, e impetrou mandado de segurança com o objetivo de afastar a cobrança de multa. A sentença concedeu a segurança em parte, para impedir a exigência de multa por lançamento de ofício, mas facultando à autoridade fiscal exigir multa simplesmente moratória.

Na qualidade de advogado da Pirandello S. A., atue em seu favor. Considere, para tanto, que o processo tramita perante a 25ª Vara Federal da Subseção Judiciária de São Paulo e que a intimação da sentença foi recebida há 10 (dez) dias.

Gabarito:

Interposição de recurso de apelação, dirigido à 25ª Vara Federal de São Paulo, com os requisitos dos arts. 513 e seguintes do Código de Processo Civil. No mérito, deverá o recurso se voltar contra a parte que foi desfavorável à empresa (i.e., a possibilidade de exigência de multa moratória), invocando o art. 138 do Código Tributário Nacional e desenvolvendo sua interpretação, que não autoriza a distinção entre multas simplesmente moratórias e punitivas, ambas vedadas na hipótese de denúncia espontânea.

(OAB/SP – 2002.2 – 2ª fase) João é sócio da sociedade Alpha Remédios Ltda., detendo 50% (cinquenta por cento) do capital da empresa. Apesar de possuir proporção significativa do capital, nunca se interessou pela administração da sociedade, confiada ao sócio, Rubens. Pelo contrato social, a gerência incumbe exclusivamente a Rubens. João foi surpreendido pelo recebimento de um mandado de citação, intimação e penhora, dando conta da propositura de execução fiscal movida contra a sociedade e ambos os seus sócios, visando à cobrança da quantia de R$ 50.000,00 (cinquenta mil reais) a título de Imposto sobre Produtos Industrializados – IPI. João nunca soubera da existência dessa dívida, nem tem ideia da sua origem. Ao procurar Rubens, não obteve êxito, pois este evadiu-se para evitar a citação. O oficial de justiça, dando cumprimento ao mandado, citou João e penhorou-lhe bens no valor suficiente para a garantia da dívida, intimando-o desse fato há 15 (quinze) dias.

Na qualidade de advogado exclusivo de João, aja em seu favor. Considere que a execução fiscal corre perante o Anexo Fiscal da comarca de Itu, sede da sociedade e domicílio de João.

Gabarito:

Oposição de embargos do executado João àquela execução fiscal, (art. 16 da lei nº 6.830/80) dirigidos ao Juízo competente, do Anexo Fiscal da comarca de Itu. No mérito, deverá o candidato pedir a exclusão de João do polo passivo da relação jurídico processual sob o fundamento de não ser sócio gerente (art. 135, III, do Código Tributário Nacional) e por não responder por obrigações da empresa decorrentes de atos que não praticou ou de omissões a ele imputáveis, nem se configurando qualquer causa de responsabilidade tributária.

(OAB/SP – 2002.2 – 2ª fase) Caio adquiriu de Túlio um imóvel, localizado no Município de São Paulo. Para tanto, celebrou contrato de compromisso de compra e venda, em caráter irrevogável e irretratável, por meio do qual se comprometeu a pagar o preço de R$ 100.000,00 (cem mil reais) em 10 prestações mensais, iguais e sucessivas de R$ 10.000,00 (dez mil reais), após o que seria outorgada a escritura definitiva de compra e venda. Era interesse de Caio registrar, no Cartório de Registro de Imóveis competente, o contrato de compromisso de compra e venda. Contudo, ao apresentar o contrato para registro, na última semana, Caio foi surpreendido com a exigência do pagamento do Imposto sobre Transmissão de Bens Imóveis (ITBI) à alíquota de 2% (dois por cento) sobre o valor da transação, com respaldo em lei municipal a exigi-lo desde logo, no caso de compromissos irretratáveis e irrevogáveis. Como advogado de Caio, proponha a medida judicial conveniente aos interesses do cliente.

Gabarito:

O candidato deverá impetrar mandado de segurança, com pedido de liminar, contra ato do Diretor do Departamento de Rendas Imobiliárias da Secretaria das Finanças do Município de São Paulo, visando a dispensa do pagamento do ITBI. A ação poderá ser dirigida contra outra autoridade, desde que o candidato demonstre saber ser a coatora, aquela que tem a competência legal de exigir o tributo (o que não é o caso de nenhum servidor do Cartório de Registro de Imóveis).

No mérito, o candidato deverá sustentar que o registro do compromisso de compra e venda não opera, por si só, a transferência de direito real, de modo a afastar a hipótese de incidência do ITBI. A transferência da propriedade apenas se daria no momento do registro da escritura definitiva. Para tanto, deverá invocar os dispositivos concernentes à hipótese de incidência (art. 156, II, da Constituição Federal e art. 35 do Código Tributário Nacional), bem como o art. 110 do Código Tributário Nacional, que proíbe à lei tributária alterar conceitos de direito privado. O pedido de liminar deve ser justificado.

Alternativamente, o candidato poderá interpor ação declaratória contra o Município de São Paulo para o reconhecimento da não incidência do ITBI, pelos mesmos fundamentos. Nesse caso, deverá requerer tutela antecipada, devidamente justificada, que permita o registro do compromisso independente do pagamento do tributo questionado.

(OAB/SP – 2002.1 – 2ª fase) A Beija-Flor Revestimentos Ltda., com sede em São Paulo, é empresa que se dedica à comercialização de papéis de parede. Seus sócios pretendem aumentar o capital da sociedade, atualmente de R$ 100.000,00 (cem mil reais), para R$ 300.000,00 (trezentos mil reais), mediante a conferência de imóvel, avaliado pelo diferencial de R$ 200.000,00 (duzentos mil reais). Contudo, para realizar a transferência da propriedade do bem, exige-se a comprovação do recolhimento do Imposto sobre Transmissão de Bens Imóveis – ITBI, conforme circular do Diretor do Departamento de Rendas Mobiliárias da Secretaria das Finanças do Município de São Paulo, que exige o pagamento do tributo na hipótese. A alteração contratual correspondente já foi arquivada pela JUCESP, restando apenas a integralização do aumento de capital.

Na qualidade de advogado da Beija-Flor Revestimentos Ltda., acione o meio judicial adequado à solução do impasse.

Gabarito:

Mandado de segurança contra ato do Diretor do Departamento de Rendas Mobiliárias, endereçado a uma das Varas da Fazenda Pública da comarca de São Paulo, com pedido de liminar, visando à dispensa do recolhimento do ITBI na hipótese. Opcionalmente, poderá o candidato propor ação declaratória com tutela antecipada, formulando pedido similar.

No mérito, deverá a ação basear-se no disposto no art. 156, § 2º, I, da Constituição Federal, que estabelece a não incidência do ITBI na hipótese, já que a sociedade não tem por objeto a compra e venda ou locação de bens imóveis, nem o arrendamento mercantil.

(OAB/SP – 2001.2 – 2ª fase) A empresa Marmoraria Ltda., em 31.03.93, foi regularmente citada em processo de execução para pagar ou garantir o juízo relativamente a débito de ISS, referente a fatos geradores ocorridos em janeiro de 1990 que, tempestivamente apurado e declarado ao Município de São Paulo, deixou de ser pago porque a empresa não tinha disponibilidade financeira. Oferecidos bens em garantia, lavrado

TRIBUTÁRIA

o auto de penhora, foram afinal julgados improcedentes os embargos da empresa, com arrematação dos bens penhorados. Todavia, uma vez que os bens penhorados não foram suficientes para liquidar o crédito em discussão e não possuindo a empresa outros bens, em 15.12.2000 os sócios da executada foram citados para pagar o restante da dívida ou garantir a execução. Um dos sócios, de nome José Antônio, em data de 20.05.2001, ofereceu um de seus imóveis em garantia, formalizada pelo ato respectivo.

Como advogado do sócio José Antônio, instrumente o meio adequado em prol do cliente.

Gabarito:

O candidato(a) deverá apresentar Embargos do Devedor à Execução Fiscal, com fulcro no artigo 16 da Lei 6.830/80, perante uma das Varas do Anexo das Execuções Fiscais, alegando que na qualidade de sócio e por não ter sido a empresa extinta irregularmente (art. 134, VII, CTN), nem ter sido praticado qualquer ato contra os estatutos e o contrato social (art. 135, III, CTN), ser totalmente irregular a qualidade do mesmo e dos demais sócios como sujeitos passivos da execução. Além disto, se não for acatada a exclusão do polo passivo da execução, que seja decretada a prescrição, com base no art. 174 do CTN, contra os sócios que não foram citados anteriormente como pessoas físicas.

(OAB/SP – 1999.3 – 2ª fase) Em 25.04.1994 a Fazenda do Estado de São Paulo, lavrou um Auto de Infração e Imposição de Multa contra a Empresa Importação e Exportação de Bolachas Nordeste Ltda., exigindo pagamento do ICMS e penalidade pecuniária relativa a saídas de mercadorias de seu estabelecimento sem emissão de nota fiscal. Ao tomar ciência do Auto de Infração, a empresa apresentou imediatamente a sua defesa administrativa, argumentando que o crédito tributário era inexigível, porque ficou provado em inquérito policial e em processo penal, que a culpa pela irregularidade era de seu empregado Joaquim José, inclusive demitido por justa causa, por haver furtado as mercadorias. A administração tributária, todavia, manteve a exigibilidade que também foi confirmada pelo Tribunal de Impostos e Taxas, cuja decisão administrativa transitou em julgado em 05.07.1998. Pela falta de pagamento, o crédito tributário foi inscrito na Dívida Ativa em 16.10.1998, após o que a Fazenda Estadual ingressou com a Execução Fiscal, sendo a empresa citada para pagar o referido débito em 23.12.1998. Em 15 de maio de 1999, o Oficial de Justiça levou a efeito a penhora de bens da empresa para garantia da execução.

Como advogado da contribuinte, ingresse com a medida judicial cabível para defender os interesses da cliente.

Gabarito:

O candidato(a) deverá opor Embargos do Devedor à Execução Fiscal, com fulcro no artigo 16 da Lei 6.830/80, perante uma das Varas do Anexo das Execuções Fiscais. Com relação ao mérito, deverá argumentar que referida cobrança é totalmente ilegal, pois não ocorreram os elementos caracterizadores do fato gerador. O furto, devidamente comprovado em Inquérito, e no processo penal caracterizou a ocorrência de caso fortuito, pois apesar da mercadoria ter saído do estabelecimento comercial não se deflagrou a mudança da titularidade e nem mesmo a repercussão econômica. Além do mais, a exigibilidade é totalmente indevida, uma vez que nos termos do artigo 135, inc. II, do CTN fica perfeitamente caracterizada a responsabilidade pessoal do empregado, devendo, portanto, o candidato(a) alegar a ilegitimidade de parte da empresa. A petição deverá atender aos requisitos jurídico-processuais, quer gerais, quer particulares da espécie.

(OAB/SP – 1999.2 – 2ª fase) Antônio detém 10% do capital social da sociedade por quotas de responsabilidade limitada, denominada ZYB LTDA., cuja gerência é exercida em caráter exclusivo pelos outros dois sócios, que em conjunto detêm os restantes 90% do capital social, já totalmente integralizado. Em razão da conjuntura econômica fortemente recessiva, a empresa passa por graves problemas financeiros, razão pela qual deixou de efetuar o recolhimento do Imposto de Renda relativo ao ano-base de 1997, declarado como devido. Com o intuito de agilitar a satisfação do referido crédito tributário, a Fazenda Nacional direcionou a execução fiscal também contra os sócios, invocando o disposto no art. 135, III, do Código Tributário Nacional. Os sócios tiveram bens pessoais penhorados.

Como advogado exclusivo de Antônio, exercite o instrumento judicial hábil a afastar a sua responsabilidade no caso concreto. Considere que a execução foi proposta na Seção Judiciária de São Paulo e que Antônio permaneceu como depositário de dois imóveis de sua propriedade, tendo assinado o respectivo termo 15 (quinze) dias atrás.

Gabarito:

O examinando deverá apresentar Embargos à Execução, sustentando a autonomia patrimonial da pessoa jurídica (art. 20 do Código Civil) e que a responsabilidade subsidiária dos sócios na sociedade por quotas é limitada ao montante do capital ainda não integralizado (art. 9º do Decreto nº 3.708/19). Além disso, deverá sustentar que a responsabilidade prevista no art. 135, III, do Código Tributário Nacional restringe-se aos sócios gerentes e ainda depende da demonstração de fraude e não do mero inadimplemento por impossibilidade financeira.

[Comentário: atualmente, a responsabilidade dos sócios na sociedade limitada é prevista no art. 1.052 do CC. Ver também a Súmula 430/STJ].

5. SUSPENSÃO, EXTINÇÃO E EXCLUSÃO DO CRÉDITO TRIBUTÁRIO

(OAB/SP – 2002.3 – 2ª fase) A empresa Dragster Motors Ltda., dedicada ao comércio de veículos novos e usados, venda de peças e serviços, pretende a emissão de Certidão Positiva de Débitos com efeitos negativos, a fim de habilitar-se e participar de licitações públicas, pedido negado pela Delegacia da Receita Federal em São Paulo/SP. Relata a empresa que a certidão foi negada sob alegação de que existem débitos pendentes. Entende a empresa que a recusa é injustificada, uma vez que as pendências existentes em relação à contribuição ao PIS dos períodos de 07/91 a 11/91 e 03/93 a 07/93, referem-se ao processo n o 000.00.12345-6, distribuído e processado na 14ª Vara Cível Federal, cuja sentença transitada em julgado há mais de um mês, aguarda conversão em renda da União de depósitos existentes, procedimento não realizado em razão da omissão da União Federal, não podendo, assim, ser exigida a referida exação. A empresa procura-o(a), fornecendo a certidão de objeto e pé da 14 a Vara Cível Federal, comprovando a existência dos autos da ação ordinária n o 000.00.12345-6, bem como cópia de todos os depósitos realizados naqueles autos, solicitando as medidas judiciais cabíveis, cujo prazo para habilitar-se e participar da licitação pública encerrar-se-á amanhã.

Como advogado da empresa Dragster, opere no sentido de afastar o óbice à licitação cujo prazo de vencimento é iminente.

Gabarito:

Impetração de MANDADO DE SEGURANÇA COM PEDIDO DE LIMINAR, contra ato manifestamente ilegal e coator do Sr. Delegado da Receita Federal em São Paulo / SP, com fundamento nos artigos 5º, inciso LXIX, da Constituição Federal e disposições constantes da Lei nº 1.533/51, perante a Justiça Federal da Secção Judiciária de São Paulo / SP.

FUNDAMENTOS DE DIREITO e PEDIDO: artigo 151, II CTN, artigo 5º, inciso XXXIV, alínea "b" da CF/88 e artigo 206 do CTN.

ALEGAÇÕES INDISPENSÁVEIS: pedido de liminar, prova pré-constituída *"fumus boni iuris"* e *"periculum in mora"*, alegação da existência de depósitos judiciais art. 151, II do CTN. (suspensão de exigibilidade); necessidade de certidão positiva com efeitos de negativa para licitação; alegações que configurem o bloqueio das atividades comerciais, perecimento de direito (licitação)

[Comentário: atualmente o MS é regulado pela Lei 12.016/2009].

(OAB/SP – 2001.3 – 2ª fase) A empresa ABC LTDA. ajuizou ação de rito ordinário contra o Instituto Nacional da Seguridade Social – INSS, visando ao reconhecimento da ilegitimidade da cobrança da contribuição previdenciária incidente sobre remuneração de autônomos e administradores, instituída pela Lei nº 8.212/91, que recolheu durante o exercício de 1996. O objeto da ação consiste ainda na repetição dos valores indevidamente recolhidos naquele período. Analisando a questão, o Juiz da 1ª Vara Federal de São Bernardo do Campo – SP, embora tenha reconhecido a inconstitucionalidade da exação, negou o direito à repetição do indébito sob o fundamento de que a Autora deixou de comprovar que não repassou para o preço de seus produtos o custo da contribuição previdenciária recolhida indevidamente, como seria de rigor nos termos do art. 89, parágrafo único, da Lei nº 8.212/91, com a redação dada pela Lei nº 9.032/95, que lhe impõe semelhante mister.

Como advogado da Autora, acione o instrumento processual conveniente à tutela dos interesses de seu constituinte. Tenha, para tanto, que o ato judicial foi publicado na imprensa oficial há 7 dias.

Gabarito:

O examinando deverá interpor recurso de apelação, sustentando que a matéria está regulada no art. 166 do Código Tributário Nacional, segundo o qual a prova da assunção do encargo econômico da exação somente é de rigor na repetição de tributos indiretos, ou seja, tributos que, pela sua própria natureza, comportem a transferência do encargo econômico ao consumidor, o que não é o caso da contribuição previdenciária.

(OAB/SP – 2001.2 – 2ª fase) A RLBO Ltda., empresa situada no Município de Salto-SP, dedica-se ao ramo de prestação de serviços técnicos de engenharia e estaria, nessa qualidade, sujeita ao recolhimento do ISS. Desde o exercício de 1999, a empresa não vinha efetuando o recolhimento desse imposto, tendo em vista isenção específica concedida às empresas da região, por força da Lei Municipal nº 98/98. Todavia, o novo Prefeito, que tomou posse no dia 01 de janeiro de 2001, pretende revogar aquele benefício fiscal, a fim de angariar receita necessária para financiar projetos sociais. Para tanto, baixou o Decreto nº 01/01, publicado no Diário Oficial do Município desta semana, que determinou a todas as empresas beneficiárias da isenção que voltassem a efetuar o recolhimento do ISS já a partir do próximo mês.

Como advogado da RLBO, manipule o instituto judicial hábil a garantir à empresa o benefício da isenção. Considere para tanto que o fórum local não possui vara privativa da Fazenda Pública.

Gabarito:

A revogação da isenção legal por Decreto viola o art. 178 do Código Tributário Nacional CTN. Além disso é sustentável a aplicação do art. 150, I, da Constituição Federal, combinado com art. 104, II, do CTN, que positivam o princípio da anterioridade, tendo em vista que a revogação da isenção significa, do ponto de vista econômico, majoração da carga tributária, razão pela qual, ainda que o Decreto tivesse força para revogar a lei, somente poderia gerar efeitos a partir do exercício de 2002. O examinando deverá então impetrar Mandado de Segurança, endereçado a uma das Varas Cíveis da Justiça Estadual, com pedido de medida liminar, para que, a empresa não fique sujeita à imposição de multas e cobrança executiva, em razão do não recolhimento já a partir do próximo mês. Alternativamente poderá o candidato ingressar com uma ação declaratória de inexistência de relação jurídica objetivando através de sentença, a declaração da ilegalidade do ato praticado, pleiteando ainda, a tutela antecipatória para suspender a exigência da exação tributária em discussão.

(OAB/SP – 2001.1 – 2ª fase) A Fiscalização Estadual de São Paulo, em data de 23.09.94, notificou regularmente a empresa KLM Distribuidora de Produtos Alimentícios Ltda., da lavratura de Auto de Infração e Imposição de Multa (AIIM) contra a contribuinte, por ter apurado a venda de mercadorias em 14.04.1989, sem emissão de nota fiscal, o que implicou a falta de recolhimento do tributo devido. Em face da falta de pagamento do referido débito, o mesmo foi devidamente inscrito na Dívida Ativa em 12.11.99 e a Execução Fiscal foi protocolizada em 18.12.99, sendo desta mesma data o despacho do Juiz que deferiu a inicial. Citada da execução e penhorados bens da contribuinte, a empresa KLM Distribuidora de Produtos Alimentícios Ltda. contratou-o(a) para defender seus interesses.

Como advogado(a) da empresa, acione o instituto judicial pertinente.

Gabarito:

O(A) candidato(a) deverá ingressar, perante o Juízo do Anexo das Execuções Fiscais Estaduais competente, com Embargos à Execução ou Embargos do Devedor, nos termos do artigo 16 da Lei 6.830/80, contestando a exigência, sob o fundamento de que a Fazenda Pública perdeu o direito de Ação, vez que se deu a extinção da obrigação tributária pela ocorrência da prescrição (inciso V, do artigo 150 do CTN), já que a inscrição na Dívida Ativa concretizou-se após o decurso do prazo de 05 anos contados da data da regular notificação, ao sujeito passivo, do lançamento tributário (artigo 174 CTN).

[Comentário: a prescrição é interrompida pelo despacho do juiz que ordena a citação em execução fiscal – art. 174, I, do CTN]

(OAB/SP – 2001.1 – 2ª fase) A Indústria de Artefatos de Madeira Ltda., entendendo que um determinado produto por ela fabricado encontrava-se abrangido pela isenção do IPI, antes de qualquer manifestação do Fisco formulou, em 01.02.99, consulta à Secretaria da Receita Federal, porém, enquanto aguardava a resposta, continuou comercializando o referido produto ao abrigo da isenção. Em 22.11.99, a Receita Federal, em resposta à consulta formulada, posicionou-se oficialmente, fixando o entendimento de que aquele produto era tributado pelo IPI à alíquota de 5%. Nesta mesma data, o contribuinte recebeu o DARF (Documento de Arrecadação de Receitas Federais), emitido pela Receita Federal, para recolher, até o dia 15.12.1999, o tributo devido acrescido de correção monetária, juros de mora e multa moratória de 20%. Como advogado(a) da empresa, ingresse com a medida judicial adequada à defesa dos interesses da constituinte.

Gabarito:

O(A) candidato(a) deverá ingressar, perante uma das Varas Cíveis da Justiça Federal, com Ação Anulatória fundamentada no artigo 38 da lei 6.830/80, visando a anulação do débito tributário ou do lançamento tributário, relativamente à cobrança de juros moratório e da multa de mora no percentual de 20 %. Deverá contestar o prazo (15.12.1999) fixado para pagamento, visto que, na pendência de consulta, nos termos do § 1º do artigo 160 do CTN, é indevida a cobrança de juros e da multa moratória, assim como o prazo fixado para pagamento é de 30 (trinta) dias contados da data em que o sujeito passivo foi notificado do lançamento, portanto, até 22.12.99 o contribuinte poderia levar a efeito o recolhimento do valor do tributo devido, apenas corrigido monetariamente.

Caberá, também, a impetração de Mandado de Segurança com base na Lei 1.522/51, sob os mesmos fundamentos jurídicos acima apontados.

[Comentário: atualmente o MS é regulado pela Lei 12.016/2009].

(OAB/SP – 2000.2 – 2ª fase) Por meio de fiscalização realizada em 25.08.89 na empresa "Comércio de Materiais para Construção João de Barro Ltda"., a Receita Federal, com base na legislação vigente nesta data, lavrou Auto de Infração e Imposição de Multa (AIIM) no valor de R$ 1.800.000,00 (um milhão e oitocentos mil reais) relativamente à falta de pagamento do Imposto Sobre a Renda (IR) incidente sobre o lucro apurado em operação de vendas de mercadorias realizadas durante o ano de 1983. Não concordando com a referida exigência, o contribuinte ingressou, imediata e tempestivamente, com a competente impugnação administrativa, rejeitada por decisão desfavorável que transitou em definitiva em 24.08.93. Não sendo pago o crédito tributário, a Fazenda Pública, após inscrição na dívida ativa, ingressou com Execução Fiscal, cuja petição inicial foi deferida pelo MM. Juiz em 24.03.99. Em 15 de maio de 1999, após regularmente citado para o pagamento da referida execução, foi efetuada a penhora de bens da empresa. Como advogado(a) do(a) contribuinte, promova a medida judicial adequada a resguardar os direitos de sua constituinte.

Gabarito:

Embargos do devedor à Execução Fiscal, nos termos do artigo 16 da Lei 6.830/80, opostos perante uma das Varas das Execuções Fiscais Federais. O candidato deverá sustentar que se encontra extinto o direito da Fazenda Pública Federal pelo decurso do prazo prescricional previsto no artigo 174 do CTN.

[Comentário: a prescrição é interrompida pelo despacho do juiz que ordena a citação em execução fiscal – art. 174, I, do CTN]

TRIBUTÁRIA

(OAB/SP – 1999.1 – 2ª fase) A Empresa XYZ Ltda., com estabelecimento e sede no Município de São Paulo, durante o mês de maio de 1982, prestou serviços de limpeza à Empresa WWW Ltda., sediada no mesmo Município, sem emissão de Nota Fiscal, e sem o recolhimento do Imposto sobre Serviços de competência municipal (ISSQN). Em 03 de maio de 1988, a fiscalização municipal identificou a falta de recolhimento, oportunidade em que lavrou o Auto de Infração e Imposição de Multa, passando a exigir o crédito tributário com base na Lei nº 7.999, de 23.11.87, publicada nesta mesma data. O Contribuinte, não concordando com as exigências, ingressou imediata e tempestivamente, com a defesa administrativa, rejeitada por decisão desfavorável transitada em julgado em 03.10.93.

Como advogado(a) da Empresa XYZ Ltda., ingresse com a Medida Judicial cabível para a defesa do contribuinte.

Gabarito:

Embargos à Execução (ou Embargos do Devedor), endereçado ao Exmo. Sr. Dr. Juiz de Direito da MM. Vara de Execuções Fiscais em São Paulo. Deverá ser demonstrada a inexigibilidade do crédito tributário em face da extinção da obrigação tributária (art. 156, V, CTN), pela ocorrência da decadência, e consequente perda do direito da Fazenda Pública Municipal, de constituir o referido crédito. Além do mais, a constituição do crédito encontra-se em desacordo com as disposições do artigo 150, III, a da CF cc art. 144 CTN (princípio da irretroatividade da lei).

[Comentário: o correto é ação anulatória, pois não há notícia de execução fiscal]

(OAB/SP – 1998.3 – 2ª fase) Através de fiscalização realizada em 25.8.1986 na empresa "Comércio de Materiais para Construção João de Barro Ltda.", a Receita Federal, com base na legislação vigente nesta data, lavrou auto de infração e imposição de multa (AIIM) no valor de R$ 1.800.000,00 (um milhão e oitocentos mil reais) relativamente à falta de pagamento do imposto sobre a renda (IR) incidente sobre o lucro apurado em operação de vendas de mercadorias realizadas durante o ano de 1980. Não concordando com a referida exigência o contribuinte ingressou, imediata e tempestivamente, com a competente impugnação administrativa, sendo, entretanto, proferida decisão a seu desfavor, que transitou em definitiva em 24.8.1990. Não sendo pago o crédito tributário, a Fazenda Pública, após inscrição na dívida ativa, ingressou com execução fiscal, cuja petição inicial foi deferida pelo MM. Juiz em 24.3.1996.

Como advogado do contribuinte, promova a medida judicial cabível para resguardar os direitos de seu cliente.

Gabarito:

Encontra-se extinto o direito da Fazenda Pública Federal pelo decurso do prazo prescricional previsto no artigo 174 do CTN. A medida cabível é a de Embargos à Execução nos termos do artigo 16 da Lei 6.830/80. Referidos embargos deverão ser propostos perante o MM. Juiz de Direito de uma das Varas das Execuções Fiscais Federais.

[Comentário: a prescrição é interrompida pelo despacho do juiz que ordena a citação em execução fiscal – art. 174, I, do CTN]

(OAB/SP – 1998.3 – 2ª fase) O contribuinte XPTO, sediado na cidade de São Paulo, através de fiscalização realizada pela Fazenda Estadual em 15.07.1995, teve contra ele lavrado um auto de infração e imposição de multa (AIIM) relativo à falta de pagamento do imposto sobre a propriedade de veículo automotor (IPVA) cujo fato gerador ocorreu em 1o. de janeiro de 1989. Pela falta de pagamento do IPVA na data aprazada, foi cobrado o valor originário de R$ 3.500,00 (três mil e quinhentos reais) mais a multa de 20% (vinte por cento) com base na lei nº 4.589 de 12.8.1993, que estava em vigor na data da fiscalização (15.7.1995). Na data da ocorrência do fato gerador estava em vigor a lei nº 6.538 que fixava o valor originário do IPVA em R$ 1.750,00 (um mil, setecentos e cinquenta reais) e a multa em 30% (trinta por cento) sobre o valor do imposto não pago.

Como advogado de XPTO promova a medida judicial cabível para resguardar os interesses dos seus clientes.

Gabarito:

O lançamento tributário ocorreu após o decurso do prazo para a constituição do crédito tributário previsto no artigo 173, I do CTN. A medida judicial mais adequada é a propositura de Ação Anulatória de Débito Fiscal também denominada de Ação Anulatória de Lançamento Tributário, conforme artigo 38 da Lei 6.830/80, pelo fato de o lançamento ter sido efetuado de ofício.

Se fosse por homologação, então seria cabível ação declaratória. Poderá, ainda, ser impetrado Mandado de Segurança, com base na Lei 1.533/51. A competência para tais ações será do Juízo da Vara da Fazenda Pública, onde houver.

[Comentário: atualmente o MS é regulado pela Lei 12.016/2009].

(OAB/SP – 1998.1 – 2ª fase) A empresa "Casas de Madeira, Indústria e Comércio Ltda." deixou de recolher o ICMS (18%) em operação de venda de produto industrializado realizada em 24.05.79. Em 28.03.1985, a fiscalização identificou a irregularidade e lavrou Auto de Infração passando a exigir o pagamento do imposto, calculado pela aplicação da alíquota de 25%. Irresignada com a exigência, imediatamente ingressou com defesa administrativa, mas não teve sucesso, sendo que a decisão, que lhe foi desfavorável, transitou em julgado em 31.12.91. Por falta de pagamento, o crédito tributário foi inscrito na Dívida Ativa e em 10.12.96 a Fazenda Pública propôs Execução Fiscal, sendo deferida a inicial pelo MM. Juízo, nesta mesma data.

Como advogado da Empresa "Casas de Madeira, Indústria e Comércio Ltda.", propor a medida judicial cabível.

Gabarito:

Oferecer embargos à execução, endereçado ao Exmo. Sr. Dr. Juiz de Direito do Anexo Fiscal do Fórum da Comarca de ...., alegando decadência, nos termos do artigo 173 do CTN, e afronta ao princípio da irretroatividade da Lei, nos termos do artigo 150, III, "a", da CF, cc. artigo 144, do CTN.

(OAB/SP – 1998.1 – 2ª fase) Em fiscalização realizada em 12 de novembro de 1991, a empresa "Comércio de Óleo Vegetal S.A." teve contra si lavrado Auto de Infração e Imposição de Multa porque a fiscalização entendeu que haviam sido praticadas as seguintes irregularidades: a) falta de pagamento do imposto sobre importação, referente a fato gerador ocorrido em 22.02.87; b) falta de pagamento do IPI (imposto sobre produtos industrializados) relativo à fato gerador ocorrido em 05.03.89; c) falta de pagamento do IR (imposto sobre a renda) referente à venda de mercadorias sem nota fiscal (omissão de receita) em 01.07.90. Para os itens "a" e "b" ingressou imediatamente com defesa administrativa cuja decisão, desfavorável a ela, transitou em julgado em 10.10.96. Não sendo pago o crédito tributário constante do referido Auto de Infração, após a inscrição na dívida ativa, foi o débito objeto de Execução Fiscal proposta pela União Federal, cuja inicial foi deferida pelo MM. Juízo em 09.08.97.

Como advogado da Empresa "Comércio de Óleo Vegetal S.A.", propor a medida judicial cabível.

Gabarito:

Oferecer embargos à execução, endereçado ao Exmo. Sr. Dr. Juiz Federal da ..... MM. Vara das Execuções Fiscais da Seção Judiciária de São Paulo e ou Exmo. Sr. Dr. Juiz de Direito do Anexo Fiscal do Fórum da Comarca de ....., alegando prescrição, nos termos do artigo 174 do CTN, cc. art. 8º, parágrafo 2º, da Lei das Execuções Fiscais nº 6.380/80, relativamente ao IR, pois, nos termos do enunciado, nada há a requerer em relação aos demais impostos.

[Comentário: a prescrição é interrompida pelo despacho do juiz que ordena a citação em execução fiscal – art. 174, I, do CTN]

TRIBUTÁRIA

6. IMPOSTOS EM ESPÉCIE

(OAB/SP – 2003.3 – 2ª fase) A sociedade A&C Serviços de Limpeza Ltda. tem sede em São Paulo e filial na cidade de Taboão da Serra. Para efeitos fiscais, ambos os estabelecimentos são autônomos, têm inscrições nos respectivos municípios e apenas prestam serviços dentro dos territórios municipais em que estão localizados. No entanto, o estabelecimento de São Paulo recebeu notificação da Prefeitura, de que doravante deverá recolher aos cofres municipais também o imposto relativo aos serviços prestados em Taboão da Serra, uma vez que a sede da contribuinte é em São Paulo. De seu turno, a Prefeitura de Taboão da Serra exige o tributo e, não sendo pago, procederá à inscrição do débito na dívida ativa e consequente execução fiscal.

Como advogado da A&C Serviços de Limpeza Ltda., aja para defender seus interesses e, diante das pretensões contempladas na hipótese, manter sua regularidade fiscal já a partir deste mês, em que o imposto questionado atinge o valor de R$ 10.000,00 (dez mil reais).

Gabarito:

O candidato deverá mover ação de consignação em pagamento, com fundamento no art. 164, III, do Código Tributário Nacional. Os requisitos da ação deverão observar o disposto nos arts. 890 e seguintes do Código de Processo Civil, em especial o art. 898, compreendendo o pedido a citação de ambos os Municípios para comparecer aos autos e exercitar a pretensão ao recebimento do valor consignado. O candidato deverá expor os motivos da dúvida, argumentado com as regras do art. 3º da Lei Complementar nº 116/03 a respeito do local do pagamento do ISS. Como há dúvida quanto ao local do pagamento, a ação pode ser proposta tanto em São Paulo (Vara da Fazenda Pública) quanto em Taboão da Serra.

(OAB/SP – 2003.3 – 2ª fase) Alcebíades é professor universitário e ministra cursos livres em caráter autônomo. Para exercer esta última atividade, inscreveu-se no Cadastro de Contribuintes Mobiliários do Município de São Paulo (cidade onde ministra seus cursos) para efeito do pagamento do Imposto sobre Serviços – ISS. No entanto, logo após a inscrição, recebeu correspondência da Secretaria Municipal das Finanças, orientando-o a manter regular escrituração fiscal para apuração do tributo que, de acordo com a lei municipal nº 10.000/00 (fictícia) incidiria exclusivamente sobre as receitas auferidas em decorrência da atividade, à alíquota de 5%.

Como advogado de Alcebíades, atue em seu prol.

Gabarito:

Impetração de mandado de segurança preventivo para impedir a autoridade fiscal (Secretário Municipal das Finanças, ou outra autoridade competente na estrutura do órgão) que lance o imposto com base em percentual das receitas auferidas, pois Alcebíades tem o direito de recolhê-lo na forma do art. 9º, § 1º, do Decreto-lei nº 406/68, não revogado pela Lei Complementar nº 116/03. Em consequência, o candidato deverá impugnar o dever de manutenção de escrituração fiscal, que também deverá ser combatido por falta de razoabilidade, pois não estabelecido no interesse da arrecadação dos tributos (CTN, art. 113, § 2º). A ação deverá ser impetrada perante alguma das varas da Fazenda Pública da Comarca de São Paulo e deverá ser requerida liminar para impedir desde logo: a) a cobrança do tributo na forma pretendida pela Municipalidade; b) a tomada de medidas sancionatórias pelo descumprimento das obrigações acessórias.

(OAB/SP – 2003.3 – 2ª fase) Em janeiro de 2003, a Sociedade “Carlos Ferreira – ME”, inscrita no CNPJ sob n.º 222.332.444-0001-00, foi regularmente notificada de lançamento relativo a crédito tributário de IPTU, referente ao exercício de 2003, ocasião em que constatou que a alíquota utilizada para apuração do valor do imposto era de 2%, específica para imóveis destinados a fins comerciais. Na mesma ocasião, a Municipalidade de São Paulo, alterando lançamentos anteriores, exigiu IPTU relativo aos exercícios de 1997, 1998, 1999, 2000, 2001 e 2002, uma vez que, nos lançamentos anteriores, fora adotada por engano a alíquota de 1% específica para imóveis residenciais.

Diante dessa situação, elabore a medida judicial apropriada para defender os interesses da Empresa “Carlos Ferreira – ME”, e que impeça eventual execução fiscal por parte da Fazenda Pública Municipal.

Gabarito:

Para defesa do contribuinte, o candidato deverá elaborar Ação Anulatória de Lançamento Fiscal, acompanhada de depósito do valor do débito conforme artigo 38 da lei nº 6.830/80 ou, alternativamente, de pedido de tutela antecipada nos termos do artigo 273 do CPC c.c. art. 151, inciso V, do CTN. Como fundamentos jurídicos deverá alegar: a) inconstitucionalidade da progressividade instituída pela destinação do imóvel; b) decadência em relação ao exercício de 1997, e; c) inalterabilidade do lançamento tributário relativamente aos exercícios de 1997 a 2002, nos termos do art. 149 do CTN.

[Comentário: o gabarito é bastante questionável. Os candidatos que alegaram apenas a decadência em relação a 1997 e recorreram, tiveram os recursos deferidos.]

(OAB/SP – 2003.2 – 2ª fase) A sociedade Copiadora do Mestre Ltda. dedica-se à atividade de reprodução de documentos e, nessa qualidade, é contribuinte do ISS (Imposto sobre Serviços), inscrita no cadastro específico do Município de São Paulo, onde tem sede. Em maio de 1997, recebeu encomenda excepcionalmente vultosa de cliente, para reprodução de 100.000 cópias de panfleto publicitário. Essa operação levantou suspeita perante a fiscalização estadual, que entendeu ter havido, de fato, operação de venda dos panfletos, inclusive em razão de ter sido o papel de sua impressão fornecido pela própria Copiadora do Mestre Ltda. Assim, em janeiro último, recebeu autuação por falta de recolhimento do Imposto sobre Circulação de Mercadorias e Serviços – ICMS, não impugnada na esfera administrativa e geradora da inscrição do débito respectivo como dívida ativa.

Na qualidade de advogado da Copiadora do Mestre Ltda., proponha a medida pertinente à defesa de seus interesses.

Gabarito:

Propositura de ação anulatória de débito fiscal, nos termos do art. 38 da Lei nº 6.830/80, contra a Fazenda do Estado de São Paulo, perante alguma das varas da Fazenda Pública da Capital. No mérito, deverá o candidato sustentar que a operação em questão efetivamente corresponde a prestação de serviços, descrita no item 76 da lista de serviços anexa ao Decreto-Lei nº 406/68 e que, por isso, exclui-se a incidência do imposto de competência estadual, o que não é desnaturado pelo fato de os materiais serem fornecidos pelo próprio prestador de serviços.

Deverá, também, arguir decadência, uma vez que decorrido o quinquênio legal a contar do primeiro dia do exercício seguinte àquele em que o lançamento poderia ter sido efetuado, conforme art. 173, I, do Código Tributário Nacional.
[Comentário: atualmente, o ISS é regulado nacionalmente pela LC 116/2003. Ver também a Súmula 156/STJ].

(OAB/SP – 2003.1 – 2ª fase) O Estado de São Paulo, por meio da Lei nº 4455/01, instituiu a cobrança do Imposto Sobre Transmissão causa mortis e doação, sobre quaisquer bens e direitos (ITCMED), aplicando sobre os respectivos fatos geradores alíquotas progressivas que variam de 1,0 % (um por cento) para bens no valor de até R$ 10.000,00, a 5% (cinco por cento) para outros cujo valor supere o montante de R$ 150.000,00. Ricardo Altruista deseja doar ao filho Tércio imóvel de sua propriedade no valor de R$ 200.000,00 (duzentos mil reais). O doador, inconformado com a disparidade de alíquotas sobre o fato gerador, o procurou para saber da legitimidade ou não de tal cobrança.

Como advogado(a) de Ricardo Altruísta, ingressar com a medida ou medidas pertinentes a proteção dos interesses do cliente.

Gabarito:

O(a) candidato(a) deverá impetrar mandado de segurança com pedido liminar, objetivando a consumação da doação do referido imóvel ao filho, calculando o ITCMD com alíquota de 1%, uma vez que, por ser tributo incidente sobre valor patrimonial do bem e não sobre a pessoa, a Constituição Federal, neste caso, não prevê qualquer espécie de progressividade, realizando-se o princípio da capacidade contributiva proporcionalmente ao valor do imóvel. Este é o entendimento do Supremo Tribunal Federal (STF) ao julgar inconstitucional a progressividade das alíquotas do IPTU antes da Emenda Constitucional nº 29/00, e também a progressividade do ITBI, ambos de competência municipal. A segurança deverá ser impetrada perante Vara da Fazenda Pública em São Paulo, sendo autoridade coatora o Delegado Regional Tributário em São Paulo. Poderá, alternativamente, ingressar com ação declaratória de inexistência de relação jurídica, com fulcro no artigo 4º do C.P.C, com pedido de tutela antecipada, nos termos do seu art. 273, objetivando a realização da doação com o pagamento da exação pela alíquota de 1% (um por cento).

[Comentário: ver as Súmulas 668 e 656/STF]

(OAB/SP – 2002.3 – 2ª fase) João adquiriu, em 1980, imóvel então situado na zona rural do Município de Serra Negra. Em 2001, a Câmara Municipal aprovou lei que alterou o perímetro urbano do Município, passando a incluir o imóvel de João. Porém, a área manteve características típicas de zona rural, sem apresentar qualquer espécie de equipamento urbano, tal como água encanada, iluminação pública, saneamento básico ou calçamento. Recentemente, João recebeu notificação de lançamento do IPTU relativo ao exercício de 2002, com vencimento para daqui a 2 (duas) semanas, no valor de R$ 1.000,00 (mil reais).
Aja na qualidade de advogado de João.

Gabarito:

João deverá propor ação ordinária contra o Município de Serra Negra, visando à anulação do ato de lançamento fiscal, perante algum dos Juízos de Direito daquela Comarca. No mérito, deverá sustentar que a cobrança do IPTU não atende os requisitos do art. 32, § 1º, do Código Tributário Nacional, pois é necessária a presença dos melhoramentos urbanos ali descritos. Poderá o candidato requerer a suspensão da exigibilidade do crédito tributário, mediante o depósito do valor correspondente, (art. 38 da Lei nº 6.830/80, cc artigo 151 inciso II do CTN). Não é recomendada a impetração de mandado de segurança, tendo em vista que a comprovação dos fatos alegados dependerá de vistoria pericial, o que não é compatível com esse remédio judicial.

(OAB/SP – 2002.1 – 2ª fase) A sociedade Mirassol Agroindustrial S.A. vendeu, em março de 1998, um imóvel integrante de seu ativo imobilizado, pelo valor de R$ 100.000,00 (cem mil reais). Esse imóvel estava registrado na contabilidade da sociedade pelo mesmo valor de R$ 100.000,00, que correspondia ao preço de sua aquisição pela sociedade. No mesmo ano-base de 1998, a empresa contabilizou um prejuízo fiscal de R$ 70.000,00 e, portanto, não pagou Imposto de Renda (IRPJ). Contudo, a fiscalização federal, revendo os livros contábeis, verificou que o valor da venda não foi lançado como receita e autuou a sociedade pelo valor correspondente, adicionando este ao resultado e cobrando o IRPJ no montante de R$ 4.500,00 (quatro mil e quinhentos reais), equivalente ao lucro líquido de R$ 30.000,00 (trinta mil reais). A sociedade não se defendeu do auto de infração e o crédito foi inscrito na dívida ativa, com a subsequente propositura de execução fiscal.
Na qualidade de advogado da empresa, atue em seu benefício. Considere que a constituinte tem sede na cidade de São José do Rio Pardo e que foi intimada da penhora de seus bens há 10 (dez) dias.

Gabarito:

Oposição de embargos à execução, com base nos arts. 16 e segs. da Lei nº 6.830/80. No mérito, o candidato deverá sustentar que a venda de bens do ativo fixo não constitui receita tributável, porque não implicou variação patrimonial para a sociedade (lucro), conforme compreendido no conceito de renda do art. 153, III, da Constituição Federal e do art. 43 do Código Tributário Nacional. A ação deverá ser proposta perante o anexo fiscal da Comarca de São José do Rio Pardo (juízo estadual), por onde deve tramitar a execução.

(OAB/SP – 2001.3 – 2ª fase) Caio e Tício são os únicos sócios da empresa XPTO S/A, que atuava no ramo de industrialização e comércio varejista de tubos de plástico. Diante das divergências administrativas entre ambos, em 31 de dezembro de 2000, foi deliberada a cisão da companhia, com a versão dos ativos relacionados à atividade de comercialização para outra empresa controlada por Caio, a RLBO LTDA. Tício permaneceu à frente da XPTO, que passou a se dedicar exclusivamente à atividade de industrialização. Antes da data da operação, os sócios decidiram transferir para os estabelecimentos comerciais toda a produção excedente de tubos, que se encontrava no estoque da fábrica. Em 01 de janeiro de 2001, a fiscalização estadual lavrou auto de infração e imposição de multa contra a XPTO S/A, pelo não recolhimento do ICMS na transferência daquelas mercadorias, sob o argumento de ser a transferência fraudulenta.

Como advogado da empresa, utilize o meio judicial pertinente a afastar a cobrança do ICMS no caso concreto e assegurar à Autora o acesso desde logo a certidões de regularidade fiscal. Suponha, para tanto, que todos os estabelecimentos das empresas localizam-se no Município de São Paulo.

Gabarito:

Antes da cisão todos os estabelecimentos pertenciam ao mesmo titular (XPTO). Neste caso não há incidência do imposto na transferência dos tubos, porque, embora tenha havido a circulação física dos bens, não houve circulação jurídica (transferência de propriedade) e, portanto, não ocorreu o fato gerador do ICMS. Além disso, a medida adotada não tem cunho fraudulento, tratando-se de planejamento fiscal legítimo, visando afastar o impacto tributário antes da ocorrência do fato gerador. Com base nesses argumentos, o examinando deverá propor ação anulatória de débito fiscal, com pedido de antecipação de tutela, a qual deverá ser endereçada a uma das Varas da Fazenda Pública da Comarca da Capital.

Alternativamente, poderá ser impetrado mandado de segurança com pedido de liminar.

(OAB/SP – 2000.3 – 2ª fase) De acordo com a Lei nº 11.154/91 do Município de São Paulo, a alienação inter vivos de bem imóveis está sujeita à incidência do Imposto de Transmissão de Bens Imóveis – ITBI, a ser pago pelo adquirente. A cobrança do imposto é feita sob o regime de alíquotas progressivas de 2, 3, 4 e 6%, incidentes sobre as parcelas do preço divididas em faixas de valor em tabela específica. Caio está adquirindo um bem imóvel situado no Município de São Paulo, cuja escritura deverá ser outorgada em 10 dias, ocasião em que, necessariamente, deverá apresentar a competente guia de recolhimento do imposto devidamente quitada.

Ciente de que o valor da operação supera o limite da menor faixa de valor, atraindo a incidência das alíquotas superiores a 2%, Caio impetrou Mandado de Segurança, com pedido de liminar, contra o Diretor do Departamento de Rendas Imobiliárias da Prefeitura do Município de São Paulo, para calcular e recolher o tributo à alíquota de 2% sobre o valor total da operação.

A medida liminar foi negada, sob o argumento de que o Município tem competência para definir a alíquota do imposto, inclusive no regime de alíquotas progressivas, tendo em vista o princípio constitucional da capacidade contributiva (art. 145, §1º da Constituição Federal).

Considerando que a decisão denegatória da medida liminar foi publicada na imprensa oficial há 5 (cinco) dias, adote a medida adequada para viabilizar a outorga da escritura de compra e venda do imóvel no prazo fixado, mediante o pagamento do ITBI pela menor alíquota.

Gabarito:

O examinando deverá interpor Agravo de Instrumento endereçado ao 1º Tribunal de Alçada Civil de São Paulo, com pedido de efeito suspensivo ativo, sustentando a ilegitimidade da cobrança do ITBI pelo regime de alíquotas progressivas, tendo em vista que não há permissão constitucional expressa para a instituição dessa fórmula de cobrança do ITBI. À medida que não há previsão expressa do ITBI progressivo, a exação do Município de São Paulo fere o art. 150, II, da Constituição Federal, pois trata desigualmente contribuintes que se encontram em situação semelhante. Por outro lado, não há que se cogitar na aplicação do art. 145, §1º da Constituição Federal, porquanto não há correlação necessária entre a capacidade contributiva e o valor do imóvel. A gradação do imposto de acordo com a capacidade contributiva somente seria lícita nos chamados impostos pessoais. Preferencialmente deverá o examinando indicar jurisprudência a respeito, em especial a Súmula nº 45 do 1º TAC. Deverá ainda observar os requisitos formais de interposição do agravo de instrumento.

[Comentário: ver a Súmula 656/STF. Atualmente não há TAC em São Paulo, apenas Tribunal de Justiça.]

TRIBUTÁRIA

(OAB/SP – 2000.3 – 2ª fase) A Virtual Ltda., localizada na cidade de São Paulo-SP, é empresa prestadora de serviços de acesso à rede mundial de computadores (provedora de internet) e nessa qualidade foi autuada e multada pelo Fisco Municipal, em razão do não recolhimento do Imposto Sobre Serviços – ISS relativo aos meses de janeiro a dezembro de 1999. De acordo com o auto de infração lavrado no mês de janeiro pp., seria de rigor o recolhimento do imposto sobre as receitas decorrentes das mensalidades pagas pelos associados, tendo em vista a previsão específica de tributação do serviço de acesso à internet na Lei Municipal nº 9.999 aprovada em 31 de dezembro de 1998. A empresa não apresentou defesa administrativa, mas ainda não foi executada judicialmente.

Considerando-se que o serviço em questão não consta da lista anexa ao Decreto-lei nº 406/68, nem da Lei Complementar nº 56/87, [nem da LC 116/2003] adote, em nome da contribuinte, a medida judicial cabível para desconstituir o indigitado auto de infração e assegurar o direito do contribuinte de obter certidões de regularidade fiscal durante o trâmite da ação. Os objetivos deverão ser perseguidos em uma única ação.

Gabarito:

O examinando deverá confeccionar ação anulatória de débito fiscal endereçada a uma das varas da fazenda pública da comarca da capital, sustentando a ilegitimidade do lançamento em questão, tendo em vista que o art. 146, III, a, da Constituição Federal prevê que a cobrança dos impostos discriminados na constituição está sujeita à prévia definição dos respectivos fatos geradores, bases de cálculo e contribuintes, em sede de lei complementar. Deverá focalizar o entendimento doutrinário e jurisprudencial no sentido de que a competência tributária dos Municípios é condicionada pela taxativa lista de serviços da lei complementar federal, não sendo lícita a cobrança do imposto sobre serviços não constantes da lista, ainda que previsto em lei municipal e ainda que, do ponto de vista econômico, a atividade possa ser caracterizada como serviço de qualquer natureza. Deverá ainda ser formulado pedido de antecipação de tutela para suspender a exigibilidade do crédito ou, subsidiariamente, deverá ser requerida a realização do depósito judicial com a mesma finalidade, tudo para viabilizar o acesso à certidões de regularidade fiscal, nos termos do art. 206 do Código Tributário Nacional.

[Comentário: atualmente o ISS é regulado nacionalmente pela LC 116/2003].

(OAB/SP – 1999.3 – 2ª fase) A empresa XTD, Indústria de Papéis e Celulose, foi autuada pelo Fisco Estadual por deixar de recolher ICMS sobre a venda de veículos de sua frota, constantes de seu ativo imobilizado. A empresa não se utilizou dos recursos administrativos cabíveis ao caso, acarretando, por isso mesmo, a inscrição do débito na Dívida Ativa. A Fazenda do Estado, então, promoveu Execução Fiscal nos termos da Lei nº 6 830/80.

Como advogado da empresa XTD, acione a medida judicial adequada à solução da questão.

Gabarito:

Oferecer Embargos à Execução Fiscal endereçado ao Foro das Execuções Fiscais Estaduais em São Paulo, alegando violação ao princípio constitucional da tipicidade fechada da tributação (princípio da estrita legalidade), visto que a venda dos veículos da empresa (ativo imobilizado), não constitui fato gerador da obrigação tributária do ICMS, pois a venda de veículos não constitui objeto social de empresa. e o referido negócio jurídico não é realizado com habitualidade, não se caracterizando, portanto, em operação mercantil. A peça deverá satisfazer os requisitos jurídicos processuais, gerais e particulares da espécie.

(OAB/SP – 1999.2 – 2ª fase) A empresa ABC Ltda. possui duas instalações industriais situadas em endereços diferentes dentro do Município de São Paulo-SP. A fábrica I produz insumos que são utilizados pela fábrica II e transportados por caminhão, de um estabelecimento para outro. A empresa jamais efetuou o recolhimento do Imposto sobre a Circulação de Mercadorias e Serviços - ICMS sobre essa operação. No último mês de março, a fiscalização estadual lavrou auto de infração e imposição de multa contra a ABC Ltda., exigindo o recolhimento do imposto sobre essa operação relativamente aos últimos 10 (dez) anos. Não foi apresentada defesa administrativa e o débito está na iminência de ser inscrito na dívida ativa estadual. Sabe-se, ainda, que a empresa participa constantemente de licitações, sendo imprescindível a manutenção de situação regular perante o fisco.

Como advogado da ABC Ltda., acione o meio judicial adequado para desconstituir o lançamento em questão, bem como para assegurar a suspensão da exigência do respectivo crédito tributário.

Gabarito:

A circulação de mercadoria que enseja a cobrança do ICMS pressupõe a transferência da titularidade do bem. De acordo com a Súmula nº 166 do Superior Tribunal de Justiça, não incide ICMS no simples deslocamento de mercadoria de um para outro estabelecimento do mesmo contribuinte. Com esse fundamento, o examinando deverá propor ação anulatória de débito fiscal perante uma das varas da fazenda pública da comarca da capital. Deverá ainda formular pedido de antecipação de tutela, para suspensão da exigibilidade do crédito tributário e alternativamente comprometer-se a realizar depósito judicial da importância questionada.

(OAB/SP – 1998.2 – 2ª fase) Quando da lavratura da escritura pública de venda e compra referente a imóvel que adquirira, José tomou conhecimento que o Imposto de Transmissão sobre Bens Imóveis - ITBI, incidente na hipótese, seria cobra do mediante aplicação de alíquotas progressivas.

Não concordando com essa exigência, como advogado(a) de José tome a providência judicial cabível, fundamentando-a.

Gabarito:

Mandado de Segurança contra ato do Diretor de Rendas Imobiliárias ou autoridade municipal equivalente. Desenvolver a tese de inconstitucionalidade da progressividade do ITBI. Poderá ser proposta ainda ação cautelar e ação declaratória. Competência da Vara da Fazenda Pública, onde houver.

7. DIREITOS DOS CONTRIBUINTES

(OAB/SP – 2001.3 – 2ª fase) A RLBO Ltda., sociedade com sede na cidade de São Paulo - SP, vem tentando obter, nos últimos 30 dias, a inscrição no Cadastro Nacional de Pessoas Jurídicas - CNPJ, que é mantido pela Secretaria da Receita Federal, para fins de fiscalização e controle da arrecadação dos tributos federais. Todavia, a inscrição vem sendo negada pela Delegacia da Receita Federal de São Paulo - SP, sob o argumento de que um dos seus sócios participa de outras empresas que estão em débito com o Fisco Federal. Tal restrição, segundo a autoridade fiscal, estaria respaldada em Instrução Normativa do Ministério da Fazenda.

Como advogado da empresa, adote a medida judicial adequada à obtenção imediata do referido registro, eis que o contribuinte já vem operando e necessita regularizar a sua situação fiscal.

Gabarito:

O examinando deverá impetrar Mandado de Segurança, com pedido de medida liminar, contra o ato do Delegado da Receita Federal em São Paulo. A ação deverá ser endereçada a uma das varas da Justiça Federal de São Paulo - SP. O examinando deverá sustentar que a conduta fazendária representa empecilho ao livre exercício profissional, à liberdade de associação e à liberdade de iniciativa, o que viola o art. 5º, incisos XIII e XVIII, além do art. 170 da Constituição Federal, além de não encontrar respaldo legal, o que viola o art. 5º, II, da Carta. O ato coator representa ainda instrumento oblíquo de satisfação do crédito tributário, assumindo caráter de cobrança coativa, sem observância ao devido processo legal e à ampla defesa. O Código Tributário Nacional e a Lei nº 6.830/80 (Lei das Execuções Fiscais) conferem ao fisco arsenal jurídico suficiente para apuração e cobrança de seus créditos, não lhe sendo possível impor outros gravames ao contribuinte, com a finalidade de suprir eventual ineficiência daqueles instrumentos legais.

(OAB/SP – 1999.2 – 2ª fase) O contribuinte "A" foi autuado pelo Fisco Estadual por suposto não pagamento do ICMS relativo ao mês de outubro de 1998. Contra referida autuação, o contribuinte promoveu ação anulatória de débito fiscal, sem ter, no entanto, efetuado o respectivo depósito judicial do montante constante no AIIM em questão. Diante da ausência desse depósito, o MM. Juízo de 1ª instância extinguiu a ação promovida, sem análise do mérito.

Como advogado do contribuinte, tome a providência judicial cabível.

Gabarito:

Contra a sentença terminativa o candidato deve apresentar recurso de apelação, visando a anulação da sentença (e não a sua reforma), com a consequente remessa dos autos ao Juízo "a quo", para a respectiva análise do mérito da questão.

Prática Penal

Eduardo Dompieri

EXERCÍCIOS PRÁTICOS

1. DIREITO PENAL

1.1. Fontes, princípios e aplicação da lei penal

(OAB/Exame Unificado – 2012.1 – 2ª fase) Ricardo foi denunciado pela prática do delito descrito no art. 1º da Lei n. 8.137/90, em concurso material com o crime de falsidade ideológica (art. 299 do CP). Isso porque, conforme narrado na inicial acusatória e confessado pelo réu no interrogatório, obteve, em determinado estado da federação, licenciamento de seu veículo de modo fraudulento, já que indicou endereço falso. Assim agiu porque queria pagar menos tributo, haja vista que a alíquota do IPVA seria menor. Ao cabo da instrução criminal, Ricardo foi condenado nos exatos termos da denúncia, sendo certo que todo o conjunto probatório dos autos era significativo e apontava para a responsabilização do réu. No entanto, atento às particularidades do caso concreto, o magistrado fixou as penas de ambos os delitos no patamar mínimo previsto nos tipos penais, resultando a soma em 03 anos de pena privativa de liberdade.

Como advogado(a) de Ricardo, você deseja recorrer da sentença. Considerando apenas os dados descritos na questão, indique o(s) argumento(s) que melhor atenda(m) aos interesses de seu cliente. (valor: 1.25)

GABARITO COMENTADO

A questão objetiva avaliar o conhecimento acerca dos princípios relativos ao conflito aparente de normas. Há de se levar em consideração que problemáticas não narradas no enunciado não podem ser objeto de exigência. Assim, nos termos da questão, levando em conta apenas os dados fornecidos, o examinando somente fará jus à pontuação integral se desenvolver argumentação lastreada no princípio da consunção (ou princípio da absorção).

Deverá, igualmente, demonstrar conhecimento de que o crime descrito no art. 299 do CP (falsidade ideológica) teria constituído meio para o cometimento do delito-fim (crime contra a ordem tributária – art. 1º da Lei n. 8.137/90), de tal modo que a vinculação entre a falsidade ideológica e o crime contra a ordem tributária permitiria reconhecer, em referido contexto, a preponderância desse último. Consequentemente, Ricardo somente deveria responder pelo delito previsto no art. 1º da Lei n. 8.137/90.

Acerca desse ponto e com o intuito de privilegiar o desenvolvimento do raciocínio, não será cobrado o inciso preciso do mencionado artigo da Lei n. 8.137/90. Todavia, pelo mesmo motivo, eventual resposta que traga apenas a consequência (tipificação da conduta de Ricardo), de maneira isolada e dissociada da correta argumentação e desenvolvimento, não poderá ser pontuada.

Por fim, teses contraditórias no desenvolvimento da aplicação do princípio da consunção maculam a integralidade da questão. Todavia, com o fim de privilegiar a demonstração de conhecimento correto, não serão descontados pontos pela alegação de teses subsidiárias, ainda que inaplicáveis ao caso, desde que não configurem respostas contraditórias.

Distribuição dos pontos:

Quesito Avaliado	Faixa de valores
Mencionar o princípio da consunção OU o princípio da absorção (0,25)	0,00/0,25
O crime do art. 299 do CP teria constituído meio para o cometimento do delito-fim, que foi o crime contra a ordem tributária (0,60), de tal modo que a vinculação entre a falsidade ideológica e esse último permitiria reconhecer, em referido contexto, a preponderância do delito contra a ordem tributária. Consequentemente, Ricardo deve responder pelo delito descrito no art. 1º da Lei n. 8.137/90 (0,40). Obs.1: a mera indicação da consequência, dissociada do correto desenvolvimento, não será pontuada.	0,00/0,40/0,60/1,00

(OAB/Exame Unificado – 2009.2 – 2ª fase) Divino foi condenado definitivamente à pena privativa de liberdade de 1 ano de detenção, pela prática do delito previsto no art. 16 da Lei nº 6.368/1976 (uso de substância entorpecente). Antes de se iniciar o cumprimento da pena, foi publicada a Lei nº 11.343/2006 (nova lei de drogas), na qual não está prevista pena privativa de liberdade para condutas análogas à praticada por Divino, mas, tão somente, as medidas previstas no art. 28. Nessa situação hipotética, que argumento jurídico o(a) advogado(a) de Divino poderia utilizar para pleitear a aplicação da nova lei? Qual seria o juízo competente para decidir sobre a referida aplicação? Fundamente ambas as respostas.

RESOLUÇÃO DA QUESTÃO

A lei penal, em consonância com o que estabelece o art. 5º, XL, da CF, não retroagirá, salvo em uma situação excepcional: *em benefício do réu*.

Dito de outro modo, a lei penal é, em regra, irretroativa, devendo, por conta disso, ser aplicada a lei em vigor no momento do fato (*tempus regit actum*).

O art. 2º do Código Penal estabelece as duas hipóteses em que a projeção de efeitos para o passado poderá ocorrer: *abolitio criminis* e *novatio legis in mellius*. Nesses dois casos, a norma penal só pode atingir fatos pretéritos se for em benefício do acusado.

O advento de lei penal mais favorável ao agente (*novatio legis in mellius*), como é o caso do art. 28 da Lei 11.343/06, faz com que ela projete seus efeitos para o passado, em vista do disposto no art. 2º, parágrafo único, do Código Penal: "a lei posterior, que de qualquer modo favorecer o agente, aplica-se aos fatos anteriores, ainda que decididos por sentença condenatória transitada em julgado".

De outro lado, é competente para decidir sobre a referida aplicação o juízo das execuções penais, conforme dispõem o art. 66, I, da Lei de Execução Penal e a Súmula 611 do STF.

Comentários adicionais:

A teor do art. 28 da Lei 11.343/06, aquele que *adquire, guarda, tem em depósito, transporta* ou *traz consigo*, para consumo pessoal, drogas sem autorização ou em desacordo com determinação legal ou regulamentar será submetido às seguintes penas: advertência sobre os efeitos das drogas; prestação de serviços à comunidade; e medida educativa de comparecimento a programa ou curso educativo. Não será mais aplicável ao usuário, a partir da edição da nova Lei de Drogas, a pena de prisão. A natureza jurídica do art. 28 da Lei 11.343/06 tem gerado polêmica na doutrina. Para a 1ª Turma do STF, o dispositivo tem natureza de crime, e o usuário é um "toxico delinquente" (RE 430.105-9-RJ, Rel. Min. Sepúlveda Pertence, j. 13.2.2007). De qualquer forma, não deve restar dúvida de que o novo panorama legislativo alterou, para melhor, o tratamento dado ao usuário.

No que toca à *abolitio criminis* (art. 2º, *caput*, do CP), esta ocorrerá sempre que uma lei nova deixar de considerar crime determinado fato até então criminoso. É, por força do que dispõe o art. 107, III, do CP, *causa de extinção da punibilidade*, que pode ser arguida e reconhecida a qualquer tempo, mesmo no curso da execução da pena. Além disso, tem o condão de fazer cessar a execução e os efeitos penais da sentença condenatória. Os efeitos extrapenais, todavia, subsistem (art. 2º, *caput*, do CP).

(OAB/Exame Unificado – 2006.2 – 2ª fase) Considere que Júlio tenha subtraído, para si, de uma loja de um shopping, um boné no valor de R$ 42,00. Diante dessa situação, redija um texto, de forma fundamentada, discutindo se a conduta de Júlio constitui crime de furto. Aborde, em seu texto, o conceito de tipicidade conglobante. Extensão máxima: 30 linhas

RESOLUÇÃO DA QUESTÃO

Em princípio, a conduta praticada por Júlio não constitui crime de furto, capitulado no art. 155 do Código Penal.

Trata-se, sim, de *infração bagatelar*. Aplica-se, por conta disso, o princípio da insignificância ou de bagatela, que tem como consequência a exclusão da tipicidade material. Não há, nesse caso, que se falar em crime.

De qualquer forma, para o reconhecimento da infração bagatelar, é de suma importância a análise das circunstâncias que envolvem o caso concreto, levando-se em conta os requisitos consagrados na jurisprudência, a saber: a mínima ofensividade da conduta do agente; a nenhuma periculosidade social da ação; o reduzidíssimo grau de reprovabilidade do comportamento; e a inexpressividade da lesão jurídica provocada.

Para a teoria da tipicidade conglobante, é insuficiente a correspondência formal da conduta ao tipo penal.

É necessário, também, que a conduta seja contrária ao direito como um todo.

Não se está diante de um fato típico se a conduta é autorizada, por exemplo, pelo Direito Administrativo.

Comentários adicionais:

Nesse sentido, os seguintes acórdãos:

EMENTA: PRINCÍPIO DA INSIGNIFICÂNCIA - IDENTIFICAÇÃO DOS VETORES CUJA PRESENÇA LEGITIMA O RECONHECIMENTO DESSE POSTULADO DE POLÍTICA CRIMINAL - CONSEQUENTE DESCARACTERIZAÇÃO DA TIPICIDADE PENAL EM SEU ASPECTO MATERIAL - DELITO DE FURTO - "RES FURTIVA" (UM SIMPLES BONÉ) NO VALOR DE R$ 10,00 - DOUTRINA - CONSIDERAÇÕES EM TORNO DA JURISPRUDÊNCIA DO SUPREMO TRIBUNAL FEDERAL - MERA EXISTÊNCIA DE INQUÉRITOS OU DE PROCESSOS PENAIS AINDA EM CURSO - AUSÊNCIA DE CONDENAÇÃO PENAL IRRECORRÍVEL - PRINCÍPIO CONSTITUCIONAL DA NÃO CULPABILIDADE (CF, ART. 5º, LVII) - PEDIDO DEFERIDO. O PRINCÍPIO DA INSIGNIFICÂNCIA QUALIFICA-SE COMO FATOR DE DESCARACTERIZAÇÃO MATERIAL DA TIPICIDADE PENAL. - O princípio da insignificância - que deve ser analisado em conexão com os postulados da fragmentariedade e da intervenção mínima do Estado em matéria penal - tem o sentido de excluir ou de afastar a própria tipicidade penal, examinada na perspectiva de seu caráter material. Doutrina. Tal postulado - que considera necessária, na aferição do relevo material da tipicidade penal, a presença de certos vetores, tais como (a) a mínima ofensividade da conduta do agente, (b) a nenhuma periculosidade social da ação, (c) o reduzidíssimo grau de reprovabilidade do comportamento e (d) a inexpressividade da lesão jurídica provocada - apoiou-se, em seu processo de formulação teórica, no reconhecimento de que o caráter subsidiário do sistema penal reclama e impõe, em função dos próprios objetivos por ele visados, a intervenção mínima do Poder Público. O POSTULADO

PENAL

DA INSIGNIFICÂNCIA E A FUNÇÃO DO DIREITO PENAL: "DE MINIMIS, NON CURAT PRAETOR". O sistema jurídico há de considerar a relevantíssima circunstância de que a privação da liberdade e a restrição de direitos do indivíduo somente se justificam quando estritamente necessárias à própria proteção das pessoas, da sociedade e de outros bens jurídicos que lhes sejam essenciais, notadamente naqueles casos em que os valores penalmente tutelados se exponham a dano, efetivo ou potencial, impregnado de significativa lesividade. O direito penal não se deve ocupar de condutas que produzam resultado cujo desvalor – por não importar em lesão significativa a bens jurídicos relevantes – não represente, por isso mesmo, prejuízo importante, seja ao titular do bem jurídico tutelado, seja à integridade da própria ordem social. A MERA EXISTÊNCIA DE INVESTIGAÇÕES POLICIAIS (OU DE PROCESSOS PENAIS EM ANDAMENTO) NÃO BASTA, SÓ POR SI, PARA JUSTIFICAR O RECONHECIMENTO DE QUE O RÉU NÃO POSSUI BONS ANTECEDENTES. - A só existência de inquéritos policiais ou de processos penais, quer em andamento, quer arquivados, desde que ausente condenação penal irrecorrível - além de não permitir que, com base neles, se formule qualquer juízo de maus antecedentes -, também não pode autorizar, na dosimetria da pena, o agravamento do "status poenalis" do réu, nem dar suporte legitimador à privação cautelar da liberdade do indiciado ou do acusado, sob pena de transgressão ao postulado constitucional da não culpabilidade, inscrito no art. 5º, inciso LVII, da Lei Fundamental da República. (HC 84687, em branco, STF)

HABEAS CORPUS. FURTO QUALIFICADO DE UM BONÉ. PRINCÍPIO DA INSIGNIFICÂNCIA. APLICABILIDADE. MÍNIMO DESVALOR DA AÇÃO. BEM SUBTRAÍDO RESTITUÍDO À VITIMA. IRRELEVÂNCIA DA CONDUTA NA ESPERA PENAL. PRECEDENTES DO SUPREMO TRIBUNAL FEDERAL. 1. A conduta perpetrada pelo agente – furto qualificado de uma boné, que foi recuperado pela vítima no mesmo dia –, insere-se na concepção doutrinária e jurisprudencial de crime de bagatela. 2. Em caso de furto, para considerar que o fato não lesionou o bem jurídico tutelado pela norma, excluindo a tipicidade penal, deve-se conjugar o dano ao patrimônio da vítima com a mínima periculosidade social e o reduzido grau de reprovabilidade do comportamento do agente, elementos que estão presentes na espécie, porque o desvalor da ação é mínimo e o fato não causou qualquer consequência danosa. 3. Precedentes do Supremo Tribunal Federal. 4. Ordem concedida para anular a decisão condenatória. (HC 200801871019, LAURITA VAZ, - QUINTA TURMA, 15/12/2008)

PENAL - *HABEAS CORPUS* - FURTO DE UM BONÉ – VALOR DE R$ 50,00 – OBJETO RESTITUÍDO À VÍTIMA - REINCIDÊNCIA – APLICAÇÃO DO PRINCÍPIO DA INSIGNIFICÂNCIA OU BAGATELA – POSSIBILIDADE – IRRELEVÂNCIA DA REINCIDÊNCIA E DOS MAUS ANTECEDENTES. PRINCÍPIO DA NECESSARIEDADE DA PENA – ORDEM CONCEDIDA PARA RECONHECER A ATIPICIDADE DA CONDUTA. 1- Se o bem tutelado nem mesmo chegou a ser ofendido, nem há relevância na conduta praticada, o princípio da insignificância deve ser aplicado, afastando-se a tipicidade. 2- A aplicação dos princípios da necessariedade e da suficiência afasta a fixação de pena que se mostra excessiva para reprimir conduta irrelevante. 3- Maus antecedentes e reincidência não impedem a aplicação do princípio da bagatela. 4- Ordem concedida para absolver o paciente pelo reconhecimento da atipicidade de sua conduta. Expedido alvará de soltura, salvo prisão por outro motivo. (HC 200703000368, JANE SILVA (DESEMBARGADORA CONVOCADA DO TJ/MG), - SEXTA TURMA, 25/08/2008)

1.2. Teoria do crime

(OAB/Exame Unificado – 2013.3 – 2ª fase) Félix, objetivando matar Paola, tenta desferir-lhe diversas facadas, sem, no entanto, acertar nenhuma. Ainda na tentativa de atingir a vítima, que continua a esquivar-se dos golpes, Félix, aproveitando-se do fato de que conseguiu segurar Paola pela manga da camisa, empunha a arma. No momento, então, que Félix movimenta seu braço para dar o golpe derradeiro, já quase atingindo o corpo da vítima com a faca, ele opta por não continuar e, em seguida, solta Paola, que sai correndo sem ter sofrido sequer um arranhão, apesar do susto.
Nesse sentido, com base apenas nos dados fornecidos, poderá Félix ser responsabilizado por tentativa de homicídio? Justifique. (Valor: 1,25)

A resposta que contenha apenas as expressões "sim" ou "não" não será pontuada, bem como a mera indicação de artigo legal ou a resposta que apresente teses contraditórias.

GABARITO COMENTADO

O examinando deve responder que Félix não deve ser responsabilizado por tentativa de homicídio, pois a hipótese narrada enquadra-se naquela descrita no Art. 15, do CP, em sua primeira parte, ou seja, trata do instituto da desistência voluntária. Isso porque, conforme narrado no enunciado, percebe-se que o agente (Félix), desistiu de prosseguir na execução do delito quando ainda lhe sobrava, do ponto de vista objetivo, margem de ação. Assim, conforme o dispositivo legal supracitado, Félix responderia apenas por eventuais atos praticados. Note-se, entretanto, que os atos praticados pelo agente não traduzem a prática de crime, razão pela qual Félix não responde por nada.

Distribuição dos pontos

Item	Pontuação
Félix não responde por tentativa de homicídio, pois agiu em hipótese de desistência voluntária (1,00), instituto descrito na primeira parte do Art. 15 do CP (0,25). *Obs.: Não será pontuada a reprodução de texto legal ou a mera indicação de artigo de lei*	0,00/1,00/1,25

(OAB/Exame Unificado – 2013.3 – 2ª fase) Ricardo é delinquente conhecido em sua localidade, famoso por praticar delitos contra o patrimônio sem deixar rastros que pudessem incriminá-lo. Já cansando da impunidade, Wilson, policial e irmão de uma das vítimas de Ricardo, decide que irá empenhar todos os seus esforços na busca de uma maneira para prender, em flagrante, o facínora.

Assim, durante meses, se faz passar por amigo de Ricardo e, com isso, ganhar a confiança deste. Certo dia, decidido que havia chegada a hora, pergunta se Ricardo poderia ajudá-lo na próxima empreitada. Wilson diz que elaborou um plano perfeito para assaltar uma casa lotérica e que bastaria ao amigo seguir as instruções. O plano era o seguinte: Wilson se faria passar por um cliente da casa lotérica e, percebendo o melhor momento, daria um sinal para que Ricardo entrasse no referido estabelecimento e anunciasse o assalto, ocasião em que o ajudaria a render as pessoas presentes. Confiante nas suas próprias habilidades e empolgado com as ideias dadas por Wilson, Ricardo aceita. No dia marcado por ambos, Ricardo, seguindo o roteiro traçado por Wilson, espera o sinal e, tão logo o recebe, entra na casa lotérica e anuncia o assalto. Todavia, é surpreendido ao constatar que tanto Wilson quanto todos os "clientes" presentes na casa lotérica eram policiais disfarçados. Ricardo acaba sendo preso em flagrante, sob os aplausos da comunidade e dos demais policiais, contentes pelo sucesso do flagrante. Levado à delegacia, o delegado de plantão imputa a Ricardo a prática do delito de roubo na modalidade tentada.

Nesse sentido, atento tão somente às informações contidas no enunciado, responda justificadamente:

A) Qual a espécie de flagrante sofrido por Ricardo? (Valor: 0,80)

B) Qual é a melhor tese defensiva aplicável à situação de Ricardo relativamente à sua responsabilidade jurídico-penal? (Valor: 0,45)

GABARITO COMENTADO

A situação narrada configura hipótese de flagrante preparado (ou provocado). Tal prisão em flagrante é nula e deve ser imediatamente relaxada, haja vista o fato de ter sido preparada por um agente provocador, que adotou medidas aptas a impedir por completo a consumação do crime.

Inclusive, o Verbete 145 da Súmula do STF disciplina que nas situações como a descrita no enunciado inexiste crime.

Aplica-se, também, o Art. 17 do Código Penal: o flagrante preparado constitui hipótese de crime impossível.

Sendo assim, a melhor tese defensiva aplicável a Ricardo é aquela no sentido de excluir a prática de crime com base no Verbete 145, da Súmula do STF, e no Art. 17, do Código Penal.

Note-se que o enunciado da questão deixa claro que busca a melhor tese defensiva no campo jurídico-penal. Assim, eventuais respostas indicativas de soluções no âmbito processual (tais como: prisão ilegal que deve ser relaxada), ainda que corretas, não serão consideradas para efeito de pontuação, haja vista o fato de não responderem ao questionado.

Distribuição dos pontos

Item	Pontuação
A) Flagrante preparado (ou provocado) (0,50), pois houve a presença da figura do agente provocador que adotou medidas impeditivas à consumação do crime (0,30). Obs.: o correto desenvolvimento, dissociado da indicação da correta espécie de flagrante (ou mesmo de indicação errônea) não será pontuado.	0,00/0,50/0,80
B) A hipótese é de crime impossível (OU o fato é atípico) (0,35), consoante Verbete 145 da Súmula do STF (0,10). *Obs.: A mera indicação ou reprodução do conteúdo da Súmula não pontua..*	0,00/0,35/0,45

(OAB/Exame Unificado – 2013.2 – 2ª fase) O Ministério Público ofereceu denúncia contra Lucile, imputando-lhe a prática da conduta descrita no Art. 155, caput, do CP. Narrou, a inicial acusatória, que no dia 18/10/2012 Lucile subtraiu, sem violência ou grave ameaça, de um grande estabelecimento comercial do ramo de venda de alimentos, dois litros de leite e uma sacola de verduras, o que totalizou a quantia de R$10,00 (dez reais). Todas as exigências legais foram satisfeitas: a denúncia foi recebida, foi oferecida suspensão condicional do processo e foi apresentada resposta à acusação.

O magistrado, entretanto, após convencer-se pelas razões invocadas na referida resposta à acusação, entende que a fato é atípico.

Nesse sentido, tendo como base apenas as informações contidas no enunciado, responda, justificadamente, aos itens a seguir.

A) O que o magistrado deve fazer? Após indicar a solução, dê o correto fundamento legal. (Valor: 0,65)

B) Qual é o elemento ausente que justifica a alegada atipicidade? (Valor: 0,60)

Utilize os argumentos jurídicos apropriados e a fundamentação legal pertinente ao caso.

A simples menção ou transcrição do dispositivo legal não pontua.

GABARITO COMENTADO

A questão objetiva extrair do examinando conhecimento acerca da absolvição sumária, bem como dos elementos essenciais à configuração da tipicidade penal de uma conduta.

A) O juiz deve absolver sumariamente a ré, devendo fundamentar sua decisão no Art. 397, III do CPP.

B) Está ausente a tipicidade material. Isso porque, pela moderna doutrina, somente haverá tipicidade se, além da tipicidade formal (subsunção do fato à norma), estiver presente, também, a tipicidade material, assim entendida como efetiva lesão relevante ou ameaça de lesão ao bem jurídico tutelado.

(OAB/Exame Unificado – 2012.3 – 2ª fase) Mário está sendo processado por tentativa de homicídio uma vez que injetou substância venenosa em Luciano, com o objetivo de matá-lo. No curso do processo, uma amostra da referida substância foi recolhida para análise e enviada ao Instituto de Criminalística, ficando comprovado que, pelas condições de armazenamento e acondicionamento, a substância não fora hábil para produzir os efeitos a que estava destinada. Mesmo assim, arguindo que o magistrado não estava adstrito ao laudo, o Ministério Público pugnou pela pronúncia de Mário nos exatos termos da denúncia.

Com base apenas nos fatos apresentados, responda justificadamente.

A) O magistrado deveria pronunciar Mário, impronunciá-lo ou absolvê-lo sumariamente? (Valor: 0,65)

B) Caso Mário fosse pronunciado, qual seria o recurso cabível, o prazo de interposição e a quem deveria ser endereçado? (Valor: 0,60)

RESOLUÇÃO DA QUESTÃO

A) Deveria absolvê-lo sumariamente, por força do Art. 415, III, do CPP. O caso narrado não constitui crime, sendo hipótese de crime impossível.

B) É cabível recurso em sentido estrito (Art. 581, IV, do CPP); deve ser interposto no prazo de cinco dias (Art. 586 CPP); a petição de interposição deve ser endereçada ao juiz *a quo* e as razões deverão ser endereçadas ao Tribunal de Justiça.

Distribuição dos Pontos

Quesito Avaliado	Valores
A1) Deveria absolvê-lo sumariamente, por força do Art. 415, III, do CPP (0,35). Obs.: a mera indicação de artigo não pontua.	0,00/0,35
A2) A hipótese é de crime impossível (0,30).	0,00/0,30
B1) Recurso em sentido estrito (Art. 581, IV do CPP) (0,15);	0,00/0,15
B2) deve ser interposto em 5 dias (Art. 586, do CPP) (0,15);	0,00/0,15
B3) a petição de interposição deve ser endereçada ao juiz a quo (0,15) e as razões deverão ser endereçadas ao Tribunal de Justiça (0,15).	0,00/0,15/0,30

(OAB/Exame Unificado – 2012.3 – 2ª fase) Wilson, extremamente embriagado, discute com seu amigo Junior na calçada de um bar já vazio pelo avançado da hora. A discussão torna-se acalorada e, com intenção de matar, Wilson desfere quinze facadas em Junior, todas na altura do abdômen. Todavia, ao ver o amigo gritando de dor e esvaindo-se em sangue, Wilson, desesperado, pega um taxi para levar Junior ao hospital. Lá chegando, o socorro é eficiente e Junior consegue recuperar-se das graves lesões sofridas. Analise o caso narrado e, com base apenas nas informações dadas, responda, fundamentadamente, aos itens a seguir.

A) É cabível responsabilizar Wilson por tentativa de homicídio? (Valor: 0,65)

B) Caso Junior, mesmo tendo sido socorrido, não se recuperasse das lesões e viesse a falecer no dia seguinte aos fatos, qual seria a responsabilidade jurídico-penal de Wilson? (Valor: 0,60)

RESOLUÇÃO DA QUESTÃO

A) Não, pois Wilson será beneficiado pelo instituto do arrependimento eficaz, previsto na parte final do Art. 15 do Código Penal. Assim, somente responderá pelos atos praticados, no caso, as lesões corporais graves sofridas por Júnior.

Obs.: A mera indicação de artigo legal não garante atribuição de pontos. Também não serão pontuadas respostas contraditórias.

B) Nesse caso, como não houve eficácia no arrependimento, o que é exigido pelo Art. 15, do Código Penal, Wilson deverá responder pelo resultado morte, ou seja, deverá responder pelo delito de homicídio doloso consumado.

Distribuição dos Pontos

Quesito Avaliado	Valores
A) Não, pois Wilson será beneficiado pelo instituto do arrependimento eficaz, (0,35) de modo que somente responderá pelos atos praticados OU somente responderá por lesões corporais graves (0,30).	0,00/0,30/0,35/0,65
B) Como não houve eficácia no arrependimento OU como não houve atendimento à exigência do Art. 15, CP (0,30), Wilson deverá responder pelo resultado morte OU deverá responder pelo crime de homicídio doloso consumado (0,30).	0,00/0,30/0,60

PENAL

(OAB/Exame Unificado – 2012.1 – 2ª fase) Larissa, senhora aposentada de 60 anos, estava na rodoviária de sua cidade quando foi abordada por um jovem simpático e bem vestido. O jovem pediu-lhe que levasse para a cidade de destino, uma caixa de medicamentos para um primo, que padecia de grave enfermidade. Inocente, e seguindo seus preceitos religiosos, a Sra. Larissa atende ao rapaz: pega a caixa, entra no ônibus e segue viagem. Chegando ao local da entrega, a senhora é abordada por policiais que, ao abrirem a caixa de remédios, verificam a existência de 250 gramas de cocaína em seu interior. Atualmente, Larissa está sendo processada pelo crime de tráfico de entorpecente, previsto no art. 33 da lei n. 11.343, de 23 de agosto de 2006.

Considerando a situação acima descrita e empregando os argumentos jurídicos apropriados e a fundamentação legal pertinente, responda: qual a tese defensiva aplicável à Larissa? (valor: 1,25)

GABARITO COMENTADO

A questão pretende buscar do examinando conhecimento acerca do instituto do erro de tipo essencial, inclusive para diferenciá-lo das demais modalidades de erro. Assim, para garantir pontuação, a resposta deverá trazer as seguintes informações: a tese defensiva aplicável é a de que Larissa agiu em erro de tipo essencial incriminador, instituto descrito no art. 20, *caput,* do CP, pois desconhecia circunstância elementar descrita em tipo penal incriminador. Ausente o elemento típico, qual seja, o fato de estar transportando drogas, faz com que, nos termos do dispositivo legal, se exclua o dolo, mas permita-se a punição por crime culposo e, como o dispositivo legal do art. 33 da Lei n. 11.343/06 não admite a modalidade culposa, o fato se tornaria atípico.

Ressalte-se que levando em conta que o Exame de Ordem busca o conhecimento técnico e acadêmico dos examinandos, não serão pontuadas respostas que tragam teses contraditórias. Assim, a resposta indicativa de qualquer outra espécie de erro (seja acidental, de tipo permissivo ou de proibição) implica na impossibilidade de pontuação, estando, a questão, maculada em sua integralidade. Entende-se por tese contraditória aquelas que elencam diversas modalidades de erro, ainda que uma delas seja a correta.

Também com o fim de privilegiar o raciocínio e a demonstração de conhecimento, a mera indicação da consequência correta (atipicidade do fato), dissociada da argumentação pertinente e identificação do instituto aplicável ao caso, não será passível de pontuação. Do mesmo modo, não será pontuada a mera indicação do dispositivo legal, qual seja, o art. 20 *caput* do CP.

Distribuição dos pontos:

Quesito Avaliado	Faixa de valores
1. Larissa agiu em erro de tipo essencial (0,30), nos termos do art. 20 *caput* do CP (0,15). Obs.1: a mera indicação de artigo não pontua. Obs.2: teses contraditórias zeram a questão.	0,00/0,30/0,45
2. Desenvolvimento jurídico: faltava-lhe consciência de que praticava conduta descrita em tipo penal OU não sabia que portava drogas, circunstância elementar do tipo (0,40) Obs.: somente será pontuado o desenvolvimento, se houver a correta indicação do instituto aplicável ao caso.	0,00/0,40
3. Consequência: não houve dolo por parte de Larissa e, como o delito descrito no art. 33 da Lei n. 11.343/06 não admite a modalidade culposa, o fato é atípico (0,40). Obs.: a mera indicação da consequência, dissociada da identificação do instituto aplicável à espécie, não pontua.	0,00/0,40

(OAB/Exame Unificado – 2011.3 – 2ª fase) Carlos Alberto, jovem recém-formado em Economia, foi contratado em janeiro de 2009 pela ABC Investimentos S.A., pessoa jurídica de direito privado que tem como atividade principal a captação de recursos financeiros de terceiros para aplicar no mercado de valores mobiliários, com a função de assistente direto do presidente da companhia, Augusto César. No primeiro mês de trabalho, Carlos Alberto foi informado de que sua função principal seria elaborar relatórios e portfólios da companhia a serem endereçados aos acionistas com o fim de informá-los acerca da situação financeira da ABC. Para tanto, Carlos Alberto baseava-se, exclusivamente, nos dados financeiros a ele fornecidos pelo presidente Augusto César. Em agosto de 2010, foi apurado, em auditoria contábil realizada nas finanças da ABC, que as informações mensalmente enviadas por Carlos Alberto aos acionistas da companhia eram falsas, haja vista que os relatórios alteravam a realidade sobre as finanças da companhia, sonegando informações capazes de revelar que a ABC estava em situação financeira periclitante.

Considerando-se a situação acima descrita, responda aos itens a seguir, empregando os argumentos jurídicos apropriados e a fundamentação legal pertinente ao caso.

A) É possível identificar qualquer responsabilidade penal de Augusto César? Se sim, qual(is) seria(m) a(s) conduta(s) típica(s) a ele atribuída(s)? (Valor 0,45)

B) Caso Carlos Alberto fosse denunciado por qualquer crime praticado no exercício das suas funções enquanto assistente da presidência da ABC, que argumentos a defesa poderia apresentar para o caso? (Valor: 0,8)

RESOLUÇÃO DA QUESTÃO

Augusto Cesar, ao fornecer dados financeiros falsos a Carlos Alberto, que serviram de subsídio para que este elaborasse as informações que seriam transmitidas, por meio de relatórios e portfólios, aos acionistas, incorreu no crime do art. 6º da Lei 7.492/86.

Caso Carlos Alberto fosse denunciado por qualquer crime praticado no exercício de suas funções enquanto assistente da presidência da ABC, a defesa deveria se valer do argumento de que a sua atuação foi desprovida de dolo. Isso porque Carlos Alberto, desconhecendo o propósito criminoso de Augusto Cesar, limitara-se a transmitir aos acionistas as informações que lhe eram fornecidas pelo presidente da companhia, que, dessa forma, se valeu de Carlos Alberto para, com base em dados falsos, fazer chegar aos acionistas situação financeira que não correspondia à realidade. Carlos Alberto, assim, incorreu em erro de tipo essencial, na forma estatuída no art. 20, *caput*, do CP.

GABARITO COMENTADO - EXAMINADORA:

A) Sim, pois Augusto César agiu com dolo preordenado, sendo autor mediato do crime previsto no artigo 6º da Lei 7.492/86.

B) Poderia argumentar que Carlos Alberto não agiu com dolo, uma vez que recebera informações erradas. Agiu, portanto, em hipótese de erro de tipo essencial invencível/escusável, com base no art. 20, caput, OU art. 20, §2º, do CP.

Distribuição dos Pontos

Item	Pontuação
A) Sim, pois Augusto César agiu com dolo (0,25), sendo autor do crime previsto no art. 6º da Lei 7.492/86 (0,2). Obs.: A mera indicação de artigo não é pontuada.	0 / 0,2 / 0,25 / 0,45
B) Poderia argumentar que não agiu com dolo, agiu em erro de tipo (0,6), nos termos do art. 20, caput, OU art. 20, § 2º, do CP. (0,2).	0 / 0,6 / 0,8

Obs.: A mera indicação do artigo não é pontuada.

PENAL

(OAB/Exame Unificado – 2011.3 – 2ª fase) Hugo é inimigo de longa data de José e há muitos anos deseja matá-lo. Para conseguir seu intento, Hugo induz o próprio José a matar Luiz, afirmando falsamente que Luiz estava se insinuando para a esposa de José. Ocorre que Hugo sabia que Luiz é pessoa de pouca paciência e que sempre anda armado. Cego de ódio, José espera Luiz sair do trabalho e, ao vê-lo, corre em direção dele com um facão em punho, mirando na altura da cabeça. Luiz, assustado e sem saber o motivo daquela injusta agressão, rapidamente saca sua arma e atira justamente no coração de José, que morre instantaneamente. Instaurado inquérito policial para apurar as circunstâncias da morte de José, ao final das investigações, o Ministério Público formou sua opinião no seguinte sentido: Luiz deve responder pelo excesso doloso em sua conduta, ou seja, deve responder por homicídio doloso; Hugo por sua vez, deve responder como partícipe de tal homicídio. A denúncia foi oferecida e recebida.

Considerando que você é o advogado de Hugo e Luiz, responda:

A) Qual peça deverá ser oferecida, em que prazo e endereçada a quem? (Valor: 0,3)

B) Qual a tese defensiva aplicável a Luiz? (Valor: 0,5)

C) Qual a tese defensiva aplicável a Hugo? (Valor: 0,45)

RESOLUÇÃO DA QUESTÃO

Em vista da situação hipotética apresentada, a peça a ser ofertada, dentro do prazo de 10 dias, é a *resposta à acusação* (defesa prévia), na forma estabelecida no art. 406 do CPP, que deverá ser endereçada ao juiz da Vara Criminal do Júri.

A defesa de Luiz deverá sustentar que este agiu sob o manto da *legítima defesa real*, cujos requisitos estão contemplados no art. 25 do CP, visto que, lançando mão dos necessários meios, rechaçou agressão injusta perpetrada por José. Não há, aqui, que se falar em excesso, na medida em que a resposta foi proporcional à agressão impingida. Isto é, o uso dos meios necessários não pode ser qualificado de imoderado.

Não poderia Hugo responder como partícipe pela morte de José. Isso porque o fato ocorreu em resposta à iminente agressão que estaria para sofrer Luiz, o que exclui a ilicitude de sua conduta. É dizer, embora típica a conduta, não pode ser qualificada de antijurídica, visto que Luiz atuou em legítima defesa de direito próprio. Dessa forma, levando em conta o que enuncia a teoria da *acessoriedade limitada*, por nós acolhida, impossível punir o partícipe se o fato praticado pelo autor não é típico e antijurídico.

Comentários adicionais:

A modificação implementada na redação do art. 406 do CPP, promovida pela Lei 11.719/08 no CPP, permite ao acusado, na resposta à acusação (ou defesa prévia), arguir preliminares e alegar tudo aquilo que interesse à sua defesa, oferecer documentos e justificações, especificar as provas pretendidas e arrolar testemunhas.

De se notar, no entanto, que do enunciado da questão consta que "a denúncia foi oferecida e recebida", nenhuma menção sendo feita ao fato de os réus terem ou não sido citados. Ocorre que só há que se falar em "resposta à acusação" na hipótese de o réu ser citado. É por essa razão que - segundo acreditamos - o gabarito também considerou como correta a impetração de *habeas corpus*.

No Brasil vige a teoria da **acessoriedade limitada**, segundo a qual, para punir o partícipe, é suficiente apurar que o autor praticou um fato típico e antijurídico; para a **acessoriedade mínima**, basta que o autor tenha praticado um fato típico; já para a **hiper acessoriedade**, mister que o fato principal seja típico, antijurídico, culpável e punível; há, por fim, a **acessoriedade máxima**, em que o fato principal precisa ser típico, antijurídico e culpável.

GABARITO COMENTADO - EXAMINADORA:

A) Resposta à acusação, no prazo de 10 dias (art. 406 do CPP), endereçada ao juiz presidente do Tribunal do Júri.

OU

Habeas corpus para extinção da ação penal; ação penal autônoma de impugnação que não possui prazo determinado; endereçado ao Tribunal de Justiça Estadual.

B) A tese defensiva aplicada a Luiz é a da legítima defesa real, instituto previsto no art. 25 do CP, cuja natureza é de causa excludente de ilicitude. Não houve excesso, pois a conduta de José (que mirava com o facão na cabeça do Luiz) configurava injusta agressão e claramente atentava contra a vida de Luiz.

C) Hugo não praticou fato típico, pois, de acordo com a Teoria da Acessoriedade Limitada, o partícipe somente poderá ser punido se o agente praticar conduta típica e ilícita, o que não foi o caso, já que Luiz agiu amparado por uma causa excludente de ilicitude, qual seja, legítima defesa (art. 25 do CP).

OU

Não havia liame subjetivo entre Hugo e Luiz, requisito essencial ao concurso de pessoas, razão pela qual Hugo não poderia ser considerado partícipe.

Distribuição dos Pontos

Item	Pontuação
a) Resposta à acusação (0,1), no prazo de 10 dias (art. 406 do CPP) (0,1), endereçada ao Juiz da Vara Criminal / do Júri (0,1). OU *Habeas Corpus* para extinção da ação penal (0,1); que não possui prazo determinado (0,1); endereçado ao Tribunal de Justiça (0,1).	0 / 0,1 / 0,2 / 0,3
b) Legítima defesa (0,3). Não houve excesso, pois a conduta de José configurava injusta agressão e atentava contra a vida de Luiz (OU fundamentação jurídica da legítima defesa) (0,2).	0 / 0,2 / 0,3 / 0,5
c) Não praticou crime (0,2), pois, de acordo com a Teoria da Acessoriedade Limitada, o partícipe somente poderá ser punido se o agente praticar conduta típica e ilícita, o que não foi o caso, já que Luiz agiu amparado por uma causa excludente de ilicitude (0,25). OU Não havia liame subjetivo entre Hugo e Luiz (0,2), razão pela qual Hugo não poderia ser considerado partícipe (0,25).	0 / 0,2 / 0,25 / 0,45

Obs.: A mera indicação de artigo não é pontuada.

(OAB/Exame Unificado – 2011.3 – 2ª fase) Ao chegar a um bar, Caio encontra Tício, um antigo desafeto que, certa vez, o havia ameaçado de morte. Após ingerir meio litro de uísque para tentar criar coragem de abordar Tício, Caio partiu em sua direção com a intenção de cumprimentá-lo. Ao aproximar-se de Tício, Caio observou que seu desafeto bruscamente pôs a mão por debaixo da camisa, momento em que achou que Tício estava prestes a sacar uma arma de fogo para vitimá-lo. Em razão disso, Caio imediatamente muniu-se de uma faca que estava sobre o balcão do bar e desferiu um golpe no abdome de Tício, o qual veio a falecer. Após análise do local por peritos do Instituto de Criminalística da Polícia Civil, descobriu-se que Tício estava tentando apenas pegar o maço de cigarros que estava no cós de sua calça.

Considerando a situação acima, responda aos itens a seguir, empregando os argumentos jurídicos apropriados e a fundamentação legal pertinente ao caso.

A) Levando-se em conta apenas os dados do enunciado, Caio praticou crime? Em caso positivo, qual? Em caso negativo, por que razão? (Valor: 0,65)

B) Supondo que, nesse caso, Caio tivesse desferido 35 golpes na barriga de Tício, como deveria ser analisada a sua conduta sob a ótica do Direito Penal? (Valor: 0,6)

RESOLUÇÃO DA QUESTÃO

Caio, embora tenha agido com intenção de atingir Tício e causar-lhe a morte (dolo), só o fez porque teve uma falsa percepção da realidade, consubstanciada na suposição de que Tício iria investir contra sua pessoa. A hipótese se amolda à chamada *legítima defesa putativa* (art. 20, § 1º, CP), modalidade de descriminante putativa. Neste caso, podemos afirmar que Caio não praticou crime algum, visto que ausente um de seus elementos, a antijuridicidade. A conduta de Caio, embora típica, é autorizada pelo direito. Dito de outra forma, inexiste contrariedade entre a conduta de Caio e o direito.

Agora, se Caio, ao se defender de agressão por ele suposta, exceder-se, de forma proposital, no número de golpes necessários a repelir a agressão, incorrerá em *excesso doloso*, nos termos do que estabelece o art. 23, parágrafo único, do CP. Aqui, não há como reconhecer a excludente de ilicitude, devendo Caio, por isso, responder pelo resultado que provocou (homicídio doloso).

GABARITO COMENTADO - EXAMINADORA:

A) Não, pois atuou sob o manto de descriminante putativa, instituto previsto no art. 20, parágrafo 1º, do CP, uma vez que supôs, com base em fundado receio, estar em situação de legítima defesa. Como se limitou a dar uma facada, a sua reação foi moderada, não havendo que se falar em punição por excesso.

B) Ainda que tenha procurado se defender de agressão que imaginou estar em vias de ocorrer, Caio agiu em excesso doloso, devendo, portanto, responder por homicídio doloso, na forma do artigo 23, parágrafo único, do CP.

Distribuição dos Pontos

Item	Pontuação
a) Não, pois atuou sob o manto de descriminante putativa, uma vez que supôs estar em situação de legítima defesa, (0,5) nos termos do artigo 20, §1º, do CP (0,15).	0 / 0,5 / 0,65
b) Ainda que tenha procurado se defender de agressão que imaginou estar em vias de ocorrer, Caio agiu em excesso doloso (0,45), na forma do artigo 23, parágrafo único, do CP (0,15).	0 / 0,45 / 0,6

Obs.: A mera indicação do artigo não é pontuada.

(OAB/Exame Unificado – 2010.3 – 2ª fase) Caio, professor do curso de segurança no trânsito, motorista extremamente qualificado, guiava seu automóvel tendo Madalena, sua namorada, no banco do carona. Durante o trajeto, o casal começa a discutir asperamente, o que faz com que Caio empreenda altíssima velocidade ao automóvel. Muito assustada, Madalena pede insistentemente para Caio reduzir a marcha do veículo, pois àquela velocidade não seria possível controlar o automóvel. Caio, entretanto, respondeu aos pedidos dizendo ser perito em direção e refutando qualquer possibilidade de perder o controle do carro. Todavia, o automóvel atinge um buraco e, em razão da velocidade empreendida, acaba se desgovernando, vindo a atropelar três pessoas que estavam na calçada, vitimando-as fatalmente. Realizada perícia de local, que constatou o excesso de velocidade, e ouvidos Caio e Madalena, que relataram à autoridade policial o diálogo travado entre o casal, Caio foi denunciado pelo Ministério Público pela prática do crime de homicídio na modalidade de dolo eventual, três vezes em concurso formal. Recebida a denúncia pelo magistrado da vara criminal vinculada ao Tribunal do Júri da localidade e colhida a prova, o Ministério Público pugnou pela pronúncia de Caio, nos exatos termos da inicial.

Na qualidade de advogado de Caio, chamado aos debates orais, responda aos itens a seguir, empregando os argumentos jurídicos apropriados e a fundamentação legal pertinente ao caso.

A) Qual(is) argumento(s) poderia(m) ser deduzidos em favor de seu constituinte? (Valor: 0,4)

B) Qual pedido deveria ser realizado? (Valor: 0,3)

C) Caso Caio fosse pronunciado, qual recurso poderia ser interposto e a quem a peça de interposição deveria ser dirigida? (Valor: 0,3)

RESOLUÇÃO DA QUESTÃO:

Caio não agiu com dolo eventual.

Isso porque, nesta modalidade de dolo, a vontade do agente não está dirigida à obtenção do resultado lesivo. Ele, em verdade, deseja outra coisa, mas, prevendo a possibilidade de o resultado ocorrer, revela-se indiferente e dá sequência à sua empreitada, assumindo o risco de causá-lo. O *dolo eventual* não deve ser confundido com a *culpa consciente*. Nesta, embora o agente tenha a previsão do resultado ofensivo, espera sinceramente que ele não ocorra. Ele não o deseja (dolo direito) tampouco assume o risco de produzi-lo (dolo eventual). É nesse contexto que se amolda a situação de Caio, visto que a sua postura não pode ser considerada, em face da narrativa exposta no enunciado, de indiferença, na medida em que, a todo momento, ele confiou na sua destreza, o que o fez acreditar que o resultado por ele antevisto não iria ser produzido.

Assim sendo, está-se diante da chamada culpa consciente ou ainda culpa com previsão, o que faz com que a competência para o processamento e julgamento do feito, por se tratar de homicídio culposo – e não doloso -, seja do juízo singular. Deve-se, por essa razão, alegar a incompetência do Tribunal do Júri, que tem atribuição tão somente para o julgamento dos crimes dolosos contra a vida.

Nessa esteira, em vista do disposto no art. 419, *caput*, do CPP, deve-se formular pedido de desclassificação para o delito de homicídio culposo.

No mais, na hipótese de Caio ser pronunciado, deverá ser interposto, com fulcro no art. 581, IV, do CPP, recurso em sentido estrito perante o juízo prolator dessa decisão, ou seja, juiz da vara criminal vinculada ao Tribunal do Júri.

GABARITO COMENTADO – EXAMINADORA:

A) Incompetência do juízo, uma vez que Caio praticou homicídio culposo, pois agiu com culpa consciente, na medida em que, embora tenha previsto o resultado, acreditou que o evento não fosse ocorrer em razão de sua perícia.

B) Desclassificação da imputação para homicídio culposo e declínio de competência, conforme previsão do artigo 419 do CPP.

C) Recurso em sentido estrito, conforme previsão do artigo 581, IV, do CPP. A peça de interposição deveria ser dirigida ao juiz de direito da vara criminal vinculada ao tribunal do júri, prolator da decisão atacada.

Distribuição dos Pontos

Item	Pontuação
A) Incompetência do juízo, uma vez que Caio praticou homicídio culposo (0,2), pois agiu com culpa consciente, na medida em que, embora tenha previsto o resultado, acreditou que o evento não fosse ocorrer em razão de sua perícia (0,2)	0 / 0,2 / 0,4
B) Desclassificação da imputação para homicídio culposo OU declínio de competência (0,15), conforme previsão do artigo 419 do CPP (0,15).	0 / 0,15 / 0,3
C) Recurso em sentido estrito (0,15), conforme previsão do artigo 581, IV, do CPP. A peça de interposição deveria ser dirigida ao juiz de direito da vara criminal vinculada ao tribunal do júri (0,15), prolator da decisão atacada.	0 / 0,15 / 0,3

(OAB/Exame Unificado – 2010.2 – 2ª fase) Pedro, almejando a morte de José, contra ele efetua disparo de arma de fogo, acertando-o na região toráxica. José vem a falecer, entretanto, não em razão do disparo recebido, mas porque, com intenção suicida, havia ingerido dose letal de veneno momentos antes de sofrer a agressão, o que foi comprovado durante instrução processual. Ainda assim, Pedro foi pronunciado nos termos do previsto no artigo 121, *caput*, do Código Penal.

Na condição de Advogado de Pedro:

I. indique o recurso cabível;

II. o prazo de interposição;

III.a argumentação visando à melhoria da situação jurídica do defendido.

Indique, ainda, para todas as respostas, os respectivos dispositivos legais.

RESOLUÇÃO DA QUESTÃO

É cabível, neste caso, o recurso em sentido estrito (art. 581, IV, CPP), a ser interposto no prazo de cinco dias, conforme preceitua o art. 586 do CPP.

Deve-se buscar a desclassificação de crime consumado para tentado.

Isso porque o envenenamento a que se submeteu José, no intuito de dar cabo da própria vida, constitui a causa efetiva de sua morte, razão pela qual esta não pode ser atribuída a Pedro, que deverá responder por homicídio na modalidade tentada.

Dessa forma, o envenenamento, em relação ao disparo de arma de fogo, constitui uma causa preexistente absolutamente independente. Há, aqui, rompimento do nexo causal, já que o resultado decorre dessa causa independente preexistente, e não da conduta do agente.

Nos termos do art. 13, *caput*, do CP, o resultado só pode ser atribuído a quem lhe deu causa.

GABARITO COMENTADO - EXAMINADORA:

(i) – Recurso em Sentido Estrito, nos termos do artigo 581, IV, do Código de Processo Penal. (valor 0,2)

(ii) – 5 dias, nos termos do artigo 586, do Código de Processo Penal. (valor 0,2)

(iii) – deveria ser requerida a desclassificação de crime consumado para tentado, já que a ação de Pedro não deu origem a morte de José. Trata-se de hipótese de concausa absolutamente independente pré-existente. (valor 0,4)

Artigo 13, do Código Penal. (valor 0,2)

(OAB/Exame Unificado – 2006.1 – 2ª fase) Um terrorista internacional queria causar a morte de uma importante autoridade pública. Sabendo, antecipadamente, que a vítima faria uma viagem de cunho político, colocou um explosivo no avião em que essa autoridade seria transportada. O explosivo foi detonado quando a aeronave já havia decolado. Em consequência, ocorreu a morte da autoridade pública e de todas as pessoas que estavam no referido voo. Diante dos fatos descritos na situação hipotética acima, redija um texto em que indique qual a espécie de dolo do agente relativamente à autoridade pública e às demais pessoas que estavam a bordo do avião. Fundamente sua resposta e aborde as espécies de dolo reconhecidas pela doutrina. extensão máxima: 60 linhas

RESOLUÇÃO DA QUESTÃO

Nos termos do art. 18, I, do Código Penal, há dolo quando o agente quer o resultado ou quando assume o risco de produzi-lo.

São espécies de dolo: *dolo direto de primeiro grau*, que é aquele que se refere ao objetivo principal almejado pelo sujeito ativo; *dolo direto de segundo grau*, que, por sua vez, é o que se refere às consequências secundárias, decorrentes dos meios escolhidos pelo autor para a prática da conduta; no *dolo eventual*, o agente, embora não queira o resultado, assume o risco de produzi-lo.

Podemos ainda mencionar outras modalidades de dolo.

Dolo alternativo é aquele em que o agente deseja um ou outro resultado.

Dolo natural é o dolo acolhido pela teoria finalista (sem a consciência da ilicitude); *dolo normativo* é o dolo da teoria clássica.

Dolo de dano é a vontade dirigida à efetiva lesão ao bem jurídico; *dolo de perigo* é a vontade de expor a risco o bem tutelado.

Na situação hipotética acima, o agente, terrorista internacional, ao colocar um explosivo no avião em que viajaria a autoridade pública cuja morte era por ele desejada, agiu, em relação a esta, com dolo *direto de primeiro grau*, já que sua morte era o objetivo principal a ser alcançado pelo terrorista.

Quanto às demais pessoas que estavam a bordo do avião, a morte destas era decorrência inevitável e certa do meio escolhido pelo agente para alcançar o objetivo principal: a morte da autoridade pública. Dessa forma, em relação às demais pessoas que estavam no avião, o dolo do terrorista é *direto de segundo grau*.

Não há, aqui, que se falar em *dolo eventual* na medida em que os desdobramentos decorrentes do meio escolhido necessariamente iriam se verificar. Ainda que o avião decole com poucos passageiros a bordo, a morte da tripulação é inevitável, certa. O agente, dessa forma, agiu com menosprezo em relação à vida das demais pessoas.

(OAB/Exame Unificado – 2004 – 2ª fase) Murilo, com intenção de matar Rodolfo, desferiu cinco facadas contra a região torácica deste. Posteriormente, com intenção de ocultar o cadáver para que o crime não fosse descoberto, jogou o corpo em um rio próximo ao local do fato. Em posterior exame de corpo de delito, constatou-se que Rodolfo não falecera em razão das facadas, mas sim do afogamento. Discorra acerca da conduta de Murilo e tipifique-a. No seu texto, discorra, necessariamente, a respeito das justificativas para a tipificação adotada.

RESOLUÇÃO DA QUESTÃO

Está-se diante do chamado *dolo geral, erro sucessivo* ou *aberratio causae*. O agente, aqui, desfere cinco facadas contra a vítima, que desfalece; ele pensa que ela já morreu e, com o propósito de ocultar seu cadáver, joga-o em um rio próximo ao local do fato. Como defende a maior parte da doutrina, tendo em conta a perfeita correspondência entre o que queria fazer e o que efetivamente fez, deve responder por homicídio qualificado consumado (art. 121, § 2º, III, do CP).

Não será responsabilizado pelo crime de ocultação de cadáver na medida em que, no instante em que foi lançada ao rio, a vítima estava viva. Não havia, pois, àquela altura, cadáver.

Trata-se de tema sobremaneira polêmico na doutrina, havendo quem entenda ser o caso de o agente responder por tentativa de homicídio seguida de homicídio culposo.

1.3. Penas, concurso de crimes e ação penal

(OAB/Exame Unificado – 2013.2 – 2ª fase) Ricardo cometeu um delito de roubo no dia 10/11/2007, pelo qual foi condenado no dia 29/08/2009, sendo certo que o trânsito em julgado definitivo de referida sentença apenas ocorreu em 15/05/2010. Ricardo também cometeu, no dia 10/09/2009, um delito de extorsão.

A sentença condenatória relativa ao delito de extorsão foi prolatada em 18/10/2010, tendo transitado definitivamente em julgado no dia 07/04/2011. Ricardo também praticou, no dia 12/03/2010, um delito de estelionato, tendo sido condenado em 25/05/2011. Tal sentença apenas transitou em julgado no dia 27/07/2013.

Nesse sentido, tendo por base apenas as informações contidas no enunciado, responda aos itens a seguir.

A) O juiz, na sentença relativa ao crime de roubo, deve considerar Ricardo portador de bons ou maus antecedentes? (Valor: 0,25)

B) O juiz, na sentença relativa ao crime de extorsão, deve considerar Ricardo portador de bons ou maus antecedentes? Na hipótese, incide a circunstância agravante da reincidência ou Ricardo ainda pode ser considerado réu primário? (Valor: 0,50)

C) O juiz, na sentença relativa ao crime de estelionato, deve considerar Ricardo portador de bons ou maus antecedentes? Na hipótese, incide a circunstância agravante da reincidência ou Ricardo ainda pode ser considerado réu primário? (Valor: 0,50)

Utilize os argumentos jurídicos apropriados e a fundamentação legal pertinente ao caso.

A simples menção ou transcrição do dispositivo legal não pontua.

GABARITO COMENTADO

A questão objetiva busca extrair do examinando conhecimento de institutos relativos à dosimetria da pena, em especial no tocante à circunstância judicial dos maus antecedentes e à agravante da reincidência. Munido de tal conhecimento, o examinando deve ser capaz de identificar os institutos e também diferenciá-los quando diante de um caso concreto.

Nesse sentido, relativamente ao item 'A', percebe-se que Ricardo possui bons antecedentes. Eventual sentença condenatória ainda não transitada em julgado não tem o condão de implicar-lhe maus antecedentes, pois isso significaria acréscimo de tempo em sua pena e contrariaria, assim, o princípio do estado de inocência, constitucionalmente previsto.

No item 'B', atendendo-se ao comando da questão, o examinando deve indicar que Ricardo é primário. Isso porque a extorsão foi cometida em 10/09/09, antes, portanto, do trânsito em julgado da sentença que o condenou pelo roubo (ocorrido em 15/05/2010), tal como manda o Art. 63 do CP. Não obstante a primariedade de Ricardo, ele é portador de maus antecedentes, pois na data da sentença relativa ao delito de extorsão (18/10/2010) já havia ocorrido o trânsito em julgado da sentença do crime de roubo.

Por fim, em relação ao item 'C', o examinando deve indicar que ainda permanece a primariedade de Ricardo, pois o delito de estelionato foi cometido antes do trânsito em julgado de qualquer outro delito. Perceba-se que um indivíduo somente pode ser considerado reincidente se o crime pelo qual está sendo julgado tiver sido cometido após o trânsito em julgado de sentença que lhe haja condenado por delito anterior, nos termos do Art. 63, do CP. Todavia, Ricardo é portador de maus antecedentes, pois na data da sentença relativa ao estelionato já havia ocorrido o trânsito em julgado de duas outras sentenças condenatórias.

(OAB/Exame Unificado – 2013.1 – 2ª fase) Erika e Ana Paula, jovens universitárias, resolvem passar o dia em uma praia paradisíaca e, de difícil acesso (feito através de uma trilha), bastante deserta e isolada, tão isolada que não há qualquer estabelecimento comercial no local e nem mesmo sinal de telefonia celular. As jovens chegam bastante cedo e, ao chegarem, percebem que além delas há somente um salva-vidas na praia. Ana Paula decide dar um mergulho no mar, que estava bastante calmo naquele dia. Erika, por sua vez, sem saber nadar, decide puxar assunto com o salva-vidas, Wilson, pois o achou muito bonito. Durante a conversa, Erika e Wilson percebem que têm vários interesses em comum e ficam encantados um pelo outro. Ocorre que, nesse intervalo de tempo, Wilson percebe que Ana Paula está se afogando. Instigado por Erika, Wilson decide não efetuar o salvamento, que era perfeitamente possível. Ana Paula, então, acaba morrendo afogada.

Nesse sentido, atento(a) apenas ao caso narrado, indique a responsabilidade jurídico-penal de Erika e Wilson. (Valor: 1,25)

O examinando deve fundamentar corretamente sua resposta. A simples menção ou transcrição do dispositivo legal não pontua.

GABARITO COMENTADO – EXAMINADORA:

Segundo os dados narrados na questão, Wilson, por ser salva-vidas, tem o dever legal de agir para evitar o resultado e, naquele momento, podia perfeitamente agir. Assim, trata-se de agente garantidor. Nesse caso, responde por delito comissivo por omissão, qual seja, homicídio doloso praticado via omissão imprópria: art. 121 c/c art. 13, § 2º, alínea 'a', ambos do CP. Erika, por sua vez, por ter instigado Wilson a não realizar o salvamento de Ana Paula, responde como partícipe de tal homicídio, nos termos do art. 29 do CP. Não há que se falar em omissão de socorro por parte de Erika, pois, conforme dados expressos no enunciado, ela não sabia nadar e nem tinha como chamar por ajuda.

Distribuição dos Pontos

Quesito Avaliado	Valores
Wilson, por ser agente garantidor (0,30) /responde pelo delito de homicídio (0,30) / praticado via omissão imprópria. (0,30)	0,00 / 0,30 / 0,60 / 0,90
Erika responde como partícipe de tal homicídio (0,35).	0,00 / 0,35

(OAB/Exame Unificado – 2012.3 – 2ª fase) Raimundo, já de posse de veículo automotor furtado de concessionária, percebe que não tem onde guardá-lo antes de vendê-lo para a pessoa que o encomendara. Assim, resolve ligar para um grande amigo seu, Henrique, e após contar toda sua empreitada, pede-lhe que ceda a garagem de sua casa para que possa guardar o veículo, ao menos por aquela noite. Como Henrique aceita ajudá-lo, Raimundo estaciona o carro na casa do amigo. Ao raiar do dia, Raimundo parte com o veículo, que seria levado para o comprador.

Considerando as informações contidas no texto responda, justificadamente, aos itens a seguir.

a) Raimundo e Henrique agiram em concurso de agentes? (Valor: 0,75)

b) Qual o delito praticado por Henrique? (Valor: 0,50)

RESOLUÇÃO DA QUESTÃO

a) Não há concurso de agentes, pois o auxílio foi proposto após a consumação do crime de furto. Assim, não estão presentes os requisitos necessários à configuração do concurso de agentes, mormente liame subjetivo e identidade da infração penal.

b) Favorecimento real (Art. 349, do CP). Obs.: Respostas contraditórias não serão pontuadas.

Distribuição dos Pontos

Quesito Avaliado	Valores
A) Não, pois o auxílio foi proposto após a consumação do crime de furto (0,75) OU Não, pois inexistente liame subjetivo e identidade da infração penal entre ambos (0,75).	0,00/0,75
B) Favorecimento real OU praticou o delito descrito no Art. 349, do CP (0,50).	0,00/0,50

(OAB/Exame Unificado – 2010.2 – 2ª fase) Aurélio, tentando defender-se da agressão a faca perpetrada por Berilo, saca de seu revólver e efetua um disparo contra o agressor. Entretanto, o disparo efetuado por Aurélio ao invés de acertar Berilo, atinge Cornélio, que se encontrava muito próximo de Berilo. Em consequência do tiro, Cornélio vem a falecer. Aurélio é acusado de homicídio. Na qualidade de advogado de Aurélio indique a tese de defesa que melhor se adéqua ao fato. Justifique sua resposta.

RESOLUÇÃO DA QUESTÃO

Estamos aqui diante do chamado erro na execução ou *aberratio ictus*, previsto no art. 73 do CP.

O sujeito que, imbuído do propósito de atingir determinada pessoa, ainda que sob o pálio da excludente da legítima defesa, efetua o disparo, mas, por erro de pontaria, acaba por atingir outra, responderá como se tivesse acertado a pessoa que pretendia. É o que estabelece a regra contida no art. 73, primeira parte, do CP.

Neste caso, preenchidos os requisitos da legítima defesa, contemplados no art. 25 do CP, Aurélio fará jus à excludente de ilicitude, uma vez que, a despeito de ter acertado Cornélio, em razão do que veio a falecer, o fez em erro na execução, devendo, em vista do disposto no art. 73, primeira parte, do CP, ser responsabilizado como se o disparo fosse efetuado contra Berilo. Não são consideradas, conforme preconiza o art. 20, § 3º, do CP, as condições e qualidades da vítima, senão as da pessoa contra quem o sujeito queria investir.

Comentários adicionais:

O erro na execução, presente no art. 73 do CP, não deve ser confundido com o erro sobre a pessoa, este previsto no art. 20, § 3º, do CP, que constitui um equívoco de representação, uma falsa percepção da realidade. É o caso da mãe que, sob a influência do estado puerperal, provoca a morte de recém-nascido pensando tratar-se de seu próprio filho. Deverá, nos termos do art. 20, § 3º, do CP, responder por infanticídio. No erro na execução, temos um resultado diverso do desejado por falta de habilidade ou ainda por acidente. Não há, aqui, falsa representação da realidade, como ocorre no erro sobre a pessoa.

GABARITO COMENTADO - EXAMINADORA:

Trata-se o presente caso de um erro na execução (art. 73 do CP, 1ª parte), atendendo-se, conforme o citado artigo, ao disposto no parágrafo 3º do artigo 20 do Código Penal. Por outro lado verifica-se que Aurélio ao efetuar o disparo agiu em legítima defesa (art. 25 do CP) própria e real. Entretanto, por um erro acertou pessoa diversa (Cornélio) do agressor (Berilo). Mesmo assim, não fica afastada a legítima defesa posto que de acordo com o art. 20 § 3º do CP "não se consideram, neste caso, as condições ou qualidades da vítima, senão as da pessoa contra quem o agente queria praticar o crime". Levando-se, ainda, em consideração o fato de que Aurélio agiu em defesa de uma agressão injusta e atual, utilizando-se, ainda, dos meios necessários e que dispunha para se defender. – 1,0 ponto.

(OAB/Exame Unificado – 2010.2 – 2ª fase) Tomé responde a ação penal submetida ao procedimento ordinário pela suposta prática do delito de estelionato, na modalidade de fraude no pagamento por meio de cheque (CP, art. 171, VI). Condenado o réu em primeira instância, o juiz sentenciante fixou a pena em dois anos de reclusão e vinte dias-multa, omitindo-se quanto à substituição da pena privativa de liberdade por restritiva de direitos. A sentença condenatória foi publicada em 8/3/2010, segunda-feira, mesmo dia da intimação pessoal de Tomé e de seu advogado.

Durante a instrução processual, restou comprovado que Tomé é réu reincidente, constando em sua folha de antecedentes criminais condenação anterior, transitada em julgado, pela prática de delito de furto (CP, art. 155, *caput*). As outras circunstâncias judiciais, no entanto, lhe são plenamente favoráveis.

Em face dessa situação hipotética, indique, com a devida fundamentação, a medida judicial adequada para sanar a referida omissão e o prazo final para sua apresentação, bem como esclareça se Tomé faz jus à substituição da pena privativa de liberdade por restritiva de direitos.

RESOLUÇÃO DA QUESTÃO

Por ter o juiz sentenciante se omitido quanto à substituição da pena privativa de liberdade por restritiva de direitos, Tomé deverá, dentro do prazo de dois dias, opor embargos de declaração, nos moldes do art. 382 do CPP.

Sendo o interregno fixado no dispositivo de dois dias, o prazo final será o dia 10/03/2010.

Ademais disso, Tomé faz jus à substituição da pena privativa de liberdade por restritiva de direitos.

Senão vejamos.

O art. 44 do CP lista os requisitos para a aplicação das penas restritivas de direitos.

A pena privativa de liberdade aplicada a Tomé foi de dois anos de reclusão, inferior, portanto, há quatro anos. Além disso, no cometimento do crime pelo qual foi condenado – estelionato na modalidade de fraude no pagamento por meio de cheque (CP, art. 171, VI), não houve emprego de violência ou grave ameaça à pessoa.

Atendido, portanto, o requisito contido no art. 44, I, do CP.

Embora o réu seja reincidente em crime doloso (art. 44, II), o § 3º do art. 44 abriu uma exceção ao inciso II do dispositivo e permitiu a substituição das penas privativas de liberdade por restritivas de direitos, desde que essa reincidência não tenha se operado em razão da prática do mesmo crime (reincidência específica) e que a medida seja socialmente recomendável.

Tomé não é reincidente específico, já que o crime por ele praticado anteriormente, com decisão transitada em julgado, foi furto.

Por fim, atendido está o requisito do art. 44, III, do CP, já que as outras circunstâncias judiciais lhe são plenamente favoráveis.

GABARITO COMENTADO - EXAMINADORA

A peça processual adequada são os embargos de declaração, conforme art. 382 do CPP:

"Qualquer das partes poderá, no prazo de 2 (dois) dias, pedir ao juiz que declare a sentença, sempre que nela houver obscuridade, ambiguidade, contradição ou omissão."

No caso, o prazo final será 10/3/2010, pois a parte interessada dispõe de dois dias para apresentá-la.

Tomé faz jus à substituição da pena privativa de liberdade por restritivas de direitos. Isso porque preenche os requisitos especificados no art. 44 do CP, a saber:

"I – aplicada pena privativa de liberdade não superior a quatro anos e o crime não for cometido com violência ou grave ameaça à pessoa;

(...)

III – a culpabilidade, os antecedentes, a conduta social e a personalidade do condenado, bem como os motivos e as circunstâncias indicarem que essa substituição seja suficiente.

§ 3º Se o condenado for reincidente, o juiz poderá aplicar a substituição, desde que, em face de condenação anterior, a medida seja socialmente recomendável e a reincidência não se tenha operado em virtude da prática do mesmo crime.

Assim, apesar de Tomé ser reincidente, não se trata de reincidência específica, de forma que a vedação prevista no referido § 3º não se aplica no caso.

PENAL

(OAB/Exame Unificado – 2009.1 – 2ª fase) Bruno foi condenado a três anos de reclusão e ao pagamento de cem dias-multa por portar cédulas falsas — Código Penal (CP), art. 289, § 1º. O requerimento feito pela defesa, que pretendia converter a pena privativa de liberdade em restritiva de direitos, foi denegado pelo magistrado de primeiro grau, em virtude da existência de condenação anterior, já transitada em julgado, pelo crime de estelionato (CP, art. 171). Considerando essa situação hipotética, responda, de forma fundamentada, se é cabível, em tese, a pretendida substituição da pena privativa de liberdade por restritiva de direitos.

RESOLUÇÃO DA QUESTÃO

Considerando a situação acima narrada, é possível, em princípio, a substituição da pena privativa de liberdade por restritiva de direitos.

O art. 44, II, do CP veda a conversão ao reincidente em crime doloso, mas o art. 44, § 3º, do CP autoriza a conversão do condenado reincidente desde que essa reincidência não tenha se operado em razão do cometimento do mesmo crime (reincidência específica) e desde que a medida se revele socialmente adequada.

Comentários adicionais:

O art. 44 do Código Penal estabelece requisitos *objetivos* e *subjetivos* que devem coexistir para tornar possível a substituição da pena privativa de liberdade pela restritiva de direito.

Reza o inciso I do dispositivo que a pena privativa de liberdade a ser substituída não pode ser superior a quatro anos, exceção feita aos crimes culposos, que não estão sujeitos a esse limite. Além disso, é vedada nos crimes em que o agente, no seu cometimento, tenha feito uso de violência ou grave ameaça contra a pessoa.

Estabelece o art. 44, II, do CP que a conversão não é permitida ao réu reincidente em crime doloso, ressalvada a hipótese contemplada no art. 44, § 3º, do CP.

O art. 44, III, do CP consagra o chamado *princípio da suficiência.*

(OAB/Exame Unificado – 2009.1 – 2ª fase) Félix, réu primário, foi condenado a 10 meses de detenção e a trinta dias-multa pela prática do delito previsto no art. 29, *caput*, da Lei nº 9.605/1998. Durante a instrução do feito, comprovou-se que as circunstâncias descritas no art. 44, III, do Código Penal eram favoráveis a Félix. Nesse contexto, o juiz sentenciante converteu a pena privativa de liberdade em pena restritiva de direitos, consistente na prestação de serviços à comunidade, por igual prazo. O advogado contratado pelo réu apresentou o recurso apropriado, pleiteando a conversão da pena privativa de liberdade em multa, uma vez que a prestação de serviços à comunidade era medida mais gravosa ao seu cliente. Nessa situação hipotética, é plausível a pretensão recursal da defesa de Félix? Fundamente sua resposta.

RESOLUÇÃO DA QUESTÃO

Na situação hipotética acima, a despeito de o réu, em princípio, preencher os requisitos necessários à substituição pleiteada, tal é incabível em face do disposto na Súmula 171 do Superior Tribunal de Justiça: "Cominadas cumulativamente, em lei especial, penas privativa de liberdade e pecuniária, é defeso a substituição da prisão por multa".

Comentários adicionais:

Confira, sobre o tema, o seguinte acórdão:

PENAL – PROCESSUAL PENAL – PORTE DE SUBSTÂNCIA ENTORPECENTE – SUBSTITUIÇÃO DA PENA PRIVATIVA DE LIBERDADE – MULTA – IMPOSSIBILIDADE – SÚMULA 171, DESTA CORTE.

Cominadas cumulativamente, em lei especial, penas privativa de liberdade e pecuniária, é defeso a substituição da prisão por multa (Súmula 171, do STJ).

Recurso provido para afastar a cumulação da pena de multa aplicada.

(REsp 297.921/RS, Rel. Ministro JORGE SCARTEZZINI, QUINTA TURMA, julgado em 10/09/2002, DJ 18/11/2002 p. 285)

1.4. Extinção da punibilidade

(OAB/Exame Unificado – 2012.2 – 2ª fase) João foi denunciado pela prática do delito previsto no art. 299 *caput* e parágrafo único do Código Penal. A inicial acusatória foi recebida em 30/10/2000 e o processo teve seu curso normal. A sentença penal, publicada em 29/07/2005, condenou o réu à pena de 01 (um) ano, 11 (onze) meses e 10 (dez) dias de reclusão, em regime semiaberto, mais pagamento de 16 (dezesseis) dias-multa. Irresignada, somente a defesa interpôs apelação. Todavia, o Egrégio Tribunal de Justiça negou provimento ao apelo, ao argumento de que não haveria que se falar em extinção da punibilidade pela prescrição, haja vista o fato de que o réu era reincidente, circunstância devidamente comprovada mediante certidão cartorária juntada aos autos.

Nesse sentido, considerando apenas os dados narrados no enunciado, responda aos itens a seguir.

a) Está extinta a punibilidade do réu pela prescrição? Em caso positivo, indique a espécie; em caso negativo, indique o motivo. (Valor: 0,75)

b) O disposto no art. 110 caput do CP é aplicável ao caso narrado? (Valor: 0,50)

RESOLUÇÃO DA QUESTÃO

A questão visa obter do examinando o conhecimento acerca da extinção da punibilidade pela prescrição. Desta forma, para obtenção da pontuação relativa ao item "A", o examinando deve indicar que a punibilidade do réu está extinta com base na prescrição da pretensão punitiva retroativa, pois entre a data do recebimento da denúncia e a data da publicação da sentença condenatória transcorreu lapso de tempo superior a quatro anos.

Cumpre destacar que tal modalidade de prescrição é a única que se coaduna com o caso apresentado pelos seguintes fatos:

i. tendo havido o trânsito em julgado para a acusação (pois somente a defesa interpôs recurso de apelação), deve ser considerado o *quantum* de pena aplicada por ocasião da sentença condenatória, ou seja, 01 (um) ano, 11 (onze) meses e 10 (dez) dias de reclusão, não podendo esta ser majorada por força do princípio que impede a sua reforma para pior (*non reformatio in pejus*). Assim, o prazo prescricional é de 4 (quatro) anos, conforme artigos 107, inciso IV, c/c 109, inciso V e 110, § 1º, todos do CP;

ii. considerando apenas os dados narrados no enunciado, os únicos marcos interruptivos da prescrição, segundo o art. 117 do CP, são o recebimento da denúncia (30/10/2000) e a publicação da sentença penal condenatória (29/07/2005).

Assim, com base na pena aplicada na sentença (com trânsito em julgado para o Ministério Público), retroagindo-se ao primeiro marco interruptivo narrado pela questão (recebimento da denúncia), observa-se que entre este e o segundo marco interruptivo (publicação da sentença condenatória), transcorreu lapso temporal maior do que quatro anos, com a consequente prescrição da pretensão punitiva.

Ressalte-se que justamente pela objetividade do item "A", e por não ter havido o trânsito em julgado para ambas as partes, a indicação de espécie distinta de prescrição, que não a punitiva, macula a integralidade da resposta e impede a atribuição de pontuação. Não há que se falar, no caso em comento, em prescrição da pretensão executória.

Em relação ao item "B" o examinando, para fazer jus à pontuação respectiva, deve responder que o disposto no art. 110, *caput*, do CP não é aplicável ao caso narrado, pois tal artigo somente é aplicado em se tratando de prescrição da pretensão executória. Como o caso apresentado demonstra a ocorrência da prescrição da pretensão punitiva, não há que se falar no aumento de 1/3 (um terço) no prazo prescricional. Este entendimento é corroborado pelo verbete 220 da Súmula do STJ ao afirmar que "a reincidência não influi no prazo da prescrição da pretensão punitiva".

PENAL

Distribuição dos Pontos:

Quesito Avaliado	Valores
A) Sim, resta configurada a prescrição da pretensão punitiva retroativa. (0,75) Obs.: A indicação de espécie distinta de prescrição macula a integralidade do item "A".	0,00/0,75
B) Não, o referido dispositivo somente é aplicado em se tratando de prescrição da pretensão executória. (0,50) OU Não, conforme o verbete 220 da Súmula do STJ. (0,50)	0,00/0,50

(OAB/Exame Unificado – 2011.2 – 2ª fase) João e Maria iniciaram uma paquera no Bar X na noite de 17 de janeiro de 2011. No dia 19 de janeiro do corrente ano, o casal teve uma séria discussão, e Maria, nitidamente enciumada, investiu contra o carro de João, que já não se encontrava em bom estado de conservação, com três exercícios de IPVA inadimplentes, a saber: 2008, 2009 e 2010. Além disso, Maria proferiu diversos insultos contra João no dia de sua festa de formatura, perante seu amigo Paulo, afirmando ser ele "covarde", "corno" e "frouxo". A requerimento de João, os fatos foram registrados perante a Delegacia Policial, onde a testemunha foi ouvida. João comparece ao seu escritório e contrata seus serviços profissionais, a fim de serem tomadas as medidas legais cabíveis. Você, como profissional diligente, após verificar não ter passado o prazo decadencial, interpõe Queixa-Crime ao juízo competente no dia 18/7/11.

O magistrado ao qual foi distribuída a peça processual profere decisão rejeitando-a, afirmando tratar-se de clara decadência, confundindo-se com relação à contagem do prazo legal. A decisão foi publicada dia 25 de julho de 2011.

Com base somente nas informações acima, responda:

A) Qual é o recurso cabível contra essa decisão? (0,30)

B) Qual é o prazo para a interposição do recurso? (0,30)

C) A quem deve ser endereçado o recurso? (0,30)

D) Qual é a tese defendida? (0,35)

RESOLUÇÃO DA QUESTÃO

Os crimes perpetrados por Maria, dano e injúria, capitulados, respectivamente, nos arts. 163, *caput*, e 140, *caput*, ambos do Código Penal, são considerados de menor potencial ofensivo, na forma do art. 61 da Lei 9.099/95. Por se tratar de concurso material de crimes, as penas devem ser somadas. Ainda assim, não é superado o limite de 2 anos de prisão. Estão, pois, sob a égide do Juizado Especial Criminal.

Em assim sendo, o recurso a ser interposto, neste caso, é a apelação, conforme estabelece o art. 82 da Lei 9099/95.

O prazo para interposição deste recurso, a teor do art. 82, § 1º, da Lei 9.099/95, é de 10 dias.

Deve ser endereçado à Turma Recursal, conforme preconiza o art. 82 da Lei 9.099/95.

Não houve a decadência reconhecida pelo magistrado.

O prazo decadencial – que tem natureza penal – tem como termo inicial a data em que o ofendido tem conhecimento de quem é o autor do delito, na forma estabelecida no art. 38 do CPP. Neste caso, corresponde ao dia em que se deram os fatos. Tendo natureza penal, a contagem do prazo decadencial se faz segundo as regras do art. 10 do CP, incluindo-se o primeiro dia e excluindo-se o derradeiro. Dessa forma, a queixa foi ajuizada dentro do prazo decadencial, mais precisamente no último dia desse prazo.

GABARITO COMENTADO – EXAMINADORA

A) Como se trata de crime de menor potencial ofensivo, o recurso cabível é Apelação, de acordo com o artigo 82 da Lei 9099/95. Vale lembrar que a qualificadora do art. 163, parágrafo único, IV, do CP, relativa ao motivo egoístico do crime de dano, caracteriza-se apenas quando o agente pretende obter satisfação econômica ou moral. Assim, a conduta de Maria, motivada por ciúme, não se enquadra na hipótese e configura a modalidade simples do delito de dano (art. 163, caput). Cabe ainda destacar que não houve prejuízo considerável a João, já que o carro danificado estava em mau estado de conservação, o que afasta definitivamente a qualificadora tipificada no art. 163, parágrafo único, IV, do CP. Assim, o concurso material entre o crime patrimonial e a injúria não ultrapassa o patamar máximo e 2 anos, que define os crimes de menor potencial ofensivo e a competência dos Juizados Especiais Criminais, sendo cabível, portanto, apelação (art. 82 da Lei 9.099/95).

B) 10 dias, de acordo com o §1º do artigo 82 da Lei 9099/95;

C) Turma Recursal, consoante art. 82 da Lei 9099/95;

D) O prazo para interposição da queixa-crime é de seis meses a contar da data do fato, conforme previu o artigo 38 do CPP. Trata-se de prazo decadencial, isto é, prazo de natureza material, devendo ser contado de acordo com o disposto no artigo 10 do CP – inclui-se o primeiro dia e exclui-se o último.

Distribuição dos Pontos

Item	Pontuação
A) Apelação.	0 / 0,3
B) 10 dias.	0 / 0,3
C) Turma Recursal.	0 / 0,3
D) O juiz contou de forma equivocada o prazo decadencial.	0 / 0,35

(OAB/Exame Unificado – 2011.2 – 2ª fase) Jaime, brasileiro, solteiro, nascido em 10/11/1982, praticou, no dia 30/11/2000, delito de furto qualificado pelo abuso de confiança (art. 155, parágrafo 4º, II, do CP). Devidamente denunciado e processado, Jaime foi condenado à pena de 4 (quatro) anos e 2 (dois) meses de reclusão. A sentença transitou definitivamente em julgado no dia 15/01/2002, e o término do cumprimento da pena se deu em 20/03/2006. No dia 24/03/2006, Jaime subtraiu um aparelho de telefone celular que havia sido esquecido por Lara em cima do balcão de uma lanchonete. Todavia, sua conduta fora filmada pelas câmeras do estabelecimento, o que motivou o oferecimento de denúncia, por parte do Ministério Público, pela prática de furto simples (art. 155, caput, do CP). A denúncia foi recebida em 14/04/2006, e, em 18/10/2006, Jaime foi condenado à pena de 1 (um) ano de reclusão e 10 (dez) dias-multa. Foi fixado o regime inicial aberto para o cumprimento da pena privativa de liberdade, com sentença publicada no mesmo dia.

Com base nos dados acima descritos, bem como atento às informações a seguir expostas, responda fundamentadamente:

A) Suponha que a acusação tenha se conformado com a sentença, tendo o trânsito em julgado para esta ocorrido em 24/10/2006. A defesa, por sua vez, interpôs apelação no prazo legal. Todavia, em virtude de sucessivas greves, adiamentos e até mesmo perda dos autos, até a data de 20/10/2010, o recurso da defesa não tinha sido julgado. Nesse sentido, o que você, como advogado, deve fazer? (Valor: 0,60)

B) A situação seria diferente se ambas as partes tivessem se conformado com o decreto condenatório, de modo que o trânsito em julgado definitivo teria ocorrido em 24/10/2006, mas Jaime, temeroso de ficar mais uma vez preso, tivesse se evadido tão logo teve ciência do conteúdo da sentença, somente tendo sido capturado em 25/10/2010? (Valor: 0,65)

RESOLUÇÃO DA QUESTÃO

Deve-se impetrar *habeas corpus*, com fundamento no art. 648, VII, do CPP, com o propósito de ver declarada extinta a punibilidade em razão da prescrição.

Operou-se, neste caso, a chamada prescrição superveniente (modalidade de prescrição da pretensão punitiva), na forma do art. 110, § 1º, do CP, visto que, com o trânsito em julgado da decisão que condenou o réu para a acusação, o Estado deveria julgar o recurso interposto pela defesa, em razão da pena fixada, no prazo de quatro anos (art. 109, V, CP), a contar da publicação da sentença condenatória. Teria, portanto, até o dia 17/10/2010 para julgar em definitivo o recurso e evitar a extinção da punibilidade por força da prescrição. No entanto, até o dia 20/10/2010, por várias razões, o recurso não havia sido julgado, operando-se, assim, a extinção da punibilidade do agente em razão da prescrição, na forma estatuída no art. 107, IV, do CP.

Se as partes tivessem se conformado com o decreto condenatório, a situação seria diferente.

A partir de agora, então, fala-se em prescrição da pretensão executória, já que ocorreu o trânsito em julgado da sentença penal condenatória.

Neste caso, sendo Jaime reincidente, o prazo da prescrição executória, a teor do art. 110, *caput*, do CP, será aumentado de um terço, razão pela qual poderá ser capturado até o dia 23/02/2012.

GABARITO COMENTADO – EXAMINADORA

A) Ingressar com *habeas corpus* com fulcro no art. 648, VII, do CPP (extinção de punibilidade – art.107, IV, do CP), ou com mera petição diretamente dirigida ao relator do processo, considerando-se que a prescrição é matéria de ordem pública e pode até ser conhecida de ofício. O argumento a ser utilizado é a ocorrência de prescrição da pretensão punitiva superveniente/intercorrente/subsequente (causa extintiva de punibilidade), pois, já ciente do máximo de pena in concreto possível, qual seja, 1 ano e 10 dias-multa, o Estado teria até o dia 17/10/2010 para julgar definitivamente o recurso da defesa, o que não ocorreu, nos termos dos arts. 109, V; 110, §1º; e 117, I e IV, todos do CP. Vale lembrar que a prescrição da pretensão punitiva superveniente pressupõe o trânsito em julgado para a acusação (tal como ocorreu na espécie) e é contada a partir da publicação da sentença penal condenatória, último marco interruptivo da prescrição relacionado na questão. Vale ressaltar que não basta o candidato mencionar que houve prescrição. Tem que ser específico, dizendo ao menos que se trata de prescrição da pretensão punitiva.

B) Sim, a situação seria diferente, pois neste caso não haveria prescrição da pretensão executória nem outra modalidade qualquer. Como Jaime é reincidente, já que o 2º furto foi cometido após o trânsito em julgado definitivo de sentença que lhe condenou pelo 1º furto (art. 63 do CP), a prescrição da pretensão executória tem seu prazo acrescido de 1/3, de acordo com o artigo 110 do CP. Assim, o Estado teria até 23/02/2012 para capturar Jaime, nos termos dos arts. 110 caput e 112, I, do CP.

Distribuição dos Pontos:

Item	Pontuação
a) *Habeas Corpus* OU Petição dirigida ao relator (0,3). Justificativa (0,3).	0 / 0,3 / 0,6
b) Não haveria prescrição (0,3). Jaime é reincidente (0,35).	0 / 0,3 / 0,65

Obs.: A justificativa isolada não pontua.

(OAB/Exame Unificado – 2007.3 – 2ª fase) Pedro, nascido no dia 16/10/1980, foi indiciado pela subtração de um automóvel FIAT, no valor de R$ 7.000,00, que foi vendido em outro estado da Federação. O fato ocorreu em 20/8/2001. A denúncia foi recebida em 25/10/2007, imputando a Pedro a prática da conduta descrita no art. 155, §5º, do CP. O interrogatório judicial ocorreu um mês depois, na presença do defensor, oportunidade em que Pedro negou a autoria do delito, tendo indicado sua sogra como testemunha. Foi dada vista dos autos à defesa para se manifestar no prazo legal. Considerando a situação hipotética apresentada, redija um texto dissertativo, indicando:

A) a peça, privativa de advogado, que deve ser apresentada;

B) a preliminar que deve ser arguida, com a devida justificativa.

RESOLUÇÃO DA QUESTÃO

Quando praticou o crime, Pedro não contava ainda com 21 anos de idade, o que implica dizer que o prazo prescricional, a teor do art. 115 do Código Penal, será reduzido de metade. Sendo de 8 anos o máximo da pena privativa de liberdade prevista para o crime em questão (art. 155, § 5º, do CP), a prescrição da pretensão punitiva se dará, já descontada a redução a que alude o art. 115, em 6 anos.

Tendo o fato ocorrido em 20/8/2001 e a denúncia sido recebida em 25/10/2007 (causa interruptiva da prescrição), o que constitui um interregno superior a seis anos, deve o juiz rejeitar a denúncia por falta de interesse de agir, com base no art. 395, II, do CPP.

Se não o fizer, o réu, depois de citado, nos termos do art. 396-A do CPP, oferecerá sua resposta escrita (resposta à acusação ou defesa prévia), na qual alegará a prescrição da pretensão punitiva.

1.5. Crimes contra a pessoa

(OAB/Exame Unificado – 2013.1 – 2ª fase) Maria, mulher solteira de 40 anos, mora no Bairro Paciência, na cidade Esperança. Por conta de seu comportamento, Maria sempre foi alvo de comentários maldosos por parte dos vizinhos; alguns até chegavam a afirmar que ela tinha "cara de quem cometeu crime". Não obstante tais comentários, nunca houve prova de qualquer das histórias contadas, mas o fato é que Maria é pessoa conhecida na localidade onde mora por ter *má-índole*, já que sempre arruma brigas e inimizades.

Certo dia, com raiva de sua vizinha Josefa, Maria resolve quebrar a janela da residência desta. Para tanto, espera chegar a hora em que sabia que Josefa não estaria em casa e, após olhar em volta para ter certeza de que ninguém a observava, Maria arremessa com força, na direção da casa da vizinha, um enorme tijolo. Ocorre que Josefa, naquele dia, não havia saído de casa e o tijolo após quebrar a vidraça, atinge também sua nuca. Josefa falece instantaneamente.

Nesse sentido, tendo por base apenas as informações descritas no enunciado, responda justificadamente:

É correto afirmar que Maria deve responder por homicídio doloso consumado? (Valor: 1,25)

A simples menção ou transcrição do dispositivo legal não pontua.

GABARITO COMENTADO – EXAMINADORA

Na presente questão cabe ao examinando identificar o instituto por ela versado, qual seja, o erro de tipo acidental, na modalidade do resultado diverso do pretendido, previsto no art. 74 do Código Penal.

Referido instituto traz como consequência, para o caso sob exame, a punição do agente por crime doloso em relação ao objetivo por ele almejado (que no caso foi o crime de dano previsto no art. 163 do Código Penal), bem como a sua punição na modalidade culposa pelo resultado não intencional por ele alcançado, desde que o tal delito admita a modalidade culposa.

Nesse sentido, observa-se que o outro resultado alcançado foi o crime de homicídio, que admite a modalidade culposa, de acordo com o art. 121, § 3º, do CP.

Sendo assim, uma vez tendo, Maria, alcançado os dois resultados, deverá ser punida por ambos (dano doloso e homicídio culposo) na forma do art. 70 do Código Penal, ou seja, em concurso formal próprio, que determina a majoração da pena do crime mais grave de 1/6 até 1/2.

Distribuição dos Pontos:

Quesito Avaliado	Valores
A1. Não, uma vez que não houve dolo em relação à produção do resultado morte, razão pela qual responde por homicídio culposo (0,60).	0,00/0,60
A2. A hipótese é de resultado diverso do pretendido (art. 74 do CP) (0,50), devendo responder por dano em concurso formal com o crime de homicídio culposo (0,15). OBS.: a mera indicação de dispositivo legal ou transcrição de seu conteúdo não será pontuada.	0,00 / 0,15 / 0,50 / 0,65

(OAB/Exame Unificado – 2012.1 – 2ª fase) Há muito tempo Maria encontra-se deprimida, nutrindo desejos de acabar com a própria vida. João, sabedor dessa condição, e querendo a morte de Maria, resolve instigá-la a se matar. Pondo seu plano em prática, João visita Maria todos os dias e, quando ela toca no assunto de não tem mais razão para viver, que deseja se matar, pois a vida não faz mais sentido, João a estimula e a encoraja a pular pela janela.

Um belo dia, logo após ser instigada por João, Maria salta pela janela de seu apartamento e, por pura sorte, sofre apenas alguns arranhões, não sofrendo qualquer ferimento grave. Considerando apenas os fatos apresentados, responda, de forma justificada, aos seguintes questionamentos:

A) João cometeu algum crime? (valor: 0,65)

B) Caso Maria viesse a sofrer lesões corporais de natureza grave em decorrência da queda, a condição jurídica de João seria alterada? (valor: 0,60)

GABARITO COMENTADO

O examinando deve responder, no item 'A', que João não cometeu qualquer crime, pois o delito descrito no art. 122 do CP, o qual prevê a conduta de instigação, auxílio ou induzimento ao suicídio, não admite a forma tentada (art. 14, II do CP), sendo certo que tal delito somente se consuma com a ocorrência de lesões corporais graves ou morte. Nesse sentido, como Maria teve apenas alguns arranhões, não houve crime.

Todavia, com o fim de privilegiar a demonstração de conhecimento doutrinário, será aceita como resposta correta ao item 'A', a indicação de que haveria crime, mas que o fato não seria punível por faltar condição objetiva de punibilidade. Nesse caso específico, o examinando deverá demonstrar conhecimento sobre o conceito analítico de crime (fato típico, antijurídico e culpável), indicando que a punibilidade não o integra.

Ainda quanto ao item 'A', é indispensável a indicação do dispositivo em análise. Portanto, afirmações vagas e genéricas não são passíveis de pontuação.

Já no item 'B', o examinando deveria responder que ante a ocorrência de lesões corporais de natureza grave em Maria, a condição jurídica de João seria alterada, passando ele a responder pelo delito previsto no art. 122 do CP na modalidade consumada.

Ressalte-se que levando em consideração a natureza do Exame de Ordem, não será atribuída pontuação para respostas com teses contraditórias, ou mesmo sugestiva de delito na modalidade tentada. Ademais, considera-se errada a resposta indicativa de configuração de concurso de crimes ou a fundamentação isolada.

Pelo mesmo motivo exposto no item 'A' (impossibilidade de consideração de afirmações vagas ou genéricas), também não é passível de pontuação a resposta, no item 'B', que não indique, de maneira expressa, o artigo legal a que se refere a questão. Desse modo, a mera referência à pena de reclusão de 1 a 3 anos, ou seja, a mera indicação do preceito secundário do tipo, dissociada da tipificação da conduta, também não é pontuada.

Por fim, também não será pontuada a simples transcrição do artigo, dissociada da demonstração de conhecimento doutrinário.

Distribuição dos pontos:

Quesito Avaliado	Faixa de valores
A) João não cometeu qualquer crime, pois o delito descrito no artigo 122 do CP só se consuma com a ocorrência de morte ou de lesão corporal grave OU há crime, mas o fato não é punível por faltar a condição objetiva de punibilidade (0,65) Obs.: respostas incompletas não são pontuadas.	0,00/0,65
B) A condição jurídica de João se alteraria, na medida em que o resultado de lesões corporais de natureza grave consuma o crime de instigação, auxílio e induzimento ao suicídio, devendo João responder pelo crime previsto no artigo 122 do CP da forma consumada (0,60). Obs.1: respostas incompletas não são pontuadas. Obs.2: a mera indicação da sanção penal não é pontuada. Obs.3: a mera transcrição do artigo não é pontuada.	0,00/0,60

(OAB/Exame Unificado – 2008.2 – 2ª fase) Penélope, grávida de 6 meses, foi atingida por disparo de arma de fogo efetuado por Teobaldo, cuja intenção era matar a gestante e o feto. Socorrida por populares, a vítima foi levada ao hospital e, em decorrência das lesões sofridas, perdeu o rim direito. O produto da concepção veio ao mundo e, alguns dias depois, em virtude dessas circunstâncias, morreu. Considerando a situação hipotética apresentada, tipifique a(s) conduta(s) de Teobaldo.

RESOLUÇÃO DA QUESTÃO

Ciente do estado gravídico de Penélope e visando tanto à morte desta quanto à do feto, Teobaldo efetuou disparo de arma de fogo que veio a atingir a vítima.

Embora Teobaldo não tenha atingido seu intento em relação à morte de Penélope, visto que a mesma foi a tempo socorrida, em razão das lesões experimentadas, a vítima perdeu seu rim direito. É dizer, o resultado letal não foi atingido por circunstâncias alheias à vontade do agente.

Conseguiu Teobaldo, todavia, que a vítima, dadas as circunstâncias, antecipasse o parto, o que fez com que, dias depois, o produto da concepção, não resistindo, viesse a óbito.

Dessa forma, Teobaldo deverá ser responsabilizado pelos crimes previstos no art. 121 c/c o art. 14, II, ambos do Código Penal (homicídio tentado), e no art. 125 do Código Penal (aborto provocado sem o consentimento da gestante).

Comentários adicionais:

A prática do crime de aborto é exemplo típico de exceção à chamada *teoria monista*, acolhida como regra pelo Código Penal, pois, neste caso, a gestante que permitir em si mesma a prática do aborto responde nos moldes do art. 124 do CP, ao passo que o agente que nela provocá-lo estará incurso no art. 126 do CP, e não como coautor do art. 124, CP (incidência da *teoria pluralista* – cada agente responde pelo seu crime).

O agente que provoca aborto sem o consentimento da gestante comete a forma mais grave desse crime, pois está sujeito à pena de 3 a 10 anos de reclusão (art. 125, CP); diferente é a situação do agente que provoca aborto com o consentimento da gestante (art. 126, CP), que ficará sujeito a uma pena de reclusão de 1 a 4 anos. O art. 124 do CP contempla a forma menos grave deste crime: *autoaborto* e *aborto consentido*, modalidades que exigem como sujeito ativo a própria gestante.

PENAL

(OAB/Exame Unificado – 2008.1 – 2ª fase) O detento Getúlio envolveu, com fio elétrico, o pescoço de Paulo Tirso, policial militar que trabalha no complexo penitenciário, e o ameaçou com estilete, exigindo ser transferido do pavilhão A para o pavilhão B. Em face da situação hipotética apresentada, responda, fundamentadamente, às seguintes perguntas.

✓ Que crime foi praticado pelo detento Getúlio?

✓ Que procedimento/rito processual deve ser observado?

RESOLUÇÃO DA QUESTÃO

Getúlio, fazendo uso de violência e grave ameaça exercida com estilete contra policial militar que trabalha no complexo penitenciário em que o agente está preso, exigiu sua transferência de pavilhão, conduta essa que se amolda ao tipo prefigurado no art. 146 do Código Penal (constrangimento ilegal).

É infração penal de menor potencial ofensivo, sujeita, por isso, ao procedimento comum sumaríssimo estabelecido na Lei 9.099/95.

(OAB/Exame Unificado – 2007.1 – 2ª fase) Responde por crime contra a honra o servidor público que, por dever de ofício e em razão do simples exercício de suas funções, participou de processo administrativo — promovendo a sua instauração, colhendo provas, elaborando relatórios, fazendo encaminhamentos e dando pareceres técnicos — que, ao final, importou a demissão de outro servidor público, por abandono de cargo? Fundamente sua resposta.

RESOLUÇÃO DA QUESTÃO

O servidor público que, no cumprimento de dever de ofício, participa de processo administrativo, emitindo conceito desfavorável em apreciação ou informação prestada, não responde por injúria nem por difamação, conforme estabelece o art. 142, III, do Código Penal.

Em outras palavras, o servidor público, por dever de ofício e em razão do simples exercício de suas funções, pode, ao emitir um parecer, expor uma opinião negativa, desfavorável acerca de alguém, sendo possível, com isso, comprometer sua reputação ou até mesmo ofender sua dignidade ou decoro, o que não implica prática de ato ilícito.

O crime de calúnia, capitulado no art. 138 do Código Penal, não foi incluído no rol do art. 142 do Código Penal.

Comentários adicionais:

Confira, a respeito do tema, os seguintes julgados:

PENAL E PROCESSUAL PENAL. QUEIXA-CRIME. DECADÊNCIA. CRIMES CONTRA A HONRA. OFENSA "PROPTER OFFICIUM". LEGITIMIDADE. ELEMENTO SUBJETIVO DO TIPO. ANIMUS NARRANDI. DESCARACTERIZAÇÃO. I - Recebido o ofício sobre a devolução do prazo para apresentação de defesa prévia de fatos que deram origem à presente queixa-crime, o prazo de decadência, previsto nos arts. 103 do Código Penal e 38 do Código de Processo Penal, não havia ainda sido ultrapassado quando do ajuizamento desta. II - A admissão da ação penal pública, quando se tratar de ofensa *propter officium*, é uma alternativa oferecida ao ofendido, não uma privação do seu direito de queixa. Legitimidade, pois, do servidor público, de ajuizar a ação penal para defesa de seus direitos. Precedentes do STF. III - A manifestação considerada ofensiva, feita com o propósito de informar possíveis irregularidades, sem a intenção de ofender, descaracteriza o tipo subjetivo nos crimes contra a honra, sobretudo quando o ofensor está agindo no estrito cumprimento de dever legal. Precedentes. IV - As informações levadas ao Corregedor-Regional do Trabalho por ex-ocupante do mesmo cargo, ainda que deselegantes e com possíveis consequências graves, praticadas no exercício regular de um direito e sem a intenção de caluniar e injuriar o querelante, não podem ser consideradas típicas, daí porque ausente a justa causa para a ação penal. V - Queixa-crime rejeitada. (APN 200400876880, ANTÔNIO DE PÁDUA RIBEIRO, STJ - CORTE ESPECIAL, 20/06/2005).

AÇÃO PENAL ORIGINÁRIA. QUEIXA-CRIME CONTRA DESEMBARGADORA.CALÚNIA, DIFAMAÇÃO E INJÚRIA. FATOS OCORRIDOS EM SESSÃO PLENÁRIA. ESCOLHA DE LISTA TRÍPLICE. EXPRESSÕES PARA JUSTIFICAR O VOTO. INEXISTÊNCIA DE DOLO. INDICAÇÃO APENAS VALORATIVA. DEVER DE OFÍCIO. CAUSA ESPECIAL DE EXCLUSÃO DO CRIME. ART. 142, III, DO CP. A conceituação dos crimes contra a honra envolve uma análise sistêmica do ambiente no qual as expressões tidas por desonrosas foram proferidas, de modo a evitar-se a análise individualizada e incompleta dos fatos. Por essa razão, semanticamente, deve ser considerada a imunidade profissional do magistrado, nos termos do art. 142, III, do Código Penal, que em sede de votação de lista tríplice justifica sua apreensão e seu voto com fortes indicações valorativas aos candidatos constates da lista sêxtupla objeto de votação, cumprindo um dever de ofício e limitando-se ao contexto do procedimento. Queixa-crime rejeitada. (APN 200301721876, JOSÉ ARNALDO DA FONSECA, STJ - CORTE ESPECIAL, 21/02/2005)

(OAB/Exame Unificado – 2006.3 – 2ª fase) Lucélia, em crise de depressão, decidiu suicidar-se, no que foi instigada por Sílvia. Assim, atirou-se do segundo andar de um edifício, mas não conseguiu lograr seu intento, tendo sofrido apenas lesões corporais leves. Considerando a situação hipotética apresentada, redija um texto dissertativo que tipifique, de forma fundamentada, a conduta de Sílvia.

RESOLUÇÃO DA QUESTÃO

O crime do art. 122 do Código Penal – *induzimento, instigação ou auxílio a suicídio* – consuma-se em duas situações, a saber: com a morte da vítima ou com a ocorrência de lesão corporal grave. Dito de outro modo, por se tratar de delito que não comporta a modalidade tentada, a vítima, em razão do induzimento, da instigação ou do auxílio, deve suicidar-se ou ao menos tentar o ato suicida e dele decorrer lesão corporal de natureza grave. Só assim o crime estará consumado.

Lucélia, decidida a suicidar-se e após ser instigada por Sílvia a fazê-lo, atira-se do segundo andar de um edifício, sem, contudo, conseguir dar fim à própria vida, sofrendo tão somente lesões corporais de natureza leve, o que, em vista do acima exposto, não é suficiente para configurar o crime de *participação em suicídio*, que só é punido quando há morte ou lesão corporal de natureza grave.

Não há, portanto, crime na conduta de Sílvia, na medida em que a tentativa de suicídio gerada pela instigação por ela perpetrada não ocasionou a morte de Lucélia tampouco lesão corporal de natureza grave.

Comentários adicionais:

Nosso ordenamento jurídico não prevê responsabilização no âmbito penal àquele que investe contra a própria vida e não consegue atingir seu objetivo ao argumento de que a punição, nestas circunstâncias, teria somente o efeito de reforçar o propósito suicida. Ademais, a pena não teria efeito preventivo algum, pois aquele que deseja a morte não está preocupado com a sanção a que estará submetido.

Assim, por razões de política criminal, a prática de tentativa de suicídio configura fato atípico. Constitui, no entanto, objeto de interesse do direito penal algumas formas de colaboração no suicídio de outrem. Essas modalidades de colaboração, representadas pelos núcleos do tipo alternativo *induzir, instigar* e *auxiliar*, estão contidas no art. 122 do CP. Note que o legislador considera como crime a conduta consistente em participar de fato não criminoso, induzindo ou instigando alguém a suicidar-se, ou prestando-lhe auxílio material para que o faça.

É importante que se diga que é necessário, à caracterização deste crime, que a vítima disponha de alguma capacidade de discernimento e resistência; do contrário o delito será o de homicídio.

Quanto à causa de aumento de pena, prevista no parágrafo único do art. 122 do CP, o legislador estabeleceu, para o crime de *participação em suicídio*, duas hipóteses. Além do motivo egoístico, a pena também será duplicada se a vítima for menor ou tiver diminuída sua capacidade de resistência.

1.6. Crimes contra o patrimônio

(OAB/Exame Unificado – 2012.2 – 2ª fase) Abel e Felipe observavam diariamente um restaurante com a finalidade de cometer um crime. Sabendo que poderiam obter alguma vantagem sobre os clientes que o frequentavam, Abel e Felipe, sem qualquer combinação prévia, conseguiram, cada um, uniformes semelhantes aos utilizados pelos manobristas de tal restaurante.

No início da tarde, aproveitando a oportunidade em que não havia nenhum funcionário no local, a dupla, vestindo os uniformes de manobristas, permaneceu à espera de suas vítimas, mas, agindo de modo separado.

Tércio, o primeiro cliente, ao chegar ao restaurante, iludido por Abel, entrega de forma voluntária a chave de seu carro. Abel, ao invés de conduzir o veículo para o estacionamento, evade-se do local. Narcísio, o segundo cliente, chega ao restaurante e não entrega a chave de seu carro, mas Felipe a subtrai sem que ele o percebesse. Felipe também se evade do local.

Empregando os argumentos jurídicos apropriados e a fundamentação legal pertinente ao caso, responda às questões a seguir.

a) Qual a responsabilidade jurídico-penal de Abel ao praticar tal conduta? (responda motivando sua imputação) (Valor: 0,65)

b) Qual a responsabilidade jurídico-penal de Felipe ao praticar tal conduta? (responda motivando sua imputação) (Valor: 0,60)

RESOLUÇÃO DA QUESTÃO

Relativamente ao item "A" da questão, o examinando, para garantir a atribuição integral dos pontos respectivos, deverá desenvolver raciocínio no sentido de que Abel cometeu apenas o crime de estelionato, previsto no art. 171 do Código Penal brasileiro.

Outrossim, deverá indicar que o crime caracteriza-se pela fraude que é usada como meio de obter o consentimento da vítima que, iludida, entrega voluntariamente a chave de seu carro para Abel.

No que tange ao item "B", deverá ser desenvolvido raciocínio no sentido de que Felipe cometeu apenas o delito de furto simples, capitulado no artigo 155 caput do Código Penal.

Saliente-se que, no caso em tela, não serão admitidas respostas que indicarem a incidência de qualificadoras, uma vez que, apesar de o agente ter se vestido de manobrista, tal fato em nada interferiu na subtração do bem.

Tampouco se pode falar em crime cometido mediante destreza, haja vista o fato de que, no enunciado da questão, não há qualquer referência ao fato de Felipe possuir habilidades especiais que pudessem fazer com que efetivasse a subtração sem que a vítima percebesse.

Assim sendo, o delito por ele praticado foi, apenas, o de furto na forma simples, descrito no caput do artigo 155 do Código Penal.

Ainda no item "B", de maneira alternativa e com o fim de privilegiar demonstração de conhecimento jurídico, será pontuado o examinando esclarecer somente estar presente o núcleo do tipo e, por conta disso, a conduta de Felipe apenas se enquadraria no caput do artigo citado.

Por fim, em nenhum dos itens poderá ser atribuída pontuação pela mera explicação da atuação dos agentes se essa estiver dissociada da correta tipificação do crime.

Distribuição dos Pontos:

Quesito Avaliado	Valores
A. Abel cometeu o crime de estelionato, previsto no art. 171 do Código Penal brasileiro (0,30). O crime caracteriza-se pela fraude que é usada como meio de obter o consentimento da vítima. (0,35). OBS.: Não será atribuída pontuação para a mera explicação, dissociada da correta tipificação do crime.	0,00/0,30/0,65
B. Felipe cometeu o crime de furto, previsto no art. 155, caput, do Código Penal (0,30). Tendo em vista que não estão presentes os elementos que qualifiquem o referido crime, OU, a atuação de Felipe só perfaz o núcleo do tipo previsto no caput. (0,30). OBS.: Não será atribuída pontuação para a mera explicação, dissociada da correta tipificação do crime.	0,00/0,30/0,60

(OAB/Exame Unificado – 2012.1 – 2ª fase) Maurício, jovem de classe alta, rebelde e sem escrúpulos, começa a namorar Joana, menina de boa família, de classe menos favorecida e moradora de área de risco em uma das maiores comunidades do Brasil. No dia do aniversário de 18 anos de Joana, Maurício resolve convidá-la para jantar num dos restaurantes mais caros da cidade e, posteriormente, leva-a para conhecer a suíte presidencial de um hotel considerado um dos mais luxuosos do mundo, onde passa a noite com ela. Na manhã seguinte, Maurício e Joana resolvem permanecer por mais dois dias. Ao final da estada, Mauricio contabiliza os gastos daqueles dias de prodigalidade, apurando o total de R$ 18.000,00 (dezoito mil reais). Todos os pagamentos foram realizados em espécie, haja vista que, na noite anterior, Maurício havia trocado com sua mãe um cheque de R$20.000,00 (vinte mil reais) por dinheiro em espécie, cheque que Maurício sabia, de antemão, não possuir fundos. Considerando apenas os fatos descritos, responda, de forma justificada, os questionamentos a seguir.

A) Maurício e Joana cometeram algum crime? Justifique sua resposta e, caso seja positiva, tipifique as condutas atribuídas a cada um dos personagens, desenvolvendo a tese de defesa. (valor: 0,70)

B) Caso Maurício tivesse invadido a casa de sua mãe com uma pistola de brinquedo e a ameaçado, a fim de conseguir a quantia de R$ 20.000,00 (vinte mil reais), sua situação jurídica seria diferente? Justifique. (valor: 0,55)

GABARITO COMENTADO

Para garantir pontuação, o examinando deveria, no item 'A', deixar expresso que Joana não cometeu qualquer crime porque não houve sequer conduta de sua parte. Cabe ressaltar que somente será aceita, como fundamento para essa hipótese, a ausência de conduta, levando em consideração o conhecimento teórico exigido no Exame de Ordem.

Assim, descabe analisar a existência de elemento subjetivo (dolo ou culpa), ilicitude ou culpabilidade, pois tais somente seriam apreciados quando houvesse conduta. Consequentemente, a resposta que trouxer apenas tal análise (sem mencionar a conduta) não será pontuada no item respectivo.

Ainda no tocante ao item 'A', o examinando deverá indicar que Maurício, diferentemente de Joana, cometeu crime, qual seja, estelionato (OU que teria praticado a conduta descrita no art. 171, *caput,* do CP), mas que poderia alegar em sua defesa a escusa absolutória prevista no art. 181, II, do CP.

Sobre esse ponto, não será passível de pontuação a mera indicação do dispositivo legal, dissociada da argumentação exigida.

De igual modo, não será pontuada nenhuma outra modalidade de estelionato senão aquela descrita no *caput* do art. 171 do CP. Ressalte-se que dados não descritos no enunciado não podem ser presumidos pelos examinandos.

PENAL

Também não será passível de pontuação a indicação genérica do art. 181 do CP, sem a especificação do inciso adequado ou de argumentação pertinente ao inciso.

Ademais, aplicação da escusa absolutória não conduz à atipicidade da conduta. A conduta continua típica, ilícita e culpável, havendo apenas opção legislativa pela não imposição de sanção de natureza penal, embora a sentença possa produzir efeitos civis.

Em relação ao item 'B', a atribuição de pontos estaria condicionada à expressa argumentação no sentido de que a condição jurídica de Maurício seria alterada na medida em que a isenção de pena prevista no Código Penal não se aplica aos crimes de roubo (OU à prática da conduta descrita no art. 157 *caput* do CP), nos termos do art.183, I do CP. Portanto, Maurício seria processado e apenado pelo crime cometido.

Cumpre salientar que a mera indicação de artigo legal, dissociada da correta argumentação (em qualquer um dos itens), não pode ser pontuada. De igual modo, a mera indicação, no item 'B', de que não haveria isenção de pena (ou de que não se aplicaria o art. 181, II do CP por força do disposto no artigo 183, I, do CP), sem a correta tipificação da conduta, não é passível de pontuação.

Além disso, levando em conta que o delito de roubo não se confunde com a extorsão, não será admitida fungibilidade entre as condutas de forma a se considerar qualquer das duas como a prática empreendida por Maurício.

Por fim, não poderá ser considerada correta a resposta que imponha a causa de aumento de pena prevista no parágrafo segundo, inciso I, do artigo 157 do CP. Isso porque a controvérsia acerca da incidência da referida causa de aumento quanto ao uso de arma de brinquedo foi suficientemente solucionada no âmbito do Superior Tribunal de Justiça, que, em 2001, cancelou o verbete sumular n. 174, no julgamento do RESP 213.054-SP.

Distribuição de pontos:

Quesito Avaliado	Faixa de valores
A.1. Joana não cometeu crime algum, pois não houve conduta de sua parte (0,20).	0,00/0,20
A.2. Maurício cometeu crime de estelionato OU praticou a conduta descrita no art. 171 *caput* do CP (0,30) Obs.: a mera indicação de artigo não pontua.	0,00/0,30
A.3. Poderia alegar em sua defesa a escusa absolutória prevista no art. 181, II do CP (0,20). Obs.: a mera indicação de artigo não pontua.	0,00/0,20
B) Sim, pois passaria a responder por crime de roubo OU pela conduta descrita no art. 157 *caput* do CP (0,20), na medida em que a isenção de pena prevista no Código Penal (art. 181, II do CP) não se aplica ao crime de roubo, conforme art. 183, I do CP (0,35) Obs.1: a mera justificativa não deve ser pontuada. Obs.2: a mera indicação de artigos não é pontuada.	0,00/0,20/0,55

(OAB/Exame Unificado – 2010.3 - 2ª fase) Caio, residente no município de São Paulo, é convidado por seu pai, morador da cidade de Belo Horizonte, para visitá-lo. Ao dirigir-se até Minas Gerais em seu carro, Caio dá carona a Maria, jovem belíssima que conhecera na estrada e que, ao saber do destino de Caio, o convence a subtrair pertences da casa do genitor do rapaz, chegando a sugerir que ele aguardasse o repouso noturno de seu pai para efetuar a subtração. Ao chegar ao local, Caio janta com o pai e o espera adormecer, quando então subtrai da residência uma televisão de plasma, um aparelho de som e dois mil reais. Após encontrar-se com Maria no veículo, ambos se evadem do local e são presos quando chegavam ao município de São Paulo.

Com base no relatado acima, responda aos itens a seguir, empregando os argumentos jurídicos apropriados e a fundamentação legal pertinente ao caso.

a) Caio pode ser punido pela conduta praticada e provada? (Valor: 0,4)

b) Maria pode ser punida pela referida conduta? (Valor: 0,4)

c) Em caso de oferecimento de denúncia, qual será o juízo competente para processamento da ação penal? (Valor: 0,2)

RESOLUÇÃO DA QUESTÃO

Caio não pode ser punido pela conduta que praticou, visto que, na forma estatuída no art. 181, II, do Código Penal, constitui escusa absolutória, causa apta a excluir a pena, o fato de o descendente perpetrar contra o ascendente crime contra o patrimônio, exceção feita às hipóteses em que o agente se valha, para o seu cometimento, de violência ou grave ameaça, ou ainda quando o delito é praticado em detrimento de pessoa com idade igual ou superior da 60 anos, a teor do art. 183, I e III, do CP.

Já Maria poderá, sim, ser punida pela conduta praticada. Isso porque a imunidade contemplada no art. 181 do CP, por força do que dispõe o art. 183, II, do CP, não alcança o terceiro que toma partido no delito. Assim, a circunstância relativa a Caio, por ser de caráter pessoal, não se comunica à sua comparsa. Será, pois, punida pela conduta que ambos praticaram.

O foro competente, a teor do art. 70, *caput*, do CPP, será firmado em razão do local em que se deu a consumação do crime, isto é, a Comarca de Belo Horizonte.

GABARITO COMENTADO – EXAMINADORA

A) Não, uma vez que incide sobre o caso a escusa absolutória prevista no artigo 181, II, do CP.

B) Sim, uma vez que a circunstância relativa a Caio é de caráter pessoal, não se comunicando a ela (artigo 30 do CP). Assim, poderá ser punida pela prática do crime de furto qualificado pelo repouso noturno.

C) Belo Horizonte, local em que delito se consumou, conforme artigos 69, I, do CPP e 6º do CP.

Distribuição de pontos:

Item	Pontuação
A) Não, uma vez que incide sobre o caso a escusa absolutória (0,2) prevista no artigo 181, II, do CP (0,2).	0 / 0,2 / 0,4
B) Sim, uma vez que a circunstância relativa a Caio é de caráter pessoal, não se comunicando a ela (0,2), com base no artigo 30 OU 183, II, do CP (0,2).	0 / 0,2 / 0,4
C) Belo Horizonte, local em que o delito se consumou (0,1), conforme artigos 69, I, OU 70 do CPP (0,1).	0 / 0,1 / 0,2

(OAB/Exame Unificado – 2009.1 – 2ª fase) Pedro, estudante de 23 anos de idade, namorava Ana havia um mês. Ambos sonhavam realizar uma viagem para o exterior e, como dispunham de poucos recursos materiais, Pedro decidiu subtraí-los de alguém. Dirigiu-se, armado com um estilete, a uma estação de metrô e, ao avistar uma pessoa idosa, ameaçou-a com o referido objeto, na presença de diversas testemunhas, e subtraiu-lhe cerca de R$ 3.000,00. Havia, nas proximidades, policiais que, ao perceberem o ocorrido, deram-lhe ordem de prisão. Pedro tentou fugir, mas foi preso, e, como conseguira livrar-se do estilete, não foi possível a apreensão do objeto. Considerando a situação hipotética acima apresentada, responda, de forma fundamentada, às seguintes perguntas.

✓ Que delito Pedro cometeu?

✓ Sem a apreensão do estilete, pode haver causa de aumento de pena?

✓ Há, na situação, circunstâncias agravantes e atenuantes?

RESOLUÇÃO DA QUESTÃO

Pedro cometeu o delito de roubo majorado, previsto no art. 157, § 2º, I, do Código Penal, visto que, mediante ameaça exercida com emprego de arma branca, subtraiu para si de pessoa idosa a importância de R$ 3.000,00.

A incidência do aumento de pena, diante da não apreensão da arma, não é tema pacífico na jurisprudência, mas vários acórdãos dão conta de que a pena pode, sim, ser majorada por esse motivo desde que existam outros elementos comprobatórios de sua utilização (testemunhas, por exemplo).

Incide a circunstância agravante a que faz referência o art. 61, II, *h*, do CP (crime praticado contra pessoa idosa).

Comentários adicionais:

Confira, sobre o tema, os julgados:

AGRAVO REGIMENTAL. *HABEAS CORPUS*. ROUBO MAJORADO. CAUSA DE AUMENTO DE PENA. EMPREGO DE ARMA BRANCA. APREENSÃO E PERÍCIA. NECESSIDADE. 1. A Sexta Turma desta Corte tem entendido, compreensão em relação à qual ressalvo ponto de vista, divergente, que, para a caracterização da majorante prevista no artigo 157, § 2º, I, do Código Penal, faz-se necessário que a arma de fogo seja apreendida e periciada. 2. Em se tratando de arma branca, para a incidência da qualificadora, dentro desse raciocínio, também são imprescindíveis sua apreensão e a realização de exame pericial. 3. Agravo regimental a que se nega provimento. (AgRg no HC 122.307/MG, Rel. Ministro HAROLDO RODRIGUES (DESEMBARGADOR CONVOCADO DO TJ/CE), SEXTA TURMA, julgado em 10/11/2009, DJe 30/11/2009)

PENAL. *HABEAS CORPUS*. ROUBOS CIRCUNSTANCIADOS. EMPREGO DE ARMA. APREENSÃO E PERÍCIA. PRESCINDIBILIDADE. AUMENTO DA PENA EM 2/5. NÃO DEMONSTRADAS CIRCUNSTÂNCIAS CONCRETAS QUE INDIQUEM A NECESSIDADE DE EXASPERAÇÃO DA PENA ALÉM DA FRAÇÃO MÍNIMA. CONTINUIDADE DELITIVA. REQUISITOS DE ORDEM OBJETIVA E SUBJETIVA. AUSÊNCIA DE UNIDADE DE DESÍGNIOS. CARACTERIZAÇÃO DE REITERAÇÃO CRIMINOSA. ORDEM PARCIALMENTE CONCEDIDA. 1. A jurisprudência da Quinta Turma do Superior Tribunal de Justiça é uníssona quanto à prescindibilidade da apreensão da arma para a caracterização da causa de aumento de pena do crime de roubo (art. 157, § 2º, I, do Código Penal), quando outros elementos comprovem sua utilização. 2. A presença de mais de uma causa especial de aumento da pena no crime de roubo pode agravar a pena em até metade, quando o magistrado, diante das peculiaridades do caso concreto, constatar a ocorrência de circunstâncias que indiquem a necessidade da elevação da pena acima da fração mínima. Precedentes do STJ. 3. Não fica o Juízo sentenciante adstrito, simplesmente, à quantidade de majorantes para fixar a fração de aumento, pois, na hipótese de existência de apenas uma, havendo nos autos elementos que conduzem à exasperação da reprimenda – tais como a quantidade excessiva de agentes no concurso de pessoas (CP, art. 157, § 2º, II) ou o grosso calibre da arma de fogo utilizada na empreitada criminosa (CP, art. 157, § 2º, I) –, a fração pode e deve ser elevada, acima de 1/3, contanto que devidamente justificada na sentença, em observância ao art. 68 do CP. O mesmo raciocínio serve para uma situação inversa, em que o roubo foi praticado com arma de fogo e por número reduzido de agentes, hipótese em que pode o magistrado aplicar a fração mínima, apesar da duplicidade de majorantes. 4. A jurisprudência do Superior Tribunal de Justiça orienta-se no sentido de que, para caracterizar a continuidade delitiva, é necessário o preenchimento de requisitos de ordem objetiva e subjetiva. Constatada a mera reiteração, em que as condutas criminosas são autônomas e isoladas, afasta-se a tese de continuidade delitiva para se acolher a da habitualidade ou profissionalismo na prática de crimes, circunstância que merece um tratamento penal mais rigoroso, tendo em vista o maior grau de reprovabilidade. 5. Ordem parcialmente concedida para aplicar o percentual de 1/3 relativo a duas causas de aumento da pena, redimensionando as pena do paciente para 16 anos, 10 meses e 20 dias de reclusão no regime inicial fechado, e 38 dias-multa. (HC 125.025/SP, Rel. Ministro ARNALDO ESTEVES LIMA, QUINTA TURMA, julgado em 29/10/2009, DJe 30/11/2009)

(OAB/Exame Unificado – 2007.3 – 2ª fase) Maria, primária e com bons antecedentes, após encontrar na rua uma folha de cheque em branco pertencente a Joaquim, dirigiu-se a uma loja de eletrodomésticos, onde, mediante falsificação da assinatura no cheque, adquiriu diversos aparelhos eletroeletrônicos no valor de R$ 3.000,00, tendo retirado os objetos no momento da compra. Com base na situação hipotética descrita; tipifique a conduta de Maria e aponte o procedimento processual penal cabível à espécie.

RESOLUÇÃO DA QUESTÃO

Maria, primária e com bons antecedentes, depois de encontrar uma folha de cheque em branco, preencheu o título, falsificando a assinatura do titular da conta, Joaquim, e com isso adquiriu diversos aparelhos eletroeletrônicos no valor de R$ 3.000,00, tendo os retirado da loja.

Maria, com a sua conduta, incorreu nas penas do art. 171, *caput*, do Código Penal.

Não se aplica a forma privilegiada contida no art. 171, § 1º, do CP porque, embora Maria seja primária, o prejuízo não pode ser reputado de pequeno valor.

O procedimento, em vista do disposto no art. 394, § 1º, I, do CPP, é comum ordinário.

Comentários adicionais:

Confira, sobre o tema, os julgados:

EMENTA: *Habeas corpus*. Denúncia. Estelionato (art. 171, *caput* do CP). Folhas de cheque furtadas. Perícia que concluiu pela falsificação da assinatura em um deles. Materialidade do crime comprovada. Autoria não fixada pela perícia, diante de circunstâncias técnicas. Elementos coligidos na investigação que, no entanto, apresentam indícios de autoria suficientes para embasar a ação penal. Pretensão dos impetrantes de revolvimento de matéria de fato, insuscetível no âmbito estreito do writ. *Habeas corpus* indeferido. (HC 80903, em branco, STF)

ESTELIONATO DO ART. 171, *Caput* DO COD. PENAL, PRATICADO MEDIANTE EMISSÃO DE CHEQUE EM NOME DE TERCEIRO, COM FALSIFICAÇÃO DE SUA ASSINATURA. REPARAÇÃO VOLUNTARIA DO PREJUÍZO; INAPLICABILIDADE DA JURISPRUDÊNCIA DO SUPREMO TRIBUNAL FEDERAL A RESPEITO DOS EFEITOS DO PAGAMENTO, ANTES DA DENUNCIA, DO CHEQUE EMITIDO SEM PROVISÃO DE FUNDOS. RECURSO DE *HABEAS CORPUS* NÃO PROVIDO. (RHC 50007, em branco, STF)

(OAB/Exame Unificado – 2007.2 – 2ª fase) Gláuber, passando-se por um matuto, dizendo-se do interior de Minas Gerais, abordou Ofélia, pessoa idosa, a fim de obter informações sobre o endereço de uma casa lotérica ou agência da Caixa Econômica Federal para receber um prêmio, alegando ter ganhado na loteria. Gláuber, então, mostrou a Ofélia uma listagem falsa da Caixa Econômica Federal, onde constava o número do bilhete sorteado. Ofélia, envolvida na história narrada pelo suposto matuto, acompanhou-o até a casa lotérica para receber o prêmio, ocasião em que Gláuber lhe ofereceu o bilhete pelo preço de R$ 450,00. Ofélia, de pronto, aceitou e entregou-lhe a quantia acertada em troca do bilhete premiado. Em seguida, Gláuber, satisfeito, foi embora e Ofélia se dirigiu a uma agência da Caixa Econômica Federal para retirar o prêmio, onde constatou que o bilhete era falso e que havia sido enganada. Com base nessa situação hipotética, tipifique, justificadamente, a conduta de Gláuber, apontando as principais características do delito.

RESOLUÇÃO DA QUESTÃO

Gláuber cometeu o crime de estelionato, previsto no *caput* do art. 171 do Código Penal, isso porque, depois de induzir em erro a vítima, Ofélia, lançando mão de um ardil (passou-se por pessoa simples) e alegando ser portador de um bilhete de loteria premiado, logrou dela conseguir vantagem patrimonial ilícita.

São características do delito: emprego de ardil ou outro meio fraudulento; induzimento ou manutenção da vítima em erro; obtenção de vantagem patrimonial ilícita.

Essa modalidade de estelionato é popularmente conhecida como "golpe do bilhete" ou "golpe do vigário".

(OAB/Exame Unificado – 2006.2 – 2ª fase) Considere que determinado devedor, ciente do processo de execução que tramita contra si, alienou parte de seu patrimônio, evitando a penhora. Considere, ainda, que restou comprovado não haver seu patrimônio sofrido qualquer abalo em decorrência do ato. Diante dessa situação, redija um texto, de forma fundamentada, acerca da tipicidade ou não da conduta do devedor. extensão máxima: 30 linhas.

PENAL

RESOLUÇÃO DA QUESTÃO

Está em discussão a prática ou não da conduta tipificada no art. 179 do Código Penal – *fraude à execução.*

Pois bem. Consiste tal crime em fraudar execução por intermédio de uma das condutas contempladas no tipo penal, frustrando a constrição de bens (penhora determinada no curso do processo de execução). Dito de outro modo, é indispensável ao cometimento do crime em questão que a execução seja inviabilizada em decorrência da inexistência de bens sobre os quais possa recair a penhora.

Não é o caso aqui retratado, na medida em que a alienação de parte dos bens do devedor não repercutiu de forma significativa no seu patrimônio, restando quantidade suficiente para satisfazer o débito. A propósito, a penhora poderá recair sobre outros bens que façam parte do patrimônio não alienado do devedor.

A conduta do devedor é, portanto, atípica.

(OAB/Exame Unificado – 2004 – 2ª fase) No dia 25 de agosto de 2004, em Vila Velha – ES, Caio, apontando um revólver de brinquedo para o rosto de Laura, ordenou que esta preenchesse dois de seus cheques, no valor de R$ 1.000,00 cada um. Após preenchidos os cheques, a vítima os entregou a Caio, que se dirigiu à agência bancária em que Laura era correntista, localizada em Vitória – ES, no dia 27 de agosto de 2004. Na agência, houve recusa ao pagamento por falta de fundos. Discorra acerca da conduta de Caio, abordando, necessariamente, os seguintes aspectos:

✓ tipificação;

✓ quando ocorrerá a prescrição;

✓ qual o foro competente para processar e julgar o crime.

RESOLUÇÃO DA QUESTÃO

A conduta praticada por Caio está prefigurada no art. 158 do Código Penal - *extorsão*, já que este, mediante grave ameaça exercida com o emprego de arma de brinquedo, constrangeu Laura a preencher os cheques com o fito de obter para si indevida vantagem econômica. O emprego de arma de brinquedo não constitui hipótese de extorsão majorada (art. 158, § 1o, do CP).

A prescrição da pretensão punitiva levará em conta o máximo da pena privativa de liberdade prevista para o crime, em consonância com as regras estabelecidas no art. 109 do Código Penal. Em se tratando de crime de extorsão, cuja pena máxima prevista é de 10 anos, o prazo prescricional é de 16 anos, a contar do dia em que a infração se consumou (art. 111, I, do CP) – dia 25 de agosto de 2004.

Em vista do disposto no art. 70 do CPP, é competente o foro do lugar onde se consumar a infração penal. A extorsão consuma-se com o *comportamento da vítima*, o que, neste caso, se verificou no instante em que Laura, constrangida por Caio, preencheu os cheques. Tal se deu na Comarca de Vila Velha - ES, foro, portanto, competente para processar e julgar o crime.

Comentários adicionais:

Atualmente, com o advento da Lei 11.923/09, que introduziu o § 3º no art. 158 do CP, o delito de extorsão será qualificado quando praticado mediante a restrição da liberdade da vítima, desde que tal condição seja necessária à obtenção da vantagem econômica.

No que tange ao momento consumativo do delito de extorsão, insta tecer mais algumas considerações. Trata-se de *delito formal*, na medida em que, como dito, a consumação opera-se no instante em que a vítima age, independentemente da ocorrência de resultado naturalístico. A esse respeito, a Súmula 96 do STJ: "O crime de extorsão consuma-se independentemente da obtenção da vantagem indevida". Dessa forma, o pagamento (compensação do título) porventura obtido na comarca de Vitória representa mero exaurimento.

Importante, ainda, que se diga que o constrangimento impingido à vítima, mediante violência ou grave ameaça, por si só, não representa consumação. Isso porque é necessário, para que tal ocorra, que o ofendido, em razão do constrangimento, faça, tolere que se faça ou deixe de fazer algo.

Foi o que se deu com Laura. Em razão do constrangimento a que foi submetida, assinou (fez, agiu) as folhas de cheque. O crime, neste momento, se tornou perfeito (consumou-se). Seria, portanto, incorreto afirmar que a consumação se operou no instante em que Laura foi constrangida (ameaçada, submetida a violência).

1.7. Crimes contra a dignidade sexual

(OAB/Exame Unificado – 2011.2 – 2ª fase) Joaquina, ao chegar à casa de sua filha, Esmeralda, deparou-se com seu genro, Adaílton, mantendo relações sexuais com sua neta, a menor F.M., de 12 anos de idade, fato ocorrido no dia 2 de janeiro de 2011. Transtornada com a situação, Joaquina foi à delegacia de polícia, onde registrou ocorrência do fato criminoso. Ao término do Inquérito Policial instaurado para apurar os fatos narrados, descobriu-se que Adaílton vinha mantendo relações sexuais com a referida menor desde novembro de 2010. Apurou-se, ainda, que Esmeralda, mãe de F.M., sabia de toda a situação e, apesar de ficar enojada, não comunicava o fato à polícia com receio de perder o marido que muito amava.

Na condição de advogado(a) consultado(a) por Joaquina, avó da menor, responda aos itens a seguir, empregando os argumentos jurídicos apropriados e a fundamentação legal pertinente ao caso.

A) Adaílton praticou crime? Em caso afirmativo, qual? (Valor: 0,3)

B) Esmeralda praticou crime? Em caso afirmativo, qual? (Valor: 0,5)

C) Considerando que o Inquérito Policial já foi finalizado, deve a avó da menor oferecer queixa-crime? (Valor: 0,45)

RESOLUÇÃO DA QUESTÃO

Adaílton, ao manter relações com a menor F.M., de doze anos de idade, de forma continuada, cometeu o crime previsto no art. 217-A – estupro de vulnerável. Trata-se de delito continuado, na forma estabelecida no art. 71 do CP, já que as investigações revelaram que as relações sexuais vinham sendo mantidas há algum tempo.

Embora o enunciado não tenha deixado claro se Adaílton é pai ou padrasto da menor contra a qual investiu, é fato que deverá incidir, de uma maneira ou de outra, o aumento de pena previsto no art. 226, II, do CP.

Quanto à Esmeralda, dado que esta tinha o dever jurídico de evitar o resultado, consubstanciado no art. 13, § 2º, "a", do CP, deverá responder pelo crime de estupro de vulnerável na condição de partícipe. É o chamado crime omissivo impróprio. A ela também se aplica a causa de aumento de pena do art. 226, II, do CP.

Por força do que dispõe o art. 226, I, do CP, a pena também será majorada em razão do concurso de pessoas.

Em regra, não terá lugar a queixa-crime.

Sucede que, a ação penal, sendo a vítima pessoa vulnerável, em vista do que estabelece o art. 225, parágrafo único, do CP, é pública incondicionada.

GABARITO COMENTADO – EXAMINADORA

A) Sim. Estupro de vulnerável, conduta descrita no art. 217-A do CP.

B) Sim. Esmeralda também praticou estupro de vulnerável (artigo 217-A do CP c/c artigo 13, §2º, "a", do CP), uma vez que tinha a obrigação legal de impedir o resultado, sendo garantidora da menor.

C) Não, pois se trata de ação penal pública incondicionada, nos termos do art. 225, parágrafo único, do CP.

PENAL

Distribuição dos Pontos

Item	Pontuação
a) Sim. Estupro de vulnerável (0,2) – art. 217-A do CP (0,1)	0 / 0,1 / 0,2 / 0,3
b) Sim. Estupro de vulnerável (0,3) – artigo 217-A do CP c/c artigo 13, §2º, "a", do CP OU era garantidora (0,2) Não pontua só artigo ou fundamento isolados	0 / 0,3 / 0,5
c) Não, por se tratar de ação penal pública incondicionada (0,35). Art. 225, parágrafo único, do CP (0,1).	0 / 0,35 / 0,45

(OAB/Exame Unificado – 2008.2 – 2ª fase) Enilton, brasileiro, com 23 anos de idade, casado, previamente combinado com Lúcia, brasileira, solteira, com 19 anos de idade, e tendo contado com o apoio efetivo desta, enganou Sofia, brasileira, com 13 anos de idade, dizendo-se curandeiro, e, a pretexto de curá-la de uma suposta síncope, com ela manteve conjunção carnal consentida, o que acarretou a perda da virgindade da adolescente. Ato contínuo, enquanto Lúcia segurava a adolescente, Enilton, contra a vontade da garota, praticava vários atos libidinosos diversos da conjunção carnal, o que provocou, embora inexistente a intenção de lesionar, a incapacidade de Sofia, por mais de 30 dias, para as ocupações habituais. Considerando a situação hipotética apresentada, tipifique a(s) conduta(s) de Enilton e Lúcia.

RESOLUÇÃO DA QUESTÃO

Ao manter conjunção carnal com Sofia, menor com 13 anos de idade, a pretexto de curá-la de uma suposta síncope, Enilton cometeu o crime previsto no art. 217-A do Código Penal – *estupro de vulnerável*. Lúcia, por ter colaborado com a prática criminosa, também deverá ser responsabilizada pelo mesmo crime, na qualidade de partícipe.

Na situação seguinte, o crime praticado por Enilton e Lúcia, agora ambos na qualidade de coautor, é o capitulado no art. 217-A, § 3º, do Código Penal, já que da prática dos atos libidinosos a que foi submetida Sofia resultou lesão corporal de natureza grave (art. 129, § 1º, I, do CP).

Incide o aumento a que alude o art. 226, I, do CP.

Trata-se de delitos hediondos, nos termos do art. 1º, VI, da Lei 8.072/90.

Comentários adicionais:

O crime de *estupro de vulnerável* – art. 217-A do CP – foi inserido no Código Penal pela Lei 12.015/09, que promoveu diversas outras alterações no âmbito dos *delitos sexuais*. Até então a conduta descrita no primeiro parágrafo (resposta) configurava o delito de estupro com violência presumida (art. 213 c/c o art. 224, "a", ambos do Código Penal). O art. 224 foi revogado pela Lei 12.014/09; a conduta descrita no segundo parágrafo (resposta) configurava atentado violento ao pudor (art. 214 do CP), dispositivo também revogado.

(OAB/Exame Unificado – 2004 – 2ª fase) R. manteve relações sexuais, durante mais de cinco anos, com sua filha M., atualmente com treze anos de idade. Ouvida em juízo, M. afirmou que não sentia dor quando o pai mantinha relações sexuais com ela. Em seu depoimento, afirmou ainda que o pai lhe dizia que essas relações eram uma espécie de carinho. Disse também que tais fatos ocorriam sempre às quartas-feiras, pela parte da manhã, ocasião em que sua mãe não estava em casa, pois era faxineira. Discorra sobre o caso apresentado, abordando, necessariamente, os seguintes aspectos:

- ✓ tipificação da conduta de R.;
- ✓ ação penal cabível;
- ✓ natureza do crime praticado;
- ✓ regime de cumprimento de pena em caso de eventual condenação.

RESOLUÇÃO DA QUESTÃO

R. praticou a conduta atualmente tipificada no art. 217-A – *estupro de vulnerável*, com incidência do aumento previsto no art. 226, II, ambos do Código Penal. Trata-se de *crime continuado*, nos termos do art. 71 do CP.

A ação penal, em consonância com o disposto no art. 225, parágrafo único, do CP, é pública incondicionada.

O crime em questão é hediondo, conforme preleciona o art. 1º, VI, da Lei 8.072/90 (Lei de Crimes Hediondos), e está inserido no Título VI do Código Penal, *Dos Crimes contra a Dignidade Sexual*.

Por fim, no caso de eventual condenação, reza o art. 2º, § 2º, da Lei 8.072/90 que, se o apenado for primário, a progressão de regime dar-se-á após o cumprimento de 2/5 da pena; se reincidente for, após o cumprimento de 3/5. De qualquer maneira, a pena será cumprida inicialmente em regime fechado, *ex vi* do art. 2º, § 1º, da Lei 8.072/90.

Comentários adicionais:

Com a Lei 12.015/09, que promoveu diversas alterações nos *delitos sexuais*, o estupro – art. 213 do CP, que incriminava tão somente a conjunção carnal realizada com mulher, mediante violência ou grave ameaça, passou a incorporar, também, a conduta antes contida no art. 214 do CP – dispositivo hoje revogado. Dessa forma, o crime do art. 213 do CP, com a mudança implementada pela Lei 12.015/09, passa a comportar, além da conduta consubstanciada na conjunção carnal violenta, contra homem ou mulher, também o comportamento consistente em obrigar alguém a praticar ou permitir que com o sujeito ativo se pratique outro ato libidinoso que não a conjunção carnal. Criou-se, assim, um *tipo misto alternativo (plurinuclear)*.

Além disso, a Lei 12.015/09 alterou a redação do art. 1º da Lei 8.072/90 (Lei de Crimes Hediondos). São, pois, hediondos os delitos de estupro (art. 213, *caput* e §§ 1º e 2º) e estupro de vulnerável, nos termos do art. 1º, V e VI, da Lei 8.072/90. Mais, a mesma Lei 12.015/09, em seu art. 7º, revogou expressamente o art. 224 do CP (presunção de violência), razão pela qual a majorante do art. 9º da Lei 8.072/90 não poderá, a nosso ver, ter mais incidência, visto que foi abolida.

A ação penal, nos delitos sexuais, era, em regra, de iniciativa privada. Era o que estabelecia a norma contida no *caput* do art. 225 do Código Penal. As exceções ficavam por conta do § 1º do dispositivo. Com o advento da Lei 12.015/09, que introduziu uma série de modificações nos crimes sexuais, agora chamados *crimes contra a dignidade sexual*, nomenclatura, a nosso ver, mais adequada aos tempos atuais, a ação penal deixa de ser privativa do ofendido para ser pública condicionada à representação. Será, entretanto, pública incondicionada quando se tratar de vítima: menor de 18 anos ou pessoa vulnerável, tudo nos exatos termos do alterado art. 225 do CP.

Dica: neste formato de questão, o examinador, na parte final do enunciado, faz menção a "aspectos", os quais o candidato necessariamente deve abordar, um a um, ao discorrer sobre o caso proposto.

1.8. Crimes contra a fé pública

(OAB/Exame Unificado – 2009.1 – 2ª fase) Paulo apresentou declaração de pobreza, com o fim de obter o benefício da gratuidade judiciária, para o ajuizamento de ação de indenização contra determinada empresa aérea nacional, por ter perdido conexão internacional em virtude do atraso de um voo doméstico. O juiz indeferiu o pedido, tendo em vista a situação econômica do requerente, que lhe permitia pagar as custas do processo e os honorários advocatícios. Com o indeferimento, Paulo realizou o pagamento das custas processuais. Considerando a situação hipotética acima apresentada, responda, de forma fundamentada, se pode ser imputado a Paulo o crime de falsidade ideológica.

PENAL

RESOLUÇÃO DA QUESTÃO

Não pode ser imputado a Paulo o crime de falsidade ideológica (art. 299 do Código Penal), isso porque a declaração de pobreza por ele firmada com o fito de obter o benefício da gratuidade judiciária não se enquadra no conceito de documento deste dispositivo, tendo em conta que o magistrado a quem foi formulado o pedido pode determinar, se julgar conveniente, a produção de prova acerca da real situação de miserabilidade de Paulo.

A declaração de pobreza, assim, goza de presunção relativa de veracidade.

Comentários adicionais:

Confira, sobre o tema, o seguinte acórdão:

RECURSO ESPECIAL. PENAL. CRIMES DE FALSIDADE IDEOLÓGICA E USO DE DOCUMENTO FALSO. DECLARAÇÃO DE POBREZA PARA OBTENÇÃO DO BENEFÍCIO DA JUSTIÇA GRATUITA. TRANCAMENTO DE INQUÉRITO POLICIAL. CONDUTAS ATÍPICAS. IMPROVIMENTO DA IRRESIGNAÇÃO. 1. A declaração de pobreza com o intuito de obter os benefícios da justiça gratuita goza de presunção relativa, passível, portanto, de prova em contrário, não se enquadrando no conceito de documento previsto nos arts. 299 e 304, ambos do Estatuto Repressivo. 2. Assim, a conduta de quem se declara falsamente pobre visando aludida benesse ou se utiliza de tal documento para instruir pleito de assistência judiciária gratuita não se subsume àquelas descritas nos citados tipos penais. 3. Recurso especial improvido. (REsp 1096682/SC, Rel. Ministro JORGE MUSSI, QUINTA TURMA, julgado em 24/03/2009, DJe 01/06/2009)

1.9. Crimes contra a Administração Pública

(OAB/Exame Unificado – 2010.2 – 2ª fase) Caio, funcionário público, ao fiscalizar determinado estabelecimento comercial exige vantagem indevida. A qual delito corresponde o fato narrado:

I. se a vantagem exigida servir para que Caio deixe de cobrar tributo devido;

II. se a vantagem, advinda de cobrança de tributo que Caio sabia não ser devida, for desviada para proveito de Caio?

RESOLUÇÃO DA QUESTÃO

Com a sua conduta, consubstanciada em exigir vantagem indevida para si, de forma direta, para deixar de cobrar tributo, Caio, funcionário público, incorreu nas penas do crime previsto no art. 3º, II, da Lei 8.137/90.

Na outra situação, o crime em que Caio incorreu é outro. Deverá, aqui, responder pelo delito capitulado no art. 316, § 2º, do CP.

GABARITO COMENTADO - EXAMINADORA

Resposta: Art. 3º da Lei n. 8.137/90 (0,5) e excesso de exação qualificada – art. 316, § 2º, do CP (0,5). Justificativa: A exigência de vantagem indevida por funcionário público em razão de sua função caracteriza, em princípio, o delito de concussão. A Lei n. 8.137/90, a lei dos crimes contra a ordem tributária, criou, no que interessa à questão, dois tipos novos: inseriu no artigo 316 do Código Penal dois parágrafos, criando o excesso de exação – nas hipóteses em que a vantagem indevida for ela mesma um tributo ou contribuição social indevida, e sua forma qualificada, que se dá quando a vantagem é apropriada pelo agente. O outro novel tipo penal está no artigo 3º da Lei n. 8.137/90, que tipifica uma forma específica de concussão: a exigência de vantagem indevida para deixar de cobrar tributo devido.

(OAB/Exame Unificado – 2008.3 – 2ª fase) Francisco, funcionário público, agente penitenciário de segurança, lotado em penitenciária de determinado estado da Federação e usual substituto do diretor de segurança e disciplina da referida unidade prisional, valendo-se dessa função, concedeu aos detentos regalias contrárias à disciplina do presídio, bem como permitiu a entrada de substâncias entorpecentes a eles destinadas. Para tanto, acertou o recebimento da quantia de R$ 20 mil, que efetivamente foi paga por interlocutores dos sentenciados. Ainda como forma de retribuição à quantia recebida, Francisco passou a informar, previamente, os sentenciados acerca da realização de revistas no estabelecimento, a fim de lhes permitir a ocultação das drogas. Considerando a situação hipotética apresentada, tipifique, com fundamento no Código Penal, a conduta de Francisco e indique a esfera competente para processá-lo e julgá-lo.

RESOLUÇÃO DA QUESTÃO

Francisco, ao acertar o pagamento da importância de R$ 20.000,00 (vantagem indevida) para conceder regalias não permitidas aos detentos e permitir a entrada de drogas no interior da unidade prisional da qual é diretor substituto de segurança, incorrerá nas penas do art. 317, § 1º, do Código Penal – *corrupção passiva*.

A competência para o processamento e julgamento é da Justiça comum estadual.

(OAB/Exame Unificado – 2006.3 – 2ª fase) Pratica o delito de patrocínio infiel o advogado que, em nome das partes, peticiona, em reclamação trabalhista, a homologação de acordo firmado extrajudicialmente pelos contendores? Justifique sua resposta.

RESOLUÇÃO DA QUESTÃO

A ação incriminada no tipo do art. 355 do Código Penal consiste em trair, na qualidade de advogado ou procurador, o dever profissional, prejudicando interesse, cujo patrocínio, em juízo, lhe é confiado.

Na situação acima narrada, o advogado, ao peticionar a homologação de acordo firmado extrajudicialmente pelas partes, não está, e*viden*temente, a traí-las, mas, sim, atuando em nome delas, não havendo que se falar na prática do crime de patrocínio infiel.

(OAB/Exame Unificado – 2006.2 – 2ª fase) Considerando que Cássio, advogado, recebeu dinheiro de sua cliente a pretexto de influenciar promotor de justiça na elaboração de parecer, redija um texto, de forma fundamentada, tipificando a conduta do advogado e indicando o objeto jurídico tutelado pelo tipo em questão. Aborde, ainda, a classificação do delito quanto ao resultado. extensão máxima: 30 linhas

RESOLUÇÃO DA QUESTÃO

Cássio, ao receber dinheiro de sua cliente a pretexto de influenciar promotor de Justiça na elaboração de parecer, cometeu o crime prefigurado no art. 357 do Código Penal – *exploração de prestígio*.

Frise-se que, se o agente alega ou insinua que o dinheiro também se destina às pessoas referidas no *caput* do dispositivo, a pena é aumentada de 1/3, conforme estabelece seu parágrafo único.

O tipo penal em questão tem como objeto jurídico a *administração da justiça* - está inserido no Capítulo III do Título XI.

Quanto ao resultado do delito como fator condicionante de sua consumação, cuida-se de *crime formal*, já que a consumação se opera com a prática de qualquer das condutas contidas no tipo penal, independentemente da ocorrência de prejuízo para o Estado.

1.10. Crimes relativos a drogas

(OAB/Exame Unificado – 2013.1 – 2ª fase) José, conhecido em seu bairro por vender entorpecentes, resolve viajar para Foz do Iguaçu (PR). Em sua bagagem, José transporta 500g de cocaína e 50 ampolas de cloreto de etila. Em Foz do Iguaçu, José foi preso em flagrante pela Polícia Militar em virtude do transporte das substâncias entorpecentes. Na lavratura do flagrante, José afirma que seu objetivo era transportar a droga até a cidade de Porto Vera Cruz (RS), mencionando inclusive a passagem de avião que já havia comprado.

Você é contratado para efetuar um pedido de liberdade provisória e o que mais entender de Direito em favor de José.

Atento somente ao que foi narrado na hipótese acima, responda aos itens a seguir.

A) O órgão competente para julgamento é a Justiça Estadual ou a Justiça Federal? Justifique. (Valor: 0,75)

B) Se José objetivasse apenas traficar drogas em Foz do Iguaçu, o órgão competente seria o mesmo da situação acima? Justifique. (Valor: 0,50)

O examinando deve fundamentar corretamente sua resposta. A simples menção ou transcrição do dispositivo legal não pontua.

GABARITO COMENTADO – EXAMINADORA

A) O órgão competente é a Justiça Estadual, haja vista que as duas cidades mencionadas ficam no Brasil (Porto Vera Cruz é município do Rio Grande do Sul e Foz do Iguaçu é município do Paraná) e que não há qualquer menção à transposição de fronteira nacional. A competência somente poderia ser atribuída à Justiça Federal se José tivesse cometido o crime de tráfico internacional de entorpecentes (objetivo de traficar para o exterior), na forma do disposto no art. 70, *caput*, da Lei 11.343/2006 e do verbete 522 da Súmula do STF.

B) Sim, é competente a Justiça Estadual, pois conforme já mencionado não houve dolo de traficar para o exterior.

Distribuição dos Pontos

Quesito Avaliado	Valores
A) O órgão competente é a Justiça Estadual (0,50), haja vista que as duas cidades mencionadas ficam no Brasil **OU** porque não houve efetivo tráfico internacional **OU** porque deve ser observado o disposto no Verbete 522 da Súmula do STF **OU** nos termos do art. 70 da Lei 11.343/06 (0,25). **OBS. 1:** A mera indicação de justificativa cabível, dissociada da adequada menção à competência da Justiça Estadual, não enseja pontuação. **OBS. 2:** A mera indicação ou transcrição do conteúdo de dispositivo legal ou de verbete sumular não será pontuada.	0,00 / 0,50 / 0,75
B) Sim, é competente a Justiça Estadual, pois conforme já mencionado não houve dolo de traficar para o exterior (0,50). OBS.1: A justificativa correta é essencial para atribuição de pontos, pois não há intervalo de pontuação. OBS.2: A mera indicação ou transcrição do conteúdo de dispositivo legal ou de verbete sumular não será pontuada.	0,00 / 0,50

(OAB/Exame Unificado – 2008.3 – 2ª fase) Roberto e outras pessoas organizaram e participaram da "marcha da maconha", passeata com o objetivo de conscientizar parlamentares a respeito da tese de descriminalização do uso dessa substância entorpecente. No dia da passeata, policiais militares prenderam Roberto em flagrante, tendo o delegado o indiciado pela prática de apologia ao crime. Considerando a situação hipotética apresentada, responda, com fundamento na lei e na doutrina, se a conduta dos policiais em relação à prisão de Roberto foi correta e se a tipificação feita está de acordo com a conduta praticada por ele.

RESOLUÇÃO DA QUESTÃO

A ação incriminada no tipo penal do art. 287 do Código Penal consiste em fazer apologia *de fato criminoso* ou *de autor de crime*, que significa enaltecer, louvar o cometimento de crimes.

É inevitável que nos deparemos com situações em que fique evidenciado o conflito entre a incidência do tipo penal em questão e alguns direitos fundamentais: liberdade de expressão, insculpido no art. 5º, IV e IX, da CF; direito de reunião - art. 5º, XVI, da CF; e direito de acesso a informação - art. 5º, XIV, da CF.

Neste caso, devem preponderar, dada a sua relevância, os direitos fundamentais acima mencionados.

Além disso, Roberto e as pessoas que com ele estavam na passeata apenas exerceram seu direito à manifestação do pensamento, ou seja, exteriorizaram sua opinião acerca da descriminalização do uso maconha, sem, com isso, defender crime ou criminoso.

Em vista do exposto, a ação dos policiais em relação à prisão de Roberto foi incorreta, já que sua conduta não teve o condão de colocar a paz pública, bem jurídico tutelado, em risco.

Comentários adicionais:

Confira o posicionamento do STF sobre o tema, extraído do Informativo nº 631:

Liberdades fundamentais e "Marcha da Maconha" - 1

Por entender que o exercício dos direitos fundamentais de reunião e de livre manifestação do pensamento devem ser garantidos a todas as pessoas, o Plenário julgou procedente pedido formulado em ação de descumprimento de preceito fundamental para dar, ao art. 287 do CP, com efeito vinculante, interpretação conforme a Constituição, de forma a excluir qualquer exegese que possa ensejar a criminalização da defesa da legalização das drogas, ou de qualquer substância entorpecente específica, inclusive através de manifestações e eventos públicos. Preliminarmente, rejeitou-se pleito suscitado pela Presidência da República e pela Advocacia-Geral da União no sentido do não conhecimento da ação, visto que, conforme sustentado, a via eleita não seria adequada para se deliberar sobre a interpretação conforme. Alegava-se, no ponto, que a linha tênue entre o tipo penal e a liberdade de expressão só seria verificável no caso concreto. Aduziu-se que se trataria de arguição autônoma, cujos pressupostos de admissibilidade estariam presentes. Salientou-se a observância, na espécie, do princípio da subsidiariedade. Ocorre que a regra penal em comento teria caráter pré-constitucional e, portanto, não poderia constituir objeto de controle abstrato mediante ações diretas, de acordo com a jurisprudência da Corte. Assim, não haveria outro modo eficaz de se sanar a lesividade arguida, senão pelo meio adotado. Enfatizou-se a multiplicidade de interpretações às quais a norma penal em questão estaria submetida, consubstanciadas em decisões a permitir e a não permitir a denominada "Marcha da Maconha" por todo o país. Ressaltou-se existirem graves consequências resultantes da censura à liberdade de expressão e de reunião, realizada por agentes estatais em cumprimento de ordens emanadas do Judiciário. Frisou-se que, diante do quadro de incertezas hermenêuticas em torno da aludida norma, a revelar efetiva e relevante controvérsia constitucional, os cidadãos estariam preocupados em externar, de modo livre e responsável, as convicções que desejariam transmitir à coletividade por meio da pacífica utilização dos espaços públicos. ADPF 187/DF, rel. Min. Celso de Mello, 15.6.2011. (ADPF-187)

Liberdades fundamentais e "Marcha da Maconha" - 2

Decidiu-se, ainda, manter o objeto da demanda conforme a delimitação estabelecida pela Procuradoria-Geral da República, a despeito de um dos *amici curiae* — a ABESUP - Associação Brasileira de Estudos Sociais do Uso de Psicoativos — haver postulado o reconhecimento da legitimidade jurídica de determinadas condutas. A aludida associação pretendia

PENAL

a declaração da atipicidade penal de atos como o cultivo doméstico, o porte de pequena quantidade e o uso em âmbito privado da maconha; a utilização de referida substância para fins medicinais, inclusive para efeito de realização de pesquisas médicas; o uso ritual da maconha em celebrações litúrgicas; a utilização da substância canábica para fins econômicos; ou, então, a submissão dos mencionados pleitos a processo prévio de regulamentação, com a participação democrática dos órgãos e entidades que manifestassem interesse no assunto. O *amicus curiae* citado também requerera a concessão, de ofício, em caráter abstrato, de ordem de *habeas corpus* em favor de quaisquer pessoas que incidissem naqueles comportamentos anteriormente referidos. Aduziu-se que, não obstante o relevo da participação do *amicus curiae*, como terceiro interveniente, no processo de fiscalização normativa abstrata, ele não disporia de poderes processuais que, inerentes às partes, viabilizassem o exercício de determinadas prerrogativas que se mostrassem unicamente acessíveis a elas, como o poder que assiste, ao arguente, de delimitar o objeto da demanda por ele instaurada. Afirmou-se que a intervenção do *amicus curiae* seria voltada a proporcionar meios que viabilizassem uma adequada resolução do litígio constitucional, sob a perspectiva de pluralização do debate, de modo a permitir que o STF venha a dispor de todos os elementos informativos necessários à resolução da controvérsia, além de conferir legitimidade às decisões proferidas pela Suprema Corte. Para tanto, o *amicus curiae* teria a possibilidade de exercer o direito de fazer sustentações orais, além de dispor da faculdade de submeter, ao relator da causa, propostas de requisição de informações adicionais, de designação de peritos, de convocação de audiências públicas e de recorrer da decisão que haja denegado seu pedido de admissão no processo. Reputou-se, portanto, que as questões ora suscitadas não estariam em causa neste processo, muito embora reconhecida sua importância. Apontou-se, ademais, a inadequação do writ para o fim pretendido, visto que impetrado em caráter abstrato, sem vinculação concreta a um caso específico. Evidenciou-se a absoluta indeterminação subjetiva dos pacientes, de maneira a não se revelar pertinente esse remédio constitucional. Salientou-se que não se demonstrara configuração de ofensa imediata, atual ou iminente a direito de ir e vir de pessoas efetivamente submetidas a atos de injusto constrangimento. ADPF 187/DF, rel. Min. Celso de Mello, 15.6.2011. (ADPF-187)

Liberdades fundamentais e "Marcha da Maconha" - 3

No mérito, ressaltou-se, de início, que o presente feito não teria por objetivo discutir eventuais propriedades terapêuticas ou supostas virtudes medicinais ou possíveis efeitos benéficos resultantes da utilização de drogas ou de qualquer outra substância entorpecente. Destacou-se estar em jogo a proteção às liberdades individuais de reunião e de manifestação do pensamento. Em passo seguinte, assinalou-se que a liberdade de reunião, enquanto direito-meio, seria instrumento viabilizador da liberdade de expressão e qualificar-se-ia como elemento apto a propiciar a ativa participação da sociedade civil na vida política do Estado. A praça pública, desse modo, desde que respeitado o direto de reunião, passaria a ser o espaço, por excelência, para o debate. E, nesse sentido, salientou-se que esta Corte, há muito, firmara compromisso com a preservação da integridade das liberdades fundamentais contra o arbítrio do Estado. Realçou-se que a reunião, para merecer a proteção constitucional, deveria ser pacífica, ou seja, sem armas, violência ou incitação ao ódio ou à discriminação. Ademais, essa liberdade seria constituída por 5 elementos: pessoal, temporal, intencional, espacial e formal. Ponderou-se que, embora esse direito possa ser restringido em períodos de crise institucional, ao Estado não seria permitido, em período de normalidade, inibir essa garantia, frustrar-lhe os objetivos ou inviabilizá-la com medidas restritivas. ADPF 187/DF, rel. Min. Celso de Mello, 15.6.2011. (ADPF-187)

Liberdades fundamentais e "Marcha da Maconha" - 4

Apontou-se, ademais, que as minorias também titularizariam o direito de reunião. Observou-se que isso evidenciaria a função contra-majoritária do STF no Estado Democrático de Direito. Frisou-se, nessa contextura, que os grupos majoritários não poderiam submeter, à hegemonia de sua vontade, a eficácia de direitos fundamentais, especialmente tendo em conta uma concepção material de democracia constitucional. Mencionou-se que a controvérsia em questão seria motivada pelo conteúdo polissêmico do art. 287 do CP, cuja interpretação deveria ser realizada em harmonia com as liberdades fundamentais de reunião, de expressão e de petição. Relativamente a esta última, asseverou-se que o seu exercício estaria sendo inviabilizado, pelo Poder Público, sob o equivocado entendimento de que manifestações públicas, como a "Marcha da Maconha", configurariam a prática do ilícito penal aludido — o qual prevê a apologia de fato criminoso —, não obstante essas estivessem destinadas a veicular ideias, transmitir opiniões, formular protestos e expor reivindicações — direito de petição —, com a finalidade de sensibilizar a comunidade e as autoridades governamentais, notadamente o Legislativo, para o tema referente à descriminalização do uso de drogas ou de qualquer substância entorpecente específica. Evidenciou-se que o sistema constitucional brasileiro conferiria legitimidade ativa aos cidadãos para apresentar, por iniciativa popular, projeto de lei com o escopo de descriminalizar qualquer conduta hoje penalmente punida. Daí a relação de instrumentalidade entre a liberdade de reunião e o direito de petição. ADPF 187/DF, rel. Min. Celso de Mello, 15.6.2011. (ADPF-187)

Liberdades fundamentais e "Marcha da Maconha" - 5

Além disso, verificou-se que a marcha impugnada mostraria a interconexão entre as liberdades constitucionais de reunião — direito-meio — e de manifestação do pensamento — direito-fim — e o direito de petição, todos eles dignos de amparo do Estado, cujas autoridades deveriam protegê-los e revelar tolerância por aqueles que, no exercício do direito à livre expressão de suas ideias e opiniões, transmitirem mensagem de abolicionismo penal quanto à vigente incriminação do uso de drogas ilícitas. Dessa forma, esclareceu-se que seria nociva e perigosa a pretensão estatal de reprimir a liberdade de expressão, fundamento da ordem democrática, haja vista que não poderia dispor de poder algum sobre a palavra, as ideias e os modos de sua manifestação. Afirmou-se que, conquanto a livre expressão do pensamento não se revista de caráter absoluto, destinar-se-ia a proteger qualquer pessoa cujas opiniões pudessem conflitar com as concepções prevalecentes, em determinado momento histórico, no meio social. Reputou-se que a mera proposta de descriminalização de determinado ilícito penal não se confundiria com ato de incitação à prática do crime, nem com o de apologia de fato criminoso. Concluiu-se que a defesa, em espaços públicos, da legalização das drogas ou de proposta abolicionista a outro tipo penal, não significaria ilícito penal, mas, ao contrário, representaria o exercício legítimo do direito à livre manifestação do pensamento, propiciada pelo exercício do direito de reunião. O Min. Luiz Fux ressalvou que deveriam ser considerados os seguintes parâmetros: 1) que se trate de reunião pacífica, sem armas, previamente noticiada às autoridades públicas quanto à data, ao horário, ao local e ao objetivo, e sem incitação à violência; 2) que não exista incitação, incentivo ou estímulo ao consumo de entorpecentes na sua realização; 3) que não ocorra o consumo de entorpecentes na ocasião da manifestação ou evento público e 4) que não haja a participação ativa de crianças e adolescentes na sua realização. ADPF 187/DF, rel. Min. Celso de Mello, 15.6.2011. (ADPF-187)

(OAB/Exame Unificado – 2006.1 – 2ª fase) Carlos Eduardo, conhecido como Cadu, em um mesmo contexto fático e sucessivamente, importou 2 kg de cocaína, transportou a droga e, por fim, manteve em depósito tal substância entorpecente. Considerando a situação hipotética apresentada, redija um texto explicitando a tipificação legal da conduta de Cadu. Fundamente sua resposta, abordando a classificação do delito tipificado, com ênfase na noção de concurso de crimes. extensão máxima: 60 linhas

RESOLUÇÃO DA QUESTÃO

Carlos Eduardo praticou o crime capitulado no art. 33, *caput*, c.c. o art. 40, I, ambos da Lei 11.343/06 (tráfico internacional de drogas).

Trata-se de delito de ação múltipla ou de conteúdo variado (crime plurinuclear), razão pela qual, por incidência do *princípio da alternatividade*, praticando o agente, desde que no mesmo contexto fático e sucessivamente, mais de uma ação nuclear, responderá por crime único. Ressalte-se que deverá o magistrado, por ocasião da fixação da pena (art. 59 do CP), levar em conta o número de núcleos praticados pelo agente.

O crime em questão tem como *objeto jurídico* a saúde pública; como *sujeito ativo*, em regra, qualquer pessoa (crime comum); como *sujeito passivo*, a sociedade; o *elemento subjetivo* é representado pelo dolo; é, como dito acima, *crime de ação múltipla* (plurinuclear).

Consuma-se com a prática de qualquer dos núcleos contidos no tipo penal.

É, ademais, delito equiparado a hediondo, nos termos do art. 5º, XLIII, da CF. Submete-se, pois, à disciplina da Lei 8.072/90 (Lei de Crimes Hediondos).

Comentários adicionais:

Confira, a respeito, o seguinte acórdão:

HABEAS CORPUS. TRÁFICO ILÍCITO DE ENTORPECENTES. DIREITO PENAL E PROCESSUAL PENAL. INÉPCIA DA DENÚNCIA. INOCORRÊNCIA. DELITO DE TRÁFICO DE ENTORPECENTES. DIVERSOS NÚCLEOS DO TIPO. CONSUMAÇÃO COM QUALQUER DAS CONDUTAS. ACÓRDÃO ESTADUAL. OMISSÃO CARACTERIZADA. NULIDADE. CAUSA DE AUMENTO DE PENA. ORDEM PARCIALMENTE CONCEDIDA. *HABEAS CORPUS* CONCEDIDO DE OFÍCIO. REDUÇÃO DA PENA-BASE. PROGRESSÃO DE REGIME PRISIONAL. INCONSTITUCIONALIDADE DO ARTIGO 2º, PARÁGRAFO 1º, DA LEI Nº 8.072/90 DECLARADA PELO SUPREMO TRIBUNAL FEDERAL. 1. Ajustando-se a motivação da sentença à denúncia, que imputou ao paciente a prática do

PENAL

delito de tráfico ilícito de entorpecentes, em concurso de agentes, com perfeita definição da conduta de cada qual, além da demonstração, pelo magistrado, mediante exaustivo exame do conjunto da prova, da imputação deduzida na acusatória inicial, não há falar em constrangimento ilegal a ser sanado em *habeas corpus*. 2. O crime de tráfico de entorpecentes compreende dezoito ações identificadas pelos diversos verbos ou núcleos do tipo, em face do que tal delito se consuma com a prática de qualquer delas, eis que delito de ação múltipla ou misto alternativo. Precedentes. 3. A consideração só quantitativa das causas especiais de aumento de pena, submetidas a regime alternativo, é expressão, em última análise, da responsabilidade penal objetiva, enquanto a qualitativa é própria do direito penal da culpa e atende aos imperativos da individualização da pena, permitindo, *ad exemplum*, que uma única causa especial de aumento alternativa possa conduzir o quantum de pena para além do mínimo legal do aumento, que, em contrapartida, pode ser insuperável, diante do caso concreto, mesmo em se caracterizando mais de uma causa especial de aumento dessa espécie. 4. A redução da pena-base ao mínimo legal pela Corte Estadual de Justiça desconstitui a pretensão de reconhecimento da atenuante legal da confissão. 5. O Plenário do Supremo Tribunal Federal declarou, por maioria de votos, a inconstitucionalidade do parágrafo 1º do artigo 2º da Lei nº 8.072/90, afastando, assim, o óbice da progressão de regime aos condenados por crimes hediondos ou equiparados. 6. Ordem parcialmente concedida. *Habeas corpus* concedido de ofício para afastar o óbice à progressão de regime prisional. (HC 200300498084, HAMILTON CARVALHIDO, SEXTA TURMA, 03/09/2007)

1.11. Outros crimes do Código Penal e legislação extravagante

(OAB/Exame Unificado – 2012.2 – 2ª fase) Em determinada ação fiscal procedida pela Receita Federal, ficou constatado que Lucile não fez constar quaisquer rendimentos nas declarações apresentadas pela sua empresa nos anos de 2009, 2010 e 2011, omitindo operações em documentos e livros exigidos pela lei fiscal. Iniciado processo administrativo de lançamento, mas antes de seu término, o Ministério Público entendeu por bem oferecer denúncia contra Lucile pela prática do delito descrito no art. 1º, inciso II da Lei n. 8.137/90, combinado com o art. 71 do Código Penal. A inicial acusatória foi recebida e a defesa intimada a apresentar resposta à acusação.

Atento(a) ao caso apresentado, bem como à orientação dominante do STF sobre o tema, responda, fundamentadamente, o que pode ser alegado em favor de Lucile. (Valor: 1,25)

RESOLUÇÃO DA QUESTÃO

O examinando deverá desenvolver raciocínio acerca da **atipicidade do fato**, eis que, conforme entendimento pacificado no STF, não se tipifica crime material contra a ordem tributária, previsto no art. 1º, incisos I a IV, da Lei nº 8.137/90, antes do lançamento definitivo do tributo (**verbete 24 da Súmula Vinculante do STF**).

Diante da inexistência de crime, em sede de resposta à acusação, deve-se alegar hipótese de absolvição sumária, conforme art. 397, III do CPP.

Por fim, cumpre destacar que em virtude de o enunciado da questão ser expresso ao exigir fundamentação na resposta, a mera transcrição da referida Súmula (seja de forma direta, seja de forma indireta, dos termos da frase), bem como a mera indicação do art. 397 do CPP, não autorizam a pontuação integral.

Distribuição dos Pontos:

Quesito Avaliado	Valores
A1) O fato é atípico (0,40) nos termos da súmula vinculante 24 do STF (0,40) OU o fato é atípico (0,40) pois não se tipifica o crime do art. 1ª, incisos I a IV, da Lei n. 8.137/90, antes do lançamento definitivo do tributo (0,40) OBS.: A mera reprodução do texto da Súmula Vinculante 24 do STF não permite pontuação integral.	0,00/0,40/0,80
A2) Absolvição (0,20) OU absolvição sumária (0,45), OU absolvição nos termos do art. 397, III do CPP (0,45) OBS.: A mera indicação do dispositivo legal não pontua.	0,00/0,20/0,45

(OAB/Exame Unificado – 2010.1 – 2ª fase) Na zona rural de determinado município, foram encontrados vinte e sete trabalhadores rurais, entre os quais seis adolescentes e uma criança com dez anos de idade, que, contratados para trabalhar na lavoura, eram submetidos ao regime diário de quinze horas de trabalho, em local insalubre, sem instalações sanitárias, alojados em galpão sem ventilação. Todos estavam, havia três meses, proibidos de deixar a fazenda, sob grave ameaça, em face de dívidas contraídas com o arrendatário das terras, decorrentes do deslocamento de cidade do interior do estado para o local de trabalho, bem como pela aquisição de produtos alimentícios, remédios e ferramentas no armazém existente na sede da fazenda, de propriedade do empregador.

Os documentos pessoais dessas pessoas foram retidos pelo gerente da fazenda, permanecendo elas, todo o tempo, sob forte vigilância de seis agentes de segurança, que, sem o devido licenciamento de porte de arma, ostentavam armas de grosso calibre, algumas de uso restrito das Forças Armadas. Dois empregados que tentaram fugir foram brutalmente agredidos por todos os agentes de segurança e sofreram lesões de natureza gravíssima, ficando incapacitados definitivamente para o trabalho.

Nessa situação hipotética, que crime(s) praticaram o arrendatário da fazenda, o gerente e os seguranças do imóvel rural? Fundamente sua resposta.

RESOLUÇÃO DA QUESTÃO

Todos cometeram o crime de *redução a condição análoga à de escravo*. Incorrerão, por isso, nas penas do art. 149, § 1º, I e II, e § 2º, I, do CP.

Tal se dá porque os trabalhadores, entre os quais seis adolescentes e uma criança, além de serem submetidos a condições degradantes de trabalho, foram impedidos, por alguns meses, de deixar a fazenda na qual trabalhavam ao argumento de que dívidas foram contraídas com o arrendatário das terras. Além disso, os documentos pessoais desses trabalhadores foram retidos pelo gerente da fazenda, sendo fato que elas eram submetidas a vigilância ostensiva de seis agentes de segurança, todos armados. O objetivo era impedir a saída dos trabalhadores, retendo-os na sede da fazenda (art. 149, § 1º, I e II, CP).

A pena, em conformidade com o art. 149, § 2º, I, será aumentada de metade, já que o crime foi praticado contra criança e também contra adolescente.

Os seguranças, por sua vez, além do crime do art. 149 do CP, responderão pelo delito capitulado no art. 16, *caput*, da Lei 10.826/06, na medida em que portavam armas de fogo de uso restrito sem autorização para tanto, bem assim, por terem agredido dois empregados da fazenda que tentaram fugir, resultando da agressão lesão corporal de natureza grave, já que as vítimas ficaram incapacitadas definitivamente para o trabalho, incorrerão nas penas do art. 129, § 2º, I, do CP.

Por fim, todos deverão responder pelo crime do art. 288 do CP – quadrilha ou bando, já que houve associação de mais de três pessoas para o fim de cometer crimes.

GABARITO COMENTADO - EXAMINADORA

Todos irão responder pelo crime de sujeição a trabalho escravo, previsto no art. 149, § 1º, incisos I e II, e § 2º, inciso I, do Código Penal.

"Reduzir alguém a condição análoga à de escravo, quer submetendo-o a trabalhos forçados ou a jornada exaustiva, quer sujeitando-o a condições degradantes de trabalho, quer restringindo, por qualquer meio, sua locomoção em razão de dívida contraída com o empregador ou preposto.

Pena – reclusão de 2 (dois) a 8 (oito) anos, e multa, além da pena correspondente à violência.

§ 1º Nas mesmas penas incorre quem:

PENAL

I – cerceia o uso de qualquer meio de transporte por parte do trabalhador com o fim de retê-lo no local de trabalho;

II – mantém vigilância ostensiva no local de trabalho ou se apodera de documentos ou objetos pessoais do trabalhador, com o fim de retê-lo no local de trabalho.

§ 2º A pena é aumentada de metade, se o crime é cometido:

I – contra criança ou adolescente;

(...)"

Na doutrina, conferir o posicionamento de José Henrique Pierangeli. Manual de direito penal brasileiro. V.2 – Parte especial. 2 ed., São Paulo: RT, 2007, p. 156-161.

Os seguranças praticaram, ainda, o crime previsto no art. 16 da Lei 10.826/2006, além do crime de lesão corporal grave (CP, art. 129, § 2º). Na doutrina, confira-se o posicionamento de José Henrique Pierangeli. Op. cit., p. 77-80.

Na hipótese, como houve associação de mais de três pessoas para a prática de delitos, poderá ser imputada a todos os agentes a prática do crime formação de quadrilha ou bando, nos expressos termos do art. 288 do Código Penal.

Observação para a correção: atribuir pontuação integral às respostas em que esteja expresso o conteúdo do dispositivo legal, ainda que não seja citado, expressamente, o número do artigo; no subitem 2.3, basta a citação do crime (formação de quadrilha) ou a fundamentação legal, não sendo necessários ambos.

(OAB/Exame Unificado – 2009.2 – 2ª fase) O empresário João foi denunciado pela suposta prática de crime de sonegação fiscal, previsto no artigo 1º da Lei 8.137/1990. A denúncia foi recebida, não tendo havido o esgotamento da via administrativa na apuração do tributo devido. Em face dessa situação hipotética, apresente o fundamento jurídico para evitar o curso da ação penal.

RESOLUÇÃO DA QUESTÃO

As condutas previstas no art. 1º da Lei 8.137/90 constituem crime material, na medida em que se exige, à sua consumação, prejuízo efetivo para o Estado, representado pela supressão ou redução do tributo. Esse é o entendimento firmado na Súmula Vinculante no 24, cujo teor é o seguinte: "não se tipifica crime material contra a ordem tributária, previsto no art. 1º, incisos I a IV, da Lei nº 8.137/90, antes do lançamento definitivo do tributo".

Desta feita, antes do esgotamento da via administrativa (lançamento definitivo do tributo), inexiste justa causa para a ação penal, porquanto não configurado o crime material. Esse entendimento, hoje consolidado com a edição da referida Súmula, já vinha sendo adotado pelas Cortes Superiores e pelos Tribunais estaduais há alguns anos.

Comentários adicionais:

Confira, a respeito do tema, o seguinte acórdão:

EMENTA: I. Crime material contra a ordem tributária (L. 8137/90, art. 1º): lançamento do tributo pendente de decisão definitiva do processo administrativo: falta de justa causa para a ação penal, suspenso, porém, o curso da prescrição enquanto obstada a sua propositura pela falta do lançamento definitivo. 1. Embora não condicionada a denúncia à representação da autoridade fiscal (ADInMC 1571), falta justa causa para a ação penal pela prática do crime tipificado no art. 1º da L. 8137/90 - que é material ou de resultado -, enquanto não haja decisão definitiva do processo administrativo de lançamento, quer se considere o lançamento definitivo uma condição objetiva de punibilidade ou um elemento normativo de tipo. 2. Por outro lado, admitida por lei a extinção da punibilidade do crime pela satisfação do tributo devido, antes do recebimento da denúncia (L. 9249/95, art. 34), princípios e garantias constitucionais eminentes não permitem que, pela antecipada propositura da ação penal, se subtraia do cidadão os meios que a lei mesma lhe propicia para questionar, perante o Fisco, a exatidão do lançamento provisório, ao qual se devesse submeter para fugir ao estigma e às agruras de toda sorte do processo criminal. 3. No entanto, enquanto dure, por iniciativa do contribuinte, o processo administrativo suspende o curso da prescrição da ação penal por crime contra a ordem tributária que dependa do lançamento definitivo (HC 81.611 do STF).

(OAB/Exame Unificado – 2008.3 – 2ª fase) O Ministério Público, com fundamento no art. 4º da Lei nº 7.492/1986, combinado com o art. 29 do Código Penal, denunciou Roberto, por ele ter, supostamente, com a ajuda do gerente do banco XYZ, aberto várias contas correntes sem documentos comprobatórios de endereço, de identificação e de renda, o que causou prejuízos à instituição bancária. Em face dessa situação hipotética, exponha, com a devida fundamentação legal, o argumento adequado à defesa de Roberto.

RESOLUÇÃO DA QUESTÃO

O crime capitulado no art. 4º da Lei 7.492/86 é próprio, isto é, exige do sujeito ativo uma condição especial, qual seja, que o mesmo seja o administrador da instituição financeira, o que vem definido no art. 25 da Lei *supra*.

O tipo penal, assim, incrimina a conduta do administrador que gerencia de forma fraudulenta a instituição financeira.

Prevalece nos tribunais o entendimento segundo o qual o gerente de agência pode ser sujeito ativo deste crime. Nesse caso, o terceiro que com ele concorre responde na qualidade de coautor ou partícipe, nos termos do art. 29 do Código Penal. Sucede que Roberto, auxiliado que foi pelo gerente, este sim tendo atuado como partícipe, praticou atos típicos de autor sem reunir as características necessárias de sujeito ativo, ou seja, ele não é administrador/gerente da instituição financeira, condição indispensável à prática do delito, já que se trata, como dito acima, de crime próprio.

Dessa forma, pode-se dizer, em vista do exposto e também em razão da falta de descrição individualizada da conduta do agente, que a denúncia é inepta.

Comentários adicionais:

Confira, a seguir, os seguintes julgados:

EMENTA: *HABEAS CORPUS*. PROCESSO PENAL. DENÚNCIA. INÉPCIA. INOCORRÊNCIA. GESTÃO FRAUDULENTA. CRIME PRÓPRIO. CIRCUNSTÂNCIA ELEMENTAR DO CRIME. COMUNICAÇÃO. PARTÍCIPE. POSSIBILIDADE. PRECEDENTES. EXECUÇÃO DE UM ÚNICO ATO, ATÍPICO. IRRELEVÂNCIA. ORDEM DENEGADA. 1. A denúncia descreveu suficientemente a participação do paciente na prática, em tese, do crime de gestão fraudulenta de instituição financeira. 2. As condições de caráter pessoal, quando elementares do crime, comunicam-se aos coautores e partícipes do crime. Artigo 30 do Código Penal. Precedentes. Irrelevância do fato de o paciente não ser gestor da instituição financeira envolvida. 3. O fato de a conduta do paciente ser, em tese, atípica - avalização de empréstimo - é irrelevante para efeitos de participação no crime. É possível que um único ato tenha relevância para consubstanciar o crime de gestão fraudulenta de instituição financeira, embora sua reiteração não configure pluralidade de delitos. Crime acidentalmente habitual. 4. Ordem denegada. (HC 89364, Relator(a): Min. JOAQUIM BARBOSA, Segunda Turma, julgado em 23/10/2007, DJe-070 DIVULG 17-04-2008 PUBLIC 18-04-2008 EMENT VOL-02315-03 PP-00674)

PENAL. CRIMES CONTRA O SISTEMA FINANCEIRO NACIONAL. ARTS. 4º E 21 DA LEI N. 7492/86. SUBSIDIARIEDADE. GESTÃO FRAUDULENTA. SUJEITO ATIVO. GERENTE DE BANCO. POSSIBILIDADE. ABERTURA E MOVIMENTAÇÃO DE CONTA-CORRENTE FANTASMA. INSTITUIÇÃO FINANCEIRA. CONCEITO. AGÊNCIA BANCÁRIA. ABRANGÊNCIA. 1. Da mesma forma que o art. 4º, o art. 21 da Lei nº 7.492/86 ("Atribuir-se, ou atribuir a terceiro, falsa identidade, para realização de operação de câmbio") se consubstancia igualmente em proibição de comportamento fraudulento, com a finalidade de obter a realização de operação de câmbio. Destaque-se, ainda, que o art. 4º objetiva a higidez e segurança das instituições financeiras e das atividades daí decorrentes, incluindo-se, nesse âmbito, as operações de câmbio, que é justamente o bem jurídico tutelado pelo art. 21. A diferença marcante entre as condutas fraudulentas dispostas

PENAL

nos arts. 4º e 21 da Lei nº 7.492/86, reside na circunstância de que o primeiro é crime próprio, somente podendo ser executado por pessoas que tenham a condição de gerir a instituição financeira, sendo estas indicadas pelo art. 25 do mesmo diploma, e o segundo, crime comum, podendo ser praticado por qualquer pessoa. Nesse sentido, se a conduta perpetrada foi levada a efeito mediante o manejo de falsa identidade – que permitiu a abertura das contas "fantasmas" - e revestindo-se os acusados da especial condição de gerentes de agência bancária, a conduta se subsume ao tipo do art. 4º da Lei nº 7.492/86. A condenação pelo art. 21 implicaria *bis in idem*, porquanto a fraude seria punida como parte de um todo (gestão fraudulenta) e como crime autônomo. 2. O gerente bancário, que tem opções de ação administrativa possui alçada suficiente para praticar os crimes de gestão fraudulenta. É certo que não podem os gerentes de agência definir os rumos globais instituição, contudo, podem os mesmos conduzir a instituição em menor proporção. Dessa forma, poderão conceder empréstimos indevidos, autorizar a abertura de contas sem as cautelas exigíveis, enfim, poderão gerir a instituição local (agência bancária) e assim afetar o dinheiro de terceiros. Dessa forma, podem os gerentes de agências bancárias realizar em tese a conduta de gestão fraudulenta. 3. Não se mostra razoável considerar que uma agência bancária não possa ser considerada, autonomamente, como uma instituição financeira. Na medida em que a agência bancária direciona a sua atuação com vistas a realizar os próprios fins da instituição financeira, pode sim ser considerada, para fins de subsunção ao art. 4º da Lei n. 7492.86, como parcela integrante e representativa do conceito legal desta. 4. Negado provimento ao recurso do MPF e dado parcial provimento aos recursos dos réus JOÃO THOMÉ VIEIRA, EDVALDO GÓES DOS REIS, JOSÉ MORAES DE ALBUQUERQUE, ANTONIO CARLOS PREVATTI e JUANA ELVIRA BAZOBERRI DE MORALES OROZCO, para reduzir-lhes a pena. (ACR 199551010315860, Desembargadora Federal LILIANE RORIZ, TRF2 - SEGUNDA TURMA ESPECIALIZADA, 18/03/2009).

(OAB/Exame Unificado – 2007.2 – 2ª fase) Valdir fotografou Célia, criança com 10 anos de idade, em poses eróticas e, em seguida, publicou as fotos na Internet. Ocorreu que, devido a problemas com o provedor, tais fotos ficaram na rede apenas por 10 segundos, tendo sido vistas por somente uma pessoa. Na situação hipotética acima descrita, é típica a conduta de Valdir? Fundamente a sua resposta.

RESOLUÇÃO DA QUESTÃO

Ao fotografar Célia, criança com 10 anos de idade, em poses eróticas, Valdir incorreu nas penas do art. 240 do Estatuto da Criança e do Adolescente (Lei 8.069/90).

Ocorre que o agente, depois disso, publicou as fotos por ele tiradas na internet, que ali permaneceram por período curto, mas suficiente para que fossem vistas por uma pessoa, o que configura o delito capitulado no art. 241-A do ECA.

Comentários adicionais:

A redação dos dispositivos acima referidos, dentre outros, foi alterada por força da Lei 11.829/08, que teve como escopo aperfeiçoar o sistema de proteção conferido às crianças e adolescentes, com a criação de tipos penais que levam em conta o atual estágio de nossa civilização em relação à rede mundial de computadores.

(OAB/Exame Unificado – 2007.2 – 2ª fase) Regina procurou um escritório de advocacia e contou que possui um filho, Márcio, que cumpre medida socioeducativa de semiliberdade. Aduziu que Márcio já completou 18 anos de idade e que, por isso, ele deve ser posto em liberdade. Diante da situação hipotética descrita, responda: o advento da maioridade penal faz cessar a aplicação de medida socioeducativa prevista no Estatuto da Criança e do Adolescente? Fundamente a sua resposta.

RESOLUÇÃO DA QUESTÃO

O fato de Márcio ter completado 18 anos de idade – maioridade penal – não faz com que em relação a ele deixe de ser aplicada medida socioeducativa prevista no Estatuto da Criança e do Adolescente.

Reza o art. 121, § 5º, do ECA que a liberação do internado será compulsória somente aos 21 anos de idade.

A despeito de o dispositivo supracitado fazer referência à medida de internação, é também aplicado à semiliberdade (art. 120, § 2º, do ECA).

Assim, o advento da maioridade não faz cessar a aplicação de medida socioeducativa prevista na Lei 8.069/90 – ECA.

Comentários adicionais:

A seguir, trecho extraído do HC 108.356-RJ, DJE 3.11.08, julgado pelo STJ, em que foi relator o Min. Arnaldo Esteves Lima, da 5.ª T.: "para a aplicação do ECA, leva-se em consideração apenas a idade do menor ao tempo do fato (ECA, artigo 104, parágrafo único)". Este julgado representa, como destacou o Ministro no seu voto, orientação dominante no STJ.

No caso em referência, a defesa impetrou *habeas corpus* naquela Corte com o propósito de ver extinta medida socioeducativa de semiliberdade pela prática de ato infracional equiparado aos delitos de tráfico ilícito de entorpecentes e homicídio qualificado. Invocou a defesa o fato de o paciente ter completado 18 anos, o que tornaria inviável sua manutenção em cumprimento de medida socioeducativa de semiliberdade, pois inexistiria previsão legal nesse sentido no ECA. O *habeas corpus* foi negado pelo STJ.

(OAB/Exame Unificado – 2007.1 – 2ª fase) Lúcio guarda em sua propriedade rural substância tóxica (195 pacotes de herbicida, totalizando 2,4 kg), mantendo-os em depósito para posterior comercialização. Lúcio não possui autorização de uso de agrotóxicos e está ciente de que os agrotóxicos estão em desacordo com as exigências estabelecidas em leis e regulamentos. Considerando a situação hipotética, redija um texto indicando a tipificação da conduta de Lúcio e esclarecendo se a ela se aplica o princípio da insignificância.

RESOLUÇÃO DA QUESTÃO

A conduta praticada por Lúcio, consistente em ter em depósito significativa quantidade de substância tóxica em desacordo com as exigências estabelecidas em leis e regulamentos destinada a posterior comercialização, configura o crime capitulado no art. 56, *caput*, da Lei 9.605/98 (Lei de Crimes Ambientais).

Dada a significativa quantidade de substância tóxica mantida em depósito por Lúcio, inaplicável, aqui, o princípio da insignificância.

Frise-se, ademais, que nada obsta que o aludido princípio tenha incidência nos crimes ambientais, desde que preenchidos os requisitos consagrados na jurisprudência: a mínima ofensividade da conduta do agente; a nenhuma periculosidade social da ação; o reduzidíssimo grau de reprovabilidade do comportamento; e a inexpressividade da lesão jurídica provocada.

Comentários adicionais:

Confira, sobre o tema, o julgado abaixo:

PRINCÍPIO. INSIGNIFICÂNCIA. PESCA. APETRECHO PROIBIDO.

Do *nylon*, apetrecho de uso proibido. Vem daí a imputação do crime previsto no art. 34, parágrafo único, II, da Lei n. 9.605/1998. Anote-se que foram encontrados com ele apenas dois quilos de peixes de variadas espécies. Quanto a isso, vê-se da norma incriminadora que se trata de crime formal (crime de perigo abstrato), delito que prescinde de resultado danoso específico (no caso, ao meio ambiente). Porém, apesar de não se desconhecer que o enquadramento da lei de crimes ambientais no ordenamento jurídico brasileiro ainda é tema tormentoso a causar inúmeras discussões jurídicas, sobretudo quanto à configuração dos delitos penais nela insculpidos, chegando alguns a entender até que os princípios nela edificados, tais como os da prevenção e da precaução, sobrepõem-se aos próprios princípios penais de garantia ao cidadão, destaca-se que a hipótese em apreço resolve-se mesmo pela pouca invasão naquilo que a sociedade, mediante o ordenamento jurídico, espera quanto à proteção de sua existência, visto que há um mínimo de probabilidade de a conduta do paciente atingir o bem jurídico tutelado na espécie, a fauna aquática. Daí não se hesitar em consignar a presença da insignificância a ponto de, ao reconhecer a atipicidade material da conduta, conceder a ordem para trancar a ação penal por falta de justa causa. HC 93.859-SP, **Rel. Min. Maria Thereza de Assis Moura, julgado em 13/8/2009.** (Inform. STJ 402)

PENAL

(OAB/Exame Unificado – 2007.1 – 2ª fase) Se o ato infracional praticado pelo adolescente, primário, equipara-se ao crime de tráfico de entorpecente, assemelhado aos hediondos, é legítima a aplicação de medida de internação, considerando que a infração está revestida da mesma gravidade? Fundamente sua resposta.

RESOLUÇÃO DA QUESTÃO

A simples alusão à gravidade do fato praticado (delito assemelhado a hediondo) não justifica a *medida de internação*, que constitui, nos termos do art. 121, *caput*, do Estatuto da Criança e do Adolescente, providência de caráter excepcional.

Além disso, a medida de internação, em consonância com o disposto no artigo 122 do ECA, somente terá lugar quando se tratar de ato infracional cometido mediante grave ameaça ou violência a pessoa; por reiteração no cometimento de outras infrações graves; bem assim na hipótese de descumprimento reiterado e injustificável de medida anteriormente imposta.

Assim, em vista do exposto, a aplicação de medida de internação revela-se ilegítima, pois o ato infracional praticado pelo adolescente, primário, não se enquadra nas hipóteses do art. 122 do ECA – Lei 8.069/90.

Comentários adicionais: Confira, sobre o tema, os acórdãos:

ESTATUTO DA CRIANÇA E DO ADOLESCENTE. *HABEAS CORPUS*. ATO INFRACIONAL EQUIPARADO AO TRÁFICO DE ENTORPECENTES. APLICAÇÃO DA MEDIDA SOCIOEDUCATIVA DE INTERNAÇÃO POR PRAZO INDETERMINADO EM RAZÃO DA GRAVIDADE DO DELITO. CONSTRANGIMENTO ILEGAL CARACTERIZADO. ORDEM CONCEDIDA. 1. Nos termos da legislação de regência, a medida de internação só poderá ser aplicada quando se tratar de ato infracional cometido mediante grave ameaça ou violência a pessoa, por reiteração no cometimento de outras infrações graves ou descumprimento reiterado e injustificável de medida anteriormente imposta. 2. O ato infracional equiparado ao delito de tráfico de entorpecentes não autoriza a imposição da medida socioeducativa de internação com fundamento no art. 122, inciso I, do ECA. 3. Tem-se como fundamento insuficiente para a aplicação da medida de privação de liberdade a simples alusão à gravidade do fato praticado, tendo em vista a própria excepcionalidade da medida de internação, somente admitida nas hipóteses legalmente previstas. 4. Somente é considerada reiterada a prática de conduta infracional quando são praticados três ou mais atos infracionais, o que não restou retratado nos autos. 5. Ordem concedida para anular a medida de internação, mantendo a de liberdade assistida, sem prejuízo de que outra mais adequada seja aplicada ao adolescente. (HC 59.465/RJ, Rel. Ministro ARNALDO ESTEVES LIMA, QUINTA TURMA, julgado em 05/12/2006, DJ 05/02/2007 p. 278)

CRIMINAL. HC. ECA. TRÁFICO DE ENTORPECENTES. INTERNAÇÃO POR PRAZO INDETERMINADO. GRAVIDADE DO ATO INFRACIONAL. FUNDAMENTAÇÃO INSUFICIENTE. AFRONTA AOS OBJETIVOS DO SISTEMA. CONSTRANGIMENTO ILEGAL CONFIGURADO. EXCEPCIONALIDADE DA MEDIDA EXTREMA. ORDEM CONCEDIDA. I. Hipótese em que o menor não registra antecedentes, tendo praticado ato infracional equiparado ao tráfico de entorpecentes – infração que não foi cometida mediante grave ameaça ou violência à pessoa. II A medida extrema de internação só está autorizada nas hipóteses previstas taxativamente nos incisos do art. 122 do ECA, pois a segregação do menor é medida de exceção, devendo ser aplicada e mantida somente quando e*vid*enciada sua necessidade, em observância ao espírito do Estatuto, que visa à reintegração do menor à sociedade III A simples alusão à gravidade do fato praticado, mais especificamente quanto à natureza hedionda da conduta, é motivação genérica que não se presta para fundamentar a medida de internação, até mesmo por sua excepcionalidade, restando caracterizada a afronta aos objetivos do sistema. IV Deve ser reformada a decisão monocrática, bem como o acórdão recorrido, tão somente na parte relativa à medida imposta ao paciente, a fim de que outro *decisum* seja prolatado, afastando a aplicação de medida sócio-educativa de internação, permitindo que o menor aguarde tal desfecho em liberdade assistida. V. Ordem concedida, nos termos do voto do Relator. (HC 60.400/SP, Rel. Ministro GILSON DIPP, QUINTA TURMA, julgado em 05/10/2006, DJ 30/10/2006 p. 359)

(OAB/Exame Unificado – 2006.3 – 2ª fase) Um advogado faz contato com um certo casal estrangeiro — ainda no exterior —, procura crianças "adotáveis" em comunidades de baixa renda, convence seus pais a doá-las e organiza toda a estrutura do encontro —transporte, alimentação, hospedagem— entre os pais das crianças e o casal estrangeiro, com o claro fito de obter lucro. Considerando a situação hipotética acima, tipifique a conduta do advogado. Fundamente a sua resposta apontando o objeto jurídico tutelado e o sujeito ativo do delito.

RESOLUÇÃO DA QUESTÃO

Em vista da situação hipotética acima narrada, o advogado praticou a conduta capitulada no art. 239 do Estatuto da Criança e do Adolescente (Lei 8.069/90), tendo em conta que promoveu, com o propósito de obter lucro, ato destinado ao envio de criança para o exterior com inobservância das formalidades legais.

A tutela penal, aqui, é voltada ao interesse estatal em que a criança ou adolescente não seja submetido a um processo de adoção internacional clandestino, com inobservância das formalidades legais ou ainda com o propósito de obter lucro. Ou seja, objetiva-se evitar o tráfico internacional de crianças.

No que concerne ao sujeito ativo, trata-se de crime comum. Pode, pois, ser praticado por qualquer pessoa, não exigindo do agente nenhuma condição especial.

2. DIREITO PROCESSUAL PENAL

2.1. Inquérito policial

(OAB/Exame Unificado – 2010.1 – 2ª fase) A autoridade policial titular da delegacia de combate aos delitos contra o patrimônio de determinado município instaurou inquérito para a apuração da prática de crime contra certo comerciante local, que teve seu estabelecimento furtado há quase oito anos. As investigações desenvolvem-se de forma lenta, pois várias diligências foram efetuadas em outras circunscrições policiais da mesma comarca, razão pela qual o delegado responsável pelo caso constantemente vale-se da expedição de cartas precatórias e requisições para as autoridades policiais dessas unidades, a fim de cumprir os atos necessários ao esclarecimento do delito. Em uma dessas diligências, houve demora de mais de um ano para promover a oitiva de apenas uma testemunha. Apesar do tempo transcorrido, a polícia ainda não dispõe de elementos capazes de identificar a autoria do delito. O comerciante não mantinha, em seu estabelecimento, sistema de segurança pessoal nem sistema eletrônico de segurança, não dispondo, assim, de nenhuma prova da autoria dos fatos. Dada a iminência do fim do prazo prescricional, o referido comerciante solicitou orientação a profissional da advocacia, no intuito de tomar alguma providência para a punição dos criminosos.

Em face dessa situação hipotética, responda, de forma fundamentada, aos seguintes questionamentos.

- ✓ Diante da necessidade de cumprir diligências em outra circunscrição, a autoridade policial poderia ordená-las diretamente sem a expedição de carta precatória ou de requisições?
- ✓ Seria viável, na hipótese, intentar ação penal privada subsidiária da pública?

RESOLUÇÃO DA QUESTÃO

O comando inserto no art. 22 do Código de Processo Penal autoriza o ingresso do delegado de polícia e de seus agentes na circunscrição de outra autoridade policial, independente da expedição de precatórias ou requisições, desde que para a colheita de provas necessárias à instrução do inquérito policial. Dito de outro modo, a autoridade policial, no caso hipotético acima, poderia, sim, prescindir da expedição de precatórias e requisições, determinando diretamente as diligências necessárias ao esclarecimento dos fatos.

É verdade que o art. 4º do CPP prescreve que a Polícia Judiciária será exercida pelas autoridades policiais no território de suas respectivas circunscrições, mas também é fato que a norma contida no art. 22 do CPP visa a conferir ao inquérito policial, ao permitir que a autoridade ingresse na circunscrição de outra, desde que na mesma comarca, mais agilidade.

Autoriza o art. 22, segunda parte, do CPP que a autoridade policial, quando em diligência em outra circunscrição que não a sua, diante de um fato ocorrido na sua presença, tome as providências que julgar necessárias em vista do caso concreto, até a chegada da autoridade com atribuição para o local.

A ação penal privada subsidiária da pública, a que aludem os arts. 5º, LIX, da CF e 29 do CPP, pressupõe desídia, falta de iniciativa do órgão acusatório.

Não é o que se verifica na situação hipotética acima.

Com efeito, o inquérito, ainda não concluído pela autoridade policial, não reúne os elementos mínimos para a propositura da ação penal exigidos pelo art. 41 do CPP, já que a autoria delitiva não foi estabelecida. Além disso, o comerciante não dispõe de outros elementos de prova que possam contribuir para o esclarecimento dos fatos.

A ação penal privada subsidiária da pública somente teria lugar se os autos de inquérito, já concluídos, fossem remetidos ao órgão do Ministério Público e este, em vez de ofertar a denúncia, requerer o arquivamento do inquérito ou ainda pleitear a devolução dos autos à autoridade policial para outras diligências, deixasse de tomar qualquer providência dentro do prazo legal.

(OAB/Exame Unificado – 2006.2 – 2ª fase) Considere que determinada autoridade policial não permitiu que certo advogado tivesse acesso aos autos de um inquérito policial conduzido sob sigilo. Diante dessa situação hipotética, redija um texto, de forma justificada, a respeito de cabimento ou não de *habeas corpus*. Aborde, em seu texto, características da investigação policial. extensão máxima: 30 linhas

RESOLUÇÃO DA QUESTÃO

O inquérito policial é, conforme reza o art. 20, *caput*, do Código de Processo Penal, sigiloso. Significa dizer, portanto, que o inquérito não se submete à publicidade inerente ao processo. Dessa forma, deve a autoridade policial a quem incumbe a presidência do feito cuidar para que seja mantido o sigilo necessário à elucidação do crime sob investigação.

Tal sigilo, e*viden*temente, não se estende ao membro do Ministério Publico tampouco à autoridade judiciária.

Ocorre que, a teor do art. 7º, XIV, da Lei 8.906/94 (Estatuto da Advocacia), constitui direito do advogado, entre outros: “examinar em qualquer repartição policial, mesmo sem procuração, autos de flagrante e de inquérito, findos ou em andamento, ainda que conclusos à autoridade, podendo copiar peças e tomar apontamentos”.

Assim, não poderia a autoridade policial negar ao advogado acesso aos autos de inquérito policial, ainda que classificado como sigiloso, visto que tal, além de infringir o direito contido no dispositivo acima, tornaria sem efeito a garantia do investigado insculpida no art. 5º, LXIII, da CF.

Ademais disso, como tem sido reconhecido na jurisprudência, é caso de impetração de *habeas corpus*, na medida em que o fato de se negar ao advogado acesso ao inquérito policial pode gerar prejuízo ao réu na fase processual e, em princípio, redundar em condenação a pena privativa de liberdade, o que já se mostra suficiente para justificar o uso do remédio heroico.

O advogado a quem foi negado acesso aos autos do inquérito também pode impetrar mandado de segurança, com o fito de que lhe seja assegurado o direito líquido e certo de examinar a peça inquisitorial.

Por fim, além de *sigiloso*, o inquérito policial é: *inquisitivo* (a autoridade policial procederá às investigações com discricionariedade); *indisponível* (a autoridade não está credenciada a arquivar autos de inquérito policial – art. 17, CPP); *procedimento escrito* (as peças do inquérito serão reduzidas a escrito ou datilografadas – art. 9º, CPP); e *oficial* (é procedimento levado a efeito por órgãos oficiais).

Comentários adicionais:

Sobre o assunto, o Supremo Tribunal Federal editou a Súmula Vinculante nº 14, a seguir transcrita: "É direito do defensor, no interesse do representado, ter acesso amplo aos elementos de prova que, já documentados em procedimento investigatório realizado por órgão com competência de polícia judiciária, digam respeito ao exercício do direito de defesa".

É bom lembrar que, do ato administrativo ou da decisão judicial que contrariar súmula vinculante, caberá, a teor do art. 103-A, § 3º, da CF, reclamação diretamente ao Supremo Tribunal Federal.

Confira, a seguir, sobre o tema, os seguintes acórdãos:

EMENTA: PROCESSUAL PENAL. *HABEAS CORPUS*. SÚMULA 691 DO SUPREMO TRIBUNAL FEDERAL. SUPERAÇÃO. POSSIBILIDADE. FLAGRANTE ILEGALIDADE. CARACTERIZAÇÃO. ACESSO DOS ACUSADOS A PROCEDIMENTO INVESTIGATIVO SIGILOSO. POSSIBILIDADE SOB PENA DE OFENSA AOS PRINCÍPIOS DO CONTRADITÓRIO, DA AMPLA DEFESA. PRERROGATIVA PROFISSIONAL DOS ADVOGADOS. ART. 7, XIV, DA LEI 8.906/94. ORDEM CONCEDIDA. I - O acesso aos autos de ações penais ou inquéritos policiais, ainda que classificados como sigilosos, por meio de seus defensores, configura direito dos investigados. II - A oponibilidade do sigilo ao defensor constituído tornaria sem efeito a garantia do indiciado, abrigada no art. 5º, LXIII, da Constituição Federal, que lhe assegura a assistência técnica do advogado. III - Ademais, o art. 7º, XIV, do Estatuto da OAB estabelece que o advogado tem, dentre outros, o direito de "examinar em qualquer repartição policial, mesmo sem procuração, autos de flagrante e de inquérito, findos ou em andamento, ainda que conclusos à autoridade, podendo copiar peças e tomar apontamentos". IV - Caracterizada, no caso, a flagrante ilegalidade, que autoriza a superação da Súmula 691 do Supremo Tribunal Federal. V – Ordem. concedida. (HC 94387, embranco, STF)

EMENTA: I. *Habeas corpus*: cabimento: cerceamento de defesa no inquérito policial. 1. O cerceamento da atuação permitida à defesa do indiciado no inquérito policial poderá refletir-se em prejuízo de sua defesa no processo e, em tese, redundar em condenação a pena privativa de liberdade ou na mensuração desta: a circunstância é bastante para admitir-se o *habeas corpus* a fim de fazer respeitar as prerrogativas da defesa e, indiretamente, obviar prejuízo que, do cerceamento delas, possa advir indevidamente à liberdade de locomoção do paciente. 2. Não importa que, neste caso, a impetração se dirija contra decisões que denegaram mandado de segurança requerido, com a mesma pretensão, não em favor do paciente, mas dos seus advogados constituídos: o mesmo constrangimento ao exercício da defesa pode substantivar violação à prerrogativa profissional do advogado - como tal, questionável mediante mandado de segurança - e ameaça, posto que mediata, à liberdade do indiciado - por isso legitimado a figurar como paciente no *habeas corpus* voltado a fazer cessar a restrição à atividade dos seus defensores. II. Inquérito policial: inoponibilidade ao advogado do indiciado do direito de vista dos autos do inquérito policial. 1. Inaplicabilidade da garantia constitucional do contraditório e da ampla defesa ao inquérito policial, que não é processo, porque não destinado a decidir litígio algum, ainda que na esfera administrativa; existência, não obstante, de direitos fundamentais do indiciado no curso do inquérito, entre os quais o de fazer-se assistir por advogado, o de não se incriminar e o de manter-se em silêncio. 2. Do plexo de direitos dos quais é titular o indiciado - interessado primário no procedimento administrativo do inquérito policial -, é corolário e instrumento a prerrogativa do advogado de acesso aos autos respectivos, explicitamente outorgada pelo Estatuto da Advocacia (L. 8906/94, art. 7º, XIV), da qual - ao contrário do que previu em hipóteses assemelhadas - não se excluíram os inquéritos que correm em sigilo: a irrestrita amplitude do preceito legal resolve em favor da prerrogativa do defensor o eventual conflito dela com os interesses do sigilo das investigações, de modo a fazer impertinente o apelo ao princípio da proporcionalidade. 3. A oponibilidade ao defensor constituído esvaziaria uma garantia constitucional do indiciado (CF, art. 5º, LXIII), que lhe assegura, quando preso, e pelo menos lhe faculta, quando solto, a assistência técnica do advogado, que este não lhe poderá prestar se lhe é sonegado o acesso aos autos do inquérito sobre o objeto do qual haja o investigado de prestar declarações. 4. O direito do indiciado, por seu advogado, tem por objeto as informações já introduzidas nos autos do inquérito, não as relativas à decretação e às vicissitudes da execução de diligências em curso (cf. L. 9296, atinente às interceptações telefônicas, de possível extensão a outras diligências); dispõe, em consequência a autoridade policial de meios legítimos para obviar inconvenientes que o conhecimento pelo indiciado e seu defensor dos autos do inquérito policial possa acarretar à eficácia do procedimento investigatório. 5. *Habeas corpus* deferido para que aos advogados constituídos pelo paciente se faculte a consulta aos autos do inquérito policial, antes da data designada para a sua inquirição. (HC 82354, em branco, STF)

PENAL

2.2. Ação penal e ação civil

(OAB/Exame Unificado – 2010.1 – 2ª fase) Em 27/8/2009, na cidade de Goiânia – GO, o servidor público federal Lucas, motorista do Ministério da Saúde, no exercício de suas funções e no horário de expediente, atropelou e matou Almir, na faixa de pedestres. Instaurado e concluído o inquérito policial, com regular tramitação, foi o servidor denunciado pela prática do crime de homicídio culposo.

Após recebimento da denúncia, o feito transcorreu em perfeita obediência aos comandos legais e resultou na condenação de Lucas. O magistrado, ao proferir a sentença penal condenatória, fixou, desde logo, o valor mínimo para a reparação dos danos causados pela infração, considerando os prejuízos sofridos pelo ofendido e devidamente comprovados no processo, nos expressos termos do art. 387, inciso IV, do Código de Processo Penal (CPP). Inconformado, Lucas apelou, encontrando-se o recurso pendente de julgamento.

Em face dessa situação hipotética, responda, com fundamento no atual disciplinamento do CPP, às seguintes indagações.

- ✓ O valor fixado pelo juiz na sentença penal condenatória poderá ser objeto imediato de execução?
- ✓ O valor fixado pelo juiz criminal impede que os herdeiros de Almir promovam a liquidação do julgado para a apuração do dano efetivamente sofrido?

RESOLUÇÃO DA QUESTÃO

Em vista da disciplina estabelecida no art. 63 do CPP, que cuida da ação civil *ex delicto*, o valor fixado pelo juiz na sentença penal condenatória somente poderá ser objeto de execução após operar-se o trânsito em julgado.

Além disso, em consonância com o disposto no art. 387, IV, do CPP, tendo em vista os prejuízos sofridos pela vítima, o juiz, ao proferir a sentença, fixará valor mínimo para a reparação dos danos gerados pela infração.

De outro lado, o valor estabelecido pelo juiz criminal não impede que os herdeiros de Almir promovam a liquidação do julgado para a apuração do dano efetivamente sofrido, faculdade esta conferida pelo art. 63, parágrafo único, do CPP. Em outras palavras, podem os herdeiros de Almir pleitear valor superior àquele fixado pelo juiz criminal.

Comentários adicionais:

Obtida, na esfera penal, a sentença condenatória definitiva, não mais se discute culpa no juízo cível, mas, sim, o *quantum* necessário à satisfação do prejuízo experimentado pela vítima.

(OAB/Exame Unificado – 2007.3 – 2ª fase) José foi preso em flagrante pela prática de crime de roubo. Concluído no prazo previsto em lei, o inquérito policial foi encaminhado ao juiz, que considerou a prisão em flagrante legal e remeteu-o ao Ministério Público. O representante do Ministério Público, após dez dias de vistas, não ofereceu denúncia, tendo solicitado que os autos fossem encaminhados à delegacia de polícia para o cumprimento de mais diligências. O requerimento foi deferido pelo juiz, que manteve a prisão de José. Considerando a situação hipotética acima, redija um texto dissertativo, avaliando a legalidade da prisão de José e indicando, justificadamente, que medida judicial seria a mais adequada para impugnar essa prisão.

RESOLUÇÃO DA QUESTÃO

O órgão do Ministério Público, em consonância com o disposto no art. 46, *caput*, do CPP, dispõe do prazo de cinco dias, estando o réu preso, para oferecimento de denúncia, contado da data em que receber os autos de inquérito policial.

O desrespeito ao prazo a que alude o dispositivo *supra* configura constrangimento ilegal, ensejando o relaxamento da prisão em flagrante, que se tornou, vencido o interregno que dispunha o Ministério Público para o oferecimento da denúncia, ilegal.

A devolução dos autos de inquérito policial à delegacia para o cumprimento de outras diligências somente deve se dar na hipótese de o indiciado encontrar-se solto. Se preso estiver, será o caso de constrangimento ilegal, como é a hipótese narrada acima, sendo, por conta disso, possível a impetração de *habeas corpus* (art. 648, II, do CPP).

Comentários adicionais:

O art. 310 do CPP, com a redação alterada pela Lei 12.403/11, impõe ao magistrado, quando do recebimento do auto de prisão em flagrante, o dever de manifestar-se *fundamentadamente* acerca da prisão que lhe é comunicada. Pela *novel* redação do dispositivo, abrem-se para o juiz as seguintes opções: se se tratar de prisão ilegal, deverá o magistrado relaxá-la e determinar a soltura imediata do preso; se a prisão estiver em ordem, como é o caso narrado no enunciado da questão, deverá o juiz, desde que entenda necessário ao processo, converter a prisão em flagrante em preventiva, sempre levando-se em conta os requisitos do art. 312 do CPP. Ressalte-se que, tendo em vista o *postulado da proporcionalidade*, a custódia preventiva somente terá lugar se as medidas cautelares diversas da prisão revelarem-se inadequadas. Note que a prisão em flagrante não mais poderá perpetuar até o final do processo como modalidade de prisão cautelar; poderá, por fim, o juiz conceder a liberdade provisória, com ou sem fiança, substituindo, assim, a prisão em flagrante. Daí podemos afirmar que, neste novo panorama, a prisão em flagrante poderá ser substituída pela liberdade provisória, que constitui um sucedâneo seu, ou mesmo pela prisão preventiva, dado que o infrator não poderá permanecer preso provisoriamente, como antes ocorria, "em flagrante". Para alguns autores, a prisão em flagrante deixou de constituir modalidade de prisão cautelar, restando, com isso, somente duas modalidades de custódia processual em nosso sistema: preventiva e temporária.

2.3. Jurisdição, competência, conexão e continência

(OAB/Exame Unificado – 2013.3 – 2ª fase) Carolina foi denunciada pela prática do delito de estelionato, mediante emissão de cheque sem suficiente provisão de fundos. Narra a inicial acusatória que Carolina emitiu o cheque número 000, contra o Banco ABC S/A, quando efetuou compra no estabelecimento "X", que fica na cidade de "Y". Como a conta-corrente de Carolina pertencia à agência bancária que ficava na cidade vizinha "Z", a gerência da loja, objetivando maior rapidez no recebimento, resolveu lá apresentar o cheque, ocasião em que o título foi devolvido.

Levando em conta que a compra originária da emissão do cheque sem fundos ocorreu na cidade "Y", o Ministério Público local fez o referido oferecimento da denúncia, a qual foi recebida pelo juízo da 1ª Vara Criminal da comarca. Tal magistrado, após o recebimento da inicial acusatória, ordenou a citação da ré, bem como a intimação para apresentar resposta à acusação.

Nesse sentido, atento(a) apenas às informações contidas no enunciado, responda de maneira fundamentada, e levando em conta o entendimento dos Tribunais Superiores, o que pode ser arguido em favor de Carolina. (Valor: 1,25)

GABARITO COMENTADO

Deve ser arguida exceção de incompetência com fundamento no Art. 108 do CPP OU Preliminar de incompetência na resposta à acusação. O estelionato é crime material e se consuma no local onde ocorreu o efetivo prejuízo econômico. No caso em tela, o efetivo prejuízo econômico se deu no lugar onde o título foi recusado, ou seja, na comarca "Z". Assim, aplica-se o disposto no verbete 521 da Súmula do STF e o verbete 244 da Súmula do STJ. Consequentemente, deve ser feito pedido de remessa do feito à comarca "Z", onde poderão ser ratificados os atos até o momento praticados, prosseguindo-se na instrução.

Distribuição dos pontos

Item	Pontuação
A1. Deve ser arguida a exceção de incompetência (ou preliminar de incompetência na resposta à acusação) (0,50)	0,00/0,50
A2. O crime em análise se consuma no local onde ocorreu o efetivo prejuízo econômico. (0,30)	0,00/0,30
A3. Aplica-se, portanto, o disposto no verbete 521 da Súmula do STF OU verbete 244 da Súmula do STJ. (0,45) *Obs.: A mera indicação ou reprodução do conteúdo da Súmula não pontua.*	0,00/0,45

(OAB/Exame Unificado – 2012.3 – 2ª fase) Laura, empresária do ramo de festas e eventos, foi denunciada diretamente no Tribunal de Justiça do Estado "X", pela prática do delito descrito no Art. 333 do CP (corrupção ativa). Na mesma inicial acusatória, o Procurador Geral de Justiça imputou a Lucas, Promotor de Justiça estadual, a prática da conduta descrita no Art. 317 do CP (corrupção passiva).

A defesa de Laura, então, impetrou *habeas corpus* ao argumento de que estariam sendo violados os princípios do juiz natural, do devido processo legal, do contraditório e da ampla defesa; arguiu, ainda, que estaria ocorrendo supressão de instância, o que não se poderia permitir.

Nesse sentido, considerando apenas os dados fornecidos, responda, fundamentadamente, aos itens a seguir.

A) Os argumentos da defesa de Laura procedem? (Valor: 0,75)

B) Laura possui direito ao duplo grau de jurisdição? (Valor: 0,50)

RESOLUÇÃO DA QUESTÃO

A) Não procedem os argumentos da defesa de Laura, com base no Verbete 704, da Súmula do STF. O fato de Laura ser julgada diretamente pelo Tribunal de Justiça não lhe tira a possibilidade de manejar outros recursos. Assim, não há qualquer ferimento ao devido processo legal, nem ao contraditório e muito menos à ampla defesa. Por fim, também não há que se falar em desrespeito ao princípio do juiz natural, já que a atração por conexão ou continência não configura criação de tribunal de exceção, sendo certo que não se pode confundir "juiz natural" com "juízo de primeiro grau".

B) Laura não possui direito ao duplo grau de jurisdição. O princípio do duplo grau assegura o julgamento da causa em primeira instância e a revisão da sentença por órgão diverso. O recurso que traduz por excelência o princípio do duplo grau é a apelação, a qual devolve ao Tribunal, para nova análise, toda a matéria de fato e de direito. Como Laura será julgada diretamente pelo Tribunal de Justiça, não terá direito ao duplo grau de jurisdição, mas isso não a impede de exercer o contraditório e nem a ampla defesa, estando-lhe assegurado, assim, o devido processo legal.

Obs.: Não serão pontuadas respostas contraditórias.

Distribuição dos Pontos

Quesito Avaliado	Valores
A1) Não, com base no Verbete 704, da Súmula do STF (0,35).	0,00/0,35
A2) O fato de Laura ser julgada diretamente pelo Tribunal de Justiça não lhe tira a possibilidade de manejar outros recursos OU não há que se falar em desrespeito ao princípio do juiz natural, já que a atração por conexão ou continência não configura criação de tribunal de exceção (0,40).	0,00/0,40
B) Não, como Laura será julgada diretamente pelo Tribunal de Justiça, não terá direito ao duplo grau de jurisdição OU não terá direito ao duplo grau de jurisdição porque, no caso de Laura, eventual recurso interposto aos Tribunais Superiores não avaliará matéria fática (0,50).	0,00/0,50

(OAB/Exame Unificado – 2011.2 – 2ª fase) Antônio, pai de um jovem hipossuficiente preso em flagrante delito, recebe de um serventuário do Poder Judiciário Estadual a informação de que Jorge, defensor público criminal com atribuição para representar o seu filho, solicitara a quantia de dois mil reais para defendê-lo adequadamente. Indignado, Antônio, sem averiguar a fundo a informação, mas confiando na palavra do serventuário, escreve um texto reproduzindo a acusação e o entrega ao juiz titular da vara criminal em que Jorge funciona como defensor público. Ao tomar conhecimento do ocorrido, Jorge apresenta uma gravação em vídeo da entrevista que fizera com o filho de Antônio, na qual fica evidenciado que jamais solicitara qualquer quantia para defendê-lo, e representa criminalmente pelo fato. O Ministério Público oferece denúncia perante o Juizado Especial Criminal, atribuindo a Antônio o cometimento do crime de calúnia, praticado contra funcionário público em razão de suas funções, nada mencionando acerca dos benefícios previstos na Lei 9.099/95. Designada Audiência de Instrução e Julgamento, recebida a denúncia, ouvidas as testemunhas, interrogado o réu e apresentadas as alegações orais pelo Ministério Público, na qual pugnou pela condenação na forma da inicial, o magistrado concede a palavra a Vossa Senhoria para apresentar alegações finais orais.

Em relação à situação acima, responda aos itens a seguir, empregando os argumentos jurídicos apropriados e a fundamentação legal pertinente ao caso.

A) O Juizado Especial Criminal é competente para apreciar o fato em tela? (Valor: 0,30)

B) Antônio faz jus a algum benefício da Lei 9.099/95? Em caso afirmativo, qual(is)? (Valor: 0,30)

C) Antônio praticou crime? Em caso afirmativo, qual? Em caso negativo, por que razão? (Valor: 0,65)

RESOLUÇÃO DA QUESTÃO

Tendo em conta o aumento de pena previsto no art. 141, II, do CP que deverá incidir na sanção estabelecida para o crime de calúnia, já que este foi praticado contra funcionário público em razão de suas funções, a pena máxima cominada será superior a dois anos, limite estabelecido no art. 61 da Lei 9.099/95. Por essa razão, o Juizado Especial, cuja competência abrange os crimes em que a pena cominada não seja superior a dois anos, não poderá julgar este feito, pois escapa à sua competência.

Embora o instituto da suspensão condicional do processo esteja previsto na Lei 9.099/95, seu âmbito de aplicação não é restrito a ela, posto que, em vista do que preceitua o art. 89, *caput*, desta Lei, o *sursis* processual terá incidência nos crimes em que a pena mínima cominada for igual ou inferior a um ano.

Antônio faz jus, portanto, ao benefício da suspensão condicional do processo, previsto no art. 89 da Lei 9.099/95.

Antônio não praticou crime algum, porquanto incorreu em erro de tipo vencível, na forma do art. 20 do CP. Responderia por crime na modalidade culposa, visto que o erro em que incorreu é vencível, mas, ante a falta de previsão nesse sentido, não incide a responsabilidade a título de culpa. Não responde por crime doloso porque o erro exclui o dolo.

GABARITO COMENTADO – EXAMINADORA

A) Não, pois, de acordo com o artigo 141, II, do CP, quando a ofensa for praticada contra funcionário público em razão de suas funções, a pena será aumentada de um terço, o que faz com que a sanção máxima abstratamente cominada seja superior a dois anos.

B) Sim, suspensão condicional do processo, nos termos do art. 89 da Lei 9.099/95.

C) Não. Antônio agiu em erro de tipo vencível/inescusável. Conforme previsão do artigo 20 do CP, nessa hipótese, o agente somente responderá pelo crime se for admitida a punição a título culposo, o que não é o caso, pois o crime em comento não admite a modalidade culposa. Vale lembrar que não houve dolo na conduta de Antônio.

Distribuição dos Pontos

Item	Pontuação
a) Não, pois, de acordo com o artigo 141, II, do CP, (0,1) quando a ofensa for praticada contra funcionário público em razão de suas funções, a pena será aumentada de um terço, o que faz com que a sanção máxima abstratamente cominada seja superior a dois anos. (0,2)	0 / 0,1 / 0,2 / 0,3
b) Sim, suspensão condicional do processo (0,2) Art. 89 da Lei 9.099/95 (0,1).	0 / 0,1 / 0,2 / 0,3
c) Não. Antônio agiu em erro de tipo OU ausência de dolo (0,5), nos termos do art. 20 (não existe modalidade culposa) (0,15)	0 / 0,50 / 0,65

(OAB/Exame Unificado – 2011.1 – 2ª fase) Na cidade deArsenal, no Estado Z, residiam os deputados federais Armênio e Justino. Ambos objetivavam matar Frederico, rico empresário que possuía valiosas informações contra eles. Frederico morava na cidade de Tirol, no Estado K, mas seus familiares viviam em Arsenal. Sabendo que Frederico estava visitando a família, Armênio e Justino decidiram colocar em prática o plano de matá-lo. Para tanto, seguiram Frederico quando este saía da casa de seus parentes e, utilizando-se do veículo em que estavam, bloquearam a passagem de Frederico, de modo que a caminhonete deste não mais conseguia transitar. Ato contínuo, Armênio e Justino desceram do automóvel. Armênio imobilizou Frederico e Justino desferiu tiros contra ele, Frederico. Os algozes deixaram rapidamente o local, razão pela qual não puderam perceber que Frederico ainda estava vivo, tendo conseguido salvar-se após socorro prestado por um passante. Tudo foi noticiado à polícia, que instaurou o respectivo inquérito policial. No curso do inquérito, os mandatos de Armênio e Justino chegaram ao fim, e eles não conseguiram se reeleger. O Ministério Público, por sua vez, munido dos elementos de informação colhidos na fase inquisitiva, ofereceu denúncia contra Armênio e Justino, por tentativa de homicídio, ao Tribunal do Júri da Justiça Federal com jurisdição na comarca onde se deram os fatos, já que, à época, os agentes eram deputados federais. Recebida a denúncia, as defesas de Armênio e Justino mostraram-se conflitantes. Já na fase instrutória, Frederico teve seu depoimento requerido. A vítima foi ouvida por meio de carta precatória em Tirol. Na respectiva audiência, os advogados de Armênio e Justino não compareceram, de modo que juízo deprecado nomeou um único advogado para ambos os réus. O juízo deprecante, ao final, emitiu decreto condenatório em face de Armênio e Justino. Armênio, descontente com o patrono que o representava, destituiu-o e nomeou você como novo advogado.

Com base no cenário acima, indique duas nulidades que podem ser arguidas em favor de Armênio. Justifique com base no CPP e na CRFB. (Valor: 1,25)

RESOLUÇÃO DA QUESTÃO

Tendo em conta o término dos mandatos de Armênio e Justino, estes deixam de ter direito ao foro privilegiado. O julgamento, dessa forma, deve se dar pelas instâncias ordinárias.

Neste caso, competente para o processamento e julgamento do feito será o Tribunal do Júri da Comarca de Arsenal, local onde os fatos se verificaram. Assim sendo, cabe aqui arguir nulidade por incompetência absoluta, na medida em que inexiste razão a justificar a competência da Justiça Federal, nos moldes do art. 109 da Constituição Federal.

Além disso, considerando o fato de as defesas dos acusados serem conflitantes, seria de rigor, em vista do caro postulado da ampla defesa, com assento constitucional (art. 5º, LV), que o juízo deprecado nomeasse, para cada qual, um defensor. Não tendo sido essa a providência levada a efeito – bem ao contrário, restou evidente o prejuízo para a defesa dos réus e, em razão disso, deve-se arguir a nulidade consubstanciada no art. 564, IV, do CPP.

Considerações Adicionais:

A questão pede que sejam suscitadas duas nulidades, indicadas na *resolução*. A seguir, farei menção a uma terceira, que poderia ser arguida em substituição a uma das formuladas acima.

Calcado no princípio contemplado no art. 5º, LIII, da CF, é possível também alegar nulidade em razão de a causa não ter sido apreciada pelo seu juiz natural.

Por fim, voltando ao tema foro por prerrogativa de função, impende registrar, como já dito, que, uma vez cessado o cargo/função/mandato, a autoridade deixa de ter foro privilegiado, sendo julgada pelas instâncias ordinárias. No mais, a Súmula 394 do STF, que assegurava a perpetuação do foro por prerrogativa de função, foi cancelada pelo Pleno do próprio Supremo. Além disso, o STF declarou a inconstitucionalidade da Lei 10.628/02, que acrescentou os §§ 1º e 2º ao art. 84 do CPP.

GABARITO COMENTADO – EXAMINADORA

Primeiramente há que ser arguida nulidade por incompetência absoluta (art. 564, I, do CPP), pois no caso não há incidência de nenhuma das hipóteses mencionadas no art. 109 da CRFB que justifiquem a atração do processo à competência da Justiça Federal. Ademais, o fato de os agentes serem ex-deputados federais não enseja deslocamento de competência. Nesse sentido, competente é o Tribunal do Júri da Comarca onde se deram os fatos, pois, cessado o foro por prerrogativa de função, voltam a incidir as regras normais de competência para o julgamento da causa, de modo que, dada à natureza da infração (crime doloso contra a vida), a competência é afeta ao Tribunal do Júri de Arsenal.

Além disso, também deverá ser arguida nulidade com base no art. 564, IV, do CPP. A nomeação de somente um advogado para ambos réus, feita pelo juízo deprecado, não respeita o princípio da ampla defesa (art. 5º, LV, da CRFB), pois, como as defesas eram conflitantes, a nomeação de um só advogado prejudica os réus.

Por fim, com base nos artigos 413 e 414 do CPP, bem como art. 5º, LIII da CRFB/88, poderá ser arguida nulidade pela falta de apreciação da causa pelo juiz natural do feito.

PENAL

Distribuição dos Pontos

Indicar **duas** entre as seguintes. Acertando duas, **+ 0,05**:

Item	Pontuação
a) Nulidade por incompetência absoluta com base no art. 564, I, do CPP e ausência de qualquer das hipóteses mencionadas no art. 109 da CRFB que justifiquem a atração do processo à competência da Justiça Federal. (0,3) O fato de os agentes serem ex-deputados federais não enseja deslocamento de competência, inclusive porque o direito ao foro por prerrogativa de função já havia cessado, já que os réus não se reelegeram. Assim, competente é o Tribunal do Júri da comarca onde se deram os fatos. (0,3)	0 / 0,3 / 0,6 / 0,9 / 1,25
b) Nulidade com base no art. 564, IV, do CPP (0,3) A nomeação de somente um advogado para ambos os réus, feita pelo juízo deprecado, não respeita o princípio da ampla defesa consagrado no art. 5º, LV, da CRFB. (0,3)	0 / 0,3 / 0,6 / 0,9 / 1,25
c) Nulidade pela ausência da apreciação da causa pelo juiz natural do feito (0,3). Fundamentar com base no art. 5º, LIII, da CRFB **OU** art. 413/414 do CPP (0,3).	0 / 0,3 / 0,6 / 0,9 / 1,25

(OAB/Exame Unificado – 2008.2 – 2ª fase) Ivan, Caio e Luiz, reunidos na residência de Caio, em São José – PR, planejaram subtrair, mediante grave ameaça, bens e valores da agência de um banco privado localizado em Piraquara – PR. Para tanto, ainda em São José, adquiriram armas de uso restrito e, na cidade de Curitiba – PR, subtraíram, sem grave ameaça ou violência à pessoa, o automóvel que, posteriormente, foi utilizado durante a ação. Consumado o crime, os agentes foram presos em flagrante, após perseguição policial, no município de Quatro Barras – PR. Considerando a situação hipotética acima apresentada e supondo que todos os municípios mencionados sejam sede de comarca da justiça estadual, responda, com o devido fundamento legal, às perguntas a seguir.

✓ Que crimes cometeram Ivan, Caio e Luiz?

✓ Qual é o juízo competente para julgá-los?

RESOLUÇÃO DA QUESTÃO

Ivan, Caio e Luiz cometeram os seguintes crimes: roubo majorado (art. 157, § 2º, I e II, do Código Penal); posse ou porte ilegal de arma de fogo de uso restrito (art. 16 da Lei 10.826/03); e furto qualificado (art. 155, § 4º, IV, do Código Penal).

Em vista da conexão que existe entre as infrações penais (art. 76 do CPP), é competente para julgá-las o juízo do foro do local onde ocorreu a mais grave, no caso o roubo majorado, conforme preleciona o art. 78, II, do CPP.

O julgamento deve se dar, portanto, na comarca de Piraquara-PR.

2.4. Questões e processos incidentes

(OAB/Exame Unificado – 2007.3 – 2ª fase) Carlos lesionou Messias em uma briga. Os dois foram conduzidos à delegacia de polícia, que os encaminhou ao Juizado Especial Criminal. Frustrada a conciliação, Messias apresentou representação criminal contra Carlos. O representante do Ministério Público fez a proposta de transação penal, que não foi aceita. A ação penal foi iniciada e, ao final, Carlos foi absolvido por ter agido em legítima defesa própria. A decisão transitou em julgado. Passados dois meses, Carlos recebeu um mandado de citação relativo a processo em curso junto ao tribunal do júri, no qual a denúncia narra o mesmo fato, Messias, figurando como vítima e a acusação de tentativa de homicídio. Com base na situação hipotética apresentada, redija um texto dissertativo, especificando:

a) a providência, privativa de advogado, que deve ser adotada nesse processo pelo advogado de Carlos e seu fundamento;

b) os requisitos e a consequência do acolhimento dessa medida.

RESOLUÇÃO DA QUESTÃO

Com o trânsito em julgado de uma decisão, inviável se torna novo processo pelo mesmo fato.

Com efeito, a partir do trânsito da decisão proferida no Juizado Especial Criminal, o fato não pode ser rediscutido, na medida em que esta decisão adquiriu a qualidade de imutável.

Deve o advogado de Carlos, portanto, na resposta a que se refere o art. 406, § 3º, do CPP, apresentar exceção de coisa julgada, que tem como fundamento o princípio do *non bis in idem*.

Em consonância com o disposto no art. 407 do CPP, as exceções serão processadas em apartado, nos termos dos arts. 95 a 112 do CPP.

No mais, a exceção de coisa julgada tem caráter peremptório, isto é, seu escopo é colocar fim ao processo (no caso de procedência, a ação será extinta). Os requisitos da exceção são: decisão anterior com trânsito em julgado; ajuizamento de uma ação penal que diga respeito ao mesmo fato; segunda ação movida em face do mesmo réu.

2.5. Prova

(OAB/Exame Unificado – 2011.1 - 2ª fase) Maria, jovem extremamente possessiva, comparece ao local em que Jorge, seu namorado, exerce o cargo de auxiliar administrativo e abre uma carta lacrada que havia sobre a mesa do rapaz. Ao ler o conteúdo, descobre que Jorge se apropriara de R$ 4.000,00 (quatro mil reais), que recebera da empresa em que trabalhava para efetuar um pagamento, mas utilizara tal quantia para comprar uma joia para uma moça chamada Júlia. Absolutamente transtornada, Maria entrega a correspondência aos patrões de Jorge.

Com base no relatado acima, responda aos itens a seguir, empregando os argumentos jurídicos apropriados e a fundamentação legal pertinente ao caso.

A) Jorge praticou crime? Em caso positivo, qual(is)? (Valor: 0,35)

B) Se o Ministério Público oferecesse denúncia com base exclusivamente na correspondência aberta por Maria, o que você, na qualidade de advogado de Jorge, alegaria? (Valor: 0,9)

RESOLUÇÃO DA QUESTÃO

Jorge, ao apropriar-se de dinheiro que recebera da empresa em que trabalha destinado a saldar pagamento desta, praticou o crime de apropriação indébita majorada em razão do ofício.

O art. 5º, LVI, da CF veda, de forma expressa, a utilização, no processo, das provas obtidas por meios ilícitos.

No âmbito do processo penal, a Lei 11.690/08 previu, também de forma expressa, o fato de ser ilícita a prova obtida em violação a normas constitucionais ou legais (art. 157, *caput*, CPP), reputando inadmissíveis (art. 157, § 1º) aquelas derivadas das ilícitas, salvo quando não evidenciado o nexo de causalidade entre a prova primária e a derivada, ou ainda quando as derivadas puderem ser obtidas por uma fonte independente das primárias.

A prova do crime imputado a Jorge é ilícita, porquanto obtida por intermédio do cometimento do delito de violação de correspondência, previsto no art. 151 do Código Penal. No pode, portanto, ser utilizada no processo, conforme estabelecem os dispositivos *supra*.

Em vista disso, a denúncia calcada exclusivamente nessa prova não tem validade. Verifica-se, portanto, falta de justa causa para o ajuizamento da ação penal.

PENAL

GABARITO COMENTADO – EXAMINADORA

A) Sim. Apropriação indébita qualificada (ou majorada) em razão do ofício, prevista no art. 168, parágrafo 1º, III do CP.

B) Falta de justa causa para a instauração de ação penal, já que a denúncia se encontra lastreada exclusivamente em uma prova ilícita, porquanto decorrente de violação a uma norma de direito material (artigo 151 do CP).

Distribuição dos Pontos

Item	Pontuação
a) Sim. / Apropriação indébita qualificada (ou majorada) em razão do ofício, (0,2) / art. 168, § 1º, III, do CP (0,15).	0 / 0,15 / 0,2 / 0,35
b) Falta de justa causa para a instauração de ação penal, (0,3) / já que a denúncia se encontra lastreada exclusivamente em uma prova ilícita, (0,3) / porquanto decorrente de violação a uma norma de direito material (art. 151 do CP **OU** art. 395, III, do CPP **OU** art. 5º, XII e LVI, da CRFB) (0,3).	0 / 0,3 / 0,6 / 0,9

(OAB/Exame Unificado – 2010.2 – 2ª fase) José da Silva foi preso em flagrante pela polícia militar quando transportava em seu carro grande quantidade de drogas. Levado pelos policiais à delegacia de polícia mais próxima, José telefonou para seu advogado, o qual requereu ao delegado que aguardasse sua chegada para lavrar o flagrante. Enquanto esperavam o advogado, o delegado de polícia conversou informalmente com José, o qual confessou que pertencia a um grupo que se dedicava ao tráfico de drogas e declinou o nome de outras cinco pessoas que participavam desse grupo. Essa conversa foi gravada pelo delegado de polícia.

Após a chegada do advogado à delegacia, a autoridade policial permitiu que José da Silva se entrevistasse particularmente com seu advogado e, só então, procedeu à lavratura do auto de prisão em flagrante, ocasião em que José foi informado de seu direito de permanecer calado e foi formalmente interrogado pela autoridade policial. Durante o interrogatório formal, assistido pelo advogado, José da Silva optou por permanecer calado, afirmando que só se manifestaria em juízo.

Com base na gravação contendo a confissão e delação de José, o Delegado de Polícia, em um único ato, determina que um de seus policiais atue como agente infiltrado e requer, ainda, outras medidas cautelares investigativas para obter provas em face dos demais membros do grupo criminoso: 1. Quebra de sigilo de dados telefônicos, autorizada pelo juiz competente; 2. busca e apreensão, deferida pelo juiz competente, a qual logrou apreender grande quantidade de drogas e armas; 3. prisão preventiva dos cinco comparsas de José da Silva, que estavam de posse das drogas e armas. Todas as provas coligidas na investigação corroboraram as informações fornecidas por José em seu depoimento.

Relatado o inquérito policial, o promotor de justiça denunciou todos os envolvidos por associação para o tráfico de drogas (art. 35, Lei 11.343/2006), tráfico ilícito de entorpecentes (art. 33, Lei 11.343/2006) e quadrilha armada (art. 288, parágrafo único).

Considerando tal narrativa, excluindo eventual pedido de aplicação do instituto da delação premiada, indique quais as teses defensivas, no plano do direito material e processual, que podem ser arguidas a partir do enunciado acima, pela defesa de José. Indique os dispositivos legais aplicáveis aos argumentos apresentados.

RESOLUÇÃO DA QUESTÃO

Cuida-se de interrogatório sub-reptício, conseguido por meio ilícito, porquanto desatendidas as formalidades que devem revestir o ato, a saber: “o preso será informado de seus direitos, entre os quais o de permanecer calado, sendo-lhe assegurada a assistência da família e de advogado”. É o que dispõe o art. 5º, LXIII, da CF. Além disso, por se tratar de ato formal, submete-se às regras do interrogatório judicial, conforme preceitua o art. 6º, V, do CPP.

Não foi isso que se deu.

Pelo contrário. A autoridade policial responsável pela lavratura do auto de prisão em flagrante, ao invés de informar José da Silva acerca de seu direito de permanecer calado, adotou postura diversa, e, aproveitando-se da ausência de seu patrono, logrou obter sua confissão.

Não é só. A autoridade gravou esta confissão, que foi, após, utilizada para desencadear diversas medidas investigativas.

Trata-se, pois, de prova ilícita.

Por conseguinte, as demais provas produzidas a partir desta também devem assim ser consideradas, consoante preconiza o art. 157, § 1º, do CPP. É a chamada prova ilícita por derivação. Dessa forma, as provas gestadas a partir da confissão informal de José da Silva estão, também, comprometidas, salvo se não estivesse *evidenciado* o nexo de causalidade entre umas e outras, ou se as derivadas pudessem ser obtidas por uma fonte independente das primárias.

Reza o art. 53, I, da Lei 11.343/06 que a infiltração por agentes de polícia depende de autorização judicial, ouvido o Ministério Público.

A autoridade policial, portanto, não tem atribuição para determinar esta providência.

Por fim, a acumulação entre as acusações de quadrilha ou bando e associação para o tráfico constitui verdadeiro *bis in idem*, o que é repudiado pelo ordenamento jurídico.

Considerações adicionais:

Vide, a respeito do tema: STF, HC 80.949-RJ, rel. Min. Sepúlveda Pertence, DJ. 14.12.2001 – Informativo 250.

Outra inovação produzida pela Lei 12.403/11 refere-se à imediata ciência, que deve dar a autoridade policial, da prisão em flagrante ao Ministério Público, obrigação até então inexistente. Pela anterior redação do art. 306, *caput*, do CPP, incumbia ao delegado de polícia informar a prisão de qualquer pessoa e local em que se encontrava ao juiz competente e à família do preso ou a pessoa por ele indicada. Doravante, dada a modificação introduzida no *caput* do art. 306 pela Lei 12.403/11, deverá também ser comunicado o Ministério Público. Não nos esqueçamos que, dentro do prazo de 24 horas da prisão, sem prejuízo da comunicação a que fiz menção, deverá ser encaminhado ao juiz o auto de prisão em flagrante e, na hipótese de o autuado não indicar advogado de sua confiança, cópia integral (auto de prisão em flagrante) à Defensoria Pública. É o teor do art. 306, § 1º, do CPP.

GABARITO COMENTADO - EXAMINADORA

1. gravação informal obtida pelo delegado de polícia constitui prova ilícita, já que o preso tem o direito de ser informado dos seus direitos, dentre os quais o de permanecer calado (art. 5º, inc. LXIII, Constituição). O depoimento policial é um ato formal e, segundo o artigo 6º, V, deve observar as regras para a oitiva do acusado na fase judicial, previstas no Capítulo III, Título VII do Código de Processo Penal. Como as demais provas foram obtidas a partir do depoimento que constitui prova ilícita, devem igualmente ser consideradas ilícitas (art. 157, §1º, Código de Processo Penal). (valor 0,3)
2. A infiltração de agente policial, conforme determina o artigo 53, I da Lei 11343/06, só pode ser determinada mediante autorização judicial e oitiva do Ministério Público. (valor 0,3)
3. Não se admite a acumulação das acusações de quadrilha e associação para o tráfico, já que as duas redações típicas compreendem as mesmas ações objetivas (estabilidade na comunhão de ações e desígnios para a prática de crimes). (valor 0,4)

(OAB/Exame Unificado – 2010.2 – 2ª fase) O juiz criminal responsável pelo processamento de determinada ação penal instaurada para a apuração de crime contra o patrimônio, cometido em janeiro de 2010, determinou a realização de importante perícia por apenas um perito oficial, tendo sido a prova pericial fundamental para justificar a condenação do réu.

PENAL

Considerando essa situação hipotética, esclareça, com a devida fundamentação legal, a viabilidade jurídica de se alegar eventual nulidade em favor do réu, em razão de a perícia ter sido realizada por apenas um perito.

RESOLUÇÃO DA QUESTÃO

Não há que se falar em nulidade.

Isso porque a Lei 11.690/08 promoveu diversas alterações no Código de Processo Penal, entre as quais modificou a redação do art. 159 do Código. A redação anterior do dispositivo exigia que a perícia fosse levada a efeito por dois peritos. A Súmula 361 do STF, elaborada à época em que vigia o art. 159 na sua redação original, considerava nulo o exame realizado por um só profissional. Essa Súmula, com a mudança legislativa, perdeu sua razão de ser. A redação atual, por seu turno, permite que a perícia seja feita por um perito oficial – art. 159, *caput*, do CPP.

Dessa forma, em vista da mudança legislativa operada pela Lei 11.690/08, inexiste viabilidade jurídica de se alegar nulidade em favor do réu em razão de a perícia realizar-se por apenas um profissional.

GABARITO COMENTADO - EXAMINADORA

Não há nulidade no caso. Com o advento da Lei nº 11.690/2008, que alterou dispositivos do Código de Processo Penal, o artigo 159 passou a ter a seguinte redação:

"O exame de corpo de delito e outras perícias serão realizados por perito oficial, portador de diploma de curso superior.

§ 1º Na falta de perito oficial, o exame será realizado por duas pessoas idôneas, portadoras de diploma de curso superior preferencialmente na área específica, dentre as que tiverem habilitação técnica relacionada com a natureza do exame."

A inovação legislativa dispensou a antiga exigência de dois peritos no mínimo para a produção do laudo pericial, pois, com a alteração na redação do art. 159, *caput*, basta agora que a perícia seja realizada por "perito oficial". Tendo sido a expressão empregada no singular, resta clara a intenção do legislador de se contentar, de agora em diante, com a perícia realizada por apenas um perito. Nesse contexto, passa a ser regra o que era exceção.

(OAB/Exame Unificado – 2008.3 – 2ª fase) Túlio, sabendo que Romero praticava habitualmente crimes contra crianças e adolescentes, adentrou o local de trabalho dele e dali subtraiu diversas fotografias nas quais eram retratadas crianças nuas e mantendo relações sexuais. De posse do material incriminador, Túlio passou a exigir dinheiro de Romero, sob a ameaça de entregar as fotografias à polícia. Recusada a exigência, as fotos foram efetivamente encaminhadas à autoridade policial, tendo o Ministério Público denunciado Romero, com base, exclusivamente, nessas provas. Em face dessa situação hipotética, responda, de forma fundamentada, aos seguintes questionamentos: É válida a denúncia? Houve violação dos direitos humanos fundamentais de Romero? Se houve, de que direitos? Romero poderá ser condenado? Caso a resposta seja afirmativa, por qual crime?

RESOLUÇÃO DA QUESTÃO

O art. 5º, LVI, da CF veda, de forma expressa, a utilização, no processo, das provas obtidas por meios ilícitos.

No âmbito do processo penal, a Lei 11.690/08 previu, também de forma expressa, o fato de ser ilícita a prova obtida em violação a normas constitucionais ou legais (art. 157, *caput*,

CPP), reputando inadmissíveis (art. 157, § 1º) aquelas derivadas das ilícitas, salvo quando não evidenciado o nexo de causalidade entre umas e outras, ou quando as derivadas puderem ser obtidas por uma fonte independente das primeiras.

As provas entregues por Túlio à autoridade policial são ilícitas, porquanto obtidas por intermédio do cometimento do crime de furto, com violação, pois, de direitos fundamentais (inviolabilidade domiciliar e devido processo legal). Não podem, portanto, ser utilizadas no processo, conforme estabelecem os dispositivos *supra*.

Em vista disso, a denúncia calcada nessas provas não tem validade. Pela mesma razão, Romero não poderá ser condenado com base nas provas entregues por Túlio ao delegado de polícia.

De outro lado, Túlio, ao exigir dinheiro de Romero, cometeu crime de extorsão, capitulado no art. 158 do Código Penal.

(OAB/Exame Unificado – 2008.1 – 2ª fase) José é acusado da prática de pedofilia. Na denúncia, o Ministério Público arrolou, entre as testemunhas, Júlia, mãe de uma das vítimas. Há notícia nos autos de que algumas mães recebiam dinheiro ou drogas para permitir que as vítimas se encontrassem com o acusado. Durante a oitiva de Júlia, testemunha compromissada, o promotor de justiça fez perguntas acerca de seu possível conhecimento e consentimento em relação aos fatos narrados na denúncia. Considerando a situação hipotética apresentada, responda, de forma fundamentada, se Júlia é obrigada a responder às perguntas formuladas pela acusação, abordando, necessariamente, o fato de ela ser testemunha compromissada.

RESOLUÇÃO DA QUESTÃO

Se contra Júlia pesam suspeitas de participação nos crimes perpetrados por José, compromissada ou não como testemunha, ela tem direito ao silêncio, não sendo, por isso, obrigada a responder às perguntas formuladas, uma vez que, com seu depoimento, há a possibilidade de produzir prova contra ela própria (*nemo tenetur se detegere*) – art. 5º, LXIII, da CF.

(OAB/Exame Unificado – 2007.1 – 2ª fase) Nos crimes de falsidade documental, a comprovação da materialidade pelo exame de corpo de delito é indispensável à propositura da ação penal? Fundamente sua resposta abordando o conceito de justa causa e o princípio da verdade real.

RESOLUÇÃO DA QUESTÃO

Nos crimes de falsidade documental, a comprovação da materialidade pelo exame de corpo de delito é indispensável ao julgamento.

Disso nenhuma dúvida deve restar.

Quanto à necessidade de comprovação da materialidade pelo exame de corpo de delito já no ato da propositura da ação, têm a doutrina e a jurisprudência entendido ser tal demonstração dispensável neste momento, podendo a materialidade, desse modo, ser aferida por outros meios idôneos.

Com efeito, se levarmos em conta que o processo penal é informado pelo princípio da verdade real, devendo o juiz, por conta disso, buscar provas, não se limitando ao que lhe é trazido pelas partes, nada obsta que, ao receber a peça acusatória, determine a realização de perícia, com vistas a formar a sua convicção.

De outro lado, como tem exigido a jurisprudência, é necessário que o juiz, ao receber a peça acusatória desacompanhada do exame de corpo de delito, exija a comprovação da materialidade do crime por outros meios idôneos, pois, se assim não for, a ação será rejeitada por falta de justa causa, conforme preleciona o art. 395, III, do CPP.

Comentários adicionais:

Confira, abaixo, alguns acórdãos:

HABEAS CORPUS. PROCESSUAL PENAL. OPERAÇÃO CANAÃ. CRIMES DE FALSIDADE DOCUMENTAL E IDEOLÓGICA. AUSÊNCIA DE JUSTA CAUSA PARA O RECEBIMENTO DA DENÚNCIA E PARA A DECRETAÇÃO DA PRISÃO PREVENTIVA. AFERIÇÃO, PELO MAGISTRADO, DA AUTORIA E DA MATERIALIDADE DOS DELITOS COM AMPARO EM OUTROS MEIOS IDÔNEOS DE PROVA. CONSTRANGIMENTO ILEGAL INEXISTENTE. PRECEDENTES. 1. Nos crimes de falsidade documental a comprovação da materialidade pelo exame de corpo de delito é dispensável à propositura da ação penal, podendo ser a materialidade do crime ser aferida por outros meios idôneos. 2. Nesse contexto, a justa causa da ação penal teria, segundo a instância ordinária, restado demonstrada nos relatórios policiais e nos autos de apreensão e transcrição de interceptações telefônicas. 3. Precedentes do Superior Tribunal de Justiça. 4. Ordem denegada. (HC 200601073725, LAURITA VAZ, STJ - QUINTA TURMA, 18/12/2006).

Penal. Processual Penal. Recurso especial. Crime falsificação de documento. Prova da materialidade. Exame de corpo delito. Reexame de provas. Súmula nº 07/STJ. - Em sede de crime de falsidade documental a comprovação da materialidade pelo exame de corpo de delito não é indispensável à propositura da ação penal, podendo ser produzida a prova no curso do sumário e materialidade do crime ser aferida por outros meios idôneos. - O Superior Tribunal de Justiça, com os olhos postos na sua competência constitucional de intérprete maior da lei federal (CF, art. 105, III), consolidou o entendimento de que o recurso especial é inadmissível quando o tema nele enfocado consubstancia mero reexame de provas para o deslinde de questão de fato controvertido (Súmula nº 07). - Recursos especiais não conhecidos. (RESP 199800852778, VICENTE LEAL, STJ - SEXTA TURMA, 30/10/2000).

PENAL. PROCESSUAL PENAL. "*HABEAS CORPUS*". AÇÃO PENAL. TRANCAMENTO DE AÇÃO PENAL. DENÚNCIA. INÉPCIA. NÃO CONFIGURAÇÃO. DESCRIÇÃO EM TESE DE CRIME. FALSIFICAÇÃO DE DOCUMENTO. PROVA DA MATERIALIDADE. EXAME DE CORPO DELITO. - O trancamento de ação penal por falta de justa causa, postulada na via estreita do "habeas corpus", somente se viabiliza quando, pela mera exposição dos fatos na denúncia, se constata que há imputação de fato penalmente atípico ou que inexiste qualquer elemento indiciário demonstrativo da autoria do delito pelo paciente. - Não é inepta a denúncia que descreve fatos que, em tese, apresentam a feição de crime e oferece condições plenas para o exercício de defesa. - Em sede de crime de falsidade documental a comprovação da materialidade pelo exame de corpo de delito não é indispensável à propositura da ação penal, podendo ser produzida a prova durante seu curso normal. - Recurso ordinário desprovido. (RHC 199800369120, VICENTE LEAL, STJ - SEXTA TURMA, 26/10/1998).

2.6. Prisão

(OAB/Exame Unificado – 2011.3 – 2ª fase) Caio, Mévio, Tício e José, após se conhecerem em um evento esportivo de sua cidade, resolveram praticar um estelionato em detrimento de um senhor idoso. Logrando êxito em sua empreitada criminosa, os quatro dividiram os lucros e continuaram a vida normal. Ao longo da investigação policial, apurou-se a autoria do delito por meio dos depoimentos de diversas testemunhas que presenciaram a fraude. Em decorrência de tal informação, o promotor de justiça denunciou Caio, Mévio, Tício e José, alegando se tratar de uma quadrilha de estelionatários, tendo requerido a decretação da prisão temporária dos denunciados. Recebida a denúncia, a prisão temporária foi deferida pelo juízo competente.

Com base no relatado acima, responda aos itens a seguir, empregando os argumentos jurídicos apropriados e a fundamentação legal pertinente ao caso.

a) Qual(is) o(s) meio(s) de se impugnar tal decisão e a quem deverá(ão) ser endereçado(s)? (Valor: 0,6)

b) Quais fundamentos deverão ser alegados? (Valor: 0,65)

RESOLUÇÃO DA QUESTÃO

Sendo ilegal a prisão temporária decretada em desfavor dos denunciados, o meio adequado de impugnação é o *pedido de relaxamento da custódia*, que deverá ser dirigido ao juiz de direito estadual que proferiu a decisão.

Poderia, ainda, em vez do pedido de relaxamento, ser impetrado *habeas corpus*, sendo competente, para o seu julgamento, o Tribunal de Justiça estadual.

O decreto de prisão é, por várias razões, ilegal.

Em primeiro lugar, a custódia temporária, a teor do art. 1º, III, *l*, da Lei 7.960/89, somente poderia ser decretada se houvesse fundadas razões de autoria ou participação dos denunciados no crime de *quadrilha ou bando* (art. 288, CP).

Não é o caso.

Com efeito, não há que se cogitar, neste caso, da prática do crime do art. 288 do CP, porquanto os denunciados reuniram-se com o propósito de tão somente cometer um único delito de estelionato. Quer-se com isso dizer que o concurso de mais de três pessoas desprovido do propósito de praticar número indeterminado de crimes não configura o delito de *quadrilha ou bando*. A prisão, por conta disso, é ilegal na medida em que a prática do crime de estelionato não pode ensejar a decretação da custódia temporária, pois se trata de infração penal não contemplada no rol do art. 1º, III, da Lei 7.960/89.

Além disso, ainda que se reconhecesse a prática do crime de quadrilha ou bando, delito contemplado no rol do art. 1º, III, da Lei 7.960/89, a prisão temporária, mesmo assim, seria ilegal, dado que esta modalidade de custódia processual somente tem lugar, em obediência ao disposto no art. 1º, I, da Lei 7.960/89, se imprescindível às investigações do inquérito policial. Na hipótese narrada, a prisão foi decretada após o recebimento da denúncia, depois, portanto, de concluídas as investigações.

GABARITO COMENTADO - EXAMINADORA

A) Relaxamento de prisão, endereçado ao juiz de direito estadual.

OU

Habeas corpus, endereçado ao Tribunal de Justiça estadual.

B) Ilegalidade da prisão, pois não há formação de quadrilha quando a reunião se dá para a prática de apenas um delito. Não há que se falar em formação de quadrilha, subsistindo apenas o delito único de estelionato. Nesse sentido, não se poderia decretar a prisão temporária, pois tal crime não está previsto no rol taxativo indicado no artigo 1º, III, da Lei 7.960/89. Ademais, a prisão temporária é medida exclusiva do inquérito policial, não podendo, em hipótese alguma, ser decretada quando já instaurada a ação penal.

Distribuição dos Pontos

Item	Pontuação
a) Relaxamento da prisão (0,3), endereçado ao juiz de direito estadual (0,3) OU *habeas corpus* (0,3), endereçado ao Tribunal de Justiça estadual (0,3).	0 / 0,3 / 0,6
b1) Ilegalidade da prisão, pois não há formação de quadrilha quando a reunião se deu para a prática de apenas um delito. (0,25) Não se poderia decretar a prisão temporária, pois estelionato não está previsto no artigo 1º, III, da Lei 7.960/89. (0,2)	0 / 0,2 / 0,25 / 0,45
b2) A prisão temporária é medida exclusiva do inquérito policial. (0,2)	0 / 0,2

(OAB/Exame Unificado – 2010.3 – 2ª fase) Jeremias é preso em flagrante pelo crime de latrocínio, praticado contra uma idosa que acabara de sacar o valor relativo à sua aposentadoria dentro de uma agência da Caixa Econômica Federal e presenciado por duas funcionárias da referida instituição, as quais prestaram depoimento em sede policial e confirmaram a prática do delito. Ao oferecer denúncia perante o Tribunal do Júri da Justiça Federal da localidade, o Ministério Público Federal requereu a decretação da prisão preventiva de Jeremias para a garantia da ordem pública, por ser o crime gravíssimo

PENAL

e por conveniência da instrução criminal, uma vez que as testemunhas seriam mulheres e poderiam se sentir amedrontadas caso o réu fosse posto em liberdade antes da colheita de seus depoimentos judiciais. Ao receber a inicial, o magistrado decretou a prisão preventiva de Jeremias, utilizando-se dos argumentos apontados pelo *Parquet*.

Com base no caso acima, empregando os argumentos jurídicos apropriados e a fundamentação legal pertinente ao caso, indique os argumentos defensivos para atacar a decisão judicial que recebeu a denúncia e decretou a prisão preventiva.

RESOLUÇÃO DA QUESTÃO

O crime de latrocínio não é doloso contra a vida, já que não está inserido no Capítulo I do Título I da Parte Especial do CP. Somente o homicídio doloso, a participação em suicídio, o infanticídio e o aborto, exceção feita ao homicídio culposo (art. 121, § 3º, CP), são julgados pelo Tribunal Popular.

Trata-se de crime patrimonial (art. 157, § 3º, segunda parte, do CP). Assim sendo, a competência para o seu processamento e julgamento é da Justiça comum estadual, visto que não há, neste caso, ofensa a bens, serviços ou interesses da União ou de suas entidades autárquicas a justificar a competência da Justiça Federal.

De outro lado, é pacífico, tanto na doutrina quanto na jurisprudência, que o decreto de prisão preventiva calcado na gravidade abstrata do crime é ilegal. Não se deve perder de vista que a custódia preventiva, em vista da reforma a que foi submetida a *prisão*, somente terá lugar, dado o seu caráter subsidiário, se outras medidas cautelares diversas da prisão não forem cabíveis (art. 282, § 6º, CPP). Além disso, a prisão cautelar, em qualquer de suas modalidades, por constituir medida invasiva, visto que subtrai do indivíduo sua liberdade antes do decreto condenatório definitivo, somente deve ser utilizada quando absolutamente necessária ao processo. Neste caso, o decreto de prisão processual baseou-se na gravidade abstrata do delito imputado ao réu e em meras conjecturas de que as testemunhas – mulheres – poderiam se sentir amedrontadas se acaso o réu permanecesse em liberdade. Nenhuma prova disso foi acostada aos autos. Registre-se, por fim, que a comunidade jurídica rechaça a prisão decretada ao argumento de que o crime é revestido de gravidade, ainda que o delito seja hediondo ou mesmo a ele equiparado. É necessário, para a decretação da custódia cautelar, ir além. É preciso demonstrar a sua necessidade, na forma estatuída no art. 312 do CPP.

Na hipótese de impugnação da decisão que recebeu a denúncia e decretou a prisão preventiva, a competência para apreciação da medida será do Tribunal Regional Federal.

GABARITO COMENTADO – EXAMINADORA

A) Não, pois a competência para processamento e julgamento é de uma vara comum da justiça estadual, por se tratar de crime patrimonial e que não ofende bens, serviços ou interesses da União ou de suas entidades autárquicas.

B) Não, pois a jurisprudência é pacífica no sentido de que considerações genéricas e presunções de que em liberdade as testemunhas possam sentir-se amedrontadas não são argumentos válidos para a decretação da prisão antes do trânsito em julgado de decisão condenatória, pois tal providência possui natureza estritamente cautelar, de modo que somente poderá ser determinada quando calcada em elementos concretos que demonstrem a existência de risco efetivo à eficácia da prestação jurisdicional.

C) Tribunal Regional Federal, pois a autoridade coatora é juiz de direito federal.

Distribuição dos Pontos

Item	Pontuação
Incompetência da Justiça Federal para julgar o caso (0,15), por não se enquadrar nas hipóteses do art. 109 da CRFB (0,15).	0 / 0,15 / 0,3
Incompetência do Tribunal do Júri (0,15), considerando que o crime de latrocínio tem natureza patrimonial (0,15).	0 / 0,15 / 0,3
Ilegalidade na decretação da prisão preventiva (0,2), com base na impossibilidade de fundamentar a prisão na gravidade abstrata do crime OU na presunção de que as vítimas se sentiriam amedrontadas (0,2).	0 / 0,2 / 0,4

(OAB/Exame Unificado – 2008.1 – 2ª fase) Asplênio, funcionário público federal, no horário de expediente, solicitou a Tarso a quantia de R$ 2.000,00, em espécie, como condição para extraviar autos de processo criminal. Nesse momento, Asplênio foi preso em flagrante, antes de extraviar o processo que se encontrava na seção onde está lotado. Sabe-se, ainda, que Asplênio é primário e tem bons antecedentes. Com base na situação hipotética apresentada, responda, de forma fundamentada, às perguntas a seguir.

- ✓ Asplênio cometeu crime afiançável?
- ✓ Que pedido, privativo de advogado, deve ser formulado para Asplênio ser solto?

RESOLUÇÃO DA QUESTÃO

Asplênio, ao solicitar de Tarso a importância de R$ 2.000,00 como condição para extraviar autos de processo criminal, cometeu o crime capitulado no art. 317 do Código Penal – corrupção passiva (na forma consumada), cuja pena cominada é de 2 a 12 anos de reclusão e multa.

O delito praticado por Asplênio, em vista do que dispõe o art. 323 do CPP, é afiançável, devendo seu patrono, dessa forma, formular pedido de liberdade provisória.

Comentários adicionais:

Com a modificação a que foi submetido o art. 323 do CPP, operada pela Lei 12.403/11, somente são inafiançáveis os crimes ali listados (racismo, tortura, tráfico de drogas, terrorismo, crimes hediondos e os delitos praticados por grupos armados, civis ou militares, contra a ordem constitucional e o Estado Democrático) e também aqueles contidos em leis especiais, tais como o art. 31 da Lei 7.492/86 (Sistema Financeiro); o art. 7º da Lei 9.034/05 (Crime Organizado), dentre outros.

(OAB/Exame Unificado – 2006.3 – 2ª fase) A prática de crime hediondo, por si só, basta para que seja determinada a segregação cautelar? Fundamente sua resposta abordando o princípio da presunção de inocência e os requisitos da prisão preventiva à luz da jurisprudência do Superior Tribunal de Justiça.

RESOLUÇÃO DA QUESTÃO

O cometimento de crime hediondo, por si só, não é motivo bastante a justificar a decretação da segregação cautelar. Esse é o posicionamento pacífico firmado pelo Supremo Tribunal Federal e pelo Superior Tribunal de Justiça.

Com efeito, hodiernamente a prisão cautelar somente se justifica no ordenamento jurídico quando necessária ao processo. A prisão provisória, em qualquer de suas modalidades, não poderá decorrer de automatismo legal, sem que haja demonstração de necessidade na decretação da custódia. Porque, se assim não for, a prisão provisória acaba por antecipar a análise da culpabilidade do réu, violando, de forma inevitável, o princípio da presunção de inocência – art. 5º, LVII, da CF.

PENAL

A prisão decretada ao argumento de que o réu praticou crime hediondo, sem se ater aos requisitos contidos no art. 312 do CPP, está, portanto, em desacordo com o ordenamento jurídico, porquanto lastreada na gravidade abstrata do delito. Há de ficar demonstrada, em qualquer caso, a necessidade na decretação da custódia.

Importante salientar que, tendo em conta as mudanças implementadas pela recente Lei 12.403/11, que instituiu as medidas cautelares alternativas à *prisão provisória*, esta, além de absolutamente necessária, somente terá lugar diante da impossibilidade de se recorrer àquelas. Dessa forma, a custódia provisória, como medida excepcional, deve também ser vista como instrumento subsidiário, supletivo.

Frise-se, ademais, que a Lei 8.072/90, em seu art. 2º, II, permite que aos autores de crimes hediondos e equiparados seja concedida liberdade provisória.

Comentários adicionais:

É por essa razão que o Pleno do Supremo Tribunal Federal, em controle difuso de constitucionalidade, ao julgar o *habeas corpus* 104.339-SP, da relatoria do ministro Gilmar Mendes, considerou inconstitucional o dispositivo da Lei de Drogas (art. 44 da Lei 11.343/06) que proíbe a concessão de liberdade provisória.

Confira, sobre o tema, os seguintes julgados:

EMENTA: I - Prisão preventiva: revelia do acusado citado por edital não basta a fundamentá-la: inteligência da nova redação do art. 366 C.Pr.Penal. II - Fundamentação das decisões judiciais: sendo causa de nulidade de decisão de primeiro grau, não a podem suprir nem as informações nem o acórdão das instâncias superiores ao negar o *habeas corpus* ou desprover recurso: precedentes. III - Prisão preventiva: ser o crime legalmente classificado de hediondo não é razão bastante para decretá-la: precedentes.

(STF, HC 79392, Relator(a): Min. SEPÚLVEDA PERTENCE, Primeira Turma, julgado em 31/08/1999, DJ 22-10-1999 PP-00058 EMENT VOL-01968-02 PP-00333)

PROCESSUAL PENAL. *HABEAS CORPUS*. HOMICÍDIO QUALIFICADO. PRISÃO PREVENTIVA DECRETADA COM BASE NA ORDEM PÚBLICA. COMOÇÃO SOCIAL DIANTE DA GRAVIDADE DO DELITO. FUNDAMENTO INIDÔNEO. ORDEM CONCEDIDA. 1. A ameaça à ordem pública, como pressuposto que autoriza a prisão preventiva (CPP, art. 312), deve estar demonstrada de forma consistente no decreto prisional, não servindo como fundamento a simples menção à gravidade do delito imputado na denúncia, mesmo que hediondo, e à comoção social causada na comunidade, circunstâncias que não se mostram suficientes, por si só, para a decretação da referida medida restritiva de liberdade antecipada, que deve reger-se sempre pela efetiva necessidade no caso concreto. 2. Ordem concedida para desconstituir a prisão preventiva mantida pelo Tribunal a quo, sem prejuízo de que seja novamente decretada, caso fique demonstrada concretamente a necessidade da referida medida. (STJ, HC 39.443-BA, QUINTA TURMA, Relator Min. ARNALDO ESTEVES LIMA, 12.09.2005)

EMENTA: *HABEAS CORPUS*. PENAL E PROCESSUAL PENAL. HOMICÍDIO QUALIFICADO. INSTRUÇÃO CRIMINAL. EXCESSO DE PRAZO. SUPRESSÃO DE INSTÂNCIA. PRISÃO PREVENTIVA. AUSÊNCIA DE FUNDAMENTAÇÃO. 1. Homicídio qualificado. Excesso de prazo da instrução criminal. Matéria não submetida a exame do Tribunal de origem. Supressão de instância. Não conhecimento. 2. Prisão preventiva. Ausência de fundamentação. Impossibilidade de suprimento pelas instâncias posteriores. A Lei n. 11.464/07 deu nova redação ao art. 2º da Lei n. 8.072/90, suprimindo a vedação à liberdade provisória nos crimes hediondos. *Habeas corpus* conhecido em parte e, nessa extensão, deferido.

(HC 93427, embranco, STF)

EMENTA *Habeas corpus*. Processual penal. Paciente pronunciado pelo crime de homicídio qualificado. Ausência dos requisitos da prisão preventiva decretada na pronúncia. Constrangimento ilegal caracterizado. Maus antecedentes não podem servir como fundamento para punição antecipada. Aplicação do princípio da não culpabilidade. *Habeas corpus* concedido. 1. Não se aplica, na espécie, a regra prevista no art. 2º, inc. II, da Lei nº 8.072/90, que proíbe a concessão de liberdade provisória aos crimes hediondos, por tratar-se de réu que respondeu ao processo , em liberdade e assim permaneceu até a sentença de pronúncia. 2. A decretação de prisão cautelar por ocasião da pronúncia não dispensa a presença de fundamentos objetivos, esbarrando na jurisprudência da Suprema Corte menção genérica aos requisitos da prisão cautelar, não prevalecendo para tanto o envolvimento do réu em outras ocorrências policiais. 3. *Habeas corpus* concedido. (HC 83865, embranco, STF).

HABEAS CORPUS. TRÁFICO DE ENTORPECENTES. CRIME HEDIONDO. LIBERDADE PROVISÓRIA. LEI Nº 8.072/1990. REQUISITOS DA PRISÃO PREVENTIVA. AUSÊNCIA. ORDEM CONCEDIDA. 1. Tratando-se de medida que mantenha a custódia cautelar, é necessário, para sua eficácia, que a motivação do ato esteja baseada em fatos que efetivamente justifiquem a sua excepcionalidade, a fim de que sejam atendidos os termos do artigo 312 do CPP. 2. O entendimento majoritário desta Corte é de que o simples fato de se tratar de crime hediondo não impede, por si só, a concessão da liberdade provisória, só se mostrando válido o provimento que esteja devidamente fundamentado, nos termos do artigo 93, IX, da Constituição Federal. 3. No caso, após o deferimento da liminar por esta Corte que determinou nova apreciação do pedido de liberdade provisória, afastado o óbice da Lei nº 8.072/1990, a magistrada de primeiro grau concedeu o benefício por não encontrar outros elementos a indicar a necessidade da custódia. 4. *Habeas corpus* concedido para que, confirmando a liminar deferida, seja mantida a liberdade provisória do paciente, sem prejuízo da decretação de nova prisão, caso demonstrada a sua necessidade. (HC 200500502196, PAULO GALLOTTI, STJ - SEXTA TURMA, 03/08/2009).

HABEAS CORPUS. HOMICÍDIO QUALIFICADO. PRISÃO EM FLAGRANTE. PEDIDO DE LIBERDADE PROVISÓRIA INDEFERIDO EM RAZÃO DA GRAVIDADE GENÉRICA DO DELITO. ORDEM CONCEDIDA. 1 - A prisão cautelar, assim entendida aquela que antecede a condenação transitada em julgado, só pode ser imposta se e*vide*nciada, com explícita fundamentação, a necessidade da rigorosa providência. 2 - Mantida a custódia provisória tão somente em razão da gravidade genérica da infração, revela-se e*vide*nciado o constrangimento ilegal. 3 - *Habeas corpus* concedido para assegurar ao paciente a liberdade provisória, mediante assinatura de termo de comparecimento aos atos do processo, sob pena de revogação. (HC 200702732276, HAMILTON CARVALHIDO, STJ - SEXTA TURMA, 22/06/2009).

RECURSO ORDINÁRIO EM *HABEAS CORPUS*. TENTATIVA DE HOMICÍDIO. PEDIDO DE LIBERDADE PROVISÓRIA INDEFERIDO. CRIME HEDIONDO. RECURSO PROVIDO. 1 - Há constrangimento ilegal se o magistrado negou o benefício da liberdade provisória tão somente ao fundamento de haver vedação para a sua concessão em se tratando de prisão pela prática de crime hediondo, entendimento contrário à compreensão atual do Superior Tribunal de Justiça sobre o tema. 2 - Recurso provido. (RHC 200600760710, PAULO GALLOTTI, STJ - SEXTA TURMA, 08/06/2009).

2.7. Processos e procedimentos; sentença, preclusão e coisa julgada

(OAB/Exame Unificado – 2012.2 – 2ª fase) João e José foram denunciados pela prática da conduta descrita no art. 316 do CP (concussão). Durante a instrução, percebeu-se que os fatos narrados na denúncia não corresponderiam àquilo que efetivamente teria ocorrido, razão pela qual, ao cabo da instrução criminal e após a respectiva apresentação de memoriais pelas partes, apurou-se que a conduta típica adequada seria aquela descrita no art. 317 do CP (corrupção passiva). O magistrado, então, fez remessa dos autos ao Ministério Público para fins de aditamento da denúncia, com a nova capitulação dos fatos. Nesse sentido, atento(a) ao caso narrado e considerando apenas as informações contidas no texto, responda fundamentadamente, aos itens a seguir.

a) Estamos diante de hipótese de *mutatio libelli* ou de *emendatio libelli*? Qual dispositivo legal deve ser aplicado? (Valor: 0,50)

b) Por que o próprio juiz, na sentença, não poderia dar a nova capitulação e, com base nela, condenar os réus? (Valor: 0,50)

c) É possível que o Tribunal de Justiça de determinado estado da federação, ao analisar recurso de apelação, proceda à *mutatio libelli*? (Valor: 0,25)

RESOLUÇÃO DA QUESTÃO

Para garantir pontuação à questão, o examinando deverá, no item "A", responder, nos termos do questionado, que a hipótese tratada é de *mutatio libelli*, instituto descrito no art. 384 do CPP.

Não serão admitidas respostas que tragam *emendatio libelli*, tendo em vista que o enunciado da questão é claro ao dispor que "*os fatos narrados na denúncia não corresponderiam àquilo que efetivamente teria ocorrido*". Tal expressão, por si só, ainda afastaria a incidência do disposto no art. 383, do CPP, uma vez que aquele dispositivo legal traz explicitamente restrição à sua utilização para hipóteses em que não ocorra modificação na "*descrição do fato contida na denúncia ou queixa*".

PENAL

Quanto ao item “B”, para garantir a pontuação pertinente, o examinando deverá responder que o juiz não poderia, na sentença, dar nova capitulação (e com base nela condenar os réus) porque deve obediência aos princípios da imparcialidade e inércia da jurisdição.

De maneira alternativa e com o fim de privilegiar a demonstração de conhecimento jurídico, será admitida resposta no sentido de que tal conduta, por parte do magistrado, feriria o sistema/ princípio acusatório ou, ainda, no sentido de que tal conduta feriria o princípio da correlação/ congruência entre acusação e sentença.

Ressalte-se que no tocante ao item “B” a questão solicita análise acerca da conduta do magistrado que, na sentença, daria nova capitulação aos fatos em decorrência de elemento ou circunstância da infração penal não contida na acusação.

Nesse sentido, cabe destacar que à luz do sistema acusatório adotado pela Constituição da República Federativa do Brasil, o julgador deve ser imparcial e, por isso, suas decisões devem estar balizadas pelo contexto fático descrito na peça acusatória (princípio da correlação entre acusação e sentença).

Assim, caso o magistrado viesse a condenar os réus com fundamento em fatos não narrados na denúncia – tal como descrito no enunciado -não só estaria substituindo-se ao acusador (a quem pertence a atribuição de determinar quais fatos serão imputados aos acusados), mas também estaria violando as garantias do contraditório e ampla defesa dos réus, uma vez que lhes teria subtraído a possibilidade de debater as eventuais provas de tais fatos.

Por fim, para garantir a pontuação relativa ao item “C”, o examinando deverá responder que NÃO é possível que o Tribunal de Justiça, ao analisar o recurso de apelação, proceda à *mutatio libelli* pois, nos termos do verbete 453 da Súmula do STF, *verbis*: “*não se aplicam à segunda instância o art. 384 (...)*.”.

Tal conclusão, no item “C”, decorre do reconhecimento de que, advindo inovação no contexto fático que envolve a conduta imputada ao réu no curso da instrução, não pode haver julgamento com base nesse novo contexto fático antes que as partes possam exercer o contraditório em sua plenitude.

Nessa esteira, cabe destacar que a sede própria do contraditório acerca dos fatos e das provas é o primeiro grau de jurisdição, sob pena de supressão de instância. Tomadas essas duas premissas, alcança-se a conclusão de que eventual modificação da definição jurídica do fato decorrente de elemento ou circunstância da infração penal não contida na acusação não pode ser realizada diretamente pelo segundo grau de jurisdição.

Distribuição dos Pontos:

Quesito Avaliado	Valores
A) A hipótese é de mutatio libelli (0,35), instituto descrito no art. 384 do CPP (0,15).	0,00/0,15/0,35/0,50
B) Porque deve obediência aos princípios da imparcialidade e inércia da jurisdição OU Porque tal conduta feriria o sistema/princípio acusatório. OU Porque tal conduta feriria o princípio da correlação/congruência entre acusação e sentença.	0,00/0,50
C) Não, nos termos do verbete 453 da Súmula do STF (0,25). OU Não, pois nesse caso haveria supressão de instância.	0,00/0,25

(OAB/Exame Unificado – 2010.2 – 2ª fase) Júlio foi denunciado pela prática do delito de furto cometido em fevereiro de 2010. Encerrada a instrução probatória, constatou-se, pelas provas testemunhais produzidas pela acusação, que Júlio praticara roubo, dado o emprego de grave ameaça contra a vítima.

Em face dessa situação hipotética, responda, de forma fundamentada, às seguintes indagações.

✓ Dada a nova definição jurídica do fato, que procedimento deve ser adotado pela autoridade judicial, sem que se fira o princípio da ampla defesa?

✓ O princípio da correlação é aplicável ao caso concreto?

✓ Caso Júlio tivesse cometido crime de ação penal exclusivamente privada, dada a nova definição jurídica do fato narrado na queixa após o fim da instrução probatória, seria aplicável o instituto da *mutatio libelli*?

RESOLUÇÃO DA QUESTÃO

Dado que o magistrado entendeu cabível nova definição jurídica do fato em consequência de provas produzidas pela acusação no curso da instrução, é de rigor, em vista da nova sistemática implementada pela Lei 11.719/08, que modificou a redação do art. 384 do CPP, o aditamento da denúncia pelo Ministério Público.

Calcado no art. 384 do CPP, deverá, pois, o juiz, uma vez encerrada a instrução, dar vista ao Ministério Público para que este promova o aditamento da denúncia, ainda que isso implique a aplicação de pena igual ou menos grave, seguindo-se, a partir daí, o procedimento estabelecido no dispositivo.

Consiste o princípio da correlação na indispensável correspondência que deve existir entre o fato articulado na peça acusatória e aquele pelo qual o réu é condenado. O acusado, no processo penal, defende-se dos fatos a ele imputados, e não da capitulação que é atribuída ao crime na peça acusatória - denúncia ou queixa. Pouco importa, pois, a classificação operada pelo titular da ação penal na exordial.

Assim, este postulado tem, sim, incidência a este caso concreto, tendo em conta que o aditamento pelo Ministério Público se fez necessário na medida em que o fato atribuído ao réu, na denúncia, não corresponderia, com exatidão, àquele que seria reconhecido pelo juiz na sentença. Isto é: os fatos dos quais Júlio se defendeu não seriam aqueles reconhecidos pelo magistrado quando da prolação da sentença, não fosse, claro, a providência estabelecida no art. 384 do CPP (*mutatio libelli*).

Objetiva-se, dessa forma, assegurar a inviolabilidade dos princípios do contraditório e ampla defesa.

No mais, o art. 384 do CPP (*mutatio libelli*) não tem aplicação na ação penal privada exclusiva, que é regida pelo princípio da oportunidade. Este dispositivo somente tem incidência na ação penal pública e ação penal privada subsidiária.

Comentários adicionais:

Com o advento da Lei 11.719/08, que modificou, entre outros, o art. 384 do CPP, se o magistrado entender cabível nova definição jurídica do fato decorrente de prova existente nos autos de elemento ou circunstância da infração penal não contida na acusação, o aditamento pelo Ministério Público passa a ser obrigatório, ainda que a nova capitulação jurídica implique aplicação de pena igual ou menos grave.

No panorama anterior, a participação do Ministério Público não era necessária, ou seja, bastava que os autos do processo baixassem para manifestação da defesa e oitiva de testemunhas.

PENAL

GABARITO COMENTADO - EXAMINADORA

A primeira indagação deve ser respondida com base no art. 384 do CPP, que assim dispõe: “Encerrada a instrução probatória, se entender cabível nova definição jurídica do fato, em consequência de prova existente nos autos de elemento ou circunstância da infração penal não contida na acusação, o Ministério Público deverá aditar a denúncia ou queixa, no prazo de 5 (cinco) dias, se em virtude desta houver sido instaurado o processo em crime de ação pública, reduzindo-se a termo o aditamento, quando feito oralmente.

(...)

§ 4º Havendo aditamento, cada parte poderá arrolar até 3 (três) testemunhas, no prazo de 5 (cinco) dias, ficando o juiz, na sentença, adstrito aos termos do aditamento.”(Redação dada pela Lei nº 11.719, de 2008)

Dessa forma, deverá o juiz dar aplicabilidade ao comando do art. 384, e parágrafos, do CPP, para encaminhar os autos ao Ministério Público, a fim de que haja o aditamento da denúncia, propiciando ao réu a oportunidade de se defender da nova capitulação do fato.

No que se refere à segunda indagação, deve-se responder que,segundo o princípio da correlação, deve haver uma correlação entre o fato descrito na denúncia ou queixa e o fato pelo qual o réu é o condenado. Aplica-se no processo em questão para explicar que o acusado não se defende da capitulação legal dada ao crime na denúncia, mas sim dos fatos narrados na referida peça acusatória. (Nesse sentido:, Fernando Capez. *Curso de Processo Penal*.16 ed., São Paulo: Saraiva, p. 465)

A resposta à terceira indagação deve ser negativa. O procedimento previsto no art. 384 do Código de Processo Penal somente se aplica na hipótese de ação penal pública e ação penal privada subsidiária da pública, sendo inadmissível o juiz determinar abertura de vista para o Ministério Público aditar a queixa e ampliar a imputação, na ação penal exclusivamente privada, conforme clara redação do dispositivo:

“(...) o Ministério Público deverá aditar a denúncia ou queixa, no prazo de 5 (cinco) dias, se em virtude desta houver sido instaurado o processo em crime de ação pública (...).”

(OAB/Exame Unificado – 2010.1 – 2ª fase) Tadeu foi preso em flagrante e denunciado pela prática do crime de abandono de incapaz (art. 133 do Código Penal), para o qual é prevista a pena de detenção de seis meses a três anos.

Considerando a situação hipotética apresentada, indique, com a devida fundamentação, o procedimento a ser adotado no curso da instrução criminal (comum ou especial; ordinário, sumário ou sumaríssimo), o número máximo de testemunhas que poderão ser arroladas pela defesa e o prazo, incluída eventual possibilidade de prorrogação, para a defesa apresentar suas alegações finais orais.

RESOLUÇÃO DA QUESTÃO

O delito de abandono de incapaz, previsto no art. 133 do Código Penal, tem como pena máxima cominada 3 anos de detenção, inferior, portanto, à reprimenda de quatro anos estabelecida no art. 394, § 1º, II, do Código de Processo Penal.

O procedimento a ser adotado no curso da instrução criminal, portanto, é o comum sumário.

Poderão ser arroladas pela defesa, em vista do que estabelece o art. 532 do CPP, até cinco testemunhas.

Já no que concerne ao prazo para a defesa apresentar suas alegações finais orais, pela disciplina estabelecida no art. 534, *caput*, do CPP, tanto acusação quanto defesa, nesta ordem, disporá do prazo de vinte minutos, prorrogáveis por mais dez, para alegações orais, após o que o juiz proferirá a sentença.

(OAB/Exame Unificado – 2010.1 – 2ª fase) Jânio foi denunciado pela prática de roubo tentado (Código Penal, art. 157, caput, c/c art. 14, II), cometido em dezembro de 2009, tendo sido demonstrado, durante a instrução processual, que o réu praticara, de fato, delito de dano (Código Penal, art. 163, *caput*). Considerando essa situação hipotética, responda, de forma fundamentada, às seguintes indagações.

- ✓ Em face da nova definição jurídica do fato, que procedimento deve ser adotado pelo juiz?
- ✓ Caso a nova capitulação jurídica do fato fosse verificada apenas em segunda instância, seria possível a aplicação do instituto da *emendatio libelli*?

RESOLUÇÃO DA QUESTÃO

Tratando-se o delito de dano, capitulado no art. 163, *caput*, do Código Penal, de infração de menor potencial ofensivo, deverão os autos, com fundamento no que dispõe o art. 383, § 2º, do Código de Processo Penal, ser remetidos ao Juizado Especial competente.

No mais, na hipótese de a nova capitulação jurídica do fato ser verificada somente em segunda instância, desde que inalterado o contexto fático narrado na inicial, nada obsta que seja aplicado o instituto na *emendatio libelli*.

Comentários adicionais:

Há entendimento no sentido de que, depois de realizada a instrução do feito e verificado tratar-se de crime de ação penal de iniciativa privada, como é o caso aqui tratado, deve o magistrado, em vista disso, anular o processo, visto que a inicial acusatória foi ofertada por quem não dispunha de legitimidade para tanto.

(OAB/Exame Unificado – 2006.1 – 2ª fase) Eduardo foi denunciado pelo crime de estelionato, porém foi condenado por apropriação indébita, uma vez que a denúncia descrevia perfeitamente este fato delituoso, apesar de nela constar a qualificação penal referente ao delito de estelionato. Diante dos fatos apresentados na situação hipotética descrita, redija um texto esclarecendo se a nova tipificação emprestada pelo juízo constitui cerceamento do direito de defesa. Apresente sua resposta de forma fundamentada e aborde, sobretudo, os seguintes aspectos:

- ✓ princípio da correlação entre acusação e sentença penal (congruência);
- ✓ necessidade ou não de manifestação da defesa. extensão máxima: 60 linhas

RESOLUÇÃO DA QUESTÃO

O réu, no processo penal, defende-se do fato criminoso a ele atribuído, e não da classificação jurídica contida na exordial. Em outras palavras, no processo-crime, a definição jurídica atribuída ao fato, na inicial acusatória, em consonância com o disposto no art. 383 do CPP, não tem o condão de vincular o magistrado, que poderá, na sentença, atribuir a capitulação que bem entender, ainda que isso implique a incidência de pena mais grave. É hipótese de *emendatio libelli.*

Frise-se que, em vista do *princípio da correlação*, a sentença deve se limitar tão somente aos fatos narrados na peça acusatória, sendo irrelevante a capitulação conferida pelo acusador.

Dessa forma, não há que se falar em cerceamento de defesa, na medida em que o réu se defende do fato a ele imputado, e não da capitulação a ele atribuída, sendo permitido ao magistrado, em vista do disposto no art. 383 do CPP, emprestar ao fato nova tipificação, independentemente de manifestação da defesa.

Comentários adicionais:

A redação do art. 383 do CPP foi modificada pela Lei 11.719/2008, que promoveu diversas alterações no processo penal. Com isso, é defeso ao juiz, no âmbito deste dispositivo, proceder a qualquer modificação de fato contido na exordial. Está o magistrado, portanto, limitado a promover mudanças que digam respeito somente à capitulação jurídica.

PENAL

No sentido do acima exposto:

EMENTA: *HABEAS CORPUS*. PENAL. PROCESSUAL PENAL. DENÚNCIA. HOMICÍDIO TENTADO E LESÃO CORPORAL. PRONÚNCIA. DUPLO HOMICÍDIO TENTADO. FRUSTRAÇÃO DA CORRELAÇÃO ENTRE ACUSAÇÃO E SENTENÇA. INOCORRÊNCIA. EMENDATIO LIBELLI NÃO CARACTERIZADA.ORDEM DENEGADA. I - O acusado se defende dos fatos, sendo provisória a qualificação dada pelo Ministério Público quando do oferecimento da denúncia. II - Ao magistrado é dado emprestar ao fato definição jurídica diversa daquela constante da denúncia (art. 583 do Código de Processo Penal). III - Inocorrente a alegada falta de correlação entre acusação e sentença. IV - Ordem denegada. (HC 90686, em branco, STF)

Dica: como já mencionado anteriormente, neste formato de questão, o examinador, na parte final do enunciado, faz menção a "aspectos", os quais o candidato necessariamente deve abordar, um a um, ao discorrer sobre o caso proposto. Sugerimos que, nesses casos, a abordagem acerca de cada "aspecto" seja estruturada em parágrafos, referindo-se cada qual, sempre que possível, a um tema (aspecto).

2.8. Processo dos crimes de competência do júri

(OAB/Exame Unificado – 2009.3 – 2ª fase) Ricardo, depois de descobrir que vinha sendo traído por sua namorada, Marta, aproveitando-se do momento em que ela dormia, asfixiou-a até a morte e esquartejou o corpo. O crime chocou toda a população da comarca de Cabo Frio – RJ, que passou a clamar por justiça e a exigir punição exemplar para Ricardo. A denúncia foi recebida, a fase de prelibação transcorreu de forma regular e Ricardo foi pronunciado. Durante o curso de toda a instrução preliminar, tanto a família de Ricardo quanto o juiz presidente da vara do tribunal do júri foram, por diversas vezes, alertados, por intermédio de cartas, bilhetes e mensagens eletrônicas, de que os jurados que poderiam vir a compor o conselho de sentença não seriam isentos para julgar o caso, sob a alegação de que vários deles integravam grupo de extermínio que havia decidido dar cabo à vida de Ricardo no dia designado para a realização do julgamento em plenário. Todas as mensagens foram devidamente juntadas aos autos, tendo sido os fatos amplamente divulgados pela imprensa.
Houve uma tentativa de linchamento de Ricardo por populares, após a qual a imprensa veiculou imagens da delegacia de polícia local, oportunidade em que alguns jurados alistados foram identificados nas fotos.
Considerando a situação hipotética apresentada, indique, com base nos dispositivos legais pertinentes, a providência jurídica a ser adotada para garantir a imparcialidade do julgamento e a autoridade judiciária competente para apreciar o pedido a ser feito.

RESOLUÇÃO DA QUESTÃO

Em vista da situação hipotética apresentada, o acusado deve, por meio de seu advogado, requerer ao Tribunal o desaforamento do julgamento para outra comarca onde não existam os motivos que ensejaram o pedido. Além do acusado, o pedido de desaforamento pode ser formulado pelo Ministério Público, pelo assistente e pelo querelante, ou ainda mediante representação do juiz competente (art. 427, CPP).

O pleito se justifica na medida em que pesam sérias dúvidas sobre a imparcialidade do júri, além do que a segurança pessoal do acusado está sobremaneira ameaçada.

Frise-se, ademais, que a competência para a apreciação do pedido de desaforamento é sempre do Tribunal – órgão de segunda instância, conforme estabelece o art. 427 do CPP.

GABARITO COMENTADO - EXAMINADORA

O advogado de Romeu deve requerer o desaforamento do julgamento para outra comarca, de acordo com o art. 427 do CPP, que assim dispõe:

"Se o interesse da ordem pública o reclamar ou houver dúvida sobre a imparcialidade do júri ou a segurança pessoal do acusado, o Tribunal, a requerimento do Ministério Público, do assistente, do querelante ou do acusado, ou mediante representação do juiz competente, poderá determinar o desaforamento do julgamento para outra comarca da mesma região, onde não existam aqueles motivos, preferindo-se as mais próximas."

O desaforamento deve ser requerido ao Tribunal de Justiça.

Conforme Nucci, a competência para avaliar a conveniência do desaforamento é sempre da instância superior e nunca do juiz que conduz o feito. Entretanto, a provocação pode originar-se tanto do magistrado de primeiro grau quanto das partes, como regra. (Guilherme de Souza Nucci. Manual de processo penal e execução penal. 5. ed. rev., atual. e ampl., São Paulo: Editora Revista dos Tribunais, 2008, p.759).

EMENTA: *HABEAS CORPUS*. PROCESSO PENAL. JÚRI. DESAFORAMENTO. PREFEITO

MUNICIPAL. INFLUÊNCIA SOBRE OS JURADOS. 1. Pedido de desaforamento fundado na possibilidade de o paciente, ex-prefeito municipal, influenciar jurados admitidos em caráter efetivo na gestão de um dos acusados. Influência não restrita aos jurados, alcançando, também, toda a sociedade da Comarca de Serra – ES. 2. Não é necessária, ao desaforamento, a afirmação da certeza da imparcialidade dos jurados, bastando o fundado receio de que reste comprometida. Precedente. Ordem denegada. (STF – HC 96785, Relator(a): Min. Eros Grau, Segunda Turma, julgado em 25/11/2008, DJe-094 DIVULG 21-05-2009 PUBLIC 22-05-2009 EMENT VOL-02361-04 PP-00792).

EMENTA: DESAFORAMENTO: DÚVIDA FUNDADA SOBRE A PARCIALIDADE DOS JURADOS. MANIFESTAÇÃO FAVORÁVEL DE AMBAS AS PARTES E DO JUÍZO LOCAL NO SENTIDO DO DESAFORAMENTO, COM INDICAÇÃO DE FATO CONCRETO INDICATIVO DA PARCIALIDADE DOS JURADOS. ORDEM CONCEDIDA. 1. Segundo a jurisprudência do Supremo Tribunal, a definição dos fatos indicativos da necessidade de deslocamento para a realização do júri — desaforamento — dá-se segundo a apuração feita pelos que vivem no local. Não se faz mister a certeza da parcialidade que pode submeter os jurados, mas tão somente fundada dúvida quanto a tal ocorrência. 2. A circunstância de as partes e o Juízo local se manifestarem favoráveis ao desaforamento, apontando-se fato "notório" na comunidade local, apto a configurar dúvida fundada sobre a parcialidade dos jurados, justifica o desaforamento do processo (Código de Processo Penal, art. 424). 3. Ordem parcialmente concedida para determinar ao Tribunal de Justiça pernambucano a definição da Comarca para onde o processo deverá ser desaforado. (HC 93871, Relator(a): Min. Cármen Lúcia, Primeira Turma, julgado em 10/06/2008, DJe-142 DIVULG 31-07-2008 PUBLIC 01-08-2008 EMENT VOL-02326-05 PP-00900 RT v. 97, n. 877, 2008, p. 520-523).

(OAB/Exame Unificado – 2006.3 – 2ª fase) O magistrado que, ao pronunciar o réu, afirmar o *animus necandi* e afastar a legítima defesa, de modo peremptório e com análise do conjunto da prova, ofende a competência funcional constitucional dos jurados? Fundamente sua resposta abordando os conceitos de *judicium accusationis* e *judicium causae*.

RESOLUÇÃO DA QUESTÃO

Encerrada a instrução do processo no Tribunal do Júri (*judicium accusationis*), o juiz tem quatro caminhos a seguir: pronunciar o réu; impronunciá-lo; absolvê-lo sumariamente; ou ainda desclassificar a infração penal. Pronunciado, o réu é julgado perante o Tribunal popular (*judicium causae*).

O juiz, convencendo-se da materialidade do fato e da existência de indícios suficientes de autoria, proferirá decisão de pronúncia, remetendo o caso à apreciação do Tribunal do Júri. É defeso ao juiz, nesta decisão, que é interlocutória mista, proceder a exame aprofundado do mérito, ingressando na análise do conjunto da prova. Se assim o fizer, estará usurpando a competência constitucional do Júri.

Significa dizer, portanto, que incumbe ao magistrado, na fase de pronúncia, fazer um exame relativo à viabilidade da acusação, declarando o dispositivo em que julgar incurso o acusado e especificar as circunstâncias qualificadoras e as causas de aumento de pena, deixando para os jurados a apreciação mais detalhada do caso.

Nesse sentido é claro o art. 413, *caput* e § 1º, do CPP, com a nova redação que lhe deu a Lei 11.689/08.

2.9. Recursos

(OAB/Exame Unificado – 2013.2 – 2ª fase) Daniel foi denunciado, processado e condenado pela prática do delito de roubo simples em sua modalidade tentada. A pena fixada pelo magistrado foi de dois anos de reclusão em regime aberto. Todavia, atento às particularidades do caso concreto, o referido magistrado concedeu-lhe o beneficio da suspensão condicional da execução da pena, sendo certo que, na sentença, não fixou nenhuma condição. Somente a defesa interpôs recurso de apelação, pleiteando a absolvição de Daniel com base na tese de negativa de autoria e, subsidiariamente, a substituição do beneficio concedido por uma pena restritiva de direitos. O Tribunal de Justiça, por sua vez, no julgamento da apelação, de forma unânime, negou provimento aos dois pedidos da defesa e, no acórdão, fixou as condições do sursis, haja vista o fato de que o magistrado *a quo* deixou de fazê-lo na sentença condenatória.

Nesse sentido, atento apenas às informações contidas no texto, responda, fundamentadamente, aos itens a seguir.

A) Qual o recurso cabível contra a decisão do Tribunal de Justiça? (Valor: 0,55)

B) Qual deve ser a principal linha de argumentação no recurso? (Valor: 0,70)

A simples menção ou transcrição do dispositivo legal não pontua.

GABARITO COMENTADO

A) Cabível a interposição de recurso especial, com fulcro no Art. 105, III, *a*, da CRFB/88.

B) Deve ser salientado que não agiu corretamente o Tribunal de Justiça ao fixar as condições do sursis, pois tal tarefa cabia ao juiz *a quo* e, como ele não o fez, bem como não houve impugnação por parte do Ministério Público acerca de tal omissão, a atitude do Tribunal configura verdadeira *reformatio in pejus*, vedada pelo Art. 617, do CPP.

(OAB/Exame Unificado – 2011.1 – 2ª fase) Caio é denunciado pelo Ministério Público pela prática do crime de homicídio qualificado por motivo fútil. De acordo com a inicial, em razão de rivalidade futebolística, Caio teria esfaqueado Mévio quarenta e três vezes, causando-lhe o óbito. Pronunciado na forma da denúncia, Caio recorreu com o objetivo de ser impronunciado, vindo o Tribunal de Justiça da localidade a manter a pronúncia, mas excluindo a qualificadora, ao argumento de que Mévio seria arruaceiro e, portanto, a motivação não poderia ser considerada fútil. No julgamento em plenário, ocasião em que Caio confessou a prática do crime, a defesa lê para os jurados a decisão proferida pelo Tribunal de Justiça no que se refere à caracterização de Mévio como arruaceiro. Respondendo aos quesitos, o Conselho de Sentença absolve Caio.

Sabendo-se que o Ministério Público não recorreu da sentença, responda aos itens a seguir, empregando os argumentos jurídicos apropriados e a fundamentação legal pertinente ao caso.

a) A esposa de Mévio poderia buscar a impugnação da decisão proferida pelo Conselho de Sentença? Em caso positivo, de que forma e com base em que fundamento? (Valor: 0,65)

b) Caso o Ministério Público tivesse interposto recurso de apelação com fundamento exclusivo no artigo 593, III, "d", do Código de Processo Penal, poderia o Tribunal de Justiça declarar a nulidade do julgamento por reconhecer a existência de nulidade processual? (Valor: 0,6)

RESOLUÇÃO DA QUESTÃO

Sim, a esposa de Mévio poderia buscar a impugnação da decisão proferida pelo Conselho de Sentença.

Para tanto, deve constituir advogado para que este se habilite como assistente de acusação e interponha recurso de apelação, em conformidade com que estabelece o art. 593, III, *a* e *d*, do CPP, tendo em conta que a defesa, em patente violação à regra contemplada no art. 478, I, do CPP, procedeu à leitura, em plenário, de trecho extraído da decisão proferida pelo Tribunal de Justiça que julgou admissível a acusação, o que constitui causa de nulidade. Ademais disso, a absolvição revelou-se contrária à prova reunida nos autos, notadamente se considerarmos a confissão do acusado.

De outro lado, na hipótese de o Ministério Público interpor recurso de apelação com fundamento exclusivo no artigo 593, III, *d*, do Código de Processo Penal, seria vedado ao Tribunal de Justiça declarar a nulidade do julgamento em razão da existência de nulidade processual.

É que, tendo em conta o teor da Súmula nº 160 do STF, é defeso ao Tribunal conhecer de nulidade não arguida no recurso da acusação.

GABARITO COMENTADO – EXAMINADORA

a) Sim. A esposa da vítima deveria constituir advogado para que ele se habilitasse como assistente de acusação e interpusesse recurso de apelação, com fundamento nos artigos 598 e 593, III, "a" e "d". Afinal, a defesa violou a proibição expressa contida no artigo 478, I, do CPP, ao ler trecho de decisão que julgou admissível a acusação e manteve a pronúncia do réu. Além disso, tendo o réu confessado o homicídio, a absolvição se mostrou manifestamente contrária à prova dos autos.

b) Não, pois a Súmula 160 do STF proíbe que o Tribunal conheça de nulidade não arguida no recurso de acusação. Assim, a violação ao artigo 478, I, do CPP, por parte da defesa não poderia ser analisada se a acusação não lhe tivesse feito menção no recurso interposto.

Distribuição de Pontos:

Item	Pontuação
a) Sim. / A esposa da vítima poderia constituir advogado para que ele se habilitasse como assistente de acusação e interpusesse recurso de apelação, (0,35) / com fundamento no artigo 598 (0,3).	0 / 0,3 / 0,35 / 0,65
b) Não,/ pois a Súmula 160 do STF proíbe que o Tribunal conheça de nulidade não arguida no recurso de acusação. (0,3) / Assim, a violação ao artigo 478, I, do CPP, por parte da defesa não poderia ser analisada se a acusação não lhe tivesse feito menção no recurso interposto (0,3)	0 / 0,3 / 0,6

(OAB/Exame Unificado – 2010.3 – 2ª fase) Caio, na qualidade de diretor financeiro de uma conhecida empresa de fornecimento de material de informática, se apropriou das contribuições previdenciárias devidas dos empregados da empresa e por esta descontadas, utilizando o dinheiro para financiar um automóvel de luxo. A partir de comunicação feita por Adolfo, empregado da referida empresa, tal fato chegou ao conhecimento da Polícia Federal, dando ensejo à instauração de inquérito para apurar o crime previsto no artigo 168-A do Código Penal. No curso do aludido procedimento investigatório, a autoridade policial apurou que Caio também havia praticado o crime de sonegação fiscal, uma vez que deixara de recolher ICMS relativamente às operações da mesma empresa. Ao final do inquérito policial, os fatos ficaram comprovados, também pela confissão de Caio em sede policial. Nessa ocasião, ele afirmou estar arrependido e apresentou comprovante de pagamento exclusivamente das contribuições previdenciárias devidas ao INSS, pagamento realizado após a instauração da investigação, ficando não paga a dívida relativa ao ICMS. Assim, o delegado encaminhou os autos ao Ministério Público Federal, que denunciou Caio pelos crimes previstos nos artigos 168-A do Código Penal e 1º, I, da Lei 8.137/90, tendo a inicial acusatória sido recebida pelo juiz da vara federal da localidade. Após analisar a resposta à acusação apresentada pelo advogado de Caio, o aludido magistrado entendeu não ser o caso de absolvição sumária, tendo designado audiência de instrução e julgamento.

Com base nos fatos narrados no enunciado, responda aos itens a seguir, empregando os argumentos jurídicos apropriados e a fundamentação legal pertinente ao caso.

a) Qual é o meio de impugnação cabível à decisão do Magistrado que não o absolvera sumariamente? (Valor: 0,2)

b) A quem a impugnação deve ser endereçada? (Valor: 0,2)

c) Quais fundamentos devem ser utilizados? (Valor: 0,6)

RESOLUÇÃO DA QUESTÃO

À falta de recurso específico para esse fim, deve ser impetrado, em face da decisão que absolve sumariamente o acusado, *habeas corpus*, na forma estatuída nos arts. 5º, LXVIII, da CF e 647 e seguintes do CPP.

A ação deve ser impetrada no Tribunal Regional Federal da respectiva região, na medida em que a autoridade coatora é o juiz federal.

No que toca ao delito previsto no art. 168-A do Código Penal – apropriação indébita previdenciária, operou-se, em razão do pagamento do montante devido, a extinção da punibilidade do agente. Quanto ao crime de sonegação de ICMS, a competência para processar e julgar essa matéria é da Justiça dos Estados, dado que esse tributo é de natureza estadual, razão por que o juízo federal é absolutamente incompetente para processar e julgar essa questão.

Comentários Adicionais:

Embora não haja previsão de meio específico de impugnação contra a decisão que não absolve o réu sumariamente, o art. 416 do Código de Processo Penal, com a mudança implementada pela Lei 11.689/08, estabelece que a sentença de absolvição sumária será combatida por meio de recurso de apelação. Registre-se que, antes da alteração legislativa levada a efeito, essa decisão bem assim a sentença de impronúncia eram passíveis de impugnação por meio de recurso em sentido estrito (art. 581, CPP).

GABARITO COMENTADO – EXAMINADORA

a) *Habeas corpus*, uma vez que não há previsão de recurso contra a decisão que não absolvera sumariamente o acusado, sendo cabível a ação mandamental, conforme estabelecem os artigos 647 e seguintes do CPP. No caso, não seria admissível o recurso em sentido estrito, uma vez que o enunciado não traz qualquer informação acerca da fundamentação utilizada pelo magistrado para deixar de absolver sumariamente o réu, não podendo o candidato deduzir que teria sido realizado e indeferido pedido expresso de reconhecimento de extinção da punibilidade.

b) Ao Tribunal Regional Federal.

c) Extinção da punibilidade pelo pagamento do débito quanto ao delito previsto no artigo 168-A, do CP, e, após, restando apenas acusação pertinente à sonegação de tributo de natureza estadual, incompetência absoluta – em razão da matéria – do juízo federal para processar e julgar a matéria. Quanto à Súmula Vinculante nº 24, o enunciado não traz qualquer informação no sentido de que a via administrativa ainda não teria se esgotado, não podendo o candidato deduzir tal fato.

Distribuição de Pontos:

Item	Pontuação
a) *Habeas corpus* (0,2), uma vez que não há previsão de recurso contra a decisão que não absolvera sumariamente o acusado, sendo cabível a ação mandamental, conforme estabelecem os artigos 647 e seguintes do CPP	0 / 0,2
b) Ao Tribunal Regional Federal	0 / 0,2
c) Extinção da punibilidade (0,25) pelo pagamento (0,1) do débito quanto ao delito previsto no artigo 168-A, do CP, e, após, restando apenas acusação pertinente à sonegação de tributo de natureza estadual, incompetência absoluta (0,25) – em razão da matéria – do juízo federal para processar e julgar a matéria	0 / 0,1 / 0,25 / 0,35 / 0,5 / 0,6

(OAB/Exame Unificado – 2009.2 – 2ª fase) Eduardo foi condenado à pena de 6 anos de reclusão e 100 dias-multa pela prática de roubo contra uma agência da Caixa Econômica Federal. A sentença, no entanto, foi proferida por juízo absolutamente incompetente, tendo sido anulada por decisão do órgão recursal em julgamento de recurso interposto pela defesa, determinando-se a remessa dos autos à autoridade judiciária competente. O Ministério Público, conformando-se com a condenação, não interpôs recurso. Após nova tramitação processual perante o juízo competente, Eduardo foi condenado à pena de 7 anos de reclusão e a 150 dias-multa. Nessa situação hipotética, cabe sustentar que a nova condenação não poderia ter sido superior à primeira? Justifique a resposta.

RESOLUÇÃO DA QUESTÃO

Está-se diante do instituto da *reformatio in pejus* indireta.

Sendo a declaração de nulidade da sentença proferida por juiz absolutamente incompetente alcançada por recurso interposto exclusivamente pela defesa, é vedado ao juiz competente impor ao réu pena mais gravosa do que a anterior. Se assim o fizer, incorrerá em *reformatio in pejus* indireta.

Desta feita, cabe, sim, sustentar que a nova condenação não poderia ser superior à primeira.

Comentários adicionais:

Confira, a respeito do tema, o julgado:

HABEAS CORPUS. PENAL E PROCESSUAL PENAL. INJÚRIA. SENTENÇA PROFERIDA PELO JUÍZO COMUM. APELAÇÃO. COMPETÊNCIA. JULGAMENTO. TRIBUNAL DE JUSTIÇA. INFRAÇÃO DE MENOR POTENCIAL OFENSIVO. DENÚNCIA RECEBIDA APÓS A EDIÇÃO DA LEI Nº 10.259/2001. NÃO OBSERVÂNCIA DO RITO DA LEI Nº 9.099/95. NULIDADE ABSOLUTA. ANULAÇÃO DO PROCESSO. RECURSO DA DEFESA. PENA FIXADA. LIMITE A SER OBSERVADO. PROIBIÇÃO À **REFORMATIO IN PEJUS INDIRETA.** PRESCRIÇÃO DA PRETENSÃO PUNITIVA CONSUMADA.

1. Proferida a sentença pelo Juízo Comum, cabe ao Tribunal de Justiça - e não à Turma Recursal dos Juizados Especiais Criminais - proceder ao julgamento da apelação.
2. Recebida a peça acusatória de crime de injúria, já na vigência da Lei nº 10.259/2001, ainda que referente a fato a ela anterior, deveria o feito ter obedecido ao rito da Lei nº 9.099/95. A circunstância de a Comarca ser de Vara Única,

não afasta o prejuízo decorrente da não adoção do rito mais benéfico e acarreta a nulidade do processo desde o recebimento da denúncia, em face da suspensão injustificada de seus benefícios.

3. Anulada a sentença e acórdão condenatórios, em recurso exclusivamente da defesa, a pena que fora fixada passa a ser o patamar máximo a ser observado em caso de nova condenação pois, caso viesse a ser superior, haveria **reformatio in pejus indireta,** inadmitida em nosso ordenamento.
4. Hipótese em que se verifica a prescrição retroativa da pretensão punitiva estatal, ex vi do art. 109, inciso VI, do Código Penal.
5. Ordem concedida na extensão pedida e, de ofício, para anular o processo desde o recebimento da denúncia e declarar extinta a punibilidade, em razão da prescrição da pretensão punitiva estatal, nos termos do art. 109, inciso VI, do Código Penal.

(HC 75140/RS, STJ, 5ª Turma, relatora Min. Laurita Vaz, julgado em 17.09.2009)

(OAB/Exame Unificado – 2008.1 – 2ª fase) Em 11/1/2008, Celso foi preso em flagrante pela prática do crime previsto no art. 213 do Código Penal. Regularmente processado, foi condenado a 6 anos de reclusão, em regime inicialmente fechado. Somente a defesa recorreu da decisão e, logo após a interposição do recurso, Celso fugiu da prisão. Considerando essa situação hipotética, redija um texto dissertativo acerca da situação processual de Celso, indicando, com a devida fundamentação legal e com base nos princípios constitucionais:

✓ o recurso interposto pela defesa;

✓ a possibilidade de conhecimento e de julgamento do recurso interposto em face da fuga de Celso.

RESOLUÇÃO DA QUESTÃO

A defesa de Celso, em vista da condenação que sofrera, interpôs recurso de apelação, com base no art. 593, I, do CPP.

O art. 595 do CPP, cuja constitucionalidade, tanto na doutrina quanto na jurisprudência, era bastante controvertida, visto que sua incidência inviabilizava o direito à ampla defesa e ao duplo grau de jurisdição, foi revogado por força da Lei 12.403/11.

Comentários adicionais:

Vide Súmula 347 do STJ.

(OAB/Exame Unificado – 2008.1 – 2ª fase) Lauro foi denunciado e, posteriormente, pronunciado pela prática dos crimes previstos no art. 121, § 2º, incisos II e IV, em concurso material com o art. 211, todos do Código Penal Brasileiro (CPB). Em 24/6/2008, Lauro foi regularmente submetido a julgamento perante o tribunal do júri. A tese de negativa de autoria não foi acolhida pelo conselho de sentença e Lauro foi condenado pelos dois crimes, tendo o juiz fixado a pena em 16 anos pelo homicídio qualificado e, em 3 anos, pela ocultação de cadáver. O Ministério Público não recorreu da decisão. A defesa ficou inconformada com o resultado do julgamento, por entender que havia prova da inocência do réu em relação aos dois crimes e que a pena imposta foi injusta. Considerando a situação hipotética apresentada, indique, com os devidos fundamentos jurídicos:

✓ o recurso cabível à defesa de Lauro;

✓ a providência jurídica cabível na hipótese de o juiz denegar o recurso.

RESOLUÇÃO DA QUESTÃO

O advogado de Lauro, em vista de sua irresignação, deverá interpor recurso de apelação com fundamento no art. 593, III, *c* e *d,* do CPP, já que, na concepção da defesa, houve injustiça no tocante à aplicação da pena e a decisão dos jurados foi contrária à prova constante dos autos.

No mais, na hipótese de o juiz denegar o recurso de apelação, deverá ser interposto recurso em sentido estrito, nos moldes do art. 581, XV, do CPP.

(OAB/Exame Unificado – 2007.3 – 2ª fase) Júlio foi condenado a doze anos de reclusão em regime integralmente fechado, pela prática de homicídio qualificado pela torpeza. Apenas a defesa do acusado recorreu, por entender que a decisão dos jurados foi manifestamente contrária à prova dos autos. O tribunal *ad quem* deu provimento ao recurso e determinou que Júlio fosse submetido a novo júri. Com base na situação hipotética apresentada e no princípio constitucional da soberania dos veredictos, redija, na qualidade de advogado de Júlio, um texto, orientando-o a respeito da aplicação do princípio no *reformatio in pejus*, no novo julgamento, em relação aos jurados e ao juiz presidente.

RESOLUÇÃO DA QUESTÃO

Regra geral, anulada sentença condenatória em sede de recurso exclusivo da defesa, a nova decisão proferida não poderá ser mais gravosa (prejudicial) ao réu do que a primeira (anulada).

Trata-se da *reformatio in pejus* indireta.

Tal regra, no entanto, não tem incidência no Tribunal do Júri, na medida em que o art. 617 do CPP, que veda a *reformatio in pejus*, cede em favor da soberania dos veredictos, princípio de índole constitucional (art. 5º, XXXVIII, *c*). Significa dizer, portanto, que o Júri, no segundo julgamento, não ficará adstrito ao primeiro, podendo proferir qualquer decisão, mesmo que mais gravosa.

Na hipótese de o Júri, no segundo julgamento, proferir decisão idêntica à do primeiro, o juiz presidente, neste caso, ficará limitado, no que se refere à imposição da pena, ao primeiro julgamento, não podendo ir além da pena imposta neste.

Comentários adicionais:

Confira, a respeito do tema, os julgados:

HABEAS CORPUS. PENAL E PROCESSUAL PENAL. HOMICÍDIO QUALIFICADO EM CONTINUIDADE DELITIVA. RÉU SUBMETIDO POR DUAS VEZES AO TRIBUNAL DO JÚRI. RECURSOS DE APELAÇÃO DA PRIMEIRA E DA SEGUNDA SENTENÇA ATACADOS NO PRESENTE WRIT. DEFENSOR DATIVO INTIMADO POR MEIO DA IMPRENSA OFICIAL NAS DUAS OCASIÕES. ARGUIÇÃO DE NULIDADE. INSURGÊNCIA DEDUZIDA APÓS SEIS ANOS DO TRÂNSITO EM JULGADO DA CONDENAÇÃO. AUSÊNCIA DE PREJUÍZO. EVENTUAL IRREGULARIDADE CONVALIDADA. RECONHECIMENTO DA QUALIFICADORA APENAS NO SEGUNDO JULGAMENTO. AGRAVAMENTO DA PENA. POSSIBILIDADE. SOBERANIA DO JÚRI POPULAR. INEXISTÊNCIA DE REFORMATIO IN PEJUS INDIRETA. 1. Considera-se convalidada a nulidade, consistente na intimação do Defensor Dativo, por meio da imprensa oficial, da inclusão em pauta de julgamento dos apelos interpostos, em razão da inércia da Defesa que tão somente após o transcurso de quase seis anos do trânsito em julgado da condenação, almeja a anulação dos julgamentos. 2. O silêncio da defesa, em decorrência do citado lapso temporal, torna preclusa a matéria, mormente porque não foi e*vide*nciado prejuízo real ao Paciente, pois seu primeiro apelo foi provido para anular julgamento plenário e o Defensor Dativo, não obstante tenha sido intimado pessoalmente do segundo acórdão, deixou transitar em julgado a condenação. 3. Não há reformatio in pejus indireta pela imposição de pena mais grave, após a decretação de nulidade da primeira sentença, em apelo da defesa, quando no novo julgamento realizado pelo Tribunal do Júri, reconhece-se a incidência de qualificadora afastada no primeiro julgamento, eis que, em face da soberania dos veredictos, de caráter constitucional, pode o Conselho de Sentença proferir decisão que agrave a situação do réu. 4. Precedentes desta Corte Superior e do Supremo Tribunal Federal. 5. Ordem denegada. (HC 200700486591, LAURITA VAZ, STJ - QUINTA TURMA, 17/11/2008)

HABEAS CORPUS. PROCESSUAL PENAL. CRIME DO HOMICÍDIO QUALIFICADO (ART. 121, §2º, IV, DO CP). RÉU SUBMETIDO A DOIS JULGAMENTOS PELO TRIBUNAL DO JÚRI, AMBOS ANULADOS. REFORMATIO IN PEJUS INDIRETA. POSSIBILIDADE. SOBERANIA DO JÚRI POPULAR. 1. O princípio da *ne reformatio in pejus* indireta – isto é, a imposição de pena mais grave, após a decretação de nulidade da sentença, em apelo exclusivo da defesa –, não tem aplicação nos julgamentos realizados pelo Tribunal do Júri, eis que, em face da soberania dos veredictos, pode o Conselho de Sentença proferir decisão que agrave a situação do réu (precedentes do STF e STJ); 2. Ordem denegada. (HC 200401046578, HÉLIO QUAGLIA BARBOSA, STJ - SEXTA TURMA, 27/06/2005)

(OAB/Exame Unificado – 2006.1 – 2ª fase) Pela prática do delito descrito no art. 171 do Código Penal Brasileiro, *caput*, Marcelo foi condenado a 3 anos de reclusão e multa. Insatisfeito com a sentença, ele apelou. Não houve recurso do Ministério Público. Ao julgar o recurso de apelação, o tribunal majorou a reprimenda anteriormente aplicada para 3 anos e 6 meses de reclusão e multa. Diante dos fatos descritos nessa situação hipotética, redija, de forma justificada, um texto esclarecendo se foi correta a decisão do tribunal ao agravar a situação do réu e se caberia recurso em favor de Marcelo. extensão máxima: 60 linhas

RESOLUÇÃO DA QUESTÃO

Ao tribunal compete julgar tão somente a matéria que lhe foi devolvida pelo recurso da parte. Não pode, pois, ir além, devendo, dessa forma, dar ou não provimento ao recurso, no todo ou em parte (art. 599, CPP). Cuida-se da incidência do princípio do *tantum devolutum quantum appellatum*.

Nessa esteira, o art. 617 do CPP, em sua parte final, veda a chamada *reformatio in pejus*, que consiste na possibilidade de o tribunal piorar a situação processual do recorrente, em razão de recurso por este interposto.

No caso acima, Marcelo, irresignado com a condenação a ele impingida, interpôs recurso de apelação. Em vista do disposto no art. 617 do CPP, a pena a que foi condenado em 1º grau não poderia ser aumentada, já que o Ministério Público não recorreu. Dessa forma, a decisão prolatada pelo tribunal não pode prosperar. Pode ser impetrado, em princípio, *habeas corpus*.

Comentários adicionais: Confira, a respeito do tema, os seguintes acórdãos:

HABEAS CORPUS. CRIME DE ROUBO CIRCUNSTANCIADO. RECURSO DE APELAÇÃO EXCLUSIVO DA DEFESA. SENTENÇA. ERRO MATERIAL NO QUANTUM DA PENA. CORREÇÃO DE OFÍCIO. REFORMATIO IN PEJUS. OCORRÊNCIA. 1. A correção, de ofício, de erro material no quantum da pena fixada na sentença condenatória, em prejuízo do condenado, quando feita em recurso exclusivo da Defesa, constitui reformatio in pejus, de acordo com a recente jurisprudência dos Tribunais Superiores. Precedentes desta Corte e do Supremo Tribunal Federal. 2. *Habeas corpus* concedido, para afastar a correção do erro material efetivada pelo acórdão impugnado, restabelecendo-se a pena de 05 (cinco) anos, 11 (onze) meses e 05 (cinco) dias de reclusão, fixada na sentença condenatória. (HC 200802672690, LAURITA VAZ, STJ - QUINTA TURMA, 08/09/2009)

HABEAS CORPUS. REGIME PRISIONAL. SENTENÇA QUE FIXOU A FORMA SEMIABERTA. MODIFICAÇÃO PELA CORTE DE ORIGEM PARA MODO FECHADO EM SEDE DE APELAÇÃO. RECURSO EXCLUSIVO DA DEFESA. IMPOSSIBILIDADE. REFORMATIO IN PEJUS CONFIGURADA. OFENSA AO ART. 617 DO CPP. CONSTRANGIMENTO ILEGAL DEMONSTRADO. 1. E*vide*nciado que o Tribunal, julgando recurso exclusivo da defesa, ao diminuir a sanção irrogada ao paciente, agravou o regime prisional fixado em primeira instância, de semiaberto para o fechado, resta demonstrada a reforma a pior nesse ponto, em nítida ofensa ao art. 617 do CPP, que proíbe a reformatio in pejus. 2. Ordem concedida para anular o acórdão tão somente no ponto em agravou a situação do paciente, qual seja, na parte referente ao modo de cumprimento da sanção corporal, restabelecendo o modo semiaberto para resgate da reprimenda imposto na sentença, estendendo-se a ordem, nos termos do art. 580 do CPP, de ofício, à Weslei Eliezer Teodoso do Nascimento. (HC 200802266880, JORGE MUSSI, STJ - QUINTA TURMA, 15/06/2009)

2.10. Revisão criminal

(OAB/Exame Unificado – 2010.3 – 2ª fase) Em processo criminal que tramitou perante a justiça federal comum, foi apurada a prática de crime de extorsão mediante sequestro. O juiz da causa ordenou, no curso da instrução do processo, que se expedisse carta rogatória para a oitiva da vítima e se colhesse depoimento de uma testemunha arrolada, na denúncia, pelo Ministério Público. Foi encerrada a instrução do processo, sem o retorno das sobreditas cartas, tendo o juiz proferido sentença na qual condenou os réus, entre os quais, Jair K. Os réus apelaram e a condenação foi mantida pelo tribunal regional federal, por unanimidade. O acórdão condenatório transitou em julgado em 20/3/2010. Após essa data, as cartas rogatórias regressaram, e o juiz originário do feito mandou juntá-las aos autos. O conteúdo das cartas afastou, de forma manifesta e cabal, a participação de Jair K. nos fatos apurados, tendo ele constituído advogado, em 26/3/2010.

Em face dessa situação hipotética, indique, com a devida fundamentação legal, a medida judicial a ser adotada em favor de Jair K. bem como o órgão competente para julgá-la, o fundamento legal da medida, o prazo para o ajuizamento, o mérito da questão e seus pedidos e efeitos.

RESOLUÇÃO DA QUESTÃO

Em vista do trânsito em julgado da decisão que condenou os réus, entre os quais Jair K., a medida judicial a ser adotada em favor deste é a revisão criminal - art. 621 e seguintes do CPP.

Neste caso, a pretensão revisional se justifica na medida em que, em relação ao condenado Jair K., surgiram provas novas dando conta de sua inocência.

Nesse sentido, determina o art. 621, III, primeira parte, do CPP que o pedido revisional será admitido na hipótese de surgirem, após a sentença, novas provas de inocência do condenado. É exatamente este o caso tratado nesta situação hipotética.

A Constituição Federal, em seu art. 5º, LXXV, prescreve que o Estado indenizará o condenado por erro judiciário, bem como aquele que ficar preso além do tempo fixado na sentença.

A revisão será processada e julgada pelo Tribunal Regional Federal da respectiva região, a teor do que dispõe o art. 108, I, *b*, da CF.

Segundo estabelece o art. 622, *caput*, do CPP, o pedido revisional pode ser formulado a qualquer tempo. Inexiste, portanto, prazo para tanto.

Quanto ao mérito, é bem verdade que nenhum reparo há de se fazer à atuação do juízo que prolatou a sentença condenatória, porquanto procedeu em consonância com o disposto no art. 222-A do CPP. As cartas rogatórias somente retornaram após o trânsito em julgado do acórdão condenatório.

Ocorre que, por meio dessas cartas rogatórias, surgiram provas que podem levar à absolvição do condenado. É o que basta a justificar o pedido revisional com fundamento no art. 621, III, do CPP.

Quanto aos pedidos, deverá o condenado formular pedido de conhecimento da ação, para julgá-la procedente com o objetivo de rescindir o julgado e absolver o condenado. Isso porque a sentença condenatória não levou em conta a oitiva da vítima e o depoimento de uma testemunha, tomados por carta rogatória e juntados aos autos após o trânsito em julgado.

Se julgar procedente o pedido revisional, o tribunal procederá na forma do art. 626, *caput*, do CPP. No caso aqui tratado, o tribunal, no caso de procedência do pedido, absolverá o réu.

De qualquer forma, é defeso ao tribunal agravar a pena imposta pela decisão revista. É o que determina o art. 626, parágrafo único, do CPP.

Por fim, o art. 627 do CPP estabelece que a absolvição ensejará o restabelecimento de todos os direitos perdidos com a condenação.

(OAB/Exame Unificado – 2008.2 – 2ª fase) Pietro, acusado de ter atropelado fatalmente Júlia, esposa de Maurício, foi absolvido, após o regular trâmite processual, por falta de provas da autoria. Inconformado, Maurício continuou a investigar o fato e, cerca de um ano após o trânsito em julgado da decisão, conseguiu reunir novas provas da autoria de Pietro. Considerando a situação hipotética apresentada, na qualidade de advogado(a) consultado(a) por Maurício, elabore parecer acerca da possibilidade de Maurício se habilitar como assistente da acusação e de Pietro ser novamente processado.

PENAL

RESOLUÇÃO DA QUESTÃO

A decisão que absolveu Pietro transitou em julgado.

A revisão criminal somente tem lugar nas hipóteses contidas no art. 621 do Código de Processo Penal. Em outras palavras, somente o condenado e as pessoas referidas no rol do art. 623 do CPP, nos casos previstos no dispositivo supramencionado, poderão se insurgir contra injustiças cometidas no curso do processo, depois do trânsito em julgado da sentença condenatória.

Não cabe, assim, revisão criminal para reexaminar a sentença injusta que absolveu o réu.

Em vista da legitimidade ativa na revisão criminal (poderá ser pedida pelo réu ou por procurador legalmente habilitado ou, no caso de morte do réu, pelo cônjuge, ascendente, descendente ou irmão – art. 623, CPP), não há que se falar em assistência.

2.11. Execução penal

(OAB/Exame Unificado – 2013.3 – 2ª fase) Marcos, jovem inimputável conforme o Art. 26 do CP, foi denunciado pela prática de determinado crime. Após o regular andamento do feito, o magistrado entendeu por bem aplicar medida de segurança consistente em internação em hospital psiquiátrico por período mínimo de 03 (três) anos. Após o cumprimento do período supramencionado, o advogado de Marcos requer ao juízo de execução que seja realizado o exame de cessação de periculosidade, requerimento que foi deferido. É realizada uma rigorosa perícia, e os experts atestam a cura do internado, opinando, consequentemente, por sua desinternação. O magistrado então, baseando-se no exame pericial realizado por médicos psiquiatras, exara sentença determinando a desinternação de Marcos. O *Parquet*, devidamente intimado da sentença proferida pelo juízo da execução, interpõe o recurso cabível na espécie.

A partir do caso apresentado, responda, fundamentadamente, aos itens a seguir.

A) Qual o recurso cabível da sentença proferida pelo magistrado determinando a desinternação de Marcos? (Valor: 0,75)

B) Qual o prazo para interposição desse recurso? (Valor: 0,25)

C) A interposição desse recurso suspende ou não a eficácia da sentença proferida pelo magistrado? (Valor: 0,25)

GABARITO COMENTADO

A) Como se trata de decisão proferida pelo juiz da execução penal, o recurso cabível é o Agravo, previsto no Art. 197, da Lei de Execução Penal - 7.210/84.

B) O prazo para a interposição do recurso é de 05 (cinco) dias, contados da data da publicação da decisão no D.O., conforme dispõem as Súmulas do STF 699 e 700.

SÚMULA 699 - O PRAZO PARA INTERPOSIÇÃO DE AGRAVO, EM PROCESSO PENAL, É DE CINCO DIAS, DE ACORDO COM A LEI 8038/1990, NÃO SE APLICANDO O DISPOSTO A RESPEITO NAS ALTERAÇÕES DA LEI 8950/1994 AO CÓDIGO DE PROCESSO CIVIL.

SÚMULA 700 - É DE CINCO DIAS O PRAZO PARA INTERPOSIÇÃO DE AGRAVO CONTRA DECISÃO DO JUIZ DA EXECUÇÃO PENAL.

C) Via de regra, o recurso de Agravo em Execução não tem efeito suspensivo, conforme previsão do Art. 197, da LEP. Todavia, a hipótese tratada no enunciado é a única exceção à regra supramencionada, i.e., o agravo possui, na hipótese do enunciado, efeito suspensivo, conforme previsto no Art. 179, da LEP.

Portanto, a interposição desse recurso suspende a eficácia da sentença.

Distribuição dos pontos

Item	Pontuação
A) Agravo em Execução (0,55), previsto no Art. 197 da Lei de Execução Penal - 7.210/84 (0,20). *Obs.: A mera indicação ou reprodução do conteúdo do artigo não pontua.*	0,00/0,55/0,75
B) O prazo para a interposição do recurso é de 05 (cinco) dias (0,15), conforme previsto na Súmula 700 ou Súmula 699, ambas do STF (0,10). *Obs.: A mera indicação da Súmula não pontua*	0,00/0,15/0,25
C) A interposição desse recurso suspende a eficácia da sentença, conforme previsto no Art. 179, da LEP c/c Art. 197, da LEP (0,25).	0,00/0,25

(OAB/Exame Unificado – 2013.2 – 2ª fase) O Juiz da Vara de Execuções Penais da Comarca "Y" converteu a medida restritiva de direitos (que fora imposta em substituição à pena privativa de liberdade) em cumprimento de pena privativa de liberdade imposta no regime inicial aberto, sem fixar quaisquer outras condições. O Ministério Público, inconformado, interpôs recurso alegando, em síntese, que a decisão do referido Juiz da Vara de Execuções Penais acarretava o abrandamento da pena, estimulando o descumprimento das penas alternativas ao cárcere.

O recurso, devidamente contra-arrazoado, foi submetido a julgamento pela Corte Estadual, a qual, de forma unânime, resolveu lhe dar provimento. A referida Corte fixou como condição especial ao cumprimento de pena no regime aberto, com base no Art. 115 da LEP, a prestação de serviços à comunidade, o que deveria perdurar por todo o tempo da pena a ser cumprida no regime menos gravoso.

Atento ao caso narrado e considerando apenas os dados contidos no enunciado, responda fundamentadamente, aos itens a seguir.

A) Qual foi o recurso interposto pelo Ministério Público contra a decisão do Juiz da Vara de Execuções Penais? (Valor: 0,50)

B) Está correta a decisão da Corte Estadual, levando-se em conta entendimento jurisprudencial sumulado? (Valor: 0,75)

A simples menção ou transcrição do dispositivo legal não pontua.

GABARITO COMENTADO

A) Agravo em Execução (Art. 197 da LEP).

B) Não, pois de acordo com o verbete 493 da Súmula do STJ, é inadmissível a fixação de pena substitutiva (Art. 44 do CP) como condição especial ao regime aberto.

Ademais, embora ao Juiz seja lícito estabelecer condições especiais para a concessão do regime aberto, em complementação daquelas previstas na LEP (Art. 115 da LEP), não poderá adotar a esse título nenhum efeito já classificado como pena substitutiva (Art. 44 do CPB), porque aí ocorreria o indesejável bis in idem, importando na aplicação de dúplice sanção.

Ademais, o Art. 44 do Código Penal é claro ao afirmar a natureza autônoma das penas

restritivas de direitos que, por sua vez, visam substituir a sanção corporal imposta àqueles condenados por infrações penais mais leves. Diante do caráter substitutivo das sanções restritivas, vedada está sua cumulatividade com a pena privativa de liberdade, salvo expressa previsão legal, o que não é o caso.

Precedente: STJ, *Habeas Corpus* n. 218.352 - SP (2011/0218345-1)

PENAL

(OAB/Exame Unificado – 2013.1 – 2ª fase) O Ministério Público, tomando conhecimento da prática de falta grave no curso de execução penal, pugna pela interrupção da contagem do prazo para efeitos de concessão do benefício do livramento condicional, fundamentando seu pleito em interpretação sistemática do Art. 83, do CP, e dos arts. 112 e 118, I, ambos da Lei n. 7.210/84.

Levando em conta apenas os dados contidos no enunciado, com base nos princípios do processo penal e no entendimento mais recente dos Tribunais Superiores, responda à seguinte questão:

O Ministério Público está com a razão? (Valor: 1,25)

O examinando deve fundamentar corretamente sua resposta. A simples menção ou transcrição do dispositivo legal não pontua.

GABARITO COMENTADO – EXAMINADORA

A questão objetiva do examinando demonstração de conhecimento acerca de institutos relativos à execução penal, bem como de entendimento jurisprudencialmente consolidado acerca do tema.

Com efeito, existe jurisprudência no sentido de que o cometimento de falta grave interrompe o prazo de concessão do benefício de progressão de regime. Todavia, tal situação (progressão de regime) é diversa daquela narrada na questão, que trata de instituto distinto, qual seja, o livramento condicional.

Nesse sentido, a resposta do examinando deve ser dividida em duas alegações complementares: partindo-se da premissa que o art. 83 do CP não prevê a interrupção do prazo se cometida falta grave, é forçoso reconhecer a total ausência de previsão legal. Aliás, é pacífico o entendimento, tanto na doutrina quanto na jurisprudência, no sentido de que o cometimento de falta grave, por falta de previsão legal, não interrompe o prazo para aquisição do benefício do livramento condicional, o que se subsume, inclusive, pelo teor do Verbete 441 da Súmula do STJ, *in verbis*: "A falta grave não interrompe o prazo para obtenção de livramento condicional".

Por fim, levando-se em conta o comando da questão, o examinando deve concluir seu raciocínio acerca da impossibilidade do pleito Ministerial com base em institutos principiológicos. Nesse sentido, cabe ressaltar que a alegação do Ministério Público configura ofensa ao princípio da legalidade; ofende, outrossim, a vedação de dupla punição (princípio do *ne bis in idem*).

Ressalte-se que com a finalidade de privilegiar a demonstração de conhecimento jurídico também poderá ser aceito desenvolvimento no sentido de que o objetivado pelo *Parquet* permitiria, em última análise, analogia *in malam partem*, o que também é vedado pelo Direito Penal, tendo em vista o já mencionado princípio da legalidade.

Distribuição dos Pontos

Quesito Avaliado	Valores
A1. Não, por falta de previsão legal (0,85). OU Não, porque o art. 83 do CP não prevê tal possibilidade (0,85). OU Não, com base no Verbete 441 da Súmula do STJ, *verbis*: "A falta grave não interrompe o prazo para obtenção de livramento condicional" (0,85). OBS.: A mera indicação ou reprodução literal de dispositivo legal ou verbete sumular impede a atribuição de pontos.	0,00 / 0,85
A2. Admitir tal possibilidade seria ferir o princípio da legalidade (0,40). OU Admitir tal possibilidade seria ferir o princípio do *ne bis in idem* (0,40). OU Admitir tal possibilidade seria permitir analogia *in malam partem*, o que é vedado em Direito Penal (0,40).	0,00 / 0,40

(OAB/Exame Unificado – 2010.3 – 2ª fase) Em 22 de julho de 2008, Caio foi condenado à pena de 10 (dez) anos de reclusão, a ser cumprida em regime inicialmente fechado, pela prática, no dia 10 de novembro de 2006, do crime de tráfico de drogas, previsto no artigo 33 da Lei 11.343/2006. Iniciada a execução da sua pena em 7 de janeiro de 2009, a Defensoria Pública, em 10 de fevereiro de 2011, requereu a progressão do cumprimento da sua pena para o regime semiaberto, tendo o pedido sido indeferido pelo juízo de execuções penais ao argumento de que, para tanto, seria necessário o cumprimento de 2/5 da pena.

Considerando ter sido procurado pela família de Caio para advogar em sua defesa, responda aos itens a seguir, empregando os argumentos jurídicos apropriados e a fundamentação legal pertinente ao caso.

a) Qual(is) o(s) meio(s) de impugnação da decisão que indeferiu o pedido da Defensoria Pública? (Valor: 0,3)

b) Qual(is) argumento(s) jurídico(s) poderia(m) ser usado(s) em defesa da progressão de regime de Caio? (Valor: 0,7)

RESOLUÇÃO DA QUESTÃO

A decisão que indeferiu o pedido formulado pela Defensoria Pública pode ser impugnada por meio de *habeas corpus* ou ainda agravo em execução.

O crime pelo qual Caio foi condenado ocorreu em data anterior à entrada em vigor da Lei 11.464/07, que alterou, na Lei de Crimes Hediondos, a disciplina relativa à progressão de pena nos crimes hediondos e assemelhados. Por essa razão, conforme entendimento firmado na doutrina e na jurisprudência, inclusive com a edição de súmula pelo STJ, deve incidir, quanto aos condenados por esses fatos, a regência do art. 112 da LEP, que impõe, como condição para progressão de regime, o cumprimento de um sexto da pena no regime anterior, além de bom comportamento carcerário.

Considerações Adicionais:

Confira, a seguir, transcrição da recente Súmula nº 471, do STJ: "Os condenados por crimes hediondos ou assemelhados cometidos antes da vigência da Lei 11.464/2007 sujeitam-se ao disposto no art. 112 da Lei 7.210/1984 (Lei de Execução Penal) para a progressão de regime prisional".

GABARITO COMENTADO – EXAMINADORA

a) *Habeas corpus* e agravo em execução penal.

b) Tendo em vista que a norma que alterou as regras relativas à progressão de regime possui natureza penal e é mais gravosa ao réu, não pode retroagir de modo a abarcar fatos que lhe são anteriores. No caso, o delito foi praticado antes da edição da lei, devendo, em consequência, ser aplicada a fração de 1/6 para a progressão de regime.

Distribuição dos Pontos

Item	Pontuação
a) *Habeas corpus* e agravo em execução penal (0,15 cada um)	0 / 0,15 / 0,3
b) Tendo em vista que a norma que alterou as regras relativas à progressão de regime possui natureza penal (0,3)	0 / 0,3
E é mais gravosa ao réu, não pode retroagir de modo a abarcar fatos que lhe são anteriores (0,2).	0 / 0,2
No caso, o delito foi praticado antes da edição da lei, devendo, em consequência, ser aplicada a fração de 1/6 para a progressão de regime (0,2).	0 / 0,2

PENAL

(OAB/Exame Unificado – 2010.2 – 2ª fase) Lucas, processado em liberdade, foi condenado na 1ª instância à pena de 05 (cinco) anos em regime integralmente fechado, pelo crime de tráfico de drogas, cometido em setembro de 2006. Interpôs Recurso de Apelação o qual foi parcialmente provido. O Tribunal alterou apenas o dispositivo da sentença que fixava o regime em integralmente fechado para inicialmente fechado. Após o trânsito em julgado, Lucas deu inicio ao cumprimento de pena em 10 de fevereiro de 2009. O juízo da execução, em 10 de outubro de 2010, negou a progressão de regime sob o fundamento de que Lucas ainda não havia cumprido 2/5 da pena, em que pese os demais requisitos tenham sido preenchidos. Diante dos fatos e da decisão acima exposta, sendo que sua intimação, na condição de Advogado de Lucas, ocorreu em 11.10.2010:

I. indique o recurso cabível.

II. apresente a argumentação adequada, indicando os respectivos dispositivos legais.

RESOLUÇÃO DA QUESTÃO

O recurso a ser interposto é o agravo em execução, previsto no art. 197 da Lei 7.210/84 – Lei de Execução Penal.

Com a disciplina estabelecida pela Lei 11.464/07, que alterou a redação do art. 2º, § 2º, da Lei de Crimes Hediondos – Lei 8.072/90, a progressão de regime, em se tratando de condenado a crime hediondo ou a delito a ele equiparado, se se tratar de apenado primário, se dará após o cumprimento de dois quintos da pena; se reincidente for, depois de cumprir três quintos da sanção imposta.

Seria esta, em princípio, a legislação a ser aplicada ao caso narrado no enunciado.

Ocorre, porém, que os fatos atribuídos a Lucas, pelos quais ele foi condenado com decisão que passou em julgado, se deram antes da entrada em vigor da lei que promoveu alterações na Lei de Crimes Hediondos e nela introduziu prazos diferenciados para progressão (mais extensos), acima referidos, com o propósito de ver respeitado o princípio constitucional da individualização da pena.

Dessa forma, a atual redação da Lei de Crimes Hediondos, que fixa prazos diferenciados, mais rigorosos para a progressão de regime nos crimes hediondos e equiparados, posterior aos fatos e prejudicial ao condenado, não pode ser aplicada retroativamente, devendo, pois, incidir a legislação que já estava em vigor, aplicável à época em que se deram os fatos e mais benéfica ao réu, em obediência ao disposto no art. 5º, XL, da CF. Destarte, Lucas deve formular pedido de progressão de regime, tendo em conta o disposto no art. 112 da Lei de Execução Penal (Lei 7.210/84), aplicável à época em que os fatos ocorreram, já que cumpriu 1/6 da pena (requisito objetivo). Quanto aos demais requisitos, foram estes cumpridos.

Comentários adicionais:

Vide teor da Súmula nº 471 do STJ.

GABARITO COMENTADO - EXAMINADORA

(a) - Recurso Cabível: Agravo em Execução (valor 0,2), nos termos do previsto no artigo 197, da Lei n. 7.210/84 (valor 0,1).

(b) - Fundamentação: Com o advento da Lei 11.464/07, restou legalmente instituída a possibilidade de progressão de regime nos crimes hediondos e equiparados, respeitando, assim, o princípio constitucional da individualização da pena. A mencionada lei fixou prazo diferenciado para tais delitos, afastando o critério de cumprimento de 1/6 da pena, determinando o cumprimento de 2/5, para primários e 3/5, para reincidentes. No entanto, no caso em comento, o delito fora cometido antes da entrada em vigor da lei 11.464/07, sendo esta prejudicial ao réu no que tange ao prazo para progressão, razão pela qual não poderá ser aplicada retroativamente. Logo, quando do pedido perante o juízo da execução, Lucas já havia cumprido o requisito objetivo exigido para a progressão de regime, ou seja, 1/6, devendo ser concedido, nos termos do artigo 112, da Lei n. 7.210/84. O requerimento deve ser de progressão de regime. Pontuação para argumentação 0,5. Pontuação para indicação dos dispositivos legais: 0,2

(OAB/Exame Unificado – 2009.2 – 2ª fase) Pedrosa foi condenado, definitivamente, perante a 1ª, a 3ª, a 5ª e a 2ª Vara Criminal da Comarca A, respectivamente, por ter subtraído, em cada um dos dias 11/1/2007, 12/1/2007, 13/1/2007 e 14/1/2007, aparelho de som automotivo do interior de veículo estacionado, mediante arrombamento do vidro traseiro. Nessa situação hipotética, havendo o início da execução de todas as penas privativas de liberdade e tendo o juiz da execução negado a unificação das penas, que medida judicial privativa de advogado é cabível para beneficiar o condenado? Sob que fundamentos jurídicos de direito material e processual? A que órgão compete o julgamento?

RESOLUÇÃO DA QUESTÃO

É cabível, em benefício do condenado, o recurso de agravo em execução, previsto no art. 197 da Lei 7.210/84 (Lei de Execução Penal).

A fundamentação reside na unificação das penas, em vista da continuidade delitiva – art. 71 do Código Penal.

É competente para o julgamento o Tribunal de Justiça do Estado.

(OAB/Exame Unificado – 2007.2 – 2ª fase) Rodrigo cumpre pena de 5 anos e 4 meses de reclusão pela prática do delito de roubo qualificado, praticado em 2/6/2005. Em 10/9/2006, o juiz da execução reconheceu que Rodrigo praticou falta grave por uso de celular dentro do estabelecimento prisional, aplicando Resolução da Secretaria da Administração Penitenciária, e determinou a perda dos dias remidos. No que se refere à situação hipotética acima, partindo do pressuposto de que Rodrigo realmente fez uso do celular dentro do referido estabelecimento, responda: agiu corretamente o magistrado? Fundamente a sua resposta.

RESOLUÇÃO DA QUESTÃO

O magistrado agiu corretamente.

Com efeito, dispõe o art. 50, VII, da Lei 7.210/84 (Lei de Execução Penal) que comete falta grave o condenado que utilizar aparelho telefônico que permita a comunicação com outros presos ou com o ambiente externo.

Já o art. 127 da Lei de Execução Penal determina que, na hipótese de o condenado cometer falta grave, este perderá até um terço do tempo remido.

Comentários adicionais:

Em vista da nova redação conferida pela Lei 12.433/11 ao art. 127 da Lei 7.210/84 (Execução Penal), o cometimento de falta grave acarretará a revogação, pelo juiz, de até um terço do tempo remido. Antes, o magistrado estava credenciado a revogar os dias remidos na sua totalidade, amparado que estava pelo posicionamento firmado pelo STF na Súmula Vinculante nº 9. Esta Súmula, por conta disso, perdeu sua razão de ser.

2.12. Legislação extravagante

(OAB/Exame Unificado – 2011.1 – 2ª fase) João e Maria, casados desde 2007, estavam passando por uma intensa crise conjugal. João, visando tornar insuportável a vida em comum, começou a praticar atos para causar dano emocional a Maria, no intuito de ter uma partilha mais favorável. Para tanto, passou a realizar procedimentos de manipulação, de humilhação e de ridicularização de sua esposa. Diante disso, Maria procurou as autoridades policiais e registrou ocorrência em face dos transtornos causados por seu marido. Passados alguns meses, Maria e João chegam a um entendimento e percebem que foram feitos um para o outro, como um casal perfeito. Maria decidiu, então, renunciar à representação.

Nesse sentido e com base na legislação pátria, responda fundamentadamente:

a) Pode haver renúncia (retratação) à representação durante a fase policial, antes de o procedimento ser levado a juízo? (0,65)

b) Pode haver aplicação de pena consistente em prestação pecuniária? (0,6)

RESOLUÇÃO DA QUESTÃO

Em princípio, a renúncia à representação (retratação) somente seria admitida, no âmbito da violência doméstica e familiar contra a mulher, perante o juiz, em audiência especialmente designada para essa finalidade, desde que antes do recebimento da inicial.

Ocorre, porém, que o STF, ao julgar, recentemente, a Ação Declaratória de Constitucionalidade nº 19, reconheceu a constitucionalidade dos arts. 1º, 33 e 41 da Lei 11.340/06. Isso resultou no entendimento de que a ação, nos crimes praticados com violência doméstica e familiar contra a mulher, é pública incondicionada.

Pode o Ministério Público, portanto, ajuizar a ação penal à revelia da ofendida.

No mais, em conformidade com o que estabelece o art. 17 da Lei Maria da Penha, é vedada a aplicação de pena de prestação pecuniária.

GABARITO COMENTADO – EXAMINADORA

Trata-se de crime capitulado na Lei Maria da Penha (Lei 11.340/2006), conforme transcrito abaixo:

> "Art. 7º São formas de violência doméstica e familiar contra a mulher, entre outras:
> II -a violência psicológica, entendida como qualquer conduta que lhe cause dano emocional e diminuição da autoestima ou que lhe prejudique e perturbe o pleno desenvolvimento ou que vise degradar ou controlar suas ações, comportamentos, crenças e decisões, mediante ameaça, constrangimento, humilhação, manipulação, isolamento, vigilância constante, perseguição contumaz, insulto, chantagem, ridicularização, exploração e limitação do direito de ir e vir ou qualquer outro meio que lhe cause prejuízo à saúde psicológica e à autodeterminação;"

Além disso, o Código Penal assim dispõe:

> "Art. 129. Ofender a integridade corporal ou a saúde de outrem:
> Pena -detenção, de três meses a um ano.
> § 9º Se a lesão for praticada contra ascendente, descendente, irmão, cônjuge ou companheiro, ou com quem conviva ou tenha convivido, ou, ainda, prevalecendo-se o agente das relações domésticas, de coabitação ou de hospitalidade: (Redação dada pela Lei nº 11.340, de 2006)

Pena -detenção, de 3 (três) meses a 3 (três) anos. (Redação dada pela Lei nº 11.340, de 2006)

§ 10. Nos casos previstos nos §§1º a 3º deste artigo, se as circunstâncias são as indicadas no §9º deste artigo, aumenta-se a pena em 1/3 (um terço). (Incluído pela Lei nº 10.886, de 2004)"

Sendo assim, de acordo com a Lei supracitada, a renúncia à representação só é admitida na presença do Juiz, em audiência especialmente designada para esta finalidade, nos termos do art. 16 da lei 11.340/2006 e, de acordo com o artigo 17 da referida lei, a prestação pecuniária é vedada.

Distribuição dos Pontos

Item	Pontuação
a) Não, / de acordo com o art. 16 da Lei 11.340, renúncia à representação só é admitida na presença do Juiz, em audiência especialmente designada para esta finalidade (0,65).	0 / 0,65
b) Não, / de acordo com o artigo 17 da Lei 11.340, a prestação pecuniária é vedada (0,6).	0 / 0,6

(OAB/Exame Unificado – 2008.3 – 2ª fase) João praticou crime de lesão corporal contra sua progenitora, com quem residia havia 4 anos, tendo sido regularmente processado por tal fato. Ao final, João foi condenado a detenção de 2 anos, tendo o magistrado feito incidir, sobre a pena, a agravante do parentesco (art. 61, II, e, do Código Penal) e a referente às relações domésticas (art. 61, II, f, do Código Penal). Considerando a situação hipotética apresentada, responda, de forma fundamentada, se agiu corretamente o magistrado ao aplicar a pena bem como se é possível a suspensão condicional do processo.

RESOLUÇÃO DA QUESTÃO

Não pode o magistrado aplicar as duas agravantes; se o fizer, estará configurado o *bis in idem*.

De outro lado, no que concerne à suspensão condicional do processo (art. 89 da Lei 9.099/95), vigora, majoritariamente, o entendimento no sentido de que tal instituto é incabível em face da vedação a que alude o art. 41 da Lei 11.340/06 – Lei Maria da Penha: "Aos crimes praticados com violência doméstica e familiar contra a mulher, independentemente da pena prevista, não se aplica a Lei 9.099/95, de 26 de setembro de 1995".

Comentários adicionais:

Em controle difuso de constitucionalidade, o STF reconheceu, por unanimidade, no julgamento do HC 106212, a constitucionalidade do art. 41 da Lei Maria da Penha (Lei 11.340/06).

(OAB/Exame Unificado – 2008.2 – 2ª fase) José, policial militar responsável pelo controle do trânsito, abordou Gonçalo, pedindo-lhe que retirasse o veículo da via por este estar mal estacionado, oportunidade em que Gonçalo retrucou-lhe: "Quero ver o militarzinho borra-botas que é homem para me fazer tirar o carro!". José conduziu Gonçalo até a delegacia mais próxima, onde a autoridade efetuou os procedimentos cabíveis e encaminhou as partes para o juízo criminal competente. Na audiência preliminar, Gonçalo confirmou as ofensas proferidas e pediu desculpas a José, que as aceitou, ocorrendo a conciliação nos termos previstos em lei. Em face da situação hipotética apresentada e considerando que Gonçalo não tenha antecedentes criminais, responda, de forma fundamentada, às perguntas a seguir.

- ✓ Que crime Gonçalo praticou?
- ✓ Em face do crime praticado, o representante do Ministério Público tem legitimidade para tomar alguma providência legal?

RESOLUÇÃO DA QUESTÃO

Gonçalo, ao reagir daquela forma à abordagem do policial militar, manifestou desprezo, menosprezo à figura do funcionário público. Cometeu, pois, o crime de desacato, capitulado no art. 331 do Código Penal.

Tratando-se de ação penal pública incondicionada, o representante do Ministério Público, em vista do crime praticado, que é de competência do Juizado Especial Criminal, poderá propor a aplicação imediata de pena restritiva de direitos ou multa, a ser especificada na proposta, nos termos do art. 76 da Lei 9.099/05 (transação penal).

PEÇAS
PRÁTICO-PROFISSIONAIS

(OAB/Exame Unificado – 2006.1 – 2ª fase) PEÇA PRÁTICO-PROFISSIONAL. João da Silva procurou um escritório de advocacia, localizado no Setor Noroeste, Edifício Modern Hall, salas 110/112, em Brasília/DF, e relatou ao advogado que o atendeu que sua irmã, Lilian da Silva, brasileira, solteira, do lar, residente e domiciliada na SQN 311, bl. X, ap. 702, Brasília – DF, havia sido presa e autuada em flagrante delito no dia 1/3/06, na cidade de Brasília, pela prática de crime contra a ordem tributária tipificado no art. 1º, I, da Lei 8.137/90. João da Silva informou ainda que a denúncia fora recebida no dia 3/4/06 pelo Juiz de Direito da 5.a Vara Criminal da Circunscrição Judiciária de Brasília – DF. Ele afirmou que Lilian da Silva é primária, tem bons antecedentes, possui residência fixa no distrito da culpa e frequenta regularmente as aulas do 3º ano do ensino médio. Outrossim, argumentou que Lilian, após a prisão em flagrante, quitou integralmente os débitos para com a Fazenda Pública, referentes ao Auto de Infração nº 6.332/2005, no valor de R$ 2.100,00, motivo pelo qual, segundo ele, a indiciada merece ser posta em liberdade, aquiescendo em prestar compromisso de comparecer a todos os atos processuais aos quais for intimada. Na ocasião, João da Silva, com o propósito de auxiliar o pleito, trazia consigo os seguintes documentos pertencentes a sua irmã: nota de culpa, cópia do auto de prisão em flagrante, certidão negativa de antecedentes criminais, conta de água, histórico escolar e comprovantes de pagamento de tributos. Considerando a situação hipotética apresentada e na condição de advogado, redija, perante o juízo de 1º grau competente, a peça profissional pertinente a favor de sua nova cliente, Lilian da Silva (coloque a data de hoje e assine como ADVOGADO). extensão máxima: 90 linhas

CONSIDERAÇÕES PRELIMINARES

O *habeas corpus* constitui uma ação de índole constitucional destinada a tutelar a liberdade de locomoção do indivíduo – art. 5º, LXVIII, da CF. Está em jogo, pois, o direito de ir e vir.

O Código de Processo Penal, por sua vez, disciplina esta ação nos arts. 647 e seguintes.

Qualquer pessoa pode impetrar *habeas corpus*, aqui incluído o próprio paciente.

Deve-se identificar, para se saber contra quem impetrá-lo, qual a autoridade coatora. Competente será a autoridade imediatamente superior à coatora.

As hipóteses de cabimento do *habeas corpus* estão contempladas no art. 648 do Código de Processo Penal. Trata-se de rol meramente exemplificativo.

No mais, o remédio constitucional pode ser liberatório ou preventivo.

Resolução da peça prático-profissional – modelo de *HABEAS CORPUS*

início da peça

Excelentíssimo Senhor Doutor Juiz de Direito da 5ª Vara Criminal da Circunscrição Judiciária de Brasília – DF.

[deixe espaço de aproximadamente 10 cm, para eventual despacho ou decisão do juiz]

Nome ..., advogado inscrito na Ordem dos Advogados do Brasil ..., secção ..., com escritório no Setor Noroeste, Edifício Modern Hall, salas 110/112, nesta capital, vem, respeitosamente, à presença de Vossa Excelência impetrar, com fundamento no art. 5º, LXVIII, da CF e art. 648, VII, do CPP, a presente ordem de HABEAS CORPUS, com pedido de liminar, em favor de Lilian da Silva, brasileira, solteira, do lar, residente e domiciliada na SQN 311, bl. X, ap. 702, nesta capital, pelas razões a seguir expostas:

1. DOS FATOS

A paciente foi presa em flagrante porque, em princípio, teria violado o art. 1º, I, da Lei 8.137/90.

A prisão se deu em 1º de março do corrente, sendo a denúncia recebida no dia 3 seguinte.

Consta ainda que, após a prisão em flagrante, o valor correspondente ao débito foi integralmente recolhido em favor da Fazenda Pública, conforme consta do incluso comprovante de pagamento de tributo (doc. 1).

A paciente permanece presa até então.

2. DO DIREITO

Não bastasse o fato de a paciente ser primária, ter bons antecedentes, possuir residência fixa no distrito da culpa e cursar o 3º ano do ensino médio (doc. 2), o que, por si só, já seria motivo bastante a justificar sua soltura para responder ao processo em liberdade, o fato é que a quitação do débito constitui causa de extinção da punibilidade, não se justificando o prosseguimento da ação penal, que deve, por isso mesmo, ser trancada.

Com efeito, o pagamento do valor devido a título de tributo, que poderá ser feito, a teor do art. 9º, § 2º, da Lei 10.684/03, até o trânsito em julgado da sentença, tem o condão de extinguir a punibilidade, com o consequente trancamento da ação penal instaurada.

Dessa forma, outra consequência não poderia ensejar, *in casu*, o pagamento, realizado na íntegra e devidamente comprovado, senão o trancamento da presente ação penal instaurada em face da paciente.

3. DO PEDIDO

Ante o exposto, requer seja concedida ordem de *habeas corpus*, liminarmente, em favor da paciente, uma vez que presentes a probabilidade de dano irreparável e a fumaça do bom direito, a fim de que seja relaxada a prisão e expedido o competente alvará de soltura.

Requer-se, outrossim, o regular processamento do feito com a ratificação da liminar concedida, decretando-se a extinção da punibilidade e o trancamento da ação penal.

Nestes Termos,

Pede Deferimento.

Local ..., 7 de maio de 2006.

ADVOGADO

fim da peça

(OAB/Exame Unificado – 2006.3 – 2ª fase) PEÇA PRÁTICO-PROFISSIONAL. Maria José, indiciada por tráfico de drogas, apontou, em seu interrogatório extrajudicial, realizado em 3/11/2006, Thiago, seu ex-namorado, brasileiro, solteiro, bancário, residente na rua Machado de Assis, nº 167, no Rio de Janeiro–RJ, como a pessoa que lhe fornecia entorpecentes. No dia 4/11/2006, cientes da assertiva de Maria José, policiais foram ao local em que Thiago trabalhava e o prenderam, por suposta prática do crime de tráfico de drogas. Nessa oportunidade, não foi encontrado com Thiago qualquer objeto ou substância que o ligasse ao tráfico de entorpecentes, mas a autoridade policial entendeu que, na hipótese, haveria flagrante impróprio, ou quase flagrante, porquanto se tratava de crime permanente. Apresentado à autoridade competente, Thiago afirmou que nunca teve qualquer envolvimento com drogas e muito menos passagem pela polícia. Disse, ainda, que sempre trabalhou em toda a sua vida, apresentou a sua carteira de trabalho e declarou possuir residência fixa. Mesmo assim, lavrou-se o auto de prisão em flagrante, sendo dada a Thiago a nota de culpa, e, em seguida, fizeram-se as comunicações de praxe. Com base na situação hipotética descrita acima, e considerando que Thiago está sob custódia decorrente de prisão em flagrante, redija a peça processual, privativa de advogado, pertinente à defesa de Thiago.

CONSIDERAÇÕES PRELIMINARES

Terá lugar o pedido de relaxamento da prisão em flagrante sempre que houver um vício material (não era hipótese de flagrante – art. 302, CPP) ou formal (o auto não foi confeccionado como manda a lei – art. 304, CPP). Em se tratando de prisão corretamente levada a efeito, isto é, não sendo o caso de relaxar a prisão em flagrante por força de vício de ordem formal ou material, o juiz, logo que comunicado da detenção de alguém (art. 306, *caput*, CPP), deverá, tendo em conta as mudanças introduzidas no art. 310 do CPP pela Lei 12.403/11, proceder a um acurado exame da conveniência e necessidade em se manter o indiciado preso. No regime anterior, o juiz se limitava a chancelar a prisão em flagrante, que perdurava, muitas vezes, até o final da instrução, funcionando, como é consabido, como verdadeira prisão-pena (cumprimento antecipado de pena). Agora, nada obsta que o indiciado permaneça encarcerado, mas, para tanto, o juiz deverá analisar o caso à luz dos requisitos do art. 312 do CPP e, uma vez presentes, converter a prisão em flagrante em custódia preventiva. Mais: esta somente terá lugar, a teor dos arts. 282, § 6º, e 310, II, do CPP, quando não for possível substituí-la por outra medida cautelar (caráter subsidiário da prisão processual). Voltando ao art. 310, poderá ainda o juiz conceder liberdade provisória, com ou sem fiança (inciso II do dispositivo).

De se ver, de outro lado, que nada impede que, após o relaxamento da prisão em flagrante considerada ilegal, seja decretada a custódia preventiva ou temporária, desde que presentes os requisitos contemplados em lei.

O pedido (relaxamento da prisão ilegal com a expedição do alvará de soltura) deve ser dirigido ao juiz de primeira instância.

Se o juiz, depois de recebido o pedido de relaxamento da prisão em flagrante, acatar o pleito, pode a parte contrária ingressar com recurso em sentido estrito, nos termos do art. 581, V, do CPP; se o magistrado, no entanto, indeferir o pedido, não cabe recurso. Restará aqui à defesa impetrar *habeas corpus*.

Resolução da peça prático-profissional – modelo de RELAXAMENTO DE PRISÃO EM FLAGRANTE

início da peça

Excelentíssimo Senhor Doutor Juiz de Direito da ___Vara Criminal da Comarca do Rio de Janeiro – RJ.

[deixe espaço de aproximadamente 10 cm, para eventual despacho ou decisão do juiz]

Tiago, brasileiro, solteiro, bancário, portador da cédula de identidade nº ..., inscrito no Cadastro de Pessoas Físicas do Ministério da Fazenda sob o nº ..., residente e domiciliado na Rua Machado de Assis, nº 167, nesta capital e comarca, por seu advogado infra-assinado, conforme procuração anexa, vem, respeitosamente, à presença de Vossa Excelência requerer o RELAXAMENTO DE PRISÃO EM FLAGRANTE, com fundamento no art. 5º, LXV, da Constituição Federal, pelos seguintes motivos:

1. DOS FATOS

O indiciado foi preso em flagrante no dia 4 de novembro do corrente, sob a alegação de estar supostamente praticando o crime de tráfico de drogas.

Tal ocorreu porque sua ex-namorada, Maria José, indiciada em inquérito, no dia anterior, por tráfico de drogas, afirmou que o indiciado lhe fornecia entorpecentes.

Na ocasião de sua prisão, não foi encontrado com o indiciado qualquer objeto ou substância que o relacionasse ao tráfico de entorpecentes, mas a autoridade policial entendeu que, na hipótese, haveria flagrante impróprio, ou quase flagrante, porquanto se tratava de crime permanente.

Quando na unidade de polícia judiciária, o indiciado negou qualquer envolvimento com entorpecentes, bem assim afirmou que nunca registrou passagem pela polícia. Na mesma ocasião, afirmou que sempre trabalhou, tendo apresentado sua carteira de trabalho, e declarou possuir residência fixa. Ainda assim, lavrou-se o auto de prisão em flagrante.

2. DO DIREITO

Em verdade, não há que se falar em flagrante impróprio ou quase flagrante neste caso.

Para que ocorresse tal modalidade de prisão em flagrante, presente no art. 302, III, do Código de Processo Penal, necessário seria que o agente fosse perseguido logo após a infração, e preso. Não foi o que ocorreu.

Pelo contrário. Não existe sequer situação de flagrância. O indiciado foi preso porque sua ex-namorada, em interrogatório extrajudicial, fez menção ao fato de o mesmo ter-lhe fornecido substância entorpecente. Diante disso, deveria a autoridade policial proceder a investigações, apurar os fatos, reunir provas. Nada disso, no entanto, foi feito.

Nunca poderia ter efetuado a prisão da forma como fez, porque não existia situação de flagrante, sobretudo ao argumento de que houvera flagrante impróprio. Some-se a isso ainda o fato de a prisão ter ocorrido no dia seguinte à informação prestada pela ex-namorada do indiciado.

Ademais, com o indiciado não foi encontrado qualquer substância ou objeto que o ligasse com o delito de tráfico de drogas.

A prisão em flagrante é, em vista disso, intrinsecamente ilegal, devendo, pois, em vista do que estabelece o art. 310, I, do CPP, ser relaxada.

3. DO PEDIDO

Ante o exposto, requer a Vossa Excelência, afastada a hipótese de flagrância, determinar o relaxamento da prisão, colocando-se o indiciado em liberdade.

Termos em que, ouvido o digno representante do Ministério Público e expedindo-se o competente alvará de soltura, Pede deferimento.

Local, data ...

Advogado

fim da peça

(OAB/Exame Unificado – 2007.2 – 2ª fase) PEÇA PRÁTICO-PROFISSIONAL. O Ministério Público ofereceu denúncia contra Pedro Antunes Rodrigues, por infração prevista no art. 121, *caput*, c/c o art. 14, inciso II, e art. 61, inciso II, alínea e, todos do Código Penal. Conforme a inicial acusatória, no dia 2 de novembro de 2006, por volta das 15 horas, na quadra 5, em via pública, na localidade de Planaltina – DF, o denunciado, fazendo uso de uma pistola, da marca Taurus, calibre 380, semiautomática, com capacidade para doze cartuchos, conforme laudo de exame em arma de fogo, efetuou um disparo contra seu irmão Alberto Antunes Rodrigues, na tentativa de matá-lo, causando-lhe lesões no peito, do lado esquerdo. O delito de homicídio não se consumou por circunstâncias alheias à sua vontade, sendo evitado porque a vítima recebeu pronto atendimento médico. O que motivou o fato, conforme a exordial, foi a divisão de uma área de terras oriunda de herança. Narra a denúncia que Pedro Antunes Rodrigues disse à vítima, na véspera dos fatos, que "a fazenda seria sua de qualquer jeito, nem que, para isso, tivesse que matar o próprio irmão". Ao ser interrogado, o réu admitiu que teria dito ao seu irmão, um dia antes do crime, exatamente as palavras narradas na denúncia. Durante a instrução do feito, a acusação apresentou testemunhas não presenciais. A defesa, por seu turno, arrolou Catarina Andrade, que informou que, depois de efetuar um único disparo de arma de fogo contra a vítima, Pedro Antunes Rodrigues absteve-se, voluntariamente, de reiterar atos agressivos à integridade física da vítima e, ato contínuo, retirou-se, caminhando, do local onde ocorreram os fatos. Consta nos autos informação da polícia técnica de que na arma, apreendida imediatamente após o crime, havia 7 cartuchos intactos. E, ainda, que Pedro não possui antecedentes penais. Conforme o laudo de exame de corpo de delito (lesões corporais), a vítima foi atingida no lado esquerdo do peito, tendo o projétil transfixado o coração, do que resultou perigo de vida. Em razão da lesão sofrida, Alberto ficou 40 dias sem exercer suas atividades normais. Sobreveio, então, sentença que pronunciou o réu nos termos da denúncia. Submetido a julgamento pelo tribunal do júri, o réu foi condenado a 5 anos de reclusão, em regime semiaberto, conforme o disposto no art. 121, *caput*, c/c o art. 14, inciso II, e art. 61, inciso II, alínea e, todos do Código Penal. Considerando essa situação hipotética, redija, na qualidade de advogado de Pedro Antunes Rodrigues, a peça processual que não seja o *habeas corpus*, privativa de advogado, pertinente à sua defesa, incluindo a fundamentação legal.

PENAL

CONSIDERAÇÕES PRELIMINARES

Quando se tratar de apelação de decisão proferida no Tribunal do Júri – art. 593, III, *a* a *d*, do CPP, o apelante, nas razões de recurso, ficará adstrito ao tema indicado na petição de interposição, ou seja, o recorrente há de fazer indicar, logo na petição de interposição, a razão de seu inconformismo, dela não podendo se desvincular quando do oferecimento das razões.

Nesse sentido a Súmula 713 do STF: "O efeito devolutivo da apelação contra decisões do Júri é adstrito aos fundamentos da sua interposição".

Em obediência ao postulado da soberania dos veredictos, que tem assento constitucional, ao tribunal *ad quem* é defeso reformar o julgado proferido pelos jurados, prolatando em seu lugar outra decisão de mérito. O art. 593, III, do CPP estabelece as hipóteses em que o recurso de apelação pode ser manejado no Tribunal do Júri, traçando seus limites.

Resolução da peça prático-profissional – modelo de APELAÇÃO

Petição de interposição

início da peça

Excelentíssimo Senhor Doutor Juiz de Direito da__Vara do Tribunal do Júri da Comarca de Planaltina – DF.

[deixe espaço de aproximadamente 10 cm, para eventual despacho ou decisão do juiz]

Pedro Antunes Rodrigues, já qualificado nos autos da ação penal nº ..., que lhe move o Ministério Público, por seu advogado e bastante procurador que esta subscreve, não se conformando com a respeitável sentença que o condenou à pena de cinco anos de reclusão, dela vem interpor recurso de APELAÇÃO, com fundamento no art. 593, III, *d*, do Código de Processo Penal, ao Egrégio Tribunal de Justiça.

Nesses termos, requerendo seja ordenado o processamento do recurso, com as inclusas razões.

Pede Deferimento.

Local .... data ....

Advogado

fim da peça

início da peça

Razões de apelação

Razões de Apelação

Apelante: Pedro Antunes Rodrigues

Apelado: Ministério Público

Processo-crime nº ...

Egrégio Tribunal de Justiça,

Colenda Câmara,

Ilustres Desembargadores,

Douta Procuradoria de Justiça,

A respeitável sentença condenatória, pelas razões que a seguir serão expostas, não merece prosperar.

1. DOS FATOS

O apelante foi processado como incurso no art. 121, "*caput*", c/c o art. 14, II, e art. 61, II, *e*, todos do Código Penal.

É da denúncia que o apelante, no dia 2 de novembro de 2006, por volta das 15 horas, fazendo uso de uma pistola, teria efetuado um disparo contra seu irmão, Alberto Antunes Rodrigues, na tentativa de matá-lo, causando-lhe lesões no peito. Segundo também consta da exordial, o delito de homicídio somente não se consumara por circunstâncias alheias à vontade do apelante.

A vítima foi prontamente socorrida.

No decorrer da instrução, o Ministério Público apresentou tão somente testemunhas não presenciais do fato.

A única testemunha presencial, Catarina Andrade, foi arrolada pela defesa.

Sobreveio, então, decisão de pronúncia nos moldes da denúncia, sendo, em seguida, o apelante julgado perante o Tribunal do Júri, onde foi condenado à pena de 5 anos de reclusão, em regime semiaberto, como incurso no art. 121, "*caput*", c/c o art. 14, II, e art. 61, II, "*e*", todos do Código Penal.

2. DO DIREITO

A autoria do disparo que atingiu a vítima é inconteste. Partiu da arma de fogo disparada pelo apelante.

Não procede, no entanto, a afirmação que da exordial consta de que o delito de homicídio não teria se consumado por circunstâncias alheias à vontade do apelante, sendo evitado porque a vítima, seu irmão, recebera pronto atendimento médico.

É bem verdade que o pronto atendimento prestado à vítima contribuiu para que a mesma se restabelecesse.

Mas a dinâmica do evento não deixa dúvidas de que o apelante, após efetuar o primeiro e único disparo, podendo dar sequência à execução do crime, já que dispunha de meios para tanto, visto que a arma que portava ainda tinha sete cartuchos íntegros, deixou, voluntariamente, de fazê-lo, manifestando, portanto, sua vontade de não atingir a consumação do delito. Está-se diante, portanto, da chamada desistência voluntária, presente no art. 15, primeira parte, do Código Penal.

Em casos tais, conforme reza o dispositivo "*supra*", deve o agente responder tão somente pelos atos já praticados, ou seja, no caso pelas lesões corporais experimentadas pela vítima, isso porque, sendo a desistência do apelante voluntária, não há que se falar em causa não relacionada à sua vontade, afastando a tipicidade da conduta (tentativa). Não há, pois, no caso, tentativa de homicídio, e sim lesão corporal consumada (atos já praticados).

O depoimento da testemunha Catarina Andrade, que a tudo presenciou, retrata de forma fiel, com exatidão e riqueza de detalhes, os fatos, e, ao que parece, não foi levado em conta pelos jurados.

Dessa forma, fica evidente que a decisão dos jurados contrariou de forma manifesta a prova dos autos, notadamente o depoimento da testemunha acima referida, que reputamos o mais relevante no acervo probatório destes autos.

3. DO PEDIDO.

Diante de todo o exposto, postula-se seja dado provimento ao recurso interposto, para o fim de anular a decisão proferida pelo Tribunal do Júri, determinando seja o apelante submetido a novo julgamento, com fundamento no art. 593, § 3º, do CPP.

Nesses Termos,

Pede Deferimento.

Local ..., data ....

Advogado

fim da peça

(OAB/Exame Unificado – 2007.3 – 2ª fase) PEÇA PRÁTICO-PROFISSIONAL. O Ministério Público ofereceu denúncia contra Alexandre Silva, brasileiro, casado, taxista, nascido em 21/01/1986, pela prática de infração prevista no art. 121, *caput*, do CP. Consta, na denúncia, que, no dia 10/10/2006, aproximadamente às 21 horas, em via pública da cidade de Brasília – DF, o acusado teria efetuado um disparo contra a pessoa de Filipe Santos, que, em razão dos ferimentos, veio a óbito. No laudo de exame cadavérico acostado aos autos, os peritos do Instituto Médico Legal registraram a seguinte conclusão: "morte decorrente de anemia aguda, devido a hemorragia interna determinada por transfixação do pulmão por ação de instrumento perfuro contundente (projétil de arma de fogo)". Consta da folha de antecedentes penais de Alexandre, um inquérito policial por crime de porte de arma, anterior à data dos fatos e ainda em apuração. No interrogatório judicial, o acusado afirmou que, no horário dos fatos, encontrava-se em casa com sua esposa e dois filhos; que só saiu por volta das 22 horas para comprar refrigerante, oportunidade em que foi preso quando adentrava no bar; que conhecia a vítima apenas de vista; que não responde a nenhum processo. Na instrução criminal, Paulo Costa, testemunha arrolada pelo Ministério Público, em certo trecho do seu depoimento, disse que era amigo de Filipe, que aparentemente a vítima não tinha inimigos; que deve ter sido um assalto; que estava a aproximadamente cinquenta metros de distância e não viu o rosto da pessoa que atirou em Filipe, mas que certamente era alto e forte, da mesma compleição física do acusado; que não tem condições de reconhecer com certeza o ora acusado. André Gomes, também arrolado pela acusação, disse que a noite estava muito escura e o local não tinha iluminação pública; que estava próximo da vítima, mas havia bebido; que hoje não tem condições de reconhecer o autor dos disparos, mas tem a impressão de que o acusado tinha o mesmo porte físico do assassino. Breno Oliveira, policial militar, testemunha comum, afirmou que prendeu o acusado porque ele estava próximo ao local dos fatos e suas características físicas correspondiam à descrição dada pelas pessoas que teriam presenciado os fatos; que, pela descrição, o autor do disparo era alto, forte, moreno claro, vestia calça jeans e camiseta branca; que o céu estava encoberto, o que deixava a rua muito escura, principalmente porque não havia iluminação pública; que, na delegacia, o acusado permaneceu em silêncio; que a arma do crime não foi encontrada. Maíra Silva, esposa de Alexandre, arrolada pela defesa, confirmou, em seu depoimento, que o marido permanecera em casa a noite toda, só tendo saído para comprar refrigerante, oportunidade em que foi preso e não mais voltou para casa; que só tomou conhecimento da acusação na delegacia e, de imediato, disse ao delegado que aquilo não era possível, mas este não acreditou; que o acusado vestia calça e camiseta clara no dia dos fatos; que Alexandre é um bom marido, trabalhador e excelente pai. Após a audiência, o juiz abriu vista dos autos ao Ministério Público, que requereu a pronúncia do réu nos termos da denúncia. Com base na situação hipotética apresentada, redija, na qualidade de advogado de Alexandre, a peça processual, privativa de advogado, pertinente à defesa do réu; inclua a fundamentação legal e jurídica, explore a tese defensiva cabível nesse momento processual e date a petição no último dia do prazo para protocolo, considerando que a intimação ocorra no dia 3/3/2008, segunda-feira.

CONSIDERAÇÕES PRELIMINARES

A despeito de o art. 411, § 4º, do Código de Processo Penal não fazer menção à possibilidade de o magistrado deferir a juntada de memoriais em substituição aos debates orais, a maioria da doutrina tem entendido ser aplicável, sim, por analogia, o art. 403, § 3º, do CPP ao rito do Júri.

Resolução da peça prático-profissional – modelo de MEMORIAIS

início da peça

Excelentíssimo Senhor Doutor Juiz de Direito da __Vara do Júri de Brasília - DF.

[Deixe espaço de aproximadamente 10 cm, para eventual despacho ou decisão do juiz]

Alexandre Silva, já qualificado nos autos da ação penal nº ... , que lhe move o Ministério Público, por seu advogado e bastante procurador que esta subscreve, vem, mui respeitosamente, à presença de Vossa Excelência, por analogia ao art. 403, § 3º, do Código de Processo Penal, apresentar os seus MEMORIAIS, nos seguintes termos:

1. DOS FATOS

O réu foi denunciado como incurso no art. 121, "*caput*", do Código Penal porque teria, no dia 10/10/2006, por volta das 21 horas, em via pública, efetuado disparo de arma de fogo contra a pessoa de Filipe Santos, que, em razão dos ferimentos, veio a óbito.

O réu foi preso logo em seguida aos fatos.

O feito foi instruído e o Ministério Público, ao final do sumário de culpa, pugnou pela pronúncia do réu nos termos da exordial.

2. DO DIREITO

Como ficará demonstrado a seguir, a acusação baseou-se, ao oferecer a peça inicial, em meras conjecturas, suposições.

Da mesma forma, as testemunhas ouvidas em juízo nada acrescentaram que pudesse estabelecer de maneira segura a autoria do crime imputado pela acusação ao réu.

Por primeiro, impende consignar que Paulo Costa, testemunha arrolada pela acusação, ao depor em juízo, declarou que era amigo da vítima. Disse, também, que Filipe possivelmente tenha sido vítima de um assalto e que, quando dos fatos, estava a aproximadamente cinquenta metros de distância, o que o impossibilitou de ver o rosto da pessoa que atirou contra a vítima. Limitou-se a afirmar que se tratava de pessoa alta e forte, da mesma compleição física do acusado. Asseverou a testemunha, por fim, não ter condições de reconhecer com certeza o acusado.

É evidente que o teor das declarações da testemunha Paulo Costa, em razão da distância que mantinha do local dos fatos e da deficiente iluminação pública que havia no momento, revela-se frágil e temerário, notadamente porque a própria testemunha afirma não dispor de condições de reconhecer com certeza o acusado, aplicando-se, *"in casu"*, o postulado do *"in dubio pro reo"*.

André Gomes, também arrolado pelo Ministério Público, disse que a noite estava muito escura e o local não tinha iluminação pública. Asseverou, também, que, a despeito de estar próximo da vítima, havia feito uso de bebida alcoólica, não tendo, por conta disso, condições de reconhecer o autor dos disparos. Declarou ter a impressão de que o acusado tinha o mesmo porte físico do assassino.

Temos, pois, o depoimento de duas testemunhas, uma que presenciou os fatos a uma distância de cinquenta metros e que, por isso, não viu o rosto do assassino, e outra que estava próxima do local onde se deram os fatos, mas que, em razão de ingestão de álcool, não tem condições de reconhecer o autor dos disparos. Ambas asseveram que o réu tem o porte semelhante ao do autor dos disparos.

Ocorre que o acusado, no momento em que a vítima era alvejada pelo disparo que a levou à morte, estava em sua residência, de lá tendo saído para comprar refrigerante somente uma hora mais tarde, conforme declarou sua esposa, Maíra Silva, quando ouvida em juízo, ressaltando que Alexandre permanecera em casa a noite toda até então.

O policial militar que efetuou a prisão do réu, Breno Oliveira, nada presenciou. Declarou em juízo que prendeu o acusado porque ele estava próximo ao local dos fatos e suas características físicas correspondiam à descrição fornecida pelas pessoas que teriam presenciado os fatos. Acrescentou que o céu estava encoberto, o que deixava a rua muito escura, principalmente porque não havia iluminação pública.

A arma do crime não foi apreendida.

No seu interrogatório judicial, o réu negou a prática do crime a ele atribuído, tendo declarado que, no dia e horário dos fatos, encontrava-se em casa com sua esposa e os dois filhos, de lá saindo somente por volta das 22 horas para comprar refrigerante, quando foi preso no exato instante em que adentrava em um bar. Asseverou conhecer a vítima apenas de vista.

Assim, infere-se, ante todo o exposto, que não existem elementos suficientes para afirmar que o réu foi o autor do fato noticiado na denúncia ofertada pelo Ministério Público.

Nenhuma testemunha de acusação afirmou de forma inequívoca que foi o acusado quem efetuou o disparo que atingiu a vítima.

De outro lado, a esposa do réu, em depoimento seguro, declarou que o marido, no momento do crime, estava em sua companhia.

Se existem dúvidas quanto à culpa do réu, deve prevalecer o estado de inocência (*"in dubio pro reo"*).

PENAL

3. DO PEDIDO.

Ante o exposto, requer-se a Vossa Excelência seja proferida a respeitável decisão de impronúncia do réu, com fundamento no art. 414 do Código de Processo Penal.

Por fim, deve-se ressaltar que o acusado é primário.

Local ..., 10 de março de 2008.

Advogado

fim da peça

(OAB/Exame Unificado – 2008.1 – 2ª fase) PEÇA PRÁTICO-PROFISSIONAL. Mariano Pereira, brasileiro, solteiro, nascido em 20/1/1987, foi denunciado pela prática de infração prevista no art. 157, § 2º, incisos I e II, do Código Penal, porque, no dia 19/2/2007, por volta das 17 h 40 min., em conjunto com outras duas pessoas, ainda não identificadas, teria subtraído, mediante o emprego de arma de fogo, a quantia de aproximadamente R$ 20.000,00 de agência do banco Zeta, localizada em Brasília – DF. Consta na denúncia que, no dia dos fatos, os autores se dirigiram até o local e convenceram o vigia a permitir sua entrada na agência após o horário de encerramento do atendimento ao público, oportunidade em que anunciaram o assalto. Além do vigia, apenas uma bancária, Maria Santos, encontrava-se no local e entregou o dinheiro que estava disponível, enquanto Mariano, o único que estava armado, apontava sua arma para o vigia. Fugiram em seguida pela entrada da agência. Durante o inquérito, o vigia, Manoel Alves, foi ouvido e declarou: que abriu a porta porque um dos ladrões disse que era irmão da funcionária; que, após destravar a porta e o primeiro ladrão entrar, os outros apareceram e não conseguiu mais travar a porta; que apenas um estava armado e ficou apontando a arma o tempo todo para ele; que nenhum disparo foi efetuado nem sofreram qualquer violência; que levaram muito dinheiro; que a agência estava sendo desativada e não havia muito movimento no local. O vigia fez retrato falado dos ladrões, que foi divulgado pela imprensa, e, por intermédio de uma denúncia anônima, a polícia conseguiu chegar até Mariano. O vigia Manoel reconheceu o indiciado na delegacia e faleceu antes de ser ouvido em juízo. Regularmente denunciado e citado, em seu interrogatório judicial, acompanhado pelo advogado, Mariano negou a autoria do delito. A defesa não apresentou alegações preliminares. Durante a instrução criminal, a bancária Maria Santos afirmou: que não consegue reconhecer o réu; que ficou muito nervosa durante o assalto porque tem depressão; que o assalto não demorou nem 5 minutos; que não houve violência nem viu a arma; que o Sr. Manoel faleceu poucos meses após o fato; que ele fez o retrato falado e reconheceu o acusado; que o sistema de vigilância da agência estava com defeito e por isso não houve filmagem; que o sistema não foi consertado porque a agência estava sendo desativada; que o Sr. Manoel era meio distraído e ela acredita que ele deixou o primeiro ladrão entrar por boa fé; que sempre ficava até mais tarde no banco e um de seus 5 irmãos ia buscá-la após as 18 h; que, por ficar até mais tarde, muitas vezes fechava o caixa dos colegas, conferia malotes etc.; que a quantia levada foi de quase vinte mil reais. O policial Pedro Domingos também prestou o seguinte depoimento em juízo: que o retrato falado foi feito pelo vigia e muito divulgado na imprensa; que, por uma denúncia anônima, chegaram até Mariano e ele foi reconhecido; que o réu negou participação no roubo, mas não explicou como comprou uma moto nova à vista já que está desempregado; que os assaltantes provavelmente vigiaram a agência e notaram a pouca segurança, os horários e hábitos dos empregados do banco Zeta; que não recuperaram o dinheiro; que nenhuma arma foi apreendida em poder de Mariano; que os outros autores não foram identificados; que, pela sua experiência, tem plena convicção da participação do acusado no roubo. Na fase de requerimento de diligências, a folha de antecedentes penais do réu foi juntada e consta um inquérito em curso pela prática de crime contra o patrimônio. Na fase seguinte, a acusação pediu a condenação nos termos da denúncia. Em face da situação hipotética apresentada, redija, na qualidade de advogado(a) de Mariano, a peça processual, privativa de advogado, pertinente à defesa do acusado. Inclua, em seu texto, a fundamentação legal e jurídica, explore as teses defensivas possíveis e date no último dia do prazo para protocolo, considerando que a intimação tenha ocorrido no dia 23/6/2008, segunda-feira.

CONSIDERAÇÕES PRELIMINARES

Levamos em conta, na elaboração desta peça, as alterações implementadas pela Lei 11.719/08.

Assim, as alegações finais escritas devem ser, em regra, substituídas pelos debates orais. Pode o magistrado, no entanto, autorizar a apresentação das alegações por escrito, a depender da complexidade do caso ou do número de acusados. São os chamados *memoriais* e estão previstos no art. 403, § 3º, do Código de Processo Penal.

Devem ser apresentados logo em seguida ao término da instrução, ao juiz que a presidiu, ou, havendo determinação para a realização de diligências, após a realização destas.

Trata-se da derradeira oportunidade de as partes se manifestarem antes de o magistrado prolatar a sentença.

Atenção: o prazo para apresentação de memoriais é de cinco dias (art. 403, § 3º, do CPP), diferente, portanto, do prazo que o revogado art. 500 fixava para apresentação das alegações finais (três dias).

Resolução da peça prático-profissional – modelo de MEMORIAIS

início da peça

Excelentíssimo Senhor Doutor Juiz de Direito da __Vara Criminal de Brasília - DF.

[deixe espaço de aproximadamente 10 cm, para eventual despacho ou decisão do juiz]

Mariano Pereira, já qualificado nos autos da ação penal nº ... que lhe move o Ministério Público, por seu advogado e bastante procurador que esta subscreve, vem, mui respeitosamente, à presença de Vossa Excelência, com fundamento no art. 403, § 3º, do Código de Processo Penal, apresentar os seus MEMORIAIS, nos seguintes termos:

1. DOS FATOS

O réu foi denunciado como incurso no art. 157, § 2º, I e II, do Código Penal, porque teria subtraído, no dia 19/2/2007, por volta das 17h40min, em conjunto com outras duas pessoas não identificadas, mediante o emprego de arma de fogo, a quantia de aproximadamente R$ 20.000,00, de agência do banco Zeta, localizada em Brasília – DF.

O feito foi instruído e a acusação, ao final, pugnou pela condenação do réu nos termos da inicial.

2. DO DIREITO

A acusação que pesa sobre o réu não pode prosperar, na medida em que o órgão acusatório não logrou comprovar a autoria do fato imputado ao acusado, havendo, quando muito, meros indícios não corroborados em juízo, como restará sobejamente demonstrado a seguir.

Em primeiro lugar, no momento em que os fatos se deram, somente se encontravam na agência bancária na qual ocorreu o roubo o vigia, Manoel Alves, e uma bancária, Maria Santos, tendo esta entregado ao roubador o dinheiro que estava disponível.

A bancária, ouvida em juízo, declarou ser incapaz de reconhecer o acusado, visto que pouco se recorda do ocorrido.

O vigia, que chegou a fazer retrato falado dos ladrões, que foi divulgado pela imprensa, reconheceu o réu na delegacia e faleceu antes de ser ouvido em contraditório.

PENAL

Parece-nos evidente que o reconhecimento do réu perante a autoridade policial, além de constituir mero indício, haveria de ser corroborado em juízo, mas, ante o falecimento do vigia, não pôde sê-lo. Assim, não poderá ser levado em consideração numa eventual condenação.

Ademais disso, esse indício não se coaduna com o conjunto de provas, que depõe a favor do réu.

Consta da peça acusatória que o único que estaria armado era o réu.

Pois bem, a que arma o Ministério Público se refere? Além de não haver prova da participação do réu nesta empreitada criminosa, não houve apreensão de arma alguma.

A jurisprudência tem entendido que, para a caracterização da majorante prevista no artigo 157, § 2º, I, do Código Penal, faz-se necessário que a arma de fogo seja apreendida e periciada.

Não foi apreendida tampouco periciada.

O policial Pedro Domingos, em depoimento prestado em juízo, asseverou que o réu negou ter participado do roubo em questão. Declarou, ainda, que o acusado não esclareceu como adquiriu uma moto nova à vista, já que estava desempregado.

O fato de o réu ter adquirido um veículo novo à vista e encontrar-se desempregado não pode ser interpretado em seu desfavor. Isso não constitui crime. Se o policial, por alguma razão, achava que a moto tinha alguma ligação com o delito, que então aprofundasse as investigações.

Da mesma forma, quando afirma, em depoimento, ter plena convicção de que o réu participou do roubo, o policial está exteriorizando um juízo de valor que vem a retratar a total falta de provas para condenar o acusado.

Ademais disso, o réu sempre negou de forma peremptória sua participação no crime.

3. DO PEDIDO.

Ante o exposto, requer-se a Vossa Excelência a absolvição do réu, com fundamento no art. 386, V, do Código de Processo Penal, ou, subsidiariamente, que não seja aplicada a majorante contida no art. 157, § 2º, I, do Código Penal, e também que faça incidir, em vista da menoridade do réu, a circunstância atenuante prevista no art. 65, I, do Código Penal.

Por fim, deve-se ressaltar que o acusado é primário.

Local ..., 30 de junho de 2008.

Advogado

fim da peça

(OAB/Exame Unificado – 2008.2 – 2ª fase) PEÇA PRÁTICO-PROFISSIONAL. Odilon Coutinho, brasileiro, com 71 anos de idade, residente e domiciliado em Rio Preto da Eva – AM, foi denunciado pelo Ministério Público, nos seguintes termos: "No dia 17 de setembro de 2007, por volta das 19 h 30 min., na cidade e comarca de Manaus – AM, o denunciado, Odilon Coutinho, juntamente com outro não identificado, imbuídos do propósito de assenhoreamento definitivo, quebraram a janela do prédio onde funciona agência dos Correios e de lá subtraíram quatro computadores da marca Lunation, no valor de R$ 5.980,00; 120 caixas de encomenda do tipo 3, no valor de R$ 540,00; e 200 caixas de encomenda do tipo 4, no valor de R$ 1.240,00 (cf. auto de avaliação indireta às fls.). Assim agindo, incorreu o denunciado na prática do art. 155, §§ 1º e 4º, incs. I e IV, do Código Penal (CP), combinado com os arts. 29 e 69, todos do CP, motivo pelo qual é oferecida a presente denúncia, requerendo-se o processamento até final julgamento." O magistrado recebeu a exordial em 1º de outubro de 2007, acolhendo a imputação em seus termos. Após o interrogatório e a confissão de Odilon Coutinho, ocorridos em 7 de dezembro de 2007, na presença de advogado *ad hoc*, embora já houvesse advogado constituído não intimado para o ato, a instrução seguiu, fase em que o magistrado, alegando que o fato já estava suficientemente esclarecido, não permitiu a oitiva de uma testemunha arrolada, tempestivamente, pela defesa. O policial Jediel Soares, responsável pelo monitoramento das conversas telefônicas de Odilon, foi inquirido em juízo, tendo esclarecido que, inicialmente, a escuta telefônica fora realizada "por conta", segundo ele, porque havia diversas denúncias anônimas, na região de Manaus, acerca de um sujeito conhecido como Vovô, que invadia agências dos Correios com o propósito de subtrair caixas e embalagens para usá-las no tráfico de animais silvestres. Jediel e seu colega Nestor, nas diligências por eles efetuadas, suspeitaram da pessoa de Odilon, senhor de "longa barba branca", e decidiram realizar a escuta telefônica. Superada a fase de alegações finais, apresentadas pelas partes em fevereiro de 2008, os autos foram conclusos para sentença, em março de 2008, tendo o magistrado, com base em toda a prova colhida, condenado o réu, de acordo com o art. 155, §§ 1º e 4º, incs. I e IV, do CP, à pena privativa de liberdade de 8 anos de reclusão (a pena-base foi fixada em 5 anos de reclusão), cumulada com 30 dias-multa, no valor de 1/30 do salário mínimo, cada dia. Fixou, ainda, para Odilon Coutinho, réu primário, o regime fechado de cumprimento de pena. O Ministério Público não interpôs recurso. Em face da situação hipotética acima apresentada, na qualidade de advogado(a) constituído(a) de Odilon Coutinho, e supondo que, intimado(a) da sentença condenatória, você tenha manifestado seu desacordo em relação aos termos da referida decisão e que, em 13 de outubro de 2008, tenha sido intimado(a) a apresentar as razões de seu inconformismo, elabore a peça processual cabível, endereçando-a ao juízo competente, enfrentando todas as matérias pertinentes e datando o documento no último dia do prazo para apresentação.

Resolução da peça prático-profissional – modelo de APELAÇÃO

início da peça

Razões de Apelação

Apelante: Odilon Coutinho

Apelado: Ministério Público

Processo-crime nº ...

Egrégio Tribunal Regional Federal,
Colenda Turma,
Ilustres Desembargadores Federais,

Douta Procuradoria da República,

A respeitável sentença condenatória proferida pelo juízo *"a quo"* merece ser reformada, pelos razões a seguir aduzidas:

1. DOS FATOS

O apelante foi processado como incurso no art. 155, §§ 1º e 4º, I e IV, do Código Penal, combinado com os arts. 29 e 69, todos do Código Penal, porque teria, no dia 17 de setembro de 2007, por volta das 19h30min, na cidade e comarca de Manaus-AM, na companhia de pessoa não identificada, quebrado a janela do prédio onde funciona a agência dos Correios e de lá subtraído os bens discriminados na exordial acusatória, todos avaliados, conforme consta do auto de avaliação indireta, em R$ 1.240,00.

O magistrado recebeu a denúncia ofertada, acolhendo a imputação em seus termos.

No ato do interrogatório judicial do apelante, o mesmo confessou a prática do delito a ele imputado, o que se deu na presença de advogado *"ad hoc"*, já que o patrono por ele constituído, não tendo sido intimado para o ato, a ele não compareceu.

O magistrado *a quo,* ainda durante a instrução, por entender que o fato já estava suficientemente esclarecido, não permitiu a oitiva de uma testemunha arrolada, tempestivamente, pela defesa.

Não bastasse isso, o policial Jediel Soares, inquirido em juízo, admitiu que efetuou, sem contar com autorização judicial, monitoramento das conversas telefônicas do apelante, isso porque, segundo esclareceu, havia diversas denúncias anônimas, na região de Manaus, dando conta de que um sujeito conhecido como Vovô invadia agências dos Correios com o fito de subtrair caixas e embalagens para usá-las no tráfico de animais silvestres. Por essa razão, Jediel e seu colega Nestor, nas diligências efetuadas, suspeitaram de Odilon, senhor de "longa barba branca", e decidiram realizar a escuta telefônica.

O magistrado sentenciante, com base em toda prova colhida, condenou o apelante como incurso no art. 155, §§ 1º e 4º, I e IV, do Código Penal, à pena privativa de liberdade de 8 anos de reclusão, cumulada com 30 dias-multa, no valor de 1/30 do salário mínimo, cada dia, sendo a pena-base fixada em 5 anos.

O Ministério Público não interpôs recurso.

2. DO DIREITO

2.1. Matéria Preliminar

Estabelece a Constituição Federal, em seu art. 5º, XII, como regra, a inviolabilidade da comunicação telefônica, que somente pode ser quebrada, por exceção, por ordem judicial, para fins de investigação criminal ou instrução processual penal.

A Lei 9.296/96 estabelece como deve se dar a interceptação telefônica, que, reitere-se, depende de ordem de juiz de direito.

Desta feita, o monitoramento das conversas telefônicas do apelante, levado a efeito pelo policial Jediel, à míngua de autorização judicial para tanto e, portanto, ao arrepio da lei, constitui, por isso mesmo, prova ilícita, nos exatos termos do art. 157 do Código de Processo Penal e do art. 5º, LVI, da CF.

A decisão, pois, que tenha por sustentáculo provas ilícitas, como é o caso aqui tratado, deve ser considerada nula.

Além disso, quando do seu interrogatório em juízo, o apelante não pôde se fazer acompanhar de seu advogado constituído, isso porque o mesmo não foi intimado para o ato. O interrogatório e a confissão ocorrida se deram na presença de defensor *"ad hoc"*. É hipótese de violação ao postulado da ampla defesa e deve, por isso, ensejar a nulidade do processo.

Por derradeiro, o nobre magistrado *"a quo"*, em nova violação ao postulado da ampla defesa, alegando que o fato já estava suficientemente esclarecido, não permitiu a oitiva de uma testemunha arrolada, tempestivamente, pela defesa, o que também constitui causa de nulidade.

2.2. Mérito

No que toca à incidência da causa de aumento de pena a que alude o art. 155, § 1º, do Código Penal, a sentença merece reparo.

Ocorre que a jurisprudência majoritária firmou entendimento segundo o qual o furto noturno somente se configura quando a subtração ocorre em casa habitada, com os ocupantes nela repousando. É por essa razão que prevalece o entendimento de que não se admite a incidência do aumento em testilha na hipótese de o furto ocorrer em casa comercial.

No que concerne à pena aplicada pelo juízo sentenciante, entendemos, da mesma forma, que a sentença deve ser reformada, tendo em vista que a pena-base foi estabelecida muito além do mínimo, levando-se em conta que o apelante é primário e as demais circunstâncias judiciais do art. 59 do Código Penal podem ser consideradas favoráveis.

Além disso, é direito do apelante, previsto no art. 33, § 2º, *"b"*, do Código Penal, cumprir a pena imposta, desde o início, em regime semiaberto.

Por fim, o apelante, tendo em conta sua confissão realizada em juízo, faz jus à circunstância atenuante a que alude o art. 65, III, "*d*", do Código Penal.

3. DO PEDIDO.

Diante de todo o exposto, postula-se seja dado provimento ao recurso interposto, decretando-se a nulidade do processo, visto que instruído com prova ilícita e também em razão do cerceamento de defesa, ou, subsidiariamente, a redução de pena e a mudança do regime prisional, do fechado para o semiaberto, bem assim o reconhecimento da circunstância atenuante da confissão.

Nesses Termos,

Pede Deferimento.

Local ..., 21 de outubro de 2008.

Advogado

início da peça

(OAB/Exame Unificado – 2008.3 – 2ª fase) PEÇA PRÁTICO-PROFISSIONAL. Alessandro, de 22 anos de idade, foi denunciado pelo Ministério Público como incurso nas penas previstas no art. 213, c/c art. 224, alínea b, do Código Penal, por crime praticado contra Geisa, de 20 anos de idade. Na peça acusatória, a conduta delitiva atribuída ao acusado foi narrada nos seguintes termos:

"No mês de agosto de 2000, em dia não determinado, Alessandro dirigiu-se à residência de Geisa, ora vítima, para assistir, pela televisão, a um jogo de futebol. Naquela ocasião, aproveitando-se do fato de estar a sós com Geisa, o denunciado constrangeu-a a manter com ele conjunção carnal, fato que ocasionou a gravidez da vítima, atestada em laudo de exame de corpo de delito. Certo é que, embora não se tenha valido de violência real ou de grave ameaça para constranger a vítima a com ele manter conjunção carnal, o denunciando aproveitou-se do fato de Geisa ser incapaz de oferecer resistência aos seus propósitos libidinosos assim como de dar validamente o seu consentimento, visto que é deficiente mental, incapaz de reger a si mesma."

Nos autos, havia somente a peça inicial acusatória, os depoimentos prestados na fase do inquérito e a folha de antecedentes penais do acusado. O juiz da 2.ª Vara Criminal do Estado XX recebeu a denúncia e determinou a citação do réu para se defender no prazo legal, tendo sido a citação efetivada em 18/11/2008. Alessandro procurou, no mesmo dia, a ajuda de um profissional e outorgou-lhe procuração *ad juditia* com a finalidade específica de ver-se defendido na ação penal em apreço. Disse, então, a seu advogado que não sabia que a vítima era deficiente mental, que já a namorava havia algum tempo, que sua avó materna, Romilda, e sua mãe, Geralda, que moram com ele, sabiam do namoro e que todas as relações que manteve com a vítima eram consentidas. Disse, ainda, que nem a vítima nem a família dela quiseram dar ensejo à ação penal, tendo o promotor, segundo o réu, agido por conta própria. Por fim, Alessandro informou que não havia qualquer prova da debilidade mental da vítima.

Em face da situação hipotética apresentada, redija, na qualidade de advogado(a) constituído(a) pelo acusado, a peça processual, privativa de advogado, pertinente à defesa de seu cliente. Em seu texto, não crie fatos novos, inclua a fundamentação legal e jurídica, explore as teses defensivas e date o documento no último dia do prazo para protocolo.

CONSIDERAÇÕES PRELIMINARES

Com o novo panorama estabelecido para os delitos sexuais pela Lei 12.015/09, a ação penal, que em regra era de iniciativa privada, passou a ser pública condicionada à representação, salvo quando se tratar de pessoa menor de 18 anos ou vulnerável, hipótese em que será pública incondicionada.

Em face da revogação do art. 224 do Código Penal promovida pela Lei 12.015/09, que tratava da presunção de violência, a tutela penal das pessoas desprovidas de meios para externar seu consentimento de forma plena foi introduzida no tipo penal autônomo do art. 217-A do Código Penal, chamado *estupro de vulnerável*, cuja ação penal, como dito acima, é pública incondicionada, o que constitui exceção ao novo sistema adotado para os crimes sexuais.

Assim sendo, levando-se em consideração as mudanças legislativas verificadas, o Ministério Público teria, em princípio, no caso hipotético acima apresentado, legitimidade para denunciar Alessandro.

E é nesse novo contexto que vamos dar uma solução para a peça, elaborando, com fundamento no art. 396-A do Código de Processo Penal, pelo réu, sua defesa prévia (resposta à acusação ou resposta escrita).

Resolução da peça prático-profissional – modelo de DEFESA PRÉVIA

início da peça

Excelentíssimo Senhor Doutor Juiz de Direito da 2ª Vara Criminal do Estado XX.

Processo nº ...

[deixe espaço de aproximadamente 10 cm, para eventual despacho ou decisão do juiz]

Alessandro, por seu advogado, nos autos da ação penal que lhe move o Ministério Público, vem, respeitosamente, à presença de Vossa Excelência, nos termos do disposto no art. 396-A do Código de Processo Penal, apresentar a sua DEFESA PRÉVIA, pelas razões a seguir aduzidas:

1. DOS FATOS

Foi o réu denunciado porque, segundo consta da inicial acusatória, teria o mesmo, em dia não determinado do mês de agosto de 2000, aproveitando-se do fato de estar a sós com a vítima, no interior da residência desta, com ela praticado conjunção carnal, o que teria resultado em gravidez.

É ainda da exordial oferecida que o acusado, embora não tivesse feito uso de violência real ou de grave ameaça para constranger a vítima a com ele manter conjunção carnal, teria se aproveitado do fato de a ofendida, com 20 anos de idade, ser incapaz de oferecer resistência aos seus propósitos libidinosos assim como de dar validamente o seu consentimento, visto que é, segundo consta da peça acusatória, deficiente mental, incapaz, portanto, de reger a si mesma.

Nos autos não foi juntado o laudo comprobatório da debilidade mental da vítima.

Recebida a denúncia, o réu foi citado para responder à presente acusação.

2. DO DIREITO

2.1. Matéria Preliminar

O órgão acusatório, ao oferecer a denúncia desacompanhada do respectivo laudo comprobatório da alegada debilidade mental da vítima, incorreu em inépcia da inicial, na medida em que, tratando-se de circunstância elementar do crime em questão, a debilidade deve ser comprovada por laudo seguro, pois, caso contrário, estará a denunciar fato atípico, isto é, que não constitui crime.

E foi exatamente o que se deu.

A ausência de comprovação da debilidade mental da vítima torna, portanto, o fato não criminoso, impondo-se, por conta disso, a absolvição sumária do réu.

2.2. Mérito

No que toca ao mérito, trata-se, da mesma forma, de fato atípico.

Isso se deve ao fato de o acusado desconhecer a circunstância de a vítima ser portadora da debilidade mental alegada pela acusação. Desconhecia, enfim, qualquer prova da tal debilidade mental da ofendida.

Com efeito, o acusado namorava a vítima há algum tempo, o que era de conhecimento tanto de sua avó materna, Romilda, quanto de sua mãe, Geralda, que moram com ele. Além disso, todas as relações que manteve com a vítima foram por esta consentidas, o que demonstra de forma inequívoca a boa-fé do acusado e o fato de o mesmo desconhecer qualquer circunstância que pudesse viciar a manifestação de vontade de sua namorada.

Some-se a isso o fato de a família da vítima não manifestar o desejo de ver processado o réu, o que também depõe a seu favor.

Nessa esteira, a doutrina exige que a debilidade retire inteiramente da vítima sua capacidade de entendimento. Não foi, evidentemente, o que se deu neste caso, já que o acusado não dispunha de elemento algum para sequer desconfiar da alegada debilidade de sua namorada.

O fato, dessa forma, é atípico, visto que o acusado, ante o exposto, não tinha como ter conhecimento desta debilidade.

3. DO PEDIDO

Diante de todo o exposto, postula-se pela absolvição sumária do réu, nos termos do art. 397, III, do Código de Processo Penal.

E, se acaso Vossa Excelência assim não entender, requer-se a realização de exame pericial e a intimação das testemunhas a seguir arroladas ....

Termos em que,

Pede deferimento.

Local ..., 28 de novembro de 2008.

Advogado

fim da peça

(OAB/Exame Unificado – 2009.1 – 2ª fase) PEÇA PRÁTICO-PROFISSIONAL. Agnaldo, que reside com sua esposa, Ângela, e seus dois filhos na cidade de Porto Alegre – RS, pretendendo fazer uma reforma na casa onde mora com a família, dirigiu-se a uma loja de material de construção para verificar as opções de crédito existentes. Entre as opções que o vendedor da loja apresentou, a mais adequada ao seu orçamento familiar era a emissão de cheques pré-datados como garantia da dívida. Como não possui conta-corrente em agência bancária, Agnaldo pediu a seu cunhado e vizinho, Firmino, que lhe emprestasse seis cheques para a aquisição do referido material, pedido prontamente atendido. Com o empréstimo, retornou ao estabelecimento comercial e realizou a compra, deixando como garantia da dívida os seis cheques assinados pelo cunhado. Dias depois, Firmino, que tivera seu talonário de cheques furtado, sustou todos os cheques que havia emitido, entre eles, os emprestados a Agnaldo. Diante da sustação, o empresário, na delegacia de polícia mais próxima, alegou que havia sido fraudado em uma transação comercial, uma vez que Firmino frustrara o pagamento dos cheques pré-datados. Diante das alegações, o delegado de polícia instaurou inquérito policial para apurar o caso, indiciando Firmino, por entender que havia indícios de ele ter cometido o crime previsto no inciso VI do § 2º do art. 171 do Código Penal. Inconformado, Firmino impetrou *habeas corpus* perante a 1.ª Vara Criminal da Comarca de Porto Alegre, tendo o juiz denegado a ordem. Considerando essa situação hipotética, na condição de advogado(a) contratado(a) por Firmino, interponha a peça judicial cabível, privativa de advogado, em favor de seu cliente.

Resolução da peça prático-profissional – modelo de RECURSO EM SENTIDO ESTRITO

Recurso em Sentido Estrito – petição de interposição

início da peça

Excelentíssimo Senhor Doutor Juiz de Direito da 1ª Vara Criminal da Comarca de Porto Alegre - RS.

[deixe espaço de aproximadamente 10 cm, para eventual despacho ou decisão do juiz]

Firmino, já qualificado nos autos do "*habeas corpus*" nº ..., no qual figura como paciente, por seu advogado que esta subscreve, não se conformando, *data maxima venia*, com a decisão que denegou a ordem de "*habeas corpus*" impetrada com o fito de trancar o inquérito policial instaurado para apurar a prática do crime capitulado no art. 171, § 2º, VI, do Código Penal, em que figura o paciente como indiciado, com supedâneo no art. 581, X, do Código de Processo Penal, dela vem, tempestivamente, interpor RECURSO EM SENTIDO ESTRITO.

Caso Vossa Excelência entenda que seja o caso de manter a respeitável decisão, postula-se pela remessa deste recurso ao Tribunal de Justiça do Rio Grande do Sul.

Termos em que, requerendo seja ordenado o processamento do recurso, com as inclusas razões.

Pede Deferimento.

Local ..., data ...

Advogado

fim da peça

início da peça

Razões de Recurso em Sentido Estrito

RAZÕES DE RECURSO EM SENTIDO ESTRITO

RECORRENTE: FIRMINO

"HABEAS CORPUS" nº ...

Egrégio Tribunal de Justiça,

Colenda Câmara,

Doutos Desembargadores,

Inconformado com a respeitável decisão contra si prolatada, vem o recorrente interpor o presente recurso em sentido estrito, aguardando, ao final, se dignem Vossas Excelências em reformá-la, pelas razões de fato e de direito a seguir expostas:

1. DOS FATOS

Firmino, atendendo a pedido de seu cunhado e vizinho, Agnaldo, emprestou-lhe seis cheques que seriam usados para garantia de dívida contraída na aquisição de material de construção a ser utilizado em reforma na casa onde este reside com a família.

Os cheques pré-datados de titularidade do recorrente, assim, seriam, como de fato foram, emitidos tão somente como garantia da dívida contraída por Agnaldo.

Tal ocorreu porque Agnaldo não é titular de conta-corrente em agência bancária e também porque esta opção de crédito lhe pareceu mais conveniente em vista de outras disponíveis.

Depois de alguns dias da aquisição do material, em razão de furto do qual foi vítima o recorrente, no qual foi levado seu talonário de cheques, viu-se o mesmo obrigado a sustar todos os cheques que havia emitido, inclusive os emprestados a Aguinaldo.

O empresário, em vista disso, dirigiu-se à delegacia mais próxima e comunicou à autoridade policial que havia sido vítima de fraude, tendo esta, em face do ocorrido, determinado a instauração de inquérito policial e o indiciamento do recorrente como incurso no art. 171, § 2º, VI, do Código Penal.

Inconformado, Firmino impetrou "*habeas corpus*" perante a 1ª Vara Criminal da Comarca de Porto Alegre, tendo o magistrado "*a quo*" denegado a ordem.

2. DO DIREITO

A respeitável decisão não merece prosperar.

Com efeito, é indispensável à configuração do crime do artigo 171, § 2º, VI, do Código Penal a existência de fraude, isto é, que o sujeito ativo do delito tenha agido com inequívoca má-fé.

Nesse sentido o Supremo Tribunal Federal editou a Súmula nº 246: "Comprovado não ter havido fraude, não se configura o crime de emissão de cheques sem fundos".

Por essa razão, nossos tribunais têm decidido que não se configura o delito em questão quando se trata de cheque pré-datado ou ainda dado como garantia de dívida.

Os cheques emitidos por Firmino foram pré-datados e serviram para garantir o pagamento de uma dívida, não podendo ensejar, à evidência, seu indiciamento na forma como ocorreu.

Além disso, Firmino não é sequer o devedor. Limitou-se a emprestar, por puro altruísmo, os cheques de sua titularidade para que seu vizinho e cunhado pudesse adquirir material de construção necessário para uma reforma. Não obteve o recorrente benefício algum.

Ademais, a sustação dos cheques foi motivada exclusivamente pelo furto do qual o recorrente foi vítima, fato esse que o obrigou a agir dessa maneira, não lhe restando outra alternativa.

Ficou evidente, pois, que o recorrente agiu desprovido do propósito de obter vantagem indevida, que constitui o dolo específico, necessário à caracterização do crime aqui tratado. Sua intenção foi, isso sim, precaver-se de futuros inconvenientes decorrentes da subtração de que foi vítima.

O fato, portanto, e disso não deve restar a menor dúvida, é atípico.

3. DO PEDIDO.

Ante o exposto, postula-se seja dado provimento ao presente recurso para o fim de determinar o trancamento do inquérito policial instaurando contra o recorrente.

Nestes Termos,

Pede Deferimento.

Local ..., data ...

Advogado

início da peça

(OAB/Exame Unificado – 2009.2 – 2ª fase) PEÇA PRÁTICO-PROFISSIONAL. José de Tal, brasileiro, divorciado, primário e portador de bons antecedentes, ajudante de pedreiro, nascido em Juazeiro – BA, em 7/9/1938, residente e domiciliado em Planaltina – DF, foi denunciado pelo Ministério Público como incurso nas penas previstas no art. 244, *caput*, c/c art. 61, inciso II, "e", ambos do Código Penal. Na exordial acusatória, a conduta delitiva atribuída ao acusado foi narrada nos seguintes termos:

Desde janeiro de 2005 até, pelo menos, 4/4/2008, em Planaltina – DF, o denunciado José de Tal, livre e conscientemente, deixou, em diversas ocasiões e por períodos prolongados, sem justa causa, de prover a subsistência de seu filho Jorge de Tal, menor de 18 anos, não lhe proporcionando os recursos necessários para sua subsistência e faltando ao pagamento de pensão alimentícia fixada nos autos nº 001/2005 – 5.ª Vara de Família de Planaltina – DF (ação de alimentos) e executada nos autos do processo nº 002/2006 do mesmo juízo. Arrola como testemunha Maria de Tal, genitora e representante legal da vítima. A denúncia foi recebida em 3/11/2008, tendo o réu sido citado e apresentado, no prazo legal, de próprio punho — visto que não tinha condições de contratar advogado sem prejuízo de seu sustento próprio e do de sua família — resposta à acusação, arrolando as testemunhas Margarida e Clodoaldo. A audiência de instrução e julgamento foi designada e José compareceu desacompanhado de advogado. Na oportunidade, o juiz não nomeou defensor ao réu, aduzindo que o Ministério Público estaria presente e que isso seria suficiente. No curso da instrução criminal, presidida pelo juiz de direito da 9.ª Vara Criminal de Planaltina – DF, Maria de Tal confirmou que José atrasava o pagamento da pensão alimentícia, mas que sempre efetuava o depósito parcelado dos valores devidos. Disse que estava aborrecida porque José constituíra nova família e, atualmente, morava com outra mulher, desempregada, e seus 6 outros filhos menores de idade. As testemunhas Margarida e Clodoaldo, conhecidos de José há mais de 30 anos, afirmaram que ele é ajudante de pedreiro e ganha 1 salário mínimo por mês, quantia que é utilizada para manter seus outros filhos menores e sua mulher, desempregada, e para pagar pensão alimentícia a Jorge, filho que teve com Maria de Tal. Disseram, ainda, que, todas as vezes que conversam com José, ele sempre diz que está tentando encontrar mais um emprego, pois não consegue sustentar a si próprio nem a seus filhos, bem como que está atrasando os pagamentos da pensão alimentícia, o que o preocupa muito, visto que deseja contribuir com a subsistência, também, desse filho, mas não consegue. Informaram que José sofre de problemas cardíacos e gasta boa parte de seu salário na compra de remédios indispensáveis à sua sobrevivência. Após a oitiva das testemunhas, José disse que gostaria de ser ouvido para contar sua versão dos fatos, mas o juiz recusou-se a interrogá-lo, sob o argumento de que as provas produzidas eram suficientes ao julgamento da causa. Na fase processual prevista no art. 402 do Código de Processo Penal, as partes nada requereram. Em manifestação escrita, o Ministério Público pugnou pela condenação do réu nos exatos termos da denúncia, tendo o réu, então, constituído advogado, o qual foi intimado, em 15/6/2009, segunda-feira, para apresentação da peça processual cabível. Considerando a situação hipotética acima apresentada, redija, na qualidade de advogado(a) constituído(a) por José, a peça processual pertinente, privativa de advogado, adequada à defesa de seu cliente. Em seu texto, não crie fatos novos, inclua a fundamentação que embase seu(s) pedido(s) e explore as teses jurídicas cabíveis, endereçando o documento à autoridade competente e datando-o no último dia do prazo para protocolo.

CONSIDERAÇÕES PRELIMINARES

Com as mudanças operadas no campo da prisão e da liberdade provisória, o art. 313, I, do CPP, agora com a nova redação que lhe conferiu a Lei 12.403/11, afasta a possibilidade de decretação da prisão preventiva nos crimes culposos e nos dolosos cuja pena máxima cominada não seja superior a quatro anos (reclusão ou detenção). Assim, inviável, em razão da pena máxima cominada, a decretação da custódia preventiva em inquérito ou processo no qual se apure o crime do art. 244 do Código Penal. Frise-se que o autor de crime doloso cuja pena máxima não seja superior a quatro anos poderá ter contra si decretada a prisão preventiva, desde que reincidente em crime doloso e caso a custódia se revele necessária, à luz do que dispõe o art. 312 do CPP. É o teor do art. 313, II, do CPP, cuja redação também foi modificada por força da Lei 12.403/11.

Resolução da peça prático-profissional – modelo de MEMORIAIS

início da peça

Excelentíssimo Senhor Doutor Juiz de Direito da 9ª Vara Criminal da Comarca de Planaltina - DF.

[deixe espaço de aproximadamente 10 cm, para eventual despacho ou decisão do juiz]

José de Tal, já qualificado nos autos da ação penal nº ... que lhe move o Ministério Público, por seu advogado e bastante procurador que esta subscreve, vem, mui respeitosamente, à presença de Vossa Excelência, com fundamento no art. 403, § 3º, do Código de Processo Penal, apresentar os seus MEMORIAIS, nos seguintes termos:

1. MATÉRIA PRELIMINAR

O réu, citado para responder à acusação, deixou de constituir defensor de sua confiança, tendo ele mesmo elaborado, de próprio punho, sua defesa, apresentado-a, dentro do prazo legal, em juízo. Designada a audiência de instrução e julgamento, o réu a ela compareceu desacompanhado de advogado. Vossa Excelência, nesta oportunidade, deixou de nomear-lhe defensor ao argumento de que a presença do Ministério Público supriria tal falta. Ademais disso, ao término da inquirição das testemunhas, deixou-se de proceder ao interrogatório do acusado, que, embora tivesse expressado sua vontade de contribuir para o esclarecimento dos fatos, teve seu pleito negado.

Não agiu Vossa Excelência, a nosso ver, com o costumeiro acerto, por, basicamente, três razões.

Por primeiro, reza o art. 396-A, § 2º, do CPP que "não apresentada a resposta no prazo legal, ou se o acusado, citado, não constituir defensor, o juiz nomeará defensor para oferecê-la, concedendo-lhe vista dos autos por 10 (dez) dias". Pois bem, em vista do comando contido no dispositivo transcrito, ante a não constituição de defensor pelo réu, seria o caso de Vossa Excelência nomear-lhe um para que oferecesse a resposta dentro no prazo legal. Tal ausência de nomeação de defensor, por si só, já constitui causa de nulidade do processo.

Além disso, em vista da designação da audiência de instrução e julgamento e do fato de o réu a ela ter comparecido desacompanhado de advogado, seria o caso de, neste ato, nomear-lhe defensor. Não foi o que ocorreu. A falta de nomeação de defensor "*ad hoc*" é também causa de nulidade absoluta.

Com efeito, preleciona o art. 564, III, "*c*", do CPP que a nulidade ocorrerá por falta das fórmulas e termos seguintes: "a nomeação de defensor ao réu presente (...)".

Corroborando tal posicionamento, a Súmula 523 do STF: "No processo penal, a falta de defesa constitui nulidade absoluta, mas a sua deficiência só o anulará se houver prova de prejuízo para o réu".

Por fim, ainda no que toca à matéria preliminar, a falta de interrogatório do réu presente constitui causa de nulidade, nos termos do art. 564, III, "*e*", do CPP.

2. MÉRITO

No que tange ao mérito, o órgão acusatório não conseguiu sequer demonstrar a tipicidade do fato.

Com efeito, é imprescindível à configuração do crime capitulado no art. 244, *"caput"*, do Código Penal a ausência de justa causa, elemento normativo do tipo.

Diante das dificuldades financeiras por que passa o réu, cremos haver a justa causa para o descumprimento da obrigação, o que torna o fato atípico.

Em verdade, pelo que resultou apurado, o réu, embora atrasasse a pensão devida a seu filho Jorge de Tal, sempre efetuava o depósito parcelado dos valores; apurou-se também que o réu vinha tentando, em vista da necessidade de sustentar a si próprio e a seus filhos, arrumar outro emprego, o que só demonstra sua disposição de obedecer à ordem judicial; não bastasse isso, o réu ainda sofre de problemas cardíacos, o que o obriga a gastar boa parte de seu salário com a aquisição de remédios necessários à sua sobrevivência; de se ver, ainda, que o réu, ajudante de pedreiro, ganha salário mínimo e tem outra família constituída, estando sua atual companheira desempregada.

Do quadro exposto, reitere-se, o fato narrado na exordial longe está de constituir crime, na medida em que o acusado, diante do seu estado de penúria, não tinha como prover a subsistência do filho menor de forma pontual. Além disso, a conduta do réu é desprovida de dolo, o que também tem o condão de excluir a tipicidade do fato.

Assim não entendendo Vossa Excelência, apenas para argumentar, deve ser afastada, ao menos, a agravante contida no art. 61, II, *"e"*, do CP, tendo em conta que a sua incidência implica *"bis in idem"*, isso porque o fato de a vítima ser descendente do réu já é elemento constitutivo do tipo. É o que determina o art. 61, *"caput"*, do CP.

Pleiteia-se, ademais, o reconhecimento da atenuante contida no art. 65, I, do CP (réu maior de 70 anos na data da sentença).

3. PEDIDO

Ante o exposto, requer-se a Vossa Excelência a absolvição do réu, com fundamento no art. 386, III, do Código de Processo Penal, ou, subsidiariamente, pleiteia-se o afastamento da agravante do art. 61, II, *"e"*, do Código Penal, bem assim o reconhecimento da atenuante a que alude o art. 65, I, do mesmo Diploma.

Por fim, deve-se ressaltar que o acusado é primário, tem bons antecedentes, merecendo receber a pena no mínimo legal, fixação de regime aberto para o seu cumprimento, se houver condenação, bem como a substituição da pena privativa de liberdade por uma de multa ou por uma restritiva de direitos e o direito de recorrer em liberdade.

Local ..., 22 de junho de 2009.

Advogado

fim da peça

(OAB/Exame Unificado – 2009.3 – 2ª fase) Prova Prático-Profissional. Em 17/1/2010, Rodolfo T., brasileiro, divorciado, com 57 anos de idade, administrador de empresas, importante dirigente do clube esportivo LX F.C., contratou profissional da advocacia para que adotasse as providências judiciais em face de conhecido jornalista e comentarista esportivo, Clóvis V., brasileiro, solteiro, com 38 anos de idade, que, a pretexto de criticar o fraco desempenho do time de futebol do LX F.C. no campeonato nacional em matéria esportiva divulgada por meio impresso e apresentada em programa televisivo, bem como no próprio blog pessoal do jornalista na Internet, passou, em diversas ocasiões, juntamente com Teodoro S., brasileiro, de 60 anos de idade, casado, jornalista, desafeto de Rodolfo T., a praticar reiteradas condutas com o firme propósito de ofender a honra do dirigente do clube. Foram ambos interpelados judicialmente e se recusaram a dar explicações acerca das ofensas, mantendo-se inertes.

Por três vezes afirmou, em meios de comunicação distintos, o comentarista Clóvis V., sabendo não serem verdadeiras as afirmações, que o dirigente "havia 'roubado' o clube LX F.C. e os torcedores, pois tinha se apropriado, indevidamente, de R$ 5 milhões pertencentes ao LX F.C., na condição de seu diretor-geral, quando da venda do jogador Y, ocorrida em 20/12/2008" e que "já teria gasto parte da fortuna 'roubada', com festas, bebidas, drogas e prostitutas". Tal afirmação foi proferida durante o programa de televisão Futebol da Hora, em 7/1/2010, às 21 h 30m, no canal de televisão VX e publicado no blog do comentarista esportivo, na Internet, em 8/1/2010, no endereço eletrônico www.clovisv.futebol.xx. Tais declarações foram igualmente publicadas no jornal impresso Notícias do Futebol, de circulação nacional, na edição de 8/1/2010. Destaque-se que o canal de televisão VX e o jornal Notícias do Futebol pertencem ao mesmo grupo econômico e têm como diretor-geral e redator-chefe Teodoro S., desafeto do dirigente Rodolfo T. Sabe-se que todas as notícias foram veiculadas por ordem direta e expressa de Teodoro S.

Prosseguindo a empreitada ofensiva, o jornalista Clóvis V. disse, em 13/1/2010, em seu blog pessoal na Internet, que o dirigente não teria condições de gerir o clube porque seria "um burro, de capacidade intelectual inferior à de uma barata" e, por isso, "tinha levado o clube à falência", porém estava "com os bolsos cheios de dinheiro do clube e dos torcedores". Como se não bastasse, na última edição do blog, em 15/1/2010, afirmou que "o dirigente do clube está tão decadente que passou a sair com homens", por isso "a mulher o deixou".

Entre os documentos coletados pelo cliente e pelo escritório encontram-se a gravação, em DVD, do programa de televisão, com o dia e horário em que foi veiculado, bem como a edição do jornal impresso em que foi difundida a matéria sobre o assunto, além de cópias de páginas e registros extraídos da Internet, com as ofensas perpetradas pelo jornalista Clóvis V. Rodolfo T. tomou conhecimento da autoria e dos fatos no dia 15/1/2010, tendo todos eles ocorrido na cidade de São Paulo – SP, sede da emissora e da editora, além de domicílio de todos os envolvidos.

Em face dessa situação hipotética, na condição de advogado(a) contratado(a) por Rodolfo T., redija a peça processual que atenda aos interesses de seu cliente, considerando recebida a pasta de atendimento do cliente devidamente instruída, com todos os documentos pertinentes, suficientes e necessários, procuração com poderes especiais e testemunhas.

Resolução da Peça Prático-Profissional – modelo de QUEIXA-CRIME

início da peça

Excelentíssimo Senhor Doutor Juiz de Direito da ___ Vara Criminal da Comarca de São Paulo – SP.

[deixe espaço de aproximadamente 10 cm, para eventual despacho ou decisão do juiz]

Rodolfo T., brasileiro, divorciado, administrador de empresas, portador da cédula de identidade nº ..., inscrito no Cadastro de Pessoas Físicas do Ministério da Fazenda sob o nº ..., residente e domiciliado na Rua ..., nº ..., nesta capital e comarca, por seu advogado infra-assinado, vem oferecer, com fundamento nos arts. 41 e 44 do Código de Processo Penal, QUEIXA-CRIME contra Clóvis V., brasileiro, solteiro, jornalista, portador da cédula de identidade nº ..., inscrito no Cadastro de Pessoas Físicas do Ministério da Fazenda sob o nº ..., residente e domiciliado na Rua ..., nº ..., nesta capital e comarca, e Teodoro S., brasileiro, casado, jornalista, portador da cédula de identidade nº ..., inscrito no Cadastro de Pessoas Físicas do Ministério da Fazenda sob o nº ..., residente e domiciliado na Rua ..., nº ..., nesta capital e comarca, pelos motivos a seguir expostos.

Segundo consta, o clube esportivo dirigido pelo querelante, que disputa o campeonato nacional e no qual teve desempenho fraco, foi alvo de críticas por parte dos querelados.

Sucede que os querelados, a pretexto de criticar o fraco desempenho do time dirigido pelo querelante, passaram a praticar reiteradas condutas com o propósito de lançar ofensas à honra deste.

Interpelados judicialmente quanto às ofensas proferidas, permaneceram silentes.

O querelado Clóvis declarou, por três vezes, em meios de comunicações distintos, sabendo da falsidade da afirmação, que o querelante "havia *roubado* o clube LX F.C. e os torcedores, pois tinha se apropriado, indevidamente, de R$ 5 milhões pertencentes ao LX F.C., na condição de seu diretor-geral, quando da venda do jogador Y, ocorrida em 20/12/2008" e que "já teria gasto parte da fortuna *roubada*, com festas, bebidas, drogas e prostitutas".

Praticou, dessa forma, o crime capitulado no art. 138, *caput*, do Código Penal, três vezes, em continuidade delitiva – art. 71, CP, visto que se trata de crimes da mesma espécie perpetrados nas mesmas circunstâncias de tempo, lugar e execução.

Ao afirmar que o querelante "já teria gasto parte da fortuna *roubada* com festas, bebidas, drogas e prostitutas", o querelado Clóvis cometeu o crime capitulado no art. 139, "*caput*", do Código Penal, tendo em conta que tal declaração é ofensiva à sua reputação. Como essa declaração foi feita três vezes, em meios de comunicações distintos, nas mesmas circunstâncias de tempo, lugar e execução, está-se diante de crime continuado – art. 71, CP.

Por ter essa declaração sido feita durante o programa de televisão Futebol da Hora, em 7/1/2010, às 21h30, no canal de televisão VX e também sido publicada no blog do comentarista esportivo, na Internet, em 8/1/2010, no endereço eletrônico www.clovisv.futebol.xx., também sendo publicada no jornal impresso Notícias do Futebol, de circulação nacional, na edição de 8/1/2010, é de rigor a incidência da causa de aumento de pena a que alude o art. 141, III, do Código Penal, já que a calúnia foi proferida por diversos meios que facilitaram a sua divulgação.

Registre-se que o canal de televisão VX e o jornal Notícias do Futebol pertencem ao mesmo grupo econômico e têm como diretor-geral e redator-chefe o querelado Teodoro S., que é desafeto do querelante.

Sabe-se que todas as notícias foram veiculadas por ordem direta e expressa de Teodoro S, razão pela qual incorreu nas penas dos arts. 138, § 1º, por duas vezes, nos termos do art. 71 do CP, e 139, "*caput*", do CP, por duas vezes, também em continuidade delitiva, com a causa de aumento do art. 141, III, ambos do Código Penal, observado, no mais, o concurso material entre os dois delitos.

Em 13/01/2010, dando continuidade às ofensas perpetradas, Clóvis, agora em seu blog pessoal, declarou que o querelante seria incapaz de gerir o clube porque seria "um burro de capacidade intelectual inferior à de uma barata".

Ao afirmar que o querelante é "um burro de capacidade intelectual inferior à de uma barata", Clovis cometeu o delito do art. 140 do Código Penal, visto que atribuiu adjetivação ofensiva à sua capacidade intelectual, à sua honra subjetiva.

Na edição de 15/1/2010 do blog, afirmou que "o dirigente do clube está tão decadente que passou a sair com homens", razão por que "a mulher o deixou".

Ao proferir essa afirmação, o querelado Clóvis, uma vez mais, em continuidade delitiva, incorreu nas penas do art. 140 do Código Penal, tendo em conta que atribuiu ao querelante opinião pejorativa ofensiva, tachando-o de homossexual.

De tudo quanto foi exposto, torna-se patente a prática dos crimes noticiados, notadamente em vista do farto material acostado: gravação, em DVD, do programa de televisão, com o dia e horário em que foi veiculado, bem como a edição do jornal impresso em que foi difundida a matéria sobre o assunto, além de cópias de páginas e registros extraídos da Internet, com as ofensas perpetradas.

Do acima exposto, requer a Vossa Excelência seja recebida a presente queixa-crime contra o réu Clóvis V., como incurso no art. 138, "*caput*", por três vezes, em continuidade delitiva, conforme art. 71 do CP; art. 139, "*caput*", do CP, por três vezes, em continuidade delitiva, nos termos do art. 71, CP; e art. 140 do CP, duas vezes, em continuidade delitiva, todos combinados com os arts. 69, 141, III, e 29, "*caput*", do CP; e contra o réu Teodoro S., este como incurso no art. 138, § 1º, do CP, por duas vezes, em continuidade delitiva, conforme art. 71 do CP, e também no art. 139, "*caput*", do CP, por duas vezes, também em continuidade delitiva, combinados com os arts. 69, 141, III, e 29, "*caput*", todos do Código Penal, para que, citados, o que, desde já se requer, respondam ao processo, e, ao final, o pedido seja julgado totalmente procedente com a consequente condenação dos querelados pela prática dos crimes acima narrados. Requer--se, outrossim, com base no que dispõe o art. 387, IV, do CPP, a fixação de valor mínimo para reparação dos danos causados pela infração.

Rol de testemunhas

Termos em que,

P. deferimento.

Local ..., data.

Advogado

fim da peça

(OAB/Exame Unificado – 2010.1 – 2ª fase) Prova Prático-Profissional. Leila, de quatorze anos de idade, inconformada com o fato de ter engravidado de seu namorado, Joel, de vinte e oito anos de idade, resolveu procurar sua amiga Fátima, de vinte anos de idade, para que esta lhe provocasse um aborto. Utilizando seus conhecimentos de estudante de enfermagem, Fátima fez que Leila ingerisse um remédio para úlcera. Após alguns dias, na véspera da comemoração da entrada do ano de 2005, Leila abortou e disse ao namorado que havia menstruado, alegando que não estivera, de fato, grávida. Desconfiado, Joel vasculhou as gavetas da namorada e encontrou, além de um envelope com o resultado positivo do exame de gravidez de Leila, o frasco de remédio para úlcera embrulhado em um papel com um bilhete de Fátima a Leila, no qual ela prescrevia as doses do remédio. Munido do resultado do exame e do bilhete escrito por Fátima, Joel narrou o fato à autoridade policial, razão pela qual Fátima foi indiciada por aborto.

Tanto na delegacia quanto em juízo, Fátima negou a prática do aborto, tendo confirmado que fornecera o remédio a Leila, acreditando que a amiga sofria de úlcera.

Leila foi encaminhada para perícia no Instituto Médico Legal de São Paulo, onde se confirmou a existência de resquícios de saco gestacional, compatível com gravidez, mas sem elementos suficientes para a confirmação de aborto espontâneo ou provocado.

Leila não foi ouvida durante o inquérito policial porque, após o exame, mudou-se para Brasília e, apesar dos esforços da autoridade policial, não foi localizada.

Em 30/1/2010, Fátima foi denunciada pela prática de aborto. Regularmente processada a ação penal, o juiz, no momento dos debates orais da audiência de instrução, permitiu, com a anuência das partes, a manifestação por escrito, no prazo sucessivo de cinco dias.

A acusação sustentou a comprovação da autoria, tanto pelo depoimento de Joel na fase policial e ratificação em juízo, quanto pela confirmação da ré de que teria fornecido remédio abortivo. Sustentou, ainda, a materialidade do fato, por meio do exame de laboratório e da conclusão da perícia pela existência da gravidez.

A defesa teve vista dos autos em 12/7/2010.

Em face dessa situação hipotética, na condição de advogado(a) constituído(a) por Fátima, redija a peça processual adequada à defesa de sua cliente, alegando toda a matéria de direito processual e material aplicável ao caso. Date o documento no último dia do prazo para protocolo.

CONSIDERAÇÕES PRELIMINARES

Apesar de o art. 411, § 4º, do Código de Processo Penal não fazer referência à possibilidade de o magistrado deferir a juntada de memoriais em substituição aos debates orais, a doutrina vem entendendo ser aplicável, por analogia, o art. 403, § 3º, do CPP ao rito do Júri, lembrando que o art. 394, § 5º, do CPP estabelece que as disposições do procedimento ordinário terão aplicação subsidiária.

Embora o espelho da prova não tenha contemplado esta possibilidade, seria, em princípio, possível falar-se em nulidade decorrente da falta de proposta de suspensão condicional do processo (art. 89 da Lei 9.099/95), isso porque a pena mínima cominada ao crime do art. 126, *caput*, do Código Penal é de um ano, dentro, portanto, do patamar fixado no art. 89, *caput*, da Lei 9.099/95.

Ainda no tema nulidades, seria, em tese, possível argumentar que a prova que deflagrou a investigação e depois deu origem ao processo é ilícita, já que obtida em violação a direito consagrado na Constituição Federal, em seu art. 5º, X (direito à intimidade). O enunciado não deixa claro se houve violação domiciliar.

No que toca à prescrição, trata-se, a nosso ver, de matéria de mérito, cuja tese respectiva deve, por essa razão, ser desenvolvida, dentro da peça, no campo a ele destinado.

Resolução da peça prático-profissional – modelo de MEMORIAIS

inicio da peça

Excelentíssimo Senhor Doutor Juiz de Direito da __Vara do Júri da Comarca de São Paulo – SP.

[Deixe espaço de aproximadamente 10 cm, para eventual despacho ou decisão do juiz]

Fátima, já qualificada nos autos da ação penal nº..., que lhe move o Ministério Público, por seu advogado e bastante procurador que esta subscreve, vem, mui respeitosamente, à presença de Vossa Excelência, por analogia ao art. 403, § 3º, do Código de Processo Penal, apresentar os seus MEMORIAIS, nos seguintes termos:

1. DOS FATOS

A ré foi denunciada porque teria, em princípio, violado o art. 126, "*caput*", do Código Penal.

É da peça acusatória que, próximo à comemoração da entrada do ano de 2005, a acusada, atendendo a pedido de sua amiga Leila, de 14 anos, teria nesta provocado aborto, prescrevendo-lhe medicamento para tratamento de úlcera, já que era estudante de enfermagem e como tal detinha conhecimentos na área da saúde.

Descobertos os fatos, foram os mesmos levados ao conhecimento da autoridade de Polícia Judiciária, que providenciou a instauração de inquérito e o indiciamento de Fátima.

O feito foi instruído e o Ministério Público, ao final do sumário de culpa, pugnou pela pronúncia da ré nos termos da inicial acusatória.

2. DO DIREITO

Como matéria preliminar de mérito, operou-se a prescrição da pretensão punitiva, dado que, por ser a acusada menor de 21 anos ao tempo do crime, nos exatos termos do art. 115 do Código Penal, o prazo de prescrição é reduzido de metade. Sendo de 4 anos a pena máxima cominada ao crime imputado à ré, a prescrição, estabelecida no art. 109, IV, do CP, ocorreria em 8 anos. Em face da mencionada redução, o interregno será de 4 anos, período já superado entre a data do fato (dezembro de 2005) e o recebimento da denúncia (janeiro de 2010).

Como ficará sobejamente demonstrado, a acusação que pesa sobre a ré não pode prosperar, tendo em conta que o acervo probatório reunido pela acusação é frágil e insuficiente a comprovar a materialidade delitiva e a autoria do crime imputado à acusada.

Não bastasse o fato de o prazo de que o Estado dispunha para punir a acusada ter-se exaurido, é fato que inexistem provas de que a ré tivesse conhecimento do estado gravídico da amiga.

Ao contrário, ao prescrever-lhe o medicamento, a acusada somente o fez porque não sabia que este se destinava à interrupção da gravidez de Leila. Ao fazê-lo, a ré, induzida em erro pela amiga, que lhe afirmara padecer de úlcera, prescreveu-lhe medicamento exclusivamente para essa finalidade, é dizer, para o tratamento do quadro de úlcera. Fica, pois, claro que não havia, por parte da ré, qualquer intenção de provocar o aborto em Leila, porquanto desconhecia sua gravidez.

Nos crimes de uma forma geral - e no aborto não é diferente - é imprescindível à própria existência do delito o chamado elemento subjetivo, representado, aqui, pelo dolo, entendido, neste caso, como a vontade livre e consciente de interromper a gravidez e provocar a morte do produto da concepção.

Ausente o dolo, não há que se falar em conduta e, por conseguinte, em crime.

A acusada agiu sem dolo, sem consciência da gravidez de Leila. Não pode, dessa forma, ser responsabilizada pela conduta tipificada no art. 126, "*caput*", do Código Penal.

Leila, após se submeter a exame no Instituto Médico Legal, mudou-se para Brasília, antes mesmo do término das investigações e de sua oitiva no inquérito.

Tal fato, a despeito dos esforços envidados pela autoridade policial para localizá-la, contribui para enfraquecer o acervo probatório, visto que este depoimento seria esclarecedor.

Quanto à materialidade, o laudo confeccionado pelo Instituto Médico Legal revelou-se inconclusivo, na medida em que, apesar de ter confirmado a existência de gravidez, não apontou nenhum elemento a partir do qual pudesse se depreender que Leila submetera-se a aborto.

No que tange ao resultado positivo do exame de gravidez encontrado por Joel, este somente confirma o resultado do laudo expedido pelo IML, isto é, que Leila estivera grávida. O bilhete de Fátima a Leila, por sua vez, foi escrito com o propósito de adverti-la das doses a serem ingeridas para o tratamento da úlcera.

Assim, como se pode notar, a acusação está calcada em provas frágeis, insuficientes para autorizar a pronúncia da ré, além do que o Estado já esgotou o prazo de que dispunha para punir a acusada.

3. PEDIDO

Ante o exposto, requer-se a Vossa Excelência seja reconhecida extinta a punibilidade pela prescrição da pretensão punitiva estatal ou, de forma subsidiária, postula-se seja proferida a respeitável decisão de impronúncia da ré, com fundamento no art. 414 do Código de Processo Penal.

Local..., 19 de julho de 2010.

Advogado

fim da peça

GABARITO COMENTADO - EXAMINADORA:

Deve-se redigir memorial ao juiz do tribunal do júri. Embora não haja previsão legal expressa quanto à apresentação de memorial na audiência de instrução do procedimento do júri, é possível a substituição dos debates orais pelos memoriais, por analogia ao art. 403, § 3º, do Código de Processo Penal e em face da anuência das partes.

Prazo estabelecido pelo juiz: 19/7/2010.

Preliminar: prescrição da pretensão punitiva, visto que da data do fato (dezembro de 2005) até a denúncia (janeiro de 2010) passaram-se mais de quatro anos. Como para o crime de aborto, previsto no art. 126 do Código Penal, é prevista pena de um a quatro anos, o crime prescreverá em oito anos. Entretanto, tratando-se de menor de vinte e um anos, a prescrição corre pela metade, estando o crime prescrito (CP, arts. 109, IV, 115 e 126)

Mérito: impronúncia por falta de comprovação da materialidade (laudo pericial inconclusivo); inexistência de indícios suficientes de autoria (falta das declarações da menor) e ausência da comprovação do dolo (a ré afirma que não sabia da gravidez da amiga e forneceu-lhe remédio com objetivo de curar úlcera).

Pedido: reconhecimento da preliminar e extinção da punibilidade; impronúncia nos termos do art. 414 do Código de Processo Penal. Admite-se o pedido de absolvição sumária (CPP, art. 415) em atenção ao princípio da ampla defesa.

Observação para a correção: atribuir pontuação integral às respostas em que esteja expresso o conteúdo do dispositivo legal, ainda que não seja citado, expressamente, o número do artigo.

(OAB/Exame Unificado – 2010.2 – 2ª fase) Peça Prático-profissional. A Polícia Civil do Estado do Rio Grande do Sul recebe notícia crime identificada, imputando a Maria Campos a prática de crime, eis que mandaria crianças brasileiras para o estrangeiro com documentos falsos. Diante da notícia crime, a autoridade policial instaura inquérito policial e, como primeira providência, representa pela decretação da interceptação das comunicações telefônicas de Maria Campos, "dada a gravidade dos fatos noticiados e a notória dificuldade de apurar crime de tráfico de menores para o exterior por outros meios, pois o 'modus operandi' envolve sempre atos ocultos e exige estrutura organizacional sofisticada, o que indica a existência de uma organização criminosa integrada pela investigada Maria". O Ministério Público opina favoravelmente e o juiz defere a medida, limitando-se a adotar, como razão de decidir, "os fundamentos explicitados na representação policial".

No curso do monitoramento, foram identificadas pessoas que contratavam os serviços de Maria Campos para providenciar expedição de passaporte para viabilizar viagens de crianças para o exterior. Foi gravada conversa telefônica de Maria com um funcionário do setor de passaportes da Polícia Federal, Antônio Lopes, em que Maria consultava Antônio sobre os passaportes que ela havia solicitado, se já estavam prontos, e se poderiam ser enviados a ela. A pedido da autoridade policial, o juiz deferiu a interceptação das linhas telefônicas utilizadas por Antônio Lopes, mas nenhum diálogo relevante foi interceptado.

O juiz, também com prévia representação da autoridade policial e manifestação favorável do Ministério Público, deferiu a quebra de sigilo bancário e fiscal dos investigados, tendo sido identificado um depósito de dinheiro em espécie na conta de Antônio, efetuado naquele mesmo ano, no valor de R$ 100.000,00 (cem mil reais). O monitoramento telefônico foi mantido pelo período de quinze dias, após o que foi deferida medida de busca e apreensão nos endereços de Maria e Antônio. A decisão foi proferida nos seguintes termos: "diante da gravidade dos fatos e da real possibilidade de serem encontrados objetos relevantes para investigação, defiro requerimento de busca e apreensão nos endereços de Maria (Rua dos Casais, 213) e de Antônio (Rua Castro, 170, apartamento 201)". No endereço de Maria Campos, foi encontrada apenas uma relação de nomes que, na visão da autoridade policial, seriam clientes que teriam requerido a expedição de passaportes com os nomes de crianças que teriam viajado para o exterior. No endereço indicado no mandado de Antônio Lopes, nada foi encontrado. Entretanto, os policiais que cumpriram a ordem judicial perceberam que o apartamento 202 do mesmo prédio também pertencia ao investigado, motivo pelo qual nele ingressaram, encontrando e apreendendo a quantia de cinquenta mil dólares em espécie. Nenhuma outra diligência foi realizada.

Relatado o inquérito policial, os autos foram remetidos ao Ministério Público, que ofereceu a denúncia nos seguintes termos: "o Ministério Público vem oferecer denúncia contra Maria Campos e Antônio Lopes, pelos fatos a seguir descritos: Maria Campos, com o auxílio do agente da polícia federal Antônio Lopes, expediu diversos passaportes para crianças e adolescentes, sem observância das formalidades legais.

Maria tinha a finalidade de viabilizar a saída dos menores do país. A partir da quantia de dinheiro apreendida na casa de Antônio Lopes, bem como o depósito identificado em sua conta bancária, evidente que ele recebia vantagem indevida para efetuar a liberação dos passaportes. Assim agindo, a denunciada Maria Campos está incursa nas penas do artigo 239, parágrafo único, da Lei n. 8069/90 (Estatuto da Criança e do Adolescente), e nas penas do artigo 333, parágrafo único, c/c o artigo 69, ambos do Código Penal. Já o denunciado Antônio Lopes está incurso nas penas do artigo 239, parágrafo único, da Lei n. 8069/90 (Estatuto da Criança e do Adolescente) e nas penas do artigo 317, § 1º, c/c artigo 69, ambos do Código Penal".

O juiz da 15ª Vara Criminal de Porto Alegre, RS, recebeu a denúncia, nos seguintes termos:

"compulsando os autos, verifico que há prova indiciária suficiente da ocorrência dos fatos descritos na denúncia e do envolvimento dos denunciados. Há justa causa para a ação penal, pelo que recebo a denúncia. Citem-se os réus, na forma da lei". Antônio foi citado pessoalmente em 27.10.2010 (quarta-feira) e o respectivo mandado foi acostado aos autos dia 01.11.2010 (segunda-feira). Antônio contratou você como Advogado, repassando-lhe nomes de pessoas (Carlos de Tal, residente na Rua 1, n. 10, nesta capital; João de Tal, residente na Rua 4, n. 310, nesta capital; Roberta de Tal, residente na Rua 4, n. 310, nesta capital) que prestariam relevantes informações para corroborar com sua versão.

Nessa condição, redija a peça processual cabível desenvolvendo TODAS AS TESES DEFENSIVAS que podem ser extraídas do enunciado com indicação de respectivos dispositivos legais. Apresente a peça no último dia do prazo.

Resolução da peça prático-profissional – modelo de DEFESA PRÉVIA

início da peça

Excelentíssimo Senhor Doutor Juiz de Direito da 15ª Vara Criminal da Comarca de Porto Alegre – RS.

[Deixe espaço de aproximadamente 10 cm, para eventual despacho ou decisão do juiz]

Antônio Lopes, por seu advogado, nos autos da ação penal que lhe move o Ministério Público, vem, respeitosamente, à presença de Vossa Excelência, nos termos do que dispõe o art. 396-A do Código de Processo Penal, apresentar sua DEFESA PRÉVIA, pelas razões a seguir expostas:

1. DOS FATOS

Consta da inicial acusatória que o réu teria incorrido na prática das condutas prefiguradas nos arts. 239, parágrafo único, da Lei 8069/90 e 317, § 1º, c/c o art. 69, ambos do Código Penal.

Isso porque, segundo relato que consta da denúncia, o acusado, agente da Polícia Federal lotado no setor de passaportes, recebia vantagem indevida para proceder à liberação de passaportes de crianças e adolescentes para que estes pudessem ser enviados ao exterior em desacordo com as formalidades legais.

É ainda da exordial que a expedição dos passaportes e o contato com o corréu Antônio Lopes era feito pela corré Maria Campos, a quem são imputadas as condutas tipificadas nos arts. 239, parágrafo único, da Lei n. 8069/90 e 333, parágrafo único, c/c o artigo 69, ambos do Código Penal.

Recebida a denúncia, o réu foi citado para responder à presente acusação.

2. DO DIREITO

2.1. Matéria Preliminar

O primeiro reparo a ser feito, em sede de preliminar, refere-se à falta de competência da Justiça Estadual para processar este feito.

Reza o art. 109, V, da CF que "aos juízes federais compete processar e julgar os crimes previstos em tratado ou convenção internacional, quando, iniciada a execução no país, o resultado tenha ou devesse ter ocorrido no estrangeiro, ou reciprocamente".

Dada a transnacionalidade do delito previsto no art. 239, parágrafo único, da Lei 8.069/90, é competente, portanto, para o seu processamento e julgamento, a Justiça Federal.

Trata-se de incompetência absoluta, porque em razão da matéria, o que gera nulidade "*ab initio*".

Estabelece a Constituição Federal, em seu art. 5º, XII, como regra, a inviolabilidade da comunicação telefônica, que somente pode ser quebrada, por ordem judicial, para fins de investigação criminal ou instrução processual penal.

A Lei 9.296/96 fixa a forma pela qual deve se dar a interceptação telefônica.

Pois bem, como a seguir ficará demonstrado, a interceptação determinada nas linhas telefônicas dos réus está em desacordo com o que prescreve esta legislação.

Senão vejamos.

Por primeiro, em obediência ao comando contido no art. 2º, II, da Lei 9.296/96, tratando-se de medida constritiva das mais invasivas, ainda que não existam outras provas, é dever da autoridade policial, antes de recorrer à interceptação telefônica, formulando requerimento nesse sentido ao magistrado, envidar esforços para colher outras provas, somente lançando mão da interceptação quando esta se mostrar imprescindível.

Não foi o que se deu.

Com efeito, a autoridade policial presidente do inquérito, como primeira providência, requereu a interceptação telefônica da linha utilizada pela ré Maria Campos, em flagrante violação à regra contemplada no art. 2º, II, da Lei 9.296/96.

Mais: o magistrado, ao decretar a interceptação na linha de uso da corré Maria Campos, deixou de fundamentar sua decisão, em patente desrespeito ao que dispõem os arts. 93, IX, da CF e 5º da Lei 9.296/96, apenas fazendo menção aos fundamentos contidos na representação policial, o que é inadmissível.

Trata-se, pois, de decisão nula.

Ainda em preliminar, a decisão que deferiu a busca e apreensão é nula, porquanto genérica e sem fundamentação, em flagrante violação ao disposto no art. 93, IX, da CF. Quanto às provas obtidas nesta diligência, devem ser consideradas ilícitas e, dessa forma, desentranhadas dos autos.

Em cumprimento ao mandado de busca e apreensão no endereço do réu, os agentes nada encontraram. Não satisfeitos, diante da notícia de que o apartamento vizinho também pertencia ao réu, ao arrepio da lei, já que não tinham ordem para isso, nele adentraram e ali apreenderam a importância de cinquenta mil dólares em espécie. A prova obtida nesta diligência de busca e apreensão, não autorizada judicialmente, é ilícita, devendo, portanto, ser retirada, desentranhadas dos autos.

A denúncia ofertada pelo Ministério Público é inepta, isso porque não descreve de forma clara, pormenorizada a conduta realizada pelo réu, o que inviabiliza o exercício do seu direito de defesa, em patente violação ao art. 5º, LV, da CF.

2.2. Mérito

No que concerne ao mérito, a acusação, por razões várias que a seguir serão expostas, também não pode prosperar.

Em primeiro lugar, inexiste lastro probatório mínimo a justificar a denúncia pelo crime do art. 317, § 1º, do Código Penal contra o réu.

A autoridade policial, ao efetuar a intercepção telefônica nas linhas de uso dos réus, não logrou obter nenhum diálogo útil às investigações.

À míngua de elementos para dar início às investigações, dirigiu seus esforços ao réu, pessoa com quem a corré Maria Campos havia feito contato telefônico e a quem ela formulara consulta acerca de passaportes.

Foi essa, pois, a ligação entre os réus.

Nenhuma prova foi construída que desse suporte à tese de que o réu tenha recebido vantagem indevida para expedir passaporte de forma irregular. Da mesma forma, a acusação nenhuma prova fez de que o réu, com a sua conduta, tenha infringido dever funcional, conforme exigência do art. 317, § 1º, do Código Penal.

Inexiste, portanto, neste caso, justa causa para a ação penal.

A imputação ao réu pelo crime do art. 239, parágrafo único, da Lei 8.069/90 merece reparo, já que o mesmo não tinha conhecimento do delito supostamente praticado pela corré Maria.

Com efeito, nos crimes em geral é necessário que o agente aja com dolo ou culpa, que constitui o elemento subjetivo do tipo. Ausente um ou outro, inexiste fato típico e, por conseguinte, crime.

No caso aqui tratado, o elemento subjetivo do crime previsto no art. 239, parágrafo único, do Estatuto da Criança e do Adolescente é representado pelo dolo. Pelo que dos autos consta, Antônio não tinha conhecimento do crime supostamente perpetrado por Maria, razão pela qual inexiste, da parte dele, dolo.

A conduta de Antônio, dessa forma, é atípica.

1. DO PEDIDO

Ante o exposto, postula-se pela declaração das nulidades noticiadas e pela absolvição sumária do réu, nos exatos termos do art. 397, III, do CPP, e, alternativamente, não sendo esse o entendimento de Vossa Excelência, sendo instruído o feito, requer-se a intimação das testemunhas abaixo arroladas:

Carlos de Tal, residente na Rua 1, n. 10, nesta capital;

João de Tal, residente na Rua 4, n. 310, nesta capital;

Roberta de Tal, residente na Rua 4, n.310, nesta capital.

Termos em que,

Pede deferimento.

Local ..., 8 de novembro de 2010.

Advogado

fim da peça

GABARITO COMENTADO - EXAMINADORA:

- O candidato deverá redigir Resposta à Acusação endereçada ao Juiz de Direito da 15ª Vara Criminal de Porto Alegre, RS, com base nos artigos 396 e/ou 396-A do Código de Processo Penal. É indispensável a indicação do dispositivo legal que fundamenta a apresentação da peça. Peças denominadas "Defesa Previa", "Defesa Preliminar" e "Resposta Preliminar" sem indicação do dispositivo legal não serão aceitas. Peças com fundamento simultâneo nos artigos 406 e 514.

ORDEM DOS ADVOGADOS DO BRASIL – OAB

EXAME DE ORDEM 2010/2

PROVA DISCURSIVA – DIREITO PENAL

Código de Processo Penal, ou em qualquer artigo de outra lei não serão aceitas. Quando se indicava os artigos 396 e/ou 396-A, as peças eram aceitas independente do nome, salvo quando também se fundamentavam\ no art. 514 do Código de Processo Penal ou em outro artigo não aplicável ao caso.

Admitiu-se a resposta acompanhada da exceção de incompetência, pontuando-se os argumentos constantes de ambas as peças.

- A primeira questão preliminar que deverá ser arguida é incompetência da Justiça Estadual para processar o feito, eis que o crime é de competência federal, nos termos do que prevê o artigo 109, V, da Constituição Federal. Relativamente a esse tema, admitiu-se também a arguição de incompetência com base no inciso IV do art. 109, da Constituição. Em ambos os casos, será considerada válida a indicação da transnacionalidade do crime ou a circunstância de ser uma acusação de crime supostamente praticado por funcionário público federal no exercício das funções e com estas relacionadas. Admite-se também a simples referência ao dispositivo da Constituição, ou até mesmo à Súmula n. 254, do extinto mas sempre Egrégio Tribunal Federal de Recursos. Não será aceita, por outro lado, a referência ao art. 109, I da Constituição nem às Súmulas 122 e/ou 147 do STJ.
- A segunda questão preliminar que deverá ser arguida é nulidade na interceptação telefônica. Aqui, foram pontuados separadamente os dois argumentos para sustentar a nulidade: (a) falta de fundamentação da decisão nos termos do que disciplina o artigo 5º, da Lei n. 9.296/96 e artigo 93, IX, da Constituição da República; no mesmo sentido; (b) impossibilidade de se decretar a medida de interceptação telefônica como primeira medida investigativa, não respeitando o princípio da excepcionalidade, violando o previsto no artigo 2º, II, da Lei n. 9.296/96. Na nulidade da interceptação não se aceitará o argumento do art. 4º, acerca da ausência de indicação de como seria implementada a medida. Também não se aceitará a nulidade decorrente da incompetência para a decretação, eis que o argumento da incompetência era objeto de pontuação específica.
- A terceira questão preliminar que deverá ser arguida é a nulidade da decisão que deferiu a busca e apreensão nula, eis que genérica e sem fundamentação, fulcro no artigo 93, IX, da Constituição da República.
- A quarta questão preliminar que deverá ser arguida é a nulidade da apreensão dos cinquenta mil dólares, eis que o ingresso no outro apartamento de Antônio, onde estava a quantia, não estava autorizado judicialmente. Relativamente a este ponto, era indispensável que se associasse a ilegalidade ao conceito de prova ilícita e consequentemente requerendo-se a desconsideração do dinheiro lá apreendido.
- A quinta questão preliminar que deverá ser arguida é a inépcia da inicial acusatória, eis que a conduta é genérica, sem descrever as elementares do tipo de corrupção passiva e sem imputar fato determinado. Isso viola o previsto no artigo 8º, 2, 'b', do Decreto 678/92, o qual prevê como garantia do acusado a comunicação prévia e pormenorizada da acusação formulada. Além disso, limita o exercício do direito de defesa, em desrespeito ao previsto no artigo 5º, LV, da Constituição da República. Por fim, há violação ao artigo 41, do Código de Processo Penal.
- Em relação ao crime de corrupção passiva, previsto no artigo 317, §1o, do Código Penal, o candidato deverá apontar a falta de justa causa para a ação penal. Afirmações genéricas

de falta de justa causa não serão consideradas suficientes para obtenção da pontuação. Com efeito, é preciso que o candidato faça um cotejo entre o tipo penal (com seus elementos normativos, objetivos e subjetivos) e os fatos narrados no enunciado da questão. São exemplos de argumentos: não há prova suficiente de que o réu recebia vantagem indevida para a emissão de passaportes de forma irregular; não há nenhuma prova de que os passaportes fossem emitidos de forma irregular; nenhum passaporte foi apreendido ou periciado na fase de inquérito policial; não há prova de que os passaportes supostamente requeridos por Maria na ligação telefônica foram, efetivamente, emitidos; não há prova de que houve o exaurimento do crime, nos termos do que prevê o §1º do artigo 317, do Código Penal, ou seja, que Antônio tenha efetivamente praticado ato infringindo dever funcional.

- No que tange ao crime previsto no artigo 239, parágrafo único, da Lei n. 8.069/90 (Estatuto da Criança e do Adolescente), não há qualquer indício da prática delituosa por parte de Antônio, eis que não há sequer referência de que ele tivesse ciência da intenção de Maria. Em outras palavras, o candidato deverá indicar que não havia consciência de que Antônio estivesse colaborando para a prática do crime supostamente praticado por Maria, inexistindo, dessa forma dolo. Assim como no caso do crime anterior, afirmações genéricas de falta de justa causa não serão consideradas suficientes para obtenção da pontuação. Com efeito, é preciso que o candidato faça um cotejo entre o tipo penal (com seus elementos normativos, objetivos e subjetivos) e os fatos narrados no enunciado da questão. Dessa forma, relativamente à atipicidade do crime do art. 239, é indispensável que o candidato apontasse a ausência de dolo ou falasse do elemento subjetivo do tipo. Argumentos relacionados exclusivamente ao nexo causal não serão considerados aptos.

ORDEM DOS ADVOGADOS DO BRASIL – OAB
EXAME DE ORDEM 2010/2

PROVA DISCURSIVA – DIREITO PENAL

- Ao final, o candidato deverá especificar provas, indicando rol de testemunhas. Os requerimentos devem ser de declaração das nulidades, absolvição sumária e, alternativamente, instrução processual com produção da prova requerida pela defesa. Para pontuar o pedido não é necessário que o candidato faça todos os pedidos constantes do gabarito, mas que seus pedidos estejam coerentes com a argumentação desenvolvida na peça. Por outro lado, se houver argumentos flagrantemente equivocados em maior número do que adequados, o pedido deixará de ser pontuado. No pedido, não foi admitida absolvição com fulcro no art. 386 e do 415 do Código de Processo Penal, já que ele trata das hipóteses de absolvição após o transcurso do processo, e não na fase de resposta.
- O último dia do prazo é 08.11.2010, eis que a contagem inicia na data da intimação pessoal. Não serão aceitas datas como 06 ou 07 de novembro, pois o enunciado é claro ao especificar que a petição deveria ser protocolada no último dia do prazo, o qual se prorrogou até o dia útil subsequente. Erros como 08 de outubro e 08 de setembro (ou qualquer outra data) serão considerados insuscetíveis de pontuação.
- Por fim, o gabarito não contempla nenhuma atribuição de pontuação para as argumentações relativas à: (1) ausência de notificação para apresentar resposta preliminar (art. 514, Código de Processo Penal); (2) nulidade da decisão que decretou a quebra do sigilo bancário. Também não será atribuída pontuação á simples narrativa dos fatos nem às afirmações genéricas de que não havia justa causa para a ação penal.

Item	Pontuação
Incompetência da Justiça Estadual. Artigo 109, V, CF.	0,75
Nulidade da decisão que decretou a interceptação telefônica como primeira medida investigatória. Artigo 2º, II, da Lei n. 9.296/96.	0,25
Nulidade da decisão que decretou a interceptação telefônica sem fundamentação adequada. Basta indicar um dos seguintes dispositivos: artigo 5º, da Lei n. 9.296/96 e artigo 93, IX, da Constituição da República.	0,25
Nulidade da decisão que deferiu a busca e apreensão por ser genérica e sem devida fundamentação. Artigo 93, IX, da Constituição da República.	0,50
Nulidade na apreensão dos cinquenta mil dólares em endereço para o qual não havia autorização judicial.	0,50
Inépcia da denúncia, eis que genérica. Basta indicar um dos seguintes dispositivos: artigo 8º, 2, 'b', do Decreto 678/92, artigo 5º, LV, da Constituição da República, e artigo 41, do Código de Processo Penal	0,50
Falta de justa causa para ação penal em relação ao crime previsto no artigo 317, §1º, do Código Penal.	0,75
Atipicidade do artigo 239, parágrafo único, da Lei n. 8.069/90, eis que sem dolo.	0,50
Apresentação de requerimento de declaração de nulidades, absolvição sumária e, alternativamente, sendo instruído o feito, produção das provas em direito admitidas.	0,25
Apresentação de rol de testemunhas.	0,25
Prazo: 08/11/2010.	0,50

(OAB/Exame Unificado – 2010.3 – 2ª fase) Peça prático-profissional. No dia 17 de junho de 2010, uma criança recém-nascida é vista boiando em um córrego e, ao ser resgatada, não possuía mais vida. Helena, a mãe da criança, foi localizada e negou que houvesse jogado a vítima no córrego. Sua filha teria sido, segundo ela, sequestrada por um desconhecido. Durante a fase de inquérito, testemunhas afirmaram que a mãe apresentava quadro de profunda depressão no momento e logo após o parto. Além disso, foi realizado exame médico legal, o qual constatou que Helena, quando do fato, estava sob influência de estado puerperal. À míngua de provas que confirmassem a autoria, mas desconfiado de que a mãe da criança pudesse estar envolvida no fato, a autoridade policial representou pela decretação de interceptação telefônica da linha de telefone móvel usado pela mãe, medida que foi decretada pelo juiz competente. A prova constatou que a mãe efetivamente praticara o fato, pois, em conversa telefônica com uma conhecida, de nome Lia, ela afirmara ter atirado a criança ao córrego, por desespero, mas que estava arrependida. O delegado intimou Lia para ser ouvida, tendo ela confirmado, em sede policial, que Helena de fato havia atirado a criança, logo após o parto, no córrego. Em razão das aludidas provas, a mãe da criança foi então denunciada pela prática do crime descrito no art. 123 do Código Penal perante a 1ª Vara Criminal (Tribunal do Júri). Durante a ação penal, é juntado aos autos o laudo de necropsia realizada no corpo da criança. A prova técnica concluiu que a criança já nascera morta. Na audiência de instrução, realizada no dia 12 de agosto de 2010, Lia é novamente inquirida, ocasião em que confirmou ter a denunciada, em conversa telefônica, admitido ter jogado o corpo da criança no córrego. A mesma testemunha, no entanto, trouxe nova informação, que não mencionara quando ouvida na fase inquisitorial. Disse que, em outras conversas que tivera com a mãe da criança, Helena contara que tomara substância abortiva, pois não poderia, de jeito nenhum, criar o filho. Interrogada, a denunciada negou todos os fatos. Finda a instrução, o Ministério Público manifestou-se pela pronúncia, nos termos da denúncia, e a defesa, pela impronúncia, com base no interrogatório da acusada, que negara todos os fatos. O magistrado, na mesma audiência, prolatou sentença de pronúncia, não nos termos da denúncia, e sim pela prática do crime descrito no art. 124 do Código Penal, punido menos severamente do que aquele previsto no art. 123 do mesmo código, intimando as partes no referido ato.

Com base somente nas informações de que dispõe e nas que podem ser inferidas pelo caso concreto acima, na condição de advogado(a) de Helena, **redija a peça cabível à impugnação da mencionada decisão**, acompanhada das razões pertinentes, as quais devem apontar os argumentos para o provimento do recurso, mesmo que em caráter sucessivo.

Resolução da peça prático-profissional – modelo de RECURSO EM SENTIDO ESTRITO

Recurso em Sentido Estrito – petição de interposição

início da peça

Excelentíssimo Senhor Doutor Juiz de Direito da 1ª Vara do Tribunal do Júri da Comarca de...

[deixe espaço de aproximadamente 10 cm, para eventual despacho ou decisão do juiz]

Helena, já qualificada nos autos do processo nº ..., que lhe move o Ministério Público, por seu advogado que esta subscreve, não se conformando, *"data maxima venia"*, com a decisão de pronúncia, com supedâneo no art. 581, IV, do Código de Processo Penal, dela vem, tempestivamente, interpor RECURSO EM SENTIDO ESTRITO.

Caso Vossa Excelência entenda que seja o caso de manter a respeitável decisão, postula-se pela remessa deste recurso ao Tribunal de Justiça.

Termos em que, requerendo seja ordenado o processamento do recurso, com as inclusas razões.

Pede Deferimento.

Local ..., data ...

Advogado

fim da peça

início da peça

Razões de Recurso em Sentido Estrito

RAZÕES DE RECURSO EM SENTIDO ESTRITO

RECORRENTE: HELENA

RECORRIDO: Ministério Público

Processo-crime nº ...

Egrégio Tribunal de Justiça,

Colenda Câmara,

Doutos Desembargadores,

Inconformado com a respeitável decisão contra si prolatada, vem a recorrente interpor o presente recurso em sentido estrito, aguardando, ao final, se dignem Vossas Excelências em reformá-la, pelas razões de fato e de direito a seguir expostas:

1. DOS FATOS

A recorrente foi denunciada porque teria incorrido no crime previsto no art. 123 do CP.

Segundo restou apurado em sede de inquérito, a acusada, depois de dar sua filha à luz e ainda sob os efeitos do puerpério, teria atirado a recém-nascida em um córrego, o que teria resultado no óbito desta.

Denunciada e submetida ao sumário de culpa, a recorrente foi pronunciada nos termos do art. 124 do Código Penal, uma vez que, no curso da instrução, surgiu prova, em decorrência de depoimento prestado por testemunha, de que o crime perpetrado seria diverso daquele descrito na inicial.

PENAL

Não houve aditamento pelo Ministério Público.

2. DO DIREITO

2.1. Matéria Preliminar

O primeiro reparo a ser feito, em preliminar, diz respeito à ilicitude da interceptação telefônica como prova.

Com efeito, não é admitida, por força do que dispõe o art. 2º, III, da Lei 9.296/96, a intercepção telefônica como recurso de investigação nos crimes cuja pena cominada não seja a de reclusão. As penas previstas para os crimes dos arts. 123 e 124 são de detenção.

Não seria o caso, portanto, por expressa vedação legal, de se autorizar a intercepção telefônica.

Não é só.

Em obediência ao comando contido no art. 2º, II, da Lei 9.296/96, tratando-se de medida constritiva das mais invasivas, ainda que não existam outras provas, é dever da autoridade policial, antes de recorrer à interceptação telefônica, formulando requerimento nesse sentido ao magistrado, envidar esforços para colher outras provas, somente lançando mão da interceptação quando esta se mostrar imprescindível.

Não foi o que se deu.

A autoridade policial presidente do inquérito, antes mesmo de esgotar os recursos de investigação de que dispunha, requereu a interceptação telefônica da linha utilizada pela recorrente, em flagrante violação à regra contemplada no art. 2º, II, da Lei 9.296/96.

Além disso, o depoimento prestado por Lia, amiga da recorrente, constitui prova ilícita por derivação, nos termos do art. 157, § 1º, do CPP, na medida em que a sua produção foi viabilizada pela interceptação telefônica determinada ilicitamente.

Essas duas provas, pois, devem ser desentranhadas dos autos.

De se ver, ainda em preliminar, que o fato de surgir, no curso da instrução, prova apta a conferir nova definição jurídica ao fato impõe ao juiz o dever de abrir vista dos autos ao Ministério Público para que este adite a denúncia, conforme estabelece o art. 384 do CPP.

É a chamada "*mutatio libelli*".

Esta formalidade não foi observada pelo juízo "*a quo*".

O magistrado, no lugar de aplicar o art. 411, § 3º, do CPP, como exigia o caso, pronunciou a recorrente, dando ensejo, portanto, à nulidade do processo.

2.2. Mérito

No mérito, a respeitável decisão de pronúncia não merece prosperar.

A materialidade do crime com base no qual foi pronunciada a recorrente não restou provada.

Com efeito, consta do laudo de necropsia que a criança já nascera morta. Nenhuma menção foi feita quanto à ingestão, pela mãe, de substância abortiva, o que afasta qualquer possibilidade de sustentar a existência do crime capitulado no art. 124 do CP.

No mais, se desconsideramos as provas ilícitas, nenhuma prova de autoria pesa contra a recorrente, quer em relação ao crime de infanticídio, quer em relação ao crime de aborto, razão por que é de rigor a impronúncia.

3. DO PEDIDO

Ante o exposto, postula-se seja dado provimento ao presente recurso para o fim de determinar o desentranhamento das provas ilícitas e das ilícitas por derivação, bem assim requer seja a requerente impronunciada em razão do desentranhamento dessas provas e consequente ausência de indícios de autoria e também por ausência de provas de materialidade do crime de aborto.

Nestes Termos,

Pede Deferimento.

Local ..., data ...

Advogado

fim da peça

GABARITO COMENTADO - EXAMINADORA

O recurso cabível é o recurso em sentido estrito, na forma do art. 581, IV, do Código de Processo Penal, dirigido ao Juiz da 1ª Vara Criminal (Tribunal do Júri).

Em primeiro lugar, deverá o examinando requerer, em preliminar, o desentranhamento das provas ilícitas.

Isso porque o crime investigado, infanticídio (art. 123 do Código Penal), é punido com pena de detenção. Em razão disso, não era admissível a interceptação telefônica prevista na Lei 9.296/96, pois a lei em tela não admite a medida quando o crime só é punido com pena de detenção (art. 2º, III). É de ressaltar que o crime de aborto, previsto no art. 124, também só é punido com pena de detenção. Além disso, o enunciado indica não existir indícios suficientes de autoria, uma vez que o delegado representou pela decretação da quebra com base em meras suspeitas. Finalmente, não foram esgotados todos os meios de investigação, condição *sine qua non* para que a medida seja decretada.

Por outro lado, o examinando deverá registrar também que o testemunho de Lia, embora seja prova realizada de modo lícito, será ilícito por derivação, na forma do art. 157, § 1º, do Código e Processo Penal e, portanto, imprestável.

Ainda em preliminar, deverá o examinando suscitar a nulidade do processo por violação do art. 411, § 3º do Código de Processo Penal, c/c art. 384 do Código de Processo Penal. Com efeito, diante das regras acima referidas, o Juiz, vislumbrando a possibilidade de nova definição do fato em razão de prova nova, surgida durante a instrução, deverá abrir vista dos autos para que o Ministério Público, se for o caso, adite a denúncia, mesmo que a pena prevista para a nova definição jurídica seja menor, conforme a nova redação do art. 384 do Código de Processo Penal, dada pela Lei 11.719/2008.

O candidato deverá, ainda, sustentar que não restou provada a materialidade do crime de aborto, uma vez que nenhuma perícia foi feita no sentido de comprovar que a criança faleceu em decorrência da ingestão de substância abortiva.

Finalmente, deveria requerer, em caráter sucessivo, a impronúncia da acusada, uma vez que, retiradas as provas ilícitas dos autos, nenhuma prova de autoria existiria contra a denunciada.

Em relação aos itens da correção, assim ficaram divididos:

Item – Pontuação

Endereçamento correto e indicação da norma (art. 581, IV, CPP)

0 / 0,35 / 0,7

Pedido de reconsideração ao juiz de 1º grau e indicação da norma (art. 589, parágrafo único, CPP)

0 / 0,1 / 0,2

Indicação da ilegitimidade/ilicitude da interceptação telefônica (0,4) por tratar-se de crime apenado com detenção (0,4) OU Indicação da ilegitimidade/ilicitude da interceptação telefônica (0,4) com fundamento na necessidade de esgotamento prévio dos meios de investigação (0,4)

0 / 0,4 / 0,8

Indicação do dispositivo legal (art. 2º, III, Lei 9.296/96) OU (art. 2º, II, Lei 9.296/96)

0 / 0,5

Indicação da ilicitude por derivação da prova testemunhal (0,25) com fundamentação legal (art. 157, §1º, CPP) (0,25)

0 / 0,25 / 0,5

Desenvolvimento fundamentado de que haveria violação das regras referentes à mutatio libelli (0,25/0,5) / Indicação do dispositivo legal: art. 384 do CPP (0,25), c/c art. 411, §3º, do CPP (0,25)

0 / 0,25 / 0,5 / 0,75 / 1,0

Desenvolvimento fundamentado acerca da ausência de prova da materialidade do crime de aborto por inexistência de perícia que vincule o óbito à substância abortiva

0 / 0,25 / 0,5

Pedidos principais corretos (0,2 cada):

–desentranhamento da prova Ilícita

–impronúncia em virtude do desentranhamento da prova ilícita e consequente ausência de indícios suficientes de autoria

–impronúncia por ausência de prova da materialidade do crime de aborto

–absolvição sumária OU nulidade da decisão de pronúncia, com fundamento na mutatio libelli

0 / 0,2 / 0,4 / 0,6 / 0,8

(OAB/Exame Unificado – 2011.1 – 2ª fase) Peça prático-profissional. Tício foi denunciado e processado, na 1ª Vara Criminal da Comarca do Município X, pela prática de roubo qualificado em decorrência do emprego de arma de fogo. Ainda durante a fase de inquérito policial, Tício foi reconhecido pela vítima. Tal reconhecimento se deu quando a referida vítima olhou através de pequeno orifício da porta de uma sala onde se encontrava apenas o réu. Já em sede de instrução criminal, nem vítima nem testemunhas afirmaram ter escutado qualquer disparo de arma de fogo, mas foram uníssonas no sentido de assegurar que o assaltante portava uma. Não houve perícia, pois os policiais que prenderam o réu em flagrante não lograram êxito em apreender a arma. Tais policiais afirmaram em juízo que, após escutarem gritos de "pega ladrão!", viram o réu correndo e foram em seu encalço. Afirmaram que, durante a perseguição, os passantes apontavam para o réu, bem como que este jogou um objeto no córrego que passava próximo ao local dos fatos, que acreditavam ser a arma de fogo utilizada. O réu, em seu interrogatório, exerceu o direito ao silêncio. Ao cabo da instrução criminal, Tício foi condenado a oito anos e seis meses de reclusão, por roubo com emprego de arma de fogo, tendo sido fixado o regime inicial fechado para cumprimento de pena. O magistrado, para fins de condenação e fixação da pena, levou em conta os depoimentos testemunhais colhidos em juízo e o reconhecimento feito pela vítima em sede policial, bem como o fato de o réu ser reincidente e portador de maus antecedentes, circunstâncias comprovadas no curso do processo.

Você, na condição de advogado(a) de Tício, é intimado(a) da decisão. Com base somente nas informações de que dispõe e nas que podem ser inferidas pelo caso concreto acima, redija a peça cabível, apresentando as razões e sustentando as teses jurídicas pertinentes. (Valor: 5,0)

Resolução da peça prático-profissional – modelo de APELAÇÃO

Petição de interposição

início da peça

Excelentíssimo Senhor Doutor Juiz de Direito da 1ª Vara Criminal da Comarca do Município X.

[deixe espaço de aproximadamente 10 cm, para eventual despacho ou decisão do juiz]

Tício, já qualificado nos autos da ação penal nº ..., que lhe move o Ministério Público, por seu advogado e bastante procurador que esta subscreve, não se conformando com a respeitável sentença que o condenou à pena de oito anos e seis meses de reclusão, dela vem interpor recurso de APELAÇÃO, com fundamento no art. 593, I, do Código de Processo Penal, ao Egrégio Tribunal de Justiça.

Nesses termos, requerendo seja ordenado o processamento do recurso, com as inclusas razões.

Pede Deferimento.

Local ..., data ....

Advogado

fim da peça

início da peça

Razões de apelação

Razões de Apelação

Apelante: Tício

Apelado: Ministério Público

Processo-crime nº ...

Egrégio Tribunal de Justiça,

Colenda Câmara,

Ilustres Desembargadores,

Douta Procuradoria de Justiça,

A respeitável sentença condenatória, pelas razões que a seguir serão expostas, não merece prosperar.

1. DOS FATOS

O apelante foi denunciado e processado pela prática do crime de roubo majorado em razão do emprego de arma de fogo porque teria subtraído, para si, mediante grave ameaça exercida com arma de fogo pertence da vítima.

A suposta arma de fogo utilizada não foi apreendida e, bem por isso, não foi submetida a perícia.

Finda a instrução, o apelante foi condenado a oito anos e seis meses de reclusão, por roubo com emprego de arma de fogo, estabelecendo o magistrado sentenciante, como regime inicial para cumprimento de pena, o fechado.

2. DO DIREITO

Como ficará demonstrado nas linhas a seguir, não existem provas suficientes a autorizar um decreto condenatório em desfavor do apelante.

Como argumento preliminar, deve-se, de plano, combater o reconhecimento levado a efeito durante a fase investigativa.

Com efeito, a autoridade policial, ao proceder ao reconhecimento do apelante, ainda no curso do inquérito policial, deveria obedecer a certas formalidades, estas contempladas no art. 226, II, do CPP.

Conforme impõe o dispositivo em questão, aquele que há de ser submetido a reconhecimento deve ser colocado ao lado de outras pessoas que com ele tenham qualquer semelhança.

Não foi o que se deu, pois na sala em que ocorreu o reconhecimento somente estava o apelante. A autoridade policial, para que nenhuma dúvida restasse, não providenciou para que, ao seu lado, fossem posicionados outros com características semelhantes.

Assim sendo, ante a violação da norma imposta pelo art. 226, II, do CPP, o reconhecimento, no qual se baseou o juízo *"a quo"* para condenar o réu, não pode ser levado em consideração.

Se desconsiderarmos o reconhecimento, visto que foi produzido em violação aos ditames legais, podemos, dessa forma, afirmar que inexiste prova suficiente para sustentar a condenação do apelante, nos termos do art. 386, VII, do CPP.

Se assim não entenderem Vossas Excelências, somente para argumentar, a jurisprudência tem entendido que, para a caracterização da majorante prevista no artigo 157, § 2º, I, do Código Penal, faz-se necessário que a arma de fogo seja apreendida e periciada, conforme estabelece o art. 158 do CPP.

Não foi apreendida tampouco periciada, o que torna inviável a demonstração de sua potencialidade lesiva.

Registre-se, de outro lado, que não se tem notícia de que tenha havido disparo de arma de fogo, conforme relataram vítima e testemunhas, o que torna inviável o exame de corpo de delito indireto, a teor do art. 167 do CPP.

No que concerne à pena aplicada pelo juízo sentenciante, entendemos que a sentença merece reparo, visto que a pena-base foi fixada muito além do mínimo, levando-se em conta que o apelante, ainda que seja reincidente e ostente maus antecedentes, tem as demais circunstâncias judiciais favoráveis.

3. DO PEDIDO.

Diante de todo o exposto, requer-se seja dado provimento ao recurso para decretar a nulidade do reconhecimento no qual se fundamentou o magistrado sentenciante para condenar o apelante; postula-se, também, que, uma vez reconhecida a nulidade do reconhecimento, seja dado provimento ao recurso interposto para o fim de absolver o réu por falta de provas suficientes para autorizar um decreto condenatório, nos termos do art. 386, VII, do CPP; e, caso esse entendimento não prevaleça, postula-se pelo afastamento da majorante do art. 157, § 2º, I, do CP; e pela redução da pena-base.

Nesses Termos,

Pede Deferimento.

Local ..., data ....

Advogado

fim da peça

GABARITO COMENTADO - EXAMINADORA

O examinando deve redigir uma apelação, com fundamento no artigo 593, I, do Código de Processo Penal.

A petição de interposição deve ser endereçada ao juiz de direito da 1ª vara criminal da comarca do município X.

Nas razões de apelação o candidato deverá dirigir-se ao Tribunal de Justiça do Estado do Rio de Janeiro, argumentando que o reconhecimento feito não deve ser considerado para fins de condenação, pois houve desrespeito à formalidade legal prevista no art. 226, II, do Código de Processo Penal. Dessa forma, inexistiria prova suficiente para a condenação do réu, haja vista ter sido feito somente um único reconhecimento, em sede de inquérito policial e sem a observância das exigências legais, o que levaria à absolvição com fulcro no art. 386, VII, do mesmo diploma (também aceita-se como fundamento do pedido de absolvição o art. 386, V do CPP).

Outrossim, de maneira alternativa, deverá postular o afastamento da causa especial de aumento de pena decorrente do emprego de arma de fogo, pois esta deveria ter sido submetida à perícia, nos termos do art. 158 do Código de Processo Penal, o que não foi feito, de modo que não há como ser comprovada a potencialidade lesiva da arma.

Ademais, sequer foi possível a perícia indireta (art. 167 CPP), pois nenhuma das testemunhas disse ter escutado a arma disparar, de modo que o emprego de arma somente poderia servir para configurar a grave ameaça, elementar do crime de roubo.

Distribuição de Pontos:

Item – Pontuação

Estrutura correta (divisão das partes / indicação de local, data, assinatura)

0 / 0,25

Indicação correta do prazo e dispositivos legais que dão ensejo à apelação, na petição de interposição (art. 593, I, do CPP)

0 / 0,25

Endereçamento correto da interposição – 1ª Vara Criminal do Município X

0 / 0,25

Endereçamento correto das razões – Tribunal de Justiça do Estado

0 / 0,25

Desenvolvimento jurídico acerca da falta de observância da formalidade legal (0,8) / prevista no art. 226, II, do CPP (0,2)

0 / 0,2 / 0,8 / 1,0

Desenvolvimento jurídico acerca da ausência da apreensão da arma (ou de ausência de potencialidade lesiva), o que impede o exame pericial da arma, nos termos do art. 158 do CPP. (0,6)

Ninguém afirmou que a arma tenha efetuado qualquer disparo (perícia indireta) (0,4).

0 / 0,4 / 0,6 / 1,0

Pedido: Absolvição + argumento + base legal

0 / 0,5

Pedidos (0,5 cada) – no mínimo 3 pedidos – máximo 1,5 ponto:

- redução da pena + base legal
- mudança de regime + base legal
- nulidade da prova + base legal
- afastamento da agravante + argumento + base legal

0 / 0,5 / 1,0 / 1,5

(OAB/Exame Unificado – 2011.2 – 2ª fase) Peça prático-profissional. Em 10 de janeiro de 2007, Eliete foi denunciada pelo Ministério Público pela prática do crime de furto qualificado por abuso de confiança, haja vista ter alegado o Parquet que a denunciada havia se valido da qualidade de empregada doméstica para subtrair, em 20 de dezembro de 2006, a quantia de R$ 50,00 de seu patrão Cláudio, presidente da maior empresa do Brasil no segmento de venda de alimentos no varejo. A denúncia foi recebida em 12 de janeiro de 2007, e, após a instrução criminal, foi proferida, em 10 de dezembro de 2009, sentença penal julgando procedente a pretensão acusatória para condenar Eliete à pena final de dois anos de reclusão, em razão da prática do crime previsto no artigo 155, §2º, inciso IV, do Código Penal. Após a interposição de recurso de apelação exclusivo da defesa, o Tribunal de Justiça entendeu por bem anular toda a instrução criminal, ante a ocorrência de cerceamento de defesa em razão do indeferimento injustificado de uma pergunta formulada a uma testemunha. Novamente realizada a instrução criminal, ficou comprovado que, à época dos fatos, Eliete havia sido contratada por Cláudio havia uma semana e só tinha a obrigação de trabalhar às segundas, quartas e sextas-feiras, de modo que o suposto fato criminoso teria ocorrido no terceiro dia de trabalho da doméstica. Ademais, foi juntada aos autos a comprovação dos rendimentos da vítima, que giravam em torno de R$ 50.000,00 (cinquenta mil reais) mensais. Após a apresentação de memoriais pelas partes, em 9 de fevereiro de 2011, foi proferida nova sentença penal condenando Eliete à pena final de 2 (dois) anos e 6 (seis) meses de reclusão. Em suas razões de decidir, assentou o magistrado que a ré possuía circunstâncias judiciais desfavoráveis, uma vez que se reveste de enorme gravidade a prática de crimes em que se abusa da confiança depositada no agente, motivo pelo qual a pena deveria ser distanciada do mínimo. Ao final, converteu a pena privativa de liberdade em restritiva de direitos, consubstanciada na prestação de 8 (oito) horas semanais de serviços comunitários, durante o período de 2 (dois) anos e 6 (seis) meses em instituição a ser definida pelo juízo de execuções penais. Novamente não houve recurso do Ministério Público, e a sentença foi publicada no Diário Eletrônico em 16 de fevereiro de 2011.

Com base somente nas informações de que dispõe e nas que podem ser inferidas pelo caso concreto acima, redija, na qualidade de advogado de Eliete, com data para o último dia do prazo legal, o recurso cabível à hipótese, invocando todas as questões de direito pertinentes, mesmo que em caráter eventual.

(Valor: 5,0)

Resolução da peça prático-profissional – modelo de APELAÇÃO

Petição de interposição

início da peça

Excelentíssimo Senhor Doutor Juiz de Direito da__ Vara Criminal da Comarca de ________.

[deixe espaço de aproximadamente 10 cm, para eventual despacho ou decisão do juiz]

Eliete, já qualificado nos autos da ação penal nº ..., que lhe move o Ministério Público, por seu advogado e bastante procurador que esta subscreve, não se conformando com a respeitável sentença que a condenou à pena de dois anos e seis meses de reclusão, dela vem interpor recurso de APELAÇÃO, com fundamento no art. 593, I, do Código de Processo Penal, ao Egrégio Tribunal de Justiça.

Nesses termos, requerendo seja ordenado o processamento do recurso, com as inclusas razões.

Pede Deferimento.

Local, 21 de fevereiro de 2011.

Advogado

fim da peça

início da peça

Razões de apelação

Razões de Apelação

Apelante: Eliete

Apelado: Ministério Público

Processo-crime nº ...

Egrégio Tribunal de Justiça,

Colenda Câmara,

Ilustres Desembargadores,

Douta Procuradoria de Justiça,

A respeitável sentença condenatória, pelas razões que a seguir serão expostas, não merece prosperar.

1. DOS FATOS

O Ministério Público ofertou denúncia em desfavor da apelante pela prática do crime de furto qualificado por abuso de confiança porque, segundo consta, teria a mesma, em 20 de dezembro de 2006, prevalecendo-se da qualidade de empregada doméstica, subtraído de seu empregador a importância de cinquenta reais.

Recebida a denúncia em 12 de janeiro de 2007 e instruído o feito, a apelante foi condenada à pena de dois anos de reclusão, em razão do cometimento do crime capitulado no artigo 155, § 2º, IV, do Código Penal.

Irresignada com o resultado do julgamento, a defesa achou por bem interpor recurso de apelação, ao qual o Tribunal deu provimento para o fim de anular toda a instrução realizada em primeiro grau, ao argumento de que nesta ocorrera cerceamento de defesa decorrente do indeferimento injustificado de uma pergunta formulada a uma testemunha.

Nova instrução foi realizada e, ao final, a apelante foi uma vez mais condenada, mas agora à pena de 2 anos e 6 meses de reclusão, reprimenda, portanto, superior à do primeiro julgamento.

Em seguida e por fim, o magistrado sentenciante converteu a pena privativa de liberdade em restritiva de direitos, consubstanciada na prestação de 8 horas semanais de serviços comunitários, durante o período de 2 anos e 6 meses em instituição a ser definida pelo juízo de execuções penais.

Não houve recurso do Ministério Público.

2. DO DIREITO

2.1. Matéria Preliminar

Como ficará a seguir demonstrado, a decisão que condenou a recorrente à pena de 2 anos e 6 meses de reclusão padece de nulidade, porquanto não poderia, em relação à primeira condenação, ter agravado a sua situação.

É do art. 617 do CPP que a pena, na hipótese de recurso exclusivo da defesa, não poderá ser agravada pelo tribunal, câmara ou turma. É a chamada *"reformatio in pejus"*.

Da mesma forma, anulada a condenação proferida em recurso exclusivo da defesa, a nova decisão a ser prolatada não pode ser mais prejudicial ao réu do que aquela que foi anulada (proibição da *"reformatio in pejus"* indireta – art. 617, CPP).

A vedação à *"reformatio in pejus"* indireta, embora não esteja prevista de forma expressa no art. 617 do CPP, é consagrada na doutrina e na jurisprudência.

Pois bem, foi exatamente o que ocorreu no caso em testilha.

Depois de julgado recurso de apelação em que o processo no qual a apelante foi condenada à pena de dois anos de reclusão foi anulado em razão de cerceamento de defesa, a sentença proferida no novo julgamento não poderia estabelecer pena superior àquela fixada no primeiro, sob pena de incorrer em violação à proibição da "*reformatio in pejus*" indireta.

Sucede que, em patente afronta à regra contida no art. 617 do CPP, o magistrado sentenciante fixou, neste segundo julgamento, reprimenda superior ao do primeiro, devendo, por isso, ser anulada.

2.2. Mérito

No mérito, se levarmos em conta que a nova pena aplicada por força da regra estampada no art. 617 do CPP é de no máximo 2 anos de reclusão, operou-se a prescrição da pretensão punitiva, que constitui causa extintiva da punibilidade.

Com efeito, tendo transcorrido lapso superior a quatro anos entre o recebimento da denúncia e a prolação da sentença, perdeu o Estado o seu direito de punir, nos moldes do que estabelecem os art. 109, V, e 110, § 1º, do Código Penal.

Está, portanto, extinta a punibilidade, conforme prevê o art. 107, IV, do CP.

De outro lado, o fato praticado pela apelante é atípico do ponto de vista material.

Explico. Hodiernamente, não basta que o fato seja formalmente típico. É necessário mais. Aliás, é imprescindível que, além de formalmente típico, o fato o seja sob a ótica material. Refiro-me aqui ao princípio da insignificância, que, uma vez reconhecido, enseja a exclusão da tipicidade penal, em especial a tipicidade material. Assim, ainda que o fato insignificante seja formalmente típico, materialmente não o é, já que a aplicação deste postulado constitui causa supralegal de exclusão da tipicidade material, atuando como instrumento de interpretação restritiva do tipo penal.

O furto de cinquenta reais constitui delito de bagatela, devendo, em relação a ele, portanto, incidir o postulado da insignificância, notadamente se levarmos em conta o patrimônio concreto da vítima, cuja renda mensal gira em torno de cinquenta mil reais, conforme consta dos autos.

Dessa forma, a sentença deve ser reformada para absolver a apelante, dada a aplicação do princípio da insignificância.

De se ver, de outra banda, que a incidência da qualificadora de abuso de confiança revela-se insustentável.

Isso porque a apelante havia sido contratada há somente uma semana pelo ofendido, interregno insuficiente a caracterizar a necessária relação de confiança.

Mais: o contrato firmado entre ambos estabelecia que a recorrente somente trabalharia às segundas, quartas e sextas-feiras. Ademais disso, o fato a ela atribuído se deu no seu terceiro dia de trabalho.

Reitere-se: inexistia entre recorrente e ofendido, dado o tempo de prestação de serviço, vínculo suficiente a caracterizar a qualificadora contemplada no art. 155, § 2º, IV, do Código Penal.

Neste caso, com a eliminação da qualificadora, o crime deve ser desclassificado para o delito de furto simples, com a consequente aplicação do instituto da suspensão condicional do processo, previsto no art. 89 da Lei 9.099/95.

Se Vossas Excelências, ainda assim, não compartilharem desse entendimento, tratando-se de ré primária e sendo de pequeno valor a coisa furtada, visto que muito aquém do valor correspondente ao salário mínimo, entendemos aplicável à espécie a figura do furto privilegiado, com a substituição da pena de reclusão pela de multa.

Por derradeiro, a fixação da pena-base mostrou-se, "*data venia*", em razão da violação da regra do "*no bis in idem*", exagerada. É que o magistrado sentenciante, ao estabelecer a pena-base, fez uso do argumento consubstanciado na enorme gravidade nos crimes em que se abusa da confiança depositada, sendo certo que esta mesma circunstância foi utilizada para qualificar o crime, o que constitui patente e indevido caso de "*bis in idem*". Por essa razão, a pena-base deve ser redimensionada, de forma a não mais levar-se e conta a circunstância mencionada, se o caso.

3. DO PEDIDO.

Diante de todo o exposto, requer-se seja dado provimento ao recurso para acolher a preliminar de nulidade da sentença proferida em razão da ocorrência de "*reformatio in pejus*" indireta, com a aplicação da pena em no máximo dois anos e, por consequência, a declaração da extinção da punibilidade em virtude da prescrição; assim não entendendo esse Tribunal, postula-se pela absolvição da apelante por atipicidade material da conduta a ela imputada, diante da incidência do postulado da insignificância ou, ao menos, a supressão da qualificadora consistente no abuso de confiança com a desclassificação para o delito de furto simples e a consequente aplicação do instituto da suspensão condicional do processo, previsto no art. 89 da Lei 9.099/95 e, não sendo esse o caso, requer-se, finalmente, o reconhecimento do furto privilegiado e, dessa forma, a substituição da pena de reclusão pela pecuniária, bem assim o recálculo da pena-base em razão da ocorrência do "*bis in idem*".

Nesses Termos,

Pede Deferimento.

Local, 21 de fevereiro de 2011.

Advogado

fim da peça

GABARITO COMENTADO - EXAMINADORA:

O candidato deverá redigir uma apelação, com fundamento no artigo 593, I, do CPP, a ser endereçada ao juiz de direito, com razões inclusas endereçadas ao Tribunal de Justiça. Nas razões recursais, o candidato deverá argumentar que a segunda sentença violou a proibição à reformatio in pejus – configurando-se caso de reformatio in pejus indireta –, contida no artigo 617 do CPP, de modo que, em razão do trânsito em julgado para a acusação, a pena não poderia exceder dois anos de reclusão, estando prescrita a pretensão punitiva estatal, na forma do artigo 109, V, do Código Penal, uma vez que, entre o recebimento da denúncia (12/01/2007) e a prolação de sentença válida (09/02/2011), transcorreu lapso superior a quatro anos.

Superada a questão, o candidato deverá argumentar que inexistia relação de confiança a justificar a incidência da qualificadora (Eliete trabalhava para Cláudio fazia uma semana) e que a quantia subtraída era insignificante, sobretudo tomando-se como referência o patrimônio concreto da vítima. Em razão disso, o candidato deverá requerer a reforma da sentença, de modo a se absolver a ré por atipicidade material de sua conduta, ante a incidência do princípio da insignificância/bagatela.

O candidato deve argumentar, ainda, que, na hipótese de não se reformar a sentença para se absolver a ré, ao menos deveria ser reduzida a pena em razão do furto privilegiado, substituindo-se a sanção por multa.

Em razão de tais pedidos, considerando-se a redução de pena, o candidato deveria requerer a substituição da pena privativa de liberdade por multa, bem como a aplicação da suspensão condicional da pena e/ou suspensão condicional do processo.

PENAL

Deveria ainda o candidato argumentar sobre a impossibilidade do aumento da pena base realizado pelo magistrado sob o fundamento da enorme gravidade nos crimes em que se abusa da confiança depositada, pois tal motivo já foi levado em consideração para qualificar o delito, não podendo a apelante sofrer dupla punição pelo mesmo fato – bis in idem.

Por fim, o candidato deveria requerer um dos pedidos possíveis para a questão apresentada, tais como:

1 - absolvição;

2 - reconhecimento da reformatio in pejus, com a aplicação da pena em no máximo 2 anos e a consequente prescrição;

3 - atipicidade da conduta, tendo em vista a aplicação do princípio da bagatela;

4 - não incidência da qualificadora do abuso da confiança, com a consequente desclassificação para furto simples;

5 - aplicação da Suspensão Condicional do Processo;

6 - não sendo afastada a qualificadora, a incidência do parágrafo 2º do artigo 155 do CP;

7 - a redução da pena pelo reconhecimento do bis in idem e a consequente prescrição;

8 - aplicação de sursis;

9 - inadequação da pena restritiva aplicada, tendo em vista o que dispõe o artigo 46, §3º, do CP.

Alternativamente, o candidato poderá elaborar embargos de declaração, abordando os pontos indicados no gabarito 2.

Distribuição dos Pontos – Gabarito 1

Item – Pontuação

Estrutura correta (divisão das partes / indicação de local, data, assinatura)

0 / 0,25

Indicação correta dos dispositivos legais que dão ensejo à apelação (art. 593, I, do CPP)

0 / 0,5

Endereçamento correto da interposição

0 / 0,25

Endereçamento correto das razões

0 / 0,25

Indicação de reformatio in pejus (0,20).

0 / 0,20

Desenvolvimento jurídico acerca da ocorrência de reformatio in pejus (0,40) Art. 617 do CPP (0,15)

0 / 0,15 / 0,40 / 0,55

Incidência da prescrição da pretensão punitiva. (0,30) Desenvolvimento jurídico. (0,45)

0 / 0,30 / 0,45 / 0,75

Não incidência da qualificadora de abuso de confiança OU desclassificação para furto simples. (0,3) Desenvolvimento jurídico. (0,45)

0 / 0,30 / 0,45 / 0,75

Atipicidade material da conduta OU Princípio da bagatela (0,3). Desenvolvimento jurídico. (0,45)

0 / 0,30 / 0,45 / 0,75

Desenvolvimento jurídico acerca da incidência, em caráter eventual, da figura do furto privilegiado

0 / 0,25

Desenvolvimento jurídico acerca da substituição da pena privativa de liberdade por multa OU suspensão condicional da pena (sursis) e do processo OU diminuição da pena por bis in idem

0 / 0,25

Pedido correto, contemplando as teses desenvolvidas

0 / 0,25

Distribuição dos Pontos – Gabarito 2

Item – Pontuação

Endereçamento ao juiz que proferiu a sentença recorrida.

0 / 0,50

Fundamento no art. 382 do CPP.

0 / 0,50

Indicação do prazo legal de 2 dias.

0 / 0,50

Desenvolvimento jurídico acerca da obscuridade quanto ao artigo que embasou a condenação, levando-se em conta que houve perfeita narrativa de furto cometido com abuso de confiança, mas a capitulação dada não existe.

0 / 0,50 / 1,00

Desenvolvimento jurídico acerca da obscuridade quanto aos critérios utilizados pelo magistrado para embasar o aumento da pena levando-se em conta a gravidade do crime cometido com abuso de confiança. Referido juiz não foi claro quanto ao critério utilizado, não informando em sua decisão, objetivamente, por que considerou mais gravosa a conduta de Eliete.

0 / 0,50 / 1,00

Desenvolvimento jurídico acerca da contradição existente entre a condenação de 8 horas semanais de serviços comunitários, considerando-se que o art. 46, parágrafo 3º, do CP estabelece que a fração é de apenas uma hora de prestação de serviços por semana.

0 / 0,50 / 1,00

Data em que deveriam ser opostos os embargos: 18/02/11 (último dia, levando-se em conta que a sentença foi publicada em 16/02/11 e que o prazo legal é de 2 dias).

0 / 0,50

(OAB/Exame Unificado – 2011.3 – 2ª fase) Peça Prático-Profissional. No dia 10 de março de 2011, após ingerir um litro de vinho na sede de sua fazenda, José Alves pegou seu automóvel e passou a conduzi-lo ao longo da estrada que tangencia sua propriedade rural. Após percorrer cerca de dois quilômetros na estrada absolutamente deserta, José Alves foi surpreendido por uma equipe da Polícia Militar que lá estava a fim de procurar um indivíduo foragido do presídio da localidade. Abordado pelos policiais, José Alves saiu de seu veículo trôpego e exalando forte odor de álcool, oportunidade em que, de maneira incisiva, os policiais lhe compeliram a realizar um teste de alcoolemia em aparelho de ar alveolar. Realizado o teste, foi constatado que José Alves tinha concentração de álcool de um miligrama

PENAL

por litro de ar expelido pelos pulmões, razão pela qual os policiais o conduziram à Unidade de Polícia Judiciária, onde foi lavrado Auto de Prisão em Flagrante pela prática do crime previsto no artigo 306 da Lei 9.503/1997, c/c artigo 2º, inciso II, do Decreto 6.488/2008, sendo-lhe negado no referido Auto de Prisão em Flagrante o direito de entrevistar-se com seus advogados ou com seus familiares.

Dois dias após a lavratura do Auto de Prisão em Flagrante, em razão de José Alves ter permanecido encarcerado na Delegacia de Polícia, você é procurado pela família do preso, sob protestos de que não conseguiam vê-lo e de que o delegado não comunicara o fato ao juízo competente, tampouco à Defensoria Pública.

Com base somente nas informações de que dispõe e nas que podem ser inferidas pelo caso concreto acima, na qualidade de advogado de José Alves, redija a peça cabível, exclusiva de advogado, no que tange à liberdade de seu cliente, questionando, em juízo, eventuais ilegalidades praticadas pela Autoridade Policial, alegando para tanto toda a matéria de direito pertinente ao caso.

(Valor: 5,0)

Resolução da peça prático-profissional – modelo de RELAXAMENTO DE PRISÃO EM FLAGRANTE

início da peça

Excelentíssimo Senhor Doutor Juiz de Direito da __ Vara Criminal da Comarca de...

[deixe espaço de aproximadamente 10 cm, para eventual despacho ou decisão do juiz]

José Alves, nacionalidade..., estado civil..., profissão..., portador da cédula de identidade nº..., inscrito no Cadastro de Pessoas Físicas do Ministério da Fazenda sob nº..., residente e domiciliado na Rua..., nº..., nesta comarca, por seu advogado infra-assinado, conforme procuração anexa, vem, respeitosamente, à presença de Vossa Excelência requerer o RELAXAMENTO DE PRISÃO EM FLAGRANTE com fundamento nos arts. 5º, LXV, da CF e 310, I, do CPP, pelos seguintes motivos:

1. DOS FATOS

O indiciado foi preso em flagrante por suposta violação ao art. 306 da Lei 9.503/1997, c/c o art. 2º, II, do Decreto 6.488/2008.

Segundo consta, o requerente, depois de percorrer cerca de dois quilômetros em estrada deserta que tangencia sua propriedade rural, foi surpreendido por uma equipe da Polícia Militar que procurava por um indivíduo foragido do presídio da região.

Abordado pelos policiais, o indiciado teria saído do veículo que conduzia apresentando sinais de embriaguez. Por essa razão, foi forçado, de forma incisiva, a submeter-se a teste de alcoolemia em aparelho de ar alveolar. Concluído o exame, constatou-se que o indiciado tinha concentração de álcool de um miligrama por litro de ar expelido pelos pulmões, quantidade superior ao limite estabelecido no art. 2º, II, do Decreto 6.488/08, em razão do que foi conduzido à Unidade de Polícia Judiciária, onde foi lavrado o respectivo auto de prisão em flagrante pelo cometimento do crime previsto no artigo 306 da Lei 9.503/1997, c/c o artigo 2º, II, do Decreto 6.488/2008.

Por ocasião da lavratura do auto flagrancial, fora negado ao indiciado o direito de entrevistar-se com seus advogados ou com seus familiares. Além disso, transcorridos dois dias da lavratura do auto de prisão, com o indiciado ainda preso, a autoridade policial não providenciara a comunicação do fato ao juiz competente nem à Defensoria Pública.

2. DO DIREITO

O auto de prisão em flagrante lavrado em desfavor do indiciado é, pelas razões que a seguir serão expostas, nulo, sendo a sua prisão, portanto, ilegal.

Em primeiro lugar, porque a prova produzida contra o requerente é ilícita, dado que este foi coagido pelos policiais que o detiveram a submeter-se ao bafômetro. Esta prova deve, portanto, a teor do art. 5º, LVI, da CF, ser desentranhada dos autos.

Com efeito, como é consabido, ninguém pode ser compelido a autoincriminar-se, a produzir prova contra si mesmo (princípio do "*nemo tenetur se detegere*"). É o teor do art. 8º, 2, "g", do Decreto 678/92 (Pacto de San José da Costa Rica).

Em segundo lugar, porque a autoridade policial, ao não providenciar a comunicação da prisão ao juiz, ao Ministério Público e à Defensoria Pública dentro de vinte e quatro horas, deixou de cumprir a exigência contemplada nos arts. 5º, LXII, da CF e 306, "*caput*" e § 1º, do CPP. Também por essa razão a prisão, decorrente de auto flagrancial nulo, visto que contém vício formal, deve ser relaxada, pois ilegal.

Ademais disso, a nulidade do auto de prisão em flagrante decorre também do fato de a autoridade policial não ter permitido a comunicação entre o preso e seu advogado, bem assim com seus familiares, em patente violação aos arts. 5º, LXIII, da CF e 7º, III, do Estatuto da Ordem dos Advogados do Brasil.

3. DO PEDIDO

Ante todo o exposto, requer a Vossa Excelência o reconhecimento da ilicitude da prova produzida, com o seu desentranhamento dos autos, bem assim o relaxamento da prisão em flagrante, expedindo-se em favor do indiciado o competente alvará de soltura.

Nesses Termos,

Pede Deferimento.

Local ..., data ...

Advogado

fim da peça

CONSIDERAÇÕES PRELIMINARES

Entendemos inapropriada a qualificação "nulo" atribuída pelo gabarito da peça prático--profissional ao *auto de prisão em flagrante*, visto que as nulidades são observadas no curso do processo.

Dessa forma, inobservada, na lavratura do auto de prisão em flagrante, a regra que impõe à autoridade policial o dever, por exemplo, de comunicar a prisão ao juiz competente, dizemos que o auto flagrancial é *ilegal* (prisão ilegal), o que acarretará o relaxamento da prisão em flagrante.

GABARITO COMENTADO – EXAMINADORA:

O examinando deverá redigir uma petição de relaxamento de prisão, fundamentado no art. 5º, LXV, da CRFB/88, ou art. 310, I, do CPP (embora os fatos narrados na questão sejam anteriores à vigência da Lei 12.403/11, a Banca atribuirá a pontuação relativa ao item também ao examinando que indicar o art. 310, I, do CPP como dispositivo legal ensejador ao pedido de relaxamento de prisão. Isso porque estará demonstrada a atualização jurídica acerca do tema), a ser endereçada ao Juiz de Direito da Vara Criminal.

Na petição, deverá argumentar que:

1. O auto de prisão em flagrante é nulo por violação ao direito à não autoincriminação compulsória (princípio do *nemo tenetur se detegere*) , previsto no art. 5º, LXIII, da CRFB/88 ou art. 8º, 2, "g" do Decreto 678/92.

2. A prova é ilícita em razão da colheita forçada do exame de teor alcoólico, por força do art. 5º, LVI, da CRFB/88 ou art. 157 do CPP.
3. O auto de prisão em flagrante é nulo pela violação à exigência de comunicação da medida à Autoridade Judiciária, ao Ministério Público e à Defensoria Pública dentro de 24 horas, nos termos do art. 306, §1º, do CPP ou art. 5º, LXII, da CRFB/88, ou art. 6º, inciso V, c/c. artigo 185, ambos do CPP (a banca também convencionou aceitar como fundamento o artigo 306, caput, do CPP, considerando-se a legislação da época dos fatos).
4. O auto de prisão é nulo por violação ao direito à comunicação entre o preso e o advogado, bem com familiares, nos termos do art. 5º, LXIII, da CRFB ou art. 7º, III, do Estatuto da Ordem dos Advogados do Brasil ou art. 8º, 2, "d" do Decreto 678/92;

Ao final, o examinando deverá formular pedido de relaxamento de prisão em razão da nulidade do auto de prisão em flagrante, com a consequente expedição de alvará de soltura.

Distribuição dos Pontos

Item – Pontuação

1 - Estrutura correta (divisão das partes / indicação de local, data, assinatura)

0 / 0,25

2 - Indicação correta dos dispositivos legais que dão ensejo ao pedido de relaxamento de prisão – art. 5º, LXV, da CRFB OU art. 310, I, do CPP.

0 / 0,5

3 - Endereçamento correto – Juiz de Direito da XX Vara Criminal da Comarca...

0 / 0,25

4.1 - Desenvolvimento jurídico acerca da nulidade do auto de prisão em flagrante por violação ao direito a não produzir prova contra si (0,5) [art. 5º, LXIII, da CRFB OU art. 8º, 2, "g" do Decreto 678/92 (Pacto de San José da Costa Rica)] (0,25)

Obs.: A mera indicação do artigo não é pontuada.

0 / 0,5 / 0,75

4.2 - em razão da colheita forçada do exame de teor alcoólico e consequente ilicitude da prova (0,5) [art. 5º, LVI, OU art. 157 do CPP] (0,25)

Obs.: A mera indicação do artigo não é pontuada.

0 / 0,5 / 0,75

5 - Desenvolvimento jurídico acerca da nulidade do auto de prisão em flagrante por violação ao direito à comunicação entre o preso e o advogado, bem como familiares (0,8), nos termos do art. 5º, LXIII, da CRFB OU art. 7º, III, do EOAB (0,2).

Obs.: A mera indicação do artigo não é pontuada.

0 / 0,8 / 1,0

6 - Desenvolvimento jurídico acerca da nulidade do auto de prisão em flagrante por violação à exigência de comunicação da medida à autoridade judiciária e à defensoria pública dentro de 24 horas (0,8), nos termos do art. 306, §1º, do CPP OU art. 5º, LXII, da CRFB (0,2).

Obs.: A mera indicação do artigo não é pontuada.

0 / 0,8 / 1,0

7 - Pedido de relaxamento de prisão em razão da nulidade do auto de prisão em flagrante (0,25) e expedição de alvará de soltura (0,25).

0 / 0,25 / 0,5

(OAB/Exame Unificado – 2012.1 – 2ª fase) Leia com atenção o caso concreto a seguir:

Grávida de nove meses, Ana entra em trabalho de parto, vindo dar à luz um menino saudável, o qual é imediatamente colocado em seu colo. Ao ter o recém-nascido em suas mãos, Ana é tomada por extremo furor, bradando aos gritos que seu filho era um "monstro horrível que não saiu de mim" e bate por seguidas vezes a cabeça da criança na parede do quarto do hospital, vitimando-a fatalmente. Após ser dominada pelos funcionários do hospital, Ana é presa em flagrante delito.

Durante a fase de inquérito policial, foi realizado exame médico-legal, o qual atestou que Ana agira sob influência de estado puerperal. Posteriormente, foi denunciada, com base nas provas colhidas na fase inquisitorial, sobretudo o laudo do expert, perante a 1ª Vara Criminal/Tribunal do Júri pela prática do crime de homicídio triplamente qualificado, haja vista ter sustentado o Parquet que Ana fora movida por motivo fútil, empregara meio cruel para a consecução do ato criminoso, além de se utilizar de recurso que tornou impossível a defesa da vítima. Em sede de Alegações Finais Orais, o Promotor de Justiça reiterou os argumentos da denúncia, sustentando que Ana teria agido impelida por motivo fútil ao decidir matar seu filho em razão de tê-lo achado feio e teria empregado meio cruel ao bater a cabeça do bebê repetidas vezes contra a parede, além de impossibilitar a defesa da vítima, incapaz, em razão da idade, de defender-se.

A Defensoria Pública, por sua vez, alegou que a ré não teria praticado o fato e, alternativamente, se o tivesse feito, não possuiria plena capacidade de autodeterminação, sendo inimputável. Ao proferir a sentença, o magistrado competente entendeu por bem absolver sumariamente a ré em razão de inimputabilidade, pois, ao tempo da ação, não seria ela inteiramente capaz de se autodeterminar em consequência da influência do estado puerperal. Tendo sido intimado o Ministério Público da decisão, em 11 de janeiro de 2011, o prazo recursal transcorreu *in albis* sem manifestação do Parquet.

Em relação ao caso acima, você, na condição de advogado(a), é procurado pelo pai da vítima, em 20 de janeiro de 2011, para habilitar-se como assistente da acusação e impugnar a decisão.

Com base somente nas informações de que dispõe e nas que podem ser inferidas pelo caso concreto acima, redija a peça cabível, sustentando, para tanto, as teses jurídicas pertinentes, datando do último dia do prazo. (valor: 5,00)

GABARITO COMENTADO:

O candidato deve redigir uma apelação, com fundamento no artigo 593, I CPP (OU art. 416 CPP) c/c 598 do CPP.

A petição de interposição deve ser endereçada ao Juiz de Direito da 1ª Vara Criminal/ Tribunal do Júri.

Na petição de interposição da apelação, o candidato deverá requerer a habilitação do pai da criança como assistente de acusação.

Acerca desse item, cumpre salientar que será atribuída a pontuação respectiva se o pedido de habilitação tiver sido feito em peça apartada.

Todavia, também resta decidido que não será pontuado o item relativo à estrutura se o indivíduo que solicitar a habilitação como assistente de acusação não possuir legitimidade para tanto.

Por fim, a petição de interposição deverá ser datada de 31/01/2011 OU 01/02/2011.

No tocante às razões recursais, as mesmas deverão ser dirigidas ao Tribunal de Justiça.

Nelas, o examinando deve argumentar que o juiz não poderia ter absolvido sumariamente a ré em razão da inimputabilidade, porque o Código de Processo Penal, em seu artigo 415, parágrafo único, veda expressamente tal providência, salvo quando for a única tese defensiva, o que não é o caso, haja vista que a defesa também apresentou outra tese, qual seja, a de negativa de autoria.

PENAL

Também deverá argumentar que a incidência do estado puerperal não é considerada causa excludente de culpabilidade fundada na ausência de capacidade de autodeterminação. O estado puerperal configura elementar do tipo de infanticídio e não causa excludente de imputabilidade/culpabilidade.

As duas teses principais da peça, acima citadas, somente serão passíveis de pontuação integral se preenchidas em sua totalidade, descabendo falar-se em respostas implícitas.

Do mesmo modo, deverá o examinando, em seus pedidos, requerer a reforma da decisão com o fim de se pronunciar a ré pela prática do delito de infanticídio, de modo que seja ela levada a julgamento pelo Tribunal do Júri.

Ao final, também deverá datar corretamente as razões recursais.

Acerca desse ponto, tendo em vista o prazo de três dias disposto no art. 600, § 1º, do CPP, serão aceitas as seguintes datas nas razões: 31/01/2011; 01/02/2011; 02/02/2011; 03/02/2011 e 04/02/2011 (essa última data só será aceita se a petição de interposição tiver sido datada de 01/02/2011).

Cumpre salientar que tais datas justificam-se pelo seguinte: o dia 16 de janeiro de 2011 (termo final do prazo recursal para o Ministério Público) foi domingo e por isso o termo inicial do assistente de acusação será dia 18 de janeiro de 2011 (terça-feira), terminando em 1º de fevereiro de 2011. Todavia, considerando que nem todos os examinandos tiveram acesso ao calendário no momento da prova, permitiu-se a contagem dos dias corridos e, nesse caso, o prazo final para a interposição da apelação seria dia 31 de janeiro de 2011.

Por fim, ainda no tocante ao item da data correta, somente fará jus à respectiva pontuação o examinando que acertar as hipóteses (petição de interposição e razões recursais).

Distribuição dos Pontos:

Quesito Avaliado	Faixa de valores
Item 1 - Estrutura correta (divisão das partes / indicação de local, assinatura). Obs.: a falta de legitimidade para requerer a habilitação implicará na não atribuição de pontos nesse item.	0,00 / 0,25
Item 2 - Indicação correta dos dispositivos legais que dão ensejo à apelação (art. 593, I, do CPP OU art. 416 do CPP (0,20) E art. 598 do CPP (0,30)	0,00 / 0,20 /0,30 / 0,50
Item 3 - Endereçamento correto da interposição (1ª Vara Criminal /Tribunal do Júri)	0,00 / 0,25
Item 4 - Endereçamento correto das razões (Tribunal de Justiça).	0,00 / 0,25
Item 5 - Pedido de habilitação, na interposição, do pai da vítima como assistente de acusação. Obs.: não será pontuado o pedido de habilitação feito nas razões do recurso.	0,00 / 0,25
Item 6 - Desenvolvimento jurídico acerca da impossibilidade de se absolver sumariamente pela inimputabilidade por não ser a única tese defensiva alegada na primeira fase do júri (0,95) e consequente violação ao art. 415, parágrafo único, do CPP (0,30). Obs.: a mera indicação do artigo não pontua.	0,00 / 0,95 /1,25
Item 7 - Desenvolvimento jurídico acerca da impossibilidade de se absolver sumariamente pela inimputabilidade por não ser o estado puerperal considerado como tal (0,95), já que é elemento do tipo no art. 123 do CP.(0,30). Obs.: a mera indicação do artigo não pontua.	0,00 / 0,95 /1,25

Item 8 - Pedidos: 8.1) Reforma da sentença de absolvição sumária (0,40);	0,00 / 0,40
8.2) Pronúncia da ré nos exatos termos da denúncia OU pronúncia por homicídio triplamente qualificado OU pronúncia da ré por infanticídio (0,40)	0,00/ 0,40
Item 9 - Indicação do prazo (art. 598, parágrafo único, do CPP). Obs.: somente será atribuída pontuação se houver indicação correta do prazo nas duas peças (interposição e razões recursais).	0,00/0,20

(OAB/Exame Unificado – 2012.2 – 2ª fase) Peça Prático-Profissional. Leia com atenção o caso concreto a seguir:

Visando abrir um restaurante, José pede vinte mil reais emprestados a Caio, assinando, como garantia, uma nota promissória no aludido valor, com vencimento para o dia 15 de maio de 2010. Na data mencionada, não tendo havido pagamento, Caio telefona para José e, educadamente, cobra a dívida, obtendo do devedor a promessa de que o valor seria pago em uma semana.

Findo o prazo, Caio novamente contata José, que, desta vez, afirma estar sem dinheiro, pois o restaurante não apresentara o lucro esperado. Indignado, Caio comparece no dia 24 de maio de 2010 ao restaurante e, mostrando para José uma pistola que trazia consigo, afirma que a dívida deveria ser saldada imediatamente, pois, do contrário, José pagaria com a própria vida. Aterrorizado, José entra no restaurante e telefona para a polícia, que, entretanto, não encontra Caio quando chega ao local.

Os fatos acima referidos foram levados ao conhecimento do delegado de polícia da localidade, que instaurou inquérito policial para apurar as circunstâncias do ocorrido. Ao final da investigação, tendo Caio confirmado a ocorrência dos eventos em sua integralidade, o Ministério Público o denuncia pela prática do crime de extorsão qualificada pelo emprego de arma de fogo. Recebida a inicial pelo juízo da 5ª Vara Criminal, o réu é citado no dia 18 de janeiro de 2011.

Procurado apenas por Caio para representá-lo na ação penal instaurada, sabendo-se que Joaquim e Manoel presenciaram os telefonemas de Caio cobrando a dívida vencida, e com base **somente** nas informações de que dispõe e nas que podem ser inferidas pelo caso concreto acima, **redija, no último dia do prazo, a peça cabível, invocando todos os argumentos em favor de seu constituinte**.

GABARITO COMENTADO - EXAMINADORA

O examinando deverá redigir uma resposta à acusação, prevista no artigo 396 do CPP (e/ ou art. 396-A do CPP), a ser endereçada ao juízo da 5ª Vara Criminal e apresentada no dia 28 de janeiro de 2011.

Na referida peça, o examinando deverá demonstrar que a conduta descrita pelo Ministério Público caracterizaria apenas o crime de exercício arbitrário das próprias razões, previsto no artigo 345 do CP, uma vez que para a configuração do delito de extorsão seria imprescindível que a vantagem fosse indevida, sendo a conduta, com relação ao delito do artigo 158, atípica.

Outrossim, o examinando deverá esclarecer que o Ministério Público não é parte legítima para figurar no polo ativo de processo criminal pelo delito de exercício arbitrário das próprias razões, pois não houve emprego de violência, sendo este persequível por ação penal privada.

Em razão disso, o examinando deverá afirmar que caberia a José ajuizar queixa-crime dentro do prazo decadencial de seis meses, contados a partir do dia 24 de maio de 2010 e, uma vez não tendo sido oferecida a queixa-crime até o dia 23 de novembro de 2010, incidiu sobre o feito o fenômeno da decadência, restando extinta a punibilidade de Caio.

Ao final, o examinando deverá pedir a absolvição sumária de Caio, com fundamento no artigo 397, III (pela atipicidade do delito de extorsão) e IV (pela incidência da decadência), do CPP. Além de tais pedidos, com base no princípio da eventualidade, deverá requerer a produção de prova testemunhal, com a oitiva de Joaquim e Manoel.

Por fim, o examinando deverá apontar em sua peça a data de 28 de janeiro de 2011.

Não sendo observada a correta divisão das partes, indicação de local, data e assinatura, será impossível atribuição dos pontos relativos à estrutura.

Distribuição dos Pontos:

Quesito Avaliado	Valores
Endereçamento correto (juízo da 5ª Vara Criminal).	0,00 / 0,25
Indicação correta do dispositivo legal que fundamenta a resposta à acusação (art. 396 do CPP e/ou art. 396-A do CPP).	0,00 / 0,30
A) Desenvolvimento fundamentado do argumento de que a conduta de extorsão seria atípica (1,00) por ausência da elementar "vantagem indevida" (0,50).	0,00 / 0,50 / 1,00 / 1,50
B1) Desenvolvimento fundamentado do argumento de que a conduta se amoldaria ao delito de exercício arbitrário das próprias razões (0,40) previsto no artigo 345, *caput*, do CP (0,10). OBS.: A mera indicação do dispositivo legal não pontua.	0,00 / 0,40 / 0,50
B2) Desenvolvimento fundamentado de que o delito de exercício arbitrário das próprias razões é persequível por ação penal privada.	0,00 / 0,30
B3) Incide sobre a hipótese o fenômeno da decadência do direito de queixa (0,30), razão pela qual esta extinta a punibilidade (0,20). OBS.: A indicação apenas de que houve extinção de punibilidade, dissociada da correta fundamentação, impede atribuição de pontos.	0,00/0,30/0,50
Pedidos: a) absolvição (0,25) com fundamento no art. 397, III do CPP (0,25) e art. 397, IV, do CPP (0,25); b) requerimento de produção de prova testemunhal ou indicação de rol de testemunhas (0,25).	0,00 / 0,25 / 0,50 / 0,75/1,00
Indicação do último dia do prazo (art. 396 do CPP): 28/01/2011.	0,00/0,40
Estrutura correta (divisão das partes / indicação de local, data, assinatura).	0,00 / 0,25

(OAB/Exame Unificado – 2012.3 – 2ª fase) Peça Prático-Profissional. Gisele foi denunciada, com recebimento ocorrido em 31/10/2010, pela prática do delito de lesão corporal leve, com a presença da circunstância agravante, de ter o crime sido cometido contra mulher grávida. Isso porque, segundo narrou a inicial acusatória, Gisele, no dia 01/04/2009, então com 19 anos, objetivando provocar lesão corporal leve em Amanda, deu um chute nas costas de Carolina, por confundi-la com aquela, ocasião em que Carolina (que estava grávida) caiu de joelhos no chão, lesionando-se.

A vítima, muito atordoada com o acontecido, ficou por um tempo sem saber o que fazer, mas foi convencida por Amanda (sua amiga e pessoa a quem Gisele realmente queria lesionar) a noticiar o fato na delegacia. Sendo assim, tão logo voltou de um intercâmbio, mais precisamente no dia

18/10/2009, Carolina compareceu à delegacia e noticiou o fato, representando contra Gisele. Por orientação do delegado, Carolina foi instruída a fazer exame de corpo de delito, o que não ocorreu, porque os ferimentos, muito leves, já haviam sarado. O Ministério Público, na denúncia, arrolou Amanda como testemunha.

Em seu depoimento, feito em sede judicial, Amanda disse que não viu Gisele bater em Carolina e nem viu os ferimentos, mas disse que poderia afirmar com convicção que os fatos noticiados realmente ocorreram, pois estava na casa da vítima quando esta chegou chorando muito e narrando a história. Não foi ouvida mais nenhuma testemunha e Gisele, em seu interrogatório, exerceu o direito ao silêncio. Cumpre destacar que a primeira e única audiência ocorreu apenas em 20/03/2012, mas que, anteriormente, três outras audiências foram marcadas; apenas não se realizaram porque, na primeira, o magistrado não pôde comparecer, na segunda o Ministério Público não compareceu e a terceira não se realizou porque, no dia marcado, foi dado ponto facultativo pelo governador do Estado, razão pela qual todas as audiências foram redesignadas. Assim, somente na quarta data agendada é que a audiência efetivamente aconteceu. Também merece destaque o fato de que na referida audiência o *parquet* não ofereceu proposta de suspensão condicional do processo, pois, conforme documentos comprobatórios juntados aos autos, em 30/03/2009, Gisele, em processo criminal onde se apuravam outros fatos, aceitou o benefício proposto.

Assim, segundo o promotor de justiça, afigurava-se impossível formulação de nova proposta de suspensão condicional do processo, ou de qualquer outro benefício anterior não destacado, e, além disso, tal dado deveria figurar na condenação ora pleiteada para Gisele como outra circunstância agravante, qual seja, reincidência.

Nesse sentido, considere que o magistrado encerrou a audiência e abriu prazo, intimando as partes, para o oferecimento da peça processual cabível.

Como advogado de Gisele, levando em conta tão somente os dados contidos no enunciado, elabore a peça cabível. (Valor: 5,0)

GABARITO COMENTADO - EXAMINADORA

O examinando, observando a estrutura correta, deverá elaborar MEMORIAIS, com fundamento no Art. 403, §3º, do CPP.

A peça deve ser endereçada ao Juiz do Juizado Especial Criminal.

Preliminarmente, deve ser alegada a decadência do direito de representação. Os fatos ocorreram em 01/04/2009 e a representação apenas foi feita em 18/10/2009 (Art. 38, CPP).

Também em caráter preliminar deve ser alegada a nulidade do processo pela inobservância do rito da Lei 9.099/95, anulando-se o recebimento da denúncia, com a consequente prescrição da pretensão punitiva. Isso porque os fatos datam de 01/04/2009 e a pena máxima em abstrato prevista para o crime de lesão corporal leve é de um ano, que prescreve em quatro anos (Art. 109, inciso V, do CP). Como se trata de acusada menor de 21 anos de idade, o prazo prescricional reduz-se pela metade (Art. 115, do CP), totalizando dois anos. Com a anulação do recebimento da denúncia, este marco interruptivo desaparece e, assim, configura-se a prescrição da pretensão punitiva.

No mérito, deve ser requerida absolvição por falta de prova. A materialidade do delito não restou comprovada, tal como exige o Art. 158, do CPP. O delito de lesão corporal é não transeunte e exige perícia, seja direta ou indireta, o que não foi feito. Note-se que não foi realizado exame pericial direto e nem a perícia indireta pôde ser feita, pois a única testemunha não viu nem os fatos e nem mesmo os ferimentos.

PENAL

Também no mérito, deve ser alegado que não incidem nenhuma das circunstâncias agravantes aventadas pelo Ministério Público. Levando em conta que Gisele agiu em hipótese de erro sobre a pessoa (Art. 20, § 3º, do CP), devem ser consideradas apenas as características da vítima pretendida (Amanda) e não da vítima real (Carolina), que estava grávida. Além disso, não incide a agravante da reincidência, pois a aceitação da proposta de suspensão condicional do processo não acarreta condenação e muito menos reincidência; Gisele ainda é primária.

Ao final, deve elaborar os seguintes pedidos: a extinção de punibilidade pela decadência do direito de representação; a declaração da nulidade do processo com a consequente extinção da punibilidade pela prescrição da pretensão punitiva; a absolvição da ré com fundamento na ausência de provas para a condenação. Subsidiariamente, em caso de condenação, deverá pleitear a não incidência da circunstância agravante de ter sido, o delito, cometido contra mulher grávida; a não incidência da agravante da reincidência; a atenuação da pena como consequência à aplicação da atenuante da menoridade relativa da ré.

Distribuição dos Pontos

Quesito Avaliado	Valores
1) A peça deve ser endereçada ao Juiz do Juizado Especial Criminal. (0,25)	0,00/0,25
2) Indicação do dispositivo legal que fundamenta a peça: Art. 403, § 3º, do CPP (0,20).	0,00/0,20
3) Arguição da preliminar de decadência do direito de representação (0,50). Desenvolvimento fundamentado no sentido de que os fatos ocorreram em 01/04/2009 e a representação apenas foi feita em 18/10/2009 (Art. 38, do CPP).(0,75) OBS.: A mera indicação do artigo não pontua.	0,00/0,50/1,25
4) Também em caráter preliminar deve ser alegada a nulidade do processo pela inobservância do rito da Lei n. 9.099/95 (0,25), anulando-se o recebimento da denúncia (0,25) com a consequente prescrição da pretensão punitiva.(0,25)	0,00/0,25/0,50/0,75
5) Desenvolvimento fundamentado acerca da absolvição por falta de prova (0,25), bem como da ausência de materialidade do delito (0,50).	0,00/0,25/0,50/0,75
6) Desenvolvimento fundamentado acerca da não incidência da agravante de crime praticado contra mulher grávida, pois a hipótese é de erro quanto à pessoa(0,30) na forma do Art.20, § 3º do CP (0,10). OBS.: A mera indicação do artigo não pontua.	0,00/0,30/0,40
7) Desenvolvimento fundamentado acerca da não incidência da agravante da reincidência (0,35).	0,00/0,35
8) Pedidos: A) extinção de punibilidade pela decadência do direito de representação (0,20); B) declaração da nulidade do processo (0,10) com a consequente extinção da punibilidade pela prescrição da pretensão punitiva (0,10); C) Absolvição (0,10) por falta de provas para a condenação OU por não haver prova da existência do fato (0,10);	0,00/0,10/0,20/0,30/0,40/0,50/0,60
D) Subsidiariamente, em caso de condenação: d1) não incidência da agravante de crime cometido contra mulher grávida (0,10); d2) não incidência da agravante da reincidência (0,10); d3) incidência da atenuante da menoridade relativa da ré (0,10)	0,00/0,10/0,20/0,30
9) Estrutura correta (indicação das partes/ local/ data/ assinatura).	0,00/0,15

(OAB/Exame Unificado – 2013.1 – 2ª fase) Leia com atenção o caso concreto a seguir:

Jane, no dia 18 de outubro de 2010, na cidade de Cuiabá – MT, subtraiu veículo automotor de propriedade de Gabriela. Tal subtração ocorreu no momento em que a vítima saltou do carro para buscar um pertence que havia esquecido em casa, deixando-o aberto e com a chave na ignição. Jane, ao ver tal situação, aproveitou-se e subtraiu o bem, com o intuito de revendê-lo no Paraguai. Imediatamente, a vítima chamou a polícia e esta empreendeu perseguição ininterrupta, tendo prendido Jane em flagrante somente no dia seguinte, exatamente quando esta tentava cruzar a fronteira para negociar a venda do bem, que estava guardado em local não revelado.

Em 30 de outubro de 2010, a denúncia foi recebida. No curso do processo, as testemunhas arroladas afirmaram que a ré estava, realmente, negociando a venda do bem no país vizinho e que havia um comprador, terceiro de boa-fé arrolado como testemunha, o qual, em suas declarações, ratificou os fatos. Também ficou apurado que Jane possuía maus antecedentes e reincidente específica nesse tipo de crime, bem como que Gabriela havia morrido no dia seguinte à subtração, vítima de enfarte sofrido logo após os fatos, já que o veículo era essencial à sua subsistência. A ré confessou o crime em seu interrogatório.

Ao cabo da instrução criminal, a ré foi condenada a cinco anos de reclusão no regime inicial fechado para cumprimento da pena privativa de liberdade, tendo sido levada em consideração a confissão, a reincidência específica, os maus antecedentes e as consequências do crime, quais sejam, a morte da vítima e os danos decorrentes da subtração de bem essencial à sua subsistência.

A condenação transitou definitivamente em julgado, e a ré iniciou o cumprimento da pena em 10 de novembro de 2012. No dia 5 de março de 2013, você, já na condição de advogado(a) de Jane, recebe em seu escritório a mãe de Jane, acompanhada de Gabriel, único parente vivo da vítima, que se identificou como sendo filho desta. Ele informou que, no dia 27 de outubro de 2010, Jane, acolhendo os conselhos maternos, lhe telefonou, indicando o local onde o veículo estava escondido. O filho da vítima, nunca mencionado no processo, informou que no mesmo dia do telefonema, foi ao local e pegou o veículo de volta, sem nenhum embaraço, bem como que tal veículo estava em seu poder desde então.

Com base somente nas informações de que dispõe e nas que podem ser inferidas pelo caso concreto acima, redija a peça cabível, excluindo a possibilidade de impetração de *Habeas Corpus*, sustentando, para tanto, as teses jurídicas pertinentes.

GABARITO COMENTADO – EXAMINADORA

O candidato deve redigir uma revisão criminal, com fundamento no art. 621, I e/ou III, do Código de Processo Penal. Deverá ser feita uma única petição, dirigida ao Desembargador Presidente do Tribunal de Justiça do Estado de Mato Grosso, onde o candidato deverá argumentar que, após a sentença, foi descoberta causa especial de diminuição de pena, prevista no art. 16 do Código Penal, qual seja, arrependimento posterior. O agente, anteriormente ao recebimento da denúncia, por ato voluntário, restituiu a *res furtiva*, sendo certo que tal restituição foi integral e que, portanto, faz jus ao máximo de diminuição. Assim, deverá pleitear, com base no art. 626 do Código de Processo Penal, a modificação da pena imposta, para que seja considerada referida causa de diminuição de pena.

Além disso, o fato novo comprova que o veículo não chegou a ser transportado para o exterior, não tendo se iniciado qualquer ato de execução referente à qualificadora prevista no § 5º do artigo 155 do Código Penal. Por isso, cabível a desclassificação do furto qualificado para o furto simples (artigo 155, *caput*, do Código Penal).

Como consequência da aplicação da causa especial de diminuição de pena prevista no art. 16 do CP e da desclassificação do delito, o examinando deverá desenvolver raciocínio no sentido de que, em que pese a reincidência da revisionanda, o STJ tem entendimento sumulado no sentido de que poderá haver atribuição do regime semiaberto para cumprimento da pena privativa de liberdade (verbete 269 da Súmula do STJ).

Além disso, o fato de a revisionanda ter reparado o dano de forma voluntária prepondera sobre os maus antecedentes e demonstra que as circunstâncias pessoais lhe são favoráveis. Por isso, a fixação do regime fechado se mostra medida desproporcional e infundada, devendo ser abrandado o regime para o semiaberto, com base na no verbete 269 da Súmula do Superior Tribunal de Justiça.

Ao final, o examinando deverá elaborar, com base no art. 626 do CPP, os seguintes pedidos: i. a desclassificação da conduta, de furto qualificado para furto simples; ii. a diminuição da pena da pena privativa de liberdade; iii. a fixação do regime semiaberto (ou a mudança para referido regime) para o cumprimento da pena privativa de liberdade.

Com o fim de privilegiar a demonstração de conhecimento, será pontuada, também, a estrutura da peça prático-profissional apresentada. Assim, deve haver a correta divisão das partes, indicação de local, data, assinatura e observância às demais formalidades inerentes à estrutura da peça em análise.

Também com a finalidade de privilegiar a demonstração de conhecimento jurídico, a Banca aceitará, subsidiariamente, como peça prático-profissional adequada, o PEDIDO DE JUSTIFICAÇÃO.

Para garantir a atribuição dos pontos pertinentes, o examinando deve redigir um Pedido de Justificação, com fundamento no art. 861 do Código de Processo Civil c/c art. 3º do Código de Processo Penal.

Deverá ser feita uma única petição, dirigida à Vara Criminal do Tribunal de Justiça do Estado de Mato Grosso.

Em sua peça, o examinando deverá requerer oitiva da testemunha Gabriel, tendo em vista que as novas provas autorizariam diminuição especial de pena (nos termos do art. 621, III do CPP). Deverá, outrossim, argumentar acerca da impossibilidade de produção de provas em sede de revisão criminal.

Por tais razões o examinando deverá, ao final, pleitear: i. a intimação da testemunha Gabriel para comparecer à audiência a ser designada; ii. que, efetuada a justificação, seja, a mesma, homologada por sentença, entregando-se os autos ao requerente após decorridas 48 horas da decisão judicial, nos termos do art. 866 do CPC.

Ao final, o examinando deverá atribuir valor à causa, conforme art. 282, V, do CPC, bem como apresentar o rol de testemunhas.

Distribuição dos Pontos – Tipo 1 – REVISÃO CRIMINAL	
Quesito Avaliado – REVISÃO CRIMINAL	**Valores**
Item 01 - Endereçamento correto: Tribunal de Justiça do Estado de Mato Grosso (0,25)	0,00 / 0,25
Item 02 – Indicação correta do dispositivo legal que embasa a Revisão Criminal: art. 621, I, do CPP **OU** art. 621, III, do CPP (0,25).	0,00 / 0,25
Item 03.1 – Da tese do arrependimento posterior: incide na hipótese o instituto do arrependimento posterior (0,50) nos termos do Art. 16 do CP (0,25) Obs.: A mera indicação do artigo não pontua.	0,00 / 0,50 / 0,75
Item 03.2 – Desenvolvimento jurídico no sentido de que a restituição do bem ocorreu antes do recebimento da denúncia (0,25) e tal restituição foi integral (0,25), razão pela qual a revisionanda faz jus à diminuição da pena (0,25). OBS.: a simples reprodução de dados contidos no enunciado, dissociada da correta indicação do instituto cabível ao caso (qual seja, arrependimento posterior), impede atribuição de pontos.	0,00 / 0,25 / 0,50 / 0,75

Item 04 – Desenvolvimento jurídico acerca da desclassificação para furto simples (0,50), pois não houve efetivo deslocamento do bem para o exterior (0,50), restando então o crime do Art. 155, *caput*, do CP (0,25). OBS.: A mera indicação do artigo não pontua.	0,00 / 0,50 / 0,75 / 1,00 / 1,25
Item 05 - Desenvolvimento jurídico acerca da consequente modificação do regime para o semiaberto (0,25), conforme a Súmula 269 do STJ (0,25). OBS.: Deverá haver indicação expressa e única do regime semiaberto.	0,00 / 0,25 / 0,50
Item 06 – Dos pedidos: Com fundamento no art. 626 do CPP (0,25): 6.1) Desclassificação para o delito de furto simples(0,25); 6.2) Diminuição da pena (0,25); 6.3) Fixação/mudança para regime semiaberto (0,25). OBS.: não será aceito como desenvolvimento relativo ao item 5 o simples pedido de mudança para o regime semiaberto com base no verbete 269 da Súmula do STJ.	0,00 / 0,25 / 0,50 / 0,75 / 1,00
Item 07 - Estrutura correta (divisão das partes, indicação de local, data, assinatura e demais formalidades inerentes à estrutura da peça em análise).	0,00/0,25

Distribuição dos Pontos – Tipo 2 – JUSTIFICAÇÃO	
Quesito Avaliado – JUSTIFICAÇÃO	**Valores**
Item 01 – Endereçamento correto: Vara Criminal do Tribunal de Justiça do Estado de Mato Grosso (0,25).	0,00 / 0,25
Item 02 – Indicação correta do dispositivo legal que embasa o pedido de Justificação: art. 861 do CPC c/c art. 3º do CPP (0,50). OBS.: Para obter a pontuação, o examinando deve, necessariamente, citar os dois dispositivos legais.	0,00 / 0,50
Item 03 – Desenvolvimento no sentido da necessidade da oitiva da testemunha Gabriel, tendo em vista que as novas provas autorizariam diminuição especial de pena, nos termos do art. 621, III, do CPP (0,75). Isto porque não é possível a produção de provas em sede de revisão criminal (0,75).	0,00 / 0,75 / 1,50
Item 04 – Dos pedidos: a) Seja a testemunha intimada para comparecer à audiência; (0,75). b) Efetuada a justificação, pede-se seja a mesma homologada por sentença, entregando-se os autos ao requerente, decorridas 48 horas da decisão, nos termos do art. 866 do CPC (0.75).	0,00 / 0,75 / 1,50
Item 05 - Atribuição de valor à causa, conforme art. 282, V, CPC (0,5).	0,00 / 0,50
Item 06 - Rol de testemunhas (0,5).	0,00 / 0,50
Item 07 - Estrutura correta (divisão das partes, indicação de local, data, assinatura e demais formalidades inerentes à estrutura da peça em análise). (0,25).	0,00 / 0,25

(OAB/Exame Unificado – 2013.2 – 2ª fase) Jerusa, atrasada para importante compromisso profissional, dirige seu carro bastante preocupada, mas respeitando os limites de velocidade. Em uma via de mão dupla, Jerusa decide ultrapassar o carro à sua frente, o qual estava abaixo da velocidade permitida. Para realizar a referida manobra, entretanto, Jerusa não liga a respectiva seta luminosa sinalizadora do veículo e, no momento da ultrapassagem, vem a atingir Diogo, motociclista que, em alta velocidade, conduzia sua moto no sentido oposto da via. Não obstante a presteza no socorro que veio após o chamado da própria Jerusa e das demais testemunhas, Diogo falece em razão dos ferimentos sofridos pela colisão. Instaurado o respectivo inquérito policial, após o curso das investigações, o Ministério Público decide oferecer denúncia contra Jerusa, imputando-lhe a prática do delito de homicídio doloso simples, na modalidade dolo eventual (art. 121 c/c Art. 18, I parte final, ambos do CP). Argumentou o ilustre membro do *Parquet* a imprevisão de Jerusa acerca do resultado que poderia causar ao não ligar a seta do veículo para realizar a ultrapassagem, além de não atentar para o trânsito em sentido contrário. A denúncia foi recebida pelo juiz competente e todos os atos processuais exigidos em lei foram regularmente praticados. Finda a instrução probatória, o juiz competente, em decisão devidamente fundamentada, decidiu pronunciar Jerusa pelo crime apontado na inicial acusatória. O advogado de Jerusa é intimado da referida decisão em 02 de agosto de 2013 (sexta-feira).

Atento ao caso apresentado e tendo como base apenas os elementos fornecidos, elabore o recurso cabível e date-o com o último dia do prazo para a interposição. (Valor: 5,0)

A simples menção ou transcrição do dispositivo legal não pontua.

GABARITO COMENTADO

O examinando deverá elaborar um recurso em sentido estrito com fundamento no Art. 581, IV do CPP. A petição de interposição deverá ser endereçada ao Juiz da Vara Criminal do Tribunal do Júri. Deverá, o examinando, na própria petição de interposição, formular pedido de retratação (ou requerer o efeito regressivo/iterativo), com fundamento no Art. 589, do CPP. Caso não seja feita petição de interposição, haverá desconto no item relativo à estrutura da peça, além daqueles relativos aos itens de referida petição. As razões do recurso deverão ser endereçadas ao Tribunal de Justiça. No mérito, o examinando deve alegar que Jerusa não agiu com dolo e sim com culpa. Isso porque o dolo eventual exige, além da previsão do resultado, que o agente assuma o risco pela ocorrência do mesmo, nos termos do Art. 18, I (parte final) do CP, que adotou, em relação ao dolo eventual, a teoria do consentimento. Nesse sentido, a conduta de Jerusa amolda-se àquela descrita no Art. 302 do CTB, razão pela qual ela deve responder pela prática, apenas, de homicídio culposo na direção de veículo automotor. Em consequência, não havendo crime doloso contra a vida, o Tribunal do Júri não é competente para apreciar a questão, razão pela qual deve ocorrer a desclassificação, nos termos do Art. 419, do CPP.

Ao final, o examinando deverá elaborar pedido de desclassificação do delito de homicídio simples doloso, para o delito de homicídio culposo na direção de veículo automotor (Art. 302 do CTB).

Levando em conta o comando da questão, que determina datar as peças com o último dia do prazo cabível para a interposição, ambas as petições (interposição e razões do recurso) deverão ser datadas do dia 09/08/2013.

(OAB/Exame Unificado – 2013.3 – 2ª fase) Rita, senhora de 60 anos, foi presa em flagrante no dia 10/11/2011 (quinta-feira), ao sair da filial de uma grande rede de farmácias, após ter furtado cinco tintas de cabelo. Para subtrair os itens, Rita arrebentou a fechadura do armário onde estavam os referidos produtos, conforme imagens gravadas pelas câmeras de segurança do estabelecimento. O valor total dos itens furtados perfazia a quantia de R$49,95 (quarenta e nove reais e noventa e cinco centavos).

Instaurado inquérito policial, as investigações seguiram normalmente. O Ministério Público, então, por entender haver indícios suficientes de autoria, provas da materialidade e justa causa, resolveu denunciar Rita pela prática da conduta descrita no Art. 155, § 4º, inciso I, do CP (furto qualificado pelo rompimento de obstáculo). A denúncia foi regularmente recebida pelo juízo da 41ª Vara Criminal da Comarca da Capital do Estado 'X' e a ré foi citada para responder à acusação, o que foi devidamente feito. O processo teve seu curso regular e, durante todo o tempo, a ré ficou em liberdade.

Na audiência de instrução e julgamento, realizada no dia 18/10/2012 (quinta-feira), o Ministério Público apresentou certidão cartorária apta a atestar que no dia 15/05/2012 (terça-feira) ocorrera o trânsito em julgado definitivo de sentença que condenava Rita pela prática do delito de estelionato. A ré, em seu interrogatório, exerceu o direito ao silêncio. As alegações finais foram orais; acusação e defesa manifestaram-se. Finda a instrução criminal, o magistrado proferiu sentença em audiência. Na dosimetria da pena, o magistrado entendeu por bem elevar a pena-base em patamar acima do mínimo, ao argumento de que o trânsito em julgado de outra sentença condenatória configurava maus antecedentes; na segunda fase da dosimetria da pena o magistrado também entendeu ser cabível a incidência da agravante da reincidência, levando em conta a data do trânsito em julgado definitivo da sentença de estelionato, bem como a data do cometimento do furto (ora objeto de julgamento); não verificando a incidência de nenhuma causa de aumento ou de diminuição, o magistrado fixou a pena definitiva em 4 (quatro) anos de reclusão no regime inicial semiaberto e 80 (oitenta) dias-multa. O valor do dia-multa foi fixado no patamar mínimo legal. Por entender que a ré não atendia aos requisitos legais, o magistrado não substituiu a pena privativa de liberdade por pena restritiva de direitos. Ao final, assegurou-se à ré o direito de recorrer em liberdade.

O advogado da ré deseja recorrer da decisão.

Atento ao caso narrado e levando em conta tão somente as informações contidas no texto, elabore o recurso cabível. (Valor: 5,0)

GABARITO COMENTADO

O examinando deverá elaborar recurso de apelação, com fundamento no art. 593, I do CPP.

A petição de interposição deve ser endereçada do Juiz da 41ª Vara Criminal da Comarca da Capital do Estado 'X'.

As razões deverão ser endereçadas ao Tribunal de Justiça do Estado X.

Nas razões, o examinando deverá arguir o seguinte:

I. Atipicidade da conduta pela falta de tipicidade material: a subtração de cinco tintas de cabelo, embora esteja adequada, formalmente, à conduta descrita no tipo penal, não importa em efetiva lesão ao patrimônio da farmácia. Incide, portanto, o princípio da insignificância. Assim, ausente a tipicidade material, a conduta é atípica.

II. Subsidiariamente, caso mantida a condenação, requer a aplicação do privilégio contido no § 2º do artigo 155 do CP, já que a coisa furtada é de pequeno valor (R$ 49,95), bem como Rita seria considerada primária já que o furto foi cometido antes do trânsito em julgado da condenação do crime de estelionato.

III. Impossibilidade de *bis in id*em: o magistrado, ao utilizar uma mesma circunstância (trânsito em julgado da sentença condenatória por crime de estelionato) para elevar a pena-base na primeira fase da dosimetria e também para elevar a pena-intermediária na segunda fase da dosimetria, feriu o princípio do *ne bis in* idem.

IV. Não configuração da reincidência: o Art. 63, do Código Penal, disciplina que somente haverá reincidência se o novo crime (no caso, o furto) for cometido após o trânsito em julgado definitivo de sentença condenatória de crime anterior. Não foi esse o caso da ré, pois o furto foi cometido antes do trânsito em julgado definitivo da sentença relativa ao estelionato. Não se verifica, portanto, a reincidência.

V. A fixação errada do regime inicial semiaberto para cumprimento de pena: como a ré não é reincidente, faz jus ao regime aberto, conforme disposto no Art. 33, §2º, 'c', do CP.

VI. A possibilidade de substituição da pena privativa de liberdade por pena restritiva de direitos: não sendo, a ré, reincidente, encontram-se presentes os requisitos do Art. 44 do CP. Assim, faz jus à substituição da pena privativa de liberdade por pena restritiva de direitos.

Ao final, o examinando deverá elaborar os seguintes pedidos:

I. Absolvição com base na atipicidade da conduta;

II. Subsidiariamente, requer-se a aplicação do § 2º do artigo 155 do CP (furto privilegiado);

PENAL

II. Caso não reconhecida a atipicidade, deverá requerer a diminuição da pena pelo afastamento da circunstância agravante da reincidência;

III. A fixação do regime aberto para o cumprimento da pena;

IV.A substituição da pena privativa de liberdade por pena restritiva de direitos

Distribuição dos pontos

	Item	Pontuação
1	**Endereçamento da petição de interposição:** Juiz da 41ª Vara Criminal da Comarca da Capital do Estado 'X'. (0,20)	0,00 / 0,20
2	**Demonstração do cabimento do recurso:** Art. 593, I, do CPP. (0,20)	0,00 / 0,20
3	**Endereçamento correto das razões:** Tribunal de Justiça do Estado 'X'.	0,00 / 0,20
	4.1 Mérito: **Desenvolvimento acerca da atipicidade da conduta pela falta de tipicidade material:** a conduta de Rita não configurou efetiva lesão ao patrimônio da grande rede de farmácias, assim, o fato é atípico (0,50) pela falta de tipicidade material (0,30);	0,00 / 0,30 / 0,50 / 0,80
	4.2 Desenvolvimento do pedido subsidiário: aplicação do chamado furto privilegiado (0,30), já que Rita é primária e o objeto furtado é de pequeno valor (0,20), conforme previu o § 2º do artigo 155 do CP (0,10) Obs.: A simples menção aos artigos não pontua	0,00 / 0,20 / 0,30 / 0,40 / 0,50 / 0,60
	4.3 Desenvolvimento correto acerca da impossibilidade de *bis in idem*: o trânsito em julgado da sentença de estelionato não pode ensejar, ao mesmo tempo, elevação da pena-base e da pena intermediária (0,25), pois não se admite o *bis in idem* (0,15);	0,00 / 0,15 / 0,25 / 0,40
4	**4.4 Desenvolvimento correto acerca da não configuração da reincidência:** Não há reincidência (0,10), pois o delito de furto foi cometido antes do trânsito em julgado definitivo do delito de estelionato (0,20), ausentes, pois, os pressupostos do Art. 63, do CP (0,10). *Obs.: a mera indicação de artigo não pontua.*	0,00 / 0,10 / 0,20 / 0,30 / 0,40
	4.5 *Desenvolvimento correto acerca da fixação errada do regime inicial fechado para cumprimento de pena*: como a ré não é reincidente, faz jus ao regime aberto (0,25), conforme disposto no Art. 33, §2º, 'c', do CP ou súmula 269 do STJ (0,15). Obs.: a mera indicação do artigo ou súmula não pontua.	0,00 / 0,25 / 0,40
	4.6 Desenvolvimento correto acerca da possibilidade de substituição da pena privativa de liberdade por pena restritiva de direitos (0,25), conforme Art. 44, do CP (0,15) **OU** Desenvolvimento correto acerca da possibilidade de aplicação da pena de multa (0,25), conforme art. 155, §2º, do CP. (0,15) Obs.: a mera indicação de artigo não pontua.	0,00 / 0,25 / 0,40
	Pedidos: a) Absolvição (0,10) com base na atipicidade da conduta ou art. 386, inciso III, do CPP (0,20);	0,00 / 0,10 / 0,30
5	Alternativamente, não reconhecida a atipicidade, deverá requerer: b.1) a aplicação do furto privilegiado ou aplicação do previsto no § 2º do artigo 155 CP (0,25); b.2) a diminuição da pena pelo afastamento da circunstância agravante da reincidência (0,25); b.3) A fixação do regime aberto para o cumprimento da pena (0,25); b.4) A substituição da pena privativa de liberdade por pena restritiva de direitos (0,25).	0,00 / 0,25 / 0,50 / 0,75 / 1,00
6	Fechamento da Peça: (0,10) Data, Local, Advogado, OAB ... nº...	0,00/0,10

Prática Trabalhista

Hermes Cramacon

EXERCÍCIOS
PRÁTICOS

1. FORMAÇÃO E DESENVOLVIMENTO DO CONTRATO DE TRABALHO

(OAB/Exame Unificado – 2012.1 – 2ª fase) Felipe Homem de Sorte foi contratado pela empresa Piratininga Comércio de Metais Ltda., para exercer a função de auxiliar administrativo. Após um ano de serviços prestados, sem que tivesse praticado qualquer ato desabonador de sua conduta, recusou-se a cumprir ordem manifestamente legal de seu superior hierárquico, por discordar de juízo de mérito daquele, em relação à tomada de uma decisão administrativa. De pronto foi verbalmente admoestado, alertado para que o ato não se repetisse e sobre a gravidade do ilícito contratual cometido. No mesmo dia, ao final do expediente, foi chamado à sala de Diretor da empresa, que lhe comunicou a decisão de lhe impor suspensão contratual por 20 (vinte) dias, em virtude da falta cometida.

Em face da situação acima, responda, de forma fundamentada, aos seguintes itens:

A) São válidas as punições aplicadas pelo empregador? (valor: 0,60)

B) Se a ordem original fosse ilegal, o que poderia o empregado fazer? (valor: 0,65)

GABARITO COMENTADO – FGV

A) A primeira punição é valida ante o descumprimento injustificado de ordem legal; a segunda punição é inválida, pois incabível dupla punição pela mesma falta (*non bis in idem*).

B) O empregado pode recusar-se ao cumprimento de ordem ilegal, valendo-se do direito de resistência (*jus resistentiae*) OU poderá, diante da situação, postular a resolução culposa do contrato (rescisão indireta), com base no artigo 483, "a" da CLT, pela imposição de cumprimento de ordem contrária à lei OU poderá pleitear a declaração de nulidade das punições. Em qualquer um dos casos, com as reparações patrimoniais e morais cabíveis.

(OAB/Exame Unificado – 2011.3 – 2ª fase) Juventino, brasileiro, residente e domiciliado em João Pessoa, foi contratado pela empresa Engenho Engenharia S.A., com sede em Salvador, para trabalhar como mestre de obras. Após dois anos trabalhando em João Pessoa, foi transferido para trabalhar no Japão, onde ficou por três anos. Retornando ao Brasil, após laborar por um mês, foi dispensado imotivadamente. Insatisfeito, ajuizou ação trabalhista requerendo que lhe fossem pagos todos os direitos previstos na legislação brasileira no período em que trabalhou fora do país, pois no Japão tinha apenas 7 dias de férias por ano, não tinha FGTS e a jornada de trabalho era de 9 horas. O juiz julgou o pedido improcedente fundamentando a decisão no princípio da lei do local da prestação de serviços; logo, aplicação da lei brasileira no Brasil, e a japonesa no Japão, mesmo porque Juventino trabalhou mais tempo fora do que dentro do Brasil. Essa decisão foi acertada? Por quê? Fundamente.

GABARITO COMENTADO – FGV

Espera-se que o candidato identifique a incorreção da decisão em relação à lei vigente.

A decisão foi incorreta, pois o princípio da territorialidade invocado pelo juiz, previsto na Súmula 207 do TST é regra geral, não se aplicando aos casos de transferência de empregados para trabalho no exterior.

Em tais hipóteses, aplicável não a lei do lugar da prestação de serviços e sim a lei mais benéfica, no caso, a brasileira, nos termos do art. 3º, II, da Lei 7.064/82.

Distribuição dos Pontos

Item	Pontuação
Não. Nas transferências para trabalho no exterior é aplicável a lei mais benéfica; no caso, a brasileira (0,90). Indicação do art. 3º, II, da Lei 7.064/82 (0,35). Obs: A mera resposta "não" e a mera indicação do fundamento legal ou jurisprudencial não pontuam; a indicação deve ser precisa.	*0 / 0,90 / 1,25*

(OAB/Exame Unificado – 2011.3 – 2ª fase) João da Silva exercia o cargo de caixa executivo no Banco Estrela S.A., trabalhando 8 (oito) horas diárias, com intervalo para repouso e alimentação de 1 (uma) hora, de segunda-feira a sexta-feira, e recebia gratificação de função de 1/3 (um terço) do salário do seu posto efetivo. Posteriormente, foi designado para a função de confiança de gerente do departamento de pessoal, recebendo gratificação de 50% (cinquenta por cento) do salário do cargo efetivo. Nesse período, a sua jornada era das 10h às 21h, de segunda-feira a sexta-feira, com 1 (uma) hora de intervalo intrajornada. Diante dessa situação hipotética, e considerando que João da Silva, após 12 (doze) anos de exercício na função de gerente, foi revertido, sem justo motivo, para o seu cargo efetivo, com a supressão de sua gratificação de função, responda, de forma fundamentada, às seguintes indagações:

A) Na função de caixa executivo, João ocupava cargo de confiança bancário? Ele prestava horas extraordinárias no exercício dessa função? (Valor: 0,5)
B) Na função de gerente do departamento de pessoal, João prestava horas extraordinárias? (Valor: 0,4)
C) Foi válida a reversão de João para o seu cargo efetivo? A gratificação de função poderia ter sido suprimida? (Valor: 0,35)

GABARITO COMENTADO – FGV

A) Espera-se que o examinando identifique que João da Silva não ocupava cargo de confiança bancária, posto que não exercia função de direção, gerência, fiscalização, chefia ou equivalentes, muito menos outras funções de confiança previstas no artigo 224, § 2º, da CLT, apesar de receber gratificação de função de 1/3 do salário do seu posto efetivo.

Conforme o posicionamento contido na Súmula nº 102, item VI, do C. TST, o caixa bancário, ainda que caixa executivo, não exerce cargo de confiança. Se perceber gratificação igual ou superior a um terço do salário do posto efetivo, ela remunera apenas a maior responsabilidade do cargo e não as duas horas extraordinárias além da sexta.

Logo, João trabalhava 02 (duas) horas extras diárias (sétima e oitava horas), porque lhe seria aplicável a jornada de trabalho reduzida de 06 (seis) horas prevista no artigo 224, caput, da CLT.

B) Espera-se que o examinando identifique que João da Silva, no exercício da função de gerente de departamento de pessoal prestava 02 (duas) horas extras diárias (nona e décima horas), pois exercia cargo de confiança bancário, nos termos do artigo 224, § 2º, da CLT. E, de acordo com o entendimento consubstanciado na Súmula nº 102, item IV, do C. TST, o bancário sujeito à regra do art. 224, § 2º, da CLT cumpre jornada de trabalho de 8 (oito) horas, sendo extraordinárias as trabalhadas além da oitava. O gerente de departamento de pessoal, ainda que receba gratificação de função igual ou superior a 40% do salário efetivo não está incluído no regramento do art.62, II, da CLT.

C) Espera-se que o examinando identifique que a reversão de empregado ocupante de função de confiança para o cargo efetivo resta autorizada pela norma do parágrafo único do artigo 468 da CLT, estando assim contida no poder empregatício (jus variando).

Todavia, a gratificação de função não poderia ter sido suprimida. Segundo a jurisprudência uniformizada no item I da Súmula nº 372 do C. TST, percebida a gratificação de função por dez ou mais anos pelo empregado, se o empregador, sem justo motivo, revertê-lo a seu cargo efetivo, não poderá retirar-lhe a gratificação tendo em vista o princípio da estabilidade financeira.

(OAB/Exame Unificado – 2011.1 – 2ª fase) João da Silva ajuizou reclamação trabalhista em face da Cooperativa Multifuncional Ltda. e do Posto de Gasolina Boa Viagem Ltda. Na petição inicial, afirmou que foi obrigado a se filiar à cooperativa para prestar serviços como frentista no segundo reclamado, de forma pessoal e subordinada. Alegou, ainda, que jamais compareceu à sede da primeira ré, nem foi convocado para qualquer assembleia. Por fim, aduziu que foi dispensado sem justa causa, quando do término do contrato de prestação de serviços celebrado entre os reclamados. Postulou a declaração do vínculo de emprego com a sociedade cooperativa e a sua condenação no pagamento de verbas decorrentes da execução e da ruptura do pacto laboral, além do reconhecimento da responsabilidade subsidiária do segundo réu, na condição de tomador dos serviços prestados, nos termos da Súmula 331, item IV, do TST. Na contestação, a primeira ré suscitou preliminar de impossibilidade jurídica do pedido, uma vez que o artigo 442, parágrafo único, da CLT prevê a inexistência do vínculo de emprego entre a cooperativa e seus associados. No mérito, sustentou a validade da relação cooperativista entre as partes, refutando a configuração dos requisitos inerentes à relação empregatícia. O segundo reclamado, na peça de defesa, afirmou que o reclamante lhe prestou serviços na condição de cooperado e que não pode ser condenado no pagamento de verbas trabalhistas se não foi empregador. Na instrução processual, restou demonstrada pela prova testemunhal produzida nos autos a intermediação ilícita de mão de obra, funcionando a cooperativa como mera fornecedora de trabalhadores ao posto de gasolina.

Com base na situação hipotética, responda aos itens a seguir, empregando os argumentos jurídicos apropriados e a fundamentação legal pertinente ao caso.

A) É cabível a preliminar de impossibilidade jurídica do pedido? (Valor: 0,45)

B) Cabe o pedido de declaração de vínculo de emprego com a primeira ré e o de condenação subsidiária do segundo reclamado? (Valor: 0,8)

RESOLUÇÃO DA QUESTÃO

A) Não há qualquer vedação com relação ao pedido do reclamante e, portanto, não procede a preliminar suscitada. Isso porque, em se tratando de cooperativa ilegal, a regra esculpida no parágrafo único do art. 442 da CLT não é aplicável, pois a regra se aplica exclusivamente às legítimas cooperativas.

Ademais, importante elucidar que a existência ou não de vínculo de emprego entre as partes é questão relacionada com o mérito da causa, não podendo ser suscitada em preliminar, nos termos do art. 301 do CPC, aplicado por força do art. 769 da CLT.

B) Não há razão para o pedido de reconhecimento de vínculo de emprego entre o reclamante e a 1ª reclamada. Isso porque, demonstrada a intermediação ilícita, por funcionar a cooperativa como fornecedora de mão de obra, o vínculo se forma diretamente entre o reclamante e a 2ª reclamada, ou seja, o posto de combustíveis, com fulcro nos arts. 2º, 3º e 9º da CLT. Nesse sentido, a súmula 331, item I, do TST ensina que a contratação de trabalhadores por empresa interposta é ilegal, formando-se o vínculo diretamente com o tomador dos serviços.

TRABALHISTA

Assim, não há que se falar em responsabilidade subsidiária da segunda reclamada, tendo em vista ser responsável principal dos créditos trabalhistas.

Desta forma, por não ter o reclamante feito pedido de reconhecimento de vínculo de emprego com o posto de combustíveis, segunda reclama, mas apenas pedido de responsabilidade subsidiária, deverá o juiz julgar improcedentes os pedidos, em razão dos limites objetivos da lide fixados pelo reclamante, em conformidade com os arts. 128 e 460 do CPC, aplicados por força do art. 769 da CLT.

(OAB/Exame Unificado – 2008.3 – 2ª fase) Antônio, policial militar, nos horários de folga, presta serviços de segurança para a empresa Irmãos Gêmeos Ltda. Acreditando ter sido despedido injustamente, promoveu reclamação trabalhista pleiteando valores que supostamente lhe seriam de direito. A empresa arguiu que o contrato de trabalho seria nulo, visto que o estatuto da corporação militar, a que Antônio estava submetido, proíbe o exercício de qualquer outra atividade. Na qualidade de advogado(a) contratado (a) por Antônio, apresente a fundamentação jurídica adequada para afastar a argumentação de nulidade do contrato de trabalho do policial militar na referida empresa de segurança.

RESOLUÇÃO DA QUESTÃO

Nos termos do art. 3º da CLT, toda pessoa física que, sob dependência, prestar serviços de natureza não eventual a uma empresa individual ou coletiva que, assumindo os riscos da atividade, admitir, assalariar e dirigir a prestação do serviço será considerado empregado.

Nessa linha, o fato de Antônio, policial militar, estar submetido ao estatuto da corporação militar que proíbe o exercício de qualquer outra atividade, não afasta o reconhecimento do vínculo empregatício existente entre ele e a empresa Irmãos Gêmeos Ltda., entendimento este cristalizado na Súmula 386 do TST.

Ademais, não pode a empresa Irmãos Gêmeos Ltda. alegar em seu benefício sua própria torpeza. É o princípio do "benefício da própria torpeza" tipificado no art. 796, b, da CLT.

Desta forma, conclui-se legítimo o reconhecimento de relação de emprego existente entre Antônio e empresa Irmãos Gêmeos Ltda., não havendo nulidade alguma no contrato de trabalho avençado.

(OAB/Exame Unificado – 2008.2 – 2ª fase) No que diz respeito ao contrato individual de trabalho, distinga a subempreitada da locação de mão de obra, conceituando cada um desses contratos e apresentando suas características.

RESOLUÇÃO DA QUESTÃO

A locação de mão de obra pode ser conceituada como o contrato pelo qual o locador (empresa locadora de mão de obra) se obriga a fazer alguma prestação para uso ou proveito do locatário (tomador dos serviços), não importando a natureza do trabalho ou do serviço.

Os trabalhos são realizados sem a obrigação de executar a obra completa, ou seja, sem a produção de um resultado final.

Na locação de mão de obra, também definida como contrato de prestação de serviços, a empresa locadora da mão de obra assume a obrigação de contratar empregados, trabalhadores avulsos ou autônomos sob sua exclusiva responsabilidade.

O vínculo trabalhista se estabelece entre a empresa locadora da mão de obra e os trabalhadores, embora os empregados ou contratados ficam à disposição da tomadora dos serviços, que detém o poder de comando das tarefas, fiscalizando a execução dos serviços.

A responsabilidade pelo pagamento das verbas trabalhistas é da empresa locadora de mão de obra, podendo a responsabilidade recair sobre a tomadora de serviços de forma subsidiária.

No entanto, havendo irregularidade na contratação, a responsabilidade será solidária entre a locadora de mão de obra e a tomadora de serviços.

Já o contrato de subempreitada pressupõe um contrato de empreitada.

A empreitada é o contrato pelo qual o empreiteiro se obriga, sem subordinação ou dependência, a realização de uma obra certa a outrem, denominado dono da obra.

Assim, ocorrerá a subempreitada sempre que o empreiteiro principal efetuar a contratação de outros empreiteiros (subempreiteiros) para o cumprimento de suas obrigações contratuais. Ao contratar um subempreiteiro, o empreiteiro principal, além dos riscos quanto à realização da obra, assume as obrigações trabalhistas, em conformidade com o art. 455 da CLT.

Desta forma, caso não adimplidas as obrigações trabalhistas pelo subempreiteiro, os empregados poderão reclamar do empreiteiro principal o cumprimento das obrigações trabalhistas, mas não do dono da obra, haja vista que o vínculo trabalhista se estabelece entre o empreiteiro e os subempreiteiros e não com o dono da obra.

A teor da orientação jurisprudencial 191 da SDI 1 do TST, o contrato de empreitada entre o dono da obra e o empreiteiro não enseja responsabilidade solidária ou subsidiária nas obrigações trabalhistas contraídas pelo empreiteiro, salvo sendo o dono da obra uma empresa construtora ou incorporadora.

Assim, não há que se falar em responsabilidade seja subsidiária, seja solidária, pelo dono da obra, no contrato de subempreitada.

(OAB/Exame Unificado – 2007.3 – 2ª fase) O banco Cidade contratou Nélson, diretamente, para trabalhar como vigilante. Após o término da relação de emprego, Nélson ajuizou ação trabalhista postulando seu enquadramento como bancário e, consectariamente, o recebimento de horas extras, conforme o art. 224 da CLT, bem como o pagamento de parcelas previstas em normas coletivas dos bancários. Com relação à situação hipotética apresentada, indaga-se: O obreiro deve ser enquadrado como bancário? São-lhe devidas as pleiteadas horas extras e as parcelas referentes às normas coletivas dos bancários? Fundamente a sua resposta.

RESOLUÇÃO DA QUESTÃO

A profissão de vigilante é regulamentada pela Lei 7.102/83, que, em seu art. 15 considera vigilante o empregado contratado para proceder à vigilância patrimonial das instituições financeiras e de outros estabelecimentos públicos e privados.

O fato de o vigilante exercer suas atividades no banco não desnatura o contrato que possui, na medida em que ele é subordinado à empresa de vigilância e não ao banco.

Nesse sentido o TST cristalizou entendimento com a Súmula 257, que dispõe que o vigilante, contratado diretamente por banco ou por intermédio de empresas especializadas, não é bancário.

Desta forma, Nelson não poderá ser considerado empregado bancário, consequentemente, não faz jus ao recebimento das horas extras pleiteadas.

(OAB/Exame Unificado – 2006.1 – 2ª fase) Maria trabalha para a pessoa jurídica Jota, em sua sede localizada no município Aga. Atendendo aos interesses da empresa, Maria foi transferida para uma filial de Jota situada no município Wega, que pertence à mesma região metropolitana de Aga. Com base na situação hipotética apresentada, redija texto dissertativo acerca do princípio da intransferibilidade do local de trabalho sem anuência do empregado, informando o dispositivo da Consolidação das Leis do Trabalho que define esse princípio, bem como as situações que tornariam a transferência lícita. Extensão máxima: 60 linhas

TRABALHISTA

RESOLUÇÃO DA QUESTÃO

De acordo com o disposto no art. 469 da CLT, a regra, para a transferência do empregado, é a necessidade do seu consentimento.

No entanto, existem algumas situações que se enquadram dentro do que a doutrina chama de *ius variandi* do empregador, ou seja, possibilidade de alteração unilateral do contrato de trabalho.

A CLT elenca, em seu art. 469, hipóteses em que a transferência pode ocorrer de forma unilateral pelo empregador, ou seja, sem o consentimento do obreiro. São elas: quando se tratar de empregados que exerçam cargos de confiança; empregados cujos contratos contenham cláusulas expressas prevendo essa possibilidade; nos casos em que a transferência decorra da própria natureza do serviço para o qual o empregado foi contratado, casos em que deverá haver a real necessidade dos serviços prestados por esses trabalhadores, sob pena de ser taxada de abusiva, nos termos da súmula 43 do TST; ocorrendo a extinção do estabelecimento e, por último, por necessidade de serviço, desde que a transferência seja provisória.

Assim, é vedada, em regra, a transferência que acarrete a mudança de domicílio do empregado. No entanto, caso a transferência não acarrete a mudança de domicílio, mas torne o local de trabalho mais distante de sua residência, fará jus a um suplemento salarial correspondente ao acréscimo da despesa de transporte. É o que dispõe a súmula 29 do TST.

Embora o TST tenha se utilizado da expressão "suplemento salarial", essa complementação não possui natureza salarial, mas sim natureza de reembolso de despesas.

(OAB/Exame Unificado – 2006.1 – 2ª fase) João trabalha para a pessoa jurídica Eta desde abril de 2003, na função de vendedor, com jornada de trabalho de 8 horas diárias e 44 horas semanais, nos termos de seu contrato de trabalho. A jornada de trabalho de João inicia-se às 8 h da manhã, com intervalo para o almoço das 12 h às 14 h, momento em que retorna ao trabalho, permanecendo até às 18 h. João gasta em média 2 horas no trajeto entre sua residência e seu local de trabalho, somando, por dia, 4 horas despendidas neste percurso. Em 15 de março de 2005, a Eta, em concordância com João, modificou a jornada de trabalho do empregado. Ficou estabelecido que seu início seria às 8 h da manhã, com intervalo para almoço das 12 h às 16h, momento em que João retornaria ao trabalho, permanecendo até às 20h. Considerando a situação hipotética apresentada e a legislação de regência, redija um texto dissertativo defendendo a legalidade ou não da alteração contratual mencionada, especificando a norma de regência e as repercussões dessa alteração no contrato de trabalho de João. Extensão máxima: 60 linhas

RESOLUÇÃO DA QUESTÃO

O art. 468 da CLT dispõe ser lícita a alteração das condições contratuais por mútuo consentimento e, ainda assim, desde que não resultem, direta ou indiretamente, prejuízos ao empregado, sob pena de nulidade dessa cláusula infringente. Assim, o dispositivo legal consagra o princípio da inalterabilidade contratual lesiva ao obreiro.

Portanto, existe a necessidade de que a alteração não prejudique o empregado, ou seja, deve ser benéfica, em razão da hipossuficiência do empregado, pois, como se sabe, no contrato de trabalho as partes não estão em igualdade.

Por outro lado, nos termos do art. 71 da CLT, é possível a pactuação, em contrato individual de trabalho, de intervalo intrajornada superior a duas horas.

A norma consolidada autorizadora da ampliação do intervalo intrajornada exige que esta seja pactuada mediante acordo escrito, devendo, ainda, ser interpretada sempre à luz do princípio da inalterabilidade lesiva ao empregado.

Em outras palavras, é possível a pactuação individual e escrita de intervalo superior ao definido em lei, exceto se demonstrada fraude ou prejuízo ao empregado.

Note-se que, no caso em tela, a flagrante existência de consequências negativas para João, eis que ele exercia suas atividades no horário das 10h às 18h, chegando a sua residência às 20h. Com a alteração do contrato, João passou a chegar a sua residência apenas às 22h, o que, sem dúvida, lhe causa maior desgaste físico e psicológico.

Desta forma, tendo sido o acordo individual firmado de forma a desprezar a melhoria da condição social de João, violando valores assegurados em normas que prezam pela saúde e dignidade do trabalho, conclui-se que a cláusula alteradora é nula, sendo incapaz de produzir qualquer efeito, em conformidade com o art. 9º da CLT.

Nessa linha, em conformidade com a súmula 118 do TST, os intervalos concedidos pelo empregador na jornada de trabalho, não previstos em lei, representam tempo à disposição da empresa, remunerados como serviço extraordinário, se acrescidos ao final da jornada.

Conclui-se, portanto, que a alteração contratual é considerada nula, face a sua prejudicialidade ao obreiro, nos termos do art. 9º da CLT, representando, ainda, tempo à disposição da empresa, devendo ser remunerada como serviço extraordinário.

2. ALTERAÇÃO, SUSPENSÃO E INTERRUPÇÃO DO CONTRATO DE TRABALHO

(OAB/Exame Unificado – 2013.2 – 2ª fase) João, empregado da empresa Beta, sentiu-se mal durante o exercício da sua atividade e procurou o departamento médico do empregador, que lhe concedeu 15 (quinze) dias de afastamento do trabalho para o devido tratamento. Após o decurso do prazo, João retornou ao seu mister mas, 10 (dez) dias depois, voltou a sentir o mesmo problema de saúde, tendo sido encaminhado ao INSS, onde obteve benefício de auxílio-doença comum.

Diante da situação, responda, justificadamente, aos itens a seguir.

A) A quem competirá o pagamento do salário em relação aos primeiros 15 dias de afastamento? (Valor: 0,65)

B) Caso o INSS concedesse de plano a João, dada a gravidade da situação, a aposentadoria por invalidez comum, que efeito jurídico o benefício previdenciário teria sobre o contrato de trabalho? (Valor: 0,60)

A simples menção ou transcrição do dispositivo legal não pontua.

GABARITO COMENTADO

A) Durante os primeiros 15 dias de afastamento por motivo de doença competirá à empregadora o pagamento do salário, na forma do art. 60, § 3º, da Lei 8.213/1991 OU art. 476 da CLT OU art. 75 do Decreto 3.048/1999.

B) O contrato ficará suspenso até que haja a recuperação, na forma do art. 475 da CLT.

(OAB/Exame Unificado – 2012.3 – 2ª fase) Numa determinada escola uma professora irá casar-se no dia 10 e uma auxiliar de Secretaria, no dia 15 do mesmo mês. A direção comunicou que concederá nove dias de licença para a professora e três dias de licença para a auxiliar de Secretaria. Ciente disso, a auxiliar foi à direção reclamar contra o tratamento discriminatório, alegando violação ao princípio da isonomia.

Diante disso, responda justificadamente.

A) Analise se a direção do colégio agiu corretamente na concessão de prazos diferenciados de licença. (Valor: 0,65)

B) Qual é o efeito jurídico da licença gala no contrato de trabalho e como ficará a questão do salário neste período? (Valor: 0,60)

TRABALHISTA

GABARITO COMENTADO

A) A direção agiu corretamente, pois o prazo de licença dos professores é especial, de nove dias, sobrepondo-se a quantidade normal que é de três dias, na forma do Art. 320, § 3º, da CLT.

B) O efeito será a interrupção do contrato de trabalho, de modo que os salários serão pagos pelo empregador.

(OAB/Exame Unificado – 2012.2 – 2ª fase) Uma determinada empresa aplica a seguinte jornada de trabalho: os empregados trabalham durante sete dias das 8:00 às 17:00 h com intervalo de uma hora para refeição e folgam no 8º dia – e assim sucessivamente. Além disso, recebem um bônus de dois dias fruitivos por mês, nos quais podem faltar quando desejarem, sem qualquer desconto no salário, desde que avisem previamente à chefia.

A partir da situação apresentada, responda aos seguintes itens.

A) Qual é o efeito do repouso semanal remunerado no contrato de trabalho e onde se encontra o normativo de regência desse direito? (Valor: 0,65)

B) Analise, segundo a legislação em vigor, a política de repouso remunerado adotada pela empresa. (Valor: 0,60)

GABARITO COMENTADO

A. O repouso semanal remunerado é causa de interrupção do contrato de trabalho e está previsto na CRFB/88 (artigo 7º, XV), artigo 67 da CLT e Lei 605/49.

B. A política empresarial está equivocada, pois o repouso semanal deve ser aproveitado durante a semana, no período de 7 dias – e não após -, na forma da OJ 410 da SDI-1do TST – "REPOUSO SEMANAL REMUNERADO. CONCESSÃO APÓS O SÉTIMO DIA CONSECUTIVO DE TRABALHO. ART. 7º, XV, DA CONSTITUIÇÃO FEDERAL. VIOLAÇÃO. Viola o art. 7º, XV, da CRFB, a concessão de repouso semanal remunerado após o sétimo dia consecutivo de trabalho, importando no seu pagamento em dobro".

(OAB/Exame Unificado – 2007.3 – 2ª fase) José foi contratado pela Empresa Bola Sete Ltda., na função de auxiliar de serviços gerais, em 4 de maio de 2007. No dia 4 de outubro de 2007, José pediu demissão da empresa, alegando ter recebido de outra empresa uma proposta de trabalho mais vantajosa. Considerando que José não completou um ano de trabalho na empresa, deve receber na rescisão do contrato de trabalho, algum valor a título de férias? Justifique a sua resposta.

RESOLUÇÃO DA QUESTÃO

As férias são direito irrenunciável assegurado a todos os trabalhadores urbanos e rurais, previsto no art. 7º, XVII, da CF, depois de transcorrido o período de 12 meses de trabalho contados da data de sua contratação, chamado pela doutrina de "período aquisitivo".

As férias constituem, desta forma, direito adquirido do empregado que não deixará de recebê-las, salvo nos casos de demissão do empregado por justa causa.

Este é o entendimento cristalizado na Súmula 171 do TST que dispõe que, salvo na hipótese de dispensa do empregado por justa causa, a extinção do contrato de trabalho sujeita o empregador ao pagamento da remuneração das férias proporcionais, ainda que incompleto o período aquisitivo de 12 (doze) meses.

Desta forma, tendo João pedido demissão mesmo antes de completar o período aquisitivo de 12 (doze) meses, fará jus ao recebimento proporcional das férias.

(OAB/Exame Unificado – 2006.2 – 2ª fase) A relação de emprego pode ser paralisada sem a dissolução do vínculo contratual que a informa. Essa paralisação é denominada tecnicamente suspensão do contrato de trabalho. Entre as causas determinantes da suspensão do contrato individual de trabalho, existem algumas decorrentes de fatos alheios à vontade do empregado. Orlando Gomes e Elson Gottschalk. Curso de direito do trabalho. Rio de Janeiro: Forense, 2006, p. 341 (com adaptações). Tendo o texto acima como referência e com base na ordenação normativa vigente, elabore um texto dissertativo abordando três situações em que a suspensão do contrato individual de trabalho interrompe a fluência do período aquisitivo de férias do empregado. Extensão máxima: 30 linhas

RESOLUÇÃO DA QUESTÃO

As férias são direito irrenunciável assegurado a todos os trabalhadores urbanos e rurais, previsto no art. 7º, XVII, da CF. A CLT cuida da matéria nos arts. 129 e seguintes.

No entanto, o empregado poderá perder esse direito caso ocorra, dentro do mesmo período aquisitivo, qualquer das hipóteses previstas no art. 133 consolidado, que deverá ser anotada na Carteira de Trabalho, nos termos do art. 133, § 2º, da CLT.

O inciso IV do art. 133 da CLT dispõe que o empregado que tiver percebido da Previdência Social prestações de acidente de trabalho ou de auxílio-doença por mais de 6 (seis) meses, embora descontínuos, perderá o direito às férias.

Desse modo, aquele empregado que esteve afastado por período superior a 6 (seis) meses, ainda que descontínuo, de suas atividades em decorrência de acidente do trabalho ou auxílio-doença, recebendo benefício do INSS, perderá o direito às férias.

O período de 6 (seis) meses, exigidos pela legislação em apreço, deve estar compreendido dentro do mesmo período aquisitivo, ou seja, o período do afastamento deve estar contido no mesmo período aquisitivo, caso contrário o empregado fará jus ao gozo das férias.

Da mesma maneira, perderá o direito às férias, independente de sua vontade, o empregado que deixar de trabalhar, com percepção do salário, por mais de 30 (trinta) dias, em virtude de paralisação parcial ou total dos serviços da empresa. Nesse caso a empresa deverá comunicar ao órgão local do Ministério do Trabalho, com antecedência mínima de 15 (quinze) dias, as datas de início e fim da paralisação total ou parcial dos serviços da empresa, e, em igual prazo, comunicará, nos mesmos termos, ao sindicato representativo da categoria profissional, bem como afixará aviso nos respectivos locais de trabalho.

Por último, o empregado que permanecer em gozo de licença, com percepção de salários, por mais de 30 (trinta) dias, também perderá o direito a férias.

Porém, a concessão de licença remunerada superior a 30 (trinta) dias, que impossibilita o gozo das férias pelo empregado, não afasta o direito ao recebimento do terço constitucional previsto no art. 7º, XVII, da CF.

Após a ocorrência de qualquer dessas condições, o empregado retornará ao serviço, iniciando-se um novo período aquisitivo, em conformidade com o art. 133, § 2º, da CLT.

3. REMUNERAÇÃO E SALÁRIO

(OAB/Exame Unificado – 2012.3 – 2ª fase) Sebastião é empregado no Restaurante Galeto Delicioso Ltda., exercendo a função de garçom, com salário mensal de R$ 1.000,00 (um mil reais), que é equivalente ao piso salarial da categoria profissional previsto em convenção coletiva de trabalho. Apesar de o restaurante não incluir as gorjetas nas notas de serviço, estas são oferecidas espontaneamente pelos clientes.

TRABALHISTA

Diante desta situação hipotética, responda, de forma fundamentada, às indagações a seguir.

A) Qual é a natureza jurídica da gorjeta? Justifique. (Valor: 0,65)

B) Analise a pretensão de Sebastião, feita ao empregador, de ter o valor das gorjetas integrado na base de cálculo do FGTS. (Valor: 0,60)

GABARITO COMENTADO

A. Nos termos do Art. 457, *caput*, da CLT, a gorjeta é uma paga feita por terceiros, razão pela qual tem natureza remuneratória B. A pretensão procede. O valor das gorjetas integrará a base de cálculo dos depósitos do FGTS. Conforme dispõe o Art. 15, *caput*, da Lei n. 8.036/90, os empregadores ficam obrigados a depositar até o dia 7 (sete) de cada mês, em conta bancária vinculada, a importância correspondente a 8 (oito) por cento da remuneração paga ou devida, no mês anterior, a cada trabalhador.

Logo, a base de incidência do FGTS é a remuneração do empregado, que inclui as gorjetas recebidas (Art. 457, *caput*, da CLT, e Súmulas 63 e 354, do TST).

(OAB/Exame Unificado – 2012.2 – 2ª fase) Francisco é empregado numa empresa de máquinas e trabalha externamente. Em termos salariais, Francisco é comissionista puro, recebendo 20% sobre as vendas por ele realizadas mensalmente. Em determinado mês Francisco efetuou uma venda de R$ 50.000,00 em 10 parcelas mensais, daí porque o empregador lhe disse que pagará a comissão de acordo com o vencimento das parcelas.

A partir do caso apresentado, responda aos itens a seguir.

A) Se uma das parcelas não for paga pelo comprador, como deve proceder o empregador de Francisco em relação ao pagamento da comissão correspondente? Justifique. (Valor: 0,65)

B) Se as parcelas estivessem sendo pagas normalmente e Francisco fosse dispensado seis meses após a realização da venda, como fica a situação da comissão vincenda?(Valor: 0,60)

GABARITO COMENTADO

A. O empregador deve realizar o pagamento da comissão, pois não pode transferir para o empregado o risco do negócio, já que possui meios jurídicos hábeis para a cobrança da dívida em face do devedor inadimplente.

B. Nesse caso a empresa continuará pagando a comissão a cada mês, pois a ruptura do contrato não exclui o direito do empregado nem obriga o empregador a antecipar o pagamento, na forma da CLT, art. 466 § 2º "A cessação das relações de trabalho não prejudica a percepção das comissões e percentagens devidas na forma estabelecida por este artigo".

(OAB/Exame Unificado – 2011.1 – 2ª fase) Em 15/04/2008, João Carlos de Almeida foi contratado pela Engelétrica S.A. para trabalhar na construção das barragens da Hidrelétrica de Belo Monte. Entretanto, em virtude da grande distância entre o local de trabalho e a cidade mais próxima, o empregador lhe forneceu habitação durante toda a vigência do contrato. Dispensado sem justa causa em 13/08/2010, João Carlos ajuizou ação trabalhista visando à inclusão da ajuda-habitação na sua remuneração e o pagamento dos reflexos daí decorrentes, uma vez que a moradia constituiu salário *in natura*, compondo a contraprestação ajustada pelas partes.

Com base na situação concreta, responda aos itens a seguir, empregando os argumentos jurídicos apropriados e a fundamentação legal pertinente ao caso.

a) Qual é o critério apto a definir a natureza jurídica da prestação entregue ao empregado pelo empregador? (Valor: 0,5)

b) Nesta hipótese em especial, a habitação fornecida pela Engelétrica S.A. deve ou não integrar a remuneração de João Carlos de Almeida? Por quê? (Valor: 0,75)

RESOLUÇÃO DA QUESTÃO

A) O art. 458, *caput*, da CLT, ensina que, além do pagamento em dinheiro, compreende-se no salário, para todos os efeitos legais, entre outras prestações, a habitação. Contudo, em seu § 2º o mesmo dispositivo exclui determinadas prestações do âmbito salarial, quando estas forem concedidas ao empregado PARA a realização do trabalho. Desta forma, sempre que as prestações forem concedidas "pelo" trabalho possuirão natureza salarial, ao passo que se a prestação for concedida "para" o trabalho não terá a mesma natureza.

B) A prestação não deverá integrar a remuneração de João Carlos. Isso porque, em razão da grande distância entre o local de trabalho e a cidade mais próxima, o fornecimento da habitação tornou-se indispensável para a realização do trabalho.

Desta forma, por ser a habitação fornecida a João Carlos "para" a realização do trabalho, não possui natureza salarial, não devendo, portanto, integrar sua remuneração. Nesse sentido, o TST firmou seu entendimento por meio da súmula 367, item I.

(OAB/Exame Unificado – 2010.3 – 2ª fase) Determinada loja de um *shopping center* concede mensalmente a todos os seus empregados um vale-compras no valor de R$ 200,00 (duzentos reais), por força de norma regulamentar, para que eles possam utilizá-lo em qualquer estabelecimento do shopping. Além disso, fornece ajuda-alimentação, sendo participante de Programa de Alimentação do Trabalhador – PAT, aprovado pelo Ministério do Trabalho e Emprego. O sindicato representante da categoria profissional de seus empregados vem reivindicando que os valores de ambos os benefícios sejam considerados no cálculo das verbas contratuais dos trabalhadores.

Com base na situação hipotética, na condição de advogado consultado pela empresa, responda aos itens a seguir, empregando os argumentos jurídicos apropriados e a fundamentação legal pertinente ao caso.

A) Os valores correspondentes ao vale-compras devem integrar a base de cálculo das verbas contratuais dos empregados? Quais seriam os efeitos inerentes à revogação da norma regulamentar instituidora dessa vantagem nos contratos de trabalho vigentes e futuros? (Valor: 0,7)

B) Os valores correspondentes à ajuda-alimentação integram os salários dos empregados? (Valor: 0,3)

RESOLUÇÃO DA QUESTÃO

A) Para que os bens e serviços fornecidos pelo empregador ao empregado no decorrer do contrato de trabalho tenham natureza salarial é necessária a presença de 3 requisitos. O primeiro é a habitualidade no fornecimento, ou seja, repetição do fornecimento da prestação. O segundo consiste no caráter contraprestativo do fornecimento, ou seja, a prestação é concedida como retribuição pelo trabalho executado. A utilidade deve ser fornecida pelo trabalho, e não para o trabalho. O último requisito é a onerosidade da utilidade, ou seja, deve ser gratuito, não poderá haver a pagamento por parte do empregado.

Desta forma, o vale-compras fornecido habitualmente pelo empregador, com intuito contraprestativo, configura-se salário *in natura*, nos termos do artigo 458, *caput*, da CLT. Assim, por possuir natureza salarial, os respectivos valores devem integrar a base de cálculo das verbas contratuais dos empregados.

Eventual supressão da concessão da utilidade somente poderá alcançar os empregados admitidos após a revogação da norma regulamentar, sob pena de configurar alteração contratual lesiva aos trabalhadores beneficiados, afrontando assim o disposto no art. 468 da CLT, que impossibilita a alteração contratual prejudicial ao empregado, ainda que bilateral. Nessa linha o TST editou a súmula 51 ensinando no item I que as cláusulas regulamentares, que revoguem ou alterem vantagens deferidas anteriormente, só atingirão os trabalhadores admitidos após a revogação ou alteração do regulamento.

B) Embora o art. 458, *caput*, da CLT estabeleça que, além do pagamento em dinheiro, compreende-se no salário, para todos os efeitos legais, a alimentação, os valores de ajuda-alimentação não integrarão o salário dos empregados. Isso porque, o art. 3º da Lei 6.321/76 dispõe que não se inclui no salário de contribuição a parcela paga *in natura*, pela empresa, nos programas de alimentação aprovados pelo Ministério do Trabalho e Emprego. Assim, restou pacificado entendimento na orientação jurisprudencial 133 da SDI 1, do TST no sentido de que a ajuda-alimentação fornecida por empresa participante do programa de alimentação ao trabalhador, instituído pela Lei 6.321/76, não tem caráter salarial. Portanto, não integra o salário para nenhum efeito legal.

(OAB/Exame Unificado – 2007.3 – 2ª fase) Em ação trabalhista ajuizada em face da empresa Brasileira Ltda., Antônio, que trabalhava como gerente de vendas, em Recife, desde a sua admissão, em 1999, formulou pedido de equiparação salarial, indicando como paradigma o Sr. João, também gerente de vendas da empresa, desde o ano de 2005, na cidade de Salvador. Nessa situação, o pedido formulado por Antônio é devido? Fundamente a sua resposta.

RESOLUÇÃO DA QUESTÃO

O art. 461 da CLT, que tem como fundamento o inciso XXX do artigo 7° da CF, o qual proíbe a diferença de salários, de exercício de funções e de critério de admissão, por motivo de sexo, idade, cor ou estado civil, estabelece que, sendo idêntica a função, a todo trabalho de igual valor, prestado ao mesmo empregador, na mesma localidade, corresponderá igual salário.

De acordo com o orientação do TST consubstanciado no item X da Súmula 6, o termo "mesma localidade" contido no art. 461 da CLT deve ser entendido como sendo o mesmo município, ou municípios distintos que, comprovadamente, pertençam à mesma região metropolitana.

Nota-se que, no caso apresentado, Antônio laborava em Recife/PE e apontou como paradigma o Sr. João, gerente de vendas na cidade de Salvador/Bahia, portanto, trabalhadores pertencentes a estados diferentes, o que impede o direito à equiparação salarial.

Desta forma, o pedido formulado por Antônio se mostra indevido, face ao entendimento cristalizado na Súmula 6, X, do TST.

(OAB/Exame Unificado – 2006.3 – 2ª fase) José e Antônio foram contratados no mesmo mês e ano para exercerem a função de advogado da empresa Ômega. No exercício da função, José e Antônio executavam trabalhos idênticos: faziam audiências, elaboravam petições, pareceres e sustentações orais. Além de desenvolverem trabalhos idênticos, atuavam no setor jurídico da empresa, no entanto foram contratados com salários diferenciados: José ganhava quantia correspondente a dois terços do salário de Antônio, sob o argumento único de que Antônio possuía maior experiência. A empresa Ômega não possuía quadro de carreira dos seus empregados. Com relação a esse problema, redija um texto dissertativo, apresentando, de forma justificada, os argumentos que sustentem a necessidade de tratamento igualitário entre José e Antônio.

RESOLUÇÃO DA QUESTÃO

O art. 461 da CLT, que tem como fundamento o inciso XXX do artigo 7° da CF, o qual proíbe a diferença de salários, de exercício de funções e de critério de admissão, por motivo de sexo, idade, cor ou estado civil, estabelece que, sendo idêntica a função, a todo trabalho de igual valor, prestado ao mesmo empregador, na mesma localidade, corresponderá igual salário.

Desta forma, a todo trabalho de igual valor, prestado por trabalhadores que laborem na mesma função, para um mesmo empregador e, ainda, na mesma localidade, deverá corresponder igual salário.

O art. 461 da CLT não veda a equiparação salarial nos casos de trabalho intelectual, porém, o TST firmou entendimento de que, uma vez atendidos os requisitos elencados no art. 461 consolidado, é possível a equiparação salarial do trabalho intelectual, podendo a avaliação para efeitos da equiparação, ser feita com base na perfeição técnica, adotando critérios objetivos.

Nota-se que, no caso apresentado, José e Antônio eram advogados e atuavam no setor jurídico da empresa, além disso, executavam trabalhos idênticos, não existindo razão para a diferença salarial.

Ademais, a empresa Ômega não possuía quadro de carreira dos seus empregados, fato que seria suficiente para excluir o direito à equiparação salarial, nos termos do art. 461, § 2º, da CLT.

Assim, uma vez preenchidos os requisitos do art. 461 da CLT e com suporte no entendimento consubstanciado na Súmula 6, VII, do TST, é de rigor que haja um tratamento igualitário no que diz respeito aos salários de José e Antônio.

(OAB/Exame Unificado – 2007.1 – 2ª fase) Defina o termo salário utilidade, abordando as prestações que podem ser consideradas como utilidade e as que não se enquadram nesse conceito.

RESOLUÇÃO DA QUESTÃO

O salário *in natura* ou salário utilidade, como também é conhecido, pode ser conceituado como sendo toda parcela, bem ou vantagem fornecida pelo empregador como gratificação pelo trabalho desenvolvido ou pelo cargo ocupado.

Para ser reconhecido como tal, dois requisitos devem ser levados em consideração. O primeiro deles é no sentido de que a utilidade deve ser habitual; e o segundo que essa utilidade seja fornecida de forma gratuita.

Assim, toda prestação ou utilidade concedida com habitualidade e gratuitamente ao empregado como forma de retribuição, como gratificação pelo trabalho prestado, será considerado salário utilidade.

Desta forma, em conformidade com o § 2º do art. 458 da CLT, não são consideradas como salário, desde que compreendida a todos os empregados, as seguintes utilidades: a) vestuários, equipamentos e outros acessórios fornecidos aos empregados e utilizados no local de trabalho, para a prestação do serviço; b) educação, em estabelecimento de ensino próprio ou de terceiros, compreendendo os valores relativos a matrícula, mensalidade, anuidade, livros e material didático; c) transporte destinado ao deslocamento para o trabalho e retorno, em percurso servido ou não por transporte público; d) assistência médica, hospitalar e odontológica, prestada diretamente ou mediante seguro-saúde; e) seguros de vida e de acidentes pessoais; f) previdência privada e g) o valor correspondente ao vale-cultura.

(OAB/Exame Unificado – 2006.2 – 2ª fase) De acordo com abalizada doutrina, o salário é conceituado como a totalidade das percepções econômicas dos trabalhadores, qualquer que seja a forma ou o meio de pagamento, que retribuam o trabalho, os períodos de interrupção do contrato e os descansos computáveis na jornada de trabalho. Na ordenação normativa pátria, existem diversos princípios básicos de proteção jurídica ao salário. Amauri Mascaro Nascimento. Curso de direito do trabalho: história e teoria geral do direito do trabalho: relações individuais e coletivas do trabalho. 21.ª ed. São Paulo: Saraiva, 2006, p. 817 (com adaptações). Considerando o texto acima como referência inicial, elabore um texto em que sejam apresentados os conceitos de dois dos princípios básicos de proteção jurídica ao salário. Extensão máxima: 30 linhas

TRABALHISTA

RESOLUÇÃO DA QUESTÃO

Salário é a contraprestação paga diretamente pelo empregador ao empregado pelos serviços prestados, seja em dinheiro, seja em utilidades.

O art. 457, § 1º, da CLT dispõe que integram o salário não só a importância fixa estipulada, como também as comissões, percentagens, gratificações ajustadas, diárias para viagens e abonos pagos pelo empregador.

O texto constitucional, por sua vez, em seu art. 7º, X, informa que são direitos dos trabalhadores urbanos e rurais, além de outros que visem à melhoria de sua condição social, a proteção do salário na forma da lei, constituindo crime sua retenção dolosa. Trata-se do princípio da irredutibilidade salarial.

Assim, em regra, o salário é irredutível. No entanto, o legislador constituinte permitiu que em determinadas situações o salário poderá ser reduzido, mediante negociação coletiva, nos termos do seu art. 7º, VI.

Outra proteção ao salário vem disposta no art. 462 da CLT, ao vedar o desconto no salário do obreiro. Trata-se do princípio da intangibilidade salarial.

Por meio desse princípio entende-se que o obreiro deve receber seu salário de forma integral, sendo proibido ao empregador efetuar descontos, salvo se resultar de adiantamento, de dispositivos de lei ou de contrato coletivo.

Não obstante, foi editada a Súmula 342 do TST, dispondo ser lícito o desconto no salário do obreiro, desde que haja autorização expressa por escrito e espontânea por parte do empregado.

4. JORNADA DE TRABALHO

(OAB/Exame Unificado – 2013.3 – 2ª fase) Determinado empresário pretende contratar Gustavo para prestar serviços em dois turnos que se alternam, compreendendo horário diurno e noturno de trabalho. Considerando que a atividade da empresa não se desenvolve continuamente e que não há norma coletiva disciplinando a relação de trabalho, responda, de forma fundamentada, às indagações a seguir.

A) Qual deve ser o limite diário de duração do trabalho de Gustavo? (Valor: 0,65)

B) Na hipótese, como será tratado o período de trabalho que estiver compreendido entre as 22 horas de um dia e as 05 horas do dia seguinte? (Valor: 0,60)

GABARITO COMENTADO – FGV

A) O limite diário de duração do trabalho deste empregado deve ser de 06 (seis) horas, nos termos do Art. 7º, inciso XIV, da Constituição da República, por se tratar de empregado que irá trabalhar em turnos ininterruptos de revezamento. De acordo com o posicionamento contido na OJ 360 da SDI-1 do TST, faz jus à jornada especial prevista no Art. 7º, XIV, da CF/1988 o trabalhador que exerce suas atividades em sistema de alternância de turnos, ainda que em dois turnos de trabalho, que compreendam, no todo ou em parte, o horário diurno e o noturno, pois submetido à alternância de horário prejudicial à saúde, sendo irrelevante que a atividade da empresa se desenvolva de forma ininterrupta.

B) O empregado terá direito à redução da hora noturna, posto não haver qualquer incompatibilidade entre as disposições contidas no Artigo 73, § 1º, da CLT e no Art. 7º, inciso XIV, do Texto Constitucional. A redução da hora noturna deve ser observada nos turnos ininterruptos de revezamento. Neste sentido, inclusive, a OJ 395 do TST: "*O trabalho em regime de turnos ininterruptos de revezamento não retira o direito à hora noturna reduzida, não havendo incompatibilidade entre as disposições contidas nos Art.. 73, § 1º, da CLT e no Art. 7º, XIV, da Constituição Federal*" e Súmula 213 STF.

Distribuição dos pontos

Item	Pontuação
A. Seis horas diárias (0,45); indicação da OJ 360 da SDI-1 do TST OU Art. 7º, XIV da CF/88 (0,20). *Obs.: a simples citação do artigo não pontua.*	0,00/0,45/0,65
B. Terá direito à redução da hora noturna (0,40); indicação da OJ 395 da SDI-1 do TST OU Art. 73, § 1º, da CLT (0,20). OU Terá direito ao pagamento do adicional noturno de 20% (0,40); indicação do Art. 73, caput, da CLT OU Súmula 213 STF (0,20). *Obs.: a simples citação do artigo não pontua.*	0,00/0,40/0,60

(OAB/Exame Unificado – 2013.1 – 2ª fase) Jéssica é gerente de uma sapataria e é responsável por oito funcionários da filial, orientando as atividades e fiscalizando as tarefas por eles realizadas, tomando todas as medidas necessárias para o bom andamento dos serviços, inclusive punindo-os, quando necessário.

Jéssica cumpre jornada de 2ª a 6ª feira das 10:00 h às 20:00 h com intervalo de uma hora para refeição e aos sábados das 10:00 às 17:00 h com pausa alimentar de uma hora e meia. No seu contracheque existem, na coluna de crédito, os títulos "salário" – R$ 3.000,00 – e "gratificação de função" – R$ 1.000,00.

Com base na hipótese acima, responda aos itens a seguir.

a) Quais são os elementos necessários para que um empregado seja considerado ocupante de cargo de confiança? (Valor: 0,65)

b) Analise e justifique se é possível à empregada em questão reivindicar o pagamento de horas extras. (Valor: 0,60)

O examinando deve fundamentar corretamente sua resposta. A simples menção ou transcrição do dispositivo legal não pontua.

GABARITO COMENTADO – EXAMINADORA

A) O exercício da função de confiança, de acordo com a Lei e a doutrina, exige a conjugação do elemento subjetivo (poder de mando, controle, direção, gestão) e do objetivo (padrão salarial diferenciado ou gratificação de função, se houver, de no mínimo 40% do salário do cargo efetivo), conforme art. 62, II, da CLT.

B) Jéssica fará jus às horas extras porque, como a gratificação recebida é inferior a 40% do salário, juridicamente não exerce cargo de confiança, tendo assim limite de jornada OU falta o elemento objetivo, conforme art. 62, parágrafo único, da CLT.

Distribuição dos Pontos

Quesito Avaliado	Valores
A) Os elementos subjetivos (poder de mando, controle, direção, gestão) (0,25) e objetivo (padrão salarial diferenciado ou gratificação de função, se houver, de no mínimo 40% do salário do cargo efetivo) (0,20). Indicação do art. 62, II, da CLT **OU** Art. 62, parágrafo único CLT (0,20). Obs.: a simples citação do artigo não pontua.	0,00 / 0,20 / 0,25 / 0,40 / 0,45 / 0,65
B) Sim, porque descaracterizada a função de confiança em virtude de a gratificação ser inferior a 40% do salário, **OU** sim, pois ausente o elemento objetivo, descaracterizando a função de confiança (0,40). Indicação do art. 62, parágrafo único, da CLT **OU** Precedente Administrativo 49, da Secretaria de Inspeção do Trabalho (0,20). Obs.: a simples citação do artigo não pontua.	0,00 / 0,40 / 0,60

TRABALHISTA

(OAB – 2009.3 – 2ª fase) Lupércio, contratado pelo Banco XY S.A., cumpria, no exercício da função de engenheiro, regime de trabalho semanal de quarenta horas, trabalhando oito horas diárias, de segunda a sexta-feira. Após ser demitido, o referido empregado ajuizou reclamação trabalhista, pleiteando o reconhecimento da jornada de trabalho especial aplicada aos bancários (seis horas diárias ou trinta horas semanais), em conformidade com o disposto no art. 224 da CLT.

Nessa situação hipotética, Lupércio faz jus à jornada de trabalho especial dos bancários? Fundamente sua resposta.

RESOLUÇÃO DA QUESTÃO

Lupércio exerce no Banco XY S.A. a função de engenheiro, profissão que possui regulamentação própria, diferenciada da função do bancário.

Desta forma, Lupércio não faz jus a jornada especial prevista no art. 224 da CLT, regra aplicável apenas aos bancários.

(OAB/Exame Unificado – 2008.3 – 2ª fase) Os empregados de uma empresa, reclamando que o transporte público para o local da prestação de serviços é deficiente, pleiteiam a incorporação, com suas repercussões financeiras, do tempo despendido no trajeto até à empresa. De fato, a empresa está localizada em sítio de difícil acesso, e o transporte oferecido pelo poder público é deficitário. Na qualidade de advogado(a) do departamento jurídico dessa empresa, responda, de forma fundamentada, se a empresa deveria aceitar o pleito dos empregados.

RESOLUÇÃO DA QUESTÃO

O período de deslocamento gasto pelo empregado de sua residência até o local de trabalho e vice-versa em transporte fornecido pelo empregador denomina-se horas *in itinere* e, em regra, não é computado na jornada de trabalho.

Note-se que o art. 58, § 2º, da CLT dispõe que o tempo despendido pelo empregado até o local de trabalho e para o seu retorno apenas será computado na jornada de trabalho quando o local de trabalho não for servido por transporte público e o empregador fornecer a condução.

No caso apresentado, o transporte para o local de trabalho é servido por transporte público, porém de forma deficiente, o que, nos termos da Súmula 90, III, do TST, não enseja o pagamento de horas *in itinere*.

Desta maneira, não procede o pedido feito pelos empregados da empresa.

(OAB/Exame Unificado – 2008.1 – 2ª fase) José ingressou com uma reclamação trabalhista contra a empresa Lua Nova Ltda., formulando pedido de pagamento de horas extras. Afirmou que cumpria uma jornada de trabalho de 8 às 20 horas, com duas horas de intervalo, de segunda a sexta-feira. A empresa contestou o pedido, alegando, em sua defesa, que José não laborava em jornada extraordinária, e juntou os cartões de ponto de José. Todos os cartões juntados pela empresa registravam jornada de trabalho de 8 às 18 horas, com duas horas de intervalo, de segunda a sexta-feira. A empresa não produziu nenhum outro tipo de prova, a não ser os cartões de ponto de José. O juiz julgou procedente a demanda e condenou a empresa a pagar a José as horas extras, considerando a jornada de trabalho informada na inicial, ou seja, de 8 às 20 horas, com duas horas de intervalo, de segunda a sexta-feira. Na situação apresentada, está correto o posicionamento do juiz? Fundamente, juridicamente, a sua resposta.

RESOLUÇÃO DA QUESTÃO

A forma pela qual será anotada a jornada de trabalho ficará a cargo exclusivo do empregador, que poderá optar pela marcação manual ou mecânica.

Ao contestar o pedido, a empresa juntou cartões de ponto com horários de entrada e saída uniformes, chamados pela doutrina de "horários britânicos", ou seja, assinalar todos os dias de trabalho com apenas uma única citação do horário de entrada, intervalos de repouso ou refeições e saída.

Nesse sentido, os cartões de ponto apresentados pela defesa que apresentam horário britânico, serão considerados inválidos como meio de prova, invertendo-se o ônus da prova da jornada extraordinária, conforme o entendimento cristalizado na Súmula 338, III, do TST.

Desse modo, não tendo a empresa provado a jornada de trabalho alegada em contestação, deve-se considerar a carga horária declinada pelo reclamante restando correto o posicionamento do magistrado ao condenar a empresa a pagar a José as horas extras apontadas na inicial.

(OAB/Exame Unificado – 2007.2 – 2ª fase) José moveu reclamação trabalhista contra a empresa Aurora Ltda., pleiteando o pagamento de horas extras que alega ter cumprido durante o pacto laboral, mas que não foram solvidas pela empresa. A citada empresa contestou, alegando que José jamais efetuara qualquer tipo de trabalho em jornada extraordinária. Para comprovar sua tese defensiva, o advogado da empresa juntou à contestação os cartões de ponto de José, que demonstravam horário de entrada e de saída de acordo com horário de trabalho previamente estabelecido. Nessa situação hipotética, a apresentação dos cartões de ponto de José, que demonstram horário de entrada e de saída de acordo com o horário de trabalho previamente estabelecido, é suficiente para comprovar a ausência de jornada extraordinária que José alega ter cumprido? Justifique sua resposta.

RESOLUÇÃO DA QUESTÃO

A forma pela qual será anotada a jornada de trabalho ficará a cargo exclusivo do empregador, que poderá optar pela marcação manual ou mecânica.

Ao contestar o pedido, a empresa juntou cartões de ponto com horários de entrada e saída uniformes, chamados pela doutrina de "horários britânicos", ou seja, assinalar todos os dias de trabalho com apenas uma única citação do horário de entrada, intervalos de repouso ou refeições e saída.

Nesse sentido, os cartões de ponto apresentados pela defesa que apresentam horário britânico, serão considerados inválidos como meio de prova, invertendo-se o ônus da prova da jornada extraordinária, conforme o entendimento cristalizado na Súmula 338, III, do TST.

Desse modo, não tendo a empresa provado a jornada de trabalho alegada em contestação, deve-se considerar a carga horária declinada pelo reclamante, restando correto o posicionamento do magistrado ao condenar a empresa a pagar a José as horas extras apontadas na inicial.

(OAB/Exame Unificado – 2006.1 – 2ª fase) Pedro trabalha para a pessoa jurídica Omega e utiliza-se de veículo de transporte coletivo fornecido por sua empregadora no deslocamento de ida e volta entre sua residência e seu local de trabalho. Considerando a situação hipotética apresentada, redija um texto dissertativo descrevendo as situações que devem existir para que o tempo despendido por Pedro no referido deslocamento seja considerado tempo de serviço e avaliando as repercussões dessa situação no contrato de trabalho de Pedro, mencionando a legislação aplicável e o entendimento do Tribunal Superior do Trabalho. Extensão máxima: 60 linhas

RESOLUÇÃO DA QUESTÃO

O período de deslocamento gasto pelo empregado de sua residência até o local de trabalho e vice-versa, em regra, não será computado na jornada de trabalho.

Porém, sendo o local de trabalho de difícil acesso ou não servido por transporte público, e o empregador fornecer o transporte, esse período, denominado horas *in itinere*, será computado na jornada de trabalho do obreiro. Somente com a reunião desses dois elementos é que poderá falar-se em horas *in itinere*.

Nesse sentido foi editada a Súmula 90, I, do TST, consagrando o entendimento de que o tempo despendido pelo empregado, em condução fornecida pelo empregador, até o local de trabalho de difícil acesso, ou não servido por transporte público regular, e para o seu retorno é computável na jornada de trabalho.

Desta forma, para que o período de deslocamento do empregado seja considerado como tempo de serviço, necessário se faz que o local de trabalho seja de difícil acesso ou não servido por transporte público e, o empregador fornecer a condução. Sem a reunião desses dois elementos, o período não será computado como horas trabalhadas.

5. EXTINÇÃO DO CONTRATO DE TRABALHO e PRESCRIÇÃO E DECADÊNCIA

(OAB/Exame Unificado – 2013.2 – 2ª fase) Numa reclamação trabalhista o autor formulou pedido de verbas resilitórias e horas extras. Na 1ª audiência, ocorrida 40 dias após o desligamento, a empresa reconheceu que não pagou as verbas devidas pela saída, e requereu o seu adiamento, face à ausência de suas testemunhas, o que foi deferido. Na 2ª audiência, agora com a presença das testemunhas, ofereceu, no início da sessão, o pagamento das verbas resilitórias incontroversas adicionadas da multa do art. 477, § 8º, da CLT. Diante dessa situação, responda:

a) Comente se a empresa, nesta situação, fica sujeita a algum pagamento adicional em relação às verbas da ruptura. Justifique sua resposta. (Valor: 0,65)

b) Analise, na mesma situação, caso o empregador do autor fosse um Município, se haveria algum pagamento adicional. Justifique sua resposta. (Valor: 0,60)

A simples menção ou transcrição do dispositivo legal não pontua.

GABARITO COMENTADO

A) Não tendo quitado os direitos devidos na 1ª audiência, ficará sujeita ao pagamento de 50% das verbas resilitórias, conforme art. 467, *caput*, da CLT.

B) Caso o empregador fosse um Município, o art. 467 da CLT seria inaplicável, conforme parágrafo único do citado diploma.

OBS.: embora a banca examinadora tenha considerado a redação antiga do art. 467 da CLT de acordo com a Medida provisória 2.180/2001, que ensinava que a multa prevista no caput não seria aplicável à União, aos Estados, ao Distrito Federal, aos Municípios e as suas autarquias e fundações públicas, **informamos que após a conversão da citada Medida provisória na Lei 10.272/2001 que deu nova redação ao art. 467 da CLT, a inaplicabilidade da multa prevista no parágrafo único do art. 467 da CLT não foi mantida.**

(OAB/Exame Unificado – 2011.3 – 2ª fase) Carlos Machado foi admitido pela Construtora Y S.A. em 18/2/2005. Depois de desenvolver regularmente suas atividades por mais de um ano, Carlos requereu a concessão de férias, ao que foi atendido. Iniciado o período de descanso anual em 18/4/2006, o empregado não recebeu o seu pagamento, devido a um equívoco administrativo do empregador. Depois de algumas ligações para o departamento pessoal, Carlos conseguiu resolver o problema, recebendo o pagamento das férias no dia 10/5/2006. De volta ao trabalho em 19/5/2006, o empregado foi ao departamento pessoal da empresa requerer uma reparação pelo ocorrido. Contudo, além de não ter sido atendido, Carlos foi dispensado sem justa causa. Dias depois do despedimento, Carlos ajuizou ação trabalhista, pleiteando o pagamento dobrado das férias usufruídas, como também indenização por dano moral em face da dispensa arbitrária efetuada pelo empregador. Em defesa, a Construtora Y S.A. alegou que houve um mero atraso no pagamento das férias por erro administrativo, mas que o pagamento foi feito, inexistindo amparo legal para o pedido de novo pagamento em dobro. Outrossim, a empregadora afirmou que despediu Carlos sem justa causa, por meio do exercício regular do seu direito potestativo, não havendo falar em indenização por dano moral.

Em face da situação concreta, responda aos itens a seguir, empregando os argumentos jurídicos apropriados e a fundamentação legal pertinente ao caso.

A) Carlos faz jus ao pagamento dobrado das férias? Por quê? (Valor: 0,65)

B) Carlos terá direito a receber indenização por dano moral? (Valor: 0,6)

GABARITO SUGERIDO

A) Espera-se do candidato que, considerando a dúplice finalidade das férias (descanso anual para reposição de energias, com remuneração recebida antecipadamente para propiciar-lhe o efetivo gozo do direito), identifique o direito à dobra do pagamento por ter restado frustrada uma das referidas finalidades, eis que o pagamento foi efetuado somente em 10/05/2006, em que pese o descanso ter sido iniciado em 18/04/2006.

Nos termos do art.145, da CLT, o pagamento das férias deveria ter sido efetuado até 2 (dois) dias antes do início da fruição do direito, ou seja, até 16/04/2006. E, de acordo com a OJ 386 da SBDI-I do TST, em situações como esta, onde há o descumprimento do art. 145 da CLT, deve-se usar analogicamente o art. 137 da CLT, a fim de se determinar o pagamento em dobro das férias.

B) Espera-se aferir do candidato a compreensão de que o exercício do direito de despedir tem limites e que a ofensa a esses limites caracteriza abuso do poder empregatício.

Ora, se o trabalhador, além de não ser atendido na tentativa de reclamar quanto ao atraso no pagamento das férias, ainda vem a ser despedido por sua atitude, fica caracterizada a despedida retaliativa, pela ofensa à dignidade da pessoa do trabalhador, a ensejar a incidência de indenização por dano moral, nos termos dos art.1º, III e 170 da CRFB, 186 e 927 do Código Civil c/c 8º parágrafo único da CLT.

(OAB/Exame Unificado – 2011.1 – 2ª fase) José de Souza ajuizou reclamação trabalhista em face da empresa Alfa Vigilância Ltda., postulando o pagamento dos valores correspondentes aos intervalos intrajornada não gozados, acrescidos de 50% (cinquenta por cento), com fundamento no artigo 71, §4º, da CLT, bem como das diferenças decorrentes da integração dessas quantias nas verbas contratuais e resilitórias. Na peça de defesa, a reclamada alegou que a supressão dos intervalos para repouso e alimentação foi autorizada em acordo coletivo firmado com o sindicato representante da categoria profissional do reclamante, colacionando cópia do referido instrumento normativo cuja vigência alcançava todo o período contratual do autor. Aduziu, ainda, que a parcela prevista no artigo 71, §4º, da CLT possui natureza indenizatória, sendo descabidas as repercussões postuladas na inicial.

Com base na situação hipotética, responda aos itens a seguir, empregando os argumentos jurídicos apropriados e a fundamentação legal pertinente ao caso.

A) Procede o pedido de pagamento dos valores correspondentes aos intervalos intrajornada não gozados pelo reclamante? (Valor: 0,65)

B) A parcela prevista no artigo 71, §4º, da CLT deve integrar ou não a base de cálculo das verbas contratuais e resilitórias do empregado que não tenha gozado dos intervalos intrajornada? (Valor: 0,6)

RESOLUÇÃO DA QUESTÃO

A) Sim, o pedido procede. Isso porque as normas instituidoras dos intervalos para repouso e alimentação constituem normas de ordem pública, na medida em que versam sobre saúde e segurança do trabalho, não podendo, portanto, ser reduzida ou eliminada.

TRABALHISTA

Por meio da súmula 437, item II o TST entende ser inválida cláusula de acordo ou convenção coletiva de trabalho contemplando a supressão ou redução do intervalo intrajornada.

B) A parcela deverá integrar a base de cálculo das verbas contratuais e resilitórias, pois possui natureza salarial. A natureza salarial pode ser constatada pela análise do art. 71, §4º, da CLT que obriga o empregador que não concedeu o intervalo para repouso e alimentação a remunerar o período correspondente com acréscimo de no mínimo 50%. Tendo o legislador determinado o dever de remunerar, apontou o caráter contraprestativo da parcela, ou seja, sua natureza salarial. Nesse sentido, o TST firmou entendimento consubstanciado na súmula 437, item III.

(OAB – 2009.3 – 2ª fase) Dália trabalhou para a empresa Luma Ltda., de 19/10/2005 a 15/9/2007, quando teve seu contrato rescindido sem justa causa. Ajuizou reclamação trabalhista em 20/8/2009, pleiteando a integração, nas verbas rescisórias, das horas extras devidamente prestadas durante todo o período do vínculo empregatício. Por motivo de viagem ao exterior, Dália não pôde comparecer à audiência de conciliação, ocorrida dois meses após o ajuizamento da ação. Ciente do arquivamento do processo, ajuizou nova reclamação, acrescendo à sua inicial o pedido de pagamento do décimo terceiro proporcional relativo a 2007, ainda não pago na referida rescisão. A empresa, em sua defesa, arguiu, preliminarmente, a ocorrência da prescrição, requerendo a extinção do processo com julgamento do mérito.

Considerando essa situação hipotética, esclareça, de forma fundamentada, se é procedente o pedido de prescrição no presente caso.

RESOLUÇÃO DA QUESTÃO

O pedido de prescrição formulado pela empresa reclamada é procedente em parte. Isso porque nos termos do art. 7º, XXIX, da CF os créditos trabalhistas devem ser reclamados no prazo de dois anos contados da data da extinção do contrato de trabalho. Nota-se que a reclamante ingressou com a primeira reclamação pleiteando a integração das horas extras nas verbas rescisórias, respeitando a prescrição bienal. Porém, para a segunda reclamação não foi observado o aludido prazo prescricional restando prescrito o pleito efetuado na segunda reclamação, ou seja, o pedido não elencado na primeira reclamação.

Vale dizer, que a ação trabalhista, ainda que arquivada, interrompe a prescrição somente em relação aos pedidos idênticos, não havendo interrupção do prazo prescricional para o pedido feito na segunda reclamação trabalhista.

(OAB/Exame Unificado – 2006.2 – 2ª fase) Flávio, empregado da pessoa jurídica Ômega, foi admitido em janeiro de 2002. Desde fevereiro de 2006, a empresa Ômega tem efetuado o seu pagamento com atraso de 10 dias, em média. Inconformado com a situação, Flávio procurou diversas vezes a chefia do departamento de recursos humanos de Ômega, afirmando que passava por dificuldades financeiras, pois os repetidos atrasos o obrigaram a contrair dívida de R$ 2.000,00. O chefe do departamento de recursos humanos da referida empresa sempre dizia para Flávio que se acalmasse, pois a empresa passava por dificuldades financeiras, mas que esta era uma situação momentânea e que tudo iria se regularizar em breve. Em 22/4/2006, Flávio pediu demissão, após um atraso de 15 dias no pagamento de seu salário. Flávio recebeu, no dia 27/4/2006, com homologação do sindicato de sua categoria, todas as verbas a que teria direito, descontado o aviso-prévio não cumprido. No dia 30/4/2006, Flávio ajuizou reclamação trabalhista pleiteando a decretação da rescisão indireta de seu contrato individual de trabalho, com base na assertiva de descumprimento contratual da empresa Ômega, e, por conseguinte, a condenação de Ômega ao pagamento das verbas rescisórias devidas nesta modalidade de rescisão contratual. Com base na ordenação normativa vigente e no entendimento jurisprudencial e doutrinário prevalecente, elabore texto dissertativo a respeito da validade ou não do pedido de demissão de Flávio, considerando sua pretensão de decretação judicial de rescisão indireta de seu contrato individual de trabalho. Extensão máxima: 30 linhas

RESOLUÇÃO DA QUESTÃO

Despedida indireta ou rescisão indireta é aquela motivada pela falta grave praticada pelo empregador em face de seu empregado. A falta grave é praticada pelo empregador e caracteriza-se pelo não cumprimento da lei ou das condições contratuais ajustadas.

Dispõe o art. 483, *d*, da CLT que o empregado poderá considerar rescindido o contrato e pleitear a devida indenização quando o empregador não cumprir as obrigações do contrato.

O pagamento do salário é a principal obrigação do empregado no âmbito do contrato de trabalho na medida em que possui natureza jurídica de verbas alimentares.

Verifica-se, no caso em apreço, que a empresa Ômega vem atrasando o pagamento dos salários de Flávio por aproximadamente 3 (três) meses, o que, em conformidade com o Decreto-lei 368/68, demonstra a longa demora no atraso do pagamento dos salários, caracterizando a mora contumaz tipificada no Decreto-lei nº 368/1968, considerada como o atraso ou sonegação de salários devidos aos empregados, por período igual ou superior a 3 (três) meses, sem motivo grave e relevante, excluídas as causas pertinentes ao risco do empreendimento.

O risco do empreendimento não pode ser repassado ao empregado, sob pena de afronta ao princípio da alteridade, disposto no art. 2º da CLT.

Desta forma, é válido o pedido de Flávio no sentido de ser decretada a rescisão indireta do contrato de trabalho, em conformidade com o art. 483, *d*, da CLT, devendo a empresa Ômega ser condenada ao pagamento das verbas rescisórias, tais como: aviso-prévio indenizado, reflexos nas férias, décimo terceiro salário, anotação na Carteira de Trabalho, indenização de 40% sobre o FGTS e, ainda, liberação das guias relativas ao seguro-desemprego.

(OAB/Exame Unificado – 2006.2 – 2ª fase) Elabore um texto dissertativo a respeito da responsabilidade trabalhista no caso de sucessão de empregadores. Em seu texto aborde, necessariamente, os seguintes aspectos:

- ✓ requisitos indispensáveis para que se configure a sucessão de empregadores;
- ✓ princípios do Direito do Trabalho que regem a responsabilidade nesse tipo de sucessão;
- ✓ exceção à regra da responsabilidade decorrente da sucessão de empregadores, existente no Direito Falimentar. Extensão máxima: 30 linhas

RESOLUÇÃO DA QUESTÃO

A sucessão de empregadores ocorre com a transferência da titularidade do negócio pelo titular primário, chamado de sucedido, a um novo titular, chamado sucessor, que se tornará responsável por todos os direitos e dívidas existentes. Pode ocorrer sucessão, também, na alteração de sua estrutura jurídica que é a modificação em sua forma ou modo de constituição.

De acordo com os arts. 10 e 448 da CLT, qualquer alteração na estrutura jurídica da empresa não afetará os direitos adquiridos por seus empregados e não afetará os contratos de trabalho dos respectivos empregados.

A legislação trabalhista, na defesa dos contratos de trabalho e visando à garantia do empregado, estabelece o princípio da continuidade da relação de emprego, declarando que a alteração na estrutura jurídica e a sucessão de empresas em nada afetarão o contrato de trabalho.

Contudo, a lei 11.101/05, em seus arts. 60 e 114, dispõe que não há sucessão do adquirente em obrigações trabalhistas decorrentes de acidente de trabalho, tributárias ou de qualquer natureza quando ele adquire uma unidade produtiva da empresa falida.

Assim, as empresas compradoras do patrimônio de uma empresa em recuperação judicial ou falência estão isentas da responsabilidade por dívidas trabalhistas, ou seja, as compradoras não assumem os débitos trabalhistas da empresa em recuperação judicial ou falência.

(OAB/Exame Unificado – 2006.2 – 2ª fase) Com base no Direito do Trabalho, elabore um texto dissertativo que aborde a questão da responsabilidade do dono da obra em relação às obrigações trabalhistas do empreiteiro no contexto do contrato de empreitada. Extensão máxima: 30 linhas

RESOLUÇÃO DA QUESTÃO

A empreitada é o contrato pelo qual o empreiteiro se obriga, sem subordinação ou dependência, à realização de uma obra certa a outrem, denominado dono da obra. Ou seja, empreitada objetiva a entrega de uma obra mediante o pagamento de um preço.

O empreiteiro é um profissional que vende seus serviços para outras pessoas, fornecendo a mão de obra e os materiais ou tão somente a mão de obra. Para o desenvolvimento de suas atividades, possui uma equipe de trabalhadores, que são seus empregados.

Sempre que, para o cumprimento de suas obrigações contratuais o empreiteiro principal efetuar a contratação de outros empreiteiros, temos a subempreiteiro.

Ao contratar um subempreiteiro, o empreiteiro principal, além dos riscos quanto à realização da obra, assume as obrigações trabalhistas, em conformidade com o disposto no art. 455 da CLT.

Entre o empreiteiro e seus empregados, temos diversos contratos de trabalho, ao passo que, no contrato entre o empreiteiro e o dono da obra, temos um contrato de empreitada, nos moldes da lei civil.

O dono da obra não é empregador dos trabalhadores, que laboram para o empreiteiro, e, em relação a eles, não é titular de nenhum direito ou obrigação de cunho trabalhista.

Nesse contexto, a responsabilidade pelo pagamento das obrigações trabalhistas não pode recair sobre o dono da obra. Nesse sentido, a orientação jurisprudencial 191 da SDI 1 do TST ensina que o contrato de empreitada entre o dono da obra e o empreiteiro não enseja responsabilidade solidária ou subsidiária nas obrigações trabalhistas contraídas pelo empreiteiro, salvo sendo o dono da obra uma empresa construtora ou incorporadora.

6. ESTABILIDADE

(OAB/Exame Unificado – 2009.2 – 2ª fase) Maria, empregada da empresa Fogo Dourado Ltda., recebeu aviso-prévio indenizado, em 12/6/2009, na forma estipulada na CLT. Em 14/6/2009, ela recebeu exames laboratoriais que comprovavam sua gravidez e, no dia seguinte, apresentou os exames no setor de pessoal da empresa, solicitando que lhe fosse garantida estabilidade. A empresa negou o pedido, por entender que a gravidez, nos trinta dias seguintes ao aviso-prévio indenizado, não gera direito à estabilidade, uma vez que a rescisão se opera automaticamente na data da dispensa, sendo a previsão legal do período de trinta dias mera ficção jurídica. Considerando a situação hipotética apresentada, responda, de forma fundamentada, se Maria faz jus à estabilidade provisória, indicando se é possível a interposição de alguma medida judicial no caso.

RESOLUÇÃO DA QUESTÃO

A estabilidade da empregada gestante está disciplinada no art. 10, II, "b", do Ato das Disposições Constitucionais Transitórias.

Esse direito é assegurado a toda empregada gestante, inclusive à empregada doméstica, desde a confirmação da gravidez até 5 meses após o parto.

A teor do disposto na orientação jurisprudencial 82 da SDI 1 do TST, o aviso-prévio deve ser computado como tempo de serviço. Assim, caso a empregada fique grávida quando da dispensa sem justa causa, mas só tome ciência desse estado no curso do aviso-prévio, seja indenizado ou não, a garantia de emprego deve ser reconhecida.

Isso porque a estabilidade é assegurada desde a confirmação da gravidez que, à luz do princípio protetor do Direito do Trabalho, deve ser compreendida como o momento do início da gestação. Assim, a estabilidade é garantida à empregada gestante desde a concepção até cinco meses após o parto, independentemente do conhecimento do estado de gravidez pelo empregador ou mesmo pela gestante, em conformidade com o teor da Súmula 244, I, do TST.

Desta forma, Maria poderá ingressar com reclamação trabalhista pleiteando, em tutela antecipada, nos termos do art. 273 do CPC, sua reintegração no emprego.

(OAB/Exame Unificado – 2009.1 – 2ª fase) Vitor ajuizou reclamatória trabalhista requisitando sua reintegração ao quadro de empregados da empresa Beta Ltda. O ex-empregado foi demitido sem justa causa, mesmo possuindo estabilidade provisória em virtude de acidente de trabalho. Em sentença, o julgador entendeu que o grau de incompatibilidade resultante do dissídio era elevado e que, por isso, o empregado não deveria ser reintegrado à empresa. Não obstante, condenou a reclamada ao pagamento dos salários e demais rubricas relativos ao período de estabilidade. A reclamada, insatisfeita com a decisão primária, interpôs recurso ordinário, alegando que a sentença seria nula, em virtude de ter havido julgamento *extra petita*. Em face dessa situação hipotética, responda, de forma fundamentada, se assiste razão à recorrente para alegar que a sentença seria nula em razão de ter havido julgamento *extra petita*.

RESOLUÇÃO DA QUESTÃO

Julgamento *extra petita* é aquele em que o juiz aprecia questão que não foi objeto do pedido do autor.

No caso apresentado verifica-se que não há nulidade por julgamento *extra petita*. Isso porque, tendo o autor ajuizado reclamação trabalhista pleiteando a reintegração no emprego é permitido ao magistrado que, levando em conta o grau de incompatibilidade da reintegração, converta esta em indenização pecuniária, em conformidade com o art. 496 da CLT.

Nesse mesmo sentido o TST editou a Súmula 396, que no seu item II dispõe não haver nulidade por julgamento *extra petita* a decisão que deferir a indenização quando o pedido for de reintegração. A conversão da reintegração em indenização é admitida, mesmo não havendo pedido, pois se trata de norma de ordem pública.

Caso seja convertida a reintegração em indenização dobrada, o direito aos salários é assegurado até a data da primeira decisão que determinou a conversão, nos termos da Súmula 28 do TST.

Dessa forma, em conformidade com o art. 496 da CLT e o entendimento consolidado na Súmula 396, II, do TST, não assiste razão a alegação do recorrente de nulidade da sentença por julgamento *extra petita*.

(OAB/Exame Unificado – 2008.1 – 2ª fase) Pedro estava cumprindo o período referente ao aviso-prévio quando registrou sua candidatura a cargo de dirigente sindical. Nessa situação específica, deveria ser aplicada a Pedro a regra da estabilidade prevista no art. 543, § 3.º, da CLT? Fundamente, juridicamente, a sua resposta.

RESOLUÇÃO DA QUESTÃO

Nos termos do art. 8º, VIII da CF/88 e do parágrafo 3º, do art. 543 da CLT, é vedada a dispensa do empregado sindicalizado, a partir do registro de sua candidatura ao cargo de direção ou representação sindical até 1 (um) ano após o final de seu mandato, caso seja eleito, salvo se cometer falta grave, devidamente apurada por inquérito judicial para apuração de falta grave.

TRABALHISTA

No entanto, o registro da candidatura do empregado a cargo de dirigente sindical, durante o aviso-prévio, não lhe assegura o direito a estabilidade, pois o aviso-prévio confere ao contrato de trabalho feições de contrato com prazo determinado, não admitindo, assim, a estabilidade sindical, em conformidade com o entendimento consubstanciado na Súmula 369, V, do TST.

Desta forma, a regra da estabilidade contida no art. 8º, VIII, da CF e art. 543, § 3º, não poderá ser aplicada a Pedro.

(OAB/Exame Unificado – 2006.1 – 2ª fase) Em 10 de agosto de 2003, Ana foi contratada para trabalhar para Beta, no cargo de analista de sistema, por prazo indeterminado. Em 12 de dezembro de 2005, Ana foi demitida sem justa causa por Beta, recebendo todas as suas verbas rescisórias e tendo seu contrato de trabalho devidamente homologado pelo sindicato representativo. No dia 3 de janeiro de 2006, foi emitido atestado médico informando que Ana estava aproximadamente com seis semanas de gravidez. Considerando a situação hipotética apresentada, desenvolva um texto dissertativo acerca de estabilidade provisória da gestante, com base na legislação aplicável e no entendimento do Tribunal Superior do Trabalho, respondendo, necessariamente, aos seguintes questionamentos:

Se o contrato fosse de experiência, Ana também teria direito à estabilidade?

O fato de o empregador desconhecer o estado gravídico de Ana afasta o direito da gestante ao recebimento da indenização em virtude da estabilidade provisória?

Durante que período é devido o direito à reintegração ao emprego?

Extensão máxima: 60 linhas

RESOLUÇÃO DA QUESTÃO

A estabilidade da empregada gestante está prevista no art. 10, II, "b", do Ato das Disposições Constitucionais Transitórias.

Esse direito é assegurado a toda empregada gestante, inclusive a empregada doméstica, desde a confirmação da gravidez até cinco meses após o parto.

O dispositivo constitucional em apreço assegura, portanto, a estabilidade desde a confirmação da gravidez que, à luz do princípio protetor do Direito do Trabalho, deve ser compreendida como o momento do início da gestação. Assim, a estabilidade é garantida à empregada gestante desde a concepção até cinco meses após o parto, independentemente do conhecimento do estado de gravidez pelo empregador ou mesmo pela gestante, em conformidade com o teor da súmula 244, I, do TST.

O aviso-prévio, a teor do disposto na orientação jurisprudencial 82 da SDI 1 do TST, deve ser computado como tempo de serviço, por isso, caso a empregada fique grávida quando da dispensa sem justa causa, mas só tome ciência desse estado no curso do aviso-prévio, seja indenizado ou não, a garantia de emprego deve ser reconhecida.

Atualmente a regra, é aplicada em se tratando de contrato de experiência, ou ainda outro contrato com prazo determinado. Nesse sentido é o entendimento consolidado na súmula 244, item III, do TST.

Assim, a empregada gestante, detentora da garantia de emprego, que for despedida injustamente, poderá pedir por meio de tutela antecipada, nos termos do art. 273 do Código de Processo Civil, a sua reintegração no emprego, que apenas poderá ser autorizada se ocorrer durante o período de estabilidade. Caso contrário, ou seja, ultrapassado o período de estabilidade, a garantia restringe-se aos salários e demais direitos correspondentes ao período de estabilidade, nos termos da súmula 244, II, do TST.

Destarte, à luz do entendimento consolidado na súmula 244, II, do TST, a garantia de emprego à gestante só autoriza a reintegração se esta se der durante o período de estabilidade. Do contrário, a garantia restringe-se aos salários e demais direitos correspondentes ao período de estabilidade.

7. NORMAS DE PROTEÇÃO AO TRABALHO

(OAB/Exame Unificado – 2010.3 – 2ª fase) Determinada empresa, visando a estimular o comparecimento pontual de seus empregados, estipulou em norma interna que o empregado que chegasse até 10 minutos antes do horário ganharia R$ 3,00 no dia, e o que chegasse até 15 minutos atrasado teria de pagar R$ 1,00 no dia. Tanto a adição quanto o desconto seriam feitos no contracheque mensal e não excluiriam a adição de hora extra pela chegada antecipada nem o desconto pelos atrasos, como já era feito.

Com base no relatado acima, responda aos itens a seguir, empregando os argumentos jurídicos apropriados e a fundamentação legal pertinente ao caso.

A) É válida a norma interna em questão, em ambos os aspectos? (Valor: 0,5)
B) De que poder o empregador se valeu para criá-la? (Valor: 0,5)

RESOLUÇÃO DA QUESTÃO

A) Não é válida em ambos os aspectos. A norma se mostra válida somente no que diz respeito ao aspecto benéfico, ou seja, ao ganho de R$ 3,00 pela chegada antes do horário no trabalho. Contudo, no que diz respeito aos descontos a norma se mostra inválida porque excede o poder do empregador, na medida em que o salário é intangível e protegido contra subtrações indevidas, nos termos do art. 462 da CLT. Note, ainda, que eventual desconto, é capaz de caracterizar *bis in idem,* pois o empregado seria punido com o desconto por dois motivos: pelo próprio atraso, na medida em que este é descontado do empregado e outro pela criação do próprio empregador.

B) O empregador se valeu do poder diretivo ou poder de comando.

O poder diretivo do empregador não é absoluto, encontrando seus limites na própria lei. O empregador não possui o poder regulamentar ilimitado, ou seja, não poderá criar normas que esbarrem nos princípios basilares do Direito do Trabalho.

(OAB/Exame Unificado – 2008.3 – 2ª fase) Em dezembro de 2003, Luiz foi contratado como motorista pela administração aeroportuária, para conduzir ônibus, com passageiros e tripulação, do terminal do aeroporto até os aviões. Foi demitido em dezembro de 2007. Argumenta que era exposto a agentes nocivos à sua saúde, na medida em que, aguardando o embarque dos passageiros, próximo ao abastecimento de aviões, sofria riscos bastante consideráveis à saúde. Considerando a situação hipotética apresentada e na qualidade de advogado(a) contratado(a) por Luiz para ingressar com reclamação trabalhista, responda, de forma fundamentada, se ele possui direito a algum adicional, indicando a sua espécie e o percentual correspondente.

RESOLUÇÃO DA QUESTÃO

O art. 193 da CLT dispõe que são consideradas atividades ou operações perigosas, na forma da regulamentação aprovada pelo Ministério do Trabalho e Emprego, aquelas que, por sua natureza ou métodos de trabalho, impliquem risco acentuado em virtude de exposição permanente

TRABALHISTA

do trabalhador a: *a)* inflamáveis, explosivos ou energia elétrica e *b)* roubos ou outras espécies de violência física nas atividades profissionais de segurança pessoal ou patrimonial.

O citado dispositivo exige que o contato com o agente seja permanente, ou seja, diário, ainda que descontínuo durante sua jornada de trabalho, nos termos da Súmula 364, I, do TST.

A exposição do trabalhador a condições de risco, ainda que descontínua, não afasta o direito ao adicional.

Sendo assim, Luiz possui direito ao adicional de periculosidade na proporção de 30% sobre o salário sem os acréscimos resultantes de gratificações, prêmios ou participações nos lucros da empresa, em conformidade com o art. 193, § 1º, da CLT.

8. PRINCÍPIOS PROCESSUAIS

(OAB/Exame Unificado – 2013.3 – 2ª fase) Serafim Almeida ajuizou reclamação trabalhista contra o ex-empregador postulando o pagamento de horas extras e verbas resilitórias. Em audiência, entabulou acordo com o reclamado, que foi homologado judicialmente, no qual conferiu quitação geral quanto ao extinto contrato de trabalho. Tempos depois contratou novo advogado e ajuizou nova demanda contra a mesma empresa, desta feita pedindo apenas diferença em razão de equiparação salarial – verba não perseguida na 1ª ação.

Diante desse quadro, responda aos itens a seguir.

A) Analise a validade, ou não, de um acordo judicial no qual a parte concede quitação sobre objeto que não foi postulado na petição inicial, justificando em qualquer hipótese. (Valor: 0,85)

B) Informe o fenômeno jurídico que inviabiliza o prosseguimento da 2ª ação ajuizada, apresentando o fundamento legal respectivo. (Valor: 0,40)

GABARITO COMENTADO – FGV

A) É válido conferir quitação mesmo de verba não postulada, conforme OJ 132 da SDI-2, do TST.

B) Ocorrerá o fenômeno da coisa julgada, conforme Art. 301 § 1º, do CPC.

Distribuição dos pontos

Item	Pontuação
A. É válido conferir quitação mesmo de verba não postulada (0,65). Indicação da OJ 132 da SDI-2, TST (0,20). **Obs.**: *é necessária a indicação precisa do fundamento legal. A mera indicação do fundamento legal ou jurisprudencial não pontua.*	0,00/0,65/0,85
B. Ocorrerá a coisa julgada (0,30). Indicação do Art. 301, § 1º, OU Art.301, § 3º OU Art. 467, todos do CPC (0,10). **Obs.**: *é necessária a indicação precisa do fundamento legal. A mera indicação do fundamento legal ou jurisprudencial não pontua.*	0,00/0,30/0,40

(OAB/Exame Unificado – 2007.3 – 2ª fase) Antônio moveu uma reclamação trabalhista contra a empresa Mar Azul Ltda. Na audiência de conciliação, as partes não fizeram acordo. Contudo, antes da realização da audiência de instrução e julgamento, as partes pactuaram um acordo por escrito e peticionaram ao juiz do trabalho, requerendo a homologação do acordo e a extinção do processo. Considerando a situação hipotética acima, esclareça se o juiz do trabalho está obrigado a homologar o acordo.

RESOLUÇÃO DA QUESTÃO

Previsto no art 764 da CLT de forma explícita, o princípio conciliatório ensina que, tanto os dissídios individuais como os conflitos coletivos, estão sujeitos à conciliação e podem ser celebrados a qualquer momento.

Porém, ao homologar o acordo, o magistrado deve estar atento a observância das normas de proteção ao trabalhador, sendo permitido sua recusa na homologação quando não observadas tais normas de ordem pública que visam a proteção do trabalhador, em obediência ao princípio protetor do Direito do Trabalho.

Nesse sentido também o teor da Súmula 418 do TST, que dispõe que a homologação de acordo constitui faculdade do juiz, inexistindo direito líquido e certo tutelável pela via do mandado de segurança.

Assim, pode-se concluir que o juiz do trabalho não está obrigado a homologar o acordo pactuado entre as partes, por constituir sua faculdade, eis que deverá analisar as normas de ordem pública que visam a proteção do trabalhador.

9. AÇÃO TRABALHISTA E PROCEDIMENTOS

(OAB/Exame Unificado – 2012.1 – 2ª fase) Cristiano é empregador de Denílson, de quem é amigo pessoal, motivo pelo qual aceitou ser fiador no contrato de locação residencial desse empregado. Ocorre que Denílson, durante quatro meses, não pagou aluguel e encargos, tendo Cristiano sido executado pela quantia de R$ 3.000,00 na condição de fiador. Para vingar-se, Cristiano dispensou Denílson. Este, a seu turno, ingressou com reclamação trabalhista contra a empresa de Cristiano, valendo-se do procedimento sumaríssimo, no qual almeja a quantia total de R$ 12.000,00. Em defesa, a empresa sustenta que nada é devido, mas, se houver vitória total ou parcial do trabalhador, pretende a compensação dos R$ 3.000,00 que Cristiano foi obrigado a pagar pelos aluguéis atrasados que o ex-empregado devia ao seu locador.

Com base no relatado, responda aos itens a seguir, utilizando os argumentos jurídicos apropriados e a fundamentação legal pertinente ao caso.

A) A fase processual para alegar o instituto da compensação, como pretendido pela ré, foi adequada? (valor: 0,50)
B) A tese de defesa poderá ser acolhida? (valor: 0,50)
C) Qual é a diferença entre compensação e dedução? (valor: 0,25)

GABARITO COMENTADO

A compensação de eventual crédito deve ser apresentada com a defesa; a compensação na hipótese apresentada não seria possível porque a dívida oriunda da fiança não tem natureza trabalhista; a compensação é o encontro de créditos recíprocos entre as mesmas partes – CCB, artigo 368 –, enquanto dedução é a subtração do que já foi pago sob a mesma rubrica.

(OAB/Exame Unificado – 2011.3 – 2ª fase) Tício ajuizou ação trabalhista em face da empresa Hora Certa Ltda., na qual pretendia receber horas extras e reflexos. Na própria petição inicial já havia impugnado os controles de ponto aduzindo que não havia variação de horário. Na audiência, a ré trouxe os documentos, juntando-os com a contestação e declarou que pretendia produzir prova testemunhal acerca do pedido do autor. O juiz, após examinar a documentação, indeferiu a prova testemunhal da ré. Na sentença, o juiz julgou procedente o pedido do autor. Considerando as regras de distribuição do ônus da prova, o juiz agiu corretamente? Fundamente.

(Valor: 1,25)

TRABALHISTA

GABARITO SUGERIDO

Não, a decisão foi incorreta. Considerando que os controles de ponto não tinham variação de horário, nos termos da Súmula 338, III, do TST presume-se verdadeira a jornada da inicial, porém, com a possibilidade da empresa elidir a presunção por prova em contrário, dada a inversão do ônus da prova.

(OAB/Exame Unificado – 2011.2 – 2ª fase) Reginaldo ingressou com a ação contra seu ex- empregador, e , por não comparecer, o feito foi arquivado. Trinta dias após, ajuizou nova ação com os mesmos pedidos, mas dela desistiu porque não mais nutria confiança em seu advogado, o que foi homologado pelo Magistrado. Contratou um novo profissional e, 60 dias depois, demandou novamente, mas, por não ter cumprido exigência determinada pelo juiz para emendar a petição inicial, o feito foi extinto sem resolução do mérito.

Com base no relatado, responda aos itens a seguir, empregando os argumentos jurídicos apropriados e a fundamentação legal pertinente ao caso:

a) Para propor uma nova ação, Reginaldo deverá aguardar algum período? Em caso afirmativo, qual seria? (Valor 0,65)
b) Quais são as hipóteses que ensejam a perempção no processo do trabalho? (Valor 0,60)

RESPOSTA PROPOSTA

a) Reginaldo não deverá aguardar nenhum prazo para a propositura de nova reclamação, tendo em vista que não ocorreu perempção. Isso porque nos termos do art.732 da CLT ocorrerá a perempção sempre que o reclamante, por duas vezes seguidas, der causa ao arquivamento em razão do não comparecimento em audiência inaugural ou quando o trabalhador efetuar reclamação verbal e não comparece à Secretaria da Vara no prazo de 5 dias para reduzi-la a termo.

No caso em análise não ocorreram dois arquivamentos por não comparecimento, mas somente um. De fato, a primeira extinção decorreu de arquivamento por ausência do reclamante à audiência. Porém, a segunda extinção foi decorrente de desistência devidamente homologada, o que não implica em perempção.

b) Nos domínios do processo do trabalho a perempção consiste na perda do direito de propor reclamação trabalhista pelo prazo de 6 meses. Nos domínios do processo do trabalho a perempção ocorre em duas hipóteses. A primeira hipótese, prevista no art. 732 da CLT ocorre sempre que o reclamante der causa a dois arquivamentos seguidos, em virtude de ausência injustificada à audiência inaugural. A segunda hipótese, prevista no art. 731 da CLT ocorre quando o trabalhador efetuar reclamação verbal e não comparece à Secretaria da Vara no prazo de 5 dias para reduzi-la a termo.

(OAB/Exame Unificado – 2010.2 – 2ª fase) Em ação trabalhista, a parte reclamante postulou a condenação da empresa reclamada no pagamento de horas extraordinárias e sua projeção nas parcelas contratuais e resilitórias especificadas na inicial. Ao pregão da Vara trabalhista respondeu o empregado-reclamante, assistido do seu advogado. Pela empresa, compareceu o advogado, munido de procuração e defesa escrita, que explicou ao juiz que o preposto do empregador-reclamado estaria retido no trânsito, conforme telefonema recebido. Na referida defesa, recebida pelo Juiz, a empresa alega que o reclamante não trabalhou no horário apontado na inicial e arguiu a prescrição da ação, por ter a resilição contratual ocorrido mais de dois anos depois do ajuizamento da reclamação trabalhista, o que restou confirmado após a exibição da CTPS e esclarecimentos prestados pelo reclamante.

Em face dessa situação hipotética, responda, de forma fundamentada, às indagações a seguir.

A) Que requerimento o advogado do reclamante deverá fazer diante da situação descrita? Estabeleça ainda as razões do requerimento.

B) Com base em fundamentos jurídicos pertinentes à seara trabalhista, o pedido deverá ser julgado procedente ou improcedente?

RESOLUÇÃO DA QUESTÃO

A) O advogado do reclamante deverá requerer a aplicação dos efeitos da revelia, ou seja, confissão com relação à matéria fática. Isso porque, nos termos do art. 844 da CLT a revelia ocorre pela ausência da parte na audiência em que deveria apresentar defesa. Nessa linha ensina a súmula 122 do TST que a reclamada, ausente à audiência em que deveria apresentar defesa, é revel, ainda que presente seu advogado munido de procuração.

B) O pedido deverá ser julgado procedente. A aplicação da revelia não alcança o pedido de prescrição bienal, tendo em vista que a revelia se aplica apenas para matérias fáticas e não matérias de direito como a prescrição. Embora tenha sido arguida a prescrição bienal, nos termos do art. 7º, XXIX, da CF, não deve ela ser reconhecida, tendo em vista que a ação foi proposta com o contrato de trabalho em curso, o que importaria no reconhecimento do pedido de horas extras e integrações. Porém, por ter o reclamante ajuizado reclamação trabalhista com o contrato de trabalho em curso, pleiteando, entre outros direitos, as integrações das horas extras nas parcelas resilitórias de um contrato que na época não havia terminado, deve esse pedido ser indeferido, sendo julgado procedente os demais.

(OAB/Exame Unificado – 2010.2 – 2ª fase) Na audiência inaugural de um processo na Justiça do Trabalho que tramita pelo rito sumaríssimo, o advogado do réu apresentou sua contestação com documentos e, ato contínuo, requereu o adiamento em virtude da ausência da testemunha Jussara Freire que, apesar de comprovadamente convidada, não compareceu. O advogado do autor, em contraditório, protestou, uma vez que a audiência é una no processo do trabalho, não admitindo adiamentos. O juiz deferiu o requerimento de adiamento, registrou o protesto em ata e remarcou a audiência para o início da fase instrutória. No dia designado para a audiência de instrução, a testemunha Jussara Freire não apenas compareceu, como esteve presente, dentro da sala de audiências, durante todo o depoimento da testemunha trazida pelo autor. No momento da sua oitiva, o advogado do autor a contraditou, sob o argumento vício procedimental para essa inquirição, ao que o advogado do réu protestou. Antes de o juiz decidir o incidente processual, o advogado do réu se antecipou e requereu a substituição da testemunha.

Diante da situação narrada, analise o deferimento do adiamento da audiência pelo juiz, bem como a contradita apresentada pelo advogado do autor e o requerimento de substituição elaborado pelo advogado do réu.

RESOLUÇÃO DA QUESTÃO

O Juiz agiu corretamente ao adiar a audiência. Isso porque, embora a audiência trabalhista, em regra, é una, é permitido ao Juiz, em conformidade com o art. 852-H, § 3º, da CLT, o adiamento da audiência na hipótese da testemunha que, comprovadamente convidada, deixar de comparecer à audiência.

A contradita apresentada pelo advogado é procedente e deve ser acatada pelo Juiz. Nos termos do art. 824 da CLT e 413 do CPC, o Juiz providenciará para que o depoimento de uma testemunha não seja ouvido pelas demais que irão depor no processo.

O pedido de substituição de testemunhas requerido pelo advogado deve ser indeferido, na medida em que quem deu causa ao vício foi a própria parte e por esse motivo não pode se beneficiar. Ademais, nota-se que o ocorrido no caso em tela não se enquadra nas hipóteses que autorizam a substituição de testemunhas elencadas no art. 408 do CPC, aplicado ao processo do trabalho por força do art. 769 da CLT.

TRABALHISTA

(OAB/Exame Unificado – 2010.2 – 2ª fase) Em reclamação trabalhista ajuizada em face da empresa "Y", José postula assinatura da CTPS, horas extras e diferenças salariais com fundamento em equiparação salarial e pagamento de adicional de periculosidade. Na defesa oferecida, a empresa nega ter o empregado direito à assinatura da CTPS, dizendo ter o obreiro trabalhado como autônomo; quanto às horas extras, nega o horário alegado, se reportando aos controles de frequência, que demonstram, segundo alega, que o reclamante não as realizava; e, quanto às diferenças salariais, sustenta que o reclamante era mais veloz e perfeito na execução do serviço do que o paradigma apontado.

Considerando as normas processuais sobre a distribuição do ônus da prova, estabeleça, através de fundamentos jurídicos, a quem cabe o ônus da prova em relação a cada uma das alegações contidas na defesa apresentada pelo reclamado?

RESOLUÇÃO DA QUESTÃO

Com relação alegação de prestação de horas extras, tendo em vista que o empregador negou a existência de horas extras, é do empregado o ônus da provar os fatos constitutivos de seu direito, nos termos do art. 818 da CLT e art. 333,I, do CPC.

Já com relação à autonomia, tendo em vista que foi a empresa que alegou ser o obreiro autônomo, cabe a ela a comprovação de fato impeditivo do direito do autor, nos termos do art. 818 da CLT e art. 333, II, do CPC.

Por último, com relação ao pedido de equiparação salarial, nota-se que o empregador confessa que o reclamante era mais veloz e perfeito na execução dos serviços do que o paradigma apontado na inicial, concordando, portanto, com o pedido de equiparação salarial. ou seja, concorda com o pedido apontado na inicial. Nessa linha dispõe o art. 334, II, do CPC que os fatos afirmados por uma parte e confessados pela parte contrária, não dependem de prova. Desta forma, com relação ao pedido de equiparação salarial não há que se falar em ônus da prova, haja visto que foram confessados pela parte contrária.

(OAB/Exame Unificado – 2010.1 – 2ª fase) O representante legal da empresa Antares Topografia apresentou ao advogado da empresa cópia de petição inicial em nome de ex-empregado, por meio da qual o trabalhador requer o afastamento de justa causa a ele aplicada em virtude de acidente de trânsito. Relatou o reclamado ao advogado que o trabalhador colidira veículo da empresa com uma árvore. Apresentou, ainda, cópia de laudo oficial comprovando que o reclamante estava completamente alcoolizado na ocasião do sinistro, bem como cópia da nota fiscal relativa aos custos do conserto do veículo.

Em face dessa situação hipotética, responda, de forma fundamentada, às seguintes indagações.

A) Pode a empresa buscar o ressarcimento dos danos por meio de resposta na referida reclamação trabalhista ou deve ajuizar ação própria para tanto?

B) Pode o advogado da empresa, sob sua responsabilidade pessoal, declarar à justiça do trabalho a autenticidade da cópia da documentação recebida de seu cliente?

C) Pode a justiça do trabalho intimar a parte, por meio de seu advogado, para a apresentação das cópias autenticadas ou dos próprios originais dos documentos?

RESOLUÇÃO DA QUESTÃO

A) Poderá a empresa buscar o ressarcimento dos danos através da reconvenção disposta no art. 315 do CPC, aplicado subsidiariamente ao processo do trabalho por força do art. 769 da CLT.

B) De acordo com o art. 830 da CLT com a redação dada pela Lei 11.925/09, o documento em cópia oferecido para prova poderá ser declarado autêntico pelo advogado, sob sua responsabilidade pessoal.

C) Poderá intimar a parte para apresentação das cópias autenticadas ou dos originais, desde que impugnada a autenticidade da cópia, nos termos do parágrafo único do art. 830 da CLT.

(OAB/Exame Unificado – 2010.1 – 2ª fase) Jair é juiz de direito investido de jurisdição trabalhista no município de Santana. Seu tio Marcos e seu primo Lino propuseram reclamações trabalhistas distintas contra o frigorífico Transcarnes, antigo empregador dos dois, que se localiza no referido município.

Em face dessa situação hipotética, responda, de forma fundamentada, às seguintes indagações.

A) Jair é obrigado a declarar-se suspeito para o julgamento de ambas as lides?

B) No caso de oposição de exceção de suspeição pelo advogado da empresa, cabe recurso da decisão se esta não tiver cunho terminativo?

C) Caso seja julgada procedente a exceção de suspeição, de que forma deverá ocorrer a substituição de Jair?

RESOLUÇÃO DA QUESTÃO

A) Jair está obrigado a declarar-se suspeito apenas com relação à reclamação proposta por seu tio, visto que nos termos do art. 801, alínea c, da CLT o juiz é obrigado a dar-se por suspeito por parentesco por consanguinidade ou afinidade até o terceiro grau civil apenas, não alcançando, portanto, a ação proposta por seu primo.

B) Nos termos do art. 799, § 2º, da CLT das decisões sobre exceções de suspeição e incompetência que não tiver cunho terminativo não será possível a interposição de recurso, podendo, no entanto, as partes alegá-las novamente no recurso que couber da decisão final. Apenas será possível a interposição de recurso ordinário caso a decisão seja terminativa de feito.

C) Jair será substituído na forma da organização judiciária local, nos termos do art. 802, § 2º, da CLT.

(OAB – 2009.3 – 2ª fase) Após a rescisão do seu contrato de trabalho, Alex, empregado da empresa Dominó, procurou assistência da comissão de conciliação prévia, que tinha atribuição para examinar a sua situação. Em acordo firmado entre ele e o representante da empresa, ambas as partes saíram satisfeitas, com eficácia geral e sem qualquer ressalva.

Posteriormente, Alex ajuizou reclamação trabalhista, pedindo que a empresa fosse condenada em verbas não tratadas na referida conciliação, sob a alegação de que o termo de ajuste em discussão dera quitação somente ao que fora objeto da demanda submetida à comissão, de forma que não seria necessário ressalvar pedidos que não fossem ali debatidos.

Tendo em vista a situação apresentada, exponha a tese jurídica mais apropriada para a empresa Dominó, fundamentando sua argumentação na CLT.

RESOLUÇÃO DA QUESTÃO

O termo de conciliação firmado perante a comissão de conciliação prévia é considerado título executivo extrajudicial e possui eficácia liberatória geral ao empregador.

Ao firmar o termo de acordo o empregado dá ao empregador quitação plena dos créditos trabalhistas submetidos à comissão de conciliação prévia e não apenas aqueles consignados no termo.

Para que a quitação não seja plena e consequentemente não tenha eficácia liberatória geral, deve o empregado fazer a ressalva no termo de conciliação, nos exatos termos do art. 625-E, parágrafo único, da CLT.

Desta forma, não havendo ressalva sobre qualquer verba trabalhista, o termo de acordo firmado perante a comissão de conciliação prévia possui eficácia liberatória geral, em conformidade com o art. 625-E, parágrafo único, da CLT.

TRABALHISTA

(OAB/Exame Unificado – 2009.2 – 2ª fase) A microempresa Alfa foi demandada por Antônio, demitido por justa causa dois meses antes. Na audiência de julgamento, não obstante terem sido preenchidas, na carta de preposição, as formalidades legais e ter o advogado de Alfa arguido que o preposto era conhecedor dos fatos, o juiz não aceitou a presença do preposto enviado por Alfa, sob o argumento de que ele não possuía vínculo trabalhista com a empregadora, e aplicou a pena de confissão. Considerando a situação hipotética acima apresentada, informe, à luz da legislação aplicável na espécie e da jurisprudência do Tribunal Superior do Trabalho, se o juiz agiu corretamente. Apresente os argumentos necessários à melhor interpretação do caso concreto.

RESOLUÇÃO DA QUESTÃO

Ao empregador é facultado fazer-se substituir pelo gerente, ou qualquer outro preposto que tenha conhecimento dos fatos, em conformidade com o art. 843, § 1º, da CLT.

A jurisprudência do TST entende que, além de ter conhecimento dos fatos, o preposto deve ser empregado da empresa que representa.

No entanto, a Lei Complementar 123/06 dispõe, em seu art. 54, que, em se tratando de empresa de pequeno porte ou microempresa, o preposto não necessita ser empregado da empresa, podendo ser qualquer terceiro que tenha conhecimento dos fatos.

Nesse sentido, o teor da Súmula 377 do TST dispõe que, exceto quanto a reclamação de empregado doméstico, ou contra micro ou pequeno empresário, o preposto deve ser necessariamente empregado do reclamado.

Desta forma, incorreta a atitude do juiz que não aceitou a presença do preposto enviado por Alfa.

(OAB/Exame Unificado – 2009.2 – 2ª fase) Em processo trabalhista, para comprovar que as verbas pleiteadas na inicial já estavam devidamente quitadas, a empresa reclamada apresentou, em fase de contestação, cópia simples de vários documentos, cuja autenticidade foi atestada por certidão emitida pelo advogado da empresa. O advogado do reclamante, em réplica, argumentou que o advogado não possui poderes para apresentar, no processo, certidões de autenticidade de cópias. Nessa situação hipotética, as cópias simples juntadas na contestação podem ser analisadas pelo juiz como prova no processo? Justifique sua resposta.

RESOLUÇÃO DA QUESTÃO

Dispõe o art. 830 da CLT, com a nova redação dada pela Lei 11.925/2009, que o documento apresentado em cópia simples, oferecido para prova, poderá ser declarado autêntico pelo próprio advogado, sob sua responsabilidade pessoal.

Por outro lado, uma vez impugnada a autenticidade das cópias pela parte adversa, surge a necessidade da apresentação das cópias autenticadas ou do documento original, devendo a parte que as apresentou ser intimada para sua apresentação.

Desta forma, tendo em vista que não houve impugnação da parte adversa a respeito da autenticidade das cópias juntadas, poderão elas ser analisadas como prova pelo juiz.

(OAB/Exame Unificado – 2009.1 – 2ª fase) José, residente em Taguatinga – DF, empregado da empresa Chimarrão, localizada em Luziânia – GO, local onde presta serviço, foi dispensado sem justa causa, não tendo recebido o pagamento de aviso-prévio, férias proporcionais nem décimo terceiro salário proporcional, razão por que ingressou com reclamação trabalhista na vara de trabalho de Taguatinga – DF. Em face dessa situação hipotética, considerando que a empresa não se conformou com o local em que foi ajuizada a reclamação, indique, com a devida fundamentação, a medida cabível para a empresa discutir essa questão bem como o procedimento a ser adotado pelo juiz.

RESOLUÇÃO DA QUESTÃO

A medida cabível para que a empresa impugne o local do ajuizamento da reclamação trabalhista é a exceção de incompetência territorial, que se encontra prevista no art. 799 da CLT.

A exceção de incompetência territorial deverá ser ofertada na audiência, sendo admitida sua apresentação na própria contestação como matéria preliminar.

Uma vez oferecida a exceção, o processo será suspenso até que a questão seja decidida, em conformidade com o art. 306 do CPC. Deverá ser aberto prazo ao excepto, para, no prazo de 24 horas, manifestar-se e, em seguida, na primeira audiência seguinte será proferida sentença pelo juiz.

Acolhida a exceção de incompetência territorial, os autos serão remetidos para o juízo competente, sendo tal decisão recorrível via recurso ordinário, em conformidade o art. 799, § 2º, da CLT e entendimento consagrado na Súmula 214, item c, do TST.

(OAB/Exame Unificado – 2009.1 – 2ª fase) Josué ajuizou reclamatória trabalhista contra a empresa Alfa Ltda., alegando que foi demitido sem justa causa e requerendo o pagamento das parcelas rescisórias referentes ao período em que manteve vínculo empregatício – de 1.º/8/2008 a 2/2/2009. Em contestação, a reclamada resistiu à tese inicial, suscitando que Josué não foi demitido e, sim, abandonou o trabalho. Realizada a audiência de instrução, nenhuma das partes apresentou as provas de suas alegações. O juiz exarou sentença, julgando improcedente a reclamatória e reconhecendo a hipótese de abandono de emprego, motivado pelo fato de o reclamante não ter se desonerado do ônus de provar o término do contrato de trabalho. Em face da situação hipotética apresentada, responda, de forma fundamentada, se o juiz julgou corretamente o litígio.

RESOLUÇÃO DA QUESTÃO

Nos termos do art. 818 da CLT e art. 333, I, do CPC, aplicado subsidiariamente ao processo do trabalho por força do art. 769 da CLT, cabe ao autor demonstrar os fatos constitutivos do seu direito.

Por outro lado, cabe ao réu a demonstração dos fatos impeditivos, modificativos ou extintivos do direito do autor, em conformidade com o art. 333, II, do CPC.

Ocorre que, nos domínios do processo do trabalho, por força da Súmula 212 do TST, sempre que o empregador negar o despedimento ou quando negar a prestação de serviços, será seu o ônus da prova.

Isso porque se presume, à luz do princípio da continuidade da relação de emprego, que o contrato de trabalho não sofreu nenhuma paralisação, continuando em pleno vigor.

No caso apresentado, quando o réu alega que o reclamante abandonou o emprego, aponta um fato extintivo do direito do autor, incumbindo-lhe a respectiva demonstração desse fato, nos termos do art. 333, II, do CPC.

Desta forma, incorreta a forma que o magistrado julgou a demanda em análise, na medida em que nos termos do art. 333, II, do CPC, em conformidade com o entendimento consubstanciado na Súmula 212 do TST, o ônus da prova pertencia ao réu.

(OAB/Exame Unificado – 2008.1 – 2ª fase) Em uma audiência trabalhista, o procurador da empresa reclamada apresentou a procuração que lhe outorgava poderes para representar a empresa em juízo, sem ter apresentado o contrato social nem o estatuto da empresa, e o advogado do reclamante não apresentou nenhuma impugnação no que diz respeito à representação processual da empresa. Diante da situação hipotética apresentada, questiona-se: é válido o instrumento de procuração apresentado pelo advogado sem a apresentação do contrato social ou estatuto da empresa? Fundamente, juridicamente, a sua resposta.

RESOLUÇÃO DA QUESTÃO

Nos termos do art. 12, VI, do CPC, as pessoas jurídicas serão representadas em juízo, ativa e passivamente, por quem os respectivos estatutos designarem, ou, não os designando, por seus diretores.

O dispositivo em apreço não determina a exibição dos estatutos da empresa em juízo como condição de validade do instrumento de procuração apresentado pelo advogado. A exibição dos estatutos da empresa em juízo como condição de validade do instrumento de procuração somente será necessária quando houver impugnação da parte contrária.

Nesse sentido o TST consubstanciou seu entendimento da orientação jurisprudencial 255 da SDI 1.

Desta forma, o instrumento de procuração apresentado pelo advogado se mostra absolutamente válido, na medida em que não houve impugnação da parte contrária.

(OAB/Exame Unificado – 2007.2 – 2ª fase) Flávio moveu reclamação trabalhista contra a empresa Céu Azul Ltda., alegando que desenvolvia suas atividades em local insalubre e que jamais havia recebido da empresa o adicional de insalubridade. A empresa contestou o pedido, afirmando que Flávio não trabalhava em local insalubre. O juiz designou perícia técnica para avaliação do local onde Flávio trabalhava e facultou às partes a indicação de auxiliar técnico para perícia. Para acompanhar o trabalho do perito oficial, Flávio indicou um profissional de sua confiança, que lhe cobrou R$ 800,00 de honorários. Flávio foi vencedor em sua tese, já que a perícia oficial atestou que o local onde ele trabalhava era realmente insalubre. Sendo vencedor no objeto da perícia, Flávio formulou pedido de ressarcimento dos honorários pagos ao assistente por ele indicado, pleiteando a condenação da empresa Céu Azul Ltda. em tal quantia. Nessa situação hipotética, é devida a condenação da empresa Céu Azul Ltda. a ressarcir Flávio dos honorários pagos ao assistente da perícia por ele indicado? Justifique a sua resposta.

RESOLUÇÃO DA QUESTÃO

A indicação de assistentes técnicos na perícia é facultada às partes, em conformidade com o art. 3º da lei 5.584/70.

Assim, por ser uma faculdade da parte a indicação, os honorários do auxiliar técnico para a perícia deverão ser suportados por quem o indicou.

Esse entendimento encontra-se consolidado na Súmula 341 do TST, que dispõe ser faculdade da parte a indicação do perito assistente, a qual deve responder pelos respectivos honorários, ainda que vencedora no objeto da perícia.

Desta forma, não será devida a condenação da empresa Céu Azul Ltda. a ressarcir Flávio dos honorários pagos ao assistente da perícia por ele indicado.

(OAB/Exame Unificado – 2007.1 – 2ª fase) Manoel moveu ação trabalhista contra a empresa Gama, sob o rito do procedimento sumaríssimo. Contudo, ao formular o pedido, o advogado de Manoel não indicou os valores das verbas pleiteadas, limitando-se a afirmar nos pedidos o termo "a apurar". Considerando o caso hipotético em apreço, redija um texto, de forma justificada, acerca de como deve proceder o juiz nessa situação.

RESOLUÇÃO DA QUESTÃO

Instituído pela lei 9.957/00, que inseriu os arts. 852-A a 852-I na CLT, o procedimento sumaríssimo é previsto para as demandas cujo valor da causa não exceda a 40 salários mínimos na data da propositura da ação. Objetiva, por meio de um rito processual mais célere e mais simples, conferir maior efetividade na atividade jurisdicional do Estado.

Para tanto, o art. 852-B, I, da CLT, determina que nas reclamações submetidas ao procedimento sumaríssimo o pedido deverá ser certo e determinado, necessitando, ainda, da indicação do valor correspondente.

Trata-se de uma exigência imposta pelo legislador, tendo em vista a celeridade processual que o procedimento requer e, uma vez não atendida, não será admitida a emenda da petição inicial.

Desta forma, nos termos do art. 852-B, § 1º, da CLT, o juiz do trabalho ordenará o arquivamento da reclamação e condenação do reclamante ao pagamento de custas sobre o valor da causa.

(OAB/Exame Unificado – 2007.1 – 2ª fase) O advogado da empresa Delta, munido do instrumento de procuração, compareceu a uma audiência de conciliação, à qual o preposto da reclamada não compareceu. Diante dessa situação hipotética, responda, de forma justificada, à seguinte pergunta: Deve ser aplicada a revelia à empresa Delta?

RESOLUÇÃO DA QUESTÃO

Dispõe o art. 843 da CLT, que na audiência de julgamento deverão estar presentes o reclamante e o reclamado, independentemente do comparecimento de seus representantes.

No entanto, em conformidade com o disposto no § 1º do art. 843 da CLT, o empregador poderá fazer-se substituir pelo gerente, ou qualquer outro preposto que tenha conhecimento do fato. No entanto, exceto quanto à reclamação de empregado doméstico, ou contra micro ou pequeno empresário, o preposto deve ser necessariamente empregado do reclamado.

Nessa linha, de acordo com a nova redação dada a Súmula 377, o TST entende que a reclamada, ausente à audiência em que deveria apresentar defesa, é revel, ainda que presente seu advogado munido de procuração, podendo ser ilidida a revelia mediante a apresentação de atestado médico, que deverá declarar, expressamente, a impossibilidade de locomoção do empregador ou do seu preposto no dia da audiência.

Dessa forma, independente da presença de advogado com procuração, não comparecendo as partes na audiência de conciliação, o juiz do trabalho deverá aplicar os efeitos da revelia.

10. RECURSOS

(OAB/Exame Unificado – 2013.3 – 2ª fase) Um ex-empregado ajuíza reclamação trabalhista contra a ex-empregadora (a empresa "A") e outra que, segundo alega, integra o mesmo grupo econômico (a empresa "B"). Em defesa, a empresa "A" afirma que pagou tudo ao reclamante, nada mais lhe devendo, enquanto a empresa "B" sustenta sua ilegitimidade passiva, negando a existência de grupo econômico.

Considerando que: 1) as reclamadas possuem advogados diferentes; 2) o pedido foi julgado procedente, condenando-se solidariamente as rés; e 3) a empresa "A" recorreu, efetuando o recolhimento das custas e depósito recursal, responda, de forma fundamentada, às indagações a seguir.

A) O prazo para recurso das empresas é diferenciado, haja vista terem procuradores diferentes? (Valor: 0,65)

B) A empresa "B" deverá efetuar depósito recursal para viabilizar o recurso, no qual insistirá na sua absolvição por não integrar com a litisconsorte um grupo econômico? (Valor: 0,60)

TRABALHISTA

GABARITO COMENTADO – FGV

A) Mesmo possuindo procuradores diferentes, o prazo não será diferenciado porque o TST entende que o disposto no Art. 191 do CPC é inaplicável ao Processo do Trabalho, conforme OJ 310.

B) Será desnecessário o depósito recursal pela empresa "B", pois havendo condenação solidária e já havendo recolhimento pela empresa "A", que não requereu sua exclusão da lide, o depósito por ela feito poderá ser aproveitado pela empresa "B", na forma da Súmula n. 128, III, do TST.

Distribuição dos pontos

Item	Pontuação
A. O prazo não será diferenciado (0,45). Indicação da OJ 310 SDI-1 do TST (0,20). *Obs.: É necessária a indicação precisa do fundamento legal. A mera indicação do fundamento legal ou jurisprudencial não pontua*	0,00/0,45/0,65
B. Desnecessário o depósito recursal pela empresa "B", pois a empresa "A" já o fez e não requereu sua exclusão da lide, podendo ser aproveitado pela litisconsorte (0,40). Indicação da Súmula n. 128, III, do TST (0,20). *Obs.: É necessária a indicação precisa do fundamento legal. A mera indicação do fundamento legal ou jurisprudencial não pontua.*	0,00/0,40/0,60

(OAB/Exame Unificado – 2013.2 – 2ª fase) Roberto interpôs Recurso Ordinário ao ter ciência de que foi julgado improcedente o seu pedido de reconhecimento de vínculo empregatício em face da empresa Novatec Línea Computadores Ltda.

Ele não juntou declaração de miserabilidade na petição inicial e no recurso, mas requereu, em pedido expresso no apelo, o benefício da gratuidade de justiça, afirmando não ter recursos para recolher o valor das custas sem prejuízo do seu sustento e de sua família.

O juiz prolator da sentença negou seguimento ao recurso, considerando-o deserto.

Diante deste panorama, responda justificadamente:

A) Considerando que Roberto não juntou a declaração de miserabilidade, analise se é possível o deferimento da gratuidade de justiça na hipótese retratada. (Valor: 0,65)

B) Analise se, tecnicamente, a decisão que negou seguimento ao recurso está correta. (Valor: 0,60)

A simples menção ou transcrição do dispositivo legal não pontua.

GABARITO COMENTADO

A) A gratuidade de justiça está regulamentada no art. 790, § 3º, da CLT e na Lei 1.060/1950. A jurisprudência do TST admite que tal benefício seja requerido em qualquer tempo ou grau de jurisdição, desde que, na fase recursal, o seja no prazo alusivo ao recurso – OJ 269 da SDI-I do TST –, o que ocorreu no caso em exame OU Sim, seria possível o deferimento de ofício da gratuidade, desde que presentes os requisitos do Art. 790, § 3º, da CLT.

B) A jurisprudência consolidada preconiza que basta a simples afirmação do declarante ou de seu advogado quanto ao seu estado de miserabilidade para que se configure a situação econômica que justifique a concessão de tal benefício, na forma da OJ 304 da SDI-I do TST.

Sendo assim, tecnicamente, está incorreta a decisão que denegou seguimento ao recurso porque, comprovado o preenchimento dos requisitos para sua concessão, poderia o Juiz de origem conceder a gratuidade, ou, ao menos, deixar o recurso ter seguimento para que o julgador de 2º grau decidisse sobre a concessão do benefício requerido em sede recursal.

(OAB/Exame Unificado – 2013.1 – 2ª fase) Numa reclamação trabalhista movida em litisconsórcio passivo, o autor e a empresa reclamada "X" (sociedade de economia mista) foram vencidos reciprocamente em alguns pedidos, tendo ambos se quedado inertes no prazo recursal. Porém, a empresa reclamada "Y" (pessoa jurídica de direito privado), vencida também em relação a alguns pedidos na referida ação trabalhista, interpôs recurso ordinário, com observância dos pressupostos legais de admissibilidade, tendo inclusive efetuado o preparo. Em seguida, o Juiz do Trabalho notificou as partes para que oferecessem suas razões de contrariedade, em igual prazo ao que teve o recorrente.

Considerando os fatos narrados acima, responda, de forma fundamentada, aos itens a seguir.

A) Analise a possibilidade de o autor recorrer, ou não, dos pedidos em que foi vencido, e de que maneira isso se daria, se possível for. (Valor: 0,65)

B) Caso ambas as empresas tivessem recorrido ordinariamente, e tendo a empresa "Y" requerido sua exclusão da lide, analise e justifique quanto à necessidade, ou não, de a reclamada "X" efetuar preparo. (Valor: 0,60)

A simples menção ou transcrição do dispositivo legal não pontua.

GABARITO COMENTADO – EXAMINADORA

A) Ainda é possível ao reclamante manifestar seu inconformismo, que deverá materializar-se num recurso ordinário adesivo, já que aplicável o Art. 500 do CPC em sede trabalhista.

B) A empresa "X", por ser sociedade de economia mista, estará obrigada a efetuar o preparo, pois não é dele isento.

Distribuição dos Pontos

Quesito Avaliado	Valores
A) É possível interpor recurso adesivo **OU** recurso ordinário adesivo (0,45). Indicação do art. 500 do CPC **OU** Súmula 283 do TST **OU** Instrução Normativa 3, IX, do TST (0,20). Obs.: a simples citação do artigo não pontua.	0,00 / 0,45 / 0,65
B) A empresa "X" estará obrigada a efetuar o preparo porque os recursos são independentes **OU** há necessidade de preparo, pois a condenação não foi solidária (0,40). Indicação do Art. 173, § 1º, II, da CF/1988 **OU** Súmula 170 do TST **OU** Súmula 128, I ou III do TST (0,20). Obs.: a simples citação do artigo não pontua.	0,00 / 0,40 / 0,60

(OAB/Exame Unificado – 2012.3 – 2ª fase) Opostos embargos declaratórios pelo reclamante com pedido de efeito modificativo, o juiz confere-lhes provimento e adiciona à condenação o pagamento de uma verba que não havia sido apreciada na sentença, apesar de requerida na petição inicial. Ciente disso, a empresa rebela-se afirmando que deveria ter sido observado o contraditório e, assim, que ela deveria ter tido a oportunidade de se manifestar. Como isso não aconteceu, sustenta ser nula a decisão dos embargos.

Diante disso, responda justificadamente, aos itens a seguir.

A) Comente se é possível que os embargos de declaração tenham efeito modificativo do julgado. (Valor: 0,65)

B) Comente se procede a alegação empresarial quanto à nulidade da decisão dos embargos declaratórios opostos contra sentença não submetidos ao contraditório. (Valor: 0,60)

TRABALHISTA

GABARITO COMENTADO

A) Sim, tratando-se de omissão no julgado, os embargos de declaração podem ter efeito modificativo, na forma do Art. 897-A, da CLT e Súmula n. 278, do TST.

B) Não há nulidade, pois os embargos de declaração opostos contra sentença, mesmo havendo pedido de efeito infringente, não se submetem ao contraditório, na forma da OJ 142, II, do TST. Tal se justifica em razão do efeito devolutivo em profundidade do recurso ordinário.

(OAB/Exame Unificado – 2012.1 – 2ª fase) Um recurso de revista é interposto em face de acórdão proferido por Tribunal Regional do Trabalho em recurso ordinário, em dissídio individual, sendo encaminhado ao Presidente do Regional.

Diante desta situação hipotética, responda, de forma fundamentada, às seguintes indagações:

A) Se o Presidente admitir o recurso de revista somente quanto a parte das matérias veiculadas, cabe a interposição de agravo de instrumento? (valor: 0,65)

B) É cabível a oposição de embargos de declaração contra decisão de admissibilidade do recurso de revista? (valor: 0,60)

GABARITO COMENTADO

A) Não cabe a interposição de agravo de instrumento, que somente seria possível se o recurso tivesse o seguimento negado. Segundo o posicionamento contido na Súmula n. 285 do TST, o fato de o juízo primeiro de admissibilidade do recurso de revista entendê-lo cabível apenas quanto à parte das matérias veiculadas, não impede a apreciação integral pela Turma do Tribunal Superior do Trabalho, sendo imprópria a interposição de agravo de instrumento.

B) Não é cabível a oposição de embargos de declaração contra decisão de admissibilidade do recurso de revista. Os embargos declaratórios, nos termos da lei (artigos 897-A da CLT e 535 do CPC), são opostos em face de decisões, ou seja, pronunciamentos jurisdicionais revestidos de cunho decisório. Contudo, o despacho proferido pelo Presidente do Tribunal Regional não se reveste dessa natureza. Neste sentido, o entendimento consubstanciado na OJ n. 377 da SBDI-1 do TST: "Não cabem embargos de declaração interpostos contra decisão de admissibilidade do recurso de revista, não tendo o efeito de interromper qualquer prazo recursal".

(OAB/Exame Unificado – 2011.2 – 2ª fase) Inconformada com uma sentença desfavorável aos seus interesses, a empresa dela decorre. Contudo, entendeu o Magistrado que o recurso era intempestivo, e a ele negou seguimento. Ciente disso, a reclamada interpôs recurso de agravo de instrumento no 5º (quinto) dia e efetuou o deposito adicional previsto no Art. 899, da CLT no 8º (oitavo) dia do prazo recursal. Novamente o juiz negou seguimento ao agravo de instrumento, argumentando que ele estava deserto. Diante dessa situação hipotética, responda, de forma fundamentada, às seguintes indagações:

a) Há alguma medida que possa ser tomada pela recorrente contra a última decisão do juiz? Em caso afirmativo, qual? (Valor 0,50)

b) O que significa deserção? No caso em exame, o agravo de instrumento estava deserto? Justifique. (Valor 0,75).

RESOLUÇÃO DA QUESTÃO

A) Sim. Cabem embargos de declaração (art.897-A, parte final, CLT)[1] e, se mantida a decisão, mandado de segurança ou o manejo de reclamação correicional. Isso porque cabem embargos para sanar manifesto equívoco na apreciação dos pressupostos extrínsecos de admissibilidade de recurso. Se não providos, considerando que o agravo de instrumento objetiva destrancar um recurso anterior cujo seguimento foi negado, não seria legítimo impedir o seu prosseguimento (ofensa a direito líquido e certo que cassado por mandado de segurança) ou, por se tratar de ato tumultuário do bom andamento processual, ação correicional para corrigi-lo.

B) Deserção significa a ausência de preparo, ou seja, recolhimento de custas e/ou depósito recursal. Sim, o agravo de instrumento estava deserto, tendo em vista que de acordo com a redação do art. 899, § 7º, da CLT, especificamente, para o agravo de instrumento o preparo deve ser feito no ato de interposição do recuso e não como ocorre com os demais recursos que o preparo pode ser realizado no prazo alusivo ao recurso.

(OAB/Exame Unificado – 2010.1 – 2ª fase) Cláudio ajuizou reclamação trabalhista contra a empresa Delta, requerendo créditos de natureza indenizatória e salarial. À ocasião da audiência inaugural, foi homologado acordo, tendo sido fixadas verbas exclusivamente de natureza indenizatória, sem nenhuma incidência previdenciária sobre o crédito acordado.

Em face dessa situação hipotética, responda, de forma fundamentada, às seguintes indagações.

a) Caso o Instituto Nacional do Seguro Social (INSS) entendesse devidas contribuições previdenciárias sobre o acordo, que remédio jurídico seria cabível?
b) De que prazo o INSS dispõe para tanto?

RESOLUÇÃO DA QUESTÃO

A) O termo de acordo homologado em juízo, nos termos do art. 831, parágrafo único, da CLT é irrecorrível para as partes, pois transitam em julgado imediatamente,. Porém, para o INSS a decisão não transita em julgado, podendo interpor recurso com relação às contribuições devidas. Nessa linha, poderá interpor, nos termos do art. 895, I, da CLT.

B) Para interpor o recurso ordinário o INSS dispõe de prazo em dobro, portanto, irá dispor de um prazo de 16 (dezesseis) dias nos termos do art. 10 da Lei 9469/07, art. 1º, III, do Decreto-Lei 779/69 e art. 188 do CPC.

(OAB – 2009.3 – 2ª fase) Em determinada reclamação trabalhista, o juiz proferiu a sentença em 5/3/2010 (sexta-feira), tendo, na oportunidade, dado conhecimento sobre o seu teor a ambas as partes. Em 12/3/2010 (sexta-feira), o advogado da reclamada, uma indústria química, interpôs o recurso de embargos de declaração via fac-símile. Em 19/3/2010 (sexta-feira), o recurso original foi devidamente protocolizado no órgão competente.

Considerando a situação hipotética apresentada e sabendo que o pedido dos embargos de declaração possui efeito modificativo, responda, de forma fundamentada, se os embargos de declaração devem ser considerados tempestivos.

---

1 Foi mantido na resposta da questão o gabarito oficial, pois entendemos ser possível a interposição de agravo de instrumento, nos termos do art. 897, b, CLT, pois é cabível a interposição de agravo de instrumento contra os despachos de negarem seguimentos a recursos. Sendo o agravo de instrumento um recurso, é possível a interposição de agravo de instrumento.

TRABALHISTA

RESOLUÇÃO DA QUESTÃO

A lei 9.800/99 admite a interposição de recursos via fac-símile. Porém, nos termos do art. 2º da citada lei, a parte deve entregar os originais no juízo, no prazo de 5 dias contados do dia subsequente ao término do prazo recursal e não do primeiro dia útil seguinte, podendo, portanto, o início do prazo para juntada dos originais coincidir com sábado, domingo ou feriado, não se aplicando a regra estabelecida no art. 184 do CPC, entendimento consubstanciado na súmula 387, item III do TST.

Desta forma, o recurso de embargos de declaração deve ser considerado intempestivo.

(OAB – 2009.3 – 2ª fase) Benedito ajuizou reclamação trabalhista contra a empresa Rufus Ltda., que presta serviço à empresa Zulu S.A., arrolando, no polo passivo, ambas as empresas. À audiência compareceram Benedito, os prepostos das empresas e um advogado para cada parte. Proferida a sentença, a empresa Zulu S.A. interpôs recurso ordinário no prazo de dezesseis dias, utilizando-se da prerrogativa de que havia litisconsórcio passivo com procuradores diversos. Não obstante sua arguição, o recurso interposto foi considerado intempestivo pelo juízo a quo.

Considerando a situação hipotética acima apresentada, responda, de forma justificada, se o primeiro juízo de admissibilidade do recurso agiu corretamente.

RESOLUÇÃO DA QUESTÃO

Agiu corretamente o juízo *a quo*. Isso porque a prerrogativa disposta no art. 191 do CPC não é aplicável ao processo do trabalho, tendo em vista sua incompatibilidade com o princípio da celeridade processual trabalhista. Nesse sentido o TST editou a orientação jurisprudencial 310 da SDI 1.

(OAB/Exame Unificado – 2009.2 – 2ª fase) Considere que, em uma reclamação trabalhista, o juiz tenha concedido, na sentença, a antecipação da tutela e que o advogado da empresa reclamada tenha interposto recurso ordinário contra essa decisão. Nessa situação, caso se objetive a concessão do efeito suspensivo ao recurso ordinário interposto, que providência deve ser tomada? Fundamente sua resposta com base no entendimento do Tribunal Superior do Trabalho.

RESOLUÇÃO DA QUESTÃO

O efeito suspensivo impede a produção imediata dos efeitos da decisão. Recebido um recurso no efeito suspensivo, a decisão impugnada não poderá ser executada, devendo a parte interessada aguardar o julgamento do recurso pela instância superior.

Em regra, os recursos trabalhistas possuem unicamente o efeito devolutivo, permitindo a execução provisória até a penhora.

Não obstante, o entendimento cristalizado na parte final da Súmula 414, I, do TST, dispõe que o meio processual adequado para obtenção de efeito suspensivo é a ação cautelar, que poderá ser intentada diretamente no respectivo Tribunal Regional do Trabalho.

(OAB/Exame Unificado – 2009.2 – 2ª fase) Uma entidade filantrópica figurou como reclamada em reclamação trabalhista movida por um ex-empregado e obteve o benefício da assistência judiciária gratuita deferido pelo juiz. Após a instrução processual, o juiz proferiu sentença, julgando procedente o pedido formulado pelo reclamante na inicial, tendo o valor da condenação alcançado o montante de R$ 9.500,00. Nessa situação hipotética, caso a entidade filantrópica tenha interesse em interpor recurso ordinário contra a sentença proferida pelo juiz, ela deve proceder ao recolhimento do depósito recursal? Justifique a resposta.

RESOLUÇÃO DA QUESTÃO

O depósito recursal consiste em um pressuposto extrínseco dos recursos, possuindo natureza jurídica de garantia de juízo.

Para a interposição de qualquer recurso que vise impugnar sentença condenatória, nos termos da Súmula 161 do TST, é obrigatória a realização do depósito recursal, que deve ser feito dentro do prazo legal do recurso, em conformidade com a Súmula 245 do TST.

Assim, nos exatos termos do art. 899, § 1º, da CLT, a realização do depósito recursal é obrigatória, sob pena do recurso ser considerado deserto.

A gratuidade de justiça conferida à entidade filantrópica em nada modifica a situação. Isso porque, nos termos do art. 3º da lei 1.060/1950, a assistência judiciária gratuita limita-se às despesas processuais, não alcançando o depósito recursal que possui natureza jurídica de garantia do juízo para futura execução.

Assim, tendo em vista a obrigatoriedade do depósito recursal disposta no art. 899, § 1º, da CLT e que a gratuidade de justiça compreende apenas despesas processuais, a entidade filantrópica está obrigada a efetuar o depósito recursal, sob pena do seu recurso ser considerado deserto.

(OAB/Exame Unificado – 2009.1 – 2ª fase) A 1.ª Vara do Trabalho do Distrito Federal proferiu decisão condenando certo empregador ao pagamento de horas extras, adicional noturno, férias e décimo terceiro salário, tendo dado à condenação o valor de R$ 3.000,00. Inconformado, o empregador pretende interpor recurso contra a referida decisão. Em face dessa situação hipotética, identifique, com a devida fundamentação jurídica, o recurso cabível, o prazo a ele inerente, bem como o prazo de comprovação do depósito recursal.

RESOLUÇÃO DA QUESTÃO

A decisão proferida pelo juiz da 1ª Vara do Trabalho do Distrito Federal poderá ser impugnada via recurso ordinário, que se encontra previsto no art. 893, II, da CLT, com fundamento no art. 895, I, da CLT.

O prazo para interposição do recurso ordinário é de 8 dias, nos termos do próprio art. 895, I, da CLT e art. 6º da Lei 5.584/70.

Para interposição do recurso ordinário faz-se necessário o recolhimento do depósito recursal que, nos do art. 7º da lei 5.584/70, deverá ser pago e comprovado seu recolhimento no prazo de 8 (oito) dias do recurso.

Nesse sentido, o TST solidificou seu entendimento na Súmula 245, definindo que o depósito recursal deverá ser feito e comprovado seu recolhimento no prazo alusivo ao recurso.

Assim, poderá o recorrente interpor o recurso no 3º dia do prazo e realizar o depósito recursal no 8º dia, sem que o recurso seja considerado deserto.

(OAB/Exame Unificado – 2008.3 – 2ª fase) Em ação trabalhista já em grau de recurso, a advogada Mariana tomou conhecimento da decisão proferida em recurso ordinário mediante publicação da ata de julgamento. Ato contínuo, antes mesmo de ter sido publicado o referido acórdão, a advogada interpôs o recurso de revista para impugnar a decisão. Em face da situação hipotética apresentada, responda, de forma fundamentada, se o recurso é tempestivo, levando-se em consideração a jurisprudência do Tribunal Superior do Trabalho.

TRABALHISTA

RESOLUÇÃO DA QUESTÃO

O recurso será considerado tempestivo quando interposto dentro do octídio legal, nos termos do art. 6º da lei 5.584/70, contado da data da intimação da sentença ou do acórdão.

Por outro lado, o recurso interposto após o prazo legal será considerado intempestivo.

Contudo, no caso apresentado, o recurso foi interposto antes da abertura do prazo, ou seja, antes mesmo da publicação do acórdão.

Nesse sentido, a recente posição solidificada no TST através da súmula 434, é no sentido de considerar extemporâneo o recurso interposto antes de publicado o acórdão impugnado, culminando no seu não conhecimento.

Desta forma, o recurso apresentado pela advogada Mariana não será conhecido por ser considerado extemporâneo.

(OAB/Exame Unificado – 2008.2 – 2ª fase) Antônio moveu reclamação trabalhista contra a empresa Lua Cheia, pleiteando, em sede de antecipação de tutela, a sua reintegração no emprego. Ao apreciar tal pedido, o juiz determinou, sem a oitiva da parte contrária, a imediata reintegração de Antônio. Na mesma decisão, o juiz determinou a notificação das partes para comparecimento à audiência inaugural. A empresa foi notificada para o cumprimento da ordem de reintegração deferida. Considerando a situação hipotética apresentada, na condição de advogado(a) da empresa, especifique, de forma fundamentada, o instrumento processual hábil para buscar reverter a decisão do juiz.

RESOLUÇÃO DA QUESTÃO

Ao determinar a imediata reintegração do empregado e a notificação das partes para comparecimento à audiência inaugural, o juiz proferiu uma decisão interlocutória.

Ocorre que, nos domínios do processo do trabalho as decisões interlocutórias são irrecorríveis de imediato, ensejando recurso apenas das decisões definitivas, nos termos do art. 893, § 1º, da CLT.

Desta forma, face a inexistência de recurso apropriado, a jurisprudência dominante no TST, cristalizada na Súmula 414, II, do TST, admite a impetração do mandado de segurança a ser processado na Justiça do Trabalho, art. 114, IV, da CF.

(OAB/Exame Unificado – 2008.2 – 2ª fase) No processo do trabalho, uma empresa que tenha sido condenada em primeira instância deverá efetuar o pagamento do depósito recursal para que possa interpor o recurso. Sendo assim, questiona-se: a necessidade de efetuar o depósito recursal como condição para o prosseguimento do recurso é compatível com o princípio do duplo grau de jurisdição? Justifique sua resposta.

RESOLUÇÃO DA QUESTÃO

O princípio do duplo grau de jurisdição consiste na possibilidade do reexame de uma decisão pelo órgão hierarquicamente superior. Visa reduzir a possibilidade de erros ou injustiças que porventura tenham sido cometidos pelo juízo de primeiro grau.

Para a parte fazer uso dessa prerrogativa necessita preencher alguns pressupostos recursais, dentre os quais, o depósito recursal, que possui natureza jurídica de prévia garantia da execução, constituindo, ainda, uma forma de evitar recursos meramente protelatórios.

Assim, não há que se falar em prejuízo à parte, pois, no caso de êxito da sua pretensão, o valor total recolhido ser-lhe-á devolvido, a teor do art. 899, § 1º, da CLT.

Desta forma, a exigibilidade do depósito recursal como pressuposto de admissibilidade dos recursos mostra-se perfeitamente compatível com o princípio constitucional do duplo grau de jurisdição, não configurando qualquer tipo de ofensa a tal princípio.

(OAB/Exame Unificado – 2008.2 – 2ª fase) Qual é o recurso cabível contra decisão do juiz do trabalho na qual seja homologado acordo pactuado entre as partes? Justifique sua resposta.

RESOLUÇÃO DA QUESTÃO

O termo de acordo homologado entre as partes, em conformidade com o art. 831, parágrafo único, da CLT, é irrecorrível para as partes, pois transita em julgado imediatamente na data de sua homologação, a teor do disposto na Súmula 100, V, do TST.

Assim, a parte que se sentir lesada não poderá interpor recurso algum. O termo de conciliação previsto no parágrafo único do art. 831 da CLT apenas poderá ser impugnado pelas partes via ação rescisória, nos termos do disposto na Súmula 259 do TST.

Porém, o mesmo art. 831, parágrafo único que estabelece a irrecorribilidade do termo do acordo para as partes, prevê a possibilidade de o INSS apresentar recurso ordinário à superior instância, com relações às contribuições que lhe forem devidas.

(OAB/Exame Unificado – 2008.1 – 2ª fase) Mauro, advogado da empresa Mar Grande Ltda., interpôs agravo de instrumento contra decisão do desembargador presidente do tribunal regional, que negou seguimento ao recurso de revista. Para formar o traslado, Mauro providenciou a cópia das peças consideradas obrigatórias e, no que diz respeito à comprovação de sua representação judicial, juntou cópia da ata de audiência inaugural, na qual consta o registro de que compareceu como advogado da empresa. Entretanto, Mauro não possuía instrumento de procuração escrito outorgado pela empresa. Considerando-se que a comprovação da representação judicial é peça obrigatória para o traslado de agravos de instrumento, está apto a ser conhecido o agravo de instrumento na situação hipotética apresentada? Justifique a sua resposta.

RESOLUÇÃO DA QUESTÃO

O art. 897, § 5º, I, da CLT determina que o agravo de instrumento seja instruído, obrigatoriamente, com as procurações outorgadas aos advogados do agravante e do agravado.

A cópia da ata de audiência juntada por Mauro comprova que possui mandato tácito ou *apud acta*, entendido como aquele passado em audiência perante a presença do juiz do trabalho, devendo constar na ata de audiência.

Nesse sentido, por meio da orientação jurisprudencial 286 da SDI 1, o TST entende que a juntada da ata de audiência, em que está consignada a presença do advogado, desde que não estivesse atuando com mandato expresso, torna dispensável a procuração deste, porque demonstrada a existência de mandato tácito.

Desta forma, o agravo de instrumento interposto por Mauro está apto a ser conhecido.

(OAB/Exame Unificado – 2008.1 – 2ª fase) A empresa Orvalho Matinal litigava contra um ex-empregado na justiça do trabalho em processo que corria sob o rito sumaríssimo. O juiz de 1.º grau julgou procedente a ação, tendo sido a sentença confirmada pelo tribunal regional do trabalho. O advogado da empresa resolveu interpor recurso de revista. Ao fundamentar seu recurso, o advogado alegou que a decisão do tribunal regional contrariava o disposto em uma orientação jurisprudencial da SBDI 1, do

TRABALHISTA

Tribunal Superior do Trabalho, sendo este argumento o único de mérito presente no recurso de revista. Na situação hipotética apresentada, o recurso de revista interposto pelo advogado da empresa Orvalho Matinal está apto a ser conhecido? Justifique a sua resposta.

RESOLUÇÃO DA QUESTÃO

Instituído pela lei 9.957/00 que inseriu os arts. 852-A a 852-I na CLT, o procedimento sumaríssimo é previsto para as demandas cujo valor da causa não exceda a 40 salários mínimos na data da propositura da ação. E objetiva, por meio de um rito processual mais célere e mais simples, conferir maior efetividade na atividade jurisdicional do Estado.

Desse modo, em razão de sua celeridade e simplicidade, as hipóteses de cabimento do recurso de revista são mais estreitas.

A teor do art. 896, § 6º, da CLT, admite-se a interposição de recurso de revista no procedimento sumaríssimo, por contrariedade a súmula de jurisprudência uniforme do Tribunal Superior do Trabalho e violação direta da Constituição da República.

Nota-se que, portanto, que o dispositivo em apreço não traz a previsão legal de recurso de revista por contrariedade a orientações jurisprudenciais. Nesse sentido, o TST consolidou entendimento consubstanciado na súmula 442.

Desta forma, o recurso não está apto a ser conhecido, na medida em que não existe previsão legal no art. 896, § 6.º, da CLT para interposição de recurso de revista no procedimento sumaríssimo por contrariedade a orientações jurisprudenciais.

(OAB/Exame Unificado – 2007.3 – 2ª fase) Em um processo que corre em uma das varas do trabalho, o advogado da empresa Delta Ltda. interpôs recurso de agravo de petição tempestivo. No citado recurso, o advogado fundamentou que os valores apurados nos cálculos apresentados pelo contador judicial seriam elevados, mas não delimitou os valores que a empresa entendia ser efetivamente devidos ao reclamante, nem especificou o erro que o contador teria cometido ao elaborar o cálculo. Nessa situação, o agravo de petição está apto a ser recebido? Justifique a sua resposta.

RESOLUÇÃO DA QUESTÃO

Previsto no art. 897, *a*, da CLT, o agravo de petição é o recurso cabível, no prazo de 8 dias, em face das decisões proferidas na fase de execução de sentença.

O art. 897, § 1º, da CLT traz em seu bojo um requisito especial de admissibilidade do agravo de petição. Trata-se da delimitação de matérias e valores.

Desse modo, para que o recurso seja admitido, além do preenchimento dos pressupostos genéricos dos recursos, deverá o agravante delimitar as matérias impugnadas e os valores incontroversos, a fim de que se proceda a execução definitiva da parte não impugnada.

Nesse sentido, o TST editou a Súmula 416, que dispõe que o agravo de petição deve delimitar justificadamente a matéria e os valores objeto de discordância, não ferindo direito líquido e certo o prosseguimento da execução quanto aos tópicos e valores não especificados no agravo.

Desta forma, não tendo o agravante delimitado as matérias e valores impugnados, o recurso não está apto a ser recebido.

(OAB/Exame Unificado – 2007.2 – 2ª fase) O advogado da empresa Beta Ltda. interpôs recurso de revista de decisão proferida por um tribunal regional do trabalho. O presidente desse tribunal negou seguimento ao recurso. Diante de tal decisão, o advogado interpôs agravo de instrumento, o qual não foi aceito pela 1.ª Turma do Tribunal Superior do Trabalho, sob o fundamento de intempestividade do recurso. A propósito da situação hipotética acima descrita, responda ao seguinte questionamento: é possível a interposição, na seção especializada em dissídios individuais, de recurso de embargos para discussão da tempestividade do recurso? Justifique sua resposta.

RESOLUÇÃO DA QUESTÃO

Em regra, não cabem embargos para a Seção de Dissídios Individuais de decisão de Turma proferida em agravo.

No entanto, a Súmula 353, item a, do TST, admite revisão da decisão monocrática que não conhece de agravo de instrumento ou de agravo regimental pela ausência de pressupostos extrínsecos do recurso.

Os pressupostos extrínsecos do recurso são: regularidade de representação, recorribilidade do ato, adequação, preparo e, por último, a tempestividade.

Desta forma, diante da situação hipotética, é perfeitamente possível a interposição de embargos na seção especializada em dissídios individuais para discussão da tempestividade do recurso, em conformidade com a Súmula 353, item a, do TST.

(OAB/Exame Unificado – 2007.2 – 2ª fase) Um juiz de direito de uma comarca do interior de um estado do Brasil não abrangida pela jurisdição de uma vara do trabalho julgou reclamação trabalhista movida por José contra a empresa Delta Ltda. Este, porém, não se conformou com a decisão proferida pelo juiz. Diante dessa situação, que recurso o advogado de José deverá interpor? Que tribunal será competente para julgar o recurso? Justifique as suas respostas.

RESOLUÇÃO DA QUESTÃO

A reclamação trabalhista deverá, em regra, ser distribuída a um juiz do trabalho, em conformidade com o art. 114 da CF.

No entanto, a Constituição Federal determina em seu art. 112 que, nas localidades onde não haja vara do trabalho, a matéria trabalhista será de competência do juiz de direito.

Nesses casos, eventuais recursos serão endereçados ao Tribunal Regional do Trabalho da respectiva região, nos termos na parte final do art. 112 da CF.

Desta forma, não se conformando com a decisão proferida pelo juiz de direito investido na jurisdição trabalhista, José deverá interpor recurso ordinário, no prazo de 8 (oito) dias, em conformidade com o art. 895 da CLT, que será apreciado pelo Tribunal Regional do Trabalho da região em que tramita a ação trabalhista.

(OAB/Exame Unificado – 2007.2 – 2ª fase) Antônio, advogado da empresa Alfa e Ômega Ltda., interpôs recurso ordinário contra decisão de um juiz de direito da vara do trabalho, que estabelecera condenação à empresa. Embora tenha interposto o referido recurso no terceiro dia do prazo de 8 dias que a CLT estabelece para a interposição de recurso ordinário, o advogado da empresa efetuou o pagamento do depósito recursal apenas no oitavo dia. Diante da situação hipotética acima, questiona-se: o recurso está apto a ser conhecido? Justifique a sua resposta.

RESOLUÇÃO DA QUESTÃO

A interposição de recurso impõe à parte interessada o preenchimento de pressupostos recursais, dentre eles, o pagamento de depósito recursal.

O depósito recursal possui natureza jurídica de prévia garantia da execução, devendo, nos moldes do art. 7º da lei 5.584/70, ser feito e comprovado seu recolhimento no prazo de 8 (oito) dias, não necessitando, portanto, que seja feito simultaneamente com a interposição do recurso.

TRABALHISTA

Nessa linha, o TST editou a Súmula 245, que dispõe que o depósito recursal deve ser feito e comprovado no prazo alusivo ao recurso.

Desta forma, o recurso interposto por Antônio, advogado da empresa Alfa e Ômega Ltda., está apto a ser conhecido.

(OAB/Exame Unificado – 2007.1 – 2ª fase) O advogado da empresa Beta interpôs agravo de petição apresentando fundamentação genérica, sem especificar a matéria e os valores impugnados. Considerando que no processo do trabalho é cabível agravo de petição das decisões do juiz do trabalho em execuções, responda, de forma justificada, à seguinte pergunta relativa à situação hipotética apresentada acima. O recurso interposto pelo advogado está apto a ser conhecido e provido?

RESOLUÇÃO DA QUESTÃO

Previsto no art. 897, *a*, da CLT, o agravo de petição é o recurso cabível, no prazo de 8 dias, em face das decisões proferidas na fase de execução de sentença.

O art. 897, § 1º, da CLT traz em seu bojo um requisito especial de admissibilidade do agravo de petição. Trata-se da delimitação de matérias e valores.

Desse modo, para que o recurso seja admitido, além do preenchimento dos pressupostos genéricos dos recursos, deverá o agravante delimitar as matérias impugnadas e os valores incontroversos, a fim de que se proceda a execução definitiva da parte não impugnada.

Nesse sentido, o TST editou a súmula 416 que ensina que o agravo de petição deve delimitar justificadamente a matéria e os valores objeto de discordância, não ferindo direito líquido e certo o prosseguimento da execução quanto aos tópicos e valores não especificados no agravo.

Desta forma, não tendo o agravante delimitado as matérias e valores impugnados, o recurso não estará apto a ser recebido.

(OAB/Exame Unificado – 2007.1 – 2ª fase) O advogado da massa falida da empresa Ômega interpôs recurso ordinário de sentença de 1.º grau que havia estabelecido condenação da massa falida em verbas trabalhistas de ex-empregado. Entretanto, o referido advogado não efetuou o recolhimento do preparo nem pagou as custas processuais. Nesse caso, o recurso ordinário deve ser considerado deserto? Justifique a sua resposta.

RESOLUÇÃO DA QUESTÃO

O preparo é um dos pressupostos extrínsecos dos recursos e, para seu preenchimento, exige-se que o recorrente recolha as custas e realize o depósito recursal, sob pena do recurso ser considerado deserto.

No entanto, algumas pessoas jurídicas estão dispensadas de realizá-lo. É o que ocorre com a massa falida, que não está obrigada a realizar o depósito recursal.

Esse entendimento está cristalizado no teor da Súmula 86 do TST, que ensina não ocorrer deserção de recurso da massa falida por falta de pagamento de custas ou de depósito do valor da condenação, não se aplicando esse privilégio, todavia, à empresa em liquidação extrajudicial.

Desta forma, o recurso interposto pelo advogado da massa falida da empresa Ômega não poderá ser considerado deserto.

(OAB/Exame Unificado – 2006.3 – 2ª fase) Considerando-se que um dos requisitos fundamentais para o processamento de um recurso de caráter extraordinário é o prequestionamento, redija um texto dissertativo a esse respeito, abordando a oportunidade, a definição e a configuração do prequestionamento.

RESOLUÇÃO DA QUESTÃO

O prequestionamento é um requisito específico de admissibilidade dos recursos de natureza extraordinária, ou seja, aqueles que se destinam a uniformização do entendimento jurisprudencial em território brasileiro, de como devem ser aplicadas as normas federais infraconstitucionais e as normas constitucionais.

O TST buscou definir o prequestionamento na Súmula 297 que dispõe que uma matéria ou questão está prequestionada quando na decisão impugnada haja sido adotada, explicitamente, tese a respeito.

Assim, ao interpor um recurso de natureza extraordinária, a matéria deverá estar devidamente prequestionada, sendo admitido, caso não esteja prequestionada a matéria, a oposição de embargos de declaração com esse fim, nos termos da súmula 297, II, do TST.

Ademais, considera-se prequestionada a questão jurídica invocada no recurso principal sobre a qual se omite o Tribunal de pronunciar tese, não obstante opostos embargos de declaração. Assim, caso a parte oponha os embargos de declaração com o fim de prequestionar a matéria, mesmo que o Tribunal não se pronuncie sobre a questão objeto do recurso, diz-se que a matéria está prequestionada.

11. EXECUÇÃO

(OAB/Exame Unificado – 2012.3 – 2ª fase) A Fazenda Pública Estadual é condenada, pela Justiça do Trabalho, na condição de tomadora de serviços terceirizados, ao pagamento de verbas trabalhistas devidas ao empregado da empresa prestadora de serviços.

Diante disso, responda, justificadamente, aos itens a seguir.

A) Qual é o prazo que a Fazenda Pública Estadual terá para opor embargos de declaração? (Valor: 0,65)

B) Confirmada a sentença e sobrevindo a execução, que prazo a Fazenda Pública Estadual terá, de acordo com a Lei, para ajuizar embargos de devedor? (Valor: 0,60)

GABARITO COMENTADO

A) Considerando que a Fazenda Pública terá o prazo em dobro, poderá opor embargos declaratórios em 10 dias, na forma da OJ 192 do TST, Art. 1º, II ou III, do Decreto Lei n. 779/69 e Art. 188, do CPC.

B-1ª opção) 30 dias, na forma do Art. 1º-B da Lei n. 9.494/97, acrescentado pela Medida Provisória nº 2.180-35, de 24.08.2001, em vigor conforme o Art. 2º, da EC nº 32/2001.

B-2ª opção) 5 dias, na forma do Art.884, § 1º, da CLT. Em 4/8/2005 o TST considerou, em incidente de uniformização, inconstitucional a Medida Provisória n. 2.180-35 quanto à fixação de prazo processual e por não ser medida de urgência (Processo TST-RR-70/1992-011-04-00.7, em 4/8/2005) e ante a perda da eficácia da liminar deferida em 28.03.2007 pelo excelso STF na ADC 11, que ultrapassou o prazo de 180 (cento e oitenta) dias previsto no Art. 21, parágrafo único, da Lei 9.868/99, o TST retomou os julgamentos suspensos, nas ações em que se discutia a constitucionalidade do prazo previsto no Art. 884, da CLT.

(OAB/Exame Unificado – 2010.3 – 2ª fase) Cara Pintada Ltda., empresa de distribuição e venda do ramo de cosméticos, sofreu reclamação trabalhista por parte do ex-empregado Jorge Taicon Grilo, que postula diferenças salariais com base em desvio de função, pagamento de horas extras e repercussão das referidas verbas nas parcelas contratuais e resilitórias. A ação foi movida também em face da empresa Cara Pintada S.A., indústria de cosméticos, componente, segundo alegação, do mesmo grupo econômico.

Com base nas provas produzidas nos autos, em 01/08/2010 a sentença de 1º grau deu procedência aos pedidos, vindo a ser confirmada pelo TRT, já que foi negado provimento ao recurso interposto pela primeira empresa. O recurso do empregado foi, no entanto, provido, para condenação da segunda empresa como responsável solidária, porque foi considerada componente do grupo econômico da empresa de cosméticos. Da decisão, não houve recurso.

A sentença de conhecimento foi liquidada, chegando-se ao valor de R$ 58.000,00. Dessa decisão também não houve recurso.

Iniciou-se então a execução, quando sobreveio a falência da empresa Cara Pintada Ltda., noticiada nos autos. Em razão da falência, o administrador da massa requer a extinção da execução na Justiça do Trabalho, sob o fundamento de que o juízo universal da Vara Empresarial da Justiça Comum se tornou o competente para apreciação de todas as questões relacionadas à falência, e todos os créditos passaram ao juízo universal.

Em resposta, sustenta o advogado do reclamante que a execução contra a massa deve prosseguir na Justiça do Trabalho quanto ao depósito recursal e contra a empresa responsável solidária em relação ao excedente, requerendo a liberação imediata do referido depósito recursal de R$ 5.889,50 como parte do pagamento.

Diante da situação narrada, responda aos itens a seguir, empregando os argumentos jurídicos apropriados e a fundamentação legal pertinente ao caso.

A) A execução quanto à massa falida deve prosseguir na Justiça do Trabalho em relação ao valor do depósito recursal? (Valor: 0,4)

B) O pedido de liberação do valor depositado a título de depósito recursal deve ser atendido ou deve ser carreado à massa, para distribuição posterior entre os credores da massa? (Valor: 0,2)

C) Pode a execução voltar-se, na própria Justiça do Trabalho, quanto ao excedente do depósito recursal, contra a empresa responsável solidária? (Valor: 0,4)

RESOLUÇÃO DA QUESTÃO

A) Sim, como o depósito recursal foi realizado anteriormente a sentença de decretação de falência, somente a execução com relação ao depósito recursal será processada na Justiça do Trabalho.

Importante lembrar que, decretada a falência de uma empresa, a competência da Justiça do Trabalho limita-se a fase de conhecimento e liquidação do *quantum* devido ao empregado, para posterior habilitação no processo falimentar. Apurado esse valor, a competência universal falimentar irá atrair a demanda e, consequentemente, a execução deve ser processada perante o juízo falimentar.

B) O pedido de liberação feito pelo empregado deverá ser atendido pelo magistrado, tendo em vista que o depósito recursal, realizado anteriormente à data de decretação de falência, foi feito em conta vinculada do FGTS, nos termos do art. 899, § 4º, CLT, visando a garantia da execução de Jorge.

C) Sim, pois por se tratar de responsabilidade solidária, nos termos do art. 275 do CC aplicado por força do art. 8º, parágrafo único, da CLT poderá o credor voltar-se contra qualquer um de seus devedores, indistintamente.

(OAB/Exame Unificado – 2008.3 – 2ª fase) José foi vencedor em reclamação trabalhista proposta contra a empresa XY, tendo o juiz determinado que ele apresentasse a variação salarial incluída na sentença da ação cognitiva, para fins de proceder à liquidação do julgado. Passados mais de três anos sem a apresentação do ato, a empresa apresentou exceção/objeção de pré-executividade, arguindo a ocorrência da prescrição da pretensão executiva. O juiz acolheu a arguição e decretou a extinção do processo. Nessa situação hipotética, o juiz agiu corretamente? Fundamente sua resposta.

RESOLUÇÃO DA QUESTÃO

Embora não esteja prevista em nosso ordenamento jurídico, admite-se a exceção/objeção de pré-executividade na Justiça do Trabalho para questões processuais e para matérias que visem invalidar o título executivo, antes mesmo da garantia do juízo na fase de execução.

Na exceção de pré-executividade poderão ser alegadas as matérias previstas no art. 884, § 1º, da CLT, inclusive a prescrição. A prescrição a que se refere o citado dispositivo é a prescrição intercorrente.

Prescrição intercorrente é aquela que ocorre no curso da execução, após o trânsito em julgado da decisão, por paralisação ou não realização de atos processuais por parte do exequente.

No caso em tela, o juiz determinou ao exequente a apresentação do cálculo da variação salarial, ato de sua competência exclusiva, que deixou transcorrer em *albis*.

Ao não dar andamento da execução proposta, inicia-se um novo prazo prescricional, o prazo para pretensão executória, que, nos termos do disposto na Súmula 150 do STF, prescreve no mesmo prazo da ação, portanto, o prazo estabelecido no art. 7º, XXIX, da CF.

Desta forma, correta a determinação do juiz que acolheu a objeção de pré-executividade, com fulcro no art. 884, § 1º, da CLT c/c o art. 7º, XXIX, da CF.

12. AÇÕES ESPECIAIS

(OAB/Exame Unificado – 2013.3 – 2ª fase) O juiz deferiu o pagamento de férias vencidas + 1/3 em reclamação trabalhista, sob o fundamento de inexistência de comprovação de fruição ou pagamento destas, já que a empresa ré não produziu qualquer prova da alegação de que o empregado gozara ou recebera as férias. Transitada em julgado a decisão, a ré ajuizou ação rescisória, juntando recibo da época da rescisão do contrato de trabalho do autor, no qual estava comprovado o pagamento do período de férias, objeto da condenação. Alegou tratar-se de documento novo, mas que não foi juntado por esquecimento do advogado.

A) Qual o entendimento do TST acerca de documento novo para efeitos de ajuizamento de Ação Rescisória? Fundamente. (Valor: 0,65)

B) Qual deverá ser a decisão sobre o cabimento ou não da Ação Rescisória nesta hipótese? Fundamente. (Valor: 0,60)

GABARITO COMENTADO – FGV

A) Documento novo é aquele que já existia ao tempo da ação ou da sentença que se quer rescindir, mas não era do conhecimento da parte ou era impossível a sua utilização (0,45), nos termos da Súmula 402 do TST (0,20)

B) O pedido da ação rescisória deve ser julgado improcedente, pois a hipótese não se refere a documento novo (0,40), nos termos da Súmula 402 do TST (0,20).

Distribuição dos pontos

Item	Pontuação
A. Documento novo é aquele que já existia ao tempo da ação ou da sentença que se quer rescindir, mas não era do conhecimento da parte ou era impossível a sua utilização (0,45), nos termos da Súmula 402 do TST (0,20). **Obs.:** *é necessária a indicação precisa do fundamento legal. A mera indicação do fundamento legal ou jurisprudencial não pontua.*	0,00 – 0,45 – 0,65
B. O pedido da ação rescisória deve ser julgado improcedente, pois a hipótese não se refere a documento novo (0,40), nos termos da Súmula 402 do TST (0,20). **Obs.:** *é necessária a indicação precisa do fundamento legal. A mera indicação do fundamento legal ou jurisprudencial não pontua.*	0,00 – 0,40 – 0,60

TRABALHISTA

(OAB/Exame Unificado – 2010.1 – 2ª fase) Em fiscalização de rotina, a empresa Panda Gravações Ltda. foi autuada por auditores do Ministério do Trabalho e Emprego, que constataram irregularidades concernentes à situação dos empregados e às condições de trabalho na empresa. Os proprietários de Panda Gravações Ltda., acreditando estarem os autos de infração viciados por ilegalidade, procuraram auxílio de profissional do direito.

Em face dessa situação hipotética e com base na legislação de regência, indique a medida judicial adequada para combater os autos de infração recebidos e aponte o foro competente para apreciar a demanda.

RESOLUÇÃO DA QUESTÃO

O remédio processual adequado para atender os interesses da empresa Panda Gravações Ltda. é o Mandado de Segurança com pedido de liminar, disciplinado na Lei 12.016/09.

Nos termos do art. 114, IV, da CF a Justiça do Trabalho é competente para processar e julgar Mandado de Segurança, pois o ato questionado envolve matéria sujeita à jurisdição trabalhista.

O Mandado de Segurança deverá ser impetrado perante a Vara do Trabalho, ou seja, competência originária da 1ª instância trabalhista, tendo em vista que o ato taxado de ilegal foi praticado por auditores do Ministério do Trabalho e Emprego.

(OAB/Exame Unificado – 2009.1 – 2ª fase) João promoveu execução provisória, no valor de R$ 50.000,00, contra a empresa Mosaico Ltda., que, no momento oportuno, indicou dois veículos de sua propriedade suficientes para garantia da execução. Entretanto, o juiz de 1.º grau, a fim de dar maior garantia para o exequente, proferiu decisão estabelecendo a substituição desses bens por dinheiro, atitude que afetou o fluxo de caixa e todo o planejamento financeiro da empresa. Em face dessa situação hipotética, na qualidade de advogado(a) consultado(a) pela empresa Mosaico Ltda. e considerando incabível o agravo de petição, indique, com a devida fundamentação, a solução jurídica adequada para enfrentar a situação.

RESOLUÇÃO DA QUESTÃO

A medida que melhor atende os interesses da empresa Mosaico Ltda. é o Mandado de Segurança, disciplinado pela nova lei 12.016/2009.

Ensejam execução provisória as decisões ainda pendentes de recursos, ou seja, decisões provisórias que podem ser modificadas em grau de recurso. Dessa forma, não há razão para que se proceda a penhora de dinheiro.

Nesse sentido, fere direito líquido e certo da empresa a determinação de penhora em dinheiro, quando nomeados outros bens à penhora.

Ademais, nos termos do art. 620 do CPC a execução deve ser feita da maneira menos gravosa ao devedor, caso existam outros meios de promover execução.

Nesse sentido o TST editou a Súmula 417, que em seu item III dispõe que em se tratando de execução provisória, fere direito líquido e certo do impetrante a determinação de penhora em dinheiro, quando nomeados outros bens à penhora, pois o executado tem direito a que a execução se processe da forma menos gravosa, nos termos do art. 620 do CPC.

(OAB/Exame Unificado – 2006.3 – 2ª fase) No que diz respeito ao instituto da revelia e confissão, responda, de modo justificado, ao seguinte questionamento: serão aplicáveis os efeitos da revelia em ação rescisória quando ficar configurada a ausência de defesa?

RESOLUÇÃO DA QUESTÃO

A ação rescisória é uma ação que objetiva o desfazimento dos efeitos de sentença já transitada em julgado, tendo em vista a existência de vícios. Na ação rescisória, portanto, discute-se matéria de direito e não matéria de fato.

Em uma ação rescisória a defesa deverá ser ofertada, de acordo com o art. 491 do CPC, no prazo estabelecido pelo juiz, que nunca será inferior a 15 (quinze) dias nem superior a 30 (trinta).

De outro lado, a revelia consiste na ausência de defesa do réu que foi citado para se defender e não o fez. Para esse réu revel será aplicado o efeito da revelia, que consiste na presunção de veracidade com relação à matéria fática apresentada.

Nesse sentido é o teor da Súmula 398 do TST, que ensina que na ação rescisória, o que se ataca é a sentença, ato oficial do Estado, acobertado pelo manto da coisa julgada. Assim sendo, e considerando que a coisa julgada envolve questão de ordem pública, a revelia não produz confissão na ação rescisória.

Desta forma, não apresentada, no prazo legal, a defesa na ação rescisória, não poderá ser aplicado o efeito da revelia, tendo em vista que na ação rescisória a matéria discutida é de ordem pública e não matéria meramente fática.

13. DIREITO COLETIVO

(OAB/Exame Unificado – 2013.1 – 2ª fase) Pedro trabalhou numa empresa de 10.02.2011 a 20.05.2013, quando foi dispensado sem justa causa e recebeu as verbas devidas. Após, ajuizou ação pleiteando a participação nos lucros (PL) de 2013, prevista em acordo coletivo, requerendo que o cálculo fosse proporcional ao tempo trabalhado. Defendendo-se, a empresa advoga que a parcela é indevida porque uma das condições para o recebimento da PL, prevista no acordo coletivo, é que o empregado esteja com o contrato em vigor no mês de dezembro de 2013, o que não ocorre no caso.

Diante dessa situação, responda:

A) Pedro tem direito à participação proporcional nos lucros de 2013? Justifique sua resposta. (Valor: 0,65)

B) Analise se a participação nos lucros está sujeita a alguma incidência tributária. Justifique sua resposta. (Valor: 0,60)

A simples menção ou transcrição do dispositivo legal não pontua.

GABARITO COMENTADO – EXAMINADORA

A) Ele terá direito, pois a exigência do acordo coletivo não é aceita pela jurisprudência, conforme OJ 390 do TST.

B) Está sujeita à contribuição fiscal OU recolhe Imposto de Renda, conforme Lei 10.101/2000, art. 3º, § 5º OU Regulamento do Imposto de Renda.

Distribuição dos Pontos

Quesito Avaliado	Valores
A) Ele terá direito, pois a exigência do acordo coletivo fere a isonomia (0,45). Indicação da OJ 390 do TST (0,20).	0,00 / 0,45 / 0,65
B) Sujeita-se à contribuição fiscal **OU** Imposto de Renda (0,40). Indicação da Lei 10.101/2000, Art. 3º, § 5º **OU** Art. 626 do Decreto 3.000/1999 (0,20). OBS: A indicação de outro tributo além do IR gerará perda de 0,1 no tópico.	0,00 / 0,30 / 0,40 / 0,60

(OAB/Exame Unificado – 2012.1 – 2ª fase) Prolatada sentença, impugnada via recurso recebido apenas em seu efeito devolutivo, em processo judicial movido por ente coletivo obreiro em face de sindicato patronal, onde se busca o estabelecimento de normas coletivas, inclusive reajuste salarial, a empresa GAMA SERVIÇOS LTDA. deixou de implementar o reajuste salarial deferido. Sabendo-se que tal sentença foi prolatada em 05/07/2009 e o recurso interposto ainda não foi apreciado, responda aos itens a seguir, empregando os argumentos jurídicos apropriados e a fundamentação legal pertinente ao caso.

A) Na qualidade de advogado procurado por empregado da referida empresa, após 06/07/2011, qual medida judicial deve ser proposta para garantir a imediata aplicabilidade do reajuste salarial concedido na sentença?(valor: 0,65)

B) Qual o termo *a quo* prescricional a ser considerado para efeito de exigibilidade dos créditos referentes ao reajuste salarial concedido?(valor: 0,60)

GABARITO COMENTADO

A) A solução é o ajuizamento da Ação de Cumprimento, conforme art. 872, parágrafo único da CLT OU art. 7º § 6º OU art. 10 da Lei n. 7701/88 OU OJ 188 da SBDI 1 do TST, considerando o entendimento da Súmula 246 do TST .

B) A prescrição é deflagrada a partir do trânsito em julgado da sentença normativa prolatada no dissídio coletivo, conforme entendimento consubstanciado na Súmula 350 do TST.

(OAB/Exame Unificado – 2011.2 – 2ª fase) Em certo estabelecimento, em função de ordem do empregador, gerentes iniciam o dia de trabalho convocando, um a um, vários empregados até uma determinada sala. Cada empregado, ao sair da referida sala relata aos demais trabalhadores a mesma situação, isto é, os gerentes informam ao empregado que deve assinar vários recibos salariais em branco, e quem se recusar vai ser sumariamente dispensado, sem que a empresa pague verbas rescisórias e sem que seja formalizada a dispensa por ato do empregador. Após cerca de 40 (quarenta) empregados passarem por tal situação e os outros 200 (duzentos) trabalhadores demonstrarem muito temor, pois seriam os próximos, o empregado Zé que não exerce cargo no Sindicato da categoria e nem é sindicalizado, convoca os colegas para que parem de trabalhar e se retirem do estabelecimento, de forma a iniciar um protesto na rua, o que se realiza com sucesso, já que os gerentes cessam a prática acima descrita.

Com base no caso exposto, responda aos itens a seguir, empregando os argumentos jurídicos apropriados e a fundamentação legal pertinente ao caso.

A) Tendo em vista a Constituição Federal e a legislação ordinária e também os princípios do direito do trabalho, é possível qualificar tal movimento paredista dos trabalhadores como uma greve? (Valor 0,65)

B) Tendo em vista os princípios gerais de direito, é possível considerar legítimo o ato do empregado Zé e a adesão dos demais empregados? (Valor 0,60)

RESOLUÇÃO DA QUESTÃO

A) Sim, é possível. A greve é um direito constitucional previsto no art. 9º da CF e regulado pela Lei 7.783/89 assegurado a todo trabalhador. Consiste na suspensão coletiva, temporária e pacífica total ou parcial, da prestação pessoal de serviços ao empregador.

B) Em função dos princípios da proteção e dignidade da pessoa humana, além dos princípios da boa-fé, razoabilidade e proporcionalidade, o ato do empregado e de seus colegas deve ser considerado legítimo. Embora, a lei imponha alguns requisitos para a legalidade do direito, a greve não pode ser considerada ilegítima, na medida em que é um direito constitucional garantido a todo trabalhador, nos termos do art. 9º da CF. Ademais, considerar a greve ilegítima seria afrontar o art. 170 do texto constitucional que ensina que a ordem econômica é fundada na valorização do trabalho humano, assegurando a todos a existência digna, tendo em vista a atitude abusiva do empregador.

(OAB/Exame Unificado – 2010.3 – 2ª fase) O Banco Ômega S.A. ajuizou ação de interdito proibitório em face do Sindicato dos Bancários de determinado Município, nos termos do artigo 932 do CPC, postulando a expedição de mandado proibitório, para obrigar o réu a suspender ou a não mais praticar, durante a realização de movimento paredista, atos destinados a molestar a posse mansa e pacífica do autor sobre os imóveis de sua propriedade, com a retirada de pessoas, veículos, cavaletes, correntes, cadeados, faixas e objetos que impeçam a entrada de qualquer empregado ao local de trabalho, abstendo-se, também, de realizar piquetes com utilização de aparelhos de som, sob pena de aplicação de multa diária no valor de R$ 10.000,00 (dez mil reais), por agência. Em contestação, o sindicato-réu sustentou que a realização de piquetes decorre do legítimo exercício do direito de greve assegurado pelo artigo 9º da Constituição da República e que o fechamento das agências bancárias visa a garantir a adesão de todos os empregados ao movimento grevista.

Com base na situação hipotética, responda aos itens a seguir, empregando os argumentos jurídicos apropriados e a fundamentação legal pertinente ao caso.

A) Qual será a Justiça competente para julgar essa ação de interdito proibitório? (Valor: 0,2)

B) Durante a greve, é lícita a realização de piquetes pelo Sindicato com utilização de carros de som? (Valor: 0,4)

C) Procede a pretensão veiculada na ação no sentido de que o réu se abstenha de impedir o acesso dos empregados às agências bancárias? (Valor: 0,4)

RESPOSTA PROPOSTA

A) Por ser o interdito proibitório, uma modalidade de ação possessória, ajuizada em razão do movimento grevista deflagrado pela categoria profissional do setor privado, a competência para seu julgamento será da Justiça do Trabalho, nos termos do art. 114, II, da CF, que determina à Justiça do Trabalho a competência para processar e julgar as ações que envolvam exercício do direito de greve.

O Supremo Tribunal Federal editou a Súmula Vinculante 23 ensinando que a Justiça do Trabalho é competente para processar e julgar ação possessória ajuizada em decorrência do exercício do direito de greve pelos trabalhadores da iniciativa privada.

B) O piquete entendido como manifestação dos grevistas para aliciar outros trabalhadores a aderirem o movimento grevista é permitido aos grevistas por meio do art. 6º, I, da Lei 7.783/89, que assegura aos grevistas, o emprego de meios pacíficos tendentes a persuadir ou aliciar os trabalhadores a aderirem à greve. A lei proíbe, contudo, nos termos do art. 6º, § 1º a prática de atos violentos, seja moral ou material, que possam vir a constranger direitos e garantias fundamentais de outrem.

Desta forma, a realização de piquetes com utilização de carros de som é permitida, sendo entendido como meio pacífico tendente a aliciar os trabalhadores para aderirem ao movimento.

C) A pretensão procede, tendo em vista que as manifestações e atos de persuasão utilizados pelos grevistas não podem impedir o acesso ao trabalho nem causar ameaça ou dano à propriedade ou à pessoa, nos termos do artigo 6º, §3º, da Lei 7.783/89.

(OAB/Exame Unificado – 2010.1 – 2ª fase) Suponha que o advogado de um sindicato de empregados da construção civil, após cinco tentativas frustradas de negociação junto ao sindicato patronal, entenda necessário provocar a atuação da justiça do trabalho para a fixação de percentual de reajuste salarial. Suponha, ainda, que o sindicato patronal concorde com tal providência. Em face dessa situação hipotética, responda, de forma fundamentada, às seguintes indagações.

A) Que ação deverá ser proposta?

B) Que órgão da justiça do trabalho terá competência para o julgamento da matéria?

C) Quem será o responsável legal para atuar em nova tentativa conciliatória perante a justiça do trabalho?

D) Tal responsável ficará adstrito às propostas das partes litigantes?

TRABALHISTA

RESOLUÇÃO DA QUESTÃO

A) A ação a ser proposta consiste no dissídio coletivo, nos termos do art. 114, § 2º, da CF e arts. 856 e seguintes da CLT.

B) Os dissídios coletivos são de competência originária do Tribunal Regional do Trabalho, em conformidade com o art. 678, I, alínea a, da CLT.

C) Nos termos do art. 860 da CLT recebida e protocolada a ação, o Presidente do Tribunal designará a audiência de conciliação, dentro do prazo de 10 (dez) dias .

D) O Presidente do Tribunal não ficará vinculado às propostas das partes, na medida em que, nos termos do art. 862 da CLT, poderá apresentar a solução que entender pertinente à solução do conflito.

14. TEMAS COMBINADOS

(OAB/Exame Unificado – 2013.2 – 2ª fase) Em reclamação trabalhista movida por uma empregada contra o ex-empregador, o pedido de indenização por dano moral foi julgado improcedente na sentença. Inconformada, a empregada recorreu e o TRT deferiu parcialmente este pedido. Irresignada com o valor deferido, que entendia insuficiente, a empregada ainda manejou recurso de revista, sendo mantida pelo TST a quantia já fixada. Adveio em seguida o trânsito em julgado.

Diante dessa situação, responda aos seguintes itens.

a) A partir de quando será computada a correção monetária do pedido de dano moral? Justifique sua resposta. (Valor: 0,65)

b) Se os juros não fossem requeridos na petição inicial, analise se haveria julgamento *extra petita* se o juiz os deferisse. Justifique sua resposta. (Valor: 0,60)

A simples menção ou transcrição do dispositivo legal não pontua.

GABARITO COMENTADO

A) A partir do acórdão proferido pelo TRT, que foi a 1ª que a arbitrou OU a partir da decisão do TRT, na forma da Súmula 439 do TST.

B) Não haveria julgamento *extra petita*, pois os juros incluem-se na liquidação na forma da Súmula 211 do TST OU CPC, art. 293 OU são considerados pedidos implícitos, na forma da Súmula 211 do TST OU CPC, art. 293.

(OAB/Exame Unificado – 2013.1 – 2ª fase) Demétrio ajuizou reclamação trabalhista pleiteando o pagamento de multas previstas no instrumento *normativo* de sua categoria, cujo destinatário é o empregado lesado, em virtude do descumprimento, pelo empregador, da quitação do adicional de 50% sobre as horas extras e do acréscimo de 1/3 nas férias. Em contestação, a reclamada sustentou que tais multas eram indevidas porque se tratavam de meras repetições de dispositivo legal, sendo que a CLT não prevê multa para o empregador nessas hipóteses. Adiciona e comprova que, no tocante à multa pelo descumprimento do terço de férias, isso já é objeto de ação anterior ajuizada pelo mesmo reclamante e que tramita em outra Vara, atualmente em fase de recurso.

Responda, justificadamente, aos itens a seguir.

A) Analise se são válidas as multas previstas no instrumento normativo. (Valor: 0,65)

B) Informe que fenômeno jurídico processual ocorreu em relação ao pedido de multa pela ausência de pagamento do terço das férias. (Valor: 0,60)

A simples menção ou transcrição do dispositivo legal não pontua.

GABARITO COMENTADO – EXAMINADORA

A) As multas previstas no instrumento normativo são válidas e aplicáveis em caso de descumprimento de obrigação prevista em lei, mesmo que a norma coletiva seja mera repetição de texto legal, na forma da Súmula 384, II, do TST.

B) Ocorreu o fenômeno jurídico da litispendência, previsto no art. 301, §§ 1º e 3º, do CPC.

Distribuição dos Pontos

Quesito Avaliado	Valores
A. São válidas, mesmo que a norma coletiva seja mera repetição de texto legal **OU** são válidas, pois não afrontam os patamares mínimos previstos em Lei nem se referem a normas de ordem pública (0,45). Indicação da Súmula 384, II, TST (0,20). OBS.: É necessária a indicação precisa do fundamento legal. A mera indicação do fundamento legal ou jurisprudencial não credencia pontuação.	0,00 / 0,45 / 0,65
B. Litispendência (0,40). Indicação do CPC, art. 301, V **OU** § 1º, **OU** § 3º. (0,20). OBS.: É necessária a indicação precisa do fundamento legal. A mera indicação do fundamento legal ou jurisprudencial não credencia pontuação.	0,00 / 0,40 / 0,60

(OAB/Exame Unificado – 2012.2 – 2ª fase) O juízo trabalhista da 90ª Vara do Trabalho de Fortaleza comunicou à empresa X quanto a inserção do seu nome no Banco Nacional de Devedores Trabalhistas. A respeito disso, responda às indagações abaixo:

A) Em que situações o nome do devedor é inscrito no BNDT (Banco Nacional de Devedores Trabalhistas)? (Valor: 0,65)

B) Qual(is) é(são) a(s) consequência(s) da inserção do nome de uma empresa no BNDT (Banco Nacional de Devedores Trabalhistas), com emissão de certidão positiva? (Valor: 0,60)

GABARITO COMENTADO

A. Quando o devedor não cumprir obrigações estabelecidas em sentença condenatória transitada em julgado proferida pela Justiça do Trabalho, em acordos judiciais trabalhistas e acordos firmados perante o Ministério Público do Trabalho ou Comissão de Conciliação Prévia, na forma do Art. 642-A da CLT.

B. Ficará impossibilitada de participar de licitações, conforme Lei n. 8.666/93, alterada pela Lei n. 12.440/11.

(OAB/Exame Unificado – 2012.2 – 2ª fase) Joana e Guilherme, ambos com 30 anos de idade, ajuizaram reclamação trabalhista plúrima contra um Município, dos quais são empregados nos moldes da CLT, postulando diversos direitos lesados. A sentença, proferida de forma líquida, julgou o pedido procedente em parte e condenou o réu ao pagamento de R$ 13.000,00 para Joana e R$ 22.000,00 para Guilherme.

Com base na hipótese apresentada, responda aos itens a seguir.

A) Analise se a sentença proferida estará sujeita ao duplo grau de jurisdição obrigatório.(Valor: 0,60)

B) Caso a sentença transite em julgado nos termos originais, de que forma será feito o pagamento da dívida aos exequentes?(Valor: 0,65)

TRABALHISTA

GABARITO COMENTADO

A) A sentença não estará submetida ao duplo grau de jurisdição porque a condenação é inferior a 60 (sessenta) salários mínimos sendo caso de aplicar-se a Súmula 303, I, "a" do TST:

I - Em dissídio individual, está sujeita ao duplo grau de jurisdição, mesmo na vigência da CRFB/1988, decisão contrária à Fazenda Pública, salvo quando a condenação não ultrapassar o valor correspondente a 60 (sessenta) salários mínimos;

OU

CPC, Art. 475 - Está sujeita ao duplo grau de jurisdição, não produzindo efeito senão depois de confirmada pelo tribunal, a sentença:

I - proferida contra a União, o Estado, O Distrito Federal, o Município, e as respectivas autarquias e fundações de direito público;

....

§ 2º - Não se aplica o disposto neste artigo sempre que a condenação, ou o direito controvertido, for de valor certo não excedente a 60 (sessenta) salários mínimos, bem como no caso de procedência dos embargos do devedor na execução de dívida ativa do mesmo valor.

OU

Súmula 490 STJ – A dispensa de reexame necessário, quando o valor da condenação ou do direito controvertido for inferior a sessenta salários mínimos, não se aplica a sentenças ilíquidas.

A) Para os Municípios, o pagamento das dívidas se fará por precatório quanto aos valores acima de 30 salários mínimos e por RPV (requisição de pequeno valor) nos valores inferiores a tal patamar.

CF/88, Art. 100. Os pagamentos devidos pelas Fazendas Públicas Federal, Estaduais, Distrital e Municipais, em virtude de sentença judiciária, far-se-ão exclusivamente na ordem cronológica de apresentação dos precatórios e à conta dos créditos respectivos, proibida a designação de casos ou de pessoas nas dotações orçamentárias e nos créditos adicionais abertos para este fim.

....

§ 3º O disposto no caput deste artigo relativamente à expedição de precatórios não se aplica aos pagamentos de obrigações definidas em leis como de pequeno valor que as Fazendas referidas devam fazer em virtude de sentença judicial transitada em julgado.

OU

ADCT, Art. 87. Para efeito do que dispõem o § 3º do art. 100 da Constituição Federal e o art. 78 deste Ato das Disposições Constitucionais Transitórias serão considerados de pequeno valor, até que se dê a publicação oficial das respectivas leis definidoras pelos entes da Federação, observado o disposto no § 4º do art. 100 da Constituição Federal, os débitos ou obrigações consignados em precatório judiciário, que tenham valor igual ou inferior a trinta salários-mínimos, perante a Fazenda dos Municípios.

No caso em exame, em razão do valor da condenação, Joana deverá receber o crédito por Requisição de Pequeno Valor (RPV) e Guilherme, por precatório.

OJ-TP-9 PRECATÓRIO. PEQUENO VALOR. INDIVIDUALIZAÇÃO DO CRÉDITO APURADO. RECLAMAÇÃO TRABALHISTA PLÚRIMA. EXECUÇÃO DIRETA CONTRA A FAZENDA PÚBLICA. POSSIBILIDADE.

Tratando-se de reclamações trabalhistas plúrimas, a aferição do que vem a ser obrigação de pequeno valor, para efeito de dispensa de formação de precatório e aplicação do disposto no § 3º do art. 100 da CRFB/88, deve ser realizada considerando-se os créditos de cada reclamante.

Instrução Normativa 32/07 do TST

Art. 3º Reputa-se de pequeno valor o crédito cuja importância atualizada, por beneficiário, seja igual ou inferior a:

...

III - 30 (trinta) salários mínimos, ou o valor estipulado pela legislação local, se a devedora for a Fazenda Pública Municipal.

....

Art. 7º Na hipótese de reclamação plúrima será considerado o valor devido a cada litisconsorte, expedindo-se, simultaneamente, se for o caso:

a) requisições de pequeno valor em favor dos exequentes cujos créditos não ultrapassam os limites definidos no art. 3º desta INSTRUÇÃO; e b) requisições mediante precatório para os demais credores.

(OAB/Exame Unificado – 2011.2 – 2ª fase) José da Silva foi contratado pela empresa Boa Vista Ltda., que integra grupo econômico com a empresa Boa Esperança Ltda., para exercer a função de vendedor e empregado. Durante a mesma jornada de trabalho, ele vendia os produtos comercializados pela Boa Vista Ltda. e pela Boa Esperança Ltda., com a supervisão dos gerentes de ambas as empresas. Diante dessa situação hipotética, e considerando que sua CTPS somente foi anotada pela empresa Boa Vista Ltda., responda, de forma fundamentada, às indagações abaixo à luz da Jurisprudência do Tribunal Superior do Trabalho:

A) Qual é a natureza da responsabilidade solidária das empresas que integram o grupo econômico para efeitos da relação de emprego: é ativa e/ou passiva? (Valor 0,60)

B) É correto afirmar que José da Silva mantinha vínculos de emprego distintos com as empresas Boa Vista Ltda. e Boa Esperança Ltda.? (Valor 0,65)

RESOLUÇÃO DA QUESTÃO

A) As empresas constituem grupo econômico, previsto no art. 2º, § 2º, da CLT. Para o Direito do Trabalho, havendo grupo econômico, utiliza-se a teoria do empregador único, ou seja, ambas as empresas são solidariamente responsáveis. Essa solidariedade é passiva e ativa, chamada pela doutrina de responsabilidade dual, podendo ambas as empresas exigir de José a prestação de serviços, pois integram um grupo econômico, sendo por via de consequência, responsáveis solidárias pela satisfação dos créditos trabalhistas de José.

B) Não é correto. Isso porque, como dito, as empresas pertencem ao mesmo grupo econômico, devendo ser aplicada a teoria do empregador único. Nessa linha o TST editou a súmula 129 ensinando que a prestação de serviços a mais de uma empresa pertencente ao mesmo grupo econômico, durante a mesma jornada de trabalho, não caracteriza a coexistência de mais de um contrato de trabalho, salvo ajuste em contrário.

(OAB/Exame Unificado – 2011.1 – 2ª fase) Um Estado da Federação realizou concurso público para notário. Nelson, aprovado em segundo lugar no certame, recebeu a delegação de um cartório extrajudicial. Lá chegando, verificou que a parte administrativa estava extremamente desorganizada, o que explicava as sucessivas reclamações contra aquela serventia na Corregedoria. Em razão disso, Nelson explicou ao tabelião anterior que não tinha interesse em aproveitar as pessoas que lá atuavam, pois lá iria alocar empregados da sua confiança. Informado disso, o tabelião anterior dispensou todos os empregados. Alguns dias depois, no mesmo local e com novos empregados, Nelson iniciou seus serviços como notário. Um dos ex-empregados dispensados pelo tabelião anterior ajuizou reclamação trabalhista contra Nelson, postulando diversos direitos lesados ao longo do contrato, trazendo como argumento jurídico a ocorrência de sucessão.

TRABALHISTA

Com base no caso acima, responda aos itens a seguir, empregando os argumentos jurídicos apropriados e a fundamentação legal pertinente ao caso.

A) Quais são os requisitos para a ocorrência de sucessão na esfera trabalhista? (Valor: 0,65)

B) No caso em tela, Nelson é sucessor? (Valor: 0,6)

RESOLUÇÃO DA QUESTÃO

A) Na seara trabalhista, a sucessão é tratada nos arts. 10 e 448 da CLT. Para que ocorra a sucessão exige-se a transferência de uma unidade econômico-jurídica e manutenção de exploração da mesma atividade econômica, ou seja, a continuidade da prestação de serviços.

B) Em se tratando de delegação de serviço, a exemplo dos cartórios extrajudiciais, o entendimento recente do TST é que somente haverá sucessão de empregadores se o sucessor aproveitar os empregados do titular sucedido. Não basta a simples transferência da unidade econômica de um titular para outro, deve haver, também, o aproveitamento dos empregados do antigo tabelião.

Desta forma, não ocorrendo prestação de serviços para o novo notário, Nelson não será considerado sucessor.

(OAB/Exame Unificado – 2010.3 – 2ª fase) Marcos José, administrador, foi contratado pela empresa Mão de Obra em 5/3/2001. Em 12/12/2003, foi dispensado por justa causa, sob a alegação de ter praticado ato de improbidade. Naquela ocasião, Marcos foi acusado pelo seu empregador de ter furtado um notebook da empresa, pois o levou para casa no dia 10/03/2003 e, apesar de sucessivos pedidos de devolução, até aquele momento não o havia feito. Ocorre que, além de dispensar o empregado por justa causa, no mesmo dia o empregador foi à delegacia e efetuou um boletim de ocorrência. Três meses depois, em 12/03/2004, foi aberto inquérito policial, cujo resultado foi encaminhado ao Ministério Público estadual. Em 15/05/2004, o promotor de justiça apresentou denúncia em face de Marcos, requerendo a sua condenação. O processo criminal se desenvolveu ao longo de quase cinco anos, tendo sido proferida a sentença judicial definitiva em 12/04/2009, absolvendo Marcos José da acusação por falta de provas. Em vista dessa decisão, Marcos resolveu ajuizar ação trabalhista em face do seu antigo empregador, o que foi feito em 14/02/2010. Na petição inicial, Marcos requereu a reversão da sua dispensa para sem justa causa, bem como o pagamento de aviso-prévio, férias proporcionais e indenização de 40% sobre o FGTS.

Com base na situação concreta, responda aos itens a seguir, empregando os argumentos jurídicos apropriados e a fundamentação legal pertinente ao caso.

A) As pretensões formuladas por Marcos estão prescritas? (Valor: 0,5)

B) O resultado do processo criminal vinculará juridicamente o resultado do processo do trabalho? (Valor: 0,5)

RESOLUÇÃO DA QUESTÃO

A) Não estão prescritas as pretensões. Isso porque, nos termos do art. 200 do CC, submetida a questão ao juízo criminal o prazo prescricional ficará suspenso até a decisão definitiva. No caso em tela, tendo a decisão definitiva sido proferida no dia 12/04/2009, nesse dia o prazo prescricional se reiniciou, não estando, portanto, prescritas as pretensões formuladas por Marcos.

B) O Juiz do Trabalho não está vinculado à decisão proferida pelo juízo criminal, por haver autonomias entre o juízo criminal e o juízo trabalhista. Por ter sido proferida sentença de insuficiência de provas, O Juiz do Trabalho não estará vinculado à decisão criminal, podendo apurar tal fato na própria Justiça do Trabalho, analisando livremente as provas que serão produzidas em audiência.

(OAB/Exame Unificado – 2010.2 – 2ª fase) Um membro do conselho fiscal de sindicato representante de determinada categoria profissional ajuizou reclamação trabalhista com pedido de antecipação dos efeitos da tutela, postulando a sua reintegração no emprego, em razão de ter sido imotivadamente dispensado. O reclamante fundamentou sua pretensão na estabilidade provisória assegurada ao dirigente sindical, prevista nos artigos 543, § 3º, da CLT e 8º, inciso VIII, da Constituição da República de 1988, desde o registro de sua candidatura até 01 (um) anos após o término de seu mandato. O juiz concedeu, em sede liminar, a tutela antecipada requerida pelo autor, determinando a sua imediata reintegração, fundamentando sua decisão no fato de que os membros do conselho fiscal, assim como os integrantes da diretoria, exercem a administração do sindicato, nos termos do artigo 522, caput, da CLT, sendo eleitos pela assembleia geral.

Com base em fundamentos jurídicos determinantes da situação-problema acima alinhada, responda às indagações a seguir.

A) O juiz agiu com acerto ao determinar a reintegração imediata do reclamante?

B) Que medida judicial seria adotada pelo reclamado contra esta decisão antecipatória?

RESOLUÇÃO DA QUESTÃO

A) O Juiz não agiu com acerto ao determinar a reintegração do reclamante. Isso porque, o membro do conselho fiscal não é detentor da estabilidade assegurada aos dirigentes sindicais, prevista no art. 8, VIII, da CF e art. 543, § 3º, da CLT. Nos termos do art. 522, § 2º, da CLT as atividades do conselheiro fiscal estão limitadas à fiscalização da gestão financeira do sindicato, não atuando na representação da categoria. Nesse sentido o TST se pronunciou por meio da OJ 365 da SDI 1 ao disciplinar que Membro de conselho fiscal de sindicato não tem direito à estabilidade assegurada ao dirigente sindical

B) O ato do Juiz que ordenou a reintegração do empregado constitui uma decisão interlocutória que nos termos do art. 893, § 1º, da CLT é irrecorrível de imediato, não cabendo, portanto, a interposição de recurso específico.

No entanto, a decisão do Juiz poderá ser atacada por meio da impetração de Mandado de Segurança, disciplinado na Lei 12.016/09, é o que ensina a súmula 414, II, do TST.

(OAB/Exame Unificado – 2008.2 – 2ª fase) Elabore texto dissertativo acerca das características do trabalho forçado e do trabalho degradante.

RESOLUÇÃO DA QUESTÃO

Degradante é sinônimo de humilhante, é o ato ou fato que provoca degradação, desonra. Degradar é privar da dignidade. Portanto, trabalho degradante é aquele que não garante ao trabalhador os direitos fundamentais da pessoa humana relacionados à prestação laboral.

O trabalho degradante afronta os direitos humanos laborais consagrados pela Declaração Universal dos Direitos Humanos e abrigados pela CF/88, assim como pela CLT e pelas Normas Regulamentadoras.

O trabalho forçado, por sua vez, pode ser conceituado como todo trabalho ou serviço exigido de um indivíduo sob ameaça de uma pena qualquer para o qual não se apresentou voluntariamente. É a coerção de uma pessoa para realizar certos tipos de trabalho, com a cominação de uma penalidade caso esse trabalho não seja feito.

O trabalho forçado caracteriza-se quando o empregador, usando de ameaça, mantém os empregados em sua propriedade, e lhes vende produtos (alimentos e vestuários) por preços elevados.

O trabalho forçado, assim como o trabalho degradante constituem tipos penais caracterizadores do crime de trabalho análogo à escravidão, previsto no art. 149 do Código Penal, com pena de reclusão, de 2 (dois) a 8 (oito) anos, e multa, além da pena correspondente à violência.

PEÇAS PRÁTICO-PROFISSIONAIS

(OAB/Exame Unificado – 2006.2 – 2ª fase) Antônio, empregado da pessoa jurídica Ômicron, foi admitido em 22/7/2000 na função de operador de pá mecânica em subsolo. A empresa tem por objeto social a extração de minério de ferro. Em 27/5/2005, foi editada lei federal que determinou a desapropriação da região onde estava localizada a sede da Ômicron, único estabelecimento empresarial da empresa, para a construção de usina hidrelétrica. No dia 31/10/2005, devido à paralisação definitiva das atividades da empresa, conforme determinação da referida lei, Antônio foi despedido, sem receber nenhum valor a título de verba rescisória. O termo de rescisão de seu contrato de trabalho foi devidamente homologado pelo sindicato da categoria profissional. Inconformado, Antônio ajuizou reclamação trabalhista, pleiteando o recebimento integral das verbas rescisórias, por ter sido seu contrato de trabalho rescindido sem justa causa. Considerando a situação hipotética apresentada e com base no ordenamento jurídico vigente, elabore a contestação da empresa Ômicron à reclamação ajuizada por Antônio. Extensão máxima: 120 linhas

início da peça

EXCELENTÍSSIMO SENHOR DOUTOR JUIZ DO TRABALHO DA....VARA DO TRABALHO DE....

(10 linhas)

Processo n.º:...

ÔMICRON, pessoa jurídica de direito privado, inscrita no CNPJ/MF sob o nº..., com sede na (endereço completo com CEP) por seu advogado que esta subscreve vem à presença de Vossa Excelência, nos autos da Reclamação Trabalhista que lhe move ANTÔNIO, já qualificado nos autos, apresentar sua

CONTESTAÇÃO

com fulcro no art. 847 da CLT combinado com art. 300 do CPC, pelos motivos de fato e de direito que passa a aduzir.

SÍNTESE DA INICIAL

Alega o reclamante que foi contratado aos préstimos da reclamada, que tem por objeto social a extração de minério de ferro, em 22/7/2000, para exercer a função de operador de pá mecânica.

Ocorre que em 27/5/2005, foi editada lei federal que originou a desapropriação da região onde ficava a sede da reclamada, seu único estabelecimento empresarial, para a construção de usina hidrelétrica. Já em 31/10/2005, devido à paralisação definitiva das atividades da empresa, segundo determinação da aludida lei, o reclamante foi dispensado, não recebendo suas verbas rescisórias.

Assim, o reclamante ajuizou Reclamação Trabalhista em face da reclamada, pleiteando, sob infundados motivos, o recebimento integral das verbas rescisórias por parte da ora reclamada, pelo que seu contrato de trabalho fora rescindido sem justa causa.

Inconformada com os pleitos do reclamante, a empresa vem apresentar sua defesa para valer de seus direitos e demonstrar que tais requerimentos não procedem.

NO MÉRITO

DO FATO DO PRÍNCIPE – *FACTUM PRINCIPIS*

Em 27/05/2007 foi editada lei federal que originou a desapropriação da região onde a sede da reclamada se situava, para a construção de usina hidrelétrica, o que culminou na cessação das atividades da empresa reclamada.

Determina o art. 486 da CLT que ocorre o fato do príncipe quando há paralisação definitiva ou temporária do trabalho, motivada pela promulgação de lei que torne impossível a continuação da atividade.

Não há que se cogitar em rescisão por justa causa, tendo em vista a ocorrência do fato do príncipe. Isso porque o Poder Público, através de lei federal, desapropriou o único imóvel da reclamada, local onde desempenhava suas funções, tornando impossível a continuação da atividade.

O fato do príncipe é uma espécie de rescisão contratual, tendo como agente causador o Poder Público.

Nessa linha ensina o art. 486 da CLT em sua parte final que ocorrendo o fato do príncipe a indenização ficará a cargo do governo.

Desta forma, o pagamento de todas as verbas rescisórias como: saldo de salário; aviso-prévio; férias vencidas + 1/3 constitucional; férias proporcionais + 1/3 constitucional; 13º salário proporcional; multa de 40% do FGTS, é de encargo do ente público emissor do ato que ensejou a paralisação das atividades.

Nesse sentido, pautada nos argumentos supracitados a reclamada requer a improcedência a este pedido, eis que a o contrato de trabalho extingui-se por fato alheio à vontade do empregador, não tendo este a responsabilidade de arcar com as verbas rescisórias.

DO PEDIDO

Diante do exposto requer a reclamada seja julgada totalmente improcedente a reclamação trabalhista, pelas razões expostas.

Protesta provar o alegado por todos os meios de provas em direito admitidos, especialmente, depoimento pessoal do reclamante, testemunhal e documental.

Requer, ainda, nos termos do § 1º do art. 486 da CLT, a notificação do ente estatal para que se manifeste no prazo legal.

Nestes termos,

Pede e aguarda deferimento.

Local e data: ....

Advogado

OAB/...nº ....

fim da peça

(OAB/Exame Unificado – 2006.3 – 2ª fase) Ana foi admitida na empresa Delta, no dia 1.º de julho de 2004, para exercer as funções de assistente administrativo, recebendo um salário mensal de R$ 1.200,00. Apesar de todo o zelo profissional que Ana emprega ao desenvolver suas funções, a proprietária da empresa Delta, Senhora Maria, em diversas situações, acusa-a de ser incapaz, chamando-a de burra e incompetente. Tais acusações são feitas em alta voz e na presença de outros empregados e de clientes da empresa. Inicialmente, Ana, com receio de perder o emprego, desconsiderou as ofensas, mas elas se intensificaram. Ana já não suporta a situação, mas não quer simplesmente pedir demissão e ceder às pressões feitas por Maria. Ana gozou férias nos meses de agosto de 2005 e agosto de 2006. Considerando a situação hipotética apresentada e com base no ordenamento jurídico vigente, elabore uma reclamação trabalhista, abordando os direitos cabíveis a Ana e a melhor forma de se rescindir o contrato de trabalho dela.

início da peça

EXCELENTÍSSIMO SENHOR DOUTOR JUIZ DO TRABALHO DA___ VARA DO TRABALHO DE ... .

(10 linhas)

ANA, nacionalidade, estado civil, profissão, nome da mãe, data de nascimento, portadora da cédula de identidade RG número..., inscrita no CPF/MF sob o número..., número da CTPS e série, número do PIS, endereço completo com CEP, por seu advogado que esta subscreve, vem à presença de Vossa Excelência propor

RECLAMAÇÃO TRABALHISTA

pelo procedimento ordinário, com fulcro no artigo 840, § 1º, da CLT, combinado com artigo 282 do CPC, aplicado por força do art. 769 da CLT em face de DELTA, pessoa jurídica de direito privado, inscrita no CNPJ/MF sob o nº..., com sede na (endereço completo com CEP), pelos motivos de fato e de direito que passa a aduzir.

DA COMISSÃO DE CONCILIAÇÃO PRÉVIA

Informa a reclamante, que deixou de submeter a presente demanda à Comissão de Conciliação Prévia, art. 625-D, § 3º, da CLT, em razão do entendimento cristalizado pelo STF no julgamento das ADINs 2.139-7 e 2.160-5, que declarou inconstitucional a obrigatoriedade da submissão de qualquer demanda à Comissão, motivo pelo qual acessa o autor diretamente a via judiciária.

DA SÍNTESE DO CONTRATO DE TRABALHO

A reclamante trabalha, desde 1.º de julho de 2004, para a pessoa jurídica Delta, exercendo a função de assistente administrativo, recebendo um salário mensal de R$ 1.200,00.

Ocorre que, a proprietária da empresa Delta, Senhora Maria, em várias ocasiões acusou a reclamante de ser incapaz, chamando-a de burra e incompetente. Tais insinuações são feitas em alta voz e à vista de outros empregados, e inclusive de clientes da empresa, tornando insuportável o ambiente laboral para a reclamante.

É importante frisar que a reclamante desenvolve suas funções com todo zelo profissional.

Nesse sentido, outra atitude não restou à empregada, ora reclamante, senão valer-se desta Douta Justiça Trabalhista para ter seus direitos acolhidos.

RESCISÃO INDIRETA. ASSÉDIO MORAL

A reclamada passou a descumprir o bom convívio laboral, inerente ao contrato de trabalho, humilhando publicamente a reclamante, que mesmo assim, continuava em suas atividades laborais na empresa, até o ponto que se tornou insuportável o ambiente laboral.

Inicialmente é importante ressaltar que é obrigação contratual do empregador respeitar os direitos trabalhistas, além da personalidade moral de seu empregado e os direitos atinentes a sua dignidade como pessoa.

A proteção do bem-estar do trabalhador, nada mais é que a completa eficácia dos princípios contidos na Constituição Federal, de igualdade e de inviolabilidade da honra, contidos nos incisos III, V e X do artigo 5º.

Verifica-se no caso em tela evidente motivo para a rescisão indireta ao contrato do trabalho capitulado na alínea b, do art. 483 da CLT.

Diante de tais fatos e circunstâncias, requer seja reconhecida a rescisão indireta do contrato de trabalho com fulcro no art. 483, b da CLT, bem como a condenação no pagamento das seguintes verbas rescisórias: aviso-prévio; férias vencidas + 1/3 constitucional; férias simples e proporcionais + 1/3 constitucional; 13º salário integral e/ou proporcional; depósitos de FGTS de 8% sobre o salário, multa de 40% sobre os depósitos do FGTS; entrega das guias para levantamento do FGTS; entrega da guia de seguro desemprego ou indenização substitutiva, nos termos da súmula 389 TST

DOS DANOS MORAIS

Importante salientar que com a Reforma do Judiciário em virtude da Emenda Constitucional 45/2004, a Justiça do Trabalho é competente para julgar as ações de indenização por dano moral decorrentes da relação de trabalho, nos moldes do artigo 114, inciso VII da CF, bem como a súmula 392 do TST.

A reclamante sofreu humilhação sendo moralmente arrasada ante referido constrangimento ao ser submetida a constantes xingamentos e palavras de baixo calão a ela direcionadas pelo empregador, sempre em voz alta e na presença de seus colegas de trabalho.

Além de ser dispensada injustamente a peticionaria passou por uma incomensurável vergonha e humilhação.

O artigo 5º, incisos V e X, da CF ensina serem invioláveis a intimidade, a vida privada, a honra e a imagem das pessoas, assegurado o direito de indenização pelo dano moral decorrente de sua violação.

Não obstante, além do ato infame imposto pela empresa, houve violação ao art. 1º, III, da CF, que consagra o princípio da dignidade da pessoa humana.

Nesse sentido, dispõe o artigo 186 do Código Civil, aplicado subsidiariamente ao Processo do Trabalho por força do artigo 8º, parágrafo único, da CLT, que aquele que, por ação ou omissão voluntária, violar direito e causar dano a outrem, ainda que exclusivamente moral, comete ato ilícito.

Nessa mesma linha, o artigo 927 do mesmo diploma legal ensina que aquele que, por ato ilícito, causar dano a outrem, fica obrigado a repará-lo.

Dessa forma, face o manifesto constrangimento sofrido pela reclamante requer a condenação da reclamada ao pagamento de indenização a ser arbitrada por esse eminente juízo.

DOS PEDIDOS

Diante do exposto, requer a reclamante:

I - Seja julgada totalmente procedente os pedidos da presente reclamação trabalhista, reconhecendo a falta grave do empregador capitulada no art. 483, b, da CLT, com a consequente condenação da reclamada no pagamento de:

a) saldo de salário .... a apurar

b) aviso-prévio .... a apurar

c) férias vencidas + 1/3 constitucional .... a apurar

d) férias proporcionais + 1/3 constitucional .... a apurar

e) 13º salário proporcional.. a apurar

f) multa de 40% do FGTS .... a apurar

g) multa do artigo 477 da CLT.. a apurar

h) entrega da guia de FGTS .... inestimável

i) entrega da guia de seguro desemprego ou indenização substitutiva .... a apurar

II - Requer, ainda, a condenação da reclamada ao pagamento de danos morais a serem arbitrados por este juízo .... a apurar

DOS REQUERIMENTOS

Requer a notificação da reclamada no endereço indicado, para que, querendo apresente resposta no prazo legal, sob pena de revelia.

Requer, ainda, provar o alegado por todos os meios de provas em direito admitidos.

Dá-se à causa o valor de R$ ... (acima de 40 salários mínimos).

Nestes termos,

Pede e aguarda deferimento.

Local e data: ...

Advogado

OAB/...nº ...

fim da peça

(OAB/Exame Unificado – 2007.1 – 2ª fase) Antônio, engenheiro civil, trabalhava para a Construtora Alfa Ltda., onde exercia a função de supervisor de equipamentos e manutenção. No seu setor de trabalho, Antônio supervisionava 35 empregados, que estavam diretamente subordinados a ele. Antônio recebia uma gratificação equivalente a 40% do seu salário por exercer a função de supervisor, e não registrava sua jornada de trabalho. Após ser demitido sem justa causa da construtora, Antônio ingressou com uma reclamação trabalhista pleiteando o pagamento de jornada extraordinária, alegando que cumpria jornada de trabalho das 8 h às 20 h, de segunda a sexta-feira, com intervalo de 1 hora para almoço, e das 8 h às 15 h aos sábados, com intervalo de 30 minutos para almoço. Como prova de sua jornada de trabalho, Antônio apresentou duas testemunhas. Ademais, alegou que, apesar do cargo de supervisor, não possuía autonomia nem poder de mando, já que estava subordinado à direção da empresa, cumprindo ordens, metas e determinações por parte da diretoria. Alegou, ainda, que recebia um salário maior que o salário habitualmente pago aos outros engenheiros civis em razão de sua experiência profissional. Considerando a situação hipotética acima como referência e com base na Consolidação das Leis do Trabalho (CLT), elabore a contestação da Construtora Alfa Ltda, refutando a tese sustentada por Antônio em sua inicial.

TRABALHISTA

início da peça

EXCELENTÍSSIMO SENHOR DOUTOR JUIZ DO TRABALHO DA...VARA DO TRABALHO DE ....

(10 linhas)

Processo n.º:...

CONSTRUTORA ALFA LTDA, pessoa jurídica de direito privado, inscrita no CNPJ/MF sob o nº..., com sede na (endereço completo com CEP) por seu advogado que esta subscreve vem à presença de Vossa Excelência, nos autos da Reclamação Trabalhista que lhe move ANTÔNIO, já qualificado nos autos, apresentar sua

CONTESTAÇÃO

com fulcro no art. 847 da CLT combinado com art. 300 do CPC, pelos motivos de fato e de direito que passa a aduzir.

SÍNTESE DA INICIAL

Alega o reclamante que foi contratado aos préstimos da reclamada para exercer a função de supervisor de equipamentos e manutenção, recebendo uma gratificação equivalente a 40% do seu salário por exercer a função de supervisor, e não registrava sua jornada de trabalho.

Após ser demitido sem justa causa pela reclamada, o reclamante ajuizou Reclamatória Trabalhista, pleiteando, sob infundados motivos, o pagamento de jornada extraordinária, alegando que cumpria jornada de trabalho das 8 h às 20 h, de segunda a sexta-feira, com intervalo de 1 hora para almoço, e das 8 h às 15 h aos sábados, com intervalo de 30 minutos para almoço.

Alegou que, embora possuir cargo de supervisor, não possuía poderes de mando, já que estava subordinado à direção da empresa, cumprindo ordens desta.

Ainda, afirmou que recebia um salário maior que o salário habitualmente pago aos outros engenheiros civis em razão de sua experiência profissional.

Sem razão, contudo, os pedidos do reclamante, senão vejamos:

DO NÃO CABIMENTO DAS HORAS EXTRAS

No caso em tela o reclamante pleiteia o recebimento de horas extras, porém tal pedido não deve prosperar, senão vejamos:

Primeiramente cabe ressaltar que o reclamante exercia cargo de confiança, percebendo uma gratificação de 40% do seu salário, e conforme o artigo 62, parágrafo único da CLT, referidos empregados não são abrangidos pelo regime da jornada de trabalho.

Outrossim, o fato do reclamante ter 35 empregados diretamente subordinados a ele só reforça a caracterização do desempenho de cargo de confiança, com toda autonomia e responsabilidade que lhe são essenciais, além da correspondente majoração salarial.

Observa-se, pois, que o reclamante encontrava-se em situação de natural superioridade em relação aos demais empregados de tal modo que exercia atos de gestão e não de mera execução de serviços, gozando, assim, de especial fidúcia do empregador.

Trata-se, em verdade, como já asseverado, de cargo de confiança, tal qual previsto em lei, excluindo o direito a horas extras.

Neste sentido, pautada nos argumentos supracitados, a reclamada requer a improcedência a este pedido, eis que caracterizado o cargo de confiança, excludente do direito de receber horas extras.

DOS PEDIDOS

Diante do exposto requer a reclamada que a reclamação trabalhista seja julgada totalmente improcedente, pelas razões apresentadas nesta defesa.

Protesta provar o alegado por todos os meios de provas em direito admitidos, especialmente a prova pericial.

Nestes termos,

Pede e aguarda deferimento.

Local e data: ...

Advogado

OAB/...nº ...

fim da peça

(OAB/Exame Unificado – 2007.2 – 2ª fase) Antenor Silva foi contratado como auxiliar de serviços gerais pela empresa Mar Azul Ltda. Ao se pactuar o contrato de trabalho, ficou estabelecido que Antenor cumpriria uma jornada de trabalho das 8 h às 17 h, com uma hora de intervalo, de segunda a sexta-feira, e das 8 h às 12 h aos sábados, e que receberia como remuneração a quantia de R$ 700,00 mensais. A realidade, contudo, mostrou-se completamente diferente do que havia sido combinado no pacto do contrato de trabalho. Antenor cumpria a seguinte jornada de trabalho: das 8 h às 19 h, com uma hora de intervalo, de segunda a sexta-feira, e das 8 h às 13 h aos sábados. Seguindo orientações expressas da empresa, Antenor sempre marcou na folha de ponto a jornada de trabalho acertada quando da contratação, ou seja, das 8 h às 17 h, com uma hora de intervalo, de segunda a sexta-feira, e das 8 h às 12 h aos sábados. A empresa jamais efetuou qualquer tipo de pagamento a título de jornada extraordinária a Antenor. A empresa Mar Azul Ltda. é uma empresa de pequeno porte que presta serviços à multinacional Estrela Branca S.A., fornecendo-lhe a mão de obra de 20 pessoas para atuar na área de serviços gerais. Antenor foi contratado no dia 2 de março de 2006 e demitido sem justa causa no dia 5 de abril de 2007, tendo recebido, na oportunidade, a título de verbas rescisórias, os seguintes valores:

aviso-prévio — R$ 700,00;

férias integrais — R$ 700,00;

um terço de férias — R$ 233,33;

décimo terceiro salário proporcional (três doze avos) — R$ 175,00;

multa de 40% do FGTS — R$ 291,20.

Além disso, Antenor obteve a liberação das guias de FGTS e de seguro-desemprego. Com base nos fatos apresentados na situação hipotética acima, elabore, de maneira fundamentada, uma reclamação trabalhista, formulando pedido do que entender ser devido a Antenor.

início da peça

EXCELENTÍSSIMO SENHOR DOUTOR JUIZ DO TRABALHO DA___ VARA DO TRABALHO DE ... .

(10 linhas)

ANTENOR SILVA, nacionalidade, estado civil, profissão, nome da mãe, data de nascimento, portador da cédula de identidade RG número..., inscrito no CPF/MF sob o número..., número da CTPS e série, número do PIS, endereço completo com CEP, por seu advogado que esta subscreve, vem à presença de Vossa Excelência propor

RECLAMAÇÃO TRABALHISTA

pelo procedimento ordinário, com fulcro no artigo 840, § 1º, da CLT, combinado com artigo 282 do CPC, aplicado por força do art. 769 da CLT em face de MAR AZUL LTDA., pessoa jurídica de direito privado, inscrita no CNPJ/MF sob o nº. ..., com sede na (endereço completo e CEP) e ESTRELA BRANCA S.A., pessoa jurídica de direito privado, inscrita no CNPJ/MF sob o nº. ..., com sede na (endereço completo e CEP), pelos motivos de fato e de direito a seguir expostos:

DA COMISSÃO DE CONCILIAÇÃO PRÉVIA

Informa o reclamante, que deixou de submeter a presente demanda à Comissão de Conciliação Prévia, art. 625-D, § 3º, da CLT, em razão do entendimento cristalizado pelo STF no julgamento das ADINs 2.139-7 e 2.160-5, que declarou inconstitucional a obrigatoriedade da submissão de qualquer demanda à Comissão, motivo pelo qual acessa o autor diretamente a via judiciária.

DA SÍNTESE DO CONTRATO DE TRABALHO

O Reclamante trabalhava na empresa Mar Azul Ltda., desde 2 de março de 2006 exercendo a função de auxiliar de serviços gerais. Ademais, o contrato de trabalho, consistia em jornada de trabalho das 8 h às 17 h, com uma hora de intervalo, de segunda a sexta-feira, e das 8 h às 12 h aos sábados, pelo que receberia como remuneração a quantia de R$ 700,00 mensais.

No entanto, Antenor cumpria jornada de trabalho das 8 h às 19 h, com uma hora de intervalo, de segunda a sexta-feira, e das 8 h às 13 h aos sábados.

Seguindo orientações expressas da empresa, Antenor sempre marcou na folha de ponto a jornada de trabalho acertada quando da contratação, ou seja, das 8 h às 17 h, com uma hora de intervalo, de segunda a sexta-feira, e das 8 h às 12 h aos sábados. A empresa jamais efetuou qualquer tipo de pagamento a título de jornada extraordinária a Antenor.

A empresa Mar Azul Ltda. é uma empresa de pequeno porte que presta serviços à multinacional Estrela Branca S.A., fornecendo-lhe a mão de obra de 20 pessoas para atuar na área de serviços gerais. Antenor foi demitido sem justa causa no dia 5 de abril de 2007.

DAS HORAS EXTRAS

Determina o art. 7º, XIII, da CF que a jornada de trabalho não poderá exceder 8 horas diárias e 44 horas semanais. Nesse mesmo sentido o art. 59 da CLT.

Durante a contratualidade o reclamante sempre laborou de segunda a sexta-feira das 8h às 19h, com uma hora de intervalo e aos sábados, das 8h às 13h.

Embora o reclamante tenha anotação em cartão de pontos que apontam horários de entrada e saída distintos do alegado, eles não podem ser considerados válidos.

Através da súmula 338, III o TST entende que os cartões de ponto que demonstram horários de entrada e saída uniformes são inválidos como meio de prova, invertendo-se o ônus da prova, relativo às horas extras, que passa a ser do empregador, prevalecendo a jornada da inicial se dele não se desincumbir.

Assim, o reclamante tem direito a receber as horas extras que excederam a 8ª hora diária e a 44ª quarta hora semanal, devendo estas serem acrescidas do percentual constitucional de 50% conforme a dicção do artigo 7º em seu inciso XVI da CF/88.

As horas extraordinárias por serem prestadas habitualmente devem ser incorporadas ao salário do obreiro, refletindo no pagamento do aviso-prévio, repouso semanal remunerado, 13º salário, férias acrescida de 1/3 constitucional e depósitos do FGTS.

DA RESPONSABILIDADE SUBSIDIÁRIA da 2ª RECLAMADA

Contratado pela empresa Mar Azul Ltda. - 1ª reclamada -, o reclamante laborou como auxiliar de serviços gerais, prestando serviços na empresa Estrela Branca S.A. - 2ª reclamada.

Ainda que se trate de terceirização lícita, na medida em que terceirizou-se atividade estranha ao fim da empresa tomadora de serviços, ou seja, sua atividade-meio, bem como inexiste pessoalidade e subordinação a ela, tendo em vista que as ordens eram emanadas da 1ª reclamada, a responsabilidade pelo cumprimento das obrigações trabalhistas persiste.

Isso porque, nos termos da súmula 331, item IV, do TST o inadimplemento das obrigações trabalhistas, por parte do empregador, implica a responsabilidade subsidiária do tomador dos serviços quanto àquelas obrigações, desde que haja participado da relação processual e conste também do título executivo judicial.

Vale dizer, ainda que, nos termos do item VI da mesma súmula, a responsabilidade subsidiária do tomador de serviços abrange todas as verbas decorrentes da condenação referentes ao período da prestação laboral.

Desta forma, requer que a empresa Estrela Branca S.A. integre o polo passivo da presente reclamação, sendo reconhecida sua responsabilidade subsidiária, nos termos acima expostos.

DOS PEDIDOS

Diante do exposto requer o reclamante que sejam julgados totalmente procedentes os pedidos da presente reclamação, condenando-se a 1ª reclamada e subsidiariamente a 2ª reclamada ao:

a) pagamento das horas extras habitualmente prestadas com 50% de acréscimo..a apurar

b) reflexos das horas extras nas férias+ 1/3, no 13º salário, depósitos de FGTS e na multa de 40%, aviso-prévio e repouso semanal remunerado ....a apurar

DOS REQUERIMENTOS

Requer a notificação das reclamadas nos endereços indicados, para que ofereça resposta no prazo legal ou serem aplicados os efeitos da revelia.

Requer, ainda, provar o alegado por todos os meios de provas em direito admitidos, especialmente, depoimento pessoal do representante legal do reclamado, sob pena de confissão quanto a matéria de fato, oitiva de testemunhas.

Dá-se à causa o valor de R$... (acima de 40 salários mínimos).

Nestes termos,

Pede e aguarda deferimento.

Local e data: ...

Advogado

OAB/...nº ...

fim da peça

(OAB/Exame Unificado – 2007.3 – 2ª fase) Francisco moveu reclamação trabalhista contra a instituição filantrópica Instituto Meninos da Vila. Na reclamação trabalhista, Francisco formulou pedido de reconhecimento de vínculo empregatício e o pagamento de todas as verbas decorrentes do reconhecimento do vínculo, vale dizer, aviso-prévio, férias integrais e proporcionais, 13.º salário fracional e integral,

FGTS, multa rescisória do FGTS e multa prevista no artigo 477 da CLT. Os representantes legais do Instituto procuraram um escritório de advocacia e relataram ao advogado os seguintes fatos: "O Instituto Meninos da Vila é uma entidade filantrópica, criada em outubro de 2003, com o objetivo de auxiliar crianças carentes. Francisco, fundador do Instituto, foi designado como presidente da entidade no ato de fundação, tendo permanecido na mesma função até o seu afastamento do Instituto, que ocorreu em agosto de 2006. Francisco administrava o Instituto, ou seja, buscava doadores na comunidade, controlava as finanças, contratava e demitia pessoal, determinava a forma de aplicação dos recursos, estabelecia o horário de trabalho de todos os funcionários. Além de Francisco, outros dois diretores compunham a diretoria do Instituto. Todos os diretores recebiam além de uma ajuda de custo, um pró-labore por mês. De acordo com o estatuto social do Instituto, os membros da diretoria seriam eleitos a cada dois anos, após escolha, em assembleia, dos sócios da instituição. Ainda conforme o estatuto, a destituição de qualquer membro da diretoria também deveria ser referendada pela assembleia. Francisco foi afastado da presidência e excluído do rol de sócios do Instituto em agosto de 2006, após ter sido flagrado desviando dinheiro da instituição." Considerando a situação hipotética acima, elabore, na condição de advogado contratado pelo Instituto Meninos da Vila, a contestação dessa instituição, sustentando as teses de defesa cabíveis.

início da peça

EXCELENTÍSSIMO SENHOR DOUTOR JUIZ DO TRABALHO DA ... VARA DO TRABALHO DE ....

(10 linhas)

Processo n.º:...

INSTITUTO MENINOS DA VILA, instituição filantrópica, inscrita no CNPJ sob o número ... com sede na (endereço completo e CEP) por seu advogado que esta subscreve vem à presença de Vossa Excelência, nos autos da Reclamação Trabalhista que lhe move FRANCISCO, já qualificado nos autos, apresentar sua

CONTESTAÇÃO

com fulcro no art. 847 da CLT combinado com art. 300 do CPC, pelos motivos de fato e de direito que passa a aduzir.

SÍNTESE DA INICIAL

Pleiteia o reclamante, sob infundados motivos, o reconhecimento de vínculo empregatício com a reclamada, e o consequente pagamento de todas as verbas.

No entanto, tal pedido não deve prosperar, conforme restará demonstrado.

DA NÃO CARACTERIZAÇÃO DO VÍNCULO DE EMPREGO

A reclamada é uma entidade filantrópica, criada em outubro de 2003, com o objetivo de auxiliar crianças carentes, cujo fundador foi Francisco, ora reclamante.

Como sócio fundador as suas atividades consistiam na busca de doadores na comunidade, controle de finanças, contratação e demissão pessoal, determinação da forma de aplicação dos recursos, além de estabelecer o horário de trabalho dos funcionários. Não obstante, ele permaneceu na mesma função até agosto de 2006.

Na conformidade do artigo 3º da CLT, considera-se empregado toda pessoa física que prestar serviços de natureza não eventual a empregador, sob a dependência deste e mediante salário.

Importante ressaltar que as verbas recebidas pelo reclamante, ou seja, a ajuda de custo e o pró-labore não podem ser confundidos como salário, pois eram dados em razão da função de diretor da empresa.

No entanto, o reclamante era diretor da empresa, não existindo os elementos caracterizadores da relação de emprego, na medida em que o reclamante não era subordinado a nenhum funcionário da reclamada, pois exercia a função de diretor.

DA JUSTA CAUSA

O que admite apenas pelo amor ao debate, caso Vossa Excelência não acate a tese sobre a inexistência de relação de emprego, a reclamada aponta a existência de ato de improbidade por parte do reclamante, que constitui justa causa para a extinção do contrato de trabalho, nos termos do art. 482, a, da CLT.

Note que em agosto de 2006 o reclamante foi afastado da presidência e excluído do rol de sócios do Instituto, após ter sido flagrado desviando dinheiro instituição.

A conduta do reclamante constitui verdadeira falta grave, capaz de ensejar a rescisão por justa causa nos termos do art. 482, a, da CLT, não sendo devidos, portanto, aviso-prévio, férias proporcionais, 13º salário e multa do FGTS.

DOS PEDIDOS

Diante do exposto, requer a reclamada a improcedência total dos pedidos constantes na presente reclamação trabalhista.

Protesta provar o alegado por todos os meios de provas em direito admitidos.

Nestes termos,

Pede e aguarda deferimento.

Local e data: ...

Advogado

OAB/...nº ...

fim da peça

(OAB/Exame Unificado – 2008.2 – 2ª fase) Marcelo Santos, brasileiro, solteiro, portador da CTPS 2.222 e do CPF 001.001.001-01, residente e domiciliado na rua X, casa 1, cidade Nova, funcionário da empresa Chuva de Prata Ltda. desde 20 de abril de 2000, exercia a função de vigia noturno, cumprindo jornada de trabalho das 19 h às 7 h do dia seguinte, e, em razão do trabalho noturno, recebia o respectivo adicional. A partir de 20/12/2006, a empresa, unilateralmente, determinou que Marcelo trabalhasse no período diurno, deixando de pagar ao funcionário o adicional noturno. Em setembro de 2007, Marcelo foi eleito membro do conselho fiscal do sindicato de sua categoria profissional. Em 5 de janeiro de 2008, a empresa Chuva de Prata Ltda, demitiu Marcelo sem justa causa e efetuou o pagamento das verbas rescisórias devidas. Marcelo ingressou com uma reclamação trabalhista contra a empresa, pleiteando, além de sua imediata reintegração, sob o argumento de que gozava da estabilidade provisória prevista nos arts. 543, § 3.º, da CLT e 8.º, VIII, da Constituição Federal, o pagamento do adicional noturno que recebera ininterruptamente por mais de cinco anos, bem como a nulidade da alteração de sua jornada. Na condição de advogado(a) da empresa Chuva de Prata Ltda., redija a peça processual adequada à situação hipotética apresentada, expondo os fundamentos legais pertinentes e o entendimento da jurisprudência do TST a respeito do fato.

início da peça

EXCELENTÍSSIMO SENHOR DOUTOR JUIZ DO TRABALHO DA ... VARA DO TRABALHO DE ....

(10 linhas)

Processo n.º:

CHUVA DE PRATA LTDA, pessoa jurídica de direito privado, inscrita no CNPJ/MF sob o nº..., com sede na (endereço completo com CEP) por seu advogado que esta subscreve vem à presença de Vossa Excelência, nos autos da Reclamação Trabalhista que lhe move MARCELO SANTOS, já qualificado nos autos, apresentar sua

CONTESTAÇÃO

com fulcro no art. 847 da CLT combinado com art. 300 do CPC, pelos motivos de fato e de direito que passa a aduzir.

SÍNTESE DA INICIAL

Afirma o reclamante que foi contratado pela reclamada em 20/09/2000 para exercer a função de vigia noturno, cumprindo jornada de trabalho das 19h até 07h do dia seguinte, recebendo o respectivo adicional.

A partir de 20/12/2006, sem justo motivo e unilateralmente a reclamada decidiu que o reclamante trabalhasse no período diurno, deixando de pagar o adicional noturno.

Em setembro de 2007, foi eleito membro do conselho fiscal do sindicato profissional, sendo demitida sem justa causa em 05 de janeiro de 2008, oportunidade em que ficou sem o pagamento de todas as verbas rescisórias devidas pela reclamada.

Entretanto, o reclamante ajuizou a Reclamatória em epígrafe, pleiteando, sob desfundados motivos, sua imediata reintegração, sob o argumento de que gozava da estabilidade provisória prevista nos artigos 543, § 3º da CLT e art. 8º, VIII, da CF; a permanência do pagamento do adicional noturno; bem como a nulidade da alteração de sua jornada.

DO NÃO CABIMENTO DA ESTABILIDADE PLEITEADA

O reclamante foi nomeado membro do conselho fiscal do sindicato de sua categoria profissional em setembro de 2007, e não conformado ao ser dispensado, pleiteou em juízo sua imediata reintegração, motivando que era portador da estabilidade provisória

Os membros do conselho fiscal não atuam em defesa dos direitos da classe, pois têm suas atividades voltadas para a administração do sindicato, tendo como competência a fiscalização da gestão financeira, conforme o § 2º do artigo 522 da CLT não havendo que se falar em gozo da estabilidade prevista nos artigos 543, § 3º, da CLT e 8º, inciso VIII, da Constituição da República. No mesmo sentido o TST editou a orientação jurisprudencial 365 da SDI 1.

Assim, o reclamante não detém a prerrogativa da estabilidade provisória assegurado aos dirigentes sindicais, pois a diferenciação entre estes e aqueles é instituída pela própria CLT quando atribui competência diversa que a da diretoria do sindicato prevista no já citado artigo 522, § 3º.

Por todo visto, conclui-se que os membros do Conselho Fiscal não gozam da estabilidade prevista no art. 543, § 3º, da CLT e art. 8º, VIII, da CF.

ADICIONAL NOTURNO. DA NULIDADE DE ALTERAÇÃO DA JORNADA

O reclamante aduz que laborava para a reclamada na função de vigia noturno, das 19h até 07h do dia subsequente, recebendo o respectivo adicional e teve sua jornada de trabalho alterada unilateralmente para o período diurno, pelo que pleiteia a nulidade desta alteração e a consequente constância do pagamento deste adicional.

Com efeito, este pedido não deve proceder, visto que a alteração é permitida. A jurisprudência consolidada pelo Tribunal Superior do Trabalho através da súmula 265, orienta que a transferência para o período diurno de trabalho implica na perda do direito ao adicional noturno.

Assim, ao transferir o reclamante para o horário diurno e, por conseguinte, retirar o pagamento do respectivo adicional, a empresa agiu de forma lícita, não havendo nulidade alguma na alteração realizada.

Desta forma, requer a improcedência do pedido, tendo em vista a alteração lícita que pretende preservar a saúde do empregado.

DOS PEDIDOS

Diante do exposto requer o reclamado que a ação seja julgada totalmente improcedente, pelas razões apresentadas na defesa.

Protesta provar o alegado por todos os meios de provas em direito admitidos.

Nestes termos,

Pede e aguarda deferimento.

Local e data: ...

Advogado

OAB/...nº ...

fim da peça

Resposta da Prova Prática 2.008/2

Prova Prático-Profissional Direito do Trabalho - Peça		
Quesito avaliado	**Faixa de Valores**	**Atendimento ao Quesito**
1) Apresentação e estrutura textual (legibilidade, respeito às margens, paragrafação); correção gramatical (acentuação, grafia, morfossintaxe)	0,00 a 0,40	
2) Fundamentação e consistência		
2.1) Adequação da peça – contestação	0,00 a 0,40	
2.2)Membro de conselho fiscal de sindicato não representa ou atua na defesa de direitos da categoria	0,00 a 0,80	
2.3) Membro de conselho fiscal restringe-se à fiscalização da gestão financeira do sindicato (art. 522, parágrafo 2.º, da CLT)	0,00 a 0,80	
2.4) Membro de conselho fiscal não goza da estabilidade provisória prevista na CF, art. 8.º, VIII, e art. 543, § 3.º, da CLT	0,00 a 0,60	
2.5) Jurisprudência do TST – OJ 365 SBDI 1	0,00 a 0,40	
2.6) Alteração lícita, preserva a saúde do empregado; o trabalho à noite é, biologicamente, nocivo à saúde	0,00 a 0,60	
2.7) Jurisprudência do TST – Súmula 265	0,00 a 0,40	
3) Domínio do raciocínio jurídico (adequação da resposta ao problema; técnica profissional demonstrada; capacidade de interpretação e exposição)	0,00 a 0,60	

(OAB/Exame Unificado – 2008.3 – 2ª fase) Sob a alegação de que os empregados estariam subtraindo produtos farmacêuticos de uma de suas fábricas, a diretoria da empresa Delta Indústria Farmacêutica Ltda. determinou a realização de revista íntima diária em todos os empregados, inclusive nas mulheres. Maria, empregada na empresa havia cinco anos, recusou-se a despir-se diante da supervisora do setor, que era, naquele momento, responsável pela revista íntima das mulheres. Visando a não favorecer movimento generalizado dos trabalhadores contra deliberação da empresa, a direção resolveu, como medida educativa, demitir Maria por justa causa, arguindo ato de indisciplina e de insubordinação. Segundo argumentou a empresa, o procedimento de revista íntima encontraria suporte no poder diretivo e fiscalizador da empresa, além de constituir medida eficaz contra o desvio de medicamentos para o consumo sem o devido controle sanitário. Considerando a situação hipotética apresentada, na qualidade de advogado(a) constituído(a) por Maria, redija a medida judicial mais apropriada para defender os interesses de sua cliente. Fundamente a peça processual com toda a argumentação que entender cabível.

início da peça

EXCELENTÍSSIMO SENHOR DOUTOR JUIZ DO TRABALHO DA ... VARA DO TRABALHO DE ...

(10 linhas)

MARIA, nacionalidade, estado civil, profissão, nome da mãe, data de nascimento, portadora da cédula de identidade RG número..., inscrita no CPF/MF sob o número..., número da CTPS e série, número do PIS, endereço completo com CEP, por seu advogado que esta subscreve, vem à presença de Vossa Excelência propor

RECLAMAÇÃO TRABALHISTA

pelo procedimento ordinário, com fulcro no artigo 840, § 1º, da CLT, combinado com artigo 282 do CPC, aplicado por força do art. 769 da CLT em face de DELTA INDÚSTRIA FARMACÊUTICA LTDA., pessoa jurídica de direito privado, inscrita no CNPJ/MF sob o nº..., com sede na (endereço completo com CEP), pelos motivos de fato e de direito que passa a aduzir.

DA COMISSÃO DE CONCILIAÇÃO PRÉVIA

Informa a reclamante, que deixou de submeter a presente demanda à Comissão de Conciliação Prévia, art. 625-D, § 3º, da CLT, em razão do entendimento cristalizado pelo STF no julgamento das ADINs 2.139-7 e 2.160-5, que declarou inconstitucional a obrigatoriedade da submissão de qualquer demanda à Comissão, motivo pelo qual acessa o autor diretamente a via judiciária.

DA SÍNTESE DO CONTRATO DE TRABALHO

A reclamante foi contratada há 5 anos aos préstimos da reclamada, que atua no ramo de produtos farmacêuticos.

Ocorre que a reclamada, sob a alegação de que os empregados estariam subtraindo produtos farmacêuticos de uma de suas fábricas, determinou a realização de revista íntima diária em todos os empregados, inclusive nas mulheres.

A reclamante recusou-se a se despir diante da supervisora do setor, que era, naquele momento, responsável pela revista íntima das mulheres.

Por isso, a reclamante foi dispensada por justa causa, sob fundamento de indisciplina e de insubordinação, e ainda mais outro fundamento de que referida ordem encontra suporte no poder diretivo e fiscalizador da empresa, além de constituir medida eficaz contra o desvio de medicamentos para o consumo sem o devido controle sanitário.

CONSTRANGIMENTO ILEGAL – REVISTA ÍNTIMA

A empresa reclamada, atuando em seu poder disciplinar, contudo arbitrário, despedindo a reclamante por justa causa, alegou "indisciplina e insubordinação" de Maria ao negar-se sujeitar à revista íntima pessoal quando recusou a despir-se diante da responsável pela revista.

Vale destacar que somente representa justa causa a prática de atos que ocasionem grave violação dos deveres do trabalhador. A insubordinação pode ser entendida como o descumprimento de ordens pessoais e específicas de serviço, ao passo que a indisciplina consiste no fato do empregado se negar a desempenhar as determinações gerais da empresa.

O ato da reclamante em recusar submeter-se à revista íntima denota conotação de dignidade, boa honra e respeito.

Isso porque, o art. 373-A, VI, da CLT, veda revistas íntimas nas empregadas e caracteriza violação aos direitos da personalidade, tutelados pelo art. 5º, X da CF, razão pela qual a recusa da autora não caracteriza ato de indisciplina ou insubordinação. O que houve foi abuso do poder por parte do empregador.

Com isso, faz-se necessário observarmos que o princípio consagrado no art. 5º, III, da CF, ao estabelecer que ninguém será submetido a tratamento desumano ou degradante e que em casos de suspeita ou prática delituosa, não poderia a empresa agir da maneira que agiu.

No caso da reclamante foi justa sua oposição ao rejeitar o cumprimento de ordem que representava uma atitude abusiva e ilegal da reclamada. Vale destacar que o poder diretivo do empregador encontra limites no *jus resistentiae* do empregado.

DOS DANOS MORAIS

Importante salientar que com a Reforma do Judiciário em virtude da Emenda Constitucional 45/2004, a Justiça do Trabalho é competente para julgar as ações de indenização por dano moral decorrentes da relação de trabalho, nos moldes do artigo 114, inciso VII da CF, bem como a súmula 392 do TST.

A reclamante sofreu humilhação, sendo moralmente arruinada ante referido constrangimento ao ser compelida a submeter-se à revista íntima, com a obrigação de despir-se perante outrem.

A Constituição da República em seu art. 5º, incisos V e X, garante o direito de indenização por dano moral e/ou material, quando violados a vida privada, honra ou imagem da pessoa.

Com efeito, os artigos 186 e 927 do Código Civil, aplicados por força do art. 8º, parágrafo único, da CLT afirmam a obrigatoriedade da reparação do dano causado por ato ilícito. Vale frisar que os artigos civilistas supracitados são aplicados no direito do trabalho, quando compatíveis, por força do artigo 8º, parágrafo único da lei trabalhista.

Ao tratar da proteção do trabalho da mulher, a CLT veda expressamente a revistas íntimas nas empregadas, a teor do art. 373-A, VI.

Não pairam dúvidas sobre a gravidade do dano psíquico e moral que esse constrangimento ocasionou à empregada.

Por todo o explanado, sabedora de seus direitos e da violação que a reclamada causou, a reclamante vem pleitear sua devida indenização por danos morais, nos termos da lei, a serem arbitrados por esse juízo.

DA CONVERSÃO DA RESCISÃO CONTRATUAL

A reclamante foi despedida por indisciplina e insubordinação por ter se recusado a participar da revista íntima.

Visando a proteção do trabalho da mulher, nos termos do art. 373-A, VI, da CLT a revista íntima é proibida.

Desta forma, nota-se o flagrante descumprimento do pacto laboral por parte da empresa reclamada, devendo ser reconhecida a justa causa do empregador, em conformidade com o art. 483, alíneas *d* e *e*, da CLT.

Assim, após as razões supra demonstradas, requer seja declarada a nulidade da dispensa por justa causa, bem como sua conversão para dispensa por culpa do empregador, fazendo jus o reclamante ao saldo de salário, aviso-prévio, férias vencidas e proporcionais mais 1/3 constitucional, 13º vencido e proporcional, FGTS mais indenização compensatória de 40%, e liberação das guias de seguro desemprego.

DOS PEDIDOS

Diante do exposto requer a reclamante:

Seja julgada totalmente procedente a reclamação trabalhista, declarando a nulidade da dispensa por justa causa, convertendo-se esta em dispensa por justa causa do empregador, com o consequente pagamento pela reclamada das seguintes verbas:

a) Pagamento do aviso-prévio	a apurar
b) Saldo de salário	a apurar
c) Pagamento do 13º salário	a apurar
d) Pagamento das férias integrais e proporcionais, ambas acrescidas do terço constitucional	a apurar
e) Multa contra despedida arbitrária	a apurar
f) Levantamento das guias do seguro-desemprego	inestimável
g) Liberação das guias do FGTS	inestimável
h) Indenização por dano moral a ser arbitrada por este juízo	a apurar

DOS REQUERIMENTOS

Requer a notificação da reclamada no endereço indicado, para que ofereça resposta no prazo legal, sob pena de revelia.

Requer provar o alegado por todos os meios de provas em direito admitidos.

Dá-se à causa o valor de R$..(acima de 40 salários mínimos).

Nestes termos,

Pede e aguarda deferimento.

Local e data: ...

Advogado

OAB/...nº ...

fim da peça

Espelho da peça profissional

Prova Prático-Profissional Direito do Trabalho - Peça	
Quesito avaliado	**Faixa de Valores**
1) Apresentação, estrutura textual e correção gramatical	0,00 a 0,40
2) Fundamentação e consistência	

2.1) Adequação da peça – reclamação trabalhista cumulada com ação de indenização por danos morais	0,00 a 0,40
2.2) Legitimidade ativa e passiva / Competência da justiça do trabalho	0,00 a 0,40
2.3) Mérito: Não incidência de demissão por justa causa (CLT, art.482, h) - revista íntima vedada pela CLT (art.373-A, VI)	0,00 a 1,20
2.4) Fundamento da indenização por dano moral (art. 5.°, X, da CF) / Poder de direção patronal sujeito a limites constitucionais	0,00 a 1,20
2.5) Pedidos: pagamento de verbas rescisórias e indenização por danos morais	0,00 a 0,80
3) Domínio do raciocínio jurídico (adequação da resposta ao problema; técnica profissional demonstrada; capacidade de interpretação e exposição)	0,00 a 0,60

(OAB/Exame Unificado – 2009.1 – 2ª fase). Luiz ajuizou, contra a empresa A, ação reclamatória, distribuída à 1.ª Vara do Trabalho de Formosa – GO, pertencente à 18.ª Região. No processo, o reclamante declarou que manteve vínculo de emprego com a referida empresa de 3/3/2008 a 15/3/2009, tendo exercido a função de vendedor de livros. Em seu pedido, o reclamante alegou não ter recebido as verbas rescisórias de forma correta, pois teria sido infundada a sua demissão por justa causa por motivo de desídia. Mesmo tendo restado provadas, pelos cartões de ponto e pelos recibos de pagamento, as constantes faltas de Luiz ao trabalho — mais de dez faltas em cada um dos dois últimos meses de trabalho, sempre de forma consecutiva e sem qualquer justificativa —, o juízo condenou a reclamada a pagar todas as verbas rescisórias, sob o argumento de que não houve prova cabal para aplicação da justa causa. Em face dessa situação hipotética, na condição de advogado(a) contratado(a) pela empresa A, redija a peça processual cabível para a defesa de sua cliente, expondo os argumentos legais pertinentes para impugnar a decisão proferida, considerando incabível a hipótese de embargos declaratórios.

início da peça

EXCELENTÍSSIMO SENHOR DOUTOR JUIZ DO TRABALHO DA 1ª VARA DO TRABALHO DE FORMOSA - GO.

(10 linhas)

Processo nº:...

EMPRESA A, já qualificada nos autos da reclamação trabalhista em epígrafe, que lhe move Luiz, por seu advogado que esta subscreve, inconformado com a respeitável sentença de fls..., vem tempestiva e respeitosamente à presença de Vossa Excelência, com fulcro no artigo 895 alínea "a"[2] da CLT, interpor:

RECURSO ORDINÁRIO

conforme razões anexas, e para tanto junta comprovante de recolhimento das custas processuais e depósito recursal.

Requer que o presente recurso seja recebido e remetido ao Egrégio Tribunal Regional do Trabalho da 18ª Região.

2 Fundamentação nos termos do art. 895 da CLT com redação anterior à edição da Lei 11.925/2009

TRABALHISTA

Nestes termos,

Pede deferimento.

Local e data: ...
Advogado

OAB/...nº ...

RAZÕES DE RECURSO ORDINÁRIO

Recorrente: Empresa A

Recorrido: Luiz

Processo nº:...

Origem: 1ª Vara do Trabalho de Formosa – GO.

Egrégio Tribunal!

Colenda Turma!

Nobres Julgadores!

SÍNTESE DA LIDE

O reclamante, ora recorrido ajuizou reclamação trabalhista perante a 1ª Vara do Trabalho de Formosa em face do Recorrente, alegando que ao ser dispensado não recebeu as verbas rescisórias porque foi indevidamente demitido por justa causa por motivo de desídia.

O juiz de primeiro grau julgou procedente a referida ação, argumentando que não houve prova cabal para a aplicação da justa causa, em que pese ter restado provado as constantes faltas ao trabalho de Luiz, através das folhas de ponto e dos recibos de pagamento.

Nesta esteira, inconformado com a respeitável sentença, que houve por bem julgar procedente a ação em epígrafe, não obstante provas de faltas do recorrido ao trabalho, o recorrente vem pelo presente recurso postular sua reforma.

DA REFORMA DO JULGADO

O juiz de 1º grau julgou procedente a reclamação trabalhista ajuizada pelo recorrido, condenando a empresa, ora recorrente ao pagamento das verbas rescisórias sob fundamento de dispensa sem justa causa, uma vez que as provas que se fazem presente nos autos não foram suficientes para a caracterização da desídia do recorrido.

A fundamentação legal para a referida dispensa por justa causa deu-se pelo artigo 482, alínea "e" da CLT, ou seja, comportamento desidioso do empregado, portanto verifica-se aqui a tipicidade da conduta, com base nas constantes faltas ao trabalho.

Além de típica, a dispensa baseou-se na gravidade do ato, e, portanto existindo evidente proporcionalidade.

Completando os pressupostos da dispensa por justa causa o nexo de causalidade do ato faltoso com a justa causa está presente.

Não obstante, numa relação empregatícia após tais reiteradas faltas injustificadas, o recorrente perdeu a confiança inerente à relação de emprego, que obrigatoriamente tem de existir para o bom funcionamento e eficiência do contrato de trabalho.

Ademais, as provas trazidas aos autos são suficientes para o reconhecimento da desídia do empregado, devendo ser reconhecida sua falta grave capitulada no art. 482, "e", da CLT.

Portanto, deve a respeitável sentença ser reformada, reconhecendo a justa causa do recorrido.

DA CONCLUSÃO

Diante do exposto requer a recorrente que o presente recurso seja conhecido e provido, para reformar a sentença ora recorrida, pelos motivos já expostos.

Local e data: ...

Advogado

OAB/...nº ...

fim da peça

Resposta da Prova Prática 2.009/1 - Direito do Trabalho

Discursiva - Direito do Trabalho - Peça		
Quesito avaliado	**Faixa de Valores**	**Atendimento ao Quesito**
1) Apresentação, estrutura textual e correção gramatical	0,00 a 0,40	
2) Fundamentação e consistência		
2.01) Peça de interposição dirigida ao juiz	0,00 a 0,60	
2.02) Menção ao depósito recursal	0,00 a 0,20	
2.03) Pedido de intimação da parte contrária para contra-arrazoar	0,00 a 0,20	
2.04) Pedido de remessa ao TRT	0,00 a 0,20	
2.05) Direcionamento das razões ao TRT	0,00 a 0,20	
2.06) Menção ao art. 482, "e", da CLT (desídia)	0,00 a 1,00	
2.07) Menção às faltas	0,00 a 0,40	
2.08) Menção à validade das provas	0,00 a 0,40	
2.09) Pedido de conhecimento (0,10) e provimento do recurso (0,10)	0,00 a 0,20	
2.10) Pedido de reforma da sentença (0,30) e de indeferimento das parcelas rescisórias (0,30)	0,00 a 0,60	
3) Domínio do raciocínio jurídico (adequação da resposta ao problema; técnica profissional demonstrada; capacidade de interpretação e exposição)	0,00 a 0,60	

(OAB/Exame Unificado – 2009.2 – 2ª fase) José, funcionário da empresa LV, admitido em 11/5/2008, ocupava o cargo de recepcionista, com salário mensal de R$ 465,00. Em 19/6/2009, José afastou-se do trabalho mediante a concessão de benefício previdenciário de auxílio-doença. Cessado o benefício em 20/7/2009 e passados dez dias sem que José tivesse retornado ao trabalho, a empresa convocou-o por meio de notificação, recebida por José mediante aviso de recebimento. José não atendeu à notificação e, completados trinta dias de falta, a empresa LV expediu edital de convocação, publicado em jornal de grande circulação, mas, ainda assim, José não retornou ao trabalho. Preocupada com a rescisão do contrato de trabalho, com a baixa da CTPS, com o pagamento das parcelas decorrentes e para não incorrer em mora, a empresa procurou profissional da advocacia. Considerando a situação hipotética acima apresentada, na qualidade de advogado(a) da empresa LV, elabore a peça processual adequada a satisfazer-lhe judicialmente o interesse.

TRABALHISTA

início da peça

EXCELENTÍSSIMO SENHOR DOUTOR JUIZ DO TRABALHO DA ....VARA DO TRABALHO DE.....

(10 linhas)

EMPRESA LV, pessoa jurídica de direito privado, inscrita no CNPJ/MF sob o nº..., com sede na (endereço completo com CEP) por seu advogado que esta subscreve vem à presença de Vossa Excelência, com fulcro 890 e seguintes do CPC, aplicado subsidiariamente por força do artigo 769 da CLT, propor

AÇÃO DE CONSIGNAÇÃO EM PAGAMENTO

em face de JOSÉ, nacionalidade, estado civil, profissão, nome da mãe, data de nascimento, portador da cédula de identidade RG número..., inscrito no CPF/MF sob o número..., número da CTPS e série, número do PIS, endereço completo com CEP, pelas razões de fato e de direito a seguir expostas:

DO CONTRATO DE TRABALHO

José foi admitido em 11/5/2008, na função de recepcionista, percebendo como salário mensal o valor de R$ 465,00 (quatrocentos e sessenta e cinco reais).

Ocorre que, em 19/6/2009, José afastou-se do trabalho mediante a concessão de benefício previdenciário de auxílio-doença.

Em 20/7/2009 o referido benefício cessou e passados dez dias sem que José tivesse retornado ao trabalho, a empresa o notificou mediante aviso de recebimento.

No entanto, José não atendeu à notificação e, após trinta dias de falta, a empresa LV expediu edital de convocação, publicado em jornal de grande circulação, mas, ainda assim, José não retornou ao trabalho.

Neste contexto, não restou outra alternativa à consignante senão dispensar por justa causa o reclamado, nos termos do artigo 482 "i" da CLT, para exonerar-se de qualquer mora no pagamento das verbas rescisórias que são devidas.

DO ABANDONO DE EMPREGO

Nos termos do art. 482, "i" da CLT a conduta do consignado corresponde a abandono de emprego, o que configura hipótese de justo motivo para a extinção do contrato de trabalho por iniciativa do empregador.

No mesmo sentido afirma a súmula 32 do TST, o afastamento por mais de 30 dias implica na presunção do *animus abandonandi*, ou seja, a intenção de abandonar o emprego, de modo que a consignante considera rompido o contrato de trabalho por sua iniciativa, com base em justa causa praticada pelo consignado.

Vale destacar que o consignado não é detentor de qualquer tipo de estabilidade, na conformidade do art. 119 da Lei 8.213, pois não gozou auxílio-doença de natureza acidentária.

Diante deste cenário, somente é devido ao consignado as férias correspondentes ao período aquisitivo completo, acrescidas de 1/3 e o saldo de salário.

VALOR A SER CONSIGNADO

Requer o consignante o deferimento do depósito no valor de R$ 899,00 (oitocentos e noventa e nove reais) com a correspondente intimação do consignado para o levantamento da citada importância, de acordo com o seguinte cálculo:

a) 18 dias de salário: R$279,00

b) Férias integrais + 1/3: R$620,00

Total consignado: R$899,00

DOS PEDIDOS

Diante do exposto requer a consignante:

a) seja reconhecido o abandono de emprego, bem como a existência de motivo justo para a ruptura do pacto laboral por iniciativa da consignado, nos termos do art. 482, alínea i, da CLT;

b) seja deferido o depósito da quantia de R$ 899,00 (oitocentos e noventa e nove reais), referente ao pagamento das verbas rescisórias devidas, quais sejam: férias integrais e saldo de salário, com efeito de quitação das verbas.

c) por fim, a exclusão da multa do art. 477, § 8º, da CLT.

DOS REQUERIMENTOS

A notificação do consignado para receber os valores consignados ou apresentar resposta no prazo legal, sob pena de revelia.

Requer, ainda, provar o alegado por todos os meios de provas em direito admitidos.

Que ao final, seja julgada totalmente procedente a presente ação de consignação em pagamento, pelos motivos e direitos expostos.

Dá-se à causa o valor de R$ R$ 899,00 (oitocentos e noventa e nove reais).

Nestes termos,
Pede deferimento.

Local e data: ...

Advogado
OAB/...nº ...

fim da peça

Resposta da Prova Prática 2.009/2

Discursiva - Direito do Trabalho - Peça		
Quesito avaliado	**Faixa de Valores**	**Atendimento ao Quesito**
1) Apresentação, estrutura textual e correção gramatical	0,00 a 0,40	
2) Fundamentação e consistência		
2.1) Opção 1: Ação de consignação em pagamento endereçada ao juiz do trabalho Opção 2: Reclamação Trabalhista cumulada com pedido de consignação em pagamento	0,00 a 1,00	
2.2) Opção 1: Fundamentação no art. 890 do CPC (cabimento) Opção 2: art. 840 da CLT e(ou) art. 890 do CPC	0,00 a 0,20	

2.3) Fundamentação com base no abandono: art. 482, "i", da CLT (0,50) e Súmula 32 do TST (0,50)	0,00 a 1,00
2.4) Cálculo das parcelas rescisórias (férias vencidas e saldo de salário) (0,40); exclusão da multa prevista no art. 477, § 8.º, da CLT (0,40)	0,00 a 0,80
2.5) Pedido de consignação em pagamento com efeito de quitação (0,50) e da notificação do empregado para comparecer e receber os valores consignados (0,50)	0,00 a 1,00
3) Domínio do raciocínio jurídico (adequação da resposta ao problema; técnica profissional demonstrada; capacidade de interpretação e exposição)	0,00 a 0,60

(OAB/Exame Unificado – 2009.3 – 2ª fase) Aldair procurou assistência de profissional da advocacia, relatando que fora contratado, em 1.º/10/2008, para trabalhar como frentista no Posto Régis e Irmãos, em Camboriú – SC, e imotivadamente demitido, em 26/2/2010, sem prévio aviso. Afirmou estar desempregado desde então. Relatou que recebia remuneração mensal no valor de R$ 650,00, equivalente ao piso da categoria, acrescido do adicional de periculosidade, legalmente previsto. Afirmou ter usufruído férias pelo primeiro período aquisitivo e acusou recebimento de décimos terceiros salários relativos a 2008 e 2009. Salientou o empregado que laborava de segunda a sexta-feira, das 22 h às 7 h, com uma hora de intervalo intrajornada. Informou, ainda, o trabalhador que, no dia de seu desligamento, o representante legal da empresa chamara-o, aos berros, de "moleque", sem qualquer motivo, na presença de diversos colegas de trabalho e clientes. Relatou Aldair que tal conduta patronal o constrangera sobremaneira, alegando que, até então, nunca havia passado por tamanha vergonha e humilhação. Pontuou também que as verbas rescisórias não foram pagas, apesar de a CTPS ter sido devidamente anotada no ato de sua admissão e demissão. Informou que o posto fora fechado em 1.º/3/2010, estando seus proprietários em local incerto e não sabido.

Em face dessa situação hipotética, na condição de advogado(a) constituído(a) por Aldair, redija a peça processual cabível à defesa dos interesses de seu cliente, apresentando toda a matéria de fato e de direito pertinente ao caso.

início da peça

EXCELENTÍSSIMO SENHOR DOUTOR JUIZ DO TRABALHO DA ... VARA DO TRABALHO DE CAMBORIÚ – SANTA CATARINA

(10 linhas)

ALDAIR, nacionalidade, estado civil, profissão, nome da mãe, data de nascimento, portador da cédula de identidade RG número..., inscrita no CPF/MF sob o número..., número da CTPS e série, número do PIS, endereço completo com CEP, por seu advogado que esta subscreve, vem à presença de Vossa Excelência propor

RECLAMAÇÃO TRABALHISTA

pelo procedimento ordinário, com fulcro no artigo 840, § 1º, da CLT, combinado com artigo 282 do CPC, aplicado por força do art. 769 da CLT em face de POSTO REGIS E IRMÃOS, pessoa jurídica de direito privado, inscrita no CNPJ/MF sob o nº..., com sede na (endereço completo com CEP), pelos motivos de fato e de direito que passa a aduzir:

SÍNTESE DO CONTRATO DE TRABALHO

O reclamante foi admitido em 01º de outubro de 2008 para exercer a função de frentista no Posto Régis e Irmãos, na cidade de Camboriú, Santa Catarina.

Desempenhava suas funções de segunda a sexta-feira, das 22h às 7h, com uma hora de intervalo.

Pelo trabalho exercido o reclamante recebia a remuneração mensal no valor de R$ 650,00, acrescido de adicional de periculosidade legalmente previsto.

Durante todo período em que permaneceu à disposição da empresa reclamada o reclamante usufruiu apenas de férias pelo primeiro período aquisitivo recebendo, ainda, os 13º salários dos anos de 2008 e 2009.

No dia 26 de fevereiro de 2010 o reclamante foi demitido imotivadamente e sem o devido aviso-prévio, ocasião em que seu empregador imotivadamente e na presença de diversos colegas de trabalho e clientes o constrangera chamando-o aos berros de "moleque" o que ocasionou vergonha e humilhação ao reclamante. Ademais, não foram pagas as verbas rescisórias.

DO ADICIONAL NOTURNO

O reclamante laborava de segunda a sexta-feira, das 22h às 7h, com uma hora de intervalo, desempenhando, portanto, suas funções no horário noturno.

Nos termos do art. 73, § 2º, da CLT, considera-se trabalho noturno aquele desempenhado entre as 22 horas de um dia e 5 horas do dia seguinte.

Assim, dispõe o art. 73 da CLT que o trabalho noturno deverá ter remuneração superior à do diurno, sendo devido um adicional de no mínimo 20% sobre a hora diurna.

Verifica-se no caso em tela que referido adicional jamais foi pago ao recorrente, razão pela qual pleiteia seu efetivo pagamento.

Tendo em vista ser habitual o pagamento do adicional noturno em debate, requer seja ele integrado ao salário do empregado para todos os efeitos, nos termos da súmula 60, I, do TST.

Desta forma, requer o reclamante o pagamento do adicional noturno de 20% sobre o valor da hora diária, nos termos do art. 73, *caput*, da CLT.

DAS HORAS EXTRAS E REFLEXOS

O reclamante laborava de segunda a sexta-feira, das 22h às 7h, com uma hora de intervalo, cumprindo uma jornada de 9 horas de trabalho.

Todavia, em conformidade com o § 3º do mesmo dispositivo legal a hora noturna é composta de 52 minutos e 30 segundos e não como uma hora comum que contém 60 minutos. É o que a doutrina denomina de hora fictamente reduzida.

Verifica-se, desta maneira, a extrapolação aos limites máximos estabelecidos para a jornada de trabalho, dispostos no art. 7º, XII, da CF e arts. 58 e seguintes da CLT, o que enseja o pagamento de horas extras nos termos do art. 7º, XVI, da CF.

Por serem habituais, nos termos da OJ 354 da SDI 1 do TST, as horas extras compõem a remuneração do empregado e a integram para todos os efeitos legais em: DSR's, 13º salários, férias vencidas e proporcionais acrescidas de 1/3 constitucional, aviso-prévio, saldo de salário, depósitos do FGTS e a multa de 40% sobre o saldo do FGTS.

Desta forma, requer o reclamante o pagamento de horas extras, acrescidas de no mínimo, em cinquenta por cento à do normal, bem como seus devidos reflexos, a serem liquidadas em fase de liquidação de sentença.

DA INTEGRAÇÃO DO ADICIONAL DE PERICULOSIDADE

O reclamante laborou na empresa reclamada de 1º de outubro de 2008 a 26 de fevereiro de 2010, exercendo a função de frentista, recebendo o adicional previsto no art. 193, § 1º, da CLT.

Contudo, quando pago com habitualidade referido adicional deve integrar o cálculo das indenizações e ainda, deverá integrar para o cálculo das horas extras, na medida em que referido adicional possui natureza salarial. Nesse sentido, súmula 132, item I, do TST.

Desta forma, requer o reclamante a integração do adicional de periculosidade para cálculos das parcelas indenizatórias, bem como para o cálculo das horas extras.

DAS VERBAS RESCISÓRIAS

O reclamante foi demitido sem justo motivo no dia 26 de fevereiro de 2010, não sendo concedido o respectivo aviso-prévio, nos termos do art. 7º, XXI, da CF e art. 487 da CLT.

Determina o art. 477, § 6º, alínea b, da CLT que as verbas rescisórias deverão ser quitadas até o décimo dia, contado da data da notificação da demissão, quando da ausência do aviso-prévio.

Nesses termos, o § 8º do mesmo dispositivo legal ordena que caso o empregador não observe a regra do mencionado dispositivo, seja imposta multa em valor equivalente ao seu salário.

Assim, requer o reclamante o pagamento das verbas rescisórias como: férias proporcionais de 6/12 avos, acrescido do terço constitucional, 13º salário referente ao ano de 2010 no importe de 3/12 avos, saldo de salário equivalente a 26 dias trabalhados no mês de fevereiro de 2010, aviso-prévio indenizado, liberação dos depósitos do FGTS, bem como a multa de 40% sobre seu saldo, acrescido, ainda, da multa prevista no art. 477, § 8º, da CLT.

DOS DANOS MORAIS

Importante salientar que com a Reforma do Judiciário em virtude da Emenda Constitucional 45/2004, a Justiça do Trabalho é competente para julgar as ações de indenização por dano moral decorrentes da relação de trabalho, nos moldes do artigo 114, inciso VII da CF, bem como a súmula 392 do TST.

No dia 26 de fevereiro de 2010 o reclamante foi demitido sem justa causa.

Não bastasse a ocorrência desse infortúnio, o representante legal da reclamada dirigiu ao reclamante, palavras que ofenderam sua dignidade, chamando-o de "moleque" na presença de seus colegas de trabalho, causando-lhe incomensurável vergonha e humilhação.

A CF/88 no art. 5º, incisos V e X ensina serem invioláveis a intimidade, a vida privada, a honra e a imagem das pessoas, assegurado o direito a indenização pelo dano material ou moral decorrente de sua violação.

Nesse sentido, dispõe o art. 186 do CC que aquele que, por ação ou omissão voluntária, violar direito e causar dano a outrem, ainda que exclusivamente moral, comete ato ilícito.

Nessa mesma linha, o art. 927 do mesmo diploma legal ensina que aquele que, por ato ilícito, causar dano a outrem, fica obrigado a repará-lo.

Desta forma, face ao manifesto constrangimento sofrido pelo reclamante requer a condenação da empresa reclamada ao pagamento de indenização a ser arbitrada por esse eminente juízo.

DOS PEDIDOS

Diante do exposto requer o reclamante que a presente ação seja julgada totalmente procedente condenando a reclamada:

a) pagamento do adicional noturno de 20% sobre o valor da hora diária ....a apurar

b) pagamento de horas extras, acrescidas de no mínimo, em 50% à do normal, bem como seus devidos reflexos ....a apurar

c) indenização por danos morais a serem arbitrados ....a apurar

d) integração do adicional de periculosidade para cálculos das parcelas indenizatórias, bem como para o cálculo das horas extras ....a apurar

e) pagamento das verbas rescisórias:

- férias proporcionais de 6/12 avos, acrescido do terço constitucional ....a apurar
- 13º salário referente ao ano de 2010 no importe de 3/12 avos ....a apurar
- saldo de salário equivalente a 26 dias trabalhados de 02/2010 ....a apurar
- aviso-prévio indenizado ....a apurar
- liberação dos depósitos do FGTS ....a apurar
- multa de 40% sobre saldo do FGTS ....a apurar
- pagamento da multa prevista no art. 477, § 8º, da CLT....................................a apurar

f) liberação dos formulários de seguro-desemprego .... inestimável

DOS REQUERIMENTOS

Requer, por fim a notificação via editalícia da empresa reclamada, tendo em vista que a empresa se encontra em local incerto e não sabido, para que ofereça resposta no prazo legal.

Requer provar o alegado por todos os meios de prova em direito admitidos.

Dá-se à causa o valor de R$...(acima de 40 salários mínimos).

Nestes termos,

Pede deferimento.

Local e data: ...

Advogado

OAB/...nº ...

fim da peça

Resposta da Prova Prática 2.009/3

Discursiva - Direito do Trabalho - Peça		
Quesito avaliado	**Faixa de Valores**	**Atendimento ao Quesito**
1) Apresentação, estrutura textual e correção gramatical	0,00 a 0,40	
2) Fundamentação e consistência		
2.1) Peça dirigida ao juiz do trabalho de Camboriú – SC	0,00 a 0,20	
2.2) Ação proposta sob o rito ordinário (em razão do fato de a empresa estar fechada e seus representantes em local incerto e não sabido)	0,00 a 0,40	
2.3) Horas extras (0,30) + reflexos (0,30)	0,00 a 0,60	
2.4) Reflexo do adicional de periculosidade para efeito de cálculo das horas extras (0,30) e adicional noturno (0,30)	0,00 a 0,60	

2.5) Verbas rescisórias: férias proporcionais no importe de 6/12, acrescidos do terço constitucional (0,20); 13.º salário relativo ao ano de 2010 no importe de 3/12 (0,20); saldo de salário equivalente a vinte e seis dias trabalhados no mês de fevereiro de 2010 (0,20); aviso-prévio indenizado (0,20); liberação dos depósitos do FGTS acrescidos da multa rescisória no importe de 40% (0,20)	0,00 a 1,00	
2.6) Danos morais ante a humilhação sofrida pelo empregado	0,00 a 0,80	
2.7) Multa prevista no § 8.º do art. 477 da CLT pelo atraso no pagamento das verbas rescisórias (0,20) e liberação dos formulários do seguro desemprego (0,20)	0,00 a 0,40	
3) Domínio do raciocínio jurídico (adequação da resposta ao problema; técnica profissional demonstrada; capacidade de interpretação e exposição)	0,00 a 0,60	

(OAB/Exame Unificado – 2010.1 – 2ª fase) Lauro, representante legal da empresa Rápido Distribuidora de Alimentos Ltda., procurou auxílio de profissional de advocacia, ao qual relatou ter sido citado para manifestar-se a respeito de reclamação trabalhista ajuizada por ex-empregado que desenvolvia a função de vendedor externo da empresa. Disse que o vínculo empregatício em questão ocorrera entre 17/3/2000 e 15/12/2009. A contrafé apresentada por seu interlocutor demonstra, além da data de propositura da demanda (12/3/2010), a elaboração de pedido de pagamento de horas extraordinárias por todo o liame empregatício, dada a alegação de prestação de serviços das 8h às 20h, de segunda-feira a sexta-feira. Também estão relatados descontos efetuados no salário do empregado, relativos a multas de trânsito a ele atribuídas quando em uso de veículo da empresa na realização de seu mister. Em face disso, o empregado requereu a devolução dos valores deduzidos do salário, alegando que tais penalidades são ínsitas ao risco da atividade econômica a cargo do empregador. Lauro apresentou contrato de trabalho firmado entre as partes, no qual constam a data de contratação, a função que deveria ser exercida, o valor salarial pactuado e a forma de responsabilização do empregado quanto aos danos que viessem a ser praticados, por culpa ou dolo deste, no uso do veículo da empresa. Após a fotocópia da CTPS e a folha de registro do empregado reclamante, na qual constam as informações do contrato, excetuando-se a informação concernente ao uso de veículo da empresa. Apresentou, ainda, multas de trânsito que demonstram ter sido o empregado flagrado, por três vezes, conduzindo veículo a 100 km/h em vias em que a velocidade máxima permitida era de 60 km/h.

Considerando essa situação hipotética, redija, na condição de advogado(a) contratado(a) pelo empregador, a peça processual adequada aos interesses de seu cliente.

início da peça

EXCELENTÍSSIMO SENHOR DOUTOR JUIZ DO TRABALHO DA....VARA DO TRABALHO DE....

(10 linhas)

Processo n.º:

RÁPIDO DISTRIBUIDORA DE ALIMENTOS LTDA., pessoa jurídica de direito privado, inscrita no CNPJ/MF sob o nº..., com sede na (endereço completo com CEP) por seu advogado que esta subscreve vem à presença de Vossa Excelência, nos autos da Reclamação Trabalhista que lhe move LAURO, já qualificado nos autos, apresentar sua

CONTESTAÇÃO

com fulcro no art. 847 da CLT combinado com art. 300 do CPC, pelos motivos de fato e de direito que passa a aduzir.

SÍNTESE DA INICIAL

Em 12 de março de 2010 reclamante ajuizou reclamação trabalhista alegando em suma que laborou para a reclamada na função de vendedor externo com início em 17 de março de 2000 e término em 15 de dezembro de 2009.

Pleiteia o pagamento de horas extraordinárias por todo o liame empregatício, por ter prestado serviços das 8h às 20h, de segunda-feira a sexta-feira.

Pleiteia, ainda, descontos efetuados em seu salário, relativos a multas de trânsito a ele atribuídas quando em uso de veículo da empresa na realização de seu mister, pelo que requer a devolução dos valores deduzidos do salário, alegando que tais penalidades são ínsitas ao risco da atividade econômica a cargo do empregador.

Por todo, requer a procedência da reclamação e a condenação nos pedidos acima descritos.

PREJUDICIAL DE MÉRITO – PRESCRIÇÃO QUINQUENAL.

Em 12 de março de 2010 o reclamante ajuizou reclamação trabalhista requerendo o reconhecimento de direitos trabalhistas relacionados ao período compreendido entre 17 de março de 2000 e 15 de dezembro de 2009.

O art. 7º, XXIX, da CF e o art. 11, I, da CLT , ensinam que os trabalhadores poderão reclamar os direitos trabalhistas quanto aos créditos resultantes da relação de trabalho, com prazo prescricional de 5 (cinco) anos.

Nesse sentido, nos termos da súmula 308, item I, do TST obedecido o biênio subsequente à cessação contratual, a prescrição da ação trabalhista concerne às pretensões imediatamente anteriores a cinco anos, contados da data do ajuizamento da reclamação e, não, às anteriores ao quinquênio da data da extinção do contrato.

Desta forma, requer seja acolhida a prescrição quinquenal, reconhecendo prescritos os créditos trabalhistas anteriores a 12 de março de 2005, julgando extinta tal pretensão com resolução mérito nos termos do art. 269, IV, do CPC.

DO NÃO CABIMENTO DAS HORAS EXTRAS

O reclamante requer o pagamento de horas extraordinárias por todo o liame empregatício, por ter prestado serviços das 8h às 20h, de segunda-feira a sexta-feira.

Ocorre que, como demonstrado pelos documentos anexos e pelas anotações na CTPS do reclamante, ele exercia função de vendedor externo.

Sabe-se que os vendedores externos, em conformidade com o disposto no art. 62, I, da CLT, não estão sujeitos ao controle de jornada de trabalho. Referido dispositivo dispõe que não são abrangidos pelo regime previsto no capítulo relativo à jornada de trabalho estabelecida na CLT os empregados que exercem atividade externa, incompatível com a fixação de horário de trabalho, devendo tal condição ser anotada na Carteira de Trabalho e Previdência Social e no registro de empregados.

Desta forma, requer a improcedência do pedido de horas extras, tendo em vista a expressa disposição do art. 62, I, da CLT.

DA VALIDADE DOS DESCONTOS SALARIAIS

O reclamante pleiteia a devolução de valores descontados em seu salário, relativos a multas de trânsito a ele atribuídas quando em uso de veículo da empresa na realização de seu trabalho.

Ocorre que dispõe o art. 462, § 1º, da CLT que em caso de dano causado pelo empregado, o desconto será lícito, desde de que esta possibilidade tenha sido acordada ou na ocorrência de dolo do empregado.

TRABALHISTA

Como restou comprovado, o contrato de trabalho apresentado prevê a forma de responsabilização do empregado quanto aos danos que viessem a ser praticados, por culpa ou dolo deste, no uso do veículo da empresa.

Desta forma, tendo em vista a previsão disposta no contrato de trabalho no que diz respeito a responsabilização de danos e a norma contida no art. 462, § 1º, da CLT, o reclamante não faz jus ao pedido de devolução dos valores descontados em seu salário em razão das multas de trânsito cometidas.

DO PEDIDO

Diante do exposto requer a reclamada seja julgada totalmente improcedente a reclamação trabalhista, reconhecendo a prescrição quinquenal e no mérito a improcedência dos pedidos pelas razões expostas.

Protesta provar o alegado por todos os meios de provas em direito admitidos, especialmente, depoimento pessoal do reclamante, testemunhal e documental.

Nestes termos,

Pede deferimento.

Local e data: ...

Advogado

OAB/...nº ...

fim da peça

PADRÃO DE RESPOSTA – PEÇA PROFISSIONAL

Trata-se de contestação ou defesa, que deve trazer em seu bojo tópico próprio relativamente à prescrição quinquenal de que trata o art. 7.º, XXIX, da Constituição Federal, por meio do qual deverá ser suscitada a aplicação do referido instituto sobre o período laborado entre a admissão, ocorrida em 17/3/2000, e a data 12/3/2005. Considerando-se que os documentos apresentados pelo empregador demonstram que o reclamante exercia a função de vendedor externo, sem sujeição a controle de jornada, deve-se pugnar pela aplicação do disposto no art. 62, I, da CLT, o qual assevera que não são abrangidos pelo regime previsto no capítulo relativo à jornada de trabalho estabelecida na CLT os empregados que exercem atividade externa, incompatível com a fixação de horário de trabalho, devendo tal condição ser anotada na Carteira de Trabalho e Previdência Social e no registro de empregados. Quanto aos descontos relativos às multas dos quais pretende o empregado o ressarcimento, deve-se pugnar pela aplicação do § 1.º do art. 462 da CLT, o qual assevera que, em caso de dano causado pelo empregado, o desconto será lícito, desde que tal possibilidade tenha sido acordada, ou na ocorrência de dolo do empregado. Finalmente, deve-se requerer a prova do alegado pelos meios em juízo admitidos, pugnando-se pela improcedência dos pedidos formulados. Observação para a correção: atribuir pontuação integral às respostas em que esteja expresso o conteúdo do dispositivo legal, ainda que não seja citado, expressamente, o número do artigo.

Distribuição dos pontos

Discursiva - Direito do Trabalho - Peça		
Quesito avaliado	**Faixa de Valores**	**Atendimento ao Quesito**
1) Apresentação, estrutura textual e correção gramatical	0,00 a 0,40	
2) Fundamentação e consistência		

2.1) Contestação ou defesa endereçada ao juiz do trabalho	0,00 a 0,60	
2.2) Pedido de reconhecimento da prescrição quinquenal (CF, art. 7.º, XXIX) (0,40) sobre o período laborado entre 17/3/2000 e 12/3/2005 (0,40)	0,00 a 0,80	
2.3) Documentos apresentados juntamente com a defesa: comprovação do exercício da função de vendedor externo, sem sujeição, portanto, a controle de jornada (0,40) / Improcedência do pedido, com base no art. 62, I, da CLT (0, 40)	0,00 a 0,80	
2.4) Reconhecimento da validade dos descontos relativos a multas de trânsito em razão do dano causado por dolo do empregado (CLT, art. 462, § 1.º)	0,00 a 1,00	
2.5) Fundamentação complementar acerca da licitude dos descontos verificados em face das multas de trânsito (CLT, art. 8.º, parágrafo único)	0,00 a 0,80	
3) Domínio do raciocínio jurídico (adequação da resposta ao problema; técnica profissional demonstrada; capacidade de interpretação e exposição)	0,00 a 0,60	

(OAB/Exame Unificado – 2010.2 – 2ª fase) Kelly Amaral, assistida por advogado particular não vinculado ao seu sindicato de classe, ajuizou reclamação trabalhista, pelo Rito Ordinário, em face do Banco Finanças S/A (RT nº 1234/2010), em 13.09.2010, afirmando que foi admitida em 04.08.2002, para exercer a função de gerente geral de agência, e que prestava serviços diariamente de segunda-feira a sexta-feira, das 09h às 20h, com intervalo para repouso e alimentação de 30 (trinta) minutos diários, apesar de não ter se submetido a controle de ponto. Seu contrato extinguiu-se em 15.07.2009, em razão de dispensa imotivada, quando recebia salário no valor de R$ 5.000,00 (cinco mil reais), acrescido de 45% (quarenta e cinco por cento), a título de gratificação de função. Aduziu, ainda, que desde a sua admissão, e sempre por força de normas coletivas, vinha percebendo o pagamento de auxílio-educação, de natureza indenizatória, para custear a despesas com a instrução de seus dependentes.

O pagamento desta vantagem perdurou até o termo final de vigência da convenção coletiva de trabalho de 2006/2007, aplicável à categoria profissional dos bancários, não tendo sido renovado o direito à percepção do referido auxílio nos instrumentos normativos subsequentes.

Em face do princípio da inalterabilidade contratual sustentou a incorporação do direito ao recebimento desta vantagem ao seu contrato de trabalho, configurando direito adquirido, o qual não poderia ter sido suprimido pelo empregador. Nomeada, em janeiro/2009, para exercer o cargo de delegado sindical de representação obreira, no setor de cultura e desporto da entidade e que inobstante tal estabilidade foi dispensada imotivadamente, por iniciativa de seu empregador. Inobstante não prestar atividades adstritas ao caixa bancário, por isonomia, requer o recebimento da parcela quebra de caixa, com a devida integração e reflexos legais. Alegou, também, fazer jus a isonomia salarial com o Sr. Osvaldo Maleta, readaptado funcionalmente por causa previdenciária, e por tal desde janeiro/2008 exerce a função de Gerente Geral de Agência, ou seja, com idêntica função ao autor da demanda, na mesma localidade e para o mesmo empregador e cujo salário fixo superava R$ 8.000,00 (oito mil reais), acrescidos da devida gratificação funcional de 45%. Alega a não fruição e recebimento das férias do período 2007/2008, inobstante admitir ter se retirado em licença remunerada, por 32 (trinta e dois) dias durante aquele período aquisitivo.

Diante do exposto, postulou a reintegração ao emprego, em face da estabilidade acima perpetrada ou indenização substitutiva e a condenação do banco empregador ao pagamento de 02 (duas) horas extraordinárias diárias, com adicional de 50% (cinquenta por cento), de uma hora extra diária, pela supressão do intervalo mínimo de uma hora e dos reflexos em aviso-prévio, férias integrais e proporcionais, décimo terceiro salário integral e proporcional, FGTS e indenização compensatória de 40%

TRABALHISTA

(quarenta por cento), assim como dos valores mensais correspondentes ao auxílio educação, desde a data da sua supressão até o advento do término de seu contrato, do recebimento da parcela denominada quebra de caixa, bem como sua integração e reflexos nos termos da lei, diferenças salariais e reflexos em aviso-prévio, férias integrais e proporcionais, décimo terceiro salário integral e proporcional, FGTS + 40 %, face pleito equiparatório e férias integrais 2007/2008, de forma simples e acrescidos de 1/3 pela não concessão a tempo e modo. Pleiteou, por fim, a condenação do reclamado ao pagamento de indenização por danos morais e de honorários advocatícios sucumbenciais.

Considerando que a reclamação trabalhista foi ajuizada perante a 1ª Vara do Trabalho de Boa Esperança/MG, redija, na condição de advogado contratado pelo banco empregador, a peça processual adequada, a fim de atender aos interesses de seu cliente.

início da peça

EXCELENTÍSSIMO SENHOR DOUTOR JUIZ DO TRABALHO DA 1ª VARA DO TRABALHO DE BOA ESPERANÇA/MG

(10 linhas)

Processo n.º: 1234/2010

BANCO FINANÇAS S/A, pessoa jurídica de direito privado, inscrita no CNPJ sob o número..., com sede em (endereço completo e CEP), nos autos da Reclamação Trabalhista em epígrafe, promovida por KELLY AMARAL, já qualificado na exordial, por seu advogado que esta subscreve (instrumento de mandato anexo doc), com endereço profissional em (endereço completo e CEP), onde recebe notificações e intimações, vem respeitosamente à presença de Vossa Excelência, com fulcro nos artigos 847 da CLT, combinado com o 300 do CPC, aplicado subsidiariamente por força do artigo 769 do diploma trabalhista, apresentar

CONTESTAÇÃO

pelos motivos de fato e de direito a seguir expostos:

SÍNTESE DA INICIAL

Em 13 de setembro de 2010, a reclamante, assistida por seu advogado, ajuizou reclamação trabalhista, alegando que foi admitida em 04 de agosto de 2002 para exercer a função de gerente geral de agência, prestando serviços diariamente de segunda a sexta-feira, das 09h às 20h, com intervalo de 30 minutos para refeição.

Recebia como último salário a importância de R$ 5.000,00, acrescido de gratificação de função de 45% (quarenta e cinco por cento).

Por força de norma coletiva, recebia o pagamento de auxílio-educação, de natureza indenizatória, para custear as despesas com a instrução de seus dependentes.

Em 15 de julho de 2009 teve seu contrato extinto em razão da dispensa imotivada, razão pela qual ingressa com a presente reclamação pleiteando a reintegração ao emprego, em face da estabilidade por ser delegada sindical ou indenização substitutiva, equiparação salarial por exercer a mesma função que o paradigma. Requer a condenação da reclamada ao pagamento de 02 (duas) horas extraordinárias diárias, com adicional de 50% (cinquenta por cento), de uma hora extra diária, pela supressão do intervalo mínimo de uma hora e dos reflexos em aviso-prévio, férias integrais e proporcionais, décimo terceiro salário integral e proporcional, FGTS e indenização compensatória de 40% (quarenta por cento). Pleiteia, também, os valores mensais correspondentes ao auxílio educação, desde a data da sua supressão até o advento do término de seu contrato. Requer o recebimento da parcela denominada "quebra de caixa", bem como sua integração e reflexos nos termos da lei, diferenças salariais e reflexos em aviso-prévio, férias integrais e proporcionais, décimo terceiro salário integral e proporcional, FGTS + 40 %, face pleito equiparatório e férias integrais 2007/2008, de forma simples e acrescidos de 1/3 pela não concessão a tempo e modo.

Por último, requer a condenação da reclamada ao pagamento de danos morais e honorários advocatícios.

Sem razão contudo, senão, vejamos.

PRELIMINARMENTE – DA INÉPCIA DA INICIAL

A reclamante pleiteia a condenação da empresa ao pagamento de danos morais.

Porém, deixa de indicar os fatos e os fundamentos jurídicos do seu pedido, restando ausente a causa de pedir. A indicação dos fatos e fundamentos jurídicos é de extrema importância, pois fixam os limites da lide e permite a parte contrária a possibilidade de se defender daquela pretensão.

Desta forma, deve ser declarada a inépcia da reclamação trabalhista no que diz respeito ao pedido de danos morais, nos termos do art. 295, parágrafo único, inciso I, do CPC, extinguindo o processo sem resolução do mérito em conformidade com o art. 267, inciso, I, do CPC.

PREJUDICIAL DE MÉRITO – PRESCRIÇÃO QUINQUENAL

Em 13 de setembro de 2010 a reclamante ajuizou reclamação trabalhista requerendo o reconhecimento de direitos trabalhistas relacionados ao período compreendido entre 04 de agosto de 2002 e 15 de julho de 2009.

O art. 7º, XXIX, da CF, dispõe que os trabalhadores poderão reclamar os direitos trabalhistas quanto aos créditos resultantes da relação de trabalho, com prazo prescricional de 5 (cinco) anos. De acordo com o dispositivo constitucional, ao ajuizar reclamação trabalhista o obreiro poderá reclamar apenas os créditos dos 5 (cinco) anos que antecedem a propositura da reclamação trabalhista. Nesse mesmo sentido dispõe o art. 11, I, da CLT.

O Tribunal Superior do Trabalho, através do entendimento cristalizado na súmula 308, item I, do TST, ensina que, respeitado o biênio subsequente à cessação contratual, a prescrição da ação trabalhista concerne às pretensões imediatamente anteriores a cinco anos, contados da data do ajuizamento da reclamação e, não, às anteriores ao quinquênio da data da extinção do contrato.

Desta forma, requer seja acolhida a prescrição quinquenal, declarando prescritos os créditos anteriores a 13 de setembro de 2005, julgando extinta tal pretensão com resolução do mérito, nos termos do art. 269, IV, do CPC.

DO NÃO CABIMENTO DAS HORAS EXTRAS

A reclamante requer o pagamento de 2 (duas) horas extraordinárias por todo o liame empregatício, por ter prestado serviços das 09h às 20h, de segunda-feira a sexta-feira.

Ocorre que, conforme a própria reclamante alega, exercia cargo de confiança, recebendo gratificação de função de 45% (quarenta e cinco por cento), pois exercia a função de gerente geral de agência que, nos termos do art. 62, II, da CLT, não se submete ao controle de jornada de trabalho.

Nesse sentido, a súmula 287 do TST entende que ao gerente geral de agência bancária, presume-se o exercício de encargo de gestão, aplicando-se-lhe o art. 62 da CLT.

Desta forma, deve ser julgado improcedente o pedido de horas extras e reflexos.

TRABALHISTA

VALORES DE AUXÍLIO EDUCAÇÃO

A reclamante pleiteia o recebimento de valores referentes ao auxílio-educação que recebia por força de convenção coletiva e que foi suprida em 2007 em razão do término de vigência da referida convenção. Sustenta que a alteração contratual é lesiva, baseado no princípio da inalterabilidade contratual.

Ocorre que a convenção coletiva possui validade temporal limitada ao prazo assinalado, não integrando os contratos de trabalho de forma definitiva. Esse é o entendimento consubstanciado na súmula 277, item I, do TST.

Por ter a convenção coletiva de trabalho prazo de vigência nos anos de 2006/2007, resta claro que sua supressão não enseja na alteração ilícita do contrato de trabalho, não afrontando, portanto, o art. 468 da CLT.

Desta forma, requer seja o presente pedido julgado improcedente.

DO NÃO CABIMENTO DA ESTABILIDADE

A reclamante pleiteia a reintegração ao emprego ou indenização substitutiva, por exercer cargo de delegada sindical, fazendo assim jus à estabilidade provisória.

Ocorre que, o delegado sindical não é detentor da estabilidade, na medida em que lhe falta representatividade eletiva. Isso porque, foi indicada ao cargo e não eleita para representar a categoria profissional. Nesse mesmo sentido o TST se pronunciou através da orientação jurisprudencial 369 da SDI 1.

Desta forma, requer seja o presente pedido julgado improcedente.

DO NÃO CABIMENTO DA PARCELA QUEBRA DE CAIXA

A reclamante pleiteia o pagamento da parcela denominada quebra de caixa.

Referida parcela é destinada a cobrir os riscos assumidos pelo empregado que lida com manuseio constante de numerário, como por exemplo os caixas bancários e outros.

Nota-se que a reclamante não desempenhava função com manuseio de dinheiro, ou seja, a função que desempenhava não denotam possibilidade de erros involuntários de contagem.

Desta forma, requer a improcedência do pedido.

DO NÃO CABIMENTO DA EQUIPARAÇÃO SALARIAL

A reclamante requer equiparação salarial com o Sr. Osvaldo Maleta, por exercer a mesma função, na mesma localidade para o mesmo empregador.

Ocorre que, o trabalhador apontado pelo reclamante foi readaptado funcionalmente por causa previdenciária, não podendo servir como paradigma para fins de equiparação salarial.

Nesse sentido, determina o art. 461, § 4º, da CLT, que o trabalhador readaptado em nova função por motivo de deficiência física ou mental atestada pelo órgão competente da Previdência Social não servirá de paradigma para fins de equiparação salarial.

Desta forma, requer a improcedência do pedido.

DO NÃO CABIMENTO DAS FÉRIAS

A reclamante requer o recebimento de férias integrais e proporcionais pela não concessão a tempo e modo corretos.

Ocorre que durante o período aquisitivo de 2007/2008, como a própria reclamante alega, permaneceu no gozo de licença remunerada por 32 dias.

Determina o art. 133, II, da CLT que não terá direito a férias o empregado que, no curso do período aquisitivo permanecer em gozo de licença, com percepção de salários, por mais de 30 (trinta) dias.

Desta forma, tendo a reclamante permanecido em licença remunerada por 32 dias, requer a improcedência do pedido.

DO NÃO CABIMENTO DE HONORÁRIOS ADVOCATÍCIOS

A reclamante pleiteia o pagamento de honorários advocatícios.

Importante ressaltar que a assistência judiciária, será concedida nos moldes do art. 14, § 1º, da Lei 5584/70 e será prestada pelo sindicato profissional da categoria.

Na Justiça do Trabalho os honorários advocatícios não são devidos pela mera sucumbência, devendo a parte estar assistida por sindicato da categoria e ser beneficiário da justiça gratuita, nos termos das súmulas 219, I, e 329 do TST.

Desta forma, requer a improcedência do pedido.

DOS PEDIDOS

Diante do exposto requer a reclamada seja a reclamação julgada totalmente improcedente:

a) reconhecendo a preliminar de inépcia da reclamação trabalhista no que diz respeito ao pedido de danos morais, que deverá ser julgado improcedente, extinguindo-se o processo sem resolução do mérito, com base no art. 267, I e art. 295, parágrafo único, inciso I, ambos do CPC;

b) reconhecendo a prescrição quinquenal, declarando prescrito os créditos anteriores a 13 de setembro de 2005, com a extinção do processo com a resolução do mérito nos termos do art. 269, IV, do CPC e

c) no mérito, a improcedência de todos os pedidos conforme razões expostas.

Protesta provar o alegado por todos os meios de provas em direito admitidos, especialmente, depoimento pessoal do reclamante, testemunhal e documental.

Nestes termos,

Pede deferimento.

Local e data: ...

Advogado

OAB/...nº ...

fim da peça

GABARITO COMENTADO – FGV

1 – Verificar adequação do encaminhamento e identificação das partes:

Modelo de encaminhamento e identificação das partes:

EXCELENTÍSSIMO SENHOR DOUTOR JUIZ DO TRABALHO DA 1ª VARA DO TRABALHO DE BOA ESPERANÇA/MG Processo nº 1234/2010 – 0,25 pts

BANCO FINANÇAS S/A, já qualificado na petição inicial, vem, respeitosamente, perante Vossa Excelência, através do advogado que ao final assina, apresentar, nos autos do processo em epígrafe, com fundamento no artigo 847 da CLT, a presente CONTESTAÇÃO

em face da reclamação trabalhista ajuizada por KELLY AMARAL, pelas razões de fato e de direito a seguir expostas – 0,25 pts.

2 – Verificar se o candidato arguiu, na peça, a preliminar de inépcia

Modelo:

A reclamante, na petição inicial, postula o pagamento de indenização por danos morais, sem, contudo, articular os fundamentos de fato e de direito que amparam a sua pretensão. Resta, pois, ausente a causa de pedir. Assim sendo, deve ser julgado inepta a petição inicial neste aspecto, com base no artigo 295, parágrafo único, inciso I, do CPC, julgando-se extinto o processo sem resolução do mérito com relação a este pedido, nos termos dos artigos 267, inciso I, e 295, inciso I, do mesmo diploma processual civil – 0,5 pts.

3 – Verificar se o candidato apresenta prejudicial de prescrição quinquenal:

Modelo:

Suscita-se a prejudicial de prescrição quinquenal, a fim de que sejam consideradas prescritas todas as parcelas anteriores a 13.09.2005, nos termos do artigo 7º, inciso XXIX, do Texto Constitucional – 0,5 pts.

4 – Do item horas extras e reflexos – extrapolação de jornada e supressão do intervalo intrajornada. Verificar se o candidato contesta -e adequadamente- o pedido, com indicação da norma jurídica incidente. Gerente geral de agência, sem controle de horário, não faz jus a horas extras e não há que se falar em supressão de intervalo. Improcedência do pedido.

Modelo:

Conforme resta narrado na própria petição inicial, a autora era ocupante do cargo de confiança de gerente geral de agência e, nos termos do Art. 62, inciso II, da CLT não se submetia ao controle de jornada de trabalho, percebendo, ainda, gratificação de função superior a 40% (CLT, Art. 62, parágrafo único). Neste sentido, inclusive, o posicionamento contido na Súmula nº 287 do C. Tribunal Superior do Trabalho. Deste modo, tendo a reclamante ocupado cargo de confiança, carece de amparo legal o pagamento de horas extraordinárias, devendo ser julgado improcedente o pedido, assim como o de seus reflexos, já que os acessórios seguem a sorte do principal – 0,5 pts.

5 – Do item alteração contratual lesiva e da integração do valor pago a título de auxílio educação. Verificar se o candidato contesta –e adequadamente- o pedido, com indicação da norma jurídica incidente. As normas previstas nas Convenções Coletivas de Trabalho têm validade temporal, não importando em alteração lesiva a supressão de benefícios delas advindos e não previstos em norma coletiva posterior. Improcedência.

Modelo:

A jurisprudência uniformizada no item I da Súmula nº 277 do C. Tribunal Superior do Trabalho, apreciando a repercussão das normas coletivas nos contratos de trabalho, posiciona-se no sentido de que as condições de trabalho alcançadas por força de sentença normativa, convenção ou acordo coletivos vigoram no prazo assinado, não integrando, de forma definitiva, os contratos individuais de trabalho. Trata-se, conforme a doutrina, da adoção da teoria da aderência limitada pelo prazo. Ao contrário da tese adotada pela parte autora, o direito de percepção do auxílio-educação se esgotou com o advento do término da vigência da convenção coletiva de trabalho de 2006/2007, haja vista não ter sido renovado este benefício nas normas coletivas posteriores. Não há, portanto, que se falar em incorporação, ou mesmo direito adquirido, sendo inaplicável, neste caso, a norma do artigo 468 da CLT. Desta forma, deve ser julgado improcedente o pedido – 0,5 pts.

6 – Do item estabilidade e pedido de Reintegração ou Indenização Substitutiva: Verificar se o candidato contesta -e adequadamente- o pedido, com indicação da norma jurídica incidente. Delegado sindical não é detentor de estabilidade, por falta de representatividade eletiva. Improcedência.

Modelo:

O pedido não merece guarida, por falta de amparo legal, visto que a reclamante exercia cargo de delegado sindical de representação obreira, o que não lhe dá ensejo à estabilidade provisória de emprego, pois indicada e não eleita para fins de representação de categoria profissional, nos exatos termos da OJ 369 da SBDI 1 do TST. Sendo assim, os pedidos sucessivos alhures deverão ser julgados improcedentes – 0,5 pts.

7 – Do item quebra de caixa - pagamento e integração com reflexos da parcela quebra de caixa: Verificar se o candidato contesta -e adequadamente- o pedido. Atividade exercida não enseja a percepção da parcela – improcedência.

Modelo:

Não faz jus à reclamante a parcela devida, pois suas atividades e funções não denotam a possibilidade de ensejar erros involuntários de contagem, dado o manuseio constante de dinheiro. Com efeito, não há para a reclamante maior responsabilidade que se exige do empregado que realiza cotidianamente a contagem de valores em dinheiro. Enfim, é nítida a incompatibilidade da percepção da referida parcela com a função de Gerência Geral de Agência – 0,5 pts.

8 – Do item Equiparação Salarial: Verificar se o candidato contesta -e adequadamente- o pedido, com indicação da norma jurídica incidente. Paradigma em readaptação não serve de modelo para efeito de equiparação. Apontamento de fato impeditivo de direito ao pleito equiparatório, face à previsão do Art. 461 § 4º, CLT. Improcedência do pedido.

Modelo:

Pleito de equiparação salarial, apontando como paradigma o Sr. Osvaldo Maleta, empregado readaptado funcionalmente por causa previdenciária, requerendo diferenças salariais. Existe fato impeditivo do direito ao pleito equiparatório e seus consectários, qual seja, o disposto no Art. 461, § 4º, visto que o apontado paradigma exerce a função de Gerente Geral de Agência, advindo de readaptação funcional, por causa previdenciária, o que afasta o pleito isonômico – 0,5 pts.

9 – Do item férias vencidas e não usufruídas. Verificar se o candidato contesta – e adequadamente – o pedido, com indicação da norma jurídica incidente. Licença remunerada superior a 30 dias no período aquisitivo elimina o direito a férias do mesmo período. Improcedência.

Modelo:

O pleito deverá ser afastado, com espeque no Art. 133, II da CLT, pois a autora admite ter usufruído licença remunerada, por 32 dias, durante aquele período aquisitivo 2007/2008 – 0,5 pts.

10 – Do item honorários advocatícios: Verificar se o candidato contesta – e adequadamente – o pedido, com indicação da norma jurídica incidente. Não foram preenchidos os requisitos legais para a incidência de honorários. Improcedência.

Modelo:

Segundo a disposição contida no artigo 14, *caput*, § 1º, da Lei nº 5.584/70 e Súmulas 219 e 329 do TST, na Justiça do Trabalho a assistência judiciária a que se refere a Lei nº 1.060/50 será prestada pelo sindicato profissional a que pertencer o trabalhador, sendo devida a todo aquele que perceber salário igual ou inferior ao dobro do mínimo legal, ou que sua situação econômica não lhe permita demandar, sem prejuízo do sustento próprio ou da família, devendo ser julgado improcedente o pedido de condenação do reclamado no pagamento de honorários advocatícios – 0,25 pts.

11 – Requerimentos:

Modelo:

Diante dos fundamentos fáticos e jurídicos articulados, o candidato deve requerer o acolhimento da preliminar de inépcia, a prejudicial de prescrição quinquenal e, por fim, no mérito, sejam julgados improcedentes os pedidos aduzidos na peça de ingresso pelas razões expostas, protestando por todos os meios de prova admitidos em Direito, notadamente depoimento pessoal, prova documental e testemunhal.

Nestes termos,

Pede deferimento.

Data

Advogado – 0,25 pts.

Distribuição dos pontos

Quesito avaliado *	Valores possíveis
Encaminhamento adequado e identificação das partes envolvidas	0 / 0,25 / 0,5
Apresentação de Preliminar (Inépcia - danos morais - ausência de causa de pedir e indicação das normas: Art. 267, I/CPC e Art. 295, I, parágrafo único, I/CPC)	0 / 0,1 / 0,2 / 0,3 / 0,4 / 0,5
Prejudicial de Prescrição (Prescrição Quinquenal e Indicação da norma)	0 / 0,2 / 0,3 / 0,5
Horas extras, intervalos e reflexos: Gerente geral de agência sem controle de horário, improcedência e indicação das normas: Art. 62, II/CLT e Súmula nº 287/TST	0 / 0,1 / 0,2 / 0,3 / 0,4 / 0,5
Alteração contratual lesiva e integração auxílio-educação: Validade temporal da CCT, improcedência e indicação das normas: Súmula 227, I/TST e alteração não afronta Art. 468/CLT	0 / 0,1 / 0,2 / 0,3 / 0,4 / 0,5
Estabilidade-reintegração ou indenização (Delegado sindical não tem estabilidade, falta de representação eletiva, improcedência e indicação da Norma)	0 / 0,2 / 0,3 / 0,5
"Quebra de Caixa" - pagamento e integração (Atividade não enseja parcela - improcedência)	0 / 0,1 / 0,2 / 0,3 / 0,4 / 0,5
Equiparação salarial - impossibilidade (Paradigma readaptado-improcedência e Indicação da Norma)	0 / 0,2 / 0,3 / 0,5
Férias vencidas e não usufruídas (Licença superior a 30 dias-improcedência e Indicação da Norma)	0 / 0,2 / 0,3 / 0,5
Honorários advocatícios (Não preenchimento dos requisitos-improcedência e Indicação das Normas)	0 / 0,05 / 0,1 / 0,15 / 0,2 / 0,25
Requerimentos (Acolhimento da preliminar de inépcia, prescrição, improcedência e protesto pelos meios de prova)	0 / 0,05 / 0,1 / 0,15 / 0,2 / 0,25

(OAB/Exame Unificado – 2010.3 – 2ª fase) Em face da sentença abaixo, você, na qualidade de advogado do reclamante, deverá interpor o recurso cabível para a instância superior, informando acerca de preparo porventura efetuado.

VARA DO TRABALHO DE SÃO JOÃO DE PÁDUA

Processo nº 644-44.2011.5.03.0015 – procedimento sumaríssimo

AUTOR: RILDO JAIME

RÉS: 1) SOLUÇÕES EMPRESARIAIS LTDA. e 2) METALÚRGICA CRISTINA LTDA.

Aos 17 dias do mês de fevereiro de 2011, às 10 horas, na sala de audiências desta Vara do Trabalho, o Meritíssimo Juiz proferiu, observadas as formalidades legais, a seguinte

S E N T E N Ç A

Dispensado o relatório, a teor do disposto no artigo 852, I, in fine da CLT.

FUNDAMENTAÇÃO

DA REVELIA E CONFISSÃO – Malgrado a segunda ré (tomadora dos serviços) não ter comparecido em juízo, mesmo citada por oficial de justiça (mandado a fls. 10), entendo que não há espaço para revelia nem confissão quanto à matéria de fato porque a primeira reclamada, prestadora dos serviços e ex-empregadora, contestou a demanda. Assim, utilidade alguma haveria na aplicação da pena em tela, requerida pelo autor na última audiência. Rejeito.

DA INÉPCIA – O autor denuncia ter sido admitido dois meses antes de ter a CTPS assinada, pretendendo assim a retificação no particular e pagamento dos direitos atinentes ao período oficioso. Apesar de a ex-empregadora silenciar neste tópico, a técnica processual não foi respeitada pelo autor. É que ele postulou apenas a retificação da CTPS e pagamento dos direitos, deixando de requerer a declaração do vínculo empregatício desse período, fator indispensável para o sucesso da pretensão deduzida. Extingo o feito sem resolução do mérito em face deste pedido.

DA PRESCRIÇÃO PARCIAL – Apesar de não ter sido suscitada pela primeira ré, conheço de ofício da prescrição parcial, conforme recente alteração legislativa, declarando inexigíveis os direitos anteriores a cinco anos do ajuizamento da ação.

DAS HORAS EXTRAS – O autor afirma que trabalhava de 2ª a 6ª feira das 8h às 16h com intervalo de 15 minutos para refeição, postulando exclusivamente hora extra pela ausência da pausa de 1 hora. A instrução revelou que efetivamente a pausa alimentar era de 15 minutos, não só pelos depoimentos das testemunhas do autor, mas também porque os controles não exibem a marcação da pausa alimentar, nem mesmo de forma pré-assinalada. Contudo, uma vez que confessadamente houve fruição de 15 minutos, defiro 45 minutos de horas extras por dia de trabalho, com adição de 40%, conforme previsto na convenção coletiva da categoria juntada os autos, mas sem qualquer reflexo diante da natureza indenizatória da verba em questão.

DA INSALUBRIDADE – Este pedido fracassa porque o autor postulou o seu pagamento em grau máximo, conforme exposto na peça inicial, mas a perícia realizada comprovou que o grau presente na unidade em que o reclamante trabalhava era mínimo e, mais que isso, que o agente agressor detectado (iluminação) era diverso daquele indicado na petição inicial (ruído). Estando o juiz vinculado ao agente agressor apontado pela parte e ao grau por ela estipulado, o deferimento da verba desejada implicaria julgamento *extra petita*, o que não é possível. Não procede

DA MULTA ARTIGO 477 da CLT – O reclamante persegue a verba em exame ao argumento de que a homologação da ruptura contratual sucedeu 25 dias após a concessão do aviso-prévio indenizado. Sem razão, todavia. A ré comprovou documentalmente que realizou o depósito das verbas resilitórias na conta do autor oito dias após a concessão do aviso, de modo que a demora na homologação da ruptura – fato incontestado – não causou qualquer prejuízo ao trabalhador. Não procede.

ANOTAÇÃO DE DISPENSA NA CTPS – O acionante deseja a retificação de sua CTPS no tocante à data da dispensa, para incluir o período do aviso-prévio. O pedido está fadado ao insucesso, porquanto no caso em exame o aviso-prévio foi indenizado, ou seja, não houve prestação de serviço no seu lapso. Logo, tal período não pode ser considerado na anotação da carteira profissional. Não procede.

DO DANO MORAL – O pedido de dano moral tem por suporte a revista que o autor sofria. A primeira ré explicou que a revista se limitava ao fato de os trabalhadores, na saída do expediente, levantarem coletivamente a camisa até a altura do peito, o que não trazia qualquer constrangimento, mesmo porque fiscalizados por pessoa do mesmo sexo. A empresa tem razão, pois, se os homens frequentam a praia ou mesmo saem à rua sem camisa, certamente não será o fato de a levantarem um pouco na saída do serviço que lhes ferirá a dignidade ou decoro. Ademais, a proibição de revista aplica-se apenas às mulheres, na forma do artigo 373-A, VI, da CLT. Não houve violação a qualquer aspecto da personalidade do autor. Não procede.

DOS HONORÁRIOS ADVOCATÍCIOS – São indevidos os honorários porque, em que pese o reclamante estar assistido pelo sindicato de classe e encontrar-se atualmente desempregado, o volume dos pedidos ora deferidos superará dois salários mínimos, pelo que não se cogita pagamento da verba honorária almejada pelo sindicato.

DOS HONORÁRIOS PERICIAIS – Em relação à perícia realizada, cujos honorários foram adiantados pelo autor, já constatei que, no mérito, razão não assistia ao demandante, mas, por outro lado, que havia efetivamente um agente que agredia a saúde do laborista. Desse modo, declaro que a sucumbência pericial foi recíproca e determino que cada parte arque com metade dos honorários. A metade devida ao reclamante deverá a ele ser devolvida, sem correção, adicionando-se seu valor na liquidação.

JUROS E CORREÇÃO MONETÁRIA – Na petição inicial o autor não requereu ambos os títulos, pelo que não deverão ser adicionados aos cálculos de liquidação, já que a inicial fixa os contornos da lide e da eventual condenação.

RESPONSABILIDADE SEGUNDA RÉ – Na condição de tomadora dos serviços do autor durante todo o contrato de trabalho, e considerando que não houve fiscalização do cumprimento das obrigações contratuais da prestadora, condeno a segunda ré de forma subsidiária pelas obrigações de dar, com arrimo na Súmula 331 do TST. Contudo, fixo que a execução da segunda reclamada somente terá início após esgotamento da tentativa de execução da devedora principal (a primeira ré) e de seus sócios. Somente após a desconsideração da personalidade jurídica, sem êxito na captura de patrimônio, é que a execução poderá ser direcionada contra a segunda demandada.

Diante do exposto, julgo procedentes em parte os pedidos, na forma da fundamentação, que integra este *decisum*.

Custas de R$ 100,00 sobre R$ 5.000,00, pelas rés.

Intimem-se.

início da peça

EXCELENTÍSSIMO SENHOR DOUTOR JUIZ DO TRABALHO DA..... VARA DO TRABALHO DE SÃO JOÃO DE PÁDUA

(10 linhas)

Processo nº: 644-44.2011.5.03.0015

RILDO JAIME, por seu advogado, que esta subscreve, nos autos da ação trabalhista que move em face de SOLUÇÕES EMPRESARIAIS LTDA. e METALÚRGICA CRISTINA LTDA., já qualificado nos autos, vem tempestivamente à presença de Vossa Excelência, não se conformando com a respeitável sentença prolatada, interpor

RECURSO ORDINÁRIO

com fulcro no artigo 895, I, da CLT, consubstanciado nas razões em anexo

Requer o mesmo seja conhecido e encaminhado ao Egrégio Tribunal Regional do Trabalho da ...Região.

Termos em que,

Pede deferimento.

Local e data:....

Advogado

OAB/.... nº

RAZÕES DE RECURSO ORDINÁRIO

Recorrente: RILDO JAIME

Recorridos: SOLUÇÕES EMPRESARIAIS LTDA. e

METALÚRGICA CRISTINA LTDA.

Processo: 644-44.2011.5.03.0015

Origem: ...ª Vara do Trabalho de São João de Pádua

Egrégio Tribunal

Colenda Turma!

Nobres Julgadores!

RESUMO DA CONTROVÉRSIA

Em reclamação trabalhista proposta pelo recorrido sob o rito sumaríssimo, no dia 17 de fevereiro de 2011, foi proferida sentença julgando os pedidos procedentes em parte.

Não se conformando com a respeitável sentença, o reclamante interpõe o presente recurso ordinário, sob os seguintes fundamentos:

DA REVELIA e CONFISSÃO

Em que pese a segunda ré – empresa tomadora dos serviços – tenha sido devidamente citada, via oficial de justiça, entendeu por bem o magistrado que não deveriam ser aplicados os efeitos da revelia, tampouco confissão quanto à matéria de fato, na medida em que a primeira reclamada, prestadora dos serviços e ex-empregadora, contestou a demanda.

No entanto, em relação à segunda reclamada deve ser aplicado os efeitos da revelia e a confissão quanto as matérias de fato. Isso porque, embora citada por oficial de justiça (fls. 10) deixou de comparecer em juízo, não contestando o feito.

Ocorre que, em se tratando de terceirização de serviços a formação do litisconsórcio passivo é obrigatória, ou seja, necessária sob pena de nulidade.

Assim, a segunda reclamada deveria ter contestado a reclamação, pois não pode se aproveitar da defesa da primeira reclamada, não sendo cabível, no caso em debate, a aplicação do art. 320, inciso, I, do CPC.

Dessa forma, requer a aplicação dos efeitos da revelia com relação à matéria fática em desfavor da segunda reclamada.

DA INÉPCIA DA INICIAL

A sentença *a quo* julgou improcedente o pedido de retificação da CTPS do recorrente pelo período de dois meses que laborou sem o devido registro, eis que o recorrente não requereu a declaração do vínculo empregatício.

Ocorre que, não há inépcia da reclamação trabalhista nos termos do art. 840 da CLT. Isso porque, o pedido de retificação da CTPS pressupõe a existência do vínculo no período anterior à assinatura.

Ademais, vigora no processo do trabalho o princípio da informalidade em que se busca o afastamento de excessos de preciosismo.

Nota-se, ainda, que o silêncio da reclamada com relação ao período em debate, torna a questão incontroversa, ou seja, equivale à confissão quanto a este pedido.

Desta forma, requer o afastamento da inépcia declarada e o julgamento imediato do pedido, com a concessão da pretensão deduzida em juízo.

DA PRESCRIÇÃO *EX OFFICIO*

Apesar da primeira reclamada não ter suscitada a prescrição parcial, o Meritíssimo Juiz *a quo* entendeu por bem em reconhecer, *ex officio*, a prescrição parcial, declarando inexigíveis os direitos anteriores a cinco anos do ajuizamento da ação.

No entanto, de acordo com a melhor doutrina, o Juiz do Trabalho não poderá reconhecer de ofício a prescrição nos moldes do art. 219, § 5º, do CPC, dada sua incompatibilidade com o Direito do Trabalho, não podendo ser aplicada por força dos arts. 8º e 769 da CLT.

Ademais, vigora nos domínios do Direito do Trabalho o princípio da proteção, revelando o caráter protetivo ao empregado do Direito do Trabalho, tornando inaplicável o reconhecimento da prescrição nos termos do art. 219, § 5º, CPC.

Desta forma, requer a reforma da decisão, reconhecendo exigíveis os créditos anteriores a cinco anos do ajuizamento da ação.

HORAS EXTRAS

Apesar da instrução processual apontar que o recorrido exercia jornada superior a 8 (oito) horas e usufruir somente de 15 (quinze) minutos de intervalo para alimentação e descanso, a respeitável sentença guerreada, deferiu 45 minutos de horas extras por dia de trabalho, com adição de 40%, conforme previsto na convenção coletiva da categoria juntada os autos, mas sem qualquer reflexo diante da natureza indenizatória da verba em questão.

Ocorre que, ao interpretar o art. 71, § 4º, da CLT a jurisprudência consolidada do TST entende por meio da OJ 307 da SDI 1, que a concessão parcial do intervalo implica o pagamento total do período correspondente, com acréscimo mínimo de 50%.

Note que a sentença *a quo* determinou que o adicional de horas extras fosse calculado com adicional de 40%, ou seja, em total desconformidade com o estabelecido no art. 7º, XVI, da CF e art. 59, § 1º, CLT.

Desta forma, por possuir natureza salarial, nos termos da OJ 354 da SDI 1 do TST, se mostram devidos os reflexos em: aviso-prévio, 13º salário, DSR, férias e FGTS

INSALUBRIDADE

O recorrido postula o recebimento de adicional de insalubridade em grau máximo. Tendo a perícia comprovado que o grau presente na unidade em que o reclamante trabalhava era mínimo e o agente agressor detectado era diverso do apontado na inicial, o juiz indeferiu a verba sob a alegação de estar vinculado ao agente agressor apontado pela parte e ao grau por ela estipulado.

Contudo, o juiz não está vinculado ao agente apontado, tampouco ao grau de insalubridade indicado pela parte. Isso porque é o perito, por ser um técnico, que tem condições de avaliar qual é o elemento e o grau de insalubridade. Esse encontra-se cristalizado na súmula 293 do TST.

Dessa forma, requer a concessão do adicional em debate, em conformidade com o que ficou detectado pela perícia.

MULTA DOARTIGO 477 DA CLT

Foi indeferido o pedido da multa do art. 477, § 8º, CLT, pois comprovou-se que a ré realizou o depósito das verbas resilitórias na conta do recorrente oito dias após a concessão do aviso, de modo que a demora na homologação da ruptura não causou qualquer prejuízo ao trabalhador.

Todavia, embora tenha a recorrida pago as verbas resilitórias em 8 (oito) dias, a homologação da rescisão contratual ocorreu a destempo, gerando prejuízos incomensuráveis ao recorrente que ficou impossibilitado de sacar os valores do FGTS e, consequentemente, a multa de 40% depositada na em sua conta vinculada e, ainda, deixou de se habilitar ao seguro desemprego.

Importante frisar que os prazos estabelecidos no art. 477, § 6º, da CLT dizem respeito ao pagamento das verbas rescisórias e, também, da homologação da rescisão contratual, sendo que sua inobservância acarretará de multa.

Desta forma, requer o recorrente a reforma da sentença guerreada para condenar a empresa recorrida ao pagamento da multa prevista no § 8º do art. 477 da CLT.

ANOTAÇÃO DE DISPENSA NA CTPS

O ilustre juízo *a quo* entendeu por bem em afastar o pedido do recorrente para incluir o período do aviso-prévio indenizado ao tempo de trabalho, eis que não houve prestação de serviço no seu lapso. Logo, tal período não pode ser considerado na anotação da carteira profissional.

No entanto, o período alusivo ao aviso-prévio deve ser computado para todos os fins, inclusive para anotação de dispensa na CTPS.

O art. 487, § 1º, da CLT em sua parte final ensina que o período referente ao aviso-prévio sempre será contado como tempo de serviço. Corroborando com essa determinação, a OJ 82 da SDI 1 do TST ensina que a data de saída a ser anotada na CTPS deve corresponder à data do término do aviso-prévio, ainda que indenizado.

Desta forma, requer o recorrente a retificação da anotação em CTPS no que se refere à data de término do contrato de trabalho.

DANO MORAL

O juízo *a quo* indeferiu o pedido de danos morais feito pelo recorrente que sofreu revistas íntimas, por entender que não houve violação da intimidade e que a proteção conferida pelo art. 373-A, VI, CLT é aplicável apenas às mulheres.

No entanto, verifica-se violação à intimidade do recorrente, pois a exposição de partes do corpo a contra a vontade do empregado constitui verdadeira ofensa aos direitos da personalidade do recorrente, direitos esses considerados essenciais à pessoa humana, nos termos do art. 170 da CF.

Ademais, a garantia prevista no art. 373-A, VI, da CLT é extensível aos homens por força do art. 5º, I, da CF que assegura a igualdade de direitos e obrigações para homens e mulheres.

Dessa forma, face a exposição de partes do corpo a contragosto do recorrente, requer a condenação em dano moral.

HONORÁRIOS ADVOCATÍCIOS

A sentença recorrida entendeu ser indevidos os honorários advocatícios, pois o volume dos pedidos deferidos na sentença é superior a dois salários mínimos.

Contudo, nota-se que os requisitos autorizadores dos honorários advocatícios encontram-se presentes no caso em exame. Isso porque, nos termos do art. 14, § 1º, da Lei 5.584/70 a assistência é devida a todo aquele que perceber salário igual ou inferior ao dobro do mínimo legal.

Nessa linha, o TST através da súmula 219 entendeu em seu item I que a condenação em honorários é devida à parte que estiver assistida por sindicato da classe e comprovar a percepção de salário inferior ao dobro do salário mínimo.

Desta forma, uma vez presentes os requisitos previstos em lei, requer o recorrente a condenação da empresa recorrida ao pagamento de honorários advocatícios no importe de 15% do valor dada à causa.

HONORÁRIOS PERICIAIS

O Meritíssimo juiz *a quo* determinou que cada parte arque com a metade dos honorários periciais, em razão da sucumbência recíproca com relação à prova pericial.

No entanto, nota-se que a sucumbência pericial foi totalmente da empresa que deverá arcar com o valor total dos honorários periciais. Isso porque, como ficou demonstrado na perícia que o recorrente exercia seu labor em condições insalubres no patamar mínimo.

Sendo a empresa recorrida sucumbente no objeto da perícia, deverá arcar com os gastos despendidos para sua realização, devolvendo o valor adiantado devidamente corrigido nos moldes da OJ 198 do TST.

JUROS E CORREÇÃO MONETÁRIA

Determinou a sentença guerreada que não deverão ser adicionados aos cálculos de liquidação, os juros e a correção monetária, já que o reclamante ora recorrente, não fez menção aos pedidos.

TRABALHISTA

No entanto, de acordo com o posicionamento consagrado pela jurisprudência o pedido de juros e correção monetária são pedidos implícitos, que independem de requerimento da parte, nos termos da súmula 211 do TST.

Desta forma, requer o recorrente seja adicionado aos cálculos de liquidação os juros e a correção monetária.

DA RESPONSABILIDADE 2ª RECLAMADA

Determinou o juiz *a quo* com amparo na súmula 331 TST em condenar a segunda reclamada a pagar de forma subsidiária a condenação imposta. Determinou, ainda, que a execução contra segunda reclamada somente terá início após esgotamento da tentativa de execução da devedora principal (a primeira ré) e de seus sócios.

Contudo, nota-se a desconsideração da personalidade jurídica é medida excepcional que somente poderá ser adotada após o esgotamento do patrimônio das empresas responsáveis, haja vista que os sócios da primeira reclamada não participaram da ação.

Desta forma, requer o recorrente que, em não havendo êxito na execução voltada à primeira reclamada, que imediatamente a execução seja direcionada contra a 2ª demandada e somente após eventual frustração do recebimento, é que a execução deverá se voltar contra os sócios das reclamadas.

DO PEDIDO

Diante do exposto, aguarda o recorrente que o presente recurso seja conhecido e provido, para reformar a sentença nos termos acima expostos.

Local e data

Nome do advogado

OAB/.... nº ....

fim da peça

GABARITO COMENTADO – FGV

Trata-se de um recurso ordinário, peça comum no cotidiano forense, que o aspirante à profissão de advogado deve saber manejar tecnicamente.

ESTRUTURA DA PEÇA – Avaliação sistêmica e estrutural do recurso apresentado pelo examinando, sendo desejável a apresentação de duas peças: uma de manifestação do recurso dirigida ao juiz e outra de encaminhamento ao TRT. Em alguma delas devem ser abordados os requisitos básicos do recurso (subjetivos e objetivos) e que não está havendo recolhimento das custas porque a procedência do pedido foi parcial. Observar-se-á ainda a indicação da parte, numeração dos autos do processo e identificação correta do nome do recurso interposto.

REVELIA e CONFISSÃO – Trata-se de caso de terceirização, comum na prática trabalhista, na qual deve ser postulada a aplicação da pena de revelia em desfavor da 2ª ré porque ela não contestou o feito, em que pese citada. Mede-se a capacidade de o examinando identificar que, na hipótese, não se pode aproveitar a defesa de uma das litisconsortes em favor da outra. Aceitável a citação dos artigos 320, I, do CPC ou 844 da CLT.

INÉPCIA – Busca-se a valorização do artigo 840 da CLT e o afastamento de excessos de preciosismo, pois no caso apresentado o pedido de declaração de vínculo é desnecessário em razão da informalidade do Processo do Trabalho (CLT, artigo 840), além do que o silêncio da ex-empregadora quanto ao período oficioso equivale à confissão quanto a este pleito. Então, espera-se o pedido de afastamento da inépcia e o julgamento imediato do pedido, com a concessão da pretensão deduzida em juízo.

PRESCRIÇÃO PARCIAL – Tema bastante atual, espera-se que o examinando, que na situação advoga para o reclamante, sustente que o juiz não poderia conhecer de ofício da prescrição parcial, conforme sinalização jurisprudencial recente, fundamentando no caráter protetivo do Direito do Trabalho, tornando o artigo 219, § 5º, do CPC inaplicável na seara trabalhista.

HORAS EXTRAS – Espera-se que o examinando identifique que deveria ser deferida a hora do intervalo integral (OJ 307 TST), que ele se insurja contra o adicional normativo de 40% porque a lei não admite que ele seja inferior a 50% (CRFB/88, art. 7º, XVI, ou CLT, art. 59, §1º) e, finalmente, que ele pugne pela natureza salarial do direito, credenciando seu reflexo nas demais verbas (OJ 354 TST).

INSALUBRIDADE – Espera-se que o examinando identifique posição jurisprudencial consolidada no sentido de que o magistrado, em relação ao adicional de insalubridade, não está vinculado ao agente nem ao grau indicados pela parte, valorizando assim a primazia da realidade, especialmente porque o agente agressor à saúde foi detectado pela perícia (Súmula 293 do TST).

MULTA ARTIGO 477 da CLT – Espera-se que o examinando identifique que, malgrado paga a indenização no prazo legal, a homologação ocorreu a destempo, o que gera prejuízo ao trabalhador para sacar o FGTS (e por extensão a multa de 40% depositada na conta vinculada) e habilitar-se ao seguro desemprego, situação que autoriza o pagamento da multa do artigo 477, §8º, da CLT. A diferença entre pagamento e homologação é o objeto principal deste tópico.

ANOTAÇÃO DE DISPENSA NA CTPS – Espera-se que o examinando exponha que o interregno do aviso-prévio é computado para todos os fins, inclusive anotação de dispensa na CTPS, pois onde o legislador não faz distinção não compete ao intérprete fazê-lo (OJ 82 TST e CLT, artigo 487, parágrafo 1º).

DANO MORAL – Deseja-se que o examinando identifique que na atitude empresarial há violação a aspecto da personalidade do reclamante, pois há exposição de partes do corpo a contragosto do empregado, sendo irrelevante que a fiscalização seja feita por pessoa do mesmo sexo, autorizando, assim, a condenação em dano moral, bem como aborde que a revista íntima, proibida para mulheres, é extensível aos homens (CRFB, art. 5º, I), como vem sinalizando, de forma unânime, doutrina e jurisprudência, em interpretação extensiva.

HONORÁRIOS ADVOCATÍCIOS –Busca-se avaliar se o examinando tem conhecimento dos requisitos legais para a concessão de honorários advocatícios na Justiça do Trabalho (Súmula 219 do TST ou Lei 5.584/70, arts. 14 e 16) e que eles estão presentes no caso concreto, pelo que devido o pleito.

HONORÁRIOS PERICIAIS – Busca-se a compreensão do examinando no sentido de que a sucumbência foi totalmente da empresa, que arcará com o valor total, devolvendo-o corrigido nos moldes da OJ 198 do TST.

JUROS E CORREÇÃO MONETÁRIA – Busca-se apurar do examinando conhecimento de que juros e correção monetária são pedidos implícitos, que independem de requerimento da parte (Súmula 211 do TST).

RESPONSABILIDADE 2ª RÉ – Objetiva-se manifestação do examinando no sentido de que a determinação para a desconsideração da personalidade jurídica antes de alvejar o patrimônio da devedora subsidiária não tem previsão legal, pois os sócios da empresa devedora não figuram no polo passivo, e a desconsideração é medida excepcional. Assim, ele deve sustentar que, em não havendo êxito na execução da 1ª ré, que imediatamente a execução seja direcionada contra a 2ª demandada.

DO PEDIDO – Requerimento para que haja conhecimento e provimento do recurso, visando à reforma da sentença, com a procedência das postulações.

TRABALHISTA

Distribuição dos pontos

Item	Pontuação
ESTRUTURA DA PEÇA - indicação de encaminhamento do recurso com 2 peças: uma dirigida ao juiz e outra ao TRT, com correto endereçamento. [0,2 = um endereçamento / 0,4 = completo (endereçamento, indicação das partes, número do processo e duplicidade de peças)]	0 / 0,2 / 0,4
REVELIA e CONFISSÃO – aplica-se a revelia e a confissão quanto à matéria de fato em relação à segunda ré em face da discussão envolvendo a sua responsabilidade. (0,2 = incompleto: indicou revelia ou revelia e confissão com base no art. 844 da CLT / 0,4 = completo: fundamento em que a defesa de um litisconsórcio não aproveita o outro.)	0 / 0,2 / 0,4
INÉPCIA – não há inépcia em razão da informalidade do Processo do Trabalho ou foi feito o pedido de retificação da CTPS, o que pressupõe a existência do vínculo no período anterior à assinatura em ambos os casos, CLT, artigo 840]. No mérito, o silêncio da ex-empregadora equivale à confissão e importa no deferimento deste pleito (sem que isso signifique supressão da instância). (0,2 = apenas recorrer da inépcia / 0,4 = recorrer da inépcia com base no art. 840 da CLT OU na simplicidade do processo trabalhista e pedir a apreciação do mérito)	0 / 0,2 / 0,4
PRESCRIÇÃO PARCIAL – A prescrição de ofício é inaplicável na seara trabalhista, por incompatibilidade com o princípio protetivo (art. 8º., parágrafo único, ou 769, CLT).	0 / 0,4
HORAS EXTRAS – (I) deveria ser deferida 1 hora extra (OJ 307 TST OU art. 71, §4º, CLT), com adicional de 50%, pois a lei veda percentual inferior (II) (CRFB, art. 7º, XVI, ou CLT, art. 59 §1º), (III) sendo devidos os reflexos nas demais verbas, em face da natureza salarial da verba (OJ 354, TST). (Recorrer pedindo: hora integral (0,2) + adicional de 50% (0,1) + reflexos (0,1))	0 / 0,2 / 0,3 / 0,4
INSALUBRIDADE – o juiz não está vinculado ao agente nem ao grau indicados pela parte, portanto deveria conceder o direito detectado pela perícia (Súmula 293, TST).	0 / 0,4
MULTA ARTIGO 477 da CLT – (I) A homologação ocorreu fora do prazo legal, sendo devida a multa (CLT, art. 477, §8º). (II) O prejuízo ao trabalhador existe na demora para sacar a multa de 40% sobre o FGTS, dos depósitos do FGTS em si e para o requerimento do seguro desemprego. (I - 0,2 / II - 0,2)	0 / 0,2 / 0,4
ANOTAÇÃO DE DISPENSA NA CTPS – o lapso do aviso-prévio é computado, mesmo sendo indenizado (art. 487, §1º, CLT **ou** OJ 82, TST).	0 / 0,4
DANO MORAL – A revista íntima, proibida para mulheres, é extensível aos homens, em virtude do princípio da isonomia **ou** com base na CRFB, art. 5º, I, **ou** art. 7º, XXX, da CRFB. Está caracterizado o dano moral no caso, em razão do constrangimento identificado.	0 / 0,4
HONORÁRIOS ADVOCATÍCIOS – Devidos porque o reclamante está assistido por sindicato, além de encontrar-se desempregado (Súmulas 219 **ou** 329 do TST **ou** Lei 5.584/70).	0 / 0,4
HONORÁRIOS PERICIAIS – a sucumbência foi da empresa, que arcará com o valor total, nos moldes da OJ 198 do TST **ou** art. 790-B da CLT.	0 / 0,2
JUROS E CORREÇÃO MONETÁRIA – são pedidos implícitos, que independem de requerimento da parte (Súmula 211, TST, ou art. 293, CPC).	0 / 0,2
RESPONSABILIDADE 2ª RÉ – não há lei que exija desconsideração da personalidade da 1ª ré antes de direcionar a execução para a 2ª. (0,2 = resposta parcial / 0,4 = resposta completa)	0 / 0,2 / 0,4
DO PEDIDO – Conhecimento e provimento do recurso para reforma da sentença com a procedência das postulações. (0 = falta de pedido ou pedido inadequado / 0,1 = incompleto / 0,2 = completo)	0 / 0,1 / 0,2

(OAB/Exame Unificado – 2011.1 – 2ª fase) Anderson Silva, assistido por advogado não vinculado ao seu sindicato de classe, ajuizou reclamação trabalhista, pelo rito ordinário, em face da empresa Comércio Atacadista de Alimentos Ltda. (RT nº 0055.2010.5.01.0085), em 10/01/2011, afirmando que foi admitido em 03/03/2002, na função de divulgador de produtos, para exercício de trabalho externo, com registro na CTPS dessa condição, e salário mensal fixo de R$ 3.000,00 (três mil reais). Alegou que prestava serviços de segunda-feira a sábado, das 9h às 20h, com intervalo para alimentação de 01 (uma) hora diária, não sendo submetido a controle de jornada de trabalho, e que foi dispensado sem justa causa em 18/10/2010, na vigência da garantia provisória de emprego prevista no artigo 55 da Lei 5.764/71, já que ocupava o cargo de diretor suplente de cooperativa criada pelos empregados da ré. Afirmou que não lhe foi pago o décimo terceiro salário do ano de 2009 e que não gozou as férias referentes ao período aquisitivo 2007/2008, admitindo, porém, que se afastou, nesse mesmo período, por 07 (sete) meses, com percepção de auxílio-doença. Aduziu, ainda, que foi contratado pela ré, em razão da morte do Sr. Wanderley Cardoso, para exercício de função idêntica, na mesma localidade, mas com salário inferior em R$ 1.000,00 (um mil reais) ao que era percebido pelo paradigma, em ofensa ao artigo 461, *caput*, da CLT. Por fim, ressaltou que o deslocamento de sua residência para o local de trabalho e vice-versa era realizado em transporte coletivo fretado pela ré, não tendo recebido vale-transporte durante todo o período do contrato de trabalho.

Diante do acima exposto, postulou: a) a sua reintegração no emprego, ou pagamento de indenização substitutiva, em face da estabilidade provisória prevista no artigo 55 da Lei 5.674/71; b) o pagamento de 02 (duas) horas extraordinárias diárias, com adicional de 50% (cinquenta por cento), e dos reflexos no aviso-prévio, férias integrais e proporcionais, décimos terceiros salários integrais e proporcionais, FGTS e indenização compensatória de 40% (quarenta por cento); c) o pagamento em dobro das férias referentes ao período aquisitivo de 2007/2008, acrescidas do terço constitucional, nos termos do artigo 137 da CLT; d) o pagamento das diferenças salariais decorrentes da equiparação salarial com o paradigma apontado e dos reflexos no aviso-prévio, férias integrais e proporcionais, décimos terceiros salários integrais e proporcionais, FGTS e indenização compensatória de 40% (quarenta por cento); e) o pagamento dos valores correspondentes aos vales-transportes não fornecidos durante todo o período contratual; e f) o pagamento do décimo terceiro salário do ano de 2008.

Considerando que a reclamação trabalhista foi distribuída à 85ª Vara do Trabalho do Rio de Janeiro – RJ, redija, na condição de advogado contratado pela empresa, a peça processual adequada, a fim de atender aos interesses de seu cliente. (Valor: 5,0)

início da peça

EXCELENTÍSSIMO SENHOR DOUTOR JUIZ DO TRABALHO DA 85ª VARA DO TRABALHO DO RIO DE JANEIRO

10 linhas

Processo nº 0055.2010.5.01.0085

COMÉRCIO ATACADISTA DE ALIMENTOS LTDA., pessoa jurídica de direito privado, inscrita no CNPJ sob o nº..., endereço completo e CEP, por seu advogado que esta subscreve, vem à presença de Vossa Excelência, com fundamento nos arts. 847 da CLT combinado com arts. 300 e seguintes do CPC aplicados por força do art. 769 da CLT, apresentar sua

CONTESTAÇÃO

aos termos da Reclamação Trabalhista movida por ANDERSON SILVA, pelos fatos e fundamentos jurídicos que passa a expor:

TRABALHISTA

DOS FATOS

O reclamante afirma que foi admitido em 03/03/2002, na função de divulgador de produtos, para exercício de trabalho externo, com registro na CTPS dessa condição, e salário mensal fixo de R$ 3.000,00 (três mil reais).

Dispensado sem justa causa em 18/10/2010, postula: a) a sua reintegração no emprego, ou pagamento de indenização substitutiva; b) o pagamento de 02 (duas) horas extraordinárias diárias, com adicional de 50% (cinquenta por cento), e dos reflexos no aviso-prévio, férias integrais e proporcionais, décimos terceiros salários integrais e proporcionais, FGTS e indenização compensatória de 40% (quarenta por cento); c) o pagamento em dobro das férias referentes ao período aquisitivo de 2007/2008, acrescidas do terço constitucional; d) o pagamento das diferenças salariais decorrentes da equiparação salarial e reflexos; e) pagamento dos valores correspondentes aos vales-transportes não fornecidos durante todo o período contratual; e f) o pagamento do 13º do ano de 2008.

INÉPCIA DA PETIÇÃO INICIAL

Argui, inicialmente, nos termos do art. 301, III, do CPC a inépcia da petição inicial em relação ao pedido de pagamento do décimo terceiro salário do ano de 2008.

Em sua peça inaugural o reclamante afirma que a reclamada não honrou o pagamento da gratificação natalina referente ao ano de 2009. No entanto, ao fazer o pedido requer a condenação da reclamada ao pagamento da gratificação natalina referente ao ano de 2008. Nota-se, portanto, que o conjunto de fatos narrados pelo reclamante não houve elementos fáticos decorrente do pedido referente à gratificação natalina do ano de 2008.

Dessa forma, requer, o indeferimento da petição inicial com fulcro no art. 295, parágrafo único, inciso I, do CPC, com a consequente extinção do processo sem resolução do mérito, conforme preceitua o art. 267, inciso I, do CPC, aplicado subsidiariamente às causas trabalhistas por força do disposto no art. 769 da CLT.

MÉRITO

Caso reste ultrapassada a preliminar supra arguida, no mérito nenhum direito caberá ao Reclamante, senão vejamos.

PREJUDICIAL DE MÉRITO - PRESCRIÇÃO QUINQUENAL

Em 10 de janeiro de 2011 o reclamante ajuizou reclamação trabalhista pleiteando os direitos trabalhistas desde em 03 de março de 2002.

O art. 7º, XXIX, da CF, dispõe que os trabalhadores poderão reclamar os direitos trabalhistas quanto aos créditos resultantes da relação de trabalho, com prazo prescricional de 5 (cinco) anos. De acordo com o dispositivo constitucional, ao ajuizar reclamação trabalhista o obreiro poderá reclamar apenas os créditos dos 5 (cinco) anos que antecedem a propositura da reclamação trabalhista. Nesse mesmo sentido dispõe o art. 11, I, da CLT.

O Tribunal Superior do Trabalho, através do entendimento cristalizado na súmula 308, item I, do TST, ensina que, respeitado o biênio subsequente à cessação contratual, a prescrição da ação trabalhista concerne às pretensões imediatamente anteriores a cinco anos, contados da data do ajuizamento da reclamação e, não, às anteriores ao quinquênio da data da extinção do contrato.

Desta forma, requer seja acolhida a prescrição quinquenal, declarando prescritos os créditos anteriores a 10 de janeiro de 2006, julgando extinta tal pretensão com resolução do mérito, nos termos do art. 269, IV, do CPC.

DA INEXISTÊNCIA DA GARANTIA DE EMPREGO

Não obstante a preliminar de inépcia arguida, caso ultrapassada, e atendendo o princípio da eventualidade, a reclamada enfatiza que nada deve a tal título.

Sustenta o reclamante que foi dispensado sem justa causa em 18/10/2010, na vigência da garantia provisória de emprego prevista no artigo 55 da Lei 5.764/71, na medida em que ocupava o cargo de diretor suplente de cooperativa criada pelos empregados da reclamada.

No entanto, o art. 55 da Lei 5.764/71 assegura a garantia de emprego somente aos empregados eleitos diretores de cooperativas.

Corroborando com a disposição do citado dispositivo legal, o TST editou a OJ 253 da SDI 1 ensinando que a garantia de emprego dos diretores de Cooperativas, não abrange os suplentes.

Desta forma, o reclamante não faz jus à garantia de emprego almejada.

DO NÃO CABIMENTO DAS HORAS EXTRAS

O reclamante pleiteia DUAS horas extras sob o argumento de que prestava serviços de segunda-feira a sábado, das 9h às 20h. Mais uma vez razão não assiste ao reclamante, tendo em vista que exercia função externa com a devida anotação em CTPS, sem nenhum controle de horário.

Preceitua o inciso I do art. 62 da CLT, que não são devidas horas extras aos empregados que exercem atividade externa incompatível com a fixação de horário de trabalho e que possuem esta condição devidamente anotada em sua CTPS.

O reclamante foi contrato para a função de divulgador de produtos, para exercício de trabalho externo, condição esta reconhecida pelo próprio reclamante em sua peça inaugural.

Dessa forma, o reclamante não faz jus ao pedido de horas extras formulado.

DA NÃO INCIDÊNCIA DAS FÉRIAS - PERÍODO AQUISITIVO 2007/2008

O reclamante pleiteia o pagamento em dobro das férias referentes ao período aquisitivo de 2007/2008.

Ocorre que, como se observa pela narração dos fatos, nesse período o reclamante admite que ficou afastado por 07 (sete) meses, recebendo o auxílio doença.

Nos termos do art. 133, inciso IV, da CLT, não terá direito a férias o empregado que, no curso do período aquisitivo, tiver percebido da Previdência Social prestações de auxílio-doença por mais de 6 (seis) meses.

Desta forma, não procede o pedido de férias objetivado.

DA EQUIPARAÇÃO SALARIAL

O reclamante requer o pagamento das diferenças salariais e reflexos, decorrentes da equiparação salarial com o paradigma apontado.

No entanto, o paradigma apontado pelo reclamante, o Sr. Wanderley Cardoso e o paragonado jamais laboraram no mesmo estabelecimento, ou seja, nunca trabalharam juntos. Isso porque o reclamante foi contratado para laborar no lugar do Sr. Wanderley, tendo em vista seu falecimento.

A falta de simultaneidade na prestação de serviços entre paradigma e paragonado, obsta a equiparação salarial, em razão do entendimento cristalizado pelo TST através da súmula 6, item IV.

Ademais, a súmula 159, item II, do TST determina que ficando o cargo vago em definitivo, o empregado que passa a ocupá-lo não terá direito a salário igual ao do antecessor.

Portanto, não merece prosperar o pleito de equiparação salarial, estando definitivamente impugnados os pedidos dele decorrentes.

DOS VALORES DE VALES-TRANSPORTES

O reclamante requer o pagamento dos valores correspondentes aos vales-transportes não fornecidos durante todo o período contratual, sob a alegação de que o deslocamento de sua residência para o local de trabalho e vice-versa era realizado em transporte coletivo fretado pela ré.

Ocorre que, termos do artigo 4º do Decreto 95.247/87 a reclamada está desobrigada de conceder o vale-transporte, na medida em que proporciona transporte coletivo fretado para o deslocamento residência-trabalho e vice-versa de seus empregados.

Desta forma, o reclamante não faz jus ao pedido de recebimento de vales-transportes.

DOS PEDIDOS

Diante do exposto requer:

a) seja acolhida a preliminar suscitada, indeferindo a petição inicial, considerando-a inepta no que tange à gratificação natalina do ano de 2008, nos termos do art. 295, parágrafo único, I, do CPC, extinguindo o processo sem resolução do mérito com fulcro no art. 267, inciso I, do CPC;

b) seja acolhida a prejudicial de mérito de prescrição quinquenal, declarando prescritos os créditos do período anterior a 10 de janeiro de 2006, julgando extinta tal pretensão com resolução do mérito, nos termos do art. 269, IV, do CPC.

c) no mérito a improcedência dos pedidos nos termos acima aduzidos, com a consequente condenação do reclamante ao pagamento das custas processuais.

d) Protesta provar o alegado por todos os meios em direito admitidos, em especial pelo depoimento pessoal do reclamante ou sua confissão.

Termos em que,

pede deferimento.

Local e data

Advogado

OAB

fim da peça

GABARITO COMENTADO – FGV

1) Estrutura inicial

O candidato deve elaborar uma contestação, indicando o fundamento legal (artigo 847 da CLT ou artigo 300 do CPC), com encaminhamento ao Excelentíssimo Senhor Juiz do Trabalho da 85ª Vara do Trabalho do Rio de Janeiro/RJ, indicação das partes e referência ao número do processo (RT nº 0055.2010.5.01.0085).

2) Preliminar de inépcia da petição inicial

O candidato deve suscitar a preliminar de inépcia da inicial em relação ao pedido de pagamento do décimo terceiro salário do ano de 2008, uma vez que não houve causa de pedir. Isso porque o autor afirmou que não foi pago o décimo terceiro salário do ano de 2009. Logo, deve requerer a extinção do processo sem resolução do mérito quanto a este pedido, com fundamento nos artigos 267, inciso I, e 295, inciso I, e parágrafo único, inciso I, do CPC.

ALTERNATIVAMENTE, pode o examinando, tendo considerado a data como erro material da prova, contra-argumentar o pedido de pagamento de décimo terceiro salário do ano de 2009.

3) Prejudicial de prescrição quinquenal

O candidato deve suscitar a prejudicial de prescrição quinquenal, com fundamento no artigo 7º, inciso XXIX, da CRFB/88 ou artigo 11, inciso I, da CLT, a fim de que sejam consideradas prescritas as parcelas anteriores a 10/01/2006.

4) Estabilidade e pedido de reintegração ou indenização substitutiva

O candidato deve impugnar o pedido, aduzindo que o artigo 55 da Lei 5.764/71 assegura a garantia de emprego apenas aos empregados eleitos diretores de cooperativas, não abrangendo os membros suplentes, nos termos da OJ nº 253 da SDI-1 do C. TST.

5) Horas extraordinárias e reflexos

O candidato deve impugnar o pedido, alegando que o autor exercia atividade externa incompatível com a fixação de horário de trabalho, estando esta condição devidamente anotada em sua CTPS, o que atrai a incidência do artigo 62, inciso I, da CLT. Logo, indevido o pagamento de horas extraordinárias e reflexos.

6) Férias relativas ao período aquisitivo 2007/2008

O candidato deve impugnar o pedido, afirmando que o autor admitiu que esteve afastado, por 07 (sete) meses, durante o período aquisitivo, com percepção de benefício previdenciário (auxílio-doença), o que implica a perda do direito a férias, nos termos do artigo 133, inciso IV, da CLT.

7) Equiparação salarial

O candidato deve impugnar o pedido, aduzindo que o reclamante (equiparando) não foi contemporâneo ao paradigma. Esta falta de contemporaneidade ou simultaneidade na prestação de serviços obsta a equiparação salarial. Deve invocar, ainda, a Súmula nº 6, item IV, do C. TST, *verbis*: "É desnecessário que, ao tempo da reclamação sobre equiparação salarial, reclamante e paradigma estejam a serviço do estabelecimento, desde que o pedido se relacione com situação pretérita".

8) Vales-transportes

O candidato deve impugnar o pedido, alegando que a ré não estaria obrigada a conceder o vale-transporte, já que proporcionava transporte coletivo fretado para o deslocamento residência-trabalho e vice-versa de seus empregados, nos termos do artigo 4º do Decreto 95.247/87.

9) Requerimentos

O candidato deve requerer o acolhimento da preliminar de inépcia da petição inicial e da prejudicial de prescrição quinquenal e, no mérito, a improcedência dos pedidos. Também deve protestar por todos os meios de prova admitidos em Direito, notadamente o depoimento pessoal e as provas documentais e testemunhais.

Distribuição dos pontos

Item	Pontuação
1) Estrutura inicial Encaminhamento adequado (0,25) e correta identificação das partes e do processo (0,25).	0 / 0,25 / 0,5
2) Arguição de inépcia OU 2. Décimo terceiro salário Pedido de décimo terceiro salário – dos fatos não decorre a conclusão. Indicação do art. 267, I, CPC. Indicação do art. 295, I, CPC. Indicação do art. 295, parágrafo único, I, CPC. **OU** Contra-argumentar o não pagamento do décimo terceiro do ano de 2008.	0 / 0,25
3) Prescrição quinquenal Prescrição das parcelas anteriores a 10/01/2006 **OU** cinco anos anteriores o ajuizamento (0,25). Indicação do art. 7º, XXIX, da CRFB/88 **OU** art. 11, I, da CLT (0,25).	0 / 0,25 / 0,5
4) Estabilidade e reintegração Não abrange os membros suplentes (0,5). Indicação da OJ 253 da SDI-1 do TST (0,25).	0 / 0,25 / 0,5 / 0,75

TRABALHISTA

5) Horas extras e reflexos Atividade externa incompatível com controle (0,35). Indicação do art. 62, I, CLT (0,35).	0 / 0,35 / 0,7
6) Férias do período 2007/2008 Perda do direito em face do afastamento previdenciário (0,35). Indicação do art. 133, IV, CLT (0,35).	0 / 0,35 / 0,7
7) Equiparação salarial Ausência de contemporaneidade com o paradigma **OU** substituição de cargo vago (0,4). Indicação da Súmula 6, IV, do TST **OU** Súmula 159, II, do TST (0,2).	0 / 0,2 / 0,4 / 0,6
8) Vales-transportes Exoneração da obrigação pela concessão de transporte (0,25). Indicação do art. 4º do Decreto 95.247/87 (0,25).	0 / 0,25 / 0,5
9) Requerimentos Acolhimento da prescrição (0,25). Improcedência dos pedidos (0,15). Protesto pelos meios de prova (0,1).	0 / 0,1 / 0,15 / 0,25 / 0,35 / 0,4 / 0,5

(OAB/Exame Unificado – 2011.2 – 2ª fase) Joaquim Ferreira, assistido por advogado particular ajuizou reclamação trabalhista, pelo rito ordinário, em face da empresa Parque dos Brinquedos Ltda (RT 0001524-15.2011.5.04.0035), em 7/11/2011, alegando que foi admitido em 3/2/2007, para trabalhar na linha de produção de brinquedos na sede da empresa localizada no Município de Florianópolis – SC, com salário de R$ 2.000,00 (dois mil reais) mensais e horário de trabalho das 08:00 as 17:00 horas, de segunda a sábado com uma hora de intervalo intra jornada. Esclarece com tudo que logo após a sua admissão foi transferido de forma definitiva para a filial da reclamada situada no Município de Porto Alegre – RS e que jamais recebeu qualquer pagamento a titulo de adicional de transferência. Diz que em razão da insuficiência de transporte público irregular no trajeto da sua residência para o local de trabalho e vice e versa, a empresa lhe fornecia condução, não lhe pagando as horas *in itinere,* nem promovendo a integração do valor correspondente a essa utilidade no seu salário, para todos os efeitos legais. Salienta, ainda, que não recebeu o pagamento do 13º salário do ano de 2008 e não gozou as férias relativas ao período aquisitivo 2007/2008, apesar de ter permanecido em licença remunerada por 33 (trinta e três) dias no curso desse mesmo período. Afirma também que exercia função idêntica ao paradigma Marcos de Oliveira, prestando um trabalho de igual valor, com a mesma perfeição técnica e a mesma produção, não obstante o fato de a jornada do trabalho do modelo fosse bem inferior ao do autor. Por fim, aduz que, à época de sua dispensa imotivada, era o Presidente da Comissão Interna de Prevenção de Acidentes – CIPA, instituída pela empresa, sendo beneficiário de garantia de provisória de emprego. A extinção do contrato de trabalho ocorreu em 3/10/2009.

Diante do acima exposto, postula:

a) O pagamento do adicional de transferência e dos reflexos no aviso-prévio, nas férias, nos décimos terceiros salários, nos depósitos do FGTS e na indenização compensatória de 40% (quarenta por cento);
b) O pagamento das horas *in itinere* e dos reflexos do aviso-prévio, nas férias, nos décimos terceiros salários, nos depósitos do FGTS e na indenização compensatória de 40% (quarenta por cento);
c) O pagamento das diferenças decorrentes da integração no salário dos valores correspondentes ao fornecimento de transporte e dos reflexos no aviso-prévio, nas férias, nos décimos terceiros salários, nos depósitos do FGTS e na indenização compensatória de 40% (quarenta por cento);
d) O pagamento em dobro, das férias relativas ao período aquisitivo 2007/2008;
e) O pagamento das diferenças decorrentes da equiparação salarial com o paradigma apontado e dos reflexos no aviso-prévio, nas férias, nos décimos terceiros salários, nos depósitos do FGTS e na indenização compensatória de 40% (quarenta por cento);

f) A reintegração no emprego em razão da garantia provisória de emprego conferida ao empregado membro da Comissão Interna de Prevenção de Acidentes – CIPA ou o pagamento de indenização substitutiva;
g) O pagamento de honorários advocatícios.

Considerando que a Reclamação Trabalhista foi distribuída à 35ª Vara do Trabalho de Porto Alegre – RS redija, na condição de advogado (a) contratado (a) pela reclamada, a peça processual adequada, a fim de atender os interesses de seu cliente (Valor 5,0)

início da peça

EXCELENTÍSSIMO SENHOR DOUTOR JUIZ DO TRABALHO DA 35ª VARA DO TRABALHO DE PORTO ALEGRE - RS

10 linhas

Processo nº 0001524-15.2011.5.04.0035

PARQUE DOS BRINQUEDOS LTDA., pessoa jurídica de direito privado, inscrita no CNPJ sob o nº..., endereço completo e CEP, por seu advogado que esta subscreve, vem à presença de Vossa Excelência, com fundamento no art. 847 da CLT combinado com os arts. 300 e seguintes do CPC aplicados por força do art. 769 da CLT, apresentar sua

CONTESTAÇÃO

aos termos da Reclamação Trabalhista movida por JOAQUIM FERREIRA, pelos fatos e fundamentos jurídicos que passa a expor:

DOS FATOS

Alega o reclamante que foi admitido em 3 de fevereiro de 2007, para trabalhar na produção de brinquedos na sede da empresa localizada no Município de Florianópolis – SC, com salário de R$ 2.000,00 (dois mil reais) mensais e horário de trabalho das 08:00 as 17:00 horas, de segunda a sábado com uma hora de intervalo.

Tendo o contrato de trabalho extinguido em 3 de outubro de 2009, o reclamante postula: pagamento do adicional de transferência e reflexos; pagamento das horas *in itinere* e reflexos; pagamento das diferenças salariais correspondentes ao fornecimento de transporte e reflexos; pagamento das férias relativas ao período aquisitivos 2007/2008, em dobro; pagamento das diferenças decorrentes da equiparação salarial; reintegração no emprego em razão da garantia provisória conferida ao empregado membro da Comissão Interna de Prevenção de Acidentes – CIPA ou o pagamento de indenização substitutiva; pagamento de honorários advocatícios.

INÉPCIA DA PETIÇÃO INICIAL

Argui, inicialmente, nos termos do art. 301, III, do CPC a inépcia da petição inicial em relação ao pedido de pagamento do 13º salário do ano de 2008.

Em sua peça inaugural o reclamante indica os motivos de fato que motivam o pedido em debate, sem, contudo, efetuar o pedido.

Cumpre ressaltar que o art. 840, § 1º da CLT, bem como o art. 282, IV, do CPC, aplicado por força do art. 769 da CLT, determinam que a petição inicial deverá indicar o pedido com suas especificações. Não basta a mera indicação dos fatos e fundamentos legais, deve o reclamante indicar, outrossim, o pedido.

TRABALHISTA

Dessa forma, requer, o indeferimento da petição inicial com fulcro no art. 295, parágrafo único, inciso I, do CPC, com a consequente extinção do processo sem resolução do mérito, conforme preceitua o art. 267, inciso I, do CPC, aplicado subsidiariamente às causas trabalhistas por força do disposto no art. 769 da CLT.

MÉRITO

Caso reste ultrapassada a preliminar supra arguida, no mérito nenhum direito caberá ao Reclamante, senão vejamos.

PREJUDICIAL DE MÉRITO - PRESCRIÇÃO BIENAL

O reclamante ingressou com a presente reclamação trabalhista em 7 de novembro de 2011, sustentando ter laborado para a empresa reclamada 3 de fevereiro de 2007 até o dia 3 de outubro de 2009, quando foi dispensado imotivadamente.

O art. 7º, XXIX, da CF, dispõe que após a extinção do contrato de trabalho, os trabalhadores poderão reclamar os direitos trabalhistas quanto aos créditos resultantes da relação de trabalho, no prazo prescricional de 2 (dois) anos. De acordo com o dispositivo constitucional em apreço, o obreiro deverá ajuizar sua reclamação trabalhista em até 2 (dois) anos, contados da extinção do contrato de trabalho. Nesse mesmo sentido é a disposição do art. 11, I, da CLT. Corroborando com esse entendimento, o Tribunal Superior do Trabalho editou a súmula 308, item I.

Desta forma, não tendo o reclamante respeitado o biênio subsequente à cessação contratual, requer seja acolhida a prescrição bienal, declarando prescritos a totalidade dos créditos reclamados na presente reclamação, julgando extinta a pretensão com resolução do mérito, nos termos do art. 269, IV, do CPC.

DA TRANSFERÊNCIA DEFINITIVA

Sustenta o reclamante que logo após sua admissão foi transferido definitivamente para a filial da reclamada situada no município de Porto Alegre – RS e que jamais recebeu qualquer pagamento a título de adicional de transferência, razão pela qual requer o pagamento do referido adicional.

Contudo, percebe-se pela redação dada ao art. 469, § 3º, da CLT que o pagamento do adicional somente é devido quando a transferência se der em caráter provisório.

O TST firmou entendimento nesse mesmo sentido ensinando na parte final da OJ 133 da SDI 1 que o pressuposto legal apto a legitimar a percepção do mencionado adicional é a transferência provisória.

Desta forma, requer a improcedência do pedido.

DAS HORAS *IN ITINERE* E REFLEXOS

Sob a alegação de insuficiência de transporte público irregular no trajeto da sua residência para o local de trabalho e vice e versa, o reclamante requer o pagamento de horas *in itinere*.

Contudo, em conformidade com o entendimento firmado pelo TST por meio da súmula 90, item III, a mera insuficiência de transporte público não enseja o pagamento de horas *in itinere*.

Desta forma, o reclamante não faz jus ao recebimento de horas *in itinere*, pelas razões expostas.

INTEGRAÇÃO SALARIAL DOS VALORES REFERENTES AO TRANSPORTE

Sustenta o reclamante que as horas gastas para o deslocamento de sua residência até o local de seu labor deve ser integrado ao seu salário, para todos os efeitos legais.

No entanto, o art. 458, § 2º, III, da CLT preleciona que tais utilidades não serão consideradas como salário, não o integrando, consequentemente, para todos os efeitos legais.

Desta forma, requer a improcedência do pleito em debate.

DA NÃO INCIDÊNCIA DAS FÉRIAS - PERÍODO AQUISITIVO 2007/2008

O reclamante pleiteia o pagamento em dobro das férias referentes ao período aquisitivo de 2007/2008.

Ocorre que, como narrado pelo próprio reclamante, permaneceu de licença remunerada por 33 (trinta e três) dias no curso desse período aquisitivo.

Nos termos do art. 133, inciso II, da CLT, não terá direito a férias o empregado que, no curso do período aquisitivo, permanecer em gozo de licença, com percepção de salários, por mais de 30 (trinta) dias.

Desta forma, não procede o pedido do pagamento de férias em dobro.

DA EQUIPARAÇÃO SALARIAL

O reclamante requer o pagamento das diferenças salariais e reflexos, decorrentes da equiparação salarial com o paradigma apontado.

Em que pese o reclamante ter indicado paradigma, nota-se que entre o trabalho exercido entre paradigma e paragonado não possui o "igual valor" como requer o art. 461, § 1º, da CLT, tendo em vista que o paradigma possuía produtividade superior à do reclamante. Isso porque, como próprio aduz o reclamante, a jornada do trabalho do paradigma é bem inferior ao do autor.

Desta forma, não configurado o trabalho de igual valor nos moldes do art. 461, § 1º, da CLT, não merece prosperar o pleito de equiparação salarial, estando impugnados os pedidos dele decorrentes.

DA INEXISTÊNCIA DA GARANTIA DE EMPREGO

Sustenta o reclamante que foi dispensado imotivadamente em 03 de outubro de 2009, na vigência da garantia provisória de emprego, pois exercia a função de Presidente da Comissão Interna de Prevenção de Acidentes – CIPA, instituída pela empresa.

Ocorre, todavia, nos termos do art. 10, inciso II, alínea "a", do ADCT a garantia de emprego é restrita ao empregado eleito para cargo de direção da CIPA. Nessa linha, ensina o art. 164, §§ 1º e 5º, da CLT que o Presidente da CIPA não é eleito, pois ele será designado pelo empregador.

Desta forma, o reclamante não faz jus à garantia de emprego almejada.

DO NÃO CABIMENTO DOS HONORÁRIOS ADVOCATÍCIOS

O reclamante pleiteia o pagamento de honorários advocatícios.

Contudo, nota-se que os requisitos autorizadores dos honorários advocatícios dispostos no art. 14, § 1º, da Lei 5.584/70, não se encontram presentes. Isso porque, o reclamante não se encontra assistido pelo sindicato de classe, o que não lhe assegura o direito ao recebimento de honorários advocatícios.

Importante frisar que esse entendimento é adotado pelo TST nas súmulas 329 e 219, item I que entende que a condenação em honorários é devida à parte que estiver assistida por sindicato da classe e comprovar a percepção de salário inferior ao dobro do salário mínimo.

Desta forma, não estando presentes os requisitos previstos em lei, não procede o pleito de honorários advocatícios.

DOS PEDIDOS

Diante do exposto requer a reclamada:

a) seja acolhida a preliminar suscitada, indeferindo a petição inicial, considerando-a inepta no que tange à gratificação natalina do ano de 2008, nos termos do art. 295, parágrafo único, I, do CPC, extinguindo o processo sem resolução do mérito com fulcro no art. 267, inciso I, do CPC;

b) seja acolhida a prejudicial de mérito de prescrição bienal, declarando a prescrição total dos créditos reclamados durante a contratualidade, julgando extinta tal pretensão com resolução do mérito, nos termos do art. 269, IV, do CPC.

c) no mérito a improcedência dos pedidos nos termos acima aduzidos, com a consequente condenação do reclamante ao pagamento das custas processuais.

d) Protesta provar o alegado por todos os meios em direito admitidos, em especial pelo depoimento pessoal do reclamante ou sua confissão.

Termos em que,

pede deferimento.

Local e data

Advogado

OAB

fim da peça

GABARITO COMENTADO – FGV

1) Estrutura inicial

O examinando deve elaborar uma *contestação*, com encaminhamento ao Excelentíssimo Senhor Juiz do Trabalho da 35ª Vara do Trabalho de Porto Alegre/RS, indicação das partes e referência ao número do processo (RT nº 0001524-15.2011.5.04.0035).

Não cabe alegar incompetência do juízo, porque o reclamante poderia ter ajuizado a reclamação em Porto Alegre ou em Florianópolis (art. 651, §3º, CLT).

2) Preliminar de inépcia da petição inicial

O examinando deve suscitar a preliminar de inépcia da petição inicial com relação ao décimo terceiro salário do ano de 2008, por ausência de pedido, nos termos do artigo 295, parágrafo único, inciso I, do CPC, requerendo a extinção do processo sem resolução do mérito, com fundamento no artigo 267, inciso I, do CPC.

3) Prejudicial de prescrição bienal

O examinando deve suscitar a prejudicial de prescrição bienal, com fundamento no artigo 7º, inciso XXIX, da CF/88 ou artigo 11, inciso I, da CLT, ou Súmula nº 308, item I, do TST, sustentando que a reclamação trabalhista foi ajuizada após dois anos da data da extinção do contrato de trabalho, mesmo considerada a integração do aviso-prévio, requerendo a extinção do processo com resolução do mérito, com fundamento no artigo 269, inciso IV, do CPC.

Em face do princípio da eventualidade, deve seguir na impugnação dos pedidos, inclusive porque pode ter ocorrido algum fato impediente, suspensivo ou interruptivo, não mencionado na questão.

4) Do adicional de transferência e reflexos

O examinando deve impugnar o pedido, alegando que o pagamento do adicional de transferência somente é devido quando se der em caráter provisório, nos termos do artigo 469, §

3º, da CLT e do posicionamento contido na OJ nº 113 da SBDI-1 do TST, verbis: *"O fato de o empregado exercer cargo de confiança ou a existência de previsão de transferência no contrato de trabalho não exclui o direito ao adicional. O pressuposto legal apto a legitimar a percepção do mencionado adicional é a transferência provisória."*

5) Das horas in itinere e reflexos

O examinando deve impugnar o pedido, esclarecendo que a mera insuficiência de transporte público não enseja o pagamento de horas *in itinere*, nos exatos termos do posicionamento contido no item III da Súmula nº 90 do TST.

6) Da integração salarial dos valores referentes ao transporte e reflexos

O examinando deve impugnar o pedido, afirmando que não é considerado salário o transporte destinado ao deslocamento para o trabalho e retorno, em percurso servido ou não por transporte público, nos moldes do artigo 458, § 2º, inciso III, da CLT.

7) Das férias em dobro relativas ao período 2007/2008

O examinando deve impugnar o pedido, aduzindo que não tem direito às férias o empregado que, no curso do período aquisitivo, permanecer em gozo de licença, com percepção de salário, por mais de 30 (trinta) dias, nos moldes do artigo 133, inciso II, da CLT.

8) Da equiparação salarial e reflexos

O examinando deve impugnar o pedido, alegando não configurado o trabalho de igual valor a que se reporta o artigo 461, § 1º, da CLT, uma vez que o paradigma tinha uma produtividade superior à do autor, embora fosse idêntica a produção de ambos.

9) Da garantia provisória de emprego

O examinando deve impugnar o pedido, informando que a garantia provisória de emprego se restringe ao empregado eleito para cargo de direção da CIPA, nos termos do artigo 10, inciso II, alínea "a", do ADCT e que a sua Presidência deve ser ocupada por representante do empregador, o qual é por este designado, não sendo eleito, conforme a disposição contida no artigo 164, §§ 1º e 5º, da CLT.

10) Honorários advocatícios

O examinando deve impugnar o pedido, aduzindo que o autor não se encontra assistido pelo sindicato de classe, não atendendo aos requisitos previstos no artigo 14, §1º, da Lei 5.584/70, em conformidade com as Súmulas 219, item I, e 329 do TST.

11) Requerimentos

O examinando deve requerer o acolhimento da preliminar de inépcia da petição inicial quanto ao décimo terceiro salário de 2008 e da prejudicial de prescrição bienal. Deve requerer, ainda, na hipótese de rejeição da prejudicial de mérito, a improcedência dos pedidos. Por fim, deve protestar por todos os meios de prova admitidos em Direito, notadamente o depoimento pessoal e as provas documentais e testemunhais.

Distribuição dos pontos

Item	Pontuação
1) Estrutura inicial Encaminhamento adequado (0,25) e correta identificação das partes e do processo (0,25). *Obs: poderia o reclamante ter ajuizado a reclamação em Porto Alegre ou em Florianópolis (art. 651, §3º, CLT)*	0 / 0,25 / 0,50
2) Preliminar de inépcia da petição inicial Inépcia do 13º salário do ano de 2008, por ausência de pedido (0,30). Indicação do art. 295, par. único, I, CPC (0,20) Obs: **Não há pontuação para a mera indicação da base legal ou jurisprudencial.**	0 / 0,30 / 0,50

3) Prejudicial de Prescrição Ajuizamento da ação após dois anos de extinção do contrato (0,30). Indicação do artigo 7º, XXIX, da CRFB/88 **OU** do artigo 11, I, da CLT **OU** da Súmula 308, I, do TST (0,20). **Obs:** Não há pontuação para a mera indicação da base legal ou jurisprudencial.	0 / 0,30 / 0,50
4) Do adicional de transferência e reflexos Adicional devido apenas na transferência provisória (0,30). Indicação do artigo 469, § 3º, da CLT **OU** da OJ 113 da SBDI-1 do TST (0,20). **Obs:** Não há pontuação para a mera indicação da base legal ou jurisprudencial.	0 / 0,30 / 0,50
5) Das horas in itinere e reflexos Insuficiência de transporte público não enseja horas *in itinere* (0,40). Indicação exata e completa da Súmula 90, III, do TST (0,10). **Obs:** Não há pontuação para a mera indicação da base legal ou jurisprudencial.	0 / 0,40 / 0,50
6) Da integração salarial dos valores referentes ao transporte e reflexos Transporte para o trabalho e retorno não é salário (0,30). Indicação exata e completa do artigo 458, §2º, inciso III, da CLT (0,20). **Obs:** Não há pontuação para a mera indicação da base legal ou jurisprudencial.	0 / 0,30 / 0,50
7) Das férias em dobro relativas ao período 2007/2008 Perda do direito às férias em razão da licença remunerada superior a 30 dias no período aquisitivo (0,30). Indicação exata e completa do artigo 133, II, da CLT (0,20). **Obs:** Não há pontuação para a mera indicação da base legal ou jurisprudencial.	0 / 0,30 / 0,50
8) Da equiparação salarial e reflexos Não configuração do trabalho de igual valor em razão da diferença de produtividade (0,30), com indicação do artigo 461, §1º, da CLT (0,20) OU indicação de inépcia (0,30), com indicação do artigo 295, I, do CPC (0,20). **Obs:** Não há pontuação para a mera indicação da base legal ou jurisprudencial.	0 / 0,30 / 0,50
9) Da garantia provisória de emprego O Presidente da Cipa não é eleito, mas designado pelo empregador (0,30). Indicação do art. 10, II, "a", ADCT (0,10) e dos arts. 164, §1º e/ou §5º da CLT (0,10). **Obs:** Não há pontuação para a mera indicação da base legal ou jurisprudencial.	0 / 0,30 / 0,40 / 0,50
10) Honorários advocatícios Falta de assistência sindical (0,10). Indicação da Lei 5.584/70 OU Súmula 219, I, OU 329 do TST (0,10). **Obs:** Não há pontuação para a mera indicação da base legal ou jurisprudencial.	0 / 0,10 / 0,20
11) Requerimentos Acolhimento da preliminar de inépcia (0,10). Acolhimento da prescrição bienal (0,10). Improcedência dos pedidos (0,10).	0 / 0,10 / 0,20 / 0,30

(OAB/Exame Unificado – 2011.3 – 2ª fase) Ednalva Macedo, assistida por advogado particular, ajuizou reclamação trabalhista, pelo rito ordinário, em face de Pedro de Oliveira (RT nº 0001948-10.2011.5.03.0020), em 5/10/2011, afirmando que, após ter concluído o curso superior de enfermagem, foi contratada, em 13/2/2005, para dar assistência à mãe enferma do reclamado, que com ele coabitava, tendo sido dispensada sem justa causa, com anotação de dispensa na CTPS em 8/7/2010. Diz que recebia salário mensal correspondente ao piso salarial regional, que sempre foi inferior ao salário normativo da categoria profissional dos enfermeiros, conforme normas coletivas juntadas aos autos. Alega que trabalhava de segunda-feira a sábado, das 12 às 24 horas, com uma hora de intervalo para repouso e alimentação, sem pagamento de horas extraordinárias e de adicional noturno. Aduz que o reclamado lhe fornecia alimentação e material de higiene pessoal, sem que os valores concernentes a essas utilidades fossem integrados ao seu salário. Também salienta que não foram pagas as quotas referentes ao salário-família, apesar de ter apresentado a certidão de nascimento de filho menor de 14 anos, o atestado de vacinação obrigatória e a comprovação de frequência à escola, nos termos da legislação previdenciária. Por fim, disse que o reclamado não efetuou o recolhimento dos depósitos do FGTS e das contribuições previdenciárias relativas a todo o período do contrato de trabalho.

Diante do acima exposto, postula: **a)** o pagamento das diferenças salariais em relação ao salário normativo da categoria profissional dos enfermeiros, com base nos valores constantes nas normas coletivas juntadas aos autos, e dos reflexos no aviso prévio, nas férias, nos décimos terceiros salários, nos depósitos do FGTS e na indenização compensatória de 40% (quarenta por cento); **b)** o pagamento a título de horas extraordinárias daquelas excedentes à oitava diária, com adicional de 50% (cinquenta por cento), e dos reflexos no aviso prévio, nas férias, nos décimos terceiros salários, nos depósitos do FGTS e na indenização compensatória de 40% (quarenta por cento); **c)** o pagamento do adicional noturno relativo ao período de trabalho compreendido entre as 22 e 24 horas e dos reflexos no aviso prévio, nas férias, nos décimos terceiros salários, nos depósitos do FGTS e na indenização compensatória de 40% (quarenta por cento); **d)** o pagamento das diferenças decorrentes da integração no salário mensal dos valores concernentes à alimentação e ao material de higiene pessoal fornecidos pelo reclamado, assim como dos respectivos reflexos no aviso prévio, nas férias, nos décimos terceiros salários, nos depósitos do FGTS e na indenização compensatória de 40% (quarenta por cento); **e)** o pagamento das quotas do salário-família correspondentes a todo o período trabalhado; **f)** o pagamento dos valores atinentes aos depósitos do FGTS relativos ao contrato de trabalho; **g)** o recolhimento das contribuições previdenciárias referentes a todo período contratual e **h)** o pagamento de honorários advocatícios.

Considerando que a reclamação trabalhista foi distribuída à MM. 20ª Vara do Trabalho do Rio de Janeiro/RJ, redija, na condição de advogado contratado pelo reclamado, a peça processual adequada, a fim de atender aos interesses de seu cliente.

(Valor: 5,0)

GABARITO SUGERIDO

1) Estrutura inicial

O examinando deve elaborar uma contestação, indicando o fundamento legal (artigo 847 da CLT ou artigo 300 do CPC), com encaminhamento ao Excelentíssimo Senhor Juiz do Trabalho da 20ª Vara do Trabalho do Rio de Janeiro/RJ, indicação das partes e referência ao número do processo (RT nº 0001948-10.2011.5.03.0020).

2) Preliminar de incompetência absoluta da Justiça do Trabalho

O examinando deve suscitar a preliminar de incompetência absoluta da Justiça do Trabalho em relação ao pedido de recolhimento das contribuições previdenciárias referentes a todo o período contratual. Isso porque, conforme o artigo 114, inciso VII, da Constituição da República, compete à Justiça do Trabalho processar e julgar a execução, de ofício, das contribuições sociais previstas no art. 195, I, a , e II, e seus acréscimos legais, decorrentes das sentenças que proferir. Assim, a competência da Justiça do Trabalho, quanto à execução das contribuições previdenciárias, limita-se às sentenças condenatórias em pecúnia que proferir e aos valores, objeto de acordo homologado, que integrem o salário de contribuição. Neste sentido, o entendimento contido no item I da Súmula nº 368 do TST. Logo, deve requerer a extinção do processo sem resolução do mérito quanto a este pedido, com fundamento no artigo 267, inciso IV, do CPC.

3) Prejudicial de prescrição quinquenal

O examinando deve suscitar a prejudicial de prescrição quinquenal, com fundamento no artigo 7º, inciso XXIX, da CF/88 ou artigo 11, inciso I, da CLT ou Súmula nº 308, item I, do TST, a fim de que sejam consideradas prescritas as parcelas anteriores a 05.10.2006.

TRABALHISTA

4) Diferenças em relação ao salário normativo da categoria dos enfermeiros e reflexos

O examinando deve impugnar o pedido, aduzindo que, embora tenha se graduado no curso superior de enfermagem, a reclamante prestou serviços de natureza contínua e de finalidade não lucrativa ao reclamado no âmbito residencial deste, exercendo a função de empregada doméstica, nos termos do artigo 1º da Lei nº 5.859/72. Deste modo, não lhe assiste o direito ao pagamento do piso salarial da categoria profissional dos enfermeiros e reflexos.

5) Horas extraordinárias e reflexos

O examinando deve impugnar o pedido, alegando que a autora, como empregada doméstica, não tem direito ao pagamento de horas extraordinárias, posto que a norma do artigo 7º, parágrafo único, da Constituição da República não se reporta aos incisos XIII e XVI do mesmo artigo. Logo, indevido o pagamento de horas extraordinárias e reflexos.

6) Adicional noturno e reflexos

O examinando deve impugnar o pedido, alegando que a autora, como empregada doméstica, não tem direito ao pagamento de adicional noturno, posto que a norma do artigo 7º, parágrafo único, da Constituição da República não se reporta ao inciso IX do mesmo artigo. Logo, indevido o pagamento de adicional noturno e reflexos.

7) Diferenças correspondente à integração salarial dos valores de alimentação e material de higiene pessoal

O examinando deve impugnar o pedido, aduzindo que as despesas do empregador doméstico com alimentação e higiene não têm natureza salarial nem se incorporam à remuneração para quaisquer efeitos, com fundamento no artigo 2º-A, § 2º, da Lei nº 5.859/72. Logo, indevido o pagamento das diferenças salariais e reflexos.

8) Salário-Família

O examinando deve impugnar o pedido, alegando que o empregado doméstico não tem direito à percepção de salário-família, conforme ressalva expressa no artigo 65, caput, da Lei nº 8.213/91. De igual sorte, o art. 7º, parágrafo único da CF de 88 e o artigo 81 do Decreto 3.048/99 também não autorizam tal direito à empregada doméstica. Logo, indevido o pagamento do salário-família.

9) Depósitos do FGTS

O examinando deve impugnar o pedido, alegando que a inclusão do empregado doméstico no Fundo de Garantia do Tempo de Serviço consiste em mera faculdade a cargo do empregador, conforme o disposto no artigo 3º-A da Lei nº 5.859/72. Logo, indevido o pagamento dos valores correspondentes aos depósitos do FGTS.

10) Honorários advocatícios

O examinando deve impugnar o pedido, aduzindo que a autora não se encontra assistido pelo sindicato de classe, não atendendo aos requisitos previstos no artigo 14, § 1º, da Lei nº 5.584/70, em conformidade com as Súmulas nº 219, item I, e 329 do TST OU OJ 305, DO TST.

11) Requerimentos

O examinando deve requerer o acolhimento da preliminar de incompetência absoluta e da prejudicial de prescrição quinquenal e, no mérito, a improcedência dos pedidos. Também deve protestar por todos os meios de prova admitidos em Direito, notadamente o depoimento pessoal e as provas documentais e testemunhais.

Distribuição dos Pontos

Item	Pontuação
1) Estrutura inicial - Encaminhamento adequado (0,25) e correta identificação das partes e do processo (0,25).	0 / 0,25 / 0,50
2) Preliminar de incompetência absoluta da Justiça do Trabalho - Incompetência absoluta do pedido de recolhimento das contribuições previdenciárias de todo o período contratual (0,25). Indicação do artigo 114, VII, da CRFB **OU** Súmula 368, I, do TST (0,25).	0 / 0,25 / 0,50
3) Prejudicial de prescrição quinquenal - Prescrição das parcelas anteriores a 5/10/2006 (0,30). Indicação do art. 7º, XXIX, da CRFB **OU** do artigo 11, I, da CLT **OU** da Súmula 308, I, do TST (0,20).	0 / 0,30 / 0,50
4) Diferenças em relação ao salário normativo da categoria dos enfermeiros e reflexos - Não tem direito ao salário normativo, por ser empregada doméstica (0,50).	0 / 0,50
5) Horas extraordinárias e reflexos - Empregada doméstica não tem direito a horas extras (0,30). Indicação do artigo 7º, parágrafo único, da CRFB (0,20).	0 / 0,30 / 0,50
6) Adicional noturno e reflexos - Empregada doméstica não tem direito a adicional noturno (0,30). Indicação do artigo 7º, parágrafo único, da CRFB (0,20).	0 / 0,30 / 0,50
7) Diferenças correspondentes à integração salarial dos valores de alimentação e material de higiene pessoal - Natureza não salarial dessas despesas (0,30). Indicação do artigo 2º-A, §2º, da Lei 5.859/72 (0,20)	0 / 0,30 / 0,50
8) Salário-Família - Empregada doméstica não tem direito a salário-família (0,30). Indicação do artigo 65, *caput*, da Lei 8.213/91 **OU** art. 7º, parágrafo único, da CRFB **OU** artigo 81 do Decreto 3.048/99 (0,20).	0 / 0,30 / 0,50
9) Depósitos do FGTS - Inclusão no FGTS pelo empregador doméstico é facultativa (0,30). Indicação do artigo 3º-A da Lei 5.859/72 (0,20).	0 / 0,30 / 0,50
10) Honorários advocatícios - Falta de assistência sindical (0,1). Indicação da Lei 5.584/70 **OU** Súmula 219, I, do TST **OU** OJ 305 DO TST (0,1).	0 / 0,1 / 0,2
11) Requerimentos - Acolhimento da preliminar de incompetência (0,1). Acolhimento da prescrição (0,1). Improcedência dos pedidos (0,1).	0 / 0,1 / 0,2 / 0,3

(OAB/Exame Unificado – 2012.1 – 2ª fase) Sentença:

83ª Vara do Trabalho de Tribobó do Oeste.

Processo no. 1200-34-2011-5-07-0083.

Aos xx dias do mês de xxxxxxxxxx, do ano de 2012, às xx h, na sala de audiências dessa Vara do Trabalho, na presença do MM. Juiz Fulano de Tal, foi proferida a seguinte

Sentença:

Jurandir Macedo, qualificação, ajuizou ação trabalhista em face de Aérea Auxílio Aeroportuário Ltda., e de Aeroportos Públicos Brasileiros, empresa pública, em 30/05/2011, aduzindo que era a terceira ação em face das rés, pois não compareceu à primeira audiência das ações anteriormente ajuizadas, tendo tido notícia da sentença de extinção do feito sem resolução do mérito da primeira ação em 10/01/2009 e da segunda ação em 05/06/2009. Afirma que a ação anterior é idêntica à presente.

TRABALHISTA

Relata que foi contratado pela primeira ré em 28/04/2004 para trabalhar como auxiliar de carga e descarga de aviões, tendo como último salário o valor de R$ 1.000,00. Ao longo do contrato de trabalho, cumpria jornada das 8:00h às 20:00h, com uma hora de almoço, trabalhando em escala 12 x 36, conforme norma coletiva, pretendo horas extras e reflexos. Afirma que carregava as malas para os aviões enquanto esses eram abastecidos, mas não recebia adicional de periculosidade, e adquiriu hérnia de disco na lombar por conta do peso carregado, pelo que requer indenização por danos morais e reintegração ou, subsidiariamente, indenização. Era descontado do vale alimentação, mas não recebia o benefício, pretendendo a devolução do valor e a integração da utilidade. Conta que foi dispensado por justa causa, tipificada em desídia, após faltar 14 dias seguidos sem justificativa, além de outros dias alternados, que lhe foram descontados. Requer seja elidida a justa causa, com pagamento de aviso-prévio, férias vencidas e proporcionais + 1/3, FGTS + 40%, seguro desemprego e anotação de dispensa na CTPS com multa diária de R$ 500,00 pelo descumprimento, além da incidência das multas dos arts. 467 e 477 da CLT. Ao longo de todo o seu contrato, diz que sempre desempenhou sua atividade no aeroporto internacional de Tribobó do Oeste, de administração da segunda ré, pelo que pede a condenação subsidiária da segunda ré. Dá à causa o valor de R$ 20.000,00.

Na audiência, a primeira ré apresentou defesa aduzindo genericamente a prescrição; que o autor foi desidioso, conforme as faltas apontadas, juntando documentação comprobatória das ausências não justificadas e diversas advertências e suspensões pelo comportamento reiterado de faltas injustificadas. Apresentou controle de ponto com jornada de 12x36h, com uma hora de intervalo, conforme norma coletiva da categoria. Juntou TRCT do autor, cujo valor foi negativo em razão das faltas descontadas. Afirmou que o autor não ficava em área de risco no abastecimento do avião e que não há relação entre o trabalho do autor e sua doença. Apresentou norma coletiva, autorizando a substituição de vale alimentação por pagamento em dinheiro, com desconto em folha proporcional, conforme recibos juntados, comprovando os pagamentos dos valores. Afirmou que não devia as multas dos artigos 467 e 477 da CLT por não haver verba a pagar e que procederia a anotação de dispensa na CTPS com a data da defesa. Pugnou pela improcedência dos pedidos.

A segunda ré defendeu-se, aduzindo ser parte ilegítima para figurar na lide, pois escolheu a primeira ré por processo licitatório, com observância da lei, comprovando documentalmente a fiscalização efetiva do contrato com a primeira ré e a relação dessa com os seus funcionários que lhe prestavam serviços. Salientou a prescrição e refutou os pedidos do autor, negando os mesmos.

O autor teve vista das defesas e dos documentos, não impugnando os mesmos. Indagadas as partes, as mesmas declararam que não tinham mais provas a produzir e se reportavam aos elementos dos autos, permanecendo inconciliáveis. O autor se recusou a fornecer a CTPS para que fosse anotada a dispensa.

É o Relatório.

Decide-se:

Não há prescrição, pois o curso desta foi interrompido.

A segunda ré foi tomadora dos serviços, logo é parte legítima.

Procede o pedido de conversão da dispensa por justa causa em dispensa imotivada. A justa causa é o maior dos castigos ao empregado. Logo, tendo havido desconto dos dias de falta, não há desídia, porque haveria dupla punição. Logo, procedem os pedidos de aviso-prévio, férias vencidas e proporcionais + 1/3, FGTS + 40%, seguro desemprego e anotação de dispensa na CTPS com multa diária de R$ 500,00 pelo descumprimento, além da incidências das multas dos artigos 467 e 477 da CLT pelo não pagamento das verbas. Procede o pedido de indenização por danos morais, que fixo em R$ 5.000,00, pois é claro que se o autor carregava malas, sua hérnia de disco decorre da função, sendo também reconhecida a estabilidade pelo acidente de trabalho (doença profissional), que ora se convola em indenização pela projeção do contrato de trabalho, o que equivale a R$ 10.000,00.

Improcede a devolução de descontos do vale alimentação, pois a ré provou a concessão do vale por substituição em dinheiro e autorizado em norma coletiva. Logo, também não há a integração desejada.

Procede o pedido de horas extras e reflexos, pois o autor extrapolava a jornada constitucional de 8 horas por dia.

Procede o adicional de periculosidade por analogia à Súmula 39 do TST.

Procede a condenação da segunda ré, pois havendo terceirização, esta responde subsidiariamente.

Improcedentes os demais pedidos.

Custas de R$ 600,00, pelas rés, sobre o valor da condenação estimado em R$ 30.000,00. Recolhimentos previdenciários e fiscais, conforme a lei, assim como juros e correção monetária.

Partes cientes.

Fulano de Tal

Juiz do Trabalho

Apresente a peça respectiva para defesa dos interesses da segunda ré. (valor: 5,00)

início da peça

EXCELENTÍSSIMO SENHOR DOUTOR JUIZ DO TRABALHO DA 83ª VARA DO TRABALHO DE TRIBOBÓ DO OESTE

(10 linhas)

Processo nº: 1200-34-2011-5-07-0083

AEROPORTOS PÚBLICOS BRASILEIROS, por seu advogado, que esta subscreve, nos autos da ação trabalhista lhe move JURANDIR MACEDO, já qualificado nos autos, vem tempestivamente à presença de Vossa Excelência, não se conformando com a respeitável sentença prolatada, interpor

com fulcro no artigo 895, I, da CLT, consubstanciado nas razões em anexo.

Informa, ainda, que nesse ato junta as guias referentes ao pagamento das custas e recolhimento do depósito recursal.

Requer o mesmo seja conhecido e encaminhado ao Egrégio Tribunal Regional do Trabalho da ...Região.

Termos em que,

Pede deferimento.

Local e data:....

Advogado

OAB/..... nº ....

RAZÕES DE RECURSO ORDINÁRIO

Recorrente: AEROPORTOS PÚBLICOS BRASILEIROS

Recorridos: JURANDIR MACEDO

Processo: 1200-34-2011-5-07-0083

Origem: 83ª VARA DO TRABALHO DE TRIBOBÓ DO OESTE

Egrégio Tribunal

Colenda Turma!

Nobres Julgadores!

RESUMO DA CONTROVÉRSIA

Em reclamação trabalhista proposta pelo recorrido no dia 30 de maio de 2011, foi proferida sentença julgando os pedidos procedentes em parte.

Não se conformando com a respeitável sentença, a 2ª reclamada interpõe o presente recurso ordinário, sob os seguintes fundamentos:

DA PRESCRIÇÃO BIENAL

Trata-se de reclamação distribuída em 30/05/2011, em que o recorrido aduz que foi admitido em 24/04/2004 pela primeira reclamada para exercer a função de auxiliar de carga e descarga.

O recorrido informa que a reclamação que originou este recurso, é a terceira de outras propostas, sendo que a primeira delas foi extinta sem resolução de mérito em 10/01/2009 e a segunda no dia 05/06/2009.

Nos termos do art. 202, inciso I, do Código Civil, aplicado por força do art. 8º, parágrafo único, da CLT, a prescrição é interrompida pelo despacho do juiz que ordenar a citação das reclamadas. Uma vez interrompida a prescrição, o seu prazo recomeçará a ser contado após a extinção sem resolução do mérito da primeira reclamação distribuída, o que ocorreu em 10/01/2009, nos moldes do parágrafo único do art. 202 do CC.

Vale dizer, nos termos do art. 202 do CC que a prescrição é interrompida uma única vez, ou seja, não será interrompida novamente pela distribuição de novas reclamações trabalhistas.

Assim, uma vez interrompida, seu prazo se reiniciou no dia 11/01/2009, sendo que a pretensão foi extinta em 11/01/2011, nos moldes do art. 7º, XXIX, da CF e art. 11, I, da CLT.

Desta forma, requer a decretação da prescrição, nos termos supra indicados, julgando extinta a pretensão com resolução do mérito nos termos do art. 269, IV, do CPC.

DA PRESCRIÇÃO QUINQUENAL

Em 30 de maio de 2011 a reclamante ajuizou reclamação trabalhista requerendo o reconhecimento de direitos trabalhistas.

Ocorre, todavia, que o art. 7º, XXIX, da CF, dispõe que os trabalhadores poderão reclamar os direitos trabalhistas quanto aos créditos resultantes da relação de trabalho, com prazo prescricional de 5 (cinco) anos. De acordo com o dispositivo constitucional, ao ajuizar reclamação trabalhista o obreiro poderá reclamar apenas os créditos dos 5 (cinco) anos que antecedem a propositura da reclamação trabalhista. Nesse mesmo sentido dispõe o art. 11, I, da CLT.

O Tribunal Superior do Trabalho, através do entendimento cristalizado na súmula 308, item I, do TST, ensina que, respeitado o biênio subsequente à cessação contratual, a prescrição da ação trabalhista concerne às pretensões imediatamente anteriores a cinco anos, contados da data do ajuizamento da reclamação e, não, às anteriores ao quinquênio da data da extinção do contrato.

Desta forma, requer seja acolhida a prescrição quinquenal, declarando prescritos os créditos anteriores a 30 de maio de 2006, julgando extinta tal pretensão com resolução do mérito, nos termos do art. 269, IV, do CPC.

DA ILEGITIMIDADE PASSIVA

A ação trabalhista foi proposta pelo recorrido em face de Aérea Auxílio Aeroportuário Ltda.,1ª reclamada e de Aeroportos Públicos Brasileiros,2ª reclamada, ora recorrente.

Ocorre que, a segunda reclamada-recorrente se constitui uma empresa pública, fazendo parte da administração pública indireta, podendo contratar por meio de licitação, nos moldes da Lei 8.666/93.

Assim, sendo a contratação feita pela recorrente através de licitação, determina o art. 71, § 1º, da citada lei, inexistir responsabilidade legal das pessoas jurídicas de direito privado prestadoras de serviços públicos, na medida em que a inadimplência do contrato pela responsável principal, não transfere a responsabilidade à administração.

Desta forma, a segunda reclamada-recorrente, mostra-se parte ilegítima para figurar na reclamação trabalhista, devendo ser excluída da lide nos moldes do art. 267, VI, do CPC.

DA AUSÊNCIA DE RESPONSABILIDADE SUBSIDIÁRIA DA RECORRENTE

Caso seja ultrapassada a questão acima tratada, a recorrente pelo amor aos debates pugna pela ausência de responsabilidade subsidiária com relação aos encargos trabalhistas.

Isso porque, de acordo com o entendimento cristalizado na súmula 331, item V, do TST a responsabilidade dos entes da administração pública, não depende de mero inadimplemento das verbas trabalhistas, devendo ser constatada a conduta culposa na fiscalização do cumprimento das obrigações legais e contratuais da prestadora de serviço como empregadora.

Nota-se, todavia, que ficou comprovando documentalmente a fiscalização efetiva do contrato com a primeira ré e a relação dessa com os seus funcionários que lhe prestavam serviços, fatos não impugnados pelo recorrido.

Desta forma, evidenciada a efetiva fiscalização da recorrente no cumprimento das obrigações legais e contratuais, nos moldes da súmula 331, item V, do TST, requer a reforma da sentença que reconheceu a recorrente parte legítima para figurar na lide e sua consequente condenação subsidiária.

DA JUSTA CAUSA DO RECLAMANTE

A sentença de 1º grau julgou procedente o pedido de conversão da dispensa por justa causa em dispensa imotivada, sob o argumento de que por ter havido desconto no salário do obreiro pelas faltas ao serviço, a dispensa por justa causa seria ocasionaria dupla punição ao recorrido.

No entanto, nota-se que ficou constatado nos autos através de documentos que comprovam as ausências injustificadas e diversas advertências e suspensões pelo comportamento reiterado de faltas injustificada, o comportamento desidioso do recorrido.

Tipificada no art. 482, e, da CLT desídia é o desleixo do empregado em executar as atividades que lhe são atribuídas.

Desta forma, por estar cabalmente comprovado o comportamento desidioso, requer a reforma da sentença, reconhecendo a justa causa do reclamante.

DO NÃO CABIMENTO DA ESTABILIDADE PROVISÓRIA E DANO MORAL

A respeitável sentença julgou procedente o pedido de indenização por danos morais, fixando o valor de R$ 5.000,00, como indenização, em total desacordo com as provas colhidas nos autos, sob o argumento de que pelo simples fato do autor carregar malas, sua hérnia de disco decorre de sua função laboral. Por essa razão, reconheceu, também, a estabilidade por acidente de trabalho, convertida em indenização, o que equivale a R$ 10.000,00.

A sentença merece ser reformada, pois não há relação entre o trabalho do autor e sua doença. É importante lembrar que para que haja o dever de indenizar é mister a coexistência de 3 elementos: ato ilícito, dano e nexo causal. À falta de quaisquer dos elementos não há razão para a condenação.

Note que cabia ao autor/reclamante, nos termos do art. 818 da CLT e art. 333, I, do CPC o ônus de demonstrar o nexo de causalidade entre seu labor e a doença apontada.

TRABALHISTA

Ademais, importante ressaltar que nos termos da parte final do item II da súmula 378 do TST apenas haverá estabilidade por acidente do trabalho se constatado nexo de causalidade entre a doença ocupacional e a execução dos serviços.

Desta forma, requer a sentença seja reformada para exonerar a condenação imposta à recorrente.

DO NÃO CABIMENTO DO ADICIONAL DE PERICULOSIDADE

A sentença a quo entendeu por bem em julgar procedente o pedido do reclamante em relação ao adicional de periculosidade, aplicando ao caso em debate, por analogia, o entendimento cristalizado na súmula 39 do TST que entende devido o adicional de periculosidade aos empregados que operam em bomba de gasolina.

Ocorre, todavia, que o recorrido não laborava em área de risco no abastecimento do avião. Assim, para deferimento da verba pleiteada mostra-se descabida a aplicação analógica da súmula 39 do TST, para atividade diversa da exercida pelo reclamante.

Ademias, nos termos do art. 195, § 2º, da CLT uma vez arguida a periculosidade deverá o juiz designar perito habilitado. Em outras palavras, a perícia se mostra obrigatória e imprescindível para o deferimento da verba.

Desta forma, requer a reforma da sentença para que seja excluída a condenação ao pagamento de adicional de periculosidade.

DO NÃO CABIMENTO DE HORAS EXTRAS

A respeitável sentença condenou a recorrente ao pagamento de horas extras, pois o autor extrapolava a jornada constitucional de 8 horas por dia, disposta no art. 7º, XIII, da CF.

O art. 7º, XIII, da CF ensina que a jornada de trabalho é de 8 horas diárias e 44 semanais, sendo facultada a compensação de horários mediante acordo ou convenção coletiva de trabalho.

Ocorre que, pelas próprias alegações do reclamante era cumprida jornada das 8:00h às 20:00h, com uma hora de almoço, trabalhando em escala 12 x 36, jornada esta prevista em norma coletiva da categoria.

Nessa linha, a súmula 85, item I, do TST ensina que a compensação de jornada pode ser ajustada por norma coletiva. E ainda, na súmula 444 o TST entende válida a jornada de 12 horas de trabalho por 36 horas de descanso, ajustada mediante acordo ou convenção coletiva de trabalho.

Assim, mostra-se injusta a condenação ao pagamento de horas extraordinárias imposta à recorrente, razão pela qual pugna pela reforma do julgado.

REQUERIMENTOS FINAIS

Diante do exposto, requer a recorrente o conhecimento e provimento do recurso para julgar totalmente improcedente o pedido inaugural, nos termos expostos.

Local e data

Nome do advogado

OAB/.... nº ....

fim da peça

GABARITO COMENTADO – FGV

ANÁLISE ESTRUTURAL

- Deve ser elaborado um **recurso ordinário**, interposto pela 2ª ré, com citação do artigo 895, I da CLT; apresentação formal de duas peças, sendo uma dirigida ao juiz de 1º grau com indicação do recolhimento de custas e depósito recursal e outra, ao TRT com as razões recursais.

PRESCRIÇÃO TOTAL

- arguição porque o curso prescricional só admite uma interrupção e, no caso, o biênio constitucional já havia fluído a partir da 1ª interrupção.

- citação do artigo 202 do CCB.

PRESCRIÇÃO PARCIAL

- arguição para limitar eventual condenação aos 5 anos anteriores ao ajuizamento da ação.

- citação do artigo 7º, XXIX da CRFB/88 **OU** art. 11 da CLT OU Súmula 308, I.

PRELIMINAR DE ILEGITIMIDADE PASSIVA OU NO MÉRITO, ARGUIÇÃO DE AUSÊNCIA DE RESPONSABILIDADE

- a recorrente é parte ilegítima, pois em razão da sua natureza jurídica, contratando através de licitação, não tem responsabilidade legal.

- citação da Lei n. 8.666/93, art. 71 § 1º

OU

- inaceitável a responsabilidade subsidiária porque houve fiscalização do contrato

- citação da Súmula 331, V TST ou da Lei n. 8.666/93, art. 71 § 1º

JUSTA CAUSA

- que o autor recebeu diversas punições anteriores, conforme fatos e documentos inimpugnados, mas não alterou seu comportamento OU a justa causa deve ser mantida porque o desconto pelas faltas não é considerado punição (não há bis in idem) e o empregado manteve o comportamento reprovável.

ESTABILIDADE PROVISÓRIA (DOENÇA PROFISSIONAL) / DANO MORAL

- não comprovado o nexo causal entre a doença e o trabalho, não há doença profissional, garantia no emprego nem direito à indenização.

- ônus da prova do autor, indicando art. 818 da CLT **OU** 333, I do CPC **OU** Súmula 378, II do TST.

PERICULOSIDADE

- imprescindível a realização de perícia e citação do artigo 195 § 2º da CLT **OU** descabida a analogia com atividade diversa para deferimento da verba.

HORAS EXTRAS

- Indevida porque a escala (compensação) é prevista em norma coletiva.

- citação da CF/88, art. 7º, XIII OU Súmula 85, I do TST OU OJ 323 do TST OU PA SIT MTE 81.

REQUERIMENTOS FINAIS

Requerimento de que o recurso seja conhecido (admitido) e provido para julgar improcedente o pedido da inicial.

TRABALHISTA

Distribuição dos pontos

Quesito Avaliado	Faixa de valores
ANÁLISE ESTRUTURAL - indicação do recurso ordinário da 2ª ré e indicação artigo 895, I da CLT. - duas peças, sendo uma dirigida ao juiz de 1º grau com indicação do recolhimento de custas e depósito recursal e outra ao TRT com as razões recursais. (0,50) Obs.: A falta de qualquer elemento estrutural ocasionará a perda de 0,20 pontos.	0,00 / 0,30/ 0,50
PRESCRIÇÃO TOTAL - arguição com base em uma única interrupção (0,30) - citação do artigo 202 do CCB (0,20) Obs.: A mera indicação do artigo não pontua.	0,00 / 0,30/ 0,50
PRESCRIÇÃO PARCIAL - arguição limitando eventual condenação aos cinco anos anteriores ao ajuizamento da ação (0,30); - citação do artigo 7º, XXIX da CF/88 OU 11 da CLT OU Súmula 308, I do TST (0,20). Obs.: A mera indicação do artigo ou súmula não pontua	0,00 / 0,30/ 0,50
PRELIMINAR DE ILEGITIMIDADE PASSIVA OU MÉRITO DE AUSÊNCIA DE RESPONSABILIDADE - a recorrente é parte ilegítima, pois em razão da sua natureza jurídica, contratando através de licitação, não tem responsabilidade legal (0,70); - citação da Lei n. 8.666/93, art. 71 § 1º (0,30). OU - inaceitável a responsabilidade subsidiária porque houve fiscalização do contrato (0,70); - citação da Súmula 331, V TST ou citação da Lei n. 8.666/93, art. 71 § 1º(0,30). Obs.: A mera indicação do artigo ou súmula não pontua	0,00 / 0,70/ 1,00
JUSTA CAUSA - o autor recebeu diversas punições anteriores, conforme fatos e documentos inimpugnados, mas não alterou seu comportamento OU a justa causa deve ser mantida porque o desconto pelas faltas não é considerado punição (não há bis in idem) e o empregado manteve o comportamento reprovável (0,50).	0,00 / 0,50
ESTABILIDADE (DOENÇA PROFISSIONAL) / DANO MORAL - não comprovado o nexo causal, não há doença profissional, garantia no emprego nem direito à indenização (0,30); - ônus da prova do autor, indicando art. 818 da CLT OU 333, I do CPC OU Súmula 378, II do TST (0,20). Obs.: A mera indicação do artigo ou súmula não pontua	0,00 / 0,30/ 0,50
PERICULOSIDADE - imprescindível a realização de perícia (0,30) com citação do artigo 195 § 2º da CLT (0,20) OU descabida a analogia com atividade diversa para deferimento da verba (0,50) Obs.: A mera indicação do artigo ou súmula não pontua	0,00 / 0,30/ 0,50
HORAS EXTRAS - Indevidas porque a escala (compensação) é prevista em norma coletiva (0,30). - citação da CRFB/88, art. 7º, XIII OU Súmula 85, I do TST OU OJ 323 do TST OU PA SIT MTE 81 (0,20). Obs.: A mera indicação do artigo ou súmula não pontua	0,00 / 0,30/ 0,50
REQUERIMENTOS FINAIS Que o recurso seja conhecido (admitido) e provido (0,40). Julgando improcedente o pedido da inicial (0,10)	0,00 /0,10/ 0,40/ 0,50

(OAB/Exame Unificado – 2012.2 – 2ª fase) Refrigeração Nacional, empresa de pequeno porte, contrata os serviços de um advogado em virtude de uma reclamação trabalhista movida pelo ex-empregado Sérgio Feres, ajuizada em 12.04.2012 e que tramita perante a 90ª Vara do Trabalho de Campinas (número 1598-73.2012.5.15.0090), na qual o trabalhador alega e requer, em síntese:

– que desde a admissão, ocorrida em 20.03.2006, sofria revista íntima na sua bolsa, feita separadamente e em sala reservada, que entende ser ilegal porque violada a sua intimidade. Requer o pagamento de indenização por dano moral de R$ 50.000,00.

– que uma vez o Sr. Mário, seu antigo chefe, pessoa meticulosa e sistemática, advertiu verbalmente o trabalhador, na frente dos demais colegas, porque ele havia deixado a blusa para fora da calça, em desacordo com a norma interna empresarial, conhecida por todos. Efetivamente houve esquecimento por parte de Sérgio Feres, como reconheceu na petição inicial, mas entende que o chefe não poderia agir publicamente dessa forma, o que caracteriza assédio moral e exige reparação. Requer o pagamento de indenização pelo dano moral sofrido na razão de outros R$ 50.000,00.

– que apesar de haver trabalhado em turno ininterrupto de revezamento da admissão à dispensa, ocorrida em 15.05.2011, se ativava na verdade durante 8 horas em cada plantão, violando a norma constitucional de regência, fazendo assim jus a duas horas extras com adicional de 50% por dia de trabalho, o que requer. Reconhece existir norma coletiva que estendeu a jornada para 8 horas, mas advoga que ela padece de nulidade insanável, pois aniquila seu direito constitucional a uma jornada menor.

– no período aquisitivo 2008/2009 teve 18 faltas, sendo 12 delas justificadas. Pretendia transformar 10 dias das férias em dinheiro, como entende ser seu direito, mas o empregador só permitiu a conversão de oito dias, o que se revela abusivo por ferir a norma cogente. Por conta disso, deseja o pagamento de dois dias não convertidos em pecúnia, com acréscimo de 1/3.

– nas mesmas férias citadas no tópico anterior, fruídas no mês de julho de 2010, tinha avisado ao empregador desde o mês de março de 2010 que gostaria de receber a 1ª parcela do 13º salário daquele ano juntamente com as férias, para poder custear uma viagem ao exterior, mas isso lhe foi negado. Entende que esse é um direito potestativo seu, que restou violado, pelo que persegue o pagamento dos juros e correção monetária da 1ª parcela do 13º salário no período compreendido entre julho de 2010 (quando aproveitou as férias) e 30.11.2010 (quando efetivamente recebeu a 1ª parcela da gratificação natalina).

– que no mês de novembro de 2007 afastou-se da empresa por 30 dias em razão de doença, oportunidade na qual recebeu benefício do INSS (auxílio-doença previdenciário, espécie B-31). Contudo, nesse período não recebeu ticket refeição nem vale transporte, o que considera irregular. Persegue, assim, ambos os títulos no lapso em questão.

– que a empresa sempre pagou os salários no dia 2 do mês seguinte ao vencido, mas a partir de abril de 2009, unilateralmente, passou a quitá-los no dia 5 do mês seguinte, em alteração reputada maléfica ao empregado. Requer, em virtude disso, a nulidade da novação objetiva e o pagamento de juros e correção monetária entre os dias 2 e 5 de cada mês, no interregno de abril de 2009 em diante.

Considerando que todos os fatos apontados pelo trabalhador são verdadeiros, apresente a peça pertinente à defesa dos interesses da empresa, sem criar dados ou fatos não informados.

início da peça

EXCELENTÍSSIMO SENHOR DOUTOR JUIZ DO TRABALHO DA 90ª VARA DO TRABALHO DE CAMPINAS

10 linhas

Processo nº1598-73.2012.5.15.0090

REFRIGERAÇÃO NACIONAL LTDA., pessoa jurídica de direito privado, inscrita no CNPJ sob o nº..., endereço completo e CEP, por seu advogado que esta subscreve, vem à presença de Vossa Excelência, com fundamento no art. 847 da CLT combinado com os arts. 300 e seguintes do CPC aplicados por força do art. 769 da CLT, apresentar sua

TRABALHISTA

CONTESTAÇÃO

nos autos da Reclamação Trabalhista movida por SÉRGIO FERES, pelos fatos e fundamentos jurídicos que passa a expor:

DOS FATOS

Em 12/04/2012 o reclamante promoveu a presente reclamação trabalhista, alegando que foi admitido em 20/03/2006 e demitido em 15.05.2011, razão pela qual requer o pagamento de danos morais; sofria revista íntima na sua bolsa, feita separadamente e em sala reservada; que foi advertido verbalmente pelo seu chefe por ter deixado a blusa para fora da calça, violando regra geral da empresa de observância obrigatória, razão pela qual afirma ter sofrido assédio moral; sempre laborou em turno de revezamento, extrapolando o limite constitucional, razão pela qual requer o pagamento de horas extras. Alega, ainda, que foi impedido de converter parte seu período de férias em abono pecuniário; que ao ficar afastado do emprego em razão de doença, recebendo o benefício previdenciário, não recebeu os valores referentes ao ticket refeição e vale transporte e, por fim, que a empresa sempre pagou os salários no dia 2 do mês seguinte ao vencido, mas a partir de abril de 2009, unilateralmente, passou a quitá-los no dia 5 do mês seguinte.

PREJUDICIAL DE MÉRITO - PRESCRIÇÃO QUINQUENAL

Em 12 de abril de 2012 o reclamante ajuizou reclamação trabalhista requerendo o reconhecimento de direitos trabalhistas.

Ocorre, todavia, que o art. 7º, XXIX, da CF, dispõe que os trabalhadores poderão reclamar os direitos trabalhistas quanto aos créditos resultantes da relação de trabalho, com prazo prescricional de 5 (cinco) anos. De acordo com o dispositivo constitucional, ao ajuizar reclamação trabalhista o obreiro poderá reclamar apenas os créditos dos 5 (cinco) anos que antecedem a propositura da reclamação trabalhista. Nesse mesmo sentido dispõe o art. 11, I, da CLT.

O Tribunal Superior do Trabalho, através do entendimento cristalizado na súmula 308, item I, do TST, ensina que, respeitado o biênio subsequente à cessação contratual, a prescrição da ação trabalhista concerne às pretensões imediatamente anteriores a cinco anos, contados da data do ajuizamento da reclamação e, não, às anteriores ao quinquênio da data da extinção do contrato.

Desta forma, requer seja acolhida a prescrição quinquenal, declarando prescritos os créditos anteriores a 12 de abril de 2007, julgando extinta tal pretensão com resolução do mérito, nos termos do art. 269, IV, do CPC.

DA REVISTA ÍNTIMA

Alega o reclamante que desde sua admissão ocorrida em 20/03/2006 sofreu revista íntima na sua bolsa e que por esse motivo entende violada sua intimidade, requerendo indenização por danos morais no valor de R$ 50.000,00.

Todavia, o pedido não merece procedência. Isso porque a revista foi realizada com equilíbrio, respeitando a ponderação de interesses.

De acordo com a atual jurisprudência predominante do TST a revista em bolsas não é considerada revista íntima, mas sim pessoal. As revistas em bolsas não podem ser consideradas vexatórias, tampouco atentam contra intimidade ou honra do reclamante. Note-se que a revista sofrida pelo obreiro não há contato físico nem exposição visual do corpo ou parte do seu corpo, além de ser feita em lugar reservado e separadamente.

Dessa forma, não se encontram presentes os requisitos dos artigos 186 e 927 do Código Civil, ensejadores da obrigação de indenizar.

Caso não seja esse o entendimento de Vossa Excelência, em obediência ao princípio da eventualidade, peculiar da contestação, o que argumenta pelo amor aos debates é que o valor requerido pelo reclamante é desproporcional e exagerado, na medida em que não considera a capacidade econômica da reclamada que se constitui uma empresa de pequeno porte, razão pela qual requer a redução do valor pleiteado, a fim de atender aos princípios da razoabilidade e proporcionalidade.

DO ASSÉDIO MORAL

Sustenta o reclamante que uma única vez, seu antigo chefe, o advertiu verbalmente, na frente dos demais colegas, por ele ter deixado sua blusa para fora da calça, em desacordo com a norma interna empresarial, conhecida por todos. Esse comportamento por parte do empregador caracterizaria assédio moral, razão pela qual requer pagamento de indenização por danos morais no valor de R$ 50.000,00.

O assédio moral consiste na **exposição** dos trabalhadores a situações humilhantes e constrangedoras, **repetitivas e prolongadas** durante a jornada de trabalho e no exercício de suas funções. Exige-se, portanto, uma conduta reiterada por parte do autor do assédio, o que não se vislumbra no caso em debate. Assim, uma pequena desavença esporádica não é capaz de caracterizar assédio moral.

Dessa forma, não se encontram presentes os requisitos dos artigos 186 e 927 do Código Civil, ensejadores da obrigação de indenizar.

Caso não seja esse o entendimento de Vossa Excelência, em obediência ao princípio da eventualidade, peculiar da contestação, o que argumenta pelo amor aos debates é que o valor requerido pelo reclamante é desproporcional e exagerado, na medida em que não considera a capacidade econômica da reclamada que se constitui uma empresa de pequeno porte, razão pela qual requer a redução do valor pleiteado, a fim de atender aos princípios da razoabilidade e proporcionalidade.

DO NÃO CABIMENTO DE HORAS EXTRAS

Sustenta o reclamante que desde sua admissão à sua demissão sempre laborou em turnos ininterruptos de revezamento, extrapolando a jornada constitucional de 6 horas diárias, prevista no art. 7º, XIV, da CF.

Embora sempre tenha o reclamante laborado em turnos ininterruptos de revezamento, não há razão para o pedido de horas extraordinárias. Isso porque o próprio art. 7º, XIV, da CF prevê a jornada de 6 horas diárias, mas faz ressalva para a hipótese de existência de norma coletiva. Havendo negociação coletiva a duração do trabalho poderá ser de até 8 horas diárias.

Nesse sentido, a súmula 423 do TST entende que instituída jornada superior a seis horas e limitada a oito horas por meio de regular negociação coletiva, os empregados submetidos a turnos ininterruptos de revezamento não tem direito ao pagamento da 7ª e 8ª horas como extras.

Desta forma, requer seja julgado improcedente o pedido de horas extras feito pelo reclamante.

ABONO PECUNIÁRIO DAS FÉRIAS

O reclamante requer o pagamento de dois dias de férias não convertidos em pecúnia, com acréscimo de 1/3, pois pretendia transformar 10 dias do período de suas férias (período aquisitivo 2008/2009), em abono pecuniário e foi impedido pelo empregador que permitiu o abo de 8 dias, somente.

Ocorre que, no período aquisitivo em questão, o reclamante teve 18 faltas, sendo 12 delas justificadas e 6 injustificadas.

De acordo com o art. 130, II, da CLT o trabalhador que tiver entre 6 e 14 faltas injustificadas, fará jus a 24 dias de férias, sendo facultado nos termos do art. 143 da CLT converter somente 1/3 do período de suas férias em pecúnia.

Assim, constata-se por aritmética simples que o reclamante poderia converter somente 8 dias de suas férias em abono pecuniário e, portanto, a reclamada agiu em conformidade com a legislação vigente, razão pela qual pugna pela improcedência do pedido.

DO ADIANTAMENTO DO 13º SALÁRIO

Aduz o reclamante no mês de março de 2010 informou ao empregador que gostaria de receber a 1ª parcela do 13º salário daquele ano, juntamente com as férias referentes ao período aquisitivo 2008/2009, gozadas no mês de julho de 2010, para poder custear uma viagem ao exterior, o que foi negado pela empresa reclamada, razão pela qual persegue o pagamento dos juros e correção monetária da 1ª parcela do 13º salário no período compreendido entre julho de 2010 e 30.11.2010.

Ocorre, todavia, nos termos do art. 2º, § 2º, da Lei 4.749/65 e Decreto 57.155/65 que o direito potestativo do empregado em requerer que a 1ª parcela do 13º salário seja recebida juntamente com as férias, deve ser exercido no mês de janeiro, o que não foi observado pelo reclamante, retirando-lhe assim o direito potestativo.

Desta forma, requer a improcedência do pedido.

DOS VALORES DE TICKET REFEIÇÃO e VALE TRANSPORTE

O reclamante requer o pagamento de ticket refeição e vale transporte, tendo em vista que no mês de novembro de 2007 afastou-se da empresa por 30 dias, recebendo benefício previdenciário, deixando de receber ambos os títulos no lapso em questão.

Importante salientar que, a CLT em seu art. 476 ensina que durante o prazo do benefício, em caso de seguro-doença ou auxílio-enfermidade, o empregado é considerado em licença não remunerada. Nessa mesma linha, informa o art. 63 da Lei 8.213/91 que o segurado empregado em gozo de auxílio-doença será considerado pela empresa como licenciado.

Razão não assiste ao reclamante, na medida em que por conta do afastamento superior a 15 dias em razão de doença, o contrato de trabalho é considerado suspenso e nessa hipótese o empregado não fará jus aos benefícios que se relacionam com a prestação dos serviços, como ocorre que as verbas pleiteadas, ora impugnadas.

Desta forma, requer a improcedência do pedido.

DA ALTERAÇÃO LÍCITA DA DATA DE PAGAMENTO DO SALÁRIO

Sustenta o autor que a empresa sempre efetuou o pagamento dos salários no dia 2 do mês seguinte ao vencido, porém a partir de abril de 2009, unilateralmente, passou a quitá-los no dia 5 do mês seguinte. Por essa razão, requer a nulidade da alteração e o pagamento de juros e correção monetária entre os dias 2 e 5 de cada mês, no interregno de abril de 2009 em diante.

No entanto, informa o art. 459, § 1º, da CLT que tendo sido o pagamento estipulado por mês, deverá ser efetuado, o mais tardar, até o quinto dia útil do mês subsequente ao vencido. A lei impõe, portanto, que o pagamento seja efetuado até o 5º dia útil do mês seguinte, sendo esse o prazo máximo para pagamento do salário.

Assim, a mudança da data de pagamento, respeitado o prazo máximo de tolerância legal disposto no art. 459, § 1º, da CLT, é considerada alteração contratual lícita.

O TST, por meio da OJ 159 da SDI 1, entende que ante da inexistência de previsão expressa em contrato ou em instrumento normativo, a alteração de data de pagamento pelo empregador não viola o art. 468, desde que observado o atual § 1º, do art. 459, ambos da CLT.

Desta forma, requer a improcedência do pedido.

DOS PEDIDOS

Diante do exposto requer a reclamada:

a) seja acolhida a prejudicial de mérito de prescrição quinquenal, **declarando prescritos os créditos anteriores a 12 de abril de 2007, julgando extinta tal pretensão com resolução do mérito, nos termos do art. 269, IV, do CPC.**

b) no mérito a improcedência dos pedidos nos termos acima aduzidos, com a consequente condenação do reclamante ao pagamento das custas processuais.

c) Protesta provar o alegado por todos os meios em direito admitidos, em especial pelo depoimento pessoal do reclamante ou sua confissão.

Termos em que,
pede deferimento.

Local e data

Advogado

OAB

fim da peça

GABARITO COMENTADO – FGV

Elaboração de uma contestação, com endereçamento e qualificação das partes, além do número do processo.

PRESCRIÇÃO PARCIAL - Na defesa dos interesses o examinando deve arguir prescrição parcial (quinquenal) em relação aos supostos direitos anteriores a 12.04.2007 (5 anos do ajuizamento da ação).

REVISTA - Deve ser sustentado que a revista em bolsas não pode ser considerada revista íntima, mas sim pessoal, conforme jurisprudência majoritária no TST, pois não há contato físico nem exposição visual de parte do corpo, além de ser feita em lugar reservado e separadamente, de modo que não estariam presentes os requisitos dos artigos 186 e 927 do Código Civil. Não houve excesso no poder diretivo/fiscalizatório. A revista foi realizada com equilíbrio, respeitando a ponderação de interesses. Pelo princípio da eventualidade, o examinando deve sustentar que o valor postulado está exagerado, pois não considera a capacidade econômica da reclamada (empresa de pequeno porte), devendo ser diminuído caso haja condenação, adequando-se ao princípio da razoabilidade.

ASSÉDIO MORAL – Deve ser sustentado que conceitualmente, o assédio exige reiteração de atos. Assim, uma desavença esporádica não caracteriza assédio moral. Ademais, o próprio trabalhador reconhece que deu ensejo à punição, de modo que não estariam presentes os requisitos dos artigos 186 e 927 do Código Civil. Pelo princípio da eventualidade, o examinando deve sustentar que o valor postulado está exagerado, pois não considera a capacidade econômica da reclamada (empresa de pequeno porte), devendo ser diminuído caso haja condenação, adequando-se ao princípio da razoabilidade.

HORA EXTRA - Deve ser sustentado que a norma coletiva pode validamente dispor sobre a extensão do horário no caso de turno ininterrupto de revezamento, e neste caso não se cogita do pagamento de sobrejornada.

FÉRIAS - Deve ser sustentado que a quantidade de faltas injustificadas (6) gera o direito a 24 dias de férias. Como apenas 1/3 podem ser convertidos em pecúnia, a empresa agiu corretamente ao transformar oito dias em dinheiro, que é o limite no caso concreto.

13º SALÁRIO - Deve ser sustentado que a 1ª parcela do 13º salário, para ser recebida juntamente com as férias, deve ser requerida no mês de janeiro, o que não foi observado pelo reclamante, retirando-lhe assim o direito potestativo.

TICKET REFEIÇÃO e VALE TRANSPORTE - Deve ser sustentado que, suspenso que foi o contrato pelo afastamento por prazo superior a 15 dias em razão de doença, o empregado não faz jus aos benefícios que se relacionam com a prestação dos serviços, dentre eles os ticket refeição e o vale transporte.

ALTERAÇÃO DATA PAGAMENTO - Deve ser sustentado que, de acordo com o TST, a mudança da data de pagamento, respeitado o prazo máximo de tolerância legal, é alteração contratual possível, não sendo considerada ilegal. Trata-se de novação objetiva lícita.

Encerramento requerendo o acolhimento da prejudicial de prescrição parcial e, no mérito, a improcedência dos pedidos. Indicar a produção de provas.

Distribuição dos Pontos:

Quesito avaliado	Valores
Formato de contestação, com endereçamento ao juiz de Campinas, número do processo e qualificação das partes (0,25) Obs.: o desrespeito a algum dos elementos estruturais acarretará perda de 0,10	0,00/0,15/0,25
Arguição de prescrição parcial dos direitos anteriores a 5 anos do ajuizamento da ação OU prescrição quinquenal, tendo como marco 12.04.2007 (0,30). Indicação CRFB/88, art. 7º, XXIX OU CLT, art. 11 OU Súmula 308, I do TST (0,20) OBS.: É necessária a indicação precisa do fundamento legal. A mera indicação do fundamento legal ou jurisprudencial não credencia pontuação.	0,00/0,30/0,50
Revista em bolsas não é considerada íntima, mas sim pessoal, pois não há contato físico nem exposição visual de parte do corpo, além de feita em lugar e forma adequados OU Revista em bolsa não é considerada íntima, mas pessoal, estando ausentes os requisitos dos arts. 186 e 927 do CCB ou art. 5°, X da CF/88 OU não houve excesso no poder diretivo/fiscalizatório, pois a revista observou a ponderação de interesses. (0,80); o valor postulado é exagerado, pois não considera a capacidade econômica da reclamada (empresa de pequeno porte), devendo ser reduzido para atender aos princípios da razoabilidade e proporcionalidade (0,20).	0,00/0,20/0,80/1,00
Uma desavença esporádica não pode ser considerada assédio moral, que exige a reiteração de atos OU não há assédio moral numa única conduta OU o autor reconheceu que errou, pelo que cabível a punição aplicada, que não tinha objetivo de desmoralizar (CLT, art. 2º) OU uma desavença esporádica não pode ser considerada assédio moral, estando ausentes os requisitos dos artigos 186 e 927 do CCB OU a mera advertência na presença de colegas não enseja ofensa à honra do autor, por não constituir situação vexatória (CLT, art. 2º) (0,40). O valor postulado é exagerado, pois não considera a capacidade econômica da reclamada (empresa de pequeno porte), devendo ser reduzido para atender aos princípios da razoabilidade e proporcionalidade. (0,10)	0,00/0,10/0,40/0,50
A norma coletiva pode validamente dispor sobre a extensão do horário no caso de turno ininterrupto de revezamento. (0,30). Indicação da CF/88, art. 7º, XIV ou XXVI OU Súmula 423 do TST OU OJ 275 TST (0,20). OBS.: É necessária a indicação precisa do fundamento legal. A mera indicação do fundamento legal ou jurisprudencial não credencia pontuação.	0,00/0,30/0,50

A quantidade de faltas injustificadas (6) permite a fruição de 24 dias de férias. Logo, apenas oito dias poderiam ser convertidos em pecúnia. (0,30). Indicação dos artigos 130, II OU 143 da CLT (0,20). OBS.: É necessária a indicação precisa do fundamento legal. A mera indicação do fundamento legal ou jurisprudencial não credencia pontuação.	0,00/0,30/0,50
A 1ª parcela do 13º salário, para ser recebida junto com as férias, deveria ser requerida no mês de janeiro, o que não foi observado pelo reclamante. (0,30). Indicação do art. 2º § 2º da Lei 4.749/65 OU art. 4º do Decreto 57.155/65 (0,20). OBS.: É necessária a indicação precisa do fundamento legal. A mera indicação do fundamento legal ou jurisprudencial não credencia pontuação.	0,00/0,30/0,50
Estando o contrato suspenso pelo afastamento por período superior a 15 dias, o empregado não faz jus aos benefícios que se relacionam com a prestação dos serviços, a exemplo do ticket refeição e vale transporte. (0,30). Indicação do Art. 476 da CLT OU 59, 60 ou 63 da Lei 8.213/91 OU art. 80 do Decreto 3.048/99 OU Súmula 440 do TST em sentido contrário (0,20). OBS.: É necessária a indicação precisa do fundamento legal. A mera indicação do fundamento legal ou jurisprudencial não credencia pontuação	0,00/0,30/0,50
A mudança da data de pagamento, dentro do limite de tolerância legal, é alteração possível, não sendo considerada ilegal OU trata-se de novação objetiva lícita. (0,30). Indicação da OJ 159 da SDI-1 TST OU art. 459, § 1° da CLT (0,20). OBS.: É necessária a indicação precisa do fundamento legal. A mera indicação do fundamento legal ou jurisprudencial não credencia pontuação	0,00/0,30/0,50
Encerramento requerendo o acolhimento de prescrição parcial (0,10) e, no mérito, a improcedência dos pedidos (0,15).	0,00/0,10/0,15/0,25

(OAB/Exame Unificado – 2012.3 – 2ª fase) O pedido formulado numa reclamação trabalhista foi julgado procedente em parte. O juiz condenou a autora a 6 meses de detenção por crime contra a organização do trabalho, pois comprovadamente ela estava recebendo seguro desemprego nos dois primeiros meses do contrato de trabalho e por isso pediu para a empresa não assinar a sua CTPS nesse período; o magistrado reconheceu que a autora excedia a jornada em 3 horas diárias mas limitou o pagamento da sobrejornada a duas horas por dia com adicional de 50%, em razão do Art. 59 da CLT; julgou aplicável a norma de complementação de aposentadoria custeada pela empresa que estava em vigor no momento do requerimento da aposentadoria, e não a da admissão, que era mais favorável à trabalhadora, fundamentando na inexistência de direito adquirido, mas apenas expectativa de direito; reconheceu que a acionante trabalhou 10 horas em regime de prontidão no último mês trabalhado e deferiu o pagamento de 1/3 dessas horas; reconheceu que o local de trabalho da autora era de difícil acesso e que no deslocamento ela gastava 2 horas diárias mas, por existir acordo coletivo fixando a média de 1:30h, com transporte concedido pelo empregador, deferiu, com base no § 3º do Art. 58, da CLT, 1:30 h por dia como hora in itinere; deferiu o requerimento da empresa e, com sustentáculo no Art. 940 do CCB, determinou a devolução em dobro do 13º salário do ano de 2012 porque a autora o postulou integralmente, sem qualquer ressalva, quando a 1ª parcela já havia sido quitada pela empresa.

As custas foram arbitradas em R$ 300,00 sobre o valor arbitrado à condenação de R$ 15.000,00.

Autora: Verônica Silva; Ré: Indústria Metalúrgica Ribeiro S.A., que possui 1.600 empregados; Processo 1111- 55.2012.5.03.0100, em trâmite na 100ª VT/MG.

Analisando a narrativa e considerando que a trabalhadora não se conformou com a sentença, apresente a peça pertinente à reversão da decisão, no que couber, sem criar dados ou fatos não informados.

TRABALHISTA

início da peça

EXCELENTÍSSIMO SENHOR DOUTOR JUIZ DO TRABALHO DA 100ª VARA DO TRABALHO DE MINAS GERAIS

(10 linhas)

Processo nº: 1111- 55.2012.5.03.0100

VERÔNICA SILVA, por seu advogado, que esta subscreve, nos autos da ação trabalhista move em face de INDÚSTRIA METALÚRGICA RIBEIRO S.A., já qualificado nos autos, vem tempestivamente à presença de Vossa Excelência, não se conformando com a respeitável sentença prolatada, interpor

RECURSO ORDINÁRIO

com fulcro no artigo 895, I, da CLT, consubstanciado nas razões em anexo.

Requer o mesmo seja conhecido e encaminhado ao Egrégio Tribunal Regional do Trabalho da 3ª Região.

Termos em que,

Pede deferimento.

Local e data:....

Advogado

OAB/..... nº ....

RAZÕES DE RECURSO ORDINÁRIO

Recorrente: VERÔNICA SILVA

RECORRIDOS: INDÚSTRIA METALÚRGICA RIBEIRO S.A.

PROCESSO: 1111- 55.2012.5.03.0100

ORIGEM: 100ª VARA DO TRABALHO DE MINAS GERAIS

Egrégio Tribunal

Colenda Turma!

Nobres Julgadores!

RESUMO DA CONTROVÉRSIA

Em reclamação trabalhista proposta pela recorrente, foi proferida sentença julgando os pedidos procedentes em parte.

Não se conformando com a respeitável sentença, a reclamante interpõe o presente recurso ordinário, sob os seguintes fundamentos:

DA INCOMPETÊNCIA ABSOLUTA

A sentença a quo condenou a recorrente a 6 meses de detenção por crime contra a organização do trabalho, por ter recebido o benefício seguro desemprego nos dois primeiros meses do contrato de trabalho firmado com a recorrida.

Cumpre salientar, no entanto, que a Justiça do Trabalho, nos termos do art. 114 da CF mostra-se incompetente para apreciação de matéria criminal. Ademais, o art. 652 da CLT que elenca a competência das Varas do Trabalho não traz a matéria criminal em seu rol.

A competência da Justiça do Trabalho para o processamento e julgamento das ações oriundas da relação de trabalho se restringe apenas às ações destituídas de natureza penal. A decisão ora guerreada viola frontalmente o princípio do juiz natural, pois o crime em questão deve ser processado e julgado pela Justiça Comum Federal, nos termos do art. 109, IV, da CF. Nesse sentido importante destacar a decisão proferida na ADI 3684-0. Nesse mesmo sentido a súmula 115 do TFR.

Desta forma, requer seja declarada a incompetência absoluta da Justiça do Trabalho para apreciação de matéria criminal, excluindo a condenação imposta à reclamante.

DO NÃO CABIMENTO DE HORAS EXTRAS

A respeitável reconheceu que a autora excedia a jornada em 3 horas diárias, mas limitou a condenação ao pagamento de duas horas por dia com adicional de 50%, fundamentando sua decisão no art. 59 da CLT.

Embora o art. 59 do texto consolidado determine que a duração do trabalho poderá ser acrescida de horas suplementares, em número não excedente de duas, as horas extras excedentes a esse limite devem ser pagas pelo empregador, sob pena de enriquecimento ilícito. Assim, as horas laboradas em sobrejornada não devem ficar limitadas às duas horas.

O Colendo TST cristalizou entendimento consubstanciado na súmula 376, item I no sentido que a limitação legal da jornada suplementar a duas horas diárias não exime o empregador de pagar todas as horas trabalhadas.

Desta forma, requer a reforma da sentença, determinado o pagamento de 3 horas diárias com adicional de 50%.

DA COMPLEMENTAÇÃO APOSENTADORIA

O magistrado a quo proferiu sentença julgando aplicável a norma de complementação de aposentadoria custeada pela empresa que estava em vigor no momento do requerimento da aposentadoria, deixando de aplicar a norma em vigor na data da admissão do empregado, norma esta mais favorável à trabalhadora, fundamentando sua decisão na expectativa de direito.

No entanto, importante destacar que a complementação de aposentadoria é regida pelas normas em vigor na data de admissão do empregado, se incorporando as contrato de trabalho do empregado.

Nessa linha, nos termos do art. 468 da CLT que consagra o princípio da inalterabilidade lesiva, não poderá o empregador fazer alterações que causem prejuízos ao empregado. Assim, tendo em vista que a alteração posterior foi prejudicial à trabalhadora, a complementação dos proventos da **aposentadoria deve ser regida pelas normas em vigor na data da admissão da empregada.**

Nesse sentido o TST ensina na súmula 288 que a complementação dos proventos da aposentadoria é regida pelas normas em vigor na data da admissão do empregado, observando-se as alterações posteriores desde que mais favoráveis ao beneficiário do direito.

A citada súmula está em acordo com o item I da súmula 51 do mesmo Tribunal que afirma que as cláusulas regulamentares, que revoguem ou alterem vantagens deferidas anteriormente, só atingirão os trabalhadores admitidos após a revogação ou alteração do regulamento.

Desta forma, requer a reforma da decisão guerreada, determinando-se a aplicação da complementação dos proventos da aposentadoria regida pelas normas em vigor na data da admissão da reclamante/recorrente.

DAS HORAS DE PRONTIDÃO

Embota tenha o Meritíssimo Juiz a quo reconhecido que a recorrente trabalhou 10 horas em regime de prontidão no último mês de trabalho, deferiu o pagamento de 1/3 dessas horas.

No entanto, nos termos do art. 244, § 3º, da CLT as horas de prontidão devem ser pagas na razão de 2/3 da hora normal.

Desta forma,requer a reforma da sentença, para que as horas de prontidão sejam pagas na proporção de 2/3 da hora normal, nos termos acima expostos.

DAS HORAS *IN ITINERE*

A respeitável sentença reconheceu que o local de trabalho da reclamante era de difícil acesso e que no deslocamento ela gastava 2 horas diárias, porém por existir acordo coletivo fixando a média de 1:30 h, com transporte concedido pelo empregador, deferiu, com base no § 3º do Art. 58, da CLT, somente esse período como hora *in itinere*.

Ocorre que, a reclamada constitui-se uma sociedade anônima, com cerca de 1600 empregados e nos termos do art. 58, § 3º da CLT somente para as empresas de pequeno porte e para as microempresas é que norma coletiva poderá fixar o tempo médio despendido pelo empregado, bem como a forma e a natureza da remuneração. Desta forma,hora a regra disposta no art. 58, § 3º do texto consolidado não poderá ser aplicado às microempresas e empresas de pequeno porte.

Desta forma, requer a reforma da sentença, determinando o pagamento de 2 horas diárias como horas *in itinere*.

DA REPETIÇÃO DE INDÉBITO

Nos termos do art. 940 do Código Civil, a sentença a quo deferiu o requerimento da reclamada, determinando a devolução em dobro do 13º salário do ano de 2012, tendo em vista que a autora o postulou integralmente, sem qualquer ressalva, quando a 1ª parcela já havia sido quitada pela empresa.

Todavia, a sentença merece ser reformada, tendo em vista que a regra disposta no art. 940 do CC é inaplicável ao processo do trabalho, por força do princípio da proteção. A regra disposta no citado dispositivo legal, não é aplicada ao Direito do Trabalho, pois nos termos do art. 8º, parágrafo único, da CLT o direito comum será fonte subsidiária do Direito do Trabalho naquilo em que não for incompatível com os princípios fundamentais deste. Portanto, havendo incompatibilidade com os princípios trabalhistas o direito comum não poderá ser aplicado secundariamente.

Desta forma, requer a reforma da sentença, excluindo a condenação imposta à reclamante/recorrente.

REQUERIMENTOS FINAIS

Diante do exposto, requer a recorrente o conhecimento e provimento do recurso, com o consequente reconhecimento da incompetência absoluta da Justiça do Trabalho em matéria criminal.

Local e data

Nome do advogado

OAB/.... nº ....

fim da peça

GABARITO COMENTADO – FGV

Elaboração de um recurso ordinário interposto pela reclamante, com direcionamento do recurso ao juiz de 1º grau e destinação das razões recursais ao TRT.

INCOMPETÊNCIA ABSOLUTA – o examinando deverá manifestar-se no sentido de que a Justiça do Trabalho não tem competência criminal OU que houve afronta ao princípio do devido processo legal, pois o magistrado não poderia – no bojo de reclamação trabalhista – apreciar eventual prática de conduta criminosa OU que a apreciação de eventual crime é da Justiça Federal Comum. Indicação do art. 5º, LIV ou 114 ou 109, IV ou VI da CF/88 OU Súmula 115 TRF OU CLT, art. 652 OU ADI 3684-0.

HORA EXTRAS – o examinando deve sustentar que as horas extras não devem ficar limitadas às 2 previstas no Art. 59, da CLT em razão do princípio da primazia da realidade, na forma da Súmula n. 376, I, do TST, sob pena de enriquecimento ilícito do empregador.

COMPLEMENTAÇÃO APOSENTADORIA – Tendo em vista que a alteração posterior foi prejudicial à trabalhadora, o examinando deve sustentar que a complementação dos proventos da aposentadoria deve ser regida pelas normas em vigor na data da admissão da empregada – princípio da inalterabilidade contratual lesiva OU não se trata de mera expectativa de direito, mas sim direito adquirido (0,50). Indicação da CF/88, art. 5º, XXXVI OU Súmulas 288 OU 51, I do TST OU Art. 468, da CLT OU Art. 131, do CCB OU Art. 6º, caput ou § 2º, da LINDB (0,20).

DIFERENÇA PRONTIDÃO – O examinando deve sustentar que, de acordo com a modelagem legal, as horas de prontidão devem ser pagas na razão de 2/3 da hora normal, na forma do Art. 244, § 3º, da CLT.

HORA IN ITINERE – O examinando deve sustentar que a hora in itinere é total – duas horas -, pois a norma coletiva não se aplica a empresas de grande porte, como é o caso da ré, que é uma sociedade anônima com 1600 empregados. Indicação do § 3º do Art. 58, da CLT OU Art. 3º, caput ou 30, § 3º, I da Lei Complementar 123/06.

ART. 940 do CCB – O examinando deve sustentar ser inaplicável ao processo do trabalho o disposto no Art. 940, do CCB em razão do princípio da proteção. Não há aplicação subsidiária deste dispositivo por força do Art. 8º § único da CLT.

Quesito Avaliado Valores	Valores
ANÁLISE ESTRUTURAL - indicação do recurso ordinário da autora com base no Art. 895, I da CLT. Direcionamento do recurso ao juiz de 1º grau e destinação das razões recursais ao TRT. (0,40) Obs.: A falta de qualquer elemento estrutural ou a indicação de juntada de comprovante de custas e/ou depósito recursal ocasionará a perda de 0,20 pontos.	0,00/0,20/0,40
INCOMPETÊNCIA ABSOLUTA – a Justiça do Trabalho não tem competência criminal OU houve afronta ao princípio do devido processo legal, pois o magistrado não poderia apreciar eventual prática de conduta criminosa OU a competência é da Justiça Federal Comum (0,50). Indicação do Art. 5º, LIV ou 114 ou 109, I ou IV ou VI da CF/88 OU Súmula 115 TFR OU ADI 3684-0 (0,20).	0,00/0,50/0,70
HORA EXTRAS – não devem ficar limitadas às duas horas, sob pena de enriquecimento ilícito do empregador OU deve ser observado o princípio da primazia da realidade OU todas as horas extras prestadas devem ser pagas (0,50). Indicação da Súmula 376, I, do TST (0,20).	0,00/0,50/0,70
COMPLEMENTAÇÃO APOSENTADORIA – a alteração posterior foi prejudicial à trabalhadora, logo aplicável a regra em vigor na data da admissão - princípio da inalterabilidade contratual lesiva OU não se trata de mera expectativa de direito, mas sim direito adquirido (0,50). Indicação da CF/88, Art. 5º, XXXVI OU Súmulas 288 OU 51, I do TST OU Art. 468, da CLT OU Art. 131, do CCB OU Art. 6º, caput ou § 2º da LINDB(0,20).	0,00/0,50/0,70
HORAS PRONTIDÃO – devem ser pagas na razão de 2/3 da hora normal (0,50). Indicação do Art. 244, § 3º, da CLT (0,20).	0,00/0,50/0,70

TRABALHISTA

HORA IN ITINERE – a norma coletiva não se aplica a empresas de grande porte, como é o caso da ré, uma S.A. (0,50). Indicação do Art. 58, § 3º, da CLT OU Art. 3º, caput ou 30 § 3º, I da LC 123/06. (0,20).	0,00/0,50/0,70
ART. 940 do CCB – inaplicável ao processo do trabalho em razão de incompatibilidade com o princípio da proteção OU viola princípios trabalhistas (0,50). Indicação do Art. 8º, § único, da CLT (0,20).	0,00/0,50/0,70
REQUERIMENTOS FINAIS Encerramento reiterando a incompetência absoluta (0,10), além do conhecimento (0,10) e provimento do recurso (0,20).	0,00/0,10/0,20/ 0,30/0,40

Obs.: a simples citação legal ou jurisprudencial pertinente não credencia pontuação.

(OAB/Exame Unificado – 2013.1 – 2ª fase) Zenga Modas Ltda., CNPJ 1.1.0001/00, com sede na Rua Lopes Quintas, 10 – Maceió – AL, encontra-se na seguinte situação: Joana Firmino, brasileira, casada, costureira, residente na Rua Lopes Andrade, 20 – Maceió – AL – CEP 10.0001-00, foi contratada pela, em 12.09.2008, para exercer a função de costureira, na unidade de Maceió - AL, sendo dispensada sem justa causa em 11.10.2012, mediante aviso-prévio indenizado. Naquele dia Joana entregou a CTPS à empresa para efetuar as atualizações de férias, e tal documento ainda se encontra custodiado no setor de recursos humanos.

Joana foi cientificada de que no dia 15.10.2012, às 10:00 h, seria homologada a ruptura e pagas as verbas devidas no sindicato de classe de Joana. Contudo, na data e hora designadas, a empregada não compareceu, recebendo a empresa certidão nesse sentido emitida pelo sindicato.

Procurado por Zenga Modas Ltda. em 17.10.2012, apresente a medida judicial adequada à defesa dos interesses empresariais, sem criar dados ou fatos não informados, ciente de que a empregada fruiu férias dos períodos 2008/2009 e 2009/2010 e de que, no armário dela, foi encontrado um telefone celular de sua propriedade, que se encontra guardado no almoxarifado da empresa.

É desnecessária a indicação de valores.

GABARITO COMENTADO – FGV

Elaboração de uma petição inicial de ação de consignação em pagamento, baseada nos arts. 890 a 900 do CPC, com endereçamento ao Juiz do Trabalho de uma das Varas de Maceió e qualificação das partes, sendo a empresa a consignante e a ex-empregada, consignatária.

AVISO-PRÉVIO PROPORCIONAL AO TEMPO DE SERVIÇO – o examinando deve identificar o direito e realizar a oferta do aviso-prévio de forma proporcional ao tempo de serviço na razão de 42 dias.

SALDO SALARIAL – o examinando deve identificar o direito e realizar a oferta do saldo salarial de 11 dias do mês de outubro de 2012.

13º SALÁRIO PROPORCIONAL – o examinando deve identificar o direito e realizar a oferta do 13º salário proporcional de 11/12 avos.

FÉRIAS EM DOBRO 2010/2011 – o examinando, identificando que as férias 2010/2011 não foram concedidas e, uma vez que o período concessivo já fluiu, deverá ofertá-las em dobro com acréscimo de 1/3.

FÉRIAS SIMPLES 2011/2012 – o examinando, identificando que as férias 2011/2012 não foram concedidas, deverá ofertá-las de forma simples com acréscimo de 1/3.

FÉRIAS PROPORCIONAIS – o examinando deve identificar o direito e realizar a oferta das férias proporcionais na razão de 2/12 avos com acréscimo de 1/3.

FGTS – deverão ser oferecidas as guias para saque do FGTS ou TRCT, fazendo-se menção ao depósito da indenização de 40%.

SEGURO DESEMPREGO – deverão ser oferecidos os formulários para percepção do seguro desemprego.

CTPS – uma vez que a CTPS permanece com a consignante, a devolução deverá ser requerida na ação consignatória.

TELEFONE CELULAR – uma vez que é possível a consignação de coisa, o examinando deverá requerer a devolução do aparelho celular.

Distribuição dos Pontos

Quesito Avaliado	Valores
Formato de petição inicial (consignatória), baseada nos arts. 890 a 900 do CPC, com endereçamento ao juiz do trabalho de Maceió e qualificação das partes – consignante e consignatária (0,60) Obs.: o desrespeito a algum dos elementos estruturais acarretará perda de 0,20.	0,00 / 0,40 / 0,60
Aviso-prévio (0,20) proporcional ao tempo de serviço de 42 dias (0,20).	0,00 / 0,20 /0 ,40
Saldo salarial (0,20) de 11 dias do mês de outubro de 2012 (0,20).	0,00 / 0,20 / 0,40
13º salário proporcional (0,20) de 11/12 avos (0,20).	0,00 / 0,20 / 0,40
Férias em dobro 2010/2011 (0,20) acrescidas de 1/3 (0,20).	0,00 / 0,20 / 0,40
Férias simples 2011/2012 (0,20) acrescidas de 1/3 (0,20).	0,00 / 0,20 / 0,40
Férias proporcionais + 1/3 (0,20) de 2/12 avos (0,20).	0,00 / 0,20 / 0,40
Devolução da CTPS (0,40).	0,00 / 0,40
Entrega das guias para saque do FGTS **OU** TRCT **OU** chave de conectividade (0,35).	0,00 / 0,35
Formulários do seguro desemprego (0,35).	0,00 / 0,35
Devolução do aparelho celular (0,40).	0,00 / 0,40
Encerramento requerendo a citação (0,10), depósito dos valores e coisas devidos (0,10), quitação das obrigações **OU** procedência dos pedidos (0,20) e indicação de valor da causa (0,10).	0,00 / 0,10 / 0,20 / 0,30 / 0,40 / 0,50

(OAB/Exame Unificado – 2013.2 – 2ª fase) Contratado pela empresa Clínica das Amendoeiras, em razão de uma reclamação trabalhista proposta em 12.12.2012 pela empregada Jussara Péclis (número 1146-63.2012.5.18.0002, 2ª Vara do Trabalho de Goiânia), o advogado analisa a petição inicial, que contém os seguintes dados e pedidos: que a empregada foi admitida em 18.11.2000 e dispensada sem justa causa em 15.07.2011 mediante aviso-prévio trabalhado; que a homologação da ruptura aconteceu em 10.09.2011; que havia uma norma interna garantindo ao empregado com mais de 10 anos de serviço o direito a receber um relógio folheado a ouro do empregador, o que não foi observado; que a ex-empregada cumpria jornada de 2ª a 6ª feira das 15h às 19h sem intervalo; que recebia participação nos lucros (PL) 1 vez a cada semestre, mas ela não era integrada para fim algum.

A autora postula o pagamento do aviso-prévio proporcional ao tempo de serviço, já que ele foi concedido por 30 dias; multa do art. 477 da CLT porque a homologação ocorreu a destempo; condenação em obrigação de fazer materializada na entrega de um relógio folheado a ouro; hora extra pela ausência de pausa alimentar; integração da PL nas verbas salariais, FGTS e aquelas devidas pela ruptura, com o pagamento das diferenças correlatas.

TRABALHISTA

A empresa entrega ao advogado cópia do recibo de depósito das verbas resilitórias na conta da trabalhadora ocorrido em 14.08.2011 e cópia dos regulamentos internos vigentes ao longo do tempo, em que existia previsão de concessão do relógio folheado a ouro, mas em fevereiro de 2000, foi substituído por um novo regulamento, que previu a entrega de uma foto do empregado com sua equipe.

Analisando cuidadosamente a narrativa feita pela empresa e a documentação por ela fornecida, apresente a peça pertinente à defesa, em juízo, dos interesses dela, sem criar dados ou fatos não informados. (Valor: 5,0)

A simples menção ou transcrição do dispositivo legal não pontua.

GABARITO COMENTADO – FGV

Elaboração de uma peça com formato de contestação, com endereçamento à 2ª Vara de Goiânia, indicação das partes e número do processo.

PRESCRIÇÃO PARCIAL - Na defesa dos interesses do cliente, o examinando deve arguir prescrição parcial (quinquenal) em relação aos supostos direitos anteriores a 12.12.2007 (5 anos do ajuizamento da ação).

AVISO-PRÉVIO PROPORCIONAL AO TEMPO DE SERVIÇO – o examinando deve identificar que o aviso-prévio proporcional não era devido porque a dispensa ocorreu antes da alteração legislativa, na forma da Lei 12.506, de 13 de outubro de 2011 OU Súmula 441 do TST.

MULTA ARTIGO 477, § 8º da CLT – o examinando deve sustentar que as verbas resilitórias foram pagas no prazo legal, afastando o direito à multa do artigo 477, § 8º da CLT.

ENTREGA DO RELÓGIO – o examinando deve identificar ser indevida obrigação de fazer porque a alteração da norma interna ocorreu antes da admissão da trabalhadora, que assim não tem o direito postulado, na forma da Súmula 51, I, do TST.

INTERVALO INTRAJORNADA – o examinando deve identificar que, de acordo com a carga horária cumprida, não havia direito a qualquer intervalo (CLT, art. 71, § 1º).

PARTICIPAÇÃO NOS LUCROS – o examinando deve identificar que a verba PL, por força de Lei, não reflete em qualquer outro direito, na forma da Lei 10.101/2000, art. 3º.

(OAB/Exame Unificado – 2013.3 – 2ª fase) Síntese da entrevista feita com Bruno Silva, brasileiro, solteiro, CTPS 0010, Identidade 0011, CPF 0012 e PIS 0013, filho de Valmor Silva e Helena Silva, nascido em 20.02.1990, domiciliado na Rua Oliveiras, 150 – Cuiabá – CEP 20000- 000: que foi admitido em 05.07.2011 pela empresa Central de Legumes Ltda., situada na Rua das Acácias, 58 – Cuiabá – CEP 20000-010, e dispensado sem justa causa em 27.10.2013, quando recebeu corretamente as verbas da extinção contratual; que teve a CTPS assinada e exercia a função de empacotador, recebendo por último o salário de R$ 1.300,00 por mês; que sua tarefa consistia em empacotar congelados de legumes numa máquina adquirida para tal fim.

Em 30.11.2011 sofreu acidente do trabalho na referida máquina, quando sua mão ficou presa no interior do equipamento, ficando afastado pelo INSS e recebendo auxílio doença acidentário até 20.05.2012, quando retornou ao serviço. No acidente, sofreu amputação traumática de um dedo da mão esquerda e se submeteu a tratamento médico e psicológico, gastando com os profissionais R$ 2.500,00 entre honorários profissionais e medicamentos, tendo levado consigo os recibos.

No retorno, tendo sido comprovada pelos peritos do INSS a perda de 20% da sua capacidade laborativa, foi readaptado a outra função. A CIPA da empresa, convocada quando da ocorrência do acidente, verificou que a máquina havia sido alterada pela empresa, que retirou um dos componentes de segurança para que ela trabalhasse com maior rapidez e, assim, aumentasse a produtividade. Bruno costumava fazer digitação de trabalhos de conclusão de curso para universitários, ganhando em média R$200,00 por mês, mas no período em que esteve afastado pelo INSS não teve condição física de realizar esta atividade, que voltou a fazer tão logo retornou ao emprego.

Analisando cuidadosamente o relato feito pelo trabalhador, apresente a peça pertinente à melhor defesa, em juízo, dos interesses dele, sem criar dados ou fatos não informados. (Valor: 5,0)

A simples citação legal ou jurisprudencial pertinente não credencia pontuação.

GABARITO COMENTADO – FGV

Elaboração de uma petição inicial, com endereçamento ao juiz do Trabalho de uma das Varas de Cuiabá e qualificação das partes.

DANO MATERIAL (DANO EMERGENTE) - o examinando deve requerer a reparação pelo dano material experimentado pelo trabalhador (dano emergente), no valor de R$ 2.500,00, conforme notas fiscais de gastos com o tratamento médico e psicológico, pois comprovada a imprudência (culpa) da empresa na alteração do maquinário.

DANO MATERIAL (LUCRO CESSANTE) - o examinando deve requerer a reparação pelo dano material experimentado pelo trabalhador (lucro cessante), no valor de R$ 200,00 mensais, no período de 10.12.2011 a 19.05.2012, pois comprovada a imprudência (culpa) da empresa na alteração do maquinário. DANO MORAL – o examinando deve requerer o pagamento do dano moral pelo sofrimento injusto a que foi submetido o trabalhador, pois comprovada a imprudência (culpa) da empresa na alteração do maquinário.

DANO ESTÉTICO - o examinando deve requerer o pagamento do dano estético gerado no trabalhador (amputação de um dedo), pois comprovada a imprudência (culpa) da empresa na alteração do maquinário.

PENSÃO VITALÍCIA – o examinando deve requerer pensão vitalícia de 20% do salário do trabalhador por conta da redução de sua capacidade laborativa.

Distribuição dos pontos

Item	Pontuação
Formato de petição inicial, com endereçamento ao juiz do trabalho de Cuiabá (0,20) e nome e qualificação do reclamante (0,20) e nome e qualificação do reclamado (0,20).	0,00 – 0,20 – 0,40 – 0,60
Dano Material (Dano Emergente): reparação pelo dano material (dano emergente), no valor de R$ 2.500,00 (0,70). .	0,00 – 0,70
Dano Material (Lucro Cessante): reparação pelo dano material (lucro cessante), no valor de R$ 200,00 mensais (0,50), no período de afastamento ou 30.11.2011 (ou 15.12.2011) a 19.05.2012 (0,20)	0,00 – 0,50– 0,70
Fundamento (culpa ou risco da atividade) (0,20) e indicação dos artigos para o dano material: Art. 186 OU 402 OU 927 OU 949 CCB (0,20).	0,00 – 0,20 – 0,40
Dano Moral: reparação do dano moral (0,40) pelo sofrimento injusto ou dor íntima (0,20)	0,00 – 0,40 – 0,60
Dano Estético: reparação do dano estético (0,40) devido a defeito aparente ou amputação de um dedo ou lesão corporal (0,20).	0,00– 0,40– 0,60
Pensão Vitalícia: pagamento de pensão vitalícia (de 20% do seu salário) por conta da redução da capacidade laborativa (0,40). Indicação do Art. 950 CCB (0,20). OU Pagamento de indenização em cota única ou de uma só vez (0.40). Indicação do Art. 950, parágrafo único, CCB (0,20).	0,00 – 0,40 – 0,60
Pedidos: Indenização por dano emergente (0,10), lucro cessante (0,10), dano moral (0,10), dano estético (0,10) e pensão (0,10)	0,00 – 0,10 – 0,20 – 0,30 – 0,40 – 0,50
Encerramento requerendo a citação/notificação (0,10), e indicando valor da causa (0,10).	0,00 – 0,10 – 0,20
Fechamento da Peça: (0,10) Data, Local, Advogado, OAB ... nº...	0,00 – 0,10

Prática Civil

Wander Garcia

EXERCÍCIOS
PRÁTICOS

DIREITO CIVIL

1. PARTE GERAL

(OAB/Exame Unificado – 2012.3 – 2ª fase) Maria de Sousa, casada com Pedro de Sousa, desapareceu de seu domicílio, localizado na cidade de Florianópolis, sem dar notícias e não deixando representante ou procurador para administrar seus bens. Passados dez anos do trânsito em julgado da sentença de abertura da sucessão provisória dos bens deixados por Maria, seu marido requereu a sucessão definitiva.

Considerando o caso relatado, utilizando os argumentos jurídicos apropriados e a fundamentação legal pertinente ao caso, responda aos itens a seguir.

A) Em qual momento haverá a presunção de morte de Maria? (Valor: 0,60)

B) A presunção de morte de Maria tem o condão de dissolver o casamento entre ela e Pedro? (Valor: 0,65)

GABARITO COMENTADO – EXAMINADORA

A) Após a abertura da sucessão definitiva. O Art. 6º, do CC, admite a morte presumida, quanto aos ausentes, nos casos em que a lei autoriza a abertura da sucessão definitiva. (Art. 6º c/c Art. 37, do Código Civil)

B) Sim. O inciso I e o § 1º do Art. 1.571 estabelecem que a sociedade conjugal termina com a morte de um dos cônjuges, aplicando-se a presunção estabelecida pelo Código Civil quanto ao ausente.

Distribuição dos Pontos

Quesito Avaliado	Valores
a) Após a abertura da sucessão definitiva (0,30), nos termos dos Art. 6º (0,20) c / c Art. 37, do Código Civil. (0,10) Obs.: A mera citação do artigo não pontua.	0,00 / 0,30 / 0,40 / 0,50 / 0,60
b) A presunção de morte de Maria tem o condão de dissolver o casamento. (0,35) (Art. 1.571, inciso I e o § 1º do Código Civil) (0,30) Obs.: A mera citação do artigo não pontua.	0,00 / 0,35 / 0,65

(OAB/Exame Unificado – 2012.3 – 2ª fase) Caio foi submetido a uma cirurgia de alto risco em decorrência de graves problemas de saúde. Durante a realização da cirurgia, o médico informa à esposa de Caio a respeito da necessidade de realização de outros procedimentos imprescindíveis à manutenção da vida de seu marido, não cobertos pela apólice. Diante da necessidade de adaptação à nova cobertura, a esposa de Caio assina, durante a cirurgia de seu marido, aditivo contratual com o plano de saúde (que sabia da grave situação de Caio), cujas prestações eram excessivamente onerosas.

Em face dessa situação, responda, de forma fundamentada, aos itens a seguir.

A) O negócio jurídico firmado entre a esposa de Caio e o plano de saúde é inquinado por um vício de consentimento. Qual seria esse vício? (Valor: 0,60)

B) O vício presente no negócio jurídico acima descrito faz com que o ato firmado se torne nulo ou anulável? Justifique. (Valor: 0,65)

GABARITO COMENTADO – EXAMINADORA

A) A hipótese trata de estado de perigo, conforme descrito no Art. 156, do CC.

B) O estado de perigo gera anulabilidade do negócio jurídico, conforme preconiza o Art. 171, II, ou o Art. 178, II, do CC.

Distribuição dos Pontos

Quesito Avaliado	Valores
A) Identificação do vício como estado de perigo (0,40), nos termos do Art. 156, do CC. (0,20) Obs.: A mera citação do artigo não pontua.	0,00 / 0,40 / 0,60
B) O estado de perigo gera anulabilidade do negócio jurídico (0,40), de acordo com os Art. 171, II, ou o Art. 178, II, do CC (0,25). Obs.: A mera citação do artigo não pontua	0,00 / 0,40 / 0,65

(OAB/Exame Unificado – 2011.3 – 2ª fase) Fábio, em junho de 2006, dirigindo embriagado e sem habilitação, causou, com culpa exclusiva sua, um acidente de trânsito no qual danificou o carro de Marly e lesionou gravemente o passageiro Heron, sobrinho de Marly, com 12 anos de idade. Logo em seguida, no mesmo mês, pretendendo resguardar seu patrimônio de uma possível ação judicial a ser intentada por Marly e/ou Heron para compensação dos danos sofridos, Fábio transmitiu todos os seus bens, gratuitamente, a Antônio, um amigo de longa data que, mesmo sabendo da intenção maliciosa de Fábio, concordou em auxiliá-lo.

Em face dessa situação hipotética, responda, de forma fundamentada:

A) O negócio jurídico está eivado por qual vício? Fundamente. (Valor: 0,65)

B) Qual a ação de que podem se valer Marly e Heron para pleitear a anulação do negócio jurídico realizado por Fábio? Fundamente. (Valor: 0,3)

C) Em junho de 2011 já teria escoado o prazo, tanto para Marly quanto para Heron, para ingressarem em juízo? (Valor: 0,3)

GABARITO COMENTADO – EXAMINADORA

A hipótese trata do defeito do negócio jurídico denominado de fraude contra credores, previsto no art. 158 e seguintes do Código Civil. A anulação deste ato, por meio da ação revocatória ou pauliana, está subordinada a um prazo decadencial de 4 (quatro) anos tal como dispõe o art. 178, II, do Código Civil. Ocorre que contra o absolutamente incapaz, Heron, não corre o prazo decadencial por força do disposto no art. 208 c/c o art. 198, I, do Código Civil. Assim, contra Marly precluiu o prazo em junho de 2010. Entretanto, para Heron, absolutamente incapaz, os 4 (quatro) anos iniciariam a sua contagem quando completasse 16 (dezesseis) anos, ocasião em que passaria a ser relativamente incapaz. Apenas em 2010 é que iniciaria o prazo quadrienal para Heron.

Distribuição Dos Pontos

Item	Pontuação
A) Identificação do vício/defeito do negócio jurídico como fraude contra credores (0,4), nos termos do art. 158 do Código Civil (0,25). *Obs.: A mera menção ao artigo não é pontuada.*	0 / 0,4 / 0,65
B) Identificação da ação anulatória/revocatória/pauliana. Artigo 158, §2º (0,3). *Obs.: A mera menção ao artigo não é pontuada.*	0 / 0,3
C) Identificação da decadência/preclusão do prazo para Marly em junho de 2010 (0,15). Identificação da não decadência/preclusão do prazo para Heron (0,15).	0 / 0,15 / 0,3

(OAB/Exame Unificado – 2009.1 – 2ª fase) Antônio submeteu-se a uma angioplastia, no curso da qual, em caráter de emergência, tornou-se necessária a realização de procedimento para implantação de dispositivo necessário ao funcionamento da circulação cardiovascular. Em contato com a seguradora de saúde, sua esposa, Ana, obteve a informação de que seria indispensável a assinatura de termo aditivo ao contrato inicial para que o procedimento estivesse sujeito a cobertura. Em face dessa situação, Ana assinou o aludido aditivo, aceitando as condições impostas pela seguradora, inclusive no tocante ao valor da prestação mensal, o qual seria bem superior àquele que vinha sendo pago. Entretanto, mesmo após a referida assinatura, a empresa recusou-se a cobrir as despesas pertinentes ao procedimento. Em virtude disso, Antônio e Ana ingressaram com ação, sob o rito ordinário, contra a empresa de seguro saúde, visando à obtenção de tutela jurisdicional que declarasse a nulidade do termo aditivo ao contrato assinado com a empresa e o respectivo reembolso dos valores pagos pelo segurado. A propositura da ação fundou-se no argumento de que os fatos caracterizariam estado de perigo. Em face dessa situação hipotética, responda, de forma fundamentada, às seguintes perguntas.

✓ Nos fatos apresentados, estão presentes os requisitos para que se configure estado de perigo?

✓ É possível a declaração de nulidade do negócio jurídico sob o fundamento de ocorrência do estado de perigo?

RESOLUÇÃO DA QUESTÃO

O caso, de fato, configura situação de estado de perigo. Isso porque tanto os requisitos subjetivos, como os requisitos objetivos estão presentes no caso em tela.

O art. 156 do Código Civil traz como requisitos subjetivos para a configuração do instituto a existência de uma pessoa, que pode ser quem se obriga ou alguém de sua família, em situação de perigo, e o dolo de aproveitamento, consistente no grave dano conhecido da outra parte. No caso, Ana assinou o aditivo contratual em favor de seu próprio marido, que estava em situação de perigo de grave dano para a sua vida, conhecido da outra parte, de modo que o requisito subjetivo restou cumprido.

O mesmo dispositivo traz como requisito objetivo a assunção de uma obrigação excessivamente onerosa. No caso, o aditivo foi contratado, aumentando em muito o valor que vinha sendo pago, e, não bastasse, sem que a contrapartida esperada fosse dada pela segurada. Essa situação faz configurar o requisito objetivo, previsto na segunda parte do art. 156, caput, do Código Civil.

CIVIL

Resta, agora, saber, se configurado o instituto do estado de perigo, a consequência jurídica é a nulidade do negócio. Nesse sentido, e considerando o disposto no art. 171 do Código Civil, conclui-se que o negócio, em verdade, é anulável, e não nulo.

Assim, a ação adequada para o caso é a ação anulatória, e não a ação declaratória de nulidade, sendo que a primeira deve ser promovida no prazo de quatro anos, nos termos do art. 178, II, do Código Civil.

É possível, também, cumular o pedido de indenização por danos morais. Tais danos decorrem da injusta recusa de cobertura pela seguradora, fato que agrava a situação de aflição psicológica e angústia no espírito do segurado, que se encontrava diante de grave problema de saúde.

Comentários adicionais.

Confira o acórdão do STJ, que possivelmente inspirou a questão discursiva acima resolvida:

"CIVIL E PROCESSUAL CIVIL. SEGURO SAÚDE ANTERIOR À LEI 9.656/98. SUBMISSÃO DO SEGURADO À CIRURGIA QUE SE DESDOBROU EM EVENTOS ALEGADAMENTE NÃO COBERTOS PELA APÓLICE. NECESSIDADE DE ADAPTAÇÃO A NOVA COBERTURA, COM VALORES MAIORES. SEGURADO E FAMILIARES QUE SÃO LEVADOS A ASSINAR ADITIVO CONTRATUAL DURANTE O ATO CIRÚRGICO. ESTADO DE PERIGO. CONFIGURAÇÃO. É EXCESSIVAMENTE ONEROSA O NEGÓCIO QUE EXIGE DO ADERENTE MAIOR VALOR POR AQUILO QUE JÁ LHE É DEVIDO DE DIREITO. DANO MORAL CONFIGURADO. O estado de perigo é tratado pelo Código Civil de 2002 como defeito do negócio jurídico, um verdadeiro vício do consentimento, que tem como pressupostos: (i) a "necessidade de salvar-se, ou a pessoa de sua família"; (ii) o dolo de aproveitamento da outra parte ("grave dano conhecido pela outra parte"); e (iii) assunção de "obrigação excessivamente onerosa". Deve-se aceitar a aplicação do estado de perigo para contratos aleatórios, como o seguro, e até mesmo para negócios jurídicos unilaterais. O segurado e seus familiares que são levados a assinar aditivo contratual durante procedimento cirúrgico para que possam gozar de cobertura securitária ampliada precisam demonstrar a ocorrência de onerosidade excessiva para que possam anular o negócio jurídico. A onerosidade configura-se se o segurado foi levado a pagar valor excessivamente superior ao preço de mercado para apólice equivalente, se o prêmio é demasiado face às suas possibilidade econômicas, ou se sua apólice anterior já o assegurava contra o risco e a assinatura de novo contrato era desnecessária. É considerada abusiva, mesmo para contratos celebrados anteriormente à Lei 9.656/98, a recusa em conferir cobertura securitária, para indenizar o valor de próteses necessárias ao restabelecimento da saúde. Impõe-se condições negociais excessivamente onerosas quando o aderente é levado a pagar maior valor por cobertura securitária da qual já gozava, revelando-se desnecessária a assinatura de aditivo contratual. O direito subjetivo assegurado em contrato não pode ser exercido de forma a subtrair do negócio sua finalidade precípua. Assim, se determinado procedimento cirúrgico está incluído na cobertura securitária, não é legítimo exigir que o segurado se submeta a ele, mas não instale as próteses necessárias para a plena recuperação de sua saúde. É abusiva a cláusula contratual que exclui de cobertura a colocação de "stent", quando este é necessário ao bom êxito do procedimento cirúrgico coberto pelo plano de saúde. Precedentes. Conquanto geralmente nos contratos o mero inadimplemento não seja causa para ocorrência de danos morais, a jurisprudência desta Corte vem reconhecendo o direito ao ressarcimento dos danos morais advindos da injusta recusa de cobertura de seguro saúde, pois tal fato agrava a situação de aflição psicológica e de angústia no espírito do segurado, uma vez que, ao pedir a autorização da seguradora, já se encontra em condição de dor, de abalo psicológico e com a saúde debilitada" (REsp 918.392/RN, Rel. Ministra Nancy Andrighi, Terceira Turma, julgado em 11/03/2008, DJe 01/04/2008)

(OAB/Exame Unificado – 2008.3 – 2ª fase) Rogério, em razão da necessidade de custear tratamento médico, no exterior, para o filho que contraíra grave enfermidade, vendeu a Jorge um apartamento de dois quartos, por R$ 200 mil, enquanto seu valor de mercado correspondia a R$ 400 mil. Jorge não tinha conhecimento da situação de necessidade do alienante e dela não se aproveitara, mas Rogério, após dois meses, com a melhora do filho, refletiu sobre o negócio e, sentindo-se prejudicado, procurou escritório de advocacia para se informar acerca da validade do negócio. Em face dessa situação hipotética, na qualidade de advogado(a) contratado(a) por Rogério, esclareça, com o devido fundamento jurídico, se existe algum vício no negócio celebrado e indique a solução mais adequada para proteger os interesses de seu cliente.

RESOLUÇÃO DA QUESTÃO

O atual Código Civil acrescentou dois novos defeitos do negócio jurídico, que devem ser avaliados no caso em tela, a fim de se verificar se um deles se aplica à situação em que se encontra Rogério.

Os institutos são o estado de perigo e a lesão. Ambos reclamam, para sua configuração, o preenchimento de um requisito objetivo, qual seja, a excessiva onerosidade da obrigação e a manifesta desproporção entre as obrigações, respectivamente.

No caso de Rogério, está patente a configuração dos requisitos objetivos dos institutos, pois a diferença entre o valor de mercado e o valor de venda de seu imóvel é de 50%, caracterizando sensível desequilíbrio.

Os dois institutos reclamam também o preenchimento de requisitos subjetivos. No caso do estado de perigo, requer-se que o negócio tenha sido feito para salvar a própria pessoa que se obriga ou alguém de sua família, de grave dano, conhecido da outra parte. Já no caso de lesão, exige-se que quem se obriga esteja sob premente necessidade ou tenha agido por inexperiência.

No caso em tela, ficou também claro tanto a situação de perigo, caracterizadora do estado de perigo, como a premente necessidade, caracterizadora da lesão. No entanto, não se deve olvidar que Jorge, comprador do imóvel, não conhecia a situação de necessidade de Rogério, o que afasta a incidência do instituto do estado de perigo.

Dessa forma, ficou caracterizado o instituto da lesão, previsto no art. 157 do Código Civil, que torna o negócio jurídico anulável (art. 171, II, do Código Civil).

O advogado de Rogério deve, num primeiro momento, tentar uma solução extrajudicial para o caso, e, caso não seja possível, e dentro do prazo decadencial previsto no art. 178, II, do Código Civil, promover a ação anulatória do negócio jurídico.

De qualquer forma, é bom ressaltar que Jorge tem como evitar a anulação do negócio, oferecendo suplemento suficiente para atingir o valor de mercado do bem (art. 157, § 2º, do Código Civil).

(OAB/Exame Unificado – 2008.1 – 2ª fase) Luís, aproveitando-se da situação econômica notoriamente difícil vivida por sua vizinha Ana, que não tinha patrimônio suficiente para pagar todas as dívidas que contraíra, acertou, com ela, a compra do automóvel de Ana, por R$ 19.500,00, sabendo que o valor de mercado do veículo chegava a R$ 20.000,00. Realizada a tradição e ajustado o pagamento para dali a 10 dias, Luís, acreditando ter feito bom negócio, contou o ocorrido a um amigo, que o alertou acerca da possível invalidade do negócio. Preocupado, Luís resolveu consultar um advogado para obter maiores detalhes acerca da validade do negócio e da possibilidade de preservá-lo, caso fosse inválido, já que ainda não pagara o preço ajustado. Diante da situação hipotética apresentada, na qualidade de advogado(a) consultado(a) por Luís, exponha a solução adequada ao caso, esclarecendo, com base no que dispõe o Código Civil, a possibilidade, ou não, da validade do negócio e de preservá-lo diante da disponibilidade do valor ajustado.

RESOLUÇÃO DA QUESTÃO

O enunciado da questão narra que Ana está em situação de insolvência. Assim, sendo, e considerando que Ana celebrou negócio oneroso com Luís, incide o disposto no art. 160 do Código Civil, pelo qual será anulável o negócio praticado.

Todavia, se o adquirente do bem (no caso, Luís) ainda não tiver pago o preço e este for, aproximadamente, o corrente, desobrigar-se-á depositando-o em juízo, com a citação de todos os interados (art. 160 do Código Civil). Se o valor for inferior ao corrente, o adquirente poderá depositar o preço que corresponde ao valor real da coisa. (parágrafo único do art. 160 do Código Civil).

CIVIL

No caso em tela, em nossa opinião Luís pagou aproximadamente o preço corrente. A diferença entre o valor de mercado (possivelmente o valor da tabelas de carros usados) e o valor efetivamente pago é de apenas 2,5%. O valor de mercado, como se sabe, é uma média, e diferenças como a encontrada no caso não podem ser consideradas como suficientes para que a venda seja considerada fora do valor de mercado. Ademais, a lei não exige que se tenha acertado exatamente o preço corrente, para que o negócio seja mantido, mas que se tenha combinado preço aproximado ao corrente.

Essa tese deve, no mínimo, ser apresentada em juízo, quando se fizer a consignação em pagamento, com citação de todos os interessados. Deve-se requerer, alternativamente, depósito de eventual complemento, caso se entenda que esse valor seja necessário, aplicando-se ao caso o disposto no art. 899 do Código de Processo Civil.

Dessa forma, apesar de o negócio ser anulável, é possível preservá-lo caso Luís deposite em juízo o valor contratado, citando todos os interessados, no caso os credores de Ana.

(OAB/Exame Unificado – 2006.3 – 2ª fase) Joaquim, menor impúbere, representado por sua mãe, Maria dos Anjos Sousa Araújo, ajuizou ação pleiteando a retificação do seu assento de nascimento, para averbar a alteração do nome de sua genitora, qual seja, Maria dos Anjos Sousa, nome que passou a usar depois da separação judicial. Alega que, com a mudança de nome de sua genitora e a ausência de modificação do patronímico desta em sua certidão de nascimento, mãe e filho sofrem diversos constrangimentos quando têm de comprovar a relação de parentesco, expondo, assim, sua intimidade e vida privada, com a apresentação de diversos documentos pessoais que justifiquem a atual dissonância existente no nome da genitora do menor. Redija, fundamentadamente, texto dissertativo a respeito da possibilidade da retificação do registro civil de Joaquim para alteração do sobrenome da mãe em razão da alteração do estado civil desta, que voltou a usar o nome de solteira.

RESOLUÇÃO DA QUESTÃO

Por ser objeto de direito da personalidade, o nome é intransferível, irrenunciável e indisponível (art. 11 do Código Civil). Decorre desse regime jurídico o princípio da imutabilidade do nome.

Todavia, o art. 57 da Lei 6.015/73 admite a alteração do nome, desde que, no plano material, se dê por exceção e motivadamente. No plano formal, a alteração exige sentença do juiz, após audiência do Ministério Público. Os erros notórios poderão ser corrigidos de ofício pelo oficial de registro, após manifestação do Ministério Público.

O caso em tela revela situação em que até a alteração do nome, se fosse o caso, tem justificativa pertinente e relevante, vez que a não coincidência do nome da mãe com o nome do filho gera constrangimentos, mormente se se considerar que o filho está em idade tenra. A doutrina e a jurisprudência, inclusive, vêm admitindo a modificação do nome nesse tipo de caso, que gera problema de identificação de pais e filhos.

Todavia, Joaquim, representado por sua mãe, pede menos. Pede apenas que se retifique seu assento de nascimento, para o fim de constar a alteração do nome de sua mãe, em virtude da separação judicial desta.

Trata-se de providência possível, vez que protege os mesmos valores que a própria modificação do nome protegia, devendo o pedido se fundar nos arts. 109 e seguintes da Lei 6.015/73.

Nossa opinião é, inclusive, que cabe até aplicação do disposto no art. 10 da lei citada, efetuando-se a modificação junto ao próprio oficial do registro, pois, uma vez modificado o nome da mãe de Joaquim, pode-se considerar que há erro no assentamento, por ainda constar dele o nome antigo.

Comentários adicionais.

Confira acórdão sobre situação semelhante ao caso trazido para análise:

A homenagem que a autora quer prestar à pessoa que se desvelou por ela e ocupou na sua vida a figura do pai ausente, e a conveniência social de se apresentar com o mesmo nome usado pela mãe e pelo marido dela, são a meu juízo razões suficientes para que se permita a alteração requerida. (...)Devo registrar, finalmente, que são dois os valores em colisão: de um lado, o interesse público de imutabilidade do nome pelo qual a pessoa se relaciona na vida civil; de outro, o direito da pessoa de portar o nome que não a exponha a constrangimentos e corresponda à sua realidade familiar. Para atender a este, que me parece prevalente, a doutrina e a jurisprudência têm liberalizado a interpretação do princípio da imutabilidade, já fragilizado pela própria lei, a fim de permitir, mesmo depois do prazo de um ano subsequente à maioridade, a alteração posterior do nome, desde que daí não decorra prejuízo grave ao interesse público, que o princípio da imutabilidade preserva. A situação dos autos evidencia a necessidade de ser aplicada essa orientação mais compreensiva da realidade e dos valores humanos em causa. (REsp 220.059/SP, Rel. Ministro RUY ROSADO DE AGUIAR, SEGUNDA SEÇÃO, julgado em 22/11/2000, DJ 12/02/2001 p. 92)
Confira outros acórdãos do STJ sobre a possibilidade de se modificar o nome:

Apelido público notório.

REGISTRO PUBLICO. NOME CIVIL. PRENOME. RETIFICAÇÃO. MENOR ASSISTIDA PELOS PAIS. POSSIBILIDADE. PRECEDENTES. RAZOABILIDADE DO PEDIDO. PRODUÇÃO DE PROVA. DEFERIMENTO. RECURSO ESPECIAL PROVIDO. Sustentou, para tanto, ter sido registrada quase um ano após seu nascimento; que sempre foi tratada por Maryana e nunca por Simone; e que ninguém a identifica como Simone, o que lhe causa sérios transtornos. A jurisprudência da Corte tem flexibilizado a regra temporal prevista no art. 56 da Lei n. 6.015/73, admitindo que menores, devidamente assistidos por seus pais, possam postular retificação no registro civil, desde que se verifique o justo motivo. O pleito, na espécie, longe de denotar mero capricho, afigura-se bastante razoável, tendo em vista que o registro original nem sequer será alterado de modo substancial, com o acréscimo do segundo nome, com o qual a requerente de fato se identifica e que a individualiza no meio em que vive. (REsp 777.088/RJ, Rel. Ministro SIDNEI BENETI, TERCEIRA TURMA, julgado em 21/02/2008, DJe 10/03/2008)
Transexual: direito à alteração do prenome e designativo de sexo.

Direito civil. Recurso especial. Transexual submetido à cirurgia de redesignação sexual. Alteração do prenome e designativo de sexo. Princípio da dignidade da pessoa humana.

- Sob a perspectiva dos princípios da Bioética – de beneficência, autonomia e justiça –, a dignidade da pessoa humana deve ser resguardada, em um âmbito de tolerância, para que a mitigação do sofrimento humano possa ser o sustentáculo de decisões judiciais, no sentido de salvaguardar o bem supremo e foco principal do Direito: o ser humano em sua integridade física, psicológica, socioambiental e ético-espiritual.

- A afirmação da identidade sexual, compreendida pela identidade humana, encerra a realização da dignidade, no que tange à possibilidade de expressar todos os atributos e características do gênero imanente a cada pessoa. Para o transexual, ter uma vida digna importa em ver reconhecida a sua identidade sexual, sob a ótica psicossocial, a refletir a verdade real por ele vivenciada e que se reflete na sociedade.

- A falta de fôlego do Direito em acompanhar o fato social exige, pois, a invocação dos princípios que funcionam como fontes de oxigenação do ordenamento jurídico, marcadamente a dignidade da pessoa humana – cláusula geral que permite a tutela integral e unitária da pessoa, na solução das questões de interesse existencial humano.

- Em última análise, afirmar a dignidade humana significa para cada um manifestar sua verdadeira identidade, o que inclui o reconhecimento da real identidade sexual, em respeito à pessoa humana como valor absoluto.

- Somos todos filhos agraciados da liberdade do ser, tendo em perspectiva a transformação estrutural por que passa a família, que hoje apresenta molde eudemonista, cujo alvo é a promoção de cada um de seus componentes, em especial da prole, com o insigne propósito instrumental de torná-los aptos de realizar os atributos de sua personalidade e afirmar a sua dignidade como pessoa humana.

- A situação fática experimentada pelo recorrente tem origem em idêntica problemática pela qual passam os transexuais em sua maioria: um ser humano aprisionado à anatomia de homem, com o sexo psicossocial feminino, que, após ser submetido à cirurgia de redesignação sexual, com a adequação dos genitais à imagem que tem de si e perante a sociedade, encontra obstáculos na vida civil, porque sua aparência morfológica não condiz com o registro de nascimento, quanto ao nome e designativo de sexo.

CIVIL

- Conservar o "sexo masculino" no assento de nascimento do recorrente, em favor da realidade biológica e em detrimento das realidades psicológica e social, bem como morfológica, pois a aparência do transexual redesignado, em tudo se assemelha ao sexo feminino, equivaleria a manter o recorrente em estado de anomalia, deixando de reconhecer seu direito de viver dignamente.

- Assim, tendo o recorrente se submetido à cirurgia de redesignação sexual, nos termos do acórdão recorrido, existindo, portanto, motivo apto a ensejar a alteração para a mudança de sexo no registro civil, e a fim de que os assentos sejam capazes de cumprir sua verdadeira função, qual seja, a de dar publicidade aos fatos relevantes da vida social do indivíduo, forçosa se mostra a admissibilidade da pretensão do recorrente, devendo ser alterado seu assento de nascimento a fim de que nele conste o sexo feminino, pelo qual é socialmente reconhecido.

- Vetar a alteração do prenome do transexual redesignado corresponderia a mantê-lo em uma insustentável posição de angústia, incerteza e conflitos, que inegavelmente atinge a dignidade da pessoa humana assegurada pela Constituição Federal. No caso, a possibilidade de uma vida digna para o recorrente depende da alteração solicitada. E, tendo em vista que o autor vem utilizando o prenome feminino constante da inicial, para se identificar, razoável a sua adoção no assento de nascimento, seguido do sobrenome familiar, conforme dispõe o art. 58 da Lei n.º 6.015/73.

- Deve, pois, ser facilitada a alteração do estado sexual, de quem já enfrentou tantas dificuldades ao longo da vida, vencendo-se a barreira do preconceito e da intolerância. O Direito não pode fechar os olhos para a realidade social estabelecida, notadamente no que concerne à identidade sexual, cuja realização afeta o mais íntimo aspecto da vida privada da pessoa. E a alteração do designativo de sexo, no registro civil, bem como do prenome do operado, é tão importante quanto a adequação cirúrgica, porquanto é desta um desdobramento, uma decorrência lógica que o Direito deve assegurar.

- Assegurar ao transexual o exercício pleno de sua verdadeira identidade sexual consolida, sobretudo, o princípio constitucional da dignidade da pessoa humana, cuja tutela consiste em promover o desenvolvimento do ser humano sob todos os aspectos, garantindo que ele não seja desrespeitado tampouco violentado em sua integridade psicofísica. Poderá, dessa forma, o redesignado exercer, em amplitude, seus direitos civis, sem restrições de cunho discriminatório ou de intolerância, alçando sua autonomia privada em patamar de igualdade para com os demais integrantes da vida civil. A liberdade se refletirá na seara doméstica, profissional e social do recorrente, que terá, após longos anos de sofrimentos, constrangimentos, frustrações e dissabores, enfim, uma vida plena e digna.

- De posicionamentos herméticos, no sentido de não se tolerar "imperfeições" como a esterilidade ou uma genitália que não se conforma exatamente com os referenciais científicos, e, consequentemente, negar a pretensão do transexual de ter alterado o designativo de sexo e nome, subjaz o perigo de estímulo a uma nova prática de eugenia social, objeto de combate da Bioética, que deve ser igualmente combatida pelo Direito, não se olvidando os horrores provocados pelo holocausto no século passado.

Recurso especial provido.
(REsp 1008398/SP, Rel. Ministra Nancy Andrighi, Terceira Turma, julgado em 15/10/2009, DJe 18/11/2009)

2. OBRIGAÇÕES

(OAB/Exame Unificado – 2012.3 – 2ª fase) Renato, maior e capaz, efetuou verbalmente, no dia 07/03/2012, na cidade de João Pessoa, a compra de uma motocicleta usada por R$ 9.000,00, de Juarez, maior e capaz. Como Renato não tinha o dinheiro disponível para cumprir com sua obrigação e, visando solucionar este problema, ofereceu a Juarez um jet-ski, de valor equivalente como pagamento.

Com base em tal situação, utilizando os argumentos jurídicos apropriados e a fundamentação legal pertinente ao caso, responda aos itens a seguir.

A) É cabível efetivar o pagamento pelo meio sugerido por Renato? Justifique. (Valor: 0,65)

B) Se Juarez recusasse a proposta de Renato, o pagamento se efetivaria mesmo assim? Justifique (Valor: 0,60)

GABARITO COMENTADO – EXAMINADORA

A) A hipótese trata de Dação em Pagamento, pois existia uma dívida e Renato ofereceu prestação diversa da anteriormente combinada, nos termos do Art. 356 do CC.

B) Não é possível efetivar o instituto da Dação em Pagamento sem o consentimento de Juarez, pois tal consentimento é um dois três elementos constitutivos da Dação em Pagamento, nos termos do Art. 356 ou do Art. 313 do CC.

Distribuição dos Pontos

Quesito Avaliado	Valores
A) Trata-se de Dação em Pagamento, o instituto que admite a forma de extinção da obrigação adotada por Renato (0,40), nos termos do Art. 356, do CC. (0,25) Obs.: A mera citação do artigo não pontua.	0,00 / 0,40 / 0,65
B) Não, o consentimento de Juarez é um dos três elementos constitutivos da dação em pagamento, (0,40) nos termos do Art. 356 ou do Art. 313, do CC. (0,20) Obs.: A mera citação do artigo não pontua.	0,00 / 0,40 / 0,60

(OAB/Exame Unificado – 2012.1 – 2ª fase) Carlos, arquiteto famoso e extremamente talentoso, assina um contrato de prestação de serviços com Marcelo, comprometendo-se a elaborar e executar um projeto de obra de arquitetura no prazo de 06 (seis) meses. Destaque-se, ainda, que Marcelo procurou os serviços de Carlos em virtude do respeito e da reputação que este possui em seu ramo de atividade. Entretanto, passado o prazo estipulado e, após tentativas frustradas de contato, Carlos não realiza o serviço contratado, não restando alternativa para Marcelo a não ser a propositura de uma ação judicial.

Diante do caso concreto, responda fundamentadamente:

A) Tendo em vista tratar-se de obrigação de fazer infungível (personalíssima), de que maneira a questão poderá ser solucionada pelo Poder Judiciário? (valor: 0,65)

B) Considere que em uma das cláusulas contratuais estipuladas, Carlos e Marcelo, em vez de adotarem o prazo legal previsto no Código Civil, estipulam um prazo contratual de prescrição de 10 anos para postular eventuais danos causados. Isso é possível? (valor: 0,60)

GABARITO COMENTADO – EXAMINADORA

A) Existem duas opções: a tutela específica da obrigação (que deverá ser cumprida pelo devedor, visto se tratar de obrigação infungível), sendo possível a fixação de astreintes ou a resolução em perdas e danos, se assim o autor requerer ou se for impossível a obtenção da tutela específica, nos termos do artigo 461 do CPC ou artigos 247 ou 248 do CC.

B) A justificativa da prescrição é a segurança jurídica. O que se quer é evitar que um conflito de interesses permaneça em aberto por prazo indeterminado. Então, todo conflito de interesses caracterizado pela violação de um direito prescreve. E quem determina o prazo de prescrição será sempre a Lei, consoante artigo 192 do Código Civil.

Distribuição dos Pontos:

Quesito Avaliado	Faixa de valores
A) Identificação da tutela específica da obrigação, que deverá ser cumprida pelo próprio devedor, posto se tratar de obrigação infungível ou da possibilidade de indenização por perdas e danos. (0,45), nos termos do artigo 461 do CPC ou artigos 247 ou 248 do CC (0,20) Obs.: A mera menção dos dispositivos legais não pontua	0,00/0,45/0,65.
B) Os prazos prescricionais são sempre legais (0,40), conforme artigo 192 do Código Civil (0,20). Obs.: A mera menção dos dispositivos legais não pontua.	0,00 / 0,40/0,60.

CIVIL

(OAB/Exame Unificado – 2010.3 – 2ª fase) Celebrado o contrato de compra e venda, Patrícia adquire um bem pagando 30% (trinta por cento) à vista e mais cinco notas promissórias de igual valor com vencimento no quinto dia útil dos meses subsequentes, dando como garantia seu único automóvel. Prestes a ocorrer o vencimento de segunda parcela, o vendedor Joaquim toma conhecimento de que Patrícia passa por problemas financeiros e está dilapidando seu patrimônio, tendo alienado o veículo dado como garantia. O credor procura Patrícia e exige que honre de uma única vez os valores devidos, mas a devedora não concorda com o pagamento antecipado.

Com base no relatado acima, responda aos itens a seguir, empregando os argumentos jurídicos apropriados e a fundamentação legal pertinente ao caso.

A) Há alguma medida judicial para que Patrícia pague a dívida antecipadamente? (Valor: 0,6)

B) Qual deverá ser o procedimento a compelir o pagamento forçado? (Valor: 0,4)

RESOLUÇÃO DA QUESTÃO

A) A conduta de Patrícia pode ser enquadrada no seguinte dispositivo legal:

"Art. 1.425. A dívida considera-se vencida:

I - se, deteriorando-se, ou depreciando-se o bem dado em segurança, desfalcar a garantia, e o devedor, intimado, não a reforçar ou substituir;"

Assim, deverá ser proposta uma medida para que o devedor tenha a ciência para reforçar a garantia.

Dentre as opções de medidas judiciais, a mais indicada seria a cautelar nominada de interpelação (CPC, art. 867 e ss.).

B) Uma vez efetiva a medida indicada e não realizado o reforço da garantia da dívida, haverá o vencimento antecipado das notas promissórias (CC, art. 1.425, caput.). Considerando que as promissórias são títulos executivos extrajudiciais (CPC, art. 585, I), deverá ser proposta execução de quantia certa contra devedor solvente (CPC, art. 646 e ss.).

GABARITO COMENTADO - EXAMINADORA

A) O examinando deverá explicar que Joaquim poderá pleitear judicialmente o vencimento antecipado dos títulos, na forma do art. 333, III, do CC. Para tanto deverá propor ação judicial a fim de que a ré reforce a garantia do débito, caso em que, não o fazendo, incorrerá em vencimento antecipado da dívida.

B) Caso, intimada, a ré deixe de reforçar a garantia, a consequência jurídica será o vencimento antecipado dos títulos, que se tornarão líquidos, certos e exigíveis, requisitos essenciais a promover a execução forçada nos termos do art. 586 do CPC.

Distribuição de pontos

Em relação à correção, levou-se em conta o seguinte critério de pontuação:

Item	Pontuação
A) Ação judicial para compelir a ré a reforçar a garantia sob pena de vencimento antecipado dos títulos, com base no artigo 333, III, do CC OU c/c 1425, V, do CC. (completa ou incompleta = 0,6)	0 / 0,6
B) Ação de Execução Títulos líquidos, certos e exigíveis – art. 586 do CPC. (completa ou incompleta = 0,4)	0 / 0,4

(OAB/Exame Unificado – 2010.3 – 2ª fase) Márcio Moraes Veloso, famoso perfumista, foi contratado para desenvolver uma nova fragrância de um perfume pela empresa Cheiro Bom. O perfumista criou a fórmula inspirado em sua namorada, Joana, e deu o seu nome ao perfume. Foi pactuado entre Márcio e a empresa Cheiro Bom que o perfumista jamais revelaria a fórmula da nova fragrância a terceiros. Contudo, objetivando fazer uma surpresa no dia do aniversário de Joana, Márcio presenteia a namorada com uma amostra do perfume e, por descuido, inclui na caixa anotações sobre a fórmula. Joana, acreditando que as anotações faziam parte da surpresa, mostra para todos os colegas da empresa Perfumelândia, onde trabalha. Dias depois, Márcio é surpreendido com a notícia de que a fórmula da nova fragrância havia sido descoberta pela concorrente.

Considerando o caso relatado, responda aos itens a seguir, empregando os argumentos jurídicos apropriados e a fundamentação legal pertinente ao caso.

A) Ao revelar a fórmula do perfume, pode-se afirmar que Márcio está em mora?

B) Neste caso, pode o credor demandar judicialmente o cumprimento da obrigação cumulada com pedido de perdas e danos?

RESOLUÇÃO DA QUESTÃO

A) A hipótese não é de mora (CC, art. 394. Considera-se em mora o devedor que não efetuar o pagamento e o credor que não quiser recebê-lo no tempo, lugar e forma que a lei ou a convenção estabelecer), mas sim de inadimplemento de obrigação de não fazer (CC, art. 390. Nas obrigações negativas o devedor é havido por inadimplente desde o dia em que executou o ato de que se devia abster.).

B) Uma vez que já houve a divulgação – ainda que involuntária – da fórmula por Márcio, o pedido de voltar à situação pretérita é impossível. Assim, não pode ser formulado em juízo (CPC, art. 267, VI).

Portanto, apenas será viável o pedido de ressarcimento por perdas e danos (CC, arts. 186 e 927 e CPC, art. 461, § 1º).

GABARITO COMENTADO – EXAMINADORA

A) Não se poderá dizer ter havido mora, mas inadimplemento por tratar-se de obrigação de não fazer (artigo 390 CC). O inadimplemento da obrigação de não fazer evidencia-se quando o devedor pratica o ato proibido, sendo desnecessária a sua constituição em mora.

B) Trata-se de obrigação de não fazer instantânea. Como não há possibilidade de restituir o *status quo ante*, não poderá o devedor ser demandado judicialmente a cumprir a obrigação de não fazer, cabendo tão somente a tutela ressarcitória (artigo 251 CC e 461, § 1º, do CPC).

Distribuição de pontos

Em relação à correção, levou-se em conta o seguinte critério de pontuação:

Item	Pontuação
A) Não, pois houve inadimplemento da obrigação (0,25) – artigo 390, CC (0,25)	0 / 0,25 / 0,5
B) Por não haver possibilidade de restituir o *status quo ante*, não poderá o devedor ser demandado judicialmente a cumprir a obrigação de não fazer, cabendo tão somente a tutela ressarcitória (0,25) Artigos 251, CC e 461, § 1º, do CPC (0,25)	0 / 0,25 / 0,5

CIVIL

(OAB/Exame Unificado – 2010.2 – 2ª fase) Marlon, famoso jogador de futebol, é contratado para ser o garoto propaganda da Guaraluz, fabricante de guaraná natural. O contrato de prestação de serviços tem prazo de três anos, fixando-se uma remuneração anual de R$ 50.000,00. Contém, além disso, cláusula de exclusividade, que impede Marlon de atuar como garoto-propaganda de qualquer concorrente da Guaraluz, e cláusula que estipula o valor de R$ 10.000,00 para o descumprimento contratual, não prevendo direito a indenização suplementar.

Durante o primeiro ano de vigência do contrato, Marlon recebe proposta para se tornar garoto-propaganda da Guaratudo, sociedade do mesmo ramo da Guaraluz, que oferece expressamente o dobro do valor anual pago pela 'concorrente'.

Marlon aceita a proposta da Guaratudo, descumprindo a cláusula de exclusividade contida no seu contrato anterior. Pelo descumprimento, Marlon paga à Guaraluz o montante de R$ 10.000,00, estipulado. Como advogado consultado pela Guaraluz, responda:

I. Se o prejuízo da Guaraluz for superior a R$ 10.000,00, será possível obter, de Marlon, judicialmente, a reparação integral do dano sofrido?

II. Além do valor pago por Marlon, a Guaraluz tem direito a receber alguma indenização por parte da Guaratudo?

RESOLUÇÃO DA QUESTÃO

Vide a resposta divulgada pela organizadora da prova, que abrange todos os argumentos necessários para a resposta:

"Não é possível a majoração da cláusula penal, ainda que o credor prove prejuízo superior ao valor estipulado, pois não houve convenção acerca de indenização suplementar, na forma do art. 416, parágrafo único do Código Civil.

A Guaratudo deve indenização à Guaraluz no valor que seria devido por dois anos de contato, tendo em vista a prática de aliciamento descrita no Código Civil (art. 608), observados os princípios da boa-fé objetiva, da função social do contrato e ainda da responsabilidade contratual de terceiro."

GABARITO COMENTADO - EXAMINADORA

I. Não é possível a majoração da cláusula penal, ainda que o credor prove prejuízo superior ao valor estipulado, pois não houve convenção acerca de indenização suplementar, na forma do Art. 416, parágrafo único do Código Civil.

II. A Guaratudo deve indenização à Guaraluz no valor que seria devido por dois anos de contato, tendo em vista a prática de aliciamento descrita no código Civil (Art. 608), observados os princípios da boa-fé objetiva, da função social do contrato e ainda da responsabilidade contratual de terceiro.

Distribuição de pontos

Item 01 – Não é possível a majoração da cláusula penal – Art. 416, parágrafo único do CC. Fundamentar e justificar.	0 / 0,25 / 0,5
Item 02 Indenização por dois anos de contrato – Art. 608 do CC. Fundamentar e justificar	0 / 0,25 / 0,5

(OAB/Exame Unificado – 2009.1 – 2ª fase) Renata, em razão de transação realizada com Carla e firmada por seus respectivos advogados, comprometeu-se a entregar a esta, em 29/2/2009, um apartamento de dois quartos ou uma casa de um quarto com varanda, no mesmo bairro. Não houve acordo quanto a quem caberia a escolha do objeto. Dez dias antes da data avençada para o cumprimento da prestação, Carla ainda estava em dúvida sobre qual seria o melhor imóvel, enquanto Renata, que fizera pesquisa nas imobiliárias da localidade, verificou que o valor de mercado do apartamento prometido lhe seria mais vantajoso. Em face dessa situação hipotética e com vistas à solução do impasse e ao cumprimento da obrigação, indique, com a devida fundamentação legal, a natureza jurídica da obrigação contraída e a medida judicial cabível para Carla ver satisfeita a obrigação, caso Renata deixe de cumpri-la.

RESOLUÇÃO DA QUESTÃO

Quando credor e devedor pactuam obrigação pela qual o segundo tem a opção entre cumprir uma ou outra prestação pré-definidas, está-se diante do instituto da obrigação alternativa (arts. 252 e seguintes do Código Civil).

Nesse caso, não se estipulando a pessoa a quem caberá a escolha, esta caberá ao devedor (art. 252 do Código Civil).

Dessa forma, no caso em tela, a escolha caberá a Renata, a devedora.

De qualquer forma, caso Renata deixe de cumprir a obrigação, Carla terá à sua disposição o instrumento processual previsto no art. 571 do Código de Processo Civil. Trata-se da ação de execução de obrigação alternativa, que, no caso, é admitida, por estar fundada em título executivo extrajudicial, consistente no instrumento de transação referendado pelos advogados das partes (art. 585, II, do Código de Processo Civil).

(OAB/Exame Unificado – 2008.2 – 2ª fase) Amauri deve R$ 1.000,00 a Márcio e se encontra em mora. Reunidos para resolver o problema, Márcio aceitou como pagamento da dívida a transferência de uma nota promissória em que Amauri figurava como beneficiário de promessa de pagamento no valor de R$ 1.200,00 feita por Artur, comerciante conhecido na praça. Com o vencimento do referido título de crédito, Márcio procurou receber o seu crédito de Artur, momento em que tomou ciência da condição de insolvência em que este vivia já há muitos anos, razão pela qual acabou sem conseguir receber o valor pretendido e voltou a cobrar a dívida de Amauri. Em face da situação hipotética acima apresentada, identifique o tipo de operação firmada entre Amauri e Márcio assim como seus efeitos jurídicos, esclarecendo se subsiste a obrigação de Amauri. Fundamente sua resposta conforme as normas aplicáveis do Código Civil e do Código de Processo Civil, se houver.

RESOLUÇÃO DA QUESTÃO

Operou-se entre Amauri e Márcio dação em pagamento (art. 356 do Código Civil). A dação se deu por meio da cessão de crédito do primeiro em favor do segundo (art. 358 do Código Civil).

De acordo com o art. 359 do Código Civil, se o credor (Márcio) for evicto da coisa recebida em pagamento, ou seja, se Amauri não era o verdadeiro titular do direito representado no título de crédito, fica sem efeito a quitação operada pela dação em pagamento, podendo Márcio acionar Amauri.

Num primeiro momento, então, a obrigação original só se restaura se o credor for evicto da coisa recebida em pagamento.

Resta saber se a situação de insolvência de Artur, devedor do título de crédito, também tem o poder de restaurar a dívida originária.

De acordo com o art. 296 do Código Civil, salvo estipulação em contrário, o cedente não responde pela solvência do devedor.

CIVIL

(OAB/Exame Unificado – 2008.1 – 2ª fase) Márcio, José e Pedro, proprietários de partes ideais iguais de um barco de pesca, venderam o bem para Maria, receberam o preço ajustado pelo negócio e assinaram um contrato de compra e venda no qual se obrigavam a entregar o bem até o início da temporada de pesca da lagosta no litoral cearense, isso sob pena de multa no valor de R$ 3.000,00. Entretanto, próximo à data da entrega do barco, José resolveu utilizá-lo e o danificou, de modo que só conseguiu cumprir a obrigação de entrega do bem com um mês de atraso. Maria, inconformada com o ocorrido, cobrou dos três vendedores o pagamento da cláusula penal estipulada. Em face dessa situação hipotética, na condição de advogado(a) consultado(a) por Márcio acerca da cobrança da cláusula penal, apresente a orientação adequada a respeito do pagamento devido em razão da mora causada por José, com base no que dispõe o Código Civil.

RESOLUÇÃO DA QUESTÃO

O caso em tela revela a existência de cláusula penal e da configuração de mora, por parte dos devedores. Nesse sentido, incide o art. 411 do Código Civil, pelo qual terá o credor (Maria) o arbítrio de exigir a satisfação da pena cominada, juntamente com o desempenho da obrigação principal.

Outra temática do caso em tela diz respeito à responsabilidade de cada um dos devedores pelo pagamento da pena convencionada. No caso, o art. 414 do Código Civil dispõe que, se a obrigação original é indivisível (no caso, o barco é indivisível), todos os devedores incorrerão na pena, na cláusula penal. Porém, o mesmo dispositivo esclarece que somente o culpado pode ser cobrado na integralidade da pena. Os demais só podem ser acionados em relação à sua quota. E mais, os demais devedores poderão ingressar com ação regressiva contra o culpado para cobrar o que tiveram que desembolsar.

Dessa forma, e considerando que José foi o culpado pela mora, Márcio só poderá ser cobrado por Maria em R$ 1.000,00. E, se tiver que arcar com essa quantia, poderá entrar com ação de regresso contra José, para reaver a quantia desembolsada.

(OAB/Exame Unificado – 2006.3 – 2ª fase) Bernardo e Celso celebraram um contrato de promessa de compra e venda de imóvel, com cláusula contratual que previa o perdimento do sinal em caso de arrependimento, relativo a uma casa localizada nesta capital, em 12/9/2004, no valor total de R$ 30.000,00. Celso pagou R$ 15.000,00 como sinal, ficando o restante a ser pago em 12/12/2004. Por ocasião do contrato, Celso imitiu-se na posse do imóvel, sendo que a escrituração seria feita após o pagamento da segunda parcela, o que não ocorreu. Diante da situação hipotética acima descrita, responda, fundamentadamente, qual a consequência jurídica do inadimplemento contratual do comprador.

RESOLUÇÃO DA QUESTÃO

Arras é sinônimo de sinal. Há dois tipos de arras.

O primeiro tipo são as arras confirmatórias (arts. 417 a 419 do Código Civil – CC). Como o próprio nome diz, essas arras visam confirmar a celebração do contrato. Quando estiver presente tais arras, não há que se falar em cláusula de arrependimento. Isso significa que uma vez não cumprido ou executado o contrato, estar-se-á diante de uma hipótese de inadimplemento. E este confere à parte inocente duas opções: a) de exigir o cumprimento da obrigação, mais as perdas e danos, valendo as arras como indenização mínima (se for necessário indenização suplementar o inocente deve provar o maior prejuízo); b) de resolver o contrato (dá-lo por desfeito), retendo o valor das arras (se as tiver recebido) ou pedindo sua devolução mais o equivalente (se as tiver dado à outra parte), podendo a parte inocente pedir indenização suplementar, se provar maior prejuízo, valendo as arras como taxa mínima.

O segundo tipo são as arras penitenciais (art. 420 do CC). Essas arras são fixadas quando o contrato tiver cláusula de arrependimento. Nesse caso, a função das arras é unicamente indenizatória, daí o nome "penitencial". Quem as tiver dado e se arrependido, perdê-las-á em benefício da outra parte. Quem as tiver recebido e se arrependido, devolvê-las-á, mais o equivalente. Nesse tipo de arras, não haverá direito à indenização suplementar. Quem sofrer o arrependimento do outro terá como indenização apenas o valor das arras, não podendo pedir indenização suplementar, mesmo que demonstre prejuízo, diferente do que acontece nas arras confirmatórias.

Assim, as arras de que trata o caso em tela são arras penitenciais, pois ficou claro no enunciado a presença, no contrato, de cláusula de arrependimento. Celso, o comprador, perderá a parcela paga em benefício de Bernardo, ficando o compromisso de compra e venda desfeito (art. 420 do CC e Súmula 412 do STF).

Todavia, o caso presente tem uma peculiaridade. As arras combinadas equivalem a 50% do valor total do contrato. E essa proporção parece-nos manifestamente excessiva, tendo-se em vista a natureza e a finalidade do negócio.

Negócios dessa natureza costumam ter sinal entre 10% e 20% do valor do contrato. Assim, poderia o juiz reduzir equitativamente o valor das arras, levando em conta esse limite e também o período em que Celso se aproveitou da coisa.

Comentários adicionais.

Confira a redação da Súmula 412 do STF:

Súmula 412 do STF: "no compromisso de compra de venda, com cláusula de arrependimento, a devolução do sinal, por quem o deu, ou a sua restituição em dobro, por quem o recebeu, exclui indenização maior a título de perdas e danos, salvo os juros moratórios e os encargos do processo".

Sobre a possibilidade do juiz reduzir equitativamente a penalidade, confira o seguinte enunciado do Conselho da Justiça Federal:

Enunciado 165 do CJF: "em caso de penalidade, aplica-se a regra do art. 413 ao sinal, sejam as arras confirmatórias ou penitenciais".

Confira acórdão do STJ, sobre os percentuais que se admite razoáveis para retenção em caso de arras:

PROCESSUAL CIVIL. CONTRATO DE COMPRA E VENDA. PARTE SUBSTANCIAL DA DÍVIDA. RESTITUIÇÃO. RESCISÃO CONTRATUAL. INDENIZAÇÃO. RETENÇÃO. 1. O pagamento inicial do valor do negócio descaracteriza-se como arras confirmatórias quando representa o adimplemento de parte substancial da dívida.

2. É cabível a retenção pelo vendedor de percentual entre 10% e 20% a título de indenização em caso de rescisão contratual decorrente de culpa do comprador, sob pena de enriquecimento ilícito do vendedor. (REsp 761.944/DF, Rel. Ministro JOÃO OTÁVIO DE NORONHA, QUARTA TURMA, julgado em 05/11/2009, DJe 16/11/2009)

A respeito da compra de imóveis de incorporadoras e construtoras em relações de consumo, confira o seguinte entendimento do Superior Tribunal de Justiça:

RECURSO ESPECIAL - CONTRATO DE PROMESSA DE COMPRA E VENDA - RESILIÇÃO PELO PROMITENTE-COMPRADOR - RETENÇÃO DAS ARRAS - IMPOSSIBILIDADE - DEVOLUÇÃO DOS VALORES PAGOS - PERCENTUAL QUE DEVE INCIDIR SOBRE TODOS OS VALORES VERTIDOS E QUE, NA HIPÓTESE, SE COADUNA COM A REALIDADE DOS AUTOS. 1. A Colenda Segunda Seção deste Superior Tribunal de Justiça já decidiu que o promitente-comprador, por motivo de dificuldade financeira, pode ajuizar ação de rescisão contratual e, objetivando, também reaver o reembolso dos valores vertidos (EREsp nº 59870/SP, 2º Seção, Rel. Min. Barros, DJ 9/12/2002, pág. 281). 2. As arras confirmatórias constituem um pacto anexo cuja finalidade é a entrega de algum bem, em geral determinada soma em dinheiro, para assegurar ou confirmar a obrigação principal assumida e, de igual modo, para garantir o exercício do direito de desistência. 3. Por ocasião da rescisão contratual o valor dado a título de sinal (arras) deve ser restituído ao *reus debendi*, sob pena de enriquecimento ilícito. 4. O artigo 53 do Código de Defesa do Consumidor não revogou o disposto no artigo 418 do Código Civil, ao contrário, apenas positivou na ordem jurídica o princípio consubstanciado na vedação do enriquecimento ilícito, portanto, não é de se admitir

CIVIL

a retenção total do sinal dado ao promitente-vendedor. 5. O percentual a ser devolvido tem como base de cálculo todo o montante vertido pelo promitente-comprador, nele se incluindo as parcelas propriamente ditas e as arras. (REsp 1056704/MA, Rel. Ministro MASSAMI UYEDA, TERCEIRA TURMA, julgado em 28/04/2009, DJe 04/08/2009)

AGRAVO REGIMENTAL. AGRAVO DE INSTRUMENTO. CIVIL. PROMESSA DE COMPRA E VENDA DE IMÓVEL. RESCISÃO CONTRATUAL. INICIATIVA DO DEVEDOR. PERDA DO SINAL. IMPOSSIBILIDADE. ARRAS CONFIRMATÓRIAS. - A jurisprudência desta Corte Superior prega ser possível a resilição contratual do compromisso de compra e venda por iniciativa do devedor, quando ele não possuir mais condições econômicas para arcar com o pagamento das prestações pactuadas com a promitente-vendedora (construtora ou incorporadora), mormente se estas se tornarem excessivamente onerosas. - A resolução unilateral, nesses casos, enseja a restituição das parcelas pagas pelo promissário-comprador, mas não em sua totalidade, haja vista a incidência de parcela de retenção para fazer frente ao prejuízo causado com o desgaste da unidade imobiliária e as despesas com administração, corretagem, propaganda e outras congêneres suportadas pela empresa vendedora. - O arrependimento do promitente comprador só importa em perda do sinal se as arras forem penitenciais, não se estendendo às arras confirmatórias. (AgRg no Ag 717.840/MG, Rel. Ministro VASCO DELLA GIUSTINA (DESEMBARGADOR CONVOCADO DO TJ/RS), TERCEIRA TURMA, julgado em 06/10/2009, DJe 21/10/2009)

Confira acórdão que leva em conta a ocupação do imóvel, além de reformas nele empreendidas:

CIVIL E PROCESSUAL. COMPROMISSO DE COMPRA E VENDA. ARRAS. DESISTÊNCIA. AÇÃO PRETENDENDO A RESCISÃO E RESTITUIÇÃO DAS IMPORTÂNCIAS PAGAS. RECONVENÇÃO DA CONSTRUTORA PARA RETENÇÃO DE VALORES E INDENIZAÇÃO POR OCUPAÇÃO E ESTRAGOS NO IMÓVEL. PROCEDÊNCIA PARCIAL DE AMBOS OS FEITOS. RESTITUIÇÃO DE 50% DO SINAL FIXADA PELO TRIBUNAL DE JUSTIÇA. SITUAÇÃO PECULIAR DOS AUTOS. RAZOABILIDADE. I. A c. 2ª Seção do STJ, em posição adotada por maioria, admite a possibilidade de resilição do compromisso de compra e venda por iniciativa do devedor, se este não mais reúne condições econômicas para suportar o pagamento das prestações avençadas com a empresa vendedora do imóvel (EREsp n. 59.870/SP, rel. Min. Barros Monteiro, DJU de 09.12.2002). II. O desfazimento do contrato dá ao comprador o direito à restituição das parcelas pagas, porém não em sua totalidade. III. Situação peculiar, corretamente decidida pelo Tribunal estadual, em que além de não identificada responsabilidade da construtora, o comprador teve a posse precária do imóvel e nele empreendeu reforma parcial, alterando as características originais, a justificar a retenção de metade dos valores pagos a título de ocupação e ressarcimento pelos prejuízos administrativos e físicos causados à ré. (REsp 187.963/SP, Rel. Ministro ALDIR PASSARINHO JUNIOR, QUARTA TURMA, julgado em 19/03/2009, DJe 20/04/2009)

3. CONTRATOS

(OAB/Exame Unificado – 2013.2 – 2ª fase) Humberto celebrou contrato de corretagem com Renata, inserindo cláusula de exclusividade pelo prazo de 6 (seis) meses, a fim de que esta mediasse a venda de seu imóvel. Passados três meses, Renata, embora diligente, não conseguiu o resultado pretendido. Por sua vez, Humberto, caminhando pela praia, encontrou um velho amigo, Álvaro, que se interessou pelo imóvel, vindo a efetivar a compra do bem. Renata, ao saber do negócio jurídico celebrado, ajuizou ação indenizatória em face de Humberto, cobrando-lhe o percentual ajustado sobre o valor da venda do imóvel a título de corretagem.

Nessa situação, indaga-se:

A) Tem Humberto o dever jurídico de indenizar Renata por inadimplemento de obrigação contratual? Fundamente.(Valor: 0,65)

B) Na hipótese de Renata ter aproximado as partes e o negócio não ter se realizado por arrependimento de Humberto, seria devida a corretagem? (Valor: 0,60)

A simples menção ou transcrição do dispositivo legal não pontua.

GABARITO COMENTADO – EXAMINADORA

A) A resposta é afirmativa. Humberto deve pagar a Renata o percentual ajustado a título de corretagem. Tendo sido ajustada a cláusula de exclusividade, ainda que concluído o negócio diretamente entre as partes sem a intermediação da corretora, Renata terá direito à remuneração integral pela sua corretagem, salvo se comprovada sua inércia ou ociosidade, nos termos do Art. 726, do Código Civil.

B) A resposta também é afirmativa, pois mesmo que o negócio não fosse concluído por arrependimento de qualquer das partes, a remuneração seria devida, conforme dispõe o Art. 725, do Código Civil.

(OAB/Exame Unificado – 2012.3 – 2ª fase) Joana de Castro celebrou um contrato de mútuo garantido por alienação fiduciária com o Banco "X", para aquisição de um automóvel marca Speed, ano 2010. Ficou acordado que Joana deveria pagar 48 parcelas de R$ 2.000,00 até o dia 05 de cada mês. Em virtude do inadimplemento no pagamento das seis últimas parcelas, a instituição financeira notificou a devedora via Cartório de Títulos e Documentos.

Considerando o caso relatado, utilizando os argumentos jurídicos apropriados e a fundamentação legal pertinente ao caso, responda aos itens a seguir.

A) Nas obrigações com termo de vencimento certo, a constituição do devedor em mora opera-se, em regra, independentemente de interpelação? (Valor: 0,65)

B) Deve o credor, nos termos do Decreto Lei n. 911/69, interpelar o devedor para comprovar a mora? (Valor: 0,60)

GABARITO COMENTADO – EXAMINADORA

A) Em regra, o não cumprimento de obrigação com termo de vencimento certo constitui de pleno direito em mora o devedor (mora ex re).

B) A mora, no caso de Contrato de Alienação Fiduciária em Garantia inadimplido, se constitui de acordo com a disposição expressa no Art. 2º, § 2º, do Decreto Lei n. 911/69, devendo, portanto, o credor interpelar o devedor para comprová-la. Ainda segundo a Súmula 72 do STJ, "a comprovação da mora é imprescindível à busca e apreensão do bem alienado fiduciariamente".

Distribuição dos Pontos

Quesito Avaliado	Valores
A) Em regra, o não cumprimento de obrigação com termo de vencimento certo constitui de pleno direito em mora o devedor (mora ex re). (0,40), nos termos do Art. 397 do CC. (0,25) Obs.: A mera indicação do artigo não pontua.	0,00 / 0,40 / 0,65
B) O credor deve interpelar o devedor para comprovar a mora (0,30), pois no caso de Contrato de Alienação Fiduciária em Garantia inadimplido, a mora do devedor deve ser comprovada nos termos do Art. 2º, § 2º, do Decreto Lei n. 911 / 69. (0,30)	0,00 / 0,30 / 0,60

(OAB/Exame Unificado – 2012.2 – 2ª fase) Francisco confiou a Joaquim a guarda de determinada escultura italiana; para tanto, celebraram contrato de depósito, a título gratuito. Francisco, ao ser comunicado sobre o falecimento de Joaquim, reclama a devolução do bem; no entanto, os herdeiros argumentam que desconheciam a existência do contrato e informam que alienaram o bem a André.

Com base em tal situação, responda aos itens a seguir, utilizando os argumentos jurídicos apropriados e a fundamentação legal pertinente ao caso.

A) Qual ação judicial deverá ser ajuizada contra André? (Valor: 0,60)

B) Qual (ou quais) medida (s) pode (m) ser exigida (s) dos herdeiros por Francisco? (Valor: 0,65)

CIVIL

GABARITO COMENTADO – EXAMINADORA

A hipótese narrada refere-se ao depósito voluntário, previsto nos artigos 627 e seguintes do Código Civil .

A) Ação reivindicatória, de acordo com o art. 637, do CC (ou Art. 1.228 do CC) ou Ação de obrigação de entregar a coisa certa, de acordo com Art. 461-A do CPC .

B) No caso, tendo os herdeiros agido de boa-fé, porquanto ignoravam o depósito , deverão assistir Francisco na referida ação reivindicatória e restituir a André o preço recebido, nos termos do Art. 637, do CC/2002.

Distribuição dos Pontos:

Quesito Avaliado	Valores
A) Ação reivindicatória (0,35), de acordo com o art. 637, do CC ou Art. 1.228 do CC (0,25). OU Ação de obrigação de entregar a coisa certa (0,35), de acordo com Art. 461-A do CPC (0,25). Obs1.: Não cabe ação de depósito do art. 901 do CPC diante do falecimento do depositário. Obs2.:A mera citação do dispositivo legal não pontua.	0.00 / 0,35 / 0,60
B) No caso, tendo os herdeiros agido de boa-fé, porquanto ignoravam o depósito (0,15), deverão assistir Francisco na referida ação reivindicatória (0,15) e restituir a André o preço recebido (0,15). Art. 637, do CC / 2002 (0,20). Obs.: A mera citação do dispositivo legal não pontua.	0,00 / 0,15 / 0,30 / 0,35 / 0,45 / 0,50 / 0,65

(OAB/Exame Unificado – 2012.1 – 2ª fase) Rodrigo, casado pelo regime da comunhão parcial com Liandra, garante à Indústria Bandeirantes S/A satisfazer obrigação assumida por seu amigo João. De posse do contrato de confissão de dívida, também assinado por duas testemunhas, a Bandeirantes S/A cedeu o contrato ao estudante Marcos, com anuência de João e Rodrigo. Decorrido o prazo contratual para pagamento da quantia de R$5.000,00, configurada a inadimplência, Marcos ajuizou demanda executiva em face de Rodrigo e João, junto à Vara do Juizado Especial Cível de Colatina/ES, local de cumprimento da obrigação.

De acordo com os elementos do enunciado:

A) Aponte qual a relação contratual acessória existente entre Rodrigo e João? A relação acessória pode ser objeto de questionamento? Fundamente. (valor: 0,85)

B) Fazendo uma análise processual dos elementos do enunciado, a demanda ajuizada reúne condições de procedibilidade? (valor: 0,40)

GABARITO COMENTADO – EXAMINADORA

A) Entre Rodrigo e João, há contrato de fiança, conforme Art. 818, do CC(*Pelo contrato de fiança, uma pessoa garante satisfazer ao credor uma obrigação assumida pelo devedor, caso este não a cumpra*).

Rodrigo é casado com Liandra pelo regime da comunhão parcial, exigindo-se para a validade da fiança a outorga uxória do cônjuge (*Art. 1.647, CC. Ressalvado o disposto no art. 1.648, nenhum dos cônjuges pode, sem autorização do outro, exceto no regime da separação absoluta: [...] III - prestar fiança ou aval;*). Não havendo anuência de Liandra à fiança, esta poderá questionar a obrigação acessória assumida por Rodrigo, na forma do Art. 1.642, do CC (*Qualquer que seja o regime de bens, tanto o marido quanto a mulher podem livremente: [...] IV - demandar a rescisão dos contratos de fiança e doação, ou a invalidação do aval, realizados pelo outro cônjuge com infração do disposto nos incisos III e IV do art. 1.647;*).

B) Embora doutrinariamente possível, a cessão contratual firmada por Indústria Bandeirantes S/A em favor de Marcos, inclusive contando com a anuência do devedor João e seu fiador Rodrigo; a demanda ajuizada por Marcos perante Vara de Juizado Especial Cível, portanto, regida pela Lei n. 9.099/95, não reúne condições de procedibilidade. Como se vê do Art. 8º, § 1º, I, da Lei n. 9.099/95 (*§ 1º Somente serão admitidas a propor ação perante o Juizado Especial: I - as pessoas físicas capazes, excluídos os cessionários de direito de pessoas jurídicas*;), é vedado aos cessionários de pessoas jurídicas não admitidas a figurar como parte autora nos juizados especiais. Na situação-problema proposta, figurou como cedente pessoa jurídica 'Sociedade Anônima' que não é admitida a figurar como autora nos Juizados Especiais Cíveis.

Distribuição dos pontos:

Quesito Avaliado	Faixa de valores
A) Entre Rodrigo e João há contrato de fiança (0,25), conforme Art. 818, do CC (0,20) Rodrigo é casado com Liandra pelo regime da comunhão parcial, exigindo-se para a validade da fiança a outorga uxória do cônjuge (0,20) no termos do Art. 1.642 ou 1647, CC ou Súmula 332 do STJ (0,20). Obs.: A mera menção dos dispositivos legais não pontua.	0,00/0,20/0,25/0,40/ 0,45/0,65/0,85
B) A demanda ajuizada por Marcos perante Vara de Juizado Especial Cível, regida pela Lei n. 9.099/95, não reúne condições de procedibilidade (0,25), conforme previsão do Art. 8º, § 1º, I, da Lei n. 9.099/95 (0,15). Obs.: A mera menção dos dispositivos legais não pontua.	0,00/0,25/0,40

(OAB/Exame Unificado – 2011.2 – 2ª fase) Maria, funcionária de uma empresa transnacional, foi transferida para trabalhar em outro país e, por isso, celebrou contrato de compra e venda de seu apartamento com João, prevendo que Maria poderia resolver o contrato no prazo de um ano, desde que pagasse o preço recebido pelo imóvel e reembolsasse as despesas que João tivesse com ele. O referido contrato de compra e venda foi devidamente levado ao registro de imóveis com atribuição para tal.

Nesse período, João vendeu o apartamento para Mário, que tinha conhecimento de que ainda estava no prazo de Maria retomar o imóvel e lá foi residir com sua esposa.

Contudo, Maria retornou ao Brasil antes do período de um ano estipulado e, ao ter ciência de que o novo proprietário do apartamento era Mário, notificou-o de que desejaria retomar o imóvel, com o pagamento do valor do imóvel mais as despesas realizadas. Mário, porém, recusou o recebimento das quantias, afirmando que o contrato sujeito à cláusula resolutiva foi pactuado com João, não vinculando a terceiros.

Responda aos itens a seguir, empregando os argumentos jurídicos apropriados e a fundamentação legal pertinente ao caso.

A) Assiste razão a Mário? (Valor: 0,75)

B) Qual deverá ser o procedimento adotado por Maria a partir da recusa de Mário em receber a quantia? (Valor: 0,50)

RESOLUÇÃO DA QUESTÃO

A) O contrato celebrado entre as partes qualifica-se como compra e venda com cláusula de retrovenda (CC, art. 505 e ss.).

Tendo em vista o registro do contrato, há presunção de veracidade em relação a terceiros. Por isso, Mário não pode alegar desconhecimento da cláusula de retrovenda. Sendo assim, também a ela se submete, nos termos do art. 507 do CC:

CIVIL

"O direito de retrato, que é cessível e transmissível a herdeiros e legatários, poderá ser exercido contra o terceiro adquirente".

Portanto, não assiste razão a Mário.

B) Considerando a resposta anterior e a eficácia da cláusula de retrovenda em relação ao terceiro (Mário), deverá Maria ingressar com uma consignação em pagamento.

A base de direito material está no CC, art. 335, I. Já o procedimento a ser seguido está no art. 890 e ss. do CPC (procedimento especial).

GABARITO COMENTADO – EXAMINADORA

O examinando deve identificar que Maria celebrou contrato de compra e venda de bem imóvel com João, com previsão de cláusula de retrovenda, nos termos do art. 505 do Código Civil, sendo que foi pactuado pelas partes um prazo decadencial menor do que o previsto pela legislação. O referido contrato foi devidamente levado a registro, nos termos do art. 167, I, 29 da Lei nº 6.015/73, trazendo a presunção de conhecimento a terceiros que se trata de propriedade que fica sujeita a cláusula resolutiva. Assim, não assiste razão a Mário, que também fica submetido à cláusula de retrovenda (art. 507 do Código Civil) e não pode alegar ignorância de que sua propriedade é resolúvel, nos termos dos artigos 1.359 e 1.360 do Código Civil.

No item B, diante da recusa sem justa causa de Mário em receber o valor do imóvel e o reembolso das despesas, já que a cláusula de retrovenda se opera também em face de terceiros, abre-se a Maria o caminho da consignação em pagamento (art. 335, I, do Código Civil). Dessa forma, Maria deverá ajuizar uma ação de consignação em pagamento, nos termos do art. 890 do Código de Processo Civil, depositando a quantia devida, para poder exercer seu direito de resgate.

Distribuição de pontos

Item	Pontuação
A) Identificação de que o contrato foi celebrado com cláusula de retrovenda, de acordo com o art. 505 do Código Civil, possibilitando que Maria retome o imóvel no prazo estabelecido, desde que pague o preço recebido e reembolse as despesas (0,25) e que o terceiro adquirente do imóvel também estará sujeito à cláusula resolutiva (0,25), nos termos do art. 507 do Código Civil, não podendo alegar ignorância de que a sua propriedade é resolúvel (0,25).	0 / 0,25 / 0,5 / 0,75
b) Maria deverá ajuizar uma ação de consignação em pagamento, nos termos do art. 890 do CPC (0,25), já que a recusa de Mário em receber a quantia ocorreu sem justa causa, conforme dispõe o art. 335, I, do CC. (0,25)	0 / 0,25 / 0,5

(OAB/Exame Unificado – 2010.2 – 2ª fase) Jonas celebrou contrato de locação de imóvel residencial urbano com Vera. Dois anos depois de pactuada a locação, Jonas ingressa com Ação Revisional de Aluguel argumentando que o valor pago nas prestações estaria muito acima do praticado pelo mercado, o que estaria gerando desequilíbrio no contrato de locação. A ação foi proposta sob o rito sumário e o autor não requereu a fixação de aluguel provisório. Foi designada audiência, mas não foi possível o acordo entre as partes. Considere que você é o (a) advogado (a) de Vera. Descreva qual a medida cabível a fim de defender os interesses de Vera após a conciliação infrutífera, apontando o prazo legal para fazê-lo e os argumentos que serão invocados.

RESOLUÇÃO DA QUESTÃO

A medida judicial cabível é a contestação que, tratando-se de procedimento sumário e infrutífera a tentativa de conciliação, deverá ser apresentada na própria audiência, nos termos dos arts. 278 do Código de Processo Civil e 68 da Lei 8.245/91.

Na contestação deverá ser alegada, em preliminar, a carência de ação, porque a Lei de Locações (8.245/91) prevê em seu art. 19 que, não havendo acordo, o locador ou o locatário poderão pedir a revisão judicial do aluguel apenas após 3 (três) anos de vigência do contrato ou acordo, o que não é o caso da questão.

Assim, ausente uma condição específica da ação de revisão de aluguel, será o caso de extinção do processo sem resolução do mérito, nos termos do art. 267, inciso VI, do CPC.

No mérito, e somente em caso de não acolhimento do argumento preliminar, caberia a alegação de que se trata de valor justo e de mercado.

GABARITO COMENTADO - EXAMINADORA

O candidato deve explicar que a medida judicial cabível é a contestação (e não genericamente a resposta) e o prazo para apresentá-la é na própria audiência, após a conciliação infrutífera (Art. 68, I e IV da Lei nº 8.245/91 e Art. 278 do CPC). Quanto aos argumentos mínimos, deverá informar, em preliminar, a carência da ação, tendo em vista que a referida Lei de Locações aduz que as ações que visem à revisão judicial de aluguel somente poderão ser propostas depois de transcorrido o triênio da vigência do contrato (Art. 19 da Lei nº 8.245/91). Por ser uma condição específica da ação, a sua não observância leva à extinção do processo sem resolução do mérito, na forma do Art. 267, inciso VI do CPC.

Estão incorretas respostas que afirmam haver prazo subsidiário para apresentação de contestação, eis que a vontade do legislador foi a de utilizar a sistemática do procedimento sumário, deixando claro que o ato deve ser praticado em audiência. Igualmente equivocada a resposta no sentido de que o juiz deve julgar o pedido improcedente, na medida em que, havendo condição específica para o regular exercício do direito de ação ou condição de procedibilidade, deva ela ser examinada na condição de questão preliminar própria, gerando, como consequência, a extinção do feito. Logo, não foi considerada correta a resposta que adentrou o mérito (valor do aluguel) sem enfrentar a preliminar insuperável.

Item 01 - Contestação na própria audiência - Art. 68, I e IV da Lei nº 8.245/91 e Art. 278 do CPC. Fundamentar e justificar.	0 / 0,25 / 0,5
Item 02 - Carência de ação. 3 anos de vigência do contrato. Falta de condição da ação. Extinção do processo sem resolução de mérito - Art. 267 do CPC. Fundamentar e justificar	0 / 0,25 / 0,5

(OAB/Exame Unificado – 2010.2 – 2ª fase) Em março de 2008, Pedro entrou em uma loja de eletrodomésticos e adquiriu, para uso pessoal, um forno de micro-ondas. Ao ligar o forno pela primeira vez, o aparelho explodiu e causou sérios danos à sua integridade física. Desconhecedor de seus direitos, Pedro demorou mais de dois anos para propor ação de reparação contra a fabricante do produto, o que somente ocorreu em junho de 2010. Em sua sentença, o juiz de primeiro grau acolheu o argumento da fabricante, julgando improcedente a demanda com base no Art. 26 do Código de Defesa do Consumidor, segundo o qual "o direito de reclamar pelos vícios aparentes ou de fácil constatação caduca em: (...) II - noventa dias, tratando-se de fornecimento de serviço e de produtos duráveis." Afirmou, ademais, que o autor não fez prova do defeito técnico do aparelho. Com base nas normas do Código de Defesa do Consumidor, analise os fundamentos da sentença.

CIVIL

RESOLUÇÃO DA QUESTÃO

A sentença foi equivocada. A questão relata a ocorrência de fato do produto e não de vício do produto. O fato do produto é decorrente da existência de defeito, eis que não ofereceu a segurança que se esperava, que é a hipótese da questão.

No caso, o fabricante será responsável pela reparação dos danos causado ao consumidor por defeito decorrente de projeto ou fabricação, conforme disposto no art. 12 do Código de Defesa do Consumidor.

Assim, como se trata de fato do produto, o prazo prescricional será aquele previsto no art. 27 do Código de Defesa do Consumidor, ou seja, de 5 (cinco) anos a partir do conhecimento do dano e de sua autoria.

Por fim, quanto a prova do defeito técnico do aparelho, caberia ao juiz, no caso, por se tratar de relação de consumo, aplicar o disposto no art. 6º, VIII, do Código de Defesa do Consumidor, invertendo o ônus da prova, dada a hipossuficiência do consumidor, determinando que a empresa comprovasse a inexistência do defeito técnico.

Comentários adicionais

Sobre o tema seguem alguns acórdãos do STJ:

RESPONSABILIDADE CIVIL. CONSUMIDOR. FATO DO PRODUTO. TABAGISMO. PRESCRIÇÃO QUINQUENAL. INÍCIO DA CONTAGEM DO PRAZO. CONHECIMENTO DO DANO.

1. A pretensão do autor, apoiada na existência de vícios de segurança, é de informação relativa ao consumo de cigarros - responsabilidade por fato do produto.
2. A ação de responsabilidade por fato do produto prescreve em cinco anos, consoante dispõe o art. 27 do Código de Defesa do Consumidor.
3. O prazo prescricional começa a correr a partir do conhecimento do dano.
4. Recurso especial conhecido e provido.

(REsp 489.895/SP, Rel. Ministro FERNANDO GONÇALVES, SEGUNDA SEÇÃO, julgado em 10/03/2010, DJe 23/04/2010)

Direito Processual Civil. Recurso especial. Ação de indenização por danos morais e materiais. Ocorrência de saques indevidos de numerário depositado em conta poupança. Inversão do ônus da prova.

Art. 6º, VIII, do CDC. Possibilidade. Hipossuficiência técnica reconhecida.

- O art. 6º, VIII, do CDC, com vistas a garantir o pleno exercício do direito de defesa do consumidor, estabelece que a inversão do ônus da prova será deferida quando a alegação por ele apresentada seja verossímil, ou quando constatada a sua hipossuficiência.

- Na hipótese, reconhecida a hipossuficiência técnica do consumidor, em ação que versa sobre a realização de saques não autorizados em contas bancárias, mostra-se imperiosa a inversão do ônus probatório.

- Diante da necessidade de permitir ao recorrido a produção de eventuais provas capazes de ilidir a pretensão indenizatória do consumidor, deverão ser remetidos os autos à instância inicial, a fim de que oportunamente seja prolatada uma nova sentença.

Recurso especial provido para determinar a inversão do ônus da prova na espécie.

(REsp 915.599/SP, Rel. Ministra NANCY ANDRIGHI, TERCEIRA TURMA, julgado em 21/08/2008, DJe 05/09/2008)

GABARITO COMENTADO – EXAMINADORA

O candidato deve esclarecer, inicialmente, que se trata de fato do produto, e não de vício do produto. O prazo aplicável não é, portanto, o do Art. 26 do CDC, mas o do Art. 27, ou seja, cinco anos. O candidato deve, ainda, explorar a questão atinente à responsabilidade civil (Art.

12, caput e parágrafo 3º) e falar do instituto da inversão do ônus da prova em favor do consumidor, nos termos do Art. 6º, inciso VIII do CDC.

Dessa forma, deve ser capaz de identificar e examinar criticamente esses dois fundamentos, e apresentar as razões legais que indicam a incorreção da decisão judicial. Ressalta-se que não basta a simples menção a um ou mais dispositivos do CDC. É necessário demonstrar a sua aplicabilidade, fundamentando analiticamente a resposta.

Distribuição de pontos

Item 01 - Dizer que se trata de fato do produto – Arts. 12, caput e § 3º, e 27 CDC – prazo cinco anos. Fundamentar e justificar.	0 / 0,25 / 0,5
Item 02 - Falar da inversão do ônus da prova – Art. 6, VIII CDC. Fundamentar e justificar.	0 / 0,25 / 0,5

(OAB/Exame Unificado – 2010.1 – 2ª fase) Edson vendeu veículo de sua propriedade a Bruna, estipulando que o pagamento deveria ser feito a Tânia. Trinta dias depois da aquisição, o motor do referido veículo fundiu. Edson, embora conhecesse o vício, não o informou a Bruna e, ainda, vendeu o veículo pelo preço de mercado. Desejando resolver a situação, Bruna, que depende do automóvel para o desenvolvimento de suas atividades comerciais, procurou auxílio de profissional da advocacia, para informar-se a respeito de seus direitos.

Em face dessa situação hipotética, indique, com a devida fundamentação legal, a(s) medida(s) judicial(is) cabível(is) e a(s)pretensão(ões) que pode(m) ser(em) deduzida(s), a parte legítima para figurar no polo passivo da demanda e o prazo para ajuizamento.

RESOLUÇÃO DA QUESTÃO

Vide o gabarito comentado pela organizadora, que traz a resposta completa com os argumentos que o leitor deveria trazer na prova.

Como se trata de caso clássico de vício redibitório, a adquirente do veículo pode rejeitar o produto ou pedir abatimento do preço da coisa.

Da mesma forma, como o alienante era sabedor do vício que maculava o veículo, ele deverá restituir o valor pago e mais perdas e danos ou sujeitar-se à redução do preço.

Como se trata de vício oculto, a compradora tem o prazo de 180 dias, a contar do descobrimento do vício, para o ajuizamento da ação de rescisão ou da ação "quanti minoris" com perdas e danos e lucros cessantes, que deverá ser proposta contra o alienante, e não contra quem recebeu o valor.

Os fundamentos estão nos artigos 441 (ação redibitória), 442 (ação *quanti minoris*) e 445, § 1.º (prazo de 180 dias), todos do Código Civil."

GABARITO COMENTADO - EXAMINADORA

Como se trata de caso clássico de vício redibitório, a adquirente do veículo pode rejeitar o produto ou pedir abatimento do preço da coisa. Da mesma forma, como o alienante era sabedor do vício que maculava o veículo, ele deverá restituir o valor pago e mais perdas e danos ou sujeitar-se à redução do preço. Como se trata de vício oculto, a compradora tem o prazo de 180 dias, a contar do descobrimento do vício, para o ajuizamento da ação de rescisão ou da ação *quanti minoris* com perdas e danos e lucros cessantes, que deverá ser proposta contra o alienante, e não contra quem recebeu o valor.

Os fundamentos estão nos artigos 441 (ação redibitória), 442 (ação *quanti minoris*) e 445, § 1.º (prazo de 180 dias), todos do Código Civil.

Observação para a correção: atribuir pontuação integral às respostas em que esteja expresso o conteúdo do dispositivo legal, ainda que não seja citado, expressamente, o número do artigo.

(OAB/Exame Unificado – 2009.2 – 2ª fase) Marcos emprestou uma casa de praia de sua propriedade a Fábio, seu amigo de infância, para ele passar as férias de verão com a família. As chaves da casa foram entregues a Fábio no início das férias, ficando acertada a restituição do bem imóvel após trinta dias. Escoado o prazo ajustado, Fábio se recusou a devolver o bem sob o argumento de que ele deveria ser reembolsado das despesas feitas com o uso e o gozo da casa, tendo direito de retenção. Marcos tentou amigavelmente a restituição do bem, não tendo obtido êxito. Nessa situação hipotética, que espécie de negócio jurídico foi realizada entre Marcos e Fábio? Justifique sua resposta, indicando a medida judicial cabível para assegurar a pretensão de Marcos e a responsabilidade de Fábio pela mora, conforme as disposições do Código Civil e do Código de Processo Civil.

RESOLUÇÃO DA QUESTÃO

Marcos e Fábio celebraram contrato de comodato, vez que se trata de um empréstimo gratuito de coisa infungível (art. 579 do Código Civil).

Findo o prazo fixado para o empréstimo, Fábio deveria ter devolvido a coisa. As despesas feitas com o uso e o gozo da casa não ensejam direito de retenção em seu favor. Primeiro porque tais despesas são de responsabilidade do próprio comodatário (Fábio), conforme dispõe o art. 584 do Código Civil. Segundo porque o direito de retenção, quando existente, diz respeito às benfeitorias úteis e necessárias feitas na coisa.

No caso, Marcos deverá constituir em mora Fábio, o que poderá ser feito por meio de notificação extrajudicial. Em seguida, deverá ingressar com ação de reintegração de posse, na qual deve-se cumular o pedido reintegratório com o pedido indenizatório, sendo que a indenização consistirá no pagamento de alugueres pelo uso da coisa até sua restituição, em quantia arbitrada pelo comodante (art. 582 do Código Civil).

(OAB/Exame Unificado – 2009.2 – 2ª fase) André constituiu, como mandatário, seu irmão caçula, de 17 anos de idade, a fim de que ele procedesse à venda de um automóvel, tendo o referido mandatário realizado, desacompanhado de assistente, negócio jurídico em nome de André. Em face dessa situação hipotética, discorra acerca da capacidade, como mandatário, do irmão de André, explicando se é válido o negócio jurídico realizado por ele, inclusive, em relação aos direitos de terceiros.

RESOLUÇÃO DA QUESTÃO

O art. 666 do Código Civil estabelece que o maior de dezesseis e menor de dezoito anos, ainda que não emancipado, pode ser mandatário, de modo que a procuração outorgada por André ao seu irmão caçula é valida.

Nesse sentido, e para que o dispositivo legal citado tenha eficácia, há de se considerar válido também o negócio jurídico realizado pelo indivíduo de 17 anos de idade, mesmo feito sem a presença de assistente. Do contrário, de nada valeria a possibilidade de outorgar alguém mandado para a prática de atos da vida civil.

Assim, o mandante (André) deve responder perante terceiros pelos atos praticados pelo mandatário (seu irmão caçula), nos limites dos poderes outorgado, conforme dispõe o art. 679 do Código Civil.

(OAB/Exame Unificado – 2009.1 – 2ª fase) Em contrato de empreitada mista, o dono de uma obra verificou que o preço dos materiais empregados na execução dos serviços sofrera significativa queda no mercado, o que acarretou redução, no valor total da obra, superior a 12% do que fora convencionado pelas partes. Diante disso, pleiteou ao empreiteiro a revisão do preço original, de modo a garantir abatimento correspondente à redução verificada. Em resposta a tal pedido, o empreiteiro argumentou que não seria possível qualquer revisão porque a queda no preço dos materiais resultara de fenômeno sazonal e, portanto, não se apresentava como motivo imprevisível capaz de justificar o requerimento. Inconformado com a resposta, o dono da obra procurou escritório de advocacia para se informar a respeito da possibilidade de pleitear o abatimento pretendido. Nessa situação hipotética, o dono da obra tem garantia legal para pleitear o abatimento pretendido frente ao argumento apresentado pelo empreiteiro? Justifique sua resposta com base no Código Civil.

RESOLUÇÃO DA QUESTÃO

O atual Código Civil positivou em nosso Direito, com caráter de lei geral, a chamada Teoria da Imprevisão.

Os arts. 317 e 478 do Código Civil asseguram a revisão do contrato quando, por motivos ou acontecimentos imprevisíveis sobrevier desproporção manifesta ou excessiva onerosidade na prestação.

Repare que os dispositivos citados trazem dois conceitos indeterminados. O primeiro deles é o de "imprevisibilidade". E o segundo de "desproporção manifesta" ou "excessiva onerosidade".

Essas duas regras se aplicam às obrigações civis e aos contratos, em geral, previstos ou não no Código Civil, desde que não haja lei específica tratando da questão, como é o caso do Código de Defesa do Consumidor (art. 6º, V).

Ocorre que, em matéria de empreitada, o Código Civil traz disposição específica. E essa disposição é bem objetiva, trazendo conceitos determinados. Trata-se do disposto no art. 620 do Código Civil, pelo qual, diminuições no preço do material ou da mão de obra, previstas ou imprevistas (a lei não faz discriminação), desde que superior a um décimo do preço global convencionado (10%), ensejam, a pedido do dono da obra, revisão contratual.

No caso em tela, tratando-se de empreitada mista e de redução do custo superior a 10%, incide o disposto, havendo garantia legal para pleitear revisão contratual com vistas ao abatimento pretendido pelo dono da obra.

(OAB/Exame Unificado – 2008.3 – 2ª fase) Teresa, em 10/11/2008, celebrou com Artur contrato, registrado no cartório competente, no qual ela prometia vender a ele seu veículo, ano 2004, na primeira semana de janeiro de 2009, sem estipulação de direito de retratação. O interesse de Artur em adquirir o veículo deveu-se à quantidade ínfima de quilômetros rodados, cerca de 1.000 por ano. Ficou acertado que Artur pagaria a Teresa o preço constante na tabela FIPE. Entretanto, na data avençada para cumprimento da obrigação, Teresa comunicou a Artur que a promessa de vender o veículo devia-se à sua intenção de adquirir um carro novo, o que ela desistira de fazer, e, por isso, o contrato estaria desfeito. Inconformado com a decisão de Teresa, Artur procurou escritório de advocacia para informar-se acerca de seus direitos. Considerando essa situação hipotética, especifique, com a devida fundamentação, o negócio jurídico celebrado entre Artur e Teresa e indique as providências que podem ser adotadas para cumprimento do contrato.

RESOLUÇÃO DA QUESTÃO

O caso trazido à analise diz respeito ao instituto do contrato preliminar. Nesse sentido, há de se analisar o fundamento trazido por Teresa, a luz do disposto nos arts. 462 a 466 do Código Civil.

A alegação de Teresa no sentido de que só celebrou o negócio porque tinha interesse em adquirir um carro novo, interesse que não teria mais, não procede, pois, como se sabe, todo contrato, mesmo os preliminares, vinculam as partes, que, assim, devem cumpri-los. Mas não é só. A avença fica ainda mais sólida quando há convenção expressa no sentido de que o contrato é irretratável, previsão contida no contrato celebrado entre as partes.

Ademais, o art. 463 do Código Civil é expresso ao dizer que apenas a existência de uma cláusula de arrependimento –, situação que está bem distante dos contornos do caso concreto – pode impedir que qualquer das partes exija a celebração do contrato definitivo, assinando prazo à outra para que o efetive.

Uma vez assinado o prazo para a conclusão do contrato definitivo e esgotado seu período, o interessado (no caso, Artur) poderá pedir ao juiz que supra a vontade da outra parte (no caso, Teresa), conferindo caráter definitivo ao contrato preliminar (art. 464).

O Código de Processo Civil traz previsão da providência que o juiz deve tomar no caso em seu art. 466-B.

(OAB/Exame Unificado – 2008.3 – 2ª fase) Marta, microempresária, utilizou os serviços de uma oficina mecânica para reparar o veículo de sua confeitaria, o qual havia parado de funcionar durante uma entrega de bolos. Entre os fatos que a levaram a escolher aquela oficina, estava a oferta de um veículo da própria oficina para transportar os bolos até seu destino. No curso da viagem, o condutor do veículo oferecido pela oficina, por não ter observado a distância de segurança, colidiu-o contra a traseira de veículo que seguia à sua frente. Marta, então, requereu do dono da oficina a indenização correspondente à destruição dos bolos, cujo valor final apurado correspondeu a R$ 1.500,00. O dono da oficina, contudo, negou-se a indenizar os danos, ao argumento de que, em transporte gratuito, o transportador só responderia em caso de dolo ou culpa grave, situação que não se configurara, dada a culpa leve do motorista. Em face dessa negativa, Marta procurou escritório de advocacia para obter informações a respeito de seus direitos à reparação de danos. Considerando a situação hipotética apresentada, na qualidade de advogado(a) consultado(a) por Marta, discuta o argumento utilizado pelo dono da oficina para eximir-se da responsabilidade e indique, se for o caso, a via judicial adequada e o juízo competente para o encaminhamento do pedido de reparação de danos.

RESOLUÇÃO DA QUESTÃO

O dono da oficina, ao argumentar, encaminhou seu raciocínio utilizando como premissa maior o fato de que, em transporte gratuito, o transportador só responde se tiver agido com culpa grave ou dolo. Em seguida, utilizou como premissa menor o argumento de que o condutor do veículo agiu com culpa leve. E por fim, concluiu no sentido de que não haveria responsabilidade por parte da oficina, empregadora do condutor.

A premissa maior utilizada pelo dono da oficina é verdadeira. Isso porque, em que pese o Código Civil ser ainda mais benéfico àquele que não se beneficia com contratos gratuitos, exigindo dolo de sua parte para que responda civilmente (art. 392 do Código Civil), a jurisprudência conferiu maiores responsabilidades ao transportador, estabelecendo que este, no transporte gratuito, responde não só quando age com dolo, como também quando age com culpa grave (Súmula 145 do Superior Tribunal de Justiça).

Quanto à premissa menor formulada pelo dono da oficina, é falsa. Isso porque, diferente do que este alegou, o transporte dos bolos, no caso, não foi gratuito. Trata-se de verdadeiro transporte oneroso, que se subordina às disposições do contrato de transporte, vez que a oferta de transporte feita pela oficina foi elemento levado em conta para que Marta escolhesse aquela empresa para reparar o veículo de sua confeitaria.

Nesse sentido, o próprio Código Civil é claro ao dispor que "não se considera gratuito o transporte quando, embora feito sem remuneração, o transportador auferir vantagens indiretas" (art. 736, p. único). No caso, o transporte oferecido trouxe diferencial competitivo ao dono da oficina, para que este conseguisse fechar o negócio entre as partes.

Assim, Marta poderá acionar a oficina para que esta a indenize dos prejuízos que experimentou. Considerando o valor e a natureza do direito material envolvidos, bem como fato de o autor tratar-se de microempresa, a ação poderá ser promovida no Juizado Especial Cível (arts. 3º e 8º, § 1º, II, da Lei 9.099/95). Outra possibilidade é intentar ação junto à Vara Cível, que deverá tramitar pelo rito sumário (art. 275 do Código de Processo Civil).

Comentários adicionais.

Súmula 145 do STJ. No transporte desinteressado, de simples cortesia, o transportador só será civilmente responsável por danos causados ao transportado quando incorrer em dolo ou culpa grave.

(OAB/Exame Unificado – 2008.2 – 2ª fase) Rodrigo, colecionador de automóveis antigos, vendeu a seu amigo Felipe um dos veículos de sua coleção, estabelecendo, no entanto, que, no caso de o adquirente pretender vender o bem, este deveria ser primeiramente oferecido ao atual vendedor. Passados dois meses do negócio, Patrícia se interessou pelo automóvel e, desconhecendo quaisquer das condições estabelecidas entre original proprietário e Felipe, adquiriu o bem e pagou o preço ajustado, realizando todos os trâmites administrativos necessários ao registro junto ao órgão de trânsito. Concretizado o negócio, Rodrigo tomou conhecimento da sua existência e, tendo a sua disposição a mesma quantia paga por Patrícia, pretende reaver o bem com base na condição que ajustara com Felipe. Em face dessa situação hipotética, assumindo a posição de advogado(a) procurado(a) por Rodrigo, identifique a natureza do ajuste celebrado entre Rodrigo e Felipe, esclarecendo qual seria o comportamento adequado à preservação dos direitos de seu cliente, conforme as disposições pertinentes do Código de Civil e do Código de Processo Civil.

RESOLUÇÃO DA QUESTÃO

Rodrigo vendeu o automóvel a Felipe e acertou com este direito de preferência na aquisição da coisa, caso o segundo fosse vendê-la no futuro. Assim, firmou-se uma compra e venda de bem móvel, com direito de preferência na aquisição futura do bem.

A posterior venda do automóvel a Patrícia, dois meses depois, sem que o bem tivesse sido oferecido a Rodrigo, viola o direito de preferência instituído em favor deste.

Incide, nesse caso, o disposto no art. 518 do Código Civil, pelo qual o comprador (Felipe) responde por perdas e danos, por ter alienado sem ter dado ao vendedor (Rodrigo) oportunidade de exercer o direito de preferência. A adquirente, Patrícia, não responderá, eis que não sabia da existência desse direito em favor de Rodrigo (segunda parte art. 518 do Código Civil).

Repare que o direito de preferência convencional, regulamentado nos arts. 513 a 520 do Código Civil não confere ao seu titular poderes para perseguir a coisa. Ou seja, trata-se de direito de natureza pessoal, e não de natureza real.

Assim, Rodrigo terá de provar que sofreu prejuízos com o desrespeito a esse direito, para que possa ingressar com a ação indenizatória por perdas e danos. Um exemplo seria o caso de o automóvel ter se valorizado no período e Felipe, mesmo assim, ter vendido o bem por valor inferior ao de mercado, estando Rodrigo com disponibilidade para comprá-lo.

(OAB/Exame Unificado – 2007.3 – 2ª fase) Carlos e Cláudia celebraram, mediante instrumento particular, contrato de promessa de compra e venda de imóvel, obrigando-se o promitente vendedor e a promitente compradora à celebração do contrato definitivo no prazo de 90 dias, após o pagamento da última parcela de preço, que as partes ajustaram em R$ 300.000,00 e que deveria ser pago em três parcelas iguais, mensais e sucessivas. Do instrumento constou cláusula de irretratabilidade e irrevogabilidade. Tendo Cláudia pago todas as parcelas do preço, nos prazos do contrato, Carlos se

CIVIL

recusou a outorgar a escritura definitiva, alegando que o contrato preliminar era nulo, porque celebrado por instrumento particular e, não, por escritura pública, e que, além disso, tinha o direito de se arrepender. Considerando essa situação hipotética, redija, na qualidade de advogado de Cláudia, texto argumentativo acerca dos fundamentos invocados por Carlos para se recusar à celebração do contrato definitivo.

RESOLUÇÃO DA QUESTÃO

O caso trazido à analise diz respeito ao instituto do contrato preliminar. Nesse sentido, há de se analisar os dois fundamentos trazidos por Carlos, a luz do disposto nos arts. 462 a 466 do Código Civil.

Quanto à primeira alegação de Carlos – nulidade por vício de forma –, o Código Civil é expresso no sentido de que o contrato preliminar deve conter os requisitos essenciais do contrato definitivo, salvo quanto à forma (art. 462). Assim, em que pese num contrato definitivo de compra e venda de imóvel no valor de R$ 300 mil ser necessário escritura pública (art. 108 do CC), a forma do contrato preliminar não precisa ser idêntica à do contrato definitivo, de modo que não é nulo o compromisso de compra e venda firmado entre Carlos e Cláudia, por esse aspecto.

Quanto à segunda alegação de Carlos – de que tinha o direito de se arrepender –, também não procede, pois, como se sabe, o contrato vincula as partes, que, assim, devem cumpri-los. A avença fica ainda mais sólida quando há convenção expressa no sentido de que o contrato é irretratável e irrevogável, previsão contida no contrato celebrado entre as partes.

Ademais, o art. 463 do Código Civil é expresso ao dizer que apenas a existência de uma cláusula de arrependimento –, situação que está bem distante dos contornos do caso concreto – pode impedir que qualquer das partes exija a celebração do contrato definitivo, assinando prazo à outra para que o efetive.

Uma vez assinado o prazo mencionado e esgotado seu período, o interessado (no caso, Cláudia) poderá pedir ao juiz que supra a vontade da outra parte (no caso, Carlos), conferindo caráter definitivo ao contrato preliminar (art. 464).

Tudo isso pode acontecer mesmo que o compromisso de compra e venda de imóvel não tenha sido registrado no Registro de Imóveis, vez que o requisito constante do p. único do art. 463 do Código Civil é mero requisito de eficácia perante terceiros, segundo a jurisprudência pacífica do Superior Tribunal de Justiça.

Por fim, vale lembrar que a ação que Cláudia poderá mover em face de Carlos tem o nome de adjudicação compulsória e o Código de Processo Civil traz previsão da providência que o juiz deve tomar no caso em seu art. 466-B.

Comentários adicionais.

Direito civil. Recurso especial. Processo de execução de obrigação de fazer. Compromisso de venda e compra. Anuência em escritura definitiva de venda e compra a ser celebrada com terceiro. Possibilidade jurídica do pedido. Legitimidade ativa ad causam. Direito de arrependimento. Não pactuação. Execução do contrato já iniciada. Compromisso de compra e venda. Registro. Desnecessidade. Ação. Direito real imobiliário. Cônjuge. Citação. Litisconsórcio passivo necessário. Escritura definitiva a ser celebrada por terceiro. Mera aposição de anuência do réu. Desnecessidade de citação do cônjuge. - Celebrado o compromisso de compra e venda, ainda que não registrado, mas sem cláusula de direito de arrependimento e pago o preço dos imóveis pelo promissário-comprador, é cabível a tutela jurisdicional que tenha por escopo a pretensão executiva de suprir, por sentença, a anuência do promitente-vendedor em outorgar a escritura definitiva de compra e venda do imóvel. - Se o promitente-vendedor não prometeu celebrar em seu nome o contrato definitivo de compra e venda, mas tão somente apor anuência em escritura pública a ser outorgada por terceiro, desnecessária é a citação de sua mulher, que menos protegida estaria se citada fosse, hipótese em que poderia responder pelo descumprimento da obrigação de natureza pessoal assumida por seu cônjuge. (REsp 424.543/ES, Rel. Ministra NANCY ANDRIGHI, TERCEIRA TURMA, julgado em 06/03/2003, DJ 31/03/2003 p. 217)

Súmula 239 do STJ. O direito à adjudicação compulsória não se condiciona ao registro do compromisso de compra e venda no cartório de imóveis.

PROMESSA DE COMPRA E VENDA. Escritura definitiva. Adjudicação. Prescrição. Não prescreve o direito de a promissária compradora obter a escritura definitiva do imóvel, direito que só se extingue frente ao de outrem, amparado pelo usucapião. Recurso não conhecido. (REsp 369.206/MG, Rel. Ministro CESAR ASFOR ROCHA, Rel. p/ Acórdão Ministro RUY ROSADO DE AGUIAR, QUARTA TURMA, julgado em 11/03/2003, DJ 30/06/2003 p. 254)

(OAB/Exame Unificado – 2007.1 – 2ª fase) Paulo contratou a locação de um apartamento de propriedade de Carlos. Intervieram como fiadores José e Márcio, todos qualificados no instrumento do respectivo pacto locatício, oportunidade em que renunciaram expressamente ao benefício de ordem na forma da lei civil. No momento, Paulo encontra-se inadimplente com suas obrigações locatícias relativas às três últimas prestações, motivo pelo qual o advogado de Carlos ajuizou demanda judicial abraçando pedidos de despejo e cobrança de aluguéis, proposta apenas em desfavor de José. Na qualidade de advogado contratado por José, forneça, de maneira fundamentada, as seguintes informações.

1. Informe sobre a possibilidade jurídica de se proceder à ampliação subjetiva no polo passivo da relação jurídico-processual instaurada por Carlos.
2. Se for o caso, aponte o instituto processual adequado e a(s) pessoa(s) legitimada(s) para compor(em) tal ampliação, levando-se em consideração as vinculações de ordem legal e contratual.

RESOLUÇÃO DA QUESTÃO

De acordo com o art. 62, I, da Lei 8.245/91, é possível cumular o pedido de despejo com o pedido de cobrança de aluguéis e acessórios da locação. A jurisprudência entende que esse pedido deve ser deduzido em face do locatário e do fiador, caso se deseje, depois, executar os valores devidos em face deste.

O fiador deve ser chamado já na ação de conhecimento, pois, segundo o Superior Tribunal de Justiça, o fiador que não integrou a relação processual na ação de despejo não responde pela execução do julgado.

O locatário também deve estar presente na ação em tela, pois a rescisão da locação e o despejo são pedidos que afetam diretamente sua esfera jurídica.

O fiador, numa situação dessas, deve alegar ser parte ilegítima para sofrer a ação de despejo, requerendo sua extinção, nos termos do art. 267, VI, do Código de Processo Civil.

Com relação, à cobrança de alugueres, os fiadores renunciaram ao benefício de ordem, conforme faculta o art. 828, I, do Código Civil. O benefício de ordem, se existisse no caso concreto, permitiria que o fiador, no momento da penhora de bens na execução, requeresse que fossem excutidos, primeiro, os bens do devedor (art. 827 do Código Civil).

Resta saber o efeito de se estar diante de uma fiança conjunta ou de uma cofiança. Nesse sentido, dispõe o art. 829 do Código Civil que, não estipulado expressamente entre os fiadores o benefício da divisão, haverá solidariedade entre os fiadores.

Nesse sentido, e havendo solidariedade entre José e Márcio, o primeiro, acionado sozinho, poderá se valer do instituto do chamamento ao processo, próprio para os casos de solidariedade, chamamento que também poderá ser fazer em relação a Paulo, o devedor, tudo nos termos do art. 77, II e I, do Código de Processo Civil, respectivamente.

Comentários adicionais.

Súmula 335 STJ. Nos contratos de locação, é válida a cláusula de renúncia à indenização das benfeitorias e ao direito de retenção.

Súmula 268 STJ. O fiador que não integrou a relação processual na ação de despejo não responde pela execução do julgado.

Súmula 214 STJ. O fiador na locação não responde por obrigações resultantes de aditamento ao qual não anuiu.

CIVIL

PROCESSUAL CIVIL E CIVIL. LOCAÇÃO. AÇÃO DE DESPEJO CUMULADA COM COBRANÇA. FIADOR. POSSIBILIDADE. INTELIGÊNCIA DO ARTIGO 62, INCISO I, DA LEI 8.245/91. FIANÇA. INTERPRETAÇÃO RESTRITIVA. PRORROGAÇÃO DO CONTRATO SEM ANUÊNCIA DOS FIADORES. RESPONSABILIDADE. ENTREGA DAS CHAVES. IMPOSSIBILIDADE. SÚMULA 214/STJ. MULTA CONTRATUAL. REDUÇÃO. CÓDIGO DE DEFESA DO CONSUMIDOR. INAPLICABILIDADE. JUROS MORATÓRIOS. REDUÇÃO. IMPOSSIBILIDADE. SÚMULAS 05 E 07/STJ.

– É firme o entendimento deste Tribunal no sentido de que é possível a cumulação das ações de despejo e cobrança formulados em um único processo contra o locatário e fiador, a teor da regra especial prevista no artigo 62, inciso I da Lei do Inquilinato.

– A jurisprudência assentada nesta Corte construiu o pensamento de que, devendo ser o contrato de fiança interpretado restritivamente, não se pode admitir a responsabilização do fiador por encargos locatícios decorrentes de contrato de locação prorrogado sem a sua anuência, ainda que exista cláusula estendendo sua obrigação até a entrega das chaves.

– Consoante iterativos julgados desse Tribunal, as disposições contidas no Código de Defesa do Consumidor não são aplicáveis ao contrato de locação predial urbana, que se regula por legislação própria – Lei 8.245/91, descabendo, na espécie, a redução da multa contratualmente pactuada para 2%.

– Tendo o acórdão vergastado constatado que foram pactuados juros moratórios de 1% ao mês, inviável a redução ao patamar legal, sob alegação de afronta ao art. 1.063 do Código Civil, em razão do óbice contido nas Súmulas 05 e 07 desta Corte.

– Recurso especial parcialmente conhecido e, nesta extensão, provido.

(REsp 432.093/MG, Rel. Ministro VICENTE LEAL, SEXTA TURMA, julgado em 27/08/2002, DJ 16/09/2002 p. 243)

Fiador

AGRAVO REGIMENTAL NO RECURSO ESPECIAL. LOCAÇÃO. FIANÇA. PRORROGAÇÃO LEGAL POR PRAZO INDETERMINADO. OBRIGAÇÃO DO FIADOR ATÉ A EFETIVA ENTREGA DAS CHAVES DO IMÓVEL. "Havendo no contrato locatício cláusula expressa de responsabilidade do garante até a entrega das chaves, o fiador responde pela prorrogação do contrato até a efetiva entrega das chaves do imóvel, a menos que tenha se exonerado na forma do art. 1.500 do Código Civil de 1916 ou do art. 835 do Código Civil vigente, a depender da época da avença" (EREsp 661.344/RS, 3ª Seção, Rel. Min. Arnaldo Esteves Lima, DJe de 20/05/2009).

Agravo regimental desprovido.

(AgRg no REsp 1115868/MG, Rel. Ministro FELIX FISCHER, QUINTA TURMA, julgado em 06/10/2009, DJe 16/11/2009)

LOCAÇÃO. FIANÇA. EXONERAÇÃO. PRORROGAÇÃO CONTRATUAL. ENUNCIADO Nº 214/STJ. INAPLICABILIDADE. 1. Na linha da atual jurisprudência da Terceira Seção desta Corte, não sendo hipótese de aditamento, mas de prorrogação contratual, a que os fiadores comprometeram-se até a entrega das chaves, tem-se como inaplicável o enunciado de nº 214 de nossa Súmula. 2. Agravo regimental a que se nega provimento. (AgRg no Ag 1164633/SP, Rel. Ministro HAROLDO RODRIGUES (DESEMBARGADOR CONVOCADO DO TJ/CE), SEXTA TURMA, julgado em 06/10/2009, DJe 23/11/2009)

LOCAÇÃO. PROCESSO CIVIL. AÇÃO REVISIONAL DE ALUGUEL. NECESSIDADE DE CITAÇÃO DOS FIADORES, A FIM DE QUE ELES POSSAM SER RESPONSABILIZADOS PELOS VALORES ACRESCIDOS. PRECEDENTES DESTA CORTE. 1. É pacífico nesta Casa o entendimento de que é indispensável a citação dos fiadores em ação revisional de aluguel, a fim de que eles possam ser responsabilizados pelos valores que por ela foram acrescidos ao originalmente contratado. 2. Na hipótese vertente, restou consignado nos autos que os fiadores realmente não foram cientificados da propositura da ação revisional de aluguel, razão por que não podem ser parte em execução proposta pelo locador com vistas a exigir os valores acrescidos. 3. Agravo regimental improvido. (AgRg nos EDcl no REsp 421.028/SP, Rel. Ministra MARIA THEREZA DE ASSIS MOURA, SEXTA TURMA, julgado em 15/05/2008, DJe 02/06/2008)

LOCAÇÃO. FIANÇA. BEM DE FAMÍLIA DO FIADOR. PENHORABILIDADE. PRECEDENTES. O Supremo Tribunal Federal, no julgamento do RE 407.688, assentou que "a penhorabilidade do bem de família do fiador do contrato de locação, objeto do art. 3º, inc. VII, da Lei nº 8.009, de 23 de março de 1990, com a redação da Lei nº 8.245, de 15 de outubro de 1991, não ofende o art. 6º da Constituição da República".(AgRg no Ag 705.169/RJ, Rel. Ministra MARIA THEREZA DE ASSIS MOURA, SEXTA TURMA, julgado em 01/09/2009, DJe 21/09/2009)

AGRAVO INTERNO. LOCAÇÃO. FIANÇA. BEM DE FAMÍLIA. PENHORA. POSSIBILIDADE (PRECEDENTES). Este Superior Tribunal de Justiça, na linha do entendimento do Supremo Tribunal Federal, firmou jurisprudência no sentido da possibilidade de se penhorar, em contrato de locação, o bem de família do fiador, ante o que dispõe o art. 3º, VII da Lei 8.009/90. (AgRg no Ag 923.763/RJ, Rel. Ministro CELSO LIMONGI, convocado,SEXTA TURMA, julgado em 02/06/2009, DJe 22/06/2009)

Renovatória

Este eg. Superior Tribunal de Justiça possui entendimento no sentido de que se considera proposta a ação renovatória, nos termos do art. 51, § 5º, da Lei do Inquilinato combinado com o art. 263, do CPC, com o ingresso em juízo do pedido bastando, portanto, protocolizar no foro competente, para afastar a decadência. (AgRg no REsp 866.672/MG, Rel. Ministro GILSON DIPP, QUINTA TURMA, julgado em 19/06/2007, DJ 06/08/2007 p. 670)

CIVIL. LOCAÇÃO COMERCIAL. DISTRIBUIDORA DE DERIVADOS DE PETRÓLEO. SUBLOCAÇÃO TOTAL AO REVENDEDOR VAREJISTA. ILEGITIMIDADE DAQUELA PARA PROPOR AÇÃO RENOVATÓRIA. ART. 51, § 1º, DA LEI 8.245/91. PRECEDENTES. RECURSO ESPECIAL IMPROVIDO. Esta Corte já pacificou o entendimento de que a distribuidora de petróleo, legalmente impedida de comercializar diretamente seus produtos, que subloca totalmente o imóvel ao revendedor varejista, não possui legitimidade para propor ação renovatória da locação, diante do óbice do art. 51, § 1º, da Lei 8.245/91 e da circunstância de que cabe ao sublocatário buscar a proteção ao fundo de comércio, por estar na posse do bem. (REsp 862.818/PR, Rel. Ministra MARIA THEREZA DE ASSIS MOURA, SEXTA TURMA, julgado em 12/06/2007, DJ 25/06/2007 p. 323)

Locação comercial. Ação renovatória. Soma de mais de dois contratos ininterruptos. Prazo da prorrogação. Período referente ao último contrato. 1. Tratando-se de soma de dois ou mais contratos ininterruptos, o prazo a ser fixado na renovatória deve ser o mesmo do último contrato em vigor, observado o limite máximo de cinco anos. 2. No caso, tendo sido o último pacto estabelecido por dois anos, por esse período deve ser prorrogada a locação na renovatória. (REsp 693.729/MG, Rel. Ministro NILSON NAVES, SEXTA TURMA, julgado em 22/08/2006, DJ 23/10/2006 p. 359)

RECURSO ESPECIAL. LOCAÇÃO. RETOMADA DEFERIDA EM RENOVATÓRIA. DESVIO DE USO. INDENIZAÇÃO. POSSIBILIDADE. ART. 52, § 1º, DA LEI 8.245/91. TRANSFERÊNCIA DO FUNDO DE COMÉRCIO JUNTAMENTE COM A LOCAÇÃO. PREQUESTIONAMENTO. AUSÊNCIA. SÚMULAS 282 E 356/STF. REEXAME DE MATÉRIA FÁTICO-PROBATÓRIA. IMPOSSIBILIDADE. SÚMULA 7/STJ. RECURSO ESPECIAL CONHECIDO E IMPROVIDO. 1. É firme a jurisprudência do Superior Tribunal de Justiça no sentido de que, nos termos do art. 52, § 3º, da Lei 8.245/91, é assegurado ao locatário o direito de ressarcimento por eventuais danos causados pelo locador que, utilizando-se indevidamente da prerrogativa legal insculpida no art. 52, II, da Lei do Inquilinato, empregando-a como subterfúgio especulativo, confere ao imóvel destinação diversa daquela declarada na ação renovatória. 2. O art. 52, § 1º, da Lei 8.245/91 não versa sobre hipótese autônoma a autorizar a retomada do imóvel, devendo ser interpretada em consonância com o inciso II do mesmo dispositivo legal. (REsp 594.637/SP, Rel. Ministro ARNALDO ESTEVES LIMA, QUINTA TURMA, julgado em 09/05/2006, DJ 29/05/2006 p. 286)

Revisional

LOCAÇÃO. AÇÃO REVISIONAL DE ALUGUEL. PRAZO PARA SUA A PROPOSITURA. TRIÊNIO PREVISTO NO ART. 19 DA LEI 8.245/91. REALIZAÇÃO DE ACORDO DE MAJORAÇÃO DO ALUGUEL. NOVO VALOR QUE NÃO ALCANÇA O PATAMAR DE MERCADO. OBSERVÂNCIA DO PRAZO. PRECEDENTES. 1. Hipótese em que o locador ajuizou ação revisional dentro de três anos do acordo de majoração de aluguel realizado com o locatário. 2. A orientação predominante nesta Corte é no sentido da impossibilidade de se propor lide revisional nos três anos posteriores a acordo de majoração de aluguel firmado entre locador e locatário, nos termos do art. 19 da Lei 8.245/91, independentemente se o novo valor alcançou ou não o patamar de mercado. (REsp 264.556/RJ, Rel. Ministra MARIA THEREZA DE ASSIS MOURA, SEXTA TURMA, julgado em 22/04/2008, DJe 19/05/2008)

CIVIL. LOCAÇÃO COMERCIAL. AÇÃO REVISIONAL. NOVO ALUGUEL. INCLUSÃO DAS BENFEITORIAS. - Em sede de ação revisional de locação comercial, o novo aluguel deve refletir o valor patrimonial do imóvel locado, inclusive decorrente de benfeitorias nele realizadas pelo locatário, pois estas incorporam-se ao domínio do locador, proprietário do bem. (REsp 201.563/RJ, Rel. Ministro VICENTE LEAL, SEXTA TURMA, julgado em 06/09/2001, DJ 01/10/2001 p. 254)

(OAB/Exame Unificado – 2006.3 – 2ª fase) Manoel firmou um contrato de mútuo com alienação fiduciária, com determinada instituição financeira, para adquirir um veículo automotor que foi dado em garantia do pagamento da dívida. No referido contrato, além da garantia, foi inserida a seguinte cláusula representando um pacto comissório: no caso de inadimplência do devedor, o credor fiduciário poderá retomar o bem e permanecer com ele em seu poder, como forma de satisfação da dívida. Diante da situação acima descrita e a respeito dos contratos de alienação fiduciária em garantia, responda, fundamentadamente, aos seguintes questionamentos.

- ✓ Como se constitui em mora o devedor fiduciário?
- ✓ É válida a estipulação de cláusula contratual que autorize o credor fiduciário a ficar com a coisa alienada em garantia, no caso de inadimplemento contratual do devedor?

CIVIL

RESOLUÇÃO DA QUESTÃO

O contrato celebrado por Manuel é um contrato comum no âmbito do Direito Privado, e está regulamentado no Decreto-lei 911/69, podendo ser considerado contrato típico.

De acordo com esse contrato, a instituição financeira empresta dinheiro a alguém (mutuário), e esta pessoa adquire determinado bem móvel. No mesmo ato, e em garantia ao empréstimo feito, o mutuário transfere ao credor o domínio resolúvel e a posse indireta da coisa.

No caso de inadimplemento do contrato de mútuo, o proprietário pode vender a coisa a terceiros e aplicar o preço da venda no pagamento de seu crédito, entregando ao devedor o saldo apurado, se houver.

O art. 2º, § 2º, do Decreto-lei 911/69 dispõe que a mora decorrerá do simples vencimento do prazo para pagamento e poderá ser comprovada por carta registrada expedida por Cartório ou pelo protesto do título, a critério do credor.

A estipulação de cláusula contratual que autorize o credor a ficar com a coisa não está prevista no art. 2º, caput, do Decreto-lei 911/69, pois este dispositivo determina que o destino da coisa seja a venda, com o objetivo de quitar o crédito que o credor tem e, se o dinheiro apurado for superior ao crédito, devolver o saldo ao devedor.

Aliás, o art. 66, § 6º, da Lei 4.728/65 (alterado pelo Decreto-lei 911/69) é claro ao dispor que é nula a cláusula que autoriza o proprietário fiduciário a ficar com a coisa dada em garantia, se a dívida não for paga no seu vencimento.

Comentários adicionais.

Para resolver a questão é suficiente que o candidato saiba a legislação aplicável, e, antes de começar a escrever, leia todos os dispositivos da lei, marcando aqueles que serão úteis na redação da resposta. De qualquer forma, segue, para conhecimento, acórdãos do STJ, sobre a temática tratada na questão:

"DIREITO CIVIL E PROCESSUAL CIVIL. AGRAVO NO RECURSO ESPECIAL. BUSCA E APREENSÃO. ALIENAÇÃO FIDUCIÁRIA. CARACTERIZAÇÃO DA MORA. PRECEDENTES. COMPROVAÇÃO DA MORA. - A jurisprudência da 2.ª Seção do STJ é pacífica no sentido de que na alienação fiduciária a mora constitui-se ex re, isto é, decorre automaticamente do vencimento do prazo para pagamento. - Na alienação fiduciária, comprova-se a mora do devedor pelo protesto do titulo, se houver, ou pela notificação extrajudicial feita por intermédio do Cartório de Títulos e Documentos. (AgRg no REsp 1041543 / RS, Ministra Nancy Andrighi, julgado em 06/05/2008)

"PROCESSUAL CIVIL. ALIENAÇÃO FIDUCIÁRIA. AÇÃO DE BUSCA E APREENSÃO. CONVERSÃO EM DEPÓSITO. CONSTITUIÇÃO EM MORA. NOTIFICAÇÃO ENTREGUE NO ENDEREÇO DO DEVEDOR. VALIDADE. DECRETO-LEI N. 911, ART. 2º, § 2º. EXEGESE. Válida a notificação para constituição em mora do devedor efetuada em seu domicílio, ainda que não lhe entregue pessoalmente. Precedentes do STJ. (REsp 692.237/MG, Rel. Ministro Aldir Passarinho Junior, DJ de 11/4/2005).

"DIREITO CIVIL E PROCESSUAL CIVIL. RECURSO ESPECIAL. BUSCA E APREENSÃO. ALIENAÇÃO FIDUCIÁRIA. CARACTERIZAÇÃO DA MORA. PRECEDENTES. COMPROVAÇÃO DA MORA. VALIDADE DA NOTIFICAÇÃO. REQUISITO PARA CONCESSÃO DE LIMINAR. - Ainda que haja possibilidade de o réu alegar, na ação de busca e apreensão, a nulidade das cláusulas do contrato garantido com a alienação fiduciária, ou mesmo seja possível rever, de ofício, cláusulas contratuais consideradas abusivas, para anulá-las, com base no art. 51, IV do CDC, a jurisprudência da 2.ª Seção do STJ é pacífica no sentido de que na alienação fiduciária a mora constitui-se ex re, isto é, decorre automaticamente do vencimento do prazo para pagamento, por isso não cabe qualquer inquirição a respeito do montante ou origem da dívida para a aferição da configuração da mora. - Na alienação fiduciária, comprova-se a mora do devedor pelo protesto do titulo, se houver, ou pela notificação extrajudicial feita por intermédio do Cartório de Títulos e Documentos, que é considerada válida se entregue no endereço do domicílio do devedor, ainda que não seja entregue pessoalmente a ele. - A busca e apreensão deve ser concedida liminarmente se comprovada a mora do devedor fiduciante. (REsp 810717/RS, Rel. Ministra NANCY ANDRIGHI, TERCEIRA TURMA, julgado em 17/08/2006, DJ 04/09/2006 p. 270)

(OAB/Exame Unificado – 2006.2 – 2ª fase) Oscar adquiriu de determinada concessionária um veículo novo para uso comercial (táxi). Em razão de defeito de fabricação na mangueira de alimentação de combustível, ocorreu incêndio no veículo. A concessionária efetuou o reparo do veículo com ônus para Oscar, no valor de R$ 5.000,00, alegando que o incêndio decorreu da falta de adequada manutenção do veículo. Oscar, que contava com uma média salarial diária de R$ 150,00, perdeu seu meio de sustento, com consequências negativas na sua esfera moral, visto que, devido ao evento danoso, o veículo permaneceu 10 dias na oficina. Diante da situação hipotética acima apresentada, redija um texto dissertativo acerca da responsabilidade civil, que aborde, necessariamente, a legitimidade passiva pela indenização dos danos causados e identifique quais parcelas são devidas a Oscar. extensão máxima: 30 linhas

RESOLUÇÃO DA QUESTÃO

A responsabilidade civil contratual é tema que encontra mais de uma regulamentação jurídica, a depender do tipo de relação jurídica existente entre ofensor e vítima.

O caso de que trata o presente – responsabilidade civil decorrente de defeito em automóvel adquirido por taxita – traduz-se em situação em que há dúvida sobre se deve aplica o Código Civil – CC ou o Código do Consumidor – CDC, dúvida que deve ser dirimida, para que se possa responder às perguntas sobre quem tem legitimidade passiva para responder pela indenização e quais parcelas são devidas a Oscar.

Considerando que o CDC é lei especial em relação ao CC, caso configurada uma relação de consumo, de rigor a aplicação daquele diploma, em detrimento deste.

Nesse sentido, e considerando não haver dúvida de que se tem um objeto de consumo e um fornecedor, resta saber se há a figura do consumidor no caso presente.

Consumidor, segundo o art. 2º do CDC, "é toda pessoa física ou jurídica que adquire ou utiliza serviço como destinatário final". Para alguns, a expressão destinatário final significa destinatário final fático (teoria maximalista); para outros, destinatário final fático e econômico (teoria finalista); e para uma terceira corrente, destinatário final fático e econômico, aplicando-se, todavia, o CDC quando o adquirente for vulnerável (teoria intermediária).

O taxista, para a teoria finalista, não é consumidor, pois, apesar de ser destinatário fático, não é destinatário econômico, vez que o utiliza o bem adquirido em sua atividade econômica. Essa teoria, todavia, vem sendo espaço para a teoria intermediária, pela qual o CDC também protege simples destinatários finais fáticos, quando essas pessoas, mesmo sendo profissionais, são vulneráveis. Há acórdãos do STJ, inclusive, no sentido de que o taxista merece essa proteção.

Uma vez que se conclui pela aplicabilidade do CDC, e estando claro no enunciado que houve um fato do serviço ou defeito, pois ocorreu incêndio, com risco a segurança, deve-se aplicar o disposto no art. 12 do CDC, pelo qual é legitimado passivo para responder civilmente o fabricante, e não a concessionária.

Quantos às parcelas devidas, considerando o princípio da reparação integral dos danos (art. 6º, VI, do CDC), devem incluir os danos emergentes (prejuízos com o incêndio e com o reparo, este no importe de R$ 5 mil), lucros cessantes (prejuízos com os dias parados, à base de R$ 150,00 por dia) e danos morais, estes com aplicação independente de prova da dor, do sofrimento, sendo necessário provar apenas o fato que gerou esses sentimentos (fatos esses já comprovados), conforme entendimento do Superior Tribunal de Justiça.

Em situações como esse o Superior Tribunal de Justiça vem fixando em R$ 5 mil o valor a título de danos morais.

Comentários adicionais.

Sobre o tema confira os seguintes acórdãos do STJ, sendo que o primeiro deles, deve ser o que inspirou a questão formulada pela CESPE:

CIVIL. PROCESSUAL CIVIL. RECURSO ESPECIAL. DIREITO DO CONSUMIDOR. VEÍCULO COM DEFEITO. RESPONSABILIDADE DO FORNECEDOR. INDENIZAÇÃO. DANOS MORAIS. VALOR INDENIZATÓRIO. REDUÇÃO DO *QUANTUM*. PRECEDENTES DESTA CORTE. 1. Aplicável à hipótese a legislação consumerista. O fato de o recorrido adquirir o veículo para uso comercial - taxi - não afasta a sua condição de hipossuficiente na relação com a empresa-recorrente, ensejando a aplicação das normas protetivas do CDC. 2. Verifica-se, in casu, que se trata de defeito relativo à falha na segurança, de caso em que o produto traz um vício intrínseco que potencializa um acidente de consumo, sujeitando-se o consumidor a um perigo iminente (defeito na mangueira de alimentação de combustível do veículo, propiciando vazamento causador do incêndio). Aplicação da regra do artigo 27 do CDC. 3. O Tribunal a quo, com base no conjunto fático-probatório trazido aos autos, entendeu que o defeito fora publicamente reconhecido pela recorrente, ao proceder ao "recall" com vistas à substituição da mangueira de alimentação do combustível. A pretendida reversão do decisum recorrido demanda reexame de provas analisadas nas instâncias ordinárias. Óbice da Súmula 07/STJ. 4. Esta Corte tem entendimento firmado no sentido de que "quanto ao dano moral, não há que se falar em prova, deve-se, sim, comprovar o fato que gerou a dor, o sofrimento, sentimentos íntimos que o ensejam. Provado o fato, impõe-se a condenação" (Cf..AGA. 356.447-RJ, DJ 11.06.01). 5. Consideradas as peculiaridades do caso em questão e os princípios de moderação e da razoabilidade, o valor fixado pelo Tribunal a quo, a titulo de danos morais, em 100 (cem) salários mínimos, mostra-se excessivo, não se limitando à compensação dos prejuízos advindos do evento danoso, pelo que se impõe a respectiva redução a quantia certa de R$ 5.000,00 (cinco mil reais). 6. Recurso conhecido parcialmente e, nesta parte, provido. (REsp 575.469/RJ, Rel. Ministro JORGE SCARTEZZINI, QUARTA TURMA, julgado em 18/11/2004, DJ 06/12/2004 p. 325)

Não vislumbro a alegada ofensa ao art. 2ª do CDC. O egrégio Tribunal de origem levou em consideração a vulnerabilidade do recorrido na relação jurídica que manteve com a recorrente, empresa multinacional, e a empresa Catalão Veículos Ltda., concessionária e veículos, para considerá-lo consumidor . Colhe-se do voto da ilustrada Juíza Maria Elza, relatora do agravo: 'Desse modo, seja com fundamento na doutrina finalista ou na maximalista, o fato é que o agravante pode e deve ser considerado consumidor, nos termos do art. 2º, da Lei n. 8.078/90. Afinal, o desequilíbrio de forças entre as partes é tão evidente, que somente com a aplicação do Código de Defesa do Consumidor ao caso em tela, diploma legal que assegura à parte débil da relação jurídica uma tutela especial, poderia se restabelecer um equilíbrio e uma igualdade entre as partes' (fl. 212). (...). **O fato de o recorrido adquirir o veículo para transporte de passageiro não afasta a sua condição de hipossuficiente na relação que manteve com as rés**." (REsp nº 502.797/MG, Rel. Ministro RUY ROSADO DE AGUIAR , DJU 10.11.2003)

Confira também trecho da doutrina citada no primeiro acórdão:

"Em face da experiência no direito comparado, a escolha do legislador brasileiro, do critério da destinação final, com o parágrafo único do art. 2º e com uma interpretação teleológica permitindo exceções, parece ser uma escolha sensata. A regra é a exclusão 'ab initio' do profissional da proteção do Código, mas as exceções virão através da ação da jurisprudência, que em virtude da vulnerabilidade do profissional, excluirá o contrato da aplicação das regras normais do Direito Comercial e aplicará as regras protetivas do CDC." (CLÁUDIA LIMA MARQUES, "Contratos no Código de Defesa do Consumidor: o novo regime das relações contratuais", 4ª ed., São Paulo, Ed. Revista dos Tribunais, 2002, pp. 278/280)

(OAB/Exame Unificado – 2006.1 – 2ª fase) Saulo ajuizou ação de reintegração de posse contra Sandra, com o objetivo de retomar imóvel residencial de sua propriedade que foi cedido à requerida mediante contrato de comodato verbal por tempo indeterminado. Aduz o autor que tentou reaver amigavelmente o imóvel e não logrou êxito, o que o obrigou a notificar a ré para que desocupasse o imóvel de sua propriedade no prazo de 30 dias. Ante a não desocupação, caracterizado o esbulho possessório, pediu judicialmente a sua reintegração. O juiz extinguiu o processo sem julgamento do mérito, indeferindo a petição inicial por inepta, por impossibilidade jurídica do pedido, ao entendimento de que o contrato de comodato verbal por prazo indeterminado deve se estender pelo tempo necessário ao seu uso concedido, e condenando o autor ao pagamento das custas processuais e honorários advocatícios fixados em 20% sobre o valor da causa. Considerando a situação hipotética apresentada, elabore um texto argumentativo acerca da decisão do juiz, abordando, necessariamente, os seguintes aspectos:

- ✓ possibilidade da reintegração de posse do imóvel concedido em comodato verbal por prazo indeterminado;
- ✓ fixação de honorários advocatícios na sentença que extingue o processo sem julgamento do mérito.

RESOLUÇÃO DA QUESTÃO

Em relação ao contrato de comodato, deve-se distinguir três hipóteses. A primeira diz respeito ao comodato com prazo certo para acabar; a segunda, ao comodato sem prazo certo, mas para um determinado uso; e a terceira, ao comodato sem especificação de prazo e de uso.

Nas duas primeiras hipóteses não pode o comodante retomar a coisa antes do prazo convencionado ou do prazo necessário para o uso concedido, salvo necessidade imprevista e urgente, reconhecida pelo juiz (art. 581 do Código Civil).

Na terceira hipótese, remanesce a regra de que os contratos por prazo indeterminados podem ser denunciados a qualquer tempo pela parte interessada.

Assim, no caso em tela, está correto o procedimento de Saulo de notificar Sandra, para que esta desocupasse o imóvel em 30 dias, seguindo-se a propositura de ação de reintegração de posse.

O indeferimento da petição inicial, nesse sentido, é indevido. Primeiro porque, no mérito, Saulo tem razão. Segundo porque a retomada de um imóvel por meio de reintegração de posse não é um pedido juridicamente impossível. A questão é de mérito, e não de condição de ação. E, no mérito, como se viu, Saulo também tem razão.

De qualquer forma, o indeferimento da petição inicial por inépcia não ensejava honorários advocatícios, eis que estes só são devidos se a outra parte for citada, o que não ocorreu no caso.

No entanto, citada a outra parte, a extinção do processo, ainda que sem apreciação de mérito, enseja fixação de honorários advocatícios.

Comentários adicionais.

CIVIL. AÇÃO DE REINTEGRAÇÃO DE POSSE. COMODATO VERBAL. PEDIDO DE DESOCUPAÇÃO. NOTIFICAÇÃO. SUFICIÊNCIA. CC ANTERIOR, ART. 1.250. DISSÍDIO JURISPRUDENCIAL COMPROVADO. PROCEDÊNCIA. I. Dado em comodato o imóvel, mediante contrato verbal, onde, evidentemente, não há prazo assinalado, bastante à desocupação a notificação ao comodatário da pretensão do comodante, não se lhe exigindo prova de necessidade imprevista e urgente do bem. II. Pedido de perdas e danos indeferido. (REsp 605.137/PR, Rel. Ministro ALDIR PASSARINHO JUNIOR, QUARTA TURMA, julgado em 18/05/2004, DJ 23/08/2004 p. 251)

1. CIVIL. COMODATO POR PRAZO INDETERMINADO. RETOMADA DO IMÓVEL. Se o comodato não tiver prazo convencional, presumir-se-lhe-á o necessário para o uso concedido, salvo necessidade imprevista e urgente do comodante (CC, art. 1.250). 2. PROCESSO CIVIL. REINTEGRAÇÃO DE POSSE. MEDIDA LIMINAR. A só notificação do comodatário de que já não interessa ao comodante o empréstimo do imóvel é insuficiente para que o juiz determine a imediata reintegração de posse; ainda que deferida a medida liminar, deve ser assegurado o prazo necessário ao uso concedido sem perder de vista o interesse do comodante, para não desestimular a benemerência. (REsp 571.453/MG, Rel. Ministro ARI PARGENDLER, TERCEIRA TURMA, julgado em 06/04/2006, DJ 29/05/2006 p. 230)

(OAB/Exame Unificado – 2004 – 2ª fase) Sérgio adquiriu de Wilson um veículo usado e regularizou a transferência do bem no DETRAN local. Posteriormente, o veículo foi apreendido por autoridade policial, sob o argumento de que era objeto de furto. Constatou-se que, no número de identificação veicular do chassi, havia uma adulteração quase imperceptível. Em face da situação hipotética relatada, redija texto dissertativo que contemple a análise da possibilidade de haver ocorrido evicção. Se for este o caso, identifique o responsável pela indenização a ser paga a Sérgio.

RESOLUÇÃO DA QUESTÃO

De acordo com o atual Código Civil (arts. 447 a 457) a evicção ocorre quando, em contratos onerosos, o adquirente perde a coisa por tê-la adquirido de quem não tem direito sobre ela, pouco importando se tal perda se deu por sentença judicial ou por decisão administrativa.

Essa última característica não havia no Código Civil anterior, pelo qual a evicção só se configurava pela perda da coisa em virtude de sentença judicial.

Segundo o art. 447 do Código Civil, quem responde pela evicção é o alienante. Assim, Sérgio deverá acionar Wilson.

Comentários adicionais.

Sobre a evicção confira dois entendimentos importante do STJ:

1. Segundo precedentes da 2ª Turma deste Egrégio Superior Tribunal de Justiça, sobre o tema aquisição veículos importados ilegalmente com consequente pena de perdimento pela Receita Federal, firmou-se o entendimento de que o adquirente, uma vez não se cercando das cautelas de praxe no momento da compra entre particulares, assume o risco pela irregular importação e tem, em razão disso, a boa-fé afastada. (REsp n. 436.342/SC, rel. Ministra Eliana Calmon; REsp n. 587.615-RS, rel. Min. João Otávio de Noronha). 2. Todavia, se reveste de boa-fé o adquirente de veículo importado que ignorando a litigiosidade do bem, vez que os documentos públicos nada registravam, paga preço de mercado ante a omissão do vendedor no momento do negócio jurídico. 3. O direito de demandar pela evicção não supõe, necessariamente, a perda da coisa por sentença judicial. A autoridade administrativa aduaneira, que decretou o perdimento do bem, em razão da ilegal circulação de veículo importado no país, equipara-se a autoridade policial para fins do exercício da evicção, porquanto exerce o mesmo poder de apreensão. 4. Recurso especial conhecido em parte, e nessa extensão, não provido." (STJ, REsp 1047882/RJ, Rel. Ministro HONILDO AMARAL DE MELLO CASTRO, convocado, 4ª T., julgado em 03/11/2009, DJe 30/11/2009)

Direito civil e processual civil. Recurso especial. Compra e venda de imóvel rural. Evicção. Ação de indenização por perdas e danos. Denunciação da lide. Ausência de obrigatoriedade. Natureza da venda. Reexame de fatos e provas. Interpretação de cláusulas contratuais. Embargos de declaração. Ausência de omissão, contradição ou obscuridade. Juros moratórios. Sucumbência recíproca.

- Para que possa exercitar o direito de ser indenizado, em ação própria, pelos efeitos decorrentes da evicção, não há obrigatoriedade de o evicto promover a denunciação da lide em relação ao antigo alienante do imóvel na ação em que terceiro reivindica a coisa. Precedentes. (REsp 880.698/DF, Rel. Ministra NANCY ANDRIGHI, TERCEIRA TURMA, julgado em 10/04/2007, DJ 23/04/2007 p. 268)

4. RESPONSABILIDADE CIVIL

(OAB/Exame Unificado – 2013.3 – 2ª fase) Martha foi convidada para participar, como palestrante, de um Congresso que ocorreria no Uruguai. Após confirmar a sua participação no evento, Martha decide comprar suas passagens pela Internet no site de uma famosa companhia aérea. Como não possuía voo direto que a levasse de Goiás para o Uruguai, Martha adquire um voo com escala em São Paulo. No dia da viagem, ao chegar a São Paulo, lugar onde teria que fazer a troca de aeronave, a passageira é informada a respeito do cancelamento de seu voo para o Uruguai.

Preocupada, Martha indaga se seria possível realocá-la em outra aeronave, mas recebe a notícia de que somente decolariam novos voos para o Uruguai no dia seguinte, ou seja, após o evento do qual participaria. Inconformada com a perda do Congresso, Martha propõe uma ação no juizado especial cível de seu domicílio, postulando a reparação por danos morais e materiais em face da sociedade empresária. Em sede de contestação, a referida sociedade empresária alega não possuir culpa, não havendo, portanto, responsabilidade.

Com base no exposto, responda, fundamentadamente, aos itens a seguir.

A) O argumento utilizado pela sociedade empresária em sede de contestação está correto? (Valor: 0,65)

B) Suponha que Martha, ciente da data da audiência de instrução e julgamento, não compareça e não comprove que a sua ausência decorreu por motivo de força maior. Nesse caso, qual atitude deve ser tomada pelo juiz? (Valor: 0,60)

GABARITO COMENTADO – EXAMINADORA

A) O argumento utilizado pela empresa não está correto. Preliminarmente, o candidato deve identificar que, no caso em tela, a responsabilidade é objetiva. Para fundamentar tal afirmação deverá informar que a questão versa sobre hipótese a ser guiada pelo Código de Defesa do Consumidor. O referido diploma, em seu Art. 14, estabelece que o fornecedor de serviços responde, independentemente da existência de culpa, pela reparação dos danos causados aos consumidores por defeitos relativos à prestação dos serviços, bem como por informações insuficientes ou inadequadas sobre sua fruição e riscos. O dever de informação consta também do Inciso III do Art. 6º, do CDC. Alternativamente, poderá indicar como fundamento o tratamento que o Código Civil confere ao contrato de transporte (Art. 734 e seguintes).

B) Deverá haver extinção do processo sem resolução do mérito, consoante estabelece o Art. 51, inciso I da Lei n. 9.099/95. Ademais, considerando que a ausência da autora não foi justificada, deverá haver pagamento de custas por parte desta, consoante § 2º do Art. 51 do mesmo diploma legal.

Distribuição dos Pontos

ITEM	PONTUAÇÃO
A. O argumento usado não está correto. O candidato deve identificar que o caso em tela a responsabilidade é objetiva (0,45), indicando como fundamento o disposto no Art. 14 do CDC, o Art. 734 e seguintes do CC (0,20). **Obs.**: *a simples indicação do dispositivo legal não pontua.*	0,00– 0,45 – 0,65
B. Extinção do processo sem resolução do mérito conforme Art. 51 da Lei n. 9.099/95 (0,40). Deve haver pagamento de custas pela autora, consoante § 2º do Art. 51 da Lei n. 9.099/95 (0,20).	0,00 – 0,20 – 0,40 – 0,60

(OAB/Exame Unificado – 2013.2 – 2ª fase) Dr. João, médico clínico geral, atende em seu consultório há vinte anos, sem ter constituído qualquer empresa, atuando, portanto, como profissional liberal.

Levando-se em conta a responsabilização civil dos profissionais liberais, responda, de forma justificada, aos itens a seguir.

A) A relação de Dr. João com seus pacientes ostenta a natureza jurídica de relação de consumo? (Valor: 0,65)

B) Neste caso, a responsabilidade civil do Dr. João deve ser subjetiva ou objetiva? (Valor: 0,25)

C) Em eventual demanda envolvendo Dr. João e um paciente seu, poderia ser aplicada a inversão do ônus da prova fundada na teoria da carga dinâmica da prova? (Valor: 0,35)

GABARITO COMENTADO – EXAMINADORA

A) O examinando deve responder positivamente à indagação. Pode ser tida como relação de consumo, pois Dr. João é uma pessoa física que presta serviços médicos, enquadrando-se no conceito de fornecedor do Art. 3º, da Lei n. 8.078/90 (CDC), e os seus pacientes são destinatários finais dos serviços prestados por Dr. João, ostentando a natureza jurídica de consumidores, nos termos do Art. 2º, da Lei n. 8.078/90 (CDC).

B) O examinando deve destacar que apesar de se tratar de relação de consumo, o próprio Art. 14, § 4º, da Lei n. 8.078/90 (CDC) estabelece que a responsabilização civil dos profissionais liberais é subjetiva, ou seja, impõe a comprovação do elemento culpa.

C) O examinando deve responder positivamente à indagação, desde que presentes os requisitos legais estabelecidos no Art. 6º, VIII, da Lei n. 8.078/90 (CDC), já que se trata de relação de consumo e este é um direito básico do consumidor que não pode ser afastado pela responsabilidade subjetiva dos profissionais liberais previstas no Art. 14, § 4º, do CDC.

CIVIL

(OAB/Exame Unificado – 2013.1 – 2ª fase) Joaquim estava irresignado porque não encontrava mais seu vinho favorito à venda. Conversando com Manuel, dono de um estabelecimento comercial perto de sua residência, o mesmo lhe informou que aquele vinho não era mais entregue pelo fornecedor, mas que vendia outro muito bom, melhor que o apreciado por Joaquim. O vinho não possuía qualquer informação no rótulo além de seu nome, mas, Joaquim resolveu comprá-lo diante dos elogios feitos por Manuel.

Chegando à sua residência, ao tentar abrir a bebida, o vidro se estilhaça e atinge o olho de Joaquim, causando-lhe uma lesão irreparável na córnea.

Joaquim tenta, então, conversar com Manuel sobre o ocorrido, mas o mesmo afirma que não possui qualquer responsabilidade. Ajuíza, então, ação em face de Manuel, pleiteando reparação por danos materiais.

Oferecida a defesa, Manuel alega que não possui qualquer responsabilidade e que não seria parte legítima, por ser apenas o vendedor do produto.

A respeito desta hipótese, responda, fundamentadamente:

A) Merecem prosperar as alegações de Manuel? (valor: 0,75)

B) Se Joaquim falecesse no curso do processo, como os herdeiros poderiam pleitear inclusão na relação processual? (Valor: 0,50)

A simples menção ou transcrição do dispositivo legal não pontua.

GABARITO COMENTADO – EXAMINADORA

A) O examinando deve identificar que se trata de fato, e não de vício, do produto, pelo mesmo apresentar um risco não esperado, e, não havendo informação sobre o produtor da bebida, Manuel, como comerciante será o responsável, nos termos do Art. 12, § 1º, II, c/c Art. 13, I ou II, ambos do Código de Defesa do Consumidor, podendo ser responsabilizado civilmente pelo ocorrido.

B) O examinando deve identificar que, no caso de falecimento de Joaquim, para pleitearem o recebimento da quantia, os herdeiros deverão prosseguir no feito, requerendo a habilitação incidental nos próprios autos da ação reparatória em face de Manuel. Para isso, deverão juntar aos autos a prova do óbito de Joaquim e da qualidade de herdeiro, nos termos do artigo 1.060 do CPC.

Distribuição dos Pontos

Quesito Avaliado	Valores
A) Não, nos termos do Art. 12, § 1º, II (0,35) c / c Art. 13, I ou II, ambos do Código de Defesa do Consumidor (0,40). Obs: A mera citação de artigo não pontua.	0,00 / 0,35 / 0,40 / 0,75
B) Identificação de que o procedimento é o de habilitação (0,20),nos termos do Art. 1.060 do CPC (0,10), mediante prova do óbito (0,10) e da qualidade de herdeiro (0,10). Obs: A mera citação de artigo não pontua.	0,00 / 0,10 / 0,20 / 0,30 / 0,40 / 0,50

(OAB/Exame Unificado – 2012.2 – 2ª fase) Marcelo, brasileiro, casado, advogado, residente e domiciliado na cidade do Rio de Janeiro/RJ, adquiriu um veículo zero quilômetro em 2005. Exatos seis anos depois da aquisição do referido automóvel, quando viajava com sua família em Natal/RN, o motor do carro explodiu, o que gerou um grave acidente, com sérias consequências para Marcelo e sua família bem como para dois pedestres que estavam no acostamento da rodovia. Apesar de ter seguido à risca o plano de revisão sugerido pela montadora do veículo, com sede em São Paulo/SP, um exame pericial no carro de Marcelo constatou claramente que o motor apresentava um sério defeito de fabricação que provocou o desgaste prematuro de determinadas peças e, consequentemente, a explosão.

A respeito desta hipótese, responda, fundamentadamente:

A) Em relação aos danos sofridos por Marcelo e seus familiares, em que (ais) dispositivo (s) do Código de Defesa do Consumidor você enquadraria a responsabilidade do fabricante do veículo? (Valor: 0,35)

B) O fabricante pode, com êxito, alegar ter se escoado o prazo prescricional? (Valor: 0,30)

C) Os terceiros lesados (dois pedestres) pelo acidente provocado pela explosão podem se valer das normas constantes do Código de Defesa do Consumidor para pleitear eventual recomposição pelos danos sofridos? (Valor: 0,30)

D) Marcelo poderia propor a ação de responsabilidade civil da empresa fabricante na cidade do Rio de Janeiro? E na cidade de São Paulo? (Valor: 0,30)

GABARITO COMENTADO – EXAMINADORA

A) A hipótese trata da responsabilidade pelo fato do produto, prevista no art. 12 e seguintes do Código de Defesa do Consumidor, Lei n. 8.078/90. O produto é defeituoso quando não oferece a segurança que dele legitimamente se espera (art. 12, § 1º, do CDC), colocando em risco a integridade dos consumidores.

B) O prazo prescricional previsto para o pedido indenizatório no caso de fato do produto é de 5 (cinco) anos contados a partir do conhecimento do dano e de sua autoria (art. 27 do CDC). Assim é que, mesmo depois de 6 (seis) anos, Marcelo ainda conta com prazo para manejar ação de recomposição pelos danos sofridos.

C) No caso da responsabilidade pelo fato do produto, equiparam-se aos consumidores todas as vítimas do evento lesivo (art. 17 do CDC), pelo que os pedestres podem se valer do CDC para fundamentar as suas demandas compensatórias.

D) O art. 101, I, do CDC, traz o benefício, para o consumidor de acionar o fornecedor no domicílio do autor, no caso na cidade do Rio de Janeiro/RJ. Mas esta é uma prerrogativa, da qual o consumidor pode abrir mão se quiser, podendo, também, propor a ação em São Paulo/SP, local da sede da empresa ré.

Distribuição dos Pontos

Quesito Avaliado	Valores
Identificação da responsabilidade pelo fato do produto [art. 12, *caput*, e § 1º do CDC]	0,00 / 0,35
Identificação do não escoamento do prazo prescricional [art. 27 do CDC]	0,00 / 0,30
Identificação dos consumidores por equiparação no caso dos pedestres [art. 17 do CDC]	0,00 / 0,30
Identificação da possibilidade de propositura da ação na cidade do Rio de Janeiro / RJ (0,15) e São Paulo / SP [art.101, I, do CDC) (0,15). OBS.: A mera citação do dispositivo legal não pontua.	0,00 / 0,15 / 0,30

(OAB/Exame Unificado – 2011.1 – 2ª fase) A arquiteta Veronise comprou um espremedor de frutas da marca Bom Suco no dia 5 de janeiro de 2011. Quarenta dias após Veronise iniciar sua utilização, o produto quebrou. Veronise procurou uma autorizada e foi informada de que o aparelho era fabricado na China e não havia peças de reposição no mercado. No mesmo dia, ela ligou para o Serviço de Atendimento ao Consumidor (SAC) da empresa. A orientação foi completamente diferente: o produto deveria ser levado para o conserto. Passados 30 dias da ocasião em que o espremedor foi encaminhado à autorizada, o fabricante informou que ainda não havia recebido a peça para realizar o conserto, mas que ela chegaria em três dias. Como o problema persistiu, o fabricante determinou que a consumidora recebesse um espremedor novo do mesmo modelo.

Diante da situação apresentada, responda aos itens a seguir, empregando os argumentos jurídicos apropriados e a fundamentação legal pertinente ao caso.

a) O caso narrado caracteriza a ocorrência de qual instituto jurídico, no que se refere ao defeito apresentado pelo espremedor de frutas? (Valor: 0,5)

b) Como advogado (a) de Veronise, analise a conduta do fornecedor, indicando se procedeu de maneira correta ao deixar de realizar o reparo por falta de peça e determinar a substituição do produto por um novo espremedor de frutas. (Valor: 0,75)

RESOLUÇÃO DA QUESTÃO

a) A hipótese narrada é de vício do produto, previsto no art. 18 do CDC:

"Os fornecedores de produtos de consumo duráveis ou não duráveis respondem solidariamente pelos vícios de qualidade ou quantidade que os tornem impróprios ou inadequados ao consumo a que se destinam ou lhes diminuam o valor, assim como por aqueles decorrentes da disparidade, com a indicações constantes do recipiente, da embalagem, rotulagem ou mensagem publicitária, respeitadas as variações decorrentes de sua natureza, podendo o consumidor exigir a substituição das partes viciadas."

O produto quebrado o torna "impróprio para o consumo".

b) Nos termos do art. 18, §, 1º, do CDC, caso o produto não seja consertado em 30 dias (hipótese do problema), cabe ao consumidor escolher uma dentre as três possibilidades:

"I - a substituição do produto por outro da mesma espécie, em perfeitas condições de uso;

II - a restituição imediata da quantia paga, monetariamente atualizada, sem prejuízo de eventuais perdas e danos;

III - o abatimento proporcional do preço."

Portanto, a escolha de uma dessas possibilidades caberia ao consumidor e não ao fornecedor.

Por fim, vale lembrar que o art. 32 do CDC aponta ser dever do fornecedor "assegurar a oferta de componentes e peças de reposição enquanto não cessar a fabricação ou importação do produto".

GABARITO COMENTADO - EXAMINADORA

No primeiro tópico, o examinando deve informar a ocorrência de vício do produto, instituto caracterizado no artigo 18, *caput*, da Lei 8078/90. Deve explicitar que o defeito contido no espremedor de sucos o torna inadequado ao consumo a que se destina, o que caracteriza seu vício de qualidade, não se podendo falar em fato no produto, *in casu*.

No segundo tópico, o candidato deve explicitar que há, por parte do fabricante, obrigatoriedade de manter peças de reposição no mercado (art. 32 do CDC), mas no caso em tela, como se passaram mais de 30 dias que o produto foi para conserto, cabe ao consumidor decidir se quer a troca do produto, abatimento no preço ou devolução do dinheiro, nos termos do art. 18, §§ 1º e 3º, Lei 8078/90, razão pela qual se pode afirmar que procedeu equivocadamente o fornecedor ao determinar, sem previamente consultar a consumidora, a substituição do produto.

Item Pontuação

ITEM	PONTUAÇÃO
Vício do produto (0,25). Art. 18, *caput*, da Lei 8.078/90 (0,25).	0 / 0,25 / 0,5
Necessidade de manter peças de reposição no mercado (0,2) (art. 32, CDC) (0,2).	0 / 0,2 / 0,4
É escolha do consumidor trocar o produto, obter abatimento ou devolução do dinheiro por não ter sido o vício sanado em até 30 dias (0,2) (art. 18, § 1º, CDC) (0,15)	0 / 0,15 / 0,2 / 0,35

(OAB/Exame Unificado – 2010.1 – 2ª fase) Sueli, pessoa solteira e sem filhos, adquiriu, mediante financiamento, móveis em uma grande loja de departamentos. Paga em dia a última parcela do financiamento, Sueli faleceu, vítima de acidente automobilístico. Seu pai, Lúcio, viúvo, passou a receber cobrança da referida loja contra Sueli. Sabedor da retidão do caráter da filha, Lúcio procurou e achou os comprovantes de pagamento e quitação da dívida e os levou até a loja. Contudo, tempos depois, recebeu a comunicação de que o nome de Sueli havia sido indevidamente negativado.

Em face dessa situação hipotética, indique, de forma fundamentada, a providência judicial que deverá ser tomada para a compensação do prejuízo sofrido, assim como a legitimação para tanto.

RESOLUÇÃO DA QUESTÃO

A providência judicial a ser tomada é a propositura de ação de indenização por danos morais cumulada com obrigação de fazer para a retirada do nome de Sueli do cadastro dos inadimplentes, com pedido de tutela antecipada ante a presença de dano irreparável ou de difícil reparação.

A ação deverá ser proposta pelo pai, que, nos termos do art. 20, parágrafo único, do Código Civil, possui legitimidade para requerer a proteção de seu descendente morto, pleiteando indenização em razão de ato ilícito que atingiu a honra da falecida.

No caso, é entendimento pacífico que a indevida inclusão de nome de pessoa no rol dos inadimplentes dá causa à reparação por dano moral. Assim, tendo legitimidade para tanto, o pai de Sueli poderá requerer a indenização como acima exposto.

Comentários adicionais

Sobre o tema o seguinte julgado:

AÇÃO DE INDENIZAÇÃO. DANOS MORAIS. INSCRIÇÃO DE FALECIDO NOS ÓRGÃOS DE PROTEÇÃO AO CRÉDITO. FINALIDADE DA INSCRIÇÃO. VALOR. OBSERVÂNCIA AOS PRINCÍPIOS DA PROPORCIONALIDADE E DA RAZOABILIDADE.

1.O FILHO DO CONSUMIDOR FALECIDO, NA FORMA DO ART. 12 DO CÓDIGO CIVIL, TEM LEGITIMIDADE PARA BUSCAR INDENIZAÇÃO POR PERDAS E DANOS EM NOME PRÓPRIO.

2.A VÍTIMA DE UM FATO DANOSO EXPERIMENTA PREJUÍZO MORAL QUE PODE ATINGIR, DE FORMA REFLEXA, OUTROS DE SEU CONVÍVIO QUE SOFREM OS EFEITOS DO DANO, AMARGANDO PREJUÍZOS NA CONDIÇÃO DE PREJUDICADOS INDIRETOS.

3.O CADASTRO DE INADIMPLENTES VISA FORNECER SUBSÍDIOS PARA QUE OS INTERESSADOS SE ACAUTELEM EM RELAÇÃO A DEVEDORES INADIMPLENTES. AUSENTE A FINALIDADE, A RESTRIÇÃO CAUSA DANOS MORAIS NÃO SÓ À MEMÓRIA DO FALECIDO, MAS TAMBÉM À DOS FAMILIARES QUE, DE ALGUMA FORMA, SUPORTAM COM ABALO MORAL E PSICOLÓGICO.

4.A INSCRIÇÃO INDEVIDA DO NOME DO CONSUMIDOR EM CADASTRO DE DEVEDORES INADIMPLENTES GERA, POR SI SÓ, INDENIZAÇÃO POR DANOS MORAIS. NÃO É PRECISO COMPROVAR O DANO UMA VEZ QUE A MERA INCLUSÃO CONFIGURA DANO À IMAGEM, PASSÍVEL DE SER INDENIZADO.

5.O VALOR DA INDENIZAÇÃO DEVE SER FIXADO CONSIDERANDO-SE A LESÃO SOFRIDA, A CONDIÇÃO FINANCEIRA DO RÉU E O CARÁTER PEDAGÓGICO E PUNITIVO DA MEDIDA, PONDERANDO-SE PELA PROPORCIONALIDADE E RAZOABILIDADE, EVITANDO-SE O ENRIQUECIMENTO SEM CAUSA DO AUTOR.

6.RECURSO CONHECIDO E PROVIDO. (Tribunal de Justiça do Distrito Federal, Relator Asiel Henrique, 1ª Turma, j. 05/08/2009).

GABARITO COMENTADO - EXAMINADORA

O pai da falecida poderá ingressar com ação de indenização por danos morais c/c com obrigação de fazer para a retirada do nome da filha do cadastro de inadimplentes, com pedido de antecipação de tutela contra a referida loja, haja vista estar sendo atingido o bom nome da família. Tal ação deve ser ajuizada pelo pai, em nome próprio, e não em nome da falecida, de acordo com o parágrafo único do art. 20 do Código Civil:

CIVIL

"Salvo se autorizadas, ou se necessárias à administração da justiça ou à manutenção da ordem pública, a divulgação de escritos, a transmissão da palavra, ou a publicação, a exposição ou a utilização da imagem de uma pessoa poderão ser proibidas, a seu requerimento e sem prejuízo da indenização que couber, se lhe atingirem a honra, a boa fama ou a respeitabilidade, ou se se destinarem a fins comerciais.Parágrafo único. Em se tratando de morto ou de ausente, são partes legítimas para requerer essa proteção o cônjuge, os ascendentes ou os descendentes."

Eis o entendimento da doutrina: "Mas, a se admitir uma eventual reparação do dano moral, consequente do atentado à memória dos mortos, a legitimação do exercício da ação reparatória reconhecida em favor daqueles legitimados para a iniciativa da ação penal privada, não seria decorrência de um direito hereditário, já que morto o ofendido cuja memória é maculada, não haveria sucessão possível em um pretenso direito nascido posteriormente à abertura da sucessão; seria, assim, uma ação de indenização fundada em direito próprio, no que são igualmente molestados, ainda que de maneira indireta,os sentimentos de dor e estima de seus familiares, pelas ofensas desrespeitosas à memória do ente querido" (Yussef Said Cahali. Dano moral. São Paulo: Editora Revista dos Tribunais, 2 ed., pág. 700).

Observação para a correção: atribuir pontuação integral às respostas em que esteja expresso o conteúdo do dispositivo legal, ainda que não seja citado, expressamente, o número do artigo.

(OAB/Exame Unificado – 2007.1 – 2ª fase) José, brasileiro, maior, capaz, produziu danos materiais no valor de R$ 2.500,00 em prédio rústico de propriedade da empresa Potiguar Fomentos S.A. No entanto, José recusa-se terminantemente a pagar tais danos, razão pela qual não há outra forma senão o ajuizamento, por parte da empresa lesada, de tutela judicial com finalidade de recompor o desfalque patrimonial suportado. Na qualidade de advogado dessa empresa, indique a espécie da tutela judicial cabível, bem como nomeie o procedimento ou o rito próprio à espécie. Informe o(s) dispositivo(s) legal(is) em que se fundamenta a sua resposta.

RESOLUÇÃO DA QUESTÃO

O caso tem tela reclama o ingresso de ação indenizatória, na qual se deve pleitear a condenação de José no pagamento da quantia de R$ 2.500,00, acrescida de juros moratórios e atualização monetária contados do evento danoso, por se tratar de ato ilícito, bem como das quantias referentes a custas, despesas processuais e honorários advocatícios.

A ação não poderá ser aforada em Juizado Especial Cível, vez que a autora é pessoa jurídica (art. 8º, § 1º, da Lei 9.099/95). Todavia, se autora fosse microempresa ou empresa de pequeno porte, poderia se valer do Juizado Especial (art. 8º, 1º, II, da Lei Complementar 123/05).

O procedimento a ser adotado é o sumário, nos termos do disposto no art. 275, II, "c", por se tratar de matéria atinente a "ressarcimento de danos a prédio urbano ou rústico".

(OAB/Exame Unificado – 2006.2 – 2ª fase) Miguel, ao transitar pela calçada próxima a um edifício residencial, foi atingido por pesado objeto de metal que fora arremessado do prédio, o que lhe causou lesões na cabeça e no ombro e danificou os óculos por ele usados para correção visual. Acerca dessa situação hipotética, responda, de forma fundamentada, às seguintes questões.

✓ Miguel tem direito à indenização?

✓ A responsabilidade, nesse caso, é subjetiva ou objetiva?

✓ Na hipótese de não se conseguir identificar a pessoa que arremessou o objeto, ficaria a vítima impedida de pedir indenização ou poderia imputar responsabilidade ao condomínio? extensão máxima: 30 linhas

RESOLUÇÃO DA QUESTÃO

O caso mencionado se subsume à hipótese prevista no art. 938 do Código Civil. Esse dispositivo responsabiliza aquele que habitar prédio por danos provenientes de coisas que caírem ou forem lançadas em lugar indevido.

O dispositivo em questão não exige, para a configuração da responsabilidade, que se demonstre culpa ou dolo daquele que habita o prédio, para que a responsabilidade seja configura, de modo que não se trata da responsabilidade subjetiva clássica (art. 186 do Código Civil), até porque, se se tratasse dessa responsabilidade, não seria necessário o art. 938 do Código Civil.

O dispositivo também não é daqueles que estabelece a culpa presumida, culpa essa que pode ser desfeita pela prova de que o agente não atuou com culpa o dolo. Nesse caso, ter-se-ia verdadeira responsabilidade. A única diferença em relação à responsabilidade subjetiva prevista no art. 186 do Código Civil é que o ofendido não teria o ônus de provar conduta dolosa ou culposa, ficando a culpa, como dito, presumida. E a diferença em relação à responsabilidade objetiva está em que, diferentemente desta, na responsabilidade com culpa presumida, o ofensor poderá tê-la excluída se demonstrar que não agiu culposamente.

Dessa forma, no caso em tela, Miguel tem, sim, direito à indenização, direito esse que deverá ser exercido em face daquele que arremessou o metal ou de que habita o apartamento de onde as coisas foram lançadas, sendo certo que, em relação a quem habita o imóvel, a responsabilidade é objetiva.

Na hipótese de não se identificar quem arremessou o objeto e o apartamento de onde foi lançado, a jurisprudência vem entendendo que o condomínio deverá responder, ressalvado, seu direito de regresso contra o responsável, caso se consiga identificá-lo futuramente.

Comentários adicionais.

Confira o entendimento mencionado:

RECURSO ESPECIAL - RESPONSABILIDADE CIVIL - DIREITO DE VIZINHANÇA - LEGITIMIDADE PASSIVA - CONDOMÍNIO. Na impossibilidade de identificar o causador, o condomínio responde pelos danos resultantes de objetos lançados sobre prédio vizinho. (REsp 246.830/SP, Rel. Ministro HUMBERTO GOMES DE BARROS, TERCEIRA TURMA, julgado em 22/02/2005, DJ 14/03/2005 p. 316)

Confira outros acórdãos sobre a responsabilidade civil do condomínio:

NÃO CARACTERIZADA A RESPONSABILIDADE CIVIL DO CONDOMÍNIO POR HOMICÍDIO DOLOSO PRATICADO POR VIGIA TERCEIRIZADO CONTRA MORADOR. RECURSO ESPECIAL NÃO CONHECIDO. Em regra, não há responsabilidade do Condomínio por fato de terceiro. Isso porque, conforme reiterada jurisprudência da Casa, conquanto o disposto no art. 22 da Lei n. 4.591/64 preceitue que a administração do condomínio está a cargo do síndico, daí não se conclui que este é o responsável por todos os danos sofridos pelos condôminos, notadamente os causados por atos dolosos de terceiros. (REsp 579.121/DF, Rel. Ministro LUIS FELIPE SALOMÃO, QUARTA TURMA, julgado em 17/03/2009, DJe 30/03/2009)

FURTO DE MOTOCICLETA NAS DEPENDÊNCIAS DE CLUBE SÓCIO-RECREATIVO. ESTACIONAMENTO. INDENIZAÇÃO INDEVIDA. Inexistindo expressa previsão estatutária, não é a entidade sócio-recreativa, assim como por igual acontece nos condomínios, responsável pelo furto de veículos ocorrido em suas dependências, dada a natureza comunitária entre os filiados, sem caráter lucrativo. (REsp 310.953/SP, Rel. Ministro ALDIR PASSARINHO JUNIOR, QUARTA TURMA, julgado em 10/04/2007, DJ 07/05/2007 p. 326)

CIVIL. RESPONSABILIDADE CIVIL. CONDOMÍNIO. O condomínio só responde por furtos ocorridos nas suas áreas comuns se isso estiver expressamente previsto na respectiva convenção. Embargos de divergência não conhecidos. (EREsp 268.669/SP, Rel. Ministro ARI PARGENDLER, SEGUNDA SEÇÃO, julgado em 08/03/2006, DJ 26/04/2006 p. 198)

(OAB/Exame Unificado – 2006.1 – 2ª fase) Antônio, soldado da Polícia Militar do estado do Espírito Santo, fora de seu horário de trabalho e em trajes civis, no interior de um bar localizado nas proximidades de sua residência, efetuou vários disparos com arma de fogo pertencente a sua corporação, causando a morte acidental de Maria, que também se encontrava no interior do mencionado estabelecimento comercial. Maria era solteira, deixou dois filhos menores impúberes e trabalhava como empregada doméstica, percebendo mensalmente quantia correspondente a dois salários mínimos. Dependiam financeiramente da vítima seus filhos menores e sua mãe, pessoa idosa e incapaz.

Considerando a situação hipotética apresentada e em relação à responsabilidade civil, redija um texto em que discorra, de maneira fundamentada, acerca da legitimidade passiva para responder pela indenização e indique as parcelas a que têm direito os herdeiros da vítima. extensão máxima: 60 linhas

RESOLUÇÃO DA QUESTÃO

A legitimidade passiva para responder pela indenização é da pessoa jurídica de direito público à qual pertence a corporação do policial militar Antônio. O fato deste estar fora do seu horário de trabalho não exime o Estado de sua responsabilidade, vez que os disparos que causaram a morte acidental de Maria se deu com arma da corporação.

Essa conclusão decorre da jurisprudência do Supremo Tribunal Federal. De acordo com essa jurisprudência, caso o policial, mesmo fora do horário de trabalho, autuou como policial (p. ex., para corrigir pessoas), a responsabilidade do Estado é objetiva, nos termos do art. 37, § 6º, da CF. No entanto, caso o policial tenha atuado exclusivamente por motivações de ordem pessoal ou o disparo tenha se dado por motivo acidental, incide a responsabilidade subjetiva do Estado, que reclama, demonstração de que houve defeito no serviço prestado por esse, por exemplo por ter-se deixado o agente público levar a arma para casa, sem que o regulamento da corporação autorizasse tal conduta.

Agressão praticada por soldado, com arma da corporação.

"CONSTITUCIONAL. ADMINISTRATIVO. RESPONSABILIDADE CIVIL DO ESTADO. C.F., art. 37, § 6º. I. - Agressão praticada por soldado, com a utilização de arma da corporação militar: incidência da responsabilidade objetiva do Estado, mesmo porque, não obstante fora do serviço, foi na condição de policial-militar que o soldado foi corrigir as pessoas. O que deve ficar assentado é que o preceito inscrito no art. 37, § 6º, da C.F., não exige que o agente público tenha agido no exercício de suas funções, mas na qualidade de agente público. II. - R.E. não conhecido." (STF, 2ª T., RE 160.401/SP, relator Min. CARLOS VELLOSO, DJ 04-06-1999)

Crime praticado com arma da corporação.

EMENTA: AGRAVO REGIMENTAL NO RECURSO EXTRAORDINÁRIO. RESPONSABILIDADE CIVIL OBJETIVA DO ESTADO. ARTIGO 37, § 6º, DA CONSTITUIÇÃO. Crime praticado por policial militar durante o período de folga, usando arma da corporação. Responsabilidade civil objetiva do Estado. Precedentes. Agravo regimental a que se nega provimento. (STF, RE 418023 AgR, Relator(a): Min. EROS GRAU, Segunda Turma, julgado em 09/09/2008, DJe-197 DIVULG 16-10-2008 PUBLIC 17-10-2008 EMENT VOL-02337-04 PP-00741)

(OAB/Exame Unificado – 2004 – 2ª fase) Antônio, na condição de empregado de Ângelo e com o veículo de propriedade do patrão, atropelou Elisa, que veio a falecer em razão das lesões sofridas. Consta do laudo pericial feito no local que o acidente ocorreu devido a imprudência do motorista, que trafegava em área residencial com velocidade superior à máxima permitida. Elisa era solteira, mãe de dois filhos menores e trabalhava como empregada doméstica, recebendo por mês a quantia correspondente a dois salários mínimos. Com referência à situação hipotética acima descrita, discorra acerca da responsabilidade civil, abordando, fundamentada e necessariamente, os seguintes aspectos:

- ✓ identificação do responsável pelo pagamento da indenização;
- ✓ quantidade de parcelas a que têm direito os herdeiros da vítima.

RESOLUÇÃO DA QUESTÃO

Em matéria de responsabilidade civil existe o instituto da responsabilidade pelo fato de terceiro. De acordo com esse instituto, algumas pessoas respondem objetivamente pelo fato culposo ou doloso praticado por terceiros (arts. 932 e 933 do Código Civil).

Um dos casos em que tal responsabilidade se dá é a do empregador, por seus empregados, justamente a situação narrada no enunciado da questão.

Dessa forma, além de Antônio, Ângelo é responsável pelo pagamento da indenização junto aos filhos de Elisa.

Em caso de homicídio, o Código Civil dispõe que a indenização consiste, dentre outras reparações, em: a) despesas com tratamento da vítima; b) despesas com seu funeral; c) despesas com o luto da família; d) prestação de alimentos às pessoas a quem o morto os devia, levando-se em conta a duração provável da vida da vítima.

Acrescente-se também a indenização por danos morais.

Com relação à pensão, o Superior Tribunal de Justiça entende que a pensão pela morte do pai será devida até o limite de vinte e cinco anos de idade, quando, presumivelmente, os beneficiários da pensão terão concluído sua formação, inclusive curso universitário, não mais subsistindo vínculo de dependência. Nesse sentido: "Na esteira dos julgados desta Corte, é devida a pensão aos filhos menores até o limite de 25 (vinte e cinco) anos de idade. Precedentes: AGA n. 458.836/MS e AGA n. 479.935/SP (STJ, Resp. 603.984/MT, rel. Min. Francisco Falcão, DJ de 16/11/04). Atingida essa idade, e havendo outro beneficiário da pensão, haverá direito e acrescer em favor deste (STJ, Resp. 625.161/RJ, rel. Min. Aldir Passarinho Junior, DJ 17/12/07). É razoável que a pensão seja fixada em 2/3 dos rendimentos da vítima: "Responsabilidade Civil do Estado. Acidente de trânsito com vítima fatal. Adequada a fixação do valor da pensão em 2/3 (dois terços) dos rendimentos da vítima, deduzindo que o restante seria gasto com seu sustento próprio". (STJ, Resp. 603.984/MT, rel. Min. Francisco Falcão, DJ de 16/11/04)

Com relação aos danos morais, o Superior Tribunal de Justiça considera razoável, em favor de filhos do falecido, indenizações por dano moral em valores que vão até R$ 200 mil. Confira o seguinte caso: "CIVIL E PROCESSUAL. AÇÃO DE INDENIZAÇÃO. ACIDENTE DE TRÂNSITO COM VÍTIMA FATAL, ESPOSO E PAI DOS AUTORES. DANO MORAL. FIXAÇÃO. MAJORAÇÃO. Dano moral aumentado, para amoldar-se aos parâmetros usualmente adotados pela Turma. [R$ 190 mil para esposa e filhas (STJ, Resp. 625.161/RJ, rel. Min. Aldir Passarinho Júnior, DJ 17/12/07)

Quanto à **correção monetária** e aos **juros moratórios,** na condenação por danos materiais, temos as seguintes regras (STJ, Resp. 705.859/SP, rel. Min. Jorge Scartezzini, DJ de 21/03/05):

a) correção monetária: é devida desde o evento danoso (Súmula 562 do STF: "na indenização de danos materiais decorrentes de ato ilícito cabe a atualização de seu valor, utilizando-se, para esse fim, dentre outros critérios, dos índices de correção monetária";
b) juros moratórios: são devidos desde o evento danoso (Súmula 54 do STJ: "os juros moratórios fluem a partir do evento danoso, em caso de responsabilidade extracontratual");

Desde a entrada em vigor do atual Código Civil, a taxa Selic é aplicável para fazer frente aos juros e a correção monetária (art. 406 do CC), conforme vem decidindo o STJ: "Com o advento do novo Código Civil (aplicável à espécie porque ocorrida a citação a partir de sua vigência), incidem juros de mora pela taxa SELIC a partir da citação, não podendo ser cumulada com qualquer outro índice de correção monetária, porque já embutida no indexador." (STJ, REsp 897.043/RN, rel. Min. Eliana Calmon, 2ª T., j. 03-05-07, DJU, 11-05-07, p. 392)

Na condenação por **danos morais**, temos as seguintes regras sobre correção monetária e juros moratórios (EDcl no Resp. n. 615.939/RJ, rel. Min. Castro Filho, DJ de 10/10/05):

a) correção monetária: é devida desde a data da fixação de seu valor, ou seja, desde a data da decisão judicial que fixar a indenização por dano moral;
b) juros moratórios: são calculados tendo-se em conta a data do evento danoso (Súmula 54 do STJ: "os juros moratórios fluem a partir do evento danoso, em caso de responsabilidade extracontratual").

CIVIL

Os **honorários advocatícios** devem incidir da seguinte forma: "para efeito de cálculo da verba honorária, a condenação é constituída pelo somatório de todas as prestações vencidas, além das demais verbas já definidas (dano moral, pensão, juros etc.), e doze das vincendas, inaplicável o disposto no § 5º do art. 20, do CPC". (STJ, Resp. 625.161/RJ, rel. Min. Aldir Passarinho Júnior, DJ 17/12/07)

5. COISAS

(OAB/Exame Unificado – 2013.3 – 2ª fase) José, proprietário de imóvel situado na Av. Itália, 120, na cidade de Salvador/BA, concluiu a edificação de 100 baias destinadas à criação de porcos, sem a observância de lei municipal que proíbe a atividade em bairro residencial. Não bastasse o descumprimento da lei municipal, a malcheirosa atividade vem atraindo ratos e moscas para a residência de João, vizinho contíguo. Diante da situação, João pretende ajuizar demanda em face de José.

Com base em tal situação, responda aos itens a seguir, utilizando os argumentos jurídicos apropriados e a fundamentação legal pertinente ao caso.

A) A partir dos elementos de direito material constantes no enunciado, a pretensão de João será cabível? (Valor: 0,65)

B) Caso o não atendimento da lei municipal fosse detectado pelo Município de Salvador durante a edificação das baias, qual solução jurídica processual típica poderia ser requerida? (Valor: 0,60)

GABARITO COMENTADO – EXAMINADORA

A) A pretensão de João é viável. João pode pleitear a cessação da interferência prejudicial à saúde dos que habitam seu imóvel com base no § 1º do Art. 1228 ou no Art. 1.277 ou Art. 1280, Código Civil, ou no Art. 461 do CPC, vez que a atividade está a trazer pragas, configurando-se o uso anormal da propriedade por José.

B) Poder-se-ia ajuizar ação de nunciação de obra nova, com base no Art. 934, do CPC, demonstrando que obra em curso contraria a legislação municipal.

DISTRIBUIÇÃO DOS PONTOS

ITEM	PONTUAÇÃO
A) A pretensão de João é viável (0,20), podendo pleitear a cessação da interferência prejudicial à saúde dos que habitam seu imóvel com base no § 1º do Art. 1.228 ou no Art. 1.277 ou Art. 1280, Código Civil, ou no Art. 461 do CPC, vez que a atividade está a trazer pragas, configurando-se o uso anormal da propriedade por José (0,45).	0,00 – 0,20 – 0,45 – 0,65
B) Poder-se-ia ajuizar ação de nunciação de obra nova (0,20), demonstrando que obra em curso contraria a legislação municipal. Fundamento legal: Art. 934, do CPC (0,40).	0,00 – 0,20 – 0,40 – 0,60

(OAB/Exame Unificado – 2012.2 – 2ª fase) Carlos reside no apartamento 604, sendo proprietário de sete vagas de garagem que foram sendo adquiridas ao longo dos anos de residência no Edifício Acapulco. Após assembleia condominial ordinária com quorum e requisitos de convocação exigidos pela legislação, Carlos foi notificado por correspondência assinada pelo síndico eleito Alberto Santos, noticiando a proibição de locação das vagas de garagem de sua propriedade exclusiva a pessoas estranhas ao condomínio nos termos da convenção condominial. Diante da correspondência assinada pelo síndico, Carlos ajuizou demanda em face de Alberto Santos, visando promover a locação das vagas de garagem, alegando ser possível a locação das vagas de garagem de sua propriedade exclusiva, assim como a locação de apartamentos.

Sobre a hipótese apresentada, responda aos itens a seguir.

A) A pretensão de direito material perseguida por Carlos encontra amparo legal? Explique. (Valor: 0,65)

B) De acordo com os elementos processuais fornecidos pelo enunciado, Carlos satisfaz todas as condições da ação? Fundamente. (Valor: 0,60)

GABARITO COMENTADO – EXAMINADORA

A) A pretensão não encontra amparo legal, tendo em vista a atual redação do art. 1.331, § 1º, do CC (alterada pela Lei n. 12.607/12) que veda a locação de vagas de garagem a terceiros estranhos ao condomínio, somente sendo permitida quando expressamente autorizado na convenção condominial: "§ 1º. As partes suscetíveis de utilização independente, tais como apartamentos, escritórios, salas, lojas e sobrelojas, com as respectivas frações ideais no solo e nas outras partes comuns, sujeitam-se a propriedade exclusiva, podendo ser alienadas e gravadas livremente por seus proprietários, exceto os abrigos para veículos, que não poderão ser alienados ou alugados a pessoas estranhas ao condomínio, salvo autorização expressa na convenção de condomínio".

B) Analisando os elementos do enunciado, é possível aferir que a pretensão de Carlos não satisfaz todas as condições da ação. Embora o síndico Alberto Santos possua poderes de representação do condomínio, como dispõe o artigo 1.348 do CC, em seus incisos II e IV, não é parte legítima para figurar como réu na demanda judicial, estando tão somente praticando ato de representação do condomínio, no sentido de fazer valer a vontade da assembleia. Desta feita, deveria apontar, como parte legítima a figurar no polo passivo, o Edifício Acapulco. O candidato deve apontar a ilegitimidade passiva, invocando os artigos 3º, 6º, 12, inciso IX e 267, inciso VI do CPC.

Distribuição dos Pontos

Quesito Avaliado	Valores
A) A pretensão não encontra amparo legal, tendo em vista a atual redação do Art. 1.331, § 1º, do CC (0,30), que veda a locação de vagas de garagem a terceiros estranhos ao condomínio, somente sendo permitida quando expressamente autorizado na convenção condominial (0,35).	0,00 / 0,30 / 0,35 / 0,65
B) O autor carece do direito de ação ante a ilegitimidade passiva do síndico, (0,30) tendo em vista as disposições dos artigos 12, IX OU 267, VI, do CPC OU art. 1.348, inciso II, do CC. (0,30).	0,00 / 0,30 / 0,60

(OAB/Exame Unificado – 2011.1 – 2ª fase) Valter, solteiro, maior e capaz, proprietário de um apartamento, lavrou, em 2004, escritura pública por meio da qual constituiu usufruto vitalício sobre o referido imóvel em favor de sua irmã, Juliana, solteira, maior e capaz. Em seguida, promoveu a respectiva averbação junto à matrícula do Registro de Imóveis. Em 2005, Juliana celebrou com Samuel contrato escrito de aluguel do apartamento pelo prazo de um ano. Concluído o prazo, Samuel restituiu o imóvel a Juliana, que passou a ocupá-lo desde então. Em janeiro de 2011, Valter veio a falecer sem deixar testamento, sendo único herdeiro seu filho Rafael, solteiro, maior e capaz. Diante disso, Rafael procura Juliana, a fim de que ela desocupe o imóvel.

Diante da situação descrita, responda aos itens a seguir, empregando os argumentos jurídicos apropriados e a fundamentação legal pertinente ao caso.

a) Poderia Juliana ter alugado o apartamento a Samuel? (Valor: 0,65)

b) Está Juliana obrigada a desocupar o imóvel em razão do falecimento de Valter? (Valor: 0,6)

RESOLUÇÃO DA QUESTÃO

A) Juliana é usufrutuária do imóvel. Sendo assim, é lícita a transferência temporária da posse, mediante locação ou comodato. O que seria vedada é a alienação do uso (CC, art. 1393).

B) No caso, Juliana permaneceria com o usufruto. A mudança seria na nu-propriedade, que passaria de Valter a Rafael (CC, art. 1410, I, a *contrario sensu*).

GABARITO COMENTADO - EXAMINADORA

A) Sim, de acordo com o artigo 1393, CC. Isso porque Juliana é usufrutuária do aludido imóvel e, portanto, pode transferir o seu uso temporariamente a terceiros por meio de contrato de aluguel.

B) Não, de acordo com o artigo 1410, incisos I ou II, CC. O usufruto permanecerá em favor de Juliana, passando Rafael a ser o nu-proprietário. De acordo com o artigo 1410, I, CC, o falecimento do usufrutuário que é causa de extinção do usufruto, e não o falecimento do nu-proprietário.

Distribuição de pontos

ITEM	PONTUAÇÃO
a) Sim (0,3), a usufrutuária pode alugar o imóvel (art. 1393, CC) (0,35).	0 / 0,3 / 0,35 / 0,65
b) Não (0,3). O usufruto permanece em favor de Juliana (art. 1410, incisos I ou II, CC) (0,3).	0 / 0,3 / 0,6

(OAB/Exame Unificado – 2010.3 – 2ª fase) Tarsila adquiriu determinado lote íngreme. A entrada se dá pela parte alta do imóvel, por onde chegam a luz e a água. Iniciadas as obras de construção da casa, verifica-se que, para realizar adequadamente o escoamento do esgoto, as tubulações deverão, necessariamente, transpassar subterraneamente o imóvel vizinho limítrofe, de propriedade de Charles. Não há outro caminho a ser utilizado, pois se trata de região rochosa, impedindo construções subterrâneas ou qualquer outra medida que não seja excessivamente onerosa. De posse de parecer técnico, Tarsila procura por Charles a fim de obter autorização para a obra. Sem justo motivo, Charles não consente, mesmo ciente de que tal negativa inviabilizará a construção do sistema de saneamento do imóvel vizinho. Buscando um acordo amigável, Tarsila propõe o pagamento de valor de indenização pela área utilizada, permanecendo a recusa de Charles.

Considere que você é o(a) advogado(a) de Tarsila. Responda aos itens a seguir, empregando os argumentos jurídicos apropriados e a fundamentação legal pertinente ao caso.

A) Há alguma medida judicial que possa ser tomada em vista de obter autorização para construir a passagem de tubulação de esgoto? (Valor: 0,7)

B) Considere que houve paralisação da obra em razão do desacordo entre Tarsila e Charles. Há alguma medida emergencial que possa ser buscada objetivando viabilizar a construção do sistema de saneamento? (Valor: 0,3)

RESOLUÇÃO DA QUESTÃO

A) De início, vale lembrar que nenhuma lesão ou ameaça de lesão a direito poderá ser afastada da apreciação do Poder Judiciário (CF, art. 5º, XXXV). Portanto, é certo que há medida judicial para tutelar o direito em questão.

No caso, busca-se uma obrigação de fazer. A tutela específica das obrigações de fazer está prevista no art. 461 do CPC e possibilita a imposição de uma série de medidas para que a obrigação seja cumprida - com destaque para a multa-diária (astreintes).

Sob o enfoque do direito material (possibilidade de passagem da tubulação), aplica-se o art. 1.286 do CC:

"Mediante recebimento de indenização que atenda, também, à desvalorização da área remanescente, o proprietário é obrigado a tolerar a passagem, através de seu imóvel, de cabos, tubulações e outros condutos subterrâneos de serviços de utilidade pública, em proveito de proprietários vizinhos, quando de outro modo for impossível ou excessivamente onerosa."

B) Na mesma medida acima indicada, é possível a concessão liminar (antecipação de tutela) de ordem, sob pena de multa ou outra medida de apoio. CPC, art. 273 e 461.

GABARITO COMENTADO - EXAMINADORA

A) O examinando deverá identificar que a legislação civil prevê que o proprietário deverá tolerar a passagem através de seu imóvel, entre outros, de tubulações e condutos subterrâneos de serviço de utilidade pública, na forma do art. 1.286 do CC. Cabe a propositura de ação de obrigação de fazer com base no art. 461 do CPC, fundada no art. 1.286 do CC.

B) Sim, na medida judicial de obrigação de fazer, a legislação previu a possibilidade de concessão de medida liminar na forma do § 3º e seguintes do art. 461 do CPC, cabível multa pelo descumprimento da medida liminar. Outra medida judicial aplicável à hipótese é a concessão de tutela antecipada na forma do art. 273 do CPC, notadamente em seu § 3º.

Distribuição de pontos

Em relação à correção, levou-se em conta o seguinte critério de pontuação:

Item	Pontuação
A) Ação de Obrigação de Fazer (0,3) Fundamentação legal - art. 461 do CPC (0,2), fundada no art. 1.286 do CC (0,2)	0 / 0,2 / 0,3 / 0,4 / 0,5 / 0,7
B) Viabilidade de concessão de medida liminar (0,1) e imposição de astreintes (0,1), pelo descumprimento do preceito. Fundamentação legal: §§ 3º e 4º do art. 461 do CPC (0,1).	0 / 0,1 / 0,2 / 0,3

(OAB/Exame Unificado – 2008.2 – 2ª fase) Três amigos, Fredson, Ricardo e Alberto adquiriram juntos uma chácara em conhecido balneário e nela construíram uma casa com três suítes para usufruírem momentos de lazer. Construíram, também, uma piscina, uma churrasqueira e uma quadra de tênis. Acertaram, então, que o local serviria para diversão durante os finais de semana, feriados e férias e que cada um arcaria com um terço dos custos de manutenção do imóvel, o que tem sido devidamente cumprido. Ricardo e Alberto, por motivos profissionais, precisaram passar quinze meses em outro país, parando de utilizar o bem, e, ao retornarem, descobriram que Fredson estava alugando o imóvel, tendo imitido na posse o locatário no momento da celebração do negócio jurídico, um mês após Ricardo e Alberto se ausentarem. Ao procurarem Fredson para obter explicações, este narrou que tem alugado o imóvel com o objetivo de obter dinheiro para pagar a sua parte na manutenção do bem, uma vez que tem passado por dificuldades financeiras. Considerando a situação hipotética apresentada, identifique a natureza da relação mantida entre Fredson, Ricardo e Alberto, explique se a atitude de Fredson encontra amparo nas disposições do Código Civil e indique a providência que Ricardo e Alberto podem adotar para a defesa de seus direitos.

RESOLUÇÃO DA QUESTÃO

A natureza jurídica da relação mantida entre Fredson, Ricardo e Alberto é de condomínio, vez que os três adquiriram a propriedade do local, tornando-se coproprietários da área.

A atitude de Fredson não encontra amparo nas disposições do Código Civil, pois, de acordo com o art. 1.314, p. único, do Código Civil, nenhum dos condôminos pode dar posse, uso ou gozo da coisa comum a estranhos, sem o consenso dos outros.

Ricardo e Alberto podem adotar como providência para a defesa de seus direitos o ingresso com ação reivindicatória, tendo em vista que o atual locatório da coisa adquiriu esse direito de quem não tinha legitimidade para a celebração do contrato, tendo ocorrido a evicção.

É importante ressaltar que a evicção se dá não só quando se perde a propriedade, mas também quando se perde outra espécie de direito sobre a coisa, pelo fato de o cedente desse direito não ter legitimidade para tanto.

A ação reivindicatória está fundada no art. 1.314, caput, do Código Civil.

No caso, não se deve ingressar com ação de reintegração de posse, pois esta reclama a existência de um esbulho, que não se deu no caso em tela.

(OAB/Exame Unificado – 2008.1 – 2ª fase) Laura e Rafael dissolveram a sociedade empresarial da qual eram os únicos sócios, constando do acordo de divisão dos bens que o imóvel pertencente à extinta pessoa jurídica seria partilhado na proporção de 60% e 40%, respectivamente, em razão de os bens restantes terem sido atribuídos exclusivamente a Rafael. Entretanto, desde a homologação do acordo, o imóvel, sem qualquer alteração, está na posse de Rafael, que tem se demonstrado irredutível quanto à possibilidade de vender sua parte do bem ou viabilizar qualquer outra forma de garantir a Laura o direito que lhe cabe. Assevere-se, ainda, que o imóvel não comporta divisão cômoda, não possui benfeitorias, e que Laura também tem o interesse de adquirir o bem para si. Diante dessa situação hipotética, apresente a solução processual possível para o problema de Laura, inclusive, quanto ao seu intento de adquirir a parte de Rafael e ter a integralidade do bem.

RESOLUÇÃO DA QUESTÃO

Uma vez homologado o acordo atribuindo a propriedade do imóvel a Laura e Rafael, fica instituído um condomínio entre as partes.

Num condomínio, a lei permite que a todo o tempo o condômino exija a divisão da coisa comum (art. 1.320 do CC). E, mesmo que houvesse acordo para que a coisa ficasse indivisa por um tempo (art. 1.320, § 1º, do CC), graves razões, como a narrada no enunciado da questão, permitem que o juiz, instado pelo interessado, determine a divisão da coisa antes do prazo (art. 1.320, § 3º, do CC).

Nesses casos, a primeira providência que se deve buscar é a divisão da própria coisa. No plano processual, essa alternativa se concretiza nos termos do art. 967 e seguintes do Código de Processo Civil.

Se não for possível ou se não for cômoda a divisão da coisa e os consortes não quiserem adjudicá-la a um só – isso ocorre no caso, pois Rafael não quer vender sua parte a Laura –, o bem deve ser alienado e repartido o apurado (art. 1.322 c/c art. 1.321, ambos do CC, c/c art. 1.117, I, do CPC). Todavia, a lei permite que um dos consortes arremate a coisa nas mesmas condições da melhor oferta feita por um terceiro no procedimento de alienação judicial. Segundo o Código Civil, tem preferência, na venda judicial da coisa, o condômino que tiver na coisa benfeitorias mais valiosas, e, não as havendo, o de quinhão maior, e permanecendo igualdade de situações, dever-se-á fazer uma licitação entre os consortes, após fazer-se licitação entre estranhos (art. 1.322 do CC).

No caso em tela, não havendo benfeitorias no imóvel, parte-se para o segundo critério (maior quinhão), critério que pende a favor de Laura.

No plano processual, a venda judicial deverá ser feita pelo procedimento previsto nos arts. 1.113 e seguintes do Código de Processo Civil ("Das Alienações Judiciais"), devendo Laura aguardar o momento oportuno para exercer o direito de preferência em relação à melhor oferta formulada por terceiro.

Comentário adicional.

Essa questão dá uma boa lição para os candidatos. A lição maior é a que se deve, em primeiro lugar, buscar no direito material o instituto jurídico remoto. No caso, o instituto do condomínio. Em seguida, e identificada a solução de direito material para o caso, deve-se buscar no direito processual a solução que mais se amolda no caso. Nesse sentido, ao invés da "Divisão", o procedimento adequado é o das "Alienações Judiciais".

(OAB/Exame Unificado – 2006.2 – 2ª fase) Augusto adquiriu de Aurélio, por meio de contrato particular de promessa de compra e venda, os direitos de posse de um lote de terreno urbano, com algumas benfeitorias, na cidade de Aracaju – SE. No dia 20 do mês passado, José invadiu o lote, derrubou o muro e o portão e danificou diversas partes da casa, em construção, afirmando ser o proprietário do imóvel, ocasião em que exibiu a escritura pública devidamente registrada. Considerando a situação hipotética apresentada, elabore um texto argumentativo acerca da proteção possessória e do direito de retenção por benfeitorias.

RESOLUÇÃO DA QUESTÃO

Augusto adquiriu a posse de Aurélio, por meio de contrato. Não bastasse, praticou atos de exteriorização da propriedade, consistente em construir no local (art. 1.196 do Código Civil). Essas circunstâncias fazem nascer uma série de direitos, que estão entre os chamados efeitos da posse, dentre os quais o direito de ser mantido na posse, em caso de turbação, e restituído, no caso de esbulho (art. 1.210 do Código Civil).

José, por sua vez, afirma ser proprietário do imóvel e apresenta, em seu favor, uma escritura pública devidamente registrada.

No que diz respeito à proteção possessória, aquele que exerce a posse, mesmo não sendo o proprietário da coisa, tem direitos e pode defendê-los por força própria, contanto que o faça logo, ou mediante ação possessória promovida junto ao Poder Judiciário (art. 1.210, § 1º, do Código Civil).

Nesse sentido, Augusto tem direito de defender a sua posse, extrajudicial e judicialmente, sendo certo que no juízo possessório José sequer tem como alegar ser proprietário da coisa (art. 1.210, § 2º, do CC). Deve aguardar o desfecho da ação possessória e ingressar com ação reivindicatória, a fim de provar ser o verdadeiro proprietário da coisa e conseguir a retomada do imóvel. Nesse caso, estará caracterizada a evicção e Augusto poderá acionar Aurélio nos termos dos arts. 447 e seguintes do Código Civil.

Caso José seja realmente o proprietário da coisa e vença a demanda reivindicatória, Augusto, por ser possuidor de boa-fé, terá direito a indenização pelas benfeitorias úteis e necessárias que fizer, bem como, quanto às voluptuárias, se não lhe forem pagas, a levantá-las, quando o puder sem detrimento da coisa, e poderá exercer o direito de retenção pelo valor das benfeitorias necessárias e úteis (art. 1.219 do Código Civil).

O direito de retenção por benfeitorias deve ser alegado por Augusto na própria contestação da ação reivindicatória que sofrer.

Por fim, vale lembrar que, se, por algum motivo, as benfeitorias não forem abonadas pelo evictor (José), Augusto poderá acionar o alientante (Aurélio), nos termos do art. 453 do Código Civil, a fim de que este arque com os prejuízos respectivos.

CIVIL

Comentários adicionais.

PROCESSUAL CIVIL. AÇÃO POSSESSÓRIA. OPOSIÇÃO. DOMÍNIO. IMPOSSIBILIDADE. 1. Existente ação cujo pedido de reintegração de posse se funda exclusivamente na posse, não há previsão legal para a propositura de oposição para que seja discutida a propriedade ou o domínio do bem. 2. Recurso especial não conhecido. (REsp 685.159/DF, Rel. Ministro JOÃO OTÁVIO DE NORONHA, QUARTA TURMA, julgado em 06/10/2009, DJe 19/10/2009)

RECURSO ESPECIAL - AÇÃO DE REINTEGRAÇÃO DE POSSE - ALEGAÇÃO DE DOMÍNIO - INOCORRÊNCIA DAS EXCEÇÕES ADMITIDAS - IMPOSSIBILIDADE - REEXAME DE PROVAS - INVIABILIDADE - SÚMULA 7/STJ. A teor da jurisprudência desta Corte, em se tratando de ação possessória, descabe discussão sobre domínio, exceto se os litigantes disputam a posse alegando propriedade ou quando duvidosas ambas as posses suscitadas. Inocorre, no caso, ambas as hipóteses. Assim, incensurável o v. acórdão que julga carecedor de ação - por falta de adequação do pedido autoral à providência requerida - o proprietário que invoca a proteção possessória fundada em título dominial. (REsp 755.861/SE, Rel. Ministro JORGE SCARTEZZINI, QUARTA TURMA, julgado em 16/08/2005, DJ 05/09/2005 p. 434)

PROCESSUAL CIVIL. AGRAVO DE INSTRUMENTO. AGRAVO REGIMENTAL. EMBARGOS DE RETENÇÃO. FASE DE EXECUÇÃO. IMPOSSIBILIDADE. SÚMULA 83. LEI N. 10.444/2002. DIREITO INTERTEMPORAL. Não são cabíveis embargos de retenção por benfeitorias em fase de execução judicial. (AgRg no Ag 969.139/MG, Rel. Ministro ALDIR PASSARINHO JUNIOR, QUARTA TURMA, julgado em 18/09/2008, DJe 28/10/2008)

PROCESSUAL CIVIL. LOCAÇÃO. EXECUÇÃO DA AÇÃO DE DESPEJO. EMBARGOS DE RETENÇÃO. DIREITO À INDENIZAÇÃO OU DE RETENÇÃO DE BENFEITORIAS. MOMENTO OPORTUNO. CONTESTAÇÃO. Esta Eg. Corte possui entendimento no sentido de que, em se tratando de ação de despejo, o exercício do direito de retenção - art. 35, da Lei n.º 8.245/91, deve ser exercido por ocasião da contestação. Assim, em razão da preclusão, não há se falar na possibilidade de oposição de embargos de retenção por benfeitorias quando da execução da ação de despejo. (AgRg no REsp 685.103/MT, Rel. Ministro GILSON DIPP, QUINTA TURMA, julgado em 20/09/2005, DJ 10/10/2005 p. 421)

6. FAMÍLIA

(OAB/Exame Unificado – 2013.3 – 2ª fase) Joana cuida de sua neta Maria desde que a menor tinha três anos de idade. Os pais de Maria nunca lhe deram atenção emocional ou prestaram recursos financeiros, sendo poucos os momentos de contato.

Maria atualmente está com quinze anos de idade e se refere publicamente a sua avó como mãe. Depois de longas conversas com seus outros netos e filhos, que anuíram com a decisão, Joana, que é viúva, decide adotar sua neta Maria.

Partindo da temática “adoção”, responda, fundamentadamente, às indagações a seguir, apontando, inclusive, os dispositivos legais correlatos.

A) A legislação vigente admite a adoção de pessoa maior de dezoito anos? (Valor: 0,70)

B) Considerando a situação narrada no enunciado, existe a possibilidade legal de Maria ser adotada por sua avó Joana? (Valor: 0,55)

GABARITO COMENTADO – EXAMINADORA

A) É possível a adoção de maiores de dezoito anos, não se aplicando, entretanto, o Estatuto da Criança e do Adolescente. Quando a pessoa adotanda for maior de 18 anos, a norma aplicável será a prevista no Código Civil e dependerá da assistência efetiva do poder público e formará sentença constitutiva. As normas previstas na legislação especial (ECA) terão aplicabilidade subsidiária. Fundamentação legal:

Art. 1.619 do CC.

B) Não é possível a adoção na situação narrada no enunciado, ante o óbice previsto no Art. 42, § 1° da Lei n. 8.069/90 (ECA), por meio do qual o legislador estabeleceu que ascendentes não podem adotar descendentes.

DISTRIBUIÇÃO DOS PONTOS

ITEM	PONTUAÇÃO
A) É possível cabendo a aplicação das regras do Código Civil (0,50). Fundamento legal: Art. 1.619 do CC (0,20). Obs.: a simples indicação do dispositivo legal não pontua.	0,00 – 0,50 – 0,70
B) Não é possível a adoção de descendente por ascendente (0,35). Fundamentação legal: Art. 42, § 1º, da Lei n. 8.069/90 (ECA). (0,20) Obs.: a simples indicação do dispositivo legal não pontua.	0,00 – 0,35 – 0,55

(OAB/Exame Unificado – 2013.2 – 2ª fase) Álvaro e Lia se casaram no dia 10.05.2011, sob o regime de comunhão parcial de bens. Após dois anos de união e sem filhos em comum, resolveram se divorciar. Na constância do casamento, o casal adquiriu um apartamento avaliado em R$ 500.000,00 (quinhentos mil reais) onde residem.

Considerando o caso narrado e as normas de direito, responda aos itens a seguir.

A) Quais os requisitos legais para que Álvaro e Lia possam se divorciar administrativamente? Fundamente. (Valor: 0,60)

B) **Considerando que Álvaro tenha adquirido um** tapete persa TabrizMahi de lã e seda sobre algodão, avaliado em R$ 45.000,00 (quarenta e cinco mil reais), mas **não reste demonstrada a data em que Álvaro efetuou a referida compra,** será presumido como adquirido na constância do casamento? Fundamente. (Valor: 0,65)

A simples menção ou transcrição do dispositivo legal não pontua.

GABARITO COMENTADO – EXAMINADORA

A) Os requisitos para a realização do divórcio administrativo são: a) consenso sobre todas as questões que envolvem o divórcio; b) inexistência de filhos menores ou incapazes; c) disposição na escritura pública sobre a partilha dos bens comuns, a pensão alimentícia, bem como a retomada do nome usado anteriormente ao advento do casamento; d) lavratura da escritura pública por tabelião de notas; e e) assistência de advogado ou defensor público, nos termos do Art. 1124-A, caput e § 2º, ambos do Código de Processo Civil.

B) Como Álvaro e Lia se casaram sob o regime de comunhão parcial de bens e não houve comprovação da data da aquisição do tapete persa (bem móvel), haverá presunção de que o bem foi adquirido na constância do casamento, nos termos do Art. 1.662, do CC.

(OAB/Exame Unificado – 2013.2 – 2ª fase) Suzana namorou Paulo durante 2 anos, vindo a engravidar dele. Não tendo condições de suportar as despesas durante a gravidez, Suzana vai ao seu escritório de advocacia para lhe solicitar as providências cabíveis.

Diante do caso apresentado, responda apontando o fundamento legal:

A) Qual a ação a ser proposta e qual o prazo para resposta?(Valor: 0,75)

B) Quem ostenta a legitimidade ativa para esta demanda?(Valor: 0,50)

A simples menção ou transcrição do dispositivo legal não pontua.

GABARITO COMENTADO – EXAMINADORA

A) Deve ser proposta a ação de alimentos gravídicos e o prazo para resposta é de 5 (cinco) dias, conforme dispõe o Art. 7º, da Lei n. 11.804/08.

B) A legitimada ativa é a mulher grávida, na forma do art. 1º e art. 6º , ambos da Lei nº 11.804/08.

CIVIL

(OAB/Exame Unificado – 2013.1 – 2ª fase) Luzia sempre desconfiou que seu neto Ricardo, fruto do casamento do seu filho Antônio com e Josefa, não era filho biológico de Antônio, ante as características físicas por ele exibidas. Vindo Antonio a falecer, Luzia pretende ajuizar uma ação negatória de paternidade.

A respeito do fato apresentado, responda aos seguintes itens.

A) Tem Luzia legitimidade para propor a referida ação? (Valor: 0,50)

B) Caso Antonio tivesse proposto a ação negatória e falecido no curso do processo, poderia Luzia prosseguir com a demanda? Qual o instituto processual aplicável ao caso? (Valor: 0,75)

A simples menção ou transcrição do dispositivo legal não pontua.

GABARITO COMENTADO – EXAMINADORA

A) Luzia não tem legitimidade para propor a ação negatória de paternidade, pois se trata de ação personalíssima, conforme dispõe o Art. 1.601, caput, do Código Civil.

B) Luzia poderia prosseguir com a ação negatória de paternidade ajuizada por seu filho, caso este viesse a falecer no curso da demanda por sucessão processual , nos termos dos artigos 1.601, § único, do Código Civil e/ou 6º, e/ou 43, e/ou 1.055, e/ou 1.056, e/ou 1.060, do CPC.

Distribuição dos Pontos

Quesito Avaliado	Valores
A) Luzia não tem legitimidade para propor a ação negatória de paternidade, pois se trata de ação personalíssima (0,25), conforme dispõe o Art. 1.601, *caput*, do Código Civil. (0,25) Obs: A mera citação de artigo não pontua.	0,00 / 0,25 / 0,50
B1) Sim, nos termos dos artigos 1.601, § único, do Código Civil e/ou 6º, e/ou 43, e/ou 1.055, e/ou 1.056, e/ou 1.060, do CPC. Obs: A mera citação de artigo não pontua.	0,00 / 0,50
B2) Sucessão ou substituição processual ou de partes, conforme o Art. 43 do CPC	0,00 / 0,25

(OAB/Exame Unificado – 2012.1 – 2ª fase) Cristiano e Daniele, menores impúberes, com 14 (catorze) e 10 (dez) anos de idade, respectivamente, representados por sua genitora, celebraram acordo em ação de alimentos proposta em face de seu pai, Miguel, ficando pactuado que este pagaria alimentos no valor mensal correspondente a 30% (trinta por cento) do salário mínimo, sendo metade para cada um. Sucede, entretanto, que Miguel, durante os dois primeiros anos, deixou de adimplir, injustificadamente, com a obrigação assumida, passando a pagar a quantia celebrada em acordo, a partir de então. Transcorridos 03 (três) anos da sentença que homologou o acordo na ação de alimentos, Cristiano e Daniele ajuizaram ação de execução, cobrando o débito pendente, requerendo a prisão civil do devedor.

Diante disso, responda fundamentadamente às seguintes indagações:

A) Subsiste o dever jurídico de Miguel de pagar o débito relativo aos últimos 03 (três) anos de inadimplência quanto aos alimentos devidos a seus filhos? (valor: 0,70)

B) No caso em tela, é cabível a prisão civil de Miguel? (valor: 0,55)

GABARITO COMENTADO – EXAMINADORA

A) Embora o art. 206, § 2º, do Código Civil estabeleça que prescreve em 2 anos a pretensão para haver prestações alimentares, a partir da data em que se vencerem, há no caso analisado uma causa impeditiva da prescrição, concernente à incapacidade absoluta dos menores, conforme dispõe o artigo 198, I, do Código Civil.

B) O rito da constrição pessoal somente se admite em relação às três prestações anteriores ao ajuizamento da ação e as que se vencerem no curso do processo (Súmula 309 do Superior Tribunal de Justiça)

Distribuição dos Pontos:

Quesito Avaliado	Faixa de valores
A) Embora o art. 206, § 2º, do Código Civil (0,15) estabeleça que prescreve em 2 anos (0,20) a pretensão para haver prestações alimentares, a partir da data em que se vencerem, há no caso analisado uma causa impeditiva da prescrição, concernente à incapacidade absoluta dos menores (0,20), conforme dispõe o artigo 198, I, do Código Civil.(0,15) Obs.: A mera indicação do artigo não pontua.	0,00/0,20/0,35/ 0,40/0,55/0,70
B) O rito da constrição pessoal somente se admite quando a execução tem por objeto as três prestações anteriores ao ajuizamento da ação e as que se vencerem no curso do processo (0,35), conforme dispõe a Súmula n. 309 do Superior Tribunal de Justiça (0,20). Obs.: A mera indicação da Súmula não pontua.	0,00/0,35/0,55

(OAB/Exame Unificado – 2011.3 – 2ª fase) Paulo, maior e capaz, e Eliane, maior e capaz, casaram-se pelo regime da comunhão parcial de bens no ano de 2004. Nessa ocasião, Paulo já havia herdado, em virtude do falecimento de seus pais, um lote de ações na Bolsa de Valores, cujo montante atualizado corresponde a R$ 50.000,00, sendo certo que Eliane, à época, não possuía bens em seu patrimônio. No ano de 2005, nasceu João, filho do casal. Em 2006, Paulo vendeu as ações que havia recebido e, com o produto da venda, comprou um automóvel de igual valor. Em 2007, Paulo foi contemplado com um prêmio de loteria no valor atualizado de R$ 100.000,00, que se mantém depositado em conta bancária. Agora, no ano de 2012, o casal, pretendendo se divorciar mediante a lavratura de escritura pública, decide consultar um advogado.

Na condição de advogado(a) consultado(a) por Paulo e Eliane, responda aos itens a seguir, empregando os argumentos jurídicos apropriados e a fundamentação legal pertinente ao caso.

A) Pode o casal divorciar-se por meio de lavratura de escritura pública? (Valor: 0,6)

B) A respeito da partilha de bens em caso de divórcio do casal, qual(is) bem(ns) deve(m) integrar o patrimônio de Eliane e qual(is) bem(ns) deve(m) integrar o patrimônio de Paulo? (Valor: 0,65)

GABARITO COMENTADO – EXAMINADORA

A) Não, de acordo com o artigo 1124-A, CPC. Isso porque os cônjuges possuem um filho menor de idade, o que consiste em empecilho legal à utilização da via extrajudicial para a decretação do divórcio.

B) Caberá a Eliane perceber metade do prêmio de loteria a título de meação, na forma do artigo 1.660, inciso II, do CC/2002. Paulo terá direito ao automóvel, por ter sido adquirido com o produto da herança (art. 1659, inciso I, CC/02), e também a metade do prêmio de loteria (artigo 1660, II, CC/2002).

Distribuição dos Pontos

Item	*Pontuação*
a) Não, por ter o casal filhos menores, nos termos do art. 1124-A do CPC. *Obs.: A mera resposta "não" e a mera indicação do artigo não são pontuadas.*	*0 / 0,6*
b) Cabe a Eliane metade do prêmio de loteria, nos termos do artigo 1660, II, do CC (0,3). Cabe a Paulo metade do prêmio de loteria e o automóvel, nos termos do art. 1660, II, e art. 1659, I, do CC (0,35). *Obs.: A mera indicação de artigo não é pontuada.*	*0 / 0,3 / 0,35 /* *0,65*

CIVIL

(OAB/Exame Unificado – 2011.1 – 2ª fase) Maria, casada em regime de comunhão parcial de bens com José por 3 anos, descobre que ele não havia lhe sido fiel, e a vida em comum se torna insuportável. O casal se separou de fato, e cada um foi residir em nova moradia, cessando a coabitação. Da união não nasceu nenhum filho, nem foi formado patrimônio comum. Após dez meses da separação de fato, Maria procura um advogado, que entra com a ação de divórcio direto, alegando que essa era a visão moderna do Direito de Família, pois, ao dissolver uma união insustentável, seria facilitada a instituição de nova família. Após a citação, João contesta, alegando que o pedido não poderia ser acolhido, uma vez que ainda não havia transcorrido o prazo de dois anos da separação de fato exigidos pelo artigo 40 da Lei 6.515/77.

Diante da hipótese apresentada, responda aos itens a seguir, empregando os argumentos jurídicos apropriados e a fundamentação legal pertinente ao caso.

A) Nessa situação é juridicamente possível que o magistrado decrete o divórcio, não obstante não exista comprovação do decurso do prazo de dois anos da separação de fato como pretende Maria, ou João está juridicamente correto, devendo o processo ser convertido em separação judicial para posterior conversão em divórcio? (Valor: 0,65)

B) Caso houvesse consenso, considerando as inovações legislativas, o ex-casal poderia procurar via alternativa ao Judiciário para atingir o seu objetivo ou nada poderia fazer antes do decurso dos dois anos da separação de fato? (Valor: 0,6)

GABARITO COMENTADO - EXAMINADORA

No primeiro tópico o candidato deve destacar que a Emenda Constitucional 66/2010 deu nova redação ao parágrafo 6º do artigo 226 da Constituição Federal, excluindo a exigência do prazo de 2 (dois) anos da separação de fato para o divórcio direto, motivo pelo qual o magistrado poderá decretar o divórcio como pretende Maria, já que o dispositivo da Constituição prevalece sobre o artigo 40 da Lei 6515/77, por se tratar de norma hierarquicamente superior à legislação federal.

No segundo tópico o candidato deve ressaltar que a Lei 11.441/2007 acrescentou o artigo 1.124-A ao Código de Processo Civil possibilitando a separação consensual e o divórcio consensual em cartório, através de escritura pública e observados os requisitos legais quanto aos prazos, como uma forma alternativa de resolução de conflitos de interesses ao Poder Judiciário. Assim, o ex-casal, por não haver filhos melhores e haver consenso no Divórcio, já que a Emenda Constitucional 66/2010, que deu nova redação ao parágrafo 6º do artigo 226 da Constituição Federal, acabou com a exigência do decurso do prazo de 2 (dois) anos da separação de fato para a dissolução do casamento pelo divórcio, poderá efetivar o divórcio direto em cartório, valendo-se da autorização dada pelo artigo 1.124-A do CPC.

Distribuição de pontos

ITEM	PONTUAÇÃO
A) É possível a decretação do divórcio (0,3) pela nova redação do art. 226, § 6º, CRFB, introduzida pela EC 66/10, que não exige lapso temporal de 2 anos (0,35).	0 / 0,3 / 0,35 / 0,65
B) Sim, poderia buscar via alternativa (0,3), pois o art. 1124-A do CPC (e advento da EC 66/10) permite a realização de divórcio em cartório (0,3).	0 / 0,3 / 0,6

(OAB/Exame Unificado – 2010.3 – 2ª fase) José iniciou relacionamento afetivo com Tânia em agosto de 2009, casando-se cinco meses depois. No primeiro mês de casados, desconfiado do comportamento de sua esposa, José busca informações sobre seu passado. Toma conhecimento de que Tânia havia cumprido pena privativa de liberdade pela prática de crime de estelionato. José, por ser funcionário de instituição bancária há quinze anos e por ter conduta ilibada, teme que seu cônjuge aplique golpes financeiros valendo-se de sua condição profissional. José, sentindo-se enganado, decide romper a sociedade conjugal, mas Tânia, para provocar José, inicia a alienação do patrimônio do casal.

Considerando que você é o advogado de José, responda aos itens a seguir, empregando os argumentos jurídicos apropriados e a fundamentação legal pertinente ao caso.

A) Na hipótese, existe alguma medida para reverter o estado de casado? (Valor: 0,5)

B) Temendo que Tânia aliene a parte do patrimônio que lhe cabe, aponte o(s) remédio(s) processual(is) aplicável(is) *in casu*.

RESOLUÇÃO DA QUESTÃO

A) Não há dúvida quanto à possibilidade, desde logo, de divórcio - especialmente considerando a redação do art. 226, § 6º da CF, com a redação da EC 66/10.

Contudo, o enunciado da questão fala em "reverter o estado de casado", hipótese distinta do divórcio.

Assim, a possibilidade seria a anulação do casamento. A base legal para isso está no CC, art. 1.556 e ss.

Uma das hipóteses para a anulação do casamento é o erro essencial sobre a pessoa. Neste sentido, o art. 1.557, II, a seguir reproduzido:

" Art. 1.557. Considera-se erro essencial sobre a pessoa do outro cônjuge:

(...)

II - a ignorância de crime, anterior ao casamento, que, por sua natureza, torne insuportável a vida conjugal;"

B) Para evitar a dilapidação do patrimônio, diante de uma situação de urgência, existem as cautelares patrimoniais, dentre as quais se destacam o arresto, sequestro e arrolamento de bens.

A medida judicial que busca evitar a alienação de um bem específico é a cautelar nominada de sequestro (CPC, art. 822 e ss., especialmente art. 822, III).

O *fumus boni iuris* é a existência de patrimônio do casal aliado à anulação do casamento, ao passo que o *periculum in mora* é o risco da alienação dos bens.

Cabe lembrar que a cautelar pode ser preparatória, ou seja, ajuizada antes da ação principal, que é anulação de casamento.

GABARITO COMENTADO – EXAMINADORA

A) José descobriu, após o casamento, que Tânia praticou crime que, por sua natureza, tornará insuportável a relação do casal. Cuida-se de erro essencial sobre o cônjuge, podendo José propor ação judicial a fim de que o casamento seja anulado. Cabe, portanto, Ação Anulatória de Casamento, fundada no art. 1.557, II, c/c art. 1.556 do CC.

B) A medida cabível será a Ação Cautelar de Sequestro, nos termos do art. 822, III, do CPC, a fim de proteger os bens do casal, enquanto tramita a ação principal. O examinando deverá mencionar que há presença de fumus boni iuris e do periculum in mora, elementos essenciais à concessão de medidas de urgência.

Distribuição de pontos

Em relação à correção, levou-se em conta o seguinte critério de pontuação:

Item	Pontuação
A) Ação Anulatória do Casamento. Fundamentação legal: art. 1.557, II, c/c 1.556 do CC, por motivo de erro essencial em relação à pessoa do cônjuge, pela prática de crime que torne insuportável a vida conjugal. (0,25 cada um)	0 / 0,25 / 0,5
B) Ação Cautelar de Sequestro, nos termos do art. 822, III, do CPC. **OU** Outra medida cautelar (inominada ou arrolamento de bens). Indicação de presença de *fumus boni iuris* e *periculum in mora*, necessários à tutela de urgência. (0,25 cada um)	0 / 0,25 / 0,5

(OAB/Exame Unificado – 2008.3 – 2ª fase) Mariana, que trabalha com grupos de apoio a mulheres vítimas de violência doméstica, casou-se, após três meses de namoro, com pessoa que conhecera na faculdade. Passados quatro meses da celebração do casamento, nada perturbava a vida harmoniosa do casal, até que Mariana soube que seu marido já havia sido condenado por lesões corporais graves causadas a uma antiga namorada bem como tramitavam, contra ele, duas ações penais em que era acusado da prática de estupro e atentado violento ao pudor contra a mesma pessoa. Em razão desse fato, Mariana pretende pôr fim a seu casamento. Em face dessa situação hipotética, indique a solução jurídica adequada à pretensão de Mariana, destacando não só o direito material aplicável à espécie como também o meio adequado de encaminhamento do pedido a ser realizado.

RESOLUÇÃO DA QUESTÃO

O casamento pode acabar por morte de um dos cônjuges, nulidade ou anulação e divórcio (art. 1.571, § 1º, do Código Civil).

O divórcio depende, sempre, do decurso de um tempo para ser concedido. Ou se aguarda dois anos de separação de fato do casal, pleiteando-se o divórcio-direto (art. 1.580, § 2º, do Código Civil) ou primeiro se faz a separação judicial e, depois, aguarda-se o tempo necessário para o divórcio-conversão (art. 1.580, caput, do Código Civil).

No caso de Mariana, fazer gestões com vistas ao divórcio não é a melhor opção. Primeiro porque os fatos imputados ao seu marido são anteriores ao casamento, o que dificulta a caracterização dos motivos que determinam a impossibilidade de comunhão de vida. E segundo porque, como se viu, o fator tempo é sempre necessário para a concessão do divórcio.

Por outro lado, a anulação do casamento é providência que se subsume bem aos fatos narrados. Isso porque a anulação é providência adequada quando se imputa ao cônjuge de que se quer separar a imputação de fatos anteriores ao casamento. Ademais, não é necessário aguardar certo tempo para efetuar em juízo o pedido de anulação do casamento.

No caso em tela, verifica-se ter ocorrido vício de vontade, consiste em erro essencial sobre a pessoa do outro (art. 1.556 do Código Civil), mais especificamente o erro contido no inciso II do art. 1.557 do Código Civil.

Com efeito, qualquer mulher que descobrisse o passado do marido de Mariana, já sentiria enorme desconforto, dúvidas, medos e decepção, aptos a tornar insuportável a vida em comum. No entanto, no caso de Mariana, que trabalha com grupos de apoio a mulheres vítimas de violência doméstica, a situação de desconforto é ainda maior, tornando evidente a caracterização do motivo que enseja a anulação do casamento.

É importante ressaltar que o prazo decadencial para a anulação do casamento, no caso, ainda está em curso, vez que é de três anos, contados da data da celebração (art. 1.560, III, do Código Civil).

A ação adequada para o caso é de anulação de casamento, a ser julgada na Vara de Família, no foro da residência de Mariana (art. 100, I, do Código de Processo Civil), e que deve ser processada pelo rito ordinário.

(OAB/Exame Unificado – 2008.1 – 2ª fase) Amanda, concubina de Paulo, recebeu deste, em 10 de dezembro de 2006, um veículo em doação, e, agora, diante da morte de Paulo e de Fernanda, esposa deste, durante as férias que eles passavam, juntos, em maio de 2008, teme que os irmãos de Fernanda, únicos herdeiros do casal, busquem de algum modo questionar a validade da doação e recuperar o bem, já que a doação ocorreu durante o período da relação adúltera mantida com o falecido. Com base nas disposições do Código Civil, esclareça se existe a possibilidade de os herdeiros de Paulo e Fernanda invalidarem o contrato que transferiu o veículo a Amanda.

RESOLUÇÃO DA QUESTÃO

Segundo o art. 1.727 do Código Civil, a relação entre Amanda e Paulo, de fato, configura o instituto do concubinato, vez que, estando Paulo casado e não separado de fato ou judicialmente de sua esposa, há impedimento para o casamento entre ele e Amanda.

Configurado o instituto do concubinato, alguns impedimentos passam a surgir. Um deles é o impedimento de o testador casado nomear como herdeiro seu ou legatário o concubino (art. 1.801 do CC). Esse impedimento, se violado, gera a nulidade da disposição testamentária respectiva (art. 1.802 do CC).

Em relação à doação, hipótese da questão, há regra específica pela qual a liberalidade pode ser anulada pelos herdeiros necessários, até dois anos depois de dissolvida a sociedade conjugal (art. 550 do CC).

Ocorre que os irmãos de Fernanda, únicos herdeiros do casal, não são herdeiros necessários, vez que não são descendentes, ascendentes ou cônjuge da falecida.

Dessa forma, por não haver pessoas legitimadas para ingressar com a ação anulatória de doação, não há risco de Amanda perder o veículo.

Comentários adicionais.

DIREITO CIVIL. DOAÇÃO. AQUISIÇÃO DE IMÓVEL EM NOME DA COMPANHEIRA POR HOMEM CASADO, JÁ SEPARADO DE FATO. DISTINÇÃO ENTRE CONCUBINA E COMPANHEIRA. As doações feitas por homem casado à sua companheira, após a separação de fato de sua esposa, são válidas, porque, nesse momento, o concubinato anterior dá lugar à união estável; a contrario sensu, as doações feitas antes disso são nulas. Recurso Especial de Marília Soares de Oliveira conhecido em parte e, nessa parte, provido; recurso especial de Françoise Pauline Portalier Tersiguel não conhecido. (REsp 408.296/RJ, Rel. Ministro ARI PARGENDLER, TERCEIRA TURMA, julgado em 18/06/2009, DJe 24/06/2009)

(OAB/Exame Unificado – 2007.2 – 2ª fase) Pedro, menor impúbere, representado por Sílvia, sua genitora, firmou com José, seu pai, no dia 1.º de dezembro de 2006, acordo extrajudicial submetido à homologação perante o órgão competente do Ministério Público, em que José se obrigara a pagar a Pedro a quantia mensal de R$ 380,00, a título de pensão alimentícia. Porém, José se encontra inadimplente com as prestações de junho a setembro de 2007. Considerando essa situação hipotética, na condição de advogado(a) contratado(a) por Sílvia, redija um texto fundamentado que informe a sua cliente sobre a possibilidade fática e jurídica de o juiz decretar a prisão civil de José ante o inadimplemento deste frente à referida obrigação alimentar. (Data da prova: 30/09/07)

RESOLUÇÃO DA QUESTÃO

De acordo com a jurisprudência do Superior Tribunal de Justiça, o débito alimentar que autoriza a prisão civil do alimentante é apenas o que compreende as três prestações anteriores ao ajuizamento da execução e as prestações que se vencerem no curso do processo.

CIVIL

Essa jurisprudência tenta compatibilizar o direito de liberdade com o direito à vida e à saúde. Pelo princípio da proporcionalidade só se justifica cercear a liberdade de alguém, no caso alimentante, se for para garantir o pagamento das prestações mais imediatas em favor do alimentando, no caso, para garantir as prestações que consigam resguardar as necessidades atuais alimentares.

Dessa forma, somente em relação aos débitos de setembro, agosto e julho, de 2007, a prisão pode ser decretada.

Comentários adicionais.

Súmula 309 STJ. O débito alimentar que autoriza a prisão civil do alimentante é o que compreende as três prestações anteriores ao ajuizamento da execução e as que se vencerem no curso do processo.

(OAB/Exame Unificado – 2007.1 – 2ª fase) Pércio Acreano presta alimentos no valor mensal de R$ 600,00 a Jocélio Acreano Júnior, com 14 anos de idade, conforme termo de acordo firmado entre as partes e referendado pelo órgão da Defensoria Pública. Pércio contudo, pretende reduzir essa verba alimentícia para o valor de R$ 300,00 mensais, sob o fundamento de ter sofrido redução em seus rendimentos, em razão da dispensa da função comissionada até então exercida, bem como de o alimentando ter passado a perceber bolsa de estágio no valor de um salário-mínimo. No entanto, Joana, representante legal de Júnior, discorda dessa redução, sob a justificativa de que as despesas de mantença do representado também sofreram igual incremento. Na qualidade de advogado consultado por Pércio sobre esse tema, responda, fundamentadamente, às seguintes questões.

1. Qual é a espécie de tutela cabível e adequada para se pleitear, em sede judicial, a pretensão almejada por Pércio?
2. Qual o valor da causa?

RESOLUÇÃO DA QUESTÃO

Pércio deve ingressar com ação de revisional de alimentos. O pedido de revisão de alimentos tem fundamento no art. 1.699 do Código Civil, pelo qual, ocorrendo alteração no binômio necessidade/possibilidade, é possível reclamar ao juiz a redução ou a majoração do encargo, sendo que, em determinados casos cabe até o pedido de exoneração do dever de prestar alimentos, hipóteses em que se tem a ação de exoneração de alimentos.

O valor da causa, na ação de alimentos, consiste na somatória de 12 prestações mensais, pedidas pelo autor (art. 259, VI, do CPC). No caso em tela, por se tratar de ação de revisional de alimentos, o valor da causa deve ser, por analogia, a somatória de 12 diferenças entre a prestação hoje devida e a prestação que se deseja ver fixada. No caso, o valor da causa é igual a R$ 3.600,00.

Comentários adicionais.

Confira uma série de decisões do STJ, acerca de temática dos Alimentos:

1) OBRIGAÇÃO DE PAGAR ALIMENTOS.

A obrigação de pagar alimentos aos idosos é solidária. "Direito civil e processo civil. Ação de alimentos proposta pelos pais idosos em face de um dos filhos. Chamamento da outra filha para integrar a lide. Definição da natureza solidária da obrigação de prestar alimentos à luz do Estatuto do Idoso. - A doutrina é uníssona, sob o prisma do Código Civil, em afirmar que o dever de prestar alimentos recíprocos entre pais e filhos não tem natureza solidária, porque é conjunta. - A Lei 10.741/2003, atribuiu natureza solidária à obrigação de prestar alimentos quando os credores forem idosos, que por força da sua natureza especial prevalece sobre as disposições específicas do Código Civil. - O Estatuto do Idoso, cumprindo política pública (art. 3º), assegura celeridade no processo, impedindo intervenção de outros eventuais devedores de alimentos. - A solidariedade da obrigação alimentar devida ao idoso lhe garante a opção entre os prestadores (art. 12). Recurso especial não conhecido." (REsp 775.565/SP, Rel. Ministra NANCY ANDRIGHI, TERCEIRA TURMA, julgado em 13/06/2006, DJ 26/06/2006 p. 143)

Há responsabilidade complementar, e não só sucessiva, dos avós pagarem alimentos aos netos. "Direito civil. Família. Alimentos. Responsabilidade dos avós. Complementar. - A responsabilidade dos avós de prestar alimentos aos netos não é apenas sucessiva, mas também complementar, quando demonstrada a insuficiência de recursos do genitor. - Tendo o Tribunal de origem reconhecido a possibilidade econômica do avô e a insuficiência de recursos do genitor, inviável a modificação da conclusão do acórdão recorrido, pois implicaria em revolvimento do conjunto fático-probatório." (REsp 579.385/SP, Rel. Ministra NANCY ANDRIGHI, TERCEIRA TURMA, julgado em 26/08/2004, DJ 04/10/2004 p. 291)

Transmissão para os herdeiros da obrigação de pagar alimentos. "DIREITO CIVIL. OBRIGAÇÃO. PRESTAÇÃO. ALIMENTOS. TRANSMISSÃO. HERDEIROS. ART. 1.700 DO NOVO CÓDIGO CIVIL. 1 - O espólio tem a obrigação de prestar alimentos àquele a quem o *de cujus* devia, mesmo vencidos após a sua morte. Enquanto não encerrado o inventário e pagas as quotas devidas aos sucessores, o autor da ação de alimentos e presumível herdeiro não pode ficar sem condições de subsistência no decorrer do processo. Exegese do art. 1.700 do novo Código Civil." (REsp 219.199/PB, Rel. Ministro RUY ROSADO DE AGUIAR, Rel. p/ Acórdão Ministro FERNANDO GONÇALVES, SEGUNDA SEÇÃO, julgado em 10/12/2003, DJ 03/05/2004 p. 91)

2) COMPOSIÇÃO DO QUANTUM DA PRESTAÇÃO ALIMENTÍCIA.

O 1/3 de férias compõe o valor da pensão alimentícia. "DIREITO DE FAMÍLIA. ALIMENTOS. INCIDÊNCIA SOBRE UM TERÇO DE FÉRIAS. POSSIBILIDADE. PRECEDENTES. O chamado terço constitucional de férias, comum a todos os servidores, incorpora-se à remuneração. Logo, integra a base de cálculo dos alimentos." (REsp 686.642/RS, Rel. Ministro CASTRO FILHO, TERCEIRA TURMA, julgado em 16/02/2006, DJ 10/04/2006 p. 180)

O 13º integra o valor da pensão alimentícia, mesmo quando esta é fixada em valor fixo. "DIREITO DE FAMÍLIA. RECURSO ESPECIAL. ALIMENTOS. INCIDÊNCIA SOBRE O DÉCIMO TERCEIRO SALÁRIO. POSSIBILIDADE. - O décimo terceiro salário deve integrar a base de cálculo da pensão alimentícia, mesmo quando os alimentos foram estabelecidos em valor mensal fixo." (REsp 622.800/RS, Rel. Ministra NANCY ANDRIGHI, TERCEIRA TURMA, julgado em 14/06/2005, DJ 01/07/2005 p. 519)

A constituição de nova família, com novos filhos do alimentante, não determina, por si só, a diminuição do valor dos alimentos devidos, se não há modificação na situação econômica do alimentante. ALIMENTOS - BINÔMIO NECESSIDADE - POSSIBILIDADE - REVISÃO - CONSTITUIÇÃO DE NOVA FAMÍLIA PELO ALIMENTANTE COM NASCIMENTO DE FILHOS - CIRCUNSTÂNCIA QUE, POR SI SÓ, NÃO POSSIBILITA A ALTERAÇÃO - AUSÊNCIA DE MODIFICAÇÃO NA SITUAÇÃO ECONÔMICA DO ALIMENTANTE. A circunstância de o alimentante constituir nova família, com nascimento de filhos, por si só, não importa na redução da pensão alimentícia paga a filha havida de união anterior, sobretudo se não resta verificada a mudança para pior na situação econômica daquele." (REsp 703.318/PR, Rel. Ministro JORGE SCARTEZZINI, QUARTA TURMA, julgado em 21/06/2005, DJ 01/08/2005 p. 470)

A constituição de nova família, com novos filhos do alimentante, pode determinar a diminuição do valor dos alimentos devidos, se houver modificação na situação econômica do alimentante, em razão do princípio da igualdade entre os filhos. "DIREITO CIVIL. REVISÃO DE ALIMENTOS. CELEBRAÇÃO DE NOVO CASAMENTO, COM FILHOS. CABIMENTO. O advento de prole resultante da celebração de um novo casamento representa encargo superveniente que pode autorizar a diminuição do valor da prestação alimentícia antes estipulado, uma vez que, por princípio de equidade, todos os filhos comungam do mesmo direito de terem o seu sustento provido pelo genitor comum, na proporção das possibilidades deste e necessidades daqueles. (REsp 244.015/SC, Rel. Ministro CASTRO FILHO, TERCEIRA TURMA, julgado em 19/04/2005, DJ 05/09/2005 p. 396)

3) AÇÃO DE ALIMENTOS.

Os alimentos definitivos retroagem à data da citação, ainda que diminuídos, ressalvados os valores já pagos, que são irrepetíveis. FAMÍLIA. ALIMENTOS. ALIMENTOS DEFINITIVOS FIXADOS EM VALOR INFERIOR AOS PROVISÓRIOS. TERMO INICIAL. CITAÇÃO. Fixados os alimentos definitivos em valor inferior ao dos provisórios, retroagirão à data da citação, ressalvadas as possíveis prestações já quitadas em virtude da irrepetibilidade daquilo que já foi pago." (AgRg no Ag 982.233/PR, Rel. Ministro ALDIR PASSARINHO JUNIOR, QUARTA TURMA, julgado em 17/06/2008, DJe 25/08/2008)

4) REVISIONAL DE ALIMENTOS.

Os alimentos reduzidos em ação revisional retroagem à data da citação, ressalvados os valores já pagos, que são irrepetíveis. "Família. Alimentos. Execução extinta. Sentença em revisional que reduz os alimentos transitada em julgado. Retroatividade mantida. Embargos de declaração. - Ao julgador não cumpre esmiuçar a questão sob a ótica tal como deduzida pela parte, bastando que dê solução adequada e fundamentada à controvérsia, sem omissões, contradições ou obscuridades no julgado. - Em qualquer circunstância, seja reduzida, majorada ou efetivamente suprimida a pensão alimentícia, a decisão retroagirá à data da citação da revisional, a teor do art. 13, § 2º, da Lei de Alimentos – LA (n.º 5.478/68), remanescendo incólume, contudo, a irrepetibilidade daquilo que já foi pago. (REsp 967.168/SP, Rel. Ministra NANCY ANDRIGHI, TERCEIRA TURMA, julgado em 13/05/2008, DJe 28/05/2008)

Os alimentos majorados em ação revisional retroagem à data da citação. "ALIMENTOS. AÇÃO REVISIONAL. PROCEDÊNCIA DO PEDIDO. ALTERAÇÃO DO VALOR DA PENSÃO E INCLUSÃO DOS ALIMENTANDOS EM PLANO DE SAÚDE. EFEITOS. TERMO INICIAL. I - Em caso de majoração do encargo, sejam os alimentos provisionais ou definitivos, o novo valor fixado retroage à data da citação, em consonância com o que dispõe o artigo 13, § 2º, da Lei nº 5.474/68, o qual não faz qualquer distinção a esse respeito, dispondo, ao contrário, que, "Em qualquer caso, os alimentos fixados retroagem à data da citação." II - A despeito de a obrigação de inclusão dos alimentandos em plano de saúde possuir caráter alimentar, sua implementação não deverá retroagir à data da citação, mormente porque, no caso, a responsabilidade do genitor com os gastos de saúde dos filhos já vinha sendo cumprida, de forma genérica, como consequência do acordo de separação, tendo havido apenas uma mudança na forma de seu cumprimento. Embargos de declaração acolhidos, em parte, com efeito infringente." (EDcl no REsp 504.630/SP, Rel. Ministro CASTRO FILHO, TERCEIRA TURMA, julgado em 10/08/2006, DJ 11/09/2006 p. 247)

5) EXONERAÇÃO DE ALIMENTOS.

A maioridade não cessa automaticamente o dever de pagar alimentos. "DIREITO CIVIL. FAMÍLIA. ALIMENTOS. EXONERAÇÃO AUTOMÁTICA COM A MAIORIDADE DO ALIMENTANDO. IMPOSSIBILIDADE. PRECEDENTES. 1. Com a maioridade cessa o poder familiar, mas não se extingue, *ipso facto*, o dever de prestar alimentos, que passam a ser devidos por força da relação de parentesco. Precedentes. 2. Antes da extinção do encargo, mister se faz propiciar ao alimentando oportunidade para comprovar se continua necessitando dos alimentos." (REsp 688.902/DF, Rel. Ministro FERNANDO GONÇALVES, QUARTA TURMA, julgado em 16/08/2007, DJ 03/09/2007 p. 181)

A maioridade não cessa automaticamente o dever de pagar alimentos, pois alimentos são fundados no parentesco e não só no poder familiar. "Direito civil. Família. Execução de alimentos. Maioridade das filhas. Exoneração automática. Impossibilidade. Prescrição da pretensão ao pagamento das parcelas vencidas há mais de cinco anos. - Não tem lugar a exoneração automática do dever de prestar alimentos em decorrência do advento da maioridade do alimentando, devendo-se propiciar a este a oportunidade de se manifestar e comprovar, se for o caso, a impossibilidade de prover a própria subsistência. Isto porque, a despeito de extinguir-se o pode familiar com a maioridade, não cessa o dever de prestar alimentos fundados no parentesco. Precedentes. - A prescrição quinquenal prevista no art. 178, § 10, inc. I, do CC/16, aplicável à espécie, opera-se com relação a cada prestação alimentícia atrasada que se for tornando inadimplida e não reclamada." (REsp 896.739/RJ, Rel. Ministra NANCY ANDRIGHI, TERCEIRA TURMA, julgado em 14/06/2007, DJ 29/06/2007 p. 621)

Súmula 358 do STJ: "O cancelamento de pensão alimentícia de filho que atingiu a maioridade está sujeito à decisão judicial, mediante contraditório, ainda que nos próprios autos."

6) JULGAMENTO DIVERSO DO PEDIDO.

Direito civil. Família. Ação revisional de alimentos. Percentual sobre rendimentos do alimentante. Pagamento dos estudos dos alimentandos e do aluguel do imóvel por eles ocupado. Julgamento diverso do pedido. Não ocorrência. Modificação da verba alimentar. Observância do binômio necessidade/possibilidade. Reexame de provas. - Não há julgamento diverso do pedido, quando da causa de pedir – na hipótese, modificação do binômio necessidade/possibilidade –, decorre o pedido – modificação do valor dos alimentos –, o qual restou fixado pelo Tribunal de origem em estrita interpretação dos pleitos formulados pelas partes, em nada inovando. - Na via especial não se reexamina o conteúdo probatório do processo, notadamente quando o Tribunal de origem bem analisou, quanto aos alimentos fixados, as necessidades dos reclamantes e os recursos da pessoa obrigada, nos termos do art. 1.694, § 1º, do CC/02." (REsp 866.230/RS, Rel. Ministra NANCY ANDRIGHI, TERCEIRA TURMA, julgado em 14/06/2007, DJ 29/06/2007 p. 610)

7) SEPARAÇÃO, DIVÓRCIO E ALIMENTOS.

Não é possível a fixação de alimentos temporários (com prazo definido) para a mulher separada do marido. "DIREITO CIVIL. FAMÍLIA. ALIMENTOS ENTRE CÔNJUGES. PRAZO. Se, na constância do casamento, a mulher não dispõe dos meios próprios para prover o seu sustento e se o seu marido tem capacidade para tanto, não se pode fixar o dever alimentício pelo prazo de apenas um ano, apenas porque ela é jovem e capaz para o trabalho." (REsp 555.429/RJ, Rel. Ministro CESAR ASFOR ROCHA, QUARTA TURMA, julgado em 08/06/2004, DJ 11/10/2004 p. 339)

Como regra, o divórcio põe fim a dever de alimentos, mas juiz deve se ater ao caso concreto para verificar se alimentando não consegue prover o seu sustento. "Direito civil. Família. Revisional de alimentos. Reconvenção com pedido de exoneração ou, sucessivamente, de redução do encargo. Dever de mútua assistência. Divórcio. Cessação. Caráter assistencial dos alimentos. Comprovação da necessidade de quem os pleiteia. Condição social. Análise ampla do julgador. Peculiaridades do processo. - Sob a perspectiva do ordenamento jurídico brasileiro, o dever de prestar alimentos entre ex-cônjuges, reveste-se de caráter assistencial, não apresentando características indenizatórias, tampouco fundando-se em qualquer traço de dependência econômica havida na constância do casamento. - O dever de mútua assistência que perdura ao longo da união, protrai-se no tempo, mesmo após o término da sociedade conjugal, assentado o dever de alimentar dos então separandos, ainda unidos pelo vínculo matrimonial, nos elementos dispostos nos arts. 1.694 e 1.695 do CC/02, sintetizados no amplamente difundido binômio – necessidades do reclamante e recursos da pessoa obrigada. - Ultrapassada essa etapa – quando dissolvido o casamento válido pelo divórcio, tem-se a consequente extinção do dever de mútua assistência, não remanescendo qualquer vínculo entre os divorciados, tanto que desimpedidos de contrair novas núpcias. Dá-se, portanto, incontornável ruptura a quaisquer deveres e obrigações inerentes ao matrimônio cujo divórcio impôs definitivo termo. - Por força dos usualmente reconhecidos efeitos patrimoniais do matrimônio e também com vistas a não tolerar a perpetuação de injustas situações que reclamem solução no sentido de perenizar a assistência, optou-se por traçar limites para que a obrigação de prestar alimentos não seja utilizada ad *aeternum* em hipóteses que não demandem efetiva necessidade de quem os pleiteia. - Dessa forma, em paralelo ao raciocínio de que a decretação do divórcio cortaria toda e qualquer possibilidade de se postular alimentos, admite-se a possibilidade de prestação do encargo sob as diretrizes consignadas nos arts. 1.694 e ss. do CC/02, o que implica na decomposição do conceito de necessidade, à luz do disposto no art. 1.695 do CC/02, do qual é possível colher os seguintes requisitos caracterizadores: (i) a ausência de bens suficientes para a manutenção daquele que pretende alimentos; e (ii) a incapacidade do pretenso alimentando de prover, pelo seu trabalho, à própria mantença. - Partindo-se para uma análise socioeconômica, cumpre circunscrever o debate relativo à necessidade a apenas um de seus aspectos: a existência de capacidade para o trabalho e a sua efetividade na mantença daquele que reclama alimentos, porquanto a primeira possibilidade legal que afasta a necessidade – existência de patrimônio suficiente à manutenção do ex-cônjuge –, agrega alto grau de objetividade, sofrendo poucas variações conjunturais, as quais mesmo quando ocorrem, são facilmente identificadas e sopesadas. - O principal subproduto da tão propalada igualdade de gêneros estatuída na Constituição Federal, foi a materialização legal da reciprocidade no direito a alimentos, condição reafirmada pelo atual Código Civil, o que significa situar a existência de novos paradigmas nas relações intrafamiliares, com os mais inusitados arranjos entre os entes que formam a família do século XXI, que coexistem, é claro, com as tradicionais figuras do pai/marido provedor e da mãe/mulher de afazeres domésticos. - O fosso fático entre a lei e a realidade social impõe ao julgador detida análise de todas as circunstâncias e peculiaridades passíveis de visualização ou intelecção do processo, para a imprescindível definição quanto à capacidade ou não de autossustento daquele que pleiteia alimentos. - Seguindo os parâmetros probatórios estabelecidos no acórdão recorrido, não paira qualquer dúvida acerca da capacidade da alimentada de prover, nos exatos termos do art. 1.695 do CC/02, sua própria mantença, pelo seu trabalho e rendimentos auferidos do patrimônio de que é detentora. - No que toca à genérica disposição legal contida no art. 1.694, caput, do CC/02, referente à compatibilidade dos alimentos prestados com a condição social do alimentado, é de todo inconcebível que ex-cônjuge, que pleiteie alimentos, exija-os com base no simplista cálculo aritmético que importe no rateio proporcional da renda integral da desfeita família; isto porque a condição social deve ser analisada à luz de padrões mais amplos, emergindo, mediante inevitável correlação com a divisão social em classes, critério que, conquanto impreciso, ao menos aponte norte ao julgador que deverá, a partir desses valores e das particularidades de cada processo, reconhecer ou não a necessidade dos alimentos pleiteados e, se for o caso, arbitrá-los. - Por restar fixado pelo Tribunal Estadual, de forma induvidosa, que a alimentanda não apenas apresenta plenas condições de inserção no mercado de trabalho como também efetivamente exerce atividade laboral, e mais, caracterizada essa atividade como potencialmente apta a mantê-la com o mesmo status social que anteriormente gozava, ou ainda alavancá-la a patamares superiores, deve ser julgado procedente o pedido de exoneração deduzido pelo alimentante em sede de reconvenção e, por consequência, improcedente o pedido de revisão de alimentos formulado pela então alimentada. Recurso especial conhecido e provido." (REsp 933.355/SP, Rel. Ministra NANCY ANDRIGHI, TERCEIRA TURMA, julgado em 25/03/2008, DJe 11/04/2008)

O divórcio pode ensejar o fim dos alimentos, mas não automaticamente. Questão deve ser objeto de decisão em juízo de família. HABEAS CORPUS. DEVEDOR DE ALIMENTOS. PRISÃO. VALOR DA PENSÃO, HERANÇA DA ALIMENTADA, GASTOS EFETUADOS. QUESTÕES INVIÁVEIS NA VIA ESTREITA DO HABEAS CORPUS. DIVÓRCIO NÃO CONFIGURA CAUSA AUTOMÁTICA EXONERATIVA DE PRESTAR ALIMENTOS. 1. As questões relativas ao valor da pensão alimentícia, existência de herança da alimentanda e gastos desta envolvem profundo exame de questões fático-probatórias, inviável na via estreita do habeas corpus. 2. "O término do vínculo conjugal, em razão do divórcio, não é, por si só, causa exonerativa do dever de prestar alimentos, mormente quando a alimentanda (...) dificilmente terá condições de exercer atividade laborativa". O foro adequado para tal discussão é a Vara de Família. 3. Não restou comprovado que as execuções de alimentos atacadas se refeririam tão somente a débitos antigos, em razão da insuficiência na instrução dos presentes autos." (HC 63.746/RJ, Rel. Ministro HÉLIO QUAGLIA BARBOSA, QUARTA TURMA, julgado em 06/02/2007, DJ 19/03/2007 p. 353)

Renúncia a alimentos na separação. Impossibilidade de pleito posterior. "Direito civil e processual civil. Família. Recurso especial. Separação judicial. Acordo homologado. Cláusula de renúncia a alimentos. Posterior ajuizamento de ação de alimentos por ex-cônjuge. Carência de ação. Ilegitimidade ativa. - A cláusula de renúncia a alimentos, constante em acordo de separação devidamente homologado, é válida e eficaz, não permitindo ao ex-cônjuge que renunciou, a pretensão de ser pensionado ou voltar a pleitear o encargo. - Deve ser reconhecida a carência da ação, por ilegitimidade ativa do ex-cônjuge para postular em juízo o que anteriormente renunciara expressamente." (REsp 701.902/SP, Rel. Ministra NANCY ANDRIGHI, TERCEIRA TURMA, julgado em 15/09/2005, DJ 03/10/2005 p. 249)

Dispensa de alimentos no divórcio. Impossibilidade de pleito posterior. "CIVIL. FAMÍLIA. SEPARAÇÃO CONSENSUAL. CONVERSÃO. DIVÓRCIO. ALIMENTOS. DISPENSA MÚTUA. POSTULAÇÃO POSTERIOR. EX-CÔNJUGE. IMPOSSIBILIDADE. 1 - Se há dispensa mútua entre os cônjuges quanto à prestação alimentícia e na conversão da separação consensual em divórcio não se faz nenhuma ressalva quanto a essa parcela, não pode um dos ex-cônjuges, posteriormente, postular alimentos, dado que já definitivamente dissolvido qualquer vínculo existente entre eles." (REsp 199.427/SP, Rel. Ministro FERNANDO GONÇALVES, QUARTA TURMA, julgado em 09/03/2004, DJ 29/03/2004 p. 244)

Pensão previdenciária e separação. Súmula 336 do STJ: "A mulher que renunciou aos alimentos na separação judicial tem direito à pensão previdenciária por morte do ex-marido, comprovada a necessidade econômica superveniente."

8) EXECUÇÃO DE ALIMENTOS.

8.1) Ilegitimidade da mãe de filha já maior.

Ilegitimidade da mãe para utilizar execução de alimentos para se ressarcir junto ao pai de despesas com a filha, agora já maior. "Família. Execução de alimentos. Maioridade e colação de grau da credora. Decisão interlocutória. Pretensão da mãe de prosseguir com a execução, sub-rogando-se na condição de credora dos alimentos que pagou em lugar do pai inadimplente. Carência de interesse processual. Ilegitimidade ativa. - Não há como a mãe estribar-se como parte legítima ativa de execução proposta pela filha em face do pai, quando apenas assistiu a menor em razão de sua incapacidade relativa, suprida pelo advento da maioridade no curso do processo. - Da mesma forma, embora se mostre notório que o pai se esquivou ao longo dos anos do dever de prestar os alimentos constituídos por título judicial advindo de revisional de alimentos, onerando exclusivamente a genitora no sustento da prole, não é a execução de alimentos devidos unicamente à filha o meio apropriado para a mãe buscar o reembolso das despesas efetuadas, o que poderá ocorrer por meio de ação própria. Recurso especial não conhecido." (REsp 859.970/SP, Rel. Ministra NANCY ANDRIGHI, TERCEIRA TURMA, julgado em 13/03/2007, DJ 26/03/2007 p. 241)

8.2) Legitimidade do Ministério Público para a execução alimentos.

O Ministério Público tem legitimidade para a execução alimentos, em se tratando de pessoas carentes. "Direito civil e processual civil. Ação de execução de alimentos. Ministério Público. Legitimidade ativa. - É socialmente relevante e legítima a substituição processual extraordinária do Ministério Público, notadamente quando na defesa dos economicamente pobres, como também em virtude da precária ou inexistente assistência jurídica prestada pelas Defensorias Públicas. - Dado o caráter indisponível do direito a receber alimentos, em se tratando de criança ou adolescente, é legítima a atuação do Ministério Público como substituto processual em ação de execução de prestação alimentícia por descumprimento de acordo referendado pelo próprio Órgão Ministerial. - O tão só descumprimento de acordo de alimentos evidencia violação a direito da criança, que se vê privada do atendimento de suas necessidades básicas." (REsp 510.969/PR, Rel. Ministra NANCY ANDRIGHI, TERCEIRA TURMA, julgado em 06/10/2005, DJ 06/03/2006 p. 372)

8.3) Penhora de rendimentos, para pagamento de alimentos.

Admite-se penhora de parte da aposentadoria para o pagamento de alimentos. "FAMÍLIA. EXECUÇÃO DE ALIMENTOS. PENHORA DE APOSENTADORIA. POSSIBILIDADE. ART. 649, IV E VII, DO CPC. PENHORA DA INTEGRALIDADE DO VALOR DA APOSENTADORIA. INADMISSIBILIDADE. NECESSIDADE DE FIXAÇÃO EM PERCENTUAL QUE POSSIBILITE A SUBSISTÊNCIA DO EXECUTADO-ALIMENTANTE. - Os proventos líquidos de aposentadoria podem ser penhorados para pagamento de execução de pensão alimentícia, não obstante o inc. VII, do art. 649, do CPC silencie a esse respeito. - Para pagamento de prestação alimentícia, não pode ser penhorada a integralidade dos proventos líquidos de aposentadoria, mas apenas um percentual que permita o indispensável à subsistência do executado-alimentante; que, na espécie, é fixado em **66% dos proventos líquidos da aposentadoria mensal do recorrente**. Recurso especial provido apenas para adequação do percentual da penhora." (REsp 770.797/RS, Rel. Ministra NANCY ANDRIGHI, TERCEIRA TURMA, julgado em 29/11/2006, DJ 18/12/2006 p. 377)

8.4. Penhora de bem de família, para pagamento de alimentos.

Possibilidade de penhora de bem de família para a execução de alimentos. EXECUÇÃO DE ALIMENTOS - ARRESTO EFETUADO SOBRE IMÓVEL PERTENCENTE AO DEVEDOR E SUA ESPOSA - EMBARGOS DE TERCEIRO OPOSTOS POR ESTA - IMPROCEDÊNCIA - POSSIBILIDADE DA CONSTRIÇÃO - EXECUÇÃO MOVIDA POR CREDOR DE PENSÃO ALIMENTÍCIA - PENHORABILIDADE DO BEM DE FAMÍLIA - EXCEPCIONALIDADE - ART. 3º, III, DA LEI Nº 8.009/90 - BEM INDIVISÍVEL DE PROPRIEDADE

COMUM DO CASAL - RESERVA DA METADE DO VALOR OBTIDO EM HASTA PÚBLICA PARA A CÔNJUGE-MEEIRA - DISSÍDIO PRETORIANO NÃO COMPROVADO. 1 - Esta Corte Superior tem decidido, reiteradamente, que, a teor do art. 255 e parágrafos do RISTJ, para comprovação e apreciação do dissídio, devem ser mencionadas e expostas as circunstâncias que identificam ou assemelham os casos confrontados, bem como juntadas cópias integrais de tais julgados ou, ainda, citado repositório oficial de jurisprudência. Inexistindo estes requisitos, impossível conhecer da divergência aventada. 2 - Impossível alegar a impenhorabilidade do bem de família nas execuções de pensão alimentícia no âmbito do Direito de Família, nos termos do art. 3º, III, da Lei nº 8.009/90. Sendo penhorável, é válido o arresto efetuado sobre o referido bem, que, em caso do não pagamento do débito alimentar, será convertido em penhora, de acordo com o art. 654 do CPC. Necessário, no entanto, resguardar a meação da esposa do alimentante, que não é devedora dos alimentos devidos ao filho deste, nascido fora do casamento. Note-se que este Tribunal de Uniformização Infraconstitucional já firmou entendimento no sentido da possibilidade do bem indivisível de propriedade comum do casal, em razão do regime de casamento adotado, ser penhorado e levado à hasta pública em sua totalidade, desde que reservada à cônjuge-meeira a metade do valor obtido. - Recurso parcialmente conhecido e, nesta parte, provido para reconhecer a possibilidade do arresto efetuado sobre o imóvel em comento, reservando-se à cônjuge-meeira a metade do valor obtido quando da alienação do bem. Invertido o ônus da sucumbência." (REsp 697.893/MS, Rel. Ministro JORGE SCARTEZZINI, QUARTA TURMA, julgado em 21/06/2005, DJ 01/08/2005 p. 470)

8.5. Prescrição.

A prescrição para a pretensão de executar alimentos não corre em favor do absolutamente incapaz. "CIVIL E PROCESSUAL CIVIL. ALIMENTOS. PRESCRIÇÃO QUINQUENAL. INEXISTÊNCIA. BEM DE FAMÍLIA. IMPENHORABILIDADE. MENÇÃO GENÉRICA AO INTEIRO TEOR DA LEI. DISSÍDIO NÃO CONFIGURADO. I – Tratando-se de execução de alimentos, proposta por alimentando absolutamente incapaz, não há que se falar em prescrição quinquenal das prestações mensais, em virtude do disposto nos artigos 168, II, e 169, I, do Código Civil de 1916. II – Inadmissível, em sede de especial, a menção genérica ao inteiro teor da lei, sem a particularização dos dispositivos legais ditos violados. III – É de ser negado seguimento ao recurso fundado na alínea "c" do permissivo constitucional, quando não demonstrada a existência do propalado dissídio." (REsp 569.291/SP, Rel. Ministro CASTRO FILHO, TERCEIRA TURMA, julgado em 02/10/2003, DJ 20/10/2003 p. 276)

8.6. Prisão civil.

Só se admite a prisão civil em relação aos débitos atuais, ou seja, em relação às três prestações anteriores ao ajuizamento mais às que se vencerem no curso do processo. Súmula 309 do STJ: "O débito alimentar que autoriza a prisão civil do alimentante é o que compreende as três prestações anteriores ao ajuizamento da execução e as que se vencerem no curso do processo."

O habeas corpus não é adequado para examinar aspectos probatórios acerca da capacidade financeira do alimentante. RECURSO ORDINÁRIO EM HABEAS CORPUS. PRESTAÇÕES ALIMENTÍCIAS. DÉBITO ATUAL. PRISÃO CIVIL. Não constitui o habeas corpus remédio adequado para examinar aspectos probatórios acerca da capacidade financeira do alimentante. (RHC 24.415/SP, Rel. Ministro LUIS FELIPE SALOMÃO, QUARTA TURMA, julgado em 07/10/2008, DJe 28/10/2008)

Justificativas possíveis para evitar a prisão civil. "Execução de alimentos sob o rito previsto no art. 733 do CPC. Parcelamento do débito determinado pelo Juízo. Dedução de valores pagos a título de mensalidades escolares. Suspensão do processo com base no art. 792 do CPC. Ausência de concordância do credor. - A execução de alimentos exige pronto adimplemento, por isso mesmo que ofertado ao credor rito dotado de celeridade, disposto no art. 733 do CPC, com a possibilidade de decretação de prisão civil, conferida pelo art. 5º, inc. LXVII, da CF, que, dessa forma, oferece meio coercitivo para a imposição do cumprimento da obrigação. - Permite-se tão somente o acolhimento da justificativa, no sentido de livrar o devedor de alimentos da iminente prisão civil, quando demonstre que houve o pagamento ou ainda a impossibilidade de efetuá-lo. Não se concebe, neste momento da execução, ofertar ao devedor parcelamento do débito, tampouco a compensação de valores pagos a título de mensalidades escolares, quando a tanto não anuiu o credor. - A ausência de concordância do credor com a proposta do devedor, formulada em sede de justificativa, obsta, portanto, a adoção, pelo julgador, de qualquer ato tendente a criar embaraço ao pronto atendimento das necessidades do credor de alimentos, sob pena de restrição ao caráter emergencial conferido à obrigação alimentícia." (REsp 1050994/DF, Rel. Ministra NANCY ANDRIGHI, TERCEIRA TURMA, julgado em 23/09/2008, DJe 03/10/2008)

A prisão civil em regime semiaberto é excepcional. "Habeas Corpus. Ação de execução. Pensão alimentícia. Cumprimento. Regime semiaberto. Excepcionalidade. - É cabível a prisão civil do alimentante inadimplente em ação de execução contra si proposta, quando se visa ao recebimento das últimas três parcelas devidas a título de pensão alimentícia, mais as que vencerem no curso do processo. - A jurisprudência do STJ firmou-se no sentido de, considerando que a finalidade da prisão civil é justamente coagir o devedor a honrar a obrigação, determinar o seu cumprimento nos moldes do regime fechado, tão somente admitindo a conversão para forma de cumprimento mais benéfica em hipóteses excepcionais, nas quais não se amolda a presente." (HC 104.454/RJ, Rel. Ministra NANCY ANDRIGHI, TERCEIRA TURMA, julgado em 17/06/2008, DJe 23/06/2008)

CIVIL

9) FISCALIZAÇÃO DA UTILIZAÇÃO DOS ALIMENTOS.

O alimentante não pode ingressar com ação de prestação de contas contra a mãe do alimentando, por não caber repetição dos valores pagos. Família. Ação de prestação de contas. Alimentos. Ausência de interesse de agir. - No procedimento especial de jurisdição contenciosa, previsto nos arts. 914 a 919 do CPC, de ação de prestação de contas, se entende por legitimamente interessado aquele que não tenha como aferir, por ele mesmo, em quanto importa seu crédito ou débito, oriundo de vínculo legal ou negocial, nascido em razão da administração de bens ou interesses alheios, realizada por uma das partes em favor da outra. - O objetivo da ação de prestação de contas é o de fixar, com exatidão, no tocante ao aspecto econômico de relacionamento jurídico havido entre as partes, a existência ou não de um saldo, para estabelecer, desde logo, o seu valor, com a respectiva condenação judicial da parte considerada devedora. - Aquele que presta alimentos não detém interesse processual para ajuizar ação de prestação de contas em face da mãe da alimentada, porquanto ausente a utilidade do provimento jurisdicional invocado, notadamente porque quaisquer valores que sejam porventura apurados em favor do alimentante, estarão cobertos pelo manto do princípio da irrepetibilidade dos alimentos já pagos. - A situação jurídica posta em discussão pelo alimentante por meio de ação de prestação de contas não permite que o Poder Judiciário oferte qualquer tutela à sua pretensão, porquanto da alegação de que a pensão por ele paga não está sendo utilizada pela mãe em verdadeiro proveito à alimentada, não subjaz qualquer vantagem para o pleiteante, porque: (i) a já referenciada irrepetibilidade dos alimentos não permite o surgimento, em favor do alimentante, de eventual crédito; (ii) não há como eximir-se, o alimentante, do pagamento dos alimentos assim como definidos em provimento jurisdicional, que somente pode ser modificado mediante outros meios processuais, próprios para tal finalidade." (REsp 985.061/DF, Rel. Ministra NANCY ANDRIGHI, TERCEIRA TURMA, julgado em 20/05/2008, DJe 16/06/2008)

10) CONSEQUÊNCIAS DO PRINCÍPIO DA PATERNIDADE RESPONSÁVEL.

"Direito civil. Família. Investigação de paternidade. Pedido de alimentos. Assento de nascimento apenas com o nome da mãe biológica. Adoção efetivada unicamente por uma mulher. - O art. 27 do ECA qualifica o reconhecimento do estado de filiação como direito personalíssimo, indisponível e imprescritível, o qual pode ser exercitado por qualquer pessoa, em face dos pais ou seus herdeiros, sem restrição. - Nesses termos, não se deve impedir uma pessoa, qualquer que seja sua história de vida, tenha sido adotada ou não, de ter reconhecido o seu estado de filiação, porque subjaz a necessidade psicológica do conhecimento da verdade biológica, que deve ser respeitada. - Ao estabelecer o art. 41 do ECA que a adoção desliga o adotado de qualquer vínculo com pais ou parentes, por certo que não tem a pretensão de extinguir os laços naturais, de sangue, que perduram por expressa previsão legal no que concerne aos impedimentos matrimoniais, demonstrando, assim, que algum interesse jurídico subjaz. - O art. 27 do ECA não deve alcançar apenas aqueles que não foram adotados, porque jamais a interpretação da lei pode dar ensanchas a decisões discriminatórias, excludentes de direitos, de cunho marcadamente indisponível e de caráter personalíssimo, sobre cujo exercício não pode recair nenhuma restrição, como ocorre com o Direito ao reconhecimento do estado de filiação. - Sob tal perspectiva, tampouco poder-se-á tolher ou eliminar o direito do filho de pleitear alimentos do pai assim reconhecido na investigatória, não obstante a letra do art. 41 do ECA. - Na hipótese, ressalte-se que não há vínculo anterior, com o pai biológico, para ser rompido, simplesmente porque jamais existiu tal ligação, notadamente, em momento anterior à adoção, porquanto a investigante teve anotado no assento de nascimento apenas o nome da mãe biológica e foi, posteriormente, adotada unicamente por uma mulher, razão pela qual não constou do seu registro de nascimento o nome do pai. Recurso especial conhecido pela alínea "a" e provido." (REsp 813.604/SC, Rel. Ministra NANCY ANDRIGHI, TERCEIRA TURMA, julgado em 16/08/2007, DJ 17/09/2007 p. 258)

(OAB/Exame Unificado – 2006.3 – 2ª fase) Raul e Regina, brasileiros, casados entre si pelo regime da comunhão universal de bens, desde 15/12/1998, ajuizaram ação pleiteando a alteração do referido regime de casamento para o da comunhão parcial de bens. Alegam que pretendem constituir uma sociedade empresária, na qual os dois serão sócios e, sendo vedada aos cônjuges casados sob o regime da comunhão universal de bens a contratação de sociedade, requerem, então, a alteração do antigo regime para o de comunhão parcial de bens. Diante dessa situação, responda, fundamentadamente, aos seguintes questionamentos.

- ✓ É possível a alteração do regime nos casamentos realizados na vigência do Código Civil revogado?
- ✓ O motivo alegado pelo casal satisfaz a exigência legal para o deferimento do pedido de alteração? Quais são os requisitos legais para a pretendida alteração?

RESOLUÇÃO DA QUESTÃO

O atual Código Civil admite a alteração do regime de bens, nos termos do art. 1.639, § 2º, desde que preenchidos os seguintes requisitos: a) autorização judicial; b) pedido motivado de ambos os cônjuges; c) procedência das razões invocadas; d) ressalva aos direitos de terceiros.

No caso, o motivo alegado pelo casal – desejo de constituir uma sociedade empresária no qual os dois serão sócios – procede, pois, de fato, o art. 977 do Código Civil veda aos cônjuges casados pelo regime de comunhão universal (ou no de separação obrigatória) celebrar contrato de sociedade entre si.

Resta saber se tal pedido de alteração pode ser feito em relação a casamentos celebrados antes a entrada em vigor do atual Código Civil.

Uma interpretação literal do disposto no art. 2.039 do Código Civil pode levar ao entendimento de que a alteração não pode se dar, nesse caso.

Todavia, o que o art. 2.039 estabelece é que os regimes de casamento estão mantidos e respeitados, por se tratarem de ato jurídico perfeito. De fato, a lei não pode prejudicar o ato jurídico perfeito (art. 5º, XXXVI, da CF). Todavia, no caso, não se trata de prejudicar alguém contra sua vontade, mas de situação em que, os cônjuges, de comum acordo, tem interesse em modificar o regime de bens. Ademais, não se trata de aplicação retroativa da lei, mas em aplicação imediata da lei, permitida nos termos do art. 2.035 do Código Civil.

Assim, com base nesses argumentos, vem o Superior Tribunal de Justiça aceitando a alteração do regime matrimonial de casamentos celebrados antes da entrada em vigor do atual Código Civil, de modo que o pleito de Raul e Regina deve ser atendido pelo Poder Judiciário.

Comentários adicionais.

CIVIL - REGIME MATRIMONIAL DE BENS – ALTERAÇÃO JUDICIAL – CASAMENTO OCORRIDO SOB A ÉGIDE DO CC/1916 (LEI Nº 3.071) – POSSIBILIDADE – ART. 2.039 DO CC/2002 (LEI 10.406/2002) – CORRENTES DOUTRINÁRIAS – ART. 1.639, § 2º, C/C ART. 2.035 DO CC/2002 – NORMA GERAL DE APLICAÇÃO IMEDIATA. 1 - Apresenta-se razoável, *in casu*, não considerar o art. 2.039 do CC/2002 como óbice à aplicação de norma geral, constante do art. 1.639, § 2º, do CC/2002, concernente à alteração incidental de regime de bens nos casamentos ocorridos sob a égide do CC/1916, desde que ressalvados os direitos de terceiros e apuradas as razões invocadas pelos cônjuges para tal pedido, não havendo que se falar em retroatividade legal, vedada nos termos do art. 5º, XXXVI, da CF/88, mas, ao revés, nos termos do art. 2.035 do CC/2002, em aplicação de norma geral com efeitos imediatos. 2 - Recurso conhecido e provido pela alínea "a" para, admitindo-se a possibilidade de alteração do regime de bens adotado por ocasião de matrimônio realizado sob o pálio do CC/1916, determinar o retorno dos autos às instâncias ordinárias a fim de que procedam à análise do pedido, nos termos do art. 1.639, § 2º, do CC/2002. (REsp 730.546/MG, Rel. Ministro JORGE SCARTEZZINI, QUARTA TURMA, julgado em 23.08.2005, DJ 03.10.2005).

Casamento por regime de separação obrigatória, celebrado sob a égide do CC anterior, enseja modificação de regime se não houver prejuízo aos cônjuges e a terceiros. "Direito civil. Família. Casamento celebrado sob a égide do CC/16. Alteração do regime de bens. Possibilidade. - A interpretação conjugada dos arts. 1.639, § 2º, 2.035 e 2.039, do CC/02, admite a alteração do regime de bens adotado por ocasião do matrimônio, desde que ressalvados os direitos de terceiros e apuradas as razões invocadas pelos cônjuges para tal pedido. - Assim, se o Tribunal Estadual analisou os requisitos autorizadores da alteração do regime de bens e concluiu pela sua viabilidade, tendo os cônjuges invocado como razões da mudança a cessação da incapacidade civil interligada à causa suspensiva da celebração do casamento a exigir a adoção do regime de separação obrigatória, além da necessária ressalva quanto a direitos de terceiros, a alteração para o regime de comunhão parcial é permitida. - Por elementar questão de razoabilidade e justiça, o desaparecimento da causa suspensiva durante o casamento e a ausência de qualquer prejuízo ao cônjuge ou a terceiro, permite a alteração do regime de bens, antes obrigatório, para o eleito pelo casal, notadamente porque cessada a causa que exigia regime específico. - Os fatos anteriores e os efeitos pretéritos do regime anterior permanecem sob a regência da lei antiga. Os fatos posteriores, todavia, serão regulados pelo CC/02, isto é, a partir da alteração do regime de bens, passa o CC/02 a reger a nova relação do casal.- Por isso, não há se falar em retroatividade da lei, vedada pelo art. 5º, inc. XXXVI, da CF/88, e sim em aplicação de norma geral com efeitos imediatos." (REsp 821.807/PR, Rel. Ministra NANCY ANDRIGHI, TERCEIRA TURMA, julgado em 19/10/2006, DJ 13/11/2006 p. 261)

(OAB/Exame Unificado – 2006.3 – 2ª fase) Carla e Edson, por ocasião da separação judicial, ajustaram entre si doar o apartamento de propriedade do casal, livre de qualquer ônus ou encargo, à menor impúbere Giovana, única filha do casal. A sentença que homologou o acordo e decretou a separação do casal transitou em julgado. No entanto, a doação não foi levada a registro no cartório imobiliário. Diante da situação hipotética acima descrita, responda, fundamentadamente, se os doadores por comum acordo podem revogar a referida doação.

RESOLUÇÃO DA QUESTÃO

A jurisprudência do Superior Tribunal de Justiça não vem admitindo a revogação da referida doação. Isso porque, homologado o acordo por sentença judicial e restando esta transitada em julgado, fica o comando coberto pelo manto da coisa julgada.

Nesses casos, os atos jurídicos homologados por sentença judicial somente poderão ser desfeitos por ação anulatória, em que se demonstre ter havido alguma ilegalidade, tais como o erro, o dolo e a coação (art. 486 do Código de Processo Civil).

No caso, há de se levar em conta o fato de que não se tratava de mera liberalidade, mas de condição para a separação judicial, de modo que o interesse da menor beneficiária deve ser preservado e protegido.

Comentários adicionais.

TRANSAÇÃO. EXECUÇÃO. AGRAVO CONTRA DESPACHO QUE DETERMINOU A EXECUÇÃO. PROMESSA DE DOAÇÃO. 1. NÃO E POSSÍVEL IMPEDIR A EXECUÇÃO DE TRANSAÇÃO DEVIDAMENTE HOMOLOGADA, COBERTA PELO MANTO DA COISA JULGADA, E QUE NÃO SOFREU QUALQUER ATAQUE PELA VIA JUDICIAL PRÓPRIA. 2. RECURSO CONHECIDO E PROVIDO. (REsp 35.928/RS, Rel. Ministro WALDEMAR ZVEITER, Rel. p/ Acórdão Ministro CARLOS ALBERTO MENEZES DIREITO, TERCEIRA TURMA, julgado em 13/05/1997, DJ 22/09/1997 p. 46440)

CIVIL. DESQUITE. PROMESSA DE QUE OS BENS DO CASAL SERIAM DOADOS AOS FILHOS. A promessa de doação obriga, se não foi feita por liberalidade, mas como condição do desquite. Recurso especial conhecido e provido (REsp 125859, Ministro ARI PARGENDLER, DJ 23/04/2001 p. 158, RDR vol. 20 p. 311, Decisão: 06/03/2001).

(OAB/Exame Unificado – 2006.2 – 2ª fase) Renata, assistida por sua mãe, ajuizou ação de investigação de paternidade, cumulada com petição de herança, alimentos e nulidade de registro civil, contra Cláudio e Raimundo, alegando que é filha biológica de Raimundo, apesar de constar em seu registro de nascimento ser filha de Cláudio. Raimundo já é falecido e o processo de inventário e partilha está em curso. Diante da situação hipotética apresentada e acerca da ação de investigação de paternidade, responda, de forma fundamentada, às seguintes questões.

- ✓ É admissível a cumulação de pedidos contra réus distintos?
- ✓ É facultado à representante legal da menor desistir da ação em curso?
- ✓ Qual é o termo inicial dos alimentos concedidos na sentença que julga procedente a ação de investigação de paternidade? extensão máxima: 30 linhas

RESOLUÇÃO DA QUESTÃO

O art. 292 do Código de Processo Civil somente permite a cumulação de pedidos, num único processo, contra o mesmo réu. Porém, o Superior Tribunal de Justiça admite a cumulação quando houver ponto comum de ordem jurídica ou fática que a justifique (art. 46, IV, do Código de Processo Civil). No caso, a relação de filiação e paternidade que liga Renata, de um lado, e Cláudio e Raimundo, de outro, justifica a medida.

Quanto à possibilidade de desistência das ações em curso pela representante da menor, não é possível, por envolver direitos indisponíveis, conforme entendimento do Superior Tribunal de Justiça.

Julgada procedente a ação de investigação de paternidade, o termo inicial dos alimentos concedidos na sentença é a data da citação na demanda, conforme dispõe a Súmula 277 do Superior Tribunal de Justiça ("Julgada procedente a investigação de paternidade, os alimentos são devidos a partir da citação").

Comentários adicionais.

INVESTIGAÇÃO DE PATERNIDADE, CUMULADA COM PETIÇÃO DE HERANÇA, ALIMENTOS E NULIDADE DE REGISTRO CIVIL. CUMULAÇÃO DE PEDIDOS CONTRA RÉUS DISTINTOS ADMISSÍVEL. HONORÁRIOS ADVOCATÍCIOS. REDUÇÃO DA BASE DE CÁLCULO.

– É admissível a cumulação de pedidos contra réus distintos, quando houver afinidade de questões por um ponto comum de fato e de direito (art. 46, IV, do CPC).

– Base de cálculo dos honorários advocatícios reduzida, por não fazer jus a autora a 50% de todos os bens da herança, como explicitado na petição inicial.

Recurso especial conhecido, em parte, e provido.

(REsp 291.311/RO, Rel. Ministro BARROS MONTEIRO, QUARTA TURMA, julgado em 22/02/2005, DJ 28/03/2005 p. 257)

"AÇÃO DE INVESTIGAÇÃO DE PATERNIDADE. "PAI REGISTRAL" NÃO CITADO PARA INTEGRAR A LIDE. LITISCONSÓRCIO NECESSÁRIO. NULIDADE DO PROCEDIMENTO. CC ANTERIOR, ART. 348. LEI N. 6.015/1973, ART. 113. CPC, ART. 47, PARÁGRAFO ÚNICO. I. Conquanto desnecessária a prévia propositura de ação anulatória de registro civil, sendo bastante o ajuizamento direto da ação investigatória de paternidade, é essencial, sob pena de nulidade, a integração à lide, como litisconsorte necessário, do pai registral, que deve ser obrigatoriamente citado para a demanda onde é interessado direto, pois nela concomitantemente postulada a desconstituição da sua condição de genitor. Precedentes do STJ. II. Aplicação combinada das disposições dos arts. 348 do Código Civil anterior, 113 da Lei de Registros Públicos e 47, parágrafo único, do CPC. III. Recurso especial conhecido e provido, para declarar nulo o processo a partir da contestação, inclusive, determinada a citação do pai registral." (REsp 512.278/GO, Rel. Ministro ALDIR PASSARINHO JUNIOR, QUARTA TURMA, julgado em 14/10/2008, DJe 03/11/2008)

CIVIL E PROCESSUAL. AÇÃO INVESTIGATÓRIA DE PATERNIDADE. DESISTÊNCIA DA PRÓPRIA MENOR, POR SUA TUTORA. DESCABIMENTO. DIREITO INDISPONÍVEL. APURAÇÃO DA VERDADE REAL. EXAME DNA POSITIVO. CONFORMAÇÃO DO PAI INVESTIGADO.

I. O direito ao reconhecimento da paternidade é indisponível, pelo que não é possível à tutora da menor desistir da ação já em curso, ao argumento de que a adoção que se propunha ela própria fazer era mais vantajosa à tutelada, e que, a todo tempo, seria possível à autora novamente intentar igual pedido, por imprescritível.

II. Caso, ademais, em que já houvera, inclusive, a realização de teste de DNA, com a confirmação da paternidade investigada, sendo interesse da menor e do Estado a apuração da verdade real.

III. Corretos, pois, a sentença e o acórdão estadual que, rejeitando o pedido de desistência, julgaram procedente a ação investigatória.

IV. Recurso especial não conhecido.

(REsp 472.608/AL, Rel. Ministro ALDIR PASSARINHO JUNIOR, QUARTA TURMA, julgado em 18/03/2003, DJ 09/06/2003 p. 276)

(OAB/Exame Unificado – 2006.2 – 2ª fase) Denise convive com Sérgio, em união estável, desde janeiro de 2000, e dessa relação nasceram dois filhos menores. Sérgio, frequentemente em visível estado de embriaguez, desrespeitando e infringindo o dever de respeito e consideração, ofendeu verbal e fisicamente Denise. Não suportando tal situação e não mais se justificando a permanência dos conviventes sob o mesmo teto, Denise pretende ajuizar a ação competente na defesa de seus direitos. Diante dessa situação hipotética, responda, de forma fundamentada, às seguintes questões.

- ✓ É cabível uma ação cautelar de separação de corpos?
- ✓ Qual o juiz é competente para processar ação em que se discutam direitos oriundos de união estável? extensão máxima: 30 linhas

RESOLUÇÃO DA QUESTÃO

A Lei 11.340/06 (Lei Maria da Penha) cria mecanismos para coibir e prevenir a violência doméstica e familiar contra a mulher (art. 1º). Essa lei aplica-se às relações familiares de qualquer natureza, inclusive as originadas por união estável (art. 5º, II).

As formas de violência previstas na lei citada incluem, entre outras, a física, a psicológica e a moral (art. 7º, I, II e V).

Assim, e considerando que Denise convive com Sérgio numa união estável e que este praticou as formas de violência citada, Denise poderá se valer dos instrumentos previstos na Lei Maria da Penha.

A ação cautelar de separação de corpos é um dos instrumentos previsto na lei (art. 23, IV), podendo ser aplicada pela Vara de Família. Aliás, mesmo antes da lei citada, a separação de corpos, em caso de união estável, já vinha sendo aceita pela jurisprudência.

O juízo competente para processar ação em que se discutam direitos oriundos de união estável, tais como reconhecimento da união estável, dissolução desta e alimentos, é o de família, mantido o princípio de que a ofendida pode optar pelo juízo do seu domicílio ou residência (art. 15 da Lei 11.340/06 e art. 100, I e II, do CPC).

Comentários adicionais.

Sobre a jurisprudência mencionada, confira o seguinte acórdão do STJ:

SEPARAÇÃO DE CORPOS. UNIÃO ESTÁVEL. MEDIDA CAUTELAR. A COMPANHEIRA TEM O DIREITO DE REQUERER O AFASTAMENTO DO COMPANHEIRO DO LAR, POIS OS VALORES ÉTICOS QUE A MEDIDA VISA PROTEGER ESTÃO PRESENTES NO CASAMENTO E FORA DELE. RECURSO CONHECIDO E PROVIDO. (REsp 93.582/RJ, Rel. Ministro RUY ROSADO DE AGUIAR, QUARTA TURMA, julgado em 06/08/1996, DJ 09/09/1996 p. 32372)

Confira, outrossim, outras decisões jurisprudenciais sobre união estável:

1. CONFIGURAÇÃO

1.1. Configura a união estável.

Não é necessária a coabitação para configurar a união estável. "DIREITO DE FAMÍLIA. UNIÃO ESTÁVEL. CONFIGURAÇÃO. COABITAÇÃO. ELEMENTO NÃO ESSENCIAL. SOCIEDADE DE FATO. O art. 1º da Lei nº 9.278/96 não enumera a coabitação como elemento indispensável à caracterização da união estável. Ainda que seja dado relevante para se determinar a intenção de construir uma família, não se trata de requisito essencial, devendo a análise centrar-se na conjunção de fatores presente em cada hipótese, como a *affectio societatis* familiar, a participação de esforços, a posse do estado de casado, a fidelidade, a continuidade da união, entre outros, nos quais se inclui a habitação comum." (REsp 275.839/SP, Rel. Ministro ARI PARGENDLER, Rel. p/ Acórdão Ministra NANCY ANDRIGHI, TERCEIRA TURMA, julgado em 02/10/2008, DJe 23/10/2008)

1.2. Não configura a união estável.

A união estável não se configura na constância de casamento. "Não há como ser conferido status de união estável a relação concubinária concomitante a casamento válido" (REsp 931.155/RS, 3ª Turma, Min. Nancy Andrighi, DJ de 20.08.2007).

A união estável não se configura enquanto a pessoa casada não está separada de fato. "CIVIL. UNIÃO ESTÁVEL. ALIMENTOS. COMPANHEIRO CASADO. No caso de pessoa casada a caracterização da união estável está condicionada à prova da separação de fato. Agravo regimental não provido." (AgRg no Ag 670.502/RJ, Rel. Ministro ARI PARGENDLER, TERCEIRA TURMA, julgado em 19/06/2008, DJe 15/08/2008)

Nova "união estável" não se configura na constância de união estável. União estável. Reconhecimento de duas uniões concomitantes. Equiparação ao casamento putativo. Lei nº 9.728/96. 1. Mantendo o autor da herança união estável com uma mulher, o posterior relacionamento com outra, sem que se haja desvinculado da primeira, com quem continuou a viver como se fossem marido e mulher, não há como configurar união estável concomitante, incabível a equiparação ao casamento putativo." (REsp 789.293/RJ, Rel. Ministro CARLOS ALBERTO MENEZES DIREITO, TERCEIRA TURMA, julgado em 16/02/2006, DJ 20/03/2006 p. 271)

1.3. Prova da união estável.

Meios de prova da união estável para fins diversos. "As únicas provas da existência de união estável são: (i) a sentença judicial que reconhece a união estável, seja ela proferida em ação declaratória (cfr. art. 4.°, I, do CPC) ou em processo de justificação (cfr. arts. 861 a 866, do CPC); e (ii) as certidões decorrentes dessa sentença. Outros documentos (tais como escrituras) e depoimento de testemunhas podem até servir de meios de prova da convivência duradoura, pública e contínua de um homem e uma mulher, a qual alude o art. 1.° da Lei n.° 9.278/96, mas não da existência da própria união estável, que depende de declaração judicial." (AgRg na MC 12.068/RJ, Rel. Ministra NANCY ANDRIGHI, TERCEIRA TURMA, julgado em 07/05/2007, DJ 28/05/2007 p. 319)

Admissão de provas testemunhais para o reconhecimento da união estável. "Pensão por morte. União estável (declaração). Prova exclusivamente testemunhal (possibilidade). Arts. 131 e 332 do Cód. de Pr. Civil (aplicação). 1. No nosso sistema processual, coexistem e devem ser observados o princípio do livre convencimento motivado do juiz e o princípio da liberdade objetiva na demonstração dos fatos a serem comprovados (arts. 131 e 332 do Cód. de Pr. Civil). 2. Se a lei não impõe a necessidade de prova material para a comprovação tanto da convivência em união estável como da dependência econômica para fins previdenciários, não há por que vedar à companheira a possibilidade de provar sua condição mediante testemunhas, exclusivamente. 3. Ao magistrado não é dado fazer distinção nas situações em que a lei não faz." (REsp 783.697/GO, Rel. Ministro NILSON NAVES, SEXTA TURMA, julgado em 20/06/2006, DJ 09/10/2006 p. 372)

2. UNIÃO ESTÁVEL HOMOAFETIVA

É cabível ação declaratória de união afetiva. Aplicação da analogia em relação à união estável. PROCESSO CIVIL. AÇÃO DECLARATÓRIA DE UNIÃO HOMOAFETIVA. POSSIBILIDADE JURÍDICA DO PEDIDO. ARTIGOS 1º DA LEI 9.278/96 E 1.723 E 1.724 DO CÓDIGO CIVIL. ALEGAÇÃO DE LACUNA LEGISLATIVA. POSSIBILIDADE DE EMPREGO DA ANALOGIA COMO MÉTODO INTEGRATIVO. - O entendimento assente nesta Corte, quanto a possibilidade jurídica do pedido, corresponde a inexistência de vedação explícita no ordenamento jurídico para o ajuizamento da demanda proposta. - A despeito da controvérsia em relação à matéria de fundo, o fato é que, para a hipótese em apreço, onde se pretende a declaração de união homoafetiva, não existe vedação legal para o prosseguimento do feito. - Os dispositivos legais limitam-se a estabelecer a possibilidade de união estável entre homem e mulher, dês que preencham as condições impostas pela lei, quais sejam, convivência pública, duradoura e contínua, sem, contudo, proibir a união entre dois homens ou duas mulheres. Poderia o legislador, caso desejasse, utilizar expressão restritiva, de modo a impedir que a união entre pessoas de idêntico sexo ficasse definitivamente excluída da abrangência legal. Contudo, assim não procedeu. - É possível, portanto, que o magistrado de primeiro grau entenda existir lacuna legislativa, uma vez que a matéria, conquanto derive de situação fática conhecida de todos, ainda não foi expressamente regulada. - Ao julgador é vedado eximir-se de prestar jurisdição sob o argumento de ausência de previsão legal. Admite-se, se for o caso, a integração mediante o uso da analogia, a fim de alcançar casos não expressamente contemplados, mas cuja essência coincida com outros tratados pelo legislador." (REsp 820.475/RJ, Rel. Ministro ANTÔNIO DE PÁDUA RIBEIRO, Rel. p/ Acórdão Ministro LUIS FELIPE SALOMÃO, QUARTA TURMA, julgado em 02/09/2008, DJe 06/10/2008)

Relação homoafetiva e inclusão de companheiro em plano de saúde. "PLANO DE SAÚDE. COMPANHEIRO. 'A relação homoafetiva gera direitos e, analogicamente à união estável, permite a inclusão do companheiro dependente em plano de assistência médica' (REsp nº 238.715, RS, Relator Ministro Humberto Gomes de Barros, DJ 02.10.06). Agravo regimental não provido." (AgRg no Ag 971.466/SP, Rel. Ministro ARI PARGENDLER, TERCEIRA TURMA, julgado em 02/09/2008, DJe 05/11/2008)

3. EFEITOS PATRIMONIAIS NA CONSTÂNCIA DA UNIÃO

Responsabilidade por dívida contraída em benefício da família. Presunção relativa de benefício. "RECURSO ESPECIAL. UNIÃO ESTÁVEL. EXECUÇÃO. PENHORA. DÍVIDA CONTRAÍDA POR UM DOS CONVIVENTES. MEAÇÃO. BENEFÍCIO DA UNIDADE FAMILIAR. ÔNUS DA PROVA. - É do convivente meeiro o ônus da prova de que a dívida contraída não beneficiou a família." (REsp 348.428/RJ, Rel. Ministro HÉLIO QUAGLIA BARBOSA, QUARTA TURMA, julgado em 13/11/2007, DJ 26/11/2007 p. 195)

Má-fé de companheiro que omite ter uma união estável perante credores não pode prejudicar estes. PENHORA. BEM DADO EM HIPOTECA. DEVEDOR QUE VIVIA EM UNIÃO ESTÁVEL. DESCONHECIMENTO DO CREDOR. VALIDADE DA HIPOTECA. 1. Os efeitos patrimoniais da união estável são semelhantes aos do casamento em comunhão parcial de bens (Art. 1.725 do novo Código Civil). 2. Não deve ser preservada a meação da companheira do devedor que agiu de má-fé, omitindo viver em união estável para oferecer bem do casal em hipoteca, sob pena de sacrifício da segurança jurídica e prejuízo do credor." (REsp 952.141/RS, Rel. Ministro HUMBERTO GOMES DE BARROS, TERCEIRA TURMA, julgado em 28/06/2007, DJ 01/08/2007 p. 491)

4. PARTILHA DE BENS.

Na união estável há presunção de mútua colaboração para a formação do patrimônio. "SOCIEDADE DE FATO. AUSÊNCIA DE PROVA DE COLABORAÇÃO PARA A AQUISIÇÃO DOS BENS EM NOME DO DE CUJUS. NÃO CONFIGURAÇÃO DA SOCIEDADE DE FATO. UNIÃO ESTÁVEL. PRESUNÇÃO DE MÚTUA COLABORAÇÃO PARA FORMAÇÃO DO PATRIMÔNIO. DIREITO À PARTILHA. A ausência de prova da efetiva colaboração da convivente para a aquisição dos bens em nome do falecido é suficiente apenas para afastar eventual sociedade de fato, permanecendo a necessidade de se definir a existência ou não da união estável, pois, sendo esta confirmada, haverá presunção de mútua colaboração na formação do patrimônio do de cujus e consequente direito à partilha, nos termos do art. 5º da Lei nº 9.278/96." (REsp 275.839/SP, Rel. Ministro ARI PARGENDLER, Rel. p/ Acórdão Ministra NANCY ANDRIGHI, TERCEIRA TURMA, julgado em 02/10/2008, DJe 23/10/2008)

Não entra na partilha de bens verbas indenizatórias percebidas a título personalíssimo. "DIREITO CIVIL. DISSOLUÇÃO DA UNIÃO ESTÁVEL. PARTILHA DE BENS. VERBAS INDENIZATÓRIAS. EXPECTATIVA DE DIREITO EM AÇÕES JUDICIAIS. ACIDENTE DE TRABALHO. INDENIZAÇÃO. 1. Na dissolução da união estável, a partilha de bens refere-se ao patrimônio comum formado pelo casal, não se computando indenizações percebidas a título personalíssimo por quaisquer dos ex-companheiros, tal qual a recebida em razão de acidentes de trabalho, pois certo que a reparação deve ser feita àquele que sofreu o dano e que carrega consigo a deficiência adquirida. 2. A indenização recebida em razão do pagamento de seguro de pessoa cujo risco previsto era a invalidez temporária ou permanente não constitui frutos ou rendimentos do trabalho que possam ajustar-se às disposições do inciso VI do art. 271 do Código de Civil de 1916." (REsp 848.998/RS, Rel. Ministro JOÃO OTÁVIO DE NORONHA, QUARTA TURMA, julgado em 28/10/2008, DJe 10/11/2008)"

Não entra na partilha de bens verbas de FGTS sacadas por aposentadoria, relativas a período em que a união estável não existia. "Direito civil. Família. Ação de reconhecimento e dissolução de união estável. Partilha de bens. Valores sacados do FGTS. - A presunção de condomínio sobre o patrimônio adquirido por um ou por ambos os companheiros a título oneroso durante a união estável, disposta no art. 5º da Lei n.º 9.278/96 cessa em duas hipóteses: (i) se houver estipulação contrária em contrato escrito (caput, parte final); (ii) se a aquisição ocorrer com o produto de bens adquiridos anteriormente ao início da união estável (§ 1º). - A conta vinculada mantida para depósitos mensais do FGTS pelo empregador, constitui um crédito de evolução contínua, que se prolonga no tempo, isto é, ao longo da vida laboral do empregado o fato gerador da referida verba se protrai, não se evidenciando a sua disponibilidade a qualquer momento, mas tão somente nas hipóteses em que a lei permitir. - As verbas de natureza trabalhista nascidas e pleiteadas na constância da união estável comunicam-se entre os companheiros. - Considerando-se que o direito ao depósito mensal do FGTS, na hipótese sob julgamento, teve seu nascedouro em momento anterior à constância da união estável, e que foi sacado durante a convivência por decorrência legal (aposentadoria) e não por mero pleito do recorrido, é de se concluir que apenas o período compreendido entre os anos de 1993 a 1996 é que deve ser contado para fins de partilha." (REsp 758.548/MG, Rel. Ministra NANCY ANDRIGHI, TERCEIRA TURMA, julgado em 03/10/2006, DJ 13/11/2006 p. 257)

5. DISSOLUÇÃO CONSENSUAL EM JUÍZO

Pode-se pedir ao Poder Judiciário que homologue dissolução consensual de união estável. "União estável. Dissolução. Interesse de agir. Partilha do patrimônio comum. Ajuste consensual. 1. A união estável autoriza os parceiros a procurar, amigavelmente, o Poder Judiciário para fazer a respectiva dissolução." (REsp 178.262/DF, Rel. Ministro ANTÔNIO DE PÁDUA RIBEIRO, Rel. p/ Acórdão Ministro CARLOS ALBERTO MENEZES DIREITO, TERCEIRA TURMA, julgado em 19/05/2005, DJ 29/08/2005 p. 326)

6. ALIMENTOS

A concessão de alimentos depende da demonstração da sua necessidade. "ALIMENTOS. UNIÃO ESTÁVEL POR MAIS DE CINCO ANOS. PRETENSÃO DE RECEBIMENTO DE PENSÃO PELA EX-COMPANHEIRA, GRADUADA. MERCADO DE TRABALHO. AUSÊNCIA DE COMPROVAÇÃO DE NECESSIDADE. GASTOS DESNECESSÁRIOS." (AgRg no Ag 808.069/RJ, Rel. Ministro ALDIR PASSARINHO JUNIOR, QUARTA TURMA, julgado em 06/02/2007, DJ 05/03/2007 p. 297)

Direito à alimentos provisionais. "CIVIL. ALIMENTOS PROVISIONAIS. UNIÃO ESTÁVEL. Se a união estável está documentalmente reconhecida pelo varão, a mulher tem direito a alimentos provisionais. Recurso especial conhecido, mas não provido." (REsp 487.895/MG, Rel. Ministro ARI PARGENDLER, TERCEIRA TURMA, julgado em 18/03/2003, DJ 15/03/2004 p. 265)

O dever de prestar alimentos decorre da própria Constituição Federal. "DIREITO CIVIL. DISSOLUÇÃO DE SOCIEDADE DE FATO ANTERIORMENTE AO ADVENTO DA LEI Nº 8.971/94. ALIMENTOS. CABIMENTO. A união estável entre homem e mulher, independentemente do casamento, pode determinar a estipulação de alimentos ao companheiro necessitado, ainda que o rompimento desse vínculo tenha ocorrido anteriormente à vigência da Lei nº 8.971/94, que regulamentou o artigo 226, § 3º, da Constituição Federal." (REsp 605.205/BA, Rel. Ministro CASTRO FILHO, TERCEIRA TURMA, julgado em 26/08/2004, DJ 20/09/2004 p. 292)

7. PREVIDÊNCIA

Divisão da pensão entre filhos, ex-esposa e companheira. COMPANHEIRA. DESIGNAÇÃO PRÉVIA. DESNECESSIDADE. UNIÃO ESTÁVEL COMPROVADA. RATEIO COM EX-CÔNJUGE. POSSIBILIDADE. 1. O Superior Tribunal de Justiça possui entendimento firmado no sentido de que 50% da pensão por morte de militar é devida aos filhos e a outra metade deve ser dividida entre a ex-esposa e a companheira, não havendo falar em ordem de preferência entre elas. 2. Nos casos em que estiver devidamente comprovada a união estável, a ausência de designação prévia de companheira como beneficiária não constitui óbice à concessão de pensão vitalícia. Precedentes." (REsp 856.757/SC, Rel. Ministro ARNALDO ESTEVES LIMA, QUINTA TURMA, julgado em 18/03/2008, DJe 02/06/2008)

Concubina não tem direito. "PENSÃO POR MORTE. RATEIO ENTRE CONCUBINA E VIÚVA. IMPOSSIBILIDADE. I - Ao erigir à condição de entidade familiar a união estável, inclusive facilitando a sua conversão em casamento, por certo que a Constituição Federal e a legislação infraconstitucional não contemplaram o concubinato, que resulta de união entre homem e mulher impedidos legalmente de se casar. Na espécie, o acórdão recorrido atesta que o militar convivia com sua legítima esposa. II - O direito à pensão militar por morte, prevista na Lei nº 5.774/71, vigente à época do óbito do instituidor, só deve ser deferida à esposa, ou a companheira, e não à concubina." (REsp 813.175/RJ, Rel. Ministro FELIX FISCHER, QUINTA TURMA, julgado em 23/08/2007, DJ 29/10/2007 p. 299)

Previdência privada e direitos dos companheiros não designados no plano. "PREVIDÊNCIA PRIVADA. PENSÃO POR MORTE. COMPANHEIRA NÃO DESIGNADA NO PLANO. CABIMENTO. A previdência privada não perde o seu caráter social pelo só fato de decorrer de avença firmada entre particulares. Assim, incontroversa a união estável, como no caso, a companheira de participante de plano dessa natureza faz jus à pensão por morte, mesmo não estando expressamente inscrita no instrumento de adesão." (REsp 844.522/MG, Rel. Ministro CESAR ASFOR ROCHA, QUARTA TURMA, julgado em 05/12/2006, DJ 16/04/2007 p. 214)

8. SUCESSÃO.

Os direitos dos companheiros na sucessão não podem ser maiores que os direitos dos casados. Medida Cautelar. "Medida cautelar. Atribuição de efeito suspensivo a recurso especial. Inventário. De cujus que, após o falecimento de sua esposa, com quem tivera uma filha, vivia, em união estável, há mais de trinta anos com sua companheira, sem contrair matrimônio. Incidência, quanto à vocação hereditária, da regra do art. 1.790 do CC/02. Alegação, pela filha, de que a regra é mais favorável para a convivente que a norma do art. 1829, I, do CC/02, que incidiria caso o falecido e sua companheira tivessem se casado pelo regime da comunhão parcial. Afirmação de que a Lei não pode privilegiar a união estável, em detrimento do casamento. Medida liminar parcialmente deferida, apenas para determinar a partilha, no inventário, da parcela incontroversa do patrimônio, promovendo-se reserva de bens. - O art. 1.790 do CC/02, que regula a sucessão do 'de cujus' que vivia em união estável com sua companheira, estabelece que esta concorre com os filhos daquele na herança, calculada sobre todo o patrimônio adquirido pelo falecido durante a convivência. Trata-se de regra oposta à do art. 1.829 do CC/02, que, para a hipótese de ter havido casamento pela comunhão parcial entre o 'de cujus' e a companheira, estabelece que a herança do cônjuge incida apenas sobre os bens particulares. - A diferença nas regras adotadas pelo código para um e outro regime gera profundas discrepâncias, chegando a criar situações em que, do ponto de vista do direito das sucessões, é mais vantajoso não se casar. - A discussão quanto à legalidade da referida diferença é profundamente relevante, de modo que se justifica o deferimento da medida liminar pleiteada em ação cautelar, para o fim de reservar os bens controvertidos no inventário 'sub judice', admitindo-se a partilha apenas dos incontroversos. Medida liminar parcialmente deferida." (MC 14.509/SP, Rel. Ministra NANCY ANDRIGHI, TERCEIRA TURMA, julgado em 21/08/2008, DJe 05/09/2008)

9. CONCUBINA E DIREITO A INDENIZAÇÃO.

Excepcionalmente, pode-se deferir direito à indenização em favor da concubina, demonstrada sua participação indireta na formação de patrimônio. CONCUBINATO. RECONHECIMENTO E DISSOLUÇÃO. ART. 6º, § 1º, DA LINDB. PARTILHA DE BENS. CONTRIBUIÇÃO INDIRETA. LEI N. 9.278/96. NÃO INCIDÊNCIA. PERCENTUAL COMPATÍVEL. PRINCÍPIOS DA RAZOABILIDADE E PROPORCIONALIDADE. PRECEDENTES DO STJ. - Afasta-se o óbice da Súmula n. 7 do STJ quando não se está a perquirir as circunstâncias fáticas do feito, mas tão somente saber se a maternidade, criação e formação dos filhos pela concubina, bem como a dedicação por ela proporcionada ao réu para o exercício de suas atividades – como reconhecidamente albergado no aresto de origem –, mostram-se aptas, bastantes por si sós, para embasar a meação dos bens arrolados na peça preambular. - Demonstrado no acórdão recorrido, de forma inconteste, que a contribuição da concubina-autora para formação do patrimônio comum dos conviventes ocorreu de forma indireta, impõe-se o afastamento da meação, por sucumbir frente à prevalência da partilha dos bens que, a par das circunstâncias dos autos, não há que ser em partes iguais. -Inaplicabilidade, ainda que por analogia, das disposições prescritas na Lei n. 9.278/96. Incidência de normas legais e orientações jurisprudenciais que versam sobre concubinato, especialmente a Lei n. 8.971/94 e a Súmula n. 380 do Supremo Tribunal Federal, delimitando que a atribuição à companheira ou ao companheiro de metade do patrimônio vincula-se diretamente ao esforço comum, consagrado na contribuição direta para o acréscimo ou a aquisição de bens mediante o aporte de recursos ou força de trabalho. -Levando-se em conta a moderação e o bom senso recomendados para a hipótese em apreço, o arbitramento, no percentual de 40% (quarenta por cento) sobre o valor dos bens adquiridos na constância do concubinato e apurados na instância ordinária, apresenta-se compatível com o caso em apreço, por encontrar amparo nos sempre requeridos critérios de razoabilidade e proporcionalidade." (REsp 914.811/SP, Rel. Ministra NANCY ANDRIGHI, Rel. p/ Acórdão Ministro JOÃO OTÁVIO DE NORONHA, SEGUNDA SEÇÃO, julgado em 27/08/2008, DJe 21/11/2008)

Excepcionalmente, pode-se deferir direito à indenização em favor da concubina, demonstrada a dupla vida em comum e o longo relacionamento. "CONCUBINATO. RELAÇÃO EXTRACONJUGAL MANTIDA POR LONGOS ANOS. VIDA EM COMUM CONFIGURADA AINDA QUE NÃO EXCLUSIVAMENTE. INDENIZAÇÃO. SERVIÇOS DOMÉSTICOS. PERÍODO. OCUPAÇÃO DE IMÓVEL PELA CONCUBINA APÓS O ÓBITO DA ESPOSA. DESCABIMENTO. I. Pacífica é a orientação das Turmas da 2ª Seção do STJ no sentido de indenizar os serviços domésticos prestados pela concubina ao companheiro durante o período da relação, direito que não é esvaziado pela circunstância de ser o concubino casado, se possível, como no caso, identificar a existência de dupla vida em comum, com a esposa e a companheira, por período superior a trinta anos. II. Pensão devida durante o período do concubinato, até o óbito do concubino. III. Inviabilidade de ocupação pela concubina, após a morte da esposa, do imóvel pertencente ao casal, seja por não expressamente postulada, seja por importar em indevida ampliação do direito ao pensionamento, criando espécie de usufruto sobre patrimônio dos herdeiros, ainda que não necessários, seja porque já contemplada a companheira com imóveis durante a relação, na conclusão do Tribunal estadual, soberano na interpretação da matéria fática." (REsp 303.604/SP, Rel. Ministro ALDIR PASSARINHO JUNIOR, QUARTA TURMA, julgado em 20/03/2003, DJ 23/06/2003 p. 374)

(OAB/Exame Unificado – 2006.2 – 2ª fase) Renata, assistida por sua mãe, ajuizou ação de investigação de paternidade, cumulada com petição de herança, alimentos e nulidade de registro civil, contra Cláudio e Raimundo, alegando que é filha biológica de Raimundo, apesar de constar em seu registro de nascimento ser filha de Cláudio. Raimundo já é falecido e o processo de inventário e partilha está em curso. Diante da situação hipotética apresentada e acerca da ação de investigação de paternidade, responda, de forma fundamentada, às seguintes questões.

- ✓ É admissível a cumulação de pedidos contra réus distintos?
- ✓ É facultado à representante legal da menor desistir da ação em curso?
- ✓ Qual é o termo inicial dos alimentos concedidos na sentença que julga procedente a ação de investigação de paternidade? extensão máxima: 30 linhas

RESOLUÇÃO DA QUESTÃO

O art. 292 do Código de Processo Civil somente permite a cumulação de pedidos, num único processo, contra o mesmo réu. Porém, o Superior Tribunal de Justiça admite a cumulação quando houver ponto comum de ordem jurídica ou fática que a justifique (art. 46, IV, do Código de Processo Civil). No caso, a relação de filiação e paternidade que liga Renata, de um lado, e Cláudio e Raimundo, de outro, justifica a medida.

Quanto à possibilidade de desistência das ações em curso pela representante da menor, não é possível, por envolver direitos indisponíveis, conforme entendimento do Superior Tribunal de Justiça.

Julgada procedente a ação de investigação de paternidade, o termo inicial dos alimentos concedidos na sentença é a data da citação na demanda, conforme dispõe a Súmula 277 do Superior Tribunal de Justiça ("Julgada procedente a investigação de paternidade, os alimentos são devidos a partir da citação").

Comentários adicionais.

INVESTIGAÇÃO DE PATERNIDADE, CUMULADA COM PETIÇÃO DE HERANÇA, ALIMENTOS E NULIDADE DE REGISTRO CIVIL. CUMULAÇÃO DE PEDIDOS CONTRA RÉUS DISTINTOS ADMISSÍVEL. HONORÁRIOS ADVOCATÍCIOS. REDUÇÃO DA BASE DE CÁLCULO.

– É admissível a cumulação de pedidos contra réus distintos, quando houver afinidade de questões por um ponto comum de fato e de direito (art. 46, IV, do CPC).

– Base de cálculo dos honorários advocatícios reduzida, por não fazer jus a autora a 50% de todos os bens da herança, como explicitado na petição inicial.

Recurso especial conhecido, em parte, e provido.

(REsp 291.311/RO, Rel. Ministro BARROS MONTEIRO, QUARTA TURMA, julgado em 22/02/2005, DJ 28/03/2005 p. 257)

"AÇÃO DE INVESTIGAÇÃO DE PATERNIDADE. "PAI REGISTRAL" NÃO CITADO PARA INTEGRAR A LIDE. LITISCONSÓRCIO NECESSÁRIO. NULIDADE DO PROCEDIMENTO. CC ANTERIOR, ART. 348. LEI N. 6.015/1973, ART. 113. CPC, ART. 47, PARÁGRAFO ÚNICO. I. Conquanto desnecessária a prévia propositura de ação anulatória de registro civil, sendo bastante o ajuizamento direto da ação investigatória de paternidade, é essencial, sob pena de nulidade, a integração à lide, como litisconsorte necessário, do pai registral, que deve ser obrigatoriamente citado para a demanda onde é interessado direto, pois nela concomitantemente postulada a desconstituição da sua condição de genitor. Precedentes do STJ. II. Aplicação combinada das disposições dos arts. 348 do Código Civil anterior, 113 da Lei de Registros Públicos e 47, parágrafo único, do CPC. III. Recurso especial conhecido e provido, para declarar nulo o processo a partir da contestação, inclusive, determinada a citação do pai registral." (REsp 512.278/GO, Rel. Ministro ALDIR PASSARINHO JUNIOR, QUARTA TURMA, julgado em 14/10/2008, DJe 03/11/2008)

CIVIL E PROCESSUAL. AÇÃO INVESTIGATÓRIA DE PATERNIDADE. DESISTÊNCIA DA PRÓPRIA MENOR, POR SUA TUTORA. DESCABIMENTO. DIREITO INDISPONÍVEL. APURAÇÃO DA VERDADE REAL. EXAME DNA POSITIVO. CONFORMAÇÃO DO PAI INVESTIGADO.

I. O direito ao reconhecimento da paternidade é indisponível, pelo que não é possível à tutora da menor desistir da ação já em curso, ao argumento de que a adoção que se propunha ela própria fazer era mais vantajosa à tutelada, e que, a todo tempo, seria possível à autora novamente intentar igual pedido, por imprescritível.

II. Caso, ademais, em que já houvera, inclusive, a realização de teste de DNA, com a confirmação da paternidade investigada, sendo interesse da menor e do Estado a apuração da verdade real.

III. Corretos, pois, a sentença e o acórdão estadual que, rejeitando o pedido de desistência, julgaram procedente a ação investigatória.

IV. Recurso especial não conhecido.

(REsp 472.608/AL, Rel. Ministro ALDIR PASSARINHO JUNIOR, QUARTA TURMA, julgado em 18/03/2003, DJ 09/06/2003 p. 276)

7. SUCESSÕES

(OAB/Exame Unificado – 2012.1 – 2ª fase) Marco Antônio, solteiro, maior e capaz, resolve lavrar testamento público, a fim de dispor sobre seus bens. Tendo em vista que os seus únicos herdeiros são os seus dois filhos maiores e capazes, Júlio e Joel, ambos solteiros e sem filhos, e considerando-se que o patrimônio de Marco Antônio corresponde a dois imóveis de igual valor, dois automóveis de igual valor e R$ 100.000,00 em depósito bancário, ele assim dispõe sobre os seus bens no testamento: deixa para Júlio um imóvel, um automóvel e metade do montante depositado na conta bancária e, de igual sorte, deixa para Joel um imóvel, um automóvel e metade do montante depositado na conta bancária.

Logo após ter ciência da lavratura do testamento público por seu pai, Júlio decide imediatamente lavrar escritura pública por meio da qual renuncia expressamente apenas ao automóvel, aceitando receber o imóvel, bem como metade do montante depositado em conta bancária. Para tanto, afirma Júlio que há diversas multas por infrações de trânsito e dívidas de impostos em relação ao automóvel, razão pela qual não lhe interessa herdar esse bem. Tomando conhecimento da lavratura da escritura pública de renúncia por Júlio, Marco Antônio e Joel decidem consultar um advogado.

Na condição de advogado (a) consultado(a) por Marco Antônio e Joel, responda aos itens a seguir, utilizando os argumentos jurídicos apropriados e a fundamentação legal pertinente ao caso.

A) Poderia Júlio renunciar à herança no momento por ele escolhido? (valor: 0,65)

B) Independentemente da resposta dada ao item anterior, poderia Júlio renunciar exclusivamente ao automóvel, recebendo os demais bens? (valor: 0,60)

GABARITO COMENTADO – EXAMINADORA

A) É vedado dispor sobre herança de pessoa viva, na forma do artigo 426, CC/02.

B) De acordo com o artigo 1808, CC/02, é vedada a renúncia parcial. A renúncia é indivisível, razão pela qual somente é autorizado ao herdeiro renunciar todo o quinhão a que teria direito.

Distribuição dos pontos:

Quesito Avaliado	Faixa de valores
A) É vedada a renúncia à herança de pessoa viva (0,40) (art. 426 ou 1784, CC/02). (0,25) Obs.: A mera indicação do artigo não pontua	*0,00 / 0,40 / 0,65*
B) É vedada a renúncia parcial à herança (0,40) (art. 1.808, CC/02)(0,20). Obs.: A mera indicação do artigo não pontua	*0,00 / 0,40 / 0,60*

(OAB/Exame Unificado – 2011.2 – 2ª fase) Cristina dos Santos desapareceu após uma enchente provocada por uma forte tempestade que assolou a cidade onde morava. Considerando estar provada a sua presença no local do acidente e não ser possível encontrar o corpo de Cristina para exame, responda aos itens a seguir, empregando os argumentos jurídicos apropriados e a fundamentação legal pertinente ao caso.

A) Trata-se de hipótese de morte presumida? (Valor: 0,65)

B) Qual é o procedimento para realização do assento de óbito de Cristina? (Valor: 0,60)

GABARITO COMENTADO - EXAMINADORA

A) Sim. Pode ser declarada a morte presumida, sem decretação de ausência, se for extremamente provável a morte de quem estava em perigo de vida. Nesse caso, a declaração de morte presumida poderá ser requerida após esgotadas as buscas e averiguações. (artigo 7º, I, e parágrafo único, do CC)

B) O artigo 88 da Lei de Registros Públicos consagra um procedimento de justificação, nos termos dos artigos 861 a 866 do CPC, para a finalidade de proceder ao assento de óbito nos casos de desastre ou calamidade, no qual não tenha sido possível realizar exame médico no cadáver.

Distribuição de pontos

Item	Pontuação
A) Sim, pois presume-se a morte daquele que estava em perigo de vida (0,3) após esgotadas as buscas e averiguações (0,2). (artigo 7º, I, e parágrafo único do CC) (0,15)	*0 / 0,15 / 0,2 / 0,3 / 0,5 / 0,65*
B) Justificação (0,3). (artigo 88 da Lei 6.015/73 **OU** artigos 861 a 866 do CPC) (0,3). **OU** Outro procedimento compatível (0,3), com fundamento. (0,3)	*0 / 0,3 / 0,6*

(OAB/Exame Unificado – 2009.1 – 2ª fase) Jaqueline requereu inventário, sob a modalidade de arrolamento de bens, em decorrência do falecimento de seu esposo, com quem era casada em regime de comunhão universal de bens. A autoridade julgadora determinou a juntada aos autos da habilitação e a representação de todos os herdeiros descendentes, tendo em vista a informação de que da união teriam nascido três filhos. Contra a referida decisão insurgiu-se a viúva, alegando que o fato de ter sido casada com o falecido, em regime de comunhão universal de bens, implicaria a exclusão de seus filhos da sucessão, de acordo com o art. 1.829, I, do Código Civil. Considerando essa situação hipotética, discorra, com base no Código Civil de 2002, a respeito dos direitos da viúva na referida sucessão, especificando se o fato de ter sido casada em regime de comunhão universal de bens exclui os descendentes da sucessão.

RESOLUÇÃO DA QUESTÃO

Em primeiro lugar, deve-se deixar claro que, com a morte do marido de Jaqueline, fica extinta a sociedade conjugal, atribuindo-se a ela a chamada meação, consiste em metade do patrimônio do casal, e decorrente do Direito de Família.

A outra metade consiste na herança deixada por seu esposo. E tal herança deve ser distribuída considerando a ordem de vocação hereditária, prevista no Direito das Sucessões.

Essa ordem, estabelecida no art. 1.829 do Código Civil, faz com que uma classe de herdeiros exclua a dos outros, na ordem prevista no dispositivo. Assim, e a título de exemplo, não havendo descendentes e ascendentes do *de cujus*, mas somente cônjuge sobrevivente (inciso III do art. 1.829), ficam excluídos da herança os parentes colaterais (inciso IV do art. 1.829).

No caso em tela, pertence à primeira classe de herdeiros os descendentes do de cujos, bem como o cônjuge sobrevivente, desde que este não seja casado, dentre outros regimes ou condições, pelo regime da comunhão universal de bens.

Nesse sentido, e considerando que Jaqueline era casada com o falecido pelo regime de comunhão universal, a existência de descendentes do *de cujus*, faz com que ela fique excluída da sucessão, sendo beneficiada apenas pela regra que dispõe que o cônjuge sobrevivente tem "o direito real de habitação relativamente ao imóvel destinado à residência da família, desde que seja o único daquela natureza a inventariar" (art. 1.831 do CC).

Dessa forma, depois de separado da totalidade dos bens do casal o montante referente à meação a que tem direito Jaqueline, a outra metade do patrimônio do casal pertence exclusivamente aos filhos do falecido, que a repartirão em partes iguais.

(OAB/Exame Unificado – 2007.3 – 2ª fase) Dora, em virtude do falecimento de seu marido, Pedro, pretende renunciar à meação e transferir aos filhos do casal a propriedade do imóvel que serve de moradia para a família, adquirido na constância do casamento. Diante dessa situação hipotética, redija um texto dissertativo acerca da meação do cônjuge sobrevivente e sobre a possibilidade de sua renúncia nos próprios autos do inventário da herança do cônjuge falecido.

RESOLUÇÃO DA QUESTÃO

Não se pode confundir o direito à meação com o direito à sucessão hereditária.

O direito à meação decorre do Direito de Família e diz respeito à metade do patrimônio comum, que deve ser destacada em favor do cônjuge do sobrevivente, diante do fim da sociedade conjugal.

O direito à sucessão hereditária diz respeito à parte que compete ao herdeiro sobre os bens deixados pelo falecido.

CIVIL

No caso em tela, o imóvel que serve de moradia para a família consiste no patrimônio comum do casal Dora e Pedro. Com o falecimento deste, a sociedade conjugal fica extinta e Dora, pelo Direito de Família, tem direito de ficar com 50% do imóvel, referente à sua meação. Os outros 50% consistem no patrimônio deixado por Pedro. Trata-se da herança, que deve ser dividida entre seus herdeiros.

Com relação à meação de Dora, a terminologia adequada para o ato que ela deseja praticar não é renúncia à meação, e sim doação da parte que lhe cabe pelo direito de família. E a jurisprudência vem admitindo que essa cessão patrimonial seja feito nos autos do inventário, mediante termo judicial. Pode-se aplicar por analogia o disposto no art. 1.029 do Código de Processo Civil.

Dependendo do regime de bens que Dora mantinha com Pedro, pode ser que ela também seja herdeira dele, em concorrência com os filhos do casal (art. 1.829, I, do Código Civil).

Nesse caso, e somente no que disser respeito à parte que compete a Dora pelo Direito das Sucessões, esta poderá renunciar à herança, o que pode ser feito, segundo o art. 1.806 do Código Civil, por instrumento público ou termo judicial.

Assim, o cônjuge sobrevivente, em relação aos seus direitos sucessórios, pode requerer nos autos do inventário seja lavrado termo judicial do qual conste sua renúncia à herança deixada pelo *de cujus*.

Comentários adicionais.

PROCESSO CIVIL – EMBARGOS DE DECLARAÇÃO – PARTILHA DE BENS – INCIDÊNCIA TRIBUTÁRIA – OMISSÃO E CONTRADIÇÃO CORRIGIDAS. Na hipótese de um dos cônjuges abrir mão da sua meação em favor do outro, o direito tributário considera tal fato como doação, incidindo, portanto, apenas o ITCD (art. 155, I, CF). (EDcl nos EDcl no REsp 723.587/RJ, Rel. Ministra ELIANA CALMON, SEGUNDA TURMA, julgado em 20/06/2006, DJ 29/06/2006 p. 178)

(OAB/Exame Unificado – 2006.1 – 2ª fase) Paula e Manoel conviveram em união estável por seis anos e têm dois filhos, Pedro e Tiago, menores impúberes. A convivência do casal terminou com a morte de Manoel, ocorrida em 12/12/2005. Manoel era viúvo e deixou os seguintes bens:

– uma casa residencial adquirida onerosamente na constância da convivência com Paula, que servia como residência do casal;

– um apartamento residencial adquirido em data anterior à convivência com Paula.

O de cujus deixou também como herdeira Cláudia, maior e capaz, filha de seu primeiro casamento. A união estável de Manoel e Paula foi reconhecida judicialmente e ele não deixou dívidas a pagar.

Considerando a situação hipotética apresentada, redija um texto em que sejam respondidas, de maneira fundamentada, as seguintes questões a seguir:

- ✓ Paula poderá requerer a abertura do inventário?
- ✓ Havendo concordância de todos os herdeiros, poderão ser requeridos a partilha amigável e o arrolamento dos bens do espólio de Manoel?
- ✓ Como deve ser feita a partilha dos bens do espólio de Manoel? (Elabore plano ou esboço da partilha.) extensão máxima: 60 linhas

RESOLUÇÃO DA QUESTÃO

Na constância da união estável há presunção legal de mútua colaboração na formação do patrimônio do casal. Esse dado, somado ao fato de que a casa residencial mencionada no enunciado foi adquirida onerosamente na constância da convivência com Paula, faz com que esta tenha, de início, e no que tange ao Direito de Família, direito à meação desse imóvel, com o falecimento de Manoel.

Porém, resta saber se Paula também direito algum direito sucessório, no que diz respeito ao Direito das Sucessões.

Nesse sentido, o art. 1.790 do atual Código Civil, lei aplicável à espécie pelo fato de o falecimento de José ter ocorrido em 2005, estabelece que o companheiro participará da sucessão do outro, quanto aos bens adquiridos onerosamente na vigência da união estável.

No caso, o inciso I do art. 1.790, aplicável ao caso em virtude de Paula ter filhos comuns, estabelece que a companheira terá direito a uma cota equivalente à que por lei for atribuída ao filho.

Assim, a conta aplicável ao caso é a seguinte: x + x + x + x = 50%, sendo que 50% é o número que equivale a metade do único imóvel em relação ao qual haverá participação sucessória de Paula, no caso, a metade da casa adquirida pelo casal na constância da união. A letra "x" equivale à participação igualitária de Paula, sucessora, e os três filhos, herdeiros de Manoel. Resolvendo a equação montada conclui-se que "x" é igual a 12,50%.

Dessa forma, Dora ficará com 62,5% da casa adquirida pelos companheiros e cada filho ficará com 12% dessa casa e 1/3 do apartamento adquirido por Manoel antes da convivência com Paula.

Considerando que a união estável já está reconhecida, Paula poderá requerer a abertura do inventário (art. 987 do Código de Processo Civil), podendo inclusive ser nomeada inventariante, nos termos do art. 990, I, do Código de Processo Civil, aplicado por analogia.

Não é possível a partilha amigável e o arrolamento de bens, por haver menores impúberes como herdeiros (art. 1.031 do Código de Processo Civil).

Comentários adicionais.

INVENTARIANTE. NOMEAÇÃO DE COMPANHEIRA, ESPOSA ECLESIÁSTICA. NÃO CONTRARIA O ARTIGO 990 DO CÓDIGO DE PROCESSO CIVIL, QUE NÃO SE REVESTE DE CARÁTER ABSOLUTO, A DECISÃO QUE MANTÉM COMO INVENTARIANTE A PESSOA QUE, CASADA PELO RELIGIOSO COM O EXTINTO, COM ELE VIVEU, EM UNIÃO FAMILIAR ESTÁVEL, DURANTE LONGOS ANOS, TENDO O CASAL NUMEROSOS FILHOS. IMPROCEDÊNCIA DA IMPUGNAÇÃO MANIFESTADA POR ALGUNS DOS FILHOS DO LEITO ANTERIOR. INTERPRETAÇÃO A MAIS RAZOÁVEL DA LEI FEDERAL. RECURSO NÃO CONHECIDO. (REsp .520/CE, Rel. Ministro ATHOS CARNEIRO, QUARTA TURMA, julgado em 12/09/1989, DJ 04/12/1989 p. 17885)

(OAB/Exame Unificado – 2004 – 2ª fase) Dora, divorciada, viveu em união estável com José — viúvo e pai de três filhos maiores e capazes, advindos de seu casamento com Maria — durante dez anos consecutivos, desde janeiro de 1994. Durante a convivência, adquiriu um apartamento em sociedade com José em agosto de 1996, imóvel onde reside atualmente com sua filha, advinda do casamento desfeito. Na escritura pública desse bem, consta que Dora e José são proprietários do imóvel em partes iguais, ou seja, cada um é proprietário de 50% do bem. Os conviventes não tiveram filhos comuns. Em maio do corrente ano, José faleceu, e Dora, desejando regularizar a situação do imóvel e diante da ausência de acordo com os herdeiros do companheiro, procurou um advogado para receber orientações. Considerando o relato hipotético acima, redija texto dissertativo acerca das orientações que poderia oferecer a Dora, na condição de seu advogado, abordando, necessariamente, os seguintes aspectos:

- ✓ os direitos de Dora com relação ao apartamento;
- ✓ os direitos dos herdeiros diretos do companheiro no que se refere ao bem;
- ✓ os procedimentos para a regularização da situação do imóvel.

RESOLUÇÃO DA QUESTÃO

Na constância da união estável há presunção legal de mútua colaboração na formação do patrimônio do casal. Esse dado, somado ao fato de que na escritura pública do imóvel de propriedade de José e Dora consta que cada um é proprietário de 50% do bem, faz com que

CIVIL

Dora tenha, de início, e no que tange ao Direito de Família, direito à meação do imóvel, com o falecimento de José.

Porém, resta saber se Dora também tem algum direito sucessório, no que diz respeito ao Direito das Sucessões.

Nesse sentido, o art. 1.790 do atual Código Civil, lei aplicável à espécie pelo fato de o falecimento de José ter ocorrido em 2004, estabelece que o companheiro participará da sucessão do outro, quanto aos bens adquiridos onerosamente na vigência da união estável.

No caso, o inciso II do art. 1.790, aplicável ao caso em virtude de Dora só estar concorrendo com descendentes do autor da herança, estabelece que a companheira terá direito a metade do que couber a cada um dos filhos do de cujos.

Assim, a conta aplicável ao caso é a seguinte: x + 2x + 2x + 2x = 50%, sendo que 50% é o número que equivale a metade do patrimônio do casal, no caso, a metade do imóvel de propriedade de Dora e José. A letra "x" equivale à participação de Dora na herança e "2x" à participação de cada filho de José. Resolvendo a equação montada conclui-se que "x" é igual a 7,14%, enquanto "2x" é igual 14,28%.

Dessa forma, Dora ficará com 57,14% e cada um dos três herdeiros 14,28% dos direitos sobre o imóvel.

Diante da ausência de acordo com os herdeiros de José, a situação deve ser regularizada no bojo de um processo de inventário, que poderá ser iniciado por pedido formulado pela própria Dora (art. 987 do Código de Processo Civil).

PROCESSO CIVIL

1. TEORIA GERAL DO PROCESSO

(OAB/Exame Unificado – 2011.1 – 2ª fase) Lírian, dona de casa, decide fazer compras em determinado dia e, para chegar ao mercado, utiliza seu carro. Ocorre que, logo após passar por um movimentado cruzamento da cidade de Londrinópolis e frear seu carro obedecendo à sinalização do local que indicava a necessidade de parar para que pedestres atravessassem, Lírian tem seu veículo atingido na traseira por outro veículo, dirigido por Danilo. Como Danilo se recusa a pagar voluntariamente os prejuízos gerados a Lírian, resolve ela ajuizar ação indenizatória em face de Danilo, pelo rito comum sumário, que considera mais célere e adequado, uma vez que não deseja realizar prova pericial, com a finalidade de receber do réu a quantia correspondente ao valor de cento e vinte salários mínimos. Ocorre que Danilo acredita só ter batido no carro de Lírian porque, instante antes, Matheus bateu no seu carro, gerando um engavetamento. Por tal razão e temendo ter que reparar Lírian pelos prejuízos gerados, Danilo resolve fazer uma denunciação da lide em face de Matheus com a finalidade de agir regressivamente contra ele em caso de eventual condenação.

Diante da situação descrita, responda aos itens a seguir, empregando os argumentos jurídicos apropriados e a fundamentação legal pertinente ao caso.

A) Agiu corretamente Lírian ao optar pelo ajuizamento da ação indenizatória segundo o rito comum sumário? (Valor: 0,75)

B) Agiu corretamente Danilo ao realizar a denunciação da lide em face de Matheus? (Valor: 0,5)

GABARITO COMENTADO - EXAMINADORA

No primeiro tópico deve o candidato apontar o acerto da escolha do rito comum sumário para reger a ação, uma vez que inexistindo necessidade de produção de prova pericial complexa, encontra-se a hipótese amparada pelo art. 275, II, d, CPC, que permite a busca de indenização por força de danos ocorridos em acidentes envolvendo veículos de via terrestre, qualquer que seja o valor pretendido pelo autor.

O segundo tópico deve ser respondido negativamente pelo candidato, uma vez que o art. 280, CPC, expressamente veda a ocorrência de denunciação da lide em ações que observem o rito comum sumário.

Distribuição de pontos

ITEM	PONTUAÇÃO
Caracterização do cabimento do rito comum sumário	0 / 0,35
Referência ao cabimento do rito sumário em matérias do art. 275, II, d, CPC	0 / 0,4
Não cabimento de denunciação da lide (0,25), art. 280, CPC (0,25)	0 / 0,25 / 0,5

(OAB/Exame Unificado – 2009.3 – 2ª fase) Tadeu propôs ação reivindicatória contra Breno e requereu, na petição inicial, que a citação fosse realizada por oficial de justiça. Breno, tempestivamente, ofereceu contestação, requerendo que fosse reconhecida a nulidade da citação, sob o argumento de que não fora ele mesmo quem recebera o mandado, mas seu primo. Requereu, ainda, que fosse decretada a nulidade do processo, por não ter sido sua esposa incluída no polo passivo da demanda. Apresentou, também, sua defesa de mérito.

O juiz rejeitou a alegação de nulidade do processo e acolheu a alegação de nulidade na citação, sob o fundamento de que o réu deve ser citado pessoalmente.

Considerando essa situação hipotética, apresente os fundamentos jurídicos necessários para demonstrar o(s) equívoco(s) cometido(s) pelo juiz.

RESOLUÇÃO DA QUESTÃO

A decisão do juiz está equivocada em dois aspectos. Primeiro porque a esposa de Breno deveria figurar como litisconsorte necessário, já que se trata de ação que versa sobre direito real imobiliário, conforme disposto nos arts. 10, § 1º, I, e 47, ambos do CPC.

Segundo porque a citação não foi nula. De acordo com o art. 214, § 1º, do CPC, "o comparecimento espontâneo do réu supre, entretanto, a falta de citação". Assim, no caso, como Breno compareceu e apresentou contestação tempestivamente, a eventual falta de citação pessoal restou suprida, deixando de produzir qualquer efeito, pois o réu, com a defesa, demonstrou ter tido conhecimento da propositura da demanda e agiu como se citação válida tivesse havido.

Diferente seria se Breno comparecesse apenas para alegar a nulidade da citação. Nessa circunstância ao juiz caberia analisar o vício e decretar a sua nulidade, considerando-se realizada a citação na data em que o réu ou seu advogado tivessem sido intimados da decisão que decretou a nulidade, para só então abrir-se o prazo para resposta, mas sem necessidade de nova citação, conforme dispõe o art. 214, § 2º, do CPC.

Comentários adicionais

Confira o seguinte acórdão do STJ sobre o tema:

PROCESSUAL CIVIL – COMPARECIMENTO ESPONTÂNEO – ART. 214 DO CPC – CIÊNCIA INEQUÍVOCA DA RECORRENTE – PRECEDENTES – SÚMULA 83/STJ.

CIVIL

1. O comparecimento espontâneo do réu nos autos, para apresentar defesa, supriu o vício porventura existente, nos termo do art. 214, § 1º, do CPC.

2. O Tribunal de origem manifestou-se no mesmo sentido da jurisprudência desta Corte. Incidência da Súmula 83/STJ. Agravo regimental improvido.

(AgRg no Ag 1295184/MG, Rel. Ministro HUMBERTO MARTINS, SEGUNDA TURMA, julgado em 17/06/2010, DJe 29/06/2010)

GABARITO COMENTADO - EXAMINADORA

Na hipótese apresentada, a esposa de Breno deveria figurar como litisconsorte necessário, conforme dispõem o art. 10, § 1.º, I, e o art. 47 do Código de Processo Civil, pois a demanda discute direito real imobiliário.

Da mesma forma, deve-se mostrar que o juiz se equivocou ao declarar nula a citação. Em consonância com o § 1.º do art. 214 do Código de Processo Civil, o comparecimento espontâneo supre a falta de citação. Na hipótese, mesmo não tendo sido citado pessoalmente, Breno compareceu ao processo e apresentou, tempestivamente, sua contestação. Não houve, portanto, prejuízo que justificasse a declaração de nulidade.

Obs. para a correção desta questão: só se deve atribuir pontuação à resposta fundamentada (não basta a indicação da figura processual).

(OAB/Exame Unificado – 2009.3 – 2ª fase) A correta atribuição de valor à causa é de grande relevância para o desenvolvimento regular do processo, interferindo em todas as suas fases e em institutos, como competência, rito processual, honorários de sucumbência, multas, custas processuais. Com base nesse postulado, responda, de forma fundamentada, aos seguintes questionamentos.

- ✓ Para as ações que têm conteúdo econômico imediato, qual a regra geral de atribuição de valor à causa?
- ✓ Se a causa não tem valor patrimonial aferível, como deve ser preenchido pelo autor o requisito previsto no art. 282, V, do CPC?
- ✓ Como o réu pode insurgir-se contra a incorreta atribuição de valor à causa pelo autor?
- ✓ Pode o juiz, de ofício, conhecer de irregularidades referentes ao valor da causa?

RESOLUÇÃO DA QUESTÃO

Para as ações que têm conteúdo econômico imediato, a regra geral de atribuição de valor à causa é a expressão econômica da relação jurídica material que o autor quer opor ao réu. O art. 259 do CPC traz um rol exemplificativo que auxilia a parte a encontrar parâmetros para atribuição do valor.

Se a causa não tem valor patrimonial aferível, deverá ser atribuído valor por estimativa (com a indicação de um valor), já que em nenhuma hipótese a parte é dispensada do encargo de atribuir um valor à causa, de acordo com o disposto no art. 258 do CPC. Nesses casos a parte deverá fazer uso da razoabilidade e estimar valor à causa.

O réu poderá insurgir-se contra a incorreta atribuição de valor à causa por meio de impugnação ao valor da causa, prevista no art. 261 do CPC, no prazo da contestação.

O juiz pode, de ofício, conhecer de irregularidades referentes ao valor da causa, conforme permissivo legal previsto no art. 284 e 282, V, do CPC, caso em que o juiz determinará que o autor emende ou complete a petição inicial, no prazo de 10 (dez) dias. Caso o autor não cumpra a determinação, poderá o juiz indeferir a petição inicial, com fulcro no art. 295, VI, do CPC.

GABARITO COMENTADO - EXAMINADORA

A resposta ao primeiro questionamento deve estar fundamentada na interpretação sistemática dos arts. 258 e 259 do CPC e na clássica lição doutrinária de que, para as ações que tenham conteúdo econômico imediato, " (...)o valor da causa deve corresponder à vantagem econômica que se quer obter com o processo" (Alexandre Freitas Câmara. Lições de direito processual civil. Rio de Janeiro: Lumen Juris, 2006, p. 329).

A resposta à segunda indagação deve estar embasada, também, na interpretação sistemática dos arts. 258 e 259 do CPC e na lição da doutrina clássica, segundo a qual "(...) ainda que a causa não tenha valor patrimonial aferível, deverá ser indicado valor ainda que para outros efeitos..." (Nelson Nery Júnior e Rosa Maria de Andrade Nery. Código de Processo Civil comentado. São Paulo: Revista dos Tribunais, 2005, p. 429).

Quanto ao terceiro questionamento, deve-se apontar a impugnação ao valor da causa, prevista no art. 261 do CPC ("O réu poderá impugnar, no prazo da contestação, o valor atribuído à causa pelo autor. A impugnação será autuada em apenso, ouvindo-se o autor no prazo de 5 (cinco) dias. Em seguida o juiz, sem suspender o processo, servindo-se, quando necessário, do auxílio de perito, determinará, no prazo de 10 (dez) dias, o valor da causa...") bem como o instrumento jurídico-processual de que deve se utilizar o réu para se insurgir contra a incorreta atribuição de valor à causa pelo autor.

Por fim, a resposta ao quarto questionamento deve-se fundamentar no art. 282, inc. V ("...A petição inicial indicará: (...) V – o valor da causa..."), c/c art. 284 ("...Verificando o juiz que a petição inicial não preenche os requisitos exigidos nos arts. 282 e 283, ou que apresenta defeitos e irregularidades capazes de dificultar o julgamento de mérito, determinará que o autor a emende, ou a complete, no prazo de 10 (dez) dias..."), c/c art. 295, inc. VI ("...A petição inicial será indeferida: (...) Vl – quando não atendidas as prescrições dos arts. 39, parágrafo único, primeira parte, e 284..."), todos do CPC, demonstrando que o juiz pode, de ofício, no controle da petição inicial, conhecer de irregularidades referentes ao valor da causa.

Precedente exemplificativo do STJ: "...No controle da inicial, o Juiz pode conhecer de ofício irregularidades referentes ao valor da causa, por se tratar de questão de ordem pública..." (REsp 1078816/SC, Rel. Ministra Eliana Calmon, Segunda Turma, julgado em 16/10/2008, DJe, 11/11/2008).

(OAB/Exame Unificado – 2009.3 – 2ª fase) Cristine ajuizou contra Suzana ação para ver declarada a sua titularidade sobre veículo que a ré afirmava pertencer-lhe. Devidamente citada, Suzana ofereceu contestação, juntando documentos que, segundo ela, provavam que o veículo era de sua propriedade, e requereu, ainda, prova testemunhal. O juiz, por meio de decisão interlocutória, manteve a posse do bem com Suzana. No curso do processo, Suzana vendeu o bem a uma colega de trabalho, Carla, sem, no entanto, avisá-la da ação movida por Cristine.

Nessa situação hipotética, que medida judicial pode ser ajuizada em favor de Carla para defender a propriedade do bem em juízo, considerando-se já proferida sentença favorável à autora? Justifique sua resposta.

RESOLUÇÃO DA QUESTÃO

Carla poderá, por meio de seu advogado, requerer o seu ingresso na lide, substituindo o alienante, no caso Suzana. Trata-se de substituição de parte, mediante saída do litigante primitivo, transmitente (Suzana) e entrada da parte nova, adquirente (Carla), mas que depende do consentimento da parte contrária (Cristine), e está prevista no art. 42, § 1º, do CPC.

CIVIL

Mesmo no caso de a parte contrária (Cristine) não consentir com a substituição de parte, o adquirente terá sempre assegurado o direito de intervir no processo para assistir o transmitente nos moldes dos arts. 50 a 55 do CPC.

Trata-se de assistência litisconsorcial, visto que Carla intervirá no processo em defesa de direito próprio oponível ao adversário da transmitente (Suzana). Nesse caso, a sua intervenção não dependerá do consentimento do devedor, sendo irrecusável o interesse jurídico na intervenção.

Comentários adicionais

Deve-se ter em mente que esse instituto recebe o nome de "sucessão processual" (troca de uma parte por outra, durante o processo), sendo que "substituição processual" é pleitear direito alheio em nome próprio (CPC, art. 6º).

Interessante comentário a respeito da matéria consta do Código de Processo Civil Comentado, de Nelson Nery Junior e Rosa Maria de Andrade Nery: "§ 2º: 8. Assistência litisconsorcial (CPC 54). Não sendo admitida a sucessão processual, o adquirente da coisa ou do direito litigioso pode ingressar nos autos para assistir o alienante, auxiliando-o a vencer a causa. Trata-se de assistência litisconsorcial porque o adquirente é o próprio titular do direito afirmado e discutido em juízo: a lide é dele. O regime dessa intervenção, portanto, é o do CPC 54. Nesse sentido: Arruda Alvim, CPCC II, 323; Ferraz, Assistência litisconsorcial no direito processual civil, 1979, p. 90." (Revista dos Tribunais, 10ª Ed, p. 251/2).

GABARITO COMENTADO - EXAMINADORA

Carla deve peticionar ao juiz do feito, requerendo a sua sucessão no processo em lugar de Suzana, em conformidade com o art. 42, § 1.º, do CPC, ou, alternativamente, para o caso de a autora não consentir na sucessão processual, deverá Carla requerer o ingresso como assistente de Suzana. Nesse sentido, determina o art. 42, § 2.º, do CPC:

"O adquirente ou o cessionário poderá, no entanto, intervir no processo, assistindo o alienante ou o cedente."

Ainda que já tenha sido proferida a sentença, tal pedido de ingresso no feito é legalmente possível.

De fato, o assistente pode ingressar no processo em qualquer tempo e grau de jurisdição, não fazendo a lei qualquer exigência de que seja antes da sentença. Colhe-se da doutrina:

"A assistência é cabível a qualquer tempo, e em qualquer grau de jurisdição, podendo o assistente, pois, ingressar no processo em qualquer de suas fases, e o recebendo no estado em que se encontra". (Alexandre Freitas Câmara. Lições de direito processual civil. Vol. I, 16 ed., Lumen Juris, 2007, p. 191).

(OAB/Exame Unificado – 2008.1 – 2ª fase) José foi aprovado em vestibular de instituição particular de ensino superior e, após efetuar a matrícula, recebeu notificação de decisão administrativa que indeferira seu pedido, ao argumento de que não estaria devidamente comprovada a conclusão do ensino médio. Em razão disso, ajuizou ação adequada, alegando estar apto a frequentar as aulas por já ter concluído o ensino médio. Juntou à inicial os originais das declarações de conclusão do ensino médio já apresentadas à ré. Na sua defesa, a instituição de ensino superior alegou que o indeferimento da inscrição não ocorrera por eventual defeito das declarações, mas pela ausência dos históricos escolares, os quais são documentos necessários à comprovação da conclusão do ensino médio. O juiz condutor do feito conferiu a José a possibilidade de apresentar réplica à contestação, e José informou a seu advogado que não havia conseguido apresentar os históricos escolares porque estes lhe foram negados pela instituição na qual completara o ensino médio. Considerando a situação hipotética apresentada, diante da necessidade de trazer aos autos as informações constantes do histórico escolar, apresente a solução processual adequada ao problema da retenção desse documento pela instituição de ensino médio, discriminando o modo de encaminhar tal solução, com base nos dispositivos pertinentes do Código de Processo Civil.

RESOLUÇÃO DA QUESTÃO

O Código de Processo Civil tem instrumento processual específico para atender à necessidade de uma parte conseguir juntar aos autos do processo documento indispensável à solução da demanda. O instrumento tem o nome de "Exibição de Documento ou Coisa" e está previsto nos arts. 355 a 363 do Código.

O caso em tela, por dizer respeito a documento que se encontra em mãos de terceiro, reclama a aplicação dos arts. 360 e seguintes da lei. Assim, o advogado de José deve, no prazo da réplica, peticionar fazendo as observações defensivas pertinentes, esclarecendo o juiz sobre a recusa da instituição de ensino em apresentar o histórico escolar e a necessidade de apresentação do documento, bem como fazer pedido de exibição de documento por terceiro, no caso a instituição de ensino, pedido que deve ser processado nos termos dos arts. 360 e seguintes do CPC.

No bojo da petição mencionada será necessário demonstrar que o documento que se pleiteia exibir não é daqueles que a lei confere ao terceiro o direito de se escusar na exibição, vez que não se encontra configurada qualquer das hipóteses previstas no art. 363 do CPC. Ademais, trata-se de documento que contém informação a respeito do próprio autor da demanda, informação que diz respeito à prestação de um serviço público, restando claro o dever da instituição de ensino apresentar o documento.

Esse é o melhor caminho a seguir, seja porque, do contrário, a ação poderá ser julgada improcedente no mérito, seja porque não haveria tempo hábil para ingressar com alguma ação cabível no caso, tal como o habeas data (art. 5º, LXXII, da CF).

Comentários adicionais.

Sobre o tema, confira o seguinte acórdão do STJ:

Processo civil. Ação discutindo devolução de parcelas pagas a administradora de consórcios. Contrato firmado à época em que os Grupos Volkswagen e Ford operavam conjuntamente, por intermédio da Autolatina. Ação proposta em face de empresa administradora de consórcios Ford. Ausência de juntada, pela autora, do contrato de consórcio e dos recibos quanto aos pagamentos efetuados. Alegação de ilegitimidade passiva pela ré, sob o fundamento de que o grupo de consórcio a que aderiu a autora fora transferido à administradora de consórcios ligada ao Grupo Volkswagen, por ocasião da cisão da Autolatina. Processo extinto, sem resolução de mérito, pelo Tribunal, sob o fundamento de que a exibição de documentos teria de ser promovida mediante ação cautelar, em caráter preparatório, e de que seria indeterminado o pedido formulado em via principal. Reforma da decisão. - Do ponto de vista eminentemente formal, é do autor o ônus da juntada, na petição inicial, dos documentos que fundamentam sua pretensão. Com a perda do contrato mediante a qual aderiu a consórcio, a autora teria, em princípio, de ajuizar uma ação cautelar preparatória de exibição de documentos para, só depois, se for o caso, ajuizar a ação principal de cobrança das parcelas pagas. - Numa perspectiva dinâmica do processo, é possível ao juiz admitir a propositura da ação principal sem esses documentos, se formulado pedido incidental para sua exibição. - A alegação de ilegitimidade, pelo réu, com fundamento em que, após a cisão da Autolatina, o grupo de consórcios a que aderiu a autora passou a ser administrado por empresa ligada ao grupo Volkswagen não influencia o conhecimento do pedido de exibição incidental. A impossibilidade de exibição e a determinação de tal providência por terceiro são medidas passíveis de serem discutidas no âmbito do procedimento incidental (arts. 357 e 360 do CPC). -Após concluído o procedimento de exibição, duas linhas de possibilidades se abrirão para o juiz. Se o documento tiver sido obtido, ele poderá, analisando-o, verificar: (i) se o contrato foi firmado antes ou depois da vigência do CDC; (ii) quem era a administradora de consórcios contratada; (iii) quem permaneceu responsável pela carteira de clientes com a cisão da Autolatina; (iv) se houve prescrição da pretensão; (v) se há parcelas pagas a serem devolvidas. - Se o documento não puder ser exibido, por sua inexistência ou extravio, competirá ao juiz decidir por: (i) impor ao autor o ônus da prova quanto à sua existência; (ii) aplicar a inversão determinada no art. 6º, VIII, do CDC, se entender aplicável; (iii) distribuir, ainda que não se aplique o CDC, de forma dinâmica o ônus da prova, com base no risco, assumido pelo réu, pela impossibilidade de apresentação do documento. (REsp 896.435/PR, Rel. Ministra NANCY ANDRIGHI, TERCEIRA TURMA, julgado em 27/10/2009, DJe 09/11/2009)

CIVIL

(OAB/Exame Unificado – 2007.2 – 2ª fase) No tocante à classificação quanto ao conteúdo (ou efeito) da sentença definitiva de procedência do pedido, discorra sobre a distinção entre a ação declaratória incidental, quando proposta pelo réu, e a ação de reconvenção.

RESOLUÇÃO DA QUESTÃO

O estudo da ação declaratória incidental requer a conjugação do disposto nos arts. 5º, 325 e 470 do Código de Processo Civil.

Essa ação visa um provimento de natureza declaratória pura. E esse provimento se dá em relação a uma questão prejudicial de mérito (arts. 5º e 325 do CPC). Tal questão, uma vez julgada pelo juiz, fará parte da coisa julgada na demanda, o que aumenta os limites objetivos da coisa julgada (art. 470 do CPC).

Quando a ação declaratória acidental é ajuizada pelo réu, embora tenha caráter reconvencional, essa ação não se confunde com a reconvenção, pois esta tem autonomia em relação à ação principal e pode ser não só declaratória, como também constitutiva e condenatória. De qualquer forma, num e noutro caso, advirá decisão abrangida pela coisa julgada.

2. SENTENÇA, COISA JULGADA E RECURSOS

(OAB/Exame Unificado – 2012.2 – 2ª fase) João ingressa com uma ação ordinária em face da empresa XYZ, postulando a revisão de cláusula contratual cumulada com indenização por danos morais e materiais. Após todo o trâmite na 1ª instância, o juízo cível prolata sentença, julgando procedente apenas o pedido de revisão. Irresignado, João interpõe apelação, a qual o Tribunal dá parcial provimento, entendendo somente pelo cabimento da indenização por danos materiais. Após a publicação do acórdão, no 5º dia, último dia do prazo, a empresa XYZ opõe embargos de declaração, por entender que houve contradição na decisão colegiada que julgou a apelação. João, sem atentar para tal fato, interpõe Recurso Especial no dia seguinte da oposição dos embargos sem aguardar o julgamento destes.

Considerando que após a publicação do acórdão que julgou os embargos não houve reiteração do recurso interposto por João, responda às questões a seguir, com a devida fundamentação legal.

A) O Recurso Especial poderá ser admitido? (Valor: 0,65)

B) Em caso de não admissão do Recurso Especial interposto, qual será o recurso cabível? (Valor: 0,60)

GABARITO COMENTADO – EXAMINADORA

A) Não, pois o recurso deve ser interposto dentro do prazo fixado em lei. O termo inicial do prazo recursal é o da intimação da decisão (art. 506, III, CPC). No caso, a decisão recorrível é a que julgou os embargos, posto que esta integra a decisão anterior. Ademais, a interposição tempestiva dos embargos de declaração interrompe o prazo para interposição de eventual recurso (art. 538 CPC). Incide, ainda o enunciado da Súmula n. 418 do STJ (É inadmissível o recurso especial interposto antes da publicação do acórdão dos embargos de declaração, sem posterior ratificação). Logo, é intempestivo o Recurso Especial interposto antes da publicação do acórdão dos embargos de declaração opostos, salvo se houver reiteração posterior.

B) Agravo nos próprios autos no prazo de 10 (dez) dias consoante dispõe o artigo 544 do CPC. Caso o examinando tenha identificado e justificado, de acordo com o contexto fático do enunciado, a hipótese de cabimento de agravo regimental diretamente no STJ, deverá fundamentar tal hipótese de acordo com o art. 544, § 4º, do CPC, com redação determinada pela Lei n. 12.322/10.

Distribuição dos Pontos

Quesito Avaliado	Valores
A) Sendo Recurso Especial, não poderá ser admitido, posto que intempestivo, já que a interposição dos embargos de declaração interrompe o prazo (0,35) conforme arts. 506, III e / ou 538 CPC (0,30) OU porque não foi ratificado o recurso especial (0,35) conforme enunciado da Súmula 418 do STJ (0,30)	0,00 / 0,30 / 0,35 / 0,65
B) Coerentemente ao contexto fático narrado, caberá Agravo nos próprios autos, conforme artigo 544 do CPC (0,60) OU Agravo Regimental / Interno no STJ (0,60)	0,00 / 0,60

(OAB/Exame Unificado – 2011.3 – 2ª fase) Frederico propôs ação de restituição de indébito em face da sociedade de telecomunicações X sob o rito ordinário. Na peça inaugural expôs os elementos que entendia serem autorizadores da concessão antecipada dos efeitos da tutela, requerendo a concessão da medida *inaudita altera pars* a fim de que se cessasse a cobrança indevida. No despacho liminar, o juiz determinou apenas a citação do réu. Na réplica, foi reiterado o pedido de antecipação de tutela. Por se tratar de questão meramente de direito e estando a causa madura, o juiz julgou antecipadamente a lide, julgando procedente o pedido.

Com base em tal situação, responda aos itens a seguir, empregando os argumentos jurídicos apropriados e a fundamentação legal pertinente ao caso.

A) Considerando que o juiz deixou de apreciar o pedido de antecipação de tutela, explique fundamentadamente qual medida deve ser tomada para que haja manifestação sobre a antecipação de tutela na sentença. **(Valor: 0,65)**

B) Na hipótese do enunciado, considere ser você o(a) advogado(a) da ré, que, tempestivamente, requereu a produção de provas em audiência, o que foi negado pelo julgador antes da aplicação do art. 330, I, do CPC. Aponte qual medida jurídica deve ser tomada a fim de questionar tal negativa, descrevendo o prazo para ajuizá-la. **(Valor: 0,6)**

GABARITO COMENTADO – EXAMINADORA

A) O examinando deverá identificar que o pedido de antecipação de tutela poderá ser apreciado mesmo na sentença e isso é de suma importância para fins de efeitos de eventual interposição recursal, nos termos do art. 520, VII, do CPC. Assim, deverá informar que ingressará com EMBARGOS DE DECLARAÇÃO POR OMISSÃO, com fundamento no art. 535, II, do CPC, por meio do qual requererá que o Juízo se manifeste expressamente sobre o pedido requerido na inicial e reiterado na réplica.

B) O remédio jurídico hábil a atacar a sentença é a apelação, nos termos do art. 513 do CPC. Por ter havido *error in procedendo*, o candidato deverá alegar cerceamento de defesa, com base no art. 5º. LV da CRFB/88 e requerer que a sentença seja anulada, retornando os autos a instância inferior para que o Juízo prolate sentença de mérito observando todo lastro probatório pleiteado pela ré.

Distribuição dos Pontos

Item	*Pontuação*
a) Opor embargos de declaração por omissão (0,35) na forma do art. 535, II, do CPC. (0,3). *Obs.: A mera indicação do artigo não pontua.*	*0 / 0,35 / 0,65*
b) Interposição de recurso de apelação por *error in procedendo* (0,3). Alegação de cerceamento de defesa, com base no art. 5º, LV, da CFRB. Requerimento para que a sentença seja anulada e que os autos retornem à fase instrutória (0,3).	*0 / 0,3 / 0,6*

CIVIL

(OAB/Exame Unificado – 2010.1 – 2ª fase) Paula ajuizou, contra Luciana, ação de rescisão de contrato de locação, requerendo a condenação da ré ao pagamento de aluguéis atrasados e multa contratual, com base no art. 62, I e II, b, da Lei n.º 8.245/1991, tendo o juiz da 1.ª Vara Cível de Florianópolis julgado improcedente o pedido. Ao apreciar a apelação interposta por Paula, o Tribunal de Justiça do Estado de Santa Catarina, por unanimidade, proveu o pedido de reforma, para decretar a rescisão do contrato de locação e determinar o pagamento dos aluguéis atrasados, e, por maioria de votos, deu provimento à apelação para condenar a ré na multa contratual. Acrescente-se que a decisão não padece de qualquer vício.

Em face dessa situação hipotética, indique, com a devida fundamentação legal, a medida judicial cabível para a defesa dos interesses de Luciana, a ser exercida no prazo de quinze dias, contados da publicação do acórdão, declinando a pretensão a ser deduzida.

RESOLUÇÃO DA QUESTÃO

No caso relatado houve julgamento de recurso de apelação pelo Tribunal que, por maioria de votos, e reformando sentença de mérito, condenou a ré, Luciana, ao pagamento de multa contratual. Assim, de acordo com o disposto no art. 530 do CPC, caberão embargos infringentes.

O advogado de Luciana deverá sustentar o cabimento do recurso de embargos infringentes quanto à matéria que não foi unânime, ou seja, quanto à condenação na multa contratual, requerendo a prevalência do voto vencido. Cabe destacar a presença dos demais requisitos (além do voto vencido) desse recurso: acórdão proferido em apelação e reforma de decisão de mérito.

Quanto à parte em que houve julgamento por unanimidade, rescisão do contrato de locação e determinação ao pagamento dos aluguéis atrasados, não cabem infringentes. Assim, o prazo para eventual recurso especial ou extraordinário, ficará sobrestado até a decisão do julgamento dos embargos, conforme dispõe o art. 498 do CPC.

Comentários adicionais

A respeito do tema veja a Súmula 207 do STJ: "É inadmissível recurso especial quando cabíveis embargos infringentes contra o acórdão proferido no tribunal de origem", e Súmula 281 do STF: "É inadmissível o recurso extraordinário, quando couber, na Justiça de origem, recurso ordinário da decisão impugnada".

Sobre o tema, vale lembrar interessante observação: "Antes a lei previa que, tendo sido o acórdão proferido em parte por maioria e em parte unanimemente, deviam ser interpostos os embargos infringentes contra a parte não unânime e, *simultaneamente*, sob pena de preclusão, também o recurso extraordinário e(ou) especial contra a parte unânime. Pela Lei 10.352, de 26.12.2001, deixou de haver a determinação de interposição simultânea dos embargos infringentes e dos recursos especial e extraordinário. Pela nova redação do art. 498 do CPC, quando o acórdão contiver capítulos decididos por maioria e por unanimidade, primeiro correrá apenas o prazo para embargos infringentes (obviamente, desde que caibam embargos infringentes). Interpostos os embargos infringentes, o prazo para recurso especial ou extraordinário relativamente à parte unânime ficará sobrestado até a intimação da decisão nos embargos infringentes. Quando não forem interpostos embargos infringentes, o prazo para recurso especial e extraordinário relativamente à parte unânime da decisão terá como dia de início aquele em que transitar em julgado o capítulo não unânime." (Luiz Rodrigues Wambier e Eduardo Talamini, *Curso Avançado de Processo Civil*, Volume 1, Editora Revista dos Tribunais, 11ª edição, p. 675/6).

GABARITO COMENTADO - EXAMINADORA

Cabe a interposição de embargos infringentes, haja vista que houve a reforma da sentença por maioria de votos. Assim estabelece o art. 530 do CPC:

"Cabem embargos infringentes quando o acórdão não unânime houver reformado, em grau de apelação, a sentença de mérito, ou houver julgado procedente ação rescisória. Se o desacordo for parcial, os embargos serão restritos à matéria objeto da divergência."

A matéria objeto do recurso consistirá na condenação da multa — matéria objeto da divergência —,ou seja, deverá a recorrente sustentar que assiste razão ao relator do voto vencido, de forma que a multa deve ser excluída da condenação.

Saliente-se que não cabe, no prazo de 15 dias contados da publicação do acórdão, nenhum outro recurso, pois o prazo para eventuais RE ou REsp ficará sobrestado quando cabíveis embargos infringentes(art. 498 do CPC).

Observação para a correção: atribuir pontuação integral às respostas em que esteja expresso o conteúdo do dispositivo legal, ainda que não seja citado, expressamente, o número do artigo.

(OAB/Exame Unificado – 2010.1 – 2ª fase) Pablo sagrou-se vencedor em demanda ajuizada contra a fazenda pública, que foi condenada a pagar-lhe o valor de R$ 200.000,00, a título de indenização. Ao requerer a execução do julgado, o advogado de Pablo juntou aos autos o contrato de prestação de serviços e pediu que do valor devido ao seu cliente fosse descontado o percentual de 15% atinente aos honorários contratados, com a expedição de dois precatórios.

O juiz indeferiu o pedido, por meio da seguinte decisão interlocutória:

> "Vistos (...)
>
> Indefiro a expedição de precatório relativo aos honorários contratuais, que deverão ser executados por meios próprios.
>
> Expeça-se precatório quanto ao crédito do autor e quanto aos honorários da sucumbência."

Em face dessa situação hipotética, informe a medida judicial adequada para impugnar a decisão do juiz, apresente os fundamentos de direito que respaldam a pretensão de expedição de precatório em separado para pagamento dos honorários contratados e indique a única hipótese de indeferimento do pagamento vindicado.

RESOLUÇÃO DA QUESTÃO

Tratando-se de decisão interlocutória, a medida judicial cabível é o agravo de instrumento, previsto no art. 522 do CPC.

De acordo com o disposto nos arts. 22, *caput* e § 4º, 23 e 24, *caput* e § 1º, todos da Lei 8.906/1994 (Estatuto da Ordem dos Advogados), é possível a retenção dos valores devidos a título de honorários contratuais no momento do levantamento ou requisição de precatório, desde que apresentado tempestivamente o contrato de honorários.

No caso, o advogado de Pablo apresentou o contrato de honorários e requereu de forma tempestiva a expedição de precatório separadamente, o que foi erroneamente indeferido pelo juiz, já que o art. 22, § 4º, da Lei 8.906/1994 utiliza o termo "deve determinar", razão pela qual ao juiz não cabe indeferir o pagamento direto dos honorários quando preenchidos os requisitos legais.

As únicas hipóteses de indeferimento do pagamento são a prova de pagamento anterior do valor de honorários contratuais e aquela prevista no art. 22, § 5º, da Lei 8.906/1994, ou seja, quando se tratar de mandato outorgado por advogado na defesa em processo oriundo de ato ou omissão praticada no exercício da profissão, o que não é o caso da questão.

GABARITO COMENTADO - EXAMINADORA

Medida judicial: agravo de instrumento.

A decisão ora agravada violou o disposto no art. 22, caput e § 4.º, no art. 23 e no art. 24, caput e §1.º, da Lei 8.906/1994 (Estatuto da Ordem dos Advogados), uma vez que é direito do advogado receber os honorários contratuais, exigindo-os e pleiteando-os no processo próprio em que atuou, bem como requerera sua execução e a expedição de precatório a eles correspondentes. Os comandos inseridos nos referidos artigos asseguram, de fato, o direito do profissional do direito inscrito nos respectivos quadros a receber os honorários convencionados (contratuais) nos próprios autos da demanda judicial, por meio de execução específica em nome próprio de direito autônomo desse profissional. Vejam-se os dispositivos pertinentes:

"Art. 22. A prestação de serviço profissional assegura aos inscritos na OAB o direito aos honorários convencionados, aos fixados por arbitramento judicial e aos de sucumbência.(...)

§ 4.º Se o advogado fizer juntar aos autos o seu contrato de honorários antes de expedir-se o mandado de levantamento ou precatório, o juiz deve determinar que lhe sejam pagos diretamente, por dedução da quantia a ser recebida pelo constituinte, salvo se este provar que já os pagou.

Art. 23. Os honorários incluídos na condenação, por arbitramento ou sucumbência, pertencem ao advogado, tendo este direito autônomo para executar a sentença nesta parte, podendo requerer que o precatório, quando necessário, seja expedido em seu favor.

Art. 24. A decisão judicial que fixar ou arbitrar honorários e o contrato escrito que os estipular são títulos executivos e constituem crédito privilegiado na falência, concordata, concurso de credores,insolvência civil e liquidação extrajudicial.

§ 1.º A execução dos honorários pode ser promovida nos mesmos autos da ação em que tenha atuado o advogado, se assim lhe convier."

Vê-se que as regras estabelecidas no estatuto da OAB são de clareza meridiana no que toca às demandas em que a execução é de obrigação de dar quantia certa, porque possível a retenção dos valores devidos a títulos de honorários no momento do levantamento ou da requisição de precatório, desde que apresentado o contrato de honorários tempestivamente.

Veja-se que tal artigo não dá ao juiz o poder de indeferir a expedição de precatório se os requisitos tiverem sido cumpridos, como ocorreu in casu.

A regra especificada no § 4.º do art. 22 do Estatuto da Advocacia é impositiva no sentido de que deve o juiz determinar o pagamento dos honorários advocatícios quando o advogado juntar aos autos o seu contrato de honorários, excepcionadas apenas a hipótese de ser provado anterior pagamento e a prevista no § 5.º do mesmo art. 22, não cogitadas no caso em exame.

A esse respeito, vejam-se os seguintes precedentes:

"PROCESSUAL CIVIL E ADMINISTRATIVO. DESAPROPRIAÇÃO. HONORÁRIOS ADVOCATÍCIOS. JUNTADA DO CONTRATO ANTES DA EXPEDIÇÃO DOS PRECATÓRIOS.

LEVANTAMENTO NÃO CONDICIONADO À EXIGÊNCIA DO ART. 34 DO DL N.º 3.365/41. DIREITO AUTÔNOMO DO ADVOGADO. ART. 23 DA LEI N.º 8.906/94.

I – De acordo com o ditame do § 4.º do art. 22 da Lei n.º 8.906/94: "Se o advogado fizer juntar aos autos o seu contrato de honorários antes de expedir-se o mandado de levantamento ou precatório, o juiz deve determinar que lhe sejam pagos diretamente, por dedução da quantia a ser recebida pelo constituinte,salvo se este provar que já os pagou".

II – A exigência inserta no art. 34 do DL n.º 3.365/41, de que o expropriado demonstre a propriedade do bem objeto da desapropriação para o fim de levantar a verba indenizatória, não obsta que se levante do montante do valor devido a quantia destinada ao pagamento dos honorários advocatícios, por se tratar de direito autônomo, pertencente ao advogado (cf. art. 23 da Lei n.º 8.906/94).

Precedentes: REsp n.º 409.757/SP, Rel. Min. Eliana Calmon, DJ de 13/09/2004; REsp n.º124.715/SP, Rel. Min. João Otávio De Noronha, DJ de 09/02/2004; REsp n.º 295.987/SP, Relator Ministro José Delgado, DJ de 02/04/2001; e REsp n.º 114468/SP, Relator Ministro Milton Luiz Pereira, DJ de01/02/1999.

III – Recurso especial provido. (REsp 659.409/SP, Rel. Ministro Francisco Falcão, Primeira Turma,julgado em 06.12.2005, DJ 06.03.2006 p. 177)"

"PROCESSUAL CIVIL. ADMINISTRATIVO. SERVIDOR PÚBLICO FEDERAL. EMBARGOS DE DECLARAÇÃO. OMISSÃO. NÃO OCORRÊNCIA. HONORÁRIOS ADVOCATÍCIOS. CONTRATO DE HONORÁRIOS JUNTADO AOS AUTOS. ART. 22, § 4.º, DA LEI N.º 8.906/94. INCIDÊNCIA APENAS NAS HIPÓTESES EM QUE EXISTA DEPÓSITO JUDICIAL OU PRECATÓRIO A SER EXPEDIDO NOS AUTOS.IMPOSSIBILIDADE DE SE DETERMINAR RETENÇÃO DO VALOR CONTRATADO EM CONTRACHEQUES. RECURSO ESPECIAL IMPROVIDO.

1. Conforme previsto no art. 535 do CPC, os embargos de declaração têm como objetivo sanar eventual obscuridade, contradição ou omissão existentes na decisão recorrida. Não ocorre omissão no acórdão recorrido quando o Tribunal de origem pronuncia-se de forma clara sobre a questão posta nos autos, assentando-se em fundamentos suficientes para embasar a decisão.
2. A regra contida no art. 22, § 4.º, da Lei 8.906/94 – que permite ao advogado, apresentando o respectivo contrato, requerer ao juiz da causa o pagamento, diretamente a ele, dos honorários contratados– é aplicável apenas nos casos em que exista depósito judicial ou precatório a ser expedido nos autos. Não permite que o juiz determine o desconto de tais valores nos contracheques dos constituintes que firmaram acordo no curso do processo.
3. Recurso especial improvido. (REsp 737.440/BA, Rel. Ministro Arnaldo Esteves Lima, Quinta Turma, julgado em 09.08.2005, DJ 19.09.2005 p. 377)"

Dessa forma, é inconteste o direito dos agravantes de ter a retenção dos honorários pactuados no contrato de prestação de serviços advocatícios entabulado entres estes na própria ação de execução,devendo ser pago diretamente o valor devido, deduzido da quantia a ser recebida pelo contratante do referido serviço.

Observação para a correção: atribuir pontuação integral às respostas em que esteja expresso o conteúdo do dispositivo legal, ainda que não seja citado, expressamente, o número do artigo.

(OAB/Exame Unificado – 2009.2 – 2ª fase) Paulo ingressou com pedido de isenção do pagamento de matrícula correspondente ao primeiro semestre do curso de direito ministrado pela universidade pública estadual em que estuda. No requerimento, Paulo asseverou ser descabida a referida cobrança, ressaltando o teor do enunciado da Súmula Vinculante n.º 12 do STF. O coordenador do curso indeferiu o pedido, aludindo que o requerente poderia interpor, junto ao conselho universitário, recurso administrativo, cabível, na espécie. Em face dessa situação hipotética, responda, de forma fundamentada, se Paulo poderá propor reclamação constitucional sob o fundamento de afronta a autoridade de decisão do STF, de acordo com o art. 102, inciso I, alínea l, da Constituição Federal.

RESOLUÇÃO DA QUESTÃO

A Lei 11.417/06, que regulamenta a edição, a revisão, o cancelamento e a aplicação das súmulas vinculantes, regulamenta o disposto no art. 102, I, "l", da Constituição, ao estabelecer que da decisão judicial ou do ato administrativo que contrariar enunciado de súmula vinculante caberá reclamação ao Supremo Tribunal, sem prejuízo dos recursos ou outros meios passíveis de impugnação (art. 7º).

O § 1º do dispositivo citado acrescenta que, contra omissão ou ato da administração pública, o uso da reclamação só será admitido após o esgotamento das vias administrativas.

Dessa forma, Paulo carece de interesse processual, pois, havendo, ainda, outros meios a serem seguidos e esgotados, não há como ingressar com reclamação constitucional.

No caso, cabe, ainda, pelo menos, recurso administrativo ao conselho universitário, de modo que a ação de reclamação ainda não está em condições de ser aforada.

CIVIL

(OAB/Exame Unificado – 2009.1 – 2ª fase) Maria e seu filho, Joaquim, foram condenados, por sentença judicial transitada em julgado, a ressarcir os danos materiais e morais sofridos por José, de 25 anos de idade, em razão da perda dos movimentos das pernas e dos pés (incapacidade permanente, no grau de 100%) provocada por acidente de trânsito ocorrido no ano de 1991. A condenação consistiu no pagamento de prestação alimentícia no valor correspondente a três salários mínimos mensais até que José venha a completar 65 anos de idade. No ano de 2007, mãe e filho ingressaram com ação de exoneração do encargo com pedido sucessivo de revisão de prestação de alimentos, sob o exclusivo fundamento de que José não teria mais necessidade do recebimento do aludido valor mensal, por estar recebendo remuneração por trabalhos desenvolvidos em uma empresa. Considerando a situação hipotética apresentada, responda, de forma fundamentada, às seguintes perguntas.

- ✓ De acordo com os dispositivos legais aplicáveis à espécie e com a jurisprudência, somente a melhoria da situação econômica da vítima constitui elemento suficiente para autorizar a redução da prestação estabelecida na sentença?
- ✓ É possível a alteração da coisa julgada material quando a sentença de mérito prevê obrigação consistente em prestação continuada?

RESOLUÇÃO DA QUESTÃO

Os alimentos fixados judicialmente pela ocorrência de ato ilícito têm regime jurídico especial, decorrentes do tipo de direito que tutela.

Em relação à coisa julgada, a sentença de mérito que fixa tais alimentos faz, sim, coisa julgada material. Todavia, modificadas as situações fáticas ou jurídicas sobre as quais se formou a anterior coisa julgada material, tem-se nova ação, fundada em novos fatos ou em novo direito (art. 471, I, do Código de Processo Civil).

Assim, pode ocorrer que a lesão causada se agrave, aumentando o valor do dano material futuro. Nesse caso, esses fatos novos ensejarão pedido de revisão dos alimentos, para mais.

Nesse sentido, não se deve esquecer que a indenização se mede pela extensão do dano (art. 944 do Código Civil), e que o atual Código Civil assegura, no caso de lesão ou outra ofensa a saúde, o direito a indenização por danos emergentes e por lucros cessantes, além de algum outro prejuízo futuro que o ofendido prove haver sofrido (art. 949 do Código Civil) e de pensão pela diminuição da capacidade de trabalho (art. 950 do Código Civil).

Diante desse quadro normativo, resta saber se a melhoria de situação econômica da vítima constitui, também, elemento suficiente para autorizar a revisão dos alimentos, agora, para menos.

A resposta para essa pergunta é negativa. Isso porque haveria uma dupla inversão dos valores que a lei visa proteger. Em primeiro lugar, haveria punição para a vítima do ato ilícito, que teria como recompensa a todo o esforço e sacrifício empreendido para melhorar suas condições físicas e econômicas, a diminuição de recursos de caráter indenizatório. Em segundo lugar, haveria premiação daquele que causou dano irreversível, premiação essa com base no mérito justamente da vítima de sua conduta.

Esse entendimento encontra arrimo na jurisprudência do Superior Tribunal de Justiça, que, ao interpretar o disposto no art. 475-Q, § 3º, do Código de Processo Civil, deixa claro que só é possível redução ou aumento na prestação se sobrevier modificação nas condições econômicas do devedor. Haverá redução dos alimentos se o devedor tiver problemas econômicos que afetem sua dignidade. Haverá aumento dos alimentos, se houver dano futuro, sendo necessário acréscimo no valor da prestação, conforme já mencionado acima. E também se admite a revisão da pensão, para cima, quando houver decréscimo das condições econômicas da vítima, inclusive quando a indenização estiver defasada.

Comentários adicionais.

Confira o acórdão do STJ, que possivelmente inspirou a questão discursiva acima resolvida:

Direito civil e processual civil. Recurso especial. Ação de exoneração com pedido sucessivo de revisão de alimentos decorrentes de indenização por ato ilícito. Coisa julgada. Hipóteses autorizadoras da revisão. - A coisa julgada material se forma sobre a sentença de mérito, mesmo que contenha decisão sobre relações continuativas; todavia, modificadas as situações fáticas ou jurídicas sobre as quais se formou a anterior coisa julgada material, tem-se uma nova ação, fundada em novos fatos ou em novo direito. - Considerando que a indenização mede-se pela extensão do dano (art. 944 do CC/02), ao julgador é dado fixar-lhe o valor, quando dele resultar lesão ou outra ofensa à saúde, com base nas despesas de tratamento e nos lucros cessantes até o fim da convalescença, além de algum outro prejuízo que o ofendido prove haver sofrido (art. 949 do CC/02). E se da ofensa resultar incapacidade física, a indenização incluirá pensão correspondente à importância do trabalho para que a vítima se inabilitou, ou da depreciação que sofreu (art. 950 do CC/02). - As duas únicas variações que abrem a possibilidade de alteração do valor da prestação de alimentos decorrentes de indenização por ato ilícito, são: (i) o decréscimo das condições econômicas da vítima, dentre elas inserida a eventual defasagem da indenização fixada; (ii) a capacidade de pagamento do devedor: se houver acréscimo, possibilitará o pedido de revisão para mais, por parte da vítima, até atingir a integralidade do dano material futuro; se sofrer decréscimo, possibilitará pedido de revisão para menos, por parte do próprio devedor, em atenção a princípios outros, como a dignidade da pessoa humana e a própria faculdade então outorgada pelo art. 602, § 3º, do CPC (atual art. 475-Q, § 3º, do CPC). - Entendimento em sentido contrário, puniria a vítima do ilícito, por ter, mediante esforço sabidamente incomum, revertido situação desfavorável pelas limitações físicas sofridas, com as quais teve que aprender a conviver e, por meio de desafios diários, submeter-se a uma nova vida em que as superações das adversidades passam a ser encaradas sob uma perspectiva totalmente diversa da até então vivenciada. Enfrentar as dificuldades e delas extrair aprendizado é a nova tônica. - Ou ainda, premiar o causador do dano irreversível, pelos méritos alcançados pela vítima que, mediante sacrifícios e mudanças de hábitos, conseguiu alcançar êxito profissional com reflexos patrimoniais, seria, no mínimo, conduta ética e moralmente repreensível, o que invariavelmente faria aumentar o amplo espectro dos comportamentos reprováveis que seguem impunes. (REsp 913.431/RJ, Rel. Ministra NANCY ANDRIGHI, TERCEIRA TURMA, julgado em 27/11/2007, DJe 26/11/2008)

3. EXECUÇÃO E CUMPRIMENTO DE SENTENÇA

(OAB/Exame Unificado – 2013.3 – 2ª fase) "Y" figura como executado em ação movida por "Z". Devidamente citado para o pagamento da quantia obrigacional, o demandado deixa de proceder com o pagamento no prazo legal, motivo pelo qual o Oficial de Justiça procedeu à penhora e à avaliação de bens, lavrou o respectivo auto e intimou o executado de tais atos, nos exatos termos da lei.

A penhora recaiu sobre uma vaga de garagem que possuía matrícula própria no Registro de Imóveis e que fora indicada pelo credor na inicial da ação de execução. Y opôs embargos do devedor, quinze dias após a juntada do mandado da respectiva intimação aos autos, por meio do qual arguiu que o objeto da penhora constituía bem de família, estando insuscetível ao ato constritivo.

Considerando a situação apresentada, responda, fundamentadamente, aos itens a seguir.

A) O embargante está correto nas suas razões? (Valor: 0,65)

B) Considerando o aspecto processual, analise os embargos opostos e exponha as consequências jurídicas. (Valor: 0,60)

GABARITO COMENTADO – EXAMINADORA

A) Não assiste razão ao embargante visto ser perfeitamente possível a realização de penhora de vaga de garagem. A garagem com registro imobiliário autônomo não se confunde com a unidade habitacional (apartamento) e não integra a noção de pertença e, por conseguinte, não é bem de família (Súmula n. 449 do STJ).

B) " Os embargos merecem ser rejeitados i*n limine*, uma vez que são intempestivos (Art. 739,

CIVIL

I), pois o prazo de quinze dias para a oposição desse remédio jurídico deve ser contado da juntada do mandado de citação aos autos, e não da de juntada do mandado de intimação (Art. 738 do CPC) OU Os embargos merecem ser rejeitados in limine, eis que manifestamente protelatórios, uma vez que contrariam texto expresso de súmula do STJ (art. 739 III, do CPC)."

DISTRIBUIÇÃO DOS PONTOS

ITEM	PONTUAÇÃO
A1. Não se trata de bem de família (0,20).	0,00 – 0,20
A2. Pois a garagem com registro imobiliário autônomo não se confunde com a unidade habitacional (apartamento) e não integra a noção de pertença (0,35), conforme Súmula 449 do STJ (0,10). **Obs**.: *a simples indicação do dispositivo legal ou súmula não pontua.*	0,00 – 0,35 – 0,45
B. Rejeição *in limine* por serem intempestivos OU manifestamente protelatórios (0,20). O prazo de quinze dias para a oposição desse remédio jurídico deve ser contado da juntada do mandado de citação aos autos, e não da de juntada do mandado de intimação OU Os embargos devem ser inadmitidos pois contrariam texto expresso de súmula do STJ. (0,30) Fundamento legal: Art. 738 ou 739, I ou III, do CPC. (0,10)" **Obs**.: *a simples indicação do dispositivo legal não pontua.*	0,00 – 0,20 – 0,30 – 0,50 – 0,60

(OAB/Exame Unificado – 2011.3 – 2ª fase) O Banco Dinheiro a Todo Instante S.A. propõe ação de execução baseada em título executivo extrajudicial em face de José Raimundo dos Santos, no valor de R$ 15.000,00 (quinze mil reais), distribuída em 16 de julho de 2010. O executado possuía alguns bens, entre eles dois automóveis, uma pequena lancha, um único imóvel, além de investimentos financeiros.

Prosseguindo na execução, a instituição financeira pleiteia ao magistrado, nos termos do artigo 655-A do CPC, a penhora *on-line* dos ativos financeiros existentes em nome do executado.

O juiz, por sua vez, negou o pedido afirmando que, de acordo com o princípio do menor sacrifício do executado, disposto no artigo 620 do Código de Processo Civil, devem ser esgotados todos os meios possíveis e lícitos para que sejam nomeados à penhora outros bens que garantam o processo de execução.

Irresignada, a instituição agrava da decisão, e o desembargador relator, em decisão monocrática, mantém a posição do juízo de primeiro grau. Um agravo interno é interposto, e a decisão é novamente mantida pelo órgão colegiado.

Diante do caso concreto responda fundamentadamente:

A) Assiste razão à instituição bancária? É possível, portanto, realizar a penhora *on-line* no caso concreto? **(Valor: 0,65)**

B) Admitindo que não haja obscuridade, contradição ou omissão no acórdão, e que existam precedentes em sentido contrário em outro tribunal do país, qual seria o recurso cabível? Fundamente indicando o dispositivo legal pertinente. **(Valor: 0,6)**

GABARITO COMENTADO – EXAMINADORA

A) Sim, é cabível imediatamente a penhora *on-line* de valores disponíveis em contas bancárias, por meio, portanto, do sistema BACEN-JUD sem necessidade de comprovação de esgotamento de outras vias, após a vigência da Lei 11382/06.

B) Sim, recurso especial para o STJ na forma do artigo 105, III, "a", da CRFB, alegando violação aos artigos 655 e 655-A do CPC.

Distribuição Dos Pontos

Item A	Pontuação
Sim, é cabível a penhora *on-line* nos termos da Lei 11.382/06 **OU** do art. 655-A do CPC. Obs.: A mera resposta "sim" e a mera indicação do artigo não são pontuadas.	0 / 0,65
Item B	
Cabível recurso especial, nos termos do art. 105, III, "a" e/ou "c", da CRFB (0,3), por conta da violação do artigo 655 e 655-A do CPC (0,3).	0 / 0,3 / 0,6

(OAB/Exame Unificado – 2011.2 – 2ª fase) Em ação de execução de alimentos, foi decretada a revelia de Francisco, que somente ingressou na ação dois meses após a publicação da decisão que determina a penhora do imóvel e do veículo automotor de sua propriedade, insurgindo-se contra a contrição patrimonial sob o argumento de bem de família, pois se trata de imóvel destinado a sua moradia, não obstante nele residir sozinho, e o automóvel ser utilizado como táxi. Igor, o exequente, tem conhecimento de que Francisco, seu pai, recebera, como herança, outros bens imóveis, todavia, com cláusula de inalienabilidade e impenhorabilidade.

A) Há possibilidade de arguição extemporânea de Francisco e oposição de impenhorabilidade no caso acima relatado? Fundamente. (Valor: 0,60)

B) Os bens indicados são considerados impenhoráveis? Fundamente. (Valor: 0,65)

GABARITO COMENTADO - EXAMINADORA

O examinando deve depreender pela admissibilidade de arguição a qualquer tempo da proteção legal por se tratar de matéria de ordem pública, desde que não tenha exaurido o procedimento expropriatório; dissertar sobre a proteção legal conferida ao único bem imóvel destinado à residência familiar, que se estende a solteiro (STJ); e, ainda, ao automóvel utilizado como táxi por se tratar de instrumento necessário ao exercício da profissão (art. 649, V, do CPC); e, afinal, concluir a penhora de bem de família é medida excepcional que se legitima no caso dos autos por não ser oponível à obrigação alimentar, no teor do artigo 3º, inciso III, da Lei nº 8.009/1990. Impenhorabilidade que não se opõe às execuções de pensão alimentícia no âmbito das relações familiares. Exegese dos artigos 1º, 3º, inciso III, 5º da Lei nº 8.009/1990, 1.711-1.722 do CC, 649, inciso V e §2º e 650 do CPC. Enunciado nº 364, da Súmula de Jurisprudência do Superior Tribunal de Justiça.

Distribuição de pontos

Item	Pontuação
a1) Matéria de ordem pública pode ser arguida a qualquer tempo, rechaçando a arguição de preclusão temporal.	0 / 0,3
a2) Impenhorabilidade que não se opõe às execuções de pensão alimentícia no âmbito das relações familiares	0 / 0,3
b1) Impenhorabilidade do bem imóvel destinado à residência de solteiro (0,2). Entendimento jurisprudencial (**OU** súmula 364) (0,1).	0 / 0,1 / 0,2 / 0,3
b2) Impenhorabilidade do automóvel utilizado como táxi, pois instrumentos necessários ao exercício da profissão não podem sofrer constrição (0,2). Artigo 649, V, do CPC (0,15)	0 / 0,15 / 0,2 / 0,35

(OAB/Exame Unificado – 2011.2 – 2ª fase) Fabrício, morador de Vitória-ES, de passagem em São Paulo por motivo de trabalho, aproveita a estada na cidade para comprar presentes para sua namorada na loja Ana Noris Moda Feminina. Realiza o pagamento por meio de cheque no valor de R$ 3.560,00 (três mil quinhentos e sessenta reais). Depositado na instituição bancária, o cheque é devolvido por

CIVIL

falta de provisão de fundos. A pessoa jurídica ingressa com a execução, nos termos da lei. Fabrício foi regularmente citado, e tal informação foi juntada aos autos em trâmite no juízo deprecante na mesma data. Vinte dias depois, a carta precatória devolvida pelo juízo deprecado é juntada aos autos, e o executado opõe embargos quinze dias depois. Fabrício alegou em sua defesa não ser executivo o título apresentado e que há excesso na execução, deixando de juntar o valor que entendia correto. Com base na situação-problema, responda às indagações abaixo com base na legislação vigente.

A) Como advogado(a) da Ana Noris Moda Feminina, intimado a se manifestar sobre os embargos, o que alegaria? (Valor: 0,65)

B) Suponha que o juiz tenha atribuído efeito suspensivo aos embargos. Requerida a revogação, o juiz mantém o efeito, mesmo tendo sido demonstrado inequívoco o risco de lesão irreparável. Como advogado(a), qual medida adotaria? Informe o prazo e procedimento. (Valor: 0,60)

GABARITO COMENTADO - EXAMINADORA

O examinando deve demonstrar que se trata da modalidade de procedimento de execução por quantia certa contra devedor solvente fundada em título extrajudicial. A questão aponta a fase da defesa do executado, disposta a partir do art. 736 do CPC.

A) Na qualidade de advogado(a) deve reafirmar que os cheques são títulos executivos extrajudiciais (art. 585, I, do CPC) e que os embargos estão tocados por dois vícios merecendo a rejeição liminar (art. 739 do CPC). O primeiro é que são intempestivos. Quando a execução se dá por carta precatória, o prazo de quinze dias para oferecer embargos será contato da juntada aos autos do juízo deprecante da informação prestada pelo juízo deprecado (§ 2º do art. 738 do CPC) o que, nos termos do enunciado, ocorreu no mesmo dia da citação. O segundo erro do embargante é ter deixado de juntar o valor que entendia correto, elemento essencial quando os embargos são pautados em alegado excesso de execução (§ 5º do art. 739-A do CPC).

B) Cuida-se de decisão interlocutória e a medida hábil a atacá-la é o agravo. Por haver risco de lesão irreparável, a modalidade agravo de instrumento é a aplicável ao caso. Deverá ser interposto no prazo de dez dias (art. 522 do CPC) contados da intimação da decisão que manteve o efeito suspensivo dos embargos e ser interposto por meio de petição escrita dirigida ao juízo ad quem (art. 524 do CPC) com cópia dos documentos indispensáveis, na forma do art. 525 do CPC.

Distribuição de pontos

Item	Pontuação
a1) São títulos executivos extrajudiciais (0,1) e fundamentação legal (0,1).	0 / 0,1 / 0,2
a2) Embargos intempestivos (0,1) e fundamentação legal (0,1).	0 / 0,1 / 0,2
a3) Não há informação sobre valores que entendia correto, indispensável quando alega excesso na execução (0,15) Dispositivos legais (0,1).	0 / 0,1 / 0,15 / 0,25
b1) Agravo de instrumento (0,1) Efeito suspensivo (0,1).	0 / 0,1 / 0,2
b2) Dez dias (0,1), com base nos art. 522 do CPC (0,1).	0 / 0,1 / 0,2
b3) Procedimento (0,1), com base nos arts. 524 a 526 do CPC. (0,1)	0 / 0,1 / 0,2

(OAB/Exame Unificado – 2010.3 – 2ª fase) João contrata você como advogado(a) a fim de representá-lo em determinada demanda judicial. Os termos são ajustados por contrato escrito, assinado por duas testemunhas, fixando-se o pagamento de 1/3 dos honorários em caso de revogação do mandato antes da sentença; 2/3, em caso de revogação após a sentença; e integral no caso de autos findos. O trabalho é realizado com zelo e proficiência, e o juízo julga procedente em parte o pedido autoral, compensando-se as despesas e os honorários de sucumbência. Na fase de cumprimento de sentença, o autor vem a óbito, deixando seus sucessores de constituí-lo como advogado. Considerando que você atuou exclusivamente naquele processo, entende que faz jus ao recebimento dos honorários contratuais.

Com base no cenário acima, responda aos itens a seguir, empregando os argumentos jurídicos apropriados e a fundamentação legal pertinente ao caso.

A) Em tal hipótese, qual medida judicial você poderá tomar a fim de receber os honorários contratuais? (Valor: 0,6)

B) Qual deverá ser o procedimento adotado a fim de receber os honorários contratuais? (Valor: 0,4)

GABARITO COMENTADO - EXAMINADORA

A) O examinando deverá identificar que a ação a ser ajuizada é a ação de execução pautada em título executivo extrajudicial, na forma do art. 585, VIII, do CPC c/c o art. 24, §1º, da Lei 8.906/94 (Estatuto do Advogado).

B) A execução poderá ser promovida nos mesmos autos da ação em que o candidato atuou como representante processual de João, dispensando-se a habilitação de crédito no inventário, a propositura de ação de cobrança ou arbitramento de honorários de advogado. Entretanto, considerou-se a propositura de ações de conhecimento e monitória, mas, em tais hipóteses, o critério de correção buscou aplicabilidade à situação-problema, coerência e fundamentação legal consoante a medida judicial eleita pelo examinando.

Distribuição de pontos

Em relação à correção, levou-se em conta o seguinte critério de pontuação:

Item	Pontuação
A) Ação de Execução pautada em título executivo extrajudicial. (0,3) Fundamentação legal: art. 585, VIII, do CPC c/c o art. 24 da Lei 8.906/94 (Estatuto do Advogado). (0,3)	0 / 0,3 / 0,6
B) Indicação de meio adequado + fundamentação legal/coerente (exceção: ação de arbitramento de honorários)	0 / 0,2 / 0,4

(OAB/Exame Unificado – 2010.2 – 2ª fase) Gerson está sendo executado judicialmente por Francisco, tendo sido penhorado um imóvel de sua propriedade. Helena, esposa de Gerson, casada pelo regime da separação total de bens, pretende a aquisição do bem penhorado, sem que o imóvel seja submetido à hasta pública. É juridicamente possível esta pretensão? Em caso negativo, fundamente sua resposta. Em caso positivo, identifique os requisitos exigidos pela lei para que o ato judicial seja considerado perfeito e acabado. Considere que não há outros pretendentes ao bem penhorado.

RESOLUÇÃO DA QUESTÃO

A pretensão de Helena é juridicamente possível. A questão está prevista no art. 685-A, § 2º, do Código de Processo Civil, que dispõe que é lícito ao cônjuge, oferecendo preço não inferior ao da avaliação, requerer lhe seja adjudicado o bem penhorado. Assim, como Helena é casada em regime de separação total de bens com Gerson, tem direito a requerer a adjudicação do bem.

Para que o ato judicial seja considerado perfeito e acabado será necessária a lavratura do auto de adjudicação com assinatura do juiz, do adjudicante, do escrivão e, se for presente, do executado, expedindo-se a carta por se tratar de bem imóvel. Na carta conterá a descrição do imóvel, com remissão a sua matrícula e registros, cópia do auto de adjudicação e prova de quitação do imposto de transmissão, tudo conforme disposto no art. 685-B do Código de Processo Civil.

CIVIL

Comentários adicionais

Antes da reforma do processo de execução (Lei 11.382/2006), o instituto que permitia o pretendido pela esposa era a remição de bens (tratado nos revogados arts. 787 a 790 do CPC). Hoje, esta figura não mais existe no sistema processual brasileiro.

O que existe é a remição da execução (pagamento do débito pelo executado, antes da adjudicação ou arrematação: CPC, art. 651) e a remissão da dívida (perdão do débito pelo credor: CC, art. 385).

GABARITO COMENTADO - EXAMINADORA

Trata-se do instituto da Adjudicação, previsto no CPC, no artigo 685-A. O candidato deverá responder que Helena pode adjudicar o imóvel penhorado, o que é fundamentado no § 2º do artigo 685-A. Para que o ato judicial seja perfeito e acabado, necessário a lavratura e assinatura do auto pelo juiz, pelo adjudicante, pelo escrivão e pelo executado, expedindo-se a respectiva carta, que conterá a descrição do imóvel, com remissão à matrícula e registros, acompanhada de cópia do auto de adjudicação e a prova de quitação do imposto de transmissão, na forma do artigo 685-B e seu parágrafo único.

Incorretas as respostas que apontaram a alternativa da alienação por iniciativa do particular, na forma do Art. 685-C, ou mesmo a alienação antecipada do bem penhorado, com base no Art. 670, incisos I e II. De igual modo, a menção a possibilidade de alienação de bens entre cônjuges, em razão do regime de bens, sem levar em consideração a existência da penhora e de suas restrições, não conduz à resposta adequada, por não enfrentar o cerne da controvérsia.

Inadequado, ainda, o uso de embargos de terceiro ou de meios de intervenção de terceiros, por inadequação aos termos do enunciado.

Importante ressaltar que com a revogação do instituto da Remição (antes regulamentada pelos artigos 787 a 790 do CPC), com o advento da Lei nº 11.382/06, a matéria passou a ser regulamentada pelo Art. 685-A, § 2º.

Ressalta-se que a simples referência a dispositivos legais, sem indicação dos fundamentos teóricos e legais que embasam o raciocínio não é suficiente para viabilizar a conquista dos pontos da questão, até mesmo porque, em uma prova discursiva, é preciso examinar a capacidade de raciocínio jurídico do candidato, bem como sua capacidade de compreensão do problema e de apresentação de soluções viáveis e razoáveis.

Distribuição de pontos

ITEM	PONTUAÇÃO
01 - Indicar a adjudicação – Art. 685-A como a medida cabível. Fundamentar e justificar o seu cabimento no caso concreto	0 / 0,25 / 0,5
02 - Identificar, citar e explicar os requisitos para que o ato seja perfeito – Art. 685-B. Fundamentar e justificar	0 / 0,25 / 0,5

(OAB/Exame Unificado – 2009.3 – 2ª fase) Lurdes ajuizou ação, visando obter de Rosa a compensação por danos morais que esta lhe teria causado quando a destratou publicamente. Após a instrução processual, o juiz prolatou sentença, condenando Rosa a pagar a quantia de R$ 50 mil a Lurdes. Não houve apelação e a sentença transitou em julgado, tendo Lurdes promovido a execução do título. Intimada, Rosa apresentou impugnação, recebida no efeito suspensivo. O advogado de Lurdes terminou perdendo o prazo para recorrer dessa decisão. Nessa situação hipotética, é possível a Lurdes prosseguir na execução? Justifique sua resposta.

RESOLUÇÃO DA QUESTÃO

Tratando-se de título executivo judicial (sentença judicial), estamos diante de um cumprimento de sentença – cuja defesa se dá via impugnação (CPC, art. 475-J, § 1º).

Em regra, a impugnação não tem efeito suspensivo. Contudo, é possível que o juiz conceda tal efeito desde que presentes determinados requisitos (CPC, art. 475-M).

Porém, ainda que atribuído o efeito suspensivo à impugnação de Rosa, é possível o prosseguimento do cumprimento de sentença. Desde que Lurdes, por seu advogado, oferecesse caução suficiente e idônea, a ser arbitrada pelo juiz e prestada nos próprios autos, destinada a reparar o dano de Rosa, no caso de acolhimento da impugnação (CPC, art. 475-M, § 1°). E isso independentemente de qualquer recurso.

Assim, caberá ao advogado expor a Lurdes o quadro para análise da conveniência da medida, eis que estará assumindo o risco de ver o cumprimento de sentença frustrada ao final do julgamento da impugnação, risco esse que estará lastreado na garantia prestada para saldar eventuais danos causados à Rosa.

Comentários adicionais

Interessa acrescentar, não na resposta, pois não foi objeto da pergunta, que a garantia a ser prestada pelo exequente pode ser real ou fidejussória, ou mesmo ser representada pela reserva em praticar certos atos, como o compromisso em não alienar a particular o bem penhorado.

A caução a ser fixada pelo juiz deverá ser estimada considerando os prejuízos que o executado possa vir a experimentar em razão da prática dos atos de execução. Assim, o seu valor não estará ligado ao valor da execução, mas à extensão dos eventuais danos ao executado.

Eventual sucesso da impugnação permitirá ao executado liquidar os danos e seu crédito nos mesmos autos, incidindo a penhora sobre a caução prestada pelo exequente.

Por fim, caberá ao juiz a análise final do pedido, que em casos excepcionais e justificando sua decisão, poderá indeferir o pedido em razão da irreparabilidade do prejuízo a ser sofrido pelo executado.

GABARITO COMENTADO - EXAMINADORA

Ainda que o juiz tenha recebido a impugnação oferecida por Rosa no efeito suspensivo, a execução poderá prosseguir se Lurdes oferecer e prestar caução suficiente e idônea. Assim, o advogado de Lurdes deverá apresentar petição dirigida ao juiz, requerendo que este arbitre a caução que entenda suficiente e idônea para garantir o prosseguimento da execução, conforme estabelece o art. 475-M, § 1.º, do CPC, in verbis:

Art. 475-M A impugnação não terá efeito suspensivo, podendo o juiz atribuir-lhe tal efeito desde que relevantes seus fundamentos e o prosseguimento da execução seja manifestamente suscetível de causar ao executado grave dano de difícil ou incerta reparação. (Incluído pela Lei n.º 11.232, de 2005)

§ 1.º Ainda que atribuído efeito suspensivo à impugnação, é lícito ao exequente requerer o prosseguimento da execução, oferecendo e prestando caução suficiente e idônea, arbitrada pelo juiz e prestada nos próprios autos. (Incluído pela Lei n.º 11.232, de 2005)

(OAB/Exame Unificado – 2009.2 – 2ª fase) Em virtude de acidente de trânsito ocorrido em 20/3/2006, Sandro ficou com graves sequelas físicas. Na ação penal proposta pelo Ministério Público, Armando, o causador do acidente, foi condenado à pena privativa de liberdade correspondente a um ano de detenção, tendo a sentença penal transitado em julgado em 5/4/2009. Nessa situação, o que Sandro deve fazer para tentar obter de Armando, já condenado na justiça criminal, a reparação civil por danos materiais? Justifique a resposta com base nas disposições pertinentes do Código de Processo Civil.

CIVIL

RESOLUÇÃO DA QUESTÃO

De acordo com o disposto no art. 475-N, II, do Código de Processo Civil, a sentença penal transitada em julgado é título executivo extrajudicial, ensejando a propositura de execução no Juízo Cível.

Todavia, por se tratar de título executivo ilíquido, será necessário proceder à liquidação de sentença, nos termos dos arts. 475-A a 475-H do diploma citado.

Uma vez liquidado o título executivo, deve-se iniciar o cumprimento da sentença, nos termos dos arts. 475-J a 475-R do código mencionado.

(OAB/Exame Unificado – 2009.2 – 2ª fase) Proposta ação de execução por quantia certa fundada em título extrajudicial, o devedor opôs embargos à execução, tendo o juiz os rejeitado liminarmente, sob o argumento de intempestividade. Em face dessa situação hipotética, indique, com a devida fundamentação, a medida judicial cabível bem como seus efeitos.

RESOLUÇÃO DA QUESTÃO

A decisão que rejeita liminarmente os embargos tem natureza jurídica de sentença, pois é de caráter terminativo e os embargos são uma ação. Assim, nos termos do art. 513 do Código de Processo Civil, o recurso cabível é o de apelação.

Uma vez interposto esse recurso, o art. 520, V, do Código de Processo Civil estabelece que o efeito da apelação é meramente devolutivo.

(OAB/Exame Unificado – 2008.3 – 2ª fase) Proferida sentença condenatória em desfavor de uma instituição bancária, a parte vencedora procurou o advogado que contratara para que promovesse o cumprimento da sentença, o qual constatou, ao avaliar o processo, que a sentença era ilíquida porque os dados necessários ao cálculo da importância devida estavam em poder do banco condenado. Nessa situação hipotética, qual seria a solução indicada? Fundamente sua resposta de acordo com a disciplina legal da matéria.

RESOLUÇÃO DA QUESTÃO

A sentença, quando ilíquida, depende de liquidação para ser executada (art. 475-A e seguintes do Código de Processo Civil).

Porém, a liquidação, no caso, depende de dados em poder do banco condenado. Assim, deve o advogado da parte vencedora fazer pedido ao juiz, com fundamento no art. 475-B, § 1º, do Código de Processo Civil, a fim de que este requisite do devedor os documentos necessários ao cálculo, o que deverá ser feito no prazo a ser fixado pelo juízo, prazo esse que pode ser de até 30 dias.

O pedido deve ser acompanhado da observação de que, caso não cumprida a determinação judicial, reputar-se-ão corretos os cálculos apresentados pelo credor.

Tal presunção de correção dos cálculos, aliás, é absoluta, não admitindo nova discussão dos valores pelo devedor faltoso, sob pena de a lei não atingir seus objetivos, desmoralizando o próprio processo civil.

Comentários adicionais.

Confira trecho da doutrina de Nelson Nery Junior e Rosa Maria de Andrade Nery:

"Presunção absoluta de correção. Como a norma reputa como corretos os cálculos apresentados pelo credor na hipótese de recusa injustificada do devedor em fornecer os dados necessários à elaboração da memória de cálculo, isso quer significar que o devedor fica impedido de opor impugnação por excesso de execução (CPC 475-L V). Trata-se de presunção *juris et de iure*, que não admite prova em contrário. Não sendo dessa forma, ao admitir-se nova discussão dos valores pelo devedor faltoso, o processo civil desmoralizar-se-ia. Quanto ao terceiro desidioso, pode responder, em tese, nos âmbitos civil, penal e administrativo (v. CPC 329)."

(*Código de Processo Civil Comentado e Legislação Extravagante*, 10ª ed., São Paulo: RT, 723-724)

(OAB/Exame Unificado – 2007.2 – 2ª fase) Eduardo venceu ação de cobrança proposta contra Sílvio, tendo por objeto o pagamento da quantia de R$ 10.000,00, mais verba honorária no valor de R$ 1.500,00, além do ressarcimento de despesas processuais de R$ 500,00, cuja demanda tramitou perante a 1.ª Vara Cível da Comarca de Uberaba – MG. Entretanto, Eduardo, ante a inadimplência de Sílvio, pretendendo obter a satisfação do crédito, deseja que tal procedimento judicial seja processado perante Vara Cível da Comarca de Marabá – PA. Com relação a essa situação hipotética, na qualidade de advogado(a) contratado(a) por Eduardo, redija um texto que informe ao seu cliente quais são os requisitos legais exigidos para que o procedimento do cumprimento da sentença seja acolhido no juízo cível da comarca de Marabá.

RESOLUÇÃO DA QUESTÃO

Segundo o Código de Processo Civil, o cumprimento de sentença efetuar-se-á perante o juízo que processou a causa no primeiro grau de jurisdição (art. 475-P, II).

No entanto, a lei faculta que o exequente opte por promover o cumprimento da sentença no local onde se encontram os bens sujeitos à expropriação ou no local do atual domicílio do executado. Nesses casos, deve-se solicitar junto ao juízo de origem a remessa dos autos ao novo juízo (art. 475-P, p. único, do CPC).

Assim, Eduardo só terá direito de requerer que o cumprimento da sentença se dê no juízo cível da comarca de Marabá se este for o juízo onde há bens sujeitos à penhora ou onde o executado tiver domicílio.

Comentários adicionais.

A hipótese acima exposta é uma exceção, expressamente prevista na lei processual, em que há alteração de competência após o início do processo.

Em regra, uma vez proposta a demanda, são irrelevantes as posteriores alterações para fins de competência - é o princípio da *perpetuatio juridictionis* (CPC, art. 87).

(OAB/Exame Unificado – 2006.1 – 2ª fase) Joaquim propôs ação de execução contra Alexandre, tendo como base uma nota promissória, no valor de R$ 800,00. Citado o executado, Alexandre, por meio de advogado constituído, informou não possuir bens passíveis de penhora. Após longo trâmite processual, com a realização de diversas diligências, foi determinada a intimação do exequente, por meio do Diário de Justiça, para promover o andamento do feito, no prazo de 48 horas, sob pena de extinção. O exequente permaneceu inerte. O juiz extinguiu o processo, de ofício, sem apreciação do mérito, sob o entendimento de que a execução não pode prosseguir porque o executado não dispõe de bens que possam assegurar o crédito e porque o autor abandonou a causa, motivos suficientes para a extinção do processo. Considerando a situação hipotética apresentada, elabore um texto argumentativo acerca da decisão do juiz, abordando, necessariamente, os seguintes aspectos:

- ✓ consequência jurídica da inexistência de bens a serem penhorados na execução por título extrajudicial;
- ✓ extinção do processo por abandono da causa.

CIVIL

RESOLUÇÃO DA QUESTÃO

Segundo o art. 794 do Código de Processo Civil, o processo de execução pode ser extinto nos seguintes casos: a) quando o devedor satisfaz a obrigação; b) quando o devedor obtém a remissão da dívida; c) quando credor renunciar ao crédito.

Dessa forma, a inexistência de bens a serem penhorados não é hipótese de extinção da execução.

A ausência de bens penhoráveis é situação que enseja a providência prevista no art. 791 do Código de Processo Civil, consistente na suspensão da execução.

No caso em tela, o juiz deveria ter determinado, então, a suspensão da execução, e não a extinção desta. Restou claro da situação narrada no enunciado da questão que o fato de o autor não ter promovido o andamento do processo não decorreu de desídia sua – aliás, várias diligências foram realizadas, mesmo após o advogado do executado ter informado sobre a inexistência de bens penhoráveis –, mas sim da inexistência de bens passíveis de penhora.

O abandono da causa, como fato de extinção do processo, está previsto, de forma geral, no art. 267, III, do Código de Processo Civil, e depende, para ensejar a drástica providência de extinção, que o autor não promova os atos e diligências que lhe competir, o que não pode se dizer ter ocorrido no caso presente, em que o exequente fez o que estava ao seu alcance, e tem em seu favor dispositivo específico, determinando a suspensão da execução, por ausência de bens penhoráveis.

Comentários adicionais.

Sobre o processo de execução, confira algumas súmulas do STJ:

Súmula 375 STJ. O reconhecimento da fraude à execução depende do registro da penhora do bem alienado ou da prova de má-fé do terceiro adquirente.

Súmula 317 STJ. É definitiva a execução de título extrajudicial, ainda que pendente apelação contra sentença que julgue improcedentes os embargos.

Súmula 314 STJ. Em execução fiscal, não localizados bens penhoráveis, suspende-se o processo por um ano, findo o qual se inicia o prazo da prescrição quinquenal intercorrente.

Súmula 309 STJ. O débito alimentar que autoriza a prisão civil do alimentante é o que compreende as três prestações anteriores ao ajuizamento da execução e as que se vencerem no curso do processo.

Súmula 279 STJ. É cabível execução por título extrajudicial contra a Fazenda Pública.

Súmula 268 STJ. O fiador que não integrou a relação processual na ação de despejo não responde pela execução do julgado.

Súmula 199 STJ. NA EXECUÇÃO HIPOTECARIA DE CREDITO VINCULADO AO SISTEMA FINANCEIRO DA HABITAÇÃO, NOS TERMOS DA LEI N. 5.741/71, A PETIÇÃO INICIAL DEVE SER INSTRUÍDA COM, PELO MENOS, DOIS AVISOS DE COBRANÇA.

Súmula 37 STJ. PODE A EXECUÇÃO FUNDAR-SE EM MAIS DE UM TITULO EXTRAJUDICIAL RELATIVOS AO MESMO NEGOCIO.

4. CAUTELAR

(OAB/Exame Unificado – 2007.3 – 2ª fase) Maria, que é casada com João desde 10/11/1971, sob o regime de comunhão universal de bens, sem pacto antenupcial, deixou o lar conjugal alegando que sofria agressões por parte do marido. Após a separação de fato do casal, Maria começou a temer que João desviasse recursos e dilapidasse o patrimônio, visto que ele detinha quase todo o acervo patrimonial partilhável, composto por bens imóveis, bens móveis que guarnecem a residência do casal, joias, dinheiro, aplicações em contas bancárias e veículos registrados em nome de João. Considerando a situação hipotética acima, redija um texto argumentativo, indicando a ação cabível para a preservação dos bens sobre os quais incide a meação de Maria.

RESOLUÇÃO DA QUESTÃO

O Código de Processo Civil, em seu art. 822, III, permite que o juiz decrete o sequestro dos bens do casal, nas ações de separação judicial e anulação de casamento, se o cônjuge os tiver dilapidando.

Todavia, para que essa medida cautelar específica possa ser deferida é necessário que se indique a ação principal. Nesse sentido, Maria há de indicar na petição inicial da ação cautelar a ser promovida que ingressará com essa ação de divórcio. Cabe lembrar que desde a EC 66/10 (a qual alterou o § 6º do art. 226 da CF 88), é possível desde logo o divórcio, sem a necessidade de prévia separação judicial.

Além disso, para que consiga ser beneficiada por decisão judicial de sequestro, Maria deve fazer prova de que o cônjuge está dilapidando bens do casal.

Outra possibilidade que Maria tem é fazer pedido com fundamento na Lei Maria da Penha. Nesse caso, deve ser demonstrada a prática de violência doméstica e familiar contra si.

Constatado esse tipo de violência, o juiz poderá determinar, liminarmente, entre outras, as medidas previstas no art. 24 da 11.340/06.

5. PROCEDIMENTOS ESPECIAIS

(OAB/Exame Unificado – 2010.2 – 2ª fase) Lúcio, viúvo, sem herdeiros necessários, fez disposição de última vontade no ano de 2007. Por esse negócio jurídico atribuía à sua sobrinha, Amanda, a propriedade sobre bem imóvel na cidade de Aracajú/SE, gravando-o, contudo, com cláusula de inalienabilidade vitalícia. Em 2009, após o falecimento de seu tio, Amanda aceita e torna-se titular desse direito patrimonial por meio daquela disposição, que foi registrada no ofício do registro de imóveis competente. Ocorre que agora, em 2010, há necessidade de Amanda alienar esse imóvel, tendo em vista ter recebido uma excelente proposta de compra do referido bem. Diante disso, como advogado de Amanda, responda se isso é possível e, em caso positivo, quais as medidas judiciais cabíveis? Justifique e fundamente sua resposta.

RESOLUÇÃO DA QUESTÃO

No caso relatado é possível a alienação do imóvel, eis que o disposto no art. 1.911, parágrafo único, do Código Civil prevê a possibilidade de alienação de imóvel gravado com cláusula de inalienabilidade, mediante autorização judicial, e desde que o produto da venda converta-se em outros bens, sobre os quais incidirão a restrição aposta ao primeiro.

A medida judicial cabível será um procedimento de jurisdição voluntária, previsto no art. 1.112, II, do Código de Processo Civil, que deverá ser elaborado pelo advogado no foro do lugar do imóvel, com pedido de autorização judicial de sub-rogação de vínculo.

Comentários adicionais

Sobre o tema, interessantes os comentários de Nelson Nery Junior e Rosa Maria de Andrade Nery: "II: 7. Sub-rogação de vínculo. O titular de direito real sobre bem imóvel que pretende sub-rogar em outro direito as cláusulas que gravam o primeiro deve se valer deste procedimento. A cláusula restritiva do direito de propriedade pode decorrer da lei ou da vontade do testador ou do doador (CC 1715, 1408, 1425 § 1º, 1911 *caput* e par. ún, 540). 8. Competência. Também aqui deve haver aplicação do princípio do CPC 1109. Para o pedido de sub-rogação é competente o foro do lugar da coisa cuja sub-rogação de pede." (Código de Processo Civil Comentado, Editora Revista dos Tribunais, 10ª edição, p. 1.256).

GABARITO COMENTADO - EXAMINADORA

O candidato deve responder que é possível a alienação mediante pedido de autorização judicial de sub-rogação, fundamentado pela parte, e desde que o produto da venda seja convertido em outros bens sobre os quais incidirão as restrições apostas aos primeiros, na forma do artigo

CIVIL

1911, caput e parágrafo único do Código Civil, que deve ser combinado com o artigo 1112 do Código de Processo Civil, que dispõe acerca de procedimento específico para esta finalidade, elencado na modalidade "jurisdição voluntária".

O candidato deve demonstrar a capacidade de compreender o objetivo da questão e fazer a correlação entre o direito material e o direito processual, identificando o instituto no Código Civil e referindo o respectivo procedimento na Lei Adjetiva.

Distribuição de pontos

Item	Pontos
Item 01 – É possível a alienação mediante autorização judicial de sub-rogação - Art. 1911 e parágrafo único do Código Civil. Fundamentar e justificar	0 / 0,25 / 0,5
Item 02 – Explicar o procedimento - Art. 1112 e seguintes do CPC. Jurisdição voluntária. O produto da venda será convertido em outros bens sobre os quais incidirão as restrições apostas aos primeiros	0 / 0,25 / 0,5

(OAB/Exame Unificado – 2010.1 – 2ª fase) Cristina, solteira, comerciante, sem filhos, ajuizou ação de reivindicação de determinado imóvel contra Fábio, divorciado, servidor público, pai de duas filhas – Leila, com dezenove anos de idade, e Lúcia, com vinte e um anos de idade. Apresentada a contestação, ocorreu o falecimento de Fábio.

Nessa situação hipotética, que atitude deverá adotar o (a) advogado(a) de Fábio? Fundamente sua resposta.

RESOLUÇÃO DA QUESTÃO

No caso de falecimento da parte, ao advogado do falecido cabe comunicar o fato ao juiz e, após comprovação com a juntada do atestado de óbito, o processo será suspenso pelo magistrado, nos termos do art. 265, I, do CPC.

Durante a suspensão do processo, o advogado de Fábio deverá providenciar a habilitação das sucessoras do falecido, no caso, de suas filhas Leila e Lúcia, nos termos dos arts. 1.784 e 1.829, I, ambos do CPC.

Assim, o advogado de Fabio deverá requerer, por petição, a habilitação de Leila e Lúcia, nos termos do art. 1.055 do CPC.

Comentários adicionais

Sobre o tema interessante comentário de Nelson Nery Junior e Rosa Maria de Andrade Nery: "1. Sucessão por morte da parte. Com a morte da parte, o processo se suspende (CPC 265 I), para que seja feita a sucessão processual. A lei fala incorretamente em substituição (CPC 43). Em se tratando de ação intransmissível, o juiz deverá extinguir o processo sem julgamento do mérito (CPC 267 IX); caso contrário, deverá ser providenciada a habilitação do espólio ou sucessores (CPC 1055)." (Código de Processo Civil Comentado, Editora Revista dos Tribunais, 10ª edição, p. 1.230).

GABARITO COMENTADO - EXAMINADORA

Em caso de morte da parte, suspende-se o processo (CPC, art. 265, I). Assim, o(a)advogado(a), na hipótese, deverá comunicar ao juiz o falecimento da parte, juntando a certidão de óbito e requerendo a suspensão do processo, a fim de providenciar a habilitação das filhas do falecido, que deverão sucedê-lo no processo, conforme estabelecem os artigos 265, I, e 1.055 do CPC:

> "Art. 265. Suspende-se o processo:
> I – pela morte ou perda da capacidade processual de qualquer das partes, de seu representante legal ou de seu procurador;
> (...)

Art. 1.055. A habilitação tem lugar quando, por falecimento de qualquer das partes, os interessados houverem de suceder-lhe no processo."

Há necessidade de comunicação do fato ao juiz, como ensina a doutrina: "1. Fato jurídico. A suspensão do processo dá-se pela tão só ocorrência de um dos fatos jurídicos nomeados na norma comentada e, portanto, independe qualquer outra medida. O fato deve ser comunicado ao juízo para as providências cabíveis e início da contagem dos prazos processuais." (Nelson Nery Júnior e Rosa Maria de Andrade Nery. Código de Processo Civil comentado. 10 ed., São Paulo: RT, 2007, p. 500).

Além disso, as filhas do falecido são suas sucessoras legítimas, conforme arts. 1.784 e 1.829, I,ambos do Código Civil:

"Art. 1.784. Aberta a sucessão, a herança transmite-se, desde logo, aos herdeiros legítimos e testamentários.(...)

Art. 1.829. A sucessão legítima defere-se na ordem seguinte:

I – aos descendentes, em concorrência com o cônjuge sobrevivente, salvo se casado este com o falecido no regime da comunhão universal, ou no da separação obrigatória de bens (art. 1.640, parágrafo único); ou se, no regime da comunhão parcial, o autor da herança não houver deixado bens particulares."

Observação para a correção: atribuir pontuação integral às respostas em que esteja expresso o conteúdo do dispositivo legal, ainda que não seja citado, expressamente, o número do artigo.

(OAB/Exame Unificado – 2009.3 – 2ª fase) Marla, por meio de contrato escrito, emprestou a Ana R$ 110 mil, que deveriam ser devolvidos em 30/4/2009. Na data do vencimento, Luíza, na condição de terceira juridicamente interessada, procurou Marla para efetuar o pagamento, e esta se recusou a recebê-lo. Em razão da recusa, Luíza procurou advogado para informar-se a respeito da medida judicial cabível para proteger o direito de Ana, sobretudo, em razão da mora.

Em face dessa situação hipotética, indique a providência judicial cabível e esclareça se Luíza possui legitimidade para o seu ajuizamento. Indique, também, o(s) efeito(s) jurídico(s) do pagamento caso Marla venha a receber a quantia consignada, tudo devidamente fundamentado.

RESOLUÇÃO DA QUESTÃO

Luíza, na qualidade de terceira juridicamente interessada, pode pagar a dívida de Ana. No caso da questão, não se tratando de obrigação *intuitu personae*, será indiferente ao credor a pessoa a solver a obrigação, pois o que importa é o pagamento, nos termos do art. 304 do Código Civil.

Assim, e para evitar a mora, Luíza possui legitimidade para ajuizar ação de consignação em pagamento, prevista no art. 890 do CPC, que prevê que o devedor ou terceiro poderá requerer, com efeito de pagamento, a consignação da quantia devida.

No caso, como se trata de terceira juridicamente interessada, ela se sub-rogará nos direitos do credor, diferentemente do terceiro não interessado, que embora possa pagar a dívida, não se sub-rogará nos direitos do credor.

Por fim, o efeito jurídico do pagamento, não havendo recusa do credor, será a extinção da obrigação, conforme previsto no art. 890, § 2º, do CPC.

GABARITO COMENTADO - EXAMINADORA

Luíza tem legitimidade, como terceira juridicamente interessada, nos termos do art. 304 do Código Civil, para propor ação de consignação em pagamento (art. 890, do CPC), que dispõe que qualquer interessado na extinção da dívida pode pagá-la usando dos meios conducentes à liberação do devedor, caso se oponha o credor. Caso Marla venha a aceitar o pagamento, o efeito jurídico será o de extinção da obrigação.

CIVIL

(OAB/Exame Unificado – 2006.1 – 2ª fase) Francisco ajuizou uma ação monitória em desfavor de Célio, na qual o autor pretende receber do réu a importância de R$ 8.000,00, correspondente a serviços odontológicos prestados em seu consultório, conforme comprovam o contrato de prestação de serviços, o orçamento e a prova do cumprimento da contraprestação do autor. Francisco alegou que contratou o tratamento odontológico com o réu, no preço acima referido, e que o tratamento foi concluído em novembro de 2005. O réu, no entanto, nega-se a pagar quantia devida. A sentença extinguiu a ação monitória sem julgamento de mérito, sob o entendimento de que a via monitória seria inadequada à cobrança dos valores pleiteados, em face de iliquidez do débito e de necessidade de ampla discussão e produção de provas acerca da expressão quantitativa do crédito. Considerando o fato hipotético apresentado, redija um texto que, de maneira fundamentada, avalie a possibilidade de discussão da liquidez do débito e a oportunidade da discussão dos valores da dívida, pelo devedor, em sede de ação monitória. extensão máxima: 60 linhas

RESOLUÇÃO DA QUESTÃO

De acordo com o art. 1.102.a do Código de Processo Civil, são requisitos para a propositura de ação monitória os seguintes: a) prova escrita da obrigação; b) obrigação representada em documento sem eficácia de título executivo; c) obrigação de pagar soma em dinheiro, de entregar coisa fungível ou de entregar determinado bem móvel.

Francisco cumpriu todos os requisitos. Isso porque, ao juntar contrato de prestação de serviços, orçamento e prova do cumprimento de sua contraprestação, cumpriu o requisito de prova escrita da obrigação. Ademais, ao trazer documentos que não tem eficácia de título executivo (art. 585 do Código de Processo Civil), cumpriu o segundo requisito. E por fim, ao trazer documentos que fazem referência a uma obrigação de pagar soma em dinheiro (R$ 8.000,00), cumpriu o terceiro requisito.

Diante desse quadro, a ação não poderia ter sido extinta pelo juiz. Os elementos trazidos pelo autor da ação revelam o cumprimento dos requisitos legais. Ademais, a ação monitória foi introduzida no sistema processual justamente para possibilitar a busca judicial do cumprimento de obrigações em que não se tem os requisitos de liquidez e certeza, próprios das obrigações representadas num título executivo.

O juiz deveria ter determinado a expedição de mandado de pagamento, ficando o réu com as seguintes opções: a) cumprir o mandado, pagando a quantia pleiteada, com isenção de custas e honorários (art. 1.102-C, § 1º, do CPC); b) oferecer embargos, com suspensão da eficácia do mandado inicial.

Caso o réu optasse pela oposição de embargos, aí, sim, estar-se-ia no momento oportuno para a discussão da liquidez do débito e para a oportunidade da discussão dos valores da dívida. Opostos os embargos, o procedimento passa a ser o ordinário (art. 1.102-C, § 2º), com ampla oportunidade de contraditório, ampla defesa, produção de provas etc., sendo certo que o ônus da prova pertence ao autor da ação, mesmo em se tratando de ação monitória.

Comentários adicionais.

Confira as seguintes súmulas do STJ, acerca da ação monitória:

Súmula 384 STJ. Cabe ação monitória para haver saldo remanescente oriundo de venda extrajudicial de bem alienado fiduciariamente em garantia.

Súmula 339 STJ. É cabível ação monitória contra a Fazenda Pública.

Súmula 299 STJ. É admissível a monitória fundada em cheque prescrito.

Súmula 292 STJ. A reconvenção é cabível na ação monitória, após a conversão do procedimento ordinário.

Súmula 282 STJ. Cabe a citação por edital em ação monitória.

Súmula 247 STJ. O contrato de abertura de crédito em conta-corrente, acompanhado do demonstrativo de débito, constitui documento hábil para o ajuizamento da ação monitória.

Confira acórdãos do STJ sobre a temática trazida na questão:

AGRAVO REGIMENTAL. AGRAVO DE INSTRUMENTO. PROCESSO CIVIL. AÇÃO MONITÓRIA. PROVA DOCUMENTAL. CONTRATO DE PRESTAÇÃO DE SERVIÇOS CONTÁBEIS. NOTAS FISCAIS. COMPROVANTE DO SERVIÇO PRESTADO. ADMISSIBILIDADE. TÍTULO HÁBIL. 1. "Uma das características marcantes da ação monitória é o baixo formalismo predominante na aceitação dos mais pitorescos meios documentais, inclusive daqueles que seriam naturalmente descartados em outros procedimentos. O que interessa, na monitória, é a possibilidade de formação da convicção do julgador a respeito de um crédito, e não a adequação formal da prova apresentada a um modelo pré-definido, modelo este muitas vezes adotado mais pela tradição judiciária do que por exigência legal" (REsp 1.025.377/RJ, Rel. Min. NANCY ANDRIGHI, DJe 04.08.2009). 2. Consoante a jurisprudência pacífica desta Corte Superior, o contrato bilateral e a nota fiscal (ou recibo), acompanhados da prova da efetiva contraprestação do serviço avençado (como o comprovante de prestação do serviço), são hábeis a instruir ação monitória. (AgRg no Ag 732.004/DF, Rel. Ministro VASCO DELLA GIUSTINA (DESEMBARGADOR CONVOCADO DO TJ/RS), TERCEIRA TURMA, julgado em 13/10/2009, DJe 23/10/2009)

Processual Civil. Recurso especial. Ação monitória. Instrumento de procuração que concede ao advogado o direito de reter percentual dos levantamentos judiciais por ele efetuados. Carência da ação monitória decorrente da ausência de liquidez da dívida reconhecida pelo Tribunal de origem. Reforma do acórdão recorrido. Prescindibilidade da presença dos requisitos dos títulos executivos. Cabimento da ação monitória reconhecido. - A ação monitória foi introduzida no sistema processual brasileiro para facilitar o exercício de pretensões ao recebimento de créditos cuja prova, em que pese documentada, não reunisse todos os requisitos do título executivo (art. 586 do CPC). - Reconhecida a existência de prova documental da dívida, não se exige que os documentos que instruem a ação monitória demonstrem a liquidez do débito objeto da cobrança. Recurso especial provido. (REsp 967.319/SP, Rel. Ministra NANCY ANDRIGHI, TERCEIRA TURMA, julgado em 05/02/2009, DJe 12/02/2009)

1. Para a propositura da ação monitória, não é preciso que o autor disponha de prova literal do valor. A 'prova escrita' é todo e qualquer documento que autorize o Juiz a entender que há direito à cobrança de determinada dívida. 2. Irrelevante, no caso, a ausência da intimação para o protesto da duplicata de serviços, quando comprovada, por outros documentos, a dívida da recorrente. Em relação à liquidez do débito e à oportunidade de o devedor discutir os valores cobrados, a lei assegura-lhe a via dos embargos, previstos no art. 1.102c do CPC, que instauram amplo contraditório a respeito, devendo, por isso, a questão ser dirimida pelo Juiz. O fato de ser necessário o acertamento de parcelas correspondentes ao débito principal e, ainda, aos acessórios, não inibe o emprego do processo monitório. (REsp 240.043/ES, Rel. Ministro LUIS FELIPE SALOMÃO, QUARTA TURMA, julgado em 02/10/2008, DJe 13/10/2008)

Ação monitória. Alienação fiduciária. Venda extrajudicial do bem apreendido. Saldo remanescente. Precedentes da Corte. Se o credor não pode valer-se do processo executivo, pertinente é a ação monitória, como no caso do recebimento do saldo remanescente em caso de venda extrajudicial do bem. Quando os embargos enfrentam o mérito, combatendo os juros e a capitalização, pedindo até perícia para a apuração do valor real do débito, devidamente impugnados, não se há de afastar a monitória por falta de liquidez do débito. (REsp 647.002/PR, Rel. Ministro CARLOS ALBERTO MENEZES DIREITO, TERCEIRA TURMA, julgado em 25/09/2006, DJ 26/02/2007 p. 582)

Ação monitória. Documento hábil. Precedentes da Corte. 1. Como assentou a Corte, para a monitória, "não é preciso que o autor disponha de prova literal do quantum. A 'prova escrita' é todo e qualquer documento que autorize o Juiz a entender que há direito à cobrança de determinada dívida", valendo os embargos para discutir os valores cobrados (REsp nº 437.638/RS, Quarta Turma, Relator o Ministro Barros Monteiro, DJ de 28/10/02; no mesmo sentido: REsp nº 489.884/MG, Terceira Turma, Relator o Ministro Castro Filho, DJ de 3/11/03). Na verdade, não é possível afastar o cabimento da monitória porque ausente a liquidez e a certeza do título (REsp nº 188.375/MG, Terceira Turma, de minha relatoria, DJ de 18/10/99; REsp nº 401.928/MG, Terceira Turma, de minha relatoria, DJ de 24/2/03). (REsp 647.184/DF, Rel. Ministro CARLOS ALBERTO MENEZES DIREITO, TERCEIRA TURMA, julgado em 21/02/2006, DJ 12/06/2006 p. 474)

AÇÃO MONITÓRIA. CONTRATO DE ABERTURA DE CRÉDITO. ADMISSIBILIDADE. ACERTAMENTO DO DÉBITO. DISCUSSÃO PERTINENTE. - O contrato de abertura de crédito constitui prova escrita hábil ao ajuizamento da ação monitória. - Em relação à liquidez do débito e à oportunidade de o devedor discutir os valores cobrados, a lei assegura-lhe a via dos embargos, previstos no art. 1.102c do CPC, que instauram amplo contraditório a respeito, devendo por isso a questão ser dirimida pelo Juiz na sentença. O fato de ser necessário o acertamento de parcelas correspondente ao débito principal e, ainda, aos acessórios não inibe o emprego do processo monitório. (REsp 267.840/MG, Rel. Ministro BARROS MONTEIRO, QUARTA TURMA, julgado em 05/10/2000, DJ 27/11/2000 p. 172)

Confira acórdão do STJ sobre tema que poderá aparecer no exame, qual seja, a possibilidade de ingressar com ação monitória contra a Fazenda Pública:

1. O procedimento monitório não colide com o rito executivo específico da execução contra Fazenda Pública previsto no art. 730 do CPC. O rito monitório, tanto quanto o ordinário, possibilita a cognição plena, desde que a parte ré ofereça embargos. No caso de inércia na impugnação via embargos, forma-se o título executivo judicial, convertendo-se o mandado inicial em

mandado executivo, prosseguindo-se na forma do Livro II, Título II, Capítulo II e IV (execução *stricto sensu*), propiciando à Fazenda, mais uma vez, o direito de oferecer embargos à execução de forma ampla, sem malferir princípios do duplo grau de jurisdição; da imperiosidade do precatório; da impenhorabilidade dos bens públicos; da inexistência de confissão ficta; da indisponibilidade do direito e não incidência dos efeitos da revelia. 2. O propósito da ação monitória é exclusivamente encurtar o caminho até a formação de um título executivo. A execução deste título contra Fazenda Pública deve seguir normalmente os trâmites do art. 730, que explicita o cânone do art.100 da Carta Constitucional vigente. 3. Os procedimentos executivo e monitório têm natureza diversa. O monitório é processo de conhecimento. A decisão 'liminar' que nele se emite e determina a expedição do mandado de pagamento não assegura ao autor a prática de atos de constrição patrimonial, nem provimento satisfativo, uma vez que a defesa (embargos) tempestiva do réu instaura a fase cognitiva e impede a formação do título. 4. No que pertine à comprovação da liquidez para a propositura da ação monitória, insta frisar que se credor dispusesse de título líquido e certo, teria aparelhado desde logo o processo de execução. 5. Deveras, a *ratio essendi* do art. 1102-A do CPC revela ser desnecessária a liquidez da dívida contida no documento que instrui a inicial da ação monitória, eis que o próprio dispositivo legal exige, apenas, "prova escrita sem eficácia de título executivo". (REsp 687.173/PB, Rel. Ministro LUIZ FUX, PRIMEIRA TURMA, julgado em 18/08/2005, DJ 12/09/2005 p. 230)

Confira outras decisões do STJ sobre a ação monitória:

PROCESSUAL CIVIL. AÇÃO MONITÓRIA. EMBARGOS DO DEVEDOR. INÉRCIA DO CREDOR EMBARGADO. EFEITOS. Na ação monitória, o *non liquet* verificado em sede de embargos opostos pelo devedor, quando relativo à existência e extensão da dívida, não pode ser resolvido em desfavor do credor, autor da ação. Isso porque, para o ajuizamento da monitória, já se exige a apresentação do extrato do débito que, em tese representa prova escrita da dívida (*an debeatur* e *quantum debeatur*). (AgRg no Ag 1062290/RJ, Rel. Ministro SIDNEI BENETI, TERCEIRA TURMA, julgado em 20/11/2008, DJe 12/12/2008)

PROCESSO CIVIL - RECURSO ESPECIAL - AÇÃO MONITÓRIA - INSTRUÇÃO - CHEQUE PRESCRITO - DEMONSTRAÇÃO DA CAUSA DEBENDI - DESNECESSIDADE - RECURSO PROVIDO. 1 - A teor da jurisprudência desta Corte, na ação monitória fundada em cheque prescrito, é desnecessária a demonstração da causa de sua emissão, cabendo ao réu o ônus da prova da inexistência do débito. (REsp 801.715/MS, Rel. Ministro JORGE SCARTEZZINI, QUARTA TURMA, julgado em 24/10/2006, DJ 20/11/2006 p. 337)

AGRAVO REGIMENTAL. RECURSO ESPECIAL. DIVERGÊNCIA JURISPRUDENCIAL. COMPROVAÇÃO. DISSÍDIO NOTÓRIO. MITIGAÇÃO DE FORMALIDADES. AÇÃO MONITÓRIA. NOTA PROMISSÓRIA PRESCRITA. INDICAÇÃO DA CAUSA DEBENDI. DESNECESSIDADE. ÔNUS DO EMITENTE. A orientação jurisprudencial desta Corte Superior é no sentido de que na ação monitória, instruída com título de crédito que perdeu a eficácia executiva, é desnecessária a demonstração da causa de sua emissão, cabendo ao emitente o ônus da prova da inexistência do débito. (AgRg no REsp 848.072/MS, Rel. Ministro VASCO DELLA GIUSTINA (DESEMBARGADOR CONVOCADO DO TJ/RS), TERCEIRA TURMA, julgado em 09/06/2009, DJe 18/06/2009)

Ação monitória. Embargos. Ônus da prova pericial. Art. 33 do Código de Processo Civil. Precedentes da Corte. Nos embargos ajuizados em ação monitória, o ônus para desconstituir a prova apresentada pelo autor do pedido é do embargante, cabendo-lhe, portanto, antecipar os honorários do perito, prova técnica necessária a comprovar as alegações que apresenta. (REsp 585.482/SP, Rel. Ministro CARLOS ALBERTO MENEZES DIREITO, TERCEIRA TURMA, julgado em 05/10/2004, DJ 17/12/2004 p. 530)

PROCESSUAL CIVIL. REPETIÇÃO EM DOBRO DO INDÉBITO. EMBARGOS À AÇÃO MONITÓRIA. DESNECESSIDADE DE AJUIZAMENTO DE AÇÃO AUTÔNOMA. Na linha dos precedentes desta Corte, não é necessária a interposição de ação autônoma para se pleitear a aplicação da penalidade prevista no artigo 940 do Código Civil de 2002, equivalente ao artigo 1.531 do Código Civil de 1916. (AgRg no REsp 821.899/DF, Rel. Ministro SIDNEI BENETI, TERCEIRA TURMA, julgado em 20/10/2009, DJe 06/11/2009)

AGRAVO REGIMENTAL. AÇÃO MONITÓRIA. RECURSO CABÍVEL CONTRA O INDEFERIMENTO LIMINAR DOS EMBARGOS. APELAÇÃO. PRECEDENTES DA CORTE. I - O recurso cabível contra a decisão que rejeita liminarmente os embargos à ação monitória é a apelação. (AgRg no REsp 896.996/SP, Rel. Ministro SIDNEI BENETI, TERCEIRA TURMA, julgado em 19/05/2009, DJe 01/06/2009)

AGRAVO REGIMENTAL. RECURSO ESPECIAL. AÇÃO MONITÓRIA. CHEQUE PRESCRITO. JUROS MORATÓRIOS. TERMO INICIAL. DECISÃO AGRAVADA MANTIDA. IMPROVIMENTO. I - Os juros moratórios, na ação monitória, contam-se a partir da citação. (AgRg no REsp 1040815/GO, Rel. Ministro SIDNEI BENETI, TERCEIRA TURMA, julgado em 12/05/2009, DJe 10/06/2009)

AGRAVO REGIMENTAL. RECURSO ESPECIAL. EXECUÇÃO. CONVERSÃO EM MONITÓRIA. CITAÇÃO JÁ FEITA. IMPOSSIBILIDADE. PRECEDENTES. 1. A jurisprudência da Segunda Seção é no sentido de não ser possível a conversão da execução em ação monitória após a citação. (AgRg no REsp 656.670/DF, Rel. Ministro FERNANDO GONÇALVES, QUARTA TURMA, julgado em 02/12/2008, DJe 15/12/2008)

PEÇAS PRÁTICO-PROFISSIONAIS

(OAB/Exame Unificado – 2004 – 2ª fase) PEÇA PROFISSIONAL. Pedro, de 14 anos de idade, devidamente representado por sua genitora, propôs ação de execução de alimentos contra Carlos, pelo rito do art. 733 do Código de Processo Civil, perante juízo competente. Afirmou que o requerido encontra-se inadimplente desde o mês de janeiro de 2003 e, para demonstrar tal fato, juntou aos autos o demonstrativo do débito atualizado. O juiz ordenou a citação do devedor e fixou o valor dos honorários advocatícios em R$ 8.000,00. O mandado, cumprido em 23/6/2004, estabelecia para o requerido o prazo de três dias para efetuar o pagamento do montante devido, provar quitação da dívida ou justificar a impossibilidade de efetuar tal pagamento, sob pena de prisão. O mandado foi juntado aos autos em 25 de junho do corrente ano, sexta-feira. Nesse mesmo dia, Carlos procurou um advogado e relatou que, apesar de reconhecer a dívida, não tinha condições de pagá-la por encontrar-se desempregado desde o mês de fevereiro de 2003. Considerando a situação hipotética apresentada acima, redija, na condição de advogado de Carlos, peça processual em que se promova a defesa em juízo do requerido. (data da prova: 29/08/04)

COMENTÁRIOS INICIAIS

De acordo com o disposto no art. 733 do CPC, o executado, nos casos de execução de alimentos, terá o prazo de 3 dias para efetuar o pagamento, provar que o fez ou **justificar a impossibilidade de efetuá-lo.**

Veja-se que no caso o examinador relata que o executado encontra-se desempregado, circunstância que pode servir de justificativa de impossibilidade de prestar os alimentos, razão pela qual caberá ao advogado, para defender os interesses do executado, apresentar uma petição de justificativa.

Atente-se também para o fato de que é entendimento pacífico nos Tribunais que a execução de alimentos pelo rito previsto no art. 733 do CPC – aquele que permite a prisão do devedor – restringe-se às três últimas prestações vencidas antes da propositura da demanda, além daquelas que se vencerem no curso da lide.

Assim foi editada a súmula 309 do STJ, que tem o seguinte teor: "O débito alimentar que autoriza prisão civil do alimentante é o que compreende as três prestações anteriores ao ajuizamento da execução e as que vencerem no curso do processo"

Resolução da peça prático-profissional.

Peça: Petição de Justificativa

Fundamento: art. 733 do CPC

Endereçamento: ao juiz da causa

Prazo: 3 dias

Fundamento (tese):

– o desemprego caracteriza a impossibilidade temporária de pagar alimentos

Pedido: extinção da execução por falta de interesse processual (art. 267, VI, do CPC); alternativamente, conversão em execução pelo rito indicado no art. 732 do CPC; e, caso se entenda incabível a conversão, exclusão das prestações anteriores às três últimas que se venceram antes da propositura da ação de execução, por se tratar de execução pelo rito do art. 733 do CPC (súmula 309 do STJ)

Modelo: Petição de justificativa

[o que estiver entre colchetes é apenas nota do autor – não deve constar da peça]

início da peça

EXCELENTÍSSIMO SENHOR DOUTOR JUIZ DE DIREITO DA ... VARA ... DA COMARCA DE ... .

Pular 10 linhas

Autos n.º ... .

CARLOS ..., estado civil ..., profissão ..., residente de domiciliado na ..., inscrito no CPF sob nº ..., RG nº ..., por seu advogado que firma a presente (procuração anexada – doc. 1), com escritório para recebimento de intimações na ... (CPC, art. 39, I), vem, respeitosamente, à presença de Vossa Excelência, com fulcro no art. 733, *caput*, do Código de Processo Civil, apresentar sua

JUSTIFICATIVA

nos autos da execução de alimentos promovida por Pedro ..., já qualificado nos autos, representado por sua genitora ...., já qualificada nos autos, segundo as razões de fato e de direito que passa a expor.

1. DOS FATOS

Trata-se de execução de alimentos pelo rito previsto no art. 733 do Código de Processo Civil.

O exequente afirmou em sua petição inicial que o executado não vem cumprindo com o seu dever de prestar alimentos desde janeiro de 2003. Para tanto, juntou aos autos o demonstrativo do débito atualizado.

Esse D. Juízo ordenou a citação do ora executado e fixou o valor dos honorários advocatícios em R$ 8.000,00. O mandado, cumprido em 23/6/2004, estabelecia para o requerido o prazo de três dias para efetuar o pagamento do montante devido, provar quitação da dívida ou justificar a impossibilidade de efetuar tal pagamento, sob pena de prisão. O mandado foi juntado aos autos em 25 de junho do corrente ano, sexta-feira.

Ocorre que, conforme cópia de documento em anexo (doc. 2), o executado encontra-se desempregado desde fevereiro de 2003, razão pela qual deixou de cumprir com sua obrigação alimentar.

2. DO DIREITO

2.1. Da impossibilidade de prestar alimentos

Segundo o art. 733, caput, do Código de Processo Civil, a impossibilidade de efetuar o pagamento dos alimentos é circunstância que impede o prosseguimento da execução com base no rito estabelecido no mesmo dispositivo ("execução por coerção pessoal").

E o fato é que, no caso presente, está demonstrado, pela documentação já mencionada (doc. 2), que o executado encontra-se desempregado desde fevereiro de 2003 e, mesmo diante de diversas tentativos, ainda não encontrou outra colocação profissional. Daí porque ficou impossibilitado de pagar as prestações alimentícias correspondentes ao mês imediatamente anterior ao desemprego, bem como em relação aos meses subsequentes.

O desemprego do assalariado faz com que este simplesmente deixe de auferir a renda necessária ao próprio sustento, bem como ao sustento de quem dele depende, o que, por si só, já configura causa temporária de impossibilidade de pagamento.

Ademais, caso a prisão se efetivasse, o bem jurídico protegido pelo rito do art. 733 do Código de Processo Civil ficaria em maior risco, vez que a prisão atrasaria ainda mais a recolocação profissional do executado.

Dessa forma, de rigor o acolhimento da presente justificativa para o fim de converter a execução para aquela indicada no art. 732 do Código de Processo Civil.

2.2. Da impossibilidade de executar débitos antigos pelo rito do art. 733 do CPC

É pacífico na doutrina e na jurisprudência que a execução pelo rito previsto no art. 733 do Código de Processo Civil somente pode compreender as três prestações imediatamente anteriores ao ajuizamento da ação de execução. Nesses termos é o teor da Súmula 309 do Superior Tribunal de Justiça.

Todavia, no caso presente, vê-se que o cálculo apresentado pelo exequente incluiu prestações desde janeiro de 2003, o que não é possível, vez que a ação foi ajuizada em ... .

Assim, caso não seja deferida a conversão acima mencionada, de rigor que a presente execução corra apenas em relação aos débitos atuais, ou seja, em relação às três prestações imediatamente anteriores ao ajuizamento da presente.

2.3. Da ilegalidade dos honorários fixados

O Código de Processo Civil não prevê a fixação de honorários advocatícios na execução com coerção pessoal. Isso porque o art. 733 do Código de Processo Civil não repetiu a regra prevista para a execução por quantia certa contra devedor solvente (art. 652-A do CPC).

No entanto, no caso presente, esse D. Juízo fixou honorários advocatícios no montante de R$ 8.000,00.

Tal decisão não pode prevalecer. Primeiro porque não há base legal que a sustente, como se viu. Segundo porque, a prevalecer o "decisum", estar-se-ia ferindo o disposto no art. 5º, LXVII, da Constituição Federal, que somente permite a prisão civil em favor do alimentando, e não em favor do advogado, ao qual pertence os honorários advocatícios.

Assim sendo, mantido o rito do art. 733 do Código de Processo, de rigor seja afastada a fixação de honorários advocatícios.

Para tanto, o executado apresenta em anexo cálculo do débito, excluindo as prestações anteriores às três últimas que se venceram antes da propositura da execução e o valor fixado a título de honorários advocatícios. (doc. 3).

CIVIL

3. DO PEDIDO

Ante o exposto, o executado requer seja:

a) determinada a conversão da presente na execução pelo rito indicado no art. 732 do Código de Processo Civil;

b) alternativamente, determinado o prosseguimento da execução nos termos do art. 733 do Código de Processo Civil apenas em relação às três últimas prestações anteriores à propositura da ação de execução CPC (Súmula 309 do STJ), ficando afastada a fixação de honorários advocatícios.

Considerando os princípios constitucionais do contraditório e da ampla defesa, requer seja admitida a produção de prova destinada a demonstrar a impossibilidade do pagamento dos alimentos.

Termos em que, p. deferimento

Local ..., data ...

[Não assine, rubrique ou, de outra forma, identifique sua prova!]

____

Advogado ...

OAB ...

fim da peça

Comentários adicionais.

Confira os seguintes acórdãos do STJ:

EXECUÇÃO DE ALIMENTOS. PEDIDO ABRANGENDO PRESTAÇÕES PRETÉRITAS E RECENTES. EXECUÇÃO APARELHADA NOS MOLDES DO ART. 733 DO CPC. ADMISSIBILIDADE QUANTO ÀS TRÊS ÚLTIMAS PARCELAS. – O julgamento de habeas corpus independe de prévia publicação de pauta. Precedentes. – Em princípio, tanto a doutrina como a jurisprudência admitem a incidência do procedimento previsto no art. 733 do CPC quando se tratar de execução referente às três últimas prestações acrescidas das vincendas, ficando a cobrança da dívida pretérita para o rito do art. 732 do mesmo Codex (execução por quantia certa). Precedentes. – Não constitui o habeas corpus remédio adequado para examinar aspectos fático-probatórios em torno da capacidade financeira do paciente para prosseguir no pensionamento de filho menor. Precedentes do STJ. – A propositura de ação revisional não obsta a execução de alimentos com base no art. 733 do CPC. Recurso parcialmente provido. (RHC 14.754/MG, Rel. Ministro BARROS MONTEIRO, QUARTA TURMA, julgado em 18/12/2003, DJ 12/04/2004 p. 210)

EXECUÇÃO DE ALIMENTOS. ALEGAÇÃO DE DESEMPREGO. MATÉRIA DE PROVA. DÉBITO ATUAL. ART. 733 DO CPC. – A simples alegação de desemprego não é o bastante para eximir o devedor do pagamento das prestações acordadas. Não demonstração, de modo cabal, da impossibilidade de cumprir a obrigação. Em sede de habeas corpus não se examinam fatos complexos e controvertidos, dependentes de prova. – Tratando-se de dívida atual, correspondente às três últimas prestações anteriores ao ajuizamento da execução, admissível é a prisão civil do devedor (art. 733 do CPC). Recurso apreciado como writ substitutivo. Ordem denegada. (RHC 13.799/PR, Rel. Ministro BARROS MONTEIRO, QUARTA TURMA, julgado em 25/02/2003, DJ 05/05/2003 p. 298)

EXECUÇÃO DE ALIMENTOS. PRESTAÇÕES PRETÉRITAS. PROCEDIMENTO DO ART. 733 DO CPC. INADMISSIBILIDADE. - A execução de alimentos aparelhada com fundamento no art. 733 do CPC tem como pressuposto a atualidade do débito. Precedentes do STJ. - Conversão, desde logo, ao rito previsto no art. 732 do mesmo diploma legal (execução por quantia certa). Recurso especial conhecido e provido. (REsp 414.514/SP, Rel. Ministro BARROS MONTEIRO, QUARTA TURMA, julgado em 19/11/2002, DJ 10/03/2003 p. 230)

CIVIL. RECURSO ORDINÁRIO EM HABEAS CORPUS. INTEMPESTIVIDADE. PENSÃO ALIMENTÍCIA. NECESSIDADE. QUITAÇÃO. INTEGRALIDADE. LEGALIDADE. PRISÃO. DILAÇÃO PROBATÓRIA. HABEAS CORPUS. VIA INADEQUADA. 1. Não se conhece de recurso ordinário de habeas corpus interposto além do prazo legal de cinco dias, previsto no art. 30 da Lei nº 8.038/90. De igual modo não há como deferir ordem de ofício, porquanto ausente flagrante ilegalidade do decreto prisional. 2. Não basta o pagamento de parcela da pensão alimentícia para que seja afastada a aplicação do disposto no art. 733, § 1º, do CPC. Faz-se necessária a quitação integral das três últimas parcelas anteriores ao ajuizamento da execução, acrescidas das vincendas, providência não adotada na espécie. Precedentes. 3. Eventuais justificativas cifradas em aspectos de índole fático-probatória, como a impossibilidade financeira recorrente para cumprimento da obrigação alimentar, não se submetem à augusta via do writ. 4. Recurso não conhecido. (RHC 22.001/SP, Rel. Ministro FERNANDO GONÇALVES, QUARTA TURMA, julgado em 18/09/2007, DJ 01/10/2007 p. 275)

Direito processual civil. Execução de alimentos sob o rito previsto no art. 733 do CPC. Parcelamento do débito determinado pelo Juízo. Dedução de valores pagos a título de mensalidades escolares. Suspensão do processo com base no art. 792 do CPC. Ausência de concordância do credor. - A execução de alimentos exige pronto adimplemento, por isso mesmo que ofertado ao credor rito dotado de celeridade, disposto no art. 733 do CPC, com a possibilidade de decretação de prisão civil, conferida pelo art. 5º, inc. LXVII, da CF, que, dessa forma, oferece meio coercitivo para a imposição do cumprimento da obrigação. - Permite-se tão somente o acolhimento da justificativa, no sentido de livrar o devedor de alimentos da iminente prisão civil, quando demonstre que houve o pagamênto ou ainda a impossibilidade de efetuá-lo. Não se concebe, neste momento da execução, ofertar ao devedor parcelamento do débito, tampouco a compensação de valores pagos a título de mensalidades escolares, quando a tanto não anuiu o credor. - A ausência de concordância do credor com a proposta do devedor, formulada em sede de justificativa, obsta, portanto, a adoção, pelo julgador, de qualquer ato tendente a criar embaraço ao pronto atendimento das necessidades do credor de alimentos, sob pena de restrição ao caráter emergencial conferido à obrigação alimentícia. Recurso especial não conhecido. (REsp 1050994/DF, Rel. Ministra NANCY ANDRIGHI, TERCEIRA TURMA, julgado em 23/09/2008, DJe 03/10/2008)

Habeas corpus. Diversas execuções de alimentos. Decretada prisão do devedor. Cumulação de prazo de prisão. Impossibilidade. Renovação do decreto prisional. Cabimento. - Em execução de alimentos proposta pelo procedimento descrito no art. 733 do CPC, o decreto prisional expedido contra o devedor abrange todas as prestações alimentícias que se vencerem, no curso do processo, até o cumprimento do prazo de prisão estabelecido no decreto. - Propostas sucessivas execuções de alimentos, todas pelo procedimento do art. 733 do CPC, mostra-se inviável o cumprimento cumulativo dos decretos prisionais, expedidos em cada um dos processos, pois, nesta hipótese, estaria configurado bis in idem, considerando que as prestações que se vencerem no curso da primeira execução e, portanto, abrangidas pelo primeiro decreto prisional serão, justamente, o objeto das execuções posteriores. - O cumprimento cumulativo dos decretos prisionais expedidos em processo distintos frustra a finalidade da prisão que deve ser decretada, excepcionalmente, apenas como meio de coagir o devedor a adimplir o débito alimentar e não como mecanismo de punição pelo não pagamento. - No entanto, nosso ordenamento jurídico não veda a possibilidade de o juiz, renovar, no mesmo processo de execução de alimentos, o decreto prisional, após analisar a conveniência e oportunidade e, principalmente, após levar em conta a finalidade coercitiva da prisão civil do alimentante. (HC 39.902/MG, Rel. Ministra NANCY ANDRIGHI, TERCEIRA TURMA, julgado em 18/04/2006, DJ 29/05/2006 p. 226, REVPRO vol. 143 p. 232)

(OAB/Exame Unificado – 2006.1 – 2ª fase) PEÇA PROFISSIONAL. José firmou, em dezembro de 2002, contrato de locação de um imóvel residencial, de sua propriedade, com Pedro, por prazo indeterminado, no valor de R$ 500,00 mensais, com reajuste anual. O contrato tem como garantia a fiança prestada por Luiz. Ocorre que o valor do aluguel nunca foi reajustado, em virtude de os contratantes não conseguirem chegar a um acordo sobre o reajuste. O imóvel em apreço tem valor locatício de R$ 900,00, por mês, conforme comprovam anúncios publicados em jornais locais, para imóveis semelhantes e localizados na mesma área. O proprietário esclarece que tal situação não pode persistir e que pretende receber a devida contraprestação pela locação de seu imóvel. Considerando a situação hipotética apresentada e na qualidade de advogado constituído por José, redija peça processual em que proponha a medida judicial que entender cabível para a proteção dos interesses de seu cliente, abordando todos os aspectos de direito material e processual pertinentes e observando que a petição inicial contenha todos os requisitos legais. extensão máxima: 90 linhas (data da prova: 07/05/06)

COMENTÁRIOS INICIAIS

Trata a questão do direito previsto ao locador no art. 68 da Lei 8.245/91, que deverá ser exercido com o ingresso de ação revisional de aluguel, atentando o candidato para os dispositivos que constam na lei citada.

Para a confecção de **petições iniciais**, é essencial que o candidato **leia atentamente o art. 282 do CPC,** que lista as informações que devem constar da peça.

É uma ótima maneira para não esquecer nada!

Eis o dispositivo legal [nossas observações entre colchetes]:

Art. 282. A petição inicial indicará:

I - o juiz ou tribunal, a que é dirigida;

II - os nomes, prenomes, estado civil, profissão, domicílio e residência do autor e do réu;

III - o fato [que sustenta o pedido] e os fundamentos jurídicos do pedido [a natureza do direito];

IV - o pedido, com as suas especificações [aquilo que se espera que o Juiz determine ou declare, por exemplo, conforme art. 286 e seguintes do CPC];

V - o valor da causa [conforme art. 259 do CPC. No Exame da OAB, muitas vezes não podemos identificar o valor da causa, mas vale indicar a regra do art. 259 aplicável];

VI - as provas com que o autor pretende demonstrar a verdade dos fatos alegados [lembre-se que a prova documental deve instruir a inicial e que não cabe dilação probatória no caso de mandado de segurança];

VII - o requerimento para a citação do réu.

Quanto ao relato **dos fatos**, devem ser reproduzidos na petição os eventos narrados pelo examinador, até porque o candidato deve se ater estritamente a eles, sob pena de anulação da prova. Lembre-se de adaptar o texto (por exemplo, em vez de Marcos, diga *autor;* em vez de João, diga *réu*).

Perceba que a **causa de pedir** (*causa petendi*) não é a simples indicação do dispositivo legal ou constitucional aplicável, mas sim a **aplicação da norma ao caso concreto, que leva ao reconhecimento do direito pleiteado**.

Lembre-se que a **prova documental deve instruir a petição inicial**, nos termos do art. 283 do CPC.

Com relação à fundamentação, lembre-se da argumentação silogística. Relate os fatos, faça referência ao direito aplicável e conclua a respeito do direito de seu cliente:

Resolução da peça prático-profissional.

Peça: Ação Revisional de Aluguel

Fundamento: arts 68 a 70 da Lei 8.245/91

Competência: se não houver foro de eleição no contrato de locação, será proposta no foro de localização do imóvel (art. 58, II, da Lei 8.245/91)

Pedido: de procedência da ação para revisar o valor do aluguel que já deverá constar na petição inicial

Modelo: Ação revisional de aluguel

[o que estiver entre colchetes é apenas nota do autor – não deve constar da peça]

início da peça

Excelentíssimo Senhor Doutor Juiz de Direito da .... Vara ... da Comarca de ...

[deixe espaço de aproximadamente 10 cm, para eventual despacho ou decisão do juiz]

José ..., estado civil, profissão ..., residente e domiciliado na ..., inscrito no CPF sob nº ..., RG nº ..., por seu advogado que firma a presente (procuração anexada – doc. 1), com escritório para recebimento de intimações na ... (CPC, art. 39, I), vem, respeitosamente, propor, com fundamento nos arts. 68 a 70 da Lei 8.245/91, a presente

AÇÃO REVISIONAL DE ALUGUEL

contra Pedro ..., estado civil, profissão ..., residente e domiciliado na ..., inscrito no CPF sob nº ..., RG nº ..., e Luiz ..., estado civil, profissão ..., residente e domiciliado na ..., inscrito no CPF sob nº..., RG nº ..., segundo as razões de fato e direito que a seguir expõe.

1. DOS FATOS

Em dezembro de 2002, o autor firmou contrato de locação de um imóvel residencial, de sua propriedade, com Pedro, por prazo indeterminado, no valor de R$ 500,00 mensais, com reajuste anual.O contrato tem como garantia a fiança prestada por Luiz (doc. 2).

Ocorre que o valor do aluguel nunca foi reajustado, em virtude de os contratantes não conseguirem chegar a um acordo sobre o reajuste.

O imóvel em apreço tem valor locatício de R$ 900,00, por mês, conforme comprovam anúncios publicados em jornais locais, para imóveis semelhantes e localizados na mesma área (doc. 3).

Considerando que não se conseguiu resolver a presente questão extrajudicialmente, fez-se necessário ingressar com a presente demanda contra o locatário e seu fiador.

2. DO DIREITO

2.1. Da legitimidade passiva do fiador

O fiador é responsável pelo pagamento dos alugueres e encargos devidos pelo locatário. Isso ocorre por ter o fiador voluntariamente, assinado o contrato de fiança, acessório ao contrato de locação.

Todavia, a ação revisional de aluguel visa à alteração do valor locatício e, caso isso ocorra sem a participação do fiador, este poderá se eximir de qualquer responsabilidade pela revisão da qual não participou.

Assim, e considerando o entendimento doutrinário e jurisprudencial a respeito, de rigor que a presente ação seja manejada também em face de Luiz ..., a fim de que o novo valor locatício seja oponível contra este, caso isso seja necessário no futuro.

2.2. Do direito à revisão do aluguel

O art. 19 da Lei 8.245/91 estabelece três requisitos para que o locador tenha direito à revisão do aluguel. Os requisitos são os seguintes: a) desajuste do aluguel em relação ao preço de mercado; b) transcurso de pelo menos três anos de vigência do contrato ou do acordo anteriormente realizado; c) inexistência de acordo entre o locador e o locatário.

O primeiro requisito está atendido, uma vez que, conforme documentação acostada, o valor de mercado do aluguel é de R$ 900,00, ao passo que o valor locatício atual é de R$ 500,00.

O segundo requisito também está atendido, já que entre dezembro de 2002 e maio de 2006 decorreram mais de três anos.

Por fim, o terceiro requisito também se encontra cumprido, tendo em vista que as partes não lograram celebrar acordo para a revisão dos valores locatícios, o que motivou, inclusive, a propositura da presente demanda.

Dessa forma, de rigor seja julgada procedente a presente demanda, para o fim de revisar o valor locativo para o preço de mercado, segundo a avaliação ora juntada (doc. 3).

3. DA FIXAÇÃO DE ALUGUEL PROVISÓRIO

O art. 68, II, da Lei 8.245/91 dispõe que o juiz, ao designar a audiência de instrução e julgamento, fixará aluguel provisório.

CIVIL

É importante ressaltar que, para a concessão do aluguel provisório, a lei não exige a presença de "periculum mora". Basta que haja pedido feito pelo autor da demanda e que os elementos trazidos indiquem o desajuste entre o valor contratual e o valor de mercado.

No caso, os documentos juntados (doc. 3), consistentes em anúncios publicados em jornais locais, para imóveis semelhantes e localizados na mesma área, revelam, de modo cabal, esse desajuste. O valor locativo está fixado em R$ 500,00 e o valor de mercado é de R$ 900,00.

De qualquer forma, deve-se obedecer estabelecido no dispositivo citado, fixando-se o aluguel provisório em 80% do valor pedido na presente demanda, ou seja, em R$ 720,00.

4. DO PEDIDO

Ante o exposto, requer seja:

a) fixado aluguel provisório no valor de R$ 720,00 (setecentos e vinte reais), equivalente a 80% do valor pretendido, intimando-se o réu para que a partir da citação passe a pagar esse valor, nos termos do art. 68, II, da Lei 8.245/91;

b) determinada a citação do réu, no endereço declinado nesta inicial, para, querendo, contestar a presente ação no prazo legal, sob as penas da lei processual civil;

c) julgada procedente a presente ação, para o fim de revisar o valor locativo, fixando-o em R$ 900,00 (novecentos reais), devido a partir da citação e condenando-se o réu, ainda, no pagamento das custas e despesas processuais, bem como honorários advocatícios, estes no valor de 20% sobre o total da condenação;

d) deferida a produção de prova documental e pericial, e de todos os meios probatórios em direito admitidos, ainda que não especificados no CPC, desde que moralmente legítimos (CPC art. 332).

Dá-se a causa o valor de R$ 4.800,00 (valor por extenso), consistente em doze vezes a diferença entre o valor ora pleiteado e o valor contratual.

Nestes termos, pede Deferimento

Local / Data

[não assine, rubrique ou, de outra forma, identifique sua prova!]

Advogado ...

OAB ...

ROL DE TESTEMUNHAS:xxxx (trata-se de procedimento sumário)

fim da peça

Comentários adicionais.

LOCAÇÃO. PROCESSO CIVIL. AÇÃO REVISIONAL DE ALUGUEL. NECESSIDADE DE CITAÇÃO DOS FIADORES, A FIM DE QUE ELES POSSAM SER RESPONSABILIZADOS PELOS VALORES ACRESCIDOS. PRECEDENTES DESTA CORTE. 1. É pacífico nesta Casa o entendimento de que é indispensável a citação dos fiadores em ação revisional de aluguel, a fim de que eles possam ser responsabilizados pelos valores que por ela foram acrescidos ao originalmente contratado. 2. Na hipótese vertente, restou consignado nos autos que os fiadores realmente não foram cientificados da propositura da ação revisional de aluguel, razão por que não podem ser parte em execução proposta pelo locador com vistas a exigir os valores acrescidos. 3. Agravo regimental improvido. (AgRg nos EDcl no REsp 421.028/SP, Rel. Ministra MARIA THEREZA DE ASSIS MOURA, SEXTA TURMA, julgado em 15/05/2008, DJe 02/06/2008)

(OAB/Exame Unificado – 2006.2 – 2ª fase) PEÇA PROFISSIONAL. Sílvio – brasileiro, separado judicialmente, advogado, residente e domiciliado em Fortaleza – CE – ajuizou ação revisional de alimentos, com pedido de tutela antecipada, contra Júlia e Carla, menores impúberes, representadas por sua genitora, sustentando que, em sede de ação de separação judicial, foi homologado, em 12/2/2005, acordo de pensão alimentícia às filhas, assumindo o pai, ora requerente, o pagamento do valor correspondente a 5 salários mínimos mensais depositado em conta-corrente. O requerente, que assumiu, ainda, à época da separação judicial, o encargo de manter o plano de saúde para suas filhas, sustenta, na ação revisional, que o valor da contribuição mensal dos alimentos tornou-se excessivamente superior às suas possibilidades financeiras, notadamente em virtude do reajustamento do salário mínimo em índice bastante superior a qualquer índice inflacionário no período. A título elucidativo, foi juntada aos autos uma planilha que comprova que, enquanto o INPC no período de julho de 2004 a abril de 2006 atingiu o patamar de 9,05%, o salário mínimo, em igual período, teve aumento de 34,62%. Alega, ainda, o requerente que sofreu substancial diminuição do seu patrimônio, em virtude da escassez de causas advocatícias sob sua responsabilidade e do empobrecimento dos clientes. Além disso, alega que constituiu nova família, sendo ele o único responsável pelo provimento desta e que dessa união nasceu o seu filho Roberto, o que teria aumentado ainda mais os gastos do requerente, sendo-lhe, portanto, impossível suportar pagar, ainda, o equivalente a 5 salários mínimos, sem ter de passar por privações. Na ação impetrada, o requerente oferece às filhas pensão alimentícia no valor mensal de R$ 1.000,00, reajustável anualmente pela variação do INPC, valor que entende suficiente para a manutenção das alimentadas, mormente se considerada a reciprocidade no dever alimentar. Esclarece, ainda, na ação, que, por ocasião da separação, foi feita a partilha dos bens do casal; que a genitora das autoras possui boa condição financeira, visto que é professora de inglês em escola particular; que as filhas contam, respectivamente, com 6 e 8 anos de idade e encontram-se matriculadas em uma escola particular, cursando o ensino fundamental. Ao final, requer o deferimento do pedido de concessão de antecipação da tutela, para reduzir os alimentos pagos às filhas ao valor mensal de R$ 1.000,00, a procedência do pedido e a condenação das requeridas ao pagamento de custas e honorários advocatícios, dando à causa o valor de R$ 12.000,00. O juiz determinou a citação das requeridas, na pessoa de sua representante legal, reservando-se para apreciar o pedido de antecipação de tutela após a resposta das rés. Diante da situação hipotética apresentada, na qualidade de advogado constituído pelas requeridas, redija uma peça processual que promova a defesa em juízo de suas clientes, abordando todas as questões de direito material e processual pertinentes a essa defesa. extensão máxima: 120 linhas (data da prova: 17/09/06)

COMENTÁRIOS INICIAIS

Para a confecção de **contestação**, é essencial que o candidato **leia atentamente os arts. 300 a 303 do CPC,** que lista as informações que devem constar da peça.

É uma ótima maneira para não esquecer nada!

Eis os dispositivos legais:

Art. 300. Compete ao réu alegar, na contestação, toda a matéria de defesa, expondo as razões de fato e de direito, com que impugna o pedido do autor e especificando as provas que pretende produzir.

Art. 301. Compete-lhe, porém, antes de discutir o mérito, alegar:

I - inexistência ou nulidade da citação

II - incompetência absoluta;

III - inépcia da petição inicial;

IV - perempção;

V - litispendência;

Vl - coisa julgada;

VII - conexão;

VIll - incapacidade da parte, defeito de representação ou falta de autorização;

IX - convenção de arbitragem;

X - carência de ação;

Xl - falta de caução ou de outra prestação, que a lei exige como preliminar.

§ 1º Verifica-se a litispendência ou a coisa julgada, quando se reproduz ação anteriormente ajuizada.

§ 2º Uma ação é idêntica à outra quando tem as mesmas partes, a mesma causa de pedir e o mesmo pedido.

§ 3º Há litispendência, quando se repete ação, que está em curso; há coisa julgada, quando se repete ação que já foi decidida por sentença, de que não caiba recurso.

§ 4º Com exceção do compromisso arbitral, o juiz conhecerá de ofício da matéria enumerada neste artigo.

Art. 302. Cabe também ao réu manifestar-se precisamente sobre os fatos narrados na petição inicial. Presumem-se verdadeiros os fatos não impugnados, salvo:

I - se não for admissível, a seu respeito, a confissão;

II - se a petição inicial não estiver acompanhada do instrumento público que a lei considerar da substância do ato;

III - se estiverem em contradição com a defesa, considerada em seu conjunto.

Parágrafo único. Esta regra, quanto ao ônus da impugnação especificada dos fatos, não se aplica ao advogado dativo, ao curador especial e ao órgão do Ministério Público.

Art. 303. Depois da contestação, só é lícito deduzir novas alegações quando:

I - relativas a direito superveniente;

II - competir ao juiz conhecer delas de ofício;

III - por expressa autorização legal, puderem ser formuladas em qualquer tempo e juízo.

Resolução da peça prático-profissional.

Peça: Contestação

Fundamento: arts 300 a 303 do CPC

Competência: ao Juiz que efetivou a citação

Pedido: de indeferimento da tutela antecipada e, ao final, de improcedência do pedido de revisão do valor de pensão alimentícia

Modelo: Contestação

[O que estiver entre colchetes é apenas nota do autor – não deve constar da peça]

início da peça

EXCELENTÍSSIMO SENHOR DOUTOR JUIZ DE DIREITO DA ... VARA ... DA COMARCA DE ... - ... .

Pular 10 linhas

Júlia ... e Carla ..., menores impúberes, residentes e domiciliadas na ..., representadas por sua genitora, nome completo, estado civil, professora de inglês, residente e domiciliada no endereço citado, inscrita no CPF sob nº ..., RG ..., vem, respeitosamente, a presença de Vossa Excelência, por meio de seu advogado e bastante procurador que esta subscreve (mandato – doc. 1), oferecer

CONTESTAÇÃO

à ação Revisional de Alimentos que lhe promove Silvio ..., já qualificado, segundos os fundamentos de fato e de direito a seguir aduzidos.

1. DOS FATOS

Em sede de ação de separação judicial, foi homologado, em 12/2/2005, acordo de pensão alimentícia às rés, assumindo o autor o pagamento do valor correspondente a 5 salários mínimos mensais depositado em conta-corrente.

O autor, que assumiu, ainda, à época da separação judicial, o encargo de manter o plano de saúde para as rés, sustenta, na presente ação, que o valor da contribuição mensal dos alimentos tornou-se excessivamente superior às suas possibilidades financeiras, notadamente em virtude do reajustamento do salário mínimo em índice bastante superior a qualquer índice inflacionário no período.

A título elucidativo, foi juntada aos autos uma planilha que comprova que, enquanto o INPC no período de julho de 2004 a abril de 2006 atingiu o patamar de 9,05%, o salário mínimo, em igual período, teve aumento de 34,62%.

Alega o autor, ainda, que sofreu substancial diminuição do seu patrimônio, em virtude da escassez de causas advocatícias sob sua responsabilidade e do empobrecimento dos clientes. Além disso, alega que constituiu nova família, sendo ele o único responsável pelo provimento desta e que dessa união nasceu o seu filho Roberto, o que teria aumentado ainda mais os gastos do requerente, sendo-lhe, portanto, impossível suportar pagar, ainda, o equivalente a 5 salários mínimos, sem ter de passar por privações.

O autor oferece às rés pensão alimentícia no valor mensal de R$ 1.000,00, reajustável anualmente pela variação do INPC, valor que ele entende suficiente para a manutenção das rés, mormente se considerada a reciprocidade no dever alimentar.

O autor também afirma que, por ocasião da separação, foi feita a partilha dos bens do casal; que a genitora das rés possui boa condição financeira, visto que é professora de inglês em escola particular; que as rés contam, respectivamente, com 6 e 8 anos de idade e encontram-se matriculadas em uma escola particular, cursando o ensino fundamental.

Ao final, requereu o deferimento do pedido de concessão de antecipação da tutela – para reduzir os alimentos pagos às rés ao valor mensal de R$ 1.000,00 –, a procedência do pedido e a condenação das requeridas ao pagamento de custas e honorários advocatícios.

O MM. Juiz recebeu a petição e determinou a citação das requeridas, na pessoa de sua representante legal, reservando-se para apreciar o pedido de antecipação de tutela após a resposta das rés.

2. DO DIREITO

2.1. Da não demonstração de modificação nas necessidades.

Com efeito, o art. 1.694, § 1º, dispõe que os alimentos devem ser fixados na proporção das necessidades do reclamante e dos recursos da pessoa obrigada.

No caso em tela, a alegação de que a genitora das rés tem boa condição financeira não faz com que as necessidades das alimentandas sejam reduzidas, tema sobre o qual o autor nada alegou ou provou.

Em verdade, as rés estão em fase escolar e em pleno desenvolvimento físico, razão pela qual a tendência e de aumento e não de diminuição dos gastos, de modo que se faz necessária a manutenção da pensão alimentícia nos termos fixados no acordo homologado nos autos da separação.

2.2. Da não demonstração de modificação nas possibilidades.

No que concerne à diminuição das possibilidades do autor, as alegações lançadas também não procedem.

A alegação do autor de que, após a separação, teve outro filho, não vem sendo acolhida como suficiente por si só, para determinar a redução dos alimentos fixados, se não há modificação na situação econômica do alimentante.

Por fim, embora alegue que sofreu queda patrimonial, nada trouxe aos autos para comprovar, razão pela qual também não podem ser consideradas para o fim de reduzir a pensão alimentícia.

3. DO PEDIDO DE TUTELA ANTECIPADA.

Não estão presentes os requisitos autorizadores da antecipação dos efeitos da tutela.

Isso porque a presente ação trata de prestação alimentícia fixada em acordo homologado no ano de 2005. E desde então vem as rés contando com esse valor mensal para cobrir seus gastos e sua redução abrupta poderia acarretar grave dano à sua saúde e educação.

Dessa forma, existe "periculum in mora" inverso, no presente caso, o que impede a concessão da liminar.

Não bastasse, não há demonstração da existência de "fumus boni juris", também necessário para a concessão da tutela antecipada pleiteada. Isso porque, como se viu, as alegações do autor não revelam probabilidade de êxito na presente demanda, já que não demonstraram qualquer alteração na possibilidade do alimentante e na necessidade das alimentandas.

Assim, o pedido de tutela antecipada deduzido pelo autor deve ser indeferido porque ausentes os requisitos previstos no art. 273 do Código de Processo Civil.

4. DO PEDIDO

Ante o exposto, requer seja julgada improcedente a presente demanda, condenando o autor ao pagamento das custas e despesas processuais, bem como dos honorários advocatícios.

(a depender da condição econômica do réu, deve-se pedir os benefícios da justiça gratuita)

Protesta pela produção de prova documental e pericial, e de todos os meios probatórios em direito admitidos, ainda que não especificados no Código de Processo Civil, desde que moralmente legítimos (CPC, art. 332).

Termos em que, pede deferimento.

Local ..., data...

Advogado ...

OAB ...

fim da peça

Comentários adicionais.

A constituição de nova família, com novos filhos do alimentante, não determina, por si só, a diminuição do valor dos alimentos devidos, se não há modificação na situação econômica do alimentante. ALIMENTOS - BINÔMIO NECESSIDADE - POSSIBILIDADE - REVISÃO - CONSTITUIÇÃO DE NOVA FAMÍLIA PELO ALIMENTANTE COM NASCIMENTO DE FILHOS - CIRCUNSTÂNCIA QUE, POR SI SÓ, NÃO POSSIBILITA A ALTERAÇÃO - AUSÊNCIA DE MODIFICAÇÃO NA SITUAÇÃO ECONÔMICA DO ALIMENTANTE. A circunstância de o alimentante constituir nova família, com nascimento de filhos, por si só, não importa na redução da pensão alimentícia paga a filha havida de união anterior, sobretudo se não resta verificada a mudança para pior na situação econômica daquele." (REsp 703.318/PR, Rel. Ministro JORGE SCARTEZZINI, QUARTA TURMA, julgado em 21/06/2005, DJ 01/08/2005 p. 470)

A constituição de nova família, com novos filhos do alimentante, pode determinar a diminuição do valor dos alimentos devidos, se houver modificação na situação econômica do alimentante, em razão do princípio da igualdade entre os filhos. "DIREITO CIVIL. REVISÃO DE ALIMENTOS. CELEBRAÇÃO DE NOVO CASAMENTO, COM FILHOS. CABIMENTO. O advento de prole resultante da celebração de um novo casamento representa encargo superveniente que pode autorizar a diminuição do valor da prestação alimentícia antes estipulado, uma vez que, por princípio de equidade, todos os filhos comungam do mesmo direito de terem o seu sustento provido pelo genitor comum, na proporção das possibilidades deste e necessidades daqueles. (REsp 244.015/SC, Rel. Ministro CASTRO FILHO, TERCEIRA TURMA, julgado em 19/04/2005, DJ 05/09/2005 p. 396)

(OAB/Exame Unificado – 2006.3 – 2ª fase) PEÇA PROFISSIONAL. Mário emitiu um cheque do Banco Popular, da conta-corrente n.º 12.345-6, agência 36, no valor de R$ 850,00, para pagamento de despesas de prestação de serviço, cujo beneficiário/portador é Auto Peças e Serviços Ltda., localizada, à época, na Rua 1, n.º 2, em Natal – RN, e, hoje, em local incerto e desconhecido. Ocorre que, ao tempo em que o beneficiário do cheque tentou sacar o valor deste, no dia 17 de agosto de 2006, no caixa da agência supramencionada, não havia, na conta-corrente do emitente, provisão de fundos. Dias depois, novamente tentou o beneficiário receber o valor do referido cheque no caixa da agência do emitente e, mais uma vez, não obteve êxito, haja vista que a conta-corrente continuava sem provisão de fundos. Em razão disso, o nome de Mário foi incluído no serviço de proteção ao crédito, em 26/8/2006, pelo seu banco. No entanto, Mário somente veio a saber da existência desse débito no mês de setembro desse mesmo ano. Ao tomar conhecimento da inclusão de seu nome no rol dos maus pagadores, Mário procurou a empresa beneficiária do título, para, assim, possibilitar o seu pagamento, mas, apesar de várias tentativas empreendidas, não conseguiu localizá-la. Conforme atesta a certidão emitida pela junta comercial de Natal – RN, houve alteração na propriedade e o novo dono não foi encontrado no endereço fornecido como sendo a sede da empresa. Mário tem necessidade urgente de retirar o seu nome do referido rol dos maus pagadores, bem como deseja quitar o débito, mas, até a presente data, não lhe foi possível conhecer e tampouco localizar o credor. Diante da situação hipotética apresentada, na qualidade de advogado constituído por Mário, proponha a medida judicial que entender cabível para a proteção dos interesses de seu cliente, abordando todos os aspectos de direito material e processual pertinentes, observando que a petição inicial contenha todos os requisitos legais. (data da prova: 14/01/07)

RESOLUÇÃO DA PEÇA PRÁTICO-PROFISSIONAL

Peça: Ação de Consignação em Pagamento

Fundamento: arts 334 e seg do CC e arts. 890 e seg. do CPC

Competência: foro do local onde deveria ser cumprida a obrigação (art. 891 do CPC), no caso, em Natal/RN

Pedido: de procedência da ação para considerara a obrigação satisfeita, determinando-se a expedição de ofício para exclusão do nome do autor do rol dos maus pagadores

Modelo: Ação de consignação em pagamento

[o que estiver entre colchetes é apenas nota do autor – não deve constar da peça]

início da peça

Excelentíssimo Senhor Doutor Juiz de Direito da .... Vara ... da Comarca de Natal/RN

[deixe espaço de aproximadamente 10 cm, para eventual despacho ou decisão do juiz]

Mario ..., estado civil, profissão, residente e domiciliado na ..., inscrito no CPF sob nº ..., RG nº ..., por seu advogado que firma a presente (procuração anexada – doc. 1), com escritório para recebimento de intimações na ... (CPC, art. 39, I), vem, respeitosamente, com fundamento nos arts. 334 e seguintes do Código Civil e 890 e seguintes do Código de Processo Civil, propor a presente

AÇÃO DE CONSIGNAÇÃO EM PAGAMENTO COM PEDIDO DE TUTELA ANTECIPADA

em face de Auto Peças e Serviços Ltda., inscrita no CNPJ sob nº ...., com sede na ..., na pessoa de seu representante legal, qualificação ..., em lugar incerto e não sabido, segundo as razões de fato e de direito a seguir aduzidas.

1. DOS FATOS

O autor emitiu um cheque do Banco Popular, da conta-corrente n.º 12.345-6, agência 36, no valor de R$ 850,00, para pagamento de despesas de prestação de serviço, cujo beneficiário/portador é o réu.

Ocorre que, ao tempo em que o beneficiário do cheque tentou sacar o valor deste, no dia 17 de agosto de 2006, no caixa da agência supramencionada, não havia, na conta-corrente do autor, provisão de fundos. Dias depois, novamente tentou o beneficiário receber o valor do referido cheque no caixa da agência do emitente e, mais uma vez, não obteve êxito, haja vista que a conta-corrente continuava sem provisão de fundos.

Em razão disso, o nome do autor foi incluído no serviço de proteção ao crédito, em 26/8/2006, pelo seu banco.

No entanto, o autor somente veio a saber da existência desse débito no mês de setembro desse mesmo ano e, ao tomar conhecimento da inclusão de seu nome no rol dos maus pagadores, procurou a empresa beneficiária do título, para, assim, possibilitar o seu pagamento, mas, apesar de várias tentativas empreendidas, não conseguiu localizá-la.

Conforme atesta a certidão emitida pela junta comercial de Natal – RN, houve alteração na propriedade e o novo dono não foi encontrado no endereço fornecido como sendo a sede da empresa.

O autor tem necessidade urgente de retirar o seu nome do referido rol dos maus pagadores, bem como deseja quitar o débito, de modo que não lhe resta outra alternativa que não intentar a presente demanda.

2. DO DIREITO

De acordo com o disposto no art. 335, III, do CC, é cabível a consignação "se o credor for incapaz de receber, for desconhecido, declarado ausente, ou residir em lugar incerto ou de acesso perigoso ou difícil".

Apesar de o art. 336 do Código Civil dispor que a ação em tela só terá força de pagamento se a prestação for oferecida no tempo devido, a jurisprudência tem admitido sua propositura quando não se estiver encontrando o credor para recebimento de título de crédito vencido, sob pena de o devedor ficar indefinidamente em situação de mora.

De acordo com os fatos narrados, o autor não pode quitar o seu débito justamente porque não logrou encontrar o representante legal do reú, fato este que está lhe causando grandes transtornos, sendo certo que seu nome foi incluído no rol dos maus pagadores.

Assim, de rigor seja julgada procedente a presente demanda, para o fim de extinguir a obrigação pendente e excluir o nome do autor do rol dos maus pagadores.

3. DA TUTELA ANTECIPADA

O autor precisa que o seu nome seja retirado do cadastro de proteção ao crédito. Para tanto, formula o presente pedido de tutela antecipada, cujos requisitos estão presentes, tal como previsto no art. 273 do CPC.

A verossimilhança das alegações está presente, uma vez que o autor está se propondo a pagar integralmente o débito existente, com todos os encargos devidos. Nesses casos, tratando-se de obrigação de pagamento de quantia em dinheiro, não haveria porque o réu, ciente da demanda, negar o recebimento de quantia, já que se trata de cheque por ele mesmo depositado.

O caso presente não se confunde com aqueles que envolvem obrigação de fazer, que, uma vez não cumprida no prazo, pode ser enjeitada. O caso em tela, como se viu, trata-se de cheque, título de crédito que não tem causa, e que confere ao credor um direito que a experiência diz que não terá a sua satisfação recusada.

E o receio de dano irreparável também se encontra demonstrado. Isso porque o apontamento do nome do autor no rol de devedores vem lhe causando inúmeros transtornos, de natureza pessoal e profissional, prejuízo esse que é presumido quando não se tem o nome inserido nesse tipo de cadastro.

4. DO PEDIDO

Ante o exposto, requer seja:

a) deferida tutela antecipada, expedindo-se ofício ao órgão de proteção ao crédito ..., determinando a imediata suspensão do apontamento do nome do autor no rol dos maus pagadores;

b) autorizado o autor a depositar em juízo o valor de R$ ..., que corresponde ao valor do débito devidamente atualizado, no prazo de cinco dias contados do deferimento desse pedido;

c) a citação do réu, por edital, para levantar o depósito ou oferecer resposta;

d) julgada procedente a presente ação para o fim de, confirmada a tutela antecipada deferida, declarar extinta a obrigação e condenar o réu no pagamento das custas e despesas processuais, bem como honorários advocatícios, estes no valor de 20% sobre o total da condenação;

e) deferida a produção de prova documental e pericial, e de todos os meios probatórios em direito admitidos, ainda que não especificados no CPC, desde que moralmente legítimos (CPC art. 332).

Dá-se a causa o valor de R$ XXX (valor por extenso). (valor atualizado do débito)

Nestes termos, pede deferimento.

Local ..., data

[não assine, rubrique ou, de outra forma, identifique sua prova!]

____

Advogado ...

OAB ...

fim da peça

Comentários adicionais.

Confira o seguinte acórdão do Tribunal de Justiça de São Paulo:

Embora rotulada de consignação em pagamento, decorre da causa de pedir e pedido, tratar-se de ação de extinção de obrigação, representada por cheque devolvido e apontado nos órgãos de proteção ao crédito. Propondo-se a autora ao depósito do valor assinalado no titulo, devidamente atualizado, nada obsta a utilização da consignatõria com vista a afastar os efeitos do registro de seu nome em cadastros de inadimplentes. Afastamento da extinção, para prosseguimento da ação na origem, como de direito. Sentença anulada para afastar a falta de interesse de agir. (TJ/SP, Apelação 991090791828, Relator(a): Jurandir de Sousa Oliveira, 18ª Câmara de Direito Privado, j. 27/10/2009)

(OAB/Exame Unificado – 2007.1 – 2ª fase) PEÇA PROFISSIONAL. José, brasileiro, por intermédio da Administradora de Imóveis Maranhão Ltda., sociedade civil, representada por Aluísio, contratou a locação da loja 10, da Quadra 100, lote 12, integrante do Condomínio Bosque Piauí, de propriedade de Eduardo, maior, relativamente incapaz, assistido por sua curadora Antônia. O pacto locatício fora instituído por meio de instrumento particular firmado pelo locador, seu curador, bem como pelo locatário e seus fiadores, Genésio e Clotilde, pessoas de reconhecida idoneidade financeiro-patrimonial e suficientemente qualificadas na citada avença. A vigência do pacto locatício mediava do dia 1.º de setembro de 2006 ao dia 31 de agosto de 2008. Colhe-se da avença que o locatário assumira a obrigação líquida e certa de pagar ao locador dispêndio mensal de R$ 3.550,00, a título de aluguel, assim como ao ressarcimento das despesas ordinárias de condomínio, pactuadas no valor de R$ 900,00 por mês, além do imposto sobre a propriedade territorial urbana (IPTU) e da taxa de limpeza urbana (TLP), no valor mensal de R$ 500,00. Ademais, em caso de descumprimento das obrigações pactuadas por qualquer das partes, incidirá multa de 10% sobre todo o valor inadimplido. Ocorre, entretanto, que Pedro, síndico do Condomínio Bosque Piauí, alega a existência de débito de quotas ordinárias de condomínio da loja locada (loja 10), no valor de R$ 9.000,00, relativas ao período de junho/2006 a abril/2007, além dos acréscimos relativos a correção monetária (R$ 50,00), multa moratória (R$ 180,00) e juros (R$ 120,00). O representante legal do condomínio ressalta que expediu tempestivamente notificação epistolar endereçada ao devedor, para o fim de cientificar-lhe do aludido inadimplemento, porém este se quedou inerte quanto ao adimplemento das suas obrigações legais. Considerando a situação hipotética apresentada, elabore a peça processual cabível, visto que o(a) lesado(a) pretende, em sede judicial, acionar o(a) devedor(a) remisso(a), visando ao recebimento das quotas condominiais em atraso, além dos consectários legais, convencionais e(ou) contratuais cabíveis. Os dados fáticos ou legais ausentes da situação hipotética, se essenciais, deverão ser complementados pelo examinando, observando-se a respectiva pertinência fático-legal. (data da prova: 03/06/07)

RESOLUÇÃO DA PEÇA PRÁTICO-PROFISSIONAL

Peça: Ação de cobrança de débito condominial pelo rito sumário

Fundamento: art. 12 da Lei 4.591/64 e art. 275, I, b, do CPC

Competência: foro do domicílio do réu (art. 94 do CPC)

Pedido: de procedência da ação para condenar o réu (proprietário) no pagamento dos débitos condominiais em atraso, acrescidos de correção monetária, multa moratória e juros

Legitimidade passiva: está claro pelo enunciado da questão que o examinador pretende avaliar se o candidato tem conhecimento de quem deve responder pelos débitos condominiais perante o Condomínio. De acordo com o disposto no art. 12 da Lei 4.591/64, a responsabilidade pelo pagamento é do condômino, ou seja, daquele que consta como proprietário do imóvel. O mesmo texto se encontra no art. 1.336, I, do Código Civil. Caso o imóvel esteja locado, como é o caso da questão, caberá ao locador se ressarcir das despesas com o locatário (possuidor simples, e não condômino), se estiver inadimplente. Atente-se que a questão fala expressamente que o locatário ficou obrigado a pagar ao locador o ressarcimento das despesas ordinárias de condomínio, ou seja, o responsável perante o condomínio continuou sendo o locador.

Modelo: Ação de cobrança de débito condominial

[o que estiver entre colchetes é apenas nota do autor – não deve constar da peça]

início da peça

Excelentíssimo Senhor Doutor Juiz de Direito da .... Vara ... da Comarca de

[deixe espaço de aproximadamente 10 cm, para eventual despacho ou decisão do juiz]

Condomínio Bosque Piauí, localizado na....., representado pelo síndico Pedro ..., estado civil ..., profissão ..., residente de domiciliado na ..., inscrito no CPF sob nº ..., RG nº ..., por seu advogado que firma a presente (procuração anexada – doc. 1), com escritório para recebimento de intimações na ... (CPC, art. 39, I), vem, respeitosamente, propor a presente

AÇÃO DE COBRANÇA DE DESPESAS CONDOMINIAIS

em face de Eduardo, maior, relativamente incapaz, assistido por sua curadora Antônia, qualificação..., inscrito no CPF sob nº ..., RG nº ..., residente de domiciliado na ..., a presente com observância do Rito Sumário, nos termos do art. 275, II, "b", do Código de Processo Civil, art. 1.336 do CC e Lei 4.591/64, pelos motivos que passa a expor:

1. DOS FATOS

O réu é proprietário da loja 10, da Quadra 100, lote 12, integrante do Condomínio Bosque Piauí e encontra-se inadimplente com débito de quotas ordinárias de condomínio da loja locada (loja 10), no valor de R$ 9.000,00, relativas ao período de junho/2006 a abril/2007, além dos acréscimos relativos a correção monetária (R$ 50,00), multa moratória (R$ 180,00) e juros (R$ 120,00).

Foi expedida tempestivamente notificação epistolar endereçada ao devedor, para o fim de cientificar-lhe do aludido inadimplemento, porém este se quedou inerte quanto ao adimplemento das suas obrigações legais.

2. DO DIREITO

2.1. Da legitimidade passiva.

O art. 1.336 do Código Civil dispõe que um dos deveres dos "condôminos" consiste em contribuir para as despesas do condomínio, na proporção das suas frações ideais.

Não se deve confundir a qualidade de "condômino", com a qualidade de "mero possuidor direto" da coisa. São considerados condôminos para efeito de responsabilidade pelo pagamento das quotas condominiais perante o Condomínio o proprietário da coisa e compromissário comprador, quando o Condomínio tiver ciência do compromisso de compra e venda. O locatário não tem essa qualidade. É mero possuidor simples da coisa.

Assim, está-se diante de verdadeira obrigação "propter rem", de modo que Eduardo é legitimado passivo para a presente demanda.

2.2. Do mérito.

Conforme já relatado e documentado, o réu não vem cumprindo com a sua obrigação e está inadimplente com as quotas condominiais no período de junho/2006 a abril/2007.

Conforme planilha de cálculo, o débito atual perfaz o montante de R$ 9.000,00, além dos acréscimos relativos a correção monetária (R$ 50,00), multa moratória (R$ 180,00) e juros (R$ 120,00).

O autor tentou receber o débito amigavelmente, tendo inclusive expedido notificação, porém o devedor permaneceu inerte.

Essa situação autoriza a presente ação de cobrança, que deverá ser processada pelo rito sumário, nos termos do disposto no art. 275, II, "b", do Código de Processo Civil.

3. DO PEDIDO

Ante o exposto, requer seja:

a) determinada a citação do réu, por oficial de justiça, para, querendo, apresentar defesa em audiência a ser designada por Vossa Excelência;

b) julgada procedente a presente demanda, para que seja o réu condenado a pagar o débito das quotas condominiais relativo ao período de junho/2006 a abril/2007, com os acréscimos relativos a correção monetária, multa moratória e juros, condenando-se o réu, ainda, no pagamento das custas e despesas processuais, bem como honorários advocatícios, estes no valor de 20% sobre o total da condenação;

Protesta prova o alegado por todos meios de prova em direito admitidos, que ficam desde já requeridos, ainda que não especificados.

Dá-se a causa o valor de R$ XXX (valor por extenso). (valor atualizado do débito)

Nestes termos, pede Deferimento

Local / Data

[não assine, rubrique ou, de outra forma, identifique sua prova!]

____

Advogado ...

OAB ...

[como se trata de rito sumário, se houvesse necessidade deveria já na petição inicial constar o rol de testemunhas, a indicação de assistente técnico e quesitos para eventual perícia]

fim da peça

Comentários adicionais.

PROCESSUAL CIVIL E CIVIL - CONDOMÍNIO - TAXAS CONDOMINIAIS – OMISSÃO E AUSÊNCIA DE FUNDAMENTAÇÃO DO DECISUM - INOCORRÊNCIA – OBRIGAÇÃO PROPTER REM - LEGITIMIDADE PASSIVA - JUROS MORATÓRIOS – CONVENÇÃO CONDOMINIAL - MULTA MORATÓRIA - REDUÇÃO - INVIABILIDADE. (...) A ação de cobrança de quotas condominiais pode ser proposta tanto contra o proprietário como contra o promissário-comprador ou afins, dependendo da situação de cada caso. In casu, como salientado pela r. sentença, muito embora tenha havido contrato de compromisso de compra e venda, não restou demonstrado nos autos que o Condomínio (autor) detinha ciência inequívoca do referido documento. Assim, nada obsta que o recorrente seja acionado para efetuar o pagamento das taxas condominiais que estavam pendentes, lastreado, por óbvio, na natureza propter rem das quotas, ressalvando-lhe o direito de regresso. (STJ, RESP 717.265/SP, 4ª Turma, unân., Rel. Min. JORGE SCARTEZZINI, DJ 12/03/2007, p. 239).

SUMÁRIO. COBRANÇA DE COTAS CONDOMINIAIS. LEGITIMIDADE DO PROMISSÁRIO COMPRADOR.Contrato de locação do imóvel prevendo cláusula no sentido de obrigar o locatário a assumir as despesas condominiais. Relação entre o réu e o locatário que apenas produz efeitos entre as partes contratantes, não podendo ser oposta ao condomínio, em razão da cota condominial consistir em obrigação propter rem, ligada ao direito real subjacente, o qual é titularizado pelo promissário comprador e não pelo locatário, que apenas detém a posse direta sobre a coisa. Acordo celebrado entre locatário e condomínio para a quitação do débito que não possui características de novação subjetiva, até porque, as hipóteses previstas nos incisos, do art. 360, do código civil, não abrangem a aqui disposta (propter rem), sendo a unidade/imóvel que suporta o ônus do pagamento e não a pessoa. Vínculo objetivo. Recurso conhecido e improvido. Sentença mantida. (TJ/RJ, AC n.º 2007.001.20206, 16ª Câmara Cível, Rel. Des. MAURO DICKSTEIN, Julgamento: 17/07/2007).

(OAB/Exame Unificado – 2007.2 – 2ª fase) PEÇA PROFISSIONAL. Fernanda e Josiana se conheceram no ano de 1998. Nessa época, Fernanda era professora e Josiana, aluna, no curso de direito. Em março de 1999, elas iniciaram relacionamento afetivo e, em outubro de 1999, resolveram morar juntas. Josiana, então, foi morar no apartamento em que Fernanda residia. Inicialmente, mesmo contra a vontade de Josiana, o relacionamento não foi assumido publicamente, pois Fernanda argumentava que tal revelação poderia trazer consequências nefastas para ambas, no âmbito familiar, profissional e social. A relação afetiva foi se tornando duradoura e, havendo ânimo de perpetuá-la, no ano de 2002, Fernanda e Josiana resolveram, de comum acordo, continuar a convivência em um apartamento mais espaçoso. Para isso, adquiriram um imóvel ao preço de R$ 190.000,00, que foi mobiliado com esforço comum, ao custo de R$ 38.000,00. Além disso, adquiriram, também, o automóvel marca CPC, modelo F-1, ano 2001, avaliado em R$ 25.000,00, para uso partilhado. Com o passar do tempo, tendo o relacionamento ficado intolerável para Josiana, esta decidiu deixar de conviver com Fernanda. Com base nessa situação hipotética, elabore, de forma fundamentada, a petição inicial da ação judicial cabível para a defesa dos interesses pessoais e(ou) patrimoniais de Josiana, considerando a peremptória discordância de Fernanda em pôr termo ao relacionamento. (Os dados ou elementos fáticos ausentes na situação hipotética apresentada que sejam imprescindíveis ao desenvolvimento da peça devem ser complementados, respeitada a pertinência fático-jurídica) (data da prova: 30/09/07)

RESOLUÇÃO DA PEÇA PRÁTICO-PROFISSIONAL

Peça: Ação de declaração e dissolução de união homoafetiva, c/c divisão de bens

Fundamento: art. 226 da CF

Competência: foro do domicílio do réu (art. 94 do CPC)

Pedido: de procedência da ação para ser declara a existência e posterior dissolução da união homoafetiva existente entre as partes com a partilha dos bens

Modelo: Ação de reconhecimento e dissolução de sociedade de fato

[o que estiver entre colchetes é apenas nota do autor – não deve constar da peça]

início da peça

Excelentíssimo Senhor Doutor Juiz de Direito da .... Vara ... da Comarca de

[deixe espaço de aproximadamente 10 cm, para eventual despacho ou decisão do juiz]

Josiana ..., qualificação..., inscrita no CPF sob nº ..., RG nº ..., residente e domiciliado na ..., por seu advogado que firma a presente (procuração anexada – doc. 1), com escritório para recebimento de intimações na ... (CPC, art. 39, I), vem, respeitosamente, propor contra Fernanda, qualificação..., inscrita no CPF sob nº ..., RG nº ..., residente e domiciliado na ..., a presente

AÇÃO DE RECONHECIMENTO E DISSOLUÇÃO DE UNIÃO AFETIVA

pelos motivos de fato e de direito que passa a expor:

1. DOS FATOS

As partes se conheceram no ano de 1998. Nessa época, Fernanda era professora e a autora, aluna, no curso de direito. Em março de 1999, elas iniciaram relacionamento afetivo e, em outubro de 1999, resolveram morar juntas (doc. 2).

A autora, então, foi morar no apartamento em que Fernanda residia. Inicialmente, mesmo contra a vontade da autora, o relacionamento não foi assumido publicamente, pois Fernanda argumentava que tal revelação poderia trazer consequências nefastas para ambas, no âmbito familiar, profissional e social.

A relação afetiva foi se tornando duradoura e, havendo ânimo de perpetuá-la, no ano de 2002, as partes resolveram, de comum acordo, continuar a convivência em um apartamento mais espaçoso. Para isso, adquiriram um imóvel ao preço de R$ 190.000,00, que foi mobiliado com esforço comum, ao custo de R$ 38.000,00 (doc. 3).

Além disso, adquiriram, também, o automóvel marca CPC, modelo F-1, ano 2001, avaliado em R$ 25.000,00, para uso partilhado, conforme documentos em anexo (doc. 4).

Com o passar do tempo, tendo o relacionamento ficado intolerável para a autora, esta decidiu deixar de conviver com Fernanda. Ocorre que a ré não aceita o fim do relacionamento.

CIVIL

Assim, a autora viu-se obrigada a ingressar com a presente ação.

2. DO DIREITO

A jurisprudência e a doutrina já reconheceram o direito de a união homoafetiva ser reconhecida judicialmente, com sua consequente dissolução e partilha dos bens adquiridos na constância da convivência.

Nesse sentido, o Superior Tribunal de Justiça passou a entender que há lacuna normativa no que concerne à regulamentação das relações duradouras entre pessoas do mesmo sexo, seja no aspecto pessoal, seja no aspecto patrimonial.

E tal lacuna propicia que se possa aplicar nesse tipo de caso, e por analogia, o disposto na lei civil acerca da união estável.

Isso faz com que se apliquem os arts. 1.723 e 1.725 do Código Civil.

O primeiro dispositivo dispõe que a união estável, para se configurar, depende de uma convivência pública, contínua, duradoura e estabelecida com o objetivo de constituição de família.

Já o segundo dispositivo estabelece que se aplicam às relações patrimoniais, no que couber, o regime de comunhão parcial de bens.

Os fatos narrados demonstram que a união entre a autora e a ré confira os requisitos do art. 1.723 do Código Civil. Isso porque a união se tornou duradoura e com ânimo de perpetuá-la, o que é revelado, inclusive pelo patrimônio que as partes resolveram construir conjuntamente.

Assim, incide o dispositivo que estabelece que os bens adquiridos na constância da união entram na comunhão, pertencendo às duas partes (art. 1.660, I, do Código Civil).

No caso presente, isso importa em dizer que, com a dissolução da União, a autora tem direito de ficar com metade do patrimônio adquirido na constância da união.

De qualquer forma, considerando o princípio da eventualidade, de rigor asseverar que, caso não reconhecida a aplicação das normas atinentes à união estável, deve-se aplicar o instituto do não enriquecimento sem causa, reconhecendo a existência de verdadeira sociedade de fato entre as partes, sociedade essa cujo patrimônio foi construído pelo esforço comum das partes.

Com efeito, restou demonstrado no presente que foi durante o período em que as partes mantiveram a união, que se adquiriu o patrimônio (comum) consistente nos seguintes bens: a) um imóvel ao preço de R$ 190.000,00; b) mobiliário para o imóvel, ao custo de R$ 38.000,00; c) um automóvel marca CPC, modelo F-1, ano 2001, avaliado em R$ 25.000,00.

Assim, seja pela aplicação analógica dos dispositivos relativos à união estável, que presumem o esforço comum, seja pela aplicação do instituto da sociedade de fato, restando demonstrado nos autos que houve efetivo esforço comum para a aquisição do patrimônio mencionada, a dissolução da união ou da sociedade importarão na divisão igualitária dos bens adquiridos na constância da união, devendo a presente ação ser julgada procedente para o fim de reconhecer a parceria e dissolvê-la, com partilha igualitária de bens.

3. DO PEDIDO

Ante o exposto, requer seja:

a) determinada a citação da ré, por oficial de justiça, para, querendo, contestar a presente ação no prazo legal, sob as penas da lei processual civil;

b) julgada procedente a presente ação, para que seja declarada a existência da união homoafetiva entre as partes durante o período de outubro de 1999 até a data em que a autora deixou de conviver com a ré, ou, alternativamente, o reconhecimento da existência de sociedade de fato, bem como para que, em qualquer dos dois reconhecimentos citados, reconheça-se o direito da autora sobre metade dos bens adquiridos na constância da união, consistentes num imóvel ao preço de R$ 190.000,00, na mobília desse imóvel, que foi adquirida ao custo de R$ 38.000,00 e num automóvel marca CPC, modelo F-1, ano 2001, avaliado em R$ 25.000,00, condenando-se a ré, ainda, no pagamento das custas e despesas processuais, bem como honorários advocatícios, estes no valor de 20% sobre o total da condenação;

c) deferida a produção de prova documental, testemunhal e pericial, e de todos os meios probatórios em direito admitidos, ainda que não especificados no CPC, desde que moralmente legítimos (CPC art. 332).

Dá-se a causa o valor de R$ 253.000,00 (duzentos e cinquenta e três mil reais). (valor total dos bens)

Nestes termos, pede deferimento

Local ..., data ...

[não assine, rubrique ou, de outra forma, identifique sua prova!]

____

Advogado ...

OAB ...

fim da peça

Comentários adicionais

É cabível ação declaratória de união afetiva. Aplicação da analogia em relação à união estável. PROCESSO CIVIL. AÇÃO DECLARATÓRIA DE UNIÃO HOMOAFETIVA. POSSIBILIDADE JURÍDICA DO PEDIDO. ARTIGOS 1º DA LEI 9.278/96 E 1.723 E 1.724 DO CÓDIGO CIVIL. ALEGAÇÃO DE LACUNA LEGISLATIVA. POSSIBILIDADE DE EMPREGO DA ANALOGIA COMO MÉTODO INTEGRATIVO. - O entendimento assente nesta Corte, quanto a possibilidade jurídica do pedido, corresponde a inexistência de vedação explícita no ordenamento jurídico para o ajuizamento da demanda proposta. - A despeito da controvérsia em relação à matéria de fundo, o fato é que, para a hipótese em apreço, onde se pretende a declaração de união homoafetiva, não existe vedação legal para o prosseguimento do feito. - Os dispositivos legais limitam-se a estabelecer a possibilidade de união estável entre homem e mulher, dês que preencham as condições impostas pela lei, quais sejam, convivência pública, duradoura e contínua, sem, contudo, proibir a união entre dois homens ou duas mulheres. Poderia o legislador, caso desejasse, utilizar expressão restritiva, de modo a impedir que a união entre pessoas de idêntico sexo ficasse definitivamente excluída da abrangência legal. Contudo, assim não procedeu. - É possível, portanto, que o magistrado de primeiro grau entenda existir lacuna legislativa, uma vez que a matéria, conquanto derive de situação fática conhecida de todos, ainda não foi expressamente regulada. - Ao julgador é vedado eximir-se de prestar jurisdição sob o argumento de ausência de previsão legal. Admite-se, se for o caso, a integração mediante o uso da analogia, a fim de alcançar casos não expressamente contemplados, mas cuja essência coincida com outros tratados pelo legislador." (REsp 820.475/RJ, Rel. Ministro ANTÔNIO DE PÁDUA RIBEIRO, Rel. p/ Acórdão Ministro LUIS FELIPE SALOMÃO, QUARTA TURMA, julgado em 02/09/2008, DJe 06/10/2008)

Relação homoafetiva e inclusão de companheiro em plano de saúde. "PLANO DE SAÚDE. COMPANHEIRO. 'A relação homoafetiva gera direitos e, analogicamente à união estável, permite a inclusão do companheiro dependente em plano de assistência médica' (REsp nº 238.715, RS, Relator Ministro Humberto Gomes de Barros, DJ 02.10.06). Agravo regimental não provido." (AgRg no Ag 971.466/SP, Rel. Ministro ARI PARGENDLER, TERCEIRA TURMA, julgado em 02/09/2008, DJe 05/11/2008)

Reconhecimento de sociedade de fato.

RECURSO ESPECIAL. RELACIONAMENTO MANTIDO ENTRE HOMOSSEXUAIS. SOCIEDADE DE FATO. DISSOLUÇÃO DA SOCIEDADE. PARTILHA DE BENS. PROVA. ESFORÇO COMUM. Entende a jurisprudência desta Corte que a união entre pessoas do mesmo sexo configura sociedade de fato, cuja partilha de bens exige a prova do esforço comum na aquisição do patrimônio amealhado. Recurso especial parcialmente conhecido e, nessa parte, provido. (REsp 648.763/RS, Rel. Ministro CESAR ASFOR ROCHA, QUARTA TURMA, julgado em 07/12/2006, DJ 16/04/2007 p. 204)

CIVIL

Reconhecimento, pelo STF, da possibilidade de união estável, em controle concentrado de constitucionalidade.

(...)

2. PROIBIÇÃO DE DISCRIMINAÇÃO DAS PESSOAS EM RAZÃO DO SEXO, SEJA NO PLANO DA DICOTOMIA HOMEM/ MULHER (GÊNERO), SEJA NO PLANO DA ORIENTAÇÃO SEXUAL DE CADA QUAL DELES. A PROIBIÇÃO DO PRECONCEITO COMO CAPÍTULO DO CONSTITUCIONALISMO FRATERNAL. HOMENAGEM AO PLURALISMO COMO VALOR SÓCIO-POLÍTICO-CULTURAL. LIBERDADE PARA DISPOR DA PRÓPRIA SEXUALIDADE, INSERIDA NA CATEGORIA DOS DIREITOS FUNDAMENTAIS DO INDIVÍDUO, EXPRESSÃO QUE É DA AUTONOMIA DE VONTADE. DIREITO À INTIMIDADE E À VIDA PRIVADA. CLÁUSULA PÉTREA. O sexo das pessoas, salvo disposição constitucional expressa ou implícita em sentido contrário, não se presta como fator de desigualação jurídica. Proibição de preconceito, à luz do inciso IV do art. 3º da Constituição Federal, por colidir frontalmente com o objetivo constitucional de "promover o bem de todos". Silêncio normativo da Carta Magna a respeito do concreto uso do sexo dos indivíduos como saque da kelseniana "norma geral negativa", segundo a qual "o que não estiver juridicamente proibido, ou obrigado, está juridicamente permitido". Reconhecimento do direito à preferência sexual como direta emanação do princípio da "dignidade da pessoa humana": direito a auto-estima no mais elevado ponto da consciência do indivíduo. Direito à busca da felicidade. Salto normativo da proibição do preconceito para a proclamação do direito à liberdade sexual. O concreto uso da sexualidade faz parte da autonomia da vontade das pessoas naturais. Empírico uso da sexualidade nos planos da intimidade e da privacidade constitucionalmente tuteladas. Autonomia da vontade. Cláusula pétrea.

3. TRATAMENTO CONSTITUCIONAL DA INSTITUIÇÃO DA FAMÍLIA. RECONHECIMENTO DE QUE A CONSTITUIÇÃO FEDERAL NÃO EMPRESTA AO SUBSTANTIVO "FAMÍLIA" NENHUM SIGNIFICADO ORTODOXO OU DA PRÓPRIA TÉCNICA JURÍDICA. A FAMÍLIA COMO CATEGORIA SÓCIO-CULTURAL E PRINCÍPIO ESPIRITUAL. DIREITO SUBJETIVO DE CONSTITUIR FAMÍLIA. INTERPRETAÇÃO NÃO REDUCIONISTA. O caput do art. 226 confere à família, base da sociedade, especial proteção do Estado. Ênfase constitucional à instituição da família. Família em seu coloquial ou proverbial significado de núcleo doméstico, pouco importando se formal ou informalmente constituída, ou se integrada por casais heteroafetivos ou por pares homoafetivos. A Constituição de 1988, ao utilizar-se da expressão "família", não limita sua formação a casais heteroafetivos nem a formalidade cartorária, celebração civil ou liturgia religiosa. Família como instituição privada que, voluntariamente constituída entre pessoas adultas, mantém com o Estado e a sociedade civil uma necessária relação tricotômica. Núcleo familiar que é o principal lócus institucional de concreção dos direitos fundamentais que a própria Constituição designa por "intimidade e vida privada" (inciso X do art. 5º). Isonomia entre casais heteroafetivos e pares homoafetivos que somente ganha plenitude de sentido se desembocar no igual direito subjetivo à formação de uma autonomizada família. Família como figura central ou continente, de que tudo o mais é conteúdo. Imperiosidade da interpretação não reducionista do conceito de família como instituição que também se forma por vias distintas do casamento civil. Avanço da Constituição Federal de 1988 no plano dos costumes. Caminhada na direção do pluralismo como categoria sócio-político-cultural. Competência do Supremo Tribunal Federal para manter, interpretativamente, o Texto Magno na posse do seu fundamental atributo da coerência, o que passa pela eliminação de preconceito quanto à orientação sexual das pessoas.

4. UNIÃO ESTÁVEL. NORMAÇÃO CONSTITUCIONAL REFERIDA A HOMEM E MULHER, MAS APENAS PARA ESPECIAL PROTEÇÃO DESTA ÚLTIMA. FOCADO PROPÓSITO CONSTITUCIONAL DE ESTABELECER RELAÇÕES JURÍDICAS HORIZONTAIS OU SEM HIERARQUIA ENTRE AS DUAS TIPOLOGIAS DO GÊNERO HUMANO. IDENTIDADE CONSTITUCIONAL DOS CONCEITOS DE "ENTIDADE FAMILIAR" E "FAMÍLIA". A referência constitucional à dualidade básica homem/ mulher, no §3º do seu art. 226, deve-se ao centrado intuito de não se perder a menor oportunidade para favorecer relações jurídicas horizontais ou sem hierarquia no âmbito das sociedades domésticas. Reforço normativo a um mais eficiente combate à renitência patriarcal dos costumes brasileiros. Impossibilidade de uso da letra da Constituição para ressuscitar o art. 175 da Carta de 1967/1969. Não há como fazer rolar a cabeça do art. 226 no patíbulo do seu parágrafo terceiro. Dispositivo que, ao utilizar da terminologia "entidade familiar", não pretendeu diferenciá-la da "família". Inexistência de hierarquia ou diferença de qualidade jurídica entre as duas formas de constituição de um novo e autonomizado núcleo doméstico. Emprego do fraseado "entidade familiar" como sinônimo perfeito de família. A Constituição não interdita a formação de família por pessoas do mesmo sexo. Consagração do juízo de que não se proíbe nada a ninguém senão em face de um direito ou de proteção de um legítimo interesse de outrem, ou de toda a sociedade, o que não se dá na hipótese sub judice. Inexistência do direito dos indivíduos heteroafetivos à sua não equiparação jurídica com os indivíduos homoafetivos. Aplicabilidade do §2º do art. 5º da Constituição Federal, a evidenciar que outros direitos e garantias, não expressamente listados na Constituição, emergem "do regime e dos

princípios por ela adotados", verbis: "Os direitos e garantias expressos nesta Constituição não excluem outros decorrentes do regime e dos princípios por ela adotados, ou dos tratados internacionais em que a República Federativa do Brasil seja parte".

(...)

6. INTERPRETAÇÃO DO ART. 1.723 DO CÓDIGO CIVIL EM CONFORMIDADE COM A CONSTITUIÇÃO FEDERAL (TÉCNICA DA "INTERPRETAÇÃO CONFORME"). RECONHECIMENTO DA UNIÃO HOMOAFETIVA COMO FAMÍLIA. PROCEDÊNCIA DAS AÇÕES. Ante a possibilidade de interpretação em sentido preconceituoso ou discriminatório do art. 1.723 do Código Civil, não resolúvel à luz dele próprio, faz-se necessária a utilização da técnica de "interpretação conforme à Constituição". Isso para excluir do dispositivo em causa qualquer significado que impeça o reconhecimento da união contínua, pública e duradoura entre pessoas do mesmo sexo como família. Reconhecimento que é de ser feito segundo as mesmas regras e com as mesmas consequências da união estável heteroafetiva.

(ADI 4277, Relator(a): Min. AYRES BRITTO, Tribunal Pleno, julgado em 05/05/2011, DJe-198 DIVULG 13-10-2011 PUBLIC 14-10-2011 EMENT VOL-02607-03 PP-00341)

Reconhecimento, pelo STJ, da possibilidade de casamento homoafetivo.

CASAMENTO. PESSOAS. IGUALDADE. SEXO.

In casu, duas mulheres alegavam que mantinham relacionamento estável há três anos e requereram habilitação para o casamento junto a dois cartórios de registro civil, mas o pedido foi negado pelos respectivos titulares. Posteriormente ajuizaram pleito de habilitação para o casamento perante a vara de registros públicos e de ações especiais sob o argumento de que não haveria, no ordenamento jurídico pátrio, óbice para o casamento de pessoas do mesmo sexo. Foi-lhes negado o pedido nas instâncias ordinárias. O Min. Relator aduziu que, nos dias de hoje, diferentemente das constituições pretéritas, a concepção constitucional do casamento deve ser plural, porque plurais são as famílias; ademais, não é o casamento o destinatário final da proteção do Estado, mas apenas o intermediário de um propósito maior, qual seja, a proteção da pessoa humana em sua dignidade. Assim sendo, as famílias formadas por pessoas homoafetivas não são menos dignas de proteção do Estado se comparadas com aquelas apoiadas na tradição e formadas por casais heteroafetivos. O que se deve levar em consideração é como aquele arranjo familiar deve ser levado em conta e, evidentemente, o vínculo que mais segurança jurídica confere às famílias é o casamento civil. Assim, se é o casamento civil a forma pela qual o Estado melhor protege a família e se são múltiplos os arranjos familiares reconhecidos pela CF/1988, não será negada essa via a nenhuma família que por ela optar, independentemente de orientação sexual dos nubentes, uma vez que as famílias constituídas por pares homoafetivos possuem os mesmos núcleos axiológicos daquelas constituídas por casais heteroafetivos, quais sejam, a dignidade das pessoas e o afeto. Por consequência, o mesmo raciocínio utilizado tanto pelo STJ quanto pelo STF para conceder aos pares homoafetivos os direitos decorrentes da união estável deve ser utilizado para lhes proporcionar a via do casamento civil, ademais porque a CF determina a facilitação da conversão da união estável em casamento (art. 226, § 3º). Logo, ao prosseguir o julgamento, a Turma, por maioria, deu provimento ao recurso para afastar o óbice relativo à igualdade de sexos e determinou o prosseguimento do processo de habilitação do casamento, salvo se, por outro motivo, as recorrentes estiverem impedidas de contrair matrimônio. REsp 1.183.378-RS, Rel. Min. Luis Felipe Salomão, julgamento em 25/10/2011 (informativo 486).

(OAB/Exame Unificado – 2007.3 – 2ª fase) PEÇA PROFISSIONAL. Em 05/1/2007, Antônio adquiriu de João o veículo VW Gol, ano/modelo 2006, placa XX 0000, pelo valor de R$ 20.000,00, tendo efetuado o pagamento da compra à vista. No mês seguinte à aquisição, Antônio efetuou a transferência do veículo junto ao DETRAN de sua cidade, tendo pago, além da respectiva taxa, multas por violação às normas de trânsito, no valor de R$ 2.000,00. No dia 29/11/2007, o veículo foi apreendido por ordem do delegado de polícia, por ter sido objeto de furto na cidade de São Paulo. Todas as tentativas para solução amigável quanto ao ressarcimento restaram frustradas, notadamente em virtude de João ter transferido sua residência para o Rio de Janeiro, no endereço constante da consulta feita junto ao órgão estadual de trânsito. Diante da situação hipotética apresentada, proponha, na qualidade de advogado constituído por Antônio, a medida judicial que entender cabível para a proteção dos interesses de seu cliente, abordando todos os aspectos de direito material e processual pertinentes e atentando para todos os requisitos legais exigíveis. (data da prova: 09/03/08)

COMENTÁRIOS INICIAIS

A questão traz claramente a hipótese de evicção, tratada no art. 447 do CC. Quando ocorre a perda do bem em razão da evicção, como o adquirente não tinha conhecimento de que se tratava de veículo objeto de furto anterior, terá direito, além da restituição do preço, de ser indenizado pelas despesas previstas no art. 450, que transcrevemos para maior clareza:

Art. 450. Salvo estipulação em contrário, tem direito o evicto, além da restituição integral do preço ou das quantias que pagou:

I - à indenização dos frutos que tiver sido obrigado a restituir;

II - à indenização pelas despesas dos contratos e pelos prejuízos que diretamente resultarem da evicção;

III - às custas judiciais e aos honorários do advogado por ele constituído.

Parágrafo único. O preço, seja a evicção total ou parcial, será o do valor da coisa, na época em que se evenceu, e proporcional ao desfalque sofrido, no caso de evicção parcial.

Resolução da peça prático-profissional.

Peça: Ação de indenização pela evicção

Fundamento: art. 447 do CC

Competência: foro do domicílio do réu (art. 94 do CPC)

Pedido: de procedência da ação para que seja o réu condenado ao ressarcimento do valor pago pelo autor na aquisição do veículo

Modelo: Ação de indenização pela evicção

[o que estiver entre colchetes é apenas nota do autor – não deve constar da peça]

início da peça

Excelentíssimo Senhor Doutor Juiz de Direito da .... Vara ... da Comarca de ..../RJ

[deixe espaço de aproximadamente 10 cm, para eventual despacho ou decisão do juiz]

Antonio ..., estado civil, profissão, residente e domiciliado na ..., inscrito no CPF sob nº ..., RG nº ..., por seu advogado que firma a presente (procuração anexada – doc. 1), com escritório para recebimento de intimações na ... (CPC, art. 39, I), vem, respeitosamente, propor contra João ..., estado civil, profissão, residente e domiciliado na ..., inscrito no CPF sob nº ..., RG nº ..., a presente

AÇÃO INDENIZATÓRIA

com fundamento no art. 447 do Código Civil, pelos motivos que passa a expor:

1. DOS FATOS

Em 05/1/2007, o autor adquiriu de João o veículo VW Gol, ano/modelo 2006, placa XX 0000, pelo valor de R$ 20.000,00, tendo efetuado o pagamento da compra à vista, conforme comprova documentalmente (doc. 2).

No mês seguinte à aquisição, o autor efetuou a transferência do veículo junto ao DETRAN de sua cidade, tendo pago, além da respectiva taxa, multas por violação às normas de trânsito, no valor de R$ 2.000,00 (doc. 3).

No dia 29/11/2007, o veículo foi apreendido por ordem do delegado de polícia, por ter sido objeto de furto na cidade de São Paulo, conforme documento em anexo (doc. 4).

Todas as tentativas para solução amigável quanto ao ressarcimento restaram frustradas, notadamente em virtude de João ter transferido sua residência para o Rio de Janeiro, no endereço constante da consulta feita junto ao órgão estadual de trânsito (doc. 5).

2. DO DIREITO

De acordo com o disposto no art. 447 do Código Civil, "nos contratos onerosos, o alienante responde pela evicção...".

Ora, de acordo com o relato dos fatos, restou caracterizada a evicção, eis que o autor adquiriu do réu um veículo que, em razão de fato anterior à compra, foi apreendido por ordem do delegado de polícia.

Assim, restou patente o prejuízo que o autor suportou, eis que adquiriu de boa-fé veículo objeto de furto, tendo pago seu preço à vista.

Incide na espécie o disposto no art. 450 do Código Civil, pelo qual o evicto, além da restituição integral do preço ou das quantias que pagou, tem direito à indenização pelas despesas dos contratos e pelos prejuízos que diretamente resultarem da evicção, bem como pelas custas judiciais e honorários do advogado por ele constituído.

Portanto, faz jus o autor ao ressarcimento do valor pago ao réu, ou seja, R$ 20.000,00 (vinte mil reais), com os acréscimos a título de correção monetária e juros moratórios, além das despesas que teve com a documentação do veículo no valor de R$ 2.000,00 (dois mil reais) e que vem tendo com as custas judiciais e honorários advocatícios.

3. DO PEDIDO

Ante o exposto, é o presente para requerer seja:

a) determinada a citação do réu, por oficial de justiça, para, querendo, contestar a presente ação no prazo legal, sob as penas da lei processual civil;

b) julgada procedente a presente ação para que seja o réu condenado a pagar ao autor a quantia de R$ 22.000,00 (vinte e dois mil reais), acrescidos de correção monetária e juros de mora, condenando-se o réu, ainda, no pagamento das custas e despesas processuais, bem como honorários advocatícios, estes no valor de 20% sobre o total da condenação;

c) autorizada a produção de prova documental, testemunhal e pericial, e de todos os meios probatórios em direito admitidos, ainda que não especificados no CPC, desde que moralmente legítimos (CPC art. 332).

Dá-se a causa o valor de R$ 22.000,00 (vinte e dois mil reais). (valor do pedido)

Nestes termos, pede Deferimento

Local / Data

[não assine, rubrique ou, de outra forma, identifique sua prova!]

____

Advogado ...

OAB ...

fim da peça

CIVIL

(OAB/Exame Unificado – 2008.1 – 2ª fase) PEÇA PROFISSIONAL. Márcia, vendedora domiciliada na cidade de São Paulo – SP, alega ter engravidado após relacionamento amoroso exclusivo com Pedro, representante de vendas de empresa sediada em Porto Alegre – RS. Em 5/10/2002, nasceu João, filho de Márcia. Pedro manteve o referido relacionamento com Márcia até o quinto mês da gravidez, custeou despesas da criança em algumas oportunidades, além de ter proporcionado ajuda financeira eventual e estado, também, nas três primeiras festas de aniversário de João, tendo sido, inclusive, fotografado, nessas ocasiões, com o menino, seu suposto filho, no colo. No entanto, Pedro se nega a reconhecer a paternidade ao argumento de que tem dúvidas acerca da fidelidade da mãe, já que ele chegava a ficar um mês sem ir a São Paulo durante o relacionamento que tivera com Márcia. Sabe-se, ainda, acerca de Pedro, que seu o salário bruto, com as comissões recebidas, chega a R$ 5.000,00 mensais, bem como que arca com o sustento de uma filha, estudante de 22 anos, e que não tem domicílio fixo em razão de sua profissão demandar deslocamentos constantes entre São Paulo – SP, Rio de Janeiro – RJ e Porto Alegre – RS. Márcia, que já esgotou as possibilidades de manter entendimento com Pedro, ganha, no presente momento, cerca de dois salários mínimos. As despesas mensais de João totalizam R$ 1.000,00. Diante da situação hipotética apresentada, redija, na qualidade de advogado(a) contratado(a) por Márcia, a ação judicial que seja adequada aos interesses de João, abordando todos os aspectos de direitos material e processual pertinentes. (data da prova: 29/06/08)

RESOLUÇÃO DA PEÇA PRÁTICO-PROFISSIONAL

Peça: Ação de investigação de paternidade cumulada com alimentos

Fundamento: art. 1.606 e 1.694 e ss. do CC

Competência: foro do domicílio do alimentando (art. 100, II, do CPC)

Pedido: de procedência da ação para que seja declarada a paternidade e seja o réu condenado ao pagamento de pensão alimentícia ao alimentando a partir da citação, requerendo a fixação de alimentos provisórios ante as provas preexistentes. Caberá ao advogado a análise dos fatos narrados para que efetue pedido certo. Levando-se em consideração que o suposto pai recebe o salário mensal no valor de R$ 5.000,00, mas que já arca com o sustento de uma filha, seria razoável a fixação de pensão no valor de R$ 750,00, que equivale a 15% dos rendimentos do alimentante, considerando também que o alimentando tem um gasto médio de R$ 1.000,00 e que a genitora recebe apenas dois salários mínimos.

Modelo: Ação de investigação de paternidade c.c alimentos

[o que estiver entre colchetes é apenas nota do autor – não deve constar da peça]

início da peça

Excelentíssimo Senhor Doutor Juiz de Direito da .... Vara da Família da Comarca de São Paulo/SP

[deixe espaço de aproximadamente 10 cm, para eventual despacho ou decisão do juiz]

João ..., menor impúbere, residente e domiciliado na ..., representado por sua genitora Márcia ..., estado civil ..., profissão ..., , inscrita no CPF sob nº ..., RG nº ..., residente e domiciliada no mesmo endereço, por seu advogado que firma a presente (procuração anexada – doc. 1), com escritório para recebimento de intimações na ... (CPC, art. 39, I), vem, respeitosamente, propor, com fundamento nos arts. 1.606, 1.694 e ss do Código Civil, a presente

AÇÃO DE INVESTIGAÇÃO DE PATERNIDADE CUMULADA COM ALIMENTOS

em face de Pedro ..., estado civil ..., profissão ..., residente e domiciliado na ..., inscrito no CPF sob nº ..., RG nº ..., pelos motivos que passa a expor:

1. DOS FATOS

A genitora do autor mantinha relacionamento amoroso exclusivo com o réu quando engravidou do primeiro.

Em 5/10/2002, nasceu o autor. O réu manteve o referido relacionamento com Márcia até o quinto mês da gravidez, custeou despesas do autor em algumas oportunidades, além de ter proporcionado ajuda financeira eventual e estado, também, nas três primeiras festas de aniversário, tendo sido, inclusive, fotografado, nessas ocasiões, com o autor no colo (doc. 2).

No entanto, Pedro se nega a reconhecer a paternidade ao argumento de que tem dúvidas acerca da fidelidade da mãe, já que ele chegava a ficar um mês sem ir a São Paulo durante o relacionamento que tivera com Márcia.

Sabe-se, ainda, acerca de Pedro, que seu o salário bruto, com as comissões recebidas, chega a R$ 5.000,00 mensais, bem como que arca com o sustento de uma filha, estudante de 22 anos, e que não tem domicílio fixo em razão de sua profissão demandar deslocamentos constantes entre São Paulo – SP, Rio de Janeiro – RJ e Porto Alegre – RS (doc. 3).

Márcia, que já esgotou as possibilidades de manter entendimento com Pedro, ganha, no presente momento, cerca de dois salários mínimos (doc. 4). As despesas mensais do autor totalizam R$ 1.000,00 (doc. 5).

2. DO DIREITO

De acordo com o disposto no art. 1.606 do Código Civil, "a ação de prova de filiação compete ao filho..."

Ora, de acordo com o relato dos fatos, a genitora do autor tem certeza da sua paternidade e o autor tem direito de fazer constar o nome de seu pai em seu registro de nascimento, bem como de se beneficiar dos efeitos jurídicos decorrentes de ser filho do réu.

O autor trouxe provas suficientes para demonstrar que o réu é seu pai. Todavia, caso não se entenda devidamente comprovada a filiação, o autor requer seja realizado exame de DNA, a fim de comprovar o fato que gera o direito que se pede ver reconhecido na presente demanda.

Com relação aos alimentos, verifica-se que, diante das provas ora juntadas, o autor é criança e tem necessidades presumidas, tais como alimentação, vestuário, moradia, assistência médica, escola, entre outros, que, atualmente, somam a média mensal de R$ 1.000,00 (doc. 5).

De outro lado, a genitora do autor tem conhecimento que o réu recebe mensalmente o valor aproximado de R$ 5.000,00 (cinco mil reais) e que arca com o sustento de uma filha de 22 anos.

Assim, considerando o binômio necessidade/possibilidade, o valor razoável para fixação da pensão mensal equivale a 15% dos seus rendimentos, pressupondo que outros 15% o réu já utiliza para arcar com o sustento da outra filha, em respeito ao princípio da igualdade entre os filhos.

Esse percentual faz com que a pensão, hoje, seja de R$ 750,00, valor proporcional à diferença de rendimentos entre o réu e a genitora do autor, mormente se considerarmos que esta já arcar com outras despesas cotidianas, decorrente de ter seu filho em sua companhia.

3. DO PEDIDO

Ante o exposto, requer seja:

a) determinada a citação do réu, por oficial de justiça, para, querendo, contestar a presente ação no prazo legal, sob as penas da lei processual civil;

b) julgada procedente a presente ação, para que seja declarada a paternidade do réu em relação ao autor, que passará a chamar João..., fixando-se a pensão mensal no valor equivalente a 15% dos rendimentos do réu, condenando-se o réu, ainda, no pagamento das custas e despesas processuais, bem como honorários advocatícios, estes no valor de 20% sobre o total da condenação;

c) admitida a produção de prova documental, testemunhal e pericial, e de todos os meios probatórios em direito admitidos, ainda que não especificados no CPC, desde que moralmente legítimos (CPC art. 332).

Dá-se a causa o valor de R$ 9.000,00 (nove mil reais). (art. 259, VI, do CPC)

Nestes termos, pede deferimento

Local ..., data ...

[não assine, rubrique ou, de outra forma, identifique sua prova!]

____

Advogado ...

OAB ...

[em casos como esse o autor poderá requerer os benefícios da assistência judiciária gratuita!]

fim da peça

(OAB/Exame Unificado – 2008.2 – 2ª fase) PEÇA PROFISSIONAL. Mauro, pedreiro, domiciliado em Salvador – BA, caminhava por uma rua de Recife – PE quando foi atingido por um aparelho de ar-condicionado manejado, de forma imprudente, por Paulo, comerciante e proprietário de um armarinho. Encaminhado a um hospital particular, Mauro faleceu após estar internado por um dia. Sua família, profundamente abalada pela perda trágica do parente, deslocou-se até Recife – PE e transportou o corpo para Salvador – BA, local do sepultamento. O falecido deixou viúva e um filho menor impúbere. Sabe-se, ainda, que Mauro tinha 35 anos de idade, era responsável pelo sustento da família e conseguia obter renda média mensal de R$ 800,00 como pedreiro. Sabe-se, também, que os gastos hospitalares somaram R$ 3.000,00 e os gastos com transporte do corpo e funeral somaram R$ 2.000,00. Após o laudo da perícia técnica apontar como causa da morte o traumatismo craniano decorrente da queda do aparelho de ar-condicionado e o inquérito policial indiciar Paulo como autor de homicídio culposo, a viúva e o filho procuraram um advogado para buscar em juízo o direito à indenização pelos danos decorrentes da morte de Mauro. Em face da situação hipotética apresentada, redija, na qualidade de advogado(a) procurado(a) pela família de Mauro, a petição inicial da ação judicial adequada ao caso, abordando todos os aspectos de direito material e processual pertinentes. (data da prova: 19/10/08)

RESOLUÇÃO DA PEÇA PRÁTICO-PROFISSIONAL

Peça: Ação de indenização por danos materiais e morais

Fundamento: arts. 186, 927 e ss. do CC

Competência: foro do local do fato ou do domicílio do autor (art. 100, V, *a* e p. único, do CPC)

Pedido: de procedência da ação para que o réu seja condenado ao pagamento de indenização por danos materiais consistentes nos danos emergentes (despesas com hospital e funeral), além de pagamento de pensão mensal no valor equivalente a 2/3 dos rendimentos do falecido, eis que sustentava mulher e filho, até a data em que completaria 70 anos à viúva e até o filho completar 24 anos, com direito de acrescer, além de danos morais que devem já constar em valores no pedido inicial.

Modelo: Ação de indenização pela evicção

[o que estiver entre colchetes é apenas nota do autor – não deve constar da peça]

início da peça

Excelentíssimo Senhor Doutor Juiz de Direito da .... Vara ... da Comarca de Salvador/BA ou Recife/PE.

[deixe espaço de aproximadamente 10 cm, para eventual despacho ou decisão do juiz]

Viúva ..., qualificação ....e Filho de Mauro, menor impúbere, representado por sua genitora, ambos residentes e domiciliados na ..., por seu advogado que firma a presente (procuração anexada – doc. 1), com escritório para recebimento de intimações na ... (CPC, art. 39, I), vem, respeitosamente, propor a presente

AÇÃO DE INDENIZAÇÃO POR DANOS MATERIAIS E MORAIS

em face de Paulo ..., estado civil ..., comerciante, residente e domiciliado na ..., inscrito no CPF sob nº ..., RG nº ..., com fundamento nos arts. 186, 927 e ss. do Código Civil, pelos motivos que passa a expor.

1. DOS FATOS

Mauro, pedreiro, caminhava por uma rua de Recife – PE quando foi atingido por um aparelho de ar-condicionado manejado, de forma imprudente, por Paulo, comerciante e proprietário de um armarinho (doc. 2 – boletim de ocorrência).

Encaminhado a um hospital particular, Mauro faleceu após estar internado por um dia (doc. 3).

Sua família, profundamente abalada pela perda trágica do parente, deslocou-se até Recife – PE e transportou o corpo para Salvador – BA, local do sepultamento.

O falecido deixou viúva e um filho menor impúbere, ora autores.

Mauro faleceu aos 35 anos de idade e era responsável pelo sustento da família e conseguia obter renda média mensal de R$ 800,00 como pedreiro (doc. 4).

Além da perda da receita, a esposa do falecido teve de arcar com as despesas hospitalares no montante de R$ 3.000,00 e despesas com o funeral do *de cujus*, no montante de R$ 2.500,00 (doc. 5).

Após o laudo da perícia técnica apontar como causa da morte o traumatismo craniano decorrente da queda do aparelho de ar-condicionado e o inquérito policial indiciar Paulo como autor de homicídio culposo, os autores buscaram indenização junto ao réu.

Em que pesem as tentativas, não lograram êxito nesse intento, o que os levaram a propor a presente ação indenizatória.

II – DO DIREITO

1. Da responsabilidade do réu

Segundo dispõe o art. 938 do Código Civil, a responsabilidade pelo dano proveniente das coisas que caírem de prédio ou forem lançadas em lugar indevido é objetiva, ou seja, independe da demonstração de conduta culposa ou dolosa.

O caso em tela se subsume perfeitamente no dispositivo citado, vez que o réu manejava um ar condicionado do prédio onde exerce suas atividades profissionais, ar condicionado este que, como se viu, caiu e atingiu de modo fatal o ente querido dos autores.

CIVIL

Os requisitos para a configuração da responsabilidade civil – conduta, dano e nexo de causalidade –, estão, dessa forma, configurados, não sendo o caso de se discutir se houver dolo ou culpa por parte do réu.

De qualquer forma, e considerando o princípio da eventualidade, o autor também responderia caso fosse necessário enquadrar o caso presente na responsabilidade subjetiva.

Com efeito, o art. 927 do Código Civil é claro no sentido de que "aquele que, por ato ilícito (arts. 186 e 187), causar dano a outrem, fica obrigado a repará-lo".

Os fatos narrados na petição inicial enquadram-se também na hipótese de incidência prevista no dispositivo citado, pelos seguintes motivos: a) o réu, de maneira imprudente, deixou cair um aparelho de ar-condicionado na rua; b) a queda do aparelho causou a morte de Mauro, conforme restou comprovado pelas conclusões do laudo da perícia técnica; c) a morte de Mauro em razão da conduta imprudente do réu causou danos de ordem material e moral nos autores.

Por outro lado, não ocorre no caso presente qualquer das causas excludentes da responsabilidade, eis que restou clara a conduta imprudente do réu, fato que restou reforçado pelo seu indiciamento no crime de homicídio culposo.

Demonstrada a culpa, o nexo causal e os danos, que são presumidos em casos como esses, de rigor, agora, tratar das verbas indenizatórias devidas aos autores.

2. Das verbas indenizatórias devidas

O art. 948 do Código Civil tem o seguinte teor:

"Art. 948. No caso de homicídio, a indenização consiste, sem excluir outras reparações:

I – no pagamento das despesas com o tratamento da vítima, seu funeral e o luto da família;

II – na prestação de alimentos às pessoas a quem o morto os devia, levando-se em conta a duração possível da vida da vítima."

Por outro lado, a Constituição Federal, em seu art. 5.º, V e X, e o Código Civil, em seus arts. 186 (ato ilícito) e 944 ("a indenização mede-se pela extensão do dano") impõem que os danos morais também devem ser indenizados.

Considerando que houve despesas comprovadas de funeral, que os autores dependiam economicamente do falecido e que o dano moral é consequência natural e imediata do falecimento do marido e do pai dos autores, independendo de comprovação, segundo a jurisprudência, os autores fazem jus às seguintes verbas indenizatórias:

a) danos materiais, consistentes no ressarcimento das despesas de hospital, funeral e na fixação de pensão aos autores;
b) danos morais, devidos a cada um dos autores.

2.1. Da pensão

Nos termos da jurisprudência do STJ, a pensão devida aos filhos deve se estender até a idade de 24 anos, quando presumidamente estes encerrarão sua formação escolar, podendo ingressar no mercado de trabalho em melhores condições para prover a sua subsistência. Confira:

"A pensão pela morte do pai será devida até o limite de vinte e quatro anos de idade, quando, presumivelmente, os beneficiários da pensão terão concluído sua formação, inclusive curso universitário, não mais subsistindo vínculo de dependência" (STJ, Resp. 142.526/RS, rel. Min. Cesar Asfor Rocha, DJ 17/09/01).

Já a pensão devida à esposa, deve ser paga até que esta perfaça 70 anos, tendo em vista o aumento da expectativa de vida do brasileiro, que hoje é, em média, de 71,9 anos. Confira:

"Possibilidade de determinar como termo final do pagamento da pensão, a data em que a vítima completaria 70 (setenta) anos de idade, em função do caso concreto. Precedentes: REsp 164.824/RS e REsp 705.859/SP" (REsp 895.225/RN, Rel. Min. Francisco Falcão, Primeira Turma, julgado em 13.03.2007, DJ 09.04.2007, p. 242).

Já quanto ao *quantum* devido, as decisões do STJ vêm fixando a pensão em 2/3 da remuneração que recebia o *de cujus*. Confira:

"Responsabilidade civil do Estado. Acidente de trânsito com vítima fatal. Adequada a fixação do valor da pensão em 2/3 (dois terços) dos rendimentos da vítima, deduzindo que o restante seria gasto com seu sustento próprio" (STJ, REsp 603.984/MT, rel. Min. Francisco Falcão, DJ de 16/11/2004).

O mesmo Tribunal também vem entendendo ser cabível o direito de acrescer aos demais autores, na medida em que o filho do falecido completar a idade que não mais permite o recebimento da pensão (STJ, REsp 625.161/RJ, rel. Min. Aldir Passarinho Junior, DJ 17/12/2007).

Por fim, é importante ressaltar que tanto a correção monetária como os juros moratórios das parcelas devidas a título de indenização por danos materiais devem incidir desde a data do evento danoso (STJ, REsp 705.859/SP, rel. Min. Jorge Scartezzini, DJ de 21/03/2005).

Como o art. 406 do Código Civil determina a aplicação da taxa Selic e esta abarca juros e correção monetária, estes incidirão com a simples aplicação da taxa referencial (STJ, REsp 897.043/RN, rel. Min. Eliana Calmon, 2ª T., j. 03-05-2007, DJU 11-05-2007, p. 392).

2.2. Dos danos morais

O STJ vem entendendo que não se pode fixar o valor do dano moral tomando como critério o salário mínimo. Deve-se fixar esta verba em valor certo, valor esse que, em caso de homicídio, vem sendo fixado na quantia de R$ 190 mil. Confira o seguinte caso:

"CIVIL E PROCESSUAL. AÇÃO DE INDENIZAÇÃO. ACIDENTE DE TRÂNSITO COM VÍTIMA FATAL, ESPOSO E PAI DOS AUTORES. DANO MORAL. FIXAÇÃO. MAJORAÇÃO. Dano moral aumentado, para amoldar-se aos parâmetros usualmente adotados pela Turma. R$ 190 mil para esposa e filhas" (STJ, REsp 625.161/RJ, rel. Min. Aldir Passarinho Júnior, DJ 17/12/07).

Em matéria de dano moral, a correção monetária é devida desde a data da fixação de seu valor, ou seja, desde a data da decisão judicial que fixar a indenização por dano moral. Já os juros moratórios são calculados tendo-se em conta a data do evento danoso (Súmula 54 do STJ: "os juros moratórios fluem a partir do evento danoso, em caso de responsabilidade extracontratual").

2.3. Dos honorários advocatícios

Segundo o STJ, os honorários devem incidir da seguinte forma: *"para efeito de cálculo da verba honorária, a condenação é constituída pelo somatório de todas as prestações vencidas, além das demais verbas já definidas (dano moral, pensão, juros etc.), e doze das vincendas, inaplicável o disposto no § 5.° do art. 20 do CPC"* (STJ, REsp 625.161/RJ, rel. Min. Aldir Passarinho Júnior, DJ 17/12/2007).

III – DO PEDIDO

Ante o exposto, é o presente para requerer a Vossa Excelência o quanto segue:

1. A citação do réu, no endereço declinado no pórtico desta inicial, para, querendo, contestar a presente ação no prazo legal, sob as penas da lei processual civil.
2. A procedência da ação para condenar a ré no pagamento: a) da quantia de R$ 3.000,00, relativa às despesas hospitalares e de R$ 2.500,00, relativa às despesas com funeral; b) de pensão mensal de R$ 533,33, devida aos autores desde o evento danoso, sendo que o filho receberá até completar 24 anos e a esposa, até completar 70 anos, com direito de extensão para a segunda, na medida em que o filho não for mais receber a pensão; c) de indenização por dano moral no valor de R$ 190 mil, para os dois autores; d) de correção monetária e juros legais, que, quanto aos danos materiais (itens "a" e "b"), incidirão

CIVIL

a partir do evento danoso, e quanto aos danos morais, incidirá a partir da data de sua fixação (a correção monetária), e a partir do evento danoso (quanto aos juros legais); e) honorários advocatícios de 20%, incidentes sobre o somatório de todas as prestações vencidas, além das demais verbas já definidas (dano moral, pensão, juros etc.), e doze das vincendas.

3. O protesto pela produção de prova documental e pericial, e de todos os meios probatórios em direito admitidos, ainda que não especificados no CPC, desde que moralmente legítimos (CPC, art. 332).

(se o quantum dos danos não estiverem determinados, deve-se requer a sua apuração em liquidação de sentença)

(a depender da condição econômica dos autores, deve-se pedir os benefícios da justiça gratuita)

Dá-se à causa o valor de R$ 201.896,00 (valor por extenso) (art. 259, II e VI, do CPC).

Nestes termos, pede deferimento

Local / Data

[não assine, rubrique ou, de outra forma, identifique sua prova!]

____

Advogado ...

OAB ...

fim da peça

(OAB/Exame Unificado – 2008.3 – 2ª fase) PEÇA PROFISSIONAL. Gustavo ajuizou, em face de seu vizinho Leonardo, ação com pedido de indenização por dano material suportado em razão de ter sido atacado pelo cão pastor alemão de propriedade do vizinho. Segundo relato do autor, o animal, que estava desamarrado dentro do quintal de Leonardo, o atacara, provocando-lhe corte profundo na face. Em consequência do ocorrido, Gustavo alegou ter gasto R$ 3 mil em atendimento hospitalar e R$ 2 mil em medicamentos. Os gastos hospitalares foram comprovados por meio de notas fiscais emitidas pelo hospital em que Gustavo fora atendido, entretanto este não apresentou os comprovantes fiscais relativos aos gastos com medicamentos, alegando ter-se esquecido de pegá-los na farmácia. Leonardo, devidamente citado, apresentou contestação, alegando que o ataque ocorrera por provocação de Gustavo, que jogava pedras no cachorro. Alegou, ainda, que, ante a falta de comprovantes, não poderia ser computado na indenização o valor gasto com medicamentos. Houve audiência de instrução e julgamento, na qual as testemunhas ouvidas declararam que a mureta da casa de Leonardo media cerca de um metro e vinte centímetros e que, de fato, Gustavo atirava pedras no animal antes do evento lesivo. O juiz da 40.ª Vara Cível de Curitiba proferiu sentença condenando Leonardo a indenizar Gustavo pelos danos materiais, no valor de R$ 5 mil, sob o argumento de que o proprietário do animal falhara em seu dever de guarda e por considerar razoável a quantia que o autor alegara ter gasto com medicamentos. Pelos danos morais decorrentes dos incômodos evidentes em razão do fato, Leonardo foi condenado a pagar indenização no valor de R$ 6 mil. A sentença foi publicada em 12/1/2009. Após uma semana, Leonardo, não se conformando com a sentença, procurou advogado. Em face da situação hipotética apresentada, na qualidade de advogado(a) contratado(a) por Leonardo, elabore a peça processual cabível para a defesa dos interesses de seu cliente. (data da prova: 1º/03/09)

RESOLUÇÃO DA PEÇA PRÁTICO-PROFISSIONAL

Peça: Apelação

Fundamento: art. 513 do CPC

Endereçamento: Petição de interposição: ao juiz da causa

Razões: ao E. Tribunal competente

Prazo: 15 dias

Tese: houve culpa do autor e, de acordo com o disposto no art. 936 do CC o dono do animal somente é responsável pelos danos causados por seu animal se não houve culpa da vítima.

Modelo: Apelação

[o que estiver entre colchetes é apenas nota do autor – não deve constar da peça]

início da peça

EXCELENTÍSSIMO SENHOR DOUTOR JUIZ DE DIREITO DA 40ª VARA CÍVEL DA COMARCA DE CURITIBA/PR.

Pular 10 linhas

Autos n.º ....

Leonardo ... , qualificado nos autos, por meio de seu advogado que subscreve a presente, vem, respeitosamente, à presença de Vossa Excelência, com fulcro no art. 513 e seguintes do Código de Processo Civil, interpor a presente

APELAÇÃO

contra a r. sentença de fls. ... , proferida por esse D. Juízo, nos autos da ação de indenização interposta por Gustavo ... , já qualificado, nos termos das razões de fato e de direito apresentadas na minuta em anexo.

Requer, outrossim, seja o presente recurso recebido nos efeitos devolutivo e suspensivo, intimando-se a parte contrária para, querendo, apresentar suas contrarrazões, no prazo legal.

Requer, em seguida, a remessa dos autos para o E. Tribunal de Justiça, para processamento, conhecimento e julgamento.

Por fim, requer a juntada das custas de preparo e porte de remessa e retorno.

Nestes termos, pede deferimento

Local ..., data ...

[não assine, rubrique ou, de outra forma, identifique sua prova!]

____

Advogado ...

OAB ...

(As razões são na página seguinte)

RAZÕES DE RECURSO DE APELAÇÃO

Apelante: Leonardo ....

Apelado: Gustavo ....

EGRÉGIO TRIBUNAL, COLENDA CÂMARA, NOBRES JULGADORES.

1. BREVE RESUMO

O apelado propôs contra o apelante ação de indenização por dano material.

O pedido foi julgado procedente pela r. sentença que, sob o argumento de que o proprietário do animal falhara em seu dever de guarda e por considerar razoável a quantia que o apelado alegara ter gasto com medicamentos, condenou o réu, ora apelante, ao pagamento de danos materiais no valor de R$ 5 mil.

Pelos danos morais decorrentes dos incômodos evidentes em razão do fato, Leonardo foi condenado a pagar indenização no valor de R$ 6 mil.

2. DAS RAZÕES DE FATO E DE DIREITO

2.1. Da nulidade da sentença

Dispõe o art. 460 do Código de Processo Civil que é defeso ao juiz proferir sentença condenando o réu em objeto diverso do que lhe foi demandado.

Ocorre que a r. sentença de primeiro grau condenou o réu, ora apelante, ao pagamento de indenização por danos morais no valor de R$ 6 mil, sem que o autor houvesse formulado pedido nesse sentido.

Assim, patente a existência do vício de julgamento *extra-petita*, razão pela qual a sentença deverá ser declarada nula.

2.2. Do mérito

2.2.1. Da culpa do autor pela ocorrência do evendo

Se assim não for o entendimento de Vossa Excelência, vê-se que, de acordo com os fundamentos que passamos a expor, a ação é totalmente improcedente.

Dispõe o art. 936 do Código Civil que o dono do animal somente é responsável pelos danos causados por seu animal se não houve culpa da vítima.

No caso, restou comprovado pelos depoimentos das testemunhas ouvidas em juízo, que o autor jogava pedras no animal, provocando-o, razão pela qual está evidenciada a sua culpa para ocorrência do acidente.

O réu, ora apelante, de seu lado, tomava todas as cautelas necessárias, sendo que o muro existente entre as casas era suficiente, não fosse a atitude do apelado em provocar o animal.

2.2.2. Da ausência de comprovantes de gastos com medicamentos

Subsidiariamente, caso Vossa Excelência entenda que não houve culpa do autor para ocorrência do evento, é certo que o valor relativo às despesas com medicamentos devem ser excluídas da condenação, eis que o autor não trouxe os comprovantes de pagamento.

Conforme disposto no art. 333 do Código de Processo Civil, o ônus da prova incumbe ao autor quanto ao fato constitutivo do seu direito.

No caso, como o autor não trouxe aos autos os comprovantes de pagamento das despesas que alega ter tido com compra de medicamentos, não há como ser acolhida a sua pretensão.

IV – DO PEDIDO

Ante o exposto, requer seja processado o presente na forma prevista no Código de Processo Civil, para que, ao final:

a) seja dado provimento ao recurso para o fim de ser declarada a nulidade da sentença proferida pelo D. Juízo *a quo*, ou;

b) seja dado provimento ao recurso para que seja julgada improcedente a ação, invertendo-se os ônus sucumbenciais ou, ainda, subsidiariamente;

c) seja dado provimento parcial ao recurso para que seja julgada parcialmente procedente a ação restringindo a condenação do réu aos danos materiais relativos às despesas hospitalares no valor de R$ 3.000,00, com a distribuição dos ônus da sucumbência.

Local ..., data ...

[não assine, rubrique ou, de outra forma, identifique sua prova!]

____

Advogado ...

OAB ...

fim da peça

(OAB/Exame Unificado – 2009.1 – 2ª fase) PEÇA PROFISSIONAL. Marta, aos seis anos de idade, sofreu sérios danos estéticos ao receber a terceira dose da vacina antirrábica fornecida pelo Estado. Quando Marta estava com treze anos de idade, ajuizou, representada por sua mãe, ação de indenização em face do Estado, alegando que a má prestação de serviço médico em hospital público lhe teria deixado graves sequelas. Ela pediu indenização no valor de R$ 50.000,00 a título de danos materiais e outra no valor de R$ 40.000,00 a título de danos morais, e fez juntar aos autos comprovantes das despesas decorrentes do tratamento. Em contestação, a Fazenda Pública estadual alegou ocorrência de prescrição, com base no disposto no art. 1.º do Decreto n.º 20.910/1932, o qual estabelece que as dívidas passivas do Estado prescrevem em cinco anos, contados da data do ato ou do fato de que se originaram. Como entre a data do fato e o ajuizamento da demanda transcorreram sete anos, teria ocorrido a prescrição. Em primeiro grau de jurisdição, foram realizados perícia e demais atos probatórios, tendo todos atestado a ocorrência do dano e do nexo de causalidade. No entanto, ao proferir sentença, a autoridade julgadora acolheu a alegação de prescrição e julgou extinto o processo nos termos do art. 269, IV, do Código de Processo Civil. Em face dessa situação hipotética, na qualidade de advogado(a) contratado(a) por Marta, redija a peça processual cabível, abordando todos os aspectos de direito processual e material necessários à defesa de sua cliente. (data da prova: 28/06/09)

RESOLUÇÃO DA PEÇA PRÁTICO-PROFISSIONAL

Peça: Apelação

Fundamento: art. 513 do CPC

Endereçamento: Petição de interposição: ao juiz da causa

Razões: ao E. Tribunal competente

Prazo: 15 dias

Tese: a prescrição não corre contra incapazes (art. 198, I, do CC).

Modelo: Apelação

[o que estiver entre colchetes é apenas nota do autor – não deve constar da peça]

início da peça

EXCELENTÍSSIMO SENHOR DOUTOR JUIZ DE DIREITO DA ... VARA CÍVEL DA COMARCA DE ... .

Pular 10 linhas

Autos n.º ... .

Marta ..., menor impúbere representada por sua mãe, qualificada nos autos, por meio de seu advogado que subscreve a presente, vem, respeitosamente, à presença de Vossa Excelência, com fulcro no art. 513 e seguintes do Código de Processo Civil, interpor a presente

APELAÇÃO

contra a r. sentença de fls. _____, proferida por esse D. Juízo, nos autos da ação de indenização interposta em face do Estado ..., já qualificado, nos termos das razões de fato e de direito apresentadas na minuta em anexo.

Requer, outrossim, seja o presente recurso recebido nos efeitos devolutivo e suspensivo, intimando-se a parte contrária para, querendo, apresentar suas contrarrazões, no prazo legal.

Requer, em seguida, a remessa dos autos para o E. Tribunal de Justiça, para processamento, conhecimento e julgamento.

Por fim, requer a juntada das custas de preparo e porte de remessa e retorno.

Nestes termos, pede deferimento

Local ..., data ...

[não assine, rubrique ou, de outra forma, identifique sua prova!]

____

Advogado ...

OAB ...

(As razões são na página seguinte)

RAZÕES DE RECURSO DE APELAÇÃO

Apelante: Marta ....

Apelado: Estado ....

EGRÉGIO TRIBUNAL, COLENDA CÂMARA, NOBRES JULGADORES.

1. BREVE RESUMO

A apelante propôs contra o Estado ... ação de indenização. O pedido foi julgado improcedente pela r. sentença, com fundamento no art. 269, IV, do CPC, acolhendo a alegação de prescrição.

2. DAS RAZÕES DE FATO E DE DIREITO

Dispõe o art. 198 do Código Civil: "Também não corre a prescrição: I – contra os incapazes de que trata o art. 3º...."

Ora, o mencionado art. 3º do Código Civil trata dos absolutamente incapazes, entre eles, os menores de dezesseis anos.

No caso dos autos, a apelante ainda é pessoa absolutamente incapaz e ao ingressar com a ação tinha apenas treze anos de idade. Assim, não se poderia falar em prescrição.

No mais, tratando-se de causa já devidamente esclarecida em primeira instância, ou seja, já produzidas todas as provas necessárias ao deslinde da controvérsia, e considerando a aplicação em analogia do disposto no art. 515, § 3º, do CPC, pede-se a apreciação do mérito e julgamento da causa por este E. Tribunal.

IV – DO PEDIDO

Ante o exposto, requer seja processado o presente na forma prevista no Código de Processo Civil, para que, ao final, seja provimento ao recurso para o fim de afastar a prescrição da pretensão, julgando procedente o pedido conforme consta da inicial e provas produzidas nesse sentido, com inversão dos ônus sucumbenciais.

Local ..., data ...

[não assine, rubrique ou, de outra forma, identifique sua prova!]

____

Advogado ...

OAB ...

fim da peça

(OAB/Exame Unificado – 2009.2 – 2ª fase) PEÇA PROFISSIONAL. Vicente propôs, contra Hélder, ação de conhecimento pelo rito ordinário para a cobrança da quantia de R$ 125.000,00. O pedido foi julgado procedente e, após o exaurimento das vias recursais, a decisão transitou em julgado. Vicente, então, ingressou com pedido de cumprimento da sentença, o que ensejou a penhora de bem imóvel de propriedade do executado, avaliado em R$ 150.000,00. Intimado da penhora, Hélder ingressou, no prazo legal, com impugnação ao requerimento do cumprimento da sentença, sob a alegação de novação. A impugnação foi recebida no efeito suspensivo e, após regular processamento, foi julgado totalmente procedente o pedido do impugnante, extinguindo-se a execução. A referida decisão foi publicada, no órgão oficial, em uma quinta-feira, no dia 6 de setembro do ano de 200X. Considerando a situação hipotética acima apresentada, na condição de advogado(a) contratado(a) por Vicente, elabore a peça processual cabível à defesa dos interesses de seu cliente. Se necessário, acrescente os dados eventualmente ausentes da situação hipotética, guardada a respectiva pertinência técnica. Date a peça no último dia do respectivo prazo. (data da prova: 25/10/09)

RESOLUÇÃO DA PEÇA PRÁTICO-PROFISSIONAL

Peça: Apelação (atente-se que das decisões de impugnação ao cumprimento de sentença o recurso cabível é de agravo, porém, se a decisão extingue o processo o recurso cabível será de apelação)

Fundamento: art. 513 do CPC

Endereçamento: Petição de interposição: ao juiz da causa

Razões: ao E. Tribunal competente

Prazo: 15 dias

CIVIL

Observe que o examinador pede que o candidato date a peça com o último dia do prazo.

O art. 4º, §4º, da Lei 11.419/06 dispõe que os prazos processuais terão início no primeiro dia útil que seguir ao considerado como data da publicação. Como o § 3º do mesmo dispositivo legal considera a data da publicação o primeiro dia útil dia seguinte ao da disponibilização da informação no Diário da Justiça eletrônico, ou seja, dia 07/09 (sexta-feira), o prazo começará a ser contado no dia 10/09 (segunda-feira). Assim, contando-se 15 dias do dia 10/09, o último dia do prazo seria no dia 24/09/200X.

Tese: não houve novação, eis que para a existência de novação é necessário o "animus novandi", que não está presente no caso.

Modelo: Apelação

[o que estiver entre colchetes é apenas nota do autor – não deve constar da peça]

início da peça

EXCELENTÍSSIMO SENHOR DOUTOR JUIZ DE DIREITO DA ... VARA ... DA COMARCA DE ... .

Pular 10 linhas

Autos n.º _______.

Vicente ..., qualificado nos autos, por meio de seu advogado que subscreve a presente, vem, respeitosamente, à presença de Vossa Excelência, com fulcro nos arts. 475-M, §3º e 513 e seguintes do Código de Processo Civil, interpor a presente

APELAÇÃO

contra a r. sentença de fls. ... , proferida por esse D. Juízo, nos autos de impugnação ao cumprimento de sentença promovido por Hélder, já qualificado, nos termos das razões de fato e de direito apresentadas na minuta em anexo.

Requer, outrossim, seja o presente recurso recebido nos efeitos devolutivo e suspensivo, intimando-se a parte contrária para, querendo, apresentar suas contrarrazões, no prazo legal.

Requer, em seguida, a remessa dos autos para o E. Tribunal de Justiça, para processamento, conhecimento e julgamento.

Por fim, requer a juntada das custas de preparo e porte de remessa e retorno.

Nestes termos, pede deferimento

Local ..., 24 de setembro de 200X.

[não assine, rubrique ou, de outra forma, identifique sua prova!]

____

Advogado ...

OAB ...

(As razões são na página seguinte)

RAZÕES DE RECURSO DE APELAÇÃO

Apelante: Vicente.

Apelado: Hélder.

EGRÉGIO TRIBUNAL, COLENDA CÂMARA, NOBRES JULGADORES.

1. BREVE RESUMO

O apelante propôs, contra Hélder, ora apelado, ação de conhecimento pelo rito ordinário para a cobrança da quantia de R$ 125.000,00. O pedido foi julgado procedente e, após o exaurimento das vias recursais, a decisão transitou em julgado.

O apelante, então, ingressou com pedido de cumprimento da sentença, o que ensejou a penhora de bem imóvel de propriedade do executado, avaliado em R$ 150.000,00. Intimado da penhora, Hélder ingressou com impugnação ao requerimento do cumprimento da sentença, sob a alegação de novação.

A impugnação foi recebida no efeito suspensivo e, após regular processamento, foi julgado totalmente procedente o pedido do impugnante, extinguindo-se a execução, razão pela qual interpõe o presente recurso.

2. PRESSUPOSTOS DE ADMISSIBILIDADE

A r. decisão que julgou a impugnação ao cumprimento de sentença extinguiu a execução, razão pela qual é cabível o presente recurso de apelação, conforme disposto no art. 475-M, § 3º, do Código de Processo Civil.

No mais, considerando o prazo para interposição do recurso de apelação previsto no Código de Processo Civil (art. 508 do Código de Processo Civil) e que a sentença ora recorrida foi publicada em 06/09/200X, o presente recurso é tempestivo, eis que interposto dentro do prazo legal.

3. DAS RAZÕES DE FATO E DE DIREITO

A r. sentença baseou-se no argumento de que houve novação, razão pela qual julgou extinta a execução.

Dispõe o art. 360 do Código Civil três hipóteses de ocorrência de novação: quando o devedor contrai com o credor nova dívida para extinguir e substituir a anterior; quando novo devedor sucede ao antigo, ficando este quite com o credor; quando, em virtude de obrigação nova, outro credor é substituído ao antigo, ficando o devedor quite com este.

Além disso, de acordo com o disposto no art. 361 do CC, para que se configure a novação é necessário que fique evidente, expressa ou tacitamente, o ânimo de novar.

Ocorre que no caso presente não restou configurada qualquer das hipóteses de novação, quanto menor o ânimo de novar, que também nunca existiu entre as partes.

Assim, não há que se falar em novação, razão pela qual subsiste o débito do apelado.

No mais, a penhora foi regular e o imóvel objeto da penhora foi avaliado em valor compatível com o débito, não se configurando excesso de penhora.

IV – DO PEDIDO

Ante o exposto, requer seja processado o presente recurso na forma prevista no Código de Processo Civil, para que, ao final, seja dado provimento ao recurso para o fim de reformar

CIVIL

a sentença proferida pelo D. Juízo *a quo*, julgando improcedente a impugnação ao cumprimento de sentença.

Local ..., 24 de setembro de 200X

[não assine, rubrique ou, de outra forma, identifique sua prova!]

____

Advogado ...

OAB ...

fim da peça

(OAB/Exame Unificado – 2009.3 – 2ª fase) Ercília, ao parar diante de faixa de pedestre, na cidade de Patos de Minas – MG, teve seu veículo abalroado pelo automóvel conduzido por Otávio e, em razão do acidente, teve sua perna direita amputada. Por esse motivo, propôs, contra Otávio, ação de conhecimento pelo procedimento sumário, pleiteando indenização, no valor de R$ 10.000,00, pelos danos materiais suportados, referentes a despesas hospitalares e gastos com remédios, e indenização por danos morais, no valor de R$ 50.000,00, pela amputação sofrida. O processo foi distribuído para o juízo da 3.ª Vara Cível de Patos de Minas – MG.

Em contestação, Otávio postulou a extinção do processo sem resolução de mérito, sob o argumento de que Ercília propusera, havia um ano, ação idêntica perante a 2.ª Vara Cível de Patos de Minas – MG. Relatou Otávio que o referido processo aguardava apresentação de réplica. Na peça de defesa, Otávio requereu, também, que Ercília fosse condenada a lhe pagar indenização pelos prejuízos que suportou, sob a alegação de que ela teria parado o veículo, indevidamente, diante da faixa de pedestre, visto que, segundo relatou, não havia qualquer pessoa aguardando para atravessar a via. Otávio requereu, ainda, a produção de prova testemunhal.

Após a apresentação de réplica, o juiz proferiu sentença, julgando antecipadamente a lide, por entender que a matéria controvertida era exclusivamente de direito. Rejeitou o pedido de extinção do processo sem resolução de mérito e afirmou que o réu deveria ter formulado seu pleito indenizatório por meio de reconvenção, e não, na contestação apresentada. Ao final, julgou procedentes todos os pedidos apresentados na petição inicial, condenando o réu ao pagamento de R$ 15.000,00 a título de honorários advocatícios.

Em face dessa situação hipotética, na qualidade de advogado(a) contratado(a) por Otávio, redija a peça processual cabível, abordando todas as questões processuais e de direito material necessárias à defesa de seu cliente. Considere que a sentença tenha sido publicada em 30/4/2009 (quinta-feira), sendo o dia 1.º de maio feriado nacional. A data da peça processual deve corresponder ao último dia do prazo para sua apresentação. (aplicada em 18/04/10)

PADRÃO DE RESPOSTA - PEÇA PROFISSIONAL – EXAMINADORA

Deve-se redigir recurso de apelação endereçado ao juiz de direito da 3.ª Vara Cível de Patos de Minas – MG, formular pedido para recebimento da apelação no duplo efeito e remessa dos autos ao Tribunal de Justiça e indicar, como solicitado no comando da questão, a data correta para a interposição tempestiva do recurso de apelação (18/ 5/2009).

Devem ser observados os requisitos exigidos no art. 514 do Código de Processo Civil. Ao final do recurso, devem ser formulados, de forma subsidiária e na seguinte ordem, os pedidos abaixo indicados:

- conhecimento e provimento do recurso, para a extinção do processo sem resolução de mérito, em razão da litispendência;
- conhecimento e provimento do recurso, para a anulação da sentença, por cerceamento de defesa, requerendo-se a devolução dos autos ao primeiro grau de jurisdição, para possibilitar a produção da prova oral pleiteada na contestação.
- conhecimento e provimento do recurso, para a reforma da sentença, para que sejam julgados improcedentes os pedidos do autor e procedente o pleito indenizatório apresentado na contestação, invertendo-se os ônus sucumbenciais.
- conhecimento e provimento do recurso, para a reforma da sentença, de forma que os honorários advocatícios sejam fixados em conformidade com o disposto no § 3.º do art. 20 do Código de Processo Civil.

Questões a serem, necessariamente, abordadas no recurso de apelação:

- existência de litispendência entre as duas ações propostas por Ercília e necessidade de extinção do processo sem resolução de mérito (art. 301, §§ 1.º, 2.º e 3.º, e art. 267, V, do Código de Processo Civil) – neste ponto, devem-se demonstrar os pressupostos necessários para a configuração da litispendência (identidade de partes, pedido e causa de pedir e repetição de ação ainda em curso);
- cerceamento de defesa em razão do equivocado julgamento antecipado da lide (art. 330, I, do Código de Processo Civil) – neste ponto, deve-se demonstrar que os requisitos exigidos, no mencionado dispositivo legal, não foram preenchidos, o que inviabiliza o julgamento antecipado da lide. Deve-se mostrar a necessidade de produção de provas para comprovar o fato, alegado em contestação, de que não havia pedestre para atravessar na faixa; deve-se, ainda, demonstrar que o julgamento antecipado causou prejuízo à parte ré, o que impõe a anulação da sentença e o retorno dos autos à origem para que a prova, requerida na contestação, seja produzida.
- possibilidade de Otávio formular, em contestação, pedido indenizatório (art. 278, § 1.º, do Código de Processo Civil) – neste ponto, deve-se demonstrar que, como a ação foi proposta pelo procedimento sumário, é facultado ao réu apresentar pedido em seu favor, desde que fundado nos mesmos fatos alegados na petição inicial. Na hipótese, os fatos são os mesmos, o que permite a aplicação da regra estabelecida no mencionado dispositivo legal.
- equívoco na fixação dos honorários (art. 20, § 3.º, do Código de Processo Civil) – neste ponto, deve-se demonstrar que o juiz se equivocou ao fixar os honorários em R$ 15.000,00. O juiz deveria observar o que determina o referido dispositivo legal e fixar honorários entre 10% e 20% do valor da condenação.
- culpa exclusiva da vítima (arts. 186 e 927 do Código Civil) – neste ponto, deve-se demonstrar a ocorrência de excludente de responsabilidade civil – a culpa exclusiva de Ercília, que parou seu veículo indevidamente, sem que houvesse pedestre para atravessar na faixa; deve-se demonstrar que, por tal motivo, deve ser excluída a condenação de Otávio ao pagamento de indenização. Da mesma forma, deve-se explicar que cabe a Ercília indenizar os prejuízos suportados por Otávio, demonstrando o preenchimento dos pressupostos estabelecidos no art. 186 do Código Civil.

(OAB/Exame Unificado – 2010.1 – 2ª fase) Júlia ajuizou ação sob o rito ordinário, distribuída à 34.ª Vara de Família de São Paulo – SP, com o objetivo de ver declarada a existência de união estável que alega ter mantido, de 1989 a 2005, com Jonas, já falecido. Arrolou a autora, no polo passivo da lide, o nome dos herdeiros de Jonas, que, devidamente citados, apresentaram contestação no prazo legal.

Preliminarmente, os réus alegaram que:

- ✓ o pedido seria juridicamente impossível, sob o argumento de que Jonas, apesar de não viver mais com sua esposa havia vinte anos, ainda era casado com ela, mãe dos réus, quando falecera, algo que inviabilizaria a declaração da união estável, por ser inaceitável admiti-la com pessoa casada;
- ✓ a autora não teria interesse de agir, sob o argumento de que Jonas não deixara pensão de qualquer origem, sendo inútil a ela a simples declaração;
- ✓ o pedido encontraria óbice na coisa julgada, sob o fundamento de que, em oportunidade anterior, a autora ajuizara, contra os réus, ação possessória na qual, alegando ter sido companheira do falecido, pretendia ser mantida na posse de imóvel pertencente ao último, tendo sido o julgamento dessa ação desfavorável a ela, sob a fundamentação de que não teria ocorrido a união estável;
- ✓ haveria litispendência, sob o argumento de que já tramitava, na 1.ª Vara de Órfãos e Sucessões de São Paulo – SP, ação de inventário dos bens deixados pelo falecido, devendo necessariamente ser discutido naquela sede qualquer tema relativo a interesse do espólio, visto que o juízo do inventário atrai os processos em que o espólio é réu.

No mérito, os réus aduziram que Jonas era homem dado a vários relacionamentos e, apesar de ter convivido com a autora sob o mesmo teto, tinha uma namorada em cidade vizinha, com a qual se encontrava, regularmente, uma vez por semana, no período da tarde.

Considerando as matérias suscitadas na defesa, o juiz conferiu à autora, mediante intimação feita em 21/9/20XX (segunda-feira), prazo para manifestação.

Considerando a situação hipotética apresentada, na qualidade de advogado(a) contratado(a) por Júlia, redija a peça processual cabível em face das alegações apresentadas na contestação. Date o documento no último dia de prazo.

PADRÃO DE RESPOSTA - PEÇA PROFISSIONAL - EXAMINADORA

Deve-se redigir uma réplica, com argumentos jurídicos capazes de levar à rejeição das alegações aduzidas pelos réus em contestação.

A PEÇA

Réplica endereçada ao juiz da 34.ª Vara de Família de São Paulo – SP.

Data: 1.º de outubro de 20XX (CPC, art. 327).

Relato da situação fática.

PRELIMINARES:

A separação de fato entre o falecido e sua esposa, ocorrida há mais de vinte anos, não serve de óbice à possibilidade jurídica do pedido (Código Civil, art. 1.723, § 1.º), verificando-se a possibilidade jurídica do pedido quando este é admitido pelo ordenamento jurídico, ou não é vedado. Estabelece o Código Civil:

> "Art. 1.521. Não podem casar:
> (...)
> VI – as pessoas casadas;
> (...)
> Art. 1.723. É reconhecida como entidade familiar a união estável entre o homem e a mulher, configurada na convivência pública, contínua e duradoura e estabelecida com o objetivo de constituição de família.
> § 1.º A união estável não se constituirá se ocorrerem os impedimentos do art. 1.521, não se aplicando a incidência do inciso VI no caso de a pessoa casada se achar separada de fato ou judicialmente."

Existe interesse de agir mesmo na simples declaração da união estável sem que haja pensão. A convivência duradoura entre duas pessoas é um fato, sendo a união estável um conceito jurídico que poderá ou não definir tal relação. A lei prevê a possibilidade de ser declarada a existência de relação jurídica (CPC, art. 4.º, I). Ademais, considerando-se que há ação de inventário em curso, o falecido deixou bens, podendo algum deles ter sido adquirido na constância da união estável. Não ocorre litispendência, pois os elementos das ações não são coincidentes. Para que ocorra a litispendência, deverá ser repetida ação em curso. De fato, uma ação é idêntica a outra quando ambas têm as mesmas partes, a mesma causa de pedir e o mesmo pedido (CPC, art. 301, §§ 1.º e 2.º).

A atração exercida pelo inventário não se põe de tal modo a determinar que o pedido de reconhecimento da união estável de quem não é herdeira precise necessariamente ser processado nos autos do inventário. O reconhecimento de união estável é de competência da vara de família. Foi respeitada a competência do foro, visto que a ação declaratória foi proposta no foro do domicílio do autor da herança (CPC, art. 96).

Não ocorre, na hipótese, coisa julgada, pois o pedido é diferente nas duas ações. Ademais, os fundamentos de uma sentença não transitam em julgado de modo a impedir novo pronunciamento judicial acerca da matéria já discutida em momento anterior (CPC, art. 301, §§ 1.º e 3.º).

MÉRITO

A existência de relacionamento não estável não serve de empecilho ao reconhecimento da união estável da autora com o falecido, visto que, conforme informação da própria contestação, o suposto relacionamento não tinha os atributos de união estável nos termos da lei civil, de acordo com o que dispõe o art. 1.723 do Código Civil:

> "É reconhecida como entidade familiar a união estável entre o homem e a mulher, configurada na convivência pública, contínua e duradoura e estabelecida com o objetivo de constituição de família."

REQUERIMENTO FINAL

Deve ser requerida ao juiz a rejeição das preliminares alegadas, da causa de extinção do processo, com a procedência do pedido inicial.

Observação para a correção: atribuir pontuação integral às respostas em que esteja expresso o conteúdo do dispositivo legal, ainda que não seja citado, expressamente, o número do artigo.

(OAB/Exame Unificado – 2010.2 – 2ª fase) Em janeiro de 2005, Antonio da Silva Júnior, 7 anos, voltava da escola para casa, caminhando por uma estrada de terra da região rural onde morava, quando foi atingindo pelo coice de um cavalo que estava em um terreno à margem da estrada. O golpe causa sérios danos à saúde do menino, cujo tratamento se revela longo e custoso. Em ação de reparação por danos patrimoniais e morais, movida em janeiro de 2009 contra o proprietário do cavalo, o juiz profere sentença julgando improcedente a demanda, ao argumento de que Walter Costa, proprietário do animal, "empregou o cuidado devido, pois mantinha o cavalo amarrado a uma árvore no terreno, evidenciando-se a ausência de culpa, especialmente em uma zona rural onde é comum a existência de cavalos". Além disso, o juiz argumenta que já teria ocorrido a prescrição trienal da ação de reparação, quer no que tange aos danos morais, quer no que tange aos danos patrimoniais, já que a lesão ocorreu em 2005 e a ação somente foi proposta em 2009.' Como advogado contratado pela mãe da vítima, Isabel da Silva, elabore a peça processual cabível.

RESOLUÇÃO DA PEÇA PRÁTICO-PROFISSIONAL

Peça: Apelação

Fundamento: art. 513 do CPC

Endereçamento: Petição de interposição: ao juiz da causa

Razões: ao E. Tribunal competente

Prazo: 15 dias

Teses: a) a responsabilidade pelo fato do animal é objetiva no CC/2002 (art. 936); b) não corre prescrição contra absolutamente incapaz (art. 198, I, do CC).

Modelo: Apelação

[o que estiver entre colchetes é apenas nota do autor – não deve constar da peça]

início da peça

EXCELENTÍSSIMO SENHOR DOUTOR JUIZ DE DIREITO DA ... VARA ... DA COMARCA DE ... .

Pular 10 linhas

Autos n.º ... .

Antônio da Silva Júnior, qualificado nos autos, neste ato representado por sua mãe, Isabel da Silva, já qualificada, por meio de seu advogado que subscreve a presente, vem, respeitosamente, à presença de Vossa Excelência, com fulcro no art. 513 e seguintes do Código de Processo Civil, interpor o presente

RECURSO DE APELAÇÃO

contra a r. sentença de fls. ... , proferida por esse D. Juízo, nos autos da ação de indenização proposta em face de Walter Costa, já qualificado, nos termos das razões de fato e de direito apresentadas na minuta em anexo.

Requer, outrossim, seja o presente recurso recebido nos efeitos legais, intimando-se a parte contrária para, querendo, apresentar suas contrarrazões, no prazo legal.

Requer, em seguida, a remessa dos autos para o E. Tribunal de Justiça, para processamento, conhecimento e julgamento.

Por fim, requer a juntada das custas de preparo e porte de remessa e retorno.

Nestes termos, pede deferimento

Local ... , data ...

[não assine, rubrique ou, de outra forma, identifique sua prova!]

____

Advogado ...

OAB ...

(As razões são na página seguinte)

RAZÕES DE RECURSO DE APELAÇÃO

Apelante: Antônio da Silva Júnior, representado por sua mãe Isabel da Silva.

Apelado: Walter Costa.

EGRÉGIO TRIBUNAL, COLENDA CÂMARA, NOBRES JULGADORES.

1. BREVE RESUMO

O apelante propôs contra o apelado ação de indenização por danos materiais e morais, pelo fato de que, em janeiro de 2005, quando voltava da escola para casa, caminhando por uma estrada de terra da região rural onde morava, foi atingindo pelo coice de um cavalo que estava em um terreno à margem da estrada, animal de propriedade do segundo.

O golpe causou sérios danos à saúde do apelante, cujo tratamento se revelou longo e custoso.

O pedido foi julgado improcedente pela r. sentença recorrida, sob o argumento de que que Walter Costa, proprietário do animal, "empregou o cuidado devido, pois mantinha o cavalo amarrado a uma árvore no terreno, evidenciando-se a ausência de culpa, especialmente em uma zona rural onde é comum a existência de cavalos".

Além disso, o juízo recorrido argumentou que já teria ocorrido a prescrição trienal da ação de reparação civil, quer no que tange aos danos morais, quer no que tange aos danos patrimoniais, já que a lesão ocorrera em 2005 e a ação somente foi proposta em 2009.

Irresignado, o autor interpõe o presente recurso de apelação.

2. DAS RAZÕES DE FATO E DE DIREITO

2.1. Da inexistência de transcurso do lapso prescricional no presente caso (art. 198, I, do Código Civil)

O apelante promoveu a presente ação reparatória no ano de 2009, em relação a fato ocorrido no ano de 2005, quando contava com 7 anos de idade.

Tais circunstâncias revelam que nem mesmo na data da propositura da ação indenizatória o apelante havia completado idade suficiente para que se iniciasse a contagem do prazo prescricional de três anos em seu desfavor.

Com efeito, o art. 198, I, do Código Civil é claro ao dispor que não corre prescrição em face de absolutamente incapazes.

Assim sendo, a preliminar de mérito utilizada na sentença recorrida deve ser afastada, a fim de que se verifique o mérito da ação proposta.

2.2. Da responsabilidade objetiva pelo fato do animal (art. 936 do Código Civil)

O artigo 936 do Código Civil tem o seguinte teor:

> "Art. 936. O dono, ou detentor, do animal ressarcirá o dano por este causado, se não provar culpa da vítima ou força maior."

Repare que o dispositivo em questão traz, hoje, norma jurídica que impõe clara responsabilidade objetiva em desfavor do dono ou do detentor de animal.

As duas excludentes existentes – culpa da vítima e força maior – são excludentes próprias da responsabilidade objetiva.

O dispositivo em questão não permite ao dono ou detentor do animal fazer prova de que não agiu com culpa ou dolo para efeito de excluir a sua responsabilidade, o que faz espancar de dúvida qualquer ilação no sentido de que a responsabilidade, no caso, seria subjetiva.

CIVIL

Nesse sentido, o argumento utilizado na sentença judicial – no sentido de que o dono do animal não agiu com culpa ou dolo – não tem relevância no caso concreto.

A petição inicial demonstrou não só os danos materiais causados ao autor, como também os danos morais experimentados por este, fazendo-se de rigor o provimento do recurso para o fim de julgar procedente a ação indenizatória promovida, invertendo-se os ônus sucumbenciais.

IV – DO PEDIDO

Ante o exposto, requer seja processado e conhecido este recurso na forma prevista no Código de Processo Civil, para que, ao final, seja dado provimento à presente apelação para o fim de que seja julgada procedente a ação indenizatória promovida pelo apelante, condenando-se o apelado a pagar a quantia de R$ ..., nos termos da petição inicial de fls. ..., e invertendo-se os ônus sucumbenciais para condenar o apelado no pagamento de honorários advocatícios fixados em 20% sobre o valor da condenação, bem como no pagamento das custas e despesas processuais desembolsadas pelo apelante.

Local ..., data ...

[não assine, rubrique ou, de outra forma, identifique sua prova!]

____

Advogado ...

OAB ...

fim da peça

GABARITO COMENTADO - EXAMINADORA

Além dos aspectos fundamentais do recurso de apelação (requisitos objetivos e subjetivos, bem como observância das formalidades do Art. 514 do CPC), o candidato deve prever, corretamente, a representação do incapaz na petição de interposição e nas razões do recurso. Deve dirigir o recurso ao juízo competente, mencionar o nome das partes e descrever os fatos.

Não deve atribuir valor a causa ou protestar pela produção de provas, eis que não se trata de uma petição inicial. Não deve requerer a citação, pelos mesmos motivos, mas a intimação para, querendo, apresentar as contrarrazões. Também não é cabível a menção à revelia do apelado, caso não responda ao recurso.

Igualmente, devem ser explorados os pontos de direito substancial. Assim, deve esclarecer que a responsabilidade por fato do animal é objetiva no CC de 2002, que eliminou a excludente relativa ao emprego do “cuidado devido” pelo proprietário ou detentor (Art. 936), de modo que a ausência de culpa é irrelevante para a caracterização da responsabilidade do réu no caso concreto. Quanto à prescrição, o candidato deve esclarecer que não corre contra os absolutamente incapazes (Art. 198, I) do CC. Tais circunstâncias devem ser explicadas na peça recursal, observados os fatos descritos no enunciado e indicados os dispositivos legais pertinentes. Não basta repetir as mesmas palavras do enunciado ou apenas indicar o dispositivo legal sem qualquer fundamento ou justificação para sua aplicação. A ideia é que o candidato demonstre capacidade de argumentação, conhecimento do direito pátrio e concatenação de ideias.

Deve formular adequadamente os pedidos, solicitando o conhecimento e provimento, mencionando danos materiais e morais, justificadamente, pedindo a inversão do ônus da sucumbência, fixação de honorários, intimação do Ministério Público.

Item 01 - Observar requisitos de admissibilidade da apelação: adequação (0,25), preparo (0,25), tempestividade (0,25) e cabimento (0,25) - 0 / 0,25 / 0,5 / 0,75 / 1,0

Item 02 - Abordar corretamente a legitimidade e a representação do incapaz. Fundamentar. - 0 / 0,25 / 0,5

Item 03 - Mencionar a responsabilidade civil objetiva - Art. 936 do Código Civil. Fundamentar. - 0 / 0,25 / 0,5

Item 04 - Afirmar que não corre a prescrição contra o incapaz - Art. 198, I do Código Civil. Fundamentar. - 0 / 0,5 / 1,0

Item 05 - Mencionar o cabimento de danos materiais e morais. Fundamentar e justificar. - 0 / 0,5 / 1,0

Item 06 - Formular corretamente os pedidos: requerer o conhecimento do recurso (0,25); o provimento do recurso para reforma da sentença (0,25); o provimento do recurso para que seja proferido novo julgamento enfrentando mérito pela procedência do pedido (0,25); a inversão do ônus de sucumbência e fixação de honorários (0,25) - 0 / 0,25 / 0,5 / 0,75 / 1,0

(OAB/Exame Unificado – 2010.3 – 2ª fase) Manuel foi casado com Maria pelo regime da comunhão universal de bens por 50 (cinquenta) anos. Acabaram construindo um patrimônio comum de R$ 2.400.000 (dois milhões e quatrocentos mil reais). Da relação conjugal nasceram três filhos (José, Joaquim e Julieta), que, ao atingirem a maioridade civil, passaram a trabalhar com os pais na rede de padarias da família. Ocorre que Manuel faleceu, e foi necessária a abertura do processo de inventário-partilha para que os bens deixados pelo de cujus fossem inventariados e partilhados entre seus sucessores. José, Joaquim e Julieta, filhos maiores, capazes e solteiros do casal, objetivando resguardar o futuro da família e a velhice de sua mãe, procuraram o Dr. João, advogado conhecido e amigo de muitos anos de seu falecido pai, para receberem orientações acerca da sucessão e ajuizar o inventário. Contudo, o Dr. João sabia de um segredo e, em respeito à amizade que existia entre ele e Manuel, nunca o havia revelado para que a família se mantivesse unida e admirando o *de cujus* por ter sempre a ela dedicado sua vida. O segredo era que Manuel possuía um filho (Pedro) fora do casamento. Ele havia acabado de completar 13 (treze) anos e morava com a mãe. Manuel não o havia registrado, apesar de reconhecer a paternidade da criança para a mãe de Pedro e várias outras pessoas. Havia provas em documentos particulares, em pronunciamentos nas festas de aniversário de Pedro, além do fato de contribuir para o seu sustento, apesar de omitir a sua existência para a sua família legítima. José, Joaquim e Julieta disseram ao Dr. João que, para que sua mãe tivesse uma velhice tranquila e ficasse certa do amor, respeito e admiração que sentiam por ela e seu falecido pai, bem como da enorme união entre os seus filhos, optavam por renunciar à parte que cabia a cada um na herança, em favor de sua mãe. Assim, a mãe continuaria com todas as padarias, já que somente as receberiam e partilhariam entre eles após o falecimento dela. O Dr. João, considerando que todas as partes envolvidas na sucessão de Manuel eram maiores e capazes, ajuizou um procedimento sucessório adotando o rito do Arrolamento Sumário e elaborou termos de renúncia "em favor do monte" de José, Joaquim e Julieta, que foram reconhecidos como válidos judicialmente. Questionado pelos três sobre o porquê de não constar no documento, expressamente, que as partes deles estavam sendo doadas para a sua mãe, foi esclarecido que não havia necessidade, já que, como os seus avós não eram mais vivos, Maria acabaria por receber, além de sua meação, as cotas dos renunciantes, na qualidade de herdeira, diante da ordem de vocação hereditária da sucessão legítima prevista no artigo 1.829 do Código Civil, além de evitar o pagamento do imposto de doação, que incidiria no caso de renúncia translativa. Tal orientação foi dada acreditando que a mãe de Pedro manteria em segredo a paternidade de seu filho, o que não ocorreu. Em virtude disso, Pedro acabou por receber toda a herança avaliada no montante de R$ 1.200.000,00 (um milhão e duzentos mil reais), ficando Maria apenas com a sua meação de igual valor. José, Joaquim e Julieta nada receberam, o que os abalou profundamente no âmbito emocional.

CIVIL

Considerando todos os fatos narrados acima, a ocorrência de danos sofridos por José, Joaquim e Julieta em decorrência de orientação equivocada de seu então advogado (Dr. João) e o reconhecimento judicial dos direitos de Pedro no procedimento sucessório de Manuel, você, na condição de novo advogado contratado pelos filhos legítimos de Manuel para serem ressarcidos por todos os danos sofridos, **elabore a peça adequada para pleitear os direitos deles**.

RESOLUÇÃO DA PEÇA PRÁTICO-PROFISSIONAL

Este problema causou dúvida em vários candidatos, especialmente em relação ao que se pleitear (acionar o advogado ou debater a renúncia realizada?).

Contudo, considerando que o enunciado fala em "ressarcir os danos sofridos", isso é obtido mediante uma ação em face do anterior advogado, em virtude de sua falha profissional.

Peça: Petição inicial, demanda indenizatória.

Fundamento: arts. 186 e 927 do CC (também o art. 32 da L. 8906/94)

Competência: foro do domicílio do réu (CPC, art. 94)

Pedido: condenação ao pagamento dos prejuízos materiais (o que os filhos deixaram de receber) e morais em virtude da atuação indevida do advogado.

Valor da causa: valor da soma dos danos (CPC, art. 259, II)

Modelo: Petição inicial - indenizatória danos materiais e morais

[o que estiver entre colchetes é apenas nota do autor – não deve constar da peça]

início da peça

Excelentíssimo Senhor Doutor Juiz de Direito de uma das Varas Cíveis da Comarca de ... (foro do domicílio do réu: CPC, art. 94)

[deixe espaço de aproximadamente 10 cm, para eventual despacho ou decisão do juiz]

José ..., estado civil ..., profissão ..., , inscrito no CPF sob nº ..., RG nº ..., residente e domiciliado no endereço ..., Joaquim ..., estado civil ..., profissão ..., , inscrito no CPF sob nº ..., RG nº ..., residente e domiciliado no endereço ..., Julieta..., estado civil ..., profissão ..., , inscrita na CPF sob nº ..., RG nº ..., residente e domiciliada no endereço ..., todos por seu advogado que firma a presente (procuração anexada – doc. anexo), com escritório para recebimento de intimações na ... (CPC, art. 39, I), vem, respeitosamente, propor, com fundamento nos arts. 186 e 927 do Código Civil, a presente

AÇÃO DE RESSARCIMENTO DE DANOS MATERIAIS E MORAIS

em face de Dr. João..., estado civil ..., residente e domiciliado na ... e com escritório na ..., inscrito no CPF sob nº ..., RG nº ..., OAB nº ... pelos motivos que passa a expor:

1. DOS FATOS

Os autores, irmãos, são filhos do falecido Manuel e da viúva Maria.

Quando do falecimento de Manuel, os autores buscarem o ora réu, Dr. João, para assessorá-los no aspecto sucessório.

Considerando serem também os únicos herdeiros de Maria, optaram por deixar, inicialmente, todos os bens para a viúva. Ou seja, uma renúncia em favor da viúva-meeira.

Seguindo a orientação do Dr. João, foi realizado um arrolamento sumário (já que todos os filhos são maiores e capazes) no qual foi feita uma renúncia em favor do monte - ou seja, uma renúncia abdicativa (cópia integral do arrolamento em anexo).

Contudo, o causídico João tinha ciência de um fato de extremo relevo e que era de desconhecido dos autores: o falecido Manuel tinha um filho.

Assim, no decorrer da tramitação do feito, o filho Pedro ingressou no feito e pleiteou sua hábilitação como herdeiro, vindo a receber a legítima no valor de R$ 1,2 milhão (um milhão e duzentos mil reais). A viúva Maria ficou apenas com sua meação em igual valor, ao passo que os autores NADA receberam.

Isso tudo em virtude de uma orientação equivocada do réu, especialmente considerando o fato de saber que o falecido tinha o filho Pedro.

É certo que, além do prejuízo material, os autores se sentiram extremamente abalados do ponto de vista moral.

É o relato dos fatos.

2. DO DIREITO

2.1) Da falha na prestação de serviços

Da simples leitura dos fatos já se depreende a gritante falha do réu ao prestar seus serviços jurídicos, o que acarretou sérios prejuízos aos autores. Especialmente considerando a ciência de um outro filho do falecido.

Como se sabe, no âmbito do direito sucessório, existem duas espécies de renúncia: a renúncia abdicativa e a renúncia translativa.

A primeira é aquela em que o renunciante não indica uma pessoa certa para receber a herança, havendo, portanto, uma renúncia "em favor do monte", sendo as cotas-partes dos renunciantes recebidas pelos demais herdeiros da mesma classe e, em caso de inexistência de outros herdeiros da mesma classe, devolver-se-á aos da subsequente (artigos 1804, parágrafo único, c/c 1810, ambos do CC). Esta foi a renúncia materializada pelo réu no caso dos autos.

Já a outra é uma renúncia "em favor de uma pessoa determinada", independentemente da ordem de vocação hereditária. Tem-se a aceitação tácita da herança (artigo 1805, 2ª parte, do CC) seguida de uma doação (artigo 538, do CC) para uma determinada pessoa.

Se a renúncia translativa fosse a realizada, o filho Pedro - não se discute seu direito a um quinhão, considerando ser filho - receberia apenas 25% da herança.

Contudo, com a renúncia abdicativa, Pedro foi reconhecido como o ÚNICO herdeiro, percebendo, assim, 100% da herança (art. 1810 do CC). Restou à viúva sua meação e aos autores, nada. Cabe lembrar que a renúncia abdicativa é irrevogável (artigo 1812 do CC).

Do exposto percebe-se a falha do réu - frise-se, que sabia da existência do filho Pedro do falecido. Ora, em benefício de seus clientes, o Dr. João, ao invés de ter providenciado uma renúncia abdicativa em favor do monte, deveria ter sugerido uma renúncia translativa em favor de Maria.

2.2) Da responsabilidade civil objetiva do réu

Diante do dano (prejuízo dos autores), nexo (conduta do réu) e culpa (falha na prestação de serviço), tem-se a responsabilidade civil do réu.

É o que decorre dos artigos 186 e 927 do CC, bem como do artigo 32 da L. 8.906/94, a seguir transcritos:

(reprodução dos artigos)

CIVIL

2.3) Do dever de indenizar pelos danos materiais e morais

Considerando o valor total da herança (R$ 1,2 milhão), tem-se que cada filho teria direito a R$ 300.000,00 (trezentos mil reais) - já que cada qual teria direito a 25% dos bens, como já visto.

Assim, o prejuízo dos autores, em valores não corrigidos, chega a R$ 900.000,00 (novecentos mil reais).

De seu turno, também presente o dano moral, em virtude do constrangimento, dor, angústia, tristeza, humilhação decorrentes dos fatos narrados.

Além da dor pela perda do pai, o objetivo de doar o quinhão em prol da mãe - para que esta tivesse sua tranquilidade na velhice - não foi cumprido.

Portanto, trata-se de dor moral notória e indenizável.

3. DO PEDIDO

Ante o exposto, requer seja:

a) determinada a citação do réu, por oficial de justiça, para, querendo, contestar a presente ação no prazo legal, sob as penas da lei processual civil;

b) julgado procedente o pedido, para que o réu seja condenado a indenizar cada autor em R$ 300.000,00 (trezentos mil reais), devidamente atualizados, a título de dano material e danos morais no valor de .... / em quantia fixada por V. Exa.;

c) ainda, seja o réu condenado a pagar as custas e despesas processuais, bem como honorários advocatícios;

d) requer-se provar o alegado por todos os meios permitidos em lei, especialmente documental, testemunhal e depoimento pessoal (CPC art. 332).

Dá-se a causa o valor de R$ ..... (art. 259, II, do CPC)

Nestes termos, pede deferimento

Local ..., data ...

[não assine, rubrique ou, de outra forma, identifique sua prova!]

____

Advogado ...

OAB ...

fim da peça

GABARITO COMENTADO - EXAMINADORA

A peça cabível será uma petição inicial direcionada para o Juízo Cível.

Trata-se de uma ação indenizatória proposta por José, Joaquim e Julieta em face do Dr. João, com base na responsabilidade civil dos profissionais liberais, pleiteando danos materiais (cota-parte de cada um na herança de seu pai) e danos morais (decorrentes da dor, do sofrimento, da angústia e da humilhação causadas pela orientação e atuação falhas do Dr. João, ao efetuar uma renúncia abdicativa, e não translativa, mesmo sabendo da existência de um outro herdeiro (Pedro – filho havido fora do casamento).

FUNDAMENTO DA RESPONSABILIDADE CIVIL SUBJETIVA

Responsabilidade civil subjetiva do advogado: artigo 32 da Lei 8.906/94 (Estatuto da Advocacia) c/c 927, caput, do CC.

ARGUMENTOS A SEREM ABORDADOS PARA CONFIRMAR A ATUAÇÃO FALHA DO ADVOGADO

1)São duas as espécies de renúncia, quais sejam: a renúncia abdicativa e a renúncia translativa.

A renúncia abdicativa é aquela em que o renunciante não indica uma pessoa certa para receber a herança, havendo, portanto, uma renúncia "em favor do monte", sendo as cotas-partes dos renunciantes recebidas pelos demais herdeiros da mesma classe e, em caso de inexistência de outros herdeiros da mesma classe, devolver-se-á aos da subsequente (artigos 1804, parágrafo único, c/c 1810, ambos do CC). Esta foi a renúncia materializada pelo Dr. João no caso acima.

Já a renúncia translativa é uma renúncia "em favor de uma pessoa determinada", independentemente da ordem de vocação hereditária. Trata-se de ato complexo e que corresponde a uma aceitação tácita da herança (artigo 1805, 2ª parte, do CC) seguida de uma doação (artigo 538, do CC) para a pessoa determinada, já que o herdeiro não poderia doar algo que não recebeu para alguém.

2) O Dr. João não procedeu de forma correta, pois efetuou, ao elaborar um termo de renúncia em favor do monte, uma renúncia abdicativa (em favor do monte) ao invés de uma renúncia translativa (aceitação tácita seguida de doação para Maria), já que até conseguiu evitar a configuração do imposto de doação, mas acabou prejudicando os filhos renunciantes de Manuel, pois, não havendo mais qualquer distinção entre os filhos havidos no casamento e os filhos havidos fora do casamento, Pedro poderá se habilitar no procedimento sucessório de seu pai, acabando por receber toda a herança de seu pai, ante a renúncia abdicativa de seus irmãos, que são irrevogáveis (artigo 1812 do CC), não havendo falar em transferência para as classes subsequentes diante da existência de filho não renunciante (artigo 1810 do CC), ficando Maria apenas com a sua meação diante do regime da comunhão universal de bens.

3) DANOS MORAIS E MATERIAIS ORIUNDOS DO MESMO FATO: FALHA NA PRESTAÇÃO DO SERVIÇO DO ADVOGADO: Danos materiais no valor de R$ 300.000,00 que cada um deixou de receber da herança de seu pai, pois havendo 4 filhos e a herança sendo avaliada em R$ 1.200.000,00, cada um faria jus a R$ 300.000,00; danos morais causados pela dor, sofrimento, angústia e humilhação decorrentes da atuação falha do advogado, que ampliou a perda pelo ente querido com uma desestruturação familiar e possibilidade de perda de toda a herança e não efetivação da doação para a sua mãe em virtude da falha do advogado Dr. João.

PEDIDOS A SEREM FORMULADOS (282 do CPC)

1) Citação do réu.

2) Condenação no pagamento de danos materiais no valor de R$ 300.000,00 (trezentos mil reais), para cada autor, pois havendo 4 filhos e a herança sendo avaliada em R$ 1.200.000,00, cada um faria jus a R$ 300.000,00, e danos materiais a serem arbitrados pelo Juiz para cada autor.

3) Protesto genérico de provas.

4) Valor da causa.

5) Condenação de honorários sucumbenciais.

6) Indicação da inserção de data e assinatura.

Distribuição de pontos

Em relação aos itens da correção, assim ficaram divididos:

Item	Pontuação
Endereçamento correto ao juízo cível	0 / 0,45
Identificar e qualificar os polos ativo e passivo na referida ação (deve ser proposta por José e/ou Joaquim e/ou Julieta em face do Dr. João, com coerência ao longo da peça).	0 / 0,25
Estrutura da peça (fatos, fundamentos e pedido) (estrutura coerente, constituída dos elementos essenciais) 0,2 para cada um	0 / 0,2 / 0,4 / 0,6
Caracterização da responsabilidade civil subjetiva do advogado (0,25). Fundamentação quanto à existência de culpa pela identificação da renúncia abdicativa, e não translativa, mesmo sabendo da existência de um outro herdeiro (0,25). Fundamentação pautada no artigo 32 da Lei 8.906/94 (Estatuto da Advocacia) (0,25) c/c 927, caput, do CC OU art. 186 CC (0,25). 0,25 cada um.	0 / 0,25 / 0,5 / 0,75 / 1,0
Caracterizar os danos materiais (0,5) e morais (0,5) e o nexo de causalidade (0,5). (condicionar a pontuação à clareza/riqueza da fundamentação/argumentação)	0 / 0,5 / 1,0 / 1,5
Formulação correta dos pedidos + Pedido principal: Condenação no pagamento de danos materiais (0,15) e danos morais (0,15). 0,1 = adequação dos pedidos	0 / 0,1 / 0,15 / 0,25 / 0,3 / 0,4
Formular corretamente os pedidos (0,2 cada um): 1) Citação do réu; 2) Protesto genérico de provas; 3) Condenação de honorários sucumbenciais.	0 / 0,2 / 0,4 / 0,6
Valor da causa	0 / 0,2

Igualmente seria possível compor uma ação indenizatória, por meio da qual o examinando demonstrasse que o advogado deixou de ser proficiente no cumprimento do mandato que lhe foi outorgado, devendo ser responsabilizado pelo insucesso da orientação profissional.

Nesse caso, usou-se como base no critério de correção a demonstração da falta de cuidado do Dr. João que importou na perda da chance de José, Joaquim e Julieta obterem tutela jurisdicional que os satisfizesse na medida de seus objetivos, o que era juridicamente possível. A pontuação foi conferida de acordo com a coerência e fundamentação apresentadas pelos examinandos que identificaram a responsabilidade contratual dos profissionais liberais, correlacionando-a a dispositivos que tratassem de atos ilícitos e obrigação de indenizar.

(OAB/Exame Unificado – 2011.1 – 2ª fase) Antônio Pedro, morador da cidade Daluz (Comarca de Guaiaqui), foi casado com Lourdes por mais de quatro décadas, tendo tido apenas um filho, Arlindo, morador de Italquise (Comarca de Medeiros), dono de rede de hotelaria. Com o falecimento da esposa, Antônio Pedro deixou de trabalhar em razão de grande tristeza que o acometeu. Já com 72 anos, Antônio começou a passar por dificuldades financeiras, sobrevivendo da ajuda de vizinhos e alguns parentes, como Marieta, sua sobrinha-neta. A jovem, que acabara de ingressar no curso de graduação em Direito, relatando aos colegas de curso o desapontamento com o abandono que seu tio sofrera, foi informada de que a Constituição Federal assegura que os filhos maiores têm o dever de amparar os pais na velhice, carência ou enfermidade. De posse de tal informação, sugere a seu tio-avô que busque o Poder Judiciário a fim de que lhe seja garantido o direito de receber suporte financeiro mínimo de seu filho. Antônio Pedro procura, então, você como advogado(a) para propor a ação cabível.

Elabore a peça processual apropriada ao caso narrado acima.

RESOLUÇÃO DA PEÇA PRÁTICO-PROFISSIONAL

Peça: Petição inicial, ação de alimentos (procedimento especial).

Fundamento: CC, art. 1694 e ss. e L. 5478/68.

Competência: foro do domicílio do credor (CPC, art. 100, II)

Pedido: condenação ao pagamento dos alimentos e fixação de alimentos provisórios.

Valor da causa: soma de 12 (doze) prestações mensais (CPC, art. 259, VI)

Modelo: Petição inicial - ação de alimentos

[o que estiver entre colchetes é apenas nota do autor – não deve constar da peça]

início da peça

Excelentíssimo Senhor Doutor Juiz de Direito da ... Vara Cível / Família da Comarca de Guaiaqui (CPC, art. 100, II)

[deixe espaço de aproximadamente 10 cm, para eventual despacho ou decisão do juiz]

Antonio Pedro ..., viúvo..., profissão ..., , inscrito no CPF sob nº ..., RG nº ..., residente e domiciliado no endereço ..., na cidade de Daluz, nesta Comarca, por seu advogado (procuração em anexo), com escritório para recebimento de intimações na ... (CPC, art. 39, I), vem, respeitosamente, propor, com fundamento nos arts. 1694 e ss. do Código Civil, a presente

AÇÃO DE ALIMENTOS com pedido de fixação liminar de ALIMENTOS PROVISÓRIOS

pelo procedimento especial previsto na L. 5478/68, em face de seu filho Arlindo..., empresário, estado civil ..., residente e domiciliado na ..., inscrito no CPF sob nº ..., RG nº ..., pelos motivos que passa a expor:

1. DOS FATOS

O autor é pai do réu e viúvo.

Desde o falecimento de sua esposa, o autor encontra-se triste, com sinais de depressão e, por isso, parou de trabalhar.

Atualmente com 72 anos, o autor passa por dificuldades financeiras sérias, o que pode ser comprovado pelos documentos em anexo. Suas necessidades somam atualmente o montante de R$ ... (consoante recibos de despesas anexados a esta petição).

Cabe esclarecer que o autor não recebe qualquer auxílio material de seu filho.

De seu turno, o réu é empresário bem sucedido que atua no ramo hoteleiro, sendo dono de rede de hotelaria (cf. docs. anexos nesse sentido). Assim, é notório que possui situação financeira confortável.

2. DO DIREITO

Nos termos do art. 1.694 do CC, é dever dos parentes prestar alimentos, de modo a arcar com as necessidades dos demais. Da mesma forma, o pedido tem lastro no art. 229 da Lei Maior.

Outrossim, o § 1.º do art. 1.694 do CC é claro ao afirmar que os alimentos devem ser fixados em face do binômio necessidade/possibilidade, sendo este verificado à luz da proporcionalidade.

As necessidades do autor foram claramente expostas acima e comprovadas pelos documentos anexos, ou seja, tudo aquilo necessário para uma vida minimante digna a um idoso (cabendo aqui lembrar, ainda, a aplicação do Estatuto do Idoso - L. 10.741/03).

No tocante à possibilidade do réu, esta também resta claramente configurada, visto sua excelente saúde financeira decorrente de seu sucesso empresarial.

Assim, provado o parentesco, a necessidade de um e a possibilidade do outro, o pedido deve ser julgado procedente.

No mais, nos termos do art. 4º da L. 5478/68, cabível desde logo a fixação dos alimentos provisórios.

3. DO PEDIDO

Ante o exposto, pede-se e requer-se:

a) a fixação dos alimentos provisórios, na quantia de ...., nos termos do art. 4º da L. 5478/68;

b) a citação do réu, por correio (Lei 5.478/1968, art. 5.º, §§ 2.º e 8.º), para que compareça à audiência a ser designada por V. Exa. e, querendo, apresente contestação;

c) a prioridade na tramitação do feito, por se tratar de idoso (CPC, art. 1211-A);

d) a concessão dos benefícios da gratuidade de justiça, por ser o autor pobre na acepção jurídica do termo (L. 1060/50);

e) a oitiva do MP, como fiscal da lei (L. 10.741/03, art. 75);

f) seja julgado procedente o pedido, para que o réu seja condenado, em definitivo, a prestar alimentos no valor de ....;

g) ainda, seja o réu condenado a pagar as custas e despesas processuais, bem como honorários advocatícios;

h) requer-se provar o alegado por todos os meios permitidos em lei, especialmente documental, testemunhal (testemunhas que comparecerão à audiência, nos termos do art. 8.º da Lei 5.478/1968) e depoimento pessoal.

Dá-se a causa o valor de R$ ..... (art. 259, VI, do CPC)

Nestes termos, pede deferimento

[não assine, rubrique ou, de outra forma, identifique sua prova!]

____

Advogado ...

OAB ...

fim da peça

GABARITO COMENTADO – EXAMINADORA

A peça cabível é PETIÇÃO INICIAL DE ALIMENTOS com pedido de fixação *initio litis* de ALIMENTOS PROVISÓRIOS. A fonte legal a ser utilizada é a Lei 5.478/68. A competência será o domicílio do alimentando, no caso, Comarca de Guaiaqui (art. 100, II, do CPC).

Informar que se procede por rito especial (art. 1º da Lei de Alimentos) e requerer prioridade na tramitação, por se tratar de idoso (art. 71 da Lei n. 10.741/03 c/c art. 1.211-A do CPC). Deverá atender aos requisitos da petição inicial (282 do CPC) e aos requisitos específicos disciplinados pela Lei Especial, provando a relação de parentesco, as necessidades do alimentando, e obedecendo ao art. 2º da

Lei 5478/68, bem como a Lei 11.419/06. Deverá demonstrar a necessidade e possibilidade ao pedido de alimentos. O examinando deverá ainda indicar o recolhimento de custas ou fundamentar pedido de concessão de gratuidade de justiça (§2º do art. 1º da Lei de Alimentos c/c Lei 1.060/50). No pedido, deverá requerer que o juiz, ao despachar a petição inicial, fixe desde logo os alimentos provisórios, na forma do art. 4º. da Lei de Alimentos, a citação do réu (art. 282, VII, do CPC), condenação em alimentos definitivos e a intimação do Ministério Público como *custus legis* sob pena de nulidade do feito, visto ser obrigatória a sua intimação nos termos do art. 75 e seguintes do Estatuto do Idoso (Lei n. 10.741/03) c/c arts. 84 e 246 do CPC. Por fim, requerer a condenação nas custas e honorários de sucumbência e a produção de provas (art. 282, VI, do CPC) e indicar o valor da causa (art. 282, V, do CPC).

Distribuição de pontos

Item	Pontuação
Indicação de competência absoluta (Justiça Comum Estadual). 0 / 0,25 Indicação correta do polo ativo Antônio Pedro (0,2) e do polo passivo Arlindo (0,2); indicação de qualificação das partes (0,2).	0 / 0,2 / 0,4 / 0,6
Indicação do pedido de concessão dos benefícios de gratuidade de justiça (§2º do art. 1º da Lei de Alimentos c/c Lei 1.060/50) OU indicação de recolhimento de custas.	0 / 0,2
Demonstração e fundamentação do procedimento especial fundado no art. 1º da Lei de Alimentos (OU de outro procedimento adequado com fundamentação legal).	0 / 0,25
Fundamentação para a concessão de fixação de alimentos provisórios/provisionais initio litis (art. 4º da Lei 5.478/68) ou em outro procedimento com pedido de tutela de urgência (com devida fundamentação legal).	0 / 0,25 / 0,5
Fatos e fundamentos jurídicos com riqueza na argumentação, coerência e raciocínio jurídico. Requisitos exigíveis ao caso: – Indicação da relação de parentesco ou obrigação de alimentar do devedor (0,2); – Necessidades do alimentando (0,2); – Possibilidades do alimentante (o quanto ganha ou recursos de que dispõe o devedor) (0,2).	0 / 0,2 / 0,4 / 0,6
Os demais requisitos previstos no dispositivo já foram avaliados e pontuados na "qualificação das partes" (indicação do nome, sobrenome, residência ou local de trabalho, profissão, naturalidade).	0 / 0,2/ 0,4 / 0,6
Fundamentos legais (0,2 por dispositivo, no máximo 0,4 ponto) Dispositivos correlatos ao tema: – Constituição Federal, art. 229; – Leis 5.478/68: Lei de Alimentos; 10.741/03: Estatuto do Idoso, arts. 3º, 11 e 12 (alimentos) e 75 (Intervenção do MP); – Código de Processo Civil, arts. 1.211-A (prioridade na tramitação – Idoso), 84 e 246 (intervenção obrigatória do Ministério Público); – Código Civil, arts. 1.694 a 1.699 (alimentos).	0 / 0,2 / 0,4
Pedidos (0,3 cada): I. concessão initio litis de alimentos provisórios/provisionais; II. condenação ao pagamento dos alimentos definitivos; III. citação do réu. Outros – pelo menos mais um – no máximo 0,3: IV. prioridade na tramitação (idoso); V. benefício da assistência jurídica gratuita; VI. intimação do Ministério Público; VII. condenação nas custas e honorários de sucumbência.	0 / 0,3 / 0,6 / 0,9 / 1,2
Valor da causa	0 / 0,2
Produção de provas	0 / 0,2

(OAB/Exame Unificado – 2011.2 – 2ª fase) Em 19 de março de 2005, Agenor da Silva Gomes, brasileiro, natural do Rio de Janeiro, bibliotecário, viúvo, aposentado, residente na Rua São João Batista, n. 24, apartamento 125, na Barra da Tijuca, Rio de Janeiro, RJ, contrata o Plano de Saúde Bem-Estar para prestação de serviços de assistência médica com cobertura total em casos de acidentes, cirurgias, emergências, exames, consultas ambulatoriais, resgate em ambulâncias e até mesmo com uso de helicópteros, enfim, tudo o que se espera de um dos melhores planos de saúde existentes no país.

Em 4 de julho de 2010, foi internado na Clínica São Marcelino Champagnat, na Barra da Tijuca, Rio de Janeiro, vítima de grave acidente vascular cerebral (AVC). Seu estado de saúde piora a cada dia, e seu único filho Arnaldo da Silva Gomes, brasileiro, natural do Rio de Janeiro, divorciado, dentista, que reside em companhia do pai, está seriamente preocupado.

Ao visitar o pai, no dia 16 de julho do mesmo mês, é levado à direção da clínica e informado pelo médico responsável, Dr. Marcos Vinícius Pereira, que o quadro comatoso do senhor Agenor é de fato muito grave, mas não há motivo para que ele permaneça internado na UTI (Unidade de Tratamento Intensivo) da clínica, e sim em casa com a instalação de home care com os equipamentos necessários à manutenção de sua vida com conforto e dignidade. Avisa ainda que, em 48 horas, não restará outra saída senão dar alta ao senhor Agenor para que ele continue com o tratamento em casa, pois certamente é a melhor opção de tratamento.

Em estado de choque com a notícia, vendo a impossibilidade do pai de manifestar-se sobre seu próprio estado de saúde, Arnaldo entra em contato imediatamente com o plano de saúde, e este informa que nada pode fazer, pois não existe a possibilidade de instalar home care para garantir o tratamento do paciente.

Desesperado, Arnaldo procura você, advogado(a), em busca de uma solução. Redija a peça processual adequada, fundamentando-a apropriadamente.

RESOLUÇÃO DA PEÇA PRÁTICO-PROFISSIONAL

Neste exame, claramente havia necessidade de uma tutela de urgência. Felizmente, a OAB admitiu qualquer delas: cautelar ou processo de conhecimento com pedido de antecipação de tutela. Isto porque o advogado poderia, no caso concreto, escolher qualquer uma delas.

Será aqui elaborada a cautelar inominada.

Peça: Petição inicial, cautelar inominada preparatória com pedido liminar.

Fundamento: CPC, art. 798.

Competência: foro do requerente (CDC, art. 101, I)

Pedido: concessão de liminar para que o plano de saúde forneça o serviço de *home-care*.

Valor da causa: estimado pelo autor (não há conteúdo econômico imediato)

Modelo: Petição inicial - cautelar inominada (plano de saúde)

[o que estiver entre colchetes é apenas nota do autor – não deve constar da peça]

início da peça

Excelentíssimo Senhor Doutor Juiz de Direito da ... Vara Cível da Comarca do Rio de Janeiro (CDC, art. 101, I)

[deixe espaço de aproximadamente 10 cm, para eventual despacho ou decisão do juiz]

Agenor da Silva Gomes, bibliotecário, viúvo, aposentado, residente na Rua São João Batista, n. 24, apartamento 125, na Barra da Tijuca, Rio de Janeiro, RJ, inscrito no CPF sob nº

..., RG nº ..., , por seu advogado (procuração a ser oportunamente juntada - CPC, art. 37), com escritório para recebimento de intimações na ... (CPC, art. 39, I), vem, respeitosamente, propor, com fundamento nos arts. 798 e ss. do Código de Processo Civil, a presente

AÇÃO CAUTELAR INOMINADA COM PEDIDO LIMINAR

em face do Plano de Saúde Bem-Estar, pessoa jurídica de direto privado com endereço na ..., inscrita no CNPJ sob nº ..., , pelos motivos que passa a expor:

1. DOS FATOS

O requerente contratou o plano de saúde requerido (doc. anexo), na expectativa de ser um dos melhores planos de saúde do país.

Na data de 4 de julho de 2010, o requerente foi internado na Clínica São Marcelino Champagnat, vítima de grave acidente vascular cerebral (AVC). Seu estado de saúde piora diariamente, infelizmente.

Em recente visita ao hospital, o filho do requerente foi informado pelo médico responsável (Dr. Marcos Vinícius Pereira), que o quadro do requerente é grave, mas que não há motivo para sua permanência na UTI (Unidade de Tratamento Intensivo) da clínica.

Afirmou o médico que o melhor seria a instalação de *home care* com os equipamentos necessários à manutenção de vida do requerente com conforto e dignidade. Esclareceu que, em 48 horas, não restaria outra saída senão dar alta ao requerente, de modo que se continue com o tratamento em casa, por ser a melhor opção de tratamento (nesse sentido o documento da clínica em anexo).

Diante disso, o filho do requerente (Arnaldo) entra em contato imediatamente com o plano de saúde requerido, o qual informa que nada pode fazer, pois não existe a possibilidade de instalar *home care* para garantir o tratamento do requerente.

Apesar da insistência do filho do requerente, o plano de saúde segue irredutível.

Assim, diante da iminência de alta do requerente, mister se faz a intervenção urgente do Poder Judiciário para resolver o problema.

2. DO DIREITO

Diante do *fumus boni juris* e do *periculum in mora*, o sistema processual brasileiro prevê o uso das medidas cautelares.

O CPC prevê a existência de cautelares nominadas (situações previamente previstas pelo legislador) ou inominadas (situações nas quais o advogado e o magistrado se valem para resolver problemas não previstos pelo legislador).

No caso dos autos, o CPC não previu uma medida típica. Assim, nos termo do art. 798 do CPC, vale-se o autor da cautelar inominada.

Desde já se esclarece ser essa cautelar preparatória de futura ação declaratória na qual se buscará o reconhecimento do cabimento via internação em *home care* pelo plano de saúde - além de indenização pelos danos morais decorrentes de desídia do requerido.

A fumaça do bom direito encontra-se na existência um contrato de seguro saúde com uma seguradora, o qual prevê todas as coberturas necessárias à sobrevivência digna do requerente. Destaque-se que o plano prevê cobertura TOTAL em caso de problemas - inclusive por helicópteros. Nesse contexto e à luz do contrato (cláusula .... do documento anexo), é certo que incluído o pagamento pelo *home care*. Também como *fumus boni iuris*, a declaração do hospital de que o melhor tratamento seria o *home care*, para uma maior dignidade e conforte ao requerente (doc. anexo).

De seu turno, o perigo da demora está na possibilidade de alta. Em casa o requerente terá mais conforto e qualidade de vida. Contudo, para isso, o requerido precisa arcar com o que foi contratado, sob pena de não ser possível a alta - dados os elevados custos para um particular contratar um *home care*.

CIVIL

Considerando a urgência, cabível a concessão de liminar, nos termos do art. 804 do CPC.

3. DO PEDIDO

Ante o exposto, requer-se:

a) a concessão de liminar (CPC, art. 804), sem a oitiva da parte contrária, para determinar que o plano de saúde requerido possibilite o home na casa do requerente, sob pena de multa-diária em quantia a ser fixada por V. Exa.;

b) caso V. Exa. entenda necessário, a realização de audiência de justificação (CPC, art. 804);

c) a citação do requerido, por correio, para, querendo, apresentar contestação no prazo legal;

d) a prioridade na tramitação do feito, por se tratar de requerente com doença grave (CPC, art. 1211-A);

e) ao final, após a propositura da ação principal (CPC, art. 806), seja a liminar confirmada e a cautelar julgada procedente;

f) ainda, seja o réu condenado a pagar as custas e despesas processuais, bem como honorários advocatícios;

g) requer-se prazo para juntada de procuração, considerando o estado de saúde do autor (CPC, art. 37)

h) requer-se provar o alegado por todos os meios permitidos em lei, especialmente documental, testemunhal, pericial e depoimento pessoal.

Dá-se a causa o valor de R$ 10.000,00 (dez mil reais - art. 258 do CPC)

Nestes termos, recolhida as custas devidas,

pede e espera deferimento

[não assine, rubrique ou, de outra forma, identifique sua prova!]

____

Advogado ...

OAB ...

fim da peça

GABARITO COMENTADO – EXAMINADORA

Trata-se da hipótese em que o(a) examinando(a) deverá se valer de medidas de urgência, sendo cabíveis cautelares preparatórias, com pedido de concessão de medida liminar, ou ação de conhecimento com pedido de concessão dos efeitos da tutela pretendida. Qualquer das modalidades eleitas pelo(a) examinando(a) são aceitas desde que a via processual guarde correlação com a fundamentação utilizada, raciocínio e argumentação jurídicos que apresentem elementos técnicos hábeis a pleitear a tutela jurisdicional à luz do caso exposto no enunciado. Assim, são considerados elementos como o endereçamento ao juízo competente de acordo com a natureza da ação e o rito processual escolhido pelo(a) examinando(a). No tocante à legitimidade processual, a indicação deverá guardar correlação lógica no discorrer da peça prático-profissional. Assim, caso o(a) examinando(a) indique o pai enfermo como autor da ação, necessariamente deverá fazer menção à juntada posterior do instrumento de procuração, conforme autoriza o art. 37 do CPC e/ou art. 5º, § 1º da Lei n. 8.906/90 (Estatuto da OAB). Na hipótese do apontamento do filho do doente como autor da ação, deverá indicá-lo na qualidade de substituto processual e os dispositivos legais correspondentes. O mesmo deverá ser observado houver o aponte do pai enfermo representado pelo filho. Em relação ao demandado, são consideradas as indicações do plano de saúde, do hospital, ou de ambos, em litisconsórcio passivo.

Igualmente a escolha deverá ser devidamente fundamentada a guardar coerência com a medida eleita e fundamentação jurídica apresentada. A peça deverá conter os elementos obrigatórios *fato, fundamentação* e *pedido* (art. 282, III, do CPC) e, a omissão de qualquer desses elementos, importará em perda da pontuação, ainda que a via eleita seja dos juizados especiais cíveis, orientada por princípios próprios que lhe garantem a simplicidade e informalidade, mas por se tratar de peça simulada ajuizada por advogado, deve guardar conhecimento técnico e de elementos formais mínimos. No tocante à necessidade de pleito por concessão de liminar, o(a) examinando(a) deverá demonstrar a existência do *fumus boni iuris* e o *periculum in mora,* requisitos indispensáveis para o seu deferimento. No caso da liminar requerida em processo cautelar preparatório, a fundamentação se encontra no art. 804 do CPC e, em sede de antecipação de tutela na ação cognitiva, o fundamento legal é o art. 461, §5º, do CPC, sendo admitido o apontamento do art. 273 do CPC. Por fim, o(a) examinando(a) deve formular corretamente os pedidos na forma do art. 282 do CPC para que o(s) réu(s) seja(m) citado(s) e, no pedido principal, requerer a instalação imediata dos equipamentos de *home care* necessários e a transferência do idoso, sob pena de multa diária. Alternativa ou cumulativamente requerer a continuidade do tratamento ou a proibição de alta, sob pena de multa diária. Deve requerer a confirmação dos efeitos da tutela antecipada, indicar as provas que pretende produzir e que procedeu com o recolhimento das custas ou indicar o pedido de justiça gratuita. Requerer a condenação dos honorários de sucumbência, salvo se a via eleita for de competência dos juizados especiais cíveis, e o endereço no qual o causídico receberá as intimações, na forma do art. 39, I, do CPC. Ao final, indicar o valor da causa e apontar indicativos de data e local para o representante processual apor sua assinatura, demonstrando conhecimento de que as petições devem, necessariamente, datadas e assinadas, embora na prova simulada não deva haver identificação.

Item	Pontuação
Endereçamento correto ao juízo cível comum estadual	0 / 0,3
Identificação da ação (Ação de Conhecimento com Pedido de Antecipação de Tutela **OU** Cautelar Preparatória com Pedido de Liminar)	0 / 0,3
Identificação do polo ativo da ação (pai representado pelo filho **OU** o filho legitimado pelo Estatuto do Idoso **OU** o pai com pedido de juntada de procuração posterior)	0 / 0,5
Identificação do polo passivo da ação (obrigação de fazer – Plano de Saúde **E/OU** obrigação de não fazer – Hospital)	0 / 0,5
Estrutura da peça (fatos, fundamentos e pedido – 0,2 para cada um)	0 / 0,2 / 0,4 / 0,6
Indicação dos requisitos para a antecipação de tutela **OU** pedido de liminar	0 / 0,6
Formular corretamente os pedidos: a) Citação do réu;	0 / 0,3
b) Instalação imediata dos equipamentos de *home care* necessários e a transferência do idoso, sob pena de multa diária **E/OU** continuidade do tratamento (**OU** proibição de alta) sob pena de multa diária (0,3), confirmando-se ao final o pedido de urgência (0,2);	0 / 0,3 / 0,5
c) Protesto de provas;	0 / 0,3
d) Condenação de honorários sucumbenciais, salvo se for ajuizada no JEC.	0 / 0,2
e) Indicar a inserção de data e assinatura	0 / 0,2
Indicação do valor da causa [art. 282, V, do CPC]	0 / 0,3
Indicação do recolhimento de custas [art. 257 do CPC] **OU** pedido de gratuidade de justiça [Lei 1.060/50]	0 / 0,2
Indicação do endereço em que se receberão as intimações [art. 39 do CPC]	0 / 0,2

CIVIL

(OAB/Exame Unificado – 2011.3 – 2ª fase) Joana teve um relacionamento esporádico com Flávio, do qual nasceu Pedro. Durante cinco anos, o infante foi cuidado exclusivamente por sua mãe e sua avó materna, nunca tendo recebido visita ou auxílio financeiro do genitor, mesmo tendo ele reconhecido a paternidade. Entretanto, no final do mês de fevereiro do corrente ano, a mãe, a pedido do pai da criança, levou o menor para a cidade de Belo Horizonte/MG para que conhecesse os avós paternos, sobretudo o avô, que se encontra acometido de neoplasia maligna.

Chegando à casa de Flávio, Joana foi agredida fisicamente por ele e outros familiares, sendo expulsa do local sob ameaça de morte e obrigada a deixar seu filho Pedro com eles contra sua vontade. Em seguida, ainda sob coação física, foi forçada a ingressar em um ônibus e retornar ao Rio de Janeiro.

Assim, com sua vida em risco, Joana, desesperada, deixou o menor e viajou às pressas para a Cidade do Rio de Janeiro/RJ, onde reside com sua mãe, a fim de buscar auxílio.

Desde aquela data o menor se encontra em outro Estado, na posse do pai e de seus familiares, e Joana, que sempre cuidou de Pedro, não sabe o que fazer.

O Conselho Tutelar da Cidade do Rio de Janeiro já foi notificado, mas, até o momento não conseguiu fazer contato com Flávio. Insta salientar que o pai da criança fez questão de reter todos os documentos deste (certidão de nascimento e carteira de vacinação).

Diante da situação apresentada, na qualidade de advogado constituído por Joana, proponha medida judicial adequada para a proteção dos interesses de sua cliente, abordando todos os aspectos de direito material e processual pertinentes.

(Valor: 5,0)

GABARITO COMENTADO – EXAMINADORA

A peça cabível era uma petição inicial, endereçada ao Juízo da Vara Família da Comarca do Rio de Janeiro ou de Belo Horizonte, tendo em vista se tratar de competência territorial, de caráter relativo, que pode ser modificada por interesse dos particulares envolvidos ou mesmo motivada pelos efeitos da preclusão na hipótese de inércia da parte interessada em argui-la, o que geraria a prorrogação da competência.

Admitiu-se também o endereçamento à Vara de Família e Órfãos e Sucessões (as duas competências em caráter cumulativo, não sendo pontuado o endereçamento à Vara de Órfãos e Sucessões em caráter individual), Vara de Infância e Juventude ou Vara Cível, haja vista que o Exame de Ordem avalia que a Peça Prático-Profissional seja dirigida ao tribunal ou Juízo competente, considerando as regras constitucionais e as dispostas em Lei Federal para fixação de competência, admitindo as variáveis disposta nos Códigos de Organização e Divisão Judiciárias, genericamente consideradas.

O enunciado dispôs de situação jurídica em que seria cabível a propositura da medida de urgência ação cautelar, com pedido de concessão de medida liminar, conforme autoriza o art. 804 do CPC. Portanto, a peça profissional elaborada deveria ser uma petição inicial de busca e apreensão de pessoa com pedido de concessão de medida liminar, figurando como legitimados ativo e passivo, respectivamente, Joana e Flávio.

O fundamento jurídico do procedimento se encontrava nos arts. 801, 839 e 840 do CPC, devendo ser demonstrados os requisitos *fumus boni iuris* e *periculum in mora*, inatos às medidas de urgência, bem como dos elementos autorizadores para a concessão da medida liminar em sede de cautelar a justificar a imediata ordem de busca e apreensão do menor, com base art. 804 do CPC, dispositivo próprio apontado pelo legislador infraconstitucional quando se trata de liminar em processo cautelar.

Foram pontuadas ações propostas seguindo a sistemática do processo de conhecimento, desde que compatíveis com a temática propostas, tanto no cabimento quanto na fundamentação, sendo elemento indispensável o pleito pela concessão da medida de urgência pautada no art. 273

do Código de Processo Civil. Portanto, quando a peça em avaliação era ação de conhecimento, foram considerados o preenchimento dos requisitos genéricos e específicos de cada medida e a correta adequação ao caso proposto.

Para qualquer das medidas judiciais, os fundamentos do direito material estavam dispostos materiais arts. 17 e 18 do Estatuto da Criança e do Adolescente, devendo ser demonstrado o melhor interesse para o menor, bem como na Constituição Federal e no Código Civil. Respeitados os princípios da razoabilidade e adequação, a fundamentação jurídica deveria ser pautada nos argumentos de dignidade da pessoa humana e proteção da pessoa dos filhos.

Assim, os argumentos que necessariamente deveriam ter sido abordados:

1) Da possibilidade da medida cautelar:

A medida cautelar de busca e apreensão vem expressamente prevista nos arts. 839 e 840 ambos do Código de Processo Civil e justifica-se pela maneira abrupta de retirada da criança da posse da genitora guardiã, mantendo-a fora do alcance da Requerente.

2) Do *periculum in mora* e do *fumus boni juris*

Nota-se presente o requisito do *fumus boni iuris* consubstanciado na guarda exercida exclusivamente pela genitora desde o nascimento sem que o pai tivesse qualquer participação no desenvolvimento psíquico, emocional e educacional do menor.

No tocante ao *periculum in mora*, afigura-se pela demonstração da reprovabilidade da conduta do Requerido, pois se desejasse obter a guarda, haveria de usar os meios legítimos, não a subtração, *manu militari*, do filho, sob a guarda da mãe desde o nascimento.

Ademais, necessário anotar, que a atitude do Requerido não só tem gerado ao menor transtornos de ordem psíquica, mas, notadamente, prejuízos de ordem social e educacional, uma vez que a criança foi retirada do seu ambiente familiar, do convívio com a requerente, parentes e amigos.

Assim, a medida cautelar revela-se de suma importância, no sentido de garantir a eficácia da sentença que vier a ser prolatada no processo principal, no qual se discutirá a guarda do menor. É fundado, pois, o receio da Requerente de que se esperar pela tutela definitiva, possa restar prejudicada a apreciação da ação principal, e, outrossim, frustrada a sua execução.

3) Da possibilidade e necessidade da liminar com fundamento no art. 804 do Código de Processo Civil, indispensável a concessão da liminar inaudita altera parte uma vez que quando citado, o Requerido poderá tornar ineficaz a própria medida pretendida OU art. 273 do CPC, quando a medida eleita fosse o processo de conhecimento, demonstrados os requisitos prova inequívoca, verossimilhança, *periculum in mora* e possibilidade de reversão do preceito.

4) Do interesse do menor

O filho das partes possui tão somente cinco anos de idade e em nenhum momento de sua vida teve contato com seu genitor e sua família paterna. Não restando formado nenhum vínculo familiar entre genitor e filho. Este fato revela que, neste momento, a melhor forma de resguardar os interesses do menor é seu imediato retorno ao convívio materno, em atenção aos preceitos insculpidos no Estatuto da Criança e do Adolescente, em especial, os arts. 17 e 18.

PEDIDOS A SEREM FORMULADOS (art. 282 c/c 801 ambos do CPC)

1) Concessão liminar, sem audiência da parte contrária, de busca e apreensão do menor, no endereço do Requerido, por estarem presentes os requisitos essenciais - *periculum in mora* e do *fumus boni juris* – nos termos do art. 804 do Código de Processo Civil **OU** art. 273 do CPC, quando a medida eleita fosse o processo de conhecimento, demonstrados os requisitos autorizadores descritos no dispositivo e seus parágrafos.

2) Entendendo o Juízo, ser necessário prévia justificação, apliquem-se as regras do art. 841 do CPC.

3) A procedência do pedido tornando definitivo os efeitos da liminar no processo cautelar ou da tutela antecipada, no caso do processo de conhecimento; demais pedidos compatíveis com a medida.

4) Citação do Requerido para, querendo, apresentar defesa, no prazo de 5 (cinco) dias, conforme disposição do art. 802 do Código de Processo Civil, sob pena de serem presumidos como verdadeiros os fatos ora elencados, nos termos do art. 803 do mesmo diploma legal.

5) Intimação do Ministério Público para que intervenha no feito, nos termos do inciso I do art. 82 do Código de Processo Civil.

6) Protesto genérico de provas.

7) Indicação do endereço do advogado (art. 39, I, do CPC).

8) Valor da causa.

9) Condenação de honorários sucumbenciais e custas.

10) Indicar a inserção de data e assinatura.

Distribuição Dos Pontos

Item	*Pontuação*
1 - Endereçamento à Justiça Comum **Estadual** (0,25) da Comarca do Rio de Janeiro ou de Belo Horizonte (0,25).	*0 / 0,25 / 0,5*
2 - Identificação do cabimento de ação cautelar de busca e apreensão de pessoa **OU** ação ordinária com pedido de tutela antecipada.	*0 / 0,5*
3 - Abordar corretamente a legitimidade ativa e passiva na referida ação – deve ser proposta por Joana (0,25) em face de Flávio (0,25)	*0 / 0,25 / 0,5*
4 - Demonstração dos requisitos da cautelar de busca e apreensão (0,3). Fundamentação pautada nos arts. 839 a 843 do CPC (0,2).	*0 / 0,2 / 0,3 / 0,5*
5 - Demonstração do preenchimento dos requisitos da concessão da liminar (0,7) nos moldes do art. 804 do CPC **OU** do 273 do CPC (0,3). *Obs.: A mera indicação do artigo não é pontuada.*	*0 / 0,7 / 1,0*
6 - Caracterizar o melhor e maior interesse do menor (0,25), nos termos dos arts. 17 e 18 do ECA (0,25) . *Obs.: A mera indicação do artigo não é pontuada.*	*0 / 0,25 / 0,5*
7 - Formular corretamente os pedidos (0,4 cada um): a) Concessão liminar / tutela de urgência, sem audiência da parte contrária, de busca e apreensão da criança, no endereço do Requerido, por estarem presentes os requisitos essenciais – *periculum in mora* e do *fumus boni juris* – nos termos do art. 804 do Código de Processo Civil. b) Julgamento procedente do pedido, convertendo-se em definitiva a liminar concedida / tutela de urgência.	*0 / 0,4 / 0,8*
8 – (0,1 cada um) a) Citação do Requerido para, querendo, apresentar defesa, no prazo legal, sob pena de serem presumidos como verdadeiros os fatos ora elencados, nos termos do art. 803 do CPC. b) Indicação do endereço do advogado, nos termos do art. 39, I, do CPC. c) Intimação do Ministério Público para que intervenha no feito, nos termos do inciso I do art. 82 do Código de Processo Civil. d) Protesto genérico de provas. e) Valor da causa. f) Condenação de honorários sucumbenciais. g) Indicar a inserção de data e assinatura.	*0 / 0,1 / 0,2 / 0,3 / 0,4 / 0,5 / 0,6 / 0,7*

(OAB/Exame Unificado – 2012.1 – 2ª fase) Sergio, domiciliado em Volta Redonda/RJ, foi comunicado pela empresa de telefonia ALFA, com sede em São Paulo/SP, que sua fatura, vencida no mês de julho de 2011, constava em aberto e, caso não pagasse o valor correspondente, no total de R$ 749,00, no prazo de 15 dias após o recebimento da comunicação, seu nome seria lançado nos cadastros dos órgãos de proteção ao crédito.

Consultando a documentação pertinente ao serviço utilizado, encontrou o comprovante de pagamento da fatura supostamente em aberto, enviando-o via fax para a empresa ALFA a fim de dirimir o problema.

Sucede, entretanto, que, ao tentar concretizar a compra de um veículo mediante financiamento alguns dias depois, viu frustrado o negócio, ante a informação de que o crédito lhe fora negado, uma vez que seu nome estava inscrito nos cadastros de maus pagadores pela empresa ALFA, em virtude de débito vencido em julho de 2011, no valor de R$749,00. Constrangido, Sérgio deixou a concessionária e dirigiu-se a um escritório de advocacia a fim de que fosse proposta a ação cabível.

Elabore a peça processual adequada ao caso comentado. (valor: 5,00)

GABARITO COMENTADO – EXAMINADORA

A peça cabível consiste em uma Ação Declaratória de Inexistência de Débito c/c Obrigação de Fazer e Indenização por Danos Morais. Poderá ser proposta no foro do domicílio do consumidor ou do fornecedor (art. 101, I, CDC e art. 94, CPC). Sergio deve figurar no polo ativo e a pessoa jurídica ALFA deve figurar no polo passivo, sendo ambos qualificados, atendendo ao disposto no art. 282, do CPC.

Ao explicitar os fatos, deve o candidato destacar a existência de relação jurídica material entre as partes, referente ao serviço de telefonia, caracterizando-se como relação de consumo, nos termos da Lei n. 8.078/90. Apontar que houve uma falha na segurança do serviço prestado pela empresa ALFA, evidenciando o fato do serviço (art. 14, CDC), vez que lhe fora cobrada dívida já paga e indevidamente lançado seu nome nos cadastros de inadimplentes. Salientar que as consequências da falha foram danosas, atingindo sua honra, reputação e bom nome, causando-lhe constrangimento que caracteriza o dano moral, o qual deve ser indenizado, nos termos do art. 6º, VI, da Lei n. 8.078/90. Deverá formular pedido de antecipação de tutela para que seja *inaudita altera pars* retirado seu nome dos cadastros de maus pagadores.

Ao final, deverá formular os pedidos sucessivos de declaração de inexistência de débito, exclusão de seu nome dos cadastros de inadimplentes e indenização por danos morais, além de custas e honorários de advogado.

Distribuição dos pontos:

Quesito Avaliado	Faixa de valores
Item 1 – Foro (0,15) e juízo competente (0,15).	0,00/0,15/0,30
Item 2- Indicação correta dos polos ativo (0,15) e passivo (0,15); indicação de qualificação das partes (0,10)	0,00/0,15/0,25/0,30/0,40
Item 3 - Tipo de ação (Ação indenizatória cumulada com obrigação de fazer e declaração de inexistência de débito com antecipação de tutela) Obs.: Indicação incompleta do tipo (0,10)	0,00/0,10/0,20
Item 4 - Fundamentação para o pleito de antecipação de tutela quanto à obrigação de fazer (0,25). Indicação dos dispositivos legais : art. 273 ou 461 , CPC ou 84, §3 do CDC (0,25) Obs.: A mera indicação dos dispositivos legais não é pontuada.	0,00/0,25/0,50
Item 5 - Fatos e fundamentos jurídicos: a) Prova da relação material entre as partes	0,00/0,20

CIVIL

Item 5 - Fatos e fundamentos jurídicos: b) A cobrança indevida de dívida por serviço prestado e prova da quitação do débito	0,00/0,20
Item 5 - Fatos e fundamentos jurídicos: c) Negativação do nome do consumidor nos cadastros de inadimplentes	0,00/0,20
Item 5 - Fatos e fundamentos jurídicos: d) Impossibilidade de realizar negócio jurídico em decorrência da anotação indevida	0,00/0,20
Item 5 - Fatos e fundamentos jurídicos: e) Ofensa aos direitos da personalidade	0,00/0,20
Item 5 - Fatos e fundamentos jurídicos: f) Dever de indenizar	0,00/0,20
Item 6 - Fundamentos Legais – Art. 5º, V, X e XXXII da CRFB ou artigos. 11, 12 e 927 do CC ou 6º, VI do CDC (0,25) – Artigos. 14 e 101, I do CDC ou art. 186 do CC (0,25) – Art. 461, caput do CPC (0,25)	0,00/0,25/0,50/0,75
Item 7 - Pedidos: a) concessão *initio litis* de antecipação de tutela para excluir seu nome dos cadastros de inadimplente, sob pena de multa.	0,00/0,20
Item 7 - Pedidos: b) citação do réu	0,00/0,20
Item 7 – Pedidos: c) declaração de inexistência de débito	0,00/0,20
Item 7 – Pedidos: d) confirmação da tutela antecipada	0,00/0,20
Item 7 – Pedidos: e) condenação do réu a pagar indenização por danos morais	0,00/0,20
Item 7 – Pedidos: f) condenação do réu a pagar custas processuais e honorários advocatícios.	0,00/0,20
Item 8 - Produção de Provas	0,00/0,15
Item 9 - Valor da causa	0,00/0,15
Item 10 – Endereçamento profissional (Art. 39, I do CPC)	0,00/0,15

(OAB/Exame Unificado – 2012.2 – 2ª fase) Norberto da Silva, pessoa desprovida de qualquer bem material, adquiriu de terceiro, há nove anos e meio, posse de terreno medindo 240m² em área urbana, onde construiu moradia simples para sua família. O terreno está situado na Rua Cardoso Soares nº 42, no bairro de Lírios, na cidade de Condonópolis, no estado de Tocantins. São seus vizinhos do lado direito Carlos, do esquerdo Ezequiel e, dos fundos, Edgar. A posse é exercida ininterruptamente, de forma mansa e pacífica, sem qualquer oposição.

No último ano o bairro passou por um acelerado processo de valorização devido à construção de suntuosos projetos imobiliários. Em razão disso, Norberto tem sido constantemente sondado a se retirar do local, recebendo ofertas de valor insignificante, já que as construtoras alegam que o terreno sequer pertence a ele, pois está registrado em nome de Cândido Gonçalves.

Norberto não tem qualquer interesse em aceitar tais ofertas; ao contrário, com setenta e dois anos de idade, viúvo e acostumado com a vida na localidade, demonstra desejo de lá permanecer com seus filhos.

Por não ter qualquer documentação oficial que lhe resguarde o direito de propriedade do imóvel, Norberto procura um advogado a fim de que seja intentada medida judicial.

Elabore a peça processual cabível *in* caso, indicando os seus requisitos e fundamentos nos termos da legislação vigente.

GABARITO COMENTADO – EXAMINADORA

A medida judicial é AÇÃO DE USUCAPIÃO ESPECIAL URBANO, regido pela Lei n. 10.257/01 c/c art. 1.240 do CC e artigos 941 a 945 do CPC, pelo rito sumário (art. 14 da Lei n. 10.257/01).

O examinando deverá dirigir a petição inicial ao juízo cível competente para conhecer e julgar a medida, que é o da comarca de Condonópolis, à luz da competência territorial absoluta em razão do disposto no art. 95 do CPC. No bojo da petição inicial deverá indicar corretamente os polos passivo (Cândido Gonçalves) e ativo (Norberto da Silva), qualificando as partes, e o nome correto da ação, observando que o procedimento a ser adotado é o sumário (art. 14 da Lei n. 10.257/01 c/c art. 275, II, *h*, do CPC), e por isso deve indicar, desde logo, o rol de testemunhas.

O endereço profissional para onde deverão ser encaminhadas as intimações também deve ser apresentado em atenção ao que dispõe o art. 39, I, do CPC.

Por se tratar o autor de pessoa idosa e desprovida de recursos materiais, deve ser apresentada fundamentação para a concessão da prioridade na tramitação do feito (art. 71 da Lei n. 10.741/01 – Estatuto do Idoso – OU art. 1.211-A do CPC) e que justifique a concessão dos benefícios da Justiça Gratuita (Lei n. 1.060/50), inclusive no âmbito do cartório do registro de imóveis (§ 2º do art. 12 da Lei n. 10.257/01).

Além da narrativa dos fatos com clareza, devem ser apresentados os fundamentos jurídicos compreendendo, em razão da natureza da causa, a exposição do exercício prolongado da posse, sem oposição, de maneira ininterrupta e para fins de moradia, além do aponte da inexistência de outro bem de propriedade do autor, bem como a demonstração de que o imóvel é inferior 250m² nos termos da planta do imóvel anexada (art. 942 do CPC), tudo nos moldes do art. 183 da CRFB/88 OU 1.240 e seguintes do CC OU 9º da Lei n. 10.257/01.

No pedido, deverá ser requerida a concessão dos benefícios da gratuidade de justiça e da prioridade na tramitação; a citação do réu, dos confinantes pessoalmente (Súmula 391 do STF) e dos interessados, por edital; intimação das Fazendas Públicas (art. 943 do CPC) e do Ministério Público (art. 944 do CPC) e a produção de provas. Ao final, a procedência do pedido para declarar a propriedade do imóvel e a condenação em honorários e custas processuais. Por fim, deverá indicar o valor da causa e apontar o rol de testemunhas (art. 14 da Lei n. 10.257/01 c/c art. 276 do CPC).

Distribuição dos Pontos:

Quesito Avaliado	Valores
Endereçamento correto: Juízo da comarca de Condonópolis com competência cível (0,15) OBS.: Se o candidato indicar juízo materialmente incompetente, não pontua.	0,00 / 0,15
Indicação correta do polo ativo Norberto da Silva (0,15) e do polo passivo Cândido Gonçalves (0,15); indicação de qualificação das partes (0,10).	0,00 / 0,15 / 0,25 / 0,30 / 0,40
Indicação correta da ação cabível (0,10).	0,00 / 0,10
Adoção do Rito Sumário (0,15) na forma do art. 14 da Lei n. 10.257 / 01 ou art. 275, II, *h*, do CPC. (0,10). OBS.: A mera menção do dispositivo legal não pontua.	0,00 / 0,15 / 0,25
Indicação do endereço para as intimações (art. 39, I, do CPC).(0,10)	0,00 / 0,10
Fatos e Fundamentos jurídicos: Exercício prolongado da posse; (0,20) Inexistência de propriedade de outro bem imóvel; (0,20) Imóvel inferior a 250m² conforme documento anexo; (0,20) Destinação do imóvel. (0,20)	0,00 / 0,20 / 0,40 / 0,60 / 0,80

CIVIL

Fundamentos legais: Art. 941 do CPC (0,20) Art. 183 da CF / 88 OU Art. 1240 do CC OU Art. 9º da Lei 10.257 / 01 (0,20)	0,00 / 0,20 / 0,40
Fundamentação para a concessão de gratuidade de justiça nos termos da Lei n. 1.060 / 50 (0,25) e pedido para benefício da Justiça Gratuita (0,10)	0,00 / 0,10 / 0,25 / 0,35
Fundamentação para concessão de prioridade na tramitação por se tratar de pessoa idosa, na forma do art. 1.211-A do CPC ou art. 71 da Lei n. 10.741 / 03. (0,25) e pedido de prioridade na tramitação, na forma do art. 1.211-A do CPC, por se tratar de idoso. (0,10)	0,00 / 0,10 / 0,25 / 0,35
Requerimentos: I. Citação do réu; II. Citação dos confinantes Carlos, Ezequiel e Edgar (art. 942 do CPC); III. Citação dos interessados por edital; IV. Intimação da Fazenda Pública da União, do Estado e do Município; V. Intimação do Ministério Público (art. 944 do CPC); VI. Produção de provas	0,00 / 0,20 / 0,40 / 0,60 / 0,80 / 1,00 / 1,20
Pedidos: I. Procedência do Pedido para declarar a propriedade do imóvel. (0,35) II. Pedido de condenação em honorários e custas processuais. (0,10)	0,00 / 0,10 / 0,35 / 0,45
Valor da causa.	0,00 / 0,20
Rol de testemunhas (art. 14 da Lei n. 10.257 / 01 c / c art. 276 do CPC).	0,00 / 0,25

(OAB/Exame Unificado – 2012.3 – 2ª fase) Moema, brasileira, solteira, natural e residente em Fortaleza, no Ceará, maior e capaz, conheceu Tomás, brasileiro, solteiro, natural do Rio de Janeiro, também maior e capaz.

Tomás era um próspero empresário que visitava o Ceará semanalmente para tratar de negócios, durante o ano de 2010.

Desde então passaram a namorar e Moema passou a frequentar todos os lugares com Tomás que sempre a apresentou como sua namorada. Após algum tempo, Moema engravidou de Tomás. Este, ao receber a notícia, se recusou a reconhecer o filho, dizendo que o relacionamento estava acabado, que não queria ser pai naquele momento, razão pela qual não reconheceria a paternidade da criança e tampouco iria contribuir economicamente para o bom curso da gestação e subsistência da criança, que deveria ser criada por Moema sozinha.

Moema ficou desesperada com a reação de Tomás, pois quando da descoberta da gravidez estava desempregada e sem condições de custear seu plano de saúde e todas as despesas da gestação que, conforme atestado por seu médico, era de risco.

Como sua condição financeira também não permitia custear as despesas necessárias para a sobrevivência da futura criança, Moema decidiu procurar orientação jurídica. É certo que as fotografias, declarações de amigos e alguns documentos fornecidos por Moema conferiam indícios suficientes da paternidade de Tomás.

Diante desses fatos, e cabendo a você pleitear em juízo a tutela dos interesses de Moema, elabore a peça judicial adequada, a fim de garantir que Moema tenha condições financeiras de levar a termo sua gravidez e de assegurar que a futura criança, ao nascer, tenha condições de sobrevida. (Valor: 5,0)

GABARITO COMENTADO – EXAMINADORA

ARGUMENTOS A SEREM ABORDADOS PARA CONFIRMAR O CABIMENTO DA CONCESSÃO DOS ALIMENTOS GRAVÍDICOS:

A peça cabível será uma petição inicial direcionada para o Juízo de Família de Fortaleza. Trata-se de uma ação de alimentos gravídicos, fundada na Lei n. 11.804/08.

A legitimidade para o ajuizamento de tal ação é da mãe (Moema) em nome próprio, já que o nascituro não tem personalidade jurídica, nos termos do Art. 1º, da Lei n. 11.804/08.

Na petição inicial, com fulcro no Art. 2º da referida lei, deve o candidato evidenciar a necessidade de obtenção de valores suficientes para cobrir as despesas adicionais do período de gravidez e que sejam dela decorrentes, da concepção ao parto, inclusive as referentes à alimentação especial, à assistência médica e psicológica, aos exams complementares, internações, parto, medicamentos e demais prescrições preventivas e terapêuticas indispensáveis, a juízo do médico, além de outras que o juiz considere pertinentes.

Deve o candidato frisar que a fixação dos alimentos deve ser feita observando-se o binômio: necessidade da requerente e possibilidade do querido em obediência ao Art. 6º, *caput*, da Lei n. 11.804/04 que recomenda ao Juiz sopesar as necessidades da parte autora e as possibilidades da parte ré.

Tal ação deve conter o pedido de antecipação de tutela para custear as despesas de gestação, pois conforme dispõe o Art. 11 da lei em comento, aplica-se supletivamente aos processos regulados por essa lei as disposições do CPC, razão pela qual pode ser amparado o pedido de antecipação de tutela, nas disposições do Art. 273, I, CPC.

Com efeito, o pedido alimentar pressupõe, por sua natureza, urgência na sua obtenção para que não haja prejuízo à subsistência do requerente.

Deve-se indicar, ainda, a necessidade de conversão dos alimentos gravídicos em pensão alimentícia em favor do menor, após o seu nascimento, nos termos do Art. 6º, § único, da Lei n. 11.804/08.

PEDIDOS A SEREM FORMULADOS (Art. 282, do CPC)

1) Citação do réu para apresentação de resposta em 5 (cinco) dias;

2) Fixação de alimentos gravídicos com a procedência do pedido formulado pela autora (Art. 6º, *caput* da Lei n. 11.804/08);

3) Antecipação de tutela com a observância do binômio: necessidade da requerente e possibilidade do requerido;

4) Protesto genérico pela produção de provas;

5) Conversão dos alimentos gravídicos em pensão alimentícia para o menor após o seu nascimento;

6) Intervenção do Ministério Público;

7) Gratuidade de justiça, nos termos da Lei n. 1.060/50;

8) Condenação do réu em custas e honorários advocatícios;

9) Indicação do valor da causa;

10) Indicação de data e assinatura sem identificação do candidato

Distribuição dos Pontos

Quesito Avaliado	Valores
Endereçamento: Juízo da comarca de Fortaleza com competência cível (0,15) OBS.: Se o candidato indicar juízo materialmente incompetente, não pontua.	0,00 / 0,15
Indicação correta do polo ativo, Moema (0,15) e do polo passivo, Tomás (0,15); indicação de qualificação das partes (0,10).	0,00 / 0,10 / 0,15 / 0,25 / 0,30 / 0,40
Indicação correta da ação cabível (0,15).	0,00 / 0,15

CIVIL

Indicação do endereço para as intimações (Art. 39, I, do CPC).(0,10)	0,00 / 0,10
Fatos e fundamentos jurídicos Relato de sinais exteriores da relação que deu origem à gravidez. (0,40) Caracterização da necessidade de obtenção de valores suficientes para cobrir as despesas adicionais do período de gravidez e que sejam dela decorrentes, da concepção ao parto, inclusive as referentes à alimentação especial, assistência médica e psicológica, exames complementares, internações, parto, medicamentos e demais prescrições preventivas e terapêuticas indispensáveis, a juízo do médico, além de outras que o juiz considere pertinentes. (0,40) Caracterização da necessidade da observância do binômio: necessidade da requerente e possibilidade do requerido que recomenda ao Juiz sopesar as necessidades da parte autora e as possibilidades da parte ré (0,40)	0,00 / 0,40 / 0,80 / 1,20
Fundamentação legal: Art. 2º, da Lei n. 11.804 / 08. (0,20) Art. 6º, *caput*, e parágrafo único da Lei n. 11.804 / 08 (0,20) Art. 11, da Lei n. 11.804 / 08 ou Art. 273, I do CPC (0,20)	0,00 / 0,20 / 0,40 / 0,60
Requerimentos: (0,25 para cada item) • Citação do réu; • Produção de provas; • Intimação do Ministério Público; • Gratuidade de justiça, nos termos da Lei n. 1.060 / 50 ou indicação de recolhimento de custas;	0,00 / 0,25 / 0,50 / 0,75 / 1,00
Pedidos: (0,25 para cada item) • Antecipação de tutela com a observância do binômio: necessidade da requerente e possibilidade do requerido; • Fixação de alimentos gravídicos com a procedência do pedido formulado pela autora; • Conversão dos alimentos gravídicos em pensão alimentícia para o menor após o seu nascimento; • Condenação do réu em custas e honorários advocatícios;	0,00 / 0,25 / 0,50 / 0,75 / 1,00
Indicação do valor da causa	0,00 / 0,30
Indicação de data e assinatura sem identificação do candidato	0,00 / 0,10

(OAB/Exame Unificado – 2013.1 – 2ª fase) José Afonso, engenheiro, solteiro, adquiriu de Lúcia Maria, enfermeira, solteira, residente na Avenida dos Bandeirantes, 555, São Paulo/SP, pelo valor de R$100.000,00 (cem mil reais), uma casa para sua moradia, situada na cidade de Mucurici/ES, Rua Central, nº 123, bairro Funcionários. O instrumento particular de compromisso de compra e venda, sem cláusula de arrependimento, foi assinado pelas partes em 02/05/2011. O valor ajustado foi quitado por meio de depósito bancário em uma única parcela.

Dez meses após a aquisição do imóvel onde passou a residir, ao fazer o levantamento de certidões necessárias à lavratura de escritura pública de compra e venda e respectivo registro, José Afonso toma ciência da existência de penhora sobre o imóvel, determinada pelo Juízo da 4ª Vara Cível de Itaperuna / RJ, nos autos da execução de título extrajudicial nº 6002/2011, ajuizada por Carlos Batista, contador, solteiro, residente à Rua Rio Branco, 600, Itaperuna/RJ, em face de Lúcia Maria, visando receber valor representado por cheque emitido e vencido quatro meses após a venda do imóvel. A determinação de penhora do imóvel ocorreu em razão de expresso requerimento formulado na inicial da execução por Carlos Batista, tendo o credor desprezado a existência de outros imóveis livres e desimpedidos de titularidade de Lúcia Maria, cidadã de posses na cidade onde reside.

Elabore a peça processual prevista pela legislação processual, apta a afastar a constrição judicial invasiva sobre o imóvel adquirido por José Afonso.

GABARITO COMENTADO – EXAMINADORA

Trata-se da hipótese em que o examinando deverá se valer de ação de Embargos de Terceiro.

O foro competente é o da 4ª Vara Cível de Itaperuna /RJ, devendo o feito ser distribuído por dependência aos autos da Execução n. 6002/2011, na forma do Art. 1.049, do CPC.

José Afonso figurará como autor dos embargos de terceiro, tendo Carlos Batista como requerido, devendo as partes estar devidamente qualificadas. A legitimidade de Carlos Batista decorre da aplicação do princípio da causalidade, eis que a penhora do imóvel foi formulada após requerimento do credor que desprezou a existência de outros bens livres e desimpedidos em nome de Lúcia Maria.

O examinando deverá indicar como fundamento legal o Art. 1.046, do Código de Processo Civil E/OU Art. 1.210, do CC, bem como a Súmula 84 do STJ.

O examinando deve formular estruturadamente a petição escrita, observando os requisitos do Art. 282 do CPC, fazendo descrição dos fatos e dos fundamentos jurídicos com riqueza na argumentação, coerência e raciocínio jurídico, caracterizando:

–Aquisição do imóvel mediante compromisso de compra e venda;

–Anterioridade da aquisição do imóvel em relação a dívida;

–A existência da posse do imóvel;

–A turbação decorrente da penhora efetivada.

–Existência de outros imóveis livres e desimpedidos.

O examinando deverá requer, no mérito, o pedido de desconstituição da penhora OU manutenção da posse do imóvel.

O examinando deve requerer:

–Citação/Intimação do embargado para responder aos embargos de terceiro (Art. 1.050, § 3º, do CPC)

–Condenação de honorários sucumbenciais e custas.

–Protesto pela produção de provas .

Por fim, deve indicar o valor da causa e inserir indicativos de data e local e assinatura do causídico.

Distribuição dos Pontos

Quesito Avaliado	Valores
O foro competente é da 4ª Vara Cível de Itaperuna / RJ.	0,00 / 0,20
Distribuição por dependência ao juízo da execução	0,00 / 0,30
Identificação da ação (Embargos de terceiro).	0,00 / 0,40
Indicação correta dos polos ativo (José Afonso)(0,10) e passivo (Carlos Batista)(0,30) com qualificação do polo ativo (0,10) e do polo passivo(0,10).	0,00 / 0,10 / 0,20 / 0,30 / 0,40 / 0,50 / 0,60
Estrutura da peça (fatos, fundamentos e pedido – 0,20 para cada um).	0,00 / 0,20 / 0,40 / 0,60
Descrição dos fatos e dos fundamentos jurídicos com riqueza na argumentação, coerência e raciocínio jurídico, caracterizando: Aquisição do imóvel mediante compromisso de compra e venda; (0,20) Anterioridade da aquisição do imóvel em relação a dívida; (0,20) A existência da posse do imóvel; (0,20) A turbação decorrente da penhora efetivada. (0,20) Existência de outros imóveis livres e desimpedidos. (0,20)	0,00 / 0,20 / 0,40 / 0,60 / 0,80 / 1,00

Dispositivos correlatos ao tema: - Art. 1.046, do CPC E / OU Art. 1.210, do CC (0,30) - Súmula 84 do STJ. (0,20)	0,00 / 0,20 / 0,30 / 0,50
Formular corretamente o pedido de desconstituição da penhora OU manutenção da posse do imóvel (0,60)	0,00 / 0,60
Requerimentos: - Citação / Intimação do embargado para responder aos embargos de terceiro (Art. 1.050, § 3º, do CPC) (0,20) - Condenação de honorários sucumbenciais (0,10) e custas.(0,10) - Protesto pela produção de provas (0,10).	0,00 / 0,10 / 0,20 / 0,30 / 0,40 / 0,50
Indicação do valor da causa: R$100.000,00 (valor do imóvel penhorado) (0,20)	0,00 / 0,20
Indicar a inserção de data e assinatura	0,00 / 0,10

(OAB/Exame Unificado – 2013.2 – 2ª fase) Jorge, professor de ensino fundamental, depois de longos 20 anos de magistério, poupou quantia suficiente para comprar um pequeno imóvel à vista. Para tanto, procurou Max com objetivo de adquirir o apartamento que ele colocara à venda na cidade de Teresópolis/RJ. Depois de visitar o imóvel, tendo ficado satisfeito com o que lhe foi apresentado, soube que este se encontrava ocupado por Miranda, que reside no imóvel na qualidade de locatária há dois anos. O contrato de locação celebrado com Miranda não possuía cláusula de manutenção da locação em caso de venda e foi oportunizado à locatária o exercício do direito de preferência, mediante notificação extrajudicial, certificada a entrega a Miranda.

Jorge firmou contrato de compra e venda por meio de documento devidamente registrado no Registro de Imóveis, tendo adquirido sua propriedade e notificou a locadora a respeito da sua saída. Contudo, ao tentar ingressar no imóvel, para sua surpresa, Miranda ali permanecia instalada. Questionada, respondeu que não havia recebido qualquer notificação de Max, que seu contrato foi concretizado com Max e que, em virtude disso, somente devia satisfação a ele, dizendo, por fim, que dali só sairia a seu pedido.

Indignado, Jorge conta o ocorrido a Max, que diz lamentar a situação, acrescentando que Miranda sempre foi uma locatária de trato difícil. Disse, por fim, que como Jorge é o atual proprietário cabe a ele lidar com o problema, não tendo mais qualquer responsabilidade sobre essa relação. Com isso, Jorge procura o advogado, que o orienta a denunciar o contrato de locação, o que é feito ainda na mesma semana. Diante da situação apresentada, na qualidade de advogado constituído por Jorge, proponha a medida judicial adequada para a proteção dos interesses de seu cliente para que adquira a posse do apartamento comprado, abordando todos os aspectos de direito material e processual pertinentes.

A simples menção ou transcrição do dispositivo legal não pontua. (Valor: 5,0).

GABARITO COMENTADO – EXAMINADORA

A AÇÃO DE IMISSÃO NA POSSE deverá ser proposta no foro da situação do imóvel (Art. 58, II, da Lei n. 8.245/91).

O comprador deve figurar no polo ativo e aquele que detém injustamente o imóvel no polo passivo, ambos qualificados, atendendo ao disposto no Art. 282, do CPC. Ao explicitar os fatos, deve-se destacar a existência de contrato de compra e venda de bem imóvel com fonte da pretensão, e a prova da posse injusta pela ré após a compra do imóvel, mediante notificação. Deve fundamentar sua pretensão nos artigos 1228 e 1245 do Código Civil. Deverá formular pedido de antecipação de tutela alegando presentes a verossimilhança e o periculum in mora, na forma do Art. 273, do CPC, e requerer a confirmação da liminar para determinar a expedição de mandado de desocupação do imóvel contra a Ré, além de custas e honorários de advogado. Além disso, também poderá ser considerada a hipótese do examinando ter nomeado a sua ação de reivindicatória, se a fundamentação e pedido forem compatíveis com o descrito acima, em que o proprietário reclama obter a posse, levando-se em consideração o direito do proprietário de reaver a coisa de quem quer que injustamente a possua. Caso opte o candidato por encerrar a pretensão apenas em torno da questão possessória, especialmente o disposto no art. 920 do CPC, também será considerada como resposta possível a propositura de ação de REINTEGRAÇÃO DE POSSE que contiver os fundamentos (existência de posse derivada do contrato de compra e venda de bem imóvel e a prova do esbulho da posse, que se tornou injusta pela ré após a compra do imóvel) e os pedidos indicados acima (antecipação de tutela e confirmação da liminar para expedição de mandado de desocupação do imóvel), que for proposta observando o que prescrevem os artigos 926, 927 e 928 do Código de Processo Civil.

Distribuição dos Pontos

Quesito Avaliado	Valores
Item 1 – Foro (0,15) e juízo competente (0,15).	0,00/0,15/0,30
Item 2.1 - Indicação correta do polo ativo (0,15); indicação de qualificação da parte (0,05)	0,00/0,15/0,20
Item 2.2 - Indicação correta do polo passivo (0,15); indicação de qualificação da parte (0,05)	0,00/0,15/0,20
Item 3 - Tipo de ação (Ação de Imissão na posse/reintegração de posse/reivindicatória de propriedade) (0,30)	0,00/0,30
Item 4 - Fatos e fundamentos jurídicos: a) Prova do contrato de compra e venda do bem imóvel registrado	0,00/0,50
b) Prova da posse injusta pela ré após cientificada da compra do imóvel	0,00/0,50
Item 5 - Fundamentos Legais Para a hipótese de imissão e/ou reivindicatória de propriedade: Art. 1228, CC/02 (0,30) e Art. 1245, CC/02 (0,30) Para a hipótese de reintegração de posse: Art. 1228, CC/02 (0,20), Art. 1245, CC/02 (0,20), Art. 926, CPC (0,10) e Art. 927 (0,10)	0,00/0,30/0,60
Item 6 - Fundamentação para o pleito de antecipação de tutela quanto à obrigação de fazer, ou medida liminar com ou sem audiência de justificação prévia (0,25). Indicação dos dispositivos legais: Art. 273 ou 928 do CPC (0,25) Obs.: A mera indicação dos dispositivos legais não é pontuada	0,00/0,25/0,50
Item 7 - Pedidos: a) concessão initio litis de antecipação de tutela ou medida liminar para que a ré desocupe o imóvel.	0,00/0,30
b) citação da ré.	0,00/0,30
c) confirmação da tutela antecipada para determinar a expedição de mandado de desocupação do imóvel contra a Ré. (0,40)	0,00/0,20/0,40
d) condenação da ré em custas processuais (0,15) e honorários advocatícios (0,15)	0,00/0,15/0,30
Item 8 - Produção de Provas	0,00/0,30
Item 9 - Valor da causa	0,00/0,30

CIVIL

(OAB/Exame Unificado – 2013.3 – 2ª fase) Maria de Fátima, viúva, com idade de 92 (noventa e dois anos), reside no bairro "X", da cidade "Z", com sua filha Clarice, a qual lhe presta toda a assistência material necessária. Maria de Fátima, em virtude da idade avançada, possui diversas limitações mentais, necessitando do auxílio de sua filha para lhe dar banho, alimentá-la e ministrar-lhe os vários remédios que controlam sua depressão, mal de Alzheimer e outras patologias psíquicas, conforme relatórios médicos emitidos por Hospital Público Municipal. Ao ponto de não ter mais condições de exercer pessoalmente os atos da vida civil, a pensão que recebe do INSS é fundamental para cobrir as despesas com medicamentos, ficando as demais despesas suportadas por sua filha Clarice.

Recentemente, chegou à sua residência, correspondência do INSS comunicando que Maria de Fátima deveria comparecer ao posto da autarquia mais próximo para recadastramento e retirada de novo cartão de benefício previdenciário, sob pena de ser suspenso o pagamento. Diante disso, Clarice, desejando regularizar a administração dos bens de sua mãe e atender a exigência do INSS, a fim de evitar a supressão da pensão, o procura em seu escritório solicitando providências.

Diante dos fatos narrados, elabore a peça processual cabível. (Valor: 5,0)

GABARITO COMENTADO – EXAMINADORA

Deverá Clarice ajuizar ação de interdição com pedido de antecipação de tutela, em face de Maria de Fátima, perante o juízo comum estadual, nos termos dos artigos 1.767 a 1.783, do Código Civil e artigos 1.177 a 1.198, do Código de Processo Civil. Para tanto, deverá descrever as graves limitações psíquicas de sua genitora em razão da idade avançada que a impedem de gerir-se e administrar seus bens. Requererá a antecipação de tutela com o deferimento de curatela provisória, a citação da interditanda para comparecer à audiência especial, a produção de provas, sobretudo a pericial, a intimação do Ministério Público e, ao final, pedirá a procedência do pedido para decretar a interdição de Maria de Fátima.

Distribuição dos Pontos

ITEM	PONTUAÇÃO
Foro e juízo competente – justiça comum estadual	0,00 – 0,20
Pedido de prioridade com fundamento no Estatuto do Idoso e / ou Art. 1211, a, do CPC	0,00 – 0,10
Indicação correta do polo ativo (Clarice) (0,10) e sua qualificação (0,10) e passivo (Maria de Fátima) (0,10) e sua qualificação (0,10)	0,00 – 0,10 – 0,20 – 0,30 – 0,40
Fundamentação para a concessão da tutela de urgência (Art. 273, CPC), explicitando os motivos respectivos	0,00 – 0,40
Fatos e fundamentos jurídicos com riqueza de argumentação, coerência e raciocínio jurídico __ descrição dos fatos que revelam a limitação psíquica para exercer os atos da vida civil __ a incapacidade da interditanda para reger-se e administrar os seus bens __ demonstração da legitimidade da autora para requerer a interdição __ impossibilidade da ré em atender pessoalmente as exigências do INSS	0,00 – 0,40 – 0,80 – 1,20– 1,60
Fundamento Legal - CC, Art. 3º ou Art. 4º. - CC, do Art.1.767 ao Art. 1.783. - CPC, do Art.1.177 ao Art. 1.198.	0,00 –0,20 – 0,40 – 0,60

Pedidos __ concessão de antecipação de tutela, nomeando-se a autora curadora provisória __ nomeação de Clarice como curadora em caráter definitivo __ citação da ré __ intimação do Ministério Público __ decretação da interdição	0,00 – 0,20 – 0,40 – 0,60 – 0,80 – 1,00
Pedido de concessão do benefício da Justiça gratuita ou indicação do recolhimento de custas	0,00 – 0,20
Pedido específico produção de provas pericial (0,30) Obs.: se o examinado fizer o pedido genérico de produção de provas (0,10)	0,00 – 0,10– 0,30
Valor da causa	0,00 – 0,20

PEÇAS COMPLEMENTARES

1. PETIÇÃO INICIAL

1.1. ESTRUTURA BÁSICA

REQUISITOS	Art. 282 do CPC
COMPETÊNCIA	– Verificar se a competência para conhecer da ação é originária de primeiro grau ou se deve ser aforada em Tribunal. – Quanto à primeira instância, verificar o art. 109 da Constituição, a fim de apurar se a competência é da Justiça Federal. Não sendo, será da Justiça Estadual, desde que não se trate de caso afeto à Justiça especializada (trabalhista – art. 114 da CF, e eleitoral – art. 121 da CF). – No caso de competência da Justiça Federal, verificar se a ação pode ser aforada no Juizado Especial Cível Federal (Lei 10.259/2001). – Verificar lei de organização judiciária local. – A respeito da competência originária dos Tribunais, devem ser observados os dispositivos da Constituição Estadual local e também os da Constituição Federal – arts. 102 (STF), 105 (STJ), 108 (TRFs), 113 e 114 (TRTs), 118 a 121 (TREs).
QUALIFICAÇÃO	Inserir nomes, prenomes, estado civil, profissão, domicílio e residência do autor e do réu.
TRATAMENTO DAS PARTES	a) ações em geral: "autor" e "réu"; não há problema em se repetir várias vezes as palavras "autor" e "réu"; b) ações cautelares: "requerente" e "requerido"; não use essas expressões nas ações em geral, mas apenas nas ações cautelares; c) mandado de segurança: "impetrante" e "impetrado"; este também é chamado de autoridade coatora; d) execução: "exequente" e "executado"; e) ação trabalhista: "reclamante" e "reclamado".
FUNDAMENTOS FÁTICOS E JURÍDICOS	Estes requisitos tratam do seguinte: "DOS FATOS" (fundamentos de fato) e "DO DIREITO" (fundamentos jurídicos). A indicação dos **fundamentos fáticos** consiste na narrativa de fatos que constituam lesão ou ameaça de lesão a direito. Deve-se tomar cuidado para não falar do direito, mas apenas dos fatos que violam o direito.

FUNDAMENTOS FÁTICOS E JURÍDICOS	A indicação dos **fundamentos jurídicos** consiste na exposição da tese jurídica e dos dispositivos legais em que os fatos narrados se enquadram e que servirão de fundamento para fazer os pedidos, ao final. Assim, deve-se fazer a conexão dos fatos narrados com o direito aplicável. A melhor técnica é primeiro citar os dispositivos legais, e os princípios aplicáveis, para depois trazer a doutrina e a jurisprudência, nessa ordem. A parte dos fundamentos jurídicos ("DO DIREITO") assemelha-se a uma dissertação. Começa com uma tese, passa para o desenvolvimento e termina com uma conclusão, independentemente do pedido que se fará no outro capítulo da petição.
PEDIDO	O pedido deve ser certo e determinado. Mesmo nas ações que pedem dano moral, o autor deve indicar o valor que pretende (em reais, e não em salários mínimos). O pedido deve conter todas as pretensões do autor, pois, de acordo com a lei, "os pedidos são interpretados restritivamente" (art. 293 do CPC).
VALOR DA CAUSA	A lei determina que a toda causa será atribuído um valor certo, ainda que não tenha conteúdo econômico imediato (art. 258 do CPC). O valor deve corresponder ao proveito econômico que o autor terá com a procedência da demanda. Há regras específicas sobre sua atribuição nos arts. 259 e 260 do CPC. Quando se tiver de atribuir um valor da causa sem que se tenha como mensurar o proveito econômico que o autor teria com a ação, pode-se indicar o valor do salário mínimo vigente no momento como valor da causa.
PROVAS	O autor deve protestar pela produção de todos os tipos de prova admitidas no Direito, especificando desde já as provas que tem interesse em produzir, tais como testemunhal, documental, pericial etc. Se se tratar de procedimento sumário, deve o autor, já na petição inicial, apresentar o rol de testemunhas e, se requerer perícia, formular os quesitos, podendo indicar assistente técnico (art. 276 do CPC).
PROVAS	É neste momento em que o autor, em qualquer procedimento, pode pedir a inversão do ônus da prova, cabível quando se está diante de uma relação de consumo. Vide art. 6.º, VIII, do CDC (inversão do ônus da prova) e art. 22 também do CDC (aplicação do CDC a órgãos públicos, quanto aos serviços públicos). De acordo com os elementos trazidos no problema ou no caso a resolver, o autor deve indicar com as expressões "DOC.1", "DOC.2" os documentos que detém para provar os fatos constitutivos do seu direito. Também é possível se falar apenas em "doc. anexo", sem numerar.
CITAÇÃO	O autor deve requerer a citação do réu por oficial de justiça (por mandado), com os benefícios do art. 172, § 2.º, do CPC (em relação aos dias e horários para a efetivação da citação). Pelo Código, a regra é a citação por correio (CPC, art. 222).

1.2. MODELO – PETIÇÃO INICIAL

EXCELENTÍSSIMO SENHOR DOUTOR JUIZ DE DIREITO DA ... VARA ... DA COMARCA DE ... -... .

Pular 10 linhas

... *(qualificação do autor – nome, estado civil, profissão, endereço, CNPJ, endereço)*, vem mui respeitosamente a presença de Vossa Excelência, por meio de seu advogado e bastante procurador que esta subscreve (doc. 01 – mandato), com fundamento no art. ... da Lei/Constituição, propor a presente

AÇÃO ... *(indenizatória, anulatória, declaratória de nulidade, de revisão contratual etc.)* em face ... *(qualificação do réu – nome, estado civil, profissão, endereço, CNPJ, endereço)*, em virtude dos fatos elencados a seguir:

I – DOS FATOS

a) Tentar repetir, ao máximo, os fatos descritos na questão;

b) Relatar os acontecimentos em ordem cronológica, especificando cada ponto;

c) Tentar deixar o mais claro possível;

d) Mostrar de forma evidente o ato/fato causador do dano.

II – DO DIREITO

(citar a lei, amarrada com os fatos, bem como legislação, doutrina e jurisprudência)

1. Da violação ao princípio da legalidade

(...)

2. Da violação ao princípio da moralidade

(...)

3. Da violação ao art. ... da Lei ...

(...)

III – DO PEDIDO

Ante o exposto, é o presente para requerer a Vossa Excelência o quanto segue:

1. A citação da ré, no endereço declinado no pórtico desta inicial, para, querendo, contestar a presente ação no prazo legal, sob as penas da lei processual civil.
2. A procedência da ação para condenar ou anular ou revisar o contrato etc. ...
3. O protesto pela produção de prova documental e pericial, e de todos os meios probatórios em direito admitidos, ainda que não especificados no CPC, desde que moralmente legítimos (CPC, art. 332).

(se for o caso, deve-se pedir antecipação de tutela já no primeiro item do pedido)

(se for aplicável o CDC – art. 22 e art. 6.º, VIII, deve-se pedir a inversão do ônus da prova)

(a depender da condição econômica dos autores, deve-se pedir os benefícios da justiça gratuita)

Dá-se à causa o valor de R$ ... (valor por extenso).

Termos em que, pede deferimento.

Local ..., data...

Advogado ...

OAB ....

2. DEFESA

2.1. CONTESTAÇÃO

2.1.1. ESTRUTURA BÁSICA

REQUISITOS	Arts. 300 a 303 do CPC.
ENDEREÇAMENTO	Juízo ou Tribunal que efetivou a citação.
IDENTIFICAÇÃO DO PROCESSO	Indicação das partes, do número do processo e do nome da ação.
TRATAMENTO DAS PARTES	a) ações em geral: "autor" e "réu"; não há problema em se repetir várias vezes as palavras "autor" e "réu"; b) ações cautelares: "requerente" e "requerido"; não use essas expressões nas ações em geral, mas apenas nas ações cautelares; c) mandado de segurança: "impetrante" e "impetrado"; este também é chamado de autoridade coatora; d) execução: "exequente" e "executado"; e) ação trabalhista: "reclamante" e "reclamado".
FUNDAMENTOS FÁTICOS E JURÍDICOS	Estes requisitos tratam do seguinte: "DOS FATOS" (fundamentos de fato) e "DO DIREITO" (fundamentos jurídicos). Quanto à parte "I – DOS FATOS", pode se fazer a seguinte subdivisão: "1) Dos fatos alegados pelo autor" (aqui faz-se um breve resumo da petição inicial); "2) Da verdade dos fatos" (aqui conta-se a versão do réu sobre os fatos). Essa divisão é pertinente, principalmente quando houver controvérsia sobre como os fatos ocorreram.
FUNDAMENTOS FÁTICOS E JURÍDICOS	Quanto à parte "II – DO DIREITO", pode-se fazer a seguinte divisão: 1) Das preliminares; 2) Do mérito. Segundo o art. 301 do CPC é dever do réu discutir as preliminares processuais antes do mérito. As preliminares processuais são as seguintes: I – inexistência ou nulidade da citação; II – incompetência absoluta; III – inépcia da petição inicial; IV – perempção; V – litispendência; VI – coisa julgada; VII – conexão; VIII – incapacidade da parte, defeito de representação ou falta de autorização; IX – convenção de arbitragem; X – carência de ação; XI – falta de caução ou de outra prestação, que a lei exige como preliminar. Há outras preliminares processuais no art. 267 do CPC. Em seguida, discute-se as prejudiciais de mérito. Nesse ponto deve-se discutir a prescrição e a decadência. Não está incorreto trazer o tema prescrição e decadência para dentro do capítulo "Do mérito". Por último deve o réu tratar do item "Do mérito". O réu deve manifestar-se precisamente sobre os fatos narrados na petição inicial. Cada fato apontado na petição inicial merece comentário, seja para negar o fato, seja para dizer que aquele fato não conduz ao direito que o autor alega ter. Além de se rebater os fatos e o direito alegados pelo autor, deve o réu citar legislação, doutrina e jurisprudência, nessa ordem.

PEDIDO	No caso de o réu alegar preliminares e mérito, deve, primeiro, pedir o acolhimento da preliminar, com a extinção do processo, e, subsidiariamente (caso não acolhida a preliminar), pedir a improcedência do pedido, ou seja, sentença com julgamento de mérito.
PROVAS	Nos termos do art. 300 do CPC compete ao réu especificar as provas que pretende produzir. Na verdade, o réu deve desde já apresentar as provas documentais que já existam. Depois da contestação, só poderá apresentar documentos novos (art. 396 do CPC). Já quanto às provas testemunhais e periciais, serão realizadas em momento oportuno. No caso de procedimento sumário, deve o réu, na própria defesa, apresentar o rol de testemunhas que pretende ouvir e, se requerer perícia, formular seus quesitos desde logo, podendo indicar assistente técnico (art. 278, *caput*).

2.1.2. MODELO – CONTESTAÇÃO

EXCELENTÍSSIMO SENHOR DOUTOR JUIZ DE DIREITO DA ... VARA ... DA COMARCA DE ... - ... .

Pular 10 linhas

... *(qualificação do réu – nome, estado civil, profissão, endereço, CNPJ, endereço)*, vem mui respeitosamente a presença de Vossa Excelência, por meio de seu advogado e bastante procurador que esta subscreve (doc. 01 – mandato), oferecer **CONTESTAÇÃO** à ação que lhe promove a ... , nos termos dos fundamentos de fato e de direito a seguir aduzidos:

I – DOS FATOS

1. Dos fatos alegados pelo autor

(...)

2. Da verdade dos fatos

(...)

II – DO DIREITO

1. Das preliminares processuais

(vide arts. 301 e 267 do CPC)

2. Das prejudiciais de mérito

(se houver prescrição ou decadência)

3. Do mérito

(citar a lei, amarrada com os fatos, bem como legislação, doutrina e jurisprudência)

III – DO PEDIDO

Ante o exposto, é o presente para requerer que Vossa Excelência se digne em julgar extinto, sem apreciação de mérito, o presente processo, nos termos do art. 267, ... , do CPC.

Subsidiariamente, acaso não acolhida a preliminar, o que se admite apenas por argumentação, requer seja julgada improcedente a presente demanda, por não existir o direito alegado pelo autor, conforme se demonstrou nesta defesa.

Em qualquer caso, requer seja o autor condenado ao pagamento das custas e despesas processuais, bem como dos honorários advocatícios.

(a depender da condição econômica do réu, deve-se pedir os benefícios da justiça gratuita)

Protesta pela produção de prova documental e pericial, e de todos os meios probatórios em direito admitidos, ainda que não especificados no Código de Processo Civil, desde que moralmente legítimos (CPC, art. 332).

Termos em que, pede deferimento.

Local ..., data...

Advogado ...

OAB ....

2.2. EXCEÇÃO DE IMPEDIMENTO

2.2.1. ESTRUTURA BÁSICA

REQUISITOS	Art. 312 do CPC. A exceção é processada em apenso.
ENDEREÇAMENTO	Juízo ou Tribunal que efetivou a citação.
IDENTIFICAÇÃO DO PROCESSO	Indicação das partes, do número do processo e do nome da ação.
TRATAMENTO DAS PARTES	Excipiente (quem propõe a exceção) e excepto (que no caso da exceção de impedimento é o próprio juiz)
FUNDAMENTOS FÁTICOS E JURÍDICOS	Narrar o ocorrido, mas sem debater o mérito da ação, apenas desenvolvendo os fundamentos jurídicos com base em uma das hipóteses do art. 134 do CPC.
PEDIDO	O excipiente deverá pedir o recebimento e processamento da exceção para que o juiz se declare impedido e remeta os autos ao seu substituto legal.
PROVAS	O excipiente deverá protestar pela produção de provas capazes de comprovar os fatos alegados.

2.2.2. MODELO – EXCEÇÃO DE IMPEDIMENTO

EXCELENTÍSSIMO SENHOR DOUTOR JUIZ DE DIREITO DA ... VARA ... DA COMARCA DE ... - ....

Pular 10 linhas

... *(qualificação do réu – nome, estado civil, profissão, endereço, CNPJ, endereço)*, vem mui respeitosamente a presença de Vossa Excelência, por meio de seu advogado e bastante procurador que esta subscreve (doc. 01 – mandato), com fundamento no art. 312 do CPC, oferecer **EXCEÇÃO DE IMPEDIMENTO,** nos termos dos fundamentos de fato e de direito a seguir aduzidos:

I – DOS FATOS

Trazer um resumo dos fatos.

II – DO DIREITO

Expor as razões que fundamentam o pedido, com fundamento no art. 134 do CPC.

(citar a lei, amarrada com os fatos, bem como legislação, doutrina e jurisprudência)

III – DO PEDIDO

Ante o exposto, é o presente para requerer que Vossa Excelência se digne em reconhecer o impedimento, determinando-se a remessa dos presentes autos ao substituto legal, ou, se assim não entender Vossa Excelência, que determine a sua remessa ao E. Tribunal de Justiça (ou Tribunal Regional Federal ou Superior Tribunal de Justiça), nos termos do art. 313 do CPC.

Protesta pela produção de prova documental e pericial, e de todos os meios probatórios em direito admitidos, ainda que não especificados no Código de Processo Civil, desde que moralmente legítimos (CPC, art. 332).

Termos em que, pede deferimento.

Local ..., data...

Advogado ...

OAB ....

2.3. EXCEÇÃO DE INCOMPETÊNCIA

2.3.1. ESTRUTURA BÁSICA

REQUISITOS	Art. 307 do CPC. A exceção é processada em apenso.
ENDEREÇAMENTO	Juízo ou Tribunal que efetivou a citação.
IDENTIFICAÇÃO DO PROCESSO	Indicação das partes, do número do processo e do nome da ação.
TRATAMENTO DAS PARTES	Excipiente (quem propõe a exceção) e excepto (o autor da ação)
FUNDAMENTOS FÁTICOS E JURÍDICOS	Narrar o ocorrido, mas sem debater o mérito da ação, apenas desenvolvendo os fundamentos jurídicos com base em uma das hipóteses do art. 112 do CPC.
PEDIDO	O excipiente deverá pedir o recebimento e processamento da exceção para que o juiz acolha a exceção de incompetência, determinando, primeiramente, a suspensão do processo (art. 265, III, do CPC), o apensamento aos autos principais e a intimação do excepto para se manifestar em 10 dias, e, ao final, a remessa dos autos à Vara, Câmara ou Tribunal competente.
PROVAS	O excipiente deverá protestar pela produção de provas capazes de comprovar os fatos alegados.

CIVIL

2.3.2. MODELO – EXCEÇÃO DE INCOMPETÊNCIA

EXCELENTÍSSIMO SENHOR DOUTOR JUIZ DE DIREITO DA ... VARA ... DA COMARCA DE ... -... .

Pular 10 linhas

... *(qualificação do réu – nome, estado civil, profissão, endereço, CNPJ, endereço)*, vem mui respeitosamente a presença de Vossa Excelência, por meio de seu advogado e bastante procurador que esta subscreve (doc. 01 – mandato), com fundamento no art. 307 do CPC, oferecer **EXCEÇÃO DE INCOMPETÊNCIA,** nos termos dos fundamentos de fato e de direito a seguir aduzidos:

I – DOS FATOS

Trazer um resumo dos fatos.

II – DO DIREITO

Expor as razões que fundamentam o pedido, com fundamento no art. 112 do CPC.

(Citar a lei, amarrada com os fatos, bem como legislação, doutrina e jurisprudência)

III – DO PEDIDO

Ante o exposto, é o presente para requerer que Vossa Excelência se digne em acolher a exceção de incompetência, determinando a suspensão do processo, na forma do art. 265, III, do CPC, ordenando, ainda, o regular processamento da presente exceção, determinando o seu apensamento aos autos principais e intimando-se o excepto para se manifestar no prazo legal, e, após, conforme dispõe o art. 308 do CPC, julgar procedente a presente exceção, determinando-se a remessa dos presentes autos à (ao) ... .

Protesta pela produção de prova documental e pericial, e de todos os meios probatórios em direito admitidos, ainda que não especificados no Código de Processo Civil, desde que moralmente legítimos (CPC, art. 332).

Termos em que, pede deferimento.

Local ..., data...

Advogado ...

OAB ....

2.4. EXCEÇÃO DE SUSPEIÇÃO

2.4.1. ESTRUTURA BÁSICA

REQUISITOS	Art. 312 do CPC. A exceção é processada em apenso.
ENDEREÇAMENTO	Juízo ou Tribunal que efetivou a citação.
IDENTIFICAÇÃO DO PROCESSO	Indicação das partes, do número do processo e do nome da ação.

TRATAMENTO DAS PARTES	Excipiente (quem propõe a exceção) e excepto (no caso da exceção de suspeição é o próprio juiz)
FUNDAMENTOS FÁTICOS E JURÍDICOS	Narrar o ocorrido, mas sem debater o mérito da ação, apenas desenvolvendo os fundamentos jurídicos com base em uma das hipóteses do art. 135 do CPC.
PEDIDO	O excipiente deverá pedir o recebimento e processamento da exceção para que o juiz que o juiz se declare suspeito e remeta os autos ao seu substituto legal.
PROVAS	O excipiente deverá protestar pela produção de provas capazes de comprovar os fatos alegados.

2.4.2. MODELO – EXCEÇÃO DE SUSPEIÇÃO

EXCELENTÍSSIMO SENHOR DOUTOR JUIZ DE DIREITO DA ... VARA ... DA COMARCA DE ... -... .

Pular 10 linhas

... *(qualificação do réu – nome, estado civil, profissão, endereço, CNPJ, endereço)*, vem mui respeitosamente a presença de Vossa Excelência, por meio de seu advogado e bastante procurador que esta subscreve (doc. 01 – mandato), com fundamento no art. 312 do CPC, oferecer **EXCEÇÃO DE SUSPEIÇÃO,** nos termos dos fundamentos de fato e de direito a seguir aduzidos:

I – DOS FATOS

Trazer um resumo dos fatos.

II – DO DIREITO

Expor as razões que fundamentam o pedido, com fundamento no art. 135 do CPC.

(citar a lei, amarrada com os fatos, bem como legislação, doutrina e jurisprudência)

III – DO PEDIDO

Ante o exposto, é o presente para requerer que Vossa Excelência se digne em reconhecer a suspeição, determinando-se a remessa dos presentes autos ao substituto legal, ou, se assim não entender Vossa Excelência, que determine a sua remessa ao E. Tribunal de Justiça (ou Tribunal Regional Federal ou Superior Tribunal de Justiça), nos termos do art. 313 do CPC.

Protesta pela produção de prova documental e pericial, e de todos os meios probatórios em direito admitidos, ainda que não especificados no Código de Processo Civil, desde que moralmente legítimos (CPC, art. 332).

Termos em que, pede deferimento.

Local ..., data...

Advogado ...

OAB ....

2.5. RECONVENÇÃO

2.5.1. ESTRUTURA BÁSICA

REQUISITOS	Os mesmos da petição inicial (art. 282 do CPC). Deverá ser oferecida em peça autônoma e o prazo é o mesmo da contestação (15 dias – art. 297 do CPC).
ENDEREÇAMENTO	Juízo ou Tribunal que efetivou a citação.
IDENTIFICAÇÃO DO PROCESSO	Indicação das partes, do número do processo e do nome da ação.
TRATAMENTO DAS PARTES	Reconvinte (aquele que apresenta a reconvenção) e reconvindo (o autor da ação).
FUNDAMENTOS FÁTICOS E JURÍDICOS	Estes requisitos tratam do seguinte: "DOS FATOS" (fundamentos de fato) e "DO DIREITO" (fundamentos jurídicos). Quanto à parte "I – DOS FATOS", pode se fazer a seguinte subdivisão: "1) Dos fatos alegados pelo autor" (aqui faz-se um breve resumo da petição inicial); "2) Da verdade dos fatos" (aqui conta-se a versão do réu sobre os fatos). Essa divisão é pertinente, principalmente quando houver controvérsia sobre como os fatos ocorreram.
FUNDAMENTOS FÁTICOS E JURÍDICOS	Quanto à parte "II – DO DIREITO", pode-se fazer a seguinte divisão: 1) Do cabimento da reconvenção; 2) Do mérito. Deverá o reconvinte no item "Do cabimento da reconvenção" demonstrar a conexão e justificar o cabimento da reconvenção. Por último deve o réu tratar do item "Do mérito". Deverá o reconvinte citar legislação, doutrina e jurisprudência, nessa ordem.
PEDIDO	O reconvinte deverá requerer a intimação do autor reconvindo para contestar a reconvenção no prazo legal; a procedência da ação; bem como os ônus da sucumbência.
PROVAS	O réu reconvinte deverá requerer a produção das provas pertinentes para comprovar as suas alegações.
VALOR DA CAUSA	Seguirá a regra dos arts. 258 a 260 do CPC.

2.5.2. MODELO – RECONVENÇÃO

EXCELENTÍSSIMO SENHOR DOUTOR JUIZ DE DIREITO DA ... VARA ... DA COMARCA DE ... - ... .

Pular 10 linhas

... *(qualificação do réu – nome, estado civil, profissão, endereço, CNPJ, endereço)*, vem mui respeitosamente a presença de Vossa Excelência, por meio de seu advogado e bastante procurador que esta subscreve (doc. 01 – mandato), oferecer **RECONVENÇÃO** à ação que lhe promove ..., nos termos dos fundamentos de fato e de direito a seguir aduzidos:

I – DOS FATOS

1. Dos fatos alegados pelo autor reconvindo

(...)

2. Da verdade dos fatos

(...)

II – DO DIREITO

1. Do cabimento da reconvenção

(vide art. 315 do CPC)

2. Do mérito

(citar a lei, amarrada com os fatos, bem como legislação, doutrina e jurisprudência)

III – DO PEDIDO

Ante o exposto, é o presente para requerer que Vossa Excelência se digne em:

determinar a intimação do autor reconvindo para contestar a presente reconvenção no prazo legal;

julgar a presente reconvenção procedente, condenando-se o autor reconvindo ao pagamento de ......, além do pagamento das custas e despesas processuais, bem como dos honorários advocatícios.

(a depender da condição econômica, deve-se pedir os benefícios da justiça gratuita)

Protesta pela produção de prova documental e pericial, e de todos os meios probatórios em direito admitidos, ainda que não especificados no Código de Processo Civil, desde que moralmente legítimos (CPC, art. 332).

Dá-se à causa o valor de R$ ... (valor por extenso).

Termos em que, pede deferimento.

Local ..., data...

Advogado ...

OAB ....

3. RECURSOS

3.1. AGRAVO DE INSTRUMENTO

3.1.1. ESTRUTURA BÁSICA

FUNDAMENTO LEGAL	Art. 522 e seguintes do CPC.
CABIMENTO	O recurso de agravo é aquele cabível contra decisões interlocutórias (art. 522 do CPC). Decisão interlocutória é aquela que, sem pôr fim ao processo, resolve alguma questão incidente ou provoca algum gravame à parte ou ao interessado (art. 162, § 2.º). A regra geral, hoje, é a de que, uma vez existente uma decisão interlocutória, cabe recurso de **agravo retido** (art. 522 do CPC). Só caberá **agravo de instrumento** em três casos (art. 522 do CPC): a) se a decisão for suscetível de causar à parte lesão grave ou de difícil reparação; ex.: quando for deferida ou negada tutela de urgência pelo juiz de 1.º grau (liminar cautelar ou tutela antecipada); b) se a decisão for de inadmissão da apelação; ex.: quando não estiver no prazo ou a sentença estiver em conformidade com súmula do STF ou do STJ, nos termos do art. 518, § 1.º, do CPC); c) se a decisão disser respeito aos efeitos em que a apelação é recebida. Das decisões interlocutórias proferidas em audiência de instrução e julgamento caberá agravo retido. Já da sentença proferida na mesma audiência, caberá apelação.

CIVIL

PRAZO	10 dias.
TRATAMENTO DAS PARTES	Agravante e agravado.
AGRAVO RETIDO	O recurso de agravo retido tem os seguintes requisitos: a) não requer preparo (art. 522, parágrafo único, do CPC); b) o recurso deve ser dirigido ao juízo que proferir a decisão impugnada; c) não é necessário qualificar as partes, mas apenas indicá-las ("já qualificadas"); d) o recurso deve trazer os pressupostos de fato e de direito que dão sustentação à irresignação, e também o pedido correspondente; e) deve-se requerer a intimação da parte contrária para apresentar contraminuta; f) deve-se requerer a reconsideração da decisão pelo juízo recorrido.
PETIÇÃO DE INTERPOSIÇÃO DO AGRAVO DE INSTRUMENTO	Será endereçada ao presidente do tribunal ao qual competir o conhecimento e o julgamento do recurso, identificará as partes, indicará que se trata de recurso de agravo de instrumento, fará requerimento de atribuição de efeito suspensivo ou ativo ao recurso e requererá a juntada das guias de custas de preparo, porte de remessa e retorno dos autos, se for o caso.
MINUTA DE AGRAVO DE INSTRUMENTO	A minuta de agravo de instrumento fará um breve resumo, tratará da possibilidade de interposição do agravo de instrumento no caso (e consequentemente, da impossibilidade de sua conversão em agravo retido), trará as razões para atribuição de efeito suspensivo ao recurso (ou antecipação de tutela recursal) trará as razões de mérito do recurso e conterá pedido para que o recurso seja recebido e processado, concedendo-se de imediato o efeito suspensivo ou ativo, e dando provimento ao recurso para o fim pretendido pelo agravante.
OUTROS REQUISITOS DO AGRAVO DE INSTRUMENTO	O agravante deverá, também, relacionar os documentos que instruem o recurso, bem como descrever o nome e o endereço dos procuradores das partes. Essas informações ficarão depois da assinatura do advogado e poderão constar tanto na petição de interposição do agravo, como na minuta de agravo de instrumento.

3.1.2. MODELO – RECURSO – AGRAVO DE INSTRUMENTO

EXCELENTÍSSIMO SENHOR DOUTOR PRESIDENTE DO EGRÉGIO TRIBUNAL DE JUSTIÇA DO ESTADO DE ... .

Pular 10 linhas

... *(qualificação – nome, estado civil, profissão, endereço, CNPJ, endereço)*, por meio de seu advogado que este ato subscreve, com escritório na rua ... , CEP ... , na cidade de ... , estado de ... , vem, respeitosamente, à presença de Vossa Excelência, com fulcro nos arts. 522 e seguintes do Código de Processo Civil, interpor o presente

AGRAVO DE INSTRUMENTO

contra a r. decisão de fls. ... , proferida pelo MM. Juízo da ... Vara ... da Comarca de ... , nos autos da Ação ... , processo número ... , que lhe promove ... *(qualificação)*, nos termos das razões de fato e de direito apresentadas na minuta em anexo.

Requer, outrossim, a CONCESSÃO DE EFEITO SUSPENSIVO ao presente recurso, nos termos do art. 558 do Código de Processo Civil, e das razões em anexo.

(pode ser que o pedido seja de CONCESSÃO DE ANTECIPAÇÃO DE TUTELA RECURSAL - o que era antes denominado de "efeito ativo")

Requer, ainda, a juntada das guias de custas de preparo e porte de retorno dos autos, devidamente recolhidas.

Por fim, informa que, no prazo de 3 (três) dias, cumprirá o disposto no art. 526 do Código de Processo Civil.

Termos em que, pede deferimento.

Local / data.

Nome / OAB

PEÇAS QUE INSTRUEM O PRESENTE RECURSO

Peças obrigatórias (art. 525, I, do CPC):

- procuração do agravante;
- procuração do agravado;
- cópia da decisão agravada de fls.;
- cópia da intimação da decisão agravada.

Peças facultativas (art. 525, II, do CPC):

- cópia da petição inicial;
- cópia da contestação apresentada aos autos.

Nome, número de OAB e endereço dos procuradores das partes:

1) Do agravante: ______________

2) Do agravado: ______________

(A minuta deve ser apresentada na página seguinte)

MINUTA DE AGRAVO DE INSTRUMENTO

Agravante: ______________.

Agravado: ______________.

Autor nº: __________.

Vara de origem: ___________.

EGRÉGIO TRIBUNAL,

COLENDA CÂMARA,

NOBRES JULGADORES.

I – BREVE RESUMO

(breve relato do ocorrido na demanda até o momento da decisão recorrida)

II – DO CABIMENTO DE AGRAVO DE INSTRUMENTO E DA IMPOSSIBILIDADE DE SUA CONVERSÃO EM AGRAVO RETIDO

(demonstração da existência de uma das hipóteses da parte final do art. 522 do CPC)

CIVIL

III – DAS RAZÕES DE FATO E DE DIREITO

(fundamentos de fato e de direito que dão suporte ao provimento do recurso)

IV – DA NECESSIDADE DE CONCESSÃO DE EFEITO SUSPENSIVO AO PRESENTE RECURSO

(enquadramento do caso a uma das hipóteses do art. 558 do CPC; se o objetivo for de conseguir uma decisão nova de urgência, pede-se a concessão de ANTECIPAÇÃO DE TUTELA RECURSAL, com fundamento nos arts. 527, III, e 558, ambos do CPC)

V – DO PEDIDO

Ante o exposto, requer que Vossa Excelência se digne conceder o efeito suspensivo pleiteado, processando-se a irresignação na forma prevista no Código de Processo Civil, para, ao final, dar provimento ao recurso, reformando-se a decisão recorrida para o fim de *(ex.: indeferir a tutela antecipada ou deferir a tutela antecipada)*.

Termos em que, pede deferimento.

Local ..., data...

Advogado ...

OAB ....

3.2. APELAÇÃO

3.2.1. ESTRUTURA BÁSICA

FUNDAMENTO LEGAL	Art. 513 e seguintes do CPC.
CABIMENTO	O recurso é cabível contra sentença (art. 513 do CPC). Para uma decisão ser considerada sentença da qual cabe apelação, ela há de extinguir a relação jurídica processual sem resolução de mérito ou apreciar o mérito - nos termos dos arts. 267 ou 269 do CPC (art. 162, § 1.º).
PRAZO	15 dias.
TRATAMENTO DAS PARTES	Apelante e apelado.
PETIÇÃO DE INTERPOSIÇÃO	Deve ter os seguintes elementos: - endereçamento ao juízo recorrido; - nomes e qualificação das partes; se já houver qualificação nos autos, pode-se usar a expressão "já qualificado nos autos", para os recorrentes e recorridos; indicação de que se trata de recurso de apelação; - requerimento para que o recurso seja recebido em ambos os efeitos, com a devida motivação, se for o caso (arts. 520 e 558 do CPC); - requerimento de juntada das guias de custas de preparo, porte de remessa e retorno dos autos, se for o caso.
RAZÕES DE RECURSO	Devem ter os seguintes requisitos (art. 514): - breve resumo da demanda; - reiteração do agravo retido (se houver), requerendo expressamente sua apreciação (art. 523, § 1.º, do CPC); - fundamentos de fato e de direito do recurso; - pedido de provimento do recurso para reformar ou anular a sentença para algum fim (ex.: provimento do recurso para reformar a decisão recorrida, julgando improcedente a demanda).

3.2.2. MODELO – RECURSO DE APELAÇÃO

EXCELENTÍSSIMO SENHOR DOUTOR JUIZ DE DIREITO DA ... VARA ... DA COMARCA DE ... .

Pular 10 linhas

Autos n.º __________.

__________________, qualificado nos autos, por meio de seu advogado que subscreve a presente, vem, respeitosamente, à presença de Vossa Excelência, com fulcro no art. 513 e seguintes do Código de Processo Civil, interpor a presente

APELAÇÃO

contra a r. sentença de fls. ..., proferida por esse D. Juízo, na ação promovida por ... , já qualificado, nos termos das razões de fato e de direito apresentadas na minuta em anexo.

Requer, outrossim, seja o presente recurso recebido nos efeitos devolutivo e suspensivo, intimando-se a parte contrária para, querendo, apresentar suas contrarrazões, no prazo legal.

Requer, em seguida, a remessa dos autos para o E. Tribunal de Justiça, para processamento, conhecimento e julgamento.

Por fim, requer a juntada das custas de preparo e porte de remessa e retorno.

Termos em que, pede deferimento.

Local ..., data...

Advogado ...

OAB ....

(As razões são na página seguinte)

RAZÕES DE RECURSO DE APELAÇÃO

Apelante: ... .
Apelado: ... .

EGRÉGIO TRIBUNAL,
COLENDA CÂMARA,
NOBRES JULGADORES.

I – BREVE RESUMO

(breve relato do ocorrido na demanda até o momento da decisão recorrida)

II – DA REITERAÇÃO DO AGRAVO RETIDO

(se houver agravo retido, deve ele ser reiterado, nos termos do art. 523, § 1.º, do CPC)

CIVIL

III – DAS RAZÕES DE FATO E DE DIREITO

(fundamentos de fato e de direito que dão suporte ao provimento do recurso)

IV – DO PEDIDO

Ante o exposto, requer que Vossa Excelência se digne em processar o presente na forma prevista no Código de Processo Civil, para, ao final, dar provimento ao recurso para o fim de reformar a sentença proferida pelo D. Juízo *a quo*, julgando procedente o pedido inicial, com a inversão do ônus sucumbencial.

Termos em que, pede deferimento.

Local ..., data...

Advogado ...

OAB ....

3.3. RECURSOS EXTRAORDINÁRIO E ESPECIAL

3.3.1. ESTRUTURA BÁSICA

FUNDAMENTO LEGAL	Recurso extraordinário: art. 102, III, da CF; Recurso especial: art. 105, III, da CF.
CABIMENTO	O **recurso extraordinário**, a ser julgado pelo STF, cabe nas causas decididas em única ou última instância, quando a decisão recorrida (art. 102, III, da CF): a) contrariar dispositivo da Constituição; b) declarar a inconstitucionalidade de tratado ou lei federal; c) julgar válida lei ou ato de governo local contestado em face da Constituição; d) julgar válida lei local contestada em face de lei federal. O **recurso especial**, a ser julgado pelo STJ, cabe nas causas decididas em única ou última instância pelos TRFs ou TJs, quando a decisão recorrida (art. 105, III, da CF): a) contrariar tratado ou lei federal, ou negar-lhes vigência; b) julgar ato de governo local contestado em face de lei federal; c) der a lei federal interpretação divergente da que lhe haja atribuído outro tribunal.
PRAZO	15 dias.
TRATAMENTO DAS PARTES	Recorrente e recorrido.
PETIÇÃO DE INTERPOSIÇÃO	Deve ter os seguintes elementos: - endereçamento ao presidente do tribunal recorrido; - nomes e qualificação das partes; se já houver qualificação nos autos, pode-se usar a expressão "já qualificado nos autos", para os recorrentes e recorridos; - indicação de que se trata de recurso extraordinário ou de recurso especial; - indicação de que preenche os pressupostos de admissibilidade, conforme as razões em anexo; - requerimento para que seja o recorrido intimado para apresentar contrarrazões, no prazo legal;

PETIÇÃO DE INTERPOSIÇÃO	- requerimento para que o recurso seja devidamente processado, em virtude de preencher os pressupostos de admissibilidade, remetendo-se os autos ao E. Supremo Tribunal Federal ou ao E. Superior Tribunal de Justiça, para julgamento; - reiteração de eventual recurso extremo interposto contra decisão interlocutória (e que se encontrava retido), nos termos do § 3.º do art. 542 do CPC; - requerimento de juntada das guias de custas de preparo, porte de remessa e retorno dos autos.
RAZÕES DE RECURSO	Devem ter os seguintes requisitos: - breve resumo da demanda; - demonstração do cabimento do recurso; aqui, deve-se enquadrar o recurso numa das hipóteses dos arts. 102, III, se for recurso extraordinário, e 105, III, se for recurso especial; - em se tratando de **recurso extraordinário**, demonstração da existência de repercussão geral, nos termos do art. 543-A do CPC; considera-se de repercussão geral as "questões relevantes do ponto de vista econômico, político, social ou jurídico, que ultrapassem os limites subjetivos da causa" (§ 1.º); haverá repercussão geral "sempre que o recurso impugnar decisão contrária a súmula ou jurisprudência dominante do Tribunal" (§ 3.º); - demonstração da existência de prequestionamento, ou seja, que a matéria levada à apreciação já foi debatida na esfera jurisdicional inferior; indicação do fato de que não se quer julgamento sobre questão de fato, mas sobre questão de direito; - razões fáticas e jurídicas do pedido de reforma da decisão recorrida; neste ponto, está-se diante do "Mérito"; - pedido de nova decisão (ex.: provimento do recurso para reformar a decisão recorrida, julgando improcedente a demanda).

3.3.2. MODELO – RECURSO EXTRAORDINÁRIO

EXCELENTÍSSIMO SENHOR DOUTOR DESEMBARGADOR PRESIDENTE DO E. TRIBUNAL DE JUSTIÇA DO ESTADO DE ....

Pular 10 linhas

Recurso n.º ... .

... , qualificado nos autos, por meio de seu advogado que subscreve a presente, vem, respeitosamente, à presença de Vossa Excelência, com fulcro no art. 102, III, alínea "...", da Constituição Federal, interpor o presente

RECURSO EXTRAORDINÁRIO

contra o v. acórdão de fls. ..., proferido por esse D. Tribunal de Justiça, no recurso em epígrafe, em que figura como *recorrido (ou recorrente)* ... , já qualificado, nos termos das razões de fato e de direito apresentadas na minuta em anexo.

Requer, outrossim, seja o presente recurso devidamente recebido e processado, intimando-se a parte contrária para que ofereça, dentro do prazo legal, as contrarrazões.

Em seguida, requer seja o recurso admitido, por preencher os requisitos legais e constitucionais, conforme demonstração nas razões em anexo, remetendo-se os autos ao Colendo Supremo Tribunal Federal.

Por fim, requer a juntada das custas de preparo, e porte de remessa e retorno.

Termos em que, pede deferimento.

Local ..., data...

Advogado ...

OAB ....

(As razões são na página seguinte)

RAZÕES DE RECURSO EXTRAORDINÁRIO

Recorrente: ... .

Recorrido: ... .

SUPREMO TRIBUNAL FEDERAL
COLENDA TURMA

I – BREVE RESUMO

(breve relato do ocorrido na demanda até o momento da decisão recorrida)

II – DA REITERAÇÃO DO RECURSO EXTRAORDINÁRIO RETIDO

(se houver recurso extraordinário contra decisão interlocutória retido, deve ele ser reiterado, nos termos do art. 542, § 3.º, do CPC)

III – DO CABIMENTO DO RECURSO

(aqui, deve-se enquadrar o recurso numa das hipóteses dos arts. 102, III, da CF)

IV – DA EXISTÊNCIA DE REPERCUSSÃO GERAL

(aqui, há de se demonstrar a existência de repercussão geral, nos termos do art. 543-A do CPC; considera-se de repercussão geral as "questões relevantes do ponto de vista econômico, político, social ou jurídico, que ultrapassem os limites subjetivos da causa (§ 1.º); haverá repercussão geral "sempre que o recurso impugnar decisão contrária a súmula ou jurisprudência dominante do Tribunal")

V – DA EXISTÊNCIA DE PREQUESTIONAMENTO

(aqui, há de se demonstrar que a matéria levada à apreciação já foi debatida na esfera jurisdicional inferior)

VI – DAS RAZÕES DE FATO E DE DIREITO

(fundamentos de fato e de direito que dão suporte ao provimento do recurso, deixando claro que não se quer modificar a moldura fática delineada pela instância anterior, mas apenas discutir questão de Direito)

VII – DO PEDIDO

Ante o exposto, requer que Vossa Excelência se digne em processar o presente na forma prevista no Código de Processo Civil, para, ao final, dar provimento ao recurso, reformando-se (ou anulando-se) a r. decisão recorrida, para o fim de julgar improcedente (ou procedente) a demanda.

Termos em que, pede deferimento.

Local ..., data...

Advogado ...

OAB ....

3.3.3. MODELO – RECURSO ESPECIAL

EXCELENTÍSSIMO SENHOR DOUTOR DESEMBARGADOR PRESIDENTE DO E. TRIBUNAL DE JUSTIÇA DO ESTADO DE ... .

Pular 10 linhas

Recurso n.º ... .

... , qualificado nos autos, por meio de seu advogado que subscreve a presente, vem, respeitosamente, à presença de Vossa Excelência, com fulcro no art. 105, III, alínea "...", da Constituição Federal, interpor o presente

RECURSO ESPECIAL

contra o v. acórdão de fls. ..., proferido por esse D. Tribunal de Justiça, no recurso em epígrafe, em que figura como recorrido (ou recorrente) ... , já qualificado, nos termos das razões de fato e de direito apresentadas na minuta em anexo.

Requer, outrossim, seja o presente recurso devidamente recebido e processado, intimando-se a parte contrária para que ofereça, dentro do prazo legal, as contrarrazões.

Em seguida, requer seja o recurso admitido, por preencher os requisitos legais e constitucionais, conforme demonstração nas razões em anexo, remetendo-se os autos ao Colendo Superior Tribunal de Justiça.

Por fim, requer a juntada das custas de preparo, e porte de remessa e retorno.

Termos em que, pede deferimento.

Local ..., data...

Advogado ...

OAB ....

(As razões são na página seguinte)

RAZÕES DE RECURSO ESPECIAL

Recorrente: ... .

Recorrido: ... .

SUPERIOR TRIBUNAL DE JUSTIÇA
COLENDA TURMA

I – BREVE RESUMO

(breve relato do ocorrido na demanda até o momento da decisão recorrida)

II – DA REITERAÇÃO DO RECURSO ESPECIAL RETIDO

(se houver recurso extraordinário contra decisão interlocutória retido, deve ele ser reiterado, nos termos do art. 542, § 3.º, do CPC)

III – DO CABIMENTO DO RECURSO

(aqui, deve-se enquadrar o recurso numa das hipóteses do art. 105, III, da CF)

IV – DA EXISTÊNCIA DE PREQUESTIONAMENTO

(aqui, há de se demonstrar que a matéria levada à apreciação já foi debatida na esfera jurisdicional inferior)

V – DAS RAZÕES DE FATO E DE DIREITO

(fundamentos de fato e de direito que dão suporte ao provimento do recurso, deixando claro que não se quer modificar a moldura fática delineada pela instância anterior, mas apenas discutir questão de Direito)

VI – DO PEDIDO

Ante o exposto, requer que Vossa Excelência se digne em processar o presente na forma prevista no Código de Processo Civil, para, ao final, dar provimento ao recurso, reformando-se (ou anulando-se) a r. decisão recorrida, para o fim de julgar improcedente (ou procedente) a demanda.

Termos em que, pede deferimento.

Local ..., data...

Advogado ...

OAB ....

3.4. RECURSO ORDINÁRIO CONSTITUCIONAL

3.4.1. ESTRUTURA BÁSICA

FUNDAMENTO LEGAL	arts. 102, II, e 105, II, da CF.
CABIMENTO	O recurso ordinário constitucional, **a ser julgado pelo STF**, cabe nas causas que julgarem crime político e no *habeas corpus*, mandado de segurança, *habeas data* e mandado de injunção decididos em única instância pelos Tribunais Superiores, se denegatória a decisão (art. 102, II, da CF): Já o recurso ordinário constitucional, **a ser julgado pelo STJ**, cabe para este julgar (art. 105, II, da CF): a) os *habeas corpus* decididos em única ou última instância pelos TRFs ou pelos TJs, quando a decisão for denegatória; b) os mandados de segurança decididos em única instância pelos TRFs ou pelos TJs, quando denegatória a decisão; c) as causas em que forem partes Estado estrangeiro ou organismo internacional, de um lado, e, do outro, Município ou pessoa residente ou domiciliada no País.
PRAZO	15 dias.
TRATAMENTO DAS PARTES	Recorrente e recorrido.
PETIÇÃO DE INTERPOSIÇÃO	Deve ter os seguintes elementos: - endereçamento ao presidente do tribunal recorrido; - nomes e qualificação das partes; se já houver qualificação nos autos, pode-se usar a expressão "já qualificado nos autos", para os recorrentes e recorridos; - indicação de que se trata de "recurso ordinário em (....)"; pode ser "em mandado de segurança", "em *habeas corpus*", "em *habeas data*" etc. - indicação de que preenche os pressupostos de admissibilidade, conforme as razões em anexo; - requerimento para que seja o recorrido intimado para apresentar contrarrazões, no prazo legal; - requerimento para que o recurso seja devidamente processado, em virtude de preencher os pressupostos de admissibilidade, remetendo-se os autos ao E. Supremo Tribunal Federal ou ao E. Superior Tribunal de Justiça, para julgamento; - requerimento de juntada das guias de custas de preparo, porte de remessa e retorno dos autos.
RAZÕES DE RECURSO	Devem ter os seguintes requisitos: - breve resumo da demanda; - demonstração do cabimento do recurso; aqui, deve-se enquadrar o recurso numa das hipóteses dos arts. 102, II, se for de competência do STF, e 105, III, se for de competência do STJ; - razões fáticas e jurídicas do pedido de reforma da decisão recorrida; neste ponto, está-se diante do "Mérito"; - pedido de nova decisão (ex.: provimento do recurso para reformar a decisão recorrida, concedendo a segurança).

CIVIL

3.4.2. MODELO – RECURSO ORDINÁRIO CONSTITUCIONAL

EXCELENTÍSSIMO SENHOR DOUTOR PRESIDENTE DO E ... *(verificar o tribunal que julgou a ação em única instância).*

Pular 10 linhas

Ação n.º ... .

... , qualificado nos autos, por meio de seu advogado que subscreve a presente, vem, respeitosamente, à presença de Vossa Excelência, com fulcro no artigo *(102, II, "a" ou 105, II, alínea "b")* da Constituição Federal, interpor o presente

RECURSO ORDINÁRIO CONSTITUCIONAL

contra o v. acórdão de fls. ... , proferido por esse D. Tribunal, na ação em epígrafe, em que figura *no polo passivo* ... , já qualificado, nos termos das razões de fato e de direito apresentadas na minuta em anexo.

Requer, outrossim, seja o presente recurso devidamente recebido e processado, intimando-se a parte contrária para que ofereça, dentro do prazo legal, as contrarrazões, remetendo-se, ao final, os autos ao Colendo *(STF ou STJ)*.

Por fim, requer a juntada das despesas.

Termos em que, pede deferimento.

Local ..., data...

Advogado ...

OAB ....

(As razões são na página seguinte)

RAZÕES DE RECURSO ORDINÁRIO CONSTITUCIONAL

Recorrente: ... .

Recorrido: ... .

SUPREMO TRIBUNAL FEDERAL
(OU SUPERIOR TRIBUNAL DE JUSTIÇA)
COLENDA TURMA

I – BREVE RESUMO

(breve relato do ocorrido na demanda até o momento da decisão recorrida)

II – DO CABIMENTO DO RECURSO

(aqui, deve-se enquadrar o recurso numa das hipóteses dos arts. 102, II, ou 105, II, da CF)

III – DAS RAZÕES DE FATO E DE DIREITO

(fundamentos de fato e de direito que dão suporte ao provimento do recurso, deixando claro que não se quer modificar a moldura fática delineada pela instância anterior, mas apenas discutir questão de Direito)

IV – DO PEDIDO

Ante o exposto, requer que Vossa Excelência se digne em processar o presente na forma prevista no Código de Processo Civil, para, ao final, dar provimento ao recurso, reformando-se (ou anulando-se) a r. decisão recorrida, para conceder a segurança para o fim de ... .

Termos em que, pede deferimento.

Local ..., data...

Advogado ...

OAB ....

4. AÇÃO RESCISÓRIA

4.1. ESTRUTURA BÁSICA

COMPETÊNCIA	a) do Tribunal competente para o julgamento da apelação contra a sentença; b) do STF e do STJ, em caráter originário, quanto às ações rescisórias de suas decisões (arts. 102, I, *j*, e 105, I, *e*, ambos da CF).
PARTES	a) tratamento: autor e réu; b) legitimidade: art. 487, do CPC.
HIPÓTESES DE CABIMENTO	São necessários os seguintes requisitos: a) sentença (ou acórdão) de mérito; b) trânsito em julgado; c) presença de uma das hipóteses do art. 485 do CPC.
PRAZO	O direito de propor ação rescisória se extingue em 2 anos, contados do trânsito em julgado da decisão (art. 495); O STF entendeu inconstitucional prazo diferenciado para a Fazenda Pública.
FUNDAMENTO LEGAL	Art. 485 do CPC.
PEDIDO	a) liminar cautelar ou tutela antecipada, quando couber (art. 489 do CPC); b) citação; c) procedência para: rescindir a sentença ou o acórdão (pedido rescindendo ou de rescisão); novo julgamento da demanda (pedido rescisório); d) juntada da guia de 5% sobre o valor da causa (art. 488 do CPC).
PROVAS	Protestar pela produção de provas que puderem demonstrar a veracidade dos fatos alegados.
VALOR DA CAUSA	Valor da causa anterior, atualizado ou da sentença condenatória que se busca rescindir.

4.2. MODELO – PETIÇÃO INICIAL DE AÇÃO RESCISÓRIA

EXCELENTÍSSIMO SENHOR DOUTOR DESEMBARGADOR PRESIDENTE DO E. TRIBUNAL DE JUSTIÇA DO ESTADO DE ... .

(verificar se não se trata da competência de algum TRF ou do STF ou do STJ)

Pular 10 linhas

_________________*(qualificação do autor – nome, estado civil, profissão, endereço, CNPJ, endereço)*, vem mui respeitosamente a presença de Vossa Excelência, por meio de seu advogado e bastante procurador que esta subscreve (doc. 01 – mandato), com fundamento no art. 485 e seguintes do Código de Processo Civil, propor a presente

AÇÃO RESCISÓRIA

da r. sentença de mérito transitada em julgado, prolatada no bojo da *ação indenizatória* ...., promovida pelo autor em face da FAZENDA DO ESTADO DE ________, Pessoa Jurídica de Direito Público, com sede na ___________, em virtude dos fatos elencados a seguir:

I – DOS FATOS

a) Tentar repetir, ao máximo, os fatos descritos na questão.

b) Relatar os acontecimentos em ordem cronológica, especificando cada ponto.

c) Tentar deixar o mais claro possível.

d) Mostrar de forma evidente o ato/fato que dá ensejo a uma das hipóteses do art. 485 do CPC, sem fazer a qualificação jurídica, por enquanto.

II – DA TEMPESTIVIDADE

Explicar que ação está sendo promovida no prazo previsto no art. 495 do CPC.

III – DO DIREITO

(citar a lei, amarrada com os fatos, bem como legislação, doutrina e jurisprudência)

1. Do pedido rescindendo

Explicar porque a sentença ou o acórdão deve ser objeto de rescisão, enquadrando o fato narrado a uma das hipóteses do art. 485 do CPC.

2. Do pedido de novo julgamento

Explicar o que se quer e as razões do pedido de novo julgamento.

IV – DO PEDIDO

Ante o exposto, é o presente para requerer a Vossa Excelência o quanto segue:

1. A citação da ré, no endereço declinado no pórtico desta inicial, para, querendo, contestar a presente ação no prazo legal, sob as penas da lei processual civil;

2. A procedência da ação para rescindir a r. sentença de mérito proferida pelo ______________, promovendo-se novo julgamento para o fim de condenar ou anular ou revisar o contrato etc....
3. O protesto pela produção de provas admitidas em direito.
4. A juntada da guia de depósito na importância de 5% do valor da causa, nos termos do art. 488, II, do CPC.

(se for o caso, deve-se pedir antecipação de tutela já no primeiro item do pedido)

(se for aplicável o CDC – art. 22 e art. 6.º, VIII, deve-se pedir a inversão do ônus da prova)

(a depender da condição econômica dos autores, deve-se pedir os benefícios da justiça gratuita)

Dá-se à causa o valor de R$ ___________ (valor por extenso).

Termos em que, pede deferimento.

Local ..., data...

Advogado ...

OAB ....

5. IMPUGNAÇÃO AO CUMPRIMENTO DE SENTENÇA

5.1. ESTRUTURA BÁSICA

REQUISITOS	O Código de Processo Civil não trouxe maiores requisitos para esta peça. O prazo para apresentação da impugnação é de 15 dias (art. 475-J, § 1º, do CPC).
ENDEREÇAMENTO	Juízo ou Tribunal da causa.
IDENTIFICAÇÃO DO PROCESSO	Indicação das partes, do número do processo e do nome da ação.
TRATAMENTO DAS PARTES	Autor e réu (credor e devedor).
FUNDAMENTOS FÁTICOS E JURÍDICOS	Estes requisitos tratam do seguinte: "DOS FATOS" (fundamentos de fato) e "DO DIREITO" (fundamentos jurídicos). Quanto à parte "I – DOS FATOS" far-se-á um resumo do ocorrido.
FUNDAMENTOS FÁTICOS E JURÍDICOS	Quanto à parte "II – DO DIREITO", o devedor deverá trazer os fundamentos jurídicos conforme dispõe o art. 475-L do CPC. Deverá o réu citar legislação, doutrina e jurisprudência, nessa ordem.
PEDIDO	O réu deverá requerer o recebimento da impugnação nos próprios autos com a suspensão da ação, demonstrando os requisitos legais e o pedido principal de acordo com os fundamentos jurídicos.
VALOR DA CAUSA	Não há.

CIVIL

5.2. MODELO – IMPUGNAÇÃO AO CUMPRIMENTO DE SENTENÇA

EXCELENTÍSSIMO SENHOR DOUTOR JUIZ DE DIREITO DA ... VARA ... DA COMARCA DE ... - ... .

Pular 10 linhas

____________*(qualificação do réu – nome, estado civil, profissão, endereço, CNPJ, endereço)*, vem mui respeitosamente a presença de Vossa Excelência, por meio de seu advogado e bastante procurador que esta subscreve (doc. 01 – mandato), oferecer **IMPUGNAÇÃO AO CUMPRIMENTO DE SENTENÇA COM PEDIDO DE EFEITO SUSPENSIVO,** nos termos dos fundamentos de fato e de direito a seguir aduzidos:

I – DOS FATOS

Trazer um resumo do processo.

II – DO DIREITO

Trazer os fundamentos jurídicos de acordo com o disposto no art. 475-L do CPC.

(citar a lei, amarrada com os fatos, bem como legislação, doutrina e jurisprudência)

III – DO EFEITO SUSPENSIVO

Trazer os fundamentos para justificar o pedido, nos termos do art. 475-M do CPC.

IV - DO PEDIDO

Ante o exposto, é o presente para requerer de Vossa Excelência a:

a) concessão de efeito suspensivo com o intuito de obstar o prosseguimento do cumprimento de sentença, nos termos do art. 475-M do CPC;

b) intimação do credor, na pessoa de seu advogado, para que se manifeste acerca da presente impugnação;

c) o acolhimento da presente impugnação, condenando-se o credor ao pagamento das custas e despesas processuais, bem como dos honorários advocatícios.

Termos em que, pede deferimento.

Local ..., data...

Advogado ...

OAB ...

6. PETIÇÃO INICIAL DE EXECUÇÃO

6.1. ESTRUTURA BÁSICA

REQUISITOS	Os mesmos da petição inicial (art. 282 do CPC), que compatíveis com a execução (art. 598 do CPC). O procedimento será aquele previsto nos arts. 614 e 615 do CPC.
ENDEREÇAMENTO	Conforme fixação da competência (arts. 575/578 do CPC)
TRATAMENTO DAS PARTES	Exequente e executado.

FUNDAMENTOS FÁTICOS E JURÍDICOS	Demonstrar o débito do executado, caracterizando o título extrajudicial (certo, exigível e líquido) Art. 585 e seg. do CPC.
PEDIDO	Citação do executado para, no prazo de 3 dias, efetuar o pagamento, acrescido de juros, correção monetária, honorários advocatícios e custas processuais. Caso o executado não efetue o pagamento caberá ao oficial de justiça proceder á penhora de bens e sua avaliação, lavrando-se o respectivo auto e intimando o executado (art. 652 do CPC).
VALOR DA CAUSA	Valor do título.

6.2. MODELO – PETIÇÃO INICIAL DE EXECUÇÃO POR QUANTIA CERTA CONTRA DEVEDOR SOLVENTE

EXCELENTÍSSIMO SENHOR DOUTOR JUIZ DE DIREITO DA ... VARA ... DA COMARCA DE ....

Pular 10 linhas

________________*(qualificação do réu – nome, estado civil, profissão, endereço, CNPJ, endereço)*, vem mui respeitosamente a presença de Vossa Excelência, por meio de seu advogado e bastante procurador que esta subscreve (doc. 01 – mandato), oferecer **EXECUÇÃO POR QUANTIA CERTA CONTRA DEVEDOR SOLVENTE, com fundamento no art. 585 do CPC, em face de** ________, nos termos dos fundamentos de fato e de direito a seguir aduzidos:

I – DOS FATOS

Demonstrar a existência de título contra o executado.

II – DO DIREITO

Demonstrar que se trata de título executado extrajudicial líquido, certo e exigível, conforme art. 585, I, e 586 do CPC.

(citar a lei, amarrada com os fatos, bem como legislação, doutrina e jurisprudência)

III – DO PEDIDO

Ante o exposto, é o presente para requerer que Vossa Excelência se digne em:

a) determinar a citação do executado... para, no prazo de 3 dias, efetuar o pagamento do valor de R$... , acrescido de juros, correção monetária, honorários advocatícios e custas processuais;

b) caso o executado não efetue o pagamento do prazo legal, seja determinada a imediata penhora de tantos bens quantos bastem para o pagamento da dívida, e sua avaliação, nos termos do art. 652, § 1º, do CPC.

(a depender da condição econômica, deve-se pedir os benefícios da justiça gratuita)

Dá-se à causa o valor de R$ ... (valor por extenso).
Termos em que, pede deferimento.

Local ..., data...

Advogado ...

OAB ....

CIVIL

7. EMBARGOS À EXECUÇÃO

7.1. ESTRUTURA BÁSICA

REQUISITOS	Os mesmos da petição inicial (art. 282 do CPC. O procedimento será aquele previsto nos arts. 736, 738 e 745 e seg. do CPC.
ENDEREÇAMENTO	Ao juiz da execução (art. 94 do CPC).
TRATAMENTO DAS PARTES	Embargante e embargado.
FUNDAMENTOS FÁTICOS E JURÍDICOS	Art. 736 e 745 e seg. do CPC. Quando se tratar de excesso de execução deverá o embargante indicar o valor que entende correto (art. 739-A, § 5º, do CPC). Demonstrar, sempre em tópico separado, a necessidade de efeito suspensivo (art. 739-A do CPC).
PEDIDO	Distribuição por dependência à execução. Requerer efeito suspensivo (art. 739-A do CPC). Requerer a intimação do embargado para que, querendo, apresente defesa no prazo legal. Requerer a procedência dos embargos para o fim de anular/desconstituir o título. Requerer a condenação do embargado no pagamento dos honorários advocatícios e custas processuais.
PROVAS	Requerer a produção de provas pertinentes.
VALOR DA CAUSA	Valor da execução.

7.2. MODELO – EMBARGOS À EXECUÇÃO

EXCELENTÍSSIMO SENHOR DOUTOR JUIZ DE DIREITO DA ... VARA ... DA COMARCA DE ... -... .

Pular 10 linhas

____________*(qualificação do réu – nome, estado civil, profissão, endereço, CNPJ, endereço)*, vem mui respeitosamente a presença de Vossa Excelência, por meio de seu advogado e bastante procurador que esta subscreve (doc. 01 – mandato), opor **EMBARGOS À EXECUÇÃO, com fundamento no art. 745 do CPC, em face de**________, nos termos dos fundamentos de fato e de direito a seguir aduzidos:

I – DOS FATOS

Fazer um breve resumo dos fatos.

II – DO DIREITO

a) Do pedido de efeito suspensivo

Demonstrar a necessidade de efeito suspensivo (art. 739-A do CPC)

b) Do mérito

Demonstrar que se trata de uma das hipóteses do art. 745 do CPC e que o título deve ser anulado/desconstituído.

Se for o caso de excesso de execução, indicar o valor correto e apresentar memória de cálculo (art. 739-A, § 5º, do CPC).

(citar a lei, amarrada com os fatos, bem como legislação, doutrina e jurisprudência)

III – DO PEDIDO

Ante o exposto, é o presente para requerer que Vossa Excelência se digne em:

a) Receber os presentes embargos no efeito suspensivo e determinar a sua distribuição por dependência à ação de execução.....

b) determinar a intimação do embargado, na pessoa de seu advogado, para, querendo, apresentar defesa no prazo legal;

c) julgar procedentes os presentes embargos para anular/desconstituir o título executivo extrajudicial, condenando o embargado no pagamento de honorários advocatícios e custas processuais.

(a depender da condição econômica, deve-se pedir os benefícios da justiça gratuita)

Protesta pela produção de prova documental e pericial, e de todos os meios probatórios em direito admitidos, ainda que não especificados no Código de Processo Civil, desde que moralmente legítimos (CPC, art. 332).

Dá-se à causa o valor de R$ ____________ (valor por extenso).

Termos em que, pede deferimento.

Local ..., data...

Advogado ...

OAB ....

8. PETIÇÃO INICIAL DE AÇÃO CAUTELAR

8.1. ESTRUTURA BÁSICA

REQUISITOS	Art. 801 do CPC.
ENDEREÇAMENTO	Ao juiz da causa (art. 800 do CPC)
TRATAMENTO DAS PARTES	Requerente e requerido.
FUNDAMENTOS FÁTICOS E JURÍDICOS	Narrar o ocorrido, demonstrando tratar-se do cabimento da medida pleiteada (cautelares específicas – arts. 813 e seg. do CPC). Demonstrar a ofensa ao direito pretendido e a presença dos requisitos do *fumus boni juris* e do *periculum in mora* (art. 801, IV, do CPC). Trazer em tópico separado o pedido de liminar, se o caso, conforme art. 804 do CPC, demonstrando a urgência do caso. Indicar, ao final, a ação principal a ser proposta no prazo legal.
PEDIDO	Requerer a liminar (art. 804 do CPC). Requerer a citação do requerido para que, querendo, apresente defesa no prazo legal. Requerer a procedência da ação cautelar. Requerer a condenação do requerido no pagamento dos honorários advocatícios e custas processuais.
PROVAS	Requerer a produção de provas pertinentes.
VALOR DA CAUSA	Seguirá a regra dos arts. 258 a 260 do CPC.

CIVIL

8.2. MODELO – PETIÇÃO INICIAL DE AÇÃO CAUTELAR

EXCELENTÍSSIMO SENHOR DOUTOR JUIZ DE DIREITO DA ... VARA ... DA COMARCA DE ... - ... .

Pular 10 linhas

_______________*(qualificação do réu – nome, estado civil, profissão, endereço, CNPJ, endereço)*, vem mui respeitosamente a presença de Vossa Excelência, por meio de seu advogado e bastante procurador que esta subscreve (doc. 01 – mandato), propor **MEDIDA CAUTELAR DE .... COM PEDIDO DE LIMINAR, com fundamento no art. 800 do CPC, em face de** _______________*(qualificação do réu – nome, estado civil, profissão, endereço, CNPJ, endereço)*, nos termos dos fundamentos de fato e de direito a seguir aduzidos:

I – DOS FATOS

Fazer um breve resumo dos fatos.

II – DO DIREITO

Do pedido de liminar

Demonstrar a presença dos requisitos do art. 804 do CPC.

Do mérito

Demonstrar a ofensa ao direito do requerente, enquadrando a uma das hipóteses das cautelares nominadas, se o caso (arts. 813 e seg. do CPC).

Indicar a ação principal a ser proposta se se tratar de cautelar preparatória.

(citar a lei, amarrada com os fatos, bem como legislação, doutrina e jurisprudência)

III – DO PEDIDO

Ante o exposto, é o presente para requerer que Vossa Excelência se digne em:

a) Conceder a liminar pleiteada, conforme art. 804 do CPC;

b) determinar a citação do requerido para, querendo, apresentar defesa no prazo legal;

c) julgar procedente a presente ação cautelar para...l, condenando o requerido no pagamento de honorários advocatícios e custas processuais.

(a depender da condição econômica, deve-se pedir os benefícios da justiça gratuita)

Protesta pela produção de prova documental e pericial, e de todos os meios probatórios em direito admitidos, ainda que não especificados no Código de Processo Civil, desde que moralmente legítimos (CPC, art. 332).

Dá-se à causa o valor de R$ _______________ (valor por extenso).

Termos em que, pede deferimento.

Local ..., data...

Advogado ...

OAB ....

9. PETIÇÃO INICIAL DE AÇÃO MONITÓRIA

9.1. ESTRUTURA BÁSICA

REQUISITOS	Arts. 1.102-A e seg. do CPC.
ENDEREÇAMENTO	Ao juiz da causa (domicílio do réu / local do cumprimento da obrigação – art. 94 do CPC)
TRATAMENTO DAS PARTES	Autor e réu.
FUNDAMENTOS FÁTICOS E JURÍDICOS	Narrar os fatos, demonstrando a origem da prova escrita sem eficácia de título executivo (art. 1.102-A do CPC).
PEDIDO	Requerer a expedição de mandado de pagamento ou entrega da coisa em 15 dias, ou para apresentação de defesa no mesmo prazo legal Requerer, em caso de não cumprimento do mandado, a condenação do réu no pagamento dos honorários advocatícios e custas processuais. Em caso de não pagamento ou não apresentação de embargos monitórios, ou no caso de rejeição dos embargos, requerer a conversão em título executivo judicial.
PROVAS	Toda a documentação necessária deverá ser juntada com a petição inicial. Requerer a produção de provas pertinentes no caso de apresentação de embargos pelo réu..
VALOR DA CAUSA	Será o valor total da dívida ou do bem almejado.

9.2. MODELO – PETIÇÃO INICIAL DE AÇÃO MONITÓRIA

EXCELENTÍSSIMO SENHOR DOUTOR JUIZ DE DIREITO DA ... VARA ... DA COMARCA DE ... - ... .

Pular 10 linhas

_______________*(qualificação do réu – nome, estado civil, profissão, endereço, CNPJ, endereço)*, vem mui respeitosamente a presença de Vossa Excelência, por meio de seu advogado e bastante procurador que esta subscreve (doc. 01 – mandato), propor **AÇÃO MONITÓRIA, com fundamento no art. 1.102-A e seg. do CPC, em face de** _______________*(qualificação do réu – nome, estado civil, profissão, endereço, CNPJ, endereço*, nos termos dos fundamentos de fato e de direito a seguir aduzidos:

I – DOS FATOS

Fazer um breve resumo dos fatos.

II – DO DIREITO

Demonstrar que se trata de documento escrito sem eficácia de título executivo (art. 1.102-A do CPC).

(citar a lei, amarrada com os fatos, bem como legislação, doutrina e jurisprudência)

III – DO PEDIDO

Ante o exposto, é o presente para requerer que Vossa Excelência se digne em:

a) determinar a expedição de mandado de pagamento/entrega de coisa, para que o réu, no prazo de 15 dias, pague/entregue, sob pena de, ausentes o cumprimento da obrigação e defesa, conversão do documento em título executivo, nos termos do art. 1.102-B do CPC;

b) querendo, poderá o réu apresentar defesa no mesmo prazo, mediante embargos monitórios;

c) caso o mandado não seja cumprido no prazo legal, requer a condenação do réu no pagamento de honorários advocatícios e custas processuais.

(a depender da condição econômica, deve-se pedir os benefícios da justiça gratuita)

Protesta pela produção de prova documental e pericial, e de todos os meios probatórios em direito admitidos, ainda que não especificados no Código de Processo Civil, desde que moralmente legítimos (CPC, art. 332). para o caso de apresentação de embargos pelo réu.

Dá-se à causa o valor de R$ ______ (valor por extenso).

Termos em que, pede deferimento.

Local ..., data...

Advogado ...

OAB ....

10. PETIÇÃO INICIAL DE AÇÃO DE DESPEJO POR FALTA DE PAGAMENTO

10.1. ESTRUTURA BÁSICA

REQUISITOS	Arts. 282 do CPC.
ENDEREÇAMENTO	Ao juiz da causa (foro do imóvel – art. 58, II, da Lei 8.245/91)
TRATAMENTO DAS PARTES	Autor e réu.
FUNDAMENTOS FÁTICOS E JURÍDICOS	Narrar os fatos, demonstrando a relação contratual e o débito do locatário, justificando a medida. Admissível a cumulação do pedido de despejo com cobrança, se o caso (art. 62, I, da Lei 8.245/91). Juntar o demonstrativo do débito
PEDIDO	Requerer a citação para pagamento do débito ou para apresentar contestação (art. 62 da Lei 8.245/91); Requerer a procedência da ação; Requerer a condenação do réu no pagamento das custas processuais e honorários advocatícios.
PROVAS	Requerer a produção de provas pertinentes.
VALOR DA CAUSA	Regra: doze vezes o valor do aluguel.

10.2. MODELO – PETIÇÃO INICIAL DE AÇÃO DE DESPEJO POR FALTA DE PAGAMENTO CUMULADA COM COBRANÇA

EXCELENTÍSSIMO SENHOR DOUTOR JUIZ DE DIREITO DA ... VARA ... DA COMARCA DE ... - ... .

Pular 10 linhas

___________________*(qualificação do réu – nome, estado civil, profissão, endereço, CNPJ, endereço)*, vem mui respeitosamente a presença de Vossa Excelência, por meio de seu advogado e bastante procurador que esta subscreve (doc. 01 – mandato), propor **AÇÃO DE DESPEJO POR FALTA DE PAGAMENTO CUMULADA COM COBRANÇA, com fundamento nos arts. 59 e seg. da Lei 8.245/91, em face de** ______________*(qualificação do réu – nome, estado civil, profissão, endereço, CNPJ, endereço)*, nos termos dos fundamentos de fato e de direito a seguir aduzidos:

I – DOS FATOS

Fazer um breve resumo dos fatos, demonstrando a existência da relação locatícia e a inadimplência do locatário.

II – DO DIREITO

O contrato celebrado entre as partes vem sendo descumprido pelo réu. Conforme prevê o inciso III do art. 9º da Lei 8.245/91:

> "Art. 9º. A locação também poderá ser desfeita:
> (...)
> III- em decorrência da falta de pagamento do aluguel e demais encargos".

Assim, desfeito o contrato entre as partes por culpa do locatário, resta em aberto os valores não pagos desde o mês de ____, que deverá ser pago pelo réu, atualizado, além dos acessórios previstos no contrato, conforme planilha de cálculo de anexo.

Prevê o art. 62 da citada Lei de Locação:

> "Art. 62. Nas ações de despejo fundadas na falta de pagamento de aluguel e acessórios da locação, observar-se-á o seguinte: I- o pedido de rescisão da locação poderá ser cumulado com o de cobrança dos aluguéis e acessórios da locação, devendo ser apresentado, com a inicial, cálculo discriminado do valor do débito".

(citar a lei, amarrada com os fatos, bem como legislação, doutrina e jurisprudência)

III – DO PEDIDO

Ante o exposto, é o presente para requerer que Vossa Excelência se digne em:

a) determinar a citação pessoal do réu para que purgue a mora ou, querendo, apresente sua defesa, sob pena de revelia;

b) julgar procedente a presente ação, decretando a rescisão do contrato, a decretação do despejo em 15 (quinze) dias, bem como a condenação do réu no pagamento dos alugueres vencidos e acessórios no valor de ____, além dos juros legais, correção monetária e multa contratual, conforme planilha de cálculo em anexo, bem como dos alugueres vincendos até a efetiva desocupação do imóvel;

c) requer, por fim, a condenação do réu no pagamento de honorários advocatícios e custas processuais.

(a depender da condição econômica, deve-se pedir os benefícios da justiça gratuita)

Protesta pela produção de prova documental e pericial, e de todos os meios probatórios em direito admitidos, ainda que não especificados no Código de Processo Civil, desde que moralmente legítimos (CPC, art. 332).

Dá-se à causa o valor de R$ ______ (valor por extenso).

Termos em que, pede deferimento.

Local ..., data...

Advogado ...

OAB ...

11. DESAPROPRIAÇÃO

11.1. ESTRUTURA BÁSICA – PETIÇÃO INICIAL DE AÇÃO DE DESAPROPRIAÇÃO

COMPETÊNCIA	O foro competente para o julgamento de ação de desapropriação é o da situação da área desapropriada. No caso da Justiça Federal, a regra permanece, ou seja, é competente o juízo federal onde se situa o imóvel objeto da demanda.
TRATAMENTO DAS PARTES	Autor e réu.
FUNDAMENTOS FÁTICOS E JURÍDICOS	A petição inicial conterá: a) preenchimento dos requisitos previstos no art. 282 do CPC; b) oferta do preço; c) exemplar do contrato, ou do jornal oficial, em que foi publicado o decreto (serve cópia autenticada); d) planta ou descrição do bem e suas confrontações. Deve-se indicar o caso de utilidade pública, necessidade pública ou interesse social que fundamenta a desapropriação – vide art. 5.º do Dec.-lei 3.365/41, art. 2.º da Lei 4.132/62, art. 2.º da Lei 8.629/93, art. 8.º da Lei 10.257/2001, e os dispositivos constitucionais pertinentes; arts. 5.º, XXIV, 182 e 183).
PEDIDO	Procedência da presente ação, para o fim de decretar-se por sentença a desapropriação da área descrita na planta juntada aos autos, com sua consequente incorporação ao patrimônio do ente, condenando-se o réu ao pagamento das custas e despesas processuais, inclusive honorários advocatícios.
VALOR DA CAUSA	Deve ser o valor da oferta feita pelo Poder Público.
PROVAS	Deve-se protestar pela produção de prova documental e pericial, e de todos os meios probatórios em direito admitidos, ainda que não especificados no CPC, desde que moralmente legítimos (CPC, art. 332).
CITAÇÃO	O autor deve requerer a citação do réu.

11.2. MODELO – PETIÇÃO INICIAL DE AÇÃO DE DESAPROPRIAÇÃO

EXCELENTÍSSIMO SENHOR DOUTOR JUIZ DE DIREITO DA ... VARA DA FAZENDA PÚBLICA DA COMARCA DE ...- ...

Pular 10 linhas

_______________, pessoa jurídica de Direito Público, com sede na _______________, vem mui respeitosamente a presença de Vossa Excelência, por meio de seu procurador que esta subscreve (doc. 01), com fundamento no art. 5.º, XXIV, da Constituição Federal, e no art. 5.º do Decreto-lei 3.365/41 *(indicar o caso de utilidade pública, necessidade pública ou interesse social que fundamenta a desapropriação – vide art. 5.º do Dec-lei 3.365/41, art. 2.º da Lei 4.132/62, art. 2.º da Lei 8.629/93, art. 8.º da Lei 10.257/2001, e os respectivos dispositivos constitucionais)*, propor a competente

AÇÃO DE DESAPROPRIAÇÃO

em face de _______________, qualificação (nome, *estado civil, profissão, endereço e documentos)*, proprietário do imóvel sito na rua _______________, em virtude dos fatos elencados a seguir:

I – DOS FATOS

1) Tentar repetir, ao máximo, os fatos descritos na questão.

2) Relatar os acontecimentos em ordem cronológica, especificando cada ponto.

Conforme o _______________, foi declarado de utilidade pública, para fins de desapropriação (doc. 2 – Diário Oficial), o imóvel urbano sito na _______________, objeto do registro na matrícula n.º _________, do Registro de Imóveis desta Capital (doc. 3 – Certidão do Registro de Imóveis).

O imóvel é de propriedade dos expropriados, conforme referida documentação (doc. 3).

A área expropriada é necessária para a realização de _________.

Segue, em anexo, planta com descrição do bem e de suas confrontações (doc. 4).

Conforme laudo de avaliação, o preço ofertado para o imóvel em tela é de R$ _______ (doc. 5).

Tentou-se composição amigável com os réus, o que resultou infrutífero (doc. 6).

Por outro lado, a Municipalidade necessita urgente de se imitir na posse do imóvel, para efetuar o melhoramento público referido.

II – DO DIREITO

1. Da desapropriação

Nos termos do art. 5.º do Decreto-lei 3.365/41, considera-se caso de utilidade pública:

> *"i) a abertura, conservação e melhoramento de vias ou logradouros públicos; a execução de planos de urbanização, o parcelamento do solo, com ou sem edificação, para sua melhor utilização econômica, higiênica ou estética; a construção ou ampliação de distritos industriais." (g.n.)*

O Decreto Expropriatário apresentou os três requisitos da declaração de utilidade pública: a) o fundamento legal que embasa a desapropriação (art. 5.º, *i*, do Decreto-lei 3.365/41), b) a destinação específica a ser dada ao bem (________); e c) a identificação do bem expropriado (conforme certidão e planta apresentadas).

A petição inicial está em termos. Cumpre os requisitos do art. 282 do CPC. Traz o Diário Oficial com a publicação do decreto expropriatário, a planta com a descrição do bem (e de suas confrontações) e a oferta de preço para aquisição do imóvel (docs. 3 a 5).

Também ficou demonstrado o interesse de agir, com a recusa do expropriado à proposta formulada pela autora (doc. 6).

2. Da imissão provisória na posse

Nos termos do art. 15, *caput*, do Decreto-lei 3.365/41 há dois requisitos para que seja deferido o pedido de imissão provisória na posse, em favor do expropriante. São eles: a) alegação de urgência; b) depósito da quantia arbitrada.

Quanto ao primeiro requisito, o decreto expropriatório declarou urgência para fins de imissão provisória na posse *(caso não haja declaração no decreto, pode-se alegar urgência na própria petição inicial)*.

Quanto ao segundo requisito, o autor apresenta oferta consistente no valor venal do imóvel, oferta que requer seja acolhida por esse D. Juízo, eis que em acordo com o art. 15, § 1.º, do Decreto-lei 3.365/41. *(caso não haja especificação da oferta apresentada, deve-se dizer que "a Municipalidade apresenta oferta que requer seja acolhida por esse D. Juízo, eis que em acordo com o art. 15, § 1.º, do Decreto-lei 3.365/41")*.

Assim sendo, o pedido preenche os requisitos previstos em lei.

III – DO PEDIDO

Ante o exposto, é o presente para requerer a Vossa Excelência o quanto segue:

1) A citação da ré, no endereço declinado no pórtico desta inicial, para, querendo, contestar a presente ação no prazo legal, sob pena de confissão e revelia.

2) O deferimento do pedido de imissão provisória na posse, expedindo-se o respectivo mandado.

3) O protesto pela indicação oportuna de seu assistente técnico e os quesitos pertinentes.

4) A procedência da presente ação, para o fim de decretar-se por sentença a desapropriação da área descrita na planta juntada aos autos, com sua consequente incorporação ao patrimônio do autor de _______, condenando-se a requerida ao pagamento das custas e despesas processuais, inclusive honorários advocatícios.

5) O protesto pela produção de prova documental e pericial, e de todos os meios probatórios em direito admitidos, ainda que não especificados no CPC, desde que moralmente legítimos (CPC, art. 332).

Dá-se à causa o valor de R$ ___________. *(valor da oferta escrito por extenso)*.

Termos em que, pede deferimento.

Local ..., data...

Advogado ...

OAB ....

11.3. ESTRUTURA BÁSICA – CONTESTAÇÃO EM AÇÃO DE DESAPROPRIAÇÃO

ENDEREÇAMENTO	Juízo que efetivou a citação.
TRATAMENTO DAS PARTES	Autor e réu.
FUNDAMENTOS FÁTICOS E JURÍDICOS	O réu na ação expropriatória só poderá apresentar os seguintes fundamentos (art. 20 do Dec.-lei 3.365/41): a) vício do processo judicial; b) indenização injusta, ou seja, insuficiente; c) direito de extensão da área a ser desapropriada, quando a área que restará da expropriação se tornar inútil ou de difícil utilização. Outras questões devem ser discutidas em ação própria, salvo situações de patente desvio de finalidade.
PEDIDO	Dependerá do fundamento da defesa. Se só houver impugnação do preço, deve-se pedir a fixação de indenização no valor que for apurado em perícia, com todos os consectários legais.
PROVAS	Deve-se protestar pela produção de prova documental e pericial, e de todos os meios probatórios em direito admitidos, ainda que não especificados no CPC, desde que moralmente legítimos (CPC, art. 332).

11.4. MODELO – CONTESTAÇÃO EM AÇÃO DE DESAPROPRIAÇÃO

EXCELENTÍSSIMO SENHOR DOUTOR JUIZ DE DIREITO DA ... VARA DA FAZENDA PÚBLICA DA COMARCA DE ... - ....

Pular 10 linhas

Processo n.º ... .

Ação de Desapropriação.

_________________*(qualificação do autor – nome, estado civil, profissão, endereço, CNPJ, endereço)*, por seu advogado adiante assinado, (doc.1 – mandato), *com escritório profissional na Rua _________________, nesta cidade,* onde recebe intimações e notificações, vem, respeitosamente, à presença de V. Exa., apresentar, no tempo e modo devido, sua

CONTESTAÇÃO

à AÇÃO DE DESAPROPRIAÇÃO em epígrafe, que lhe promove a __________, já qualificada na inicial, pelos motivos de fato e de direito a seguir aduzidos:

I – DOS FATOS

A autora alega que expediu decreto expropriatório, com o cumprimento dos requisitos legais, declarando de utilidade pública o imóvel sito na __________, de propriedade do ora contestante, para fins de realização de _______________.

A autora também aduz que ofertou, extrajudicialmente, valor suficiente para indenizar o réu pela perda da propriedade, valor esse que novamente oferece em juízo.

CIVIL

Todavia, há dois fatos extremamente relevantes que não foram narrados na petição inicial.

O primeiro diz respeito ao valor do metro quadrado calculado pela autora para o local. Essa quantia, como se demonstrará nesta demanda, está muito aquém do valor do metro quadrado para a região, mormente se considerarmos as condições especiais do imóvel do réu. Para se ter ideia da diferença, vide as cotações feitas por imobiliárias locais (doc. 2 – avaliações). *(verificar na questão que tipo de elemento se tem para contrariar o valor oferecido pelo autor)*

(Aqui, há de se verificar, também, se não há outros danos emergentes e lucros cessantes a serem inseridos na indenização; ex.: mudança, fundo de comércio do proprietário etc.)

O segundo ponto diz respeito a fato de a declaração de utilidade pública ter abarcado apenas parte do imóvel do réu. Ou seja, está-se diante de desapropriação parcial. E a parte que remanescerá ao ora contestante ficará esvaziada economicamente, pois não terá utilidade, dado o seu reduzido tamanho e a sua localização. *(inserir essa defesa para o caso de realmente existir desapropriação parcial, com direito de extensão; o esvaziamento econômico pode decorrer do tamanho, da localização encravada, da topografia, da geometria etc.)*

(Aqui é o momento de trazer à tona eventual "vício do processo judicial", "vício no decreto expropriatório", neste caso desde que estejam patentemente comprovados.)

II – DO DIREITO

1. Da justa indenização

A Constituição Federal, em seu art. 5.º, XXIV, dispõe o seguinte:

> *"XXIV – a lei estabelecerá o procedimento para desapropriação por necessidade ou utilidade pública, ou por interesse social, mediante justa e prévia indenização em dinheiro, ressalvados os casos previstos nesta Constituição." (g.n.)*

O art. 27 do Decreto-lei 3.365/41, por sua vez, assevera o seguinte:

> *"Art. 27. O juiz indicará na sentença os fatos que motivaram o seu convencimento e deverá atender, especialmente, à estimação dos bens para efeitos fiscais; ao preço de aquisição e interesse que deles aufere o proprietário; à sua situação, estado de conservação e segurança; ao valor venal dos da mesma espécie, nos últimos 5 (cinco) anos, à valorização ou depreciação de área remanescente, pertencente ao réu." (g.n.)*

Ora, da leitura do texto constitucional percebe-se que a indenização não pode levar em conta somente o valor venal do imóvel. O texto constitucional exige indenização justa, ou seja, indenização que reflita o real valor de mercado do imóvel, e que contemple, também, os demais consectários previstos em lei.

No caso em tela, a oferta apresentada não está de acordo com o valor de mercado do imóvel, seja porque o valor venal não corresponde ao valor de mercado da região, seja porque não se levou em conta as características particulares do imóvel em tela, consistente na sua localização privilegiada na região e no seu estado de conservação, circunstâncias que, segundo o art. 27 do Decreto-lei citado devem ser levadas em conta pelo juiz na fixação do *quantum* indenizatório.

Assim, não pode prevalecer o valor ofertado pela autora, que contraria tanto o texto constitucional, como o texto da Lei de Desapropriações, conforme avaliações ora apresentadas e conforme também será demonstrado por ocasião da prova pericial.

2. Do direito de extensão

Não bastasse o valor incorreto no metro quadrado do imóvel do ora contestante, a desapropriação em curso também afeta outro direito do réu, qual seja, o direito de extensão.

Isso porque, como se viu, a desapropriação é parcial e a área remanescente ficará esvaziada economicamente, em virtude de seu reduzido tamanho e do fato de ter ficado encravada, inviabilizando qualquer tipo de aproveitamento.

Para esse tipo de situação a doutrina e jurisprudência vêm reconhecendo o direito de extensão, pelo qual a desapropriação deve abarcar todo o imóvel, com a indenização correspondente.

O fundamento jurídico desse direito também é a norma constitucional que determina a fixação da justa indenização (art. 5.º, XXIV). Isso porque, caso o expediente da desapropriação parcial com esvaziamento econômico da área remanescente não fosse impedido, a justa indenização, por vias transversas, estaria sendo prejudicada.

III – DO PEDIDO

Ante o exposto, é o presente para requerer a Vossa Excelência o quanto segue:

1. A realização de prova pericial para determinar o valor da justa indenização, *prova que deverá levar em conta a totalidade do imóvel, e não só a parte prevista no decreto expropriatório (está segunda parte só existirá se houver o direito de extensão)*.
2. O protesto pela indicação oportuna de seu assistente técnico e dos quesitos pertinentes.
3. A fixação de indenização que leve em conta os critérios legais e as avaliações ora apresentadas, que apontam para o valor de R$ ________ para a totalidade do imóvel, e, alternativamente, para o valor de R$ ________ para a parte do imóvel prevista no decreto expropriatário, julgando a demanda parcialmente procedente, com a fixação de:

– juros compensatórios pela imissão provisória no imóvel, juros esses devidos desde a imissão provisória na posse e que, na forma da Súmula 618 do STF, devem ser de 12% ao ano, em virtude da suspensão, pelo STF (ADI 2.332-2), da parte do art. 15-A do Decreto-lei 3.365/41, que fixava tais juros em até 6% ao ano; conforme a mesma decisão do STF, a base de cálculo dos juros compensatórios deve ser a diferença eventualmente apurada entre 80% do preço ofertado em juízo e o valor do bem fixado na sentença *(fazer esse pedido para o caso de ter sido realizada imissão provisória na posse)*;

– juros moratórios, fixados desde já, para o caso de não pagamento no prazo devido, e que deve ser de 6% ao ano, contados a partir de 1.º de janeiro do exercício seguinte àquele em que o pagamento deverá ser feito, nos termos do art. 100 da Constituição" (art. 15-B do Dec.-lei);

– correção monetária, contada desde a realização do laudo pericial que fixar o valor do bem expropriado e incidente até a data do efetivo pagamento;

– custas e despesas processuais, bem como honorários advocatícios, estes no valor máximo de 5% da diferença entre o valor oferecido pelo Poder Público e o valor fixado pelo Poder Judiciário, sem qualquer limitação do valor apurado;

– os juros compensatórios serão calculados sobre o valor total da indenização, corrigido monetariamente (Súmula 113 do STJ);

– os honorários advocatícios incidirão, também, sobre as parcelas relativas aos juros compensatórios e moratórios, devidamente corrigidos (Súmula 131 do STJ).

4. O protesto pela produção de prova documental e pericial, e de todos os meios probatórios em direito admitidos, ainda que não especificados no CPC, desde que moralmente legítimos (CPC, art. 332).

Termos em que, pede deferimento.

Local ..., data...

Advogado ...

OAB ....

11.5. ESTRUTURA BÁSICA – PETIÇÃO INICIAL DE AÇÃO DE INDENIZAÇÃO POR DESAPROPRIAÇÃO INDIRETA

COMPETÊNCIA	O foro competente para o julgamento de ação de desapropriação é o do local do imóvel.
TRATAMENTO DAS PARTES	Autor e réu.
FUNDAMENTOS FÁTICOS E JURÍDICOS	Deve-se narrar que o autor é o legítimo proprietário e que o Poder Público se apropriou de seu imóvel, ao nele ingressar e implantar atividade de interesse público, o que gerou o direito à indenização pleiteada. O fundamento desse direito é o próprio art. 35 do Dec.-lei, que assegura que "os bens expropriados, uma vez incorporados à Fazenda Pública, não podem ser objeto de reivindicação, ainda que fundada em nulidade do processo de desapropriação. Qualquer ação, julgada procedente, resolver-se-á em perdas e danos". Trata-se do princípio do fato consumado. Também fundamentam o instituto o art. 5.º, XXIV, da CF, e o art. 15, § 3.º, do Dec.-lei 3.365/41.
PEDIDO	Procedência da presente ação, para o fim de condenar o Poder Público a pagar a indenização apurada em perícia.
VALOR DA CAUSA	Deve ser o valor das avaliações extrajudiciais feitas pelo autor da ação.
PROVAS	Deve-se protestar pela produção de prova documental e pericial, e de todos os meios probatórios em direito admitidos, ainda que não especificados no CPC, desde que moralmente legítimos (CPC, art. 332).
CITAÇÃO	O autor deve requerer a citação do réu.

11.6. MODELO – PETIÇÃO INICIAL DE AÇÃO DE INDENIZAÇÃO POR DESAPROPRIAÇÃO INDIRETA

EXCELENTÍSSIMO SENHOR DOUTOR JUIZ DE DIREITO DA ... VARA DA COMARCA DE ... - ....

Pular 10 linhas

____________________*(qualificação do autor – nome, estado civil, profissão, endereço, CNPJ, endereço)*, vem mui respeitosamente a presença de Vossa Excelência, por meio de seu advogado e bastante procurador que esta subscreve (doc. 01 – mandato), com fundamento no art. 5.º, XXIV, da Constituição Federal, e nos arts. 15, § 3.º, e 35 do Decreto-lei 3.365/41, propor a competente

AÇÃO DE INDENIZAÇÃO POR DESAPROPRIAÇÃO INDIRETA

em face da ____________, Pessoa Jurídica de Direito Público, com sede na ____________________ em virtude dos fatos elencados a seguir:

I – DOS FATOS

a) Tentar repetir, ao máximo, os fatos descritos na questão.

b) Relatar os acontecimentos com uma ordem cronológica, especificando cada ponto.

c) Tentar deixar o mais claro possível.

d) Mostrar de forma evidente o ato/fato causador do dano.

No dia ______, o autor, ao comparecer no imóvel sito na rua ______, número ____, de sua propriedade (doc. 2 – documento comprobatório da propriedade), constatou que a Municipalidade tinha invadido o bem, nele fazendo obras de pavimentação para alargar a citada rua.

A constatação de que o Poder Público havia se apropriado do bem, ainda que de modo irregular e abusivo, fez com que o autor buscasse a Municipalidade para receber indenização cabal pelos prejuízos sofridos.

Todavia, o autor não logrou êxito nesse intento, o que o leva a propor a presente ação indenizatória.

II – DO DIREITO

1. Do fundamento jurídico da presente ação indenizatória

É pacífico na doutrina e na jurisprudência que, quando o Poder Público se apropria de bem particular, sem observância dos requisitos do processo de indenização, o lesado tem direito de buscar a devida indenização junto ao Poder Judiciário.

O fundamento maior desse direito é o art. 5.º, XXIV, que dispõe que a desapropriação requer pagamento de prévia e **justa** indenização em dinheiro.

O art. 35 do Decreto-lei 3.365/41, por sua vez, assevera que, "os bens expropriados, uma vez incorporados à Fazenda Pública, não podem ser objeto de reivindicação, ainda que fundada em nulidade do processo de desapropriação". O mesmo dispositivo dispõe que eventuais problemas devem ser resolvidos por meio de indenização por perdas e danos. Esse dispositivo deixa claro que a única alternativa para um caso como o presente é intentar ação indenizatória, já que, uma vez incorporado o bem ao patrimônio público, não é possível desfazer essa situação.

Por fim, o § 3.º do art. 27 do Decreto-lei 3.365/41, parágrafo acrescentado pela Medida Provisória 2.183-56/01, dispõe que a disciplina dos juros compensatórios, em matéria de desapropriação, vale também para "as ações ordinárias de indenização por apossamento administrativo ou desapropriação indireta". Essa disposição assume expressamente o dever de indenizar quando ocorre a desapropriação indireta.

Por fim, a responsabilidade objetiva do Estado prevista no art. 37, § 6.º, da CF, também reclama indenização por prejuízos causados por conduta estatal, independentemente de culpa ou dolo.

Assim, os fundamentos jurídicos expressos acima demonstram, cabalmente, que é devida indenização no caso presente, em que o Poder Público se apropriou de imóvel do autor, sem cumprir as formalidades previstas em lei.

2. Das verbas indenizatórias devidas

A indenização devida deve contemplar diversas parcelas e não só o valor de mercado do bem expropriado. Assim, há de se fixar as seguintes verbas indenizatórias:

a) **valor de mercado do bem (art. 5.º, XXIV, da CF, e 27 do Decreto-lei 3.365/41)**: para tanto, requer seja fixado valor conforme as avaliações ora apresentadas (doc. 3 – avaliações do imóvel) e conforme também será demonstrado por ocasião da prova pericial;

b) **danos emergentes e lucros cessantes**: observar o mesmo item, na desapropriação indireta; *(Aqui, há de se verificar, também, se não há outros danos emergentes e lucros cessantes a serem inseridos na indenização; ex.: mudança, fundo de comércio do proprietário etc.)*

c) **juros compensatórios**: aqui, os juros compensatórios são devidos desde a ocupação do imóvel pelo Poder Público; os juros incidirão sobre o total de indenização, vez que, diferente da desapropriação direta, não há diferença entre o valor fixado na sentença e o valor ofertado, pois aqui não se fala em valor ofertado; os juros, aqui, terão o mesmo percentual dos juros compensatórios na desapropriação indireta, vez que foi suspensa

CIVIL

pelo STF a disposição que estabelecia juros de até 6% ao ano; vide art. 15-A, § 3.º, do Decreto-lei 3.365/41; assim, remanesce a regra estabelecida na Súmula 618 do STF, pela qual a taxa de juros compensatórios é de 12% ao ano;

d) **juros moratórios**: esses juros são devidos se houver atraso, pelo Poder Público, do pagamento que deverá efetuar pela desapropriação; como o pagamento, de regra, é feito por precatório, esse atraso só passa a existir "a partir de 1.º de janeiro do exercício seguinte àquele em que o pagamento deveria ser feito, nos termos do art. 100 da Constituição" (art. 15-B do Decreto-lei 3.365/41); o mesmo dispositivo estabelece que esses juros serão de 6% ao ano; esse dispositivo não foi alterado pelo STF;

e) **correção monetária**: deverá ser contada desde a realização do laudo pericial que fixa o valor do bem expropriado;

f) **custas e despesas processuais**: deverá ser de responsabilidade do Poder Público, inclusive quanto ao adiantamento das quantias para fazer frente aos honorários periciais (STJ, REsp 788.817, j. 19/06/2007);

g) **honorários advocatícios**: o Decreto-lei 3.365/41 dispõe que, à moda do que ocorre na desapropriação direta, os honorários serão fixados entre 0,5 e 5% da diferença entre o valor oferecido pelo Poder Público e o valor fixado pelo Poder Judiciário (art. 27, §§ 1.º e 3.º, do Dec.-lei, com a redação dada pela MP 2.183-56/2001); todavia, como não há diferença entre valor fixado pelo juiz e valor ofertado pelo Poder Público, já que este se apoderou do bem sem seguir os trâmites legais, deve incidir os honorários sobre o valor total da condenação, prevalecendo os parâmetros previstos no art. 20, § 3.º, do CPC (entre 10% e 20% do valor da condenação), conforme lição de José Fernandes Carvalho Filho (*Manual de direito administrativo*, 18.ª edição, Rio de Janeiro: Lumen Juris, 2007, p. 767).

III – DO PEDIDO

Ante o exposto, é o presente para requerer a Vossa Excelência o quanto segue:

1. A citação da ré, no endereço declinado no pórtico desta inicial, para, querendo, contestar a presente ação no prazo legal, sob as penas da lei processual civil.
2. A realização de prova pericial para determinar o valor da justa indenização, *prova que deverá levar em conta a totalidade do imóvel, e não só a parte apropriada pela ré (esta segunda parte só existirá se houver o direito de extensão)*.
3. O protesto pela indicação oportuna de seu assistente técnico e dos quesitos pertinentes.
4. A procedência da ação com a fixação de indenização que leve em conta os critérios legais e as avaliações ora apresentadas, que apontam para o valor de R$ ________ para a totalidade do imóvel, e, alternativamente, para o valor de R$ ________ para a parte do imóvel prevista no decreto expropriatário, com a fixação de:

– juros compensatórios pela imissão provisória no imóvel, juros esses devidos desde a apropriação do imóvel pela ré, ocorrida em _____; os juros devem ser de 12% ao ano e incidir sobre a totalidade do valor indenizatório;

– juros moratórios, fixados desde já, para o caso de não pagamento no prazo devido, e que deve ser de 6% ao ano, contados "a partir de 1.º de janeiro do exercício seguinte àquele em que o pagamento deverá ser feito, nos termos do art. 100 da Constituição" (art.15-B do Dec.-lei);

– correção monetária, contada desde a realização do laudo pericial que fixar o valor do bem expropriado e incidente até a data do efetivo pagamento;

– custas e despesas processuais, bem como honorários advocatícios, estes no valor de 20% sobre o total da condenação;

– os juros compensatórios serão calculados sobre o valor total da indenização, corrigido monetariamente (Súmula 113 do STJ);

– os honorários advocatícios incidirão, também, sobre as parcelas relativas aos juros compensatórios e moratórios, devidamente corrigidos (Súmula 131 do STJ).

5. O protesto pela produção de prova documental e pericial, e de todos os meios probatórios em direito admitidos, ainda que não especificados no CPC, desde que moralmente legítimos (CPC, art. 332).

Dá-se à causa o valor de R$ _________(valor por extenso). *(valor das avaliações feitas)*

Termos em que, pede deferimento.

Local ..., data...

Advogado ...

OAB ....

12. MANDADO DE SEGURANÇA

12.1. MANDADO DE SEGURANÇA – INDIVIDUAL

12.1.1. ESTRUTURA BÁSICA

COMPETÊNCIA	De acordo com a sede da autoridade coatora e a sua categoria funcional.
PARTES	Impetrante: pessoa física ou jurídica. Impetrado: autoridade pública.
HIPÓTESES DE CABIMENTO	Para proteção de direito individual, líquido e certo, não amparado por *habeas data* ou *habeas corpus*, lesado ou ameaçado de lesão, por ato de autoridade pública ou agente de pessoa jurídica no exercício de atribuições do Poder Público.
PRAZO	120 dias a contar do conhecimento oficial do ato.
FUNDAMENTO LEGAL	– Constituição Federal: art. 5.º, LXIX. – Lei 12.016/09.
FUNDAMENTAÇÃO JURÍDICA	Ilegalidade do ato da autoridade coatora violando direito líquido e certo do impetrante.
PEDIDO	a) concessão da liminar, se for o caso; b) notificação da autoridade coatora para prestar informações; c) o pedido de notificação de litisconsortes passivos, conforme o caso; d) intimação da pessoa jurídica à qual está vinculada a autoridade coatora, para contestar; e) oitiva do representante do Ministério Público; f) concessão da segurança.
PROVAS	É vedada em sede de mandado de segurança a produção de prova. Dessa forma, só cabe a ação se houver prova pré-constituída.
HONORÁRIOS	Súmula 512 do STF: “Não cabe condenação em honorários de advogado na ação de mandado de segurança”.
CUSTAS	De acordo com a lei local.
VALOR DA CAUSA	Para fins de alçada.

CIVIL

12.1.2. MODELO – PETIÇÃO INICIAL DE MANDADO SEGURANÇA INDIVIDUAL

EXCELENTÍSSIMO SENHOR DOUTOR JUIZ DE DIREITO DA ... VARA ... DA COMARCA DE ... - ... .

Pular 10 linhas

_______________*(qualificação do autor – nome, estado civil, profissão, endereço, CNPJ, endereço)*, vem mui respeitosamente a presença de Vossa Excelência, por meio de seu advogado e bastante procurador que esta subscreve (doc. 01 – mandato), com fundamento no art. ____ da Lei/Constituição, propor a presente

MANDADO DE SEGURANÇA COM PEDIDO DE LIMINAR

nos termos do artigo 5º, inciso LXIX, da Constituição Federal e da Lei nº 12.016/2009, em face de ____________________________*(qualificação do réu – nome, estado civil, profissão, endereço, CNPJ, endereço),* pelas razões a seguir aduzidas:

I - DOS FATOS.

Relatar detalhadamente o ocorrido.

Dessa forma, não resta outra alternativa ao impetrante, que não a de ingressar com o presente mandado de segurança.

II - DO DIREITO.

1. Do cabimento do mandado de segurança.

1.1. Existência de ato de autoridade.

Demonstrar a existência de ato de autoridade.

Dessa forma, o mandado de segurança é cabível quanto a esse aspecto (art. 5º, LXIX, da CF e art. 1º da Lei 12.016/09).

1.2. Existência de prova pré-constituída.

Os fatos que dão suporte ao direito alegado pelo impetrante estão comprovados de plano, por meio da prova documental ora juntada, consistentes nos seguintes documentos: ____________.

Assim, também está comprido o requisito de prova pré-constituída, essencial para o cabimento do mandado de segurança.

1.3. Respeito ao prazo decadencial de 120 dias.

O prazo decadencial para ingressar com o presente "mandamus" também é requisito que está cumprido. Isso porque, segundo o Superior Tribunal de Justiça, esse prazo é contado da publicação do edital do concurso público.

Assim sendo, o requisito temporal também está ordem.

1.4. Inexistência de outros impedimentos legais ou jurisprudenciais para a propositura do mandado de segurança.

Por fim, não se configura no presente quaisquer outros impedimentos legais (arts. 1º e 5º da Lei 12.016/09) e jurisprudenciais ao manejo do presente remedido constitucional.

2. Da legitimidade ativa e passiva.

A legitimidade ativa está em ordem, pois o impetrante defende, em nome próprio, direito próprio.

A autoridade coatora também está corretamente indicada, vez que ______.

3. Do direito líquido e certo violado.

Descrever o direito líquido e certo.

III – DA LIMINAR.

Sendo assim, o impetrante requer seja deferida a medida liminar antes mesmo da notificação da autoridade coatora, nos termos do art. 7º, III, da Lei 12.016/2009, para que seja determinado à autoridade coatora que modifique imediatamente o edital do concurso em tela, para o fim de atribuir aos policiais estaduais a mesma pontuação atribuída aos policiais federais, no que se refere aos títulos pelo exercício de tempo de serviços nessas atividades, tendo em vista a relevância do fundamento (aparência do bom direito – "fumus boni iuri") e o perigo na demora da decisão ("periculum in mora").

IV – DO PEDIDO.

Por todo o exposto, o impetrante requer seja:

a) deferida a medida liminar, para que seja determinado ______;

b) determinada a notificação da autoridade coatora, enviando-lhe todas as cópias dos documentos que instruem a inicial, para que preste todas as informações necessárias, no prazo de 10 dias (art. 7º, I, da Lei 12.016/2009);

c) dada ciência ao órgão de representação judicial da União Federal, enviando-lhe cópia da inicial para que, querendo, ingresse no feito (art. 7º, II, da Lei 12.016/2009);

d) ouvido o representante do Ministério Público, para que opine no prazo de 10 dias (art. 12 da Lei 12.016/2009)

e) ao final, confirmada a liminar deferida, concedendo-se definitivamente a segurança pleiteada para seja reconhecido ao impetrante, ______.

[obs.: toda a prova deve ser juntada à inicial, pois o direito é líquido e certo e não se admite dilação probatória. Não há condenação em honorários advocatícios em mandado de segurança: Súmulas 512/STF 105/STJ]

Dá-se à causa o valor de R$ 1.000,00.

Termos em que, pede deferimento.

Local ..., data...

Advogado ...

OAB ....

12.2. MANDADO DE SEGURANÇA – COLETIVO

12.2.1. ESTRUTURA BÁSICA

COMPETÊNCIA	De acordo com a sede da autoridade coatora e a sua categoria funcional.
PARTES	Impetrante: partido político com representação no Congresso Nacional, organismo sindical, entidade de classe e associação legalmente constituída e em funcionamento há pelo menos um ano, em defesa dos interesses de seus membros ou associados. Impetrado: autoridade pública. Se os associados estiverem sob a área de atuação de autoridades diferentes, a impetrada será a que estiver sobre todos, ainda que não tenha praticado o ato.
HIPÓTESES DE CABIMENTO	O mandado de segurança coletivo pode ser impetrado por partido político com representação no Congresso Nacional, na defesa de seus interesses legítimos relativos a seus integrantes ou à finalidade partidária, ou por organização sindical, entidade de classe ou associação legalmente constituída e em funcionamento há, pelo menos, 1 (um) ano, em defesa de direitos líquidos e certos da totalidade, ou de parte, dos seus membros ou associados, na forma dos seus estatutos e desde que pertinentes às suas finalidades, dispensada, para tanto, autorização especial. Os direitos protegidos pelo mandado de segurança coletivo podem ser: I - coletivos, assim entendidos, para efeito desta Lei, os transindividuais, de natureza indivisível, de que seja titular grupo ou categoria de pessoas ligadas entre si ou com a parte contrária por uma relação jurídica básica; II - individuais homogêneos, assim entendidos, para efeito desta Lei, os decorrentes de origem comum e da atividade ou situação específica da totalidade ou de parte dos associados ou membros do impetrante.
PRAZO	120 dias a contar do conhecimento oficial do ato.
FUNDAMENTO LEGAL	– Constituição Federal: art. 5.º, LXIX. – Lei 12.016/09
FUNDAMENTAÇÃO JURÍDICA	Ilegalidade do ato da autoridade coatora violando direito líquido e certo do impetrante.
PEDIDO	a) concessão da liminar, se for o caso (verificar o 22, § 2º, da Lei 12.016/09); b) notificação da autoridade coatora para prestar informações; c) intimação da pessoa jurídica à qual está vinculada a autoridade coatora, para contestar (art. 7º, II, da Lei 12.016/09); d) oitiva do representante do Ministério Público; e) concessão da segurança.
PROVAS	É vedado em sede de mandado de segurança a produção de prova. Dessa forma, só cabe a ação se houver prova pré-constituída
HONORÁRIOS	Súmula 512 do STF: "Não cabe condenação em honorários de advogado na ação de mandado de segurança".
CUSTAS	De acordo com a lei local.
VALOR DA CAUSA	Para fins de alçada.

12.2.2. MODELO – PETIÇÃO INICIAL DE MANDADO DE SEGURANÇA COLETIVO

EXCELENTÍSSIMO SENHOR DOUTOR JUIZ DE DIREITO DA ... VARA ... DA COMARCA DE ... – ... .

________________ *(Qualificação do impetrante – nome, endereço, CNPJ)*, vem respeitosamente à presença de Vossa Excelência, por meio de seu advogado e bastante procurador infra-assinado (doc. 01), com fundamento no art. 5.º, LXIX, da Constituição Federal e nos arts. 21 e 22 da Lei 12.016/09 impetrar o presente

MANDADO DE SEGURANÇA COLETIVO

contra ato praticado pelo Sr. .... (indicar o cargo da autoridade coatora), qualificação ...., segundo as razões de fato e de direito a seguir expostas.

I – DOS FATOS

II – DO DIREITO

1. Do cabimento do mandado de segurança coletivo.

1.1. Existência de ato de autoridade.

Dessa forma, o mandado de segurança é cabível quanto a esse aspecto (art. 5º, LXIX, da CF e art. 1º da Lei 12.016/09).

1.2. Existência de prova pré-constituída.

Os fatos que dão suporte ao direito alegado pelo impetrante estão comprovados de plano, por meio da prova documental ora juntada, consistentes em ...

Assim, também está comprido o requisito de prova pré-constituída, essencial para o cabimento do presente mandado de segurança.

1.3. Respeito ao prazo decadencial de 120 dias.

O prazo decadencial para ingressar com o presente "mandamus" também é requisito que está cumprido. Isso porque não houve superação do prazo de 120 dias previstos na lei entre a data da publicação do ato impugnado e a presente data.

Assim sendo, o requisito temporal também está ordem.

1.4. Inexistência de outros impedimentos legais ou jurisprudenciais para a propositura do mandado de segurança.

Por fim, não se configura no presente quaisquer outros impedimentos legais (arts. 1º e 5º da Lei 12.016/09) e jurisprudenciais ao manejo do presente remédio constitucional.

2. Da legitimidade ativa e passiva.

(...)

3. Do direito líquido e certo da impetrante

(explicar os fundamentos jurídicos da ação)

III – DA LIMINAR

(tratar do *periculum in mora* e *fumus boni iuris*)

IV – DO PEDIDO

Ante todos os fatos e o direito acima expostos, requer a Vossa Excelência:

a) Após a oitiva, no prazo de 72 horas, da pessoa jurídica à qual se encontra vinculada a autoridade impetrada (art. 22, § 2º, da Lei 12.016/08), a concessão da liminar para determinar a suspensão do ato lesivo .....

b) determinada a notificação da autoridade coatora, enviando-lhe todas as cópias dos documentos que instruem a inicial, para que preste todas as informações necessárias, no prazo de 10 dias (art. 7º, I, da Lei 12.016/2009);

c) dada ciência ao órgão de representação judicial da União Federal, enviando-lhe cópia da inicial para que, querendo, ingresse no feito (art. 7º, II, da Lei 12.016/2009);

d) ouvido o representante do Ministério Público, para que opine no prazo de 10 dias (art. 12 da Lei 12.016/2009)

e) ao final, confirmada a liminar deferida, concedendo-se definitivamente a segurança pleiteada para seja reconhecido ao impetrante o direito de ....

[obs.: toda a prova deve ser juntada à inicial, pois o direito é líquido e certo e não se admite dilação probatória. Não há condenação em honorários advocatícios em mandado de segurança: Súmulas 512/STF 105/STJ]

Dá-se à causa o valor de R$ 1.000,00.

Termos em que, pede deferimento.

Local ..., data...

Advogado ...

OAB ....

13. AÇÃO POPULAR

13.1. ESTRUTURA BÁSICA

COMPETÊNCIA	Mesmo quando houver réu que tem, na esfera criminal, foro por prerrogativa de função, o Juízo de 1.º grau é competente para conhecer da ação popular (art. 5.º da Lei 4.717/65),
PARTES	Autor: cidadão (art. 1.º da Lei 4.717/65)
	Réu (art. 6.º da Lei 4.717/65): I) as pessoas cujo patrimônio se pretende proteger; II) aqueles que causaram a lesão; III) beneficiários diretos.
HIPÓTESES DE CABIMENTO	– lesão ao patrimônio público, à moralidade administrativa, ao meio ambiente ou ao patrimônio histórico e cultural – Arts. 2.º, 3.º e 4.º da Lei 4.717/65.
PRAZO	Prescreve em 5 anos.
FUNDAMENTO LEGAL	– Art 5.º, LXXIII, da CF/88. – Lei 4.717/65.

FUNDAMENTAÇÃO JURÍDICA	– o ato viciado deve estar elencado nos arts. 2.º, 3.º ou 4.º da Lei 4.717/65. – demonstrar a ilegalidade e a lesividade.
PEDIDO	a) citação dos réus para apresentar defesa sob pena de revelia; b) intimação do Ministério Público; c) concessão de liminar; d) procedência do pedido, decretando-se a nulidade dos atos impugnados; e) sucumbência.
PROVAS	Todo tipo de prova admitida em direito.
CUSTAS	O autor é isento de custas judiciais e do ônus da sucumbência, salvo comprovada má-fé.
VALOR DA CAUSA	Fins de alçada.

13.2. MODELO – PETIÇÃO INICIAL DE AÇÃO POPULAR

EXCELENTÍSSIMO SENHOR DOUTOR JUIZ DE DIREITO DA ... VARA DA FAZENDA PÚBLICA DA COMARCA DE ... - ... .

[deixe espaço de aproximadamente 10 cm, para eventual despacho ou decisão do juiz]

__________ *(qualificação do autor – nome, estado civil, profissão, endereço,...,* ***portador do Título Eleitoral nº ..., cidadão em pleno gozo de seus direitos (doc. 01)*** vem, mui respeitosa e tempestivamente à presença de Vossa Excelência, por meio de seu advogado e bastante procurador infra assinado (doc. 02) com endereço na ..., com fundamento no artigo 5º, LXXIII da Constituição Federal e Lei 4.717 de 29 de junho de 1965 aforar a presente

AÇÃO POPULAR

em face do Estado ..., pessoa jurídica de direito público, com sede ..., na pessoa de seu representante legal .... e de ...., Secretario Estadual dos Transportes, qualificação..., e Empresa de Transportes Coletivos ..., qualificação ..., nos termos do art. 6º, da Lei 4.717/65, com sede de suas atividades na ..., pelas razões de fato e de direito a seguir aduzidas:

1. DOS FATOS.

Conforme noticiado no Jornal ..., periódico de grande circulação no ... , o Estado ..., ora réu, por meio do Secretario Estadual de Transportes, ora também réu, resolveu, no dia 04/03/2007, renovar por mais 20 anos contrato de permissão de serviço público de transporte coletivo intermunicipal em face de todos os municípios do estado, em favor da Empresa de Transportes Coletivos ..., também ré na presente ação.

Ocorre que tanto o primeiro contrato, celebrado em 05/03/87, como o segundo contrato foram celebrados sem a prévia realização de licitação pública. Ademais, a renovação contratual se deu mediante a inclusão de algumas cláusulas contratuais, por vontade do contrato.

Diante dessa situação, e do fato de que o sistema de transporte no estado não é satisfatório, que as tarifas são muito elevadas e que os ônibus são velhos e sempre atrasam o transporte, o autor requereu pessoalmente, do órgão responsável, o acesso aos documentos necessários para a propositura da presente ação.

CIVIL

Todavia, esse pedido, no entanto foi negado.

Os fatos noticiados acima justificam a propositura da presente ação popular, sendo certo que o autor se valerá da prerrogativa contida no art. 1º, § 7º, da Lei 4.717/65, propondo a ação desacompanhada dos documentos contidos nos processos administrativos que tratam das contratações referidas, vez que, como noticiado, tais documentos tiveram seu acesso negado pelo órgão responsável.

2. DO DIREITO.

2.1. Da legitimidade ativa.

A Constituição Federal estabelece que "*qualquer cidadão é parte legítima para propor ação popular que vise a anular ato lesivo ao patrimônio público ou de entidade de que o Estado participe ...*" (art. 5º, LXXIII).

Assim, o autor, que é cidadão brasileiro, e encontra-se quite com a Justiça Eleitoral (doc. X), está legitimado para a propositura da presente ação, que tem por fim desfazer a lesão ao patrimônio público e à moralidade administrativa.

2.2. Da lesão ao patrimônio público e ao princípio da moralidade.

De acordo com o art. 175 da Constituição Federal, a concessão e a permissão de serviço público dependem de licitação para serem outorgadas.

Repetindo a regra constitucional, a Lei 8.987/95 também exige licitação tanto para a concessão, como para a permissão de serviço público (arts. 2º, II e IV, e 14).

Aliás, a Lei 8.987/95, admite que sejam mantidas concessões outorgadas sem licitação anteriormente à Constituição de 1988, impedindo, todavia, a renovação do contrato, que, uma vez findo, deve dar lugar à prestação do serviço pela própria Administração ou por terceiro, mediante novo contrato (art. 42, § 1º), o qual, nos termos da Lei 8.987/95, depende de licitação, como se viu.

Nesse ponto, cumpre destacar que o fato de a empresa ré ter feitos investimentos e ter experiência no serviço prestado não é argumento que encontre guarida na Lei 8.987/95 para propiciar a renovação do contrato sem licitação.

Há de se lembrar que a doutrina e a jurisprudência são uníssonas no sentido de que delegações de grande vulto, como é a de transporte coletivo, reclamam outorga de concessão, e não de mera permissão de serviço público, de natureza precária, de modo que não calha qualquer argumento no sentido de que a precariedade da permissão justifica a ausência de licitação.

O fato é que os descumprimentos escancarados da lei e da Constituição no caso presente revelam violação à moralidade administrativa e ao patrimônio público, valores protegidos pela ação popular. O primeiro valor é violado pois não é crível que um secretario estadual de transportes e uma empresa do porte da ré não conheçam as comezinhas normas do direito das concessões e permissões de serviço público, quanto à obrigatoriedade de licitação. E o segundo valor é violado na medida em que a ausência de licitação propicia que não se busque a melhor proposta para a Administração, o que, de acordo com o tipo de concessão a ser realizada, pode gerar menos ou mais recursos em favor do Poder Público.

2.3. Da nulidade do ato de renovação da permissão.

O artigo 2º da lei 4.717/65 estabelece que são nulos os atos lesivos ao patrimônio público do Estado, por vício de forma, ilegalidade de objeto, inexistência de motivos e desvio de finalidade.

No caso em tela, requisitos procedimentais foram descumpridos, configurando ilegalidade não passível de ser sanada, vez que a obrigatoriedade de licitação, no caso, é prevista tanto na Constituição, como na Lei de Concessão de Serviços Público, conforme dispositivos já mencionados no presente.

Destarte, de rigor a declaração de nulidade do contrato celebrado, com a consequente determinação para que a o Estado-réu promova a realização de licitação pública para a concessão do serviço público em questão.

2.4. Da requisição de documentos.

Conforme já relatado, o autor requereu pessoalmente a extração de cópia dos processos administrativos nos quais se deram a primeira contratação e a sua renovação. Todavia, o pedido foi negado, o que propiciou a propositura da presente demanda com os benefícios do art. 1º, § 7º, da Lei 4.717/65.

Dessa forma, de rigor que esse D. Juízo se digne em, ao se despachar a petição inicial, requisite ao Estado-réu cópias dos processos administrativos de que tratam as duas permissões de serviço público outorgadas à empresa-ré, providência a ser cumprida no prazo de 15 dias, tendo em vista a facilidade na obtenção desses documentos (art. 7º, I, "b", da Lei 4.717/65).

Tão logo os documentos esteja juntados aos autos, o autor fará pedido de liminar, nos termos do art. 5º, § 4º, a fim de suspender a renovação da permissão e de determinar a realização imediata de processo licitatório para que outros interessados possam participar do certame com vistas à concessão do serviço público respectivo, em condições de igualdade.

3. DO PEDIDO.

Por todo o exposto, o autor requer seja:

a) determinada a citação dos réus, para responder aos termos da presente ação, sob pena de serem tidos por verdadeiros os fatos aqui narrados;

b) determinada a intimação do represente do Ministério Público, para acompanhar a presente ação;

c) requisitado da Estado-réu, na pessoa do Secretário Estadual dos Transportes, também réu na presente demanda, cópia integral dos processos administrativos que tratam da outorga de permissão de serviço público e de sua renovação;

d) julgada procedente a presente ação, para o fim de declarar a nulidade do ato de renovação da permissão de serviço público de transporte coletivo intermunicipal em face de todos os municípios do estado, bem como para condenar o Estado-réu a promover a devida licitação para que outras empresas ou empresários possam participar do certame com vistas à concessão do serviço público respectivo, em condições de igualdade.

Requer, outrossim, a condenação dos réus nas custas e honorários advocatícios, em montante a ser arbitrado por Vossa Excelência, na forma do artigo 20 do CPC.

Protesta pela produção de todos os meios de prova em direito admitidos, sem exclusão de nenhuma delas, especialmente oitiva dos depoimentos pessoais dos representantes das entidades rés, bem como depoimentos de testemunhas, cujo rol será oferecido oportunamente.

Requer, também, a isenção de custas para o recebimento e processamento da presente ação, nos moldes do inciso LXXIII, do artigo 5º da Constituição Federal.

Dá a causa, apenas para efeito de alçada, o valor de R$ 10.000,00.

Termos em que, pede deferimento.

Local ..., data...

Advogado ...

OAB ....

14. AÇÃO CIVIL PÚBLICA

14.1. ESTRUTURA BÁSICA

COMPETÊNCIA	No foro do local onde ocorrer o dano (arts. 2.º e 4.º da Lei 7.347/85).
PARTES	Legitimado ativo: Ministério Público, entes da Administração Direta e Indireta, associações com pertinência temática e constituídas há pelo menos um ano (associações em sentido amplo, englobando partidos políticos e sindicatos), órgãos públicos, defensoria pública e OAB. Legitimado passivo: qualquer pessoa, física ou jurídica
HIPÓTESES DE CABIMENTO	Ações de responsabilidade por danos morais e patrimoniais causados a interesses difusos, coletivos ou individuais homogêneos (vide definições no art. 81, p. único, do CDC)
PRAZO	É imprescritível em dois casos: a) reparação de danos ao meio ambiente (STJ); b) reparação do patrimônio público lesado por ato ilícito (STF). Nos demais casos, verificar o prazo previsto em lei.
FUNDAMENTO LEGAL	Lei 7.347/85.

14.2. MODELO – PETIÇÃO INICIAL DE AÇÃO CIVIL PÚBLICA

EXCELENTÍSSIMO SENHOR DOUTOR JUIZ DE DIREITO DA ... VARA DA FAZENDA PÚBLICA DA COMARCA DE ... - ... .

[deixe espaço de aproximadamente 10 cm, para eventual despacho ou decisão do juiz]

ASSOCIAÇÃO DE DEFESA DO CIDADÃO, pessoa jurídica de direito privado, inscrita no CNPJ sob n. ...., com sede na rua ..., nº ...., município de ..., conforme cópia de seu estatuto (doc. 1), por meio de seu advogado e bastante procurador infra assinado (doc. 2), com endereço ..., com fundamento no artigo 1º da Lei 7.347/85, vem respeitosamente a presença de Vossa Excelência propor a presente

AÇÃO CIVIL PÚBLICA COM PEDIDO DE LIMINAR

em face do Estado ..., pessoa jurídica de direito público, com sede ...., na pessoa de seu representante legal .... e da Empresa X, com sede de suas atividades na ..., pelas razões de fato e de direito a seguir aduzidas:

1. DOS FATOS.

2. DO DIREITO.

2.1. Do cabimento da ação civil pública

(interesses difusos, coletivos ou individuais homogêneos (vide definições no art. 81, p. único, da Lei 8.078/90)

2.2. Da legitimidade ativa.

(no caso de associação, demonstrar o cumprimento do disposto no art. 5º, V, "a" e "b", da Lei 7.347/85); verificar se não é o caso de fazer o requerimento previsto no § 4º do art. 5º da referida lei)

2.3. Da lesão ao interesse ...

(Explicitar o direito que foi violado; aqui, deve-se reforçar a ideia de que se trata de interesse difuso, coletivo ou individual homogêneo, mas com um plus, qual seja, o de explicar qual lei foi violada; ex: dano ao meio ambiente, dando ensejo à reparação ambiental; ex: dano a consumidores que adquiriram dado produto, ensejando obrigação de indenizar).

3. DA ANTECIPAÇÃO DE TUTELA.

4. DO PEDIDO.

Por todo o exposto, o autor requer seja:

a) concedida tutela antecipada, com amparo nas normas constantes do arts. 461 do CPC, 84 do CDC e 12 da Lei 7.347/85, para determinar a suspensão .... (ou a obrigação de ...)

b) determinada a citação dos réus, para responder aos termos da presente ação, sob pena de serem tidos por verdadeiros os fatos aqui narrados;

c) determinada a intimação do represente do Ministério Público, para acompanhar a presente ação;

d) julgada procedente a presente ação, para o fim de declarar a nulidade do ....(e/ou para o fim de que se condene os réus a ....).

Requer, outrossim, a condenação dos réus nas custas e honorários advocatícios, em montante a ser arbitrado por Vossa Excelência, na forma do artigo 20 do CPC.

Protesta pela produção de todos os meios de prova em direito admitidos, sem exclusão de nenhuma delas, especialmente oitiva dos depoimentos pessoais dos representantes das entidades rés, bem como depoimentos de testemunhas, cujo rol será oferecido oportunamente.

Requer, também, a isenção de custas e demais despesas, nos termos do art. 18 da Lei 7.347/85.

Dá a causa, para efeito de alçada, o valor de R$ 10.000,00.

Termos em que, pede deferimento.

Local ..., data...

Advogado ...

OAB ....

15. MODELO – PETIÇÃO INICIAL DE AÇÃO DIRETA DE INCONSTITUCIONALIDADE COM PEDIDO DE MEDIDA CAUTELAR

início da peça

Excelentíssimo Senhor Doutor Ministro Presidente do Supremo Tribunal Federal

[deixe espaço de aproximadamente 10 cm, para eventual despacho ou decisão do juiz]

Partido político com representação no Congresso Nacional (qualificação – art. 282, II, do CPC), por seu advogado que firma a presente (procuração anexada), com escritório para recebimento de intimações na (endereço – art. 39, I, do CPC), vem à presença de Vossa Excelência, respeitosamente, propor a presente

CIVIL

AÇÃO DIRETA DE INCONSTITUCIONALIDADE COM PEDIDO DE MEDIDA CAUTELAR

em face do Presidente da República e do Congresso Nacional, representado por seu Presidente, nos termos dos arts 102, I, "a" e "p"; e 103, VIII, da Constituição Federal, bem como dos arts. 1º a 12 da Lei nº 9.868/1999, pelas razões a seguir aduzidas:

1. DOS FATOS

O governo brasileiro, preocupado com os índices crescentes de ataques terroristas no mundo, vinculou-se à Convenção sobre os Direitos Humanos das Vítimas de Atividades Terroristas, convenção internacional, de âmbito multilateral, que estabelece restrições aos direitos dos presos condenados por crimes resultantes de atividades terroristas.

O presidente da República assinou o tratado e o enviou ao Congresso Nacional, conforme disposição do art. 49, I, da Constituição Federal e, em poucos meses, o Congresso Nacional aprovou o texto do tratado na forma de decreto legislativo.

Após isso, o presidente da República editou decreto promulgando e ratificando o tratado.

Já estando internamente em vigor o referido decreto, vários juízes, em todo o território nacional, passaram a aplicar o disposto no art. 22 do Tratado, no qual se lê: "as presas condenadas por crimes resultantes de atividades de terrorismo, logo após darem à luz, deverão deixar seus filhos sob a responsabilidade de entidade pública de assistência social até que cumpram integralmente a pena".

A disposição fere frontalmente o que dispõe a Constituição Federal, como abaixo se lê.

2. DO DIREITO

a) Competência do órgão julgador

A competência do Supremo Tribunal Federal para julgar originariamente a presente causa, bem como para apreciar a medida cautelar ao final requerida encontra-se prevista no art.102, I, "a" e "p", da CF, o que afasta qualquer questionamento a respeito.

b) Legitimidade ativa e passiva

O art. 103, VIII, da CF prevê a legitimidade dos partidos políticos com representação no Congresso Nacional para propor ação direta de inconstitucionalidade, como é o caso do partido requerente (doc ...). Ademais, não é necessário demonstrar pertinência temática, em razão de a jurisprudência do STF ter firmado sua condição de legitimado universal para a propositura de ADIn.

Por outro lado, justifica-se a legitimidade passiva do Presidente da República e do Congresso Nacional (por intermédio de seu Presidente), porque correspondem à autoridade e ao órgão responsáveis pela edição, respectivamente, do Decreto presidencial e do Decreto legislativo aqui impugnados.

c) Cabimento de ADIn

Registre-se, também, que é firme a jurisprudência pelo cabimento de ADIn contra normas provenientes, de tratados ratificados pelo Brasil que, em regra, tem o mesmo status das leis ordinárias. Caso aprovados pelo procedimento do art. 5º, § 3º, da CF, equivalem às emendas constitucionais – o que não é o caso dos autos –, mas ainda assim podem ser objeto de controle, por não serem normas constitucionais originárias.

Ademais, pela recente jurisprudência do STF, os tratados internacionais sobre direitos humanos têm força normativa supralegal, ou seja, estão acima das leis mas, ainda assim, abaixo do texto constitucional. Por isso, também nesse caso se pode falar em controle de constitucionalidade, por deverem observâncias às normas da Constituição.

Por fim, importa ressaltar que o procedimento de incorporação dos tratados ao direito brasileiro demanda a manifestação de duas vontades: a do Congresso Nacional, que edita o decreto legislativo na forma do art. 49, I, da CF, e a do Presidente da República, em observância ao disposto no art. 84, VIII, do texto constitucional. Dessa forma, a presente ação direta tem por objeto os dois atos normativos, haja vista sua interdependência.

Afastadas as possíveis dúvidas sobre o cabimento da ADIn no caso presente, junta-se aos autos cópia dos atos impugnados, de acordo com o art. 3º, parágrafo único, da Lei 9.868/1999.

d) Inconstitucionalidade do art. 22 da Convenção atacada

Como relatado, o art. 22 da Convenção sobre os Direitos Humanos das Vítimas de Atividades Terroristas tem o seguinte texto:

> "as presas condenadas por crimes resultantes de atividades de terrorismo, logo após darem à luz, deverão deixar seus filhos sob a responsabilidade de entidade pública de assistência social até que cumpram integralmente a pena".

Ao contrário, a Constituição de 1988 expressamente garante o direito de as presidiárias permanecerem com seus filhos durante o período de amamentação:

> Art. 5º.
> (...)
> L – às presidiárias serão asseguradas condições para que possam permanecer com seus filhos durante o período de amamentação.

A inconstitucionalidade da norma da convenção internacional é tão direta, clara e flagrante que se pode utilizar aqui a nomenclatura inaugurada pelo Min. Sepúlveda Pertence, que costumava referir-se a "inconstitucionalidade chapada" para designar casos como o presente.

3. DA MEDIDA CAUTELAR

Como acima exposto, o art. 22 da Convenção sobre os Direitos Humanos das Vítimas de Atividades Terroristas afronta diretamente o texto do art. 5º, L, da CF, e, por isso, deve ter seus efeitos suspensos.

Sendo assim, com fundamento no art. 102, I, "p", da CF, o partido político requerente pede seja deferida a medida cautelar, nos termos do art. 10 da Lei 9.868/1999, após audiência do Presidente da República e do Presidente do Congresso Nacional, em cinco dias.

Isso porque, como já se demonstrou, estão presentes a relevância do fundamento (*fumus boni iuris*, representado pela "inconstitucionalidade chapada" do art. 22 da Convenção) e o perigo na demora da decisão (*periculum in mora* – que, caso proferida apenas ao final, coloca em risco o período de cuidados e de amamentação de diversas crianças, que serão desumanamente retiradas do convívio de suas mães).

Para tanto, caso V. Exa. entenda necessário, que se determine a oitiva do Advogado-Geral da União e do Procurador-Geral da República, no prazo de três dias (art. 10, § 1º, da CF).

4. DO PEDIDO

Por todo o exposto, o partido político requer seja(m):

a) deferida a medida cautelar, após intimação do Presidente da República e do Presidente do Congresso Nacional, em cinco dias, para que o STF suspenda os efeitos do art. 22 da Convenção sobre os Direitos Humanos das Vítimas de Atividades Terroristas (art. 10 da Lei 9.868/1999), até a decisão final da presente Ação Direta de Inconstitucionalidade;

b) determinada a intimação dos responsáveis pela edição dos atos impugnados, ou seja, do Presidente da República e do Presidente do Congresso Nacional, para que prestem informações no prazo de trinta dias (art. 6º, parágrafo único, da Lei 9.868/1999);

c) ouvido o Advogado-Geral da União, após o prazo para informações, no prazo de quinze dias (art. 103, § 3º da CF e art. 8º da Lei 9.868/1999);

d) ouvido o Procurador-Geral da República, após a manifestação do AGU, também no prazo de quinze dias (art. 103, § 1º, da CF e art. 8º da Lei 9.868/1999);

e) ao final, confirmada a liminar deferida, declare-se a inconstitucionalidade material do art. 22 da Convenção sobre os Direitos Humanos das Vítimas de Atividades Terroristas, suspendendo-se definitivamente a eficácia dos atos normativos impugnados (decreto legislativo e decreto presidencial), que incorporaram o texto da referida Convenção ao direito interno.

Por fim, reitere-se que foram protocolizadas duas vias da petição inicial, que se encontra acompanhada de instrumento de procuração, de cópias dos atos normativos impugnados, bem como dos documentos necessários para comprovar a impugnação (art. 3º, parágrafo único, da Lei 9.868/1999).

Deixa-se de atribuir valor à causa, ante a impossibilidade de aferi-lo.

[conforme padrão utilizado pelo Conselho Federal da OAB]

Termos em que pede deferimento.

Local ..., data ... .

Advogado ...

OAB ...

[não assine, rubrique ou, de outra forma, identifique sua prova!]

fim da peça

Prática Empresarial

Robinson Barreirinhas e Henrique Subi

EXERCÍCIOS PRÁTICOS

1. SOCIEDADES LIMITADAS

(OAB/Exame Unificado – 2013.2 – 2ª fase) Os sócios da sociedade Rafael Jambeiro & Companhia Ltda. decidiram dissolvê-la de comum acordo pela perda do interesse na exploração do objeto social. Durante a fase de liquidação, todos os sócios e o liquidante recebem citação para responder aos termos do pedido formulado por um credor quirografário da sociedade, em ação de cobrança intentada contra esta e os sócios solidariamente.

Na petição inicial o credor invoca o art. 990 do Código Civil, por considerar a sociedade em comum a partir de sua dissolução e início da liquidação. Por conseguinte, os sócios passariam a responder de forma ilimitada e solidariamente com a sociedade, que, mesmo despersonificada, conservaria sua capacidade processual, nos termos do art. 12, VII, do Código de Processo Civil.

Com base na hipótese apresentada, responda à seguinte questão.

Tem razão o credor quirografário em sua pretensão de ver reconhecida a responsabilidade ilimitada e solidária dos sócios? Justifique e dê amparo legal. (Valor: 1,25)

O examinando deve fundamentar corretamente sua resposta.

A simples menção ou transcrição do dispositivo legal não pontua.

GABARITO COMENTADO – FGV

A questão tem por objetivo aferir o conhecimento do examinando sobre um dos efeitos da dissolução da sociedade, isto é, a manutenção da personalidade jurídica até o encerramento da liquidação e baixa do registro no órgão competente (art. 51 do Código Civil: "*Nos casos de dissolução da pessoa jurídica ou cassada a autorização para seu funcionamento, ela subsistirá para os fins de liquidação, até que esta se conclua*"). Assim, o credor não tem razão em propor a ação em face dos sócios com fundamento no art. 990 do Código Civil, que se aplica apenas à sociedade em comum, não personificada. Os sócios permanecem durante a liquidação com a responsabilidade limitada prevista no art. 1.052 do Código Civil.

(OAB/Exame Unificado – 2013.1 – 2ª fase) Os sócios da Sociedade Gráfica Veloz Ltda., atuante no setor de impressões, vinham passando por dificuldades em razão da obsolescência de seus equipamentos. Por este motivo, decidiram, por unanimidade, admitir Joaquim como sócio na referida sociedade. Joaquim subscreveu, com a concordância dos sócios, quotas no montante de R$ 100.000,00 (cem mil reais), se comprometendo a integralizá-las no prazo de duas semanas. O ato societário refletindo tal aumento de capital foi assinado por todos e levado para registro na Junta Comercial competente.

Contando com os recursos financeiros oriundos do aumento de capital e na esperança de recuperar o Mercado perdido, os administradores da Gráfica Veloz Ltda. adquiriram os equipamentos necessários ao aprimoramento dos serviços prestados pela sociedade, comprometendo-se a efetuar o pagamento de tais aparelhos dentro do prazo de dois meses.

Como Joaquim não integralizou o valor subscrito no prazo acertado, a Sociedade Gráfica Veloz Ltda. o notificou a respeito do atraso no pagamento e, após 1 (um) mês do recebimento desta notificação, Joaquim não integralizou as quotas subscritas.

Em função do inadimplemento de Joaquim, a Gráfica Veloz Ltda. assumiu expressiva dívida, na medida em que atrasou o pagamento dos equipamentos adquiridos e teve que renegociar seu débito, submetendo-se a altos juros.

Na qualidade de advogado dos sócios da Gráfica Veloz Ltda., responda aos seguintes itens.

A) É possível excluir Joaquim da sociedade? (Valor: 0,85)

B) É possível cobrar de Joaquim os prejuízos sofridos pela sociedade, caso ele permaneça como sócio da Gráfica Veloz Ltda.? (Valor: 0,40)

O examinando deve fundamentar corretamente sua resposta.

A simples menção ou transcrição do dispositivo legal não pontua.

GABARITO COMENTADO – FGV

O examinando deverá demonstrar conhecimento sobre o tratamento conferido pela legislação aplicável às sociedades limitadas ao sócio remisso.

A) O examinando deverá indicar que, em razão da mora na integralização das quotas, a sociedade pode, ao invés de promover a cobrança judicial ou amigável da dívida, excluir o sócio Joaquim, nos termos do art. 1.058 do Código Civil.

Trata-se de hipótese clara de exclusão extrajudicial de sócio, portanto não será aceito como fundamentação legal o art. 1.030 do Código Civil, que trata de exclusão judicial.

B) O examinando deverá responder que, caso permaneça na sociedade, esta poderá cobrar de Joaquim indenização pelos prejuízos sofridos com a mora, nos termos do art. 1.004, *caput*, do Código Civil.

Note-se que a pergunta diz respeito à cobrança dos prejuízos sofridos pela sociedade, caso Joaquim permaneça na sociedade. Portanto, a pergunta é claríssima já informando que o sócio será mantido na sociedade e não excluído. Se o candidato souber interpretar adequadamente o art. 1.004 do Código Civil, perceberá que apenas o *caput* prevê a possibilidade de cobrança de indenização pelo dano decorrente da mora do sócio. O parágrafo único do art. 1.004 prevê situações completamente diversas – a exclusão extrajudicial de sócio pela maioria ou a redução de sua quota ao montante integralizado. Portanto, não será aceita fundamentação no parágrafo único do art. 1.004 do Código Civil porque demonstra que o candidato não soube interpretar o dado do enunciado nem a pergunta formulada, eis que citou hipótese completamente distinta (exclusão ao invés de indenização).

Distribuição dos pontos

Quesito Avaliado	Valores
A) Sim, os sócios podem excluir Joaquim da sociedade, em razão da mora na integralização das quotas (0,50), nos termos do art. 1.058 do Código Civil (0,35). Obs.: A simples menção ao dispositivo legal não pontua.	0,00 / 0,50 / 0,85
B) A sociedade pode cobrar de Joaquim indenização pelos prejuízos decorrentes da mora, nos termos do *caput* do art. 1.004 do Código Civil (0,40). Obs.: A simples menção ao dispositivo legal não pontua.	0,00 / 0,40

(OAB/Exame Unificado – 2012.3 – 2ª fase) Marcos e Juliana casaram-se logo depois de formados. Decidiram, então, constituir a sociedade "ABC" Ltda., tendo como sócios, Susana e Felipe. Marcos e Juliana possuem, em conjunto, 70% das quotas de "ABC" Ltda., enquanto Susana e Felipe possuem 15% cada um. Marcos e Felipe são os administradores da sociedade.

Marcos convoca uma reunião por e-mail, a ser realizada no dia seguinte, para tratar de uma possível incorporação de outra sociedade do mesmo ramo. Todos se dão por cientes do local, data, hora e ordem do dia da reunião. Por e-mail, com todos os demais sócios copiados, Susana formula algumas indagações a respeito da proposta de incorporação referida acima. Após diversas trocas de e-mails, Marcos, Juliana e Felipe aprovaram a operação, enquanto Susana votou contra. Marcos imprime todos os e-mails e os arquiva na sede da sociedade.

De acordo com o enunciado acima e com a legislação pertinente, responda fundamentadamente aos itens a seguir.

A) Marcos poderia convocar a reunião para o dia seguinte, por e-mail? (Valor: 0,65)

B) Haveria necessidade de realizar a reunião no dia seguinte ao da convocação? (Valor: 0,60)

GABARITO COMENTADO – FGV

O examinando deve demonstrar conhecimento a respeito das sociedades limitadas.

A) Sim, desde que todos os sócios estejam cientes do local, data, hora e ordem do dia da reunião, atendendo, assim, ao disposto no art. 1.072, § 2º, do Código Civil. Como o enunciado informa que "todos se dão por cientes", não há nenhuma irregularidade na convocação.

B) Não há necessidade de realização da reunião no dia seguinte, pois todos os sócios decidiram, por escrito, sobre a matéria que seria objeto da mesma, conforme o art. 1.072, § 3º, do Código Civil. Marcos, Juliana e Felipe aprovaram a operação e Susana votou contra, conforme expressamente indica o enunciado.

Distribuição dos pontos

Quesito Avaliado	Valores
A) Sim, desde que todos os sócios estejam cientes do local, data, hora e ordem do dia da reunião (0,40), atendendo, assim, o disposto no art. 1.072, § 2º, do Código Civil. (0,25) Obs.: A mera citação do artigo não pontua.	0,00 / 0,40 / 0,65
B) Não, pois todos os sócios decidiram, por escrito, sobre a matéria que seria objeto da reunião (0,40), conforme art. 1.072, § 3º, do Código Civil. (0,20) Obs.: A mera citação do artigo não pontua.	0,00 / 0,40 / 0,60

(OAB/Exame Unificado – 2012.3 – 2ª fase) Felipe, Rodrigo e Fabiana cursaram juntos a Faculdade de Letras e tornaram-se grandes amigos. Os três trabalhavam como tradutores e decidiram celebrar um contrato de sociedade, para prestação de serviços de tradução, sob a denominação de Tradutores Amigos Ltda., tendo cada um a mesma participação societária.

Alguns anos depois, Fernando, credor particular de Rodrigo, tenta executá-lo, mas o único bem encontrado no patrimônio é a sua participação na Tradutores Amigos Ltda., cuja empresa é altamente lucrativa.

A partir da hipótese apresentada, responda, de forma fundamentada, aos itens a seguir.

A) A parte dos lucros da sociedade que cabe a Rodrigo pode responder por sua dívida particular? (Valor: 0,75)

B) Rodrigo pode vender diretamente a Fernando suas quotas, a fim de extinguir sua dívida particular? (Valor: 0,50)

GABARITO COMENTADO – FGV

O examinando deve demonstrar conhecimento a respeito das sociedades limitadas.

A) A parte dos lucros da sociedade Tradutores Amigos Ltda. que cabe a Rodrigo, sócio executado, pode responder por sua dívida particular no caso de insuficiência de seus bens, conforme dispõe o art. 1.026, *caput,* do CC, uma vez que, na omissão do capítulo próprio, as sociedades limitadas regem-se pelas normas das sociedades simples (art. 1.053, *caput,* do CC).

B) Rodrigo pode vender suas quotas a Fernando, desde que nenhum dos sócios da Tradutores Amigos Ltda. se oponha, visto que o contrato é omisso quanto à cessão de quotas e, nesse caso, o art. 1.057 do CC prevê que o sócio pode ceder sua quota a estranho, se não houver oposição de titulares de mais de 1/4 do capital social.

Distribuição dos pontos

Quesito Avaliado	Valores
A) Sim, a parte dos lucros de Tradutores Amigos Ltda. que cabe a Rodrigo pode responder por sua dívida particular no caso de insuficiência de seus bens (0,50), conforme art. 1.026, *caput*, do CC (0,25). Obs.: A mera citação do artigo não pontua.	0,00 / 0,50 / 0,75
B) Sim, na omissão do contrato da sociedade limitada, Rodrigo pode vender suas quotas a Fernando, caso não haja oposição de qualquer dos sócios OU o sócio pode ceder suas quotas a estranho, se não houver oposição de titulares de mais de 1/4 do capital social (0,25), com fundamento no art. 1.057, do CC (0,25). Obs.: A mera citação do artigo não pontua.	0,00 / 0,25 / 0,50

(OAB/Exame Unificado – 2012.2 Exame – 2ª fase) Pedro, 15 anos, Bruno, 17 anos, e João, 30 anos, celebraram o contrato social da sociedade XPTO Comércio Eletrônico Ltda., integralizando 100% do capital social. Posteriormente, João é interditado e declarado incapaz, mediante sentença judicial transitada em julgado. Os sócios desejam realizar alteração contratual para aumentar o capital social da sociedade.

A) João poderá permanecer na sociedade? Em caso positivo, quais condições devem ser respeitadas? (Valor: 0,50)

B) Quais critérios legais a Junta Comercial deve seguir para que o registro da alteração contratual seja aprovado? (Valor: 0,75)

O examinando deve fundamentar corretamente sua resposta. A simples menção ou transcrição do dispositivo legal não pontua.

GABARITO COMENTADO – FGV

O examinando deve demonstrar conhecimento a respeito da possibilidade de o incapaz, ainda que absolutamente, ser sócio de sociedade empresária e os requisitos legais a serem observados pelo Registro Público de Empresas Mercantis.

A) O examinando deve indicar que João, mesmo interditado, pode permanecer na sociedade, desde que seja devidamente representado ou assistido, conforme a causa de sua interdição. Por se tratar de sócio de sociedade empresária, e não de empresário individual, são inaplicáveis ao caso proposto o *caput* e os §§ 1º e 2º do art. 974. O *caput* prevê a continuidade da empresa pelo incapaz e João não irá continuar empresa porque é sócio e não empresário. Os §§ 1º e 2º do art. 974, da mesma forma, estabelecem regras que se aplicam exclusivamente ao empresário individual. Por conseguinte, não se aplica a João a necessária autorização judicial prévia, onde o juiz examinará os riscos do prosseguimento da atividade pelo incapaz, ainda mais sendo sócio de responsabilidade limitada. A condição a ser respeitada para que João permaneça na sociedade encontra-se, **exclusivamente**, no art. 974, § 3º, do CC.

B) Para que seja arquivada a alteração contratual, a Junta Comercial deverá verificar o cumprimento dos requisitos previstos no art. 974, § 3º, CC: (i) nenhum dos sócios incapazes poderá exercer a administração da sociedade; (ii) o capital social deve estar totalmente integralizado; (iii) o sócio Bruno deve estar assistido, o sócio Pedro deve estar representado e o sócio João, representado ou assistido, conforme a causa de sua interdição.

Sobre o terceiro requisito do art. 974, § 3º, do CC, o examinando poderá diferenciar a incapacidade absoluta da relativa, enquadrando Pedro como absolutamente incapaz, conforme o art. 3º, I, do CC, e Bruno como relativamente incapaz, conforme o art. 4º, I, do CC. Em relação a João sua incapacidade pode ser absoluta ou relativa, conforme a causa que determinou a interdição (art. 1.767 do CC). Se for absolutamente incapaz deverá ser representado, se relativamente incapaz, assistido.

Alternativamente, o examinando poderá indicar que os sócios absolutamente incapazes devem estar representados e os relativamente incapazes assistidos, sem precisar a situação individual de cada um.

Distribuição dos pontos

Quesito Avaliado	Valores
A) Independentemente de autorização judicial, o sócio João pode permanecer na sociedade, devidamente assistido, **OU** devidamente representado (0,25), com fundamento no art. 974, § 3º, do CC (0,25).	0,00 / 0,25 / 0,50
B1) A Junta Comercial verificará a representação dos sócios Pedro e João e a assistência ao sócio Bruno **OU** a representação do sócio Pedro e assistência aos sócios Bruno e João (0,20);	0,00 / 0,20
B2) Integralização do capital social antes do aumento (0,20);	0,00 / 0,20
B3) Se nenhum dos sócios foi eleito administrador da sociedade (0,20).	0,00 / 0,20
B4) Fundamentação legal: § 3º do art. 974 do CC (0,15). Obs.: A simples menção do dispositivo legal não pontua, devendo citar um dos critérios legais anteriores.	0,00 / 0,15

(OAB/Exame Unificado – 2012.1 – 2ª fase) Fábio, sócio da sociedade Divina Pastora Confecções Ltda., que possui 12 sócios, toma conhecimento da intenção dos demais sócios de realizar um aumento de capital. Fábio concorda com a referida pretensão, mas não deseja exercer o seu direito de preferência, caso a proposta seja aprovada. No contrato social, não há qualquer cláusula sobre a cessão de quotas ou a cessão do direito de preferência.

Fábio o procura com as seguintes indagações:

A) Havendo cláusula contratual permissiva, a deliberação a respeito do aumento de capital poderá ser tomada em reunião de sócios? (valor: 0,65)

B) Diante da omissão do contrato social, Fábio poderá ceder o seu direito de preferência a terceiro não sócio? (valor: 0,60)

Responda aos questionamentos de modo fundamentado, indicando os dispositivos legais pertinentes.

EMPRESARIAL

GABARITO COMENTADO – FGV

A) A sociedade em questão deverá realizar suas deliberações em assembleia, por possuir mais de 10 sócios (art. 1.072, § 1º, do CC).

B) Considerando-se a omissão do contrato sobre a cessão de quotas, Fábio poderá ceder o seu direito de preferência a um terceiro não sócio, conforme previsto no art. 1.081, § 2º, do CC, desde que não haja oposição de titulares de mais de 1/4 (um quarto) do capital social.

Distribuição dos pontos:

Quesito Avaliado	Faixa de valores
A) Não, a deliberação deverá ser tomada em assembleia, pois a sociedade em questão possui mais de 10 sócios (0,30), conforme exige o art. 1.072, § 1º, do CC (0,30). Obs.: A simples menção a dispositivo legal não pontua.	0,00/0,30/0,60
B) Fábio poderá ceder o seu direito de preferência a terceiro não sócio, desde que não haja oposição de titulares de mais de um quarto do capital social (0,35), nos termos do art. 1.081, § 2º, do CC (0,30). Obs.: A simples menção a dispositivo legal não pontua.	0,00/0,35/0,65

(OAB/Exame Unificado - 2011.1 - 2ª fase) Caio, Tício e Mévio são os únicos sócios da CTM Comércio Internacional Ltda., o primeiro possuindo quotas representativas de 60% do seu capital social e os demais 20% cada um. A sociedade é administrada pelos três sócios, e o contrato social determina que a representação da sociedade perante terceiros somente é válida quando realizada pelos três sócios em conjunto. Em razão de problemas pessoais com Tício, Caio passou a se negar a assinar qualquer documento da sociedade, o que pôs a continuidade da empresa em risco, uma vez que o objeto social da CTM está diretamente relacionado à compra e à venda internacional de alimentos, atividade que envolve a celebração de diversos contratos diariamente. Para contornar a situação, Tício e Mévio decidem excluir Caio da sociedade.

Com base nesse cenário, responda aos itens a seguir, empregando os argumentos jurídicos apropriados e a fundamentação legal pertinente ao caso.

A) É possível a exclusão do sócio majoritário pelos sócios minoritários? (Valor: 0,5)
B) Qual é o procedimento a ser adotado nesse caso? (Valor: 0,75)

RESPOSTA

a) Em linhas gerais, a dissolução parcial da sociedade por exclusão de sócio na sociedade contratual pode dar-se judicial ou extrajudicialmente, valendo-se da aplicação supletiva das regras que regem a sociedade simples. A primeira está prevista para qualquer sócio e decorre da lei, ao passo que a segunda opera-se somente em relação a sócios minoritários e deve estar prevista no contrato social.
No caso em exame, Caio, quem os demais sócios pretendem excluir, é sócio majoritário da sociedade. Portanto, sua exclusão é possível, porém somente pela via judicial, comprovando-se falta grave no cumprimento de suas funções (art. 1.030 do CC), tal qual a narrada no enunciado da questão, ou por incapacidade superveniente.

b) A ação judicial de dissolução parcial da sociedade deve ser proposta pela maioria dos demais sócios, contados por cabeça e não pela representatividade do capital social, ou seja, Tício e Mévio, devendo Caio constar no polo passivo. A ação deverá observar o disposto nos arts. 1.031 e 1.032 do CC. Assim, julgada procedente, deverá ser liquidado o valor da cota do sócio excluído, verificada em balanço levantado especialmente para este fim. Manterá, ainda, o sócio excluído responsável pelas obrigações sociais anteriores por até dois anos após averbada a resolução, bem como pelas posteriores até que se averbe a resolução.

Comentários adicionais

Apesar de não contemplado diretamente na questão, é interessante para o candidato explorar, rapidamente, o contexto em que o problema está inserido. Aqui, por exemplo, a resposta abrange somente a exclusão judicial do sócio, mas vale incluir breves palavras sobre a possibilidade de exclusão extrajudicial.

Lembre-se das demais possibilidades de dissolução parcial da sociedade contratual:

- morte de sócio
- direito de retirada
- falência do sócio pessoa jurídica
- liquidação forçada de quota (prevista no art. 1.026, parágrafo único, do CC, pode ser requerida por credor particular do sócio para satisfação desta obrigação)
- quebra da *affectio societatis* (Enunciado 67 das JDC/CJF), a qual seguirá, por analogia, o mesmo procedimento previsto no art. 1.030 do CC.

GABARITO COMENTADO – FGV

O examinando deve demonstrar que possui conhecimentos sobre as possibilidades de exclusão de sócios de sociedade limitada e aplicação subsidiária das normas da sociedade simples. A questão envolve a aplicação dos arts. 1.030, 1.031 e 1.032, todos do CC. A exclusão do sócio majoritário pelos minoritários é perfeitamente possível, nos termos do artigo 1.030 do CC. Nesse caso, Tício e Mévio deverão ajuizar ação de dissolução parcial de sociedade em face de Caio. Em seguida, serão liquidadas as quotas de Caio, na forma dos arts. 1.031 e 1.032 do CC.

Distribuição de pontos

Item	Pontuação
Sim (0,25), com base no art. 1.030 do CC (0,25) OU Sim (0,25), com base na quebra de *affectio societatis* e o princípio da preservação da empresa/ dissolução parcial no art. 1.030 do CC (0,25)	0 / 0,25 / 0,5
Propositura de ação de dissolução parcial de sociedade em face de Caio (0,25) (art. 1.030 do CC). Liquidação das cotas de Caio (0,25) (arts. 1.031 e 1.032 do CC) (0,25)	0 / 0,25 / 0,5 / 0,75

(OAB/Exame Unificado – 2010.1 – 2ª fase) Lorena, Daniela, Antônia e Marisa são sócias do estabelecimento empresarial Pedras e Metais Preciosos Ltda., cujo capital social era de R$ 560.000,00, divididos em 560 quotas de valor nominal de R$ 1.000,00, devidamente integralizadas e assim distribuídas: Lorena com 308 quotas, Daniela com 112 quotas, Antônia com 84 e Marisa com 56. No contrato social, estavam previstos o objeto, a responsabilidade de cada sócia, a incumbência da administração em favor de Lorena, entre outras disposições essenciais para a formação legal da sociedade empresarial.

Anos depois, Lorena começou a praticar, de forma consciente e com o único propósito de obter vantagem ilícita, atos considerados criminosos. Alguns meses depois, Daniela, ao tomar conhecimento desses ilícitos, diretamente ligados à sociedade, informou o ocorrido às demais sócias. Ato contínuo, as três procuraram uma contadora, que as orientou, dada a gravidade do fato e a existência de cláusula expressa, nesse sentido, no contrato social da referida sociedade, a promoverem a exclusão extrajudicial, por justa causa, da sócia Lorena. A referida contadora sugeriu, ainda, a convocação de assembleia específica para tal fim, com cientificação de Lorena e *quorum* de maioria absoluta. Em assembleia realizada em tempo hábil para apresentação de defesa, Lorena argumentou tentando justificar o ocorrido, e as demais sócias votaram pela exclusão extrajudicial de Lorena.

Em face dessa situação hipotética, responda, de forma fundamentada, se há amparo legal à decisão tomada em assembleia por Daniela, Antônia e Marisa e indique a medida judicial cabível para a satisfação de seu desiderato.

RESPOSTA

Somente é possível a resolução **extrajudicial** em relação a sócios minoritários, nos termos do art. 1.085 do CC:

> "Da Resolução da Sociedade em Relação a Sócios Minoritários
> Art. 1.085. Ressalvado o disposto no art. 1.030, quando a maioria dos sócios, representativa de mais da metade do capital social, entender que um ou mais sócios estão pondo em risco a continuidade da empresa, em virtude de atos de inegável gravidade, poderá excluí-los da sociedade, mediante alteração do contrato social, desde que prevista neste a exclusão por justa causa.
> Parágrafo único. A exclusão somente poderá ser determinada em reunião ou assembleia especialmente convocada para esse fim, ciente o acusado em tempo hábil para permitir seu comparecimento e o exercício do direito de defesa."

Como Lorena é titular da maioria das quotas sociais, o voto dos minoritários não será suficiente para sua exclusão.

Assim, a deliberação de Daniela, Antônia e Marisa nesse sentido é inócua.

Entretanto, a grave violação do *affectio societatis* permite a exclusão **judicial** de qualquer sócio, inclusive o majoritário, nos termos do art. 1.030 do CC:

> "Art. 1.030. Ressalvado o disposto no art. 1.004 e seu parágrafo único, pode o sócio ser excluído judicialmente, mediante iniciativa da maioria dos demais sócios, por falta grave no cumprimento de suas obrigações, ou, ainda, por incapacidade superveniente.
> Parágrafo único. Será de pleno direito excluído da sociedade o sócio declarado falido, ou aquele cuja quota tenha sido liquidada nos termos do parágrafo único do art. 1.026."

O dispositivo é aplicável às sociedades limitadas, nos termos do art. 1.053, *caput*, do CC.

Assim, somente pela via judicial Daniela, Antônia e Marisa conseguirão excluir Lorena da Sociedade, devendo propor contra ela ação de dissolução parcial. A Pedras e Metais Preciosos Ltda. (representada, excepcionalmente, pelos minoritários) também deverá compor o polo ativo da demanda judicial ao lado dos sócios minoritários.

DICA: é interessante lembrar que nem toda sociedade limitada adota supletivamente as normas da sociedade simples. É possível que o contrato social preveja a regência supletiva pelas normas das sociedades anônimas, nos termos do art. 1.053, parágrafo único, do CC:

"Art. 1.053. A sociedade limitada rege-se, nas omissões deste Capítulo, pelas normas da sociedade simples.

Parágrafo único. O contrato social poderá prever a regência supletiva da sociedade limitada pelas normas da sociedade anônima."

Nesse caso, de adoção supletiva da legislação das sociedades anônimas, as características pessoais dos sócios perdem relevância e, a depender da situação, pode ser questionável a possibilidade de exclusão, embora perfeitamente possível o afastamento em relação à administração da sociedade.

GABARITO COMENTADO – CESPE

Não há previsão legal para excluir extrajudicialmente a sócia Lorena, visto que ela possui mais da metade do capital social, sendo, por consequência, a sócia majoritária da sociedade, restando, assim, às demais sócias apenas a via judicial para a referida exclusão por justa causa, de acordo com o que estipulam os arts. 1.085 e 1.030, ambos do Código Civil.

> "Artigo 1.085. Ressalvado o disposto no art. 1.030, quando a maioria dos sócios, representativa de mais da metade do capital social, entender que um ou mais sócios estão pondo em risco a continuidade da empresa, em virtude de atos de inegável gravidade, poderá excluí-los da sociedade, mediante alteração do contrato social, desde que prevista neste a exclusão por justa causa."
>
> "Art. 1.030. Ressalvado o disposto no art. 1.004 e no seu parágrafo único, pode o sócio ser excluído judicialmente, mediante iniciativa da maioria dos demais sócios, por falta grave no cumprimento de suas obrigações, ou, ainda, por incapacidade superveniente."

Observação para a correção: atribuir pontuação integral às respostas em que esteja expresso o conteúdo do dispositivo legal, ainda que não seja citado, expressamente, o número do artigo.

(OAB/Exame Unificado – 2008.3 – 2ª fase) Mário e Silas, sócios da NN Floricultura Ltda., detêm, respectivamente, 60% e 2% do capital social da sociedade. Ambos, ébrios habituais, vêm praticando atos de inegável gravidade, que colocam em risco a continuidade da empresa. Em razão disso, os demais sócios da NN Floricultura Ltda. decidiram excluí-los da sociedade. Nessa situação hipotética, considerando que o contrato social da NN Floricultura Ltda. apenas prevê a exclusão de sócio minoritário por justa causa, responda, de forma fundamentada, se é possível a exclusão pretendida.

RESPOSTA

A exclusão por simples alteração contratual somente é possível em relação ao sócio minoritário, desde que haja concordância da maioria dos sócios, representativa de mais da metade do capital social, nos termos do art. 1.085 do CC.

Assim, dentre os sócios ébrios, somente Silas (que é minoritário), poderá ser excluído **contratualmente**, desde que Mário (que detém 60% do capital social) concorde.

Tanto Silas como Mário poderão ser excluídos **judicialmente**, por iniciativa da maioria dos demais sócios, desde que tenham cometido falta grave no cumprimento de suas obrigações ou se mostrem incapacitados, nos termos do art. 1.030, *caput*, do CC:

> "Art. 1.030. Ressalvado o disposto no art. 1.004 e seu parágrafo único, pode o sócio ser excluído judicialmente, mediante iniciativa da maioria dos demais sócios, por falta grave no cumprimento de suas obrigações, ou, ainda, por incapacidade superveniente.
>
> (...)"

DICA: é importante lembrar que as sociedades limitadas são reguladas supletivamente pelas normas da sociedade simples – caso do art. 1.030 do CC –, exceto se o contrato social determinar a aplicação supletiva das normas da sociedade anônima, nos termos do art. 1.053 do CC.

(OAB/Exame Unificado – 2008.1 – 2ª fase) Uma sociedade limitada, constituída por prazo indeterminado, possui quadro societário composto por A., com 10% das cotas, B., com 40% das cotas e C., com 50% das quotas. No ano passado, C. integralizou parte de suas cotas transferindo imóvel, o qual foi aceito pela sociedade com o valor avaliado em R$ 500.000,00. A decisão foi tomada em reunião de sócios da qual A., apesar de regularmente convidado e comunicado da pauta deliberativa, decidiu

EMPRESARIAL

não participar, por motivos de saúde. Posteriormente, A. descobriu que o imóvel, na verdade, vale, apenas, R$ 100.000,00. Considerando a situação hipotética apresentada, responda, de forma justificada, às seguintes perguntas:

✓ Na hipótese de a sociedade tornar-se insolvente, a diferença no valor de estimação do imóvel poderá implicar a responsabilidade de A. perante terceiros que contrataram com a sociedade, ainda que esse sócio não tenha participado da mencionada deliberação?

✓ A. poderá exigir sua saída da sociedade, devendo esta pessoa jurídica compulsoriamente ressarci-lo pelo valor de suas cotas?

RESPOSTA

A deliberação tomada na reunião que aceitou o imóvel pelo valor de R$ 500.000,00 vincula o sócio A., mesmo ausente, considerando que ele foi regularmente convidado e avisado a respeito da pauta, nos termos do art. 1.072, § 5º, do CC:

"Art. 1.072, § 5º. As deliberações tomadas de conformidade com a lei e o contrato vinculam todos os sócios, ainda que ausentes ou dissidentes."

Ademais, a responsabilidade de todos os sócios, pela exata estimação do imóvel, é solidária pelo prazo de cinco anos da data do registro da sociedade, nos termos do art. 1.055, § 1º, do CC:

"Art. 1.055, § 1º. Pela exata estimação de bens conferidos ao capital social respondem solidariamente todos os sócios, até o prazo de cinco anos da data do registro da sociedade. (...)"

É preciso considerar, entretanto, que A. poderá anular judicialmente a deliberação, se comprovar que houve fraude, simulação ou conluio na avaliação do imóvel. Nessa hipótese, a responsabilidade dos sócios B. e C. torna-se ilimitada, nos termos do art. 1.080 do CC:

"Art. 1.080. As deliberações infringentes do contrato ou da lei tornam ilimitada a responsabilidade dos que expressamente as aprovaram."

Qualquer sócio tem o direito de se retirar da sociedade constituída por tempo indeterminado, bastando notificar os demais com antecedência mínima de sessenta dias, nos termos do art. 1.029, *caput*, do CC. Entretanto, não pode exigir o ressarcimento compulsório do valor de suas quotas, pois os demais sócios podem decidir dissolver a sociedade, nos termos do parágrafo único do mesmo dispositivo legal:

"Art. 1.029. Além dos casos previstos na lei ou no contrato, qualquer sócio pode retirar-se da sociedade; se de prazo indeterminado, mediante notificação aos demais sócios, com antecedência mínima de sessenta dias; se de prazo determinado, provando judicialmente justa causa.

Parágrafo único. Nos trinta dias subsequentes à notificação, podem os demais sócios optar pela dissolução da sociedade."

Caso B. e C. decidam pela manutenção da sociedade, aí então A. poderá receber pagamento em dinheiro por suas quotas, calculado nos termos do art. 1.031 do CC, salvo acordo ou estipulação contratual em contrário.

DICA: atente-se para o espaço disponível em sua prova e ajuste-se a ele, focando os pontos essenciais de maneira clara e direta. Os pontos essenciais nesta questão, que devem necessariamente ser abordados, são a vinculação de todos os sócios às deliberações societárias – art. 1.072, § 5º, do CC – e o direito de retirada nas sociedades por tempo indeterminado – art. 1.029. As transcrições são para facilitar o entendimento do estudante, mas são dispensáveis para a resposta.

(OAB/Exame Unificado – 2007.3 – 2ª fase) Facas e Garfos Ltda. constituiu-se com três sócios: André, com 30% do capital social, Beto, com 60% e Cícero, com 10%. André faleceu, deixando dois herdeiros; contudo, no contrato societário, não há qualquer menção às leis que se lhe aplicam supletivamente, nem há cláusula que mencione as consequências jurídicas do falecimento de sócio. Considerando essa situação hipotética, discorra sobre as opções que a lei reserva aos sócios remanescentes para solucionar os problemas que a morte de André acarreta à composição do quadro social e à continuidade, ou não, da sociedade empresária.

RESPOSTA

Não havendo disposição contratual em sentido diverso, os sócios remanescentes, nos termos do art. 1.028, II e III, c/c art. 1.053, *caput*, do CC, poderão optar por:

– dissolver a sociedade; ou

– regular a substituição do sócio falecido, se houver acordo com os herdeiros.

DICA: é importante lembrar que as sociedades limitadas são reguladas supletivamente pelas normas da sociedade simples, exceto se o contrato social determinar a aplicação supletiva das normas da sociedade anônima, nos termos do art. 1.053 do CC.

(OAB/Exame Unificado – 2007.3 – 2ª fase) Móveis Urbanos Ltda., sociedade na qual João é titular de quotas correspondentes a 80% do capital social, e Maria, dos outros 20%, pretende realizar fusão com a sociedade Móveis Rurais S.A., disso resultando a sociedade Móveis Urbanos e Rurais S.A. Entretanto, a fusão prevê que Maria passará a ser acionista, com titularidade sobre, apenas, 2% do capital social da nova sociedade, situação com a qual ela não se conforma, embora o valor previsto para essas ações seja correlato ao atual valor de suas quotas em Móveis Urbanos Ltda. Considerando a situação hipotética acima e sabendo que a reunião dos sócios de Móveis Urbanos Ltda. na qual a matéria será decidida ocorrerá em uma semana, explique se Maria, nessa reunião, poderá impedir a fusão apenas com seu voto e especifique os direitos que a lei lhe reserva no caso de ela votar contra essa operação societária.

RESPOSTA:

A fusão da sociedade limitada, da qual Maria é sócia, depende da aprovação dos sócios titulares de pelo menos três quartos do capital social (75%), nos termos do art. 1.076, I, c/c art. 1.071, VI, do CC.

Como João possui quotas correspondentes a 80% do capital, sua vontade é suficiente para a realização da fusão, não havendo como Maria impedi-lo.

Entretanto, o sócio que dissentir (Maria) tem direito de retirar-se da sociedade nos trinta dias subsequentes à reunião, nos termos do art. 1.077 do CC.

Caso não haja disposição contratual ou acordo em contrário, o valor de suas quotas será liquidado, com base na situação patrimonial da sociedade, à data da resolução, verificada em balanço especial, conforme art. 1.031, *caput*, do CC.

Nessa situação (não havendo acordo ou disposição contratual em contrário), as quotas de Maria deverão ser pagas em dinheiro, no prazo de noventa dias a partir da liquidação, nos termos do art. 1.031, § 2º, do CC.

DICA: o Código Civil regula extensamente as deliberações relativas às sociedades limitadas, inclusive no que se refere aos quóruns exigidos, nos arts. 1.071 e 1.076 do CC, cuja leitura integral recomendamos.

(OAB/Exame Unificado – 2007.3 – 2ª fase) Um grupo de empresários que pretende formar, no ano de 2008, uma sociedade limitada para realizar estamparia de tapetes, ou seja, para comprar tapetes, neles apor estampas e revendê-los, contratou um advogado para redigir o contrato social da empresa, inicialmente questionando-o acerca da possibilidade de denominar a pessoa jurídica "Tecelagem de Tapetes Voadores Ltda.". O grupo De empresários questionou o advogado, também, a respeito da possibilidade de eles utilizarem a expressão "Flying Carpets" como marca registrada. Na qualidade de advogado contratado pelo grupo de empresários referido na situação hipotética apresentada, responda às indagações feitas com base nos requisitos mínimos legalmente exigidos para cada um desses institutos.

RESPOSTA

Quanto ao nome empresarial, "Tecelagem de Tapetes Voadores Ltda." indica adequadamente a atividade (tecelagem – atende ao princípio da veracidade) e o tipo societário (limitada), nos termos do art. 1.158, *caput,* e § 2º, do CC:

"Art. 1.158. Pode a sociedade limitada adotar firma ou denominação, integradas pela palavra final "limitada" ou a sua abreviatura.

(...)

§ 2º A denominação deve designar o objeto da sociedade, sendo permitido nela figurar o nome de um ou mais sócios.

(...)"

Assim, poderá ser adotada a denominação, desde que atendido o princípio da novidade (o nome deve ser novo, não pode estar inscrito no mesmo registro por outra sociedade), conforme o art. 1.163 do CC:

"Art. 1.163. O nome de empresário deve distinguir-se de qualquer outro já inscrito no mesmo registro.

(...)"

Quanto à marca, não parece haver impedimento legal ao registro, nos termos do art. 124 da Lei 9.279/1996, de modo que a ela poderá ser registrada, desde que:

– já não tenha sido previamente registrada (princípio da novidade) para essa classe de atividade (princípio da especificidade), ou seja, não tenha sido registrada no Instituto Nacional de Propriedade Industrial – INPI em relação a tapetes produzidos por outros;

– não seja marca de alto renome ou notoriamente conhecida (arts. 125 e 126 da Lei 9.279/1996.

Atendidas essas condições, tanto a denominação social como a marca poderão ser utilizadas pela sociedade empresária.

(OAB/Exame Unificado – 2004 – 2ª fase) As sociedades limitadas têm seu antecedente histórico nas private companies do direito inglês. Em meados do século XIX, com a expansão comercial proporcionada pela Revolução Industrial e pela política colonialista inglesa, surgiram as private companies, dentro da liberdade permitida pela common law, como forma societária apta a limitar a responsabilidade dos pequenos e médios comerciantes que não desejavam submeter-se aos rigores formais da sociedade anônima. Modesto Carvalhosa. Comentários ao Código Civil. Parte especial: do direito de empresa. v. XIII. São Paulo: Saraiva, 2003, p. 1 (com adaptações). Acerca das sociedades limitadas, redija um texto dissertativo, abordando, necessariamente, os seguintes aspectos:

✓ - características dessas sociedades;
✓ - responsabilidade limitada;
✓ - administração das sociedades limitadas.

RESPOSTA

Como indicado na questão, a sociedade limitada permite o exercício da empresa por pessoas (sócios) cuja responsabilidade limita-se ao capital investido. Essa é a característica básica desse tipo societário, nos termos do art. 1.052 do CC:

Art. 1.052. Na sociedade limitada, a responsabilidade de cada sócio é restrita ao valor de suas quotas, mas todos respondem solidariamente pela integralização do capital social.

Note-se que se qualquer dos sócios não integralizar, total ou parcialmente, suas quotas, todos eles respondem por isso.

Em princípio, a alienação das quotas sociais para pessoas estranhas à sociedade pode ser vedada pelos titulares de pelo menos um quarto do capital social, exceto se houver disposição contratual em contrário (art. 1.057 do CC).

Isso significa que, em regra, há uma valorização das pessoas dos sócios, o que permite a classificação das limitadas como **sociedade de pessoas**, exceto se houver disposição contratual em contrário. Caso o contrato social permita a livre alienação de quotas sociais para terceiros estranhos à sociedade, a prioridade passa a ser para o capital, de modo que a limitada pode ser, nessa hipótese, classificada como **sociedade de capital.**

Além das disposições específicas relativas às sociedades limitadas, constantes do Código Civil, esse tipo societário subordina-se, subsidiariamente, às normas das sociedades simples, exceto se o contrato social determinar a aplicação das normas das sociedades anônimas (art. 1.053 do CC).

Quanto ao nome empresarial, a sociedade limitada pode adotar firma (em que conste o nome de um ou mais sócios pessoas físicas) ou denominação, nos termos do art. 1.158 do CC, mas sempre integrado pela palavra "limitada" ou sua abreviatura ("ltda.") ao final, sob pena de responsabilidade solidária e ilimitada dos administradores que empregarem o nome sem a indicação.

Os administradores das sociedades limitadas são designados no contrato social ou em ato separado (art. 1.060 do CC) e podem ser sócios ou não sócios.

Nesse último caso (administradores não sócios), a designação deve ser aprovada pela unanimidade dos sócios, enquanto o capital não estiver integralizado, e por pelo menos dois terços dos sócios, após a integralização (art. 1.061).

A sociedade limitada age perante terceiros por meio de seus administradores, que, nos termos dos poderes concedidos, fazem uso privativo da firma ou denominação social (art. 1.064 do CC).

DICA: Atente-se para o espaço disponível em sua prova e ajuste-se a ele, focando os pontos essenciais de maneira clara e direta. Perceba que as sociedades limitadas são extensamente reguladas pelos arts. 1.052 e seguintes do Código Civil, que é bastante didático. Leia com atenção a questão, pois ela indica exatamente os pontos que deverão ser abordados pelo candidato, bastando consultar os dispositivos legais aplicáveis para orientar a redação da resposta.

2. SOCIEDADES POR AÇÕES

(OAB/Exame Unificado – 2013.1 – 2ª fase) A Saúde Vital Farmacêutica S.A. é uma companhia fechada, cuja diretoria é composta por quatro membros: Hermano, diretor presidente, Paulo, diretor financeiro, Roberto, diretor médico e Pedro, diretor jurídico. Todos possuem atribuições específicas estabelecidas no Estatuto da Companhia. Não há Conselho de Administração.

Em dezembro de 2010, os acionistas apuraram que três funcionários da área financeira da Companhia desviaram, ao longo do ano, R$ 3.000.000,00 (três milhões de reais) das contas da companhia, promovendo saídas de capital que poderiam ser facilmente identificadas por meio de simples extratos bancários.

Os extratos bancários eram enviados, mensalmente, a todos os diretores da companhia.

Os acionistas da Saúde Vital Farmacêutica S.A. procuram um advogado com o objetivo de, independente das penalidades cabíveis aos funcionários, responsabilizar a administração da Companhia.

A partir do caso apresentado, responda aos seguintes itens.

A) Qual o procedimento judicial a ser adotado? (Valor: 0,50)

B) Quem pode ser responsabilizado pelo desvio dos recursos? Somente Paulo ou também os demais diretores? (Valor: 0,75)

O examinando deve fundamentar corretamente sua resposta. A simples menção ou transcrição do dispositivo legal não pontua.

GABARITO COMENTADO – FGV

O examinando deve demonstrar conhecimento a respeito dos dispositivos da Lei de Sociedades por Ações (Lei 6.404/1976) referentes aos deveres legais dos administradores, especialmente o dever de diligência, e a responsabilidade dos mesmos.

A) Com base nas informações contidas no enunciado verifica-se que os acionistas da Saúde Vital Farmacêutica S.A. procuraram um advogado com o objetivo de, independente das penalidades cabíveis aos funcionários, responsabilizar a administração da Companhia. Assim, o procedimento judicial a ser adotado, de conformidade com o disposto no art. 159, *caput*, da Lei 6.404/1976 é a ação de responsabilidade civil contra os administradores, a ser previamente aprovada em deliberação da assembleia geral da companhia. Não será pontuada a resposta sem a fundamentação de que a propositura da ação de responsabilidade depende de prévia deliberação assemblear porque, como consignado ao final do enunciado, o candidato deverá fundamentar corretamente sua resposta e a simples transcrição parcial ou total do dispositivo legal não pontua.

B) O examinando deve indicar que todos os diretores podem ser responsabilizados pelo desvio dos recursos, uma vez que todos foram negligentes, descumprindo com o dever de diligência que lhes é atribuído pelo art. 153 da Lei 6.404/1976.

Ademais, nas companhias fechadas (caso da Saúde Vital Farmacêutica S.A.), de acordo com o art. 158, § 2º, do mesmo diploma legal, "os administradores são solidariamente responsáveis pelos prejuízos causados em virtude do não cumprimento dos deveres impostos por lei para assegurar o funcionamento normal da companhia, ainda que, pelo estatuto, tais deveres não caibam a todos eles". Assim, mesmo havendo atribuição específica para cada um dos diretores, todos são solidários na responsabilidade pelo descumprimento de dever imposto por lei.

Distribuição dos pontos

Quesito Avaliado	Valores
A) A medida judicial cabível é a ação de responsabilidade civil contra os administradores, a ser previamente aprovada pela assembleia geral da companhia (0,35), com fundamento no art. 159 da Lei 6.404/1976 (0,15). Obs.: A simples menção ou transcrição do dispositivo legal não pontua.	0,00 / 0,35 / 0,50
B) Tanto Paulo quanto os demais diretores podem ser responsabilizados pelo desvio dos recursos (0,25), uma vez que todos descumpriram o dever de diligência previsto no art. 153 da Lei 6.404/1976 (0,25). A responsabilidade é solidária pelos prejuízos causados em virtude do não cumprimento dos deveres impostos por lei para assegurar o funcionamento normal da companhia (Art. 158, § 2º, da Lei 6.404/1976) (0,25). Obs.: A simples menção ou transcrição do dispositivo legal não pontua.	0,00 / 0,25 / 0,50 / 0,75

(OAB/Exame Unificado – 2012.2 Exame – 2ª fase) João, economista renomado, foi durante cinco anos acionista da Garrafas Produção e Comércio de Bebidas S.A.

Seis meses depois de ter alienado a totalidade de suas ações, é nomeado Conselheiro de Administração da Companhia. Preocupado com as suas novas responsabilidades, João consulta um advogado para esclarecer as seguintes dúvidas:

A) João pode residir no exterior? (Valor: 0,50)

B) João já ocupa o cargo de conselheiro fiscal de Alfa Comércio de Eletrônicos S.A. Ele precisa renunciar ao cargo? (Valor: 0,25)

C) O fato de João ter alienado a totalidade das ações de emissão da companhia que possuía em sua titularidade, não sendo, portanto, acionista da Garrafas Produção e Comércio de Bebidas S.A, representa um fato impeditivo à ocupação do cargo? (Valor: 0,50)

O examinando deve fundamentar corretamente sua resposta. A simples menção ou transcrição do dispositivo legal não pontua

GABARITO COMENTADO – FGV

O examinando deve demonstrar conhecimento sobre as regras aplicáveis aos membros de conselhos de administração de sociedades anônimas.

A) O examinando deve indicar que é possível o conselheiro de administração ter domicílio no exterior, de acordo com o art. 146, *caput* e § 2º da Lei 6.404/1976. Contudo, a posse do conselheiro fica condicionada à nomeação de representante no país com poderes para receber citação, com validade de no mínimo até 3 anos após o término de seu mandato, conforme determina o § 2º.

B) O examinando deve responder que não incide no caso apresentado o impedimento para o acúmulo dos cargos, previsto no art. 147, § 3º, I da Lei 6.404/1976, uma vez que as sociedades não podem ser consideradas concorrentes no mercado em razão de suas atividades serem distintas.

C) O examinado deve mostrar conhecimento sobre a inexistência de obrigação de ser acionista da companhia para ocupar cargo no conselho de administração, tendo em vista a redação do art. 146, *caput*, da Lei 6.404/1976.

Distribuição dos pontos

Quesito Avaliado	Valores
A) É possível o conselheiro de administração ter domicílio no exterior, de acordo com o art. 146, *caput,* e § 2º da Lei 6.404/1976 (0,25). A posse do conselheiro fica, contudo, condicionada à nomeação de representante no país com poderes para receber citação, com validade de no mínimo até 3 anos após o término de seu mandato, conforme o § 2º (0,25).	0,00 / 0,25 / 0,50
B) Não incide o impedimento previsto no art. 147, § 3º, I da Lei 6.404/1976, pois as sociedades não podem ser consideradas concorrentes no mercado. Assim, é possível o acúmulo dos cargos de conselheiro fiscal e de conselheiro de administração nas companhias (0,25). Obs.: A mera citação ou transcrição do dispositivo legal não pontua.	0,00 / 0,25
C) A qualidade de acionista não é condição para se ocupar o cargo de conselheiro de administração (0,25), tendo em vista o disposto no art. 146, *caput*, da Lei 6.404/1976 (0,25).	0,00 / 0,25 / 0,50

(OAB/Exame Unificado – 2012.1 – 2ª fase) Rogério, diretor e acionista da companhia aberta Luz Alimentos S.A., alienou em bolsa, no dia 28.12.2009, 100% (cem por cento) das ações de emissão da companhia de que era titular.

No dia 30.12.2009, a companhia divulgou ao mercado os seus demonstrativos financeiros, com notas explicativas, detalhando o resultado negativo obtido no exercício.

EMPRESARIAL

Em decorrência dos resultados divulgados, em janeiro de 2010, o preço das ações sofreu uma queda de 40% (quarenta por cento) em relação ao mês anterior. Em maio de 2010, a Comissão de Valores Mobiliários (CVM) iniciou processo investigatório contra Rogério, para apurar a eventual ocorrência de infração grave em detrimento do mercado de capitais.

De acordo com o enunciado, responda às questões abaixo, indicando o(s) respectivo(s) fundamento(s) legal(is):

A) É lícito a CVM instaurar processo administrativo investigatório contra Rogério? (valor: 0,50)

B) Qual teria sido o ilícito praticado por Rogério? Teria havido violação a algum dispositivo da Lei 6.404/1976 (Lei das Sociedades por Ações)? (valor: 0,50)

C) Quais as penalidades que podem ser impostas a Rogério pela Comissão de Valores Mobiliários, caso reste comprovada a conduta descrita no enunciado? (valor: 0,25)

GABARITO COMENTADO – FGV

A) É possível a CVM instaurar processo administrativo, precedido de etapa investigatória, para apurar atos ilegais de administradores de companhias abertas. O fundamento legal para a resposta encontra-se no art. 9º, V, e § 2º, da Lei 6.385/1976.

B) A situação pode caracterizar uso indevido de informação privilegiada, bem como violação aos deveres de lealdade e/ou sigilo, em razão da alienação em bolsa de todas as ações de emissão da companhia de que o diretor Rogério era titular, antes da divulgação ao mercado do resultado negativo obtido no exercício social. Teria havido infração ao art. 155, § 1º, da Lei 6.404/1976. Ademais, como diretor de companhia aberta, Rogério teria violado o dever de informar, especificamente quanto ao disposto no § 6º do art. 157, da Lei 6.404/1976.

C) A Comissão de Valores Mobiliários (CVM) pode aplicar ao diretor Rogério as penalidades previstas no art. 11 da Lei 6.385/1976.

A simples menção ou transcrição do dispositivo legal apontado na distribuição de pontos nas respostas dos itens "A", "B" ou "C" não atribui pontuação.

Distribuição dos pontos

Quesito Avaliado	Faixa de valores
A) Sim, uma vez que o ato praticado por Rogério é ilícito, sendo a CVM competente para instaurar processo administrativo, precedido de etapa investigatória para apurar atos ilegais de administradores de companhias abertas (0,25). O fundamento encontra-se no art. 9º, V, e § 2º da Lei 6.385/1976. (0,25)	0,00/0,25/0,50
B) O diretor Rogério teria praticado ato ilícito porque alienou, em benefício próprio, a totalidade de suas ações na companhia, com base em informação privilegiada ainda não divulgada ao mercado (0,25). Teria havido violação aos deveres de lealdade e/ou sigilo previsto no art. 155, § 1º da Lei 6.404/1976, como também ao dever de informar pelo não cumprimento da obrigação prevista no § 6º do art. 157 da mesma lei (0,25).	0,00/0,25/0,50
C) A CVM poderá aplicar ao diretor Rogério as penalidades previstas no art. 11 da Lei 6.385/1976.	0,00/0,25

(OAB/Exame Unificado 2011.3 - 2ª fase) Alfa Construtora S.A., companhia aberta, devidamente registrada na Comissão de Valores Mobiliários, tem o seu capital dividido da seguinte forma: 55% de suas ações são detidas pelo acionista controlador, Sr. Joaquim Silva, fundador da companhia; 20% das ações estão distribuídos entre os Conselheiros de Administração; 5% estão em tesouraria. O restante encontra-se pulverizado no mercado.

Em 15.04.2010, a Companhia divulgou Edital de Oferta Pública de Aquisição de Ações para Fechamento de Capital, em que as ações da Companhia seriam adquiridas em mercado ao preço de R$ 5,00 por ação.

Diante da divulgação, um grupo de acionistas detentores em conjunto de 5% do capital social (correspondente a 25% das ações em circulação) da companhia apresenta, em 25.04.2010, requerimento aos administradores, solicitando a convocação de Assembleia Geral Especial para reavaliar o preço da oferta, uma vez que foi adotada metodologia de cálculo inadequada, o que foi comprovado por meio de laudo elaborado por uma renomada empresa de auditoria e consultoria.

Em 05.05.2010, a administração da companhia se manifesta contrariamente ao pedido, alegando que ele não foi realizado de acordo com os requisitos legais.

A) Está correto o argumento da Administração da Companhia? **(Valor: 0,9)**

B) Diante da negativa, que medida poderiam tomar os acionistas? **(Valor: 0,35)**

GABARITO COMENTADO – FGV

O examinando deve demonstrar conhecimento a respeito dos dispositivos da Lei de Sociedades Anônimas (Lei 6.404/1976) relativos à oferta pública de aquisição de ações para fechamento de capital.

Em relação à letra "a", o examinando deve indicar que o argumento da Administração da Companhia não está correto, uma vez que o requerimento foi baseado nos requisitos legais, dispostos no art. 4º-A da Lei 6.404/1976, ou seja, foi formulado por acionistas que atingem o mínimo de representação de mais de 10% das ações em circulação e foi realizado dentro do prazo legal de 15 dias (art. 4º-A, § 1º, da Lei 6.404/1976). O requerimento, ademais, foi fundamentado e devidamente acompanhado de elementos de convicção que demonstram a falha ou imprecisão no emprego da metodologia de cálculo ou no critério de avaliação adotado (art. 4º-A, § 1º, da Lei 6.404/1976).

Sobre a letra "b", o examinando deve indicar que uma vez decorrido o prazo de 8 (oito) dias, os próprios acionistas podem convocar a assembleia especial. Tal resposta deverá ser fundamentada no art. 4º-A, § 1º, **OU** art. 123, parágrafo único, "c", ambos da Lei 6.404/1976.

A simples menção ou transcrição do dispositivo legal apontado na distribuição de pontos não atribui a pontuação por si só. O examinando deve ainda demonstrar que compreendeu aquilo que está sendo indagado e fundamentar corretamente a sua resposta, para que o item seja integralmente pontuado.

Distribuição dos pontos

Item	Pontuação
a) O argumento da Administração da Companhia não está correto, uma vez que o requerimento foi baseado nos requisitos legais, dispostos no art. 4º-A da Lei 6.404/1976 (0,5), **OU** uma vez que foi formulado por acionistas que atingem o mínimo de representação de mais de 10% das ações em circulação (que seria 3% do capital social); foi realizado dentro do prazo legal de 15 dias (0,5) / e estava devidamente fundamentado e acompanhado de elementos de convicção que demonstravam a falha no emprego da metodologia de cálculo (0,4).	0 / 0,4 / 0,5 / 0,9
b) Uma vez decorrido o prazo de 8 dias, os próprios acionistas podem convocar a assembleia especial, nos termos do art. 4º-A, § 1º, da Lei 6.404/1976 **OU** art. 123, parágrafo único, "c", da Lei 6.404/1976 (0,35).	0 / 0,35

(OAB/Exame Unificado 2010.3 - 2ª fase) A Companhia ABC foi constituída em 2010, sendo o seu capital social de R$ 150.000.000,00, representado por ações ordinárias e preferenciais, estas possuindo a vantagem de prioridade no recebimento de dividendo fixo e cumulativo equivalente ao montante que resultar aplicação de juros de 6% ao ano sobre o respectivo preço de emissão. Quando da emissão das ações, na ocasião de constituição da companhia, 20% do preço de emissão foram destinados ao capital social e 80% foram destinados à reserva de capital. Em face das suas elevadas despesas pré-operacionais, a companhia apresentou prejuízo em seu primeiro exercício (encerrado em 31.12.2010), o qual foi integralmente absorvido pela reserva de capital, que permaneceu com um saldo de aproximadamente R$ 500.000.000,00.

Em relação ao cenário acima, responda aos itens a seguir, empregando os argumentos jurídicos apropriados e a fundamentação legal pertinente ao caso.

a) Tendo em vista o resultado do exercício encerrado em 31.12.2010, qual seria sua orientação aos administradores da companhia para a elaboração da proposta da administração para Assembleia Geral Ordinária de 2011, no que diz respeito à distribuição de dividendos aos acionistas? (Valor: 0,5)
b) Nesse cenário, haveria possibilidade de distribuição de dividendos aos acionistas titulares de ações preferenciais? (Valor: 0,5)

RESPOSTA

a) Considerando que a companhia apresentou prejuízo operacional em seu primeiro exercício, não constituindo, assim, saldo de lucro líquido ou reserva de lucros, não deverá esta distribuir dividendos no exercício de 2011. Dispõe o art. 201 da Lei 6.404/1976 que a companhia somente está autorizada a pagar dividendos à conta de lucro líquido do exercício, lucros acumulados ou reserva de lucros. Excepcionalmente, o mesmo preceptivo autoriza o pagamento à conta de reserva de capital, exclusivamente para os titulares de ações preferenciais.
b) Conforme mencionado, os titulares de ações preferenciais podem receber dividendos à conta da reserva de capital caso estejam expressamente autorizados no estatuto e tenham como benefício a prioridade na distribuição de dividendo cumulativo, nos termos do art. 17, § 5º, da Lei 6.404/1976. No cenário apresentado, tal pagamento seria possível, porque as ações preferenciais foram emitidas com prioridade no recebimento do dividendo fixo e do cumulativo equivalente ao montante que resultar da aplicação de juros de 6% sobre o respectivo preço de emissão.

Comentários adicionais

A questão cobrou conhecimentos específicos sobre o regime de pagamento de dividendos nas companhias, bem como as diferentes reservas que esta pode ou deve constituir ao final do exercício financeiro.

Dividendo, em poucas palavras, é a parcela do lucro a ser dividida entre os acionistas. *Dividendo fixo*, de pagamento obrigatório, é aquele previsto no estatuto social, imutável, calculado como um percentual do valor do capital social. *Dividendo cumulativo* é aquele que, por não ter sido pago em determinado ano, é contabilizado como um passivo da companhia junto ao acionista, sendo distribuído em exercício posterior. Fala-se, ainda, em *dividendo mínimo*, quando as ações preferenciais, após o pagamento dos dividendos obrigatórios, tiverem o direito de concorrer com as ações ordinárias sobre o lucro remanescente.

Já as reservas são localizadas a partir do art. 193 da Lei 6.404/1976 e se dividem em: *reserva legal*, correspondente a 5% do lucro líquido do exercício, destinada a assegurar a integridade do capital social, aumentando-o ou compensando prejuízos; *reservas estatutárias*, criadas pelo estatuto social para as finalidades que nele constarem; *reservas para contingências*, aprovada na AGO para compensar perdas prováveis no futuro; *reserva de incentivos fiscais*, para onde pode ser destinada a parcela do lucro líquido decorrente de doações ou subvenções governamentais para investimentos; *reserva de lucros a realizar*, para garantir o pagamento de dividendos obrigatórios em exercícios futuros; e *reserva de capital*, criadas para absorção de prejuízos, resgate, reembolso ou compra de ações, resgate de partes beneficiárias, incorporação ao capital social e pagamento de dividendos a ações preferenciais, quando esta vantagem lhes for assegurada.

GABARITO COMENTADO – FGV

O examinando deve demonstrar que possui conhecimentos sobre os pressupostos para distribuição de dividendos pelas sociedades anônimas bem como das possíveis vantagens a que fazem jus as ações preferenciais.

A questão envolve a aplicação do art. 201 e do § 6º do art. 17, ambos da Lei 6.404/1976. Com efeito, a companhia somente pode pagar dividendos à conta de lucro líquido do exercício, de lucros acumulados e de reserva de lucros; e à conta de reserva de capital (no caso das ações preferenciais de que trata o art. 17, § 6º, da Lei das S.A.). No caso concreto, face à inexistência de lucros no exercício, a proposta da administração deveria ser pela não distribuição de dividendos. Todavia, haveria possibilidade de distribuição de dividendos aos acionistas titulares de ações preferenciais caso houvesse previsão, no estatuto social, de pagamento de dividendos a esses acionistas à conta de reserva de capital.

Distribuição de pontos

Em relação à correção, levou-se em conta o seguinte critério de pontuação:

Item	Pontuação
Requisitos para distribuição de dividendos (art. 201 da Lei 6.404/1976) 0,5 = só com o argumento e o dispositivo legal	0 / 0,3 / 0,5
Possibilidade de pagamento de dividendo cumulativo para ações preferenciais à conta de reserva de capital (art. 17, § 6º, da Lei 6.404/1976) 0,5 = só com o argumento e o dispositivo legal	0 / 0,3 / 0,5

(OAB/Exame Unificado – 2010.2 – 2ª fase) Pedro é diretor presidente, estatutário, da empresa Sucupira Empreendimentos Imobiliários S.A. Sempre foi tido no mercado como um profissional honesto e sério. No exercício de suas atribuições, contratou, sem concorrência ou cotação de preços, a empresa Cimento do Brasil Ltda. de seu amigo João. Esta empresa seria responsável pelo fornecimento de cimento para a construção de um hotel, na Barra da Tijuca, com vistas a atender a demanda por leitos em função dos Jogos Olímpicos e da Copa do Mundo.

Pedro não recebeu qualquer contrapartida financeira por parte de João em virtude da aludida contratação, mas não efetuou as análises devidas da empresa Cimento do Brasil Ltda., limitando-se a confiar em seu amigo. O preço contratado para o cimento estava de acordo com o que se estava cobrando no mercado. Entretanto, a qualidade do material da Cimento do Brasil Ltda. era ruim (fato de notório conhecimento do mercado), impedindo que ele fosse utilizado na obra.

Outro fornecedor de cimento teve de ser contratado, causando atrasos irrecuperáveis e prejuízos consideráveis para a empresa Sucupira Empreendimentos Imobiliários S.A. Os acionistas, indignados com a situação, procuraram você para consultá-lo se poderiam tomar alguma medida em face de Pedro.

Diante dessa situação hipotética indique as medidas judiciais cabíveis e apresente os dispositivos legais aplicáveis à espécie, fundamentando e justificando sua proposição.

RESPOSTA

Apesar de Pedro não ter recebido "contrapartida financeira", está claro que agiu com desídia ao contratar o seu amigo.

Ou seja, "limitando-se a confiar em seu amigo", acabou por agir descuidadamente, colocando a relação de amizade acima dos interesses da companhia, causando-lhe prejuízo.

Pedro descumpriu o dever de diligência, regra básica a ser observada pelo administrador, conforme o art. 153 da LSA:

> "Art. 153. O administrador da companhia deve empregar, no exercício de suas funções, o cuidado e diligência que todo homem ativo e probo costuma empregar na administração dos seus próprios negócios."

Ao beneficiar seu amigo, cujo produto era de qualidade ruim, "fato de notório conhecimento do mercado", Pedro faltou também com o dever de lealdade, previsto no art. 155, I, da LSA:

EMPRESARIAL

> "Art. 155. O administrador deve servir com lealdade à companhia e manter reserva sobre os seus negócios, sendo-lhe vedado:
> I - usar, em benefício próprio ou de outrem, com ou sem prejuízo para a companhia, as oportunidades comerciais de que tenha conhecimento em razão do exercício de seu cargo;
> (...)"

Por ter agido com negligência e, portanto, culpa, Pedro responde pelos prejuízos causados, conforme o art. 158 da LSA (grifei):

> "Art. 158. O administrador não é pessoalmente responsável pelas obrigações que contrair em nome da sociedade e em virtude de ato regular de gestão; **responde, porém, civilmente, pelos prejuízos que causar, quando proceder**:
> I - dentro de suas atribuições ou poderes, **com culpa** ou dolo;
> (...)"

A ação deve ser proposta pela companhia, desde que haja deliberação da assembleia geral nesse sentido (art. 159, *caput*, da LSA).

Caso a ação não seja proposta no prazo de 3 meses contados da deliberação, qualquer acionista poderá demandar em juízo (art. 159, § 3º).

Finalmente, ainda que a assembleia não delibere pela ação, ela poderá ser proposta por acionistas que representem, pelo menos, 5% do capital social (art. 159, § 4º, da LSA).

DICA: note que, além do dano à companhia, é possível que a atuação do administrador também cause prejuízo diretamente a determinado acionista ou terceiro. Neste caso, cabe a ele (acionista ou terceiro) propor ação indenizatória própria, desde que, evidentemente, comprovem esse prejuízo direto (art. 159, § 7º, da LSA). Veja o seguinte precedente em que o sócio não comprovou que o prejuízo era dele próprio, de modo que a legitimidade ativa processual era apenas da companhia:

PROCESSUAL CIVIL E SOCIETÁRIO. AÇÃO PROPOSTA POR ACIONISTAS MINORITÁRIOS EM FACE DE ADMINISTRADORES QUE SUPOSTAMENTE SUBCONTABILIZAM RECEITAS. AJUIZAMENTO DE AÇÃO INDIVIDUAL PARA RESSARCIMENTO DE DANOS CAUSADOS À SOCIEDADE EMPRESÁRIA. ILEGITIMIDADE ATIVA RECONHECIDA.

- Os danos diretamente causados à sociedade, em regra, trazem reflexos indiretos a todos os seus acionistas. Com o ressarcimento dos prejuízos à companhia, é de se esperar que as perdas dos acionistas sejam revertidas. Por isso, se os danos narrados na inicial não foram diretamente causados aos acionistas minoritários, não detém eles legitimidade ativa para a propositura de ação individual com base no art. 159, § 7º, da Lei das Sociedades por Ações. Recurso Especial não conhecido.

(STJ, REsp 1014496/SC, 3ª Turma, j. 04.03.2008, rel. Min. Nancy Andrighi, DJe 01.04.2008)

GABARITO COMENTADO – FGV

Nos termos do art. 153, da Lei 6.404 de 1976 (Lei de Sociedades Anônimas) "o administrador da companhia deve empregar, no exercício de suas funções, o cuidado e diligência que todo homem ativo e probo costuma empregar na administração dos seus próprios negócios".

Por outro lado, de acordo com o art. 158 da Lei de Sociedades Anônimas, o "administrador não é pessoalmente responsável pelas obrigações que contrair em nome da sociedade e em virtude de ato regular de gestão", no entanto, consoante o mesmo dispositivo, "responde, porém, civilmente, pelos prejuízos que causar, quando proceder: I - dentro de suas atribuições ou poderes, com culpa ou dolo".

No caso em tela, Pedro agiu com culpa, pois não tomou as precauções devidas, contratando João, pura e simplesmente, em razão de sua amizade. Pedro sequer buscou informações no mercado com relação à empresa de seu amigo, o que, certamente, evitaria a contratação, já que o produto da cimento Brasil era de má qualidade, fato amplamente conhecido no mercado (haja vista que Pedro sempre foi tido no mercado como um profissional honesto e sério). Sendo assim, os acionistas podem mover ação de responsabilidade civil em face de Pedro, cobrando dele próprio os prejuízos decorrentes de sua conduta culposa.

Distribuição de pontos

Item	Pontuação	Total
Medidas judiciais cabíveis	0 / 0,1 / 0,2 / 0,3	1,0
Fundamentação / justificativa	0 / 0,2 / 0,5	
Indicação da base legal	0 / 0,2	

(OAB/Exame Unificado – 2010.2 – 2ª fase) Os acionistas da Cia. Agropecuária Boi Manso, cujo capital é composto somente de ações ordinárias, decidiram adquirir uma nova propriedade para expandir a sua criação de gado. João Alberto, acionista detentor de 20% das ações da companhia, é proprietário de um imóvel rural e ofereceu-se para aportá-lo como capital social, razão pela qual foram nomeados por assembleia geral três peritos avaliadores que elaboraram um laudo de avaliação fundamentado e devidamente instruído com os documentos da fazenda avaliada.

Convocada assembleia para aprovação do laudo, os acionistas Maria Helena e Paulo, titulares, respectivamente, de 28% e 20% das ações divergiram da avaliação, pois entenderam-na acima do valor de mercado. A matéria, todavia, foi aprovada por maioria com o voto de Heráclito, titular de 32% das ações e o voto de João Alberto.

À vista da situação fática acima, informe se Maria Helena e Paulo podem questionar a decisão da assembleia? Indique os procedimentos a serem adotados e qual a base legal utilizada na fundamentação, bem como o prazo prescricional eventualmente aplicável.

RESPOSTA

A rigor, a vontade de Maria Helena e Paulo deveria prevalecer, na hipótese, pois os dois sócios representam a maioria dos votos válidos.

Isso porque João Alberto não poderia votar na assembleia que analisou a avaliação de seu próprio imóvel, por vedação expressa do art. 115, § 1º, c/c o art. 8º, § 5º, da Lei das Sociedades por Ações – LSA (Lei 6.404/1976):

> "Art. 115. O acionista deve exercer o direito a voto no interesse da companhia; considerar-se-á abusivo o voto exercido com o fim de causar dano à companhia ou a outros acionistas, ou de obter, para si ou para outrem, vantagem a que não faz jus e de que resulte, ou possa resultar, prejuízo para a companhia ou para outros acionistas.
>
> § 1º O acionista não poderá votar nas deliberações da assembleia geral relativas ao laudo de avaliação de bens com que concorrer para a formação do capital social e à aprovação de suas contas como administrador, nem em quaisquer outras que puderem beneficiá-lo de modo particular, ou em que tiver interesse conflitante com o da companhia.
>
> (...)"

EMPRESARIAL

> "Art. 8º A avaliação dos bens será feita por 3 (três) peritos ou por empresa especializada, nomeados em assembleia geral dos subscritores, convocada pela imprensa e presidida por um dos fundadores, instalando-se em primeira convocação com a presença de subscritores que representem metade, pelo menos, do capital social, e em segunda convocação com qualquer número.
> (...)
> § 5º Aplica-se à assembleia referida neste artigo o disposto nos §§ 1º e 2º do artigo 115."

Por essa razão, Maria Helena e Paulo podem propor ação para anular a aprovação do laudo pela assembleia geral, no prazo de 2 anos contados da deliberação, conforme o art. 286 da LSA:

> "Art. 286. A ação para anular as deliberações tomadas em assembleia geral ou especial, irregularmente convocada ou instalada, violadoras da lei ou do estatuto, ou eivadas de erro, dolo, fraude ou simulação, prescreve em 2 (dois) anos, contados da deliberação."

Ademais, caso o imóvel tenha sido efetivamente superavaliado, cabe ação indenizatória contra os peritos e o subscritor (João Alberto), cujo prazo prescricional é de 1 ano contado da publicação da ata da assembleia que aprovou o laudo, conforme o art. 287, I, *a*, da LSA:

> "Art. 287. Prescreve:
> I - em, 1 (um) ano:
> a) a ação contra peritos e subscritores do capital, para deles haver reparação civil pela avaliação de bens, contado o prazo da publicação da ata da assembleia geral que aprovar o laudo;
> (...)"

São essas as duas medidas judiciais à disposição de Maria Helena e Paulo.

DICA: leia atentamente a lei das sociedades anônimas e familiarize-se com a disposição das matérias, para que consiga encontrar os dispositivos legais necessários para a solução das questões no dia da sua prova.

Note que os prazo prescricionais para as ações atinentes às companhias estão concentrados nos arts. 285 a 288 da LSA.

GABARITO COMENTADO – FGV

A decisão pode ser questionada por dois fundamentos e em prazos distintos.

Se, de fato, houve superavaliação ou avaliação errônea do imóvel, os acionistas dissidentes (Maria Helena e Paulo) poderão propor ação para haver reparação civil contra os peritos e João Alberto (na qualidade de subscritor), no prazo de 1 (um) ano contado da publicação da ata da assembleia geral que aprovou o laudo, com base no art. 287, I, a da Lei 6.404/1976.

Ainda que não tenha havido superavaliação ou avaliação errônea e mesmo após o transcurso do prazo acima, a decisão assemblear poderá ser questionada por meio de ação anulatória proposta no prazo do art. 286, da Lei 6.404/1976, ou seja dois anos contados da deliberação que se busca anular.

Isso porque o caso relatado configura hipótese de flagrante conflito formal de interesse, tendo o voto do acionista João Alberto sido dado e computado com expressa violação do art. 115, § 1º da Lei 6.404/1976.

A aplicação das disposições do art. 115 ao caso descrito decorre, ainda, da letra expressa do § 5º do art. 8º da mesma lei, que regula as formalidades para a formação do capital da sociedade, inclusive na hipótese de contribuição em bens. Tal parágrafo determina aplicarem-se à assembleia ali referida "o disposto nos §§ 1º e 2º do art. 115".

Distribuição de pontos

Item	Pontuação	Total
Fundamentação	0 / 0,3 / 0,5	
Procedimentos	0 / 0,3	1,0
Prazo prescricional	0 / 0,2	

(OAB/Exame Unificado – 2010.1 – 2ª fase) Sílvio subscreveu ações da KRO Participações S.A., mas não realizou o pagamento do valor das ações que subscreveu, ao contrário das condições estabelecidas no estatuto, constituindo-se em mora, e informou aos acionistas majoritários que não dispunha de recursos financeiros, requerendo que o cumprimento de sua obrigação se convertesse em prestação de serviços em favor da pessoa jurídica.

Nessa situação hipotética, é lícito que Sílvio realize o pagamento das ações subscritas mediante prestação de serviços? Que providência poderá tomar KRO Participações S.A. para defender seus interesses? Fundamente suas respostas.

RESPOSTA

Sílvio é sócio remisso, pois não cumpriu a obrigação de realizar o pagamento correspondente às ações subscritas, conforme previsto no estatuto (art. 106 da Lei 6.404/1976 – Lei das Sociedades por Ações – LSA).

Em princípio, não haveria como Sílvio integralizar o capital de forma distinta daquela prevista no estatuto ou no boletim de subscrição.

Mesmo que isso fosse possível, admite-se a integralização do capital em dinheiro ou em qualquer espécie de bens suscetíveis de avaliação em dinheiro, o que exclui o serviço, conforme o art. 7º da LSA:

> "Art. 7º O capital social poderá ser formado com contribuições em dinheiro ou em qualquer espécie de bens suscetíveis de avaliação em dinheiro."

No caso, a KRO Participações S.A. pode executar o crédito contra o sócio remisso (e eventuais responsáveis) ou mandar vender as ações em bolsa, nos termos do art. 107 da LSA:

> "Art. 107. Verificada a mora do acionista, a companhia pode, à sua escolha:
> I - promover contra o acionista, e os que com ele forem solidariamente responsáveis (artigo 108), processo de execução para cobrar as importâncias devidas, servindo o boletim de subscrição e o aviso de chamada como título extrajudicial nos termos do Código de Processo Civil; ou
> II - mandar vender as ações em bolsa de valores, por conta e risco do acionista.
> (...)"

Caso a companhia não consiga integralizar as ações poderá declará-las caducas e fazer suas as entradas realizadas, integralizando-as com lucros ou reservas, exceto a legal. Se não tiver lucros e reservas suficientes, terá o prazo de 1 ano para colocar as ações caídas em comisso, findo o qual, não tendo sido encontrado comprador, a assembleia geral deliberará sobre a redução do capital em importância correspondente (art. 107, § 4º, da LSA).

DICA: é interessante lembrar que o Código Civil veda expressamente a integralização do capital pela prestação de serviço, no caso das sociedades limitadas:

"Art. 1.055. O capital social divide-se em quotas, iguais ou desiguais, cabendo uma ou diversas a cada sócio.

(...)

§ 2º É vedada contribuição que consista em prestação de serviços."

Ademais, em caso de inadimplência de sócio da limitada, os outros podem tomar para si suas quotas ou transferi-las a terceiros, sem prejuízo da cobrança de indenização pelo dano emergente da mora, conforme previsto no art. 1.058 do CC:

"Art. 1.058. Não integralizada a quota de sócio remisso, os outros sócios podem, sem prejuízo do disposto no art. 1.004 e seu parágrafo único, tomá-la para si ou transferi-la a terceiros, excluindo o primitivo titular e devolvendo-lhe o que houver pago, deduzidos os juros da mora, as prestações estabelecidas no contrato mais as despesas."

GABARITO COMENTADO – CESPE

Primeiramente, deve o acionista contribuir para o capital social (Lei 6.404/1976, arts. 106 a 108), pagando o valor de suas ações, o que, nesse tipo societário, não pode ser feito por meio de trabalho. (Tomazette, 2006, p. 96).

Da mesma forma, o art. 7º da referida lei define a hipótese de formação do capital, constituído por bens ou dinheiro, não estando lá relacionados serviços.

Contra o acionista remisso, a companhia pode tomar duas medidas, previstas no art. 107 da já citada lei:

"Verificada a mora do acionista, a companhia pode, à sua escolha:

I - promover contra o acionista, e os que com ele forem solidariamente responsáveis (artigo 108), processo de execução para cobrar as importâncias devidas, servindo o boletim de subscrição e o aviso de chamada como título extrajudicial nos termos do Código de Processo Civil; ou

II - mandar vender as ações em bolsa de valores, por conta e risco do acionista."

Observação para a correção: atribuir pontuação integral às respostas em que esteja expresso o conteúdo do dispositivo legal, ainda que não seja citado, expressamente, o número do artigo.

(OAB/Exame Unificado – 2009.3 – 2ª fase) Em 30.09.2009, o conselho de administração da pessoa jurídica WW S.A., reunido em assembleia geral extraordinária, deliberou a aprovação de aumento de classe de ações preferenciais existentes, com a presença de acionistas que representavam 30% das ações com direito a voto e cujas ações não estavam admitidas à negociação em bolsa ou no mercado de balcão. A deliberação foi feita sem guardar proporção com as demais classes de ações preferenciais e sem que houvesse previsão desse aumento no estatuto.

Pedro, titular de cinquenta mil ações preferenciais da pessoa jurídica WW S.A., sentindo-se extremamente prejudicado pela aludida deliberação, impugnou administrativamente o ato, sob a alegação de que haveria necessidade de prévia aprovação ou de ratificação por titulares de mais da metade de cada classe de ações preferenciais prejudicadas. O conselho de administração manteve a deliberação da assembleia, informando que, no caso, era desnecessária a prévia aprovação ou ratificação, na forma arguida. Para anular a referida deliberação, foi proposta, em defesa dos interesses de Pedro, ação ordinária com pedido de antecipação dos efeitos da tutela.

Em face dessa situação hipotética, apresente os argumentos jurídicos cabíveis para se requerer a anulação da referida deliberação, indicando, com base na legislação pertinente, o quorum necessário para aprovação da matéria, a(s) circunstância(s) em que se admite redução de quorum e, ainda, se é necessária a aprovação prévia ou a ratificação por titulares de mais da metade de cada classe de ações preferenciais prejudicadas.

RESPOSTA

Como regra geral, para que a assembleia geral seja instalada (= *quorum* de instalação) exige-se a presença de sócios que representem pelo menos 1/4 (um quarto) do capital social em primeira convocação. Caso não se atinja esse mínimo, poderá ser instalada, em segunda convocação, com qualquer número, conforme o art. 125 da Lei das Sociedades por Ações – LSA (Lei 6.404/1976).

Também em regra, nos casos em que não há exigência legal diversa, basta maioria absoluta dos presentes, excluídos os votos em branco, para aprovação das deliberações (= *quorum* de deliberação), nos termos do art. 129 da LSA. No caso das companhias fechadas, o estatuto pode prever *quorum* maior, desde que especifique as matérias.

Ocorre que há *quorum* de deliberação qualificado para determinadas matérias (exige-se número maior de votos), como é o caso presente, de aumento da classe das ações preferenciais, considerando que não se guardou a proporção com as demais classes preferenciais e que não havia previsão ou autorização estatutária. Veja-se o disposto no art. 136, I, da LSA:

> "Art. 136. É necessária a aprovação de acionistas que representem metade, no mínimo, das ações com direito a voto, se maior *quorum* não for exigido pelo estatuto da companhia cujas ações não estejam admitidas à negociação em bolsa ou no mercado de balcão, para deliberação sobre:
> I - criação de ações preferenciais ou aumento de classe de ações preferenciais existentes, sem guardar proporção com as demais classes de ações preferenciais, salvo se já previstos ou autorizados pelo estatuto;
> (...)"

Perceba-se que o fato de as ações da sociedade não estarem admitidas à negociação em bolsa ou no mercado de balcão possibilita que seus estatutos ampliem esse *quorum* mínimo, mas não que o reduzam.

Ou seja, é certo que se existiam sócios que representavam apenas 30% das ações com direito a voto, a assembleia geral jamais poderia aprovar o aumento da classe de ações preferenciais existentes, nas condições descritas (sem proporção e sem autorização ou previsão estatutária).

Ademais, ainda que o *quorum* de deliberação tivesse sido respeitado, sua eficácia dependeria "de prévia aprovação ou da ratificação, em prazo improrrogável de um ano, por titulares de mais da metade de cada classe de ações preferenciais prejudicadas, reunidos em assembleia especial convocada pelos administradores e instalada com as formalidades desta Lei" (art. 136, § 1º, da LSA.).

Interessante registrar que a Comissão de Valores Mobiliários pode reduzir o *quorum* previsto no art. 136 da LSA, mas apenas "no caso de companhia aberta com a propriedade das ações dispersa no mercado, e cujas 3 (três) últimas assembleias tenham sido realizadas com a presença de acionistas representando menos da metade das ações com direito a voto" (art. 136, § 2º, da LSA). Não é o caso da WW S.A., que é empresa fechada, pois suas "ações não estavam admitidas à negociação em bolsa ou no mercado de balcão".

Assim, Pedro tem direito à anulação da deliberação.

DICA: a Lei das Sociedades por Ações é bastante exigida nos Exames da OAB. Ao estudá-la, o candidato perceberá que ela é extensa e trata de diversos aspectos dessa espécie societária, mas isso não deve assustá-lo! Lembre-se que você pode consultar lei no dia da prova, ou seja, não é preciso decorá-la! Entretanto, é interessante que você esteja familiarizado com o texto. Assim, ao estudar a lei, procure memorizar a ordem e a localização das matérias tratadas. Por exemplo, após responder esta questão, você poderá se lembrar que a normatização relativa ao *quorum* de instalação e ao *quorum* de deliberação consta do Capítulo relativo à Assembleia Geral (arts. 121 e seguintes). Se cair algo em sua prova relativo ao assunto, você poderá localizar a norma aplicável mais rapidamente!

(OAB/Exame Unificado – 2009.3 – 2ª fase) Miguel, sócio administrador da Zeta Ferragens S.A., requereu, no prazo legal, o arquivamento de ata de assembleia geral extraordinária perante a junta comercial competente, que, não obstante o documento atender às formalidades legais, indeferiu o pedido, sob o argumento de que as deliberações tomadas pelos acionistas não obedeceram ao quorum de instalação e, por isso, seriam inválidas. Ato contínuo, Miguel procurou auxílio de profissional da advocacia para assessorá-lo na condução desse pleito.

Em face dessa situação hipotética e na qualidade de advogado(a) procurado(a) por Miguel, responda, de forma fundamentada, se é lícita a decisão da junta comercial e indique o regime de decisão do ato de arquivamento de ata de assembleia geral extraordinária.

RESPOSTA

Em geral, os arquivamentos nas Juntas Comerciais sujeitam-se à decisão singular, conforme o art. 42 da Lei 8.934/1994.

Entretanto, dentre as exceções, listadas no art. 41 da mesma lei, está o arquivamento da ata de assembleia extraordinária da sociedade anônima (inciso I, alínea "a"), que se submete ao regime de decisão colegiada:

> "Art. 41. Estão sujeitos ao regime de decisão colegiada pelas juntas comerciais, na forma desta lei:
>
> I - o arquivamento:
>
> a) dos atos de constituição de sociedades anônimas, bem como das atas de assembleias gerais e demais atos, relativos a essas sociedades, sujeitos ao Registro Público de Empresas Mercantis e Atividades Afins;
>
> b) dos atos referentes à transformação, incorporação, fusão e cisão de empresas mercantis;
>
> c) dos atos de constituição e alterações de consórcio e de grupo de sociedades, conforme previsto na Lei nº 6.404, de 15 de dezembro de 1976;
>
> II - o julgamento do recurso previsto nesta lei."

Não há dúvida de que compete à Junta Comercial analisar o atendimento às exigências legais quanto à forma (formalidade) do documento a ser arquivado, nos termos do art. 40 da Lei 8.934/1994:

> "Art. 40. Todo ato, documento ou instrumento apresentado a arquivamento será objeto de exame do cumprimento das formalidades legais pela junta comercial.
>
> § 1º Verificada a existência de vício insanável, o requerimento será indeferido; quando for sanável, o processo será colocado em exigência.
>
> § 2º As exigências formuladas pela junta comercial deverão ser cumpridas em até 30 (trinta) dias, contados da data da ciência pelo interessado ou da publicação do despacho.
>
> § 3º O processo em exigência será entregue completo ao interessado; não devolvido no prazo previsto no parágrafo anterior, será considerado como novo pedido de arquivamento, sujeito ao pagamento dos preços dos serviços correspondentes."

Resta verificar, portanto, se eventual vício quanto ao *quorum* de deliberação é formalidade passível de apreciação pela Junta.

O art. 125 da Lei das Sociedades por Ações – LSA (Lei 6.404/1976) prevê a necessidade da presença de acionistas que representem pelo menos 1/4 (um quarto) do capital social com direito a voto em primeira convocação, para instalação da assembleia geral. Em segunda instalação, qualquer número é suficiente:

"Art. 125. Ressalvadas as exceções previstas em lei, a assembleia geral instalar-se-á, em primeira convocação, com a presença de acionistas que representem, no mínimo, 1/4 (um quarto) do capital social com direito de voto; em segunda convocação instalar-se-á com qualquer número.
Parágrafo único. Os acionistas sem direito de voto podem comparecer à assembleia geral e discutir a matéria submetida à deliberação."

É preciso analisar a ata que foi levada a registro.

Se constar expressamente, por exemplo, que a assembleia foi instalada em primeira convocação com acionistas que representem menos de 1/4 do capital, configura-se vício formal facilmente verificável, que não pode ser ignorado pela Junta Comercial.

Parece-nos menos provável que isso ocorra, na prática, pois seria erro grosseiro da assembleia.

O mais provável é que a verificação do vício no *quorum* de instalação dependa da análise da situação societária, da identificação dos sócios presentes na assembleia ou de outros elementos que não constam na própria ata levada a registro. Nesse caso, não há falar em simples verificação de formalidade, mas sim análise de mérito, que não pode ser feita pela Junta Comercial.

DICA: embora seja provável que o vício no *quorum* dependa de análise de fundo, inviável no âmbito da Junta Comercial, é incorreto afirmar, simplesmente, que não se trata de formalidade.

Pelo contrário, Fábio Ulhoa Coelho ensina que "uma das **formalidades** indispensáveis à validade e eficácia das manifestações de vontade que tem lugar na assembleia geral diz respeito ao número de acionistas presentes à reunião (*quorum* de instalação)" (*Curso de direito comercial. 13.ed.* São Paulo: Saraiva, 2012. *v. 2.* p. 212 – grifei).

Veja o seguinte precedente, em que o STJ confirmou que a Junta deve se limitar às formalidades, embora reconheça, implicitamente, a possibilidade de aferir a participação dos sócios no ato:

Mandado de Segurança. Junta Comercial. Arquivamento de alteração. Sociedade por cotas de responsabilidade limitada. Precedentes.

1. A Junta Comercial não cuida de examinar eventual comportamento irregular de sócio, motivador de sua exclusão, devendo limitar-se ao exame das formalidades necessárias ao arquivamento.

2. A falta de assinatura de um dos sócios não impede o arquivamento, previsto, no caso, que as deliberações sociais são tomadas pelo voto da maioria.

3. O exame das cláusulas contratuais não tem espaço no especial, a teor da Súmula nº 05 da Corte.

4. Recurso especial não conhecido.

(REsp 151.838/PE, 3ª Turma, j. 04.09.2001, rel. Ministro Carlos Alberto Menezes Direito, DJ 08.10.2001, p. 210)

Como dito na resposta acima, caso a simples análise da ata de assembleia permita aferir que, indubitavelmente, o *quorum* de instalação previsto no art. 125 da LSA foi desrespeitado, a Junta deverá indeferir o pedido de registro. Caso seja necessária a análise de outros elementos, além da própria ata, não se trata de simples vício de formalidade, o que extrapola a competência da Junta Comercial.

(OAB/Exame Unificado – 2009.1 – 2ª fase) Considerando que acionistas que representam três quartos do capital social de certa sociedade em comandita por ações tenham, em 03.12.2008, deliberado pela destituição de um diretor, bem como pela instalação do conselho de administração, que seria composto por pessoas estranhas ao quadro de acionistas, responda, de forma fundamentada, às questões a seguir.

✓ Após a data da destituição, o diretor poderá ser responsabilizado pelas obrigações contraídas sob sua administração?

✓ É lícita a instalação do conselho de administração composto por não acionistas?

✓ A referida deliberação pode ocorrer normalmente, haja vista o quorum mencionado?

EMPRESARIAL

RESPOSTA

O diretor destituído da sociedade em comandita por ações continua responsável pelas obrigações contraídas sob sua administração pelo prazo de dois anos, nos termos do art. 1.091, § 3º, do CC:

Art. 1.091, § 3º. "O diretor destituído ou exonerado continua, durante dois anos, responsável pelas obrigações sociais contraídas sob sua administração."

Somente acionistas podem ser administradores da sociedade em comandita por ações, nos termos do art. 1.091, *caput*, do CC, o que inclui os membros do conselho de administração:

"Art. 1.091. Somente o acionista tem qualidade para administrar a sociedade e, como diretor, responde subsidiária e ilimitadamente pelas obrigações da sociedade.

(...)"

Os diretores, que são nomeados no ato constitutivo da sociedade, somente poderão ser destituídos por deliberação de acionistas que representem no mínimo dois terços do capital social (66,66%), o que ocorreu no caso descrito (houve deliberação de três quartos, ou 75%), conforme o art. 1.091, § 2º, do CC:

Art. 1.091, § 2º. "Os diretores serão nomeados no ato constitutivo da sociedade, sem limitação de tempo, e somente poderão ser destituídos por deliberação de acionistas que representem no mínimo dois terços do capital social."

(OAB/Exame Unificado – 2008.3 – 2ª fase) A diretoria da pessoa jurídica Companhia Editora Educativa é composta por três pessoas. Um dos diretores, Odair, decidiu, por motivos de foro íntimo, outorgar a terceiro algumas incumbências do cargo que exerce, tais como participação nas reuniões de diretoria, tomada de decisões, bem como representação da sociedade em juízo. Em face dessa situação hipotética, responda, de forma fundamentada, se é lícito a Odair fazer-se representar, por procurador, perante a companhia e, ainda, constituir mandatário da companhia para representá-la em juízo.

RESPOSTA

Há duas questões postas:

– possibilidade de Odair ser representado perante a companhia (procurador de Odair); e

– possibilidade de Odair outorgar a representação da companhia (procurador da companhia).

Não há como Odair constituir procurador para substituí-lo nas reuniões da diretoria, em princípio, pois isso é algo personalíssimo.

Entretanto, Odair pode constituir mandatário **da companhia**, para, por exemplo, representá-la em juízo, nos limites de suas próprias atribuições e poderes e nos termos do art. 144, parágrafo único, da Lei 6.404/1976:

Art. 144, parágrafo único. "Nos limites de suas atribuições e poderes, é lícito aos diretores constituir mandatários da companhia, devendo ser especificados no instrumento os atos ou operações que poderão praticar e a duração do mandato, que, no caso de mandato judicial, poderá ser por prazo indeterminado."

DICA: é muito importante lembrar que "companhia" é termo equivalente à "sociedade anônima", conforme o disposto no art. 1.088 do CC, exceto se utilizado ao final de firma, na forma da expressão "**e** companhia" ou "**e** Cia.", como em "João, Antônio e Companhia" – art. 1.157 do CC. Assim, quando o examinador perguntar algo acerca de companhia, lembre-se que você poderá ter que se referir à Lei das Sociedades por Ações – LSA – Lei 6.404/1976.

(OAB/Exame Unificado – 2008.1 – 2ª fase) Mário, administrador de sociedade anônima, descobriu que outro coadministrador, seu amigo Igor, vem agindo em proveito próprio e causando prejuízo ao patrimônio da companhia, atuando com flagrante violação do dever legal de lealdade. Mário, embora não participe do ilícito, não quer se indispor com o amigo, razão pela qual, até então, mantém-se em silêncio sobre o fato. Considerando a situação acima descrita e, ainda, a hipótese de serem revelados tais fatos por terceiros, responda, com a devida fundamentação legal, às perguntas que se seguem.

✓ Qualquer acionista da referida sociedade poderá imediatamente oferecer ação de responsabilidade contra Igor?

✓ Mário poderá ser responsabilizado pela conduta de Igor?

RESPOSTA

Em princípio, compete à companhia propor a ação de responsabilidade contra o administrador, conforme deliberação em assembleia geral.

Caso a ação não seja proposta no prazo de três meses da deliberação, qualquer acionista poderá fazê-lo.

Se a assembleia geral deliberar em sentido contrário, a ação poderá ser proposta por acionistas que representem pelo menos 5% do capital social.

Finalmente, essa ação de responsabilidade não impede à de qualquer sócio ou terceiro diretamente prejudicado pelo ato do administrador.

Tudo isso nos termos do art. 159 da Lei 6.404/1976:

"Art. 159. Compete à companhia, mediante prévia deliberação da assembleia geral, a ação de responsabilidade civil contra o administrador, pelos prejuízos causados ao seu patrimônio.

§ 1º A deliberação poderá ser tomada em assembleia geral ordinária e, se prevista na ordem do dia, ou for consequência direta de assunto nela incluído, em assembleia geral extraordinária.

(...)

§ 3º Qualquer acionista poderá promover a ação, se não for proposta no prazo de 3 (três) meses da deliberação da assembleia geral.

§ 4º Se a assembleia deliberar não promover a ação, poderá ela ser proposta por acionistas que representem 5% (cinco por cento), pelo menos, do capital social.

(...)

§ 7º A ação prevista neste artigo não exclui a que couber ao acionista ou terceiro diretamente prejudicado por ato de administrador."

Mário, ao saber do ilícito que vinha sendo cometido por Igor, deveria ter agido para impedir sua prática, razão pela qual poderá, também, ser responsabilizado, nos termos do art. 158, § 1º, da Lei 6.404/1976:

"Art. 158, § 1º. O administrador não é responsável por atos ilícitos de outros administradores, **salvo se com eles for conivente**, se negligenciar em descobri-los ou **se, deles tendo conhecimento, deixar de agir para impedir a sua prática**. Exime-se de responsabilidade o administrador dissidente que faça consignar sua divergência em ata de reunião do órgão de administração ou, não sendo possível, dela dê ciência imediata e por escrito ao órgão da administração, no conselho fiscal, se em funcionamento, ou à assembleia geral.

(...)"

EMPRESARIAL

DICA: os deveres e as responsabilidades dos administradores das sociedades anônimas, em especial os de diligência e lealdade, são previstos pelos arts. 153 e seguintes da Lei 6.404/1976.

(OAB/Exame Unificado – 2007.2 – 2ª fase) Em uma companhia aberta, o sócio Fernando apresentou-se remisso, não tendo pago o valor referente às suas ações. Com relação a essa situação hipotética, elabore um texto, devidamente fundamentado e com referência à legislação pertinente, discorrendo sobre as opções que se abrem à companhia em apreço.

RESPOSTA

O acionista deve pagar o valor referente às ações que subscreveu (= integralizá-las) nas condições previstas no estatuto, no boletim de subscrição ou na chamada de capital (art. 106 da Lei 6.404/1976).

O sócio que descumpre essa obrigação é designado acionista remisso.

Nessa hipótese, há duas opções para a companhia, nos termos do art. 107 da Lei 6.404/1976):

– executar o sócio remisso e os eventuais responsáveis solidários (por exemplo, alienantes das ações não integralizadas – art. 108 da mesma Lei), sendo que o boletim de subscrição e o aviso de chamada servem como título extrajudicial; ou

– mandar vender as ações em bolsa de valores, em leilão especial, por conta e risco do acionista remisso.

As duas providências podem ser tomadas simultaneamente, nos termos do art. 107, § 3º, da Lei 6.404/1976 (ocorrendo a venda das ações ou o pagamento na execução, a outra providência será descartada, evidentemente).

Caso a companhia não consiga integralizar as ações por esses meios, poderá declará-las caducas e integralizá-las com capital próprio (lucros ou reserva, exceto legal) ou (caso não tenha lucros ou reserva) colocá-las em comisso e, após um ano sem conseguir vendê-las, decidir acerca da redução do capital em montante correspondente, nos termos do art. 107, § 4º, da Lei 6.404/1976.

DICA: atente-se para o espaço disponível em sua prova e ajuste-se a ele, focando os pontos essenciais de maneira clara e direta. Os pontos essenciais nesta questão, que devem necessariamente ser abordados, são a possibilidade de execução do sócio remisso ou de venda das ações em bolsa, conforme o art. 107 da Lei das Sociedades por Ações – LSA.

3. SOCIETÁRIO – OUTRAS MATÉRIAS

(OAB/Exame Unificado – 2013.3 – 2ª fase) Vida Natural Legumes e Verduras Ltda. é uma sociedade empresária, com sede em Kaloré, cujo objeto é a produção e comercialização de produtos orgânicos e hidropônicos. A sociedade celebrou contrato com duração de 5 (cinco) anos para o fornecimento de hortigranjeiros a uma rede de supermercados, cujos estabelecimentos são de titularidade de uma sociedade anônima fechada. Após o decurso de 30 (trinta) meses, a sociedade, que até então cumprira rigorosamente todas as suas obrigações, tornou-se inadimplente e as entregas passaram a sofrer atrasos e queda sensível na qualidade dos produtos. O inadimplemento é resultado, entre outros fatores, da gestão fraudulenta de um ex-sócio e administrador, ao desviar recursos para o patrimônio de "laranjas", causando enormes prejuízos à sociedade.

A sociedade anônima ajuizou ação para obter a resolução do contrato e o pagamento de perdas e danos pelo inadimplemento e lucros cessantes. O pedido foi julgado procedente e, na sentença, o juiz decretou de ofício a desconsideração da personalidade jurídica para estender a todos os sócios atuais, de modo subsidiário, a obrigação de reparar os danos sofridos pela fornecida. Foi determinado o bloqueio das contas bancárias da sociedade, dos sócios e a indisponibilidade de seus bens.

Com base nas informações acima, responda aos itens a seguir.

A) No caso descrito, pode o juiz decretar de ofício a desconsideração da personalidade jurídica? Fundamente com amparo legal. (Valor: 0,50)

B) O descumprimento do contrato de fornecimento dá ensejo à desconsideração, com extensão aos sócios da obrigação assumida pela sociedade? (Valor: 0,75)

GABARITO COMENTADO – FGV

A questão tem por base o item 2.6 do programa de Direito Empresarial (desconsideração da personalidade jurídica da sociedade empresária). O candidato deve identificar pelos dados contidos no enunciado que se trata de um contrato celebrado entre empresários (fornecedor e fornecido), portanto a relação jurídica é disciplinada pelas normas do Código Civil. Por conseguinte, são descabidas as considerações na resposta sobre Código de Defesa do Consumidor (Art. 28, caput e § 5º), desconsideração objetiva (independentemente da prova do abuso da personalidade jurídica) ou existência de relação de consumo entre o fornecedor e o fornecido.

A eventual aplicação da desconsideração da personalidade jurídica deverá ter por base o art. 50, do Código Civil: "*Art. 50. Em caso de abuso da personalidade jurídica, caracterizado pelo desvio de finalidade, ou pela confusão patrimonial, pode o juiz decidir, a requerimento da parte, ou do Ministério Público quando lhe couber intervir no processo, que os efeitos de certas e determinadas relações de obrigações sejam estendidos aos bens particulares dos administradores ou sócios da pessoa jurídica.*"

A) O candidato deverá mencionar que o art. 50 do CC somente autoriza ao juiz decidir pela desconsideração a requerimento da parte ou do Ministério Público, que não interveio no feito. Como não houve pedido de desconsideração pelo autor, a decisão do juiz que decretou, de ofício, a desconsideração é ilegal.

B) Utilizando-se o critério subjetivo para aplicação da desconsideração (abuso da personalidade jurídica praticado pelos sócios), percebe-se que a decisão foi equivocada, pois houve apenas o descumprimento do contrato de fornecimento, a ensejar a responsabilização exclusiva da sociedade pelo ato do ex-sócio, à época administrador. Ademais, o enunciado informa que o ex-sócio e administrador, responsável pelos atos de gestão fraudulenta, não teve suas contas bloqueadas e bens indisponíveis, somente os sócios atuais. Portanto, o juiz imputou responsabilidade objetiva, solidária e subsidiária aos sócios pelo pagamento da indenização a que a sociedade fora condenada, utilizando critério objetivo para aplicar a desconsideração, que não é admitido pelo art. 50 do CC.

Distribuição dos pontos

Item	Pontuação
A. Não, porque a desconsideração da personalidade jurídica deve ser decretada a requerimento da parte e não de ofício pelo juiz (0,35), com fundamento no art. 50 do CC (0,15). **Obs.**: *a simples menção ao dispositivo legal não atribui pontuação.*	0,00 – 0,35 – 0,50
B. Não, porque não se verifica abuso da personalidade jurídica da sociedade praticado pelos sócios atuais, seja em desvio de finalidade, confusão patrimonial ou outro ato congênere, apenas o descumprimento de um contrato. Assim sendo, é descabida a desconsideração (0,60), com fundamento no art. 50 do CC (0,15).	0,00 – 0,60– 0,75

EMPRESARIAL

(OAB/Exame Unificado – 2013.1 – 2ª fase) José da Silva constituiu uma Empresa Individual de Responsabilidade Limitada com a seguinte denominação – Solução Rápida Informática EIRELI. No ato de constituição foi nomeada como única administradora sua irmã, Maria Rosa. A pessoa jurídica celebrou um contrato de prestação de serviços e nesse documento José da Silva assinou como administrador e representante da EIRELI.

Com base na situação hipotética apresentada, responda aos itens a seguir.

A) Foi correto o uso do nome empresarial por José na situação descrita no enunciado? Justifique e dê amparo legal. (Valor: 0,50)

B) Na omissão do ato constitutivo, Maria Rosa, na condição de administradora, poderia outorgar procuração em nome da pessoa jurídica a José da Silva? Por quê? Justifique e dê amparo legal. (Valor: 0,75)

O examinando deve fundamentar corretamente sua resposta. A simples menção ou transcrição do dispositivo legal não pontua.

GABARITO COMENTADO – FGV

A questão tem por finalidade verificar o conhecimento do candidato das normas que regem a administração da empresa individual de responsabilidade limitada, em especial a quem cabe o uso do nome empresarial e a possibilidade de o administrador constituir mandatários da pessoa jurídica. De acordo com o art. 980-A, § 6º do CC, aplicam-se à EIRELI, no que couber, as regras previstas para a sociedade limitada. Portanto, com base no art. 1.064 do CC ("O uso da firma ou denominação social é privativo dos administradores que tenham os necessários poderes"), o uso da denominação é privativo de Maria Rosa, que é a única administradora da pessoa jurídica, sendo incorreto o uso do nome empresarial por José da Silva, ainda que este seja o instituidor da EIRELI.

Maria Rosa poderá outorgar procuração em nome da pessoa jurídica a José da Silva porque, como administradora, pode constituir mandatários da pessoa jurídica nos limites de seus poderes. O fundamento legal encontra-se no art. 1.018 do CC ("Ao administrador é vedado fazer-se substituir no exercício de suas funções, sendo-lhe facultado, nos limites de seus poderes, constituir mandatários da sociedade, especificados no instrumento os atos e operações que poderão praticar"), aplicável a EIRELI por força dos arts. 980-A, § 6º e 1.053, *caput*, do CC).

A) Não foi correto o uso do nome empresarial por José da Silva porque ele não tem poderes de administração. O fato de ter instituído a EIRELI não lhe dá de pleno direito a poderes de administração porque somente Maria Rosa, única administradora, poderia usar a denominação, com fundamento no art. 1.064 do CC, que se aplica à EIRELI por força do art. 980-A, § 6º, do CC. É indispensável a correta e completa menção aos dispositivos legais indicados para a obtenção de pontuação.

B) Sim, porque Maria Rosa como única administradora pode constituir mandatários da pessoa jurídica nos limites de seus poderes. O fundamento legal encontra-se no art. 1.018 do CC ("Ao administrador é vedado fazer-se substituir no exercício de suas funções, sendo-lhe facultado, nos limites de seus poderes, constituir mandatários da sociedade, especificados no instrumento os atos e operações que poderão praticar"), aplicável à EIRELI por força dos arts. 980-A, § 6º e 1.053, *caput*, do CC. É indispensável a correta e complete menção aos dispositivos legais indicados para a obtenção de pontuação.

Distribuição dos pontos

Quesito Avaliado	Valores
A) Não, porque somente Maria Rosa, como administradora, poderia fazer uso do nome empresarial (0,25), com fundamento nos art. 980-A, § 6º c/c o art. 1.064, do CC (0,25). A simples menção do dispositivo legal não pontua.	0,00 / 0,25 / 0,50
B) Sim, porque Maria Rosa, como administradora, pode constituir mandatários da pessoa jurídica nos limites de seus poderes (0,40). O fundamento legal encontra-se no art. 1.018 do CC, aplicável à EIRELI por força dos arts. 980-A, § 6º e 1.053, *caput*, do CC (0,35). A simples menção do dispositivo legal não pontua.	0,00 / 0,40 / 0,75

(OAB/Exame Unificado – 2012.3 – 2ª fase) Maria, cozinheira, tem como fonte de renda a produção e venda de refeições para os moradores de seu bairro. Para a produção das refeições, Maria precisa comprar grande quantidade de alimentos e, por vezes, para tanto, necessita contrair empréstimos.

Com o dinheiro que economizou ao longo de anos de trabalho, Maria montou uma cozinha industrial em um galpão que comprou em seu nome, avaliada em R$ 80.000,00 (oitenta mil reais). Maria também acabou de adquirir sua casa própria e está preocupada em separar a sua atividade empresarial, exercida no galpão, de seu patrimônio pessoal.

Nesse sentido, com base na legislação pertinente, responda, de forma fundamentada, aos itens a seguir.

A) Qual seria o instituto jurídico mais adequado a ser constituído por Maria para o exercício de sua atividade empresarial de modo a garantir a separação patrimonial sem, no entanto, associar-se a ninguém? (Valor: 0,50)

B) Como Maria poderia realizar a referida divisão? (Valor: 0,75)

GABARITO COMENTADO – FGV

O examinando deve demonstrar conhecimento a respeito das normas legais sobre a empresa individual de responsabilidade limitada (EIRELI).

A) O instituto jurídico mais adequado a ser constituído por Maria é a Empresa Individual de Responsabilidade Limitada, especialmente porque ela quer garantir a separação patrimonial e não deseja ter nenhum sócio (dados contidos no enunciado). A EIRELI é uma pessoa jurídica de direito privado (Art. 44, VI, do CC), garantindo a separação patrimonial entre a pessoa natural e a pessoa jurídica. Outro dado importante é que Maria possui patrimônio suficiente para cumprir a exigência do capital mínimo de 100 vezes o maior salário mínimo vigente no País, devidamente integralizado, conforme art. 980-A, do CC.

B) Como Maria está preocupada em separar sua casa própria da atividade empresarial que será exercida no galpão onde montou sua cozinha industrial, ela poderia realizar a integralização do capital da EIRELI com a cozinha industrial, avaliada R$ 80.000, 00 (oitenta mil reais), portanto em valor superior a 100 (cem) vezes o maior salário mínimo vigente no País. Desta forma, a cozinha industrial passaria a compor o patrimônio da pessoa jurídica e serviria à sua atividade empresária, resguardando a casa no patrimônio pessoal da instituidora.

Distribuição dos pontos

Quesito Avaliado	Valores
A) Maria deveria constituir a empresa individual de responsabilidade limitada (0,25), uma vez que não deseja se associar a ninguém e tem em seu patrimônio pessoal um bem avaliado em valor superior a cem vezes o maior salário mínimo vigente no País, conforme exigência contida no art. 980-A do CC (0,25). Obs.: A mera citação do artigo não pontua.	0,00 / 0,25 / 0,50
B) Maria poderia integralizar o capital com a cozinha industrial (0,25), avaliada em valor acima de 100 (cem) vezes o maior salário mínimo vigente no País (0,25), conforme o art. 980-A do CC (0,25), de modo que esta passaria a compor o patrimônio da pessoa jurídica e serviria a sua atividade empresária, resguardando a casa em seu patrimônio pessoal. Obs.: A mera citação do artigo não pontua.	0,00 / 0,25 / 0,50 / 0,75

(OAB/Exame Unificado - 2011.3 - 2ª fase) Maria e Alice constituíram a sociedade Doce Alegria Comércio de Alimentos Ltda., com o objetivo de comercializar doces para festas. As sócias assinaram o contrato social e logo começaram a adquirir matéria-prima em nome da sociedade. Contudo, dado o acúmulo dos pedidos e a grande produção, as sócias não se preocuparam em providenciar o registro dos atos constitutivos na Junta Comercial, priorizando o seu tempo integralmente na produção dos doces.

Posteriormente, a sociedade passou por um período de dificuldades financeiras com a diminuição dos pedidos e deixou de pagar as obrigações assumidas com alguns fornecedores, em especial a Algodão Doce Depósito e Comércio de Alimentos Ltda., que, tentando reaver seu prejuízo, ingressou com ação de cobrança contra a Doce Alegria Comércio de Alimentos Ltda.

Em sede de defesa, alegou-se a inexistência da sociedade Doce Alegria Comércio de Alimentos Ltda., dado que não foi efetivado o registro do contrato social na Junta Comercial.

De acordo com o enunciado acima e com a legislação pertinente, responda às questões abaixo, indicando o(s) respectivo(s) fundamento(s) legal(is):

a) Como advogado da Sociedade Algodão Doce, qual deve ser a tese jurídica adotada para refutar o argumento de defesa? **(Valor: 0,5)**

b) Qual o patrimônio que a Algodão Doce Depósito e Comércio de Alimentos Ltda. poderá acionar de modo a reaver seu crédito? **(Valor: 0,75)**

GABARITO COMENTADO – FGV

O examinando deve demonstrar conhecimento a respeito das normas de regimento das sociedades não personificadas.

Em relação à letra "a", o examinando deve indicar que, mesmo não tendo inscrito os atos da sociedade no registro próprio, a sociedade Doce Alegria Comércio de Alimentos Ltda. existe, sendo considerada uma sociedade em comum (art. 986 do CC).

No mesmo sentido, a falta de personalidade jurídica não pode ser oposta como argumento de defesa pelas sócias da Doce Alegria Comércio de Alimentos Ltda., tendo em vista o disposto no art. 12, § 2º, do CPC.

Ademais, a existência da sociedade pode ser provada por terceiros por qualquer meio, de acordo com o disposto no art. 987 do CC.

Sobre a letra "b", o examinando deve responder que uma vez provada a existência da sociedade, os bens sociais constituem patrimônio especial, de propriedade comum das sócias, conforme o art. 988 do CC. A credora poderia acionar este patrimônio, uma vez que ele responde pelos atos de gestão praticados por qualquer dos sócios, conforme o art. 989, do CC.

A sociedade Algodão Doce poderia acionar também o patrimônio de cada uma das sócias, dado que elas respondem ilimitada e solidariamente pelas obrigações da sociedade, de acordo com o art. 990 do CC.

A simples menção ou transcrição do dispositivo legal apontado na distribuição de pontos não atribui a pontuação por si só. O examinando deve ainda demonstrar que compreendeu aquilo que está sendo indagado e fundamentar corretamente a sua resposta, para que o item seja integralmente pontuado.

Distribuição dos pontos

Item	Pontuação
a) A sociedade que não tem seus atos constitutivos registrados é considerada sociedade em comum, nos termos do art. 986, do CC (0,25) OU a falta de personalidade jurídica não pode ser oposta como argumento de defesa pelas sócias da Doce Alegria Comércio de Alimentos Ltda., tendo em vista o disposto no art. 12, § 2º, do CPC (0,25). Ademais, a existência da sociedade pode ser provada por terceiros por qualquer meio, de acordo com o disposto no art. 987 do CC (0,25).	0 / 0,25 / 0,50
b) A sociedade credora poderia acionar o patrimônio especial (art. 988 do CC) (0,25), constituído pelos bens sociais e de propriedade comum das sócias (0,25). A sociedade credora poderia ainda acionar o patrimônio de cada uma das sócias, dado que elas respondem ilimitada e solidariamente pelas obrigações da sociedade, de acordo com o art. 990 do CC (0,25).	0 / 0,25 / 0,5 / 0,75

(OAB/Exame Unificado - 2011.1 - 2ª fase) Diogo exerce o comércio de equipamentos eletrônicos, por meio de estabelecimento instalado no Centro do Rio de Janeiro. Observe-se que Diogo não se registrou como empresário perante a Junta Comercial.

Com base nesse cenário, responda:

a) São válidos os negócios jurídicos de compra e venda realizados por Diogo no curso de sua atividade? (Valor: 0,65)

b) Quais os principais efeitos da ausência de registro de Diogo como empresário? (Valor: 0,6)

RESPOSTA

a) Sim. Apesar de ser qualificado como um empresário irregular, porque não efetuou seu registro perante a Junta Comercial, conforme determina o art. 967 do CC, a ausência desta formalidade não o descaracteriza como empresário, pois a classificação decorre da própria atividade exercida (art. 966 do CC). Portanto, todos os negócios realizados por Diogo são válidos e têm natureza empresarial.

b) O empresário irregular sofre limitações no exercício de sua atividade na medida em que o registro é essencial para a prática de certos atos ou exercício de direitos, próprios ou não da atividade empresária. Por exemplo, o empresário irregular não pode contratar com o Poder Público, não pode requerer recuperação judicial, não pode requerer a falência de outro empresário (mas pode ter sua própria falência decretada), entre outros.

Comentários adicionais

A ausência de registro, seja para o empresário individual, seja para a sociedade empresária, não afasta a incidência do regime jurídico empresarial sobre eles. O ato de registro tem natureza meramente declaratória, sendo a caracterização como empresário decorrente do enquadramento da atividade no conceito do art. 966 do CC, desde que, é claro, não esteja expressamente excluída (como as atividades intelectuais e as cooperativas).

GABARITO COMENTADO – FGV

O problema deve ser analisado conforme a seguinte orientação:

(i) deve o examinando demonstrar conhecimento quanto à obrigatoriedade do registro do empresário, cuja inexistência, entretanto, não lhe retira a condição de empresário, uma vez que tem natureza declaratória, ressalvadas as exceções legais (formação da pessoa jurídica e empresário rural), que não se aplicam ao caso em tela. A ausência de registro não invalida, portanto, os atos praticados por Diogo no exercício da empresa.

(ii) deve ser mencionado que os efeitos são aqueles próprios da irregularidade do exercício da atividade, que inclui a impossibilidade de requerer recuperação judicial, bem como realizar atos da vida empresarial que exigem a comprovação da regularidade, como a participação em licitações.

Distribuição de pontos

Item	Pontuação
Os atos são válidos (0,3). Ausência de registro não retira a capacidade/qualidade de empresário (0,35)	0 / 0,3 / 0,35 / 0,65
Próprios da irregularidade do exercício da atividade (citar pelo menos dois) (0,3 cada). Exemplos: não contratar com órgãos públicos, não possuir direito a recuperação judicial.	0 / 0,3 / 0,6

(OAB/Exame Unificado - 2011.1 - 2ª fase) Caio, Tício e Mévio assinaram o instrumento particular de constituição da CTM Comércio Internacional Ltda. e logo em seguida iniciaram as atividades comerciais da sociedade. Em razão do atraso de 40 dias na entrega de uma encomenda de 100 toneladas de soja, o cliente prejudicado ajuizou demanda em face de Caio, Tício e Mévio para cobrar a multa de R$ 100.000,00 por dia de atraso na entrega do produto. Ao informarem a seu advogado que foram citados na mencionada ação, Caio, Tício e Mévio foram surpreendidos com a constatação de que, por um lapso, o estagiário responsável pelo arquivamento do instrumento particular de constituição da CTM Comércio Internacional Ltda. perante a Junta Comercial deixou de fazê-lo.

Com base no cenário acima, responda aos itens a seguir, empregando os argumentos jurídicos apropriados e a fundamentação legal pertinente ao caso.

a) Nessa situação, qual é o tipo de sociedade existente entre Caio, Tício e Mévio? (Valor: 0,45)
b) Sob o ponto de vista societário, qual é a responsabilidade de Caio, Tício e Mévio perante o cliente que os processa? (Valor: 0,8)

RESPOSTA

a) Diante da ausência do registro do contrato social na Junta Comercial, Caio, Tício e Mévio têm contratada entre si uma sociedade em comum, prevista no art. 986 do CC.
b) A sociedade em comum, por não ter personalidade jurídica, não é dotada de autonomia negocial e patrimonial. Dessa forma, os sócios respondem solidária e ilimitadamente pelas dívidas sociais, excluído do benefício de ordem àquele que contratou pela sociedade (art. 990 do CC), isto é, inicialmente deve-se excutir os bens da sociedade e do sócio que assumiu por ela a obrigação. Não sendo estes suficientes para saldar a dívida, serão alcançados os patrimônios dos demais sócios, sem qualquer limite, até que a obrigação esteja quitada.

Comentários adicionais

A doutrina divide a sociedade em comum em dois subtipos: sociedade de fato, quando não existe ato constitutivo escrito entre os sócios, e sociedade irregular, como no caso em tela, quando o ato constitutivo escrito não foi levado a registro junto ao Registro Público de Empresas Mercantis.

GABARITO COMENTADO – FGV

O examinando deve demonstrar que possui conhecimentos sobre os efeitos da falta de registro dos atos constitutivos de sociedade, bem como sobre regime de responsabilidade dos sócios de sociedade em comum. A questão envolve a aplicação dos arts. 986 e 990, ambos do Código Civil. Nessa linha, na medida em que não foram inscritos os atos constitutivos da CTM Comércio Internacional Ltda. perante o Registro do Comércio, a posição de Caio, Tício e Mévio é a de sócios de uma sociedade em comum. Em função do disposto no art. 990, eles responderão solidária e ilimitadamente pelas obrigações sociais. Assim, possuem responsabilidade solidária e ilimitada perante o cliente que os processa.

Distribuição de pontos

Item	Pontuação
Ausência de registro configura sociedade em comum (0,25). Art. 986 do CC (0,25)	0 / 0,2 / 0,25 / 0,45
Responsabilidade ilimitada (0,2) e solidária (0,2) dos sócios. Art. 990 do CC	0 / 0,2 / 0,4 / 0,6 / 0,8

(OAB/Exame Unificado – 2010.1 – 2ª fase) Um dos sócios de certa sociedade em comum ajuizou ação de execução contra RL Produtos Ltda., em razão do inadimplemento de várias obrigações. No curso do processo, o exequente constatou a confusão patrimonial entre os bens da pessoa jurídica devedora e de seus dois sócios, razão pela qual pretende requerer ao juízo competente a desconsideração da personalidade jurídica de RL Produtos Ltda. Em face dessa situação hipotética, responda, de forma fundamentada, às perguntas seguintes.

– A razão apontada é suficiente para provocar a desconsideração da personalidade jurídica de RL Produtos Ltda.?

– Em que consiste, em linhas gerais, a teoria da desconsideração da personalidade jurídica (*disregard doctrine*)?

– Que requisitos são estabelecidos no Código Civil para a desconsideração da personalidade jurídica?

RESPOSTA

As sociedades têm, em regra, personalidade jurídica própria (com exceção das sociedades em comum e em conta de participação) e autonomia patrimonial (caso das limitadas e das anônimas, por exemplo), de modo que seu patrimônio não se confunde com o dos sócios.

Ocorre que, eventualmente, administradores e sócios podem se valer dessa autonomia patrimonial para prejudicar terceiros, o que é coibido pelo sistema jurídico.

De fato, há situações em que o abuso da personalidade jurídica das sociedades leva o juiz a desconsiderá-la.

Não se trata de suprimir a personalidade jurídica da sociedade, mas apenas suspender a autonomia patrimonial episodicamente, estendendo os efeitos de certas e determinadas relações jurídicas aos bens particulares dos administradores ou sócios da pessoa jurídica.

A **desconsideração da personalidade jurídica** (***disregard***) foi construção jurisprudencial, posteriormente acolhida pela legislação, como o art. 50 do CC, o art. 28 do CDC, o art. 34 da Lei 12.529/2011, além de disposições específicas quanto a atos culposos ou dolosos praticados pelos administradores, com efeitos em relação à sua responsabilidade pessoal (por exemplo, art. 1.016 do CC e arts. 134, II e VII, e 135, III, ambos do CTN). Vejamos o disposto no art. 50 do CC:

> "Art. 50. Em caso de abuso da personalidade jurídica, caracterizado pelo desvio de finalidade, ou pela confusão patrimonial, pode o juiz decidir, a requerimento da parte, ou do Ministério Público quando lhe couber intervir no processo, que os efeitos de certas e determinadas relações de obrigações sejam estendidos aos bens particulares dos administradores ou sócios da pessoa jurídica."

Esses são os requisitos do Código Civil para a desconsideração: **abuso da personalidade jurídica** caracterizado por (i) desvio de finalidade ou (ii) confusão patrimonial. Ademais, é preciso que haja requerimento da parte ou do Ministério Público.

No caso, houve "confusão patrimonial entre os bens da pessoa jurídica devedora e de seus dois sócios", que implica abuso da personalidade jurídica, conforme o art. 50 do CC acima transcrito e, portanto, permite o *disregard*.

DICA: perceba que o fato de o credor ser sociedade em comum não impede a cobrança, já que essa sociedade despersonalizada tem legitimidade processual e é representada em juízo pela pessoa a quem couber a administração dos seus bens, conforme o art. 12, VII, do CPC:

"Art. 12. Serão representados em juízo, ativa e passivamente:

(...)

VII - as sociedades sem personalidade jurídica, pela pessoa a quem couber a administração dos seus bens;

(...)"

É também interessante que o candidato esteja familiarizado com a possibilidade de desconsideração da personalidade jurídica prevista na legislação consumerista e na legislação antitruste, conforme o art. 28, *caput*, do CDC e o art. 18 da Lei 8.884/1994:

CDC, art. 28. O juiz poderá desconsiderar a personalidade jurídica da sociedade quando, em detrimento do consumidor, houver abuso de direito, excesso de poder, infração da lei, fato ou ato ilícito ou violação dos estatutos ou contrato social. A desconsideração também será efetivada quando houver falência, estado de insolvência, encerramento ou inatividade da pessoa jurídica provocados por má administração.

(...)"

Lei 12.529/2011, art. 34. Art. 34. A personalidade jurídica do responsável por infração da ordem econômica poderá ser desconsiderada quando houver da parte deste abuso de direito, excesso de poder, infração da lei, fato ou ato ilícito ou violação dos estatutos ou contrato social.

GABARITO COMENTADO – CESPE

Resposta afirmativa ao questionamento, conforme o art. 50 do CC.

A desconsideração da personalidade jurídica é a retirada momentânea e excepcional da autonomia patrimonial da pessoa jurídica, para estender os efeitos das suas obrigações à pessoa dos sócios. Esse ato não extingue a pessoa jurídica, mas, apenas, de forma momentânea, atravessa a autonomia patrimonial da pessoa jurídica e atinge o sócio, voltando tudo, depois, ao seu estado anterior.

Os requisitos estão no art. 50 do CC, que dispõe:

"Em caso de abuso da personalidade jurídica, caracterizado pelo desvio de finalidade, ou pela confusão patrimonial, pode o juiz decidir, a requerimento da parte, ou do Ministério Público quando lhe couber intervir no processo, que os efeitos de certas e determinadas relações de obrigações sejam estendidos aos bens particulares dos administradores ou sócios da pessoa jurídica."

Observação para a correção: atribuir pontuação integral às respostas em que esteja expresso o conteúdo do dispositivo legal, ainda que não seja citado, expressamente, o número do artigo.

(OAB/Exame Unificado – 2009.3.2 – 2ª fase) Marcos, brasileiro nato, e Nora, brasileira naturalizada há cinco anos, casados sob o regime de separação obrigatória de bens, decidiram constituir, juntamente com outro sócio, uma sociedade para atuar no ramo de radiodifusão sonora.

Considerando a situação hipotética apresentada, discorra, com base na legislação pertinente, sobre a constituição e o exercício da referida sociedade empresária.

RESPOSTA

O art. 977 do CC veda que cônjuges casados no regime de separação obrigatória de bens contratem sociedade:

> "Art. 977. Faculta-se aos cônjuges contratar sociedade, entre si ou com terceiros, desde que não tenham casado no regime da comunhão universal de bens, ou no da separação obrigatória."

A empresa de radiodifusão sonora deve ser necessariamente constituída pelas leis brasileiras, o que impede que Marcos e Nora realizem seu projeto empresarial.

Ademais, ainda que assim não fosse, seria inviável a pretensão, por conta da recente naturalização de Nora.

A Constituição brasileira é bastante restritiva quanto à participação de estrangeiros em empresas de comunicação de massa.

A redação original do art. 222 da CF previa que somente pessoas naturais brasileiras ou naturalizadas há mais de 10 anos fossem proprietárias de empresa jornalística ou de radiodifusão (rádio e televisão), competindo-lhes, necessariamente, a administração e a orientação intelectual. Permitia-se a participação de pessoas jurídicas apenas no capital social, até o limite de 30% e sem direito a voto, desde que pertencentes a brasileiros.

A EC 36/2002 flexibilizou um pouco essas regras, ampliando a possibilidade de pessoas jurídicas participarem do capital social (não precisam pertencer a brasileiros, embora tenham que ser constituídas pelas leis do Brasil e com sede no país).

De qualquer forma, 70% do capital total e do capital votante dessas empresas de comunicação em massa devem pertencer, direta ou indiretamente (ainda que por meio de outras empresas, portanto) a brasileiros natos ou naturalizados há mais de 10 anos.

Manteve-se a necessária responsabilidade de brasileiros pela gestão da empresa e pelo conteúdo da programação. Eis o dispositivo constitucional, em sua atual redação:

> "Art. 222. A propriedade de empresa jornalística e de radiodifusão sonora e de sons e imagens é privativa de brasileiros natos ou naturalizados há mais de dez anos, ou de pessoas jurídicas constituídas sob as leis brasileiras e que tenham sede no País.
> § 1º. Em qualquer caso, pelo menos setenta por cento do capital total e do capital votante das empresas jornalísticas e de radiodifusão sonora e de sons e imagens deverá pertencer, direta ou indiretamente, a brasileiros natos ou naturalizados há mais de dez anos, que exercerão obrigatoriamente a gestão das atividades e estabelecerão o conteúdo da programação.
> § 2º. A responsabilidade editorial e as atividades de seleção e direção da programação veiculada são privativas de brasileiros natos ou naturalizados há mais de dez anos, em qualquer meio de comunicação social.
> § 3º. Os meios de comunicação social eletrônica, independentemente da tecnologia utilizada para a prestação do serviço, deverão observar os princípios enunciados no art. 221, na forma de lei específica, que também garantirá a prioridade de profissionais brasileiros na execução de produções nacionais.
> § 4º. Lei disciplinará a participação de capital estrangeiro nas empresas de que trata o § 1º.
> § 5º. As alterações de controle societário das empresas de que trata o § 1º serão comunicadas ao Congresso Nacional."

Nora é naturalizada há apenas 5 anos.

Assim, ainda que não houvesse o óbice do art. 977 do CC, Nora não poderia ser proprietária da empresa, na forma como apresentada.

Entretanto, como visto, a EC 36/2002 abriu a hipótese de Nora ser sócia em outra sociedade que, por sua vez, poderia ter participação minoritária no capital social da empresa de radiodifusão. Não poderia participar de sua gestão empresarial ou intelectual, e Marcos e o terceiro sócio (desde que brasileiro ou naturalizado há mais de 10 anos) precisariam ter pelo menos 70% do capital social.

DICA: Nesse exame (2009.3) o candidato tinha 30 linhas para a resposta. Fique atento para o espaço disponível em sua prova. É essencial consultar o art. 977 do CC e o art. 222 da CF, mas não é necessária sua transcrição integral. Ademais, fizemos referência ao histórico da norma e à hipótese de Nora ser sócia em outra sociedade apenas para enriquecer a resposta e orientar o leitor, mas são questões secundárias que poderiam ser dispensadas, por conta do espaço.

(OAB/Exame Unificado – 2009.2 – 2ª fase) Caio, João e Marcos realizaram contrato de sociedade limitada sem a devida inscrição no registro público das empresas mercantis. A atividade proposta foi iniciada com a contribuição individual de cada um dos sócios e vários bens foram adquiridos em comum. João, no exercício da atividade social, contraiu débito junto a um fornecedor, José, que desconhecia por completo a existência da sociedade entre João, Caio e Marcos, vindo a ter conhecimento dela por meio de terceiros e somente depois de João deixar de realizar o pagamento da obrigação contraída. Em face dessa situação hipotética, responda, de forma fundamentada, às seguintes perguntas.

- ✓ De que tipo é a referida sociedade?
- ✓ Como se caracteriza esse tipo de sociedade?
- ✓ Como poderia o credor José fazer a prova de tal sociedade?
- ✓ Se provada a existência da sociedade, qual seria a responsabilidade de seus sócios pela obrigação contraída por João?

RESPOSTA

A ausência de registro do contrato social implica sociedade em comum, nos termos do art. 986 do CC.

Trata-se de sociedade não personificada, significando que não há personalidade jurídica própria e, perante terceiros, há confusão entre os patrimônios dos sócios e da sociedade.

Embora os sócios somente possam provar a existência da sociedade por escrito, José (que é terceiro) pode prová-la por qualquer meio (documentos, testemunhas, gravações etc.), nos termos do art. 987 do CC.

No caso de comprovação da sociedade em comum, todos os sócios, inclusive Caio e Marcos, respondem solidária e ilimitadamente (com seus bens pessoais) pela obrigação social contraída por João, nos termos do art. 990 do CC:

"Art. 990. Todos os sócios respondem solidária e ilimitadamente pelas obrigações sociais, excluído do benefício de ordem, previsto no art. 1.024, aquele que contratou pela sociedade."

Ou seja, José poderá exigir que o pagamento seja suportado pelos bens da sociedade (que constituem patrimônio especial, do qual os sócios são titulares em comum), ou pelo patrimônio pessoal dos sócios.

Caso Marcos ou Caio sejam demandados pessoalmente, poderão suscitar o benefício de ordem (art. 1.024 do CC), que não aproveita a João (que contratou pela sociedade).

DICA: lembre-se que o Código Civil prevê apenas duas sociedades despersonificadas – em comum e em conta de participação – reguladas pelos arts. 986 a 990 e 991 a 996 do CC, respectivamente. A matéria é bastante exigida nos Exames da OAB e em concursos públicos, razão pela qual o candidato deve estar atento.

(OAB/Exame Unificado – 2008.2 – 2ª fase) Fábrica de Laticínios Ltda. realiza suas atividades, principalmente, mediante a contratação de pessoas que lhe prestam onerosamente serviços, utilizando-se, para tanto, dos diversos tipos contratuais nos quais é prevista tal contraprestação remunerada. Considerando que o Código Civil, no que se refere aos auxiliares do empresário, dispõe expressamente a respeito da preposição, explique em que medida esta se diferencia da simples prestação de serviços, identificando que pessoas acima referidas poderiam ser qualificadas como prepostos.

RESPOSTA

Desconsiderando a relação de trabalho, que não é regulada pelo Código Civil, a Fábrica de Laticínios Ltda. contrata:

– prepostos, incluindo gerentes, contabilistas e outros auxiliares, nos termos dos arts. 1.169 a 1.178 do CC; e

– prestadores de serviço, nos termos dos arts. 593 a 609 do CC.

Eis algumas diferenças:

– o preposto não pode, salvo autorização expressa, negociar por conta própria ou de terceiro, nem participar, ainda que indiretamente, de operação do mesmo gênero da que lhe foi cometida – art. 1.170 do CC. O prestador do serviço não tem, em princípio, essa vedação;

– o contrato de prestação de serviço, diferentemente da preposição, não poderá ter prazo superior a quatro anos – art. 598 do CC;

– no caso do preposto gerente, considera-se, em regra, autorizado a praticar todos os atos necessários ao exercício dos poderes que lhe foram outorgados – art. 1.173. O prestador do serviço obriga-se estritamente ao objeto contratado que, se não for certo e determinado, implicará presunção de que prestador se obrigou a todo e qualquer serviço compatível com as suas forças e condições – art. 601 do CC;

– a limitação aos poderes outorgados ao preposto gerente, para ser oposta contra terceiros, depende do arquivamento e averbação do instrumento no Registro Público de Empresas Mercantis – art. 1.174 do CC. O contrato de prestação de serviço não precisa ser registrado na Junta Comercial.

Poderiam ser qualificados como prepostos da Fábrica de Laticínios Ltda. seus gerentes e seus contabilistas, por exemplo.

DICA: atente-se para o espaço disponível em sua prova e ajuste-se a ele, focando os pontos essenciais de maneira clara e direta. Os pontos essenciais nesta questão, que devem necessariamente ser abordados, são as características do contrato de prestação de serviço – arts. 593 a 609 do CC – e da preposição – arts. 1.169 a 1.178 do CC. As transcrições são para facilitar o entendimento do estudante, mas são dispensáveis para a resposta.

(OAB/Exame Unificado – 2008.1 – 2ª fase) A COPCREDT, instituição financeira que adota a forma de sociedade cooperativa de crédito, atua com o objetivo de emprestar dinheiro a seus associados, cobrando juros menores que os habitualmente vigentes no mercado.

Considerando as informações acima, responda, de forma justificada, às seguintes perguntas.

– A COPCREDT qualifica-se como sociedade empresária?

– Há possibilidade de se aplicar o Código de Defesa do Consumidor para disciplinar os contratos onerosos de mútuo feitos pela COPCREDT com seus associados?

RESPOSTA

As cooperativas são sempre sociedades simples, não empresárias, independentemente de seu objeto, nos termos do art. 982, parágrafo único, do CC:

"Art. 982. Salvo as exceções expressas, considera-se empresária a sociedade que tem por objeto o exercício de atividade própria de empresário sujeito a registro (art. 967); e, simples, as demais.

Parágrafo único. Independentemente de seu objeto, considera-se empresária a sociedade por ações; e, **simples, a cooperativa**."

As cooperativas de crédito são consideradas instituições financeiras, nos termos do art. 18, § 1º, da Lei 4.595/1964 e, como tais, submetem-se ao Código de Defesa do Consumidor, conforme entendimento jurisprudencial pacífico:

Súmula nº 297 do STJ: "O Código de Defesa do Consumidor é aplicável às instituições financeiras."

Assim, há relação de consumo, protegida pelo Código de Defesa do Consumidor, na hipótese.

DICA: a definição da sociedade empresária, feita pelo art. 982 do CC – combinado com o art. 966 do mesmo Código –, e as regras excepcionais de seu parágrafo único são muito exigidas nos Exames da OAB, razão pela qual o estudante deve ler o dispositivo legal com atenção redobrada.

(OAB/Exame Unificado – 2007.3 – 2ª fase) Maria, empresária individual, fabrica e vende, em sua residência, sabonetes artesanais. Por precisar se ausentar por dois meses, Maria contratou Pedro para gerenciar a atividade durante sua ausência. Pedro, então, mudou-se para a casa de Maria e assumiu todas as tarefas da empresa, fazendo sabonetes e realizando negócios em nome da empresária, sempre se apresentando como gerente de Maria. No entanto, ao voltar e reassumir sua empresa, Maria descobriu que Pedro havia desobedecido determinação expressa e comprado equipamentos industriais próprios para a fabricação dos mencionados sabonetes, máquinas já entregues em sua casa. Irresignada, ela alega que quem fez a compra foi Pedro, contra suas ordens, e que, por isso, só ele deverá ser responsabilizado pelo pagamento do preço da referida aquisição.

Nessa situação, Maria poderá ser responsabilizada pelo pagamento dos equipamentos? Justifique a sua resposta com base na legislação pertinente à matéria.

RESPOSTA

Em princípio, considera-se que o gerente tem autorização para "praticar todos os atos necessários ao exercício dos poderes que lhe foram outorgados", conforme o art. 1.172 do CC.

A compra de equipamentos para fabricação dos sabonetes tem, aparentemente, relação direta com a empresa, de modo que, perante terceiros (inclusive perante o vendedor dos equipamentos industriais), Pedro agiu legitimamente.

Eventual limitação aos poderes do gerente, para ser oposta a terceiros, dependeria "do arquivamento e averbação do instrumento no Registro Público de Empresas Mercantis, salvo se provado serem conhecidas da pessoa que tratou com o gerente", conforme o art. 1.174 do CC.

Assim, caso não tenha averbado a limitação de poderes no Registro Público de Empresas Mercantis, nem prove que o vendedor do equipamento sabia dessa limitação, **Maria responderá pela compra do bem**, nos termos do art. 1.175 do CC:

"Art. 1.175. O preponente responde com o gerente pelos atos que este pratique em seu próprio nome, mas à conta daquele."

Isso, entretanto, não impede que Maria busque contra Pedro indenização por eventuais perdas e danos, nos termos do art. 1.170 do CC.

(OAB/Exame Unificado – 2007.2 – 2ª fase) Na assembleia geral de uma sociedade cooperativa, o associado Carlos expressou o desejo de manifestar cinco votos nas deliberações, argumentando que era titular de cinco quotas. Frente a essa situação hipotética, elabore um texto, devidamente fundamentado e com menção à respectiva legislação, esclarecendo se devem ser computados os cinco votos de Carlos.

RESPOSTA

Uma característica essencial das sociedades cooperativas é que cada sócio tem direito a apenas um voto nas deliberações, qualquer que seja sua participação no capital, ou no caso de a cooperativa não ter capital social, conforme o art. 1.094, VI, do CC e art. 4º, V, da Lei 5.764/1971:

> CC, art. 1.094. São características da sociedade cooperativa:
>
> (...)
>
> VI - direito de cada sócio a um só voto nas deliberações, tenha ou não capital a sociedade, e qualquer que seja o valor de sua participação;
>
> (...)
>
> Lei 5.764/1971, Art. 4º. As cooperativas são sociedades de pessoas, com forma e natureza jurídica próprias, de natureza civil, não sujeitas a falência, constituídas para prestar serviços aos associados, distinguindo-se das demais sociedades pelas seguintes características:
>
> (...)
>
> V - singularidade de voto, podendo as cooperativas centrais, federações e confederações de cooperativas, com exceção das que exerçam atividade de crédito, optar pelo critério da proporcionalidade;
>
> (...)"

Assim, Carlos terá direito a apenas um voto nas deliberações, independentemente de quantas quotas sociais possua.

DICA: as normas que regulam as sociedades cooperativas concentram-se nos arts. 1.093 a 1.096 do CC e na Lei 5.764/1971, que deverão ser analisados atentamente pelo candidato.

(OAB/Exame Unificado – 2007.1 – 2ª fase) Roberto de Castro, sócio de uma sociedade simples deseja mudar o nome da pessoa jurídica e envia ao seu advogado, a seguinte consulta: qual é o quorum exigido pela lei para se modificar o nome de uma sociedade simples?

Diante dessa consulta, na qualidade de advogado de Roberto, elabore um parecer, devidamente fundamentado, com referência à legislação pertinente, para responder à indagação.

RESPOSTA

A denominação da sociedade simples é um dos elementos essenciais que devem constar do contrato social, nos termos do art. 997, II, do CC:

"Art. 997. A sociedade constitui-se mediante contrato escrito, particular ou público, que, além de cláusulas estipuladas pelas partes, mencionará:

(...)

II - **denominação**, objeto, sede e prazo da sociedade;

(...)"

Esses elementos essenciais somente podem ser modificados com o consentimento de todos os sócios da sociedade simples, nos termos do art. 999 do CC:

"Art. 999. As modificações do contrato social, que tenham por objeto matéria indicada no art. 997, **dependem do consentimento de todos os sócios**; as demais podem ser decididas por maioria absoluta de votos, se o contrato não determinar a necessidade de deliberação unânime.

EMPRESARIAL

Parágrafo único. Qualquer modificação do contrato social será averbada, cumprindo-se as formalidades previstas no artigo antecedente."

Assim, Roberto de Castro precisará da concordância de todos os sócios para realizar a alteração pretendida.

DICA: o Código Civil regulou de maneira detalhada as exigências para alterações nos contratos e estatutos sociais. O candidato deve ler com atenção os dispositivos legais aplicáveis. No caso das sociedades anônimas, é importante consultar a Lei 6.404/1976.

(OAB/Exame Unificado – 2007.1 – 2ª fase) Márcio é credor, do valor de R$ 100.000,00, da sociedade Ximenes Comércio de Bebidas Ltda., que, em data recente, se transformou na Companhia de Bebidas Ximenes. Devidamente representado por seu advogado, Márcio ajuizou ação de cobrança contra esta segunda sociedade, que, no curso do processo, alega ilegitimidade passiva, ao argumento de que a Companhia de Bebidas Ximenes, nada tem a ver com a antiga sociedade Ximenes Comércio de Bebidas Ltda., então inexistente. Diante dessa situação hipotética, elabore um texto devidamente fundamentado, inclusive com referência à legislação sobre a matéria, explicando se a alegação de ilegitimidade é procedente.

RESPOSTA

A transformação societária implica apenas a alteração do tipo societário.

No caso, a empresa deixou de se organizar como sociedade limitada (art. 1.052 do CC) e passou a ser sociedade anônima (= companhia – art. 1.088 do CC).

Ocorre que a transformação não implica alteração da responsabilidade da sociedade em face dos credores, nos termos do art. 1.115, *caput*, do CC:

"Art. 1.115. A transformação não modificará nem prejudicará, em qualquer caso, os direitos dos credores.

(...)"

Assim, Companhia de Bebidas Ximenes deve pagar os valores devidos a Márcio, sendo irrelevante, nesse aspecto, a transformação societária.

(OAB/Exame Unificado – 2006.3 – 2ª fase) Um grupo de produtores rurais deseja constituir uma sociedade cooperativa, mas tem dúvida quanto ao respectivo local de registro, se na junta comercial ou no cartório de registro civil de pessoas jurídicas. Com base na situação hipotética acima, redija um texto dissertativo, devidamente justificado, a respeito das posições existentes na doutrina quanto à matéria, e emita a sua opinião sobre o tema.

RESPOSTA

Há dois entendimentos principais, a respeito do registro das cooperativas, sendo que não há pacificação doutrinária ou jurisprudencial a respeito.

As sociedades cooperativas vinham sendo, historicamente, registradas nas Juntas Comerciais, nos termos dos arts. 17 e 18 da Lei 5.764/1971.

As disposições do Código Civil, entretanto, indicam a inscrição no Registro Civil das Pessoas Jurídicas.

Discute-se se a aplicação da norma posterior (Código Civil), que teria regulado totalmente a matéria (art. 2º, § 1º da LINDB), ou da norma especial anterior (Lei 5.764/1971).

O novo Código Civil, em seu art. 982, parágrafo único, dispôs que a sociedade cooperativa será considerada sociedade simples (não empresária), independentemente de seu objeto, o que impediria sua inscrição no Registro Público das Empresas Mercantis (Juntas Comerciais):

"Art. 982. Salvo as exceções expressas, considera-se empresária a sociedade que tem por objeto o exercício de atividade própria de empresário sujeito a registro (art. 967); e, simples, as demais.

Parágrafo único. Independentemente de seu objeto, considera-se empresária a sociedade por ações; e, **simples, a cooperativa**."

Isso porque o art. 1.150 do CC determina que as sociedades simples devem ser inscritas no Registro Civil das Pessoas Jurídicas:

"Art. 1.150. O empresário e a sociedade empresária vinculam-se ao Registro Público de Empresas Mercantis a cargo das Juntas Comerciais, e **a sociedade simples ao Registro Civil das Pessoas Jurídicas**, o qual deverá obedecer às normas fixadas para aquele registro, se a sociedade simples adotar um dos tipos de sociedade empresária."

A sociedade que tem por objeto a exploração da atividade rural pode optar pela inscrição no Registro Público das Empresas Mercantis, mas, para isso, deverá adotar um dos tipos de sociedade empresária, nos termos do art. 984 do CC:

"Art. 984. A sociedade que tenha por objeto o exercício de atividade própria de empresário rural **e seja constituída, ou transformada, de acordo com um dos tipos de sociedade empresária**, pode, com as formalidades do art. 968, requerer inscrição no Registro Público de Empresas Mercantis da sua sede, caso em que, depois de inscrita, ficará equiparada, para todos os efeitos, à sociedade empresária.

(...)"

Os tipos societários próprios das sociedades empresárias são: em nome coletivo, em comandita simples, limitada, anônima e em comandita por ações (arts. 1.039 a 1.092 do CC), em conformidade com o art. 983, *caput*, do CC:

"Art. 983. A sociedade empresária **deve constituir-se** segundo um dos tipos regulados nos arts. 1.039 a 1.092; a sociedade simples pode constituir-se de conformidade com um desses tipos, e, não o fazendo, subordina-se às normas que lhe são próprias.

Parágrafo único. Ressalvam-se as disposições concernentes à sociedade em conta de participação e à cooperativa, bem como as constantes de leis especiais que, para o exercício de certas atividades, imponham a constituição da sociedade segundo determinado tipo."

A sociedade cooperativa, prevista nos arts. 1.093 a 1.096 do CC, não representaria, em princípio, tipo societário próprio para as sociedades empresárias, muito embora o parágrafo único do art. 983 acima transcrito ressalve as disposições relativas a ela.

Os Cartórios de Registro de Pessoas Jurídicas costumam defender que as normas do Código Civil regularam totalmente a matéria, de modo que prevalecem sobre as disposições da Lei 5.764/1971, nos termos do art. 2º, § 1º, da LINDB:

> "Art. 2º. Não se destinando à vigência temporária, a lei terá vigor até que outra a modifique ou revogue.
>
> § 1º. A lei posterior revoga a anterior quando expressamente o declare, quando seja com ela incompatível ou **quando regule inteiramente a matéria** de que tratava a lei anterior.
>
> (...)"
>
> Se adotarmos estritamente esses comandos do Código Civil, a cooperativa deverá ser inscrita no Registro Civil das Pessoas Jurídicas.
>
> O Departamento Nacional do Registro do Comércio – DNRC e as Juntas Comerciais, entretanto, defendem que as normas especiais dos arts. 17 e 18 da Lei 5.764/1971, que determinam a inscrição das cooperativas no Registro Público das Empresas Mercantis, prevalecem sobre a norma geral posterior, nos termos do art. 2º, § 2º, da LINDB e do art. 1.093 do CC:
>
> LINDB, Art. 2º Não se destinando à vigência temporária, a lei terá vigor até que outra a modifique ou revogue.
>
> (...)
>
> § 2º. A lei nova, que estabeleça disposições gerais ou especiais a par das já existentes, não revoga nem modifica a lei anterior.
>
> (...)
>
> CC, Art. 1.093. A sociedade cooperativa reger-se-á pelo disposto no presente Capítulo, ressalvada a legislação especial.

Esses são, em linhas gerais, os entendimentos existentes a respeito da matéria.

DICA: atente-se para o espaço disponível em sua prova e ajuste-se a ele, focando os pontos essenciais de maneira clara e direta. Os pontos essenciais nesta questão, que devem necessariamente ser abordados, são o art. 982, parágrafo único, do CC e os arts. 17 e 18 da Lei 5.764/1971. As transcrições e a referência aos demais dispositivos do Código Civil são para facilitar o entendimento do estudante, mas são dispensáveis para a resposta.

(OAB/Exame Unificado – 2006.3 – 2ª fase) Suponha que um contador, no exercício de suas funções, dolosamente, deturpe a escrituração de um empresário, de modo a criar o conhecido caixa dois. Em face dessa suposição, responda ao seguinte questionamento: o contador tem alguma responsabilidade perante terceiros? Justifique sua resposta com base na legislação específica.

RESPOSTA:

Nos termos do art. 1.177, parágrafo único, do CC, o contabilista é responsável, solidariamente com o preponente, perante terceiros, pelos atos dolosos por ele (contabilista) praticados:

"Art. 1.177, Parágrafo único. No exercício de suas funções, os prepostos são pessoalmente responsáveis, perante os preponentes, pelos atos culposos; e, perante terceiros, solidariamente com o preponente, pelos atos dolosos."

Interessante notar que, se houvesse apenas culpa do contabilista, sua responsabilidade seria apenas perante o preponente, conforme o mesmo dispositivo legal.

Em qualquer caso, o preponente responde perante terceiros pelos atos do contabilista, nos termos dos art. 1.178 do CC.

(OAB/Exame Unificado – 2006.2 – 2ª fase) Indique onde se deve registrar uma companhia que tenha por objeto o exercício de atividade própria de empresário rural, se na Junta Comercial ou no Registro Civil das Pessoas Jurídicas. Justifique sua resposta. Extensão máxima: 30 linhas

RESPOSTA

O Código Civil fixou regra específica para o empresário rural, facultando-lhe (não impondo) o registro mercantil. Nos termos do art. 971 do CC, caso opte por inscrever-se no Registro Público das Empresas Mercantis (Juntas Comerciais), o empresário rural ficará equiparado, para todos os efeitos, ao empresário sujeito a registro.

De modo semelhante, a inscrição no registro mercantil é também opcional para a sociedade cujo objeto seja próprio de empresário rural, nos termos do art. 984 do CC. Caso não opte pelo registro na Junta Comercial, a sociedade deverá inscrever-se no Registro Civil das Pessoas Jurídicas.

A questão faz referência a "uma companhia (...)". É interessante notar que "companhia" é termo adotado para as sociedades anônimas (arts. 1.088 e 1.160 do CC), que têm sempre natureza empresária, independentemente de seu objeto (art. 982, parágrafo único, do CC), o que sugere, neste caso, a inscrição no Registro Público das Empresas Mercantis (art. 1.150 do CC).

DICA: lembre-se que a atividade rural foi especificamente regulada pelos arts. 971 e 984 do CC, dispositivos bastante exigidos nos Exames da OAB e em concurso públicos – leia-os com muita atenção! De modo semelhante, o art. 970 do CC prevê também ao pequeno empresário tratamento favorecido, diferenciado e simplificado, quanto à inscrição e aos efeitos daí decorrentes.

(OAB/Exame Unificado – 2004 – 2ª fase) Ana e Anália, sócias de uma empresa promotora de festas infantis, praticaram atos contrários à lei e ao contrato social, prejudicando terceiros de boa-fé que as contrataram como pessoa jurídica. Após regular trâmite processual, o juiz de direito determinou a desconsideração da personalidade jurídica da sociedade. Redija um texto dissertativo acerca da situação hipotética apresentada, abordando, necessariamente, os seguintes aspectos:

✓ - conceito do instituto da desconsideração da personalidade jurídica;

✓ - efeitos da decisão judicial que determinou a desconsideração da personalidade jurídica da empresa de Ana e Anália;

✓ - diferenças existentes entre a desconsideração da personalidade jurídica e a declaração de nulidade de atos praticados pela pessoa jurídica.

RESPOSTA

Em princípio, a personalidade dos sócios não se confunde com a da sociedade. Por essa razão, a responsabilidade dos sócios restringe-se ao valor investido na empresa, com as importantes exceções dos empresários individuais, sociedades em nome coletivo etc.

A desconsideração da personalidade jurídica é forma de coibir fraudes e abuso da personalidade social. Por meio da desconsideração, afasta-se pontualmente a autonomia da sociedade, de modo a responsabilizar pessoalmente o sócio. Ou seja, em relação a determinado negócio, o patrimônio pessoal do sócio passa a responder pela obrigação contraída pela sociedade.

A determinação do juiz baseou-se, muito provavelmente, no disposto no art. 50 do CC:

"Art. 50. Em caso de abuso da personalidade jurídica, caracterizado pelo desvio de finalidade, ou pela confusão patrimonial, pode o juiz decidir, a requerimento da parte, ou do Ministério Público quando lhe couber intervir no processo, que os efeitos de certas e determinadas relações de obrigações sejam estendidos aos bens particulares dos administradores ou sócios da pessoa jurídica."

Embora o dispositivo legal não se refira expressamente à desconsideração da personalidade jurídica, prevê resultado semelhante, qual seja, a responsabilização patrimonial dos sócios pelo negócio entabulado pela sociedade.

Perceba-se, entretanto, que essa desconsideração restringe-se "a certas e determinadas relações de obrigações".

Isso significa que a autonomia da sociedade não é suprimida, mas apenas restringida em relação a determinados negócios.

No caso descrito, Ana e Anália responderão, com seus patrimônios pessoais, perante os terceiros de boa-fé que foram prejudicados pelo abuso da personalidade jurídica.

Assim, a desconsideração da personalidade jurídica da sociedade não implica anulação ou declaração de nulidade dos atos por ela praticados, que permanecem plenamente válidos. Ocorre apenas a suspensão episódica da autonomia patrimonial, com a consequente responsabilização pessoal dos sócios.

DICA: atente-se para o espaço disponível em sua prova e ajuste-se a ele, focando os pontos essenciais de maneira clara e direta. O ponto essencial nesta questão, que deve necessariamente ser abordado, é o conceito de desconsideração da personalidade jurídica, em relação à autonomia patrimonial, sem prejuízo das obrigações contraídas pela sociedade. Sugerimos a leitura atenta do art. 50 do CC e dos demais dispositivos legais que tratam do assunto: art. 28 do CDC, art. 34 da Lei 12.529/2011 e art. 4º da Lei 9.605/1998. As transcrições são para facilitar o entendimento do estudante, mas são dispensáveis para a resposta.

4. NOME EMPRESARIAL

(OAB/Exame Unificado – 2009.3.2 – 2ª fase) A sociedade empresarial Comércio de Tecidos e Aviamentos teve seus atos constitutivos arquivados na junta comercial sem que figurasse no nome, ainda que abreviadamente, a palavra "Limitada". Proposta ação de execução baseada em título executivo judicial contra a pessoa jurídica em apreço e seus sócios administradores, constatou-se que a executada não possuía bens aptos a satisfazer a obrigação exequenda, mesmo porque os bens guarneciam outras penhoras. Em face dessa situação hipotética, responda, de forma fundamentada, se foi correta a inserção dos sócios no polo passivo da execução.

RESPOSTA

"Comércio de Tecidos e Aviamentos" é denominação social (não firma), pois não consta nome dos sócios, o que é forte indicativo de que não tinham intenção de assumir responsabilidade solidária e ilimitada pelas dívidas sociais.

Ocorre que, independentemente dessa intenção, o art. 1.158, § 3º, do CC, impõe a responsabilidade solidária e ilimitada dos administradores que empregarem o nome empresarial sem a palavra "limitada" ou sua abreviação:

> "Art. 1.158. Pode a sociedade limitada adotar firma ou denominação, integradas pela palavra final "limitada" ou a sua abreviatura.
> (...)
> § 3º. A omissão da palavra "limitada" determina a responsabilidade solidária e ilimitada dos administradores que assim empregarem a firma ou a denominação da sociedade."

No caso, considerando tratar-se de execução relativa a obrigação assumida pelos sócios administradores que efetivamente empregaram a denominação sem a palavra "limitada", é inafastável sua solidariedade ilimitada, de modo que é correta a propositura da execução também contra eles.

DICA: os exames da OAB exigem bastante essa matéria: nome empresarial, especificamente quanto sua relação com a responsabilidade dos sócios. É importante que o estudante tenha bem clara a distinção entre firma e denominação, suas características e aplicações. Veja o quadro que indicamos em outra questão e não deixe de estudá-lo.

(OAB/Exame Unificado – 2008.2 – 2ª fase) Armando Graeves ingressou como sócio na sociedade de razão social Graeves e Lourenzo Vidraçarias Ltda., como também tornou-se acionista fundador da sociedade Companhia Armando Graeves de Fabricação de Cimento. Posteriormente, Armando resolveu dedicar-se a outras atividades, retirando-se da condição de sócio e acionista das referidas sociedades. Exigiu, porém, que seu nome civil fosse retirado do nome empresarial daquelas pessoas jurídicas, embora, na data de inscrição dos atos constitutivos respectivos, tivesse consentido com a inclusão de seu nome civil nos referidos nomes empresariais. Em face dessa situação, responda, de forma fundamentada, se Armando tem direito a exigir que seu nome seja retirado das referidas sociedades limitada e anônima.

RESPOSTA

A natureza dos dois nomes empresariais é diversa, embora em ambos conste o nome de Armando Graeves.

No caso da sociedade limitada, adotou-se razão social (= firma da sociedade), e não denominação, nos termos do art. 1.158, § 1º, do CC:

"Art. 1.158. Pode a sociedade limitada adotar firma ou denominação, integradas pela palavra final 'limitada' ou a sua abreviatura.

§ 1º A **firma** será composta com o nome de um ou mais sócios, desde que pessoas físicas, de modo indicativo da relação social.

(...)"

Na sociedade anônima, o nome empresarial é sempre denominação, nunca firma, nos termos do art. 1.160 do CC, embora admita a inclusão do nome do fundador, acionista ou pessoa que tenha concorrido com a formação da empresa:

"Art. 1.160. A sociedade anônima opera sob **denominação** designativa do objeto social, integrada pelas expressões 'sociedade anônima' ou 'companhia', por extenso ou abreviadamente.

Parágrafo único. Pode constar da denominação o nome do fundador, acionista, ou pessoa que haja concorrido para o bom êxito da formação da empresa."

Ocorre que o art. 1.165 do CC prevê a exclusão compulsória do nome do sócio apenas no caso de **firma**, não no de denominação social:

"Art. 1.165. O nome de sócio que vier a falecer, for excluído ou se retirar, não pode ser conservado na firma social."

Assim, o nome de Armando deverá ser excluído da firma (razão social) da sociedade limitada.

Quanto à denominação da sociedade anônima, entretanto, Armando não poderá, em princípio, exigir a exclusão de seu nome.

DICA: as normas que regulam os nomes empresariais, muito exigidas em Exames da OAB e concurso públicos, estão concentradas nos arts. 1.155 a 1.168 do CC, que devem ser atentamente lidos pelo candidato. É importante lembrar que há duas espécies básicas, quais sejam **firma** – individual e coletiva, essa última também conhecida por razão social – e **denominação**. A adoção de firma implica responsabilidade ilimitada da pessoa cujo nome nela aparece – exceto no caso de sociedade limitada, desde que haja inclusão da palavra "limitada" ou sua abreviação, ao final. Como visto, a sociedade anônima nunca tem firma, ainda que conste nome de fundador ou acionista no nome empresarial.

(OAB/Exame Unificado – 2007.2 – 2ª fase) A sociedade Teixeira & Teixeira Comércio de Bebidas Ltda., que está em plena fase de expansão, vem atuando em mais de um estado da Federação. Diante dessa situação hipotética, elabore um texto, devidamente fundamentado e com referência à legislação correlata, esclarecendo se o nome empresarial pode gozar de proteção fora do estado de jurisdição da junta comercial em que se encontram registrados os atos constitutivos da sociedade.

RESPOSTA

O nome empresarial está protegido, em princípio, apenas no Estado em cujo registro público o empresário ou a sociedade empresária estão inscritos, nos termos do art. 1.166, *caput,* do CC:

"Art. 1.166. A inscrição do empresário, ou dos atos constitutivos das pessoas jurídicas, ou as respectivas averbações, no registro próprio, asseguram o uso exclusivo do nome nos limites do respectivo Estado.

Parágrafo único. O uso previsto neste artigo estender-se-á a todo o território nacional, se registrado na forma da lei especial."

Entretanto, como indica o parágrafo único desse dispositivo, o registro na forma da lei especial garante a exclusividade do uso do nome em todo o território nacional.

Outro modo de Teixeira & Teixeira Comércio de Bebidas Ltda. proteger o nome em outros Estados é inscrever a sociedade nos respectivos registros públicos, desde que abra sucursal, filial ou agência nessas localidades, nos termos do art. 969 do CC:

"Art. 969. O empresário que instituir sucursal, filial ou agência, em lugar sujeito à jurisdição de outro Registro Público de Empresas Mercantis, neste deverá também inscrevê-la, com a prova da inscrição originária.

Parágrafo único. Em qualquer caso, a constituição do estabelecimento secundário deverá ser averbada no Registro Público de Empresas Mercantis da respectiva sede."

(OAB/Exame Unificado – 2007.1 – 2ª fase) Em um contrato de compra e venda de determinado imóvel, a sociedade Silva & Souza Ltda., compradora, equivocadamente lançou no instrumento apenas Silva & Souza, sem menção à expressão "limitada", e foi representada pelo sócio e administrador Leandro Souza, que apôs sua assinatura acima da firma. Diante da inadimplência da sociedade, o vendedor do imóvel, Roberto, ajuizou ação de cobrança contra ela e contra Leandro Souza, ambos como devedores solidários.

Diante dessa situação hipotética, elabore um texto devidamente fundamentado, inclusive com referência à legislação pertinente, explicando se a tese de Roberto acerca da solidariedade entre a sociedade e seu sócio administrador é correta.

RESPOSTA

Em princípio, o administrador que emprega o nome da sociedade limitada sem indicação da palavra "limitada" ou sua abreviação "ltda." responde solidária e ilimitadamente pela obrigação social correspondente, nos termos do art. 1.158, § 3º, do CC:

"Art. 1.158. Pode a sociedade limitada adotar firma ou denominação, integradas pela palavra final 'limitada' ou a sua abreviatura.

(...)

§ 3º. A omissão da palavra 'limitada' determina a responsabilidade solidária e ilimitada dos administradores que assim empregarem a firma ou a denominação da sociedade."

Presume-se que o contratante, ao ver o nome Silva & Souza, entendeu tratar-se de sociedade em nome coletivo, cujos sócios respondem pessoal e ilimitadamente pelas obrigações sociais. Não há, na questão, indicação de que Roberto soubesse do tipo societário correto.

Por essa razão, para não frustrar as expectativas do contratante (que poderia não ter assinado o acordo caso soubesse que a sociedade era de responsabilidade limitada), o legislador impôs a responsabilização ilimitada e solidária do signatário (Leandro Souza).

Assim, Roberto está correto ao cobrar o débito da sociedade e de Leandro, como devedores solidários.

(OAB/Exame Unificado – 2006.3 – 2ª fase) Marcos e Mateus desejam constituir uma sociedade simples e estão em dúvida a respeito do nome que darão à pessoa jurídica. Resolveram, então, consultar um advogado para saber com que tipo de nome a sociedade pode ser registrada, se denominação ou firma social. Considerando o contexto hipotético acima, redija um texto dissertativo, devidamente justificado, de acordo com o Código Civil, esclarecendo a dúvida de Marcos e Mateus.

RESPOSTA

Marcos e Mateus deverão decidir-se, primeiramente, se responderão, ou não, subsidiariamente ou solidariamente pelas obrigações sociais, com seus bens pessoais, nos termos dos arts. 997, VIII, e 1.023 do CC:

"Art. 997. A sociedade constitui-se mediante contrato escrito, particular ou público, que, além de cláusulas estipuladas pelas partes, mencionará:

(...)

VIII - **se os sócios respondem, ou não**, subsidiariamente, pelas obrigações sociais.

(...)

Art. 1.023. Se os bens da sociedade não lhe cobrirem as dívidas, respondem os sócios pelo saldo, na proporção em que participem das perdas sociais, salvo cláusula de responsabilidade solidária."

O Código Civil não regula expressamente o nome das sociedades simples (não empresariais), mas apenas os das sociedades empresariais (arts. 1.155 a 1.168 do CC).

Entretanto, embora as sociedades simples não tenham natureza empresarial, podem adotar um dos tipos previstos nos arts. 1.039 a 1.092 do CC: em nome coletivo, em comandita simples, limitada, anônima e em comandita por ações, em conformidade com o art. 983, *caput*, do CC:

EMPRESARIAL

"Art. 983. A sociedade empresária deve constituir-se segundo um dos tipos regulados nos arts. 1.039 a 1.092; **a sociedade simples pode constituir-se de conformidade com um desses tipos, e, não o fazendo, subordina-se às normas que lhe são próprias**.

(...)"

É interessante notar que, caso adote o tipo de sociedade por ações (anônima ou comandita por ações), a entidade passará a ser considerada empresária (art. 982, parágrafo único, do CC).

Assim, ainda que por analogia, pode-se afirmar que Marcos e Mateus devem adotar:

– firma ou razão social, caso os sócios respondam ilimitadamente pelas obrigações sociais – art. 1.157 do CC; ou

– denominação, caso não respondam ilimitadamente pelas obrigações sociais.

Caso adote-se o tipo das sociedades limitadas ou por ações, é preciso acrescentar a palavra ou expressão correspondente ao nome (Ltda., S.A., comandita por ações).

DICA: atente-se para o espaço disponível em sua prova e ajuste-se a ele, focando os pontos essenciais de maneira clara e direta. Os pontos essenciais nesta questão, que devem necessariamente ser abordados, são a distinção entre denominação e firma, em relação à responsabilidade dos sócios. As transcrições são para facilitar o entendimento do estudante, mas são dispensáveis para a resposta.

(OAB/Exame Unificado – 2006.1 – 2ª fase) Os amigos José Alves, João Anísio e Pedro Pontes decidiram constituir uma sociedade. No contrato social, ficou assentado que o nome empresarial adotaria a composição "José Alves, João Anísio e Cia.", cabível ao tipo societário adotado. Considerando a situação hipotética apresentada, redija um texto sobre a disciplina do nome empresarial, apontando o possível tipo societário constituído por José Alves, João Anísio e Pedro Pontes e abordando, necessariamente, os seguintes aspectos:

✓ - princípios que devem ser observados na constituição do nome empresarial;
✓ - proteção ao nome empresarial;
✓ - possibilidade de alienação do nome empresarial.

Extensão máxima: 60 linhas

RESPOSTA

O nome empresarial deve atender a dois princípios básicos:

– novidade, segundo o qual o nome deve ser novo, ou seja, não pode ter sido previamente adotado por outro empresário ou outra sociedade empresária no âmbito do mesmo registro público, conforme o art. 1.163 do CC;

– da veracidade, pelo qual o nome deve ser fiel à indicação dos sócios (no caso da firma) e da atividade exercida, de modo a não levar as pessoas a erro.

As inscrições dos empresários ou dos atos constitutivos das pessoas jurídicas, ou as respectivas averbações, no registro próprio, garantem o uso exclusivo do nome no respectivo Estado. Se for registrado na forma da lei especial, a exclusividade estende-se a todo o território nacional – art. 1.166 do CC.

O nome empresarial não pode ser alienado, mas o adquirente do estabelecimento, por ato intervivos, pode, se o contrato o permitir, usar o nome do alienante, precedido do seu próprio, com a qualificação de sucessor – art. 1.164 do CC.

Há duas espécies básicas de nome empresarial:

– firma, que indica o nome ou os nomes dos sócios ou de alguns deles, e serve como assinatura do empresário; e
– denominação.

A firma pode ser individual (referente ao empresário individual) ou coletiva (relativa a uma sociedade). Nesse último caso é conhecida também por razão social.

O nome do próprio empresário individual, completo ou abreviado, constitui a firma, podendo ser acrescida de designação mais precisa de sua pessoa ou do gênero de atividade – art. 1.156 do CC.

No caso de firma coletiva (razão social), podem constar os nomes de todos os sócios ou de apenas um ou alguns deles, acompanhado da expressão "e companhia" ou sua abreviatura "e cia.". São comuns, também a indicação de "e filhos", "e irmãos" etc. – art. 1.157 do CC.

A firma implica responsabilidade pessoal e ilimitada dos sócios cujo nome a integra, e serve como assinatura do empresário – art. 1.157, parágrafo único, do CC.

Por essa razão, a firma é adotada, necessariamente, pelos empresários individuais e pelas sociedades em nome coletivo (dentre as sociedades empresárias).

As sociedades em comandita simples também devem adotar firma, em que conste apenas os nomes dos sócios comanditados (que respondem solidária e ilimitadamente pelas obrigações sociais) – art. 1.047 do CC.

Opcionalmente, a firma pode ser adotada pelas sociedades limitadas. É importante lembrar que, para que não haja responsabilidade ilimitada, deve constar a expressão "limitada" ou sua abreviação "ltda." ao final da firma – art. 1.158 do CC.

A firma pode ser adotada também pela sociedade em comandita por ações, sempre acompanhada da expressão "comandita por ações" – art. 1.161 do CC.

A outra espécie de nome empresarial é a denominação social.

Dentre as sociedades empresariais, a denominação pode ser adotada, opcionalmente, pelas sociedades limitadas (seguida da expressão "limitada" ou sua abreviação). Normalmente apresenta elemento fantasia ("nome fantasia"), ou seja, não tem relação com o nome dos sócios. Ainda que contenha o nome de um ou mais sócios (art. 1.158, § 2º, do CC), a denominação não pode ser utilizada como assinatura do empresário.

A denominação pode também ser adotada pelas sociedades em comandita por ações (acompanhada da expressão "comandita por ações") – arts. 1.158 e 1.161 do CC.

Deve ser adotada denominação, obrigatoriamente, pelas sociedades anônimas, sempre integrada pelas expressões "sociedade anônima" ou "companhia", por extenso ou abreviadamente – art. 1.160 do CC. Pode constar da denominação o nome do fundador, acionista ou pessoa que tenha contribuído para a formação da empresa (mas, mesmo nesse caso, trata-se de denominação, nunca firma).

As sociedades cooperativas também devem adotar denominação, acompanhada da palavra "cooperativa" – art. 1.159 do CC.

A sociedade em conta de participação, que é despersonalizada, não pode ter firma ou denominação – art. 1.162 do CC.

Após essas considerações, concluímos que "José Alves, João Anísio e Cia." é firma coletiva ou razão social, de modo que José Alves, João Anísio e Pedro Pontes constituíram sociedade em nome coletivo.

DICA: nesse Exame de 2006 havia até 60 linhas para a resposta. Atente-se para o espaço disponível em sua prova e ajuste-se a ele, focando os pontos essenciais de maneira clara e direta. Os pontos essenciais nesta questão, que devem necessariamente ser abordados, são claramente indicados pelo examinador. Fizemos longa explanação, pois a matéria é muito exigida em Exames da OAB e em concursos públicos e deve ser estudada com cuidado pelo candidato.

Veja a seguinte tabela prática:

<table>
<tr><th></th><th>Uso</th><th>Exemplo</th></tr>
<tr><td>Firma individual</td><td>a) empresário individual – responsabilidade ilimitada</td><td>a) João da Silva Marcenaria</td></tr>
<tr><td rowspan="4">Firma coletiva, razão social</td><td>b) sociedade em nome coletivo – responsabilidade ilimitada</td><td>b) João da Silva e companhia; João da Silva e Pedro de Souza; João da Silva e irmãos</td></tr>
<tr><td>c) sociedade em comandita simples</td><td>c) João da Silva e companhia</td></tr>
<tr><td>d) sociedade limitada – não há responsabilidade ilimitada, desde que conste a palavra “limitada” ou “ltda.”</td><td>d) João da Silva Marcenaria Ltda.</td></tr>
<tr><td>e) comandita por ações – diretor responde subsidiária e ilimitadamente</td><td>e) João da Silva Marcenaria Comandita por Ações</td></tr>
<tr><td rowspan="4">Denominação social</td><td>f) sociedade limitada – não há responsabilidade ilimitada, desde que conste a palavra “limitada” ou “ltda.”</td><td>f) Marcenaria Modelo Ltda.</td></tr>
<tr><td>g) sociedade anônima – responsabilidade limitada ao preço das ações</td><td>g) Marcenaria Modelo Sociedade Anônima; Companhia Marcenaria Modelo; João da Silva Marcenaria S.A.</td></tr>
<tr><td>h) comandita por ações – diretor responde subsidiária e ilimitadamente</td><td>h) Marcenaria Modelo Comandita por Ações</td></tr>
<tr><td>i) sociedade cooperativa – pode ser de responsabilidade limitada ou ilimitada</td><td>i) Cooperativa Modelo de Marceneiros</td></tr>
</table>

5. ESTABELECIMENTO

(OAB/Exame Unificado – 2013.2 – 2ª fase) Damião, administrador da sociedade Gado Bravo Pecuária Ltda., consultou o advogado da sociedade sobre aspectos jurídicos referentes ao trespasse de um dos estabelecimentos, em especial os seguintes itens:

A) O eventual adquirente é obrigado a assumir as obrigações decorrentes de contratos celebrados pela sociedade para a exploração da empresa, como, por exemplo, prestação de serviços médicos-veterinários para o rebanho? Justifique. (Valor: 0,40)

B) O aviamento pode ser incluído no valor do trespasse do estabelecimento? Justifique. (Valor: 0,85)

O examinando deve fundamentar corretamente sua resposta. A simples menção ou transcrição do dispositivo legal não pontua.

GABARITO COMENTADO – FGV

O examinando deve ser capaz de conhecer um dos efeitos do trespasse do estabelecimento empresarial – a sub-rogação do adquirente nos contratos celebrados para sua exploração, salvo disposição em sentido contrário – e que é possível a inclusão do aviamento no preço a ser pago pelo trespasse pelo adquirente.

A) O trespasse do estabelecimento importa a sub-rogação do adquirente nos contratos celebrados para sua exploração, se não tiverem caráter pessoal. Trata-se de norma que pode ser afastada por disposição contratual. Portanto, na **ausência de cláusula em sentido contrário**, o adquirente responderá pelas obrigações decorrentes de contratos celebrados pela sociedade para a exploração da empresa, com fundamento no art. 1.148, do CC.

B) Sim, como o aviamento constitui um sobrevalor ou mais valia, fruto da atuação do empresário na organização dos elementos da empresa, dentre eles o estabelecimento, este bem imaterial pode ser perfeitamente incluído no valor do trespasse. O Código Civil autoriza esta prática no parágrafo único do art. 1.187, onde ao listar os valores do ativo, inclui a quantia efetivamente paga a título de aviamento de estabelecimento adquirido pelo empresário ou sociedade (inciso III).

(OAB/Exame Unificado – 2008.2 – 2ª fase) Exercícios Diários Ltda. oferece serviços de apoio a atividades esportivas, concentrando sua principal atividade em uma academia de ginástica, localizada em imóvel alugado, com clientes que contrataram mensal ou semestralmente o uso dos equipamentos ali oferecidos. Nelson, proprietário do mencionado imóvel, que é cliente da academia com contrato semestral, tem, portanto, dois contratos em curso, o de locação e o de cliente da academia de ginástica. A referida sociedade limitada alienou seu estabelecimento empresarial para Ginástica e Saúde S.A.

Diante dessa situação hipotética, responda, de forma fundamentada, se os dois contratos de Nelson, antes celebrados com Exercícios Diários Ltda., continuarão, após a alienação do estabelecimento para Ginástica e Saúde S.A., a ter validade, independentemente de qualquer acordo expresso, dessa maneira, obrigatoriamente, vinculando a referida sociedade anônima.

RESPOSTA

O contrato de prestação de serviços, que Nelson firmou como cliente da academia, foi, em princípio, sub-rogado pelo adquirente do estabelecimento empresarial, nos termos do art. 1.148 do CC:

"Art. 1.148. Salvo disposição em contrário, a transferência importa a sub-rogação do adquirente nos contratos estipulados para exploração do estabelecimento, se não tiverem caráter pessoal, podendo os terceiros rescindir o contrato em noventa dias a contar da publicação da transferência, se ocorrer justa causa, ressalvada, neste caso, a responsabilidade do alienante."

Assim, Nelson passa a ser cliente da Ginástica e Saúde S.A., a não ser que haja algum caráter pessoal no contrato firmado (por exemplo, ele era cliente da Exercícios Diários Ltda. por conta dos sócios, que são excelentes instrutores de ginástica).

Quanto ao contrato de locação, por força do mesmo dispositivo legal, a Ginástica e Saúde S.A. também se sub-roga na posição de locatário.

Caso haja justa causa, entretanto, ao locador (Nelson) poderá rescindir o contrato de locação em noventa dias, ressalvada a responsabilidade do alienante (Exercícios Diários Ltda.).

Ainda quanto ao contrato de locação, o adquirente (Ginástica e Saúde S.A.) responde pelos pagamentos de eventuais débitos anteriores, desde que regularmente contabilizados, embora o alienante mantenha-se como responsável solidário pelo prazo de um ano, nos termos do art. 1.146 do CC:

"Art. 1.146. O adquirente do estabelecimento responde pelo pagamento dos débitos anteriores à transferência, desde que regularmente contabilizados, continuando o devedor primitivo solidariamente obrigado pelo prazo de um ano, a partir, quanto aos créditos vencidos, da publicação, e, quanto aos outros, da data do vencimento."

DICA: o trespasse – alienação de estabelecimento empresarial – e seus efeitos é matéria muito exigida nos Exames da OAB e em concursos, razão pela qual sugerimos a leitura atenta dos arts. 1.144 a 1.149 do CC.

(OAB/Exame Unificado – 2006.3 – 2ª fase) Suponha que um empresário, além do estabelecimento que mantém em um *shopping*, possua um sítio na Web, por meio do qual negocie com sua clientela. Considerando o atual estágio do direito empresarial, responda, de modo justificado, ao seguinte questionamento: que categoria jurídica é mais adequada para acolher o referido sítio, a de estabelecimento ou a de ponto empresarial?

RESPOSTA

Ponto empresarial ou comercial é um dos elementos imateriais que compõem o estabelecimento empresarial.

O ponto se refere à localização física do estabelecimento, que tem relevância, maior ou menor, para o sucesso da empresa. Trata-se de elemento que agrega valor ao negócio, por conta da proximidade com os consumidores, do reconhecimento dos clientes, da proximidade com fornecedores etc.

No caso da loja no *shopping,* é intuitivo que sua localização é mais favorável à empresa que atende consumidores do que, digamos, um estabelecimento em rua distante de bairro pouco habitado.

Nada disso se aplica ao sítio na internet, em que a localização física do empresário é muito pouco relevante, ou mesmo irrelevante.

Difícil qualificá-lo, portanto, como ponto empresarial.

O sítio na internet encaixa-se melhor no conceito de estabelecimento empresarial no sentido amplo, já que é elemento imaterial importante para o exercício de determinadas empresas, nos termos do art. 1.142 do CC:

"Art. 1.142. Considera-se estabelecimento todo complexo de bens organizado, para exercício da empresa, por empresário, ou por sociedade empresária."

De fato, o endereço eletrônico, a apresentação do sítio, seu desenho e diagramação, a acessibilidade etc., são todos elementos que agregam valor aos negócios e permitem que o empresário ou a sociedade empresária realize suas atividades.

O resultado prático dessa classificação é que a sociedade e o empresário não tem, por conta exclusiva do sítio na internet, direito à proteção do ponto empresarial (ação renovatória de aluguel).

DICA: a matéria atinente ao comércio eletrônico é relativamente nova e deve ser estudada com cuidado pelo candidato.

(OAB/Exame Unificado – 2006.2 – 2ª fase) Redija um texto que responda, da forma mais justificada possível, ao seguinte questionamento: em um contrato de trespasse do estabelecimento empresarial, pode o alienante, entre os bens que integram a universalidade, transferir o seu nome empresarial? Extensão máxima: 30 linhas

RESPOSTA

Embora a doutrina moderna venha reconhecendo o nome empresarial como elemento integrante do estabelecimento, e não simples direito pessoal, o art. 1.164, *caput*, do CC veda expressamente sua alienação.

Entretanto, admite-se que o adquirente de estabelecimento, por ato entre vivos, possa, se o contrato o permitir, usar o nome do alienante, precedido do seu próprio, com a qualificação de sucessor, conforme o parágrafo único desse dispositivo:

> "Art. 1.164. O nome empresarial não pode ser objeto de alienação.
>
> Parágrafo único. O adquirente de estabelecimento, por ato entre vivos, pode, se o contrato o permitir, usar o nome do alienante, precedido do seu próprio, com a qualificação de sucessor."

Assim, embora o nome empresarial não possa ser alienado, o contrato de trespasse (venda do estabelecimento), poderá autorizar o adquirente a utilizá-lo, nessas condições.

(OAB/Exame Unificado – 2006.1 – 2ª fase) A pessoa jurídica JM Comércio de Roupas Ltda., na tentativa de levantar numerário suficiente para saldar vultosas dívidas contraídas com credores, alienou para a Indústria de Trajes Finos AC Ltda. alguns bens que compõem seu estabelecimento empresarial, como imóveis, máquinas e balcões. Considerando a situação hipotética apresentada, redija um texto respondendo se houve alienação do estabelecimento empresarial da JM, discorrendo, ainda, sobre a distinção entre a venda do estabelecimento e a venda da sociedade.

Extensão máxima: 60 linhas

RESPOSTA

O estabelecimento empresarial ou fundo de comércio é um complexo de bens organizado para o exercício da empresa, nos termos do art. 1.142 do CC, que pode ser objeto unitário de direitos e de negócios jurídicos, conforme o art. 1.143 do mesmo Código.

Pode ser classificado como universalidade de fato – art. 90 do CC.

Compõe-se de elementos materiais (corpóreos), como esses que foram alienados por JM Comércio de Roupas Ltda.: imóveis, máquinas, balcões etc.; e também por elementos imateriais (incorpóreos), como patentes, marcas e ponto comercial.

A venda parcial ou total do estabelecimento é conhecida como trespasse, e limita-se, portanto, a esses elementos materiais e imateriais.

A responsabilidade do adquirente pelos débitos anteriores à alienação é regulada pelo art. 1.146 do CC, entre outros.

A venda da sociedade é algo distinto.

No caso das sociedades limitadas, como é a JM Comércio de Roupas Ltda., significa a cessão onerosa das quotas sociais.

Se não houver disposição contratual em contrário, o sócio pode vender a quota para outro sócio independentemente da audiência dos outros. Também pode vender quota para estranhos (não sócios), caso não haja oposição de titulares de mais de um quarto do capital social, nos termos do art. 1.057 do CC.

Ou seja, se um sócio vende suas quotas para terceiro (não sócio), o adquirente passa a ser o novo sócio, respondendo pelas dívidas sociais até o limite do capital correspondente.

O estabelecimento empresarial, nesse último caso (venda das quotas), não muda de titularidade, pois a mesma sociedade empresária continua proprietária dos elementos materiais e imateriais que o compõem.

A questão descreve, portanto, o trespasse, ou seja, alienação de parcela do estabelecimento (alguns de seus elementos materiais) de JM Comércio de Roupas Ltda. para a Indústria de Trajes Finos AC Ltda., não venda da sociedade.

DICA: nesse Exame de 2006 havia até 60 linhas para a resposta. Atente-se para o espaço disponível em sua prova e ajuste-se a ele, focando os pontos essenciais de maneira clara e direta. Os pontos essenciais nesta questão, que devem necessariamente ser abordados, são as definições de estabelecimento empresarial e de trespasse e sua distinção em relação à alienação da sociedade.

6. TÍTULOS DE CRÉDITO

(OAB/Exame Unificado – 2013.3 – 2ª fase) Iracema foi intimada pelo tabelião de protesto de títulos para pagar nota promissória no valor de R$ 5.000,00 (cinco mil reais) por ela emitida em favor de Cantá & Cia. Ltda. A devedora, em sua resposta, comprova que o vencimento ocorreu no dia 11 de setembro de 2009, conforme indicado na cártula que foi apresentada a protesto no dia 30 de setembro de 2012 e a protocolização efetivada no dia seguinte. Iracema requer ao tabelião que o protesto não seja lavrado e registrado pela impossibilidade de cobrança da nota promissória, diante do lapso temporal entre o vencimento e a apresentação a protesto. Ademais, verifica-se a ausência de menção ao lugar de pagamento, requisito essencial à validade do título, segundo a devedora. Com base nas informações contidas no texto, legislação cambial e sobre protesto de títulos, responda aos itens a seguir.

A) A ausência de menção ao lugar de pagamento invalida a nota promissória? Justifique com amparo legal. (Valor:0,50)

B) Nas condições descritas no enunciado, é lícito ao tabelião acatar os argumentos de Iracema e suspender a lavratura e registro do protesto? (Valor: 0,75)

Obs.: *o examinando deve fundamentar corretamente sua resposta. A simples menção ou transcrição do dispositivo legal não pontua.*

GABARITO COMENTADO – FGV

O examinando deve ser capaz de reconhecer os requisitos essenciais e não essenciais da nota promissória, em especial o lugar de pagamento, bem como o prazo prescricional da pretensão à execução desse título. Atingido o prazo prescricional referente à ação cambial (executiva), permanecem à disposição do credor outros meios de cobrança, como, por exemplo, a ação monitória. Portanto, a alegação de Iracema de que o protesto não pode ser lavrado por este motivo é improcedente. Ademais, o art. 9º da Lei 9.492/1997 dispõe que "*Todos os títulos e documentos de dívida protocolizados serão examinados em seus caracteres formais e terão curso se não apresentarem vícios, não cabendo ao Tabelião de Protesto investigar a ocorrência de prescrição ou caducidade.*" Por conseguinte, não cabe ao tabelião suspender o curso do procedimento de protesto pela alegação, ainda que comprovada, de prescrição.

A) Não. De acordo com o art. 76, 3º da Lei Uniforme de Genebra (Decreto 57.663/1966), na falta de indicação especial, o lugar onde o título foi passado considera-se como sendo o lugar do pagamento e, ao mesmo tempo, o lugar do domicílio do subscritor. Portanto, a nota promissória é válida a despeito da omissão ao lugar de pagamento. Alternativamente, o examinando poderá desenvolver o raciocínio que os títulos de crédito são regidos pelas disposições do Código Civil, salvo disposição diversa contida em lei especial (art. 903 do CC). Portanto, como o art. 889, § 2º do CC considera como local do pagamento o domicílio do emitente, quando não indicado no título, contendo a mesma determinação do art. 76 da LUG, é possível acatar tal conclusão desde que fundamentada, *cumulativamente*, nos arts. 889, § 2º e 903 do CC.

B) Não. Ainda que verificada a prescrição da ação cambial, tal fato não obstaculiza a cobrança da dívida por outros meios ou o protesto, não cabendo ao tabelião de protesto investigar a ocorrência de prescrição ou caducidade, nos termos do art. 9º, da Lei 9.492/1997.

Distribuição dos pontos

Item	Pontuação
A. Não. Na falta de indicação especial na nota promissória, o lugar onde o título foi passado considera-se como sendo o lugar do pagamento e, ao mesmo tempo, o lugar do domicílio do subscritor ou emitente. Portanto, o título é válido a despeito da omissão ao lugar de pagamento (0,35), de acordo com o art. 76 do Decreto 57.663/1966 ou art. 889, § 2º c/c art. 903 do CC (0,15). **Obs.**: *a simples menção ou transcrição do dispositivo legal não atribui pontuação*	0,00 – 0,35 – 0,50
B. Não, porque os títulos e documentos de dívida protocolizados serão examinados pelo tabelião apenas em seus caracteres formais e terão curso se não apresentarem vícios, não lhe cabendo investigar a ocorrência de prescrição ou caducidade (0,55), nos termos do art. 9º, da Lei 9.492/1997 (0,20). **Obs.**: *a simples menção do dispositivo legal não atribui pontuação*	0,00 – 0,55 – 0,75

(OAB/Exame Unificado – 2013.2 – 2ª fase) Antônio é portador legítimo de uma letra de câmbio aceita, cujo saque se deu no dia 10.01.2012, com vencimento à vista no valor de R$ 10.000,00 (dez mil reais), nela constando o aval de Bruno no montante de R$ 5.000,00 (cinco mil reais).

Em função disto, Antônio pretende endossar a Carla apenas a quantia de R$ 5.000,00 (cinco mil reais). Na qualidade de advogado(a) de Carla, responda aos seguintes itens, indicando os fundamentos e dispositivos legais pertinentes.

A) É válido o aval realizado por Bruno? (Valor: 0,65)

B) O endosso pretendido por Antônio é válido? (Valor: 0,60)

A simples menção ou transcrição do dispositivo legal apontado na distribuição de pontos não pontua.

GABARITO COMENTADO – FGV

A.O examinando deverá demonstrar conhecimento sobre a possibilidade de concessão de aval parcial (art. 30 da LUG).

B. O examinando deverá demonstrar conhecimento sobre a impossibilidade de endosso parcial (art. 12 da LUG).

(OAB/Exame Unificado – 2013.1 – 2ª fase) Uma letra de câmbio foi sacada tendo como beneficiário Carlos e foi aceita. Posteriormente, Carlos endossou a letra em preto para Débora, que, por sua vez, a endossou em branco para Fábio. Após seu recebimento, Fábio cedeu, mediante tradição, sua letra para Guilherme. Na data do vencimento, a letra não é paga e Guilherme exige o pagamento de Carlos, que se recusa a realizá-lo sob a alegação de que endossou a letra de câmbio para Débora e não para Guilherme e de que Débora é sua devedora, de modo que as dívidas se compensam.

Com base situação hipotética, responda aos itens a seguir, indicando os fundamentos e dispositivos legais pertinentes.

A) Guilherme poderá ser considerado portador legítimo da letra de câmbio? Contra quem Guilherme terá direito de ação cambiária? (Valor: 0,65)

B) A alegação de Carlos é correta? (Valor: 0,60)

A simples menção ou transcrição do dispositivo legal não pontua.

EMPRESARIAL

GABARITO COMENTADO – FGV

A) O examinando deverá demonstrar conhecimento sobre a definição de portador legítimo da letra de câmbio objeto de endossos sucessivos (art. 16 da LUG), assim como as possibilidades que dispõe o endossatário em branco em relação à transferência do título sobre (art. 14 da LUG). Exige-se também conhecimento sobre a responsabilidade solidária do aceitante e dos endossantes, tanto em branco quanto em preto, perante o portador da letra de câmbio (art. 47 da LUG). Assim, Guilherme é considerado portador legítimo do título e justifica seu direito pela série de endossos regular, ainda que um deles seja em branco (princípio da literalidade). Guilherme poderá promover ação cambial em face do sacador, do aceitante, de Carlos (endossante) e de Débora (endossante).

Fábio não é legitimado passivo na ação cambial porque não endossou o título, apenas realizou a tradição do mesmo a Guilherme, autorizado pelo art. 14, 3º, da LUG. Por conseguinte, pelo princípio da literalidade, não se obriga como devedor cambiário.

B) O examinando deverá identificar que, pelo princípio da inoponibilidade das exceções pessoais, eventuais exceções fundadas sobre relações pessoais do devedor em face de portadores anteriores ao atual não podem ser opostas a esse. Portanto, a alegação de Carlos sobre a compensação de dívidas não é procedente, porque é fundada em exceção pessoal oponível a Débora, mas não em face do portador/endossatário Guilherme, com fundamento no art. 17 da LUG, nos termos do art. 17 da LUG*.

* LUG: Lei Uniforme de Genebra - Decreto 57.663/1966.

Distribuição dos pontos

Quesito Avaliado	Valores
A1) Sim, porque Guilherme é considerado portador legítimo da letra de câmbio e justifica seu direito por uma série ininterrupta de endossos, mesmo que o último seja em branco (0,20), nos termos do art. 16 da LUG (0,10). Obs.: A simples menção ou transcrição do dispositivo legal não pontua.	0,00 / 0,20 / 0,30
A2) Guilherme poderá promover a ação cambial em face do sacador, do aceitante, de Carlos e de Débora (0,25), com fundamento no art. 47 da LUG (0,10). Obs.: A simples menção ou transcrição do dispositivo legal não pontua.	0,00 / 0,25 / 0,35
B) A alegação de Carlos não está correta, porque é fundada em exceção pessoal oponível a Débora, mas não em face do portador / endossatário Guilherme (0,40), com fundamento no art. 17 da LUG (0,20). Obs.: A simples menção ou transcrição do dispositivo legal não pontua.	0,00 / 0,40 / 0,60

(OAB/Exame Unificado – 2012.3 – 2ª fase) João da Silva sacou um cheque no valor de R$ 60.000,00 (sessenta mil reais), em 26 de março de 2012, para pagar a última parcela de um empréstimo feito por seu primo Benedito Souza, beneficiário da cártula. A praça de emissão é a cidade "X", Estado de Santa Catarina, e a praça de pagamento a cidade "Y", Estado do Rio Grande do Sul.

O beneficiário endossou o cheque para Dilermando de Aguiar, no dia 15 de agosto de 2012, tendo lançado no endosso, além de sua assinatura, a data e a menção de que se tratava de pagamento "pro solvendo", isto é, sem efeito novativo do negócio que motivou a transferência.

No dia 25 de agosto de 2012 o cheque foi apresentado ao sacado, mas o pagamento não foi feito em razão do encerramento da conta do sacador em 20 de agosto de 2012.

Considerando os fatos e as informações acima, responda aos seguintes itens.

A) O endossatário pode promover a execução do cheque em face de João da Silva e de Benedito Souza? Justifique com amparo legal. (Valor: 0,65)

B) Diante da prova do não pagamento do cheque é possível ao endossatário promover ação fundada no negócio que motivou a transferência do cheque por Benedito Souza? Justifique com amparo legal. (Valor: 0,60)

GABARITO COMENTADO – FGV

A questão tem por finalidade verificar o conhecimento do candidato dos prazos referentes à apresentação do cheque para pagamento, em especial quando for sacado para pagamento entre praças distintas, como apontado no enunciado. Portanto, verifica-se o decurso de mais de 60 (sessenta) dias entre a emissão (26.03.2012) e a apresentação (25.08.2012), porém isto não atinge a responsabilidade do sacador pelo pagamento, eis que ainda não foi atingido o prazo prescricional (art. 59 da Lei do Cheque). Outro objetivo é aferir se o candidato identifica no enunciado a possibilidade de o endossatário exigir o pagamento de Benedito Souza, ainda que seu endosso tenha efeito de cessão de crédito (art. 27 da Lei 7.357/1985), haja vista não ter ocorrido novação da obrigação que motivou a transferência, nos termos do art. 62, da Lei 7.357/1985.

A) O endossatário pode promover a execução do cheque em face do sacador João da Silva, com fundamento no art. 47, I, da Lei 7.357/1985 e/ou Súmula nº 600 do STF ("*Cabe ação executiva contra o emitente e seus avalistas, ainda que não apresentado o cheque ao sacado no prazo legal, desde que não prescrita a ação cambiária*").

O endossatário não pode promover a execução em face de Benedito Souza uma vez que o endosso para Dilermando de Aguiar ocorreu após o prazo de apresentação e, como tal, tem efeito de cessão de crédito, com fundamento no art. 27, da Lei 7.357/1985 ("*O endosso posterior [...] à expiração do prazo de apresentação produz apenas os efeitos de cessão*").

Alternativamente poderá o candidato fundamentar a ilegitimidade passiva de Benedito Souza no art. 47, II, da Lei 7.357/1985, a contrario sensu. Como o cheque não foi apresentado a pagamento no prazo legal (60 dias, art. 33 da Lei 7.375/1985), o portador não poderá promover a execução em face do endossante.

B) Sim, é possível ao endossatário promover ação fundada no negócio que motivou a transferência do cheque por Benedito Souza (ação causal, extracambial), uma vez que o endosso foi em caráter "pro solvendo", ou seja, sem efeito novativo do negócio que motivou a transferência. Nos termos do art. 62 da Lei 7.357/1985, "Salvo prova de novação, a emissão ou a transferência do cheque não exclui a ação fundada na relação causal, feita a prova do não pagamento".

Distribuição dos pontos

Quesito Avaliado	Valores
A1) Ainda que apresentado fora do prazo, o endossatário pode promover a execução em face do sacador (0,15), com fundamento no art. 47, I, da Lei 7.357/1985 e/ou Súmula nº 600 do STF (0,10). Obs.: A simples menção ou transcrição do dispositivo legal não pontua.	0,00 / 0,15 / 0,25
A2) O endossatário não pode promover a execução em face de Benedito Souza, pois o endosso ocorreu após o prazo de apresentação, tendo efeito de cessão de crédito (0,25), com fundamento no art. 27 da Lei 7.357/1985 (0,15). OU O endossatário não pode promover a execução em face de Benedito Souza, uma vez que o cheque não foi apresentado a pagamento no prazo legal (0,25), com fundamento no art. 47, II da Lei 7.357/1985 (0,15) Obs.: A simples menção ou transcrição do dispositivo legal não pontua.	0,00 / 0,25 / 0,40
B) É possível ao endossatário promover ação fundada no negócio que motivou a transferência do cheque (ação causal, extracambial), uma vez que o endosso foi em caráter "pro solvendo", sem efeito novativo (0,35) nos termos do art. 62 da Lei 7.357/1985 (0,25). A simples menção ou transcrição do dispositivo legal não pontua.	0,00 / 0,35 / 0,60

(OAB/Exame Unificado – 2012.2 Exame – 2ª fase) Pedro emite nota promissória para o beneficiário João, com o aval de Bianca. Antes do vencimento, João endossa a respectiva nota promissória para Caio. Na data de vencimento, Caio cobra o título de Pedro, mas esse não realiza o pagamento, sob a alegação de que sua assinatura foi falsificada.

Após realizar o protesto da nota promissória, Caio procura um advogado com as seguintes indagações.

A) Tendo em vista que a obrigação de Pedro é nula, o aval dado por Bianca é válido? (Valor: 0,65)

B) Contra qual(is) devedor(es) cambiário(s) Caio poderia cobrar sua nota promissória? (Valor: 0,60)

Responda indicando as justificativas e os dispositivos legais pertinentes. A simples menção ou transcrição do dispositivo legal não pontua.

GABARITO COMENTADO – FGV

A) O examinando deverá demonstrar conhecimento sobre o instituto do aval, especialmente sobre a responsabilidade do avalista no caso da obrigação por ele avalizada ser nula (art. 32 c/c art. 77, ambos da Lei Uniforme de Genebra – Decreto 57.663/1966), enfatizando o princípio da autonomia das obrigações cambiárias, que fundamenta a disposição contida no art. 32 da LUG.

B) O examinando deverá indicar que o portador, Caio, poderá cobrar de Bianca, como avalista, e de João como endossante, nos termos do art. 47 da LUG. Não poderá cobrar de Pedro porque sua obrigação é nula, como está afirmado no comando da pergunta do item A.

Distribuição dos pontos

Quesito Avaliado	Valores
A) Sim. Em razão do princípio da autonomia das obrigações cambiais (0,20), a obrigação do avalista se mantém mesmo no caso de a obrigação que ele garantiu ser nula por qualquer razão que não seja vício de forma (0,25), com base no art. 32 **OU** art. 7º da LUG – Decreto 57.663/1966 (0,20). A simples menção ao dispositivo legal não pontua.	0,00 / 0,20 / 0,25 / 0,40 / 0,45 / 0,65
B) Caio poderá cobrar sua nota promissória da avalista Bianca e do endossante João (0,40), nos termos do art. 47 da LUG – Decreto 57.663/1966 (0,20). A simples menção ou transcrição do dispositivo legal não pontua.	0,00 / 0,40 / 0,60

(OAB/Exame Unificado – 2012.1 – 2ª fase) Na cidade de Malta, uma nota promissória foi emitida por João em benefício de Maria. A beneficiária, Maria, transfere o título para Pedro, inserindo no endosso a cláusula proibitiva de novo endosso. Em função de acordos empresariais, Pedro realiza novo endosso para Henrique, e este um último endosso, sem garantia, para Júlia.

Com base no caso apresentado, responda aos questionamentos a seguir, indicando os fundamentos e dispositivos legais pertinentes.

A) Júlia poderia ajuizar ação cambial para receber o valor contido na nota promissória? Em caso positivo, quais seriam os legitimados passivos na ação cambial? (valor: 0,65)

B) Caso Pedro pague o valor da nota promissória a Henrique e receba o título quitado deste, como e de quem Pedro poderá exigir o valor pago? (valor: 0,60)

GABARITO COMENTADO – FGV

A) Sim, porque a cláusula de proibição de novo endosso não impede a circulação ulterior da nota promissória, sendo possível seu endosso a terceiros pelo endossatário, mas afasta a responsabilidade cambiária do endossante que a apôs em relação aos portadores subsequentes ao seu endossatário (art. 15, 2º da Lei Uniforme de Genebra – Decreto 57.663/1966).

Dessa forma, os endossos realizados por Maria e Pedro são válidos: Júlia poderá cobrar dos demais devedores (João e Pedro) com base no art. 47, 1º ou no art. 43, 1º da Lei Uniforme de Genebra – Decreto 57.663/1966, exceto de Maria, pois esta só responderá perante o seu endossatário, no caso Pedro. Júlia não poderá cobrar de Henrique, pois este realizou um endosso sem garantia (art. 15, 1º da Lei Uniforme de Genebra – Decreto 57.663/1966).

B) Caso pague a Henrique, Pedro poderá ajuizar ação por falta de pagamento, regressivamente, contra Maria e João (art. 47, 3º da Lei Uniforme de Genebra – Decreto 57.663/1966).

A simples menção ou transcrição do dispositivo legal apontado na distribuição de pontos não atribui pontuação.

Distribuição dos pontos

Quesito Avaliado	Faixa de valores
A) Sim, poderá ajuizar ação cambial exclusivamente em face de João e Pedro (0,40), nos termos do art. 47, 1º **ou** art. 43, 1º, ambos da LUG (0,25). A simples menção ou transcrição do dispositivo legal não pontua.	0,00/0,40/0,65
B) Pedro poderá cobrar a dívida por meio de ação cambial regressiva (0,25) em face de João e Maria (0,20), com fundamento no art. 47, 3º da LUG – Decreto 57.663/1966 (0,15). A simples menção ou transcrição do dispositivo legal não pontua.	0,00/0,20/0,25 /0,35/0,40/0,45/ 0,60

(OAB/Exame Unificado - 2011.3 - 2ª fase) Indústria de Cosméticos Naturalmente Bela S.A., sociedade empresária que atua no ramo de produtos de higiene, vendeu, em 27 de março de 2010, 50 (cinquenta) lotes de condicionadores e cremes para pentear ao Salão de Beleza Nova Mulher Ltda.

Pela negociação realizada, foi extraída duplicata na mesma data, com vencimento em 30 de abril do mesmo ano, restando corporificado o crédito decorrente do contrato celebrado. Passadas duas semanas da emissão do título, a sociedade sacadora remeteu o título ao sacado para aceite. Contudo, embora tenham sido entregues as mercadorias ao funcionário do salão de beleza, ele não guardou o respectivo comprovante.

A sociedade adquirente, apesar de ter dado o aceite, não honrou com o pagamento na data aprazada, o que fez com que a emitente o(a) procurasse na condição de advogado(a).

Em relação ao caso acima, responda aos itens a seguir, empregando os argumentos jurídicos apropriados e a fundamentação legal pertinente ao caso.

A) Pela via judicial, de que forma o emitente poderia proceder à cobrança do título? **(Valor: 0,65)**

B) Qual seria o prazo prescricional para adotar essa medida contra a sociedade adquirente? **(Valor: 0,6)**

GABARITO COMENTADO – FGV

Em relação ao item a, o examinando deve indicar que (i) a cobrança da duplicata poderá ser realizada pelo ajuizamento de uma ação de execução, conforme prevê o inciso I do art. 15 da Lei 5.474/1968 **OU** art. 585, I, c/c o art. 566, ambos do CPC.

É de se destacar que, para a cobrança de duplicata aceita, não é necessária a apresentação do comprovante de entrega dos bens.

No que se refere ao item b, cumpre ao examinando indicar que o prazo prescricional para a ação de execução em face do obrigado principal será de 3 (três) anos, a ser contado a partir do vencimento do título (30 abril de 2014), consoante o disposto no art. 18, I, da Lei 5.474/1968.

A simples menção ou transcrição do dispositivo legal apontado na distribuição de pontos não atribui a pontuação por si só. O examinando deve ainda demonstrar que compreendeu aquilo que está sendo indagado e fundamentar corretamente a sua resposta, para que o item seja integralmente pontuado.

Distribuição dos pontos

Item	Pontuação
A. Cobrança realizada por meio da ação de execução (0,45) – art. 15, I, da Lei 5.474/1968 OU art. 585, I, c/c o art. 566, ambos do CPC (0,2)	0 / 0,45 / 0,65
B. Prazo prescricional de 3 anos a partir do vencimento (0,4) – art. 18, I, da Lei 5.474/1968 (0,2).	0 / 0,4 / 0,6

(OAB/Exame Unificado - 2011.2 - 2ª fase) João Garcia emite, em 17.10.2010, uma Letra de Câmbio contra José Amaro, em favor de Maria Cardoso, que a endossa a Pedro Barros. O título não tem data de seu vencimento.

Diante do caso apresentado, na condição de advogado, responda aos itens a seguir, empregando os argumentos jurídicos apropriados e a fundamentação legal pertinente ao caso.

a) Pedro poderá exigir o pagamento da letra de câmbio em face da omissão da data do seu vencimento? (Valor: 0,65)

b) Que efeitos podem ser verificados com a transmissão do título por meio do endosso? (Valor: 0,60)

RESPOSTA

a) Sim. Nos termos do art. 2º da Lei Uniforme de Genebra, a falta de indicação da data de vencimento não invalida a letra de câmbio, sendo ela pagável à vista. Neste caso, seu prazo de apresentação é de um ano a contar da data da emissão (art. 34 da Lei Uniforme), sob pena de perder o direito de cobrança contra os coobrigados (art. 53 da Lei Uniforme).

b) O endosso é o ato cambial que tem por escopo transferir a titularidade do crédito e todos os poderes emergentes da letra para o endossatário, ao qual deve se seguir a tradição da letra (art. 14 da Lei Uniforme de Genebra). O endosso tem, ainda, o efeito de vincular o endossante como coobrigado pelo pagamento do título, salvo se estabelecer, no momento do ato, a cláusula “sem garantia” (art. 15 da Lei Uniforme de Genebra), ou expirar o prazo de apresentação de um ano para aceite da letra pagável à vista (art. 53 da Lei Uniforme).

Comentários adicionais

Na letra de câmbio, é lícito que o sacado solicite o “prazo de respiro”, nos termos do art. 24 da LUG, de 24 horas na primeira apresentação para pagamento. Com isso, no dia seguinte o tomador deve apresentá-la novamente, para que o sacado resolva, então, aceitá-la ou não.

Convém lembrar que os efeitos mencionados no endosso valem para o endosso próprio. Há também as modalidades que a doutrina chama de endosso impróprio, porque não transferem a titularidade do crédito. É o *endosso-caução* (quando a letra é dada em garantia de uma dívida), que será resgatado com o adimplemento da obrigação, e o *endosso-mandato*, que confere ao portador da letra somente os poderes para cobrá-la do devedor principal e dos coobrigados, mantendo-se o crédito com o endossante.

GABARITO COMENTADO – FGV

O examinando deverá indicar que:

a) a figura da letra de câmbio que não possui data de vencimento é considerada à vista (art. 2º, 2º da Lei Uniforme de Genebra – Decreto 57.663/1966), e pagável à apresentação (art. 34 da Lei Uniforme de Genebra – Decreto 57.663/1966). Considerando que o prazo de apresentação de 1 (um) ano foi ultrapassado desde 17.10.2011 (a prova foi realizada em 04.12.2011), o portador apenas terá direito de ação contra o devedor principal (arts. 34 e 53 da Lei Uniforme de Genebra – Decreto 57.663/1966); e

b) o endosso, em princípio, transmite não só a propriedade, mas também todos os direitos emergentes da Letra (art. 14 da Lei Uniforme de Genebra – Decreto 57.663/1966), mas como foi ultrapassado o prazo de apresentação de 1 (um) ano desde 17.10.2011 (a prova foi realizada em 04.12.2011), o portador apenas terá direito de ação contra o devedor principal (art. 53 da Lei Uniforme de Genebra – Decreto 57.663/1966).

Distribuição dos pontos

Item	Pontuação
Sim. A letra de câmbio que não contém data de vencimento é considerada emitida à vista e é pagável contra apresentação (0,35). Tendo em vista que já foi ultrapassado o prazo de apresentação do título (um ano – art. 34 da LUG, Decreto 57.663/1966), o portador perdeu o direito de ação contra os devedores indiretos (art. 53 da LUG) (0,30).	0 / 0,30 / 0,35 / 0,65
Endosso transmite a propriedade e os direitos emergentes do título conforme arts. 14 OU 15 da LUG – Decreto 57.663/1966 (0,3) Pelo decurso de mais de um ano, não há mais direito à possibilidade de cobrança do endossante, sacador e demais coobrigados (0,3)	0 / 0,3 / 0,6

(OAB/Exame Unificado – 2011.1 – 2ª fase) Em 9 de novembro de 2010, João da Silva adquiriu, de Maria de Souza, uma TV de 32 polegadas usada, mas em perfeito funcionamento, acertando, pelo negócio, o preço de R$ 1.280,00. Sem ter como pagar o valor integral imediatamente, lembrou-se de ser beneficiário de uma Letra de Câmbio, emitida por seu irmão, José da Silva, no valor de R$ 1.000,00, com vencimento para 27 de dezembro do mesmo ano. Desse modo, João ofereceu pagar, no ato e em espécie, o valor de R$ 280,00 a Maria, bem como endossar a aludida cártula, ressalvando que Maria deveria, ainda, na qualidade de endossatária, procurar Mário Sérgio, o sacado, para o aceite do título. Ansiosa para fechar negócio, Maria concordou com as condições oferecidas e, uma semana depois, em 16 de novembro de 2010, dirigiu-se ao domicílio de Mário Sérgio, conforme orientação de João da Silva. Após a visita, porém, Maria ficou aturdida ao constatar que Mário Sérgio só aceitou o pagamento de R$ 750,00, justificando que esse era o valor devido a José. Sem saber como proceder dali em diante, Maria o(a) procura, como advogado(a), com algumas indagações.

Com base no cenário acima, responda aos itens a seguir, empregando os argumentos jurídicos apropriados e a fundamentação legal pertinente ao caso.

a) É válida a limitação do aceite feita por Mário Sérgio ou estará ele obrigado a pagar o valor total da letra de câmbio? (Valor: 0,25)
b) Qual é o limite da responsabilidade do emitente do título? (Valor: 0,5)
c) Quais as condições por lei exigidas para que ele fique obrigado ao pagamento? (Valor: 0,5)

RESPOSTA

a) Aceite é o ato cambiário através do qual o sacado assume a obrigação de pagar o valor representado na letra de câmbio, tornando-se seu devedor principal.
Nos termos do art. 26 da Lei Uniforme de Genebra, que ingressou em nosso ordenamento jurídico por meio do Decreto 57.663/1966, o aceite pode ser parcial, isto é, é possível que o sacado, ao ser apresentado ao título, concorde em pagar apenas parte de seu valor. Nesse caso, somente a parcela aceita poderá ser cobrada do devedor principal e seu eventual avalista.

b) É regra corrente que, havendo recusa de aceite na letra de câmbio, opera-se o vencimento antecipado da dívida contra os coobrigados, dentre os quais se inclui o sacador do título (art. 47 da Lei Uniforme de Genebra). Nos termos do art. 43, 1º, da Lei Uniforme de Genebra, equipara-se, para este efeito, a recusa parcial do aceite. Sendo assim, pode o portador cobrá-la por inteiro do emitente, mesmo havendo um aceite parcial. No caso em exame, portanto, o emitente responsabiliza-se pelo pagamento dos R$ 1.000,00, valor integral da letra.

EMPRESARIAL

c) A responsabilização pelo pagamento dos coobrigados é vinculada ao protesto do título por falta de aceite ou por falta de pagamento (art. 44 da Lei Uniforme de Genebra) dentro do prazo legal. A falta deste ato, ou sua prática extemporânea, libera o sacador, os endossantes e eventuais avalistas da obrigação cambial.

Comentários adicionais

O terceiro item da questão foi cobrado de forma demasiadamente genérica, o que pode causar confusão no candidato. Afinal, temos por "condições por lei exigidas" para a responsabilização dos coobrigados, além do protesto, que a letra contemple todos os requisitos legais (arts. 1º e 2º da Lei Uniforme de Genebra) e que o procedimento de aceite também tenha sido regular (arts. 41 e seguintes da Lei Uniforme de Genebra).

Reconhecendo a vasta gama de possibilidades deixadas em aberto pela redação da questão, a Examinadora, corretamente, determinou nota integral no quesito com a abordagem de qualquer deles pelo candidato, como pode ser conferido no gabarito abaixo.

GABARITO COMENTADO – FGV

O examinando deve indicar a possibilidade de limitação do aceite na letra de câmbio, ficando o aceitante responsável dentro desse limite (art. 26 do Decreto 57.663/1966 – Lei Uniforme de Genebra), bem como analisar a garantia do emitente à aceitação e ao pagamento do título (art. 9º da LUG), respondendo este por todo o valor do título, ou seja, pelos R$ 1.000,00, além de tratar da necessidade de realização do protesto, no caso de recusa parcial do aceite, para promover a cobrança do emitente (art. 44 da LUG).

Distribuição dos pontos

Item	Pontuação
a) Possibilidade de limitação do aceite na letra de câmbio – art. 26 da LUG	0 / 0,25
R$ 1.000,00 (total) – arts. 9º OU 47 da LUG (0,25)	0 / 0,25 / 0,5
Necessidade do protesto para cobrança judicial do emitente (0,25) – art. 44 da LUG ou Lei 9.492/1997 (0,25) OU Requisitos legais para eficácia de uma letra de câmbio (0,25) – arts. 1º e 2º da LUG (0,25) OU Requisitos legais para a coobrigação do sacado (aceite) (0,25) – arts. 21 e seguintes da LUG (0,25)	0 / 0,25 / 0,5

(OAB/Exame Unificado - 2010.3 - 2ª fase) Em 20.04.2010, Boulevard Teixeira emitiu um cheque nominal, à ordem, em favor de Gol de Craque Esportes Ltda., no valor de R$ 7.500,00 (sete mil e quinhentos reais), decorrente da compra de diversos materiais esportivos. O título foi apresentado ao sacado na mesma praça em 29.05.2010, tendo este se recusado a promover o pagamento, justificando não haver fundos disponíveis na conta do sacador. O administrador da credora, então, foi orientado a, como forma de coagir o devedor ao pagamento do título ante o abalo do seu crédito, promover o protesto do cheque. A competente certidão foi expedida pelo cartório em 20.06.2010. Contudo, diante de contatos telefônicos feitos por prepostos do devedor, buscando obter parcelamento para realizar o pagamento extrajudicial, o credor se manteve inerte. Malograda a tentativa de perceber, amigavelmente, a importância devida, em 02.12.2010, resolveu o tomador ajuizar a competente ação executiva. Em embargos de devedor, aduziu o executado que o título estava prescrito e, portanto, deveria ser julgada extinta a pretensão executiva. Por outro lado, o advogado do exequente sustenta que a pretensão não estaria prescrita em razão do protesto realizado.

Diante da resistência apresentada e buscando uma posição mais abalizada, o credor procurou-o(a), como advogado(a), apresentando algumas dúvidas a serem por você dirimidas.

Com base nesse cenário, responda aos itens a seguir, empregando os argumentos jurídicos apropriados e a fundamentação legal pertinente ao caso.

a) A prescrição foi realmente alcançada? (Valor: 0,2)

b) Qual(is) embasamento(s) legal(is) serviria(m) para sua tese? (Valor: 0,4)

c) De forma geral, é indispensável a realização do protesto de um cheque para o ajuizamento de ação de execução em face dos coobrigados? (Valor: 0,4)

RESPOSTA

a) Não. A prescrição da pretensão executiva fundada em cheque prescreve em seis meses contados da data final do prazo de apresentação, o qual, por sua vez, é de trinta dias a partir da emissão. Porém, no caso em tela, o fluxo do prazo prescricional foi interrompido pela apresentação do título a protesto.

b) Embasa a tese supracitada o art. 202, III, do CC, que estabelece a interrupção da prescrição pelo protesto cambial, devidamente realizado pelo credor. Não se alegue que a Súmula nº 153 do STF dispõe em sentido contrário ("Simples protesto cambiário não interrompe a prescrição"), uma vez que o verbete foi editado sob regime jurídico do Código Civil de 1916, que exigia o protesto judicial para interrupção da prescrição. Com o advento do novo Código Civil, em 2002, tal entendimento sumulado restou superado pela nova ordem legislativa.

c) Não. O protesto pode ser substituído pela declaração do sacado quanto à falta de pagamento, escrita e datada sobre o cheque, com indicação do dia de apresentação, ou, ainda, por declaração escrita e datada por câmara de compensação (art. 47, II, da Lei 7.357/1985).

Comentários adicionais

Vamos aproveitar o ensejo para relembrar os prazos prescricionais dos títulos de crédito:

- Na letra de câmbio e na nota promissória: 03 anos para cobrança do devedor principal e seu avalista; 01 ano para cobrança dos coobrigados e seus avalistas; 06 meses para ação de regresso de um coobrigado contra outro;
- Na duplicata: 03 anos para cobrança do devedor principal e seu avalista; 01 ano para cobrança dos coobrigados e seus avalistas; **01 ano** para ação de regresso de um coobrigado contra outro;
- No cheque: 06 meses, nas três situações.

GABARITO COMENTADO – FGV

O examinando deverá indicar que: a) na data da distribuição da execução a prescrição ainda não tinha sido alcançada; b) o embasamento legal deverá ser composto pela análise do protesto cambiário à luz do disposto no art. 202, III, do CC, que prevê a interrupção da prescrição, além do enfrentamento à evolução do tema, antes sumulado (a Súmula nº 153 do STF preconizava que o simples protesto cambiário não interrompia a prescrição); c) a possibilidade de substituição do protesto do cheque pela declaração do sacado, escrita e datada sobre o cheque, com indicação do dia de apresentação, ou, ainda, por declaração escrita e datada por câmara de compensação, conforme o disposto no inciso II do art. 47 da Lei 7.357/1985.

Distribuição dos pontos

Em relação à correção, levou-se em conta o seguinte critério de pontuação:

Item	Pontuação
a) Prescrição ainda não alcançada	0 / 0,2
b) Evolução do tratamento da prescrição – Súmula nº 153 do STF – art. 202, III, do CC 0,3 = indicou o art. 202, III, do CC 0,4 = evolução, superação da Súmula nº 153 do STF	0 / 0,3 / 0,4
c) A possibilidade de substituição do protesto, podendo ser ele substituído pela declaração do sacado, escrita e datada sobre o cheque, com indicação do dia de apresentação, ou, ainda, por declaração escrita e datada por câmara de compensação – art. 47, II, da Lei 7.357/1985.	0 / 0,2 / 0,3 / 0,4

(OAB/Exame Unificado - 2010.3 - 2ª fase) Soraia Dantas emitiu uma nota promissória em favor de Carine Monteiro, decorrente da aquisição de uma máquina de costura padrão industrial, com vencimento para 03.06.2010. O título foi endossado, sem data indicada, em favor de Leonardo D'Ângelo, que, em seguida, endossou a cambial, sem garantia, para Amadeus Pereira. O endosso de Leonardo foi avalizado por Frederico Guedes. Procurado para pagamento, a obrigada principal alegou não ter condições, no momento, para quitar o débito. Diante dessa situação, o portador, após levar o título a protesto, ajuizou a competente ação de execução em face de Frederico Guedes. Em sede de embargos, o executado aduziu não ter legitimidade para figurar no polo passivo da demanda, porquanto Leonardo, cuja obrigação foi por Frederico avalizada, é ainda menor de idade, o que ficou comprovado com a apresentação da certidão de nascimento, dando conta de que ele nasceu em 1996.

Com base no cenário acima, responda aos itens a seguir, empregando os argumentos jurídicos apropriados e a fundamentação legal pertinente ao caso.

a) Qual é a contra-argumentação a ser adotada em relação à alegação suscitada nos embargos de Frederico? (Valor: 0,4)
b) Caso Leonardo não fosse menor de idade, qual seria a finalidade do endosso feito por ele a Amadeus? (Valor: 0,2)
c) Pode a nota promissória circular ao portador? (Valor: 0,4)

RESPOSTA

a) Vige, no caso, o princípio da autonomia das relações cambiais, segundo o qual a nulidade de uma obrigação cambial não importa na nulidade das demais obrigações constantes do título. O aval é uma obrigação autônoma em relação àquela do avalizado, ou seja, ainda que a obrigação assumida pelo avalizado seja nula, por conta de sua incapacidade civil absoluta, subsiste íntegro o aval (art. 7º da Lei Uniforme de Genebra);
b) Trata-se de endosso próprio, cuja finalidade é a transferência do crédito para o endossatário. Destaca-se, porém, a aposição da cláusula "sem garantia", cuja função é evitar a vinculação do endossante como coobrigado, isto é, ele não responderá pelo pagamento do título (art. 15 da Lei Uniforme de Genebra);
c) Sim, através do endosso em branco, ou seja, aquele que não indica o endossatário (art. 12, parte final, da Lei Uniforme de Genebra). A obrigação de identificação do tomador aplica-se somente à emissão do título, conforme disposto no art. 75 da Lei Uniforme de Genebra.

Comentários adicionais

Lembre-se que a Lei Uniforme de Genebra equiparou, praticamente em todos os tópicos, o regramento da letra de câmbio e da nota promissória, de sorte que os artigos mencionados referem-se, inicialmente, à letra de câmbio, cuja aplicação supletiva é autorizada pelo art. 77 da LUG.

Vale ressaltar que a Lei Uniforme de Genebra foi incorporada ao nosso ordenamento jurídico através do Decreto 57.663/1966, sendo possível a referência a qualquer dos diplomas normativos.

GABARITO COMENTADO – FGV

O examinando deve identificar: a) a não procedência da alegação, tendo em vista que a obrigação do avalista se mantém mesmo se a obrigação por ele garantida for nula por qualquer razão que não seja um vício de forma (art. 32 – Decreto 57.663/1966 – princípio da autonomia); b) o objetivo da cláusula "sem garantia", que é não garantir o pagamento do título (endosso sem garantia – art. 15 – Decreto 57.663/1966); c) a possibilidade de circulação do título endossado em branco (art. 12, parte final – Decreto 57.663/1966), devendo ser ressaltado que a restrição é aplicada somente à emissão do título – art. 75 – Decreto 57.663/1966).

Distribuição dos pontos

Em relação à correção, levou-se em conta o seguinte critério de pontuação:

Item	Pontuação
a) Obrigação do avalista autônoma (art. 32 do Decreto 57.663/1966 – princípio da autonomia OU art. 7º) 0,2 = só o artigo ou o fundamento 0,4 = os dois	0 / 0,2 / 0,4
b) Objetivo do endosso sem garantia (endosso sem garantia – art. 15 do Decreto 57.663/1966)	0 / 0,2
c) Possibilidade de circulação da nota promissória ao portador (endosso em branco) (art. 12, parte final do Decreto 57.663/1966), com ressalva que a restrição é aplicada somente à emissão do título – art. 75 do Decreto 57.663/1966. 0,2 = sem fundamentação legal 0,3 = com fundamento só no art. 12 0,4 = fundamento **também** no art. 75	0 / 0,2 / 0,3 / 0,4

(OAB/Exame Unificado – 2010.2 – 2ª fase) Fábio endossa uma letra de câmbio para Maurício, que a endossa para Maria que, por sua vez, a endossa para João. Na data do vencimento, João exige o pagamento de Maurício, que se recusa a realizá-lo sob a alegação de que endossou a letra de câmbio para Maria e não para João e de que Maria é sua devedora, de modo que as dívidas se compensam. Assim, João deveria cobrar a letra de Maria e não dele.

Em caso de Embargos de Maurício, com base nos argumentos citados,

I. quais seriam os fundamentos jurídicos de João?

II. em que prazo devem ser arguidos?

RESPOSTA

As letras de câmbio, como os títulos de crédito em geral, submetem-se ao princípio da *autonomia,* do qual decorrem a *abstração* e a *inoponibilidade de exceções pessoais ao terceiro de boa-fé.*

Cada obrigação que deriva do título é autônoma em relação às demais. Os vícios que comprometem a validade de uma relação jurídica, documentada em título de crédito, não se estendem às demais relações abrangidas no mesmo documento (autonomia).

Com a circulação, há desvinculação do título em relação ao ato ou ao negócio jurídico que deu ensejo à sua criação (abstração).

Finalmente, a exceção pessoal que Maurício eventualmente tenha contra Maria não pode ser oposta a João, que é terceiro de boa-fé (inoponibilidade).

O subprincípio da inoponibilidade de exceções pessoais ao terceiro de boa-fé é previsto no art. 916 do CC e no art. 17 da Lei Uniforme – LU (Decreto 57.663/1966):

> "**Artigo 17.** As pessoas acionadas em virtude de uma letra não podem opor ao portador as exceções fundadas sobre as relações pessoais delas com o sacador ou com os portadores anteriores, a menos que o portador ao adquirir a letra tenha procedido conscientemente em detrimento do devedor."

Esse é o fundamento jurídico a ser apresentado por João, demonstrando que não agiu de má-fé ao adquirir a letra, de modo que não pode ter frustrada sua prerrogativa de cobrar Maurício por conta da dívida de Maria.

Quanto ao prazo, João (exequente) deve se manifestar sobre os embargos de Maurício no prazo de 15 dias, conforme dispõe o art. 740 do CPC:

> "Art. 740. Recebidos os embargos, será o exequente ouvido no prazo de 15 (quinze) dias; a seguir, o juiz julgará imediatamente o pedido (art. 330) ou designará audiência de conciliação, instrução e julgamento, proferindo sentença no prazo de 10 (dez) dias."

Finalmente, o fato de Maria ser também coobrigada (art. 15 da LU) implica apenas uma prerrogativa para João, que pode cobrar dela o crédito total (há solidariedade entre todos os endossantes), mas não uma imposição.

DICA: a rigor, João (o titular da letra) deve cobrar prioritariamente o devedor principal, que é, em princípio, o aceitante. Em caso de inadimplência, deve protestar o título por falta de pagamento e, somente nesse caso, poderá exigir o valor dos coobrigados, conforme o art. 53 da Lei Uniforme – LU (Decreto 57.663/1966):

"**Artigo 53**. Depois de expirados os prazos fixados:

- para a apresentação de uma letra à vista ou a certo termo de vista;
- para se fazer o protesto por falta de aceite ou por falta de pagamento;
- para a apresentação a pagamento no caso da cláusula "sem despesas";

O portador perdeu os seus direitos de ação contra os endossantes, contra o sacador e contra os outros coobrigados, à exceção do aceitante.

Na falta de apresentação ao aceite no prazo estipulado pelo sacador, o portador perdeu os seus direitos de ação, tanto por falta de pagamento como por falta de aceite, a não ser que dos termos da estipulação se conclua que o sacador apenas teve em vista exonerar-se da garantia do aceite.

Se a estipulação de um prazo para a apresentação constar de um endosso, somente aproveita ao respectivo endossante."

Perceba que se não houve protesto tempestivo, não há como cobrar Maurício (endossante e, portanto, coobrigado). Entretanto, como o examinador não informou sobre o devedor principal, nem acerca de protesto, e, além disso, pede que se indiquem os argumentos em favor de João, esse ponto não precisa ser levantado pelo candidato.

GABARITO COMENTADO – FGV

a) O prazo para refutar os argumentos do embargante é de 15 dias nos termos do art. 740 do CPC.

b) Em regra, as exceções pessoais que Maurício teria em relação à Maria não são oponíveis em relação a João, com quem Maurício não teve relação direta. Isso ocorre para garantir a segurança na circulação do título de crédito e os direitos dos terceiros de boa-fé. É o que vem expresso nos arts. 916, do CC e art. 17, do anexo I, do Decreto Lei 57.663/1966 (Lei Uniforme das Letras de Câmbio e Notas Promissórias). Art. 916 do Código Civil: "As exceções, fundadas em relação do devedor com os portadores precedentes, somente poderão ser ele opostas ao portador, se este, ao adquirir o título, tiver agido de má-fé".

Art. 17 do Decreto-Lei 57.663/1966: "As pessoas acionadas em virtude de uma letra não podem opor ao portador exceções fundadas sobre as relações pessoais delas com o sacador ou com os portadores anteriores, a menos que o portador ao adquirir a letra tenha procedido conscientemente contra o devedor."

Portanto, apenas se Maurício comprovasse que João adquiriu a letra de câmbio de má fé e em detrimento do seu direito cambiário, poderia recusar-se ao pagamento do título com fundamento na exceção pessoal que tinha em relação à Maria (compensação).

Distribuição dos pontos

Item	Pontuação	total
Fundamentos	0,2 / 0,4 / 0,6 / 0,8	1,0
Prazos	0 / 0,2	

(OAB/Exame Unificado – 2009.3 – 2ª fase) A indústria Beta, fabricante de uniformes, entregou, em janeiro de 2009, um lote de produtos solicitados por Rori Serviços Gerais Ltda. A compradora recebeu as mercadorias solicitadas, que não apresentavam avarias, vícios de qualidade ou quantidade, nem mesmo divergências, mas não restituiu a duplicata enviada para aceite, tampouco efetuou o pagamento do valor devido. Diante disso, a indústria Beta contratou profissional da advocacia para resolver a situação.

Considerando a situação hipotética apresentada e na qualidade de advogado(a) contratado(a) pela indústria Beta, discorra sobre:

– o aceite do referido título de crédito;
– a legitimidade ativa da indústria Beta para mover ação de execução contra Rori Serviços Gerais Ltda. bem como requisitos, foro competente e prazo prescricional para a propositura dessa ação.

RESPOSTA

Uma das diversas peculiaridades da duplicata é que seu aceite é obrigatório, independentemente da vontade do sacado, exceto nas hipóteses de recusa previstas no art. 8º da Lei das Duplicatas (Lei 5.474/1968):

> "Art. 8º O comprador só poderá deixar de aceitar a duplicata por motivo de:
> I - avaria ou não recebimento das mercadorias, quando não expedidas ou não entregues por sua conta e risco;
> II - vícios, defeitos e diferenças na qualidade ou na quantidade das mercadorias, devidamente comprovados;
> III - divergência nos prazos ou nos preços ajustados."

Rori Serviços Gerais Ltda. não poderia, portanto, recusar o aceite do título, pois "recebeu as mercadorias solicitadas, que não apresentavam avarias, vícios de qualidade ou quantidade, nem mesmo divergências", nem, evidentemente, deixar de pagar.

EMPRESARIAL

Ademais, em caso de recusa, o título deveria ser restituído no prazo de 10 (dez) dias, acompanhado de declaração escrita contendo as razões da falta do aceite (art. 7º da Lei das Duplicatas).

A indevida recusa deve ser comprovada por meio de protesto, nos termos do art. 13 da Lei das Duplicatas. Como não houve devolução da duplicata, indústria Beta poderá realizar o protesto por indicações (§ 1º). Menos comum, atualmente, é a emissão de triplicata (segunda via da duplicata) para o protesto, muito embora, a rigor, a Lei preveja essa emissão apenas nos casos de perda ou extravio (art. 23 da mesma Lei).

Realizado o protesto, a indústria Beta poderá promover execução judicial contra o sacado, na praça de pagamento do título ou outra de domicílio do comprador (art. 17 da Lei das Duplicatas).

O pedido deverá ser instruído com (i) a triplicata (caso emitida) ou com o instrumento de protesto por indicações, acompanhado da (ii) comprovação de entrega e recebimento da mercadoria e (iii) de que o sacado não tenha recusado legitimamente o aceite, conforme o art. 15, II e § 2º, da Lei das Duplicatas:

> "Art. 15 - A cobrança judicial de duplicata ou triplicata será efetuada de conformidade com o processo aplicável aos títulos executivos extrajudiciais, de que cogita o Livro II do Código de Processo Civil ,quando se tratar:
> (...)
> II - de duplicata ou triplicata não aceita, contanto que, cumulativamente:
> a) haja sido protestada;
> b) esteja acompanhada de documento hábil comprobatório da entrega e recebimento da mercadoria; e
> c) o sacado não tenha, comprovadamente, recusado o aceite, no prazo, nas condições e pelos motivos previstos nos arts. 7º e 8º desta Lei.
> (...)
> § 2º - Processar-se-á também da mesma maneira a execução de duplicata ou triplicata não aceita e não devolvida, desde que haja sido protestada mediante indicações do credor ou do apresentante do título, nos termos do art. 14, preenchidas as condições do inciso II deste artigo."

Finalmente, o prazo prescricional para a execução contra o sacado e eventual avalista é de 3 (três) anos contados do vencimento do título (art. 18, I, da mesma Lei).

DICA: a duplicata é título de crédito muito específico, com características próprias, que merece a leitura atenta da Lei 5.474/1968. O estudante perceberá que essas especificidades decorrem principalmente de sua causalidade (a duplicata refere-se sempre a crédito decorrente de compra e venda mercantil ou prestação de serviço) e da obrigatoriedade do aceite.

Veja a seguinte tabela, para memorização dos prazos prescricionais:

	Prazos prescricionais para letras de câmbio e promissórias – art. 70 da Lei Uniforme	**Prazos prescricionais para duplicatas – art. 18 da Lei 5.474/1968**
Contra o devedor principal (aceitante, na letra – sacado, na duplicata) e seus avalistas	3 anos a contar do vencimento	3 anos a contar do vencimento
Contra os coobrigados – endossantes e seus avalistas (também o sacador, no caso de letra aceita)	1 ano do protesto tempestivo ou do vencimento (se houve cláusula "sem despesas")	1 ano do protesto tempestivo
Regresso dos coobrigados uns contra os outros	6 meses do dia em que o coobrigado pagou o título ou em que ele próprio foi acionado	1 ano da data de pagamento do título

(OAB/Exame Unificado – 2009.2 – 2ª fase) Em 06.10.2007, José emitiu para Adalberto nota promissória devidamente formalizada no valor de R$ 20.000,00, com vencimento em 06.01.2008. A emissão da referida cambial estava relacionada com uma dívida de jogo de cartas contraída pelo emitente com o beneficiário. Não tendo ocorrido o pagamento voluntário da nota promissória na época prevista, Adalberto apresentou-a a protesto, lavrado e registrado no prazo legal. Posteriormente ao protesto, a mencionada cambial foi endossada em preto para Pedro. Inconformado com a falta de pagamento voluntário da cambial, apesar das diversas tentativas de receber amigavelmente a quantia, Pedro, na condição de portador do título, ajuizou, em 10.09.2008, ação cambial exclusivamente contra José, com a penhora de bens do executado. Considerando a situação hipotética apresentada, na qualidade de advogado(a) contratado(a) pelo executado, responda, com base na devida fundamentação legal, se seria viável a defesa de seu cliente.

RESPOSTA

Em princípio, por conta do princípio da autonomia, o devedor não pode opor ao endossatário as exceções pessoais que tenha contra outros, exceto em caso de má-fé do endossatário (portador), nos termos do art. 17 da Lei Uniforme (Decreto 57.663/1966).

Ocorre que o endosso tardio ou póstumo da nota promissória, ou seja, aquele realizado após o protesto por falta de pagamento, tem efeito de simples cessão de crédito, nos termos do art. 20 da Lei Uniforme, não se submetendo, portanto, ao regime cambiário.

Por essa razão, José (o devedor) poderá opor contra Pedro a exceção em relação a Adalberto, qual seja a inexigibilidade da obrigação que deu origem ao título.

De fato, nos termos do art. 814 do CC, "as dívidas de jogo ou de aposta não obrigam a pagamento".

É interessante notar que a regra do art. 920 do CC, que equipara o endosso tardio ao anterior, sem restrição em relação ao protesto, não se aplica à promissória, pois há norma legal especial aplicável ao caso (a Lei Uniforme), conforme o art. 903 do CC.

Também é bom lembrar que as prescrições relativas às letras de câmbio e às notas promissórias são (art. 70 da Lei Uniforme):

– 3 anos do vencimento, contra o devedor principal (aceitante da letra e emitente da promissória) e seu avalista;

– 1 ano do protesto tempestivo (ou do vencimento do título com cláusula "sem despesas"), contra coobrigados (endossantes, sacador e respectivos avalistas); e

– 6 meses do pagamento ou do ajuizamento da execução cambial, para regresso contra qualquer coobrigado

No caso, a nota venceu em 06.01.2008 e a execução foi ajuizada contra o emitente em 10.09.2008, de modo que não houve prescrição.

DICA: atente-se para o espaço disponível em sua prova e ajuste-se a ele, focando os pontos essenciais de maneira clara e direta. Os pontos essenciais nesta questão, que devem necessariamente ser abordados, são os efeitos do endosso póstumo (do art. 20 da Lei Uniforme) e a inexigibilidade da dívida de jogo. A análise da prescrição e demais comentários secundários são para o estudo do candidato, mas são dispensáveis para a resposta.

(OAB/Exame Unificado – 2009.2 – 2ª fase) De acordo com Marlon Tomazette (Curso de direito empresarial. São Paulo: Atlas, 2009, v. 2), "A prática do comércio ensejou a utilização do cheque não para pagamento à vista, mas com a combinação de uma data futura de apresentação. A própria prática bancária resolveu denominá-lo de cheque pré-datado. Todavia, a maior parte da doutrina prefere o uso da expressão pós-datado". Considerando a natureza do título de crédito mencionado e o seu uso na prática do comércio, responda, de forma fundamentada, aos seguintes questionamentos.

– Caso se apresente um cheque pós-datado antes da data combinada, qual deverá ser a postura do banco?

– A devolução do cheque por insuficiência de fundos gera alguma responsabilidade para quem o apresentou antes da data combinada?

RESPOSTA

Em princípio, a Lei 7.357/1985 não admite o cheque emitido com data futura (pós-datado ou pré-datado, conforme comumente designado). Segundo o seu art. 32, parágrafo único: "o cheque é pagável à vista. Considera-se não escrita qualquer menção em contrário. Parágrafo único - O cheque apresentado para pagamento antes do dia indicado como data de emissão é pagável no dia da apresentação."

Por essa razão, o banco deverá pagar o cheque apresentado antes do término do prazo prescricional, desde que não tenha havido contraordem (ineficaz antes do prazo para apresentação) ou sustação regular, nos termos do art. 35, parágrafo único, da Lei 7.357/1985.

Em outras palavras, caso o cheque pré-datado seja apresentado antes da data aposta pelo emitente, o banco deverá pagá-lo.

Entretanto, a existência do cheque com data futura para pagamento é reconhecida pelo Judiciário, inclusive para responsabilizar o portador por danos morais, no caso de apresentação antecipada:

Súmula nº 370 do STJ: "Caracteriza dano moral a apresentação antecipada de cheque pré-datado."

Assim, o portador que deposita o cheque antes do prazo acordado com o emitente pode ser responsabilizado, desde que comprovado o dano.

(OAB/Exame Unificado – 2009.1 – 2ª fase) Considere que Vilmar tenha emitido nota promissória vinculada a contrato de abertura de crédito, sobre o valor total do contrato firmado com o banco onde recebe seus vencimentos. Nessa situação hipotética, diante do descumprimento das obrigações pactuadas, pode o banco executar diretamente a nota promissória emitida por Vilmar? A nota promissória constitui título causal ou abstrato? Fundamente suas respostas e estabeleça, com exemplos, as diferenças entre títulos causais e abstratos.

RESPOSTA:

A nota promissória é, em princípio, título abstrato, pois, a partir do momento que é posta em circulação, deixa de se vincular à obrigação que lhe deu origem. Vale dizer, o devedor não pode opor ao titular do crédito as exceções que não lhe sejam pessoais.

Não é, entretanto, título causal, pois sua emissão não se restringe à determinada espécie de obrigação que lhe dê causa.

Exemplo de título causal é a duplicata, que somente pode ser emitida em relação à determinada operação de compra e venda ou a determinada prestação de serviço.

A autonomia e a abstração da nota promissória são, entretanto, mitigadas pelo Judiciário em casos de relações bancárias.

O contrato de abertura de crédito não é título executivo, ainda que acompanhado do extrato da conta-corrente, nos termos da Súmula nº 233 do STJ, embora seja possível a propositura de ação monitória com base nesses documentos, conforme a Súmula nº 247 do STJ.

Por essa razão, era comum que o banco exigisse que o cliente, ao tomar o empréstimo, constituísse um representante da própria instituição financeira como seu procurador para, em caso de inadimplência, emitir promissória em seu nome. Essa possibilidade foi afastada pelo STJ, nos termos de sua Súmula nº 60: "É nula a obrigação cambial assumida por procurador do mutuário vinculado ao mutuante, no exclusivo interesse deste."

Também foi afastada a possibilidade de o cliente bancário emitir nota promissória no momento da abertura de crédito, sem indicação exata do valor, nos termos da Súmula nº 258 do STJ: "A nota promissória vinculada a contrato de abertura de crédito não goza de autonomia em razão da iliquidez do título que a originou."

Assim, se a nota promissória foi emitida previamente por Vilmar, não é possível sua execução, nos termos da Súmula nº 258 do STJ.

DICA: atente-se para o espaço disponível em sua prova e ajuste-se a ele, focando os pontos essenciais de maneira clara e direta. Os pontos essenciais nesta questão, que devem necessariamente ser abordados, são a aplicação da Súmula nº 258 do STJ ao caso, além da definição de abstração e causalidade, relacionadas aos títulos de crédito. As referências às demais Súmulas são para o estudo do candidato, mas são dispensáveis para a resposta.

(OAB/Exame Unificado – 2008.2 – 2ª fase) Suponha que, em uma cédula de crédito bancário com o valor de R$ 75.000,00 e taxa de juros de 6% ao ano, tenha ocorrido a prestação de aval por Waldir nos seguintes termos: "Avalizo, limitado ao valor do capital, excluídos os valores decorrentes de juros". Considerando que se aplica a esse caso o disposto na legislação cambial, responda, de forma fundamentada, se é válido o aval prestado por Waldir.

RESPOSTA

O atual Código Civil veda o aval parcial:

"Art. 897. O pagamento de título de crédito, que contenha obrigação de pagar soma determinada, pode ser garantido por aval.
Parágrafo único. É vedado o aval parcial."

Por essa razão, o aval prestado por Waldir é nulo.

É bom lembrar que as disposições do Código Civil relativas a títulos de crédito são subsidiárias, no sentido que não se aplicam se houver disposição diversa em lei especial, nos termos do art. 903 do CC.

As cédulas de crédito bancário são reguladas pela Lei 10.931/2004, que não trata do aval, exceto ao remeter à legislação cambial:

Lei 10.931/2004, Art. 44. "Aplica-se às Cédulas de Crédito Bancário, no que não contrariar o disposto nesta Lei, a legislação cambial, dispensado o protesto para garantir o direito de cobrança contra endossantes, seus avalistas e terceiros garantidores."

Embora possa haver discussão a respeito, parece-nos que o art. 44 da Lei 10.931/2004 não permite a aplicação do art. 30 da Lei Uniforme, que admite o aval parcial nas letras de câmbio e promissórias, a exemplo da legislação aplicável aos cheques e duplicatas.

Subsiste, portanto, a disposição geral do art. 897, parágrafo único, do CC, de modo que o aval parcial na cédula de crédito bancária é nulo.

EMPRESARIAL

DICA: atente-se para o espaço disponível em sua prova e ajuste-se a ele, focando os pontos essenciais de maneira clara e direta. O ponto essencial nesta questão, que deve necessariamente ser abordado, é a impossibilidade de aval parcial e a aplicação do art. 897 do CC em caso de não haver disposição diversa em lei especial. As transcrições são para facilitar o entendimento do estudante, mas são dispensáveis para a resposta.

(OAB/Exame Unificado – 2008.1 – 2ª fase) A sociedade K e K Insumos Agrícolas Ltda. é credora da sociedade Fazenda Bonita Ltda., em razão da venda de insumos agrícolas a prazo, crédito consubstanciado em nota promissória no valor de R$ 50.000,00, quantia que foi afiançada por Zélia. A Fazenda Bonita Ltda. requereu pedido de recuperação judicial, cujo plano prevê pagar a K e K Insumos Agrícolas apenas R$ 40.000,00, o que lhe foi deferido. Considerando a situação hipotética apresentada, responda, de forma fundamentada, se a sociedade K e K Insumos Agrícolas Ltda. poderá cobrar, da Fazenda Bonita Ltda. e de Zélia, o valor integral do mencionado crédito.

RESPOSTA

Fazenda Bonita Ltda. (devedora) pode opor à sociedade K e K Insumos Agrícolas Ltda. (credora, portadora do título) as exceções que lhe são pessoais, nos termos dos art. 906 e 915 do CC.

Assim, se a devedora foi beneficiada por recuperação judicial em relação à credora, poderá se recusar a pagar a promissória pelo valor total.

O avalista não pode opor ao credor as exceções pessoais do avalizado contra o credor, nem tem direito a benefício de ordem, pois sua obrigação é autônoma, nos termos do art. 899, § 2º, do CC. Se fosse avalista, portanto, Zélia deveria pagar imediatamente o valor total da promissória, caso fosse demandada por K e K Insumos Agrícolas Ltda.

Entretanto, a questão indica que Zélia é simples fiadora, não avalista.

A fiança é contrato acessório, que segue a sorte da obrigação principal.

Assim, a fiadora (Zélia) pode opor contra o credor as exceções pessoais do afiançado e pode exigir que K e K Insumo Agrícolas Ltda. esgote os bens de Fazenda Bonita Ltda. (afiançada) antes de responder com os seus (benefício de ordem), nos termos dos arts. 827 e 837 do CC.

Assim, K e K poderá cobrar apenas R$ 40.000,00 de Fazenda Bonita e, caso os bens desta sejam insuficientes, poderá cobrar o mesmo valor de Zélia (fiadora).

DICA: a leitura atenta da questão é essencial. Não pode passar despercebido que Zélia é fiadora, não avalista. Com base nessa informação, considerando a oponibilidade das exceções pessoais e a distinção entre aval e fiança, é possível solucionar o problema. Atente-se para o espaço disponível em sua prova. Fizemos referência à hipótese de Zélia ser avalista apenas para o estudo do candidato, mas isso é dispensável para a resposta).

(OAB/Exame Unificado – 2007.3 – 2ª fase) Em 10.01.2007, Fernando vendeu várias mercadorias a outro comerciante, no valor total de R$ 50.000,00. O comprador, naquela data, emitiu dois cheques em pagamento, cada um deles no valor de R$ 25.000,00; um desses cheques foi pós-datado, tendo, nele, o emitente lançado a data 10.09.2007. Entretanto, em 20.10.2007, Fernando tentou endossar o título pós-datado a terceiro, o qual, ao saber das condições do negócio, alegou que tal cheque já estaria prescrito. Subsequentemente, Fernando o procurou, questionando-o sobre essa informação. Considerando essa situação hipotética, explique, de acordo com os princípios que informam os títulos de crédito e com base na respectiva legislação aplicável, se o referido cheque poderia ser apresentado, para pagamento, em dezembro de 2007, ou, se nessa data, já estaria prescrito o direito nele expresso.

RESPOSTA

Em princípio, a Lei 7.357/1985 não admite o cheque emitido com data futura (pós-datado ou pré-datado, conforme comumente indicado). Segundo o seu art. 32, parágrafo único: "o cheque é pagável à vista. Considera-se não escrita qualquer menção em contrário. Parágrafo único - O cheque apresentado para pagamento antes do dia indicado como data de emissão é pagável no dia da apresentação".

Em regra, o prazo prescricional, para a execução do cheque, é de 6 meses, contados da expiração do prazo de apresentação, que é de 30 dias da data de emissão (quando emitido no local do pagamento) ou de 60 dias (quando emitido em outro lugar), nos termos do art. 59 c/c art. 33 da Lei 7.357/1985.

Assim, pela interpretação literal da Lei 7.357/1985, o cheque emitido em 10.01.2007 deveria ter sido apresentado até trinta dias depois (considerando que foi emitido na praça do pagamento), correndo, a partir de então, o prazo prescricional de 6 meses. Em dezembro daquele ano, portanto, estaria prescrito.

Ocorre que o Poder Judiciário não fecha os olhos para a realidade e sabe que o mercado que adota amplamente a figura do cheque pré-datado.

Se o emitente, com a concordância do credor, anota no cheque a data de emissão como sendo 10.09.2007, essa será considerada para fins de prescrição , conforme a jurisprudência.

Interessante notar que a existência do cheque com data futura para pagamento (pré-datado, como comumente designado, ou pós-datado, como nomeado por parte da doutrina) é aceita pelo Judiciário, inclusive para responsabilizar o portador por danos morais, no caso de apresentação antecipada:

Súmula nº 370 do STJ: "Caracteriza dano moral a apresentação antecipada de cheque pré-datado."

Por essa lógica, não parece razoável haver contagem de prazo prescricional antes da data indicada no cheque pré-datado, pelo princípio da *actio nata* (o prazo não pode correr contra quem não pode exercer o direito), muito embora o banco deva pagar o título apresentado antes da data aposta na cártula.

Assim, conforme a jurisprudência dominante, a prescrição do cheque pré-datado, com data de 10.09.2007, começa a correr após o prazo de 30 dias para apresentação (considerando que foi emitido na praça do pagamento) e termina 6 meses depois, em abril de 2008.

Pode, portanto, ser apresentado em dezembro de 2007, como consta da questão.

DICA: atente-se para o espaço disponível em sua prova e ajuste-se a ele, focando os pontos essenciais de maneira clara e direta. Os pontos essenciais nesta questão, que devem necessariamente ser abordados, são as disposições do art. 59 c/c art. 33 da Lei 7.357/1985 e o entendimento jurisprudencial a respeito. As transcrições são para facilitar o entendimento do estudante, mas são dispensáveis para a resposta.

Veja os seguintes precedentes do STJ:

"(...)

– O julgamento da Corte de origem se amolda à jurisprudência desta Corte Superior de Justiça, no que concerne à prescrição de cheque pré ou pós-datado, ao estabelecer que prevalece a data consignada no sobredito título de crédito, mesmo quando expressa data futura.

(...)"

(REsp 767.055/RS, 4ª Turma, j. 17.05.2007, rel. Ministro Hélio Quaglia Barbosa, DJ 04.06.2007)

"COMERCIAL E PROCESSUAL CIVIL. CHEQUE PRÉ-DATADO. PRESCRIÇÃO.

O cheque emitido com data futura, popularmente conhecido como cheque 'pré-datado', não se sujeita à prescrição com base na data de emissão. O prazo prescricional deve ser contado, se não houve apresentação anterior, a partir de trinta dias da data nele consignada como sendo a da cobrança.

Recurso não conhecido."

(REsp 620.218/GO, 3ª Turma, j. 07.06.2005, rel. Ministro Castro Filho, DJ 27.06.2005)

(OAB/Exame Unificado – 2007.1 – 2ª fase) Durante uma viagem, o filho de Rogério foi internado, em situação de emergência, em um hospital que não aceitava seu plano de saúde. Rogério foi, então, obrigado a emitir um cheque caução, como garantia de cobertura dos serviços médicos. No cheque, Rogério, cauteloso, inseriu o nome do hospital beneficiário e a cláusula "não à ordem", objetivando poder opor exceções pessoais, caso o título viesse a ser endossado a terceiros. Diante da situação hipotética descrita, elabore um texto devidamente fundamentado, inclusive com referência à legislação pertinente, em que aborde a possibilidade de Rogério opor exceções pessoais contra terceiros, tendo em vista a cláusula "não à ordem".

RESPOSTA

As obrigações cambiárias são, por definição, autônomas, de modo que o devedor não poder opor ao endossatário as exceções que teria contra o endossante.

Rogério fez bem ao incluir a cláusula "não à ordem" no cheque, pois, com isso, impediu a transmissão do título com os efeitos cambiários do endosso, conforme o art. 17, § 1º, da Lei 7.357/1985:

"Art. 17. O cheque pagável a pessoa nomeada, com ou sem cláusula expressa 'à ordem', é transmissível por via de endosso.

§ 1º. O cheque pagável a pessoa nomeada, com a cláusula 'não à ordem', ou outra equivalente, só é transmissível pela forma e com os efeitos de cessão.

(...)"

Assim, caso o hospital passe adiante o cheque, haverá simples cessão civil do crédito, de modo que Rogério poderá opor ao portador as exceções que tenha contra o cedente (hospital), nos termos do art. 294 do CC:

"Art. 294. O devedor pode opor ao cessionário as exceções que lhe competirem, bem como as que, no momento em que veio a ter conhecimento da cessão, tinha contra o cedente."

(OAB/Exame Unificado – 2006.3 – 2ª fase) Redija um texto dissertativo, devidamente fundamentado, acerca da necessidade, ou não, de um cheque, para aparelhar uma execução de título extrajudicial, ser previamente apresentado à instituição financeira sacada.

RESPOSTA

Qualquer autor deve demonstrar interesse de agir.

No caso da execução, é preciso que haja recusa do devedor em pagar a dívida, de modo a existir **necessidade** de providência jurisdicional ou, de outra forma, que o credor comprove que precisa da ação para a satisfação de seu direito.

No caso do cheque, embora o mais fácil e usual seja a apresentação ao banco sacado, é possível, em tese, demonstrar a recusa ao pagamento por outra forma e, com isso, propor a execução.

É possível, por exemplo, que o credor demonstre que a apresentação do cheque foi obstada pelo fato de o sacado ter sido submetido à intervenção, liquidação extrajudicial ou falência, nos termos do art. 47, § 4º, da Lei 7.357/1985:

"Art. 47, § 4º. A execução independe do protesto e das declarações previstas neste artigo, **se a apresentação** ou o pagamento do cheque **são obstados pelo fato** de o sacado ter sido submetido a intervenção, liquidação extrajudicial ou falência."

É importante lembrar, entretanto, que a não apresentação do cheque em tempo hábil, ou a não comprovação da recusa ao pagamento na forma prevista pela lei, implica perda do direito de execução contra o emitente, caso ele comprove que tinha fundos disponíveis durante o prazo de apresentação e os deixou de ter, em razão de fato que não lhe seja imputável, nos termos do art. 47, § 3º, da Lei 7.357/1985:

"Art. 47, § 3º. O portador que não apresentar o cheque em tempo hábil, ou não comprovar a recusa de pagamento pela forma indicada neste artigo, perde o direito de execução contra o emitente, se este tinha fundos disponíveis durante o prazo de apresentação e os deixou de ter, em razão de fato que não lhe seja imputável."

DICA: atente-se para o espaço disponível em sua prova e ajuste-se a ele, focando os pontos essenciais de maneira clara e direta. O ponto essencial nesta questão, que deve necessariamente ser abordado, é a possibilidade excepcional de se executar o cheque sem sua apresentação. As transcrições são para facilitar o entendimento do estudante, mas são dispensáveis para a resposta.

(OAB/Exame Unificado – 2006.1 – 2ª fase) Paulo Silva é o principal devedor de certa letra de câmbio. Seus colegas de trabalho, José Bento e Henrique Neto garantiram, conjuntamente, por aval, a referida obrigação cambiária, a pedido de Paulo. Considerando a situação hipotética apresentada, redija um texto respondendo se houve, na hipótese, avais simultâneos ou sucessivos, discorrendo, ainda, sobre a distinção entre ambos. Extensão máxima: 60 linhas

RESPOSTA

Os avais dados por José e Henrique (avalistas), em favor de Paulo (devedor principal avalizado), são simultâneos, não sucessivos.

Isso significa que José e Henrique obrigaram-se solidariamente pela obrigação assumida pelo avalizado (Paulo). O credor poderá cobrar o pagamento de José ou Henrique, indistintamente, e aquele avalista que pagar poderá cobrar **em regresso**:

– do outro avalista a **metade do valor** (sua quota-parte); ou

– de Paulo (devedor principal avalizado) a **totalidade do valor.**

José e Henrique, por serem avalistas simultâneos, têm, portanto, direito de regresso um contra o outro pela respectiva quota-parte. Se fossem quatro avalistas simultâneos, por exemplo, aquele que pagasse a dívida poderia cobrar dos outros avalistas um quarto do valor (a quota-parte) ou cobrar do devedor principal o total da dívida.

É possível, de modo diverso, o aval sucessivo. Nessa hipótese, o avalista tem sua própria dívida garantida por outro avalista.

EMPRESARIAL

Seria o caso, por exemplo, se Henrique fosse avalista de José (o primeiro avalista), mas não de Paulo (o devedor principal).

Se Henrique fosse avalista apenas de José e pagasse a dívida, teria direito de regresso contra José (avalizado) **pelo total da dívida**, pois não há solidariedade entre avalistas no aval sucessivo.

Para maior clareza, indicamos a representação gráfica de dois exemplos:

Para que houvesse aval sucessivo, ele precisaria ser dado em preto, ou seja, seria preciso indicar no aval quem é o avalizado. No caso indicado na questão, seria preciso, por exemplo, que o aval dado por Henrique apontasse expressamente que o avalizado é José.

Apesar do que dispõe a Súmula nº 189 do STF: "Avais em branco e superpostos consideram-se simultâneos e não sucessivos", é importante notar que, em relação à letra de câmbio, o aval em branco considera-se dado em favor do sacador, nos termos do art. 31 da Lei Uniforme (Decreto 57.663/1966). Isso significa que, em relação à letra de câmbio, se houver vários avais em branco, o avalizado será, necessariamente, o sacador.

Assim, repetimos, para que haja aval sucessivo na letra de câmbio, é necessário que seja dado em preto, ou seja, que o aval indique expressamente outro avalista como avalizado.

DICA: nesse Exame de 2006 havia até 60 linhas para a resposta. Atente-se para o espaço disponível em sua prova e ajuste-se a ele, focando os pontos essenciais de maneira clara e direta. Os pontos essenciais nesta questão, que devem necessariamente ser abordados, são a definição de aval sucessivo e de aval simultâneo, e a distinção entre eles, especialmente no que se refere ao direito de regresso. Os exemplos e os gráficos são para facilitar o entendimento do estudante, mas são dispensáveis para a resposta.

(OAB/Exame Unificado – 2004 – 2ª fase) Redija um texto dissertativo acerca das principais diferenças existentes entre os institutos do aval e da fiança, discorrendo, obrigatoriamente, sobre os seguintes aspectos:

- ✓ formalização e autonomia de cada um dos institutos;
- ✓ responsabilidade do avalista e do fiador;
- ✓ objeto garantido pelo aval e pela fiança.

RESPOSTA

O aval é ato cambiário de garantia.

A finança é contrato acessório em que o fiador garante ao credor o cumprimento da obrigação assumida pelo devedor principal, caso o afiançado não a cumpra.

Podemos apontar as seguintes características:

– quanto à forma, o aval é anotado na própria cártula do título de crédito (art. 898 do CC). A fiança se dá por escrito (art. 819 do CC), podendo ser formalizado em instrumento diverso em relação ao da obrigação principal;

– quanto ao objeto, o avalista garante o cumprimento da obrigação cambiária assumida pelo avalizado. O fiador garante ao credor o cumprimento da obrigação assumida pelo afiançado.

As duas grandes diferenças referem-se à autonomia e ao benefício de ordem.

Quanto à autonomia:

– o aval é autônomo em relação à obrigação avalizada. Ou seja, mesmo que a obrigação avalizada seja nula (exceto se a nulidade decorrer de vício de forma), anulada ou prejudicada, a obrigação do avalista subsiste (art. 899, § 2º, do CC). Ademais, as exceções do avalizado contra o credor não aproveitam ao avalista;

– a fiança é acessória em relação à obrigação afiançada. Em caso de nulidade (exceto se decorrente apenas de incapacidade pessoal do devedor) ou anulação da obrigação principal, a fiança fica prejudicada (art. 824 do CC).

Quanto ao benefício de ordem:

– o avalista não pode invocar benefício de ordem;

– o fiador tem direito de que o credor exija a dívida do devedor principal e, somente em caso de insolvência, volte-se contra ele (art. 827 do CC).

É importante lembrar, entretanto, que o fiador pode renunciar ao benefício de ordem, nos termos do art. 828, I, do CC, o que é bastante comum.

DICA: atente-se para o espaço disponível em sua prova e ajuste-se a ele, focando os pontos essenciais de maneira clara e direta. Os pontos essenciais nesta questão são expressamente indicados pelo examinador.

7. RECUPERAÇÃO DE EMPRESAS E FALÊNCIA

(OAB/Exame Unificado – 2013.3 – 2ª fase) Pedro Afonso é funcionário público na cidade de Peixe, Estado do Tocantins, e também atua, em nome individual, como empresário na cidade de Araguacema, situada no mesmo Estado, onde está localizado seu único estabelecimento. Pedro Afonso não tem registro de empresário na Junta Comercial do Estado de Tocantins.

Bernardo é credor de Pedro Afonso pela quantia de R$ 66.000,00 (sessenta e seis mil reais) consubstanciada em documento particular assinado pelo devedor e por duas testemunhas. Diante do não pagamento da obrigação, no vencimento, sem relevante razão de direito, o credor requereu a falência de Pedro Afonso, tendo instruído a petição com o título e o instrumento de protesto para fim falimentar.

Em contestação e sem efetuar o depósito elisivo, Pedro Afonso requer a extinção do processo sem resolução de mérito por falta de legitimidade passiva no processo falimentar (Art. 267, VI, do CPC). Com base na hipótese apresentada, responda aos seguintes itens.

A) Procede a alegação de ilegitimidade passiva apresentada por Pedro Afonso? (Valor: 0,75)

B) O credor reúne as condições legais para o requerimento de falência? Justifique e dê amparo legal. (Valor: 0,50)

GABARITO COMENTADO – FGV

A questão tem por objetivo aferir o conhecimento do candidato sobre as condições legais para o requerimento de falência fundado na impontualidade imotivada (art. 94, I, e § 3º, da Lei 11.101/2005).

A) Não procede a alegação de ilegitimidade passiva formulada por Pedro Afonso porque o empresário, ainda que irregular, pode ter sua falência requerida e decretada independentemente do registro na Junta Comercial, com fundamento no art. 1º, da Lei 11.101/2005. O registro de empresário é declaratório e não constitutivo da qualidade de empresário e a pessoa impedida de ser empresário (funcionário público) responderá pelas obrigações contraídas, com fundamento no art. 973, do CC.

B) O documento particular do credor é hábil ao requerimento de falência porque é título executivo extrajudicial, com base no art. 585, II, do CPC, o valor da obrigação excede a 40 salários mínimos e está protestado para fim falimentar, atendendo as exigências do art. 94, I e seu § 3º, da Lei 11.101/2005.

Distribuição dos pontos

Item	Pontuação
A. Não, porque a pessoa impedida de ser empresário (funcionário público) responderá pelas obrigações contraídas ainda que não tenha registro na Junta Comercial, e poderá ter sua falência decretada (OU terá legitimidade passiva no processo de falência) (0,55), com fundamento no art. 1º da Lei 11.101/2005 (0,10) e art. 973 do CC (0,10). **Obs.**: *a simples menção ou transcrição dos dispositivos legais não pontua.*	0,00 – 0,55 – 0,65 – 0,75
B. Sim, porque a confissão de dívida é hábil ao requerimento de falência eis que se trata de título executivo extrajudicial, com base no art. 585, II, do CPC (0,15); o valor excede a 40 salários mínimos, conforme exigência do art. 94, I, da Lei 11.101/2005 (0,15), e está protestado para fins de falência, atendendo à exigência do art. 94, § 3º, da Lei 11.101/2005 (0,20). **Obs.**: a simples menção ou transcrição dos dispositivos legais não pontua.	0,00 – 0,15 – 0,20 – 0,30 – 0,35 – 0,50

(OAB/Exame Unificado – 2013.2 – 2ª fase) José, empresário individual que teve sua falência decretada em 20.10.2011, vendeu um sítio de sua propriedade para Antônio, em agosto de 2011.

Antônio prenotou a escritura de compra e venda do sítio em 18.10.2011, mas o registro da transferência imobiliária só foi efetuado em 05.11.2011, 15 (quinze) dias após a decretação da falência.

Isto posto, responda aos itens a seguir.

A) É válida e eficaz a compra e venda acima referida? (Valor: 0,75)

B) A referida compra e venda poderia eventualmente vir a ser revogada? (Valor: 0,50)

O examinando deve fundamentar corretamente sua resposta. A simples menção ou transcrição do dispositivo legal não pontua.

GABARITO COMENTADO – FGV

O examinando deve demonstrar que possui conhecimentos sobre a ineficácia e a revogação dos atos praticados antes da falência. A questão envolve a aplicação dos arts. 129, VII e 130, da Lei 11.101/2005.

A. O examinando deverá responder que, sob o ponto de vista formal, a dita compra e venda é válida e eficaz, uma vez que se insere na exceção ao ato ineficaz previsto no art. 129, VII, da Lei 11.101/2005, em razão de sua prenotação ter ocorrido anteriormente à data da decretação da falência.

B. O examinando deve indicar que tal compra e venda poderia ser revogada, por meio de ação revocatória com base no art. 130 da Lei 11.101/2005, na hipótese de se tratar de ato com o intuito de prejudicar credores, mediante prova de eventual conluio fraudulento entre José e Antônio e do prejuízo sofrido pela massa.

(OAB/Exame Unificado – 2012.2– 2ª fase) No âmbito do processo de falência de uma sociedade empresária, foi convocada assembleia geral de credores para deliberar sobre modalidade alternativa de realização do ativo.

Northern Instruments LLC, sociedade constituída no estado de Delaware, nos Estados Unidos da América, que é titular de créditos quirografários da ordem de US$ 15.000.000,00 (quinze milhões de dólares norte-americanos) pleiteia, perante o juízo falimentar, que seu crédito seja convertido em moeda nacional pelo câmbio da véspera da assembleia geral de credores, para fins de votação na referida assembleia.

A esse respeito, pergunta-se:

A) O pleito da Northern Instruments LLC é legítimo? (Valor: 0,75)

B) No âmbito da assembleia geral de credores, qual é o *quorum* de deliberação necessário para aprovar modalidade alternativa de realização do ativo? (Valor: 0,50)

O examinando deve fundamentar corretamente sua resposta. A simples menção ou transcrição do dispositivo legal não pontua.

GABARITO COMENTADO – FGV

O examinando deve demonstrar conhecimentos sobre os efeitos da decretação da falência sobre os créditos detidos contra o falido, bem como sobre o *quorum* de deliberação para aprovação de modalidade alternativa de realização ao ativo na assembleia de credores.

A questão envolve a aplicação dos arts. 77 e 46 da Lei 11.101/2005.

A) Diferentemente do que ocorre na recuperação judicial (art. 38, parágrafo único da Lei 11.101/2005), no âmbito da falência, todos os créditos em moeda estrangeira deverão ser convertidos para moeda nacional pelo câmbio do dia da decisão judicial que decreta a falência, para todos os efeitos da Lei (art. 77 da Lei 11.101/2005). Dessa forma, cumpre ao examinando responder que o pleito da *Northern Instruments LLC* não é legítimo.

B) O *quorum* de deliberação necessário para aprovar modalidade alternativa de realização do ativo é de credores titulares de créditos que representem 2/3 do valor total dos créditos presentes à assembleia, nos termos do art. 46 da Lei 11.101/2005.

A simples menção ao dispositivo legal não pontua.

Distribuição dos pontos

Quesito Avaliado	Valores
A) Não, pois há imposição legal de conversão dos créditos em moeda estrangeira para moeda nacional pelo câmbio do dia da decisão judicial que decreta a falência, para todos os efeitos da lei (0,50), conforme previsão do art. 77 da Lei 11.101/2005 (0,25). A simples menção do dispositivo legal não pontua.	0,00 / 0,50 / 0,75
B) O *quorum* necessário para aprovação de modalidade alternativa de realização do ativo é de 2/3 (dois terços) dos créditos presentes à assembleia (0,25), conforme disposto no art. 46 da Lei 11.101/2005 (0,25). A simples menção do dispositivo legal não pontua.	0,00 / 0,25 / 0,50

(OAB/Exame Unificado – 2012.1 – 2ª fase) Sociedade empresária teve sua recuperação judicial concedida em 10.11.2011 em decisão que homologou o plano de recuperação judicial aprovado em assembleia de credores.

O plano previa basicamente: (a) repactuação dos créditos quirografários, com um deságio de 40% (quarenta por cento) sobre o valor principal; (b) remissão dos juros e multas; e (c) pagamento em 240 (duzentas e quarenta) parcelas mensais, iguais e sucessivas, vencendo a primeira delas 30 (trinta) dias após a concessão da recuperação judicial.

Em 15.05.2012, sob a alegação de que tinha cumprido regularmente as obrigações decorrentes do plano de recuperação judicial vencidas até então, a devedora requer ao Juízo da Recuperação que profira sentença de encerramento da recuperação judicial.

A respeito do processo de recuperação judicial, indaga-se:

A) Considerando-se as datas da concessão da recuperação e a do pedido de encerramento, pode o Juízo proferir sentença de encerramento? (valor: 0,75)

B) Caso a devedora tenha descumprido alguma obrigação prevista no plano, qual o efeito do inadimplemento em relação à recuperação judicial e aos créditos incluídos no plano? (valor: 0,50)

Responda aos questionamentos de modo fundamentado, indicando os dispositivos legais pertinentes.

GABARITO COMENTADO – FGV

A) O juiz somente poderá decretar o encerramento da recuperação judicial por sentença após o cumprimento de todas as obrigações previstas no plano que se vencerem até dois anos depois da concessão da recuperação (art. 61, caput, c/c o art. 63, da Lei 11.101/2005).

No caso em tela, como o plano prevê o pagamento de obrigações em 240 (duzentos e quarenta) parcelas, mensais e sucessivas, após a concessão da recuperação e que, ao tempo do pedido de encerramento da recuperação, passaram-se apenas seis meses da data de concessão, embora o devedor tenha cumprido todas as suas obrigações até a data do pedido. Contudo, restam ainda obrigações pendentes a vencer no interregno de dois anos entre a concessão e o encerramento legal.

B) Tendo em vista que não houve o decurso de dois anos da concessão da recuperação judicial, a recuperação judicial será convolada em falência (art. 61, § 1º c/c o art. 73, IV, da Lei 11.101/2005). Com a decretação da falência, os credores terão reconstituídos seus direitos e garantias, nas condições originalmente contratadas, deduzidos os valores eventualmente pagos durante a recuperação judicial (art. 61, § 2º da Lei 11.101/2005).

Distribuição dos pontos

Quesito Avaliado	Faixa de valores
a) Não, em razão da necessidade de cumprimento de todas as obrigações previstas no plano que vencerem em até dois anos após a concessão da recuperação (0,50), com fundamento no art. 61 ou 63 da Lei 11.101/2005 (0,25). A simples menção ou transcrição do dispositivo legal não pontua	0,00/0,50/0,75
b) Os efeitos são: (i) convolação da recuperação em falência (0,15), com base no art. 61, § 1º ou art. 73, IV, da Lei 11.101/2005 (0,10); (ii) reconstituição dos direitos e garantias nas condições originalmente contratadas (0,15), com base no art. 61, § 2º da Lei 11.101/2005 (0,10). A simples menção ou transcrição do dispositivo legal não pontua.	0,00/0,15/0,25/0,30/0,40/0,50

(OAB/Exame Unificado - 2011.2 - 2ª fase) Belmiro Pascoal foi, ao longo de doze anos, empregado da sociedade denominada Divinos Móveis Ltda. A despeito de a falência da referida sociedade ter sido decretada, Belmiro Pascoal seguiu trabalhando durante o período de continuação provisória das atividades da devedora. Ao longo desse interregno de continuação provisória das atividades, Belmiro Pascoal sofreu um acidente quando executava suas atividades laborativas. Diante disso, Belmiro Pascoal o(a) procura, como advogado(a), e lhe apresenta algumas questões.

Responda aos itens a seguir, empregando os argumentos jurídicos apropriados e a fundamentação legal pertinente ao caso.

a) Como será classificado o seu crédito decorrente do acidente de trabalho sofrido? (Valor: 0,50)
b) Em que ordem de precedência o seu crédito será pago? (Valor: 0,75)

RESPOSTA

a) Como o acidente de trabalho ocorreu no período de continuação provisória da empresa, ou seja, depois da decretação da falência, o crédito dele decorrente é considerado extraconcursal, nos termos do art. 84, I, da Lei 11.101/2005.

b) Os créditos extraconcursais são pagos com preferência sobre os concursais, previstos no art. 83. Dentro deles há, também, uma ordem de preferência. Os créditos extraconcursais derivados da legislação do trabalho e de acidentes de trabalho são pagos com precedência, juntamente com a remuneração do administrador judicial e seus auxiliares (art. 84, I, da Lei 11.101/2005).

Comentários adicionais

O gabarito publicado da questão foi um tanto simplificado. Na verdade, os créditos extraconcursais são pagos apenas com preferência sobre os créditos concursais. Antes de seu pagamento, são pagos os créditos estritamente salariais vencidos nos três meses anteriores à decretação da falência, até o limite de cinco salários mínimos por trabalhador, e feitas as restituições em dinheiro.

Desse modo, a lista completa de ordem de pagamento dos créditos fica assim:

- Créditos estritamente salariais dos três meses anteriores à decretação da falência, no limite de cinco salários mínimos por trabalhador;
- Restituições em dinheiro;
- Créditos extraconcursais, na ordem estabelecida pelo art. 84;
- Credores trabalhistas e de acidente de trabalho, limitado a 150 salários mínimos por trabalhador (o restante é quirografário);
- Créditos com garantia real, até o valor do bem gravado (o que exceder é quirografário);
- Créditos tributários, exceto as multas;
- Créditos com privilégio especial;
- Créditos com privilégio geral;
- Créditos quirografários;
- Multas contratuais, penais e tributárias;
- Créditos subordinados.

GABARITO COMENTADO – FGV

O examinando deve, em cada uma das respostas aos quesitos, identificar que:

a) os créditos decorrentes de acidente do trabalho relativos a serviços prestados após a decretação da falência são considerados créditos extraconcursais (art. 84, I, da Lei 11.101/2005);

b) o crédito será pago com precedência sobre os créditos concorrentes classificados nos moldes do art. 83 da Lei 11.101/2005 e, no concurso interno entre os credores extraconcursais, será pago com prioridade (art. 84, I, da Lei 11.101/2005). Em reforço à resposta, o candidato poderá fazer menção conjunta ao art. 149, sendo certo que este artigo isoladamente não alberga a resposta à questão.

Distribuição dos pontos

Item	Pontuação
Crédito extraconcursal (0,25) / Art. 84, I, da Lei 11.101/2005 (0,25)	0 / 0,25 / 0,5
Será pago com precedência aos concursais (0,5) e prioridade no concurso interno (0,25)	0 / 0,25 / 0,5 / 0,75

(OAB/Exame Unificado - 2011.2 - 2ª fase) Paulo Cabral deixou, em consignação, o carro de sua propriedade na Concessionária de Veículos Veloz Ltda. para que essa sociedade pudesse intermediar a venda do automóvel a terceiro. Sete dias depois, ao retornar à concessionária para buscar o automóvel, Paulo Cabral foi surpreendido pelo fato de ter encontrado o estabelecimento lacrado, em decorrência da decretação da falência da mencionada concessionária.

Inconformado, Paulo Cabral procura-o(a), como advogado(a), e lhe apresenta algumas indagações. Responda aos itens a seguir, empregando os argumentos jurídicos apropriados e a fundamentação legal pertinente ao caso.

a) Qual medida poderá ser por ele manejada para reaver o veículo de sua propriedade que se encontra em poder da devedora falida? (Valor: 0,65)

b) Caso o automóvel não venha a ser localizado, por ter sido vendido, como deverá proceder? (Valor: 0,60)

RESPOSTA

a) A medida cabível para o proprietário retomar o bem arrecadado na falência, que se encontrava em poder do devedor no momento da decretação desta, é o pedido de restituição, previsto no art. 85 da Lei 11.101/2005.

b) Na impossibilidade de se proceder à restituição do próprio bem arrecadado indevidamente, por ter se deteriorado ou já ter sido alienado, a restituição deverá ser feita em dinheiro, compreendendo o valor de avaliação do bem, no primeiro caso, ou o valor da venda, no segundo, devidamente atualizado em qualquer hipótese (art. 86, I, da Lei 11.101/2005).

Comentários adicionais

O candidato deve sempre ter o cuidado de não confundir o pedido de restituição com a ação revocatória. O primeiro é usado para recuperar bens que não são de propriedade do falido, mas estavam na posse deste no momento da decretação da falência e por isso foram arrecadados pelo administrador judicial. Cabe, ainda, pedido de restituição de coisa vendida para pagamento a prazo e entregue ao devedor nos 15 dias anteriores ao requerimento da falência. Nesta última hipótese, porém, não há que se falar em restituição em dinheiro. Se a mercadoria já foi alienada, resta ao vendedor apenas habilitar seu crédito.

A ação revocatória, por sua vez, presta-se a revogar o ato praticado pelo falido com objetivo de fraudar os credores, gerando prejuízos para a massa. Pode ser proposta pelo administrador judicial, qualquer credor ou pelo Ministério Público.

GABARITO COMENTADO – FGV

O examinando deve, em respostas aos quesitos, identificar que:

a) a medida mais adequada a ser manejada por Paulo Cabral (enquanto proprietário de bem arrecadado no processo de falência ou que se encontra em poder do devedor na data da decretação da mesma) para reaver o seu veículo é a formulação de "pedido de restituição" (caput do art. 85 da Lei 11.101/2005); e

b) se o veículo não mais existir ao tempo do pedido de restituição, Paulo Cabral deverá requerer a restituição em dinheiro, hipótese em que o requerente receberá o valor da avaliação do bem, ou, no caso de ter ocorrido sua venda, o respectivo preço, em ambos as situações no valor atualizado (art. 86, I, da Lei 11.101/2005).

Distribuição dos pontos

Item	Pontuação
Pedido de restituição ou Ação de restituição/Restituitória (0,35)/ menção ao art. 85 da Lei 11.101/2005 (0,3)	0 / 0,3 / 0,35/ 0,65
Restituição em dinheiro (0,3) / menção ao art. 86, I, da Lei 11.101/2005 (0,3)	0 / 0,3 / 0,6

(OAB/Exame Unificado - 2010.3 - 2ª fase) Em 15.04.2010, a sociedade empresária denominada Fábrica de Móveis Dominó S.A. teve a sua falência decretada. Logo após a decretação da falência, um dos credores da aludida sociedade tomou conhecimento de que a devedora doou um imóvel de sua propriedade para a SUIPA – Sociedade União Internacional Protetora dos Animais no dia 18.06.2009. Esse mesmo credor, inconformado com a situação, procura-o(a), como advogado(a), e lhe apresenta algumas indagações.

Responda aos itens a seguir, empregando os argumentos jurídicos apropriados e a fundamentação legal pertinente ao caso.

a) Que medida e com base em que fundamento você recomendaria para recuperar em favor da massa falida o imóvel doado? (Valor: 0,75)

b) Qual seria o Juízo competente para apreciar e julgar a pretensão de seu cliente? (Valor: 0,25)

RESPOSTA

a) A medida cabível para a recuperação do bem em benefício da massa falida é a declaração de ineficácia do negócio jurídico. Conforme prevê o art. 129, IV, da Lei 11.101/2005, é ineficaz em relação à massa falida, tenha ou não o contratante conhecimento do estado de crise econômico-financeira do devedor, seja ou não intenção deste fraudar credores, a prática de ato a título gratuito, desde dois anos antes da decretação da falência. Como esta foi decretada em 15.04.2010 e a doação foi efetuada em 18.06.2009, encontra-se dentro do período sobre o qual pende presunção absoluta de prejuízo à massa, devendo o imóvel ser restituído ao falido para posterior rateio entre os credores.

b) O Juízo competente para conhecer de todas as causas de interesse do falido, com as exceções legais, é o Juízo onde foi decretada a falência. O pedido de declaração de ineficácia pode ser deferido incidentalmente dentro do processo ou em ação própria. Em qualquer dos casos, cabe ao juízo da falência sobre ele decidir (aplicação analógica do art. 134 da Lei 11.101/2005).

Comentários adicionais

É importante ressaltar que o pedido de ineficácia, previsto no art. 129 da Lei de Falências, não se confunde com a ação revocatória regulamentada pelo art. 130. Enquanto a primeira goza de presunção absoluta de prejuízo aos credores e tem hipóteses taxativas de ocorrência, a ação revocatória depende da comprovação do conluio fraudulento entre o devedor e o terceiro e do efetivo prejuízo à massa. Como depende de dilação probatória, a ação revocatória pode ser manejada contra atos de qualquer natureza, desde que demonstrados os requisitos.

Não obstante, o gabarito oficial acolhe indistintamente o termo "ação revocatória", autorizando seu uso pelo candidato. Repisamos, mais uma vez, que não é a terminologia mais correta.

GABARITO COMENTADO – FGV

O examinando deve, em cada uma das respostas aos quesitos, identificar que: a) a medida adequada para o caso proposto é a obtenção da ineficácia do negócio jurídico. Com efeito, é ineficaz em relação à massa falida, tenha ou não o contratante conhecimento de crise econômico-financeira do devedor, seja ou não a intenção deste fraudar credores, a prática de atos a título gratuito desde 2 (dois) anos antes da data da decretação da falência (art. 129, IV, da Lei 11.101/2005). A ineficácia poderá ser pleiteada mediante ação própria ou incidentalmente no curso do processo de falência (parágrafo único do art. 129 da Lei 11.101/2005); b) o juízo competente tanto para julgar o incidente no curso do processo, quanto para julgar o caso se proposta a ação é o da falência (art. 134 da Lei 11.101/2005).

Distribuição dos pontos

Em relação à correção, levou-se em conta o seguinte critério de pontuação:

Item	Pontuação
a) A medida adequada para o caso proposto é a obtenção da ineficácia do negócio jurídico. Com efeito, é ineficaz em relação à massa falida a prática de atos a título gratuito desde 2 (dois) anos antes da data da decretação da falência (art. 129, IV, da Lei 11.101/2005), tenha ou não o contratante conhecimento de crise econômico-financeira do devedor, seja ou não a intenção deste fraudar credores. A ineficácia poderá ser pleiteada mediante ação própria ou incidentalmente no curso do processo de falência (parágrafo único do art. 129 da Lei 11.101/2005). 0,25 = indicou uma medida 0,5 = indicou duas medidas 0,75 = indicou a medida completa (ação revocatória ou pedido incidental) com fundamento legal	0 / 0,25 / 0,5/ 0,75
b) O juízo competente tanto para julgar o incidente no curso do processo quanto para julgar o caso se proposta a ação é o da falência (art. 134 da Lei 11.101/2005).	0 / 0,25

EMPRESARIAL

(OAB/Exame Unificado - 2010.3 - 2ª fase) Irmãos Castroman Importadora e Exportadora Ltda. cogita requerer a sua recuperação judicial. Antes de tomar qualquer medida, os sócios administradores da mencionada sociedade o(a) procuram, como advogado(a), para aferir se o mencionado requerimento é adequado ao seu caso, considerando, notadamente, a composição de seu endividamento.

Em relação ao caso acima, responda aos itens a seguir, empregando os argumentos jurídicos apropriados e a fundamentação legal pertinente ao caso.

a) Os créditos quirografários, decorrentes de compra e venda pura de produtos, constituídos até a data do pedido a ser formulado, mas não vencidos, estão sujeitos à recuperação judicial? (Valor: 0,25)

b) O credor titular de importância entregue ao devedor em moeda corrente nacional decorrente de adiantamento a contrato de câmbio para exportação estará submetido aos efeitos da recuperação judicial? (Valor: 0,25)

c) As execuções de natureza fiscal ficam com seu curso suspenso durante o processo de recuperação judicial? (Valor: 0,25)

d) O plano de recuperação judicial poderá prever um prazo de 3 (três) anos para o pagamento dos créditos derivados da legislação do trabalho vencidos até a data do pedido de recuperação judicial? (Valor: 0,25)

RESPOSTA

a) Sim. Sujeitam-se à recuperação judicial todos os créditos quirografários regularmente contabilizados do devedor, ainda que não vencidos na data do pedido, nos termos do art. 49 da Lei 11.101/2005. As exceções encontram-se taxativamente listadas nos §§ 3º e 4º do mesmo preceptivo legal.

b) Não. O crédito decorrente de adiantamento de contrato de câmbio para exportação é exceção prevista no art. 49, § 4º, da Lei 11.101/2005, que faz referência ao art. 86, II, do mesmo diploma legal, não se sujeitando à recuperação judicial.

c) Não. Os créditos fiscais não estão sujeitos à suspensão determinada pelo deferimento da recuperação judicial do devedor, seguindo normalmente seu curso até a decisão final. Excetua-se apenas a concessão de parcelamento (art. 6º, § 7º, da Lei 11.101/2005).

d) Não. Segundo dispõe o art. 54 da Lei 11.101/2005, o plano de recuperação judicial não poderá prever prazo superior a um ano para pagamento dos créditos derivados da legislação do trabalho, nem de acidentes de trabalho, vencidos até a data do pedido de recuperação. Há, ainda, limite de 30 dias para pagamento de até 05 salários mínimos por trabalhador relativos a créditos de natureza estritamente salarial vencidos nos últimos três meses (parágrafo único do mesmo art. 54).

Comentários adicionais

Em tese, o devedor, ao elaborar o plano de recuperação, é livre para dispor das medidas que entender necessárias para viabilizar a reestruturação econômica da empresa, superando o momento crítico que o abate. Não obstante, a Lei de Falências estabelece alguns limites para essa atuação, mantendo afastados da recuperação judicial os créditos tributários, aqueles decorrentes de propriedade fiduciária de bens móveis ou imóveis, arrendamento mercantil, compra e venda de imóveis gravada com cláusula de irrevogabilidade ou irretratabilidade, compra e venda com reserva de domínio e adiantamento de contrato de câmbio para exportação. Mais ainda, nos termos questionados, os créditos trabalhistas devem ser pagos com certa rapidez, e no máximo em trinta dias aqueles que mantêm sua natureza alimentar (salários dos três últimos meses), limitados a cinco salários-mínimos por trabalhador.

GABARITO COMENTADO – FGV

O examinando deve, em cada uma das respostas aos quesitos, identificar: a) que, como regra, todos os créditos quirografários existentes na data do ajuizamento do pedido de recuperação, mesmo que não vencidos, estão sujeitos aos seus efeitos. As exceções são *numerus clausus*, decorrentes de expressa previsão legal (caput e §§ 3º e 4º do art. 49 da Lei 11.101/2005); b) os créditos oriundos das operações de ACC, a que se refere o inciso II do art. 86 da Lei 11.101/2005, estão expressamente excluídos da recuperação judicial, não se submetendo assim aos seus efeitos, consoante determinado pelo § 4º do art. 49 da Lei 11.101/2005; c) as execuções fiscais não são suspensas pelo deferimento da recuperação judicial, ressalvando-se apenas a concessão de parcelamento, nos termos do § 7º do art. 6º da Lei 11.101/2005; d) o plano de recuperação judicial não poderá prever prazo superior a um ano para pagamento dos créditos derivados da legislação do trabalho vencidos até a data do pedido de recuperação. O plano não poderá, ainda, prever prazo superior a trinta dias para o pagamento, até o limite de cinco salários mínimos por trabalhador, dos créditos de natureza estritamente salarial, vencidos nos três meses anteriores ao pedido de recuperação judicial (art. 54 da Lei 11.101/2005).

Distribuição dos pontos

Em relação à correção, levou-se em conta o seguinte critério de pontuação:

Item	Pontuação
a) Todos os créditos quirografários existentes na data do ajuizamento do pedido de recuperação, mesmo que não vencidos, estão sujeitos aos seus efeitos. As exceções são *numerus clausus*, decorrentes de expressa previsão legal (*caput* e §§ 3º e 4º do art. 49 da Lei 11.101/2005)	0 / 0,25
b) Os créditos oriundos das operações de ACC, a que se refere o inciso II do art. 86 da Lei 11.101/2005, estão expressamente excluídos da recuperação judicial, não se submetendo assim aos seus efeitos, consoante determinado pelo § 4º do art. 49 da Lei 11.101/2005	0 / 0,25
c) As execuções fiscais não são suspensas pelo deferimento da recuperação judicial, ressalvando-se apenas a concessão de parcelamento, nos termos do § 7º do art. 6º da Lei nº 11.101/2005	0 / 0,25
d) O plano de recuperação judicial não poderá prever prazo superior a um ano para pagamento dos créditos derivados da legislação do trabalho vencidos até a data do pedido de recuperação. O plano não poderá, ainda, prever prazo superior a trinta dias para o pagamento, até o limite de cinco salários mínimos por trabalhador, dos créditos de natureza estritamente salarial, vencidos nos três meses anteriores ao pedido de recuperação judicial (art. 54 da Lei 11.101/2005)	0 / 0,25

(OAB/Exame Unificado – 2010.2 – 2ª fase) Apurada no juízo falimentar a responsabilidade pessoal dos sócios de uma sociedade limitada, pergunta-se:

I. existe a possibilidade de propositura de ação específica para buscar o ressarcimento dos prejuízos causados? Se existente, qual? Fundamente com base legal.
II. quem pode ser sujeito ativo? Há que se aguardar a realização do ativo?

RESPOSTA

Cabe **ação de responsabilização** do sócio da limitada, **independentemente da realização do ativo** e da prova de sua insuficiência para cobrir o passivo, nos termos do art. 82 da LF (Lei de Recuperação e Falência – Lei 11.101/2005):

> "Art. 82. A responsabilidade pessoal dos sócios de responsabilidade limitada, dos controladores e dos administradores da sociedade falida, estabelecida nas respectivas leis, será apurada no próprio juízo da falência, independentemente da realização do ativo e da prova da sua insuficiência para cobrir o passivo, observado o procedimento ordinário previsto no Código de Processo Civil.

§ 1º. Prescreverá em 2 (dois) anos, contados do trânsito em julgado da sentença de encerramento da falência, a ação de responsabilização prevista no **caput** deste artigo.

§ 2º O juiz poderá, de ofício ou mediante requerimento das partes interessadas, ordenar a indisponibilidade de bens particulares dos réus, em quantidade compatível com o dano provocado, até o julgamento da ação de responsabilização."

Apesar de não ter personalidade jurídica própria, a **massa falida** tem legitimidade processual para propor a ação, que corre no juízo falimentar, sendo representada em juízo pelo administrador judicial (art. 12, III, do CPC c/c art. 22, III, *n*, da LF).

Admite-se que o **credor habilitado** na falência também tenha legitimidade ativa para a demanda, em caso de omissão do administrador.

DICA: veja o seguinte precedente, relativo à legitimidade ativa processual da massa falida, para ação de responsabilização de sócio-administrador da limitada:

AGRAVO REGIMENTAL NO RECURSO ESPECIAL – AÇÃO DE RESPONSABILIZAÇÃO DE SÓCIOS-ADMINISTRADORES DE SOCIEDADE LIMITADA FALIDA – LEGITIMIDADE ATIVA AD CAUSAM DA MASSA FALIDA – PRECEDENTES – PRESCRIÇÃO – PRAZO – INCIDÊNCIA DO CÓDIGO CIVIL – ALEGAÇÃO DE NULIDADE DE SENTENÇA TIDA POR CONDICIONAL – AUSÊNCIA DE IMPUGNAÇÃO ESPECÍFICA DE FUNDAMENTO DO V. ACÓRDÃO – ÓBICE DO ENUNCIADO Nº 283/STF – ADEMAIS, NÃO OCORRÊNCIA DE NULIDADE – ENTENDIMENTO DO TRIBUNAL DE ORIGEM DE ACORDO COM A JURISPRUDÊNCIA DO STJ – EXTENSÃO DA RESPONSABILIZAÇÃO DOS RECORRENTES – REVISÃO DAS CONCLUSÕES DO TRIBUNAL A QUO – IMPOSSIBILIDADE NESTA VIA RECURSAL – APLICAÇÃO DO ENUNCIADO Nº 7 DA SÚMULA/STJ – DISSÍDIO JURISPRUDENCIAL NÃO DEMONSTRADO – AGRAVO IMPROVIDO.

(STJ, AgRg no REsp 988.649/RS, 3ª Turma, j. 27.10.2009, rel. Ministro Massami Uyeda, DJe 23.11.2009)

GABARITO COMENTADO – FGV

1 - A iniciativa da ação cabe ao administrador judicial, na qualidade de administrador e representantes da massa falida (CPC, art. 12, III). A jurisprudência reconhece que também tem legitimidade ativa o credor habilitado no processo falimentar na hipótese de omissão do administrador judicial. O seu interesse jurídico é incontroverso porque se reconhecida a responsabilidade pessoal de algum ou alguns sócios, os valores referentes aos respectivos patrimônios servirão para o pagamento dos credores habilitados.

2 - Sim. O art. 82 da Lei 11.101/2005 estabelece que a ação em tela independe da realização do ativo e da prova da sua insuficiência para cobrir o passivo.

3 - Não. O art. 82 retrocitado exige ação própria para averiguar e decretar a responsabilidade dos sócios. A desconsideração da personalidade jurídica é regra excepcional porquanto a autonomia da personalidade jurídica é principio consagrado em nossa sistemática jurídica. Sua aplicação não pode contrariar a disposição especial em referência. Faz-se necessário, assim, processo de cognição plena, com garantia do contraditório e ampla defesa.

Distribuição dos pontos

Item	Pontuação	total
Medidas	0 / 0,2	1,0
Fundamentação	0 / 0,1 / 0,2 / 0,3	
Sujeito	0 / 0,2	
Momento	0 / 0,3	

(OAB/Exame Unificado – 2010.2 – 2ª fase) A Empresa W firmou com a Empresa Z instrumento particular de transação em que ficou estabelecido o parcelamento de dívida oriunda do fornecimento de água por esta última. A dívida objeto do parcelamento foi constituída durante processo de recuperação judicial da Empresa W no qual a Empresa Z não figura como credora.

Muito embora a Empresa W estivesse em processo de recuperação judicial, as parcelas do parcelamento vinham sendo regularmente pagas. Sobreveio, então, a decretação de falência da Empresa W, oportunidade em que esta comunicou à Empresa Z, via notificação com aviso de recebimento, que a continuidade de pagamento do parcelamento restava prejudicada (art. 172 da Lei 11.101/2005), indicando para a Empresa Z que habilitasse o seu crédito nos autos da falência.

A sentença que decretou a falência da empresa W foi publicada em 24.08.2010 e dispôs que, para habilitação dos créditos, deverá ser aproveitado o quadro de credores da recuperação judicial e quem não estiver lá incluído deve observar o prazo de 15 (quinze) dias para apresentar sua habilitação de crédito.

Você, como advogado da empresa Z, que procedimento legal deve tomar? Em que prazo, considerando que a empresa W notificou a empresa Z em 03.09.2010? Com que fundamento legal? Qual a categoria em que serão enquadrados os valores decorrentes do parcelamento para efeito de pagamento dos credores na falência? Em que ordem? Base Legal.

RESPOSTA

Os créditos decorrentes das obrigações contraídas pelo devedor durante a recuperação judicial são considerados **extraconcursais** em caso de falência, nos termos do art. 67 da Lei de Recuperação e Falência – LF (Lei 11.101/2005):

> "Art. 67. Os créditos decorrentes de obrigações contraídas pelo devedor durante a recuperação judicial, inclusive aqueles relativos a despesas com fornecedores de bens ou serviços e contratos de mútuo, serão considerados extraconcursais, em caso de decretação de falência, respeitada, no que couber, a ordem estabelecida no art. 83 desta Lei.
> (...)"

Como indica o nome, créditos extraconcursais não entram no concurso geral de credores da massa falida, muito embora deva ser observada, em relação a eles (entre os créditos extraconcursais), a ordem do art. 83 da LF.

Isso significa que o crédito da Empresa Z deve ser pago antes dos créditos habilitados no concurso geral de credores, conforme dispõe o art. 84 da LF:

> "Art. 84. Serão considerados créditos extraconcursais e serão pagos com precedência sobre os mencionados no art. 83 desta Lei, na ordem a seguir, os relativos a:
> (...)
> V - obrigações resultantes de atos jurídicos válidos praticados durante a recuperação judicial, nos termos do art. 67 desta Lei, ou após a decretação da falência, e tributos relativos a fatos geradores ocorridos após a decretação da falência, respeitada a ordem estabelecida no art. 83 desta Lei."

Como dito, o crédito da Empresa Z somente é prejudicado por outros créditos extraconcursais decorrentes, por exemplo, de relação trabalhista no período posterior à decretação de quebra (que ocupam posição privilegiada na ordem do art. 83 da LF).

A habilitação dos créditos perante o administrador judicial deve observar o prazo de 15 dias **contados da publicação do edital** contendo a íntegra da decisão que decreta a falência e a relação dos credores (art. 7º, § 1º, c/c art. 99, parágrafo único, da LF).

EMPRESARIAL

A habilitação deve observar os requisitos previstos no art. 9º da LF:

"Art. 9º A habilitação de crédito realizada pelo credor nos termos do art. 7º, § 1º, desta Lei deverá conter:

I - o nome, o endereço do credor e o endereço em que receberá comunicação de qualquer ato do processo;

II - o valor do crédito, atualizado até a data da decretação da falência ou do pedido de recuperação judicial, sua origem e classificação;

III - os documentos comprobatórios do crédito e a indicação das demais provas a serem produzidas;

IV - a indicação da garantia prestada pelo devedor, se houver, e o respectivo instrumento;

V - a especificação do objeto da garantia que estiver na posse do credor.

Parágrafo único. Os títulos e documentos que legitimam os créditos deverão ser exibidos no original ou por cópias autenticadas se estiverem juntados em outro processo."

Assim, o advogado deve promover a habilitação do crédito extraconcursal da Empresa Z, no prazo e nos termos previstos nesses dispositivos da Lei 11.101/2005.

DICA: a Lei de Recuperação e Falência – LF é muito exigida no exame da OAB e em concursos públicos. O candidato deve se habituar a manusear a legislação, para que, no dia da prova, saiba onde procurar os dispositivos legais que fundamentarão sua resposta.

A classificação dos créditos e credores, especialmente a ordem do art. 83, é algo que deve ser estudado com especial cuidado.

Perceba também a estrutura da lei, com normas comuns no início (o que inclui as regras para habilitação dos créditos), seguidas das normas específicas da recuperação judicial (arts. 47 e seguintes), da falência (arts. 75 e seguintes) e da recuperação extrajudicial (arts. 161 e seguintes). Isso ajuda muito no momento em que procuramos um determinado dispositivo.

GABARITO COMENTADO – FGV

De acordo com o art. 67 da Lei 11.101/2005, os débitos decorrentes do parcelamento são extraconcursais e estão sujeitos ao concurso de credores.

Os débitos em questão devem ser habilitados na falência. Para tanto, devem ser observados os requisitos elencados nos incisos do art. 9º da Lei 11.101/2005 e, ainda, respeitado o prazo para a sua habilitação.

Muito embora a sentença não tenha especificado o dies a quo para contagem dos 15 (quinze) dias para habilitação dos créditos, o início do prazo não deve levar em consideração a publicação da sentença ou o recebimento da notificação pela Empresa Z. O art. 7º, § 1º c/c art. 99, parágrafo único, ambos da Lei 11.101/2005 preveem que o início do prazo de 15 (quinze) dias para habilitação dos créditos inicia-se após a publicação do edital previsto no parágrafo único do art. 99 da Lei 11.101/2005.

Distribuição dos pontos

Item	Pontuação	total
Caracterização do débito (Lei 11.101/2005, art. 67)	0,3	1,0
Requisitos elencados da lei 11.101/2005, art. 9º e incisos	0 / 0,1 / 0,2 / 0,3	
Habilitação dos créditos e início dos prazos	0 / 0,2 / 0,4	

(OAB/Exame Unificado – 2009.2 – 2ª fase) Sara e Ana, que constituíram a sociedade Sarana Lanches, para atuar no ramo de venda de alimentos do tipo fast food, não inscreveram os atos constitutivos da sociedade no registro competente. Visando aumentar a produção, Ana adquiriu, em nome da sociedade e em vultosas parcelas mensais, máquinas industriais para preparar alimentos. Como as prestações se tornaram excessivamente onerosas, as sócias não conseguiram solvê-las, razão pela qual o credor decidiu promover execução judicial a fim de receber o valor devido. Em face dessa situação hipotética, responda, de forma fundamentada, aos seguintes questionamentos.

– Ana poderá ter seu patrimônio pessoal executado antes dos bens da sociedade?
– A sociedade constituída por Sara e Ana tem capacidade processual? Está sujeita ao processo falimentar?

RESPOSTA

A ausência de registro do contrato social implica sociedade em comum, nos termos do art. 986 do CC.

Trata-se de sociedade não personificada, significando que não há personalidade jurídica própria e, perante terceiros, há confusão entre os patrimônios dos sócios e da sociedade.

No caso de comprovação da sociedade em comum, todos os sócios, inclusive Sara, respondem solidária e ilimitadamente (com seus bens pessoais) pela obrigação social contraída, nos termos do art. 990 do CC:

"Art. 990. Todos os sócios respondem solidária e ilimitadamente pelas obrigações sociais, excluído do benefício de ordem, previsto no art. 1.024, aquele que contratou pela sociedade."

Ana, que contratou pela sociedade, não tem direito a benefício de ordem, de modo que o credor poderá pedir a constrição de seus bens pessoais imediatamente, ainda que a sociedade seja solvente.

A sociedade em comum, apesar de não possuir personalidade jurídica própria, tem capacidade processual, nos termos do art. 12, VII, e § 2º, do CPC:

"Art. 12. Serão representados em juízo, ativa e passivamente:

(...)

VII - as sociedades sem personalidade jurídica, pela pessoa a quem couber a administração dos seus bens;

(...)

§ 2º - As sociedades sem personalidade jurídica, quando demandadas, não poderão opor a irregularidade de sua constituição.

(...)"

Todas as sociedades empresárias se sujeitam à falência, conforme o art. 1º da Lei 11.101/2005, com as exceções previstas no art. 2º da mesma Lei.

A sociedade em comum que explore atividade empresarial pode falir, portanto.

De fato, a exigência de regularidade é requisito para que o credor requeira a falência (art. 97, § 1º, da Lei 11.101/2005), mas não para que o devedor se sujeite ao procedimento.

DICA: atente-se para o espaço disponível em sua prova e ajuste-se a ele, focando os pontos essenciais de maneira clara e direta. Os pontos essenciais nesta questão, que devem necessariamente ser abordados, são indicados claramente pelo examinador e se referem ao art. 990 do CC, ao art. 12, VII, do CPC e ao art. 1º da Lei 11.101/2005. As transcrições são para facilitar o entendimento do estudante, mas são dispensáveis para a resposta.

(OAB/Exame Unificado – 2009.1 – 2ª fase) Em 15 de março de 2008, a pessoa jurídica Beta celebrou contrato de compra e venda de veículo de sua propriedade para a pessoa jurídica Gama, que se obrigou a efetuar o pagamento pela compra do veículo em 6 prestações iguais e mensais, vencendo a primeira em 15 de abril do mesmo ano. Em 20.03.2008, ou seja, 5 dias após a entrega do veículo, foi requerida a falência de Gama, pedido deferido posteriormente. Em face dessa situação hipotética, identifique, fundamentando-se na lei de falências e de recuperação de empresas, o procedimento mais adequado e eficaz para a defesa dos direitos de Beta, na hipótese de o veículo permanecer na propriedade de Gama e na de o veículo já ter sido alienado por Gama a terceiro de boa-fé. Em sua resposta, informe, ainda, os dispositivos legais aplicáveis.

RESPOSTA

O art. 85, parágrafo único, da Lei 11.101/2005 admite o pedido de restituição da coisa vendida a crédito e entregue ao devedor nos 15 dias anteriores ao requerimento de sua falência, se ainda não foi alienada.

Isso significa que Beta não terá que habilitar seu crédito na falência, pois poderá simplesmente pedir a restituição do automóvel que foi alienado apenas 5 dias antes do pedido de falência.

Entretanto, se o automóvel já foi alienado por Gama a terceiro de boa-fé, caberá a restituição do preço (em dinheiro) correspondente à venda, atualizado monetariamente, nos termos do art. 86, I, da Lei 11.101/2005.

(OAB/Exame Unificado – 2008.3 – 2ª fase) O credor A requereu a decretação de falência da pessoa jurídica X, razão pela qual o sócio majoritário de X alienou bem de sua propriedade e entregou integralmente o produto da alienação ao credor B. Posteriormente, o juiz competente indeferiu o pedido de falência, tendo sido arquivado o processo. Nessa situação hipotética, em face do disposto na Lei 11.101/2005, a conduta praticada pelo sócio majoritário de X constitui fato típico? Fundamente sua resposta.

RESPOSTA

Se o bem alienado era de propriedade da sociedade cuja falência foi pedida pelo credor A (a assertiva é dúbia, pois "sua propriedade" pode significa propriedade do sócio, não da sociedade), o sócio poderia, em tese, ter cometido crime de fraude a credores (art. 168 da Lei 11.101/2005) ou de favorecimento de credores (art. 172 da mesma Lei).

Entretanto, para que ocorra qualquer dos crimes previstos na Lei 11.101/2005 é necessária sentença que decrete a falência, ou que conceda a recuperação judicial ou extrajudicial. Trata-se de condição objetiva de punibilidade, nos termos do art. 180 da Lei de Recuperação e Falência.

Se aceitarmos que a ausência de condição objetiva de punibilidade afasta a tipicidade, isso deve ser reconhecido no caso descrito na questão, pois não houve decretação de falência.

A conclusão inegável é que o sócio majoritário não será punido criminalmente pela conduta.

(OAB/Exame Unificado – 2008.3 – 2ª fase) A pessoa jurídica Ômega Comércio e Representação Ltda., em estado de insolvência, decidiu reunir seus credores para a renegociação global de suas dívidas, propondo um plano de recuperação extrajudicial. Nessa situação hipotética, qual a natureza dos créditos que não poderão ser objeto do plano de recuperação extrajudicial? Fundamente sua resposta e discorra, ainda, acerca de três requisitos objetivos para a homologação em juízo do plano de recuperação extrajudicial de Ômega.

RESPOSTA

A recuperação extrajudicial não poderá abarcar os créditos tributários, derivados da legislação do trabalho ou decorrentes de acidentes de trabalho, nem aqueles que não se sujeitam à recuperação judicial, nos termos do art. 161, § 1º, da Lei 11.101/2005.

Os requisitos objetivos e subjetivos para a homologação judicial do plano estão previstos nos arts. 161 e 163 da Lei de Recuperação e Falência.

São requisitos subjetivos:

– a sociedade empresária ou o empresário requerente deve atender às condições fixadas para a recuperação judicial, listadas no art. 48 (art. 161, *caput*);

– não pode haver pedido de recuperação judicial em tramitação (art. 161, § 3º); e

– o devedor não pode ter obtido recuperação judicial ou homologação de outro plano de recuperação extrajudicial há menos de 2 anos (art. 161, § 3º, *in fine*).

São requisitos objetivos:

– o plano não pode contemplar pagamento antecipado de dívidas (art. 161, § 2º);

– o plano não pode contemplar tratamento desfavorável aos credores que a ele não estejam sujeitos (art. 161, § 2º, *in fine*);

– o plano abrangerá apenas os créditos constituídos até a data do pedido de homologação (art. 163, § 1º, *in fine*);

– a alienação de garantia ou a sua substituição, para fins de alienação de bem objeto de garantia real, somente serão admitidas se houver aprovação expressa do credor titular dessa garantia (art. 163, § 4º); e

– a variação cambial relativa aos créditos em moeda estrangeira somente poderá ser afastada se houver expressa aprovação do credor titular do respectivo crédito.

DICA: atente-se para o espaço disponível em sua prova e ajuste-se a ele, focando os pontos essenciais de maneira clara e direta. O examinador pediu análise de apenas três requisitos objetivos para a homologação judicial do plano. A referência aos demais é para o estudo do candidato, mas é dispensável para a resposta.

(OAB/Exame Unificado – 2007.2 – 2ª fase) Uma sociedade empresária manejou pedido de recuperação judicial, com o objetivo de suspender o curso de sua falência, à semelhança do antigo pedido de concordata suspensiva.

No que se refere à situação hipotética descrita, elabore um texto, devidamente fundamentado e com menção à legislação pertinente, esclarecendo se o atual estágio do direito falimentar brasileiro admite a recuperação suspensiva da falência.

RESPOSTA

A legislação atual não prevê a possibilidade suspensão da falência pelo pedido de recuperação.

A recuperação judicial pode ser convolada em falência, nos termos do art. 73 da Lei 11.101/2005, mas não o oposto.

Na verdade, a falência é causa impeditiva do pedido de recuperação judicial, nos termos do art. 48, I, da mesma Lei.

É bom ressalvar que o devedor poderá pleitear a recuperação judicial no prazo de contestação ao pedido de falência, conforme o art. 95 da Lei 11.101/2005.

(OAB/Exame Unificado – 2007.1 – 2ª fase) Considere que o Banco X, que conta com alguns milhares de correntistas, após os procedimentos inerentes à sua qualidade de instituição financeira, tenha sido declarado falido. Como advogado de um dos correntistas desse banco, elabore um texto devidamente justificado, inclusive fazendo menção à legislação e à jurisprudência do Superior Tribunal de Justiça acerca da matéria, em que responda se, para reaver o dinheiro em poder da instituição financeira, o correntista deve ajuizar pedido de restituição ou proceder à habilitação de crédito.

RESPOSTA

O pedido de restituição é formulado pelo proprietário do bem que foi erroneamente arrecadado ou que estava em poder do devedor na data da decretação da falência, nos termos do art. 85 da Lei 11.101/2005.

Por se tratar de bem de terceiro (não do falido), não se sujeita à habilitação de créditos, devendo ser imediatamente restituído.

Ocorre que quando há depósito de bem fungível, como é o caso do dinheiro, há também a transmissão da propriedade, nos termos do art. 587 c/c art. 645 do CC.

Assim, o correntista não é proprietário do dinheiro depositado, cuja titularidade foi transmitida ao banco. O que existe é simples direito de crédito, que deverá ser habilitado na falência.

Interessante notar que a situação seria diversa se a sociedade falida não fosse o banco, mas o correntista. Nesse caso, um terceiro poderia, em tese, formular pedido de restituição contra o correntista, na hipótese descrita na Súmula nº 417 do STF: "pode ser objeto de restituição, na falência, dinheiro em poder do falido, recebido em nome de outrem, ou do qual, por lei ou contrato, não tivesse ele a disponibilidade."

DICA: atente-se para o espaço disponível em sua prova e ajuste-se a ele, focando os pontos essenciais de maneira clara e direta. O ponto essencial nesta questão, que deve necessariamente ser abordado, é a interpretação dada pelo STJ ao pedido de restituição formulado por correntista. Perceba que, apesar do disposto no art. 2º, II, da Lei 11.101/2005, admite-se a falência da instituição financeira, embora com restrições decorrentes do regime específico de intervenção e liquidação extrajudicial, previsto na da Lei 6.024/1974. As transcrições e a referência à Súmula nº 417 do STF são para facilitar o entendimento do estudante, mas são dispensáveis para a resposta.

Veja este precedente do STJ:

AGRAVOS CONTRA DECISÃO MONOCRÁTICA PROFERIDA EM RECURSO ESPECIAL. RESTITUIÇÃO DE DEPÓSITOS BANCÁRIOS. INDEVIDA. HONORÁRIOS ADVOCATÍCIOS. REDUZIDOS. ART. 20, § 4º, DO CPC.

Os depósitos bancários não se enquadram na hipótese do art. 76 da Lei de Falências [corresponde ao atual art. 85 da Lei 11.101/2005], pois neles, em particular, ocorre a transferência da titularidade dos valores à instituição bancária, ficando o correntista apenas com o direito ao crédito correspondente.

(...)

(AgRg no REsp 660.762/MG, 4ª Turma, j. 17/03/2005, rel. Ministro Cesar Asfor Rocha, DJ 13.06.2005)

(OAB/Exame Unificado – 2006.2 – 2ª fase) Redija um texto, justificadamente, respondendo à seguinte questão: de acordo com a doutrina e a jurisprudência relativa à legislação falimentar, um empresário individual falido está proibido de exercer atividade econômica na posição de empregado de uma sociedade empresária? Extensão máxima: 30 linhas

RESPOSTA

Nos termos do art. 102 da Lei 11.101/2005, "o falido fica inabilitado para exercer qualquer atividade empresarial a partir da decretação da falência e até a sentença que extingue suas obrigações".

O empregado não exerce, em princípio, atividade empresarial, mas sim trabalhista, por definição, o que não é vedado pelo citado dispositivo legal.

Ademais, não se pode impedir alguém de trabalhar, sob pena de negar-lhe o direito fundamental previsto nos arts. 5º, XIII, e 6º da CF e, no limite, o direito à própria subsistência.

Entretanto, caso o empresário tenha sido condenado por crime falimentar, não poderá ocupar cargo ou função em conselho de administração, diretoria ou gerência de sociedade empresária, nem poderá gerir empresa por mandato ou por gestão de negócio, desde que esses efeitos estejam previstos na sentença condenatória, nos termos do art. 181, II e III, da Lei 11.101/2005. O prazo da restrição é de até cinco anos após a extinção da punibilidade ou até a reabilitação penal.

(OAB/Exame Unificado – 2006.2 – 2ª fase) João Batista, empregado há mais de vinte anos da Xavier Industrial S.A., foi demitido, tendo ajuizado ação trabalhista contra a empresa, a qual veio a ser condenada ao pagamento total do valor de 220 salários mínimos. Alguns dias após transitado em julgado esse crédito laboral, a ex-empregadora foi declarada falida. João Batista procurou um advogado, que lhe afirmou, peremptoriamente, que, diante da falência mencionada, ele só teria direito a um montante correspondente a 120 salários mínimos e nada mais, conforme disporia a Lei de Falências em vigor. Inseguro com essa informação, o ex-empregado procurou um outro advogado e fez a seguinte consulta: – Em quais condições a lei me dá direito a receber meu crédito trabalhista da falida Xavier Industrial S.A. e de quanto (em número de salários mínimos) é esse crédito? Em face da situação hipotética acima, na condição de segundo advogado consultado, responda, justificadamente, à indagação formulada por João Batista. Extensão máxima: 30 linhas

RESPOSTA

Na verdade, João Batista poderá receber até o total de seu crédito, a depender do patrimônio da falida.

O que acontece que é que o crédito trabalhista é pago prioritariamente, mas até o limite de **150 salários mínimos** por credor (não 120, como dito pelo primeiro advogado), nos termos do art. 83, I, da Lei 11.101/2005.

Isso significa que esses devem ser os créditos atendidos em primeiro lugar pela massa falida.

O restante do crédito de João Batista, correspondente a 70 salários mínimos, é considerado quirografário e será pago apenas depois de atendidos os demais créditos trabalhistas, acidentários, com garantia real, tributários e com privilégio especial e geral, no termos do art. 83, VI, *c*, da Lei 11.101/2005.

(OAB/Exame Unificado – 2006.1 – 2ª fase) "Diante de vultosas dívidas trabalhistas, fiscais e com fornecedores, os sócios da devedora Solar Produtos Estéticos Ltda. ME deliberaram pelo pedido de recuperação judicial, ante à constatação de que esta seria a única alternativa apta a garantir a sobrevivência da referida pessoa jurídica. Considerando a situação hipotética apresentada, discorra sobre as exigências para apresentação do pedido de recuperação judicial e sobre as normas específicas quanto ao conteúdo do plano de recuperação aplicáveis às microempresas e empresas de pequeno porte. Extensão máxima: 60 linhas

RESPOSTA

O pedido de recuperação judicial pode ser requerido pelo devedor empresário que exerça suas atividades há mais de dois anos e que atenda, cumulativamente, os seguintes requisitos (art. 48 da Lei 11.101/2005):

- não ser falido e, se o foi, estejam declaradas extintas, por sentença transitada em julgado, as responsabilidades daí decorrentes;
- não ter, há menos de 5 anos, obtido concessão de recuperação judicial;
- não ter, há menos de 8 anos, obtido concessão de recuperação judicial com base no plano especial para microempresas e empresas de pequeno porte;
- não ter sido condenado ou não ter, como administrador ou sócio controlador, pessoa condenada por qualquer dos crimes previstos nesta Lei.

O plano especial de recuperação, para microempresas e empresas de pequeno porte restringe-se aos credores quirografários, com as exceções previstas no art. 71, I, da Lei 11.101/2005.

Os demais incisos desse artigo determinam o conteúdo do plano especial de recuperação e fixam suas condições, principalmente o parcelamento em até 36 meses, com juros de 12% ao ano, e o pagamento da primeira parcela no prazo máximo de 180 dias:

> "Art. 71. O plano especial de recuperação judicial será apresentado no prazo previsto no art. 53 desta Lei e limitar-se á às seguintes condições:
> I - abrangerá exclusivamente os créditos quirografários, excetuados os decorrentes de repasse de recursos oficiais e os previstos nos §§ 3º e 4º do art. 49 desta Lei;
> II - preverá parcelamento em até 36 (trinta e seis) parcelas mensais, iguais e sucessivas, corrigidas monetariamente e acrescidas de juros de 12% a.a. (doze por cento ao ano);
> III - preverá o pagamento da 1a (primeira) parcela no prazo máximo de 180 (cento e oitenta) dias, contado da distribuição do pedido de recuperação judicial;
> IV - estabelecerá a necessidade de autorização do juiz, após ouvido o administrador judicial e o Comitê de Credores, para o devedor aumentar despesas ou contratar empregados.
> Parágrafo único. O pedido de recuperação judicial com base em plano especial não acarreta a suspensão do curso da prescrição nem das ações e execuções por créditos não abrangidos pelo plano."

É interessante notar que a recuperação especial terá impacto muito restrito, no caso da Solar Produtos Estéticos Ltda. ME, pois os créditos trabalhistas não são, em princípio, quirografários e, portanto, não são abrangidos pelo plano especial.

Ademais, a recuperação judicial, mesmo a comum, não engloba a dívida fiscal, nos termos do art. 57 da Lei 11.101/2005.

DICA: nesse Exame de 2006 havia até 60 linhas para a resposta. Atente-se para o espaço disponível em sua prova e ajuste-se a ele, focando os pontos essenciais de maneira clara e direta. Os pontos essenciais nesta questão, que devem necessariamente ser abordados, são as disposições dos arts. 48 e 71 da Lei 11.101/2005. As transcrições são para facilitar o entendimento do estudante, mas são dispensáveis para a resposta.

8. PROPRIEDADE INDUSTRIAL

(OAB/Exame Unificado - 2011.3 - 2ª fase) Jaqueline trabalha desenvolvendo cadeiras de vários estilos, sendo titular de diversos registros de desenhos industriais.

Recentemente, Jaqueline realizou um trabalho com o intuito de inovar, de criar uma cadeira com forma inusitada, o que culminou no desenvolvimento de um móvel vulgar, mas que poderia servir para a fabricação industrial.

De acordo com o enunciado acima e com a legislação pertinente, responda às questões abaixo, indicando o(s) respectivo(s) fundamento(s) legal(is):

a) Jaqueline pode registrar a cadeira, fruto de seu mais recente trabalho, como desenho industrial? **(Valor: 0,6)**

b) Na mesma oportunidade, Jaqueline faz a seguinte consulta: havia solicitado a prorrogação de registro de desenho industrial de uma outra cadeira por mais cinco anos, dez anos após tê-la registrado. Contudo, esqueceu-se de realizar o pagamento da retribuição devida. Passados três meses do prazo de pagamento, Jaqueline se lembrou, mas não sabe quais são as consequências de tal lapso. Qual(is) é(são) a(s) consequência(s) do atraso deste pagamento? **(Valor: 0,65)**

GABARITO COMENTADO – FGV

O examinando deve demonstrar conhecimento a respeito da legislação aplicável aos desenhos industriais.

Em relação à letra "a", o examinando deve indicar que Jaqueline não pode registrar a cadeira, pois a sua forma é vulgar, conforme previsão do art. 100, II, da Lei 9.279/1996.

Sobre a letra "b", o examinando deve responder que, apesar de os arts. 108, § 1º, OU 120, § 2º, da Lei 9.279/1996 preverem que o pedido de prorrogação deve ser instruído com comprovante de pagamento da respectiva retribuição, Jaqueline ainda tem 3 (três) meses para efetuar o pagamento, não se extinguindo o registro de imediato, visto que o pedido de prorrogação foi realizado até o termo da vigência do registro (art. 108, § 2º, da Lei 9.279/1996).

A consequência do atraso desse pagamento é que Jaqueline deve realizar o pagamento de uma retribuição adicional (art. 108, § 2º, **OU** art. 120, § 3º, da Lei 9.279/1996).

A simples menção ou transcrição do dispositivo legal apontado na distribuição de pontos não atribui a pontuação por si só. O examinando deve ainda demonstrar que compreendeu aquilo que está sendo indagado e fundamentar corretamente a sua resposta, para que o item seja integralmente pontuado.

Distribuição dos pontos

Item	Pontuação
Não, pois a sua forma é vulgar (0,4), conforme previsão do art. 100, II, da Lei 9.279/1996 (0,2).	0 / 0,4 / 0,6
Jaqueline ainda tem 3 (três) meses para efetuar o pagamento, não se extinguindo o registro de imediato (0,30). Contudo, deve realizar o pagamento de uma retribuição adicional (art. 108, § 2º, **OU** art. 120, § 3º, da Lei 9.279/1996) (0,35).	0 / 0,3 / 0,35 / 0,65

(OAB/Exame Unificado – 2009.1 – 2ª fase) Alfa Indústria e Comércio Ltda. celebrou com D&A Participações Ltda., titular dos direitos de uso da marca Lavanderia Roupa Cheirosa, contrato em que D&A se obriga a ceder o uso da referida marca a Alfa, mediante certas retribuições, bem como a prestar-lhe serviços de organização empresarial, mediante contraprestação pecuniária mensal direta ou indireta, e Alfa se obriga à estrita observância das diretrizes estabelecidas por D&A relativamente ao leiaute do estabelecimento empresarial bem como à estrutura organizacional e administrativa do negócio. Alfa, alegando que não recebera circular de oferta da parte de D&A, no prazo de 10 dias, antes da assinatura do contrato final, quer a devolução dos valores já pagos.

Em face dessa situação hipotética, responda, de forma fundamentada, se Alfa pode pedir citada devolução e especifique a modalidade de contrato mercantil celebrado entre Alfa e D&A, mencionando as exigências legais específicas para a validade dessa modalidade de contrato bem como os dispositivos legais aplicados ao caso.

RESPOSTA

A questão descreve caso em que se firmou pré-contrato de franquia.

É dever do franqueador entregar ao interessado circular de oferta de franquia, contendo as informações previstas no art. 3º da Lei 8.955/1994, no prazo máximo de 10 dias antes da assinatura do contrato definitivo ou do pré-contrato ou ainda do pagamento de qualquer tipo de taxa pelo interessado, conforme o art. 4º, *caput*, da mesma Lei.

Se o interessado na franquia não receber a circular nesse prazo, poderá arguir a anulabilidade do contrato e exigir a devolução do que foi pago ao franqueador ou a terceiro por ele indicado, além de indenização por eventuais perdas e danos, nos termos do art. 4º, parágrafo único, da Lei 8.955/1994.

Assim, a empresa Alfa agiu corretamente.

(OAB/Exame Unificado – 2009.2 – 2ª fase) João foi contratado como guarda noturno pela empresa Beta Sistemas e Componentes Eletrônicos S.A. Técnico em eletrônica e autodidata, no período de intervalo intrajornada de trabalho, João, frequentemente, ficava no laboratório da empresa, onde se localizava a linha de montagem e de desenvolvimento de componentes e software para computadores. Não raras vezes, após o término da sua jornada de trabalho, permanecia na empresa, onde tinha acesso, por meio de outros empregados do setor, a máquinas e ferramentas de última geração, imprescindíveis à ciência eletrônica e ao desenvolvimento de componentes de hardware de ponta. Usando tais ferramentas, João desenvolveu uma espécie de minibateria à base de energia solar, própria para notebooks, que garante, mediante a exposição à luz solar por apenas vinte minutos, a utilização desses computadores pelo período de oito horas. Por se tratar de produto inovador, João pretende protegê-lo de acordo com a tutela da propriedade industrial. Em face dessa situação hipotética, responda, de forma fundamentada, aos seguintes questionamentos.

- ✓ Dada a natureza da criação, a proteção ao produto ocorrerá por expedição de patente ou de registro?
- ✓ Haverá titularidade e legitimidade da pretensão do empregado em relação a eventual titularidade/legitimidade do seu empregador sobre o produto desenvolvido?
- ✓ Que alegações cada parte poderia arguir em defesa de seu direito?

RESPOSTA

A propriedade industrial refere-se a determinados direitos, considerados bens móveis, para efeitos legais, nos termos do art. 5º da Lei de Propriedade Industrial – LPI (Lei 9.279/2005). São eles a invenção (patenteável); o modelo de utilidade (patenteável); o desenho industrial (registrável); e a marca (registrável).

O invento de João melhora funcionalmente um produto pré-existente (os notebooks), aperfeiçoando-o para o uso.

Por essa razão, a nova bateria solar pode ser classificada como modelo de utilidade sujeita à patente, ou seja, "o objeto de uso prático, ou parte deste, suscetível de aplicação industrial, que apresente nova forma ou disposição, envolvendo ato inventivo, que resulte em melhoria funcional no seu uso ou em sua fabricação", conforme o art. 9º da LPI, observadas as exclusões do art. 10 da mesma Lei.

Quanto à titularidade, o argumento favorável a João é que seu contrato de trabalho não tem por objeto a pesquisa ou a atividade inventiva, o que afasta o direito exclusivo em favor do empregador, previsto no art. 88 da LPI. Ademais, a bateria foi desenvolvida fora de seu horário de trabalho, conforme o art. 90 da mesma Lei.

O argumento favorável ao empregador é que a criação da bateria decorreu diretamente da utilização de seus "recursos, meios, dados, materiais, instalações ou equipamentos", conforme o art. 90 da LPI, sem os quais João não teria chegado ao novo modelo de utilidade.

Parece-nos que a solução está no compartilhamento do resultado, em partes iguais, pois houve contribuição pessoal do empregado e dos recursos materiais disponibilizados pelo empregador, nos termos do art. 91, *caput*, da LPI. Garante-se, entretanto, exclusivamente ao empregador o direito de licença de exploração, com justa remuneração ao empregado, conforme o art. 91, § 2º, da LPI:

"Art. 91. A propriedade de invenção ou de modelo de utilidade será comum, em partes iguais, quando resultar da contribuição pessoal do empregado e de recursos, dados, meios, materiais, instalações ou equipamentos do empregador, ressalvada expressa disposição contratual em contrário.

(...)

§ 2º É garantido ao empregador o direito exclusivo de licença de exploração e assegurada ao empregado a justa remuneração.

(...)"

De fato, não há como reconhecer a patente exclusiva em favor do empregador, pois João não foi contratado para inventar ou pesquisar (art. 88 da LPI). Tampouco há direito exclusivo do empregado, pois houve necessária utilização dos meios materiais da empresa para o desenvolvimento da bateria (art. 90 da LPI).

DICA: atente-se para o espaço disponível em sua prova e ajuste-se a ele, focando os pontos essenciais de maneira clara e direta. Os pontos essenciais nesta questão, que devem necessariamente ser abordados, são a definição de modelo de utilidade, sua patenteabilidade e as normas da LPI aplicáveis aos modelos desenvolvidos por empregado.

(OAB/Exame Unificado – 2009.1 – 2ª fase) Túlio, inventor de um novo teclado de telefone, mais moderno e adaptável aos portadores de mobilidade reduzida, requereu a proteção conferida pelo Instituto Nacional da Propriedade Industrial (INPI), em novembro de 2008. Entretanto, André também se diz inventor do novo teclado de telefone, sendo sua criação datada de maio de 2006. Considerando a situação hipotética apresentada, responda, com fundamento nas normas aplicáveis à propriedade industrial, às seguintes questões.

✓ Para fins de proteção do INPI, como se classifica o referido invento?

✓ A norma jurídica apresenta solução para o conflito de interesses instalado entre Túlio e André?

RESPOSTA

O invento de Túlio melhora funcionalmente um produto pré-existente, aperfeiçoando-o para o uso.

Por essa razão, o novo teclado pode ser classificado como modelo de utilidade, ou seja, "o objeto de uso prático, ou parte deste, suscetível de aplicação industrial, que apresente nova forma ou disposição, envolvendo ato inventivo, que resulte em melhoria funcional no seu uso ou em sua fabricação", conforme o art. 9º da Lei de Propriedade Industrial – LPI (Lei 9.279/1996), observadas as exclusões do art. 10 da mesma Lei.

A proteção ao modelo de utilidade se dá com a concessão da patente, nos termos do art. 2º, I, da LPI.

Assim, ainda que André alegue que criou o novo teclado antes, o direito ao modelo de utilidade aproveita, em princípio, a Túlio, desde que seu pedido de patente, que foi apresentado originalmente (art. 20 da LPI), seja deferido.

André poderia, em tese, impedir o deferimento do pleito de Túlio se comprovasse que o teclado não atende ao princípio da novidade, ou seja, que o equipamento está compreendido no estado da técnica por ter sido tornado acessível ao público antes do depósito do pedido de patente, nos termos do art. 11 da LPI.

Finalmente, caso o pedido de Túlio seja deferido, André poderá continuar a exploração do equipamento no País, sem ônus, desde que comprove que já o fazia, de boa-fé, antes do pedido de patente, nos termos do art. 45 da LPI.

DICA: atente-se para o espaço disponível em sua prova e ajuste-se a ele, focando os pontos essenciais de maneira clara e direta. O ponto essencial nesta questão, que deve necessariamente ser abordado, é a interpretação dos arts. 2º, 10, 11, 20 e 45 da LPI.

(OAB/Exame Unificado – 2008.3 – 2ª fase) A farmacêutica Daniela firmou com o Laboratório Vida Integral Ltda. Contrato de trabalho cujo objeto principal era a pesquisa e invenção de medicamentos, tendo sido demitida em agosto de 2008. Em janeiro de 2009, Daniela requereu ao Instituto Nacional da Propriedade Industrial (INPI) a patente de uma invenção desenvolvida durante o período em que prestava serviços para o Laboratório Vida Integral Ltda. Nessa situação hipotética, Daniela tem direito à referida patente? Fundamente sua resposta.

RESPOSTA

Pertence exclusivamente ao empregador invenção desenvolvida no decorrer de contrato de trabalho cuja execução ocorra no Brasil e que tenha por objeto a pesquisa ou a atividade inventiva, nos termos do art. 88, *caput*, da Lei de Propriedade Industrial – LPI (Lei 9.279/1996).

Ademais, presume-se que a invenção foi desenvolvida na vigência do contrato de trabalho quando o pedido de patente é formulado pelo empregado até 1 ano após a extinção do vínculo empregatício, conforme o art. 88, § 2º, da LPI.

Assim, a invenção pertence ao Laboratório Vida Integral Ltda., não podendo ser patenteada por Daniela.

(OAB/Exame Unificado – 2008.2 – 2ª fase) Arnaldo, titular do direito de patente de invenção registrada apenas no Brasil, que protege dispositivo utilizado em telefones celulares, descobriu que Comércio de Telefones Ltda. vende modelo de aparelho celular que contém tal dispositivo, embora sem que o fabricante tenha sido previamente autorizado por Arnaldo a fazê-lo. Ao reclamar do fato perante a sociedade empresária, foi informado de que o aparelho é importado, portanto fabricado em outro país, no qual a patente de Arnaldo não fora registrada, motivo pelo qual Arnaldo nada poderia opor ao referido fabricante nem à sociedade, que atua como mera importadora e comerciante do produto. Na situação hipotética apresentada, poderá Arnaldo proibir a venda do produto no Brasil bem como a sua fabricação no estrangeiro? Justifique a sua resposta.

RESPOSTA

A proteção conferida impede a importação de produto objeto da patente ou obtido diretamente por processo patenteado sem autorização do titular, e a subsequente comercialização, nos termos do art. 42 da Lei de Propriedade Industrial – LPI (Lei 9.279/1996):

"Art. 42. A patente confere ao seu titular o direito de impedir terceiro, sem o seu consentimento, de produzir, usar, colocar à venda, vender ou importar com estes propósitos:

I - produto objeto de patente;

II - processo ou produto obtido diretamente por processo patenteado.

(...)"

É interessante notar que a importação desse produto pode configurar crime, nos termos do art. 184, II, da LPI.

Assim, Arnaldo pode impedir a importação e a comercialização do produto.

Quanto a impedir a produção no exterior, isso é admitido, em tese, nos termos de acordos internacionais ou com base no princípio da reciprocidade (art. 3º, II, da LPI).

(OAB/Exame Unificado – 2008.1 – 2ª fase) Considere que Fabiana produza roupas e acessórios de vestuário e queira lançar no mercado roupas com uma nova marca, a "Olimpiarkusz", ainda não conhecida do público. Nessa situação, como ela poderá proteger juridicamente tal marca para usá-la com exclusividade? Essa proteção impedirá qualquer outro empresário de utilizar a marca, ainda que seja em produtos de natureza diversa dos produzidos por Fabiana? Justifique ambas as respostas.

RESPOSTA

A proteção da marca se dá com o registro junto ao INPI, nos termos do art. 2º, III, da Lei de Propriedade Industrial – LPI (Lei 9.279/1996).

Não parece haver impedimento legal ao registro da marca de Fabiana, nos termos do art. 124 da LPI, de modo que a ela poderá ser registrada, desde que:

– já não tenha sido previamente registrada (princípio da novidade) para essa classe de atividade (princípio da especificidade), ou seja, não tenha sido registrada no Instituto Nacional de Propriedade Industrial – INPI em relação a roupas produzidas por outros;

– não seja marca de alto renome ou notoriamente conhecida (arts. 125 e 126 da Lei 9.279/1996.

Atendidas essas condições, a marca "Olimpiarkusz" poderá ser registrada.

Entretanto, por conta do princípio da especificidade, a proteção referir-se-á apenas ao segmento de roupas. Vale dizer que outros empresários poderão registrar a mesma marca para produtos de classes distintas (alimentos, máquinas etc.).

Excepcionalmente, caso a marca registrada no Brasil seja considerada de alto renome, será protegida em todos os ramos de atividade, nos termos do art. 125 da LPI.

(OAB/Exame Unificado – 2007.2 – 2ª fase) A marca X, referente a um produto alimentício, foi registrada no Instituto Nacional de Propriedade Industrial (INPI). Alberto, titular da marca Y, do mesmo ramo de atividade, entendendo que, no caso, haveria desrespeito à marca de sua propriedade, pretende ingressar em juízo com ação de nulidade da marca X. Em face dessa situação hipotética, elabore um texto, devidamente fundamentado e com menção à legislação correspondente, esclarecendo se a ação deve ser proposta na justiça federal ou na estadual.

RESPOSTA

A ação de nulidade do registro de marca deverá ser ajuizada no foro da justiça federal, conforme expressa determinação do art. 175 da LPI:

"Art. 175. A ação de nulidade do registro será **ajuizada no foro da justiça federal** e o INPI, quando não for autor, intervirá no feito.

(...)"

É interessante notar que a ação de nulidade pode ser proposta pelo INPI ou por qualquer pessoa com legítimo interesse (art. 173 da LPI).

O INPI é autarquia federal e, caso não seja o autor, intervirá necessariamente no feito. Por essa razão, ainda que não houvesse a disposição expressa do art. 175 da LPI, a competência seria da Justiça Federal, nos termos do art. 109, I, da CF.

A causa de pedir é a nulidade decorrente do registro concedido em desacordo com as disposições da LPI (art. 165 da mesma Lei).

(OAB/Exame Unificado – 2006.1 – 2ª fase) Maria José, dona de casa, ao manusear compostos químicos, deu origem a um novo produto para amaciar roupas e, em razão disso, decidiu patenteá-lo. Considerando a situação hipotética apresentada, redija um texto sobre os bens que integram a propriedade industrial, abordando, necessariamente, os seguintes aspectos:

✓ - possibilidade de o produto criado por Maria José constituir algum dos bens integrantes da propriedade industrial;

✓ - requisitos necessários para patentear o referido bem. Extensão máxima: 60 linhas

RESPOSTA

A propriedade industrial refere-se a determinados direitos, considerados bens móveis, para efeitos legais, nos termos do art. 5º da Lei de Propriedade Industrial – LPI (Lei 9.279/1996). São eles:

– a **invenção** (patenteável);

– o **modelo de utilidade** (patenteável);

– o **desenho industrial** (registrável); e

– a **marca** (registrável).

A invenção é o único desses bens que não é definido expressamente pela LPI, mas apenas por exclusão, nos termos de seu art. 10:

"Art. 10. Não se considera invenção nem modelo de utilidade:

I - descobertas, teorias científicas e métodos matemáticos;

II - concepções puramente abstratas;

III - esquemas, planos, princípios ou métodos comerciais, contábeis, financeiros, educativos, publicitários, de sorteio e de fiscalização;

IV - as obras literárias, arquitetônicas, artísticas e científicas ou qualquer criação estética;

V - programas de computador em si;

VI - apresentação de informações;

VII - regras de jogo;

VIII - técnicas e métodos operatórios ou cirúrgicos, bem como métodos terapêuticos ou de diagnóstico, para aplicação no corpo humano ou animal; e

IX - o todo ou parte de seres vivos naturais e materiais biológicos encontrados na natureza, ou ainda que dela isolados, inclusive o genoma ou germoplasma de qualquer ser vivo natural e os processos biológicos naturais."

Modelo de utilidade patenteável é "o objeto de uso prático, ou parte deste, suscetível de aplicação industrial, que apresente nova forma ou disposição, envolvendo ato inventivo, que resulte em melhoria funcional no seu uso ou em sua fabricação", conforme o art. 9º da LPI, observadas as já citadas exclusões do art. 10 da mesma lei.

Desenho industrial registrável é "a forma plástica ornamental de um objeto ou o conjunto ornamental de linhas e cores que possa ser aplicado a um produto, proporcionando resultado visual novo e original na sua configuração externa e que possa servir de tipo de fabricação industrial", nos termos do art. 95 da LPI.

Marcas registráveis são "os sinais distintivos visualmente perceptíveis, não compreendidos nas proibições legais", conforme o art. 122 da mesma Lei.

O produto criado por Maria José é uma invenção, não se encaixando nas exclusões do art. 10 da LPI.

É preciso, entretanto, verificar se a invenção da dona de casa atende às condições da patenteabilidade, que são:

– **novidade**, pela qual a invenção não pode estar compreendida no estado da técnica, ou seja, não pode ter sido tornada acessível ao público antes do depósito do pedido de patente, nos termos do art. 11 da LPI;

– **atividade inventiva**, ou seja, não pode simplesmente decorrer, para um técnico no assunto, de maneira evidente ou óbvia do estado da técnica, conforme o art. 13 da LPI;

– **industriabilidade**, pois deve ser suscetível de aplicação industrial, nos termos do art. 15 da LPI; e

– **desimpedimento**, pelo qual não são patenteáveis a invenções listadas no art. 18 da LPI.

Assim, o produto criado por Maria José poderá ser patenteado, desde que atendidas essas condições.

DICA: nesse Exame de 2006 havia até 60 linhas para a resposta. Atente-se para o espaço disponível em sua prova e ajuste-se a ele, focando os pontos essenciais de maneira clara e direta. Os pontos essenciais nesta questão, que devem necessariamente ser abordados, são a definição de invenção, por exclusão – art. 10 da LPI – e as condições de patenteabilidade. As transcrições são para facilitar o entendimento do estudante, mas são dispensáveis para a resposta.

Veja a seguinte tabela, com os requisitos de patenteabilidade e de registrabilidade, para estudo e memorização:

Requisitos de patenteabilidade de invenção e modelo de utilidade	
Novidade	não pode estar compreendida no estado da técnica, ou seja, não pode ter sido tornada acessível ao público antes do depósito do pedido de patente – art. 11 da LPI
Atividade inventiva	não pode simplesmente decorrer, para um técnico no assunto, de maneira evidente ou óbvia, do estado da técnica – art. 13 da LPI
Aplicação industrial	deve ser suscetível de aplicação industrial – art. 15 da LPI
Desimpedimento	não é patenteável aquilo que está listado no art. 18 da LPI

Requisitos para registro de desenho industrial	
Novidade	não pode estar compreendido no estado da técnica, ou seja, não pode ter sido tornado acessível ao público antes do depósito do pedido de registro – art. 96 da LPI
Originalidade	dele deve resultar uma configuração visual distintiva, em relação a outros objetos anteriores – art. 97 da LPI
Desimpedimento	não é registrável aquilo que está listado nos arts. 98 e 100 da LPI

Requisitos para registro de marca	
Novidade relativa	não pode ter sido previamente registrada (princípio da novidade) para a classe do produto ou do serviço (princípio da especificidade)
Não violação de marca notoriamente conhecida	não pode violar marca de alto renome ou notoriamente conhecida – arts. 125 e 126 da LPI
Desimpedimento	Não é registrável aquilo que está listado no art. 124 da LPI

9. OUTRAS MATÉRIAS

(OAB/Exame Unificado – 2013.3 – 2ª fase) Em 22 de agosto de 2012, o Presidente do Banco Central do Brasil decretou a liquidação extrajudicial do Banco Serra do Mel S.A., devido ao comprometimento patrimonial e financeiro da instituição, à incapacidade de honrar compromissos assumidos e à prática de graves irregularidades, configurando violação das normas legais e regulamentares que disciplinam a atividade bancária.

A decretação da medida acarretou a indisponibilidade dos bens particulares dos atuais e ex-administradores da instituição financeira.

Messias Targino, ex-diretor do Banco Serra do Mel S.A., cujo mandato encerrara-se em 25 de abril de 2011, verificou que seu nome encontrava-se na relação de administradores que tiveram seus bens indisponíveis, consoante informação prestada pelo liquidante ao Banco Central do Brasil. Consultou sua advogada para saber da legalidade da medida e se poderia efetivamente ser atingido por ela. Com base na legislação aplicável à liquidação extrajudicial de instituição financeira, responda à consulta do cliente quanto ao ponto questionado. (Valor: 1,25)

GABARITO COMENTADO – FGV

A questão tem por base o item 13 do programa de Direito Empresarial (Da Liquidação Extrajudicial de Instituições Financeiras. Lei 6.024/1974). O candidato deverá conhecer um importante efeito da decretação de liquidação extrajudicial de instituição financeira previsto na Lei 6.024/1974 – a indisponibilidade dos bens dos administradores e ex-administradores da instituição liquidanda. Os administradores (diretores e membros do Conselho de Administração) não poderão, por qualquer forma, direta ou indireta, alienar ou onerar seus bens particulares, até apuração e liquidação final de suas responsabilidades (art. 36, da Lei 6.024/'974). Tal indisponibilidade é automática e decorre do ato que decretar a liquidação extrajudicial, atingindo a todos aqueles que tenham estado no exercício das funções nos doze meses anteriores ao mesmo ato (art. 36, § 1º). A resposta à consulta formulada deve considerar que a indisponibilidade de bens, embora tenha previsão legal, não poderia ter atingido o ex-diretor Messias Targino, haja vista que seu mandato expirou em 25.04.2011 e a liquidação extrajudicial foi decretada em 22.08.2012, portanto além dos doze meses previstos no § 1º do art. 36 da Lei 6.024/1974.

Distribuição dos pontos

Item	Pontuação
A1. A indisponibilidade de bens dos administradores e ex-administradores da instituição liquidanda decorre do ato que decretar a liquidação extrajudicial, mas atinge apenas aqueles que tenham estado no exercício das funções nos doze meses anteriores ao mesmo ato – 22.08.2012 (0,55), com fundamento no art. 36, § 1º da Lei 6.024/1974 (0,20). **Obs.:** *a simples menção do dispositivo legal não atribui pontuação*	0,00– 0,55 – 0,75
A2. Como Messias Targino encerrou seu mandato em 25.04.2011, portanto além dos doze meses previstos no § 1º do art. 36 da Lei 6.024/1974, a indisponibilidade não pode atingi-lo. (0,50).	0,00– 0,50

(OAB/Exame Unificado - 2011.2 - 2ª fase) Matias, empresário individual que explorava serviços de transporte de cargas pesadas, faleceu em 08.03.2010, deixando cinco filhos, sendo dois – José e Carlos – fruto de seu primeiro casamento com Maria (falecida em 30.07.1978) e três – Pedro, Fábio e Francisco – de seu segundo casamento com Joana, atual viúva e inventariante do espólio dos bens deixados por Matias. Por tal razão, Joana figura como administradora da empresa exercida pelo espólio, enquanto sucessor do empresário falecido. Ao visitar o estabelecimento onde se encontra centralizada a referida atividade empresária, Carlos constata que, dos 48 caminhões anteriormente existentes, 13 encontram-se estacionados e outros 20 em funcionamento, sendo que os demais teriam sido vendidos por Joana, segundo informações obtidas do supervisor do estabelecimento, a quem cabe o controle dos veículos. Por outro lado, Carlos verifica aparente enriquecimento súbito de Pedro e Fábio, os quais, mesmo sendo estudantes sem renda, adquirem, respectivamente e em nome próprio, imóveis no valor de R$ 300.000,00 e R$ 450.000,00.

Com base no relatado acima, responda aos itens a seguir, empregando os argumentos jurídicos apropriados e a fundamentação legal pertinente ao caso.

a) Pode Carlos, sob o argumento de suspeita de desvio de bens do estabelecimento por Joana, requerer a exibição integral dos livros empresariais do espólio de Matias? (Valor: 0,45)

b) Independentemente da questão "a" acima, supondo-se que conste do Livro Diário do espólio de Matias a alienação de 15 caminhões de sua propriedade, pode tal prova prevalecer caso Joana apresente documentos comprobatórios da locação desses veículos e do recebimento dos respectivos aluguéis? Responda examinando o efeito probatório dos livros empresariais obrigatórios. (Valor: 0,80)

RESPOSTA

a) Nos termos do art. 1.191 do CC e do art. 381, II, do CPC, a exibição integral judicial dos livros empresariais pode ser determinada em caso de questões que envolvam sucessão. Sendo a dúvida sobre a legalidade da administração da inventariante fundada em indícios razoáveis, é possível, mediante ação de exibição de livros e documentos, obter acesso à escrituração da empresa.

b) Os livros empresarias gozam de força probante relativa, sendo lícito pretender, por qualquer meio de prova admitido, atestar que o que consta do livro não corresponde exatamente à verdade (art. 378 do CPC). Assim, na suposição em análise, sendo as provas apresentadas por Joana suficientes para afastar qualquer dúvida sobre a veracidade da locação dos veículos e recebimento dos aluguéis, prevalecerão estas.

Comentários adicionais

Os livros empresariais gozam de presunção de veracidade sobre os fatos contabilizados, desde que presentes todos os seus requisitos intrínsecos e extrínsecos. Trata-se, porém, de presunção relativa, que faz operar a inversão do ônus da prova quando a outra parte questionar os lançamentos nele constantes. Sendo apresentados documentos cabais de que a escrituração não corresponde à verdade, a força probante dos livros cede a estas.

EMPRESARIAL

GABARITO COMENTADO – FGV

O examinando deve, em cada uma das respostas aos quesitos, identificar que:

a) a ação judicial para exibição de livros empresariais é cabível para resolver questões relativas à sucessão do empresário (art. 1.191 do CC ou art. 381, II, do CPC). A simples menção ao art. 844 do CPC ou à Súmula nº 390 do STF não é suficiente para atribuir ponto ao candidato, uma vez que o que se pretende nesta questão é avaliar a legitimidade do herdeiro, ainda não sócio, pleitear a exibição de livros. Pelo mesmo motivo, não é admitida a justificação com base no art. 1.021 do CC; e

b) a força probante dos livros empresariais é relativa, sendo afastada por documentos que contradigam seu conteúdo (art. 378 do CPC ou art. 226 do CC). Desde que Joana apresente documentos cabais da locação dos veículos e recebimento dos alugueres, prevalece a prova baseada em tais documentos.

Distribuição dos pontos

Item	Pontuação
Cabe a exibição integral dos livros empresariais (0,15), uma vez que a causa da exibição tem origem em questões relativas à sucessão do empresário (0,15) art. 1.191 do CC, art. 381, II, do CPC OU outro fundamento legal pertinente (0,15).	0 / 0,15 / 0,3/ 0,45
Não, a força probante dos livros empresariais obrigatórios é relativa, sendo afastada por documentos que contradigam seu conteúdo (0,3) art. 378 do CPC OU art. 226 do CC (0,25). Desde que Joana apresente documentos cabais da locação dos veículos e recebimento dos alugueres, prevalece a prova baseada em tais documentos (0,25).	0 / 0,25 / 0,3 / 0,5 / 0,55 / 0,8

(OAB/Exame Unificado – 2010.1 – 2ª fase) Eunice integrou o quadro de sócios da LM Roupas Ltda. durante o período compreendido entre maio de 2005 e setembro de 2009, tendo os atuais sócios se negado a apresentar-lhe os livros empresariais, sob o argumento de que ela já não mais fazia parte da sociedade. A ex-sócia, com premente interesse no conteúdo dos referidos livros, para verificar sua real situação na sociedade e aferir a regularidade das transações de que participara, bem como para averiguar possível colação de patrimônio no inventário de sua mãe, procurou auxílio de profissional da advocacia. Nessa situação hipotética, que providência deve tomar o(a) advogado(a) para a defesa dos interesses de Eunice? Com base em que fundamento jurídico-normativo?

RESPOSTA

Eunice precisa de dados constantes dos livros empresariais para, se for o caso, conferir o patrimônio recebido de sua mãe nos autos do inventário (art. 1.014 do CPC).

O sigilo dos livros fiscais não impede sua exibição para resolver questão relativa à sucessão, conforme o art. 1.191 do CC:

> "Art. 1.191. O juiz só poderá autorizar a exibição integral dos livros e papéis de escrituração quando necessária para resolver questões relativas a sucessão, comunhão ou sociedade, administração ou gestão à conta de outrem, ou em caso de falência.
>
> § 1º O juiz ou tribunal que conhecer de medida cautelar ou de ação pode, a requerimento ou de ofício, ordenar que os livros de qualquer das partes, ou de ambas, sejam examinados na presença do empresário ou da sociedade empresária a que pertencerem, ou de pessoas por estes nomeadas, para deles se extrair o que interessar à questão.
>
> (...)"

Caso os atuais sócios mantenham a recusa em exibir os livros, o juiz poderá determinar sua apreensão, nos termos do art. 1.192 do CC.

Por economia processual, parece-nos que o advogado pode solicitar ao próprio juiz do inventário a providência prevista no art. 1.191 do CC.

De qualquer forma, considerando que Eunice precisa consultar os livros para instruir o processo de inventário, poderá valer-se do procedimento preparatório previsto no art. 844, III, do CPC:

> "Art. 844. Tem lugar, como procedimento preparatório, a exibição judicial:
>
> (...)
>
> III - da escrituração comercial por inteiro, balanços e documentos de arquivo, nos casos expressos em lei."

DICA: Perceba que há disposições relativas à exibição de livros empresariais no CC (arts. 1.191 e 1.192) e no CPC (arts. 381, 382 e 844, III). Ademais, lembre-se que as restrições previstas no Código Civil à sua exibição não se aplicam ao Fisco, nos termos das leis específicas (art. 1.193 do CC e art. 195 do CTN).

GABARITO COMENTADO – CESPE

O advogado de Eunice deve promover ação de exibição de documentos, de acordo com o que estabelece o art. 844, III, do CPC):

"Tem lugar, como procedimento preparatório, a exibição judicial:

(...)

III - da escrituração comercial por inteiro, balanços e documentos de arquivo, nos casos expressos em lei."

A finalidade da ação de exibição é permitir que uma coisa ou documento seja exibida. No caso, a exibição reveste-se de caráter preparatório, nos moldes do art. 844, III, do CPC, já que a autora pretende a exibição de livros comerciais que tem interesse em conhecer a fim de utilizá-los em eventual ação judicial.

Conforme lição de Nelson Nery Junior e Rosa Maria Andrade Nery: "Aquele que entender deve mover ação contra outrem e necessitar, para instruir o pedido, de conhecer o teor de documento ou coisa a que não tenha acesso, poderá valer-se deste procedimento preparatório para obter os dados de que necessita e armar-se contra o futuro e eventual adversário judicial que tiver (...)" (Código de processo civil comentado e legislação extravagante. 9. ed. São Paulo: RT, 2006. p. 959).

Nesse mesmo sentido, o seguinte julgado:

"CAUTELAR DE EXIBIÇÃO DE DOCUMENTOS. SÓCIO. LEGITIMIDADE ATIVA. HONORÁRIOS.

1. Ex-sócio tem legitimidade para pleitear em juízo a exibição de livros comerciais referente ao período em que pertenceu à sociedade.

2. A cautelar de exibição, de caráter preparatório, serve àquele que necessita conhecer documento, ao qual não tem acesso, para obter dados que precisa para fundamentar futura e eventual ação judicial.

3. Honorários advocatícios fixados em patamar razoável, condizente com a singeleza da causa, devem ser mantidos, em atenção ao disposto no art. 20, § 4º, do CPC.

4. Apelação da ré não provida. Apelação da autora provida em parte."

(TJDFT, APC 2007.01.1.012138-5, 6ª Turma Cível, j. 03.10.2007, rel. Des. Jair Soares, DJU 25.10.2007, p. 130, Seção 3)

Observação para a correção: atribuir pontuação integral às respostas em que esteja expresso o conteúdo do dispositivo legal, ainda que não seja citado, expressamente, o número do artigo.

(OAB/Exame Unificado – 2010.1 – 2ª fase) Após regular trâmite processual, foi declarada a incapacidade relativa de Felipe, empresário individual, que pretende continuar em exercício da atividade empresarial, no ramo de compra e venda de peças para veículos automotores.

Nessa situação hipotética, é lícito que Felipe continue o exercício da atividade empresarial? Que providências, na esfera jurídica, deve tomar o(a) advogado(a) de Felipe, para a defesa dos interesses de seu cliente? Fundamente as respostas.

RESPOSTA

Em princípio, somente a pessoa em pleno gozo da capacidade civil pode exercer a atividade empresária, nos termos do art. 972 do CC.

Entretanto, o Código Civil expressamente autoriza o incapaz a continuar a empresa antes exercida por ele quando capaz, por meio de representante ou devidamente assistido (a depender de ser absoluta ou relativamente incapaz), conforme o art. 974:

> "Art. 974. Poderá o incapaz, por meio de representante ou devidamente assistido, continuar a empresa antes exercida por ele enquanto capaz, por seus pais ou pelo autor de herança.
>
> § 1º. Nos casos deste artigo, precederá autorização judicial, após exame das circunstâncias e dos riscos da empresa, bem como da conveniência em continuá-la, podendo a autorização ser revogada pelo juiz, ouvidos os pais, tutores ou representantes legais do menor ou do interdito, sem prejuízo dos direitos adquiridos por terceiros.
>
> § 2º. Não ficam sujeitos ao resultado da empresa os bens que o incapaz já possuía, ao tempo da sucessão ou da interdição, desde que estranhos ao acervo daquela, devendo tais fatos constar do alvará que conceder a autorização."

O § 1º acima transcrito deixa claro que há necessidade de autorização judicial.

Assim, o advogado de Felipe deverá demonstrar ao juiz, em procedimento de jurisdição voluntária (arts. 1.103 e seguintes do CPC), a conveniência em continuar a empresa, à luz das circunstâncias e dos riscos envolvidos.

O Ministério Público deve ser ouvido, nos termos do art. 82, I, do CPC.

Caso seja autorizada a continuidade da empresa, a atividade será exercida por meio do representante ou com auxílio de assistente, exceto se esses forem impedidos, hipótese em que indicarão um ou mais gerentes, que deverão ser aprovados pelo juiz, conforme o art. 975 do CC:

> "Art. 975. Se o representante ou assistente do incapaz for pessoa que, por disposição de lei, não puder exercer atividade de empresário, nomeará, com a aprovação do juiz, um ou mais gerentes.

§ 1º. Do mesmo modo será nomeado gerente em todos os casos em que o juiz entender ser conveniente.

§ 2º. A aprovação do juiz não exime o representante ou assistente do menor ou do interdito da responsabilidade pelos atos dos gerentes nomeados."

A rigor, ainda que o representante ou o assistente possam exercer atividade empresarial, o juiz poderá determinar a nomeação de gerente, caso entenda conveniente (§ 1º, acima transcrito). Em qualquer caso, o representante ou o assistente deve supervisionar o gerente, já que não se exime da responsabilidade (§ 2º).

DICA: esta é uma questão muito interessante para que o candidato perceba a importância de se familiarizar com o manuseio da legislação. Ainda que não lembre exatamente as regras atinentes ao exercício de atividade empresarial, o estudante preparado saberá encontrar, no Código Civil, as normas relativas à capacidade (arts. 972 e seguintes). A leitura dos arts. 974 e 975, como vimos, soluciona a questão.

GABARITO COMENTADO – CESPE

É lícito que Felipe continue o exercício da atividade empresarial, desde que preencha os requisitos estabelecidos em lei. Leia-se o que dispõe o art. 974 do Código Civil: "Poderá o incapaz, por meio de representante ou devidamente assistido, continuar a empresa antes exercida por ele enquanto capaz, por seus pais ou pelo autor de herança."

O exercício da atividade empresarial depende de autorização judicial, que deverá ser requerida por advogado, em procedimento de jurisdição voluntária.

A autorização para que o incapaz continue o exercício da empresa será dada pelo juiz, em procedimento de jurisdição voluntária e após a oitiva do Ministério Público, conforme determina o art. 82, I, CPC:

"Compete ao Ministério Público intervir:

I - nas causas em que há interesses de incapazes;

(...)."

O magistrado observará a conveniência de o incapaz exercer a atividade, segundo dispõe o art. 974, § 1º, do CC:

"Nos casos deste artigo, precederá autorização judicial, após exame das circunstâncias e dos riscos da empresa, bem como da conveniência em continuá-la, podendo a autorização ser revogada pelo juiz, ouvidos os pais, tutores ou representantes legais do menor ou do interdito, sem prejuízo dos direitos adquiridos por terceiros."

Se o juiz entender conveniente a continuação do exercício da empresa pelo incapaz, concederá um alvará autorizando-o a tanto, por meio de representante ou assistente, conforme o grau de sua incapacidade. Se o assistente ou representante for impedido, haverá a nomeação de um ou mais gerentes, com aprovação do juiz. Leia-se o que dispõe o art. 975 do CC:

"Se o representante ou assistente do incapaz for pessoa que, por disposição de lei, não puder exercer atividade de empresário, nomeará, com a aprovação do juiz, um ou mais gerentes.

§ 1º. Do mesmo modo será nomeado gerente em todos os casos em que o juiz entender ser conveniente.

§ 2º. A aprovação do juiz não exime o representante ou assistente do menor ou do interdito da responsabilidade pelos atos dos gerentes nomeados."

O mencionado art. 974 faz referência ao exercício individual de empresa. Trata-se, pois, de caso em que o incapaz será autorizado a explorar atividade empresarial individualmente, ou seja, na qualidade de empresário individual (pessoa física). A possibilidade de o incapaz ser sócio de uma sociedade empresária é situação totalmente distinta.

Observação para a correção: atribuir pontuação integral às respostas em que esteja expresso o conteúdo do dispositivo legal, ainda que não seja citado, expressamente, o número do artigo.

PEÇAS PRÁTICO-PROFISSIONAIS

1. INTRODUÇÃO

Antes de estudarmos os problemas propostos nos últimos Exames da OAB, é importante termos em mente as matérias mais exigidas na prova de Direito Empresarial, para orientar nosso trabalho. Lembre-se de consultar a legislação aplicável a cada assunto, antes de iniciar a sua resposta:

Principais matérias	Principais dispositivos legais
Empresário e sociedade empresária	Arts. 966 e 982 do CC
Sociedade em comum	Arts. 986 a 990 do CC
Sociedade em conta de participação	Arts. 991 a 996 do CC
Sociedade simples	Arts. 997 a 1.038 do CC (normas que se aplicam subsidiariamente a outros tipos societários)
Sociedade em nome coletivo	Arts. 1.039 a 1.044 do CC
Sociedade em comandita simples	Arts. 1.045 a 1.051 do CC
Sociedade limitada	Arts. 1.052 a 1.087 do CC
Sociedade anônima	Lei 6.404/1976 e arts. 1.088 e 1.089 do CC
Sociedade em comandita por ações	Lei 6.404/1976 e arts. 1.090 a 1.092 do CC
Sociedade cooperativa	Lei 5.764/1971 e arts. 1.093 a 1096 do CC
Estabelecimento empresarial	Arts. 1.142 a 1.149 do CC
Nome empresarial	Arts. 1.155 a 1.168 do CC
Títulos de crédito	Arts. 887 a 926 do CC; Lei Uniforme (Decreto 57.663/1966 – aplicável à letra de câmbio e à nota promissória e, subsidiariamente a outros títulos); Decreto 2.044/1908 (letra de câmbio e nota promissória); Lei 7.357/1985 (cheques); Lei 5.474/1968 (duplicatas)
Falência e recuperação da empresa	Lei 11.101/2005
Propriedade industrial	Lei 9.279/1996
Locação de imóveis não residenciais	Lei 8.245/1991
Compra e venda mercantil	Ver os dispositivos relativos à compra e venda no Código Civil: arts. 481 a 532

Alienação fiduciária	Art. 66-B da Lei 4.728/1965 (bens móveis); arts. 22 a 33 da Lei 9.514/1997 (bens imóveis); Decreto-lei 911/1969 e arts. 1.361 a 1.368-A do CC
Arrendamento mercantil (*leasing*)	Lei 6.099/1974
Factoring	Veja a definição dada pelos arts. 28 e 48 da Lei 8.981/1995, hoje revogados
Franquia	Lei 8.955/1994
Representação comercial	Lei 4.886/1965

A competência jurisdicional, no âmbito empresarial, normalmente é do **Juiz de Direito da Vara Cível da Comarca de (...) (Justiça Estadual)**, na forma da legislação estadual ou distrital. Há importantes exceções:

✓ a competência é da **Justiça Federal** quando "a União, entidade autárquica ou empresa pública federal forem interessadas na condição de autoras, rés, assistentes ou oponentes, exceto as de falência" (art. 109, I, da CF). É o caso das **ações de nulidade de patente ou de registro de marca**, das quais o INPI, **autarquia federal,** sempre participará – arts. 57 e 175 da Lei 9.279/1996; e

✓ nos casos de recuperação e falência, a depender da legislação de cada Estado, a competência poderá ser do Juiz de Direito da **Vara de Recuperações e Falências** da Comarca de (...).

No que se refere à competência territorial, é bom revermos as normas do Código de Processo Civil e da legislação especial:

Critério	Foro de competência
Ação fundada em direito pessoal ou em direito real sobre bens móveis	Em regra, domicílio do réu – art. 94 do CPC. Quando for pessoa jurídica, o local de sua sede, ou da agência ou da sucursal, quanto às obrigações que contraiu – art. 100, IV, *a* e *b*, do CPC. No caso de sociedade não personificada, onde exerce sua atividade principal – art. 100, IV, *c*, do CPC.
Ação fundada em direito real sobre imóveis	Local do imóvel, com as exceções previstas no art. 95 do CPC.
Ação em que incapaz for réu	Domicílio de seu representante – art. 98 do CPC.
Ação de anulação de títulos extraviados ou destruídos	Domicílio do devedor.
Ação condenatória em geral (cobrança, obrigação de fazer ou de não fazer), monitória, execução	Onde a obrigação deve ser satisfeita – art. 100, IV, *d*, do CPC.
Ação de reparação do dano	Local do ato ou do fato – art. 100, V, *a*, do CPC.
Ação em que for réu o administrador ou gestor de negócios alheios	Local do ato ou do fato – art. 100, V, *b*, do CPC.
Recuperação judicial ou ação falimentar	Local do principal estabelecimento do devedor ou da filial de empresa que tenha sede fora do Brasil – art. 3º da Lei 11.101/2005.
Renovatória de aluguel	Local do imóvel, salvo se houver foro diverso eleito no contrato – art. 58, II, da Lei 8.245/1991.

Quanto aos recursos:

✓ o Agravo de Instrumento é interposto diretamente no Tribunal de Justiça (Justiça Estadual) ou no Tribunal Regional Federal (Justiça Federal);

✓ a Apelação é interposta junto ao juiz sentenciante, com pedido de envio ao TJ ou ao TRF;

✓ o Recurso Especial e o Recurso Extraordinário são interpostos junto ao TJ ou ao TRF (há exceções no caso do RE que pode, inclusive, ser interposto contra acórdão do STJ) com pedido de remessa ao STJ e ao STF, respectivamente.

Em seguida, sugerimos uma visão geral das peças mais pedidas pelos examinadores:

Peça	Cabimento	Principais dispositivos legais
Ação ordinária declaratória (inicial)	Provimento jurisdicional declarando a existência ou a inexistência de relação jurídica (contratos, dívidas, deveres etc.), ou ainda a declaração (ou decretação) de nulidade.	Art. 4º, I, do CPC
Ação ordinária condenatória (inicial)	Provimento jurisdicional para impor obrigação ao réu (obrigação de pagar, devolver, abster-se de fazer algo etc.)	Veja as disposições dos arts. 461 e 461-A do CPC, relativas às obrigações de fazer, não fazer e entregar coisa
Contestação	Resposta do réu	Arts. 300 a 303 do CPC
Ação monitória (inicial)	Recebimento de valores, quando há prova escrita sem eficácia de título executivo	Arts. 1.102-A a 1.102-C do CPC
Ação de execução (inicial)	Recebimento de valores quando há título executivo extrajudicial	Arts. 646 a 654 do CPC
Cautelar de sustação de protesto (inicial)	Suspensão dos efeitos do protesto extrajudicial	Arts. 796 a 812 do CPC (normas aplicáveis às cautelares em geral)
Ação de dissolução e liquidação de sociedade (inicial)	Dissolução e liquidação dos haveres e deveres sociais	Arts. 655 a 674 do CPC/1939
Pedido de falência ou de autofalência (inicial)	Quebra do empresário ou da sociedade empresária	Arts. 94 e 97 da Lei 11.101/2005
Contestação ao pedido de falência	Resposta do devedor	Arts. 95, 96 e 98 da Lei 11.101/2005
Pedido de recuperação judicial (inicial)	Recuperação da empresa	Arts. 48 e 51 da Lei 11.101/2005
Ação revocatória (inicial)	Anulação de determinados atos prejudiciais à massa falida	Art. 130 da Lei 11.101/2005
Ação renovatória (inicial)	Renovação de aluguel não residencial	Art. 71 da Lei 8.245/1991

Ação de nulidade de patente ou de registro	Declaração de nulidade de patente de invenção ou de modelo de utilidade; declaração de nulidade de registro de desenho industrial ou de marca	Arts. 56, 57 (patentes), 118 (registro de desenho) e 173 a 175 (registro de marca) da Lei 9.279/1996
Mandado de segurança (inicial)	Remédio constitucional contra ato ilegal de autoridade, para defesa de direito líquido e certo	Lei 12.016/2009
Agravo de Instrumento	Recurso contra decisão interlocutória	Arts. 524 a 527 do CPC
Apelação	Recurso contra sentença	Arts. 513 a 521 do CPC
Recurso Especial	Recurso contra acórdão de Tribunal de Justiça ou Regional Federal, desde que esgotada a instância ordinária, relativo à matéria federal	Art. 105, III, da CF e arts. 541 a 546 do CPC
Recurso Extraordinário	Recurso contra decisão em última ou única instância, relativo à matéria constitucional	Art. 102, III, da CF e arts. 541 a 546 do CPC
Parecer	Resposta à consulta jurídica	

Para a confecção de **petições iniciais**, é essencial que o candidato **leia atentamente o art. 282 do CPC**, que lista as informações que devem constar da peça.

É uma ótima maneira para não esquecer nada!

Mesmo quando a lei especial traz regras específicas para determinadas petições iniciais (veremos ao apresentar os modelos), o art. 282 do CPC acaba sendo aplicado subsidiariamente.

Eis o dispositivo legal [nossas observações entre colchetes]:

> Art. 282. A petição inicial indicará:
>
> I - o juiz ou tribunal, a que é dirigida;
>
> II - os nomes, prenomes, estado civil, profissão, domicílio e residência do autor e do réu;
>
> III - o fato [que sustenta o pedido] e os fundamentos jurídicos do pedido [a natureza do direito];
>
> IV - o pedido, com as suas especificações [aquilo que se espera que o Juiz determine ou declare, por exemplo, conforme os arts. 286 e seguintes do CPC];
>
> V - o valor da causa [conforme o art. 259 do CPC. No Exame da OAB muitas vezes não podemos identificar o valor da causa, mas vale indicar a regra do art. 259, aplicável];
>
> VI - as provas com que o autor pretende demonstrar a verdade dos fatos alegados [lembre-se que a prova documental deve instruir a inicial e que não cabe dilação probatória no caso de mandado de segurança];
>
> VII - o requerimento para a citação do réu.

Quanto ao relato **dos fatos**, devem ser reproduzidos na petição os eventos narrados pelo examinador, até porque o candidato deve se ater estritamente a eles, sob pena de anulação da prova. Lembre-se de adaptar o texto (por exemplo, ao invés de José, diga *autor, apelante, impetrante* etc.).

Perceba que a **causa de pedir** (*causa petendi*) não é a simples indicação do dispositivo legal ou constitucional aplicável, mas sim a **aplicação da norma ao caso concreto, que leva ao reconhecimento do direito pleiteado**.

Lembre-se que a **prova documental deve instruir a petição inicial**, nos termos do art. 283 do CPC.

Para os **recursos**, leia os dispositivos do Código de Processo Civil aplicáveis a cada um deles, especialmente:

a) apelação – arts. 513 a 521 do CPC;

b) agravo – arts. 522 a 529 do CPC;

c) embargos infringentes – arts. 530 a 534 do CPC;

d) recurso ordinário – art. 539 do CPC;

e) recurso extraordinário e recurso especial – arts. 541 a 546 do CPC (nesse caso, leia também os dispositivos da CF – arts. 102, III, e 105, III).

Muitíssimo importante: no Exame da OAB, **não assine a petição**, nem aponha qualquer sinal que possa ser considerado identificativo (iniciais, rubrica, símbolos etc.), sob pena de anulação da prova. Isso significa, também, que o candidato **não pode inventar nenhum dado** que não tenha sido fornecido pelo examinador, como nome das partes, RG, CNPJ, endereços, número de registro na OAB do advogado etc.

Em relação ao patrono da parte, use apenas a palavra "ADVOGADO" (veja nos modelos). Ademais, não se esqueça de fazer referência ao endereço para intimações, conforme o art. 39, I, do CPC.

Com relação à fundamentação da peça, atente-se para uma regra clássica: o **silogismo**.

Relate os fatos (premissa menor), faça referência ao direito aplicável (premissa maior) e conclua a respeito do direito de seu cliente.

Alguns exemplos:

1. FATO [premissa menor]: João vendeu a Antônio o estabelecimento empresarial em que explorava o comércio varejista de tecidos. Não há cláusula específica relativa ao posterior exercício de atividades empresariais pelo alienante. João, no mês seguinte à venda, abriu loja de tecidos ao lado do estabelecimento adquirido por Antônio;
2. DIREITO [premissa maior]: salvo disposição contratual em contrário, o alienante do estabelecimento empresarial não pode fazer concorrência ao adquirente nos 5 anos seguintes, nos termos do art. 1.147 do CC;
3. CONCLUSÃO: **logo, Antônio tem direito de impedir que João lhe faça concorrência.**

1. FATO [premissa menor]: José (devedor) não pagou a Pedro (credor) a promissória vencida e protestada;
2. DIREITO [premissa maior]: o devedor deve pagar ao credor o valor constante em título de crédito na data do vencimento. A promissória é título executivo extrajudicial – art. 585, I, do CPC;
3. CONCLUSÃO: **logo, José deve pagar o valor descrito na promissória e Pedro pode executar judicialmente o título.**

Lendo assim, parece evidente, mas todos nós corremos o risco de, na pressa ou por desatenção, deixarmos de atender ao imperativo lógico da argumentação.

Ademais, há casos em que as premissas são muito mais complexas e, no decorrer do esforço argumentativo, o advogado esquece-se de conectá-las e de fechar o raciocínio silogístico.

Para evitar isso, há uma única solução: prestar muita atenção e praticar, praticar, praticar, praticar, praticar...

EMPRESARIAL

2. PEÇAS PROFISSIONAIS

(OAB/Exame Unificado – 2004 – 2ª fase) PEÇA PROFISSIONAL. Eficaz Administração e Serviços Ltda., pessoa jurídica de direito privado, domiciliada em Brasília – DF e atuante no ramo de prestação de serviços de limpeza e conservação, manteve contato telefônico, com o objetivo de adquirir mercadorias necessárias às suas atividades, com Ripestre Produtos Ltda., que se apresentou como possível fornecedora. No entanto, nenhuma mercadoria solicitada foi entregue no domicílio de Eficaz Administração e Serviços Ltda. Nada obstante a inexistência de relação jurídica entre as partes, a Ripestre Produtos Ltda. sacou 2 duplicatas, D1 e D2, contra a Eficaz Administração e Serviços Ltda., tendo sido o primeiro título, D1, descontado perante pessoa jurídica que atua em serviços de factoring, a Faturize Fomento Ltda. A Ripestre Produtos Ltda., então, protestou a segunda duplicata no Cartório do Primeiro Ofício de Notas de Brasília – DF, domicílio de Eficaz Administração e Serviços Ltda. O mesmo foi levado a efeito pela pessoa jurídica Faturize Fomento Ltda., com a primeira duplicata, perante o Cartório do 2º Ofício de Notas de Brasília – DF. Os indevidos protestos geraram diversos dissabores e contratempos à Eficaz Administração e Serviços Ltda., que teve seu crédito ilegitimamente perturbado por atos culposos da Ripestre Produtos Ltda. e da Faturize Fomento Ltda., razão pela qual ajuizou, contra as duas últimas, ação declaratória de inexistência de relação jurídica e de nulidade de atos jurídicos combinada com ação de indenização por danos materiais e morais, a qual foi distribuída para a 2ª Vara Cível de Brasília – DF. Na qualidade de procurador da Ripestre Produtos Ltda. e da Faturize Fomento Ltda., em face da situação hipotética acima descrita, redija contestação, abordando, necessariamente, os aspectos seguintes:

✓ legitimidade de parte passiva;
✓ responsabilidade pela reparação dos danos materiais e morais;
✓ validade da prova dos danos materiais e morais alegados;
✓ validade e requisitos do ato jurídico de protesto de duplicata.

COMENTÁRIO PRÉVIO

Inicialmente, é importante notar que o candidato é advogado da Ripestre Produtos Ltda., empresa que emitiu e protestou duplicata contra Eficaz Administração e Serviços Ltda. sem que, aparentemente, os produtos tenham sido entregues (pelo menos, pelo que consta, não foram entregues no domicílio da Eficaz).

A Ripestre é quem, em princípio, tem que provar que entregou os produtos, não a Eficaz (até porque não é possível, em regra, a prova negativa).

O examinador não informa se os produtos foram efetivamente entregues em algum outro lugar, que não no domicílio da Eficaz.

Não há como negar esses fatos! Lembre-se que o patrono da parte não pode faltar com a verdade, o que violaria princípio ético basilar, além de ser expressamente vedado, nos termos do art. 14 do CPC e do art. 6º do Código de Ética e Disciplina da OAB:

> CPC, Art. 14. São deveres das partes e de todos aqueles que de qualquer forma participam do processo:
>
> I - expor os fatos em juízo conforme a verdade;
>
> (...)
>
> CED-OAB, Art. 6º. É defeso ao advogado expor os fatos em Juízo falseando deliberadamente a verdade ou estribando-se na má-fé.

O que o bom advogado deve fazer é, tendo em vista os fatos narrados por seu cliente, buscar o provimento jurisdicional que lhe seja mais favorável. No caso, quanto à Ripestre, o que se pode fazer é discutir a indenização pleiteada, pois o direito do autor somente existe se for efetivamente comprovada a ocorrência de dano (não há indenização sem comprovação de dano).

No que se refere à Faturize Fomento Ltda., sua situação processual é bem mais favorável.

A empresa de factoring adquire o título de crédito, vale dizer, é endossatária da duplicata. Como tal, não lhe podem ser opostas exceções pessoais, o que implica, em princípio, sua ilegitimidade passiva para o feito.

Também é possível alegar que a Faturize agiu em conformidade com a lei, ao protestar a duplicata. Se não o fizesse, perderia o direito de regresso contra o endossante, nos termos do art. 13, § 4º, da Lei das Duplicadas – LD (Lei 5.474/1968). Por essa razão (por ter agido dentro da lei para resguardar direito), não se pode imputar a ela responsabilidade por eventual dano causado.

Com relação à petição, a **contestação** é relativamente simples. Os arts. 300 a 303 do CPC regulam detalhadamente a peça, formando um ótimo roteiro para o candidato. Leia-os com atenção!

O endereçamento é aquele dado pelo autor (a contestação é sempre direcionada ao juiz que recebeu a inicial).

Devemos apontar, em **preliminar**, eventuais vícios na inicial (falta de procuração, de recolhimento de custas etc.) ou mesmo ausência de alguma das condições da ação (interesse de agir, legitimidade, possibilidade jurídica do pedido), conforme o art. 301 do CPC, que ensejam a extinção do feito sem julgamento de mérito, nos termos do art. 267 do mesmo Código.

É esse, exatamente, o caso, em relação à ilegitimidade passiva da Faturize Fomento Ltda. Esse vício implica carência de ação (art. 301, X, do CPC), que deve ser suscitada em preliminar de contestação, implicando inépcia da inicial em relação à empresa e, portanto, extinção do feito sem julgamento de mérito, nos termos dos arts. 267, I e VI, c/c 295, II, do CPC.

Quanto ao **mérito**, o advogado deve **rebater, ponto a ponto, os pedidos e a causa de pedir** formulados pelo autor (art. 300 do CPC).

É muito importante lembrar que, caso haja controvérsia quanto aos fatos, isso deve ser claramente apontado na contestação, inclusive com pedido de dilação probatória (art. 300 do CPC), sob pena de presumirem-se verdadeiras as alegações do autor (art. 302 do CPC).

No caso, o pedido de indenização formulado pela Eficaz Administração e Serviços Ltda. depende essencialmente da comprovação do dano causado pelo protesto das duplicadas. Isso deve ser objetivamente impugnado pelos réus, repito, para que não se presuma verdadeiro.

É preciso cautela na formulação do pedido, pois haverá pleito de acolhimento da preliminar, com extinção da ação sem julgamento do mérito em relação à empresa Faturize, e pleito de não provimento do mérito (subsidiário em relação à Faturize e único em relação à Ripestre).

Com relação à fundamentação, lembre-se da argumentação silogística. Relate os fatos, faça referência ao direito aplicável e conclua a respeito do direito de seu cliente:

1. FATO: Eficaz Administração e Serviços Ltda. alega a nulidade de duplicatas emitidas contra ela, pois não teria havido entrega da mercadoria correspondente. Propõe ação para declarar a inexistência de vínculo obrigacional, cumulada com pedido de indenização pelos danos causados pelo indevido protesto dos títulos. A demanda foi proposta contra a emitente das duplicatas (Ripestre) e também contra a endossatária de um dos títulos (Faturize);
2. DIREITO: o devedor do título de crédito não pode opor contra o endossatário as exceções pessoais que tenha contra o endossante – art. 17 da Lei Uniforme. A indenização pressupõe comprovação de dano, não bastando haver ato ilícito;
3. CONCLUSÃO: **logo, Faturize não tem legitimidade passiva para a demanda e, no mérito, a indenização é indevida, pois não foi comprovado o dano.**

Vejamos como fica a petição de contestação.

Modelo: contestação

[o que estiver entre colchetes é apenas nota do autor – não deve constar da peça]

início da peça

Excelentíssimo Senhor Doutor Juiz de Direito da 2ª Vara Cível de Brasília

[deixe espaço de aproximadamente 10 cm, para eventual despacho ou decisão do juiz]

Ação Ordinária nº (...)

Ripestre Produtos Ltda. e Faturize Fomento Ltda., já qualificadas nos autos, por seu advogado que assina esta petição (procuração em anexo), com escritório para recebimento de intimações na (endereço – CPC, art. 39, I), vem, respeitosamente, apresentar

CONTESTAÇÃO

em face da ação declaratória de inexistência de relação jurídica e de nulidade de atos jurídicos combinada com ação de indenização por danos materiais e morais nº (...), proposta por Eficaz Administração e Serviços Ltda., nos termos dos arts. 300 e seguintes do CPC, pelas razões a seguir aduzidas:

1. DOS FATOS

A autora, que atua no ramo de prestação de serviços de limpeza e conservação, manteve contato telefônico, com o objetivo de adquirir mercadorias necessárias às suas atividades, com a ré, Ripestre Produtos Ltda., que se apresentou como possível fornecedora.

Alega que nenhuma mercadoria solicitada foi entregue em seu domicílio.

Nada obstante a **alegada** inexistência de relação jurídica entre as partes, a ré Ripestre Produtos Ltda. sacou 2 duplicatas, D1 e D2, contra a autora, tendo sido o primeiro título, D1, descontado perante pessoa jurídica que atua em serviços de factoring, a ré Faturize Fomento Ltda.

A ré Ripestre Produtos Ltda., então, protestou a segunda duplicata no Cartório do Primeiro Ofício de Notas de Brasília – DF, domicílio da autora. O mesmo foi levado a efeito pela ré Faturize Fomento Ltda., com a primeira duplicata, perante o Cartório do 2º Ofício de Notas de Brasília – DF.

A ré **alega que** os protestos geraram-lhe diversos dissabores e contratempos, que teria tido seu crédito ilegitimamente perturbado por atos culposos das rés, razão pela qual ajuizou a presente ação declaratória de inexistência de relação jurídica e de nulidade de atos jurídicos combinada com ação de indenização por danos materiais e morais, a qual foi distribuída a esse Douto Juízo.

2. DA PRELIMINAR

A carência de ação deve ser alegada em preliminar de contestação, nos termos do art. 301, X, do CPC:

> Art. 301. Compete-lhe, porém, antes de discutir o mérito, alegar:
>
> (...)
>
> X - carência de ação;
>
> (...)

Nesse sentido, é preciso extinguir o presente feito em relação à ré Faturize Fomento Ltda. por ilegitimidade passiva, nos termos dos arts. 267, I e VI, c/c 295, II, do CPC:

Art. 267. Extingue-se o processo, sem resolução de mérito:

I - quando o juiz indeferir a petição inicial;

(...)

VI - quando não concorrer qualquer das condições da ação, como a possibilidade jurídica, a legitimidade das partes e o interesse processual;

(...)

Art. 295. A petição inicial será indeferida:

(...)

II - quando a parte for manifestamente ilegítima;

(...)

Isso porque a alegação da autora refere-se à suposta emissão indevida da duplicata pela ré Ripestre Produtos Ltda.

É incontroverso que a ré Faturize Fomento Ltda. não teve participação na emissão do título de crédito. Trata-se de simples endossatária.

Assim, eventual exceção pessoal que a autora tenha contra a ré Ripestre não pode ser oposta contra a ré Faturize, nos termos do art. 17 da Lei Uniforme – LU (Decreto 57.663/1966), aplicável às duplicatas por força do art. 25 da Lei das Duplicatas – LD (Lei 5.474/1968):

LU, Artigo 17

As pessoas acionadas em virtude de uma letra não podem opor ao portador as exceções fundadas sobre as relações pessoais delas com o sacador ou com os portadores anteriores, a menos que o portador ao adquirir a letra tenha procedido conscientemente em detrimento do devedor.

LD, Art. 25. Aplicam-se à duplicata e à triplicata, no que couber, os dispositivos da legislação sobre emissão, circulação e pagamento das Letras de Câmbio.

Ademais, a ré Faturize Fomento Ltda. não poderia deixar de protestar a duplicata, sob pena de perecer seu eventual direito de regresso contra a endossante, nos termos do art. 13, § 4º, da LD:

LD, Art. 13. A duplicata é protestável por falta de aceite de devolução ou pagamento.

§ 1º Por falta de aceite, de devolução ou de pagamento, o protesto será tirado, conforme o caso, mediante apresentação da duplicata, da triplicata, ou, ainda, por simples indicações do portador, na falta de devolução do título.

(...)

§ 4º O portador que não tirar o protesto da duplicata, em forma regular e dentro do prazo de 30 (trinta) dias, contado da data de seu vencimento, perderá o direito de regresso contra os endossantes e respectivos avalistas.

Eventual prejuízo causado à autora, portanto, não tem relação com a ré Faturize, que agiu nos estritos termos da lei, simplesmente para resguardar seus direitos contra a endossante.

Evidente, portanto, a ilegitimidade passiva da ré Faturize, razão pela qual a presente ação deve ser extinta, sem julgamento de mérito, em relação a ela.

3. DO DIREITO

No mérito, a autora não comprovou os danos supostamente causados pelos atos das rés, o que implica improcedência do pleito indenizatório.

De fato, não há possibilidade de indenização sem comprovação de dano.

Eventual emissão equivocada da duplicata não significa, por si só, que a autora tenha tido prejuízos que deem ensejo à condenação das rés.

Caso Vossa Excelência entenda por bem deferir a dilação probatória requerida pela autora, as rés terão a oportunidade de comprovar, por todos os meios admitidos pelo Direito, a inexistência de dano.

4. DO PEDIDO

Por todo o exposto, as rés requerem o acolhimento da preliminar de ilegitimidade passiva, com a consequente extinção do feito, sem julgamento do mérito, em relação à empresa Faturize e, no mérito, seja julgada improcedente a ação, com a condenação da autora nas custas e honorários advocatícios. Provarão o alegado por todos os meios de prova admitidos em direito.

Termos em que

Pede Deferimento

(Local), (data)

[não assine, rubrique ou, de outra forma, identifique sua prova!]

ADVOGADO (...)

OAB-(Estado) nº (...)

Endereço (...)

fim da peça

(OAB/Exame Unificado – 2006.1 – 2ª fase) PEÇA PROFISSIONAL. Manoel, um dos três sócios da Ágil Transportadora Ltda., foi nomeado administrador no dia 3 de janeiro de 2006, em ato separado, mediante assinatura do termo de posse no livro de atas da administração, mas apenas promoveu a averbação do referido instrumento de posse, no Registro Público de Empresas Mercantis, no dia 15 de março de 2006. Em 16 de janeiro de 2006, no município de Cabrobó/RS, onde se localiza uma das filiais da Ágil Transportadora Ltda., no regular exercício de suas funções, Manoel adquiriu para a sociedade dois caminhões, da concessionária Elo Automóveis Ltda., no importe de R$ 250.000,00 cada um, ficando assentado no instrumento contratual, firmado apenas pelas duas partes, que o pagamento seria efetuado em duas parcelas, mediante depósito bancário, vencendo a primeira no décimo dia do mês de fevereiro e a segunda, no mesmo dia do mês subsequente. Ocorre que Ágil Transportadora Ltda. não honrou suas obrigações e se absteve de efetuar os pagamentos devidos à Elo Automóveis Ltda. por não dispor de numerário suficiente para saldar a dívida. Na qualidade de procurador da Elo Automóveis Ltda., redija peça processual que entender cabível para a proteção dos interesses dessa pessoa jurídica, abordando todos os aspectos de direito material e processual pertinentes e observando, especificamente, os aspectos que seguem:

- ✓ legitimidade *ad causam* ativa e passiva;
- ✓ responsabilidade da sociedade e do sócio-administrador pelas dívidas sociais;
- ✓ competência do juízo;
- ✓ demais requisitos da petição inicial.

Extensão máxima: 90 linhas

COMENTÁRIO PRÉVIO

A pretensão da Elo Automóveis Ltda. é, claramente, cobrar pelos automóveis vendidos à Ágil Transportadora Ltda.

A leitura atenta do problema permite ao candidato perceber que o examinador chama atenção para a nomeação do administrador que contratou pela sociedade. Ademais, ao indicar os aspectos as serem abordados, refere-se à possível responsabilidade do sócio-administrador pelas dívidas sociais.

São duas dicas que não podem passar despercebidas!

Isso porque o administrador deve averbar sua nomeação no Registro Público de Empresas Mercantis nos dez dias seguintes ao da investidura, conforme determina o art. 1.062, § 2º, do CC:

> Art. 1.062. O administrador designado em ato separado investir-se-á no cargo mediante termo de posse no livro de atas da administração.
>
> (...)
>
> § 2º Nos dez dias seguintes ao da investidura, deve o administrador requerer seja averbada sua nomeação no registro competente, mencionando o seu nome, nacionalidade, estado civil, residência, com exibição de documento de identidade, o ato e a data da nomeação e o prazo de gestão.

Manoel foi investido no cargo de administrador em 03.01.2006 e deveria ter averbado a nomeação no Registro Público até 13.01.2006 (dez dias depois). Entretanto, contratou pela sociedade em 16.01.2006 em situação irregular, pois antes da averbação (que só ocorreu em 15.03.2006).

O administrador que pratica atos de gestão antes da averbação responde pessoal e solidariamente com a sociedade, nos termos do art. 1.012 c/c art. 1.053, *caput*, do CC:

> Art. 1.012. O administrador, nomeado por instrumento em separado, deve averbá-lo à margem da inscrição da sociedade, e, pelos atos que praticar, antes de requerer a averbação, responde pessoal e solidariamente com a sociedade.

> Art. 1.053. A sociedade limitada rege-se, nas omissões deste Capítulo, pelas normas da sociedade simples.
>
> (...)

Assim, a demanda deverá ser proposta contra a sociedade e contra Manoel, aumentando as chances de sucesso em favor da Elo Automóveis Ltda.

Quanto à forma da cobrança, o ideal seria a execução de título executivo, normalmente emitido nessas operações (duplicata, em regra).

Ocorre que o examinador não informa a respeito da existência de título de crédito.

Pelo contrário, ressalta que apenas as duas partes firmaram o contrato.

Lembre-se que o documento particular somente configura título executivo se for firmado também por duas testemunhas, nos termos do art. 585, II, do CPC.

A Elo poderia, nessa hipótese, propor ação ordinária de cobrança.

Entretanto, como há documento escrito, o ideal é a ação monitória, que tende a ser mais célere e eficaz, conforme o art. 1.102-A do CPC:

EMPRESARIAL

Art. 1.102.a - A ação monitória compete a quem pretender, com base em prova escrita sem eficácia de título executivo, pagamento de soma em dinheiro, entrega de coisa fungível ou de determinado bem móvel.

Os arts. 1.102-A a 1.102-C, que regulam a ação monitória, apresentam-se como roteiro para o candidato, razão pela qual devem ser lidos com atenção.

Na ação monitória, pede-se a expedição de mandado de pagamento. Caso o réu não pague nem ofereça embargos, constitui-se o título executivo e a execução prossegue como tal.

As custas e os honorários advocatícios somente serão devidos em caso de conversão do mandado de pagamento em mandado executivo, nos termos do art. 1.102-C, § 1º, do CPC.

O candidato deve deixar claro que há elementos de convicção juntados com a inicial (prova escrita) suficientes para a expedição de mandado de pagamento e a constituição do título executivo.

Eventual dilação probatória será possível apenas em caso de embargos monitórios (art. 1.102-C, § 2º, do CPC), que se submete ao procedimento ordinário.

Ou seja, **não há pedido de dilação probatória na inicial da ação monitória.**

O foro competente é o do lugar onde a obrigação deve ser satisfeita, ou seja, Cabrobó/RS.

Com relação à fundamentação, lembre-se da argumentação silogística. Relate os fatos, faça referência ao direito aplicável e conclua a respeito do direito de seu cliente:

1. FATO: Manoel contratou pela sociedade sem averbar sua nomeação como administrador no registro competente. Ágil Transportadora Ltda. adquiriu veículos e não pagou, descumprindo o contrato;
2. DIREITO: o administrador que age sem averbar sua nomeação no registro público responde pessoal e solidariamente com a sociedade. Quem descumpre obrigação comprovada documentalmente pode ser cobrado por meio de ação monitória, devendo pagar a dívida;
3. CONCLUSÃO: **logo, Manoel e Ágil Transportadora Ltda. respondem solidariamente pelo pagamento dos veículos, devendo quitar a dívida.**

Vejamos como fica a peça.

Modelo: petição inicial de ação monitória

[o que estiver entre colchetes é apenas nota do autor – não deve constar da peça]

início da peça

Excelentíssimo Senhor Doutor Juiz de Direito da Vara Cível da Comarca de Cobrobó/RS

[deixe espaço de aproximadamente 10 cm, para eventual despacho ou decisão do juiz]

Elo Automóveis Ltda., estabelecida em (...), inscrita no CNPJ sob nº (...), por seu advogado que assina esta petição (procuração em anexo), com escritório para recebimento de intimações na (endereço – CPC, art. 39, I) vem, respeitosamente, propor a presente

AÇÃO MONITÓRIA

contra Manoel (...) (nome completo e qualificação), residente e domiciliado no (endereço) e Ágil Transportadora Ltda., estabelecida em (...), inscrita no CNPJ sob nº (...), nos termos dos arts. 1.102-A a 1.102-C do CPC, pelas razões a seguir aduzidas:

1. DOS FATOS

O réu Manoel, um dos três sócios da ré Ágil Transportadora Ltda., foi nomeado administrador no dia 3 de janeiro de 2006, em ato separado, mediante assinatura do termo de posse no livro de atas da administração, mas apenas promoveu a averbação do referido instrumento de posse, no Registro Público de Empresas Mercantis, no dia 15 de março de 2006.

Em 16 de janeiro de 2006, no município de Cabrobó/RS, onde se localiza uma das filiais da ré Ágil Transportadora Ltda., no regular exercício de suas funções, o réu Manoel adquiriu para a sociedade dois caminhões da autora, no importe de R$ 250.000,00 cada um, ficando assentado no instrumento contratual, firmado apenas pelas duas partes, que o pagamento seria efetuado em duas parcelas, mediante depósito bancário, vencendo a primeira no décimo dia do mês de fevereiro e a segunda, no mesmo dia do mês subsequente.

Ocorre que a ré Ágil Transportadora Ltda. não honrou suas obrigações e se absteve de efetuar os pagamentos devidos à autora por não dispor de numerário suficiente para saldar a dívida.

2. DO DIREITO

Como relatado, o réu Manoel firmou o contrato de compra dos veículos na condição de administrador da ré Ágil Transportadora Ltda.

Entretanto, descumpriu o disposto no art. 1.062, § 2º, do CC, segundo o qual o administrador deve averbar sua nomeação no Registro Público de Empresas Mercantis nos dez dias seguintes ao da investidura:

> Art. 1.062. O administrador designado em ato separado investir-se-á no cargo mediante termo de posse no livro de atas da administração.
>
> (...)
>
> § 2º Nos dez dias seguintes ao da investidura, deve o administrador requerer seja averbada sua nomeação no registro competente, mencionando o seu nome, nacionalidade, estado civil, residência, com exibição de documento de identidade, o ato e a data da nomeação e o prazo de gestão.

O réu Manoel foi investido no cargo de administrador em 03 de janeiro de 2006 e deveria ter averbado a nomeação no Registro Público até 13 de janeiro de 2006 (dez dias depois).

Como visto, contratou pela sociedade em 16 de janeiro de 2006 em situação irregular, pois antes da averbação (que só ocorreu em 15 de março de 2006), **conforme a documentação em anexo**.

O administrador que pratica atos de gestão antes da averbação responde pessoal e solidariamente com a sociedade, nos termos do art. 1.012 c/c o art. 1.053, *caput*, do CC:

> Art. 1.012. O administrador, nomeado por instrumento em separado, deve averbá-lo à margem da inscrição da sociedade, e, pelos atos que praticar, antes de requerer a averbação, responde pessoal e solidariamente com a sociedade.

EMPRESARIAL

> (...)
>
> Art. 1.053. A sociedade limitada rege-se, nas omissões deste Capítulo, pelas normas da sociedade simples.
>
> (...)

Assim, o réu Manoel responde solidariamente pelo pagamento dos veículos.

Quanto à questão de fundo, é incontestável a venda e a entrega dos veículos, conforme documentação em anexo.

A inadimplência dos réus também é incontroversa.

O contrato escrito que instrui a presente petição inicial, embora não constitua título executivo, é documento hábil para o pedido monitório, nos termos do art. 1.102-A do CPC:

> Art. 1.102-A - A ação monitória compete a quem pretender, com base em prova escrita sem eficácia de título executivo, pagamento de soma em dinheiro, entrega de coisa fungível ou de determinado bem móvel.

Por essas razões, o pleito da autora deve ser provido, para impor aos réus a obrigação de pagamento.

3. DO PEDIDO

Por todo o exposto, a autora requer:

a) a citação dos réus com a expedição do mandado de pagamento em 15 dias (art. 1.102-B do CPC); e

b) caso não haja pagamento no prazo, nem oferecimento de embargos monitórios, a conversão do mandado inicial em mandado executivo, com acréscimo de correção monetária, juros, custas e honorários sucumbenciais a serem fixados por Vossa Excelência (art. 1.102-C do CPC).

Dá-se à causa o valor de R$ 500 mil (valor da cobrança – art. 259, I, do CPC).

Termos em que

Pede Deferimento

Cobrobó/RS, (data)

[não assine, rubrique ou, de outra forma, identifique sua prova!]

ADVOGADO (...)

OAB-(Estado) nº (...)

Endereço (...)

fim da peça

(OAB/Exame Unificado – 2006.2 – 2ª fase) PEÇA PROFISSIONAL. No ano de 2003, na cidade de Recife, iniciou-se a construção do "Praiano Business Center Apart Hotel". A finalidade principal do respectivo empreendedor, Praiano Business Center Apart Hotel Ltda., era construir um condomínio edilício situado à beira da praia de Boa Viagem, vender as unidades autônomas a terceiros e, a seguir, constituir, com estes, sociedade em conta de participação para a exploração de atividade hoteleira. O arranjo societário tinha a seguinte conformação: i) a Praiano Business Center Apart Hotel Ltda. seria a sócia ostensiva, única responsável pela administração do negócio e pelas obrigações perante terceiros, e, por isso, receberia parte do lucro da conta em participação; ii) os proprietários das unidades autônomas seriam sócio-participantes, que permitiriam o uso dos correlatos bens imóveis pelo negócio, sem responsabilidade perante terceiros, e concorreriam, também, no lucro. Alienadas todas as unidades e encerrada a construção do prédio, em final de 2005, deu-se início às atividades do "Praiano Business Center Apart Hotel". Entretanto, às vésperas de começar a exploração do negócio, a Praiano Business Center Apart Hotel Ltda. adquiriu, da Ximenes Móveis Funcionais S.A., vasto mobiliário para guarnecer os apartamentos. Todos os bens comprados foram entregues na data aprazada. Contudo, o Apart Hotel não pagou por eles. Após várias tratativas, a Ximenes percebeu que havia sido ludibriada e não viria a receber o valor acertado. Nesse contexto, descobriu que Lucas de Jesus, grande empresário local, era dono de três unidades do "Praiano" e, contra ele, emitiu uma duplicata, no valor de R$ 28.000,00, correspondente ao mobiliário que ocupou seus apartamentos. Lucas se recusou a pagar o título, o qual foi apresentado a protesto. Desesperado, Lucas, que não deseja ter o seu nome vinculado à pecha de mau pagador, procurou um advogado, para que fosse ajuizada medida judicial obstativa do registro do protesto. Na qualidade de advogado procurado, diante dos fatos hipotéticos acima narrados e, atento ao exíguo prazo que a lei estabelece na espécie, elabore a petição inicial para atender ao cliente.

Extensão máxima: 120 linhas

COMENTÁRIO PRÉVIO

A sociedade em conta de participação é regulada pelos arts. 991 a 996 do CC.

A primeira providência do candidato deve ser ler os dispositivos legais, o que permitirá perceber que Lucas, como sócio participante, **não responde** pelas obrigações sociais perante terceiros, nos termos do art. 991, parágrafo único do CC:

> Art. 991. Na sociedade em conta de participação, a atividade constitutiva do objeto social é exercida unicamente pelo sócio ostensivo, em seu nome individual e sob sua própria e exclusiva responsabilidade, participando os demais dos resultados correspondentes.
>
> Parágrafo único. Obriga-se perante terceiro tão somente o sócio ostensivo; e, exclusivamente perante este, o sócio participante, nos termos do contrato social.

É interessante notar que o sócio participante somente responde solidariamente pelas obrigações sociais se tomar parte nas relações do sócio ostensivo com terceiros, nos termos do art. 993, parágrafo único, do CC. Pelo que consta, Lucas não agiu nesse sentido.

A Ximenes Móveis Funcionais S.A. deverá, portanto, cobrar o débito exclusivamente do sócio ostensivo, qual seja a Praiano Business Center Apart Hotel Ltda.

Quanto ao aspecto processual, a pretensão final de Lucas é ver reconhecida a inexistência de obrigação entre ele e a empresa Ximenes, o que conseguirá por meio de ação declaratória de inexistência do vínculo e de nulidade da duplicata emitida, podendo requerer antecipação de tutela.

Entretanto, o examinador deixa muito clara a urgência, ao relatar o desespero de Lucas e falar do prazo exíguo relativo ao protesto.

A providência jurisdicional de urgência aplicável à espécie é a Medida Cautelar, que possibilita suspender os efeitos do protesto, até que o Juízo decida a ação declaratória principal.

A Medida Cautelar inominada é regulada pelos arts. 796 a 812 do CPC, que representam um roteiro seguro para o candidato.

Não se pode esquecer do pedido de liminar, pois a providência solicitada é inadiável.

É comum que o juiz condicione a concessão da liminar à prestação de caução, nos termos do art. 804 do CPC. Em princípio, pode-se deixar para oferecer a caução posteriormente, caso o magistrado indefira a liminar inicialmente.

Entretanto, como Lucas tem grande preocupação em relação ao protesto, parece interessante oferecer, desde a inicial, o depósito do valor correspondente à duplicata, o que torna praticamente certa a concessão da liminar.

A prova documental deve instruir a inicial, nos termos do art. 283 do CPC, de modo que o candidato deve fazer referência à comprovação do protesto (documentação anexada à petição).

Finalmente, não se pode esquecer que a ação cautelar é sempre dependente de uma ação principal. É essencial, portanto, fazer referência a ela, e à sua propositura no prazo máximo de 30 dias contados da efetivação da cautelar, nos termos do art. 806 do CPC.

Com relação à fundamentação, lembre-se da argumentação silogística. Relate os fatos, faça referência ao direito aplicável e conclua a respeito do direito de seu cliente:

1. FATO: a empresa Ximenes Móveis Funcionais S.A. emitiu duplicata contra Lucas, que é sócio participante, em decorrência da inadimplência de Praiano Business Center Apart Hotel Ltda., sócia ostensiva;
2. DIREITO: o sócio participante não responde perante terceiros pelas obrigações assumidas pelo sócio ostensivo, nos termos do art. 991, parágrafo único, do CC;
3. CONCLUSÃO: **logo, não existe relação obrigacional entre a empresa Ximenes e Lucas, razão pela qual a duplicata emitida é nula.**

Vejamos como fica a peça.

Modelo: petição inicial de ação cautelar de sustação de protesto

[o que estiver entre colchetes é apenas nota do autor – não deve constar da peça]

início da peça

Excelentíssimo Senhor Doutor Juiz de Direito da Vara Cível da Comarca de Recife/PE

[deixe espaço de aproximadamente 10 cm, para eventual despacho ou decisão do juiz]

Lucas de Jesus, (qualificação completa), residente e domiciliado em (endereço), portador da cédula de identidade (...), inscrito no CPF sob nº (...), por seu advogado que assina esta petição (procuração em anexo), com escritório para recebimento de intimações na (endereço – CPC, art. 39, I) vem, respeitosamente, propor a presente

AÇÃO CAUTELAR DE SUSTAÇÃO DE PROTESTO COM PEDIDO DE LIMINAR

contra a Ximenes Móveis Funcionais S.A., estabelecida em (endereço), inscrita no CNPJ sob nº (...), nos termos dos arts. 796 a 812 do CPC, pelas razões a seguir aduzidas:

1. DOS FATOS

No ano de 2003, nesta cidade, iniciou-se a construção do "Praiano Business Center Apart Hotel".

A finalidade principal do respectivo empreendedor, Praiano Business Center Apart Hotel Ltda., era construir um condomínio edilício situado à beira da praia de Boa Viagem, vender as unidades autônomas a terceiros e, a seguir, constituir, com estes, sociedade em conta de participação para a exploração de atividade hoteleira.

O arranjo societário tinha a seguinte conformação: i) a Praiano Business Center Apart Hotel Ltda. seria a sócia ostensiva, única responsável pela administração do negócio e pelas obrigações perante terceiros, e, por isso, receberia parte do lucro da conta em participação; ii) os proprietários das unidades autônomas seriam sócio-participantes, que permitiriam o uso dos correlatos bens imóveis pelo negócio, sem responsabilidade perante terceiros, e concorreriam, também, no lucro.

Alienadas todas as unidades e encerrada a construção do prédio, em final de 2005, deu-se início às atividades do "Praiano Business Center Apart Hotel".

Entretanto, às vésperas de começar a exploração do negócio, a Praiano Business Center Apart Hotel Ltda. adquiriu, da requerida, vasto mobiliário para guarnecer os apartamentos.

Todos os bens comprados foram entregues na data aprazada. Contudo, o Apart Hotel não pagou por eles.

Após várias tratativas, a requerida percebeu que havia sido ludibriada e não viria a receber o valor acertado.

Nesse contexto, descobriu que o requerente, grande empresário local, era dono de três unidades do "Praiano" e, contra ele, emitiu uma duplicata, no valor de R$ 28.000,00, correspondentes ao mobiliário que ocupou seus apartamentos.

O requerente se recusou a pagar o título, o qual foi apresentado a protesto, **conforme documentação em anexo**.

2. DO DIREITO

O requerente apresentará, no prazo do art. 806 do CPC, ação declaratória de inexistência de relação obrigacional e de nulidade da duplicata emitida.

Entretanto, é urgente suspender os efeitos do protesto, sob pena de se prejudicar irreversivelmente o bom nome do requerente na praça.

Como relatado, o requerente é sócio participante e, como tal, não responde pelas obrigações assumidas pelo sócio ostensivo perante terceiros, nos termos do art. 991, parágrafo único, do CC:

> Art. 991. Na sociedade em conta de participação, a atividade constitutiva do objeto social é exercida unicamente pelo sócio ostensivo, em seu nome individual e sob sua própria e exclusiva responsabilidade, participando os demais dos resultados correspondentes.
>
> Parágrafo único. Obriga-se perante terceiro tão somente o sócio ostensivo; e, exclusivamente perante este, o sócio participante, nos termos do contrato social.

O sócio participante somente responde solidariamente pelas obrigações sociais se tomar parte nas relações do sócio ostensivo com terceiros, nos termos do art. 993, parágrafo único, do CC, o que jamais ocorreu.

A requerida deverá, portanto, cobrar o débito exclusivamente do sócio ostensivo, qual seja a Praiano Business Center Apart Hotel Ltda.

A conclusão indiscutível é que a duplicata emitida contra o requerente é nula, o que torna insubsistente o respectivo protesto.

O *fumus boni iuris* está, portanto, devidamente configurado.

O *periculum in mora*, de modo semelhante, exsurge dos fatos narrados.

Eventual protesto contra o requerente, que é grande empresário local, afetará irremediavelmente sua imagem na praça.

Necessária, portanto, a concessão da medida cautelar, inclusive como providência **liminar**, antes da oitiva da requerente, sob pena de dano irreparável.

Os requisitos para a liminar são evidentes, de modo que a prestação de caução parece, com a devida vênia, dispensável.

De qualquer forma, caso Vossa Excelência entenda necessária, o requerente dispõe-se a realizar depósito judicial do valor representado pela duplicata.

3. DO PEDIDO

Por todo o exposto, a requerente pede:

a) a concessão da liminar, antes da oitiva da requerida, para sustação do protesto com expedição de ofício ao Cartório (...), sem prestação de caução. Subsidiariamente, caso Vossa Excelência entenda necessária a caução, realizará depósito judicial no valor da duplicata;
b) a citação da requerida para, querendo, contestar a presente ação no prazo de 5 dias, sob pena de revelia (arts. 802 e 803 do CPC);
c) a produção de todas as provas admitidas pelo Direito;
d) seja a presente ação julgada procedente, confirmando-se a liminar anteriormente concedida e a sustação do protesto até o julgamento da ação principal, que será proposta no prazo legal;
e) a condenação da requerida nas custas e nos honorários de sucumbência a serem fixados por Vossa Excelência;

Dá-se à causa o valor de R$ 28.000,00 (valor da duplicata – art. 259, V, do CPC).

Termos em que
Pede Deferimento
Recife/PE, (data)

[não assine, rubrique ou, de outra forma, identifique sua prova!]

____
ADVOGADO (...)
OAB-(Estado) nº (...)
Endereço (...)

fim da peça

(OAB/Exame Unificado – 2006.3 – 2ª fase) PEÇA PROFISSIONAL. A sociedade Silva & Silva Comércio de Alimentos Ltda. foi constituída para exploração da atividade de restaurante. Percebendo oportunidades negociais, a sociedade alugou um imóvel, por contrato escrito e por prazo certo de dois anos, situado no centro de uma cidade recém tornada turística. Como era de se esperar, o restaurante tornou-se um sucesso. Apesar disso, necessitava de recursos que a pessoa coletiva não tinha e, às vésperas do final da locação, o restaurante (estabelecimento) foi alienado à América Restaurante S.A. Esta, por sua vez, entrou em acordo com o proprietário do imóvel, que aceitou a sub-rogação no contrato locatício e, desde logo, firmou mais um contrato escrito, então por prazo certo de um ano. A sucessão das empresas transcorreu de forma tranquila. Entretanto, próximo ao final da segunda locação, a América Restaurante S.A. procurou o locador para entabular novo contrato. O senhorio, todavia, relutou, deixando que a relação locatícia ultrapassasse o termo final sem nova avença escrita. Pretendia, com isso, desfigurar eventual direito da locatória a uma ação renovatória. Assim, após dois meses do fim do contrato escrito, ele – locador – concordou em conceder novo instrumento à sociedade, agora pelo prazo de dois anos, como tinha feito inicialmente com Silva & Silva Comércio de Alimentos Ltda. No primeiro semestre do último ano de locação, a

América Restaurante S.A. marcou uma reunião com o senhorio, a fim de lhe mostrar o seu direito à renovatória, bem como tentar chegar a um consenso acerca da renovação voluntária da avença existente entre as partes. Contudo, nessa reunião, o proprietário do imóvel recusou-se peremptoriamente a firmar novo contrato. Ademais, afirmou que a sociedade não tinha direito à renovação, sob os seguintes fundamentos: 1) tinha contratos escritos e, portanto, a posse legítima do imóvel, por somente três anos; 2) caso fosse admitida, absurdamente, a contagem do tempo de contrato da Silva & Silva Comércio de Alimentos Ltda., não haveria uma soma ininterrupta de contratos escritos pelo prazo de cinco anos, visto que teria havido uma interrupção de dois meses; e, por fim, 3) no último ano, tinha conhecimento de que o restaurante deixara de ser um *self service* para se tornar um sofisticado estabelecimento italiano, tendo mudado, portanto, de ramo de atividade. Os administradores da América Restaurante S.A. saíram da reunião e se encaminharam diretamente ao escritório do advogado, buscando obter um parecer para embasar juridicamente a sua tese do preenchimento de todos os requisitos da ação renovatória. No contexto dessa situação hipotética, redija um parecer devidamente justificado, fundamentando a pretensão da locatária.

COMENTÁRIO PRÉVIO

O candidato deve atentar para o fato de que o examinador pede parecer.

Nessa situação, o papel do advogado pressupõe isenção. Não se trata de defender unilateralmente o interesse do cliente em uma lide judicial. Trata-se de opinar com imparcialidade, ainda que o parecer seja contrário ao interesse do contratante.

Não há forma específica para o parecer.

O essencial é relatar com precisão o caso (basta transcrever, com cautelas, o problema apresentado pelo examinador) e, fundamentadamente, responder a todos os quesitos formulados.

Muitos pareceristas acrescentam ementa ao início do parecer, resumindo o caso e as conclusões.

No mérito, o locatário empresarial tem direito à renovação do aluguel nos termos do art. 51 da Lei 8.245/1991:

> Art. 51. Nas locações de imóveis destinados ao comércio, o locatário terá direito à renovação do contrato, por igual prazo, desde que, cumulativamente:
> I - o contrato a renovar tenha sido celebrado por escrito e com prazo determinado;
> II - o prazo mínimo do contrato a renovar ou a soma dos prazos ininterruptos dos contratos escritos seja de cinco anos;
>
> III - o locatário esteja explorando seu comércio, no mesmo ramo, pelo prazo mínimo e ininterrupto de três anos.
>
> § 1º. O direito assegurado neste artigo poderá ser exercido pelos cessionários ou sucessores da locação; no caso de sublocação total do imóvel, o direito à renovação somente poderá ser exercido pelo sublocatário.
>
> (...)

Houve, inicialmente, um contrato escrito de dois anos, firmado por Silva & Silva Comércio de Alimentos Ltda.

Ao final do primeiro contrato, ocorreu uma nova avença pelo prazo de um ano, firmada por América Restaurante S.A.

Observe-se o interregno de 2 meses sem contrato escrito e, posteriormente, o último acordo pelo prazo de 2 anos, também firmado por América Restaurante S.A.

A somatória dos contratos escritos atinge o mínimo de 5 anos, portanto.

Resta avaliar a questão do interregno de 2 meses sem contrato, considerando que o art. 51, II, da Lei 8.245/1991 refere-se a *prazos ininterruptos*.

Pela letra estrita da lei, não foi preenchido o requisito de 5 anos de contrato escrito ininterrupto, e esse é o maior problema a ser enfrentado por America Restaurante S.A.

Entretanto, perceba que o examinador deixa claro que essa interrupção por dois meses foi intencionalmente forçada pelo locador, exatamente para prejudicar o direito à renovação do aluguel. Não agiu, portanto, com a boa-fé objetiva que deve orientar as relações sociais e empresariais.

Embora não faça referência expressa a essa hipótese, o art. 45 da Lei 8.245/1991 demonstra a preocupação do legislador em coibir a burla aos preceitos legais, inclusive quanto ao direito à renovação do aluguel:

> Art. 45. São nulas de pleno direito as cláusulas do contrato de locação que visem a elidir os objetivos da presente lei, notadamente as que proíbam a prorrogação prevista no art. 47, ou que afastem o direito à renovação, na hipótese do art. 51, ou que imponham obrigações pecuniárias para tanto.

Nesse sentido, o breve interregno de 2 meses não pode prejudicar o direito do locatário à renovação do aluguel, sob pena de premiar o comportamento malicioso do locador. Não será computado como prazo de contrato escrito, certamente, mas tampouco prejudicará a somatória dos prazos dos contratos firmados pelo locador.

Embora haja discussão doutrinária, esse tem sido o entendimento jurisprudencial, inclusive em relação à atual legislação. Para conhecimento do estudante:

> PROCESSUAL CIVIL. LOCAÇÃO. AÇÃO RENOVATÓRIA. "ACCESSIO TEMPORIS". SOMA DOS PRAZOS CONTRATUAIS. INTERRUPÇÃO MÍNIMA. VIABILIDADE.
> - Em sede de ação renovatória de locação comercial, se o período de interrupção entre a celebração dos contratos escritos não é significativo, é de se admitir o "accessio temporis" pela soma de seus prazos, a fim de viabilizar a pretensão renovatória pelo perfazimento do quinquídio legal exigido.
> - Precedentes desta Corte.
> - Recurso conhecido e provido.
> (STJ, REsp 150.183/SP, 6ª Turma, j. 09.03.1999, rel. Ministro Vicente Leal, DJ 05.04.1999, p. 156)

> LOCAÇÃO COMERCIAL. AÇÃO RENOVATÓRIA. ACESSÃO DE TEMPO.
> - É pacífico o entendimento desta Corte no sentido de que se breve o interregno entre os contratos escritos, é permitido o "acessio temporis" para viabilizar o perfazimento do prazo mínimo legal, exigido na lei de luvas para a renovação da locação.
> - Recurso Especial conhecido e provido.
> (STJ, REsp 14.540/SP, 4ª Turma, j. 20.02.1997, rel. Ministro Cesar Asfor Rocha, DJ 14.04.1997, p. 12.747)

Há duas outras questões a serem analisadas: a somatória dos contratos e a modificação do ramo de atividade.

Os argumentos do locador devem ser objetivamente rebatidos no parecer, com base no art. 51, § 1º, da Lei 8.245/1991. É importante ressaltar que o locador concordou com a sucessão na locação, de modo que não ocorreu a rescisão contratual prevista no art. 1.148 do CC.

É tranquila a percepção de que o ramo de atividade sempre foi o mesmo: restaurante, não importando se é *self service* ou outra espécie de empresa.

Finalmente, é importante ressaltar que, caso não haja acordo prévio, a locatária deve propor a ação renovatória no período entre 1 ano a até 6 meses antes do final do contrato, sob pena de decadência do direito, nos termos do art. 51, § 5º, da Lei 8.245/1991.

Com relação à fundamentação, lembre-se da argumentação silogística. Relate os fatos, faça referência ao direito aplicável e conclua a respeito do direito de seu cliente:

1. FATO: o locador firmou com Silva & Silva Comércio de Alimentos Ltda. e sua sucessora, América Restaurante S.A., contratos de locação de imóvel não residencial para a exploração de restaurante, pelo prazo total de 5 anos. Entretanto, forçou um interregno de 2 meses sem contrato escrito, como forma de burlar o direito à renovação do aluguel;
2. DIREITO: o art. 51 da Lei 8.245/1991 garante a renovação do aluguel, desde que haja contratos escritos por pelo menos 5 anos ininterruptos, com exploração do mesmo ramo de atividade nos últimos 3 anos. O breve interregno sem contrato escrito, ainda mais quando forçado pelo locador, não prejudica o direito à renovação;
3. CONCLUSÃO: **logo, América Restaurante S.A., a atual locatária, tem direito à renovação do aluguel.**

Vejamos como fica o parecer:

Modelo: parecer

início da peça

Ementa: Locação de imóvel não residencial. Sucessão de locadores. Contratos escritos. Prazo total de 5 anos. Interregno de 2 meses sem contrato escrito. Manifesta intenção do locador em burlar o direito à renovação. Desconsideração do interregno. Restaurante. Ramo de atividade inalterado. Atendimento aos requisitos legais para a renovação.

Relatório

América Restaurante S.A. consulta-nos a respeito do direito à renovação de aluguel de imóvel não residencial

Relata que a sociedade Silva & Silva Comércio de Alimentos Ltda. foi constituída para exploração da atividade de restaurante. Percebendo oportunidades negociais, a sociedade alugou um imóvel, por contrato escrito e por prazo certo de dois anos, situado no centro de uma cidade recém tornada turística.

Como era de se esperar, o restaurante tornou-se um sucesso. Apesar disso, necessitava de recursos que a pessoa coletiva não tinha e, às vésperas do final da locação, o restaurante (estabelecimento) foi alienado à consulente, América Restaurante S.A. Esta, por sua vez, entrou em acordo com o proprietário do imóvel, que aceitou a sub-rogação no contrato locatício e, desde logo, firmou mais um contrato escrito, então por prazo certo de um ano.

A sucessão das empresas transcorreu de forma tranquila. Entretanto, próximo ao final da segunda locação, a consulente, América Restaurante S.A., procurou o locador para entabular novo contrato.

O senhorio, todavia, relutou, deixando que a relação locatícia ultrapassasse o termo final sem nova avença escrita. Pretendia, com isso, desfigurar eventual direito da locatória a uma ação renovatória.

Assim, após dois meses do fim do contrato escrito, ele – locador – concordou em conceder novo instrumento à sociedade, agora pelo prazo de dois anos, como tinha feito inicialmente com Silva & Silva Comércio de Alimentos Ltda.

No primeiro semestre do último ano de locação, a consulente, América Restaurante S.A., marcou uma reunião com o senhorio, a fim de lhe mostrar o seu direito à renovatória, bem como tentar chegar a um consenso acerca da renovação voluntária da avença existente entre as partes.

EMPRESARIAL

Contudo, nessa reunião, o proprietário do imóvel recusou-se peremptoriamente a firmar novo contrato. Ademais, afirmou que a sociedade não tinha direito à renovação, sob os seguintes fundamentos:

1) tinha contratos escritos e, portanto, a posse legítima do imóvel, por somente três anos;
2) caso fosse admitida, absurdamente, a contagem do tempo de contrato da Silva & Silva Comércio de Alimentos Ltda., não haveria uma soma ininterrupta de contratos escritos pelo prazo de cinco anos, visto que teria havido uma interrupção de dois meses; e, por fim,
3) no último ano, tinha conhecimento de que o restaurante deixara de ser um *self service* para se tornar um sofisticado estabelecimento italiano, tendo mudado, portanto, de ramo de atividade.

Os administradores da América Restaurante S.A. pedem parecer para embasar juridicamente a sua tese do preenchimento de todos os requisitos da ação renovatória.

É o relatório.

Parecer

Passamos a responder ao quesito formulado, qual seja, o preenchimento dos requisitos para a ação renovatória.

O locatário empresarial, caso da consulente, tem direito à renovação do aluguel nos termos do art. 51 da Lei 8.245/1991:

> Art. 51. Nas locações de imóveis destinados ao comércio, o locatário terá direito à renovação do contrato, por igual prazo, desde que, cumulativamente:
>
> I - o contrato a renovar tenha sido celebrado por escrito e com prazo determinado;
>
> II - o prazo mínimo do contrato a renovar ou a soma dos prazos ininterruptos dos contratos escritos seja de cinco anos;
>
> III - o locatário esteja explorando seu comércio, no mesmo ramo, pelo prazo mínimo e ininterrupto de três anos.
>
> § 1º O direito assegurado neste artigo poderá ser exercido pelos cessionários ou sucessores da locação; no caso de sublocação total do imóvel, o direito à renovação somente poderá ser exercido pelo sublocatário.
>
> (...)

Houve, inicialmente, um contrato escrito de dois anos, firmado por Silva & Silva Comércio de Alimentos Ltda.

Ao final do primeiro contrato, houve nova avença pelo prazo de um ano, firmada pela América Restaurante S.A.

Houve um interregno de 2 meses sem contrato escrito e, posteriormente, o último acordo pelo prazo de 2 anos, também firmado por América Restaurante S.A.

A somatória dos contratos escritos atinge o mínimo de 5 anos, portanto.

Inicialmente, é preciso deixar claro a possibilidade de somatória dos prazos contratuais.

É incontroverso que a consulente, América Restaurante S.A., adquiriu o estabelecimento empresarial de Silva & Silva Comércio de Alimentos Ltda., sub-rogando-se no contrato de locação com a concordância do locador, nos termos do art. 1.148 do CC:

> Art. 1.148. Salvo disposição em contrário, a transferência importa a sub-rogação do adquirente nos contratos estipulados para exploração do estabelecimento, se não tiverem caráter pessoal, podendo os terceiros rescindir o contrato em noventa dias a contar da publicação da transferência, se ocorrer justa causa, ressalvada, neste caso, a responsabilidade do alienante.

Não houve rescisão contratual, possibilidade prevista no dispositivo acima transcrito, mas, repetimos, concordância do locador com a sucessão.

Assim, nos termos dos arts. 51, § 1º, e 71, VII, da Lei 8.245/1991, a sucessora (América Restaurante S.A.) aproveita-se do prazo do contrato firmado pela alienante do estabelecimento empresarial, para fins de contagem do quinquênio para a renovatória.

Aplica-se, em sentido contrário, o disposto na Súmula nº 482 do STF: "O locatário, que não for sucessor ou cessionário do que o precedeu na locação, não pode somar os prazos concedidos a este, para pedir a renovação do contrato, nos termos do Decreto 24.150."

A dúvida quanto ao interregno de 2 meses sem contrato decorre da interpretação literal do art. 51, II, da Lei 8.245/1991, que se refere a *prazos ininterruptos*.

Ocorre que essa interrupção por dois meses foi intencionalmente forçada pelo locador, exatamente para prejudicar o direito à renovação do aluguel. Não agiu, portanto, com a boa-fé objetiva que deve orientar as relações sociais e empresariais.

Embora não faça referência expressa a essa hipótese, o art. 45 da Lei 8.245/1991 demonstra a preocupação do legislador em coibir a burla aos preceitos legais, inclusive quanto ao direito à renovação do aluguel:

> Art. 45. São nulas de pleno direito as cláusulas do contrato de locação que visem a elidir os objetivos da presente lei, notadamente as que proíbam a prorrogação prevista no art. 47, ou que afastem o direito à renovação, na hipótese do art. 51, ou que imponham obrigações pecuniárias para tanto.

Nesse sentido, o breve interregno de 2 meses não pode ser considerado apto a prejudicar o direito do locatário à renovação do aluguel, sob pena de premiar o comportamento malicioso do locador. Não será computado como prazo de contrato escrito, certamente, mas tampouco prejudicará a somatória dos prazos dos contratos firmados pelo locador.

Quanto ao requisito de 3 anos no ramo de atividade, é incontroverso que o imóvel locado sempre destinou-se à exploração de restaurante. Nos últimos três anos a consulente, América Restaurante S.A., exerceu diretamente essa atividade, sendo desnecessário discutir a somatória do prazo anterior, relativo à Silva & Silva Comércio de Alimentos Ltda.

Restaurante *self service* ou "sofisticado estabelecimento italiano", como denomina o locador, são ambas atividades incluídas no mesmo ramo de atividade, cumprindo-se o requisito do art. 51, III, da Lei 8.245/1991.

Finalmente, é importante ressaltar que, caso não haja acordo prévio, a locatária deve propor a ação renovatória no período entre 1 ano a até 6 meses antes do final do contrato, sob pena de decadência do direito, nos termos do art. 51, § 5º, da Lei 8.245/1991.

Por todo o exposto, em resposta ao quesito formulado, **a consulente, América Restaurante S.A., tem direito à renovação do aluguel, observado o prazo decadencial previsto no art. 51, § 5º, da Lei 8.245/1991.**

É o nosso **parecer.**

(Local), (data)

[não assine, rubrique ou, de outra forma, identifique sua prova!]

ADVOGADO (...)

OAB-(Estado) nº (...)

Endereço (...)

fim do parecer

(OAB/Exame Unificado – 2007.1 – 2ª fase) PEÇA PROFISSIONAL. João, empresário individual e um grande chefe de cozinha, manteve, ao longo de 10 anos, um restaurante de comida portuguesa, que contava com clientela fiel e constante. Todavia, seduzido pela proposta feita por Marcos, um de seus fornecedores, alienou seu estabelecimento por R$ 300.000,00, valor suficiente para que João se aposentasse. Entretanto, depois de dois anos sem realizar atividades empresariais no ramo, formou com José a sociedade Restaurante Veneza Ltda., um sofisticado restaurante de comida italiana. A antiga clientela de João, tomando conhecimento do novo empreendimento, passou a frequentá-lo, desviando-se do antigo restaurante, alienado a Marcos, que, por sua vez, ao tomar pé da situação, procurou um advogado para ajuizar uma ação para inibir a conduta de João, bem como haver os prejuízos por ele experimentados. Diante da situação hipotética apresentada acima, elabore, de forma fundamentada, a petição inicial de Marcos.

COMENTÁRIO PRÉVIO

A pretensão de Marcos é impedir que João tome sua clientela, ou seja, que o alienante do estabelecimento empresarial lhe faça concorrência.

De fato, quando alguém adquire totalmente o estabelecimento empresarial, espera ter acesso à clientela formada pelo alienante. Exceto se houver disposição contratual em contrário, aquele que vende o estabelecimento não pode frustrar essa expectativa do adquirente.

Essa é a disposição do art. 1.147 do CC:

> CC, Art. 1.147. Não havendo autorização expressa, o alienante do estabelecimento não pode fazer concorrência ao adquirente, nos cinco anos subsequentes à transferência.
>
> Parágrafo único. No caso de arrendamento ou usufruto do estabelecimento, a proibição prevista neste artigo persistirá durante o prazo do contrato.

Veja que o dispositivo legal faz, inclusive, referência ao prazo de cinco anos, no qual o alienante deve abster-se de fazer concorrência ao adquirente do estabelecimento.

No caso, após apenas 2 anos da venda do restaurante, João passou a explorar o mesmo ramo de atividade.

Não importa que o novo restaurante de João seja de cozinha italiana (o anterior era de comida portuguesa). O examinador deixa claro que houve concorrência direta, pois "a antiga clientela de João, tomando conhecimento do novo empreendimento, passou a frequentá-lo, desviando-se do antigo restaurante, alienado a Marcos".

Tampouco é relevante o fato de João ter formado sociedade com José. O alienante não pode fazer concorrência por si ou por meio de sociedade, sob pena de esvaziar o conteúdo do dispositivo legal.

Marcos tem, portanto, direito de impedir essa concorrência, que viola o disposto no art. 1.147 do CC. Além disso, cabe-lhe indenização pelos prejuízos, nos termos do art. 927, *caput*, do CC.

O provimento jurisdicional, portanto, deve ser a imediata cessação da atividade empresária de João e sua condenação em perdas e danos.

A cessação das atividades pode ser conseguida por meio de pedido liminar de fechamento do estabelecimento (art. 461, § 5º, do CPC).

Menos radical e melhor aceito pelos juízes é o pedido de condenação do réu a abster-se de explorar a atividade (com pedido de antecipação de tutela – arts. 273 e 461, § 3º, do CPC), sob pena de multa diária (astreintes), conforme o art. 461, §§ 4º e 5º, do CPC.

É possível, entretanto, que a aplicação da multa diária seja insuficiente para compelir João a cessar suas atividades. Por essa razão, é interessante pedir que as astreintes sejam fixadas por um prazo máximo, ao final do qual seja dada a ordem judicial mais radical, de fechamento do estabelecimento.

Trata-se de ação ordinária condenatória.

Para a confecção de **petições iniciais**, é essencial que o candidato **leia atentamente o art. 282 do CPC,** que lista as informações que devem constar da peça.

É uma ótima maneira para não esquecer nada!

Eis o dispositivo legal [nossas observações entre colchetes]:

> Art. 282. A petição inicial indicará:
> I - o juiz ou tribunal, a que é dirigida;
> II - os nomes, prenomes, estado civil, profissão, domicílio e residência do autor e do réu;
> III - o fato [que sustentam o pedido] e os fundamentos jurídicos do pedido [a natureza do direito];
> IV - o pedido, com as suas especificações [aquilo que se espera que o Juiz determine ou declare, por exemplo, conforme os arts. 286 e seguintes do CPC];
> V - o valor da causa [conforme o art. 259 do CPC. No Exame da OAB, muitas vezes não podemos identificar o valor da causa, mas vale indicar a regra do art. 259, aplicável];
> VI - as provas com que o autor pretende demonstrar a verdade dos fatos alegados [lembre-se que a prova documental deve instruir a inicial e que não cabe dilação probatória no caso de mandado de segurança];
> VII - o requerimento para a citação do réu.

Quanto ao relato **dos fatos**, devem ser reproduzidos na petição os eventos narrados pelo examinador, até porque o candidato deve se ater estritamente a eles, sob pena de anulação da prova. Lembre-se de adaptar o texto (por exemplo, em vez de Marcos, diga *autor;* em vez de João, diga *réu*).

Perceba que a **causa de pedir** (*causa petendi*) não é a simples indicação do dispositivo legal ou constitucional aplicável, mas sim a **aplicação da norma ao caso concreto, que leva ao reconhecimento do direito pleiteado**.

Lembre-se que a **prova documental deve instruir a petição inicial**, nos termos do art. 283 do CPC (no caso, o instrumento de contrato de alienação do estabelecimento – trespasse – e eventuais documentos que comprovem a concorrência ilícita).

Com relação à fundamentação, lembre-se da argumentação silogística. Relate os fatos, faça referência ao direito aplicável e conclua a respeito do direito de seu cliente:

1. FATO: João vendeu estabelecimento empresarial a Marcos e, 2 anos depois, passou a fazer-lhe concorrência direta, causando-lhe prejuízos;
2. DIREITO: salvo disposição contratual em contrário, o alienante do estabelecimento empresarial não pode fazer concorrência ao adquirente nos 5 anos seguintes, nos termos do art. 1.147 do CC. Quem causa prejuízo por ato ilícito deve repará-lo – art. 927, *caput*, do CC;
3. CONCLUSÃO: **logo, Marcos tem direito de impedir que João lhe faça concorrência e de exigir indenização pelo prejuízo causado.**

EMPRESARIAL

Vejamos como fica a peça.

Modelo: petição inicial de ação ordinária condenatória

[o que estiver entre colchetes é apenas nota do autor – não deve constar da peça]

início da peça

Excelentíssimo Senhor Doutor Juiz de Direito da Vara Cível da Comarca de (...)

[deixe espaço de aproximadamente 10 cm, para eventual despacho ou decisão do juiz]

Marcos (...), (qualificação completa), portador da cédula de identidade RG (...), inscrito no CPF sob nº (...), residente e domiciliado em (endereço), por seu advogado que assina esta petição (procuração em anexo), com escritório para recebimento de intimações na (endereço – CPC, art. 39, I), vem, respeitosamente, propor a presente

AÇÃO ORDINÁRIA CONDENATÓRIA DE OBRIGAÇÃO DE NÃO FAZER, COM PEDIDO DE ASTREINTES, CUMULADA COM PEDIDO INDENIZATÓRIO E DE ANTECIPAÇÃO DE TUTELA

contra João (...), (qualificação completa), portador da cédula de identidade RG (...), inscrito no CPF sob nº (...), residente e domiciliado em (endereço), nos termos dos art. 461 c/c o art. 273 do CPC, pelas razões a seguir aduzidas:

1. DOS FATOS

O réu, empresário individual e grande chefe de cozinha, manteve, ao longo de 10 anos, um restaurante de comida portuguesa, que contava com clientela fiel e constante.

Todavia, seduzido pela proposta feita pelo autor, um de seus fornecedores, alienou seu estabelecimento por R$ 300.000,00, valor suficiente para que o réu se aposentasse.

Entretanto, depois de dois anos sem realizar atividades empresariais no ramo, o réu formou com José a sociedade Restaurante Veneza Ltda., sofisticado restaurante de comida italiana.

A antiga clientela do réu, tomando conhecimento do novo empreendimento, passou a frequentá-lo, desviando-se do antigo restaurante alienado ao autor, causando-lhe prejuízos.

2. DO DIREITO

Quando se adquire totalmente estabelecimento empresarial, espera-se ter acesso à clientela formada pelo alienante.

Foi o que ocorreu no caso, já que o autor adquiriu o restaurante do réu exatamente por que contava com clientela fiel e constante, conforme cópia do instrumento de trespasse, em anexo.

Exceto se houver disposição contratual em contrário (que não houve, no caso), aquele que vende o estabelecimento não pode frustrar essa expectativa do adquirente. Essa é a disposição do art. 1.147 do CC:

> CC, Art. 1.147. Não havendo autorização expressa, o alienante do estabelecimento não pode fazer concorrência ao adquirente, nos cinco anos subsequentes à transferência.
>
> Parágrafo único. No caso de arrendamento ou usufruto do estabelecimento, a proibição prevista neste artigo persistirá durante o prazo do contrato.

O dispositivo legal faz referência ao prazo de cinco anos, no qual o alienante deve abster-se de fazer concorrência ao adquirente do estabelecimento.

Como relatado, após apenas 2 anos da venda do restaurante, o réu passou a explorar o mesmo ramo de atividade, conforme comprova a documentação em anexo.

Não importa que o novo restaurante do réu seja de cozinha italiana (o anterior era de comida portuguesa).

É incontroverso que houve concorrência direta, pois a antiga clientela do réu, tomando conhecimento do novo empreendimento, passou a frequentá-lo, desviando-se do antigo restaurante, alienado ao autor.

Tampouco é relevante o fato de o réu ter formado sociedade com José. O alienante não pode fazer concorrência por si ou por meio de sociedade, sob pena de esvaziar o conteúdo do dispositivo legal.

O autor tem, portanto, direito de impedir essa concorrência, que viola o disposto no art. 1.147 do CC. Além disso, cabe-lhe indenização pelos prejuízos causados pelo réu.

Por essa razão, deve ser dado provimento à presente ação, para que o réu se abstenha de explorar a atividade de restaurante pelo prazo de 5 anos contados da alienação do estabelecimento empresarial.

Para que o provimento jurisdicional seja efetivo, é essencial, com a devida vênia, que o douto Juízo imponha multa diária no valor de R$ 1.000,00, em caso de desobediência, nos termos do art. 461, §§ 4º e 5º, do CPC:

> Art. 461. Na ação que tenha por objeto o cumprimento de obrigação de fazer ou não fazer, o juiz concederá a tutela específica da obrigação ou, se procedente o pedido, determinará providências que assegurem o resultado prático equivalente ao do adimplemento.
>
> (...)
>
> § 4º O juiz poderá, na hipótese do parágrafo anterior ou na sentença, impor multa diária ao réu, independentemente de pedido do autor, se for suficiente ou compatível com a obrigação, fixando-lhe prazo razoável para o cumprimento do preceito.
>
> § 5º Para a efetivação da tutela específica ou a obtenção do resultado prático equivalente, poderá o juiz, de ofício ou a requerimento, determinar as medidas necessárias, tais como a imposição de multa por tempo de atraso, busca e apreensão, remoção de pessoas e coisas, desfazimento de obras e impedimento de atividade nociva, se necessário com requisição de força policial.
>
> (...)

Caso a aplicação da multa seja insuficiente para o respeito ao direito do autor, o fechamento judicial do estabelecimento pode ser medida imposta por Vossa Excelência, nos termos do art. 461, § 5º, do CPC, acima transcrito.

Ademais, a ilícita concorrência do réu provocou prejuízo financeiro ao autor, correspondente à perda de negócios provocada pela redução da clientela.

Esse dano deve ser indenizado, nos termos do art. 927, *caput*, do CC:

> Art. 927. Aquele que, por ato ilícito (arts. 186 e 187), causar dano a outrem, fica obrigado a repará-lo.
>
> (...)

Cabível, portanto, a condenação do réu em perdas e danos.

3. DA TUTELA ANTECIPADA

Existe prova inequívoca do alegado, conforme a documentação em anexo.

A verossimilhança das alegações é clara, pelo exposto acima.

Há risco de dano irreparável na demora do provimento jurisdicional.

Isso porque, a cada dia que passa, a clientela do autor é captada ilicitamente pelo réu o que, no limite, inviabilizará a atividade empresarial.

Em se aguardando a sentença, para que só então o réu cesse suas atividades, o direito do autor pode ser totalmente esvaziado, o que exige a antecipação dos efeitos da tutela, nos termos do art. 273 do CPC e, especificamente, do art. 461, § 3º, do mesmo Código:

> Art. 461. Na ação que tenha por objeto o cumprimento de obrigação de fazer ou não fazer, o juiz concederá a tutela específica da obrigação ou, se procedente o pedido, determinará providências que assegurem o resultado prático equivalente ao do adimplemento.
>
> (...)
>
> § 3º Sendo relevante o fundamento da demanda e havendo justificado receio de ineficácia do provimento final, é lícito ao juiz conceder a tutela liminarmente ou mediante justificação prévia, citado o réu. A medida liminar poderá ser revogada ou modificada, a qualquer tempo, em decisão fundamentada.
>
> (...)

Como já dito, deve ser, *data venia*, cominada multa diária de R$ 1.000,00, para o caso de desobediência.

Presentes, portanto, todas as condições para a antecipação pretendida, sem oitiva do réu, para que deixe de explorar imediatamente a atividade de restaurante.

4. DO PEDIDO

Por todo o exposto, a autora requer:

a) seja deferida a antecipação da tutela pretendida, para que o réu deixe de explorar imediatamente a atividade de restaurante, por si ou por meio de sociedade, sob pena de multa diária no valor de R$ 1.000,00;

b) seja determinada a citação do réu para, querendo, contestar a presente demanda no prazo legal (art. 297 do CPC), sob pena de revelia (art. 285 do CPC);

c) a produção de todas as provas admitidas pelo Direito;

d) seja, ao final:

– confirmada a antecipação da tutela e condenado o réu a abster-se de explorar a atividade de restaurante, por si ou por meio de sociedade, pelo prazo de 5 anos contados da alienação do estabelecimento empresarial para o autor, sob pena de multa diária de R$ 1.000,00, pelo prazo máximo a ser fixado por Vossa Excelência;

– após o prazo máximo fixado para a multa diária, caso seja insuficiente para a efetividade da ordem jurisdicional, que seja determinado o fechamento judicial do estabelecimento do réu;

– condenado o réu ao pagamento de indenização pelo prejuízo causado pela ilícita concorrência contra o autor, a ser quantificada no curso do processo;

e) condenado o réu ao pagamento das custas processuais e dos honorários de sucumbência fixados em 20% do valor da condenação (art. 20 do CPC);

Dá-se à causa o valor de R$ (...) (arts. 258 e 259 do CPC).

Termos em que

Pede Deferimento

(Local), (data)

[não assine, rubrique ou, de outra forma, identifique sua prova!]

____

ADVOGADO (...)

OAB-(Estado) nº (...)

Endereço (...)

fim da peça

(OAB/Exame Unificado – 2007.2 – 2ª fase) PEÇA PROFISSIONAL. João e José, amigos de longa data, constituíram a sociedade Souza & Silva Comércio e Indústria de Móveis. Cada qual detinha 50% das quotas da sociedade e ambos a administravam. As afinidades eram muitas, mas, com o passar dos anos, as diferenças vieram à tona. As dificuldades do mercado acabaram contaminando a relação entre os sócios, que frequentemente passaram a brigar. No ápice de uma discussão, chegou a haver agressão física: João desferiu dois socos na face de José. A manutenção da sociedade tornou-se insustentável. Tentou-se chegar a um consenso acerca de eventual compra das quotas de José por João, o que não foi possível. Tentou-se também a alienação das quotas de José a um terceiro, o que não contou com a anuência de João. José, por fim, não querendo permanecer no empreendimento, procurou um advogado para promover ação de dissolução da sociedade. Considerando a situação hipotética acima, elabore, de forma fundamentada, a petição inicial da ação de dissolução da sociedade existente entre João e José.

COMENTÁRIO PRÉVIO

A pretensão de José é a dissolução da sociedade.

Em primeiro lugar, é preciso perceber que se trata de sociedade em nome coletivo. O nome empresarial é firma coletiva ou razão social, em que aparecem os nomes dos sócios, sem a indicação de "Ltda." ou "S.A.", por exemplo.

A dissolução rege-se, portanto, pelas normas atinentes às sociedades simples, conforme o art. 1.044 c/c o art. 1.040 do CC:

> Art. 1.040. A sociedade em nome coletivo se rege pelas normas deste Capítulo e, no que seja omisso, pelas do Capítulo antecedente [relativo às sociedades simples].
>
> (...)
>
> Art. 1.044. A sociedade se dissolve de pleno direito por qualquer das causas enumeradas no art. 1.033 e, se empresária, também pela declaração da falência.

Quando o *affectio societatis* deixa de existir, qualquer dos sócios pode pleitear sua retirada, nos termos do art. 1.029 do CC, inclusive por meio de alienação de suas cotas, nos termos do art. 1.003 do mesmo Código (o que depende do consentimento dos demais sócios).

Ocorre que as tentativas nesse sentido foram infrutíferas, pois não houve concordância de João. Como José não possui a maioria do capital social, é inviável a exclusão do outro sócio com base no art. 1.030 do CC.

Considerando que não haja disposição contratual específica, resta apenas a alternativa da dissolução judicial da sociedade, prevista no art. 1.034, II, do CC, seguida da liquidação judicial, conforme o art. 1.036, parágrafo único, do mesmo Código:

> Art. 1.034. A sociedade pode ser dissolvida judicialmente, a requerimento de qualquer dos sócios, quando:
>
> (...)
>
> II - exaurido o fim social, ou verificada a sua inexequibilidade.
>
> (...)
>
> Art. 1.036. Ocorrida a dissolução, cumpre aos administradores providenciar imediatamente a investidura do liquidante, e restringir a gestão própria aos negócios inadiáveis, vedadas novas operações, pelas quais responderão solidária e ilimitadamente.
>
> Parágrafo único. Dissolvida de pleno direito a sociedade, pode o sócio requerer, desde logo, a liquidação judicial.

O procedimento judicial da liquidação (art. 1.111 do CC) é ainda regulado pelo Código de

Processo Civil de 1939, conforme o art. 1.218, VII, do atual CPC:

> Art. 1.218. Continuam em vigor até serem incorporados nas leis especiais os procedimentos regulados pelo Decreto-lei nº 1.608, de 18 de setembro de 1939, concernentes:
>
> (...)
>
> VII - à dissolução e liquidação das sociedades (arts. 655 a 674);
>
> (...)

Assim, o candidato deve ler com atenção as disposições dos arts. 655 a 674 do CPC/1939 (Decreto-Lei 1.608/1939), que servem de roteiro seguro para a elaboração da petição inicial.

É preciso justificar o pedido de dissolução, relatando a extinção do *affectio societatis* e demonstrando que não se conseguiu a providência extrajudicialmente (não houve acordo entre os sócios), o que implica *interesse de agir* (necessidade do provimento jurisdicional).

A peça a ser elaborada pelo candidato, portanto, é **petição inicial de ação de dissolução e liquidação da sociedade.**

O procedimento é o ordinário, nos termos do art. 673 do CPC/1939.

> Art. 673. Não havendo contrato ou instrumento de constituição de sociedade, que regule os direitos e obrigações dos sócios, a dissolução judicial será requerida pela forma do processo ordinário e a liquidação far-se-á pelo modo estabelecido para a liquidação das sentenças.

A competência jurisdicional é do juiz da Vara cível da Comarca da sede, se não houver eleição contratual de foro.

Em princípio, é preciso também pedir a citação da sociedade que se pretende dissolver (além de João), por conta da separação das personalidades. Apesar de, no presente caso, tratar-se de sociedade em comum, com confusão patrimonial entre as pessoas dos sócios e da sociedade, faremos o pedido de inclusão desta última no feito, para evitar dúvidas quanto à regularidade processual.

Perceba que há dois pedidos sucessivos: de dissolução e, posteriormente, liquidação da sociedade, com apuração de haveres e deveres.

O juiz pode decretar a dissolução logo após (em apenas 5 dias) a oitiva dos interessados (outros sócios e a própria sociedade), se entender que as alegações do requerente estão comprovadas. Caso contrário, pode designar audiência de instrução e julgamento, conforme o art. 656, § 2º, do CPC/1939:

> Art. 656. A petição inicial será instruída com o contrato social ou com os estatutos.
>
> (...)
>
> § 2º Nos casos de dissolução contenciosa, apresentada a petição e ouvidos os interessados no prazo de cinco (5) dias, o juiz proferirá imediatamente a sentença, se julgar provadas as alegações do requerente.
>
> Se a prova não for suficiente, o juiz designará audiência para instrução e julgamento, e procederá de conformidade com o disposto nos arts. 267 a 272.

O mesmo dispositivo, em seu *caput*, lembra ao candidato a necessidade de fazer referência expressa à instrução da inicial com cópia do instrumento de contrato social.

Após a dissolução, deve-se proceder à liquidação da sociedade, com nomeação de liquidante, para apuração dos haveres e deveres. José pode se apresentar como liquidante, mas, se não houver concordância de João, o juiz designará terceiro para essa função, nos termos do art. 657, § 2º, do CPC/1939:

> Art. 657. Se o juiz declarar, ou decretar, a dissolução, na mesma sentença nomeará liquidante a pessoa a quem, pelo contrato, pelos estatutos, ou pela lei, competir tal função.
>
> § 1º Se a lei, o contrato e os estatutos nada dispuserem a respeito, o liquidante será escolhido pelos interessados, por meio de votos entregues em cartório.
>
> A decisão tomar-se-á por maioria, computada pelo capital dos sócios que votarem e, nas sociedades de capital variável, naquelas em que houver divergência sobre o capital de cada sócio e nas de fins não econômicos, pelo número de sócios votantes, tendo os sucessores apenas um voto.
>
> **§ 2º Se forem somente dois (2) os sócios e divergirem, a escolha do liquidante será feita pelo juiz entre pessoas estranhas à sociedade.**
>
> § 3º Em qualquer caso, porém, poderão os interessados, si concordes, indicar, em petição, o liquidante.

As funções do liquidante judicial são descritas no art. 660 do CPC/1939:

> Art. 660. O liquidante deverá:
>
> I - levantar o inventário dos bens e fazer o balanço da sociedade, nos quinze (15) dias seguintes à nomeação, prazo que o juiz poderá prorrogar por motivo justo;
>
> II - promover a cobrança das dívidas ativas e pagar as passivas, certas e exigíveis, reclamando dos sócios, na proporção de suas quotas na sociedade, os fundos necessários, quando insuficientes os da caixa;
>
> III - vender, com autorização do juiz, os bens de fácil deterioração, ou de guarda dispendiosa, e os indispensáveis para os encargos da liquidação, quando as recusarem os sócios a suprir os fundos necessários;
>
> IV - praticar os atos necessários para assegurar os direitos da sociedade, e representá-la ativa e passivamente nas ações que interessarem a liquidação, podendo contratar advogado e empregados com autorização do juiz e ouvidos os sócios;
>
> V - apresentar, mensalmente, ou sempre que o juiz o determinar, balancete da liquidação;
>
> VI - propor a forma da divisão, ou partilha, ou do pagamento dos sócios, quando ultimada a liquidação, apresentando relatório dos atos e operações que houver praticado;
>
> VII - prestar contas de sua gestão, quando terminados os trabalhos, ou destituído das funções.

Será apresentado plano de partilha (art. 664 do CPC/1939), com oportunidade de impugnação pelos interessados, com eventual dilação probatória, se necessária (art. 666) e, ao final, homologação judicial por sentença (art. 665 do mesmo Código).

Lembre-se de fundamentar adequadamente seu pedido, observando o silogismo:

1. FATO: Não há *afectio societatis* entre José e João, que formam sociedade em nome coletivo. A manutenção da sociedade tornou-se impossível. As tentativas de dissolução amigável promovidas por José foram infrutíferas;

2. DIREITO: a dissolução judicial da sociedade é permitida pelo art. 1.034, II, do CC, no caso de inexequibilidade do objeto social, seguida da liquidação judicial, conforme o art. 1.036, parágrafo único, do mesmo Código;
3. CONCLUSÃO: **logo, José tem direito de pleitear judicialmente a dissolução da sociedade.**

Vejamos como fica a petição.

Modelo: petição inicial de ação de dissolução e liquidação da sociedade

[o que estiver entre colchetes é apenas nota do autor – não deve constar da peça]

início da peça

Excelentíssimo Senhor Doutor Juiz de Direito da Vara Cível da Comarca de (...)

[deixe espaço de aproximadamente 10 cm, para eventual despacho ou decisão do juiz]

José (...), (qualificação completa), portador da cédula de identidade RG (...), inscrito no CPF sob nº (...), residente e domiciliado em (endereço), por seu advogado que assina esta petição (procuração em anexo), com escritório para recebimento de intimações na (endereço – CPC, art. 39, I), vem, respeitosamente, propor a presente

AÇÃO DE DISSOLUÇÃO E LIQUIDAÇÃO DE SOCIEDADE

contra João (...), (qualificação completa), portador da cédula de identidade RG (...), inscrito no CPF sob nº (...), residente e domiciliado em (endereço), e Souza & Silva Comércio e Indústria de Móveis, estabelecida em (endereço), inscrita no CNPJ sob nº (...), nos termos dos arts. 655 a 674 do CPC/1939, pelas razões a seguir aduzidas:

1. DOS FATOS

O réu João e o autor, amigos de longa data, constituíram a sociedade Souza & Silva Comércio e Indústria de Móveis, **conforme cópia do instrumento contratual em anexo (art. 656, *caput*, do CPC/1939)**.

Cada qual detém 50% das quotas da sociedade e ambos a administravam.

As afinidades eram muitas, mas, com o passar dos anos, as diferenças vieram à tona.

As dificuldades do mercado acabaram contaminando a relação entre os sócios, que frequentemente passaram a brigar.

No ápice de uma discussão, chegou a haver agressão física: o réu desferiu dois socos na face do autor.

A manutenção da sociedade tornou-se insustentável. Tentou-se chegar a um consenso acerca de eventual compra das quotas do autor pelo réu João, o que não foi possível.

Tentou-se também a alienação das quotas do autor a um terceiro, o que não contou com a anuência do réu João.

2. DO DIREITO

É incontroversa a extinção do *affectio societatis* que unia o autor ao réu João, no exercício do objeto social.

Também está plenamente comprovado, pelos documentos juntados aos autos, que as tratativas para a dissolução amigável da sociedade mostraram-se infrutíferas.

Considerando que não há disposição contratual específica, resta apenas a alternativa da dissolução judicial da sociedade, prevista no art. 1.034, II, do CC, seguida da liquidação judicial, conforme o art. 1.036, parágrafo único, do mesmo Código:

> Art. 1.034. A sociedade pode ser dissolvida judicialmente, a requerimento de qualquer dos sócios, quando:
> (...)
> II - exaurido o fim social, ou verificada a sua inexequibilidade.
> (...)
> Art. 1.036. Ocorrida a dissolução, cumpre aos administradores providenciar imediatamente a investidura do liquidante, e restringir a gestão própria aos negócios inadiáveis, vedadas novas operações, pelas quais responderão solidária e ilimitadamente.
> Parágrafo único. Dissolvida de pleno direito a sociedade, pode o sócio requerer, desde logo, a liquidação judicial.

O procedimento judicial da liquidação (art. 1.111 do CC) é regulado pelo Código de Processo Civil de 1939, conforme o art. 1.218, VII, do atual CPC:

Art. 1.218. Continuam em vigor até serem incorporados nas leis especiais os procedimentos regulados pelo Decreto-lei nº 1.608, de 18 de setembro de 1939, concernentes:
(...)
VII - à dissolução e liquidação das sociedades (arts. 655 a 674);
(...)

Como já dito, a inicial é instruída com provas contundentes da inexequibilidade do fim social (art. 1.034, II, do CC), além de cópia do contrato social (art. 656, *caput*, do CPC/1939), de modo que a dissolução pode ser, com a devida vênia, decretada no prazo de 5 dias após a oitiva dos interessados, nos termos do art. 656, § 2º, do CPC/1939.

Caso Vossa Excelência entenda necessária dilação probatória, o autor demonstrará os fatos narrados na audiência a ser designada.

Decretada a dissolução da sociedade, o autor dispõe-se, desde já, a atuar como liquidante. Caso o réu discorde, Vossa Excelência designará terceiro para essa função (art. 657, § 2º, do CPC/1939).

Finalmente, após a apresentação do plano de partilha e a sua aprovação, a homologação judicial concluirá o presente procedimento de liquidação.

3. DO PEDIDO

Por todo o exposto, o autor requer:

a) a citação dos réus para, querendo, contestar a presente demanda no prazo legal (art. 656, § 2º, do CPC/1939), sob pena de revelia (art. 285 do CPC);
b) a produção de todas as provas admitidas pelo Direito, caso Vossa Excelência entenda por bem designar audiência de instrução e julgamento (art. 656, § 2º, *in fine*, do CPC/1939) ou haja controvérsia quanto ao plano de partilha (art. 666 do mesmo Código);
c) seja, ao final:

– decretada a dissolução judicial da sociedade;
– designado o autor como liquidante ou, em caso de discordância do réu, seja designado terceiro como liquidante;
– homologado o plano de partilha, após as providências previstas nos arts. 664 a 666 do CPC/1939; e

EMPRESARIAL

d) condenado o réu João ao pagamento das custas processuais e dos honorários de sucumbência a serem fixados por Vossa Excelência (art. 20 do CPC);

Dá-se à causa o valor de R$ (...) (arts. 258 e 259 do CPC).

Termos em que

Pede Deferimento

(Local), (data)

[não assine, rubrique ou, de outra forma, identifique sua prova!]

____

ADVOGADO (...)

OAB-(Estado) nº (...)

Endereço (...)

fim da peça

(OAB/Exame Unificado – 2007.3 – 2ª fase) PEÇA PROFISSIONAL. Um sindicato de trabalhadores – SINFO –, cuja precípua e efetiva atividade é a de defender os direitos laborais de seus associados resolveu montar, na luta para aumentar seus parcos rendimentos em sua sede, uma pequena loja temática para ali vender, tão somente, camisas, bonés e bijuterias com sua marca. Para tanto, encomendou a confecção desses produtos à Serigrafias Ltda., comprando-os dessa fábrica para, posteriormente, revendê-los na referida loja, o que faz regularmente há, pelo menos, dois anos. No ano de 2007, porém, as vendas não foram razoáveis, o que levou o SINFO a inadimplir dívida no valor de R$ 6.000,00, representada em nota promissória subscrita pelo Sindicato, a qual foi devidamente protestada por falta de pagamento. Dois meses após esse protesto, a credora, Serigrafias Ltda., resolveu levar sua demanda ao foro judicial. Assim, Serigrafias Ltda. ingressou com pedido de decretação da falência do SINFO, apresentando documentos que comprovavam as informações acima mencionadas, quais sejam, a condição empresarial do autor da ação, a existência da pequena loja na sede do devedor, a atividade de venda de bens, o título de crédito, o inadimplemento da dívida e o referido protesto ordinário. No pedido, Serigrafias Ltda. alegou, quanto à legitimidade passiva, que o SINFO, por comprar mercadorias para posteriormente revendê-las no mercado com claro intuito de lucro, estaria realizando atos de comércio de modo habitual, o que caracterizaria sua condição de empresário, nos termos do art. 966 do CC. Segundo a alegação de Serigrafias Ltda., essa condição estaria agravada por se tratar de empresário atuando com tipo impróprio de personalidade jurídica – associação civil –, em evidente exercício irregular da atividade empresarial. Serigrafias Ltda. alegou, ainda, que o fato jurídico desencadeador da falência seria o cabal inadimplemento de obrigação líquida, materializada no título de crédito antes mencionado. Considerando a situação hipotética apresentada, redija, na qualidade de advogado do SINFO, contestação, elencando os argumentos de defesa aptos a impedir a iminente decretação da falência da entidade sindical em processo que tramita na 1ª Vara de Falências e Recuperações Judiciais da Capital.

COMENTÁRIO PRÉVIO

O candidato, ao realizar a leitura atenta do problema proposto, perceberá que o devedor não é a típica entidade sujeita à falência. Trata-se de sindicato de trabalhadores, "cuja precípua e efetiva atividade é a de defender os direitos laborais de seus associados".

Ocorre que somente os empresários e as sociedades empresárias sujeitam-se à falência, nos termos do art. 1º da Lei 11.101/2005:

> Art. 1º Esta Lei disciplina a recuperação judicial, a recuperação extrajudicial e a falência **do empresário e da sociedade empresária**, doravante referidos simplesmente como devedor.

É claro que o credor tem argumentos favoráveis à sua tese. O direito empresarial não se atém estritamente à formalidade da organização empresarial. Há casos em que a sociedade em comum, por exemplo, que nem sequer é formalizada (não é inscrita no Registro Público), se sujeita ao procedimento falimentar.

O papel do advogado do sindicato, entretanto, é sustentar que a entidade jamais terá caráter empresarial, não se submetendo, portanto, à falência.

De fato, a aquisição e venda de camisas, bonés e bijuterias com a marca do sindicato não se dá por meio da organização de capital e trabalho com o intuito de lucro, que caracterizaria a atividade empresarial, nos termos do art. 982, *caput*, c/c art. 966, *caput*, do CC:

> CC, Art. 966. Considera-se empresário quem exerce profissionalmente atividade econômica organizada para a produção ou a circulação de bens ou de serviços.
>
> (...)
>
> Art. 982. Salvo as exceções expressas, considera-se empresária a sociedade que tem por objeto o exercício de atividade própria de empresário sujeito a registro (art. 967); e, simples, as demais.
>
> (...)

Ademais, é importante lembrar que o pedido de falência baseado em inadimplência do devedor se dá em duas hipóteses: (a) débito superior a 40 salários mínimos – impontualidade injustificada – ou (b) débito executado judicialmente, sem pagamento, depósito ou penhora a garantir a execução – execução frustrada –, nos termos do art. 94, I e II, da Lei 11.101/2005:

> Art. 94. Será decretada a falência do devedor que:
>
> I - sem relevante razão de direito, não paga, no vencimento, obrigação líquida materializada em título ou títulos executivos protestados cuja soma ultrapasse o equivalente a 40 (quarenta) salários-mínimos na data do pedido de falência;
>
> II - executado por qualquer quantia líquida, não paga, não deposita e não nomeia à penhora bens suficientes dentro do prazo legal;
>
> (...)

Não há informação de que a empresa Serigrafias Ltda. tenha ingressado com execução judicial. Na verdade, o examinador deixa claro que a credora pediu a falência do sindicato baseada no "cabal inadimplemento de obrigação líquida, materializada no título de crédito".

Ou seja, a falência foi requerida com base no art. 94, I, da Lei 11.101/2005, acima transcrito.

Ocorre que a impontualidade injustificada deve ser qualificada pelo valor, superior a 40 salários mínimos na data do pedido de falência, para que a quebra possa ser decretada.

A promissória inadimplida é de apenas R$ 6.000,00, montante muito abaixo dos 40 salários mínimos, o que prejudica o pedido formulado pelo credor.

EMPRESARIAL

Quanto à petição de contestação a ser redigida, deve-se observar as normas gerais relacionadas nos arts. 300 a 303 do CPC.

Esses dispositivos regulam detalhadamente a peça, formando um ótimo roteiro para o candidato. Leia-os com atenção!

O endereçamento é aquele dado pelo autor (a contestação é sempre direcionada ao juiz que recebeu a inicial – 1ª Vara de Falências e Recuperações Judiciais da Capital, no caso).

Devemos apontar, em **preliminar**, eventuais vícios na inicial (falta de procuração, de recolhimento de custas etc.) ou mesmo ausência de alguma das condições da ação (interesse de agir, legitimidade, possibilidade jurídica do pedido), conforme o art. 301 do CPC, que ensejam a extinção do feito sem julgamento de mérito, nos termos do art. 267 do mesmo Código.

No caso, a ausência de natureza empresarial na atividade do devedor implica impossibilidade jurídica do pedido de falência. Ainda que possa se confundir com o mérito da demanda, a questão pode ser suscitada em preliminar.

Quanto ao **mérito**, o advogado deve **rebater, ponto a ponto, os pedidos e a causa de pedir** formulados pelo autor (art. 300 do CPC).

É muito importante lembrar que, caso haja controvérsia quanto aos fatos, isso deve ser claramente apontado na contestação, inclusive com pedido de dilação probatória (art. 300 do CPC), sob pena de presumirem-se verdadeiras as alegações do autor (art. 302 do CPC).

A ausência de atividade empresarial pode ser objeto de instrução probatória, caso o magistrado entenda necessária.

Além desses aspectos gerais da contestação, é preciso atentar para a norma especial do art. 98 da Lei 11.101/2005:

> Art. 98. Citado, o devedor poderá apresentar contestação no prazo de 10 (dez) dias.
>
> Parágrafo único. Nos pedidos baseados nos incisos I e II do caput do art. 94 desta Lei, o devedor poderá, no prazo da contestação, depositar o valor correspondente ao total do crédito, acrescido de correção monetária, juros e honorários advocatícios, hipótese em que a falência não será decretada e, caso julgado procedente o pedido de falência, o juiz ordenará o levantamento do valor pelo autor.

Assim, no prazo de 10 dias para a contestação, é possível realizar o depósito elisivo do valor da promissória (R$ 6.000,00), o que impede a decretação de falência.

Com relação à fundamentação, lembre-se da argumentação silogística. Relate os fatos, faça referência ao direito aplicável e conclua a respeito do direito de seu cliente:

1. FATO: Serigrafias Ltda. pediu a falência do sindicato de trabalhadores SINFO, com base na inadimplência de promissória de R$ 6.000,00;
2. DIREITO: somente as entidades empresariais sujeitam-se à falência. O pedido baseado em impontualidade injustificada deve se referir a débito superior a 40 salários mínimos;
3. CONCLUSÃO: **logo, o pedido de falência formulado por Serigrafias Ltda. não preenche os requisitos legais para ser provido.**

Vejamos como fica a peça.

Modelo: contestação em processo falimentar

[o que estiver entre colchetes é apenas nota do autor – não deve constar da peça]

início da peça

Excelentíssimo Senhor Doutor Juiz de Direito da 1ª Vara de Falências e Recuperações Judiciais da Capital

[deixe espaço de aproximadamente 10 cm, para eventual despacho ou decisão do juiz]

Pedido de Falência nº (...)

Sindicato de trabalhadores – SINFO (qualificação completa), com sede em (endereço), já qualificada nos autos, por seu advogado que assina esta petição (procuração em anexo), com escritório para recebimento de intimações na (endereço – CPC, art. 39, I), vem, respeitosamente, apresentar

CONTESTAÇÃO

em face do pedido de falência nº (...), formulado por Serigrafias Ltda., nos termos dos arts. 300 e seguintes do CPC e do art. 98 da Lei 11.101/2005, pelas razões a seguir aduzidas:

1. DOS FATOS

O devedor é sindicato de trabalhadores, cuja precípua e efetiva atividade é a de defender os direitos laborais de seus associados.

Resolveu montar, na luta para aumentar seus parcos rendimentos em sua sede, uma pequena loja temática para ali vender, tão somente, camisas, bonés e bijuterias com sua marca.

Para tanto, encomendou a confecção desses produtos à autora, comprando-os dessa fábrica para, posteriormente, revendê-los na referida loja, o que faz regularmente há, pelo menos, dois anos.

No ano de 2007, porém, as vendas não foram razoáveis, o que levou o devedor a inadimplir dívida no valor de R$ 6.000,00, representada em nota promissória subscrita pelo Sindicato, a qual foi devidamente protestada por falta de pagamento.

Dois meses após esse protesto, a autora resolveu levar sua demanda ao foro judicial.

Assim, a autora ingressou com pedido de decretação da falência do devedor, apresentando documentos que comprovariam as informações acima mencionadas, quais sejam, a condição empresarial da autora da ação, a existência da pequena loja na sede do devedor, a atividade de venda de bens, o título de crédito, o inadimplemento da dívida e o referido protesto ordinário.

No pedido, a autora alegou, quanto à legitimidade passiva, que o devedor, por comprar mercadorias para posteriormente revendê-las no mercado com claro intuito de lucro, estaria realizando atos de comércio de modo habitual, o que caracterizaria sua condição de empresário, nos termos do art. 966 do CC.

Segundo a alegação da autora, essa condição estaria agravada por se tratar de empresário atuando com tipo impróprio de personalidade jurídica – associação civil –, em evidente exercício irregular da atividade empresarial.

A autora alegou, ainda, que o fato jurídico desencadeador da falência seria o cabal inadimplemento de obrigação líquida, materializada no título de crédito antes mencionado.

EMPRESARIAL

2. DA PRELIMINAR

A carência de ação deve ser alegada em preliminar de contestação, nos termos do art. 301, X, do CPC:

> Art. 301. Compete-lhe, porém, antes de discutir o mérito, alegar:
>
> (...)
>
> X - carência de ação;
>
> (...)

Nesse sentido, é preciso extinguir o presente feito, sem julgamento de mérito, por impossibilidade jurídica do pedido, nos termos dos arts. 267, I e VI, c/c 295, II, do CPC:

> Art. 267. Extingue-se o processo, sem resolução de mérito:
>
> I - quando o juiz indeferir a petição inicial;
>
> (...)
>
> VI - quando não concorrer qualquer das condições da ação, como a possibilidade jurídica, a legitimidade das partes e o interesse processual;
>
> (...)

> Art. 295. A petição inicial será indeferida:
>
> I - quando for inepta;
>
> (...)
>
> Parágrafo único. Considera-se inepta a petição inicial quando:
>
> (...)
>
> III - o pedido for juridicamente impossível;
>
> (...)

Isso porque o devedor não é empresário, nem sociedade empresária.

Trata-se de sindicato de trabalhadores, cuja precípua e efetiva atividade é a de defender os direitos laborais de seus associados.

Ocorre que somente os empresários e as sociedades empresárias estão sujeitas à falência, nos termos do art. 1º da Lei 11.101/2005:

> Art. 1º. Esta Lei disciplina a recuperação judicial, a recuperação extrajudicial e a falência do empresário e da sociedade empresária, doravante referidos simplesmente como devedor.

De fato, a aquisição e venda de camisas, bonés e bijuterias com a marca do sindicato, que deu ensejo à promissória inadimplida, não se dá por meio da organização de capital e trabalho com o intuito de lucro, o que caracterizaria a atividade empresarial, nos termos do art. 982, *caput*, c/c o art. 966, *caput*, do CC:

> CC, Art. 966. Considera-se empresário quem exerce profissionalmente atividade econômica organizada para a produção ou a circulação de bens ou de serviços.
>
> (...)

> Art. 982. Salvo as exceções expressas, considera-se empresária a sociedade que tem por objeto o exercício de atividade própria de empresário sujeito a registro (art. 967); e, simples, as demais.
>
> (...)

Impossível o pedido de falência formulado pela autora, portanto, razão pela qual a ação deve ser extinta, sem julgamento de mérito.

3. DO DIREITO – MÉRITO

Ainda que se admita o prosseguimento do feito, ultrapassando-se a preliminar, é preciso considerar que o pedido de falência, baseado em inadimplência do devedor, se dá em duas hipóteses: (a) débito superior a 40 salários mínimos – impontualidade injustificada – ou (b) débito executado judicialmente, sem pagamento, depósito ou penhora a garantir a execução – execução frustrada –, nos termos do art. 94, I e II, da Lei 11.101/2005:

> Art. 94. Será decretada a falência do devedor que:
>
> I – sem relevante razão de direito, não paga, no vencimento, obrigação líquida materializada em título ou títulos executivos protestados cuja soma ultrapasse o equivalente a 40 (quarenta) salários-mínimos na data do pedido de falência;
>
> II – executado por qualquer quantia líquida, não paga, não deposita e não nomeia à penhora bens suficientes dentro do prazo legal;
>
> (...)

A autora não ingressou com execução judicial. Na verdade, o pedido de falência fundamentou-se em "cabal inadimplemento de obrigação líquida, materializada no título de crédito".

Ou seja, a falência foi requerida com base no art. 94, I, da Lei 11.101/2005, acima transcrito.

Ocorre que a impontualidade injustificada deve ser qualificada pelo valor, superior a 40 salários mínimos na data do pedido de falência, para que a quebra possa ser decretada.

A promissória inadimplida é de apenas R$ 6.000,00, montante muito abaixo dos 40 salários mínimos.

Assim, também por essa razão, o pedido da autora não pode prosperar.

4. DO PEDIDO

Por todo o exposto, o devedor requer o acolhimento da preliminar de impossibilidade jurídica do pedido, com a consequente extinção do feito, sem julgamento do mérito, e, subsidiariamente, seja julgada improcedente a ação, com a condenação da autora nas custas e honorários advocatícios. Provará o alegado por todos os meios de prova admitidos em direito.

Termos em que
Pede Deferimento
(Local), (data)

[não assine, rubrique ou, de outra forma, identifique sua prova!]

____

ADVOGADO (...)
OAB-(Estado) nº (...)
Endereço (...)

fim da peça

(OAB/Exame Unificado – 2008.1 – 2ª fase) PEÇA PROFISSIONAL. Walter celebrou, com o banco Beta, contrato que estabelecia que a instituição financeira disponibilizaria R$ 20.000,00 em sua conta-corrente, por isso cobrando-lhe juros de 7% ao mês. Adicionalmente, o cliente deixou, com o banco, garantia consubstanciada em nota promissória assinada em branco, ou seja, sem nela terem sido lançados, na data da emissão, os demais elementos de formalização do valor do crédito, que permaneceram em aberto. Walter notou que, após um mês, o banco cobrou-lhe, lançando valor negativo em sua conta-corrente, o total de R$ 25.000,00, quantia que, por estar acima da soma do principal com a taxa de juros pactuada, ele se recusou a pagar. O banco apresentou ao cartório Alfa para protesto por falta de pagamento a nota promissória preenchida no valor de R$ 27.000,00, juntamente com a cópia do contrato. Constou, ainda, no verso do título de crédito, memória do cálculo utilizada para se chegar à quantia lançada no anverso, presentes naquela memória os seguintes itens, assim nomeados: a) valor do principal; b) reajuste monetário; c) comissão de permanência; d) multa contratual; e e) acréscimos moratórios e convencionais. Walter, então, decidiu procurar um escritório de advocacia para ingressar com medida judicial opondo-se ao referido protesto, o qual, caso se concretize, poderá causar vultosos prejuízos em seus negócios empresariais, particularmente prejudicando sua participação em licitação privada na qual disputa contrato de R$ 2.000.000,00, a ocorrer em dez dias. Considerando a situação hipotética apresentada acima, na qualidade de advogado(a) contratado(a) por Walter, redija a medida judicial mais apropriada, visando obstar o referido protesto, com os fundamentos de fato e de direito exigíveis ao caso.

COMENTÁRIO PRÉVIO

A cobrança relacionada ao contrato de abertura de crédito é matéria bastante debatida jurisprudencialmente e muito exigida em Exames da OAB e em concursos públicos.

O contrato de abertura de crédito não é título executivo, ainda que acompanhado do extrato da conta-corrente, nos termos da Súmula nº 233 do STJ, embora seja possível a propositura de ação monitória com base nesses documentos, conforme a Súmula nº 247 do STJ.

Por essa razão, era comum os bancos exigirem que o cliente, ao tomar o empréstimo ou contratar a linha de crédito, constituísse um representante da própria instituição financeira como seu procurador para, em caso de inadimplência, emitir promissória em seu nome. Essa possibilidade foi afastada pelo STJ, nos termos de sua Súmula nº 60: "É nula a obrigação cambial assumida por procurador do mutuário vinculado ao mutuante, no exclusivo interesse deste."

Também foi afastada a possibilidade de o cliente bancário emitir nota promissória com força de título executivo no momento da abertura de crédito, sem indicação exata do valor, nos termos da Súmula nº 258 do STJ: "A nota promissória vinculada a contrato de abertura de crédito não goza de autonomia em razão da iliquidez do título que a originou."

Esse último é exatamente o caso descrito no presente problema.

Assim, a promissória de R$ 27.000,00, preenchida pelo Banco Beta, é inexigível, sendo insustentável o protesto extrajudicial contra Walter. Veja o seguinte precedente do STJ:

> Cautelar de sustação de protesto. Súmulas nºs 233 e 258 da Corte.
> 1. Não tem autonomia a nota promissória vinculada a contrato de crédito rotativo, com o que, nos termos das Súmulas nºs 233 e 258 da Corte, não se reveste das formalidades necessárias para a sua validade. Procedente a cautelar de sustação de protesto.
> 2. Recurso especial conhecido e provido.
> (REsp 500.433/PR, 3ª Turma, j. 07.08.2003, rel. Ministro Carlos Alberto Menezes Direito, DJ 08.09.2003, p. 327)

Perceba que o examinador detalha a composição do valor representado na promissória. O candidato deve perceber a dica: há problema nisso também!

A jurisprudência do STJ é pacífica no sentido de que é inviável a cobrança de comissão de permanência, sem que tenha havido pactuação prévia:

> EMBARGOS DE DIVERGÊNCIA NO RECURSO ESPECIAL. AGRAVO REGIMENTAL. CONTRATO BANCÁRIO. COMISSÃO DE PERMANÊNCIA POSSIBILIDADE DE COBRANÇA DESDE QUE NÃO CUMULADA COM OS DEMAIS ENCARGOS MORATÓRIOS.
>
> - É admitida a cobrança da comissão de permanência em caso de inadimplemento, à taxa de mercado, desde que (i) pactuada, (ii) cobrada de forma exclusiva – ou seja, não cumulada com outros encargos moratórios, remuneratórios ou correção monetária – e (iii) que não supere a soma dos seguintes encargos: taxa de juros remuneratórios pactuada para a vigência do contrato; juros de mora; e multa contratual (REsp nº 834.968/RS, Rel. Ministro Ari Pargendler, DJ de 07.05.2007) Agravo Regimental improvido.
>
> (AgRg nos EDcl nos EREsp 833.711/RS, 2ª Seção, j. 25.11.2009, rel. Ministro Sidnei Beneti, DJe 02.12.2009)

No caso, Walter não pactuou comissão de permanência, mas apenas juros remuneratórios de 7% ao mês. Nessa hipótese, não é possível a cobrança pretendida pelo Banco Beta.

Ademais, como se vê pelo mesmo precedente acima transcrito, ainda que fosse pactuada a comissão de permanência, ela não poderia ser cumulada com juros moratórios ou remuneratórios ou com correção monetária. Veja as seguintes Súmulas:

> Súmula nº 30 do STJ: A comissão de permanência e a correção monetária são **inacumuláveis**.
>
> Súmula nº 294 do STJ: Não é potestativa a cláusula contratual que prevê a comissão de permanência, calculada pela taxa média de mercado apurada pelo Banco Central do Brasil, **limitada à taxa do contrato**.
>
> Súmula nº 296 do STJ: Os juros remuneratórios, **não cumuláveis com a comissão de permanência**, são devidos no período de inadimplência, à taxa média de mercado estipulada pelo Banco Central do Brasil, limitada ao percentual contratado.

Assim, ainda que se admitisse o protesto da promissória, são indevidas a exigência da comissão de permanência e a sua cumulação com juros moratórios e remuneratórios e com a correção monetária, o que prejudica a exigibilidade dos valores constantes do título.

Quanto ao aspecto processual, o examinador deixa claro que Walter tem urgência em impedir os efeitos do protesto extrajudicial, "o qual, caso se concretize, poderá causar vultosos prejuízos em seus negócios empresariais, particularmente prejudicando sua participação em licitação privada na qual disputa contrato de R$ 2.000.000,00, a ocorrer em dez dias."

O procedimento ordinário para decretar a nulidade do título, ainda que admita o pedido de antecipação de tutela, pode não ser célere o bastante para evitar os efeitos danosos do protesto indevido.

A providência jurisdicional de **urgência** aplicável à espécie é a **medida cautelar**, que possibilita **suspender os efeitos do protesto**, até que o Juízo decida a ação declaratória principal.

A Medida Cautelar inominada é regulada pelos arts. 796 a 812 do CPC, que representam um roteiro seguro para o candidato.

Não se pode esquecer o pedido de liminar, pois a providência solicitada é inadiável.

É comum que o juiz condicione a concessão da liminar à prestação de caução, nos termos do art. 804 do CPC. Em princípio, pode-se deixar para oferecer a caução posteriormente, caso o magistrado indefira a liminar inicialmente.

Entretanto, como Walter tem grande preocupação em relação ao protesto, parece interessante oferecer, desde a inicial, o depósito do valor correspondente à duplicata, o que torna praticamente certa a concessão da liminar.

A prova documental deve instruir a inicial, nos termos do art. 283 do CPC, de modo que o candidato deve fazer referência à comprovação do protesto e aos acordos firmados com o Banco (documentação anexada à petição).

Finalmente, não se pode esquecer que a ação cautelar é sempre dependente de uma ação principal. É essencial, portanto, fazer referência a ela, e à propositura no prazo máximo de 30 dias contados da efetivação da cautelar, nos termos do art. 806 do CPC.

Com relação à fundamentação, lembre-se da argumentação silogística. Relate os fatos, faça referência ao direito aplicável e conclua a respeito do direito de seu cliente:

1. FATO: o Banco Beta enviou promissória, que fora assinada em branco como garantia de contrato de crédito bancário, a protesto extrajudicial. Houve cumulação de comissão de permanência, não pactuada, com juros e correção monetária;
2. DIREITO: "A nota promissória vinculada a contrato de abertura de crédito não goza de autonomia em razão da iliquidez do título que a originou" (Súmula nº 258 do STJ); é inviável a cobrança de comissão de permanência não pactuada, nem sua cumulação com juros e correção monetária;
3. CONCLUSÃO: **logo, a promissória é inexigível e o protesto, portanto, inviável.**

Vejamos como fica a peça.

Modelo: petição inicial de ação cautelar de sustação de protesto

[o que estiver entre colchetes é apenas nota do autor – não deve constar da peça]

início da peça

Excelentíssimo Senhor Doutor Juiz de Direito da Vara Cível da Comarca de (...)

[deixe espaço de aproximadamente 10 cm, para eventual despacho ou decisão do juiz]

Walter (...), (qualificação completa), residente e domiciliado em (endereço), portador da cédula de identidade (...), inscrito no CPF sob nº (...), por seu advogado que assina esta petição (procuração em anexo), com escritório para recebimento de intimações na (endereço – CPC, art. 39, I) vem, respeitosamente, propor a presente

AÇÃO CAUTELAR DE SUSTAÇÃO DE PROTESTO COM PEDIDO DE LIMINAR

contra o Banco Beta, estabelecido em (endereço), inscrito no CNPJ sob nº ...., nos termos dos arts. 796 a 812 do CPC, pelas razões a seguir aduzidas:

1. DOS FATOS

O requerente celebrou com o requerido, banco Beta, contrato que estabelecia que a instituição financeira disponibilizaria R$ 20.000,00 em sua conta-corrente, por isso cobrando-lhe juros de 7% ao mês.

Adicionalmente, o requerente deixou, com o requerido, garantia consubstanciada em nota promissória assinada em branco, ou seja, sem nela terem sido lançados, na data da emissão, os demais elementos de formalização do valor do crédito, que permaneceram em aberto.

O requerente notou que, após um mês, o requerido cobrou-lhe, lançando valor negativo em sua conta-corrente, o total de R$ 25.000,00, quantia que, por estar acima da soma do principal com a taxa de juros pactuada, ele se recusou a pagar.

O requerido apresentou ao cartório Alfa para protesto por falta de pagamento a nota promissória preenchida no valor de R$ 27.000,00, juntamente com a cópia do contrato.

Constou, ainda, no verso do título de crédito, memória do cálculo utilizado para se chegar à quantia lançada no anverso, presentes naquela memória os seguintes itens, assim nomeados:

a) valor do principal;
b) reajuste monetário;
c) comissão de permanência;
d) multa contratual; e
e) acréscimos moratórios e convencionais.

O requerente opõe-se ao referido protesto, o qual, caso se concretize, poderá causar vultosos prejuízos em seus negócios empresariais, particularmente prejudicando sua participação em licitação privada na qual disputa contrato de R$ 2.000.000,00, a ocorrer em dez dias.

2. DO DIREITO

O requerente apresentará, no prazo do art. 806 do CPC, ação declaratória de inexigibilidade da promissória.

Entretanto, é urgente suspender os efeitos do protesto, sob pena de prejudicar o bom nome do requerente na praça.

Como relatado, caso o protesto se concretize, poderá causar vultosos prejuízos aos negócios empresariais do requerente, particularmente prejudicando sua participação em licitação privada na qual disputa contrato de R$ 2.000.000,00, a ocorrer em dez dias, conforme comprovam os documentos em anexo.

O *periculum in mora* está, portanto, devidamente demonstrado, assim como a necessidade de **liminar**, antes da oitiva da requerente, sob pena de dano irreparável.

Quanto à matéria de fundo, o requerente emitiu, por exigência do requerido, nota promissória em branco, para garantia do contrato de abertura de crédito, conforme comprova a documentação em anexo.

Ocorre que é vedada a possibilidade de o cliente bancário emitir nota promissória com força de título executivo no momento da abertura de crédito, sem indicação exata do valor, nos termos da Súmula nº 258 do STJ:

> Súmula nº 258 do STJ: A nota promissória vinculada a contrato de abertura de crédito não goza de autonomia em razão da iliquidez do título que a originou.

Isso significa que a promissória emitida nessas condições é inexigível e o protesto contra o requerente, portanto, insustentável.

Quanto ao valor cobrado, o entendimento do STJ é pela inviabilidade de cobrança de comissão de permanência, sem que tenha havido pactuação prévia.

No caso, o requerente não pactuou comissão de permanência, mas apenas juros remuneratórios de 7% ao mês, conforme cópia do instrumento contratual em anexo. Nessa hipótese, não é possível a cobrança pretendida pelo requerido.

Ademais, ainda que fosse pactuada a comissão de permanência, ela não poderia ser cumulada com juros moratórios ou remuneratórios ou com correção monetária, nos termos das seguintes Súmulas:

> Súmula nº 30 do STJ: A comissão de permanência e a correção monetária são inacumuláveis.
>
> Súmula nº 294 do STJ: Não é potestativa a cláusula contratual que prevê a comissão de permanência, calculada pela taxa média de mercado apurada pelo Banco Central do Brasil, limitada à taxa do contrato.
>
> Súmula nº 296 do STJ: Os juros remuneratórios, não cumuláveis com a comissão de permanência, são devidos no período de inadimplência, à taxa média de mercado estipulada pelo Banco Central do Brasil, limitada ao percentual contratado.

Assim, ainda que se admitisse o protesto da promissória, a exigência da comissão de permanência e a sua cumulação com juros moratórios e remuneratórios e com a correção monetária prejudicam a exigibilidade dos valores constantes do título.

O *fumus boni iuris* está, portanto, demonstrado.

Os requisitos para a liminar são evidentes, de modo que a prestação de caução parece, com a devida vênia, dispensável.

De qualquer forma, caso Vossa Excelência entenda necessária, o requerente dispõe-se a realizar depósito judicial do valor representado pela duplicata.

3. DO PEDIDO

Por todo o exposto, o requerente pede:

a) a concessão da liminar, antes da oitiva do requerido, para sustação do protesto com expedição de ofício ao Cartório Alfa, sem prestação de caução. Subsidiariamente, caso Vossa Excelência entenda necessária a caução, realizará depósito judicial no valor da nota promissória;

b) a citação do requerido para, querendo, contestar a presente ação no prazo de 5 dias, sob pena de revelia (arts. 802 e 803 do CPC);

c) a produção de todas as provas admitidas pelo Direito;

d) seja a presente ação julgada procedente, confirmando-se a liminar anteriormente concedida e a sustação do protesto até o julgamento da ação principal, que será proposta no prazo legal;

e) a condenação do requerido nas custas e honorários de sucumbência a serem fixados por Vossa Excelência;

Dá-se à causa o valor de R$ 27.000,00 (valor da nota promissória – art. 259, V, do CPC).

Termos em que

Pede Deferimento

(Local), (data)

[não assine, rubrique ou, de outra forma, identifique sua prova!]

____

ADVOGADO (...)

OAB-(Estado) nº (...)

Endereço (...)

fim da peça

(OAB/Exame Unificado – 2008.2 – 2ª fase) PEÇA PROFISSIONAL. Um representante legal de cooperativa de crédito, com sede e principal estabelecimento localizados no Distrito Federal, voltada precipuamente para a realização de mútuo aos seus associados, acaba de saber que o gerente de sucursal localizada em outro estado foi legalmente intimado, há uma semana, por decisão prolatada pelo juízo da cidade de Imaginário, em que se decretou a falência da cooperativa em questão. No caso, um empresário credor de uma duplicata inadimplida no valor total de R$ 11.000,00 requereu, após realizar o protesto ordinário do título de crédito, a falência do devedor, em processo que correu sem defesa oferecida pela mencionada pessoa jurídica. Na decisão, afirma-se que a atividade habitual de empréstimo de dinheiro a juros constitui situação mercantil clássica, sendo, portanto, evidente a natureza empresarial do devedor, e que, em razão da ausência de interesse do réu em adimplir o crédito ou sequer se defender, patente está a sua insolvência presumida. Em face da situação hipotética apresentada, na qualidade de advogado(a) contratado(a) pelo representante legal da mencionada cooperativa de crédito, redija a medida processual cabível para impugnar a decisão proferida.

COMENTÁRIO PRÉVIO

Praticamente cada uma das orações iniciais desse problema apresenta algum vício legal, o que demonstra a necessidade de extrema atenção na leitura.

O examinador chama atenção para o fato de que a sede e principal estabelecimento do devedor localiza-se no Distrito Federal. Por que fez isso?

Perceba que, em seguida, informa que a falência foi decretada pelo juiz da cidade de Imaginário.

Ocorre que a competência jurisdicional para o processo de falência é do juiz do principal estabelecimento do devedor (Distrito Federal), nos termos do art. 3º da Lei 11.101/2005:

> Art. 3º. É competente para homologar o plano de recuperação extrajudicial, deferir a recuperação judicial ou decretar a falência o **juízo do local do principal estabelecimento do devedor** ou da filial de empresa que tenha sede fora do Brasil.

A incompetência absoluta do juiz de Imaginário, portanto, é o primeiro ponto que deve ser levantado pelo candidato.

É interessante notar que a incompetência absoluta pode ser declarada de ofício e alegada em qualquer tempo e grau de jurisdição, mas poderá implicar responsabilidade da cooperativa pelas custas judiciais, por não tê-la apontado na contestação, conforme o art. 113, *caput*, e § 1º, do CPC.

Ainda no início da assertiva, o examinador informa que o devedor é cooperativa de crédito. Isso deve acender uma alerta na mente do estudante: a falência não se aplica a essas instituições!

É interessante lermos com atenção o disposto no art. 2º da Lei 11.101/2005 para habituarmo-nos com esse dispositivo legal, tão importante para a matéria falimentar:

> Art. 2º. Esta Lei não se aplica a:
>
> I - empresa pública e sociedade de economia mista;
>
> II - instituição financeira pública ou privada, **cooperativa de crédito**, consórcio, entidade de previdência complementar, sociedade operadora de plano de assistência à saúde, sociedade seguradora, sociedade de capitalização e outras entidades legalmente equiparadas às anteriores.

Em seguida, vemos que a duplicata inadimplida é de apenas R$ 11.000,00.

EMPRESARIAL

Já estudamos, em outra peça, que o pedido de falência baseado em inadimplência do devedor se dá em duas hipóteses: (a) débito superior a 40 salários mínimos – impontualidade injustificada – ou (b) débito executado judicialmente, sem pagamento, depósito ou penhora a garantir a execução – execução frustrada –, nos termos do art. 94, I e II, da Lei 11.101/2005:

> Art. 94. Será decretada a falência do devedor que:
> I - sem relevante razão de direito, não paga, no vencimento, obrigação líquida materializada em título ou títulos executivos protestados cuja soma ultrapasse o equivalente a 40 (quarenta) salários-mínimos na data do pedido de falência;
> II - executado por qualquer quantia líquida, não paga, não deposita e não nomeia à penhora bens suficientes dentro do prazo legal;
> (...)

Não há informação de que o credor tenha ingressado com execução judicial. Ou seja, a falência foi requerida com base no art. 94, I, da Lei 11.101/2005, acima transcrito.

Ocorre que a impontualidade injustificada deve ser qualificada pelo valor, superior a 40 salários-mínimos na data do pedido de falência, para que a quebra possa ser decretada.

A duplicata inadimplida, já vimos, é de apenas R$ 11.000,00, montante inferior aos 40 salários mínimos, insuficiente para subsidiar o pedido de falência formulado pelo credor.

Há, ainda, outro detalhe, mais difícil de ser detectado (lembre-se de reler o problema com muita atenção!). O examinador informa que o credor realizou "protesto **ordinário** do título de crédito".

O uso do termo "ordinário" é relevante. Isso porque o protesto, para fins de pedido de falência, é "específico", nos termos do art. 94, § 3º, da Lei 11.101/2005:

> Art. 94. Será decretada a falência do devedor que:
> I - sem relevante razão de direito, não paga, no vencimento, obrigação líquida materializada em título ou títulos executivos protestados cuja soma ultrapasse o equivalente a 40 (quarenta) salários-mínimos na data do pedido de falência;
> (...)
> § 3º Na hipótese do inciso I do **caput** deste artigo, o pedido de falência será instruído com os títulos executivos na forma do parágrafo único do art. 9º desta Lei, acompanhados, em qualquer caso, dos respectivos instrumentos de **protesto para fim falimentar nos termos da legislação específica**.
> (...)

Por essa razão, o pedido de falência formulado pelo credor não foi regularmente instruído, o que prejudica a decisão.

Quanto ao aspecto processual, o examinador informa que a falência foi decretada em "processo que correu sem defesa oferecida" pela cooperativa.

Ou seja, não houve contestação. Isso indica que o candidato não irá formular essa peça processual, pois o tempo para isso já passou (houve preclusão).

A decisão que decreta falência é interlocutória (não termina o processo) e, como tal, é impugnada por agravo de instrumento, nos termos do art. 100 da Lei 11.101/2005:

> Art. 100. Da decisão que decreta a falência cabe agravo, e da sentença que julga a improcedência do pedido cabe apelação.

A seguir, o estudante deve ler com atenção as disposições dos arts. 522 a 529 do CPC, que regulam os agravos. Trata-se de roteiro detalhado para a confecção da peça!

Em regra, o agravo fica retido nos autos, para ser apreciado junto com a apelação. Como a cooperativa tem urgência em afastar os efeitos da decretação de falência, deverá interpô-lo diretamente no Tribunal de Justiça, na forma de instrumento, justificando a necessidade de conhecimento imediato do pleito recursal, conforme o art. 522 do CPC:

> Art. 522. Das decisões interlocutórias caberá agravo, no prazo de 10 (dez) dias, na forma retida, **salvo quando se tratar de decisão suscetível de causar à parte lesão grave e de difícil reparação**, bem como nos casos de inadmissão da apelação e nos relativos aos efeitos em que a apelação é recebida, quando será admitida a sua interposição por instrumento.
>
> Parágrafo único. O agravo retido independe de preparo.

Perceba, portanto, que candidato deve pedir expressamente o conhecimento imediato do agravo de instrumento, para que o relator no Tribunal não o converta em agravo retido, conforme o art. 527, II, do CPC:

> Art. 527. Recebido o agravo de instrumento no tribunal, e distribuído incontinenti, o relator:
>
> (...)
>
> II - converterá o agravo de instrumento em agravo retido, **salvo quando se tratar de decisão suscetível de causar à parte lesão grave e de difícil reparação**, bem como nos casos de inadmissão da apelação e nos relativos aos efeitos em que a apelação é recebida, mandando remeter os autos ao juiz da causa;
>
> (...)

O candidato deve também pedir a antecipação dos efeitos da tutela pretendida, nos termos do art. 527, III, do CPC:

> Art. 527. Recebido o agravo de instrumento no tribunal, e distribuído incontinenti, o relator:
>
> (...)
>
> III - poderá atribuir efeito suspensivo ao recurso (art. 558), ou deferir, em antecipação de tutela, total ou parcialmente, a pretensão recursal, comunicando ao juiz sua decisão;
>
> (...)

Isso porque a decretação de falência traz graves consequências para a vida empresarial, podendo inviabilizar totalmente as atividades da cooperativa de crédito. É preciso, portanto, que o Tribunal suspenda imediatamente seus efeitos.

O art. 527 ainda nos lembra de pedir a intimação (não é citação!) do agravado, para responder (inciso V).

A oitiva do Ministério Público, que, pela praxe forense, atua como fiscal da lei em processos de falência é providência a cargo do juiz, embora seja conveniente que o advogado formule o pedido nesse sentido, evitando posteriores pleitos de nulidade (art. 527, VI, do CPC, c/c o art. 99, XIII, da Lei 11.101/2005.

EMPRESARIAL

O art. 525, I, do CPC, lista os documentos essenciais, que devem obrigatoriamente formar o instrumento de agravo, além da comprovação do recolhimento das custas (§ 1º):

> Art. 525. A petição de agravo de instrumento será instruída:
>
> I - obrigatoriamente, com cópias da decisão agravada, da certidão da respectiva intimação e das procurações outorgadas aos advogados do agravante e do agravado;
>
> II - facultativamente, com outras peças que o agravante entender úteis.
>
> § 1º. Acompanhará a petição o comprovante do pagamento das respectivas custas e do porte de retorno, quando devidos, conforme tabela que será publicada pelos tribunais.
>
> (...)

É interessante que o candidato faça referência a esses documentos obrigatórios, além de documentos facultativos que fundamentem seu pedido (cópia dos estatutos da cooperativa, do instrumento de protesto ordinário etc.).

Com relação à fundamentação, lembre-se da argumentação silogística. Relate os fatos, indique o direito aplicável e conclua a respeito do direito de seu cliente:

1. FATO: o juiz da Comarca de Imaginário decretou a falência de cooperativa de crédito, com estabelecimento principal no Distrito Federal, com base na inadimplência de duplicata de R$ 11.000,00, que foi objeto de protesto ordinário;
2. DIREITO: a competência jurisdicional para o pedido de falência é do juiz do local do principal estabelecimento do devedor. A cooperativa de crédito não se sujeita à falência. A inadimplência que permite o pedido deve se referir a valor superior a 40 salários mínimos. O título deve ser objeto de protesto específico;
3. CONCLUSÃO: **logo, o juízo que decretou a falência é incompetente e o pedido formulado pelo credor não preenchia os requisitos legais para ser provido.**

Vejamos como fica a peça.

Modelo: agravo de instrumento com pedido de antecipação de tutela

[o que estiver entre colchetes é apenas nota do autor – não deve constar da peça]

início da peça

Excelentíssimo Senhor Doutor Desembargador Presidente do Tribunal de Justiça de (...)

[deixe espaço de aproximadamente 10 cm, para eventual despacho ou decisão do desembargador]

Cooperativa de crédito (...), (qualificação completa), com sede e principal estabelecimento em (endereço), no Distrito Federal, inscrita no CNPJ sob nº (...), por seu advogado que assina esta petição (procuração em anexo), com escritório para recebimento de intimações na (endereço), vem, respeitosamente, interpor este

AGRAVO DE INSTRUMENTO COM PEDIDO DE ANTECIPAÇÃO DE TUTELA

contra (nome e qualificação do credor), estabelecido em (endereço), inscrito no CNPJ sob nº (...), em face da r. decisão do D. Juízo da (...) Vara Cível da Comarca de Imaginário, exarado às fls. (...) dos autos do pedido de falência nº (...), que decretou a falência da agravante, com fulcro nos arts. 524 e seguintes do Código de Processo Civil, pelas razões adiante aduzidas.

Este instrumento é formado com cópias da decisão agravada, da certidão da respectiva intimação, das procurações outorgadas aos advogados do agravante e comprovante das custas recolhidas (**peças obrigatórias** – art. 525, I e § 1º, do CPC), além de cópia dos estatutos da agravante, da duplicata e do instrumento de protesto que instruíram o pedido de falência (**peças facultativas** – art. 525, II, do CPC). *[é interessante a juntada, como peças facultativas, dos documentos que fundamentam o pedido de reforma da decisão agravada]*

1. DOS FATOS

Um representante legal da agravante, que é cooperativa de crédito com sede e principal estabelecimento localizados no Distrito Federal, voltada precipuamente para a realização de mútuo aos seus associados, tomou conhecimento que o gerente de sucursal localizada em outro Estado foi legalmente intimado, há uma semana, por decisão prolatada pelo juízo da cidade de Imaginário, em que se decretou a falência da cooperativa.

No caso, o agravado, que é empresário credor de uma duplicata inadimplida no valor total de R$ 11.000,00, requereu, após realizar o protesto ordinário do título de crédito, a falência do agravante, em processo que correu sem defesa oferecida pela cooperativa.

Na decisão, afirma-se que a atividade habitual de empréstimo de dinheiro a juros constitui situação mercantil clássica, sendo, portanto, evidente a natureza empresarial do devedor, e que, em razão da ausência de interesse do réu em adimplir o crédito ou sequer se defender, patente está a sua insolvência presumida.

2. DO CABIMENTO DO AGRAVO DE INSTRUMENTO

A decisão agravada pode causar lesão grave e de difícil reparação, como adiante se demonstrará, razão pela qual o presente agravo não pode ficar retido nos autos, devendo, com a devida vênia, ser conhecido por esse egrégio Tribunal, conforme os arts. 522, *caput*, e 527, II, do CPC.

De fato, os efeitos da decretação de falência inviabilizarão as atividades da agravante, talvez de modo irreversível.

3. DO DIREITO

Não decidiu com o costumeiro acerto o D. Juízo *a quo*.

Como relatado, a sede e principal estabelecimento do devedor localiza-se no Distrito Federal, conforme comprova a documentação que forma este instrumento.

A falência foi decretada pelo juiz da cidade de Imaginário.

Ocorre que a competência jurisdicional para o processo de falência é do juiz do principal estabelecimento do devedor (Distrito Federal), nos termos do art. 3º da Lei 11.101/2005:

> Art. 3º É competente para homologar o plano de recuperação extrajudicial, deferir a recuperação judicial ou decretar a falência o **juízo do local do principal estabelecimento do devedor** ou da filial de empresa que tenha sede fora do Brasil.

O juiz de Imaginário é, portanto, absolutamente incompetente para analisar o pedido de falência formulado contra a agravante, o que prejudica irremediavelmente a decisão impugnada.

Ademais, é incontroverso que a agravante é cooperativa de crédito, conforme cópia dos estatutos em anexo. É cediço que essa espécie de instituição financeira não se sujeita ao procedimento falimentar, por expressa disposição do art. 2º, II da Lei 11.101/2005:

EMPRESARIAL

> Art. 2º Esta Lei não se aplica a:
>
> (...)
>
> II - instituição financeira pública ou privada, **cooperativa de crédito**, consórcio, entidade de previdência complementar, sociedade operadora de plano de assistência à saúde, sociedade seguradora, sociedade de capitalização e outras entidades legalmente equiparadas às anteriores.

Como se não bastasse esses vícios que afastam a validade da decisão agravada, a duplicata inadimplida, que subsidia o pedido de falência, é de apenas R$ 11.000,00, conforme cópia que forma este instrumento.

Sabe-se que a quebra baseada em inadimplência do devedor se dá em duas hipóteses: (a) débito superior a 40 salários mínimos – impontualidade injustificada – ou (b) débito executado judicialmente, sem pagamento, depósito ou penhora a garantir a execução – execução frustrada –, nos termos do art. 94, I e II, da Lei 11.101/2005:

> Art. 94. Será decretada a falência do devedor que:
>
> I - sem relevante razão de direito, não paga, no vencimento, obrigação líquida materializada em título ou títulos executivos protestados cuja soma ultrapasse o equivalente a 40 (quarenta) salários-mínimos na data do pedido de falência;
>
> II - executado por qualquer quantia líquida, não paga, não deposita e não nomeia à penhora bens suficientes dentro do prazo legal;
>
> (...)

Não há execução judicial promovida pelo credor contra a agravante. Ou seja, a falência foi requerida com base no art. 94, I, da Lei 11.101/2005, acima transcrito.

Ocorre que a impontualidade injustificada deve ser qualificada pelo valor, superior a 40 salários mínimos na data do pedido de falência, para que a quebra possa ser decretada.

A duplicata inadimplida, como visto, é de apenas R$ 11.000,00, montante inferior aos 40 salários mínimos, insuficiente para subsidiar o pedido de falência formulado pelo credor.

Finalmente, houve simples protesto **ordinário** do título de crédito, conforme cópia do instrumento em anexo.

Descumpriu-se, portanto, o requisito do protesto específico para fins de falência, previsto no art. 94, § 3º, da Lei 11.101/2005:

> Art. 94. Será decretada a falência do devedor que:
>
> I - sem relevante razão de direito, não paga, no vencimento, obrigação líquida materializada em título ou títulos executivos protestados cuja soma ultrapasse o equivalente a 40 (quarenta) salários-mínimos na data do pedido de falência;
>
> (...)
>
> § 3º Na hipótese do inciso I do **caput** deste artigo, o pedido de falência será instruído com os títulos executivos na forma do parágrafo único do art. 9º desta Lei, acompanhados, em qualquer caso, dos respectivos instrumentos de **protesto para fim falimentar nos termos da legislação específica**.
>
> (...)

Assim, o pedido de falência formulado pelo credor não foi regularmente instruído, o que também prejudica a decisão.

Por todas essas razões (incompetência absoluta do juízo, impossibilidade de falência da devedora, baixo valor do débito inadimplido e falta de protesto específico), a decisão agravada não pode subsistir.

4. DA ANTECIPAÇÃO DE TUTELA

Configurada a verossimilhança do alegado, pelo exposto acima, e evidente o risco de dano irreparável, conforme indicado a seguir, é essencial a antecipação dos efeitos da tutela recursal pelo D. Relator, nos termos do art. 527, III, do CPC, para que sejam imediatamente suspensos os efeitos da falência decretada.

Sabe-se que a decretação de falência equivale à "morte" da sociedade, prejudicando quase que absolutamente suas atividades.

A demora na reforma da decisão agravada pode prejudicar a efetividade do acórdão a ser proferido pelo Tribunal de Justiça, tornando irreversíveis os prejuízos causados à agravante.

Por essas razões, deve ser, com a devida vênia, concedida a antecipação dos efeitos da tutela recursal pretendida.

5. DO PEDIDO

Por todo o exposto, o agravante requer:

a) seja o presente agravo de instrumento recebido pelo D. Relator, deferindo-se a tutela antecipada para suspensão dos efeitos da decretação de falência;

b) a intimação do procurador da agravada, no endereço (...) para, querendo, responder a este recurso no prazo legal;

c) que a Colenda Câmara, ao final, julgue procedente este agravo de instrumento, para confirmar a tutela antecipada e anular definitivamente a decretação de falência.

Termos em que
Pede Deferimento
(Local), (data)

[não assine, rubrique ou, de outra forma, identifique sua prova!]

____

ADVOGADO (...)
OAB-(Estado) nº (...)
Endereço (...)

fim da peça

(OAB/Exame Unificado – 2008.3 – 2ª fase) PEÇA PROFISSIONAL. João e Carlos são administradores da Snob Veículos Importados S.A., pessoa jurídica com capital social de R$ 1.500.000,00 e com domicílio na cidade de Goiânia – GO. João, acionista da companhia, no último exercício social, praticou vários atos contrários à lei e ao estatuto da sociedade empresária, além de cometer atos culposos e dolosos. Contratada empresa de auditoria, foi constatado que João causara prejuízos à referida sociedade por comprar veículo por valor superior ao de mercado, vender veículos, a prazo, a terceiros, sem cláusula de atualização monetária, por vender veículos com prejuízo, utilizar bens da sociedade para uso particular e usar recursos da companhia para manutenção de bens particulares. Carlos, amigo íntimo de João, mesmo tendo tomado conhecimento de todos os atos ilícitos perpetrados, não tomou qualquer atitude em relação aos fatos: não informou os demais dirigentes da companhia nem tentou impedir as práticas de João. Instalada assembleia geral, foi decidido que a companhia não promoveria ação de responsabilidade contra João. Contudo, Marcos e Sandoval, acionistas que representam 15%

do capital social, ajuizaram ação de reparação de danos contra João e Carlos, a fim de verem reparados os prejuízos causados à Snob Veículos Importados S.A. Em sede de contestação, os réus alegaram a ilegitimidade ativa ad causam de Marcos e Sandoval; a ilegitimidade passiva de Carlos, por ele não ter praticado qualquer ato ilícito; a ilegalidade da conduta de Marcos e Sandoval, que promoverem a ação de reparação de danos a despeito da decisão da assembleia geral. Arguiram, ainda, que os pedidos insertos na petição inicial seriam incertos e indeterminados e que não teriam sido praticados quaisquer atos ilícitos por parte dos administradores. Assim, o juízo competente determinou aos autores que se manifestassem, no prazo de 10 dias. Considerando a situação hipotética apresentada, na qualidade de advogado(a) constituído(a) por Marcos e Sandoval, elabore a peça profissional que entender cabível para a defesa dos interesses de seus clientes, abordando, com fulcro na doutrina e na jurisprudência, todos os aspectos de direito material e processual pertinentes.

COMENTÁRIO PRÉVIO

Marcos e Sandoval movem ação de reparação de danos contra os administradores João e Carlos. Houve contestação e o juiz pede que os autores se manifestem a respeito dela.

Trata-se de **réplica**, em que os autores devem rebater especificamente os argumentos aduzidos na contestação e têm a oportunidade de reiterar o pleito inicial. Não se deve inovar na argumentação, com as exceções do art. 303 do CPC.

É comum o juiz determinar a oitiva do autor nos casos em que o réu suscita fatos impeditivos, modificativos ou extintivos do direito do autor, nos termos do art. 326 do CPC:

> Art. 326. Se o réu, reconhecendo o fato em que se fundou a ação, outro lhe opuser impeditivo, modificativo ou extintivo do direito do autor, este será ouvido no prazo de 10 (dez) dias, facultando-lhe o juiz a produção de prova documental.

No caso do Exame da OAB, o candidato deve se ater estritamente às informações dadas pelo examinador, sob pena de extrapolar os limites do problema e prejudicar sua resposta.

A contestação dos réus trouxe os seguintes argumentos:

a) ilegitimidade ativa *ad causam* de Marcos e Sandoval;

b) ilegitimidade passiva de Carlos, por ele não ter praticado qualquer ato ilícito;

c) ilegalidade da conduta de Marcos e Sandoval, que promoveram a ação de reparação de danos a despeito da decisão da assembleia geral;

d) os pedidos insertos na petição inicial seriam incertos e indeterminados e não teriam sido praticados quaisquer atos ilícitos por parte dos administradores.

Como dito, cabe ao candidato rebater especificamente esses argumentos.

Quanto à (a) legitimidade ativa dos autores e (c) legalidade de sua conduta, de fato compete à companhia, em princípio, propor a ação de responsabilidade contra os administradores, conforme deliberação em assembleia-geral – art. 159, § 4º, da Lei das Sociedades Anônimas (Lei 6.404/1976).

Caso a ação não seja proposta no prazo de três meses da deliberação, qualquer acionista poderá fazê-lo.

O examinador informa que a assembleia deliberou não propor ação contra João. Presume-se que tampouco decidiu responsabilizar o outro administrador.

Ocorre que, nessa hipótese de a assembleia-geral deliberar contra a ação, ela poderá ser proposta por acionistas que representem pelo menos 5% do capital social, nos termos do art. 159, § 4º, da Lei das Sociedades Anônimas:

> Art. 159. Compete à companhia, mediante prévia deliberação da assembleia-geral, a ação de responsabilidade civil contra o administrador, pelos prejuízos causados ao seu patrimônio.
>
> (...)
>
> § 4º. Se a assembleia deliberar não promover a ação, poderá ela ser proposta por acionistas que representem 5% (cinco por cento), pelo menos, do capital social.
>
> (...)

Marcos e Sandoval representam 15% do capital social, o que comprova sua legitimidade ativa *ad causam.* Esse fato deve ter sido comprovado documentalmente, na petição inicial.

Quanto à (b) ilegitimidade passiva de Carlos, embora os atos ilícitos tenham sido cometidos diretamente por João, houve conivência ou, pelo menos, inércia do administrador, o que gera sua responsabilidade, nos termos do art. 158, § 1º, da Lei das Sociedades Anônimas:

> Art. 158. O administrador não é pessoalmente responsável pelas obrigações que contrair em nome da sociedade e em virtude de ato regular de gestão; responde, porém, civilmente, pelos prejuízos que causar, quando proceder:
>
> I - dentro de suas atribuições ou poderes, com culpa ou dolo;
>
> II - com violação da lei ou do estatuto.
>
> § 1º. O administrador não é responsável por atos ilícitos de outros administradores, **salvo se com eles for conivente, se negligenciar em descobri-los ou se, deles tendo conhecimento, deixar de agir para impedir a sua prática**. Exime-se de responsabilidade o administrador dissidente que faça consignar sua divergência em ata de reunião do órgão de administração ou, não sendo possível, dela dê ciência imediata e por escrito ao órgão da administração, no conselho fiscal, se em funcionamento, ou à assembleia-geral.
>
> (...)

O administrador Carlos, "amigo íntimo de João, mesmo tendo tomado conhecimento de todos os atos ilícitos perpetrados, não tomou qualquer atitude em relação aos fatos: não informou os demais dirigentes da companhia nem tentou impedir as práticas de João." Passa, por essa a razão, a responder pelos ilícitos de João.

Finalmente, os réus afirmaram, na contestação, que (d) "os pedidos insertos na petição inicial seriam incertos e indeterminados e que não teriam sido praticados quaisquer atos ilícitos por parte dos administradores".

Cabe ao candidato demonstrar que os ilícitos foram devidamente apontados na inicial, de forma objetiva, e que os documentos disponíveis, que comprovam os fatos, foram juntados pelos autores, em conformidade com o art. 283 do CPC:

> Art. 283. A petição inicial será instruída com os documentos indispensáveis à propositura da ação.

Ademais, se houver controvérsia quanto a esses fatos, o juiz poderá deferir os pedidos de dilação probatória para dirimir a dúvida.

EMPRESARIAL

Pelo que foi relatado pelo examinador, foram indicados objetivamente diversos ilícitos, que implicam violação da lei e dos estatutos e, portanto, responsabilidade dos administradores. Foram atos culposos e dolosos que causaram prejuízos à companhia, quais sejam:

– comprar veículo por valor superior ao de mercado;

– vender veículos, a prazo, a terceiros, sem cláusula de atualização monetária;

– vender veículos com prejuízo;

– utilizar bens da sociedade para uso particular; e

– usar recursos da companhia para manutenção de bens particulares.

Esses são, portanto, os argumentos contrários à contestação dos réus.

Vejamos como fica a petição.

Modelo: réplica

[o que estiver entre colchetes é apenas nota do autor – não deve constar da peça]

início da peça

Excelentíssimo Senhor Doutor Juiz de Direito da Vara Cível da Comarca de Goiânia/GO

[deixe espaço de aproximadamente 10 cm, para eventual despacho ou decisão do juiz]

Marcos (...) e Sandoval (...), já qualificados nos autos, por seu advogado que assina esta petição (procuração em anexo), nos autos da ação de reparação de danos que movem contra João (...) e Carlos (...), vêm, respeitosamente, apresentar esta

RÉPLICA

à contestação, considerando o despacho de Vossa Excelência à fl. (...), pelas seguintes razões:

1. DOS FATOS

Os réus são administradores da Snob Veículos Importados S.A., pessoa jurídica com capital social de R$ 1.500.000,00 e com domicílio na cidade de Goiânia – GO.

O réu João, acionista da companhia, no último exercício social, praticou vários atos contrários à lei e ao estatuto da sociedade empresária, além de cometer atos culposos e dolosos.

Contratada empresa de auditoria, foi constatado que o réu João causara prejuízos à referida sociedade por comprar veículo por valor superior ao de mercado, vender veículos, a prazo, a terceiros, sem cláusula de atualização monetária, por vender veículos com prejuízo, utilizar bens da sociedade para uso particular e usar recursos da companhia para manutenção de bens particulares.

O réu Carlos, amigo íntimo de João, mesmo tendo tomado conhecimento de todos os atos ilícitos perpetrados, não tomou qualquer atitude em relação aos fatos: não informou os demais dirigentes da companhia nem tentou impedir as práticas de João.

Instalada assembleia-geral, foi decidido que a companhia não promoveria ação de responsabilidade contra o réu João.

Contudo, os autores, acionistas que representam 15% do capital social, ajuizaram a presente ação de reparação de danos contra os réus João e Carlos, a fim de verem reparados os prejuízos causados à Snob Veículos Importados S.A.

Em sede de contestação, os réus alegaram a ilegitimidade ativa *ad causam* dos autores; a ilegitimidade passiva de Carlos, por ele não ter praticado qualquer ato ilícito; a ilegalidade da conduta dos autores, que promoverem a ação de reparação de danos a despeito da decisão da assembleia-geral. Arguiram, ainda, que os pedidos insertos na petição inicial seriam incertos e indeterminados e que não teriam sido praticados quaisquer atos ilícitos por parte dos administradores.

Vossa Excelência determinou aos autores que se manifestassem, no prazo de 10 dias.

2. DO DIREITO

Como relatado, os réus alegaram, em sua contestação, o seguinte:

a) ilegitimidade ativa *ad causam* de Marcos e Sandoval;
b) ilegitimidade passiva de Carlos, por ele não ter praticado qualquer ato ilícito;
c) ilegalidade da conduta de Marcos e Sandoval, que promoveram a ação de reparação de danos a despeito da decisão da assembleia-geral;
d) os pedidos insertos na petição inicial seriam incertos e indeterminados e não teriam sido praticados quaisquer atos ilícitos por parte dos administradores.

Quanto à (a) legitimidade ativa dos autores e (c) legalidade de sua conduta, de fato compete à companhia, em princípio, propor a ação de responsabilidade contra os administradores, conforme deliberação em assembleia-geral.

Como visto, a assembleia deliberou não propor ação contra o réu João.

Ocorre que, nessa hipótese de a assembleia-geral deliberar contra a ação, ela poderá ser proposta por acionistas que representem pelo menos 5% do capital social, nos termos do art. 159, § 4º, da Lei das Sociedades Anônimas (Lei 6.404/1976):

> Art. 159. Compete à companhia, mediante prévia deliberação da assembleia-geral, a ação de responsabilidade civil contra o administrador, pelos prejuízos causados ao seu patrimônio.
> (...)
> § 4º. Se a assembleia deliberar não promover a ação, poderá ela ser proposta por acionistas que representem 5% (cinco por cento), pelo menos, do capital social.
> (...)

Os autores representam 15% do capital social, conforme comprova a documentação que instruiu a inicial, o que demonstra sua legitimidade ativa *ad causam.*

Quanto à (b) ilegitimidade passiva do réu Carlos, embora os atos ilícitos tenham sido cometidos diretamente pelo réu João, houve conivência ou, pelo menos, inércia do administrador, conforme comprova a documentação que instruiu a inicial, o que gera sua responsabilidade, nos termos do art. 158, § 1º, da Lei das Sociedades Anônimas:

> Art. 158. O administrador não é pessoalmente responsável pelas obrigações que contrair em nome da sociedade e em virtude de ato regular de gestão; responde, porém, civilmente, pelos prejuízos que causar, quando proceder:
> I - dentro de suas atribuições ou poderes, com culpa ou dolo;
> II - com violação da lei ou do estatuto.
> § 1º. O administrador não é responsável por atos ilícitos de outros administradores, **salvo se com eles for conivente, se negligenciar em descobri-los ou se, deles tendo conhecimento, deixar de agir para impedir a sua prática**. Exime-se de responsabilidade o administrador dissidente que faça consignar sua divergência em ata de reunião do órgão de administração ou, não sendo possível, dela dê ciência imediata e por escrito ao órgão da administração, no conselho fiscal, se em funcionamento, ou à assembleia-geral.
> (...)

O réu Carlos, amigo íntimo de João, mesmo tendo tomado conhecimento de todos os atos ilícitos perpetrados, não tomou qualquer atitude em relação aos fatos: não informou os demais dirigentes da companhia nem tentou impedir as práticas de João. Passa, por essa a razão, a responder pelos ilícitos cometidos.

Finalmente, os réus afirmaram, na contestação, que (d) "os pedidos insertos na petição inicial seriam incertos e indeterminados e que não teriam sido praticados quaisquer atos ilícitos por parte dos administradores".

Na verdade, os ilícitos foram devidamente apontados na inicial, de forma objetiva, e comprovados pela documentação que instruiu o pedido. Implicam violação da lei e dos estatutos e, portanto, responsabilidade dos administradores. Foram atos culposos e dolosos que causaram prejuízos à companhia, quais sejam:

– comprar veículo por valor superior ao de mercado;
– vender veículos, a prazo, a terceiros, sem cláusula de atualização monetária;
– vender veículos com prejuízo;
– utilizar bens da sociedade para uso particular; e
– usar recursos da companhia para manutenção de bens particulares.

Caso Vossa Excelência entenda que há controvérsia quanto a esses fatos, poderá, com a devida vênia, deferir os pedidos de dilação probatória para dirimir a dúvida.

3. DO PEDIDO

Diante do exposto, os autores reiteram os pedidos formulados na petição inicial, especialmente quanto à condenação dos réus à indenização pelos danos causados à companhia.

Termos em que
Pede Deferimento
(Local), (data)

[não assine, rubrique ou, de outra forma, identifique sua prova!]

____

ADVOGADO (...)
OAB-(Estado) nº (...)
Endereço (...)

fim da peça

(OAB/Exame Unificado – 2009.1 – 2ª fase) PEÇA PROFISSIONAL. A BW Segurança Ltda. firmou com o Banco Reno S.A. contrato de confissão de dívidas, devidamente assinado por duas testemunhas, obrigando-se a efetuar o pagamento da importância de R$ 40.000,00. O instrumento foi firmado na cidade de Taguatinga, no Distrito Federal, local que as partes elegeram como foro competente para dirimir eventuais questões advindas do negócio jurídico. Em garantia ao cumprimento da avença, foi firmada nota promissória vinculada ao referido contrato, tendo Plínio, administrador da BW Segurança Ltda., avalizado o referido título de crédito, sem obtenção de qualquer vantagem decorrente desse ato. O devedor principal não cumpriu o avençado, tendo o credor deixado que transcorresse o prazo para a propositura da ação cambial. Em face dessa situação hipotética, na qualidade de procurador(a) do Banco Reno S.A., proponha a medida judicial que entender cabível para a defesa dos interesses da instituição, com fundamento na matéria de direito aplicável ao caso, apresentando todos os requisitos legais pertinentes.

COMENTÁRIO PRÉVIO

O examinador relata a existência de um contrato de confissão de dívida, assinado por duas testemunhas, em que a BW Segurança Ltda. compromete-se a pagar R$ 40.000,00 ao Banco Reno S.A.

Perceba que esse documento particular é título executivo extrajudicial, nos termos do art. 585, II, do CPC:

> Art. 585. São títulos executivos extrajudiciais:
>
> I - a letra de câmbio, a nota promissória, a duplicata, a debênture e o cheque;
>
> II - a escritura pública ou outro documento público assinado pelo devedor; **o documento particular assinado pelo devedor e por duas testemunhas**; o instrumento de transação referendado pelo Ministério Público, pela Defensoria Pública ou pelos advogados dos transatores;
>
> (...)

Assim, o contrato de confissão de dívida é, por si só, documento que pode ensejar a execução contra a devedora.

Entretanto, o examinador faz referência a um segundo título executivo extrajudicial, previsto no art. 585, I, do CPC, acima transcrito: a nota promissória.

A nota promissória traz uma nova obrigação, em relação ao contrato de confissão de dívida, relativa ao aval dado por Plínio, administrador da empresa devedora.

Note que a obrigação de Plínio não é contratual (ele não afiançou, por exemplo, a BW Segurança Ltda. em relação ao contrato de confissão de dívida). Sua obrigação é puramente cambiária.

Em princípio, por conta da promissória, o Banco poderia executar não apenas a BW Segurança Ltda., mas também seu administrador (Plínio).

Ocorre que o credor deixou prescrever a ação cambial. Por essa razão, a promissória perdeu sua característica de título executivo extrajudicial.

O título de crédito prescrito serve, no máximo, como elemento probatório em eventual **ação monitória.** É importante sabermos, entretanto, que a ação monitória presta-se a cobrar a dívida originária, vale dizer, aquela que deu ensejo à emissão do título executivo.

Não se trata, portanto, de se exigir o cumprimento da obrigação cambiária, pois, repito, a ação cambial está prescrita.

Ademais, é preciso lembrar que a obrigação de Plínio (avalista) era estritamente cambiária. Plínio não é parte da relação obrigacional originária, de modo que o Banco perdeu inapelavelmente o direito de cobrar-lhe a dívida.

Perceba que o examinador deixa claro que Plínio avalizou o título "sem obtenção de qualquer vantagem decorrente desse ato", o que confirma que não há obrigação originária em relação ao administrador.

Para que fique claro: com a prescrição da nota promissória, desapareceu a obrigação do avalista (Plínio).

Um caminho possível para a cobrança da dívida seria, já dissemos, a ação monitória.

Entretanto, é preciso reiterar que o contrato firmado pelo devedor e por duas testemunhas vale como título executivo extrajudicial. Assim, é muito mais fácil e célere promover diretamente a **ação de execução por quantia certa contra devedor solvente,** regulada pelos arts. 646 e seguintes do CPC, que devem ser lidos atentamente pelo candidato.

É preciso ler também o disposto no art. 614 do CPC, que indica os requisitos gerais da petição inicial das ações executivas:

> Art. 614. Cumpre ao credor, ao requerer a execução, pedir a citação do devedor e instruir a petição inicial:
>
> I - com o título executivo extrajudicial;
>
> II - com o demonstrativo do débito atualizado até a data da propositura da ação, quando se tratar de execução por quantia certa;
>
> III - com a prova de que se verificou a condição, ou ocorreu o termo (art. 572).

De fato, o candidato deve fazer referência à instrução da inicial com o título executivo original (contrato de confissão de dívida, no caso) e com o demonstrativo do débito atualizado.

No caso das execuções, é importante lembrar que não se aplica a regra geral da citação pelo correio, por ser exceção expressamente prevista no art. 222, *d*, do CPC:

> Art. 222. A citação será feita pelo correio, para qualquer comarca do País, exceto:
>
> a) nas ações de estado;
>
> b) quando for ré pessoa incapaz;
>
> c) quando for ré pessoa de direito público;
>
> d) **nos processos de execução;**
>
> e) quando o réu residir em local não atendido pela entrega domiciliar de correspondência;
>
> f) quando o autor a requerer de outra forma.

Por essa razão, é importante que o candidato peça a citação por oficial de justiça (art. 224 do CPC), fazendo referência ao recolhimento das custas (guia de diligência do oficial de justiça).

No mais, o devedor deverá pagar a dívida em 3 dias, sob pena de penhora e avaliação de bens, a serem realizadas pelo oficial de justiça, munido de segunda via do mesmo mandado de citação, conforme o art. 652, *caput* e § 1º, do CPC.

Caso o executado não seja encontrado, o oficial de justiça realizará o arresto de bens, nos termos do art. 653 do CPC, cabendo ao credor promover a citação por edital, conforme o art. 654 do mesmo Código.

É interessante notar que o credor pode indicar, já na inicial, os bens a serem penhorados, nos termos do art. 652, § 2º, do CPC (muitas vezes, pede-se a penhora eletrônica de depósitos e aplicações bancárias ou de parcela do faturamento da devedora – art. 655, I e VII, do CPC).

O examinador, entretanto, não nos deu qualquer informação a respeito de bens da BW Segurança Ltda., o que impede essa providência pelo candidato (lembre-se que você não deve inovar, em relação aos fatos narrados no problema!).

Finalmente, os honorários serão fixados pelo juiz ao despachar a inicial, observando o art. 20, § 4º, do mesmo CPC.

Eis a estrutura argumentativa (silogismo):

1. FATO: BW Segurança Ltda. inadimpliu contrato de confissão de dívida, assinado também por duas testemunhas, em que se comprometia a pagar R$ 40.000,00 ao Banco Reno S.A.;
2. DIREITO: os contratos devem ser cumpridos. O credor pode executar contrato particular inadimplido, desde que firmado pelo devedor e por duas testemunhas – art. 585, II, do CPC;
3. CONCLUSÃO: **logo, Banco Reno S.A. pode executar judicialmente BW Segurança Ltda., que deve pagar o débito representado pelo contrato inadimplido.**

Vejamos como fica a peça.

Modelo: petição inicial de ação de execução por quantia certa contra devedor solvente

[o que estiver entre colchetes é apenas nota do autor – não deve constar da peça]

início da peça

Excelentíssimo Senhor Doutor Juiz de Direito da Vara Cível de Taguatinga – Distrito Federal

[deixe espaço de aproximadamente 10 cm, para eventual despacho ou decisão do juiz]

Banco Reno S.A., estabelecido em (...), inscrito no CNPJ sob nº (...), por seu advogado que assina esta petição (procuração em anexo), com escritório para recebimento de intimações na (endereço – CPC, art. 39, I) vem, respeitosamente, propor a presente

AÇÃO DE EXECUÇÃO POR QUANTIA CERTA CONTRA DEVEDOR SOLVENTE

contra BW Segurança Ltda., estabelecida em (...), inscrita no CNPJ sob nº (...), nos termos dos arts. 1.102-A a 1.102-C do CPC, pelas razões a seguir aduzidas:

1. DOS FATOS

A executada firmou com o exequente contrato de confissão de dívidas, devidamente assinado por duas testemunhas, obrigando-se a efetuar o pagamento da importância de R$ 40.000,00.

O instrumento foi firmado na cidade de Taguatinga, no Distrito Federal, local que as partes elegeram como foro competente para dirimir eventuais questões advindas do negócio jurídico.

Em garantia ao cumprimento da avença, foi firmada nota promissória vinculada ao referido contrato, tendo Plínio, administrador da executada, avalizado o referido título de crédito, sem obtenção de qualquer vantagem decorrente desse ato.

O devedor principal não cumpriu o avençado, tendo o exequente deixado que transcorresse o prazo para a propositura da ação cambial.

2. DO DIREITO

Como relatado, a executada inadimpliu contrato de confissão de dívida assinado conjuntamente com duas testemunhas, que constitui título executivo extrajudicial, nos termos do art. 585, II, do CPC:

> Art. 585. São títulos executivos extrajudiciais:
>
> (...)
>
> II - a escritura pública ou outro documento público assinado pelo devedor; **o documento particular assinado pelo devedor e por duas testemunhas**; o instrumento de transação referendado pelo Ministério Público, pela Defensoria Pública ou pelos advogados dos transatores;
>
> (...)

A dívida é vencida e exigível, pois não está sujeita a qualquer condição. Tampouco há razão juridicamente válida para a executada opor-se ao imediato pagamento.

Para fazer prova do seu direito, o exequente instrui a inicial com o instrumento de contrato de confissão de dívida e com o demonstrativo do débito atualizado até a data da propositura da ação, nos termos do art. 614 do CPC.

Ademais, junta a promissória que, apesar de prescrita, confirma a liquidez e certeza do crédito consubstanciado no contrato de confissão de dívida.

Estão preenchidos, portanto, os requisitos para a execução por quantia certa contra devedor solvente.

Por essas razões, deve ser determinado o pagamento da dívida no prazo legal, sob pena de constrição dos bens necessários à satisfação do direito do exequente.

3. DO PEDIDO

Por todo o exposto, o exequente requer:

a) a citação do executado por oficial de justiça (guia de diligência recolhida, juntada aos autos) para que pague a dívida no valor de (...) (R$ 40.000,00 com os acréscimos, conforme demonstrativo em anexo) no prazo de 3 dias, sob pena de penhora e avaliação de bens; e

b) condenação da executada aos honorários sucumbenciais a serem fixados por Vossa Excelência.

Dá-se à causa o valor de R$ (...) (valor da execução que, no caso, corresponde a R$ 40.000,00 com os acréscimos, conforme o demonstrativo que instrui a inicial).

Termos em que
Pede Deferimento
Taguatinga/DF, (data)

[não assine, rubrique ou, de outra forma, identifique sua prova!]

____
ADVOGADO (...)
OAB-(Estado) nº (...)
Endereço (...)

fim da peça

(OAB/Exame Unificado – 2009.2 – 2ª fase) PEÇA PROFISSIONAL. Amin e Carla são sócios da A&C Engenharia Ltda., pessoa jurídica que, em 26.11.2008, teve falência decretada pela Vara de Falências e Concordatas do Distrito Federal, tendo o juízo competente fixado o termo legal da falência em 20.11.2007. Pedro, administrador judicial da massa falida da A&C Engenharia Ltda., tomou conhecimento que Amin, à época em que este praticava atos concernentes à administração da sociedade, transferira, em 05.12.2007, a título gratuito, um automóvel, de propriedade da sociedade empresária, a sua irmã, Fabiana, o que causou prejuízos à massa falida. Em face dos referidos fatos, Pedro decidiu promover medida judicial visando à revogação da doação praticada por Amin, com o objetivo de preservar os interesses da sociedade e dos credores. Considerando a situação hipotética apresentada, na qualidade de advogado(a) contratado(a) por Pedro, redija a medida judicial cabível para a referida revogação, com fundamento na matéria de direito aplicável ao caso, apresentando todos os requisitos legais pertinentes.

COMENTÁRIO PRÉVIO

A doação do automóvel para Fabiana é ineficaz perante a massa falida.

De fato, independentemente do termo legal ("período suspeito") ou da intenção das partes, qualquer prática de ato gratuito, desde 2 anos antes da decretação da falência, é ineficaz perante a massa falida, nos termos do art. 129, IV, da Lei 11.101/2005:

> Art. 129. São ineficazes em relação à massa falida, tenha ou não o contratante conhecimento do estado de crise econômico-financeira do devedor, seja ou não intenção deste fraudar credores:
>
> (...)
>
> IV - a prática de atos a título gratuito, desde 2 (dois) anos antes da decretação da falência;
>
> (...)
>
> Parágrafo único. A ineficácia poderá ser declarada de ofício pelo juiz, alegada em defesa ou pleiteada mediante ação própria ou incidentalmente no curso do processo.

Amin doou o automóvel da sociedade à sua irmã, Fabiana, aproximadamente 1 ano antes da decretação de falência. O ato é, por essa razão, ineficaz em relação à massa falida.

Perceba que a ação prevista no art. 129, parágrafo único, da Lei 11.101/2005, não é a revocatória (não se pede revogação de ato), mas simples ação (inominada) declaratória de ineficácia do ato perante a massa falida.

A rigor, nesses casos previstos no art. 129 da Lei 11.101/2005, nem sequer é necessária a propositura de ação própria, já que a ineficácia pode ser pleiteada incidentalmente no curso do processo falimentar ou até mesmo ser declarada de ofício pelo juiz, conforme o parágrafo único do dispositivo.

Entretanto, o candidato deve estar atento ao problema proposto! O examinador afirma que "Pedro decidiu promover **medida judicial visando à revogação** da doação praticada por Amin". Ademais, determina que o candidato "redija a medida judicial cabível para a referida **revogação**".

Ora, a "medida judicial visando à revogação" é exatamente a **ação revocatória,** prevista no art. 130 da Lei 11.101/2005.

Por essa razão, o candidato deverá, necessariamente, elaborar a petição inicial da ação revocatória, para não se afastar da orientação do examinador.

É importante sabermos que a revocatória pressupõe "atos praticados com a intenção de prejudicar credores, provando-se o conluio fraudulento entre o devedor e o terceiro que com ele contratar e o efetivo prejuízo sofrido pela massa falida" (art. 130 da Lei 11.101/2005), o que levará à revogação da doação do automóvel de Amin para sua irmã.

Embora o examinador não fale expressamente em conluio fraudulento entre Amin e Fabiana (o problema indica apenas que houve prejuízo à massa), a doação do automóvel da sociedade, 15 dias após o termo legal da falência, é forte indicativo nesse sentido, o que atrai o art. 130 da Lei 11.101/2005:

> Art. 130. São revogáveis os atos praticados com a intenção de prejudicar credores, provando-se o conluio fraudulento entre o devedor e o terceiro que com ele contratar e o efetivo prejuízo sofrido pela massa falida.

A ação revocatória, que corre perante o juízo da falência (Vara de Falências e Concordatas do Distrito Federal), segue o procedimento ordinário do Código de Processo Civil, nos termos do art. 134 da Lei 11.101/2005:

> Art. 134. A ação revocatória correrá perante o juízo da falência e obedecerá ao procedimento ordinário previsto na Lei nº 5.869, de 11 de janeiro de 1973 – Código de Processo Civil.

Assim, devemos reler com atenção o disposto no art. 282 do CPC, para relembrarmos dos requisitos essenciais para a petição inicial.

Reiteramos a necessidade de instruir a inicial com a prova documental, nos termos do art. 283 do CPC. O candidato deve fazer referência, portando, à documentação comprobatória da decretação de falência, da doação realizada e da identificação do veículo.

A identificação do bem, com os respectivos registros e prova da alienação, é essencial. Embora o examinador faça apenas referência genérica ao automóvel, o candidato deverá indicar, em sua peça, esses dados (com espaços em branco, sem inventar informação! – veja no modelo).

É interessante salientar que Pedro tem legitimidade ativa para a demanda, na condição de administrador judicial, nos termos do art. 132 da Lei 11.101/2005:

> Art. 132. A ação revocatória, de que trata o art. 130 desta Lei, deverá ser proposta pelo administrador judicial, por qualquer credor ou pelo Ministério Público no prazo de 3 (três) anos contado da decretação da falência.

Quanto à legitimidade passiva, Amin e sua irmã serão réus, nos termos do art. 133, I, da Lei 11.101/2005:

> Art. 133. A ação revocatória pode ser promovida:
>
> I - contra todos os que figuraram no ato ou que por efeito dele foram pagos, garantidos ou beneficiados;
>
> (...)

Por se tratar de bem que pode ser facilmente alienado pela irmã de Amin, é interessante pedir o sequestro preventivo do bem, nos termos do art. 137 da Lei 11.101/2005:

> Art. 137. O juiz poderá, a requerimento do autor da ação revocatória, ordenar, como medida preventiva, na forma da lei processual civil, o sequestro dos bens retirados do patrimônio do devedor que estejam em poder de terceiros.

A decretação do sequestro é regulada pelos arts. 822 a 825 do CPC.

Finalmente, o pedido é de revogação da doação, conforme o art. 130 da Lei 11.101/2005, (no caso, poderia ser a declaração de ineficácia da doação perante a massa, nos termos do art. 129, parágrafo único, mas, lembre-se, o examinador fala em **revogação**) e retorno do automóvel à massa falida, conforme o art. 135 da mesma Lei:

> Art. 135. A sentença que julgar procedente a ação revocatória determinará o retorno dos bens à massa falida em espécie, com todos os acessórios, ou o valor de mercado, acrescidos das perdas e danos.
>
> Parágrafo único. Da sentença cabe apelação.

Com relação à fundamentação, lembre-se da argumentação silogística. Relate os fatos, faça referência ao direito aplicável e conclua a respeito do direito de seu cliente:

1. FATO: Amin, sócio e administrador da A&C Engenharia Ltda. doou automóvel da sociedade à sua irmã, Fabiana, 15 dias após o termo legal da falência e aproximadamente um ano antes da decretação da quebra;

2. DIREITO: são revogáveis os atos praticados com a intenção de prejudicar credores, provando-se o conluio fraudulento entre o devedor e o terceiro que com ele contratar e o efetivo prejuízo sofrido pela massa falida (art. 130 da Lei 11.101/2005). Os atos a título gratuito, praticados desde dois anos antes da decretação da quebra, não têm eficácia em relação à massa falida (art. 129 da mesma Lei);
3. CONCLUSÃO: a doação do automóvel à Fabiana não tem eficácia perante a massa falida e pode ser revogada.

Vejamos como fica a peça.

Modelo: petição inicial de ação revocatória

[o que estiver entre colchetes é apenas nota do autor – não deve constar da peça]

início da peça

Excelentíssimo Senhor Doutor Juiz de Direito da Vara de Falências e Concordatas do Distrito Federal

[deixe espaço de aproximadamente 10 cm, para eventual despacho ou decisão do juiz]

Pedro (...), (qualificação completa), portador da cédula de identidade RG (...), inscrito no CPF sob nº (...), residente e domiciliado em (endereço), administrador judicial da massa falida da A&C Engenharia Ltda., cujo processo falimentar corre perante esse D. Juízo sob o número (...), por seu advogado que assina esta petição (procuração em anexo), com escritório para recebimento de intimações na (endereço – CPC, art. 39, I), vem, respeitosamente, propor a presente

AÇÃO REVOCATÓRIA COM PEDIDO DE SEQUESTRO PREVENTIVO

contra Amin (...), (qualificação completa), portador da cédula de identidade RG (...), inscrito no CPF sob nº (...), residente e domiciliado em (endereço), e Fabiana (...), (qualificação completa), portadora da cédula de identidade RG (...), inscrita no CPF sob nº (...), residente e domiciliada em (endereço), nos termos do art. 130 da Lei 11.101/2005, pelas razões a seguir aduzidas:

1. DOS FATOS

Os réus Amin e Carla são sócios da A&C Engenharia Ltda., pessoa jurídica que, em 26.11.2008, teve falência decretada pelo D. Juízo desta Vara de Falências e Concordatas do Distrito Federal, tendo sido fixado o termo legal da falência em 20.11.2007, conforme a documentação em anexo.

O autor, administrador judicial da massa falida da A&C Engenharia Ltda., tomou conhecimento que o réu Amin, à época em que este praticava atos concernentes à administração da sociedade, transferira, em 05.12.2007, a título gratuito, um automóvel, de propriedade da sociedade empresária, à sua irmã, a ré Fabiana, o que causou prejuízos à massa falida.

Eis os dados de identificação do veículo, conforme a documentação em anexo:

– (marca, modelo);

– (placa);

– (número de registro).

Em face dos referidos fatos, o autor decidiu promover a presente medida judicial visando à revogação da doação praticada pelo réu Amin, com o objetivo de preservar os interesses da sociedade e dos credores.

2. DO DIREITO

Como relatado, o réu Amin, na qualidade de sócio gerente da A&C Engenharia Ltda. doou automóvel da sociedade à sua irmã, a ré Fabiana, em 05.12.2007, 15 dias após o termo legal da falência (20.11.2007) e aproximadamente um ano antes da decretação da quebra (26.11.2008).

É cediço que qualquer prática de ato gratuito, desde 2 anos antes da decretação da falência, é ineficaz perante a massa falida, nos termos do art. 129, IV, da Lei 11.101/2005:

> Art. 129. São ineficazes em relação à massa falida, tenha ou não o contratante conhecimento do estado de crise econômico-financeira do devedor, seja ou não intenção deste fraudar credores:
>
> (...)
>
> IV - a prática de atos a título gratuito, desde 2 (dois) anos antes da decretação da falência;
>
> (...)
>
> Parágrafo único. A ineficácia poderá ser declarada de ofício pelo juiz, alegada em defesa ou pleiteada mediante ação própria ou incidentalmente no curso do processo.

A doação do automóvel é, por essa razão, ineficaz em relação à massa falida.

Ademais, a doação realizada 15 dias após o termo legal da falência faz supor a intenção de prejudicar credores, por meio do conluio entre os réus, com prejuízo para a massa falida, o que atrai o art. 130 da Lei 11.101/2005:

> Art. 130. São revogáveis os atos praticados com a intenção de prejudicar credores, provando-se o conluio fraudulento entre o devedor e o terceiro que com ele contratar e o efetivo prejuízo sofrido pela massa falida.

Também por essa razão é cabível a revogação da doação realizada.

O autor tem legitimidade ativa para a demanda revocatória, na condição de administrador judicial, nos termos do art. 132 da Lei 11.101/2005:

> Art. 132. A ação revocatória, de que trata o art. 130 desta Lei, deverá ser proposta pelo administrador judicial, por qualquer credor ou pelo Ministério Público no prazo de 3 (três) anos contado da decretação da falência.

A legitimidade passiva dos réus é evidenciada pelo fato de serem as pessoas diretamente envolvidas na doação, nos termos do art. 133, I, da Lei 11.101/2005:

> Art. 133. A ação revocatória pode ser promovida:
>
> I - contra todos os que figuraram no ato ou que por efeito dele foram pagos, garantidos ou beneficiados;
>
> (...)

Assim, a presente ação deve ser acolhida por esse D. Juízo, para revogar a doação do automóvel.

3. DO SEQUESTRO

Para garantir a efetividade do provimento jurisdicional, é necessário o sequestro preventivo do bem, nos termos do art. 137 da Lei 11.101/2005:

> Art. 137. O juiz poderá, a requerimento do autor da ação revocatória, ordenar, como medida preventiva, na forma da lei processual civil, o sequestro dos bens retirados do patrimônio do devedor que estejam em poder de terceiros.

A ineficácia da doação do automóvel foi comprovada de plano, considerando que ocorreu aproximadamente 1 ano antes da decretação de falência (art. 129, IV, da Lei 11.101/2005).

O *periculum in mora* decorre da natureza do bem (automóvel), que é facilmente alienado no mercado.

Não se trata de resguardar apenas o direito da massa falida, mas também evitar que terceiros sejam prejudicados pela eventual aquisição de bem que não pertence à ré.

4. DO PEDIDO

Por todo o exposto, o autor requer:

a) seja ordenado o sequestro preventivo do automóvel doado à ré Fabiana,

b) seja determinada a citação dos réus para, querendo, contestarem a presente demanda no prazo legal (art. 297 do CPC), sob pena de revelia (art. 285 do CPC);

c) a produção de todas as provas admitidas pelo Direito;

d) seja, ao final, decretada a revogação da doação e determinado o retorno definitivo do automóvel à massa falida, conforme o art. 135 da Lei 11.101/2005; e

e) a condenação dos réus ao pagamento das custas processuais e dos honorários de sucumbência a serem fixados por Vossa Excelência (art. 20 do CPC);

Dá-se à causa o valor de R$ (...) (valor do automóvel).

Termos em que

Pede Deferimento

(Local), (data)

[não assine, rubrique ou, de outra forma, identifique sua prova!]

ADVOGADO (...)

OAB-(Estado) nº (...)

Endereço (...)

fim da peça

(OAB/Exame Unificado – 2009.3.2 – 2ª fase) PEÇA PROFISSIONAL. Jorge Luís e Ana Cláudia são casados no regime de comunhão parcial de bens desde 1979. Em 17.08.2005, sem que Ana Cláudia ficasse sabendo ou concordasse, Jorge Luís, em garantia de pagamento de contrato de compra e venda de um automóvel adquirido de Rui, avalizou nota promissória emitida por Laura, sua colega de trabalho com quem mantinha caso extraconjugal. O vencimento da nota promissória estava previsto para 17.09.2005. Vencida e não paga a nota promissória, o título foi regularmente apontado para protesto. Após inúmeras tentativas de recebimento amigável do valor, Rui promoveu, contra Laura e Jorge Luís, em 12.12.2008, a execução judicial do título, com fundamento nos artigos 566, 580, 585, inciso I, e 586 do CPC. Os réus foram regularmente citados e, não havendo pagamento, foram penhoradas duas salas comerciais de propriedade de Jorge Luís adquiridas na constância do seu casamento. Inconformada, Ana Cláudia procurou a assistência de profissional da advocacia, pretendendo alguma espécie de defesa, em seu exclusivo nome, para livrar os bens penhorados da constrição judicial, ou, ao menos, parte deles, visto que haviam sido adquiridos com o esforço comum do casal.

Em face dessa situação hipotética, redija, na condição de advogado(a) constituído(a) por Ana Cláudia, a peça processual adequada para a defesa dos interesses de sua cliente, apresentando, para tanto, todos os argumentos e fundamentos necessários.

COMENTÁRIO PRÉVIO

A execução foi promovida exclusivamente contra Laura e Jorge Luís. Ou seja, Ana Cláudia, sua cliente, não é parte na demanda.

Isso já deve acender uma luz para o candidato: o terceiro (que não é parte) opõe-se à turbação ou ao esbulho na posse de seus bens, decorrente de apreensão judicial, por meio de embargos de terceiro.

Ainda que não nos lembremos dos detalhes, basta consultar o Código de Processo Civil para verificarmos que há previsão expressa em relação ao cônjuge que pretende defender sua meação (art. 1.046, § 3º):

> Art. 1.046. Quem, não sendo parte no processo, sofrer turbação ou esbulho na posse de seus bens por ato de apreensão judicial, em casos como o de penhora, depósito, arresto, sequestro, alienação judicial, arrecadação, arrolamento, inventário, partilha, poderá requerer lhe sejam manutenidos ou restituídos por meio de embargos.
>
> § 1º. Os embargos podem ser de terceiro senhor e possuidor, ou apenas possuidor.
>
> § 2º. Equipara-se a terceiro a parte que, posto figure no processo, defende bens que, pelo título de sua aquisição ou pela qualidade em que os possuir, não podem ser atingidos pela apreensão judicial.
>
> § 3º. Considera-se também terceiro o cônjuge quando defende a posse de bens dotais, próprios, reservados ou de sua meação.

Trata-se de petição inicial (art. 1.050 do CPC), de modo que o candidato deve atender às exigências específicas já analisadas, em especial aquelas previstas no art. 282 do CPC.

A inicial será acompanhada de prova sumária da posse e da qualidade de terceiro (não se esqueça de fazer referência a isso!), com documentos e, se for o caso, rol de testemunhas (art. 1.050 do CPC).

É importante que o advogado deixe claro que Ana Cláudia é dona e possuidora do bem penhorado, pois o esbulho ou a turbação da posse é o fundamento básico dos embargos de terceiro (art. 1.046, *caput*, do CPC).

O prazo é de até 5 dias depois da arrematação, adjudicação ou remição, mas antes da assinatura da respectiva carta (art. 1.048 do CPC). Há notícia apenas da penhora das salas, de modo que não haverá problema quanto a isso.

Ainda quanto à peça, é importante salientar que os embargos de terceiro serão distribuídos por dependência à execução e autuados separadamente (art. 1.049 do CPC). Lembre-se de que Ana Cláudia é a embargante e Rui, o embargado.

Quanto ao mérito, há duas linhas argumentativas que podem ser trilhadas por Ana Cláudia:

– pode opor-se a toda a pretensão do exequente; e/ou

– pode apenas proteger seu patrimônio (sua meação).

Pela eventualidade, o bom advogado irá argumentar sucessivamente nos dois sentidos, como veremos a seguir.

Chama a atenção, inicialmente, a demora para a propositura da execução.

A promissória venceu em 17.09.2005, mas Rui somente promoveu a cobrança judicial em 12.12.2008, mais de 3 anos depois, portanto.

É interessante lembrarmos os prazos prescricionais relativos à letra de câmbio previstos no art. 70 da Lei Uniforme – LU, aplicáveis à promissória por força de seu art. 77:

Prazos prescricionais – art. 70 da Lei Uniforme	
Contra o devedor principal – aceitante da letra e emitente da promissória – e seus avalistas	3 anos a contar do vencimento
Contra os codevedores – endossantes e contra o sacador	1 ano do protesto tempestivo, ou da data do vencimento, no caso de título com a cláusula "sem despesas"
Regresso dos endossantes uns contra os outros e contra o sacador	6 meses do dia em que o endossante pagou o título ou em que ele próprio foi acionado (da execução)

Eis, portanto, o primeiro argumento: prescrição contra a devedora principal (Laura, a emitente da promissória) e seu avalista (Jorge Luís, marido de Ana Cláudia).

Perceba que Ana Cláudia não sabia do aval. O candidato deve recordar que o cônjuge deve, em princípio, autorizar a fiança e o aval (outorga uxória ou marital – da esposa ou do marido), nos termos do art. 1.647, III, do CC:

> Art. 1.647. Ressalvado o disposto no art. 1.648, nenhum dos cônjuges pode, sem autorização do outro, exceto no regime da separação absoluta:
>
> (...)
>
> III - prestar fiança ou aval;
>
> (...)

Este é um excelente argumento, que não pode ser desprezado: o aval é nulo, pois não houve autorização da esposa (outorga uxória), considerando que são casados no regime de comunhão parcial de bens.

Veja o seguinte precedente do STJ, em que a exceção à necessidade de outorga foi interpretada restritivamente (apenas aos casos de separação consensual de bens), exigindo-se a autorização do cônjuge em caso de separação obrigatória de bens:

> RECURSO ESPECIAL – AÇÃO ANULATÓRIA DE AVAL – OUTORGA CONJUGAL PARA CÔNJUGES CASADOS SOB O REGIME DA SEPARAÇÃO OBRIGATÓRIA DE BENS – NECESSIDADE – RECURSO PROVIDO.
>
> 1. É necessária a vênia conjugal para a prestação de aval por pessoa casada sob o regime da separação obrigatória de bens, à luz do artigo 1.647, III, do Código Civil.

2. A exigência de outorga uxória ou marital para os negócios jurídicos de (presumidamente) maior expressão econômica previstos no artigo 1.647 do Código Civil (como a prestação de aval ou a alienação de imóveis) decorre da necessidade de garantir a ambos os cônjuges meio de controle da gestão patrimonial, tendo em vista que, em eventual dissolução do vínculo matrimonial, os consortes terão interesse na partilha dos bens adquiridos onerosamente na constância do casamento.

3. Nas hipóteses de casamento sob o regime da separação legal, os consortes, por força da Súmula nº 377 do STF, possuem o interesse pelos bens adquiridos onerosamente ao longo do casamento, razão por que é de rigor garantir-lhes o mecanismo de controle de outorga uxória/marital para os negócios jurídicos previstos no artigo 1.647 da lei civil.

4. Recurso especial provido.

(REsp 1163074/PB, 3ª Turma, j. 15.12.2009, rel. Ministro Massami Uyeda, DJe 04.02.2010)

Também é interessante notar que, nesse precedente, foi decretada a total nulidade do aval. Há entendimento, entretanto, de que a ausência de autorização não invalida a garantia, apenas impede que seja oposto ao cônjuge que não assentiu.

Lembre-se que esta é uma peça judicial (parcialidade), não um parecer (imparcialidade). O advogado deve adotar os melhores argumentos, desde que fundamentados, em defesa dos interesses de seu cliente.

Por essa razão, deve-se pedir o reconhecimento da nulidade do aval e, sucessivamente, nos termos do art. 289 do CPC (caso o pedido de nulidade não seja acatado), requerer o levantamento da penhora pelo menos em relação à meação da esposa.

As salas penhoradas foram adquiridas por Jorge Luís na constância do casamento. Nos termos do art. 1.658 do CC, cabe à esposa (Ana Cláudia), em princípio, metade delas.

Finalmente, deixe claro que há pedidos sucessivos, nos termos do art. 289 do CPC. Ademais, não há condenação, de modo que os honorários serão fixados por equidade (art. 20, § 4º, do CPC – não peça honorários fixados em percentual da condenação).

Com relação à fundamentação, atente-se para a argumentação silogística. Relate os fatos, faça referência ao direito aplicável e conclua a respeito do direito de sua cliente:

1. FATO: foram penhorados bens de Ana Cláudia, por conta de execução movida contra seu marido, mais de 3 anos após o vencimento de promissória, avalizada sem o seu consentimento;
2. DIREITO: o prazo prescricional contra os devedores principais da promissória é de apenas 3 anos. O aval sem outorga uxória é nulo;
3. CONCLUSÃO: logo, a execução é intempestiva ou, sucessivamente, não há como responsabilizar o avalista.

Vejamos como fica a peça.

Modelo: embargos de terceiro

[o que estiver entre colchetes é apenas nota do autor – não deve constar da peça]

início da peça

Excelentíssimo Senhor Doutor Juiz de Direito da Vara Cível da Comarca de (...)

[deixe espaço de aproximadamente 10 cm, para eventual despacho ou decisão do juiz]

Distribuição por dependência à Execução nº (...)

Ana Cláudia (...), (qualificação completa), portadora da cédula de identidade RG (...), inscrita no CPF sob nº (...), residente e domiciliada em (endereço), por seu advogado que assina esta petição (procuração em anexo), com escritório para recebimento de intimações na (endereço – CPC, art. 39, I), vem, respeitosamente, propor os presentes

EMBARGOS DE TERCEIRO

contra Rui (...), (qualificação completa), portador da cédula de identidade RG (...), inscrito no CPF sob nº (...), residente e domiciliado em (endereço), que promove a Execução nº (...) perante esse douto juízo, nos termos dos arts. 1.046 e seguintes do CPC, pelas razões a seguir aduzidas:

1. DOS FATOS

A embargante é casada com Jorge Luís no regime de comunhão parcial de bens desde 1979 (documentos em anexo).

Em 17.08.2005, sem que autora ficasse sabendo ou concordasse, Jorge Luís, em garantia de pagamento de contrato de compra e venda de um automóvel adquirido do embargado, avalizou nota promissória emitida por Laura, sua colega de trabalho com quem mantinha caso extraconjugal (documentos em anexo).

O vencimento da nota promissória estava previsto para 17.09.2005. Vencida e não paga a nota promissória, o título foi apontado para protesto.

Após tentativas de recebimento amigável do valor, o embargado promoveu, contra Laura e Jorge Luís, em 12.12.2008, a execução judicial do título, com fundamento nos arts. 566, 580, 585, inciso I, e 586 do CPC.

Os executados foram citados e, não havendo pagamento, foram penhoradas duas salas comerciais de propriedade de Jorge Luís adquiridas na constância do seu casamento **(documentos em anexo)**.

2. DO DIREITO

Como demonstrado pelos documentos em anexo, a embargante é casada com Jorge Luís (executado) no regime de comunhão parcial de bens.

As salas penhoradas no processo de Execução nº (...), que corre perante esse douto juízo, foram adquiridas por Jorge Luís na constância do casamento, de modo que, nos termos do art. 1.658 do CC, a embargante é proprietária de 50% desses bens.

A documentação que instrui esta inicial comprova que a embargante é senhora e possuidora dos imóveis penhorados (art. 1.046, § 1º, do CPC), de modo que a apreensão judicial implica esbulho de sua posse e, portanto, legitimidade ativa *ad causam* para os presentes embargos de terceiro.

A promissória que instrui a execução venceu em 17.09.2005, mas o embargante somente promoveu a cobrança judicial em 12.12.2008, mais de 3 anos depois, portanto.

Ocorre que o prazo prescricional para a cobrança judicial de promissória contra o devedor principal (Laura) e seu avalista (Jorge Luís) é de apenas 3 anos, nos termos do art. 70 da Lei Uniforme – LU, aplicável às promissórias por força de seu art. 77:

EMPRESARIAL

Artigo 70

Todas as ações contra o aceitante relativas a letras prescrevem em 3 (três) anos a contar do seu vencimento.

(...)

Artigo 77

São aplicáveis às Notas Promissórias, na parte em que não sejam contrárias à natureza deste título, as disposições relativas às letras e concernentes:

(...)

Prescrição (arts. 70 e 71);

(...)

A execução deve, portanto, ser imediatamente extinta, pois ocorreu a prescrição do título de crédito.

Ainda que assim não fosse, é preciso ressaltar que Jorge Luís apôs aval sem consentimento da esposa, o que implica nulidade da garantia, nos termos do art. 1.647, III, do CC:

> Art. 1.647. Ressalvado o disposto no art. 1.648, nenhum dos cônjuges pode, sem autorização do outro, exceto no regime da separação absoluta:
>
> (...)
>
> III - prestar fiança ou aval;
>
> (...)

Caso Vossa Excelência entenda por bem prosseguir com a execução, ultrapassando o argumento da prescrição, é preciso excluir Jorge Luís do polo passivo, considerando a nulidade do aval decorrente da ausência de outorga uxória.

Finalmente, ainda que o aval fosse válido, não há dúvida de que não poderia ser oposto contra a esposa que não consentiu.

Nesse caso, é incontestável que a meação da embargante não pode ser prejudicada, de modo que a penhora deve ser levantada, pelo menos em relação a 50% das salas comerciais.

3. DO PEDIDO

Por todo o exposto, a autora requer:

a) seja determinada a citação do embargado para, querendo, contestar a presente demanda no prazo legal (art. 1.053 do CPC), sob pena de revelia (art. 285 do CPC);

b) a produção de todas as provas admitidas pelo Direito;

c) seja, ao final, dado provimento aos presentes embargos de terceiro para, **sucessivamente** (art. 289 do CPC):

- extinguir a execução por prescrição da promissória ou,
- reconhecer a nulidade do aval por falta de outorga uxória e excluir Jorge Luís do polo passivo da execução ou,
- reconhecer a inoponibilidade do aval contra a embargante, que não consentiu, para que seja levantada a penhora em relação a 50% das salas comerciais.

d) condenar o réu ao pagamento das custas processuais e dos honorários de sucumbência a serem fixados por Vossa Excelência (art. 20 do CPC).

Dá-se à causa o valor de R$ (...) (valor das salas – art. 258 e 259 do CPC).

Termos em que

Pede Deferimento

(Local), (data)

[não assine, rubrique ou, de outra forma, identifique sua prova!]

ADVOGADO (...)
OAB-(Estado) nº (...)
Endereço (...)

fim da peça

(OAB/Exame Unificado – 2010.1 – 2ª fase) A pessoa jurídica Alfa Aviamentos Ltda., domiciliada em Goianésia – GO, celebrou contrato escrito de locação de imóvel não residencial com Chaves Empreendimentos Ltda., por prazo determinado, tendo sido o contrato prorrogado várias vezes, no lapso de mais de sete anos. O valor mensal da locação é de R$ 1.500,00, e Alfa Aviamentos Ltda. exerce sua atividade no respectivo ramo desde a sua constituição, há cerca de dez anos. O contrato de locação findará em 03.05.2011, e os dirigentes da empresa locadora já se manifestaram contrários à renovação do referido contrato.

Em face dessa situação hipotética, na qualidade de advogado(a) contratado(a) por Alfa Aviamentos Ltda., redija a medida judicial cabível para a defesa dos interesses de sua cliente, abordando toda a matéria de direito material e processual aplicável à hipótese.

COMENTÁRIO PRÉVIO

A localização do estabelecimento é elemento essencial para o sucesso da empresa e, por essa razão, representa bem imaterial protegido pela legislação.

De fato, ainda que o imóvel seja alugado, o empresário que o ocupa é, em princípio, o titular desse direito, conhecido como **ponto.**

Nesse sentido, o locatário empresarial tem direito à renovação do aluguel nos termos do art. 51 da Lei 8.245/1991:

> Art. 51. Nas locações de imóveis destinados ao comércio, o locatário terá direito a renovação do contrato, por igual prazo, desde que, cumulativamente:
>
> I - o contrato a renovar tenha sido celebrado por escrito e com prazo determinado;
>
> II - o prazo mínimo do contrato a renovar ou a soma dos prazos ininterruptos dos contratos escritos seja de cinco anos;
>
> III - o locatário esteja explorando seu comércio, no mesmo ramo, pelo prazo mínimo e ininterrupto de três anos.
>
> (...)

Perceba que a leitura do dispositivo legal acima transcrito dá ao candidato um roteiro seguro para elaboração de sua peça, na medida em que indica os três requisitos básicos para o reconhecimento do direito à renovação do aluguel.

A Alfa Aviamentos Ltda. preenche todos eles:

– tem contrato de locação escrito e por tempo determinado;
– a soma dos contratos escritos é superior a 7 anos; e
– explora o mesmo ramo de atividade há cerca de 10 anos.

Ademais, o estudante deve observar atentamente os requisitos específicos para a elaboração da petição inicial, listados no art. 71 da Lei 8.245/1991, e fazer referência a ele em sua peça:

> Art. 71. Além dos demais requisitos exigidos no art. 282 do Código de Processo Civil, a petição inicial da ação renovatória deverá ser instruída com:
>
> I - prova do preenchimento dos requisitos dos incisos I, II e III do art. 51;
>
> II - prova do exato cumprimento do contrato em curso;
>
> III - prova da quitação dos impostos e taxas que incidiram sobre o imóvel e cujo pagamento lhe incumbia;
>
> IV - indicação clara e precisa das condições oferecidas para a renovação da locação;
>
> V - indicação do fiador quando houver no contrato a renovar e, quando não for o mesmo, com indicação do nome ou denominação completa, número de sua inscrição no Ministério da Fazenda, endereço e, tratando-se de pessoa natural, a nacionalidade, o estado civil, a profissão e o número da carteira de identidade, comprovando, desde logo, mesmo que não haja alteração do fiador, a atual idoneidade financeira;
>
> VI - prova de que o fiador do contrato ou o que o substituir na renovação aceita os encargos da fiança, autorizado por seu cônjuge, se casado for;
>
> VII - prova, quando for o caso, de ser cessionário ou sucessor, em virtude de título oponível ao proprietário.
>
> Parágrafo único. Proposta a ação pelo sublocatário do imóvel ou de parte dele, serão citados o sublocador e o locador, como litisconsortes, salvo se, em virtude de locação originária ou renovada, o sublocador dispuser de prazo que admita renovar a sublocação; na primeira hipótese, procedente a ação, o proprietário ficará diretamente obrigado à renovação.

É importante ressaltar que, caso não haja acordo prévio, a locatária deve propor a ação renovatória no período entre 1 ano a até 6 meses antes do final do contrato, sob pena de decadência do direito, conforme o art. 51, § 5º, da Lei 8.245/1991.

Nos termos do art. 58, II, da mesma Lei, a competência jurisdicional é do local da situação do imóvel (no caso, a Vara Cível de Goianésia – GO), exceto se outro for eleito pelo contrato (o que não foi informado pelo examinador).

O valor da causa corresponderá a doze meses de aluguel, ou seja, R$ 18.000,00, conforme o art. 58, III, da Lei 8.245/1991.

Com relação à fundamentação, lembre-se da argumentação silogística. Relate os fatos, faça referência ao direito aplicável e conclua a respeito do direito de seu cliente:

Eis a estrutura da argumentação silogística:

1. FATO: Alfa Aviamentos Ltda. (i) tem contrato de locação escrito e por tempo determinado; (ii) a soma dos contratos escritos é superior a 7 anos; e (iii) explora o mesmo ramo de atividade há cerca de 10 anos;

2. DIREITO: o art. 51 da Lei 8.245/1991 garante a renovação do aluguel, desde que haja contrato escrito por pelo menos 5 anos ininterruptos, com exploração do mesmo ramo de atividade nos últimos 3 anos;

3. CONCLUSÃO: **logo, Alfa Aviamentos Ltda. tem direito à renovação do aluguel.**

Vejamos como fica a peça.

Modelo: ação renovatória de contrato de locação

[o que estiver entre colchetes é apenas nota do autor – não deve constar da peça]

início da peça

Excelentíssimo Senhor Doutor Juiz de Direito da Vara Cível da Comarca de Goianésia – GO

[deixe espaço de aproximadamente 10 cm, para eventual despacho ou decisão do juiz]

Alfa Aviamentos Ltda., estabelecida em (...), inscrita no CNPJ sob nº (...), por seu advogado que assina esta petição (procuração em anexo), com escritório para recebimento de intimações na (endereço – CPC, art. 39, I), vem, respeitosamente, propor a presente

AÇÃO RENOVATÓRIA DE CONTRATO DE LOCAÇÃO

contra Chaves Empreendimentos Ltda., (qualificação completa), estabelecida em (endereço), inscrita no CNPJ sob nº (...), nos termos do art. 51 da Lei 8.245/1991, pelas razões a seguir aduzidas:

1. DOS FATOS

A **autora**, domiciliada em Goianésia – GO, celebrou contrato escrito de locação de imóvel não residencial com **a ré**, por prazo determinado, tendo sido o contrato prorrogado várias vezes, no lapso de mais de sete anos **(documentos em anexo)**. *[lembre-se que os documentos devem instruir a inicial, nos termos do art. 283 do CPC]*

O valor mensal da locação é de R$ 1.500,00 e **a autora** exerce sua atividade no respectivo ramo desde a sua constituição, há cerca de dez anos, **conforme documentação em anexo**.

O contrato de locação findará em 03.05.2011, e os dirigentes da empresa locadora já se manifestaram contrariamente à renovação do referido contrato **(documentos em anexo)**.

2. DO DIREITO

Inicialmente, registre-se que a presente ação é proposta "no interregno de um ano, no máximo, até seis meses, no mínimo, anteriores à data da finalização do prazo do contrato em vigor", de modo que não houve decadência do direito (art. 51, § 5º, da Lei 8.245/1991).

A localização do estabelecimento é elemento essencial para o sucesso da empresa e, por essa razão, representa bem imaterial protegido pela legislação.

De fato, ainda que o imóvel seja alugado, o empresário que o ocupa é, em princípio, o titular desse direito, conhecido como **ponto.**

Nesse sentido, o locatário empresarial tem direito à renovação do aluguel nos termos do art. 51 da Lei 8.245/1991:

> Art. 51. Nas locações de imóveis destinados ao comércio, o locatário terá direito a renovação do contrato, por igual prazo, desde que, cumulativamente:
>
> I - o contrato a renovar tenha sido celebrado por escrito e com prazo determinado;
>
> II - o prazo mínimo do contrato a renovar ou a soma dos prazos ininterruptos dos contratos escritos seja de cinco anos;
>
> III - o locatário esteja explorando seu comércio, no mesmo ramo, pelo prazo mínimo e ininterrupto de três anos.
>
> (...)

A autora preenche todos os requisitos previstos no dispositivo acima transcrito, conforme comprova a documentação em anexo:

– tem contrato de locação escrito e por tempo determinado;
– a soma dos contratos escritos é superior a 7 anos; e
– explora o mesmo ramo de atividade há cerca de 10 anos.

Os demais requisitos para o pleito de renovação do aluguel, previstos no art. 71 da Lei 8.245/1991 também estão preenchidos. Eis o dispositivo legal:

> Art. 71. Além dos demais requisitos exigidos no art. 282 do Código de Processo Civil, a petição inicial da ação renovatória deverá ser instruída com:
>
> I - prova do preenchimento dos requisitos dos incisos I, II e III do art. 51;
>
> II - prova do exato cumprimento do contrato em curso;
>
> III - prova da quitação dos impostos e taxas que incidiram sobre o imóvel e cujo pagamento lhe incumbia;
>
> IV - indicação clara e precisa das condições oferecidas para a renovação da locação;
>
> V - indicação de fiador quando houver no contrato a renovar e, quando não for o mesmo, com indicação do nome ou denominação completa, número de sua inscrição no Ministério da Economia, Fazenda e Planejamento, endereço e, tratando-se de pessoa natural, a nacionalidade, o estado civil, a profissão e o número da carteira de identidade, comprovando, em qualquer caso e desde logo, a idoneidade financeira;
>
> VI - prova de que o fiador do contrato ou o que o substituir na renovação aceita os encargos da fiança, autorizado por seu cônjuge, se casado for;
>
> VII - prova, quando for o caso, de ser cessionário ou sucessor, em virtude de título oponível ao proprietário.
>
> Parágrafo único. Proposta a ação pelo sublocatário do imóvel ou de parte dele, serão citados o sublocador e o locador, como litisconsortes, salvo se, em virtude de locação originária ou renovada, o sublocador dispuser de prazo que admita renovar a sublocação; na primeira hipótese, procedente a ação, o proprietário ficará diretamente obrigado à renovação.

O contrato em curso vem sendo estritamente cumprido, (documentos em anexo). Os impostos que acompanham esta inicial e taxas relativos ao imóvel foram regularmente recolhidos, conforme os comprovantes anexados.

A autora oferece, como condições para a renovação, a manutenção das cláusulas do contrato em vigor (cópia do instrumento contratual em anexo), com a atualização monetária do valor do aluguel pelo índice (...) e prazo de 2 anos.

O fiador atual, cuja idoneidade financeira é comprovada pela documentação em anexo, concorda expressamente em garantir o contrato locatício pelo prazo da renovação, conforme termo juntado a esta petição inicial.

A autora tem direito, portanto, à renovação de seu contrato de aluguel.

Por essas razões, o direito ora pleiteado deve ser reconhecido judicialmente

3. DO PEDIDO

Por todo o exposto, a autora requer:

a) a citação da ré para, querendo, contestar a presente demanda no prazo legal, sob pena de revelia (art. 285 do CPC);
b) a produção de todas as provas admitidas pelo Direito;

c) seja a presente ação julgada procedente e decretada a renovação do aluguel nas condições oferecidas pela autora;

d) a condenação da ré ao pagamento das custas processuais e dos honorários de sucumbência a serem fixados por Vossa Excelência (art. 20 do CPC);

Dá-se à causa o valor de R$ 18.000,00 (correspondente a 12 vezes o aluguel mensal, conforme o art. 58, III, da Lei 8.245/1991).

Termos em que
Pede Deferimento
(Local), (data)

[não assine, rubrique ou, de outra forma, identifique sua prova!]

ADVOGADO (...)
OAB-(Estado) nº (...)
Endereço (...)

fim da peça

GABARITO COMENTADO – CESPE

Deve-se propor ação renovatória, com fulcro nos arts. 51 e ss. da Lei 8.245/1991.

Foro competente: Vara Cível de Goianésia – GO, conforme dispõe o art. 58, II, da Lei 8.245/1991:

> "Ressalvados os casos previstos no parágrafo único do art. 1º, nas ações de despejo, consignação em pagamento de aluguel e acessório da locação, revisionais de aluguel e renovatórias de locação, observar-se-á o seguinte:
>
> (...)
>
> II - é competente para conhecer e julgar tais ações o foro do lugar da situação do imóvel, salvo se outro houver sido eleito no contrato;
>
> (...)."

Demonstração dos requisitos previstos no art. 51 da Lei 8.245/1991: formal (contrato escrito e por prazo determinado); temporal (mínimo de cinco anos de relação contratual contínua); material (mínimo de três anos na exploração de atividade no mesmo ramo). Leia-se o que dispõe o art. 51 da Lei nº 8.245/1991:

> Nas locações de imóveis destinados ao comércio, o locatário terá direito à renovação do contrato, por igual prazo, desde que, cumulativamente:
>
> I - o contrato a renovar tenha sido celebrado por escrito e com prazo determinado;
>
> II - o prazo mínimo do contrato a renovar ou a soma dos prazos ininterruptos dos contratos escritos seja de cinco anos;
>
> III - o locatário esteja explorando seu comércio, no mesmo ramo, pelo prazo mínimo e ininterrupto de três anos.

(...)

§ 5º. Do direito à renovação decai aquele que não propuser a ação no interregno de um ano, no máximo, até seis meses, no mínimo, anteriores à data da finalização do prazo do contrato em vigor.

No art. 71 da mesma lei, são estabelecidos requisitos:

Além dos demais requisitos exigidos no art. 282 do Código de Processo Civil, a petição inicial da ação renovatória deverá ser instruída com:

I - prova do preenchimento dos requisitos dos incisos I, II e III do art. 51;

II - prova do exato cumprimento do contrato em curso;

III - prova da quitação dos impostos e taxas que incidiram sobre o imóvel e cujo pagamento lhe incumbia;

IV - indicação clara e precisa das condições oferecidas para a renovação da locação;

V - indicação do fiador quando houver no contrato a renovar e, quando não for o mesmo, com indicação do nome ou denominação completa, número de sua inscrição no Ministério da Fazenda, endereço e, tratando-se de pessoa natural, a nacionalidade, o estado civil, a profissão e o número da carteira de identidade, comprovando, desde logo, mesmo que não haja alteração do fiador, a atual idoneidade financeira;

VI - prova de que o fiador do contrato ou o que o substituir na renovação aceita os encargos da fiança, autorizado por seu cônjuge, se casado for;

VII - prova, quando for o caso, de ser cessionário ou sucessor, em virtude de título oponível ao proprietário.

Parágrafo único. Proposta a ação pelo sublocatário do imóvel ou de parte dele, serão citados o sublocador e o locador, como litisconsortes, salvo se, em virtude de locação originária ou renovada, o sublocador dispuser de prazo que admita renovar a sublocação; na primeira hipótese, procedente a ação, o proprietário ficará diretamente obrigado à renovação.

Valor da causa: R$ 18.000,00, de acordo com o que dispõe o art. 58 da mencionada lei:

Ressalvados os casos previstos no parágrafo único do art. 1º, nas ações de despejo, consignação em pagamento de aluguel e acessório da locação, revisionais de aluguel e renovatórias de locação, observar-se-á o seguinte:

(...)

III - o valor da causa corresponderá a doze meses de aluguel, ou, na hipótese do inciso II do art. 47, a três salários vigentes por ocasião do ajuizamento;

(...)."

Observação para a correção: atribuir pontuação integral às respostas em que esteja expresso o conteúdo do dispositivo legal, ainda que não seja citado, expressamente, o número do artigo.

(OAB/Exame Unificado – 2010.2 – 2ª fase) A sociedade limitada Som Perfeito Ltda. dedicada ao comércio de aparelhos de som tem 4 sócios, Arlindo, Ximenes, Hermano e Suzana, todos com participação idêntica no capital social e com poder de administração isolada.

A sociedade é reconhecida no mercado por sua excelência no ramo e desfruta de grande fama e prestígio em seu ramo de negócio, tendo recebido vários prêmios de revistas.

Entusiasmado com as novas tecnologias de transmissão de imagem como HDTV, "blue ray" e outras, e entendendo haver sinergias entre esse ramo de comércio e o da sociedade, Ximenes propõe aos sócios que passem, também, a comercializar televisões, aparelhos de DVD e "telões".

Após longa discussão, os demais sócios, contra a opinião de Ximenes, decidiram não ingressar nesse novo ramo de negócio, decisão essa que não foi objeto de ata formal de reunião de sócios, mas foi testemunhada por vários empregados da sociedade e foi também objeto de troca de e-mails entre os sócios.

Um ano depois, com o mercado de equipamentos de imagem muito aquecido, à revelia dos demais sócios, a sociedade, representada por Ximenes, assina um contrato para aquisição de 200 televisões que são entregues 90 dias após. As televisões são comercializadas, mas, devido a diversas condições mercadológicas e, principalmente, à inexperiência da sociedade nesse ramo de negócio, sua venda traz um prejuízo de R$ 135.000,00 para a empresa, conforme indicado por levantamento dos contadores e auditores da sociedade.

Os demais sócios, profundamente irritados com o proceder de Ximenes e com o prejuízo sofrido pela sociedade, procuram um profissional de advocacia, pretendendo alguma espécie de medida judicial contra Ximenes.

Tendo em vista a situação hipotética acima, redija, na condição de advogado(a) constituído(a) pela sociedade, a peça processual adequada para a defesa de sua constituinte, indicando, para tanto, todos os argumentos e fundamentos necessários.

COMENTÁRIO PRÉVIO

Pela leitura do problema, percebe-se que Ximenes foi desleal com os sócios, descumprindo, portanto, um dos mais básicos preceitos societários.

Repare que embora ele tenha poder de decidir isoladamente, não pode fazê-lo contra a vontade da maioria.

O examinador tomou o cuidado de esclarecer que há prova robusta (mensagens eletrônicas e testemunhas) que demonstra a discordância dos demais com a proposta de comercialização de equipamentos de imagem.

Mesmo assim, Ximenes realizou as operações, causando prejuízo à sociedade.

O Código Civil tem dispositivo expresso indicando a responsabilidade do sócio, nessa hipótese:

> Art. 1.013, § 2º Responde por perdas e danos perante a sociedade o administrador que realizar operações, sabendo ou devendo saber que estava agindo em desacordo com a maioria.

Este problema é muito interessante para que o candidato perceba a importância de estudar a letra da lei.

Ainda que não lembre exatamente o conteúdo do dispositivo legal, o estudante preparado deve estar familiarizado com o manuseio do Código Civil e, como isso, saberá localizar os dispositivos que regulam os poderes e responsabilidades dos administradores das sociedades limitadas (arts. 1.010 a 1.021 do Código Civil).

A leitura do art. 1.013, § 2º, do CC, acima transcrito, soluciona o mérito da questão.

Ximenes causou prejuízo à sociedade (Som Perfeito Ltda.) que, é bom lembrar, não se confunde com a pessoa dos sócios. A sociedade é a titular do direito à indenização e, portanto, possui legitimidade ativa processual para a demanda.

Além do dano emergente, indicado pelo examinador, a utilização indevida dos recursos da empresa pode ter impedido que a sociedade realizasse operações lucrativas com equipamentos de som (a atividade normal da empresa).

Nessa hipótese, haveria também direito à indenização por lucros cessantes (art. 402 do CC). O examinador, entretanto, não faz referência a tais prejuízos, de modo que o candidato não deve abordar a questão.

A pretensão é de que Ximenes seja **condenado a reparar o dano,** razão pela qual o candidato deve elaborar petição inicial de ação ordinária indenizatória, observando os requisitos do art. 282 do CPC.

No caso, não há como reverter a aquisição e a venda dos equipamentos, de modo que a reparação se resolve pelo pagamento de indenização em dinheiro, correspondente ao prejuízo causado (= dano emergente relativo à operação com equipamentos de imagem).

Eis a estrutura da argumentação silogística:

1. FATO: o sócio Ximenes causou prejuízo à sociedade limitada, ao realizar operações comerciais contra a vontade da maioria dos sócios;
2. DIREITO: nos termos do art. 1.013, § 2º, "responde por perdas e danos perante a sociedade o administrador que realizar operações, sabendo ou devendo saber que estava agindo em desacordo com a maioria";
3. CONCLUSÃO: **logo, Ximenes deve reparar o dano.**

Vejamos como fica a peça.

Modelo: petição inicial de ação ordinária condenatória

[o que estiver entre colchetes é apenas nota do autor – não deve constar da peça]

início da peça

Excelentíssimo Senhor Doutor Juiz de Direito da Vara Cível da Comarca de (...)

[deixe espaço de aproximadamente 10 cm, para eventual despacho ou decisão do juiz]

Som Perfeito Ltda., estabelecida em (...), inscrita no CNPJ sob nº (...), por seu advogado que assina esta petição (procuração em anexo), com escritório para recebimento de intimações na (endereço – CPC, art. 39, I), vem, respeitosamente, propor a presente

AÇÃO ORDINÁRIA CONDENATÓRIA

contra seu sócio Ximenes (...), (qualificação completa), portador da cédula de identidade RG (...), inscrito no CPF sob nº (...), residente e domiciliado em (endereço), nos termos do art. 282 do CPC, pelas razões a seguir aduzidas:

1. DOS FATOS

A **autora** dedica-se ao comércio de aparelhos de som e tem quatro sócios, Arlindo, Ximenes (réu), Hermano e Suzana, todos com participação idêntica no capital social e com poder de administração isolada.

A **autora** é reconhecida no mercado por sua excelência no ramo e desfruta de grande fama e prestígio em seu ramo de negócio, tendo recebido vários prêmios de revistas.

Entusiasmado com as novas tecnologias de transmissão de imagem como HDTV, "blue ray" e outras, e entendendo haver sinergias entre esse ramo de comércio e o da sociedade, **o réu** propôs aos sócios que passassem, também, a comercializar televisões, aparelhos de DVD e "telões".

Após longa discussão, os demais sócios, contra a opinião **do reú**, decidiram não ingressar nesse novo ramo de negócio, decisão essa que não foi objeto de ata formal de reunião de sócios, mas foi testemunhada por vários empregados da sociedade e foi também objeto de troca de e-mails entre os sócios **(documentos em anexo).** *[lembre-se que os documentos devem instruir a inicial, nos termos do art. 283 do CPC]*

Um ano depois, com o mercado de equipamentos de imagem muito aquecido, à revelia dos demais sócios, a sociedade, representada **pelo autor**, assinou um contrato para aquisição de 200 televisões que foram entregues 90 dias após. As televisões foram comercializadas, mas, devido a diversas condições mercadológicas e, principalmente, à inexperiência da sociedade nesse ramo de negócio, sua venda trouxe um prejuízo de R$ 135.000,00 para a empresa, conforme indicado por levantamento dos contadores e auditores da sociedade **(documentos em anexo).**

2. DO DIREITO

Como relatado, **o réu** foi desleal com os demais sócios, descumprindo, portanto, um dos mais básicos preceitos societários.

Embora ele tenha poder de decidir isoladamente, não pode fazê-lo contra a vontade da maioria. É indiscutível a discordância dos demais sócios em relação à comercialização de equipamentos de imagem.

Isso é comprovado pela troca de e-mails, conforme as cópias juntadas aos autos. A prova documental é suficiente.

Entretanto, caso o réu infirme essa informação e esse douto juízo entenda insuficiente a prova documental, a oitiva de vários empregados da sociedade que presenciaram as discussões e a decisão da maioria resolverá a questão.

O fato é que, apesar da discordância da maioria dos sócios, o réu realizou as operações com equipamentos de imagem, causando prejuízo de R$ 135.000,00 à sociedade, conforme comprova o levantamento dos contadores e auditores (documentação em anexo).

O Código Civil tem dispositivo expresso indicando a responsabilidade do sócio, nessa hipótese:

Art. 1.013, § 2º Responde por perdas e danos perante a sociedade o administrador que realizar operações, sabendo ou devendo saber que estava agindo em desacordo com a maioria.

No caso, como não há como reverter a aquisição e a venda dos equipamentos, de modo que a reparação se resolve pelo pagamento de indenização em dinheiro, correspondente ao prejuízo causado.

O réu deve, portanto, ser condenado ao pagamento de R$ 135.000,00, devidamente corrigidos monetariamente desde a data do dano e acrescidos de juros moratórios a partir da citação (art. 405 do CC).

3. DO PEDIDO

Por todo o exposto, a autora requer:

a) seja determinada a citação do réu para, querendo, contestar a presente demanda no prazo legal (art. 297 do CPC), sob pena de revelia (art. 285 do CPC);
b) a produção de todas as provas admitidas pelo Direito;

EMPRESARIAL

c) seja condenado o réu ao pagamento de indenização pelo prejuízo causado à sociedade, no valor de R$ 135.000,00, devidamente corrigidos monetariamente desde a data do dano e acrescidos de juros moratórios a partir da citação (art. 405 do CC);
d) seja condenado o réu ao pagamento das custas processuais e dos honorários de sucumbência fixados em 20% do valor da condenação (art. 20 do CPC).

Dá-se à causa o valor de R$ 135.000,00 (arts. 258 e 259 do CPC).
Termos em que
Pede Deferimento
(Local), (data)

[não assine, rubrique ou, de outra forma, identifique sua prova!]

____
ADVOGADO (...)
OAB-(Estado) nº (...)
Endereço (...)

fim da peça

GABARITO COMENTADO – FGV

Petição inicial de ação ordinária, tendo como autora a sociedade, com fundamento no art. 1.013, § 2º do CC, contendo o endereçamento adequado, qualificação das partes, narrativa dos fatos e outros requisitos exigidos pelo art. 282 do CPC.

A responsabilidade de Ximenes pelas perdas e danos causadas a sociedade está tipificada no referido art. 1.013, § 2º do CC, assim redigido: "§ 2º - Responde por perdas e danos perante a sociedade o administrador que realizar operações, sabendo ou devendo saber que estava agindo em desacordo com a maioria". No dizer de Sergio Campinho (O direito de empresa. 11. ed., rev. e ampl. Rio de Janeiro: Renovar, 2009. p. 115) "Além de o administrador dever estar adstrito aos limites de seus poderes definidos no ato constitutivo e pautar seus atos de administração com zelo e lealdade, quer a lei que atue, também, no curso da vontade da maioria social. Mesmo que no seu íntimo, com o tino do bom administrador, vislumbre negócio interessante para a sociedade, deverá ele abster-se de sua realização, caso a maioria o reprove."

Deve-se apresentar pedido contendo (i) requerimento de citação do réu e procedência do pedido de condenação do réu ao pagamento dos R$ 135.000,00 de perdas e danos com juros de mora desde a citação (art. 405 do CC); (ii) requerimento de produção de provas (na hipótese de prova testemunhal a apresentação do rol, nos termos do art. 407 do CPC); (iii) a condenação nos honorários de sucumbência e o reembolso das custas e despesas processuais, e; (iv) o valor atribuído à causa.

Distribuição dos pontos

Item	Pontuação	total
Estrutura da petição		1,0
Endereçamento	0 / 0,25	
Qualificação do autor	0 / 0,25	
Qualificação do réu	0 / 0,25	
Exposição dos fatos	0 / 0,25	

Fundamentos jurídicos dos pedidos		
Da devolução dos valores/prejuízos	0 / 0,5 / 1,0	3,0
Das perdas e danos	0 / 0,5	
Nexo causal	0 / 0,5	
Fundamentação legal	0 / 0,5 / 1,0	
Pedidos		
Citação	0 / 0,25	1,0
Procedência / condenação	0 / 0,25	
Acessórios, inclusive honorários	0 / 0,25	
Valor da causa	0 / 0,25	

(OAB/Exame Unificado - 2010.3 - 2ª fase) J.P. Estofador, empresário individual domiciliado na cidade do Rio de Janeiro, é credor, por uma duplicata de prestação de serviços, devidamente aceita, no valor de R$ 10.000,00, vencida e não paga, da sociedade Móveis Paraíso Ltda., relativamente a serviços de estofamento realizados. A falência da devedora foi decretada em 11.02.2009 pelo Juízo da 3ª Vara Empresarial da Comarca da Capital do Estado do Rio de Janeiro. Pouco mais de um ano após a decretação da quebra, dito credor procurou-o(a), como advogado(a), para promover sua habilitação na falência da aludida sociedade empresária, considerando não ter sido observado o prazo estipulado no § 1º do artigo 7º da Lei 11.101/2005.

Com base somente nas informações de que dispõe e nas que podem ser inferidas pelo caso concreto acima, elabore a petição adequada a atender à pretensão de seu cliente.

COMENTÁRIO PRÉVIO

Na falência, cabe ao administrador judicial a verificação dos créditos a serem incluídos no quadro-geral de credores, através da análise da contabilidade do falido e dos documentos que lhe forem apresentados pelos interessados.

Caso o credor não se apresente, ou seja, não habilite seu crédito, no prazo legal, poderá fazê-lo posteriormente, sendo sua habilitação processada nos mesmos moldes da impugnação a crédito já reconhecido. Isso desde que ainda não tenha ocorrido a homologação do quadro-geral de credores. Se esta já tiver acontecido, deve o credor ajuizar ação de rito ordinário pretendendo a retificação do quadro-geral de credores – QGC.

Como a questão não traz esse dado, qualquer das saídas era possível, desde que atendesse a todos os requisitos legais.

A habilitação retardatária impõe quatro desvalias para o credor: não terá direito a voto nas assembleias-gerais, perde o direito aos rateios eventualmente já realizados, fica sujeito ao pagamento de custas processuais e perde o direito aos acessórios (juros e multa, por exemplo) compreendidos entre o término do prazo legal para habilitação e a data do pedido. Sem prejuízo, tem direito à reserva de cota da massa falida objetiva para satisfação de seu crédito.

Não deve o candidato esquecer que, dada a natureza da medida, é necessário atribuir valor à causa, principalmente para embasar o cálculo das custas. É o entendimento da jurisprudência majoritária.

RESOLUÇÃO DA PEÇA PRÁTICO-PROFISSIONAL

[o que estiver entre colchetes é apenas nota do autor – não deve constar da peça]

início da peça

Excelentíssimo Senhor Doutor Juiz de Direito da 3ª Vara Empresarial da Comarca da Capital do Estado do Rio de Janeiro

[deixe espaço de aproximadamente 10 cm, para eventual despacho ou decisão do juiz]

Autos nº .../...
Distribuição por dependência

J.P. ESTOFADOR, empresário individual regularmente inscrito no CNPJ sob o nº (...), sediado em (endereço completo), por meio de seu advogado e bastante procurador que esta subscreve (procuração anexa – Doc. 1), com escritório em (endereço completo), onde receberá quaisquer notificações e intimações, vem, mui respeitosamente, à presença de Vossa Excelência, nos termo dos arts. 9º e 10, § 4º, da Lei nº 11.101/2005, propor

HABILITAÇÃO DE CRÉDITO RETARDATÁRIA

nos autos da falência de MÓVEIS PARAÍSO LTDA., já devidamente qualificada, pelas razões de fato e de direito que passa a expor.

1. DOS FATOS

O Requerente é credor, por uma duplicata de prestação de serviços, devidamente aceita, no valor de R$ 10.000,00, vencida e não paga, da sociedade falida (Doc. 2), relativamente a serviços de estofamento realizados, tendo sido a quebra da devedora decretada por este Egrégio Juízo em 11.02.2009.

Ocorre que, até o presente momento, o Requerente não habilitou seu crédito junto ao juízo universal da falência, estando, portanto, fora do quadro-geral de credores que terão seus créditos satisfeitos.

2. DO DIREITO

Dispõe o art. 7º, § 1º, da Lei nº 11.101/2005 (Lei de Falências) que cabe ao credor da sociedade falida habilitar seu crédito junto ao administrador judicial no prazo de 15 dias, contados da data da publicação do edital contendo a íntegra da decisão que decreta a falência e a lista de credores.

Considerando que o Requerente não cumpriu o prazo estipulado em lei, deve a habilitação de seu crédito ser recebida como habilitação retardatária, nos termos do art. 10 da Lei de Falências, requerendo-se, desde já, a reserva de sua quota da massa falida para satisfação de seu crédito, conforme autorizado pelo § 4º do mesmo art. 10 da lei de regência.

Em cumprimento ao disposto no art. 9º da Lei de Falências, informa ainda o Requerente que o valor de seu crédito de natureza quirografária atualizado até a data da decretação da falência é de R$ (valor atualizado), conforme o demonstrativo de cálculo anexo (Doc. 3), tendo como origem a duplicata mencionada anteriormente emitida por conta de serviços de estofamento devidamente prestados (canhoto da duplicata devidamente assinado – Doc. 4).

3. DO PEDIDO

Ante o exposto, requer:

a) seja reservado valor suficiente da massa falida para satisfação do crédito do Requerente;

b) seja a presente habilitação de crédito retardatária recebida como impugnação, remetendo-a ao administrador judicial para parecer e, após, julgada procedente, incluindo-se o crédito do Requerente no quadro-geral de credores;

c) provar o alegado por todos os meios de prova admitidos em direito, principalmente documental, pericial e testemunhal.

Dá-se à causa o valor de R$ (...) (valor do crédito atualizado).

Termos em que

Pede deferimento.

(Local e data)

[não assine, rubrique ou, de outra forma, identifique sua prova!]

ADVOGADO (...)

OAB-(Estado) nº (...)

Endereço (...)

fim da peça

GABARITO COMENTADO – FGV

Artigo 9º e § 4º do artigo 10 – Lei 11.101/2005, procuração, Código de Processo Civil e estatuto da OAB.

Trata-se de uma habilitação de crédito retardatária. Nela deverão estar contemplados os seguintes requisitos: I - o nome, o endereço do credor e o endereço em que receberá comunicação de qualquer ato do processo; II - o valor do crédito, atualizado até a data da decretação da falência, sua origem e classificação; III - os documentos comprobatórios do crédito e a indicação das demais provas a serem produzidas. Por cuidar-se de habilitação retardatária, deve ser utilizada a faculdade contida no § 4º, do art. 10, da Lei 11.101/2005, concernente ao requerimento da denominada "reserva de quota", para evitar a perda, pelo credor, do direito a rateios que eventualmente se realizem, até o julgamento final da habilitação. Na hipótese de o candidato considerar já ter sido homologado o quadro-geral de credores, deverá elaborar ação de retificação do quadro-geral de credores, seguindo os mesmos critérios acima apontados.

Distribuição dos pontos

Em relação aos itens de correção, assim ficaram divididos:

Item	Pontuação
Endereçamento da petição	0 / 0,45
Indicação de que se trata de habilitação retardatária	0 / 0,5
Qualificação do credor	0 / 0,25
Endereço para receber comunicação	0 / 0,25
Valor do crédito (indicação somente do valor histórico = 0,25 / indicou o valor atualizado até a data de decretação de falência = 0,5)	0 / 0,25 / 0,5

EMPRESARIAL

Origem do título 0,5 = só o título 0,75 = além do título, a origem	0 / 0,5 / 0,75
Classificação do crédito	0 / 0,5
Indicação dos documentos comprobatórios do crédito e das provas a serem produzidas: 0,25 = procuração (1 documento) 0,5 = procuração + título (2 documentos) 0,75 = procuração + título + memória de cálculo (3 documentos) 1,0 = os anteriores + prova da prestação de serviço OU comprovação da regularidade do registro (4 documentos)	0 / 0,25 / 0,5 / 0,75 / 1,0
Requerimento de reserva de quota	0 / 0,8

(OAB/Exame Unificado - 2011.1 - 2ª fase) Indústria de Doces Algodão de Açúcar Ltda., sociedade empresária com sede na Cidade de São Paulo, Estado de São Paulo, é credora da sociedade Sonhos Encantados Comércio de Doces Ltda., domiciliada na Cidade de Petrópolis, Estado do Rio de Janeiro, por meio de uma duplicata de venda de mercadorias, não aceita pela devedora, e vencida em 02.02.2011, no valor de R$ 50.000,00.

Considerando que (i) a recusa do aceite não foi justificada pela sociedade sacada; que (ii) a sacadora protestou o título por falta de pagamento; e que (iii) detém o canhoto da correspondente fatura, assinado por preposto da devedora, dando conta do recebimento da mercadoria, elabore a petição inicial para ação para receber a quantia que melhor se adeque à pretensão do credor no caso relatado. (Valor: 5,0)

COMENTÁRIO PRÉVIO

A questão trata de uma dívida líquida, consubstanciada em título de crédito não prescrito (considerando a data em que a prova foi realizada), vencida e não paga no valor de R$ 50.000,00, isto é, superior a 40 salários mínimos.

Com isso, surge a indagação: deve o candidato propor qual ação judicial? Em princípio, vislumbramos duas alternativas: execução de título extrajudicial ou pedido de falência.

Para solucionar é dúvida, é preciso prestar atenção em dois detalhes. Primeiro, o enunciado não traz a informação de que o título foi protestado para fins falimentares. Como não nos é autorizado a supor ou inventar nada durante a prova, a falta desse requisito afasta a possibilidade do pedido de falência. Segundo, o problema proposto pede que o candidato apresente a ação que "melhor se adeque à pretensão do credor". Ora, se é assim, não há dúvidas que, para o credor, a execução individual é o melhor caminho para o recebimento do crédito, pois não terá de concorrer com outros credores ou superar todo o procedimento compartimentado da falência. Esta somente se recomenda quando não há expectativas do credor em receber sua dívida.

Concluímos, portanto, pelo cabimento da execução de título extrajudicial. Como esta será fundada em uma duplicata, os requisitos da ação executiva devem ser encontrados na Lei 5.474/1968:

> "Art. 15. A cobrança judicial de duplicata ou triplicata será efetuada de conformidade com o processo aplicável aos títulos executivos extrajudiciais, de que cogita o Livro II do Código de Processo Civil, quando se tratar:
> (...)

II - de duplicata ou triplicata não aceita, contanto que, cumulativamente:

a) haja sido protestada;

b) esteja acompanhada de documento hábil comprobatório da entrega e recebimento da mercadoria; e

c) o sacado não tenha, comprovadamente, recusado o aceite, no prazo, nas condições e pelos motivos previstos nos arts. 7º e 8º desta Lei.

Perceba que o enunciado lista, individualmente, todos os requisitos para a execução da duplicata, mencionando que o sacado não justificou a recusa do aceite. Na falta de justificativa, tomamos por base que não ocorreu qualquer das hipóteses autorizadoras da recusa do aceite (não recebimento, avarias, vícios, defeitos ou diferenças nas mercadorias, divergência nos prazos ou preços ajustados).

No mais, a petição inicial da execução é bastante simples, devendo apenas seguir os requisitos do art. 282 do CPC. Sobre a competência, cabe ressaltar que, como o problema não indica o local de pagamento da duplicata, devemos propor a ação no domicílio do devedor, nos termos do art. 17 da Lei 5.474/1968.

RESOLUÇÃO DA PEÇA PRÁTICO-PROFISSIONAL

[o que estiver entre colchetes é apenas nota do autor – não deve constar da peça]

início da peça

Excelentíssimo Senhor Doutor Juiz de Direito de uma das Varas Cíveis da Comarca de Petrópolis - Estado do Rio de Janeiro

[deixe espaço de aproximadamente 10 cm, para eventual despacho ou decisão do juiz]

INDÚSTRIA DE DOCES ALGODÃO DE AÇÚCAR LTDA., sociedade empresária regularmente inscrita no CNPJ sob o nº (...), sediada em (endereço completo), na cidade de São Paulo - SP, por meio de seu advogado e bastante procurador que esta subscreve (procuração anexa – Doc. 1), com escritório em (endereço completo), onde receberá quaisquer notificações e intimações, vem, mui respeitosamente, à presença de Vossa Excelência, nos termos do art. 585, I, do Código de Processo Civil, bem como do art. 15 da Lei 5.474/1968, propor

EXECUÇÃO DE TÍTULO EXTRAJUDICIAL

em face de SONHOS ENCANTADOS COMÉRCIO DE DOCES LTDA., sociedade empresária regularmente inscrita no CNPJ sob o nº (...), sediada em (endereço completo), nesta cidade e comarca de Petrópolis, Estado do Rio de Janeiro, pelas razões de fato e de direito que passa a expor.

1. DOS FATOS

A Exequente é credora da Executada por meio de uma duplicata de venda de mercadorias, não aceita pela devedora, e vencida em 02.02.2011, no valor de R$ 50.000,00 (Doc. 2). Acrescidos dos encargos legais e da correção monetária relativa ao período, o crédito atualmente remonta R$ (...) (memorial de cálculo anexo - Doc. 3).

Cumpre ressaltar que as mercadorias foram devidamente entregues, conforme o canhoto anexo (Doc. 4). Apesar disso, a Executada não justificou a sua recusa em aceitar a duplicata. Aliás, nem teria razão para fazê-lo, considerando que as mercadorias não apresentavam qualquer avaria, vício ou divergência naquilo que foi pactuado.

Após diversas tentativas infrutíferas de conciliação, a Exequente promoveu o protesto do título perante o tabelionato competente (Doc. 5), não lhe restando outro caminho senão a propositura da presente ação.

2. DO DIREITO

Dispõe o art. 15 da Lei 5.474/1968:

> "Art. 15. A cobrança judicial de duplicata ou triplicata será efetuada de conformidade com o processo aplicável aos títulos executivos extrajudiciais, de que cogita o Livro II do Código de Processo Civil, quando se tratar:
>
> (...)
>
> II - de duplicata ou triplicata não aceita, contanto que, cumulativamente:
>
> a) haja sido protestada;
>
> b) esteja acompanhada de documento hábil comprobatório da entrega e recebimento da mercadoria; e
>
> c) o sacado não tenha, comprovadamente, recusado o aceite, no prazo, nas condições e pelos motivos previstos nos arts. 7º e 8º desta Lei."

Como se vê, a Exequente atende a todos os requisitos legais para promover a execução da duplicata, juntando os documentos comprobatórios de sua pretensão.

3. DO PEDIDO

Ante o exposto, serve a presente para requerer:

a) seja a Executada citada para, em três dias, efetuar o pagamento, sob pena de, não o fazendo, ter de imediato tantos bens penhorados quanto bastem para a garantia da dívida (art. 652 do CPC);

b) não sendo encontrados bens penhoráveis, seja a Executada intimada para oferecer bens passíveis de constrição (art. 652, § 3º, do CPC);

c) digne-se Vossa Excelência, nos termos do art. 652-A do CPC, fixar, de plano, os honorários de advogado a serem pagos pelo executado.

Dá-se à causa o valor de R$ (...) (valor do crédito atualizado).

Termos em que

Pede deferimento.

(Local e data)

[não assine, rubrique ou, de outra forma, identifique sua prova!]

____

ADVOGADO (...)

OAB-(Estado) nº (...)

Endereço (...)

fim da peça

GABARITO COMENTADO – FGV

A hipótese contempla a elaboração de petição inicial relativa à ação de execução, porquanto se encontram no enunciado reunidas as condições exigidas pelo art. 15, II, da Lei 5.474/1968 para tal. Desse modo, a pretensão deverá levar em conta os requisitos apontados no indigitado preceito e obedecer ao disposto no art. 282 do CPC e estatuto da OAB.

Distribuição dos pontos

Item	Pontuação
Endereçamento da petição: Vara Cível da Comarca de Petrópolis/RJ	0 / 0,25
Qualificação das partes	0 / 0,25
Demonstração da existência do crédito	0 / 0,5
Fundamentação: demonstração da força executiva com base no art. 15, II, da Lei 5.474/1968 (1,5) e indicação do art. 585, I, do CPC (0,5)	0 / 0,5 / 1,5 / 2,0
Indicação do valor devido mediante referência à planilha de atualização da dívida (art. 614, II, do CPC)	0 / 0,5
Pedido: citação	0 / 0,25
Pedido: efetuar pagamento da dívida (0,5) em três dias (0,25) sob pena de penhora (0,25)	0 / 0,25 / 0,5 / 0,75 / 1,0
Atribuição do valor da causa	0 / 0,25

(OAB/Exame Unificado - 2011.2 - 2ª fase) A Indústria de Solventes Mundo Colorido S.A. requereu a falência da sociedade empresária Pintando o Sete Comércio de Tintas Ltda., com base em três notas promissórias, cada qual no valor de R$ 50.000,00, todas vencidas e não pagas. Das três cambiais que embasam o pedido, apenas uma delas (que primeiro venceu) foi protestada para fim falimentar.

Em defesa, a devedora requerida, em síntese, sustentou que a falência não poderia ser decretada porque duas das notas promissórias que instruíram o requerimento não foram protestadas. Em defesa, requereu o deferimento de prestação de uma caução real, que garantisse o juízo falimentar da cobrança dos títulos.

Recebida a defesa tempestivamente ofertada, o juiz da 4ª Vara Empresarial da Comarca da Capital do Estado do Rio de Janeiro abriu prazo para o credor se manifestar sobre os fundamentos da defesa.

Você, na qualidade de advogado(a) do credor, deve elaborar a peça em que contradite, com o apontamento dos fundamentos legais expressos e os argumentos de defesa deduzidos. (Valor: 5,0)

COMENTÁRIO PRÉVIO

Neste caso, a questão principal é descobrir qual é a peça pertinente de acordo com o momento processual em que estamos.

Se já houve petição inicial e resposta do réu, na qual ele alega fatos extintivos do direito do autor, e o juiz abriu vista para o advogado se manifestar sobre tais argumentos, o advogado do autor deve oferecer a réplica, em consagração ao princípio do contraditório.

A competência é do juiz da causa (4ª Vara Empresarial da Comarca da Capital do Estado do Rio de Janeiro) e não podemos esquecer de mencionar o número dos autos no início da petição, pois não se trata de distribuição, mas sim de protocolo.

Trata-se de um pedido de falência fundado em impontualidade injustificada, instruído com três títulos executivos vencidos e não pagos, porém só um protestado. Cada título soma R$ 50.000,00, mais do que 40 salários mínimos cada um.

A ré, em sua defesa, questiona justamente a falta de protesto para fins falimentares dos outros dois títulos. Ora, neste ponto, ele tem razão. Títulos não protestados não podem dar ensejo à falência (art. 94, § 3º, da Lei de Falências). Porém, um deles foi devidamente protestado e, sozinho, soma mais de 40 salários mínimos. Logo, ainda que se desconsidere os demais, esta nota promissória não foi objeto de impugnação pelo réu e pode, por si, ensejar a decretação da quebra (art. 96, § 2º, da Lei de Falências).

Ademais, requer o réu o depósito de caução para garantia do juízo. Este pleito não encontra qualquer fundamentação legal, pois o pedido de falência não se confunde com a execução singular de credor. A única forma de evitar a decretação da quebra mediante pagamento é o depósito elisivo, previsto no art. 98, parágrafo único, da Lei de Falências, que deve ser realizado no prazo da contestação. Se não foi feito, tal faculdade do réu está preclusa.

RESOLUÇÃO DA PEÇA PRÁTICO-PROFISSIONAL

[o que estiver entre colchetes é apenas nota do autor – não deve constar da peça]

início da peça

Excelentíssimo Senhor Doutor Juiz de Direito da 4ª Vara Empresarial da Comarca da Capital do Estado do Rio de Janeiro

[deixe espaço de aproximadamente 10 cm, para eventual despacho ou decisão do juiz]

Autos nº .../...
Pedido de falência

INDÚSTRIA DE SOLVENTES MUNDO COLORIDO S.A., já qualificada nos autos do pedido de falência em epígrafe que move em face de PINTANDO O SETE COMÉRCIO DE TINTAS LTDA., igualmente já qualificada, vem, por meio de seu advogado constituído, mui respeitosamente, à presença de Vossa Excelência, oferecer

RÉPLICA

aos argumentos deduzidos pela Ré na contestação de fls., não merecendo qualquer deles prosperar, conforme se verá.

1. DOS ARGUMENTOS DA RÉ

Tratam os autos de pedido de falência fundado em impontualidade injustificada no pagamento de três títulos líquidos, com força executiva, cada qual no valor de R$ 50.000,00.

Em defesa, a Requerida, em síntese, sustentou que a falência não poderia ser decretada porque duas das notas promissórias que instruíram o requerimento não foram protestadas. Mais ainda, requereu o deferimento de prestação de uma caução real, que garantisse o juízo falimentar da cobrança dos títulos.

2. DO AFASTAMENTO DOS ARGUMENTOS

As alegações da Ré não encontram respaldo na legislação vigente aplicável ao caso em tela, razão pela qual não merecem prosperar.

Com efeito, ainda que Vossa Excelência acolha o argumento de ausência de protesto em duas das notas promissórias, tal providência não tem o condão de impedir a decretação da falência da Requerida, porquanto resta obrigação não atingida pela defesa. É o que dispõe o art. 96, § 2º, da Lei nº 11.101/2005:

> "Art. 96. (...)
> § 2º. As defesa previstas nos incisos I a VI do caput deste artigo não obstam a decretação da falência se, ao final, restarem obrigações não atingidas pelas defesas em montante que supere o limite previsto naquele dispositivo".

Sendo assim, não se pode evitar a quebra, porque uma das notas promissórias apresentadas está devidamente protestada para fins falimentares e seu valor, sozinho, de R$ 50.000,00, ultrapassa o limite de 40 salários mínimos estabelecido pelo art. 94, I, da Lei 11.101/2005. É, destarte, suficiente para ensejar a falência da Requerida, que não se manifestou sobre essa obrigação.

No mais, o pedido de deferimento por Vossa Excelência de prestação de caução real para garantia do juízo não encontra qualquer amparo legal. Em sede de pedido de falência, a única forma de afastar sua decretação mediante pagamento em juízo é o depósito elisivo, o qual, nos termos do art. 98, parágrafo único, da Lei 11.101/2005, deve ser feito em dinheiro e no prazo da contestação. Por conseguinte, inviável a caução prestada em bens e, uma vez vencido o prazo da resposta, qualquer pretensão neste sentido encontra-se preclusa.

3. DO PEDIDO

Ante o exposto, serve a presente para requerer sejam afastados os argumentos da Ré deduzidos na contestação de fls., prosseguindo-se o processo em seus ulteriores termos e culminando, ao final, com a decretação da falência da Requerida.

Termos em que
Pede deferimento.
(Local e data)

[não assine, rubrique ou, de outra forma, identifique sua prova!]

____

ADVOGADO (...)

OAB-(Estado) nº (...)

Endereço (...)

fim da peça

GABARITO COMENTADO – FGV

O examinando deverá elaborar uma petição simples cuja nomenclatura e/ou conteúdo deve remeter à ideia de refutação à contestação, sendo, contudo, consideradas inadequadas as peças inexistentes no nosso sistema jurídico e também aquelas, cujas nomenclaturas estejam expressamente previstas na legislação e que sejam inaplicáveis à questão, tais como, por exemplo, "apelação" e "agravo de instrumento".

A petição deve ser dirigida ao Juízo da Falência, sendo imprescindível fazer referência à vara (4ª Vara Empresarial) e à comarca (Rio de Janeiro), uma vez que estas informações constam do enunciado da questão. São igualmente indispensáveis o número do processo e a indicação das partes.

Em relação ao primeiro argumento, o candidato deverá mencionar o art. 96, § 2º da Lei 11.101/2005, de acordo com o qual a defesa não obsta a decretação de falência se, ao final, restarem obrigações por ela não atingidas. Assim, a nota promissória protestada para fins falimentares é suficiente para embasar o pedido de falência, já que supera o valor de 40 salários mínimos, atendendo aos requisitos previstos no art. 94, I, da Lei 11.101/2005.

O segundo argumento, por sua vez, é refutado por meio do art. 98, parágrafo único, da Lei 11.101/2005, que prevê o depósito elisivo em dinheiro, cabendo ressaltar que a caução real não é meio válido para elidir a decretação da falência.

Ao concluir a questão, deve o candidato requerer a procedência dos pedidos contidos na inicial, ou seja, a decretação da falência, ou, o indeferimento dos pedidos formulados na contestação, já que isso também acarreta, necessariamente, a decretação da quebra.

Distribuição dos pontos

Item	Pontuação
Endereçamento da petição: Juízo da 4ª Vara Empresarial da Comarca da Capital do Estado do Rio de Janeiro	0 / 0,25
Indicação das partes (0,25) e referência ao número do processo (0,25)	0 / 0,25 / 0,5
Contradita ao primeiro argumento de defesa: a) Basta uma nota protestada (1,0) / menção ao art. 96, § 2º, da Lei 11.101/2005 (0,25)	0 / 0,25 / 1,0 / 1,25
b) Valor acima de 40 salários mínimos OU menção ao art. 94, I, da Lei 11.101/2005 (0,5)	0 / 0,5
Contradita ao segundo argumento de defesa: a) Não existe hipótese de caução real (0,75)	0 / 0,75
b) Depósito elisivo tem de ser em dinheiro (1,0) / menção ao art. 98, parágrafo único, da Lei 11.101/2005 (0,25)	0 / 0,25 / 1,0 / 1,25
Pedido final de decretação da falência OU procedência dos pedidos da inicial OU rejeição dos argumentos da defesa	0 / 0,5

(OAB/Exame Unificado – 2011.3 – 2ª fase) No dia 02.01.2005, Caio Moura foi regularmente nomeado diretor financeiro da ABC S.A., sociedade anônima aberta, tendo, na mesma data, assinado o termo de sua posse no competente livro de atas.

O artigo 35 do estatuto social da companhia era expresso em outorgar ao diretor financeiro amplos poderes para movimentar o caixa da sociedade do modo como entendesse mais adequado, podendo realizar operações no mercado financeiro sem necessidade de prévia aprovação dos outros membros da administração.

No entanto, em 03.02.2006, Caio Moura efetuou operação na então Bovespa (atualmente BM&FBovespa) que acarretou prejuízo de R$ 10.000.000,00 (dez milhões de reais) à ABC S.A.

A despeito do ocorrido, Caio Moura permaneceu no cargo até a assembleia geral ordinária realizada em 03.02.2007, por meio da qual os acionistas da companhia deliberaram (i) aprovar sem reservas as demonstrações financeiras relativas ao exercício de 2006; (ii) não propor ação de responsabilidade civil contra Caio Moura; e (iii) eleger novos diretores, não tendo Caio Moura sido reeleito.

A ata dessa assembleia foi devidamente arquivada na Junta Comercial do Estado do Rio Grande do Sul e publicada nos órgãos de imprensa no dia 07.02.2007.

Todavia, em 15.02.2010, ainda inconformados com a deliberação societária em questão, XZ Participações Ltda. e WY Participações Ltda., acionistas que, juntos, detinham 8% (oito por cento) do capital social da companhia, ajuizaram, em face de Caio Moura, ação de conhecimento declaratória de sua responsabilidade civil pelas referidas perdas e condenatória em reparação dos danos causados à companhia, com base nos arts. 159, § 4º, e 158, II, ambos da Lei 6.404/1976.

Esse processo foi distribuído à 1ª Vara Cível da Comarca da Capital do Estado do Rio Grande do Sul.

Citado, Caio Moura, que sempre atuou com absoluta boa-fé e visando à consecução do interesse social, procura-o. Elabore a peça adequada.

(Valor: 5,0)

GABARITO COMENTADO – FGV

O examinando deverá demonstrar conhecimento acerca do direito societário, notadamente da disciplina da responsabilidade civil dos administradores de sociedades anônimas, regulada pela Lei 6.404/1976.

A peça a ser elaborada pelo examinando é uma Contestação, com base no art. 300, do CPC, pois se trata de ação pelo rito ordinário. O examinando deve alegar a prescrição da pretensão dos autores. A prescrição pode ser verificada tanto no dia 07.02.2009, caso o examinando baseie-se no art. 286 da Lei 6.404/1976, sustentando que a anulação da deliberação da assembleia é requisito para o ajuizamento da ação de responsabilidade (prazo de dois anos para o acionista propor a ação); quanto no dia 07.02.2010, caso o examinando utilize como fundamento o art. 287, II, b, 2, também da Lei 6.404/1976 (prazo de três anos para o acionista propor a ação contra administradores).

O examinando deve registrar ainda que Caio não pode ser responsabilizado civilmente e, consequentemente, condenado a reparar os danos causados à companhia, uma vez que (i) não violou a lei, nem o Estatuto, conforme o disposto no art. 158 OU no art. 154, ambos da Lei 6.404/1976 e (ii) atuou de boa-fé e visando ao interesse da companhia, de acordo com o art. 159, § 6º, da Lei 6.404/1976.

Ademais, cumpre ao examinando indicar que a assembleia geral que aprovou as demonstrações financeiras do exercício social findo em 31.12.2006, não fez qualquer ressalva nas contas dos administradores, eximindo-os, assim, de responsabilidade, conforme art. 134, § 3º, da Lei 6.404/1976.

O examinando deve indicar as provas que pretende produzir (art. 300 do CPC) e o endereço para o recebimento da intimação (art. 39, I, do CPC).

Finalmente, os pedidos devem ser a extinção do processo (com base no(s) art.(s) 267; 269, IV; OU 329, todos do CPC) e a improcedência dos pedidos formulados na petição inicial OU somente a improcedência dos pedidos formulados na inicial.

O examinando que pedir apenas a extinção do processo somente obterá metade da pontuação total deste tópico, uma vez que a extinção apenas pode se referir ao reconhecimento da prescrição. Se o examinando solicitar a extinção ou a improcedência, obterá a pontuação integral, pois terá requerido a sentença correta a ser proferida após o conhecimento, pelo juiz, de todos os fundamentos que lhe forem apresentados. Porém, tendo em vista que a prescrição também pode ser entendida como matéria exclusivamente de mérito, do mesmo modo que os demais três fundamentos da defesa, o simples requerimento da improcedência dos pedidos formulados na inicial terá abrangido todos os quatro fundamentos da defesa, razão pela qual o examinando deverá obter, nesta situação, a pontuação integral deste quesito.

A simples menção ou transcrição do dispositivo legal apontado na distribuição de pontos não atribui a pontuação por si só. O examinando deve demonstrar ainda que compreendeu o que está sendo indagado e fundamentar corretamente a sua resposta, para que o item seja pontuado integralmente.

Distribuição dos pontos

Item	Pontuação
Endereçamento: Exmo. Sr. Dr. Juiz de Direito da 1ª Vara Cível da Comarca da Capital do Estado do Rio Grande do Sul	0 / 0,25
Referência ao nº processo: Processo nº ...	0 / 0,15
Preâmbulo: Caio Moura [dispensa-se qualificação, tendo em vista que já consta da petição inicial]	0 / 0,1
Fatos: narrativa correta.	0 / 0,25
Fundamentos: (i) Prescrição fundamentada (0,5), com dispositivo legal pertinente (0,25).	0 / 0,5 / 0,75
(ii) Caio não violou a lei nem o Estatuto (0,25), conforme o disposto no art. 158 **OU** no art. 154, ambos da Lei 6.404/1976 (0,25), não podendo responder apenas pelo fato de ter realizado operações que causaram prejuízos (0,25).	0 / 0,25 / 0,5 / 0,75
(iii) Caio atuou de boa-fé e visando ao interesse da companhia (0,5), conforme art. 159, § 6º, da Lei 6.404/1976 (0,25).	0 / 0,5 / 0,75
(iv) A Assembleia-Geral não fez ressalvas, o que exonera os administradores de responsabilidade (0,5). Fundamento no art. 134, § 3º, da Lei 6.404/1976 (0,25).	0 / 0,5 / 0,75
Pedidos: (i) extinção do processo em razão da prescrição (0,25) e improcedência dos pedidos formulados na inicial/improcedência da ação (0,25) **OU** improcedência dos pedidos (0,5).	0 / 0,25 / 0,5
(ii) cumprimento do art. 39, I, do CPC.	0 / 0,25
(iii) indicação das provas a produzir, com fundamento no art. 300 do CPC.	0 / 0,25
Fechamento da Peça: Data, Local, Advogado, OAB ... nº...	0 / 0,25

(OAB/Exame Unificado – 2012.1 – 2ª fase) Mate Gelado Refrescos Ltda. celebrou contrato de compra e venda com Águas Minerais da Serra S.A., pelo qual esta deveria fornecer 100 (cem) litros d'água por dia àquela, no período de 10 de dezembro de 2009 e 10 de abril de 2010. O contrato contém cláusula compromissória para a solução de eventuais conflitos decorrentes do contrato. As partes contratantes possuem sede no município de Maragogi, Alagoas.

No entanto, no dia 4 de dezembro de 2009, Águas Minerais da Serra S.A. resiliu o contrato de compra e venda. Com isso, Mate Gelado Refrescos Ltda. foi obrigada a firmar novo contrato para aquisição de água mineral, às pressas, com Águas Fonte da Saudade Ltda., única sociedade empresária do ramo disponível naquele momento.

Todavia, como a capacidade de produção de Águas Fonte da Saudade Ltda. é muito inferior à de Águas Minerais da Serra S. A., a produção de Mate Gelado Refrescos Ltda. ficou prejudicada e não foi possível atender à demanda dos consumidores pela bebida.

Instaurado o procedimento arbitral, Águas Minerais da Serra S.A., ao final, foi condenada a pagar a Mate Gelado Refrescos Ltda. o valor de R$ 200.000,00 (duzentos mil reais) pelas perdas e danos decorrentes do rompimento unilateral do contrato e falta de fornecimento do produto, tendo sido fixado na sentença arbitral o dia 25.02.2012 como termo final para o pagamento voluntário.

Contudo, Águas Minerais da Serra S.A. recusou-se a cumprir voluntariamente a decisão, embora houvesse lucrado R$ 1.000.000,00 (um milhão de reais) no 4º trimestre de 2011.

Você foi procurado pelos representantes legais de Mate Gelado Refrescos Ltda. para providenciar a cobrança judicial do valor da condenação devida por Águas Minerais da Serra S.A.

Redija a peça adequada, considerando que você a está elaborando no dia 01.06.2012, e que na cidade e comarca de Maragogi, Alagoas, há somente uma única vara. (valor: 5,00)

GABARITO COMENTADO – FGV

Instituída a arbitragem, será proferida sentença pelo árbitro no prazo estipulado pelas partes ou fixado no art. 23, *caput*, da Lei 9.307/1996. A sentença arbitral produz, entre as partes e seus sucessores, os mesmos efeitos da sentença proferida pelos órgãos do Poder Judiciário e, sendo condenatória, constitui título executivo (art. 31 da Lei 9.307/1996). Trata-se de título executivo judicial, previsto no inciso IV do art. 475-N do CPC. Portanto, a peça adequada é uma EXECUÇÃO DE TÍTULO JUDICIAL, sendo tal título a sentença arbitral.

Assim, o examinando deverá requerer a citação da devedora para pagar a quantia de R$ 200.000,00 (duzentos mil de reais), no prazo de 15 (quinze) dias, sob pena de multa de 10% sobre o valor da dívida, nos termos do disposto no art. 475-J do CPC.

Distribuição dos pontos:

Quesito Avaliado	Faixa de valores
Item 1 - Endereçamento: Exmo. Sr. Dr. Juiz de Direito da Vara Única da Comarca de Maragogi (art. 475-P, III)	0,00 / 0,25
Item 2 - Identificação das partes: Autor: Mate Gelado Refrescos Ltda., [qualificação] (0,25). Réu: Águas Minerais da Serra S.A. [qualificação] (0,25).	0,00 / 0,25 / 0,50
Item 3 - Narrativa dos Fatos	0,00 / 0,25
Item 4 - Fundamentação: Sentença arbitral é título executivo judicial (0,50), nos termos do art. 475-N, IV do CPC (0,25) e art. 31 da Lei 9.307/1996 (0,25). Obs.: A mera citação do artigo não pontua.	0,00/0,50/0,75/ 1,00
Item 5 - Águas Minerais da Serra S.A. não cumpriu a sentença arbitral voluntariamente (0,50)	0,00 / 0,50
Item 6 – Pedido principal: Citação de Águas Minerais da Serra S.A. para pagar o valor de R$ 200.000,00 (0,75).	0,00/0,75
Item 7 - Pedidos acessórios: a) multa de 10% sobre o montante da condenação, caso o pagamento não ocorra em 15 dias (0,25), com fundamento no art. 475-J do CPC (0,25); b) expedição de mandado de penhora e avaliação, com fundamento no art. 475-J do CPC (0,25); c) ônus da sucumbência (0,25). Obs.: A mera citação do artigo não pontua.	0,00/0,25/0,50/ 0,75/1,00
Item 8 - Cumprimento do art. 39, I, do CPC (endereço de recebimento de intimações).	0,00/0,25
Item 9 - Valor da causa: R$ 200.000,00.	0,00/0,25
Item 10 - Fechamento da Peça: Data (01.06.2012), Local, Advogado, OAB ..... nº....	0,00/0,25

(OAB/Exame Unificado – 2012.2 – 2ª fase) Em 29.01.2010, ABC Barraca de Areia Ltda. ajuizou sua recuperação judicial, distribuída à 1ª Vara Empresarial da Comarca da Capital do Estado do Rio de Janeiro.

Em 03.02.2010, quarta-feira, foi publicada no Diário de Justiça Eletrônico do Rio de Janeiro ("DJE-RJ") a decisão do juiz que deferiu o processamento da recuperação judicial e, dentre outras providências, nomeou o economista João como administrador judicial da sociedade.

Decorridos 15 (quinze) dias, alguns credores apresentaram a João as informações que entenderam corretas acerca da classificação e do valor de seus créditos.

Quarenta e cinco dias depois, foi publicado, no DJE-RJ e num jornal de grande circulação, novo edital, contendo a relação dos credores elaborada por João.

EMPRESARIAL

No dia 20.04.2010, você é procurado pelos representantes de XYZ Cadeiras Ltda., os quais lhe apresentam um contrato de compra e venda firmado com ABC Barraca de Areia Ltda., datado de 04.12.2009, pelo qual aquela forneceu a esta 1.000 (mil) cadeiras, pelo preço de R$ 100.000,00 (cem mil reais), que deveria ter sido pago em 28.01.2010, mas não o foi.

Diligente, você verifica no edital mais recente que, da relação de credores, não consta o credor XYZ Cadeiras Ltda. E, examinando os autos em cartório, constata que o quadro-geral de credores ainda não foi homologado pelo juiz.

Na qualidade de advogado de XYZ Cadeiras Ltda., elabore a peça adequada para regularizar a cobrança do crédito desta sociedade.

GABARITO COMENTADO – FGV

O examinando deverá demonstrar conhecimento acerca do instituto da Recuperação Judicial, notadamente acerca da sujeição do crédito de XYZ Cadeiras Ltda. aos efeitos da recuperação (art. 49 da Lei 11.101/2005), do prazo para a habilitação (art. 7º, § 1º da Lei 11.101/2005) e do procedimento de habilitação de crédito retardatária (arts. 10, § 5º, 13 a 15 da Lei 11.101/2005).

O enunciado informa que, no prazo de 15 dias para habilitação ou apresentação de divergências (art. 7º, § 1º da Lei 11.101/2005), "alguns credores apresentaram a João as informações que entenderam corretas acerca da classificação e do valor de seus créditos". Não há a informação que a sociedade XYZ Cadeiras Ltda. tenha feita sua habilitação tempestiva. Mais adiante, consta que o advogado é procurado, no dia 20.04.2010 (após o término do prazo de habilitação e do prazo para impugnação à relação de credores – art. 8º da Lei 11.101/2005), pelos representantes de XYZ Cadeiras Ltda.

A credora apresentou ao advogado os documentos comprobatórios do crédito e informou sua origem, cabendo-lhe o conhecimento técnico de sua classificação no quadro de credores da recuperação, para os fins do art. 9, II, da Lei 11.101/2005. Em nenhum momento a sociedade credora informou ao advogado que: a) habilitou tempestivamente o crédito; b) o crédito foi relacionado pelo devedor para os fins do art. 51, III, da Lei 11.101/2005; c) o administrador judicial excluiu o crédito após a verificação, razão pela qual foi omitido na relação por ele elaborada. Por fim, informa-se que "no edital mais recente [...], da relação de credores, não consta o credor XYZ Cadeiras Ltda." e que ainda não foi homologado o quadro de credores na recuperação.

Com base em todas as informações contidas no enunciado, pode-se concluir que:

(i) o devedor não relacionou o crédito para os fins do art. 51, III, da Lei 11.101/2005, do contrário ele teria sido mantido ou excluído da relação do administrador judicial; (ii) o credor não habilitou tempestivamente seu crédito e contrata o advogado para que realize sua cobrança no processo de recuperação judicial pela via cabível; (iii) a impropriedade de impugnação à relação de credores com fundamento no art. 8º, seja pelo escoamento do prazo de 10 dias, seja pela ausência do crédito tanto na relação apresentada pelo devedor quanto naquela elaborada pelo administrador judicial; (iv) a inadequação da ação de retificação do quadro-geral de credores, prevista no § 6º do art. 10 da Lei 11.101/2005; (v) o descabimento da ação revisional do quadro-geral de credores, prevista no art. 19 da Lei 11.101/2005.

Assim sendo, a peça cabível é "habilitação de crédito retardatária", com fundamento no art. 10, *caput*, da Lei 11.101/2005 ("Não observado o prazo estipulado no art. 7º, § 1º, desta Lei, as habilitações de crédito serão recebidas como retardatárias").

Alternativamente, admite-se a propositura de "Impugnação à relação de credores" ou "Impugnação", com base no § 5º do art. 10 da Lei 11.101/2005, sob o fundamento de que as habilitações serão recebidas e autuadas como impugnação à relação de credores (arts. 13 a 15). Sem embargo, é fundamental precisar que já foi exaurido o prazo do art. 7º, § 1º da Lei 11.101/2005 **OU** foi exaurido o prazo de 15 dias da publicação do edital, mas ainda não foi homologado o quadro geral de credores pelo juiz.

A petição deve ser endereçada ao Juízo onde se processa a recuperação judicial (art. 3º da Lei 11.101/2005), que é a 1ª Vara Empresarial da Comarca da Capital do Estado do Rio de Janeiro (dado contido no enunciado). Deve haver referência ao processo de recuperação e que a petição será distribuída por dependência ao Juízo da Recuperação.

No cabeçalho, o candidato deverá qualificar a sociedade XYZ Cadeiras Ltda. e informar que está procedendo à habilitação retardatária do crédito ou à impugnação da relação de credores elaborada por João, administrador judicial, que não é o representante legal da sociedade recuperanda (art. 64 da Lei 11.101/2005), eis que não é contra esta que se destina a habilitação.

Como se trata de habilitação retardatária, ainda que recebida como impugnação, a petição inicial deve preencher os requisitos constantes dos incisos I a III, do art. 9º, valendo destacar que, conforme impõe o inciso III deste artigo e o art. 13 da Lei 11.101/2005, o examinando também deve indicar as provas que pretende produzir.

Distribuição dos pontos

Quesito Avaliado	Valores
Endereçamento: Exmo. Sr. Dr. Juiz de Direito da 1ª Vara Empresarial da Comarca da Capital do Estado do Rio de Janeiro	0,00 / 0,25
Referência ao processo principal: Distribuição por dependência ao processo nº ...	0,00 / 0,25
Cabeçalho: XYZ Cadeiras Ltda., [qualificação] Obs.: A menção à sociedade recuperanda ("ABC Barraca de Areia Ltda.") como "ré", na habilitação, ou "impugnada" na impugnação à relação de credores, ou em termos equivalentes, não atribui pontuação.	0,00 / 0,25
Habilitação retardatária (0,25), a ser processada na forma dos arts. 13 a 15 da Lei 11.101/2005 (0,25).	0,00 / 0,25 / 0,50
Narrativa dos fatos	0,00 / 0,25
Fundamentação: a) A habilitação de crédito é retardatária, na forma do art. 10, § 5º da Lei 11.101/2005 (0,25), uma vez que já foi exaurido o prazo do art. 7º, § 1º da Lei 11.101/2005 OU foi exaurido o prazo de 15 dias da publicação do edital, mas ainda não foi homologado o quadro geral de credores pelo juiz (0,25).	0,00 / 0,25 / 0,50
b) É credor em razão do contrato de compra e venda inadimplido (origem do crédito). Art. 9º, II, da Lei 11.101/2005.	0,00 / 0,50
c) O crédito é quirografário (classificação do crédito). Art. 9º, II, da Lei 11.101/2005	0,00 / 0,50
Pedido: o deferimento da inclusão do crédito de R$ 100.000,00 atualizado.	0,00 / 0,50
Indicação dos documentos comprobatórios do crédito (0,25) e das provas a serem produzidas (0,25), conforme art. 9º, III OU art. 13 da Lei 11.101/2005 (0,25).	0,00 / 0,25 / 0,50 / 0,75
Juntada de planilha ou menção ao valor atualizado do crédito	0,00 / 0,25
Endereço em que o credor receberá comunicação de qualquer ato do processo (art. 9º, I, da Lei 11.101/2005)	0,00 / 0,25
Fechamento da Peça: Data, Local, Advogado, OAB ... nº...	0,00 / 0,25

EMPRESARIAL

(OAB/Exame Unificado – 2012.3 – 2ª fase) A sociedade de papel "ABC" Ltda. requereu a decretação da falência da sociedade empresária "XYZ" Ltda.

Devidamente citada, a sociedade empresária "XYZ" Ltda. apresentou sua contestação e, para elidir a decretação da falência, requereu a prestação de uma caução real a fim de garantir o juízo falimentar. Tal pedido foi imediatamente deferido pelo juízo da 1ª Vara Cível da Comarca da Capital do Estado do Acre.

Você, na qualidade de advogado da requerente "ABC" Ltda., deve elaborar a peça adequada com o objetivo de impugnar a decisão em questão, com a fundamentação e indicação dos dispositivos legais pertinentes.

Suponha que o Tribunal de Justiça do Acre possui cinco Câmaras Cíveis, cinco Câmaras Criminais, nenhuma vice-presidência, e uma Presidência cuja competência seja distribuir quaisquer recursos para apreciação em 2º grau de jurisdição. (Valor: 5,0)

GABARITO COMENTADO – FGV

É curial observar que o juiz ainda não examinou o mérito da cobrança, haja vista ter o devedor contestado o pedido autoral. Por conseguinte, não é possível de plano afirmar que a pretensão autoral é indevida. A falência poderá ser decretada por não ter sido elidida com a caução real. Isto é mais um fundamento para a inadequação da Apelação como peça a ser elaborada. A decisão não é denegatória de falência, por ser de natureza interlocutória. O que se impugna é a prestação de caução real, inadmissível pela Lei 11.101/2005, até porque não se trata de credor com domicílio no exterior (Art. 97, § 2º, da Lei 11.101/2005).

Assim, a peça a ser elaborada pelo examinando é um Agravo de Instrumento, com o objetivo de reverter a decisão interlocutória do juízo falimentar que deferiu a prestação de caução real.

A petição deve ser dirigida ao Desembargador Presidente do Tribunal de Justiça do Estado do Acre com base nas informações contidas no último parágrafo do enunciado.

Inicialmente, o candidato deve expor os fatos que motivam sua inconformidade com a decisão interlocutória e o fundamento para o seu direito, bem como as razões do pedido de reforma da decisão (art. 524, I e II do CPC). De acordo com o enunciado, deve ser afirmado que não se trata de hipótese de caução real, com fundamento no art. 98, parágrafo único, da Lei 11.101/2005, porque somente elide o pedido de falência o depósito em dinheiro do valor total do crédito, acrescido de correção monetária, juros e honorários advocatícios. Com a aceitação da caução e a manutenção da decisão agravada a agravante pode vir a sofrer grave prejuízo, pois não poderá persistir no requerimento de falência, tampouco requerer o levantamento do valor.

O examinando deverá fazer referência ao nome e endereço completo dos advogados constituídos no processo, a teor do art. 524, III, do CPC.

A peça deve mencionar o recolhimento das custas e a indicação das partes, bem como os requisitos do art. 525, do CPC, inclusive o disposto em seu § 1º.

Cumpre ao examinando sustentar o cabimento do Agravo na modalidade por instrumento, uma vez que a manutenção da decisão interlocutória mencionada causaria grave prejuízo à parte que não poderá persistir no requerimento de falência, com fundamento no art. 522, do CPC, até mesmo para afastar a hipótese de agravo na modalidade retido.

A decisão agravada merece ser reformada porque não encontra respaldo na Lei 11.101/2005, que prevê expressamente a possibilidade de depósito elisivo, consistindo este no valor total do crédito, acrescido de correção monetária, juros e honorários advocatícios (nesse sentido a Súmula nº 29 do STJ: "No pagamento em juízo para elidir falência, são devidos correção monetária, juros e honorários de advogado"). Portanto, não se trata de hipótese de caução real; somente o depósito em dinheiro da quantia reclamada é válido para elidir a decretação da falência (art. 98, parágrafo único, da Lei 11.101/2005).

Ao concluir a redação da peça, deve o examinando requerer (i) a intimação do agravado para responder aos termos do recurso; (ii) a procedência do recurso, ou seja, a reforma integral da decisão; e (iii) finalizar a peça com menção à data, local, nome do advogado e número de inscrição na OAB.

Distribuição dos pontos

Quesito Avaliado	Valores
Endereçamento da petição: Exmo. Sr. Dr. Desembargador Presidente do Tribunal de Justiça do Estado do Acre	0,00 / 0,25
Cabeçalho: Formulação de recurso de agravo na modalidade por instrumento (0,50), já que a manutenção da decisão agravada pode causar grave prejuízo à parte, que não poderá persistir no requerimento de falência (0,25), tampouco requerer o levantamento do valor (0,25)	0,00 / 0,50 / 0,75 / 1,00
Indicação das partes	0,00 / 0,25
Menção ao recolhimento das custas OU preparo (art. 525, § 1º, do CPC)	0,00 / 0,25
Fundamentação: a) Não é hipótese de caução real	0,00 / 0,75
b) Somente é elisivo o depósito do total do crédito em dinheiro (0,50), acrescido de correção monetária, juros e honorários advocatícios (0,50), com fundamento no art. 98, parágrafo único, da Lei 11.101/2005. (0,25)	0,00 / 0,50 / 0,75 / 1,00 / 1,25
Pedidos: a) requerimento para intimação do agravado, para, querendo, responder aos termos do recurso (0,25) b) requerimento final para reforma integral da decisão OU provimento ao recurso (0,25)	0,00 / 0,25 / 0,50
Informação do nome e endereço completo dos advogados com base no art. 524, III do CPC.	0,00 / 0,25
Informar as peças que acompanham o recurso, conforme art. 525, do CPC.	0,00 / 0,25
Fechamento da Peça: Data, Local, Advogado, OAB ... nº...	0,00 / 0,25

(OAB/Exame Unificado – 2013.1 – 2ª fase) Em 09.10/2011, Quilombo Comércio de Equipamentos Eletrônicos Ltda., com sede e principal estabelecimento em Abelardo Luz, Estado de Santa Catarina, teve sua falência requerida por Indústria e Comércio de Eletrônicos Otacílio Costa Ltda., com fundamento no art. 94, I, da Lei 11.101/2005. O devedor, em profunda crise econômico-financeira, sem condição de atender aos requisitos para pleitear sua recuperação judicial, não conseguiu elidir o pedido de falência. O pedido foi julgado procedente em 11.11.2011, sendo nomeado pelo Juiz de Direito da Vara Única da Comarca de Abelardo Luz, o Dr. José Cerqueira como administrador judicial.

Ato contínuo à assinatura do termo de compromisso, o administrador judicial efetuou a arrecadação separada dos bens e documentos do falido, além da avaliação dos bens. Durante a arrecadação foram encontrados no estabelecimento do devedor 200 (duzentos) computadores e igual número de monitores. Esses bens foram referidos no inventário como bens do falido, adquiridos em 15.09.2011 de Informática e TI d'Agronômica Ltda. pelo valor de R$ 400.000,00 (quatrocentos mil reais).

Paulo Lopes, único administrador de Informática de TI d'Agronômica Ltda., procura você para orientá-lo na defesa de seus interesses diante da falência de Quilombo Comércio de Equipamentos Eletrônicos Ltda. Pelas informações e documentos apresentados, fica evidenciado que o devedor não efetuou nenhum pagamento pela aquisição dos 200 (duzentos) computadores e monitores, que a venda foi a prazo e em 12 (doze) parcelas, e a mercadoria foi recebida no dia 30.09.2011 por Leoberto Leal, gerente da sociedade.

Diligente, você procura imediatamente o Dr. José Cerqueira e verifica que consta do auto de arrecadação referência aos computadores e monitores, devidamente identificados pelas informações contidas na nota fiscal e número de série de cada equipamento. A mercadoria foi avaliada pelo mesmo valor da venda – R$ 400.000,00 – e ainda está no acervo da massa falida.

Na qualidade de advogado(a) de Informática e TI d'Agronômica Ltda., elabore a peça adequada, ciente de que não é do interesse do cliente o cumprimento do contrato pelo administrador judicial.

GABARITO COMENTADO – FGV

O examinando deverá demonstrar conhecimento do instituto do Pedido de Restituição na Falência, notadamente acerca da possibilidade de seu cabimento com fundamento em direito pessoal – restituição extraordinária (art. 85, parágrafo único, da Lei 11.101/2005).

A partir das informações do enunciado é possível concluir que:

a) a venda foi a crédito ou a prazo;

b) o vendedor entregou a mercadoria à sociedade empresária – devedor – no dia 30.09.2011, portanto "nos 15 (quinze) dias anteriores ao requerimento de sua falência";

c) a mercadoria foi arrecadada conforme consta do auto de arrecadação;

d) a mercadoria ainda não foi alienada;

e) não é do interesse do cliente a manutenção do contrato pelo administrador judicial.

Por conseguinte, a peça adequada para o vendedor reaver a posse da mercadoria é a Ação de Restituição (ou Pedido de Restituição), com fundamento exclusivamente no art. 85, parágrafo único, da Lei 11.101/2005.

O pedido de restituição não pode estar fundamentado no art. 85, *caput*, da Lei 11.101/2005, porque não se trata de restituição ordinária, ou seja, aquela pleiteada pelo proprietário da coisa. O vendedor postula a entrega com fundamento em direito pessoal (contrato de compra e venda a prazo), já tendo inclusive efetuado a tradição, e não reservou para si o domínio até o adimplemento final do contrato. O candidato que fundamenta o pedido no *caput* desconhece a diferença entre restituição ordinária e restituição extraordinária, essa a única cabível com base nos dados do enunciado.

Embora a ação esteja fulcrada em direito pessoal, são descabidas as ações de cobrança (monitória, ordinária, executiva) porque o que se pretende não é o recebimento do crédito e sim a entrega da coisa arrecadada. Ademais, quaisquer ações de cobrança após a decretação de falência estão sujeitas ao princípio da universalidade (arts. 115 e 7º, § 1º, da Lei 11.101/2005).

É também incabível a ação revocatória, seja por ineficácia ou por fraude. A primeira modalidade é afastada porque não se trata de ato ineficaz em relação à massa; a segunda é repelida em razão da falta de supedâneo fático para caracterizar o *consilium fraudis* e o *eventus damni*, elementos fundamentais na configuração da ineficácia subjetiva.

Também não atende ao interesse do cliente a habilitação do crédito na falência, que seria classificado e pago como quirografário, eis que a lei confere expressamente a possibilidade de restituição dos bens arrecadados, com a consequente extinção do contrato. Ademais, é expressamente informado que o administrador judicial não deseja a manutenção do contrato.

Em relação à ação de embargos de terceiro, essa também é impertinente porque:

a) ela não é alternativa ao pedido de restituição como deixa expresso o texto legal ("Nos casos em que não couber pedido de restituição", art. 93 da Lei 11.101/2005);

b) na ação de embargos de terceiro é preciso ter havido turbação ou esbulho na posse por ato de apreensão judicial, o que não se verifica no enunciado da questão, eis que o vendedor sequer tinha a coisa em seu poder na data da decretação da falência. Portanto, não se trata de embargos de terceiro senhor e possuidor, ou de terceiro apenas possuidor (art. 1.046, *caput*, e § 1º do CPC).

A ação deve ser endereçada ao Juiz de Direito da Vara Única da Comarca de Abelardo Luz, juízo da falência (art. 3º, da Lei 11.101/2005), informação indicada expressamente no enunciado. Portanto, "vara cível" e "única vara cível" não são sinônimos de vara única, tampouco "vara de falências".

O autor é Informática e TI d'Agronômica Ltda., representada por seu administrador Paulo Lopes, e o réu é a Massa Falida de Quilombo Comércio de Equipamentos Eletrônicos Ltda., representada por seu administrador judicial, Sr. José Cerqueira. Não será atribuída pontuação para quem considerar que a legitimidade ativa é de Paulo Lopes.

O administrador judicial não é réu na ação de restituição nem Quilombo Comércio de Equipamentos Eletrônicos Ltda. A pretensão do vendedor é dirigida em face da Massa Falida de Quilombo Comércio de Equipamentos Eletrônicos Ltda., sendo que esta deverá ser condenada ao pagamento de custas e nos honorários advocatícios, esses apenas em caso de contestação e procedência do pedido (art. 88, parágrafo único, da Lei 11.101/2005).

A ação tem por fundamento exclusivamente o art. 85, parágrafo único, da Lei 11.101/2005, que deverá ser indicado seja no cabeçalho ou na discussão jurídica do direito pleiteado. O candidato não poderá, pelas razões já indicadas, apoiar sua pretensão no *caput* do art. 85, porque estará considerando o vendedor proprietário dos equipamentos e afirmando que o pedido baseia-se em direito real (restituição ordinária), quando o fundamento é direito pessoal (restituição extraordinária).

Na exposição dos fatos e fundamentação jurídica, o candidato deverá descrever a coisa reclamada (art. 87, da Lei 11.101/2005) e informar que esta foi vendida a prazo e entregue nos 15 (quinze) dias anteriores ao requerimento de falência ou no dia 30.09.2011, foi arrecadada pelo administrador judicial e ainda não foi alienada pela massa.

O candidato deve fazer referência expressa no corpo da peça aos documentos que a instruem, como anexos, sendo compulsória para fins de pontuação referência ao contrato de compra e venda (ou à nota fiscal de venda) e ao comprovante de recebimento da mercadoria em 30.09.2011, pois o direito à restituição depende da prova da entrega da coisa nos 15 (quinze) dias anteriores ao pedido de falência (art. 85, parágrafo único e art. 87, § 1º, da Lei 11.101/2005) e da comprovação do direito pessoal oriundo do contrato.

Nos pedidos deverão ser mencionados:

a) a citação/intimação, pelo menos, do réu Massa Falida de Quilombo Comércio de Equipamentos Eletrônicos Ltda.;

b) a procedência do pedido, para reconhecer o direito do requerente e determinar a entrega da coisa;

c) a condenação da massa ao pagamento de custas e, se contestada a ação, de honorários advocatícios.

A pontuação integral dependerá da ressalva contida no parágrafo único do art. 88 da Lei 11.101/2005.

O valor da causa deve ser o mesmo do contrato – R$ 400.000,00 (quatrocentos mil reais).

O fechamento da peça só será pontuado se o candidato indicar concomitantemente lugar, data, nome do advogado e número de inscrição na OAB.

Distribuição dos pontos

Quesito Avaliado	Valores
Endereçamento (art. 282, I, do CPC): Exmo. Sr. Dr. Juiz de Direito da Vara Única da Comarca de Abelardo Luz, Estado de Santa Catarina OU Exmo. Sr. Dr. Juiz de Direito da Comarca de Abelardo Luz, Estado de Santa Catarina (0,25)	0,00 / 0,25
Qualificação das partes (art. 282, II, do CPC): Qualificação do autor: Informática e TI d'Agronômica Ltda. (0,15), representada por seu administrador Paulo Lopes (0,15), etc.	0,00 / 0,15 / 0,30
Qualificação do réu: Massa falida de Quilombo Comércio de Equipamentos Eletrônicos Ltda. (0,25), representada por seu administrador judicial, Dr. José Cerqueira (0,25), etc.	0,00 / 0,25 / 0,50
Nome da peça e fundamento jurídico (art. 282, III, do CPC): Ação (ou Pedido) de Restituição com fundamento no art. 85, parágrafo único, da Lei 11.101/2005 (0,65)	0,00 / 0,65
Narrativa dos fatos (art. 282, III, do CPC) conforme as informações prestadas no enunciado (0,15).	0,00 / 0,15
Outros fundamentos jurídicos do pedido (art. 282, III, do CPC): a) descrição da coisa reclamada, vendida a crédito (0,25);	0,00 / 0,25
b) menção à entrega da coisa em 30.09.2011 OU entrega da coisa nos 15 dias anteriores ao requerimento de falência; (0,25)	0,00 / 0,25
c) arrecadação dos bens pelo administrador judicial; (0,25)	0,00 / 0,25
d) os bens ainda não foram alienados pela massa. (0,50)	0,00 / 0,50
Requerimento para citação do réu (art. 282, VII, do CPC): A citação do réu OU a citação de Massa Falida de Quilombo Comércio de Equipamentos Eletrônicos Ltda. (0,25)	0,00 / 0,25
Pedido, com as suas especificações (art. 282, IV, do CPC): a) procedência do pedido, para reconhecer o direito do requerente e determinar a entrega da coisa (art. 88, *caput*, da Lei 11.101/2005) (0,25)	0,00 / 0,25
b) condenação da massa ao pagamento de custas (0,25) e, se contestada a ação, de honorários advocatícios. (0,25)	0,00 / 0,25 / 0,50
As provas com que o autor pretende demonstrar a verdade dos fatos alegados (arts. 282, VI, e 283, do CPC) Referência expressa que instrui a petição com o contrato de compra e venda OU com a nota fiscal de venda (0,25) e com o comprovante de recebimento da mercadoria. (0,25)	0,00 / 0,25 / 0,50
Valor da Causa (arts. 259, V e 282, V, do CPC): R$ 400.000,00 (quatrocentos mil reais) (0,25)	0,00 / 0,25
Fechamento da Peça: Data, Local, Advogado, OAB ... nº... (0,15)	0,00 / 0,15

(OAB/Exame Unificado – 2013.2 – 2ª fase) Em 27.02.2011, XYZ Alimentos S.A., companhia aberta, ajuizou ação para responsabilizar seu ex-diretor de planejamento, "M", por prejuízos causados à companhia decorrentes de venda, realizada em 27.09.2005, de produto da Companhia a preço inferior ao de mercado, em troca de vantagem pessoal.

Em sua defesa, "M" alegou que não houve a realização prévia de assembleia da companhia que houvesse deliberado o ajuizamento da demanda e que as contas de toda administração referentes ao exercício de 2005 haviam sido aprovadas pela assembleia geral ordinária, ocorrida em 03.02.2006, cuja ata foi devidamente arquivada e publicada na imprensa oficial no dia 05.02.2006, não podendo este tema ser passível de rediscussão em razão do decurso do tempo.

Em sede de recurso, a 1ª Câmara Cível do Tribunal de Justiça do Estado do Piauí reconheceu os fatos de que (i) não houve a prévia assembleia para aprovar ajuizamento da ação; e de que (ii) as contas de "M" referentes ao exercício de 2005 foram aprovadas em uma assembleia, em cujas deliberações não se verificou erro, dolo, fraude ou simulação incorridos ou perpetrados por quem dela participou. No entanto, manteve a condenação do ex-diretor que havia sido imposta pela sentença da 1ª instância, que entendeu prevalecer, no caso, o art. 158, I, da Lei 6.404/1976, sobre qualquer outro dispositivo legal desta Lei, sobretudo os que embasam os argumentos de "M".

Assim, na qualidade de advogado de "M" e utilizando os argumentos por ele expendidos em sua defesa, diante do acórdão proferido pelo Tribunal, elabore a peça cabível. Para tanto, suponha que o Tribunal de Justiça do Estado do Piauí possua apenas o total de 10 varas cíveis, duas câmaras cíveis e nenhuma vice-presidência.

Deve ser levado em consideração, pelo examinando, que não cabem Embargos de Declaração. A simples menção ou transcrição do dispositivo legal não pontua. (Valor: 5,0)

GABARITO COMENTADO – FGV

O examinando deverá demonstrar conhecimento da área de direito societário, notadamente da disciplina da responsabilidade civil dos administradores de sociedades anônimas, regulada pela Lei 6.404/1976.

A peça a ser elaborada pelo examinando é um Recurso Especial, com base no art. 105, III, a, da Constituição Federal, tendo em vista que a decisão do Tribunal negou vigência ou violou os dispositivos legais que embasam a tese de "M".

Cumpre ao examinando elaborar petição de interposição endereçada ao Desembargador Presidente do TJ/PI, conforme o art. 541, do CPC. Nesta peça, deverá ser requerida (i) a intimação do recorrido para apresentação de contrarrazões; e (ii) o juízo positivo de admissibilidade.

Além desta, deve ser elaborada petição endereçada a uma das Eg. Turmas do Superior Tribunal de Justiça, com indicação da parte recorrente e recorrida, bem como com referência à Apelação. Nesta peça, deverá constar a exposição do fato e do direito, a demonstração do cabimento do recurso e as razões do pedido de reforma da decisão recorrida, conforme o art. 541 do CPC.

A partir da leitura do enunciado, o examinando deve perceber que os dispositivos legais violados foram os arts. 286; 287, II, b, 2; 159; e 134, § 3º, todos da Lei 6.404/1976, os quais devem ser aplicados em detrimento do art. 158, I, da mesma Lei, por serem mais específicos, uma vez que a Lei determina a realização de assembleia prévia que aprove o ajuizamento da demanda reparatória (art. 159).

Além disso, tal ação não pode ser ajuizada contra administrador que teve suas contas aprovadas "sem ressalvas" em assembleia "limpa", sem manifestações e votos dolosos, culposos, fraudados ou simulados, o que implica na ausência de reconhecimento de eventual atuação do administrador com dolo ou culpa (art. 134, § 3º, da Lei 6.404/1976).

Ademais, ainda que algum desses vícios fosse verificado, o prazo para anular a deliberação seria de dois anos (art. 286), o qual foi verificado em 05.02.2008 e, ainda que se entendesse pela possibilidade do ajuizamento de ação para responsabilizar "M", esta pretensão prescreveu ao final do dia 05.02.2009 (art. 287, II, b, 2, da Lei 6.404/1976).

Finalmente, o pedido deve ser o provimento do recurso especial, com o consequente reconhecimento da prescrição da ação tanto para anular a deliberação da assembleia que aprovou as contas de "M", quanto da ação para responsabilizá-lo pelos prejuízos causados à companhia.

(OAB/Exame Unificado – 2013.3 – 2ª fase) Pedro Régis, Bernardino Batista, José de Moura e Caldas Brandão são os únicos sócios da sociedade Laticínios Zabelê Ltda. EPP. O primeiro sócio é titular de 70% (setenta por cento) do capital e os demais sócios possuem 10% (dez por cento) cada. Todos os sócios são domiciliados em Rio Tinto, Estado da Paraíba, onde também é a sede da pessoa jurídica. A administração da sociedade cabe, alternativamente, aos sócios Pedro Régis e José de Moura.

A sociedade foi constituída em 1994 e seu quadro social manteve-se inalterado até os dias atuais. O capital social, aumentado em 2010, é de R$ 1.700.000,00 (hum milhão e setecentos mil reais), totalmente integralizado. Em 26.03.2012, Caldas Brandão ficou vencido na deliberação dos sócios, tomada em assembleia, que aprovou a ampliação do objeto social para incluir a atividade de beneficiamento e comercialização de milho. Profundamente insatisfeito com os novos rumos que a sociedade iria tomar e com os efeitos da deliberação, o sócio dissidente manifestou aos demais sócios por escrito, em 15.04.2012, sua pretensão de retirar-se da sociedade, em caráter irrevogável, caso a decisão não fosse revertida. Os sócios afirmaram que não mudariam a decisão, e que não caberia outra alternativa a Caldas Brandão senão conformar-se com o ocorrido, em face do princípio majoritário das deliberações sociais.

Em razão da negativa manifestada pelos demais sócios com a pretensão de retirada, Caldas Brandão procura um advogado, no dia 15 de maio de 2012, para orientá-lo na defesa de seus interesses. Pelas informações e documentos apresentados, verifica-se que:

(i) a sociedade foi constituída por prazo determinado, até 31 de dezembro de 2000, prorrogada a vigência do contrato por 20 (vinte) anos, a contar de 1º de janeiro de 2001;

(ii) o contrato social prevê a livre cessão das quotas;

(iii) não há cláusula de regência supletiva pela lei das sociedades por ações. Com base nas informações prestadas e que a Comarca de Rio Tinto é de Vara Única, elabore a peça adequada na defesa dos direitos do sócio. (Valor: 5,0)

GABARITO COMENTADO – FGV

O examinando deverá demonstrar conhecimento acerca do instituto do direito de retirada ou direito de recesso na sociedade limitada e as hipóteses de sua incidência (art. 1.077 do CC). Pela leitura do enunciado é possível concluir que a deliberação que alterou o objeto social (inclusão das atividades de beneficiamento e comercialização de milho) implicou na modificação do contrato (art. 1.054 c/c o art. 997, II do CC).

Como o enunciado não aponta fato motivador de invalidade da deliberação, que foi tomada em assembleia e aprovada com *quorum* de 90% do capital social, foram cumpridas as exigências do art. 1.071, V e do art. 1.076, I, ambos do CC. Sem embargo, com base no art. 1.077 do CC, quando houver modificação do contrato, o sócio que dissentiu tem o direito de retirar-se da sociedade, nos trinta dias subsequentes à deliberação. Caldas Brandão exerceu tempestivamente seu direito de retirada, manifestando por escrito, em 15.04.2012, sua pretensão, que lhe foi negada pelos sócios.

Por conseguinte, a peça adequada para a defesa dos direitos do sócio é a Ação de Resolução de Sociedade (ou Resolução de Sociedade em relação a um sócio), cumulada com Apuração de Haveres (ou Liquidação de quotas).

São inadequadas:

a) fundamentação do direito em qualquer artigo da Lei 6.404/1976, em razão da previsão expressa do direito de retirada no art. 1.077 do CC e da ausência de regência supletiva do contrato pela Lei das S/A, informação contida no enunciado;

b) a fundamentação do direito no art. 1.029 do CC, não só pela tipicidade da sociedade limitada, como também pela previsão de que a modificação do contrato dá ao sócio dissidente o direito de retirada, portanto é no art. 1.077 do CC que se encontra o fundamento correto; ademais, na sociedade limitada o direito de retirada pela modificação do contrato é reconhecido independentemente do prazo de duração da sociedade e de justa causa;

c) a citação de outros dispositivos que tratam de resolução da sociedade em relação a um sócio em casos de morte (art. 1.028 do CC) ou exclusão (art. 1.030 do CC);

d) a fundamentação da ação no art. 1.033 ou no art. 1.034, nomeando a peça como Ação de Dissolução, eis que não se trata de exaurimento do seu fim nem de inexequibilidade do objeto, fatos que motivariam a dissolução judicial, porém inexistentes na situação descrita no enunciado;

e) a propositura de Ação de Dissolução e Liquidação de Sociedade, com fundamento nos arts. 655 a 674 do CPC/1939, mantidos em vigor pelo art. 1.218, VII, do CPC, porque o sócio não pretende a dissolução da sociedade e a liquidação judicial do seu patrimônio, objetivos ínsitos à ação de dissolução e liquidação do Código de Processo Civil de 1939 (arts. 655 e 657).

A indicação que se trata de uma Ação de dissolução parcial cumulada com apuração de haveres (ou Liquidação de quotas) é aceita como resposta adequada, desde que esteja fundamentada no art. 1.077 do CC. Dessa forma, o candidato demonstra reconhecer que o direito de retirada do sócio na sociedade limitada tem por fundamento o art. 1.077 e que se trata de hipótese de resolução de sociedade com pedido de apuração de haveres/liquidação de quota em favor do sócio dissidente.

A ação deve ser endereçada ao Juiz de Direito da Vara Única da Comarca de Rio Tinto, lugar da sede da sociedade e domicílio dos sócios, informação indicada expressamente no enunciado.

Qualificação das partes: o examinando deve afirmar que o autor da ação é Caldas Brandão e indicar sua qualificação. Os réus são (i) a sociedade Laticínios Zabelê Ltda. EPP, representada pelo sócio Pedro Régis (ou pelo sócio José de Moura), **e** (ii) os sócios José de Moura, Pedro Régis e Bernardino Batista e o examinando deve indicar suas qualificações. A ação não pode ser promovida pelo sócio retirante apenas em face da sociedade ou dos sócios remanescentes, pois é caso de litisconsórcio passivo necessário.

Legitimidade das partes: o examinando deve fazer menção que o autor é sócio da sociedade e, quanto ao polo passivo, a hipótese é de litisconsórcio necessário, nos termos do art. 47 do CPC. Por conseguinte, para responder aos termos da ação têm de ser citados não só os demais sócios, mas também a sociedade, sob pena de o juiz declarar extinto o processo (art. 47, parágrafo único, do CPC).

Indicação do dispositivo legal no qual se fundamenta o direito: art. 1.077 do CC, perfeitamente aplicável à hipótese descrita no enunciado. Como já reiterado, somente pode ser aplicado qualquer artigo da sociedade simples à sociedade limitada se houver expressa referência a ele no capítulo próprio do Código Civil, o que não ocorre em relação ao art. 1.029, ou ainda em caso de omissão do mesmo capítulo, como determina o art. 1.053, *caput* do Código Civil. Ademais, o examinando deverá demonstrar a aplicabilidade do art. 1.077 do CC relacionando-o, pelo menos, a um dos fundamentos jurídicos do pedido a seguir apresentados.

Na fundamentação jurídica, o candidato deverá descrever (a) a realização da deliberação assemblear e a aprovação da alteração do objeto social, que (b) produziu a sua dissidência, com a consequente modificação do contrato social e o direito de retirar-se da sociedade; (c) que tal direito foi exercido no prazo legal (30 dias) e não reconhecido pela sociedade e os demais sócios.

O candidato deve fazer referência (i) ao contrato social, (ii) à ata da deliberação em que ficou vencido e (iii) à notificação da sociedade e demais sócios de sua pretensão de retirar-se, em 15.04.2012, como documentos que instruem a petição.

Nos pedidos deverão ser mencionados:

a) a citação dos réus ou a citação da sociedade, na pessoa de seu administrador, e dos sócios José de Moura, Bernardino Batista e Pedro Régis (art. 47, parágrafo único, do CPC);
b) a procedência do pedido, para reconhecer o direito de retirada do autor;
c) determinar à sociedade que proceda à liquidação e pagamento de sua quota (ou quotas), no prazo de noventa dias, com base na situação patrimonial à data da resolução, verificada em balanço especialmente levantado, com fundamento no art. 1.031, *caput*, do Código Civil;
d) a condenação dos réus ao pagamento de custas e honorários advocatícios. O valor da causa pode ser o do capital social indicado no contrato – R$ 1.700.000,00 (hum milhão e setecentos mil reais), com fundamento no art. 259, V, do CPC, pois o litígio versa sobre a modificação do negócio jurídico (resolução da sociedade em relação ao sócio). Alternativamente é aceita a indicação pelo examinando do valor contratual da quota do sócio retirante, isto é, R$ 170.000,00 (cento e setenta mil reais), caso tenha interpretado que o autor pretende receber quantia ainda indefinida e ilíquida, a qual deverá ser calculada de acordo com o provimento a ser determinado em sentença, caso o pedido seja julgado procedente.

Distribuição dos pontos

Item	Pontuação
Endereçamento (art. 282, I, do CPC): Exmo. Sr. Dr. Juiz de Direito da Vara Única da Comarca de Rio Tinto, Estado da Paraíba OU Exmo. Sr. Dr. Juiz de Direito da Comarca de Rio Tinto, Estado da Paraíba (0,20)	0,00 / 0,20
Qualificação das partes (art. 282, II, do CPC): Autor: Caldas Brandão, etc. (0,10) e sua Qualificação (0,10)	0,00 / 0,10 / 0,20
Réus: Laticínios Zabelê Ltda. EPP, representada por seu administrador Pedro Régis ou José de Moura, e os sócios Pedro Régis, etc., José de Moura, etc., Bernardino Batista, etc. (0,20) e qualificação dos réus (0,20)	0,00 / 0,20 / 0,40
Legitimidade das partes: O autor é sócio da sociedade (0,10) Quanto ao polo passivo a hipótese é do litisconsórcio necessário, nos termos do art. 47 do CPC (0,30). A simples menção aos artigos não pontua.	0,00 / 0,10 / 0,30 / 0,40
Fundamentos jurídicos do pedido (art. 282, III, do CPC): a) aprovação da modificação do contrato pela assembleia (0,35);	0,00 / 0,35
b) dissidência do autor com o resultado da deliberação (0,35);	0,00 / 0,35
c) exercício tempestivo do direito de retirada (dentro do prazo de 30 dias) e a recusa em seu reconhecimento (0,35);	0,00 / 0,35
Dispositivo Legal: Art. 1.077 do CC Obs.: Esta pontuação só será atribuída caso o examinando cite ao menos um dos fundamentos jurídicos do pedido (a, b, ou c) (0,20)	0,00 / 0,20

Requerimento para citação dos réus (art. 282, VII, do CPC): A citação dos réus (0,50) OU a citação da sociedade, na pessoa do seu administrador, e dos demais sócios (0,50)	0,00 / 0,50
Pedido, com as suas especificações (art. 282, IV, do CPC): a) procedência do pedido, para reconhecer o direito de retirada do sócio dissidente (0,25);	0,00 / 0,25
b) determinar à sociedade a apuração dos haveres do sócio OU determinar a liquidação das quotas (0,25) e o pagamento no prazo de noventa dias (0,25), na forma do art. 1.031, *caput*, do CC; (0,20) Obs.: A simples menção aos artigos não pontua.	0,00 / 0,20 / 0,25 / 0,45 / 0,50 / 0,70
c) e a condenação dos réus ao pagamento de custas e de honorários advocatícios (0,20).	0,00 / 0,20
As provas com que o autor pretende demonstrar a verdade dos fatos alegados (art. 282, VI, do CPC e art. 283 do CPC): Referência expressa que instrui a petição com o contrato social (0,20), a ata da deliberação (0,20) e com o comprovante de notificação tempestiva da sociedade e sócios em relação ao exercício do direito de retirada. (0,20)	0,00 / 0,20 / 0,40 / 0,60
Valor da Causa (arts. 259, V e 282, V, do CPC): R$ 1.700.000,00 (hum milhão e setecentos mil reais) ou R$ 170.000,00 (cento e setenta mil reais) (0,20)	0,00 / 0,20
Fechamento da Peça: (0,10) Data, Local, Advogado, OAB ... nº...	0,00 / 0,10

3. OUTROS MODELOS

Modelo: pedido de falência

[o que estiver entre colchetes é apenas nota do autor – não deve constar da peça]

início da peça

Excelentíssimo Senhor Doutor Juiz de Direito da Vara de Recuperações e Falências da Comarca de (...)

[deixe espaço de aproximadamente 10 cm, para eventual despacho ou decisão do juiz]

Enlatados Lata Boa Ltda., estabelecida em (...), inscrita no CNPJ sob nº (...), por seu advogado que assina esta petição (procuração em anexo), com escritório para recebimento de intimações na (endereço – CPC, art. 39, I), vem, respeitosamente, apresentar este

PEDIDO DE FALÊNCIA

de Supermercado Falésia Ltda., nos termos do art. 94, I, da Lei 11.101/2005, pelas razões a seguir aduzidas:

1. DOS FATOS

A autora é fornecedora de mercadorias para a devedora que, nos últimos meses, não vem pagando pelas aquisições.

Por essa razão, as partes firmaram contrato de confissão de dívida, sendo que a devedora emitiu, como garantia, promissória no valor de R$ 100.000,00 (documento em anexo).

EMPRESARIAL

Ocorre que a devedora não honrou o contrato e não pagou a promissória em seu vencimento.

A autora providenciou o regular protesto do título para fim falimentar, nos termos do art. 94, § 3º, da Lei 11.101/2005, conforme instrumento em anexo.

2. DO DIREITO

Inicialmente, a autora registra que é sociedade que exerce suas atividades empresariais regularmente, conforme comprova a certidão do Registro Público de Empresas Mercantis em anexo (art. 97, § 1º, da Lei 11.101/2005).

Ademais, sua legitimidade ativa é comprovada pela titularidade do título de crédito inadimplido, juntado aos autos com cópia do instrumento de protesto para fim falimentar.

Como relatado, a devedora deixou de pagar promissória em valor superior a 40 salários mínimos, o que dá ensejo ao pedido de quebra por impontualidade injustificada, nos termos do art. 94, I, da Lei 11.101/2005:

> Art. 94. Será decretada a falência do devedor que:
>
> I - sem relevante razão de direito, não paga, no vencimento, obrigação líquida materializada em título ou títulos executivos protestados cuja soma ultrapasse o equivalente a 40 (quarenta) salários-mínimos na data do pedido de falência;
>
> (...)

Não há justificativa para a inadimplência, que possa afastar o pedido formulado, nos termos do art. 96 da Lei 11.101/2005.

Por essas razões, deve ser decretada a falência da devedora, exceto se realizar o depósito elisivo no prazo da contestação.

3. DO PEDIDO

Por todo o exposto, a autora requer:

a) a citação da devedora para, querendo, contestar a presente demanda no prazo de 10 dias (art. 98, *caput*, da Lei 11.101/2005), sob pena de revelia (art. 285 do CPC), ou realizar o depósito elisivo do valor total do crédito inadimplido, com correção monetária, juros e honorários advocatícios a serem fixados por Vossa Excelência (art. 98, parágrafo único, da Lei 11.101/2005);

b) a produção de todas as provas admitidas pelo Direito;

c) seja deferido o pedido e decretada a falência da devedora, nos termos do art. 99 da Lei 11.101/2005;

d) a condenação da devedora ao pagamento das custas processuais e dos honorários de sucumbência a serem fixados por Vossa Excelência (art. 20 do CPC).

Dá-se à causa o valor de R$ (...) (valor da promissória com os acréscimos).

Termos em que

Pede Deferimento

(Local), (data)

[não assine, rubrique ou, de outra forma, identifique sua prova!]

____

ADVOGADO (...)

OAB-(Estado) nº (...)

Endereço (...)

fim da peça

Modelo: petição inicial de ação de nulidade de registro de patente

[o que estiver entre colchetes é apenas nota do autor – não deve constar da peça]

início da peça

Excelentíssimo Senhor Doutor **Juiz Federal** da Vara da Subseção Judiciária de (...)

[deixe espaço de aproximadamente 10 cm, para eventual despacho ou decisão do juiz]

Indústria Chip Ltda., estabelecida em (...), inscrita no CNPJ sob nº (...), por seu advogado que assina esta petição (procuração em anexo), com escritório para recebimento de intimações na (endereço – CPC, art. 39, I), vem, respeitosamente, propor a presente

AÇÃO ANULATÓRIA DE PATENTE DE INVENÇÃO

contra Indústria Circuits Ltda., estabelecida em (...), inscrita no CNPJ sob nº (...), e contra o Instituto Nacional de Propriedade Industrial – INPI, autarquia federal, cujo procurador pode ser encontrado em (endereço), nos termos do art. 56, da Lei 9.279/1996, pelas razões a seguir aduzidas:

1. DOS FATOS

A autora e a ré Indústria Circuits Ltda. atuam no ramo de produção de circuitos eletrônicos para utilização pela indústria eletroeletrônica.

A ré pediu ao INPI a patente de suposta invenção, consistente em uma nova espécie de circuito, com ampla aplicabilidade na indústria eletroeletrônica, que seria 20% mais eficiente que os disponíveis até então no mercado, por conta da utilização de nova técnica e de novos materiais na confecção do produto (documentação em anexo).

O pedido foi deferido, nos termos do art. 37 da Lei de Propriedade Industrial – LPI (Lei 9.279/1996), e a patente concedida à ré, conforme cópia da publicação em anexo.

A autora e diversos concorrentes produzem circuitos eletrônicos muito semelhantes àquele patenteado pela ré, utilizando-se, há muitos anos, da mesma técnica e dos mesmos materiais. Na verdade, o produto da autora é 10% mais eficiente que o da ré, conforme laudo técnico elaborado por instituição idônea.

Diversos clientes da autora, preocupados com a suposta ofensa aos direitos da ré Indústria Circuits Ltda. (art. 42 da LPI) e possível crime de violação de patente (art. 184, I, da mesma Lei) têm cancelado pedidos, causando-lhe graves prejuízos.

Ocorre que a invenção não preenche os requisitos da novidade e da atividade inventiva, como adiante se demonstrará, razão pela qual a patente é nula.

2. DO DIREITO

O pedido da ré, formulado ao INPI, somente poderia ter sido deferido se preenchidas as condições da patenteabilidade, que são:

- novidade, pela qual a invenção não pode estar compreendida no estado da técnica, ou seja, não pode ter sido tornada acessível ao público antes do depósito do pedido de patente, nos termos do art. 11 da LPI;
- atividade inventiva, ou seja, não pode simplesmente decorrer, para um técnico no assunto, de maneira evidente ou óbvia do estado da técnica, conforme o art. 13 da LPI;
- industriabilidade, pois deve ser suscetível de aplicação industrial, nos termos do art. 15 da LPI; e
- desimpedimento, pelo qual não são patenteáveis a invenções listadas no art. 18 da LPI.

Ocorre que a autora e diversos outros concorrentes que atuam no mesmo mercado produzem, há muitos anos, circuitos eletrônicos utilizando-se da técnica e dos materiais supostamente inovadores aplicados à "invenção" patenteada pela ré, conforme documentação em anexo, comparada aos dados do relatório que instruiu o pedido de patente (art. 19, II, da Lei 9.279/1996).

Ademais, o produto da autora é 10% mais eficiente que aquele fabricado pela ré, conforme o laudo técnico em anexo, o que prejudica o argumento de que o circuito patenteado seria 20% mais eficiente que aqueles disponíveis no mercado.

Tudo isso demonstra que a suposta invenção da ré refere-se a produto amplamente conhecido no mercado especializado, ou seja, está compreendido no estado da técnica, o que afasta o requisito da novidade.

Pela mesma razão, não houve atividade inventiva.

Tudo isso comprova a nulidade da patente que deve, com a devida vênia, ser reconhecida pelo Poder Judiciário.

3. DA LIMINAR

Como relatado, a patente deferida pelo INPI tem causado graves prejuízos à autora, pois diversos clientes, preocupados com a suposta ofensa aos direitos da ré – Indústria Circuits Ltda. – (art. 42 da Lei 9.279/1996) e possível crime de violação de patente (art. 184, I, da mesma Lei) têm cancelado pedidos.

O direito da autora está plenamente demonstrado, com visto.

A drástica redução do faturamento, conforme comprova a documentação em anexo, vem prejudicando suas atividades.

Os prejuízos podem ser irreversíveis, caso haja demora na prestação jurisdicional, talvez até inviabilizando as atividades da autora, o que torna necessária a suspensão liminar dos efeitos da patente, nos termos do art. 56, § 2º, da Lei 9.279/1996.

4. DO PEDIDO

Por todo o exposto, a autora requer:

a) a suspensão liminar dos efeitos da patente;

b) a citação dos réus para, querendo, contestar a presente demanda no prazo de 60 dias (art. 57, § 1º, da Lei 9.279/1996), sob pena de revelia (art. 285 do CPC);

c) a produção de todas as provas admitidas pelo Direito;

d) seja, ao final, confirmada a liminar e decretada a nulidade da patente concedida à ré;

e) seja determinada ao INPI a publicação de anotação, conforme o art. 57, § 2º, da Lei 9.279/1996, para ciência de terceiros;

f) a condenação dos réus ao pagamento das custas processuais e dos honorários de sucumbência a serem fixados por Vossa Excelência;

Dá-se à causa o valor de R$ (...) (art. 258 do CPC).

Termos em que

Pede Deferimento

(Local), (data)

[não assine, rubrique ou, de outra forma, identifique sua prova!]

____

ADVOGADO (...)

OAB-(Estado) nº (...)

Endereço (...)

fim da peça

SÚMULAS EM MATÉRIA EMPRESARIAL

1. EMPRESA E ESTABELECIMENTO

STF 646. Ofende o princípio da livre concorrência lei municipal que impede a instalação de estabelecimentos comerciais do mesmo ramo em determinada área.

STF 645. É competente o município para fixar o horário de funcionamento de estabelecimento comercial.

STJ 227. A pessoa jurídica pode sofrer dano moral.

2. CONTRATOS

Súmula Vinculante STF 25. É ilícita a prisão civil de depositário infiel, qualquer que seja a modalidade do depósito.

STJ 419. Descabe a prisão civil do depositário judicial infiel.

STJ 402. O contrato de seguro por danos pessoais compreende os danos morais, salvo cláusula expressa de exclusão.

STJ 382. A estipulação de juros remuneratórios superiores a 12% ao ano, por si só, não indica abusividade.

STJ 371. Nos contratos de participação financeira para a aquisição de linha telefônica, o Valor Patrimonial da Ação (VPA) é apurado com base no balancete do mês da integralização.

STJ 369. No contrato de arrendamento mercantil (*leasing*), ainda que haja cláusula resolutiva expressa, é necessária a notificação prévia do arrendatário para constituí-lo em mora.

STJ 335. Nos contratos de locação, é válida a cláusula de renúncia à indenização das benfeitorias e ao direito de retenção.

STJ 326. Na ação de indenização por dano moral, a condenação em montante inferior ao postulado na inicial não implica sucumbência recíproca.

STJ 308. A hipoteca firmada entre a construtora e o agente financeiro, anterior ou posterior à celebração da promessa de compra e venda, não tem eficácia perante os adquirentes do imóvel.

STJ 298. O alongamento de dívida originada de crédito rural não constitui faculdade da instituição financeira, mas, direito do devedor nos termos da lei.

STJ 295. A Taxa Referencial (TR) é indexador válido para contratos posteriores à Lei n. 8.177/91, desde que pactuada.

STJ 294. Não é potestativa a cláusula contratual que prevê a comissão de permanência, calculada pela taxa média de mercado apurada pelo Banco Central do Brasil, limitada à taxa do contrato.

STJ 293. A cobrança antecipada do valor residual garantido (VRG) não descaracteriza o contrato de arrendamento mercantil. *(comentário: houve cancelamento da Súmula STJ 263)*

STJ 291. A ação de cobrança de parcelas de complementação de aposentadoria pela previdência privada prescreve em cinco anos.

STJ 290. Nos planos de previdência privada, não cabe ao beneficiário a devolução da contribuição efetuada pelo patrocinador.

STJ 289. A restituição das parcelas pagas a plano de previdência privada deve ser objeto de correção plena, por índice que recomponha a efetiva desvalorização da moeda.

STJ 284. A purga da mora, nos contratos de alienação fiduciária, só é permitida quando já pagos pelo menos 40% (quarenta por cento) do valor financiado.

STJ 245. A notificação destinada a comprovar a mora nas dívidas garantidas por alienação fiduciária dispensa a indicação do valor do débito.

STJ 239. O direito à adjudicação compulsória não se condiciona ao registro do compromisso de compra e venda no cartório de imóveis.

STJ 229, O pedido do pagamento de indenização à seguradora suspende o prazo de prescrição até que o segurado tenha ciência da decisão.

STJ 93. A legislação sobre cédulas de crédito rural, comercial e industrial admite o pacto de capitalização de juros.

STJ 92. A terceiro de boa-fé não e oponível a alienação fiduciária não anotada no certificado de registro do veiculo automotor.

STJ 76. A falta de registro do compromisso de compra e venda de imóvel não dispensa a prévia interpelação para constituir em mora o devedor.

STJ 61. O seguro de vida cobre o suicídio não premeditado.

STJ 60. É nula a obrigação cambial assumida por procurador do mutuário vinculado ao mutuante, no exclusivo interesse deste.

STJ 28. O contrato de alienação fiduciária em garantia pode ter por objeto bem que já integrava o patrimônio do devedor.

STJ 16. A legislação ordinária sobre crédito rural não veda a incidência da correção monetária.

3. BANCÁRIO

STF 28 O estabelecimento bancário é responsável pelo pagamento de cheque falso, ressalvadas as hipóteses de culpa exclusiva ou concorrente do correntista.

STF 596. As disposições do Decreto 22.626/1933 não se aplicam às taxas de juros e aos outros encargos cobrados nas operações realizadas por instituições públicas ou privadas, que integram o sistema financeiro nacional.

STJ 381. Nos contratos bancários, é vedado ao julgador conhecer, de ofício, da abusividade das cláusulas.

STJ 379. Nos contratos bancários não regidos por legislação específica, os juros moratórios poderão ser convencionados até o limite de 1% ao mês.

STJ 328. Na execução contra instituição financeira, é penhorável o numerário disponível, excluídas as reservas bancárias mantidas no Banco Central.

STJ 297. O Código de Defesa do Consumidor é aplicável às instituições financeiras.

STJ 296. Os juros remuneratórios, não cumuláveis com a comissão de permanência, são devidos no período de inadimplência, à taxa média de mercado estipulada pelo Banco Central do Brasil, limitada ao percentual contratado.

STJ 294: Não é potestativa a cláusula contratual que prevê a comissão de permanência, calculada pela taxa média de mercado apurada pelo Banco Central do Brasil, limitada à taxa do contrato.

STJ 288. A Taxa de Juros de Longo Prazo (TJLP) pode ser utilizada como indexador de correção monetária nos contratos bancários.

STJ 287. A Taxa Básica Financeira (TBF) não pode ser utilizada como indexador de correção monetária nos contratos bancários.

STJ 286. A renegociação de contrato bancário ou a confissão da dívida não impede a possibilidade de discussão sobre eventuais ilegalidades dos contratos anteriores.

STJ 285. Nos contratos bancários posteriores ao Código de Defesa do Consumidor incide a multa moratória nele prevista.

STJ 283. As empresas administradoras de cartão de crédito são instituições financeiras e, por isso, os juros remuneratórios por elas cobrados não sofrem as limitações da Lei de Usura.

STJ 271. A correção monetária dos depósitos judiciais independe de ação específica contra o banco depositário.

STJ 259. A ação de prestação de contas pode ser proposta pelo titular de conta-corrente bancária.

STJ 258. A nota promissória vinculada a contrato de abertura de crédito não goza de autonomia em razão da iliquidez do título que a originou.

STJ 247. O contrato de abertura de crédito em conta-corrente, acompanhado do demonstrativo de débito, constitui documento hábil para o ajuizamento da ação monitória.

STJ 233. O contrato de abertura de crédito, ainda que acompanhado de extrato da conta-corrente, não é título executivo.

STJ 79. Os bancos comerciais não estão sujeitos a registro nos conselhos regionais de economia.

STJ 30. A comissão de permanência e a correção monetária são inacumuláveis.

4. TÍTULOS DE CRÉDITO

STF 189 Avais em branco e superpostos consideram-se simultâneos e não sucessivos.

STJ 388. A simples devolução indevida de cheque caracteriza dano moral.

STJ 370. Caracteriza dano moral a apresentação antecipada de cheque pré-datado.

STJ 26. O avalista do titulo de crédito vinculado a contrato de mútuo também responde pelas obrigações pactuadas, quando no contrato figurar como devedor solidário.

5. CONSUMIDOR

STJ 404. É dispensável o aviso de recebimento (AR) na carta de comunicação ao consumidor sobre a negativação de seu nome em bancos de dados e cadastros.

STJ 403. Independe de prova do prejuízo a indenização pela publicação não autorizada de imagem de pessoa com fins econômicos ou comerciais.

STJ 385. Da anotação irregular em cadastro de proteção ao crédito, não cabe indenização por dano moral, quando preexistente legítima inscrição, ressalvado o direito ao cancelamento.

STJ 359. Cabe ao órgão mantenedor do Cadastro de Proteção ao Crédito a notificação do devedor antes de proceder à inscrição.

STJ 323. A inscrição do nome do devedor pode ser mantida nos serviços de proteção ao crédito até o prazo máximo de cinco anos, independentemente da prescrição da execução.

STJ 321. O Código de Defesa do Consumidor é aplicável à relação jurídica entre a entidade de previdência privada e seus participantes.

STJ 145. No transporte desinteressado, de simples cortesia, o transportador só será civilmente responsável por danos causados ao transportado quando incorrer em dolo ou culpa grave. *(no âmbito empresarial, é razoável afirmar que não existe transporte desinteressado, de simples cortesia)*

STJ 130. A empresa responde, perante o cliente, pela reparação de dano ou furto de veículo ocorridos em seu estacionamento.

6. AÇÕES

STJ 451. É legítima a penhora da sede do estabelecimento comercial.

STJ 389. A comprovação do pagamento do "custo do serviço" referente ao fornecimento de certidão de assentamentos constantes dos livros da companhia é requisito de procedibilidade da ação de exibição de documentos ajuizada em face da sociedade anônima.

STJ 384. Cabe ação monitória para haver saldo remanescente oriundo de venda extrajudicial de bem alienado fiduciariamente em garantia.

STJ 380. A simples propositura da ação de revisão de contrato não inibe a caracterização da mora do autor.

STJ 375. O reconhecimento da fraude à execução depende do registro da penhora do bem alienado ou da prova de má-fé do terceiro adquirente.

STJ 372. Na ação de exibição de documentos, não cabe a aplicação de multa cominatória.

STJ 322. Para a repetição de indébito, nos contratos de abertura de crédito em conta-corrente, não se exige a prova do erro.

STJ 300. O instrumento de confissão de dívida, ainda que originário de contrato de abertura de crédito, constitui título executivo extrajudicial.

STJ 299. É admissível a ação monitória fundada em cheque prescrito.

STJ 270. O protesto pela preferência de crédito, apresentado por ente federal em execução que tramita na Justiça Estadual, não desloca a competência para a Justiça Federal.

STJ 199. Na execução hipotecária de crédito vinculado ao sistema financeiro da habitação, nos termos da lei n. 5.741/71, a petição inicial deve ser instruída com, pelo menos, dois avisos de cobrança.

STJ 143. Prescreve em cinco anos a ação de perdas e danos pelo uso de marca comercial.

STJ 39. Prescreve em vinte anos a ação para haver indenização, por responsabilidade civil, de sociedade de economia mista.

7. FALIMENTAR

STF 565: A multa fiscal moratória constitui pena administrativa, não se incluindo no crédito habilitado em falência.

STF 193: Para a restituição prevista no art. 76, § 2º, da Lei de Falências [atualmente art. 85, parágrafo único, da Lei 11.101/2005], conta-se o prazo de quinze dias da entrega da coisa e não da sua remessa.

STF 192: Não se inclui no crédito habilitado em falência a multa fiscal com efeito de pena administrativa.

STJ 361. A notificação do protesto, para requerimento de falência da empresa devedora, exige a identificação da pessoa que a recebeu.

STJ 307. A restituição de adiantamento de contrato de câmbio, na falência, deve ser atendida antes de qualquer crédito.

STJ 264. É irrecorrível o ato judicial que apenas manda processar a concordata preventiva.

STJ 250. É legítima a cobrança de multa fiscal de empresa em regime de concordata.

STJ 248. Comprovada a prestação dos serviços, a duplicata não aceita, mas protestada, é título hábil para instruir pedido de falência.

STJ 219. Os créditos decorrentes de serviços prestados à massa falida, inclusive a remuneração do síndico, gozam dos privilégios próprios dos trabalhistas. *(comentário: ver art. 84 da Lei 11.101/2005 – créditos extraconcursais)*

STJ 133. A restituição da importância adiantada, a conta de contrato de cambio, independe de ter sido a antecipação efetuada nos quinze dias anteriores ao requerimento da concordata.

STJ 29. No pagamento em juízo para elidir falência, são devidos correção monetária, juros e honorários de advogado.

STJ 25. Nas ações da lei de falências o prazo para a interposição de recurso conta-se da intimação da parte.

STJ 8. Aplica-se a correção monetária aos créditos habilitados em concordata preventiva, salvo durante o período compreendido entre as datas de vigência da lei 7.274, de 10-12-84, e do decreto-lei 2.283, de 27-02-86.